Handbuch Angewandte Ethik

Christian Neuhäuser · Marie-Luise Raters ·
Ralf Stoecker
(Hrsg.)

Handbuch Angewandte Ethik

2., aktualisierte und erweiterte Aufl.

Unter Mitarbeit von Niklas Dummer
und Fabian Koberling

 J.B. METZLER

Hrsg.
Christian Neuhäuser
Institut für Philosophie und
Politikwissenschaft, TU Dortmund
Dortmund, Deutschland

Marie-Luise Raters
Institut für LER/Institut für Philosophie
Universität Potsdam
Potsdam, Deutschland

Ralf Stoecker
Abteilung Philosophie
Universität Bielefeld
Bielefeld, Deutschland

ISBN 978-3-476-05868-3   ISBN 978-3-476-05869-0 (eBook)
https://doi.org/10.1007/978-3-476-05869-0

Die Deutsche Nationalbibliothek verzeichnet diese Publikation in der Deutschen Nationalbibliografie; detaillierte bibliografische Daten sind im Internet über http://dnb.d-nb.de abrufbar.

© Springer-Verlag GmbH Deutschland, ein Teil von Springer Nature 2011, 2023
Das Werk einschließlich aller seiner Teile ist urheberrechtlich geschützt. Jede Verwertung, die nicht ausdrücklich vom Urheberrechtsgesetz zugelassen ist, bedarf der vorherigen Zustimmung des Verlags. Das gilt insbesondere für Vervielfältigungen, Bearbeitungen, Übersetzungen, Mikroverfilmungen und die Einspeicherung und Verarbeitung in elektronischen Systemen.
Die Wiedergabe von allgemein beschreibenden Bezeichnungen, Marken, Unternehmensnamen etc. in diesem Werk bedeutet nicht, dass diese frei durch jedermann benutzt werden dürfen. Die Berechtigung zur Benutzung unterliegt, auch ohne gesonderten Hinweis hierzu, den Regeln des Markenrechts. Die Rechte des jeweiligen Zeicheninhabers sind zu beachten.
Der Verlag, die Autoren und die Herausgeber gehen davon aus, dass die Angaben und Informationen in diesem Werk zum Zeitpunkt der Veröffentlichung vollständig und korrekt sind. Weder der Verlag, noch die Autoren oder die Herausgeber übernehmen, ausdrücklich oder implizit, Gewähr für den Inhalt des Werkes, etwaige Fehler oder Äußerungen. Der Verlag bleibt im Hinblick auf geografische Zuordnungen und Gebietsbezeichnungen in veröffentlichten Karten und Institutionsadressen neutral.

Coverabbildung: Stella, Joseph 1877–1946. Battle of Lights, Coney Island © picture alliance/akg-images

Planung/Lektorat: Franziska Remeika
J.B. Metzler ist ein Imprint der eingetragenen Gesellschaft Springer-Verlag GmbH, DE und ist ein Teil von Springer Nature.
Die Anschrift der Gesellschaft ist: Heidelberger Platz 3, 14197 Berlin, Germany

Vorwort zur 2. Auflage

Philosophie gibt es seit tausenden von Jahren. In der Angewandten Ethik sind aber zehn Jahre schon eine lange Zeit. Deshalb sind wir dem Verlag Metzler dankbar, dass er uns die Möglichkeit gegeben hat, unser Handbuch Angewandte Ethik für eine Neuauflage zu aktualisieren. Das Handbuch hat sich nach unserem Eindruck in den letzten Jahren als breitgenutztes Hilfsmittel innerhalb und außerhalb der akademischen Philosophie etabliert. Deshalb ist es uns sehr wichtig, es auf dem neuesten Stand zu halten.

Wir haben das Angebot, das Handbuch zu aktualisieren, zum einen direkt an die Autorinnen und Autoren weitergegeben. Je nach Themenbereich und persönlicher Einschätzung haben sie diese Möglichkeit unterschiedlich stark genutzt. Zum anderen haben wir die Gelegenheit ergriffen, insgesamt 23 neue Stichworte in das Handbuch aufzunehmen und die Struktur leicht zu modifizieren. Wir möchten allen Autorinnen und Autoren, den alten wie den neuen, noch einmal herzlich für ihre Mitwirkung danken.

In einer Hinsicht haben wir uns allerdings aus Praktikabilitätsgründen gegen eine durchgängige Aktualisierung entschieden: bei der Übertragung in eine gendergerechte Sprache. Hier folgt das Handbuch noch weitgehend den Gepflogenheiten des vergangenen Jahrzehnts.

Eine Neuauflage ist unweigerlich mit viel mühevoller Kleinarbeit verbunden. Niklas Eickhoff, Julia-Helen Langhals, Julia Nennstiel und Rebekka Siebers und vor allem Niklas Dummer haben das mit viel Sorgfalt erledigt. Vielen Dank dafür.

Unser besonderer Dank gilt Frau Franziska Remeika vom Metzler-Verlag für ihre freundliche und geduldige Unterstützung dieses Projekts.

Allen Leserinnen und Lesern wünschen wir viel Spaß und hoffentlich eine informative Lektüre.

Im Oktober 2022

Christian Neuhäuser
Marie-Luise Raters
Ralf Stoecker

Vorwort zur 1. Auflage

Ein Handbuch herauszugeben, ist wie einen Wunschzettel für Weihnachten zu schreiben. Man fragt sich, was man schon immer über dieses oder jenes Thema wissen wollte, muss dann nur noch eine nette Kollegin oder einen netten Kollegen um einen Gefallen bitten, und schon bekommt man es kompetent und übersichtlich dargelegt. Vierundsiebzig Kolleginnen und Kollegen sind unserer Bitte gefolgt und haben uns nicht nur ihre Beiträge geschickt, sondern es auch auf sich genommen, diese noch einmal zurückzunehmen, unseren Wünschen anzupassen, sie um und um zu drehen, zu kürzen, zu verlängern usw. Ihnen allen gebührt unser herzlicher Dank.

Ein Charakteristikum von Handbuchbeiträgen, das sie von Weihnachtsgeschenken unterscheidet, liegt darin, dass man sie selbst verpacken muss. Aus den zahlreichen Beiträgen ein fertiges Buch zu machen, hat viele Arbeitsschritte gekostet, in deren Zentrum stets Fabian Koberling zu finden war. Seine freundliche souveräne Ruhe und die penible Zuverlässigkeit, mit der er die Texte in Form gebracht hat, haben nicht nur stark zum Gelingen des Projekts beigetragen, sondern auch zum Vergnügen, daran zu arbeiten. Dafür danken wir ihm ganz herzlich. Wir möchten uns auch herzlich bei Stefanie Erxleben bedanken, die sich durch endlose Redaktionssitzungen hindurch um die Sekretariatsseite des Projekts gekümmert hat. Anne Mindt danken wir für ihre Hilfe bei der Endredaktion.

Es gibt Bücher, die werden fertig gestellt, dann an den Verlag geschickt und dort gedruckt und verkauft. Bei unserem Handbuch war dies anders. Es war von vornherein nicht nur in unserer Obhut, sondern auch in der unserer Lektorin, Ute Hechtfischer. Sie hat uns überhaupt erst dazu eingeladen, den großen Wunschzettel zu schreiben, und uns dann in den Monaten und Jahren danach immer wieder mit Rat und Tat zur Seite gestanden, alle Texte kritisch gelesen und kommentiert und uns am Ende auch die nötige Ermunterung gegeben, das Projekt zu einem zügigen Ende zu bringen. Dafür danken wir ihr ganz herzlich.

Potsdam
im September 2011

Ralf Stoecker
Christian Neuhäuser
Marie-Luise Raters

Inhaltsverzeichnis

Teil I Einleitung

1 Einführung und Überblick 3
Ralf Stoecker, Christian Neuhäuser und Marie-Luise Raters

Teil II Der moraltheoretische und religiöse Hintergrund der Angewandten Ethik

2 Grundkategorien moralischer Bewertung 19
Reinold Schmücker

3 Argumentationsstrukturen in der Angewandten Ethik 25
Holm Tetens

4 Prinzipienethik 33
Marcus Düwell

5 Empirische Ethik 39
Sabine Salloch

6 Verfahrensethik 43
Micha H. Werner

7 Vertragstheoretische Ethik 51
Herlinde Pauer-Studer

8 Konsequentialistische Ethik 59
Jörg Schroth

9 Deontologische Ethik 67
Thomas Schmidt

10 Tugendethik 75
Thomas Schramme

11 Gefühls- und Mitleidsethik 81
Marie-Luise Raters

12	**Moralischer Relativismus**	87
	Anne Burkard	
13	**Moralischer Partikularismus**	95
	Maike Albertzart	
14	**Feministische Ethik**	103
	Marie-Luise Raters	
15	**Sozialistische Ethik**	109
	Marco Iorio	
16	**Christliche Ethik**	113
	Rupert M. Scheule	
17	**Jüdische Ethik**	121
	Susanne Talabardon	
18	**Islamische Ethik**	129
	Thomas Eich	
19	**Buddhistische Ethik**	133
	Jens Schlieter	
20	**Chinesische Ethik**	139
	Ole Döring	

Teil III   Anwendungsübergreifende Gesichtspunkte

21	**Personalität**	147
	Dieter Birnbacher	
22	**Autonomie**	155
	Beate Rössler	
23	**Moralische Dilemmata**	165
	Marie-Luise Raters	
24	**Supererogation**	171
	Marie-Luise Raters	
25	**Moralismus**	179
	Corinna Mieth und Jacob Rosenthal	
26	**Praktische Rationalität**	187
	Ezio Di Nucci	
27	**Praktisch-ethische Entscheidungen unter Unsicherheit und Ungewissheit**	193
	Hartmut Kliemt und Bernd Lahno	
28	**Kompromiss**	199
	Véronique Zanetti	
29	**Aufrichtigkeit und Ehrlichkeit**	205
	Norbert Anwander	

30	**Moralische Empfindungen und Intuitionen**...............	209
	Dieter Birnbacher	
31	**Verantwortung**.......................................	215
	Christian Neuhäuser	
32	**Tun, Unterlassen und das Prinzip der Doppelwirkung**.....	223
	Ralf Stoecker	
33	**Schuld und Verdienst**................................	231
	Reinold Schmücker	
34	**Eigentum und Verteilungsgerechtigkeit**.................	237
	Christoph Horn	
35	**Toleranz und Solidarität**..............................	247
	David P. Schweikard	
36	**Natürlich-künstlich**..................................	255
	Dieter Birnbacher	

Teil IV   Die Bereichsethiken

37	**Politische Ethik**.....................................	263
	Robin Celikates und Christian Neuhäuser	
38	**Rechtsethik**..	269
	Detlef Horster	
39	**Wirtschaftsethik**....................................	275
	Christian Neuhäuser	
40	**Finanzethik**..	283
	Klaus Steigleder	
41	**Forschungs- und Wissenschaftsethik**...................	289
	Bert Heinrichs	
42	**Technikethik**.......................................	297
	Christoph Hubig	
43	**Bioethik**...	305
	Bert Heinrichs	
44	**Medizinische Ethik**..................................	313
	Ralf Stoecker	
45	**Neuroethik**...	321
	Michael Pauen	
46	**Natur- und Umweltethik**.............................	329
	Angelika Krebs	
47	**Tierethik**...	337
	Johann S. Ach	

48	**Sportethik**	343
	Christoph Hübenthal	
49	**Ethik der Kunst**	351
	Marie-Luise Raters	
50	**Medienethik**	357
	Christian Thies	
51	**Digitale Ethik**	363
	Manuela Lenzen	
52	**Ethik im Unterricht**	371
	Eva-Maria Kenngott	
53	**Ethik (in) der Philosophischen Praxis**	377
	Cornelia Mooslechner-Brüll	

**Teil V inzelthemen der Angewandten Ethik:
Das individuelle Leben und der Privatbereich**

54	**Privatsphäre**	385
	Harald Seubert	
55	**Behinderung**	391
	Thomas Schramme	
56	**Sexualität und Geschlechtlichkeit**	397
	Angelika Krebs	
57	**Liebe und Freundschaft**	403
	Angelika Krebs	
58	**Eltern und Kinder**	409
	Claudia Wiesemann	
59	**Bildung und Erziehung**	417
	Christof Mandry	
60	**Alter(n)**	423
	Mark Schweda	
61	**Sterben und Tod**	429
	Ralf Stoecker	
62	**Der Sinn des Lebens**	439
	Roland Kipke und Ulla Wessels	
63	**Glück, Pech und Schicksal**	447
	Elif Özmen	
64	**Lebensqualität**	453
	Achim Vesper, Stefan Gosepath und Rahel Jaeggi	

Teil VI Einzelthemen der Angewandten Ethik: Sozialleben und Fragen der Gerechtigkeit

65 Stolz, Scham, Ehre 461
Matthias Schloßberger

66 Gemeinsinn und Engagement 469
Bettina Hollstein

67 Nationalismus, Patriotismus und Staatsbürgerschaft 473
Christian Neuhäuser

68 Gesinnungsethik, Verantwortungsethik und das Problem der ‚schmutzigen Hände' 481
Robin Celikates

69 Strafe 487
Jan C. Joerden

70 Diskriminierung 497
Martina Herrmann

71 Rassismus und Sexismus 503
Martina Herrmann

72 Interkulturelles Zusammenleben 513
Valentin Beck

73 Ungleichheit und Ungerechtigkeit 521
Julia Müller und Christian Neuhäuser

74 Konsum 529
Meike Neuhaus

75 Korruption 539
Bettina Hollstein

76 Arbeit und Beruf 547
Angelika Krebs

77 Ethik in der Sozialen Arbeit 557
Sigrid Graumann und Wolfgang Maaser

78 Armut und Hunger 563
Barbara Bleisch

Teil VII Einzelthemen der Angewandten Ethik: Moralische Rechte und Freiheiten

79 Menschenrechte und Grundrechte 573
Markus Stepanians

80 Menschenwürde und das Instrumentalisierungsverbot 583
Peter Schaber

81	**Meinungs-, Gedanken- und Redefreiheit**.................. 593
	Norbert Anwander
82	**Religionsfreiheit, Religionskritik und Blasphemie**.......... 603
	Jean-Pierre Wils
83	**Pornographie und Gewaltverherrlichung**................. 609
	Elif Özmen
84	**Loyalität und ziviler Ungehorsam**....................... 615
	Robin Celikates
85	**Flucht und Migration**................................. 621
	Andreas Cassee und Anna Goppel
86	**Gewalt und Zwang**.................................. 629
	Véronique Zanetti
87	**Tötungsverbot**...................................... 637
	Bernd Ladwig
88	**Terrorismus**.. 647
	Steve Schlegel und Christoph Schuck
89	**Krieg, humanitäre Intervention und Pazifismus**........... 655
	Véronique Zanetti
90	**Folter**... 667
	Jan C. Joerden

**Teil VIII   Einzelthemen der Angewandten Ethik:
             Medizin, Pflege und Gesundheit**

91	**Gesundheit und Krankheit**............................ 677
	Petra Lenz
92	**Klinische Ethik**..................................... 685
	Alfred Simon
93	**Grundbedingungen der therapeutischen Beziehungen**..... 691
	Julia Engels und Urban Wiesing
94	**Ethik der Pflege**.................................... 699
	Monika Bobbert
95	**Ethik in den Gesundheitswissenschaften**................. 705
	Gerald Neitzke
96	**Gesundheit und Gerechtigkeit**........................ 709
	Georg Marckmann
97	**Forschung am Menschen**............................. 719
	Dominik Groß
98	**Schwangerschaftsabbruch und Empfängnisverhütung**..... 727
	Sigrid Graumann

99	**Reproduktive Medizin und Status des Embryo**............ Markus Rothhaar	733
100	**Ethik der Stammzellforschung**...................... Nikolaus Knoepffler	745
101	**Genforschung, genetische Diagnostik und Eugenik**........ Sigrid Graumann	751
102	**Gentherapie**................................... Sigrid Graumann	757
103	**Selbsttötung**................................... Héctor Wittwer	763
104	**Sterbehilfe und Tötung auf Verlangen**................. Arnd T. May	773
105	**Ethik der Intensivmedizin**.......................... Tanja Krones und Nikola Biller-Andorno	783
106	**Die Hirntod-Debatte**.............................. Ralf Stoecker	791
107	**Transplantationsmedizin**........................... Hartmut Kliemt	799
108	**Psychiatrische Ethik**.............................. Ralf Stoecker	805
109	**Enhancement und kosmetische Chirurgie**................ Michael Quante und Katja Stoppenbrink	815

Teil IX Einzelthemen der Angewandten Ethik: Tier- und Umweltethik

110	**Der moralische Status von Tieren, Lebewesen und der Natur**...................................... Kirsten Meyer	823
111	**Tiere als Nahrungsmittel und Konsumgut**................ Tatjana Višak	831
112	**Tierversuche und Xenotransplantation**................. Johann S. Ach	837
113	**Tiere als Lebensgefährten und Unterhaltungsobjekte**....... Robert Heeger	843
114	**Arterhalt, Umweltverschmutzung und Naturverbrauch**.................................. Marcus Düwell	849
115	**Ernährung und Landwirtschaft**....................... Lieske Voget-Kleschin und Konrad Ott	859

116	**Klimaschutz und Klimawandel**................. Ottmar Edenhofer und Martin Kowarsch	865
117	**Nachhaltigkeit**............................ Konrad Ott	875

**Teil X   Einzelthemen der Angewandten Ethik:
           Ethische Fragen der Digitalisierung**

118	**Big Data, automatisierte Entscheidungssysteme und Künstliche Intelligenz**..................... Manuela Lenzen	885
119	**Künstliche Intelligenz und Robotik**............ Katja Stoppenbrink	891
120	**Cyborgs und die Aussicht auf eine posthumane Zukunft**............................... Katja Stoppenbrink und Michael Quante	897
121	**Digitale Kommunikation**..................... Klaus Beck	903
122	**Recht und Gerechtigkeit in der digitalen Welt**.... Paul T. Schrader und Jean-Marcel Krausen	909
123	**Digitalisierung und Arbeit**................... Manuela Lenzen	917
124	**Der moralische Status intelligenter Systeme**..... Johanna Wagner	923

Anhang.. 929

Sachregister...................................... 935

Verzeichnis der Autorinnen und Autoren

Johann S. Ach PD Dr., Geschäftsführer und wissenschaftlicher Leiter des Centrums für Bioethik und wiss. Koordinator der Kolleg-Forschergruppe „Theoretische Grundfragen der Normenbegründung in Medizinethik und Biopolitik" an der Westfälischen Wilhelms-Universität Münster (47 Tierethik; 112 Tierversuche und Xenotransplantation).

Maike Albertzart Professorin und Leiterin des Arbeitsbereichs Praktische Philosophie II an der Johannes Gutenberg-Universität Mainz (13 Moralischer Partikularismus).

Norbert Anwander Dr., Lehrer für Philosophie und Deutsch an der Kantonalen Mittelschule Uri, Schweiz (29 Aufrichtigkeit und Ehrlichkeit; 81 Meinungs-, Gedanken- und Redefreiheit).

Klaus Beck Professor am Lehrstuhl für Kommunikationswissenschaft an der Universität Greifswald (121 Digitale Kommunikation).

Valentin Beck Dr., Wissenschaftlicher Mitarbeiter am Arbeitsbereich für Praktische Philosophie an der Freien Universität Berlin (72 Interkulturelles Zusammenleben).

Nikola Biller-Andorno Professorin für Biomedizinische Ethik, Leiterin des Instituts für Biomedizinische Ethik und Medizingeschichte der Universität Zürich (105 Ethik der Intensivmedizin).

Dieter Birnbacher Professor für Praktische Philosophie an der Heinrich Heine-Universität Düsseldorf und Mitglied der Leopoldina/Nationale Akademie der Wissenschaften (21 Personalität; 30 Moralische Empfindungen und Intuitionen; 36 Natürlich-künstlich).

Barbara Bleisch Dr., Wissenschaftliche Mitarbeiterin am Ethik-Zentrum der Universität Zürich und Moderatorin der „Sternstunde Philosophie" im Schweizer Fernsehen (78 Armut und Hunger).

Monika Bobbert Professorin für Moraltheologie, Leiterin des Seminars für Moraltheologie an der Westfälischen Wilhelms-Universität Münster (94 Ethik der Pflege).

Anne Burkard Dr., Wissenschaftliche Mitarbeiterin am Internationalem Zentrum für Ethik in den Wissenschaften (12 Moralischer Relativismus).

Andreas Cassee Juniorprofessor für Politische Philosophie an der Universität Mannheim (85 Flucht und Migration).

Robin Celikates Professor für Sozialphilosohpie und Anthropologie an der Freien Universität Berlin (37 Politische Ethik; 68 Gesinnungsethik, Verantwortungsethik und das Problem der schmutzigen Hände; 84 Loyalität und ziviler Ungehorsam).

Ezio Di Nucci Professor für Bioethik und Direktor des Centre for Medical Science and Technology Studies an der University of Copenhagen (26 Praktische Rationalität).

Ole Döring PD Dr., Director, Sino-German Network for Public Health and Bioethics (SIGENET Health), Horst-Görtz-Institute, Charité Medical University, Berlin (20 Chinesische Ethik).

Marcus Düwell Professor für philosophische Ethik an der Universität Utrecht, Vize-Präsident der Helmuth-Plessner-Society (4 Prinzipienethik; 114 Arterhalt, Umweltverschmutzung und Naturverbrauch).

Ottmar Edenhofer Professor für die Ökonomie des Klimawandels an der TU Berlin, Chefökonom des Potsdam-Instituts für Klimafolgenforschung sowie Direktor des Mercator Research Institute on Global Commons and Climate Change (116 Klimaschutz und Klimawandel).

Thomas Eich Professor für Islamwissenschaft am Asien Afrika Institut der Universität Hamburg (18 Islamische Ethik).

Julia Engels M.A., war Wissenschaftliche Mitarbeiterin am Institut für Philosophie/LER der Universität Potsdam (93 Grundbedingungen der therapeutischen Beziehungen).

Anna Goppel außerordentliche Professorin für Praktische Philosophe mit Schwerpunkt politische Philosophie an der Universität Bern (85 Flucht und Migration).

Stefan Gosepath Professor für Praktische Philosohpie an der Freien Universität Berlin und Direktor der Kolleg-Forschergruppe „Justitia Amplificata: Erweiterte Gerechtigkeit –konkret und global" (64 Lebensqualität).

Sigrid Graumann Rektorin der Evangelischen Hochschule Rheinland-Westfalen-Lippe und Mitglied im Deutschen Ethikrat (77 Ethik in der Sozialen Arbeit; 98 Schwangerschaftsabbruch und Empfängnisverhütung; 101 Genforschung, genetische Diagnostik und Eugenik; 102 Gentherapie).

Dominik Groß Professor für Geschichte, Theorie und Ethik und Direktor des Instituts für Geschichte, Theorie und Ethik der Geschichte der

Rheinisch-Westfälischen Technischen Hochschule Aachen (97 Forschung am Menschen).

Robert Heeger Professor em. für Ethik an der Universität Utrecht (113 Tiere als Lebensgefährten und Unterhaltungsobjekte).

Bert Heinrichs Professor für Ethik und Angewandte Ethik am Institut für Wissenschaft und Ethik der Universität Bonn sowie Leiter der Arbeitsgruppe „Repräsentation und Modell" im Institut für Ethik in den Neurowissenschaften am Forschungszentrum Jülich (41 Forschungs- und Wissenschaftsethik; 43 Bioethik).

Martina Herrmann Dr., Wissenschaftliche Mitarbeiterin am Institut für Philosophie und Politikwissenschaft der Technischen Universität Dortmund (70 Diskriminierung; 71 Rassismus und Sexismus).

Bettina Hollstein Dr., Geschäftsführerin des Max-Weber-Kolleg für kultur- und sozialwissenschaftliche Studien der Universität Erfurt (66 Gemeinsinn und Engagement; 75 Korruption).

Christoph Horn Professor für Praktische Philosophie und Philosophie der Antike an der Rheinischen Friedrich-Wilhelms-Universität Bonn (34 Eigentum und Verteilungsgerechtigkeit).

Detlef Horster Professor em. für Sozialphilosophie an der Leibniz Universität Hannover (38 Rechtsethik).

Christoph Hübenthal Professor für Systematische Theologie an der Radboud-Universität Nijmegen (48 Sportethik).

Christoph Hubig Professor em. für Philosophie der wissenschaftlich-technischen Kultur an der Technischen Universität Darmstadt (42 Technikethik).

Marco Iorio apl. Prof., an der Abteilung für Philosophie der Universität Bielefeld (15 Sozialistische Ethik).

Rahel Jaeggi Professorin für Praktische Philosophie, Rechts- und Sozialphilosophie an der Humboldt-Universität zu Berlin (64 Lebensqualität).

Jan C. Joerden Professor em. für Strafrecht, insbesondere Internationales Strafrecht und Strafrechtsvergleichung, Rechtsphilosophie, Leiter des Interdisziplinären Zentrums für Ethik an der Europa-Universität Viadrina Frankfurt (Oder) (69 Strafe; 90 Folter).

Eva-Maria Kenngott Dr., Leiterin des Arbeitsbereichs Religionspädagogik am Institut für Religionswissenschaft und Religionspädagogik der Universität Bremen (52 Ethik im Unterricht).

Roland Kipke Dr., Wissenschaftlicher Mitarbeiter am Institut für Philosophie an der Universität Bielefeld (62 Der Sinn des Lebens).

Hartmut Kliemt Professor em., Gastprofessor für Verhaltens- und Institutionenökonomik an der Justus-Liebig-Universität Gießen (27 Praktisch-ethische Entscheidungen unter Unsicherheit und Ungewissheit; 107 Transplantationsmedizin).

Nikolaus Knoepffler Professor für Angewandte Ethik an der Friedrich-Schiller-Universität Jena (100 Stammzellenforschung).

Martin Kowarsch Dr., Leiter der Arbeitsgruppe „Wissenschaftliche Assessments, Ethik und Politik" des Mercator Research Institute on Global Commons and Climate Change (116 Klimaschutz und Klimawandel).

Jean-Marcel Krausen Wissenschaftlicher Mitarbeiter an der Fakultät für Rechtswissenschaft der Universität Bielefeld (122 Recht und Gerechtigkeit in der digitalen Welt).

Angelika Krebs Professorin für Praktische Philosophie der Universität Basel (46 Natur- und Umweltethik; 56 Sexualität und Geschlechtlichkeit; 57 Liebe und Freundschaft; 76 Arbeit und Beruf).

Tanja Krones PD Dr., leitende Ärztin Klinische Ethik am Universitätsspital Zürich/Institut für Biomedizinische Ethik der Universität Zürich (105 Ethik der Intensivmedizin).

Bernd Ladwig Professor für Politische Theorie und Philosophie an der Freien Universität Berlin (87 Tötungsverbot).

Bernd Lahno Professor em. für Philosophie und Quantitative Methoden an der Frankfurt School of Finance & Management (27 Praktisch-ethische Entscheidungen unter Unsicherheit und Ungewissheit).

Petra Lenz Dr., Wissenschaftliche Mitarbeiterin am Institut für Lebensgestaltung-Ethik-Religionskunde an der Universität Potsdam (91 Gesundheit und Krankheit).

Manuela Lenzen Dr., Wissenschaftliche Mitarbeiterin am Zentrum für interdisziplinäre Forschung der Universität Bielefeld und freie Wissenschaftsjournalistin (51 Informationsethik; 118 Big Data, automatische Systeme und künstliche Intelligenz; 123 Digitalisierung und Arbeit).

Wolfgang Maaser Professor für Ethik an der Evangelischen Fachhochschule Rheinland-Westfalen-Lippe (77 Ethik in der Sozialen Arbeit).

Christof Mandry Professor für Moraltheologie/Sozialethik an der Goethe Universität Frankfurt am Main (59 Bildung und Erziehung).

Georg Marckmann Dr. med., Professor für Ethik, Geschichte und Theorie an der Medizin der Ludwig-Maximilians-Universität München (96 Gesundheit und Gerechtigkeit).

Arnd T. May Dr., Geschäftsführer ethikzentrum.de – Zentrum für Angewandte Ethik (Saale) (104 Sterbehilfe und Tötung auf Verlangen).

Kirsten Meyer Professorin für Praktische Philosophie und Didaktik der Philosophie an der Humboldt-Universität zu Berlin (110 Der moralische Status von Tieren, Lebewesen und der Natur).

Corinna Mieth Professorin für Praktische Philosophie an der Ruhr-Universität Bochum (25 Moralismus).

Cornelia Mooslechner-Brüll Dr., Akademisch philosophische Praktikerin und Geschäftsführerin von Philoskop (53 Ethik (in) der Philosophischen Praxis).

Julia Müller Wissenschaftliche Mitarbeiterin bei PerLe – Projekt erfolgreiches Lehren und Lernen der Universität Kiel (73 Ungleichheit und Ungerechtigkeit)

Gerald Neitzke Dr., Wissenschaftlicher Mitarbeiter am Institut für Geschichte, Ethik und Philosophie der Medizin an der Medizinischen Hochschule Hannover (95 Ethik in den Gesundheitswissenschaften).

Meike Neuhaus Wissenschaftliche Mitarbeiterin am Institut für Philosophie und Politikwissenschaft und Fachleiterin am Zentrum für schulpraktische Lehrerausbildung Dortmund (74 Konsum).

Christian Neuhäuser Professor für Praktische Philosophie an der TU Dortmund (31 Verantwortung; 37 Politische Ethik; 39 Wirtschaftsethik; 67 Nationalismus, Patriotismus und Staatsbürgerschaft; 73 Ungleichheit und Ungerechtigkeit).

Konrad Ott Professor für Philosophie und Ethik der Umwelt an der Christian-Albrechts-Universität zu Kiel Greifswald (115 Ernährung und Landwirtschaft; 117 Nachhaltigkeit).

Elif Özmen Professorin für Praktische Philosohpie an der Justus-Liebig-Universität Gießen (63 Glück, Pech und Schicksal; 83 Pornographie und Gewaltverherrlichung).

Michael Pauen Professor für Philosophie des Geistes an der Humboldt-Universität zu Berlin und Sprecher der Berlin School of Mind and Brain (45 Neuroethik).

Herlinde Pauer-Studer Professor für Praktische Philosophie mit besonderer Berücksichtigung normativer Transformationen an der Fakultät für Philosophie und Bildungswissenschaft an der Universität Wien (7 Vertragstheoretische Ethik).

Michael Quante Professor für Philosophie mit dem Schwerpunkt Praktische Philosophie der Westfälischen Wilhelms-Universität Münster (109 Enhancement und kosmetische Chirurgie; 120 Cyborgs und die Aussicht auf eine posthumane Zukunft).

Marie-Luise Raters apl. Prof. Dr., an den Instituten für Philosophie und LER der Universität Potsdam (11 Gefühls- und Mitleidsethik; 14 Feministische Ethik; 23 Moralische Dilemmata; 24 Supererogation; 49 Ethik der Kunst).

Jacob Rosenthal Professor für Praktische Philosophie an der Universität Konstanz (25 Moralismus).

Beate Rössler Professorin für Theorie und Geschichte der Ethik an der Universiteit van Amsterdam und Programmdirektorin des ‚Research Program Philosophy and Public Affairs' der Amsterdam School of Cultural Analysis (22 Autonomie).

Markus Rothhaar PD Dr., Wissenschaftlicher Mitarbeiter des Lehrstuhls für Philosophie II der Fernuniversität Hagen (99 Reproduktive Medizin und Status des Embryo).

Sabine Salloch Professorin am und Leiterin des Instituts für Geschichte, Ethik und Philosophie der Medizin der Medizinischen Hochschule Hannover (5 Empirische Ethik).

Peter Schaber Professor für Angewandte Ethik der Universität Zürich (80 Menschenwürde und das Instrumentalisierungsverbot).

Rupert M. Scheule Professor für Moraltheologie an der Universität Regensburg, Mitglied im Ethikkomitee des Universitätsklinikums Regensburg (16 Christliche Ethik).

Steve Schlegel Dr., Wissenschaftlicher Mitarbeiter am Institut für Philosophie und Politikwissenschaft der TU Dortmund (88 Terrorismus).

Jens Schlieter Außerordentlicher Professor für systematische Religionswissenschaft am Center for Global Studies der Universität Bern und Geschäftsführender Direktor (19 Buddhistische Ethik).

Matthias Schloßberger PD Dr., Professurverteter für Kulturphilosophie an der Europa-Universität Viadrina Frankfurt (Oder) (65 Stolz, Scham, Ehre).

Thomas Schmidt Professor für Praktische Philosophie/Ethik an der Humboldt-Universität zu Berlin (9 Deontologische Ethik).

Reinold Schmücker Professor für Philosophie und Dekan des Fachbereichs Geschichte/Philosophie an der Westfälischen Wilhelms-Universität Münster (2 Grundkategorien moralischer Bewertung; 33 Schuld und Verdienst).

Paul T. Schrader Professor an der Universität Bielefeld und Inhaber des Lehrstuhls für Bürgerliches Recht und Recht der Digitalisierung und Innovation (122 Recht und Gerechtigkeit in der digitalen Welt).

Thomas Schramme Professor für Praktische Philosophie an der Universität Hamburg (10 Tugendethik; 55 Behinderung).

Jörg Schroth PD Dr., Wissenschaftlicher Mitarbeiter am Philosophischen Seminar der Georg-August-Universität Göttingen (8 Konsequentialistische Ethik).

Christoph Schuck Professor für Politikwissenschaft und Dekan der Fakultät für Geisteswissenschaften und Theologie an der TU Dortmund (88 Terrorismus).

Mark Schweda Professor für Ethik in der Medizin am Department für Versorgungsforschung der Carl von Ossietzky Universität Oldenburg (60 Altern).

David P. Schweikard Juniorprofessor für Politische Philosophie Europas, Philosophisches Seminar an der Europa-Universität Flensburg (35 Toleranz und Solidarität).

Harald Seubert Professor für Philosophie und Religionswissenschaft und Fachbereichsleiter für Missions- und Religionswissenschaften an der evangelikalen Staatsunabhängigen Theologischen Hochschule Basel sowie außerplanmäßiger Professor für Philosophiegeschichte an der Freien Theologischen Hochschule Gießen (54 Privatsphäre).

Alfred Simon außerplanmäßiger Professor an der Medizinischen Fakultät der Georg-August-Universität Göttingen und Leiter der Geschäftsstelle der Akademie für Ethik in der Medizin (92 Klinische Ethik).

Klaus Steigleder Professor für Angewandte Ethik am Institut für Philosophie an der Ruhr-Universität Bochum (40 Finanzethik).

Markus Stepanians außerordentlicher Professor für Philosophie an der Universität Bern (79 Menschenrechte und Grundrechte).

Ralf Stoecker Professor für Praktische Philosophie an der Universität Bielefeld (32 Tun, Unterlassen und das Prinzip der Doppelwirkung; 44 Medizinische Ethik; 61 Sterben und Tod; 106 Die Hirntoddebatte; 108 Psychiatrische Ethik).

Katja Stoppenbrink Professorin für Ethik in den Sozialen Berufen an der Hochschule München (109 Enhancement und kosmetische Chirurgie; 119 Künstliche Intelligenz und Robotik; 120 Cyborgs und die Aussicht auf eine posthumane Zukunft).

Susanne Talabardon Professorin der Judaistik an der Universität Bamberg, Vorsitzende der Vereinigung für Jüdische Studien e.V. (17 Jüdische Ethik).

Holm Tetens Professor em. für theoretische Philosophie unter besonderer Berücksichtigung der Wissenschaftstheorie an der Freien Universität Berlin (3 Argumentationsstrukturen in der Angewandten Ethik).

Christian Thies Professor für Philosophie an der Universität Passau (50 Medienethik).

Achim Vesper Dr., Akademischer Rat am Lehrstuhl für Philosophie mit dem Schwerpunkt theoretische Philosophie an der Goethe-Universität Frankfurt am Main (64 Lebensqualität).

Tatjana Višak Dr., Wissenschaftliche Mitarbeiterin an der Goethe-Universität Frankfurt am Main (111 Tiere als Nahrungsmittel und Konsumgut).

Lieske Voget-Kleschin Dr., wissenschaftliche Mitarbeiterin an der Professur für Umweltethik an der Universität Greifswald (115 Ernährung und Landwirtschaft).

Johanna Wagner Wissenschaftliche Mitarbeiterin in der Abteilung Philosophie der Universität Bielefeld (124 Der moralische Status intelligenter Systeme).

Micha H. Werner Professor für Praktische Philosophie, Geschäftsführender Direktor und Professor des Arbeitsbereichs Philosophie an der Universität Greifswald (6 Verfahrensethik).

Ulla Wessels Professorin für Praktische Philosophie an der Saarland Universität Saarbrücken (62 Der Sinn des Lebens).

Claudia Wiesemann Prof., Direktorin des Instituts für Ethik und Geschichte der Medizin der Universität Göttingen und Präsidentin der Akademie für Ethik in der Medizin (58 Eltern und Kinder).

Urban Wiesing Prof., Direktor des Instituts für Ethik und Geschichte der Medizin der Universität Tübingen (93 Grundbedingungen der therapeutischen Beziehungen).

Jean-Pierre Wils Professor für Philosophische Ethik und Politische Philosophie an der Radboud Universität Nijmegen (82 Religionsfreiheit, Religionskritik und Blasphemie).

Héctor Wittwer Professor für Praktische Philosophie an der Otto-von-Guericke-Universität Magdeburg (103 Selbsttötung).

Véronique Zanetti Professorin für Philosophie an der Universität Bielefeld (28 Kompromiss; 86 Gewalt und Zwang; 89 Krieg, humanitäre Intervention und Pazifismus).

Teil I
Einleitung

Einführung und Überblick

Ralf Stoecker, Christian Neuhäuser und Marie-Luise Raters

- Im April 1984 verschaffte der Arzt Julius Hackethal seiner Patientin Hermy Eckert, die unter einem schmerzhaften und entstellenden Gesichtstumor litt, auf deren mehrfache ausdrückliche Bitte hin Zyankali. Die Frau trank das Gift und starb daran (vgl. Benzenhöfer 1999, 191 ff.).
- Im Oktober 1992 wurde bei der 18-jährigen Marion Ploch nach einem Autounfall der Hirntod festgestellt. Weil die Patientin aber im fünften Monat schwanger war, stellten die Mediziner der Universitätsklinik Erlangen die intensivmedizinische Behandlung nicht ein, sondern führten sie fort, in der Hoffnung, den Fötus – das ‚Erlanger Baby' – zu retten. Über mehr als einen Monat hatten sie damit Erfolg, dann kam es zu einer Totgeburt (vgl. Bockenheimer-Lucius/Seidler 1993).
- Elf Wochen lang, vom 24. März bis 9. Juni 1999, bombardierten Kampfflugzeuge der NATO unter Beteiligung der Bundeswehr Ziele auf dem Hoheitsgebiet der Bundesrepublik Jugoslawien. Die NATO-Staaten reagierten damit auf die andauernden gewaltsamen Auseinandersetzungen zwischen der serbischen Regierung und der albanischstämmigen Bevölkerungsmehrheit im Kosovo. Der Kriegseinsatz endete mit dem Rückzug der serbischen Truppen und der Besetzung des Kosovo durch eine NATO-geführte Friedenstruppe unter UN-Mandat (vgl. Rüb 1999).
- Ende September 2002 entführte der 27-jährige Jurastudent Markus Gäfgen in Frankfurt einen elfjährigen Jungen, tötete ihn und versuchte anschließend, Lösegeld bei dessen Eltern zu erpressen. Die Polizei, die den Entführer festnahm, ging von der Annahme aus, dass das Opfer noch lebte, und setzte den Entführer deshalb mit der Androhung großer Schmerzen unter Druck, woraufhin dieser das Versteck des toten Jungen preisgab (vgl. Reemtsma 2005).
- Ende September 2003 verkündete das Bundesverfassungsgericht ein Urteil, das es dem Land Baden-Württemberg untersagte, der Lehrerin Fereshta Ludin ohne gesetzliche Grundlage das Tragen eines Kopftuchs im Schulunterricht zu verbieten. Baden-Württemberg änderte daraufhin sein Schulgesetz, Frau Ludin wechselte in eine Privatschule (vgl. Oestreich 2005.)
- Knut war ein Eisbär, und in freier Wildbahn wäre er hoffnungslos verloren gewesen, als

R. Stoecker (✉)
Universität Bielefeld, Bielefeld, Deutschland
E-Mail: Ralf.Stoecker@uni-bielefeld.de

C. Neuhäuser
TU Dortmund, Dortmund, Deutschland
E-Mail: christian.neuhaeuser@tu-dortmund.de

M.-L. Raters
Universität Potsdam, Potsdam, Deutschland
E-Mail: mlraters@uni-potsdam.de

© Springer-Verlag GmbH Deutschland, ein Teil von Springer Nature 2023
C. Neuhäuser et al. (Hrsg.), *Handbuch Angewandte Ethik*,
https://doi.org/10.1007/978-3-476-05869-0_1

seine Mutter ihn Ende Dezember 2006 nach der Geburt verstieß. Doch Mutter und Kind lebten im Berliner Zoo. Knut wurde von Hand aufgezogen und machte eine steile Karriere als Medienstar, bevor er viereinhalb Jahre später an einer neurologischen Erkrankung starb.
- Als am 19. August 2009 die südafrikanische Läuferin Caster Semenya mit großem Vorsprung das 800 m-Rennen der Frauen bei der Leichtathletikweltmeisterschaft in Berlin gewann, wurden massive Zweifel daran geäußert, dass sie tatsächlich eine Frau war. Die Läuferin wurde daraufhin gesperrt und die Frage ihres Geschlechts wochenlang in aller Öffentlichkeit ausgiebig debattiert, bis die Sperre schließlich elf Monate später aufgehoben und der Titelgewinn bestätigt wurde (vgl. die ‚Chronologie des Falles Caster Semenya', *Süddeutsche Zeitung*, 16.4.11).
- Anfang Juli 2010 bestätigte der Bundesgerichtshof (BGH) ein Landgerichtsurteil, demzufolge ein Berliner Gynäkologe nicht gegen das deutsche Embryonenschutzgesetz verstieß, als er im Rahmen künstlicher Befruchtungen Präimplantationsdiagnostiken durchführte, bei denen die Embryonen vor der Verpflanzung in den Uterus auf genetische Defekte überprüft wurden. Seitdem können in Deutschland Paare ihre Kinder unter bestimmten Umständen schon vor der eigentlichen Schwangerschaft testen lassen (vgl. die Pressemitteilung des BGH Nr. 137/10 vom 6.7.2010).
- Im August 2011 melden die Medien eine gewaltige Hungersnot, wieder einmal in Somalia, am Horn von Afrika. Entsetzen erregte aber nicht nur das Ausmaß der Katastrophe, sondern die Tatsache, dass sie seit Monaten vorhersehbar gewesen war, ohne dass sich irgendjemand veranlasst gesehen hatte, die ‚angekündigte Katastrophe' abzuwenden. Der bevorstehende Tod hunderttausender Menschen hatte offenkundig keine weltpolitische Relevanz (vgl. Deutsche Welthungerhilfe, Brennpunktnummer 22/August 2011).
- In der Nacht zum 19.3.2018 erfasste ein selbstfahrendes Auto des Chauffeurdienstes Uber in Phoenix (USA) eine Passantin, die die Straße überqueren wollte, und verletzte sie tödlich. Es war der erste bekannt gewordene tödliche Unfall eines selbstfahrenden Autos. Er unterstrich, wie wichtig es zunehmend wird, sich über Fragen der Verantwortung und Schuld im Zusammenhang mit autonom agierenden Systemen Klarheit zu verschaffen, nicht nur bei Fahrzeugen, sondern auch bei Waffensystemen, im Börsenhandel und in vielen weiteren Einsatzorten (vgl. NZZ vom 19.3.2018).
- Eine der wichtigsten Neuentwicklungen der Molekularbiologie der letzten Jahrzehnte ist die Erfindung von CRISPR/Cas, einer besonders effizienten Methode zur gezielten Veränderung von DNA. Im November 2018 behauptete nun der chinesische Biophysiker He Jiankui, mit Hilfe dieser Methode in das Erbgut zweier Babys eingegriffen zu haben, um sie vor einer Anfälligkeit gegen HIV zu schützen. Auch wenn diese Tat international durchgehend auf Ablehnung stieß und er in China zu einer Gefängnisstrafe verurteilt wurde, machte sie deutlich, dass die schon ältere Frage nach der Berechtigung von Eingriffen in die menschliche Keimbahn durch den technologischen Fortschritt unmittelbar aktuell wurde.
- 2020 ist das Jahr des Corona-Virus. Und sein Siegeszug begann gleich mit einem Schreckensszenario. In der Region von Bergamo in Norditalien erkrankten so schnell so viele Menschen lebensgefährlich an COVID-19, dass die Behandlungsplätze auf den intensivmedizinischen Stationen nicht ausreichten, um für alle Bedürftigen eine vital notwendige künstliche Beatmung bereitzustellen. Die behandelnden Ärztinnen und Ärzte mussten sich entscheiden, wen sie retteten und wen nicht. Derartige Entscheidungssituationen sind aus der Militär- und Katastrophenmedizin unter dem Namen „Triage" bekannt, spielten bislang für unser Leben allerdings kaum eine Rolle. Das änderte sich jetzt schlagartig. Plötzlich sah es so aus, als könnten vergleichbare Abwägungen auf viele Intensivstationen überall auf der Welt zukommen.

1 Einführung und Überblick

So unterschiedlich die Ereignisse auch sind, von denen auf dieser Liste die Rede ist, sie haben eines gemeinsam: Sie zeigen, dass es in den letzten Jahrzehnten wiederholt Situationen gegeben hat, in denen unter großer öffentlicher Beteiligung kontrovers über Moral diskutiert wurde: darüber, ob ein Verhalten moralisch in Ordnung oder ob es moralisch unhaltbar ist. Darf man unter bestimmten Umständen Sterbehilfe leisten, foltern oder Krieg führen? Darf man Menschen manchmal auch einfach ihrem Schicksal überlassen, vor allem wenn sie weit genug weg leben? Wo sind die Grenzen der Technik? Wo sind die Grenzen der Toleranz? Und was bedeutet das alles für den Umgang mit Menschen, die sich in den Schattenzonen am Anfang oder Ende des Lebens befinden, oder auch für den Umgang mit Tieren?

Die Liste nennt nur eine Auswahl besonders spektakulärer Ereignisse. Sie hätte sich beliebig fortsetzen lassen und dann weitere, neue Fragen aufgeworfen. All diese Ereignisse sind ausgiebig diskutiert worden, von Angehörigen verschiedener Berufsgruppen und gesellschaftlicher Positionen, sowie in der breiten Öffentlichkeit. Sie wurden darüber hinaus aber auch Gegenstand einer zunehmenden Professionalisierung: Sie wurden zu Themen der Angewandten Ethik.

1.1 Konzept des Buches

Das *Handbuch Angewandte Ethik* soll beiden Interessen Rechnung tragen, sowohl dem allgemeinen Informationsbedarf, beispielsweise von Journalisten, Politikern, Rechtswissenschaftlern und Fachleuten der jeweils betroffenen Disziplinen, als auch dem spezifischen der Kolleginnen und Kollegen, Studierenden und Lehrenden in der Angewandten Ethik. Entsprechend öffnen die neun Teile des Buches mehrere Zugangswege in das Handbuch.

Für diejenigen, die einen Überblick über die verschiedenen Teilbereiche der Angewandten Ethik erwarten, bietet der vierte Teil des Buches 17 Überblickskapitel. Viele wichtige Themen der modernen Angewandten Ethik werden darin kurz angesprochen und in den Kontext der jeweiligen Bereichsethik eingegliedert. Für diejenigen Leserinnen und Leser, die speziell an einem dieser Themen interessiert sind, werden diese ausführlich in den Teilen V bis X vorgestellt und diskutiert. Darunter finden sich Kapitel über so prominente Themen wie die Embryonenforschung, den Klimawandel oder humanitäre Interventionen, aber auch beispielsweise über ‚Liebe und Freundschaft' und ‚Loyalität und zivilen Ungehorsam', also über Themen, die sonst eher selten in Büchern zur Angewandten Ethik vorkommen. In der Diskussion konkreter Themen und Probleme der Angewandten Ethik tauchen immer wieder bestimmte zentrale ethische Begriffe auf. Leserinnen und Lesern, die hier Klärungsbedarf haben, ist der dritte Teil des Handbuchs gewidmet, der anwendungsübergreifende Gesichtspunkte thematisiert, etwa den Begriff der Autonomie oder die Rolle moralischer Empfindungen und Intuitionen. Der zweite Teil des Buches gibt schließlich einen Überblick über den moraltheoretischen und religiösen Hintergrund der Angewandten Ethik. Das Buch endet mit einer Auswahlbibliographie, die in Ergänzung der bibliographischen Angaben zu den einzelnen Kapiteln Anregungen zur vertiefenden und ergänzenden Lektüre geben soll.

Nicht nur der Aufbau des Handbuchs ist mehrdimensional, auch die Beiträge stammen aus unterschiedlichen Bildungshintergründen und Arbeitskontexten. So wie die Angewandte Ethik durch die verschiedenen Fächer und Traditionen geprägt ist, aus denen ihre Vertreterinnen und Vertreter stammen, so lassen auch die Kapitel dieses Handbuchs deutlich die persönliche Handschrift und Haltung der einzelnen Autorinnen und Autoren erkennen. Für die Leser:innen erschließt sich damit neben der inhaltlichen auch die soziokulturelle Vielschichtigkeit der modernen Angewandten Ethik.

Die Vielfalt der Texte und Themen des Handbuchs wie auch der intellektuellen Zugangsweisen provozieren allerdings die Frage, worin denn das Verbindende liegt, für das die Bezeichnung ‚Angewandte Ethik' steht. Diese Frage ist Gegenstand der verbleibenden Abschnitte dieser Einleitung, darüber *was Angewandte Ethik ist* und *wie sie funktioniert*.

1.2 Was ist Angewandte Ethik?

Die deutsche Bezeichnung ‚Angewandte Ethik' ist eine Übersetzung des englischen Ausdrucks *applied ethics,* der vermutlich um 1950 geprägt wurde (Hansson 2003). Obwohl sich die Rede von ‚Angewandter Ethik' bis heute gehalten und immer weiter durchgesetzt hat, gibt es zugleich auch kritische Stimmen und Alternativvorschläge, insbesondere den der ‚Praktischen Ethik' *(practical ethics)* (vgl. den Titel von Singer 2013 oder der Anthologie von LaFollette 2003). Ob man nun aber von ‚Angewandter Ethik' oder ‚Praktischer Ethik' spricht: Beide Bezeichnungen wirken auf den ersten Blick befremdlich. Sie scheinen nicht gut zu der traditionellen Unterscheidung der verschiedenen philosophischen Disziplinen zu passen, die im Anschluss an Aristoteles in die Theoretische und Praktische Philosophie unterteilt werden, wobei letztere durch ihren Handlungsbezug gekennzeichnet ist. Obwohl sich diese Unterscheidung nicht durchgehend bewährt hat, so zählt doch zweifellos die Ethik als die Lehre vom richtigen, gelingenden, guten Handeln zur Praktischen Philosophie. Dann aber scheint die Bezeichnung ‚Praktische Ethik' ein Pleonasmus für die Ethik ganz allgemein zu sein. Und auch die Rede von ‚Angewandter Ethik' erscheint redundant, denn was könnte schließlich angewandter sein als das Handeln selbst?!

Ungeachtet dieser terminologischen Skrupel ist mit beiden Ausdrücken jedenfalls nicht die Ethik insgesamt gemeint, sondern ein Teilbereich der Ethik. Üblicherweise wird die Ethik in mehrere Teildisziplinen unterteilt: (1) die *Metaethik,* die sich beispielsweise sprachphilosophisch mit der Bedeutung moralischer Urteile oder der Form moralischer Argumente beschäftigt; (2) die *deskriptive Ethik,* die das tatsächliche moralische Urteilen der Menschen untersucht (und deshalb genaugenommen eine empirische und keine philosophische Disziplin ist); sowie (3) die *normative Ethik,* die versucht, mit den Mitteln der Philosophie zu moralischen Urteilen zu gelangen. Diese normative Ethik wird dann wiederum in die *Theoretische* (oder: Allgemeine) und in die *Angewandte* normative Ethik (kurz: Angewandte Ethik) unterschieden. (In einer anderen terminologischen Tradition wird die theoretische normative Ethik hingegen als ‚Moralphilosophie' bezeichnet und von der ‚Ethik' im antiken Sinne der Lehre vom geglückten Leben unterschieden; vgl. Habermas 1991, 100–18). Die entscheidende Frage ist jetzt, was das Kennzeichen der Angewandten Ethik ist, das sie von der theoretischen normativen Ethik abhebt.

Angewandte Ethik als Summe verschiedener Bereichsethiken
Ein erster Vorschlag besteht darin, ‚Angewandte Ethik' als Oberbegriff für die Vielzahl sogenannter ‚Bereichsethiken' (manchmal auch ‚Bindestrich-Ethiken' genannt) anzusehen (Nida-Rümelin 2005). Tatsächlich ist es kennzeichnend für die Angewandte Ethik gerade der letzten Jahrzehnte, dass sie sich in eine Reihe von Anwendungsbereichen ausdifferenziert hat. Im vierten Teil unseres Handbuchs finden sich deshalb, wie gesagt, 17 Kapitel zu den wichtigsten Bereichsethiken, von der politischen und Rechtsethik bis hin zur Medienethik und Ethik im Unterricht. Sowohl institutionell als auch personell bilden die Bereichsethiken tatsächlich deutlich abgegrenzte Subdisziplinen innerhalb der Angewandten Ethik. Das gilt insbesondere für die größte und prominenteste Bereichsethik, die medizinische Ethik, aber beispielsweise auch für die Wirtschaftsethik, Umweltethik oder Tierethik. Trotzdem ist der Vorschlag, die Angewandte Ethik schlicht als Container der verschiedenen Bereichsethiken aufzufassen, unangemessen. Allzu deutlich gibt es thematische Brücken und Querverbindungen zwischen den Bereichsethiken sowie viele bereichsübergreifende Untersuchungen, die nicht selten abstrakte, theoretische ethische Konzepte und Argumente diskutieren. Für die tierethische Frage beispielsweise, ob bestimmte Tiere Personen sind, ist es auch wichtig, die Konsequenzen für den moralischen Status von kleinen Kindern oder schwer geistig behinderten Menschen zu berücksichtigen, die wiederum Gegenstand der medizinischen Ethik sind. Zudem ist eine ganz generelle Auseinandersetzung mit der Frage erforderlich, was ein moralischer Status ist. Oder,

um ein anderes Beispiel zu bringen: Die Verantwortung eines Unternehmers für die Umweltbelastung durch seinen Betrieb, die in der Wirtschaftsethik thematisiert wird, hat wiederum Auswirkungen im Bereich der Umweltethik, hängt aber zugleich auch mit der grundsätzlichen Frage nach der möglichen Verantwortung korporativer Akteure zusammen.

Gegen eine bloß extensive Charakterisierung der Angewandten Ethik spricht auch ein eher forschungspragmatisches Argument: Die Betonung der verschiedenen Bereichsethiken hat schon heute zu einer Spezialisierungstendenz geführt, die auf längere Sicht zu einer Verarmung des Argumentationsniveaus in der Angewandten Ethik führen könnte (Macklin 2010). Gerade wenn man es als Qualitätsmerkmal der Philosophie bewertet, über den unmittelbaren fachlichen Tellerrand hinaus zu denken, wäre es deshalb kein gutes Zeichen für die Angewandte Ethik, würde sie primär aus einem Korb bereichsspezifischer ‚Teller' bestehen.

Ein dritter Einwand gegen den Vorschlag, die Angewandte Ethik als Summe der Bereichsethiken zu betrachten, lautet: Es ist unklar, worin eigentlich eine Bereichsethik besteht und welche philosophischen Werke als Beiträge zu einer bestimmten Bereichsethik gewertet werden sollten. Ein prominentes Beispiel für diese Schwierigkeit liefert Immanuel Kants *Grundlegung zur Metaphysik der Sitten,* in der Kant bekanntlich die verschiedenen Formulierungen des Kategorischen Imperativs mit Beispielen erläutert, etwa der Frage, ob sich ein Mensch das Leben nehmen dürfe. Die moralische Zulässigkeit des Suizids bildet ein typisches Thema der Angewandten Ethik (s. Kap. 103), doch Kants Schrift ist zugleich fraglos ein Klassiker der *Theoretischen* Ethik. Es stellt sich also heraus, dass nicht nur viele Untersuchungen der Angewandten Ethik auf hochtheoretische ethische Konzepte und Überlegungen eingehen, sondern dass umgekehrt auch viele Beiträge zur Theoretischen Ethik auf Anwendungen rekurrieren. Auf diese Weise scheinen sich die beiden Bereiche also nicht voneinander abgrenzen zu lassen.

Es gibt andere Schriften Kants, die viel eher als Beiträge zur Angewandten Ethik verstanden werden können als die Grundlegungsschrift, beispielsweise seine berühmte Abhandlung *Über ein vermeintes Recht aus Menschenliebe zu lügen*. Was diese Schrift illustriert, ist allerdings eine andere, vierte Schwierigkeit für das Verständnis der Angewandten Ethik als Summe der Bereichsethiken: Auch das alltägliche Miteinander gibt immer wieder Anlass zu Reflexionen in der Angewandten Ethik, beispielsweise dann, wenn man sich fragt, ob Menschen sich anlügen dürfen oder nicht. Zumindest die bislang etablierten Bereichsethiken decken derartige Fragen aber nicht ab. Es gibt keine spezifische Alltagsethik, so wie es eine Medizin- oder Wirtschaftsethik gibt. Trotzdem ist es ein zentrales Thema der Angewandten Ethik, ob und inwieweit man anderen Menschen die Wahrheit sagen muss (s. Kap. 29).

Die Angewandte Ethik als Hilfestellung zur richtigen moralischen Entscheidungsfindung
Auch wenn der Vorschlag, die Angewandte Ethik im Rückgriff auf die Bereichsethiken zu charakterisieren, zu kurz greift, so deutet er in die richtige Richtung. Kennzeichnend für die Angewandte Ethik ist in unseren Augen zwar nicht der *Inhalt* der betreffenden Abhandlungen, wohl aber das dahinterstehende *Erkenntnisinteresse*. Wir schlagen deshalb die folgende Charakterisierung der Angewandten Ethik vor: *Die Angewandte Ethik bildet den Versuch, mit den Mitteln der Ethik Menschen dabei zu helfen, sich in bestimmten Situationen moralisch richtig zu verhalten, in denen Unklarheit oder Unsicherheit darüber herrscht, was in dieser Situation moralisch richtig wäre* (Raters 2020).

Die Szenarien zu Beginn dieser Einleitung bieten gute Illustrationen dafür, wie dies gemeint ist. Stets ging es darum, *wie* die betreffenden Akteure handeln sollten. So stand beispielsweise 1999 der Deutsche Bundestag vor der Frage, ob sich Deutschland an den Militäraktionen der NATO beteiligen oder sich auf gewaltfreie Maßnahmen beschränken sollte. Angewandte Ethiker haben sich damals wiederholt zu dieser Frage geäußert (vgl. die Beiträge in Meggle 2004), nicht nur, um Einfluss auf das aktuelle Geschehen zu nehmen, sondern auch, um zur Entscheidungsfindung in künftigen, ähnlich gelagerten Situationen beizutragen, die dann ja auch prompt 2003 im Rahmen des Irak-Kriegs und 2011 im Zusammenhang mit den Luftangriffen auf Libyen auftraten.

Unsere Charakterisierung der Angewandten Ethik hat zudem eine Reihe von Vorteilen. Erstens passt sie gut zur Entstehungsgeschichte der Angewandten Ethik (Düwell/Steigleder 2003; Glock 2011; Jonsen 1998; Stevens 2000). Diese hat sich in den sechziger und siebziger Jahren des 20. Jahrhunderts in den USA entwickelt, zum einen aus dem Bedürfnis heraus, moralisch begründete Kritik an öffentlichen Fehlentwicklungen zu üben (beispielsweise am Krieg in Vietnam, der Rassendiskriminierung, dem Abtreibungsverbot und der skrupellosen Unterstützung diktatorischer Regime), und zum anderen aus der Konfrontation mit immer neuen moralischen Dilemmata in der sich entwickelnden Medizin. Während sich der Mainstream der philosophischen Ethik Mitte des letzten Jahrhunderts ganz explizit normativer Urteile enthalten und seine Rolle in deren metaethischer Reflexion gesehen hat, begannen jüngere Philosophinnen und Philosophen zunehmend, sich normativ mit konkreten inhaltlichen Vorschlägen und Handlungsanweisungen in die politischen Debatten einzumischen und auch in Kliniken und Forschungseinrichtungen Stellung zu beziehen. Es war also das Interesse an philosophisch argumentativ erzeugter moralischer Klarheit und moralischer Kritik hinsichtlich bestimmter Handlungsweisen und Entscheidungen, aus dem die Angewandte Ethik entstanden ist.

Dabei ist es eigentlich irreführend, hier vom ‚Entstehen' der Angewandten Ethik zu sprechen, denn gerade wenn man ihr Spezifikum in dem Interesse lokalisiert, zu einer moralischen Bewertung einer bestimmten konkreten Verhaltensweise zu gelangen, dann knüpfen die modernen Untersuchungen an eine lange Tradition Angewandter Ethik an. Seit der Antike hat es immer wieder moralphilosophische Abhandlungen und Diskussionen mit genau diesem Interesse gegeben, z. B. die Lehrbriefe Senecas, *Essais* von Montaigne, John Lockes *Brief über Toleranz,* David Humes Untersuchung *Über den Suizid,* Cesare Beccarias *Über Verbrechen und Strafen,* Karl Jaspers' Auseinandersetzung mit der *Schuldfrage* (unmittelbar nach dem Zusammenbruch des Nazi-Regimes) und natürlich die vielfältigen kasuistischen Reflexionen von christlichen Ethikern wie Aurelius Augustinus, Thomas von Aquin und Franciscus de Victoria. Insofern steht die Angewandte Ethik in einer langen philosophischen Tradition. Trotzdem rechtfertigen es der gewaltige Umfang, die Vielfalt der Themen und schließlich auch die Institutionalisierung der Angewandten Ethik in den letzten 50 Jahren, mit eigenen Zeitschriften, Fachgesellschaften, Forschungsinstituten und Lehrstühlen, hier von einer *neuen philosophischen Disziplin* zu sprechen.

Ein weiterer Vorteil der Charakterisierung der Angewandten Ethik aus den dahinter stehenden Interessen liegt darin, dass es vor diesem Hintergrund wenig verwunderlich ist, dass sich viele Beiträge zur Angewandten Ethik nicht nur mit konkreten Fällen, sondern auch mit sehr abstrakten, theoretischen ethischen Konzepten und Überlegungen beschäftigen, während umgekehrt Beiträge zur Theoretischen Ethik häufig auf Anwendungen rekurrieren, ohne dass dadurch die Grenze zwischen Theoretischer und Angewandter Ethik obsolet würde. Der Unterschied besteht darin, dass für erstere der Rückgang auf die theoretische Ebene ein Mittel zur Lösung der Anwendungsprobleme ist, um die es in der Angewandten Ethik eigentlich geht, während für letztere umgekehrt die Anwendungsbeispiele ein Mittel zur Illustration der theoretischen Überlegungen bilden.

Und schließlich bietet der Vorschlag eine befriedigende Auflösung für den Anschein, dass es sich bei den Bezeichnungen ‚Praktische Ethik' und ‚Angewandte Ethik' um Pleonasmen handelt. Es stimmt zwar, dass sich jede normative Ethik mit den normativen Grundlagen beschäftigt, die in der menschlichen Praxis zur Anwendung kommen. Kennzeichnend für die Angewandte oder Praktische Ethik ist es jedoch, dass diese Beschäftigung aus dem Interesse an bestimmten Anwendungen, sprich: einer bestimmten Praxis *hervorgeht.*

Akzeptiert man, dass die Angewandte Ethik durch den Versuch gekennzeichnet ist, mit den

Mitteln der Ethik Menschen dabei zu helfen, sich in bestimmten Situationen, in denen Unklarheit oder Unsicherheit darüber herrscht, was in dieser Situation moralisch richtig wäre, moralisch richtig zu verhalten, dann schließt sich unmittelbar die Frage an: Wie kann sie das machen, d. h. wie funktioniert die Angewandte Ethik?

1.3 Wie funktioniert die Angewandte Ethik?

Das deduktivistische Modell
Die Bezeichnung der Angewandten Ethik als ‚angewandt' suggeriert unmittelbar ein bestimmtes Bild ihrer Funktionsweise. Tom Beauchamp und James Childress bezeichnen dieses Bild als ‚top-down-Modell' (Beauchamp/Childress 2018, Kap. 10). Johann Ach, Christa Runtenberg und andere sprechen vom ‚Deduktivismus' (Ach/Runtenberg 2002, Kap. III). Gemeint ist die Idee, dass die theoretische Ethik die Grundlagen und Prinzipien bereitstellt, aus denen sich dann das konkrete moralische Urteil *herleiten* lässt, an dem Angewandten Ethikern gelegen ist. Der Angewandte Ethiker fungiert sozusagen als Richter, der dafür sorgt, dass die moralischen Gesetze in der Praxis Anwendung finden (Bayertz 2008). Ein gutes historisches Beispiel für diese Vorgehensweise findet sich bei Augustinus, im 1. Buch, Kap. 20–21, des *Gottesstaats* (Augustinus 1978, 37 ff.). Augustinus beantwortet dort die Frage, ob es unter bestimmten Umständen erlaubt sei, sich selbst zu töten (zum Beispiel nach einer Vergewaltigung). Augustinus' Antwort lautet: Eine Selbsttötung ist ein Tötungsakt, jede Tötung ist aber ein Verstoß gegen das fünfte Gebot, also ist eine Selbsttötung nicht zulässig. Das allgemeine Moralprinzip „Du sollst nicht töten" erlaubt also dem Ethiker Augustinus den Schluss auf das konkrete Moralurteil, dass ein bestimmter Suizid moralisch verboten ist.

So suggestiv dieses Bild der Funktionsweise der Angewandten Ethik auf den ersten Blick auch sein mag, so weist es doch eine Reihe gravierender Schwächen auf. Erstens reicht es natürlich nicht aus, ein Moralurteil aus *irgendeinem* generellen Prinzip herzuleiten. Das Prinzip muss vielmehr zutreffend, richtig, *wahr* sein. Das ist unproblematisch, solange man (wie Augustinus), von der unbezweifelbaren Wahrheit der göttlichen Offenbarung ausgehen kann. Die Ethik kennt solche Offenbarungsgebote aber nicht; es macht viel mehr einen nicht unerheblichen Teil der Theoretischen Ethik aus, unterschiedliche Moraltheorien zu diskutieren und auf ihre Stichhaltigkeit zu überprüfen. Das erste Problem für das deduktivistische Verständnis der Angewandten Ethik liegt also darin, dass man nicht weiß, bei welchen Prinzipien die Deduktion ansetzen sollte. In Lehrbüchern und Übersichtsdarstellungen wird diesem Problem manchmal durch eine Art von Konditionalisierung begegnet: Es wird gesagt, wie sich ein bestimmtes Problem *aus Sicht* des Utilitarismus, einer kantischen Ethik, der christlichen Ethik usw. lösen lässt. Das aber ist gerade für Angewandte Ethiker ungenügend, deren Anliegen ja darin liegen soll, Hilfe zum moralischen Verhalten in bestimmten Handlungssituationen zu geben, denn in der Regel ist es wenig hilfreich für einen Praktiker, solche konditionalen Ratschläge zu erhalten, solange er nicht zugleich erfährt, ob es richtig wäre, Utilitarist, Kantianer oder Christ zu sein.

Dieses erste Problem für das deduktivistische Modell illustriert eine Besonderheit der Angewandten Ethik, die für Philosophinnen und Philosophen stark gewöhnungsbedürftig ist: Beiträge zur Angewandten Ethik stehen grundsätzlich unter *Zeitdruck*. Das ist manchmal offensichtlich, beispielsweise wenn in einem klinischen Ethikkomitee über den Umgang mit einem Patienten beraten wird oder wenn in der Politik die Entscheidung ansteht, ob man sich an einer Militäraktion beteiligen sollte. Es gilt aber auch für theoretische Beiträge, zum Beispiel für Artikel in Fachzeitschriften, die auf den ersten Blick zu beliebigen Zeitpunkten verfasst werden können. Denn wenn man den Anspruch ernst nimmt, Hilfe zum moralischen Handeln zu liefern, dann muss die Hilfe spätestens dann bereitstehen, wenn die Handlungsentscheidung ansteht. Dieser grundsätzliche Zeitdruck in der Angewandten Ethik befindet sich aber in einem deutlichen Spannungsverhältnis zu der Ergebnisoffenheit philosophischer Reflexionen. Anders als beispielsweise in der Angewandten Mathematik (mit der die Angewandte Ethik manchmal verglichen wird), gibt es keinen Schatz gesicherter Erkenntnisse in der Moralphilosophie, von dem aus man (top-down) auf das moralisch richtige Handeln in den verschiedenen Problemfällen schließen könnte. Allenfalls kann man von einem Fundus an definitiv unmoralischen Handlungsweisen ausgehen, der sich beispielsweise metaethisch rechtfertigen ließe (Birnbacher 2006), das wäre aber für eine generelle top-down-Strategie in der Angewandten Ethik unzureichend. Eine grundsätzliche Widerlegung beispielsweise des Rassismus oder einer aristokratischen Moral ist für die Lösung ernsthafter Probleme in der Angewandten Ethik witzlos.

Es ist allerdings wichtig zu betonen, dass nicht alle Ethikerinnen und Ethiker diese skeptische Sicht teilen. Verfechter einer bestimmten normativen Ethik sind eben gerade der Überzeugung, die richtige gegenüber anderen, falschen Ethiken zu kennen. Aus ihrer Perspektive ist es dann nur konsequent, Angewandte Ethik auf dem deduktiven Weg zu versuchen. Dabei ergibt sich aber unmittelbar ein nächstes, zweites Problem für diesen Vorschlag. Prinzipien sind, grob gesprochen, sprachliche Entitäten. Um Konsequenzen für bestimmte Anwendungskontexte aus ihnen herzuleiten, müssen sowohl die Prinzipien wie auch die Beschreibungen der Handlungsalternativen so interpretiert werden, dass sich ein Zusammenhang ergibt. Das ist aber eine anspruchsvolle, mit vielen Unsicherheiten behaftete Aufgabe. So sieht sich beispielsweise selbst Augustinus in der vermeintlich trivialen Herleitung des Suizidverbots aus dem fünften Gebot veranlasst klarzustellen, dass mit ‚töten' in „Du sollst nicht töten" nicht jedes Töten eines Lebewesens gemeint sein könne, sondern nur das Töten von Menschen, aber auch nicht das Töten im Auftrage Gottes oder einer staatlichen Autorität, sondern nur das Töten in eigener Verantwortung. Ob aber wirklich nur Menschen vom Tötungsverbot geschützt werden und ob beispielsweise die Beteiligung an einem gerechten Krieg von diesem Gebot befreit, das sind typische Fragen der Angewandten Ethik.

Es zeigt sich also, dass die Vorstellung einer einfachen *Herleitung* von konkreten Moralurteilen aus allgemeinen Prinzipien selbst dann stark idealisierend ist, wenn man die Prinzipien als gegeben voraussetzt. Allerdings kann man feststellen, dass sich die verschiedenen normativen Theorien unterschiedlich gut eignen, um zu konkreten Moralurteilen zu gelangen. Die schon erwähnten Beispiele in Kants *Grundlegung zur Metaphysik der Sitten* illustrieren, wie mühsam es sein kann festzustellen, ob eine bestimmte Handlungsweise mit dem Kategorischen Imperativ vereinbar ist oder nicht. Die Kant-Interpreten sind sich sowohl uneins darüber, wie Kants Herleitungen zu verstehen sind, als auch, ob sie tatsächlich im Rahmen von Kants Philosophie stichhaltig sind. Das Nutzenprinzip des Utilitarismus lässt hingegen häufig klare Rückschlüsse darauf zu, welches Verhalten in einer Situation moralisch richtig ist, was unter anderem die Attraktivität des Utilitarismus in der Angewandten Ethik erklärt (Hare 1993).

Ein in der medizinethischen Literatur verbreiteter Vorschlag, die beiden genannten Probleme zu umgehen, besteht darin, sich bei der Herleitung auf sogenannte ‚Prinzipien mittlerer Reichweite' zu beschränken (s. Kap. 3). Dieser Vorschlag stützt sich zumeist auf das Standardwerk *Principles of Biomedical Ethics* von Tom Beauchamp und James Childress, auch wenn die beiden Autoren einen etwas anderen, unten noch zu diskutierenden Ansatz vertreten (Beauchamp/Childress 2018; Rauprich 2005). Im Rahmen des Deduktivismus kann man ihren Vorschlag aber so lesen, dass man sich in der Angewandten Ethik nicht unbedingt auf die strittigen obersten moralischen Grundsätze berufen müsse, sondern dass es ausreiche, sich zu fragen, welche Prinzipien jede akzeptable Ethik implizieren müsste, um dann aus diesen *Prinzipien mittlerer Reichweite* Handlungsanweisungen für einzelne Handlungsentscheidungen abzuleiten. Beauchamp und Childress haben vier derartige Prinzipien vorgeschlagen: Respekt vor der Autonomie; die Pflicht, Menschen nicht zu schaden (*nonmaleficence*); die Pflicht, Menschen zu helfen (*beneficence*); und das Gerechtigkeitsprinzip. Die Idee ist, dass unabhängig davon, welche normative Theorie letztlich zutrifft, sie jedenfalls diesen vier Prinzipien eine moralische Bedeutung zuweisen müsse. Aus Sicht einer deduktivistischen Angewandten Ethik könnte man deshalb versuchen, die anstehenden Probleme in der Praxis dadurch zu lösen, dass man die richtige Handlungsweise aus der Kombination dieser vier Prinzipien herleitet, ohne sich erst über die zugrunde gelegte moralische Theorie einig werden zu müssen. Man könnte also beispielsweise aus der Tatsache, dass viele reiche Staaten über die nötigen Mittel verfügen, die Hungersnot in Somalia zu beenden, und der prinzipiellen Verpflichtung, Hilfe zu leisten, den Schluss ziehen, dass die reichen Staaten die moralische Pflicht haben, die Hungersnot zu beenden.

Auch dieser Vorschlag ist allerdings mit einer Reihe von Problemen behaftet. Erstens kann man sich fragen, ob Beauchamp und Childress Recht hatten, sich gerade auf diese vier Prinzipien zu beschränken. Es gibt weitere Grundsätze, die in den Augen mancher Ethiker eine mindestens ebenso große Bedeutung haben, ohne sich auf die vier Prinzipien zurückführen zu lassen. Beispiele wären der Wert des Lebens oder die Menschenwürde. Da andere Moralphilosophen aber vehement bestreiten, dass es einen eigenständigen Wert des Lebens oder eine zu respektierende Menschenwürde gibt, zeigt es sich, dass sich unterschiedliche normative Theorien durchaus nicht immer auf der Basis geteilter Prinzipien mittlerer Reichweite egalisieren lassen. Welcher ethischen Theorie man anhängt, kann eben auch Konsequenzen für die Beurteilung konkreter praktischer Probleme haben.

Hinzu kommt als zweite Schwierigkeit, dass viele Probleme in der Angewandten Ethik dadurch charakterisiert sind, dass die Prinzipien mittlerer Reichweite in unterschiedliche Richtungen weisen, es also zu einer *Prinzipienkollision* kommt, die sich allein durch die Feststellung der vier Prinzipien nicht auflösen lässt. (Eine Regierung, die Mittel für die Bekämpfung der Hungersnot zur Verfügung stellt, muss sich unter Umständen vorhalten lassen, den eigenen Bürgern dadurch Schaden zuzufügen.) Um dennoch an der deduktivistischen Idee festhalten zu können, die richtige Handlungsweise top-down herzuleiten, bräuchte man Vorschriften für die Lösung solcher Konflikte, beispielsweise Prioritätensetzungen. So könnte man etwa behaupten, dass es prinzipiell wichtiger sei, die Autonomie zu achten als Schaden zu vermeiden, was wiederum wichtiger sein, als Gutes zu tun; dem aber könnte man (gerade mit Blick auf die Hungerkatastrophe) entgegenhalten, dass Helfen manchmal sehr wohl wichtiger sei als nicht zu schaden, dass es also nicht eine einfache Rangfolge der Prinzipien gebe. Jedenfalls wäre jede derartige Lösungsstrategie, anders als die Prinzipien selbst, höchst strittig.

Ein dritter Einwand richtet sich sowohl gegen das ursprüngliche deduktivistische Modell als auch gegen den Rückgriff auf Prinzipien mittlerer Reichweite. Er hat etwas mit der Rollenverteilung zwischen Ethikern und Praktikern zu tun. Die Charakterisierung des Anliegens der Angewandten Ethik als ‚Hilfe' zum moralischen Handeln lässt offen, welche Form diese Hilfe annehmen kann. Wenn die Ergebnisse der Angewandten Ethik aber darin liegen sollen herzuleiten, welches jeweils die richtige Verhaltensweise ist, dann wird aus der ‚Hilfe' eine *Anweisung,* die den Praktikern ‚top-down' sagt, wie sie sich zu verhalten haben. Die bislang genannten Einwände weckten Zweifel, ob die Angewandten Ethiker diesen Anspruch tatsächlich einlösen können, der letzte Einwand läuft nun darauf hinaus, dass dieser Anspruch auch aus Sicht der betroffenen Akteure nicht akzeptabel ist.

Der Einwand kann in zwei Varianten erhoben werden, einer individualistischen und einer gesellschaftlichen. In der individualistischen Variante ist es mit der Würde der Akteure unvereinbar, sich in den moralisch problematischen Entscheidungssituationen von den Ethikern sagen zu lassen, was zu tun sei (Lindemann Nelson 2007). Vor allem in der medizinischen Ethik wird deshalb immer wieder betont, dass die eigentliche Entscheidungshoheit bei den medizinisch Handelnden (insbesondere den Ärztinnen und Ärzten) liege und nicht an klinische Ethiker delegiert werden könne. In der gesellschaftlichen Variante besagt der Einwand, dass viele der Fragen, mit denen sich die Angewandte Ethik beschäftigt, Gegenstand des Selbstbestimmungsrechts der Menschen in einer Gesellschaft sind und deshalb politisch, auf demokratischem Wege beantwortet werden müssen (Bayertz 2008). So wichtig beispielsweise die moralphilosophische Diskussion der Beteiligung Deutschlands an militärischen Einsätzen ist, sie dürfe unmöglich als Surrogat für eine gesamtgesellschaftliche Debatte und letztlich eine demokratische Entscheidung derartiger Fragen verstanden werden.

Beide Varianten des Einwands sind nur dann stichhaltig, wenn man bereits davon ausgeht, dass es in den betreffenden Handlungskontexten keine zwingenden moralischen Vorgaben gibt, die den Handelnden keinen Entscheidungsspielraum offen lassen. Ansonsten wäre es bloß ein Zeichen ungerechtfertigter menschlicher Prätension, seine Würde daran zu setzen, in diesen Situationen nicht am Gängelband der Moral zu hängen. Jedenfalls zeigt der Einwand aber, wie viel gerade auch aus Sicht der Praxis an einem richtigen Verständnis der Rolle der Angewandten Ethik liegt.

Rekonstruktive Modelle
Angesichts der Schwächen des deduktivistischen Modells sind eine Reihe von alternativen Modellen des Verhältnisses zwischen generellen, abstrakten Prinzipien und konkreten Moralurteilen vorgeschlagen worden, die Dieter Birnbacher unter der Bezeichnung ‚rekonstruktive Modelle' zusammenfasst (Birnbacher 2006). Ihnen ist gemeinsam, dass sie versuchen, zu Moralurteilen für bestimmte Handlungssituationen zu gelangen, ohne diese einfach aus den Prinzipien herleiten zu wollen. Sie unterscheiden sich hauptsächlich in der Bedeutung, die sie den Prinzipien zuweisen.

Ein solches Modell bietet die *Kasuistik,* ein ursprünglich aus der Theologie stammendes Verfahren der Entscheidungsfindung. Moderne Verfechter der Kasuistik legen vor allem Wert darauf, durch eine sorgfältige Beschreibung der betreffenden Handlungsoptionen und den Vergleich mit anderen, ähnlich gelagerten Fällen zu einer Entscheidung zu gelangen (Jonsen/Toulmin 1989; vgl. Düwell 2008, 50 ff.). Ihre partikularistische Ethik hat den Vorteil, sich stark daran zu orientieren, wie im Alltag tatsächlich überlegt und argumentiert wird. Analogien und Disanalogien mit vertrauten, moralisch unproblematischen Situationen spielen hier eine große Rolle. Andererseits sieht sich dieser Vorschlag dem grundsätzlichen Einwand ausgesetzt, dass jede Analogie auf ein generelles Prinzip zurückgreifen muss, in Bezug auf das sich die Fälle gleichen, so dass auch die Kasuistik am Ende nicht ohne Prinzipien auskommt (was von den Vertretern dieses Vorschlags gewöhnlich auch nicht bestritten wird, vgl. Jonsen 2005). Damit verwischt die Grenze zu anderen rekonstruktiven Modellen, wie zum Beispiel dem von Beauchamp und Childress. Auch wenn man ihre Idee der vier Prinzipien mittlerer Reichweite, wie gezeigt, deduktivistisch lesen kann, so betonen sie selbst ausdrücklich, dass es in der Angewandten Ethik darauf ankomme, die verschiedenen Prinzipien und Einzelfallintuitionen aus der vortheoretischen Moral holistisch zu einem konsistenten Ganzen zusammenzuschnüren (Beauchamp/Childress 2018, Kap. 10). Dieses Ziel wird häufig mit dem Begriff *Überlegungsgleichgewicht (reflective equilibrium)* bezeichnet, den John Rawls in seinem Hauptwerk *Eine Theorie der Gerechtigkeit* geprägt hat (Rawls 1975, 68–70). Es komme also darauf an, so Beauchamp und Childress, die moralischen Überzeugungen im Lichte aller anderen Überzeugungen kritisch zu reflektieren, um am Ende zu einem in sich stimmigen Überzeugungsnetz zu gelangen, das dann in den problematischen Handlungssituationen eine begründete Entscheidung erlaubt.

Die Vorstellung, dass es darauf ankomme, zur Lösung der Anwendungsprobleme ein derartiges Überlegungsgleichgewicht herzustellen, ist die in der Angewandten Ethik am weitesten verbreitete Position. Sie ist gleichwohl mit zwei Schwierigkeiten behaftet. Erstens droht das kritische Potenzial der Ethik verlorenzugehen. Wenn es nur wichtig ist, alle moralischen Vorurteile möglichst in Einklang zu bringen, scheint man keine Handhabe mehr zu haben, beispielsweise rassistische oder sexistische Überzeugungen abzuweisen, solange sie nicht in

Widerspruch zu anderen Überzeugungen stehen. Und selbst wenn ein solcher Widerspruch auftritt, scheint es keine Handhabe zu geben festzustellen, welche Überzeugung aufgegeben werden sollte. Wie stichhaltig dieser Einwand ist, hängt allerdings davon ab, wie weit man den Anspruch auf Kohärenz spannt, ob man ihn nur auf moralische Intuitionen beschränkt oder letztlich auf das ganze Feld der Vernunft ausdehnt, und wie viel kritisches Potenzial man der Vernunft zutraut (beispielsweise den Rassismus als unhaltbar zu entlarven). Rawls selbst war jedenfalls zuversichtlich, dass das Ziel eines Überlegungsgleichgewichts zu einer deutlichen Revision moralischer Urteile führen könne.

Ein zweiter Einwand gegen die Konzeption des Überlegungsgleichgewichts geht einen Schritt weiter, indem er die auch in dieser Konzeption immer noch erkennbare Vorstellung kritisiert, dass die Lösung eines Problems in der Angewandten Ethik darin liege, einen Corpus von Pflichten, Rechten etc. bereitzustellen, aus dem sich insgesamt ergibt, was die Handelnden (in einer bestimmten Situation) zu tun hätten. Was dabei unterschlagen wird, ist die Art und Weise, wie die verschiedenen, teilweise konkurrierenden moralischen Gesichtspunkte tatsächlich in das menschliche Handeln einfließen, d. h. die Rolle von Prinzipien für die praktische Vernunft (O'Neill 2009, 227 ff.) (s. Kap. 26).

Eine Gemeinsamkeit der meisten moralischen Grundsätze und Gesichtspunkte, zu denen man gelangt, wenn man ein Überlegungsgleichgewicht anstrebt, liegt voraussichtlich darin, dass sie keine kategorischen Urteile implizieren, also nicht besagen, dass Handlungsweisen, auf die eine bestimmte Beschreibung zutrifft, immer und ausnahmslos moralisch verboten sind. Es werden vielmehr, wie es im Anschluss an David Ross genannt wird, *prima facie-* (oder auch: *ceteris paribus-*) Verpflichtungen sein, die Gründe dafür geben, sich auf eine bestimmte Weise zu verhalten, ohne diese Verhaltensweise aber kategorisch zu gebieten. Das Gebot beispielsweise, anderen Menschen, die in Not sind, zu helfen, ist ein guter Grund für einen routinierten Mechaniker, auf der Landstraße anzuhalten und einem Pannenopfer beizustehen. Hat der Mechaniker aber seine schwangere Frau im Auto, bei der die Wehen eingesetzt haben und die schleunigst ins Krankenhaus muss, dann darf er nicht anhalten. Das Verbot, der Schwangeren und ihrem Kind zu schaden, wiegt dann viel schwerer als das Gebot zur Hilfeleistung.

Das Verständnis der geläufigen moralischen Verpflichtungen als nur *prima facie* gültig entspricht also unserem normalen Verständnis dieser Verpflichtungen. Außerdem hat es den Vorteil, Normenkollisionen nicht als ausweglose Dilemmata konzipieren zu müssen (s. Kap. 23). Wenn weder aus der Pflicht, anderen Menschen zu helfen, noch aus der Pflicht, anderen Menschen nicht zu schaden, folgt, dass man etwas moralisch falsch macht, wenn man ihnen nicht hilft oder wenn man ihnen doch schadet, dann braucht man nicht zu befürchten, sich irgendwann in einer Situation zu befinden, in der man gar nicht anders kann, als eine dieser beiden Pflichten zu verletzen. Diese Immunität gegen Dilemmata ist allerdings offenkundig damit erkauft, dass sich ganz generell der Zusammenhang zwischen Handlungen und Handlungsprinzipien lockert und damit erneut das ganze Projekt der Angewandten Ethik infrage gestellt wird. Die Auskunft, dass es in einer bestimmten Situation *prima facie* geboten sei, A zu tun (beispielsweise einem anderen Autofahrer zu helfen), lässt dann nämlich völlig offen, inwieweit es aus moralischer Sicht ratsam wäre, tatsächlich A zu tun (während dies bekanntlich manchmal ratsam wäre – beispielsweise auf einer Spazierfahrt – und manchmal völlig absurd – wenn man eine schwangere Frau auf dem Rücksitz hat). Das Verständnis der moralischen Verpflichtungen als *prima facie*-Prinzipien hat zudem den Nachteil, dass sich die Anforderungen eines Überlegungsgleichgewichts allzu leicht erfüllen ließen. So wie die *prima facie*-Verpflichtungen logisch von den Handlungen isoliert wären, sind sie auch untereinander ohne logische Beziehung und lassen sich damit (unabhängig von ihrem Inhalt) mühelos vereinbaren. Eine Verpflichtung beispielsweise, Frauen *prima facie* anders als Männer zu behandeln, stände nicht im logischen Widerspruch zur Verpflichtung, *prima facie* alle Menschen gleich zu behandeln, während es aus Sicht eines Überlegungsgleichgewichts eigentlich nicht möglich sein dürfte, beides als wahr anzuerkennen.

Bedingungen der Möglichkeit verantwortlichen Handelns

Diese Überlegungen zeigen, dass noch ein wichtiges weiteres Element in dem Bild der Funktionsweise der Angewandten Ethik fehlt, nämlich die Entwicklung von etwas, das näherungsweise als ‚*moralische Urteilskraft*' bezeichnet werden könnte. Akteure, die vor einer schwierigen Handlungsentscheidung stehen, müssen versuchen, diese Handlung möglichst gut begründet bzw. möglichst *verantwortlich* zu vollziehen. Sie müssen im Prinzip (vor anderen oder vor sich selbst) erläutern können, warum sie angesichts bestimmter Gesichtspunkte so und nicht anders gehandelt haben. Dazu müssen sie sich (bildlich gesprochen), in dem Raum der für die Handlungsentscheidung infrage kommenden Gründe bewegen können. Sie müssen sie gegeneinander abwägen und auf die Handlungsentscheidung beziehen können. Wäre das deduktivistische Bild korrekt gewesen, dann hätte sich diese Fähigkeit darauf beschränkt, die Beurteilung der Handlungsweise aus den Prinzipien herzuleiten. Angesichts der Unzulänglichkeit dieses Bilds wird die moralische Urteilskraft komplexer sein müssen, und sie wird vermutlich von der Vorstellung Abschied nehmen müssen, dass es auch in schwierigen Fällen gelingen könnte, zu ein für alle Mal richtigen moralischen Urteilen zu gelangen. Interessante moralische Urteile sind wahrscheinlich immer vorläufig *(defeasible),* in dem Sinn, dass man veranlasst sein könnte, wenn man nur hinreichend weiter nachdenkt, sie zu revidieren oder zumindest zu modifizieren (O'Neill 2009). In dieser Hinsicht, wie auch überhaupt in ihrer logischen Struktur, ähnelt die praktische Vernunft dem induktiven Denken (Davidson 1990, 65 f.).

Geht man davon aus, dass Akteure grundsätzlich unter der Verpflichtung stehen, sich in dem Sinne verantwortlich zu verhalten, dass sie im Lichte der Gründe für und gegen bestimmte Handlungsweisen das Beste tun, dann ergibt sich eine neue, veränderte Beschreibung der Aufgaben der Angewandten Ethik: Dann hätten Angewandte Ethiker die Aufgabe, es den Praktikern so leicht wie möglich zu machen, verantwortlich zu handeln, indem sie sozusagen *vordenken* oder probedenken, wie sich eine bestimmte Handlungsweise im Lichte einer reflektierten Moral verantworten ließe. Sie fungieren als Scouts für die Wege, die die praktischen Überlegungen der Praktiker einschlagen können und müssen, um ihnen ein verantwortliches Handeln zu erlauben. Da das deduktivistische Bild viel zu einfach ist, sind die Scouts keine Gouvernanten, die ihren Mündeln einfach sagen können, wo es langgeht. Folglich besteht auch keine Gefahr, dass die Angewandte Ethik die Praktiker entmündigt oder die demokratischen Entscheidungsprozesse in einer Gesellschaft aushebelt. Dazu fehlt den Ethikern die Kompetenz. Sie haben (wie Kurt Bayertz dies ausgedrückt hat) keine *moralische Expertise,* sondern *ethische Expertise* (Bayertz 2008, 177). Sie können für sich nicht das Expertenwissen in Anspruch nehmen, in Problemfällen zu wissen, welche Handlung die richtige ist. Sie können jedoch beurteilen, was ein guter und was ein schlechter moralischer Grund ist, welche Umstände und Gesichtspunkte moralisch relevant sind und welche nicht, und wie diese zur Begründung und Rechtfertigung einzelner Handlungen zusammenspielen. Es ist, wie Onora O'Neill gezeigt hat, gerade die Pluralität und logische Anarchie der Moral, aus der die Bedeutung der Angewandten Ethik erwächst, und zwar nicht als Räumkommando, das für klare deduktive Verhältnisse sorgt, sondern als professionelle Weiterentwickler, „developing and maintaining an institutional and cultural framework that will make the joint satisfaction of important principles, including important ethical principles, more feasible in more contexts" (O'Neill 2009, 229).

Diese Charakterisierung der Funktionsweise der Angewandten Ethik ist nur skizzenhaft und metaphorisch, aber sie erlaubt es, die Grundideen hinter unserem Handbuch zu erläutern. Die Angewandte Ethik soll dabei helfen, auch in schwierigen Situationen moralisch verantwortlich zu handeln. Zu diesem Zweck stellt sie Begründungs- und Rechtfertigungsmuster, begriffliche Differenzierungen, exemplarische Behandlungen realer und fiktiver Beispiele usw. zur Verfügung. Das vorliegende Handbuch ist also insgesamt ein Beitrag zur Angewandten Ethik. Auch wenn längst nicht alle der über hundert Kapitel Themen gewidmet sind, die man üblicherweise zur Angewandten Ethik zählen würde, so vereint das Buch sie dennoch mit der Absicht, dazu beizutragen, die Bedingungen der Möglichkeit verantwortlichen Handelns in verschiedenen Lebensbereichen – in der Medizin, Technik, im politischen Leben, aber auch im alltäglichen Umgang miteinander – zu verbessern. Das Buch richtet sich insofern wesentlich an die Akteure in diesen Bereichen, sowie an diejenigen, die die Richtlinien, Vorschriften, Gesetze erlassen, die dieses Handeln leiten sollen. Ebenso richtet es sich an die Betroffenen dieser Handlungsweisen, beispielsweise Patienten, um ihnen ein Mittel der kritischen Evaluation dessen, was mit ihnen geschieht, an die Hand zu geben. Und natürlich soll es auch unseren philosophischen Kolleginnen und Kollegen als Nachschlagewerk und Anregung für eigene Beiträge zur Angewandten Ethik dienen.

Am Anfang dieser Einleitung findet sich eine Liste besonders prominenter Fälle, die zu einer ethischen Reflexion herausfordern. Wer genauer wissen möchte, was davon aus ethischer Sicht jeweils zu halten ist, sollte die folgenden Kapitel konsultieren: zur Sterbehilfe (s. Kap. 104), zum Hirntod (s. Kap. 106), zum Kriegseinsatz (s. Kap. 89), zur Folter (s. Kap. 90), zum Kopftuchverbot (s. Kap. 72), zu Knut (Kap. 113), zur Geschlechtszugehörigkeit (s. Kap. 56), zur Präimplantationsdiagnostik (s. Kap. 99) und zur Hungerkatastrophe (s. Kap. 78), zu selbstfahrenden Autos (s. Kap. 118), zu Keimbahneingriffen (s. Kap. 102) und zur Triage (s. Kap. 96); sowie daran anknüpfend viele weitere Kapitel dieses Handbuchs – nicht weil dort immer steht, wie man handeln soll, sondern weil einem dort geholfen wird, sich richtig dazu zu entscheiden.

Literatur

Ach, Johann S./Runtenberg, Christa: Bioethik: Disziplin und Diskurs: zur Selbstaufklärung angewandter Ethik. Frankfurt a. M. 2002.

Augustinus, Aurelius: Vom Gottesstaat 1 Buch 1–10. Zürich ²1978.

Bayertz, Kurt: „Was ist angewandte Ethik?". In: Johann S. Ach/Ders./Ludwig Siep (Hg.): Grundkurs Ethik. Paderborn 2008, 165–79.

Beauchamp, Tom L./Childress, James F.: Principles of Biomedical Ethics. New York ⁸2018.

Benzenhöfer, Udo: Der gute Tod? Euthanasie und Sterbehilfe in Geschichte und Gegenwart. München 1999.

Birnbacher, Dieter: „Welche Ethik ist als Bioethik tauglich?" In: Ders. (Hg.): Bioethik zwischen Natur und Interesse. Frankfurt a. M. 2006, 29–52.

Bockenheimer-Lucius, Gisela/Seidler, Eduard (Hg.): Hirntod und Schwangerschaft. Stuttgart 1993.

Davidson, Donald: „Wie ist Willensschwäche möglich?". In: Ders. (Hg.): Handlung und Ereignis. Frankfurt a. M. 1990, 43–72.

Düwell, Marcus: Bioethik: Methoden, Theorien und Bereiche. Stuttgart 2008.

Düwell, Marcus/Steigleder, Klaus: Bioethik – Zu Geschichte, Bedeutung und Aufgaben. In: Ders./Klaus Steigleder (Hg.): Bioethik. Frankfurt a. M. 2003, 12–37.

Glock, Hans-Johann: „Doing Good by Splitting Hairs? Analytic Philosophy and Applied Ethics". In: Journal of Applied Philosophy 28. Jg., 3 (2011), 225–40.

Habermas, Jürgen: Erläuterungen zur Diskursethik. Frankfurt a. M. 1991.

Hansson, Sven Ove: „Applying philosophy". In: Theoria 69 Jg., 1–2 (2003), 1–3.

Hare Richard, Mervyn: „Medical Ethics: Can the Moral Philosopher Help?". In: Ders. (Hg.): Essays on Bioethics. Oxford 1993, 1–14.

Jonsen, Albert R.: The Birth of Bioethics. New York/Oxford 1998.

Jonsen, Albert R.: „Kasuistik: Eine Alternative oder Ergänzung zu Prinzipien?". In: Oliver Rauprich/Florian Steger (Hg.): Prinzipienethik in der Biomedizin. Frankfurt a. M. 2005, 146–62.

Jonsen, Albert R./Toulmin, Stephen Edelston: The Abuse of Casuistry: A History of Moral Reasoning. Berkeley, Calif. 1989.

LaFollette, Hugh: The Oxford Handbook of Practical Ethics. Oxford/New York 2003.

Lindemann Nelson, James: „Trusting Bioethicists". In: Lisa Eckenwiler/Felicia Cohn (Hg.): The Ethics of Bioethics. Baltimore 2007, 47–55.

Macklin, Ruth: „The Death of Bioethics (As We Once Knew It)". In: Bioethics 24. Jg., 5 (2010), 211–7.

Meggle, Georg: Humanitäre Interventionsethik: Was lehrt uns der Kosovo-Krieg? Paderborn 2004.

Nida-Rümelin, Julian: Angewandte Ethik: die Bereichsethiken und ihre theoretische Fundierung. Ein Handbuch. Stuttgart ²2005.

O'Neill, Onora: „Applied Ethics: Naturalism, Normativity and Public Policy". In: Journal of Applied Philosophy 26. Jg., 3 (2009), 219–30.

Oestreich, Heide: Der Kopftuch-Streit: das Abendland und ein Quadratmeter Islam. Frankfurt a. M. ²2005.

Raters, Marie-Luise: Ethisches Argumentieren. Ein Arbeitsbuch. Berlin 2020.

Rauprich, Oliver: Prinzipienethik in der Biomedizin: Moralphilosophie und medizinische Praxis Frankfurt a. M. 2005.

Rawls, John: Eine Theorie der Gerechtigkeit. Frankfurt a. M. 1975.

Reemtsma, Jan Philipp: Folter im Rechtsstaat? Hamburg 2005.

Rüb, Matthias: Kosovo: Ursachen und Folgen eines Krieges in Europa. München 1999.

Singer, Peter: Praktische Ethik. Stuttgart ³2013.

Stevens, M.L. Tina: Bioethics in America: Origins and Cultural Politics. Baltimore/London 2000.

Teil II
Der moraltheoretische und religiöse Hintergrund der Angewandten Ethik

Grundkategorien moralischer Bewertung

Reinold Schmücker

Als Grundkategorien moralischer Bewertung lassen sich diejenigen Kategorien auffassen, die das Feld möglicher moralischer Urteile strukturieren. Da moralische Urteile sich nicht nur auf Handlungen und Handlungsregeln (Normen) erstrecken, sondern auch Motive und Absichten, Einstellungen und Dispositionen von Akteuren sowie den Charakter und die Lebensführung einer Person zum Gegenstand haben können (vgl. Birnbacher 2013, 46), können die einschlägigen Grundkategorien der moralischen Beurteilung sowohl von Handlungen und Handlungsregeln als auch von Motiven und Absichten, Einstellungen, Charakteren und Lebensweisen von (menschlichen) Individuen dienen.

2.1 Die moralische Bewertung von Handlungen als Kernaufgabe Angewandter Ethik

In den Praxisfeldern, für die Angewandte Ethik normative Vorgaben zu entwickeln sucht, steht die moralische Bewertung von Handlungen und Handlungsregeln im Vordergrund, wobei regelmäßig auch Unterlassungen als Handlungen betrachtet werden. Denn einer moralischen Bewertung unterzogen werden in der Angewandten Ethik vornehmlich Handlungsoptionen, die sich in Situationen ergeben, mit deren Auftreten in je spezifischen Handlungsfeldern gerechnet werden muss. Sie werden von einem moralischen Standpunkt (*moral point of view*) aus daraufhin untersucht, ob die betreffenden Handlungen erlaubt oder verboten, gefordert oder nicht gefordert sind und welche von ihnen unter welchen Randbedingungen welchen anderen vorgezogen zu werden verdient. Angewandte Ethik zielt dabei auf die Gewinnung von Empfehlungen ab, wie bzw. nach welchen Regeln in bestimmten für das jeweilige Praxisfeld spezifischen Situationen gehandelt werden sollte. Solche Empfehlungen richten sich nicht nur an Individuen und an (Berufs-)Gruppen von Akteuren. In einem Rechtsstaat kommt ihnen vielmehr auch eine wichtige politische Funktion zu. Oft legen sie nämlich dem Gesetzgeber nahe, bestimmte Arten von Handlungen für bestimmte typische oder in der Zukunft erwartbare Situationen von Rechts wegen vorzuschreiben oder zu untersagen (vgl. Schmücker 2017, 33). Darüber hinaus dient die moralische Beurteilung von Handlungen der Gewinnung von Urteilen über die moralische Qualität von Handlungen in der Vergangenheit. Solche Urteile können beispielsweise deshalb von Interesse sein, weil sich im Hinblick auf eine in der Vergangenheit ausgeführte Handlung die Frage stellt, ob sie zur

R. Schmücker (✉)
Westfälische Wilhelms-Universität Münster, Münster, Deutschland
E-Mail: schmuecker@uni-muenster.de

Nachahmung empfohlen werden sollte oder Vorkehrungen gegen ihre Nachahmung getroffen werden sollten bzw. ob derjenige, der die Handlung ausgeführt hat, für positive Konsequenzen der Handlung belobigt und belohnt oder aber für negative Konsequenzen der Handlung zur Rechenschaft gezogen (und womöglich auch informell oder sozial sanktioniert) werden sollte. Aus einem ähnlichen Grund erfahren mitunter auch normative Regeln, die in der Vergangenheit soziale Geltung besaßen, eine (ggf. erneute) moralische Beurteilung. Häufig fragen sich zum Beispiel die Mitglieder einer Gesellschaft, die eine lange erduldete diktatorische Herrschaft abgeschüttelt hat, ob diejenigen sozialen Normen, die sie während der Diktatur großenteils befolgt haben, tatsächlich moralische Qualität besitzen.

Weil die Kernaufgabe Angewandter Ethik in der moralischen Beurteilung von Handlungen besteht, spielen für sie die hierfür einschlägigen Grundkategorien eine zentrale Rolle. Umso erstaunlicher ist, dass sie außerhalb der deontischen Logik (vgl. von Wright 1977; Kamp 2001) nur wenig Beachtung gefunden haben. Sie sollen deshalb im Folgenden näher erläutert werden.

2.2 Grundkategorien der moralischen Bewertung von Handlungen

Grundkategorien der moralischen Bewertung von Handlungen sind die Kategorien des moralisch Verbotenen, des moralisch Erlaubten und des moralisch Gebotenen sowie die zugehörigen Subkategorien. Basal sind diese Kategorien deshalb, weil die moralische Beurteilung von Handlungen immer schon voraussetzt, dass sich das moralisch Verbotene vom moralisch Erlaubten und moralisch Gebotenen abgrenzen lässt – unabhängig davon, welchen inhaltlichen Maßstab moralischer Richtigkeit sie anlegt, welche Gründe für moralisches Sollen sie annimmt und welche normative Ethik ihr zugrunde liegt. Die Auszeichnung der genannten Kategorien als Grundkategorien der moralischen Beurteilung von Handlungen ist daher auch mit einer pluralistischen und sogar mit einer relativistischen Metaethik vereinbar; denn sie setzt weder eine bestimmte Begründung für die Pflicht zu moralischem Handeln voraus, noch beinhaltet sie eine Festlegung auf den Bewertungsmaßstab einer bestimmten Ethik. Die Grundkategorien der moralischen Beurteilung von Handlungen lassen es vielmehr offen, aus welchen Gründen moralisch zu handeln geboten ist (vgl. dazu Bayertz 2004) und anhand welcher Maßstäbe Handlungen ihnen zuordenbar sind. Sie geben der moralischen Bewertung von Handlungen und Handlungsregeln lediglich den kategorialen Rahmen vor, innerhalb dessen sie sich bewegen kann.

Auch wenn wir Motive und Absichten, Einstellungen und Dispositionen, Charaktere und Lebensweisen moralisch bewerten, bedienen wir uns basaler Kategorien: Das Motiv einer Handlung oder die Absicht eines Akteurs kann moralisch gut oder moralisch schlecht oder aber moralisch weder gut noch schlecht sein. Ebenso verhält es sich mit den Einstellungen und Dispositionen, dem Charakter und der Lebensweise einer Person. Wenn wir im Alltag moralische Urteile fällen, nehmen wir auf diese Grundkategorien moralischen Bewertens oft allerdings indirekt Bezug. Denn wir bezeichnen die Absicht desjenigen, der uneigennützig einen Ertrinkenden zu retten sucht, als vorbildlich und bescheinigen einer Person, die einen Großteil ihres Einkommens darauf verwendet, Wohnungslosen ein Obdach zu verschaffen, um sie vor dem Erfrieren zu bewahren, einen selbstlosen und bescheidenen Charakter. Solche alltagssprachlichen Kategorisierungen lassen sich jedoch in aller Regel auf eine der drei Grundkategorien moralischen Bewertens zurückbeziehen: Dem, der den Ertrinkenden zu retten sucht, schreiben wir jedenfalls *prima facie* eine moralisch gute Absicht zu; dem, der aus selbstlosen Gründen Wohnungslose vor dem Kältetod bewahrt, attestieren wir einen moralisch guten Charakter. Im Übrigen gilt auch für Kategorien, die wir im Alltag zur moralischen Bewertung von Motiven, Absichten, Einstellungen, Charakteren oder Lebensweisen verwenden, dass sie neutral sind hinsichtlich der unterschiedlichen Maßstäbe, anhand deren moralische Urteile gefällt werden, und hinsichtlich der unterschiedlichen Konzeptionen des moralisch Guten, die zur Begründung jener Maßstäbe dienen.

Darüber hinaus können auch die fundamentalen Kategorien der wertenden Zurechnung menschlichen Handelns und Unterlassens als Grundkategorien moralischer Bewertung angesehen werden. Zu ihnen gehören neben der Kategorie der Verantwortung insbesondere auch die Kategorien der Schuld und des Verdienstes. Während Verantwortung einem Akteur sowohl prospektiv – als Verpflichtung, sich zwischen einer Mehrzahl von Handlungsalternativen für die moralisch beste, zumindest aber für eine der moralisch akzeptablen zu entscheiden – als auch retrospektiv – als Verpflichtung zur Rechenschaftslegung und Rechtfertigung und ggf. auch zu Schadensersatz oder anderen Formen der Wiedergutmachung – zugeschrieben werden kann, werden Schuld und Verdienst einem Akteur stets im Nachhinein zugerechnet.

Ein noch allgemeinerer Begriffsgebrauch zählt zu den Grundkategorien moralischer Bewertung auch diejenigen Kategorien, die – wie beispielsweise die Begriffe des Nutzens, der Pflicht, des Glücks, der Tugend – in den einzelnen Ethiken zur Spezifizierung des moralisch Guten und als Bewertungsmaßstab dienen. Ein solcher Begriffsgebrauch hat allerdings den Nachteil, dass er den Unterschied zwischen Kategorien, die moralischer Bewertung unabhängig davon zugrunde liegen, welche normativ-ethischen Grundannahmen sie macht, und solchen, in denen sich die normativ-ethischen Grundannahmen jeweils einer bestimmten Ethik spiegeln, einebnet.

2.3 Die Notwendigkeit einer Binnendifferenzierung des moralisch Erlaubten

Angewandter Ethik stellt sich die Aufgabe der moralischen Bewertung von Handlungen auf unterschiedlichen Praxisfeldern. Der Medizinethik stellt sich beispielsweise die Frage, wie der mögliche Abbruch einer Schwangerschaft moralisch zu beurteilen ist, wenn bei einem Embryo in der zwanzigsten Schwangerschaftswoche pränataldiagnostisch eine schwerwiegende Behinderung festgestellt wurde. Der politischen Ethik stellt sich beispielsweise die Frage, wie eine mögliche militärische Intervention in einen Drittstaat, dessen Bevölkerung mehrheitlich durch ein diktatorisches Regime brutal unterdrückt wird und das Regime offensichtlich nicht aus eigener Kraft abschütteln kann, moralisch zu beurteilen ist. In beiden Fällen sind unterschiedliche Antworten denkbar. Die jeweils in Rede stehende Handlung kann als moralisch verwerflich (und deshalb moralisch verboten) eingeschätzt werden. Sie kann aber auch als moralisch gefordert (und darum moralisch geboten) oder als weder moralisch verwerflich noch moralisch gefordert (mithin als moralisch erlaubt) beurteilt werden. Die moralische Bewertung ordnet mögliche Handlungen (und entsprechend auch bereits ausgeführte, retrospektiv zu beurteilende Handlungen) also jeweils einer der einschlägigen Grundkategorien zu. Wie die Handlungsempfehlung des Beurteilers an sich selbst oder an einen Dritten ausfällt, hängt dann – sofern nicht außermoralische Erwägungen in sie Eingang finden – davon ab, welcher Kategorie die Handlung in seinen Augen zuzurechnen ist.

Ein einfaches trichotomisches Modell, wie es die deontische Logik – die Logik des Sollens bzw. der Normsätze – nahelegt, wird der Differenzierungskraft unseres moralischen Urteilsvermögens allerdings nicht gerecht. Als moralische Beurteiler geben wir uns nämlich, wenn uns die zu beurteilende Handlung weder moralisch verwerflich noch moralisch gefordert erscheint, kaum je damit zufrieden, sie der dritten Grundkategorie zuzuordnen, die die deontische Logik bereitstellt. Denn diese Kategorie umfasst sowohl Handlungen, die, obwohl nicht moralisch gefordert, moralisch sehr wohl wünschenswert sind, als auch solche, die vom Standpunkt der Moral aus gesehen weder verwerflich noch wünschenswert sind, und es gehört zur Praxis des moralischen Urteilens, zwischen diesen beiden Arten von Handlungen einen Unterschied zu machen. Die Kategorie des moralisch Erlaubten bedarf deshalb einer

Binnendifferenzierung zwischen dem moralisch Wünschenswerten und dem moralisch Neutralen (zu Letzterem vgl. Gert 1998, 328).

Eine weitere Binnendifferenzierung liegt für die Subkategorie der moralisch wünschenswerten Handlungen nahe. Eine moralisch wünschenswerte Handlung kann nämlich aus unterschiedlichen Gründen moralisch nicht geboten sein: Es kann sich um eine Handlung handeln, die zwar moralisch wünschenswert ist, deren Unterlassung aber auch dann nicht als moralisch verwerflich angesehen werden kann, wenn die Ausführung der Handlung dem Akteur zumutbar erscheint. Es kann sich aber auch um eine Handlung handeln, die zwar moralisch wünschenswert ist, dem potentiellen Akteur aber nicht zugemutet werden kann, weil sie ihm mehr abverlangen würde, als die Moral einem Akteur billigerweise abverlangen darf. Wenn ein Akteur eine solche supererogatorische, das moralisch Geforderte übersteigende (übergebührliche) Handlung ausführt, wie dies nach Überzeugung mancher Autoren etwa bei einer Lebendorganspende der Fall ist (vgl. Witschen 2006; grundlegend zur Supererogation Wessels 2002), handelt er als ‚moralischer Held', d. h. in einer Weise, die uns besondere Bewunderung oder Hochachtung abverlangt und die deshalb nicht ohne eine entsprechende Qualifizierung derselben Grundkategorie zugeordnet werden kann wie zum Beispiel das Mitnehmen eines Anhalters in einer lauen Sommernacht, das man im Allgemeinen als eine moralisch ‚lediglich' wünschenswerte Handlung ansehen wird.

Wie ein Modell aussehen könnte, das auf der Grundlage der Trichotomie, die uns die deontische Logik nahelegt, alle basalen Kategorien erfasst, denen ein moralisches Urteil eine in Rede stehende Handlung zuordnen kann, veranschaulicht Abb. 2.1 (für ein noch differenzierteres tetratomisches Modell vgl. das Schaubild in Schmücker 2016, 366).

Sie zeigt zugleich, warum es nicht genügt, lediglich moralische Handlungen von unmoralischen, gute von schlechten (oder bösen), schändliche von nicht-schändlichen oder auch demütigende von nicht-demütigenden Handlungen zu unterscheiden: Ein solcher dichotomischer kategorialer Rahmen unterböte das Differenzierungsvermögen, über das wir als moralisch Urteilende immer schon verfügen – unabhängig davon, welche materialen Moralvorstellungen wir unserem moralischen Urteil entweder ausdrücklich oder, ohne dass wir uns dessen bewusst sind, deshalb zugrunde legen, weil wir sie im Laufe unserer Sozialisation übernommen und verinnerlicht haben. Ebenso wenig vermag ein dichotomisches Modell, das nur moralisch richtige und moralisch falsche Handlungen kennt, das Spektrum der moralischen Beurteilung von Handlungen in seiner ganzen Breite zu erfassen.

2.4 Die Bedeutung der Grundkategorien moralischer Beurteilung für die Angewandte Ethik

Die Kenntnis der Grundkategorien der moralischen Beurteilung von Handlungen ist für die Angewandte Ethik in mehrfacher Hinsicht bedeutsam. Zum einen erlaubt sie es ihr, die Handlungsspielräume präzise zu benennen, die ein Akteur aus einer moralischen Perspektive besitzt. Denn sie ermöglicht es, die moralische Dringlichkeit einer bestimmten Handlung (oder eben ihrer Unterlassung) differenziert zu bestimmen. Die Explikation der Grundkategorien moralischer Beurteilung bildet so eine wichtige Voraussetzung für die Erarbeitung von Handlungsempfehlungen für Situationen, die für ein bestimmtes Praxisfeld charakteristisch sind, und erleichtert es dadurch der Angewandten Ethik, eine ihrer wichtigsten politischen Aufgaben zu erfüllen.

Zwei weitere Aspekte der Bedeutung, die die Explikation der Grundkategorien moralischer Beurteilung für die Angewandte Ethik hat, hängen eng miteinander zusammen. Weil die Grundkategorien moralischer Beurteilung hinsichtlich der unterschiedlichen Maßstäbe, anhand deren moralische Urteile gefällt werden, indifferent sind, erleichtern sie es einer Mehrzahl von moralischen Beurteilern, die sich auf unterschiedliche Moralauffassungen stützen, festzustellen, ob sie

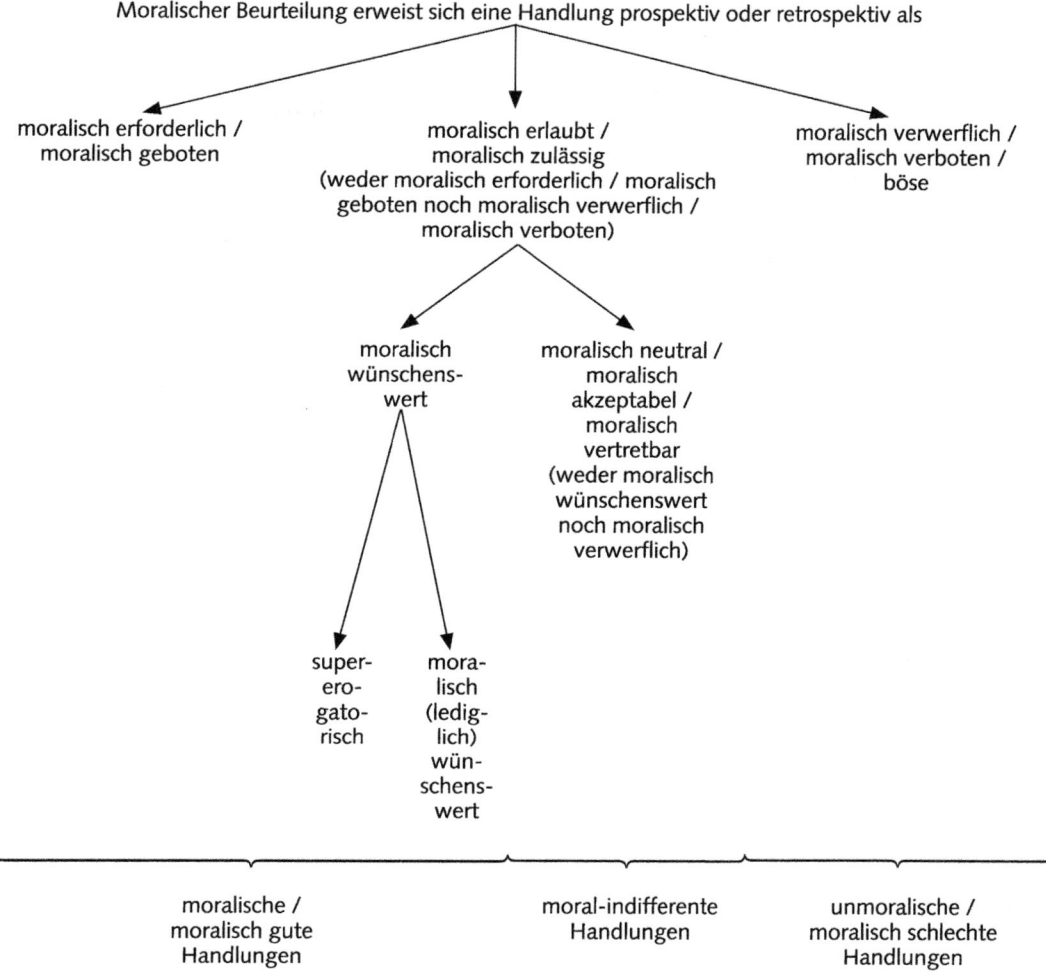

Abb. 2.1 Grundkategorien der moralischen Beurteilung von Handlungen

in der moralischen Beurteilung einer konkreten Handlung übereinstimmen oder differieren. Zugleich ermöglichen sie es, die Leistungsfähigkeit unterschiedlicher normativer Ethiken differenziert zu beurteilen. Beispielsweise wird man die Leistungsfähigkeit einer Ethik als desto geringer erachten müssen, je weniger sie zwischen den unterschiedlichen Spielarten moralisch erlaubter Handlungen zu differenzieren vermag. Eine Ethik, die nur zwischen moralisch guten und moralisch schlechten Handlungen zu unterscheiden oder Handlungen allein auf der Grundlage der Dichotomie von ‚gut' und ‚böse' zu evaluieren vermag, wird deshalb vor den Aufgaben Angewandter Ethik versagen.

Schließlich kann die Explikation der Grundkategorien moralischer Beurteilung dazu beitragen, ein weit verbreitetes Vorurteil zu korrigieren. Denn sie verdeutlicht, dass die Moral keineswegs ein bloßes System von Forderungen und Verboten ist. Und sie vermag einsichtig zu machen, warum die moralische Beurteilung von Handlungen in vielen Fällen weder in eine Forderung noch in ein Verbot, in einer bestimmten Weise zu handeln, einmündet, sondern auch einem Akteur, der moralisch zu handeln bestrebt ist, die Entscheidung zwischen Handlungsalternativen überlässt.

2.5 Zum Verhältnis der moralischen Bewertungen unterschiedlicher Bewertungsgegenstände zueinander

Auch wenn sich für alle moralischen Urteile ein trichotomischer kategorialer Rahmen annehmen lässt, wird die moralische Beurteilung einer Handlung diese nicht in jedem Fall in dieselbe Grundkategorie einordnen wie z. B. das Motiv des Handelnden, dessen Absicht, Einstellung oder Charakter. Aus der Einschlägigkeit einer bestimmten Grundkategorie im Hinblick auf die moralische Bewertung von Bewertungsgegenständen eines bestimmten Typs (z. B. von Handlungen) lässt sich nämlich auch dann nicht auf die Einschlägigkeit derselben Kategorie hinsichtlich der moralischen Bewertung von Gegenständen eines anderen Typs (z. B. Absicht oder Charakter) schließen, wenn zwischen den fraglichen Bewertungsgegenständen unterschiedlichen Typs sachlich ein Zusammenhang besteht: Ein moralisch schlechtes Motiv ist nicht notwendigerweise die motivationale Quelle einer verwerflichen Handlung; und eine verwerfliche Handlung geht nicht unbedingt auf moralisch schlechte Motive zurück. Ebenso kann aus einer moralisch lobenswerten Einstellung sowohl eine moralisch verwerfliche als auch eine supererogatorische Handlung erwachsen – wie auch ein moralisch hervorragender Charakter weder eine Garantie dafür bietet, dass die betreffende Person niemals verwerflich handelt, noch dafür, dass von ihr jederzeit supererogatorische Handlungen zu erwarten sind. Allenfalls dann, wenn man *per definitionem* die moralische Qualität einer Handlung mit der moralischen Qualität der Absicht des Akteurs identifiziert, kann sich ein sachlicher Zusammenhang zwingend ergeben. Da es aber unstreitig ist, dass es einen Unterschied zwischen gut Gemeintem und gut Gemachtem gibt, wäre eine solche Ad-hoc-Definition dem Phänomen offensichtlich nicht angemessen. Dass sich, von der Möglichkeit einer solchen Stipulation einmal abgesehen, Urteile über die moralische Qualität einer Handlung und Urteile über die moralische Qualität der Motive, Absichten, Einstellungen oder des Charakters der die Handlung ausführenden Person nicht in jedem Fall ineinander übersetzen oder aufeinander zurückführen lassen, lässt sich jedoch erst dann erkennen, wenn man die Grundkategorien dieser wie jener Form moralischer Bewertung hinreichend differenziert expliziert.

Literatur

Bayertz, Kurt: Warum überhaupt moralisch sein? München 2004.
Bayertz, Kurt: „Was ist angewandte Ethik?". In: Johann S. Ach/Kurt Bayertz/Ludwig Siep (Hg.): Grundkurs Ethik, Bd. 1: Grundlagen. Paderborn 2008, 165–179.
Birnbacher, Dieter: Analytische Einführung in die Ethik [2003]. Berlin/Boston ³2013.
Celikates, Robin/Gosepath, Stefan (Hg.): Philosophie der Moral. Texte von der Antike bis zur Gegenwart. Frankfurt a. M. 2009.
Frankena, William K.: Ethik. Eine analytische Einführung. Wiesbaden ⁶2017 (engl. 1963).
Gert, Bernard: Morality. Its Nature and Justification. New York/Oxford 1998.
Joerden, Jan C.: Logik im Recht. Grundlagen und Anwendungsbeispiele [2005]. Berlin/Heidelberg ³2018.
Kamp, Georg: Logik und Deontik. Über die sprachlichen Instrumente praktischer Vernunft. Paderborn 2001.
Pfordten, Dietmar von der: Normative Ethik. Berlin/New York 2010.
Schmücker, Reinold: „Normative Resources and Domain-specific Principles: Heading for an Ethics of Copying". In: Darren H. Hick/Reinold Schmücker (Hg.): The Aesthetics and Ethics of Copying. New York/London 2016, 359–377.
Schmücker, Reinold: „Natur und Erfahrung – Oder: Wie Ethik vielleicht möglich ist". In: Matthias Hoesch/Sebastian Laukötter (Hg.): Natur und Erfahrung. Bausteine zu einer praktischen Philosophie der Gegenwart. Münster 2017, 21–38.
Wessels, Ulla: Die gute Samariterin. Zur Struktur der Supererogation. Berlin/New York 2002.
Witschen, Dieter: Mehr als die Pflicht. Studien zu supererogatorischen Handlungen und ethischen Idealen. Fribourg/Freiburg i. Br./Wien 2006.
Wright, Georg H. von: Handlung, Norm und Intention. Untersuchungen zur deontischen Logik. Hg. von Hans Poser. Berlin/New York 1977.

Argumentationsstrukturen in der Angewandten Ethik

Holm Tetens

3.1 Grundsätzliches zur Rekonstruktion von Argumenten

Beim Argumentieren führen wir die Wahrheit eines Satzes, die Konklusion des Arguments, auf die Wahrheit anderer Sätze, die Prämissen des Arguments, zurück (Tetens 2010). Wer argumentiert, behauptet dreierlei: (1) Die Prämissen sind wahr. (2) Wenn die Prämissen wahr sind, ist auch die Konklusion wahr, weil ein wahrheitserhaltendes Schlussprinzip auf die Prämissen angewendet die Konklusion ergibt. (3) Deshalb ist die Konklusion wahr. Mithin hat ein vollständig rekonstruiertes Argument die Form:

1. Prämisse P_1
2. Prämisse P_2
   .
   .
   .
n. Prämisse P_n
n+1. Wahrheitserhaltendes Schlussprinzip
   (Anwendung von n+1 auf 1 bis n)
n+2. Konklusion K

Auch in der Angewandten Ethik legen einige Autoren viel Wert auf die Unterscheidung von deduktiven und induktiven Argumenten (etwa Vieth 2006, 47–55; Nida-Rümelin 1996). Diese Unterteilung ist aber eine rein formal-logische und daher für Argumente in der Ethik und Angewandten Ethik insofern nicht zentral und erhellend, als dort inhaltlich geschlossen und argumentiert wird. Beim inhaltlichen Schließen sind die Schlussprinzipien material-begrifflich wahre Sätze wie „Sind Situationen in den moralisch relevanten Hinsichten gleich, so bestehen in Bezug auf sie auch dieselben moralischen Gebote (Verbote, Erlaubnisse)" oder „Wenn etwas geboten ist und das Gebotene durch etwas gefährdet wird, so ist das Gefährdende nicht erlaubt, es sei denn ein höherwertiges Gut ist gefährdet". Material-begriffliche Wahrheiten zeichnen sich durch zwei miteinander zusammenhängende Merkmale aus. (1) Von kompetenten Sprechern gewisser Ausdrücke erwartet man, dass sie entsprechende material-begriffliche Wahrheiten, in denen diese Ausdrücke wesentlich vorkommen, kennen und ihnen zustimmen. (2) Unter anderem mit material-begrifflichen Wahrheiten werden einem noch unkundigen Sprecher bestimmte Ausdrücke erläutert und erklärt. Der Satz „Sind Situationen in den moralisch relevanten Hinsichten gleich, so bestehen in Bezug auf sie auch dieselben moralischen Gebote (Verbote, Erlaubnisse)" ist in dem erläuterten Sinne material-begrifflich wahr.

H. Tetens (✉)
Freie Universität Berlin, Berlin, Deutschland
E-Mail: tetens@zedat.fu-berlin.de

Denn wie immer man im Einzelnen Situationen und Handlungsweisen moralisch beurteilen mag, wir können dabei nicht verzichten auf die Rede von Situationen und Handlungen, die in moralisch relevanter Hinsicht gleich sind, und unser Satz beinhaltet eine minimale begriffliche Bestimmung des Ausdrucks „*in moralisch relevanter Hinsicht gleich sein*".

Argumente werden nur selten wirklich transparent präsentiert. Deswegen lassen sie sich oft nur schwer kritisch analysieren und nachvollziehen (vgl. zur Bewältigung dieser Schwierigkeit Brun/Hirsch Hadorn 2009; Tetens 2010). Hier ein Beispiel aus der Angewandten Ethik für ein nur bruchstückhaft expliziertes Argument (s. Kap. 104):

> „Immer wieder wird versucht, die Frage nach dem Sinn des Lebens durch die Forderung nach aktiver Sterbehilfe zu beantworten. Der Ruf nach dem erlösenden Tod ist jedoch nicht selten ein Schrei nach Nähe und Begleitung sowie die Bitte, nicht allein gelassen zu werden. Gerade das Verhältnis zwischen Arzt bzw. Ärztin und Patienten ist von dem Vertrauen getragen, dass der ärztliche Auftrag unbedingt gilt: menschlichem Leben nicht zu schaden, sondern es zu erhalten und zu fördern. Dieses Vertrauen würde erheblich gefährdet, wenn dieser Auftrag infrage gestellt wird. Deswegen setzen sich die Kirchen für eine Ablehnung jeder Form von aktiver Sterbehilfe […] ein." (Evangelische Kirche in Deutschland und Deutsche Bischofskonferenz 1996.)

Was sind die Prämissen unseres Beispiels, was seine Konklusion? Was findet sich davon explizit im Text? Die Konklusion liegt auf der Hand: Aktive Sterbehilfe soll verboten sein. Die Prämissen des Arguments sind schon schwerer zu identifizieren. Aber die entscheidende Prämisse scheint zu sein, dass aktive Sterbehilfe das unbedingt nötige Vertrauensverhältnis zwischen Arzt und Patient gefährdet. Man könnte das entscheidende Argument also erst einmal so zusammenfassen: Sterbehilfe ist zu verbieten, weil sie das Vertrauensverhältnis zwischen Arzt und Patient gefährdet. Warum Sterbehilfe diese Wirkung hat, deutet der Text auch an. Das Verhältnis zwischen Arzt und Patient müsse von dem Vertrauen getragen sein, dass der ärztliche Auftrag unbedingt dem Ziel gilt, menschliches Leben zu erhalten und zu fördern. Sterbehilfe widerspreche diesem Auftrag. Der Text enthält also mindestens zwei Teilargumente, die nur skizziert sind. Das meiste ist zu ergänzen, etwa so:

(1) Prämisse: Bei der aktiven Sterbehilfe wird menschliches Leben nicht erhalten und gefördert.

(2) Prämisse: Jede Handlungsweise von Ärzten, die menschliches Leben nicht erhält und fördert, stellt den ärztlichen Auftrag in Frage.

(3) Schlussprinzip: Besitzen alle Handlungen der Art X die Eigenschaft Y und sind Handlungen der Art Z von der Art X, so besitzen Handlungen der Art Z die Eigenschaft Y. (Anwendung von 3 auf 1 und 2)

(4) Zwischenkonklusion: Also stellt aktive Sterbehilfe den ärztlichen Auftrag in Frage.

(5) Prämisse: Handlungen von Ärzten, die den ärztlichen Auftrag in Frage stellen, gefährden das Vertrauensverhältnis zwischen Arzt und Patient erheblich. (Anwendung von 3 auf 4 und 5).

(6) Zwischenkonklusion: Also gefährdet aktive Sterbehilfe das Vertrauensverhältnis zwischen Arzt und Patient.

(7) Prämisse: Zwischen Arzt und Patient soll ein Vertrauensverhältnis bestehen.

(8) Prämisse: Durch das Verbot der Sterbehilfe wird kein Gut gefährdet, das höher zu bewerten ist als das Vertrauensverhältnis zwischen Arzt und Patient.

(9) Schlussprinzip: Wenn etwas geboten ist und das Gebotene durch etwas gefährdet wird, so ist das Gefährdende nicht erlaubt, es sei denn ein höherwertiges Gut ist gefährdet. (Anwendung von 9 auf 6 bis 8)

(10) Konklusion: Also ist aktive Sterbehilfe nicht erlaubt.

Zwei Argumente können vielerlei gemeinsam haben. Insbesondere können sie in den Schlussprinzipien oder bestimmten Prämissen übereinstimmen. Es zeichnet Schlussprinzipien aus, dass sie sich auf eine ganze Klasse von Prämissen anwenden lassen. Zugleich verlangen bestimmte Schlussprinzipien Prämissen einer bestimmten Form, so dass Argumente, denen dasselbe Schlussprinzip zugrunde liegt, sich strukturell ebenfalls in den Prämissen gleichen.

Solche Argumente gehorchen demselben Argumentationsmuster (vgl. Kienpointner 1996 und Tetens 2010). Argumentationsstrukturen für ein Themenfeld zu untersuchen, heißt vor allem, die thematisch einschlägigen Argumentationsmuster zu identifizieren.

Erläutern wir dies an einem berühmten Argument von Peter Singer, warum wir Bürger der reichen hochindustrialisierten Länder zur Hilfe für die Ärmsten der Armen verpflichtet sind (s. Kap. 78):

> „Der Weg von der Bibliothek meiner Universität zum Hörsaalgebäude der Geisteswissenschaften führt an einem flachen Zierteich vorbei. Angenommen, ich bemerke auf meinem Weg zur Vorlesung, dass ein kleines Kind hineingefallen ist und Gefahr läuft zu ertrinken. Würde irgendwer bestreiten, dass ich hineinwaten und das Kind herausziehen sollte? Dies würde zwar bedeuten, dass ich mir die Kleidung beschmutze und meine Vorlesung entweder absagen oder verschieben muss, bis ich etwas Trockenes zum Umziehen finde; aber verglichen mit dem vermeidbaren Tod eines Kindes wäre das unbedeutend." (Singer 1984, 229)

Singer argumentiert kasuistisch, d. h. durch Vergleich mit einem typisierten Einzelfall. In der Rekonstruktion lautet Singers Argument:

(1) Prämisse: Kommen wir an einem Teich vorbei, in dem ein Kind gerade zu ertrinken droht, so sind wir verpflichtet, alles in unserer Macht Stehende zu tun, um das Kind zu retten.
(2) Prämisse: Die Ärmsten der Armen befinden sich unter moralisch relevanten Gesichtspunkten in der gleichen Situation wie ein Kind, das gerade in einem Teich zu ertrinken droht.
(3) Prämisse: Unter moralisch relevanten Gesichtspunkten sind wir Bewohner der hochindustrialisierten Länder in der gleichen Situation, wie ein Spaziergänger, der gerade an einem Teich vorbeikommt, in dem ein Kind zu ertrinken droht.
(4) Schlussprinzip: Sind Situationen in den moralisch relevanten Hinsichten gleich, so bestehen in Bezug auf sie auch dieselben moralischen Pflichten. (Anwendung von 4 auf 1, 2 und 3)
(5) Konklusion: Also sind wir Bewohner der hochindustrialisierten Länder verpflichtet, alles in unserer Macht Stehende und uns Zumutbare zu tun, den Ärmsten der Armen zu helfen.

Das Argumentationsmuster für kasuistisches Argumentieren in der Ethik lässt sich in der folgenden Weise darstellen:

(1) Prämisse: In der Situation S_1 ist p geboten (verboten, erlaubt).
(2) Prämisse: Die Situation S_2 unterscheidet sich in moralisch relevanten Hinsichten nicht von der Situation S_1.
(3) Schlussprinzip: Sind Situationen in den moralisch relevanten Hinsichten gleich, so bestehen in Bezug auf sie auch dieselben moralischen Gebote (Verbote, Erlaubnisse). (Anwendung von 3 auf 1 und 2)
(4) Konklusion: Also ist in der Situation S_2 p geboten (verboten, erlaubt).

Wie das Argumentationsmuster zeigt, basieren kasuistische Argumente in der Ethik auf dem Schlussprinzip: „Sind Situationen in den moralisch relevanten Hinsichten gleich, so bestehen in Bezug auf sie auch dieselben moralischen Gebote (Verbote, Erlaubnisse)".

3.2 Eine fundamentale Argumentationsnorm für die Angewandte Ethik

Die Angewandte Ethik ist vom Rest der Ethik schwer abzugrenzen. Die Übergänge sind fließend. Die Bezeichnung ‚Angewandte Ethik' legt die Vorstellung nahe, dass in der Ethik fundamentale Prinzipien und Normen begründet werden, wobei die Begründungsverfahren selber noch einmal in der Metaethik reflektiert werden, und dass die Angewandte Ethik diese fundamentalen Prinzipien und Normen auf spezielle Fälle anwendet. Das für die so verstandene Angewandte Ethik typische Argumentationsmuster wäre daher eigentlich die Subsumtion eines speziellen Falles unter eine generelle Norm:

(1) Prämisse: Es ist die allgemeine Norm gerechtfertigt, dass es unter Bedingungen der Art B geboten (verboten, erlaubt) ist, dass p.

(2) Prämisse: S erfüllt Bedingungen der Art B und die Anwendung der Norm läuft in diesem Falle darauf hinaus, dass h gelten soll.
(3) Schlussprinzip: Worauf die Anwendung einer gerechtfertigten Norm im besonderen Fall hinausläuft, ist geboten. (Anwendung von 3 auf 1 und 2)
(4) Konklusion: Also ist es im Fall S geboten (verboten, erlaubt), dass h.

Zweifellos wird in der Angewandten Ethik nach diesem Muster argumentiert, gleichwohl ist seine Anwendung gerade dort einzuschränken. Denn über fundamentale Prinzipien und Normen in der Ethik und Metaethik sind wir uns nicht einig. Die kontroversen Debatten darüber halten an, und sie werden kaum eines Tages dem großen Konsens weichen (zur Argumentationstheorie kontroverser Debatten vgl. Betz 2010 und Tetens 2010). Die Debatten über die Grundlagen der Ethik und Metaethik sind wissenschaftliche Diskussionen, die ziemlich weit von konkreten Problemen entfernt sind und jedenfalls nicht unter einem Einigungszwang stehen. Anders in der Angewandten Ethik, die sich mit ethischen Fragen befasst, die keineswegs nur akademisch relevant sind. Es geht um dringliche ethische Probleme, die, wenn sie nicht möglichst einvernehmlich geregelt werden, den sozialen, politischen, ökonomischen und kulturellen Zusammenhalt der Menschen ernsthaft gefährden können. Dann aber sollte man nicht auf fundamentale Normen zurückgreifen, die in aller Regel ethisch und metaethisch strittig sind. Eine fundamentale Argumentationsnorm regiert insgeheim die Angewandte Ethik: „Versuche in der Angewandten Ethik Fragen nach Möglichkeit so zu klären, dass der immer zu erwartende Dissens in den Grundlagen der Ethik und Metaethik gar nicht erst zum Tragen kommt." Mithin erschöpft sich die Angewandte Ethik keineswegs darin, fundamentale Prinzipien der Ethik und Metaethik auf Spezialfälle anzuwenden.

Ein Beispiel: Norbert Hoerster begründet innerhalb seiner „interessenorientierten Ethik" ein Verbot der Tötung menschlicher Personen (vgl. Hoerster: *Ethik des Embryonenschutzes – Ein rechtsphilosophischer Essay.* Stuttgart 2002) (s. Kap. 87 & 99).

(1) Prämisse: Jede rationale Person hat das Interesse zu überleben.
(2) Prämisse: Jede rationale Person kann einsehen, dass es notwendig ist, für sie selber das Recht auf Leben institutionell zu garantieren, damit sie überlebt.
(3) Schlussprinzip: Wenn eine rationale Person das Interesse I hat und einsieht, dass für die Realisierung des Interesses I B notwendig ist, so hat die Person ein Interesse an B. (Anwendung von 3 auf 1 und 2)
(4) Zwischenkonklusion: Eine rationale Person hat ein Interesse daran, dass für sie selber das Recht zu leben institutionell garantiert ist.
(5) Prämisse: Jede rationale Person kann einsehen, dass das Recht auf Leben für niemanden institutionell garantiert ist, wenn es nicht für alle menschlichen Wesen garantiert ist. (Anwendung von 3 auf 4 und 5)
(6) Zwischenkonklusion: Jede rationale Person hat das Interesse, dass das Recht auf Leben für alle menschlichen Wesen institutionell garantiert ist.
(7) Prämisse: Das Fundamentalprinzip der Interessenorientierten Ethik ist gerechtfertigt, wonach es moralisch geboten ist, alles herbeizuführen, was durch Handlungen oder Unterlassungen von Handlungen realisiert werden kann und woran jeder rationale Mensch ein Interesse hat.
(8) Schlussprinzip: Worauf eine gerechtfertigte Norm in der Anwendung hinausläuft ist moralisch geboten. (Anwendung von 8 auf 6 und 7)
(9) Konklusion: Also ist es moralisch geboten, dass das Recht auf Leben für alle menschlichen Wesen institutionell garantiert ist.

Die Prämisse 7 ist strittig. Viele Ethiker werden daher diese Begründung für das Gebot, das Leben für alle menschlichen Wesen institutionell zu garantieren, nicht mittragen. Trotzdem meldet sich Hoerster zu der Frage der Angewandten Ethik, ob Embryonen getötet werden dürfen, mit einem Argument zu Wort, dessen zwei Anfangsprämissen sich auf Prämisse 7 und auf das eben dargestellte Argument stützen.

(1) Prämisse: Rational lässt sich eine Norm nur mit Hilfe des Fundamentalprinzips einer interessenorientierten Ethik begründen.

(2) Prämisse: Mit Hilfe des Fundamentalprinzips einer interessenorientierten Ethik lässt sich die Institutionalisierung des Rechts auf Leben nur für Wesen begründen, die ein Interesse am Überleben haben.
(3) Prämisse: Embryonen haben kein Interesse am Überleben.
(4) Schlussprinzip: Was eine notwendige Bedingung für eine rationale Begründung nicht erfüllt, lässt sich nicht rational begründen. (Anwendung von 4 auf 1 bis 3)
(5) Zwischenkonklusion: Es lässt sich nicht rational begründen, für Embryonen ein Recht auf Leben zu institutionalisieren.
(6) Schlussprinzip: Lässt sich nicht rational die Pflicht begründen, etwas zu unterlassen ist, so ist es erlaubt. (Anwendung von 6 auf 5)
(7) Konklusion: Also ist es erlaubt, Embryonen zu töten.

Dieses Argument wird nur den überzeugen, der mit Hoerster auf dem Boden einer interessengeleiteten Ethikbegründung steht und deshalb rationale Begründung mit einer Begründung auf der Grundlage der interessenorientierten Ethik gleichsetzt, also nicht jeden.

Das Beispiel der Argumentation von Hoerster könnte Zweifel aufkommen lassen, ob sich die oben formulierte Argumentationsnorm für die Angewandte Ethik überhaupt einlösen lässt. Ein solch prinzipieller Zweifel ist übertrieben. Zum Beispiel kann dieselbe speziellere Norm N einmal mit Hilfe geeigneter weiterer Prämissen aus einer Fundamentalnorm F_1 und das andere Mal wieder mit geeigneten Prämissen aus der Fundamentalnorm F_2 abgeleitet werden, obwohl sich F_1 und F_2 in den Konsequenzen für andere Fälle widersprechen. Anhänger von F_1 und Anhänger von F_2 liegen hinsichtlich ihrer Fundamentalnormen miteinander im Streit, aber über N sind sie sich einig. Lässt sich ein Problem der Angewandten Ethik schon durch Berufung auf N lösen, so fordert unsere Argumentationsnorm die Ethiker auf, diese Lösung zu akzeptieren und ihren Dissens über die Begründung von N auf sich beruhen zu lassen. Diese hier ganz abstrakt beschriebene Konstellation ist nicht nur eine logische Möglichkeit, sie

ist eine Realität unserer ethischen Debatten. So oft wir uns in Grundsatzfragen in den Haaren liegen, so einig sind wir uns oft in spezielleren Fragen. Immer einmal wieder kann man ethische und metaethische Grundsatzdebatten umgehen.

Einen Weg, das zu tun, stellt das kasuistische Argumentieren dar. Im obigen Beispiel vermeidet der Utilitarist Singer eine streng utilitaristische Argumentation. Er verschafft seinem Argument eine gewisse Überzeugungskraft vor allem durch eine Intuition, die nicht nur Utilitaristen unterschreiben: Fast jeder von uns sieht sich verpflichtet, ein Kind, das zu ertrinken droht, aus seiner Lage zu befreien.

Philosophen mit höchst unterschiedlichen Vorstellungen darüber, wie sich welche fundamentalen ethischen Normen und Prinzipien rechtfertigen lassen, beurteilen viele Einzelfälle übereinstimmend. Das hängt nicht zuletzt damit zusammen, dass fast alle Versuche, fundamentale ethische Prinzipien zu begründen, immer auch ein Überlegungsgleichgewicht herzustellen haben zwischen fundamentalen Prinzipien und unseren moralischen Intuitionen. Moralische Intuitionen sind eine eigenständige Quelle ethischer Einsichten und ein fundamentales ethisches Prinzip, das in seinen Konsequenzen allen unseren moralischen Intuitionen widerspricht, hätte kaum eine Chance, akzeptiert zu werden. Natürlich bleibt richtig, dass unsere Intuitionen nicht sakrosankt sind; manchmal werden sie im Lichte von Prinzipien und Normen verworfen, die sich gut begründen lassen und sich bei anderen, noch stärkeren und gewichtigeren Intuitionen bewähren. Dennoch teilen wir viele moralische Intuitionen, und mit ihnen lassen sich über kasuistische Argumente viele Probleme der Angewandten Ethik jenseits des Streits um die Prinzipien angehen.

3.3 Konflikte und Dilemmata in der Angewandten Ethik

Spätestens mit der Angewandten Ethik kann nicht mehr verdrängt werden, dass die Begründung ganz allgemeiner Moralprinzipien in der Ethik und Metaethik eine Sache ist, eine andere ist es, konkretere Situationen moralisch angemessen zu bewältigen. Mit allgemeinen Moralprinzipien sind wir nicht schon auf alle moralisch relevanten Situationen vorbereitet, vor die uns das Leben stellt. Keineswegs können allgemeine Normen bereits alles antizipieren, was moralisch gemeistert sein will. Solche Situationen bringt besonders die Angewandte Ethik in großer Zahl zum Vorschein. Bei ihnen stellt sich dann zum Beispiel heraus, dass zwei allgemeine Normen auf den in Frage stehenden Fall durchaus passen und insofern auch anzuwenden sind, hier aber jeweils zu etwas Unvereinbarem auffordern. Die beiden Normen, die bisher als kompatibel galten, erweisen sich nun als unverträglich miteinander.

Schon unser Eingangsbeispiel zur aktiven Sterbehilfe birgt einen solchen Konflikt. Es konfligieren (unter anderem) miteinander: (a) ein allgemeines Selbstbestimmungsrecht der Patienten, (b) der selbstbestimmte Wunsch und Wille, auf humane Weise von den Leiden einer unheilbaren Krankheit endgültig erlöst zu werden, (c) die Pflicht des Arztes, Leben zu erhalten, und (d) die Wahrung eines allgemeinen gesellschaftlichen Vertrauensverhältnisses zwischen Arzt und Patient. Für die Kirchen haben offensichtlich die Aspekte (c) und (d) einen höheren Wert als die Aspekte (a) und (b). Es gehört zum tagtäglichen Brot der Angewandten Ethik, Konflikte dieser Art beizulegen, indem man Vorrangregeln zwischen Normen oder moralischen Gütern oder, was letztlich auf dasselbe hinausläuft, Ausnahmen für Normen begründet. Es ist prinzipiell legitim, Normen partiell zu suspendieren oder gänzlich zu verwerfen, weil sie sich im Lichte neuer Erfahrungen und in Konfrontation mit bisher nicht bedachten Situationen als problematisch, zum Beispiel als konflikträchtig mit anderen Normen erweisen. Die Legitimität zeigt das nachfolgende Argumentationsmuster. Es basiert auf dem fundamentalen Prinzip, dass Unmögliches zu tun nicht moralisch geboten sein kann:

(1) Prämisse: In Situationen des Typs S lassen sich die an sich einschlägigen Normen N_1 und N_2 nicht gleichzeitig befolgen.
(2) Schlussprinzip: Was nicht gleichzeitig getan werden kann, kann nicht beides geboten sein.
(3) Zwischenkonklusion: Also kann in Situationen vom Typ S nicht geboten sein, gleichzeitig die Norm N_1 und N_2 zu befolgen.
(4) Schlussprinzip: Kann in einer Situation nicht geboten sein, zwei Handlungen auszuführen, so muss es erlaubt sein, eine von beiden oder beide zu unterlassen.
(5) Konklusion: Also muss es erlaubt sein, in Situationen vom Typ S eine der beiden Normen N_1 oder N_2 oder beide nicht zu befolgen.

Dieses Argumentationsmuster gibt keinerlei Auskunft darüber, welche Ausnahmen zulässig sind. Gründe gegen Ausnahmen werden unter anderem immer wieder über Slippery-Slope-Argumente oder auch Dammbruch-Argumente in die Debatten der Angewandten Ethik eingebracht.

(1) Prämisse: In Situationen vom Typ S die Geltung der an sich einschlägigen Norm N aus *prima facie* durchaus bedenkenswerten Gründen außer Kraft zu setzen, wird langfristig Folgen der Art F haben.
(2) Prämisse: Folgen der Art F sind unbedingt zu vermeiden.
(3) Schlussregel: Eine Handlungsweise mit Folgen, die unbedingt zu vermeiden sind, sollte ihrerseits unterbleiben. (Anwendung von 3 auf 1 und 2)
(4) Konklusion: In Situationen vom Typ S sollte die Geltung der Norm N nicht außer Kraft gesetzt werden.

Oft wird in einer speziellen Version argumentiert, wo Prämisse 1 zum Inhalt hat, dass die allgemeine Beachtung der Norm N auch in Situationen anderen Typs als S nicht mehr durchgesetzt werden kann, und Prämisse 2 festhält, dass die Befolgung der Norm N in anderen Situationen als S aber unbedingt durchgesetzt werden sollte.

3.4 Zusammenfassung

Wer von Argumentationsstrukturen in einem bestimmten Themenfeld redet, sollte vor allem die für das betreffende Gebiet einschlägigen und üblichen Argumentationsmuster im Blick haben. Allen aus der Ethik und Metaethik bekannten Argumentationsmustern begegnet man in der Angewandten Ethik wieder. Insofern weist die Angewandte Ethik nicht völlig anders geartete Argumentationsstrukturen auf als der Rest der Ethik und Metaethik. Trotzdem sind einige Argumentationsprobleme in der Angewandten Ethik besonders dringlich und für sie typisch. Sie hängen alle mit den spezifischen Grenzen allgemeiner Normen und Prinzipien in der Angewandten Ethik zusammen. Einerseits sollte die Angewandte Ethik moralische Probleme möglichst so lösen, dass sie nicht auf die prinzipiell kontroversen generellen Prinzipien der Ethik und Metaethik zurückgreifen muss. Andererseits hat die Angewandte Ethik mit der besonderen Schwierigkeit zu kämpfen, dass die Anwendung genereller Normen und Prinzipien auf spezielle Problemlagen keineswegs trivial ist, immer einen mehr oder weniger großen Interpretationsspielraum offen lässt und oftmals Konflikte zwischen Normen sichtbar macht, die vor ihrer Anwendung auf die konkreteren Problemfälle unentdeckt geblieben waren.

Literatur

Betz, Gregor: Theorie dialektischer Strukturen. Frankfurt a. M. 2010.
Brun, Georg/Hirsch Hadorn, Gertrude: Textanalysen in den Wissenschaften. Inhalte und Argumente analysieren und verstehen. Zürich 2009.
Evangelische Kirche in Deutschland und Deutsche Bischofskonferenz: Im Sterben: Umfangen vom Leben, Gemeinsame Texte 6. Bonn/Hannover 1996.
Fisher, Alec: Critical Thinking. An Introduction. Cambridge 2006.
Foegelin, Robert J./Sinott-Armstrong, Walter: Understanding Arguments. An Introduction to Informal Logic. Cambridge 1997.
Kienpointner, Manfred: Vernünftig argumentieren. Regeln und Techniken der Diskussion. Reinbek 1996.
Nida-Rümelin, Julian: „Theoretische und angewandte Ethik, Paradigmen, Begründungen, Bereiche". In: Ders. (Hg.): Angewandte Ethik. Die Bereichsethiken und ihre theoretische Fundierung. Stuttgart 1996, 2–85.
Singer, Peter: Praktische Ethik. Stuttgart 1984, 229.
Tetens, Holm: Philosophisches Argumentieren. Eine Einführung. München ³2010.
Vieth, Andreas: Einführung in die Angewandte Ethik. Darmstadt 2006.

Prinzipienethik

Marcus Düwell

Eine Berufung auf Prinzipien spielt in der Angewandten Ethik eine große Rolle, aber ebenso werden Prinzipienethiken regelmäßig kritisiert. Dieses Kapitel bietet zunächst eine Übersicht über die Rolle von Prinzipien in der Angewandten Ethik und diskutiert danach das Modell des *Principlism,* die Rolle von Prinzipien in der normativen Ethik und einige Kritiken an Prinzipienethiken.

4.1 Prinzipien in der Angewandten Ethik

In der Angewandten Ethik werden ganz unterschiedliche Formen von Prinzipien verwendet. Dabei wird häufig zwischen Normen, Maximen, Regeln und Prinzipien begrifflich nicht deutlich unterschieden. Gut zu verteidigen ist etwa die folgende begriffliche Unterscheidung: *Normen* sind Handlungsbeurteilungen in Bezug auf (relativ) konkrete Handlungstypen, *Prinzipien* sind fundamentale normative Gesichtspunkte, wohingegen *Regeln* Konkretisierungen normativer Gesichtspunkte im Hinblick auf bestimmte Handlungsbereiche darstellen. Bei Prinzipien kann man allgemein zwischen (1) juridischen bzw. semi-juridischen Prinzipien, (2) normativ abhängigen sowie (3) moralisch-normativen Prinzipien unterscheiden.

Juridische Prinzipien sind in verschiedenen Rechtstraditionen entwickelt, wobei sie häufig moralische Prinzipien (mehr oder weniger unmittelbar) in das Recht inkorporieren. In der Angewandten Ethik, besonders in der Bioethik spielen ethische Theoriebildungen häufig in der Rechtsentwicklung eine wesentliche Rolle, besonders in der Entwicklung von *soft laws* in Form von internationalen Deklarationen oder Konventionen (etwa die Deklarationen der UNESCO oder die Konvention über Menschenrechte und Biomedizin), die unterschiedliche Formen von Rechtsverbindlichkeit besitzen. Ebenso finden sich *berufsethische* Prinzipien (etwa ärztliche Standards wie „primum non nocere"), bei denen es sich weniger um Prinzipien im strikten Sinne sondern um *Faustregeln* handelt, deren Bedeutung sich auf die alltägliche normative Orientierung in vertrauten Handlungskontexten beschränkt.

In verschiedenen Handlungsbereichen haben sich *normativ-abhängige Prinzipien* etabliert, die in ihrer normativen Signifikanz von genuin normativen Prinzipien abhängig sind (begrifflich ist es vielleicht angemessener hier von *Regeln* zu sprechen). So wird etwa in der Technikethik vom *Prinzip der Fehlerfreundlichkeit* gesprochen: Technologien sind fehlerfreundlich, wenn sie die Möglichkeit von Fehlern der

M. Düwell (✉)
TU Darmstadt, Darmstadt, Deutschland
E-Mail: mduwell62@posteo.net

Benutzer bei der Gestaltung der Technologie bewusst berücksichtigen (etwa durch Möglichkeiten zur Revision von fehlerhaften Entscheidungen oder durch Begrenzungen des möglichen Schadensausmaßes). Ein anderes Beispiel ist das *Vorsichtsprinzip (precautionary principle)*, das vorsieht bei Unsicherheiten über Handlungsfolgen mit der Möglichkeit zu rechnen, dass sich die schlechteste Prognose bewahrheitet. Das Vorsichtsprinzip ist -juridisch etabliert, aber zugleich umstritten, etwa weil die durchgängige Berücksichtigung der schlechtesten Prognose zu Untätigkeit führen würde. *Normativ abhängige Prinzipien benötigen normative Prinzipien um ihre normative Relevanz zu begründen.* So kann etwa das Vorsichtsprinzip aus dem Schadensprinzip oder aus Menschenrechten und Menschenwürde abgeleitet werden (Beyleveld/Brownsword 2001). Das Vorsichtsprinzip wäre dann als Anwendung von Verpflichtungen zum Schutz von grundlegenden Rechten oder zur Vermeidung von Schaden unter Bedingungen von unvollständiger oder gänzlich fehlender Kenntnis von Handlungsfolgen aufzufassen.

Von diesen abgeleiteten Prinzipien kann man *genuin moralische Prinzipien* unterscheiden. Eine Berufung auf ein moralisches Prinzip hat die Funktion, die moralische Richtigkeit einer Handlung, einer Handlungsmaxime oder einer Regel zu erweisen. Dabei kann man grob zwischen *monistischen* und *pluralistischen* Konzeptionen sowie *Prinzipien mittlerer Reichweite (mid-level principles)* unterscheiden, wobei die Terminologie uneinheitlich ist. Eine monistische Konzeption geht von einem höchsten moralischen Prinzip aus, das als höchstes Kriterium zur Beurteilung der Richtigkeit von Handlungsnormen fungiert. Beispiele dafür wären etwa das utilitaristische Prinzip der *allgemeinen Nutzenmaximierung (greatest happiness principle)* oder der Kantische *Kategorische Imperativ* (Kant 1986). Diese Prinzipien fungieren als höchster Beurteilungsgesichtspunkt für alle Handlungsbereiche; sie konkurrieren nicht mit anderen Prinzipien, sind allenfalls bereichsspezifisch zu konkretisieren. Dagegen gehen *pluralistische Konzeptionen* davon aus, dass es mehrere, nicht auf einander reduzierbare genuine moralische Prinzipien gibt; diese Prinzipien gelten dann lediglich *prima facie* und sind bei der Bestimmung konkreter moralischer Urteile gegeneinander abzuwägen. *Prinzipien mittlerer Reichweite* sind moralische Gesichtspunkte, die als Schnittmengen verschiedener normativer Konzeptionen gedacht werden können und entsprechend aus der Perspektive unterschiedlicher normativer Theorien rekonstruiert und begründet werden können. Das berühmteste Beispiel dafür sind die vier Prinzipien von Beauchamp/Childress im Konzept des sogenannten *Principlism*, das jetzt kurz vorgestellt werden soll. Der Unterschied zwischen Prinzipien mittlerer Reichweite und pluralistischen Konzeptionen ist nicht immer trennscharf.

4.2 ‚Principlism' – Darstellung und Kritik

‚Principlism' ist der vielleicht bekannteste Versuch einer Prinzipienethik im Kontext der Angewandten Ethik. Einige Autoren übersetzen den englischen Kunstausdruck ‚principlism' im deutschen sogar mit ‚Prinzipienethik' (Rauprich/Steger 2005), was sachlich unangemessen ist, insofern dies Konzept lediglich *eine* Form der Verwendung von Prinzipien in der Ethik darstellt. In dem Buch *Principles of Biomedical Ethics* (1979/2009) stellten Tom Beachaump und James Childress das Konzept erstmalig vor. Der Ansatz beruhte anfänglich auf der Einsicht, dass sich unabhängig von normativen Hintergrundtheorien und weltanschaulichen Überzeugungen alle Diskutanten in der Bioethik auf einige Prinzipien beziehen: *Autonomie, Wohltun, Nicht-Schädigung* und *Gerechtigkeit*. Die Autoren schlagen daher vor, diese Prinzipien als normativen Orientierungsrahmen in der Bioethik aufzufassen, der keiner Autorisierung durch eine weitere theoretische Begründung bedürfe. Die Aufgabe des ethischen Diskurses sei es vielmehr, diese vier Prinzipien im Hinblick auf konkrete Handlungssituationen *gegeneinander abzuwägen* und näher zu *spezifizieren*. Mit der Berufung auf diese vier Prinzipien erhoffte man sich, normative Bezugspunkte zu finden, die als Schnittmenge verschiedener normativer Theorien aufgefasst werden könnten. Man könne davon ausgehen, dass die Selbstbestimmung der Betroffenen und das Verbot der Schädigung normativ gültige Prinzipien seien und könne die ethische Diskussion daher auf die Frage konzentrieren, welches Prinzip in einer gegebenen Situation wichtiger sei und was es in dieser Situation konkret bedeute. Es ist nicht von vorneherein entschieden, welches Prinzip in welcher Situation den Vorzug verdient. Auch Versuche, dem Autonomieprinzip einen relativen Vorzug einzuräumen, wurden von den Autoren zurückgewiesen. Das Konzept ist zunächst lediglich als Bezugspunkt bio-ethischer Diskussionen eingeführt worden, wurde dann bisweilen aber auch als Rahmenkonzept für angewandt-ethische Diskussion überhaupt aufgefasst. Der theoretische Rahmen dieses Konzepts hat sich in den letzten Jahrzehnten allerdings verändert. Beauchamp/Childress haben in der ersten Fassung ihres Buches *Principles of Biomedical Ethics* (1979/2009) die vier Prinzipien als pragmatische Bezugspunkte des moralischen Diskurses eingeführt. Seither wurde das Buch mehrfach überarbeitet und theoretisch weiterentwickelt. Es wird mit Hilfe von Rawls' Theorie des ‚Überlegungsgleichgewichts' *(reflective equilibrium)* (Rawls 2002) und mithilfe einer Theorie von einer ‚geteilten Moral' *(common morality)* versucht, einen theoretischen Rahmen für dieses Konzept zu finden. Danach wären diese vier Prinzipien Ausdruck geteilter Moral, die weder induktiv aus vorfindlichen Überzeugungen abstrahiert noch deduktiv aus einem übergeordneten Prinzip abgeleitet werde, sondern sich in einem Reflexionsprozess begründen, bei dem zwischen wohlüberlegten moralischen Intuitionen und Moralprinzipien eine gegenseitige Korrektur und Kritik durchgeführt wird (vgl. Daniels 1996). Die normative Geltung der vier Prinzipien gründet also einerseits in der Tatsache, dass sie in geteilten Moralvorstellungen verwurzelt sind, andererseits in der Möglichkeit, sie kritisch auf ihre Kohärenz zu überprüfen. Dabei wird in diesem Begründungskonzept weder eine prinzipielle normative Priorität von Prinzipien noch von wohlüberlegten Urteilen angenommen. Gleichwohl ist es für die Validität der Prinzipien von wesentlicher Bedeutung, dass sie von geteilten Moralvorstellungen gedeckt sind. An das Konzept des ‚principlism' kann man eine Reihe von Fragen stellen, u. a.: (1) Sind die Prinzipien inhaltlich hinreichend bestimmt, um in konkreten Fragen normativ orientierend zu sein? (2) Nach welchem Kriterium soll bestimmt werden, welches Prinzip im Konfliktfall den Vorzug verdient? (3) Warum ist die Tatsache, dass die Prinzipien geteilte Überzeugungen rekonstruieren, ein hinreichender Grund, anzunehmen, dass wir von ihrer Geltung auch überzeugt sein sollten? (4) Warum stellen genau diese vier Prinzipien eine adäquate Rekonstruktion der geteilten Moral dar?

Für den Kontext dieses Beitrags kann man festhalten, dass im Konzept des ‚principlism' Prinzipien bereichsspezifische normative Orientierungen darstellen, dass es stets mehrere Prinzipien gibt und dass ihr normativer Gehalt durch vortheoretische Überzeugungen vorstrukturiert ist. Es kann innerhalb dieses Konzepts kein übergeordnetes Prinzip geben, dass die Anwendung der nachgeordneten Prinzipien strukturiert, da dieses dann ja wieder neue Begründungsfragen aufwerfen würde. Diese *mid-level-principles* werden einerseits dadurch begründet, dass sie eine Art Schnittmenge verschiedener normativer Konzeptionen darstellen, andererseits wird mit dem Überlegungsgleichgewicht eine Begründungskonzeption vorgeschlagen, nach dem diese Prinzipien als adäquate Formen der Moralbegründung erscheinen.

4.3 Prinzipien in der normativen Ethik

Andere Funktionen von Prinzipien finden wir in einer Reihe von Konzeptionen normativer Ethik. Eine Konzeption, die dem ‚principlism' noch recht nahekommt, wäre ein *pluralistisches Konzept normativer Ethik,* das davon ausgeht, dass es eine Reihe von moralischen Prinzipien gibt, die uns intuitiv plausibel erscheinen (daher keiner weiteren Begründung bedürfen) und sich nicht auf ein Prinzip reduzieren lassen (Die Verpflichtung, nicht zu lügen, andere nicht zu bestehlen, sie nicht zu töten etc.; vgl. etwa Audi 2004). Die moralischen Prinzipien wären dann *prima facie* gültig, und es ist die Aufgabe konkreter moralischer Urteile, die Prinzipien gegeneinander abzuwägen und aktuelle moralische Pflichten zu bestimmen. Fragen an diese Konzeption wären etwa zu stellen nach Kriterien zur Gewichtung der Prinzipien oder nach der Begründung des Intuitionismus. Dieses Konzept ist sachlich vergleichbar mit dem Konzept von prima-facie-Verpflichtungen von W.D. Ross (1930), der allerdings vermeiden wollte, diese prima-facie-Pflichten als Prinzipien anzusehen.

Diesen pluralistischen Konzeptionen stehen Konzeptionen gegenüber, die von einem einzigen Moralprinzip ausgehen. Im klassischen Utilitarismus etwa stellt das *größte Glück der größten Zahl* von Menschen (respektive leidensfähiger Wesen) das einzige Prinzip zur Bestimmung normativer Richtigkeit dar (vgl. Birnbacher 2011). In einigen libertären Konzeptionen werden die *Erhöhung von Freiheitsmöglichkeiten* als einziges Moralkriterium angenommen. Der Kantianismus geht davon aus, dass der *Kategorische Imperativ* das einzige Moralkriterium darstellt, wonach wir alle Handlungsmaximen daraufhin prüfen sollen, ob sie als allgemeines Gesetz gedacht werden können. Kant war der Auffassung, dass dieses Prinzip mit dem materialen normativen Gesichtspunkt identisch ist, wonach wir rationale Personen stets als Zweck unseres Handelns betrachten sollten. Eine moderne Variante davon präsentiert A. Gewirth (1978) mit dem *principle of generic consistency,* wonach wir moralisch verpflichtet sind, die notwendigen Voraussetzungen der Handlungsfähigkeit aller handlungsfähigen Wesen zu schützen. Diese werden bei Gewirth in einer Hierarchie von Grundrechten näher bestimmt.

Wesentlich ist hier, dass dieses oberste Prinzip höchste kriteriologische Funktion wahrnimmt und durch bereichsspezifische Prinzipien näher bestimmt werden kann. Diese wären dann aber in ihrer inhaltlichen Bestimmung und ihrer Gewichtung von dem obersten Prinzip abhängig. In der Regel wird die Ableitung spezifischer Normen aus einem höchsten Prinzip nicht deduktiv gedacht, da ja die Bestimmung konkreter Normen sowohl von dem moralischen Prinzip als auch von bestimmten empirischen Annahmen abhängig ist, weshalb es sich dabei um empirisch-normativ ,gemischte' Urteile handelt und nicht um deduktiv abgeleitete Normen (vgl. Düwell 2009, 5–10).

Über die Begründung von moralischen Prinzipien wird unterschiedlich gedacht. So wird etwa davon ausgegangen, dass einige inhaltliche moralische Gesichtspunkte bereits im Begriff der Moral vorhanden sind (so etwa ein Prinzip der unparteiischen Interessenberücksichtigung), weshalb keine weitere Begründung erforderlich sei. Andere Autoren sehen etwa das utilitaristische Moralprinzip als Basis des *common sense.* In kantischer Tradition wird dagegen eine transzendentale Begründung vorgeschlagen, die zu zeigen versucht, dass die Leugnung des höchsten Moralprinzips zu unlösbaren Widersprüchen führt. Transzendentale, dialektische oder rekursive Argumente haben also den Anspruch, die rationale Notwendigkeit des Moralprinzips zu erweisen.

4.4 Kritik an der Prinzipienethik

Prinzipienethischen Ansätzen werden vielfältig kritisiert. So gehen *kasuistische Ansätze* etwa davon aus, dass wir in moralischen Diskursen von typischen Fällen von Handlungen und deren moralischer Bewertung ausgehen, die wir dann durch Analogieschlüsse auf andere, komplexere Fälle übertragen (Jonsen/Toulmin 1988). Auch die *ethics of care* (Tronto 1993, siehe auch Nussbaum 2006) kritisiert die Abstraktheit von Prinzipien und schlägt stattdessen vor, aus der Analyse konkreter Beziehungen und der sorgenden Haltung von Menschen normative Gesichtspunkte für die Beurteilung umstrittener Handlungskontexte zu gewinnen (für ähnliche Kritik aus *phänomenologischer* Tradition oder von *narrativer Konzepten* vgl. Lesch 2003). Bei diesen Konzeptionen kann man jedoch fragen, ob nicht implizit Prinzipien vorausgesetzt werden: Wenn sich Jonsen und Toulmin auf ‚typische' Handlungsfälle beziehen, so wäre die Frage, ob diese nicht auch als Prinzipien formuliert werden könnten. Wer etwa Fälle erzählt, in denen wir im Regelfall davon ausgehen, dass man Leben schützen müsse, dann könnte man auch von einem Prinzip des Lebensschutzes sprechen (analog etwa von Leidensvermeidung, Respekt vor der Entscheidung des Einzelnen etc.). Eine fundamentalere Kritik formuliert der sogenannte *Partikularismus* (Dancy 2004), der vorschlägt, auf die Verwendung von Prinzipien in der Ethik gänzlich zu verzichten. Stattdessen könne man davon ausgehen, dass das normativ Gebotene uns allein situationsspezifisch oder in repräsentativen Handlungssituationen unmittelbar einsichtig ist. Für den Partikularismus stellt sich allerdings die Frage, wie eine Anwendung in komplexen Handlungssituationen aussehen soll, wenn nicht auf verallgemeinerbare Gesichtspunkte rekurriert werden kann. Bisweilen bleibt bei der Kritik an der Verwendung von Prinzipien in der Ethik allerdings ungeklärt, welches Verständnis von Prinzipien dabei angenommen wird.

Aus der Darstellung sollte deutlich geworden sein, dass Prinzipien in der Angewandten Ethik sehr Verschiedenes bedeuten können, dass sie in verschiedenen Theoriezusammenhängen rekonstruiert und begründet werden können und damit auch eine unterschiedliche Funktion in konkreten moralischen Diskursen haben können. Die theoretisch anspruchsvollste Verwendung von Prinzipien scheint sich in monistischen Formen normativer Ethik zu finden. Wenn moralische Ansprüche, kategorische Berücksichtigung verlangen, so bedarf es einer Begründung, um einsichtig zu machen, warum diese kategorische Verpflichtung besteht. Worauf sollte sich diese Begründung beziehen, wenn nicht auf ein Moralprinzip. Dabei haben monistische Theorien den Vorzug, dass sie die Gewichtung verschiedener moralischer Gesichtspunkte zueinander einsichtig machen können. Verzichtet man auf den Rekurs auf ein Moralprinzip, so wäre die Frage, ob man nicht auch vom Anspruch der Moral auf kategorische Geltung Abschied nehmen müsste.

Literatur

Audi, Robert: The Good in the Right. A Theory of Intuition and Intrinsic Value. Princeton 2004.
Beauchamp, Tom L./Childress, James F.: Principles of Biomedical Ethics [1979]. New York/Oxford ⁶2009.
Beyleveld, Deryck/Brownsword, Roger: Human Dignity in Bioethics and Biolaw. Oxford 2001.
Birnbacher, Dieter: „Utilitarismus". In: Marcus Düwell/Christoph Hübenthal/Micha H. Werner: Handbuch Ethik. Stuttgart ³2011, 95–107.
Dancy, Jonathan: Ethics Without Principles. Oxford 2004.
Daniels, Norman: Justice and Justification. Reflective Equilibrium in Theory and Practice. Cambridge 1996.
Düwell, Marcus: „One Moral Principle or Many?" In: Christoph Rehmann-Sutter/Marcus Düwell/Dietmar Mieth (Hg.): Bioethics in Cultural Contexts. Reflections on Methods and Finitude. Dordrecht 2006, 93–108.
Düwell, Marcus : Bioethik – Theorien, Methoden und Bereiche. Stuttgart/Weimar 2009.
Gewirth, Alan: Reason and Morality. Chicago 1978.
Jonsen, Albert/Toulmin, Stephen: The Abuse of Casuistry. A History of Moral Reasoning. Berkeley 1988.
Kant, Immanuel: „Grundlegung zur Metaphysik der Sitten" [1785]. In: Ders.: Werkausgabe. Hg. von Wilhelm Weischedel. Frankfurt a. M. 1986, Bd. VII, 11–102.
Lesch, Walter: „Narrative Ansätze in der Bioethik". In: Marcus Düwell/Klaus Steigleder (Hg.): Bioethik – Eine Einführung. Frankfurt a. M. 2003, 200–210.
Nussbaum, Martha C.: Frontiers of Justice. Disability, Nationality, Species Membership. Cambridge 2006.
Rauprich, Oliver/Steger, Florian (Hg.): Prinzipienethik in der Biomedizin. Moralphilosophie und medizinische Praxis. Frankfurt a. M./New York 2005.
Rawls, John: Eine Theorie der Gerechtigkeit. Frankfurt a. M. 2002 (engl. 1971).
Ross, William David: The Right and the Good. Oxford 1930.
Tronto, Joan C.: Moral Boundaries: A Political Argument for an Ethics of Care. New York/London 1993.

Empirische Ethik

Sabine Salloch

5.1 Begriffsbestimmung und Abgrenzung

Nicht zuletzt aufgrund ihrer wachsenden quantitativen Bedeutung sind empirisch arbeitende Ansätze aus der Diskussion um den moraltheoretischen Hintergrund Angewandter Ethik nicht mehr wegzudenken. Der Ausdruck ‚empirisch' charakterisiert wissenschaftliche Arbeiten, deren Ergebnisse auf systematisch angelegten Beobachtungen von sozialen oder natur-/lebenswissenswissenschaftlichen Vorgängen beruhen, bzw. die Interventionen in entsprechende Vorgänge vornehmen und deren Ergebnisse strukturiert erfassen. In der Ethikforschung wird diese Art wissenschaftlichen Vorgehens zuweilen unter dem Schlagwort einer ‚empirischen Ethik' diskutiert (Musschenga 2005; Vollmann/Schildmann 2011), was insofern irreführend sein kann, als begrifflich unklar bleibt, ob normativ-ethische Fragen *alleine* durch die Anwendung empirischer Methoden beantwortet werden sollen oder ob die empirische Forschung mit anderen (analytischen, hermeneutischen etc.) Ansätzen kombiniert oder in dieselben integriert wird. Ersteres Vorgehen wäre vor dem Hintergrund bestimmter metaethischer Positionen (etwa eines starken Naturalismus) prinzipiell denkbar, ist aber im Bereich der ‚empirischen Ethik' zumeist nicht intendiert. Bei dem zweiten Fall, einer ergänzenden oder integrativen Verwendung von empirischen Methoden und ‚klassisch-philosophischen' Ansätzen, bleibt zu klären, wie sich diese Forschung zu einer Reihe von Problemen verhält, die den logischen Zusammenhang der Seins- und der Sollenssphäre betreffen (De Vries/Gordijn 2009). Problematische Übergänge von Seins- zu Sollensaussagen ergäben sich etwa dann, wenn unmittelbar von empirischen Befunden auf deren normative Korrektheit geschlossen würde. Dies geschieht in der gegenwärtigen empirischen Ethikforschung jedoch in der Regel nicht. Stattdessen übernehmen empirische Befunde in ethischen Deliberationen vielfältige Funktionen, die von der Identifikation ethischer Probleme über deren Beschreibung bis zur Skizzierung von Handlungsalternativen und der Evaluation von Handlungsfolgen reichen (De Vries/Gordijn 2009; Sugarman et al. 2001).

Aus dem Gesagten ergibt sich bereits, dass die ‚empirische Ethik' nicht in gleicher Weise wie z. B. deontologische Ethik oder Tugendethik als ein fundamentalethisch distinkter Ansatz aufgefasst werden kann. Vielmehr sind die existierenden Spielarten ‚empirischer Ethik' in der Regel mit unterschiedlichen normativ-ethischen Theorien kompatibel, welche zusammen mit den empirischen Befunden in die empirisch-ethische

S. Salloch (✉)
Medizinische Hochschule Hannover,
Hannover, Deutschland
E-Mail: salloch.sabine@mh-hannover.de

Analyse einbezogen werden. Die Auswahl einer bestimmten normativ-ethischen Theorie im Rahmen eines Forschungsvorhabens der ‚empirischen Ethik' ist mit einer Reihe komplexer Fragen verbunden, die letztlich unter Abwägung theoretischer Anforderungen und forschungspragmatischer Erfordernisse beantwortet werden müssen (Salloch et al. 2015).

Abzugrenzen ist das Feld der ‚empirischen Ethik' unter anderem gegen den Empirismus als einem vor allem in der Erkenntnistheorie verwendeten Überbegriff für philosophische Ansätze, die die Bedeutung (sinnlicher) Erfahrung für das menschliche Erkennen in den Vordergrund stellen. Weiterhin unterscheiden sich Aufgabenstellung und Methoden ‚empirischer Ethik' von denjenigen der Forschungsethik, die den empirischen Forschungsprozess selbst in normativ-ethischer Hinsicht bewertet. Verwandtschaft weist die ‚empirische Ethik' mit der „experimentellen Philosophie" (Knobe/Nichols 2013) auf, die jedoch nicht auf den Bereich Ethik beschränkt bleibt und oft neuro- und kognitionswissenschaftliche Methoden der quantitativen Datenerhebung verwendet, während viele der empirisch-ethischen Projekte dem qualitativen Paradigma folgen (Wangmo et al. 2018).

5.2 ‚Empirical turn' und normativ-empirische Interaktion

Die intensivierte Auseinandersetzung mit den Zusammenhängen zwischen empirischer Forschung und ethischer Analyse steht vor dem Hintergrund des sogenannten ‚empirical turn' (zur Problematik dieses Begriffs vgl. Strech 2008, 149). Der ‚empirical turn' zeichnet sich auf forschungspraktischer Seite durch eine wachsende Anzahl empirischer Studien zu ethikbezogenen Themen aus, die sich auch im Charakter der Artikel in ethischen Fachzeitschriften widerspiegelt (Wangmo et al. 2018). Zugleich wurden auf methodologischer Seite vielfältige Konzepte der normativ-empirischen Zusammenarbeit entwickelt, vorgestellt und teilweise auch in konkreten Studien erprobt (Davies et al. 2015; Salloch et al. 2012). Während grundsätzlich sowohl die Ergebnisse natur- und lebenswissenschaftlicher als auch sozialwissenschaftlicher Forschung für angewandt-ethische Bewertungen wichtig sind (Mertz/Schildmann 2018), liegt der Schwerpunkt des ‚empirical turn' eindeutig auf Seiten der empirischen *Sozial*forschung. Daher kann der ‚empirical turn' auch im Sinne einer gewandelten Beziehung zwischen der Ethik und der sozialwissenschaftlichen Forschung beschrieben werden (Borry et al. 2005). Zu den Hintergründen des ‚empirical turn' zählt weiterhin die Kritik an sogenannten Top-down-Modellen Angewandter Ethik, die zunehmend als zu abstrakt und für die Diskussion lebensweltlicher Fragestellungen ungeeignet empfunden wurden (Borry et al. 2005). Stattdessen fordern Proponent:innen ‚empirischer Ethik', dass ethische Analysen in der praktischen Realität verankert sein und – im Sinne ‚kontextsensitiver Ethik' (Musschenga 2005) – den empirischen Spezifika des jeweiligen Sachzusammenhangs Rechnung tragen sollen.

Ein zentrales Diskussionsfeld der ‚empirischen Ethik' betrifft den Zusammenhang zwischen empirischen Daten und ethischer Theorie in der ethischen Urteilsbildung. Das Spektrum von Antworten auf die Frage nach der ‚moralischen Autorität' im Schnittpunkt von Norm und Empirie ist dabei groß (Molewijk et al. 2004). Theoretisch ausgerichtete Ansätze betrachten die ethische Theorie primär als Kriterium in der Bewertung von sozialen Praxen, Technologien, Institutionen etc. Empirische Daten tragen diesem Verständnis nach nicht zu einer Modifizierung oder Weiterentwicklung von Theorien bei, sondern werden im Rahmen einer Anwendung ethischer Prinzipien oder Regeln benötigt. Am anderen Ende des Spektrums ‚empirischer Ethik' finden sich sogenannte ‚integrierte' Ansätze (ebd.), die eine analytische Trennung zwischen deskriptiven und präskriptiven Aussagen in der ethischen Forschung ablehnen. Empirische und normative Aspekte der moralischen Wirklichkeit werden hier vielmehr als untrennbar verwoben betrachtet. Die normative Bewertung einer sozialen Praxis bildet bei der ‚integrierten empirischen Ethik' daher einen zentralen Aspekt, der sich unmittelbar aus deren empirischer Erforschung ergibt (Widdershoven et al. 2009).

5.3 Forschungspraxis: Diskussionsfelder und Perspektiven

Das relativ neue Forschungsfeld ‚empirischer Ethik' ist durch ein weiterhin hohes Entwicklungspotential im Hinblick auf die Berücksichtigung und Herausbildung wissenschaftlicher Standards und Qualitätskriterien gekennzeichnet. Besondere Anforderungen ergeben sich aus der spezifischen Form von Interdisziplinarität, die der ‚empirischen Ethik' zugrunde liegt: Die ‚empirische Ethik' wird nicht allein durch stark variierende wissenschaftliche Sozialisationen und Fachkulturen geprägt, sondern auch in grundsätzlicher Hinsicht durch die Notwendigkeit einer Zusammenführung von normativen und empirischen Forschungsanteilen. Diese setzt im interdisziplinären Forschungsprozess zumindest eine grundsätzliche Akzeptanz und ein basales Verständnis der Forschungsfragen, Theorien und Methoden der jeweiligen Partnerdisziplin(en) voraus. Dabei wird es zumeist als günstig angesehen, wenn innerhalb eines konkreten empirisch-ethischen Forschungsprojektes eine Symmetrie dahingehend herrscht, dass weder empirisches noch normatives Forschungsinteresse allein projektbestimmend sind, sondern dass eine ausgewogene Berücksichtigung beider Perspektiven auf allen Stufen des Forschungsprozesses (einschließlich einer wechselseitigen kritischen Reflexion) gewährleistet bleibt (Leget et al. 2009).

Auf forschungspraktischer Ebene stellen sich zudem Fragen der Qualifikation von Wissenschaftler:innen, die in Projekten der ‚empirischen Ethik' arbeiten. Forschende mit einem fachlichen Hintergrund in den normativen Wissenschaften (Philosophie, Theologie) verfügen in der Regel nicht über eine fundierte Ausbildung in sozialwissenschaftlicher Methodik, während Sozialwissenschaftler:innen oft mit Methoden der analytischen Bearbeitung normativer Forschungsfragen wenig vertraut sind. Eine getrennte Bearbeitung der jeweiligen Forschungsanteile erscheint aufgrund der engen Verwobenheit von normativen und empirischen Aspekten in angewandt-ethischen Forschungsvorhaben nicht sinnvoll. Insofern muss hier eine genuine interdisziplinäre Kompetenz geschaffen werden, die es ermöglicht, die vielfältigen theoretischen, methodologischen und forschungspraktischen Facetten ‚empirischer Ethik' angemessen zu adressieren. Hierzu gehören auch forschungs*ethische* Aspekte, die sich in spezifischer Weise bei der empirischen Bearbeitung moralischer Fragen stellen (vgl. etwa Journal of Empirical Research on Human Research Ethics, Special Issue 5 2019).

Verschiedene Übersichtsarbeiten haben in jüngerer Zeit die Aufmerksamkeit auf die ‚empirische Ethik' gelenkt und Versuche der Formulierung von Standards und Qualitätskriterien unternommen (Mertz et al. 2014; Davies et al. 2015; Ives et al. 2018). Dabei zeigt sich zunächst einmal eine ausgeprägte Vielgestaltigkeit des Forschungsfeldes, die zentrale (z. B. metaethische oder epistemologische) Diskussionsfelder der Philosophie und der ‚nicht-empirischen' Angewandten Ethik widerspiegelt. Die Vielfalt der Themenbereiche, Fragestellungen und Zielsetzungen empirisch-ethischer Projekte (u. a. Erkenntnisgewinn, normative Bewertung, Intervention in die Handlungspraxis, Policy-Empfehlungen) lässt eine Verengung des Forschungsfeldes auf eine oder wenige Methodologien nicht wünschenswert erscheinen. Demgegenüber besteht für die Forschung in der ‚empirischen Ethik' jedoch die Herausforderung, nicht hinter die wissenschaftlichen Standards der jeweiligen ‚Mutterdisziplinen' (Philosophie, Soziologie etc.) zurückzufallen und zugleich die Spezifika ‚empirischer Ethik' in theoretischer, methodischer und forschungspraktischer Hinsicht angemessen zu berücksichtigen.

Literatur

Borry, Pascal/Schotsmans, Paul/Dierickx, Kris: "The birth of the empirical turn in bioethics". In: Bioethics 19. Jg., 1 (2005): 49–71.

Davies, Rachel/Ives, Jonathan/Dunn, Michael: "A systematic review of empirical bioethics methodologies". In: BMC Medical Ethics 16. Jg., 15 (2015).

De Vries, Rob/Gordijn, Bert: "Empirical ethics and its alleged meta-ethical fallacies". In: Bioethics 23. Jg., 4 (2009): 193–201.

Ives, Jonathan et al.: "Standards of practice in empirical bioethics research: towards a consensus". In: BMC Medical Ethics 19. Jg., 68 (2018).

Journal of Empirical Research on Human Research Ethics, Special Issue: Empirical Studies in Empirical Ethics 14. Jg., 5 (2019). In: https://journals.sagepub.com/toc/jrea/14/5 (05.05.2020)

Knobe, Joshua/Nichols, Shaun: Experimental Philosophy: Volume 2. Oxford 2013.

Leget, Carlo/Borry, Pascal/de Vries, Raymond: "'Nobody tosses a dwarf!' The relation between the empirical and the normative reexamined". In: Bioethics 23. Jg., 4 (2009): 226–235.

Mertz, Marcel/Schildmann, Jan: "Beyond integrating social sciences: Reflecting on the place of life sciences in empirical bioethics methodologies". In: Medicine, Healthcare and Philosophy 21. Jg., 2 (2018): 207–214.

Mertz, Marcel/Inthorn, Julia/Renz, Günter/Rothenberger, Lillian Geza/Salloch, Sabine/Schildmann, Jan/Wöhlke, Sabine/Schicktanz, Silke: "Research across the disciplines: a road map for quality criteria in empirical ethics research". In: BMC Medical Ethics 14. Jg., 17 (2014).

Molewijk, Bert/Stiggelbout, Anne M./Otten, Wilma/Dupuis, Heleen M./Kievit, Job: "Empirical data and moral theory. A plea for integrated empirical ethics". In: Medicine, Health Care and Philosophy 7. Jg., 1 (2004): 55–69.

Musschenga, Albert W.: "Empirical ethics, context-sensitivity, and contextualism". In: Journal of Medicine and Philosophy 30. Jg., 5 (2005): 467–490.

Salloch, Sabine/Schildmann, Jan/Vollmann, Jochen: "Empirical research in medical ethics: How conceptual accounts on normative-empirical collaboration may improve research practice". In: BMC Medical Ethics 13. Jg., 3 (2012).

Salloch, Sabine/Wäscher, Sebastian/Vollmann, Jochen/Schildmann, Jan: "The normative background of empirical-ethical research: first steps towards a transparent and reasoned approach in the selection of an ethical theory". In: BMC Medical Ethics 16. Jg., 20 (2015).

Strech, Daniel: Evidenz und Ethik. Kritische Analysen zur Evidenz-basierten Medizin und empirischen Ethik. Berlin 2008.

Sugarman, Jeremy/Faden, Ruth/Weinstein, Judith: "A decade of empirical research in medical ethics". In: Jeremy Sugarman, Daniel P. Sulmasy (Hg.): Methods in Medical Ethics. Washington 2001, 19–28.

Vollmann, Jochen/Schildmann, Jan (Hg.): Empirische Medizinethik. Konzepte, Methoden und Ergebnisse. Berlin 2011.

Wangmo, Tenzin/Hauri, Sirin/Gennet, Eloise/Anane-Sarpong, Evelyn/Provoost, Veerle/Elger, Bernice S.: "An update on the "empirical turn" in bioethics: analysis of empirical research in nine bioethics journals". In: BMC Medical Ethics 19. Jg., 6 (2018).

Widdershoven, Guy/Abma, Tineke/Molewijk, Bert: "Empirical ethics as dialogical practice". In: Bioethics 23. Jg., 4 (2009): 236–248.

Verfahrensethik

Micha H. Werner

Mitunter werden Konzeptionen der normativen Ethik als *Verfahrens*ethiken bzw. als *prozeduralistische* Ethiken gekennzeichnet. Dadurch wird offenbar angezeigt, dass in diesen Konzeptionen Verfahren bzw. Prozeduren eine besondere Rolle zukommt. Kontraktualistische, kohärentistische und diskurstheoretische Ansätze werden in diesem Sinne als exemplarisch betrachtet. Über diesen vagen Vorbegriff hinauszukommen und allgemeine Kriterien zu benennen, welche die Rede von einer Verfahrensethik rechtfertigen, ist keine ganz einfache Aufgabe. Normative Ethiken können nämlich in verschiedener Weise auf Prozeduren zurückgreifen.

6.1 Die Rolle von Prozeduren

Normative Ethik ist eine Subdisziplin der praktischen Philosophie. Die primäre Aufgabe normativ-ethischer Theorien liegt darin, das moralisch Richtige zu bestimmen. Genau besehen beinhaltet diese Aufgabe zwei Teilaufgaben: Normative Ethik muss zum einen Kriterien für das moralisch Richtige *formulieren,* also angeben, *was* moralisch richtig ist. Zum anderen muss sie diese Kriterien *begründen,* also

M. H. Werner (✉)
Universität Greifswald, Greifswald, Deutschland
E-Mail: micha.werner@uni-greifswald.de

angeben, *warum* dies das moralisch Richtige ist. Diese beiden Aufgaben sind natürlich eng miteinander verknüpft: Wer Kriterien des moralisch Richtigen formuliert, wird dies tun, weil er diese Prinzipien für begründet hält. Umgekehrt muss, wer etwas begründet, schon wissen, was er begründet. Trotzdem sind die beiden Aufgaben offenbar nicht identisch, denn einerseits können dieselben Prinzipien unterschiedlich begründet werden, andererseits werden unter Berufung auf dieselben Begründungsmuster manchmal unterschiedliche Moralkriterien vorgeschlagen. Entsprechend wäre eine mögliche Antwort auf die Frage, was eine Verfahrensethik kennzeichnet, dass sie die ‚Was-Frage' prozeduralistisch beantwortet, also *prozedurale Kriterien des moralisch Richtigen* vorschlägt. Eine andere mögliche Antwort wäre, dass eine Verfahrensethik die ‚Warum-Frage' in dieser Weise beantwortet, also eine *prozeduralistische Begründung* von Kriterien des moralisch Richtigen versucht. Eine dritte Möglichkeit wäre, nur solche Ethiken als prozeduralistisch zu begreifen, die beide Fragen prozeduralistisch beantworten, also prozedurale Kriterien des moralisch Richtigen prozeduralistisch begründen.

Ein Beispiel für eine Theorie des ersten Typs wäre eine libertaristische Theorie ökonomischer Gerechtigkeit, die ein naturrechtlich fundiertes Konzept von *self-ownership* in der Tradition John Lockes als Basis für die Rechtfertigung von prozeduralen Kriterien legitimer

Güterallokation heranzieht; etwa, wie von Nozick vorgeschlagen, von Kriterien, denen zufolge jeder unter prozedural fairen Bedingungen zustande gekommene Tauschakt zu einer gerechten Güterverteilung führt (vgl. Nozick 1974). Eine Theorie, die auf Basis kontraktualistischer Überlegungen substantielle Normen, Grundrechte oder Prinzipien der politischen Ethik zu rechtfertigen sucht, könnte als Beispiel für den zweiten Theorietyp dienen; hier ließe sich etwa an Thomas Hobbes' Rechtfertigung des Prinzips der Staatssouveränität denken (vgl. Hobbes 1991; ob sich auch Rawls' Gerechtigkeitstheorie in dieser Weise beschreiben lässt, hängt davon ab, welchen begründungstheoretischen Status man dem kontraktualistischen Gedankenexperiment des „Urzustandes" im Rahmen der Rawls'schen Theorie zuschreiben möchte). Die Diskursethik lässt sich als Theorie des dritten Typs beschreiben, denn in ihrem Rahmen wird zum einen die Begründung des Moralprinzips durch eine Reflexion auf das Verfahren diskursiver Verständigung geleistet (die, als Selbstreflexion, selbst im Medium dieses Verfahrens vollzogen wird), zum anderen fordert das in dieser Weise verfahrensreflexiv begründete Moralprinzip wiederum (zumindest *prima facie*) die Durchführung realer Diskurse zur Rechtfertigung substantieller Moralnormen (Werner 2011).

Bei näherem Hinsehen erweist sich selbst diese Trichotomie möglicher Verfahrensethiken noch als unterkomplex. Wie aus den Beispielen deutlich wird, determiniert ja, was auf einer Ebene als Antwort auf die ‚Was-Frage' erscheint (z. B. die Formulierung eines Moralprinzips), auf der darauf aufbauenden Ebene die möglichen Antworten auf die ‚Warum-Frage' (die ‚Anwendung' des Moralprinzips bedeutet zugleich die ‚Begründung' spezifischerer Moralnormen). Daher können Ergebnisse eines Begründungsschrittes wiederum einen darauf aufbauenden Begründungsschritt erfordern, der seinerseits erneut prozedural oder nicht-prozedural sein kann, so dass prinzipiell nichts dagegen spricht, prozedurale und nicht-prozedurale Begründungsebenen gewissermaßen nach der Art von Schichtnougat aufeinander zu stapeln. (Dabei mag man freilich davon ausgehen, dass irgendwann, auf der abschließenden Ebene, die Begründung substantieller Handlungsnormen geleistet wird, denn es soll ja irgendwann einmal gehandelt oder eine konkrete Handlung kritisiert werden.) Vor diesem Hintergrund erscheint die Suche nach trennscharfen Kriterien für die Abgrenzung von Verfahrens- von Nicht-Verfahrensethiken nicht nur als ein mühsames, sondern auch als ein letztlich unfruchtbares Unterfangen. Halten wir einfach fest, dass in einer größeren Zahl normativ-ethischer Theorien auf verschiedenen Begründungsebenen Verfahren bzw. prozedurale Kriterien eine Rolle spielen und konzentrieren wir uns auf die Frage, was dies genau bedeutet und welche weiteren Probleme sich mit der Entscheidung zwischen prozeduralen und nicht-prozeduralen Kriterien verbinden. Diese Strategie liegt auch deshalb nahe, weil manche Ethiken, die substantielle Normen zu begründen suchen und auch ihrer Begründungmethode nach kaum als Verfahrensethiken gekennzeichnet werden können (z. B. Gewirth 1978), in einzelnen Bereichen gleichwohl auf Prozeduralisierung setzen (Beyleveld/Brownsword 2006).

6.2 Prozeduren

Aber was sind eigentlich Verfahren im hier relevanten Sinne? Was kennzeichnet einen Begründungsschritt als ‚prozedural'? Die Frage stellt sich deshalb, weil in gewisser Weise jede Moralbegründung ein Verfahren darstellt; Begründung vollzieht sich schließlich stets im Medium von Denk- bzw. Argumentations*prozessen*. Allgemein lässt sich sagen, dass ein Begründungsschritt genau insoweit als prozedural gekennzeichnet werden kann, als er durch Kriterien determiniert ist, welche die als korrekt geltende *Form* des Begründungsverfahrens festlegen, während die *Substanz* des Ergebnisses dieses Verfahrens nicht oder jedenfalls nicht *direkt* durch vorgegebene Kriterien präjudiziert wird (vgl. Birnbacher 2007, 84). Eine „Entscheidungsprozedur", die lediglich der Anwendung vorgegebener Kriterien dient (Annas

2004, Black 2022), wäre in diesem Sinne nicht prozedural. Das bedeutet indes nicht zwangsläufig, dass prozedurale Begründungsschritte im Hinblick auf die Substanz ihrer Resultate ‚ergebnisoffen' sein müssten. Im Gegenteil sind die prozeduralen Kriterien mancher Begründungsverfahren absichtlich so gewählt, dass sich notwendigerweise ein bestimmtes Ergebnis einstellt.

Innerhalb derjenigen Verfahren, die der soeben gegebenen allgemeinen Definition genügen, lassen sich verschiedene Binnendifferenzierungen vornehmen. Mit Rawls kann man erstens zwischen *vollkommenen, unvollkommenen* und *reinen* Verfahren unterscheiden (Rawls 1975, 106 f.) Sowohl bei den vollkommenen als auch bei den unvollkommenen Verfahren lässt sich die Richtigkeit des Verfahrensergebnisses auch unabhängig von dem fraglichen Verfahren bestimmen. Der Unterschied zwischen den vollkommenen und den unvollkommenen Verfahren ergibt sich daraus, dass vollkommene Verfahren bei korrekter Durchführung zwangsläufig zum richtigen Ergebnis führen, während unvollkommene Verfahren zwar funktional auf das Erreichen dieses Ergebnisses hin orientiert sind, den Erfolg aber nicht garantieren können. Als Beispiel eines vollkommenen Verfahrens führt Rawls die bekannte Methode des Kuchenteilens an: Das Ziel der gleichen Verteilung eines homogenen Gutes unter mehreren Personen lässt sich verfahrensunabhängig exakt definieren. Zugleich führt die bekannte Verteilungsprozedur (bei der einer von mehreren Interessenten, deren jeder seinen eigenen Anteil maximieren will, die Verteilung in genau so viele Stücke vornimmt, wie es Interessenten gibt, woraufhin alle übrigen Teilnehmer ein Stück wählen dürfen, während der Kuchenteiler mit dem letzten Stück vorlieb nehmen muss) unter Idealbedingungen unvermeidlich zum richtigen Resultat. Als Beispiel eines unvollkommenen Verfahrens nennt Rawls das Gerichtsverfahren. Auch hier lässt sich das Ziel (beispielsweise die Aufklärung eines strittigen Sachverhalts) im Prinzip verfahrensunabhängig angeben. Die an prozedurale Kriterien gebundene strategische Interaktion der Verfahrensteilnehmer führt aber auch unter Idealbedingungen nicht zwangsläufig zum korrekten Ergebnis. *Reine* Verfahren unterscheiden sich sowohl von vollkommenen als auch von unvollkommenen Verfahren dadurch, dass sich das richtige Ergebnis nicht unabhängig vom Verfahren selbst bestimmen lässt. Dies ist beispielsweise beim Losverfahren der Fall; aber auch die von der Diskursethik in Anspruch genommene regulative Idee eines idealen Diskurses lässt sich aufgrund seines inklusiven Charakters nur als Idee eines Verfahren des ‚reinen' Typs verstehen: Da in diesem Diskurs *alle* sinnvollen Argumente zu berücksichtigen wären, ist eine diskurs*externe* Überprüfung von Diskursergebnissen begrifflich ausgeschlossen. Reale Diskurse wären demgegenüber unvollkommene Verfahren. Die Unterscheidung zwischen vollkommenen und unvollkommenen Verfahren einerseits, reinen Verfahren andererseits macht deutlich, dass Verfahrensethiken verschiedenen meta-ethischen ‚Familien' angehören können. Unvollkommene und vollkommene Verfahren lassen sich als ‚Entdeckungsverfahren' betrachten, die einen auch unabhängig von diesen Verfahren gültigen Gehalt lediglich zum Vorschein bringen. Damit sind sie problemlos mit verschiedenen Spielarten eines meta-ethischen Realismus vereinbar. So spielen etwa *kohärentistische* Prozeduren eine prominente Rolle in realistischen und neo-intuitionistischen Ansätzen (Brink 1989; Audi 1998). Die prozeduralistische Idee einer „Legitimation durch Verfahren" (so der Titel der teils sarkastisch getönten Studie Luhmann 1969) erfährt eine Radikalisierung im Kontext *reiner* Verfahren. Im Unterschied zu vollkommenen und unvollkommenen Verfahren können diese Verfahren auch als *Konstruktions*verfahren begriffen werden. Wenn man etwa angesichts ethisch unentscheidbarer Dilemmata das Los entscheiden lässt, dann *konstituiert* das Verfahren selbst die Legitimität seines Ergebnisses: Dass derjenige, der per Los ausgewählt wurde, im Rettungsboot sitzen darf, wird durch nichts anderes als eben den Ausgang des Losverfahrens selbst legitimiert (soweit denn diese Prozedur ihrerseits als legitim gelten kann). Habermas zufolge haben auch die Begründungsverfahren der Diskursethik ein derartiges konstruktivistisches Moment (Habermas 1991, 1996).

Weitere Differenzierungen im Bereich prozeduraler Begründungen sind die Unterscheidung zwischen *monologischen* und (*quasi-*)*dialogischen* Verfahren sowie die damit interferierende Unterscheidung zwischen *gedankenexperimentellen* und *realen* Verfahren.

Ein Beispiel für einen monologischen Begründungsschritt ist das kohärentistische Verfahren der Herstellung eines Überlegungsgleichgewichts in der Interpretation von Daniels (1979). Dieses Verfahren zielt darauf, dass Individuen ihre situationsspezifischen Moralurteile, ihre Moralprinzipien und ihre (auch außer-ethischen) Hintergrundtheorien durch wechselseitige Korrektur soweit möglich in ein konsistentes und kohärentes Überzeugungssystem integrieren. Bei dialogischen Verfahren wird der Begründungsprozess hingegen in intersubjektiver Zusammenarbeit vorangetrieben. Echte dialogische Verfahren werden nicht nur gedankenexperimentell simuliert, sondern tatsächlich als soziale Interaktionspraxis etabliert, wie dies beispielsweise bei den von der Diskursethik postulierten ‚realen Diskursen' der Fall ist. Als Zwischenform zwischen monologischen und dialogischen Verfahren lassen sich Prozeduren begreifen, die der Pluralität von Betroffenenperspektiven wenigstens im advokatorischen Gedankenexperiment Rechnung tragen wollen. In diese Kategorie der ‚quasi-dialogischen' Verfahren fällt die Mehrheit der kontraktualistischen Begründungsmodelle, etwa Rawls' Konzeption des „Urzustands". Auch im Rahmen der Diskursethik darf unter bestimmten Bedingungen auf solche Quasi-Dialoge zurückgegriffen werden.

6.3 Motive und Kritik des Prozeduralismus

Wie wir gesehen haben, sind bedeutsame Unterschiede sowohl hinsichtlich der möglichen Verfahrenstypen als auch in Bezug auf den Ort prozeduraler Elemente innerhalb ethischer Theorien zu verzeichnen. Entsprechend unterscheiden sich auch die Motive für den Rückgriff auf Verfahren und die möglichen Ansatzpunkte für Verfahrensskepsis und -kritik. Allgemein lässt sich Folgendes festhalten: Die zunehmende Formalisierung und Proceduralisierung im Bereich der Ethik (und ebenso der Politik und des Rechts, s. Alexy 1995) ist eine moderne Entwicklung, die sich als Antwort auf die seit dem Beginn der Neuzeit gewandelte geistesgeschichtliche und soziale Konstellation begreifen lässt. Gesellschaftliche Differenzierung, Individualisierung, Pluralisierung und Dynamisierung und die abnehmende Akzeptanz übergreifender teleologischer Deutungen von Natur und Geschichte (deren „Entzauberung" im Sinne Max Webers) legen flexiblere Normativitätsstrukturen nahe, die einerseits mit zunehmendem Wertpluralismus und der Beschleunigung gesellschaftlicher und technologischer Entwicklungen verträglich sind, andererseits aber dem normativen Anspruch sich zunehmend als autonom begreifender Individuen Rechnung tragen.

Die Formalisierung und Proceduralisierung von Ethik, Politik und Recht stellt sich auf diese Anforderungen zum einen dadurch ein, dass Verfahren, die lediglich durch prozedurale Kriterien determiniert sind, Raum für die Berücksichtigung sich wandelnder Situationsbedingungen und unterschiedlicher Wertüberzeugungen lassen können. Insoweit die Normsubjekte selbst zur Durchführung prozeduraler Begründungsverfahren (oder zumindest zum gedankenexperimentellen Nachexerzieren solcher Verfahren) eingeladen werden, trägt die Proceduralisierung auch den Autonomieansprüchen moderner Individuen Rechnung, wobei die liberale Tradition stärker die allgemeinen freiheitsrechtlichen Voraussetzungen von (Privat-)Autonomie betont und sich daher eher mit gedankenexperimentellen Prozeduren begnügen kann, während die auf Rousseau zurückgehende republikanische Tradition die faktische Verwirklichung einer substantiellen Form (politischer) Autonomie anstrebt und daher besonders an der Realisierung echter dialogischer Verfahren interessiert ist (zum Unterschied und für einen Aufhebungsversuch vgl. Habermas 1992).

Besonders eng erscheint die Verbindung zwischen Autonomieprinzip und Prozeduralismus in der Kantischen Tradition, wo das Moralprinzip als Prinzip autonomer Selbstbestimmung *und zugleich* als Konstitutionsprinzip eines Begründungsverfahrens verstanden wird, dem alle substantiellen Moralnormen unterworfen werden müssen. Das intime Verhältnis zwischen ethischem Prozeduralismus und Autonomieprinzip ist für Kommunitaristen wie Charles Taylor und Charles Larmore denn auch der Grund, einen Neutralitätsanspruch liberaler Verfahrensethiken als unberechtigt zurückzuweisen. Gerade der durch Verfahrensethiken etablierte Vorrang des Richtigen (in Gestalt von Verfahrensregeln, die prozedurale Gerechtigkeit verbürgen sollen) vor dem Guten (in Gestalt der substantiellen Norminhalte, die im Verfahren zur Disposition gestellt werden) sei vielmehr als Ausdruck einer spezifisch modernen Wertentscheidung zu begreifen (Taylor 1986; Larmore 2008).

Spätestens seit Hegels *Formalismusvorwurf* gegen Kants Moralphilosophie sieht sich der ethische Prozeduralismus aber nicht nur dem Verdacht ausgesetzt, zugunsten eines spezifischen Konzepts des guten Lebens voreingenommen zu sein; es wird auch bezweifelt, dass sich im Ausgang von rein prozeduralen Kriterien überhaupt zu irgendwelchen substantiellen Schlussfolgerungen gelangen lässt. Prozeduren erscheinen in dieser Perspektive als begründungstheoretisch steril. In Rawls' Eingeständnis, dass das Verfahren der (gedankenexperimentellen) Vertragsschließung im „Urzustand" letztlich nur die Funktion einer klärenden *Illustration* von Gerechtigkeitsüberzeugungen erfüllen kann (Rawls 2003, 42), sehen manche diesen Verdacht bestätigt. Dagegen lässt sich zunächst einwenden, dass eine solche Illustrations- und Rekonstruktionsfunktion außerordentlich hilfreich sein kann. Schließlich ist keineswegs ausgemacht, ob praktische Philosophie überhaupt mehr leisten kann als die modellhafte Rekonstruktion vortheoretischer Überzeugungen, Haltungen oder Praktiken. Zudem bliebe zu zeigen, dass alle Formen des ethischen Prozeduralismus denselben Beschränkungen unterliegen.

6.4 Anwendungsperspektiven des Prozeduralismus

In spezifischen Anwendungsfeldern der Bioethik, Umweltethik, Wissenschaftsethik, Technikethik etc. spielen Prozeduren tendenziell eine noch größere Rolle als in der allgemeinen Ethik. Beispielsweise plädieren Vertreter:innen der Technik-, Wissenschafts- und Umweltethik häufig für partizipative (dialogische) Entscheidungsverfahren (z. B. Skorupinski/Ott 2002). In der Praxis etwa der Technikfolgenabschätzung werden solchen Verfahren tatsächlich vielfach eingesetzt (vgl. Hennen et al. 2004). Auch medizinethische sowie ethisch relevante medizinrechtliche Standards haben häufig zumindest in Teilen prozeduralen Charakter. Sie schreiben bestimmte *Verfahrensweisen* vor, deren Einhaltung die Rechte von Patienten oder Probanden sichern soll; man denke etwa an die prozeduralen (Dokumentations-, Beratungs- und Genehmigungs-)Vorschriften im Zusammenhang mit medizinischer Forschung. Die in den verschiedenen Praxisfeldern etablierten ethisch relevanten Entscheidungsprozeduren sind vielfältig und ihre Etablierung ist von sehr unterschiedlichen Motiven getragen. So kann die Funktion von Verfahren in Kontexten Angewandter Ethik unter anderem gesehen werden:

- im (ggf. interdisziplinären) Wissensaustausch unter Experten oder Problembeteiligten,
- in der Einbeziehung von Laienperspektiven in Entscheidungsprozesse,
- in der Erweiterung des Problemhorizonts durch Einbeziehung verschiedener (z. B. kultur- oder genderbedingter) Sichtweisen,
- in der situationsadäquaten Spezifikation und Abwägung vorgegebener Normen, Prinzipien, Werte oder Interessen,

- in der (ggf. gemeinschaftlichen) Suche nach wahrscheinlichen Kausalhypothesen, angemessenen Situationsdeutungen, authentischen Bedürfnisinterpretationen oder gültigen Normen,
- in der Gewährleistung der Autonomie von Betroffenen durch deren Einbeziehung in den Entscheidungsprozess,
- in der Herstellung von Transparenz, Nachvollziehbarkeit oder Öffentlichkeit von Entscheidungen,
- in der Ermöglichung eines fairen oder politisch durchsetzbaren Interessenausgleichs,
- in der Erhöhung der faktischen Akzeptanz von Entscheidungen durch die Verfahrensbeteiligung.

Diese keineswegs vollständige Auflistung macht zugleich deutlich, dass Entscheidungsverfahren, die in Kontexten Angewandter Ethik etabliert werden, oft gar nicht mehr zur Gänze dem Bereich der Ethik zugeschlagen werden können. Vielmehr zieht sich die Grenze zwischen Ethik einerseits, natur- oder sozialwissenschaftlichen Expertendiskursen, Rechtsanwendung, Politik, Mediation, und strategischen Verhandlungen häufig quer durch solche Verfahren hindurch. Kritiker des Prozeduralismus sehen darin die Gefahr, dass das philosophische Selbstverständnis der (Angewandten) Ethik als einer an moralischer Wahrheit bzw. normativer Richtigkeit orientierten philosophischen *Begründungs-*disziplin auf diese Weise verloren gehen könnte (exemplarisch für den Bereich der Bioethik vgl. Pellegrino 2000). Unter den Befürwortern des Prozeduralismus finden sich indes nicht nur Theoretiker, die den Begründungsansprüchen der Philosophie ohnehin skeptisch gegenüberstehen, sondern auch solche, die Verfahren gerade eine originäre begründungstheoretische Rolle zuweisen wollen (exemplarisch Rudnick 2002). Angesichts der Vielfalt möglicher Verfahrenstypen wie auch der möglichen ‚Einsatzgebiete' von Entscheidungsverfahren erscheint eine generalisierende ethische Beurteilung von Prozeduralisierungstendenzen im Bereich der Angewandten Ethik wenig sinnvoll. Gerade wegen dieser Vielfalt ist es allerdings angezeigt, die spezifische Rolle der Ethik im Zusammenhang mit solchen Entscheidungsverfahren zu reflektieren und etwa zwischen ethischer Argumentation, strategischen Verhandlungen, Interessenmoderation, Rechtsanwendung, demokratischen Selbstbestimmungsprozeduren etc. *zumindest analytisch* klar zu unterscheiden (Düwell 2008). Eine Angewandte Ethik, die beispielsweise zwischen rechtlicher Zulässigkeit und moralischer Richtigkeit, zwischen rationaler Akzeptabilität und sozialer Akzeptanz, zwischen Konsens und Kompromiss, oder zwischen ethischer Argumentation und demokratischer Selbstverständigung nicht mehr zu differenzieren vermöchte, wäre kaum noch imstande, ihrer gesellschaftlichen Aufklärungs- und Orientierungsfunktion gerecht zu werden (vgl. Kettner 2000).

Literatur

Alexy, Robert: „Die Idee einer prozeduralen Theorie der juristischen Argumentation". In: Ders.: Recht, Vernunft, Diskurs: Studien zur Rechtsphilosophie. Frankfurt a. M. 1995, 94–108.

Annas, Julia: „Being virtuous and Doing the Right Thing". In: Proceedings and Addresses of the American Philosophical Association 78. Jg., 2 (2004), 61–75.

Audi, Robert: „Moderate Intuitionism and The Epistemology of Moral Judgment". In Ethical Theory and Moral Practice 1. Jg., 1 (1998), 15–44.

Black, Sam: „Moral Reasoning". In: International Encyclopedia of Ethics. In: https://doi.org/10.1002/9781444367072.wbiee448 (14.01.2022)

Beyleveld, Deryck/Brownsword, Roger: „Principle, Proceduralism, and Precaution in a Community of Rights". In Ratio Juris 19. Jg., 2 (2006), 141–168.

Birnbacher, Dieter: Analytische Einführung in die Ethik. Berlin/New York 2007.

Brink, David O.: Moral Realism and the Foundation of Ethics. Cambridge 1989.

Daniels, Norman: „Wide Reflective Equilibrium and Theory Acceptance in Ethics". In The Journal of Philosophy 76. Jg., 5 (1979), 256–282.

Düwell, Marcus: Bioethik: Methoden, Theorien und Bereiche. Stuttgart 2008.

Gewirth, Alan: Reason and Morality. Chicago 1978.

Habermas, Jürgen: Erläuterungen zur Diskursethik. Frankfurt a. M. 1991.

Habermas, Jürgen: Faktizität und Geltung: Beiträge zur Diskurstheorie des Rechts und des demokratischen Rechtsstaats. Frankfurt a. M. 1992.

Habermas, Jürgen: „Eine genealogische Betrachtung zum kognitiven Gehalt des Sollens". In: Ders.: Die Einbeziehung des Anderen: Studien zur politischen Philosophie. Frankfurt a. M. 1996, 11–64.

Hennen, Leonhard/Petermann, Thomas/Scherz, Constanze: Partizipative Verfahren der Technikfolgen-Abschätzung und parlamentarische Politikberatung: Neue Formen der Kommunikation zwischen Wissenschaft, Politik und Öffentlichkeit. Berlin: TAB-Arbeitsbericht Nr. 096 (2004).

Hobbes, Thomas: Leviathan or The Matter, Forme and Power of a Common-Wealth Ecclesiastical and Civill [1651]. Cambridge 1991.

Kettner, Matthias (Hg.): Angewandte Ethik als Politikum. Frankfurt a. M. 2000.

Larmore, Charles E.: The Autonomy of Morality. Cambridge 2008.

Luhmann, Niklas: Legitimation durch Verfahren. Neuwied 1969.

Nozick, Robert: Anarchy, State, and Utopia. New York 1974.

Pellegrino, Edmund D.: „Bioethics at Century's Turn: Can Normative Ethics be Retrieved?". In Journal of Medicine and Philosophy 25. Jg., 6 (2000), 655–675.

Rawls, John: Eine Theorie der Gerechtigkeit. Frankfurt a. M. 1975 (engl. 1971).

Rawls, John: Gerechtigkeit als Fairneß: Ein Neuentwurf. Frankfurt a. M. 2003 (engl. 2001).

Rudnick, Abraham: „The ground of dialogical bioethics". In: Health Care Analysis 10. Jg., 4 (2002), 391–402.

Skorupinski, Barbara/Ott, Konrad: „Technology Assessment and Ethics". In: Poiesis & Praxis: International Journal of Technology Assessment and Ethics of Science 1. Jg., 2 (2002), 95–122.

Taylor, Charles: „Die Motive einer Verfahrensethik". In: Wolfgang Kuhlmann (Hg.): Moralität und Sittlichkeit: Das Problem Hegels und die Diskursethik. Frankfurt a. M. 1986, 101–135.

Werner, Micha H.: „Diskursethik". In: Marcus Düwell et al. (Hg.): Handbuch Ethik. Stuttgart ³2011, 140–151.

Vertragstheoretische Ethik

Herlinde Pauer-Studer

Vertragstheoretische Ethiken machen die Gültigkeit moralischer Normen und Prinzipien von einer *Übereinkunft (agreement)* oder einem *Vertrag (contract)* abhängig. Die Übereinkunft bzw. der Vertrag sind als hypothetische Überlegung zu verstehen: Wir fragen uns, ob moralische Normen und Prinzipien die Bedingung erfüllen, dass sie rational betrachtet, allgemein akzeptierbar oder nicht zurückweisbar sind.

Das Vorbild der ethischen Vertragstheorien ist das in der politischen Philosophie bekannte Modell des Gesellschaftsvertrages zur Begründung politischer Autorität und staatlicher Macht: Legitim ist diese, wenn sich die Gesellschaftsmitglieder in einem (hypothetisch gedachten) Vertrag auf die Einsetzung und Anerkennung eines Souveräns einigen könnten. Versionen dieser Idee finden sich bei Thomas Hobbes, John Locke, Jean-Jacques Rousseau und Immanuel Kant (Hobbes 1996; Locke 1977; Rousseau 2010; Kant 1977). In seiner *Theorie der Gerechtigkeit* (Rawls 1979) greift John Rawls die bei Rousseau und Kant entwickelte Konzeption des Gesellschaftsvertrags auf, um Prinzipien einer gerechten Gesellschaft zu begründen. Rawls' Ausgangsfrage lautet dabei: Für welche Prinzipien der Gerechtigkeit würden sich die Gesellschaftsmitglieder entscheiden, wenn sie nur sehr allgemeine Informationen über sich hätten und ihre jeweiligen Begabungen sowie ihre genaue gesellschaftliche Position nicht kennen würden (= Entscheidung hinter einem „Schleier der Unwissenheit")?

Die vertragstheoretischen Ethiken übertragen die leitende Idee der Gesellschaftsvertragstheorien auf die Begründung moralischer Grundsätze. Wichtig ist, was genau eine *vernünftige* Einigung (einen *vernünftigen* Vertrag) ausmacht und welcher Begriff von Rationalität vorausgesetzt wird. In der Geschichte der Moralphilosophie begegnen uns im Wesentlichen zwei unterschiedliche Definitionen von ‚Rationalität': Zum einen wird rational handeln mit der Maximierung von ‚Nutzen' *(utility)* gleichsetzt, wobei unter ‚Nutzen' zunächst nur eine formale Größe gemeint ist, die dann ethisch näher bestimmt wird (entweder als persönlicher Vorteil, als Präferenzerfüllung oder als Wohlergehen). Zum anderen wird der Begriff der Rationalität von der Idee der Maximierung gelöst und auf die wohlüberlegte Berücksichtigung von Erwägungen und Gründen bezogen, die für alle gleichermaßen einleuchtend sind. Häufig wird die Differenz zwischen diesen beiden Konzeptionen mit Hilfe der Begriffe von ‚Rationalität' (die maximierende Sicht von Rationalität) und ‚Vernunft' (die nicht-maximierende Sicht von Rationalität) zum Ausdruck gebracht.

H. Pauer-Studer (✉)
Universität Wien, Wien, Österreich
E-Mail: herlinde.pauer-studer@univie.ac.at

Ausgehend von dieser Trennung zwischen Rationalität und Vernunft lassen sich zwei Formen vertragstheoretischer Ethiken unterscheiden: die *rational-individualistischen* Ansätze, die die Übereinkunft oder den Vertrag als Ergebnis eines rationalen Interesses an der Nutzenmaximierung verstehen und die *universalistischen* Konzeptionen, die den Konsens und die (hypothetische) vertragliche Einigung auf die unparteiliche Gewichtung der Ansprüche und Gründe aller beziehen. Im Englischen werden diese zwei Versionen ethischer Vertragstheorien als *Contractarianism* (rational-individualistische Version) und *Contractualism* (universalistische Version) bezeichnet.

7.1 Die rational-individualistischen Vertragstheorien der Ethik *(contractarianism)*

Das Modell der vorteilsorientierten Einigung auf Normen findet sich systematisch erstmals bei Thomas Hobbes entwickelt (Hobbes 1996, Kap. 13, 14). Hobbes wendet die eigeninteressierte Normbegründung allerdings auf die Frage der Rechtfertigung staatlicher Autorität an. Doch Hobbes' Konzeption einer selbstinteressierten normativen Vereinbarung hat spätere Denker beeinflusst, so zum Beispiel David Hume. Hume sieht Moral als das Ergebnis einer Übereinkunft rational überlegender Menschen, die sehen, dass ihnen das Befolgen moralischer Normen einen langfristigen Vorteil sichert (Hume 2007). Allein ihre selbstinteressierte Klugheit genügt, um die Moral als Form der Kooperation zu begründen und sozial zu verankern. Doch Hume betont neben den auf einer Übereinkunft zur Sicherung unserer individuellen Interessen beruhenden ‚künstlichen Tugenden' (neben der Moral auch das Rechtssystem) gleichfalls den Stellenwert der auf sozialen Empfindungen basierenden ‚natürlichen Tugenden'.

Im 20. Jahrhundert haben die rational-individualistischen Vertragstheorien durch die Entscheidungs- und Spieltheorie eine bedeutsame analytische Weiterentwicklung erfahren. Die Einigung auf moralische Normen und Prinzipien ist der Ausweg aus Gefangenendilemma-Konstellationen (s. Kap. 23), in denen die uneingeschränkte Verfolgung des Eigeninteresses zu suboptimalen Ergebnissen führt. In solchen Situationen sichert Kooperation langfristig erhebliche Vorteile. J.L. Mackie entwickelt auf Basis dieser Überlegungen eine auf dem aufgeklärten Selbstinteresse basierende Moraltheorie, die moralische Rechte und Tugenden als notwendige Einschränkungen der Selbstliebe der Menschen begreift, die aber auch deren vorhandene altruistische Fähigkeiten zu bilden helfen (Mackie 1992).

Die argumentativ eindrucksvollste Ausarbeitung einer rational-individualistischen Vertragstheorie findet sich in David Gauthiers Buch *Morals by Agreement* (1986). Die Moraltheorie ist für ihn ein Teil der rationalen Entscheidungstheorie *(rational choice theory)*. Rationalität bedeutet somit Maximierung des Nutzens *(utility)*. Gauthier versteht den Nutzen weder im Sinne des Utilitarismus noch im rein formalen Verständnis der Entscheidungstheorie (jedes Vorziehen einer von zwei beliebigen Alternativen gilt bereits als Nutzenmaximierung), sondern im Sinne der mit der individuellen Präferenzerfüllung assoziierten Werte. Neben den formalen Bedingungen für eine Präferenzordnung wie Vollständigkeit (entweder ziehen wir Präferenz a, P_a, der Präferenz b, P_b, vor oder umgekehrt) und Transitivität (wenn P_a der P_b vorgezogen wird und P_b der P_c, dann ist P_a der P_c vorzuziehen) muss nach Gauthier auch die Bedingung erfüllt sein, dass es sich um wohlüberlegte Präferenzen handelt: Erst dann erschließt die Zuschreibung von Nutzen zu Präferenzen auch die Ebene von Werten. Werte sind das Produkt unserer durchdachten und geprüften Präferenzen (Gauthier 1986, 22–59).

Moral ist für Gauthier das Ergebnis eines kooperativen Verfahrens der gegenseitigen Vorteilssicherung. Kooperation ist in jenen Situationen geboten, in denen ein nichtkooperatives Verhalten nachteiligere Konsequenzen als die kooperative Interaktion hätte. Gauthier versucht, genau zu definieren, unter welchen Bedingungen es für individuelle Nutzenmaximierer rational ist, eine Vereinbarung über gegenseitiges kooperatives Verhalten zu treffen wie auch einzuhalten. Folgende Bedingungen gelten für die normative Übereinkunft in Gauthiers System: Die Ausgangsposition *(initial bargaining situation)* ist fair und frei von systematischer Benachteiligung. Die eigene Position darf nicht durch eine simple Schlechterstellung der anderen verbessert werden (= Gauthier's *proviso*). Die Einigung darf nicht durch Täuschung, Betrug oder Gewalt erzwungen sein.

Gauthier begreift den Verhandlungsprozess als ein Zwei-Stufen-Verfahren: Zunächst erheben die Beteiligten Anspruch auf einen maximalen Nutzenzuwachs. Da diese auf das individuelle Optimum gerichteten Ansprüche zwangsläufig nicht miteinander verträglich sind, machen die Parteien in einem zweiten Schritt Konzessionen gemäß dem Minimax-Prinzip der relativen Konzession *(constrained maximization)*. Das Prinzip besagt, dass aus einer Menge möglicher Zugeständnisse jenes Ergebnis zu wählen ist, bei dem die maximale relative Konzession so minimal wie möglich ausfällt (Gauthier 1986, Kap. VI, bes. 133–137). Davon leitet Gauthier ab, dass es rational ist, sein maximierendes Verhalten durch die Internalisierung moralischer Prinzipien zu beschränken.

Formal definiert Gauthier die Lösung des Verhandlungsproblems nicht als Nash-Equilibrium, sondern wählt eine Bestimmung des Equilibriums, die nicht nur wie die Zeuthen-Nash-Harsanyi-Methode die Maximierung einer aggregierten Menge von Nutzen im Blick hat, sondern die auch das persönliche Interesse und die Position der individuellen Verhandlerin berücksichtigt (vgl. Gauthier 1986, 129–150; vgl. dazu Gaertner/Klemisch-Ahlert 1991).

Das Minimax-Prinzip definiert ein Verhandlungsverfahren, das zu gerechten Ergebnissen führt, Individuen zu Rechten verhilft und somit Moral begründet. Eine gerechte Gesellschaft ermöglicht nach Gauthier jeder Person unter allgemein akzeptierbaren und akzeptierten Spielregeln das Erreichen des für sie optimal Guten (Gauthier 1986, Kap. VII).

7.2 Die universalistischen Vertragstheorien der Ethik *(contractualism)*

Die universalistischen Vertragstheorien betrachten jene moralischen Grundsätze als gerechtfertigt, die aus einer unparteilichen Perspektive einmütig akzeptiert werden. Vorbild ist John Rawls' Begründung von Prinzipien der Gerechtigkeit über eine unparteiliche Ausgangssituation, die egoistisch-partikulare Interessen durch einen „Schleier der Unwissenheit" (Menschen verfügen nur über sehr allgemeine Informationen über sich selbst) ausklammert (Rawls 1979/1971, 159–166). Wichtige universalistische Vertragstheorien der Begründung moralischer Prinzipien finden sich bei Thomas Scanlon, Stephen Darwall, Nicholas Southwood und Derek Parfit (Scanlon 1998; Darwall 2006; Southwood 2010; Parfit 2011, Vol. One).

Die kontraktualistische Idee, mit anderen eine Übereinstimmung zu finden, wird von Scanlon über das Kriterium vernünftiger Ablehnung *(reasonable rejection)* präzisiert. Dies ermöglicht nach Scanlon eine striktere Beurteilung des moralischen Status eines Prinzips als das Kriterium des vernünftigen Akzeptierens. So sind idealistische Menschen geneigt, Prinzipien zu akzeptieren, die ihnen erhebliche Härten auferlegen. Nach Scanlon können wir diesen gemeinwohlorientierten Personen nicht vorwerfen, unvernünftig zu sein, wenngleich es aber legitim wäre, ein Prinzip zurückzuweisen, das ein selbstaufopferndes Verhalten verlangt.

Das Kriterium der vernünftigen Zurückweisung definiert, wie Scanlon betont, ein Verfahren zur Bestimmung des moralisch Richtigen: „An act is wrong if its performance under the circumstances would be disallowed by any set of principles for the general regulation of behavior that no one could reasonably reject as basis for informed, unforced general agreement" (Scanlon 1998, 153). Neben einer Bestimmung des moralisch Richtigen und Falschen geht es Scanlon auch um die Bestimmung von Verfahren gültiger praktischer Deliberation *(practi-*

cal reasoning) zur Begründung der normativen Autorität moralischer Standards.

Um mit Hilfe der Bedingung vernünftiger Rechtfertigung eine substantielle Konzeption der Moral zu entwickeln, müssen nach Scanlon drei Voraussetzungen erfüllt sein: erstens eine klare Vorstellung des Guten und davon, was jeweils gut und schlecht für ein Individuum ist; zweitens die interpersonelle Vergleichbarkeit des Guten verschiedener Personen; drittens sollte der zu berücksichtigende Standpunkt der anderen nur solche Wesen einbeziehen, denen gegenüber die Idee einer hypothetischen Rechtfertigung und die Frage „Kann jemand die Prinzipien, die meiner Argumentation zugrunde liegen, vernünftigerweise zurückweisen?" überhaupt Sinn macht (Scanlon 1998, Kap. 4 und 5).

Nach Scanlon vermeidet seine Konzeption die Schwächen anderer Theorien der Moral. Im Gegensatz zu Rawls' Vertragstheorie verzichte seine Version des Kontraktualismus auf idealisierende Annahmen. Nach Scanlon umgeht seine Position auch ein Hauptproblem des Utilitarismus, nämlich durch eine Aggregierung des Gesamtnutzens die Grenzen zwischen Personen zu verwischen. Wenn wir vor der Alternative stehen, zwei Personen oder eine Person retten zu können, sprechen unsere moralischen Intuitionen für die Rettung der größeren Anzahl von Personen. Der Utilitarismus aggregiert in dem Fall einfach die Nutzensummen (zwei zu retten generiert mehr Nutzen als eine Person zu retten), was in vielen Fällen zu einer Verletzung von personalen Rechten führen kann.

Scanlon versucht zu zeigen, dass das Kriterium vernünftiger Zurückweisbarkeit eine Lösung ohne transpersonale Nutzenaggregierung erlaubt. Konkret: In einer Dilemma-Situation, in der entweder eine Person (A) oder zwei Personen (B und C) gerettet werden können, nicht aber alle drei, können jeweils A, B und C das Ansinnen vernünftigerweise zurückweisen, dass sie nicht gerettet werden und daher nicht überleben. Doch in der unparteilichen Gewichtung der Gesamtsituation (entweder A retten oder B und C retten) neutralisieren sich die jeweiligen Zurückweisungen von A und B, während im Falle von ‚B und C retten' der zusätzliche Anspruch von C dazu kommt. Der Anspruch von C generiert nach Scanlon als *tie-breaker* die Konklusion, dass die Rettung der größeren Anzahl von Personen (in dem Fall B und C) vernünftigerweise nicht zurückweisbar ist (Scanlon 1998, 229–241).

Stephan Darwalls Kontraktualismus rekonstruiert den moralischen Standpunkt als zweitpersonal: Moral ist das Anerkennen oder Zurückweisen von Forderungen, die wir an andere und deren Verhalten richten, wobei Darwall reaktive Empfindungen und Haltungen einbezieht. Handlungen sind dann falsch und Forderungen illegitim, wenn wir darauf gerechtfertigt mit Ressentiment, Vorwurf und Anschuldigung reagieren können (Darwall 2006, Kap. 1–3).

Darwall lehnt seine zweitpersonale Konzeption von Moral stark an die Kantische Ethik an: Ausgangspunkt ist die Würde von Personen, also das Prinzip, andere nicht zu instrumentalisieren, welches dann zweitpersonal über die Rechtfertigungspflicht anderen gegenüber *(accountability to others)* definiert wird. Unsere geteilte Würde verpflichtet uns zu Begründungen anderen gegenüber, die vernünftigerweise nicht abgelehnt werden können und denen autonom Handelnde mit gleichem normativen Status zustimmen können. Dies entspricht dem Kategorischen Imperativ in der zweiten Formulierung, andere niemals bloß als Mittel sondern als Zwecke, also mit gleicher Achtung, zu behandeln. Die Gesetzesformel des Kategorischen Imperativs, die die Universalisierbarkeit unserer Maximen fordert, spezifiziert nach Darwall die Bedeutung der Idee universeller Achtung mit Bezug auf unser partikulares Wollen und Deliberieren (ebd., Kap. 9–12).

Darwall kritisiert, dass Scanlons Kontraktualismus noch zu stark von dem Wunsch geprägt ist, sozial angenehme Beziehungen zu anderen zu haben. Nach Darwall zählen hingegen nur die vernünftige Legitimierbarkeit der Forderungen, die wir an andere stellen und andere an uns. Dass eine bestimmte Art der Relation zu anderen wünschenswert wäre, stellt nach Darwall keine moralisch tragfähige Begründung dar: Gründe der Wünschbarkeit sind aus dieser Perspektive kategoriale Irrtümer *(the wrong kind of reasons)*. Das ‚wrong kind of reasons problem' gilt laut Darwall auch für den Utilitarismus: Wenngleich die Idee allgemeinen Wohlergehens eine moralisch wichtige Leitidee verkörpere, so sei Nutzenaggregierung kein moralisch angemessener Handlungsgrund. Das Wohlergehen aller sei durch deontologische moralische Einschränkungen, die an das Kriterium gegenseitiger Rechtfertigbarkeit gebunden sind, zu sichern.

Nicholas Southwood unternimmt eine Grundlegung der Moral über einen deliberativen Kontraktualismus, wobei sein Modell die volle Breite von Einstellungen berücksichtigen will, die den spezifischen erstpersonalen praktischen Standpunkt der Betroffenen ausmachen (Southwood, 2010, Kap. 4). Dies bedeutet, dass die hypothetische Wahl- und Entscheidungssituation *prima facie* von potentiell extrem divergierenden Überlegungen bestimmt ist. Dennoch kann sich nach Southwood in einem zweiten Schritt ein interpersonaler Standpunkt herausbilden, sofern der Deliberationsprozeß bestimmten Restriktionen unterliegt (alle Beteiligten haben die gleiche normative Autorität, aber auch die gleiche Rechtfertigungspflicht gegenüber betroffenen Anderen). Ziel ist eine Einigung auf normative Urteile über einen gemeinsamen Code des Zusammenlebens (Southwood, 2010, 102–107), wobei die dafür konstitutiven normativen Gründe Ausdruck der spezifischen Relation sind, die das Verhältnis gleichgestellter deliberierender Subjekte formal definiert (Southwood spricht hier von einem *relational formalism*, Southwood 2010, 128–138).

In seiner umfassenden Studie *On What Matters* (Parfit 2011, Volume One) argumentiert Derek Parfit, dass ein durch intuitive deontologische Restriktionen angereicherter Kontraktualismus eine attraktive normativ-ethische Position darstellt. Die maßgeblichen deontologischen Einschränkungen ergeben sich aus Parfits meta-normativer These, dass bestimmte normative Fakten bestimmte Handlungen falsch machen. So verleihe der Umstand, dass eine Handlung z. B. ein falsches Versprechen ist oder dass sie jemandem unnötiges Leid zufügt, die- ser jeweiligen Handlung nicht-kausal die Eigenschaft, falsch zu sein. Parfit versucht zu zeigen, dass eine Vertragstheorie, die Kants Gesetzesformel in die kontraktualistische Formel „Everyone ought to follow the principles whose universal acceptance everyone could rationally will, or choose" (Parfit 2011, Volume One, 355) übersetzt, nicht nur mit Scanlons Kontraktualismus verträglich ist, sondern auch konsequentialistische Überlegungen einbinden kann. Die laut Parfit durchaus plausible Annahme, dass es bestimmte Prinzipien gibt, deren universelle Geltung zu den besten Konsequenzen führt (er nennt sie *optimific principles*), könne, wie er betont, auch in einer regel-konsequentialistischen Fassung der oben angeführten kontraktualistischen Formel ausgedrückt werden, nämlich als „Everyone ought to follow the optimific principles, because they are the only principles that everyone could rationally will to be universal laws." (Parfit, 2011, Volume One, 411). Anders als die orthodoxe philosophische Meinung, die scharf zwischen deontologischen und konsequentialistischen Ethik-Zugängen trennt, sieht Parfit zwischen Kontraktualismus, Kantischer Ethik und Konsequentialismus grundlegende Gemeinsamkeiten. Vertreter diese normative-ethischen Theorien, so seine These, „are climbing the same mountain on different sides". (Parfit 2011, Volume One, 419).

7.3 Kritik an den Vertragstheorien der Ethik

Gegen die rational-individualistischen Vertragstheorien wurden folgende Einwände vorgebracht: Ein ökonomisches Rationalitätsmodell gelte nur für gewisse Interaktionen und könne nicht den Standard für das Handeln von Menschen schlechthin bilden (Hampton 1991); Moral sei nicht auf wohlkalkulierte Abstriche von Maximalansprüchen reduzierbar; ein *rationales bargaining*-Modell werde der Situation Schwächerer, also chronisch kranker und behinderter Menschen, die von der Fürsorglichkeit *(care)* anderer abhängig sind, nicht gerecht (Held 1993; Feder Kittay 1999).

Gauthier versucht, diese Einwände mit drei Argumenten zu entkräften: Erstens wäre es falsch, das Vertragsmodell auf jede konkrete Situation anzuwenden – es gehe um die Begründung grundlegender moralischer Prinzipien. Zweitens setze eine maximierende Rationalitätskonzeption nicht nur egoistische Präferenzen voraus: *Meine* Präferenzen können inhaltlich altruistisch sein und sich auf das Wohlergehen anderer richten. Drittens verhindere der Kontraktualismus Selbstausbeutung aufgrund übertriebener sozialer Erwartungen anderer und erlaube durchaus die Einbeziehung der Position behinderter Menschen (Gauthier 2000).

Eine pauschale Zurückweisung der rational-individualistischen Vertragstheorien ist zweifellos unangemessen. Gerade für die Wirtschaftsethik und die Ethik transnationaler Beziehungen ist das Modell einer rationalen Übereinkunft, die den eigenen Ansprüchen gerecht wird, zentral. Profitmaximierung ist ein legitimes Ziel von Unternehmen, und auch Staaten müssen auf globaler Ebene die Wahrung ihrer Interessen und ihrer Verpflichtungen gegenüber den eigenen Bürger:innen beachten. Für solche Fragen der Angewandten Ethik ist das Potential des rational-individualistischen Kontraktualismus vielfach noch ungenützt.

Die Kritik an Scanlons Kontraktualismus fokussiert auf folgende Punkte: Der Standard vernünftiger Rechtfertigung verkompliziere unnötig moralisches Denken; die Position verlange uns moralisch zu viel ab; die Konzeption könne letztlich Aggregierung nicht vermeiden. Zum ersten Einwand: Ob eine Handlung moralisch falsch oder richtig ist, hängt, wie Kritiker betonen, oft direkt von der Art der Handlungsweise ab, also davon, ob Handlungen diskriminierend, demütigend oder gar grausam sind. Es wäre gekünstelt, solche Verhaltensweisen über den Umweg der vernünftigen Zurückweisbarkeit als falsch zu bestimmen (Pettit 2000; Wallace 2002; Raz 2003). Zum zweiten Einwand: Unter den gegenwärtigen gravierenden globalen Ungleichheiten generiere der Kontraktualismus viel zu starke moralische Verpflichtungen, denn arme Menschen in unterentwickelten Ländern können den Lebensstil der Angehörigen wohlhabender Länder vernünftig gerechtfertigt zurückweisen (Ashford 2003). Der dritte Einwand besagt, dass Scanlons Modell der Neutralisierung der Ansprüche in komplexeren Fällen, wo der Schaden ganzer Gruppen auf dem Spiel steht, nicht mehr funktioniere (Reibetanz 1998).

Bei der Bewertung dieser Einwände ist erstens zu bedenken, dass Scanlons Modell vernünftiger Rechtfertigung auf einer übergeordneten Ebene die gültigen moralischen Prinzipien herausarbeiten will und nicht negiert, dass Demütigung und Grausamkeit in direkter Weise falsch sind. Zweitens betrifft das Problem der zu starken Forderungen *(overdemandingness)* unter den herrschenden globalen Wohlstandsungleichheiten und der Weltarmut alle Moraltheorien, so auch den Utilitarismus und eine Kantische Pflichtenethik. Zum dritten Kritikpunkt ist zu sagen, dass Scanlons Modell zumindest einen Gutteil von Fällen abdecken kann, in denen die Anzahl der geschädigten Personen eine Rolle spielt und damit eine beachtenswerte Alternative zum Utilitarismus aufzeigt (vgl. dazu Kumar 2001; Timmermann 2004).

Darwalls Version des Kontraktualismus ist mit der Kritik konfrontiert, dass nicht alle moralischen Gründe auf zweitpersonale und relationale Gründe reduzierbar sind, sondern auch Zustände *(states of affairs)* und aus drittpersonaler Perspektive objektiv geltende Gegebenheiten zählen (Wallace 2007; Betzler 2009). Gleichfalls wurde betont, dass Ethik notwendig eine erstpersonale Perspektive voraussetzt, da ethische Forderungen immer die Zustimmung und Motiviertheit der Einzelperson verlangen (Korsgaard 2007). Letztlich ist zu überlegen, wie weit Darwall nicht den Gegensatz überzieht und Moral neben einer relationalen zweitpersonalen Perspektive auch die erstpersonale und drittpersonale Dimension nicht vernachlässigen kann (Pauer-Studer 2010).

Southwoods deliberativer Kontraktualismus hat das Problem, dass die den Deliberationsprozeß strukturierenden Bedingungen (gleiche Autorität und gleiche Rechtfertigungspflicht) sehr allgemein gehalten sind. Aus Parfits kontraktualistischen Formeln ergeben sich wesentlich genauere Kriterien für moralisches Überlegen. Doch das philosophische Potential von Parfits Kontraktualismus ist mit Blick auf substantielle ethische Fragen noch nicht genügend ausgearbeitet. (Parfit selbst veranschaulicht seine Formeln vorwiegend mit Hilfe spitzfindiger hypothetischen Szenarien; kritisch dazu Wood 2011, 66–82).

Literatur

Ashford, Elizabeth: „The Demandingness of Scanlon's Contractualism". In: Ethics 113. Jg., 2 (2003): 273–302.
Betzler, Monika: „Zweitpersonale Gründe. Was sie sind und was sie uns zeigen". In: Deutsche Zeitschrift für Philosophie 57. Jg., 1 (2009): 159–163.
Binmore, Ken: Playing Fair. Game Theory and the Social Contract, Bd. I. Cambridge, Mass./London 1994.
Binmore, Ken: Just Playing: Game theory and the social contract, Vol. II. Cambridge, Mass./London 1998.
Darwall, Stephen: The Second-Person Standpoint: Morality, Respect, and Accountability. Cambridge, Mass./London 2006.
Feder-Kittay, Eva: Love's Labor. Essays on Women, Equality, and Dependency. New York/London 1999.
Gauthier, David: Morals by Agreement. Oxford 1986.
Gauthier, David: „Selbstinteresse, rationale Übereinkunft und Moral". In: Herlinde Pauer-Studer (Hg.): Konstruktionen praktischer Vernunft. Philosophie im Gespräch. Frankfurt a. M. 2000, 97–128.
Gaertner, Wulf/Klemisch-Ahlert, Marlies: „Gauthier's Approach to Distributive Justice and Other Bargaining solutions". In: Peter Vallentyne (Hg.): Contractarianism and Rational Choice. Essays on David Gauthier's Morals by Agreement. Cambridge 1991, 162–176.
Hampton, Jean: „Two Faces of Contractarian Thought". In: Peter Vallentyne (Hg.): Contractarianism and Rational Choice. Essays on David Gauthier's Morals by Agreement. Cambridge 1991, 31–55.
Held, Virginia: Feminist Morality. Transforming Culture, Society, and Politics. Chicago und London 1993.
Hobbes, Thomas: Leviathan oder Stoff, Form und Gewalt eines kirchlichen und bürgerlichen Staates. Frankfurt a. M. 1996 (engl. 1651).
Hume, David: Ein Traktat über die menschliche Natur, Band II, Buch III: Über Moral. Hg. und kommentiert von Herlinde Pauer-Studer. Frankfurt a. M. 2007 (engl. 1739/40).
Hume, David: Eine Untersuchung über die Prinzipien der Moral. Stuttgart 1984 (engl. 1751).
Iturrizaga, Raffael: David Gauthiers moralischer Kontraktualismus. Eine kritische Analyse. Frankfurt a. M. 2007.
Kant, Immanuel: Über den Gemeinspruch: Das mag in der Theorie richtig sein, taugt aber nicht für die Praxis. Hg. von Wilhelm Weischedel (=Werkausgabe Band XI). Frankfurt a. M. 1977 (1763).
Korsgaard, Christine M.: „Autonomy and the Second-Person Within: A Commentary on Stephen Darwall's The Second-Person Standpoint". In: Ethics 118. Jg., 1 (2007), 8–23.
Kumar, Raul: „Contractualism on Saving the Many". In: Analysis 61. Jg, 2 (2001), 165–171.
Locke, John: Zwei Abhandlungen über die Regierung. Hg. und eingeleitet von Walter Euchner. Frankfurt a. M. 1977 (engl. 1689).
Mackie, John L.: Ethik. Auf der Suche nach dem Richtigen und Falschen. Stuttgart ²1992.
Parfit, Derek: On What Matters, Volume One. Oxford 2011.
Pauer-Studer, Herlinde: Einführung in die Ethik. Wien ²2010.
Pauer-Studer, Herlinde: „The Moral Standpoint. First or Second Personal?" In: European Journal of Philosophy 18. Jg., 2 (2010), 296–310.
Pettit, Philip: „A Consequentialist Perspective on Contractualism". In: Theoria 66 Jg., 3 (2000), 228–236.
Rawls, John: Eine Theorie der Gerechtigkeit. Frankfurt a. M. 1979 (engl. 1971).
Rawls, John: Politischer Liberalismus. Frankfurt a. M. 1998 (engl. 1993).
Raz, Joseph: „Numbers, with and without Contractualism". In: Ratio 16. Jg., 4 (2003), 346–367.
Rousseau, Jean-Jacques: Vom Gesellschaftsvertrag oder Grundsätze des Staatsrechts. Stuttgart 2010 (frz. 1762).
Reibetanz, Sophia: „Contractualism and Aggregation". In: Ethics 108. Jg., 2 (1998), 296–311.
Scanlon, Thomas M.: „Contractualism and Utilitarianism". In: Amartya Sen/Bernard Williams (Hg.): Utilitarianism and Beyond. Cambridge 1982, 103–128.
Scanlon, Thomas M.: What We Owe to Each Other. Cambridge, Mass./London 1998.
Scanlon, Thomas M.: „Der Kontraktualismus und was Wir anderen schulden". In: Herlinde Pauer-Studer (Hg.): Konstruktionen praktischer Vernunft. Philosophie im Gespräch. Frankfurt a. M. 2000, 67–96.
Southwood, Nicholas: Contractualism and the Foundations of Morality. Oxford 2010.
Timmermann, Jens: „The Individualist Lottery: How People Count, but not their Numbers". In: Analysis 64. Jg., 2 (2004), 106–112.
Wallace, R. Jay: „Scanlon's Contractualism". In: Ethics 112. Jg., 3 (2002), 429–470.
Wallace, R. Jay: „Reasons, Relations, and Commands: Reflections on Darwall". In: Ethics 118. Jg, 1 (2007), 24–36.
Wood, Allen, „Humanity as End in Itself". In: Derek Parfit: On What Matters. Volume Two. Oxford 2011, 58–82.

Konsequentialistische Ethik

Jörg Schroth

In konsequentialistischen Theorien hängt die moralische Richtigkeit oder Falschheit einer Handlung *nur* davon ab, wie gut oder schlecht ihre Konsequenzen (verglichen mit den Konsequenzen der anderen Handlungsalternativen) sind. Aus dieser definierenden Eigenschaft konsequentialistischer Theorien ergibt sich fast zwingend als weitere typische Eigenschaft die Maximierung des Guten, die in einer schwächeren Form als *Maximierungserlaubnis* und in einer stärkeren Form als *Maximierungsgebot* vertreten werden kann: Wenn die Richtigkeit einer Handlung *nur* von den Konsequenzen abhängt, liegt es nahe anzunehmen, dass es niemals moralisch falsch und folglich immer moralisch erlaubt ist, die Handlung mit den *besten* Konsequenzen auszuführen. Diese Maximierungserlaubnis unterscheidet konsequentialistische Theorien insbesondere von deontologischen Theorien, in denen die Handlung mit den besten Konsequenzen oft verboten ist: Da in deontologischen Theorien die Richtigkeit *nicht nur* von den Konsequenzen, sondern auch von anderen Faktoren (z. B. der intrinsischen Schlechtheit bestimmter Handlungsweisen) abhängt, kann es Situationen geben, in denen ein solcher Faktor die Gutheit der Konsequenzen überwiegt und es deshalb verboten ist, die Handlung mit den besten Konsequenzen auszuführen. Gegner konsequentialistischer Theorien sind *nicht* auf die Auffassung festgelegt, dass die Konsequenzen keinerlei moralische Relevanz haben, sondern nur darauf, dass es neben den Konsequenzen noch andere moralisch relevante Faktoren gibt. In der Standardform konsequentialistischer Theorien geht man über die bloße Maximierungs*erlaubnis* hinaus und macht die stärkere, auf den ersten Blick nicht weniger plausible Annahme, dass es niemals moralisch richtig sein kann, eine Handlung mit schlechteren Konsequenzen einer Handlung mit besseren Konsequenzen vorzuziehen. Hieraus folgt das Maximierungs*gebot*, wonach die Handlung mit den besten Konsequenzen nicht nur erlaubt, sondern *geboten* ist.

Damit ergibt sich folgendes Richtigkeitskriterium: Eine Handlung ist moralisch richtig genau dann, wenn ihre Konsequenzen mindestens so gut sind wie die Konsequenzen jeder anderen Handlung, die man stattdessen ausführen könnte. Kurz: Eine Handlung ist moralisch richtig genau dann, wenn es keine andere Handlung mit besseren Konsequenzen gibt (wobei die Konsequenzen für alle von einer Handlung Betroffenen unparteiisch berücksichtigt werden müssen). Da man die tatsächlichen Konsequenzen (wenn überhaupt) erst nach der Ausführung einer Handlung kennt, kann man sich bei morali-

---

J. Schroth (✉)
Georg-August-Universität Göttingen,
Göttingen, Deutschland
E-Mail: joerg.schroth@uni-goettingen.de

schen Entscheidungen nur an den zu erwartenden Konsequenzen orientieren. In unglücklichen Umständen könnte daher der Fall eintreten, dass die Handlung mit den besten zu erwartenden Konsequenzen tatsächlich schlechtere Konsequenzen hat als die zu erwartenden Konsequenzen der anderen Handlungsalternativen. Hinge die Richtigkeit von den *tatsächlichen* Konsequenzen der ausgeführten Handlung ab, hätte man in diesem Fall moralisch falsch gehandelt, obwohl man nichts Besseres tun konnte als die Handlung mit den besten zu erwartenden Konsequenzen auszuführen. Viele Konsequentialisten halten dies für unplausibel und machen deshalb nicht nur die moralische Entscheidung, sondern auch die moralische Richtigkeit nur von den *zu erwartenden* Konsequenzen abhängig.

Welche Konsequenzen berücksichtigt werden müssen und wer in den Schutzbereich der Moral fällt, ergibt sich aus der zugrundegelegten Theorie des Guten und dem für die meisten konsequentialistischen Theorien charakteristischen unparteiischen Universalismus: Da das Gute *aller* Wesen zählt und zwar *gleich viel*, muss man, wenn man z. B. eine hedonistische Theorie des Guten zugrunde legt, wonach es bei der Bewertung der Konsequenzen nur auf Freude und Schmerz ankommt, die Freuden und Schmerzen aller empfindungsfähigen Wesen unparteiisch berücksichtigen. Sieht man das Gute dagegen in der Befriedigung von Interessen, müssen alle Wesen mit entsprechenden Interessen berücksichtigt werden. Da man z. B. Föten und den meisten Tieren ein Interesse daran, keine Schmerzen zu erleiden, aber kein Interesse am Weiterleben zuschreiben kann, würde man ihre Interessen durch das Zufügen von Schmerzen, nicht aber durch ihre schmerzfreie Tötung verletzen. Ihre schmerzfreie Tötung ist daher nur verboten, wenn es die Interessen Dritter beeinträchtigt.

8.1 Direkter und indirekter Handlungskonsequentialismus

Da die Richtigkeit von den Konsequenzen der jeweiligen Handlungen abhängt, bezeichnet man die Standardform konsequentialistischer Theorien als *Handlungskonsequentialismus*. Formuliert man dessen Richtigkeitskriterium als Gebot um, erhält man folgendes *Entscheidungskriterium:* Führe in jeder Situation nur diejenige Handlung aus, zu der es keine andere Handlung mit besseren zu erwartenden Konsequenzen gibt. Einen Handlungskonsequentialismus mit diesem Entscheidungskriterium bezeichnet man als *direkten Handlungskonsequentialismus,* da man das Richtigkeitskriterium *direkt* als Entscheidungskriterium anwendet. Gegen dieses Entscheidungskriterium sprechen jedoch zahlreiche Einwände, die darauf hinauslaufen, dass es nicht zu den besten Konsequenzen führt, wenn alle stets nach diesem Entscheidungskriterium handeln (vgl. Birnbacher 2007, 194 ff.). Um das Entscheidungskriterium anzuwenden, müssten wir zunächst alle uns offenstehenden Handlungsalternativen herausfinden, zu jeder dieser Handlungsalternativen alle möglicherweise eintretenden Konsequenzen ermitteln, jede dieser möglichen Konsequenzen bewerten und jeder dieser möglichen Konsequenzen eine Eintrittswahrscheinlichkeit zuordnen. Danach müssten wir den Erwartungswert jeder Handlungsalternative berechnen, indem wir für jede mögliche Konsequenz das Produkt aus ihrem Wert und ihrer Eintrittswahrscheinlichkeit bilden und diese Produkte addieren. Die so ermittelten Erwartungswerte jeder Handlungsalternative könnten wir miteinander vergleichen um schließlich diejenige Handlung mit dem größten Erwartungswert auszuführen.

Mit dieser Entscheidungsmethode wären wir jedoch heillos überfordert: Wir sind (schon allein aus Zeit- und Informationsmangel) nicht in der Lage, alle möglichen Handlungsalternativen, alle möglichen Konsequenzen und deren Eintrittswahrscheinlichkeiten abzuschätzen; wir haben oft keine genauen Vorstellungen über den Wert der möglichen Konsequenzen; wir sind oft voreingenommen, so dass wir die Konsequenzen nicht unparteiisch abwägen, sondern bei für uns vorteilhaften Handlungen den Schaden für andere unterschätzen. Außerdem hätten wir keine Erwartungssicherheit mehr, und die menschliche Kooperation würde zusammenbrechen, da wir uns nicht mehr darauf verlassen könnten, dass

Abmachungen, Verträge, Regeln etc. eingehalten werden.

Aufgrund dieser Einwände haben nahezu alle Konsequentialisten die Forderung aufgegeben, in jeder Situation die Handlung mit den besten Konsequenzen auszuführen. Stattdessen fordern sie, stets nach bestimmten Regeln zu handeln, nämlich idealerweise nach denjenigen Regeln, deren allgemeine Internalisierung die besten Konsequenzen hat. Da es nahezu unmöglich ist, herauszufinden, welche Regeln diese Bedingung erfüllen, beschränkt man sich meist auf folgendes Entscheidungskriterium: Handle (von außergewöhnlichen Situationen abgesehen) in jeder Situation nach den altbewährten Regeln unserer herkömmlichen Moral. Einen Handlungskonsequentialismus, der dessen Richtigkeitskriterium mit einem Entscheidungskriterium verbindet, das verlangt, nach bestimmten Regeln zu handeln, bezeichnet man als *indirekten Handlungskonsequentialismus*: Die besten Konsequenzen erreicht man, wenn man sie nicht direkt intendiert, sondern den indirekten Weg über die Befolgung moralischer Regeln einschlägt: Das Handeln nach Regeln ist das beste Mittel zur Ausführung der Handlung mit den besten Konsequenzen. Dieses Mittel erfüllt seinen Zweck jedoch nur, wenn sich die meisten Menschen meistens an die Regeln halten. Daher dürfen die Regeln keine bloßen Faustregeln sein, die man zwar als grobe Richtlinien akzeptiert, aber jederzeit ohne schlechtes Gewissen verletzt, falls man glaubt, dadurch bessere Konsequenzen zu erzielen. Sie müssen vielmehr internalisierte moralische Regeln sein, die wir nur widerwillig und mit schlechtem Gewissen verletzen. Ein Streitpunkt ist die Frage, ob es möglich ist, eine solche Haltung gegenüber den Regeln einzunehmen, obwohl wir wissen, dass sie nur instrumentellen Wert haben und die moralische Richtigkeit von Handlungen nicht von diesen Regeln abhängt (sondern von den Handlungskonsequenzen). Eine weitere Schwierigkeit liegt darin, dass sich kein Kriterium dafür angeben lässt, wann man die Regeln verletzen darf bzw. soll. Trotz dieser Schwierigkeiten vertreten die meisten Konsequentialisten einen indirekten Handlungskonsequentialismus. Eine bekannte Variante des indirekten Handlungskonsequentialismus ist R.M. Hares Zwei-Ebenen-Theorie des moralischen Denkens.

8.2 Einwände gegen konsequentialistische Theorien

Konsequentialistische Theorien müssen gegen folgende Einwände verteidigt werden: Ein erster Einwand lautet, dass konsequentialistische Theorien praktisch nicht anwendbar seien. (1) Wir können weder vor der Ausführung einer Handlung wissen, welche Handlung die besten zu erwartenden Konsequenzen hat, da wir unmöglich alle Handlungsalternativen mit allen ihren möglichen Konsequenzen und Eintrittswahrscheinlichkeiten bestimmen können. Noch können wir nach der Ausführung einer Handlung wissen, welche tatsächlichen Konsequenzen sie hat, da wir ihre in ferner Zukunft liegenden Konsequenzen nicht kennen können. Folglich kann man nie wissen, welche Handlung moralisch richtig ist. (2) Konsequentialistische Theorien setzen voraus, dass man den Nutzen, den verschiedene Personen aus einer Handlung ziehen, miteinander vergleichen kann. Ein solcher interpersoneller Nutzenvergleich ist jedoch nicht möglich.

Ein zweiter Einwand lautet, dass konsequentialistische Theorien mit den wohlüberlegten Moralurteilen unserer herkömmlichen Moral unvereinbar seien, da sie in zweierlei Hinsicht kontraintuitiv sind:

1. Aufgrund des Maximierungsgebots fordern konsequentialistische Theorien zu viel und überfordern die Menschen: Sie unterscheiden nicht zwischen moralisch gebotenen und supererogatorischen Handlungen (also lobenswerten Handlungen, die über die Pflicht hinausgehen) und gebieten Handlungen, die von niemandem moralisch gefordert werden können, weil sie zu große Opfer abverlangen. Sie schränken unsere Handlungsfreiheit auf unzumutbare Weise ein und machen es unmöglich, ein für uns gutes Leben zu führen, da wir fast alle persönlichen Ziele, Projekte und Vergnügungen aufgeben müssen, um stattdessen unser Geld, unsere Zeit

und Arbeitskraft der Linderung der Übel dieser Welt zu widmen. Eine Reaktion auf den Überforderungseinwand ist der (zuerst von Michael Slote (1985) vertretene) satisfizierende Konsequentialismus *(satisficing consequentialism)*, in dem das Maximierungsgebot aufgegeben wird: Zwar ist die Handlung mit den besten Konsequenzen immer erlaubt, aber geboten ist nur die Handlung, deren Konsequenzen gut genug sind. Eine offensichtliche Schwierigkeit dabei ist, wie man bestimmt, wann eine Handlung gut genug ist (vgl. die Einwände gegen diese Theorie in Mulgan 2001).

2. Da konsequentialistische Theorien nur die Konsequenzen von Handlungen als moralisch relevant anerkennen, berücksichtigen sie viele Faktoren nicht, die wir in unserer herkömmlichen Moral für moralisch relevant halten. Dies führt, verbunden mit der Maximierungserlaubnis, dazu, dass konsequentialistische Theorien zu viel erlauben, indem sie um der besten Konsequenzen willen Handlungen erlauben (und sogar gebieten), die gemäß der herkömmlichen Moral offensichtlich verboten sind: (a) Sie ignorieren die intrinsische Falschheit bzw. Schlechtheit bestimmter Handlungsweisen (wie das absichtliche Töten Unschuldiger) und erlauben solche Handlungsweisen schon zur Erzielung geringfügig besserer Konsequenzen. (b) Sie lassen alle Freuden und Präferenzen bei der Berechnung der besten Konsequenzen zu und ignorieren, dass bestimmte Freuden und Präferenzen (z. B. die sadistische Freude am Leid anderer oder die Freude bei einer Vergewaltigung) unmoralisch sind und keinerlei Anspruch auf Berücksichtigung haben. (c) Sie sind gänzlich unparteiisch und ignorieren besondere Beziehungen zwischen Personen und daraus resultierende spezielle Rechte und Pflichten (zwischen Freunden, Eltern und Kindern, etc.): Wenn wir nur eines von zwei Kindern retten könnten, gebietet uns die herkömmliche Moral, unser eigenes Kind einem fremden Kind vorzuziehen, während in konsequentialistischen Theorien eine solche Parteilichkeit verboten wäre. (d) Sie respektieren keine moralischen Rechte von Personen. (e) Sie ignorieren die Würde des Menschen und erlauben, dass Menschen als bloße Mittel zum Zweck instrumentalisiert werden, indem sie die Bestrafung Unschuldiger und das Opfern von Menschen zur Rettung einer größeren Anzahl anderer Menschen erlauben. (f) Sie ignorieren die Bedeutung vergangener Handlungen und daraus resultierende spezielle Rechte und Pflichten (wie z. B. Dankbarkeit und das Einhalten von Versprechen). (g) Sie ignorieren Verteilungsgerechtigkeit und beurteilen Zustände nur nach der Höhe des Gesamtnutzens, unabhängig davon, wie dieser Nutzen auf einzelne Individuen verteilt ist. Verteilungsgerechtigkeit wird nur berücksichtigt, insofern sie aufgrund des abnehmenden Grenznutzens bestimmter Güter zur Maximierung des Gesamtnutzens beiträgt: Wenn man schon einen Wintermantel besitzt, verringert sich der Nutzen jedes weiteren Wintermantels, so dass der Gesamtnutzen größer ist, wenn vier Personen je einen Wintermantel haben als wenn eine Person vier Wintermäntel besitzt.

Die Überforderungs- und Kontraintuitivitätseinwände können in dem Vorwurf von John Rawls zusammengefasst werden, dass konsequentialistische Theorien die ‚Getrenntheit der Personen' nicht beachten: Es ist zwar klug, wenn eine Person Lasten auf sich nimmt, um später davon zu profitieren, aber es ist unmoralisch, dieses für eine Person kluge Verhalten auf mehrere Personen zu übertragen und einigen Personen Lasten aufzubürden, von denen andere Personen profitieren.

Des Weiteren bestreiten konsequentialistische Theorien die moralische Relevanz einiger Unterscheidungen unserer herkömmlichen Moral: Sie bestreiten die moralische Relevanz der Unterscheidung zwischen Tun und Unterlassen bzw. Zulassen, mit der Folge, dass wir für Unterlassungen im selben Maße moralisch verantwortlich sind wie für unsere Handlungen und wir somit für jedes Übel, das wir nicht lindern oder verhindern, obwohl wir es könnten, moralisch verantwortlich sind (‚negative Verantwortung'). Zudem folgt daraus beispielsweise, dass es keinen prinzipiellen moralischen Unterschied zwischen aktiver und passiver Sterbehilfe gibt. Konsequentialistische Theorien bestreiten auch die moralische

Relevanz der Unterscheidung zwischen beabsichtigten Folgen und vorausgesehenen, aber unbeabsichtigten Nebenfolgen. Wir sind daher einerseits für die unbeabsichtigten Nebenfolgen unserer Handlungen ebenso moralisch verantwortlich wie für die beabsichtigten Folgen, und dürfen andererseits (um der besseren Konsequenzen willen) bestimmte Folgen (wie z. B. den Tod unschuldiger Zivilisten im Krieg) absichtlich herbeiführen, die man gemäß weit verbreiteten moralischen Überzeugungen nur als unbeabsichtigte Nebenfolgen in Kauf nehmen, aber nicht direkt beabsichtigen darf.

Der Einwand der Kontraintuitivität konsequentialistischer Theorien wird meistens begründet, indem man fiktive Beispielfälle konstruiert und behauptet, Konsequentialisten müssten in diesen Fällen offensichtlich falsche Handlungen für moralisch richtig halten. Ein bekanntes Beispiel dieser Art lautet (für weitere Beispiele vgl. Mulgan 2007, 93 ff.): In einem Krankenhaus liegen fünf Patienten, deren Leben nur gerettet werden kann, wenn ihnen schnell jeweils unterschiedliche Organe transplantiert werden. Zufällig ist gerade ein alleinstehender Mann zu einer Routineuntersuchung im Krankenhaus, der als Organspender für alle fünf Patienten geeignet ist. Konsequentialisten müssten in diesem Fall behaupten, die Ärzte sollen unauffällig den Tod des Mannes arrangieren, um mit dessen Organen die anderen fünf Patienten zu retten, da ein Toter besser ist als fünf Tote. Konsequentialisten gebieten in diesem Fall also eine Handlung, die klarerweise moralisch falsch ist. (Dieses Beispiel illustriert gleichzeitig den Überforderungseinwand, da der alleinstehende Mann sogar die Pflicht hätte, sich für die anderen fünf Patienten zu opfern.) Beispiele dieser Art weisen Konsequentialisten mit folgenden Argumenten zurück: (1) Die Beispiele sind zu einfach und unrealistisch und ignorieren viele Unwägbarkeiten und langfristige Konsequenzen. In der Realität werden Situationen, in denen die intuitiv falsche Handlung die besten Konsequenzen hat, niemals auftreten. (2) In den Beispielen wird den Akteuren ein Wissen um die Konsequenzen zugeschrieben, das diese nicht haben können. Akteure sollten daher und aufgrund der oben genannten Einwände gegen das Entscheidungskriterium des direkten Handlungskonsequentialismus nicht versuchen, die besten Konsequenzen zu ermitteln, sondern sich (gemäß dem indirekten Handlungskonsequentialismus) an moralische Regeln halten. Konsequentialisten würden daher so gut wie nie die moralisch kontraintuitive Handlung ausführen. (3) Konstruiert man das Beispiel mit solch phantastischen Details, dass es tatsächlich die besten Konsequenzen hätte, einen Unschuldigen zu töten, um fünf andere zu retten, würden wir dies wahrscheinlich nicht mehr für moralisch kontraintuitiv halten (falls wir überhaupt noch zuverlässige moralische Intuitionen in solchen phantastischen Fällen haben).

8.3 Regelkonsequentialismus

Einen anderen Weg, diesen Einwänden zu entgehen, schlägt der (nie sehr populär gewordene) *Regelkonsequentialismus* ein. Gemäß dem Regelkonsequentialismus ist eine Handlung genau dann moralisch falsch, wenn sie von dem Moralkodex verboten wird, dessen Internalisierung durch die überwältigende Mehrheit der Menschen die besten Konsequenzen hat. Da man unmöglich herausfinden kann, welcher Moralkodex diese Bedingung erfüllt, wird (wie beim indirekten Handlungskonsequentialismus) angenommen, dass er aus den altbewährten Regeln unserer herkömmlichen Moral besteht. Diese Regeln gelten nicht absolut, sondern enthalten eine ‚Katastrophenklausel', die die Verletzung der Regeln in Situationen erlaubt, in denen ihre Befolgung katastrophale Konsequenzen hätte. Obwohl moralische Regeln sowohl im Regelkonsequentialismus als auch im indirekten Handlungskonsequentialismus eine zentrale Rolle spielen, gibt es einen entscheidenden Unterschied zwischen beiden Theorien: Da man sich auch im indirekten Handlungskonsequentialismus an moralische Regeln halten soll, wird man zwar selten eine Handlung ausführen, die wir für moralisch falsch halten. Da die Richtigkeit einer Handlung aber nicht von den Regeln, sondern von den Konsequenzen der Handlung abhängt, kann der Fall eintreten, dass man eine moralische Regel befolgt, aber die ausgeführte Handlung dennoch falsch ist, weil sie nicht die besten Konsequenzen hat, und stattdessen eine Handlung (aufgrund ihrer besseren Konsequenzen) moralisch richtig ist, die wir für moralisch falsch halten. Im Regelkonsequentialismus kann dieser Fall nicht eintreten, da die Richtigkeit einer Handlung nicht von ihren Konsequenzen abhängt, sondern davon, ob die Regeln des Moralkodex sie erlauben. Da die Regeln des Moralkodex die Regeln unserer herkömmlichen Moral sind, erlaubt der Regelkonsequentialismus keine Handlungen, die wir intuitiv für moralisch falsch halten und ist daher nicht, wie der Handlungskonsequentialismus, dem Vorwurf der Kontraintuitivität ausgesetzt. Als Vorteil gegenüber deontologischen Theorien machen Regelkonsequentialisten geltend, dass nur sie über eine befriedigende Begründung der moralischen Regeln der herkömmlichen Moral verfügen. Es ist allerdings umstritten, ob der Regelkonsequentialismus eine konsequentialistische Ethik ist, da die moralische Richtigkeit einer Handlung *nicht* von ihren Konsequenzen abhängt, sondern von moralischen Regeln. Dem wird entgegengehalten, dass die Auswahl der moralischen Regeln nur von den Konsequenzen (ihrer allgemeinen Internalisierung) abhängt. Bekannte Vertreter des Regelkonsequentialismus waren Richard B. Brandt und John C. Harsanyi. Anfang der Neunziger Jahre des letzten Jahrhunderts begann Brad Hooker mit einer Neuformulierung und Neubegründung des Regelkonsequentialismus und hat ihn inzwischen (insbesondere seit Hooker 2000) als ernsthafte Alternative zum Handlungskonsequentialismus etabliert.

8.4 Utilitaristische und nicht-utilitaristische konsequentialistische Theorien

Konsequentialistische Theorien traten als systematische ethische Theorien zuerst im 18. Jahrhundert in Form des Utilitarismus auf, der bis heute die bedeutendste und bekannteste konsequentialistische Ethik geblieben ist. Die Begründer des Utilitarismus – Jeremy Bentham, John Stuart Mill und Henry Sidgwick – gingen von der hedonistischen Annahme aus, dass Freude bzw. Lust *(pleasure)* das einzige um seiner selbst willen erstrebenswerte Gut ist. Daraus schlossen sie, dass die moralische Richtigkeit einer Handlung *nur* davon abhängt, wie viel Freude und wie viel Leid sie mit sich bringt, und dass diejenige Handlung moralisch richtig ist, die die beste Lust-Leid-Bilanz aufweist. Die Lust-Leid-Bilanz einer Handlung (und damit ihren Nutzen) erhält man, indem man das gesamte aus einer Handlung resultierende Leid von der gesamten aus einer Handlung resultierenden Freude subtrahiert. Je größer dieser Wert (aus Freude minus Leid), desto größer der Nutzen der Handlung. Eine Handlung ist somit genau dann moralisch richtig, wenn es keine andere Handlungsalternative mit einem größeren Nutzen gibt. Da es nur auf die Größe bzw. die Gesamtmenge des Nutzens ankommt, spielt es keine Rolle, wie gleich oder ungleich der Nutzen auf verschiedene Individuen verteilt ist. Viele zeitgenössische Utilitaristen (darunter R.M. Hare, John C. Harsanyi und Peter Singer) haben die hedonistische Interpretation des Nutzens als Lust-Leid-Bilanz aufgegeben und vertreten einen Präferenzutilitarismus, in dem die moralische Richtigkeit einer Handlung nur vom Ausmaß der Erfüllung der Präferenzen aller von einer Handlung Betroffenen abhängt. Da sowohl Freude bzw. Lust als auch Präferenzerfüllung außermoralische Güter sind, ist für den Utilitarismus die Maximierung des außermoralisch Guten charakteristisch. Da Lust und Leid bzw. Präferenzerfüllung Konsequenzen von Handlungen sind, folgt, dass im Utilitarismus die Richtigkeit einer Handlung nur von ihren Konsequenzen abhängt. Dieses konsequentialistische Element des Utilitarismus war im klassischen Utilitarismus lediglich eine Folgerung aus anderen Grundideen und wurde erst im 20. Jahrhundert, beginnend mit G. E. Moore, zur Grundidee konsequentialistischer Theorien. (Der Begriff ‚Konsequentialismus' wurde erst 1958 von Elizabeth Anscombe eingeführt.) Während der klassische Utilitarismus von einer Theorie des Guten ausging, ist die konsequentialistische Grundidee eine Auffassung über das Rechte (nämlich, dass die Richtigkeit nur von den Konsequenzen abhängt und es stets moralisch richtig ist, das Gute, *was immer es sei,* zu maximieren). Diese konsequentialistische Auffassung über das Rechte kann mit jeder plausiblen Theorie des Guten kombiniert werden, woraus sich jeweils unterschiedliche konsequentialistische Theorien ergeben.

Viele zeitgenössische Konsequentialisten begegnen daher den Einwänden gegen konsequentialistische Theorien auch, indem sie ihre Theorie des Guten modifizieren und z. B. Verteilungsgerechtigkeit als ein Gut (zweiter Ordnung) hinzunehmen, so dass die Gutheit der Konsequenzen von Handlungen auch davon abhängt, wie gerecht bestimmte Güter (erster Ordnung) bzw. Vorteile und Lasten verteilt sind. Prinzipiell können Konsequentialisten jedes Gut und jeden Wert in ihre Theorie des Guten aufnehmen. Sie behaupten jedoch, dass ein rationaler Umgang mit Werten dem Fördern *(promoting)* Vorrang vor dem Achten *(honouring)* von Werten einräumen muss. Die Würde des Menschen beispielsweise achtet man, indem man selbst die Würde nicht verletzt, aber man fördert sie, indem man dafür sorgt, dass möglichst wenig Würdeverletzungen vorkommen. In Situationen, in denen man die Zahl der Würdeverletzungen nur minimieren kann, indem man selbst die Würde einer Person verletzt, gebieten Konsequentialisten diese Würdeverletzung: So wäre es z. B. geboten (sofern es alles in allem die besten Konsequenzen hätte), einen Terroristen zu foltern (und damit dessen Würde zu verletzen), wenn man nur so verhindern kann, dass andere Terroristen andere Menschen foltern (und deren Würde verletzen). Ebenso wäre es geboten, ein von Terroristen als Waffe gekapertes Passagierflugzeug abzuschießen und damit unschuldige Passagiere absichtlich zu töten, wenn sich nur so verhindern ließe, dass die Terroristen noch mehr unschuldige Menschen absichtlich töten.

8.5 Die Attraktivität konsequentialistischer Theorien

Trotz der zahlreichen Einwände üben konsequentialistische Theorien eine kaum zu widerstehende Anziehungskraft aus und dominieren die ethische Diskussion. Ein Grund für die Anziehungskraft konsequentialistischer Theorien sind deren Vorzüge als ethische Theorie: Sie besitzen eine einfache und klare Struktur und erlauben begründete und nachvollziehbare moralische Entscheidungen, bei denen man nicht auf (umstrittene oder unbegründete) moralische Intuitionen zurückgreifen muss, da die Frage nach der Handlung mit den besten Konsequenzen eine bloß empirische Frage ist. Zudem sind konsequentialistische Theorien sehr voraussetzungsarm und benötigen wenige Grundannahmen. Eine dieser Annahmen liefert den Hauptgrund für die Attraktivität konsequentialistischer Theorien (und wird oft als deren bestechende Idee *(compelling idea)* bezeichnet): Es ist die zu Beginn formulierte, der Maximierungserlaubnis zugrunde liegende Annahme, die oft nur als rhetorische Frage formuliert wird: Wie könnte es jemals falsch sein, den besseren von zwei Zuständen herbeizuführen? Deontologische Theorien, die oft verbieten, den besseren von zwei Zuständen herbeizuführen, sind aus konsequentialistischer Sicht schlicht irrational bzw. paradox. Wenn bestimmte Handlungen (wie z. B. Foltern oder das Töten Unschuldiger) in sich schlecht sind, ist es ein Gebot der Rationalität, dafür zu sorgen, die Zahl derartiger Handlungen zu minimieren, selbst wenn man dazu selbst eine Handlung dieser Art ausführen muss. Wie kann man behaupten, dass eine bestimmte Handlungsweise in sich schlecht bzw. falsch ist und gleichzeitig die Ausführung zahlreicher solcher Handlungen zulassen, obwohl man dies durch die Ausführung nur einer solchen Handlung verhindern könnte? Das Fehlen einer befriedigenden Antwort auf diese Frage halten viele für das beste Argument für konsequentialistische Theorien bzw. für die größte Herausforderung für deontologische Theorien.

Literatur

Anscombe, G.E.M.: „Moderne Moralphilosophie". In: Günther Grewendorf/Georg Meggle (Hg.): Seminar: Sprache und Ethik. Zur Entwicklung der Metaethik [1958]. Frankfurt a. M. 1974, 217–243.

Bentham, Jeremy: „Eine Einführung in die Prinzipien der Moral und der Gesetzgebung [1789]" (Auszug). In: Jörg Schroth (Hg.): Texte zum Utilitarismus, Stuttgart 2016, 32–50.

Birnbacher, Dieter: Analytische Einführung in die Ethik. Berlin ²2007, Kap. 5.

Bykvist, Krister: Utilitarianism. A Guide for the Perplexed. London 2010.

Darwall, Stephen (Hg.): Consequentialism. Oxford 2003.

Driver, Julia: Consequentialism. Abingdon 2012.

Eggleton, Ben/Miller, Dale E. (Hg.): The Cambridge Companion to Utilitarianism. Cambridge 2014.

Forcehimes, Andrew T./Semrau, Luke: Thinking Through Utilitarianism. A Guideto Contemporary Arguments. Indianapolis 2019.

Gähde, Ulrich/Schrader, Wolfgang H. (Hg.): Der klassische Utilitarismus. Einflüsse – Entwicklungen – Folgen. Berlin 1992.

Gesang, Bernward: Eine Verteidigung des Utilitarismus. Stuttgart 2003.

Hare, Richard M.: Moralisches Denken: Seine Ebenen, seine Methode, sein Witz. Frankfurt a. M. 1992 (engl. 1981).

Hare, Richard M.: Essays on Bioethics. Oxford 1993.

Höffe, Otfried (Hg.): Einführung in die utilitaristische Ethik. Klassische und zeitgenössische Texte. Tübingen 2013.

Hooker, Brad: Ideal Code, Real World. A Rule-Consequentialist Theory of Morality. Oxford 2000.

Kagan, Shelly: The Limits of Morality. Oxford 1989.

Kagan, Shelly: Normative Ethics. Boulder 1998.

Kühler, Michael/Nossek, Alexa (Hg.): Paternalismus und Konsequentialismus. Münster 2014.

Lazari-Radek, Katarzyna de/Singer, Peter: The Point of View of the Universe. Sidgwick and Contemporary Ethics, Oxford 2014.

Lazari-Radek, Katarzyna de/Singer, Peter: Utilitarianism. A Very Short Introduction. Oxford 2017.

Mill, John Stuart: Utilitarianism/Der Utilitarismus. Stuttgart 2006 (engl. 1861).

Moore, G.E.: Grundprobleme der Ethik. München 1975 (engl. 1912).

Mulgan, Tim: The Demands of Consequentialism. Oxford 2001.

Mulgan, Tim: Understanding Utilitarianism. Stocksfield 2007.

Nida-Rümelin, Julian: Kritik des Konsequentialismus. München 1993.

Oderberg, David S./Laing, Jacqueline A. (Hg.): Human Lives. Critical Essays on Consequentialist Bioethics. Basingstoke und New York 1997.

Parfit, Derek: Reasons and Persons. Oxford 1984.

Pettit, Philip: „The Consequentialist Perspective". In: Marcia W. Baron, Philip Pettit, Michael Slote (Hg.): Three Methods of Ethics. Oxford 1997, 92–174.

Pettit, Philip (Hg.): Consequentialism. Aldershot 1993.

Portmore, Douglas (Hg.): The Oxford Handbook of Consequentialism,Oxford 2020.

Scarre, Geoffrey: Utilitarianism. London 1996.

Scheffler, Samuel (Hg.): Consequentialism and Its Critics. Oxford 1988.

Scheffler, Samuel: The Rejection of Consequentialism. A Philosophical Investigation of the Considerations Underlying Rival Moral Conceptions. Oxford 1994 (Revised Edition).

Schroth, Jörg: Konsequentialismus. Einführung. Baden-Baden 2022.

Schroth, Jörg: (Hg.): Texte zum Utilitarismus. Stuttgart, 2016.

Sen, Amartya/Williams, Bernard (Hg.): Utilitarianism and Beyond. Cambridge 1982.

Shaw, William H.: Contemporary Ethics. Taking Account of Utilitarianism. Oxford 1999.

Sidgwick, Henry: The Methods of Ethics [1907]. Indianapolis 1981.

Singer, Peter: Praktische Ethik. Stuttgart 2013 (engl. 1979, 1993, 2011).

Slote, Michael: Common-Sense Morality and Consequentialism. London 1985.

Williams, Bernard: Kritik des Utilitarismus. Frankfurt a. M. 1979 (engl. 1973).

Deontologische Ethik

Thomas Schmidt

Deontologische Moraltheorien bilden, neben tugendethischen und konsequentialistischen Konzeptionen, einen der drei wichtigsten Theorietypen der normativen Ethik. Anders als in der Tugendethik steht in der deontologischen Ethik nicht die moralische Beurteilung von Charaktereigenschaften, sondern die von Einzelhandlungen bzw. von Handlungstypen im Vordergrund. Und im Gegensatz zum Konsequentialismus ist deontologischen Ansätzen zufolge der moralische Status einer Handlung nicht nur vom Wert der Handlungskonsequenzen abhängig.

Einem engeren Verständnis deontologischer Ethik gemäß, das auf C. D. Broad zurückgeht, ist für deontologische Moraltheorien die Ansicht charakteristisch, dass Handlungen einer bestimmten Art bzw. bestimmter Arten gänzlich unabhängig von den Handlungskonsequenzen moralisch richtig bzw. falsch sind (Broad 1934, 206). Die heute übliche Bestimmung des Begriffs deontologischer Moraltheorien ist etwas weiter und sieht deren Gemeinsamkeit in der These, dass der Wert der Folgen von Handlungen im Hinblick auf deren moralische Richtigkeit nicht der allein ausschlaggebende Gesichtspunkt ist (so etwa Frankena 2017, 16; Schroth 2009, 58). Damit ist nicht ausgeschlossen, dass Konsequenzen im Rahmen deontologischer Theorien bei der Beurteilung der moralischen Qualität von Handlungen *auch* eine Rolle spielen. Gesagt ist nur, dass sie nicht alles sind, was moralisch zählt.

9.1 Grundmodelle (I): Kantianismus

Die historischen Wurzeln deontologischen Denkens in der Ethik liegen in der jüdisch-christlichen Morallehre, und der Dekalog gilt vielen als ein paradigmatisches Beispiel eines deontologischen Normenkatalogs. Moraltheoretisch für gegenwärtige deontologische Ansätze prägend ist vor allem die Ethik Immanuel Kants, auf die viele der einschlägigen Entwürfe zurückgreifen. Als in normativer Hinsicht tragender Gedanke der kantischen Ethik kann die Idee gelten, dass autonome Akteure moralischen Pflichten unterstehen, deren Inhalt sich durch das ergibt, was gegenüber Personen zu tun moralisch gefordert bzw. verboten ist. Nach Kant ist für die moralische Falschheit *prima vista* recht unterschiedlicher Handlungen – wichtige Beispiele sind Töten, Lügen, die Abgabe unaufrichtiger Versprechen, etc. – letzten Endes stets derselbe Umstand verantwortlich, den er in unterschiedlichen Formulierungen des Kategorischen Imperativs aufs Prinzip zu bringen versucht. Die

T. Schmidt (✉)
Humboldt-Universität zu Berlin, Berlin, Deutschland
E-Mail: t.schmidt@philosophie.hu-berlin.de

© Springer-Verlag GmbH Deutschland, ein Teil von Springer Nature 2023
C. Neuhäuser et al. (Hrsg.), *Handbuch Angewandte Ethik*,
https://doi.org/10.1007/978-3-476-05869-0_9

sachlich vielleicht wichtigste und für viele Themen der Angewandten Ethik in besonderer Weise einschlägige Formulierung ist die sogenannte Zweckformel, der zufolge man jede Person (auch sich selbst) „jederzeit zugleich als Zweck, niemals bloß als Mittel" zu behandeln habe (Kant 1785/2004, 429).

Die in der Zweckformel ausgedrückte moralische Grundüberzeugung spielt gegenwärtig in der Diskussion um die Bedingungen der Zuschreibung von Menschenwürde sowie um deren moralischen Gehalt eine wichtige Rolle (eine Auswahl neuerer Beiträge liegt vor in Brandhorst/Weber-Guskar 2017). Die Idee moralischer Pflichten, die Personen *qua Personen* gegenüber bestehen, als solchen greift Gedanken der Naturrechtslehre der moral- und rechtsphilosophischen Tradition auf und steht auch im Hintergrund wichtiger aktueller Konzeptionen, die den Begriff moralischer Rechte in den Vordergrund rücken (sehr einflussreich Nozick 1974, Kap. 3). Sie hat einen politisch wirkungsmächtigen Ausdruck in der Forderung nach der Respektierung universeller Menschenrechte gefunden (neuere Beiträge zur Philosophie der Menschenrechte in Cruft/Liao/Renzo 2015).

Kants These, dass der Kategorische Imperativ als *das* oberste Moralprinzip angesetzt werden kann, das sich als Fundament *aller* moralischen Einzelnormen verstehen lässt, findet unter Deontologen keine ungeteilte Zustimmung. Ungeachtet dessen hat die Auffassung, dass mit der Zweckformel ein moralisches Grundprinzip formuliert ist, welches einige besonders zentrale moralische Normen zu begründen und wichtige moralische Intuitionen zu erfassen vermag, viele Anhänger.

In diesem Zusammenhang ist der Blick auf zwei in der Literatur viel diskutierte Gedankenexperimente instruktiv. In einer Situation, in der man einen unkontrolliert auf fünf Personen zurasenden Eisenbahnwagen durch das Umstellen einer Weiche auf ein anderes Gleis lenken könnte, um das Leben der fünf zu retten, halten es die meisten für moralisch zumindest zulässig (manche sogar für geboten), die Weiche auch dann umzustellen, wenn infolgedessen eine Person auf dem Nachbargleis sterben würde, die ansonsten nicht zu Schaden käme. Praktisch niemand hält es jedoch für moralisch vertretbar, eine gesunde Person gegen ihren Willen zu töten, um ihre Organe zur Rettung von fünf weiteren Personen zu verwenden, die ansonsten sicher sterben würden (klassisch Foot 1990; s. Kap. 32).

Wie dieser Unterschied aus konsequentialistischer Perspektive begründet werden kann, ist nicht ohne Weiteres zu sehen, da die moralisch relevanten Konsequenzen der einander korrespondierenden Handlungsmöglichkeiten weitgehend analog scheinen. Kantisch inspirierte Deontologen hingegen können geltend machen, dass zwischen den beschriebenen Fällen sehr wohl ein Unterschied besteht, den man übersieht, wenn man bloß auf die Handlungsfolgen blickt. Wer – im Transplantationsfall – die eine Person zugunsten der Rettung der anderen tötet, der benutzt sie, wie es scheint, genau im von Kant intendierten Sinn bloß als Mittel, während dies im Falle des Umstellens der Weiche nicht so zu sein scheint.

Inwieweit mit dem Rückgriff auf Kants Zweckformel der Kern der moralisch relevanten Differenz zwischen den beiden Fällen erfasst ist, hängt davon ab, was genau darunter zu verstehen ist, dass jemand ‚bloß als Mittel' behandelt wird. Auch unabhängig von dieser Frage ist umstritten, ob die Zweckformel in der genannten Situation wirklich greift, da das Weichen-Beispiel so modifiziert werden kann, dass die moralische Relevanz des Gesichtspunkts der Instrumentalisierung in den Hintergrund rückt (Thomson 1986, insbes. 101–102; Präzisierungen des Instrumentalisierungsverbots diskutiert Schaber 2010).

Kantische Überlegungen stehen auch in gegenwärtigen Theorien der Gerechtigkeit Pate. Deontologen haben Konsequentialisten, allen voran Utilitaristen, immer wieder vorgehalten, dass die alleinige Berücksichtigung der Gesamtmenge des in den Handlungskonsequenzen realisierten Guten keinen Raum für die Berücksichtigung von Verteilungsfragen und insbesondere von Gesichtspunkten der Fairness lässt. In expliziter Opposition zum Utilitarismus vertritt John Rawls in seiner berühmten Konzeption der ‚Gerechtigkeit als Fairness' die Auffassung, dass wichtige der von ihm sogenannten Grundgüter, darunter Einkommen, so zu verteilen sind, dass auch die am schlechtesten Gestellten von einer etwaigen Ungleichverteilung profitieren (Rawls 2013). Mit seiner These, dass diejenigen Grundsätze der Gerechtigkeit als begründet gelten können, die von rationalen Personen in Unkenntnis ihres je spezifischen Lebensplanes und weiterer ihre persönliche Situation betreffender Umstände gewählt werden würden, nimmt Rawls auch in der Begründung seiner Gerechtigkeitskonzeption kantische Gedanken auf.

9.2 Grundmodelle (II): Pluralismus

Während das kantisch geprägte Grundmodell deontologischer Ethik einen dem Konsequentialismus entgegenstehenden moralischen Kerngedanken formuliert, setzt eine alternative Form deontologischer Moraltheorien an der Idee an, dass der Wert der Handlungsfolgen ein nicht selten wichtiger, keinesfalls aber stets der einzige moralisch relevante Gesichtspunkt ist. Vielmehr gebe es eine Pluralität solcher Gesichtspunkte, der eine angemessene Moraltheorie Rechnung zu tragen habe.

Der wichtigste theoretische Referenzpunkt dieses Typs deontologischer Moraltheorien ist die von dem britischen Ethiker David Ross vorgeschlagene Konzeption der *prima facie*-Pflichten (Ross 1930/2002, Kap. 2). Ross geht von einer Pluralität moralisch relevanter Gesichtspunkte, den sogenannten *prima facie*-Pflichten, aus, für die sich kein oberstes Moralprinzip angeben lasse. Seine Liste der *prima facie*-Pflichten enthält sowohl solche, die konsequentialistisch begründet werden können (etwa die *prima facie*-Pflicht zur Wohltätigkeit), als auch solche, von denen es zumindest fraglich ist, inwieweit sie konsequentialistisch erfasst werden können (wie etwa die *prima facie*-Pflicht, abgegebene Versprechen zu halten).

In vielen Situationen dürften mehrere, im Regelfalle konfligierende *prima facie*-Pflichten einschlägig sein (s. Kap. 23). Welcher dann das größere Gewicht zukommt, lässt sich nach Ross nicht auf eine Regel bringen. Hier sei vielmehr die Urteilskraft gefragt, unter der Ross das Vermögen versteht, moralische Fragen zu entscheiden, ohne dabei auf Prinzipien zurückzugreifen. Darum ist es, wenn ein konsequentialistischer Gesichtspunkt im Spiel ist, grundsätzlich ebenso möglich, dass andere Erwägungen gewichtiger sind, wie es sein kann, dass er in der Abwägung ausschlaggebend ist.

Pluralistische Theorien vom Typ der Ross'schen sind geeignet, wichtigen Elementen der moralischen Phänomenologie Rechnung zu tragen. Darüber hinaus können sie für sich in Anspruch nehmen, das moralische Nachdenken über konkrete Fragen auf eine Weise anzuleiten, die diesem eine Struktur an die Hand gibt, dabei aber auch Raum für Einzelfallentscheidungen lässt. Wohl auch aus diesem Grunde ist der von Tom Beauchamp und James Childress entwickelte *principlism,* der in seiner normativen Struktur weitgehende Ähnlichkeiten mit der Ross'schen Theorie aufweist, in der Medizinethik sehr einflussreich geworden (Beauchamp/Childress 1979/2013). Beauchamp und Childress nennen vier Prinzipien – Nichtschädigung, Wohltun, Respekt vor der Autonomie, Gerechtigkeit –, deren Relevanz jeweils geprüft werden müsse und die fallweise gegeneinander abzuwägen seien. Nicht selten wird diese Theorie als eine Art ‚Checkliste' für ethisches Entscheiden präsentiert. Das Verhältnis des Gesichtspunkts der Gerechtigkeit zu konsequentialistischen Effizienzüberlegungen spielt beispielsweise bei der moralischen Beurteilung von Priorisierungsentscheidungen in der Medizin eine zentrale Rolle.

Pluralistischen Moraltheorien wird manchmal vorgehalten, dass sie im Hinblick auf die Klärung inhaltlicher moralischer Fragen aufgrund der zentralen Rolle der Urteilskraft allzu offen bleiben. Mit Bezug auf Fragen von eher moraltheoretischem Interesse wird moniert, dass ein ethischer Pluralismus vom Stile des Ross'schen wenig Aussichten darauf hat, etwas Informatives über die moralische Tiefenstruktur zu sagen, die sich hinter der Pluralität einzelner Prinzipien verbirgt und diese, in ihrer Eigenschaft als moralische Prinzipien, verbindet (McNaughton 2002). Diese beiden Bedenken bestehen auch gegenüber dem u. a. von Jonathan Dancy vertretenen Partikularismus, der insofern eine Radikalisierung des pluralistischen Gedankens darstellt, als er sogar der Möglichkeit Ross'scher *prima facie*-Prinzipien eine Absage erteilt und für ein Ethik-Verständnis eintritt, in dem Prinzipien nicht nur eine kleine, sondern gar keine Rolle mehr spielen (Dancy 2004).

9.3 Konsequentialistische Gesichtspunkte in deontologischen Theorien

Mit einer an der Ethik Kants orientierten Form deontologischer Ethik wird gelegentlich die eingangs genannte und manchmal unter der Bezeichnung ‚Absolutismus' firmierende These in Verbindung gebracht, dass es Handlungsweisen gibt, die unabhängig von den Handlungskonsequenzen strikt verboten bzw. gefordert sind. Jedoch läuft eine Moraltheorie, die keinen Raum für konsequentialistische Gesichtspunkte lässt, Gefahr, unplausible Implikationen zu haben. Wenn ein moralisches Desaster droht, so eine plausible Vorstellung, dann kann es zulässig sein, Dinge zu tun, die an und für sich streng verboten sind. Überlegungen dieser Art werden etwa im Hinblick auf die Frage diskutiert, ob Folter unter allen Umständen moralisch verboten ist (so etwa in den Beiträgen im zweiten Teil von Lenzen 2006).

Im Lichte dieses Problems liegt die Frage nahe, inwieweit deontologische Theorien Ressourcen haben, um berechtigt erscheinenden konsequentialistischen Anliegen Rechnung zu tragen. Darin, in dieser Hinsicht gegenüber der kantischen Theorie grundsätzlich offener zu sein, kann man einen Vorzug einer pluralistischen Form deontologischer Ethik von der Art des Ross'schen Entwurfs sehen. Jedoch meinen manche, dass charakteristisch deontologische Gesichtspunkte im Rahmen der Ross'schen Theorie womöglich nicht diejenige Dignität erhalten, die ihnen der Sache nach gebühren – eben, weil es sich nicht mehr um ‚harte Pflichten', sondern um Gesichtspunkte handelt, die grundsätzlich durch konsequentialistische Faktoren überwogen werden können.

Im Zusammenhang mit der Frage, inwieweit deontologische Theorien konsequentialistischen Anliegen Rechnung tragen können, kann auch die Kontroverse um das sogenannte Rettungs-Dilemma gesehen werden (als deren Ausgangspunkt gilt Taurek 2004, daher gelegentlich auch ‚Taurek-Debatte'). Im Zentrum dieser Diskussion steht die Frage, was in einer Situation zu tun ist, in der mehrere Personen in Lebensgefahr schweben und man vor der Entscheidung steht, entweder eine dieser Personen oder aber alle anderen zu retten. Viele sind der Überzeugung, dass die Anzahl der geretteten Personen moralisch von Belang ist – je mehr Personen gerettet werden können, desto besser – und dass daher die größere Gruppe gerettet werden sollte. Diese Entscheidung kann konsequentialistisch problemlos gerechtfertigt werden. Umstritten ist jedoch, ob dies im Rahmen einer deontologischen Theorie möglich ist. Wenn man der Auffassung ist, dass sich moralische Forderungen individuellen Ansprüchen von Personen verdanken, dann ist nicht unmittelbar zu sehen, warum der Anspruch einer Person darauf, gerettet zu werden, gewichtiger ist, wenn sie, im Gegensatz zu einer anderen Person, Mitglied einer größeren Gruppe von anderen ist, die ebenfalls gerettet werden können (einen Überblick über die Debatte bietet Meyer 2005).

Auf der anderen Seite fragen sich im Übrigen auch Konsequentialisten, inwieweit sie deontologischen Anliegen Rechnung tragen können. In diesem Zusammenhang wird insbesondere das Projekt der ‚Konsequentialisierung' diskutiert – der Versuch, durch geeignete Modifikation der konsequentialistischen Werttheorie zu jeder hinreichend plausiblen nicht-konsequentialistischen Theorie ein konsequentialistisches Äquivalent anzugeben, das zu denselben ethischen Verdikten kommt (Näheres bei Portmore 2009).

9.4 Charakteristika deontologischer Moraltheorien

Deontologische Moraltheorien bilden eine recht heterogene Theoriegruppe. Dies legt die Frage nach gemeinsamen Merkmalen nahe, die für solche Theorien jenseits ihrer Frontstellung zum Konsequentialismus charakteristisch sind.

Ein in der aktuellen Debatte intensiv diskutierter Vorschlag stellt auf den Umstand ab, dass moralische Gründe und Erfordernisse deontologischen Theorien zufolge akteursrelativ sind. Ein Beispiel zeigt, was hierunter zu verstehen ist: *Ich* – und nicht irgendjemand sonst – sollte meine Versprechen einhalten. Der Grund dafür ist nicht, dass es wünschenswert ist, dass insgesamt möglichst viele Versprechen eingehalten werden und dass ich, wie die Dinge *de facto* stehen, in einer günstigen Position bin, das von mir Versprochene zu tun, sondern vielmehr, dass *ich* es versprochen habe. Wenn ich versprochen habe, einer bedürftigen Person zu helfen, dann gibt dies mir *und nur mir* einen Grund, wie versprochen zu handeln. Davon bleibt unberührt, dass auch andere einen Grund haben können, der Person zu helfen, der jedoch mit meinem Versprechen nichts zu tun hat. Mein Grund, das Versprochene zu tun, ist damit insofern akteursrelativ, als der Grund nicht angegeben werden kann, ohne dass zugleich auch der Akteur genannt wird, um dessen Grund es geht (zum Kontrast zwischen Akteursrelativität und Akteursneutralität klassisch Nagel 1998, Kap. VII; Parfit 1984, § 10).

Gelegentlich wird die Akteursrelativität moralischer Gründe und Forderungen im Zusammenhang einer Eigenart deontologischer Theorien genannt, in der manche ein Paradox sehen. Warum, so kann man fragen, sollte es denn falsch sein, eine aus deontologischer Sicht moralisch verbotene Handlung auszuführen, wenn dies dazu führt, dass insgesamt weniger solcher verbotenen Handlungen ausgeführt werden? Wenn es moralisch schlecht ist, dass Versprechen gebrochen werden, dann scheint es *ceteris paribus* schlechter, wenn fünf Versprechen gebrochen werden, als wenn dies nur für eines gilt. Dann aber sollte man – unter der Voraussetzung ansonsten gleicher Umstände – ein (eigenes) Versprechen brechen, wenn man dadurch fünf Versprechensbrüche (durch andere) vorhersehbar verhindern könnte.

Auf diesen Einwand können Deontologen unter Hinweis auf die Akteursrelativität der Pflicht, abgegebene Versprechen einzuhalten, reagieren. Ich habe mich um die Einhaltung *meiner* Versprechen zu kümmern, und der Gesichtspunkt, dass ich Versprechensbrüche *anderer* zu verhindern helfen kann, ist für mich allenfalls von sekundärer Bedeutung (zu der Problematik von sogenannten ‚agent-centred restrictions' allgemein vgl. Scheffler 1982, Kap. 4).

Zur Begründung wichtiger moralischer Unterschiede werden oftmals auch andere, ebenfalls charakteristisch deontologische Prinzipien herangezogen. Prominente Beispiele sind die von manchen Deontologen vertretene These von der moralischen Relevanz des Unterschieds zwischen dem Herbeiführen eines Ereignisses und dessen Geschehenlassen sowie das sogenannte Prinzip der Doppelwirkung (detailreich und umfassend zu diesen und weiteren Charakteristika deontologischer Ethik Kamm 1993, 1996; s. Kap. 32).

Die Ansicht, dass der Unterschied zwischen aktivem Herbeiführen und Geschehenlassen moralisch relevant sein kann, wird aktuell z. B. im Zusammenhang der Diskussion um die moralische Beurteilung aktiver und passiver Sterbehilfe diskutiert. Hier, wie auch in einer Reihe von anderen Fällen, gehen verbreitete und starke moralische Intuitionen dahin, eine tiefliegende moralische Asymmetrie zu sehen, für deren Erklärung die genannte Ansicht herangezogen werden kann. Jedoch ist offen, ob einschlägige Beispiele der näheren Prüfung standhalten. So kann beispielsweise geltend gemacht werden, dass sich der Eindruck einer zwischen Töten und Sterbenlassen bestehenden moralischen Differenz der Tatsache verdankt, dass sich die herangezogenen Beispiele in anderen moralisch relevanten Faktoren unterscheiden. Darüber hinaus kann man, insbesondere mit Blick auf Probleme globaler Gerechtigkeit, fragen, ob sich die

These, dass Hilfspflichten weniger dringlich als Nichtschädigungspflichten sind, nicht dem Versuch verdankt, sich durch trickreiche Manöver moralischen Pflichten zu entziehen, die durchaus bestehen. Und schließlich kann gefragt werden, ob der Unterschied zwischen dem Herbeiführen und dem Geschehenlassen einer negativ beurteilten Konsequenz schon in begrifflicher Hinsicht so scharf gemacht werden kann, wie es die Präzisierung der relevanten moralischen Intuitionen erfordern würde (Näheres zum Unterschied zwischen Tun und Unterlassen und der Frage nach dessen moralischer Relevanz bei Birnbacher 2015).

Zur Rechtfertigung bestimmter Unterschiede in der moralischen Beurteilung verweisen manche Deontologen darauf, dass einmal eine negative Konsequenz bloß in Kauf genommen wird, ein andermal aber beabsichtigt ist – bei ansonsten gleichen Umständen. Das sogenannte ‚Prinzip der Doppelwirkung', dessen Ursprung meist mit Thomas von Aquin in Verbindung gebracht wird, besagt, dass dieser Unterschied moralisch relevant sein kann: Unter bestimmten, in der Formulierung des Prinzips präzisierten Bedingungen ist es moralisch zulässig, ein Übel wissentlich in Kauf zu nehmen, um ein gewichtigeres Gut zu schützen bzw. zu realisieren. Stets unzulässig ist es hingegen, die Herbeiführung des Übels zu beabsichtigen (wichtige Beiträge zum Prinzip der Doppelwirkung sind in Woodward 2001 zusammengestellt). Dieses Prinzip spielt unter anderem in der Diskussion um die moralische Beurteilung humanitärer Interventionen angesichts der Unvermeidlichkeit von sogenannten ‚Kollateralschäden' eine Rolle.

Deontologische Theorien sind nicht darauf festgelegt, die Richtigkeit einer Handlung von der moralischen Qualität des Handlungsmotivs abhängig zu machen. Deontologen können ebenso wie Konsequentialisten Raum für die Idee schaffen, dass moralisch richtige Handlungen sowohl aus moralisch lauteren Motiven als auch aus moralisch neutralen oder gar maliziösen Motiven ausgeführt werden können (vgl. hierzu auch die verwandte Unterscheidung zwischen Zulässigkeit *[permissibility]* und Bedeutung *[meaning]* einer Handlung bei Scanlon 2008). Darum fällt – im Gegensatz zu einer populären Auffassung – der Gegensatz zwischen Deontologie und Konsequentialismus nicht mit der auf Max Weber zurückgehenden Unterscheidung von Gesinnungs- und Verantwortungsethik zusammen (ausführlicher hierzu Schroth 2003).

Angesichts der Vielfalt deontologischer Moraltheorien wird mitunter die skeptische These vertreten, dass diese Theorien – jenseits ihrer Frontstellung zum Konsequentialismus – nichts Tiefliegendes gemeinsam haben, was es rechtfertigen würde, sie als eine distinkte Klasse ethischer Theorien anzusprechen (so etwa Timmermann 2015).

9.5 Deontologische Ethik und der Begriff der moralischen Pflicht

Eine gegenüber der normativen Perspektivierung des Projekts deontologischer Ethik alternative Bestimmung des Anliegens einschlägiger Theorien setzt an dem Begriff moralischer Pflicht bzw. Verpflichtung an. Wenn man moralische Pflichten als normative Erfordernisse einer spezifischen Art ansieht, rückt unmittelbar die Frage in den Vordergrund, was diese als solche ausmacht und worin das Charakteristische des moralischen Standpunkts zu sehen ist. Wenn man etwa die Ethik Kants in erster Linie in den Horizont dieser Frage rückt, ist die inhaltliche Bestimmung dessen, wozu wir verpflichtet sind, gegenüber der Herausarbeitung des Wesens und der Grundlage moralischer Verpflichtung systematisch nachgeordnet.

Während Kant im Hinblick auf die Quelle moralischer Verpflichtung der Idee der Autonomie die tragende philosophische Rolle zumisst, rücken wichtige neuere Ansätze die intersubjektive Dimension moralischer Verpflichtung in den Vordergrund. So versucht T. M. Scanlon, einen Kernbestand von Moral, den er das nennt, „was wir einander schuldig sind", über den Gedanken der Begründbarkeit gegenüber allen Betroffenen zu erfassen, und Stephen Darwall stellt in seiner Theorie des zweitpersonalen Standpunkts auf den Begriff der reziproken Rechenschaftspflichtigkeit ab (Scanlon 1998; Darwall 2006). Auch die Diskursethik in verschiedenen ihrer Ausprägungen lässt sich als Versuch verstehen, das Spezifische moralischer Verpflichtung unter Verweis auf intersubjektive Rechtfertigungspraktiken zu erhellen (Habermas 1983; Forst 2007).

Auch wenn deontologische Theorien, die moralische Verpflichtung als solche zu erklären ansetzen, nicht in erster Linie auf die Untersuchung inhaltlicher moralischer Fragen zugeschnitten sind, spricht einiges dafür, dass sie dessen ungeachtet nicht folgenlos für die normative Ethik sind. Während Konsequentialisten Moral primär mit der Maximierung eines (akteursneutral verstandenen) Werts in Verbindung bringen, sehen Theoretiker wie Darwall die Grundlage von Moral von Anfang an in intersubjektiven Verhältnissen, in denen Personen zueinander stehen. Vor diesem Hintergrund kann bezweifelt werden, dass Konsequentialisten überhaupt Ressourcen haben, moralische Verpflichtung angemessen zu verstehen, wenn man solche Verpflichtungen ihrem Wesen nach als etwas auffasst, was Personen voneinander einzufordern das Recht haben (Darwall 2006; Wallace 2019). Wenn dies zutrifft, so würde sich die gelegentlich unter Hinweis auf die Etymologie von *to deon* (griech. das Schickliche, die Pflicht) geäußerte Auffassung bestätigen, dass nur deontologische Moraltheorien den Begriff moralischer Verpflichtung für sich reklamieren können.

Literatur

Beauchamp, Tom L./Childress, James F.: Principles of Biomedical Ethics [1979]. Oxford ^{7}2013.
Birnbacher, Dieter: Tun und Unterlassen. Aschaffenburg 2015.
Brandhorst, Mario/Weber-Guskar, Eva (Hg.): Menschenwürde. Eine philosophische Debatte über Dimensionen ihrer Kontingenz. Berlin 2017.
Broad, Charles D.: Five Types of Ethical Theory. London 1934.
Cruft, Rowan/Liao, S. Matthew/Renzo, Massimo (Hg.): Philosophical Foundations of Human Rights. Oxford 2015.
Dancy, Jonathan: Ethics Without Principles. Oxford 2004.
Darwall, Stephen: The Second-Person Standpoint. Morality, Respect, and Accountability. Cambridge, Mass./London 2006.
Foot, Philippa: „Das Abtreibungsproblem und die Doktrin der Doppelwirkung". In: Anton Leist (Hg.): Um Leben und Tod. Moralische Probleme bei Abtreibung, künstlicher Befruchtung, Euthanasie und Selbstmord. Frankfurt a. M. 1990, 196–211 (engl. 1967).
Forst, Rainer: „Praktische Vernunft und rechtfertigende Gründe. Zur Begründung der Moral" [1999]. In: Ders.: Das Recht auf Rechtfertigung. Elemente einer konstruktivistischen Theorie der Gerechtigkeit. Frankfurt a. M. 2007, 23–73.
Frankena, William K.: Ethik. Eine analytische Einführung. Wiesbaden ^{6}2017 (engl. 1963).
Habermas, Jürgen: „Diskursethik – Notizen zu einem Begründungsprogramm". In: Ders.: Moralbewusstsein und kommunikatives Handeln. Frankfurt a. M. 1983, 53–125.
Kamm, Frances M.: Morality, Mortality. Vol. 1: Death and Whom to Save from It. Oxford 1993.
Kamm, Frances M.: Morality, Mortality. Vol. 2: Rights, Duties, and Status. Oxford 1996.
Kant, Immanuel: Grundlegung zur Metaphysik der Sitten [1785]. Hg. von J. Timmermann. Göttingen 2004.
Lenzen, Wolfgang (Hg.): Ist Folter erlaubt? Juristische und philosophische Aspekte. Paderborn 2006.
McNaughton, David: „An Unconnected Heap of Duties?" [1996]. In: Philip Stratton-Lake (Hg.): Ethical Intuitionism: Re-evaluations. Oxford 2002, 76–91.
Meyer, Kirsten: „Eine kleine Chance für David. Überlebenswahrscheinlichkeit und Chancengleichheit". In: Oliver Rauprich/Georg Marckmann/Jochen Vollmann (Hg.): Gleichheit und Gerechtigkeit in der modernen Medizin. Paderborn 2005, 127–143.
Nagel, Thomas: Die Möglichkeit des Altruismus. Frankfurt a. M. 1998 (engl. 1970).
Nozick, Robert: Anarchy, State, and Utopia. Oxford/Cambridge, Mass. 1974.
Parfit, Derek: Reasons and Persons. Oxford 1984.
Portmore, Douglas W.: „Consequentializing". In: Philosophy Compass 4. Jg., 2 (2009), 329–347.
Rawls, John: Eine Theorie der Gerechtigkeit. Berlin ^{3}2013 (engl. 1971).
Ross, William David: The Right and the Good [1930]. Oxford 2002.
Scanlon, Thomas M.: What We Owe to Each Other. Cambridge, Mass./London 1998.
Scanlon, Thomas M.: Moral Dimensions. Permissibility, Meaning, Blame. Cambridge, Mass./London 2008.
Schaber, Peter: Instrumentalisierung und Würde. Paderborn 2010.
Scheffler, Samuel: The Rejection of Consequentialism. Oxford 1982.
Schroth, Jörg: „Der voreilige Schluss auf den Nonkonsequentialismus in der Nelson- und Kant-Interpretation". In: Uwe Meixner/Albert Newen (Hg.): Philosophiegeschichte und logische Analyse. Bd. 6: Geschichte der Ethik. Paderborn 2003, 123–150.

Schroth, Jörg: „Deontologie und die moralische Relevanz der Handlungskonsequenzen". In: Zeitschrift für philosophische Forschung 63. Jg., 1 (2009), 55–75.

Taurek, John M.: „Zählt die Anzahl?" [1977]. In: Weyma Lübbe (Hg.): Tödliche Entscheidung. Allokation von Leben und Tod in Zwangslagen. Paderborn 2004, 124–143.

Thomson, Judith Jarvis: „The Trolley Problem" [1985]. In: Dies.: Rights, Restitution, and Risk. Cambridge, Mass./London 1986, 94–116.

Timmermann, Jens: „What's Wrong with ‚Deontology'?". In: Proceedings of the Aristotelian Society 115. Jg., 1 (2015), 75–92.

Wallace, R. Jay: The Moral Nexus. Princeton 2019.

Woodward, Paul A. (Hg.): The Doctrine of Double Effect: Philosophers Debate a Controversial Moral Principle. Notre Dame 2001.

Tugendethik

Thomas Schramme

Tugendethiken sind normative Theorien des richtigen und guten Handelns, die den zentralen Gesichtspunkt der ethischen Bewertung in der handelnden Person, genauer in ihrer charakterlichen und motivationalen Verfassung sehen. Eine Tugend ist eine charakterlich gefestigte Haltung von Menschen, die sie das Richtige und Gute aus eigener Überzeugung erkennen und erstreben lässt. Als Tugenden gelten dabei nicht nur die im engen Sinne moralischen Tugenden wie Gerechtigkeit oder Aufrichtigkeit, sondern sie umfassen beispielsweise auch selbstbezogene und intellektuelle Vortrefflichkeiten wie Besonnenheit oder Weisheit, die beide lange Zeit zu den Kardinaltugenden gehörten.

10.1 Zum Begriff ‚Tugendethik'

Die Tugendethik war in der Antike und auch lange Zeit danach die vorherrschende normative Theorie. In der westlichen Tradition geht sie insbesondere auf Platon, Aristoteles, die Stoa sowie Thomas von Aquin zurück. Im Verlauf der Neuzeit verlor sich diese Dominanz mit dem Aufstreben des Utilitarismus und der Moraltheorie Kants; erst seit etwa der Mitte des 20. Jahrhunderts rückt die Tugendethik wieder in den Aufmerksamkeitsbereich der Moralphilosophie.

Mit der modernen Redeweise bezüglich Tugenden, die etwas antiquiert wirken kann, und insbesondere mit der verbreiteten Unterscheidung von Primär- und Sekundärtugenden haben Tugendethiken nichts zu tun; hier teilt man sich nur den Namen für charakterliche Dispositionen. Aus der Sicht der Tugendethik sind alle Tugenden wesentlich, und auch die bloß instrumentelle Perspektive, wonach man sich den Sitten entsprechend verhalten solle, taucht in der Tugendethik nicht auf. Die Tugendethik ist selbst eine normative Theorie, d. h. was moralisch gefordert ist, wird durch die Tugenden selbst bestimmt. Insofern sind die Tugenden nicht einfach nur Vehikel zum richtigen Handeln, dessen Inhalt anderweitig festgelegt wurde. Es wäre insofern ein Missverständnis, philosophische Tugendethiken mit ähnlich klingenden Traktaten zu verwechseln, die in der öffentlichen Debatte mitunter Einzug halten.

Durch ihren Bezug auf die charakterliche Verfassung der handelnden Person steht die Tugendethik im Kontrast zum Konsequentialismus, bei dem die Ergebnisse von Handlungen die wichtigste Hinsicht der Bewertung abgeben, und zur deontologischen Ethik, die auf den Aspekt der Pflichterfüllung fokussiert. Obwohl es zwischen den einzelnen Theorietypen Überschneidungen gibt, gilt die Tugendethik für viele

T. Schramme (✉)
University of Liverpool, Liverpool, Großbritannien
E-Mail: T.Schramme@liverpool.ac.uk

inzwischen als wirklicher Konkurrent gegenüber anderen normativen Theorien (vgl. Baron et al. 1997; Borchers 2001; Rippe/Schaber 1998). Andere sehen sie eher als Ergänzung zu traditionellen Regelethiken. Insbesondere im Bereich der Angewandten Ethik fällt es Tugendethikern nach wie vor schwer, eine eigenständige Position zu erarbeiten.

10.2 Die Renaissance der Tugendethik im 20. Jahrhundert

Meist wird der Beginn der neueren Tugendethik auf das Jahr 1958 datiert, in dem Elizabeth Anscombes Essay „Modern Moral Philosophy" veröffentlicht wurde (Anscombe 2014). Ihr Ansatz ist in erster Linie kritisch gegenüber den damals vorherrschenden Moraltheorien; sie entwickelt keineswegs einen klar fassbaren Alternativentwurf. Dennoch wurde insbesondere ihre Kritik an einer durch Gesetze und Prinzipien orientierten Ethik einflussreich und zunächst zum wichtigsten Aspekt bei der Beschreibung der aufkeimenden neuen Tugendethik – nämlich dass sie eben keinen Bezug auf Handlungsvorschriften nehme, denen zu folgen sei, sondern vielmehr den Handelnden und dessen charakterliche Verfassung betrachte. In jüngerer Zeit ist von Autoren wie Rosalind Hursthouse (1996) allerdings vehement bestritten worden, dass Regeln in der Tugendethik keinen Platz haben würden. Ihr zufolge besagt eine tugendethische Auffassung richtiger Handlung, dass eine Handlung genau dann richtig ist, wenn sie dem entspricht, was ein tugendhafter Mensch charakteristischerweise in den vorliegenden Umständen tun würde. Hierzu ist zu ergänzen, dass dieses Handlungsprinzip nicht auf bloß tugendkonformes Handeln hinausläuft, sondern fordert, etwas so zu tun, wie es ein tugendhafter Mensch täte, also mit entsprechenden Überzeugungen und Motiven – eben tugendhaft. Tugenden selbst dürfen in dieser Konzeption nicht in direkter Abhängigkeit von dem konzipiert werden, was als richtig gilt, denn sonst ergäbe sich eine zirkuläre Struktur. In den aristotelisch geprägten Tugendethiken werden Tugenden entsprechend meist durch diejenigen Charaktereigenschaften bestimmt, die Menschen benötigen, um ein gutes Leben leben zu können.

10.3 Besonderheiten der Tugendethik

Wo Tugendethiker generelle Aussagen über richtige Handlungen und die dabei leitenden Gesichtspunkte machen, kann man ihre Versionen der Tugendethik tatsächlich als eigenständige normative Theorietypen akzeptieren. So verstanden weist die Tugendethik theoretische Elemente nicht zurück, auch wenn sie sich in mancher Kritik an den alternativen ethischen Theorien trifft, wie die von den sogenannten Anti-Theoretikern (vgl. Louden 1992) und den Vertretern des moralischen Partikularismus (Dancy 2004), die keine allgemeinen moralischen Prinzipien anstreben, vorgebracht werden. Dies ist insbesondere auch wichtig im Kontext der noch näher zu behandelnden Frage, ob die Tugendethik überhaupt handlungsleitend und damit praktisch relevant sein kann. Für ein erstes Verständnis der Tugendethik bleibt gleichwohl festzuhalten, dass die Grundlage der moralischen Bewertung in all ihren verschiedenen Versionen wesentlich in der Bewertung der charakterlichen Disposition einer handelnden Person besteht.

Natürlich beziehen sich auch konsequentialistische und deontologische Theorien auf Tugenden, dort haben sie aber immer nur einen abgeleiteten Wert, insofern sie dazu beitragen, den Handelnden dazu zu bringen, das Richtige zu tun. Für den Tugendethiker kann im Gegensatz dazu die Frage, was moralisch gesehen getan werden sollte, selbst gar nicht ohne Bezug auf die Tugenden bestimmt werden. Die Rolle, welche die Tugend in den unterschiedlichen Theorietypen spielt, unterscheidet sich demnach. Um diesen Unterschied zwischen dem bloßen Theoretisieren über die Tugenden und dem Aufbauen einer ethischen Theorie auf dem Gesichtspunkt der Tugend zu verdeutlichen, hat es sich eingebürgert, terminologisch zwischen Tugendtheorie und Tugendethik zu unterscheiden. Nach dieser Lesart betreiben an Kant orientierte Autoren wie Onora O'Neill (1996) oder Barbara Herman (1993) oder Konsequentialisten wie Julia Driver (2001) Tugendtheorie, sind aber keine Tugendethiker. Gleichwohl hat die neuere moralphilosophische Diskussion gezeigt, dass die Grenzen zwischen der aristotelischen Spielart der Tugendethik und speziell der Theorie Kants fließend sind (Esser 2004).

Der Begriff der Tugend ist selbst klärungsbedürftig und sollte, wie gesagt, nicht mit der alltagssprachlichen Verwendungsweise identifiziert werden. So ist beispielsweise für viele Tugendethiker der Umfang der Tugenden nicht auf solche begrenzt, die auf andere Wesen bezogen sind, etwa Gerechtigkeit oder Hilfsbereitschaft, sondern es gibt für sie, wie in der antiken Tradition, auch selbstbezogene Tugenden und insbesondere auch nicht-moralische Tugenden wie die Weisheit und die praktische Klugheit. In der *Nikomachischen Ethik* des Aristoteles, die weithin als Referenztext der Tugendethik gesehen wird, stand der Begriff der *aretē*, der meist mit ,Tugend' übersetzt wird, noch allgemeiner für die spezifische Vortrefflichkeit einer jeden Praxis oder eines Gegenstandes, so dass beispielsweise sogar ein Messer eine Tugend besitzen konnte. Diese Inkongruenzen zwischen der modernen und der antiken Begriffsverwendung erschweren bisweilen das Verständnis. In der neueren moralphilosophischen Diskussion steht ,Tugend', in Analogie zum Verständnis der spezifisch menschlichen Tugenden bei Aristoteles, für eine charakterlich gefestigte Haltung von Menschen, die sie das Richtige und Gute aus eigener Überzeugung erkennen und erstreben lässt.

Ein anderer Aspekt, der bereits in der antiken Ethik zentral war, hat sich in vielen modernen Versionen ebenfalls gehalten: Der Bezug auf das gute Leben bzw. die *eudaimonia*. Für viele moderne Ethiken, insbesondere kantianische Spielarten, verliert sich die Bedeutung der Glückseligkeit der handelnden Personen, da die Moral in der Moderne zum einen als Instrument der Handlungssteuerung gesehen wird, das gegen das eigene Interesse stehen kann, zum anderen, da die Idee des guten Lebens unter modernen Lebensbedingungen als keiner allgemeinverbindlichen Ausdeutung mehr zugänglich erscheint. In der Antike hingegen war die grundlegende Frage der Ethik, wie zu leben sei, nicht differenziert in einen vermeintlich genuin moralischen und einen auf das eigene Gute bezogenen Aspekt. Diese Verbindung von Moral und gutem Leben liegt auch in vielen modernen Versionen der Tugendethik vor, wenig überraschend in jenen, die sich auf die Antike beziehen, meist auf Aristoteles oder die Stoa (Foot 1997; Müller 1998; Hursthouse 1999).

10.4 Akzente moderner Tugendethiken

Die moderne Tugendethik existiert trotz ihrer relativ kurzen Geschichte in verschiedenen Versionen. Die wohl wichtigste Unterscheidung betrifft die jeweils vorliegenden philosophischen Gewährsleute. Die meisten Tugendethiker orientieren sich an Aristoteles (Foot 2004), entsprechend kann diese Variante eudaimonistisch genannt werden. Diese Vorherrschaft geht so weit, dass die Tugendethik bisweilen insgesamt als Neo-Aristotelismus bezeichnet wird, was sicherlich einen allzu eingeschränkten Blickwinkel darstellt. Denn andere sehen in Hume ihren Ausgangspunkt (Slote 2010); sie bezeichnen ihre Version als sentimentalistisch, da für Hume das Gefühl die Grundlage der Moral darstellt. Darüber hinaus gibt es auch Autoren, die sich auf Nietzsche beziehen, allerdings ohne seine moralphilosophischen Auffassungen in allen Belangen zu teilen, wie etwa in Christine Swantons pluralistischem Ansatz – schließlich ist Nietzsche nicht in einem einfachen Sinne als Vertreter einer normativen Moraltheorie zu verstehen (Swanton 2003; 2015). Daneben existieren Ansätze, die weniger auf philosophische Klassiker als auf spezifische Aspekte der Tugendethik abzielen und dadurch eigenständige Varianten erzeugen. Zu nennen sind hier insbesondere die Theorie John McDowells (2002), bei der die moralische Wahrnehmung im Zentrum steht, sowie Alasdair MacIntyres

(1987) Version, die um die Idee der Praxis in einer moralischen Tradition kreist.

In jüngerer Zeit ist die Tugendethik aus Gründen in die Kritik geraten, die nicht mit ihrer normativen Ausrichtung zu tun haben, sondern empirischer Natur sind (Harman 1999; Doris 2002). Es wurde bestritten, dass die Grundannahme der Tugendethik, wonach es stetige Handlungsdispositionen bzw. Charaktereigenschaften gibt, überhaupt stichhaltig ist. In Experimenten war nachgewiesen worden, dass Menschen situationsbedingt sehr verschieden reagieren, z. B. nicht hilfsbereit sind, wenn sie mit einer Aufgabe betraut wurden, und ihnen insofern keine feste Grundhaltung zukam; mal waren sie tugendhaft, mal nicht. Die empirische Basis dieser Überlegung entstammt der Sozialpsychologie und wurde von Philosophen benutzt, um damit die Grundfesten der Tugendethik anzugehen. Wie überzeugend diese Kritik des sogenannten Situationismus wirklich ist, wird in der gegenwärtigen Debatte ausgehandelt (Upton 2009; Miller 2014).

10.5 Tugendethische Ansätze der Angewandten Ethik

Schon recht früh bestand ein zentraler Einwand gegen die Tugendethik in ihrer vermeintlichen Unfähigkeit handlungsleitend zu sein, da der einzige normative Standard in der Orientierung an tugendhaften Personen bestünde (Louden 1998). Nicht nur das erkenntnistheoretische Problem, dass wir nicht immer erkennen können, wer tugendhaft ist, und der damit einhergehende Zirkularitätsverdacht – tugendhaft ist derjenige, der tugendhaft handelt – spielen hier eine Rolle, sondern auch die Tatsache, dass die Tugendethik auf Angemessenheit abzielt, also darauf, dass Menschen das Richtige in konkreten Situationen tun. Was angemessen ist, unterscheidet sich aber in unterschiedlichen Konstellationen. Die Orientierung am Ratschlag tugendhafter Personen scheint insofern nicht auszureichen; man muss als Handelnder eigenständige moralische Wahrnehmung oder praktische Klugheit mitbringen.

In der Angewandten Ethik, speziell der Medizinethik, wurde diese Schwierigkeit zum Ausgangspunkt kasuistischer Ethiken, die sich entsprechend an paradigmatischen Einzelfällen orientieren (Jonson/Toulmin 1989). Für moderne Kontexte allerdings, etwa die wohlfahrtsstaatliche Gesundheitsfürsorge, scheint ein solches Vorgehen inakzeptabel, denn hier müssen Erwartungen verlässlich erfüllt werden und können nicht immer auf die Tugendhaftigkeit der beteiligten Personen bauen. In der Angewandten Ethik spielt die Tugendethik daher eine gegenüber anderen normativen Theorien vergleichsweise untergeordnete Rolle (siehe aber Austin 2013). In einer abgeleiteten Bedeutung taucht die Idee der Tugend zwar regelmäßig auf, wenn es um Professionalität und Rollenerwartungen geht (Oakley/Cocking 2001), etwa in der Wirtschaftsethik (Swanton 2007; Sison/Beabout/Ferrero 2017). Dabei handelt es sich aber meist, wie bereits vermerkt, nicht um genuin tugendethische, sondern um tugendtheoretische Überlegungen, da das, was als richtig gilt, unabhängig von den Tugenden selbst bestimmt wird. Die der Tugendethik verwandte *Care*-Ethik, die eine Einstellung der Fürsorge ins Zentrum der moralischen Perspektive stellt, bietet darüber hinaus weitere Anknüpfungspunkte in der anwendungsorientierten Ethik, speziell der Pflegeethik (Holmes/Purdy 1992).

Deutlicher treten tugendethische Ansätze im Kontext von ethischen Überlegungen bezüglich Erziehung und Bildung auf (Carr/Steutel 1999). Da die Tugendethik auf den guten Charakter fokussiert, gilt es, diesen entsprechend auszubilden. Schon für die antiken Philosophen war eine wichtige Frage, ob sich die Tugend lehren lässt. Es scheint deutlich, dass ein moralischer Charakter zumindest nicht durch Lernen im üblichen Sinne entsteht, etwa durch das Auswendiglernen von moralischen Regeln. Moralerziehung ist kein rein kognitiver Vorgang; vielmehr benötigt man hierzu eine Mischung aus kognitiven, affektiven und volitiven Elementen. In der Erziehung wird man daher nicht nur mit den „dünnen" Begriffen ‚richtig/gut' bzw. ‚falsch/schlecht' operieren, sondern sich aus einem reichhaltigen Repertoire an gehaltvollen Tugendbegriffen wie ‚grausam' oder ‚hilfsbereit' bedienen.

In der Medizinethik (s. Kap. 44) hat sich eine Diskussion zu ärztlichen Tugenden etabliert. Diese Debatte speist sich aus der antiken Idee von zielgerichteten Tätigkeiten, die jeweils ihr eigenes Gutes und ihre spezifische Vortrefflichkeit haben (Pellegrino/Thomasma 1993). Versteht man medizinisches Handeln als eine Kunstfertigkeit, eine *technê*, so kann man ihr, dieser Tradition zufolge, ein spezifisches Ziel zuschreiben, nämlich die Herstellung der Gesundheit und die Linderung von Leiden. Hieraus ergeben sich nun spezifische Tugenden des ärztlichen Personals wie etwa Sorge, Mitgefühl und Vertrauenswürdigkeit. Dieses Modell erscheint allerdings unter heutigen Bedingungen der medizinischen Praxis, in der sich medizinisches Personal und Patienten weitgehend als Fremde begegnen, wenig überzeugend (Veatch 1985). Besser zu passen scheint die tugendethische Perspektive im Bereich der Pflege (Armstrong 2007). Bekannt geworden ist auch Hursthouses Abhandlung zur Abtreibung aus tugendethischer Sicht, in der sie die Fokussierung der ethischen Debatte auf die Rechte von Schwangeren gegenüber Föten kritisiert (Hursthouse 1987). Zu nennen ist außerdem Philippa Foots Diskussion der Sterbehilfe (Foot 1990).

Abschließend lässt sich festhalten, dass moderne Tugendethiker noch dabei sind, einen genuinen Beitrag in der Angewandten Ethik zu leisten. Wo die handelnden Personen im Vordergrund stehen, beispielsweise in direkten interpersonellen Kontexten, scheint die Tugendethik durchaus hilfreiche theoretische Konzeptionen bereitzustellen, wo allerdings eine allgemeine Regelung gesellschaftlicher Praktiken gefordert ist, scheint sie weniger geeignet.

Literatur

Anscombe, Gertrude E.M.: „Die Moralphilosophie der Moderne" [engl. 1958]. In: Dies.: Aufsätze. Frankfurt a. M. 2014, 142–171.
Armstrong, Alan E.: Nursing Ethics: A Virtue-Based Approach. Hampshire 2007.
Austin, Michael W. (Hg.) Virtues in Action: New Essays in Applied Virtue Ethics. Houndmills 2013.
Baron, Marcia W./Pettit, Philip/Slote, Michael: Three Methods of Ethics: A Debate. Oxford 1997.
Borchers, Dagmar: Die neue Tugendethik: Schritt zurück im Zorn? Paderborn 2001.
Carr, David/Steutel, Jan (Hg.): Virtue Ethics and Moral Education. London 1999.
Crisp, Roger: „Modern Moral Philosophy and the Virtues". In: Ders. (Hg.): How Should One Live? Oxford 1996, 1–18.
Dancy, Jonathan: Ethics without Principles. Oxford 2004.
Doris, John M.: Lack of Character. Cambridge 2002.
Driver, Julia: Uneasy Virtue. Cambridge 2001.
Esser, Andrea M.: Eine Ethik für Endliche. Kants Tugendlehre in der Gegenwart. Stuttgart-Bad Cannstatt 2004.
Foot, Philippa: „Euthanasie". In: Anton Leist (Hg.): Um Leben und Tod. Frankfurt a. M. 1990, 285–317 (engl. 1977).
Foot, Philippa: „Tugenden und Laster". In: Dies.: Die Wirklichkeit des Guten. Frankfurt a. M. 1997, 108–127 (engl. 1978).
Foot, Philippa: Die Natur des Guten. Frankfurt a. M. 2004.
Harman, Gilbert: „Moral Philosophy Meets Social Psychology: Virtue Ethics and the Fundamental Attribution Error". In: Proceedings of the Aristotelian Society (New Series) 99. Jg. (1999), 316–31.
Herman, Barbara: The Practice of Moral Judgment. Cambridge, Mass. 1993.
Holmes, Helen B./Purdy, Laura M.: Feminist Perspectives in Medical Ethics. Cambridge 1992.
Hursthouse, Rosalind: Beginning Lives. Oxford 1987.
Hursthouse, Rosalind: „Normative Virtue Ethics". In: Roger Crisp (Hg.): How Should One Live?. Oxford 1996, 19–36.
Hursthouse, Rosalind: On Virtue Ethics. Oxford 1999.
Jonson, Albert/Toulmin, Stephen: The Abuse of Casuistry. London 1989.
Louden, Robert B.: Morality and Moral Theory: A Reappraisal and Reaffirmation. Oxford 1992.
Louden, Robert B.: „Einige Laster der Tugendethik". In: Klaus Peter Rippe/Peter Schaber (Hg.): Tugendethik. Stuttgart 1998, 185–212 (engl. 1984).
MacIntyre, Alasdair: Der Verlust der Tugend. Frankfurt a. M. 1987 (engl. 1981).
McDowell, John: „Tugend und Vernunft". In: Ders.: Wert und Wirklichkeit. Frankfurt a. M. 2002, 74–106 (engl. 1979).
Miller, Christian B.: Character and Moral Psychology. New York 2014.
Müller, Anselm: Was taugt die Tugend? Elemente einer Ethik des guten Lebens. Stuttgart 1998.
Oakley, Justin/Cocking, Dean: Virtue Ethics and Professional Roles. Cambridge 2001.
O'Neill, Onora: Tugend und Gerechtigkeit. Berlin 1996 (engl. 1996).

Pellegrino, Edmund/Thomasma, David: The Virtues in Medical Practice. Oxford 1993.

Rippe, Klaus Peter/Schaber, Peter (Hg.): Tugendethik. Stuttgart 1998.

Sison, Alejo José G./Beabout, Gregory R./Ferrero, Ignacio (Hg.): Handbook of Virtue Ethics in Business and Management. Dordrecht 2017.

Slote, Michael: Moral Sentimentalism. Oxford 2010.

Swanton, Christine: Virtue Ethics. Oxford 2003.

Swanton, Christine: „Virtue Ethics, Role Ethics, and Business Ethics". In: Rebecca Walker/Philip Ivanhoe (Hg.): Working Virtue: Virtue Ethics and Contemporary Moral Problems. Oxford 2007, 207–224.

Swanton, Christine: The Virtue Ethics of Hume and Nietzsche. Chichester 2015.

Upton, Candace: „Virtue Ethics and Moral Psychology: The Situationism Debate". In: Journal of Ethics 13. Jg. (2009), 103–115.

Veatch, Robert: „Against Virtue – A Deontological Critique of Virtue Theory in Medical Ethics". In: E.E. Shelp (Hg.): Virtue and Medicine. Dordrecht 1985, 329–345.

11 Gefühls- und Mitleidsethik

Marie-Luise Raters

Weil man Parzival beigebracht hat, seine Gefühle im Zaum zu halten, kommt ihm die mitleidige Frage nicht über die Lippen, die König Amfortas von seinem Leiden erlöst hätte, und Parzival wird unter Schmähungen von der Gralsburg verjagt. Aus der Sicht der Moralphilosophie wirft dieser Mythos die Frage auf, welchen Stellenwert Gefühle in unseren praktischen Entscheidungen tatsächlich haben sollen. Vernebeln Gefühle womöglich gar das klare Urteil der praktischen Vernunft?

11.1 Moralphilosophie

Im Feld der ‚moralischen Gefühle' lassen sich grob Gefühle mit bewertendem und mit motivierendem Potential unterscheiden, wobei die bewertenden Gefühle wiederum in selbst- und fremdbewertende Gefühle unterschieden werden können. Selbstbewertende Gefühle sind z. B. zufriedene Gelassenheit, Stolz, Scham, Schuld und Reue; fremdbewertend sind z. B. Hochachtung und Bewunderung oder Entrüstung und Abscheu. Motivierende Gefühle sind u. a. Rachsucht, Entrüstung, Liebe, Freundschaft und vor allem das Mitleid (bzw. das Mitgefühl bzw. die Empathie).

M.-L. Raters (✉)
Universität Potsdam, Potsdam, Deutschland
E-Mail: mlraters@uni-potsdam.de

Die Genese von Moral: In der griechischen Antike wurde das Mitleid (griech. *eleos, sympatheia*) in rhetorischen Abhandlungen als Affekt behandelt, den ein geübter Redner evozieren können sollte. Im christlichen Mittelalter waren das Mitleid (lat. *compassio*) bzw. die Barmherzigkeit (lat. *misericordia*) als Erscheinungsformen der Menschenliebe (lat. *caritas*) die wichtigsten Tugenden nach der Gottesliebe. Die deutschen Aufklärer Gotthold Ephraim Lessing und Moses Mendelssohn interessierten sich für die komplementären Gefühle des Mitleids und des Schreckens primär aus ästhetischer Sicht.

In der englischen Aufklärung etablierte sich sukzessive eine Auffassung von Gefühlen als Ursprung unserer Moral. So ist uns das moralische Wissen der Abhandlung *The Moralist* (1709) von A.A.C. Earl of Shaftesbury zufolge angeboren, aber wir müssen es über enthusiastische Gefühle der Liebe zur Natur oder Mitmenschen wiederentdecken. David Humes *A Treatise of Human Nature* zufolge sind unsere moralischen Überzeugungen „keine Erzeugnisse der Vernunft"; sie stammen vielmehr aus Eindrücken, die letztlich „besondere Lust- und Unlustgefühle" sind (Hume 1739/2004, 458, 468). Hume exponiert „vier Affekte,"des „Stolzes und der Niedergedrücktheit" sowie der „Liebe und des Hasses" (ebd., 470), die er wiederum auf „Mitleid und Schrecken" zurückführt (ebd., 458 ff.).

Diese Position fand einen wirkmächtigen Gegner in Immanuel Kant. Schon der vorkritische Kant bezeichnete die „gutartige Leidenschaft" des Mitleids als „schwach und jederzeit blind". So dürfe man die „höhere Verbindlichkeit" einer unabgeleisteten Schuld z. B. niemals der „blinden Bezauberung" durch das Mitleid aufopfern, indem man einem Notleidenden hilft (Kant 1764/1983a, 843 ff.). Der *Kritik der praktischen Vernunft* zufolge können „Gefühle des Mitleids und der weichherzigen Teilnehmung" jeder „wohldenkenden Personen" nur „lästig" sein, weil solche Gefühle „ihre überlegte Maximen in Verwirrung" bringen (Kant 1983, 248).

Arthur Schopenhauers Preisschrift *Die Freiheit des Willens* von 1839 basiert dann auf dem Einwand, dass die Moralphilosophie keinen autoritären Katalog von Pflichten im Sinne Kants aufzustellen habe, sondern erklären müsse, warum moralisches Handeln möglich ist. Diese Erklärung liefert eine zweite Preisschrift *Über das Fundament der Moral* von 1840, welche eine moralische Handlung durch die „Ausschließung" von „eigennützigen" Motiven kennzeichnet. „Der hier analysierte Vorgang" sei kein „aus der Luft gegriffener", sondern „ein ganz wirklicher", der uns im „alltäglichen Phänomen des Mitleids" bzw. in der „ganz unmittelbaren Theilnahme" am „Leiden eines Andern" begegnen würde (Schopenhauer 1840/1979, 100–106). Der Antipode zum Mitleid als Triebfeder allen moralischen Handeln ist nach Schopenhauer der Egoismus als Impuls für jedes amoralische Handeln, wobei sich das Mitleid als Gerechtigkeit und gesteigert als Nächstenliebe und der Egoismus als Gehässigkeit und Übelwollen und gesteigert als Bosheit und Grausamkeit äußern können.

Moralische Urteile: Das zentrale Interesse von Bernard Williams als dem wohl bedeutendsten Vertreter einer Moral der Gefühle gilt dem moralischen Urteil. Williams distanziert sich von Schopenhauers Idee, „daß die gesamte Moral vom Mitgefühl und seinem möglichen Erweiterungen aus konstruiert werden" könne (Williams 1986, 19). Gegen universalistische und deontologische Moralen geht er ebenfalls in Opposition, weil solche Moralen mit ihren Unparteilichkeits- und Allgemeinheitsforderungen dem moralischen Wert von persönlichen Beziehungen nicht gerecht werden könnten. In Anknüpfung an Hume vertritt Williams vielmehr die Auffassung, dass es sich bei den Gründen, die gegebenenfalls für moralische Überzeugungen vorgebracht werden, um Rationalisierungen bzw. Versprachlichungen von emotionalen Reaktionen handele (Williams 1986, 26). In *Ethical Consistency* bekennt sich Williams zu der Überzeugung, dass die „Gefühle", die „jemand in verschiedenen Situationen" empfindet, „sehr viel damit zu tun" hätten, „ob er ein bewundernswerter Mensch ist oder nicht" (Williams 1978a, 263 f.). In *Morality and Emotions* präzisiert sich Williams dahingehend, dass nicht von spontanen Launen die Rede sei, sondern von der stabilen Gefühlsstruktur (sprich: dem Charakter) eines moralischen Akteurs (Williams 1978b). Nach *Morality* sollen Gefühle auch die Basis von moralischen Urteilen über Situationen sein (Williams 1986).

Die Genese moralischer Gefühle: Strittig ist allerdings, inwieweit moralische Akteure für ihre moralischen Gefühle verantwortlich sind und inwieweit diese erworben oder zumindest kultiviert werden können. In der modernen Neurobiologie werden Gefühle wie Empathie als angeborene Instinktleistung betrachtet, die (insb. bei der Aufzucht des Nachwuchses) der Arterhaltung dienen. Mit Blick darauf spricht Stemmer beispielsweise von einem „biologisch-genetisch fundierten Altruismus", um dann zwei Arten des „Handelns zugunsten anderer" zu unterscheiden: Während das moralischen Handeln auf rationalen Entscheidungen anhand von allgemeinen moralischen Prinzipien beruhen soll, soll sich das altruistische Handeln an individuellen altruistischen Idealen wie der Sehnsucht nach einer besseren Welt für alle oder auf dem „Gefühl des Mitleids" orientieren. (Stemmer 2000, 294 ff.). Jüngere neurobiologische Studien besagen, dass Personen mit einer Tendenz zu aggressivem Verhalten gegenüber der Normalpopulation signifikant häufiger Störungen in denjenigen Hirnarealen aufweisen sollen, denen man die Entstehung und Kontrolle von emotionalen Zuständen zuschreibt. Zudem soll auch ein niedriger Spiegel bestimmter Transmittersubstanzen wie Serotonin z. B. in Korrelation zu einer erhöhten Gewaltbereitschaft stehen, wobei solche Störungen auch die Folge von vorgeburtlichen oder frühkindlichen negativen Erfahrungen sein können: Den Forschungen zufolge können Stress oder Alkoholkonsum der Mutter während der Schwangerschaft ebenso die Ursache sein wie Vernachlässigung, Gewalt oder Missbrauch in der frühen Kindheit (Pauen/Roth 2008). Solche Studien sind Wasser auf den Mühlen der Gefühlsmoral: Schließlich behaupten sie ja im Kern, dass emotional negativ besetzte pränatale oder frühkindliche Erfahrungen die neurophysiologische Disposition zu bestimmten Gefühlsreaktionen schaffen, aus denen sich wiederum bestimmte unmoralische Handlungen wie unkontrollierte Gewalttaten beispielsweise erklären.

Einige Schwierigkeiten: Problematisch ist jedoch erstens die Tautologieverdächtigkeit der gefühlsmoralischen Beurteilung von Personen: Wenn bewunderungswürdige Gefühle darüber entscheiden sollen, wer bewunderungswürdig ist, müssen bewunderungswürdige Menschen zuvor festgelegt haben, welche Gefühle moralisch bewunderungswürdig sind. Aus der Sicht der Angewandten Ethik problematisch sind auch die Grenzen der Übersetzbarkeit von Gefühlen in Sprache als Voraussetzung für Diskurse über moralische Urteile. Zudem kann eine subjektive Gefühlsreaktion nur begrenzt etwas darüber aussagen, wie die Situation tatsächlich beschaffen ist, weil selbstbewertende Gefühl der Scham oder der Schuld pathologisch sein und fremdbewertende Gefühle auf persönlichen Vorlieben oder Abneigungen beruhen können. Im engen Zusammenhang damit steht das Problem, dass man in einem wörtlichen Sinne durch ‚Mitleiden' über die wirkliche Intensität des Leidens eines anderen nur begrenzt etwas erfahren kann. Problematisch ist auch die Nichtverallgemeinerbarkeit von individuellen Gefühlsreaktionen. Weil es im Feld der Gefühle keine „Verbindlichkeit" geben könne, hat sich schon Kant gegen eine Fundierung des moralischen Urteils in Gefühlen ausgesprochen (Kant 1797/1983c, 593 f.). Ein weiteres Problem ist die Parteilichkeit der Gefühlsperspektive, die nahestehenden Menschen im Zweifelsfall mehr zubilligt als fremden. Jenseits dieser Probleme kann es jedoch keinen Zweifel geben, dass unsere Gefühle faktisch in relevanter Weise beteiligt sind, wenn wir moralische Urteile fällen, und dass sie im Feld der Angewandten Ethik auch beteiligt sein sollten, weil insbesondere das Gefühl des Mitleids wohl tatsächlich ein starker moralischer Antrieb ist.

11.2 Angewandte Ethik

Im Feld der Angewandten Ethik wird in der Regel das ‚echte Mitleid' vom ‚sentimentalen Mitleid' sowie vom ‚geheuchelten' bzw. ‚demonstrativen Mitleid' unterschieden. Die Frage, inwieweit man sich von der Gefühlsregung des ‚echten Mitleids' in seinen moralischen Entscheidungen, Haltungen und Urteilen lenken lassen sollte, wird letztlich in allen Bereichen der Angewandten Ethik gestellt; in einigen Bereichen stellt sie sich jedoch drängender als in anderen.

Tödliches Mitleid: Ein solcher Bereich ist sicherlich der der Sterbehilfe (s. Kap. 104). Ein moralisch sensibler Mensch wird Mitleid mit einem schwer leidenden Menschen haben, für den es keine Aussicht auf Heilung gibt. Falls der Kranke die Sterbehilfe ausdrücklich wünscht, steht die Frage im Raum, ob eine Tötung aus Mitleid moralisch erlaubt oder vielleicht sogar geboten ist. Das ‚echte Mitleid' scheint zunächst einmal ein guter Ratgeber in Fragen der Sterbehilfe zu sein, da es per definitionem frei von allen egoistischen Interessen sein soll. „Euthanasiebefürworter operieren" deshalb auch „mit dem Begriff ,Tötung aus Mitleid'" (Gula in Holderegger 1999, 154). Für Sterbehilfegegner mit religiösem Hintergrund kann die verbotene Handlung der aktiven Tötung allerdings durch die gute Intention des Mitleids nicht zu einer moralisch erlaubten Handlung werden; sie erlauben gegebenenfalls lediglich ein Sterbenlassen oder eine starke schmerzlindernde Therapie, bei der der Tod im Sinne einer ‚nicht intendierten Doppelwirkung' in Kauf genommen wird. Andere Sterbehilfegegner warnen davor, dass alte und kranke Menschen unter Druck gesetzt würden, wenn Mitleidstötung in unseren Krankenhäusern gängige Praxis wäre (Schöne-Seifert in Nida-Rümelin 1996, 552–649). Manchmal wird auch das Argument ins Feld geführt, dass die Mitleidstötung in den seltensten Fällen der einzige Weg zur Leidenslinderung sei, weil ausreichend schmerzlindernde Medikamente zur Verfügung stünden, wenn diese oft auch bewusstseinstrübend und sedierend wirken (Müller-Busch 2004). Zudem stellt sich die Frage, inwieweit die Mitleidstötung Ärzten oder Pflegenden zuzumuten ist.

Generalisiertes Mitleid: Für mitleidsmoralische Tierethiker ergibt sich aus der Tatsache, dass wir auch mit Tieren Mitleid empfinden können, eine Verpflichtung, Tieren überhaupt kein bzw. kein unnötiges Leiden zuzufügen. Verwiesen wird in der Regel auf Jeremy Benthams Diktum, dem zufolge für die moralische Schutzwürdigkeit eines Lebewesens allein die Frage „können sie leiden?" ausschlaggebend sein soll, und nicht „die Zahl der Beine, der Haarwuchs", das „Ende des os sacrum" oder auch ihre Denkfähigkeit (Bentham 1970, 283). In Kants *Metaphysik der Sitten* heißt es, dass „die grausame Behandlung der Thiere" der „Pflicht des Menschen gegen sich selbst entgegen" stünde, „weil sie das Mitgefühl an ihrem Leiden im Menschen abstumpft, wodurch eine der Moralität im Verhältnis zu anderen Menschen sehr dienliche natürliche Anlage geschwächt" würde (Kant A 1797/1983c, 578 f.). Schopenhauer hält eine solche Ansicht für „empörend", weil Tiere hier zum Mittel degradiert würden (Schopenhauer 1840/1979, 60). Das Mitleid nähme vielmehr „auch die Thiere in Schutz". Insgesamt gilt für Schopenhauer, dass „Mitleid mit Thieren" mit „der Güte des Charakters so genau zusammen" hängt, „daß man zuversichtlich behaupten darf, wer gegen Thiere grausam ist, könne kein guter Mensch sein" (ebd., 139). In ihrem Buch *Tiere in der Moral* von 1990 entfaltet Ursula Wolf den Standpunkt eines ‚Generalisierten Mitleids' aufgrund der Überzeugung, dass „Gegenstand der moralischen Rücksicht alle leidensfähigen Wesen" sein sollten, also „nicht nur Personen, sondern ebenso diejenigen Menschen, die zwar leidensfähig, aber keine Personen sind, und Tiere, soweit sie leidensfähig sind", weil es „ohne Rückgriff auf religiöse oder metaphysische Vorstellungen vom Wert des Menschen keinen Grund mehr" gäbe, „die Moral auf Personen bzw. Menschen zu beschränken" (Wolf 1990, 87). Ein Problem dieses Ansatzes liegt darin, dass wir mit ‚niedlichen' Tieren eher Mitleid empfinden als mit solchen, die uns ‚hässlich' scheinen, obwohl das mit ihrer objektiven Leidensfähigkeit und Schutzbedürftigkeit nichts zu tun hat. Zudem scheinen diejenigen Tiere (wie Insekten oder Krebstiere) von vornherein ausgegrenzt zu sein, denen wir die Leidensfähigkeit absprechen, weil wir weder Bewusstseinsleistungen noch Schmerzempfindungen vermuten, obgleich solche Tiere als mögliche Lieferanten tierischer Proteine sowohl mit Blick auf eine mögliche Lösung des Welthungerproblems als auch mit Blick auf den Einfluss der modernen Massentierhaltung auf den Klimawandel in Zukunft eine große Rolle spielen werden. Ramp und Bekoff plädieren für einen ‚einfühlsamen Naturschutz' (engl. compassionate conservation), der gegen die ökonomisch-nutzenorientiere Perspektive einer globalisierten Weltwirtschaft die intrinsischen und ästhetischen Werte von Tieren, Pflanzen, Ökosystemen, natürlichen Ressourcen und der Natur insgesamt berücksichtigen würde (Ramp/Bekoff 2015).

Globalisiertes Mitleid: Angesichts der Tatsache, dass jährlich ca. 10 Mio. Menschen (davon ca. 6,5 Mio. Kinder) verhungern und weitere 20 Mio. an den Folgen von Unterernährung sterben (Caritas 2006, 6), wäre der Kampf gegen den Welthunger wohl der wichtigste Bereich für ein Handeln aus Mitleid. Allerdings scheinen sich hier die Grenzen einer Mitleidsmoral auch besonders deutlich zu manifestieren. Wenig einschlägig ist hier der (nach einer Figur aus dem Roman *Bleak House* von Charles Dickens benannte) Einwand von ‚Mrs. Jellybys Menschenliebe mit dem Fernrohr', dem zufolge man erst naheliegende Not im eigenen Umfeld lindern soll (Cullity 2007, 54). Man kann schließlich das eine tun, ohne das andere zu unterlassen. Wichtiger ist der Einwand der Kontingenz des Mitleids: Inwieweit notleidende Menschen von einer weltweiten Hilfsbereitschaft profitieren können, hängt von den Berichterstattungen in Massenmedien ab. Bedenkenswert sind auch die Einwände der unzuverlässigen Instabilität des Mitleids und der Freiwilligkeit aller Hilfeleistungen aus Mitleid (engl. *charity*). Um gegen Letzteres einen Akzent zu setzen, behaupten viele eine ‚Pflicht' zu Hilfeleistungen. Die Caritas Österreich z. B. begründet diese Pflicht in elementaren Menschenrechten „auf Nahrung" und auf „Leben und Menschenwürde" (Caritas 2006, 8). Zudem verweist sie im Sinne einer Wiedergutmachungspflicht darauf, dass der Welthunger „überwiegend" die „Folge politischen, wirtschaftlichen und ökologischen Fehlverhaltens von Menschen und Regierungen" sei (ebd., 4). Anderen Autoren zufolge begründet sich „die Existenz" von Hilfspflichten jenseits einer solchen „Debatte über die Rechte dieser Fremden uns gegenüber" allein dadurch, dass die notleidenden Menschen „diese Hilfe" brauchen, die wir „ohne große Umstände leisten" können (Cullity 2007, 61), wobei zwischen den kollektiven Hilfspflichten einer Nation (wie Australien z. B.) und den individuellen Pflichten unterschieden wird. Hugh LaFollette und Larry May z. B. begründen unsere Verantwortung für notleidende Kinder mit ihrer Angewiesenheit auf unsere Hilfe (LaFollette/May 1996, 71).

Literatur

Bentham, Jeremy: An Introduction to the Principles of Morals and Legislation [1789]. London 1970.
Caritas Österreich: Hunger. Ursachen, Folgen, Herausforderungen. Positionspapier Juli 2006.
Cullity, Garrett: „Fremde in Not. Wohltätigkeit, Recht und Staatsbürgerschaft". In: Barbara Bleisch/Peter Schaber (Hg.): Weltarmut und Ethik. Paderborn 2007, 53–75.
Eibach, Ulrich: Sterbehilfe – Tötung aus Mitleid? Euthanasie und ‚lebensunwertes Leben' [1988]. Wuppertal ²1998.
Holderegger, Adrian (Hg.): Das medizinisch assistierte Sterben. Freiburg i. Br.1999.
Hume, David: Traktat über die menschliche Natur. Berlin 2004 (engl. 1739).
Kant, Immanuel: Beobachtungen über das Gefühl des Schönen und Erhabenen [1764]. Im Text zit. nach Kant: Werke in 10 Bänden, Bd. 2. Hg. von Wilhelm Weischedel. Darmstadt 1983a.
Kant, Immanuel: Kritik der praktischen Vernunft [1788]. Im Text zit. nach Kant: Werke in 10 Bänden. Bd. 6. Hg.von Wilhelm Weischedel. Darmstadt 1983b.
Kant, Immanuel: Die Metaphysik der Sitten [A1797/B1798]. Im Text zit. nach Kant: Werke in 10 Bänden. Bd. 7. Hg. von Wilhelm Weischedel. Darmstadt 1983c.
LaFollette, Hugh/May, Larry: „Suffer the little Children". In: William Aiken/Ders. (Hg.): World Hunger and Morality. Englewood Cliffs 1996.
Müller-Busch, H. Christof: Terminale Sedierung. In: Ethik in der Medizin 16. Jg. (2004), 369–377.
Nida-Rümelin, Julian (Hg.): Angewandte Ethik. Stuttgart 1996.
Pauen, Michael/Roth, Gerhard: Grundzüge einer naturalistischen Theorie der Willensfreiheit. Frankfurt a. M. 2008, 156–162.
Ramp, Daniel/Bekoff, Marc: Compassion as a Practical and Evolved Ethic for Conservation. In: Bioscience 65. Jg., 3 (2015), 323–327.
Schopenhauer, Arthur: Preisschrift über das Fundament der Moral [1839/1840]. Hamburg 1979.
Stemmer, Peter: Handeln zugunsten anderer. Eine moralphilosophische Untersuchung. Berlin/New York 2000.
Williams, Bernard: „Widerspruchsfreiheit in der Ethik". In: Ders.: Probleme des Selbst. Stuttgart 1978a, 263–296 (engl. 1965).
Williams, Bernard : „Sittlichkeit und Gefühl". In: Ders.: Probleme des Selbst. Stuttgart 1978b, 229–265 (engl. 1965).
Williams, Bernard : Der Begriff der Moral. Stuttgart 1986 (engl. 1972).
Wolf, Ursula: Das Tier in der Moral. Frankfurt a. M. 1990.

Moralischer Relativismus

12

Anne Burkard

In erster Näherung lässt sich unter dem Stichwort ‚moralischer Relativismus' eine Gruppe von Positionen einordnen, denen zufolge es keine universell gültige Moral gibt, sondern moralische Normen lediglich über lokale Geltung verfügen (so z. B. Velleman 2013, 1). Mit dem moralischen Relativismus scheinen weitreichende Implikationen für den Status moralischer Urteile und dafür verbunden zu sein, was zu tun moralisch geboten, verboten oder erlaubt ist. Vor diesem Hintergrund halten manche den moralischen Relativismus für eine gefährliche Position, die es durch philosophische Aufklärung zurückzuweisen gilt. Gefahren, die mit der Akzeptanz relativistischer Positionen in Verbindung gebracht werden, reichen von moralischer Beliebigkeit und Sittenverfall über einen moralischen Nihilismus bis hin zu philosophischer Konfusion (vgl. z. B. Geertz 1984; Scanlon 1998, 330–333). Andere verbinden mit relativistischen Positionen Hoffnungen auf einen toleranteren Umgang der Menschen miteinander, auf mehr Respekt zwischen Angehörigen verschiedener Kulturen, auf größere intellektuelle Bescheidenheit und weniger kulturelle Überheblichkeit, aber auch auf plausible theoretische Antworten auf Fragen zur Natur und Rechtfertigbarkeit moralischer Urteile (z. B. Benedict 1946, 1–18, 257; Velleman 2013, 3 und 62; Wong 2006). Bisweilen wird der Relativismus auch als kleineres Übel im Vergleich zum moralischen Nihilismus verstanden: Dass moralische Normen bloß relativ zu einem Standard wahr sein können, mag plausibler erscheinen, als dass nichts moralisch richtig oder falsch ist (Dreier 2006, 240 f.).

Dass die Einschätzungen bezüglich möglicher Folgen der Akzeptanz relativistischer Positionen so unterschiedlich ausfallen, lässt sich zum Teil mit Verweis auf begriffliche Unklarheiten erklären. Denn unter dem Stichwort ‚moralischer Relativismus' wird eine große Bandbreite philosophischer Positionen verhandelt. Daher ist es sinnvoll, unterschiedliche relativistische Thesen in der Ethik voneinander abzugrenzen. Im Zentrum des vorliegenden Kapitels steht zu diesem Zweck die Charakterisierung von drei häufig unterschiedenen Formen des moralischen Relativismus: des deskriptiven, metaethischen und normativen Relativismus (z. B. Brandt 2006; Gowans 2015; Wendelborn 2016, Kap. 2). In den folgenden Abschnitten werden diese im Hinblick auf Gründe beleuchtet, die für und gegen ihre Plausibilität ins Feld geführt werden. Vor diesem Hintergrund werden mögliche Implikationen von Spielarten des ethischen Relativismus für Fragen der Angewandten Ethik thematisiert.

A. Burkard (✉)
Georg-August-Universität Göttingen,
Göttingen, Deutschland
E-Mail: anne.burkard@uni-goettingen.de

12.1 Deskriptiver Relativismus

Beim deskriptiven Relativismus handelt es sich um eine empirische These in Bezug auf moralische Dissense oder Diversität. In einer Variante besagt sie: Es gibt empirisch belegbare, tiefgreifende und verbreitete moralische Uneinigkeit zwischen Angehörigen unterschiedlicher Gemeinschaften (Gowans 2015, § 2). Diese These lässt sich daraufhin prüfen, ob sie empirisch angemessen ist. So wird kritisch diskutiert, ob moralische Dissense tatsächlich so tiefgreifend und verbreitet sind, wie es zunächst scheinen mag. Zum einen kann geltend gemacht werden, dass sich einige moralische Dissense auf Unterschiede in den ihnen zugrundeliegenden empirischen Überzeugungen oder auf unterschiedliche metaphysische Annahmen zurückführen lassen (Brandt 2006, 368). So könnte jemand für härtere Strafen argumentieren, weil er davon ausgeht, dass diese eine wirksame Abschreckung für potentielle Straftäter sind, während jemand anderes harte Strafen mit der Begründung ablehnt, dass sie keine Abschreckungswirkung hätten. Zum anderen kann darauf verwiesen werden, dass in Bezug auf grundlegende Normen und Werte weitgehende Einigkeit herrscht, während sich Differenzen lediglich in deren unterschiedlicher Ausgestaltung oder Anwendung zeigen (Moody-Adams 1997, u. a. 180 und 183 f.). Beide Arten der Kritik laufen darauf hinaus, den deskriptiven Relativismus mit der Begründung zurückzuweisen, dass moralische Uneinigkeit deutlich weniger verbreitet und fundamental sei, als es auf den ersten Blick scheinen mag.

Erschwert wird die Beurteilung des deskriptiven Relativismus allerdings u. a. dadurch, dass strittig ist, inwiefern wir in der Lage sind, die moralischen Urteile uns fremder Individuen und Gruppen adäquat zu erfassen. In Bezug auf ethnologische Studien, die scheinbar fundamental unterschiedliche Moralsysteme in verschiedenen Gemeinschaften dokumentieren, wird z. B. bezweifelt, ob die nötige gemeinsame Grundlage (wie eine geteilte Sprache und geteilte Hintergrundannahmen) gegeben ist, um die Grade an Übereinstimmung oder Differenz in Moralsystemen beurteilen zu können. Ebenfalls zweifelhaft ist, ob sich die methodologischen Schwierigkeiten überwinden lassen, mit denen sich die Untersuchung der Moral einer vermeintlich homogenen kulturellen Gruppe konfrontiert sieht (wer kann z. B. als verlässlicher Informant über die moralischen Auffassungen der Gruppe gelten?) – und ob es überhaupt kulturell homogene Gruppen gibt (Moody-Adams 1997, v. a. 29–43; Schmidt 2009, 119).

Die These des deskriptiven Relativismus wird auch in Bezug auf mögliche metaethische Implikationen diskutiert, also in Bezug auf Fragen nach der Natur und Erkennbarkeit moralischer Urteile oder Tatsachen. Weitgehende Einigkeit besteht darüber, dass für metaethische Fragen nichts *unmittelbar* aus dem deskriptiven Relativismus folgt. So lässt sich auch in anderen Bereichen wie der Biologie oder der Geschichtswissenschaft allein aus der Beobachtung von Dissensen nicht darauf schließen, dass es keine objektiven biologischen oder historischen Wahrheiten gibt (Mackie 1977, 36; Wong 2006, 5). Dennoch werden häufig *mittelbar* metaethische Spielarten des moralischen Relativismus mit Verweis auf Varianten des deskriptiven Relativismus begründet (Brandt 2006, 368; Gowans 2015, Abs. 4).

Ein einflussreiches Beispiel für eine Argumentation dieser Struktur stellt John Mackies sogenanntes Argument aus der Relativität dar. Dieses Argument lässt sich als Schluss auf die beste Erklärung rekonstruieren (Burkard 2012, 66 f.; Muhlnickel 2011): Die divergierenden moralischen Urteile von Angehörigen unterschiedlicher Kulturen ließen sich, so Mackie, besser dadurch erklären, dass sie die unterschiedlichen Lebensweisen und Interessenlagen der Menschen reflektierten, als dass sie deren größtenteils fehlerhafte und verzerrte Wahrnehmung objektiver Werte widerspiegelten. Das Argument richtet sich insofern speziell gegen die Objektivität von Moral, als für moralische Dissense eine relativistische Erklärung vorgeschlagen wird, nicht aber für Dissense z. B. im Bereich der Naturwissenschaften. Diese ließen sich mit Verweis auf fehlerhafte Schlussfolgerungen oder eine unzureichende empirische Basis erklären (Mackie 1977, 36).

12.2 Metaethischer Relativismus

Die Gruppe von Positionen, für die auf diese Weise ausgehend vom deskriptiven Relativismus argumentiert wird, wird als metaethischer Relativismus bezeichnet. Dabei handelt es sich, grob gesprochen, um die Thesen, dass moralische Urteile relativ zu den Standards einer Gruppe oder Gesellschaft zu verstehen und ihre Wahrheit relativ zu diesen Standards zu beurteilen ist. Wie metaethische Theorien generell macht der metaethische Relativismus keine (direkten) Aussagen darüber, was moralisch geboten, verboten, erlaubt, richtig oder falsch ist. Hier wird zunächst eine semantische Variante des metaethischen Relativismus vorgestellt, bevor zwei Herausforderungen für die skizzierte und für verwandte Spielarten des metaethischen Relativismus angeführt werden.

Den Kern semantischer Formen des Relativismus stellen Thesen über die Bedeutung und damit die Wahrheitsbedingungen moralischer Äußerungen dar. Eine einflussreiche Variante des semantischen Relativismus wird als indexikalischer Relativismus bezeichnet (auch ‚Kontextualismus' und ‚Sprecher-Relativismus' finden sich als Bezeichnungen in der Literatur). Prominente Vertreter sind Gilbert Harman und David Wong (u. a. Harman 1975; Wong 2006). Moralische Äußerungen seien insofern elliptisch (unvollständig), als sie einen impliziten Bezug auf moralische Standards oder Perspektiven von Gruppen, Kulturen, Gemeinschaften oder auch Individuen enthielten. Die vermeintliche Relativität moralischer Urteile wird so ausbuchstabiert, dass moralische Äußerungen indexikalisch zu verstehen sind. Indexikalische Ausdrücke sind solche, deren Referenz vom Kontext abhängt. Beispiele hierfür sind Ausdrücke wie ‚ich', ‚du', ‚da' oder ‚gestern', die sich auf unterschiedliche Gegenstände beziehen, abhängig davon, von wem oder in welcher Situation sie geäußert werden (Braun 2015). Dem indexikalischen Relativismus zufolge sind somit auch moralische Urteile in diesem Sinne kontext- bzw. standardabhängig, und zwar vom moralischen Standard der urteilenden Person bzw. der Gruppe, der sie angehört, „weil dieser Standard darüber bestimmt, welche Proposition das Urteil ausdrückt" (Wendelborn 2016, 325). Das Urteil „Lügen ist moralisch verboten" kann demnach einen unterschiedlichen Gehalt haben, wenn Anna aus Gemeinschaft A es äußert, als wenn Ben aus Gemeinschaft B es äußert. Daher kann das Urteil auch im einen Fall wahr und im anderen Fall falsch sein: Wenn nach den Standards von Gemeinschaft A lügen moralisch verboten ist, dann ist Annas Urteil wahr, und wenn in Gemeinschaft B lügen moralisch erlaubt ist, dann ist Bens Urteil falsch.

Als Stärken des indexikalischen Relativismus werden unter anderem die folgenden Aspekte genannt, die zum Teil auch für andere Spielarten des Relativismus ins Feld geführt werden (vgl. auch Ernst 2009, 183 f.): (1) Angenommen, der deskriptive Relativismus ist wahr, d. h., es gibt tiefgreifende und verbreitete Dissense in der Moral. Dann bedeutet dies laut indexikalischem Relativismus nicht, dass die meisten Menschen sich in ihren moralischen Urteilen irren und allenfalls einige die moralische Wahrheit erkannt haben. Vielmehr ließen sich die Differenzen dadurch erklären, dass die Menschen in ihren Urteilen auf unterschiedliche moralische Standards Bezug nehmen. (2) Moralische Aussagen bringen ganz gewöhnliche, empirische Tatsachen über die Welt oder die Urteilenden zum Ausdruck. Es ist daher nicht nötig, von scheinbar rätselhaften, besonderen moralischen Tatsachen auszugehen. (3) Wenn es sich bei moralischen Tatsachen um gewöhnliche Tatsachen handelt, ist ebenfalls nicht rätselhaft, wie wir um diese wissen können. Denn wenn wir die moralischen Standards unserer Gemeinschaft kennen, dann wissen wir, was moralisch geboten, verboten und erlaubt ist.

Inwiefern die hier genannten Aspekte tatsächlich Vorteile metaethischer Positionen darstellen, ist allerdings strittig. Zum Beispiel lässt sich fragen, ob moralische Tatsachen nicht eher wie mathematische als empirische Tatsachen beschaffen sind oder ob moralische Erkenntnis tatsächlich plausibel mit empirischer Erkenntnis gleichgesetzt werden kann (Ridge 2014; Schmidt 2011, 56–58). Darüber hinaus sieht sich der metaethische Relativismus in der skizzierten semantischen Form mit verschiedenen Herausforderungen konfrontiert, von denen hier lediglich zwei einflussreiche angeführt seien.

Erstens wird die semantische These selbst kritisiert. Der Vorschlag, eine Aussage wie „Abtreibung ist moralisch erlaubt" im Sinne des indexikalischen Relativismus als eine Aussage wie „Den Standards meiner Kultur zufolge ist Abtreibung moralisch erlaubt" zu verstehen, wird dieser Kritik zufolge dem normativen Charakter moralischer Aussagen nicht gerecht. Mit moralischen Aussagen sagen wir etwas darüber aus, was zu tun richtig oder falsch ist, oder was wir tun sollten. Der indexikalischen Lesart zufolge aber werden moralische Aussagen deskriptiv, sie beschreiben lediglich die Standards einer Gemeinschaft, so die Kritik (Boghossian 2011, 57 f.; Gowans 2015, § 6). Zudem zeigen Vergleiche zwischen moralischen Aussagen und solchen, die tatsächlich plausibel als vom Kontext abhängig zu verstehen sind (wie z. B. Richtungsangaben, die aus einer bestimmten Perspektive getätigt werden), dass es semantisch fragwürdig ist, unseren moralischen Aussagen eine versteckte Standard- oder Kontextabhängigkeit zuzuschreiben (Ernst 2006).

Zweitens und besonders prominent sehen sich der indexikalische Relativismus, aber auch andere Spielarten des metaethischen Relativismus, mit der Herausforderung konfrontiert, dem Phänomen moralischer Dissense gerecht zu werden: Wenn Ayla die Auffassung vertritt, dass das Töten empfindungsfähiger Tiere moralisch falsch ist, und Bilal die Auffassung vertritt, dass das Töten empfindungsfähiger Tiere moralisch erlaubt ist, dann liegt es nahe, dies als moralischen Dissens zu verstehen. Ayla und Bilal bringen offenbar einander widersprechende moralische Auffassungen zum Ausdruck, die nicht gleichzeitig wahr sein können. Doch obwohl das Vorliegen moralischer Uneinigkeit häufig eine wichtige Motivation für relativistische Positionen darstellt, können sie, sofern sie semantische Thesen der vorgestellten Art vertreten, den scheinbaren Dissens zwischen Ayla und Bilal nicht als solchen beschreiben, wenn diese unterschiedlichen Gemeinschaften angehören. Vielmehr verschwindet der Dissens: Aylas Aussage, dass das Töten empfindungsfähiger Tiere den Standards ihrer Gemeinschaft entsprechend moralisch falsch sei, steht nicht im Widerspruch zu Bilals Aussage, dass das Töten empfindungsfähiger Tiere nach den Standards seiner Gemeinschaft moralisch erlaubt sei (Ernst 2006; Gowans 2015, § 6; Tännsjö 2007, Abs. 3).

Es gibt von relativistischer Seite verschiedene Vorschläge, auf das Problem der verschwindenden Dissense zu reagieren. Ein Vorschlag besteht darin, zu betonen, dass es zwar in der Tat zu keinem Widerspruch komme, wenn Angehörige zweier Gruppen mit unterschiedlichen moralischen Standards scheinbar widerstreitende Urteile zum Ausdruck bringen. Es komme jedoch zu einem praktischen Konflikt, der sich so ausbuchstabieren lasse, dass die fraglichen moralischen Urteile Erfüllensbedingungen haben, die nicht gleichzeitig gegeben sein können (Tännsjö 2007, 133 f.). Insbesondere bezüglich des indexikalischen Relativismus wird allerdings vielfach bezweifelt, dass er eine überzeugende Antwort auf das Problem der verschwindenden Dissense geben könne (vgl. z. B. Tannsjö 2007, 133 f.; Ernst 2006; Schmidt 2009, 125–128).

Der sogenannte ‚neue', ‚genuine' oder ‚invariante' Relativismus, der sich als semantische Alternative zum indexikalischen Relativismus versteht, kann dem eigenen Anspruch nach dem Phänomen echter Dissense besser gerecht werden. Diesem Ansatz zufolge haben moralische Sätze von zwei Personen aus unterschiedlichen Gemeinschaften denselben propositionalen Gehalt. Das heißt, anders als im indexikalischen Relativismus variieren die Inhalte moralischer Sätze nicht mit dem Äußerungskontext. Das habe den Vorteil, dass wir weiterhin sagen können, dass sich zwei Personen aus unterschiedlichen Gemeinschaften auf denselben Gegenstand beziehen, wenn sie einen Satz beurteilen wie „Es ist falsch, Versprechen zu brechen", dass sie entsprechend nicht aneinander vorbeireden und sich im Dissens über die fragliche Aussage miteinander befinden können – wobei sie dies ‚ohne Fehler' *(faultless)* tun. Die Relativität kommt dieser Variante des Relativismus zufolge über die Wahrheitswerte ins Spiel, die nicht immer absolut seien: Der Inhalt derselben moralischen Aussage kann in Bezug auf das Normen- und Wertesystem von A wahr sein, in Bezug auf das Normen- und Wertesystem von B hingegen falsch; wenn A diejenige ist, die über die Wahrheit des Satzes „Es ist falsch, Versprechen zu brechen" urteilt, dann sind ihre Bewertungsstandards bzw. diejenigen ihrer Kultur entscheidend für die Beurteilung des Satzes als wahr oder falsch. Unvereinbar miteinander sind die von A und B geglaubten Propositionen in dem Sinne, dass sie nicht am selben Maßstab gemessen beide wahr sein können (Baghramian/Carter 2015, § 5.1; Kölbel 2009, 146–158; Kölbel 2016, 94). Inwieweit diese Auffassung dem Phänomen moralischer Dissense tatsächlich gerecht wird, ob die ungewöhnlichen semantischen Thesen des neuen Relativismus im Allgemeinen und speziell für die Analyse moralischer Äußerungen überzeugen können – z. B. im Kontrast zu Analysen von Geschmacksurteilen –, wird kontrovers diskutiert (vgl. z. B. Wendelborn 2016, Kap. 7; Stojanovic 2019).

12.3 Normativer Relativismus

Vom deskriptiven und metaethischen Relativismus wird schließlich der normative Relativismus unterschieden. Normativ-relativistische Positionen lehnen die universalistische These ab, der zufolge es eine für alle gültige Moral gibt. Es gebe vielmehr eine Pluralität moralischer Normensysteme, deren Geltung sich auf bestimmte Kulturen oder Gemeinschaften beschränke (z. B. Wong 2006, XII; Velleman 2013).

Es gibt einfache Spielarten des normativen Relativismus, die als selbstwidersprüchlich kritisiert werden. So weist z. B. Bernard Williams den ‚Vulgärrelativismus' zurück. Dieser vertrete sowohl die (semantische) These, dass moralische Urteile relativ zu einer bestimmten Gemeinschaft zu verstehen seien, als auch die (normative) These, dass es für die Angehörigen einer Gemeinschaft falsch sei, die moralischen Urteile einer anderen Gemeinschaft zu kritisieren oder sich anderweitig einzumischen. Sofern diese zweite These, die sich auch als Toleranz-These verstehen lässt, nicht-relativistisch interpretiert wird, lasse sie sich jedoch nicht konsistent gemeinsam mit der ersten These vertreten (Williams 1978, 28 f.). Inwieweit diese Art der Kritik stimmig ist, ist selbst strittig, da kontrovers ist, inwiefern der metaethische Relativismus Implikationen für den normativen Relativismus hat (Westacott 2019, § 4; für die theoretische Unabhängigkeit der beiden Formen des Relativismus argumentiert z. B. Ernst 2009).

Einfache Varianten des normativen Relativismus lassen sich allerdings auch aufgrund konkreter inhaltlicher Festlegungen kritisieren. Wenn z. B. eine relativistische Norm besagt, „Richte dich in deinem Urteilen und Handeln nach den moralischen Vorschriften deiner Gesellschaft", scheint das keine überzeugende moralische Forderung zu sein. Unter anderem lässt sich gegen sie ins Feld führen, dass damit jede innergesellschaftliche moralische Kritik und Reform als unmoralisch gelten müsste. Zugleich würden gesellschaftliche Vorschriften, die aus vielen Perspektiven als moralisch zutiefst problematisch erscheinen, gegenüber Kritik immunisiert (vgl. dazu auch Westacott 2019, § 4 und Ernst 2008, 244).

Es gibt jedoch moderate Spielarten des normativen Relativismus, die sich weder in Selbstwidersprüche verstricken noch so offenkundig inhaltlich unplausibel sind. Gerhard Ernst skizziert in drei Schritten die Grundlage für eine moderate relativistische Position: (1) Es gibt eine irreduzible Pluralität von Werten. (2) Verschiedene Werte lassen sich häufig nicht gleichzeitig realisieren. (3) Es gibt nicht die eine richtige Gewichtung von nicht gleichzeitig realisierbaren Werten. Vielmehr ist die Gewichtung verschiedener Werte innerhalb eines gewissen „Spielraum[s] des gleich Guten" moralisch unbestimmt und bietet somit Raum für individuelle oder kulturelle Entscheidungen. Vor dem Hintergrund von (1) bis (3) lässt sich die normativ-relativistische These formulieren, dass das, was zu tun richtig ist, zu einem gewissen Grad von kulturellen Entscheidungen abhängt, die nicht mehr rational kritisierbar sind (Ernst 2008, 244–246).

Derartige moderate Spielarten des normativen Relativismus sind häufig eingebettet in einen nicht-relativistischen, universalistischen Rahmen, der sich unterschiedlich ausbuchstabieren lässt. Wong z. B. argumentiert dafür, dass es angesichts der Funktionen von Moral, soziale Kooperation und individuelles Wohlergehen in menschlichen Gemeinschaften zu ermöglichen, bestimmte Rahmenbedingungen dafür gebe, was als ‚wahre Moral‘ gelten könne. Der von ihm vertretene pluralistische Relativismus nehme damit eine Position zwischen einem moralischen Universalismus und einem Relativismus ein, nach dem eine Moral so gut wie jede andere sei (Wong 2006, XII und XIV–XVI).

Kritische Anfragen auch an moderate Spielarten des normativen Relativismus sind u. a.: (1) Wenn Angehörige unterschiedlicher Kulturen oder Gemeinschaften gemeinsam handeln wollen oder müssen, nach welchen Standards sollten sie dies tun – und wie können sie sich überhaupt miteinander über moralische Standards verständigen? (2) Wenn moralische Werte oder Normen in Bezug auf eine Kultur oder Gemeinschaft relativiert formuliert werden, braucht es ein Verständnis davon, was mit ‚Kultur‘ oder ‚Gemeinschaft‘ gemeint ist. Doch wie die Kritik an traditionellen, häufig homogenisierenden und überfrachteten Kulturverständnissen zeigt, ist keineswegs klar, wo die Grenzen einer Kultur liegen, inwiefern sich Personen als Angehörige einer Kultur oder Gesellschaft identifizieren lassen und ob sich der Kulturbegriff oder verwandte Konzepte überhaupt sachlich überzeugend ausbuchstabieren lassen (Moody-Adams 1997, 43–56; Reckwitz 2001; Song 2009). (3) Die Grenzen zwischen moderaten oder ‚gemischten‘ Spielarten des normativen Relativismus und anderen moralphilosophischen Auffassungen scheinen zu verwischen. So sind auch solche normativ-ethische Theorien pluralistisch, die im Kontrast zu monistischen Theorien von einer Pluralität irreduzibler Werte oder Prinzipien ausgehen, die miteinander in Konflikt geraten können, deren Geltung jedoch nicht relativ, sondern universell und objektiv verstanden wird (Ross 2002, Kap. 2). Ebenso stellt die Abgrenzung gegenüber partikularistischen Ansätzen und anderen ethischen Theorien, die die Kontextabhängigkeit moralischer Urteile betonen, eine Herausforderung dar. Denn dass es z. B. von den spezifischen Details einer Situation abhängen kann, ob eine Handlung moralisch erlaubt ist, lässt sich problemlos im Rahmen nicht-relativistischer Ethiken vertreten (Dancy 2017, § 3; Ernst 2009, 185 f.; Scanlon 1998, 334–342).

In Diskussionen relativistischer Positionen wird u. a. mit Bezug auf die genannten unklaren Grenzen darauf verwiesen, dass sich einige Überlegungen, die scheinbar für die Akzeptanz relativistischer Positionen sprechen, auch im Rahmen bestimmter objektivistischer und universalistischer Theorien berücksichtigen lassen. So lässt sich z. B. der Toleranzgedanke, der bisweilen für relativistische Positionen ins Feld geführt wird, ebenfalls und womöglich besser als universalistische und objektiv interpretierte These ausbuchstabieren. Z. B. formuliert die UNESCO die ‚Prinzipien der Toleranz‘ unter Bezugnahme auf universelle Grundsätze. Dort heißt es: „Toleranz ist vor allem eine aktive Einstellung, die sich stützt auf die Anerkennung der allgemeingültigen Menschenrechte und Grundfreiheiten anderer. [...] Toleranz bedeutet die Anerkennung der Tatsache, daß alle Menschen [...] das Recht haben, in Frieden zu leben und so zu bleiben, wie sie sind." (UNESCO 1995, Art. 1). Grundsätzlicher lassen sich Forderungen nach Respekt und moralischer Bescheidenheit, nach einer Haltung der Offenheit gegenüber als fremd empfundenen Lebensweisen oder nach Nicht-Einmischung klarerweise universell formulieren und als mit einem Anspruch objektiver Gültigkeit verbunden verstehen (vgl. auch Shafer-Landau 2012, 326 f.).

12.4 Implikationen für Fragen der Angewandten Ethik?

Die Frage nach Implikationen unterschiedlicher Spielarten des moralischen Relativismus für Problemstellungen der Angewandten Ethik ist ebenso kontrovers wie praktisch relevant. Da Uneinigkeit darüber besteht, ob die These des deskriptiven Relativismus wahr ist, und da diese These häufig als Grundlage für metaethische und normative Formen des Relativismus angesehen wird, muss schon aus diesem Grund die Angabe möglicher Implikationen für die Angewandte Ethik strittig bleiben. Wenn metaethische und normativ-ethische Theorien weitgehend unabhängig voneinander sind, wie häufig argumentiert wird, ergeben sich auch aus den metaethischen Spielarten des moralischen Relativismus keine unmittelbaren Konsequenzen für Fragen der Angewandten Ethik. Demgegenüber lassen sich sehr wohl Zusammenhänge zwischen der Akzeptanz eines normativen Relativismus und Positionen in der Angewandten Ethik aufzeigen.

Eine Konsequenz des normativen Relativismus ergibt sich daraus, dass mit ihm andere inhaltliche moralische Urteile verteidigt werden als im Rahmen universalistischer Theorien. Während z. B. eine Kulturrelativistin die These vertreten könnte, dass es moralisch richtig sei, seine Eltern so zu behandeln, wie es die Tradition der eigenen Kultur verlangt, könnte eine Universalistin die These vertreten, dass es moralisch richtig sei, seine Eltern so zu behandeln, dass es für alle Beteiligten die besten Konsequenzen hat. Prinzipiell lassen sich unterschiedliche normative Thesen jeweils relativistisch und universalistisch formulieren und in Bezug auf ihre inhaltliche Plausibilität hin diskutieren. Dies könnte zu der Einsicht führen, dass in einigen Lebensbereichen der Bezug auf die Kultur oder Tradition der Beteiligten so bedeutend ist, dass die entsprechenden Normen relativ zu diesen gelten (wie z. B. Normen, die die Beziehung von Kindern zu ihren Eltern betreffen), während in anderen Bereichen oder für grundlegende Normen ein universeller Maßstab gilt.

Auch Auseinandersetzungen um konkrete Fragen der Angewandten Ethik könnten Hinweise darauf geben, dass zumindest in bestimmten Lebensbereichen die plausibelsten Normen diejenigen sind, die relativ zu divergierenden Normensysteme unterschiedlicher Gemeinschaften gelten. Z. B. könnte sich in einem medizinethischen Kontext zeigen, dass ein Abwägen zwischen den Werten des Wohlergehens einer Patientin, ihrer individuellen Autonomie und der Autonomie ihrer Familie kulturabhängig unterschiedlich ausfällt und so zu Normen mit relativer Geltung führt (Ernst 2008).

Ein Anwendungskontext, in dem Fragen nach der relativen oder universellen Geltung von Normen besonders virulent sein können, ist der der Bildung und Erziehung. Nehmen wir an, wir haben es mit einer pluralistischen Gesellschaft zu tun, deren Mitglieder sich verschiedenen kulturellen Gruppen zugehörig fühlen, die unterschiedlichen Moralsystemen folgen. Nehmen wir zudem an, dass in Schulen Normen- und Wertevermittlung stattfinden sollen. Nach einem universalistischen Moralverständnis sollten allen Lernenden dieselben moralischen Normen und Werte nahegebracht werden. Einem kulturrelativistischen Verständnis zufolge wäre es hingegen angebracht, den Lernenden der verschiedenen kulturellen Gruppen unterschiedliche Normen und Werte zu vermitteln. So fordern z. B. einige kommunitaristische Ansätze, die Gemeinschaften als Zentrum moralischen und politischen Denkens und Handelns ansehen, die Vermittlung gruppenspezifischer Normen und Werte (vgl. dazu z. B. Arthur 1998 und kritisch Schaber 2010).

Gerade in pluralistischen Gesellschaften und bei Begegnungen über Gemeinschaftsgrenzen hinaus bleiben unterschiedliche Normensysteme jedoch kaum langfristig unverändert nebeneinander bestehen. Wenn für das Zusammenleben in Gemeinschaften Verständigung und Kooperation notwendig sind, dann kann dies zwar einerseits zur Entwicklung spezifischer Normsysteme beitragen und so die Existenz moralischer Diversität erklären. Andererseits wohnt damit Situationen, in denen es zu Kommunikation und Kooperation zwischen Mitgliedern unterschiedlicher Gemeinschaften kommt, ein Potential zur Angleichung der Normsysteme und zum Entstehen einer ‚Interkultur' inne (Terkessidis 2010; vgl. auch Velleman 2013, Kap. 4, u. a. 68 f.).

Literatur

Arthur, James: „Communitarianism: What are the Implications for Education?". In: Educational Studies 24. Jg., 3 (1998): 353–368.

Baghramian, Maria/Carter, J. Adam: „Relativism". In: Edward N. Zalta (Hg.): The Stanford Encyclopedia of Philosophy. Fall 2015. In: https://plato.stanford.edu/archives/fall2015/entries/relativism/ (14.01.2022)

Benedict, Ruth: Patterns of Culture. An Analysis of Our Social Structure as Related to Primitive Civilizations [1934]. New York 1946.

Boghossian, Paul: „Three Kinds of Relativism". In: Steven D. Hales (Hg.): A Companion to Relativism. Oxford 2011, 53–69.

Brandt, Richard: „Ethical Relativism". In: Paul Edwards (Hg.): The Encyclopedia of Philosophy [1967]. New York ²2006, 368–372.

Braun, David: „Indexicals". In: Edward N. Zalta (Hg.): The Stanford Encyclopedia of Philosophy. Spring 2015. In: https://plato.stanford.edu/archives/spr2015/entries/indexicals/ (14.01.2022)

Burkard, Anne: Intuitionen in der Ethik. Münster 2012.

Dancy, Jonathan: „Moral Particularism". In: Edward N. Zalta (Hg.): The Stanford Encyclopedia of Philosophy. Summer 2015. Winter 2017. In: https://plato.stanford.edu/archives/win2017/entries/moral-particularism/ (14.01.2022)

Dreier, James: „Moral Relativism and Moral Nihilism". In: David Copp (Hg.): The Oxford Handbook of Ethical Theory. Oxford/New York 2006, 240–264.

Ernst, Gerhard: „Das semantische Problem des moralischen Relativismus". In: Zeitschrift für philosophische Forschung 60. Jg., 3 (2006), 337–357.

Ernst, Gerhard: „Patientenverfügung, Autonomie und Relativismus". In: Ethik in der Medizin 20. Jg., 3 (2008). 240–247.

Ernst, Gerhard: „Normativer und metaethischer Relativismus". In: Ders. (Hg.): Moralischer Relativismus. Paderborn 2009, 181–191.

Geertz, Clifford: „Anti-Anti-Relativism". In: American Anthropologist, New Series 86. Jg., 2 (1984): 263–278.

Gowans, Chris: „Moral Relativism". In: Edward N. Zalta (Hg.): The Stanford Encyclopedia of Philosophy. Summer 2015. In: https://plato.stanford.edu/archives/sum2015/entries/moral-relativism/ (14.01.2022)

Harman, Gilbert: „Moral Relativism Defended". In: The Philosophical Review 84. Jg., 1 (1975): 3–22.

Kölbel, Max: „Sittenvielfalt und moralischer Relativismus". In: Gerhard Ernst (Hg.): Moralischer Relativismus. Paderborn 2009, 139–161.

Kölbel, Max: „Relativismus". In: Markus Rüther (Hg.): Grundkurs Metaethik. Grundlagen – Positionen – Kontroversen. Münster 2016, 91–99.

Mackie, John L.: Ethics. Inventing Right and Wrong. London 1977.

Moody-Adams, Michele: Fieldwork in Unfamiliar Places. Morality, Culture, and Philosophy. Cambridge, MA/London 1997.

Muhlnickel, Robert L.: „The Error Theory Argument". In: Michael Bruce/Steven Barbone (Hg.): Just the Arguments. 100 of the Most Important Arguments in Western Philosophy. Malden, MA 2011, 232–236.

Reckwitz, Andreas: „Multikulturalismustheorien und der Kulturbegriff. Vom Homogenitätsmodell zum Modell kultureller Interferenzen". In: Berliner Journal für Soziologie 11. Jg., 2 (2001), 179–200.

Ridge, Michael: „Moral Non-Naturalism". In: Edward N. Zalta (Hg.): The Stanford Encyclopedia of Philosophy. Fall 2014. In: https://plato.stanford.edu/archives/fall2014/entries/moral-non-naturalism/ (14.01.2022)

Ross, David: The Right and the Good [1930], hg. von Philip Stratton-Lake. Oxford 2002.

Song, Sarah: „The Subject of Multiculturalism: Culture, Religion, Language, Ethnicity, Nationality, and Race?" In: Boudewijn de Bruin/Christopher F. Zurn (Hg.): New Waves in Political Philosophy. New York 2009, 177–197.

Scanlon, Thomas M.: What We Owe to Each Other. Cambridge, MA/London 1998.

Schaber, Peter: „Wertevermittlung und Autonomie". In: Kirsten Meyer (Hg.): Texte zur Didaktik der Philosophie. Stuttgart 2010, 139–155.

Schmidt, Thomas: „Die Herausforderung des ethischen Relativismus". In: Gerhard Ernst (Hg.): Moralischer Relativismus. Paderborn 2009, 117–137.

Schmidt, Thomas: „Realismus/Intuitionismus/Naturalismus". In: Marcus Düwell, Christoph Hübenthal, Micha H. Werner (Hg.): Handbuch Ethik. Stuttgart ³2011, 49–60.

Shafer-Landau, Russ: The Fundamentals of Ethics [2010]. New York, Oxford ²2012.

Stojanovic, Isidora: „Disagreements about Taste vs. Disagreements about Moral Issues". In: American Philosophical Quarterly 56. Jg., 1 (2019), 29–41.

Tännsjö, Torbjörn: „Moral Relativism". In: Philosophical Studies 135. Jg., 2 (2007), 123–143.

Terkessidis, Mark: Interkultur. Berlin 2010.

UNESCO. Erklärung von Prinzipien der Toleranz (1995). In: https://www.unesco.de/mediathek/dokumente/unesco/unesco-erklaerungen (15.02.2019)

Velleman, David J.: Foundations for Moral Relativism. Cambridge 2013.

Wendelborn, Christian: Der metaethische Relativismus auf dem Prüfstand. Berlin/Boston 2016.

Westacott, Emrys: „Moral Relativism". In: The Internet Encyclopedia of Philosophy. In: https://www.iep.utm.edu/moral-re/#SH2f (15.02.2019)

Williams, Bernard O.: Der Begriff der Moral. Eine Einführung in die Ethik. Stuttgart 1978 (engl. 1972).

Wong, David B.: Natural Moralities. A Defense of Pluralistic Relativism. Oxford 2006.

Moralischer Partikularismus

Maike Albertzart

13.1 Skeptizismus bezüglich normativer Prinzipien

Die Geschichte der normativen Ethik ist in weiten Teilen eine Geschichte von Versuchen, Prinzipien zu identifizieren und verteidigen, die uns erklären, warum bestimmte Handlungen, Institutionen und Charaktereigenschaften moralisch richtig oder falsch, gerecht oder ungerecht, tugendhaft oder untugendhaft sind. Moralphilosophen stritten – und streiten – darüber, *welche* moralischen Prinzipien die richtigen sind, aber bis vor Kurzem bestand weitgehende Einigkeit darüber, *dass* Moral in Form von Prinzipien zu verstehen ist. Auch in unserer moralischen Alltagspraxis kommt Regeln und Prinzipien eine scheinbar unanfechtbare Bedeutung zu.

Diese Hegemonie *moralischer Prinzipien* ist seit den 1980er Jahren jedoch verstärkt in Frage gestellt worden. Die radikalste Kritik kommt in diesem Zusammenhang von Seiten des *moralischen Partikularismus*, der die prinzipienbasierte Ethik ganz unabhängig von dem jeweiligen Inhalt der einzelnen Moralprinzipien oder den zugrundeliegenden Moraltheorien angreift. Der Partikularismus ist allerdings Teil einer breiteren Strömung von prinzipien-skeptischen Positionen, die im Folgenden zunächst kurz skizziert werden sollen. So haben beispielsweise Kommunitaristen vor allem im Hinblick auf John Rawls' prinzipienbasierte Gerechtigkeitstheorie kritisiert, dass universelle und abstrakte Prinzipien nicht in der Lage seien, die Kontextsensitivität von Gerechtigkeitsfragen zu berücksichtigen. Dem Kommunitarismus zufolge sind Fragen der Gerechtigkeit auf eine Weise mit den besonderen Lebensformen und Traditionen der jeweiligen Gesellschaften verbunden, die liberale Gerechtigkeitsprinzipien, wie die von Rawls, nicht einfangen können (vgl. Sandel 1998; MacIntyre 1981). Auch in der Bioethik sind prinzipienbasierte Ansätze, wie beispielsweise Tom Beauchamps und James Childress' prominentes Vier-Prinzipien-Modell, verstärkt in Frage gestellt worden (vgl. Beauchamp/Childress 2019). Insbesondere sogenannte 'Neo-Kasuisten' vertreten die Position, dass sich prinzipienbasierte Ansätze im Klinikalltag und in öffentlichen Debatten entweder als nutzlos oder sogar als schädlich erwiesen haben. In Anlehnung an die Kasuistik des Mittelalters empfehlen beispielsweise Albert Jonsen und Stephen Toulmin sowohl Bioethikern als auch medizinischem Personal ihre moralischen Entscheidungen an paradigmatischen Fällen statt an moralischen Prinzipien auszurichten (vgl. Jonsen/Toulmin 1989). Einige Autoren in der feministischen Ethik haben bemängelt, dass durch die Fixierung auf moralische Prinzipien die

M. Albertzart (✉)
Johannes Gutenberg-Universität Mainz,
Mainz, Deutschland
E-Mail: malbertz@uni-mainz.de

Bedeutung von Fürsorge und persönlichen Bindungen aus dem Blick gerät (vgl. Gilligan 1982; Noddings 1984). In ähnlicher Weise werfen einige Tugendethiker Konsequentialisten und Kantianern vor, durch ihren Fokus auf Prinzipien die Bedeutung von Tugend, Urteilskraft und moralischer Sensibilität zu übersehen (vgl. Nussbaum 1990, Kap. 2 & 5).

Im Gegensatz zu diesem Prinzipien-Skeptizismus im Kommunitarismus, in der Bioethik, der feministischen Philosophie und in der Tugendethik stellen moralische Partikularisten die Bedeutung moralischer Prinzipien auf eine noch grundlegendere Weise in Frage. Während sich die Prinzipien-Kritik der bisher genannten Positionen aus normativen Bedenken oder Theorien erster Ordnung speist, ist der moralische Partikularismus eine metaethische Position. Der Begriff des Partikularismus beschreibt eine Reihe von Positionen, die moralischen Prinzipien und prinzipienbasierter Moraltheorie aufgrund von verschiedenen metaethischen Überlegungen kritisch gegenübersteht.

13.2 Partikularismus als metaethische Positionen

Der Begriff ‚moralischer Partikularismus' findet sich erstmals in R.M. Hares *Freedom and Reason* (vgl. Hare 1963, 18). Als eigenständige Position in der Metaethik hat sich der Partikularismus allerdings erst in den 1980er Jahren etabliert. Die Gegenposition zum moralischen Partikularismus wird häufig als *moralischer Generalismus* bezeichnet. Anders als Vertreter bestimmter prinzipienbasierter Moraltheorien erster Ordnung, wie beispielsweise Kantianer oder Utilitaristen, folgen Generalisten ihren partikularistischen Gegenspielern insofern, dass auch sie Fragen nach der Natur und der Rolle moralischer Prinzipien als metaethische Fragen begreifen (vgl. McKeever/Ridge 2006; Gertken 2014; Albertzart 2014). Die Bezeichnung ‚Metaethik' wird in diesem Zusammenhang in einem weiten Sinne verstanden. Der Bereich der Metaethik umfasst demnach nicht nur sprachanalytische Reflexionen über die Bedeutung und die Verwendung moralischer Äußerungen, sondern wird allgemeiner über den Gegensatz zur normativen Ethik erster Ordnung definiert. Partikularisten und Generalisten diskutieren Fragen nach der Natur und der Rolle moralischer Prinzipien also weitgehend unabhängig von den normativen Inhalten dieser Prinzipien und ihrer Begründung innerhalb bestimmter normativer Theorien erster Ordnung.

Die metaethischen Argumente, welche Partikularisten zur Begründung ihrer Position anbringen, sind vielfältig. Sie reichen von epistemologischen Überlegungen, die durch Formen des moralischen Intuitionismus inspiriert sind, bis hin zu metaphysischen Annahmen zur Relation zwischen moralischen und nicht-moralischen Tatsachen (vgl. McNaughton 1988; Dancy 1993; Little 2000). Andere Formen des Partikularismus sind durch Wittgensteins Bedenken bezüglich Regelfolgen inspiriert oder speisen sich aus speziellen Konzeptionen normativer Gründe (vgl. McDowell 1998a; Dancy 2004). Partikularisten argumentieren nicht gegen spezifische Moraltheorien oder einzelne moralische Prinzipien, sondern gegen die gesamte Tradition prinzipienbasierter Ethik. Ebenso vielfältig wie ihre Argumente gegen die prinzipienbasierte Ethik sind auch die Schlussfolgerungen, welche Partikularisten aus diesen ziehen. Einige bestreiten, dass es irgendwelche wahren moralischen Prinzipien gibt (vgl. McDowell 1998b). Andere Partikularisten vertreten eine etwas moderatere Position und behaupten lediglich, dass alle bisher vorgetragenen Argumente für die Existenz moralischer Prinzipien nicht überzeugen können (vgl. Little 2000). Wiederum andere Partikularisten fechten nur die Existenz von Prinzipien an, die von nicht-moralischen zu moralischen Begriffen führen, wie beispielsweise „Schmerz ist schlecht". Sie räumen aber die Möglichkeit von sogenannten intra-moralischen Prinzipien, wie beispielsweise „Grausamkeit ist schlecht", ein (vgl. McNaughton/Rawling 2000). Eine weitere Form des Partikularismus besagt, dass moralische Prinzipien unserer moralischen Praxis schaden. Diesen Partikularisten zufolge beeinträchtigen Prinzipien unser moralisches Urteilvermögen (vgl. McNaughton 1988).

Wie noch gezeigt werden wird, beruht die Prinzipienkritik dieser verschiedenen Formen des Partikularismus teilweise auf sehr unterschiedlichen Konzeptionen moralischer Prinzipien.

Als prominentester Vertreter des Partikularismus gilt *Jonathan Dancy*. Im Zentrum von Dancys Argumentation steht der sogenannte Holismus normativer Gründe. Diesem zufolge verhalten sich normative Gründe radikal kontextsensitiv: einer Person absichtlich Schmerz zuzufügen oder sie zu belügen kann moralisch richtig sein, jemandem Freude zu bereiten moralisch falsch usw. (vgl. Dancy 1993, 60–62; Dancy 2004, 7). Der Gründe-Holismus ist nicht mit der weitverbreiteten und deutlich weniger kontroversen Annahme zu verwechseln, dass Gründe durch andere Gründe abgeschwächt oder überwogen werden können. Vielmehr bezieht sich der Holismus auf *Pro-tanto*-Gründe und behauptet, dass Tatsachen, die in einem Fall für etwas sprechen, diesen Gründe-Status in anderen Fällen ganz einbüßen oder gar einen entgegengesetzten Grund darstellen können. Normalerweise stellt beispielsweise die Tatsache, dass ich ein Buch von jemandem geliehen habe, einen Grund dar, der Person das Buch nach der vereinbarten Zeit zurückzugeben. Dancy zufolge verliert diese Tatsache jedoch ihren Gründe-Status, wenn sich herausstellt, dass die Person das Buch aus der Bibliothek gestohlen hat (vgl. Dancy 1993, 60). Die Tatsache, dass ich mir das Buch geliehen habe, ist also nicht bloß eine Überlegung, die in der Gründe-Bilanz durch entgegengesetzte Gründe überwogen wird, sondern stellt in diesem Fall überhaupt keinen Grund mehr dar. In ähnlicher Weise spricht die Tatsache, dass eine Handlung Freude erzeugen würde, häufig für die Ausführung der Handlung. Im Fall eines Folterers, der sadistische Freude an dem Leid seines Opfers hat, ist diese Freude allerdings etwas, das die Folter noch verwerflicher macht: Sie besitzt in solchen Fällen eine negative Valenz (vgl. Dancy 1993, 61).

Laut Dancy untergräbt die holistische Natur normativer Gründe die Plausibilität prinzipienbasierter Ethik. Prinzipienethiker sind, so Dancy, einer atomistischen Konzeption von Gründen verpflichtet. Dem *Atomismus* zufolge sind sowohl der Status einer Tatsache als normativer Grund als auch die Valenz dieses Grundes unabhängig von ihrem jeweiligen spezifischen Kontext (vgl. Dancy 2004, 7). Wenn die Tatsache, dass etwas eine Lüge ist, beispielsweise in einer bestimmten Situation gegen eine Handlung spricht, dann muss es immer gegen Handlungen dieses Typs sprechen. Dancy geht in seiner Argumentation nun davon aus, dass die zentrale Rolle moralischer Prinzipien darin besteht, solche invarianten normativen Gründe zu spezifizieren. Gegeben diese Annahme, scheinen die Implikation des Gründe-Holismus für die Möglichkeit einer prinzipienbasierten Ethik klar: Hält man eine atomistische Konzeption von Gründen für unplausibel, ist auch die Suche nach wahren moralischen Prinzipien scheinbar aussichtslos. Der Streit zwischen Prinzipienethikern und Partikularisten wäre demnach ein Streit über die Natur normativer Gründe, und tatsächlich wird die neuere Partikularismus-Debatte überwiegend derart geführt. Allerdings ist der von Dancy behauptete Zusammenhang zwischen Holismus und Partikularismus in Frage gestellt worden.

13.3 Kritik am moralischen Partikularismus

Dancy selbst hat, entgegen seiner früheren Position, eingeräumt, dass der Holismus kein direktes Argument für den Partikularismus liefert (vgl. Dancy 1993; Dancy 2004). Der Holismus stellt eine modale Behauptung auf: Gründe *können* ihre normative Valenz jederzeit ändern, aber sie *müssen* es nicht. Selbst vor dem Hintergrund des Holismus besteht daher die Möglichkeit invarianter Gründe und damit die Möglichkeit von Prinzipien, die solche Gründe spezifizieren (vgl. Dancy 2004, 73–85). Ein vereinzeltes moralisches Prinzip hier und da ist, so Dancy, jedoch nicht genug, um die Tradition prinzipienbasierter Ethik zu retten (vgl. Dancy 2004, 81). Sean McKeever und Michael Ridge haben allerdings erfolgreich gezeigt, dass Prinzipienethiker noch nicht einmal an der Existenz invarianter

Gründe festhalten müssen, um den Holismus mit ihrer Position in Einklang zu bringen. Ihr Argument fußt auf der Einsicht, dass der Holismus eine These über die *Kontextsensitivität* von Gründen aufstellt, aber keine These darüber, ob diese Kontextsensitivität selbst sich in Form von Prinzipien kodifizieren lässt. Als Beispiel führen McKeever und Ridge folgendes utilitaristisches Prinzip an: Die Tatsache, dass eine Handlung Lust maximiert, ist ein Grund, diese Handlung auszuführen, genau dann, wenn die Lust nicht-sadistisch ist. Dieses Prinzip ist mit dem Holismus vereinbar, da der spezifizierte Grund variabler Natur ist. Ob die Tatsache, dass eine Handlung Lust maximiert, einen Grund konstituiert, ist kontextabhängig. Es hängt davon ab, ob es sich bei der Lust um sadistische Lust handelt oder nicht (vgl. McKeever/Ridge 2006, 27–32). Vor dem Hintergrund dieser und ähnlicher Argumente ist mittlerweile nahezu unumstritten, dass Prinzipienethiker Holisten bezüglich normativer Gründe sein können (vgl. Raz 2006; Gertken 2014).

Darüber hinaus wurde gezeigt, dass auch Atomismus und Partikularismus sich nicht ausschließen müssen (vgl. Albertzart 2014). Während Holisten auf einer scharfen Trennung zwischen Tatsachen beharren, die Gründe konstituieren, und Faktoren, die diesen Gründe-Status beeinflussen, tendieren Atomisten dazu, letztere als Teil des Grundes zu sehen. Demnach wäre zum Beispiel für Atomisten die nicht-sadistische Natur eines Lustempfindens Teil des obengenannten utilitaristischen Grundes. Dagegen würden Holisten dafür plädieren, die nicht-sadistische Natur eines Lustempfindens und andere in diesem Zusammenhang moralisch relevante Überlegungen als etwas zu betrachten, das die Valenz dieses Grundes bestimmt, aber nicht selbst Teil des Grundes ist. Anders als Holisten, die den Inhalt normativer Gründe einfach halten wollen, ist die Komplexität unserer moralischen Welt, Atomisten zufolge, Teil des Inhalts normativer Gründe. Akteure müssen diese komplexen Inhalte nicht vollends erfasst haben, um Gründe-geleitet zu handeln (vgl. Raz 2006). Bei Vorliegen einer solchen atomistischen Gründe-Konzeption ist es naheliegend, davon auszugehen, dass die Komplexität moralischer Gründe die Möglichkeit einer Kodifizierbarkeit in Form von Prinzipien häufig überschreitet und letztere für unser moralisches Denken und Handeln auch nicht notwendig sind. Ein solcher Atomist wäre ein Partikularist (vgl. Albertzart 2011). Entgegen dem ersten Anschein kann die Auseinandersetzung zwischen Atomisten und Holisten also unabhängig von der Debatte zwischen Partikularisten und Prinzipienethikern geführt werden.

Neben Kritik an ihren Argumenten gegen die Möglichkeit prinzipienbasierter Ethik sehen sich Partikularisten vor allem auch Einwänden gegen ihre positive These ausgesetzt, das heißt, die These, dass Moral ohne Prinzipien gut auskommt. Partikularisten wollen keine Moralskeptiker sein. Im Gegenteil, viele von ihnen behaupten, dass der Verzicht auf Prinzipien unserer moralischen Praxis zuträglich ist. Allerdings scheint der Partikularismus zumindest in seinen stärkeren Ausformungen eine radikale Revision unserer moralischen Alltagspraxis zu implizieren. Akteure können in ihrer moralischen Urteilsfindung nicht auf Prinzipien zurückgreifen, sondern müssen sich vollends auf ihre Einzelfallintuitionen verlassen. Partikularisten zufolge ist ein verlässlicher moralischer Akteur jemand, der von Fall zu Fall richtig urteilt. Ein solcher Akteur zeichnet sich durch Kompetenzen wie Empathie, der Fähigkeit zur Perspektivübernahme und einer Sensibilität für moralisch relevante Sachverhalte aus (vgl. McNaughton 1988; Dancy 1993; Dancy 2004; Little 2000; Smith 2011). Einige Partikularisten gestehen moralischen Prinzipien die Funktion von pädagogischen Werkzeugen zur Charakterbildung zu, betonen jedoch, dass diese Prinzipien mit dem Erreichen eines gewissen Grades an moralischer Reife überflüssig und sogar hinderlich werden. Ebenso wie ein guter Schachspieler sieht, welche nächsten Züge zweckdienlich sind, ‚sieht' ein erfahrener moralischer Akteur einfach, was zu tun ist (vgl. McNaughton 1988; Garfield 2000). Es ist eingewendet worden, dass, selbst wenn ein solches nicht-prinzipiengeleitetes moralisches Urteilen möglich wäre, das Fehlen moralischer Prinzipien auf der gesamtgesellschaftlichen Ebene zu einem Verlust der gegenseitigen

Verlässlichkeit führen würde. Die Annahme ist hier, dass wir unbekannten Individuen mehr Vertrauen entgegenbringen, wenn es sich bei ihnen um Prinzipienethiker handelt, da wir ihr Verhalten besser abschätzen können als das von Partikularisten (vgl. Hooker 2000). In ähnlicher Weise wurde argumentiert, dass Partikularisten in der Praxis anfälliger für durch Eigeninteresse und andere Vorurteile bedingte moralische Fehleinschätzungen sind (vgl. McKeever/Ridge 2006, 202–215). Darüber hinaus ist in Frage gestellt worden, ob eine plausible Konzeption moralischen Urteilens überhaupt ohne Prinzipien auskommt (vgl. Albertzart 2013). Für wie überzeugend man diese und andere Kritikpunkte hält, hängt ganz wesentlich davon ab, welches Verständnis von moralischen Prinzipien zugrunde gelegt wird. Die Auffassungen darüber, was zu den wesentlichen Eigenschaften und Funktionen moralischer Prinzipien zu zählen ist, gehen jedoch teilweise stark auseinander.

13.4 Was sind moralische Prinzipien?

Bei aller Uneinigkeit über die Natur und die Funktionen moralischer Prinzipien besteht weitgehende Einigkeit bezüglich zweier Punkte. Erstens gilt nicht jede wahre Generalisierung, die moralische Begriffe enthält, als moralisches Prinzip. Zum Beispiel enthält der Satz „Jede Handlung ist entweder moralisch erlaubt oder nicht" moralische Begrifflichkeiten und ist wahr, stellt aber kein Moralprinzip dar. Gleiches gilt für empirische Aussagen über moralische Überzeugungen und Einstellungen, wie beispielsweise „Inzest wird in den meisten Gesellschaften als moralisch falsch angesehen" (McKeever/Ridge 2006, 5–6). Zweitens sind sich Partikularisten und Prinzipienethiker darüber einig, dass die bloße Supervenienz des Moralischen auf dem Nicht-Moralischen allein keine moralischen Prinzipien liefert. Die Supervenienz des Moralischen auf dem Nicht-Moralischen besagt vereinfacht, dass es keinen moralischen Unterschied ohne einen deskriptiven Unterschied geben kann. Moralische Superve-

nienz impliziert Generalisierungen, die eine Verbindung zwischen moralischen Wertungen und nicht-moralischen Beschreibungen der Welt herstellen: Jedem möglichen Gegenstand moralischer Bewertungen entspricht eine vollständige nicht-moralische Beschreibung der gesamten Welt in welcher dieser existiert. Unendlich lange Aneinanderreihungen solcher deskriptiven Weltbeschreibungen würden uns notwendige und hinreichende Anwendungsbedingungen für moralische Begriffe liefern. Unendlich lange Generalisierungen sind aber von wenig Interesse, da sie zwangsläufig unser Wissen überschreiten. Zudem würden solche Generalisierungen eine extrem große Menge irrelevanter Faktoren enthalten und könnten daher nicht erklären, warum die entsprechenden moralischen Begriffe in den jeweiligen Situationen zutreffen (vgl. Dancy 2004, 87 f.; McKeever/Ridge 2006, 5 f.).

Viele Autoren in der Partikularismus-Debatte verstehen unter moralischen Prinzipien Standards für die korrekte Anwendung moralischer Begriffe. Es ist kontrovers, ob und in welchem Maß diese Standards Ausnahmeklauseln enthalten können. Während Partikularisten in der Regel darauf bestehen, dass moralische Prinzipien ausnahmelose Bedingungen für die Anwendung moralischer Begriffe liefern müssen, betonen Prinzipienethiker oft die Bedeutung von *Ceteris-Paribus*-Klauseln (vgl. Lance/Little 2008). Moralische Standards unterscheiden sich von bloßen Supervenienz-Generalisierungen durch ihre erklärende Funktion, das heißt, sie sollen nicht nur die Anwendungsbedingungen für moralische Begriffe liefern, sondern auch erklären, warum diese Begriffe jeweils zutreffend sind. Als Beispiel für ein solches Prinzip wird häufig das utilitaristische Prinzip der Nutzenmaximierung angeführt. Ein Prinzip, demzufolge eine Handlung moralisch richtig ist genau dann, wenn sie den Gesamtnutzen maximiert, liefert notwendige und hinreichende Anwendungsbedingungen für den Begriff ‚moralisch richtig'. Darüber hinaus erklärt ein solches Prinzip auch, *warum* Handlungen in den jeweiligen Fällen richtig sind: Sie sind richtig, weil sie den Gesamtnutzen maximieren. Allerdings müssen moralische Akteure nicht nur den moralischen Status von Handlungen bestimmen und erklären, sondern in den gegebenen Situationen auch richtig handeln können. Viele Utilitaristen gehen bekanntermaßen davon aus, dass das Prinzip der Nutzenmaximierung in der Anwendung zu komplex ist, um handlungsweisend zu sein. Sie unterscheiden daher häufig zwischen moralischen Prinzipien als Standards und moralischen Prinzipien als Handlungsrichtlinien. Als Handlungsrichtlinien verstanden, müssen moralische Prinzipien nicht unbedingt korrekte Anwendungsbedingungen für moralische Begriffe liefern, sondern sind durch ihre handlungsleitende Funktion gerechtfertigt. Wie bereits erwähnt, gestehen einige Partikularisten solchen Prinzipien als Faustregeln einen pädagogischen Nutzen zu. Andere Partikularisten sind hingegen der Auffassung, dass Prinzipien stets sowohl die Rolle von Standards als auch von Handlungsrichtlinien erfüllen müssen, um sich als moralische Prinzipien zu qualifizieren (vgl. Dancy 2004, 116 f.). Umso anspruchsvoller Partikularisten ihre Konzeption moralischer Prinzipien gestalten, umso schwieriger wird es selbstverständlich für Prinzipienethiker die Möglichkeit solcher Prinzipien nachzuweisen. Gleichzeitig steigt für Partikularisten jedoch auch die Gefahr, die gängigen Prinzipienkonzeptionen traditioneller Moraltheorien aus den Augen zu verlieren und damit ihr ursprüngliches Angriffsziel zu verfehlen. Besonders deutlich zeigt sich dies im Fall von algorithmischen Konzeptionen moralischer Prinzipien. Einige Partikularisten setzen teilweise in ihrer Prinzipienkritik, zumindest implizit, ein Verständnis von moralischen Prinzipien als Algorithmen voraus, das heißt, sie gehen davon aus, dass Moralprinzipien mechanische Entscheidungsverfahren zur Verfügung stellen müssen, die ohne jede Form von Urteilskraft oder Vorkenntnisse anzuwenden sind. Das vermeintliche Ziel traditioneller Moraltheorien ist es demnach, eine Menge von Regeln aufzustellen, die Akteure unabhängig von deren moralischer Sensibilität und Erfahrung stets zur richtigen Antwort führen (vgl. McNaughton 1988, 199). Partikularisten argumentieren dann, dass eine solche mechanische Anwendung moralischer Prinzipien nicht möglich ist (vgl. McDo-

well 1998a, 58; Dancy 2004, 192). Dies würde allerdings auch keine gängige prinzipienbasierte Moraltheorie bestreiten. Sowohl Kantianer als auch Utilitaristen betonen die Bedeutung moralischer Empfindsamkeit, Urteilskraft und Erfahrung.

13.5 Moralischer Partikularismus und Angewandte Ethik

Der Partikularismus gilt nach wie vor als eine Minderheiten-Position, die sich mit ernsten Gegenargumenten konfrontiert sieht. Nichtsdestotrotz wirft die partikularistische Kritik wichtige Fragen auf, denen sich Vertreter prinzipienbasierter Moraltheorien stellen müssen: Wie kontextsensitiv können und sollten moralische Prinzipien sein? Ist diese Kontextsensitivität in Form von ausnahmelosen Prinzipien kodifizierbar oder enthalten moralische Prinzipien Ausnahmeregelungen und *Ceteris-Paribus*-Klauseln? Welche Rolle sollten Prinzipien in unserem moralischen Denken und Handeln spielen? Was ist moralisches Urteilsvermögen und warum macht dieses moralische Prinzipien nicht überflüssig? Der Partikularismus hat dazu geführt, dass sich Prinzipienethiker Fragen dieser Art gezielter, und vor allem vermehrt unabhängig von bestimmten Moraltheorien erster Ordnung, widmen.

Aber auch für die Angewandte Ethik hat der Partikularismus bedeutende Implikationen. Wenn man von einem *Top-down*-Verständnis ausgeht, demzufolge es in der Angewandten Ethik um die Anwendung allgemeiner moralischer Prinzipien auf konkrete Problemsituation geht, ist die Relevanz der partikularistischen Kritik besonders klar. Die von Partikularisten diagnostizierten Probleme traditioneller Moraltheorien würden dann schlicht an die Angewandte Ethik weitergegeben: Sind die Prinzipien traditioneller Moraltheorien unzulänglich, dann ist es notwendigerweise auch ihre Anwendung in der Praxis. Die Tatsache, dass *Top-down*-Ansätze von vielen Autoren in der Angewandten Ethik unter anderem aufgrund ihrer geringen Kontextsensitivität kritisch betrachtet werden, deutet auf gewisse Sympathien mit dem moralischen Partikularismus hin. Andere Methoden wie das Überlegungsgleichgewicht oder die Kasuistik sind nicht in der gleichen Weise wie *Top-down*-Ansätze auf die Richtigkeit bestimmter Moraltheorien angewiesen. Da diese Ansätze zumindest in der Angewandten Ethik jedoch ebenfalls moralische Prinzipien verschiedener Allgemeinheitsgrade nutzen, sind die Einwände des Partikularismus allerdings auch hier relevant.

Besonders interessant für die Angewandte Ethik erweist sich der Holismus der Gründe. Dies mag zunächst überraschen, da die Auseinandersetzung zwischen Holisten und Atomisten, wie erläutert, orthogonal zur Partikularismus-Generalismus-Debatte steht. Während wenige Prinzipienethiker Partikularisten zugestehen würden, dass die Annahme der Existenz moralischer Prinzipien notwendigerweise mit der Annahme einer Kontextunabhängigkeit normativer Gründe einhergeht, scheint ein solcher Atomismus der Gründe erstaunlich vielen Argumentationsstrukturen der normativen Ethik zugrunde zu liegen. So ist es zum Beispiel üblich, für (oder gegen) die Unterscheidung zwischen Tun- und Unterlassen oder das Prinzip der Doppelwirkung anhand von fiktiven Fällen zu argumentieren, die so konstruiert werden, dass sie sich nur hinsichtlich der strittigen Faktoren unterscheiden, also etwa hinsichtlich der Frage, ob ein Schaden intendiert ist oder nicht. Hierbei wird angenommen, dass, wenn solche Kontrastfälle unterschiedlich beurteilt werden, dies an den strittigen Faktoren liegen muss, da schließlich alles andere konstant gehalten wurde. Hieraus wird dann wiederum geschlossen, dass die entsprechenden Faktoren stets von moralischer Relevanz sein müssen. Kann hingegen kein Unterschied zwischen den Kontrastfällen festgestellt werden, wird dies als Beleg für die Irrelevanz der strittigen Faktoren gewertet (vgl. Kagan 1988). Vor dem Hintergrund des Atomismus ist es plausibel, davon auszugehen, dass ein gut konstruiertes Paar von Kontrastfällen die Fragen nach der moralischen Relevanz von beispielsweise der Unterscheidung zwischen Tun- und Unterlassen oder dem Prinzip der Doppelwirkung zu klären vermag. Verhalten sich normative Gründe jedoch holistisch, kann sich der gleiche Faktor in einem Paar von Kontrastfällen als moralisch irrelevant erweisen und gleichzeitig in anderen Fällen eine wichtige moralische Überlegung darstellen.

Eine weitere geläufige argumentative Strategie in der normativen Ethik besteht darin, scheinbar moralisch relevante Faktoren von ihrem partikulären Kontext loszulösen und unter stark vereinfachten Bedingungen zu betrachten. Ziel ist es, Klarheit über besonders komplexe oder kontroverse Fälle zu erlangen, indem die relevanten moralischen Überlegungen zunächst in einfacher konstruierten Beispielfällen diskutiert werden (vgl. Kagan 1988). Um direkt von den einfacheren Fällen auf die komplexen schließen zu können, muss hier jedoch wieder eine atomistische Konzeption moralischer Überlegungen vorausgesetzt werden. Das heißt nicht, dass der Holismus die Verwendung von Gedankenexperimenten in der normativen Ethik ausschließt. Selbst Partikularisten wollen in der moralischen Deliberation nicht auf Beispiele und paradigmatische Fälle verzichten (vgl. Dancy 2004, 155–158). Gedankenexperimente und Fallbeispiele können helfen, Vorurteile und andere Störfaktoren aufzudecken, welche unser Urteilsvermögen in realweltlichen Szenarien oft behindern. So kann Judith Jarvis Thomsons kanonisches Gedankenexperiment des berühmten Violinisten beispielsweise dazu beitragen, einen unterschwelligen Sexismus ans Licht zu bringen, welcher möglicherweise unbewusst die Position einiger Abtreibungsgegner bedingt (vgl. Thomson 1971). Thomson fordert ihre Leser dazu auf, sich vorzustellen, sie seien ungewollt über eine Dialyse-Maschine mit einem Violinisten verbunden, dessen Leben nun von ihrer Bereitschaft abhängt, weitere neun Monate an der Maschine angeschlossen zu bleiben. Da die Person an der Dialyse-Maschine, anders als ungewollt schwangere Frauen, nicht weiblich sein muss, klammert Thomsons Gedankenexperiment die für die Frage nach der moralischen Legitimität von Schwangerschaftsabbruch moralisch irrelevante Tatsache aus, dass nur Frauen schwanger werden können. Allerdings kann der

Schluss von einem Beispielfall auf andere vor dem Hintergrund des Holismus der Gründe nie automatisch erfolgen. Andere Fälle und Beispiele sind hilfreich, um die moralische Relevanz zu erhellen, die bestimmte Überlegungen in bestimmten Kontexten haben *können.* In der philosophischen Praxis geben sich einige Autoren mit dieser moderaten Schlussfolgerung jedoch nicht zufrieden. Stattdessen behandeln sie Gedankenexperimente nicht selten als zwingende Argumente. Hier liegt die, zumeist implizite, atomistische Annahme zu Grunde, dass etwas, das in einem Fall moralisch relevant ist, diese Relevanz auch in anderen Fällen haben muss. Der Gründe-Holismus des Partikularismus problematisiert diese Annahme. Die Partikularismus-Debatte ist für die Angewandte Ethik damit vor allem von methodischem Interesse. Selbst für seine Gegenspieler stellt der Partikularismus somit eine wichtige Erinnerung dar, die potentielle Kontextsensitivität moralischer Überlegungen ernst zu nehmen.

Literatur

Albertzart, Maike: „Missing the Target: Jonathan Dancy's Conception of a Principled Ethics." In: Journal of Value Inquiry 45. Jg., 1 (2011), 49–58.

Albertzart, Maike: „Principle-based Moral Judgement." In: Ethical Theory and Moral Practice 16. Jg. 2 (2013), 339–354.

Albertzart, Maike: Moral Principles. London 2014.

Beauchamp, Tom L./Childress, James F.: Principles of Biomedical Ethics [1979]. Oxford ^{8}2019.

Dancy, Jonathan: Moral Reasons. Oxford 1993.

Dancy, Jonathan: Ethics without Principles. Oxford 2004.

Garfield, Jay: „Particularity and Principle: The Structure of Moral Knowledge." In: Brad Hooker, Margaret Olivia Little (Hg.): Moral Particularism. Oxford 2000, 178–204.

Gertken, Jan: Prinzipien in der Ethik. Münster 2014.

Gilligan, Carol: In a different Voice. Psychological Theory and Women's Development. Cambridge 1982.

Hare, Richard Mervyn: Freedom and Reason. Oxford 1963.

Hooker, Brad: „Moral Particularism: Wrong and Bad." In: Brad Hooker, Margaret Olivia Little (Hg.): Moral Particularism. Oxford 2000, 1–22.

Jonsen, Albert/Toulmin, Stephen: The Abuse of Casuistry. A history and moral reasoning. Berkeley 1989.

Kagan, Shelly: „The Additive Fallacy." Ethics 99. Jg. 1 (1988), 5–31.

Lance, Mark Norris/Little, Margaret Olivia: „From particularism to defeasibility in ethics." In: Mark Norris Lance, Matjaz Potrc, Vojko Strahovnik (Hg.): Challenging Moral Particularism. Routledge Studies in Ethics and Moral Theory. New York 2008, 53–74.

Little, Margaret: „Moral Generalities Revisited." In: Bart Hooker, Margaret Little (Hg.): Moral Particularism. Oxford 2000, 276–304.

MacIntyre, Alasdair: After Virtue. Notre Dame 1981.

McDowell, John: „Virtue and Reason." In: John McDowell: Mind, Value, and Reality. Cambridge, Mass. 1998a, 50–73.

McDowell, John: „Values and Secondary Qualities." In: John McDowell: Mind, Value, and Reality. Cambridge, Mass. 1998b, 131–150.

McKeever, Sean/Ridge, Michael: Principled Ethics. Generalism as a Regulative Ideal. Oxford 2006.

McNaughton, David: Moral Vision. An Introduction to Ethics. Oxford 1988.

McNaughton, David/Rawling, Piers: „Unprincipled Ethics." In: Bart Hooker, Margaret Little (Hg.): Moral Particularism. Oxford 2000, 256–275.

Noddings, Nel: Caring. A Feminine Approach to Ethics and Moral Education. Berkeley 1984.

Nussbaum, Martha: Love's Knowledge: Essays on philosophy and literature. Oxford 1990.

Raz, Joseph: „The trouble with particularism." In: Mind 115 (2006): 99-120.

Sandel, Michael: Liberalism and the Limits of Justice. Cambridge 1998.

Smith, Benedict: Particularism and the Space of Moral Reasons. New York 2011.

Thomson, Judith Jarvis: „A Defence of Abortion." In: Philosophy and Public Affairs 1. Jg., 1 (1971), 47–66.

Feministische Ethik

14

Marie-Luise Raters

Frauen können nicht einparken und Männer nicht zuhören, und wenn es um moralische Fragen geht, bewahren Männer einen kühlen Kopf, während Frauen zu emotionaler Spontaneität neigen und ihr Herz auf dem rechten Fleck, sprich: auf der Zunge haben. Ein Blick in die Geschichte der Philosophie scheint solche dummen Vorurteile zu bestätigen.

14.1 Frauen in der Philosophie

Vorurteile: Im § 166 von G.W.F. Hegels *Grundlinien der Philosophie des Rechts* von 1821 heißt es: „Frauen können wohl gebildet sein, aber für die höheren Wissenschaften, die Philosophie […] sind sie nicht gemacht […] Stehen Frauen an der Spitze der Regierung, so ist der Staat in Gefahr, denn sie handeln […] nach zufälliger Neigung" (Stopeczyk 1980, 167). In Schopenhauers Schrift *Über die Weiber* von 1851 heißt es, dass sich „die Weiber" zu „Pflegerinnen und Erzieherinnen unserer ersten Kindheit" eignen würden, weil „sie selbst kindisch, läppisch und kurzsichtig, mit Einem Worte, Zeit Lebens große Kinder sind" (ebd., 182 f.). Von (nicht wirklich) gebildeten Männern wird auch heute noch gern das Wort von Nietzsches *Zarathustra* zitiert, dass die „Peitsche nicht vergessen" soll, wer „zu den Frauen geht" (ebd., 224). Angeblich ‚wissenschaftlich bestätigt' wurden solche Vorurteile schließlich durch den Leipziger Neurophysiologen Paul Julius Möbius, der seine ‚Forschungen' zur Korrelation von Geschlecht, Kopfumfang und Intelligenz im Jahr 1900 in dem Machwerk *Über den physiologischen Schwachsinn des Weibes* der allseits interessierten Öffentlichkeit aufdrängte – die naheliegenden Kontrolluntersuchungen zu Nashorn- und Männerköpfen z. B. hat er leider nie angestellt. Die politischen Verhältnisse waren entsprechend: in Deutschland wurde das Frauenwahlrecht 1918 eingeführt, in den USA 1920, in Frankreich 1944, in der Schweiz auf eidgenössischer Ebene gar erst 1971; bis in die 1970er Jahre hinein hing weibliche Berufstätigkeit in der ehemaligen BRD von der Erlaubnis des Ehemanns ab; und auch heute noch sind Frauen allen Quoten zum Trotz sowohl in der Professorenschaft als auch in den Chefetagen der Wirtschaftsunternehmen deutlich unterrepräsentiert.

Gegenbeispiele: Dabei gab es immer schon hoch gebildete, philosophierende Frauen (Meyer/Bennent-Vahle 1997). Dezidiert als weibliche Denkerinnen zu Gehör bringen konnten sie sich jedoch erst im 20. Jahrhundert. Zu Ikonen der Frauenbewegung wurden zu diesem Zeitpunkt Frauen wie Clara Zetkin, Hannah

M.-L. Raters (✉)
Universität Potsdam, Potsdam, Deutschland
E-Mail: mlraters@uni-potsdam.de

Arendt und Simone de Beauvoir (1908–1986). Ihr Buch *Le deuxième sexe* von 1949 knüpft an die existentialistischen Grundidee von Jean-Paul Sartre an, dass es weder einen göttlichen Heilsplan noch ‚das Wesen' des Menschen geben soll, so dass der Mensch ‚zur Freiheit verurteilt' ist und seinen Lebensplan einschließlich seiner moralischen Überzeugungen selbst entwerfen muss. Dem hält de Beauvoir entgegen, dass Frauen die klassischen Frauenrollen aufgezwungen würden, um den Männern den Freiraum zu schaffen, ihre Selbstentwürfe entlastet von jeder Hausarbeit zu realisieren, so dass Frauen eben nicht die (nach Sartre: spezifisch menschliche) Möglichkeit hätten, ihr Selbst ‚in Freiheit' zu entwerfen und zu realisieren. Sowohl Frauen als auch Männer würden davon profitieren, wenn Frauen aus ihrem ‚Dornröschenschlaf' erwachen, die Rollenmuster der Religionen und der bürgerlichen Gesellschaft hinter sich lassen und ökonomisch unabhängig würden (Beauvoir 2000). Noch einen Schritt weiter geht Judith Butler: für Butler sind nicht nur die sozialen Rollen (gender) kulturell geprägt und damit interpretierbar, sondern auch das körperliche Geschlecht (sex). Deshalb können Frauen ihre Sexualität auch mit Frauen und Männer mit Männern ausleben, und deshalb kann es sexuelle Orientierungen und Identitäten jenseits des Dualismus der Geschlechter geben (Butler 1991).

14.2 Weibliche Moral?

Entgegen de Beauvoirs berühmtem Diktum ‚Zur Frau wird man nicht geboren, sondern gemacht' wurde im ausgehenden 20. Jahrhundert nun ausgerechnet von Frauen die These ins Spiel gebracht, dass Frauen anders als Männer moralisch urteilen würden, weil Frauen qua Geschlecht persönliche Bindungen und Gefühle höher bewerten würden als Männer.

Ausgangspunkt: Ihren Ausgangspunkt hatte diese Debatte bei den Untersuchungen von Lawrence Kohlberg zur Moralentwicklung von Kindern und Jugendlichen. Bei Kontrolluntersuchungen der Probanden im Erwachsenenalter soll sich gezeigt haben, dass die Moralentwicklung weiblicher Probanden signifikant häufig auf der 3. Stufe einer kontextsensitiven Fürsorge- und Verantwortungsmoral beendet wird, während männliche Probanden mit ebenso signifikanter Häufigkeit die 4. Stufe einer Gerechtigkeits- und Pflichtenmoral erreichen sollen (Kohlberg 1995, 41–81). Kohlbergs Mitarbeiterin Norma Haan reagierte mit folgendem Einwand: „Thus the moral reasoning of males who live in technical, rationalized societies, who reason at the level of formal operations and who defensively intellectualize and deny interpersonal and situational details, is especially favored in the Kohlberg scoring system" (Haan 1978, 287). Haan war der Überzeugung, dass es neben der Pflichtenmoral eine gleichberechtigte ‚Interpersonale Moral' geben könnte, die auf den harmonischen Ausgleich von Interessen abzielt und persönliche Verantwortungsbeziehungen berücksichtigt (ebd., 287 ff.). Diskutiert wurde diese (zweifellos richtige) These unter dem Etikett ‚Zwei Moralen' (vgl. Habermas 1983, 193 ff.; Kohlberg 1995, 395 f.; Gilligan 1987, 79–100; insbesondere Benhabib 1989). Mit ihrem Einwand hat Haan Debatten über die Kulturrelativität von Kohlbergs Moralauffassung sowie über die Geschlechtsspezifik von Moral initiiert.

Die Debatte: Den eigentlichem Impuls zu dieser Debatte gab Carol Gilligan (ebenfalls eine Mitarbeiterin Kohlbergs) mit ihrem Buch *In a Different Voice* von 1982, demzufolge entsprechende Untersuchungen gezeigt haben sollen, dass eine Orientierung an Gerechtigkeitserwägungen und Pflichten spezifisch männlich und eine Orientierung an Verantwortungs- und Fürsorgeerwägungen spezifisch weiblich sei (Gilligan 1982). Gilligans These fand großes internationales Echo und viele Anhänger:innen (vgl. z. B. Haug 1983; Noddings 1984; Baier 1994). Bald wurden aber auch kritische Stimmen laut. So sprach Debra Nails von einer „Fehlvermessung des Menschen", weil die Anzahl der Probanden für Längsschnittuntersuchungen zu gering gewesen sei (Nails 1991; vgl. auch Gould 1990). Kohlberg reagierte mit dem Hinweis, dass Gilligan Hausfrauen versus berufstätige Männer untersucht habe und deshalb nur Rückschlüsse auf den Einfluss von Beruf und Bildungsstand auf die moralische Entwicklung ziehen könne (Kohlberg 1984, 341 ff.). In dasselbe Horn stieß z. B. Lawrence Walker: Nicht das Geschlecht, sondern der Bildungsstand sei ausschlaggebend für die Moralität (Walker 1991). Die Debatte lässt sich wohl abschließen mit einer Äußerung von Gertrud Nunner-Winkler, der zufolge sich in den „allermeisten Untersuchungen schlicht" gar keine „Geschlechtsunterschiede im Moralniveau" haben aufweisen lassen, oder aber nur solche, die „verschwinden, wenn der Einfluss von Bildungsniveau und Berufstätigkeit korreliert wird" (Nunner-Winkler 2001, 143).

14.3 Weibliche Angewandte Ethik?

Wenn es auch keine spezifisch weibliche Moral geben mag, so betreffen viele Probleme der Angewandten Ethik Frauen doch zweifellos in anderer Weise als Männer, weil Frauen in der Regel andere Rollen als Männer auszufüllen haben, und weil weibliche Körper anders beschaffen sind und auch anders wahrgenommen werden als männliche Körper (Young 2005). Insofern forderte Brigitte Weisshaupt (1983) zurecht, dass sich die Frauen aus ihrem ‚Sisyphos-Alltag' herauslösen sollen, um jenseits ihrer Sorgepflichten eine eigene, spezifisch weibliche Kompetenz zu den zentralen Fragen der Angewandten Ethik gegen die männliche Dominanz entwickeln zu können.

Gentechnologie: Nach Weisshaupt sollten sich Frauen z. B. in die Debatten über die moralischen Grenzen der Gentechnologie einschalten. Im Detail sollen sie durch die Entfaltung analytisch-ethischer Fähigkeiten zu der Einsicht gelangen, dass sich in der Gentechnologie derselbe männliche Reproduktionswahn manifestiere, der die Frauen jahrhundertelang zu Geburtsmaschinen degradiert habe. Vor allem aber sollen sie „synthetisch-ethische" Fähigkeiten im Sinne einer spezifisch weiblichen moralischen Perspektive auf die zentralen Probleme der Gentechnologie entwickeln. Sollten die weiblichen Moralvorstellungen keinen Raum finden, müssen die Frauen sich verweigern und für diese Verweigerung Strategien entwickeln (Weisshaupt 1991; s. Kap. 101).

Arbeit: Ebenfalls deutlich von einer weiblichen Perspektive geprägt sind die Überlegungen von Angelika Krebs zur gerechten Entlohnung von Familienarbeit. Auf den Stellenwert ökonomischer Unabhängigkeit hatte de Beauvoir ja schon zu Recht hingewiesen. Gleicher Lohn für gleiche Arbeit ist leider immer noch keine gesellschaftliche Realität. Vor diesem Hintergrund stellt Krebs die Frage, ob „Tätigkeiten wie ein Kind wickeln und ins Bett bringen oder eine gemeinsame Wohnung putzen, aufräumen und warm halten" Arbeit sind und also „ökonomische Anerkennung wie andere Arbeit auch" verdienen (Krebs 2002, 52)? Krebs bejaht diese Frage mit dem Argument, dass gesellschaftlicher Substitutionsbedarf bestünde, wenn die Familienarbeit wegfallen würde. Die spezifisch weibliche Perspektive manifestiert sich spätestens dann, wenn Krebs betont, dass „die gesellschaftliche Zuweisung von Familientätigkeiten ohne guten Grund an Frauen und nicht an Männer" diskriminierend und „mit dem Recht aller Menschen auf freie Berufswahl nicht vereinbar" sei und also „überwunden werden" müsse (ebd., 59).

Pornographie: Ein weiterer Bereich einer besonders direkten weiblichen Betroffenheit ist der Bereich der Pornographie. Überzeugend entfaltet Eva F. Kittay in ihrem Essay „Pornographie und die Erotik der Herrschaft" z. B. das Argument, dass pornographischen Darstellungen moralisch problematisch seien, weil Frauen zum Mittel zum Zweck der Lustbefriedigung von Männern degradiert würden, obwohl (im Sinne Kants) keine Person als bloßes Mittel missbraucht werden darf. Außerdem sieht sie in der Pornographie „ein Instrument der Erhaltung männlicher Vorrechte" (Kittay 1989). Dass es auch pornographische Darstellungen gibt, die Männer (oder gar männliche und weibliche Kinder) zu Lustobjekten degradieren, ändert daran grundsätzlich nichts (s. Kap. 83). Neue Aktualität hat diese Debatte durch die ‚Me-Too-Bewegung' bekommen, im Zuge derer immer mehr Frauen öffentlich anprangern, dass sie Opfer von sexuellen Übergriffen, sexueller Nötigung oder sexueller Gewalt geworden sind.

Internet: Ohne das Internet wäre die weltweite Me-Too-Bewegung nicht möglich gewesen. Dasselbe gilt für Aktionen wie die ‚Women's Wall', eine 600 km lange Menschenkette, mit der im indischen Bundesstaat Burala im Januar 2018 Frauen den Zugang zu Hindu-Tempeln zu erstreiten versucht haben. Einen differenzierten Blick auf das Internet wirft die feministische Bloggerin Laurie Penny: Obwohl es männlich überwacht und dominiert sei, böte es Frauen die Chance, sich jenseits von sozialen Rollenfestlegungen und politischen Unterdrückungen (z. B. im arabischen Raum) international zu vernetzen, zu artikulieren und mit selbstentworfenen Identitäten, Phantasien und Verhaltensmustern auszuprobieren. Einerseits habe das Internet Mobbing, „Frauenfeindlichkeit und sexuelle Schikanen zum Alltag" gemacht; gleichzeitig habe es „Frauen und Mädchen und Queers einen Raum" gegeben, „in dem sie ohne Grenzen über Grenzen hinweg kommunizieren, Geschichten erzählen und ihre Realität verändern konnten" (Penny 2014, 172).

Multikulturalismus: In ihren Essay „Is Multiculturalism Bad for Women" verweist Susan Moller Okin auf das Problem, dass in vielen Kulturen oder Religionen der Grundsatz der Gleichberechtigung von Mann und Frau nicht etabliert sei, so dass spezifische Rechte zum Schutz der Identität von kulturellen oder religiösen Minderheiten zur Unterdrückung der weiblichen Mitglieder dieser Minderheiten beitragen könnten. Pointiert fragt sie, „what should be done when the claims of minority cultures or religions clash with the norm of gender equality that is at least formally endorsed by liberal states?" (Okin 1999, 9). Veranschaulichend verweist Okin auf die Beschneidung, die gestiftete Ehe, auf Kleiderzwänge wie die Burka und das Kopftuch sowie auf die Polygamie (s. Kap. 72).

Recht: Vor dem Recht sollten eigentlich alle Menschen gleich sein, aber tatsächlich scheint ausgerechnet die Rechtsprechung vielerorts zur Zementierung von Geschlechtshierarchien – und rollen beizutragen. In der feministischen Rechtstheorie wird untersucht, inwieweit unser Recht bestimmte geschlechtlichen Vorannahmen voraussetzt und bestätigt (Baer/Elsuni 2017). Die feministische Rechtsphilosophie debattiert, ob es solche Vorannahmen im Recht geben darf bzw. geben sollte, Dabei geht es einerseits grundsätzlich um die rechtlichen Rahmenbedingungen, aus denen sich das Ungleichgewicht von politischer Partizipation zwischen den Geschlechtern vielleicht erklären lässt; um den rechtlichen Stellenwert eines dritten Geschlechts (queer); um die Geschlechtsbilder, die bestimmten Rechtsauffassungen zugrunde liegen; oder auch um die rechtliche und moralische Zulässigkeit von geschlechtsspezifischen Quotenregelungen in bestimmten Bereichen des öffentlichen Lebens (Rössler 1993, 2016). Es geht aber auch um konkrete rechtliche Probleme wie beispielsweise um spezifisch weibliche Symbole einer bestimmten Religionszugehörigkeit im öffentlichen Raum oder um den rechtlichen Status einer im Ausland geschlossenen Ehe mit einer minderjährigen Person.

Abtreibung: Dass Frauen von manchen Problemen der Angewandten Ethik in anderer Weise betroffen sind als Männer., lässt sich am Beispiel des Schwangerschaftsabbruchs wohl besonders deutlich zeigen. Von Schwangerschaftsabbrüchen sind Frauen zweifellos direkter betroffen als Männer, weil Abtreibungen an bzw. in ihren Körpern stattfinden. Während die politischen Frauenbewegungen mit dem Slogan ‚Mein Bauch gehört mir' in der Regel eine befürwortende Position bezogen haben, zeichnet sich unter Philosophinnen jedoch bezeichnenderweise kein so eindeutiges Bild ab. In ihrem Essay „A Defence of Abortion" von 1971 verteidigt Judith Jarvis Thomson zwar die Abtreibung mit dem Analogieargument, dass man (selbst wenn man den Abtreibungsgegnern zugeben würde, dass es sich bei einem Fötus um eine Person handelt) von einer Frau nicht fordern könne, ihren Körper neun Monate lang dieser anderen Person zur Verfügung zu stellen, weil man von einem Entführungsopfer ja auch nicht fordern könne, seine Nieren einem lebensgefährlich erkrankten berühmten Geiger monatelang zur Verfügung zu stellen (Thomson 1992). Im selben Band vertritt Philippa Foot jedoch die Position, dass man ein Kind, das ansonsten „sicher geboren würde", auch dann nicht töten dürfe, wenn man nur damit das Leben der Mutter retten könnte, weil man „im allgemeinen" ja auch nicht glauben würde, „daß wir eine unschuldige Person töten dürfen, um eine andere zu retten" (Foot 1992). Die Position zur Abtreibung z. B. scheint also weniger vom Geschlecht als von weltanschaulichen (insbesondere religiösen) Grundannahmen abhängig zu sein (s. Kap. 98). Dasselbe dürfte für die meisten anderen Probleme der Angewandten Ethik ebenfalls gelten. Es ist also für viele Probleme der Angewandten Ethik sinnvoll, eine spezifisch weibliche Perspektive zu identifizieren und zu Rate zu ziehen, sobald Frauen von dem jeweiligen Problem anders betroffen sind als Männer. Eine ontologisch begründete, spezifisch weibliche Angewandte Ethik gibt es jedoch sicherlich nicht.

Literatur

Baer, Susanne/Elsuni, Sarah: „Feministische Rechtstheorien". In: Eric Hilgendorf, Jan C. Joerden (Hg.): Handbuch Rechtsphilosophie. Stuttgart 2017, 270–277.

Baier, Annette: Moral Prejudices. Essays in Ethics. Cambridge, Mass. 1994.

Beauvoir, Simone de: Das andere Geschlecht. Berlin 2000 (frz. 1949).

Bendkowski, Halina/Weisshaupt, Brigitte: Was Philosophinnen denken. Zürich 1983.

Benhabib, Seyla: „Der verallgemeinerte und der konkrete Andere. Ansätze zu einer feministischen Moraltheorie". In: Elisabeth List, Herlinde Pauer-Studer (Hg.): Denkverhältnisse: Feminismus und Kritik. Berlin 1989, 454–487.

Deuber-Mankowsky, Astrid/Ramming, Ulrike/Tielsch, E. Walesca (Hg.): 1789/1989. Die Revolution hat nicht stattgefunden. Tübingen 1989.

Buttler, Judith: „Variationen zum Thema Sex und Geschlechtq. In: Gertrud Nunner-Winkler (Hg.): Weibliche Moral. Die Kontroverse um eine geschlechtsspezifische Ethik. Frankfurt a. M./ New York 1991, 56–76 (engl. 1987).

Foot, Philippa: „Töten und Sterben lassen". In: Anton Leist (Hg.): Um Leben und Tod. Moralische Probleme bei Abtreibung, künstliche Befruchtung, Euthanasie und Selbstmord. Frankfurt a. M. 1992, 196–215.

Gilligan, Carol: In a Different Voice. Harvard 1982.

Gilligan, Carol: „Moral Orientation and Moral Development". In: Eva F. Kittay, Diana T. Meyers (Hg.): Women and Moral Theory. Totowa, NJ 1987, 19–33.

Goppel, Anna/Mieth, Corinna/Neuhäuser, Christian (Hg.): Handbuch Gerechtigkeit. Stuttgart 2016.

Gould, Carol C.: „Philosophical Dichotomies and Feminist Thought: Towards a Critical Feminism." In: Herta Nagl-Docekal (Hg.): Feministische Philosophie. München 1990, 184–190.

Haan, Norma: „Two Moralities in Acton Contexts: Relationships to Thought, Ego Regulation and Development". In: Journal of Personality and Social Psychology 36. Jg, 3 (1978): 286–305.

Habermas, Jürgen: Moralbewusstsein und kommunikatives Handeln. Frankfurt a. M. 1983.

Haug, Frigga: „Die Moral ist zweigeschlechtlich wie der Mensch". In: Claudia Opitz (Hg.): Weiblichkeit oder Feminismus? Beiträge zur interdisziplinären Frauentagung. Konstanz 1983, 95–122.

Hilgendorf Eric/Joerden Jan C. (Hg.): Handbuch Rechtsphilosophie. Stuttgart 2017.

Holland-Cunz, Barbara (Hg.): Feministische Utopien. Aufbruch in die postpatriarchalische Gesellschaft. Meitlingen 1987.

Kittay, Eva F.: „Pornographie und die Erotik der Herrschaft". In: Elisabeth List, Herlinde Pauer-Studer (Hg.): Denkverhältnisse: Feminismus und Kritik. Berlin 1989, 202–244.

Kohlberg, Lawrence: Essays in Moral Development, 2 Bde. Bd. 1: The Philosophy of Moral Development. Moral Stages and the Idea of Justice. San Francisco 1981. Bd. 2: The Psychology of Moral Development. San Francisco 1984.

Kohlberg, Lawrence: Die Psychologie der Moralentwicklung. Frankfurt a. M. 1995.

Konnertz, Ursula (Hg.): Grenzen der Moral. Ansätze feministischer Vernunftkritik. Tübingen 1991.

Krebs, Angelika: Arbeit und Liebe. Die philosophischen Grundlagen sozialer Gerechtigkeit. Frankfurt a. M. 2002

Leist, Anton (Hg.): Um Leben und Tod. Moralische Probleme bei Abtreibung, künstliche Befruchtung, Euthanasie und Selbstmord. Frankfurt a. M. 1992.

List, Elisabeth/Pauer-Studer, Herlinde (Hg.): Denkverhältnisse – Feminismus und Kritik. Frankfurt a. M. 1989.

Meyer, Ursula I. (Hg.): Einführung in die feministische Philosophie. München 1992.

Meyer, Ursula I./Bennent-Vahle, Heidemarie (Hg.): Philosophinnen-Lexikon. Leipzig 1997.

Nagl-Docekal, Herta (Hg.): Feministische Philosophie. München 1990.

Nagl-Docekal, Herta/Pauer-Studer, Herlinde (Hg.): Jenseits der Geschlechtermoral. Beiträge zur feministischen Ethik. Frankfurt a. M. 1993.

Nails, Debra: „Carole Gilligans Fehlvermessung des Menschen". In: Gertrud Nunner-Winkler (Hg.): Weibliche Moral. Die Kontroverse einer geschlechtsspezifischen Ethik. Frankfurt a. M./New York 1991, 101–108.å

Noddings, Nel: Caring: A Feminine Approach to Ethics and Moral Education. Berkeley 1984.

Nunner-Winkler, Gertrud: Weibliche Moral. Die Kontroverse einer geschlechtsspezifischen Ethik. Frankfurt a. M./New York 1991.

Nunner-Winkler, Gertrud: „Weibliche Moralentwicklung?". In: Wolfgang Edelstein, Fritz Oser, Peter Schuster (Hg.): Moralische Erziehung in der Schule.

Entwicklungspsychologie und pädagogische Praxis. Weinheim/Basel 2001, 141–153.

Okin, Susan Moller: „Is Multiculturalism Bad for Women?" In: Dies. (Hg.): Is Multiculturalism Bad for Women? Princeton 1999, 9–24.

Opitz, Claudia (Hg.): Weiblichkeit oder Feminismus. Konstanz 1983.

Penny, Laurie: Unsagbare Dinge. Sex, Lügen und Revolution. Hamburg 2014 (engl. 2014).

Pieper, Annemarie: Der Aufstand des stillgelegten Geschlechts. Einführung in die feministische Ethik. Freiburg i. Br. 1993.

Roessler, Beate: Quotierung und Gerechtigkeit. Eine moralphilosophische Kontroverse. Frankfurt a. M. 1993.

Roessler, Beate: „Feministische Gerechtigkeit". In: Anna Goppel, Corinna Mieth, Christian Neuhäuser (Hg.): Handbuch Gerechtigkeit. Stuttgart 2016, 92–98.

Stopeczyk, Annegret (Hg.): Was Philosophen über Frauen denken. München 1980.

Thomson, Judith J.: „Eine Verteidigung der Abtreibung". In: Anton Leist (Hg.): Um Leben und Tod. Moralische Probleme bei Abtreibung, künstliche Befruchtung, Euthanasie und Selbstmord. Frankfurt a. M. 1992, 107–131.

Walker, Lawrence J.: „Geschlechtsunterschiede in der Entwicklung moralischen Urteils". In: Gertrud Nunner-Winkler (Hg.): Weibliche Moral. Die Kontroverse einer geschlechtsspezifischen Ethik. Frankfurt a. M./ New York 1991, 109–120.

Weisshaupt, Brigitte: „Sisyphos ohne Pathos. Selbsterhaltung und Selbstbestimmung im Alltag". In: Halina Bendkowski, Brigitte Weisshaupt (Hg.): Was Philosophinnen denken. Zürich 1983, 271–290.

Weisshaupt, Brigitte: „Ethik und die Technologie am Lebendigen". In: Ursula Konnertz (Hg.): Grenzen der Moral. Ansätze feministischer Vernunftkritik. Tübingen 1991, 75–92.

Young, Iris Marion: On Female Body Experience: 'Throwing Like a Girl' and Other Essays. Oxford 2005.

Sozialistische Ethik

Marco Iorio

Anders als ‚christliche', ‚jüdische' und ‚muslimische Ethik' steht die Wendung ‚sozialistische Ethik' nicht für einen festen Kanon moralischer Werte.

‚Ethischer Sozialismus' bezeichnet indes eine Schule innerhalb der sozialistischen Tradition. Diese Schule ist nach einigen Bemerkungen zum Begriff des Sozialismus der Ausgangspunkt dafür, zuerst weitere sozialistische Strömungen zu erläutern, um am Ende zu fragen, was unter einer sozialistischen Ethik zu verstehen ist.

15.1 Sozialismus

‚Sozialismus' kann in drei Bedeutungen gebraucht werden. Erstens für eine Wirtschafts- und Gesellschaftsform, die verstärkt seit dem späten 18. Jahrhundert in einigen Ländern Europas als Alternative zur sich durchsetzenden marktwirtschaftlichen Gesellschaft konzipiert wurde (sozialistische Gesellschaftsform). ‚Sozialismus' meint zweitens die theoretische Reflexion der besagten Gesellschaftsform (sozialistische Theorie). Drittens werden gesellschaftliche und politische Bewegungen so bezeichnet, die gestützt auf sozialistische Theorien sozialistische Gesellschaften herbeiführen möchten (sozialistische Bewegung).

Es gibt eine Vielzahl sozialistischer Theorien und viele Bewegungen mit unterschiedlichen Vorstellungen davon, wie eine sozialistische Gesellschaft beschaffen ist (Wildt 2008). Idealtypisch lässt sich diese Vielzahl durch zwei Pole eines Kontinuums fassen, die zu einem engeren und einem weiteren Begriff des Sozialismus führen. Dem engeren Begriff gemäß entspricht diese Wirtschafts- und Gesellschaftsform einer kommunistischen Gesellschaft. Im Kommunismus sind die Markt- durch die Planwirtschaft und das Privateigentum an den Produktionsmitteln durch eine Vergesellschaftung (Verstaatlichung) dieser Mittel ersetzt. Daher entfällt die Spaltung der Gesellschaft in Produktionsmitteleigner und Menschen, die mangels eigener Produktionsmittel ihre Arbeitskraft gegen Lohn auf dem Arbeitsmarkt verkaufen. Laut kommunistischer Lehre entspricht dies der klassenlosen und herrschaftsfreien Gesellschaft.

Der umfassendere Begriff ist gradueller Natur. Ihm zufolge ist jede Gesellschaft mehr oder weniger sozialistisch, die nicht auf wirtschaftspolitische, sozialstaatliche und arbeitsrechtliche Intervention in das Handeln der Menschen verzichtet. Sozialistisch ist eine Gesellschaft etwa dann, wenn Gewerkschaften rechtlich abgesichert sind oder auf anderen Wegen dem egalitären Ziel der Verteilungsgerechtigkeit entgegengestrebt wird. Mehr oder

M. Iorio (✉)
Universität Bielefeld, Bielefeld, Deutschland
E-Mail: marco.iorio@uni-bielefeld.de

weniger sozialistisch ist eine Gesellschaft auch dann, wenn es sozialstaatliche Sicherungssysteme gibt, die den Menschen eine Gesundheitsfürsorge und Absicherungen bei Einkommensausfällen durch Arbeitslosigkeit, Krankheit und Alter garantiert. In diesem Sinn ist der Sozialismus kein Gegenmodell zum Kapitalismus, da weder eine Abschaffung des Privateigentums an den Produktionsmitteln noch eine Überwindung der Klassenstruktur vorausgesetzt ist. Der Begriff der sozialen Marktwirtschaft ist in diesem Sinn zu verstehen.

Ist der Sozialismus im engen Sinn mehr durch deskriptiv sozioökonomische Merkmale bestimmt, treten beim weiten Begriff normative, sprich ethische Wertvorstellungen hinzu. In diesem Sinn steht der Sozialismus in der Tradition der neuzeitlichen Aufklärung und ist den moralischen Werten der Französischen Revolution – Freiheit, Gleichheit, Brüderlichkeit bzw. Solidarität – verpflichtet.

15.2 Formen des Sozialismus

Der ‚Ethische Sozialismus' ist die politische Philosophie des Neukantianismus (Holzhey 1994). Vor allem Hermann Cohen und die Marburger Schule versuchten im letzten Drittel des 19. Jahrhunderts, die sozialistische Theorie anhand der kantischen Erkenntnis- und Moralphilosophie zu beweisen. Gestützt auf die Zweckformel des Kategorischen Imperativs wendet sich der Ethische Sozialismus gegen die freie Marktwirtschaft, weil sie den Lohnarbeiter als Träger der Ware ‚Arbeitskraft' instrumentalisiert, also als bloßes Mittel missbraucht. Die kantisch interpretierte Freiheit aller Individuen gilt dem Ethischen Sozialismus als moralisches Ideal, dem es sich im Rahmen einer sozialistischen Gesellschaft anzunähern gilt. Der sozialistischen Theorie fügten die Neukantianer inhaltlich nichts hinzu. Sie zeichnen sich mehr durch den Versuch aus, die Theorie philosophisch zu begründen (Euchner 2005, 319).

Durch ihre moralphilosophische Begründung grenzten sich die Ethischen Sozialisten u. a. von den *marxistischen Sozialisten* der zweiten Hälfte des 19. Jahrhunderts ab. Marxens Bemühen, der Arbeiterbewegung ein wissenschaftliches Fundament zu geben, führte zum Historischen Materialismus, der Gesellschafts- und Geschichtstheorie des Marxismus (Iorio 2012). Dieser Theorie zufolge unterliegt die sozioökonomische Entwicklung der Gesellschaft Gesetzen, die erklären, wie es von der feudal-mittelalterlichen zur modern-kapitalistischen Gesellschaftsform gekommen ist. Diese Gesetze erlauben es Marx zufolge auch, den Übergang kapitalistischer Gesellschaften in sozialistische und kommunistische Ordnungen zu prognostizieren. Da seiner Theorie zufolge die Moral einer Gesellschaft nur ein Reflex der Interessen der herrschenden Klasse darstellt, sträubte sich Marx dagegen, seine Sicht durch moralische Kategorien wie etwa die der Gerechtigkeit zu untermauern. Der Sozialismus ist dem Marxismus gemäß kein ethisches Ideal, das es durch moralisches Handeln zu realisieren gilt. Der Sozialismus gilt als wissenschaftliche Theorie vom nahenden Ende der inhumanen Vorgeschichte der Menschheit. Insofern Marx diese Vorgeschichte als „Reich der Notwendigkeit" und die sozialistische Zukunft als „Reich der Freiheit" bezeichnet (1968, 828), deutet sich aber an, dass sein Denken doch auch ethisch fundiert ist (Iorio 2003). Marxens Überlegung liegt eine Anthropologie zugrunde, der zufolge jeder Mensch nach einer umfassenden Entfaltung seiner Anlagen strebt. Lebt ein Mensch unter Bedingungen, die diese Entfaltung hemmen, führt er ein entfremdetes Dasein. Der Kommunismus ist die Gesellschaft, die es *allen* Menschen erlaubt, ein nicht-entfremdetes, freies Leben zu führen. Marxens Verteilungsschlüssel „Jeder nach seinen Fähigkeiten, jedem nach seinen Bedürfnissen!" (1973, 21) kann insofern als Kategorischer Imperativ der marxistischen Ethik gedeutet werden.

Marx beanspruchte, durch seinen wissenschaftlichen Sozialismus den utopischen *Frühsozialismus* seiner Vorläufer und Mitstreiter überwunden zu haben (Engels 1880/1956 ff.). Zu den zahlreichen Vorläufern gehören Fourier, Saint-Simon, Owen, aber auch Zeitgenossen von Marx wie Proudhon, Bakunin und Lassalle. Marxens Vorwurf, deren Versionen des Sozialismus seien nicht wissenschaftlich, sondern utopisch, führt zum Ethischen Sozialismus zurück.

Als – im schlechten Sinn – utopisch bezeichnet Marx das Anliegen, den Sozialismus durch moralische oder religiöse Argumente zu stützen und die bessere Zukunft durch eine moralische Läuterung der Menschheit herbeizuführen. In diese Läuterung setzen viele Frühsozialisten ihre Hoffnung und stützten sich oft auf ein egalitäres Konzept der sozialen Gerechtigkeit.

Die *deutsche Sozialdemokratie* steht im 19. Jahrhundert in einem Spannungsverhältnis zwischen dem utopisch-moralischen und Marxens wissenschaftlichem Sozialismus. Programmatisch präsentierte sich die Partei lange als politischer Arm der marxistischen Lehre. Mit zunehmendem Erfolg im Kaiserreich und der Dringlichkeit, sich mit kurz- und mittelfristigen Problemen parlamentarischer Arbeit auseinanderzusetzen, geriet die proletarische Revolution als notwendiges Scharnier zur sozialistischen Gesellschaft als Ziel aus dem Blickfeld der Partei. Um die Jahrhundertwende stützen sich führende Programmatiker der SPD (Bernstein, Kautsky u. a.) auf den Ethischen Sozialismus und revidierten das Selbstverständnis der Sozialdemokratie als Arbeiterpartei im Rahmen der bürgerlich-parlamentarischen Demokratie. Das Fernziel sollte nicht länger sein, der proletarischen Revolution den Weg zu bahnen, um den Kapitalismus zu überwinden. Vielmehr sollte die Marktwirtschaft schrittweise durch Reformen eine menschen- bzw. arbeitnehmerfreundliche Gestalt annehmen.

Zeitgleich zur Marburger Schule des Neukantianismus formierte sich ebenfalls im deutschsprachigen Raum eine Gruppe von Professoren der Nationalökonomie, deren ursprünglicher Spottname ‚Kathedersozialisten' zur offiziellen Bezeichnung wurde. Schmoller, Sombart, Wagner u. a. setzten sich akademisch und zum Teil politisch für einen Ausbau der staatlichen Sozialpolitik ein. Keiner der Kathedersozialisten war Marxist oder Kommunist. Vielmehr ging es diesen Ökonomen darum, eine gesellschaftspolitische Antwort auf die soziale Frage zu finden, die in der zunehmenden Verelendung großer Bevölkerungskreise Europas im Zuge der Industriellen Revolution erwachsen war.

Sowohl unter den Frühsozialisten als auch in der deutschen Sozialdemokratie gab es Anhänger eines religiösen, insbesondere eines christlichen oder jüdischen Sozialismus. 1906 prägten die evangelischen Theologen Kutter und Ragaz die Bezeichnung ‚religiöser Sozialismus', um sich von nichtreligiösen Sozialisten und antisozialistischen Christen abzugrenzen. Verschiedene Gruppen mit dieser Bezeichnung vereinigten sich 1926 zum Bund der religiösen Sozialisten Deutschlands. Religiöse Sozialisten, die auch anderer Glaubensrichtungen anhängen konnten, sahen die Utopie von einer gerechten Gesellschaft, die keine Ausbeutung des Menschen mehr kennt, in den Wurzeln ihrer Religion angelegt. Die Ethik der Bergpredigt trägt sozialistische Züge, die sich in der katholischen Soziallehre und in der protestantischen Sozialethik wiederfinden (Grebing 2005). Auch die kommunistische Vorstellung einer Wirtschaftsgemeinschaft, deren Mitglieder weder Konkurrenzbeziehungen noch Privatbesitz kennen, ist alttestamentarisch nachweisbar und prägte die christliche Tradition. Viele Ordens- und Klostergründungen entsprechen sozialistischen Vorstellungen von einer armonischen Gemeinschaft.

Die christlichen Wurzeln des europäischen Sozialismus zeigen sich auch in der Wahl literarischer Mittel. Schon im 18. und 19. Jahrhundert wurden kommunistische Glaubensbekenntnisse und Katechismen veröffentlicht, die von der Intention zeugen, den religiösen Glauben durch den Sozialismus zu ersetzen. In dieser Tradition verkündete Ulbricht 1958 als Staatsoberhaupt der DDR die „Zehn Gebote der sozialistischen Moral und Ethik", die bis 1976 zum Parteiprogramm der SED gehörten. Dieser Dekalog fordert u. a. dazu auf, am Aufbau des Sozialismus mitzuwirken, zur Überwindung der Ausbeutung von Menschen beizutragen und die Solidarität mit der internationalen Arbeiterklasse und den sozialistischen Bruderstaaten zu pflegen. Obwohl der Wortlaut der Gebote in der Bevölkerung kaum bekannt war, entsprach ihr Inhalt dem Erziehungsprogramm, durch das die politische Elite versuchte, einen Mentalitätswechsel der Menschen zu erwirken. Ob diesem Versuch und ähnlichen Versuchen in anderen Staaten des realexistierenden Sozialismus großer

Erfolg beschieden war, kann bezweifelt werden. Auch ein erhöhtes Maß ethischer Motivation im Handeln der politischen Elite mag man in Abrede stellen.

Gab es weder in der Vergangenheit die eine Form des Sozialismus, sind auch in der *Gegenwart* unterschiedliche Spielarten zu finden, die unter den engen oder weiten Begriff fallen. Nach wie vor gibt es überall auf dem Globus gesellschaftliche, zum Teil politisch organisierte Bewegungen, die eine Überwindung der marktwirtschaftlichen Gesellschaftsform anvisieren. Häufiger noch findet man Bestrebungen, die marktwirtschaftliche Ordnung durch die Einbeziehung der sozialistischen Werte Gleichheit, Freiheit und Solidarität für die Armen und Schwachen erträglicher zu machen. Im Rahmen des Globalisierungsdiskurses finden diese Bestrebungen auf der inter- und transnationalen Ebene ihre Entsprechung. Auch der Kampf gegen Hunger und Elend in den unterentwickelten Ländern und für eine gerechtere Weltwirtschaftsordnung wird nicht selten unter dem Banner des Sozialismus geführt (Meyer 2008).

15.3 Ethik des Sozialismus

Fragt man nach dem Inhalt einer sozialistischen Ethik, geraten die genannten Werte Gleichheit, Gerechtigkeit, Freiheit und Solidarität in den Blick. Da diese Werte aber in gleicher oder ähnlicher Form auch im Zentrum anderer Ethiken stehen, ist es zum einen hilfreich, danach zu fragen, *wogegen* sich Vertreter der sozialistischen Ethik wenden. Ihre Ethik spricht sich gegen ökonomische Ausbeutung und soziale Unterdrückung von Menschen durch Menschen aus und zielt auf eine Form der sozioökonomischen Ordnung, in der diese Quellen des Leids versiegen. Insofern ist diese Ethik egalitär und auf die freie Entfaltung aller Menschen ausgerichtet. Sie ist nicht nur eine Sozial-, sondern auch eine politische Ethik.

Zum anderen kann die sozialistische Ethik als Individualethik beleuchtet werden. In diesem Licht ist sie die Lehre vom moralisch-politischen Handeln, durch das der Einzelne zum Ent- und Bestehen egalitärer und freiheitlicher Wirtschafts- und Gesellschaftsordnungen beiträgt. Zugleich wird diese Ethik als Gegenmodell zur vertragstheoretisch konzipierten Ethik erkennbar und betrifft das moralische Selbstverständnis des Akteurs. Der sozialistischen Ethik gemäß handelt das Individuum nicht moralisch, weil es nur durch diese Vorleistung Gegenleistungen durch die anderen Individuen erhält, die es primär als Konkurrenten und Kooperationspartner wahrnimmt. Dieser Ethik gemäß handelt das Individuum vielmehr moralisch, weil es seinen Mitmenschen als Mitmenschen, als Sozius, Gefährten oder Genossen mit vergleichbaren Bedürfnissen und Verwundbarkeiten begreift, dessen Wohl ihm wie das eigene am Herzen liegt.

Literatur

Engels, Friedrich: Die Entwicklung des Sozialismus von der Utopie zur Wissenschaft [1880]. In: Marx-Engels-Werke (MEW). Hg. v. der Rosa-Luxemburg-Stiftung, Band 19. Berlin [9]1989, 177–228.
Euchner, Walter: „Ethischer Sozialismus". In: Helga Grebing[2] (Hg.): Geschichte der sozialen Ideen in Deutschland. Sozialismus – Katholische Soziallehre – Protestantische Sozialethik. Ein Handbuch. Wiesbaden 2005, 319–320.
Grebing, Helga (Hg.): Geschichte der sozialen Ideen in Deutschland. Sozialismus – Katholische Soziallehre – Protestantische Sozialethik. Ein Handbuch [2000]. Wiesbaden [2]2005.
Holzhey, Helmut (Hg.): Ethischer Sozialismus. Zur politischen Philosophie des Neukantianismus. Frankfurt a. M. 1994.
Iorio, Marco: Karl Marx: Geschichte, Gesellschaft, Politik. Berlin 2003.
Iorio, Marco: Einführung in die Theorien von Karl Marx. Berlin 2012.
Kain, Philip J.: Marx and Ethics. Oxford 1991.
Marx, Karl: Kritik des Gothaer Programms [1890/91]. MEW, Band 19 ([9]1989), 13–32.
Marx, Karl: Das Kapital. Kritik der politischen Ökonomie. Dritter Band [1894]. MEW, Band 25, [15]2003.
Meyer, Thomas: Sozialismus. Wiesbaden 2008.
Truitt, Willis H.: Marxist Ethics: A Short Exposition. New York 2005.
Wildt, Andreas: „Sozialismus". In: Stephan Gosepath, Wilfried Hinsch, Beate Rössler (Hg.): Handbuch der politischen Philosophie und Sozialphilosophie. Berlin 2008, 1219–1225.

Christliche Ethik

Rupert M. Scheule

16

16.1 Glaube und Moral

Jede theologische Ethik muss sich zunächst die Frage stellen, in welchem Verhältnis sie Glaube und Moral grundsätzlich sehen will. Schon Platons Dialog *Euthyphron* handelt hiervon: Euthyphron, ein frommer Athener wird von Sokrates, seinerseits des Atheismus verdächtig, in ein Gespräch über das Wesen der Frömmigkeit verwickelt. Auf halber Strecke dieses Gesprächs, das übrigens mit der kompletten Ratlosigkeit des frommen Euthyphron endet, finden sich diese Dialogzeilen:

> Sokrates: Sieh also zu, ob du es für notwendig hältst, dass alles Fromme auch gerecht sei.
> Euthyphron: Allerdings.
> Sokrates: Etwa auch alles Gerechte fromm? Oder alles Fromme zwar gerecht, aber das Gerechte nicht alles fromm, sondern einiges davon zwar fromm, anderes aber auch anders?
> Euthyphron: Ich folge nicht, Sokrates, dem was du sagst (Euth. 11e).

Das Euthyphron-Dilemma erlaubt, zwei ethisch-theologische Argumentationsmuster zu unterscheiden: „Was gerecht ist, ist auch fromm" (E_1). „Was fromm ist, ist auch gerecht" (E_2).

Ethiken mit starken E_1-Anteilen betonen eine natürliche Moralfähigkeit, die sich im Bewusstsein ihrer Gottgegebenheit auch als gläubig erweist, Ethiken mit starken E_2-Bezügen hingegen sind zuerst gläubig, indem sie sich an die geoffenbarten Gebote Gottes anlehnen oder das Verhalten, das unmittelbar aus der Glaubenserfahrung folgt, als moralisch darstellen. Die christliche Theologiegeschichte kennt sowohl starke E_1- als auch starke E_2-Ethiken. Christliche E_1-Entwürfe orientieren sich bis heute an Thomas von Aquin. Dieser wertet die menschliche Vernunft zur Teilhaberin an Gottes Vernunft auf. Selbständig entwickle sie eine Ordnung des sittlich Guten (ethic. lect. 1 n.1: ordo, quem ratio considerando facit). Für die E_2-Tradition mag die hermeneutische Ethik Friedrich Schleiermachers stehen. Schleiermacher zufolge ist die „christliche Sittenlehre [...] die Beschreibung der christlichen Handlungsweise, sofern sie auf den Erlöser zurückgeht, und eben als solche Beschreibung ist sie Gebot für alle, die in der christlichen Kirche sind, für welche eben nichts anderes Gebot ist, als was sich aus der absoluten Gemeinschaft, wie sie in Christo, dem Erlöser ist, entwickeln läßt" (Schleiermacher 1884, 34). Schleiermachers christliche Ethik kommt ohne Imperative aus: Indikativisch beschreibt sie das, was der Fromme tut, als gut.

Obwohl in der katholischen Tradition E_1- und in der protestantischen sowie der orthodoxen Tradition E_2-Ethiken besonders ausgeprägt sind,

R. M. Scheule (✉)
Universität Regensburg, Regensburg, Deutschland
E-Mail: rupert.scheule@theologie.uni-regensburg.de

gibt es heute einen weitgehenden ökumenischen Konsens, dass sich beide Denkwege nicht ausschließen müssen, dass also „autonome Moral und Glaubensethik, sittliche Vernunfteinsicht und die ethischen Implikationen der biblischen Offenbarung keine Gegensätze sind, die nur ein Entweder-Oder zulassen" (Schockenhoff 2014, 27). Wenn demnach Normen christlicher Ethik immer auch den Kriterien einer allgemeinen praktischen Vernunft (Unparteilichkeit, Universalisierbarkeit) genügen müssen, ist allerdings zu fragen, ob es überhaupt auf der Ebene ethischer Konkretion etwas genuin Christliches – ein Proprium Christianum – geben kann.

16.2 Proprium Christianum?

Mikrosoziologische Theorien wie der Symbolische Interaktionismus oder die Rational Choice Theory weisen darauf hin, dass jedem Handeln eine Situationsdefinition vorausgeht. So kann nur, wer eine Situation als moralisch relevant wahrnimmt, auch moralisch handeln. Dass eine bestimmte Situation spezifisch definiert wird, hängt ab von erworbenen Situationsmustern (Frames), auf die sich aktuelle sinnliche Eindrücke beziehen lassen. Es ist aber nicht zuletzt eine Frage der kulturellen Prägung, welche Frames im Reaktionsrepertoire bereitstehen. Wer z. B. von jeher vertraut ist mit dem Gleichnis vom Barmherzigen Samariter (Lk 10,25–37), hält Situationen, in denen wildfremden Menschen zu helfen ist, grundsätzlich für möglich. Als Übersetzung in einen wahrnehmungsstrukturierenden Frame ist dies wiederum Voraussetzung für die entsprechende Situationsdefinition und damit auch für die tatsächlich geleistete Hilfe. Das Christentum lässt sich also verstehen als Wahrnehmungskultur, die Frames moralisch relevanter Situationen spezifisch vorprägt. Es erleichtert so den Gläubigen das Auffinden moralischer Handlungsoptionen. Nicht in Sondervorschriften für Christen, sondern im Aufspannen eines eigenen Findungshorizontes für moralisches Verhalten, das auch einer universalistischen Begründung standhält, liegt der konstruktive Beitrag des Christentums zur Angewandten Ethik (vgl. Scheule 2009, 211 ff.).

Die christlichen Konfessionen unterscheiden sich in der Verbindlichkeit, mit der ihre jeweiligen Leitungsorgane normative Aussagen den Gläubigen vorlegen. Während die römisch-katholische Kirche spätestens seit dem I. Vatikanischen Konzil dem Bischof von Rom eine umfassende Autorität „in Angelegenheiten, die den Glauben und die Sitten […] betreffen" (DH 3060) zuerkennt, verstehen sich die ethischen Äußerungen protestantischer Kirchenleitungen – etwa in der Form von sogenannten Denkschriften – als „Hilfe zur Urteilsklärung und -bildung, nicht als ‚Verkündigungsverlängerung'" (Schröer 1981, 498).

Orthodoxe Kirchen haben bis heute überwiegend das Selbstbild von Kultgemeinschaften. Ihr Ethos erscheint so als ein „Ethos der Göttlichen Liturgie" (Mantzaridis 1998, 51); die Spiritualität der Teilnahme an den Mysterien von Tod und Auferstehung Christi speist gleichsam das moralische Tun ostkirchlicher Christen. Einem traditionellen Verständnis zufolge braucht die Orthodoxie „kein eigenes politisches System, keine eigene Soziallehre, noch ein eigenes sozialethisches oder ethisches System aufzubauen. Sie bezeugt den neuen Menschen, Christus, und die Liebe, die seine Ankunft in der Welt sichtbar werden läßt, damit jeder sein wahres Selbst und das wahre Leben findet" (Mantzaridis 1998, 55). Entsprechend spärlich waren lange die konkreten Vorschläge zur sittlichen Lebens- und Gesellschaftsgestaltung durch orthodoxe Kirchenleitungen. Seit den 1990er Jahren macht sich aber ein Umdenken in der Orthodoxie bemerkbar: Die im August 2000 verabschiedeten *Grundlagen der Sozialdoktrin der Russisch-Orthodoxen Kirche* (GSD) geben nach Art einer Denkschrift „die offizielle Position des Moskauer Patriarchats hinsichtlich der Beziehungen zu Staat und säkularer Gesellschaft wieder. Darüber hinaus stellen sie Richtlinien auf, die im betreffenden Bereich dem Episkopat, der Geistlichkeit sowie den Laien Orientierung bieten" (GSD, Einleitung). 2008 legte das Moskauer Patriarchat das Dokument *Grundlagen der Lehre der Russischen Orthodoxen Kirche über die*

Würde, die Freiheit und die Menschenrechte nach. Die beiden Schriften stellen derzeit die Referenztexte der größten orthodoxen Kirche zu Fragen der Angewandten Ethik dar.

Bei allen Differenzen zwischen den Konfessionen erweist sich die Rede von Gottes guter Schöpfung und vom anbrechenden Reich Gottes für alle Christen als ethisch gehaltvoll. Im Folgenden werden die Theologumena ‚Schöpfung' und ‚Reich Gottes' als spezifisch christliche Findungshorizonte moralischen Verhaltens beschrieben.

16.2.1 Findungshorizont ‚Schöpfung'

Die jüdisch-christliche Tradition sieht Mensch und Natur als „sehr gute" (Gen 1,31) Werke eines Schöpfergottes. Die Natur erscheint also, anders als in vielen Mythen, nicht selbst göttlich und ehrfurchtsheischend. Hinzu kommt, dass der Mensch eine markante Sonderstellung unter den Geschöpfen einnimmt: Stellvertretend für Gott herrscht er über Erde und Tiere, ja seine Gottebenbildlichkeit äußert sich primär in dieser Herrschaft (vgl. Gross 1981, 259). Die ökologische Bewegung verdächtigte seit den 1970er Jahren den biblischen Herrschaftsauftrag immer wieder als Initialzündung jener abendländischen Entzauberungsbewegung der Natur, die den Menschen irgendwann folgerichtig zum „maître et possesseur de la nature" (Descartes) stilisierte und die schließlich zur restlosen Ausbeutung der Natur führte. Die moderne Bibelauslegung lässt diesen Verdacht aber nicht gelten. Schöpfung im biblischen Sinn ist nicht anthropozentrisch, der herausgehobenen Position des Menschen zum Trotz. In der Mitte biblischer Schöpfungstheologie steht Gott allein. Eine restlose Überantwortung der Natur ins Belieben des Menschen ist biblisch daher nicht begründbar. Die menschliche Herrschaft über die Natur hat stets im Sinne dessen zu sein, der zu dieser Herrschaft beruft und der die Welt als „sehr gut" erschuf. Im Übrigen wird darauf hingewiesen, dass die Bibel gar nicht den Menschen zur „Krone der Schöpfung" macht, sondern den Sabbat, den siebten Wochentag, an dem alle Arbeit ruht. Dies inspiriert Christen dazu, nicht im zupackenden Beherrschen der Natur, sondern im „Sein-lassen" (Werlitz 1999, 110) ihre letzte schöpfungsmäßige Bestimmung zu suchen.

Die Imago-Dei-Anthropologie von Genesis 1,26–31 ist auch in religionsgeschichtlicher Hinsicht interessant: Wenn im Alten Orient ein Mensch als „Bild Gottes" bezeichnet wurde, so war zumeist von einem König und seiner Herrschaft die Rede. Der biblische Text versieht nun den Menschen als Menschen, männlich und weiblich (Gen 1,27) mit diesem Königsattribut. Für Christen liegt hierin die universalistische Idee der Menschenwürde begründet, auch wenn sie von den Schriften des Neuen Testaments, der klassischen Philosophie und dem europäischen Humanismus weitere Impulse empfangen haben mag (s. Kap. 80). Die Gottebenbildlichkeit macht den Kern des christlichen Menschenbildes aus und besitzt Inspirationspotential sowohl für die Sozial- als auch die Bioethik.

16.2.2 Sozialethik im Findungshorizont ‚Schöpfung'

Seit Ende des 19. Jahrhunderts entwickelte sich im Dialog von wissenschaftlicher Theologie und römisch-katholischem Lehramt eine christliche Soziallehre, die beim Prinzip der Personalität ansetzt. Dieses wiederum kann unschwer mit dem oben skizzierten christlichen Menschenbild in Zusammenhang gebracht werden. Das Personalitätsprinzip besagt: Der Mensch müsse stets „Träger, Schöpfer und Ziel aller gesellschaftlichen Einrichtungen sein" (*Mater et Magistra*, 219). Daran Maß nehmend tritt die katholische Soziallehre allen Formen kollektivistischer Vergesellschaftung entgegen und postuliert den Vorrang kleinerer vor größeren sozialen Einheiten (Subsidiaritätsprinzip), denn es verstoße „gegen die Gerechtigkeit, das, was die kleineren und untergeordneten Gemeinwesen leisten und zum guten Ende führen können, für die weitere und übergeordnete Gemeinschaft in Anspruch zu nehmen" (*Quadragesimo Anno*, 79). Hinzu kommt das *Prinzip der Solidarität*, das in der Kooperation die wechselseitige Achtung der menschlichen Personen verwirklicht sieht (vgl. *Centesimus Annus*, 19).

Die (kultur-)protestantische Tradition, die ihrerseits das Projekt einer „Kultursynthese" (Troeltsch) von Religion und kapitalistisch-liberaler Gesellschaft betrieb, hat der katholischen Soziallehre mit ihrer Bevorzugung des Kleinen vor dem Großen (Subsidiarität) und der Kooperation vor der Kompetition (Solidarität) attestiert, sie finde kein Verhältnis zum risikobereiten, marktgängigen Entrepreneur und Innovationsagenten, der den westlichen Wohlstand geschaffen habe und noch immer trage. Sie sei vielmehr geprägt „von einer Semantik des permanenten Verdachts gegen die ökonomischen Akteure, die doch nur […] möglichst hohe Profite zu erzielen versuchten" (Graf 2009, 646). Die jüngsten Wirtschafts- und Finanzkrisen scheinen allerdings einer skeptischen Haltung gegenüber dem kapitalistischen Wirtschaften eher Recht zu geben.

Die Orthodoxie sieht sich traditionell im harmonischen Zusammenspiel („Symphonie") mit der Staatsmacht. War zumal die russische Kirche bis ins 20. Jahrhundert stark auf eine autoritäre Monarchie verwiesen, die sie zum „Fundament der Sozialordnung" (Dokumente der sozialen Verantwortung, Vorwort, 5) erklärt hatte, so sucht sie bis heute die Nähe zum autoritären Staat und bekennt sich lediglich zu einer eingeschränkten „Theorie der Menschenrechte" (WFM, Vorwort, 135). Der Christ bediene sich seiner Rechte vornehmlich, „um in bestmöglicher Art und Weise seiner erhabenen Berufung, nämlich ‚Ebenbild Gottes' zu sein, gerecht zu werden, seiner Pflicht vor Gott und der Kirche, vor den anderen Menschen, dem Staat, dem Volk und sonstigen menschlichen Gemeinschaften nachzukommen" (GSD IV 7). Die öffentliche Ordnung habe für die Freiheit der Wahl ebenso einzustehen wie für die „Freiheit von der Sünde" (WFM II.2). So sei es unzulässig, „in den Bereich der Menschenrechte Normen einzuführen, die sowohl die evangelische als auch die natürliche Moral verwässern oder aufheben. Die Kirche sieht eine große Gefahr in der gesetzlichen und öffentlichen Unterstützung verschiedener Laster – zum Beispiel der geschlechtlichen Ausschweifungen und der Perversitäten, der Profitsucht und der Gewalt" (WFM III.3).

16.3 Bioethik im Findungshorizont ‚Schöpfung'

Der Mensch, zu gottebenbildlicher Königswürde berufen, erscheint in den Schriften des Alten Testaments stets als mehrdimensionales Ganzes. Wenn hier von Leib und Seele die Rede ist, dann niemals um die Gegensätze des Menschseins zu inszenieren, sondern um die Vielfalt des einen menschlichen Lebens aspektivisch aufzuhellen (vgl. u. a. Ps. 63,2). Die christliche Anthropologie teilt heute diese holistische Sicht des Menschen. Daher stößt es bei Christen auf Unverständnis, wenn man die menschliche Person und ihr physisches Leben als trennbar betrachtet, um das physische Leben anschließend zur Disposition zu stellen (vgl. Fischer 1998, 71 ff.). Dies ist etwa der Fall, wenn man meint, eine Person von ihrem physischen Leben „erlösen" zu müssen (bei sog. aktiver Sterbehilfe) oder wenn menschlichem Leben rundweg der Personstatus abgesprochen wird (etwa im Zusammenhang mit Schwangerschaftsabbrüchen, Präimplantationsdiagnostik, verbrauchender Embryonenforschung u. a.).

Der christliche Holismus menschlichen Lebens korrespondiert mit einer spezifisch holistischen Bewertung menschlicher Geschlechtlichkeit. Weil die sexuell gelebte Liebe von Mann und Frau niemals nur „Sex" sei, sondern stets eine prokreative, die Zweisamkeit transzendierende Dimension in sich trage, seien die Liebenden „mitwirkend mit der Liebe Gottes des Schöpfers und gleichsam […] Interpreten dieser Liebe" (*Gaudium et Spes*, 50). Sollten Liebe, Sex und Zeugung im Alltagsleben von Paaren zu sehr auseinanderdriften, werde diese Mitwirkungsbewandtnis unkenntlich. Gerade das Lehramt der katholischen Kirche mahnt daher die Einheit von ehelicher Liebe, sexuellem Erleben und Zeugung an und äußert Bedenken gegen eine den Sex fetischierende Promiskuität (kein Sex ohne exklusiv-personale Liebe, vgl. *Deus Caritas Est*, 5), gegen künstliche Verhütung (kein Sex ohne Offenheit für Zeugung, vgl. *Humanæ Vitæ*, 11) wie auch gegen künstliche Befruchtung (keine Zeugung ohne Sex, vgl. *Donum Vitæ*, B6).

Protestanten teilen die Skepsis gegenüber der Reproduktionsmedizin (vgl. Kundgebung der Synode der EKD 1987, III,5), bejahen aber einen achtsamen und partnerschaftlichen Umgang mit künstlichen Verhütungsmitteln. Orthodoxe haben ein pragmatisches Verhältnis zur künstlichen Empfängnisverhütung und zur in-vitro-Fertilisation, sofern mit ihr keine Selektion anhand von Erbmerkmalen einhergeht (GSD XII.4).

Unterschiedliche Bewertung finden Homosexualität und gleichgeschlechtliche Ehen. Für die Evangelische Kirche in Deutschland (EKD) ist der biblische „Ruf nach einem verlässlichen, liebevollen und verantwortlichen Miteinander, nach einer Treue, die der Treue Gottes entspricht" (ZAA, 66), entscheidender als die sexuelle Orientierung derer, die dieses Miteinander leben. Deshalb seien gleichgeschlechtliche Partnerschaften auch in theologischer Sicht als gleichwertig anzuerkennen. Die katholische Kirche, die Orthodoxie, aber auch viele evangelisch-freikirchliche Gemeinschaften teilen die rein kriteriale Sichtweise auf Geschlechterverhältnisse nicht. Für sie bleibt der Holismus von Liebe, Sex und Zeugung, der allein in heterosexuellen Beziehungen angelegt ist, theologisch so herausgehoben, dass diesen die Ehe vorbehalten sein sollte. Homosexualität gilt in Orthodoxie und Freikirchen mitunter als „Sexualinversion" (GSD XII.9), welche durch geistig-spirituelle Anstrengungen „bezwungen" (ebd.) werden könne. Die meisten evangelischen Kirchen teilen diese Bewertung von Homosexualität so wenig wie die katholische Kirche (vgl. KKK 2358). Katholische Reformbestrebungen wie „Der Synodale Weg" in Deutschland drängen auf eine Reformulierung einzelner bio- bzw. sexualethischer Positionen der Kirche (vgl. Leben in gelingenden Beziehungen). Ob sie auf weltkirchlicher Ebene Gehör finden, bleibt abzuwarten.

16.4 Findungshorizont ‚Reich Gottes'

Das nahe Reich Gottes bzw. die nahe Königsherrschaft Gottes (Mk 1,15 u. a.) ist der zentrale Gehalt der Predigt Jesu. Der Nazarener verkündet, dass sich Gottes unbedingter Wille zum Guten *jetzt* durchzusetzen beginnt, dass die Schwachen ihr Recht und die Armen Macht bekommen, dass Hungernde satt werden und die Sünder eine Chance zur Umkehr haben (vgl. Theißen/Merz 2011, 250 f.), große Umwälzungen sind also im Gange: Satan fällt „wie ein Blitz vom Himmel" (Lk 10,18): die Kräfte, die dem Reich Gottes entgegenstehen, werden bereits überwunden. Blinde sehen, Lahme gehen: von Jesus gewirkte Heilungswunder beglaubigen die angebrochene Heilszeit (vgl. Lk 7,22). Mit den Umwälzungen der Königsherrschaft Gottes verbindet sich auch eine „Revolution der Werte" (Theißen 2004). Sie wird von den Teilhabern am Reich Gottes als doppelte Entgrenzung erlebt:

- universal entgrenzte *moral patiency*: schon Levitikus 19,18 fordert, man müsse den Nächsten lieben wie sich selbst. Jesu Innovation besteht demgegenüber in einer umfassenden Entgrenzung dieses Liebesgebots. Es gilt nicht nur den „Kindern deines Volkes" (Lev 19,18), sondern allen Menschen, auch den Feinden und Verfolgern (vgl. u. a. Mt 5,38–48).

- sozial entgrenzte *moral agency*: War die Nachahmung der Güte Gottes in Großmut, Verzicht auf Rache und in Feindesliebe nach antikem Verständnis den Königen und Mächtigen aufgegeben (vgl. u. a. Seneca, Ben IV, 28,1), so spricht Jesus den königlichen Mut zur Feindesliebe allen Kindern Israels zu, auch den Machtlosen, Gedemütigten und Verfolgten. Es hieße, das jesuanische Gebot der Feindesliebe misszuverstehen, wollte man in ihm eine Affirmation der Schwäche und einen Aufruf zu kleinlauter Duldung sehen. Jesuanische Feindesliebe ist im Gegenteil Ausdruck ausgesuchter Souveränität.

Leichteren Anschluss an den ethischen Mainstream seiner Zeit findet das Neue Testament mit der Jesus in den Mund gelegten Goldenen Regel. Auffällig ist allerdings die positive Formulierung „Alles, was ihr also von anderen erwartet, das tu auch ihnen!" (Mt 7,12), wo ethosgeschichtlich doch die Negativvariante „Was dir selbst verhasst ist, das mute auch einem andern nicht zu!" (Tob 4,15 u. a.) weiter verbreitet ist. Die positiv gewendete Goldene Regel steht für einen proaktiven Zug des christlichen Ethos, also für die moralische Bereitschaft zur Vorleistung („… tu den Mitmenschen zuerst, was du im Gegenzug von ihnen erwartest!"), die initial notwendig ist, ehe Gegenleistungen erfolgen können und damit eine symmetrische Gerechtigkeitsstruktur etabliert ist. Christen verstehen sich als „Virtuosen des ersten Schritts" (Scheule 2009, 224).

16.5 Politische Ethik im Findungshorizont ‚Reich Gottes'

Anders als die Goldene Regel war das jesuanische Gebot der Feindesliebe (Mt 5,44) für eine allgemeine politische Ethik (hier verstanden als Normierungskonzept für den Umgang mit Freund- und Gegnerschaften) stets schwierig. Martin Luther versuchte, diese Schwierigkeit mit seiner Zwei-Regimenter-Lehre zu bearbeiten: Der Inhaber eines weltlichen Amtes (Lehrer, Richter, Politiker) müsse sich um des Nächsten willen gegen Gegner der weltlichen Ordnung stets robust durchsetzen. Derselbe Lehrer, Richter oder Politiker solle aber in Bezug auf sich und das Seine bereit sein, die Gegner entgrenzt zu lieben und alles Übel und Unrecht sich gefallen zu lassen (vgl. WA11, 246–280). Das Gebot der Feindesliebe kann aber auch im Sinne des sogenannten *usus elenchticus* gedeutet werden: Indem der Mensch immer hinter diesem Gebot zurückbleibt, werde offenbar, dass er niemals durch sein gutes Tun Heil erlangen könne, sondern stets der Gnade Gottes bedürfe. Der tiefere religiöse Sinn des Gebots der Feindesliebe läge dann gerade in seiner Unerfüllbarkeit, die jeder menschlichen Selbstgerechtigkeit den Boden entzieht. Wagt man freilich, Feindesliebe soziologisch zu übersetzen in ein umfassend entgrenztes Kooperationsangebot, gewinnt sie an politischer Operationalisierbarkeit. Sie nimmt jedem Gegner die Möglichkeit, sich als Gegner ins Recht zu setzen und birgt die Chance, der zerstörerischen Spirale von Gewalt und Gegengewalt zu entkommen. Dies lässt sich durchaus auch ohne Verweis auf den christlichen Glauben sehen und als wünschenswert begründen. Strategien, die mit einem Kooperationsangebot gegen jedermann in Vorleistung gehen, können, so haben spieltheoretische Untersuchungen gezeigt, langfristig sogar erfolgreicher sein als abwartende oder feindselige Strategien (vgl. Axelrod 2005). Gleichwohl bedarf der einzelne Akt der Feindesliebe bzw. der proaktiven Kooperation stets einer Souveränität, die den Christen als von Gott geliebten Teilhabern an seinem Reich zuzutrauen ist. Für sie ist die Liebe „dadurch, dass Gott uns zuerst geliebt hat (vgl. 1 Joh 4,10), nicht mehr nur ein ‚Gebot', sondern Antwort auf das Geschenk des Geliebtseins, mit dem Gott uns entgegengeht" (*Deus Caritas Est,* 1).

Die Friedensverkündigung der katholischen, orthodoxen und protestantischen Kirchen plädiert nicht für bedingungslose Kooperation im Sinne kategorischer Gewaltfreiheit, schließlich gebe es auch eine Pflicht, „Menschen davor zu schützen, massivem Unrecht und brutaler Gewalt wehrlos ausgeliefert zu sein […]. Nicht selten kann sich die Frage stellen, ob es erlaubt oder sogar geboten ist, sich für Gegengewalt als das kleinere Übel zu entscheiden" (Hirtenwort *Gerechter Friede,* Nr. 67; ähnlich auch GSD, VIII.2 und die EKD-Denkschrift *Aus Gottes Frieden leben,* Nr. 98 ff.). Aber engagierte Konfliktvorbeugung und Konfliktnachsorge müssen sicherstellen, dass Kooperation der Horizont bleibt, in den hinein Konflikte aufzulösen seien.

16.6 Fazit

Christliche Ethik hat nicht einfach das Eliteethos der Christen zum Gegenstand (vgl. Ernst 2009, 7). Was sie im Diskurs der Angewandten Ethik als moralisch ausweist, sollen Christen wie Nichtchristen verstehen können. Für ihre profilierten Positionen in der Sozial- und Bioethik wie in der politischen Ethik nimmt sie diese allgemeine Nachvollziehbarkeit in Anspruch. Aber was die Christliche Ethik als Ethik *autonom zu begründen* sucht, ist ihr im Glauben auch schon *autochton zugänglich.* Darin liegt das genuin Christliche. Der Findungshorizont christlichen Glaubens birgt moralisch bedeutsame Verhaltensweisen, die nicht erst ihre universalistische Begründung abwarten müssen, ehe sie realisiert werden. Inhaltlich ist dieser Findungshorizont gefüllt von einem Menschenbild differenzierter Hochschätzung: obwohl Geschöpf unter Geschöpfen ist der Mensch als Gottes Ebenbild zum königlichen Verwalter der Schöpfung eingesetzt, obwohl in Sünde verstrickt hat er in Christus Anteil am Reich Gottes und ist ermächtigt zu einer Liebe, die nicht haltmachen muss vor bestimmten sozialen Grenzen.

Literatur

Axelrod, Robert: Die Evolution der Kooperation. München [6]2005.

Denzinger, Heinrich: Kompendium der Glaubensbekenntnisse und kirchlichen Lehrentscheidungen. Verbessert, erweitert, ins Deutsche übertragen [...] von Peter Hünermann. Freiburg i. Br. u. a. [45]2017 [=DH].

Ernst, Stephan: Grundfragen theologischer Ethik. Eine Einführung. München [2]2009.

Fischer, Johannes: Handlungsfelder angewandter Ethik. Eine theologische Orientierung. Stuttgart 1998.

Graf, Friedrich Wilhelm: „Interdependenzen von Religion und Wirtschaft". In: Wilhelm Korff (Hg.): Handbuch Wirtschaftsethik. Berlin [2]2009, Bd. 1 627–669.

Gross, Walter: „Die Gottesbildlichkeit des Menschen im Kontext der Priesterschrift". In: Theologische Quartalschrift 161. Jg., 4 (1981): 244–264.

Mantzaridis, Georgios I.: Grundlinien christlicher Ethik. Sankt Ottilien (Veröffentlichungen des Instituts für Orthodoxe Theologie; 6) 1998.

Scheule, Rupert M.: Gut entscheiden. Eine Werterwartungstheorie theologischer Ethik. Freiburg i. Br. 2009.

Schleiermacher, Friedrich Daniel Ernst: Die christliche Sitte nach den Grundsätzen der evangelischen Kirche im Zusammenhange dargestellt. Berlin [2]1884.

Schockenhoff, Eberhard: Grundlegung der Ethik. Ein theologischer Entwurf. Freiburg i. Br. [2]2014.

Schröer, Henning: Art. „Denkschriften". In: Theologische Realenzyklopädie, Bd. 8. Berlin 1981: 493–499.

Theißen, Gerd: Die Jesusbewegung. Sozialgeschichte einer Revolution der Werte. Gütersloh [4]2004.

Theißen, Gerd/Merz, Annette: Der historische Jesus. Göttingen [4]2011.

Werlitz, Jürgen: „'Und siehe, es war sehr gut'. Überlegungen zur Stellung des Menschen zwischen Gott und Mitgeschöpfen nach Gen 1,26–31". In: Thomas Hausmanninger, Rupert Scheule (Hg.): Geklont am 8. Schöpfungstag. Augsburg 1999, 89–111.

Kirchliche Verlautbarungen

Aus Gottes Frieden leben – für gerechten Frieden sorgen. Eine Denkschrift des Rates der Evangelischen Kirche in Deutschland. Gütersloh 2007.

Centesimus Annus. Enzyklika von Papst Johannes Paul II. [...] zum hundertsten Jahrestag von Rerum novarum. In: Bundesverband der KAB Deutschlands (Hg.): Texte zur katholischen Soziallehre. Die sozialen Rundschreiben der Päpste und andere kirchliche Dokumente. Kevelaer u. a. 2007, 689–764.

Deus Caritas Est. Enzyklika von Papst Benedikt XVI. [...] über die ganzheitliche Entwicklung des Menschen in der Liebe und in der Wahrheit, hg. vom Sekretariat der Deutschen Bischofskonferenz. Bonn 2006 (Verlautbarungen des Apostolischen Stuhls; 186).

Die Grundlagen der Lehre der Russischen Orthodoxen Kirchen über die Würde, die Freiheit und die Menschenrechte. In: Russische Orthodoxe Kirche/Kirchliches Außenamt des Moskauer Patriarchats: Die Dokumente der sozialen Verantwortung. Moskau 2013, 133–155 [=WFM].

Die Grundlagen der Sozialdoktrin der Russischen Orthodoxen Kirche. In: Russische Orthodoxe Kirche/Kirchliches Außenamt des Moskauer Patriarchats: Die Dokumente der sozialen Verantwortung. Moskau 2013, 11–131 [=GSD].

Donum Vitæ. Instruktion der Kongregation für die Glaubenslehre über die Achtung vor dem beginnenden menschlichen Leben und die Würde der Fortpflanzung. Hg. vom Sekretariat der Deutschen Bischofskonferenz. Bonn 1987 (Verlautbarungen des apostolischen Stuhls; 74).

Gaudium et Spes. Pastoralkonstitution des Zweiten Vaticanums über die Kirche in der Welt von heute vom

07.12.1965. In: Das Zweite Vatikanische Konzil. Konstitutionen, Dekrete und Erklärungen. Teil III, Lexikon für Theologie und Kirche, Bd. 14, Freiburg i. Br.1968, 280–578.

Gerechter Friede. Hirtenwort der deutschen Bischöfe. Hg. vom Sekretariat der Deutschen Bischofskonferenz. Bonn 2000 (Die deutschen Bischöfe; 66).

Humanæ Vitæ. Enzyklika von Papst Paul VI. über die rechte Ordnung der Weitergabe des Lebens (Acta Apostolicæ Sedis 60). In: DH 4470–4479.

Katechismus der Katholischen Kirche. Neuübersetzung aufgrund der Editio typica Latina. München u. a. 2007 [=KKK].

Leben in gelingenden Beziehungen. Liebe leben in Sexualität und Partnerschaft. Vorlage des Synodalforums IV auf der Vierten Synodalversammlung (08.-10.09.2022). Frankfurt/M. 2022.

Mater et Magistra. Enzyklika von Papst Johannes XXIII. […] über die jüngsten Entwicklungen des gesellschaftlichen Lebens und seine Gestaltung im Licht der christlichen Lehre. In: Bundesverband der KAB Deutschlands (Hg.): Texte zur katholischen Soziallehre. Die sozialen Rundschreiben der Päpste und andere kirchliche Dokumente. Kevelaer u. a. 2007, 171–240.

Quadragesimo Anno. Enzyklika von Papst Pius XI. […] über die gesellschaftliche Ordnung, ihre Wiederherstellung und ihre Vollendung nach dem Heilsplan der Frohbotschaft. In: Bundesverband der KAB Deutschlands (Hg.): Texte zur katholischen Soziallehre. Die sozialen Rundschreiben der Päpste und andere kirchliche Dokumente. Kevelaer u. a. 2007, 61–122.

Zwischen Autonomie und Angewiesenheit. Familie als verlässliche Gemeinschaft stärken. Eine Orientierungshilfe des Rates der Evangelischen Kirche in Deutschland. Gütersloh 2013 [=ZAA].

Jüdische Ethik

Susanne Talabardon

Was aber ist Mussar? Dass man eine Sache nicht im Verborgenen tut,
derer man sich in der Öffentlichkeit schämen würde.
(Jechi'el Jequti'el von Rom, Ma'alot ha-Middot, fol. 51a).

Die hebräische Sprache verfügt über keinen Begriff, welcher der umfassenden Bedeutung von Ethik entspricht. Es wird auch nicht zwischen Ethik und Moral als der praktischen Anwendung der ethischen Prinzipien differenziert. Das Wort *mussar,* das ab dem Mittelalter für angemessenes menschliches Verhalten Anwendung findet, wird in der Hebräischen Bibel noch als das Erziehungsrecht der Eltern gefasst: „Höre, mein Kind, die Zucht [mussar] des Vaters und lasse nicht von der Weisung deiner Mutter!" (Prov 1,8). Hieraus wird bereits die enge Verbindung zwischen Ethik und Erziehung deutlich, wie sie für die jüdische Tradition weithin typisch ist: Jüdische Ethik ist Angewandte Ethik.

17.1 Biblische Ethik

Die Hebräische Bibel präsentiert sich geradezu als von Weisung (Tora) zu einem angemessenen Leben durchdrungen. Die Forderung nach mitmenschlichen Verhaltensweisen wird dabei doppelt theologisch verankert: Zum einen wird der Mensch als Abbild Gottes (Gen 1, 27) geschaffen und zum anderen wurden dem Menschen die Grundsätze eines gelungenen Lebens offenbart. Letzteres vollzog sich in zwei Etappen, nämlich einmal universal als Bund mit Noah nach der Sintflut und ein weiteres Mal partikular als Bundesschluss mit Israel am Sinai.

Aus der universal gültigen Einsicht, dass jeder Mensch im Abbild des Ewigen geschaffen wurde, leitet sich der unbedingte Schutz menschlichen Lebens ab. Dieser kann gewissermaßen als die ‚oberste Direktive' der biblischen Ethik gelten:

> „Aber euer Blut: für euer Leben werde ich einfordern! Aus der Hand eines jeden Lebewesens werde ich es einfordern und aus der Hand des Menschen, aus der Hand eines jeden für seinen Bruder werde ich das Leben des Menschen einfordern. Wer Blut des Menschen vergießt/dess' Menschen Blut wird vergossen, denn im Abbild Elohims/machte er den Menschen" (Gen 9,5–6).

Auch die Israel im Besonderen offenbarten Gebote enthalten Elemente des Reziproken und der *imitatio Dei.* Gott, der sein Volk aus der Sklaverei Ägyptens befreit hat, erwartet von Israel ein Verhalten, dass Seinen Wohltaten an ihm entspricht. Immer wieder wird daran erinnert, dass die einstigen Sklaven ihre Unterdrückung

S. Talabardon (✉)
Universität Bamberg, Bamberg, Deutschland
E-Mail: susanne.talabardon@uni-bamberg.de

nicht vergessen sollten, wenn sie es mit sozial schlechter Gestellten zu tun bekommen (so z. B. Dtn 5, 15). Die berühmten Zehn Gebote (Ex 20,1–14; Dtn 5,6–18) dienten dabei als ein regelrechtes pädagogisches Programm zur Vermittlung von ethischen Grundregeln an das ganze Volk, das man sich quasi an zehn Fingern abzählen konnte.

In der Bibel wird immer wieder verdeutlicht, dass eine kultische Verehrung des Ewigen ohne ein solidarisches Verhalten gegenüber sozial Benachteiligten wertlos ist (Jes 1,10–17; Hos 10,12). Die zentralen Werte, die vom Ewigen „eingefordert" (Mi 6,8) werden, sind Recht, Gerechtigkeit (in der Bedeutung: dem Anderen gerecht werden) und Milde. Jene Einheit von kultischen und sozialen Standards manifestiert sich deutlich in den zahlreichen Rechtstexten der Bibel, die bewusst kultische und soziale Bestimmungen eng miteinander verklammern.

Erst in der späten Phase der biblischen Literatur kommt es zu theoretischen Reflexionen darüber, ob sich ethisches Verhalten überhaupt lohnt. In den Büchern Hiob und Qohelet wird ergebnislos nach einer Antwort auf die Theodizee-Frage gesucht: Warum ergeht es dem Gerechten so übel, während der Frevler für sein Handeln scheinbar nicht bestraft wird? Solange sich das Volk Israel kollektiv seinem guten oder schlechten Geschick zu stellen gedachte, schien diese Frage nicht wirklich virulent. Hier zeigt sich bereits ein Trend zur Individualisierung in der altisraelitischen Gesellschaft, der auf dem Gebiet der Ethik zum ernsten Problem gerät.

17.2 Rabbinische Ethik

> „Es gibt nichts Gutes in der Tora ohne Mussar!" (ebd., fol. 51a)

In den umfangreichen Schriften der rabbinischen Ära (2. bis 7. Jh. CE) werden die biblischen Vorstellungen aufgegriffen und aktualisiert. Die Ausrichtung der theologischen Reflexionen auf die Ethik findet sich sogar noch verstärkt. So interpretieren die Rabbinen den Topos der Ebenbildlichkeit des Menschen nicht mehr vornehmlich als dessen Herrschaftsfunktion über die Tiere (Gen 1,28), sondern als Auftrag, durch ethisches Handeln den Ewigen zu imitieren und als dessen Partner an der Vollendung der Schöpfung mitzuwirken. Diese Vorstellung wird dadurch untersetzt, dass die Tora und die in ihr offenbarten Gebote als Bauplan der Welt gedeutet wird (GenR I,1).

Die Rabbinen integrierten also Schöpfungslehre und Tora vom Sinai in ein System. Die Offenbarung der Gebote am Sinai – und mit ihr das menschliche Handeln im Einklang mit der Tora – wurde zum Leitprinzip der rabbinischen Theologie. Das (ethische) Verhalten in Befolgung der Gebote und Nachahmung des Ewigen ist die einzige Gewähr dafür, dass die Welt nicht zurück ins Chaos stürzt.

Die universale Bedeutung der Tora wird jedoch nicht nur durch ihre Verortung in der Schöpfungslehre betont. Auch der Bund des Ewigen mit Noah (Gen 9), in der Bibel der Ort, an dem die Weisung Gottes für alle Menschen verankert wird, erlebt in der rabbinischen Tradition ihre Ausgestaltung. Die Rede ist von den sieben Noachidischen Geboten (bSan 56a–59a). Sie umfassen das Gebot von Rechtsprechung, die Verbote von Blasphemie, Idolatrie, Inzest, Blutvergießen, Diebstahl und das Gebot, kein Fleisch zu essen, indem noch Leben ist und sind für die gesamte Menschheit verbindlich.

Die ausdrückliche Auseinandersetzung mit der Frage, wie sich die nichtjüdische Umwelt zur Tora verhält, deutet auf die veränderte Lebenssituation der Juden als Minderheitskultur in der Diaspora, wie sich seit der Christianisierung des Imperium Romanum immer klarer manifestierte. Die umgekehrte Frage, wie sich die jüdische Minderheit zu christlichen und – ab dem 7. Jahrhundert CE – auch muslimischen Herrschern zu verhalten habe, erfährt im Talmud eine Beantwortung, die bis in die Gegenwart Gültigkeit behält. Der ebenso schlichte wie klare Grundsatz lautete: *„Diná de Malkhutá Diná"* (bBQ 113a.b. u. ö.) – „Das Recht des Königtums ist [auch für Juden gültiges] Recht." Nur in denjenigen Fällen, da ein Jude von nichtjüdischen Autoritäten zum Mord, zu Unzucht oder öffentlichem Götzendienst gezwungen würde, gibt es ein ziviles Widerstandrecht in dem Sinne, dass man lieber den Märtyrertod erleiden solle, als ein solches Verbrechen zu begehen (bSan 74a).

In den rabbinischen Schriften finden sich auch umfangreiche Reflexionen zu theoretischen Problemen der Ethik, wie etwa der Frage nach dem ‚Freien Willen' oder der Herkunft des Bösen im Menschen. Mit der Einführung und Begründung einer Auferstehungslehre begegneten die Gelehrten des Talmud und Midrasch dem Theodizee-Problem.

Höchst spannend gestaltet sich die rabbinische Lehre zur Frage des Bösen. Nach Auffassung der Rabbinen wurde der Mensch mit einem guten und einem bösen Trieb geschaffen. Letzterer kann aber nicht als Ausrede für unethisches Handeln gelten, da er nur potentiell zum Bösen treibt. Vielmehr wird er als eine Art Unruhefaktor beschrieben, der dazu motiviert, mehr zu wollen, als man bereits hat und ist:

> „‚Und siehe, es war sehr gut!' [Gen 1,31b] – Das ist der Böse Trieb! […] Ist denn der Böse Trieb sehr gut? Erstaunlich! Vielmehr: Gäbe es keinen Bösen Trieb, würde kein Mensch ein Haus bauen, er würde keine Frau heiraten, keine Kinder zeugen und keinen Handel treiben." (GenR IX,7)

Die entscheidende Frage wäre also nicht, ob der Mensch böse sein kann (kann er), sondern ob er imstande ist, den bösen Trieb für etwas Gutes einzusetzen. Und zu diesem Zweck hat der Ewige dem Menschen zum Bösen Trieb auch gleich das Mittel zu dessen Beherrschung an die Hand gegeben: die Tora (bQid 30b).

Nach dem Gesagten wird es kaum erstaunen, dass die klassische jüdische Ethik, wie sie von den rabbinischen Gelehrten vorgetragen worden ist, vehement den Freien Willen des Menschen verficht. Der Mensch ist in der Tat dazu fähig, sich gegen das Böse zu entscheiden: „Alles ist vorhergesehen, doch die freie Wahl ist gegeben. Mit Güte wird die Welt gerichtet, und alles wird vergolten nach dem Maß der guten Werke" (mAvot III,19). Die rabbinische Lehre geht also eine Art Mittelweg. *Alles ist vorhergesehen:* Jede Tat, sei sie gut oder böse, hat ihre vorher bestimmten Konsequenzen, die der Mensch zu- meist nicht abschätzen kann. *Doch die freie Wahl ist gegeben:* Es steht dem Menschen dennoch frei, sich für das Eine oder das Andere zu entscheiden. So verlautbart der Talmud (bNid 16b), dass der Ewige bei der Bildung des Menschen alles vorherbestimmt: Geschlecht, Aussehen, Gesundheit, Wohlstand – nicht aber, ob er oder sie einst ein Gerechter oder ein Frevler werden wird.

17.3 Mittelalterliche jüdische Ethik

„So, wie der Kopf der wichtigste Teil des Körpers ist, so ist Mussar der wichtigste Teil der Weisheit." (ebd., fol. 50b)

Erst im Mittelalter entwickeln sich, im Zuge der Ausdifferenzierung der Wissenschaften, auch innerhalb des Judentums eigenständige ‚ethische' Werke. Im Wesentlichen kann man drei Formen des Umgangs mit der Tradition beobachten:

- die philosophisch-rationalistische, wie sie vor allem von Mose Maimonides (1135–1204) vertreten wird;
- die rabbinisch-traditionalistische, wie sie beispielsweise von Jona Gerondi (1200–1263) in seinem Werk *Scha'aré T'schuva* oder dem bereits zitierten Sefer *Ma'alot ha-Middot* von 1278 repräsentiert wird sowie
- die esoterische bzw. kabbalistische, wie sie ab dem 12. Jh. in den Werken der Chassidé Aschkenas bzw. ab dem 16. Jh. von den Kabbalisten Safeds greifbar werden (vgl. Mosche Cordovero, 1522–1570, und dessen *Tomer D'vora*).

Diese drei Grundmuster unterscheiden sich substantiell hinsichtlich der jeweiligen Begründung ethischen Verhaltens; sie tun dies jedoch weit weniger in Bezug auf deren konkrete materiale Ausformung. Bei den philosophisch-ethischen Werken geht es darum, die Rationalität der ererbten jüdischen Tradition, insbesondere der kultischen Gebote, zu erweisen. Die sorgfältige und bewusste Ausführung der Tora kann beispielsweise als Weg der Perfektionierung des Menschen, als „Medizin der Seele" (Maimonides) gedeutet werden. Sie bringt den Menschen seiner eigentlichen Bestimmung näher, sich durch intellektuelle Vervollkommnung Gott anzunähern.

Die Traditionalisten hielten nichts von solcherlei rationalistischen Attitüden. Für sie bot die biblisch-rabbinische Tradition alles, was für ein gelungenes Leben zu wissen nötig war. Die Chassidé Aschkenas, eine kleine, aber äußerst einflussreiche Gruppe jüdischer Gelehrter aus Süddeutschland, hielt sich weniger mit theoretischen Begründungen der Ethik auf. Sie sah das Ziel menschlichen Handelns nicht im Akt der Gebotserfüllung selbst, sondern deutete es als Testfall, als Bewährung in einem als feindlich erlebten Diesseits, das es zugunsten der Kommenden Welt zu überstehen galt. Eine sehr genaue Beachtung sozialer und ritueller Gebote und die äußerste Aufmerksamkeit auf Details der überlieferten Vorschriften versprachen größeren Erfolg bei der Überwindung der irdischen Widernisse. Die Chassidé Aschkenas gehören zu den bis dato seltenen jüdischen Strömungen, die asketische Praktiken promulgierten.

Die kabbalistisch inspirierte Mussar-Literatur, wie sie sich insbesondere ab dem 16. Jahrhundert massiv verbreitete, lieferte hingegen eine ausgeprägte theoretische Begründung ethischen Handelns, insbesondere der Befolgung ethischer und kultischer Gebote. Die Kabbala entwickelte die Vorstellung einer umfassenden Entsprechung der offenbaren Gottheit (der Sefirot), des Adam Qadmon (dem Himmlischen Urbild des Menschen), der Tora, der Welt und des irdischen Menschen. Durch Befolgung der Gebote, also auch durch ethisch einwandfreies Verhalten, sollte die Harmonie innerhalb der offenbaren Gottheit, in der Welt und im Menschen selbst und zwischen ihnen hergestellt oder bewahrt werden. Eine Missachtung der Tora schadete demnach nicht nur dem Übeltäter, sondern dem gesamten Universum und sogar dem Ewigen.

Im 16./17. Jahrhundert erfasste diese gravierende Neudeutung weite Teile der jüdischen Bevölkerung. Bis heute prägt sie die zahlreichen Strömungen der jüdischen 'Orthodoxie' (Charedim).

Insbesondere auf dem Gebiet der Sexualethik zeigten die asketischen Züge der mystisch-pietistischen und kabbalistischen Systeme Wirkung. Während in der Bibel bestimmte Sexualpraktiken wie Homoerotik oder Onanie eher beiläufig verboten werden, rückt insbesondere Letztere als Testfall für den Kampf um körperliche Reinheit stärker in den Vordergrund. Die rabbinische Lehre betonte hinsichtlich der Sexualethik vor allem das Gebot der Fortpflanzung, das erst nach Zeugung eines (zeugungsfähigen) Sohnes und einer (gebärfähigen) Tochter als erfüllt galt (mJev VI,6 u. ö.) sowie das Recht auf regelmäßige eheliche Zuwendung. Sexualaskese galt vor diesem Hintergrund weder als besonders verdienstlich, noch war sie ohne weiteres umzusetzen. Erst im Mittelalter brach sich allgemein eine negativere Sicht auf die eheliche Sexualität Bahn. Dies mag, ähnlich wie im Christentum, letztlich dem nun auch im Judentum aufkommenden Leib-Seele-Dualismus geschuldet sein. Körperliche Lustbarkeiten wie Essen, Geselligkeit, Sex oder Flanieren an frischer Luft wurden zugunsten asketischer Praktiken oder intellektueller Tätigkeiten als minder fromm denunziert.

17.4 Die jüdische Ethik in der Moderne

Die Vielfalt jüdischer 'Konfessionen' führt auch in der Moderne zu divergenten Stellungnahmen in wesentlichen ethischen Fragen. Das charedische Lager (der '(Ultra)orthodoxie') betont gegenüber konservativen und liberalen Strömungen die prinzipielle Unveränderlichkeit der Tradition: Diese ist offenbart und darf daher keinen Neuerungen unterworfen werden.

Dem gegenüber optieren die Konservativen (Masorti) und die Progressiv-Liberalen für eine historische Bedingtheit der Tradition, die an wechselnde gesellschaftliche Rahmenbedingungen angepasst werden muss. Diese Grundeinschätzung berührt natürlich auch den Umgang mit ethischen Maßgaben, insbesondere der Familien- und Sexualethik. Der Unterschied zwischen konservativen und liberalen Gemeinschaften besteht (historisch) darin, dass die Liberal-Progressiven systematisch zwischen ethischen und rituellen Geboten differenzierten und nur ersteren einen bleibenden (universalen) Wert zuerkannten. Rituelle Vorschriften konnten hingegen als zeitbedingt interpretiert und zugunsten einer Integration in die christliche Mehrheitsgesellschaft relativiert werden.

17.5 Stellungnahmen zu aktuellen ethischen Problemen

Die unterschiedlichen Grundhaltungen jüdischer Strömungen in Vergangenheit und Gegenwart beeinflussen selbstverständlich die Positionen zu wesentlichen ethischen Fragen der Gegenwart, von denen einige im Folgenden skizziert werden sollen. Dies geschieht unter der Maßgabe, sich auf Äußerungen zu beschränken, die einen klaren Bezug zur jüdischen Tradition aufweisen.

Forschung an menschlichen Embryonen: Der Ausgangspunkt jedweder Reflexion über die Möglichkeit, an menschlichen Embryonen z. B. Stammzellenforschung zu betreiben, wäre die Frage, ab welchem Zeitpunkt der pränatalen Entwicklung von menschlichem Leben gesprochen werden kann. Die erste Stellungnahme dazu bietet bereits die Mischna (2./3. Jh.): „Eine Fehlgebärende des vierzigsten Tages [nach der Empfängnis] sorge sich nicht wegen des Kindes; des einundvierzigsten Tages: sie soll nach [den Vorschriften] für ein männliches oder ein weibliches und der Menstruierenden [nidda] verfahren" (mNid III,7). Der Talmud unterscheidet drei Phasen der pränatalen Entwicklung: Innerhalb der ersten vierzig Tage ist nicht von menschlichem Leben auszugehen; was sich in der Gebärmutter befindet, ist „nichts als Wasser" (bJev 69b). In der zweiten Phase, die auf drei Monate terminiert wird, vollzieht sich die Bildung der menschlichen Formen (bNid 8b; bJev 37a). Für diese Phase gilt: „Die Weisen sagen: Alles, was nicht von menschlicher Form [zura] ist, ist kein Foetus/Kind [walad]" (mNid III,2). Nach Ende der ersten drei Monate, der dritten Phase der Schwangerschaft, ist also von einem Kind auszugehen (s. Kap. 99).

Für eine Diskussion um die Möglichkeit der Forschung an embryonalem Erbgut bzw. der Herstellung von Embryonen zum Zwecke der Gewinnung embryonaler Stammzellen ist die erste, vierzigtägige Phase der pränatalen Entwicklung maßgeblich, in dem der Embryo nicht als etwas gegenüber der Mutter Eigenständiges oder besonders Schützenswertes angesehen wird. Die talmudischen Stellungnahmen, über Jahrhunderte tradiert und diskutiert, bestimmen die Haltung der sehr weit entwickelten Biotechnologie-Forschung im modernen Staat Israel.

Die Stellung der Frau: Die charedischen Strömungen des gegenwärtigen Judentums betonen die unterschiedlichen Funktionen von Mann und Frau in der Gesellschaft. Eine Gleichheit der Geschlechter in dem Sinne, dass beide dieselben Aufgaben oder Tätigkeiten ausführen sollten oder dürften, ist nach dieser Lesart der jüdischen Tradition nicht vorgesehen. Was die öffentlichen Ämter angeht, so berufen sich viele Orthodoxe noch immer auf das folgende Statement des Mose Maimonides: „Man setzt eine Frau nicht in das Amt des Königs, wie gesagt ist: ['Du sollst] einen König über dich [setzen'] [Dtn 17,15] und keine Königin. Und so auch alle Einsetzungen in Israel. Man ernennt für sie ausschließlich einen Mann" (Mischné Tora, Hilkhot Melakhim I,5). Andere orthodoxe Rabbiner mochten sich dieser Einschätzung nicht anschließen und hielten das Urteil Maimonides' für nicht ausreichend begründet. Eine solche Unterscheidung wird auch im kultischen Bereich aufrechterhalten, wo zunächst gilt, dass nur Männer zum Einhalten aller Gebote verpflichtet sind; Frauen hingegen nur zu denjenigen positiven Geboten, die nicht an eine bestimmte Zeit gebunden sind (mQid I,7). Damit sind Frauen vor allem im öffentlichen Ritus der (orthodoxen) Synagoge nicht vorgesehen (s. Kap. 56).

Im häuslichen Kult hingegen (obwohl auch zeitgebunden) spielen Frauen eine wesentliche Rolle. Frauen, folgt man der Mehrheit des charedischen Lagers, sollen im öffentlichen Leben keine tragende Rolle spielen – was aber vor allem der patriarchalen Prägung der Tradition geschuldet ist. Anders als in vielen traditionalistischen Spielarten anderer Religionen, bestehen jedoch gegen eine Berufstätigkeit jüdisch-orthodoxer Frauen selten prinzipielle Einwände. Frauen sind voll geschäftsfähig und können auch über eigene finanzielle Mittel verfügen. Eine Beschränkung auf Heim und Herd findet im charedischen Judentum wesentlich seltener statt, als in vergleichbaren christlichen und islamischen Strömungen. Auch die Kindererziehung wird in der Regel als eine gemeinsame Aufgabe von Vater und Mutter begriffen, wenn auch Mädchen eine andere (und weniger anspruchsvolle) Ausbildung zuteil wird als Jungen. Im Bereich der konservativen und progressiven Gemeinschaften findet eine so deutliche Ungleichbehandlung von Mann und Frau keine Begründung. Frauen können selbstverständlich öffentliche Ämter wahrnehmen und werden auch zu Rabbinerinnen ordiniert.

Ehe und Sexualethik: Aufgrund des Fortpflanzungsgebots (Gen 1,28) ist die Ehe in nahezu allen jüdischen Strömungen, soweit sie sich religiös definieren, die Normalform des Zusammenlebens der Geschlechter. Da die Ehe selbst jedoch nicht religiös sanktioniert ist, kann eine Scheidung auch ohne soziale oder religiöse Ächtung der ehemaligen Partner von statten gehen. Das Leben als Junggeselle (soweit es absichtlich geschieht), in unehelicher Partnerschaft oder in homoerotischen Beziehungen wird nur im charedischen Lager kategorisch abgelehnt. Selbstredend gilt außerehelicher Sex und die Ehe mit nichtjüdischen Partnern in diesem Kontext als schwerer Verstoß gegen den Verhaltenskodex. Kinder, die aus solchen Beziehungen hervorgehen, gelten als *mamserim* (hebr. vermutlich: von fremder Herkunft) und müssen schwere soziale Sanktionen erdulden.

Familienplanung: Innerhalb des charedischen Lagers wird jedwede Art von Geburtenkontrolle strikt abgelehnt. Diese steht nach Auffassung der Tradition im Widerspruch zum Gebot der Fortpflanzung (Gen 1, 28) und zudem unter dem Verdikt der Verschwendung von Lebenskraft (des männlichen Samens). Sexualaskese – nach Erfüllung der Fortpflanzungspflicht – ist nur im gegenseitigen Einvernehmen der Eheleute möglich. Im umgekehrten Fall verhält sich die gesamte Tradition sehr aufgeschlossen, wenn es darum geht, unfruchtbaren Männern und Frauen zu Kindern zu verhelfen. Moderne Techniken wie In-vitro-Fertilisation oder auch die hierzulande so umstrittene Präimplantationsdiagnostik (PID) werden im Großen und Ganzen befürwortet; letztere mit Einschränkungen. Das biblische Hauptgebot der Lebensrettung (Gen 9,5–6) fungiert als Leitprinzip der Diskussion um die Möglichkeit der Abtreibung. Dies hat zur Folge, dass Abtreibung als Mittel der Familienplanung nicht in Erwägung gezogen wird. Auch wenn der Embryo in seiner ersten Phase „nichts als Wasser" ist, so stehen doch seine prospektive Zukunft und das Fortpflanzungsgebot für die Mehrheit jüdischer Rechtsgelehrter über finanziellen oder beruflichen Erwägungen. Der Schutz des Lebens gilt natürlich umgekehrt auch und vor allem für das Leben der Frau, das nach traditionellem Urteil (mOhal VII,6; tJev IX,5 u. ö.) absoluten Vorrang hat vor dem Ungeborenen. Hier wird der Grundsatz „Leben anstelle von Leben" (Ex 21,23) von der rabbinischen Tradition dahingehend interpretiert, dass bei einem Fötus bis zum Augenblick seiner Geburt noch nicht im selben Sinne von ‚Leben' *(nefesch)* die Rede sein kann, wie bei der Mutter. ‚Leben' *(nefesch)* wird hier als eine lebendige (atmende) Entität definiert, die über volle legale und ethische Schutzrechte verfügt. Etwas anderes ist es, wenn es um die Abtreibung von Föten geht, die mit schweren körperlichen oder geistigen Beeinträchtigungen auf die Welt kommen würden. Dies wird in der Regel (als Verlust von potentiellem Leben) nicht befürwortet, aber auch nicht kriminalisiert.

Sterbehilfe und Selbstmord: Aktive Sterbehilfe wird von allen jüdischen Strömungen vehement abgelehnt. Im nachtalmudischen Traktat *S'machot* ('Evel Rabbati; ab 3. Jh. datiert), das sich mit Themen des Todes und der Beerdigung befasst, wird sogar das vorzeitige Schließen der Augen eines Sterbenden als Beschleunigung des Todes und demzufolge als Mord betrachtet (S'machot 1,2–4; vgl. bSchab 151b). Im gleichen Traktat wird Selbstmord (2,1–6) unter Verdikt gestellt (s. Kap. VIII.14).

Der Gerechte Krieg: Die jüdische Tradition, wie sie sich im Anschluss an die Hebräische Bibel ab dem späten 2. Jahrhundert CE entwickelte, war überwiegend nicht in der Verlegenheit, aktiv politische Macht auszuüben und Kriegshandlungen zu begehen, die man hätte religiös begründen müssen. Dennoch existiert in den rabbinischen Schriften die Vorstellung eines gebotenen Kriegs (Milchemet Mizwa), an dem sich alle beteiligen müssen, von dem der „selbstgewählte Krieg" (Milchemet Reschut) unterschieden wird (mSota VIII,7; mSan I,5). Letzterer bezeichnete vermutlich den Angriffskrieg eines Herrschers zugunsten der Vergrößerung seines Territoriums, wofür dieser aber (mSan I,5) die Zustimmung des Obersten Gerichtshofes einholen musste. Dem gegenüber wäre Milchemet Mizwa als Krieg zur Selbstverteidigung zu bestimmen. Da, wie erwähnt, Fragen der Kriegführung innerhalb der jüdischen Tradition bis ins 20. Jahrhundert hinein wirklich akademischer Natur waren, gibt es in den Quellen wenig Auskunft zum Thema (s. Kap. 89).

Siglen für Bibel-Quellen

Gen	Genesis, 1. Buch Mose
Ex	Exodus, 2. Buch Mose
Dtn	Deuteronomium, 5. Buch Mose
Jes	Jesaja
Hos	Hosea
Mi	Micha
Prov	Proverbien, Buch der Sprüche

Siglen für Quellen rabbinische Literatur

bBQ	Babylonischer Talmud, Traktat Baba Qamma
bJev	Babylonischer Talmud, Traktat Jevamot
bNid	Babylonischer Talmud, Traktat Nidda
bQid	Babylonischer Talmud, Traktat Qidduschin
bSan	Babylonischer Talmud, Traktat Sanhedrin
bSchab	Babylonischer Talmud, Traktat Schabbat (Lazarus Goldschmidt [Ü]: Der Babylonische Talmud, 12 Bde. Frankfurt a. M. 1996)
GenR	Genesis Rabba; Großer Midrasch zur Genesis (August Wünsche: Der Midrasch Bereschit Rabba. Das ist die Haggadische Auslegung der Genesis. Zum ersten Male ins Deutsche übertragen (Bibliotheca Rabbinica Bd. 1). Leipzig 1881 [keine wirklich gute Übers.])
mAvot	Mischna, Traktat Avot
mJev	Mischna, Traktat Jevamot
mNid	Mischna, Traktat Nidda
mOhal	Mischna, Traktat Ohalot
mQid	Mischna, Traktat Qidduschin
mSan	Mischna, Traktat Sanhedrin
mSota	Mischna, Traktat Sota
tJev	Tosefta, Traktat Jevamot (Jacob Neusner [Ü]: The Tosefta, 2 Bde. Band 2. Peabody, Mass. 2002)

Literatur

Amsel, Nachum: Jewish Encyclopedia of Moral and Ethical Issues. Northvale (NJ) 1994.

Berger, Ruth: Sexualität, Ehe und Familienleben in der jüdischen Moralliteratur (900–1900). Wiesbaden 2003.

Berger, Yitzhak/Shatz, David: Toward a Jewish (M)orality: Speaking of a Post-Modern Jewish Ethics. Westport, Conn. 1998.

Berger, Yitzhak/Shatz, David (Hg.): Judaism, Science, and Moral Responsibility. Proceedings of the 14th Orthodox Forum, held in 2002. The Orthodox Forum Lanham, Md. 2006.

Breslauer, S. Daniel: Toward a Jewish (m)orality: Speaking of a Post-Modern Jewish Ethics. Westport, Conn. 1998.

Breslauer, S. Daniel/Crane, Jonathan Kadane (Hg.): The Oxford Handbook of Jewish Ethics and Morality. Oxford, New York 2016.

Dorff, Elliot N.: Love your Neighbor and Yourself. A Jewish Approach to Modern Personal Ethics. Philadelphia 2006.

Dorff, Elliot N./Newman, Louis E. (Hg.): Contemporary Jewish Ethics and Morality: A Reader. Oxford 1995.

Greenberg, Steven: Wrestling with God and men. Homosexuality in the Jewish tradition. Madison, Wis. 2004.

Herring, Basil F.: Jewish Ethics and Halakha for Our Time: Sources and Commentary, 2 Bde. New York 1984–1989.

Hurwitz, Peter J./Picard, Jacques/Steinberg, Avraham (Hg.): Jüdische Ethik und Sterbehilfe: Eine Sammlung rabbinischer, medizinethischer, philosophischer und juristischer Beiträge. Basel 2006.

Kadushin, Max: Worship and Ethics: A Study in Rabbinic Judaism. Northwest U. P. 1964.

Kellner, Menachem (Hg.): Contemporary Jewish Ethics. New York 1978.

Levy, Ze'ev: Probleme moderner Jüdischer Hermeneutik und Ethik. Cuxhaven 1997.

Maier, Johann: Kriegsrecht und Friedensordnung in jüdischer Tradition. Stuttgart 2000.

Mordhorst-Mayer, Melanie: Medizinethische Entscheidungsfindung im orthodoxen Judentum. Übersetzung und Analyse von Responsen zum Schwangerschaftskonflikt. Leipzig 2013.

Nordmann, Yves: Zwischen Leben und Tod. Aspekte der jüdischen Medizinethik. Bern 1999.

Rosner, Fred/Bleich, J. David/Brayer, Menachem M. (Hg.): Jewish Bioethics. Jerusalem 2000.

Safran, Alexander: Jüdische Ethik und Modernität. Tübingen 2000.

Sherwin, Byron L.: Jewish Ethics for the Twenty-First Century. Living in the Image of God. Syracuse University Press 2000.

Yaffe, Martin D. (Hg.): Judaism and environmental ethics. A reader. Lanham, Md. 2001.

Yanklowitz, Shmuly (Hg.): Kashrut and Jewish food ethics. Boston 2019.

Yanklowitz, Shmuly: The Soul of Jewish Social Justice. Chicago 2014.

Zemer, Moshe: Jüdisches Religionsgesetz heute. Progressive Halacha. Neukirchen-Vluyn 1999.

Islamische Ethik

Thomas Eich

In der islamischen Ethik lassen sich sowohl historisch als auch in Bezug auf die religiösen Basistexte Koran und *Sunna* (gesammelte Handlungen und Aussprüche des Propheten Muhammad und seiner Gefährten) zwei maßgebliche Stränge ausmachen. Auf der einen Seite steht ein stark ausgeprägter theologisch-voluntaristischer Zug, dem das rationalistische Konzept gegenüber steht, dass Gott mit seinen offenbarten Anleitungen zum rechten Handeln in Form von konkreten Handlungsanweisungen ein über die bloße Summe dieser Einzelteile hinausgehendes Ziel verfolgt, das durch die menschliche *ratio* entdeckt und dann durch menschliches Wollen und Handeln erreicht werden kann.

Voluntaristische Aussagen finden sich etwa in Koran 13:27 „Gott führt irre, wen er will. Aber wenn einer sich (ihm bußfertig) zuwendet, führt er ihn zu sich (auf den rechten Weg)." (Alle Koran-Übers. Rudi Paret) Ähnlich heißt es in 61:5 zu den Juden zur Zeit Mose: „Als sie dann (von sich aus vom rechten Weg) abschweiften, ließ Gott (seinerseits) ihr Herz (vom rechten Weg) abschweifen (und die Widersetzlichkeit ihnen zur zweiten Natur werden). Gott leitet das Volk der Frevler nicht recht." Aus diesen und anderen Koranstellen sowie verschiedenen Texten der *Sunna* entwickelte sich das Konzept der göttlichen Prädestination menschlichen Handelns.

Dem gegenüber stehen Aussagen, die menschliches Wollen und Handeln in den Fokus rücken, so etwa in 13:31: „Haben denn diejenigen, die glauben, nicht die Hoffnung aufgegeben (dass jedermann sogleich den rechten Glauben annehmen wird, und sich damit abgefunden), dass Gott, wenn er gewollt hätte, die Menschen allesamt rechtgeleitet hätte? Noch immer wird diejenigen, die ungläubig sind, (zur Strafe) für das, was sie getan haben, eine Katastrophe treffen." Ähnlich heißt es in 2:286: „Gott verlangt von niemand mehr, als er (zu leisten) vermag. Jedem kommt (dereinst) zugute, was er (im Erdenleben an guten Taten) begangen hat, und (jedem kommt) auf sein Schuldkonto, was er sich (an bösen Taten) geleistet hat."

18.1 Grundlagen und Geschichte der islamischen Ethik

Bis etwa zum 10. Jahrhundert n. Chr. (entspricht dem 4. Jh. islamischer Geschichtsschreibung) traten die jeweiligen Vertreter der theologisch-voluntaristischen und der rationalistischen Sichtweise in bisweilen heftige Auseinandersetzungen, in deren Verlauf letztere (sog. *Mu'taziliten*) zeitweise im 9. Jahrhundert die Oberhand gewannen bis sich schließlich ab dem 10. Jahrhundert erstere durchsetzten (sog. *Asha-*

T. Eich (✉)
Universität Hamburg, Hamburg, Deutschland
E-Mail: Thomas.Eich@uni-hamburg.de

riten). Damit setzte sich im sunnitischen Islam (über 90 % der heutigen Muslime sind Sunniten) ein stark voluntaristischer Zug durch, während die Ideen der *Mu'taziliten,* denen zufolge die göttliche Wahrheit und somit die Erkenntnis des rechten Handelns menschlicher *ratio* auch jenseits der Offenbarung zugänglich sei, eher die Geistesgeschichte der Schiiten beeinflusste.

In beiden Denkschulen wird (un)ethisches Handeln durch den Maßstab göttlichen Willens kategorisiert. Basierend auf verschiedenen Koranstellen werden verdienstvolle und unrechte Handlungen als Akte des Gehorsams bzw. der Auflehnung gegen Gott verstanden (z. B. 4:59; 20:121; 49:7). Die koranische Motivation zum rechten Handeln bedient sich dabei dreier Konzepte. Erstens wird mit Bezug auf 7:172 ein vor der Zeit geschlossener Vertrag aller Menschen mit Gott angenommen, in dem diese ihn als ihren Herrn anerkannten und sich verpflichteten, seinem Willen Folge zu leisten. Zweitens wird (Un)Gehorsam gegenüber Gott als ein Akt der (Un)Dankbarkeit für dessen Wohltaten konzeptionalisiert (z. B. 39:5–7). Drittens werden Belohnung und Strafe am Jüngsten Tag in Aussicht gestellt (z. B. Sure 56).

Etwa in der Zeit des 10. und 11. Jahrhunderts etablierte sich zunehmend eine Entkoppelung rechtlicher und ethischer Fragen, die mit der Genese spekulativer Theologie *(kalâm)* und Jurisprudenz *(fiqh)* als distinkte Wissenschaftsdisziplinen einherging. Der *fiqh* macht sich das Herleiten konkreter handlungsleitender Normen aus autoritativen Quellen – neben Koran und *Sunna* auch dem Gelehrtenkonsens *(ijma')* und dem Analogieschluss *(qiyâs)* – zur Hauptaufgabe. Da etwa ab dem 10. Jahrhundert erstere drei Quellen endgültig fixiert sind, kommt in der Fortentwicklung des *fiqh* dem *qiyâs* immer größere Bedeutung zu. Der *kalâm* beschäftigt sich demgegenüber stärker mit theologischen Fragen vermittels rationaler Spekulation und lehnt dabei den Analogieschluss als Erkenntnisquelle ab. Mit der Etablierung von *kalâm* und *fiqh,* spekulativer Theologie und Jurisprudenz, als methodisch unterschiedener Disziplinen mit eigenen Fragestellungen und Anwendungsbereichen ging auch einher, dass ethische Fragen zu einem Hauptthema des *kalâm* werden und im *fiqh* zunehmend an Bedeutung verlieren, da dieser sich vornehmlich mit Beweisbarem beschäftigt – also überwiegend den äußeren, feststellbaren Akten und nur selten mit den ihnen zugrunde liegenden, kaum beweisbaren Intentionen. Letztere werden im *fiqh* zwar weiter als fester Bestandteil der Kategorisierung von Handlungen betrachtet, bei der Begründung eines konkreten Urteils in der Mehrheit der Fälle aber ausgeklammert. Dies zeigt sich insbesondere in dem Fünferschema, in dem islamische Rechtsgelehrte menschliche Handlungen bewerten. Von den fünf ethischen Kategorien „verpflichtend" *(wâjib),* „empfohlen" *(mandûb),* „indifferent/erlaubt" *(mubâh),* „verdammenswürdig" *(makrûh)* und „verboten" *(harâm)* haben nur die erste, dritte und fünfte rechtliche Relevanz. Die anderen beiden verorten demgegenüber menschliches Handeln jenseits irdischer Justiziabilität.

18.2 Kernprobleme der zeitgenössischen islamischen Ethik

Das Kernproblem ethischer Reflexion im islamischen Denken liegt in der Tatsache, dass der Koran, der als das wörtlich inspirierte Wort Gottes aufgefasst wird, einerseits das rechte Handeln vom Menschen einfordert, andererseits aber nur in einigen wenigen Fällen genau Anweisungen gibt, worin dieses zu bestehen habe. Dies ist auch deswegen ein Problem, weil es im Korantext zwar nur wenige detaillierte Ge- und Verbote gibt, diese aber durch ihre schiere Existenz die Möglichkeit erschweren, den Koran als ein Dokument aufzufassen, in dem Gott seine Vorgaben für ethisches Handeln lediglich in groben Zügen offenbart und die konkrete Umsetzung ganz dem Menschen überlassen habe. In der islamischen Geschichte setzte sich die Auffassung durch, dass das *gesamte* menschliche Handeln an der Richtschnur des göttlichen Willens zu messen, mithin religiöses Handeln sei. Dieses wiederum wurde in hohem Maße als öffentlich sichtbares Tun eingefordert, wobei eine Kontrollfunktion des sozialen Umfelds koranisch legitimiert ist: „Und die gläubigen Männer und Frauen sind untereinander Freunde (und bilden eine Gruppe für sich). Sie gebieten, was recht ist, und verbieten, was verwerflich ist […]." (9:71) Da die textliche Basis des Korans zu schmal ist, um jedes erdenkliche Handeln – auch per Analogieschluss – bewerten zu können, wurde die *Sunna* etwa ab dem 9. Jahrhundert immer mehr zur zweiten textlichen Hauptquelle ethischer Reflexion islamischer Gelehrsamkeit. Insbesondere im Bereich des *fiqh* verband sich somit theologisch-voluntaristisches Denken mit einer skripturalistischen Bewertung menschlichen Tuns auf Basis von Koran und *Sunna*.

In zeitgenössischen sunnitisch-islamischen Ethikdebatten überwiegt der voluntaristisch-skripturalistische Ansatz, insbesondere in Ländern mit muslimischen Mehrheitsbevölkerungen. Vornehmlich im anglophonen Raum wächst demgegenüber in den letzten Jahrzehnten muslimischen Intellektuellen wie Fazlur Rahman (gest. 1988), Ebrahim Moosa oder Abdullahi al-Na'îm immer größere Bedeutung zu. Sie rücken stärker das Fragen nach den im Koran offenbarten Prinzipien sowie die rechte Intention des Handelns in den Vordergrund. Dabei gehen sie genauso wie ihre Opponenten davon aus, dass der Koran Antworten für alle Fragen des täglichen Lebens enthalte. Im Unterschied zu Denkern wie zum Beispiel Yusuf al-Qaradâwî (gest. 2022) spielt in ihren Äußerungen die *Sunna* eine gegenüber dem Koran deutlich abgestufte Rolle. Ethische Reflexion wird hier als die rationalistische Begegnung mit dem Korantext verstanden, um diese Antworten zu entdecken. Hierbei wird dem voluntaristischen Modell entgegengehalten, ethisches Nachdenken sei überflüssig, wenn Gottes Wille in allen denkbaren Fällen offensichtlich oder aber im Rahmen göttlicher Allmacht jeder Zeit änderbar und somit willkürlich sei.

Die geistesgeschichtliche Entwicklung der Schiiten weist mehrere hier relevante Unterschiede zu den Sunniten auf. Aus einem primär machtpolitisch begründeten Schisma in der frühislamischen Geschichte entstanden, entwickelten die Schiiten das Konzept, dass auch nach dem Tode Muhammads im Jahre 632 mit dessen Cousin Alî b. Abî Tâlib sowie dessen männlichen Nachkommen aus der Linie mit der Prophetentochter Fâtima weiterhin eine spirituelle und ethisch-rechtliche Instanz der Rechtleitung mit Prophetie-ähnlichem Status bis ins 10. Jahrhundert existiert habe – die so genannte Imamatslehre. Hinzu trat die weitgehende Verfolgung und Unterdrückung der schiitischen Minderheit während langer Phasen ihrer Geschichte. Die Beantwortung der Frage nach dem rechten, gottgefälligen Handeln im Angesicht historischen Wandels erfolgte vor diesen Hintergründen bei den Schiiten grundsätzlich unter anderem Vorzeichen, das den äußerlichen Handlungsaspekten geringere Bedeutung beimaß. Al-Allâma al-Hillî (gest. 1325) entwickelte dann die Lehre, dass in Fällen, in denen die Tradition *(naql)* keinerlei Auskunft zur Bewertung von Handlungen gebe, die *ratio (aql)* diese Funktion übernehme. *Aql* wird hier als eine Rechtsquelle definiert, weswegen in der Ausbildung schiitischer Gelehrsamkeit deutlich weniger Wert auf die umfassende, möglichst auswendige Kenntnis aller Koranverse und Aussprüche des Propheten und der schiitischen Imame wert gelegt wird, als auf die Beherrschung des Handwerkszeugs des Logikers. Aus diesem Grund hatte die Rezeption antik-griechischen Erbes in der schiitischen Ethik bleibenderen Einfluss als bei den Sunniten. Im 18. Jahrhundert kam es dann zu einem Konflikt zwischen skripturalistischen und rationalistischen Gruppierungen (sog. *Akhbârîs* vs. *Usûlîs*), den letztere für sich entschieden. Damit ging die Genese der extrem starken Position der religiösen Gelehrsamkeit gegenüber den Laien bei der Mehrheit der Schiiten einher, die durch die *marja'îya*-Lehre des 19. Jahrhunderts zementiert wurde. Demnach haben nur wenige so großes religiöses Wissen erlangt, dass sie zur Normschöpfung vermittels der *ratio* qualifiziert sind. Sie fungieren daher als „Quelle der Nachahmung" *(marja' al-taqlîd)* für den Rest der Gläubigen, die sich einmal für einen *marja'* entscheiden und diesem dann Folge leisten müssen. Ein Wechsel des *marja'* ist nur bei dessen Tod möglich.

Beispiele praktischer Ethik finden sich etwa im Bereich der Medizin- und Bioethik. Grundsätzlich wird in der zeitgenössischen Debatte bei sunnitischen wie schiitischen Denkern davon ausgegangen, dass alle Schöpfung außer dem Menschen geschaffen wurde, damit der Mensch sie zum Zwecke seines Erhalts oder auch der Verbesserung seines Lebens nutze und gegebenenfalls auch modifiziere. Deswegen wird beispielsweise der Gentechnologie breiter Handlungsspielraum eingeräumt, solange sie sich auf Tiere und Pflanzen beschränkt und eine mittelbare Schädigung des Menschen ausgeschlossen erscheint. Die Schaffung von Chimären wird allerdings als problematisch bewertet. Der Mensch wird demgegenüber als ein Mischwesen konzeptionalisiert, in dem immanente und transzendente Komponenten (Körper und Seele) zusammenkommen. Der Beginn des Lebens wird generell mit der Verschmelzung von Ei und Samenzelle angesetzt, wobei die Frage nach dem Status der Nidation in der Bewertung dieser Frage weitgehend unentschieden ist. Die Mehrheit der muslimischen Bioethiker geht von einem Modell zunehmender Schutzrechte mit fortschreitendem Wachstum des Ungeborenen aus. Volle Schutzrechte werden mit dem 120. Tag der Schwangerschaft angesetzt, der inzwischen allgemein als der Zeitpunkt der Beseelung gesehen wird. Mit diesem Zeitpunkt wird die Abtreibung als eine Straftat auf einer Ebene mit der Tötung eines Menschen angesehen. Davor wird die Tat zwar als verwerflich eingestuft, ohne jedoch zu strafrechtlichen Konsequenzen zu führen (s. Kap. 98).

Die Frage von Hirntodkriterium und Organtransplantation wird kontrovers diskutiert. Hierbei spielen insbesondere Gerechtigkeitsfragen eine große Rolle. So wird gefragt, inwieweit der Aufbau eines Systems zur Organtransplantation nicht Ressourcen aus anderen Bereichen wie etwa der Basisgesundheitsversorgung abzieht.

Ebenso wird die Gefahr der Entstehung von Organhandel gesehen oder aber dass Ärzte einen Patienten voreilig für tot erklären, um Transplantationen vornehmen zu können. Grundsätzlich kann das auch über den Tod hinaus geltende Gebot der Unversehrtheit des menschlichen Körpers beim Vorliegen einer Notsituation (*darûra*) ausgehebelt werden. Eine solche *darûra* wird dann als gegeben angesehen, wenn durch eine bestimmte Handlung z. B. das Leben eines Menschen gerettet oder gesundheitlich gesehen in seiner Qualität substanziell über einen längeren Zeitraum verbessert werden kann. Vor diesem Hintergrund werden in der Regel auch Lebendspenden für erlaubt erklärt. Kaum diskutiert wurde bislang die Problematik palliativ-medizinischer Maßnahmen, die lebensverkürzend wirken können. Sterbehilfe hingegen wird rundheraus abgelehnt (s. Kap. 104).

Literatur

Eich, Thomas (Hg.): Moderne Medizin und Islamische Ethik. Biowissenschaften in der muslimischen Rechtstradition. Freiburg i. Br. 2008.

Fakhry, Majid: Ethical Theories in Islam. Leiden 1991.

Grundmann, Johannes: „Scharia, Hirntod und Organtransplantation: Kontext und Wirkung zweier islamischer Rechtsentscheidungen im Nahen und Mittleren Osten". In: Orient (Hamburg), 45. Jg., 1 (2004): 27–46.

Hamdy, Sherine: Our bodies belong to God: Organ Transplants, Islam, and the Struggle for Human Dignity in Egypt. Berkeley 2012.

Hourani, George: Reason and Tradition in Islamic Ethics. Cambridge 1985.

Izutsu, Toshihiko: Ethico-Religious Concepts in the Qur'an [1966]. Montreal 2007.

Reinhart, Kevin: Before Revelation. The Boundaries of Muslim Moral Thought. Albany 1995.

Sachedina, Abdulaziz: Islamic Biomedical Ethics: Principles and Application. New York 2009.

Buddhistische Ethik

Jens Schlieter

19

Obwohl in den klassischen Texten der buddhistischen Traditionen ethisch-moralischen Leitsätzen eine bedeutende Rolle zukommt, ist der Ausformulierung einer systematischen „buddhistischen Ethik" weniger Aufmerksamkeit gewidmet worden (vgl. Cozort, Shields 2018: 2). Dies liegt zum einen daran, dass in den beiden großen buddhistischen Hauptschulen – dem insbesondere in Tibet, Mongolei, Vietnam, China, Korea und Japan verbreiteten Mahāyāna-Buddhismus und dem in Süd- und Südostasien vorherrschenden Theravāda-Buddhismus – zentrale traditionsübergreifende Institutionen fehlen, die in Fragen der Ethik allgemein verbindliche Antworten formulieren könnten. Neben dieser organisatorischen Besonderheit der Vielfalt der „Buddhismen" ist als ein weiterer Grund des Fehlens einer systematischen Ethik zu nennen, dass die moralischen Handlungsanweisungen hier nicht als unumstößlich einzuhaltende Prinzipen, sondern als Übungsregeln (bzw. Selbstverpflichtungen) angesehen werden. Die philosophisch-religiösen Lehren des Buddhismus gehen ja von einer leidhaften Welt aus, die von den Menschen in zahllosen Wiedergeburten erfahren wird. Die moralischen Übungsregeln sollen dem einzelnen ermöglichen, die Aufhäufung schlechten Karmas (d. h. sich auf die künftige Wiedergeburt negativ auswirkende ‚Handlungsenergie') zu vermeiden, die Erzeugung positiven Karmas hingegen zu befördern. Je nach persönlicher Religiosität, sozialer Stellung, kulturellem Hintergrund und der jeweiligen Schulzugehörigkeit oszillieren die vertretenen Positionen daher zwischen strikter Observanz und liberaler Auslegung der ethisch-moralischen Grundhaltungen. Letztendlich soll durch das sittliche Handeln (und die konzentrativ-meditative Hervorbringung eines heilsamen Geistes sowie durch Weisheit) eine erneute Wiedergeburt verhindert werden, um das Heilsziel, das Nirvāṇa, zu erreichen. Will man diese besondere Perspektive auf die Ethik mit einem eigenen Begriff bezeichnen, bietet es sich an, von einer buddhistischen „Täterethik" – im Gegensatz zu einer „Opferethik" – zu sprechen (vgl. Schlieter 2006), da der einzelne, indem er anderen gegenüber ethisch-moralisch handelt, einen zentralen Nutzen für *sich* selbst zu verwirklichen trachtet, indem, gemäß buddhistischer Auffassung, dieses Handeln die künftige Verbesserung der eigenen Existenz mit sich bringt. Eine weitere wichtige Voraussetzung der buddhistischen Ethik betrifft die Ursachen des menschlichen Leidens. So heißt es in der ersten der „vier edlen Wahrheiten", die zu den zentralen Lehren des historischen Buddha gehören: „Geburt ist Leiden, Alter ist Leiden, Krankheit ist Leiden, Sterben ist Leiden". Die Leiden durch Krankheit, insbesondere auch am Lebensende, gehören

J. Schlieter (✉)
Universität Bern, Bern, Deutschland
E-Mail: jens.schlieter@relwi.unibe.ch

nach Buddha also zur menschlichen Existenz dazu. Daraus ergibt sich, dass gewisse buddhistische Lehren sich als Antwort auf genau diese Frage verstehen, nämlich, wie das Entstehen des menschlichen Leidens verhindert werden könne.

Nun ist es angesichts der Vielfalt der Fragestellungen im Bereich Angewandter Ethiken – von der Medizinethik über die Sozialethik bis hin zur Tierethik oder Medienethik – nicht möglich, in diesem Überblick über die buddhistische Ethik deren bisherige Antworten in all diesen Bereichen zu skizzieren. Insofern seien zunächst einige Merkmale und Positionen der buddhistischen Ethiken benannt, um diese dann an ausgewählten Beispielen der Angewandten Ethik, vor allem medizinethischen Fragen (Haltungen zum Lebensanfang und Lebensende, der Menschenwürde und Personalität), zu konkretisieren.

19.1 Ethik im Buddhismus

Buddhistische Ethik ist nur zum geringsten Teil eine Reflexionstheorie der Moral, sondern direkt mit dem Anliegen der Heilswirksamkeit für den Handelnden gekoppelt. Es gibt daher im Buddhismus kein System einheitlicher ethischer Prinzipien, die im Falle von Konflikten eine klare Prioritätensetzung implizieren. Ethik versteht sich vor allem als Einübung in Sittlichkeit, d. h. als Selbstkultivierung – etwa als Einübung des Mitgefühls mit allen empfindenden Wesen. Als entscheidende Voraussetzung für die Umsetzung einer solchen „Übungsethik" wird von vielen Buddhisten das Erlernen von „Achtsamkeit" erachtet (vgl. Davis/Flanagan 2017). Eine zentrale Grundlage ist zudem die in allen buddhistischen Traditionen anzutreffende Selbstverpflichtung des „Nicht-Verletzens". Es stellt – neben dem Abstehen von Diebstahl, Lügen, berauschenden Getränken und geschlechtlichen Ausschweifungen – eines der „fünf Grundgebote der Sittlichkeit" dar und gebietet, vom „Töten lebender Wesen" Abstand zu nehmen. Darunter fällt auch die Selbsttötung, die in vielen Texten als unheilsam erachtet wird. Zur Einschätzung der ‚Schwere' von Tötungsvergehen, d. h. ob und in welchem Ausmaß sie als „unheilsam" angesehen werden, gehört zum einen die Frage nach der handlungsleitenden Intention, der Handlungsabsicht. Innerhalb des Theravāda wird es zumeist als unmöglich erachtet, im selben Augenblick eine geistige Haltung des „Mitgefühls" (Pali: *mettā*) einzunehmen, und gleichzeitig ein anderes lebendes Wesen zu töten (vgl. Gethin 2004). Es gilt, mit anderen Worten, als nicht möglich, ein leidendes Wesen aus Mitleid zu töten, ohne dabei zugleich einer unheilsamen Tötungsabsicht nachzugeben – etwa einem möglicherweise dem Täter selbst verborgenen, uneingestandenem Hass. Auch in Bezug auf die Motivation der Selbsttötung wird – so es nicht ein freiwillig vollzogenes, höheres Selbstopfer darstellt – davon ausgegangen, dass eine solche unheilvolle Motivation vorliegt. Diese Auffassungen haben zum Beispiel zur Folge, dass aus buddhistischer Sicht Ärzte nicht heilvoll handeln (im Sinne der Täterethik), wenn sie bei Patienten eine direkte aktive Sterbehilfe ausführen.

Nach bestimmten Texten des Mahāyāna hingegen ist es möglich, trotz Mitgefühl eine Tötungsabsicht zu fassen und auszuführen, wobei dies allerdings auf ganz bestimmte Ausnahmefälle, ähnlich der in der europäischen Tradition diskutierten Legitimität des sogenannten Tyrannenmordes, eingegrenzt wird.

Neben der Evaluation der Intention des Handelnden gibt es einen zweiten Strang in der buddhistischen Ethik, der sich von den Konsequenzen einer Handlung herleitet, die sich der Handelnde vor seiner Tat überlegen soll. Begründet wird dies vor allem vor der folgenden Prämisse: Alle Wesen streben nach Glück und Vermeidung von Leid. Es ist daher wichtig, sich in Gedanken an den Ort des anderen zu versetzen. Niemand wolle ja selbst verletzt werden, und dürfe daher auch keinen anderen verletzen. Da alle das gleiche Leid und das gleiche Glück erfahren, soll man sie – wie sich selbst – beschützen (vgl. Harvey 2000; XIV. Dalai Lama 2000). Im Zuge dieser beiden Kriterien (Intention und Konsequenz der Handlung) wird in manchen Texten auch diskutiert, dass es eine Abstufung der Schwere von Vergehen gebe: Im Fall der Tiere als Opfer wiege etwa ein unwillkürliches Töten einer Mücke weniger schwer, als die von langer Hand geplante Tötung eines Elefanten. Im Fall der Tötung eines Menschen sei es hingegen gravierender, einen guten, freigebigen Menschen, einen Mönch oder eine Nonne, oder auch die Eltern, zu töten als einen „bösen Menschen", der etwa selbst bereits aus niederen Motiven getötet habe. Trotz des Einbezugs aller empfindenden Wesen in ethische Erwägungen ernährt sich nur ein gewisser Teil der Buddhisten vegetarisch. Im Verhaltenskodex der Mönche und Nonnen wird erklärt, dass diese Fleisch essen dürfen, wenn die zur Zubereitung nötigen Tiere nicht extra für sie getötet wurden. Es fällt auf, dass die buddhistischen ethischen Auffassungen sowohl Merkmale der „Gewissensethik" und „Verantwortungsethik" (Max Weber) tragen, bzw. sowohl Züge einer Prinzipienethik wie auch einer Ethik der Nutzenabwägung (vgl. Goodman 2009), und in geringerem Masse auch einer Tugendethik aufweisen.

19.2 Angewandte Ethik im Bereich sozialen und politischen Handelns

Zu den zentralen politischen Ideen des historischen Buddha wird üblicherweise gezählt, dass der Buddha das im damaligen Indien vorherrschende vier Kasten umgreifende hierarchische Sozialsystem abgelehnt habe. Genauere Analysen zeigen, dass der Buddha weniger sozialreformerisch oder gar sozialrevolutionär eingestellt war, als vielmehr die Auffassung hochkastiger Brahmanen kritisierte, sich ihren hohen gesellschaftlichen Status lediglich aufgrund ihrer Abstammung – und nicht als durch ethisch-moralische Lebensführung ‚verdient' – zuzuschreiben. Allerdings findet sich auch das Ideal einer Gesellschaftsordnung, die auf buddhistisch legitimierten Wohlfahrtsideen aufbaut: Wahrhaftigkeit und Friedfertigkeit, dem Ideal der Gabenspende an Bedürftige, d. h. Arme wie auch Nonnen und Mönche, sowie die Existenz einer funktionierenden Rechtsprechung. Traditionell wird die Sozialethik der buddhistischen Traditionen durch die Idee des „Mitgefühls" mit allen empfindenden Wesen reguliert, die darauf hinausläuft, sich in die Lage anderer hineinzuversetzen und soweit als möglich allem verletzenden und schädigenden Verhalten zu enthalten. Die buddhistische Praxis des „Mitgefühls" und der „Gabe" wurde im Vergleich zur christlichen Ethik des aktiven „wohltätigen Mitleids" (lat. *caritas*) passiver verstanden; sie bezieht sich vor allem auf die Identifikation mit Leiderfahrungen anderer. Im Rahmen der wirtschaftlichen wie kulturellen Globalisierung (u. a. als Folgen der Kolonialisierung) wurden buddhistische Gelehrte auch mit christlichen Sozialethiken und politischen Theorien zur Legitimität und Illegitimität von bestimmten Herrschaftsordnungen vertraut. Einige dieser Gelehrten begründeten einen reformerischen „sozial engagierten Buddhismus", der heute einen grossen Einfluss ausübt. Die politische Ethik des engagierten Buddhismus richtet sich beispielsweise auf soziales Engagement für Benachteiligte, aber auch auf den erweiterten Einbezug der Mitwelt. Spezifisch buddhistisch geprägt erscheint zum einen der Einbezug der Übungspraxis (vgl. Whitaker und Smith 2018), etwa in der Idee, durch die Änderung alltäglicher Einstellungen den Konsumismus zu begrenzen oder über meditative Einübung ein sozial-empathisches Mitgefühl zu erzeugen. Zentral ist überdies die psychologische Fundierung, im Feld angewandter politischer Ethik immer auch die Motive zu reflektieren, die zu bestimmten ethisch-moralischen Positionen führen. Handlungen, die von politischem Fanatismus, unbewusstem Hass oder anderen Motivationen, die eigenen Defiziten entspringen, werden generell als unheilsam eingeschätzt.

19.3 Haltungen zu Personalität und Menschenwürde

Die buddhistischen Traditionen vertreten ein Menschenbild, das sich in zentralen Aspekten von der Sicht des Menschen in anderen Traditionen unterscheidet. Ganz entscheidend ist, dass der Mensch nicht als ein individuelles Ich mit einer wesenhaften Identität bestimmt wird. Alles ist in fortwährendem Wandel begriffen. Es gibt nichts, was von der Unbeständigkeit ausgenommen wäre, kein höheres „Selbst" und keine Seele, die irgendwann erlöst würde. Im Gegenteil: Jede Identifikation mit einem vermeintlichen Selbst oder auch nur einzelnen Bestandteilen wie dem Körper oder dem Bewusstsein hat leidhafte Konsequenzen und sollte abgelegt werden. Diese Sicht des „Nicht-Ich" hat weitreichende Folgen für Fragen der Angewandten Ethik. In der „Natur" des Menschen, seiner individuellen körperlichen Konstitution, liegt nach der geläufigen buddhistischen Ansicht keine besondere Würde. Als „Natürlichkeit" des Körpers kann z. B. seine mangelnde Dauerhaftigkeit bzw. Endlichkeit gelten, worin aus buddhistischer Sicht wiederum keine besondere Dignität liegt (vgl. Schlieter 2003: 132). Buddhistische Begründungen der zu schützenden „Menschenwürde" bzw. einzufordernder „Menschenrechte" können sich daher nicht auf die „Heiligkeit" des Menschen stützen, dem dadurch Würde innewohnt, ein von Gott gewolltes Geschöpf zu sein. Aus buddhistischer Sicht ist eine Existenz in Form menschlichen Lebens besonders „wertvoll" (und „selten"), weil sie dazu genutzt werden kann, den Heilsweg zu beschreiten bzw. sich letztgültig aus dem leidhaften Zyklus der Wiedergeburten zu befreien. Nur Menschen sind dazu in der Lage, weil sich bei ihnen Freude und Leid in einem bestimmten Verhältnis die Waage halten (vgl. Ratanakul 2004: 297).

19.4 Ethische Einstellungen in Bezug auf das Lebensende: Hirntod und Organtransplantation

Für Fragen zum eigenen Tod (bzw. zum Übergang in die nächste Wiedergeburt) ist von Bedeutung, dass der Geisteszustand im Augenblick des Sterbens klar und konzentriert, sowie ohne belastende Einstellungen und Gedanken, d. h. frei von Hass, Sorge und Unruhe sein soll. Eine hochdosierte Gabe von Schmerzmitteln, die diese Klarheit verhindern könnte, wird von intensiv praktizierenden Buddhisten zumeist abgelehnt. Viele Angehörige der Mahāyāna-Traditionen glauben zudem, dass sich das Bewusstseins- oder Lebensprinzip, das wiedergeboren wird, im Prozess des Sterbens nur langsam aus dem Körper zurückzieht. Für sie ist es von Bedeutung, dass auch nach Eintreten der Merkmale des klinischen Todes der Körper eine gewisse Zeit ungestört aufgebahrt bleibt, damit sich das Bewusstsein aus den Lebenskanälen in das Herz zurückziehen kann, von wo aus es den Körper verlässt. Entsprechend stehen diese daher oft der unmittelbaren Organentnahme bzw. Organspende skeptisch gegenüber, da die Hirntodkriterien nicht als allentscheidendes Kriterium für das Lebensende gelten. Da hingegen andererseits zahlreiche Texte das Ideal vollkommener Gebefreudigkeit schildern, wie es von werdenden Buddhas (Bodhisattvas) geübt werden soll, gibt es auch die Auffassung, dass eine Organspende, vor allem dann, wenn sie ein lebender Spender aus Mitgefühl gibt (wie z. B. die Spende eines Organs an einen Verwandten), eine heilskräftige Handlung ist.

In Schulen des ostasiatischen Buddhismus sind Lehren entstanden, die eine universelle Interdependenz und ein allumfassendes In-Beziehung-Stehen betonen. Dies führt dazu, eine ursprüngliche Einheit von „sich" und „anderen" sowie „Leben" und „Tod" herauszustellen. Praktisch-ethische Entscheidungen sollten nach dieser Sichtweise weniger als unverbrüchlicher Ausdruck einer autonom agierenden, für sich entscheidenden Person wahrgenommen werden. Die Beziehungen einer sterbenden Person zu anderen, die dieser nahestehen, seien zu beachten; Entscheidungen werden, wenn möglich, im Verbund mit den Nahestehenden getroffen (Familienzustimmung).

19.5 Ethische Haltungen zum Lebensanfang

Nach der traditionellen Sichtweise entsteht ein neues menschliches Lebewesen, wenn drei Bedingungen zusammenkommen: Es muss ein geschlechtlicher Zeugungsakt während der fruchtbaren Zeit der Frau geschehen, währenddessen ein – durch sein Karma angetriebenes – wiedergeburtsbereites Bewusstseinsprinzip bereitsteht. Entsprechend dieser Beschreibung wird in den klassischen Texten praktisch aller Traditionen ein „Konzeptionalismus" vertreten, nach welchem menschliches Leben im Augenblick der Empfängnis entsteht. Von der Ethik des „Nicht-Verletzens" aus gesehen wird daher in diesen Texten eine negative Einschätzung gegenüber der Abtreibung bekundet. Bereits unmittelbar nach der Verschmelzung sei von einem neuen Lebewesen auszugehen; eine Abtreibung sei daher ein Tötungsakt. Andererseits kommt hier wieder das oben genannte Charakteristikum buddhistischer Ethik zum Zuge, dass jeder Handelnde für sich entscheidet, inwieweit er der normativen Vorgabe der Übungsregel entsprechen möchte. In gewissen buddhistisch geprägten Ländern ist die Abtreibungsquote relativ hoch, was darauf verweist, dass hier offenbar vielfach Kompromisse eingegangen werden.

Stellungnahmen zeitgenössischer Buddhisten verweisen aber darauf, dass die traditionelle Beschreibung des Lebensanfangs unzeitgemäß sei. Da es ja keinen Schöpfergott gebe, der den Menschen auf diese Fortpflanzungsform festgelegt habe, müsse die menschliche Reproduktion nicht notwendig nur auf die beschriebene Weise stattfinden. Insofern teilen viele Buddhisten, und insbesondere jene, die in modernen, städtischen Kontexten leben, die Auffassung, dass in den Anwendungen der künstlichen Befruchtung oder der Leihmutterschaft keine grundlegenden ethischen Probleme vorliegen, solange diese Anwendungen nicht mit Leid für einen der Beteiligten einher gehe. Auch mögliche Gentherapien von Erbkrankheiten seien, solange diese Bedingung erfüllt sei, nicht grundsätzlich problematisch. Jedoch müsse hier, wie auch bei anderen Fragen, immer im Blick gehalten werden, ob das betroffene Lebewesen sich auch unbelastet von dieser Herkunft mit ausgeglichener Psyche entfalten könne.

Gespaltener sind ethische Einschätzungen in Bezug auf reproduktionsmedizinische Techniken und Eingriffe, wenn diese damit einhergehen, dass Embryonen – die ja für viele Buddhisten als Lebewesen gelten – getötet werden. Eine Güterabwägung, die argumentiert, dass für höhere Ziele wie die Entwicklung von Therapien für verbreitete Krankheiten wie Alzheimer, Parkinson etc. Embryonen geopfert werden dürften, erachten viele Buddhisten, die sich mit Fragen der Angewandten Ethik befassen, für nicht legitim.

Literatur

Cozort, Daniel/Shields, James Mark (Hg.): The Oxford Handbook of Buddhist Ethics. Oxford 2018.
Dalai Lama XIV.: Das Buch der Menschlichkeit. Eine neue Ethik für unsere Zeit. Bergisch Gladbach 2000.
Davis, Jake H./Flanagan, Owen (Hg.): A Mirror is for Reflection. Understanding Buddhist Ethics. Oxford 2017.
Gethin, Rupert M.L.: „Can Killing A Living Being Ever Be an Act of Compassion? The Analysis of the Act of Killing in the Abhidhamma and Pali Commentaries." In: Journal of Buddhist *Ethics* 11 (2004): 167–202.
Goodman, Charles: Consequences of Compassion. An Interpretation and Defense of Buddhist Ethics. New York 2009.
Harvey, Peter: An Introduction to Buddhist Ethics. Foundations, Values, and Issues. Cambridge 2000.
Ratanakul, Pinit: Bioethics and Buddhism: Bangkok 2004.
Schlieter, Jens: „Die aktuelle Biomedizin aus der Sicht des Buddhismus." In: Silke Schicktanz, Christof Tannert, Peter Wiedemann (Hg.): Kulturelle Aspekte der Biomedizin. Bioethik, Religionen und Alltagsperspektiven. Frankfurt a. M., New York 2003: 132–159.
Schlieter, Jens: „*Freigebigkeit* (*dāna*) und Selbstopfer als Modell für ‚Embryonenopfer'? Zum buddhistischen Einfluß auf bioethische Diskurse in Südostasien" In: Thomas Eich, Thomas S. Hoffmann (Hg.): *Kulturübergreifende Bioethik. Zwischen globaler Herausforderung und regionaler Perspektive.* Freiburg 2006: 107–124.
Whitaker, Justin S./Douglass Smith: „Ethics, Meditation, and Wisdom." In: Daniel Cozort/James Mark Shields (Hg.): The Oxford Handbook of Buddhist Ethics. Oxford 2018, 51–73.

Chinesische Ethik

Ole Döring

„Was soll ich tun?" – diese ethische Grundfrage zieht sich als roter Faden durch die chinesische Geistesgeschichte. Sie wird durch Theorien und Methoden praktischer Erkenntnis konkretisiert und durch vielfältige Ansichten zur Natur des Menschen, des Staates und der Welt ergänzt. Vielstimmige Ansätze der politischen Philosophie, der Ethik, der moralischen Anthropologie, die metaphysische Rückversicherung praktischer Ordnungssysteme, orthopraktische Lehren und normative Schulen bilden ein Konglomerat philosophisch interessanter Phänotypen, die der „angewandten Ethik" zugerechnet werden können. Diese verteilen sich über ein breites dogmatisches Spektrum – vom rechts-positivistischen ‚Legalismus' *(fajia)* über die Schule der Gelehrten *(rujia,* ‚Konfuzianer'), Utilitaristen, Hedonisten und Logiker bis zum philosophischen Daoismus *(daojia)* reicht die Vielfalt der wichtigsten Systeme schon im Altertum (Schleichert/Roetz 2009).

O. Döring (✉)
Berlin, Deutschland
E-Mail: ole.doering@igg.berlin

20.1 Entstehungsgeschichte

Der Daoismus entwickelte als eine der ‚Hundert Philosophenschulen' während der Zeit der Streitenden Reiche (5.–3. Jh. v. Chr) das ‚Dao' (alltagssprachlich ‚Weg' oder ‚Methode') zum programmatischen Leitbegriff. Die exklusive ontologische Emphase des Daoismus unterscheidet das ‚Dao' von seiner spezifisch praktischen Bedeutung im Konfuzianismus: Es ist: aller Zivilisation, aller Sprachlichkeit und allem Verbindlichen vorgängiges, zugleich omnipräsentes normatives Urprinzip und Kraft. Als Inbegriff des Über-Menschlichen verschmilzt das Dao Natur und Praxis (Chang 1982). Mit dem Dao wird ein dynamisch-invarianter normativer Bereich postuliert, in dem menschliche Maßstäbe und jegliches Zweck-Denken aufgehoben sind – und zwar in der doppelten Bedeutung: als religiöses Geborgensein und Anerkennung der Begrenztheit menschlicher Mittel. Das ‚natürliche' Sein geht seinen beständigen Gang *(chang)*. Der Mensch kann sich in seinem Handeln nur auf dessen Weg einlassen, es aber weder beeinflussen noch rational einholen. Entsprechend problematisch ist der Handlungsbegriff: Die Maxime des Nicht-Eingreifens *(wuwei)* erlaubt keinen zweckgerichteten, gestaltenden Eingriff, sie vergewissert sich der Stimmigkeit des Einzelnen im Großen und Ganzen. Diese Konstellation inspiriert eine logisch absurde aber Erkenntnis stiftende dialektische Rhetorik und paradoxe

Strategien, so die der Gewinnung der Macht aus Schwäche und der Destruktivität guten Wollens. Diese Methode der Selbstaufhebung ging später in die Synthese des Zen-Buddhismus mit ein.

Im Konfuzianismus bedeutet ‚Dao' den idealen ‚rechten Weg' der Ethik. Die auf ‚Meister Kong' (Konfuzius, 551–479 v. Chr.) zurückgehende und von Menzius (Mengzi, ca. 370–280 v. Chr.) und Xunzi (ca. 310–230 v. Chr.) weiter ausgearbeitete konfuzianische Lehre setzt bei der Erfahrung einer Herrschaft an, die unfähig ist eine gerechte Ordnung herzustellen und somit als illegitim gilt. Die Praxis hat sich aktiv gestaltend am ‚Guten' *(shan)* zu orientieren und weder an der von den Legisten favorisierten Machtpragmatik noch am natürlichen ‚Selbstlauf' *(ziran)* der Daoisten. Es bestehen jedoch Berührungspunkte und Schnittmengen zwischen diesen Schulen.

Für den Konfuzianismus gilt die soziale Umwelt, beginnend mit der Familie, als Initiationsraum moralischer und sozialer Erfahrung. Praktisches Wissen und Kompetenz werden dort eingeübt und durch Prozesse der Selbstkultivierung in immer größeren praktischen Räumen ausgeweitet bis hin zur Kompetenz des Weltbürgers. Der ‚Edle' *(junzi)* ist die Verkörperung der erfolgreichen Synergie von Wollen, Sollen, Können und – nach Maßgabe der Umstände, idealer Weise auch des Erfolges (Roetz 2008).

Soziale und staatliche Gemeinschaften finden ihren Zweck nicht in sich selbst, sondern in der Erfüllung einer am ‚rechten Weg' *(dao)* orientierten Ordnung. Eine solche gründet sich auf Menschlichkeit *(ren)* und Gerechtigkeit *(yi)* und das Funktionieren sozialer Beziehungen. Sie wird durch rituelle Gemeinschaftshandlungen und Kodizes *(li)* verstärkt und in meritokratisch-hierarchischen Strukturen von Macht und Ämtern organisiert. „Die Grundlage der geordneten Welt ist der geordnete Staat, die Grundlage des Staates die geordnete Familie, und die Grundlage der Familie der kultivierte Einzelne" (Mengzi 4a5). Die Praxis steht im Dienst der moralischen Möglichkeit des Menschseins. Eine gerechte Ordnung erwächst aus der Kooperation wesentlich ungleicher Akteure, deren individuelle Ausstattung jedermann guten Nutzen bringen kann.

Die Goldene Regel ist ein prozeduraler Maßstab ethischer Charakterentwicklung, die durch Selbstprüfung, Kritik, Rehabilitation und Anpassung gemäß der aktuellen Rollenanforderungen in komplexen interpersonalen Beziehungen verläuft. Der Konfuzianismus denkt von der persönlichen Moralität her: Begriffe wie ‚Pflicht' und ‚Schuldigkeit' gehen der Normativität von Institutionen, Recht und Objektivität voraus, verweisen jedoch systematisch auf diese. Mit seiner spontanen moralischen Disposition *(xing)* trägt jeder Mensch eine ‚Würde' *(gui)* in sich, die er im Handeln selbst zu bewahren hat (Mengzi 6a17; vgl. Roetz 1992; Wegmann u. a. 2001). Die Maxime lautet: „dem Dao zu folgen und nicht dem Fürsten" (Xunzi 13 u. 29; s. Kap. 92).

Normative Leitbegriffe werden als abstrakte Prinzipien und auch als Tugenden formuliert. Dies drückt den einheitsstiftenden Charakter des ‚Roten Fadens' aus, welcher die gesamte Ethik durchdringt: Perspektivenwechsel leiten die empathische Reziprozität *(shu)* zur Würdigung des anderen und zur Orientierung des Einzelnen, namentlich in Situationen von Normen- oder Loyalitätskonflikten. Diese moralische Anthropologie geht auf Säkularisierungsprozesse zurück, die im Prinzip eine Pluralität orthopraktischer Lebensentwürfed toleriert. Hier schließen hybride Vorbilder an – wichtige Literaten, Politiker und Philosophen verstehen sich zum Beispiel als Konfuzianer *und* Christen.

Der Legalismus (auch Legismus) hat sich seit dem 6. Jahrhundert v.Chr. entwickelt und wurde besonders durch Han Fei (280–233 v.Chr.) systematisiert. Er vertritt ein strikt technizistisches Ordnungsmodell, das an der institutionellen Regelung, dem berechnenden Selbstinteresse der Beteiligten und der Selbstbehauptung des Systems statt an der Person, der Moral und dem öffentlichen Wohl orientiert ist. Seine ursprüngliche Stoßrichtung ist die Durchsetzung des zentralistischen Verwaltungsstaates gegen den politischen Feudalismus. Persönliche Loyalitäten, insbesondere familiäre Strukturen, stehen der gut funktionierenden Praxis entgegen. Der Mensch geht in seiner Rollenfunktion auf, Machbarkeit und Staatsräson bestimmen die Kriterien des Tunlichen *(ke)*. Anthropologische Grundannahme ist die Bestimmung interpersonaler Transaktionen durch Kalkül *(ji)*. Dementsprechend ruht das Regieren auf drei rationalen Säulen: Drohpotential durch Machtstellung *(shi)*, Kontrolle durch Herrschaftstechnik *(shu)* und Belohnung und Strafe *(fa)*. Der Angelpunkt dieses Systems ist das Selbstinteresse. Herrscher und Untertan müssen sich darauf verstehen, „nicht menschlich" bzw. „nicht loyal" zu sein (Hanfeizi 2007, 35; Liao 1939); für die „klügste Regierung" gilt es, „sich auf Methoden zu stützen statt auf Menschen" (Hanfeizi 2007, 55; Liao 1939). Sie überlässt den Apparat weitgehend sich selbst: Die legistische Konzeption von Herrschaft ähnelt formal dem daoistischen Ideal des Nichteingreifens *(wuwei)*, behält sich jedoch drastische Korrekturmaßnahmen vor (Fu 1996).

20.2 Entwicklung

Die Auseinandersetzung mit dem seit dem 3. Jahrhundert aus Indien aufgenommenen Buddhismus verbreitete und vertiefte die konzeptionelle Basis und belebte das Geistesleben. Diese Debatten schlugen sich in vielfältigen, bedeutenden Schriften und Diskussionen zur praktischen Philosophie und Angewandten Ethik nieder. Namentlich die Auseinandersetzung mit der Metaphysik des Buddhismus befruchtete die Versuche, die Grundlagen richtigen Denkens, der Daseinsdeutung und des guten Handelns umfassend theoretisch-systematisch zu ordnen; wobei der Buddhismus als philosophischer Weg (insbesondere in Verbindung mit bestimmten Elementen des Konfuzianismus und des Daoismus) akkulturiert wurde, ohne dass seine gesellschaftlichen Forderungen (Relativierung weltlicher bzw. familiärer Bande und Autoritäten) breitere Akzeptanz gefunden hätten. Ein nachhaltig wirksames Ergebnis dieser Auseinandersetzung war, neben der Entstehung des daoistisch-buddhistischen Hybrids des Zen (Chan), die Neuinterpretation des ‚Neo-Konfuzianismus' nach Zhu Xi (1130–1200). Dessen Lehrkodex bildete den Stoff der staatsorthodoxen Ideologie, nach der China nominell bis zum Ende des Kaiserreiches 1911 weltanschaulich geordnet und legitimiert wurde. Bis dahin bleibt das ‚äußere Königtum bei innerer Vollkommenheit' („*nei sheng wai wang*") das unerreichte Ideal des Konfuzianismus, das immer wiederkehrende Problem bleibt die Verteidigung von Freiheitsräumen gegen die Despotie.

Chinas zweite große Auseinandersetzung mit einer als überwiegend philosophisch fremd empfundenen Kulturwelt hat im 19. Jahrhundert begonnen und ist derzeit noch im vollen Gange – China sucht in Auseinandersetzung mit den dominierenden Kulturen Europas und Nordamerikas sowie mit den Philosophien des deutschen Idealismus und des Utilitarismus, Wege für den Umgang mit der globalisierten Moderne (Osterhammel 2009). Eine besondere Inspiration erhält China aus der Bindung von Ethik an Sozialökonomie im Marxismus-Diskurs (Lin 2022). Beide Großregionen, China und die westliche Welt, teilen zentrale Herausforderungen der Menschheitsentwicklung (Sozialer Wandel, Industrialisierung, Technisierung, Marktwirtschaft, Diplomatie, Recht und neuerdings: der Einzug von Informations- und Biotechnologie). Sowohl historische und politische als auch sozio-ökonomische und kulturelle Rahmenbedingungen verlangen nach differenzierten Analysen der Situation, in der die Themen der Angewandten Ethik sich jeweils institutionell und strukturell darstellen und die ggf. zu vergleichen sind.

Die ersten beiden Phasen dieser Auseinandersetzung, insbesondere zwischen ca. 1860 und 1930, waren auf der chinesischen Seite geprägt von einer Spannung zwischen Faszination, Frustration und Ablehnung: Vor allem die technologisch-pragmatischen Kompetenzen ‚des Westens', die gerüstet mit den Instrumenten des Rechts, der Diplomatie und der Schwerindustrie, geostrategische Interessen verfolgten und zuweilen mit kultureller Emphase philosophisch unterfütterten, bedeuteten eine umfassende

Herausforderung. Insbesondere diejenigen Schulen, deren Ansätze sich von den etablierten chinesischen Philosophien unterschieden und zugleich Orientierung in der Modernisierung versprachen, wurden aufgenommen. Während in Europa eine teils schwärmerische, teils diskriminierende Auseinandersetzung mit der vermeintlich ‚fernöstlichen Weisheit' vorherrschte, erhofften sich die konservativen Befürworter von Modernisierungsbemühungen und Reformen Chinas eine Absicherung und Weiterentwicklung durch die Schulen des deutschen Idealismus (insbesondere Kant und Hegel) sowie durch pragmatische Ansätze (Dewey). Das Interesse an deren ethischen Theorien trat hinter der Nutzbarkeit technischer, strategischer und naturwissenschaftlicher Konzepte zurück; auch logisch-analytische Philosophie (Russell) wurde stark rezipiert.

Mit dem Ende der kanonischen Bildungs-Orthodoxie am Ende des 19. Jahrhunderts entstand sowohl der Bedarf als auch der Raum für Experimente mit der Anwendung ‚westlicher' Ethik auf chinesische Kulturbedingungen und vielfältige Hybridbildungen. In den 1920er Jahren wurde ein Dialog mit der Existenzphilosophie geführt (Chang/Eucken 1922); in der Konzeption von Wissenschaft, Recht, Medizin, Pädagogik und politischem Denken bestanden starke Verbindungen zu Deutschland (Harnisch 1999). Der ‚Moderne Neo-Konfuzianismus' formulierte am deutlichsten das Programm einer Integration von Demokratie und Wissenschaft in das konfuzianische System (Zhang et al. 1958). Das Potential der ‚chinesischen Ethik' zu dieser Zeit wurde am klarsten von Albert Schweitzer erkannt (Schweitzer 2002).

Die grobe Einteilung der Kompetenzerwartung in Ost und West hat sich im Grundsatz bis heute durchgehalten, wenn auch unter stark veränderten Voraussetzungen. Die internationale Rezeption ethisch-praktischer Schulen aus China ist vielfältig. In den USA und Großbritannien werden hauptsächlich pragmatische und utilitaristische Elemente als Korrektiv der maoistischen Ideologie rezipiert und teilweise mit holistisch-säkularen Interpretationen der chinesischen Geistesgeschichte verbunden (de Bary 1983; Fingarette 1974). Demgegenüber dominierte in Frankreich eine postmodern inspirierte neo-romantische Auslegung der Klassiker, vor allem des Daoismus, aber auch eine das Magisch-Ritualistische betonende, ästhetisierende Rekonstruktion der praktischen Lehren des Konfuzianismus (François Jullien). In Deutschland bemüht sich eine diskursethische orientierte Strömung der Sinologie um eine hermeneutische Auslegung und um theoretische Brückenschläge in die Moderne (Roetz 1992).

20.3 Gegenwart

Seit den 1970er Jahren bis Ende des 20. Jahrhunderts dominierte ein auf beiden Seiten politisch motivierter Streit um den ethischen Kulturrelativismus. In China verlief dieser vor dem zweifachen Hintergrund der tiefgreifenden ideologischen Diskreditierung des Maoismus sowie des Bedürfnisses nach Einheit stiftenden Leitideologien und Sozialtechniken. Während der Phase des postkolonialen wirtschaftlichen Aufschwungs der sogenannten Tiger-Staaten in Ostasien wurde ein an Max Weber orientiertes ‚protestantisches' Ethos ‚asiatischer Werte' beschworen. Hauptsächlich anhand der Frage der Menschenrechte und der Legitimität politischer Systeme wurden einander widersprechende ethische Kulturen postuliert – gleichwohl ohne die Haltbarkeit dieser Beschreibung gründlich zu prüfen (Osiander/Döring 1999). Dieser Umstand behindert auch die Entwicklung eines Polylogs in den Bereichsethiken. Die systematisch zentrale Bedeutung der Menschenrechte wird daher häufig auf politische oder kulturelle Aspekte verkürzt, so dass entsprechende ethisch-konzeptuelle Potentiale auf chinesischer Seite in ihrer Entwicklung behindert werden.

Insbesondere in der – im Unterschied zur Medizinethik, die mit den Fragen des Gesundheitswesens befasst ist – international orientierten Bioethik bemüht sich China um ein eigenständiges kulturelles Profil unter dem Leitgedanken eines sozial unschädlichen Fortschritts (Döring 2004 und 2008). Wissenschaftsethik und Technologiefolgenabschätzung suchen

Anschluss an den fachlichen Stand (Li/Poser 2008). Chinas Wirtschaftsethik entwickelt sich im internationalen Raum und zeigt kultur- und politisch kritisches Potential (Lu/Enderle 2006). In all diesen Debatten spielen Menschenrechte (z. B. in der Anerkennung der Pflicht zur Achtung der Integrität und Würde des Menschen) eine erkennbare Rolle, wenngleich diese nicht immer explizit oder konsequent ausgearbeitet wird.

Seit dem Ende des 20. Jahrhunderts findet eine eklektische, staatlich geförderte Renaissance klassischer Schulen statt, vor allem des Konfuzianismus. Deren kontroverser Leitgedanke, die ‚Harmonie' *(hejie)*, wird als integratives Ordnungsprinzip inszeniert. Ein direkter Einfluss der chinesischen Ethiktradition auf die heutige Entwicklung ist schwer zu benennen. Zum einen ist eine regelrechte Neuerfindung des chinesischen Kulturverständnisses im Gange, wobei bildungssoziologische Faktoren und die eigenwillige Marxismus-Exegese eine wichtige Rolle spielen. Zum anderen stehen pragmatische Zwänge der laufenden nachholenden Modernisierung und des Aufbaus effizienter Verwaltungs- und Governance-Systeme auf dem Programm. Die Grundfragen und Grundkonstellationen insbesondere des Konfuzianismus im Verhältnis zu Wissenschaft, Demokratie und Pluralismus bleiben eher programmatisch als dogmatisch. Diese qualifizierte innere Offenheit zeichnet den Konfuzianismus aus, aber auch Daoismus und Buddhismus.

Bestimmend für das heutige China ist allerdings weiterhin ein dirigistisch-elitäres politisches Ordnungsverständnis. Es legt Entwicklungen in Richtung ‚Governance' und ‚Deliberative Authoritarianism' nahe, weniger zur Demokratie im europäischen Verständnis. In der Angewandten Ethik steht, wie in der übergeordneten Frage des Menschenrechts, eine diskursive Auseinandersetzung zwischen China und Europa weiterhin aus. Die Frage „Was soll ich tun?" steht also weiterhin im Zentrum der ethischen Debatte – in und mit China.

Literatur

Bary, William Th. de: The Liberal Tradition in China. Hong Kong 1983.
Chang, Carsun/Eucken, Rudolf: Das Lebensproblem in China und in Europa [1922]. Whitefish 2010.
Chang Tsung-tung: Metaphysik, Erkenntnis und praktische Philosophie im Chuang-tzu. Frankfurt a. M. 1982.
Döring, Ole: Chinas Bioethik verstehen. Hamburg 2004.
Döring, Ole (Hg.): Contemporary Chinese Thought. Number 2 (Winter 2007–8), Armonk 2008.
Fingarette, Herbert: Confucius. The Secular as Sacred. New York 1974.
Fu Zhengyuan: China's Legalists: The Earliest Totalitarians and their Art of Ruling. Armonk 1996.
Hanfeizi: Die Kunst der Staatsführung: die Schriften des chinesischen Meisters Han Fei. Übers. von Wilmar Mögling. Köln 2007.
Harnisch, Thomas: Chinesische Studenten in Deutschland, Mitteilungen des Instituts für Asienkunde, Nr. 300. Hamburg 1999.
Li Wenchao/Poser, Hans (Hg.): The Ethics of Today's Science and Technology. A German-Chinese Approach. Münster 2008.
Lin Ganquan: Konfuzius und China im 20. Jahrhundert. Kontroversen und Erkenntnisse über die konfuzianische Ideologie. Hannover 2022.
Liao, W.K. (Übers.): The Complete Works of Han Fei Tzu, 2 Bde. (1939–59). London 1939.
Lu Xiaohe/Enderle, Georges (Hg.): Developing Business Ethics in China. New York 2006.
Osiander, Anja/Döring, Ole: Zur Modernisierung der Ostasienforschung: Konzepte, Strukturen, Empfehlungen. Hamburg 1999.
Osterhammel, Jürgen: Die Verwandlung der Welt. Eine Geschichte des 19. Jahrhunderts. München 2009.
Roetz, Heiner: Die chinesische Ethik der Achsenzeit. Frankfurt a. M. 1992.
Roetz, Heiner: „China, politische Philosophie". In: Stefan Gosepath, Wilfried Hinsch, Beate Rössler (Hg.): Handbuch der politischen Philosophie und Sozialphilosophie. Berlin 2008, Bd. 1, 178–184.
Schleichert, Hubert/Roetz, Heiner: Klassische chinesische Philosophie: Eine Einführung. Frankfurt a. M. ³2009.
Schweitzer, Albert: Geschichte des chinesischen Denkens, Werke aus dem Nachlaß. München 2002.
Wegmann, Konrad/Ommerborn, Wolfgang/Roetz, Heiner (Hg.): Menschenrechte: Rechte und Pflichten in Ost und West. Münster 2001.
Zhang Junmai/Xie Yuwei/Xu Fuguan/Mou Zongsan/Tang Junyi: „Manifesto on the Reappraisal of Chinese Culture". In: T'ang Chun-I (Hg.): Essays on Chinese Philosophy and Culture. Taipei 1958.

Teil III
Anwendungsübergreifende Gesichtspunkte

Personalität

Dieter Birnbacher

21.1 Bedeutung der Debatte um Person und Personalität in der Angewandten Ethik

‚Person' und ‚Personalität' sind in der Angewandten Ethik, insbesondere in der Bioethik seit den 1980er Jahren aus mehreren Gründen zu Schlüsselbegriffen geworden. In dem Streit um die Bedingungen, die ein Wesen erfüllen muss, um Personalität zugesprochen zu bekommen, kulminieren eine Reihe von oftmals stark emotionalisierten Auseinandersetzungen um den moralischen und rechtlichen Status von Grenzfällen („marginal cases", vgl. Pluhar 1987) innerhalb und außerhalb der Sphäre des Menschen: auf der einen Seite menschliche Embryonen und Föten, ohne Großhirn geborene Menschen (Anenzephale), schwer geistig Behinderte, irreversibel bewusstseinsunfähige Menschen, Hirntote; auf der anderen Seite Angehörige anderer biologischer Gattungen mit dem Menschen nahekommenden kognitiven und emotionalen Fähigkeiten wie Menschenaffen und Meeressäuger sowie mögliche in Zukunft verfügbare bewusstseinsfähige Maschinen. Diese Auseinandersetzung verschärft sich dadurch, dass diametral entgegengesetzte Ethikansätze den Personenbegriff an zentraler Stelle ins Spiel bringen, diesen jedoch zum Ausgangspunkt sehr verschiedener normativer Positionen machen (vgl. etwa Spaemann 1991; Spaemann 1996; Singer 2013, Kap. 4). Möglich wird diese paradoxe Stellung des Personenbegriffs durch die ausgeprägte semantische Uneindeutigkeit des Begriffsfelds Person/Personalität/Personenstatus und die Vielfalt der Bedeutungen und Funktionen, die dem Personenbegriff in der Tradition der Philosophie zugewiesen worden ist. Uunter aanderem aus diesem Grund ist die Tauglichkeit dieses Begriffs zur Begründung bioethischer Normen von verschiedenen Autoren in Zweifel gezogen worden (vgl. Beauchamp 1999; Gordijn 1999; Birnbacher 2013). Sie befürchten, dass dieser Begriff eine dogmatische Verhärtung der Standpunkte begünstigt und differenzierte Antworten verhindert. Darüber hinaus sehen sie die Fundierung von konkreten moralischen Normen in der Zuschreibung von Personalität mit dem methodischen Problem konfrontiert, dass – ähnlich wie vielfach beim Begriff ‚Menschenwürde' – über die Frage, wem Personalität zukommt, so gestritten wird, als handele es sich um eine Frage der adäquaten Beschreibung, während gleichzeitig aus den jeweils vorgeschlagenen Beschreibungen weitreichende bewertende und normierende Aussagen abgeleitet werden.

D. Birnbacher (✉)
Heinrich Heine-Universität Düsseldorf, Düsseldorf, Deutschland
E-Mail: dieter.birnbacher@uni-duesseldorf.de

21.2 Personalität als ‚dichter' Begriff

Der Begriff der Personalität wird in der Angewandten Ethik ganz überwiegend als ein ‚dichter' Begriff *(thick concept)* gebraucht. d. h. als ein Begriff mit sowohl beschreibendem als auch evaluativem und/oder präskriptivem Inhalt. Dass ein Wesen eine Person ist (Personalität besitzt), wird üblicherweise so gemeint und verstanden, dass dieses Wesen damit als ein Wesen mit bestimmten manifesten und/oder dispositionalen Eigenschaften charakterisiert wird, dem gleichzeitig ein bestimmter *Wert* zugesprochen und das als Träger bestimmter *legitimer Ansprüche* qualifiziert wird. Dabei wird unterstellt, dass dieser Wert und dieser moralische oder rechtliche Status ihm nicht aufgrund von irgendwelchen weiteren Prinzipien, sondern unmittelbar aufgrund der beschriebenen Eigenschaften zukommen.

Damit unterscheidet sich der ethische Personenbegriff deutlich von dem alltagssprachlichen wie auch dem rechtlichen Begriff. In der Alltagssprache wird der Begriff der Person überwiegend ohne alle normativen oder evaluativen Komponenten verstanden und bedeutet dasselbe wie ‚Mensch' oder ‚menschliches Individuum'. Auf diesen Alltagsbegriff zielt etwa Strawsons Analyse des Personenbegriffs im Rahmen seiner „deskriptiven Metaphysik" (vgl. Strawson 1972, Kap. 3). Ein deskriptiver Personenbegriff wird zumeist auch im Kontext des philosophischen Problems der diachronen und synchronen ‚Personenidentität' unterstellt, wenn gefragt wird, um wie viele Personen es sich im Fall einer sogenannten ‚multiplen Persönlichkeit' handelt oder wie weit ein schwer dementer Patient dieselbe Person ist, die er in gesunden Tagen war (vgl. Quante 2002, Kap. 1). Im Recht dagegen wird ‚Person' gemeinhin in einem rein normativen Sinn verstanden, d. h. so, dass auch eine Körperschaft, Firma oder sogar eine Vermögensmasse eine ‚juristische' Person sein kann, solange sie bestimmte rechtliche Kriterien erfüllt. In der Bioethik wird ein derartiger rein normativer Begriff allerdings nur von wenigen Autoren vertreten (vgl. aber Sapontzis 1993, 412). Rein normative Bestimmungen des Personenbegriffs lassen offen, welche Art von Wesen Personen sind. Die Tatsache, dass Personen überwiegend Menschen sind, ist im Rahmen dieser Konzeptionen ein kontingentes Faktum.

Die Verknüpfung des Begriffs ‚Person' mit bestimmten Rechtsansprüchen ist für den in der Angewandten Ethik überwiegend verwendeten ‚dichten' Begriff der Person eine semantische oder begriffslogische Verknüpfung – im Unterschied zu der nur pragmatischen oder rhetorischen Verknüpfung bei anderen Begriffen, die zur Begründung solcher Rechte des öfteren herangezogen werden, etwa ‚Mensch' oder ‚Leben'. Zwar impliziert auch der, der behauptet, dass der menschliche Embryo oder Fötus ein *Mensch* sei, gewöhnlich nicht nur, dass es sich beim menschlichen Embryo und Fötus um ein zur biologischen Gattung *homo sapiens* gehörendes Wesen handelt, sondern dass diesem bestimmte Rechte, insbesondere ein Recht auf Leben zukommt. Wenn das Bundesverfassungsgerichts in seinem Urteil zur Fristenlösung vom 28. Mai 1993 feststellt, dass sich das „Ungeborene [...] nicht zum Menschen, sondern als Mensch" entwickelt, möchte es damit offensichtlich nicht nur die deskriptive Aussage treffen, dass der Embryo von Anfang an Mensch ist, d. h. die biologischen Merkmale eines Menschen besitzt, sondern zugleich die normative Aussage, dass dem menschlichen Embryo deshalb, weil er sich *als* Mensch und nicht nur als Vorstufe *zum* Menschen entwickelt, ein Lebensrecht zukommt. Auch wer die Frage nach dem ‚Beginn des menschlichen Lebens' stellt, erwartet von der Antwort zumeist eine Antwort auf die Frage nach dem Beginn des Lebens*rechts*. In diesen Fällen ist die Verknüpfung zwischen deskriptiven und normativen Bedeutungsanteilen aber eher nur eine pragmatische Kopplung. Einem Menschen oder menschlichen Wesen das Lebensrecht abzusprechen, mag ethisch falsch sein; es ist aber nicht begriffslogisch falsch – in dem Sinne falsch, in dem es falsch ist, einer *Person* das Lebensrecht abzusprechen.

Auch über zwei weitere – in ihren Konsequenzen weitreichende – Eigentümlichkeiten des Personenbegriffs besteht in der philosophischen Diskussion weitgehend Einigkeit: (1) dass Personalität ein Alles-oder-Nichts-Begriff ist, der keine Abstufungen zulässt, und (2) dass der Personenstatus an den Besitz bestimmter kognitiver Fähigkeiten, darunter vor allem die Vernunftfähigkeit geknüpft ist. Personalität kommt einem Wesen nur entweder ganz oder gar nicht zu. Es mag zwar sein, dass ein Wesen nach dem einen Personenbegriff Person und nach einem anderen Nicht-Person ist. Es ist jedoch ausgeschlossen, dass es nach ein und demselben Begriff Personalität in einem bestimmten eingeschränkten Ausmaß besitzt. Unkontrovers ist auch die dominierende Bedeutung kognitiver Fähigkeiten für den Personenstatus. Getreu der klassischen Definition der Person durch Boethius: „Persona est naturae rationabilis individua substantia" (Person ist die individuelle Substanz der vernünftigen bzw. vernunftfähigen Natur) sehen nahezu alle Personentheoretiker den Personenstatus an eine mehr oder weniger anspruchsvoll verstandene Vernunftfähigkeit geknüpft, wobei für manche die für die Person kennzeichnende Vernunftfähigkeit ausschließlich kognitiv, für andere zusätzlich auch moralisch bestimmt ist.

21.3 Das Spektrum der Personenbegriffe

Trotz dieser Übereinstimmungen herrscht in der Angewandten Ethik ein tiefgreifender Dissens darüber, welche Wesen als Träger von Personalität in Frage kommen. Dieser Dissens betrifft drei Dimensionen: (1) die Art und Zahl der für Personalität geforderten Fähigkeiten; (2) das Ausmaß, in dem diese Fähigkeiten bei einem Wesen realisiert sind; (3) die Bedingungen, die erfüllt sein müssen, damit diese Fähigkeiten als realisiert gelten können.

Die naheliegendste, aber am wenigsten ausschlaggebende Quelle der Divergenzen in den verschieden Personenbegriffen ist die Verschiedenheiten in den *inhaltlichen* Bedingungen für den Besitz des Personenstatus. Diese lassen sich einerseits den kognitiven, andererseits den moralischen Fähigkeiten zuordnen und sich in Gestalt von zwei aufsteigender Hierarchien darstellen:

A. Kognitive Fähigkeiten
  1. Intentionalität, Fähigkeit zu Urteilen
  2. Zeitliche Transzendenz der Gegenwart (Zukunftsbewusstsein/Erinnerungsfähigkeit)
  3. Rationale Verhaltenssteuerung
  4. Selbstbewusstsein, Ichbewusstsein
  5. Selbstdistanz, Präferenzen zweiter Stufe
B. Moralische Fähigkeiten
  1. Autonomie, Selbstbestimmung
  2. Moralität, Moralfähigkeit
  3. Fähigkeit zur Übernahme von Verpflichtungen
  4. Fähigkeit zur kritischen Selbstbewertung

In der Mehrzahl der Personenkonzeptionen stehen die jeweils geforderten Bedingungen nicht allein, sondern werden mit anderen ‚gebündelt', so etwa die Merkmale A1 und A2 bei John Locke und Peter Singer, die Bedingungen A3, A4 und B4 bei G. W. F. Hegel und Daniel Dennett. Da sich alle aufgeführten Merkmale abstufen lassen, unterscheiden sich die verschiedenen Konzeptionen zusätzlich darin, an welchem Punkt der Skala sie die Schwelle zwischen Nicht-Besitz und Besitz der jeweiligen Fähigkeit ansetzen. Der größte Anteil der Varianz in den Personalitätskonzeptionen entfällt allerdings auf die dritte Dimension. Die Frage lautet hier: Reicht es für den Besitz einer Fähigkeit aus, sie ‚im Prinzip' aktualisieren zu können, auch wenn sie aus kontingenten Umständen zeitweilig nicht aktualisiert werden kann? Oder muss eine Fähigkeit, die man besitzt, *hic et nunc* aktualisierbar sein? Kann man einem Menschen die Fähigkeit zu rationaler Selbststeuerung zuschreiben, solange er diese – etwa infolge einer schweren psychischen Erkrankung – über längere Zeit nicht betätigen kann? Ist es für den Besitz der Fähigkeit hinreichend, dass ein Mensch sie zu einem früheren Zeitpunkt besessen hat oder absehbar ist, dass er sie zu einem späteren

Zeitpunkt besitzt? Reicht es, dass er sie erwerben könnte, falls er nicht durch innere oder äußere Hemmnisse daran gehindert würde? Idealtypisch kann man hier vier aufsteigend inklusivere Personenkonzeptionen unterscheiden:

1. *Aktualismus:* Personalität kommt denjenigen Wesen zu, die aktuell über die jeweiligen Fähigkeiten (Dimension 1) in dem erforderlichen Ausmaß (Dimension 2) verfügen. Vertreter des Aktualismus fordern nicht, dass nur diejenigen über Personalität verfügen, die die betreffende Fähigkeit aktual ausüben. Fähigkeiten sind Dispositionseigenschaften, die einem Subjekt auch dann zugeschrieben werden können, wenn es sie nicht aktualisiert. Ein schlafender N verliert nicht bereits dadurch seinen Personenstatus, dass er die Fähigkeit zum Selbstbewusstsein zeitweilig nicht aktualisiert oder zeitweilig nicht aktualisieren kann.
2. *Lebenszeitlicher Holismus:* Personalität kommt allen Wesen zu, die über die jeweiligen Fähigkeiten verfügen, früher verfügt haben oder in Zukunft verfügen werden. Diese Konzeption schreibt den Personenstatus auch Wesen zu, die die betreffenden Fähigkeiten einmal besessen haben, aber aktuell nicht mehr besitzen (z. B. schwer Dementen) oder einmal besitzen werden (z. B. Kleinkindern). Indem diese Position Personalität als jeweils für ein ganzes Menschenleben kennzeichnende Eigenschaft definiert, nähert sie sich dem Alltagsbegriff der Person an. Sie vermeidet insbesondere die Konsequenz des Aktualismus, den Personenstatus als einen *Phasenbegriff* konstruieren zu müssen, der einem Menschen in bestimmten Lebensphasen zukommt und in anderen nicht, noch nicht oder nicht mehr.
3. *Potenzialismus:* Personalität kommt allen Wesen zu, die das Potenzial besitzen, die entsprechenden Fähigkeiten zu erwerben. Diese meist zusammen mit dem lebenszeitlichen Holismus vertretene Position besagt, dass auch solchen Wesen Personalität zuzusprechen ist, die die entsprechenden Fähigkeiten erwerben könnten, falls sie nicht durch äußere Faktoren daran gehindert würden. Viele der katholischen Moraltheologie nahestehende Autoren vertreten dieses Kriterium und schreiben deshalb auch dem menschlichen Embryo, der durch eine Abtreibung seiner Entwicklungschancen beraubt wird, den Personenstatus zu. Allerdings ist dieses Kriterium immer noch insofern exklusiv, als es den Personenstatus einerseits von der Entwicklungsfähigkeit, andererseits von der Chance auf den Erwerb der fraglichen ‚personalen' Eigenschaften abhängig macht. Deshalb kommt nach diesem Kriterium weder dem menschlichen Embryo mit einer schweren chromosomalen Anomalie noch dem anenzephal, d. h. ohne Großhirn geborenen Neugeborenen der Personenstatus zu. Beide haben keine Chance, sich zu einem Erwachsenen mit den erforderlichen Fähigkeiten zu entwickeln – der eine, weil er bereits im Embryonalstadium abstirbt, der andere, weil er zwar geboren werden kann, aber aufgrund des fehlenden Großhirns unfähig zur Ausprägung der ‚personalen' Fähigkeiten ist. Eine Tendenz zum Potenzialismus findet sich u. a. in dem in Deutschland geltenden Embryonenschutzgesetz, das in § 8 den Embryo so definiert, dass nicht jeder menschliche Embryo unter diese Definition fällt, sondern lediglich der „entwicklungsfähige" Embryo.
4. *Gattungszugehörigkeit:* Danach kommt einem Wesen der Personenstatus auch dann zu, wenn es individuell keines der obigen Kriterien erfüllt, aber einer biologischen Gattung angehört, deren typische oder ‚normale' Mitglieder mindestens eines dieser Kriterien erfüllen. Dieses Kriterium ist das schwächste und inklusivste modale Kriterium. Es wird auch von solchen Wesen erfüllt, die zwar zur Gattung *homo sapiens* gehören, aber nicht über das für diese Gattung typische Potenzial verfügen, darunter nicht entwicklungsfähige (oder künstlich ihres Entwicklungspotenzials beraubte) Embryonen oder anenzephale Neugeborene (so z. B. Rosada 1995, 230).

Eine weitere Dimension, in der sich die verschiedenen Personalitätskonzeptionen unterscheiden, ist die der moralischen Rechte – und der daraus abgeleiteten Forderungen nach entsprechendem Schutz durch die Rechtsordnung –, die Personen aufgrund ihres Personenstatus zukommen. Einen Kernbereich dieser Rechte machen die Menschenrechte aus, wie sie in der UN-Deklaration der Menschenrechte von 1948 formuliert sind, in den Grenzen, in denen sie im jeweiligen Kontext anwendbar sind (Freiheitsrechte sind unanwendbar auf Föten, Religionsfreiheit und Wahlrecht gelten erst ab bestimmter Altersgrenzen usw.). Umstritten ist allerdings die genaue Reichweite des darin eingeschlossenen Lebensrechts. Es kann lediglich im Sinne eines Tötungsverbots verstanden werden, aber auch als Gebot, Leben aktiv zu erhalten. Je nachdem, welches Verständnis zugrunde liegt, ergeben sich insbesondere für die Vertreter nicht-aktualistischer Kriterien unterschiedliche normative Folgerungen, insbesondere an den Lebensgrenzen. Gesteht man auch einem nicht entwicklungsfähigen menschlichen Embryo Personalität zu, würde ein starkes Lebensrecht implizieren, dass man, soweit möglich, dieses Potenzial aktiv (wieder)herstellt, andernfalls nicht. Für die Praxis des sogenannten *Altered Nuclear Transfer* zur Gewinnung embryonaler Stammzellen, bei der eine der Gameten vor der Vereinigung von Ei- und Samenzelle so verändert wird, dass kein entwicklungsfähiger Embryo entsteht, hätte das starke Lebensrecht die paradoxe Konsequenz, dass die Entwicklungsfähigkeit – falls technisch möglich – wiederhergestellt werden müsste, sobald die Gameten vereinigt sind und ein der Gattung Mensch zugehöriges Individuum entstanden ist.

21.4 Kontroversen um Personalität

Viele der kritischen Argumente, die gegen Personenkonzeptionen in der Tradition der Philosophie vorgebracht worden sind, treffen die gegenwärtig in der Angewandten Ethik vertretenen oder implizit zugrunde gelegten Personalitätsverständnisse nur noch vereinzelt. Dazu gehört insbesondere das Argument, dass eine Personenkonzeption ihre Akzeptanz nicht dadurch untergraben sollte, dass sie von spekulativen Voraussetzungen ausgeht, die nur von wenigen geteilt werden und keine Aussicht auf breite Zustimmung haben. Auffassungen wie die Kants, dass dem Menschen ‚Persönlichkeit', d. h. Personenstatus genau soweit – und nur soweit – zukommt, als dieser Bürger zweier Welten ist und außer an der sinnlichen Welt in Raum und Zeit an der übersinnlichen Welt des „Dings an sich" teilhat (Kant 1968, 87), werden innerhalb der Angewandten Ethik kaum noch vertreten. Die kognitiven und moralischen Fähigkeiten, die als Basis der Zuschreibung des Personenstatus dienen, werden überwiegend als empirisch aufweisbare Fähigkeiten aufgefasst bzw. als Fähigkeiten, für deren Bestehen empirische Indizien vorliegen, mögen diese das Vorliegen der betreffenden Eigenschaften auch nur wahrscheinlich machen. Auch die Kritikrichtung, dass ein Großteil der in der Angewandten Ethik diskutierten Personenbegriffe semantisch inadäquat in dem Sinne ist, dass sie sich von dem in der Alltagssprache geläufigen Personenbegriff entfernen, entbehrt weitgehend der Grundlage. Erstens erheben diese Begriffe in der Regel von vornherein nicht den Anspruch, eine Explikation des in der Alltagssprache geläufigen Personenbegriffs zu geben. Zweitens zielen sie – im Gegensatz zum überwiegend deskriptiven Personenbegriff der Alltagssprache – explizit oder implizit darauf, bestimmte normative Aussagen über die aus dem Personenstatus folgenden moralischen Rechte zu fundieren. Relevanter als die Kritik an bestimmten Personenbegriffen nach dem Kriterium der *semantischen* Adäquatheit ist deshalb eine Kritik nach dem Kriterium der *normativen* Adäquatheit. Anders als für die erstere – und das ist ein Teil der Erklärung für die Vielfalt der Personenbegriffe – existiert für die letztere kein als verbindlich ausweisbarer Standard.

Ein häufig insbesondere gegen den Aktualismus, aber teilweise auch gegen den lebenszeitlichen Holismus und den Potenzialismus vorgebrachte Kritik ist die, dass diese Konzeptionen die vom Alltagsbegriff her vertraute Äquivalenz von ‚Person' und ‚Mensch' aufkündigen und implizieren, dass der Begriffsumfang von ‚Person' einerseits enger, andererseits weiter ist als der Begriffsumfang des Begriffs ‚Mensch'. Diese Abweichung ist besonders beim Aktualismus offenkundig: Menschliche Neugeborene und hochgradig Demente sind danach – selbst bei inhaltlich minimalen Anforderungen – keine Personen, während es einige dem Menschen nahestehende hochgradig intelligente Tiere – bei Zugrundelegung desselben inhaltlichen Minimalismus – womöglich sind. Nach dem lebenszeitlichen Holismus und dem Potenzialismus sind zumindest diejenigen Menschen, die niemals die für den Personenstatus geforderten Fähigkeiten besitzen, keine Personen.

Soweit diese Kritik auf die normativen Konsequenzen des Personenstatus und nicht auf diesen selbst zielt, ist allerdings darauf hinzuweisen, dass die kritisierten Positionen keineswegs die Konsequenz haben, dass deshalb, weil ein bestimmter Mensch keine Person ist, ihm deshalb keine oder nicht dieselben Rechte zukommen wie Personen. Zwar lässt sich vom Personenstatus auf den Besitz bestimmter moralischer Rechte schließen, nicht aber umgekehrt vom Nicht-Vorliegen des Personenstatus auf den Nicht-Besitz der entsprechenden Rechte. Außer in der Personalität können diese Rechte in anderen Merkmalen eines Menschen bzw. in den Beziehungen, in denen dieser zu anderen Menschen steht, fundiert sein, z. B. bei schwer geistig behinderten Menschen in ihrer Emotionalität, bei Neugeborenen in den Beziehungen zu ihrer Mutter. Ein guter Grund, Nicht-Personen so zu behandeln, als seien sie Personen, d. h. ihnen entsprechende Rechte ohne Vorliegen des Personenstatus zuzuschreiben (Feinberg 1980, 165 spricht hier von „Quasi-Personen"; Engelhardt 1986, 116 von „social persons") ist, dass sie auf diese Weise eine Chance haben, sich zu Personen im eigentlichen Sinn zu *entwickeln*. Analoges gilt für die Zuschreibung oder Nicht-Zuschreibung des Personenstatus an hochentwickelte Tiere und hypothetische intelligente Maschinen (vgl. Birnbacher 2017). Auch wer nicht bereit ist, Tiere und Maschinen als ernstzunehmende Kandidaten für den Personenstatus zu akzeptieren, kann Gründe haben, bestimmten Tieren, etwa den Großen Menschenaffen, ähnliche moralische Rechte zuzuschreiben, wie sie Menschen durch die Menschenrechtskataloge zugeschrieben werden. Allerdings ist für die Mehrzahl der am sogenannten *Great Ape Project* beteiligten Autoren charakteristisch, dass sie eine Einbeziehung der Menschenaffen – und einiger Meeressäuger – in den Personenbegriff vornehmen oder zumindest erwägen (vgl. Cavalieri und Singer 1993). Eine Ausdehnung des Personenbegriffs auf alle empfindungsfähigen Tiere (so Mitchell 1993) oder sogar auf alle Tiere (so Nelson 1972, 132) würde allerdings auf eine problematische ‚Verdünnung' der inhaltlichen Kriterien für den Personenbegriff hinauslaufen.

Eine alternative und möglicherweise sehr viel großzügigere Möglichkeit, Tieren den Personenstatus zuzuerkennen, würde durch einen graduell abgestuften Personenbegriff eröffnet, wie ihn Ludwig Siep (1993, 44) und Rüdiger Vaas (1996, 1513) vorgeschlagen haben. Eine Abstufung der Personenhaftigkeit eines Wesens würde damit indirekt auch eine Abstufung der einem Wesen zukommenden moralischen Rechte erlauben. Danach haben je nach dem ihnen zukommenden Grad an Personalität (der etwa mit den geistigen Fähigkeiten oder den Lebensphasen variiert) Menschen verschieden weitgehende Rechte und einige Wesen mehr Rechte als andere. Um diesen Vorschlag operabel zumachen, müsste allerdings geklärt werden, wo genau die Skala beginnt (auf welcher ontogenetischen oder phylogenetischen Entwicklungsstufe das Maß der Personalität zum ersten Mal größer als Null ist) und wo sie das Maximum des vollen Personenstatus erreicht. Außerdem müsste spezifiziert werden, welches Gewicht den einzelnen Kriterien zukommt. Darüber hinaus müsste damit das weithin geteilte Axiom der Unabstufbarkeit des Personenstatus aufgegeben werden.

Eine gegenläufige Kritikrichtung, von der alle Auffassungen außer dem Aktualismus betroffen sind, ist die, dass sie zur Folge haben, dass auch bereits vielen menschlichen Embryonen der Personenstatus und die daraus folgenden Rechte zugeschrieben werden müssten. Diese – insbesondere vom katholischen Lehramt vertretene

Konsequenz – erscheint vielen Diskutanten als kontraintuitiv. Auch wenn der menschliche Embryo dasselbe Wesen ist wie das später ausgereifte menschliche Individuum, liegt es doch vielen fern, es um dieser Identität willen bereits in seinen frühesten Stadien als Person zu qualifizieren und ihm damit die mit dem Personenstatus einhergehenden moralischen Rechte zuzusprechen. Konzeptionen wie die Robert Spaemanns, die davon ausgehen, dass alle Personen notwendig aktual und niemals nur potenziell existieren (vgl. Spaemann 1991, 140), berufen sich nicht von ungefähr auf spekulative Hintergrundannahmen, die mit dem Allgemeingültigkeitsanspruch der Ethik nur schwer zu vereinbaren sind.

Andererseits hat der Aktualismus die problematische Konsequenz, Personalität zu einem *Phasenbegriff* zu machen. Einem Psychotiker müsste etwa für die Zeit eines psychotischen Schubs der Personenstatus aberkannt werden, während er ihm in einer Phase wiedererlangter Zurechenbarkeit und Autonomie erneut zugesprochen werden müsste. Dieser Konsequenz ließe sich dadurch entgehen, dass man zu einer eingeschränkten Form des lebensgeschichtlichen Holismus übergeht, die diesen auf die Lebenszeit nach der Geburt begrenzt. Ein solcher Schritt brächte zugleich eine Annäherung des ethischen Begriffs der Personalität an den Personenbegriff der Alltagssprache und des Rechts, nach dem – § 1 BGB folgend – die „Rechtsfähigkeit" und damit die Personalität im rechtlichen Sinn mit der „Vollendung der Geburt" beginnt und unverändert bis zum Tod fortdauert.

Auf Kritik sind Konzeptionen gestoßen, die der auf Kant zurückgehenden Tradition folgen und den Personenstatus wesentlich von *moralischen* Kompetenzen abhängig machen. Wie für Kant die Sonderstellung des Menschen über die übrige Natur an erster Stelle in der Fähigkeit fundiert war, universale moralische Gebote zu erkennen und das eigene Verhalten an ihnen auszurichten, soll personale Existenz diesen Konzeptionen nach begrifflich an eine vernünftige Lebensplanung gebunden sein, die neben einer strategisch-prudenziellen auch eine moralische Bewertung von Zielen und Mitteln des Handelns beinhaltet (so z. B. Sturma 1997, 301). Nur wenige würden aber bezweifeln, dass auch Soziopathen mit ‚Über-Ich-Schwäche', die sich keinen moralischen Normen unterworfen fühlen, Personen sind und deshalb an den Privilegien von Personen teilhaben.

Literatur

Beauchamp, Tom L.: „The failure of theories of personhood." In: Kennedy Institute of Ethics Journal 9. Jg., 4 (1999), 309–324.

Birnbacher, Dieter: „Der Personenbegriff in der Bioethik – Hilfe oder Hindernis?" In: Inga Römer/Matthias Wunsch (Hg.): Person: Anthropologische, phänomenologische und analytische Perspektiven. Münster 2013, 299–316.

Birnbacher, Dieter: „Sind Tiere Personen?" In: Tierethik 9. Jg., 1 2017, 40–59.

Cavalieri, Paola/Peter Singer (Hg.): Menschenrechte für die Großen Menschenaffen. Das Great Ape Projekt. München 1993.

Engelhardt, H. Tristram: The Foundations of Bioethics. New York/Oxford 1986.

Feinberg, Joel: „Die Rechte der Tiere und zukünftiger Generationen." In: Dieter Birnbacher (Hg.): Ökologie und Ethik. Stuttgart 1980, 140–179.

Gordijn, Bert: "The troublesome concept of a person." In: Theoretical Medicine and Bioethics 20. Jg., 4 (1999): 347–359.

Kant, Immanuel: „Kritik der praktischen Vernunft." In: Kants Werke. Akademie-Textausgabe Bd. V, Berlin 1968, 1–164.

Mitchell, Robert W.: „Menschen, nichtmenschliche Tiere und Personalität." In: Paola Cavalieri, Peter Singer (Hg.): Menschenrechte für die Großen Menschenaffen. Das Great Ape Projekt. München 1993, 363–378.

Nelson, Leonard: Kritik der praktischen Vernunft. Hamburg 1972 (Gesammelte Schriften Bd. 4).

Pluhar, Evelyn B.: "The Personhood View and the Argument from Marginal Cases." In: Philosophica (Gent) 39. Jg., 1 (1987): 23–38.

Quante, Michael: Personales Leben und menschlicher Tod. Personale Identität als Prinzip der biomedizinischen Ethik. Frankfurt a. M. 2002.

Rosada, Johannes: „Kein Mensch, nur Mensch oder Person? – Das Lebensrecht des Anencephalen." In: Markus Schwarz, Johannes Bonelli (Hg.): Der Status des Hirntoten. Eine interdisziplinäre Analyse der Grenzen des Lebens. Wien/New York 1995, 221–234.

Sapontzis, Steve F.: „Personen imitieren – Pro und contra." In: Paola Cavalieri, Peter Singer (Hg.): Menschenrechte für die Großen Menschenaffen. Das Great Ape Projekt. München 1993, 411–426.

Siep, Ludwig: „Personenbegriff und angewandte Ethik." In: Carl Friedrich Gethmann, Peter L. Oesterreich (Hg.): Person und Sinnerfahrung. Philosophische Grundlagen und interdisziplinäre Perspektiven. Festschrift für Georg Scherer zum 65. Geburtstag. Darmstadt 1993, 33–44.

Singer, Peter: Praktische Ethik [1994], 3., revidierte und erweiterte Auflage. Stuttgart 2013.

Spaemann, Robert: „Sind alle Menschen Personen? Über neue philosophische Rechtfertigungen der Lebensvernichtung." In: Jürgen-Peter Stössel (Hg.): Tüchtig oder tot? Die Entsorgung des Leidens. Freiburg 1991, 133–147.

Spaemann, Robert: Personen. Versuche über den Unterschied zwischen „etwas" und „jemand". Stuttgart 1996.

Strawson, Peter F.: Einzelding und logisches Subjekt (Individuals). Stuttgart 1972.

Sturma, Dieter: Philosophie der Person. Die Selbstverhältnisse von Subjektivität und Moralität. Paderborn 1997.

Vaas, Rüdiger: „Mein Gehirn ist, also denke ich. Neurophilosophische Aspekte von Personalität." In: Christoph Hubig, Hans Poser (Hg.): Cognitio humana – Dynamik des Wissens und der Werte. XVII. Kongreß für Philosophie Leipzig 1996. Workshop-Beiträge Bd. 2, Leipzig 1996, 1507–1513.

Autonomie

Beate Rössler

Individuelle Autonomie wird allgemein als die Fähigkeit von Personen verstanden, über ihr eigenes Leben bestimmen zu können, ihr eigenes Leben zu führen anhand von Gründen, Überlegungen, Motiven, Wünschen, die ihre eigenen sind und ihnen nicht von anderen – aus persönlichen oder politischen Gründen – aufgezwungen, die aber immer in Beziehung mit anderen entwickelt werden. Deshalb begründet Autonomie Verantwortlichkeit und fordert Respekt von anderen. Autonomie ist seit der Aufklärung einer der zentralen, leitenden Begriffe sowohl in der Ethik wie in der Politischen Philosophie. Dabei ist vor allem Kants deontologische, moralphilosophische, rationale Begründung und Ausführung des Begriffs zentral, doch auch Mills utilitaristische Theorie der Autonomie als individueller Freiheit spielt in gegenwärtigen Debatten noch eine wichtige Rolle. In der praktischen Philosophie – bei ethischen Begründungsfragen sowie in der Moralpsychologie und Handlungstheorie – ist im letzten Drittel des 20. Jahrhunderts eine lebhafte Debatte um die genauere Fassung des Begriffs entstanden. In der im weiten Sinne liberalen Theorie spielt der Autonomiebegriff in zahlreichen angewandten Kontexten eine Rolle: insbesondere in der medizinischen Ethik, aber auch in der politischen Theorie, etwa in Begründungen der liberaldemokratischen, multikulturellen Gesellschaft.

Autonomie wird vielfach dadurch von Freiheit unterschieden, dass diese Freiheit sich auf externe Handlungsbeschränkungen oder Handlungshindernisse bezieht, während Autonomie sich auf die Unabhängigkeit einer Person in ihren Entscheidungen, auf ihre Handlungsmotivation und Willensbildung bezieht. Doch fraglich ist, wie plausibel eine scharfe Trennung zwischen einem Begriff negativer wie positiver Freiheit einerseits und einem Begriff von Autonomie andererseits noch ist, wenn in der Bestimmung der Autonomie einer Person äußere (negative Freiheit) sowie innere (positive Freiheit) Hindernisse und deren Kritik und Überwindung aufgenommen werden. Autonomie sollte als Konkretisierung eines (negativen wie positiven) Freiheitsbegriffs verstanden werden (vgl. Rössler 2017). Autonomie wird dann als sowohl negative wie auch positive Freiheit umfassend verstanden. *Individuelle* Autonomie wird von *kollektiver* Autonomie unterschieden, die die Autonomie von Gruppen oder Organisationen betrifft, und von der kollektiven *politischen* Autonomie von Staaten oder Nationen.

B. Rössler (✉)
Universiteit van Amsterdam, Amsterdam, Niederlande
E-Mail: B.Roessler@uva.nl

22.1 Zum Begriff

Kant und Mill: Für die Frage nach der moralischen Autonomie ist Kant nach wie vor der klassische Bezugstext (trotz einer auch schon vorkantischen Geschichte individueller Autonomie, vgl. Schneewind 1997): Autonomie als Selbstgesetzgebung heißt bei ihm, dass der Wille sich selbst das sittliche Gesetz gibt, nach dem der Mensch zu handeln hat. Im Bereich der Moral gibt es für den Willen keine ihm von außen vorgegebenen Werte oder Güter: der Wille selbst konstituiert das sittliche Gesetz. Deshalb ist die Autonomie des moralischen Gesetzes Ausdruck der praktischen Vernunft, die Handeln kategorisch gebietet, und die deshalb auch jegliche Verantwortlichkeit für sein Handeln beim Menschen selbst niederlegt.

Für Kant ist der Begriff der Autonomie auch deshalb ein kategorialer, weil alle Personen kraft ihrer Vernunft über Autonomie verfügen; graduelle Differenzen sind weder nötig noch möglich. Der Begriff der Autonomie korrespondiert dem der Würde, die es bei jedem Menschen – ebenso kategorial – zu achten gilt. Seit Kant nimmt der Autonomiebegriff eine zentrale Rolle in der praktischen Philosophie ein. Doch schon seit Mill zielt der Autonomiebegriff, respektive bei ihm der Begriff der Individualität, nicht mehr ausschließlich auf die moralische Autonomie, sondern in einem weiteren Sinn auf individuelle Freiheit, personale Autonomie. Allerdings spielen auch in der gegenwärtigen Debatte um Freiheit und Autonomie immer noch solche Positionen eine nicht unwichtige Rolle, die an Kant anknüpfen.

Die gegenwärtige Debatte: Die überwiegende Mehrheit der gegenwärtigen Konzeptionen von Autonomie geht von einem allgemeinen Begriff *personaler oder individueller,* nicht mehr (nur oder grundlegend) moralischer Autonomie aus. Dabei hat sich die Debatte in den letzten ungefähr dreißig Jahren enorm ausdifferenziert und spezialisiert. Bevor wichtige Positionen skizziert werden, sind jedoch noch einige begriffliche Unterscheidungen notwendig: zunächst einmal wird in der Literatur zu Recht unterschieden zwischen der *kategorialen* Zuschreibung von Autonomie, die jeder Person qua Person zukommt und Autonomie als *Fähigkeit* (im Sinne einer Möglichkeit und der tatsächlichen Ausübung von Autonomie). Autonomie im *kategorialen* Sinn kommt Personen dann und nur dann zu, wenn sie im Prinzip über die uneingeschränkte Fähigkeit zur Autonomie verfügen, also nicht Kindern oder Dementen; oberhalb einer bestimmten Schwelle werden Personen folglich als autonom bezeichnet. Diesseits dieser Schwelle jedoch kann Personen die Fähigkeit zur Autonomie in mehr oder weniger hohem Maße zukommen: deshalb wird hier von einem *graduellen* Begriff gesprochen. Im ersten, *kategorialen* Sinn begründet Autonomie etwa Abwehrrechte gegen paternalistische Eingriffe (vgl. Feinberg 1986), während sich die Diskussionen der letzten Jahre um einen personalen Begriff von Autonomie zumeist die Ausdifferenzierung eines Begriffs von Autonomie zum Ziel setzen, die Personen *graduell* zukommen kann und ihrerseits unterschieden wird von einem Autonomiebegriff als *Charakterideal* (ebd.). Die Debatte der letzten Jahrzehnte konzentriert sich folglich auf die Frage, welche Eigenschaften oder Fähigkeiten Personen zugeschrieben werden müssen, damit sie mehr oder weniger autonom genannt werden können.

Autonomie als Ideal ist auch im Kontext einer weiteren begrifflichen Unterscheidung relevant, nämlich der zwischen einem *globalen* und einem *lokalen* Autonomiebegriff (vgl. Dworkin 1989): Global ist der Begriff dann, wenn er sich auf die Person als ganze, in all ihren Handlungen bezieht, lokal dann, wenn er sich auf bestimmte Handlungen oder Handlungsbereiche bezieht. In einem globalen Sinn stellt Autonomie ein Ideal dar, dem wir nachstreben, das sich jedoch bei den meisten Personen nicht vollständig verwirklichen lässt. Deshalb ist es sinnvoll und dem praktischen Wert von Autonomie im Alltag angemessener, Autonomie Personen auch dann zuzusprechen, wenn der Begriff nur *lokal* verwendet wird und folglich Handlungsdimensionen zulässt, im Blick auf die sich eine Person selbst nicht als vollständig autonom bezeichnen würde (vgl. etwa die unfreiwillige Raucherin). Im Folgenden wird es also zunächst um solche Positionen gehen, die an einem *lokal* anwendbaren, *graduierbaren,* Begriff *personaler* Autonomie interessiert sind.

22.2 Prozedurale und inhaltsneutrale Theorien: das hierarchische Modell von Harry Frankfurt

Die theoretische Diskussion der letzten Jahrzehnte ist als Ausdifferenzierung von und Streit um die Bedingungen zu begreifen, die auf die Willensformung einer Person zutreffen müssen, wenn sie autonom genannt werden soll (vgl. Taylor 2008). Zu den einflussreichsten Positionen der neueren Debatten gehören sogenannte *prozedurale* oder *strukturelle* Theorien. Diese Theorien werden auch als *inhaltsneutral* bezeichnet, da sie für die Zuschreibung von Autonomie keine inhaltlichen Bestimmungen, wie etwa bestimmte Werte, Überzeugungen, emotionale Einstellungen, vornehmen.

Am prominentesten ist hier sicherlich das *hierarchische* Modell von Frankfurt (vgl. Frankfurt 2001; Dworkin 1989). Hierarchisch ist dieses Modell deswegen, weil eine Person autonom dann genannt werden kann, wenn sie zu ihren auf einer ersten direkten Ebene gegebenen Wünschen noch eine reflektierte Position zweiter Ordnung (die Ebene der sogenannten Volitionen) einnehmen und sich dann entscheiden kann, welche Wünsche handlungswirksam werden sollen, mit welchen sie sich also identifizieren kann. Der Wille einer Person ist frei und eine Person autonom dann, wenn sie diesen Prozess durchlaufen und zu handlungswirksamen Entscheidungen kommen kann, und zwar unabhängig von der Herkunft, inhaltlichen Qualifikation und Begründbarkeit der jeweiligen Wünsche. Frankfurt argumentiert folglich, dass eine Person dann autonom ist, wenn ihr Wille ihr eigener ist: Autonomie und Willensfreiheit fallen zusammen. Sie ist autonom, wenn sie den Willen hat, den sie haben will, und einen solchen hat sie, wenn sie sich in ihren Volitionen mit (bestimmten) Wünschen erster Ordnung identifizieren kann. Identifikation und Authentizität sind deshalb für die Frankfurtsche Autonomiekonzeption zentrale Begriffe, ebenso wie die hierarchische Struktur des Willens, der für das Personsein konstitutiv ist.

Den drohenden Regress von Wünschen erster zu zweiter und gegebenenfalls zu n'ter Ordnung sucht Frankfurt in seinen späteren Arbeiten aufzuhalten durch eine Konzeption der *wholeheartedness,* die eine Person empfindet, wenn sie sich voll und ganz für eine bestimmte Handlungsoption entschieden hat, ohne den Wunsch zu verspüren, dies noch einmal in Frage zu stellen. Doch neben diesem sogenannten Regressargument ist Frankfurt auch noch mit einer Reihe von anderen Einwänden konfrontiert worden, unter denen der wichtigste der sogenannte *Manipulationsvorwurf* ist: Denn nach Frankfurt ist es für die Autonomie einer Person nicht entscheidend, wie sie zu den Wünschen, mit denen sie sich gegebenenfalls identifiziert, gekommen ist – auch wenn diese auf einer manipulativen Basis entstanden sind, kann eine Person, wenn sie die richtige Willensstruktur hat, immer noch über Autonomie verfügen. Deshalb wird seine Theorie auch als *internalistisch* bezeichnet: Nicht die Verbindung zur Realität und die Genealogie unserer Wünsche und Überzeugungen ist entscheidend für Autonomie, sondern allein die innere Willens- und Reflexionsstruktur.

22.3 Gegen den Manipulationsvorwurf: externalistische Theorien

Die Kritik an Frankfurts Theorie hat zu einer Reihe von alternativen Konzeptionen geführt. Ebenfalls zu den strukturellen oder prozeduralen Ansätzen gehören dabei die sogenannten *Historischen* Konzeptionen (Christman 1991; 2004) und die sogenannten *Reason-responsiveness*-Theorien (Fischer/Ravizza 1998). Beide Theorien sind gegenüber der internalistischen von Frankfurt als *externalistisch* zu beschreiben, denn der Fokus liegt hier nicht mehr nur auf der Beziehung zwischen der handelnden Person und ihren Wünschen, sondern auf dem Prozess der Entstehung von Wünschen selbst einerseits und der Möglichkeit, Wünsche durch externe Gründe kritisieren zu können, andererseits.

Historische Theorien nehmen das kausale Zustandekommen von Wünschen selbst noch mit in die Bedingungen der Zuschreibung von Autonomie auf. So argumentiert prominent Christman, dass eine Person nur dann autonom genannt werden kann, wenn sie (im Prinzip) in der Lage ist, auf die Ursachen ihrer Wünsche und Überzeugungen zu reflektieren und diese gegebenenfalls auf der Grundlage dieser Reflexion zu kritisieren oder sie dennoch anzunehmen. Dieser Aspekt soll dem Manipulationsvorwurf, wie er gegen Frankfurt erhoben wurde, entgehen: Zwar müssen Personen, um autonom genannt werden zu können, nicht substantiell unabhängig sein von äußeren Einflüssen, aber sie müssen prozedurale Unabhängigkeit durch die Fähigkeit zeigen können, auf die Herkunft ihrer Wünsche reflektieren und diese Wünsche gegebenenfalls aufgrund dieser Reflexion abweisen zu können. Mit welchen Wünschen und Überzeugungen sich eine Person handlungswirksam – und authentisch, ohne Selbstbetrug – identifiziert, ist dann ein Ergebnis rationaler Reflexion nicht nur, wie bei Frankfurt, auf die eigene Wunschstruktur, sondern auf den Prozess der Entstehung von Wünschen (Christman 1991). Damit ist in die Theorie von Autonomie auch ein zeitliches Moment eingeführt, das bei Frankfurt selbst noch abwesend war.

Ein weiteres externalistisches Modell gibt der Rolle von Gründen und von moralischer Verantwortlichkeit, und der Fähigkeit von Akteuren, auf Gründe reagieren *(response)* zu können, eine entscheidende Rolle bei der Zuschreibung von Autonomie. Fischer und Ravizza kritisieren das hierarchische Modell von Autonomie wie bei Frankfurt und Dworkin deshalb, weil es die kontraintuitive Konsequenz hat, dass in der Deliberation von Akteuren auf mögliche Handlungsoptionen den (guten) Gründen, die sich auf eine dem Akteur äußerliche Welt beziehen, keine Rolle zugesprochen werden kann. Nur wenn eine Person jedoch in der Lage ist, sich selbstbestimmt zwischen verschiedenen Gründen für bestimmte Handlungsmöglichkeiten entscheiden zu können, kann ihr auch *moralische* Verantwortung für eine Handlung zugesprochen werden, da sie auch anders hätte handeln können. Autonomie und moralische Verantwortlichkeit setzen voraus, dass Akteure – in einem ,moderaten' Sinn – offen für Gründe sind (Fischer/Ravizza 1998).

22.4 Substantielle Theorien

Prozeduralen und *inhaltsneutralen* Konzeptionen wie den bisher skizzierten ist vorgeworfen worden, dass die Frage, welche Wünsche und Einstellungen handlungswirksam werden sollen, nicht ohne einen Rekurs auf den Inhalt und die Qualität der autonom verfolgten Handlungsoptionen beantwortet werden kann. Für eine solche ethische Qualifizierung argumentieren *substantielle* Theorien von Autonomie: Die Autonomie einer Person ist abhängig auch vom Inhalt der Wünsche, Überzeugungen und Ziele, die handlungswirksam werden. So hat Susan Wolf etwa gegen Frankfurt ins Feld geführt, dass seine subjektivistische und internalistische Konzeption von Autonomie weder der Objektivität von Gründen noch der von Werten Rechnung tragen könne (vgl. Wolf 2002). Autonomie könne jedoch nicht plausibel und konsistent konzipiert werden, wenn der Inhalt dessen, was man will und wonach man strebt, nur mit Rekurs auf das eigene Wünschen, nicht jedoch mit dem Rekurs darauf, was tatsächlich und begründet wünschenswert ist, was also tatsächlich gut oder schlecht, richtig oder falsch ist, begründet werde. *Substantiell* ist eine Theorie von Autonomie jedoch auch dann, wenn sie der autonomen Person als Bedingung ihrer Autonomie Respekt gegenüber ihr selbst als handelnder und entscheidender Person zuschreibt, ebenso wie Respekt und Achtung gegenüber anderen. Weiterhin argumentieren substantielle Theorien häufig nicht allein für eine *prozedurale* Unabhängigkeit der autonomen Akteure (vgl. Dworkin 1989), sondern für *substantielle* Unabhängigkeit in dem Sinn, in dem Personen de facto autonom zwischen unterschiedlichen Handlungs- und Lebensoptionen entscheiden können (vgl. Christman 2009; Oshana 2015).

Nennen kann man hier auch die jedenfalls in einem schwachen Sinn substantielle Autonomiekonzeptionen von Diane Meyers: Gegenüber den strukturellen und prozeduralen Autonomietheorien, die alle auf die eine oder andere Weise das Moment der gelingenden Selbstreflexion als entscheidendes Kriterium für die Zuschreibung von Autonomie bestimmen, entwickelt sie eine Theorie, die sich auf die Bestimmung von *allgemeinen* Fähigkeiten konzentriert, die notwendig seien, wenn man eine Person autonom nennen wolle. Solche Fähigkeiten sollen mehr umfassen als die gelingende Selbstreflexion. Da das Selbst, um dessen Autonomie es geht, als auf unterschiedliche Weisen konstituiert bestimmt werden muss, nämlich als rationales, als soziales, als relationales, als körperliches etc. Selbst, korrespondieren diesen Begriffen eines Selbst auch verschiedene Fähigkeiten, die jeweils Autonomie konstituieren. *Self-discovery, self-definition* und *self-direction* setzen beispielsweise emotionale und imaginative Fähigkeiten voraus, die für die Autonomie einer Person und die Integration der verschiedenen ‚Selbste' so entscheidend sein können wie die rationale Selbstreflexion (Meyers 1989; 2005). Meyers' Theorie ist selbst unentschieden im Blick auf die Frage, wie substantiell sie ist, ist jedoch zu Recht als substantiell bezeichnet worden, da die jeweiligen Fähigkeiten hinsichtlich der Bestimmungen und der Integration des Selbst ohne jedenfalls intersubjektiv gültige Kriterien nicht zuschreibbar scheinen (Mackenzie/ Stoljar 2000; Veltman 2014).

Als substantiell schließlich kann man auch neuere kantische Modelle beschreiben, weil sie Autonomie an einen zwar formal und kantisch bestimmten, aber dennoch qualitativen Begriff von Moral binden. So versucht Korsgaard, die Idee einer allgemeinen, personalen Autonomie mit dem kantischen Modell der moralischen Autonomie zusammen zu denken. Das bedeutet einerseits, dass autonome Akteure Normen und Werte reflektieren können und sich, stärker, durch die rationale Reflexion als Handelnde in ihren unterschiedlichen praktischen Identitäten – Lebensbereichen – konstituieren. Andererseits haben Akteure jedoch als vernünftige Personen notwendigerweise eine grundlegende praktische Identität, nämlich die moralische, die alle anderen Identitäten gleichsam übertrumpfen kann. Wie bei Kant besteht dann die Autonomie der moralischen Identität darin, uns selbst das moralische Gesetz verpflichtend auferlegen zu können (vgl. Korsgaard 1996, 128 f.; vgl. auch Korsgaard 2009).

22.5 Relationale Theorien

Vor allem in Auseinandersetzung und Diskussion mit der feministischen Kritik an traditionellen Autonomietheorien haben Mackenzie und Stoljar eine *relationale* Theorie von Autonomie entwickelt (Mackenzie/Stoljar 2000; Friedman 2005; Mackenzie 2008; vgl. Mackenzie 2014). Gegen kritische, feministische Positionen, die dem Begriff der Autonomie vorwerfen, einseitig rationalistisch, individualistisch (egoistisch), beziehungslos und am männlichen Lebensmodell orientiert zu sein und deshalb ungeeignet für Frauen als Lebensideal, suchen sie eine Theorie zu verteidigen, die den Begriff der Autonomie kritisch reformuliert. Dabei sind es zwei Aspekte, die eine relationale Theorie gegenüber der individualistischen und rationalistischen Theorie in den Vordergrund rückt: Sie verteidigt einen reicheren Begriff des Akteurs und sie sucht, den autonomen Akteur sozial zu kontextualisieren (vgl. Mackenzie/Stoljar 2000; Stoljar 2014). Akteure sind nicht nur rational, sondern auch emotional, körperlich, kreativ, imaginativ und sie befinden sich immer schon in einem sozialen Kontext, der für ihre Möglichkeiten, ein autonomes Leben führen zu können, entscheidend ist, weil sie immer *in* einem sozialen Kontext und damit in Beziehungen mit anderen ein Verhältnis zu sich selbst (ihren Wünschen, Gefühlen, Überlegungen) und die Fähigkeiten zur Autonomie erlernen und ausüben müssen (vgl. auch Rössler 2017).

Dabei ist das Ziel, diejenige Rolle, die Sozialisation, kulturelle Praktiken und politische Institutionen bei der Ermöglichung oder Behinderung, Unterdrückung von Autonomie spielen, genauer zu erfassen und zu analysieren, ohne dabei den Begriff und die Idee von Autonomie selbst aufgeben zu müssen. Relationale Theorien lassen sich unterscheiden hinsichtlich der Bedeutung, die den Beziehungen für die Autonomie einer Person zukommt: *Kausale relationale* Theorien begreifen die Relationalität als kausalen Faktor, der durch Sozialisation und soziale Kontextuierung der Akteure Einfluss auf deren Autonomie hat. *Konstitutive* oder *substantielle* Theorien behaupten weitergehend, dass die Autonomie von Personen ohne ihre Bezogenheit auf andere nicht zu denken ist, da das Selbst immer sozial sei (vgl. Barclay 2000; Mackenzie 2008; Christman 2004).

22.6 Weiterführende Probleme

Abschließend sollen noch kurz drei Probleme benannt werden, die in den gegenwärtigen Diskussionen umstritten sind und schon deshalb weiterhin eine wichtige Rolle in unterschiedlichen Theorien personaler Autonomie spielen werden. Zum Ersten ist der Zusammenhang zwischen Autonomie und moralischer Verantwortung umstritten, und zwar sowohl was die Frage betrifft, ob man autonom gehandelt haben muss, um moralische Verantwortlichkeit übernehmen zu können, wie auch umgekehrt, ob man für autonome Handlungen per se verantwortlich sein muss (vgl. Arpaly 2003; Pippin 2007; vgl. auch Hutchison/Mackenzie/Oshana 2018). Zum Zweiten ist das Problem der Substantialität von Autonomie weitgehend ungelöst und umstritten, auch und gerade im Zusammenhang mit – drittens – der Frage nach der Relationalität von Autonomie: Denn (schwach) substantielle Autonomietheorien haben den Vorteil, nicht nur der Rolle von guten Gründen einen Platz zuweisen zu können, sondern auch Aussagen darüber machen zu können, ob Wünsche, Einstellungen, Überzeugungen von – nicht nur rationalen, sondern auch emotionalen und imaginativen – Akteuren in Beziehungen und unter Bedingungen zustande gekommen sind, die tatsächlich autonome Entscheidungen eher verhindern oder eher ermöglichen, wobei ein solches 'mehr oder weniger' an Autonomie inhaltlich – wertorientiert – qualifiziert werden muss.

22.7 Autonomie in der Gesellschaft

In liberaldemokratischen Gesellschaften ist die Idee der individuellen Autonomie einer der Grundpfeiler nicht nur der Gesetzgebung, sondern auch in gesellschaftlichen Debatten. Umstritten ist nicht (mehr), ob Autonomie zu den zentralen liberaldemokratischen Werten zählt, sondern nur, was dies im Einzelnen bedeutet (Raz 1988; Levey 2010). Dabei sind die normativen Debatten um Interpretationen und Anwendungen des Autonomiebegriffs selten direkt zurückgebunden an die detaillierten moralpsychologischen und ethischen Diskussionen, die oben dargestellt wurden. Dennoch spielen Begrifflichkeiten (kritische Reflexion, Authentizität u. a.) und Motive (wie etwa das Problem der Manipulation und der sozialen Eingebundenheit von Akteuren) aus diesen Diskussionen auch in den angewandten Debatten eine wichtige Rolle (vgl. Christman/Anderson 2005). In bioethischen, sozialphilosophischen und politikphilosophischen gesellschaftlichen Fragen gibt es eine große Anzahl von Problemen oder Konflikten, bei denen die Interpretation des Autonomiebegriffs im Zentrum steht; im Folgenden kann jedoch nur noch kurz auf zwei dieser Kontexte verwiesen werden, nämlich den der medizinischen Ethik und den der Diskussionen um Schwierigkeiten einer liberaldemokratischen, multikulturellen Gesellschaft.

Autonomie und medizinische Ethik: Autonomie spielt seit der zweiten Hälfte des letzten Jahrhunderts in der medizinischen- oder allgemeiner Bioethik eine zentrale Rolle, weil mit dem Verweis auf die Autonomie die Selbständigkeit einer Person gegenüber der Medizin verbindlich gemacht und jeglicher Form von Paternalismus Einhalt geboten werden soll. Dies bringt die kategoriale Bedeutung von Autonomie zum Ausdruck, über die Personen als Personen verfügen. In der medizinischen Ethik hat diese Idee von Autonomie als ‚informierte Zustimmung' Eingang gefunden und ist nicht mehr umstritten. Umstritten sind dagegen Begründungsfragen und solche angewandte Kontexte, in denen entweder Personen keine (vollständige) Autonomie mehr zugesprochen werden kann, wie etwa nicht mehr (vollständig) zurechnungsfähigen Patienten (komatöse Patienten, demente Personen); oder solche Kontexte, in denen die Autonomie um der Patientin selbst willen nicht respektiert werden soll (vgl. Düwell 2008; Beauchamp 2008; vgl. auch Dworkin et al. 1997), wie etwa bei Entscheidungen am Ende des Lebens, wie Sterbehilfe und (assistiertem) Selbstmord. Im ersten Fall geht es dabei um die Frage der Interpretation eines „vermuteten autonomen Willens der Patientin, wobei in der Literatur auch vorgeschlagen wird, Autonomie in solchen Fällen als assistierte Autonomie (die von engen Verwandten übernommen werden könnte) zu reformulieren (vgl. Hughes/Louw/Sabat 2006). Im zweiten Fall geht es um die Problematik, ob andere Werte als der der Autonomie stärker respektiert werden müssen als diese selbst, wie der Schutz des Lebens bei Fragen von Sterbehilfe. In beiden Kontexten ist es sowohl in der ethischen Theorie wie in der gesellschaftlichen Praxis sehr umstritten, in welcher Weise Autonomie interpretiert werden sollte und wie der Wert von Autonomie gegebenenfalls gegenüber anderen Werten oder Interessen (wie etwa der ärztlichen Berufsethik) abgewogen werden sollte (vgl. Hughes/Louw/Sabat 2006; Stoljar 2011; Entwistle/Carter/Cribb/McCaffery 2010).

Autonomie in der multikulturellen Gesellschaft: In der Theorie und Praxis multikultureller, liberaler Gesellschaften ist der Autonomiebegriff zwar rechtlich verankert, aber in seiner Interpretation und kulturellen Praxis umstritten: Dabei geht es, auf einer grundlegenden Ebene, um die Frage nach dem Wert des liberalen Autonomiebegriffs, vor allem jedoch, auf angewandter Ebene, um die Rechte kultureller Minderheiten, wenn diese mit der Mehrheitskultur zu kollidieren scheinen, wie etwa bei Sprachregelungen, Kleidungscodes, medizinischen Praktiken (vgl. Okin 1998; Levey 2010). Relevant ist der Autonomiebegriff hier deshalb, weil er kulturelle Gruppen auszuschließen scheint, die Autonomie nicht als zentralen Wert begreifen; liberaldemokratische Gesellschaften seien deshalb diskriminierend, weil sie auch von kulturellen Minoritäten das Leben liberaler Werte forderten, die von einer weiteren Interpretation demokratischer Staatsbürgerschaft nicht strikt erforderlich sei (vgl. Christman/Anderson 2005; Bader 2007; Phillips 2007). Deshalb verteidigen einige Autoren einen minimalistischen Autonomiebegriff oder einen schwächeren Begriff der *agency* (Berg-Sorensen 2016; Levey 2015) um kulturelle Praktiken sichern zu können, in denen die individuelle Autonomie der Personen eine untergeordnete Rolle spielt. Verfechter eines stärkeren liberalen Autonomiebegriffs kritisieren demgegenüber, dass für ein gelingendes Leben in liberaldemokratischen Gesellschaften Personen unabhängig von ihrem kulturellen Hintergrund ein autonomes Leben führen können müssen, da der Wert der Autonomie tief in alle gesellschaftlichen Kontexte eingelassen sei (Raz 1988). Darüber hinaus wird an einem schwächeren Begriff von *agency* kritisiert, dass häufig vor allem im Blick auf Frauen der höhere Wert der Kultur gegenüber dem ihrer individuellen Autonomie als überlegen ins Feld geführt wird. Diese Frage ist etwa relevant hinsichtlich Kleidungsvorschriften: Hier wird gegenüber dem liberalen – eigentlich zur Neutralität verpflichteten – Staat der Paternalismusvorwurf erhoben (etwa beim Burka-Verbot oder beim Verbot von Kopftüchern für Mitarbeiterinnen im öffentlichen Dienst), während umgekehrt gerade liberal orientierte Kleidungsvorschriften mit dem Verweis auf die Autonomie der Frauen gegenüber ihrer religiösen und kulturellen Herkunft begründet werden (Syed 2017).

Autonomie in der digitalen Gesellschaft: In der digitalen Gesellschaft wird erstens das Problem von Autonomie und Privatheit diskutiert. Hier geht es sowohl um individuelle Privatheit (vgl. Solove 2010; Reiman 1995) und den Schutz individueller Freiheit oder Autonomie als auch um Formen der sozialen Privatheit, die ebenfalls als Ermöglichung individueller (und sozialer, relationaler) Autonomie begriffen wird (Roessler/ Mokrosinska 2015; Nissenbaum 2010).

Zweitens ist umstritten, inwieweit *apps*, die bestimmte Verhaltensweisen kontrollieren und unterstützen sollen, die Gefahr bergen, Autonomie zu verhindern und zu beschränken. Dies betrifft zum Beispiel sogenannte Health-Apps, bei denen die unterstützende Kontrolle von autonomen Verhalten, die man noch als *nudging* bezeichnen kann (vgl. Yeung 2017), notwendigerweise manipulative Elemente entwickelt, die die Person mehr und mehr in ihren Entscheidungen und Vorhaben auf der Basis von fremden (nämlich gewinnorientierten Kriterien) bestimmt (vgl. Sax/Helberger/Bol 2018). Weiterhin ist die Kontrolle von Verhalten in Beziehungen durch sogenannte Beziehungsapps, die je verschiedene Aspekte von Beziehungen aufzeichnen und verfolgen, in der Literatur problematisiert, da auch hier die vorgebliche Unterstützung von intendiertem Verhalten *(nudging)* immer schon Aspekte enthält, die sich als manipulativ, also als eingreifend in das selbstbestimmte Verhalten der Nutzer und Nutzerinnen, begreifen lassen (z. B. Danaher/Nyholm/Earp 2018). Vergleichbar ist die Diskussion um Autonomie und das Quantifizierte Selbst (vgl. Lanzing 2016).

Dies weist drittens auf die generelle Gefahr der Manipulation in der zunehmend digitalisierten Gesellschaft hin, da etwa durch die ständige und vollkommene Konsumentenüberwachung zunehmend genaue persönliche Profile von Personen angefertigt werden können, auf deren Basis personalisierte Werbung nicht nur von Betrieben, sondern auch von Parteien verschickt werden kann. Inwieweit dies manipulativ ist und deshalb die individuelle Autonomie der Internetbenutzer und ihre demokratische Selbstbestimmung gefährden kann, wird in der Literatur intensiv diskutiert (Susser/Roessler/Nissenbaum 2019).

Literatur

Arpaly, Nomy: Unprincipled Virtue. An Inquiry into Moral Agency. New York/Oxford 2003.
Bader, Veit M.: Secularism or Democracy? Associational Governance of Religious Diversity. Amsterdam 2007.
Barclay, Linda: „Autonomy and the Social Self." In: Catriona Mackenzie, Natalie Stoljar (Hg.): Relational Autonomy. Feminist Perspectives on Autonomy, Agency, and the Social Self. New York/Oxford 2000, 52–71.
Beauchamp, Tom: „Who Deserves Autonomy, and whose Autonomy Deserves Respect?" In: James S. Taylor (Hg.): Personal Autonomy. New Essays on Personal Autonomy and Its Role in Contemporary Moral Philosophy. New York/Oxford 2008, 310–329.
Berg-Sorensen, Anders (Hg.): Contesting Secularism: Comparative Perspectives. Farnham 2016.
Berlin, Isaiah: „Zwei Freiheitsbegriffe" In: Ders.: Freiheit. Vier Versuche. Frankfurt a. M. 1995, 197–256.
Betzler, Monika/Guckes, Barbara: Autonomes Handeln: Beiträge zur Philosophie von Harry G. Frankfurt. Berlin 2001.
Christman, John: „Autonomy and Personal History". In: Canadian Journal of Philosophy 21. Jg., 1 (1991): 1–24.
Christman, John: „Relational Autonomy, Liberal Individualism, and the Social Constitution of Selves". In: Philosophical Studies 117. Jg., 1–2 (2004): 143–164.
Christman, John, „The Politics of Persons", Cambridge UP, 2009.
Christman, John/Anderson, Joel (Hg.): Autonomy and the Challenges to Liberalism. New Essays. Cambridge 2005.
Danaher, John/Nyholm, Sven/Earp, Brian D.: „The Quantified Relationship". In: The American Journal of Bioethics, 18. Jg., 2 (2018): 3–19.
Düwell, Marcus: Bioethik. Methoden, Theorien und Bereiche. Stuttgart 2008.
Dworkin, Gerald: „The Concept of Autonomy". In: John Christman (Hg.): The Inner Citadel. New York/Oxford 1989, 54–62.
Dworkin, Ronald: Die Grenzen des Lebens. Abtreibung, Euthanasie und persönliche Freiheit. Hamburg 1994.
Dworkin, Ronald et al.: „Assisted Suicide: The Philosopher's Brief". In: New York Review of Books 4 (1997): 41–47.
Entwistle, Vikki A./Carter, Stacy M./Cribb, Alan/McCaffery, Kirsten: „Supporting Patient Autonomy: The Importance of Clinician-patient Relationships". In: Journal of Internal General Medicine, 25. Jg., 7 (2010): 741–745.
Feinberg, Joel: „Autonomy". In: Ders.: Harm to Self. Vol. 3. Oxford 1986, 27–51.
Fischer, John M./Ravizza, Mark: Responsibility and Control. A Theory of Moral Responsibility. New York/Cambridge 1998.
Frankfurt, Harry: Freiheit und Selbstbestimmung. Hg. von Monika Betzler, Barbara Guckes. Berlin 2001.
Friedman, Marilyn: „Autonomy and Male Dominance". In: John Christman, Joel Anderson (Hg.): Autonomy and the Challenges to Liberalism: New Essays. Cambridge 2005, 150–176.
Hirschmann, Nancy: „Toward a Feminist Theory of Freedom". In: David Miller (Hg.): The Liberty Reader. London 2006, 200–222.

Hughes, Julian C./Louw, Stephen J./Sabat, Steven R. (Hg.): Dementia: Mind, Meaning, and the Person. Oxford 2006.

Hutchison, Katrina/Mackenzie, Catriona/Oshana, Marina (Hg.): Social Dimensions of Moral Responsibility. New York 2018.

Kant, Immanuel: Grundlegung zur Metaphysik der Sitten [1785]. Frankfurt a. M. 1968.

Korsgaard, Christine: The Sources of Normativity. Cambridge 1996.

Korsgaard, Christine: Self-Constitution. Agency, Identity, and Integrity. New York/Oxford 2009.

Lanzing, Marjolein: „The Transparent Self." In: Ethics and Information Technology 18. Jg., 1 (2016): 9–16.

Levey, Geoffrey: „Liberal Multiculturalism." In: Duncan Ivison (Hg.): The Ashgate Research Companion to Multiculturalism. Aldershot 2010, 19–37.

Levey, Geoffrey (Hg.):Authenticity, Autonomy and Multiculturalism. New York 2015.

Mackenzie, Catriona: „Imagining Oneself Otherwise." In: Catriona Mackenzie, Natalie Stoljar (Hg.): Relational Autonomy. Feminist Perspectives on Autonomy, Agency, and the Social Self. New York/Oxford 2000, 124–150.

Mackenzie, Catriona: „Relational Autonomy, Normative Authority and Perfectionism". In: Journal of Social Philosophy 39. Jg., 4 (2008): 512–533.

Mackenzie, Catriona: „Three Dimensions of Autonomy". In: Andrea Veltman, Marc Piper (Hg.): Autonomy, Oppression, and Gender. Oxford 2014, 15–41.

Mackenzie, Catriona/Stoljar, Natalie: Relational Autonomy. Feminist Perspectives on Autonomy, Agency, and the Social Self. New York/Oxford 2000.

Meyers, Diana T.: Self, Society, and Personal Choice. New York 1989.

Meyers, Diana T.: „Decentralizing Autonomy: Five Faces of Selfhood". In: Autonomy and the Challenges to Liberalism. New Essays. Cambridge 2005, 27–55.

Mill, John S.: Über Freiheit [engl. 1859]. Stuttgart 1986.

Nissenbaum, Helen F.: Privacy in Context: Technology, Policy, and the Integrity of Social Life. Stanford 2010.

Okin, Susan M.: Is Multiculturalism Bad for Women? Hg. von Joshua Cohen/Martha Nussbaum. Princeton 1998.

Oshana, Marina (Hg.): Personal Autonomy and Social Oppression. Philosophical Perspectives. New York 2015.

Pauer-Studer, Herlinde: Autonom leben: Reflexionen über Freiheit und Gleichheit. Frankfurt a. M. 2000.

Phillips, Anne: Multiculturalism without Culture. Oxford 2007.

Pippin, Robert: „Can there be 'Unprincipled Virtue'?" In: Philosophical Explorations 10. Jg., 3 (2007): 291–302.

Raz, Joseph: The Morality of Freedom. Oxford 1988.

Raz, Joseph: The Practice of Value. New York/Oxford 2008.

Reiman, Jeffrey H.: „Driving to the Panopticon: A Philosophical Exploration of the Risks to Privacy Posed by the Highway Technology of the Future." In: Santa Clara High Technology Law Journal, 11 Jg., 1 (1995): 27–44.

Rössler, Beate: Autonomie. Ein Versuch über das gelungene Leben, Berlin 2017

Roessler, Beate/Mokrosinska, Dorota (Hg.): The Social Dimensions of Privacy. Interdisciplinary Perspectives. Cambridge 2015.

Sax, Marijn/Helberger, Natali/Bol, Nadine: „Health as a Means Towards Profitable Ends: mHealth Apps, User Autonomy and Unfair Commercial Practices". In: Journal of Consumer Policy, 41. Jg., 2 (2018): 103–134.

Schneewind, Jerome: The Invention of Autonomy. Cambridge 1997.

Solove, Daniel J.: Understanding Privacy. Cambridge, MA 2010.

Stoljar, Natalie: „Informed Consent and Relational Concepts of Autonomy." In: Journal of Medicine and Philosophy, 36. Jg., 4 (2011): 375–384.

Stoljar, Natalie: „Autonomy and Adapted Preference Formation." In: Andrea Veltman, Marc Piper (Hg.): Autonomy, Oppression, and Gender. Oxford 2014, 227–252.

Stoljar, Natalie: „'Living Constantly at Tiptoe Stance'. Social Scripts, Psychological Freedom, and Autonomy". In: Marina Oshana (Hg.): Personal Autonomy and Social Oppression. Philosophical Perspectives. New York 2015, 105–123.

Susser, Daniel/Roessler, Beate/Nissenbaum, Helen: „Technology, Autonomy and Manipulation". In: Internet Policy Review, 8. Jg., 2 (2019): 1–22.

Syed, Sofie G.: „Libertè, Egalitè, Vie Privèe: The Implications of France's Anti-Veil Laws for Privacy and Autonomy". In: Harvard Journal of Law and Gender, 40. Jg., 2 (2017): 301–332.

Taylor, James S. (Hg.): Personal Autonomy. New Essays on Personal Autonomy and Its Role in Contemporary Moral Philosophy. New York/Oxford 2008.

Veltman, Andrea/Piper, Mark (Hg.): Autonomy, Oppression, and Gender. Oxford 2014.

Wolf, Susan: „The True, the Good and the Lovable: Frankfurt's Avoidance of Objectivity." In: Sarah Buss/Lee Overton (Hg.): Contours of Agency. Essays on Themes from Harry Frankfurt a.M/Cambridge, Mass. 2002, 227–244.

Yeung, Karen: „'Hypernudge': Big Data as a Mode of Regulation by Design." In: Information, Communication & Society, 20. Jg., 1 (2017): 118–136.

Moralische Dilemmata

23

Marie-Luise Raters

In der Literatur finden sich unzählige Beispiele für moralische Dilemmata. Zumeist sind sie jedoch der Weltliteratur entnommen oder mühsam konstruiert worden, um die Grenzen einer Moralphilosophie aufzuzeigen. Das verstellt den Blick darauf, dass das moralische Dilemma eigentlich eine Leitkategorie der Angewandten Ethik ist. Ein moralisches Dilemma aus der Weltliteratur ist z. B. die Situation des Agamemnon, der sich entscheiden musste, ob er seine Tochter für seine Feldherrenpflichten opfern sollte. Konstruiert ist z. B. das ‚Jim-Dilemma', mit dem Bernard Williams die Grenzen des Utilitarismus aufzeigen wollte: Jim muss entscheiden, ob er selbst einen Indianer erschießen soll, weil ein General sonst zwanzig Indianer erschießen lassen würde (Williams 1988, 34). Solche Beispiele erwecken den Eindruck, als würde das moralische Dilemma nur Königen und Cowboys widerfahren. Dieser Eindruck ist falsch, weil das moralische Dilemma ein immer wiederkehrendes Problem unserer alltäglichen moralischen Praxis ist.

23.1 Zum Begriff

Der Begriff ‚Dilemma' (engl. *dilemma*) bezeichnet umgangssprachlich eine Situation, in der sich ein Akteur zwischen zwei vergleichbar üblen Möglichkeiten entscheiden muss, ohne dass es einen glücklichen Ausweg gäbe. Synonyme sind z. B. ‚Patsche', ‚Klemme' und ‚Zwickmühle'. Thomas von Aquin verwendet den kirchenlateinischen Begriff *perplexio* (Verwirrung, Verstrickung). Unterscheiden sollte man das ‚Dilemma' von der ‚Aporie' als einer theoretischen (nicht praktischen) Ausweglosigkeit, von der ‚Antinomie' als einem Widerstreit der theoretischen Vernunft mit sich selbst, und vom ‚Paradox' als einer Situation, in der zwei sich ausschließende Phänomene gleichzeitig der Fall sein sollen. Und auch im Begriffsfeld des Dilemmas gibt es einige praktisch relevante begriffliche Unterscheidungen.

Ursprung: Der Begriff ‚Dilemma' hat seinen Ursprung in dem wissenschaftlichen Terminus *dilemma* für ‚Doppelannahme', ‚Zwiespalt'. In der lateinischen Antike hat sich der Begriff als Bezeichnung für eine logische Schlussform etabliert, die zeigt, dass zwei scheinbare Alternativen tatsächlich dieselben Folgen haben. Die Schlussform wurde lateinisch auch als *syllogismus cornutus* (gehörnter Syllogismus) bezeichnet, weshalb man die beiden sich ausschließenden Handlungsalternativen bis heute auch als die ‚Hörner' eines Dilemmas bezeichnet.

Echte, symmetrische und strategische Dilemmata: Vom logischen Dilemma unterschieden werden das echte, das symmetrische und das strategische Dilemma (Raters [2]2016,

M.-L. Raters (✉)
Universität Potsdam, Potsdam, Deutschland
E-Mail: mlraters@uni-potsdam.de

73–77). In einem strategischen Dilemma kann der Akteur nicht sicher wissen, mit welchen Folgen und Kosten seine beiden Entscheidungsmöglichkeiten tatsächlich verbunden sind. Das Standardbeispiel ist das ‚Gefangenen-Dilemma‘: Zwei Verdächtige werden in getrennte Zellen gesperrt mit dem Angebot, durch ein Geständnis entweder Straffreiheit (falls der andere nicht gesteht) oder Strafmilderung (falls beide gestehen) zu erwirken, wobei beide wissen, dass sie nur zu einer geringen Strafe verurteilt werden können, falls beide nicht gestehen. Im ‚symmetrischen Dilemma‘ (von denen einige allerdings sagen, dass es sich gar nicht um ein Dilemma handele, weil es keine wirkliche Entscheidungsmöglichkeit gibt) sind beide Entscheidungsoptionen identisch. Das Standardbeispiel ist ‚Buridans Esel‘, der zwischen zwei Heuhaufen verhungert. Von besonderem Interesse für die Angewandte Ethik ist das ‚echte Dilemma‘ (Nagel 1996, 181 f.): Ein ‚echtes Dilemma‘ ist (1) eine praktische Situation, in der ein Akteur (2) zwischen zwei Handlungsoptionen wählen muss, die (3) sich gegenseitig ausschließen, für bzw. gegen die aber (4) jeweils vergleichbar starke Gründe sprechen, ohne dass es (5) die Ausweichmöglichkeit einer dritten Handlungsoption gäbe. Sollte er zwischen drei sich ausschließenden Handlungsoptionen zu wählen haben, spricht man von einem ‚echten Trilemma‘ usw.

Das moralische Dilemma: Das moralische Dilemma ist in der Regel ein ‚echtes Dilemma‘. Es liegt vor, wenn für mindestens eine der beiden Handlungsoptionen ein moralischer Handlungsgrund (wie z. B. eine moralische Norm oder ein moralisches Verbot) spricht. ‚Nichtmoralische Dilemmata‘ wären z. B. ästhetische oder ökonomische Dilemmata. Für anwendungsbezogene Analysen von konkreten Fällen des moralischen Dilemmas sind näherhin auch die Unterscheidungen von vermischten und reinen sowie von realen und hypothetischen Dilemmata von Interesse. Ein ‚reines moralisches Dilemma‘ liegt vor, wenn für beide Handlungsoptionen ein moralischer Handlungsgrund spricht, während für die beiden Handlungsoptionen im Falle eines ‚vermischten moralischen Dilemmas‘ jeweils ein moralischer und ein nicht-moralischer Handlungsgrund sprechen. Das Standardbeispiel für ein (echtes) vermischtes moralisch-ästhetisches Dilemma ist der Fall des Malers Paul Gauguin, der vor der Entscheidung stand, ob er zur Entfaltung seiner künstlerischen Fähigkeiten seinen Verpflichtungen gegenüber seiner Familie zum Trotz nach Tahiti gehen sollte. Die Unterscheidung ist von praktischer Bedeutung, weil es in der Moralphilosophie eine generelle Tendenz gibt, moralische Handlungsgründe stärker als nicht-moralische Handlungsgründe zu gewichten. Insofern fällt das moralische Urteil über Gauguin gemeinhin negativ aus, so sehr man seine Entscheidung menschlich verstehen und aus ästhetischer Perspektive sogar begrüßen mag. Die Unterscheidung zwischen hypothetischen und realen Dilemmata ist von praktischer Bedeutung, weil ein hypothetisches Dilemma als fiktives Dilemma den Entscheidenden nicht wirklich betrifft, während ein reales Dilemma unmittelbar unter Entscheidungsdruck setzt und mit tatsächlichen Konsequenzen droht (Raters 2016, 78–93).

23.2 Das moralische Dilemma als Leitkategorie der Angewandten Ethik

In vielen Bereichen der Angewandten Ethik kann es zwar nicht immer nicht zur Lösung, aber immerhin doch zu einem besseren Verständnis des Problems führen, wenn die strittige Situation als moralisches Dilemma ausbuchstabiert wird.

Pars pro toto das Sterbehilfe-Dilemma: Demonstrieren lässt sich das am Beispiel der Sterbehilfeproblematik. Wenn ein schwer leidender Patient mit einer aussichtslosen Diagnose seinen Arzt um eine tödliche Dosis Morphium bittet, steht der Arzt vor einem ‚echten Dilemma‘: Er befindet sich in einer (1) praktischen Situation, in der er zwischen den (2) beiden sich (3) ausschließenden Handlungsoptionen wählen muss, das Morphium entweder zu verabreichen oder nicht zu verabreichen, wobei (4) für beide Handlungsoptionen vergleichbar gewichtige Gründe sprechen, weil der Patient entweder weiterhin unerträglich leiden oder sterben muss. Zudem handelt es sich um ein reines moralisches Dilemma, weil gegen das Verabreichen des Morphiums das moralische Verbot ‚Du sollst nicht töten' sprechen würde, während für das Verabreichen die moralischen Handlungsgründe sprechen, dass man den freien Willen einer Person respektieren und menschliches Leid so weit wie möglich lindern soll. Außerdem befindet er sich (anders als der Leser dieses Artikels) in einem realen Dilemma, was bedeutet, dass er unter zeitlichem Entscheidungsdruck steht (ein Herauszögern der Entscheidung käme faktisch einer Entscheidung gegen Sterbehilfe gleich), und dass seine Entscheidung reale üble Konsequenzen haben wird, die u. a. er selbst wird tragen müssen.

Andere Beispiele: Vergleichbar lässt sich auch die Situation eines Polizisten z. B. als (echtes reines) moralisches Dilemma ausbuchstabieren, der vor der Frage steht, ob er einem Verdächtigen, der ein Kind entführt haben soll, die Folter androht, um damit ein Geständnis über den Aufenthaltsort des Kindes zu erpressen und eventuell sein Leben retten zu können. Auch das sogenannte ‚Problem der schmutzigen Hände' (s. Kap. 68) der Politischen Philosophie ist ein Kandidat für das (echte reine) moralische Dilemma. Ein vieldiskutiertes Beispiel ist die Situation, in der sich der damalige Bundeskanzler Helmut Schmidt befand, nachdem die RAF am 5.9.1977 den Arbeitgeberpräsidenten Hanns Martin Schleyer entführt und mit seiner Erschießung gedroht hatte, falls die Bundesregierung nicht inhaftierte RAF-Mitglieder freilassen würde (Boshammer 2018). Ein weiterer Kandidat für das (echte reine) moralische Dilemma aus dem Bereich der Tierethik wäre die Frage, ob es Tierversuche geben darf, damit Menschen keinen Schaden nehmen, wobei es natürlich auf den speziellen Zweck der Tierversuche ankommt, ob für und gegen die Tierversuche tatsächlich jeweils verbleichbar gewichtige Gründe sprechen. Ein Kandidat für ein (strategisches reines) moralisches Dilemma wäre z. B. das Kernproblem der ‚grünen Gentechnik', ob man Pflanzen manipulieren darf, damit weniger Menschen hungern müssen, obwohl man sich nicht sicher sein kann, ob die menschlichen Eingriffe zentrale Regelungsmechanismen der Natur unwiederbringlich zerstören. Es gibt unzählige weitere Probleme der Angewandten Ethik, die sich sinnvoll als moralisches Dilemma ausbuchstabieren ließen.

23.3 Lösungsstrategien

Jenseits der adäquaten Beschreibung muss sich die Angewandte Ethik natürlich vor allem für Strategien der Lösung des moralischen Dilemmas interessieren. Unter den unzähligen Vorschlägen stechen zwei Strategietypen hervor, die sich grob als ‚utilitaristisch' und ‚deontologisch' gegenüberstellen lassen.

Deontologische Strategien: Bezugsautoren der ‚deontologischen Strategie' sind vor allem Thomas von Aquin und Immanuel Kant. Für beide hat jedes moralische Dilemma eine eindeutige Lösung, die sich qua Vernunft erkennen lässt. So kann es nach Thomas von Aquin keinen wirklichen „Widerstreit der Willen" geben, weil es mit der göttlichen Güte unvereinbar wäre wenn es „für dasselbe Seiende" gleich „mehrere unmittelbare Maßstäbe" gäbe (Thomas von Aquin 1266–1274, 139, 99). Vergleichbar schließt Kant unter dem Etikett ‚obligationes non colliduntur' die Möglichkeit einer echten „Kollision von Pflichten und Verbindlichkeiten" mit dem analytischen Argument aus, dass „Pflicht und Verbindlichkeit überhaupt Begriffe" seien, „welche die objektive praktische *Notwendigkeit* gewisser Handlungen ausdrücken", weshalb es schlicht „nicht denkbar" sei, dass „zwei einander entgegengesetzte Regeln" in derselben Situation „zugleich notwendig sein" können. Falls doch einmal „zwei *Gründe* der Verbindlichkeit" miteinander in Widerstreit zu geraten scheinen, wird sich nach Kant immer herausstellen, dass der eine „oder der andere" der zur Disposition stehenden Handlungsgründe tatsächlich „zur Verpflichtung" gar „nicht zureichend ist" (Kant 1983, 330). In Anlehnung daran vertrauen Befürworter der ‚ontologischen Strategie' darauf, dass sich alle moralischen Dilemmata durch eine Orientierung an einem Katalog von vollkommenen Pflichten im Sinne Kants oder von absolut verbotenen Akten im Sinne des Thomas von Aquin bei entsprechenden Anstrengungen der praktischen Vernunft eindeutig lösen lassen (McConnel in Gowans 1987, 154–173; Donogan in ebd., 271–290). Die deontologische Strategie ist sehr voraussetzungsreich. Die alltägliche Erfahrung des moralischen Dilemmas wird mit der Irrtumsanfälligkeit der begrenzten moralischen Fähigkeiten des Menschen erklärt. Genau deshalb scheint die deontologische Strategie aus Sicht der Angewandten Ethik jedoch wenig attraktiv zu sein (Raters 2016, 176–243). Was hilft es schließlich in einer konkreten Entscheidungssituation, wenn dem moralischen Akteur versichert wird, dass es für einen ‚Gottesstandpunkt' die eine richtige Lösung seines moralischen Dilemmas gibt, wenn der menschliche Akteur selbst diese Lösung wegen seiner Begrenztheit überhaupt nicht oder nur unzureichend erfassen kann?

Utilitaristische Strategie: Ähnliche Grenzen haben die ‚utilitaristischen Strategien' wie z. B. die von Richard Mervyn Hare. Hares Universaler Präskriptivismus basiert auf der von Ross entlehnten Prämisse, dass moralische Dilemmata auf der Ebene von *prima facie*-Pflichten entstehen, von denen wir durch Erziehung ein sicheres intuitives Wissen haben. Anders als Ross ist er jedoch der Überzeugung, dass eine Moralphilosophie „noch unvollständig" ist, solange sie keine Strategie zur Lösung des moralischen Dilemmas anbieten kann (Hare 1981, 70). Lösen lassen sollen sich alle moralischen Dilemmata nach Hare auf der kritischen Ebene des moralischen Denkens durch die Überlegung, wie jeder vernünftige moralische Akteur in einer genau ähnlichen Situation unter Berücksichtigung der berechtigten Präferenzen aller Beteiligten entscheiden sollte. Die Probleme lassen sich am Beispiel des Sterbehilfe-Dilemmas leicht plausibilisieren: Keine Sterbehilfe-Situation gleicht genau einer anderen; es ist nicht klar, ob Verwandte oder das Krankenhauspersonal an der Situation beteiligt sind oder nicht; und schließlich kann man über die wirklichen Präferenzen eines sterbenskranken Menschen kein sicheres Wissen haben (Raters 2016, 125–175).

23.4 Die angelsächsische Debatte über das unauflösbare moralischen Dilemma

Die beiden meistdiskutierten Strategien zur Lösung des moralischen Dilemmas (dasselbe gilt für andere) haben also deutliche Grenzen. Aber muss die Moralphilosophie jedes moralische Dilemma lösen können? Diese Frage wurde in der angelsächsischen Moralphilosophie in der zweiten Hälfte des 20. Jahrhunderts diskutiert, nachdem Ross gegen die ‚private reaction theories' den Einwand ins Feld geführt hatte, dass es „allem moralischen Urteilen ein Ende" setzen würde, wenn man im Sinne dieser Theorien zulassen müsste, dass zwei Akteure dieselbe Handlung für richtig und für falsch erklären können (Ross 1939, 60). Die Debatte entzündete sich, weil das moralische Dilemma ebenfalls als eine Situation beschrieben werden kann, in der ein- und dieselbe Handlung als moralisch richtig und falsch beurteilt wird (und das auch noch von ein- und demselben Akteur). Diskutiert wurde insbesondere der Beweis der logischen Unmöglichkeit des unauflösbaren moralischen Dilemmas in der deontischen Logik, der unter Anwendung zentraler Beweisprinzipien der deontischen Logik zeigen will, dass die Annahme des unauflösbaren moralischen Dilemmas unsinnig sei, weil sie zu einem logischen Widerspruch führt (Zoglauer 1998, 318–321). Wie Williams zeigt, basiert der Beweis auf unzulässigen Übertragungen von modal- und aussagenlogischen Prinzipien in den Bereich der Moral (Williams 1978, 297–328). Dass auch nach wohlüberlegten moralischen Entscheidungen manchmal ein moralisches Unbehagen bleibt (engl. *moral regret*), beweist nach Williams vielmehr, dass es eben doch „moralische Konflikte" gibt, die sich mit allen noch so raffinierten moralphilosophischen Strategien „weder systematisch vermeiden" noch „restlos lösen" lassen (Williams 1978, 285). Nun birgt Williams' ‚phänomenologischer Beweis des moralischen Restbestandes' (engl. *phenomenological argument of moral residue*) sicherlich das Problem, dass man von subjektiven Schuldgefühlen kaum auf ein objektives moralisches Versagen bzw. auf ein tatsächliches moralisches Dilemma schließen kann (Foot in Gowans 1987, 383). Damit kann Williams sicherlich nicht im strengen Sinn ‚beweisen', dass es das moralische Dilemma wirklich gibt. Umgekehrt aber können Deontologen oder Utilitaristen von der prinzipiellen Auflösbarkeit aller moralischen Dilemmata ebenfalls nicht überzeugen (Raters 2016, 244–312).

23.5 Konsequenzen

Damit steht die prinzipielle Möglichkeit des unauflösbaren moralischen Dilemmas im Raum. Das sollte Folgen sowohl für die Didaktik des Ethikunterrichts als auch für die Angewandte Ethik haben. Für die Didaktik des Ethikunterrichts sollte die Konsequenz gezogen werden, dass die ‚Dilemma-Methode' nach Lawrence Kohlberg als eine der favorisierten Methoden des Ethikunterrichts dahingehend modifiziert wird, dass sie die Möglichkeit der Konfrontation der Schülerinnen mit unauflösbaren moralischen Dilemmata mit einbezieht (Raters 2011). Die angemessene Konsequenz für die Angewandte Ethik zieht Thomas Nagel in Anknüpfung an E.J. Lemmon. Lemmon vertritt grundsätzlich den Standpunkt: „we shall recognize that the dilemma is what it is and make the best decision we can" (Lemmon in Gowans 1987, 108). Auch für Nagel gibt es „echte praktische Dilemmata, die unmöglich gelöst werden können" (Nagel 1996, 189), und auch nach Nagel müssen wir in solchen Fällen „zu einer wirklich *vernünftigen* Entscheidung" kommen (ebd., 199). Die Moralphilosophie soll auf diese Herausforderung reagieren, indem sie „systematisch die besten Argumente durchmustert, die von den relevanten Wissenschaften und sonstigen Disziplinen angeboten werden", damit ein Betroffener zumindest gute Gründe hat, wenn ihm schließlich nichts anderes übrig bleibt, als sich auf seine „gesunde Urteilskraft" zu verlassen (ebd., 199). Für die Angewandte Ethik bedeutet das, dass sie sich in Situationen, die sich adäquat als moralische Dilemmata ausbuchstabieren lassen, weniger als Instanz fertiger Lösungsvorschläge denn als professionelle Beraterdisziplin verstehen soll, die konträre Positionen rekonstruieren und in ihrem Pro und Contra transparent machen kann. Diskutiert werden muss Nagels zweifellos interessanter Vorschlag dahingehend, ob die Angewandte Ethik zu einer ‚bloßen' Beraterdisziplin degradiert würde, wenn sie nicht mehr den Anspruch erheben kann, eindeutige Lösungen für moralische Dilemmata bereitstellen und verteidigen zu können. Thematisiert werden muss auch das ‚Problem des moralischen Restbestandes': Wenn die Angewandte Ethik keine eindeutige Lösung des moralischen Dilemmas vorgeben kann (bzw. will), werden beim Entscheidenden Restzweifel bleiben, ob seine Entscheidung richtig war, was wiederum zu Schuldgefühlen führen könnte, mit denen sich die Angewandte Ethik dann auch befassen muss (Raters 2016, 356–422).

Literatur

Boshammer, Susanne: „Politische Verantwortung, moralische Integrität und die Bitte um Verzeihung. Überlegungen zum ‚Problem der schmutzigen Hände'". In: Zeitschrift für Ethik und Moralphilosophie 1 (2018), 5–26.
Gowans, Christopher (Hg.): Moral Dilemmas. New York/Oxford 1987.
Hare, Richard Mervyn: Moral Thinking. Its Levels, Methods and Point. Oxford/New York 1981.
Kant, Immanuel: Metaphysik der Sitten in zwey Theilen [A1797/B1798]. Hg. von Wilhelm Weischedel, Bd. 7. Darmstadt 1983.
Mason, Edward H. (Hg.): Moral Dilemmas and Moral Theory. Oxford 1996.
Nagel, Thomas: „Die Fragmentierung des Guten". In Ders.: Letzte Fragen. Bodenheim ²1996, 181–199 (engl. 1977).
Raters, Marie-Luise: Das moralische Dilemma. Antinomie der praktischen Vernunft? Freiburg i.Br./München ²2016.
Raters, Marie-Luise: Das moralische Dilemma im Ethik-Unterricht. Dresden 2011.
Ross, Sir David: The Right and the Good [1930]. Oxford ²2002.

Ross, Sir David: Foundation of Ethics. The Gifford Lectures Delivered in the University of Aberdeen 1935–1936. Oxford 1939.

Thomas von Aquin: Über sittliches Handeln. Stuttgart 2001 (lat. 1266–1274).

Williams, Bernard: Probleme des Selbst. Stuttgart 1978 (engl. 1973).

Williams, Bernard: „Consequentialism and Integrity". In: Samuel Scheffler (Hg.): Consequentialism and its Critics. Oxford 1988, 20–50.

Zoglauer, Thomas: Normenkonflikte. Zur Logik und Rationalität ethischen Argumentierens. Stuttgart-Bad Cannstatt 1998.

Supererogation

Marie-Luise Raters

Supererogationen sind moralisch wertvolle Handlungen, die trotz ihres moralischen Werts aus vernünftigen Gründen (z. B. zur Vermeidung von moralischer Überforderung) keine allgemeine Pflicht sein sollten. Weitgehend synonym sind die Begriffe ‚Pflichtübererfüllung' oder ‚übergebührliches Handeln'.

24.1 Zum Begriff

Der Begriff hat seinen Ursprung in der lateinischen Vulgata-Fassung der Bibel: Mit der Formel „quodcumque superogaveris ego cum rediero reddam tibi" verspricht der Barmherzige Samariter einem Wirt, die Kosten für einen Mann zu erstatten, den er nach einem Überfall versorgt hatte (*Biblia Vulgata* Lk.10, 35).

Scholastik: Die Kirchenväter unterscheiden zwischen bindenden Geboten (*praecepta* bzw. *opera debita*) und Ratschlägen für eine seligmachende Lebensführung (*consilia* bzw. *opera supererogationis*). So ist z. B. nach Thomas von Aquin allen geboten, nicht zu töten, während aufopfernde Nächstenliebe oder ein mönchisch-asketisches Leben denjenigen als gottgefällige Lebensweise angeraten werden, die dazu fähig sind (Aquin ST I.II. Q 108. Art 4.; vgl. zum Begriffsursprung auch Heyd 1982, 15–32). Im Zuge der Reformation geriet diese Lehre in Vergessenheit aufgrund der Überzeugung, dass die Erlösung als Gnadenakt Gottes nicht verdient werden könne (Heyd 1982, 27–33).

Deontische Logik: Vereinzelt wurde weiterhin über die Möglichkeit verdienstvoller Pflichtübererfüllung nachgedacht (Meinong 1894; Ladd 1957). Als moralphilosophische Kategorie neu etabliert wurden Supererogationen mit James O. Urmsons Essay *Saints and Heroes* von 1958 im Kontext der deontischen Logik. Der Essay plädiert für eine Erweiterung der deontischen Triade der gesollten, erlaubten und verbotenen Handlungen um die Kategorie supererogativer Handlungen (*supererogatory acts*) zur Erfassung von moralisch außergewöhnlichen Handlungen (Urmson 1958).

Unterscheidungen: Durchgesetzt hat sich seitdem die Definition von David Heyd: „Works of supererogation or supererogatory acts are now commonly understood to be those acts which a person does over and above his religious and moral duty, i.e. more than he ought to do or has to do" (Heyd 1982, 1). ‚Supererogateure' sind Akteure, die supererogativ handeln: Dabei sind (religiöse oder nicht-religiöse) ‚Heilige' Supererogateure, die für andere viel zu erdulden bereit sind, während ‚Helden' für andere große Risiken und Gefahren auf sich nehmen. Als ‚Supererogationisten' werden die Moral-

M.-L. Raters (✉)
Universität Potsdam, Potsdam, Deutschland
E-Mail: mlraters@uni-potsdam.de

philosophen bezeichnet, die für eine eigenständige moralphilosophische Kategorie supererogativer Handlungen plädieren.

24.2 Debatten der Supererogationsforschung

Seit Urmsons Essay hat sich insbesondere im angelsächsischen Sprachraum ein reges Forschungsfeld entwickelt.

Das Paradox der Supererogation: Strittig ist bis heute, ob es Supererogationen überhaupt geben kann. Für anspruchsvolle Moralphilosophien ist jede moralisch wertvolle Handlung moralische Pflicht, weil sie moralisch wertvoll ist. Wie kann es Supererogationen geben, die per definitionem sowohl moralisch wertvoll als auch keine Pflicht sein sollen? Dieses Problem, wird in allen moralphilosophischen Lagern diskutiert. Heyd hat dafür das griffige Etikett ‚Paradox der Supererogation' geprägt (Heyd 1982, 3, 85, 167). (1) Für den deontologischen Antisupererogationismus führt z. B. Yogendra Chopra das Argument ins Feld, dass Pflichten nicht dadurch aufgehoben würden, dass sie dem Akteur viel abverlangen. So habe eine Tochter selbstverständlich die Pflicht, ihren Vater zu pflegen, selbst wenn sie dafür auf eine Ehe verzichten muss (Chopra 1963). (2) Mit Rekurs auf Henry Sidgwick und Edward Moore vertritt Christopher New die Auffassung, dass es keine moralisch wertvollen Handlungen oberhalb der Pflicht geben könne, weil für einen Utilitaristen immer die für das Gesamtwohl bestmögliche Handlung Pflicht sei (New 1974, 181 f.). (3) Für den tugendethischen Antisupererogationismus bezweifelt Elisabeth Pybus die Möglichkeit von Supererogationen mit dem Argument, dass man eine Handlungsweise nicht bei anderen als moralisch ideal bewundern könne, ohne sich verpflichtet zu fühlen, sie tun zu müssen (Pybus 1982, 195). (4) Gegenwärtig wird vor allem der rationalistische Antisupererogationismus diskutiert. Die Möglichkeit von Supererogationen wird hier aufgrund der beiden Prämissen bezweifelt, dass moralische Handlungsgründe per se Übergewicht hätten, und dass es rational verboten sei, nicht nach dem jeweils stärksten Handlungsgründen zu handeln. Weil für Supererogationen mit starken moralischen Handlungsgründen das Übergewicht der rationalen Gründe spricht, scheinen sie rationale Pflicht zu sein (Schnüriger 2017).

Unvollkommene Pflichten als bessere Alternative? Diskutiert wird auch, ob Handlungsweisen wie Wohltätigkeit (Baron 1987, 243), Dankbarkeit (Wellman 1999) und Verzeihen (Heyd 1982, 154–164; Witschen 2006, 126–142) besser als unvollkommene Pflichten denn als Supererogationen beschrieben werden sollten. (1) Schon früh wurde versucht, die Kategorie der Supererogationen in die pflichtenorientierte Moralphilosophie von Immanuel Kant zu integrieren (Eisenberg 1966; Hill 1971). (2) Dagegen erklärt Marcia Baron die Kategorie für überflüssig, weil die Probleme, welche mit der Kategorie gelöst werden sollen, in Kants Theorie der unvollkommenen Pflichten längst schon gelöst seien. So seien beispielsweise individuelle moralische Schwerpunktsetzungen möglich, weil Akteure entscheiden müssten, unter welchen Umständen sie ihre unvollkommenen Pflichten jeweils erfüllen wollen. Dass man sich durch manches moralisch wertvolles Handeln Verdienste erwerben kann, sei dadurch erklärt, dass man unvollkommene Pflicht unter besonders schwierigen Umständen oder besonders umfangreich erfüllen kann (Baron 1998). (3) Für Millard Schumaker sind unvollkommene Pflichten und Supererogationen komplementäre Kategorien (Shumaker 1977, 35–39).

Gibt es Supererogation mit banalem Aufwand? Das supererogationistische Lager teilt sich z. B. bei der Frage, ob auch banale Gefälligkeiten Supererogationen sein können oder nur Handlungen, die dem Akteur hohe persönliche Opfer abverlangen. (1) Für viele Supererogationisten sind die hohen Risiken für die Akteure ein Definitionsmerkmal von Supererogationen (vgl. u. a. Rawls 1971. 138 f.; Hare 1981, 275; McConnell 1980, 36; McGoldrick 1984, 525; Jackson 1986, 295). (2) Anderen genügen geringe Kosten. So hatte Joel Feinberg schon 1961 betont, dass es neben anspruchsvollen Pflichtübererfüllungen auch Supererogationen mit banalem Aufwand in Bereichen geben könne, die durch Pflichten nicht geregelt sind: Sein Beispiel ist das Verschenken eines Streichholzes an einen Raucher (Feinberg 1961, 279–282; vgl. auch Archer 2016; Benn 2018). (3) Für wieder andere müssen Supererogationen überhaupt keine nennenswerten Kosten haben (Horgan/Timmons 2010). (4) Corinna Mieth unterscheidet „güterethisch" zwei Arten von Supererogationen. Von einer „Akteurs-Supererogation" spricht sie, wenn es bei hohen Risiken des Akteurs für den Begünstigten um ein ‚notwendiges Gut' wie sein Leben oder seine Gesundheit geht. Ihre Beispiele sind die Lebendspende einer Niere oder eine Rettung aus einem brennenden Haus. Durch eine „Handlungs-Supererogation" würde die Situation des Begünstigten bei zumutbarem Aufwand des Supererogateurs zwar verbessert, aber es ginge nicht um Notwendiges. Ein Beispiel wäre ein nettes Geschenk (Mieth 2012, 29–33). Zusätzlich unterscheidet sie es als „Erwartungssupererogation", wenn jemand „eine normativ gebotene Handlung" ausführt, die im gegebenen Kontext von ihm nicht erwartet wird und auch nicht erwartet werden kann (Mieth 2012, 54).

Ist supererogatives Handeln klug? Weil viele Supererogationen mit hohen Risiken verbunden sind, stellt sich die Frage nach der Klugheit von Supererogationen. (1) Für einige ist das Problem nicht zu lösen. So bezeichnet Barry Curtis Supererogationen zumindest dann als „närrisch" (*foolish*), wenn dem Opfer des Akteurs kein deutlich höherer Gewinn für den Begünstigten gegenübersteht (Curtis 1981, 316 (2) Im Gegensatz dazu raten tugendethische Supererogationisten Supererogationen als Mittel für eine Entfaltung von moralischen Tugendanlagen für eine besonders gelungene Lebensführung sogar an (vgl. u. a. Hurdt 1998; Flescher 2003, Mellema 2010). Vergleichbar sieht auch Thomas Nagel in Supererogationen trotz aller Opfer eine Chance auf ein geglücktes Leben (Nagel 1986, 342–356).

Supererogateure als moralische Vobilder? In engem Zusammenhang mit dem Klugheitsproblem steht die Frage, ob Supererogateure als moralische Vorbilder taugen (Hare 1981, 269).

(1) Manche Autoren lehnen Supererogateure als moralische Vorbilder ab, weil es armselig wirke, wenn sich ‚Gutmenschen' permanent für andere aufopfern. So sind ‚pure Heilige' (*pure saints*) für Susan Wolf paradoxe Figuren (*paradoxical figures*), die zwar bewundert, aber auch bedauernswert oder sogar unsympathisch gefunden werden, weil sie ununterbrochen hilfsbereit und nett (*very very nice*) sein müssen und weder lachen noch irgendwelchen Luxus genießen dürfen (Wolf 1982, 422) (2) Für andere sind Supererogateure grundsätzlich anders als ‚normale' moralische Akteure. So bringen Supererogateure für A.I. Melden allen Menschen die Liebe entgegen, die Eltern für ihre Kinder empfinden. Das kann in seinen Augen kein moralisches Vorbild für alle sein (Melden 1984, 9). Dem hält z. B. Andrew Flescher entgegen, dass auch ‚normale' Akteure altruistische Tugendanlagen hätten, die sie zur Entfaltung bringen müssten (Flescher 2003). (3) Wieder andere raten allen Akteuren, sich spezielle Supererogateure zum Vorbild zu nehmen, je nachdem, wo sie individuelle moralischen Schwerpunkte setzen wollen und was sie sich zutrauen. So sollten nach Hare alle Menschen einige ausgewählte supererogative Prinzipien haben, weil „Menschen, die sich hohe moralische Standards setzen", im „allgemeinen glücklicher" seien als die, „die sich wenig vornehmen". Allerdings sollten die Prinzipien zu ihren jeweiligen altruistischen „Fähigkeiten" und zur ihrer individuellen „Lage" passen, weil es unvernünftig sei, sich moralisch zu überfordern (Hare 1981, 271–275). Vergleichbar rät Wolf, einige ausgewählte moralische Ideale zu verfolgen (Wolf 1982, 426 f.). Solange die Akteure es mit ihrem supererogativen Handeln weder (im Sinne Wolfs) übertreiben noch sich selbst in ihrer Existenz als moralische Akteure gefährden, scheinen Supererogationen tatsächlich aus (mindestens) drei Gründen ratsam zu sein: Erstens kann supererogatives Handeln befriedigend sein; zweitens wird man für supererogatives Handeln geschätzt; drittens macht es das menschliche Miteinander angenehmer und schöner (Raters 2020).

Das Unanständigkeitsproblem: Für die moralische Praxis ist das Unanständigkeitsproblem relevant, das bei der Verweigerung mancher Supererogationen auftritt (Raters 2022). So wird es in aller Regel akzeptiert, wenn jemand das Opfer des eigenen Lebens oder die Lebendspende einer Niere verweigert. Bei banalen Gefälligkeiten steht man jedoch schnell als unfreundlicher Drückeberger da, wenn man sie mit dem Argument verweigert, dass es keine Pflicht zur Gefälligkeit gäbe. (1) Im Antisupererogationismus wurde das Phänomen als Pflichtverletzung erklärt und als Bestätigung dafür gesehen, dass es keine Supererogationen gibt (vgl. u. a. Hale 1991, 276; Baron 1998, 67 f.) (2) Driver führt (in Anknüpfung an die scholastische Kategorie der ‚lässlichen Verstöße') die Kategorie des ‚Suberogatorischen' für Handlungen ein, die zwar nicht verboten, aber dennoch unanständig sind, was sie wiederum mit einem Missbrauch von Rechten erklärt. So gäbe es zwar das Recht auf Abtreibung. Wenn eine Frau allerdings neun fahrlässig entstandene Schwangerschaften abbrechen ließe, sei das unanständig, weil die Frau ihr Recht auf Abtreibungen missbrauche (Driver 1992). In Anknüpfung daran lässt sich die Unanständig der Verweigerung mancher Supererogationen vielleicht so erklären, dass Akteure zwar das moralische Recht haben, Supererogationen zu verweigern, dass sich dieses Recht aber auch missbrauchen lässt. Geklärt werden müsste dann, unter welchen Umständen ein unanständiger Missbrauch vorliegt. (3) Gregory F. Mellema plädiert für die Kategorie der Quasi-Supererogationen, die zwar ebenso wie echte Supererogationen keine Pflichten sind, deren Verweigerung aber dennoch tadelnswert (*blameworthy*) ist. Unterschieden werden dabei solche Quasi-Supererogationen, die bei einmaliger Verweigerung tadelnswert sind, gegenüber solchen, bei denen nur eine Verweigerung ‚in Serie' unanständig ist: Sein Beispiel für Letzteres ist die Weigerung, eine gehbehinderte Nachbarin wenigstens ab und zu im Auto mit zum Superermarkt zu nehmen (Mellema 1991, 105–121). (4) Mit der phänomenologischen Beschreibung neuer Kategorien ist das Unanständigkeitsproblem jedoch nicht zu lösen.

Es scheint nämlich von den Gründen abhängig zu sein, die ein Akteur für die Verweigerung einer Supererogation ins Feld führen kann, ob die Verweigerung unanständig wirkt oder nicht. Während es sich jeder moralischen Kritik entzieht, wenn sich moralische Akteure nicht als solche opfern wollen (indem sie ihr Leben oder substantielle Interessen, wie z. B. ihre Familie, riskieren), lässt es Rückschlüsse auf einen schlechten Charakter zu, wenn jemand supererogatives Handeln grundsätzlich und ohne substantiellen Grund verweigert (Raters 2020).

24.3 Das Argument der Supererogation

Supererogationen sind aus Sicht der Angewandten Ethik interessant, weil hier das Argument der Supererogation (ASE) eine große Rolle spielt – sowohl in alltäglichen moralischen Beurteilungen als auch in verschiedenen Themenbereichen der Angewandten Ethik (vgl. Raters 2022). Kennzeichnend für das ASE ist seine Abgrenzungsfunktion: Es sagt im Kern, dass eine Handlung nicht getan werden müsse, weil sie keine Pflicht, sondern Supererogation sei. Unterscheiden lassen sich dabei eine inverse und eine direkte Verwendung des ASE. Wer es direkt verwendet, will Tadel vermeiden, obwohl er eine moralische Anforderung nicht erfüllen will oder kann. Dabei kann allerdings das Unanständigkeitsproblem der Verweigerung mancher Supererogationen entstehen, von dem schon die Rede war. Wer es invers verwendet, will betonen, dass man sich vor einer bestimmten moralischen Anforderung nicht mit dem Hinweis darauf drücken könne, dass die Anforderung keine Pflicht sei.

Alltägliche Praxis: Umgangssprachlich ist das ASE in vielerlei Gestalten vertraut. Einige davon seien beispielhaft genannt. Es kann z. B. die sprachlichen Formen ‚das ist nicht mein Job' oder ‚dafür bin ich nicht zuständig' annehmen. Dann besagt das ASE, dass eine Handlung nicht getan werden muss, weil der Akteur keine Rollenpflicht dazu hat. So kann eine Pflegekraft in einer Klinik mit dem ASE Putztätigkeiten verweigern, aber auch die Patientenbitte, regelmäßig in den Schlaf gesungen zu werden. In den sprachlichen Formen ‚das kann ich nicht schaffen' oder ‚das würde mich kaputt machen' behauptet es dem moralphilosophischen Prinzip *ultra posse nemo obligatur* entsprechend eine unzumutbare Überforderung durch die strittige Handlung. Wenn ein Akteur sagt ‚ich bin nun einmal kein Heiliger', begründet er die Verweigerung einer Supererogation damit, dass er nicht altruistisch genug sei.

Wohltätigkeit: Für viele Supererogationisten ist Wohltätigkeit supererogativ (vgl. u. a. Heyd 1982, 146 ff.; Portmore 2008, 373 f.). Peter Singer verwendet das ASE jedoch invers mit der These, dass es „moralisch falsch" sei, wenn sich die Bessergestellten dieser Welt nicht gegen den Welthunger engagieren, weil das ihre moralische Pflicht sei und nicht etwa eine Handlung, die „Philosophen und Theologen als ‚supererogatorischen Akt' bezeichnet hätten" (Singer 1972, 43). Slote spricht vom Standpunkt eines fürsorgeethischen Supererogationismus von „supererogativem Handeln", wenn in Handlungen überdurchschnittliche Empathie zum Ausdruck kommt. Weil die Interessen von nahestehenden Menschen in einer Fürsorgeethik Vorrang haben, ist es für Slote sogar eine Pflichtverletzung, wenn einem Fremden geholfen und dafür Familienangehörige vernachlässigt werden (Slote 2007, 34, 29).

Humanitäre Intervention: Peter Schaber verwendet das ASE direkt mit der These, dass Soldaten nicht verpflichtet werden könnten, sich an einer humanitären Intervention zu beteiligen, weil ein solcher Einsatz lebensgefährlich sein könne (Schaber 2013, 136 f.). Für Dieter Witschen kann eine humanitäre Intervention hingegen nicht supererogativ sein, weil supererogatives Handeln uneingeschränkt moralisch wertvoll sein müsse, während bei einer humanitären Intervention immer auch Zivilisten sterben (Witschen 2017, 187 f.).

Lebendspende: Ein weiterer Kandidat für Supererogationen ist die Lebendspende von Organen (Heyd 1995; Witschen 2006, 143–157; Mieth 2012, 29 ff.) Judith J. Thompson verwendet das ASE direkt mit der These, dass es „lediglich eine Freundlichkeit" sei, wenn eine Frau ihrem ungeborenen Baby ihre Körperfunktionen zur Verfügung stellt, weil es „von keiner Person moralisch zu fordern" sei, „große Opfer zu bringen, um das Leben eines anderen zu retten" (Thompson 1971, 117, 126).

Lebensgefährliche Rettungsaktion: Zwar behaupten manche Antisupererogationisten, dass es unter Umständen auch Pflicht sein könne, sein Leben für andere opfern zu müssen (Chisholm 1963, 101; New 1974, 183). Insgesamt werden in der Supererogationsforschung jedoch vor allem lebensgefährliche Rettungsaktionen als Beispiele par excellence für supererogatives Handeln angeführt. Am meisten wird Urmsons tapferer Soldat als Beispiel diskutiert, der sich auf eine gezündete Handgranate wirft, um seine Kameraden zu retten (Urmson 1958). Ebenfalls viel diskutiert werden auch die sogenannten ‚Holocaust-Retter', die Menschen trotz eines hohen persönlichen Risikos vor den Nazi-Verbrechern gerettet haben (Flescher 2003; Baron 1998). Bei Jackson findet sich das Beispiel eines namenlosen Rettungsschwimmers, der nach einem Flugzeugabsturz in einen Fluss vier Menschen rettete, bevvor er beim fünften Rettungsversuch selbst ertrinkt (Jackson 1988, 3; vgl. auch Hurdt 1998, 3). Solche Beispiele zeigen, dass das ASE vor allem die wichtige metamoralische Funktion erfüllen kann, überzogenen Ansprüchen der Moral eine Grenze zu setzen. Wie Urmson treffend formuliert hat, sollte Moral nämlich den Menschen dienen, und nicht umgekehrt (Urmson 1958, 210).

Literatur

Aquin, Thomas von: Summa Theologica. Dt. Lat. Gesamtausgabe (unvollständig) 34 Bde. Übers. von deutschen und österreichischen Dominikanern und Benediktinern. Graz u. a. 1933ff.

Archer, Alfred: "Supererogation, Sacrifice and The Limits of Duty." In: The Southern Journal of Philosophy 54. Jg., 3 (2016), 333–354.

Baron, Marcia: "Imperfect Duties and Supererogatory Acts." In: Altruismus 6 (1998), 57–71.

Baron, Marcia: "Kantian Ethics and Supererogation." In: Journal of Philosophy 84. Jg., 5 (1987), 237–262.

Benn, Claire: "Supererogation, Optionality and Cost." In: Philosophical Studies 175. Jg., 10 (2018), 2399–2417.

Biblia Vulgata. In: http://12koerbe.de/euangeleion/louk-10.htm#30 (14.01.2022).

Chopra, Yogendra: "Professor Urmson on 'Saints and Heroes'." In: Philosophy 38. Jg., 144 (1963), 160–166.

Chisholm, R.M.: "Supererogation and Offence. A Conceptual Scheme for Ethics." In: Ration 5. Jg., 1 (1963) (o.S.). Zit. nach Chrisholm, R.M.: Brentano and Meinong Studies. New York 1982, 98–113.

Curtis, Barry: "The Supererogatory, The Foolish and the Morally Required." In: Journal of Value Inquiry 15. Jg., 4 (1981), 311–318.

Driver, Julia: "The Suberogatory." In: Australian Journal of Philosophy 70.3 (1992), 286–295.

Eisenberg, Paul D.: "From the Forbidden to the Supererogatory. The Basic Ethical Categories in Kant's Tugendlehre." In: American Philosophical Quaterly 3. Jg., 4 (1966), 255–269.

Feinberg, Joel: "Supererogation and Rules." In: Ethics 71. Jg., 4 (1961), 276–288.

Flescher, Andrew: Heroes, Saints and Ordinary Morality. Washington 2003.

Hale, Susan S.: "Against Supererogation." In: American Philosophical Quarterly 28 Jg., 4 (1991): 273–285.

Hare, Richard Mervyn: Moral Thinking. Its Levels, Methods and Point. Oxford/New York 1981. Zit. Moralisches Denken. Seine Ebenen, seine Methode, sein Witz. Übers. v. Ch. Fehige und G. Meggle. Frankfurt a.M. 1992.

Heyd, David: "Obligation and Supererogation." In: Warren Reich (Hg.): Encyclopedia of Bioethics. New York 1995.

Heyd, David: Supererogation. Its Status in Ethical Theory. Cambridge 1982.

Hill, Thomas: "Kant on Imperfect Duty and Supererogation." In: Kant-Studien 62. Jg., 1–4 (1971), 55–76.

Horgan, Terry/Timmons, Mark: "Untying a Knot from the Inside Out. Reflections on the 'Paradox of Supererogation'." In: Social Philosophy and Policy 27. Jg., 2 (2010), 29–63.

Hurdt, Heidi: "Duties Beyond the Call of Duty." In: Sharon B. Byrd, Joachim Hruschka, Jan C. Joerden (Hg.): Jahrbuch für Recht und Ethik. Band 6: Altruismus und Supererogation. Berlin 1998, 3–39.

Jackson 1986: Jackson, M. W.: "The Nature of Supererogation" In: Journal of Value Inquiry 20. Jg., 4 (1986), 289–296.

Ladd, John: The Structure of a Moral Code. A Philosophical Analysis of Ethical Discourse Applied to the Ethics of the Navaho Indians. Cambridge Mass 1957.

McConnel, Terrance C.: "Utilitarianism and Supererogatory Acts." In: Ratio 22. Jg (1980), 36–38.

McGoldrick, Patricia: "Saints and Heroes: A Plea for Supererogation." In: Philosophy 59. Jg., 230 (1984), 523–528.

Meinong, Alexius: Psychologisch-ethische Untersuchungen zur Werth-Theorie. Graz 1894.

Melden, A.I.: "Saints and Supererogation." In: Ilham Dilman (Hg.): Philosophy and Life. Den Haag 1984, 61–81.

Mellema, Gregory F.: "Moral Ideals and Virtue Ethics." In: Ethics 14. Jg., 2 (2010), 173–180.

Mellema, Gregory F.: Beyond the Call of Duty. New York 1991.

Mieth, Corinna: Positive Pflichten. Über das Verhältnis von Hilfe und Gerechtigkeit in Bezug auf das Weltarmutsproblem. Berlin/Boston 2012.

Nagel, Thomas: The View from Nowhere. New York/Oxford 1986. Im Text zit. nach ders.: Der Blick von Nirgendwo. Übers. v. M. Gebauer. Frankfurt a.M. 1992.

Portmore, Douglas W.: "Are Moral Reasons Morally Overriding?" In: Ehical Theory Moral Practice 11. Jg., 4 (2008), 369–388.

Pybus, Elizabeth: "Saints and Heroes." In: Philosophy 57. Jg., 220 (1982):193–199

Raters, Marie-Luise: „Das tue ich nicht, weil es nicht Pflicht ist. Das Argument der Supererogation und sein Unanständigkeitsproblem." In: Zeitschrift für Philosophische Forschung 74. Jg., 1 (2020a), 80–104.

Raters, Marie-Luise : Ethisches Argumentieren. Ein Arbeitsbuch. Berlin/Heidelberg 2020b.

Raters, Marie-Luise: Das muss ich nicht tun! Das Argument der Supererogation und die Grenzen der Pflicht in der Angewandten Ethik. Berlin/Heidelberg 2022.

Rawls, John: Eine Theorie der Gerechtigkeit. Frankfurt a. M. 1979 (engl. 1971).

Schaber, Peter: „Wann ist der Grund gerecht? Zur Rechtfertigung Humanitärer Interventionen." In: Hubertus Busche, Daniel Schubbe (Hg.): Die Humanitäre Intervention in der ethischen Beurteilung. Tübingen 2013, 127–141.

Schnüriger, Hubert: „Der Begriff der Supererogation und das Problem moralischer Optionalität." In: Marie-Luise Raters (Hg.): Jenseits der Pflicht. Schwerpunktband Zeitschrift für Praktische Philosophie 4. Jg., 2. (2017), 117–140.

Shumaker, Millard: On Supererogation. Diss. Edmond 1977.

Singer, Peter: Famine, Affluence, and Morality. 1972. Zit. nach: Barbara Bleisch. Peter Schaber (Hg.): Weltarmut und Ethik. Paderborn 2007/²2009, 37–52.

Slote, Michael: The Ethics of Care and Empathy. New York 2007.

Thomson, Judith J: „A Defense of Abortion." In: Philosophy & Public Affairs 1. Jg., 1 (1971), Zit. "Eine Verteidigung der Abtreibung" In: Anton Leist (Hg.): Um Leben und Tod. Moralische Probleme bei Abtreibung, künstlicher Befruchtung, Euthanasie und Selbstmord. Frankfurt a. M. 1990, 107–132.

Urmson, J.O.: "Saints and Heroes." In: Abraham I. Melden (Hg.): Essays in Moral Philosophy. Seattle 1958, 198–216.

Wellman, Christopher Heat: "Gratitude as a Virtue" In: Pacific Philosophical Quarterly 80. Melden 1999.

Witschen, Dieter: "Humanitäre Intervention. Eine supererogatorische Praxis?" In: Marie-Luise Raters (Hg.): Jenseits der Pflicht. Schwerpunktband Zeitschrift für Praktische Philosophie 4. Jg, 2 (2017), 169–190.

Witschen, Dieter: „Mehr als die Pflicht. Studien zu supererogatorischen Handlungen und ethischen Idealen." In: Adrian Holderegger (Hg.): Studien zur theologischen Ethik Bd. 114. Fribourg (Schweiz) 2006.

Wolf, Susan W.: "Moral Saints." In: Journal of Philosophy 79. Jg., 8 (1982), 419–439.

Moralismus

Corinna Mieth und Jacob Rosenthal

Moralismus in dem hier relevanten Sinne des Wortes ist eine kritikwürdige Übertreibung der Moral. „[A] core component of moralism is an inflated view of the extent to which moral demands and criticism are appropriate" (Archer 2018, 349). Die Übertreibung kann dabei verschiedene Hinsichten betreffen: „The imposition of excessive values or the excessive imposition of values captures what is wrong with moralizing" (Driver 2005, 138). Ebenso kann die Kritik am Moralismus verschiedenen Status haben. In der Regel hat sie selbst moralischen (und wenn sie übertrieben wird, dann auch selbst moralistischen) Charakter, aber das muss nicht so sein. Die Warte, von der aus der Vorwurf des Moralismus erhoben wird, braucht nicht die der Moral zu sein, wenn es neben den moralischen auch andere Werte gibt, die hinter jenen nicht grundsätzlich zurückstehen. Das Kapitel ist in fünf Abschnitte gegliedert. Im ersten Abschnitt betrachten wir inhaltlich überzogene Moralvorstellungen, im zweiten die Missachtung des Eigenrechts bestimmter Sphären menschlichen Handelns im Namen der Moral. Im dritten Abschnitt wenden wir uns überzogenen Arten des Geltendmachens und Durchsetzens legitimer moralischer Inhalte zu. Im vierten Abschnitt grenzen wir Moralismus von verwandten Phänomenen ab, im fünften ziehen wir Bilanz.

25.1 Inhaltlich überzogene Moralvorstellungen

Moral schränkt nicht nur durch die Aufstellung von Pflichten unseren individuellen Handlungsspielraum ein, sondern zeichnet darüber hinaus auch bestimmte substantielle Ziele als verfolgenswert aus. Beides, besonders leicht das zweite, kann übertrieben werden und in Kombination mit der Idee des Vorrangs der Moral vor allen anderen Gesichtspunkten dazu führen, dass die Moral der Tendenz nach als der einzig legitime Inhalt menschlicher Bestrebungen vorgestellt wird. Von allen Lebensentwürfen würde dann nur der des ‚moralischen Heiligen' übrig bleiben: „By *moral saint* I mean a person whose every action is as morally good as possible, a person, that is, who is as morally worthy as can be" (Wolf 1982, 419). Was Menschen sonst noch so wollen, müsste sich dann mühsam einen Platz in diesem eng gesteckten Rahmen suchen, und es entstünde ein erheblicher Druck, sich selbst und anderen vorzumachen, dass jeweils das, was man gerade tut, die moralisch beste oder gebotene Handlung sei. In der Tat ist *Heuchelei*

C. Mieth (✉)
Ruhr-Universität Bochum, Bochum, Deutschland
E-Mail: Corinna.Mieth@rub.de

J. Rosenthal
Universität Konstanz, Konstanz, Deutschland
E-Mail: jacob.rosenthal@uni-konstanz.de

eine regelmäßige Begleiterscheinung moralistischer Einstellungen (s. Abschn. 25.4).

Besonders der *Utilitarismus* kann verdächtigt werden, eine inhaltlich stark überzogene Moralkonzeption zu sein. Maßstab für das richtige Handeln ist bei ihm die Maximierung des allgemeinen Glücks, verstanden als Summe des Glücks der Einzelnen. In seinen direkten Formen verlangt der Utilitarismus daher von den Individuen, in jeder Lage diejenige Handlung zu wählen, die das allgemeine Glück aller Voraussicht nach am meisten befördern wird. Dies ist das Kriterium moralisch richtigen Handelns. Oft wird zugestanden, dass sich die Einzelnen das allgemeine Glück nicht oder nur in bestimmten Fällen bewusst zum Handlungszweck machen sollten, weil es angeblich im Sinne dieses Zwecks alles in allem besser wäre, wenn er (in einem gewissen Rahmen) nicht direkt verfolgt würde, sondern private Ziele an seiner Statt, aber inwieweit das zutrifft, ist sehr unklar. Diese These ist deutlich Ausdruck des Bemühens, die Zumutung zu reduzieren, die mit dem utilitaristischen Grundansatz einhergeht.

Auch mit Modifikationen dieser Art verlangt der Utilitarismus sehr viel. So vertritt Peter Singer (2013, Kap. 8) die Position, dass reiche Menschen moralisch verpflichtet sind, alles Geld, das sie für Luxusgüter ausgeben – und das ist tatsächlich alles, was sie nicht brauchen, um das eigene Überleben zu sichern, so dass auch entsprechend viele Menschen als reich gelten –, denjenigen Menschen zu spenden, die armutsbedingt vom Tode bedroht sind, und zwar unabhängig davon, ob eine wie auch immer geartete Nahbeziehung zu diesen Menschen besteht oder nicht. Normalerweise werden Spenden dieser Art als supererogatorische Leistungen aufgefasst, als etwas, das moralisch gut ist, wenn man es tut, dessen Unterlassung aber nicht moralisch schlecht oder gar verboten ist (s. Kap. 24). Bei dieser Sichtweise entsteht für den Einzelnen ein großer Spielraum, in dem er legitimerweise zwischen moralischen und anderen, insbesondere eigeninteressierten, Gesichtspunkten abwägen kann. Ein solcher Spielraum entfällt im Utilitarismus, und ferner ist für ihn charakteristisch, dass er keinen grundsätzlichen Unterschied zwischen aktiven Schädigungen anderer (wie Totschlag) und Unterlassungen mit vergleichbaren Folgen (wie mangelnde Wohltätigkeit) anerkennt. „Eine ins Universale ausgedehnte Reichweite der moralischen Handlungspflichten nimmt dem Akteur jeden Spielraum zu freier Entfaltung und macht den Menschen zum Mittel für die Zwecke der Menschheit" (Birnbacher 1995, 282).

Die *kantische Moral* knüpft mit der Unterscheidung von (starken) Rechtspflichten und (schwachen) Tugendpflichten an traditionelle Unterscheidungen von rechtlich erzwingbaren Gerechtigkeitspflichten und verdienstlichen, nicht erzwingbaren Tugendpflichten an. Diese lassen einen Spielraum bei ihrer Befolgung, so dass es zunächst so aussieht, als könne hier das Interesse an eigenen Projekten gegen die Forderungen der Moral abgewogen werden. Es ist aber nicht klar, ob sich diese Auffassung im Rahmen der kantischen Ethik tatsächlich halten lässt. Dagegen spricht bereits die Rede von Tugend*pflichten,* die aus dem Kategorischen Imperativ folgen, und ferner, dass es von diesen viele gibt: so auch die Pflicht zur eigenen Vervollkommnung. Wer an seiner Vollkommenheit arbeitet und über finanzielle Mittel verfügt, wird sich angesichts der Lage der Welt mit umfassenden Wohltätigkeitsforderungen konfrontieren. Diesen nicht nachzukommen, verletzt zwar keine Rechte anderer, ist aber nichtsdestoweniger unmoralisch. Wie Susan Wolf (1982) feststellt, hilft es auch nicht weiter, dass wir Kant zufolge ferner eine Pflicht gegen uns selbst haben, unsere Talente zu entwickeln. Es könnte zwar sein, dass daraus etwa folgt, dass der Erwerb einer Geige und die Finanzierung des Geigenunterrichts für jemanden mit dem entsprechenden Talent geboten ist, und daher für diese Person weniger Pflichten zur Wohltätigkeit übrigbleiben als für jemanden mit geringeren oder weniger anspruchsvollen Talenten. Am Ende bleibt aber auch innerhalb der kantischen Konzeption kaum Raum für das, was man selbst im Neigungssinne tun möchte, da alles unter dem Gesichtspunkt der Moral bewertet werden muss, der gegenüber dem Eigeninteresse Vorrang hat. Die Idee der Pflichten gegen sich selbst wird auch eingesetzt, um Handlungen, die normalerweise nicht als moralisch gebotene erscheinen, doch so zu kategorisieren, damit man sie überhaupt tun darf und dann in der Regel auch tun muss (vgl. Williams 1972, Kap. 8). Auch bei der kantischen Moralkonzeption lautet also ein möglicher Vorwurf, dass sie zu inhaltlich überzogenen Forderungen führt und alle Gesichtspunkte jenseits der Moral delegitimiert oder absorbiert.

25.2 Missachtung des Eigenrechts von Sphären menschlichen Handelns

Obgleich vermutlich kein Bereich menschlicher Betätigung von der moralischen Beurteilung ausgenommen ist, gibt es bei vielen auch ein bereichsspezifisches Eigenrecht, dessen Missachtung moralistisch ist. Der jeweilige Bereich wird dann zu ausschließlich unter moralischen Gesichtspunkten betrachtet und beurteilt.

So sind erstens die Kriterien für gute *Wissenschaft* vorwiegend *epistemischer* und nicht moralischer Natur. So sehr man sich bestimmte Resultate unter moralischen Gesichtspunkten wünschen mag, es ist nicht die Aufgabe der Wissenschaft, aus solchen Gründen mit diesen Resultaten aufzuwarten. Die Unterdrückung bestimmter Forschungsfelder und Forschungsfragen, die Bevorzugung bestimmter Erklärungshypothesen unter Zurücksetzung anderer, die selektive Erhebung und Interpretation von Daten ist moralistisch, wenn dahinter ausdrücklich oder unausdrücklich der Wunsch steht, moralisch opportune Resultate zu erzielen oder weniger opportune zu verhindern. Das bedeutet umgekehrt aber nicht, dass Wissenschaft etwa „wertfrei" (das heißt frei von nicht-epistemischen Werten) betrieben werden könnte. Zum einen gibt es eine Forschungsethik (s. Kap. 41), die beschränkt, was Wissenschaftler in der Verfolgung des Erkenntnisziels tun dürfen, zum anderen können Forschungsfragen legitimerweise aus außerwissenschaftlichen Gründen auf die Agenda kommen. Sofern Wissenschaft von der Gesellschaft finanziert wird, darf die Erforschung gesellschaftlich relevanter Fragestellungen vorrangig gefördert werden, und bei der Auszeichnung solcher Fragestellungen können moralische Gesichtspunkte eine erhebliche Rolle spielen.

Ähnlich sind zweitens für die Beurteilung von *Kunst* nicht primär moralische, sondern *ästhetische* Kategorien und Maßstäbe einschlägig. Die Abgrenzung ist hier aber deutlich schwieriger als beim vorigen Bereich. Die moralische Kritik kann zum einen die Person des Künstlers betreffen, und dann ergibt sich als ein Kandidat für Moralismus beispielsweise die Forderung, Peter Handke nicht den Literaturnobelpreis zu verleihen, weil sein politisches Engagement moralisch verfehlt sei. Zum anderen kann die Bewertung von Kunstwerken unter moralischen Gesichtspunkten erfolgen. Platons Idee, dass die Kunst zensiert werden müsse, um nur noch Inhalte zuzulassen, die zur moralischen Erziehung der Menschen beitragen, ist in diesem Feld eine Radikalposition (*Politeia*, Buch II–IV). Theodor W. Adorno spricht der autonomen Kunst eine indirekte kritische Rolle gegenüber der Gesellschaft und ihren Moralvorstellungen zu. Direkt engagierte Literatur mit dem Ziel der Erzeugung der richtigen Einstellung im Rezipienten hält er dagegen für ‚autoritär'. Aus der Perspektive der Verteidiger einer autonomen Sphäre der Kunst ist eine unmittelbar oder hauptsächlich mit moralischen Maßstäben operierende Kunstkritik ebenso wie das Ansinnen einer direkt moralfördernden Aufgabe der Kunst als moralistisch zu kritisieren.

Drittens kann es im Feld des *Rechts* zu einem unstatthaften Übergreifen der Moral kommen, trotz der engen Verwandtschaft der beiden Bereiche. Als *legal moralism* bezeichnet man die Position, dass es Aufgabe des Rechts sei, moralische Forderungen zu institutionalisieren (vgl. Kuflik 2005). Arthur Kuflik zufolge ist diese Position vom Standpunkt der liberalen Rawlsschen Gerechtigkeitstheorie aus kritikwürdig. Denn wenn es verschiedene vernünftige ‚umfassende Lehren' gibt, sollte keine berechtigt sein, ihre Moralvorstellungen mit dem Instrumentarium staatlichen Rechts durchzusetzen. Das ist selbst eine moralische Forderung vom Standpunkt eines überlappenden Konsenses verschiedener umfassender Lehren aus, den Rawls als den moralischen Standpunkt der öffentlichen Vernunft bezeichnet (Rawls 1998). Weiterhin spricht gegen eine umfassende Moralisierung des Rechts, dass dieses nur äußere Handlungen, keine Gesinnungen fordern darf, und dass viele moralisch gebotene Handlungen persönliche Angelegenheiten betreffen, die den öffentlichen Gesetzgeber auch unabhängig von pragmatischen Erwägungen nichts angehen. Beispielsweise kann undankbares Verhalten im zwischenmenschlichen Bereich sehr schwerwiegend sein und ein gravierenderes moralisches Fehlverhalten darstellen als zum Beispiel wiederholtes Schwarzfahren, aber der Staat kann legitimerweise nur das Schwarzfahren, nicht die Undankbarkeit verfolgen. Ansonsten entwickelt er sich in die Richtung eines totalitären Systems, das sich deutlich ankündigt, wenn, wie aktuell in China, staatlicherseits Sozialpunkte für sozial erwünschtes Verhalten vergeben und für unerwünschtes Verhalten abgezogen werden, mit erheblichen Konsequenzen für die beruflichen und privaten Lebensaussichten der Betroffenen. Auf einem ganz anderen Sektor kann das moralisch Gebotene in Einzelfällen der Rechtslage widersprechen, die sich nicht beliebig flexibel gestalten lässt. So könnten gute Gründe für ein rechtlich ausnahmslos gültiges Verbot der Folter sprechen, ebenso gute Gründe aber auch für dessen Missachtung in bestimmten Extremfällen *(ticking bomb scenario)*. Alle diese Aspekte sprechen dafür, Recht und Moral trotz diverser Verbindungen deutlich getrennt zu halten. Wenn das nicht ausreichend geschieht, hat man es mit staatlichem Moralismus zu tun.

Von der *Politik* meinen, viertens, Bernard Williams (2005) und andere politische Realisten, dass auch ihre Aufgabe nicht primär die Umsetzung des moralisch Guten sei. Entsprechende Ideen wären dann als *politischer Moralismus* zu bezeichnen. Williams assoziiert sie sowohl mit dem Rawlsschen Liberalismus als auch mit dem Utilitarismus. Diese werden ihm zufolge der Politik als einem Feld, das dem Ausgleich von Interessen dient, nicht gerecht. Realistische Ansätze orientieren sich an den Interessen, die Menschen tatsächlich haben und durchsetzen wollen, nicht am moralisch Richtigen und den Interessen, die sie vernünftigerweise artikulieren sollten (zum Thema des Moralismus in der Politik siehe insgesamt Coady 2008).

Fünftens gibt es liberalen Moralauffassungen zufolge eine *Privatsphäre* von Individuen, innerhalb derer sie ihr Leben weitgehend so führen und gestalten können, wie sie möchten, in die andere nicht hineinzureden haben und die andere grundsätzlich auch nichts angeht. Nicht nur der Staat muss sich dort (weitgehend) heraushalten, sondern Außenstehende insgesamt. Traditionelle, insbesondere religiöse Moralsysteme, für die John Rawls den Terminus ,umfassende Lehren' geprägt hat, beziehen sich dagegen auf alle Lebensbereiche. Sie kennen weitgehende Vorschriften für das, was man vom Standpunkt einer liberalen Moral aus als die Privatsphäre bezeichnen würde, und sind daher von diesem Standpunkt aus moralistisch.

25.3 Überzogenes Geltendmachen legitimer moralischer Inhalte

Von ,Moralismus' kann man einerseits sprechen, wenn Menschen oder Institutionen im Namen der Moral übergriffig werden (s. Abschn. 25.2) oder zu weitgehende Forderungen stellen (s. Abschn. 25.1), aber auch, wenn legitime Forderungen oder sonstige berechtigte moralische Inhalte in überzogener Weise vorgebracht oder durchgesetzt werden. Zu denken ist hier an die *Inszenierung* von Anliegen oder *Skandalisierung* von Missständen, die in ihrer Relevanz stark übertrieben werden. Zu denken ist ferner an das *öffentliche Anprangern (shaming and blaming)* von Menschen, die sich verfehlt haben, mit dem Ziel, sie bloßzustellen und ,zur Strecke zu bringen'. Durch beides wird ein moralisch aufgeheiztes öffentliches Klima geschaffen, das der Durchsetzung der entsprechenden Anliegen förderlich, ihrer Diskussion aber hinderlich ist. Der *Pharisäismus* besteht darin, dass man sich betont moralisch gibt und spricht, aber hauptsächlich, um sich zu profilieren und von anderen abzuheben. Eine Komponente dieses Verhaltens ist die *Heuchelei*, die ein Phänomen aus dem Umkreis des Moralismus ist (s. Abschn. 25.4).

In ganz anderer Weise fällt der moralische *Rigorismus* in die Rubrik des überzogenen Vertretens und Durchsetzens berechtigter moralischer Forderungen. Er kann einerseits einen Regelfetischismus bedeuten, für welchen das berühmteste Beispiel Kants „Über ein vermeintes Recht aus Menschenliebe zu lügen" bildet, andererseits die mangelnde Bereitschaft, über bestimmte Dinge hinwegzusehen, einiges großzügig zu handhaben und für Übertretungen ein gewisses menschliches Verständnis zu zeigen. Im moralischen Rigorismus als moraltheoretischer oder praktischer Haltung erscheint die Moral in unguter Weise als Selbstzweck, nicht als eine den Menschen und ihrem Zusammenleben dienende Institution. Die Kritik am Rigorismus kann sich entsprechend entweder auf die moralphilosophische Position beziehen, dass (gewisse) Normen unbedingt zu beachten seien (Driver 2005), oder auf die Person und den Charakter richten, der rigoristisch an anderen Kritik übt und sie verurteilt; in diesem Fall erscheint der Rigorismus als ein Laster (Archer 2018). Der Rigorismus kann sich zu einem moralischen *Fanatismus* steigen, dessen Wahlspruch *fiat iustitia, et pereat mundus* („Es geschehe Gerechtigkeit, und ginge die Welt darüber zugrunde") ist. Für diese Haltung kann beispielhaft (wenngleich historisch vereinfachend) Robespierre stehen, der in seinen theoretischen Ideen an Rousseau anschloss und auf dem Höhepunkt der Französischen Revolution einen Terror im Namen der Tugend initiierte. Für den Fanatiker ist die Vorstellung ungesühnter Übertretungen unerträglich, er will sie strafen, die Bösen richten, die Menschen zum Guten und sogar zur guten Gesinnung zwingen, und ist dafür bereit, radikale Maßnahmen zu ergreifen. Im moralischen Fanatismus kristallisiert sich eine Wut auf die Lauheit und Halbherzigkeit der Menschen und die moralische Korruptheit und Unvollkommenheit der Welt insgesamt.

25.4 Verwandte Phänomene

Aus dem Umkreis des Moralismus ist als erstes Phänomen die bereits erwähnte *Heuchelei* zu nennen. Sie ist die de facto unvermeidliche Kehrseite der Wichtigkeit der Moral für unser Zusammenleben, die dazu führt, dass, wer hinter ihren Forderungen zurückbleibt, ihre Erfüllung wenigstens fingieren und Lippenbekenntnisse ablegen muss. Werden noch dazu sehr weitgehende Forderungen aufgestellt oder wird vehement gefordert, wie beim Moralismus, dann liegt Heuchelei noch näher, weil die Forderungen entsprechend schwieriger zu erfüllen sind, beziehungsweise die Geisteshaltung, die den vehementen Ausdruck rechtfertigen würde, leichter vorzutäuschen als einzunehmen ist. Der Heuchler legt solchermaßen in eigener Person den Verdacht der Überzogenheit der Forderungen nahe, indem seine tatsächliche Haltung und sein Verhalten nicht zu seinen Mienen und Worten passen. Dem entsprechend kann man die Heuchelei unter gewissen Bedingungen auch direkt als eine Form des Moralismus ansprechen: Wer in seinem Handeln und seiner Einstellung von bestimmten moralischen Forderungen in der Weise des Heuchlers distanziert ist, der darf sie nicht auf diese Weise vorbringen oder sich zu ihnen bekennen, auch wenn sie inhaltlich berechtigt sein sollten. Freilich bleibt jemandem, der nicht negativ auffallen möchte, häufig nichts anderes übrig als das Ablegen von Lippenbekenntnissen zu bestimmten Forderungen und das Vortäuschen von Emotionen angesichts einschlägiger Sachverhalte, ohne dass man das immer gleich ‚Moralismus' nennen könnte. Viel eher gehört umgekehrt das Einfordern von Gefühlen durchaus zu unserer moralischen Praxis, so dass man es als einen moralistischen Zug dieser Praxis selbst bezeichnen könnte. Alles in allem ist die Heuchelei eher eine typische Begleiterscheinung vieler Formen des Moralismus als selbst eine solche.

In das Umfeld des Moralismus gehört ferner das Aufstellen inhaltlich berechtigter moralischer Forderungen und Üben inhaltlich berechtigter moralischer Kritik durch Personen, die dazu (zumindest in der Form, in der sie es tun) nicht befugt sind. Um die Frage, wer das Recht habe, eine moralisch kritikwürdige Handlung tatsächlich zu kritisieren *(moral standing to blame)*, gibt es eine eigene Diskussion. Dabei ist ein wichtiger prima-facie-Grund, jemandem das Recht zu dieser Kritik abzusprechen, dass er selber ebenso oder analog handelt, es in der relevanten Hinsicht also auch nicht besser macht, und wenn er es außerdem nicht einmal besser zu machen gedenkt, ist wiederum der Vorwurf der Heuchelei einschlägig. Weiterhin kann die Einmischung in fremde Angelegenheiten unter moralischen Gesichtspunkten *(meddling)* bei aller inhaltlichen Berechtigung unangemessen sein. Einer solchen Einmischung eng verwandt ist das ungefragte Erteilen von Lehren über das richtige Verhalten *(Oberlehrertum)*. Bei allen diesen Typen handelt es sich nicht um übertriebene Inhalte, die fälschlicherweise als moralische vorgetragen und hingestellt werden, sondern um eine unangemessene Form, moralische Inhalte zu vertreten. Insofern könnte man die genannten Phänomene auch in Abschn. 25.3 abhandeln. Wenn sie nicht selbst Formen des Moralismus sind, stehen sie ihm zumindest nahe, und im engeren Sinne moralistische Haltungen verbinden sich leicht mit ihnen.

25.5 Abschließende Bemerkungen

Die Übertreibung moralischer Forderungen nach Form oder Inhalt ist bei der Wichtigkeit der Moral nur zu erwarten und kann auch positive Wirkungen haben. In der Rede von ‚Übertreibung' liegt aber immer eine Kritik, und zumeist wird sie als eine moralische vorgetragen und verstanden. Der Moralismus ist in der Tat moralisch kritikwürdig, insofern er berechtigte moralische Kritik in Misskredit bringt: „Moral criticism plays an important role in our lives through helping us to take a stand against courses of action that are morally unacceptable. […] By being free and easy with moral criticism the moralist downgrades the force and value of moral criticism in general" (Archer 2018, 348). Weiterhin stecken hinter den meisten moralistischen Übertreibungen auch in erheblichem Maße moralfremde Motive; sie lassen sich nicht allein dadurch erklären, dass jemand eine Sache von großer Relevanz im Überschwang übertreibt. Dadurch spielt der Moralismus denjenigen in die Hände, die (wie Nietzsche) die Moral oder Teile davon entlarven und zurückweisen wollen, indem sie sie als Ausdruck fragwürdiger Motive hinstellen. Selbstverständlich können Moralismusvorwürfe selbst überzogen (und folglich, wenn sie mit einer moralischen Attitüde erhoben werden, selbst moralistisch) oder auch gänzlich verfehlt sein. Oft werden sie von interessierter Seite vorgebracht, der bestimmte berechtigte Forderungen lästig sind. Solche Verzeichnung genuiner Moral als moralistisch hat es umso leichter, je verbreiteter echter Moralismus ist. Dieser ist also geeignet, die Moral in Misskredit zu bringen, und das ist selbst ein moralisches Problem.

Eine andere Art der Kritik am Moralismus ergibt sich, wenn neben moralischen Werten noch andere angenommen werden, die nicht generell hinter jenen zurückstehen sollen (Williams 1981; Wolf 1982). Die Kritik kann dann aus der Perspektive eines dieser anderen Werte oder von einem übergreifenden Standpunkt aus geübt werden. Von dort aus lässt sich dann eben dies sagen: Moralistisch sei es, fälschlicherweise anzunehmen, moralische Gesichtspunkte hätten grundsätzlich Vorrang vor anderen. Stattdessen könnte bei bestimmten Konflikten etwa zwischen der Moral und dem eigenen Lebensglück oder der Moral und ästhetischen Werten den letzteren legitimerweise der Vorzug gegeben werden. Wie man moralische Werte gegen andere abwägt, wenn erstere nicht immer Vorrang haben, und ob man sie überhaupt immer abwägen kann oder verschiedene Arten von Werten zum Teil ‚inkommensurabel' sind, sind Grundsatzfragen, die wir hier nicht behandeln können.

Literatur

Archer, Alfred: „The Problem with Moralism." In: Ratio 31. Jg., 3 (2018): 342–350.

Birnbacher, Dieter: Tun und Unterlassen. Stuttgart 1995.

Coady, Cecil Anthony John: What's Wrong With Moralism? Oxford 2006.

Coady, Cecil Anthony John: Messy Morality. The Challenge of Politics. Oxford 2008.

Driver, Julia: „Moralism." In: Journal of Applied Philosophy 22. Jg., 2 (2005), 137–151. Auch abgedruckt in Coady (2006), 37–51.

Kuflik, Arthur: „Liberalism, Legal Moralism and Moral Disagreement". In: Journal of Applied Philosophy 22. Jg., 2 (2005): 185–198. Auch abgedruckt in Coady (2006), 85–98.

Neuhäuser, Christian/Seidel, Christian (Hg.): Moralismus. Berlin 2020.

Rawls, John: Politischer Liberalismus. Frankfurt a. M. 1998.

Singer, Peter: Praktische Ethik [1979]. Stuttgart 2013.

Taylor, Craig: Moralism. A Study of a Vice. London 2012.

Williams, Bernard: Morality. An Introduction to Ethics. Cambridge 1972.

Williams, Bernard: „Moral Luck" [1976] In: Bernard Williams: Moral Luck. Philosophical Papers 1973–1980. Cambridge 1981, 20–39.

Williams, Bernard: „Realism and Moralism in Political Theory." In: Geoffrey Hawthorn (Hg.): In the Beginning Was the Deed. Realism and Moralism in Political Argument. New Jersey 2005, 1–17.

Wolf, Susan: „Moral Saints." In: The Journal of Philosophy 79. Jg., 8 (1982), 419–439. Auch abgedruckt in Roger Crisp; Michael Slote (Hg.): Virtue Ethics, Oxford 1997, 79–98.

Praktische Rationalität

Ezio Di Nucci

Was ist praktische Rationalität? Ein griffiger Slogan lautet: Praktische Rationalität handelt davon, wie man bekommt, was man will. Dies zeigt ein Beispiel aus Aristoteles' *Nikomachischer Ethik:* Eine Ärztin ist dazu da, Patienten zu heilen. Sie stellt keine praktischen Überlegungen an, um zu entscheiden, ob sie ihre Patienten heilen soll. Dass sie ihre Patienten heilen möchte (oder muss), ist nicht Teil ihres praktischen Überlegens; es ist die sie bestimmende Funktion oder das sie bestimmende Ziel. Zu heilen ist der Ausgangspunkt oder die Voraussetzung ihrer praktischen Überlegungen darüber, welches Heilmittel am besten ist. „Gegenstand der Überlegung sind aber nicht die Ziele, sondern das, was zu den Zielen führt. Denn ein Arzt überlegt nicht, ob er heilen soll […]; sondern wenn man das Ziel festgesetzt hat, untersucht man, wie und wodurch es sich verwirklichen lässt" (*Nikom. Ethik* 1112b2–20; vgl. auch Audi 1989; 2006; Gauthier 1963; Nida-Rümelin 1994; Gosepath 1999).

Wie gelangt eine Ärztin von ihrer beruflichen Kompetenz, Patienten zu heilen, zur Verschreibung von Antibiotika für den stark erkälteten Adam? Durch einen praktischen Schluss von der allgemeinen Pflicht, ihre Patienten zu heilen, auf das spezifische Rezept – wobei das Wort ‚praktisch' hier darauf abhebt, dass das Resultat ihres Überlegens nicht bloß eine neue oder veränderte Überzeugung ist, sondern eine Handlung. In der Tat liegt es nahe, *praktische* und *theoretische* Rationalität voneinander abzugrenzen. Diese Kontrastierung ist in zweierlei Hinsicht hilfreich: sie macht deutlich, in welchem Sinn eine Art von Rationalität praktisch zu nennen ist, und illustriert über die Analogie zur theoretischen Rationalität zugleich, inwiefern praktische Rationalität als eine genuine Form von Rationalität gelten kann.

26.1 Zwei Möglichkeiten der Unterscheidung von theoretischer und praktischer Rationalität

Man kann diese Unterscheidung auf mindestens zwei Arten treffen (vgl. Wallace 2008). Die erste Möglichkeit besteht darin, theoretische und praktische Rationalität aufgrund ihrer Inhalte zu unterscheiden: Praktische Rationalität bezieht sich auf Handlungen und resultiert in Handlungen; theoretische Rationalität bezieht

---

Übersetzt von Jürgen Müller

E. Di Nucci (✉)
University of Copenhagen, Kopenhagen, Dänemark
E-Mail: ezio@sund.ku.dk

sich auf Überzeugungen und resultiert in Überzeugungen.

(P1) Alle Menschen sind sterblich.
(P2) Sokrates ist ein Mensch.
(K) Sokrates ist sterblich.

Der gerade angeführte Syllogismus zählt zur theoretischen Rationalität. Aus zwei Überzeugungen, P1 und P2, schließt man auf eine weitere, die Überzeugung K. Der folgende Syllogismus ist hingegen ein Beispiel für einen praktischen Syllogismus. Er stammt aus der *Nikomachischen Ethik*. Dort unterstreicht Aristoteles die strukturelle Ähnlichkeit zwischen einem theoretischen und einem praktischen Syllogismus und mithin auch die Ähnlichkeit zwischen theoretischer und praktischer Rationalität.

Zum Beispiel: Wenn man alles Süße genießen soll, dieses hier als ein bestimmtes Einzelding süß ist, dann muss notwendigerweise derjenige, der das Vermögen hat und nicht gehindert ist, dies zugleich auch tun (1147a25–31).

Für jemanden, der das Vermögen hat und nicht gehindert wird, ist es demzufolge (rational) notwendig, dieses bestimmte Einzelding, das süß ist, zu genießen.

THEORETISCHER SYLLOGISMUS

(P1) Alle Menschen sind sterblich.
(P2) Sokrates ist ein Mensch.
(K) Sokrates ist sterblich.

PRAKTISCHER SYLLOGISMUS

a) Alles Süße soll man genießen.
b) Dies bestimmte Ding hier ist süß.
c) Diese Süßigkeit genießen!

Die Ähnlichkeiten springen ebenso ins Auge wie die Unterschiede: Beide Syllogismen enthalten einen allgemeinen Obersatz und einen partikulären Untersatz. Im Unterschied zur Schlussfolgerung des praktischen Syllogismus ist die Schlussfolgerung des theoretischen Syllogismus jedoch eine Überzeugung. Aber wie ist die Schlussfolgerung des praktischen Syllogismus, die hier durch einen Imperativ ausgedrückt wurde, genauer zu verstehen? Dazu schreibt Aristoteles:

> „Die eine Meinung ist allgemein; die andere hat mit dem Einzelnen zu tun, für das bereits die Wahrnehmung zuständig ist. Wenn nun aus beiden Sätzen einer wird, dann muss die Seele im einen Fall [bei der theoretischen Erkenntnis] notwendigerweise die Schlussfolgerung bejahen und im Fall von Prämissen, die ein Tun betreffen, sofort handeln" (1147a25–31).

Diese Passage wirft ein Deutungsproblem auf, das unmittelbar in einer der grundlegenden Fragen der praktischen Rationalität mündet: Wie ist die Schlussfolgerung praktischen Überlegens zu verstehen? Handelt es sich um eine Überzeugung, vielleicht mit einem besonderen Inhalt? Um eine Entscheidung, eine Wahl oder einen Vorsatz? Oder vielleicht, ganz umstandslos, um eine Handlung? Oder ist die Schlussfolgerung eines praktischen Syllogismus etwas dazwischen wie beispielsweise eine Intention (Harman 1986; Bratman 1987)? Die zitierte Passage aus der *Nikomachischen Ethik* legt zwei verschiedene Antworten nahe. Nach der ersten Lesart bilden Überzeugungen, „die ein Tun betreffen", die Schlussfolgerung des praktischen Syllogismus, nach der zweiten ist es das der Schlussfolgerung gemäße „sofort handeln". Handelt man allerdings gemäß der Schlussfolgerung, kann die Schlussfolgerung selbst natürlich nicht die Handlung sein. Andernfalls hätte man es mit einer rätselhaften Zirkularität zu tun. Es lässt sich also zumindest der Schluss ziehen, dass Aristoteles nicht der Meinung ist, die Schlussfolgerung eines praktischen Syllogismus sei selbst eine Handlung; obgleich er eine sehr enge Verbindung zur Handlung sieht, insofern er schreibt, dass wir „sofort" und „zugleich" handeln müssen.

Die zweite Möglichkeit, theoretische von praktischer Rationalität zu unterscheiden, lässt sich folgendermaßen fassen: Theoretische Rationalität, so wird oft angenommen, handelt von Tatsachen, während es bei der praktischen Rationalität um Wertfragen geht. Bei theoretischen Überlegungen stellt man die Frage, was der Fall ist, und sucht nach einer Antwort. Bei praktischen Überlegungen hingegen sucht man nach einer Antwort auf die Frage, was man tun soll; und die Antwort besteht zumindest zum Teil darin, auch tatsächlich entsprechend zu handeln. Im ersten Fall geht mit der Beantwortung der Frage keine Änderung der Welt einher, sondern eine Änderung der Weltsicht der betreffenden Person. Im zweiten Fall handelt die Person und bewirkt dadurch eine Änderung der Welt (und diese Änderung kann ihrerseits ein Resultat einer Änderung ihrer Weltsicht sein).

Dieser Unterschied lässt sich mit Hilfe von G.E.M. Anscombes Einkaufszettel (1957/2011, 88 f.) und der Metapher der Passensrichtung gut verdeutlichen (weitere Ausführungen unter dem Aspekt der ‚Passensrichtung' bei Searle (1979; 1983); Anscombe selbst verwendet den Ausdruck ‚Passensrichtung' nicht). Ein Mann geht mit einem Einkaufszettel in der Hand durch die Stadt. Ein Detektiv folgt ihm und stellt eine eigene Liste der Einkäufe des Mannes auf:

> „Stimmen die Liste und die Dinge, welche der Mann tatsächlich kauft, nicht überein und ist dies der einzige diesbezügliche *Fehler*, dann liegt der Fehler nicht in der Liste, sondern in der Handlung unseres Manns. (Würde seine Frau sagen: „Schau doch mal, hier steht Butter, und du hast Margarine gekauft", dürfte er kaum antworten: „Welch ein Fehler! Das müssen wir in Ordnung bringen", woraufhin er das Wort auf der Liste durch ‚Margarine' ersetzt.) Ist es hingegen das Protokoll des Detektivs, das nicht mit den Einkäufen des Mannes übereinstimmt, liegt der Fehler in dem Protokoll" (1957/2011, 89).

Im Fall des Detektivs muss die Liste zur Welt passen, im anderen Fall ist es die Welt, die zur Liste passen muss (vgl. Anscombes Abhandlung *Absicht* 1957/2011, 91 ff.); dort findet sich auch ihre einflussreiche Interpretation zu praktischer Rationalität bei Aristoteles, einschließlich ihrer These, dass die Ausdrücke „praktisches Schließen" und „praktischer Syllogismus" das Gleiche bedeuten (1957/2011, 91)).

26.2 Kognitive und nicht-kognitive Konzepte praktischer Rationalität

Für beide Verständnisse praktischer Rationalität lautet eine zentrale Frage: Erzeugt praktisches Überlegen kognitive Zustände wie Überzeugungen (oder, besser noch, Urteile) oder nicht-kognitive Zustände wie Absichten? Wenn praktisches Überlegen kognitive Zustände wie z. B. Überzeugungen oder Urteile zur Folge hat, dann würde dies seinen Charakter einer genuinen Form von Rationalität untermauern; andererseits stellt sich dann die Frage, wie rein kognitive Zustände einen Akteur zum Handeln motivieren können. Das Problem besteht darin, dass kognitive Zustände, gerade aufgrund ihrer vermeintlichen Objektivität, nicht in der Lage zu sein scheinen, einen Akteur auch tatsächlich zum Handeln zu motivieren. Deshalb könnte man die Ansicht favorisieren, dass praktische Rationalität mit nicht-kognitiven Zuständen wie z. B. Absichten oder Wünschen einhergehen muss (allgemeiner gesprochen: mit Pro-Einstellungen, vgl. Davidson 1963). Das würde erklären helfen, wie praktisches Überlegen einen Akteur zum Handeln motivieren kann; es würde, kurz gesagt, den ‚praktischen' Aspekt dieser Art von Rationalität erklären. Will man praktische Rationalität jedoch nach dem Muster der theoretischen Rationalität konzipieren, dann bleibt unklar, inwiefern nicht-kognitive Zustände dort einen Platz haben könnten.

Dieser Konflikt lässt sich mit Hilfe der zwei Komponenten des Ausdrucks ‚praktische Rationalität' gut verdeutlichen. Wenn man sich für die ‚praktische' Komponente stark macht und deshalb hervorhebt, dass nicht-kognitive motivationale Zustände für praktische Rationalität erforderlich sind, scheint man Gefahr zu laufen, ihr den Status einer genuinen Form von ‚Rationalität' abzusprechen. Legt man das Gewicht hingegen auf die Ähnlichkeiten zur theoretischen Rationalität, um ihren Status einer genuinen Art von objektiver ‚Rationalität' zu wahren, bleibt kein Raum für nicht-kognitive motivationale Zustände und dies bringt die ‚praktische' Komponente in Gefahr. Die non-kognitivistische Position wird oft vereinfachend mit der humeanischen Tradition gleichgesetzt (vergleiche Humes berühmtes Diktum „Die Vernunft ist nur der Sklave der Affekte und soll es sein" (*Traktat* 2. Buch, Dritter Teil, 3. Abschnitt)). Die kognitivistische Position hingegen wird der kantianischen Tradition zugeordnet (zu

Kants Position siehe *Grundlegung zur Metaphysik der Sitten* und *Kritik der praktischen Vernunft*. Eine einflussreiche zeitgenössische kantianische Position vertritt z. B. Korsgaard 1986 (wieder abgedruckt in Gosepath 1999), 1996 und 1997). Der Unterschied zwischen diesen beiden Positionen lässt sich gut an der Rolle der instrumentellen Rationalität oder Zweck-Mittel-Rationalität verdeutlichen. David Hume fasst seine Position wie folgt zusammen:

> „Wie schon bemerkt, kann die Vernunft im eigentlichen und philosophischen Sinne unser Handeln nur in zweierlei Weise beeinflussen. Entweder sie ruft einen Affekt ins Dasein, indem sie uns über die Existenz eines seiner Natur entsprechenden Gegenstandes belehrt; oder sie zeigt uns die Mittel, irgendeinen Affekt zu betätigen, indem sie den Zusammenhang von Ursachen und Wirkungen aufdeckt. [...] Ich erblicke z. B. eine Frucht, die in Wirklichkeit schlecht schmeckt, aus der Ferne und vermöge einer Verwechslung bilde ich mir ein, sie sei angenehm und schmecke köstlich. Dies ist ein erster Irrtum. Dann wähle ich gewisse Mittel, diese Frucht zu erlangen, die für meinen Zweck ungeeignet sind; dies ist ein zweiter Irrtum. Eine dritte Art des Irrtums, die möglicherweise in die auf unsere Handlungen bezüglichen Überlegungen eingehen könnte, gibt es nicht" (*Traktat* 3. Buch, Erster Teil, 1. Abschnitt).

In diesem Zitat findet sich Humes Beschreibung der praktischen Vernunft in der zweiten Weise, in der die Vernunft unser Verhalten beeinflussen kann: „sie zeigt uns die Mittel, irgendeinen Affekt zu betätigen, indem sie den Zusammenhang von Ursachen und Wirkungen aufdeckt." Dies lässt sich gut mit der klassischen Position von Aristoteles in Verbindung bringen. Auch Aristoteles unterstreicht, dass sich das praktische Überlegen nicht auf Ziele richtet, sondern nur darauf, wie man festgesetzte Ziele am besten verwirklicht: „Gegenstand der Überlegung sind aber nicht die Ziele, sondern das, was zu den Zielen führt. Denn ein Arzt überlegt nicht, ob er heilen soll [...]; sondern wenn man das Ziel festgesetzt hat, untersucht man, wie und wodurch es sich verwirklichen lässt" (*Nikomachische Ethik* 1112b2–20). Doch wie ist die andere Beschreibung von Hume, wie die Vernunft das Verhalten beeinflussen kann, zu verstehen? Er sagt, die Vernunft rufe „einen Affekt ins Dasein". Das darf man nicht kantianisch verstehen: Hume sagt nicht, dass uns die Vernunft Ziele an die Hand gibt, sondern nur, dass sie dabei helfen kann, einen Affekt ins Dasein zu rufen, „indem sie uns über die Existenz eines seiner Natur entsprechenden Gegenstandes belehrt."

An dieser Stelle gilt es, Hume und Kant klar voneinander abzugrenzen: Für Hume sind Affekte von der Vernunft unabhängig und die Vernunft alleine kann ohne Affekte niemals zum Handeln motivieren; dennoch ist Vernunft erforderlich, und zwar aufgrund der beiden zuvor aufgezeigten Weisen, in der sie unser Verhalten beeinflussen kann. Dies ist die sogenannte humeanische Tradition, nach der für Handlungen sowohl ein nicht-kognitives Element (Affekte/Pro-Einstellungen) als auch ein kognitives Element (Vernunft/Überzeugung) erforderlich ist. Humes Position lässt sich folgendermaßen auf den Punkt bringen: Weder die Affekte noch die Vernunft sind alleine hinreichend für rationales Handeln; Vernunft und Affekte sind je für sich notwendig und zusammen hinreichend. Im Gegensatz zu Hume (und Aristoteles) lässt sich die kantianische Tradition so charakterisieren, dass die Vernunft alleine hinreichend für rationale Handlungsfähigkeit ist, wobei auch Zwecke einer rationalen Prüfung unterliegen.

26.3 Instrumentelle Rationalität

Weshalb ist der Unterschied zwischen Aristoteles, Hume und Kant von Bedeutung? Dabei geht es zentral um die Spannung zwischen der Komponente des ‚Praktischen' und der Komponente der ‚Rationalität' in der praktischen Rationalität. Wenn Rationalität in irgendeinem Sinn als objektiv gelten soll, dann stellt sich die Frage, inwiefern ‚Affekte' dabei eine Rolle spielen können bzw. inwiefern Ziele oder Zwecke als gegeben angesehen werden müssen.

Für gewöhnlich versucht man, diese Spannung dadurch aufzulösen, dass man die sogenannte instrumentelle Rationalität oder Zweck-Mittel-Rationalität isoliert betrachtet. So geschieht es auch bei Humes Unterscheidung zwischen zweierlei Weisen, in denen die Vernunft das Handeln beeinflussen kann. Kants Auffassung instrumenteller Rationalität steckt in seinem berühmten Satz: „Wer den Zweck will, will (sofern die Vernunft auf seine Handlungen entscheidenden Einfluss hat) auch das dazu unentbehrlich notwendige Mittel, das in seiner Gewalt ist" (4:417 f.; vgl. 5:19 f.). Instrumentelle Rationalität wird als unproblematisch angesehen, weil sich die schwierigen Fragen der Motivation, Normativität und das sich daraus ergebende Dauerproblem der Objektivität von Werten nicht stellen. Instrumentelle Rationalität scheint eine Norm oder ein Standard für Rationalität zu sein, auf den sich die streitenden Parteien einigen können sollten, weil sich die Normen instrumenteller Rationalität offenbar unabhängig davon begründen lassen, welchen Ort man Werten innerhalb der praktischen Rationalität oder in der Natur insgesamt zuschreibt. Ein Beispiel macht klar, worauf man sich offenbar unabhängig davon einigen können sollte, welcher der beiden Traditionen man sich anschließt: Nehmen wir an, eine Chirurgin gelangt zu dem Schluss, nur eine sofortige Operation (Mittel) könne das Leben ihres Patienten retten (Zweck). Sie möchte das Leben des Patienten unbedingt retten – und das ist außerdem auch ihre Aufgabe. Sie ist überzeugt, dass sie sich zur sofortigen Einleitung der Operation mit der diensthabenden Krankenschwester in Verbindung setzen müsste, damit ein verfügbarer Operationssaal vorbereitet wird. Stattdessen ruft sie ihren Sohn an, um ihn zu fragen, wie es heute in der Schule lief.

Die Rechtschaffenheit, das Verantwortungsbewusstsein oder die Willensstärke dieser Chirurgin kann unterschiedlich beurteilt werden. Aber man sollte sich darauf einigen können, dass sie gegen eine grundlegende Norm instrumenteller Rationalität verstoßen hat: Sie wollte wirklich das Leben des Patienten retten (Zweck) und sie war überzeugt, dass sie dies nur dadurch erreichen konnte, dass sie sich unverzüglich mit der diensthabenden Krankenschwester in Verbindung setzt. Die rationale Schlussfolgerung wäre gewesen, die diensthabende Krankenschwester zu kontaktieren – oder, mit einem zusätzlichen Schritt des praktischen Überlegens, sich dafür zu entscheiden oder die Absicht auszubilden, die Krankenschwester zu kontaktieren.

Stattdessen plaudert sie mit ihrem Sohn. Ihr Verhalten war sicher unverantwortlich und rechtfertigt einen Entzug der Approbation. Vor dem Hintergrund ihrer eigenen Zwecke und Zweck-Mittel-Überlegungen ist ihr Verhalten in jedem Fall auch noch irrational. Noch vor der Verletzung des Hippokratischen Eides, hat sie bereits eine grundlegende Norm instrumenteller Rationalität verletzt.

Instrumentelle Rationalität, verstanden als eine interne Inkonsistenz zwischen den Inhalten der kognitiven Zustände (Überzeugungen, Urteile) eines Akteurs, scheint also ziemlich unproblematisch zu sein. Die problematischere Frage, mitsamt den sich daraus ergebenden Problemen für die Ethik und Angewandten Ethik, ist jedoch, ob die Vernunft auch nicht-instrumentelle Elemente aufweist: Hat die non-kognitivistische, humeanische Tradition Recht damit, dass Zwecke im Rahmen der praktischen Rationalität bereits festgesetzt und daher von ihr unabhängig sind? Oder sind auch die Zwecke selbst, wie in der kognitivistischen, kantianischen Tradition, Teil der praktischen Rationalität? Dieser Widerstreit ist von überragender philosophischer Bedeutung, weil die wesentlichen Eigenschaften unserer moralphilosophischen Position davon abhängen, ob auch Zwecke Gegenstand einer objektiven rationalen Prüfung sein können.

Andererseits wird von manchen geltend gemacht, dass noch nicht einmal die Normen instrumenteller Rationalität grundlegend sind. Was gibt es eigentlich daran auszusetzen, instrumentell irrational zu sein (Kolodny 2005; vgl. dazu auch Broome 1999; 2004; Raz 2005)? Der Einwand lautet, dass sich instrumentelle Rationalität nicht, wie zuvor vorgeschlagen, fein säuberlich abtrennen lässt, und dass die Normen instrumenteller Rationalität genau derselben normativen Prüfung unterliegen, denen die Gründe unterliegen, für die die Normen der instrumentellen Rationalität eine Struktur bereitstellen sollen. Um es mit den bereits verwendeten Begriffen auszudrücken: Man könnte der Ansicht sein, dass es zumindest beim instrumentellen Teil der praktischen Rationalität um Tatsachen geht und sich dieser Teil deshalb isoliert von Wertfragen und Fragen der Normativität behandeln lässt. Aber, so lautet nun der Einwand, genau die Norm, die besagt, dass wir rational sein sollen (wenn auch nur im Sinne der instrumentellen Rationalität), muss exakt den gleichen Standards unterworfen werden wie jede andere Norm.

26.4 Schluss

Geht es bei praktischer Rationalität also wirklich darum, *wie man bekommt, was man will?* Der eingangs genannte Slogan umfasst die drei grundlegenden Hinsichten, die zuvor Thema waren: die instrumentelle (,wie'), die motivationale (,was') und die handlungsbezogene (,bekommen'). Aber ein Slogan ist eben nur ein Slogan: indem er vereinfacht, verdeckt er entscheidende Meinungsverschiedenheiten. Kann die Handlung selbst Bestandteil der praktischen Rationalität sein? Wie können Affekte zur Rationalität gehören? Wenn praktisches Überlegen tatsächlich eine Form objektiver Rationalität wäre, wie könnte es Personen zum Handeln motivieren?

Man sieht, dass viele Fragen noch offen sind. So ist beispielsweise in der Handlungstheorie derzeit auch umstritten, ob man der automatischen Ebene des Überlegens Rechnung tragen kann, ohne die Phänomenologie praktischer Rationalität (und die philosophische Plausibilität) oder den rationalen und intentionalen Charakter von Handlungen aufgeben zu müssen (vgl. Di Nucci 2008; 2011). Das ist für die Angewandte Ethik besonders wichtig, sind doch viele Handlungsweisen in praktischen Kontexten, beispielsweise der Medizin stark automatisiert.

Literatur

Anscombe, Gertrude E.M.: Absicht. Frankfurt a.M. 2011 (amerik. 1957).
Aristoteles: Nikomachische Ethik. Hg. von Ursula Wolf. Reinbek 2006.
Audi, Robert: Practical Reasoning. London 1989.
Audi, Robert: Practical Reasoning and Ethical Decision. London 2006.
Bratman, Michael: Intention, Plans, and Practical Reason. Cambridge, Mass. 1987.
Broome, John: „Normative Requirements." In: Ratio 12. Jg., 4 (1999), 398–419.
Broome, John: „Reasons". In: Jay Wallace, Philip Pettit, Michael Smith, Samuel Scheffler (Hg.): Reason and Value. Cambridge, Mass. 2004.
Davidson, Donald: „Actions, Reasons, and Causes." In: Journal of Philosophy 60. Jg., 23 (1963), 685–700.
Davidson, Donald: „How is Weakness of Will Possible?". In Joel Feinberg (Hg.): Moral Concepts. Cambridge, Mass. 1970.
Di Nucci, Ezio: Mind Out of Action. Saarbrücken 2008.
Di Nucci, Ezio: „Frankfurt versus Frankfurt: A New Anti-Causalist Dawn". In: Philosophical Explorations 14. Jg., 1 (2011), 117–131.
Gauthier, David: Practical Reasoning. Cambridge, Mass. 1963.
Gosepath, Stefan: Motive, Gründe, Zwecke. Theorien praktischer Rationalität. Frankfurt a. M. 1999.
Hare, Richard M.: The Language of Morals. Cambridge, Mass. 1952.
Hare, Richard M.: Freedom and Reason. Cambridge, Mass. 1963.
Harman, Gilbert: Change in View. Cambridge, Mass. 1986.
Hume, David: Ein Traktat über die menschliche Natur, Band II. Hg. von Theodor Lipps. Hamburg 1978 (engl.1740).
Kolodny, Niko: „Why be Rational?" In: Mind 114, 455 (2005), 509–563.
Korsgaard, Christine: „Skepticism about Practical Reason." Journal of Philosophy 83. Jg., 39 (1986).
Korsgaard, Christine: The Sources of Normativity. New York 1996.
Korsgaard, Christine: „The Normativity of Instrumental Reason". In: Garrett Cullity, Berys Gaut (Hg.): Ethics and Practical Reason. Oxford 1997.
Nida-Rümelin, Julian: Praktische Rationalität. Berlin 1994.
Raz, Joseph: „The Myth of Instrumental Rationality." In: Journal of Ethics and Social Philosophy 1. Jg., 1 (2005).
Searle, John R.: Expression and Meaning. Cambridge 1979.
Searle, John R.: Intentionality. Cambridge 1983.
Spitzley, Thomas (Hg.): Willensschwäche. Paderborn 2005.
Stroud, Sarah: „Weakness of Will." In: Stanford Encyclopedia of Philosophy 2008.
Stroud, Sarah/Tappolet, Christine (Hg.): Weakness of Will and Practical Irrationality. Oxford 2003.
Wallace, Jay: „Practical Reason." In: Stanford Encyclopedia of Philosophy 2008.

Praktisch-ethische Entscheidungen unter Unsicherheit und Ungewissheit

27

Hartmut Kliemt und Bernd Lahno

Wenn Unsicherheit hinsichtlich der möglichen Folgen einer Handlung besteht und Folgen, die in irgendeiner Weise als negativ beurteilt werden können, möglich sind, spricht man von einem (Handlungs-)Risiko. Risiken stellen uns vor ethische Probleme der angemessenen Urteilsbildung. Nach plausiblen ethischen Anforderungen an die Urteilsbildung müssen wir auf der Basis der empirischen Evidenz, die uns zugänglich ist, bestmöglich urteilen. Gibt es empirische Evidenz etwa in Form von Statistiken über wiederholt auftretende Ereignisse, so ist diese zu berücksichtigen. Lässt sich solche Evidenz durch eigene Datensammlung, Nachforschungen und Experimente zu vertretbaren Kosten schaffen, so ist sie beizubringen.

Nicht all unser ‚Erfahrungswissen', ist allerdings in der Form der *propositional knowledge* erfassbar, in unseren Praktiken ‚gewonnene' sogenannte *prescriptive knowledge* (Mokyr 2002) ist von – buchstäblich – grundlegender Bedeutung. Für den hier interessierenden Kontext der Urteilsbildung in Fällen von Unsicherheit schlägt sich das konkret vor allem in der Verbindlichkeit ‚bester' statistischer Praxis nach deren jeweils etablierten Standards nieder. Ein Mediziner etwa, der die wissenschaftliche Evidenz eines ihm bekannten, hinreichend umfänglichen *randomized controlled trials* (RCT) ignoriert, mag subjektiv noch so sehr von seinen alternativen Auffassungen überzeugt sein, er verstößt dennoch gegen elementare praktisch-ethische Normen angemessener Urteilsbildung (zu gegenläufigen Grenzfällen vgl. Porzsolt/Kliemt 2008). Entsprechendes gilt generell in der Wissenschaft. Wissenschaftler haben das rechtlich und moralisch sanktionierte Recht zur Bildung der eigenen Meinung, aber auch die moralische Pflicht zu kritisch rationaler Urteilsbildung.

Die normative Entscheidungstheorie untersucht genauer, wie Urteile über ungewisse Handlungsfolgen in Entscheidungen eingehen sollen. Dabei wird typischerweise zwischen unterschiedlichen Arten der Unsicherheit unterschieden. ‚Einfache Unsicherheit' liegt vor, wenn man zwar den zukünftigen Weltverlauf in einem interessierenden Aspekt nicht kennt, aber aufgrund vorheriger Erfahrungen (empirische) Anhaltspunkte dafür hat, wie wahrscheinlich es ist, dass bestimmte Ereignisse eintreten werden und welcher Art diese sein könnten. Darüber hinaus kann Ungewissheit aus zweierlei einander nicht ausschließenden Gründen bestehen: Zum einen mag man zwar eine recht klare Vorstellung davon haben, welche Ereignisse in der Welt auftreten könnten, jedoch keinerlei Erfahrung darüber besitzen, wie

H. Kliemt (✉)
Universität Gießen, Gießen, Deutschland
E-Mail: Hartmut.Kliemt@wirtschaft.uni-giessen.de

B. Lahno
Gaienhofen, Deutschland
E-Mail: bernd.lahno@uni-konstanz.de

wahrscheinlich es ist, dass die betreffenden Ereignisse tatsächlich eintreten werden. Zum anderen kann es der Fall sein, dass man gar keine klaren Vorstellungen davon hat, welche Ausprägungen von Ereignissen überhaupt eintreten können.

27.1 Rationale Praxis bei empirisch bestimmbaren Risiken

Es sei unterstellt, dass ein Entscheider über eine empirisch hinreichend gesicherte Wahrscheinlichkeitsabschätzung über mögliche Handlungsfolgen verfügt. Nach der klassischen Entscheidungstheorie lässt sich sein Verhalten dann – unter der zusätzlichen Bedingung, dass seine Präferenzen über Handlungsfolgen bestimmten Axiomen genügen – so darstellen, als ob er den Erwartungswert einer (bis auf positiv lineare Transformationen eindeutigen) Nutzenfunktion mit den gegebenen Wahrscheinlichkeiten maximieren würde (als einführende Darstellung der Theorie des Erwartungsnutzens vgl. Kreps 1990, Kap. 3; weiterführend Fishburn 1970; elementar Raiffa 1973).

Gegen die Konzeption einer als Maximierung des ‚Erwartungsnutzens' repräsentierbaren ‚Rationalität' des Handelns unter Unsicherheit sind in den vergangenen Jahren verschiedene Einwände vorgebracht worden. Ein Teil bezog sich vor allem auf die deskriptive Validität der Theorie; so konnte gezeigt werden, dass reale Individuen sich häufig durchaus nicht entsprechend den Axiomen der Nutzentheorie verhalten (,klassisch' vgl. Allais 1953).

Geht man vom Primat menschlicher Praxis in der Explikation des Rationalitätskonzeptes aus, so lassen sich die Tatsachen abweichenden Entscheidungsverhaltens nicht ignorieren. Im Zuge der Kritik an der deskriptiven Aussagekraft der Theorie des Erwartungsnutzens hat es insbesondere in der experimentellen Ökonomik und Verhaltenstheorie eine Hinwendung zur stärkeren empirischen Untersuchung menschlichen Verhaltens gegeben. Dabei hat es auch verschiedene Ansätze zu alternativen Theorien gegeben. Zu nennen sind etwa Kahnemann und Tverskys „Prospect Theory" (1979),

verschiedene Theorien beschränkter Rationalität (Simon 1955; Selten 2002), sowie Theorien, die sich an der Vorstellung regelgeleiteten Verhaltens orientieren (McClennen 1998; Gigerenzer 2000). Keiner dieser Ansätze hat allerdings bislang auch nur annähernd die Reife und Geschlossenheit der Konzeption des Erwartungsnutzens erreichen können.

Aus der Perspektive der praktischen Philosophie sind vor allem alternative Ansätze interessant, die die Bedeutung von Regeln für das menschliche Verhalten hervorheben, da sie typischerweise die klassische Theorie auch in normativer Hinsicht kritisieren. Es ist danach nicht vernünftig, Entscheidungen ausschließlich situationsbezogen im Lichte der Kausalfolgen jedes Aktes je für sich genommen zu fällen. Besonders einflussreich ist die Kritik von Sen (1977; 2002, Part II; vgl. dazu kritisch Güth/Kliemt 2007). Sen nimmt traditionelle Argumente wieder auf, wonach Fähigkeiten zur Selbstbindung und zur rationalen Reflexion der eigenen Ziele nicht im Rahmen des rein konsequentialistischen Modells des Rationalverhaltens erfasst werden können, gleichwohl aber wesentliche Determinanten vernünftiger Praxis sind.

27.2 Rationale Praxis ohne empirische Kenntnis der Wahrscheinlichkeit von Folgen

In vielen religionsphilosophischen Überlegungen wurde die Beziehung der Überzeugungsbildung zu rationaler Praxis untersucht. Es geht um Normen angemessener Urteilsbildung unter Bedingungen, die ein im engeren Sinne empirisches Urteil ausschließen, während zugleich die Art der zu empfehlenden menschlichen Praxis davon abhängt, wie geurteilt wird. Ob etwa die Welt von Gott geschaffen und geordnet wurde, lässt sich nach allgemeiner Auffassung nicht empirisch klären. Gleichwohl besitzt diese Frage für viele Menschen praktische Relevanz.

Einen berühmten klassischen Vorschlag, wie man mit solcher Ungewissheit rational umgehen kann, findet man im Zusammenhang mit der sogenannten Pascalschen Wette (kritisch vgl. Albert 1979). Als Mitbegründer der modernen Wahrscheinlichkeits- und Entscheidungstheorie behandelt Pascal eine Situation der Ungewissheit so, *als ob* sie eine der einfachen Unsicherheit sei. Er schlägt einerseits vor, die Existenz einer Wahrscheinlichkeit für die Existenz Gottes zu postulieren, nimmt aber andererseits an, sie sei beliebig gering. Er argumentiert dann, dass der mögliche Schaden, den man erleidet, wenn man es versäumt hat, den Glauben anzunehmen, obwohl er wahr ist, so groß ist, dass auch für beliebig kleine Existenzwahrscheinlichkeiten die Alternative, den Glauben nicht anzunehmen, nicht rational wählbar ist.

Das Argument Pascals bezieht einen großen Teil seiner Plausibilität aus dem Schrecken des unterstellten *worst case*. Von diesem weiß man aber letztlich mindestens ebenso wenig wie von den Wahrscheinlichkeiten für sein Eintreten. Zwar kann man die Welt stets ‚logisch' in zwei Klassen zerlegen, bei denen man die Bewertung der einen Klasse kennt (z. B. die Hölle). Wenn man von den Elementen der komplementären Klasse aber nur weiß, dass diese nicht in der beschriebenen Klasse liegen, kann man sie gerade nicht vergleichend bewerten. Damit wird es schwer, empirisch fundiert zu ‚wetten'. Die entscheidungsethische Forderung, empirisch fundiert vorzugehen, stößt insoweit auf Grenzen.

In Reaktion auf solche Probleme arbeitet man häufig im Gegensatz zu Pascal nicht mit beliebig kleinen Wahrscheinlichkeiten, sondern versucht, ganz ohne Annahmen über Wahrscheinlichkeiten (nicht-aggregationistisch) vorzugehen. So zeichnet etwa das ‚Maximin'-Kriterium diejenige Wahl als rational aus, bei der die schlechteste als möglich erachtete Konsequenz möglichst gut ist (Savage 1951). Das ‚Minimax-Regret'-Kriterium schlägt demgegenüber vor, so zu wählen, dass man im schlechtesten als möglich vorgestellten Fall möglichst wenig Grund hat, seine Entscheidung zu bedauern (Loomes/Sugden 1982).

Bekanntlich hat Rawls in seiner *Theorie der Gerechtigkeit* (1979, 177 ff.) das Maximin-Kriterium zum entscheidenden Regulativ für die rationale Wahl von Gerechtigkeitsprinzipien in der ursprünglichen Situation, in der man u. a. gerade nicht weiß, wie wahrscheinlich es ist, dass man eine der möglichen gesellschaftlichen Positionen einnimmt, erhoben. Grundsätzlich kann man das Maximin-Kriterium aber nicht als *das* Kriterium rationaler Wahl in einer Situation der Ungewissheit auszeichnen (vgl. Milnor 1965).

Mit der klassischen Vorstellung instrumenteller Rationalität, wie sie der Entscheidungstheorie zugrunde liegt, ist Maximin jedenfalls nicht besser verträglich als das Minimax-Regret-Kriterium oder auch ein Maximax-Kriterium, nach dem die Alternative mit den besten möglichen Ergebnissen zu wählen ist (wie schlecht auch die möglichen anderen Aussichten bei der Alternative sein mögen). Im Gegensatz zu Maximax, bei dem der Wunsch den Vater des Gedankens bilden soll, hat Minimax gleichwohl eine gewisse alltagstheoretische Plausibilität, – insbesondere in solchen Situationen, in denen der mögliche Schaden exorbitant groß ist oder in denen der Schaden anderen Menschen zugefügt wird, für die man sich verantwortlich fühlt. So finden sich entsprechende Argumente auch in der öffentlichen Debatte um biotechnologische Neuerungen, wenn davor gewarnt wird, dass nicht ausgeschlossen werden kann, dass sehr große Folgeschäden durch solche Neuerungen erzeugt werden können.

27.3 Was darf ich hoffen, wenn ich es nicht wissen kann?

Wie sich im Vorangehenden bereits zeigt, ist Unsicherheit hinsichtlich der Wahrscheinlichkeit bestimmter Folgen oft mit der viel grundsätzlicheren Unwissenheit darüber, welche Folgen überhaupt eintreten können, verbunden. Angesichts unseres prinzipiell beschränkten Wissens über die Welt und der Unfähigkeit, direkt in die Zukunft zu schauen, kann man tatsächlich niemals alle möglichen zukünftigen Ereignisse vorhersehen. Gleichwohl entbindet uns das nicht von der Pflicht, unsere Entscheidungen auf ein möglichst umfassendes Bild aller möglichen Folgen zu stützen. Wenn man nicht auf die bloße Unterscheidung von Tun und Unterlassen rekurrieren will (vgl. hierzu Birnbacher 1995), muss man beispielsweise im Fall der Ablehnung von Gentechnologie unter Einbeziehung allen Wissens über mögliche Entwicklungen plausibel machen können, dass gentechnische Manipulationen neue Gefahren hervorbringen, die die Gefahren, die ohne solche Manipulationen möglich sind, insgesamt übersteigen.

Die nach Maßgabe unserer etablierten Praktiken bestimmte *ethics of belief* nimmt die Kantische Frage danach, was wir hoffen dürfen, nicht nur mit Bezug auf religionsphilosophische, sondern mit Bezug auf alle Entscheidungen unter Ungewissheit ernst (Clifford 1879/1974; vgl. die Stanford Encyclopedia of Philosophy, http://plato.stanford.edu/entries/ethics-belief/ (20.3.2011); aber auch Schüssler 2002). Auf einer grundlegenden erkenntnistheoretischen Ebene muss ein Vorrang der erfolgreichen Praxis und damit ein Primat der praktischen gegenüber der theoretischen Vernunft bestehen, damit das einsichtig wird. Zwar kann das, was ist, nicht unmittelbar dafür entscheidend sein, was sein sollte. Dennoch haben wir keine Möglichkeit, einen festen Urteilspunkt außerhalb aller unserer Praktiken zu wählen und müssen daher dort starten, wo wir uns de facto als Resultat biologischer und kultureller Evolution befinden. Diese Einsicht muss Teil unserer Suche nach grundlegenden sogenannten Überlegungsgleichgewichten unter Bedingungen der Ungewissheit sein (vgl. dazu Hahn 2000).

27.4 Strategische Unsicherheit

Eine besondere Art der Unsicherheit liegt dann vor, wenn die Folgen eigenen Handelns auch von den Entscheidungen anderer Individuen abhängen. Unterstellt man Individuen, dass sie autonom einer Entscheidungslogik folgen und ihre Entscheidungen insofern nicht allein naturgesetzlich zu erklären sind, dann kann man ihren zu erwartenden Handlungsentscheidungen nicht auf die übliche empirisch-naturwissenschaftliche Weise Wahrscheinlichkeiten zuordnen. Man hat es insoweit mit einem Ungewissheitsproblem im engeren Sinne zu tun.

Entsprechende Probleme treten vor allem dann auf, wenn es aus der Sicht jedes Individuums im Rahmen einer Interaktion verschiedene kollektive Handlungsmuster gibt, für die jeweils gilt: Solange alle anderen Individuen dem Handlungsmuster folgen, hat es die besten Folgen für jeden Einzelnen, wenn er sich selbst auch an das Handlungsmuster hält. Solange man nicht weiß, welches der Handlungsmuster verfolgt wird, sprechen Entscheidungstheoretiker angesichts der Unsicherheit über das Handeln anderer von einem Gleichgewichtsauswahlproblem.

Betrachten wir etwa zur Illustration die Frage, auf welcher Straßenseite in einer Gegend zu fahren ist, in der keine allgemeine Regelung besteht, die Straßen aber so eng sind, dass Unfälle sehr wahrscheinlich sind, wenn zwei Fahrzeuge sich begegnen, die nicht beide rechts oder beide links fahren. Für jeden Fahrer hängt seine Entscheidung, auf welcher Seite er fahren will, dann davon ab, welches Verhalten er von den anderen erwartet. Das bloße Wissen um dieses jeden in gleicher Weise betreffende Problem hilft einem Fahrer aber nicht, bestimmte Erwartungen zu formen. Der einzige Grund, den er für die Annahme haben könnte, die anderen würden eine bestimmte Seite bevorzugen, wäre, dass diese ihrerseits entsprechende Erwartungen haben. Da aber jeder annahmegemäß in derselben Lage ist, kann es einen solchen Grund nicht ohne weiteres geben (zu einer genaueren Analyse so gegebener ‚strategischer' Ungewissheit vgl. Gilbert 1990; Lahno 2007).

Nach Lewis (1975) werden solche Entscheidungsprobleme in Koordinationsproblemen bekanntlich durch Konventionen gelöst. Allgemein erfordert der Umgang mit solcher strategischer Interdependenz offenbar ein explizites oder stillschweigendes wechselseitiges Einverständnis über soziale Regeln, die individuelles Verhalten wechselseitig aufeinander abstimmen. Soziale Normen, und insbesondere moralische Normen, spielen also eine wichtige Rolle bei der Lösung von Problemen des Handelns in Ungewissheit. Dabei ist die Regelungskraft solcher Normen oft so groß, dass wir uns des ihnen zugrundeliegenden Problems der Ungewissheit kaum noch bewusst sind. Aus moralphilosophischer Perspektive ist zudem interessant, dass entsprechende Regeln durch eine Gruppenperspektive bestimmt werden können (Sugden 1993; 2003; Bacharach 2006).

27.5 Soziale Praxis, Unsicherheit und Angewandte Ethik

In der Angewandten Ethik ist die jeweils gegebene soziale Praxis in verschiedener Hinsicht von entscheidender Bedeutung. Dies gilt insbesondere auch mit Blick auf die unverzichtbare Kohärenzforderung bei der Bildung von Überzeugungen in Situationen der Unsicherheit und der Ungewissheit über künftige Weltverläufe. Wir müssen abschätzen, welche Bewertungen nach Maßstäben *sozialer Praxis* noch als vernünftig gelten können und damit diese Grundlagen der Urteilsbildung in die (selbst-kritische) Suche nach Überlegungsgleichgewichten einbinden.

Da die technischen Möglichkeiten der Menschheit sich vor allem in den letzten beiden Jahrhunderten so stark entwickelt haben, ist auch der kausale Einfluss der Menschheit auf zukünftige Weltverläufe massiv gewachsen. Andererseits ist die Zukunft einer von Wissen getriebenen Entwicklung schon deshalb unvorhersehbar, weil wir nicht wissen können, was wir einmal wissen werden (vgl. Popper 1960). Dennoch wissen wir etwas über Hauptprobleme von Entscheidungen unter Ungewissheit, insoweit wir über uns selbst etwas wissen. Diese Hinwendung zum entscheidenden Subjekt und zur Entscheidungspsychologie ähnelt – wenn auch ohne jeglichen transzendentalen Anspruch – der Hinwendung Kants zum erkennenden Subjekt, aber auch dessen sozialer und evolutionär-kultureller Einbindung.

Die empirische Kenntnis unseres Erkenntnisapparates darf für die Zwecke des Urteils*handelns* nicht ignoriert werden. Ein Problem besteht beispielsweise darin, dass wir alle immer zu einer Überbewertung der unmittelbaren Eindrücke neigen. Wir vernachlässigen die ferner liegenden gegenüber den naheliegenden Gefahren und Chancen. Das sollte uns dazu führen, bestimmte Vorkehrungen zu treffen, um unsere Entscheidungen in der (politischen) Praxis durch ‚konstitutionelle Selbstbindungen' (kollektive Verfassungen, individuelle Tugenden) besser zu kontrollieren. Wir neigen überdies dazu, das konkret Vorstellbare bzw. Vorgestellte stärker zu bewerten, als es sich an sich gehören würde. Die Wissenschaft insgesamt ist eine Institution, die über etablierte kompetitive Praktiken insoweit bislang eine kritische Haltung erzwingen und zur Kontrolle unserer mannigfachen Fehlhaltungen bei Entscheidungen unter Unsicherheit und Ungewissheit beitragen konnte.

27.6 Schlussbemerkung

Ein Denker wie David Hume stellt in solchen Zusammenhängen eher formale als inhaltliche ethische Maßstäbe in den Vordergrund. Für ihn gab es grundsätzlich nur zwei große Untugenden: Leichtgläubigkeit bis hin zum Aberglauben *(superstition)* und blindes Engagement bis hin zum Fanatismus *(enthusiasm)* (Hume 1985, 73 ff.). Die Welt wäre ein besserer Ort, wenn die Menschen (selbst-)kritischer wären und sich weniger leicht vor den Karren der einen oder der anderen vorgeblich guten Sache spannen ließen (vgl. dazu auch Arendt 2003). Vor allem in Situationen radikaler Unsicherheit ist eine kritische Ethik der Überzeugungsbildung daher die erste Bürgertugend.

Wir bewegen uns in einem Meer von Unkenntnis, in dem es uns vor allem helfen kann, grundsätzliche Beweislastregeln zu formulieren und informationelle Transparenz zu unterstützen. Unsere Entscheidungen sollten so weit wie möglich durch empirische Evidenz untermauert sein. Auch wenn Philosophen es immer wieder versuchten, können wir nie absolute Gewissheit erlangen. Aber wir können versuchen, vom epistemischen Status quo aus die Ungewissheit zu reduzieren und Ungewissheit durch kalkulierbare Risiken zu ersetzen, wo immer möglich. Das scheint selbst eine praktisch-ethisch gerechtfertigte praktisch-ethische Norm zu sein.

Literatur

Albert, Hans: „Zur Glaubensproblematik bei Pascal, James und Kierkegaard". In: Norbert Hoerster (Hg.): Glaube und Vernunft. München 1979, 267–274.

Allais, Maurice: „Le comportement de l'homme rationnel devant le risque: critique des postulats et axiomes de l'école Américaine." In: Econometrica 21. Jg., 4 (1953), 503–546.

Arendt, Hannah: Ursprünge und Elemente totalitärer Herrschaft. München 2003.

Bacharach, Michael: Beyond Individual Choice. Teams and Frames in Game Theory. Hg. von Nathalie Gold/ Robert Sugden. Princeton/Oxford 2006.

Birnbacher, Dieter: Tun und Unterlassen. Stuttgart 1995.

Clifford, William K.: „The Ethics of Belief." [1879]. In: Baruch A. Brody (Hg.): Readings in the Philosophy of Religion. An Analytical Approach. Englewood Cliffs 1974, 241–247.

Fishburn, Peter C.: Utility Theory for Decision Making. New York 1970.

Gigerenzer, Gerd: Adaptive Thinking: Rationality in the Real World. New York/Oxford 2000.

Gilbert, Margaret: „Rationality, Coordination, and Convention." In: Synthese 84. Jg., 1 (1990), 1–21.

Güth, Werner/Kliemt, Hartmut: „The Rationality of Rational Fools." In: Fabienne Peter, Hans Bernhard Schmid (Hg.): Rationality and Commitment. Oxford 2007, 124–149.

Hahn, Susanne: Überlegungsgleichgewicht(e). Prüfung einer Rechtfertigungsmetapher. Wien 2000.

Hume, David: Essays. Moral, Political and Literary [1777]. Indianapolis 1985.

Kahneman, Daniel/Tversky, Amos: „Prospect Theory: An Analysis of Decision under Risk." In: Econometrica 47. Jg., 2 (1979), 263–291.

Kreps, David: A Course in Microeconomic Theory. Hemel Hempstead 1990.

Lahno, Bernd: „Rational Choice and Rule-Following Behavior." In: Rationality and Society 19. Jg., 4 (2007), 425–450.

Lewis, David: Konventionen. Berlin 1975.

Loomes, Graham/Sugden, Robert: „Regret Theory: An Alternative Theory of Rational Choice under Uncertainty." In: Economic Journal 92. Jg., 368 (1982), 805–824.

McClennen, Edward F.: „Rationality and Rules." In: Peter A. Danielson (Hg.): Modeling Rationality, Morality and Evolution. New York/Oxford 1998, 13–40.

Milnor, John: „Spiele gegen die Natur." In: Martin Shubik (Hg.): Spieltheorie und Sozialwissenschaften. Hamburg 1965, 129–139.

Mokyr, Joel: The Gifts of Athena: Historical Origins of the Knowledge Economy. Princeton, N.J. 2002.

Popper, Karl R.: The Poverty of Historicism. London 1960.

Porzsolt, Franz/Kliemt, Hartmut: „Ethische und empirische Grenzen randomisierter kontrollierter Studien". In: Medizinische Klinik 103. Jg., 12 (2008), 836–842.

Raiffa, Howard: Einführung in die Entscheidungstheorie. München 1973.

Rawls, John: Eine Theorie der Gerechtigkeit. Frankfurt a.M. 1979.

Savage, Leonard J.: „The Theory of Statistical Decision." In: Journal of the American Statistical Association 46. Jg, 253 (1951), 55–67.

Schüßler, Rudolf: Moral im Zweifel. Paderborn 2002.

Selten, Reinhard: „What is Bounded Rationality?" In: Gerd Gigerenzer, Reinhard Selten (Hg.): Bounded Rationality. The Adaptive Toolbox. Cambridge, Mass./London 2002, 13–36.

Sen, Amartya K.: „Choice, Orderings and Morality." In: Stephan Körner (Hg.): Practical Reason. Oxford 1974, 54–67.

Sen, Amartya K.: „Rational Fools: A Critique of the Behavioral Foundations of Economic Theory." In: Philosophy and Public Affairs 6 Jg., 4 (1977), 317–344.

Sen, Amartya K.: Rationality and Freedom. Cambridge Mass./London 2002.

Simon, Herbert A.: „A Behavioral Model of Rational Choice." In: Quarterly Journal of Economics 69. Jg., 1 (1955), 99–118.

Sugden, Robert: „Thinking as a Team: Towards an Explanation of Nonselfish Behavior." In: Social Philosophy and Policy 120. Jg., 1 (1993), 69–89.

Sugden, Robert: „The Logic of Team Reasoning". In: Philosophical Explorations 6. Jg., 3 (2003), 165–181.

Kompromiss

28

Véronique Zanetti

28.1 Der Begriff

Der Begriff ‚Kompromiss' hat seine Wurzeln im lateinischen Kompositum *compromissum*, *compromittere* („sich gegenseitig versprechen, eine Entscheidung dem Schiedsrichter zu überlassen") (Etymolog. Wörterbuch des Deutschen 1993, 701). Die römische Rechtsprechung bestätigt diese Wortgeschichte: Sie verstand das *compromissum* als ein wechselseitiges Versprechen zweier Konfliktparteien oder mehrerer Personen, den Schiedsspruch in der Sache einem von ihnen gewählten Schiedsrichter (*compromissarius*) zu überantworten und dessen Schiedsspruch zu akzeptieren (Fumurescu 2013, 4).

Im Englischen ist *compromise* laut Oxford English Dictionary (OED) spätestens Anfang des 17. Jahrhunderts bereits nicht mehr an den Schiedsspruch eines Dritten gebunden. An dessen Stelle tritt eine pragmatische Vereinbarung zwischen streitenden Parteien: „A coming to terms, or arrangement of a dispute, by concessions on both sides; partial surrender of one's position for the sake of coming to terms; the concession or terms offered by either side" (OED-2001. Eintrag: ‚compromise').

Damit ist der Kerngedanke des Kompromisses, wie er aktuell verstanden wird, festgelegt. Der Begriff ‚Kompromiss' bezeichnet also den Prozess oder das Ergebnis einer Entscheidung oder einer Verhandlung, bei denen die beteiligten Parteien das Prinzip ihrer Handlung oder ihr Ziel im Hinblick auf divergierende und unversöhnliche Überzeugungen in einer für alle Parteien annehmbaren, aber von keiner als optimal angesehenen Richtung modifizieren.

Ein Kompromiss ist demnach eine Verhandlung oder ein Verhandlungsergebnis, das durch ein *Zugeständnis* charakterisiert ist. Dabei wird das Bedeutungsfeld des ‚bargaining', ‚trade-offs', aber auch des Vertrags berührt, womit die wichtige Rolle des Kompromisses als Instrument der Politik hervorgehoben wird. Edmund Burkes wohlbekannte Äußerung über das Verfahren der Politik unterstreicht diese Funktion: „All government, indeed every benefit and enjoyment, every virtue, and every prudent act, is founded on compromise and barter" (Burke 1775/1999, 223). Politik ist tatsächlich der Ort, in dem Kompromisse ausgehandelt werden. Eine wesentliche Funktion der Politik besteht darin, gemeinsam tragbare Lösungen dort zu finden, wo Meinungen über die Wünschbarkeit von Handlungen und Einschätzungen ihrer Folgen auseinandergehen. Hans Kelsen ist einer der wenigen Autoren, der den Kompromiss ins Zentrum seiner Theorie demokratischer Entscheidungen gestellt hat. Kompromiss bedeutet,

V. Zanetti (✉)
Universität Bielefeld, Bielefeld, Deutschland
E-Mail: vzanetti@uni-bielefeld.de

so Kelsen, das „Zurückstellen dessen, was die zu Verbindenden trennt, zugunsten dessen, was sie verbindet. Jeder Tausch, jeder *Vertrag* ist ein Kompromiss, denn Kompromiss bedeutet: sich *vertragen*" (Kelsen 1929/2018, 80). Mit anderen Worten, eine friedliche Demokratie braucht kompromissbereite Bürger, die die Bereitschaft mitbringen, ihre Ansprüche zurückzunehmen, die sich ‚vertragen' wollen und nicht auf Egoismus oder Sich-allein-Durchsetzen aus sind.

Auf der anderen Seite ist der Kompromiss durch einen *Verlust* gekennzeichnet: Man möchte ein Ziel erreichen oder etwas bekommen, von dem man denkt, es wäre wünschenswert oder käme einem zu, gibt sich jedoch mit weniger zufrieden als mit dem, was man für richtig oder berechtigt hält. Zwar ist es eine notwendige Bedingung des Kompromisses, dass das Zugeständnis *wechselseitig* geschieht; doch muss jede Seite etwas abgeben.

Es überrascht deshalb nicht, dass die Geschichte dieses Begriffs sowohl eine positive wie eine negative Dimension reflektiert. Die positive Dimension zeugt von einer Bereitschaft, anderen entgegenzukommen, wenn dadurch das gemeinsame Wohl gefördert wird. Die negative Dimension hingegen verrät sich in der Qualifizierung, eine Person habe sich durch ihr Zugeständnis *kompromittiert*. Das gilt vor allem dann, wenn der Gegenstand des Streits moralischer Natur ist. In der Moral Kompromisse zu schließen, gilt in der Regel als verpönt. Wer so etwas tut, wird für charakterschwach gehalten. Die heroischen Figuren der Literatur folgen aufrechten Ganges ihren Überzeugungen, egal, was geschieht.

In seiner Geschichte des Wortes und Gebrauchs von ‚Kompromiss' weist Alan Fumurescu auf die bemerkenswert unterschiedliche Bewertung hin, die der Begriff in der englischen und der kontinentaleuropäischen, zumal der französischen Literatur des 16. bis 18. Jahrhunderts, erfahren hat. „Literally tens of British writers, from Heywood and Shakespeare to Swift and Burnet, used 'compromise' in a positive or at least a neutral context […]. For them 'to compromise' meant mainly to bargain, to give and take for the sake of reaching an agreement otherwise impossible. […] Across the Channel, on the contrary, by the second half of the sixteenth century Coquille, Montaigne, and Charron were already concerned about 'compromise' and 'compromising' – a concern shared by later writers as distant in time and style as Corneille, Descartes, and even Rousseau and Guizot" (Fumurescu 2013, 5).

Entsprechend interpretiert Hume moralische Prinzipien, wie beispielsweise das Gerechtigkeitsprinzip, als Konventionen, die aus einem gegenseitigen Geben und Nehmen entstehen (Hume 1751/1998). Gilbert Harman bezieht sich auf ihn, um einen direkten Zusammenhang zwischen moralischen Konventionen und Kompromissen herzustellen: „In the same way [wie Humes Modell] the basic principles of justice accepted by people of different powers and resources are the result of a continually changing compromise affecting such things as the relative importance attached to helping others as compared with the importance attached to not harming others" (Harman 1983, 114). Diese Idee der Anpassung der Normen an gegenseitige Anforderungen ist hingegen unverträglich mit Verpflichtungen, die aus dem Kategorischen Imperativ entspringen. Für deontologische Theorien stellt der Kompromiss ein wirkliches Problem dar (Düwell 2002).

28.2 Merkmale des Kompromisses: Systematische Analyse

Der Kompromiss lässt sich durch folgende Eigenschaften und Voraussetzungen charakterisieren:

Kompromisse sind kein Selbstzweck: Sie sind nicht das, was man primär erreichen möchte. Sie treten an die Stelle einer optimalen Lösung, die sich unter gegebenen Umständen nicht durchsetzen ließ. Insofern unterscheiden sie sich von einem *Konsens*. Bei einem *Konsens* kommen mehrere Akteure, die zuvor divergierende Positionen vertreten hatten, in ihren Überzeugungen überein. Ein Konsens kann durchaus einschließen, dass eine oder mehrere Parteien (oder sogar alle) ihre Positionen verändern. Sie tun es dann aber im Hinblick auf eine nunmehr gemeinsam anerkannte Überzeugung. Wenn diese jedoch nicht besteht, wenn Parteien sich über die Lösung eines Konflikts oder über politische Maßnahmen uneinig sind und auch im Verlauf einer fairen und friedlichen Auseinandersetzung bleiben, sind sie – vorausgesetzt, sie wollen in Frieden miteinander leben – gezwungen, Kompromisse zu schließen. Ein Kompromiss wird ausgehandelt, ein Konsens, da er auf Einsicht beruht, nicht.

Kompromisse stellen eine *Form von Verhandlung dar:* Manche Autoren unterscheiden diese Form grundsätzlich von einem reinen *bargaining,* bei dem jeder Protagonist rücksichtslos versucht, sein eigenes Interesse so weit als möglich zu befördern, und unterstellen der Kompromissverhandlung eine intrinsische Bereitschaft der Beteiligten, die Verhandlungspartner als moralische Personen zu betrachten und ihre Ansprüche respektvoll zu behandeln. Reines *bargaining* als schonungslose Taktik im beidseitigen Eigeninteresse darf nach ihrer Meinung nicht mit dem Aussein auf einen Kompromiss verwechselt werden: „Though compromising conflicts of interests is similar in some respects to bargaining in that it involves proposal, attempt to secure agreement, and mutual concession, it differs in that it involves giving due consideration to the interests of the opponent and attempting to find a fair accommodation" (Golding 1979, 29; vgl. Benditt 1979; Kuflik 1979). Diese Unterscheidung trifft höchstens zu, wenn man an ideale Kompromisse denkt und darunter faire oder gerechte Kompromisse versteht. Der Begriff verliert allerdings die nötige Präzision, wenn man gleich im ersten Schritt versucht, ihn anders als rein formal zu bestimmen. Man schränkt dabei das Wortfeld zu sehr ein, denn Kompromisse können sehr wohl faul, unfair oder ungerecht sein (s. Abschn. 28.3).

Eine notwendige Bedingung eines Kompromisses ist jedoch der Verzicht auf Gewalt und Zwang. Gibt man dem Dieb seinen Geldbeutel, damit er nicht mit dem Messer zustich, hat man mit ihm keinen Kompromiss geschlossen, auch wenn die Abgabe des Geldbeutels immer noch besser als der Verlust des Lebens ist und sich in der gegebenen Situation als zweitbeste Lösung darbietet. Bei der Spezifizierung der Einschränkung durch den Zwang tritt schnell eine Grauzone auf. Dies umso mehr, als der Kontext entscheidend darauf einwirkt, ob die Situation einer Person durch eine Verhandlung verschlechtert wird (dazu vgl. Wendt 2016). Eine Verhandlung hört nicht auf, ein Kompromissverfahren zu sein, wenn die Beteiligten füreinander eine Bedrohung darstellen. Denn jedem Eintritt in eine Verhandlung wohnt ein Bedrohungsfaktor inne, versteht man unter ‚Bedrohung' schon bloß die Tatsache, dass der Abbruch der Verhandlung für die Beteiligten mit Kosten verbunden ist. Diese Bedrohung kann sehr unterschiedlich ins Gewicht fallen je nach Ausgangsposition der Betroffenen. Eine deutliche Linie sollte jedoch gezogen werden, wo Gewalt, wo Einschüchterungsversuche offensichtlich im Spiel waren oder wo eine unübersehbare Drohkulisse aufgebaut wurde. Von einem Kompromiss würden wir auch dort nicht sprechen, wo Informationen absichtlich vorenthalten oder gefälscht werden, um den Ausgang der Verhandlung zu Ungunsten einer Partei zu beeinflussen, mit anderen Worten, wo Lüge, Betrug, Verheimlichung und Korruption *absichtlich eingesetzte Instrumente der Verhandlungsführung* sind und wo sie als solche von den Beteiligten durchschaut werden können.

Es ist eine verbreitete Vorstellung, dass ein Kompromiss dann fair sei, wenn beide Parteien auf gleich viel von dem, was sie beanspruchen, verzichten. Martin Benjamin spricht von „splitting the difference" (Benjamin 1990). Sich in der Mitte zu treffen, ist dennoch keine notwendige Bedingung für Fairness, wenn damit gemeint ist, dass das Ergebnis gerecht sein soll (Wendt 2019). Manche Situationen verlangen von einer der Parteien, einseitig nachgiebiger zu sein als die andere, damit gewalttätige Auseinandersetzungen ein Ende finden, und die nachgebende Partei mag sich moralisch klug verhalten, wenn sie entsprechend handelt.

Zum Wesen des Kompromisses gehört, dass jeder Beteiligte bei seinen Präferenzen und den Grundsätzen bleibt, die er verteidigt. Daraus entsteht eine auf den ersten Blick paradoxe Struktur: Eine Person, die sich zu einem moralischen Kompromiss durchringt, scheint sich aus genuin moralischen Gründen über die Verbindlichkeit moralischer Grundsätze hinwegzusetzen, zu denen sie selbst steht. In der überschaubaren Literatur zum Kompromiss wird das Paradox wie folgt gelöst (May 2005; Wendt 2016): Auf der ersten Stufe werden die moralischen Grundsätze eines Menschen ausgebreitet, die in Bezug auf moralische Gründe oder Werte bevorzugt werden, und in eine hierarchische Ordnung gebracht. Da diese Grundsätze sich wegen der Inkompatibilität mit denen der anderen Partei(en) nicht realisieren lassen, überlegt die Person, ob sie bei ihren Überzeugungen bleibt oder sie denen der anderen Partei zum Teil oder gänzlich unterordnet. Entsprechend bieten Kompromisse eine zweitbeste Lösung an.

Es gibt vielfältige Gründe für eine solche Unterordnung: Manchmal ist es ratsam nachzugeben, sich tolerant zu zeigen, auf andere einzugehen. Es mag aber auch strategisch klug sein, sich eher mit weniger zufrieden zu geben, als alles zu verlieren. Insofern können Kompromisse sich an Prinzipien orientieren (wie Respekt gegenüber der Überzeugung anderer). Sie können aber auch aus einer harten Verhandlung resultieren, in der jede Partei taktisch versucht, das Maximum für sich zu gewinnen.

Die erwähnte paradoxe Struktur bringt Kompromisse in die Nähe von einem anderen – verwandten – Phänomen, nämlich dem Problem der ‚schmutzigen Hände‘ (Zanetti 2019). Beide bringen Handelnde in eine Situation, in der sie oder er die entsprechende Handlung für grundsätzlich moralisch bedenklich oder falsch hält, unter den gegebenen Umständen dennoch aber für richtig. So wird z. B. die Lüge für zugleich falsch und in der konkreten Situation für angebracht, ja geboten gehalten, wenn dadurch das Leben von Personen gerettet werden könnte (Lepora/Goodin 2013).

Es gibt allerdings moralische Grenzen für Zugeständnisse, jenseits derer ein Kompromiss nicht mehr akzeptabel, sondern faul ist.

28.3 Fauler Kompromiss

Unter ‚faulen Kompromissen‘ versteht Avishai Margalit Abkommen, die mit Personen getroffen werden, die das ‚radikale Böse‘ verkörpern: Hitler beim Münchener Kompromiss, Stalin, Pol Pot und andere als Menschenschlächter in die Geschichte eingegangene Tyrannen (Margalit 2010). Faul sind Kompromisse, die Unrechtsregime an die Macht bringen oder an der Macht erhalten. „A compromise to establish or maintain racist regimes is the epitome of rottenness" (Margalit 2010, 4). Sie sind immer faul, wenn sie dazu beitragen, eine systematische Praxis der Grausamkeit und Erniedrigung salonfähig zu machen. Allgemeiner wird man festhalten, dass Abkommen faul sind, die absichtlich und in Kenntnis ihrer Folgen *Dritte* ohne ihre Zustimmung oder ihre Beteiligung *schwer benachteiligen*. Wie faul solche Abkommen sind, muss – im Unterschied zu paradigmatischen Fällen – von Fall zu Fall entschieden werden.

28.4 Modus vivendi und Kompromisse

In der politischen Philosophie herrschte seit dem Erscheinen von Rawls (1971) eine starke Fixierung auf eine sogenannte ‚ideale Theorie‘ und das Ideal des Konsenses. Nur wenn die für Konflikte prädisponierte Vielfalt multikultureller Gesellschaften einen alle Weltanschauungen übertrumpfenden normativen Kern habe, sei Hoffnung auf dessen Anerkennung durch alle. Aber in der wirklichen Welt, in der wir leben, erweist sich das Ideal eines von allen – und sei es kontrafaktisch – geteilten Standpunkts, der unseren moralischen Grundsätzen und Überzeugungen objektive Gültigkeit verleihen würde, oft als eitle Hoffnung. Daher kommt die politische Philosophie nicht darum herum, sich mit der in der Moraltheorie unbeliebten ‚Nichtidealen Theorie‘ auseinanderzusetzen und nach akzeptablen zweitbesten Lösungen gesellschaftlicher Konflikte Ausschau zu halten. Das hat das philosophische Nachdenken über die Rolle von Kompromiss-Lösungen als Surrogat unerreichbarer Konsense erheblich an Attraktivität gewinnen lassen.

In *Political Liberalism* fragt Rawls: „[H]ow is it possible for there to exist over time a just and stable society of free and equal citizens, who remain profoundly divided by reasonable religious, philosophical, and moral doctrines?" (Rawls 1993, 4). In multikulturellen Gesellschaften führt Pluralismus zum Aufeinanderprallen von Interessen und Wertkonflikten. Angesichts dieser Uneinigkeiten muss man sich fragen, ob es realistisch ist, von den politischen Institutionen viel mehr zu verlangen als das, was Rawls abschätzig einen *modus vivendi* nennt. Wenn der *modus vivendi* der *locus probandi* der Politik ist, rückt der Kompromiss in den Rang einer bloßen Verhandlungsform (Horton 2012; Gray 2000a, b).

Für manche Autoren braucht eine stabile und gut funktionierende Demokratie klarerweise mehr als bloße *modus-vivendi-Abkommen,* die sich ohne normative Rahmenbedingungen ergeben (Bellamy 1999; Gutmann/Thompson 2014; Weinstock 2013). Sie braucht einen institutionellen Rahmen, in dem sich eine Kultur des Austausches und des Streits entfalten kann. Ohne Verfahrensregeln, die allen Beteiligten gleiche Chancen geben, ihr Anliegen zum Ausdruck zu bringen bis hin zur Regelung ihrer Redezeit, garantieren Kompromisse keine Gleichbehandlung. Die Regeln dürfen jedoch selbst nicht das Ergebnis eines Kompromisses sein.

Wenn allerdings in einer nicht idealen sozialen Wirklichkeit der Brotkorb der Gerechtigkeit zu hoch hängt und die Unwirksamkeit dieses Ideals die soziale Realität mit verheerenden Konsequenzen bedroht, sagen andere, dass es verantwortungsethisch geboten sei, Frieden als den normativen Maßstab sozialen Zusammenlebens anzustreben (Wendt 2013; Zanetti 2016). Um als *modus vivendi* zu gelten, reicht es für eine soziale Regelung, dass sie *im Großen und Ganzen* für die Betroffenen akzeptabel sei. Sofern er impliziert, dass eine Regelung für alle akzeptabel sein muss, ist der Begriff der Legitimität zu anspruchsvoll, d. h. nicht hinreichend realistisch.

Literatur

Bellamy, Richard: Liberalism and Pluralism. Toward a Politics of Compromise. New York 1999.
Benditt, Theodore M.: „Compromising Interests and Principles." In: J. Roland Pennock/John W. Chapman (Hg.): Compromise in Ethics, Law and Politics. New York 1979, 26–37.
Benjamin, Martin: Splitting the Difference. Compromise and Integrity in Ethics and Politics. Kansas 1990.
Burke, Edmund: „Speech of Edmund Burke, Esq., On Moving His Resolutions for Conciliation with the Colonies [1775]." In: Francis Canavan (Hg.): Selected Works of Edmund Burke. Vol. 1. Indianapolis 1999.
Düwell, Marcus: Artikel „Kompromiss". In: Marcus Düwell/Christoph Hübenthal/Micha H. Werner (Hg.): Handbuch Ethik. Stuttgart 2002, 399–404.
Etymologisches Wörterbuch des Deutschen. Berlin 1993.
Fumurescu, Alin: Compromise. A Political and Philosophical History. Cambridge 2013.
Golding, Martin P.: „The Nature of Compromise: A Preliminary Inquiry.". In: J. Roland Pennock/John W. Chapman (Hg.): Compromise in Ethics, Law and Politics. New York 1979, 3–25.
Gray, John: Two Faces of Liberalism. Cambridge 2000a.
Gray, John: „Pluralism and Toleration in Contemporary Political Philosophy." In: Political Studies 48. Jg. (2000b), 323–333.
Gutmann, Amy/Thompson, Dennis: The Spirit of Compromise. Why Governing Demands It and Campaigning Undermines It. Oxford 2014.
Harman, Gilbert: „Justice and Moral Bargaining." In: Social Philosophy and Policy 1. Jg., 1 (1983), 114–131.
Horton, John: „Political Legitimacy, Justice and Consent." In: Critical Review of International Social and Political Philosophy 15. Jg., 2 (2012), 129–148.
Hume, David: An Enquiry concerning the Principles of Morals [1751]. Hg. von Tom Beauchamp. Oxford 1998.
Hans Kelsen: Vom Wesen und Wert der Demokratie [1929], 2., überarb. Aufl., Tübingen. Neudruck. Stuttgart 2018.
Kuflik, Arthur: „Morality and Compromise." In: J. Roland Pennock/John W. Chapman (Hg.): Compromise in Ethics, Law and Politics. New York 1979, 38–65.
Lepora, Chiara/Goodin, Robert E.: On Complicity and Compromise. Oxford 2013.
Margalit, Avishai: On Compromise and Rotten Compromise. Princeton/Oxford 2010.
May, Simon C.: „Principled Compromise and the Abortion Controversy." In: Philosophy & Public Affairs 33. Jg., 4 (2005), 317–348.

Oxford English Dictionary. Oxford 2001.

Rawls, John: A Theory of Justice. Cambridge, Mass 1971.

Rawls, John: Political Liberalism. New York 1993.

Weinstock, Daniel: „On the Possibility of Principled Moral Compromise." In: Critical Review of International Social and Political Philosophy 16. Jg., 4 (2013), 537–556.

Wendt, Fabian: „Peace Beyond Compromise." In: Critical Review of International Social and Political Philosophy, 16. Jg., 4 (2013), 573–593.

Wendt, Fabian: Compromise, Peace and Public Justification. Political Morality Beyond Justice. London 2016.

Wendt, Fabian: „In Defense of Unfair Compromises." In: Philosophical Studies 176. Jg., 11 (2019), 2855–2876.

Zanetti, Véronique: „Moralische Dilemmata, schmutzige Hände und Kompromisse." In: Hartmut von Sass (Hg.): Perspektivismus. Neue Beiträge aus der Erkenntnistheorie, Hermeneutik und Ethik. Hamburg 2019, 185–209.

Zanetti, Véronique: „Kompromisse bei transitioneller Gerechtigkeit: ein Grund zum Pragmatismus". In: Sarhan Dhouib (Hg.): Gerechtigkeit in transkultureller Perspektive. Weilerswist 2016, 171–184.

Zanetti, Véronique: Spielarten des Kompromisses. Berlin 2022.

Aufrichtigkeit und Ehrlichkeit

29

Norbert Anwander

Aufrichtigkeit und Ehrlichkeit gehören für viele zu den Charaktereigenschaften, die ihnen in persönlichen Beziehungen am wichtigsten sind und deren Fehlen in der Politik sie am meisten beklagen. Eine Person ist aufrichtig, wenn ihre Äußerungen mit ihren inneren Einstellungen übereinstimmen. Der Bedeutungsumfang von ‚Ehrlichkeit' ist weiter. Als ‚ehrlich' wird auch bezeichnet, wer sich selbst dann an die Regeln hält, wenn er damit rechnen kann, dass ein für ihn vorteilhafter Verstoß unentdeckt bliebe. Aufrichtigkeit zielt auf den Abbau von Informationsasymmetrien; Ehrlichkeit hat es zusätzlich damit zu tun, Wissensdefizite der anderen nicht unfair auszunutzen.

29.1 Aufrichtigkeit als Transparenz

Aufrichtigkeit geht in mehreren Hinsichten über den Anspruch von Wahrhaftigkeit – dass eine Sprecherin ihre Aussagen selbst für wahr hält – hinaus. Erstens ist Aufrichtigkeit nicht allein eine Sache davon, ob wir das, was wir sagen, auch denken. Es kommt ebenso darauf an, ob wir das, was wir denken, auch sagen. Zweitens stellt sich die Frage der aufrichtigen Kundgabe

N. Anwander (✉)
Uri, Schweiz

nicht allein bei Überzeugungen, sondern auch bei Gefühlen, Wünschen oder Absichten. Man kann z. B. Betroffenheit heucheln oder offen seine Absichten artikulieren. Drittens wäre es verkürzt, nur das Verhältnis der Äußerungen einer Sprecherin zu ihren eigenen Einstellungen in den Blick zu nehmen. Im Kern liegt der aufrichtigen Sprecherin daran, dass die anderen zu korrekten Überzeugungen darüber gelangen, wie sie sich selbst und die Welt sieht.

Es ist zu Recht bemerkt worden, dass Aufrichtigkeit, die darauf abzielt, sämtliche unserer Überzeugungen, Wünsche und Gefühle publik zu machen, kein Ideal, sondern unerträglich wäre (vgl. Nagel 1998; Nyberg 1994). Weder wollen wir von uns selbst alles preisgeben noch wollen wir alles mitbekommen, was in den Köpfen der anderen vor sich geht. Uneingeschränkte Aufrichtigkeit, die jemand als authentischen Selbstausdruck verstehen mag, wird von den anderen oft als Exhibitionismus oder Rücksichtslosigkeit wahrgenommen. Eine Aufgabe, die sich unabhängig von moralischen Erwägungen im engeren Sinn stellt, ist deshalb, den Rahmen zu bestimmen, innerhalb dessen Aufrichtigkeit überhaupt um ihrer selbst willen erstrebenswert ist. In Grenzen dürfte dies etwa bei intimen Beziehungen der Fall sein: Für diese ist es konstitutiv, dass die Beteiligten einander ihre Einstellungen auch in Belangen transparent machen, die trivial sind oder die Fremde nichts angehen würden.

29.2 Jenseits des Lügenverbots

Die ethische Diskussion von Aufrichtigkeit dreht sich überwiegend um die moralische Bewertung der Lüge. Der gängigen Definition zufolge lügt, wer eine Aussage macht, die er für falsch hält, und dies in der Absicht tut, den Adressaten hinsichtlich dessen, wovon die Aussage handelt, zu täuschen (für eine alternative Definition vgl. Carson 2010). In dieser Täuschungsabsicht wird von vielen auch das moralisch Problematische der Lüge gesehen (so Williams 2003). Es ist in der Regel schlecht für uns, wenn wir auf der Grundlage von Falschinformationen handeln. Unabhängig von solchen Effekten stellt die Täuschung zudem einen Angriff auf unsere Autonomie dar: Der Lügner manipuliert uns, die Welt in einer Weise zu sehen, die er selbst für falsch hält.

Der Verweis auf die Täuschungsabsicht erklärt jedoch nur bedingt, was an der Lüge moralisch problematisch ist. Denn dabei wird dem besonderen Mittel, dessen sich der Lügner zur Täuschung bedient, nicht Rechnung getragen. Bei gewöhnlichen Täuschungen werden Umstände, die uns als Evidenz dienen, manipuliert: jemand trägt z. B. eine Perücke oder legt eine falsche Fährte. Die Lüge zeichnet sich dagegen dadurch aus, dass sie unaufrichtige Kommunikation zur Täuschung einsetzt. Einige Philosophen haben deshalb die eigentliche Verwerflichkeit der Lüge darin sehen wollen, dass sie dem natürlichen Zweck der Sprache zuwider sei (so u. a. Kant 1797a). Verbreiteter ist die Vorstellung, Lügen sei besonders schlimm, weil es über die individuelle Schädigung hinaus auch die kommunikative Praxis unterminiere. Dass vereinzelte Lügen derart desaströse Effekte haben sollen, lässt sich allerdings mit guten Gründen bezweifeln (vgl. Dietz 2002).

Eine alternative Erklärung, was an der Lüge moralisch falsch ist, verweist darauf, dass der Lügner sein Opfer spezifisch dadurch zu täuschen versucht, dass er dessen Vertrauen in seine Aufrichtigkeit missbraucht. Solches Vertrauen ist unverzichtbar für jenen Erwerb von Wissen, bei dem wir uns nicht auf Evidenzen stützen, sondern auf das Zeugnis anderer verlassen. Wir sind als Hörer darauf angewiesen, dass die Sprecher ihre Aussagen uns gegenüber daran orientieren, was sie selbst für wahr halten. Soweit wir für diese Aufrichtigkeit keine weiteren Belege haben, kommen wir nicht umhin, den Sprechern zu vertrauen. Dazu sind wir moralisch berechtigt, insofern Sprecher an die Adressaten ihrer Aussagen notwendig die Einladung richten, ihnen zu vertrauen, dass sie aufrichtig sind (vgl. Moran 2005). Der Lügner, so lässt sich sagen, bricht ein in seiner Aussage implizit enthaltenes Versprechen der Aufrichtigkeit (vgl. Carson 2010). Eine Stärke dieser Analyse ist, dass sie erklärt, warum es für uns so verletzend ist, Opfer einer Lüge zu sein: Anders als bei einer bloßen Täuschung ist zusätzlich unser Vertrauen missbraucht worden.

In der Tradition wurde viel Gewicht auf eine Unterscheidung zwischen strikten Lügen und dem gezielten Einsatz von wahren, aber irreführenden Aussagen gelegt. Dazu gehören zweideutige Äußerungen, die unter einer bestimmten Interpretation wahr sind, bei denen aber damit gerechnet wird, dass sie vom Hörer anders verstanden werden. Eine weitere Strategie setzt allgemein anerkannte Maximen kooperativer Kommunikation ein (zu den Konversationsmaximen vgl. Grice 1989). Der Sprecher beutet gezielt die normativen Erwartungen aus, dass unsere Gesprächsbeiträge relevant und dass sie angemessen informativ sein sollen. Der Hörer kann auf diese Weise dazu gebracht werden, aus Aussagen, die für sich genommen wahr sind, falsche Schlüsse zu ziehen. Die gegenwärtige ethische Diskussion tendiert dazu, hier keinen moralischen Unterschied zu sehen. Unter den Gesichtspunkten von Aufrichtigkeit und Vertrauen ist kaum verständlich, weshalb der manipulative Einsatz irreführender Äußerungen und der Missbrauch der Hintergrundannahmen von Kommunikation der ‚ehrlichen' Lüge moralisch vorzuziehen sein soll.

Ein absolutes Lügenverbot, wie es nach einer populären, jedoch exegetisch zu undifferenzierten Auffassung auch Kant vertreten haben soll, gilt heute überwiegend als ein Fall von fehlgeleitetem Rigorismus und schwer nachvollziehbare Kuriosität (der ‚notorische' Text ist Kant 1797b; für Kritik vgl. Carson 2010; Dietz 2002; Williams 2003). Unbedenklich erscheint das Lügen in Kontexten wie z. B. Spielen, wo allen Beteiligten klar ist, dass die Regeln kooperativer Kommunikation nicht in Kraft sind. Auch von Höflichkeitsfloskeln wissen wir, dass sie mit keinem Anspruch auf Aufrichtigkeit einhergehen. Bei den substantiellen Lügen wird ihre Zulässigkeit davon abhängen, ob andere moralische Gesichtspunkte den Vertrauensbruch und die Täuschung zu rechtfertigen vermögen. Das dürfte zumal bei Lügen der Fall sein, die im Sinne von Notwehr dem Selbstschutz bzw. im Sinne von Nothilfe dem Schutz Dritter vor moralischem Unrecht dienen. Kontroverser sind unaufrichtige Aussagen zum Wohl des Belogenen, meist diskutiert am Fall eines Schwerkranken, dem die Wahrheit über seinen hoffnungslosen Gesundheitszustand nicht zugemutet werden soll. Solche fürsorglichen Lügen berühren die allgemeinere Thematik von Autonomie und Paternalismus (vgl. Hill 1991).

Aufgrund der Fixierung auf das Lügenverbot sind in der ethischen Diskussion andere Aspekte von Aufrichtigkeit vernachlässigt worden. So ist z. B. weitgehend ungeklärt, wie das Maß an Aufrichtigkeit, das andere von uns erwarten dürfen, von der Art der Beziehung abhängt, in der wir zu ihnen stehen. Wie viel Offenheit steht unseren Freunden zu? Wie viel Transparenz schulden Regierungen ihren Bürgern oder Unternehmen ihren Kunden? Insbesondere für die Angewandte Ethik könnte es fruchtbar sein, den Fokus über das Lügenverbot hinaus auf kontextspezifische Informationspflichten zu erweitern (für Aufrichtigkeit und Ehrlichkeit im Kontext von Politik bzw. Wirtschaft vgl. Carson 2010; Coady 2008; Green 2006). Eigene ethische Fragen wirft der Einsatz sogenannter ‚Lügendetektoren' auf, bei denen unwillkürliche körperliche Reaktionen als Indikatoren für Unaufrichtigkeit ausgewertet werden. Umstritten sind Polygraphen und verwandte Techniken nicht nur hinsichtlich ihrer Verlässlichkeit, sondern auch als Verletzungen der Menschenwürde, weil sie in eine mentale Privatsphäre eingreifen und den Willen der Untersuchungspersonen umgehen (für eine partielle Verteidigung der Verwendung polygraphischer Untersuchungen im Strafprozess vgl. Putzke et al. 2009). Bedenklich kann die Verbreitung von Lügendetektoren zudem erscheinen, wenn man sie als Teil einer gesellschaftlichen Tendenz betrachtet, dass personales Vertrauen als Beziehungsgrundlage durch Techniken der Kontrolle verdrängt wird.

Auch als Tugend hat Aufrichtigkeit wenig moralphilosophische Aufmerksamkeit gefunden (für Ansätze vgl. Williams 2003). Eine solche Tugend wird nicht in der Disposition bestehen, seine kognitiven, emotionalen oder volitiven Einstellungen bedingungslos transparent zu machen. Die tugendhafte Person wird sich aber vom Wert offener Kommunikation leiten lassen. Sie wird nicht ohne guten Grund lügen. Und sie wird selbst bei gerechtfertigten Lügen keine Freude daran haben, das Vertrauen anderer zu missbrauchen.

Literatur

Anwander, Norbert: Versprechen und Verpflichten. Paderborn 2008.
Bok, Sissela: Vom täglichen Zwang zur Unaufrichtigkeit. Reinbek 1980 (engl. 1978).
Carson, Thomas L.: Lying and Deception. Theory and Practice. Oxford 2010.
Coady, C.A.J.: Messy Morality. The Challenge of Politics. Oxford 2008.
Dietz, Simone: Der Wert der Lüge. Über das Verhältnis von Sprache und Moral. Paderborn 2002.
Green, Stuart P.: Lying, Cheating, and Stealing. Oxford 2006.
Grice, Paul: Studies in the Way of Words. Cambridge, Mass. 1989.
Hill, Thomas: „Autonomy and Benevolent Lies." In: Ders.: Autonomy and Self-Respect. Cambridge 1991, 25–42.
Kant, Immanuel: „Die Metaphysik der Sitten." [1797a] In: Gesammelte Schriften. Akademieausgabe Bd. 6. Berlin 1907.
Kant, Immanuel: „Über ein vermeintes Recht aus Menschenliebe zu lügen." [1797b] In: Gesammelte Schriften. Akademieausgabe Bd. 8. Berlin 1912.
Moran, Richard: „Problems of Sincerity." In: Proceedings of the Aristotelian Society 105. Jg., 3 (2005), 341–361.

Nagel, Thomas: „Concealment and Exposure." In: Philosophy & Public Affairs 27. Jg., 1 (1998), 3–30.
Nyberg, David: Lob der Halbwahrheit. Warum wir so manches verschweigen. Hamburg 1994 (engl. 1993).
Putzke, Holm et al.: „Polygraphische Untersuchungen im Strafprozess. Neues zur faktischen Validität und normativen Zulässigkeit des vom Beschuldigten eingeführten Sachverständigenbeweises." In: Zeitschrift für die gesamte Strafrechtswissenschaft 121. Jg., 3 (2009), 607–644.
Williams, Bernard: Wahrheit und Wahrhaftigkeit. Frankfurt a. M. 2003 (engl. 2002).

Moralische Empfindungen und Intuitionen

30

Dieter Birnbacher

30.1 Moralische Empfindungen, moralische Emotionen und moralische Intuitionen

Die Perspektive der Moral (der *moral point of view*) ist keine der Welt rein betrachtend, beschreibend oder messend gegenüberstehende Perspektive, sondern eine wertende Einstellung mit gefühlshaften Elementen. Dies zeigt sich sowohl in den Sprachformen, mit denen wir moralische Einstellungen ausdrücken, als auch in den inneren Zuständen, die auf der Seite des moralisch Urteilenden und Bewertenden das moralische Urteil begleiten. Typische moralische Urteile enthalten neben beschreibenden Anteilen wertende Anteile, in ihnen drücken sich bestimmte Pro- und Kontra-Einstellungen aus. Vielfach appellieren solche Urteile zusätzlich an andere, die sich in ihnen ausdrückende Sicht der Dinge zu übernehmen. Und zumindest denjenigen, die ein moralisches Urteil *aufrichtig* äußern, wird man die diesem Urteil entsprechende innere Einstellung zuschreiben können.

Moralische *Empfindungen* unterscheiden sich von den sich in moralischen Urteilen äußernden moralischen *Einstellungen* in vierfacher Hinsicht: (1) Sie sind flüchtiger, können momentan oder vorübergehend auftreten. Dagegen halten sich moralische Einstellungen in der Regel über eine längere Zeit durch. (2) Sie werden aktual gefühlt, während moralische Einstellungen den Charakter von Dispositionen haben, d. h. lediglich anlässlich bestimmter Anlässe aktiviert werden. (3) Moralische Empfindungen sind spontan und unwillkürlich und lassen sich nur schwer willensmäßig beeinflussen und umsteuern. Man kann sich nicht dazu *entschließen,* bestimmte moralische Empfindungen zu haben oder nicht zu haben, während man sich durchaus dazu entschließen kann, eine bestimmte moralische Einstellung einzunehmen. (4) Moralische Empfindungen gehen der Abwägung der verschiedenen moralisch relevanten Aspekte eines Falls bzw. der Prüfung der Akzeptabilität eines moralischen Urteils oder Prinzips voraus. Sie sind ‚präreflexiv' und stellen gewissermaßen das Material zur Verfügung, aus dem mithilfe moralischer Urteilskraft eine reflektierte, abwägende Einstellung gewonnen werden kann. Wie man bei einer optischen Täuschung den ‚ersten Eindruck' durch Reflexion als täuschend verwerfen kann, kann man auch eine sich unwillkürlich einstellende moralische ‚Anmutung' aufgrund weiteren Sich-Vergegenwärtigens, Abwägens und Nachdenkens als vorschnell, vorurteilshaft oder einseitig verwerfen und durch eine angemessenere Beurteilung ersetzen.

D. Birnbacher (✉)
Heinrich Heine-Universität Düsseldorf, Düsseldorf, Deutschland
E-Mail: dieter.birnbacher@uni-duesseldorf.de

Wie sich moralische Empfindungen von *außermoralischen* Empfindungen unterscheiden, ist innerhalb der Ethik umstritten und hängt von den Kriterien ab, nach denen moralische Urteilsformen insgesamt von anderen Urteilsformen abgegrenzt werden. So ist für viele Vertreter einer Gefühlsmoral (wie Hume oder Schopenhauer) oder der *Care Ethics* (Noddings 1993) spontanes Mitgefühl eine moralische Empfindung und eine entsprechende dauerhafte Einstellung eine moralische Einstellung. Für den Vertreter einer Vernunftmoral (wie Kant) kommt sie dagegen lediglich als vormoralische Empfindung in Frage: Sie kann möglicherweise zu einer moralischen Einstellung führen, ist aber für sich selbst genommen moralisch unbeachtlich. Sie kann einer moralisch angemessenen Beurteilung sogar im Wege stehen, wie etwa dann, wenn sie mit ‚echten' moralischen Empfindungen in Konflikt gerät, etwa mit Gerechtigkeitsempfindungen bei einem Richter, der den von ihm Verurteilten bedauert. Überdies ist die Einordnung einer Empfindung als moralisch oder außermoralisch vielfach abhängig von täuschungsanfälligen (Selbst-)Interpretationen. So lassen sich Neidgefühle zu Gefühlen von Verteilungsungerechtigkeit oder Rachegefühle zu Gefühlen von ausgleichender Gerechtigkeit ‚moralisieren', umgekehrt Schuldgefühle zu diffusem Unbehagen oder Depressionen ‚entmoralisieren'.

Auch zwischen moralischen Empfindungen und moralischen *Emotionen* bestehen signifikante Unterschiede, mögen auch beide Arten von Phänomenen eine Reihe von Gemeinsamkeiten aufweisen. Sowohl moralische Empfindungen als auch moralische Emotionen (wie etwa Reue, Empörung und ‚gerechter' Zorn) sind auf bestimmte reale oder hypothetische Sachverhalte bezogen, enthalten bestimmte Bewertungen und wirken – in Abhängigkeit von weiteren Faktoren – verhaltensmotivierend. Der Hauptunterschied besteht darin, dass moralische Empfindungen im Gegensatz zu moralischen Emotionen in der Regel nicht mit psychischen oder körperlichen Erregungszuständen einhergehen. Sie können vielmehr auch im Zustand innerer und äußerer Gelassenheit empfunden werden und gehören zu den „calm" statt zu den „violent passions" im Sinne Humes (vgl. Hume 1973, Buch II, 155). Man kann eine bestimmte soziale Situation als ungerecht empfinden, ohne darüber in Wallung zu geraten und ohne sich von diesem Empfinden zu einem Handeln (etwa zum Verfassen eines Briefs an seinen Abgeordneten) motivieren zu lassen. Man kann Mitleid empfinden (und glaubhaft ausdrücken), ohne vor Mitleid außer sich zu sein und ohne aus dieser Empfindung heraus in adäquater Weise tätig zu werden.

Anders als die in der Angewandten Ethik übliche Verwendung der Begriffe ‚moralische Empfindung' und ‚moralische Emotion' unterscheidet sich die Verwendung des Begriffs *Intuition* beträchtlich von der in der Alltagssprache üblichen. Gemeint sind in der Regel keine verlässlichen *Erkenntnisse,* sondern mehr oder weniger vorläufige *Urteile* und *Urteilstendenzen.* Moralische Intuitionen in diesem Sinn haben mit moralischen Empfindungen gemeinsam, spontan und anmutungshaft zu entstehen und sich einer willensmäßigen Steuerung weitgehend zu entziehen. Während Einstellungen in einem gewissen Maße von dem, der sie hat, gebildet, geformt oder weiterentwickelt werden können, haben Intuitionen etwas Passives und Widerfahrnishaftes, das denjenigen, der sie hat, von Verantwortung weitestgehend freistellt. Für seine Einstellungen ist man in einem gewissen Maße verantwortlich, für seine Intuitionen im Regelfall nicht. Während in moralischen Intuitionen wie in moralischen Einstellungen ein gefühlshafter Anteil enthalten ist, steht allerdings nicht dieser, sondern der Urteilsgehalt der Intuition im Vordergrund. Nicht zufällig ist der Ausdruck ‚Intuition' (*intueri* = betrachten) der Wahrnehmungssphäre entlehnt. Wer etwa sagt, dass er ‚intuitiv' dazu neige, das Enhancement (die Steigerung menschlicher Fähigkeiten mit biomedizinischen Mitteln) moralisch abzulehnen, sagt primär etwas zu seiner Tendenz aus, über eine moralische Streitfrage so und so zu *urteilen.* Anders bei demjenigen, der dieselbe Tendenz dadurch ausdrückt, dass er auf ein entsprechendes *Gefühl* – z. B. ein quasi-instinktives „Bauchgefühl" – verweist, das ihn zu dieser Einstellung bringt.

Von moralischen Empfindungen unterscheiden sich moralische Intuitionen dadurch, dass sie nicht notwendig ‚präreflexiv' auftreten. Vielmehr kann man von moralischen Intuitionen auch dann sprechen, wenn die „intuitiven" moralischen Urteile und Einstellungen u. a. das Ergebnis von Reflexions- und Abwägungsprozessen sind. Statt der Qualität des *Präreflexiven* kommt ihnen die Qualität des *Vortheoretischen* zu. ‚Intuitiv' ist ein moralisches Urteil solange, wie es unabhängig von Theorieüberlegungen vertreten wird. Intuitionen sind insofern eine Sache der Moral und der moralischen Urteilskraft und keine Sache der Ethik, verstanden als Theorie der Moral. Die ethische Theoriebildung verwendet Intuitionen typischerweise als Inputgrößen, um sie zu analysieren, zu systematisieren und nach übergeordneten Kriterien wie Konsistenz, Kohärenz und Adäquatheit zu bewerten. Im Zuge dieses Prozesses verändern sich in der Regel auch die moralischen Intuitionen des Ethikers: Im kritischen Licht der Ethik werden die ursprünglichen Intuitionen modifiziert, oft so, dass sich die moralischen Intuitionen ein Stück weit – wenn auch vielfach nicht vollständig – seinen ethischen Prinzipien annähern.

30.2 Moralische Empfindungen und Intuitionen als Basis von Moralsystemen und ethischen Theorien

Moralische Intuitionen spielen in moralischen Überzeugungssystemen eine um so größere Rolle, je weniger diese von ethischen Theorien geleitet sind. Je mehr sich moralische Überzeugungssysteme an ethischen Theorien orientieren und dadurch ein höheres Maß an Zusammenhang, systematischer Verknüpftheit und logischer Durchgliederung aufweisen, desto mehr verlieren moralische Intuitionen an Bedeutung. Dies gilt zumindest für die Mehrzahl der gegenwärtig diskutierten Ethikansätze. Es gilt *nicht* für die sogenannte Verfahrensethik, etwa die Diskursethik (vgl. Habermas 1983) oder die verschiedenen Konzeptionen eines „Überlegungsgleichgewichts" (vgl. Hahn 2000). Verfahrensethiken unterscheiden sich von inhaltlichen Ethiken dadurch, dass sie auf die Formulierung inhaltlicher Grundprinzipien verzichten und stattdessen Verfahrensweisen angeben, mit denen aus empirisch gegebenen moralischen Intuitionen moralische Urteile herausgefiltert werden können. Verfahrensethiken sind darauf angewiesen, stets wieder aufs Neue mit moralischen Intuitionen ‚gefüttert' zu werden. Die Folge ist, dass, falls die Intuitionen historischen Veränderungen unterliegen, auch die entsprechenden Urteile variieren. So würde etwa das Verfahren des ‚Überlegungsgleichgewichts', angewendet auf die Naturethik vor und nach der ‚ökologischen Krise' in den 1970/80er Jahren, zu sehr unterschiedlichen Resultaten geführt haben.

Ethische Theorien, die nicht nur eine Vielfalt von Anforderungen für die Urteilsbildung wie Konsistenz, Kohärenz, Konsensfähigkeit usw. postulieren, sondern auch bestimmte inhaltliche Festlegungen treffen, lassen intuitiven Urteilen erheblich weniger Spielraum. Während ethische Theorien im Allgemeinen darauf zielen, moralische Überzeugungssysteme ohne Widersprüche und andere Ungereimtheiten zu begründen, weisen – insbesondere in stark ausdifferenzierten und pluralistischen Gesellschaften – die *de facto* vertretenen moralischen Intuitionen nicht nur eine große Varianz, sondern auch eine Fülle von heterogenen, aus jeweils unterschiedlichen Traditionen stammenden Elementen auf. Für den Alltagsmoralisten, der sich auf seine intuitiven Beurteilungen verlässt, ist in der Regel nicht weiter problematisch, dass er sich in verschiedenen Kontexten und Rollen (etwa als Bürger, als Familienvater, als Konsument, als Unternehmer usw.) an sehr verschiedenartigen und unvereinbaren Gerechtigkeitsvorstellungen orientiert. Die Konsistenzfrage stellt sich für ihn nicht. Je mehr er sich der jeweils kontextangemessenen Gerechtigkeitsprinzipien intuitiv sicher ist, desto weniger kommt die Notwendigkeit einer Klärung des Verhältnisses zwischen den Prinzipien in den Blick. Aus einer ethischen Perspektive wird die Vielfalt der Gerechtigkeitsprinzipien (vgl. Perelman 1967) dagegen zwangsläufig zum Problem: Lässt sich die Vielfalt auf ein zugrundeliegendes einheitliches Prinzip zurückführen? Lässt sich die Vielfalt mit den unterschiedlichen Funktionen begründen, die Gerechtigkeitsprinzipien in ihren jeweiligen „Sphären" (Walzer 1992) übernehmen? Oder ist die Vielfalt ein Hinweis darauf, dass die in der Praxis zur Anwendung kommenden Gerechtigkeitsintuitionen, mögen sie je für sich noch so plausibel scheinen, zumindest teilweise fehlgeleitet und als praktische Orientierung unbrauchbar sind?

In der Regel kommen auch Ethiktheorien, die bestimmte normative Postulate enthalten, nicht umhin, sich auf moralische Intuitionen zu berufen. Der auf Kants Idee einer Moralbegründung zurückgehende Versuch etwa R. M. Hares, eine bestimmte normativ gehaltvolle Ethik ausschließlich aus den für moralische Normen geltenden formalen Prinzipien herzuleiten und damit jede Berufung auf Intuitionen zu erübrigen (vgl. Hare 1973), muss als gescheitert gelten. Ethiktheorien unterscheiden sich allerdings in dem Umfang, in dem sie sich auf Intuitionen berufen. Dieser ist am geringsten bei ‚deduktivistischen' Theorien, die eine Berufung auf Intuitionen lediglich auf der Ebene der Grundprinzipien vorsehen, am größten bei ‚induktivistischen', die das Ziel der ethischen Theoriebildung in der möglichst getreuen Abbildung von intuitiven Einzelfallbeurteilungen sehen. Ein Beispiel für eine *deduktivistische* Theorie ist – zumindest ihrem Anspruch nach – die von Henry Sidgwick in *Methods of Ethics* vertretene Form des Utilitarismus (Sidgwick 1909). In dieser Theorie soll lediglich das Prinzip der gesellschaftlichen Nutzenmaximierung, also ein Prinzip auf höchster Allgemeinheitsstufe, intuitiv begründet sein. Alle weiteren Aussagen dieser Theorie sollen sich aus diesem Axiom zusammen mit deskriptiven Aussagen der Psychologie und Soziologie ergeben. Für den Fall, dass das intuitiv als angemessen beurteilte Prinzip auf kontraintuitive – intuitiv als unangemessen beurteilte – Konsequenzen führt, soll ausschließlich die Prinzipienintuition zählen. Ein Beispiel für Theorien am *induktivistischen* Pol des Spektrums sind Formen der Kasuistik (vgl. Jonsen/ Toulmin 1988), die die Angemessenheit moralischer Urteile an Intuitionen über die moralische Richtigkeit und Falschheit einzelner Handlungen orientieren. Allgemeine Prinzipien ergeben sich in einer derartigen Theorie allenfalls aus Verallgemeinerungen über die Intuitionen in vergleichbaren Fälle, entsprechend der wissenschaftlichen Praxis der Verallgemeinerung der Ergebnisse einer Vielzahl von Beobachtungen konkreter Einzelphänomene zu einer Gesetzeshypothese. Die an Aristoteles angelehnte Ethik von David Ross (Ross 1930) verfolgt einen dritten, zwischen diesen Extremen liegenden Weg. Sie beurteilt Einzelfälle auf der Grundlage bestimmter Intuitionen über das Bestehen sogenannter *Prima-facie-Pflichten*. Dieserart Pflichtprinzipien sind konkreter als Grundprinzipien und von einer beschränkteren Reichweite, gelten aber nicht für den Einzelfall, sondern für eine Vielzahl gleichartiger Einzelfälle. Prinzipien dieser ‚mittleren' Reichweite entsprechen am ehesten den herkömmlichen moralischen Geboten von der Art der Zehn Gebote des Alten Testaments, etwa dem Lügenverbot. Solange auf einen Einzelfall nur eine einzige aus dem Katalog der Prima-facie-Pflichten zutrifft, erübrigt sich eine Einzelfallintuition, das angemessene Urteil folgt unmittelbar aus dem Pflichtprinzip. Sind jedoch für eine Einzelfallbeurteilung mehrere Prinzipien relevant und folgen aus diesen jeweils unterschiedliche Beurteilungen, entscheidet über die angemessene Beurteilung eine zusätzliche, zwischen den Prinzipien abwägende Intuition. In dem Fall etwa, dass ein anvertrautes Geheimnis nur durch das Aussprechen einer Lüge gewahrt werden kann, wird sowohl das Prima-facie-Lügenverbot als auch die Prima-facie-Pflicht der Geheimniswahrung relevant. Da sich diese Prima-facie-Prinzipien in ihren Ergebnissen jedoch widersprechen, bedarf es einer weiteren Intuition, die darüber entscheidet, welches den Vorrang haben soll.

Ross' Theorie bringt demnach Intuitionen auf zwei Ebenen ins Spiel, auf einer ‚mittleren' Ebene und auf der Ebene des Einzelfalls. Andere Theorien kombinieren Intuitionen auf der Ebene der Grundprinzipien mit Intuitionen auf der

Ebene der mittleren Prinzipien. In dieser Weise lässt sich etwa die Gerechtigkeitstheorie von John Rawls verstehen: Die auf der Ebene der Grundprinzipien formulierte intuitive Idee der Fairness wird auf der Ebene der mittleren Prinzipien durch drei hierarchisch gestufte, ebenfalls intuitiv gewonnene Prinzipien (gleiche Freiheit, Chancengleichheit, Unterschiedsprinzip, vgl. Rawls 1975, Kap. 2) konkretisiert.

30.3 Kognitivistische und nonkognitivistische Deutungen von moralischen Empfindungen und Intuitionen

Philosophen, die moralische Intuitionen als Formen moralischer *Erkenntnis* auffassen, werden üblicherweise ‚Intuitionisten' genannt. Diese Variante des *Kognitivismus* – der Auffassung, dass (zumindest einige) moralische Urteile nicht nur wahr oder falsch sind, sondern auch als solche erkannt werden können – ist in der Geschichte der Ethik hauptsächlich in zwei Spielarten vertreten worden: in Gestalt einer *moralsense*-Theorie, die moralische Intuitionen nach dem Modell von Wahrnehmungsurteilen über Sachverhalte in der Außenwelt konstruiert (bekanntester Vertreter ist Shaftesbury im 18. Jahrhundert., ein zeitgenössischer Vertreter ist Peter Schaber (vgl. Schaber 1997, 234 ff.), und als *Gefühlstheorien,* die Intuitionen nach dem Modell von Gefühlszuständen deuten, die über den Wert von ästhetischen Gegenständen Auskunft geben (bekanntester Vertreter ist Max Scheler im 20. Jh., vgl. Scheler 1966). Beide Formen teilen die Überzeugung, dass sich mithilfe von Intuitionen moralische Sachverhalte (keine, wie der irreführende Terminus ‚moralischer Realismus' nahelegt, real existierenden Werte o. Ä.) erkennen lassen, die unabhängig vom Beurteiler bestehen (vgl. Heinrichs 2013, 15). Moralische Erkenntnis ist danach der Erkennbarkeit von Sachverhalten in der Außenwelt mithilfe von Sinneswahrnehmungen vergleichbar. Ob es sinnvoll ist, moralische Wahrheiten dieser Art anzunehmen, ist umstritten. Das Argument, das von relativistischer Seite (vgl. Rippe 1993) am häufigsten gegen eine kognitivistische Deutung von moralischen Intuitionen geltend gemacht wird, ist der Hinweis auf die Verschiedenheit der moralischen Intuitionen zwischen Kulturen, geschichtlichen Perioden und sozialen Gruppen und die Abhängigkeit vieler moralischer Intuitionen von zeit-, kultur- und familienspezifischen Sozialisationsfaktoren.

Als Alternative zum moralischen Kognitivismus lassen sich moralische Intuitionen auch *nonkognitivistisch* deuten: als Grundlagen moralischer Überzeugungen und als notwendige Elemente ethischer Überzeugungssysteme, wobei die Verständigungschancen zwischen Individuen und Gruppen in der Regel um so günstiger sind, je mehr moralische Intuitionen sie teilen. Ein unleugbarer pragmatischer (und indirekt moralischer) Vorteil der Auffassung, dass es sich bei den eigenen moralischen Intuitionen um jederzeit revidierbare *moral beliefs* (Hume) ohne Erkenntnisanspruch handelt, ist, dass sie vor der Überzeugung bewahrt, sich im Alleinbesitz der moralischen Wahrheit zu glauben (während sich alle anderen irren), und den sich aus dieser Überzeugung möglicherweise ergebenden Versuchungen zu Dogmatismus und Intoleranz.

Literatur

Habermas, Jürgen: Diskursethik – Notizen zu einem Begründungsprogramm. In: Jürgen Habermas (Hg.): Moralbewußtsein und kommunikatives Handeln. Frankfurt a. M. 1983, 53–125.
Hahn, Susanne: Überlegungsgleichgewicht(e). Prüfung einer Rechtfertigungsmetapher. Freiburg i. Br./München 2000.
Hare, Richard M.: Freiheit und Vernunft. Düsseldorf 1973.
Heinrichs, Bert: Moralische Intuition und ethische Rechtfertigung. Eine Untersuchung zum ethischen Intuitionismus. Münster 2013.
Hume, David: Ein Traktat über die menschliche Natur [1739]. Hamburg 1973.
Jonsen, Albert R./Stephen Toulmin: The Abuse of Casuistry. Berkeley, Ca. 1988.
Noddings, Nel: Warum sollten wir uns ums Sorgen sorgen? In: Herta Nagl-Docekal, Herlinde Pauer-Studer (Hg.): Jenseits der Geschlechtermoral. Beiträge zur feministischen Ethik. Frankfurt a. M. 1993, 135–171.
Perelman, Chaïm: Über die Gerechtigkeit. München 1967.

Rawls, John: Eine Theorie der Gerechtigkeit. Frankfurt a.M. 1975.

Rippe, Klaus Peter: Ethischer Relativismus. Seine Grenzen – seine Geltung. Paderborn 1993.

Ross, W. David: The Right and the Good. Oxford 1930.

Schaber, Peter: Moralischer Realismus. Freiburg i. Br./München 1997.

Scheler, Max: Der Formalismus in der Ethik und die materiale Wertethik [1913]. Bern ^{5}1966.

Sidgwick, Henry: Die Methoden der Ethik [1874]. Leipzig 1909.

Walzer, Michael: Sphären der Gerechtigkeit. Ein Plädoyer für Pluralität und Gleichheit. Frankfurt a. M./New York 1992.

Verantwortung

31

Christian Neuhäuser

Der Begriff der Verantwortung ist ein zentraler Grundbegriff der Angewandten Ethik. Darüber hinaus hat er eine zentrale Bedeutung für eigentlich alle Bereiche der praktischen Philosophie, aber auch für die Handlungstheorie und im Zusammenhang mit dem Problem der Willensfreiheit indirekt für die Philosophie des Geistes. Seine Bedeutung als Grundbegriff der Angewandten Ethik beruht vor allem auf zwei Punkten. Erstens verspricht der Begriff der Verantwortung, zur Aufklärung der Frage nach dem Status moralischer Akteure beizutragen. Zweitens stellt er eine Verbindung zwischen abstrakten moralischen Rechten und Pflichten und konkreten moralischen Akteuren her, indem er die Verteilung von positiven Pflichten und negativen Pflichten systematisch erfasst. Beide Punkte sind für die Angewandte Ethik von zentraler Bedeutung, weil es in Fragen der Umweltethik, Wirtschaftsethik, Medizinethik etc. häufig darum geht zu klären, welche Akteure welche Pflichten haben, wofür sie also verantwortlich sind (French 1991).

Häufig wird der Begriff der Verantwortung als dreistellige Relation analysiert (Bayertz 1995). Damit ist gemeint, dass er standardmäßig in Sätzen der folgenden Form verwendet wird: Ein Akteur oder eine Akteurin A ist für eine Handlung H oder ein Ereignis E gegenüber einer Person oder Gruppe von Personen G verantwortlich. Diese Analyse lässt sich in drei Fragen reformulieren: (1) *Wer* ist verantwortlich? (2) *Wofür* ist er oder sie verantwortlich? (3) *Wem gegenüber* ist er oder sie verantwortlich? Es gibt auch Analysen mit sehr viel mehr Stellen (Sombetzki 2013; Beck 2016; Heidbrink/Langbehn/Loh 2017). Die dreistellige Relation ist jedoch sehr verbreitet und hat den zusätzlichen Vorteil, relativ übersichtlich zu bleiben.

1. Die erste Frage lässt sich auf zwei Arten verstehen: Wer ist grundsätzlich verantwortungsfähig? Und: Wer ist in einem konkreten Fall verantwortlich? In konkreten Situationen verantwortlich können nur grundsätzlich verantwortungsfähige Akteure sein. Für Verantwortungsfähigkeit lassen sich drei notwendige und gemeinsam hinreichende Bedingungen angeben: Jemand muss über Willensfreiheit verfügen, handlungsfähig und in der Lage sein, den moralischen Standpunkt einzunehmen, um überhaupt als verantwortungsfähig gelten zu können. Allgemeine Verantwortungsfähigkeit reicht aber natürlich nicht aus, um zu etablieren, dass jemand in einer konkreten Situation auch verantwortlich ist, sondern besagt nur, dass er oder sie verantwortlich sein könnte. Konkrete Verantwortung wird einer Person auf Grundlage eines der drei folgenden Kriterien zugeschrieben: Erstens kann sie freiwillig Verantwortung übernehmen, beispielsweise in-

C. Neuhäuser (✉)
TU Dortmund, Dortmund, Deutschland
E-Mail: christian.neuhaeuser@tu-dortmund.de

dem sie ein Kind adoptiert. Zweitens kann ihr Verantwortung automatisch zufallen, beispielsweise wenn ein Kind gerettet werden muss und niemand anderes dazu in der Lage ist. Drittens kann ihr Verantwortung zugewiesen werden, z. B. wenn ein enger Verwandter als Vormund eines verwaisten Kindes eingesetzt wird (Baier 1972; Stoecker 2007). Gerade die Möglichkeit, Verantwortung bestimmten Akteuren in konkreten Fällen zuzuweisen, spielt im Kontext der Angewandten Ethik eine wichtige Rolle.

2. Auf die zweite Frage, wofür jemand verantwortlich ist, gibt es zwei grundsätzliche Antworten. Erstens kann jemand für seine eigenen Handlungen und deren Konsequenzen verantwortlich sein. Dies lässt sich als ‚haftende Verantwortung' bezeichnen (Mackie 1981). Zweitens kann jemand für andere Ereignisse in dem Sinne verantwortlich sein, dass er oder sie ihr Auftreten verhindern oder ihre Konsequenzen abmildern muss. Dies lässt sich als ‚sorgende Verantwortung' bezeichnen (Miller 2007; Young 2007). Während haftende Verantwortung allgemein akzeptiert ist, wird die Existenz einer sorgenden Verantwortung kontrovers diskutiert. Dies liegt möglicherweise daran, dass es bei haftender Verantwortung immer um die Verantwortung für eigene aktive Handlungen geht, die einfach unterlassen werden könnten – insofern muss jemand dann haften, wenn er oder sie etwas Verantwortungsloses getan hat. Es wird also gefordert, verantwortungsloses Handeln zu unterlassen. Bei sorgender Verantwortung hingegen wird ein aktives Eingreifen gefordert (Birnbacher 1995).

Dies lässt sich an einem Beispiel aus dem Bereich der Umweltethik leicht nachvollziehen. Wenn ein verantwortungsfähiger Akteur massiv zur Umweltzerstörung beiträgt, indem er Giftstoffe in einen Fluss ableitet, dann kann ihm eine haftende Verantwortung zugeschrieben werden, weil die Umweltzerstörung auf sein Handeln zurückgeht. Er hätte dieses verantwortungslose Handeln unterlassen sollen und muss dafür Schadensersatz leisten, wenn es bereits geschehen ist. Nehmen wir jedoch an, dass die Verursacher der Umweltzerstörung längst gestorben sind oder sich auf anderen Wegen der Verantwortung entziehen oder die Verschmutzung des Flusses gar nicht auf menschliches Handeln zurückgeht. Dann müssen andere Akteure gefunden werden, die die Umweltzerstörung bekämpfen können. Diese Akteure haben selbst jedoch die Umweltzerstörung nicht verursacht; deswegen besitzen sie keine haftende Verantwortung, sondern ihnen muss eine sorgende Verantwortung zugeschrieben werden. Sie kommen dieser sorgenden Verantwortung genau dann nach, wenn sie es auf sich nehmen, die Umweltzerstörung aktiv zu bekämpfen. Insofern lässt sich auch sagen, dass eine sorgende Verantwortung mit einer positiven Pflicht zu helfen einhergeht und eine haftende Verantwortung mit einer negativen Pflicht nicht zu schädigen.

Die Unterscheidung zwischen einer sorgenden Verantwortung für Ereignisse und einer haftenden Verantwortung für Konsequenzen kann in Beziehung zu der verbreiteten Unterscheidung zwischen einer retrospektiven Verantwortung für Vergangenes und einer prospektiven Verantwortung für Zukünftiges gesetzt werden (Jonas 1984; Young 2011). Sorgende Verantwortung wird eher für zukünftige Ereignisse übernommen und haftende Verantwortung eher für bereits eingetretene Konsequenzen. Aber natürlich hat auch haftende Verantwortung indirekt eine prospektive Komponente, insofern jemand Sorge dafür tragen muss, in Zukunft nicht schädlich zu handeln und sozusagen in Haftung zu geraten. Es besteht also eine sorgende Verantwortung dafür, eine haftende Verantwortung zu vermeiden.

3. Die dritte Frage, wem gegenüber jemand verantwortlich ist, lässt sich auf zwei unterschiedliche Weisen verstehen. Akteure können gegenüber anderen Personen verantwortlich sein. Sie können aber auch gegenüber bzw. vor dem Hintergrund bestimmter Wertungsmaßstäbe verantwortlich sein. Im ersten Fall geht es gewissermaßen darum, wer die Richtenden oder Bewertenden sind und im zweiten Fall darum, auf welcher Grundlage gerichtet oder die Verantwortlichkeit bewertet wird. Dies wird manchmal auch als vierte Relation der Verantwortung aufgefasst, der Relation des normativen Maßstabs (Heidbrink/Langbehn/Loh 2017).

Wer die Richtenden oder Bewertenden sind, hängt davon ab, um welche Verantwortung es geht. Bei rechtlicher Verantwortung sind dies natürlich Richter. Bei moralischer Verantwortung hingegen sind es all diejenigen, die zur moralischen Gemeinschaft gehören. Es gibt eine Debatte darüber, ob dies unbedingt alle Menschen oder manchmal bzw. sogar immer die Angehörigen einer bestimmten Kultur, Religion oder anderen partikularen Gruppe sind. Es ist dabei besonders wichtig zu klären, was als Fragen der moralischen Verantwortung zu gelten hat. Wenn die Verantwortung Freunden oder Familienmitgliedern gegenüber als moralische Verantwortung verstanden wird, dann kann es sein, dass die Freunde oder Familienmitglieder selbst in diesen Angelegenheiten einen anderen Status als andere Menschen haben, wenn es um die Zuschreibung von Verantwortung geht (Scheffler 2002; Betzler/Bleisch 2015).

Der Maßstab rechtlicher Verantwortung ist das Recht. Analog dazu ließe sich annehmen, dass der Maßstab moralischer Verantwortung das moralische Gesetz ist. Doch es ist alles andere als klar, ob es dieses moralische Gesetz überhaupt gibt. Zumindest hat bisher noch niemand überzeugend nachweisen können, dieses moralische Gesetz gefunden zu haben. Moralische Regeln und Normen scheinen also eher eine kontingente Grundlage zu haben, wie das von Menschen gemachte juristische Recht ja letztlich auch. Diese Kontingenz stellt für die praktische Zuschreibung von moralischer Verantwortung im Gegensatz zur rechtlichen Verantwortung deswegen ein Problem dar, weil nicht klar ist, wie diese kontingente Grundlage des angewendeten moralischen Maßstabes verbindlich sein kann. Vielleicht lässt sich einer Person Verantwortung nur dann zuschreiben, wenn sie selbst den zugrundeliegenden moralischen Maßstab akzeptiert. Vielleicht stellt die Zuschreibung von Verantwortung aber auch einen gewissermaßen moralisch gewaltsamen Akt dar, weil sie den Betroffenen einen moralischen Maßstab aufzwängt oder dies zumindest versucht.

Möglicherweise gibt es jedoch auch unabhängige Gründe dafür, jemanden auf Grundlage eines kontingenten moralischen Maßstabes verantwortlich zu machen, unabhängig davon ob er oder sie diesen Maßstab akzeptiert. So ließe sich beispielsweise sagen, dass er oder sie diesen Maßstab akzeptieren sollte, weil es für ihn oder sie gute Gründe dafür gibt. Insofern es sich um Gründe für kontingente moralische Normen handelt, können dies keine letzten, aber trotzdem immer noch mehr oder weniger gute und gut begründete Gründe sein. Hier stellt sich dann natürlich die ganz grundsätzliche Frage, wie sich etablieren lässt, dass es gute Gründe für die Akzeptanz bestimmter moralischer Normen gibt, was allerdings nicht mehr den Begriff der Verantwortung betrifft, sondern die für die normative Ethik allgemein grundsätzliche Frage nach dem Status normativer Gründe (Wallace 1998, 2006).

Es gibt zahlreiche offene Fragen zum Begriff der ‚Verantwortung'. Gleichzeitig spielt Verantwortung als Kategorie bei vielen verschiedenen normativen Problemen eine wichtige Rolle. Von den Arbeitsfeldern, die sich daraus ergeben, sollen hier drei herausgegriffen werden: (1) Verantwortung und Willensfreiheit, (2) Individuelle und kollektive Verantwortung, (3) Verantwortung als Grundbegriff verschiedener Bereichsethiken.

31.1 Verantwortung und Willensfreiheit

Der Zusammenhang von Willensfreiheit und Verantwortung wird häufig darin gesehen, dass die Debatte um den freien Willen des Menschen auch Aufklärung darüber verschafft, ob Menschen Verantwortung besitzen können oder nicht (Pauen/Roth 2008). In der Debatte um die Willensfreiheit wird zwischen Deterministen und Libertariern unterschieden. Libertarier glauben, dass nicht alles in der Welt determiniert ist, sondern manche Dinge, wie beispielsweise (und meistens nur) der menschliche Wille fundamental frei sind. Für sie besteht in Bezug auf die Frage der Verantwortung insofern kein Problem. Menschen sind aufgrund ihres nicht determinierten und freien Willens auch verantwortlich. Determinsten hingegen glauben, dass alles in der Welt kausal verursacht ist. Sie unterteilen sich noch einmal in Kompatibilisten und Inkompatibilisten. (Streng genommen sind auch Libertarian Inkompatibilisten, so dass zwischen deterministischen Inkompatibilisten und libertären Inkompatibilisten unterschieden werden müsste – was die Sache allerdings nicht einfacher macht). Kompatibilisten glauben, dass die kausale Determiniertheit der Welt mit der Idee der Willensfreiheit vereinbar bzw. kompatibel ist – daher der Name. Auch für sie stellt sich in Bezug auf die Willensfreiheit insofern kein Problem. Deterministische Inkompatibilisten hingegen glauben, dass es aufgrund der Determiniertheit der Welt keinen freien Willen geben kann. Wenn sich Menschen nicht frei entscheiden können, sondern alles, was sie tun, bereits determiniert ist, dann sind sie möglicherweise auch nicht für ihr Handeln verantwortlich. Allerdings sind Inkompatibilisten nicht auf diese Schlussfolgerung festgelegt. Sie können auch behaupten, dass Menschen verantwortlich sind, obwohl sie keinen freien Willen haben, weil dies für die Praxis der Verantwortungszuschreibung keinen Unterschied mache (Lampe/Pauen/Roth 2008).

Interessanterweise gibt es heute kaum noch Autoren, die auf Grundlage der Debatte um die Willensfreiheit argumentieren, dass Menschen keine verantwortungsfähigen Akteure sind. Besonders in der Philosophie ist diese Argumentation wenig verbreitet. Der Grund dafür könnte darin liegen, dass sich die Zuschreibung von praktischer Verantwortung in der moralischen Praxis als hoch funktional erwiesen hat. Dies lässt vermuten, dass es nicht um die Frage gehen kann, ob Verantwortungsfähigkeit besteht, sondern nur darum, wie diese Verantwortungsfähigkeit zu verstehen ist. In diesem Sinne wird im Anschluss an Peter Strawson dafür argumentiert, dass unsere reaktiven Einstellungen zueinander, wie sie sich in Schuldzuschreibungen und Vorwürfen zeigen, zugleich auch Verantwortung und die dafür nötige Autonomie implizieren (Wallace 1998). Klar ist jedenfalls, dass wir für die Praxis der Verantwortungszuschreibung unterscheiden müssen zwischen Handlungen, für die ein Akteur oder eine Akteurin verantwortlich ist und solchen, für die er oder sie nicht verantwortlich ist, beispielsweise unter Hypnose oder Einfluss von zwangsweise verabreichten Drogen (Frankfurt 1988). Der Begriff der Autonomie spielt dabei fraglos eine wichtige Rolle; wie metaphysisch diese Autonomie zu verstehen ist, wie viel dieser Begriff also überhaupt mit der Freiheit des Willens von jeglichen kausalen Einflüssen zu tun hat, ist allerdings eine offene Frage (Betzler/Guckes 2000; Rössler 2019).

31.2 Individuelle und kollektive Verantwortung

Ein zweites gegenwärtiges Arbeitsfeld betrifft die Frage, ob bloß individuelle Akteure oder auch kollektive und korporative Akteure Verantwortung haben können (Zanetti/Gerber 2010; Bazargan-Forward/Tollefsen 2020). Kollektive Akteure sind Gruppen, die sich nicht institutionalisiert haben, wie beispielsweise ein Demonstrationszug oder eine Abendgesellschaft. Korporative Akteure sind institutionalisierte Gruppen, wie Staaten, Kirchen oder Unternehmen. Wenn davon gesprochen wird, dass eine Gruppe für etwas Verantwortung hat, dann ist meistens nicht offensichtlich, ob damit die einzelnen Menschen, die dieser Gruppe angehören, oder die Gruppe selbst gemeint wird. Dieser Unterschied hat jedoch große Auswirkungen besonders für Fragen der Angewandten Ethik. Wenn nämlich ein Staat oder eine Kirche verantwortlich gemacht werden kann und nicht nur deren individuelle Mitglieder, dann kann ihnen auch eine sorgende Verantwortung zugewiesen werden und sie müssen Wiedergutmachung leisten, wenn sie ihrer mit Haftung verbundenen Verantwortung nicht nachkommen.

Vielleicht gerade wegen der großen praktischen Relevanz wird anhaltend darüber gestritten, ob nur Individuen oder auch kollektive und korporative Akteure Verantwortung haben können (May 1991; Bazargan-Forward/Tollefsen 2020). Gegen deren Verantwortungsfähigkeit spricht auf den ersten Blick, dass sie die notwendigen Bedingungen nicht zu erfüllen scheinen. Kollektiven oder korporativen Akteuren Willensfreiheit, Handlungsfreiheit und die Fähigkeit, den moralischen Standpunkt einzunehmen, zuzusprechen, wirkt seltsam. Gruppen haben keinen Geist und keinen Körper, die für Willensfreiheit und Handlungsfreiheit nötig erscheinen und erst Recht verfügen sie nicht über so etwas wie eine mit Moralität verbundene Würde. Weiterhin spricht gegen die Annahme ihrer Verantwortungsfähigkeit, dass dies die Verantwortung von den individuellen Akteuren abzulenken droht, denen man einen Freifahrschein für verantwortungsloses Handeln in Gruppen ausstellen würde, wenn man allein die Gruppen als Sündenböcke hinstellte.

Gerade das letzte Argument lässt sich allerdings auch umdrehen, denn möglicherweise ist es gar nicht so schlecht, wenn individuelle Akteure von einem Teil der überbordenden Verantwortung befreit werden, die sie eventuell regelmäßig überlastet. Außerdem ließe sich argumentieren, dass eine Verantwortungszuschreibung an korporative Akteure die individuellen Akteure nicht zwangsläufig exkulpiert, sondern dass die Verantwortung von individuellen und kollektiven bzw. korporativen Akteuren gleichzeitig bestehen und sich überlappen kann, so dass ein Sündenbockeffekt nicht zu befürchten wäre. Gegen die These, dass kollektive und korporative Akteure nicht über die notwendigen Voraussetzungen verfügen, um verantwortungsfähig zu sein, spricht zudem, dass wir sie in der Praxis durchaus verantwortlich machen und tatsächlich auch theoretische Positionen existieren, denen zufolge es möglich ist, sie als intentionale Akteure aufzufassen, die den moralischen Standpunkt einnehmen können (French 1995; Neuhäuser 2011; Schaper 2017).

Wenn angenommen wird, dass kollektive und korporative Akteure eine eigene Verantwortung unabhängig von ihren individuellen Mitgliedern haben können, dann stellt sich die schwierige und noch kaum untersuchte Frage, in welchem Verhältnis die Verantwortung der Gruppe zur Verantwortung der individuellen Mitglieder steht. Selbst wenn nur von der Verantwortung individueller Akteure ausgegangen wird, so bleibt noch die Frage zu beantworten, wie sich die Verantwortung der individuellen Akteure aufgrund der Tatsache, dass sie als Gruppe handeln, verändert.

31.3 Verantwortung als Grundbegriff der Bereichsethiken

Der Begriff der Verantwortung spielt in eigentlich allen Bereichen der Angewandten Ethik eine wichtige Rolle. Seine zentrale Bedeutung soll daher an drei Beispielen verdeutlicht werden: (1) Umweltethik, (2) Medizinethik und (3) Wirtschaftsethik.

1. Im Bereich der Umweltethik wird insbesondere die Frage diskutiert, wer für den Klimawandel verantwortlich ist. In Bezug auf die haftende Verantwortung stellt sich die Frage danach, wer den Klimawandel verursacht oder verursacht hat und wer einen effektiven Klimaschutz verhindert oder verhindert hat (Singer 2004; Roser/Seidel 2015; Meyer 2018). In Bezug auf die sorgende Verantwortung stellt sich die Frage, wer effektiven Klimaschutz betreiben muss und wer Schadensersatz für diejenigen leisten muss, die durch den Klimaschutz geschädigt werden, wenn dies durch die haftende Verantwortung nicht abgedeckt wird. Zudem könnte sorgende Verantwortung auch unabhängig von verletzter haftender Verantwortung entstehen, beispielsweise wenn der Klimawandel nicht von Menschen verursacht wäre. Insofern stellt sich die Frage, wie diese sorgende Verantwortung politisch effektiv zugewiesen werden kann, was natürlich nicht von der Angewandten Ethik allein, sondern nur gemeinsam mit anderen Wissenschaften, aber auch in Auseinandersetzung mit der politischen Praxis beantwortet werden kann (Young 2000, 2011).

Weil es sich beim Klimawandel um einen langfristigen Prozess mit besonders gravierenden Folgen handelt, zeigen sich besonders gut die vergangenheits- und zukunftsorientierten Dimensionen der Verantwortung. Einerseits stellt sich im Bereich der historischen Verantwortung das Problem, ob Verantwortung auch vererbt werden kann, beispielsweise wenn einige Akteure, die für den Klimawandel mitverantwortlich sind, nicht mehr leben (Thomson 2002; Miller 2007; Meyer 2018). Andererseits stellt sich im Bereich der zukunftsorientierten Verantwortung die Frage, wie weit diese Verantwortung reicht, ob wir also beispielsweise nur für die nächsten beiden zukünftigen Generationen oder indefinit in die Zukunft gedacht Verantwortung haben (Gosseries/Meyer/Arrhenius 2009). Für die indefinite Reichweite spricht, dass wir die zukünftige Ausdehnung unserer Handlungen gar nicht abschätzen und erst recht nicht klar begrenzen können. Für die Beschränkung auf zwei Generationen spricht, dass dies erstens weniger paternalistisch erscheint und zweitens die Zukunftsverantwortung auf ein erträgliches Maß beschränkt und insofern vielleicht die pragmatisch verantwortungsbewusstere Alternative darstellt (Weber 1992).

2. In der Medizinethik spielt der Begriff der Verantwortung auf vielen Ebenen eine wichtige Rolle. So geht es beispielsweise allgemein im Umgang mit Krankheit um die Verantwortung des Gesundheitssystems im Verhältnis zur Eigenverantwortung der Bürger. Was die Verantwortung einzelner Personengruppen betrifft, so hat die Frage nach der Rollenverantwortung von Ärztinnen und Ärzten besondere Aufmerksamkeit erfahren. Aufgrund ihres spezifischen Wissens und der damit verbundenen Handlungsspielräume, kommt Ärzten eine besondere sorgende Verantwortung zu. Zugleich stellt sich aber auch ein Problem in Bezug auf die haftende Verantwortung, beispielsweise weil Ärzte für einen besonders sensiblen Handlungsspielraum verantwortlich sind. Wenn Ärzte etwa für alle Fehlschläge ihrer Heilungsversuche haften müssten, dann könnten sie kaum noch ihrer Tätigkeit nachgehen. Außerdem stellt ärztliche Behandlung ein knappes Gut dar und fordert beispielsweise im Bereich der Organtransplantation bei der Verteilung von Organen zu schwer zu verantwortenden Entscheidungen über Leben und Tod von potentiellen Organempfängern auf. Dies liegt nicht zuletzt daran, dass es zunehmend mehr Heilungsmethoden und -möglichkeiten gibt. Es ist notorisch unklar, wie das knappe Gut medizinische Versorgung möglichst gerecht verteilt werden kann und wer das zu verantworten hat. Schließlich schaffen neue medizinische Techniken spezifische ethische Probleme, weil nicht klar ist, ob alles was machbar ist, auch moralisch erlaubt ist oder vielleicht die Würde oder Persönlichkeitsrechte der Patienten oder anderer betroffener Personen verletzt (Stoecker 2011, 2019).

Ärzte beklagen, dass sie mit derartigen Problemen allzu oft allein gelassen werden und insofern eine Verantwortung auf ihren Schultern abgeladen wird, der sie individuell nicht gewachsen sind. Die Angewandte Ethik reagiert auf diesen Bedarf, indem sie ethisch angemessene rechtliche Regulierungen vorschlägt. Rechtliche Regulierungen sind ihrer Natur nach jedoch allgemein und abstrakt. Sie können nicht jeden einzelnen Fall abdecken und helfen Ärzten bei ihrer Suche nach Maßstäben für konkret verantwortliches Handeln nur bedingt. Ein zweiter Strang der Angewandten Ethik besteht daher darin, handlungsanleitende Prinzipien zu formulieren, an denen sich Ärzte in ihrem Handeln orientieren können, beispielsweise die Patientenautonomie, das Schädigungsverbot, das Hilfsgebot und die Gerechtigkeitsorientierung (Beauchamp/Childress 2008; s. Kap. 93). Diese Prinzipien sind freilich immer noch recht abstrakt. Damit Ärzte in konkreten Situationen ermächtigt werden, ihrer sorgenden und haftenden Verantwortung nachzukommen, bedarf es daher zusätzlich einer praktisch orientierten professionellen Ethik für Ärzte. Derzeit gibt es zahlreiche Versuche, dies in die Ausbildung und Berufspraxis der Ärzte zu integrieren (Wiesemann/Biller-Andorno 2004).

3. In der Wirtschaftsethik geht es aktuell vor allem um die Verantwortung von Unternehmen und insbesondere von großen multinationalen Konzernen (vgl. allgemein Aßländer 2011). Dies wird häufig unter der Bezeichnung *Corporate Social Responsibility* (CSR) verhandelt (Crane/Matten 2010; Neuhäuser 2017). Dabei stellen sich zwei besonders problematische Fragen: Können die Unternehmen selbst eine Verantwortung haben oder ist mit der Verantwortung der Unternehmen eigentlich nur die

Verantwortung der Manager und Managerinnen gemeint? Und: Hat es in einer Marktwirtschaft überhaupt Sinn von der sozialen oder moralischen Verantwortung von Marktakteuren zu sprechen oder handelt es sich bei Märkten vielmehr um moralbefreite Zonen?

Die Antwort auf die erste Frage hängt letztlich natürlich davon ab, ob bloß individuelle Akteure oder auch korporative Akteure Verantwortung haben können. Das Beispiel der Unternehmen scheint jedoch dafür zu sprechen, dass wir zumindest in der Praxis auch korporative Akteure verantwortlich machen und zudem, dass dies offensichtlich normativ sinnvoll und praktisch relevant sein kann. Denn Unternehmen reagieren durchaus, wenn ihnen moralische Vorwürfe gemacht werden. Beispielsweise hat der Sportschuhhersteller Nike seine Produktionskette vollständig neu strukturiert, nachdem er mit dem Vorwurf der Kinderarbeit konfrontiert wurde. Insofern verfügen Unternehmen offensichtlich über die nötigen Fähigkeiten, um praktisch verantwortungsfähig zu sein (French 1995; Neuhäuser 2011, 2017).

Die zweite Frage nach den moralbefreiten Märkten hängt eng mit der herrschenden Vorstellung der Funktionsweise der Marktwirtschaft zusammen. Die Grundidee besteht darin, dass Märkte vollständig durch politische Institutionen von außen, dem sogenannten Ordnungsrahmen kontrolliert werden (Homann/Lütge 2005). Daher bedarf es am Markt keiner zusätzlichen Übernahme von Verantwortung mehr, sondern die Akteure können ungebremst ihrem reinen Gewinnstreben nachgehen. Kritiker wenden dagegen jedoch ein, dass diese externe Kontrolle des Marktes durch den Ordnungsrahmen niemals vollständig gelingen kann, sondern es immer Lücken geben wird. Dies gilt insbesondere für globale Konzerne, die sich in der kaum regulierten Weltwirtschaft bewegen. Natürlich spielt bei diesem Problemkomplex das Verhältnis von moralischer und rechtlicher Verantwortung der Unternehmen wieder eine zentrale Rolle (Wettstein 2009; Singer 2018).

Die drei beispielhaft vorgestellten Bereichsethiken machen also deutlich, inwiefern der Begriff der Verantwortung nicht nur für die akademische Ethik von großer Bedeutung ist, sondern vor allem auch in der normativen Praxis, also unserem moralischen Zusammenleben seinen festen Platz hat und alltägliche Verwendung findet. Demgegenüber mangelt es in der praktischen Philosophie noch an grundsätzlichen Auseinandersetzungen gerade mit der praktischen Dimension der Verantwortung und insbesondere an einem Verständnis für die Zuweisung von sorgender und den reaktiven Umgang mit haftender Verantwortung. Dies liegt vielleicht daran, dass der Begriff lange Zeit primär im Zusammenhang mit der Debatte zur Willensfreiheit und der Frage der abstrakten Verantwortungsfähigkeit betrachtet wurde und sich erst allmählich als Grundbegriff der Angewandten Ethik und verwandter Bereiche, wie der Politischen Philosophie und Sozialphilosophie etabliert.

Literatur

Aßländer, Michael S. (Hg.): Handbuch Wirtschaftsethik. Stuttgart/Weimar 2011.
Baier, Kurt: „Guilt and Responsibility." In: Peter French (Hg.): Individual and Collective Responsibility. The Massacre at My Lai. Cambridge, Mass. 1972, 35–62.
Bayertz, Kurt (Hg.): Verantwortung. Prinzip oder Problem? Darmstadt 1995.
Bazargan-Forward, Saba/Tollefsen, Deborah (Hg.): The Routledge Handbook of Collective Responsibility, Abingdon 2020.
Beauchamp, Tom L./Childress, James F.: Principles of Biomedical Ethics. Oxford 2008.
Beck, Valentin: Eine Theorie der globalen Verantwortung: Was wir Menschen in extremer Armut schulden, Berlin 2016.
Betzler, Monika/Guckes, Barbara: Autonomes Handeln. Berlin 2000.
Betzler, Monika/Bleisch, Barbara (Hg.): Familiäre Pflichten. Berlin 2015.
Birnbacher, Dieter: Tun und Unterlassen. Ditzingen 1995.
Crane, Andrew/Matten, Dirk: Business Ethics. Oxford 2010.
Frankfurt, Harry: The Importance of What We Care About. Philosophical Essays. Cambridge 1988.
French, Peter A. (Hg.): The Spectrum of Responsibility. New York 1991.
French, Peter A.: Corporate Ethics. Fort Worth 1995.
Gosseries, Axel/Meyer, Lukas H./Arrhenius, Gustaf (Hg.): Intergenerational Justice. New York 2009.

Heidbrink, Ludger/Langbehn, Claus/Loh, Janina (Hg.): Handbuch Verantwortung, Wiesbaden 2017.

Homann, Karl/Lütge, Christoph: Einführung in die Wirtschaftsethik. Münster u. a. 2005.

Jonas, Hans: Das Prinzip Verantwortung. Frankfurt a. M. 1984.

Lampe, Ernst-Joachim/Pauen, Michael/Roth, Gerhard (Hg.): Willensfreiheit und rechtliche Ordnung. Frankfurt a. M. 2008.

Mackie, John Leslie: Die Erfindung des moralisch Richtigen und Falschen. Ditzingen 1981.

May, Larry/Hoffman, Stacey (Hg.): Collective Responsibility. Five Decades of Debate in Theoretical and Applied Ethics. Savage, MD. 1991.

Meyer, Kirsten: Was schulden wir künftigen Generationen? Herausforderung Zukunftsethik. Ditzingen 2018.

Miller, David: National Responsibility and Global Justice. Oxford 2007.

Neuhäuser, Christian: Unternehmen als moralische Akteure. Berlin 2011.

Neuhäuser, Christian: „Unternehmensverantwortung", in Ludger Heidbrink, Claus Langbehn, Janine Loh (Hg.): Handbuch Verantwortung, Wiesbaden 2017, 765–788.

Pauen, Michael/Roth, Gerhard: Freiheit, Schuld und Verantwortung. Grundzüge einer naturalistischen Theorie der Willensfreiheit. Frankfurt a. M. 2008.

Roser, Dominic/Seidel, Christian: Ethik des Klimawandels: Eine Einführung. Darmstadt 2015.

Rössler, Beate: Autonomie: Ein Versuch über das gelungene Leben. Berlin 2019.

Schaper, Miriam: Verantwortlichkeiten von Unternehmen: Reichweite und Grenzen. Frankfurt a. M. 2017.

Scheffler, Samuel: Boundaries and Allegiances: Problems of Justice and Responsibility in Liberal Thought. Oxford 2002.

Singer, Peter: One World. New Haven/London 2004.

Singer, Abraham: Form of the Firm. New York 2018.

Sombetzki, Janina: Verantwortung als Begriff, Fähigkeit, Aufgabe: Eine Drei-Ebenen-Analyse, Wiesbaden 2013.

Stoecker, Ralf: „Das Pilatus-Problem und die Vorzüge eines dynamischen Verantwortungsbegriffs." In: Jochen Berendes (Hg.): Autonomie durch Verantwortung. Paderborn 2007, 147–160.

Stoecker, Ralf: „Wozu brauchen wir in der medizinischen Ethik die Menschenwürde?" In: Jan C. Joerden, Eric Hilgendorf, Natalia Petrillo, Felix Thiele (Hg.): Menschenwürde und moderne Medizintechnik. Baden-Baden 2011.

Stoecker, Ralf: Theorie und Praxis der Menschenwürde. Münster 2019.

Thompson, Janna: Taking Responsibility for the Past: Reparation and Historical Injustice. Cambridge 2002.

Waldron, Jeremy: Law and Disagreement. Oxford 2001.

Wallace, Jay: Responsibility and the Moral Sentiments. Cambridge/London 1998.

Wallace, Jay: Normativity and the Will: Selected Essays on Moral Psychology and Practical Reason. Oxford 2006.

Weber, Max: Politik als Beruf. Stuttgart 1992.

Wettstein, Florian: Multinational Corporations and Global Justice. Stanford 2009.

Wiesemann, Claudia/Biller-Andorno, Nikola: Medizinethik: Für die neue AO. Stuttgart 2004.

Young, Iris Marion: Inclusion and Democracy. Oxford 2000.

Young, Iris Marion: „Responsibility, Social Connection, and Global Labor Justice." In: Dies.: Global Challanges. War, Self-Determination and Responsibility for Justice. Cambridge 2007, 159–186.

Young, Iris Marion: Responsibility for Justice. Oxford 2011.

Zanetti, Véronique/Gerber, Doris (Hg.): Kollektive Verantwortung und internationale Beziehungen. Berlin 2010.

Tun, Unterlassen und das Prinzip der Doppelwirkung

32

Ralf Stoecker

Moralische Bewertungen können sich auf Unterschiedliches beziehen, beispielsweise auf Personen, Gesetze oder ganze Gesellschaften. Im Zentrum der Moral stehen aber Handlungen und Handlungsweisen, denn durch Handlungen greifen Menschen in die Welt ein und müssen sich folglich auch dafür verantworten (s. Kap. 31). Während sich konsequentialistische Ethiken darauf beschränken, Handlungen allein an ihren Folgen zu messen, legen nicht-konsequentialistische Ethiken andere oder zusätzliche Maßstäbe an. Im Alltag wie auch im juristischen Kontext spielen dabei Unterscheidungen eine wichtige Rolle, deren Stellenwert philosophisch strittig ist: ob diese Konsequenzen aktiv verursacht oder passiv zugelassen werden und ob sie beabsichtigt sind, als Nebenfolge in Kauf genommen werden oder unabsichtlich geschehen.

32.1 Handeln

Die Frage, was Handlungen sind und worin sie sich von den anderen Formen des Tuns und Verhaltens unterscheiden, ist der Gegenstandsbereich der philosophischen Handlungstheorie. Wegen der Bedeutung der Handlungen für die Moral bildet diese Theorie zugleich eine Grundlagenwissenschaft für die Ethik. Weitgehende Übereinstimmung besteht darin, dass es für Handlungen kennzeichnend ist, dass sie aus bestimmten psychischen Einstellungen oder Ereignissen hervorgehen. Strittig ist allerdings sowohl, um welche psychischen Elemente es sich handelt, als auch, was hier unter „hervorgehen" zu verstehen ist (Stoecker 2002).

Ganz grob kann man feststellen, dass Handlungen normalerweise aus *Gründen* geschehen, dass sie in irgendeinem Sinne *absichtlich* und *gewollt* sind und dass sie in der Regel einen *Zweck* verfolgen. Aus ethischer Sicht wichtig ist allerdings die Ergänzung, dass wir auch etwas, das jemand *unabsichtlich, ungewollt* oder *aus Versehen* tut, als Handlung ansehen, solange der Akteur damit nur zugleich etwas anderes beabsichtigt hat. (Wer beispielsweise im Hausflur absichtlich auf einen Knopf drückt, den er irrtümlich für den Lichtschalter hält, und dadurch versehentlich die Wohnungsklingel des Nachbarn betätigt und diesen ungewollt weckt, hat sowohl in seinem Drücken des Knopfes, wie auch im Wecken des Nachbarn ‚gehandelt' und muss sich gegebenenfalls dafür verantworten.) In der Handlungstheorie wird deshalb nicht selten angenommen, dass ein Tun dann eine Handlung ist, wenn es ‚unter irgendeiner Beschreibung' absichtlich ist. Der Begriff der Absichtlichkeit muss dabei allerdings so weit verstanden werden, dass er auch spontanes,

R. Stoecker (✉)
Universität Bielefeld, Bielefeld, Deutschland
E-Mail: Ralf.Stoecker@uni-bielefeld.de

emotionales und zielloses Handeln zulässt (wie etwa ein bloßes Herumschlendern, um die Zeit totzuschlagen).

32.2 Die moralische Signifikanz der Unterscheidung zwischen Tun, Unterlassen und Geschehenlassen

In der Handlungstheorie wird häufig ganz selbstverständlich vorausgesetzt, dass Handlungen ein aktives Tun darstellen (beispielsweise ist es streng genommen nur dann sinnvoll, von ‚verschiedenen Beschreibungen' einer Handlung zu sprechen). Ein nicht unbeträchtlicher Teil des menschlichen Handelns besteht allerdings darin, absichtlich etwas *geschehen zu lassen* oder zu *unterlassen;* und natürlich sind die handelnden Personen auch für solche ‚passive' Handlungen moralisch verantwortlich. Aus handlungstheoretischer Sicht ergibt sich daraus das komplizierte Problem, das Handlungsverständnis so zu erweitern, dass einerseits auch passive Handlungen darunter fallen, ohne dass aber andererseits einfach alles, was ein Mensch wissentlich nicht tut, als passive Handlung gilt. (Dem Nachbarn den geliehenen Rasenmäher nicht zurückzugeben ist eine Handlung, ihm keinen Rotwein in die Beete zu gießen, keine.)

Neben solchen handlungstheoretischen Schwierigkeiten bringt die Existenz passiver Handlungen aber auch eine moralphilosophische Schwierigkeit mit sich, die vor allem Auswirkungen auf die Angewandte Ethik hat: Sowohl intuitiv wie auch rechtlich hängt die moralische Beurteilung einer Handlung häufig davon ab, ob sie eine aktive oder passive Handlung ist, auch wenn beide Handlungen mit derselben Intention durchgeführt werden und in ihren Handlungsfolgen übereinstimmen. (Man würde beispielsweise sagen, dass jemand, der beim Warten auf ein Vorstellungsgespräch sieht, dass die einzige Konkurrentin hinten einen hässlichen Fleck auf der Hose hat, ohne sie darauf aufmerksam zu machen, zwar unmoralisch handelt, aber doch nicht in demselben Maße, wie wenn er ihr den Fleck aktiv zugefügt hätte.) Diese intuitive Haltung, dass es einen evaluativen Unterschied zwischen aktiven und passiven Handlungen gibt, wird in der Ethik gewöhnlich als ‚Signifikanzthese' bezeichnet, ihre Negation als ‚Äquivalenzthese'. Das Problem liegt darin, dass den Intuitionen zum Trotz aus Sicht vieler normativer Theorien alles für die Äquivalenz- und nichts für die Signifikanzthese spricht (Überblicke in Birnbacher 1995; Steinbock/Norcross 1994, im Recht: Jakobs 1996).

In der Angewandten Ethik spielt die Debatte zwischen diesen beiden Thesen vor allem in zwei Themenbereichen eine Rolle: in der Diskussion um die Zulässigkeit von Sterbehilfe (s. Kap. 61 & 104) und in der Frage, inwiefern die Bewohner der reichen Länder für die Bekämpfung von Hunger und Armut in den armen Teilen der Welt verantwortlich sind (s. Kap. 78). Hinsichtlich beider Themenbereiche stützt der Common sense die Signifikanzthese. Einen Patienten sterben zu lassen, wird gewöhnlich anders (positiver) bewertet, als ihn zu töten. Und erst recht wird die verbreitete Gleichgültigkeit der Bewohner der reichen Welt gegenüber der existenziellen Not der Armen in der Dritten Welt zwar häufig verurteilt, aber doch erheblich moderater als wenn die Reichen die Armen aktiv töten würden. Gerade das zweite Thema scheint zu zeigen, dass eine Akzeptanz der Äquivalenzthese zu einer radikalen Umwertung des verbreiteten moralischen Selbstverständnisses führen müsste.

Angesichts der intuitiven Plausibilität der Signifikanzthese liegt das argumentative Schwergewicht der Debatte auf der Seite der Äquivalenzthese. Man kann die Argumente gegen die Signifikanz der Tun-Unterlassen-Unterscheidung in vier Kernaussagen zusammenfassen:

1. Die Unterscheidung zwischen Tun und Geschehenlassen ist unsicher und vielleicht sogar bloß beschreibungsrelativ.
2. Gedankenexperimente belegen, dass die Signifikanzthese im Grunde gar nicht so intuitiv einleuchtend ist, wie sie zu sein scheint.
3. Es gibt keine plausiblen moralphilosophischen Gründe für, wohl aber massive moralphilosophische Gründe gegen die Signifikanzthese.

4. Auch wenn die Signifikanzthese falsch ist, kann man gut ihre intuitive Plausibilität erklären.

Zu (1): Hinter diesem Einwand stehen zwei Beobachtungen: Zum einen gibt es Grenzfälle, die sich nur schlecht in die Tun-Geschehenlassen-Dichotomie eingliedern lassen (beispielsweise: aufpassen, den Atem anhalten, sich gehen lassen). Zum anderen gibt es Fälle, in denen es von der grammatischen Form der Handlungsbeschreibungen abzuhängen scheint, wie man sie kategorisiert (zum Beispiel: Fleisch braten – Fleisch schmoren lassen). Beides steht aber zumindest in einer Spannung zu der Idee der Signifikanzthese, dass es für den Wert einer Handlung wichtig ist, ob sie (und zwar sie selbst, unabhängig von ihrer Beschreibung) aktiv ist oder nicht. Diese Überlegungen zeigen, dass es am Ende unumgänglich ist, die handlungstheoretischen Grundlagen der Debatte zu klären.

Zu (2): In der analytischen Moralphilosophie ist die Methode verbreitet, normative Prinzipien dadurch zu testen, dass man ein fiktives Handlungsszenario beschreibt, in dem es eine offenkundig richtige moralische Bewertung der betreffenden Handlung gibt, um diese Bewertung dann mit derjenigen zu vergleichen, die aus dem zu testenden Prinzip folgt. In der Debatte zwischen Signifikanz- und Äquivalenzthese gibt es solche Gedankenexperimente für beide Seiten. (Auch das oben gegebene Beispiel der Konkurrentin mit dem Fleck auf der Hose zählt dazu.)

Das bekannteste Gedankenexperiment für die Signifikanzthese findet sich beispielsweise bei Gilbert Harman (Harman 1981, 179–80). Er vergleicht die Situation eines Arztes, der in einer Notsituation die Wahl hat, entweder einen oder fünf Menschen zu retten, mit der, in der er entweder fünf seiner Patienten, die alle zu ihrer Genesung ein Spenderorgan benötigen, sterben lassen oder einen kerngesunden Menschen töten und mit seinen Organen die fünf Patienten retten kann. Im ersten Fall darf sich (oder muss sich sogar) der Arzt für die fünf entscheiden, im zweiten Fall ist dies offenkundig moralisch verboten, obwohl, so Harman, der Unterschied nur darin liegt, dass der Einzelne im ersten Fall sterben gelassen, im zweiten aktiv getötet wird. Der Unterschied muss folglich moralisch signifikant sein.

Das prominenteste Beispiel direkt für die Äquivalenzthese stammt von James Rachels (Rachels 1989). Es handelt von zwei Männern, Herrn Meier und Herr Müller, die jeweils ihre minderjährigen Neffen beerben wollen. Meier schleicht in das Badezimmer, wo sein Neffe gerade badet, und ertränkt ihn in der Wanne. Müller schleicht ebenfalls in das Badezimmer, um seinen Neffen zu ertränken, in dem Augenblick aber, in dem er das Bad betritt, rutscht der Junge aus, schlägt sich den Kopf an und sinkt unter Wasser. Seelenruhig lässt Müller ihn ertrinken. – Zweifellos haben beide Männer höchst verwerflich gehandelt; worauf es Rachels aber ankommt ist, dass sie seines Erachtens gleichermaßen verwerflich gehandelt haben, obwohl Meier seinen Neffen aktiv getötet, Müller seinen hingegen sterben gelassen hat. Da sich die beiden Geschichten aber in diesem und nur in diesem Aspekt unterscheiden, sei damit gezeigt, dass es für die moralische Bewertung irrelevant ist, ob eine Handlung ein Tun oder Geschehenlassen ist.

An beide Beispiele haben sich umfangreiche Diskussionen angeschlossen. So ist beispielsweise gegen Rachels angeführt worden, dass er nur gezeigt habe, dass der Unterschied zwischen Tun und Geschehenlassen manchmal irrelevant sei aber nicht notwendigerweise immer (Thomson 1986, 78 f.) oder dass die Übeltaten der beiden Männer möglicherweise aus mehreren Gründen unmoralisch sind, so dass es für die Verurteilung gar keine Rolle mehr spielt, dass der eine Onkel auch noch aktiv gehandelt hat (Rosenberg 1998, 266 ff.).

Noch prominenter als die genannten Beispiele ist eine ganze Gattung von Beispielen, die zwar auf den ersten Blick für die Signifikanzthese sprechen, aus denen man am Ende aber auch Plädoyers sowohl für die Signifikanz- wie für die Äquivalenzthese entwickeln kann: die sogenannten Straßenbahn (Trolley)-Beispiele (vgl. Edmonds 2015). In der ursprünglichen Geschichte, die von Philippa Foot (1978, 23) stammt, versagen bei einer Straßenbahn auf abschüssiger Strecke die Bremsen; die Bahn droht, fünf Personen zu überrollen, die sich gerade auf den Gleisen befinden; der Zugführer hat aber die Möglichkeit, eine Weiche so umzustellen, dass die Bahn auf ein anderes Gleis fährt, auf dem nur eine Person getötet wird. Was soll er tun? – Für Foot selbst war die Antwort klar: Ihr dient das Beispiel exemplarisch für Fälle, in denen allein konsequentialistische Erwägungen den Ausschlag geben sollten, im Unterschied beispielsweise zu dem Transplantationsfall. Inzwischen sind aber eine Vielzahl von Varianten des Trolley-Falls entwickelt worden, anhand derer immer wieder über das Verhältnis von Signifikanz- und Äquivalenzthese debattiert wird. Außerdem wird das Trolley-Szenario mittlerweile nicht mehr nur zur Diskussion moralphilosophischer Behauptungen genutzt, sondern steht auch für eine Gruppe konkreter Probleme beim Einsatz autonomer Computersysteme. Aus dem theoretischen Gedankenspiel ist damit eine Herausforderung etwa für die Konstruktion selbstfahrender Fahrzeuge geworden (vgl. Hevelke/Nida-Rümelin 2015).

Zu (3): Die Debatte zwischen Signifikanz- und Äquivalenzthese ist nicht nur in der Angewandten Ethik wichtig, sondern hat auch unmittelbare Rückwirkungen auf die normative Ethik. So sind beispielsweise weder der klassische Utilitarismus noch Kants Ethik mit der Signifikanzthese verträglich. Für den Utilitarismus liegt der Wert einer Handlung ausschließlich in der Gesamtheit der (intendierten) Handlungsfolgen, unabhängig davon, ob diese aktiv hervorgerufen oder passiv zugelassen werden. Und Kants Ethik hebt allein auf die der Handlung zugrunde liegende Maxime ab, die ebenfalls unabhängig davon ist, ob sie sich auf ein aktives Tun oder passives Geschehenlassen bezieht. Die Unvereinbarkeit kann man als Problem für die jeweiligen normativen Theorien verstehen, man kann aber auch in die Gegenrichtung behaupten, dass die Signifikanzthese gar nicht wahr sein könne, weil sie im Widerspruch zu einer plausiblen Ethik stehe.

Es gibt allerdings einen weiteren, dritten ethischen Ansatz, der deutlich besser zur Signifikanzthese passt: eine auf Rechten basierende Ethik (vgl. Mackie 1985, Kap. VIII). Im Rahmen einer solchen Ethik kann man *negative* Rechte, also Rechte darauf, dass etwas nicht mit einem getan wird, von *positiven* Rechten, d. h. Rechten darauf dass jemand etwas mit einem tut, unterscheiden. Wenn man davon ausgeht, dass negative Rechte in der Regel stärker sind als positive, dann lässt sich leicht erklären, warum wir Bewirken und Geschehenlassen in unserem Verhalten anderen Menschen gegenüber moralisch unterschiedlich bewerten: Aktives Tun droht, negative Rechte zu verletzen, durch Unterlassen kann man nur positive Rechte missachten. Die Signifikanzthese wäre dann gerechtfertigt (das ist beispielsweise die Position von Foot).

Dieser Vorschlag passt gut in liberale Ethiken, die dem Gebot des Nichtschadens einen Vorrang vor dem Nützen einräumen. Er ist allerdings einer Reihe von Einwänden ausgesetzt. Erstens scheint er auf eine Petitio principii hinauszulaufen, weil man die unterschiedliche Gewichtung negativer und positiver Rechte wiederum als Reformulierung der Signifikanzthese lesen könnte. Dieser Einwand ist jedoch am Ende nicht überzeugend, weil diese Gewichtung in der Regel theoretisch hergeleitet wird und nicht einfach aus der Signifikanzthese. Interessanter ist der zweite Einwand, demzufolge der Unterschied zwischen positiven und negativen Rechten nicht den gewaltigen Wertungsunterschied tragen könne, den die Signifikanzthese in Anwendungskontexten manchmal rechtfertigen soll, etwa die Unterscheidung zwischen häufig zulässiger und erwünschter passiver Sterbehilfe und dem kategorischen Verbot aktiver Sterbehilfe, oder zwischen der Leichtigkeit, mit der die Bürger reicher Länder die Notwendigkeit ignorieren, für die Hungernden zu spenden, und der unbezweifelbaren Verwerflichkeit einer aktiven Tötung der Bedürftigen. Der dritte Einwand weist schließlich darauf hin, dass die Ausübung von Rechten normalerweise ins Belieben des Rechteinhabers gestellt sind, während gerade das Verbot der aktiven Sterbehilfe auch gelten soll, wenn sie von dem Betroffenen selbst verlangt wird. Hätte er bloß ein Recht, nicht getötet zu werden, bliebe unverständlich, warum er andere nicht darum bitten dürfte, sein Leben zu beenden.

Zu (4): Trotz der moralphilosophischen Attraktivität der Äquivalenzthese stehen deren Verfechter vor dem gewaltigen Problem, dass Beispiele wie Harmans Transplantationsgeschichte sie grotesk unplausibel erscheinen lassen. Deshalb wurde immer wieder versucht, die unterschiedliche Bewertung von Handlungsweisen, die sich angeblich nur darin unterscheiden, dass das eine ein Tun, das andere ein Geschehenlassen ist, auf weitere, weniger offensichtliche ethisch relevante Differenzen zurückzuführen. Dieter Birnbacher fächert diese Differenzen in seinem Buch *Tun und Unterlassen* in drei Gruppen auf: solche die beim Handelnden liegen, beim Betroffenen und bei Dritten (Birnbacher 1995, 131 und generell Kap. 6). So ist es beispielsweise häufig ‚sicherer', dass ein Schaden eintritt, den man bewirkt, als dass ein Wohl nicht eintritt, das man zu bewirken unterlässt. (Wenn der Transplanteur den Gesunden ausschlachtet, ist dieser sicher tot, wenn er es hingegen unterlässt, wird den fünf Bedürftigen vielleicht trotzdem von anderer Seite geholfen.) Etwas zu tun, ist zudem in der Regel aufwändiger als etwas geschehen zu lassen, man muss sich anstrengen und eventuell auch überwinden, was gegen den Handelnden sprechen kann („Wie kannst du so etwas nur über dich bringen?!"). Und schließlich ist beim Tun die Dammbruchgefahr vermutlich größer als beim Geschehenlassen.

Obwohl die Debatte zwischen Signifikanz- und Äquivalenzthese seit einigen Jahrzehnten geführt wird, ist sie nach wie vor offen, was auch daran liegen könnte, dass zunächst das zugrunde gelegte Handlungsverständnis insgesamt modifiziert werden müsste (Stoecker 1998).

32.3 Das Prinzip der Doppelwirkung

Man kann etwas als Folge einer Unterlassung geschehen lassen oder als Nebenfolge eines aktiven Tuns. Letzteres ist die Grundlage eines weiteren Prinzips, ähnlich der Signifikanzthese, das einen Zusammenhang zwischen Handlungen und Verantwortung herstellen soll, des Prinzips der Doppelwirkung (PDW). Diesem Prinzip zufolge kann es moralisch zulässig sein, bestimmte Handlungsfolgen, die man nicht absichtlich hervorbringen dürfe (z. B. den Tod eines Menschen), als Nebenfolge einer absichtlichen Handlung wissentlich zu bewirken (Überblicksdarstellungen in Cavanaugh 2006; Woodward 2001). Allerdings müssten dazu eine Reihe von Bedingungen erfüllt sein: (1) die Handlung muss zugleich auch hinreichend gute Konsequenzen haben, (2) dem Handelnden muss es allein um die guten Konsequenzen gehen, (3) die bösen Folgen dürfen nicht als Mittel für die guten Effekte eingesetzt werden und (4) es darf keine Alternative geben, den guten Effekt zu erzielen.

Historisch geht das Prinzip auf Thomas von Aquins Diskussion der Selbstverteidigung in der *Summa Theologica* zurück, in der er zwischen zweierlei Wirkungen *(duos effectus)* einer Handlung unterscheidet, beispielsweise der intendierten Rettung des eigenen Lebens und dem damit verbundenen und in Kauf genommenen Tod des Angreifers (*Secunda secundae* qu. 64.7). Das PDW spielt insgesamt eine wichtige Rolle in der katholischen Morallehre, findet sich in Grundzügen aber auch im Strafrechtsdenken (Joerden 2007) und in den Intuitionen der Alltagsmoral. In der Angewandten Ethik gibt es eine Reihe von Entscheidungssituationen, auf die das PDW traditionell immer wieder angewandt wurde: die Tötung Unschuldiger im Krieg, die Tötung Ungeborener im Kontext gynäkologischer Eingriffe, die Tötung Sterbender durch den Einsatz schmerzstillender Medikamente.

Stets stellt sich die Frage, ob derartige Vorgehensweisen durch das grundsätzliche Gebot (hier: das Tötungsverbot) notwendigerweise verboten sind oder ob sie nicht trotzdem manchmal zulässig sein können. In der neueren Literatur wird das PDW häufig mit einem militärischen Beispiel illustriert (s. Kap. 89): Militärische Anlagen in einer Stadt zu bombardieren, kann als Teil eines gerechtfertigten Kriegs moralisch zulässig sein, auch wenn es absehbar ist, dass die Bomben viele Zivilisten töten (sogenannte

‚Kollateralschäden'); ein Wohngebiet zu bombardieren, um dadurch die Bevölkerung zu terrorisieren und so den Feind zu schwächen, ist hingegen niemals zulässig, selbst wenn sich die Anzahl der Getöteten bei beiden Bombardements nicht unterscheidet.

Kritische Diskussion: Das Beispiel illustriert sowohl die Attraktivität als auch die Schwächen des PDW. *Für* das PDW spricht, dass es einen intuitiv einleuchtenden dritten Weg zwischen rein utilitaristischen Folgenabwägungen (die vielleicht die Terrorbombardements stützen würden) und absolutistischen Geboten (die in ihrem Alles-oder-Nichts keine praktikable Handlungsleitung böten) darstellt. Das PDW kommt zudem der Praxis entgegen, dass auch in vielen anderen Bereichen negative Nebenfolgen akzeptiert werden, die als Mittel indiskutabel wären (z. B. die Verkehrsopfer als Nebeneffekt der Mobilität auf den Autobahnen). Und schließlich scheint es sogar einen Ausweg aus der Debatte zwischen Signifikanz- und Äquivalenzthese zu bieten, wenn man annimmt, dass ein Geschehenlassen zwar nicht grundsätzlich moralisch anders zu bewerten sei als ein aktives Tun, wohl aber dann, wenn es sich um ein Inkaufnehmen eines Geschehens als Nebenfolge eines guten Zwecks handelt (was zumindest auf die verschiedenen Formen der Sterbehilfe gut passt, s. Kap. 104).

Die beiden Haupt*schwächen* des PDW hängen zusammen: Zum einen stellt sich die Frage nach der ethischen Rechtfertigung, warum man etwas zwar sozusagen aus den Augenwinkeln zulassen aber keinesfalls geradeheraus bezwecken dürfe. Einen schwer leidenden sterbenden Menschen zu töten, sei unmoralisch, ihn aber im Verlauf der Schmerzbehandlung zu Tode kommen zu lassen, akzeptabel. Das klingt nach einem Notbehelf zur Rettung einer ansonsten impraktikablen Moral und lädt zudem dazu ein, mithilfe kreativer Umformulierungen alles zu rechtfertigen, auch die abscheulichsten Verbrechen (z. B. zu behaupten, dass man die feindliche Bevölkerung durch die Bomben nur verängstigen wolle, es aber ein bedauerlicher Nebeneffekt sei, dass dabei auch viele getötet würden).

Zum anderen scheint einen das PDW manchmal zu aberwitzigen Unterscheidungen zu zwingen: Zwar sei es verboten, einen Fetus zu töten, um die Mutter zu retten, weil das bedeuten würde, dass sein Tod als Mittel intendiert wird (und also müssen letztlich beide sterben), es sei aber erlaubt, den Tod des Fetus als Nebenfolge einer medizinisch lebenswichtigen Entfernung der Gebärmutter der Schwangeren in Kauf zu nehmen (Glover 1990, Kap. 6; Hart 2008, Abs. 3).

Eine ganze Reihe von Autorinnen und Autoren haben aus solchen Beispielen die Konsequenz gezogen, dass das PDW offenkundig unhaltbar sei. Angesichts der großen Selbstverständlichkeit, mit der in alltäglichen Moralurteilen zwischen intendierten Handlungsfolgen und Nebenwirkungen unterschieden wird, muss man aber resümieren, dass die Debatte um die Stichhaltigkeit des PDW wie auch die zwischen Signifikanz- und Äquivalenzthese moralphilosophisch und handlungstheoretisch noch offen sind.

Literatur

Birnbacher, Dieter: Tun und Unterlassen. Stuttgart 1995.
Cavanaugh, Thomas A.: Double-Effect Reasoning: Doing Good and Avoiding Evil. Oxford 2006.
Edmonds, David: Würden SIE den dicken Mann töten? Das Trolley-Problem und was uns Ihre Antwort über Richtig und Falsch verrät. Stuttgart 2015.
Foot, Philippa: „The Problem of Abortion and the Doctrine of Double Effect." In: Dies. (Hg.): Virtues and Vices. Oxford 1978, 19–32.
Glover, Jonathan: Causing Death and Saving Lives: The Moral Problems of Abortion, Infanticide, Suicide, Euthanasia, Capital Punishment, War, and Other Life-or-Death Choices. London u. a. 1990.
Harman, Gilbert: Das Wesen der Moral: eine Einführung in die Ethik. Frankfurt a. M. 1981.
Hart, Herbert L. A.: „Intention and Punishment." In: Ders. (Hg.): Punishment and Responsibility. Oxford 2008, 113–35.
Hevelke, Alexander/Nida-Rümelin, Julian: „Selbstfahrende Autos und Trolley-Probleme: Zum Aufrechnen von Menschenleben im Falle unausweichlicher Unfälle." In: Jahrbuch für Wissenschaft und Ethik 19 (2015), 5–17.
Jakobs, Günther: Die strafrechtliche Zurechnung von Tun und Unterlassen. Opladen 1996.

Joerden, Jan C.: „Spuren der duplex-effectus-Lehre im aktuellen Strafrechtsdenken." In: Michael Pawlik/Rainer Zaczyk (Hg.): Festschrift für Günther Jakobs. Köln 2007, 235–257.

Mackie, John L.: Persons and values. Oxford 1985.

Rachels, James: „Aktive und passive Sterbehilfe." In: Hans-Martin Sass (Hg.): Medizin und Ethik. Stuttgart 1989, 254–264.

Rosenberg, Jay F.: Thinking Clearly about Death. Indianapolis/Cambridge ²1998.

Steinbock, Bonnie/Norcross, Alastair: Killing and Letting Die. New York ²1994.

Stoecker, Ralf: „Tun und Lassen – Überlegungen zur Ontologie menschlichen Handelns." In: Erkenntnis 48. Jg., 2–3 (1998), 395–413.

Stoecker, Ralf (Hg.): Handlungen und Handlungsgründe. Paderborn 2002.

Thomson, Judith Jarvis: Rights, Restitution, and Risk: Essays in Moral Theory. Cambridge, Mass. u.a. 1986.

Woodward, Paul A.: The Doctrine of Double Effect: Philosophers Debate a Controversial Moral Principle. Notre Dame, Ind. 2001.

Schuld und Verdienst

Reinold Schmücker

Schuld (engl. *guilt*; frz. *dette, culpabilité*) und Verdienst (engl. *desert, merit(s)*; frz. *mérite*) sind Kategorien der wertenden Zurechnung menschlichen Handelns. Während der Schuldbegriff ethisch insofern einschlägig ist, als er auf eine Belastung verweist, die einer Person oder Personengruppe aus einem ihr zuordenbaren Verhalten erwächst, bezeichnet ‚Verdienst' als ethische Kategorie heute zumeist eine besondere Anerkennungswürdigkeit, die eine Person oder Personengruppe durch ein ihr zuordenbares Verhalten erwirbt. ‚Verdienst' kann aber auch jegliches einer Person aufgrund eigenen Verhaltens Zukommende heißen; deshalb kann auch die Strafe, die eine Tat angemessen ahndet, ein Verdienst genannt und ein Verbrecher ‚böser Meriten' bezichtigt werden.

‚Schuld' und ‚Verdienst' sind auch in ihrem ethisch einschlägigen Wortsinn keine genauen Gegenbegriffe: Wer durch sein Verhalten Schuld auf sich lädt, handelt zwar nicht verdienstlich. Umgekehrt erwirbt man jedoch nicht schon dadurch ein Verdienst, dass man schuldhaftes Handeln unterlässt. Denn der Schuldbegriff nimmt, soweit er nicht wie z. B. bei Heidegger (1960, 280 ff.) eine existentielle Grundbefindlichkeit bezeichnet, auf ein moralisches oder rechtliches Sollen Bezug, das in der Regel in Gestalt von Normen und Pflichten formuliert werden kann. Welche Handlungsweisen verdienstlich sind, lässt sich dagegen keinem Normenkatalog entnehmen, sondern nur unter Bezugnahme auf Werte angeben. Beide Kategorien verbindet jedoch, dass sie normativ gehaltvolle Zuschreibungen zum Ausdruck bringen. Das zeigt sich insbesondere daran, dass sie Ansprüche zu begründen vermögen: Schuld kann ein Sanktionsrecht einer Gemeinschaft und einen Wiedergutmachungs- oder Schadensersatzanspruch des Geschädigten begründen; Verdienste werden meist als eine Anspruchsgrundlage verstanden, die demjenigen, der sie erworben hat, ein Anrecht auf ein Gut oder eine Gegenleistung gibt.

33.1 Schuld

In einem weiten, nicht auf die normative Bewertung menschlichen Handelns eingeschränkten Sinn bezeichnet der Schuldbegriff sowohl die Urheberschaft an einem Übel, d. h. an einem negativ bewerteten Zustand, als auch die Verbindlichkeit einer Person gegenüber einem Dritten. Schuld setzt daher zum einen Vorsatz nicht voraus, sondern kann auch in einem solchen Fall eines Verschuldens vorliegen, den das Strafrecht als Fahrlässigkeit wertet. ‚Schuld' kann daher zum anderen auch eine

R. Schmücker (✉)
Westfälische Wilhelms-Universität Münster,
Münster, Deutschland
E-Mail: schmuecker@uni-muenster.de

Pflicht als solche, eine zu entrichtende Abgabe, eine auferlegte Geldstrafe oder ein zu leistender Ersatz heißen.

Als normative Kategorie verbindet der Schuldbegriff die Urheberschafts- mit der Verbindlichkeitsbedeutung und bezeichnet in Ethik und Recht die Belastung einer Person oder Personengruppe durch ein dieser zuschreibbares Verhalten, das eine Sanktion zu legitimieren oder eine Verpflichtung (z. B. zur Rückzahlung eines Geldbetrags) zu begründen vermag. Nietzsche führt die Bedeutung des Schuldbegriffs in der Moral der Moderne deshalb auf den „immer bestimmter auftretende[n] Wille[n]" zurück, „jedes Vergehn als in irgendeinem Sinne *abzahlbar* zu nehmen" (Nietzsche 1988, 308). Nur vereinzelt und meist in theologischem Kontext wird auch die Nichterreichung eines Ideals als Schuld aufgefasst.

Die Zuschreibung von Schuld kann sich nicht nur auf die Selbstevaluation eigenen Verhaltens, sondern auch auf Fremdbewertung stützen. Schuld setzt insofern kein Bewusstsein ihrer selbst voraus, sondern kann grundsätzlich auch aus einer Beobachterperspektive festgestellt werden.

Begründet werden kann Schuld durch Handlungen wie durch Unterlassungen (vgl. dazu Kant: *Grundlegung zur Metaphysik der Sitten*, B 55–57; Birnbacher 1995). Daraus folgt, dass sich Schuld nur (einzelnen oder mehreren) *Personen* zuschreiben lässt, da nur ihnen eine autonome Willensbildung unterstellt werden kann, die zu einem anderen Ergebnis hätte führen können als dem, zu dem sie tatsächlich gelangt ist. Ein radikaler Determinismus schließt die Annahme der Möglichkeit von Schuld daher aus. Autoren, die die Möglichkeit von Schuld als ein zentrales Element der *conditio humana* betrachten oder für die gesellschaftliche Koordination von Handlungsprozessen als unverzichtbar erachten, ziehen daraus jedoch unterschiedliche Schlussfolgerungen: Während Kompatibilisten den Determinismus so ‚weich' zu interpretieren suchen, dass er mit der Annahme menschlicher Willensfreiheit und menschlicher Schuld vereinbar wird, beharren inkompatibilistische Indeterministen auf der Unvereinbarkeit eines jeden Determinismus mit einem menschlichen Selbstverständnis, das mit der Möglichkeit menschlichen Anderskönnens und menschlicher Schuld rechnet (vgl. Roth 2006; Keil 2017; Lampe/Pauen/Roth 2008).

Verstöße gegen Rechtsnormen begründen *rechtliche* Schuld. Diese zieht, sofern sie nicht ungeahndet bleibt, rechtliche Sanktionen nach sich. Die strafrechtlich gebotene Bestrafung des Täters schließt dabei dessen privatrechtliche Sanktionierung durch die Verpflichtung zu Schadensersatz oder Wiedergutmachung ebenso wenig aus wie umgekehrt diese jene. Die Sanktionierung rechtlicher Schuld obliegt den Organen der Rechtspflege, insbesondere der Judikative. Ihre Aufgabe ist es zuvörderst, das Vorliegen jener spezifischen Bedingungen zu prüfen, an die insbesondere das Strafrecht die Zurechenbarkeit von Schuld bindet: Strafrechtliche Schuld setzt die Schuld- oder Zurechnungsfähigkeit des Täters, eine ihm von Rechts wegen vorwerfbare Willensbildung (Vorsatz oder Mangel an notwendiger Sorgfalt) sowie Unrechtsbewusstsein, d. h. die Einsicht des Täters in den unrechtlichen Charakter der Tat, voraus. Schuldunfähigkeit, unvermeidbarer Verbotsirrtum und entschuldigender Notstand sind demgegenüber Schuldausschließungsgründe.

Aus Verstößen gegen moralische Normen resultiert *moralische* Schuld. Sofern der Täter die von ihm missachteten Moralnormen internalisiert hat, manifestiert sich moralische Schuld psychisch in Schuldgefühlen bzw. einem ‚schlechten Gewissen'. Sie spiegeln die Präskriptivität, die jedes moralische Urteil für den aufrichtig Urteilenden besitzt (Hare 1983). Moralische Schuld kann jedoch nicht nur eine Sanktion durch das eigene Gewissen erfahren, sondern auch durch andere Personen oder soziale Institutionen sanktioniert werden, z. B. die Missbilligung Dritter oder die Kritik eines Lehrers, einer Partei oder einer Religionsgemeinschaft hervorrufen. Subjektinterne und soziale Sanktionierung moralischer Schuld fallen zwar häufig, aber nicht notwendigerweise zusammen. Denn es bleibt Dritten unbenommen, die in ihren Augen bestehende moralische

Schuld eines vermeintlich ‚gewissenlosen' Akteurs auch dann zu sanktionieren, wenn dieser kein Schuldbewusstsein hat. Andererseits kann das Bewusstsein eigener Schuld auch dann zu Gewissensbissen, Scham und Reue führen, wenn keine Sanktionierung (und unter Umständen auch gar keine Zuschreibung) von Schuld seitens Dritter erfolgt. Das ist häufig dann der Fall, wenn ein Verstoß gegen moralische Normen, der das Gewissen des Akteurs belastet, von Dritten deshalb nicht als Schuld gewertet wird, weil er unter äußerem Zwang erfolgte. Umgekehrt können Dritte aber auch bestrebt sein, Schuldgefühle hervorzurufen. Denn das Hervorrufen von Schuldgefühlen kann als Mittel von Unterdrückung und Repression dienen, wie Jean-Paul Sartre (1991) in seinem Theaterstück *Die Fliegen* eindrucksvoll vor Augen führt.

‚Vernunftgeleitet' nennt John Rawls (1979, 517) ein Schuldgefühl, das „auf der Anwendung der richtigen moralischen Grundsätze im Lichte wahrer oder vernünftiger Tatsachenannahmen beruht". Einer solchen Auffassung liegt ein metaethischer Kognitivismus zugrunde. Denn sie setzt voraus, dass sich Schuldgefühle auf moralische Überzeugungen und Urteile stützen, deren normative Richtigkeit nicht auf subjektivem Für-wahr-Halten gründet, sondern transsubjektiv festgestellt werden kann. Demgegenüber betont Bernard Williams (2000) die Differenz von Schuldgefühl und Scham und die Bedeutung einer „Schamkultur", wie sie in der Antike ausgeprägt gewesen sei (2000, 98; Herv. d. Orig. getilgt): Einem für die Moderne charakteristischen ‚falschen Bild des moralischen Lebens' zufolge „versorgt mich die Vernunft oder auch eine religiöse Erleuchtung [...] mit einer Kenntnis des moralischen Gesetzes, dem ich dann nur noch willentlich gehorchen muß" (ebd., 110). Die Scham hingegen, die sich auch auf ein von einem Akteur ohne willentlichen Verstoß gegen eine moralische Norm verursachtes Leid Dritter beziehen könne, „erschließt, wer wir sind und wer wir zu sein hoffen", und vermittele so „zwischen Handlung, Charakter und den Konsequenzen der Handlung" sowie „zwischen den ethischen Anforderungen und dem Rest des Lebens" (ebd., 119).

Moralische Schuld kann sich mit rechtlicher Schuld decken. Rechtliche Schuld impliziert jedoch ebenso wenig moralische Schuld wie umgekehrt moralische Schuld rechtliche. Eine Besonderheit moralischer Schuld liegt darin, dass sie im Unterschied zu strafrechtlicher Schuld, zu deren Ahndung die zuständigen Strafverfolgungsbehörden ihrerseits von Rechts wegen verpflichtet sind, vergeben werden kann. Dies setzt allerdings voraus, dass ihr ein Verstoß gegen moralische Normen zugrunde liegt, durch den *bestimmte* Dritte geschädigt werden; denn die *Vergebung* moralischer Schuld ist (jedenfalls außerhalb religiöser Kontexte) den jeweils geschädigten Dritten vorbehalten. Das hat seinen Grund darin, dass Vergebung einen ausdrücklichen freiwilligen *Verzicht* des Geschädigten auf die Forderung nach Sanktionen gegen den Schädiger darstellt, der als solcher nicht erzwungen werden kann. Die Vorstellung der Vergebung von Schuld wurzelt insofern in der Möglichkeit des Verzichts des Geschädigten auf Wiedergutmachung und Schadensersatz, die das Privatrecht seit jeher anerkennt. Aus dem Vergebungsprivileg des Geschädigten folgt, dass jemand, der durch die Schädigung eines Dritten Schuld auf sich geladen hat, ebenso wenig einen Anspruch auf Vergebung geltend machen kann, wie sich der Verzicht auf Wiedergutmachung oder Schadensersatz einfordern lässt. Auch die in den meisten Rechtsordnungen vorgesehene Möglichkeit der *Begnadigung* eines Straftäters lässt sich auf die Vorstellung zurückführen, dass auf die Sanktionierung von Schuld im Einzelfall auch verzichtet werden kann.

33.2 Verdienst

Auch die normative Kategorie des Verdienstes verbindet zwei Grundbedeutungen des Begriffs miteinander. Verdienst kann einerseits nämlich jede *Leistung* heißen, die für eine Gemeinschaft von Bedeutung ist. Verdienste sind insofern nicht notwendigerweise moralischer Natur;

sie können vielmehr auch durch kulturelle, politische oder wirtschaftliche Leistungen erworben werden. Andererseits bezeichnet der Begriff des Verdienstes aber auch den *Anspruch auf eine angemessene Würdigung einer Handlung*, der durch diese Handlung erworben wird. Diese kann in Lob, Dank, Anerkennung oder einer sonstigen Erkenntlichkeit Dritter bestehen, die ein Akteur für eine bestimmte Handlung erfährt, die ihm als Verdienst zugerechnet wird. Sie kann sich aber auch in der Zuteilung von materiellen Gütern oder von Ämtern und Einflusschancen manifestieren, die als Belohnung für jemandes Verdienste angesehen werden. Einem älteren Verständnis zufolge, das sich im Englischen stärker als im Deutschen erhalten hat, kann auch die angemessene Vergeltung einer negativen Tat als verdient aufgefasst werden; auch die Strafe, die ein Unrecht sanktioniert, kann insofern als ein gerechtes Verdienst begriffen werden.

Insofern sich im Verdienstbegriff beide Bedeutungsebenen überlagern, lässt er Leistungen als Grundlage berechtigter Ansprüche erscheinen. Eine Verdienstethik, die sich an dieser Vorstellung orientiert, muss distributive Gerechtigkeit dadurch herzustellen suchen, dass sie Güter nicht egalitär, sondern dem Grad der jeweils erworbenen Verdienste entsprechend verteilt. Ihre bis heute wirkmächtigste Formulierung hat diese verdienstethische Kardinalforderung in der Suum-cuique-Formel („Jedem das Seine!") gefunden, die durch Justinian zum grundlegenden Gerechtigkeitsprinzip des abendländischen Rechts erhoben wurde (*Digesten* 1, 1, 1), sich aber u. a. über Cicero (*De officiis* I, 15; *De legibus* I, 19) bis zu Aristoteles (*Rhetorik*, 1366b) und Platon (*Politeia*, 332) zurückverfolgen lässt.

Eine andere ethische Bedeutung erhält der Begriff des Verdienstes bei Kant. Für ihn ist die Erfüllung derjenigen moralischen Pflichten „Verdienst", denen keine Freiheits- oder Anspruchsrechte Dritter korrespondieren (*Metaphysik der Sitten*, A 21). Kant nennt solche „unvollkommenen" Pflichten, zu denen er die Entwicklung eigener Fähigkeiten ebenso zählt wie die helfende Anteilnahme an fremder Not (*Grundlegung zur Metaphysik der Sitten*, B 55–57), deshalb auch „verdienstliche Pflichten" oder „Tugendpflichten" (*Metaphysik der Sitten*, A 29 und A 116).

Kants Verständnis von Verdienst hebt ein Moment hervor, das einer verdienstlichen Handlung nach heutigem Begriffsverständnis wesentlich ist: Verdienste können nur durch Handlungen erworben werden, die nicht aufgrund äußeren Zwanges, sondern aus freien Stücken erfolgen. Das schließt aus, dass jemandem ein unwillentliches Verhalten als Verdienst zugerechnet wird. Deshalb setzt die Zuerkennung von Verdiensten ebenso wie der Schuldvorwurf die Unterstellung voraus, dass ein Verhalten einer Person zugerechnet werden kann, die als solche über die Fähigkeit zu freier Willensbildung und das Vermögen, dem eigenen Willen entsprechend zu handeln, verfügt. Da Rechtsgebote grundsätzlich zwangsbewehrt sind, kann eine Handlung überdies nur dann als verdienstlich erachtet werden, wenn der Akteur durch sie nicht lediglich einer Rechtspflicht genügt. Im Übrigen wird es heute weithin als Kennzeichen einer verdienstlichen Handlung angesehen, dass sie Dritten oder einer Gemeinschaft nicht nur geringfügig, sondern in erheblichem Maß nützt.

33.3 Ethische Bedeutung von Schuld und Verdienst

Die Auffassung, dass „‚Schuld' eigentlich […] kein Thema der Ethik" sei (Splett 1974, 1279), kann sich nur auf der Grundlage eines religiösen oder existentialontologischen Schuldbegriffs ergeben, der Schuld nicht auf Verfehlungen handelnder Personen zurückführt, sondern als einen Zustand deutet, der Teil der *conditio humana* ist. Soweit sich diese Vorstellung auf die Annahme stützt, dass Menschen im Laufe ihres Lebens unvermeidlich in Situationen geraten, in denen konfligierende moralische Normen gegensätzliche Handlungen gebieten, und sie es deshalb prinzipiell nicht vermeiden können, Schuld auf sich zu laden, ist sie jedoch nicht plausibel. Denn Schuld kann sich aus der Missachtung einer moralischen Norm um der Erfüllung einer ihr widerstreitenden moralischen Norm willen nur dann ergeben, wenn es keine moralische Metanorm gibt, die im Fall eines Normenkonflikts als Vorrangregel fungieren und die missachtete Norm als nachrangig ausweisen kann. Ebendies anzunehmen widerspräche jedoch einer sehr weit verbreiteten alltagsmoralischen Praxis. Denn Konflikte, die moralische Normen betreffen, lassen sich zumeist durch die Annahme auflösen, dass einer der einander widerstreitenden Normen der Vorrang vor den anderen zukomme, die nicht zugleich mit der vorrangigen Norm befolgt werden können. Und auf die Sanktionierung eines Verstoßes gegen eine moralische Norm wird in modernen Gesellschaften normalerweise dann verzichtet, wenn der Normverstoß überzeugend durch die moralische Pflicht zur Befolgung einer vorrangigen Norm gerechtfertigt werden kann, die die Erfüllung der missachteten Norm ausschloss.

In der Angewandten Ethik und in der politischen Philosophie spielt die Kategorie der Schuld insbesondere dort eine Rolle, wo es um die Legitimität der Zufügung von Übeln geht. Schuld vermag zwar nach heute vorherrschendem Verständnis nicht mehr die Zufügung von Übeln zu rechtfertigen, die über eine gesetzlich vorgesehene Strafe bzw. über informelle soziale Sanktionen der Missbilligung und Kritik, der Verachtung, des Tadels oder der Interaktionsvermeidung hinausgehen. Auf sie kommt es im Horizont einer deontologischen Ethik jedoch dann an, wenn es unvermeidlich erscheint, zwischen *prima facie* bestehenden moralischen Pflichten gegenüber unterschiedlichen Personen abzuwägen, weil die Erfüllung der gegenüber der einen Person bestehenden Prima-facie-Pflicht die Erfüllung der gegenüber einer anderen bestehenden Prima-facie-Pflicht ausschließt. So wird eine deontologische Ethik die gezielte Tötung eines Amokschützen, der anders nicht daran gehindert werden kann, Kinder in einer Schule zu töten, jedenfalls dann als moralisch erlaubt (und unter Umständen auch geboten) erachten, wenn Grund zu der Annahme besteht, dass der Amokschütze die Situation, in der das Leben der von ihm Bedrohten nur um den Preis seines eigenen Lebens gerettet werden kann, schuldhaft herbeigeführt hat. Im Übrigen wird, wenn etwa gefragt wird, ob unter bestimmten Umständen die Schädigung oder sogar die Tötung Unschuldiger in Kauf genommen werden darf (Fritze 2004), vorausgesetzt, dass Personen nicht nur fundamentale moralische Rechte, sondern auch Schuld und Unschuld zugeschrieben werden können.

Bis heute umstritten ist demgegenüber, ob Verdiensten, die sich eine Person erworben hat, (allokations-)ethische Bedeutung zukommt. Einerseits hat nämlich der neuzeitliche Liberalismus meritokratische Vorstellungen von Verteilungsgerechtigkeit entwickelt (vgl. z. B. Nozick 1976, Teil II). Ihnen zufolge ist ein gesellschaftliches System der Verteilung von Gütern, Ämtern und Einflusschancen gerecht, wenn es dem Einzelnen „einen unrelativierbaren Anspruch auf sich, seine Fähigkeiten und Talente und alles, was unter Einsatz dieser Fähigkeiten und Talente unter den gegebenen Bedingungen erwirtschaftet worden ist" (Kersting 2000, 368), zuerkennt. Andererseits ist ein meritokratisches Verständnis von Verteilungsgerechtigkeit gravierenden Einwänden ausgesetzt (die Negativutopie einer absoluten Meritokratie entwirft M. Young 1961): Die natürliche Ausstattung des Einzelnen ist diesem ohne ein ihm zurechenbares Handeln zuteil geworden und kann deshalb nicht als sein Verdienst begriffen werden (vgl. Gosepath 2004, 385); dasselbe gilt auch für die Naturgüter, auf die der Einzelne zurückgreift, wenn er Leistungen erbringt (Steinvorth 1999, 116). Auch die Entwicklung der Talente, mit denen ihn die Natur ausstattet, kann nicht als alleiniges Verdienst des Einzelnen angesehen werden; denn sie wäre ihm ohne Kontextbedingungen, die er immer schon vorfindet (z. B. ein Ausbildungssystem), nicht möglich. Überdies sind es offenkundig soziale Konventionen, die darüber bestimmen, was als ein Verdienst zählt und was nicht (I.M. Young 1990, 205). Da sie in den Interessen sozialer Gruppen und in unterschiedlichen nicht-universellen Konzeptionen des Guten wurzeln und historischem Wandel unterliegen, ist weder ein gesellschaftsspezifischer noch ein universeller Konsens über die Bewertung der Leistungen der Individuen zu erwarten (Hinsch 2002, 249 f.). Überdies lassen sich die individuellen Beiträge zu kooperativ erbrachten Leistungen nicht eindeutig identifizieren und zurechnen (Gosepath 2004, 393 f.).

Fraglich ist es deshalb nicht nur, ob sich eine gerechte Mikroallokation knapper Güter (z. B. transplantabler Organe oder überlebenswichtiger Medikamente) am Kriterium individueller Verdienste orientieren kann. Vielmehr erscheinen Verdienste generell als ein fragwürdiger Maßstab distributiver Gerechtigkeit.

Literatur

Birnbacher, Dieter: Tun und Unterlassen. Stuttgart 1995.
Feinberg, Joel: Doing and Deserving. Princeton 1970.
Fritze, Lothar: Die Tötung Unschuldiger. Berlin/New York 2004.
Gosepath, Stefan: Gleiche Gerechtigkeit. Grundlagen eines liberalen Egalitarismus. Frankfurt a. M. 2004.
Hare, Richard M.: Freiheit und Vernunft. Frankfurt a. M. 1983 (engl. 1963).
Heidegger, Martin: Sein und Zeit [1927]. Tübingen ^{9}1960.
Hinsch, Wilfried: Gerechtfertigte Ungleichheiten. Grundsätze sozialer Gerechtigkeit. Berlin/New York 2002.
Keil, Geert: Willensfreiheit [2007]. Berlin/Boston ^{3}2017.
Kersting, Wolfgang: Theorien der sozialen Gerechtigkeit. Stuttgart/Weimar 2000.
Lampe, Ernst-Joachim/Pauen, Michael/Roth, Gerhard (Hg.): Willensfreiheit und rechtliche Ordnung. Frankfurt a. M. 2008.
Nietzsche, Friedrich: Jenseits von Gut und Böse. Zur Genealogie der Moral (Kritische Studienausgabe, Bd. 5). Hg. von Giorgio Colli, Mazzino Montinari. München/Berlin/New York ^{2}1988.
Nozick, Robert: Anarchie, Staat, Utopia. München 1976 (engl. 1974).
Rawls, John: Eine Theorie der Gerechtigkeit. Frankfurt a. M. 1979 (engl. 1971).
Roth, Gerhard: „Willensfreiheit und Schuldfähigkeit aus Sicht der Hirnforschung." In: Ders./Klaus-Jürgen Grün (Hg.): Das Gehirn und seine Freiheit. Göttingen 2006, 9–27.
Sartre, Jean-Paul: Die Fliegen. Drama in drei Akten. Reinbek 1991 (frz. 1943).
Schmidtz, David: Elements of Justice. New York 2006.
Sen, Amartya: „Merit and Justice." In: Kenneth Arrow, Samuel Bowles, Steven Durlauf (Hg.): Meritocracy and Economic Inequality. Princeton 2000, 5–16.
Sher, George: Desert. Princeton 1987.
Splett, Jörg: „Schuld." In: Hermann Krings/Hans Michael Baumgartner/Christoph Wild (Hg.): Handbuch philosophischer Grundbegriffe, Bd. 5. München 1974, 1277–1288.
Steinvorth, Ulrich: Gleiche Freiheit. Politische Philosophie und Verteilungsgerechtigkeit. Berlin 1999.
Williams, Bernard: Scham, Schuld und Notwendigkeit. Eine Wiederbelebung antiker Begriffe der Moral. Berlin 2000 (engl. 1993).
Young, Iris Marion: Justice and the Politics of Difference. Princeton 1990.
Young, Michael: Es lebe die Ungleichheit. Auf dem Wege zur Meritokratie. Düsseldorf 1961 (engl. 1958).

Eigentum und Verteilungsgerechtigkeit

34

Christoph Horn

Eigentum und Verteilungsgerechtigkeit bilden wichtige Grundkonzepte der Wirtschaftsethik. Während Verteilungsgerechtigkeit einen normativen Begriff darstellt, der unsere Ideen darüber zusammenfasst, welche Güter in einer Wirtschafts- und Gesellschaftsordnung wem aufgrund welcher Prinzipien zukommen sollen, ist Eigentum ein eher deskriptiver Begriff: er beschreibt einen bestehenden (meist rechtlich greifbaren) Anspruch einer Person auf die exklusive Nutzung eines Objekts. Rein deskriptiv ist aber auch er nicht; im Grunde beruht unser Eigentumsbegriff auf stark normativ eingefärbten Vorstellungen darüber, was für ein gelingendes menschliches Leben zählt und wie wir uns eine gut funktionierende soziale Gemeinschaft vorstellen.

34.1 Zum Begriff des Eigentums

Wenn jemand einen Gegenstand als sein Eigentum betrachtet, so meint er damit, dass kein anderer als er selbst das Objekt nutzen, verbrauchen, ausbeuten, umgestalten, vergammeln lassen, verkaufen, verleihen, verschenken, vererben oder zerstören darf. Über Eigentum zu verfügen, scheint demnach zu heißen, dass dem Eigentümer – sei dieser nun ein Individuum, ein Kollektiv oder eine Institution – ein vollständiges, exklusives, unbefristetes und übertragbares Verfügungsrecht über den betreffenden Gegenstand (oder auch auf eine bestimmte Leistung) zusteht. So kann Sandra ihren Kugelschreiber zu jedem beliebigen Zeitpunkt als Schreibwerkzeug gebrauchen; sie darf ihn aber auch ungenutzt lassen, mutwillig zerbrechen oder zweckentfremdet einsetzen. Überdies glauben wir, dass der, dem etwas gehört, auch über das Eigentumsrecht in allen seinen Aspekten, Bestandteilen oder Erträgen (und seien sie auch indirekt) verfügt. Die überraschend unter Frau Lehmanns Garten entdeckten Bodenschätze gehören ihr ebenso wie die Früchte des von ihr angepflanzten und gepflegten Apfelbaums. Verstöße gegen Eigentumsrechte ahnden wir mit moralischer Empörung, sozialer Ausgrenzung sowie durch spürbare persönliche und juristische Strafen; das Recht auf Eigentum zählt als grundlegendes Menschenrecht. Offenbar besitzt das Eigentumsprinzip für uns eine weitreichende soziale Bedeutung. Eigentumsansprüche machen wir in Bezug auf sehr unterschiedliche Gegenstände geltend: mit Blick auf die Kleider, die wir am Leib tragen, beim Inhalt unseres Kühlschranks, beim Geld auf unserem Bankkonto, bei unserem Sommerhaus in der Toskana sowie bei unserem kreativen oder geistigen Eigentum. Andererseits meinen wir nicht, dass Flüsse, die Atemluft oder die Epen Homers jemandem ex-

C. Horn (✉)
Universität Bonn, Bonn, Deutschland
E-Mail: chorn@uni-bonn.de

klusiv gehören können. Wir distanzieren uns von der Vorstellung, dass man Menschen als Sklaven zu besitzen vermag. Und wir lehnen die Vorstellung ab, man dürfe sich etwas durch Diebstahl, Raub, Unterschlagung oder Betrug aneignen. Als legitime Erwerbungsformen von Eigentum betrachten wir vornehmlich eigene Herstellung, Kauf, Tausch, Schenkung und Erbschaft. Einen Sonderfall bildet das Verleihen, Vermieten oder Verpachten, bei dem jemand ein Nutzungsrecht für eine bestimmte Zeit an einen anderen überträgt und ihn gleichsam mit eingeschränkten Eigentumsrechten versieht.

In der klassischen Eigentumstheorie wie in der Rechtstradition finden wir zudem die Unterscheidung von Besitz und Eigentum: Besitz meint die unmittelbare Inhabung eines Objekts; etwas in seinem Besitz zu haben impliziert also stets eine direkte physische Beziehung zwischen einem Anspruchsträger und dem Besitzobjekt. Eigentum hingegen steht für eine indirekte, eine gedachte oder eine sozial konstituierte Beziehung. Charakteristisch für eine Besitzrelation ist, dass ihre Verletzung, wie Kant es ausdrückt, den Besitzer unmittelbar – in der Regel physisch – lädiert. Für unseren Zusammenhang ist diese Unterscheidung allerdings kaum von Belang, weil die Ressourcen, um die es geht, allenfalls jemandes Eigentum sein können, nicht sein Besitz.

Begrifflich zu unterscheiden ist ferner zwischen Privateigentum, Kollektivbesitz und Gemeinbesitz. Kollektivbesitz unterscheidet sich dadurch von Privateigentum, dass anstelle eines Individuums die Besitzrechte in den Händen einer Gruppe, einer Institution, eines Unternehmens oder eines Staates liegen. Dass ein Gut von einer aus vielen Individuen bestehenden Eigentümergemeinschaft besessen wird, hat bisweilen erhebliche Vorteile – so etwa bei landwirtschaftlichen Produktionsgenossenschaften. Gemeinbesitz liegt dann vor, wenn öffentliche Güter, etwa Parks und andere öffentliche Anlagen, jedermann zur freien Nutzung offenstehen; von Gemeinbesitz wird man auch in Bezug auf große menschheitliche Güter wie die Ozeane, die (freilebende) Tierwelt oder das kulturelle Erbe sprechen können.

In der angelsächsischen Rechtstheorie des 20. Jahrhunderts war es insbesondere der Rechtsbegriff von W.N. Hohfeld, der die Analyse des Eigentumsbegriffs bestimmte (dazu Stepanians 2005). Hohfeld (2001) stützt sich auf eine ältere Bündeltheorie, die bereits gegen Ende des 19. Jahrhunderts formuliert wurde. Der Bündeltheorie zufolge ist es falsch, Eigentum als Beziehung zwischen einem Eigentümer und einem Ding oder Gegenstand zu begreifen; stattdessen soll Eigentum ein Bündel von Rechten zwischen Personen bezeichnen. Diese Rechte hat nun Hohfeld genauer analysiert und nach Rechtstypen differenziert: nämlich in Anspruchsrechte *(claim rights)*, Freiheiten *(privileges)*, Kompetenzen *(powers)* und Immunitäten *(immunities)*. Im strengen Sinn um Rechte handelt es sich nur bei Anspruchsrechten. Ein Eigentumsrecht zu haben, heißt in Hohfeldschen Begriffen denn auch primär, dass eine Person *A* gegenüber einer Person *B* den berechtigten Anspruch auf ein bestimmtes Verhalten hat. M. Stepanians charakterisiert die These daher als ‚Interpersonalitätsthese'. Gegen diese Bündeltheorie des Eigentums opponieren in jüngerer Zeit Theoretiker, die eine Rückkehr zu der These favorisieren, wonach sich die relevante Eigentumsrelation zwischen Person und Ding abspielt. So hat J.E. Penner (1996) die Ansicht vertreten, ohne eine Dingbeziehung lasse sich die Eigentumsrelation gar nicht verstehen.

Was für die Frage nach dem legitimen Eigentümer der Ressourcen dieser Welt von zentraler Bedeutung ist, lässt sich in vier grundlegenden eigentumstheoretischen Fragen zusammenfassen, nämlich: (1) Was kann überhaupt zum Gegenstand eines Eigentumsanspruchs werden? Und wovon sollte es keinen Besitz geben dürfen? (2) Wodurch lässt sich Eigentum legitimieren? Wie kann man nachvollziehbar machen, dass jemandem, wie wir sagten, ein komplettes, exklusives, unbefristetes und übertragbares Verfügungsrecht über etwas zukommen soll? (3) Welche Grenzen sind einer legitimen Eigentumsnutzung zu ziehen? In welchen Fällen überwiegen fremde Interessen an einem Gegenstand die Bedeutung des Eigentumsrechts? Schließlich (4): Genügt es, in der Frage nach der Legitimität von Eigentum Individuen isoliert in den Blick zu nehmen? Oder muss man zusätzlich Fragen der interpersonalen Besitzverteilung berücksichtigen?

34.2 Theorien legitimen Eigentums

Wie ein Blick auf die neuzeitliche Theoriegeschichte zeigt, ist Eigentum vornehmlich aus Gründen der Empfindung sozialer Ungerechtigkeit zum Gegenstand der Philosophie geworden. Eigentumskritik kennt man seit dieser Zeit besonders aus dem Lager des theoretischen Anarchismus sowie des Marxismus. Aber bei näherem Hinsehen erweist sich eine Reihe zusätzlicher Probleme als philosophisch klärungsbedürftig: Habe ich ein Recht auf mein Bild in dem Sinn, dass niemand Fotos von mir ohne meine Erlaubnis publizieren darf? Darf ein Hauseigentümer ein denkmalgeschütztes Gebäude abreißen lassen? Ist es hinzunehmen, wenn ein Pharmahersteller sein Wissen um ein Heilmittel, also sein geistiges Eigentum, nicht zur Herstellung eines Medikaments nutzt? Kann man Tiere ebenso besitzen wie Gebrauchsgegenstände? Oder ist Tierbesitz ähnlich anstößig wie Sklaverei? Ist jeder Mensch Besitzer seines Körpers in dem Sinn, dass er autorisiert wäre, seine Organe für Transplantationszwecke zu verkaufen? Wem gehört die Antarktis, wem der Weltraum in Erdnähe, wem die Mondoberfläche? Kann jemand einen älteren Eigentumsanspruch geltend machen, wenn ein anderer das betreffende Gebiet zwischenzeitlich jahrzehntelang bewirtschaftet hat? Was berechtigt dazu, Besitz in Form von Schenkung oder Erbschaft weiterzugeben? In der Tradition und teilweise auch in der aktuellen Politischen Philosophie spielen fünf Legitimationsmodelle für Eigentum eine herausragende Rolle:

Prima occupatio-Theorien: Nach diesem Ansatz ist für die Legitimation von Eigentum der Moment der ersten Inbesitznahme entscheidend. Jemand wird mithin zum Eigentümer von etwas, indem er sich in einem verbalen oder symbolischen Okkupationsakt zum Besitzer des Gutes erklärt. Hierbei gilt, dass es sich um ein bis dahin herrenloses Gut handeln muss. Eine Version dieser Theorie findet sich in Rousseaus *Du contrat social* (1762). Rousseau vertritt dort die Auffassung, dass im vorstaatlichen Zustand das Prinzip der Erstokkupation angemessener ist als das Recht des Stärkeren – wenn auch unter staatlichen Bedingungen schließlich der Staat als wahrer Eigentümer alles materiellen Besitzes zu gelten habe. Die erste Inbesitznahme eines Stücks Boden im Naturzustand ist nach Rousseau näherhin dann angemessen, wenn gewährleistet ist, dass dieses Land bisher unbewohnt war, dass der Okkupant es zu seiner Selbsterhaltung benötigt und dass es faktisch zu Arbeit und Anbau genutzt wird (I 9). Zumindest bei Rousseau wird also die Erstokkupation an ein Zusatzkriterium geknüpft, nämlich daran, dass die jeweilige Inbesitznahme mit berechtigten fremden Interessen verträglich sein muss.

Arbeitswerttheorien: John Locke liefert in seinem *Second Treatise of Government* die klassische Formulierung eines Ansatzes, nach welchem der Wert der Arbeit, die jemand in ein herrenloses Gut investiert, dasjenige ist, was den Betreffenden zum Eigentümer der fraglichen Sache macht (§§ 25–51). Das ist wie folgt zu verstehen: Nach Locke ist jeder Mensch als ein Geschöpf Gottes der unmittelbare Besitzer seiner eigenen Person (Idee der *self-ownership*). Daraus leitet sich ab, dass ihm auch die Arbeit gehört, welche er mit seinem Körper verrichtet. Wenn nun jemand ein herrenloses Naturgut durch seine Arbeit aufwertet, verbessert oder veredelt, dann ‚vermischt' er seine Arbeit mit diesem Gut und erhält dadurch einen bleibenden Anspruch auf das Objekt. Hat er beispielsweise Getreide ausgesät, geerntet, gemahlen und verarbeitet, so ist er als rechtmäßiger Besitzer des erzeugten Brotes anzusehen. Zur Bedingung eines solchen Besitzerwerbs macht Locke allerdings, dass genügend an Gleichwertigem für die anderen Personen übrig bleiben muss und dass niemand durch die Aneignung geschädigt wird (§ 27 und 31). Man bezeichnet diese Klausel häufig als *Lockean proviso*. Es ist aber nicht nur das *Lockean proviso*, das Lockes Arbeitswerttheorie relativiert. Genau genommen muss nicht schlechterdings jedes Eigentum durch Verweis auf eine eigene Arbeit gerechtfertigt werden. Locke thematisiert zusätzlich die Einführung des Geldes und die mit Kauf und Verkauf verknüpfte wirtschaftliche Effizienzsteigerung. Unter Marktbedingungen wird Eigentum auch dann angemessen erworben, wenn die unmittelbare Arbeit an den betreffenden Gütern keine Rolle mehr spielt. Wichtig ist nur, dass die ursprüngliche Basis des Eigentumserwerbs in der Aufwertung von Gütern durch jemandes körperliche Arbeit liegen soll.

Konsequentialistische Theorien: Eigentum lässt sich aber auch so rechtfertigen, dass man auf seine allseitig vorteilhaften Konsequenzen verweist. Eine Gesellschaft ohne privates Eigentum wäre wirtschaftlich weit weniger leistungsfähig, weil in ihr das Eigeninteresse in geringerem Maße angestachelt würde. Bereits David Hume (1711–1776) hat in seinem *Treatise on Human Nature* (1739/40) und im *Enquiry Concerning the Principles of Morals* (1751) die Überzeugung vertreten, dass die Forderung nach Gerechtigkeit (d. h. hier die Forderung, jeder solle fremdes Eigentum respektieren) eine gesellschaftlich außerordentlich nützliche Fiktion darstellt. Eine Fiktion sei unsere Praxis von Eigentumserwerb und Eigentumsschutz insofern, als Kauf, Tausch, Schenkung usw. auf sozialen Konventionen beruhten und mit quasimagischen Ritualen des Versprechengebens, Händeschüttelns, Verträgeunterschreibens usw. abgestützt würden. Äußerst nützlich sei unsere Eigentumspraxis aber dennoch, weil sie für die Effizienz eines Wirtschaftssystems sorge.

Kontraktualistische Theorien: Man kann die Rechtmäßigkeit von Eigentum ferner dadurch verteidigen, dass man sich Besitz als Ergebnis einer Absprache zwischen den Bürgern eines Staates vorstellt. So wird etwa in Kants *Rechtslehre* der Eigentumsbegriff unmittelbar mit jener Absprache in Verbindung gebracht, die zur Errichtung einer Rechts- und Staatsordnung führen soll. Kant versteht den Übergang zwischen dem allgemeinen Wunsch nach Eigentumssicherung und der Bildung eines Staates wie folgt. Mein rechtmäßiges Eigentum, ‚das rechtlich Meine', kann nur etwas sein, mit dem ich so eng verbunden bin, dass ein fremder Gebrauch mich schädigen würde. Das hieße, dass das betreffende Gut in meinem unmittelbaren physischen Besitz sein müsste. Doch äußere Güter, z. B. ein Grundstück, können von mir nicht in demselben physischen Sinn besessen werden wie die Kleider, die ich am Leib trage. Sie befinden sich lediglich in meinem gedachten, ‚intelligiblen' Besitz. Um diese Eigentumsform gegen Missachtung abzusichern und ihr Stabilität zu verschaffen, bedarf es einer rechtsgültigen Anerkennung meines Besitzanspruchs durch alle potentiellen Schädiger. Hierzu verwendet Kant den Vertragsgedanken: Jeder ist bereit, fremdes Eigentum anzuerkennen, wenn er dafür eine Garantie auf seine Besitzansprüche erhält. Allerdings nimmt Kant dazu kein ursprüngliches, vorstaatliches Recht auf Eigentum an; für ihn existiert kein Menschenrecht auf Besitz. Jedoch gibt es nach seiner Auffassung ein ursprüngliches Freiheitsrecht, d. h. das Recht auf freie Selbstverfügung oder Selbstbesitz. Zu diesem gehört auch, dass niemand daran gehindert werden darf, sich alle für ihn erreichbaren Güter anzueignen. Die Praxis der Erstokkupation im Naturzustand erweist sich somit als menschenrechtlich legitim. Allerdings erlangt ein solcher unter vorstaatlichen Bedingungen erworbener Besitz lediglich provisorische Gültigkeit. Ihm haftet noch der Charakter einer willkürlichen Anmaßung und der Instabilität an. Erst der Staat macht nach Kant Eigentum rechtskräftig und legitimatorisch dauerhaft (peremtorisch). Eigentumsrechte bedürfen somit der wechselseitigen Anerkennung. Diese allgemeine Zustimmung wird aber erst durch den Vertrag zur Staatserrichtung geleistet.

Anspruchsbezogene Theorien: Eigentum lässt sich schließlich dadurch legitimieren, dass man seine Bedeutung für die Deckung menschlicher Grundbedürfnisse herausstellt. Demnach haben Menschen unaufgebbare Ansprüche auf ein gewisses Maß an Eigentum. Dieser Gedanke ließe sich so ausbuchstabieren, dass man auf die Minimalbedingungen menschlichen Lebens verweisen könnte und dann bestimmte Güter als die Mindestausstattung einer Person beschriebe. Auf diesem Weg gelangt man zu der Vorstellung, dass es ein Menschenrecht zumindest auf elementaren Besitz gibt. Man könnte sogar eine anspruchsvollere Variante ins Auge fassen, nach der es bestimmter Besitzgüter für die Entwicklung grundlegender Fähigkeiten oder für die Erlangung eines umfassenden guten Lebens bedarf. Eine solche perfektionistische Eigentumsvorstellung scheint bereits Aristoteles zu vertreten: Nach Aristoteles soll jeder Bürger bei der Gründung einer idealen Polis zwei Parzellen Ackerland erhalten, eine nahe am Stadtrand, die andere stadtfern am Rand des Staatsgebiets; diese Flächen sollen ebenso unverkäuflich sein wie dasjenige Land, das allen Bürger gemeinsam gehört und aus dessen Erträgen gemeinsame Mahlzeiten und religiöse Festopfer bestritten werden (*Politik* VII 10, 1330a3-13). Im Hintergrund steht Aristoteles' Vorstellung vom guten Leben (*eudaimonia*), welche sich auch auf materielle Voraussetzungen bezieht. Eine weniger aufwändige Variante des anspruchsbezogenen Theorietyps besteht in einer empirischen oder zumindest empirienahen Theorie menschlicher Grundbedürfnisse (*basic needs*), etwa in Anlehnung an Listen und Zusammenstellungen der Vereinten Nationen, der OECD sowie internationaler Hilfsorganisationen. Grundbedürfnisse, so sagen Vertreter dieser Position wie der Utilitarist David Braybrooke, haben bei aller kultureller Überformung eine physische Basis und sind daher (relativ) objektiv formulierbar. Um paternalistische oder gar kulturimperialistische Konsequenzen zu vermeiden, will Braybrooke empirische Erhebungen zu kulturspezifischen Gütervorstellungen vornehmen, die so beschaffen sein sollen, dass idiosynkratische, übertriebene oder vorgetäuschte Bedürfnisse ausgeschlossen werden können.

34.3 Zum Begriff der Gerechtigkeit

Es ist keine Übertreibung zu sagen, dass Gerechtigkeit in der gegenwärtigen Politischen Philosophie das wichtigste normative Konzept überhaupt darstellt: Die Mehrzahl der aktuellen Theoriebeiträge nimmt in mehr oder weniger direkter Form Bezug auf das Werk von John Rawls, welches um diesen Begriff kreist. Von den verschiedenen Teilproblemen, die unter dem Stichwort verhandelt werden, bildet soziale Gerechtigkeit oder Verteilungsgerechtigkeit wohl das wichtigste Thema. Wie sollen Wohlstand und Besitz, der wirtschaftliche Kooperationsertrag einer Gesellschaft und die Güter der Erde unter Menschen verteilt sein? Wem sind welche sozioökonomischen Lasten und Bürden in welchem Umfang zuzumuten?

Wir verwenden den Gerechtigkeitsbegriff gewöhnlich auf zwei verschiedene Weisen: im Sinn eines *absoluten* und eines *relativen* oder *interpersonalen* Sprachgebrauchs. Offenkundig deckt sich die erste Begriffsverwendung nicht einfach mit der zweiten, relationalen Bestimmung: Ob das, was jemandem zusteht, sonst niemandem oder einigen anderen oder gar allen anderen zukommt, bleibt völlig unentschieden. Wie man leicht sieht, ist etwas, worauf jemand einen Anspruch hat, keineswegs zugleich dasjenige, was das Gleichheitsprinzip oder eine andere kollektive Verteilungsregel vorsieht. Manchmal gebührt einer Person etwas einfach im individuellen Sinn, nämlich aufgrund ihrer spezifischen Bedürfnisse, Rechtsansprüche, Leistungen, Verdienste oder Begabungen. Der erste Gerechtigkeitsbegriff ist adressatenbezogen und inegalitär, der zweite impliziert meist einen Egalitarismus.

34.4 Theorien der Verteilungsgerechtigkeit

Gerechtigkeitstheorien des egalitaristischen Typs werden prominenterweise von John Rawls, Ronald Dworkin oder Amartya Sen verteidigt. Generelles Anliegen aller Vertreter dieser Richtung ist es, gleiche Freiheiten, gleiche Lebenschancen oder ausgeglichene Güterverteilungen unter den Bürgern eines Gemeinwesens herzustellen. Unter den Egalitaristen ist allerdings vollkommen kontrovers, worin die relevante Gleichverteilung der Güter zu bestehen hat: Es kann die Gleichheit der Freiheitsrechte gemeint sein, die der sozialen Chancen oder Ressourcen, die der individuellen Niveaus von Fähigkeiten oder die des ökonomischen Nutzens, welcher sich aus der gesellschaftlichen Kooperation ergibt. Kurzum, ungelöst und strittig ist die Frage, in Bezug worauf Gleichheit herrschen soll. Prinzipiell kann man einen Egalitarismus auf mindestens drei voneinander abweichende Arten verstehen: (1) als einen Verteilungsegalitarismus, bei dem die aufzuteilenden Güter gleich groß sind (wie die Kuchenstücke beim Kindergeburtstag), (2) als einen Verfahrensegalitarismus, der eine gleichmäßige, nicht-privilegierende Regelanwendung vorsieht (wie bei einem Sportwettkampf, bei welchem auf sämtliche Athleten die gleichen Regeln angewandt werden) oder (3) als einen Ergebnisegalitarismus, bei dem man Güter solange ungleich verteilt oder umverteilt, bis Gleichheit unter ihren Besitzern hergestellt ist (so wie wenn die Kellner eines Lokals ihre Trinkgeldeinnahmen bei Dienstende untereinander ausgleichen). Kontrovers wird mithin die Frage beantwortet, an welcher Stelle des gesellschaftlichen Lebens Gerechtigkeit überhaupt ins Spiel kommen soll: bei der Distribution jenes Vorrats an Gütern, die irgendwie allen gehören (oder allen gehören sollten), bei der Definition der Ausgangssituation und der gesellschaftlichen Spielregeln oder mit Blick auf die daraus resultierenden sozialen Stellungen der betroffenen Individuen.

John Rawls beruft sich in seinem Hauptwerk *A Theory of Justice* (1971) auf folgende Grundintuition: Gerecht oder ungerecht sind in einer Gesellschaft primär die staatlichen Institutionen, vor allem ihre Grundordnung. Um deren Gerechtigkeit sicherzustellen, aktualisiert Rawls die vertragstheoretische Tradition mit folgender Überlegung: Als gerecht kann nur eine Grundordnung gelten, die eine Güterverteilung erzeugt, die die Zustimmung aller Teilnehmer einer fiktiven Urzustandssituation erhalten würde. Rawls schildert die Urzustandsteilnehmer mit einer Reihe von idealisierenden Annahmen (strategische Rationalität, Fehlen von wechselseitigen Sympathie- oder Neidgefühlen, körperliche und geistige Gesundheit, später auch mit höherrangigen Interessen am Gerechtigkeitssinn und an der Entfaltung einer eigenen Konzeption des Guten). Den Mitgliedern des Urzustands liegen alternative Grundordnungen vor, darunter historische Gerechtigkeitskonzeptionen wie die des Utilitarismus, aber auch neu zu entwerfende und schließlich Rawls' eigenes Modell. Sie treffen ihre Entscheidung hinter einem ‚Schleier der Unwissenheit', d. h. in Unkenntnis ihrer künftigen sozialen Stellung, ihrer Lebensumstände, ihres Geschlechts, ihre Herkunftsidentität, ihrer Interessen, Einstellungen, Begabungen usw. Die unter den Modellen zu treffende Wahl orientiert sich an der entscheidungstheoretischen Regel, die Ordnung auszuwählen, die den günstigsten Schlimmstfall produziert (Maximin-Prinzip). Alle diese Elemente vorausgesetzt, entscheiden sich die Teilnehmer, so Rawls, für genau zwei Gerechtigkeitsprinzipien. Nach einer neueren Fassung lautet das erste Prinzip: „Jede Person hat einen gleichen Anspruch auf ein völlig adäquates Paket gleicher Grundrechte und Grundfreiheiten, das mit demselben Paket für alle vereinbar ist; und in diesem Paket sind den gleichen politischen Freiheiten, und nur ihnen, ihr fairer Wert zu sichern." Der zweite Grundsatz setzt sich aus einem Chancenprinzip und einem Differenzprinzip zusammen: „Soziale und ökonomische Ungleichheiten müssen zwei Bedingungen erfüllen: erstens müssen sie an Ämter und Positionen gebunden sein, die allen unter fairer Chancengleichheit offen stehen; und zweitens müssen sie zum größten Vorteil der am wenigsten begünstigten Gesellschaftsmitglieder sein".

Grundlegend für Rawls' Position ist mithin ihr liberales Gerechtigkeitsverständnis, das den primären Akzent auf die Grundrechte und Grundfreiheiten des Individuums legt und sozioökonomische Verteilungsgesichtspunkte gemäß einem ‚lexikalischen' Prinzip zurückstellt. Er sieht es als normativ vorrangig an, allen Bürgern, welche in einer zu ordnenden Gesellschaft leben, ein gleiches Paket von Grundrechten und Grundfreiheiten zuzugestehen – noch bevor man irgendwelche weiteren Fragen anschneiden darf, die z. B. das materielle Einkommen, die Bildungschancen oder den Zugang zur Arbeitswelt betreffen. Für Verteilungsfragen benötigt er eine Reihe von Indexgütern (d. h. von Gütern, in Bezug auf welche man interpersonale

Vergleiche vornehmen kann); diese bezeichnet er als soziale Primärgüter. Damit sind gemeint: (1) Bestimmte Grundfreiheiten (wie das Wahlrecht, die Rede- und Versammlungsfreiheit, das Recht auf körperliche Unversehrtheit usw.); (2) Freizügigkeit, freie Berufswahl; (3) Befugnisse und Privilegien, die sich aus beruflichen Stellungen ergeben; (4) Einkommen und Besitz; (5) weitere soziale Grundlagen der Selbstachtung. Es soll sich bei den Grundgütern um ‚Allzweckmittel' handeln, die in jedem Lebensplan die Rolle fundamentaler Vorteile spielen. Die wählenden Personen bestimmen daher mit ihrer Hilfe die jeweils schlechteste Indexposition, die von einem Verteilungsprinzip oder einem institutionellen Modell hergestellt wird, und vergleichen deren jeweiliges Niveau – oder im Fall von Gleichheit der günstigsten Minimalpositionen die vorletzten, drittletzten usw. Positionen. Die Wählenden im Urzustand evaluieren also ausschließlich die bei den unterschiedlichen Verteilungszuständen entstehenden Sozialpositionen; sie müssen nicht festlegen, was in der zu begründenden Gesellschaft generell als gutes, gelingendes Leben zu gelten hat, sei es für Einzelpersonen, sei es für gesellschaftliche Gruppen. Die Grundgüter stehen für ‚rationale Vorteile', die von ‚umfassenden Lehren' (*comprehensive doctrines*) unabhängig sind; sie gehören mithin, wie es in *Politischer Liberalismus* heißt, in den Bereich des ‚übergreifenden Konsens' (*overlapping consensus*), der in einer liberalen Demokratie besteht.

Bedeutend ist ferner Rawls' sozioökonomisches Differenzprinzip (*difference principle*) aus *A Theory of Justice*. Rawls unterbreitet damit einen Vorschlag, wie man den Leistungsgedanken und das starke Motiv des persönlichen Ehrgeizes sozial akzeptabel einsetzen kann. Danach darf es durchaus eine Ungleichverteilung der nachgeordneten sozialen Primärgüter geben, falls diese Ungleichverteilung den am wenigsten Begünstigten oder schlechtestgestellten Personen einer Gesellschaft zugute kommt. Nach Rawls gilt das Differenzprinzip zwar nicht für die grundlegenden Freiheitsrechte, aber u. a. für den materiellen Besitz oder für das Monatseinkommen. Verteilungstheoretisch betrachtet ist eine Gesellschaft nach Rawls dann gerechter als eine andere, wenn sie die Schlechtestgestellten günstiger abschneiden lässt. Erhält das Individuum mit der ungünstigsten Sozialposition in einer Gesellschaft A eine monatliche Zahlung von 500 €, so ist deren Verteilungsstruktur gegenüber derjenigen in einer Gesellschaft B vorzuziehen, in welcher der am wenigsten Begünstigte lediglich 400 € bekommt. Rawls unterstellt hierbei, die 500 €-Zahlung komme (unter ansonsten gleichen Bedingungen der Gesellschaften A und B) dadurch zustande, dass man in A dem Prinzip folgt, den leistungsfähigen Mitgliedern Anreize zu hoher Effizienz zu bieten. Wird das Erbringen herausragender Leistungen honoriert (z. B. durch einen niedrigen Steuersatz für Besserverdienende), so ergebe sich auf indirektem Weg, etwa über die verbliebenen Steuereinnahmen oder durch einen Wirtschaftsboom, auch ein günstiger Effekt für die unterste Verteilungsposition einer Gesellschaft. Ein radikaler Egalitarismus in der Gesellschaft C würde hingegen, weil sämtliche Leistungsanreize fehlen, zu einem allgemeinen Grundeinkommen von vielleicht 200 € führen.

Ronald Dworkin hat in seinen Abhandlungen mit dem Titel *What is Equality?* (1981) darauf aufmerksam gemacht, dass der Begriff der gleichen Chancen solange abstrakt bleibt, wie Menschen nicht über ausreichende Ressourcen verfügen, ihre Chancen auch faktisch wahrzunehmen. Man muss nach seiner Vorstellung folglich über einen bloß deklaratorischen Begriff der Chancengleichheit hinausgehen, um zu einer substantiellen Chancengleichheit zu gelangen. Diese ist aber nur zu erreichen, wenn man die grundlegenden Ressourcen so verteilt, dass der individuelle Lebenserfolg allein eine Frage selbstverantworteter Anstrengungen ist. Unverschuldete Nachteile sollen eine Person in ihren Lebenschancen nicht behindern. In Dworkins Formulierung: Soziale Chancen sollen einerseits ausstattungs- oder begabungsindifferent (*endowment-insensitive*) sein, andererseits aber ehrgeizabhängig (*ambition-sensitive*). Sind beide Kriterien in Geltung, dann lässt sich in einer Gesellschaft problemlos ein ‚Neidtest' durchführen (*envy-test*), d. h. jedes Gesellschaftsmitglied bevorzugt dann die durch seine eigene Lebensplanung und Lebenseinstellung zustande gekommene Sozialposition, und niemand hat einen guten Grund, fremden Lebenserfolg argwöhnisch zu betrachten. Dworkin fasst das von ihm favorisierte Gerechtigkeitsmodell in ein zweistufiges Bild: Zum einen ist eine Gesellschaft gerecht, die sich wie eine Gruppe von Schiffbrüchigen verhält, welche die Güter einer Insel in einer Auktion ersteigern können (wobei alle Schiffbrüchigen mit der gleichen Anzahl von Muscheln ausgestattet werden, die man als Währungseinheit auffasst). Zum anderen scheint es ihm unerlässlich, sich die Verteilung von Handicaps hinter einem Schleier der Unwissenheit vorzustellen und daher ein Versicherungsmodell einzurichten, welches Individuen gegen Unglücksfälle und anlagebedingte Nachteile schützt. Dworkin lässt offen, welche präzisen Ergebnisse das Auktionssystem und das Versicherungsmodell hervorbringt; er hält beide aber für zentrale Überlegungsinstrumente zur Herstellung von Gerechtigkeit. So spiegelt der Auktionsgedanke die Tatsache, dass knappe und von vielen geschätzte Güter teuer sein müssen; da teure Waren den weiteren Aktionsradius beim Kaufen hindern, wird an ihnen die Präferenzordnung, aus der der betreffende Lebensplan besteht, schlaglichtartig deutlich. Das Versicherungssystem unter Unwissenheitsbedingungen spiegelt den Grad der Bereitschaft, sich gegen Unglücksfälle und Nachteile abzusichern, ohne dass die Kosten exorbitant hoch ausfallen dürfen und ohne dass es zu einer ‚Versklavung der Leistungsfähigen' kommt.

Amartya Sen wirft in seiner Vorlesung *Equality of What?* (1980; vgl. 2009) die Frage auf, ob die Rawlssche Konzeption einer fairen Verteilung von Primärgütern tatsächlich unserer Gerechtigkeitsintuition entspricht. Sen hat dagegen folgendes Bedenken vorgebracht: Rawls beachte nicht hinreichend, dass es erhebliche Unterschiede in der individuellen Fähigkeit gebe, von Rechten und Gütern einen vorteilhaften Gebrauch zu machen. Solange man das Problem gerechter Verteilung an der Distribution von Primärgütern festmache, bleibe außer Betracht, dass Güter für Personen mit unterschiedlichen Funktionszuständen einen unterschiedlichen Wert besäßen. Auch seien häufig verschiedene Gütermengen und Güterarten erforderlich, um dasselbe Bedürfnis bei verschiedenen Individuen zu erfüllen oder um dieselbe Fähigkeit sicherzustellen. Auszugleichende Unterschiede bestünden mithin bereits viel früher, nämlich im jeweiligen Entwicklungsgrad menschlicher Grundfunktionen bei einem Individuum; man hat diese Überlegung als *Argument der interpersonellen Variabilität* bezeichnet. Sen plädiert dafür, die Aufmerksamkeit nicht primär auf die faire Verteilung von Rechten, Chancen und materiellen Gütern zu richten, sondern auf die Gleichheit der realen Fähigkeit, eigene Lebenspläne zu verfolgen *(equality of capabilities)*. Nach seiner Auffassung kann man eine Einschätzung menschlichen Wohlergehens nur auf der Basis sämtlicher Informationen geben; in der Diskussion ist daher häufig die Rede von einer ‚auf vollständiger Information beruhenden Bestimmung von Wohlergehen' *(full information account of well-being)*. Sens These lautet somit: Wohlergehen ist zwar vom Nutzen nicht zu trennen; freilich kann Wohlergehen durch Nutzenerwägungen längst nicht erschöpfend bestimmt werden, weil der Zusammenhang von Nutzenaspekten und dem Wohlergehen einer Person ein hochkomplexes, durch viele Faktoren beeinflusstes Phänomen darstellt. Mit Sens Arbeiten verband sich in der Gerechtigkeitsdebatte der letzten Jahre ein Paradigmenwechsel vom Nutzenbegriff zum Begriff des Wohlergehens *(well-being)* oder der Lebensqualität *(quality of life)*. Da über das Wohlergehen eines Individuums sein Entwicklungsniveau basaler Fähigkeiten entscheidet, ist nach Sen dasjenige, worauf sich egalitaristische Gerechtigkeitsüberlegungen zu richten haben, die ‚Gleichheit der basalen Fähigkeiten' *(basic capability equality)*.

Als Exponenten des zweiten, des anspruchsrelativen oder inegalitären Begriffs von Gerechtigkeit lassen sich z. B. Avishai Margalit oder Michael Walzer benennen. (1) Typischerweise weisen Inegalitaristen wie die genannten Philosophen darauf hin, dass die Herstellung von Gleichheit weder ein geeignetes Maß noch ein angemessenes Motiv für Gerechtigkeit ist.

Wenn z. B. alle Gesellschaftsmitglieder unter der Tyrannei eines Diktators litten, sei deren relative Gleichheit in puncto Unterdrückung irrelevant. Leide jemand unter persönlicher Unterdrückung, so ist die Absicht, ihn mit den nichtunterdrückten Bürgern gleichzustellen, moralisch gesehen das falsche Handlungsmotiv. Nennen wir diese Überlegungen das Argument aus der Irrelevanz von Gleichheit. (2) Charakteristisch für einen Inegalitarismus ist ferner der Hinweis, dass Ungleichheit allenfalls eine oberflächliche Beschreibungskategorie für soziale Probleme darstellt. Sind beispielsweise ganze soziale Gruppen (etwa Frauen, ethnische Minderheiten oder religiöse Bevölkerungsgruppen) von Gerechtigkeitsproblemen betroffen, so scheint mit der Analysekategorie einer fehlenden Gleichheit wenig gewonnen; gefordert seien Analyseinstrumente wie Ausbeutung, Marginalisierung, Machtlosigkeit, Kulturimperialismus oder Gewalt. Bezeichnen wir dies als das Argument aus der deskriptiven Unzulänglichkeit von Gleichheit. (3) Ein weiterer typisch inegalitaristischer Einwand besteht in dem Hinweis, dass Gerechtigkeitsprobleme in so unterschiedlichen sozialen Kontexten auftreten können, dass vereinheitlichende Theorien unterkomplex blieben oder illusionär seien. Nennen wir dies das Argument aus dem Kontextualismus, weil es Gerechtigkeit im Licht eines Kontextprinzips versteht. Inegalitaristische Positionen sind jüngeren Datums; sie existieren seit den 80er oder 90er Jahren des 20. Jahrhunderts.

Weiter können Inegalitaristen wie folgt argumentieren. (4) Warum sollte man das, was wir als gerecht ansehen sollen, in einem komparativen oder relationalen Sinn bestimmen? Sicherlich sind wünschenswert (a) die Gleichheit aller Individuen in puncto Menschenrechte und ihre Gleichheit vor dem Gesetz, (b) ihre Gleichheit hinsichtlich politischer Partizipation und (c) ihre Gleichheit bei der Berücksichtigung aller Standpunkte und Interessen. Aber Gleichbehandlung ist dennoch nicht in jedem Fall der normativ entscheidende Gesichtspunkt: Behandelt ein Firmeninhaber alle seine Angestellten gleich, nämlich menschenunwürdig, so liegt darin sicher kein moralischer Gewinn. Man kann neben diesem auf Michael Walzer zurückgehenden Einwand noch weitere Bedenken vorbringen. (5) Einmal lässt sich behaupten, dass die Idee, Gerechtigkeit sei Gleichheit, ihre oberflächliche Plausibilität in erster Linie aus solchen Beispielen wie dem einer Kuchenverteilung bei Kindergeburtstagen bezieht. Typisch für solche Beispiele ist jedoch, dass sich Gerechtigkeit hier nicht auf den Basisbereich menschlicher Güter bezieht, sondern auf den Surplus-Bereich, auf das Feld dessen, was über die zentralen menschlichen Bedürfnisse hinausgeht. Sind dagegen Basisgüter im Spiel, geht es also um solche Güter wie Leben, Gesundheit, Ernährung, Bildungschancen, familiäre und freundschaftliche Bindungen, soziale Anerkennung, beruflicher Erfolg usw., dann wirkt es abwegig zu sagen, jeder habe das Gleiche verdient. Vielmehr zählt in solchen Fällen allein die basale Bedürftigkeit als Indikator; einem Hungernden zu helfen, weil er im Vergleich zu anderen schlechter dran ist, wäre so gesehen das falsche Handlungsmotiv. Gleichheit bildet hier gleichsam nur das Nebenprodukt von Gerechtigkeit, welche zu verstehen ist als ein Anspruchsrecht auf eine menschenwürdige Güterausstattung. (6) Außerdem weisen Gegner des Egalitarismus häufig darauf hin, dass eine Gleichheitstheorie streng genommen nur zwei auszugleichende Faktoren anerkennt: unverschuldetes Leid und selbstverantwortete Leistungen; entgegen unseren moralischen Intuitionen muss sie sich also ablehnend gegenüber Unterstützungsanforderungen verhalten, sobald ein Fall von selbstverschuldetem Leiden vorliegt. Und schließlich (7) können Gegner des Egalitarismus ein Gedankenexperiment anstellen, welches zeigt, wie wenig wir vom Gleichheitsgedanken halten: Weder wünschen wir uns, dass alle Kinder unabhängig von ihren Eltern in staatlich betriebenen Erziehungsheimen aufwachsen, um auf diese Weise eine Gleichheit der Lebenschancen zu erreichen, noch halten wir mit Blick auf einen möglichen Fortschritt der Biotechnologie eine egalitäre gentechnische Merkmalsplanung beim Menschen für wünschenswert. Ungleichheit scheint uns in zentralen Bereichen attraktiver zu sein als Gleichheit.

Literatur

Ackerman, Bruce: Private Property and the Constitution. New Haven 1977.
Allingham, Michael: Distributive Justice. Oxford/New York 2014.
Brandt, Reinhard.: Eigentumstheorien von Grotius bis Kant. Stuttgart 1974.
Braybrooke, David: Meeting Needs. Princeton 1987.
v. Danwitz, Thomas/Depenheuer, Otto/Engel, Christoph: Bericht zur Lage des Eigentums. Berlin 2002.
Dworkin, Ronald: Gerechtigkeit für Igel. Berlin 2012 (engl. 2011).
Frankfurt, Harry G.: On Inequality. Princeton 2015.
Gosepath, Stephan: Gleiche Gerechtigkeit. Grundlagen eines liberalen Egalitarismus. Frankfurt a. M. 2004.
v. Hayek, Friedrich A.: The Mirage of Social Justice Law, Volume II of Law, Legislation and Liberty. London 1976.
Hinsch, Wilfried: Gerechtfertigte Ungleichheiten. Grundsätze sozialer Gerechtigkeit. Berlin/New York 2002.
Hoerster, Norbert: Was ist eine gerechte Gesellschaft? Eine philosophische Grundlegung. München 2013.
Hohfeld, Wesley N.: Fundamental Legal Conceptions as Applied in Judicial Reasoning [1913/1917]. Hg. von David Campbell und Philip A. Thomas. Aldershot 2001.
Horn, Christoph: „Justice in Ethics and Political Philosophy: A Fundamental Critique." In: Manuel Knoll, Stephen Snyder, Nurdane Simsek (Hg.): New Perspectives on Distributive Justice. Berlin/Boston 2018, 171–185.
Kersting, Wolfgang: Theorien der sozialen Gerechtigkeit. Stuttgart/Weimar 2000.
Krebs, Angelika (Hg.): Gleichheit oder Gerechtigkeit. Texte zur neuen Egalitarismuskritik. Frankfurt a. M. 2000.
Kymlicka, Will (Hg.): Justice in Political Philosophy, 2. Bde. Cambridge 1992.
Ladwig, B.: Gerechtigkeit und Verantwortung. Liberale Gleichheit für autonome Personen. Berlin 2000.
Lübbe, Weyma: Nonaggregationismus: Grundlagen der Allokationsethik. Münster 2015.
Munzer, Stephen R.: A Theory of Property. Cambridge 1990.
Nozick, Robert: Anarchy, State and Utopia. Oxford 1974.
Olsaretti, Serena (Hg.): The Oxford Handbook of Distributive Justice. Oxford 2018.
Penner, J.E.: „The 'Bundle Rights' Picture of Property." In: UCLA Law Review 43. Jg. (1996), 711–820.
Rawls, John: Eine Theorie der Gerechtigkeit. Frankfurt a. M. 1975 (engl. 1971).
Rawls, John: Political Liberalism. New York 1993.
Ryan, Alan: Property and Political Theory. Oxford 1984.
Sen, Amarthya K.: „Equality of What?" In: S.M. McMurrin (Hg.): The Tanner Lectures on Human Values. Salt Lake City/Cambridge 1980.
Sen, Amarthya K.: The Idea of Justice. Cambridge/Mass 2009.
Steinvorth, Ulrich: Gleiche Freiheit. Politische Philosophie und Verteilungsgerechtigkeit. Berlin 1999.
Stepanians, Markus: „Die angelsächsische Diskussion: Eigentum zwischen ‚Ding' und ‚Bündel'" In: Andreas Eckl, Bernd Ludwig (Hg.): Was ist Eigentum? Philosophische Positionen von Platon und Habermas. München 2005, 232–245.
Waldron, Jeremy: The Right to Private Property. Oxford 1988.
Walzer, Michael: Sphären der Gerechtigkeit. Ein Plädoyer für Pluralität und Gleichheit, Frankfurt a. M./New York 1992 (engl. 1983).

Toleranz und Solidarität

David P. Schweikard

35

Für die Politische Philosophie und die Politische Ethik sind Analysen praktischer Haltungen und sozialer Praktiken besonders dann interessant, wenn sie auf Gemeinschaft konstituierende Merkmale verweisen und mit der Überwindung von gesellschaftlichen Spannungen oder Konflikten in Verbindung gebracht werden. Toleranz und Solidarität werden als solche praktische Haltungen zur Herausforderung für die philosophische Reflexion, insofern Akteur:innen diese Haltungen angesichts weitreichender Unterschiede oder Gemeinsamkeiten zwischen Lebensentwürfen und Grundüberzeugungen einnehmen. Allerdings wird in der Reflexion über diese Haltungen ihr Vorliegen nicht nur konstatiert, sondern sie werden unter bestimmten Voraussetzungen als moralisch gefordert, als Bezeichnung für Tugenden von Bürgern und politischen Praktiken oder als Vorzug eines politischen Gemeinwesens angesehen.

35.1 Toleranz

Nicht-moralische Toleranzbegriffe: Der Begriff ‚Toleranz' ist überall dort anzutreffen, wo der Umgang mit Differenzen und Konflikten oder der Widerstand gegen und die Handhabung äußerer Einflüsse in Frage stehen. So rekurrieren etwa Ingenieure oder Verkehrspolizisten auf ‚Fehlertoleranzen' oder ‚Toleranzbereiche', um zu erfassen, welchen Grad an Akkuratheit ein Messverfahren liefern kann. In der Humanmedizin bezeichnet ‚Toleranz' die Eigenschaft eines Organismus, störende Einwirkungen von außen selbst regulieren zu können, wohingegen eine Unverträglichkeit auch als ‚Intoleranz' klassifiziert wird.

Politische und soziale Toleranz: Im gesellschaftlichen Leben unserer Zeit nimmt der Begriff der Toleranz seinen Platz dort ein, wo Differenzen zwischen grundlegenden Lebenseinstellungen thematisch werden. Da dient er zur Erfassung potenziell konfliktbeladener Differenzen zwischen unterschiedlichen Lebensformen. Im Unterschied zu seiner Verwendung durch Ingenieure ist der Toleranzbegriff in praktisch-politischen Kontexten jedoch umstritten und steht fast überall für die Forderung nach einer bestimmten Art des Umgangs mit Differenzen. So soll Toleranz gerade ermöglichen, dass Differenzen nicht zu zerstörerischen Konflikten ausgeweitet, sondern in stabile, friedliche Haltungen oder eine gemeinsame, konfliktfreie Praxis überführt werden. Entsprechend lautet in einigen nordeuropäischen Staaten eine geläufige Forderung, dass etwa Christen und Muslime einander mit Toleranz begegnen sollen. Den Hintergrund gesellschaftlicher bzw. politischer

D. P. Schweikard (✉)
Europa-Universität Flensburg, Flensburg, Deutschland
E-Mail: david.schweikard@uni-flensburg.de

Toleranzforderungen bilden in neuerer Zeit die liberalen Ideale, die für pluralistische Gemeinschaften als Leitbilder angesehen werden. Es ist vor allem das Faktum des Zusammentreffens unterschiedlicher Kulturen und Lebensformen, das bestimmte Einstellungen und Regelungen als Bedingungen eines gemeinschaftlichen Miteinanders erforderlich macht, wenn nicht eine Lebensform oder Gruppierung als dominant und autoritär angesehen wird. Wer es im Sinne des Grundsatzes gleicher Freiheitsrechte und Schutzansprüche als geboten ansieht, dass Minderheiten nicht nur geduldet, grundlegende Differenzen nicht nur ertragen, sondern in ein stabiles soziales Miteinander überführt werden, der plädiert für Toleranz.

Sieben Merkmale des Toleranzbegriffs: Folgende Aspekte und Konzeptionen von Toleranz lassen sich unterscheiden (vgl. Forst 2000; 2003; Cohen 2004; Macedo 2007; Siep 2007; Williams/Waldron 2008). Gemeinsam approximieren diese Aspekte den Umfang des Toleranzbegriffs und ermöglichen die Referenz der Rede von sowie der Reflexion über Toleranz zu erfassen. (1) Mit Blick auf die Rechtfertigung einer Toleranzforderung ist der jeweilige Kontext zu bestimmen; es muss also angegeben werden, wer wen aus welchem spezifischen Grund tolerieren soll und worin genau sich dies zu äußern hat. (2) Kennzeichnend für die Toleranz ist, wie das Beispiel der konfessionellen Differenzen zeigt, ein Maß von wechselseitiger Ablehnung, die letztlich auf der normativen Verurteilung spezieller Handlungsweisen und Überzeugungen des Gegenübers fußt. Die Relevanz von Toleranz im Politischen zeigt sich daran, dass diese Ablehnung nicht marginale Vorlieben, sondern grundlegende Merkmale von Lebensformen betrifft. (3) Zugleich gehört zur Toleranz auch ein Maß an Akzeptanz des Gegenübers. Der Tolerierende macht sich die Haltungen des Tolerierten zwar nicht zu eigen, gesteht ihnen aber trotzdem eine Berechtigung zu. Allerdings verlöre die Forderung nach Toleranz ihre Kraft, wenn man solche Akzeptanz als universell geboten und jedwede abweichende Lebensform oder Lebenseinstellung als gleichermaßen gerechtfertigt erklären würde. In einer plural verfassten liberalen Gesellschaft mag man für Toleranz zwischen Religionsgemeinschaften plädieren. Man kann jedoch nicht für die Berechtigung rassistischer oder anderer diskriminierender Haltungen eintreten. (4) Es gibt also immer auch Grenzen der Toleranz, jenseits derer die Ablehnung des Anderen als gerechtfertigt erscheint. (5) Ferner gilt, dass die Ausübung von Toleranz „nicht in dem Maße erzwungen sein darf, dass die tolerierende Partei keinerlei Möglichkeit hat, ihre Ablehnung zu äußern und entsprechend zu handeln" (Forst 2000, 122). Während unter Zwang keine Toleranz zustande kommt, ist es umgekehrt aber auch keine Bedingung für Toleranz, dass man sich in einer Machtposition befindet, in der man gegebenenfalls auch intolerant sein könnte. So kann etwa eine ethnische Minderheit in einem Staat zwar keine Toleranz praktizieren, wenn sie unterdrückt wird. Umgekehrt kann man jedoch durchaus von einer toleranten Minderheit sprechen, wenn sich die Minderheit gegenüber der Mehrheit nicht ablehnend verhält. Toleranz setzt also die Abwesenheit von Zwang voraus, nicht aber das Verfügen über Macht. (6) Unter dem Toleranzbegriff werden sowohl Formen sozialer oder politischer Praxis als auch bestimmte Haltungen gefasst. Im ersteren Fall ist eine rechtliche und institutionelle Verankerung des Umgangs mit Unterschieden zwischen Lebensformen gemeint, im letzteren die Haltungen einzelner, die sich direkt auf das jeweils Andere oder solcherlei soziale Praxis beziehen (vgl. wiederum Forst 2000). Offenkundig setzt die Etablierung von Praktiken der Toleranz in der Regel entsprechende Haltungen voraus. Das heißt jedoch nicht, dass solche Praktiken auf die zugehörigen Haltungen reduzierbar sind. (7) Der Toleranzbegriff findet auch bei der Auszeichnung bestimmter individueller Lebensweisen und Charaktere Verwendung. Das gilt beispielsweise für das Urteil, dass sich eine Person in ihrer Lebensführung als tolerant erwiesen habe (vgl. Forst 2003, 666 ff.), wobei sich solche Urteile auch über Kollektive oder größere politische Gemeinschaften fällen lassen.

Vier Konzeptionen von Toleranz: Rainer Forst (2000, 124 ff. und 2003, 42 ff.) schlägt vor, vier Konzeptionen von Toleranz mit Blick darauf zu unterscheiden, wie jeweils die Relation zwischen Tolerierendem und Toleriertem gefasst wird und welche Art Haltung der Tolerierende gegenüber dem Tolerierten annimmt. In jedem Fall wird vorausgesetzt, dass Personen oder Gruppen, die sich in grundlegenden Einstellungen unterscheiden (etwa in ihrer Kultur, Religion oder Lebensform), zueinander in einer bestimmten Beziehung stehen, die hier vereinfachend als zweistellige Beziehung betrachtet werden soll. Gemäß der ‚Erlaubnis-Konzeption' besteht Toleranz darin, dass eine Partei, die Autorität und Macht auf sich vereinigt, der anderen das Beibehalten ihrer Lebensform gestattet. Der ‚Koexistenz-Konzeption' zufolge besteht Toleranz in einem Nichteingreifen im Rahmen einer nicht-hierarchischen Konstellation zwischen Parteien, die sich aus pragmatisch-instrumentellen Gründen auf einen konfliktvermeidenden *modus vivendi* einlassen. Die ‚Respekt-Konzeption' basiert auf dem Gedanken, dass Toleranz mit „einer moralisch begründeten Form der wechselseitigen Achtung der sich tolerierenden Individuen bzw. Gruppen [einhergeht]. Die Toleranzparteien respektieren einander als autonome Personen bzw. als gleichberechtigte Mitglieder einer rechtsstaatlich verfassten politischen Gemeinschaft" (Forst 2003, 45; vgl. auch Scanlon 2003, 187 ff.; dazu kritisch Lohmar 2010). Auch hier besteht zwischen Tolerierenden und Tolerierten keine Hierarchie. Allerdings zielt diese Konzeption auf ein konstruktives wechselseitiges Anerkennen der Lebensform des jeweiligen Gegenübers. In höherem Maße liegt dies bei Toleranzverhältnissen vor, die der ‚Wertschätzungs-Konzeption' genügen. Hier wird der Eigenwert der fremden Lebensform nicht nur respektiert, sondern explizit als wertvoll hochgeschätzt. Diese positive Akzeptanz ist jedoch insofern beschränkt, als sie nicht in das Vorziehen der wertgeschätzten anderen Lebensform gegenüber der eigenen umschlagen kann; damit sich diese Wertschätzung als Toleranzverhältnis erhält, muss sie demnach also mit einem letztlich ausschlaggebenden Urteil zugunsten der eigenen Lebensform gepaart sein.

Abwägungen zwischen den verschiedenen Konzeptionen von Toleranz: Welcher dieser Konzeptionen von Toleranz der Vorzug zu geben ist, hängt zum einen von der konkreten soziohistorischen Konstellation ab, in der sich die unterschiedlichen Lebensformen begegnen, und zum anderen von der normativen Rahmentheorie, die zur Rechtfertigung von Toleranz herangezogen wird. Die ersten beiden Konzeptionen, die das Erlauben oder Koexistieren anderer Lebensformen mit einem Nicht-Eingreifen in Verbindung bringen, liegen nahe, wenn die Freiheit von Individuen innerhalb bestimmter Gemeinschaften im Sinne von weitreichenden Abwehrrechten verstanden wird. Dabei setzt jedoch die Erlaubnis-Konzeption Hierarchien voraus, die ihrerseits kritisierbar oder rechtfertigungsbedürftig sein dürften, während die Stabilität des im Rahmen der Koexistenz-Konzeption ins Auge gefassten Nebeneinanders von Gemeinschaften auf anderem Weg (etwa durch rechtsstaatliche Institutionen) gesichert werden müsste. Die womöglich allzu optimistischen oder harmonistischen Annahmen der Wertschätzungs-Konzeption, die den Beteiligten einen anspruchsvollen Kompromiss zwischen Ablehnung und Akzeptanz des Anderen abverlangt, rücken die Respekt-Konzeption in den Mittelpunkt der Aufmerksamkeit einer realistischen Rechtfertigung von Toleranz.

Diese letztere Konzeption lässt sich wiederum auf zwei Weisen stützen, nämlich zum einen unter Rekurs auf eine Pflicht zur Anerkennung aller Lebensformen, die auf einer vernünftig und autonom gewählten Vorstellung vom guten Leben beruhen, und zum anderen unter Rekurs auf ein diskursives Rechtfertigungsprinzip, das jedwedes Eingreifen in eine Lebensform als begründungsbedürftig darstellt (Forst 2003). Die erste Rechtfertigungsstrategie birgt das Problem, dass zwischen den Angehörigen unterschiedlicher kultureller Gruppierungen keine Einigkeit darüber bestehen muss, was ein gutes Leben ausmacht oder welche Lebensform zu wählen vernünftig ist. Eindeutige Grenzen der Toleranz sind hier kaum zu ziehen. Die zweite Strategie verspricht demgegenüber mehr, ist aber näher zu präzisieren, damit Toleranz als Haltung oder Praxis einer besonderen Art ausgezeichnet wird und nicht mit vernünftiger Moralität und Gerechtigkeit zusammenfällt. Das Problem, zu dessen Lösung Toleranz geeignet sein soll, besteht gerade darin, Gründe für wechselseitige Achtung und Respekt so auszuzeichnen, dass sie die Ablehnung des Anderen überwiegen. Über genau diese Gründe und die in ihnen anzugebenden Ansprüchen auf Anerkennung von Lebensformen können Rechtfertigungsdiskurse geführt werden, womit zugleich wenigstens ein Leitfaden für die Eingrenzung des Tolerierbaren als dasjenige angegeben ist, was dieser Art reflexiver Rechtfertigung zugänglich ist (Forst 2003). In diesem Sinne erstrecken sich Haltungen und Praktiken der Toleranz konkret auf solche Lebensformen, grundlegende Einstellungen und Gemeinschaften, die für sich rechtfertigbar sind und die Rechtfertigung alternativer Lebensformen zugestehen und anerkennen. Für das unter Rekurs auf Toleranz geforderte friedliche und stabile Miteinander von Lebensformen ist diese Offenheit für alternative Entwürfe zugleich Voraussetzung und Realisierungsbedingung.

35.2 Solidarität

Solidarität innerhalb der Gemeinschaft: Wo Individuen sich aufgrund gemeinsamer politischer Ziele, geteilter Bedürfnisse oder identitätsstiftender Merkmale zusammenschließen, ist oftmals von ‚Handlungen aus Solidarität' oder von ‚Solidargemeinschaften' die Rede. Aus dem politischen Alltag sind Aufrufe zur Solidarität, Solidaritätsbekundungen oder Bezugnahmen auf Solidargemeinschaften geläufig. Im Unterschied zur Toleranz betreffen die Haltungen und Praktiken, die unter den Begriff der Solidarität fallen, nicht das Verhältnis zwischen primär als einander entgegengesetzt begriffenen Personen oder Gemeinschaften, sondern die innere Verfasstheit von Gemeinschaften und die Beziehungen zwischen ihren Mitgliedern (vgl. Rorty 1989; Scholz 2008). Wenn sich beispielsweise die Mitglieder einer Gewerkschaft im Zuge eines Tarifstreits miteinander solidarisieren und in einen Streik treten sollen, wird daran appelliert, dass ihre gemeinsame Sache Grund zu einer gemeinschaftlichen Handlungsweise gibt. Ebenso suggeriert die Bezeichnung eines öffentlichen Gesundheitswesens als Solidargemeinschaft, dass innerhalb ihrer die Beiträge aller Beteiligten zur Versorgung Bedürftiger verwendet werden. In beiden Fällen ist von organisiertem Zusammenhalt die Rede, der jeweils bestimmte Beitragshandlungen erfordert. Was den Solidaritätsbegriff für die Moralphilosophie und die Politische Philosophie interessant macht, ist nicht nur die Eigenart bestimmter sozialer Gemeinschaften, die er zu erfassen erlaubt (vgl. Shelby 2002; Blum 2007), sondern auch, dass seine Inanspruchnahme auf eine spezifische normative Bindung innerhalb von Gemeinschaften verweist (vgl. Scholz 2008; Derpmann 2013 sowie die Beiträge in Laitinen/Pessi 2014).

Drei Fragen zur Bedeutung von Solidarität: Lautete die im Kontext der Toleranz gestellte Frage noch, welche Art Haltung Individuen gegenüber den Mitgliedern *anderer* Gemeinschaften oder gegenüber *anderen* Lebensformen einnehmen sollen, so ist für Überlegungen zur Solidarität die Frage leitend, welche Haltungen und Handlungen gegenüber den Mitgliedern der *eigenen* Gemeinschaft geboten sind. Dabei ist erstens die Existenz derart bedeutsamer Gemeinschaften nicht vorausgesetzt, sie werden durch solidarische Haltungen und Handlungen vielmehr mitkonstituiert; zweitens ist leicht zu sehen, dass Individuen für gewöhnlich einer Vielzahl von Gemeinschaften angehören, an deren Aktivitäten sie sich beteiligen und hinsichtlich derer besondere Bindungen und Verpflichtungen bestehen können. Damit ist schon der zentrale Streitpunkt in der Theorie der Solidarität benannt, nämlich die Frage, welche Art Beziehung und Gemeinschaft bei ihrer Erfassung in Frage steht. Ist also Solidarität gegenüber allen geboten, die gerechtfertigte moralische Ansprüche geltend machen können? Oder bezeichnet sie die Art Beziehung, die zwischen den Angehörigen einer politischen Gemeinschaft bestehen? Oder gilt sie für eine Vielzahl besonderer Gemeinschaften?

Konzeptionen von Solidarität: Wer die erste Frage bejaht, behandelt Solidarität als universelles moralisches Prinzip, das Individuen moralische Achtung und Anerkennung gegenüber allen anderen moralischen Subjekten abverlangt und entsprechende negative Verpflichtungen auferlegt (vgl. Foot 2002; Wiggins 2009). Nach diesem Verständnis ist es die maximal inklusive Gemeinschaft moralischer Subjekte, innerhalb derer Solidarbeziehungen bestehen. Die mit dem Solidaritätsbegriff verbundene Einstellung gilt hier als grundlegend für moralisches Handeln überhaupt. – Soll Solidarität aber besondere Arten gemeinschaftlicher Bindungen und Verpflichtungen herausgreifen und überhaupt eine eigenständige Rolle in Moral- und Politischer Philosophie spielen, so darf sie nicht als universelles Moralprinzip, wie etwa Gerechtigkeit, oder als basale protomoralische Einstellung deklariert werden. Wenn Solidarität ein eigener Ort im moralischen Diskurs und in normativer Reflexion zukommen soll, muss sie als Ausdruck gemeinschaftsbezogener Parteilichkeit und als Quelle positiver Verpflichtungen etabliert werden (vgl. Bayertz 1998).

Dieser Forderung kommen diejenigen nach, die Solidarität als partikulares Prinzip und als Einstellung innerhalb exklusiver Gemeinschaften interpretieren. Einer Variante zufolge ist Solidarität das zentrale normative Prinzip, anhand dessen sich die moralische Integrität politischer Gemeinschaft begründen lässt (vgl. Stilz 2009). In dieser Konzeption steht Solidarität für die besondere Beziehung zwischen Bürgern eines Staates, die ihnen Gründe liefert und sie dazu motiviert, sich an der Bildung einer Gemeinschaft zu beteiligen. Der Rekurs auf Solidarität als Einstellung und Praxis dient hier dazu, das für die Politische Philosophie zentrale Problem zu lösen, ob und aus welchen Gründen Bürgern (*qua* Bürgern) moralische Verpflichtungen zukommen. Problematisch ist dieses Projekt nicht als Verteidigung liberal-demokratischer Werte und Praktiken, sondern weil unklar ist, ob Solidarität einen eigenständigen Beitrag leistet. Dieser Beitrag hätte darin zu bestehen, dass die besondere Bindung zwischen Bürgern eines Staates Gründe für bestimmte Handlungen liefert. Dies wiederum kann für Bürger als Mitglieder einer partikularen politischen Gemeinschaft, als welche sich ein Staat verstehen lässt, gelten. Doch deutet die eingangs angeführte Bezugnahme auf die Solidarität zwischen Mitgliedern einer Gewerkschaft darauf hin, dass auch kleinere, innerstaatliche Gemeinschaften angesprochen sein können. Hier im Sinne von Solidarität aktiv zu werden (etwa zugunsten anderer unterdrückter Migranten, anderer Frauen angesichts von Diskriminierung, anderer Sozialleistungsempfänger oder anderer Notleidender nach einer Naturkatastrophe), fußt auf einem enger umgrenzten Gemeinschaftsbegriff.

Mit Blick auf eine solche Solidaritätskonzeption, welche die dritte der genannten Fragen bejaht, ist zu fragen, wie sich ihr zufolge die Bedeutsamkeit von Solidarität als praktischer Einstellung explizieren lässt. Diese Explikation kann anhand zweier Schritte vollzogen werden: (1) unter Verweis auf die Rolle, die die Gemeinschaftszugehörigkeit für die praktische Identität und das Selbstverständnis individueller Akteure spielt; und (2) als Erörterung der speziellen Art von Gründen, die sich aus bestimmten sozialen Beziehungen für solidarische Akteure ergeben (vgl. Derpmann 2013). Im ersten Schritt wäre aufzuweisen, dass es zum Selbstbild eines Akteurs zählt, sich mit Gemeinschaften zu identifizieren, denen er angehört (beispielhaft: Menschen mit Behinderung oder Umweltaktivisten). Praktisch relevant wird sie dann, wenn die jeweiligen Gruppierungen für etwas stehen in dem Sinn, dass ihre Mitglieder gemeinsame Ziele verfolgen oder zumindest bereit sind, sich für die Wahrung geteilter Interessen einzusetzen und einen Beitrag zu leisten. Im zweiten Schritt wird die Bedeutsamkeit solcher Solidargemeinschaften als Quelle akteurrelativer Gründe für die Beteiligten betrachtet (vgl. Nagel 1986, 152–3). Es mag für einen Lehrer oder Professor keinen besonderen Grund geben, sich an einer Aktion der Gewerkschaft Deutscher Lokomotivführer zu beteiligen. Für ein Mitglied dieser Gewerkschaft besteht ein solcher als akteurrelativer Grund jedoch dann, wenn es etwa um gerechten Lohn für *seine* Arbeit geht. Es ist dieser indexikalische Verweis im Gehalt von Gründen, der Gemeinschaftszugehörigkeit bedeutsam werden lässt und Handlungen zugunsten identitätsstiftender Gemeinschaften auszeichnet.

Netze von Solidaritäten: Schließt man sich in der Theorie der Solidarität dieser letzteren Explikation an, so ergibt sich ein Bild, das es zum einen erlaubt, mit Blick auf den einzelnen Akteur von einer Vielzahl von Solidaritäten zu sprechen, gemäß seiner Zugehörigkeit zu mehreren, unterschiedlichen Gemeinschaften. Zum anderen erhellt der Verweis auf die identitätsstiftende Rolle von Gemeinschaft und die Struktur relativer Gründe, wie derart bedeutsame soziale Beziehungen handlungsrelevant werden können. Dies expliziert die Rolle und Form von Solidargemeinschaften, wenn auch noch nicht unbedingt deren Rechtfertigung; schließlich können genau die gleichen Bindungen auch innerhalb von Mafiaclans und Preis- oder Drogenkartellen bestehen. Ob die gemeinschaftlich verfolgten Ziele moralisch gut und politisch schützenswert oder gar förderungswürdig sind, ist deshalb von einer diese Strukturanalyse übersteigenden Rechtfertigung abhängig (vgl. dazu auch Löschke 2015).

Gelingt es partikularen oder umfassenden Gemeinschaften, sich als Solidargemeinschaften zu konstituieren, oder auch Gesellschaften, Solidarsysteme mit einer Vielzahl von Mitgliederbeiträgen zur Absicherung aller Mitglieder zu etablieren, so ermöglicht dies die Überwindung von Benachteiligung und sozialen Konflikten. Offenkundig setzt diese optimistische Deutung der mit Solidarität verbundenen Chancen im Politischen voraus, dass die Gemeinschaften, die Unterstützung finden, selbst zur Verfolgung gerechtfertigter Ziele eingerichtet werden. Manche dieser Ziele, etwa die Abschaffung diskriminierender Praktiken oder die Durchsetzung gerechter Vergütung von Berufsgruppen, die sehr wohl in die Grundsätze liberaler und demokratischer Verfassungsstaaten eingeschrieben sind, scheinen jedoch solidarischer Initiativen zu bedürfen, um im politischen Diskurs angemessene Berücksichtigung zu finden.

Ein übergreifendes Problem hinsichtlich Toleranz und Solidarität besteht darin auszuschließen, dass diese für sich bedeutsamen Begriffe und die damit verbundenen Praktiken gegeneinander ausgespielt werden. Denn unter Rekurs auf Toleranz die Bestrebungen einer Solidargemeinschaft zurückzuweisen und auf Nicht-Eingreifen zu pochen oder umgekehrt unter Rekurs auf Solidarität und solidarisch verfolgte Ziele Forderungen nach Toleranz zurückzuweisen, unterminierte genau die Art moralischer Integrität politischer Gemeinschaften, die Toleranz und Solidarität jeweils verheißen und zu realisieren ermöglichen sollen.

Literatur

Bayertz, Kurt: „Begriff und Problem der Solidarität." In: Ders. (Hg.): Solidarität. Begriff und Problem. Frankfurt a. M. 1998, 11–53.

Blum, Lawrence: „Three Kinds of Race-Related Solidarity." In: Journal of Social Philosophy 38. Jg., 1 (2007), 53–72.

Cohen, Andrew Jason: „What Toleration Is." In: Ethics 115. Jg., 1 (2004), 68–95.

Derpmann, Simon: „Solidarity and Cosmopolitanism." In: Ethical Theory and Moral Practice 12. Jg., 3 (2009), 303–15.

Derpmann, Simon: Gründe der Solidarität. Münster 2013.

Foot, Philippa: „Morality, Action, and Outcome." In: Dies.: Moral Dilemmas and Other Topics in Moral Philosophy. Oxford 2002, 88–105.

Forst, Rainer: „Toleranz, Gerechtigkeit und Vernunft". In: Forst, Rainer (Hg.): Toleranz. Philosophische Grundlagen und gesellschaftliche Praxis einer umstrittenen Tugend. Frankfurt a. M./New York 2000, 119–143.

Forst, Rainer: Toleranz im Konflikt. Geschichte, Gehalt und Gegenwart eines umstrittenen Begriffs. Frankfurt a. M. 2003.

Laitinen, Art/Pessi, Anne Brigitta (Hg.): Solidarity: Theory and Practice. Lanham et al. 2014.

Löschke, Jörg: Solidarität als moralische Arbeitsteilung. Münster 2015.

Lohmar, Achim: „Was ist eigentlich Toleranz?" In: Zeitschrift für philosophische Forschung 64. Jg., 1 (2010), 8–32.

Macedo, Stephen: „Toleration." In: Robert E. Goodin, Philip Pettit, Thomas Pogge (Hg.): A Companion to Contemporary Political Philosophy, Bd. 2. Oxford 2007, 813–20.

Nagel, Thomas: The View from Nowhere. Oxford 1986.

Rorty, Richard: Contingency, Irony, and Solidarity. Cambridge 1989.

Scanlon, Thomas M.: The Difficulty of Tolerance. Essays in Political Philosophy. Cambridge 2003.
Scholz, Sally J.: Political Solidarity. University Park/PA 2008.
Shelby, Tommie: „Foundations of Black Solidarity: Collective Identity or Common Oppression?" In: Ethics 112. Jg., 2 (2002), 231–266.
Siep, Ludwig: „Toleranz und Anerkennung bei Kant und im Deutschen Idealismus". In: Christoph Enders/Michael Kahlo (Hg.): Toleranz als Ordnungsprinzip? Die moderne Bürgergesellschaft zwischen Offenheit und Selbstaufgabe. Paderborn 2007, 177–193.
Stilz, Anna: Liberal Loyalty. Freedom, Obligation, & the State. Princeton 2009.
Wiggins, David: „Solidarity and the Root of the Ethical." In: Tijdschrift voor Filosofie 71. Jg., 2 (2009), 239–69.
Williams, Melissa S./Waldron, Jeremy (Hg.): Toleration and Its Limits. New York/London 2008.

Natürlich-künstlich

Dieter Birnbacher

In seiner *Kritik der Urteilskraft* zitiert Kant das Beispiel eines Gastwirts, der seinen Burschen im Wirtsgarten den Gesang der Nachtigall nachahmen lässt, um damit seine bei ihm eingekehrten Gäste zu erfreuen: Dieser „lustige Wirth" habe „seine zum Genuß der Landluft bei ihm eingekehrten Gäste dadurch zu ihrer größten Zufriedenheit hintergangen […], daß er einen mutwilligen Burschen, welcher diesen Schlag (mit Schilf oder Rohr im Munde) ganz der Natur ähnlich nachzumachen wußte, in einem Gebüsche verbarg. Sobald man aber inne wird, daß es Betrug sei, so wird niemand es lange aushalten, diesem vorher für so reizend gehaltenen Gesange zuzuhören; und so ist es mit jedem anderen Singvogel beschaffen. Es muß Natur sein, oder von uns dafür gehalten werden, damit wir an dem Schönen als einem solchen ein unmittelbares Interesse nehmen können." (Kant 1968, 302) Nur ‚echte' Natur – oder, wie Kant bezeichnenderweise einschränkt – das, was wir dafür halten, sei eine echte Quelle von ästhetischem Genuss. Sobald die Schönheit des Gesangs der Nachtigall „ganz genau nachgeahmt wird", dünke dies unserem Ohr „ganz geschmacklos" (Kant 1968, 243).

D. Birnbacher (✉)
Heinrich Heine-Universität Düsseldorf, Düsseldorf, Deutschland
E-Mail: dieter.birnbacher@uni-duesseldorf.de

36.1 Zum begrifflichen Gegensatz ‚natürlich' versus ‚künstlich'

Der Gegensatz zwischen dem Natürlichen und Künstlichen spielt nicht nur für die ästhetische Wahrnehmung, sondern für die Orientierung in der uns begegnenden Welt insgesamt eine grundlegende Rolle. Dem Natürlichen rechnen wir in der Regel das zu, was auch ohne den Menschen da wäre und auch ohne den Menschen so beschaffen wäre, wie es uns begegnet, dem Künstlichen das, was nur durch den Menschen da ist oder nur durch den Menschen so geworden ist, wie wir es vorfinden. Bei näherem Zusehen erweisen sich diese Zuordnungen freilich als grobe Vereinfachungen. Natürlichkeit und Künstlichkeit sind nur selten in ‚Reinform' realisiert. Sie sind eher Pole eines Spektrums mit vielfältigen Zwischenstufen und Mischungen. Nahezu alles, womit wir tagtäglich umgehen, liegt irgendwo zwischen dem Extrem des nur Gewordenen und dem Extrem des nur Gemachten. Alles Künstliche geht letztlich auf Natürliches zurück. Jedes nicht rein geistige Schaffen und Herstellen ist auf Natürliches als Ausgangsmaterial angewiesen. Auch wenn es in naher Zukunft gelingen sollte, lebende Zellen und Organismen aus chemischen Rohstoffen herzustellen, bestünden die ‚künstlichen' Zellen und Organismen immer noch aus natürlichen Bestandteilen. Auf der anderen Seite ist das gewöhnlich als ‚natürlich' Bezeichnete nur in

Ausnahmefällen in keiner Weise durch menschliche Interventionen beeinflusst. Viele als ‚ursprünglich' geltende Naturareale sind von Menschen gestaltet oder verändert worden. Hinzu kommen die weitreichenden Eingriffe in die Biosphäre als Nebenwirkungen anderweitiger Tätigkeiten, etwa durch Umweltschadstoffe.

36.2 Grenzziehungen

‚Natur' und ‚natürlich' gehören in der Philosophie, aber auch im Alltagsdenken zu den vieldeutigsten, missverständlichsten und am leichtesten manipulativ zu missbrauchenden Begriffen. ‚Natürlich' bezeichnete je nachdem, womit das Natürliche jeweils kontrastiert wird – dem Übernatürlichen, dem Widernatürlichen, dem Außergewöhnlichen, dem Kulturellen, dem Technischen, dem Unechten, dem Gezwungenen, dem Gewaltsamen – höchst verschiedene Dinge (Schramme 2002), so dass Verhaltensmaximen wie ‚der Natur folgen' oder ‚natürlich leben' einen konkreten Inhalt erst durch nähere Bestimmungen erhalten (vgl. Mill 1984). Aber auch der Kontrast zwischen dem Natürlichen und dem Künstlichen ist uneindeutig. Er kann sich einerseits auf die Entstehung einer Sache (‚genetische') oder auf deren Beschaffenheit beziehen (‚qualitative' Natürlichkeit/Künstlichkeit) (Birnbacher 2006a, 7 ff.). Danach wäre ein ‚naturidentischer' Aromastoff im genetischen Sinn künstlich, aber zugleich im qualitativen Sinn natürlich, da er seiner Beschaffenheit nach von in der unberührten Natur vorfindlichen Stoffen nicht zu unterscheiden ist. Der französische wie der englische Garten sind im genetischen Sinn im gleichen Maße künstlich, aber in sehr unterschiedlichem Maße auch im qualitativen Sinn. Dabei lassen sich beide Formen von Natürlichkeit wiederum nach verschiedenen Hinsichten abstufen, so dass ein und dasselbe Ding jeweils in verschiedenen Hinsichten als im genetischen Sinn naturnah oder naturfern gelten kann, je nachdem, welche Aspekte im Vordergrund stehen: Die (1) Tiefe der menschlichen Eingriffe, die (2) Dichte der Wechselwirkungen zwischen natürlichem Substrat und Kultur oder das (3) Ausmaß, in dem die Eingriffe intendiert sind und nicht nur als Nebenwirkungen anfallen. Eine ähnliche Vielfalt der (zumeist impliziten) Kriterien, nach denen wir abstufen, zeigt sich bei der Natürlichkeit oder Künstlichkeit eines Dings im qualitativen Sinn, z. B. *Form, Zusammensetzung, Funktionsweise* und *raumzeitliche Dimensionalität*. In diesem Sinn ist der Begriff ‚Künstlichkeit' dem ebenfalls mehrdimensionalen Begriff ‚Technizität' verwandt. Eine Elektrolokomotive ist in diesem Sinn in höherem Maße ‚technisch' als eine Dampflokomotive, da bei dieser (abgesehen vom Schnaufen) die Pleuelstangen immerhin noch Ähnlichkeiten mit trabenden Pferdefüßen haben.

36.3 Der ‚Natürlichkeitsbonus' in der Angewandten Ethik

Diese Unterscheidungen sind auch für die Angewandte Ethik relevant, da das Ausmaß, in dem eine Aktivität und/oder ihre Ergebnisse als ‚natürlich' erscheinen, in vielen Anwendungsbereichen der Moral eine Rolle als (explizites oder implizites) Bewertungskriterium übernimmt. Weniger in der akademischen, dafür aber umso mehr in der Popularethik wird dem von Natur aus Seienden gegenüber dem vom Menschen Hervorgebrachten oder Bewirkten ein systematischer Bonus eingeräumt. Dieser ‚Natürlichkeitsbonus' (Birnbacher 2006a, 21) zeigt sich etwa in der Tendenz, natürliche Übel und Gefahren eher zu tolerieren als anthropogene Übel und Risiken und die Prävention gegen natürliche Übel und Gefahren für weniger vordringlich zu halten als Vorkehrungen gegen von Menschen ausgehende. In der Praxis zeigt sich diese Tendenz besonders plastisch in der sogenannten ‚Impfmüdigkeit'. Zunehmend ziehen es Eltern vor, ein Kind nicht impfen zu lassen, wenn die Impfung ein gewisses Todesrisiko mit sich bringt, dieses aber sehr viel niedriger ist als das Risiko, dass das ungeimpfte Kind an der entsprechenden Krankheit stirbt.

Die populäre Höherbewertung des Natürlichen (die sich u. a. in der positiven Konnotiertheit von Natur-, Bio- und Ökolabels zeigt) dürfte ihre Wurzeln in der Tatsache haben, dass die grundlegenden menschlichen Sichtweisen der Natur evolutionär in Zeiten entstanden sind, in denen die meisten natürlichen Übel für menschliche Eingriffe unerreichbar waren. Eine positive Bewertung des Natürlichen bzw. eine Weltsicht, die davon ausgeht, dass es in der Welt im Großen und Ganzen gerecht zugeht, war deshalb im Sinne der Minderung von kognitiver Dissonanz funktional. Über die Gesetzgebung wirken sich diese Sichtweisen heute u. a. auf die Rechtslage in vielen Bereichen insbesondere der Biomedizin aus, in denen wenig vertraute und hochgradig ‚technische' Eingriffe in die Natur zum Teil auf Widerstand stoßen, zum Teil nur unter sehr eng gefassten Bedingungen akzeptiert werden. Beispiele sind zahlreiche Anwendungen der Gentechnik (einer Technik mit hoher Eingriffstiefe), etwa im Bereich der Nahrungsmittelproduktion, und der Reproduktionsmedizin, etwa zur künstlichen Steuerung nicht nur der Rhythmisierung der Geburten, sondern auch zur ‚Qualitätssteuerung' des Nachwuchses. Natürlichkeit scheint neben dem Kriterium der Gesundheitsorientierung das wichtigste implizite Kriterium, nach dem die Akzeptabilität biomedizinischer Verfahren beurteilt wird. Das heißt soweit gentechnische und reproduktionsmedizinische Verfahren der Therapie und Präventionen von Krankheiten dienen oder Defizite (wie ungewollte Kinderlosigkeit) kompensieren, gelten sie weitestgehend als akzeptabel, weniger jedoch, wenn sie zu anderen Zwecken genutzt werden, etwa zur Steigerung von Fähigkeiten oder zur qualitativen Auswahl der Nachkommen. Unter diesen Anwendungen gelten wiederum die in ausgeprägter Weise ‚natürlichen' durchweg als akzeptabler als die ausgeprägt ‚künstlichen'. Plastische Beispiele für die Bedeutung dieser Beurteilungsdimension finden sich in den durchweg negativen Voten, die der Bericht des (vom damaligen amerikanischen Präsidenten George Bush einberufenen und ausschließlich mit philosophischen Laien besetzten) *President's Council on Bioethics* zu einigen neueren Anwendungen biomedizinischer Verfahren zu nicht-gesundheitsbezogenen Zwecken abgegeben hat (President's Council 2003).

Angesichts des Natürlichkeitsbonus stellt sich für die Ethik die Frage, wie weit der Dimension der Natürlichkeit über ihre faktische hinaus auch eine normative Bedeutung für die Akzeptabilität von Natureingriffen in Biomedizin, Technik und Naturschutz zukommt. Ist das vergleichsweise Natürlichere dem vergleichsweise Künstlicheren *ceteris paribus* vorzuziehen, und wenn ja, warum? Ist es wirklich so, dass ein hypothetisches ‚natürliches' Klonen, bei dem der Zeugungszeitpunkt darüber entscheidet, ob statt eines Embryos mit einem aus dem Genom beider Partner gemischten Genom ein Embryo mit dem Genom nur eines der Partner entsteht, akzeptabel wäre, während es ein Klonen mithilfe des technischen Verfahrens des Kerntransfers nicht ist?

In der akademischen Philosophie wird diese Auffassung des *President's Council* (der dieses Gedankenexperiment diskutiert, vgl. President's Council 2003, 61) nur von einer Minderheit geteilt. Die Mehrheit verhält sich zu einer positiven Wertung von Natürlichkeit vor allem deshalb skeptisch, weil ethische Konzeptionen, die Natürlichkeit als Wert auszeichnen, dazu tendieren, das Natürliche unangemessen zu idealisieren: Das von ihnen von Natur und Natürlichkeit gezeichnete Bild vernachlässigt häufig die bedrohlichen, zerstörerischen und verschwenderischen Seiten der vom Menschen ungezähmten Natur. Insbesondere durch die neuere Naturethik, wie sie sich als Reaktion auf die Geringschätzung der Natur im Mainstream der westlichen Philosophie und der monotheistischen Religionen entwickelt hat, wird die außermenschliche Natur vielfach unrealistisch romantisiert und zu einer harmonischen ‚Lebensgemeinschaft' stilisiert, die erst durch menschliche Übergriffe aus dem ‚Gleichgewicht' gebracht wird.

Eine Neubewertung des Natürlichen als intrinsisch wertvoll ist kennzeichnend insbesondere für die in der Naturethik der letzten dreißig Jahre entstandenen „physiozentrischen" Denkrichtungen (vgl. Meyer-Abich 1997; Sitter-Liver 2002), die natürlichen Vorgängen als solchen einen axiologischen Wert zusprechen. Auf der Ebene der Verhaltensnormen entspricht diesem Wert ein deontologisches Prinzip der Nicht-Intervention, wie es idealtypisch in der Naturethik von Paul W. Taylor postuliert wird (vgl. Taylor 1986, 173). Danach sind Eingriffe in die Natur nur zur Abwendung schwerwiegender Gefahren für den Menschen legitim, nicht aber zu Zwecken, auf die der Mensch im Prinzip auch verzichten könnte, wie etwa der Fleischgenuss oder viele kulturelle Ziele. Eine Folgerung daraus ist, dass der Zustand, in dem sich die Natur gegenwärtig befindet, weitgehend als sakrosankt gelten muss, gleichgültig wie weit sie ihrerseits in der Vergangenheit durch menschliche Einwirkung verändert worden ist. Abgeleitet wird daraus u. a. die Unzulässigkeit von Landschaftszerstörungen zugunsten von menschlichen Nutzungsinteressen, und zwar auch dann, wenn dies mit der Zusicherung geschieht, die Landschaftsbestandteile nach Nutzung in ihrer ursprünglichen Form wiederherzustellen (Elliot 1997, 115).

Eine weitere dieser Natürlichkeitsnorm entsprechende Konzeption von Naturschutz ist die Idee des *Prozessschutzes:* Die Natur wird so weit, wie mit elementaren menschlichen Bedürfnissen vereinbar, sich selbst überlassen, gleichgültig welche Richtung sie von sich aus einschlägt und wie diese nach herkömmlichen Schutzwürdigkeitsvorstellungen bewertet werden. ‚Natürlichkeit' wird primär als *Spontaneität* gedeutet. Eine alternative und damit teilweise kollidierende Interpretation von Natürlichkeit ist die Konzeption eines *konservierenden* bzw. *restaurativen Naturschutzes,* bei dem ‚künstliche' Eingriffe der Erhaltung oder Wiederherstellung eines Idealzustands dienen, in dem sich die Natur einmal befand, wobei kulturelle – oft aus der bildenden Kunst entlehnte – Ideale darüber entscheiden, was als erhaltungs- und widerherstellungswürdig gilt. Beispiele sind in Deutschland Heidelandschaften, die erst infolge ökonomisch motivierter großflächiger Zerstörungen entstanden sind. Um die charakteristischen Züge dieser Landschaft zu erhalten, muss diese gegen ihre eigenen ‚natürlichen' Entwicklungstendenzen abgeschirmt und regelmäßig beweidet werden.

In der deutschsprachigen Ethik findet sich ein Versuch, der Natürlichkeit nicht nur im Bereich des Natur- und Tierschutzes, sondern auch im Bereich der Biomedizin und der Lebensführung einen intrinsischen Wert zuzusprechen, zum ersten Mal in der – methodisch als rekonstruktive Ethik angelegten – *Konkreten Ethik* von Ludwig Siep (2004; vgl. dazu Vieth et al. 2008). Siep versteht dabei Natürlichkeit nicht nur als intrinsischen – von allen anderen Werten unabhängigen –, sondern auch als objektiven – in seiner Geltung von menschlichen Wertschätzungen unabhängigen – Wert. Durch die Verbindung mit einem ethischen Objektivismus nähert sich diese Konzeption metaphysischen und theologischen Ethikkonzeptionen an, die den Wert der Natürlichkeit in der Übereinstimmung mit den der Natur innewohnenden Zwecken oder den Absichten eines personal gedachten Schöpfers sieht. Der Unwertgehalt des Künstlichen (relativ zum Natürlichen) wird dabei in der Regel in der Eigenmächtigkeit gesehen, mit der sich der Mensch über die in den Naturdingen liegende ‚Bestimmung' hinwegsetzt und, statt die Natur ‚walten' zu lassen, sie in die ihm genehme Richtung umlenkt. Ein Extrembeispiel sind in dieser Hinsicht bestimmte orthodox calvinistische Gruppierungen in den Niederlanden, die selbst noch die Impfung mit der Begründung ablehnen, sie sei respektlos gegenüber den Zielen Gottes, der bestimmte Kinder für eine Infektionskrankheit vorgesehen hat. Nicht viel weniger extrem ist die Verdammung ‚künstlicher' Methoden der Geburtenkontrolle durch die Katholische Kirche vor allem angesichts der durch das ungehemmte Bevölkerungswachstum sowie die Ausbreitung von AIDS heraufbeschworenen Weltprobleme.

36.4 Spielarten von Natürlichkeits-Skeptizismus

Metaphysische und theologische Begründungen eines Werts von Natürlichkeit sind allerdings nicht zwangsläufig dem Vorwurf ausgesetzt, einen „naturalistischen Fehlschluss" im Sinne G.E. Moores (1996, 79 ff.) zu begehen. Ein naturalistischer Fehlschluss liegt nur dann vor, wenn die rein deduktive Ableitbarkeit einer Wert- oder Normaussage aus rein beschreibenden Voraussetzungen behauptet wird, was bei metaphysischen Ethiken in der Regel ebenso wenig der Fall ist wie bei empirisch-naturalistischen Ethiken wie dem Sozialdarwinismus oder der evolutionären Ethik (vgl. Birnbacher 2006b, 156 ff.). Beide Male wird der Wert des Natürlichen nicht deduziert, sondern postuliert. Zu Recht umstritten ist jedoch die Plausibilität eines solchen Postulats. Umstritten ist einmal, ob sich etwas Unpersönlichem wie der Natur überhaupt Zwecke zuschreiben lassen, und ebenso, mit welchem Recht diese, falls es sie gibt, angesichts der destruktiven Potenziale der Natur Verbindlichkeit für den Menschen beanspruchen können. Eine theistische Begründung von Natürlichkeitswerten andererseits setzt ein ausgesprochen anthropomorphes Gottesbild voraus, das sich allenfalls als Glaubensartikel vertreten lässt.

'Natürlichkeits-Skeptiker' akzeptieren Natürlichkeit weder als intrinsischen Wert noch die Erhaltung oder Wiederherstellung von Natürlichkeit als *prima facie* oder absolut bestehende Verpflichtung, bestreiten allerdings nicht, dass die Dimension natürlich/künstlich *indirekt* normativ relevant sein kann, insbesondere in zwei Fällen: (1) wenn die Dimension natürlich/künstlich mit anderen, normativ bedeutsamen Dimensionen korreliert, so dass die Skala natürlich/künstlich als Indikator für direkt relevante Gesichtspunkte, etwa für die Risikoträchtigkeit oder Abschätzbarkeit der Risiken dienen kann (vgl. Rolston 1997); (2) wenn Präferenzen für das Natürliche vorgängig zu moralischen Normen besteht und die jeweils leitenden moralischen Normen die Berücksichtigung solcher Präferenzen vorschreiben.

Im ersten Fall ergibt sich die Vorzugswürdigkeit des Natürlichen daraus, dass es in anderen Hinsichten vorzugswürdig ist, z. B. weil es risikofreier, berechenbarer oder gesünder ist und als „Gegengift" (Beck 1988) gegen überzogenen Aktivismus, Therapiesucht und Machbarkeitswahn dienen kann. Da das Natürliche vielfach das Bekanntere und Vertrautere ist, ist es oft zugleich das in seinen Nutzen- und Risikopotenzialen besser Abschätzbare. Wer bei leichten Erkrankungen auf die 'natürlichen Selbstheilungskräfte' statt auf Pillen setzt, ist oft schlicht besser beraten. Im zweiten Fall gilt es, von ethischer Seite die verbreiteten Präferenzen für die 'natürlichere' von zwei Alternativen zu berücksichtigen, etwa die weit verbreiteten Präferenzen für einen 'natürlichen', nicht übermäßig durch Technikeinsatz gestörten Tod, für eine natürliche Geburt und eine natürliche Zeugung, aber auch für Natururlaub und gentechnikfreie Ernährung. Viele Ethiken gebieten, dass diese Präferenzen nicht nur zu respektieren sind, sondern dass ihnen – je nach ihrer Intensität und Dauerhaftigkeit – auch Raum und Gelegenheit zur Betätigung zu geben ist, soweit dies die Rechte anderer nicht unangemessen einschränkt. Die 'Natürlichkeits-Skeptiker' lehnen es allerdings in der Regel ab, diese Präferenzen ihrerseits an einem übergeordneten Maßstab zu messen und die Präferenz für die jeweils 'künstliche' Alternative abzuwerten oder ihre Ausübung zu verbieten. Dies wäre aus ihrer Sicht nur vertretbar, wenn sich Natürlichkeit als eigenständiges Prinzip begründen ließe.

Literatur

Beck, Ulrich: Gegengifte. Die organisierte Unverantwortlichkeit. Frankfurt a. M. 1988.
Birnbacher, Dieter: Natürlichkeit. Berlin/New York 2006a.
Birnbacher, Dieter: „'Natur' als Maßstab menschlichen Handelns." [1991] In: Ders. (Hg.): Bioethik zwischen Natur und Interesse. Frankfurt a. M. 2006b, 145–165.
Elliot, Robert: Faking Nature. The Ethics of Environmental Restoration. London 1997.
Kant, Immanuel: „Kritik der Urteilskraft." [1790] In: Kants Werke. Akademie Textausgabe, Bd. 5, Berlin/New York 1968, 165–486.
Meyer-Abich/Klaus Michael: Praktische Naturphilosophie. München 1997.
Mill, John Stuart: „Natur." [1874] In: John Stuart Mill: Drei Essays über Religion. Stuttgart 1984, 9–62.
Moore, George E.: Principia Ethica [1903]. Erweiterte Ausgabe. Stuttgart 1996.

President's Council on Bioethics: Beyond Therapy. Biotechnology and the Pursuit of Happiness. Washington D. C. 2003.

Rolston, Holmes: „Können und sollen wir der Natur folgen?" In: Dieter Birnbacher (Hg.): Ökophilosophie. Stuttgart 1997, 242–285.

Schramme, Thomas: „Natürlichkeit als Wert." In: Analyse und Kritik 24. Jg. (2002), 249–271.

Siep, Ludwig: Konkrete Ethik. Grundlagen der Natur- und Kulturethik. Frankfurt a. M. 2004.

Sitter-Liver, Beat: „Plädoyer für das Naturrechtsdenken: Zur Anerkennung von Eigenrechten der Natur." In: Ders. (Hg.): Der Einspruch der Geisteswissenschaften. Ausgewählte Schriften. Freiburg i. Br./Schweiz 2002, 323–384.

Taylor, Paul W.: Respect for Nature. A Theory of Environmental Ethics. Princeton, N. J. 1986.

Vieth, Andreas/Christoph Halbig/Angela Kallhoff (Hg.): Ethik und die Möglichkeit einer guten Welt. Berlin/New York 2008.

Teil IV
Die Bereichsethiken

37 Politische Ethik

Robin Celikates und Christian Neuhäuser

37.1 Politische Ethik als Bereichsethik?

Die Bezeichnung ‚Politische Ethik' lässt in Analogie zu Technikethik oder Medizinethik zunächst an eine spezifische Bereichsethik denken (vgl. Nida-Rümelin 2005). Entsprechend wäre die Aufgabe dieser Bereichsethik eine moralische Reflexion des politischen Systems, seiner institutionellen Strukturen sowie des politischen Handelns. Doch so eindeutig lässt sich das Verhältnis von Ethik bzw. Moral und Politik nicht bestimmen. Dies liegt nicht zuletzt daran, dass es sich bei dem Bereich des Politischen (ob nun im nationalen oder im internationalen bzw. globalen Kontext) selbst um eine normative – also von Normen, Wertorientierungen etc. geprägte – Sphäre handelt, die der Moral weder eindeutig über- noch eindeutig untergeordnet ist. Die Normativität der Moral und die der Politik scheinen vielmehr in einem Spannungsverhältnis zu stehen, das sowohl Überschneidungen als auch Differenzen umfasst und das seit den gemeinsamen Anfängen von Politischer und Moralphilosophie in der griechischen Antike immer wieder neu verhandelt worden ist: Von Platon und Aristoteles über Machiavelli, Hobbes, Kant, Hegel und Marx bis zu Weber, Schmitt und Rawls sind dabei immer wieder Extrempositionen vertreten, aber auch Vermittlungsversuche unternommen worden (vgl. etwa die in Cahn 2011 versammelten Texte).

Die Reflexion und Bewertung politischer Institutionen und politischen Handelns mit Bezug auf (zumindest auf den ersten Blick) moralische Normen – etwa der Gerechtigkeit oder der Menschenrechte – kann als eine erste Dimension dieses Spannungsverhältnisses verstanden werden, aber nicht als die einzige (zur Bandbreite der entsprechenden Fragen vgl. Bayertz 1996; Celikates/Gosepath 2013). Es kommen noch mindestens zwei weitere hinzu, die das Bild verkomplizieren und eine bloße Anwendung von moralischen Normen auf den Bereich der Politik als zu einfache Bestimmung der Politischen Ethik erscheinen lassen. Moral und Ethik können nämlich selbst insofern als politisch verstanden werden, als moralische Aussagen in politischer Absicht getätigt werden oder eine politische Funktion erfüllen (vgl. etwa die Debatte in Dewey/Kautsky/Trotzki 2001; Geuss 2011). In Form der „Moralkeule", der ebenfalls traditionsreichen Praxis, bestimmten Gruppen die moralische Integrität oder gleich jede Moralfähigkeit abzusprechen, oder der Ablenkung von systemischen Ursachen sozialen Leids, kann die

R. Celikates (✉)
Freie Universität Berlin, Berlin, Deutschland
E-Mail: robin.celikates@fu-berlin.de

C. Neuhäuser
TU Dortmund, Dortmund, Deutschland
E-Mail: christian.neuhaeuser@tu-dortmund.de

Moral ein Mittel der politischen Disziplinierung, Exklusion und Legitimation sein. In all diesen Fällen bedarf es einer politischen Kritik der Moral und der Verteidigung gegen eine Kolonialisierung durch nur scheinbar neutrale Moralvorstellungen.

Eine dritte und vielleicht die zentrale Dimension besteht darin, dass Moral und Ethik selbst Teil der Politik sind. Sie stehen nicht jenseits und über der Politik und sie werden auch nicht bloß für politische Zwecke instrumentalisiert. Vielmehr stellen sie eine bestimmte Form des (bzw. einen wesentlichen Aspekt allen) politischen Denkens und Handelns dar (aus zwei sehr unterschiedlichen Perspektiven vgl. Skinner 2002, Kap. 8; Deitelhoff 2006). Dies tritt dann besonders deutlich hervor, wenn Akteure ihre politischen Entscheidungen an moralischen Gesichtspunkten orientieren oder andere Akteure durch moralische Argumente von ihrem Standpunkt zu überzeugen versuchen. Gleichzeitig können Akteure auch aufgrund ihrer moralischen Haltung zu strategischem Handeln im politischen Raum gezwungen werden. Um moralisch gerechtfertigten Positionen politische Kraft zu verleihen, müssen sie häufig mithilfe politischer Maßnahmen gegen politische Widerstände durchgesetzt werden. Aber diese politischen Überlegungen sind der moralischen Deliberation ebenso wenig äußerlich wie die moralischen Normen der politischen Praxis von außen auferlegt sind.

Die verschiedenen Aspekte des Spannungsverhältnisses von Politik und Moral lassen sich anhand einiger Beispiele besser veranschaulichen als abstrakt darstellen. Nicht zuletzt lässt sich auf diese Weise die Gefahr einer entweder idealistischen oder realistischen Auflösung dieses Spannungsverhältnisses vermeiden, denn in der Praxis bilden (anders als auch große Teile der Politikwissenschaft annehmen) weder die politische noch die moralische Normativität vollständig kohärente und voneinander klar abgrenzbare Systeme (vgl. etwa Coady 2008).

37.2 Schmutzige Hände

Die Frage, ob es im Bereich der Politik manchmal richtig bzw. gefordert ist, das scheinbar moralisch Falsche zu tun, indem man etwa lügt oder gar foltert, um katastrophale Konsequenzen – etwa einen Terroranschlag – abzuwenden, wirft das sogenannte Problem der schmutzigen Hände auf (vgl. Kis 2008; Primoratz 2007; s. Kap. 68). In solchen Situationen sehen sich die betroffenen Akteure durch ‚extreme' Umstände dazu genötigt, von ihnen unter ‚normalen' Umständen als gültig akzeptierte Werte oder Prinzipien außer Kraft zu setzen bzw. zu verraten, indem sie ein Übel in Kauf nehmen oder herbeiführen, um ein größeres öffentliches Übel zu vermeiden oder zu verhindern. Damit erscheint die Normverletzung selbst als – mit Blick auf die Konsequenzen – rechtfertigbar oder zumindest entschuldbar.

Beim Problem der schmutzigen Hände handelt es sich um ein paradigmatisches Beispiel für das oben angesprochene Spannungsverhältnis, weil jene Positionen, die dieses Spannungsverhältnis leugnen, auch das Problem leugnen müssen (vgl. Coady 2008). Vertritt man einen absoluten Vorrang der deontologischen Moral vor allen politischen Erwägungen, so ist es schlichtweg verboten, sich im gemeinten Sinn die Hände schmutzig zu machen, ganz unabhängig von den Folgen. Geht man hingegen von einer vollständigen Entkopplung der Politik von der Moral aus, so erscheinen moralische Erwägungen für die politische Folgenkalkulation schlicht irrelevant. Moralismus und Realismus verfehlen beide das Spannungsverhältnis von Politik und Moral, indem sie versuchen, es in eine der beiden Richtungen aufzulösen – damit landen sie zugleich bei einem falschen Verständnis von Politik und Moral. Weder ist Politik ein moralfreier Raum, in dem politische Akteure ihre nicht-moralischen Ziele im Kampf um Machtpositionen durchzusetzen versuchen, noch kann man Moral als neutralen Rahmen verstehen, der politischem Handeln strikte und eindeutige Grenzen zieht. Auch wenn man die Realität des Phänomens der ‚schmutzigen Hände' zugesteht, sprechen jedoch gute – moralische und politische – Gründe für einen vorsichtigen Umgang mit dieser Kategorie, da sie sich besonders gut zur politischen Instrumentalisierung und zur moralischen Exkulpation eignet, wie etwa die Debatte um Folter in (meist extrem konstruierten) Szenarien der ‚tickenden Bombe' (‚Rettungsfolter') gezeigt hat (vgl. Beestermöller/Brunkhorst 2006).

Angesichts dieser Problemlage kann es zu den Aufgaben politischen Handelns gerechnet werden, die institutionellen Bedingungen so zu verändern, dass Situationen, in denen sich politische Akteure die Hände schmutzig machen (müssen oder zu müssen meinen), weniger häufig entstehen. Selbst wenn man die situativ bedingte Unvermeidbarkeit ‚schmutziger Hände' (nicht nur in der Politik) prinzipiell zugesteht, sollte man demnach an hohen moralischen Ansprüchen gerade im Bereich der Politik festhalten. Da es uns daran erinnert, dass moralisches Handeln immer unter sozialen und politischen Bedingungen stattfindet, ist das Problem der ‚schmutzigen Hände' damit letztlich nicht nur ein moralisches, sondern auch ein soziales und politisches Problem.

37.3 Ziviler Ungehorsam

Haben Bürgerinnen und Bürger in demokratischen Rechtsstaaten eine unbedingte Pflicht zum Rechtsgehorsam oder kommt ihnen unter bestimmten Umständen ein Recht oder gar eine Pflicht zum Ungehorsam zu? Heute wird meist davon ausgegangen, dass die Gehorsamspflicht gegenüber der staatlichen Autorität nicht absolut, sondern bedingt ist, und dass sich die entsprechenden Bedingungen zum Teil aus substantiellen moralischen Normen – etwa der Gerechtigkeit, den Menschenrechten etc. – und zum Teil aus politischen Verfahrensnormen – etwa der Demokratie, der Gewaltenteilung etc. – ergeben (als Überblick vgl. Bedau 1991). Ziviler Ungehorsam als absichtlich rechtswidriges und prinzipienbasiertes kollektives Protesthandeln, mit dem das politische Ziel verfolgt wird, bestimmte Gesetze, Maßnahmen oder Institutionen zu verändern (bzw., insofern sie die entsprechenden normativen Standards erfüllen, zu erhalten), steht damit von Vornherein im Spannungsfeld von Moral und Politik, und zwar sowohl was seine Definition als auch was seine Rechtfertigung und Rolle in demokratischen Gemeinwesen angeht.

Wenn es eine *prima facie*-Pflicht zum Rechtsgehorsam gibt, dann bedarf ziviler Ungehorsam der Rechtfertigung. Generell verweisen liberale Theorien (Rawls 1975, § 57; Dworkin 1985, Kap. 4) dabei vor allem auf moralphilosophisch begründete Prinzipien der Gerechtigkeit und individuelle Rechte, deren systematische Verletzung unter gewissen Umständen den selektiven Gesetzesbruch rechtfertigen kann, republikanische Theorien (Arendt 1986; Young 2001) eher auf gravierende Demokratiedefizite, die sich aus sozioökonomischen Ungleichheiten oder prozeduralen und institutionellen Einschränkungen der Partizipationschancen der Bürger ergeben und daher nicht über rechtskonforme politische Kanäle adressierbar sind. Gegen die verbreitete ‚Gesetz ist Gesetz'-Mentalität, die den Staat zu einer Art Selbstzweck erklärt, bestehen beide allerdings auf der prinzipiellen Rechtfertigbarkeit und der für den Abbau von Gerechtigkeits- und Demokratiedefiziten zentralen Rolle zivilen Ungehorsams auch unter demokratischen Bedingungen. Weit davon entfernt, einfach eine einseitige und eigeninteressierte Aufkündigung des Rechtsfriedens oder eine unzulässige moralistische Erpressung der Politik darzustellen, erscheint ziviler Ungehorsam aus dieser Perspektive als notwendiges Instrument der Selbstkorrektur jeder demokratischen Gesellschaft, die das Spannungsverhältnis von Politik und Moral zwar stets von neuem vermitteln, aber eben nie ganz auflösen kann (Celikates 2016).

37.4 Verantwortungszuweisung

Moralische Akteure werden auf unterschiedliche Weisen verantwortlich (s. Kap. 31). Sie übernehmen entweder freiwillig Verantwortung, sie fällt ihn automatisch zu oder wird auf legitime Weise zugewiesen (Baier 1972). In allen drei Fällen zeigt sich das spannungsvolle Verhältnis von Moral und Politik.

Stets lässt sich danach fragen, ob politische Akteure ihrer moralisch begründeten Verantwortung gerecht werden. Beispielsweise kann sich ein Politiker im Bundestag nicht darauf zurückziehen, dass er für schwierige Entscheidungen in medizinethischen Fragen nicht verantwortlich sein will. Diese Verantwortung übernimmt er nicht in jedem Einzelfall immer wieder freiwillig, sondern sie fällt ihm als Mandatsträger automatisch zu, wie bereits Max Weber argumentiert hat (Weber 1988). Ebenso können Bürger ihre Sozialabgaben nicht mit dem Argument in Frage oder gleich ganz einstellen, dass Wohltätigkeit freiwillig und nicht aufgezwungen sein sollte. In einem demokratischen Wohlfahrtsstaat ist den Bürgern diese Verantwortung in legitimen Prozessen zugewiesen, und Steuern sind daher unmittelbar verpflichtend (Gosepath 2004, Kap. 5). Zugleich ist es aber auch geboten, kritisch zu hinterfragen, wann die moralische Zuweisung von Verantwortung im politischen Raum tatsächlich gerechtfertigt ist. So wird beispielsweise allzu gerne nach dem einzig Schuldigen gesucht, wenn etwas falsch gelaufen ist, auf dem die gesamte Verantwortung abgeladen werden kann. Manchmal geschieht das, um der moralischen Empörung der Betroffenen oder Beobachter Ausdruck zu verleihen. Entrüstete Moralisten rufen nach einem Schuldigen und ihnen wird irgendein Sündenbock präsentiert. Aber manchmal ist niemand verantwortlich, außer vielleicht ein unvorhersehbarer Zufall. Dann muss der nach einem Sündenbock rufende Moralismus als politisch unrealistisch kritisiert werden. Oft dienen die Sündenböcke aber auch als Bauernopfer, um von den wahrhaft Verantwortlichen abzulenken. Dann muss dieser Moralismus als politisch naiv kritisiert werden (Nagel 2008).

Vor allem aber zeigt sich bei der Zuweisung von Verantwortung deutlich, dass Moral selbst Teil der Politik ist (Vogelmann 2014). In vielen Fällen von Unrecht übernimmt niemand freiwillig Verantwortung oder zumindest nicht in ausreichendem Maße und sie fällt auch niemandem automatisch zu. Die Moral und ihre Prinzipien sagen uns insbesondere in komplexen Umwelten manchmal nicht viel dazu, wer Wiedergutmachung für vergangenes Unrecht leisten oder zukünftiges Unrecht verhindern muss. Dennoch bedarf es verantwortlicher Akteure, die sich dieser Aufgaben annehmen. Dann muss eine entsprechende Verantwortung geeigneten Akteuren politisch zugewiesen werden. Doch diese politische Zuweisung von Verantwortung geschieht nicht völlig beliebig, sondern hat sich selbst an guten Gründen zu orientieren. Diese Gründe lassen sich wiederum moralisch bewerten und kritisieren. Beispielsweise müssen Kriterien der Effizienz, der Belastung, der Nähe und der Zuständigkeit gegeneinander abgewogen werden. Die angemessene Zuweisung von Verantwortung im politischen Raum geschieht also auf Grundlage moralischer Argumente und in moralisch legitimierten Prozessen (Young 2001; 2011; Neuhäuser 2017). Moral, so zeigt sich hier ein weiteres Mal, ist integraler Bestandteil des politischen Geschehens.

Literatur

Arendt, Hannah: „Ziviler Ungehorsam." In: Dies.: Zur Zeit. Hamburg 1986, 119–160 (engl. 1970).

Baier, Kurt: „Guilt and Responsibility." In: Peter French (Hg.): Individual and Collective Responsibility. Cambridge 1972, 35–62.

Bayertz, Kurt (Hg.): Politik und Ethik. Stuttgart 1996.

Bedau, Hugo A. (Hg.): Civil Disobedience in Focus. London 1991.

Beestermöller, Gerhard/Brunkhorst, Hauke (Hg.): Rückkehr der Folter. München 2006.

Cahn, Steven M. (Hg.): Classics of Political and Moral Philosophy. Oxford 2011.

Celikates, Robin: „Democratizing Civil Disobedience". In: Philosophy & Social Criticism 42. Jg., 10 (2016), 982–994.

Celikates, Robin/Gosepath, Stefan: Politische Philosophie, Stuttgart 2013.
Coady, Cecil A.J.: Messy Morality. Oxford 2008.
Deitelhoff, Nicole: Überzeugung in der Politik. Frankfurt a. M. 2006.
Dewey, John/Kautsky, Karl/Trotzki, Leo: Politik und Moral. Lüneburg 2001 (dt./russ./engl. 1919/1920/1938).
Dworkin, Ronald: A Matter of Principle. Cambridge, Mass. 1985.
Geuss, Raymond: Kritik der politischen Philosophie: Eine Streitschrift. Hamburg 2011.
Gosepath, Stefan: Gleiche Gerechtigkeit. Frankfurt a. M. 2004.
Kis, János: Politics as a Moral Problem. Budapest 2008.
Nagel, Thomas: Letzte Fragen. Hamburg 2008.
Neuhäuser, Christian: „Kollektive Verantwortung als politischer Begriff in der Debatte über historisches Unrecht." In: Politische Vierteljahresschrift, Sonderheft 52 (2017), 82–106.
Nida-Rümelin, Julian (Hg.): Angewandte Ethik. Stuttgart 2005.
Primoratz, Igor (Hg.): Politics and Morality. New York 2007.
Rawls, John: Eine Theorie der Gerechtigkeit. Frankfurt a.M. 1975 (engl. 1971).
Skinner, Quentin: Visions of Politics, Bd. I: Regarding Method. Cambridge 2002.
Vogelmann, Frieder: Im Bann der Verantwortung. Frankfurt a. M. 2014.
Weber, Max: „Politik als Beruf." In: Ders.: Gesammelte politische Schriften. Tübingen 1988, 505–560.
Young, Iris M.: „Activist Challenges to Deliberative Democracy". In: Political Theory 29. Jg., 5 (2001), 670–690.
Young, Iris M.: Responsibility for Justice. Oxford 2011.

Rechtsethik 38

Detlef Horster

38.1 Die Differenz zwischen Recht und Moral

Wir konstatieren gegenwärtig eine Differenz zwischen Recht und Moral, wie sie für Sokrates noch undenkbar gewesen wäre, denn für ihn waren individuelle Tugend und gemeinschaftliches Recht identisch und ein Verstoß gegen das Recht war zugleich ein Verstoß gegen moralische Regeln (vgl. Platon: *Kriton* 53 c). Zunächst also eine Einheit bildend, können wir im Verlauf der Geschichte ein immer weiter gehendes Auseinandertreten von Moral und Recht beobachten: „Am Beginn der Entwicklung [des Rechts] bildet es eine kaum zu trennende Einheit mit Religion, Moral und Sitte. […] Seit Christian Thomasius und Immanuel Kant ist die Moral begrifflich vom Recht geschieden, ohne daß man beide letztlich trennen kann" (Wesel 1997, 46).

Folgende vier Unterschiede sind hervorzuheben: (1) Der für den Absolutismus und den Nationalstaat charakteristische und bereits von Thomas Hobbes und Christian Thomasius angenommene Unterschied zwischen Recht und Moral bestätigt Kant in der *Einleitung zur Tugendlehre*. Ihm zufolge ist das moralische Gesetz ein Gesetz für den Menschen, das einen *inneren* Zwang ausübt. Es war durchaus im emanzipatorischen Sinne gemeint, dass der Mensch von *äußeren* Zwängen frei sein solle. Der *innere* Gerichtshof wird später in der *Tugendlehre* als Gewissen bezeichnet (vgl. A 100). Das Recht hingegen zwinge den Menschen *äußerlich (vgl. A 28)*. Darum könne Recht immer nur im Zusammenhang mit der staatlichen Zwangsgewalt existieren. (2) Das jeweilige Zustandekommen unterscheidet ebenfalls rechtliche Normen von moralischen Regeln: Der Gesetzgeber beschließt die Rechtsnormen. Für moralische Regeln ist ein solches Verfahren unvorstellbar. (3) Eine weitere Differenz: Rechtsnormen werden von einem bestimmten Zeitpunkt an in Geltung gesetzt – etwa „ab der Veröffentlichung im Bundesgesetzblatt". Ein solches In-Geltung-Setzen ist für moralische Regeln ebenfalls undenkbar. (4) Schließlich gilt im Recht ein klar geregelter Vorrang des Bundesrechts vor dem Landesrecht; außerdem heben Entscheidungen höherer Instanzen vorinstanzliche auf; weiterhin hat im Falle der formellen Subsidiarität eine Norm Vorrang vor einer anderen. Im Bereich des Moralischen hingegen muss man bei einer Pflichtenkollision bzw. in einer Dilemmasituation selbst entscheiden, welche moralischen Regeln höher einzustufen sind.

Das Verhältnis von Recht und Moral bildet das Zentrum der Überlegungen in Ronald Dworkins Rechtsphilosophie. Ausgangspunkt

D. Horster (✉)
Leibniz Universität Hannover, Hannover, Deutschland
E-Mail: horster@ewa.uni-hannover.de

war ein Erlebnis, das er in seinem Buch *Justice in Robes* (2006) wiedergibt und das von Habermas so interpretiert wird: „,Zu seiner Zeit als Richter am Supreme Court nahm Holmes auf seinem Weg zum Gerichtshof den jungen Learned Hand' – der später Dworkins Lehrer wurde ‚in seinem Wagen mit'. Hand stieg, an seinem Fahrtziel angelangt, aus, winkte und rief munter hinter dem weiterfahrenden Auto her: ‚Sorgen Sie für Gerechtigkeit, Richter Holmes.' Holmes ließ den Fahrer den Wagen stoppen und zum überraschten Hand zurückkehren, um sich mit den Worten aus dem Fenster zu lehnen: ‚That's not my job.' Anschließend kehrte der Wagen wieder um und beförderte Holmes zu seiner Arbeit, die angeblich nicht darin bestand, für Gerechtigkeit zu sorgen.' Dworkin will mit dieser Geschichte eine Frage veranschaulichen, die ihn ein Leben lang beschäftigt: Welchen Einfluss dürfen, ja sollen und müssen die moralischen Überzeugungen eines Richters auf dessen Rechtsprechung haben" (Habermas 2008, 66). Nach dem oben Gesagten, wonach Recht und Moral zwei verschiedene Universen sind, haben sie wohl keinen Einfluss. Dennoch besteht das Recht nicht ohne Verbindung zur Moral, wie Wesel im Eingangszitat konstatiert. Der kategorische Rechtsimperativ Kants verpflichtet das Recht auf die Moral: „Das Recht ist [...] der Inbegriff der Bedingungen, unter denen die Willkür des einen mit der Willkür des andern nach einem allgemeinen Gesetze der Freiheit zusammen vereinigt werden kann" (*Einleitung in die Rechtslehre,* AB 33). Das Gesetz der Freiheit ist bei Kant der Kategorische Imperativ, ein moralisches Prinzip also, das rechtlichen Regulierungen zugrunde liegen soll. Für die anglo-amerikanische Rechtstradition ist, wie für die christlich-jüdische (vgl. Höffe 1996, 26), seit eh und je das positive Recht lediglich eine Kodifizierung des moralischen Naturrechts (vgl. auch Habermas 1971, 92).

38.2 Der Zusammenhang von Recht und Moral in unserer Rechtspraxis

Gustav Radbruch hat 1946 unter dem stark nachwirkenden Eindruck der nationalsozialistischen Rechtsprechung und der daraus zu ziehenden rechtlichen Konsequenzen gesagt, dass das positive Recht zu weichen habe, wenn es in einem unerträglichen Verhältnis zur Gerechtigkeit stünde (Radbruch 1999, 216). Die Frage soll in erster Näherung an folgender Problematik erörtert werden, die die Gerichte zunächst in außerordentliche Schwierigkeiten gebracht hat.

Im deutschen Strafrecht gilt der Grundsatz, dass menschliches Leben nicht quantifiziert und gegeneinander aufgerechnet werden darf; man darf nicht einen Menschen töten, um mehrere andere zu retten. Ein in der Antike durch Karneades von Kyrene konstruierter Fall, der von Kant in der *Einleitung in die Rechtslehre* aufgegriffen wurde, stellt an die Rechtskundigen die Frage, ob man denjenigen zum Tode verurteilen müsse, „der im Schiffbruche, mit einem andern in gleicher Lebensgefahr schwebend, diesen von dem Brette, worauf er sich gerettet hat, wegstieße, um sich selbst zu retten" (AB 41). Zweifellos hat der Täter ein Leben, sein eigenes, höher bewertet, was im Strafrecht nicht erlaubt ist. Doch der Strafrichter würde dem Täter entschuldigenden Notstand (§ 35 StGB) zuerkennen und ihn nicht bestrafen, denn die Angst, die jemand in dieser Situation hat, macht ihn schuldunfähig.

Komplizierter sind indes die Fälle, in denen eine rechtliche Verurteilung erfolgen müsste, weil strafausschließende rechtfertigende oder entschuldigende Normen wie die §§ 34 und 35 StGB nicht zum Zuge kommen, doch die moralische Auffassung der Richter einer Verurteilung entgegensteht. In solchen Fällen haben Juristen zu einer Hilfskonstruktion gegriffen, um Recht und Moral miteinander kompatibel machen zu können. Es ist der in der Rechtsdogmatik umstrittene „gewohnheitsrechtlich anerkannte Rechtfertigungsgrund des ‚übergesetzlichen Notstands'" (Schönke/Schröder 1997, 558, § 34, 2). Diese Regelung war 1927 erstmals zum Zuge gekommen als ein Arzt einen Schwangerschaftsabbruch vornahm, um das nach seiner Ansicht höherwertige Rechtsgut, das Leben der Schwangeren, zu schützen (RG 61, 242).

Aber nicht nur ein rechtfertigender übergesetzlicher Notstand wurde anerkannt, sondern auch ein entschuldigender. Ein solcher kann dann angenommen werden, wenn eine rechtswidrige Tat begangen wurde, bei der kein Rechtfertigungsgrund zum Zuge kam. Anlass zur Anerkennung des übergesetzlichen entschuldigenden Notstands ist z. B. folgender Sachverhalt, der sich während der Nazizeit zutrug: „Einige Ärzte in Anstalten für geistig behinderte Menschen hatten das Leben von einigen Anvertrauten preisgegeben, um nicht durch willfährige Kollegen ersetzt zu werden, die alle Menschen zur Tötung preisgegeben hätten" (Jakobs 1991, 588, Abschn. 20, Rdn. 39). Die Moralauffassung der Richter sträubte sich dagegen, diese Ärzte zu verurteilen. Auf solche Fälle fand nach dem Krieg der übergesetzliche entschuldigende Notstand Anwendung, und zwar bisher ausschließlich für solche Fälle. Moralische Überlegungen wurden damit für die Rechtsentscheidungen maßgeblich.

Es kommt bei gerichtlichen Entscheidungen immer wieder zu Konflikten zwischen Recht und Moral. Der Frankfurter Polizeivizepräsidenten Wolfgang Daschner hatte einen Kommissar angewiesen, dem Angeklagten Gäfgen Folter anzudrohen, damit er den Aufenthaltsort seines Entführungsopfers preisgab. Daschner wollte dadurch das Leben des von Gäfgen entführten Kindes retten. Auch Daschner berief sich bei seiner Verteidigung auf den schuldausschließenden übergesetzlichen Notstand, weil zwei Rechtsgüter kollidierten. Von den Richtern wurde der übergesetzliche Notstand nicht anerkannt. Sie argumentierten, dass es auch mildere Mittel als die Folterandrohung gegeben hätte, um das Leben des entführten Kindes zu retten, z. B. die Konfrontation des Täters mit der Schwester des Opfers. Die Richter mussten Daschner verurteilen, ließen sich dabei aber dennoch von moralischen Gesichtspunkten leiten und bewerteten die Absicht, das Kind zu retten, höher als das nach der deutschen Rechtsordnung garantierte Recht eines Angeklagten. Darum urteilten die Richter mit einem Strafmaß an der untersten Grenze und verwarnten Daschner mit Strafvorbehalt nach § 59 StGB mit einer Bewährungszeit von einem Jahr. Aufgrund des Fristablaufs wurde der Strafvorbehalt gegenstandslos. Wolfgang Daschner ist damit nicht vorbestraft.

38.3 Der Zusammenhang von Recht und Moral in der Rechtsphilosophie

Ronald Dworkin: Um genauer zeigen zu können, wie das Verhältnis von Recht und Moral nicht nur in der Rechtspraxis, sondern auch in der Rechtsphilosophie gedeutet wird, soll hier zunächst das Konzept von Ronald Dworkin angesehen werden, für den – wie gesagt – das Verhältnis von Recht und Moral ein zentrales Problem seiner Rechtsphilosophie ist. Er geht davon aus, dass in rechtlichen Normen Prinzipien Berücksichtigung finden. Eines dieser Prinzipien, das er anführt, und das im Urteil Riggs gegen Palmer zum Zuge gekommen ist, lautet: Niemand darf aus seinem eigenen Vergehen einen Nutzen ziehen. In dem genannten Fall hatte der Erbe Angst, den Nachlass nicht zu erhalten, als sein Großvater eine junge Frau heiratete. Darum brachte er seinen Großvater um. Wegen des genannten, aus dem Gewohnheitsrecht stammenden Prinzips, hat der Mörder die Erbschaft nicht erhalten (vgl. Dworkin 1984, 56 f.). „Der Ursprung dieser Prinzipien als Rechtsprinzipien", sagt Dworkin, „liegt nicht in einer bestimmten Entscheidung einer gesetzgebenden Körperschaft oder eines Gerichts, sondern in einem Sinn für Angemessenheit. [...] Der fortdauernde Einfluß der Prinzipien hängt davon ab, daß dieser Sinn für Angemessenheit aufrechterhalten wird" (ebd., 82). Die direkte Anwendung des Rechts geschieht zwar nach Rechtsregeln, richterliche Entscheidungen kommen aber aufgrund von Prinzipien zustande, die zu angemessenen und damit gerechten Entscheidungen führen. Angemessenheit, gedacht als Ergebnis praktischen Urteilens, war schon bei Aristoteles für die Möglichkeit gerechter Entscheidungen unverzichtbar. Er sprach am Ende des 14. Kapitels vom fünften Buch der *Nikomachischen Ethik* von der Angemessenheit oder Billigkeit *(epieikeia),* die eine Art Gerechtigkeit sei.

H. L. A. Hart: Gerechtigkeit wird als das moralische Prinzip angesehen, das dem Recht zugrunde liegt. Das aber ist nicht nur bei Dworkin der Fall, sondern auch im Rechtspositivismus, und besonders in der Theorie von Dworkins Lehrer Herbert Lionel Adolphus Hart, von dem Dworkin sich kritisch absetzte. Für Hart ist das Recht seiner Struktur nach bereits gerecht. Er sagt:

> „Es läßt sich [...] nicht leugnen, daß ein wesentliches Element im Begriff der Gerechtigkeit der Grundsatz der Gleichbehandlung ist. Das ist die Gerechtigkeit in der Anwendung des Rechts, nicht die Gerechtigkeit des Rechts. So liegt schon allein im Begriff des aus allgemeinen Regeln bestehenden Rechts etwas, das uns daran hindert, das Recht so zu behandeln, als wäre es moralisch völlig neutral und ohne jeden notwendigen Berührungspunkt mit moralischen Grundsätzen" (Hart 1971, 50).

An anderer Stelle stützt Hart seine These, wenn er sagt, dass rechtliche Regeln inhaltlich mittels moralischer Prinzipien ausgedeutet werden. „Das Recht spiegelt die Moral" (Hart 1994, 204). Und umgekehrt. Jedenfalls besteht eine Wechselbeziehung. Den Verfahrensstandards ist die Gerechtigkeit inhärent. „In der bloßen Vorstellung von der Anwendung einer generellen Regel liegt der Keim der Gerechtigkeit", sagt Hart (ebd., 206). Englische und amerikanische Juristen nennen die Verfahrensstandards „natürliche Gerechtigkeit" (ebd., 206). Auch bei uns heißt es in einem Urteil des Bundesverfassungsgerichts: „Das Verfahrensrecht dient der Herbeiführung gesetzmäßiger und unter diesem Blickpunkt richtiger, aber darüber hinaus auch im Rahmen dieser Richtigkeit gerechter Entscheidungen" (zitiert nach Zöllner 2001, 15). In den Verfahrensstandards liegt nach Hart – und außerdem nach Auffassung der Bundesverfassungsrichter – die innere Sittlichkeit des Rechts (vgl. Hart 1994, 207).

Jürgen Habermas sieht den Zusammenhang von Recht und Moral gänzlich anders. Nach seiner Auffassung hat das Recht in der modernen Welt eine Entlastungsfunktion für die Moral und das in dreierlei Hinsicht. Er spricht von der kognitiven, der motivationalen und der organisatorischen Hinsicht: (1) Die kognitive Hinsicht: Der moralisch handelnde Mensch muss sich in Entscheidungssituationen selbst ein Urteil bilden. Das Recht hingegen sagt eindeutig, was verboten und erlaubt ist. Das sei die erste der drei Entlastungen, die das moderne Recht zu bieten hat. (2) Die motivationale Hinsicht: Man muss die moralische Norm nicht nur kennen, sondern auch gewillt sein, nach ihr zu handeln. Im Recht wird die Motivation durch die Strafandrohung ersetzt. (3) Die organisatorische Hinsicht: Angesichts der Armut und des Hungers in der Welt haben wir die positive moralische Pflicht, zu helfen und die Menschen vor dem sicheren Tod zu bewahren. „Die Umleitung von Nahrung und Medikamenten, Bekleidung und Infrastrukturen übersteigt bei weitem Initiative und Handlungsspielraum von Individuen" (Habermas 1992, 149). Das Recht hingegen „kann Kompetenzen festlegen und Organisationen gründen, kurz ein System von Zurechnungen herstellen, das sich nicht nur auf natürliche Rechtspersonen, sondern auf fingierte Rechtssubjekte wie Körperschaften und Anstalten bezieht" (Habermas 1992, 149).

Diese drei Entlastungen erfährt laut Habermas der moralisch geforderte Akteur durch das Recht. Nicht nur eine Komplementarität von Moral und Recht wird sichtbar, sondern die Übernahme von Funktionen der Moral durch das moderne Recht. Letzteres wird von Jürgen Habermas als erwartungsstabilisierende Ergänzung zur Moral eingeführt.

Norbert Hoerster konstruiert den Zusammenhang von Recht und Moral wieder anders und fragt, ob es eine moralische Pflicht zum Rechtsgehorsam gäbe (vgl. Hoerster 1987, 129). Er bejaht diese Frage unter Bezugnahmen auf Sokrates im bereits erwähnten Dialog *Krition*. Hoerster argumentiert so, dass der Staat die „fundamentalen Güter und Interessen (wie Leben, körperliche Integrität, Bewegungs- und Handlungsfreiheit)" des einzelnen Bürgers schütze (ebd., 136). Darum sei im Regelfall kein Bürger „an einem Zusammenbruch staatlicher Ordnung […] interessiert […]. Das heißt aber, daß er Verhaltensweisen ablehnen muß, die zu einem solchen Zusammenbruch führen. Er muß es also auch ablehnen, wenn seine Mitbürger den Respekt vor dem geltenden Recht verlören" (ebd., 137). Aus dieser interessengeleiteten Moral ergibt sich für Hoerster die moralische Pflicht zum Rechtsgehorsam (vgl. ebd., 139).

Niklas Luhmann: Bei Luhmann muss man die Kenntnis seiner Systemtheorie für die Bestimmung des Verhältnisses von Gerechtigkeit und Recht voraussetzen. Sein Ausgangspunkt ist die immer komplexer werdende Gesellschaft, die für die Aufrechterhaltung ihrer Funktionsfähigkeit Subsysteme ausbildet. Sie stehen für eine Art sozialer Arbeitsteilung und übernehmen abgegrenzte Aufgaben. So haben wir ein Rechtssystem, ebenso wie ein Erziehungs- und Wissenschaftssystem. Die Systeme haben bestimmte Funktionen und sind für die Erhaltung der Gesellschaft unverzichtbar. Eine Gesellschaft ohne Rechtssystem beispielsweise ist nicht vorstellbar.

Im Rechtssystem steigert sich die Zahl von zu treffenden Entscheidungen in ein unüberschaubares Maß. In der heutigen komplexen, funktional differenzierten Gesellschaft bedeutet Gerechtigkeit die Gewährleistung von konsistenten Entscheidungen im Rechtssystem. Das Rechtssystem muss also in seiner Struktur so gestaltet sein, dass die Garantie gegeben ist, dass gleiche Fälle gleich und ungleiche ungleich entschieden werden. Das geschieht dadurch, dass entschieden wird, wie bereits entschieden worden ist, dass untere Gerichte sich an Entscheidungen höherer orientieren und ein höheres Gericht, wenn eine Entscheidung eines unteren Gerichtes diesem Prinzip nicht entspricht, das Urteil kassiert.

Probleme mit dieser Konsistenzforderung als Maßstab für Gerechtigkeit ergeben sich erst bei der Gesetzgebung: „Gesetzgebung steht, da sie Recht ändert, in notwendigem Widerspruch zur Forderung konsistenten Entscheidens. Sie ermöglicht es, gleiche Fälle ungleich und ungleiche Fälle gleich zu entscheiden" (Luhmann 1993, 229). Solche Akte der Gesetzgebung sind Anlässe für eine öffentliche, politische Diskussion über Gerechtigkeit.

Das sind beispielgebend fünf verschiedene Auffassungen zum Zusammenhang von Recht und Moral, die in der Rechtsphilosophie diskutiert werden: (1) Das Recht ruht auf moralischen Prinzipien, wie dem der Angemessenheit (Dworkin), (2) dem Verfahrensrecht ist die Gerechtigkeit inhärent (Hart), (3) das Recht bietet Entlastungsfunktionen für die Moral (Habermas), (4) gibt es eine moralische Pflicht zum Rechtsgehorsam (Hoerster), und (5) ist die Gerechtigkeit nichts anderes als „die Konsistenz des Entscheidens" (Luhmann 1993, 227).

Literatur

Dworkin, Ronald: Bürgerrechte ernstgenommen. Frankfurt a. M. 1984 (engl. 1978).
Dworkin, Ronald: Justice in Robes. Cambridge, Mass. 2006
Habermas, Jürgen: Theorie und Praxis. Vierte durchgesehene, erweiterte und neu eingeleitete Auflage. Frankfurt a. M. 1971.
Habermas, Jürgen: Faktizität und Geltung. Beiträge zur Diskurstheorie des Rechts und des demokratischen Rechtsstaats. Frankfurt a. M. 1992.
Habermas, Jürgen: Ach, Europa. Frankfurt a. M. 2008.
Hart, Herbert Lionel Adolphus: Recht und Moral. Drei Aufsätze, aus dem Englischen übersetzt und mit einer Einleitung herausgegeben von Norbert Hoerster. Göttingen 1971.
Hart, Herbert Lionel Adolphus: The Concept of Law. Hg. von Peter Cane, Tony Honore/Jane Stapleton. New York ²1994.
Hoerster, Norbert: „Die moralische Pflicht zum Rechtsgehorsam." In: Ders. (Hg.): Recht und Moral. Texte zur Rechtsphilosophie. Stuttgart 1987, 129–141.
Höffe, Otfried: Vernunft und Recht. Bausteine zu einem interkulturellen Rechtsdiskurs. Frankfurt a. M. 1996.

Jakobs, Günther: Strafrecht, Allgemeiner Teil. Die Grundlagen und die Zurechnungslehre. Berlin/New York ²1991.

Luhmann, Niklas: Das Recht der Gesellschaft. Frankfurt a. M. 1993.

Radbruch, Gustav: Rechtsphilosophie. Studienausgabe. Hg. von Ralf Dreier und Stanley L. Paulson. Heidelberg 1999.

Schönke, Adolf/Schröder, Horst: Strafgesetzbuch – Kommentar. München ²⁵1997.

Wesel, Uwe: Geschichte des Rechts. Von den Frühformen bis zum Vertrag von Maastricht. München 1997.

Zöllner, Richard: Zivilprozessordnung mit Gerichtsverfassungsgesetz und den Einführungsgesetzen, mit Internationalem Zivilprozessrecht, Kostenanmerkungen – Kommentar. Köln ²²2001.

Wirtschaftsethik

Christian Neuhäuser

In der als wissenschaftliche Disziplin noch recht jungen Wirtschaftsethik geht es um das Verhältnis von Wirtschaft und Moral. Jemand kann – so die Grundannahme – wirtschaftlich handeln, ohne moralisch zu handeln und jemand kann moralisch handeln, ohne wirtschaftlich zu handeln. In den meisten wirtschaftsethischen Ansätzen wird der Moral ein normativer Vorrang vor der Wirtschaft eingeräumt. Wirtschaftliches Handeln wäre demnach nur dann legitim, wenn es sich innerhalb der Grenzen der Moral bewegt. Dies lässt zumindest offen, ob die Moral der Wirtschaft nur bestimmte Handlungsweisen verbietet oder auch bestimmte Handlungsweisen vorschreibt. Klar ist jedoch, dass es darum geht, wirtschaftliches Handeln in moralisches Handeln einzubetten. Alles Handeln soll demnach moralisch sein, muss aber nicht unbedingt wirtschaftlich sein. Der Umgang mit Freunden oder der Familie beispielsweise unterliegt nicht den Anforderungen der Wirtschaftlichkeit.

Innerhalb der Wirtschaftswissenschaften ist manchmal davon die Rede, dass es gar nicht um wirtschaftliches Handeln geht, sondern um wirtschaftliche Strukturen und Systeme (Priddat 2002). Diese Annahme befreit jedoch nicht, wie bisweilen angenommen, von moralischen Erwägungen, denn aus einer wirtschaftsethischen Perspektive müssen diese Strukturen und Systeme als Produkte absichtlichen Handelns aufgefasst werden. Wirtschaftliche Strukturen und Systeme lassen sich dann so beschreiben, dass sie einerseits Zwänge produzieren, die den Spielraum für moralisches Handeln einschränken. Andererseits lassen sich diese Strukturen und Systeme durch Handlungen verändern, die ihrerseits moralisch zu bewerten sind. Auch in Bezug auf wirtschaftliche Strukturen und Systeme lässt sich aus wirtschaftsethischer Sicht also ein Vorrang der Moral vor der wirtschaftlichen Rationalität behaupten.

39.1 Grundpositionen der Wirtschaftsethik

Es gibt allerdings eine in den Wirtschaftswissenschaften prominente Position, die der Wirtschaft bzw. der ökonomischen Rationalität einen Vorrang vor der Moral einräumt. Dabei handelt es sich um die sogenannte ökonomische Ethik bzw. normative Ökonomik (Homann/Blome-Drees 1992; Homann/Lütge 2004; Suchanek 2001; Pies 1993). Der erste Grundgedanke dieser Position besteht in der Annahme des *homo oeconomicus*, also der Idee, dass jeder Mensch notwendigerweise seinen Nutzen maximieren muss. In einem zweiten Schritt wird diese Nutzenmaximierung als wirtschaftlicher Egoismus

C. Neuhäuser (✉)
TU Dortmund, Dortmund, Deutschland
E-Mail: christian.neuhaeuser@tu-dortmund.de

© Springer-Verlag GmbH Deutschland, ein Teil von Springer Nature 2023
C. Neuhäuser et al. (Hrsg.), *Handbuch Angewandte Ethik*,
https://doi.org/10.1007/978-3-476-05869-0_39

interpretiert. Aus diesen vorausgesetzten Annahmen folgt, dass Moral nur innerhalb der Grenzen des wirtschaftlichen Handelns gedacht werden kann. Ökonomische Rationalität wird so geradezu zum ersten Prinzip der Ethik. Dies gilt nicht nur für individuelles Handeln innerhalb ökonomischer Strukturen, sondern auch für die Konstruktion der Wirtschaftsordnung selbst. Diese Position besitzt eine gewisse Nähe zu marktlibertären Positionen und besonders solchen utilitaristischer Prägung.

Allerdings beruhen ihre Grundannahmen nicht auf moralphilosophischen Überlegungen, sondern auf sehr allgemeinen Thesen zur Natur des Menschen als *homo oeconomicus*. Dies steht im Widerspruch zu zeitgenössischen Überlegungen in der Handlungstheorie, der es darum geht, Menschen als freie Akteure zu verstehen, die nicht unbedingt egoistisch handeln müssen. Die ökonomische Ethik hält dem entgegen, dass einzelne Wirtschaftsakteure mit strategischen Dilemmata konfrontiert sind, die zu erheblichen Kosten für moralisches Handeln führen (Homann 2014; Pies 2010; 2012). Es ist jedoch unklar, ob das wirklich zutrifft und in welchem Ausmaß solche Dilemmastrukturen von Verantwortung entlasten.

Im deutschsprachigen Raum werden neben der ökonomischen Ethik gegenwärtig vor allem drei Grundpositionen der Wirtschaftsethik etabliert: die integrative Wirtschaftsethik von Peter Ulrich, die Governanceethik von Joseph Wieland und die kulturalistische Wirtschaftsethik von Reinhard Pfriem und Thomas Beschorner.

Die Grundthese der integrativen Wirtschaftsethik von Ulrich besteht darin, dass sich moralische und ökonomische Rationalität zu einer vernünftigen Einheit verbinden lassen, aus der sich ein ganz neues Wirtschaftssystem begründen lässt. Dieses neue Wirtschaftssystem funktioniert dann nicht mehr so, dass innerhalb gesetzter Grenzen, beispielsweise einer rechtlichen Rahmenordnung moralfrei gewirtschaftet werden kann, wie es in der liberalen oder sozialen Marktwirtschaft gedacht ist. Vielmehr ist dieses neue Wirtschaftssystem so beschaffen, dass individuelle und kollektive Wirtschaftsakteure zugleich moralisch und wirtschaftlich handeln können. Unklar ist allerdings, ob und wie sich ökonomische und moralische Rationalität tatsächlich zu einer Vernunft verbinden lassen oder ob es immer sich notwendigerweise widersprechende Anforderungen gibt. Ulrich hat versucht, diese Frage zu klären, indem er an diskursethische Überlegungen angeknüpft hat (Ulrich 1997; Ulrich 2005).

Die Governanceethik von Wieland beruht auf einer Einsicht der neuen Institutionenökonomik. Demnach besitzen ökonomische Organisationen am Markt, wie beispielsweise Unternehmen, gegenüber einem freien Markt ohne Organisationen bestimmte Kostenvorteile. Diese Vorteile beruhen darauf, dass Opportunitätskosten (Verlust bei kooperativer Arbeit) in diesen Organisationen niedriger sind, als Transaktionskosten (Verlust beim Warentausch) am freien Markt. Damit diese Kosten jedoch wirklich niedriger ausfallen, müssen einzelne Akteure innerhalb von Unternehmen auch tatsächlich miteinander kooperieren und dürfen nicht zu sehr ihren abweichenden Eigeninteressen nachgehen. An dieser Stelle setzt die Governanceethik ein, die behauptet, dass es für jene Kooperationsleistungen bestimmter Tugenden bedarf, wie beispielsweise Zuverlässigkeit, Vertrauen etc. Entsprechend bindet sich die Governanceethik an tugendethische Überlegungen. Offen ist allerdings, ob es tatsächlich einer umfassenden Tugendethik bedarf, um Opportunitätskosten zu senken, und an dieser Stelle wirklich ein Einfallstor für die Ethik in das System Wirtschaft besteht. Möglicherweise kann die gewünschte Kooperation auch durch reine Anreizmechanismen jenseits aller ethischen Anforderungen erreicht werden (Wieland 1999, 2006).

Die Kulturalistische Wirtschaftsethik möchte an der Lebenspraxis der Akteure ansetzen und nicht von einer philosophischen Reflexion ausgehen, die mit der Lebenspraxis der Menschen zu tun hat. Reinhard Pfriem (2007; 2008) will die Normen für die Wirtschaftsethik aus der „schmutzigen Praxis" selbst gewinnen. Thomas Beschorner (2013; 2015) hat sich lange Zeit von normativen Diskussionen ferngehalten, weil es ihm in erster Linie darum ging, Wertkonflikte sozialwissenschaftlich zu erhellen und die engen Grenzen der Ökonomik implizit zu kritisieren. Erst seit den 2010 Jahren hat er in Auseinandersetzung mit den Schriften von Axel Honneth damit begonnen, den in Gesellschaften vorhandenen „Geltungsüberschuss" an Werten als Maßstab zu benennen. Im Vergleich zu den beiden anderen ausgeführten Ansätzen der Wirtschafts- und Unternehmensethik ist das Feld der Kulturalistischen Wirtschafts- und Unternehmensethik noch wenig bearbeitet. Etwas anders als im deutschsprachigen Raum stellt sich die Lage in der englischsprachigen Literatur dar. Es gibt eine Reihe von Ansätzen, die unmittelbar auf wichtige Positionen in der Moralphilosophie zurückgehen, beispielsweise auf Aristoteles (Solomon 2003), Kant (Bowie 1999) und Rawls (Donaldson 1989). Gleichzeitig gibt es eine von der akademischen Moralphilosophie stark losgelöste *business ethics,* in der es vor allem um die in Beratungsabsicht gestellte Frage geht, wie sich Manager verhalten sollen, wenn sie gute Manager sein wollen (Badaracco 1997; Goodpaster 2007). Allerdings gibt es auch Versuche, die verschiedenen eher philosophischen und eher ausbildungsorientierten Ansätze miteinander zu verbinden (vgl. vor allem Crane/Matten 2010). Außerdem ergeben sich neue Verbindungen zwischen praktischer Philosophie und Wirtschaftsethik im Bereich der Philosophie der Menschenrechte und insbesondere im Kontext der Beschäftigung mit Armut als moralischem und gerechtigkeitstheoretischem Problem (Pogge 2002). Hier wird diskutiert, ob und inwiefern sich die Menschenrechte als normativer Maßstab zur Bewertung von Wirtschaftssystemen, aber auch von Unternehmen und individuellen Wirtschaftsakteuren eignen (Sen 2009; Neuhäuser 2011). Besonders prominent ist derzeit der sogenannte Market Failure Approach (Heath 2014). Demnach müssen sich Wirtschaftsakteure in ihrem Handeln daran orientieren, was ihnen perfekt funktionierende Märkte vorgeben würden. Sie dürfen also keine negativen Externalitäten, Oligopolstrukturen, Informationsvorteile etc. ausnutzen.

39.2 Ethik des Wirtschaftssystems – Unternehmensethik – Managementethik

Die Themenfelder der Wirtschaftsethik lassen sich grob in drei Kategorien einteilen: Ethik des Wirtschaftssystems, Unternehmensethik und Managementethik. Dies entspricht in etwa der in den Sozialwissenschaften und besonders den Wirtschaftswissenschaften übliche Unterteilung in eine Makro-, eine Meso- und eine Mikroebene der Forschung. Innerhalb der wirtschaftsethischen Diskussion lässt sich ein deutlicher Schwerpunkt auf die Unternehmensethik feststellen. Dies liegt wahrscheinlich daran, dass moderne Unternehmen, wie wir sie heute als ökonomisch und politisch mächtige und global operierende Akteure begreifen, ein relativ neues und auch aus normativer Perspektive noch kaum reflektiertes Phänomen sind (French 1995).

39.2.1 Ethik des Wirtschaftssystems

Die Ethik des Wirtschaftssystems ist eng verbunden mit der politischen Ökonomie, bzw. der politischen Philosophie der Ökonomie. In diesem weiteren Sinne gehören viele Gerechtigkeitstheorien zumindest teilweise mit zum Gebiet der Wirtschaftsethik und zwar besonders dann, wenn es um Fragen der Verteilungsgerechtigkeit geht. Dies liegt daran, dass diese Gerechtigkeitstheorien normalerweise verschiedene Wirtschaftssysteme favorisieren. Libertäre Gerechtigkeitstheorien beispielsweise gehen häufig mit sehr marktliberalen Modellen einher (Nozick 1974). Liberale Positionen favorisieren üblicherweise eine Form der sozialen Marktwirtschaft, beispielsweise lässt sich die Gerechtigkeitstheorie von John Rawls (2001) mit dem Modell der sozialen Marktwirtschaft von Walter Eucken (2004) in Verbindung bringen. Sozialistische Positionen haben Tendenzen zu einer stärkeren Einschränkung und Kontrolle des Marktes, bis hin zur vollständigen Verstaatlichung einzelner Güter. Reine Planwirtschaften werden allerdings kaum noch gefordert (vgl. zur Übersicht Kymlicka 2002; Thomas 2018).

Gemeinsam ist diesen Modellen, dass sie das Wirtschaftssystem als moralfreien oder moralbefreiten Raum auffassen, zumeist mit dem theoretisch nicht weiter begründeten Hinweis auf die Selbststeuerung durch die unsichtbare Hand (Homann/Lütge 2004). Dem stehen Überlegungen gegenüber, denen es darum geht, Moral innerhalb des Wirtschaftssystems, vor allem in der Marktwirtschaft selbst zu verorten, also eine Moralität oder Moralisierung der Märkte anstreben (Stehr 2007, Herzog/Honneth 2014). Insofern hier die Frage gestellt wird, ob der Markt als Institution Moral zulassen und integrieren kann, handelt es sich bei der Wirtschaftsethik auf dieser Ebene um eine Form von Institutionenethik im Gegensatz zu einer Individualethik. Gleichzeitig stellt die Moraloffenheit von Märkten aber auch eine notwendige Bedingung dafür dar, dass individuelle und kollektive Akteure am Markt überhaupt moralisch handeln können. Insofern ist die Ethik des Wirtschaftssystems als Institutionenethik eng mit der Unternehmens- und Managementethik verbunden.

Aktuell diskutierte Fragen der Wirtschaftsethik auf der Marktebene betreffen beispielsweise die Kontrolle des Finanzmarktes, die Steuerung des Arbeitsmarktes, beispielsweise durch ein Bedingungsloses Grundeinkommen, und die marktwirtschaftliche Integration externer Effekte, insbesondere im Bereich der Umweltzerstörung.

39.2.2 Unternehmensethik

Im Bereich der Unternehmensethik geht es vor allem um die Frage, welche moralische und rechtliche Verantwortung Unternehmen haben, bzw. haben können. Besondere Aufmerksamkeit sowohl in der wissenschaftlichen als auch der weiteren öffentlichen Debatte erfährt das Konzept Corporate Social Responsibility (CSR) (Carroll 2006; 2008). Demnach besitzen Unternehmen nicht nur die Verantwortung, im Auftrag ihrer Eigentümer ihren Profit zu maximieren, wie es der Ökonom Milton Friedman gefordert hat (Beauchamp/Bowie 2003). Vielmehr kommt ihnen auch eine soziale Verantwortung jenseits des ökonomischen Kerngeschäfts zu. Tatsächlich halten viele Unternehmen selbst diese These offensichtlich für richtig, denn sie verfügen über eigene CSR-Abteilungen, die für die soziale Verantwortung dieser Unternehmen zuständig sind. Allerdings ist in der Debatte um CSR kaum geklärt, was unter ‚Verantwortung' überhaupt verstanden wird.

Unternehmen interpretieren CSR üblicherweise als eine Art von Wohltätigkeit, also als freiwillige Verantwortungsübernahme, die jederzeit wieder beendet werden kann. Dies steht jedoch dem eigentlichen Gehalt des Verantwortungsbegriffs entgegen. Verantwortung zu haben, heißt, Rede und Antwort stehen zu müssen. Das bedeutet, sich für das, was man tut, an einem bestimmten normativen Maßstab messen zu lassen und rechtfertigen zu müssen. Insofern besitzt selbst freiwillig übernommene Verantwortung einen gewissen Verpflichtungscharakter, wenn sie einmal übernommen wurde. Außerdem bleiben gängige Modelle von CSR die Antwort schuldig, warum Unternehmen Verantwortung nur freiwillig übernehmen und als verantwortungsfähige Akteure nicht auch moralisch und strafrechtlich verantwortlich gemacht werden können. Ohnehin wird schlicht vorausgesetzt, dass Unternehmen verantwortungsfähige Akteure sind.

Demgegenüber versucht das Konzept Corporate Citizenship (CC) genau diesen Akteursstatus von Unternehmen zu begründen (Habisch 2003). Ihm zufolge nehmen Unternehmen innerhalb von Staaten ganz ähnlich Funktionen wahr wie individuelle Menschen als Staatsbürger auch. Deswegen sollte ihnen ebenfalls ein ähnlicher Status als Bürger mit ähnlichen Rechten und Pflichten zukommen. Allerdings bleibt unklar, warum Unternehmen überhaupt Akteure sein sollen, geschweige denn Bürger mit Bürgerrechten. Tatsächlich gilt es zu beachten, dass der Akteursstatus nicht ausreicht, um ein Bürgerrecht zu begründen, dafür bedarf es vielmehr einer zusätzlichen Argumentation, die zeigt, auf welcher Grundlage diese Rechte verliehen oder zugeschrieben werden. In dieser Hinsicht liefert der Ansatz bisher zumindest noch keine Antworten.

Es gibt noch eine konkurrierende Interpretation des Konzepts von Corporate Citizenship, nach der nicht die Unternehmen selbst Bürger sind, sondern die individuellen Mitarbeiter Bürger des Unternehmens (Crane/Matten 2010). Damit geht die Forderung einher, dass Unternehmen ihren Mitarbeitern auch Bürgerrechte gewähren müssen, wie beispielsweise Beteiligungsrechte oder Zugang zu einem Gesundheitssystem. Allerdings ist nicht geklärt, warum diese Pflichten, Bürgerrechte zu gewähren, vom Staat auf Unternehmen übergehen soll. Darüber hinaus bedeutete solch eine Verschiebung eine Entsolidarisierung mit all denjenigen, die nicht für finanzkräftige Konzerne arbeiten und trüge daher zu einer weiteren Erosion staatlicher Strukturen bei.

Neben CSR und CC gibt es innerhalb der Unternehmensethik noch ein drittes Konzept, das eine Verbindung von unternehmerischem und moralischem Handeln sucht. Dabei handelt es sich um die bewusst so genannte Stakeholder-Theorie, die sich von der Shareholdertheorie absetzt. Der Grundgedanke besteht darin, dass nicht nur die Interessen derjenigen Akteure in den Unternehmensentscheidungen berücksichtigt werden müssen, die Anteile *(shares)* eines Unternehmens besitzen, sondern all derjenigen Akteure, die von den Entscheidungen des Unternehmens betroffen sind *(stakes)* (Freeman 1984). Ursprünglich war diese Stakeholder-Theorie als reine Managementtheorie konzipiert und wurde erst allmählich zu einer unternehmensethischen Theorie ausgebaut (Freeman et al. 2010). Zwar wird in dieser Theorie benannt, wer moralisch zu berücksichtigen ist, allerdings holt dies nur die moralphilosophische Grundeinsicht ein, dass generell alle möglicherweise betroffenen Träger moralischer Rechte oder Ansprüche von einem moralischen Akteur in seinen Entscheidungen berücksichtigt werden müssen. Darüber hinaus gibt es keine weitergehenden Überlegungen zu Gewichtungsfragen oder zur Frage eines moralischen Maßstabes für die Bewertung unternehmerischen Handelns.

Zusammenfassend lässt sich sagen, dass in den aktuell diskutierten Theorien zur Unternehmensverantwortung erstens nicht klar ist, welche moralischen Maßstäbe angelegt werden und zweitens offen bleibt, wer die moralischen Akteure sind. Zu dem ersten Punkt hat sich inzwischen eine Debatte darüber ergeben, ob sich die Menschenrechte als Maßstab eignen, weil sie philosophisch gut begründet sind und praktisch große Akzeptanz erfahren. Kritisiert wird daran jedoch, dass die Menschenrechte dem klassischen Verständnis nach bloß Staaten verpflichten. Werden sie jedoch nicht nur rechtspositivistisch, sondern auch moralisch verstanden, lassen sich die Menschenrechte möglicherweise auch auf andere Akteure beziehen (Wettstein). Diese Diskussion wird inzwischen auch in von den Vereinten Nationen praktisch vorangetrieben, die Leitprinzipien für Unternehmen und Menschenrechte entwickelt haben (Ruggie 2013). Demnach haben Unternehmen eine Verantwortung dafür, sich nicht an Menschenrechtsverletzungen zu beteiligen. Es gibt aber keine weitergehende Pflicht, Menschenrechte auch zu schützen und zu stärken, was aber kontrovers diskutiert wird (Deva/Bilchitz 2017).

Zu dem zweiten Punkt gibt es eine ältere Debatte um den Unterschied von kollektiver und korporativer Verantwortung (French 1984). Es geht dabei um die Frage, ob die Unternehmen selbst eine korporative Verantwortung besitzen oder nur die Mitarbeiter des Unternehmens gemeinsam eine kollektive Verantwortung. Die Debatte hat sich an der These des amerikanischen Sozialphilosophen Peter French entzündet, dass Unternehmen selbst Personen mit moralischen Rechten und Pflichten seien (French 1995). Kritik gab es besonders an der Behauptung, dass Unternehmen Personen mit eigenen moralischen Rechten seien (Werhane 1985). French hat später seine These, dass Unternehmen Personen seien, zurückgenommen, aber daran festgehalten, dass sie als moralische Akteure auch eigene moralische Rechte besäßen. Allerdings ist es auch möglich, Unternehmen als Akteure mit moralischen Pflichten, aber ohne moralische Rechte aufzufassen, indem ihre Fähigkeit zu intentionalem Handeln als hinreichende Bedingung für moralische Pflichten aber nicht für moralische Rechte angesehen wird (Neuhäuser 2011; Wettstein 2009). Vor diesem Hintergrund gibt es auch eine neuere Debatte zu der Frage, ob Unternehmen auch politische Akteure mit genuin politischen Pflichten sind (Néron 2010, Cipley 2013).

39.2.3 Managementethik

Die Managementethik versteht sich zumeist als eine Ethik für Führungskräfte und insofern als Führungsethik, wie sie häufig auch genannt wird. Dahinter steht der Gedanke, dass einige wenige Topmanager und Unternehmer einen hohen Handlungsspielraum und viele Entscheidungsmöglichkeiten haben, also über sehr viel Macht in der Wirtschaft verfügen. Der alten Regel folgend, dass mit großer Macht auch große Verantwortung einhergeht, hat die Führungsethik die Frage nach der spezifischen Verantwortung von Topmanagern und Unternehmern zum Gegenstand. Entsprechend müssen nach diesem Verständnis der Führungsethik die Manager zu tugendhaftem Verhalten motiviert werden, was vor allem durch eine ethische Ausbildung bereits im Studium geleistet werden soll. Einerseits zeigen Untersuchungen tatsächlich, dass das kooperative Verhalten von Studierenden der Wirtschaftswissenschaften im Laufe des Studiums stetig abnimmt (Frank 2004). Andererseits kann die These auch nicht überzeugen, dass erstens Manager allein durch die Einführung von Ethikkursen im Studium zu besseren Menschen gemacht werden und dass zweitens dies ausreicht, um moralische Defizite im Wirtschaftsleben zu beheben.

Daher gibt es auch ein konkurrierendes Verständnis von Managementethik, das nicht so stark bzw. nicht nur auf die Tugenden und Tugenderziehung bei individuellen Führungskräften abstellt, sondern Management als strukturellen Prozess innerhalb von Organisationen auffasst. Ethisches Management kommt dann durch gut gestaltete Organisationen und nicht oder nicht allein durch individuelle Tugendhaftigkeit zustande. Beispielsweise muss eine Organisation für alle Mitarbeiter und Mitarbeiterinnen die Möglichkeit bereitstellen, Kritik zu üben, ohne selbst Schaden zu erleiden. Insofern gehört auch die Frage zur Managementethik, welche Strukturen und Prozesse in Unternehmen dazu führen, dass individuelle Mitarbeiter nicht nach ihren zumeist schon vorhandenen moralischen Einstellungen handeln können und praktisch in ihrer Verantwortung stark eingeschränkt sind (Ortmann 2010). Hier zeigt sich eine enge Verbindung von Managementethik und Unternehmensethik, was noch einmal die These unterstreicht, dass die drei Teilbereiche der Wirtschaftsethik – Ethik des Wirtschaftssystems, Unternehmensethik und Managementethik – eng miteinander verknüpft sind.

Literatur

Aßländer, Michael S. (Hg.): Handbuch Wirtschaftsethik. Stuttgart/Weimar 2011.
Badaracco, Joseph: Defining Moments. When Managers Must Choose between Right and Right. Boston, Mass. 1997.
Beauchamp, Tom L./Bowie, Norman E. (Hg.): Ethical Theory and Business. Upper Saddle River, N.J. 2003.
Beschorner, Thomas: „Kulturalistische Wirtschaftsethik: Grundzüge einer Theorie der Anwendung." In: Zeitschrift für Wirtschafts- und Unternehmensethik, 18. Jg., 3, 346–372.
Beschorner, Thomas: Erkundungen zu einem noch nicht gefundenen Ort des „moral point of view." In: Thomas Beschorner et al. (Hg.): St. Galler Wirtschaftsethik. Programmatik, Positionen, Perspektiven. Marburg 2015, 305–336.
Bowie, Norman E.: Business Ethics. A Kantian Perspective. Malden, Mass. 1999.
Carroll, Archie B.: Corporate Social Responsibility: A Historical Perspective. In: Marc J. Epstein, Kirk O. Hanson (Hg.): The Accountable Corporation Vol. 3., 3–30. Westport 2006.
Carroll, Archie B.: „A History of CSR." In: Andrew Crane (Hg.): The Oxford Handbook on Corporate Social Responsibility, 19–46. Oxford 2008.
David Cipley: „Beyond Public and Private: Toward a Political Theory of the Corporation." In: American Political Science Review 107. Jg., 1 (2013), 139.

Crane, Andrew/Matten, Dirk: Business Ethics. Oxford u. a. 2010.
Surya Deva/David Bilchitz (Hg.): Building a Treaty on Business and Human Rights. Cambridge 2017.
Donaldson, Thomas: The Ethics of International Business. New York/Oxford 1989.
Eucken, Walter: Grundsätze der Wirtschaftspolitik. Tübingen 2004.
Frank, Robert H.: What Price the Moral High Ground? Ethical Dilemmas in Competitive Environments. Princeton, N.J. u. a. 2004.
Freeman, R. Edward: Strategic Management. A Stakeholder Approach. Boston 1984.
Freeman, R. Edward: Stakeholder Theory. The State of the Art. Cambridge u. a. 2010.
French, Peter A. (Hg): Collective and Corporate Responsibility. New York 1984.
French, Peter A.: Corporate Ethics. Fort Worth u. a. 1995.
Goodpaster, Kenneth: Conscience and Corporate Culture. Malden, Mass. 2007.
Habisch, André: Corporate Citizenship. Gesellschaftliches Engagement von Unternehmen in Deutschland. Berlin u. a. 2003.
Heath, Joseph: Morality, Competition, and the Firm: The Market Failures Approach to Business Ethics. Oxford 2014.
Herzog, Lisa/Axel Honneth: Der Wert des Marktes: Ein ökonomisch-philosophischer Diskurs vom 18. Jahrhundert bis zur Gegenwart. Berlin 2014.
Homann, Karl/Blome-Drees, Frenz: Wirtschafts- und Unternehmensethik. Göttingen 1992.
Homann, Karl/Lütge, Christoph: Einführung in die Wirtschaftsethik. Münster 2004.
Homann, Karl: Sollen und Können: Grenzen und Bedingungen der Individualmoral. Wien 2014.
Hübscher, Marc/Neuhäuser, Christian: „Unternehmen, ihre (ethische) Governance und Menschenrechte." In: Jahrbuch für Recht und Ethik 18 (2010), 349–369.
Kymlicka, Will: Contemporary Political Philosophy [1990]. Oxford u. a. ²2002.
Neuhäuser, Christian: Unternehmen als moralische Akteure. Berlin 2011.
Pierre-Yves Néron: „Business and the Polis. What Does it Mean to See Corporations as Political Actors?" In: Journal of Business Ethics 94. Jg., 3 (2010), 333.
Nozick, Robert: Anarchy, State, and Utopia. New York 1974.
Ortmann, Günther: Organisation und Moral: Die dunkle Seite. Weilerswist 2010.

Pfriem, Reinhard: Unsere mögliche Moral heißt kulturelle Bildung. Unternehmensethik für das 21. Jahrhundert. Marburg 2012a.
Pfriem, Reinhard: Vom Sollen zum können Wollen. Auf dem Wege zu einer kulturalistischen Unternehmensethik und Unternehmenstheorie. In: Andreas G. Scherer, Moritz Patzer (Hg.): Betriebswirtschaftslehre und Unternehmensethik. Wiesbaden 2012b, 65–84.
Pies, Ingo: Normative Institutionenökonomik. Tübingen 1993.
Pies, Ingo: „Karl Homanns Programm einer ökonomischen Ethik: A View from Inside' in zehn Thesen." In: Zeitschrift für Wirtschafts- und Unternehmensethik 11. Jg., 3 (2010), 249–261.
Pies, Ingo: „Wie kommt die Normativität ins Spiel? – Eine ordonomische Argumentationsskizze." In: Ingo Pies (Hg.): Regelkonsens statt Wertekonsens: Ordonomische Schriften zum politischen Liberalismus. Berlin 2012, 3–53.
Pogge, Thomas: World Poverty and Human Rights. Cambridge 2002.
Priddat, Birger P.: Theoriegeschichte der Wirtschaft. München 2002.
Rawls, John: Justice as Fairness: A Restatement. Cambridge, Mass. 2001.
John G. Ruggie: Just Business: Multinational Corporations and Human Rights. 2013.
Sen, Armatya: The Idea of Justice. Cambridge, Mass. 2009.
Solomon, Robert C.: A Better Way to Think about Business. Oxford/New York 2003.
Stehr, Nico: Die Moralisierung der Märkte. Frankfurt a. M. 2007.
Steinmann, Horst/Löhr, Albert: Grundlagen der Unternehmensethik. Stuttgart 1994.
Suchanek, Andreas: Ökonomische Ethik. Tübingen 2001.
Alan Thomas, Republic of Equals. Oxford 2018.
Ulrich, Peter: Integrative Wirtschaftsethik. Grundlagen einer lebensdienlichen Ökonomie. Bern 1997.
Ulrich, Peter: Zivilisierte Marktwirtschaft. Eine wirtschaftsethische Orientierung. Freiburg i. Br. 2005.
Werhane, Patricia H.: Persons, Rights, and Corporations. Englewood Cliffs, N.J. 1985.
Wettstein, Florian: Multinational Corporations and Global Justice. Stanford, Calif. 2009.
Wieland, Josef: Die Ethik der Governance. Marburg 1999.
Wieland, Josef (Hg.): Die Tugend der Governance. Marburg 2006.

Finanzethik

Klaus Steigleder

Finanzethik wurde und wird, besonders im englischsprachigen Raum, als Teil der Unternehmensethik *(business ethics)* verstanden. Als solche richtet sie sich vor allem an individuelle Akteure in Finanzinstitutionen und auf den Finanzmärkten (z. B. Manager, Berater, Rechnungsprüfer, Investoren) und betont etwa Pflichten der Ehrlichkeit, Treue und zukunftsgerichteten Verantwortung (z. B. Aragon 2011; Boatright 2010 und 2014; Hendry 2013). Diese (weitgehend isolierte) individual- oder mikroethische Perspektive wird, nicht zuletzt vor dem Hintergrund der im deutschsprachigen Raum vorherrschenden Tradition einer die Wirtschaft insgesamt in den Blick nehmenden Wirtschaftsethik und der Erfahrungen der Finanzkrise, zunehmend als unzureichend angesehen. Stattdessen wird die Notwendigkeit betont, Finanzethik primär als an den Strukturen ansetzende Finanzmarktethik zu verstehen und entsprechend eine sozial- oder makroethische Perspektive einzunehmen und die individualethische Perspektive in diese einzubetten und aus dieser heraus zu entwickeln (Steigleder 2011 und 2016a; Emunds 2014; Heinemann 2014; Reichert 2013). Makroethisch stehen dann Erfordernisse einer übergreifenden Steuerung und Regulierung im Vordergrund. In diesem Kapitel wird Finanzethik primär makroethisch als Finanzmarktethik verstanden.

40.1 Aufgaben und Schwierigkeiten der Finanzmarktethik

Interessanterweise beziehen sich im englischsprachigen Raum weniger professionelle Ethiker als vielmehr kritische Ökonomen implizit makroethisch auf das Finanzwesen und die Finanzmärkte (z. B. Stiglitz 2010; Griffith-Jones et al. 2010; Wolf 2014). Wurden hier wie in der deutschsprachigen Finanzmarktethik zunächst vor allem systemische Finanzmarktrisiken problematisiert, wird in jüngerer Zeit vermehrt auch die Rolle des Finanzwesens im Rahmen der zunehmenden Ausbildung eines durch „Rent-Seeking" (s. u.) gekennzeichneten Kapitalismus kritisch thematisiert (Stiglitz 2012; Shaxson 2018; Tepper 2019).

Die Finanzethik steht vor einer Reihe von Schwierigkeiten. So ist die Risikoethik ein noch relativ unentwickeltes Feld der normativen Ethik. Gerade bezüglich des Verständnisses und der Bewertung systemischer Risiken besteht noch erheblicher Forschungsbedarf. Zudem fehlt es an einer zufriedenstellenden makroökonomischen Behandlung der Finanzmärkte und einer die Finanzmärkte ausreichend berücksichtigenden Makroökonomik. In den einführenden Lehrbüchern zu Finanzwesen und

K. Steigleder (✉)
der Ruhr-Universität Bochum, Bochum, Deutschland
E-Mail: klaus.steigleder@ruhr-uni-bochum.de

Finanzmärkten (z. B. Mishkin 2008 oder Cecchetti 2008) war vor der Finanzmarktkrise das Stichwort „systemisches Risiko" inexistent. In den von der Neoklassik geprägten Lehrbüchern der Makroökonomik spielten Finanzmärkte keine nennenswerte Rolle (Sohrabi 2020). Zwar sind die neueren Auflagen der Standardlehrbücher inzwischen um entsprechende Kapitel oder Teilkapitel erweitert. Doch handelt es sich um relativ funktionslose Zugaben. Die eingeschobenen Behandlungen der Finanzmärkte oder des Geldes scheinen letztlich zu keinen Änderungen in den grundlegenden Annahmen über die Funktionsweisen der Wirtschaft zu führen. Die Standardtheorien zur Rolle von Banken als Finanzintermediäre und zur Geldschöpfung sind ungenau oder falsch (dies betonen nicht nur die Bank of England, vgl. McLeay et al. 2014, sondern auch Ökonomen wie Binswanger 2015; Turner 2016; Werner 2014 und 2016; für einen detaillierten Überblick vgl. Sohrabi 2020). Auffassungen zur Effizienz der Finanzmärkte, die den Abbau der Regulierung der Finanzmärkte leiteten und wesentlich zur Finanzmarktkrise beigetragen haben dürften, scheinen immer noch die Politik zu beeinflussen.

Solche Mängel im Verständnis der Finanzmärkte behindern die Ausbildung einer angemessenen Finanz(markt)ethik. Die Überwindung solcher Mängel ist deshalb selbst eine moralisch höchst relevante Aufgabe.

40.2 Die begrenzte, allein instrumentelle Rechtfertigung von Finanzmärkten

Marktwirtschaften können einen wesentlichen Beitrag zu gesellschaftlichem Wohlstand und damit zur Gewährleistung und zum Schutz der grundlegenden Rechte der auf dem Territorium eines Staates lebenden Menschen leisten. Es scheint kein Wirtschaftssystem bekannt zu sein, dass diese Funktion verlässlicher oder besser erfüllen könnte. Freilich bedarf es einer Reihe von institutionellen Rahmenbedingungen, darunter der Institutionen des Sozialstaates, um zu gewährleisten, dass eine Marktwirtschaft tatsächlich und dauerhaft zu allgemeinem Wohlstand beiträgt. Ein gewichtiges ungelöstes, hier aber nicht näher zu behandelndes Problem ist, dass Marktwirtschaften, wie wir sie kennen, offensichtlich ökologisch nicht nachhaltig sind.

Wenn Marktwirtschaften mit den erforderlichen Rahmenbedingungen zum Schutz der elementaren Rechte der Menschen beitragen, dann haben alle Menschen, zumindest bis auf Weiteres, ein grundlegendes Recht auf eine marktwirtschaftlich organisierte dauerhaft funktionierende Volkswirtschaft. Staatliche Institutionen sind für den effektiven Schutz der Rechte der auf dem Territorium eines Staates lebenden Menschen unerlässlich, zudem existieren Staaten faktisch als Territorialstaaten. Deshalb sind auch einzelne Volkswirtschaften die primäre moralisch relevante Bezugsgröße. Die wirtschaftliche Globalisierung und ihre vielfältigen Bestandteile und Erscheinungsformen sind deshalb danach zu beurteilen, ob sie mit dauerhaft funktionierenden Volkswirtschaften verträglich sind, diese befördern, behindern oder auf sie einen zerstörerischen Einfluss haben. Ebenso sind übergreifende regionale Wirtschaftsräume danach zu beurteilen, ob sie die Rechte der Menschen, die in den diese Region bildenden Staaten leben, schützen und befördern oder sich nachteilig auf diese Rechte auswirken.

Finanzmärkte sind für entwickelte Marktwirtschaften völlig unerlässlich. Eine entwickelte Volkswirtschaft kann nur dauerhaft funktionieren, wenn die für sie relevanten Finanzinstitutionen und Finanzmärkte dauerhaft funktionieren. Wenn also ein fundamentales Recht auf eine dauerhaft funktionierende Volkswirtschaft besteht, dann schließt dies ein fundamentales Recht auf einen dauerhaft funktionierenden Finanzmarkt ein. Dabei sei unter ‚dem' Finanzmarkt das Gesamt der Finanzinstitutionen, Finanzmärkte und Finanzinstrumente verstanden, die zu einer dauerhaft funktionierenden Volkswirtschaft beitragen. Dieses ‚Gesamt' kann unterschiedlich verwirklicht werden. Es bzw. ‚der' Finanzmarkt fungiert sowohl als eine ökonomische Zielgröße als auch als ein normativer Maßstab. Kein Finanzmarkt, keine konkrete Finanzinstitution, kein Finanzinstrument kann moralisch gerechtfertigt sein, der, die oder das geeignet ist, die dauerhafte Funktionsfähigkeit des Finanzmarktes oder der darauf bezogenen Volkswirtschaft zu untergraben oder *ohne Not* auch nur zu gefährden. Insofern aber globale Finanzmärkte in ihren vielfältigen Erscheinungsformen genau das tun, sind sie normativ zwingend soweit wie möglich zu verändern, zu begrenzen und zu beschneiden. ‚Wie möglich' hat dabei selbst eine normative Bedeutung, da beispielsweise auf die möglichen negativen Folgen von Maßnahmen geachtet werden muss. Die konkrete finanzethische Arbeit involviert hier schwierige Beurteilungs- und Abwägungsaufgaben.

Marktwirtschaften selbst und Finanzmärkte sind unvermeidlich mit systemischen Risiken verbunden. Dies sind Risiken, die das System beispielsweise einer Volkswirtschaft oder ‚den' Finanzmarkt entweder als Ganzes oder in wesentlichen Teilen in seiner Funktionsfähigkeit bedrohen (zur Behandlung von systemischen Risiken auf Finanzmärkten vgl. auch Heinemann 2014, 167–238). Da dauerhaft funktionierende Volkswirtschaften und der dauerhaft funktionierende Finanzmarkt wesentlich für den Schutz elementarer Rechte der in einem Staat lebenden Menschen sind, gefährden systemische Risiken die elementaren Rechte der Menschen. Sie zählen deshalb zu den grundsätzlich unerlaubten bzw. zu vermeidenden Risiken (vgl. Steigleder 2016b und 2018). Solche Risiken sind daher nur insoweit erlaubt, als sie unvermeidbar sind, um noch größere Risiken von den Menschen abzuwenden. Dies ist für dauerhaft funktionierende Volkswirtschaften und den darauf bezogenen Finanzmarkt grundsätzlich der Fall. Letztlich ist es aber eine wichtige Beurteilungshinsicht, ob etwa durch Finanzinstrumente, bestimmte Formen der Organisation von Finanzinstitutionen oder des Handels auf Finanzmärkten systemische Risiken unnötig oder ‚ohne Not' aufgebaut werden, also nicht nur in Kauf genommen werden, um größere Risiken zu vermeiden. Das gegenwärtige Gebaren auf den Finanzmärkten dürfte diesem Kriterium sehr weitgehend nicht standhalten.

Es ist Aufgabe einer makroethisch orientierten Finanzethik, ein Bewusstsein dafür zu wecken, dass die gegenwärtigen Finanzsysteme zu großen Teilen in ihrer konkreten Form jeglicher moralischen Rechtfertigung entbehren. Dass dies weitgehend nicht bewusst ist, dürfte daran liegen, dass übersehen wird, dass die Rechtfertigung von Finanzmärkten aufgrund der mit ihnen verbundenen systemischen Risiken allein instrumentell sein kann. Auch scheint die Beurteilung von Finanzinstrumenten und neuer Formen des Handels auf den Finanzmärkten oftmals mit naiven Unterstellungen von Effizienzgewinnen einherzugehen. Weder ist klar, dass solche Effizienzgewinne tatsächlich gegeben sind, noch handelt es sich im Falle einer positiven Antwort um ein moralisch zureichendes Kriterium. Beispielsweise wäre die Aufhebung von Preisunterschieden durch Computerhandel („Algo-Trading") gegen die mit diesem verbundenen systemischen Risiken abzuwägen (zur Diskussion des Effizienzkriteriums und des „Effizienz-Tests" vgl. Heinemann 2014, 90–99).

40.3 Finanzialisierung und „Rent-Seeking"

Seit vielen Jahren ist die Entwicklung zu beobachten, dass Finanzmärkte zunehmend selbstreferentiell werden. Dies ist das genaue Gegenteil zur geforderten instrumentellen oder, wenn man so will, ‚dienenden' Funktion der Finanzmärkte. Die wichtige Aufgabe der Finanzmärkte, Kredite für die ‚Realwirtschaft' bereitzustellen, macht heute nur einen kleinen Teil der Kreditvergabe aus. Ein erheblicher Teil der Kredite dient dagegen der Finanzierung von Geschäften auf dem Finanzmarkt selbst und von Spekulationsgeschäften mit Immobilien. In diesen Kontext gehören auch Gewinnstrategien bestimmter (nicht aller) „Private Equity"-Firmen (Privatkapital- und Kapitalbeteiligungsfirmen), die Firmen übernehmen, um sie, einschließlich ihrer Rentenkassen, auszuplündern und dann in den Konkurs zu schicken (vgl. z. B. Appelbaum/Batt 2014). Solche und andere Formen der Erzielung übermäßiger Gewinne *(rent-seeking oder rent-extraction)* kennzeichnen zunehmend den heutigen Kapitalismus. Unter dem Gewand einer auf Wettbewerb beruhenden und die Marktkräfte durch Deregulierung angeblich entfesselnden Marktwirtschaft geschieht das genaue Gegenteil (vgl. Wolf 2018). Die so ermöglichten übermäßigen Gewinne werden teilweise durch die direkte Schädigung der Rechte von Betroffenen erzielt, teilweise durch den Aufbau von (systemischen) Risiken für die Allgemeinheit. Die riskanten Geschäfte ermöglichen hohe Gewinne, können aber auch mit hohen Verlusten verbunden sein, die unter Umständen die Finanzinstitutionen in ihrer Existenz bedrohen. Um die damit verbundenen systemischen Risiken zu begrenzen, werden dann, wie in der Finanzkrise geschehen, die Verluste ‚sozialisiert'. Es ist nicht zu erkennen, dass sich an dieser Struktur seit der Finanzkrise irgendetwas geändert hätte (ebd.).

Es ist Aufgabe einer an den Strukturen ansetzenden Finanzethik, dazu beizutragen, solche ungerechten Strukturen sichtbar zu machen, besser zu verstehen, sich mit den versuchten Rechtfertigungen auseinanderzusetzen, Änderungen anzumahnen und gegebenenfalls vorzuschlagen. Um hier nur ein Beispiel zu nennen: Die großen amerikanischen Investmentbanken haben sich nach und nach von Unternehmen, die von persönlich haftenden Partnern geführt wurden, in Aktiengesellschaften umgewandelt (als letzte 1999 Goldman Sachs). Dies führte zu deutlichen Änderungen im Risikoverhalten der Firmen hin zu einer erheblichen Zunahme der Bereitschaft, Risiken auf den Finanzmärkten einzugehen (vgl. z. B. McGee 2010). Es wäre der Frage nachzugehen, ob sich Verbesserungen dadurch erzielen ließen, dass zumindest bei bestimmten Finanzinstitutionen, die Organisationsform der persönlichen Vermögenshaftung der Eigentümer eingeführt wird.

Literatur

Appelbaum, Eileen/Batt, Rosemary: Private Equity at Work. When Wall Street Manages Main Street. New York 2014.
Aragon, George A.: Financial Ethics. A Positivist Analysis. Oxford 2011.
Binswanger, Mathias: Geld aus dem Nichts. Wie Banken Wachstum ermöglichen und Krisen verursachen. Weinheim 2015.
Boatright, John R. (Hg.): Finance Ethics. Critical Issues in Theory and Practice. Hoboken 2010.
Boatright, John R.: Ethics in Finance. Malden ^{3}2014.
Cecchetti, Stephen G.: Money, Banking, and Financial Markets. New York ^{2}2008.
Emunds, Bernhard: Politische Wirtschaftsethik globaler Finanzmärkte. Wiesbaden 2014.
Griffith-Jones, Stephany/Ocampo, José Antonio/Stiglitz, Joseph E. (Hg.): Time for a Visible Hand. Lessons from the 2008 World Financial Crisis. New York 2010.
Heinemann, Simone: Ethik der Finanzmarktrisiken am Beispiel des Finanzderivatehandels. Münster 2014.
Hendry, John: Ethics and Finance. An Introduction. New York 2013.
McGee, Suzanne: Chasing Goldman Sachs. New York 2010.
McLeay, Michael/Radia, Amar/Ryland, Thomas: „Money creation in the modern economy." In: Quarterly Bulletin, Bank of England 54. Jg., 1 (2014), 14–27.
Mishkin, Frederic S.: The Economics of Money, Banking, and Financial Markets. Boston ^{8}2008.
Reichert, Wolf-Gero: Finanzregulierung zwischen Politik und Markt. Perspektiven einer Politischen Wirtschaftsethik. Frankfurt a. M. 2013.
Shaxson, Nicholas: The Finance Curse. How Global Finance Is Making Us All Poorer. London 2018.
Sohrabi, Vandad: Risikoethik der Banken. Große Banken, systemische Risiken und globale Finanzkrisen als Herausforderungen einer modernen Ethik des Risikos. Tübingen 2020.
Steigleder, Klaus: „Ethics and Global Finance." In: Michael Boylan (Hg.): The Morality and Global Justice Reader. Boulder 2011, 169–184.
Steigleder, Klaus: „Weltwirtschaft und Finanzmärkte." In: Anna Goppel, Corinna Mieth, Christian Neuhäuser (Hg.): Handbuch Gerechtigkeit. Stuttgart 2016a, 472–477.
Steigleder, Klaus: „Risiko." In: Anna Goppel, Corinna Mieth, Christian Neuhäuser (Hg.): Handbuch Gerechtigkeit. Stuttgart 2016b, 438–443.

Steigleder, Klaus: „On the Criteria of the Rightful Imposition of Otherwise Impermissible Risks." In: Philosophical Perspectives 25. Jg., 3 (2018), 471–495.

Stiglitz, Joseph E.: Freefall. America, Free Markets, and the Sinking of the World Economy. New York 2010.

Stiglitz, Joseph E.: The Price of Inequality. How Today's Divided Society Endangers Our Future. New York 2012.

Tepper, Jonathan: The Myth of Capitalism. Monopolies and the Death of Competition. Hoboken 2019.

Turner, Adair: Between Debt and Devil. Money, Credit, and Fixing Global Finance. Princeton 2016.

Werner, Richard A.: „Can banks individually create money out of nothing? The theories and the empirical evidence." In: International Review of Financial Analysis 36. Jg. (2014), 1–19.

Werner, Richard A.: „A lost century in economics. Three theories of banking and the conclusive evidence." In: International Review of Financial Analysis 46. Jg. (2016), 361–379.

Wolf, Martin: The Shifts and the Shocks. What We've Learned – and Have Still to Learn – from the Financial Crisis. New York 2014.

Wolf, Martin: „Why So Little Has Changed since the Financial Crisis." In: Financial Times 04.09.2018, https://www.ft.com/content/c85b9792-aad1-11e8-94bd-cba20d67390c (30.04.2020).

41 Forschungs- und Wissenschaftsethik

Bert Heinrichs

41.1 Der Gegenstand der Forschungs- und Wissenschaftsethik

Die Forschungs- und Wissenschaftsethik ist diejenige Teildisziplin der Angewandten Ethik, die sich mit ethischen Problemen von Forschung und Wissenschaft beschäftigt (Fuchs et al. 2010; Shamoo/Resnik 2015). Dabei werden die Bezeichnungen ‚Forschungsethik' und ‚Wissenschaftsethik' weitgehend synonym verwendet, wenngleich der Begriff ‚Forschungsethik' (engl. *research ethics*) weitaus gebräuchlicher ist. Im Folgenden wird durchweg der Begriff ‚Forschungsethik' verwendet.

Man kann die Forschungsethik in drei Bereiche gliedern: Ein erster Bereich hat Prinzipien und Normen zum Gegenstand, die für alle Wissenschaftler *als* Wissenschaftler gelten. Man spricht in diesem Zusammenhang manchmal auch vom *Ethos der Wissenschaft*. Inhaltlich geht es um allgemeine ethische Standards, die heute zumeist unter dem Titel „Regel der guten wissenschaftlichen Praxis" (*rules of good scientific practice*) angesprochen werden. Ein zweiter Bereich ist mit Methoden befasst, die in der Wissenschaft zur Anwendung kommen. Ethisch besonders brisant ist die Forschung mit Menschen (s. auch Kap. 97) sowie die Forschung mit Tieren (s. auch Kap. 112). Ethische Probleme können sich aber auch bei der Verwendung von (human-)biologischem Material ergeben sowie bei forschungsgetriebenen Eingriffen in die Natur insgesamt. Schließlich kann in besonderen Fällen auch die Forschung mit Artefakten ethische Fragen aufwerfen. Ein dritter Bereich der Forschungsethik beschäftigt sich schließlich mit den Zielen von Forschung bzw. mit ethischen Fragen, die solche Ziele aufwerfen.

41.2 Regeln der guten wissenschaftlichen Praxis

Der US-amerikanische Soziologe Robert Merton charakterisiert Wissenschaft als ein gesellschaftliches System, für das ein spezielles Set von Werten und Normen gilt. Dieses Set von Werten und Normen nennt Merton „ethos of science" (Merton 1973, 268). Näherhin sind es nach Merton vier „sets of institutional imperatives", die das Ethos der modernen Wissenschaft ausmachen, nämlich „universalism, communism, disinterestedness, organized skepticism" (Merton 1973, 270). Diese grundlegenden Prinzipien sind Merton zufolge nicht nur für alle Wissenschaftler verbindlich, weil sie – im Sinne von Rationalitätsstandards – die Effizienz des Systems Wissenschaft garantieren, sondern weil sie als moralische Regeln des Systems angesehen werden (Merton 1973, 270).

B. Heinrichs (✉)
Universität Bonn, Bonn, Deutschland
E-Mail: heinrichs@iwe.uni-bonn.de

Das durch Merton aufgespannte normative Spektrum kann man als den abstrakt-normativen Hintergrund auffassen, der hinter zahlreichen Richtlinien und Kodizes steht, die in den vergangenen Jahrzehnten von unterschiedlichen Wissenschaftsinstitutionen und -verbänden vorgelegt worden sind. Für Deutschland sind die entsprechenden Regeln der Deutschen Forschungsgemeinschaft (DFG) am detailliertesten ausgearbeitet und am weitesten verbreitet (DFG 2022). Das Regelwerk enthält konkrete Empfehlungen zu Themen wie Betreuung des wissenschaftlichen Nachwuchses, Ombudspersonen, Leistungs- und Bewertungskriterien, Sicherung und Aufbewahrung von Primärdaten, Verfahren bei wissenschaftlichem Fehlverhalten, Autorschaft bei Publikationen, Gutachterinnen und Gutachter und sogenannte Whistleblower. Ähnliche Richtlinien gibt es in Deutschland von der Max-Planck-Gesellschaft (2009), der Hemholtz Gemeinschaft (1998), der Fraunhofer Gesellschaft (2016) sowie der Leibniz Gemeinschaft (2018). Auch die Universitäten haben sich eigene Regelwerke gegeben (Hochschulrektorenkonferenz 2013). Der Wissenschaftsrat (2015) hat in einem allgemeineren Zugriff den Begriff „wissenschaftliche Integrität" expliziert. Auf europäischer Ebene hat die Vereinigung der Wissenschaftlichen Akademien ALLEA (2017) das Thema aufgegriffen und einen „European Code of Conduct for Research Integrity" vorgelegt. Schließlich haben auch internationale Organisationen wie etwa der International Council for Science (2008) und die UNESCO (2017) Empfehlungen erarbeitet.

All diesen Texten liegt der Gedanke zugrunde, dass es spezifische Regeln gibt, die für alle Wissenschaftler gelten und für deren allgemeine Formulierung, konkrete Ausgestaltung, interne Verbreitung und Einhaltung die *scientific community* selbst zuständig ist. Ein wichtiger Gesichtspunkt dabei ist, dass die Wissenschaft sich durch eine effektive Selbstregulierung die Freiheit erwirkt, die ihr – zumindest in liberalen Gesellschaften – heute gewährt wird. Forschungsfreiheit und Verantwortung sind, so gesehen, zwei Seiten einer Medaille (für eine differenzierte Betrachtung der Forschungsfreiheit vgl. Wilholt 2012). Die Übernahme von Verantwortung wiederum drückt sich in Selbstregulierung aus, die ihren Niederschlag in Regelwerken sowie deren Durchsetzung findet.

Dennoch kommt es immer wieder zu Wissenschaftsskandalen, die mitunter – vor allem wenn prominente Personen beteiligt sind – auch mediales Interesse auf sich ziehen. Forschungsethisch interessanter als offenkundige Verstöße gegen allgemein akzeptierte Regeln wie die betrügerische Erzeugung *(fabrication)* oder Manipulation *(falsification)* von Forschungsergebnisse oder die unausgewiesene Übernahme von Textpassagen *(plagiarism)* sind allerdings Phänomene, die in Graubereichen angesiedelt sind. Dazu zählen z. B. sogenannte Zitationskartelle. Darunter versteht man Gruppen von Wissenschaftlern, die ihre wissenschaftliche Reputation gezielt durch häufiges wechselseitiges Zitieren von Arbeiten steigern. Wenn dies in explizit manipulativer Absicht geschieht, ist es ein klarer Verstoß gegen die Grundsätze guter wissenschaftlicher Praxis. Fraglich ist aber, ob bereits die häufige Bezugnahme auf Arbeiten aus dem eigenen Umfeld kritikwürdig ist. Hinter einer solchen Bezugnahme können durchaus akzeptable Gründe stehen, etwa dass man Arbeiten aus dem eigenen Umfeld besonders gut kennt und sich mit ihnen besonders eingehend beschäftigt hat. Wann schwer zu vermeidende persönliche Einseitigkeiten in klar missbräuchliches Verhalten umschlagen, ist indes schwierig zu bestimmen. Ein anderes, in der Praxis sehr wichtiges Problemfeld stellt die Nennung von Autoren dar. Der von der DFG vorgeschriebene Grundsatz lautet: „Autorin oder Autor ist, wer einen genuinen, nachvollziehbaren Beitrag zu dem Inhalt einer wissenschaftlichen Text-, Daten- oder Softwarepublikation geleistet hat." (DFG 2022, Leitlinie 14). Sogenannte Ehrenautorschaften sind demnach klar verboten. Was ein „genuiner Beitrag" ist, wird in unterschiedlichen Disziplinen allerdings sehr verschieden gehandhabt. Während es in der Medizin und den Naturwissenschaften mittlerweile üblich ist, dass bereits hilfreiche Kommentare und Diskussionen zu einem Thema oder die Leitung eines Labors einen „genuinen Beitrag" darstellen, was bei

Veröffentlichungen regelmäßig zu sehr vielen Autorennennungen führt, ist es in den Geisteswissenschaften eher üblich, dass nur ein einzelner Autor oder eine geringe Anzahl von Autoren aufgeführt werden, während in Fußnoten oder Anmerkungen Kolleginnen und Kollegen für wichtige Hinweise gedankt wird. Insbesondere in interdisziplinären Forschungskontexten können diese divergierenden Fachkulturen zu Kontroversen führen. Die Forschungsethik hat darauf mittlerweile reagiert, indem sie alternative Kenntlichmachungen der Beteiligung vorgeschlagen hat. So werden in der CRediT-Taxonomie insgesamt 14 verschiedene Arten der Beteiligung an einer wissenschaftlichen Publikation unterschieden, die gesondert ausgewiesen werden sollen. Diese reichen von „Conceptualization" über „Data curation", „Funding acquisition" und „Project administration" bis hin zu „Writing – original draft" und „Writing – review & editing" (https://casrai.org/credit/). Diese Beispiele zeigen, dass die genaue Ausgestaltung allgemeiner anerkannter Regeln guter wissenschaftlicher Praxis in einer sich wandelnden Wissenschaftslandschaft durchaus eine Herausforderung darstellt, die in forschungsethischer Perspektive wichtiger ist als einzelne spektakuläre Fälle von Betrug.

41.3 Methoden der Forschung

Während die Regeln guter wissenschaftlicher Praxis grundsätzlich für alle wissenschaftlichen Disziplinen gleichermaßen gelten, hat es der zweite eingangs benannte Bereich der Forschungsethik mit Methoden zu tun, die vor allem den Umgang mit dem Lebendigen betreffen und daher nicht alle wissenschaftlichen Disziplinen gleichermaßen, sondern überwiegend die sogenannten Lebenswissenschaften.

41.3.1 Forschung mit menschlichen Probanden

Ethisch besonders brisant ist die Verwendung von Menschen zu Forschungszwecken (Heinrichs 2006; Lenk/Duttge/Fangerau 2014; Emanuel/Grady/Crouch 2008). Die Geschichte der Forschung am Menschen reicht bis in die Antike zurück und hat von Beginn an zu ethischen Diskussionen Anlass gegeben (Heinrichs 2006, Kap. 1). In größerem Umfang werden biomedizinische Experimente mit Menschen seit dem späten 19. Jahrhundert durchgeführt, da erst dann die wissenschaftstheoretischen und institutionellen Voraussetzungen für diese Art von Forschung voll etabliert sind (Bernard 1961). Zahlreiche Fälle von missbräuchlichem und mitunter kriminellem Handeln haben die Forschung mit Menschen schwer belastet. Einen traurigen Höhepunkt stellen dabei ohne Zweifel die Experimente dar, die in deutschen Konzentrationslagern durchgeführt wurden (Annas/Grodin 1992; Mitscherlich/Mielke 2004). Im Rahmen der Nürnberger Prozesse wurden im „Doctor's trial" 20 Ärzte und drei weitere Personen wegen Kriegsverbrechen und Verbrechen gegen die Menschlichkeit angeklagt und mehrheitlich verurteilt. Ein weiteres Ergebnis des Prozesses stellt der „Nuremberg Code" dar, in dem ethische Grundprinzipien für die Forschung mit Menschen niedergelegt sind (Annas/Grodin 1992, 2). In den folgenden Dekaden wurden weitere Richtlinien dieser Art entwickelt. Besonders erwähnenswert ist dabei der *Belmont Report,* den die US-amerikanische National Commission for the Protection of Human Subjects of Biomedical and Behavioral Research im Jahr 1979 – in Reaktion auf die Enthüllung der sogenannten Tuskegee Syphilis Study (dazu Jones 1993) – verfasst (National Commission 1979). Die Kommission formuliert in ihrem Bericht drei grundlegende ethische Prinzipien – Selbstbestimmung, Wohltun und Gerechtigkeit –, die für die Forschung mit Menschen besonders einschlägig sind (National Commission 1979, Part B). Diese spezifiziert sie weiter zu den Maßgaben „informierte Einwilligung", „Risiko-Nutzen-Abwägung" und „gerechte Probandenauswahl", die bei Forschungsvorhaben stets zu berücksichtigen sind (National Commission 1979, Part C). Dieser theoretische Rahmen liegt seither den meisten Regelungsansätzen zu Grunde. Unter dem Titel „Declaration of Helsinki" hatte die World Medical Association (WMA) bereits 1964 ein Dokument vorgelegt. Seither ist es wiederholt überarbeitet und ergänzt worden. Die aktuelle Fassung stammt aus dem Jahr 2013 und legt in 37 Abschnitten dar, was für eine ethische akzeptable Forschung mit Menschen zu berücksichtigen ist. Ein wichtiges und international etabliertes Instrument zur Sicherstellung ethischer Standards ist die Begutachtung von Humanexperimenten durch Ethikkommissionen (*research ethics committees, institutional review boards*) (WMA 2013, Nr. 23). In Deutschland ist eine derartige Begutachtung für Arzneimittel- und Medizinproduktstudien gesetzlich vorgeschrieben (Arzneimittelgesetz **Medizinprodukterecht-Durchführungsgesetz**).

Diskutiert werden in der zeitgenössischen Forschungsethik vornehmlich Konstellationen, in denen die genannten Maßgaben nicht oder zumindest nicht uneingeschränkt anwendbar sind wie etwa bei der Forschung mit Minderjährigen oder Erwachsenen, die nicht einwilligungsfähig sind (z. B. Demenzpatienten). Daneben ergeben sich aber auch immer wieder forschungsethische Probleme durch neue Techniken. Ein Beispiel dafür ist die Frage nach dem Umgang mit Zufallsbefunden (Lanzerath et al. 2013). Darunter versteht man medizinisch relevante Befunde, die sich unintendiert bei zu Forschungszwecken durchgeführten Untersuchungen, insbesondere bei neurowissenschaftlichen MRT-Studien, einstellen. Uneinigkeit besteht hier etwa darüber, ob Probanden ihr grundsätzlich anerkanntes Recht auf Nichtwissen geltend machen können, oder ob dies automatisch zu einem Studienausschluss führen muss, wie es von einigen empfohlen derzeit überwiegend praktiziert wird (Heinemann et al. 2007).

Eine eigenständige Diskussion beschäftigt sich mit psychologischen Experimenten. Klassische Fälle wie das Milgram-Experiment (1961) und das Stanford-Prison-Experiment (1971) haben ethische Fragen zu den Grenzen von psychologischen Humanexperimenten aufgeworfen. Eine besondere Schwierigkeit besteht darin, dass eine vollumfängliche Aufklärung vor der Durchführung eines psychologischen Experiments dem Erkenntnisinteresse entgegenstehen kann. Fachverbände haben für derartige Szenarien spezielle Richtlinien entwickelt (Deutschen Gesellschaft für Psychologie 2016, Abs. 7.3).

41.3.2 Forschung mit Tieren

Auch die Verwendung von Tieren zu Forschungszwecken wird seit langem intensiv diskutiert. Wie die Forschung mit Menschen, so gewinnt auch die Forschung mit Tieren im ausgehenden 19. Jahrhundert zunehmend an Bedeutung. Schnell formieren sich Bewegungen gegen Tierversuche, so beispielsweise die 1875 in London gegründete National Anti-Vivisection Society (NAVS). Einen erneuten Schub erhält die Diskussion um Tierversuche im Zuge der Bioethikdebatten der 1970er Jahre. Peter Singers Buch *Die Befreiung der Tiere* (2015) markiert hierbei einen wichtigen Schritt. Während lange Zeit in Zweifel gezogen wurde, dass Tiere in moralischer Hinsicht (vollumfänglich) zu berücksichtigen sind, gilt dies mittlerweile als weitgehend anerkannt. Die Verwendung von Tieren zu wissenschaftlichen Zwecken ist daher grundsätzlich ethisch begründungsbedürftig.

In der aktuellen medizinischen und naturwissenschaftlichen Forschung ist die Verwendung von Versuchstieren weit verbreitet (Brandstetter et al. 2016). Die forschungsethische Bewertung orientiert sich dabei in der Regel an Grundsätzen, die William Russell und Rex Burch in ihrem Buch *The Principles of Humane Experimental Technique* (1959) in die Debatte eingeführt haben. Das sogenannte 3R-Prinzip (dt. 3 V-Prinzip) sieht vor, dass Tierversuche nach Möglichkeit ganz vermieden (*replacement* – Vermeidung) oder zumindest verringert und verfeinert werden sollen (*reduction* – Verringerung; *refinement* – Verfeinerung). Detaillierte Empfehlungen hat u. a. die Senatskommission für tierexperimentelle Forschung der Deutschen Forschungsgemeinschaft veröffentlicht (Senatskommission für tierexperimentelle Forschung der Deutschen Forschungsgemeinschaft Tierversuche in der

Forschung 2016). In Deutschland ist der Umgang mit Tieren in der Forschung zudem gesetzlich durch das Tierschutzgesetz (§§ 7–9) geregelt. Versuche an Wirbeltieren und Kopffüßern stehen unter einem Genehmigungsvorbehalt der zuständigen Aufsichtsbehörde.

41.3.3 Forschung mit (human-) biologischem Material

Die Verwendung von (human-)biologischem Material kann in verschiedener Hinsicht forschungsethische Fragen aufwerfen. Besonders kontrovers diskutiert worden ist die Forschung mit humanen embryonalen Stammzellen (Heinemann/Kersten 2007). Mit solchen Zellen verbinden sich hohe therapeutische Erwartungen, die bislang nur bedingt eingelöst werden konnten. Strittig ist die Verwendung solcher Zellen, weil zu ihrer Gewinnung menschliche Embryonen vernichtet werden müssen. Abhängig davon, wie man den Status des Embryos einschätzt, kann man zu unterschiedlichen ethischen Einschätzungen der Stammzellforschung gelangen (Damschen/Schönecker 2003). Im Jahr 2002 ist in Deutschland das Stammzellgesetz in Kraft getreten, das die Forschung mit humanen embryonalen Stammzellen regelt. Darin ist u. a. festgelegt, dass eine Zentrale Ethik-Kommission für Stammzellenforschung Anträge auf Import von Stammzellen begutachet (Stammzellgesetz §§ 8–9).

Eine Form der Forschung, die in den vergangenen Jahren intensiv diskutiert worden ist, ist die Nutzung von sogenannten Biobanken (Dabrock/Taupitz/Ried 2012; Solbakk/Holm/Hofmann 2009). Nach der Definition des Nationalen Ethikrates bezeichnet der Begriff „Sammlungen von Proben menschlicher Körpersubstanzen […] (z. B. Zellen, Gewebe, Blut und die DNA als materieller Träger genetischer Information), die mit personenbezogenen Daten und Informationen ihrer Spender verknüpft sind bzw. verknüpft werden können" (Nationaler Ethikrat 2004, 9). Zwar wird der Nutzen solcher Sammlungen für die Wissenschaft von vielen anerkannt. Dennoch verbinden sich mit ihnen auch Befürchtungen, insbesondere mit Blick auf den Schutz persönlicher und zum Teil hochsensibler Daten. In forschungsethischer Hinsicht haben sich Fragen rund um eine überzeugende Ausgestaltung der informierten Einwilligung als besonders schwierig erwiesen.

Weitere Problemstellungen ergeben sich aus der potentiellen kommerziellen Verwertbarkeit von Forschung mit (human-)biologischem Material. Diskutiert worden ist vor allem, ob bzw. inwieweit Patenterteilungen ethisch (und rechtlich) vertretbar sind (Spranger 2015). Diese Frage weist indes über die Forschungsethik im engeren Sinne hinaus, da die kommerzielle Verwertbarkeit nicht mehr selbst Teil der Forschung ist.

41.3.4 Forschungseingriffe in die Natur

Auch Eingriffe in die (nicht-menschliche und nicht-tierische) Natur können forschungsethische Fragen aufwerfen. Ein Beispiel ist die Gentechnik. Entwicklungen im Bereich der Gentechnik haben es seit längerem möglich gemacht, Organismen gezielt zu verändern. Forscher versuchen, Pflanzen so zu manipulieren, dass sie beispielsweise unempfindlicher gegen klimatische Einflüsse oder resistent gegen bestimmte Pflanzenschutzmittel sind oder sonstige positive Eigenschaften aufweisen, die die natürlichen Varianten nicht haben. In forschungsethischer Perspektive stellt sich u. a. die Frage, wie die Ausbringung von gentechnisch veränderten Pflanzen zu Versuchszwecken begrenzt und eine Vermischung mit konventionellen Pflanzen verhindert werden kann. Kritiker machen geltend, dass dies nicht möglich ist und daher Freilandversuche mit gentechnisch veränderten Pflanzen ethisch nicht akzeptabel sind (Jany/Streintz/Tambornino 2011).

41.3.5 Forschung mit Artefakten

Dass sich auch forschungsethische Fragen beim Umgang mit Artefakten ergeben können, kann ein Beispiel aus der Archäologie verdeutlichen. Im Jahr 1970 wurden in En-Gedi stark beschädigte Papyrusrollen gefunden. Die Israel Antiquities Authority bewahrte die Rollen über 40 Jahre auf, da kein Verfahren bekannt war, das es erlaubt hätte, die Rollen genauer zu untersuchen ohne sie zu zerstören. Erst im Jahr 2016 gelang es einem Forscherteam mit modernen bildgebenden Verfahren den Text der Schriftrollen zugänglich zu machen (Seales et al. 2016). Eine frühere Untersuchung wäre, so lässt sich argumentieren, aus forschungsethischer Sicht problematisch gewesen, weil der Zugriff es nachfolgenden Generationen unmöglich gemacht hätte, die Papyrusrollen erneut zu untersuchen.

41.4 Die Ziele der Wissenschaft

Freiheit der Forschung bedeutet u. a., dass die Wissenschaft in der Wahl ihrer Gegenstände ungehindert von äußeren Einflussnahmen verfahren kann. Einschränkungen können sich – wie beschrieben – dadurch ergeben, dass erforderliche Methoden nicht vertretbar sind. Einschränkungen können sich aber auch aus den Zielen selbst ergeben. Wenn nämlich Forschungsziele in direktem Widerspruch zu den allgemein anerkannten Menschenrechten stehen, dann sind Einschränkungen der Forschungsfreiheit bereits auf der Ebene der Ziele gerechtfertigt. Ein Beispiel dafür könnte etwa die Erforschung effektiver Foltermethoden darstellen. Ein entsprechendes Forschungsprojekt wäre nicht nur deshalb abzulehnen, weil dafür menschliche Probanden notwendig wären, sich die ethischen Standards für Forschung am Menschen aber wohl kaum einhielten ließen. Eine Zurückweisung könnte sich bereits daraus ergeben, dass der Forschungszweck ethisch nicht vertretbar ist. Es dürfte allerdings nur sehr wenige Fälle geben, die derart eindeutig liegen. Verbreiteter sind Fälle, in denen sich durchaus gute Gründe für ein Forschungsprojekt angeben lassen, diesen Gründen aber die Sorge vor missbräuchlicher Verwendung von Forschungsergebnissen entgegensteht. Diese Problematik wird seit einiger Zeit unter den Stichworten „sicherheitsrelevante Forschung" bzw. „dual use" diskutiert. Auslöser für die Debatte waren Experimente von zwei Forschergruppen zur Manipulation des Vogelgrippevirus H5N1 (Herfst et al. 2012; Imai et al. 2012). Für diese Art der Forschung lassen sich ohne Zweifel nachvollziehbare wissenschaftliche und auch ethische Argumente anbringen. Gleichzeitig besteht aber die Gefahr, dass manipulierte Viren als Biokampfstoffe verwendet werden, was in den konkreten Fällen zunächst als Argument gegen eine Veröffentlichung der Ergebnisse angeführt wurde. In Deutschland hat der Deutsche Ethikrat eine umfassende Stellungnahme zu dieser Thematik vorgelegt (2014). Im Jahr 2015 haben die Nationale Akademie der Wissenschaften Leopoldina und die DFG einen Gemeinsamen Ausschuss gegründet, der den Umgang mit sicherheitsrelevanter Forschung koordiniert. Anders als bei den seit langem etablierten Ethikkommissionen zur Prüfung von Forschungsprotokollen mit menschlichen Probanden sowie bei den ebenfalls lange bestehenden Tierethikkommissionen geht es hier nicht um die ethische Prüfung von Methoden der Forschung, sondern um ihre Ziele bzw. deren Verwendung.

41.5 Ausblick

Als kritische Reflexionsebene bildet die Forschungsethik heute einen integralen Bestandteil von Wissenschaft und Forschung. Es darf als allgemein anerkannt gelten, dass die konkrete Ausgestaltung, interne Verbreitung und Überwachung der Einhaltung von forschungsethischen Standards eine zentrale Aufgabe der *scientific community* ist. Dabei stellen sich jeweils unterschiedliche Anforderungen an individuelle Forscher, Herausgeber von Fachzeitschriften, Gutachter, Wissenschaftler in Leitungsfunktion, Fachverbände und Wissenschaftsinstitutionen. Die Forschungsethik selbst ist angehalten, auf die Entwicklungen innerhalb der Wissenschaft zu reagieren, indem sie die Prinzipien für die ethische Bewertung fortlaufend überprüft und weiterentwickelt.

Literatur

All European Academies (ALLEA): The European Code of Conduct for Research Integrity. Revised Edition 2017. In: https://allea.org/code-of-conduct/ (31.10.2022).

Annas, George J./Grodin, Michael A.: The Nazi Doctors and the Nuremberg Code. Human Rights in Human Experimentation. New York 1992.

Bernard, Claude: Einführung in das Studium der experimentellen Medizin. Leipzig 1961 (frz. 1865).

Brandstetter, Heinz/Spielmann, Horst/Löwer, Wolfgang/Spranger, Tade Mathias/Pinsdorf, Christina: Tiere in der Forschung. Naturwissenschaftliche, rechtliche und ethische Aspekte. Freiburg i. Br. 2016.

Dabrock, Peter/Taupitz, Jochen/Ried, Jens (Hg.): Trust in Biobanking: Dealing with Ethical, Legal and Social Issues in an Emerging Field of Biotechnology. Berlin 2012.

Damschen, Gregor/Schönecker, Dieter (Hg.): Der moralische Status menschlicher Embryonen: Pro und contra Spezies-, Kontinuums-, Identitäts- und Potentialitätsargument. Berlin 2003.

Deutsche Forschungsgemeinschaft: Leitlinien zur Sicherung guter wissenschaftlicher Praxis. Kodex. Korrigierte Version 1.1. Bonn 2022 (31.10.2022).

Deutsche Gesellschaft für Psychologie: Berufsethische Richtlinien des Berufsverbandes Deutscher Psychologinnen und Psychologen e. V. und der Deutschen Gesellschaft für Psychologie e. V. 2016. In: https://www.dgps.de/fileadmin/documents/Empfehlungen/ber-foederation-2016.pdf (01.02.2019).

Deutscher Ethikrat: Biosicherheit – Freiheit und Verantwortung in der Wissenschaft. Stellungnahme. Berlin 2014. In: https://www.ethikrat.org/fileadmin/Publikationen/Stellungnahmen/deutsch/stellungnahme-biosicherheit.pdf (01.02.2019).

Emanuel, Ezekiel J./Grady, Christine/Crouch, Robert A.: The Oxford Textbook of Clinical Research Ethics. Oxford 2008.

Fraunhofer-Gesellschaft: Fraunhofer Policy zur Umsetzung wissenschaftlicher Integrität 2016. In: https://www.fraunhofer.de/content/dam/zv/de/ueber-fraunhofer/corporate-responsibility/Fraunhofer-Policy-zur-Umsetzung-wissenschaftlicher-Integritaet.pdf (01.02.2019).

Fuchs, Michael/Heinemann, Thomas/Heinrichs, Bert/Hübner, Dietmar/Kipper, Jens/Rottländer, Kathrin/Runkel, Thomas/Spranger, Tade Matthias/Vermeulen, Verena/Völkwer-Albert, Moritz: Forschungsethik. Eine Einführung. Stuttgart 2010.

Heinemann, Thomas/Kersten, Jens: Stammzellforschung. Naturwissenschaftliche, ethische und rechtliche Aspekte. Freiburg i. Br. 2007.

Heinemann, Thomas/Hoppe, Christian/Listl, Susanne/Spickhoff, Andreas/Elger, Christian E.: „Zufallsbefunde bei bildgebenden Verfahren in der Hirnforschung. Ethische Überlegungen und Lösungsvorschläge." In: Deutsches Ärzteblatt 104. Jg., 27 (2007), 1982–1987.

Heinrichs, Bert: Forschung am Menschen. Elemente einer ethischen Theorie biomedizinischer Humanexperimente. Berlin 2006.

Helmholtz Gemeinschaft: Sicherung guter wissenschaftlicher Praxis und Verfahren bei wissenschaftlichem Fehlverhalten. 1998. In: https://www.helmholtz.de/fileadmin/user_upload/01_forschung/wiss_Praxis/HGF_Verfahren_bei_wiss_Fehlverhalten.pdf (01.02.2019).

Herfst, Sander/Schrauwen, Eefje J. A./Linster, Martin/Chutinimitkul, Salin/de Wit, Emmie/Munster, Vincent J./Sorrell, Erin M./Bestebroer, Theo M./ Burke, David F./Smith, Derek J./Rimmelzwaan, Guus F./Osterhaus, Albert D. M. E./Fouchier, Ron A.M. : „Airborne Transmission of Influenza A/H5N1 Virus between Ferrets." In: Science 336. Jg., 6088 (2012), 1534–1541.

Hochschulrektorenkonferenz: Empfehlung der 14. Mitgliederversammlung der HRK am 14. Mai 2013 in Nürnberg. Gute wissenschaftliche Praxis an deutschen Hochschulen. 2013. In: https://www.hrk.de/fileadmin/_migrated/content_uploads/Empfehlung_GutewissenschaftlichePraxis_14052013_02.pdf (01.02.2019).

Imai, Masaki/Watanabe, Tokiko/Hatta, Masato/Das, Subash C./Ozawa, Makoto/Shinya, Kyoko/Zhong, Gongxun/Hanson, Anthony/Katsura, Hiroaki/Watanabe, Shinji/Li, Chengjun/Kawakami, Eiryo/Yamada, Shinya/Kiso, Maki/Suzuki, Yasuo/Maher, Eileen A./Neumann, Gabriele/Kawaoka, Yoshihiro: „Experimental Adaptation of an Influenza H5 HA Confers Respiratory Droplet Transmission to a Reassortant H5 HA/H1N1 Virus in Ferrets." In: Nature 486 (2012), 420–428.

International Council for Science (ICSU) / Committee on Freedom and Responsibility in the Conduct of Science (CFRS): Statement on Promoting the Integrity of Science and the Scientific Record. 2008. In: https://council.science/cms/2017/04/CFRS_research_integrity_2008.pdf (01.02.2019).

Jany, Klaus-Dieter/Streinz, Rudolf/Tambornino, Lisa: Gentechnik in der Lebensmittelproduktion. Naturwissenschaftliche, rechtliche und ethische Aspekte. Freiburg i. Br. 2011.

Jones, James H.: Bad Blood. The Tuskegee Syphilis Experiment. New and Expanded Edition. New York 1993.

Lenk, Christian/Duttge, Gunnar/Fangerau, Heiner (Hg.): Handbuch Ethik und Recht der Forschung am Menschen. Heidelberg 2014.

Lanzerath, Dirk/Rietschel, Marcella/Heinrichs, Bert/Schmäl, Christine (Hg.): Incidental Findings. Scientific, Legal, and Ethical Issues. Köln 2013.

Leibniz Gemeinschaft: Leitlinie zur Sicherung guter wissenschaftlicher Praxis und zum Umgang mit Vorwürfen wissenschaftlichen Fehlverhaltens in der Leibniz-Gemeinschaft 2018. In: https://www.leibniz-gemeinschaft.de/fileadmin/user_upload/downloads/Forschung/Leitlinie_gute_wissenschaftliche_Praxis_2018.pdf (01.02.2019).

Max-Planck-Gesellschaft: Regeln zur Sicherung guter wissenschaftlicher Praxis. Beschlossen vom Senat der Max-Planck-Gesellschaft am 24. November 2000, geändert am 20. März 2009. In: https://www.mpg.de/199493/regelnWissPraxis.pdf (01.02.2019).

Merton, Robert K.: The Sociology of Science. Theoretical and Empirical Investigations. Chicago 1973.

Mitscherlich, Alexander/Mielke, Fred: Medizin ohne Menschlichkeit. Dokumente des Nürnberger Ärzteprozesses. Frankfurt a. M. 2004.

National Commission for the Protection of Human Subjects of Biomedical and Behavioral Research: The Belmont Report. Ethical Principles and Guidelines for the Protection of Human Subjects of Research 1979. In: https://www.hhs.gov/ohrp/regulations-and-policy/belmont-report/read-the-belmont-report/index.html (01.02.2019).

Nationaler Ethikrat: Biobanken für die Forschung. Stellungnahme. Berlin 2004. In: https://www.ethikrat.org/fileadmin/Publikationen/Stellungnahmen/Archiv/NER_Stellungnahme_Biobanken.pdf (01.02.2019).

Russell, William M.S./Burch, Rex L.: The Principles of Humane Experimental Technique. London 1959.

Seales, William Brent/Parker, Clifford Seth/Segal, Michael/Tov, Emanuel/Shor, Pnina/Porath, Yosef: "From damage to discovery via virtual unwrapping: Reading the scroll from En-Gedi." In: Science Advances 2. Jg., 9 (2016), e1601247.

Senatskommission für tierexperimentelle Forschung der Deutschen Forschungsgemeinschaft: Tierversuche in der Forschung. 2016. https://www.dfg.de/download/pdf/dfg_im_profil/geschaeftsstelle/publikationen/tierversuche_forschung.pdf [zugegriffen am 01.02.2019].

Shamoo, Adile E./Resnik, David B.: Responsible Conduct of Research. 3rd ed. Oxford 2015.

Singer, Peter: Animal Liberation. Die Befreiung der Tiere. Erlangen 2015 (eng. 1975, 2009).

Spranger, Tade M.: "Art. Patentierung." In: Sturma, Dieter, Heinrichs, Bert (Hg.): Handbuch Bioethik. Stuttgart 2015, 358–362.

Solbakk, Jan Helge/Holm, Søren/Hofmann, Bjørn: The ethics of research biobanking. Dordrecht 2009.

UNESCO: Recommendation on Science and Scientific Researchers. 2017. In: https://unesdoc.unesco.org/ark:/48223/pf0000260889.page=116 (01.02.2019).

Wilholt, Torsten: Die Freiheit der Forschung. Begründung und Begrenzung. Berlin 2012.

Wissenschaftsrat: Empfehlungen zu wissenschaftlicher Integrität. Positionspapier 2015. In: https://www.wissenschaftsrat.de/download/archiv/4609-15.pdf (01.02.2019).

World Medical Accosiation: Declaration of Helsinki. Ethical Principles for Medical Research Involving Human Subjects. 2013. In: https://www.wma.net/policies-post/wma-declaration-of-helsinki-ethical-principles-for-medical-research-involving-human-subjects/ (01.02.2019).

Technikethik

Christoph Hubig

42.1 Problemlage

Seit Francis Bacons Programmatik experimenteller Naturerschließung „per vexationes artis" (Verzerrung der ursprünglichen Natur durch Technik) mit dem Ziel eines „Sieges der Technik über die Natur" zum „Nutzen des Menschen" erhielt Technik eine Schlüsselfunktion für die Gestaltung unserer theoretischen und praktischen Weltbezüge (Bacon 1963, 141, 213, 230). Theoretisch relevant wird sie, weil jedes naturwissenschaftliche Experiment ein technisches *System* darstellt, innerhalb dessen gesetzesartige Ursache-Wirkungs-Beziehungen unter Elimination von Störgrößen bzw. unter Immunisierung vor Umwelteinwirkungen modelliert werden können. Die dadurch (technisch) gewährleistete Wiederholbarkeit sichert das Gelingen eines instrumentellen Einsatzes derart isolierter Ursachen (Ashby 1974, 290). Diese „Sicherung" (Heidegger 1962, 18, 27) ist das der Technik immanente praktische Prinzip, das die Planbarkeit, Antizipierbarkeit und Erwartbarkeit erfolgreicher Vollzüge begründet. *Technisches* Handeln reicht also über *instrumentelles* Agieren mit eigens zu diesem Zweck hergestellten Mitteln, wie wir es auch bei höheren Spezies und in der „Zufallstechnik" der Jäger und Sammler finden,

C. Hubig (✉)
TU Darmstadt, Darmstadt, Deutschland
E-Mail: hubig@phil.tu-darmstadt.de

hinaus (Ortega y Gasset 1949, 90–105; Hubig 2007, 48). Denn es stellt auch die Bedingungen des Erfolges instrumentellen Agierens her und bearbeitet sie. So wird die ‚Natur' zu einer ‚Umwelt' technischer Systeme transformiert. Orientiert ist dieses Vorgehen am ‚Nutzen' für den Menschen, der die Ressourcen und Gefahren der Natur in kalkulierbare und abwägbare Chancen und Risiken zu überführen sucht.

Gerade angesichts der steigenden Eingriffstiefe der Hochtechnologien in unsere äußere und innere Natur gepaart mit zunehmender Langfristigkeit von intendierten, tolerierten, unerwünschten und/oder ungewissen Folgen technischen Handelns steht eine Ethik der Technik vor großen Herausforderungen. Sowohl die technisch induzierten Naturbezüge als auch die Nutzenorientierung müssen normativ beurteilt und es muss problematisiert werden, ob sie dem technikimmanenten Prinzip der Sicherung und unseren Vorstellungen von einem guten und rechtfertigbaren Lebensvollzug entsprechen. Denn mit zunehmender Eingriffstiefe und Langfristigkeit der Folgen verändern sich nicht bloß die Möglichkeitsräume fortsetzbaren Handelns und wird nicht nur unser Wissen um diese Veränderungen unsicher, sondern auch traditionelle Orientierungen, Welt- und Menschenbilder sehen sich verschwindenden oder neu eröffneten Bezugsbereichen gegenüber. Dabei werden nicht nur die Macht des Wissens und die Handlungsmacht in eine neue Relation gesetzt durch die ‚Macht' der Technik, sondern es entstehen auch neue Orientierungserfordernisse angesichts neuer Problemlagen. Technikethik steht daher einerseits in engem Bezug zu Fragestellungen der ökologischen Ethik und Bioethik (Bezug zur äußeren und inneren Natur) sowie zur Wirtschaftsethik (Nutzenbezug), andererseits zur allgemeinen Ethik (technisch induzierte Herausforderungen klassischer Rechtfertigungsstrategien) sowie zum Technikrecht.

42.2 Der philosophische Ort einer Technikethik: Angewandte allgemeine Ethik oder spezifische Ethikform?

Erachtet man Technik verkürzt als Inbegriff hergestellter Mittel, erscheint Technikethik als *Angewandte* Ethik in dem Sinne, dass allgemeine Prinzipien und Normen in der Beurteilung eines Handelns unter Einsatz solcher Mittel geltend gemacht werden. Angewandte Ethik wird dann zur Kunst einer richtigen Beurteilung des Mitteleinsatzes bezüglich seines Erlaubt-, Gebotenoder Verbotenseins unter gegebener normativer Orientierung. Unter als gesichert geltenden Prinzipien und Normen würde die Diagnosekompetenz eines *a limine* „allwissenden Folgenkalkulierens", „unparteiischen Allesbeobachters", „nimmermüden Optimierers" des Mitteleinsatzes ausreichen, und die Herstellung des Bezugs auf den Einzelfall wäre eine Frage von Erfahrung und Wissen (Kettner 1995, 46 ff.). Nun dürfte freilich eine Tötung mit einer Waffe kaum ein technikethisches Problem darstellen, nur weil ein Gerät eine Rolle spielt (genauso wenig wie es ein ‚medienethisches' Problem sein sollte, in der Presse zu lügen, oder ein ‚wirtschaftethisches', beim Handel zu betrügen).

Spezifische normative Fragen entstehen vielmehr, wenn man sich der Dimension der Technik als Garant der Bedingungen (Arendt 1967, 18) des Einsatzes von Mitteln vergewissert und dabei im Auge behält, dass Mittel nur qua Zuordenbarkeit zu möglichen Zwecken Mittel sind und Zwecke nur qua unterstellter Herbeiführbarkeit Zwecke, also qua Bezug zu möglichen Mitteln (sonst handelt es sich um bloße Wünsche). Solche *möglichen* Bezüge gewährleistet Technik als „Gestell" und „Bestand" (Heidegger 1962, 18), als „System und Medium" (Gamm 2000; Hubig 2006). Von der Gestaltung und Anlage der technischen *Systeme* (analog der Informationssysteme oder der Wirtschaftssysteme) hängt ab, welche Chancen (mögliche Gratifikationen) bzw. welche Risiken (mögliche Schäden und Sanktionen) für den Einzelnen beim Handeln bestehen. Denn die Systeme sichern das Gelingen und sie Immunisieren vor bzw. kompensieren Störungen. Die verbreitete Charakterisierung der Technikethik als ‚Risikoethik' trifft durchaus die Spezifik einer Technikethik als Systemethik der Ermöglichung bzw. Verunmöglichung. Insofern hat Technikethik, soll sie eine spezifische Ethikform sein, als *anwendungsbezogene* Ethik aufzutreten: Ihr Bezug zur urteilskraftgestützten Anwendung allgemeiner Ethik liegt in der normativen Beurteilung der Ermöglichung bzw. Verunmöglichung dieser Anwendung.

Nun stellen sich für die normative Beurteilung *möglichen* instrumentellen Handelns ebenfalls Probleme, wie allgemeine Prinzipien und Normen hier geltend zu machen sind. Bereits Aristoteles (hierzu Hubig 1995, 65–68) hat im Zuge seiner Kritik an der Orientierungsleistung allgemeiner Ideen drei Problemfelder identifiziert: unterschiedliche Interpretationsoptionen allgemeiner Konzepte und Leitbilder, strittige Kriterien für die Zuordnung von Sachlagen zur orientierenden Idee (Ähnlichkeitsproblem) und Konkurrenz einschlägig orientierender Ideen (auf heute bezogen: z. B. Auslegung von Systemen individueller Mobilität unter der Idee der Freiheit, Auslegung von Recyclingsystemen – ggf. aufwändig und havariegefährdet wie bei Phosphat-, PVC- oder Plutoniumkreisläufen – unter der Idee des nachhaltigen Wirtschaftens in Kreisläufen, Einsatz regenerativer Energieressourcen bei gleichzeitiger Schädigung der Biodiversität, Umsiedlungserfordernissen etc.). Adressaten einer solchen Technikethik sind nicht nur die Ingenieure als Entwickler, sondern auch und gerade die Instanzen der Entscheidung und Realisierung der Systeme (meist Institutionen und Organisationen) sowie die Nutzerinnen und Nutzer der Systeme.

42.3 Ansätze zu einer Ethik der Technik

Den unterschiedlichen Rechtfertigungsstrategien im Feld normativer Ethik entspricht in der Technikethik ein Pluralismus von Ansätzen, der allerdings Komplementaritäten in Bezug auf spezifische Problemstellungen sowie Konvergenzen in den Ergebnissen nicht ausschließt. Im Wesentlichen werden (1) pflichtorientierte, (2) nutzenorientierte sowie (3) material-wertorientierte Begründungen geltend gemacht; angesichts deren pluraler Orientierungen suchen höherstufige Ansätze die Legitimation durch Verfahren zu gewinnen, die ihrerseits entweder (4) pflichtethisch fundiert sind (Diskursethik) oder (5) im Rahmen moderner Klugheitsethik Ratschläge des Abwägens generieren, die im Erhalt der Bedingungen des Abwägens ihre Begründungsbasis finden. Technikethik als „Verantwortungsethik" stellt keinen eigenen Ethiktyp oder Ansatz dar; ihre analytische Leistung bezüglich der Frage nach dem Subjekt der Verantwortung (wer?), dem Verantwortungsgegenstand (wofür?), dem Verantwortungsgrund (weswegen?), der Verantwortungsinstanz (wovor?), retrospektiver oder prospektiver Zukunftsverantwortung sowie dem Modus der Verantwortungswahrnehmung (Tun, Zulassen, Unterlassen) ergibt eine Matrix zur Charakterisierung des jeweiligen Fokus der Ethiktypen (Lenk 1992, 25; Ropohl 1996, 74).

1. Repräsentativ für eine (im weiteren Sinne) *biozentrische*/„schöpfungszentrische" Technikethik als Pflichtethik ist der Ansatz von Hans Jonas mit der hieraus resultierenden Tradition. Unter der Intuition des Fürsorgeanspruchs eines selbstsorgedefizitären Lebens wird eine Fürsorgepflicht zum Erhalt der Schöpfung einschließlich der Menschheit begründet, aus der der „kategorische Imperativ" der Gewährleistung einer Permanenz menschlichen Daseins abgeleitet wird. Hieraus resultiert eine „Heuristik der Furcht", in der unter dem Vorrang der schlechten Prognose unsere Zukunftsverantwortung orientiert werden soll: Negative Szenarien, die den Fortbestand der Schöpfung einschließlich menschlichen Lebens in Frage stellen, sollen nicht Wirklichkeit werden (Jonas 1984, 391, 36, 70). Offensichtlich fallen hier Verantwortungsgegenstand, Verantwortungsgrund (als Verfasstheit des Verantwortungsgegenstandes) und Verantwortungsinstanz zusammen. Probleme ergeben sich vor dem Hintergrund einer metaphysischen Naturdeutung bezüglich der inhaltlichen Konkretisierung der Fürsorge; ferner werden Unterlassungsrisiken (angesichts nie auszuschließender negativer Prognosen) in der Technikgestaltung nicht hinreichend berücksichtigt.

Jonas' Absicht entsprechend, Prinzipien unabhängig von Nutzenabwägung zu gewinnen, lassen sich durchaus Kriterien wie Fehlerfreundlichkeit, Revidierbarkeit (z. B. bezüglich nicht-rückholbarer riskanter Emissionen) und Begrenzung der Eingriffstiefe auch ohne metaphysische Begründungshypothek (z. B. aus klugheitsethischer Sicht) rechtfertigen. Eine anthropozentrische Technikethik als Pflichtethik entwirft hingegen Heiner Hastedt unter der Frage „Welche Techniken leisten unter welchen Bedingungen welchen Beitrag zu einem guten Leben in einer gerechten Gesellschaft?". Er stellt diese Ethik unter den Rawls'schen Legitimitätsgrundsatz: „Eine Technik ist nur legitim, wenn sie vereinbar ist mit dem umfangreichsten System gleicher Grundfreiheiten für alle". Die „Dimensionen" einer solchen Verträglichkeit (Gesundheit, Gesellschaft, Kultur, Psyche, Umwelt) sollen im Diskurs ausgelotet werden (Hastedt 1991, 252 f.).

2. Nutzenorientierte Ansätze für die Technikethik fokussieren die Technikfolgen als Gegenstand der Verantwortung und formulieren Prinzipien für deren Bewertung. Aufgrund der bekannten „anstößigen" Konsequenzen (Parfit 1984, Kap. 17; 19) einer strikten Maximierung der Nutzensumme (Erhöhung der Anzahl der Individuen bei hinreichender Ressourcenlage) oder des Durchschnittsnutzens (Ausschluss aufwändig zu erfüllender Ansprüche von Minder-

heiten) fordert Dieter Birnbacher die Berücksichtigung impliziter und latenter Präferenzen (auch und gerade künftiger Generationen) für die Technikgestaltung: Erhaltung selbstbestimmter Gattungsexistenz, jeweils spezifischer Naturbezüge, von Frieden, Wachsamkeit, Bewahrung kultureller Ressourcen, Subsidiarität, Erziehung (Birnbacher 1988, 77; 202–240). Günter Ropohl plädiert hingegen für einen „negativen Utilitarismus" als Minimalmoral: Verringerung vermeidbaren Leides habe in der Güterabwägung für die Technikgestaltung Vorrang vor „Steigerungswerten" in der Präferenzerfüllung (Ropohl 1996, 308–329).

Angesichts der Langfristigkeit der Technikfolgen plädieren manche für eine Diskontierung künftigen Nutzens und Schadens – die Vorschläge hierzu entbehren jedoch einer universalisierbaren Rechtfertigung (Hampicke 1991, 127–150). Dies betrifft auch die Verfechter eines „Non-declining-welfare-Kriteriums" zur Beurteilung langfristiger Technikfolgen angesichts strittiger Auslegung von „welfare" (Norgard 1992). Bei klaren Definitionsbereichen der Kalkulation und anerkannten Nutzen- und Schadenskonzepten kann freilich eine Chancen-/Risikoabwägung durchaus nach utilitaristischen Prinzipien stattfinden. Dies bedeutet aber umgekehrt, dass angesichts einer Ungewissheit jenseits der Risikoabwägung eine nutzenorientierte Analyse nicht greift und pflichtbasiertes bzw. klugheitsethisches Argumentieren zum Zuge kommt. Entsprechend kombiniert Hans Lenk in seinem Schrittfolge-Modell (mit Patricia Werhane 1985) allgemeine pflichtbasierte Rahmenprinzipien mit konkreteren, zunächst negativ, dann positiv utilitaristischen Regeln (Lenk 1992, 28).

3. Da Technik keineswegs wertfrei ist, sondern unterschiedliche Formen der Wertambivalenz und Wertbindung aufweist, hat eine Gruppe namhafter Technikphilosophen für die Richtlinie „Technikbewertung" (VDI 3780) auf der Basis aufwändig eruierter Grundwerte einer demokratischen Gesellschaft ein „Werteoktogon" bestimmt, von dem aus mittels präzisierter Kriterien und Indikatoren Technikbewertung orientiert werden kann (VDI 1991).

Die Grundwerte „gesamtwirtschaftlicher Wohlstand,", „Einzelwirtschaftlichkeit", „Funktionsfähigkeit", „Sicherheit", „Gesundheit", „Umweltqualität", „Gesellschaftsqualität" und „Persönlichkeitsentfaltung" konkurrieren freilich miteinander, und zwar ausnahmslos. Hierzu einige Beispiele: gesamtwirtschaftlicher Wohlstand und Einzelwirtschaftlichkeit im Streit um die Externalisierung von Kosten und Umweltlasten, Persönlichkeitsentfaltung, Sicherheit und Gesellschaftsqualität in der Frage der Überwachung, gar Gesundheit und Umweltqualität angesichts des pharmazeutisch-chemischen sowie touristischen Aufwands der Gesundheitserhaltung etc.

Ein Vorschlag, diese Wertkonkurrenzen zu schlichten, zielt auf eine Gewichtung der Werte unter Verweis auf basale Werte, die dem Schutz der Pluralität und dem Erhalt bzw. der Fortschreibbarkeit von Technikbewertung überhaupt geschuldet sind: Optionswerten eines maximalen Erhalts der Handlungschancen, Freiheits- und Planungsspielräume (vs. ‚Sachzwänge', Amortisationslasten, Krisendruck) sowie Vermächtniswerten eines Erhalts derjenigen Traditionen, Sozialgefüge und Rollenmuster, die für die Herausbildung personaler Identität unabdingbar sind (Hubig 1995, 139–145; 2007, 137–145). Dieser aristotelisch-klugheitsethisch motivierte Vorschlag, der auf den Erhalt eines gelingenden Gesamtlebensvollzugs zielt *(eupraxia)*, adressiert in erster Linie Institutionen, die als solche ja funktional ausgerichtet sind auf die Ermöglichung und Gewährleistung individuellen Handelns unter Ausschluss der Gefahren, die aus der äußeren und inneren Natur resultieren. Technikethik als Ethik der Systemgestaltung und -nutzung sollte daher primär als Ethik institutionellen Handelns konzipiert werden (Ropohl 1996, Kap. 2 und 11; Hubig 2007, Kap. 7).

4. Angesichts des Wertpluralismus einerseits und des Bedarfs an Konkretisierung allgemeiner Normen und Prinzipien andererseits zielen nun höherstufige Ethiken wie die Diskursethik darauf ab, die Legitimation auf die Verfahren zu legen, innerhalb derer ein Konsens über die Folgen einer allgemeinen Befolgung einer Norm zu finden ist. Diskursethische An-

sätze stellen harte Bedingungen für derartige Verfahren (Wohlinformiertheit, Herrschaftsfreiheit, Unparteilichkeit, Gleichheit, reziproke Anerkennung/Gleichberechtigung der Betroffenen) unter Abwehr strategischer Interessen auf. Als immer schon anerkannte „Präsuppositionen" kommunikativer Praxis seien diese Voraussetzungen nicht hintergehbar; nur Diskursen, die unter diesen Bedingungen geführt werden, eigne eine legitimatorische Kraft (Ott/Skorupinski 2000; Ott 2001). Probleme dieses Modells liegen in dem Erfordernis einer Anerkennung dieser idealen kommunikativen Praxis überhaupt, Schwierigkeiten bei der geforderten konsensualen Beurteilung der Folgen angesichts deren Unsicherheit und Ungewissheit, ungelösten Fragen bezüglich des Einbezugs bei nicht-artikulationsfähigen Betroffenen einschließlich zukünftiger Generationen (Paternalismus oder Klärung des Betroffenheit im Diskurs?), schließlich den bekannten Problemen, kollektive Präferenzordnungen mit Minimalbedingungen eines demokratischen Liberalismus in Einklang zu bringen (Gottschalk-Mazouz 2004).

Weniger voraussetzungsreich ist die konstruktivistisch und diskursethische Technikethik Carl Friedrich Gethmanns verfasst, nach der die „im Faktischen [der Anerkennung von Chancen und Risiken] präsupponierte Normativität gilt" (Gethmann 1992, 172; 1994, 146–159). Die Verallgemeinerbarkeit bezieht sich hier auf eine im gegebenen Risikoverhalten (z. B. als Raucher) bereits als implizit anerkannt dokumentierte Norm der Risikoübernahme auf analoge Fälle. Die Geltung dieses in einschlägigen Diskursen zur Technikbewertung (z. B. DLR 1993; Grunwald 1999) einsetzbaren Arguments findet ihre Grenzen dort, wo durch die Kumulation je für sich gerechtfertigter, riskanter Handlungsfolgen Sachlagen neuer Qualität entstehen. Neben dieser Extrapolationsgrenze im Ausgang von einer Basis akzeptierter Risiken und Chancen besteht noch ein tiefliegenderes Extrapolationsproblem bezüglich einer Langfristverantwortung: Zwar lassen sich auf dieser Basis Argumente für einen *Abbruch* der Extrapolation auf zukünftige Generationen als unhaltbar erweisen; allerdings wird zu wenig in Betracht gezogen, dass für zukünftige Generationen Normen nicht mehr problemlos als anerkannt unterstellbar sind.

5. Moderne Klugheitsethiken der Technik (Kornwachs 2000; Hubig 2007; Luckner 2000) vermeiden die nichteinlösbare Begründungshypothek pflichtbasierter Diskursethik, indem sie mit einem bescheideneren Anspruch auftreten: nicht Orientierung, sondern eine Hilfe beim *Sich*-Orientieren in Gestalt von begründeten Ratschlägen zu geben. Der Rat, Options- und Vermächtniswerte zu wahren und als Gewichtungsfaktoren beim Abwägen gegenüber konkurrierenden Werten einzusetzen, würde widersprüchlich, wenn er erlaubte, die Bedingungen des Abwägens in der Technikgestaltung zu beschädigen. Im Prinzip eines solchen Bedingungserhaltes und der Vermeidung von Sachzwängen konvergiert die Klugheitsethik mit der pflichtbasierten Technikethik. Ihre Empfehlungen sind dem Interesse an einem guten Gesamtlebensvollzug verhaftet, der formal als Möglichkeit, sein Leben selbstbestimmt zu *führen*, gefasst ist. Daraus ergeben sich auch Grundsätze gerechter Risikoübernahme jenseits von Risikozumutung oder Risikoabschiebung auf andere, deren individuelle Lebensführung verletzt wäre. Derartige Ratschläge können ein Dissensmanagement begrenzen, das darauf aus sein sollte, Dissense und Pluralität zu erhalten. Dies geschieht, indem individuelle Lösungen auf eigenes Risiko zugelassen, regionale Spezifiken optimaler Mittelallokation berücksichtigt, neue Suchräume eröffnet und Prohibitionen nur befürwortet werden, wenn plurales Entscheiden durch „Killeroptionen" gefährdet ist. Diskurse sollten daher auf weitestmöglichen Erhalt von Dissensen angelegt und ein Konsens lediglich über deren Begrenzung erstrebt werden.

Kompromisse als Auszeichnung einer Option sind zwar verschiedentlich unvermeidbar, stellen jedoch eine problematische Lösung dar, weil sie die negativen Konsequenzen der abgeschwächt vertretenen Positionen weiterführen und zu immer schwerer zu handhabaren Systemen führen. Gemäß dem Prinzip des Bedingungserhaltes folgen die Ratschläge zur Technikgestaltung nicht in erster Linie individuell strittigen Chancen- und Risikoanalysen, sondern zielen auf die Gewährleistung der Kompetenz zum Chancen- und Risiko*management* im Falle neu ersichtlicher Chancen und Risiken, also dem Umgang mit Chancen- und Risiko*potenzialen*, wie sie die modernen Hochtechnologien mit sich führen („enabling technologies"). Für die Robotik z. B. bedeutet dies, dass die teilautonomen Systeme so zu gestalten sind, dass im erforderlichen Fall noch eine Mensch-System-Interaktion stattfinden kann oder ein Abbruch der Systeminteraktion möglich ist. Hierfür muss die Transparenz der systemischen Strategie für die Nutzer erhalten bleiben. In der Nanotechnik stellt insbesondere die Nichtrückholbarkeit der Nanopartikel eine Gefährdung der Möglichkeit eines Risikomanagements dar. Analog gilt für bestimmte Nutzungsarten der Kernkraft, dass die Entstehung nicht mehr kontrollierbarer Zustände in extremen Betriebssituationen und in der sogenannten Endlagerung ein starkes technikethisches Gegenargument darstellt. Gleiches gilt für Waffentypen wie Kernwaffen oder die von der UNO geächteten Landminen, die nicht mehr (Atombombe) oder nur noch schwer handhabbare (Landminen) Folgen ihres Einsatzes zeitigen (von Fragen einer politischen Ethik der Führung entsprechender Kriege ganz zu schweigen).

Akzeptabilität sollte nicht ‚stark' begriffen werden als (jeweils aus der Sicht eines Ansatzes) ‚gerechtfertigte Akzeptanz', sondern als Akzeptanz*fähigkeit*, als Fähigkeit, ggf. zu akzeptieren oder Akzeptanz zu verweigern. Es geht also um den Erhalt der Bedingungen der Möglichkeit eines Risiko- und Chancen*managements*.

6. Neuere Machtkonzepte, insbesondere Michel Foucaults, Bruno Latours und Karen Barads weisen der Technik eine Rolle innerhalb von Machtgefügen zu, die klassische Ansätze zur Technikethik herausfordert (hierzu Hubig 2015, Kap. 2). Macht (analog: Herrschaft, Zwang) wird nicht mehr als etwas erachtet, das Subjekten als Substanzen zuschreibbar wäre, die über andere Subjekte oder die Verfasstheit von Objekten disponieren. Die „moderne" Subjekt-Objekt-Trennung sei aufzugeben, denn Macht präsentiere sich in Gestalt von Macht*beziehungen*, Relationen, Netzen, Strukturen und Dispositiven, durch die sich die Relata dieser Relationen (etwa „Subjekt"-"Objekt") allererst konstituieren (Foucault 2005, 888 f.; Barad 2007, 33). Es geht um Prozesse, die „das Feld möglichen Handelns der anderen… strukturieren" (Foucault 1987, 257) und sich dabei „der Technik bedienen", und zwar unter „Strategien ohne strategisches Subjekt" (als Verantwortungsträger im klassischen Sinne). Auf solche anonymen Gefüge und ihre „siegreichen Lösungen" lässt sich nicht direkt einwirken, sondern nur im Modus der Subversion, die die Macht gegen sich selbst ausspielt. Eine „Konversion" der (Technik-)Macht sei nur zu erreichen, wenn man nicht als „Sklave seiner selbst" (angemaßter Subjektposition) oder als „Sklave anderer" agiert, sondern in der „Sorge um sich" im Modus freier Rede „alternative Möglichkeiten" einer „guten Verwaltung der Macht" erarbeite; Vorbild ist eine antike Tugendethik (Foucault 2005, 882 f.).

Bruno Latour radikalisiert diese Relativierung des Subjektstatus in seiner „symmetrischen Anthropologie", nach der nichtmenschliche Aktanden (Technik, Natur) und menschliche Akteure gleichwertig sich gegenseitig zu hybriden Trägern des Agierens „übersetzen" : In seiner Akteur-Netzwerk-Theorie zeichnet er nach, wie intentionale und technische Verfasstheiten, die zunächst nur als „Propositionen" (und daher – noch ohne Realitätsbezug – als „Fragmente") zu erachten sind, wechselseitig aufeinander einwirken, sich „modifizieren" und in dieser Verbindung zu hybriden Akteuren werden, deren Autorschaft weder (gesondert) menschlichen Akteuren als Trägern von Präferenzen/Intentionen noch technischen oder natürlichen Verfasstheiten zuschreibbar ist, sondern aus den jeweiligen spezifischen Verbindungen resultiert, die sich als Netze rekonstruieren lassen (Latour 2000, 218–235). Eine „geregelte und gemeinschaftlich entschiedene Produktion" lasse sich nur realisieren, wenn in einem „Parlament der Dinge" die Potentiale aller drei Seiten (advokatorisch) zur Sprache kommen und nicht eine Seite die andere dominiert, wir uns als (Quasi-)Subjekte gegenüber (Quasi-)Objekten aufspielen. Ex negativo zeugen hiervon gescheiterte

Planungsprozesse und entsprechende politische, ökonomische oder technische einseitige Gestaltungsstrategien (was er und viele andere am Pariser Aramis-Projekt eines individualisierten ÖPNV, der Muschelzucht, der Luftfahrt etc. erläutert) (Latour 1995; 1998, 147–164).

42.4 Wirksamkeit, Relevanz und Umsetzung der Technikethik

Verspottet als „Fahrradbremse am Interkontinentalflugzeug" wird der Technikethik angesichts einer ‚Eigendynamik' der Systeme ihre Relevanz abgesprochen (Beck 1988, 194). In ihrer klugheitsethischen Variante entzieht sie sich jedoch diesem Vorwurf, weil ihre Anschlussfähigkeit an kluges Wirtschaften sowie einen klugen Umgang mit der Natur gewährleistet ist: Nachhaltige Nutzung von Ressourcen erbringt Gratifikationen und somit Anreize. Die ‚Wirksamkeit' von Technikethik wird oftmals mit Verweis auf das Technikrecht problematisiert. Freilich bedarf die Legislative einer Orientierung, und die Jurisdiktion ist mit Fragen der Auslegung von Generalklauseln und unbestimmten Rechtsbegriffen befasst, deren Beantwortung moralischer Erwägungen bedarf. Schließlich stoßen juristische Regelwerke notwendiger Weise an Grenzen des Regelbaren; das Handeln in rechtsfreien Räumen bedarf der Orientierung. Technikethik ist also dem Technikrecht vor- *und* nachgeordnet und ergänzt es in spezifischer Weise (VDI-Ausschuss ‚Ethische Ingenieurverantwortung' 2003, 49–64).

Bezüglich der Umsetzung ist an die oben hervorgehobene Institutionenverantwortung zu erinnern. Institutionen und Organisationen sind nicht-natürliche Subjekte der Gestaltung technischer Systeme. Ihr Handeln wird im Zuge starker oder schwacher Mandatierung (Rollenverantwortung) durch Individuen wahrgenommen, die als Träger verschiedener Arten von Mitverantwortung adressierbar sind. Dies gilt auch für Mitglieder sowie die Individuen, die durch die Nutzung der Systeme implizit die Direktiven der Systemgestaltung anerkennen. In der Beratung der Institutionen der Technikgestaltung findet sich inzwischen ein unterschiedlich operationalisiertes Diskursgeschehen, innerhalb dessen technikethische Überlegungen zur Geltung kommen (Grunwald 2008). Prominentes Beispiel für die Übernahme institutioneller ethischer Technikverantwortung sind die „Ethischen Grundsätze des Ingenieurberufs" des VDI, übernommen vom Europäischen Ingenieurverband „FIANI" (dokumentiert in: Hubig/Reidel 2003). Im Unterschied zu den individualethisch orientierten US-amerikanischen Ethik-Codices für Ingenieure mit ihrer problematischen Verantwortungszuweisung an Ingenieure als „moralische Helden" (Alpern 1993) entfaltet die Technikethik in ihrer hier klugheitsethisch fundierten Diskursorientierung ihre Wirkung auf der Basis einer Selbstverpflichtung der Ingenieurverbände als Institutionen. Sie wird als Vereinsinnenrecht, mithin als Appelationsinstanz auch in juristischen Auseinandersetzungen geltend gemacht. Neben der Expertenverantwortung als Rollenverantwortung der Ingenieure wird die unterstützende Funktion der Legislative und der Jurisdiktion explizit betont, ferner die Aufklärungspflicht gegenüber den Nutzerinnen und Nutzern (VDI 2002). Analoge Wirkung zeitigen ethisch motivierte Selbstverpflichtungen der Industrie sowie Verbrauchercodices einschlägiger Organisationen.

Literatur

Alpern, Kenneth D.: „Ingenieure als moralische Helden." In: Hans Lenk, Günter Ropohl (Hg.): Technik und Ethik.²1993, 177–193.
Arendt, Hannah: Vita activa oder Vom tätigen Leben [1967]. München 1981 (engl. 1958).
Ashby, Ross W.: Einführung in die Kybernetik. Frankfurt a. M. 1974 (engl. 1956).
Bacon, Francis: „Instauratio magna." In: Ders./James Spedding/et al. (Hg.): The Works of Francis Bacon. Bd. 1. Nachdruck. Stuttgart 1963 (lat./engl. 1857).
Barad, Karen: Meeting the Universe Halfway. Durham NC 2007.
Beck, Ulrich: Gegengifte. Die organisierte Unverantwortlichkeit. Frankfurt a. M. 1988.
Birnbacher, Dieter: Verantwortung für zukünftige Generationen. Stuttgart 1988.

DLR (Hg.): Technikfolgenbeurteilung in der bemannten Raumfahrt. Köln 1993.

Foucault, Michel: „Das Subjekt und die Macht." In: Hubert L. Dreyfus, Paul Rabinow (Hg.): Michel Foucault. Jenseits von Strukturalismus und Hermeneutik. Frankfurt a. M. 1987.

Foucault, Michel: „Die Ethik der Sorge um sich als Praxis der Freiheit." In: Daniel Defert, Francois Ewald (Hg.): Michel Foucault (Schriften in vier Bänden), Bd. IV. Frankfurt a. M. 2005, 875–902.

Gamm, Gerhard: Nicht Nichts. Studien zu einer Semantik des Unbestimmten. Frankfurt a. M. 2000.

Gethmann, Carl Friedrich: „Universelle praktische Geltungsansprüche." In: Peter Janich (Hg.): Entwicklungen der methodischen Philosophie. Frankfurt a. M. 1992, 146–179.

Gethmann, Carl Friedrich: „Die Ethik technischen Handelns im Rahmen der Technikfolgenbeurteilung." In: Armin Grunwald, Hans Sax (Hg.): Technikbeurteilung in der Raumfahrt. Berlin 1994, 146–159.

Grunwald, Armin: Ethik in der Technikgestaltung. Berlin/Heidelberg/New York 1999.

Grunwald, Armin: Technik und Politikberatung. Frankfurt a. M. 2008.

Gottschalk-Mazouz, Niels (Hg.): Perspektiven der Diskursethik. Würzburg 2004.

Hampicke, Ulrich: „Neoklassik und Zeitpräferenz: Der Diskontierungsnebel." In: Franz Beckenbach (Hg.): Die ökologische Herausforderung für die ökonomische Theorie. Marburg 1991, 127–150.

Hastedt, Heiner: Aufklärung und Technik. Grundprobleme einer Ethik der Technik. Frankfurt a. M. 1991.

Heidegger, Martin: Die Technik und die Kehre. Pfullingen 1962.

Hubig, Christoph: Technik- und Wissenschaftsethik. Berlin/Heidelberg/New York [2]1995.

Hubig, Christoph: Die Kunst des Möglichen. Bd. 1: Technikphilosophie als Reflexion der Medialität. Bielefeld 2006

Hubig, Christoph: Die Kunst des Möglichen. Bd. 2: Ethik der Technik als provisorische Moral. Bielefeld 2007.

Hubig, Christoph: Die Kunst des Möglichen. Bd. 3: Macht der Technik. Bielefeld 2015.

Hubig, Christoph/Reidel, Johannes (Hg.): Ethische Ingenieurverantwortung. Handlungsspielräume und Perspektiven der Kodifizierung. Berlin 2003.

Jonas, Hans: Das Prinzip Verantwortung. Versuch einer Ethik für die technologische Zivilisation. Frankfurt a. M. 1984.

Kettner, Matthias: „Idealisierung und vollständige Handlung. Modellierungsversuche praktischer Ethik." In: Berliner Debatte INITIAL 2 (1995), 46–54.

Kornwachs, Klaus: Das Prinzip der Bedingungserhaltung. Eine ethische Studie. Münster 2000.

Latour, Bruno: Wir sind nie modern gewesen. Versuch einer symmetrischen Anthropologie. Berlin 1995.

Latour, Bruno: „Aramis – oder die Liebe zur Technik." In: Werner Fricke (Hg.): Innovationen in Wissenschaft, Technik und Gesellschaft. Bonn 1998.

Latour, Bruno: Die Hoffnung der Pandora. Untersuchungen zur Wirklichkeit der Wissenschaft. Frankfurt a. M. 2000.

Lenk, Hans: Zwischen Wissenschaft und Ethik. Frankfurt a. M. 1992.

– /Ropohl, Günter (Hg.): Technik und Ethik. Stuttgart [2]1993.

Luckner, Andreas: „Orientierungswissen und Technikethik." In: Dialektik. Zeitschrift für Kulturphilosophie 2. (2000), 57–78.

Norgard, Richard B.: „Substainability as Intergenerational Equity." In: Environmental Impact Assessment Review 12. (1992), 85–124.

Ortega y Gasset, José: Betrachtungen über die Technik. Stuttgart 1949.

Ott, Konrad: „Zum Verhältnis von Diskursethik und diskursiver Technikfolgenabschätzung." In: Ders./Barbara Skorupinski (Hg.): Ethik und Technikfolgenabschätzung: Beiträge zu einem schwierigen Verhältnis. Basel 2001, 30–68.

Ott, Konrad/Skorupinski, Barbara (Hg.): Technikfolgenabschätzung und Ethik. Eine Verhältnisbestimmung in Theorie und Praxis. Zürich 2000.

Parfit, Derek: Reasons and Persons. Oxford 1984.

Ropohl, Günter: Ethik und Technikbewertung. Frankfurt a. M. 1996.

VDI (Hg.): Richtlinie VDI 3780 ‚Technikbewertung. Begriffe und Grundlagen'. Düsseldorf 1991.

VDI-Ausschuss ‚Ethische Ingenieurverantwortung': „Abschlussbericht." In: Christoph Hubig, Johannes Reidel (Hg.): Ethische Ingenieurverantwortung: Handlungsspielräume und Perspektiven der Kodifizierung. Berlin 2003, 21–78.

VDI, Ethische Grundsätze des Ingenieurberufs. Düsseldorf 2002.

Werhane, Patricia H.: Persons, Rights, and Corporations. Englewood Cliffs, NJ 1985.

Bioethik

43

Bert Heinrichs

43.1 Der Begriff ‚Bioethik'

Der Begriff ‚Bioethik' bezeichnet zumeist denjenigen Teilbereich der Angewandten Ethik, der sich mit dem Umgang mit Leben bzw. Lebewesen beschäftigt (zur Bioethik allgemein vgl. Siep 1998; Honnefelder 2002; Schramme 2002; Birnbacher 2006; Rehmann-Sutter 2006; Düwell 2008; Sturma/Heinrichs 2015). Dieses Begriffsverständnis wird durch das Präfix ‚bio' nahegelegt, das sich vom altgriechischen Wort *bios* (Leben) ableitet. Die Bioethik lässt sich ihrerseits in die Teilbereiche Medizinethik, Tierethik und Umweltethik untergliedern (Pieper/Thurnherr 1998, 9). Auch wenn diese Untergliederung durchaus gebräuchlich ist, zeigt sie doch, dass thematische Zuordnungen und disziplinäre Grenzziehungen in der Angewandten Ethik nicht unproblematisch sind. Die Engführung auf den Bereich der Medizin erscheint für den Umgang mit menschlichem Leben nämlich einigermaßen willkürlich. Berücksichtigt man indes das zwischenmenschliche Handeln insgesamt, dann würde nahezu die gesamte traditionelle Ethik zu einem Teilbereich der Bioethik, was wenig überzeugend ist. Eine Präzisierung könnte darin bestehen, dass es die Bioethik lediglich mit dem *wissenschaftlich vermittelten* Umgang mit Lebendigem zu tun hat. In dieser Perspektive wären es vornehmlich Problemstellungen aus den modernen Lebenswissenschaften, mit denen die Bioethik befasst ist. Auch gegen diese Auffassung lassen sich allerdings Einwände formulieren. So sind bspw. Fragen des menschlichen Umgangs mit Tieren insgesamt das Thema der Tierethik – und damit der Bioethik – und nicht nur spezielle Fragen tierexperimenteller Forschung. Ungeachtet dieser Probleme des genauen thematischen Zuschnitts ist der Begriff ‚Bioethik' weit verbreitet und zwar nicht nur im Deutschen, sondern ebenso im Englischen *(bioethics)*, im Französischen *(bioéthique)*, im Spanischen *(bioética)* sowie in vielen weiteren Sprachen.

Erstmals verwendet wird der Begriff ‚Bio-Ethik' in den 1920er Jahren von dem evangelischen Theologen Fritz Jahr. In der Zeitschrift *Kosmos. Handweiser für Naturfreunde* veröffentlicht Jahr einen Beitrag mit dem Titel „Bio-Ethik. Eine Umschau über die ethischen Beziehungen des Menschen zu Tier und Pflanze" (Jahr 1927). Er formuliert darin u. a. die Forderung: „Achte jedes Lebewesen grundsätzlich als einen Selbstzweck, und behandle es nach Möglichkeit als solchen." (Jahr 1927, 4). Diesen erkennbar an Kant angelehnten Imperativ entwickelt Jahr in weiteren Publikationen zwar fort (dazu ausführlich Sass 2007 und 2008), dennoch kommt es zunächst zu keiner weiten Verbreitung des Begriffs ‚Bioethik'.

B. Heinrichs (✉)
Universität Bonn, Bonn, Deutschland
E-Mail: heinrichs@iwe.uni-bonn.de

In den frühen 1970er Jahren wird der Begriff ‚bioethics' dann erneut – und offenbar in Unkenntnis der Schriften Jahrs – in den USA eingeführt. Warren Reich (1994) spricht diesbezüglich von einer „bilocated birth", da Van Rensselaer Potter den Begriff in seinem Beitrag „Bioethics. The Science of Survival" aus dem Jahr 1970 prägt und André Hellegers ihn etwa zeitgleich bei der Gründung des Joseph and Rose Kennedy Institute for the Study of Human Reproduction and Bioethics – heute: Kennedy Institute of Ethics – verwendet. Allerdings weist Reich (1995) auch darauf hin, dass es von Beginn an inhaltliche Differenzen zwischen Potters Verständnis und Hellegers' Ansatz bzw. demjenigen, der am Kennedy Institute verfolgt wird, gibt. Potter fordert eine systematische Verbindung von Naturwissenschaften und Ethik, um das Überleben der Menschheit und die Verbesserung der Lebensumstände zu gewährleisten:

> „Mankind is urgently in need of new wisdom that will provide the ‚knowledge of how to use knowledge' for man's survival and for improvement in the quality of life. […] A science of survival must be more than science alone, and I therefore propose the term ‚bioethics' in order to emphasize the two most important ingredients in achieving the new wisdom that is so desperately needed: biological knowledge and human values." (Potter 1970, 127–128)

Diesem breiten Verständnis steht ein engeres, an spezifischen medizinethischen Problemstellungen orientiertes Verständnis gegenüber, dem zufolge Bioethik als *biomedizinische Ethik (biomedical ethics)* zu verstehen sei. Es ist dieses engere Verständnis, das sich zunächst als einflussreicher erweist. Erst nach und nach erweitert sich die Bioethik um tierethische und umweltethische Problemstellungen, die heute einen integralen Bestandteil bilden.

Gelegentlich wird argumentiert, dass Bioethik kein Phänomen des 20. Jahrhunderts sei. Vielmehr seien Problemstellungen, die heute unter dem Begriff verhandelt würden, seit jeher Thema der kritischen Auseinandersetzung, insbesondere in Philosophie und Theologie, gewesen. Richtig ist zweifellos, dass einschlägige Auseinandersetzung bei Platon über Augustinus und Thomas von Aquin, Descartes und Hobbes, Rousseau, Hume und Kant bis hin zu Hegel, Dewey und Heidegger zu finden sind (vgl. die Beiträge in Eissa/Sorgner 2011). Charakteristisch für die Bioethik des 20. und 21. Jahrhunderts ist indes, dass medizinethische, tierethische und umweltethische Problemstellungen ins Zentrum der Aufmerksamkeit rücken, was bei keinem der genannten Autoren der Fall war. Zudem ist die Bioethik des 20. und 21. Jahrhunderts wesentlich interdisziplinär verfasst: Es sind nicht mehr allein die Philosophie und die Theologien, die sich mit normativen Fragen im Verhältnis zum Leben bzw. Lebendigen befassen. Vielmehr geschieht dies nun in – gelegentlich schwieriger – direkter Auseinandersetzung mit der Medizin und den Naturwissenschaften.

43.2 Bioethik als wissenschaftliche Disziplin und als Form der Politikberatung

Im Laufe der 1970er Jahre etabliert sich die Bioethik als akademische Disziplin und als Form der Politikberatung zunächst in den USA (Jonsen 1998; Thomasma 2002). Wichtige Etappen bei dieser Entwicklung sind die Gründungen des außeruniversitären *Hastings Center* im Jahr 1969 durch den Philosophen Daniel Callahan und den Psychiater Willard Gaylin (Callahan 1999) sowie des der Georgetown University angegliederten Kennedy Institute of Ethics durch den Arzt André Hellegers (Reich 1996). Nach wie vor zählen das Hastings Center und das Kennedy Institute zu den renommiertesten bioethischen Forschungseinrichtungen weltweit und die von ihnen herausgegebenen Fachzeitschriften – der *Hastings Center Report* und das *Kennedy Institute of Ethics Journal* – zu den wichtigsten Periodika der Disziplin. Seither ist die Zahl der Forschungseinrichtungen stark angewachsen. Auch die Menge der Fachzeitschriften hat sich vervielfacht. Besonders erwähnt seien hier noch die Zeitschrift *Bioethics* der *International Association of Bioethics,* die es seit 1987 gibt (seit 2001 zusätzlich *Developing World Bioethics*), sowie das *American Journal of Bioethics* der *American Society for Bioethics and Humanities* (seit 2001). Das Hastings Center und das Kennedy Institute bilden die institutionellen Vorbilder für ähnliche Einrichtungen, die verstärkt seit den 1980er Jahren weltweit gegründet werden.

Von Beginn an wird die Bioethik nicht nur als wissenschaftliche Disziplin verstanden, sondern auch als eine Form der Politikberatung. Bereits im Jahr 1968 veranstaltet der US-amerikanische Senator Walter Mondale eine Senatsanhörung zu Implikationen der Entwicklungen in der Medizin (Jonsen 1998, 90–94). Zahlreiche weitere Kommissionen zu bioethischen Herausforderungen folgen in den USA (President's Council on Bioethics 2020). Vergleichbare Kommissionen werden auch in anderen Ländern eingerichtet. In Deutschland beschäftigt sich in den Jahren 1984 und 1985 unter dem Vorsitz des ehemaligen Verfassungsrichters Ernst Benda die Arbeitsgruppe „In-vitro-Fetilisation, Genomanalyse, Gentherapie" (genannt Benda-Kommission) mit ethischen Aspekten neuer biomedizinischer Technologien. Es folgen drei Enquête-Kommissionen des Deutschen Bundestages. Im Jahr 1995 setzt die Bundesgesundheitsministerin Andrea Fischer den „Ethikbeirat beim Bundesgesundheitsministerium" ein (bis 2001). Am 2. Mai 2001 wird schließlich durch Bundeskanzler Gerhard Schröder der Nationale Ethikrat gegründet. Nach formaler und inhaltlicher Kritik wird dieser im Jahr 2008 durch den Deutschen Ethikrat abgelöst, der seither auf Grundlage des Ethikratgesetzes arbeitet (https://ethikrat.org/).

Der Umstand, dass sich wissenschaftliche Institutionen und politische Gremien parallel mit normativen Problemstellungen beschäftigen, ist charakteristisch für die moderne Bioethik und unterscheidet sie von anderen akademischen Disziplinen. Die gleichzeitige Auseinandersetzung unter unterschiedlichen institutionellen Vorzeichen ist in der hohen gesellschaftlichen Relevanz der Fragestellungen einerseits und deren wissenschaftlicher Komplexität andererseits begründet. Die Erfahrung der vergangenen Jahrzehnte zeigt, dass der doppelte Zugriff durchaus erfolgreich sein kann. Zumindest hat er in vielen Ländern zu einer intensiven gesellschaftlichen und politischen Auseinandersetzung geführt, die sachlich gut informiert ist und überwiegend mit Respekt für alternative Ansichten geführt wird.

Allerdings gibt es auch Kritik, die sich sowohl gegen die Bioethik als wissenschaftliche Disziplin als auch gegen die Bioethik als Form der Politikberatung wendet. Eine Form der Kritik richtet sich gegen den bioethischen Diskurs insgesamt. Einige sehen in ihm eine Form von Pseudokritik, die von vornherein allein für eine reibungslose Einführung neuer Technologien sorgen solle. Tina Stevens formuliert diesen Einwand speziell gegen die US-amerikanische Bioethik und begründet ihn teilweise mit spezifisch US-amerikanischen Konstellationen (Stevens 2000). Eine ähnliche Kritik deutet sich bei Petra Gehring für die deutsche Bioethik zumindest an (Gehring 2013). Der implizierte Ideologieverdacht ließe sich aus dem nationalen Kontext lösen und allgemeiner formulieren.

Besondere, weltanschaulich geprägte Auseinandersetzungen gab es vorübergehend in der deutschen Bioethikdebatte (teilweise dokumentiert in Geyer 2001). Unter dem Begriff „Anti-Bioethik" formierte sich eine Bewegung, die die Diskussionslage für grundsätzlich verfehlt hielt (Braun 2000). Ein Kristallisationspunkt der Auseinandersetzung war der australische Philosoph Peter Singer, der in seinem Buch *Praktische Ethik* (urspr. 1979, 2nd ed. 1993, 3rd ed. 2011; dt. 1984, 1994, 2013) kontroverse Positionen zur Embryonenforschung, zum Infantizid und zur Euthanasie formuliert. Gegen öffentliche Vorträge von Singer in Deutschland mobilisierte sich teilweise heftiger Widerstand, der schließlich zu Absagen von Veranstaltung führte (Kollek/Feuerstein 1999, 12). Singer nahm dies zum Anlass scharfer Kritik und beklagte mangelnde akademische Freiheit in Deutschland (Singer 1994, 425 ff.). Ebenfalls zu heftigen Auseinandersetzungen führte die Frage der Ratifizierung der sogenannten Bioethik-Konvention des Europarates im Jahr 1997 in Deutschland

(Kollek/Feuerstein 1999, 12–13). Vertreter der sogenannten Lebensrechtbewegung sowie von Behindertenverbänden hielten die Konvention für inakzeptabel und zogen vereinzelt Verbindungen zur NS-Vergangenheit (vgl. die Beiträge in Schirrmacher/Schrader/Steeb 2000). Diese Auseinandersetzungen belasteten die deutsche (und teilweise auch europäische und internationale) Bioethik vorübergehend erheblich. Mittlerweile herrscht aber wieder ein sachlicher, um begriffliche Klärung und normative Begründung bemühter Ton vor.

43.3 Orientierung an den Hauptströmungen der normativen Ethik

In ihrem theoretischen Profil ist die Bioethik seit ihrem Beginn an den Hauptströmungen der normativen Ethik orientiert. Tugendethische, deontologische sowie konsequentialistische Ansätze sind in der Bioethik gleichermaßen stark vertreten. Etablierte Philosophinnen und Philosophen, die mehr oder weniger klar für eine der Hauptströmungen stehen, wie Philippa Foot (1978), Richard (Hare 1993), Ronald Dworkin (1993), Onora O'Neill (2002) und Jürgen Habermas (2001) greifen bioethische Themen auf. Sie bringen in die Bioethik Argumentationsfiguren ein, die in den genannten Hauptströmungen der Moralphilosophie seit langem Anwendung finden. Umgekehrt führt die Bearbeitung konkreter moralischer Probleme auch dazu, dass die traditionellen Ansätze der normativen Ethik überprüft und teilweise geschärft werden.

Besonders einflussreich für die Bioethik ist der sogenannte *Belmont Report,* den die National Commission for the Protection of Human Subjects of Biomedical and Behavioral Research im Jahr 1979 vorlegt. Die Kommission wird von US-Präsident Richard Nixon in Reaktion auf den Skandal um die Tuskegee Syphilis Study (Jones 1993) im Jahr 1974 gegründet. Im *Belmont Report* benennt die Kommission drei grundlegende Prinzipien (Respekt für Personen, Wohltun, Gerechtigkeit) für biomedizinische Forschung und konkretisiert sie durch Anwendung auf den Bereich ‚biomedizinische Forschung' (informierte Einwilligung, Risiko-Nutzen-Abwägung, gerechte Probandenauswahl). Tom Beauchamp und James Childress – die beide für die Kommission tätig sind – entwickeln in ihrem Buch *The Principles of Biomedical Ethics* einen sehr ähnlichen Ansatz (allerdings mit vier statt drei Prinzipien), der seither weit über den Kontext der Forschung am Menschen Anwendung findet (Beauchamp/Childress 2019). Prozedural-kohärentistische (Daniels 1996) und kasuistische (Jonsen/Toulmin 1988) Ansätze werden teilweise als Ergänzung, teilweise als Alternative in die Diskussion eingebracht. Kritiker haben Beauchamp und Childress vorgeworfen, einen ethischen Eklektizismus zu betreiben, der zwar unterschiedlichen Traditionslinien der philosophischen Ethik verbunden sei, insgesamt aber unbefriedigend bleibe (Clouser/Gert 1990). Man kann im Ansatz von Beauchamp und Childress womöglich Spuren des amerikanischen Pragmatismus erkennen, der praktischen Nutzen höher veranschlagt als innertheoretische Geschlossenheit (Jonsen 1998, 71). Die anhaltende Diskussion um den *Principlism* und – darüber hinaus – um Methodik zeigt jedenfalls, dass es verfehlt wäre, der Bioethik ein mangelndes Bewusstsein für theoretische Grundsatzfragen zu attestieren (Arras 2017).

43.4 Themen der Bioethik

Die Themenstellungen, mit denen die Bioethik befasst ist, lassen sich, wie eingangs ausgeführt, grob in die Bereiche Medizinethik, Tierethik und Umweltethik gliedern. Während in den Anfangsjahren medizinethische Themen noch im Vordergrund stehen, haben tier- und umweltethische Problemstellungen in den letzten Jahren vermehrt Aufmerksamkeit auf sich gezogen.

Innerhalb der Medizinethik gibt es eine Reihe von Problemstellungen, die die Bioethik maßgeblich vorantreiben: Die Enthüllung der bereits erwähnten Tuskegee Syphilis Study wirft die Frage nach ethischen Standards für die Forschung mit menschlichen Probanden auf. Dieses Thema wird zwar bereits seit Ende des 19. Jahrhunderts diskutiert (Heinrichs 2006, Kap. 1), nun wird diese Frage aber zum Anlass für grundlegende Arbeiten genommen, die über den engen sachlichen Rahmen hinausweisen. Die Entwicklung neuer Medizintechniken lässt ethische Fragen am Lebensanfang (z. B. künstliche Befruchtung, Embryonenforschung) und am Lebensende (z. B. Hirntod, Organtransplantation, Euthanasie) virulent werden. Die rasante Entwicklung der Genetik – insbesondere im Kontext des *Human Genome Project* – provoziert ebenfalls vielfältige ethische Bedenken (z. B. bzgl. prädiktiver Gentests, Biobanken, Enhancement, Keimbahninterventionen).

Diese und weitere Themen finden sich bereits in der erstmals von Warren Reich herausgegebenen – damals noch dreibändigen – *Encyclopedia of Bioethics* (Reich 1978). Die thematische Expansion und inhaltliche Spezialisierung der Bioethik wird nicht zuletzt darin deutlich, dass die von Bruce Jennings herausgegebene vierte Auflage der *Encyclopedia* auf sechs Bände angewachsen ist (Jennings 2014). Umgekehrt zeigen einschlägige Handbücher auch eine gewisse Stabilität der Themen (Harris 2001; Kuhse/Singer 2006; Steinbock 2007; Singer 2008; Oakley 2009; für die deutsche Debatte Korff 1998; Düwell/Steigleder 2003; Sturma/Heinrichs 2015). Die zunehmende Bedeutung tier- und umweltethischer Fragen dokumentiert sich besonders deutlich in einem von Gary Comstock (2010) herausgegebenen Handbuch zu *Life Science Ethics,* in dem medizinethische Themen kaum eine Rolle spielen. Stattdessen finden sich dort Einträge zu Stichwörtern wie „Land", „Farm", „Food" und „Climate Change".

Eine weitere Entwicklung der letzten Jahre ist, dass in der Bioethik zunehmend eine multikulturelle und globale Perspektive eingenommen wird. Zwar beinhaltete schon die erste Auflage der *Encyclopedia* zahlreiche Einträge zu religiösen Standpunkten. Aber erst im Jahr 2016 hat Henk ten Have eine dreibändige *Encyclopedia of Global Bioethics* vorgelegt, die ausdrücklich die globale Perspektive zum Programm macht (Have 2016).

43.5 Ausblick

Die Bioethik ist weder als akademische Disziplin noch als Form der Politikberatung ein Projekt, das zu einem baldigen Abschluss kommen wird. Zwar gibt es Problemstellungen, die heute weniger Aufmerksamkeit auf sich ziehen als zu Beginn der Bioethik. In einigen Bereichen konnten überzeugende Analysen und tragfähige Lösungsansätze erarbeitet werden. Es ist aber ungewiss, wie dauerhaft derartige Lösungen sind bzw. sein können. Geht man davon aus, dass es in der Bioethik um das (wissenschaftliche vermittelte) Verhältnis des Menschen zum Leben geht, dann spricht vieles dafür, dass dieses Verhältnis immer wieder aufs Neue justiert werden muss. So verstanden stellt die Bioethik nur eine Variante des allgemeinen und fortwährenden Bemühens des Menschen dar, seinen Weg in der Welt zu finden (Sellars 2007, 369). Darüber hinaus werfen neue wissenschaftliche Befunde und Technologien neue, bislang unbeachtete ethische Fragen auf. Dies gilt aktuell besonders für die Neurowissenschaften und Neurotechnologien. Entsprechend bildet die Neuroethik derzeit einen besonders intensiv bearbeiteten Zweig der Bioethik. Die Bioethik ist daher stets auch ein Seismograph für wissenschaftliche und technologische Entwicklungen, die den Menschen und sein Verhältnis zu sich selbst, zu den übrigen Tieren und zur belebten Natur insgesamt in besonderer Weise herausfordern.

Literatur

Arras, John D.: Methods in Bioethics. The Way We Reason Now. Oxford 2017.

Beauchamp, Tom L./Childress, James F.: Principles of Biomedical Ethics. 8. Aufl. Oxford 2019.

Birnbacher, Dieter: Bioethik zwischen Natur und Interesse. Frankfurt a. M. 2006.

Braun, Kathrin: Menschenwürde und Biomedizin. Zum philosophischen Diskurs der Bioethik. Frankfurt a. M. 2000.

Callahan, Daniel: „The Hastings Center and the Early Years of Bioethics." In: Kennedy Institute of Ethics Journal 9. Jg., 1 (1999), 53–71.

Clouser, K. Danner/Gert, Bernard: „A Critique of Principlism." In: Journal of Medicine and Philosophy 15 (1990), 219–236.

Comstock, Gary L.: Life Science Ethics. Dordrecht 2010.

Daniels, Norman: Justice and Justification. Reflective Equilibrium in Theory and Practice. Cambridge 1996.

Düwell, Marcus/Steigleder, Klaus (Hg.): Bioethik. Eine Einführung. Frankfurt a. M. 2003.

Düwell, Marcus: Bioethik. Methoden, Theorien und Bereiche. Stuttgart 2008.

Dworkin, Ronald: Life's Dominion: An Argument about Abortion and Euthanasia. London 1993.

Eissa, Tina-Louise/Sorgner, Stefan Lorenz (Hg.): Geschichte der Bioethik. Eine Einführung. Paderborn 2011.

Foot, Philippa: Virtue and Vices and Other Essays in Moral Philosophy. Oxford 1978.

Gehring, Petra: „Bioethik als Form – Versuch über die Typik bioethischer Normativität." In: Dominik Finkelde/Julia Inthorn/Miachel Reder (Hg.): Normiertes Leben. Biopolitik und die Funktionalisierung ethischer Diskurse. Frankfurt a. M. 2013, 229–248.

Geyer, Christian (Hg.): Biopolitik. Die Positionen. Frankfurt a. M. 2001.

Habermas, Jürgen: Die Zukunft der menschlichen Natur. Auf dem Weg zu einer liberalen Eugenik? Frankfurt a. M. 2001.

Hare, Richard M.: Essays on Bioethics. Oxford 1993.

Harris, John (Hg.): Bioethics. Oxford 2001.

Have, Henk ten (Hg.): Encyclopedia of Global Bioethics. 3 Bd. Berlin 2016.

Heinrichs, Bert: Forschung am Menschen. Elemente einer ethischen Theorie biomedizinischer Humanexperimente. Berlin 2006.

Honnefelder, Luger: „Bioethik und Menschenbild." In: Jahrbuch für Wissenschaft und Ethik 7 (2002), 33–52.

Jahr, Fritz: „Bio-Ethik. Eine Umschau über die ethischen Beziehungen des Menschen zu Tier und Pflanze." In: Kosmos. Handweiser für Naturfreunde 24 (1927), 2–4 [wieder abgedruckt in: Hans-Martin Sass: Fritz Jahr's bioethischer Imperativ. 80 Jahre Bioethik in Deutschland von 1927 bis 2007. Bochum 2007].

Jennings, Bruce (Hg.): Encyclopedia of Bioethics. 4. Aufl. 6 Bd. Farmington Hills 2014.

Jones, James H.: Bad Blood. The Tuskegee Syphilis Experiment. New and Expanded Edition. New York 1993.

Jonsen, Albert R.: The Birth of Bioethics. New York 1998.

Jonsen, Albert R./Toulmin, Stephen: The Abuse of Casuistry. A History of Moral Reasoning. Berkeley 1988.

Kollek, Regine/Feuerstein, Günter: „Bioethics and Antibioethics in Germany: A Sociological Approach." In: International Journal of Bioethics 10. Jg., 3 (1999), 11–20.

Korff, Wilhelm (Hg.): Lexikon der Bioethik. 3 Bd. Gütersloh 1998.

Kuhse, Helga/Singer, Peter (Hg.): Bioethics. An Anthology. Malden 2006.

National Commission for the Protection of Human Subjects of Biomedical and Behavioral Research (1979): Ethical Principles and Guidelines for the Protection of Human Subjects of Research. In: https://www.hhs.gov/ohrp/regulations-and-policy/belmont-report/read-the-belmont-report/index.html (11.12.2018)

Oakley, Justin (Hg.): Bioethics. Burlington 2009.

O'Neill, Onora: Autonomy and Trust in Bioethics. Cambridge 2002.

Pieper, Annemarie/Thurnherr, Urs: „Einleitung." In: Annemarie Pieper/Urs Thurnherr (Hg.): Angewandte Ethik. München 1998, 7–13.

Potter, Van Rensselaer: „Bioethics, the Science of Survival." In: Perspectives in Biology and Medicine 14. Jg., 1 (1970), 127–153.

President's Council on Bioethics: Former Bioethics Commissions. In: https://bioethicsarchive.georgetown.edu/pcbe/reports/past_commissions/ (28.04.2020)

Rehmann-Sutter, Christoph: „Bioethik." In: Marcus Düwell/Christoph Hübenthal/Micha H. Werner (Hg.): Handbuch Ethik. 2. Aufl. Stuttgart 2006, 247–253.

Reich, Warren T. (Hg.): Encyclopedia of Bioethics. 3. Bd. New York 1978.

Reich, Warren T.: „Revisiting the Launching of the Kennedy Institute: Re-visioning the Origins of Bioethics." In: Kennedy Institute of Ethics Journal 6. Jg., 4 (1996): 323–327.

Reich, Warren T.: „The Word ‚Bioethics': Its Birth and the Legacies of those Who Shaped It". In: Kennedy Institute of Ethics Journal 4. Jg., 4 (1994), 319–335.

Reich, Warren T.: „The Word ‚Bioethics': The Struggle Over Its Earliest Meanings." In: Kennedy Institute of Ethics Journal 5. Jg., 1 (1995), 1–934.

Sass, Hans-Martin: „Fritz Jahr's 1927 Concept of Bioethics." In: Kennedy Institute of Ethics Journal 17. Jg., 3 (2008), 279–295.

Sass, Hans-Martin: Fritz Jahr's bioethischer Imperativ. 80 Jahre Bioethik in Deutschland von 1927 bis 2007, Bochum 2007.

Schirrmacher, Thomas/Scharder, Walter/Steeb, Hartmut (Hg.): Lebensrecht für jeden Menschen. The Right to Life for Every Person. Bonn 2000.

Schramme, Thomas: Bioethik. Frankfurt a. M. 2002.

Sellars, Wilfrid: „Philosophy and the Scientific Image of Man". In: Ders.: In the Space of Reasons. Selected Essays by Wilfried Sellars. Ed. K. Sharp and R. B. Brandom. Cambridge 2007, 369–408.

Siep, Ludwig: „Bioethik." In: Annemarie Pieper/Urs Thurnherr (Hg.): Angewandte Ethik, München 1998, 16–36.

Singer, Peter: Praktische Ethik. 2. Aufl. Stuttgart 1994 (engl. 1993).

Singer, Peter (Hg.): The Cambridge Textbook of Bioethics. Cambridge 2008.

Steinbock, Bonnie (Hg.): The Oxford Handbook of Bioethics. Oxford 2007.

Stevens, M. L. Tina: Bioethics in America. Origins and Cultural Politics. Baltimore 2000.

Sturma, Dieter/Heinrichs, Bert (Hg.): Handbuch Bioethik. Stuttgart 2015.

Sturma, Dieter/Heinrichs, Bert: „Bioethik – Hauptströmungen, Methoden und Disziplinen." In: Dieter Sturma/Bert Heinrichs (Hg.): Handbuch Bioethik. Stuttgart 2015, 1–8.

Thomasma, David C.: „Early Bioethics." In: Cambridge Quarterly of Healthcare Ethics 11 (2002), 335–343.

Medizinische Ethik

44

Ralf Stoecker

Die medizinische Ethik ist die größte und älteste der sogenannten ‚Bereichsethiken', also derjenigen Teildisziplinen der Angewandten Ethik, die sich den ethischen Fragen und Problemen widmen, die in einem bestimmten Anwendungsfeld auftreten. Das Anwendungsfeld der medizinischen Ethik ergibt sich aus ihrer Herkunft aus der ärztlichen Standesethik: Es umfasst sowohl die traditionellen ärztlichen Tätigkeitsbereiche, obwohl hier heutzutage auch Angehörige anderer Berufsgruppen arbeiten, als auch die darüber hinausreichenden modernen ärztlichen Tätigkeitsbereiche. (Empfehlenswerte Gesamtdarstellungen finden sich in: Maio 2017; Wiesing/Ach 2012; Schöne-Seifert 2007; Wiesemann et al. 2005.)

44.1 Geschichte der medizinischen Ethik

Der Hippokratische Eid: In der medizinischen Ethik spielt die Berufung auf eine bis in die Antike zurückreichende Tradition eine wichtige Rolle (Überblick in Bergdolt 2004), wobei insbesondere dem ‚Hippokratischen Eid' große Bedeutung zukommt (Wiesing/Ach 2004, Kap. 1). So ist beispielsweise die Deklaration von Genf, mit der der Weltärztebund 1948 bei seiner Gründung ein ethisches Fundament gelegt hat, in enger Anlehnung an den Eid als Gelöbnis formuliert. Bei dem Hippokratischen Eid handelt es sich vermutlich um die Standesregeln einer antiken griechischen Ärzteschule. Er verbindet Vorschriften, die auch heute noch im Zentrum der medizinischen Ethik stehen (z. B. das Schadensverbot) mit längst obsoleten und obskuren Anweisungen (z. B. keine Blasensteine zu entfernen). Der Eid wird in der Antike kaum erwähnt und stammt auch sicher nicht von Hippokrates, dem berühmten Arzt und Zeitgenossen Sokrates'; er findet sich aber seit dem Mittelalter regelmäßig am Anfang des *Corpus Hippocraticus,* der einflussreichsten medizinischen Textsammlung der damaligen Zeit. Seine Bedeutung erhielt der Eid erst im Humanismus und in der Renaissance (z. B. als Vorbild für die Schwüre, die in den sich entwickelnden medizinischen Fakultäten abgelegt wurden), um dann mindestens bis in das 19. Jahrhundert hinein einen großen Einfluss auf das ärztliche Selbstverständnis auszuüben (Leven 1997).

Verbrechen der Medizin-Geschichte: Angesichts dieses hehren Selbstverständnisses war es ein Schock, als es Mitte des 20. Jahrhunderts evident wurde, dass viele Ärzte bereit waren, sich als Mittäter oder Handlanger an schrecklichen Verbrechen zu beteiligen. So haben während der Nazizeit führende Vertreter der Ärzteschaft, Universitätsprofessoren und Chefärzte,

R. Stoecker (✉)
Universität Bielefeld, Bielefeld, Deutschland
E-Mail: Ralf.Stoecker@uni-bielefeld.de

maßgeblich an der Zwangssterilisation und Ermordung psychisch kranker, behinderter und sozial unangepasster Menschen mitgewirkt und in den Konzentrationslagern Häftlinge durch grausame Menschenversuche gefoltert. Auch die breite Masse der Ärzte hat nicht nur tatenlos der systematischen Ausgrenzung jüdischer Kollegen zugesehen, sondern sich zu einem erheblichen Anteil aktiv für das neue Regime engagiert. In Japan wurden im Zweiten Weltkrieg ebenfalls Kriegsgefangene bestialischen medizinischen Prozeduren ausgesetzt. Und auch in vielen anderen Ländern zeigte es sich bald, dass gerade die schwachen, unterdrückten Mitglieder der Gesellschaft (Strafgefangene, psychisch Kranke, Minderheiten) von Ärzten skrupellos missbraucht und misshandelt wurden. Besonders deutlich wurde dies Anfang der 1970er Jahre im sogenannten Tuskegee-Skandal, als die amerikanische Öffentlichkeit erfuhr, dass im Rahmen eines Langzeitversuchs in einer Kleinstadt in Alabama über einen Zeitraum von 50 Jahren Afroamerikanern, die an Syphilis erkrankt waren, ohne ihr Wissen jede effiziente Behandlung vorenthalten wurde, um den ‚natürlichen' Verlauf dieser Krankheit zu erforschen.

Die Aufdeckung dieser medizinischen Verbrechen führte zu einer Reihe von ethischen Kodifizierungen: u. a. dem Nürnberger Kodex (1947), der Deklaration von Genf (1948), der Deklaration von Helsinki (1964) (vgl. Weltärztebund 2008). Eine verpflichtende ethische Grundlage für das Handeln der Ärztinnen und Ärzte bildet in Deutschland die ärztliche Berufsordnung (Bundesärztekammer 2006).

Herausforderungen der Gegenwart: Neben den genannten medizinischen Verbrechen waren zwei Entwicklungen für das Entstehen der modernen medizinischen Ethik verantwortlich: der sprunghafte medizinische Fortschritt nach dem Zweiten Weltkrieg und die Bürgerrechtsbewegung (Jonsen 1998).

Eine ganze Reihe medizinischer Möglichkeiten, die heute selbstverständlich erscheinen, wurden erst in der zweiten Hälfte des 20. Jahrhunderts entwickelt: Antibiotika, künstliche Beatmung, Organtransplantationen, Chemotherapie, Dialyse, Neuroleptika, Herzschrittmacher, genetische Diagnostik, künstliche Befruchtung usw. Die Nutzung dieser Möglichkeiten stellte die behandelnden Ärzte aber immer häufiger vor schwierige Entscheidungsprobleme, die ihnen früher erspart geblieben wären. Je nach weltanschaulichem Hintergrund suchten sie deshalb Rat bei Theologen, Juristen und später auch bei Philosophinnen und Philosophen.

In den 1960er Jahren geriet zudem das traditionell paternalistisch verstandene Arzt-Patienten-Verhältnis in Konflikt mit dem emanzipatorischen Selbstverständnis vieler Menschen, die auch im Bereich der Medizin ein Recht auf Selbstbestimmung und körperliche Integrität beanspruchten und so den Grundstein für die moderne Konzeption der Patientenautonomie legten. Im Rahmen der Emanzipationsbewegung wurden außerdem traditionelle Debatten der medizinischen Ethik neu entfacht: die Zulässigkeit von Verhütung, Abtreibung, Sterbehilfe und Suizid. Im Zuge der Emanzipation der Pflege in der Medizin lockerte sich die Fixierung allein auf das ärztliche Handeln, und die medizinische Ethik wurde auch auf andere medizinische Berufsgruppen ausgedehnt, insbesondere hin zur Pflegeethik (s. Kap. 94).

In den USA entstanden um 1970 herum zwei Forschungseinrichtungen, das Hastings Center (www.thehastingscenter.org) und das Kennedy Institute of Ethics (http://kennedyinstitute.georgetown.edu), die auch heute noch großen Einfluss auf die Debatten haben; später folgten verschiedene bioethische President's Commissions, die Stellungnahmen zu aktuellen medizinethischen Themen ausarbeiteten. In Deutschland setzte die institutionelle Entwicklung der modernen medizinischen Ethik etwas später ein, vor allem als Reaktion auf die langsam einsetzende Aufarbeitung der medizinischen Verbrechen der Nazizeit: 1986 wurde die Akademie für Ethik in der Medizin (AEM) gegründet (www.aem-online.de), die auch die Zeitschrift *Ethik in der Medizin* herausgibt. Daneben entstanden eine ganze Reihe von interdisziplinären Forschungsinstituten, darunter das Deutsche Referenzzentrum für Ethik in den Biowissenschaften in Bonn (www.drze.de). Seit 2003 ist die Medizinethik (in Kombination mit Medizintheorie und -geschichte) ein verpflichtender Teil des Medizincurriculums. Für die anwachsende Bedeutung der modernen Medizinethik sprechen außerdem zwei Enquetekommissionen des Bundestags zur Bioethik und die Schaffung des Nationalen, später Deutschen Ethikrats (www.ethikrat.org). In den meisten philosophischen Instituten haben medizinethische Themen mittlerweile einen festen Platz im Lehrangebot; und auch an der Basis, in den Krankenhäusern, gewinnen klinische Ethikkomitees zunehmend an Bedeutung.

Inhaltlich kann man, in Anlehnung an die drei Ursprünge der modernen medizinischen Ethik – die Emanzipationsbewegung, die neuen medizinischen Möglichkeiten und den verbrecherischen Umgang mit der Medizin –, ganz grob drei Elemente der medizinischen Ethik unterscheiden: die Beschäftigung mit den moralischen Grundlagen medizinischen Handelns, die Bearbeitung moralischer Problemfälle und Dilemmata und die Diskussion der Möglichkeiten und Grenzen ethischer Reflexion. Da viele der medizinethischen Einzelthemen Gegenstand eigener Beiträge in diesem Handbuch sind, wird im Folgenden nur ein kursorischer Überblick mit vielen Querverweisen gegeben.

44.2 Moralische Grundlagen medizinischen Handelns

Krankheit: Kennzeichnend für medizinisches Handeln ist sein Bezug zu Krankheiten bzw. zu kranken Menschen, die von einer Krankheit geheilt werden sollen. Alle anderen medizinischen Tätigkeiten leiten sich mehr oder weniger daraus ab: Vorsorgeuntersuchungen und Impfungen dienen der Krankheitsprophylaxe; die Medizin chronischer Krankheiten erleichtert das Leben mit einer Krankheit; Palliativmedizin das Sterben an einer Krankheit; Forschung in der Medizin erlaubt das bessere Verständnis und die Bekämpfung von Krankheiten. Es gibt nur wenige medizinische Tätigkeiten, die keinen Krankheitsbezug haben (etwa in der Sportmedizin oder kosmetischen Chirurgie), was häufig auch Konsequenzen für ihren moralischen Status hat (s. Kap. 48 & 109).

So fundamental der Krankheitsbegriff für die Medizin ist, so schwierig ist es allerdings, ihn präzise zu charakterisieren (s. Kap. 91). Er hat mindestens vier verschiedene Bedeutungsaspekte, die sich zwar in einem großen Kernbereich decken, an den Rändern aber auseinanderklaffen können: Krankheit als biologische Störung oder Anomalität, als Ursache von subjektivem Unwohlsein und Leid, als soziale Ausnahmesituation und als Zustand mit besonderem moralischen Status. Gerade dieser moralische Status begründet das Interesse am Krankheitsbegriff – man möchte wissen, wann jemand krank ist, weil man dann mit ihm anders umgehen sollte –, es herrscht aber massive Uneinigkeit, auf welchen der verschiedenen Bedeutungsaspekte dieser Status zurückzuführen ist.

Grundlegende moralphilosophische Strategien: Gegeben aber, dass man es mit einem kranken Menschen, einem Patienten, zu tun hat, stellt sich als nächstes die zentrale Frage der medizinischen Ethik, welchen moralischen Verpflichtungen das Verhältnis zwischen Therapeut und Patient unterworfen ist. Ganz abstrakt gesprochen, gibt es drei verschiedene Antwortstrategien: Erstens kann man versuchen, möglichst allgemeine moralische Grundsätze zu etablieren, aus denen dann die jeweiligen moralischen Anforderungen (sozusagen vertikal) hergeleitet werden können. Zweitens kann man von einem gesicherten Fundus moralisch unproblematischer Handlungsweisen ausgehen und versuchen, sich diese durch Vergleich und Analogiebildung für die Bewertung zweifelhafter Entscheidungen zu Nutze zu machen (horizontal). Und drittens kann man einen Mittelweg zwischen diesen beiden Optionen einschlagen. In der aktuellen medizinethischen Debatte stehen Bernard Gert, H. Danner Clouser und Charles Culver (2006) exemplarisch für den ersten Weg, Albert Jonsen und Stephen Toulmin (1989) für den zweiten und Tom Beauchamp und James Childress (2013) für den dritten. Aus moralphilosophischer Sicht ist der erste Weg zunächst der attraktivste, gegeben dass es gelingt, ein für alle Akteure überzeugendes ethisches System zu etablieren (für einen besonders geradlinigen, utilitaristischen Versuch vgl. Hare 1993. Kap. 1). Hier aber liegt offenkundig das Problem; es gibt einfach keine allgemein als verbindlich anerkannte Ethik, geschweige denn eine als selbstverständlich vorauszusetzende Religion, auf die sich die medizinische Ethik stützen könnte. Das andere Extrem aber, der zweite (kasuistische) Weg, führt nur dann zum Ziel, wenn er die Ebene einzelner Fälle verlässt und sich dem Problem stellt, in welcher Hinsicht die verschiedenen Handlungsweisen vergleichbar sein müssen, um analoge moralische Urteile zu rechtfertigen. Dann aber muss sich auch ein Kasuist auf eine generelle Debatte einlassen, welche Merkmale einer Situation in welcher Hinsicht moralisch relevant sind, d. h. er muss generell, grundsätzlich argumentieren.

Insofern ist es wenig verwunderlich, dass in den konkreten Debatten der medizinischen Ethik häufig ein Mittelweg gewählt wird. Nicht selten wird dabei ausdrücklich das Modell von Beauchamp und Childress zugrunde gelegt, demzufolge sich die moralischen Gesichtspunkte in vier verschiedenen Dimensionen (Prinzipien) bündeln lassen: die Achtung der Patientenautonomie, das Gebot, nicht zu schaden, die Verpflichtung zur Hilfe und die Anforderungen der Gerechtigkeit (s. Kap. 5). Beauchamp und Childress ergänzen also die Verpflichtungen der traditionellen ärztlichen Ethik (dem Patienten zu nützen und nicht zu schaden) in zwei weiteren, verschiedenen Richtungen: die aktive Rolle des Patienten wird gegenüber dem herkömmlichen Paternalismus aufgewertet, und die Konzentration auf die duale Arzt-Patienten-Beziehung wird auf weitere Akteure im Gesundheitswesen ausgeweitet.

Wie die Autoren in ihrem immer wieder überarbeiteten Standardwerk *Principles of Biomedical Ethics* erläutern, lassen sich viele medizinethische Probleme als Konflikte zwischen diesen Prinzipien analysieren. Das Modell hat allerdings drei (zusammenhängende) Schwachpunkte. Erstens lässt es offen, wie man Konflikte zwischen den verschiedenen Prinzipien auflösen sollte. Zweitens wird die Gültigkeit der Prinzipien nur schwach aus ihrer intuitiven Plausibilität begründet. Und drittens gibt es weitere moralische Gesichtspunkte, die weder in das Viererschema passen, noch offenkundig irrelevant sind. Prominente Beispiele sind der Wert (oder auch: die Heiligkeit) des Lebens, die Bedeutung des Vertrauens, die Menschenwürde.

Arzt-Patienten-Beziehungen: Zum dritten Weg, Medizinethik auf der Ebene mittlerer Prinzipien und Gesichtspunkte zu betreiben, zählt auch der Vorschlag, verschiedene Modelle der Arzt-Patienten-Beziehung zu unterscheiden (s. Kap. 93). Gegeben die heutzutage mittlerweile einhellige Ablehnung eines rein paternalistischen Verständnisses dieser Beziehung, unterscheiden sich die Modelle hauptsächlich in der Rolle, die der Patientenautonomie zukommt. Grundsätzlich schlägt sich diese Autonomie in der Verpflichtung nieder, eine medizinische Behandlung nicht ohne die ‚aufgeklärte Einwilligung' *(informed consent)* des Patienten durchzuführen. Aus Sicht des radikalsten Modells läuft das darauf hinaus, die Arzt-Patienten-Beziehung als eine gewöhnliche Dienstleistung anzusehen, bei der der Dienstleister ein Angebot macht, das der Kunde annehmen oder ablehnen kann (Kundenmodell). Neben diesem Kundenmodell kann man dem Arzt aber auch eine besondere Verantwortung dafür zusprechen, sicherzustellen, dass der Patient die Entscheidungssituation hinreichend durchschaut (Expertenmodell). Noch weiter geht das Modell, das dem Arzt die Rolle zuweist, die eigentlichen, ‚wahren' Wünsche des Patienten aufzudecken und ihnen entsprechend zu handeln (interpretatives Modell). Der paternalistischen Tradition am nächsten kommt schließlich das Modell, das die Behandlung als gemeinsam auszuhandelndes Anliegen des Patienten und Arztes ansieht (partnerschaftliches Modell), dem Arzt also ein echtes Mitspracherecht einräumt, anstatt ihm die Rolle des Sachwalters zuzuschreiben. Dessen ungeachtet gilt für alle vier Modelle, dass der Arzt zwar die Einwilligung des Patienten braucht, um ihn behandeln zu dürfen, dass der Arzt aber umgekehrt normalerweise nicht verpflichtet ist, eine Behandlung durchzuführen, die er nicht als sinnvoll erachtet. Alle Modelle haben Vorzüge und Schattenseiten, es spricht allerdings viel für die folgende Kombinationslösung: Ein reines Kundenmodell wird dem Charakter der Arzt-Patienten-Beziehung nicht gerecht, weil es die Verpflichtung des Arztes gegenüber der Gesundheit des Patienten unterschlägt; jenseits dessen hängt das passende Modell stark von den Umständen ab, insbesondere vom Schweregrad der Krankheit, der Intensität und Dauer der Beziehung, der Selbständigkeit der Patienten etc. Während sich Arzt und Patient für eine Impfung oder die Versorgung einer Platzwunde auf das Expertenmodell beschränken können, wäre eine solche Beziehung bei einer schweren, lebensbedrohlichen oder chronischen Erkrankung, in der das partnerschaftliche Abwägen und wechselseitige Vertrauen essenzielle Bestandteile der therapeutischen Beziehung darstellen, unpassend.

Andere Bereiche medizinischen Handelns: Medizinisches Handeln im Sinne der medizinischen Ethik beschränkt sich nicht auf die therapeutische Beziehung zwischen individuellem Arzt und Patient. Sie beurteilt auch Maßnahmen, die die Randbedingungen medizinischer Therapien lenken, insbesondere die Binnenallokation der Gesundheitsleistungen auf verschiedene Patientengruppen und die externe Allokation der Ressourcen zwischen dem Gesundheitssektor und anderen Bereichen (s. Kap. 96). Dabei werden beide Verteilungsfragen sowohl national als auch global gestellt, mit Blick auf die skandalöse medizinische Unterversorgung vieler Millionen Menschen in den armen Ländern der Welt.

Medizinisches Handeln, das nicht allein therapeutischen Zwecken dient, findet sich auch im Bereich der medizinischen Forschung (s. Kap. 97). Mit dem Nürnberger Kodex und dann etwas später der Deklaration von Helsinki wurden verbindliche moralische Prinzipien für die Forschung am Menschen formuliert. Ganz grundsätzlich kann man sie so zusammenfassen, erstens dass diese Forschung nur für wichtige Zwecke und unter bestimmten Umständen akzeptabel sein kann, dass zweitens die Anforderungen an die informierte Einwilligung der Probanden deutlich höher sind als bei therapeutischen Maßnahmen und dass es drittens klare Grenzen der Schädlichkeit gibt, jenseits derer jede Forschung unzulässig ist, unabhängig davon, wie bereitwillig sich die Probanden darauf einlassen würden.

44.3 Einzelne Problemfelder in der medizinischen Ethik

Die rasanten medizinischen Fortschritte der letzten 60 Jahre und die vielfältigen gesellschaftlichen Veränderungen in den medizinisch hoch entwickelten Staaten haben eine Fülle von Entscheidungssituationen in der Medizin hervorgebracht, die es zuvor entweder mangels technologischer Fähigkeiten nicht gegeben hat oder die im Widerspruch zu den herrschenden Wertmaßstäben standen. Den betroffenen Medizinern und Patienten, aber auch der Gesellschaft insgesamt Mittel an die Hand zu geben, angemessen mit diesen Situationen umzugehen, ist die Aufgabe der medizinischen Ethik. Diese Aufgabe lässt sich exemplarisch an den Fragen skizzieren, die sich aus der Sicht der Medizinethik am Ende und am Anfang des Lebens stellen (siehe auch die Beiträge zu Teil VIII).

Ethische Fragen am Lebensende (s. Kap. 104 & 61): Die Entwicklung der modernen medizinischen Ethik ist wesentlich durch die Erfindung der künstlichen Beatmung und das Entstehen von Intensivstationen geprägt worden. Plötzlich gab es die Möglichkeit, Situationen, in denen ein Mensch nicht in der Lage war, selbsttätig zu atmen, medizinisch zu überbrücken oder solche Situationen sogar bewusst hervorzurufen, immer natürlich mit dem Ziel, die Patienten wieder in ein Leben außerhalb der Intensivstation entlassen zu können. Zu den ersten modernen medizinethischen Problemen gehörte deshalb die Frage, wie man sich Patienten gegenüber verhalten sollte, für die dieses Ziel unerreichbar geworden ist.

Für einen Teil dieser Patienten stellte sich diese Frage auf besondere Weise. Ihr Gehirn war so schwer geschädigt, dass es unwiderruflich seine Tätigkeit eingestellt hatte, und die Frage aufkam, ob menschliches Leben ohne ein funktionierendes Gehirn überhaupt möglich sei. Diese Debatte wurde Ende der 1980er Jahre mit dem vorläufigen Konsens beendet, dass ein Mensch tot ist, wenn sein Gehirn nicht mehr lebt, auch wenn er noch künstlich beatmet wird (s. Kap. 106). Hirntote Patienten konnten deshalb auch als Organspender in der etwa zeitgleich entstehenden Transplantationsmedizin fungieren (s. Kap. 107).

Allerdings sind längst nicht alle Patienten auf den Intensivstationen, die ohne Aussicht auf Besserung oder Genesung sind, hirntot. Deshalb stellte sich hier und auch an anderer Stelle in der Medizin, wo Menschen mit schweren, lebensgefährlichen Erkrankungen behandelt werden, die Frage, ob es die alleinige Aufgabe der Medizin ist, um das Leben dieser Menschen zu kämpfen, oder ob es nicht auch zu Medizin gehört, Menschen sterben zu lassen und sie in ihrem Sterben zu begleiten. Die Ärzte und Pflegenden befanden sich in einem Konflikt zwischen dem bis dahin ganz selbstverständlich vorausgesetzten Höchstwert des Lebens auf der einen und dem Gebot, nicht zu schaden, auf der anderen Seite.

In der Form, in der dieser Konflikt in den 1950er und 1960er Jahren bestand, ist er mittlerweile verschwunden. Die Einsicht, dass der Lebenserhalt nicht notwendigerweise das oberste Ziel medizinischen Handelns ist, hat sich durchgesetzt. Die Umorientierung einer Behandlung auf die palliative Begleitung im Sterben gehört inzwischen zum festen medizinischen Repertoire. Der Konflikt besteht aber dort fort, wo es nicht bloß um das passive Sterbenlassen geht, sondern um die aktive ärztliche Einflussnahme zur Beendigung eines Lebens (Beihilfe zum Suizid, Tötung auf Verlangen). Und anders als in dem ursprünglichen Konflikt geht es heutzutage hauptsächlich um den Widerstreit zwischen Autonomie und Tötungsverbot (s. Kap. 87).

Die große Rolle, die der Patientenautonomie in der modernen Medizin zukommt, führt ganz generell, besonders häufig aber am Lebensende, zu Schwierigkeiten, wenn die Patienten nur eingeschränkt oder gar nicht in der Lage sind, über ihre Behandlung zu entscheiden. Autonomie als Recht auf Selbstbestimmung und als Fähigkeit, diese auszuüben, können eben manchmal auseinanderklaffen. Patientenverfügungen, Vorsorgevollmachten oder der Rückgriff auf den mutmaßlichen Willen der Patienten sollen dazu dienen, diese Kluft zu überbrücken. Sie stehen aber nicht immer zur Verfügung und außerdem ist nicht klar, inwieweit sie tatsächlich die Einwilligung ersetzen können. Typische Problemkonstellationen finden sich nicht nur in der Medizin am Lebensende, sondern auch in der Psychiatrie (s. Kap. 108) und ganz generell in der Forschung mit nichteinwilligungsfähigen Menschen (s. Kap. 97).

Ethische Fragen am Beginn des Lebens und in der Reproduktionsmedizin: Zu den großen medizinischen Fortschritten der letzten Jahrzehnte gehören die vielfältigen Möglichkeiten, Einfluss auf den Anfang des menschlichen Lebens zu nehmen (s. Kap. 99). Seit der Geburt des ersten ‚Retortenbabys' 1978 hat sich die In-Vitro-Fertilisation (IVF) zu einem Standardverfahren entwickelt, um Frauen bzw. Paaren, die kein Kind durch Geschlechtsverkehr bekommen können oder wollen, den Kinderwunsch zu erfüllen. Ursprüngliche ethische Vorbehalte, es sei für Menschen anmaßend, künstlich Menschen herzustellen, spielen in der heutigen Debatte keine Rolle mehr. Probleme können entstehen, wenn die IVF mit einer Samen- oder Eizellspende kombiniert wird oder eine ‚Leihmutter' das Kind austrägt. Angesichts der besonderen Bedeutung, die der Eltern-Kind-Beziehung aus moralischer Sicht gewöhnlich zukommt (s. Kap. 58), kann es zu Schwierigkeiten bei der Zuordnung dieser Beziehung zu den beteiligten Personen kommen: Wem ‚gehört' das Kind? Wer ist für es verantwortlich? Wem gegenüber hat das Kind ein Recht auf Kenntnis seiner Abstammung?

Die prominentesten moralischen Schwierigkeiten bereitet die IVF aber in Kombination mit einer Präimplantationsdiagnostik (PID, international: PGD), bei der die Möglichkeiten künstlicher Befruchtung dafür genutzt werden, die Geburt von Kindern mit bestimmten krankheitsrelevanten Mutationen oder Chromosomenanomalien zu vermeiden, indem man sie bereits im Embryonalstadium in vitro aussondert. Dieses Verfahren ist in zweierlei Hinsicht ethisch umstritten. Erstens wird befürchtet, dass es der Stigmatisierung behinderter Menschen Vorschub leistet. Zweitens gibt es Zweifel, ob es mit dem moralischen Status menschlicher Embryonen vereinbar ist, sie gezielt zu vernichten. Die zweite Kritik hat zu einer intensiven Debatte über den Status des Embryos geführt, die nicht nur für die moralische Beurteilung der PID relevant ist, sondern auch für die Embryonen- und Stammzellforschung. Gegeben den herausragenden Stellenwert der menschlichen Würde in Art. 1 GG kreise die Debatte vor allen Dingen um die Frage, ob Embryonen eine Würde haben oder nicht (s. Kap. 80). Während es aus Sicht vieler Befürworter der betreffenden Verfahren seltsam, wenn nicht gar absurd, erscheint, winzigen Kügelchen, bestehend aus einer Hand voll Zellen, Würde zuzuschreiben, mobilisieren die Gegner vor allem vier Argumente, die zumeist mit dem Akronym SKIP-Argumente zusammengefasst werden: Embryonen haben Menschenwürde, weil sie von derselben *S*pezies sind wie normale, erwachsene Träger von Menschenwürde, sich *k*ontinuierlich und ohne erkennbaren moralisch signifikanten Bruch zu diesen Erwachsenen entwickeln, mit denen sie *i*dentisch sind, und außerdem das *P*otenzial mit sich bringen, später alle relevanten Fähigkeiten zu haben.

Ein besonders einflussreiches Argument gegen die Annahme, dass Embryonen eine Menschenwürde haben, verweist auf die Konsequenzen dieser Annahme für eine der ältesten Debatten in der Angewandten Ethik überhaupt, die Abtreibungsdebatte (s. Kap. 98): Wenn schon frühe Embryonen eine Menschenwürde haben, dann offensichtlich auch die Feten, die bei einer Abtreibung getötet werden. Also müssten Abtreibungen erst recht moralisch unzulässig sein. Das Argument deckt zumindest eine gewisse Inkonsequenz des Gesetzgebers auf, wenn er PIDs kritischer beurteilt als Schwangerschaftsabbrüche. Im Zusammenhang mit diesem Argument hat es sich allerdings auch gezeigt, dass Abtreibungen heute, anders als in den 1970er Jahren kein intensiv diskutiertes ethisches Thema sind.

44.4 Möglichkeiten und Grenzen der ethischen Reflexion in der Medizinethik

Obwohl die medizinische Ethik grundsätzlich anwendungsorientiert ist, werden viele Debatten zwangsläufig auf einem hohen Abstraktionsniveau geführt, so dass sich die Frage stellt, inwiefern sie tatsächlich Auswirkungen auf das reale medizinische Handeln haben können. Hinzu kommt der interdisziplinäre Charakter der medizinischen Ethik, der dazu führt, dass viele der Fachleute Kompetenzschwerpunkte entweder in der Ethik oder in der Medizin haben, so dass Vermittlungsprobleme unvermeidlich sind.

Ein Teil der Vermittlungsleistung von der Theorie zur Praxis verläuft auf dem Weg über Gesetze und Richtlinien. (Hierin zeigt sich auch die Bedeutung, die der Rechtswissenschaft neben der Medizin und Philosophie in der Medizinethik zukommt.) Einen weiteren Einflussfaktor zur Etablierung medizinethischer Erwägungen in der medizinischen Praxis bilden Weiterbildungsangebote, die inzwischen von vielen Institutionen für unterschiedliche Berufsgruppen in der Medizin angeboten werden und noch über den im Medizin-Curriculum verankerten Ethikanteil hinausgehen (z. B. das Qualifizierungsprogramm „Ethikberatung im Krankenhaus" der AEM). Ihre Zielgruppe sind häufig die Mitglieder klinischer Ethikkomitees, die in den letzten Jahren verstärkt in den Krankenhäusern gebildet wurden und einen wichtigen Transmissionsriemen zwischen medizinethischer Diskussion und medizinischer Praxis bilden (s. Kap. 92). Daneben gibt es die schon lange etablierten (und nicht mit den klinischen Ethikkomitees zu verwechselnden) Ethikkommissionen, die kontrollieren, dass die Forschung am Menschen im Einklang mit den ethischen und rechtlichen Vorgaben geschieht.

Obwohl die medizinische Ethik unter anderem eine Reaktion auf die vielfältigen medizinischen Missstände in der ersten Hälfte des 20. Jahrhunderts darstellte, beschränkt sie sich heute weitgehend auf die Diskussion moralischer Konfliktsituationen und Dilemmata sowie der dahinter stehenden Grundsätze. Prinzipiell wäre es aber denkbar, dass sie es sich zur Aufgabe machte, auch auf unmoralische Zustände hinzuweisen. Es bleibt deshalb abzuwarten, inwieweit die Vertreterinnen und Vertreter der medizinischen Ethik angesichts des zunehmenden ökonomischen Drucks, dem die Gesundheitsversorgung in Deutschland ausgesetzt ist (s. Kap. 96), und den teilweise ethisch zweifelhaften Methoden der Rationierung (Budgetierung, Fallpauschalen) bereit sein werden, diese Aufgabe anzunehmen und offensiv auf moralisch inakzeptable Fehlentwicklungen hinzuweisen, letztlich also auch politisch Stellung zu nehmen.

Literatur

Beauchamp, Tom L./Childress, James F.: Principles of Biomedical Ethics. New York ^{78}2018.

Bergdolt, Klaus: Das Gewissen der Medizin: Ärztliche Moral von der Antike bis heute. München 2004.

Bundesärztekammer: (Muster-)Berufsordnung für die deutschen Ärztinnen und Ärzte. 2006.

Gert, Bernard/Culver, Charles M./Clouser, K. Danner: Bioethics: a Systematic Approach. Oxford u.a. ^{2}2006.

Hare, Richard Mervyn: Essays on Bioethics. Oxford u.a. 1993.

Jonsen, Albert R.: The Birth of Bioethics. New York/Oxford 1998.

Jonsen, Albert R./Toulmin, Stephen Edelston: The Abuse of Casuistry: a History of Moral Reasoning. Berkeley u.a. 1989.

Leven, Karl-Heinz: „Die Erfindung des Hippokrates". In: Ulrich Tröhler, Stella Reiter-Theil (Hg.): Ethik und Medizin 1947–1997. Was leistet die Kodifizierung von Ethik? Göttingen 1997, 19–40.

Maio, Giovanni: Mittelpunkt Mensch. Lehrbuch der Ethik in der Medizin: mit einer Einführung in die Ethik der Pflege. Stuttgart ^{2}2017.

Schöne-Seifert, Bettina: Grundlagen der Medizinethik. Stuttgart 2007.

Weltärztebund: Handbuch der Deklarationen, Erklärungen und Entschließungen. Köln 2008.

Wiesemann, Claudia/Biller-Andorno, Nikola/Frewer, Andreas/Andorno, Roberto: Medizinethik. Stuttgart u.a. 2005.

Wiesing, Urban/Ach, Johann S.: Ethik in der Medizin: ein Studienbuch. Stuttgart ^{4}2012.

Neuroethik

Michael Pauen

45.1 Warum überhaupt Neuroethik – Angewandte Ethik der Neurowissenschaften?

Angesichts der großen praktischen und theoretischen Bedeutung der Neurowissenschaften ist es nicht weiter verwunderlich, dass mit dem Aufstieg dieser Disziplinen bald auch schon die Frage nach der Notwendigkeit einer Neuroethik bzw. einer Angewandten Ethik der Neurowissenschaften gestellt wurde (Roskies 2002; Glannon 2007). Betrachtet man als Bedingung für die Notwendigkeit einer Angewandten Ethik, dass eine bestimmte wissenschaftliche Disziplin oder ein Handlungsfeld ethische Fragen aufwirft, die nicht ohne eine nähere Kenntnis der Disziplin bzw. des Handlungsfelds zu beantworten sind, dann dürfte die Notwendigkeit einer Angewandten Ethik der Neurowissenschaften unstrittig sein. Spezifische ethische Probleme werfen die Neurowissenschaften aber auch deshalb auf, weil sie sich mit dem Organ beschäftigen, das konstitutiv ist für unsere Fähigkeit, ethische Normen zu verstehen und ihnen entsprechend zu handeln.

M. Pauen (✉)
Humboldt-Universität zu Berlin, Berlin, Deutschland
E-Mail: m@pauen.com

Ethik und Neurowissenschaften hängen daher wechselseitig voneinander ab. Auf der einen Seite haben ethische Postulate Konsequenzen für die Neurowissenschaften, auf der anderen Seite haben aber die Neurowissenschaften auch Konsequenzen für die Ethik (Levy 2008). Dies gilt vor allem deshalb, weil die Verpflichtungen einer Person durch ethische Postulate daran gebunden sind, dass die Person die Postulate auch erfüllen kann. Neurowissenschaftliche Befunde vermögen zu zeigen, inwieweit Menschen bestimmten ethischen Postulaten zu folgen vermögen. Schließlich stellt sich die Frage, ob neurowissenschaftliche Erkenntnisse eventuell zusammen mit anderen naturwissenschaftlichen, insbesondere soziobiologischen Daten nicht zu einer Art Naturalisierung der Ethik führen können.

45.2 Einfluss der Ethik auf die Neurowissenschaften

Ganz allgemein sind die Neurowissenschaften Gegenstand ethischer Postulate, weil Neurowissenschaftler handeln – entweder als Wissenschaftler, die Experimente durchführen, oder aber als Ärzte, die neurowissenschaftliche Erkenntnisse anwenden – bei der Bekämpfung von Krankheiten sowie bei der Verbesserung kognitiver, emotionaler und perzeptueller Fähigkeiten, dem sogenannten Neuroenhancement.

Ethische Probleme in der neurowissenschaftlichen Forschung: Wissenschaftliche Experimente unterliegen allgemeinen ethischen Prinzipien, die auch außerhalb der Neurowissenschaften gelten. Bei neurowissenschaftlichen Experimenten tauchen vor allem deshalb spezifische Fragen auf, weil diese Experimente das Gehirn betreffen und damit einen weitgehenden Eingriff in Persönlichkeitsmerkmale erlauben. Davon abgesehen können bei neurowissenschaftlichen Experimenten im Einzelfall auch Erkenntnisse anfallen, die ethisch relevante Fragen aufwerfen. Dies gilt vor allem für die Magnetresonanztomographie (MRT). Mit Hilfe dieser Methode können klinisch relevante Abweichungen von normalen Hirnstrukturen entdeckt werden, z. B. Tumore oder andere pathologische Veränderungen. Ethisch relevant ist der Umgang mit solchen Befunden – insbesondere dann, wenn die Untersuchung nicht von Ärzten, sondern von Biologen oder Psychologen durchgeführt wird, die die klinische Relevanz solcher Daten in der Regel nur schwer beurteilen können (Schleim et al. 2009; Katzman et al. 1999).

Die Wahrscheinlichkeit, dass solche Befunde auftreten, ist vor allem bei relativ großen Untersuchungen nicht zu vernachlässigen – so fanden sich in einer breit angelegten Untersuchung von gesunden Bewerbern für die deutsche Luftwaffe bei knapp zwei Prozent der Versuchspersonen Anomalien (Weber/Knopf 2006). In dem Maße, wie die Erkenntnisse der Neurowissenschaften umfangreicher und detaillierter werden, dürften sich diese Werte noch erhöhen.

Ethische Probleme in der Anwendung neurowissenschaftlichen Erkenntnisse: Generell wirft die neurowissenschaftliche *Forschung* im Vergleich z. B. zur Genforschung oder der Stammzellforschung für sich genommen vergleichsweise wenige wirklich gravierende Probleme auf. Wesentlich schwierigere Fragen treten auf, wenn man sich mit den *Anwendungen* neurowissenschaftlicher Erkenntnisse z. B. in der Medizin auseinandersetzt, zumal dann, wenn man die Wechselwirkung mit Entwicklungen der Künstlichen Intelligenz berücksichtigt. In diesem Zusammenhang ist bereits die Forderung nach einer Verteidigung „Kognitiver Freiheit" erhoben worden (Sententia 2004; 2013).

Brain Reading: Eine in der letzten Zeit vergleichsweise häufig diskutierte Anwendung neurowissenschaftlicher Erkenntnisse stellt das ‚Brain-Reading' oder ‚Gedankenlesen' dar. Das Verfahren basiert auf einer besonderen mathematischen Auswertung von Daten, die mit Hilfe der *funktionalen* Magnetresonanztomographie gewonnen werden. Basis der funktionalen Magnetresonanztomographie ist die Konzentration von sauerstoffreichem Blut in der Nähe von Arealen mit erhöhter neuronaler Aktivität, die sich wiederum in einer messbaren Veränderung der magnetischen Eigenschaften dieses Blutes niederschlägt. Diese Veränderungen sind zwar im Allgemeinen vergleichsweise gering; sie lassen sich jedoch mit geeigneten statistischen Verfahren gut sichtbar machen, und geben indirekt Aufschluss darüber, welche neuronalen Areale bei einer bestimmten Aufgabe aktiv sind, was wiederum Rückschlüsse auf die Funktion dieser Areale erlaubt. Beim ‚Brain Reading' unterzieht man diese Daten einer besonderen Auswertung, die nicht nur – wie üblich – Aufschluss über das gesamte Maß der neuronalen Aktivität in einem bestimmten Bereich des Gehirns gibt, sondern auch das Muster der Verteilung dieser Aktivität innerhalb dieses Bereichs erkennen lässt. Dieses Muster stellt eine Art Fingerabdruck dar, aus dem auf die Inhalte der kognitiven Aktivitäten in diesem Bereich, z. B. auf Gedanken oder Emotionen geschlossen werden kann (Haynes 2009). So konnten etwa John-Dylan Haynes und Kollegen die Absichten von Versuchspersonen, mit einer Wahrscheinlichkeit von 70 % vorhersagen (Haynes et al. 2007) – in einem weiteren Experiment war dies bereits mehrere Sekunden vor der eigentlichen Entscheidung möglich (Soon et al. 2008).

Abgesehen von möglichen Konsequenzen für die Verantwortlichkeit und Freiheit, die weiter unten diskutiert werden, stellt sich hier die Frage eines Eingriffs in die kognitive Privatsphäre. Derzeit sind diese Gefahren jedoch noch überschaubar: Zum einen kann das ‚Gedankenlesen' nur mit sehr hohem Aufwand nach einem entsprechenden Training in fMRT-Scannern betrieben werden;

die Privatsphäre im Alltag ist also nicht gefährdet. Zum Zweiten sind die Möglichkeiten aber auch noch auf die Auswahl zwischen wenigen Alternativen (z. B. addieren vs. subtrahieren) beschränkt, ein Verständnis ganzer Sätze oder komplexer Gedanken liegt noch in weiter Ferne – wenn es denn überhaupt möglich ist.

Biomarker und Lügendetektoren: Mittlerweile wird dieses Verfahren auch verwendet, um sogenannte Biomarker zu entwickeln, mit denen sich Erkrankungen wie ADHS, Parkinson, Alzheimer oder PTSD bestimmen und objektive Daten z. B. über die Intensität von Schmerzen gewinnen lassen (Wager et al. 2013; Woo et al. 2017).

Denkbar ist zudem die Anwendung dieser und anderer Methoden als ‚Lügendetektor'. Verglichen mit den herkömmlichen Verfahren durch sogenannte Polygraphen, die körperliche Reaktionen wie Blutdruck, Puls und Schweißsekretion aufzeichnen, sind hier in den letzten Jahren durch die Methoden der Hirnforschung Fortschritte erzielt worden. Zugrunde liegt dabei u. a. die Beobachtung, dass Lügen einen höheren kognitiven Aufwand erfordern, der mit hinreichend sensitiven Methoden gemessen werden kann. Mittlerweile gibt es bereits kommerzielle Firmen, die solche Verfahren allgemein verfügbar machen wollen. Zwar bieten Lügendetektoren in bestimmten Fällen für Angeklagte eine wichtige Möglichkeit, sich gegen ungerechtfertigte Anschuldigungen zur Wehr zu setzen. Die Genauigkeit und Zuverlässigkeit dieser Methoden sind aber nach wie vor umstritten; außerdem ist nicht auszuschließen, dass die Geräte mit entsprechendem Training getäuscht werden können.

Tiefe Hirnstimulation: Zu den heute bereits vergleichsweise häufig benutzten Anwendungen gehört die ‚Tiefe Hirnstimulation'. Dabei werden zwei Elektroden in einer vergleichsweise komplizierten, jedoch gut zu beherrschenden Operation dauerhaft tief ins Gehirn eingeführt, um bestimmte neuronale Areale durch elektrische Impulse entweder zu stimulieren oder zu inhibieren. Das Verfahren ist bislang weltweit bei ca. 75.000 Patienten angewandt worden, insbesondere bei Parkinson, bei anderen Formen von Tremor und Bewegungsstörungen und bei Dystonie. Weitere mögliche Anwendungen betreffen Depressionen und Zwangsstörungen, wobei die Therapie derzeit hier weniger effektiv ist; hinzu kommen Versuche zur Steigerung von kognitiven Leistungen und zur Verbesserung von Stimmungen (Synofzik/Schlaepfer 2008; Schlaepfer 2009).

Das Verfahren ist begrenzt invasiv, da nur zwei Elektroden auf einem zuvor genau bestimmten Weg in das Gehirn eingeführt werden. Gefäßverletzungen beim Einbringen der Elektroden treten in etwa 0,5 % der Fälle auf. Zu den möglichen Nebenwirkungen gehören u. a. apathische Zustände, Depressionen, kognitive Beeinträchtigungen, Kontrollverlust, Veränderungen des Sexualverhaltens und Persönlichkeitsveränderungen (Klaming/Haselager 2013). Die Nebenwirkungen sind daher unter Umständen weitreichend, können allerdings in der Regel durch ein Abschalten der Elektroden wieder beseitigt werden. Insofern treten hier keine wirklich spezifischen ethischen Probleme jenseits der üblichen Abwägung von Risiken und Chancen medizinischer Eingriffe auf.

Neuroimplantate: Neben der ‚Tiefen Hirnstimulation' stellen Retina- und Cochlea-Implantate die bekanntesten medizintechnischen Anwendungen aus den Neurowissenschaften dar. Insgesamt hat sich die Entwicklung von Retina-Implantaten als schwieriger erwiesen als erwartet. Bislang ist hier nur das Argus II System verfügbar, das nach Angaben des Anbieters derzeit weltweit von 350 Patienten eingesetzt wird (www.secondsight.com). Cochlea-Implantate werden dagegen bereits seit einigen Jahren in größerer Zahl verwendet. Im Unterschied zu herkömmlichen Hörgeräten sind diese Implantate nicht mehr auf funktionsfähige Haarzellen angewiesen, sondern stimulieren über Elektroden direkt den Hörnerv. Die Geräte werden bei Erwachsenen und Kindern eingesetzt, wenn mit herkömmlichen Hörgeräten kein angemessenes Sprachverstehen mehr erreicht werden kann. Zwar ist ein zum Teil mehrjähriges Training erforderlich; außerdem ist die Operation mit gewissen Risiken z. B. für den Gesichts- und den Geschmacksnerv verbunden.

Dennoch sind auch hier keine spezifischen ethischen Probleme zu erkennen – abermals geht es nur um die übliche Abwägung zwischen therapeutischer Wirkung und den dabei auftretenden Risiken.

Neuroenhancement: Cochlea- und Retina-Implantate werden auf absehbare Zeit nur an Patienten angewandt; ähnliches gilt mit gewissen Einschränkungen für die ‚Tiefe Hirnstimulation'. Im Gegensatz dazu werden bestimmte Psychopharmaka schon heute nicht nur zu therapeutischen Zwecken, sondern auch zur Leistungssteigerung bei Gesunden eingesetzt – auch wenn diese Wirkungen wissenschaftlich umstritten sind (Repantis et al. 2010). Beispiele sind das zur Behandlung von Schlafstörungen zugelassene Modafinil oder Metylphenidat, das unter dem Namen „Ritalin" u. a. der Therapie von Hyperaktivität dient. Üblicherweise spricht man von 'Neuroenhancement', wenn Produkte neurowissenschaftlicher Forschung wie Psychopharmaka und Neuroimplantate statt zur *Therapie* von psychischen Störungen zur *Verbesserung* von kognitiven, perzeptuellen oder emotionalen Fähigkeiten bei Gesunden verwendet werden. Unabhängig von der in jedem Falle erforderlichen Bewertung möglicher Nebenwirkungen (Tannenbaum 2014) stellt sich hier die Frage, ob solche Eingriffe erlaubt, vielleicht sogar wünschenswert sind (s. Kap. 109).

Zugunsten des Neuroenhancements lässt sich anführen, dass wir vergleichbare Eingriffe für medizinische Zwecke akzeptieren; außerdem unternehmen wir z. B. im Bereich von Bildung und Ausbildung erhebliche Anstrengungen, um unsere kognitiven Leistungen zu verbessern. Persson und Savulescu haben sogar behauptet, dass wir die zentralen Probleme der Menschheit nur mit Hilfe von effektiven biomedizinischen Techniken des moralischen Enhancements lösen können (Persson/Savulescu 2019).

Gegen das Neuroenhancement ist eingewandt worden, dass bei psychopharmakologischen Eingriffen, wie auch bei Neuroimplantaten die Gefahr von ungewollten Persönlichkeitsveränderungen bestehe (Talbot/Wolf 2006). Außerdem mache es einen Unterschied, ob wir eine bestimmte Fähigkeit durch eigenes Lernen und eigene Übung erworben haben, oder einfach dadurch, dass wir einen Chip oder ein paar Tabletten gekauft haben. Gleichzeitig spricht diese Beobachtung auch gegen die Gleichsetzung des Neuroenhancements mit anderen Formen der kognitiven Leistungssteigerung, die auf eigenen Anstrengungen basieren. Einwenden lässt sich zudem, dass wirkliche Vorteile hauptsächlich für diejenigen entstünden, die ihre Fähigkeiten im Vergleich zu anderen durch Neuroenhancement steigern. Gesamtgesellschaftlich dürften die Vorteile eher gering sein; die Konkurrenz würde einfach auf einem höheren Niveau ausgetragen. Hier liegt der Vergleich zum Doping im Sport nahe, der jedoch in der Literatur umstritten ist (Schöne-Seifert 2006). Zudem sind mögliche Auswirkungen des Neuroenhancement auf die individuelle Autonomie erörtert worden (Merkel 2019; Pauen 2019). Probleme könnten schließlich dadurch auftreten, dass der Zugang zu teuren Neuroimplantaten zunächst materiell besser gestellten Bevölkerungsschichten offenstehen dürfte. Deren Vorteile würden auf diese Weise weiter vergrößert, was zumindest theoretisch die Gefahr von Kettenreaktionen möglich erscheinen lässt (Galert et al. 2009; Sandberg/Savulescu 2011).

45.3 Einfluss der Neurowissenschaften auf die Ethik

Wie schon erwähnt, ist das Verhältnis von Neurowissenschaften und Ethik wechselseitig. Während einerseits ethische Prinzipien Bedeutung für die wissenschaftliche und medizinische Praxis der Neurowissenschaften besitzen, haben auf der anderen Seite neurowissenschaftliche Erkenntnisse Bedeutung für die Ethik. Im Vordergrund der gegenwärtigen Diskussion stehen dabei drei Fragen: Das Hirntodkriterium, die menschliche Fähigkeit, Normen aus Einsicht zu befolgen, und schließlich die Möglichkeit einer Begründung moralischer Postulate durch neurowissenschaftliche oder biologische Befunde.

Hirntodkriterium: Eine Vielzahl von Studien hat Zweifel am Hirntodkriterium aufgeworfen (Müller 2010; s. Kap. 106). Die Untersuchungen zeigen, dass auch nach dem Hirntod wesentliche Körperfunktionen fortdauern; es kommt also keinesfalls zu einer sofortigen körperlichen Desintegration. Auch wenn man am Hirntodkriterium festhalten will, ergibt sich hieraus die Notwendigkeit einer genaueren Überprüfung neuronaler Funktionen im Einzelfall, was wiederum den Rückgriff auf neurowissenschaftliche Methoden erforderlich macht.

Anwendung ethischer Postulate: Für die Anwendbarkeit von Normen bzw. ethischen Postulaten sind neurowissenschaftliche Erkenntnisse bedeutsam, weil ein allgemeiner Konsens darüber herrscht, dass solche Postulate nur soweit gelten, wie die Adressaten sie auch befolgen können. Sollten neurowissenschaftliche Untersuchungen also zeigen, dass Menschen unter bestimmten Umständen nicht imstande sind, ethischen Postulaten zu folgen, dann würde dies bedeuten, dass diese Postulate unter diesen Umständen auch ihre bindende Kraft verlieren würden.

Wir müssen daher ein großes Interesse an neurowissenschaftlichen Erkenntnissen über die Grenzen der menschlichen Verantwortungs- und Entscheidungsfähigkeit haben. Ein Beispiel hierfür ist die antisoziale Persönlichkeitsstörung, die u. a. die Fähigkeit zu Empathie und zum Lernen aus negativen Erfahrungen wie Strafen beeinträchtigt (Davison/Neale 1998). Dies erklärt, dass Personen mit dieser Störung unter Straftätern sehr stark überrepräsentiert sind (Abbott 2001). Obwohl dies darauf hindeutet, dass diese Personen bei der Befolgung von rechtlichen Normen größere Schwierigkeiten als andere Menschen haben, werden sie im Allgemeinen besonders hart bestraft (Hartmann et al. 2001). Erreichen lässt sich mit der Strafe allerdings nicht allzu viel – Personen mit dieser Störung werden besonders häufig rückfällig; außerdem reagieren sie nicht auf die heute verfügbaren Therapien. Genau hier kommen neurowissenschaftliche Erkenntnisse ins Spiel. Wenn wir genauer verstehen würden, warum diese Störung Gewalttätigkeit fördert, könnten wir nicht nur besser beurteilen, ob die Betroffenen für ihr Handeln verantwortlich gemacht werden können oder nicht. Vielmehr dürften wir auf diese Art und Weise auch Erkenntnisse für eine wirksame Therapie dieser Störung gewinnen.

Die antisoziale Persönlichkeitsstörung schränkt immer nur die Freiheit *einzelner* Individuen ein. Vielfach wird jedoch argumentiert, dass neurowissenschaftliche Befunde Belege dafür bieten, dass Menschen *generell* nicht frei und verantwortlich handeln können. Eine besonders wichtige Rolle haben in dieser Argumentation die Experimente von Benjamin Libet gespielt (Libet et al. 1983; Libet 1985; 1994; 1999). Seine Studien schienen zu zeigen, dass der bewusste Entschluss zu einer einfachen Handbewegung erst mehrere hundert Millisekunden *nach* der Einleitung der Bewegung durch einen unbewussten neuronalen Prozess, das sogenannte Bereitschaftspotential (Kornhuber/Deecke 1965), stattfindet. Hieraus ist gefolgert worden, dass bewusste Willensakte nur eine Art wirkungsloses Nachspiel seien, die für die eigentliche Entscheidung keine Bedeutung haben. Ob wir A oder B tun, hänge vielmehr von unbewussten neuronalen Prozessen, eben dem Bereitschaftspotential ab; das aber sei unserer Kontrolle völlig entzogen.

Gegen diese Interpretation der Befunde Libets ist erstens eingewandt worden, dass insbesondere die Angaben der Versuchspersonen über den Zeitpunkt ihres bewussten Entschlusses äußerst ungenau sind (Pauen 2007, 192 ff.). Abgesehen davon sei es unklar, ob die Versuchspersonen überhaupt vor jeder Bewegung einen Entschluss gefasst hätten – schließlich hatten sie die Anweisung, vierzig mal hintereinander dieselbe Bewegung auszuführen. Und da eine andere Bewegung durch die Instruktion ausgeschlossen war, könne das Experiment noch nicht einmal als Beleg dafür genommen werden, dass das Bereitschaftspotential festlegt, welche Bewegung die Versuchspersonen ausführen werden. In einem Nachfolgeexperiment konnte nämlich gezeigt werden, dass auch nach Auftreten des Bereitschaftspotentials sowohl die eine als auch die andere Hand bewegt werden kann (Herrmann et al. 2008). Eine neuere Studie hat zudem gezeigt, dass eine Handlung noch bis kurz vor der Ausführung abgebrochen werden kann (Schultze-Kraft et al. 2016). All dies spricht gegen eine weitreichende Interpretation der Experimente von Libet; ähnliche Einwände lassen sich gegen die wichtigsten Nachfolgeexperimente erheben. Es ist also unklar, ob wirklich von einer Widerlegung der Fähigkeit zu verantwortlichem Handeln durch neurowissenschaftliche Experimente die Rede sein kann.

Immerhin gibt es eine jedoch noch weiterreichende Argumentationsstrategie. Sie leitet aus neurowissenschaftlichen Befunden grundsätzliche Argumente gegen die Existenz verantwortlicher Entscheidungen ab. In diesem Falle wird unterstellt, Verantwortung setze voraus, dass die zu verantwortende Entscheidung z. B. für eine Normverletzung nicht determiniert ist. Gleichzeitig wird argumentiert, die bisherigen Befunde der Neurowissenschaften hätten gezeigt, dass das Gehirn ein deterministisches System ist, das den üblichen Naturgesetzen unterworfen ist – die Bedingungen für verantwortliches Handeln wären damit verletzt (Prinz 1996; 2004; Singer 2002; 2004).

Es ist jedoch zum einen unklar, ob das Gehirn ein deterministisches System ist. Zum zweiten ist es umstritten, ob Determination wirklich Verantwortung ausschließt. Wenn in einer bestimmten Entscheidungssituation wirklich völlig unbestimmt ist, ob ich mich für oder gegen eine Normverletzung entscheide, dann könne es eben nicht von mir abhängen, ob ich die Norm verletze oder nicht. Die Abwesenheit von Determination führe allenfalls zu einem Zuwachs an Zufällen und einem Verlust von Kontrolle – nicht jedoch zu einer Steigerung der Freiheit. Dabei könne offenbleiben, ob unsere Welt deterministisch ist oder nicht (Pauen 2004b; 2004a).

Ableitung neuer ethischer Postulate: Schließlich sind in den letzten Jahren wieder Versuche unternommen worden, aus evolutionsbiologischen und neurowissenschaftlichen Erkenntnissen ethische Postulate abzuleiten. Hier geht es also nicht mehr nur um die *Anwendung*, sondern um die *Begründung* dieser Postulate (Ruse/Wilson 1985; 1986). So hat z. B. William Casebeer argumentiert, dass man ethische Prinzipien aus Erkenntnissen über die Funktionsweise unserer moralischen Kognition begründen könne. Dabei wird unterstellt, dass ethische Normen das Funktionieren von Gemeinschaften, aber auch von einzelnen Individuen sicherstellen sollen (Casebeer 2003a; 2003b; Casebeer/Churchland 2003).

Wie bereits erwähnt, ist es sehr sinnvoll, empirische Erkenntnisse bei der Beurteilung unseres Handelns zu berücksichtigen. Doch lassen sich daraus ethische Prinzipien ableiten? Könnte also das Verbot von Mord und Diebstahl von den Besonderheiten unserer moralischen Kognition abhängen, so dass es angesichts bestimmter Erkenntnisse der Neurowissenschaften, gerechtfertigt sein könnte, jemanden zu bestehlen oder zu töten? Dies ist schwer zu sehen. In jedem Falle scheint unsere moralische Kognition ja durchaus zu einer halbwegs nachvollziehbaren Begründung der beiden genannten Prinzipien auszureichen. Schwierigkeiten gibt es in erster Linie bei der Umsetzung dieser Prinzipien in unserer alltäglichen Praxis; es ist aber unklar, ob die bislang diskutierten Schwierigkeiten wirklich die Geltung ethischer Prinzipien in Frage stellen können.

Literatur

Abbott, Alison: „Into the Mind of a Killer." In: Nature 410 (2001), 296–298.

Casebeer, William D.: „Moral Cognition and its Neural Constituents." In: Nature Reviews Neuroscience 3 (2003a), 841–846.

Casebeer, William D.: Natural Ethical Facts: Evolution, Connectionism, and Moral Cognition. Cambridge, Mass. 2003b.

Casebeer, William D./Churchland, Patricia: „The Neural Mechanisms of Moral Cognition: A Multiple-Aspect Approach to Moral Judgment and Decision-Making." In: Biology and Philosophy 18 (2003), 169–194.

Davison, Gerald C./Neale John M.: Klinische Psychologie. Hg. von Martin Hautzinger. Weinheim ^{5}1998.

Galert, Thorsten et al.: „Das optimierte Gehirn." In: Gehirn und Geist 11 (2009), 40–48.

Glannon, Walter: Defining Right and Wrong in Brain Science: Essential Readings in Neuroethics, The Dana Foundation Series on Neuroethics. New York 2007.

Hartmann, Julia/Hollweg, Matthias/Nedopil, Norbert: „Quantitative Erfassung dissozialer und psychopathischer Persönlichkeiten bei der strafrechtlichen

Begutachtung. Retrospektive Untersuchung zur Anwendbarkeit der deutschen Version der Hare-Psychopathie-Checkliste." In: Nervenarzt 5 (2001), 365–370.

Haynes, John-Dylan et al.: „Reading Hidden Intentions in the Human Brain." In: Current Biology 17 (2007): 1–6.

Haynes, John-Dylan et al.: „Decoding visual consciousness from human brain signals." In: Trends in Cognitive Science 13 (2009): 194–202.

Herrmann, Christoph S. et al.: „Analysis of a Choice-Reaction Task Yields a New Interpretation of Libet's Experiments." In: International Journal of Psychophysiology 67. Jg., 2 (2008), 151–157.

Katzman, Gregory L./Dagher, Azar P./Patronas, Nicholas J.: „Incidental Findings on Brain Magnetic Resonance Imaging from 1000 Asymptomatic Volunteers." In: JAMA 282. Jg., 1 (1999), 36–9.

Klaming, L./Haselager, P.: „Did My Brain Implant Make Me Do It? Questions Raised by DBS Regarding Psychological Continuity, Responsibility for Action and Mental Competence." In: Neuroethics 6 (2013), 527–539.

Kornhuber, Hans H./Deecke, Lüder: „Hirnpotentialänderungen bei Willkürbewegungen und passiven Bewegungen des Menschen: Bereitschaftspotential und reafferente Potentiale." In: Pflügers Archiv 284 (1965), 1–17.

Levy, Neil: „Introducing Neuroethics." In: Neuroethics 1 (2008): 1–8.

Libet, Benjamin: „Unconscious Cerebral Initiative and the Role of Conscious Will in Voluntary Action." In: The Behavioral and Brain Sciences 8 (1985), 529–539.

Libet, Benjamin: „A Testable Field Theory of Mind-Brain Interaction." In: Journal of Consciousness Studies 1 (1994), 119–126.

Libet, Benjamin: „Do We Have Free Will?" In: Journal of Consciousness Studies VI (1999), 47–57.

Libet, Benjamin: „Minimal-invasive und nanoskalige Therapien von Gehirnerkrankungen: eine medizinethische Diskussion." In: Alfred Nordmann, Joachim Schummer, Astrid Schwarz (Hg.): Nanotechnologien im Kontext. Berlin 2006, 345–370.

Libet, Benjamin: „Revival der Hirntod-Debatte: Funktionelle Bildgebung für die Hirntod-Diagnostik." In: Ethik in der Medizin 22. Jg, 1 (2010), 5–17.

Libet, Benjamin et al.: „Time of Conscious Intention to Act in Relation to Onset of Cerebral Activities (Readiness-Potential): The Unconscious Initiation of a Freely Voluntary Act." In: Brain 106 (1983), 623–642.

Merkel, Reinhard: „Neuroenhancement, Autonomie und das Recht auf mentale Selbstbestimmung." In: Klaus Vierbauer, Reinhart Kögerler (Hg.): Neuroenhancement. Die philosophische Debatte, Berlin 2019, 43–88.

Müller Sabine: „Revival der Hirntod-Debatte: Funktionelle Bildgebung für die Hirntod-Diagnostik." In: Ethik in der Medizin 22 (2010), 5–17.

Pauen, Michael: „Freiheit: Eine Minimalkonzeption." In: Friedrich Hermanni, Peter Koslowski (Hg.): Der freie und der unfreie Wille. München 2004a, 79–112.

Pauen, Michael: Illusion Freiheit? Mögliche und unmögliche Konsequenzen der Hirnforschung. Frankfurt a.M. 2004b.

Pauen, Michael: Was ist der Mensch? Die Entdeckung der Natur des Geistes. München 2007.

Pauen, Michael: „Autonomie und Enhancement." In: Klaus Vierbauer/Reinhart Kögerler (Hg.): Neuroenhancement. Die philosophische Debatte, Berlin 2019, 89–114.

Persson, Ingmar/Savulescu, Julian: „Nicht zukunftsfähig? Die menschliche Natur, der wissenschaftliche Fortschritt und die Notwendigkeit des moralischen Enhancements." In: Klaus Vierbauer, Reinhart Kögerler (Hg.): Neuroenhancement. Die philosophische Debatte, Berlin 2019, 148–175.

Pollmann, Arnd: „Die Integrität der Person. Plädoyer für ein erweitertes Personenkonzept aus Anlass der Debatten um Embryonenschutz und Hirnforschung." In: Dietmar Hübner (Hg.): Dimensionen der Person: Genom und Gehirn. Paderborn 2006, 103–128.

Prinz, Wolfgang: „Freiheit oder Wissenschaft." In: Mario von Cranach, Klaus Foppa (Hg.): Freiheit des Entscheidens und Handelns. Ein Problem der nomologischen Psychologie. Heidelberg 1996, 86–103.

Prinz, Wolfgang: „Kritik des freien Willens: Bemerkungen über eine soziale Institution". In: Psychologische Rundschau 55. Jg., 4 (2004), 198–206.

Repantis, Dimitris et al.: „Modafinil and Methylphenidate for Neuroenhancement in Healthy Individuals: A Systematic Review." In: Pharmacol Res 62. Jg. 3 (2010), 187–206.

Roskies, Adina L.: „Neuroethics for the New Millennium." In: Neuron 35. Jg., 1 (2002), 21–23.

Ruse, Michael/Wilson, Edward O.: „The Evolution of Ethics." In: New Scientist 108 (1985), 50–52.

Ruse, Michael/Wilson, Edward O.: „Moral Philosophy as Applied Science." In: Philosophy 61 (1986), 173–192.

Sandberg, Anders; Savulescu, Julian.: „The Social and Economic Impacts of Cognitive Enhancement." In: Savulescu, Julian/ter Meulen, Ruud/Kahane, Guy (Hg.): Enhancing Human Capacities. Oxford 2011, 92–112.

Schlaepfer, Thomas E.: „Schnittstelle Mensch/Maschine: Tiefe Hirnstimulation." In: Deutscher Ethikrat (Hg.): Der steuerbare Mensch. Über Einblicke und Eingriffe in unser Gehirn. Vorträge der Jahrestagung des Deutschen Ethikrates 2009. Berlin 2009, 57–67.

Schleim, Stephan, Spranger, Tade M., Walter, Henrik (Hg.): Von der Neuroethik zum Neurorecht? Göttingen 2009.

Schöne-Seifert, Bettina: „Pillen-Glück statt Psycho-Arbeit. Was wäre dagegen einzuwenden?" In: Johann S. Ach, Arnd Pollmann (Hg.): No Body is Perfect. Baumaßnahmen am menschlichen Körper. Bioethische und ästhetische Aufrisse. Bielefeld 2006, 279–291.

Schultze-Kraft, Matthias et al.: „The point of no return in vetoing self-initiated movements". In: Proceedings of the National Academy of Sciences 113. Jg., 4 (2016), 1080–1085.

Sententia, Wrye: „Cognitive Liberty and Converging Technologies for Improving Human Cognition". In: Annals of the New York Academy of Sciences 1013 (2004), 221–228.

Sententia, Wrye: „Freedom by Design Transhumanist Values and Cognitive Liberty." In: Max More, Natasha Vita-More (Hg.): The Transhumanist Reader: Classical and Contemporary Essays on the Science, Technology, and Philosophy of the Human Future. Oxford 2013.

Singer, Wolf: Der Beobachter im Gehirn. Essays zur Hirnforschung. Frankfurt a.M. 2002.

Singer, Wolf: „Keiner kann anders, als er ist". In: FAZ (8.1.2004).

Soon, Chun Siong et al.: „Unconscious Determinants of Free Decisions in the Human Brain". In: Nature Neuroscience 11. Jg., 5 (2008), 543–545.

Synofzik, Matthis; Schlaepfer, Thomas E.: „Stimulating Personality: Ethical Criteria for Deep Brain Stimulation in Psychiatric Patients and for Enhancement Purposes." In: Biotechnology 3. Jg., 12 (2008), 1511–20.

Tannenbaum, J.: „The promise and peril of the pharmacological enhancer Modafinil." In: Bioethics 28 (2014), 436–45.

Talbot, Davinia/Wolf, Julia: „Dem Gehirn auf die Sprünge helfen. Eine ethische Betrachtung zur Steigerung kognitiver und emotionaler Fähigkeiten durch Neuroenhancement." In: Johann S. Ach/Arnd Pollmann (Hg.): No Body is Perfect. Baumaßnahmen am menschlichen Körper. Bioethische und ästhetische Aufrisse. Bielefeld 2006, 253–278.

Wager, T. D. et al.: „An fMRI-based neurologic signature of physical pain." In: New England Journal of Medicine 368 (2013), 1388–1397.

Weber, Frank/Knopf, Heinz: „Incidental Findings in Magnetic Resonance Imaging of the Brains of Healthy Young Men." In: Journal of the Neurological Sciences 240 (2006), 81–84.

Woo, C. W. et al.: „Building better biomarkers: brain models in translational neuroimaging." In: Nature Neuroscience 20 (2017), 365–377.

Natur- und Umweltethik

Angelika Krebs

Ist die Natur nur für den Menschen da, oder kommt ihr auch ein eigener Wert zu? Das ist die Grundfrage der Natur- und Umweltethik. Man kann diese Frage auch anders formulieren: Ist Naturschutz nur etwas, was wir den von der Natur abhängigen, der Natur bedürftigen Menschen schulden, oder schulden wir den Schutz der Natur auch der Natur selbst? Haben wir – kantisch gesprochen – nur Pflichten in Ansehung der Natur oder auch Pflichten gegenüber der Natur? Hat nur der Mensch eine Würde, oder gebührt auch der Erde, den Meeren, den Wäldern, den Flüssen, den Pflanzen und den Tieren Ehrfurcht? Ist die traditionelle *anthropozentrische* Ethik angesichts ökologischer Krisenerfahrungen heute noch zu rechtfertigen, oder muss sie einer neuen *physiozentrischen* Ethik weichen?

Der Begriff ‚Natur' steht dabei für das nicht vom Menschen Gemachte in unserer Welt. Sein Gegensatz ist der Begriff des Artefaktes. Der Begriff ‚Umwelt', der oft anstelle von ‚Natur' auftritt, z. B. in ‚Umweltethik' oder ‚environmental ethics', hat, Vor- und Nachteile. Ein Vorteil ist, dass er die menschliche Natur, also den menschlichen Leib, nicht mitmeint. Ein Nachteil ist seine anthropozentrische Schlagseite, als interessiere Natur nur als Umwelt des Menschen und nicht auch als ‚Mitwelt'.

Je nachdem, welchem Teil der außermenschlichen Natur Eigenwert beigemessen werden soll, unterscheidet man in der Naturethik verschieden radikale Varianten des Physiozentrismus: den Pathozentrismus (leidensfähige Natur), den Biozentrismus (lebendige Natur) und den radikalen Physiozentrismus (auch unbelebte Natur). Im Folgenden seien zunächst die drei wichtigsten physiozentrischen, dann die vier wichtigsten anthropozentrischen Argumente und ihre jeweiligen Probleme angezeigt.

46.1 Das Leidensargument

Charakterisiert man Moral darüber, dass sie etwas mit dem gleichen Respekt vor oder der gleichen Sorge um das gute Leben (die Empfindungen und die Zwecke) aller zu tun hat, dann kann man argumentieren, dass ein gutes Leben, zumindest im Sinn von Empfindungswohl, auch Tiere führen können. Dann würde es nicht einleuchten, wieso sich der moralische Mensch nur um das gute Leben von anderen Menschen kümmern soll und nicht auch um das von Tieren. Der fühlenden Natur käme moralischer Eigenwert zu, sie wäre um ihrer selbst willen zu schützen, d. h. auch dann, wenn dies der Menschheit zum Nachteil gereicht wie beim Verzicht auf leidvolle medizinische Tierversuche

A. Krebs (✉)
Universität Basel, Basel, Schweiz
E-Mail: angelika.krebs@unibas.ch

und leidvolle Tierhaltung. Dieses u. a. von Peter Singer (1984), Tom Regan (1983), Dieter Birnbacher (1988) und Ursula Wolf (1990) vertretene ‚pathozentrische' Argument ist in der tierethischen Literatur allerdings nicht unumstritten (vgl. auch Krebs 1997, Wolf 2008, Schmitz 2014).

Die zentralen Einwände gegen das Leidensargument sind (1) ein *moraltheoretischer* Einwand: Das Argument beruht auf einem utilitaristischen, mitleidsethischen oder aristotelischen Moralverständnis. Haltbar ist aber nur das kontraktualistische oder kantische Moralverständnis, danach haben nur Kontraktpartner oder Vernunftwesen moralischen Status (so Habermas 1991 und Tugendhat 1997), (2) ein *sprachanalytischer* Einwand: Moral handelt von Interessen, und Interessen sind an das Vorliegen von Sprache gebunden (so Frey 1979), (3) ein *antiegalitärer* Einwand: Gleiche Rücksicht auf Tiere ist menschenverachtend (so VanDeVeer 1979) und (4) der ‚*Policing-Nature*-Einwand': Das Argument führt zu der absurden Konsequenz, dass wildlebende Beutetiere vor Raubtieren zu schützen sind (vgl. Clark 1977).

In Antwort auf den *Policing-Nature*-Einwand ist auf die Störung unzähliger ökologischer Kreisläufe und das daher erwartbar größere menschliche und tierische Leid hinzuweisen, das ein ‚Polizei spielen' in der Natur zur Folge hätte. Will der *Anti-Egalitarist* die Hierarchie Mensch – Tier nicht-speziezistisch begründen, d. h. nicht unter bloßem Verweis auf die Gattungszugehörigkeit, dann muss er auf Gründe zurückgreifen (wie Intelligenz oder Moralfähigkeit), die bereits im menschlichen moralischen Universum Hierarchien bedeuteten, etwa die Hierarchie zwischen Personen und sogenannten *human marginal cases* (z. B. Schwerstgeistigbehinderten, Kleinkindern oder Föten). Gegen den *sprachanalytisch verengten Interessenbegriff* lässt sich ein weiter Interessenbegriff setzen, nach dem ein Wesen ein Interesse an etwas hat, wenn dies sein gutes Leben befördert. Den *moraltheoretischen* Einwand kann man, auch ohne sich auf das Terrain der Moraltheorie zu begeben, entkräften, indem man auf die Schwierigkeiten verweist, die sowohl der Kontraktualismus als auch der Kantianismus mit der Begründung moralischen Respekts für nicht-kontraktfähige und nicht-vernünftige *human marginal cases* hat.

46.2 Das teleologische Argument

Dieses im deutschen Sprachraum vor allem von Hans Jonas (1979, vgl. auch Kallhoff et al. 2018) und im englischen von Robin Attfield (1983) und Paul Taylor (1986) vertretene Argument schreibt der Natur im Ganzen oder zumindest der belebten Natur Zwecktätigkeit oder Teleologie zu und mahnt die Ausdehnung des moralischen Respekts für die Zwecke der Menschen auf die Zwecke der Natur an. Nach dieser Argumentation ist nicht nur das Töten von Tieren moralisch bedenklich, sondern, strenggenommen, auch das Pflücken einer Blume.

Das Problem bei diesem Argument ist der Zweckbegriff. Man kann nämlich zwischen *funktionalen* und *praktischen* Zwecken unterscheiden. Einen funktionalen Zweck verfolgt z. B. ein Thermostat, wenn er eine bestimmte Raumtemperatur anstrebt. Einen praktischen Zweck verfolgt z. B. die Autorin dieses Artikels, wenn sie eine Unterscheidung formuliert und hofft, die Leserinnen und Leser damit zu überzeugen. Während ihr daran liegt, ihren Zweck zu erreichen, ist es dem Thermostat – anthropomorph gesprochen – ‚egal', ob er seinen Zweck erreicht. Ist die sogenannte Zwecktätigkeit der Natur im Wesentlichen funktionaler Art – Krankheitserregern liegt z. B. nicht daran, dass sie Menschen und Tiere krank machen –, dann fällt sie nicht in den Bereich subjektiv guten Lebens, den Moral schützen will. Wer dies dogmatisch findet und moralischen Schutz auch auf objektiv oder funktional gutes Leben ausgedehnt wissen will, der muss sich klarmachen, dass er damit auch die funktionale Zwecktätigkeit von Thermostaten, Autos und Kernkraftwerken unter moralischen Schutz stellt.

46.3 Das holistische Argument

Das vielleicht beliebteste Argument für den Eigenwert der Natur besteht in dem Verweis darauf, dass der Mensch doch Teil der Natur ist, dass sein Gedeihen mit dem Gedeihen des Naturganzen zusammengeht. Nur Dualisten, die den Menschen der Natur gegenüberstellen, könnten das eine gegen das andere ausspielen. Dieses falsche westliche, christliche und männliche dualistische Denken gelte es zu überwinden. Dann würde deutlich, dass der moralische Eigenwert des Menschen im Eigenwert der Natur besteht und umgekehrt. Vertreter dieses Argumentes sind die *Deep-Ecology*-Bewegung und ihr Vorreiter Arne Naess (1989), der Ökofeminismus, z. B. bei Val Plumwood (1994) und Carolyn Merchant (1987), und die Landethik im Gefolge von Aldo Leopold z. B. bei J. Baird Callicott (1987 und 2008), außerdem: Holmes Rolston (1988) und Klaus-Michael Meyer-Abich (1984).

Das Problem mit dem holistischen Argument ist, dass der Satz, der Mensch sei Teil der Natur, notorisch vieldeutig ist. Wenn er z. B. nur bedeuten soll, dass der Mensch für sein Überleben und sein gutes Leben von der Natur abhängt, dann ist er sicher richtig, aber er begründet dann keinen moralischen Eigenwert der Natur, sondern nur einen anthropozentrisch motivierten Naturschutz. Wenn der Satz hingegen bedeuten soll, dass, wie in einem Symphonieorchester, das Florieren der Teile im Florieren des Ganzen besteht, dann drückt er angesichts von HI-Viren, Sturmfluten, Eiszeiten etc. einen falschen Harmonismus aus und ist daher abzulehnen. Will der Satz schließlich die ontologische Unterscheidung zwischen Mensch und Natur aufheben, weil alles, was ist, nichts ist als ein Knoten im biotischen System oder ein Energiebündel im kosmischen Tanz der Energie, dann sind an die lebensweltlich doch sinnvollen Unterscheidungen zwischen Wesen, die fühlen können, handeln können, Verantwortung tragen können, und solchen, die dies nicht können, zu erinnern. Wie würde unser Leben aussehen, wenn wir ohne solche Unterscheidungen auskommen müssten? Wenden wir uns nun jedoch den vier anthropozentrischen Gründen für Naturschutz zu.

46.4 Das Grundbedürfnis-Argument

Was praktische Naturschutzbelange angeht, ist Naturschutz vor allem deswegen so wichtig, weil die Befriedigung menschlicher Grundbedürfnisse nach Nahrung, Obdach, Gesundheit hier und in der ‚Dritten Welt', heute und in der Zukunft auf dem Spiel steht – man denke an den galoppierenden Ressourcenverbrauch, die Klimaerwärmung, die Vermüllung der Meere und an Fukushima. Das Grundbedürfnis-Argument weist der Natur freilich nur instrumentellen Wert zu (zur Verantwortung gegenüber zukünftigen Generationen vgl. Birnbacher 1988, Meyer 2010, Hiskes 2009 und Scruton 2012).

Manchmal hört man aber auch, dass unsere einzige Chance zur Sicherung des Überlebens der Menschheit darin liegt, der Natur Eigenwert beizumessen. So heißt es, auf menschliche Technik könnten wir nicht setzen, die Natur wisse ohnehin alles am besten *(Nature Knows Best)*. Oder es heißt, z. B. bei Robert Spaemann (1980), der bloße Hinweis auf den instrumentellen Wert der Natur für menschliche Grundbedürfnisse entbehre der nötigen psychologischen *Motivationskraft,* dazu bedürfe es schon einer Eigenwert-Vorstellung.

So wichtig die in der *Nature-Knows-Best-*Variante des Grundbedürfnis-Argumentes ausgesprochene Warnung vor dem Machbarkeitswahn, vor der Unterschätzung der Komplexität der Natur und der Überschätzung menschlichen technischen Könnens auch ist, sollte man diese Warnung dennoch lieber ohne Rekurs auf *Nature Knows Best* und einen darin begründeten Eigenwert der Natur formulieren.

Denn zunächst einmal folgt aus der Einsicht, dass es ob der Komplexität der Natur manchmal oder sogar oft besser ist, menschliche Eingriffe in die Natur schlicht einzustellen – man denke an den Fall des FCKW und der Ozonschicht –, nicht, dass dies immer besser ist. So wie aus der Einsicht, dass es manchmal oder sogar oft besser ist, auf die Selbstheilungskräfte eines Kranken zu vertrauen, auch nicht folgt, dass Medizin nie gut ist. Die *Überschätzung der Selbstheilungskräfte der Natur* ist genau so falsch wie die Überschätzung menschlichen technischen Könnens.

Zum Zweiten steckt im *Nature-Knows-Best-*Argument der *falsche Harmonismus,* dass, wenn die Natur nur macht, was für sie gut ist (sofern man von einem ‚Guten' der Natur im Ganzen überhaupt sprechen kann), dies auch automatisch für die Menschheit gut ist. Die Natur könnte aber florieren, d. h. supergesund, superdivers, superstabil und dennoch voller für Menschen giftiger Pflanzen, tödlicher Viren und gefährlicher Tiere sein.

Zum letzten ist das *Nature-Knows-Best-*Argument gar kein Argument für den Eigenwert der Natur, sondern bestenfalls ein Argument dafür, die Natur so zu behandeln, *als ob* sie einen eigenen moralischen oder absoluten Wert hätte. Die Befriedigung menschlicher Grundbedürfnisse ist das einzige, dem das Argument wirklich Eigenwert beimisst, alles andere ist bloße Strategie und, wenn die ersten beiden Einwände richtig sind, schlechte Strategie.

Der Harmonismus-Vorwurf und der Als-ob-Vorwurf treffen offensichtlich auch die motivationale Eigenwert-Variante des Grundbedürfnis-Argumentes. Hier kommt jedoch ein weiterer gravierender Einwand hinzu: Wenn wir aus Motivationsgründen an den Eigenwert der Natur glaubten, obwohl wir wüssten, dass sie keinen hat, opferten wir die *Transparenz* unserer Person. Wir müssten einige unserer Überzeugungen absichtlich ‚vergessen', um unseren Glauben an den Eigenwert der Natur aufrechtzuerhalten, wenn er unter Druck gerät. Oder eine ähnliche Spaltung vollzöge sich auf der gesellschaftlichen Ebene: Eine verantwortliche Elite indoktrinierte die ‚dummen Massen' mit dem Glauben an den Eigenwert der Natur. Solche Opfer an persönlicher und gesellschaftlicher Transparenz sind nicht zu tolerieren. Dennoch ist am motivationalen Argument etwas Wahres dran: Es scheint, dass wir sinnfälliger Weisen der Erinnerung an unsere Abhängigkeit von der Natur bedürfen. Zu denken wäre zum Beispiel an die Wiedereinführung von Naturritualen z. B. des feierlichen Pflanzens eines Baumes für jeden gefällten Baum.

46.5 Das ästhetische Argument

Den ästhetischen Eigenwert der schönen und erhabenen Natur kann man mit Martin Seel (1991; vgl. auch Meyer 2003, Krebs 1999, 2017 und Krebs et al. 2021) zunächst darüber begründen, dass ästhetische Betrachtung, sei es von Kunst oder von Natur, eine zentrale menschliche Glücksmöglichkeit darstellt, also ‚eudaimonistischen' Eigenwert hat. Weiter ist der Eigenwert der Natur darüber begründbar, dass ästhetische Betrachtung, richtig verstanden, verlangt, dass man sich auf das Objekt der Betrachtung einlässt, es nicht für irgendwelche Zwecke instrumentalisiert. Wer ein Gemälde z. B. daraufhin anschaut, was für einen Preis es auf einer Auktion erzielen wird, betrachtet es nicht ästhetisch. In der ästhetischen Betrachtung hat das Objekt der Betrachtung Eigenwert. Man kann zwar alles, selbst eine Streichholzschachtel oder einen Müllberg, ästhetisch betrachten, aber es gibt Objekte, die besonders zu ästhetischer Betrachtung einladen. Von diesen Objekten sagt man auch unabhängig von einem konkreten Akt ihrer Betrachtung, sie hätten ästhetischen Eigenwert. Der letzte Begründungsschritt muss nur noch anführen, dass es in der Natur eine Fülle von ästhetischem Eigenwert gibt, man denke an den Horizont des Meeres, bizarre Felsformationen, gewaltige Wasserfälle, idyllische Täler und zarte Rosen. Der Zerstörung dieser Natur durch immer mehr Straßen, Häuser und Fabriken gilt es entgegenzutreten, soll der Mensch nicht um eine seiner wichtigsten Glücksmöglichkeiten gebracht werden.

Brechts Keuner-Geschichte „Herr K. und die Natur" bringt den nicht-instrumentellen Charakter schöner Natur gut zum Ausdruck:

> „Befragt über sein Verhältnis zur Natur, sagte Herr K.: ‚Ich würde gern mitunter aus dem Hause tretend ein paar Bäume sehen. Besonders da sie durch ihr der Tages- und Jahreszeit entsprechendes Andersaussehen einen so besonderen Grad an Realität erreichen. Auch verwirrt es uns in den Städten mit der Zeit, immer Gebrauchsgegenstände zu sehen. Häuser und Bahnen, die unbewohnt leer, unbenutzt sinnlos wären. Unsere eigentümliche Gesellschaftsordnung lässt uns ja

auch die Menschen zu solchen Gebrauchsgegenständen zählen, und da haben Bäume wenigstens für mich, der ich kein Schreiner bin, etwas beruhigend Selbständiges, von mir Absehendes, und ich hoffe sogar, sie haben selbst für den Schreiner einiges an sich, was nicht verwertet werden kann.'"

Gegen das ästhetische Naturschutzargument kann man einwenden, dass ästhetische Kontemplation zwar eine Glücksmöglichkeit des Menschen sein mag, aber dass Natur als Objekt ästhetischer Kontemplation ersetzbar sei durch Kunst. Man müsste einfach mehr Konzerte geben, mehr Museen bauen usw. Dies würde den Verlust an ästhetisch attraktiver Natur, den wir derzeit erleben, wettmachen.

Aber unterscheidet sich das sogenannte ‚Naturschöne' nicht wesentlich vom sogenannten ‚Kunstschönen'? Auf drei Aspekte sei hier hingewiesen: Zum Ersten spricht Natur in der Regel alle unsere Sinne an, während Kunstwerke oft einen Sinn privilegieren. Das *Zusammenspiel verschiedener Sinne* und die Aktivierung von Sinnen wie dem Tastsinn, der in der Kunst nur eine geringe Rolle spielt, geben der naturästhetischen Erfahrung eine besondere Qualität, die man durch Konzerte oder Museen sicher nicht ersetzen kann. Man müsste schon ‚Gesamtkunstwerke', holistisch attraktive Artefaktenparks schaffen, was logisch nicht unmöglich, aber utopisch ist.

Zum Zweiten stellt gerade die Tatsache, dass (insbesondere die wilde) Natur als das nicht vom Menschen Gemachte *kaum Spuren menschlicher Zwecksetzung* aufweist, eine ästhetische Attraktion dar, die Kunstwerke nicht bieten und prinzipiell nicht bieten können. Was wie der Horizont des Meeres oder ein Sternenhimmel keine Spuren von Funktionalität an sich hat, lädt in besonderer Weise zur nicht-funktionalen Wahrnehmung ein. Mit einer Zahnbürste oder einem Busfahrschein tut man sich da schon schwerer. Aber auch bei Kunstwerken lassen sich funktionale Aspekte in der Regel nicht ganz ausblenden.

Der dritte Punkt betrifft den Status des *Erhabenen* in der Natur. Beispiele sind ein aufgewühltes Meer, ein gewaltiger Wirbelsturm, ein hoher Wasserfall, Riesenbäume oder die Weite einer Wüste. Unterscheidet man mit Kants *Kritik der Urteilskraft* (I.1.2. §§ 23–29) zwei Varianten des Erhabenen: das *mathematisch Erhabene,* das aufgrund seiner Größe, und das *dynamisch Erhabene,* das aufgrund seiner Kraft beeindruckt, so gibt es zwar beide Varianten des Erhabenen in der menschlichen Artefaktenwelt – man denke an das Straßburger Münster oder an Beethovens Neunte Symphonie –, aber mit der Abundanz an Erhabenheit in der Natur kann die Artefaktenwelt nicht mithalten. Um den Verlust an mathematisch Erhabenem in der Natur wettzumachen, müssten z. B. Artefakte von der Höhe der Alpen gebaut werden. Das mag möglich sein, aber der Aufwand dafür würde den Aufwand der Erhaltung des natürlichen mathematisch Erhabenen um ein Vielfaches übersteigen.

Was das natürliche dynamische Erhabene angeht, kann prinzipiell kein artifizieller Ersatz es jemals erreichen. Denn schon das Faktum, dass wir es sind, die etwas Gewaltiges schaffen, dies aber auch lassen könnten, nimmt etwas von seiner Kraft. Auch haben wir als Konstrukteure des artifiziellen Gewaltigen in der Regel eine gewisse Kontrolle über das Konstruierte. Dass das artifizielle dynamisch Erhabene an das natürliche dynamische Erhabene nicht herankommt, bedeutet nicht nur, dass wir dynamisch erhabene Natur nicht ersetzen können und daher erhalten sollten, es bedeutet auch, dass, indem wir nun Maßnahmen ergreifen müssen, um dynamisch erhabene Natur zu erhalten (und wenn es nur ein Zaun um einen Nationalpark ist!), diese bereits etwas von ihrer Gewaltigkeit eingebüßt hat (Williams 1995, 68). Bernard Williams sieht hier ein Paradox:

„The paradox is that we have to use our power to preserve a sense of what is not in our power. Anything we leave untouched we have already touched. It will no doubt be best for us not to forget this, if we are to avoid self-deception and eventual despair." (1995, 68)

46.6 Das Heimat-Argument

Das ästhetische Argument ist nicht das einzige, das der Natur einen eudaimonistischen Eigenwert zuerkennt. Das Heimat-Argument gründet in dem Eigenwert von *Individualität* oder *Differenz*, dem Bedürfnis – wie Hermann Lübbe es ausdrückt – „auf rechtfertigungsunbedürftige Weise ein Besonderer, ein Anderer Sein zu können" (1989, 34; vgl. auch Scruton 2012). Natur muss zwar nicht, ist aber häufig Teil menschlicher Individualität. Gefragt, wer sie sind, geben viele Menschen u. a. die Landschaft an, aus der sie kommen. Wo Natur als Heimat Teil menschlicher Individualität ist, geht der eudaimonistische Eigenwert von Individualität über auf ihren Teil: Natur. Denn es hat keinen Sinn, dem, was einen Teil der Individualität ausmacht, nur einen instrumentellen Wert für die Individualität zuzuschreiben.

46.7 Das Argument vom Sinn des Lebens

Dieses letzte anthropozentrische Argument macht gewisse Einsichten der Weisheitslehren, etwa Meister Eckharts, Dschuang Dsis oder auch der großen Weltreligionen, für die Frage nach dem richtigen Verhältnis des Menschen zur Natur fruchtbar. Danach ist es angesichts des Widerfahrnischarakters unseres Lebens nicht weise, den Sinn des Lebens in der Erfüllung bestimmter Lebensprojekte, z. B. der Karriere oder der Liebe einer Person, zu sehen. Diese Projekte können immer scheitern, und damit verlöre ein solches Leben seinen Sinn. Weise ist dagegen, wie Friedrich Kambartel (1989) ausführt, die Haltung, die das Leben selbst als den Sinn des Lebens begreift. Für die oder den Weisen hat das Leben selbst und alles, was dazugehört – andere Menschen, die Natur –, einen Eigenwert oder eine *Heiligkeit*. Wem es gelingt, sein Leben um seiner selbst willen zu leben, der erfährt die wahre Lebensfreude *beatitudo*.

46.8 Fazit

Die Anziehungskraft des radikalen Physiozentrismus beruht im Wesentlichen auf der Unfähigkeit des instrumentell verkürzten Anthropozentrismus, dem Reichtum und der Tiefe unseres Naturverhältnisses gerecht zu werden. Daher verliert der radikale Physiozentrismus seine Anziehungskraft in dem Moment, in dem man beginnt, das Zwischenterrain des nicht auf das Grundbedürfnis-Argument verkürzten Anthropozentrismus und des gemäßigten Physiozentrismus zu erkunden. Auf der Basis dieser beiden Positionen lässt sich die ganze Bandbreite menschlicher Naturverhältnisse und -gefühle verstehen und rechtfertigen: das Gefühl der Ehrfurcht für die Heiligkeit der Natur, die nicht-instrumentelle Haltung, die die ästhetische Naturkontemplation auszeichnet, sowie der Abscheu gegen die Misshandlung von Tieren.

Literatur

Attfield, Robin: The Ethics of Environmental Concern. Oxford 1983.
Birnbacher, Dieter: Verantwortung für zukünftige Generationen. Stuttgart 1988.
Callicott, J. Baird: „The Conceptual Foundations of the Land Ethic." In: Ders. (Hg.): Companion to a Sand County Almanac. Interpretive and Critical Essays. Madison 1987, 186–220.
Callicott, J. Baird/Frodeman, Robert (Hg.): Encyclopedia of Environmental Ethics and Philosophy. Farmington Hills 2008.
Clark, Stephen R.L.: The Moral Status of Animals. Oxford 1977.
Frey, Raymond G.: „Rights, Interests, Desires and Beliefs". In: American Philosophical Quarterly 16. Jg., 3 (1979), 233–239.
Habermas, Jürgen: „Die Herausforderung der ökologischen Ethik für eine anthropozentrisch ansetzende Konzeption." In: Ders. (Hg.): Erläuterungen zur Diskursethik. Frankfurt a.M. 1991, 219–226.
Hiskes, Richard: The Human Right to a Green Future. Environmental Rights and Intergenerational Justice. Cambridge 2009.
Jonas, Hans: Das Prinzip Verantwortung. Versuch einer Ethik für die technologische Zivilisation. Frankfurt a. M. 1979.
Kallhoff, Angela/Di Paola, Marcello/Schörgenhumer, Maria (Hg.): Plant Ethics. New York 2018.

Kambartel, Friedrich: „Bemerkungen zu Verständnis und Wahrheit religiöser Rede und Praxis." In: Ders. (Hg.): Philosophie der humanen Welt. Abhandlungen. Frankfurt a. M. 1989, 100–102.

Krebs, Angelika (Hg.): Naturethik. Grundtexte der gegenwärtigen tier- und ökoethischen Diskussion. Frankfurt a. M. 1997.

Krebs, Angelika: Ethics of Nature. A Map. Berlin 1999.

Krebs, Angelika: „'As if the Earth Has Long Stopped Speaking to Us': Resonance with Nature and Its Loss." In: Angelika Krebs, Aaron Ben-Ze'ev (Hg.): Philosophy of Emotion Volume III: Aesthetics and the Emotions. London 2017, 231–266.

Krebs, Angelika / Schuster, Stephanie / Fischer, Alexander / Müller, Jan: Das Weltbild der Igel. Naturethik einmal anders. Basel 2021.

Lübbe, Hermann: „Die große und die kleine Welt." In: Ders. (Hg.): Die Aufdringlichkeit der Geschichte. Graz 1989, 30–45.

Merchant, Carolyn: Der Tod der Natur. Ökologie, Frauen und neuzeitliche Naturwissenschaft. München 1987 (engl. 1980).

Meyer, Kirsten: Der Wert der Natur. Paderborn 2003.

Meyer, Lukas: Intergenerational Justice. In: http://plato.stanford.edu/entries/justice-intergenerational (3.9.2010)

Meyer-Abich, Klaus Michael: Wege zum Frieden mit der Natur. Praktische Naturphilosophie für die Umweltpolitik. München 1984.

Naess, Arne: Ecology, Community and Lifestyle. Outline of an Ecosophy. Cambridge 1989.

Plumwood, Val: Feminism and the Mastery of Nature. New York 1994.

Regan, Tom: The Case for Animal Rights. Berkeley 1983.

Rolston, Holmes: Environmental Ethics. Duties to and Values in the Natural World. Temple 1988.

Schmitz, Friederike (Hg.): Tierethik. Grundlagentexte. Berlin 2014.

Scruton, Roger: Green Philosophy. New York 2012.

Seel, Martin: Eine Ästhetik der Natur. Frankfurt a.M. 1991.

Singer, Peter: Praktische Ethik. Stuttgart 1984 (engl. 1979).

Spaemann, Robert: „Technische Eingriffe in die Natur als Problem der politischen Ethik." In: Dieter Birnbacher (Hg.): Ökologie und Ethik. Stuttgart 1980, 180–206.

Taylor, Paul W.: Respect for Nature. A Theory of Environmental Ethics. Princeton 1986.

Tugendhat, Ernst: Wer sind alle? In: Angelika Krebs (Hg.): Naturethik – Grundtexte der gegenwärtigen tier- und ökoethischen Diskussion 1997, 100–110.

VanDeVeer, Donald: „Interspecific Justice". In Inquiry 22. (1979), 55–79.

Willams, Bernard: „Must a Concern for the Environment Be Centered on Human Beings?" In: Ders. (Hg.): Making Sense of Humanity. Cambridge 1995, 233–240.

Wolf, Ursula: Das Tier in der Moral. Frankfurt a. M. 1990.

Wolf, Ursula (Hg.): Texte zur Tierethik. Stuttgart 2008.

Tierethik

Johann S. Ach

47.1 Tierethik als Bereichsethik

Die Beziehung zwischen Mensch und Tier sowie der moralische Status von Tieren sind seit der Antike immer wieder auch Gegenstand philosophischen und ethischen Nachdenkens gewesen. Unter dem Sammelbegriff ‚Tier' werden üblicherweise Lebewesen verstanden, die sich durch spezifische Merkmale wie Ortsbeweglichkeit und Sinnesempfindung von pflanzlichen Organismen unterscheiden. Taxonomisch gehört auch der Mensch zu den Tieren. In der Regel wird der Begriff ‚Tier' aber so verwendet, dass er sich auf nicht-menschliche Tiere bezieht.

Als eigenständige Bereichsethik entstand die moderne Tierethik in den 1970er Jahren. Meilensteine waren das 1971 von Stanley Godlovitsch, Rosalind Godlovitsch und John Harris herausgegebene Buch *Animals, Men, and Morals. An Enquiry into the Maltreatment of Non-Humans* und insbesondere das 1975 erschienene Buch *Animal Liberation* (dt. 1996) von Peter Singer. 1976 erschien der von Tom Regan und Peter Singer gemeinsam herausgegebene Band *Animal Rights and Human Obligations*, 1979 folgten Peter Singers einflussreiches Buch *Practical Ethics* (dt. ^{2}2013), 1984 Tom Regans Buch *The Case for Animal Rights*. In Folge der von diesen Publikationen entfachten Debatte hat die tierethische Diskussion in den zurückliegenden Jahren eine beachtliche Ausdifferenzierung erfahren und ist aus dem Kanon der Bereichsethiken nicht mehr wegzudenken (Bode 2018; Grimm/Wild 2016; Milligan 2015; Schmitz 2014).

Die in der Tierethik behandelten Fragen sind vielfältig und betreffen beinahe alle Aspekte des menschlichen Umgangs mit Tieren (Ach/Borchers 2018; Armstrong/Botzler 2008). Tierversuche und die Möglichkeit der Xenotransplantation beispielsweise werfen die Fragen auf, ob überhaupt, und wenn ja, wie der Nutzen dieser Praktiken für den Menschen gegen die Schmerzen, Leiden oder Belastungen für die betroffenen Versuchstiere bzw. für die als ‚Organquellen' herangezogenen Tiere abgewogen werden kann (s. Kap. 112). Im Hinblick auf die landwirtschaftliche Nutzung von Tieren, Massentierhaltung, Tiertransporte und die Praxis des Fleischverzehrs stellt sich die Frage, ob es moralisch gerechtfertigt werden kann, Tiere zu züchten und zu Zwecken der Nahrungsgewinnung oder als Ressource für Bekleidungsmaterialien zu töten (s. Kap. 111). Der Gebrauch von Tieren zu Zwecken der Unterhaltung im Zirkus oder ihre Haltung als Heim- und Schoßtiere wirft die Frage auf, ob Tiere auch jenseits eines Anspruchs auf Schmerz- und Leidensfreiheit ein

J. S. Ach (✉)
Westfälische Wilhelms-Universität Münster,
Münster, Deutschland
E-Mail: ach@uni-muenster.de

Recht darauf haben, nicht instrumentalisiert zu werden. Mit Blick auf die Haltung von Tieren in zoologischen Gärten und Aquarien kann nicht nur gefragt werden, ob sich der Schutz einer Art bzw. der Erhalt der Artenvielfalt auf eine Weise begründen lassen, die es als gerechtfertigt erscheinen lassen, die moralischen Ansprüche einzelner tierlicher Individuen zu überbieten (s. Kap. 114), sondern auch, ob zumindest bestimmte Tiere (moralische) Rechte besitzen, zu denen auch Freiheitsrechte gehören könnten. Die Möglichkeiten der gentechnisch gestützten Merkmalszüchtung und der Herstellung transgener Tiere werfen die Frage auf, ob Tiere eine Würde besitzen, die einen Eingriff in ihre ‚genetische Integrität' ausschließt (s. Kap. 112). Zunehmend spielen auch solche Fragen und Probleme eine Rolle, bei denen, wie beispielsweise in der Wildtierethik, die anthropogene Leidzufügung nicht im Zentrum steht (Bossert 2015; Palmer 2010).

Im Zentrum der Tierethikdebatte steht die Frage nach dem moralischen Status von Tieren, also die Frage, ob bzw. welche Tiere ‚moralisch zählen' und entsprechend zur ‚moralischen Gemeinschaft' gehören (s. Kap. 110). Die Tierethik hat damit auch über die Frage des Umgangs mit Tieren hinaus Bedeutung, da sich die Statusfrage auch im Hinblick auf menschliche Lebewesen stellen lässt. Abhängig von den Eigenschaften oder Fähigkeiten, die man mit Blick auf die Zugehörigkeit zur ‚moralischen Gemeinschaft' für relevant hält, wird man nämlich mit der Möglichkeit ‚menschlicher Grenzfälle' *(marginal cases)* rechnen müssen, die über die fraglichen Eigenschaften oder Fähigkeiten nicht, noch nicht oder nicht mehr verfügen.

47.2 Positionen in der Tierethik

Im Zentrum der Diskussionen über einen moralisch angemessenen Umgang mit Tieren, steht die Frage nach deren moralischem Status. Unterscheiden lassen sich die in der Tierethik vertretenen Ansätze auch im Hinblick darauf, welche Grundprinzipien sie als normativen Bezugspunkt der Argumentation heranziehen.

Moralischer Status von Tieren

Ob man Tieren bzw. welchen Tieren man moralische Ansprüche oder moralische Rechte zuschreiben kann hängt vor allem davon ab, welches Einschlusskriterium man für plausibel hält. Damit sind die Kriterien bzw. die Eigenschaften und Fähigkeiten gemeint, die über die Einbeziehung einer Entität in die moralische Gemeinschaft entscheiden, bzw. die man für erforderlich hält, damit eine Entität sinnvoller Weise als ein Objekt der Moral *(moral patient)* betrachtet werden kann. Von verschiedenen Ethikansätzen werden darüber hinaus Vergleichskriterien vorgeschlagen, die einen Gradualismus im Hinblick auf den moralischen Status der Mitglieder der moralischen Gemeinschaft begründen bzw. eine gradualistisch differenzierte Zuschreibung von moralischen Rechten rechtfertigen sollen.

Vor diesem Hintergrund lassen sich vier grundsätzliche Perspektiven in der tierethischen Diskussion unterscheiden: Einer ersten Gruppe von Ansätzen zufolge verdienen Tiere keine Berücksichtigung um ihrer selbst willen. Für eine zweite Gruppe verdienen die Ansprüche oder Interessen von Tieren nur indirekte Berücksichtigung bzw. nur insofern, als sie sich auf menschliche Ansprüche oder Interessen zurückführen lassen. Moralische Verpflichtungen, so lautet die Kernthese indirekter Positionen in der Tierethik, lassen sich lediglich *in Bezug auf* Tiere, nicht aber *gegenüber* Tieren begründen. Eine dritte Gruppe hält eine direkte hierarchische Berücksichtigung tierlicher Rechte, Güter oder Interessen für verteidigbar. Eine direkte Einbeziehung von nicht-menschlichen Tieren in die moralische Gemeinschaft ist diesen Ansätzen zufolge zwar möglich; allerdings lasse sich ein grundsätzlicher Vorrang menschlicher Rechte, Güter oder Interessen vor tierlichen Rechten, Gütern oder Interessen begründen. Es kann, so die zentrale These dieser Ansätze, ein Vergleichskriterium angeben werden, das einen grundsätzlichen Vorrang menschlicher Rechte, Güter oder Interessen vor tierlichen Rechten, Gütern oder Interessen bzw. eine speziesistische Privilegierung des Menschen rechtfertigt. Vertreterinnen und Vertreter einer vierten Gruppe in der Tierethik schließlich verzichten auf die Benennung eines Vergleichskriteriums, das einen Gradualismus im Hinblick auf den moralischen Status der Mitglieder der moralischen Gemeinschaft begründen könnte, und plädieren stattdessen für eine direkte egalitäre Berücksichtigung tierlicher Ansprüche. Die Güter, Rechte oder Interessen menschlicher und nichtmenschlicher Lebewesen müssen aus der Sicht dieser Ansätze moralisch in gleicher Weise berücksichtigt werden.

Normative Bezugspunkte in der Tierethik
Als normative Bezugspunkte in der Tierethik werden insbesondere die Berücksichtigung von Interessen, der Respekt vor dem Wert bzw. der Würde eines Lebewesens sowie das Mitgefühl bzw. die Teilnahme am Leiden anderer leidensfähiger Lebewesen und Gerechtigkeitsargumente herangezogen.

Interessenbefriedigung: Vertreter interessenorientierter Ethikkonzeptionen sind typischerweise der Auffassung, dass moralische Normen nur dann begründbar sind, wenn sie sich auf die Interessen von Menschen oder anderen Interessensubjekten zurückführen lassen. Für *Peter* Singer, einen der Begründer der modernen Tierethik, ist die Fähigkeit zur Schmerzempfindung bzw. die Leidensfähigkeit das Einschlusskriterium, das darüber entscheidet, ob ein Lebewesen einen intrinsischen moralischen Status besitzt. Die Zugehörigkeit zur moralischen Gemeinschaft kann, wie Singer in Anschluss an Jeremy Bentham ausführt, weder an der Zugehörigkeit zu einer bestimmten Spezies noch an Eigenschaften oder Fähigkeiten wie Sprachfähigkeit, Rationalität oder Autonomie usw. festgemacht werden. (Schmerz-)Empfindungsfähigkeit ist Bentham und Singer zufolge die Grundvoraussetzung dafür, dass ein Lebewesen Interessen (zumindest Interessen in einem moralisch relevanten Sinn) haben kann, da nur ein empfindungsfähiges Wesen durch die Art und Weise, wie es behandelt wird, subjektiv betroffen sein kann. Vor diesem Hintergrund fordert Singer eine konsequente Erweiterung des Prinzips der Gleichheit über die menschliche Spezies hinaus auch auf Tiere. Das für die präferenz-utilitaristische Ethikkonzeption Singers zentrale „Prinzip der gleichen Interessenabwägung" fordert entsprechend, „dass wir in unseren moralischen Überlegungen den ähnlichen Interessen all derer, die von unseren Handlungen betroffen sind, gleiches Gewicht geben" (Singer 2013, 52). Singers präferenz-utilitaristisches Argument hat offenkundig weitreichende Folgen für den Umgang mit Tieren, verlangt aber keine Gleichbehandlung und lässt auch Interessen- bzw. Güterabwägungen *(trade offs)* zu, so lange den ähnlichen Interessen all derer, die von einer Handlungen betroffen sind, dabei gleiches Gewicht gegeben wird.

Für Singer wie für viele andere Vertreter einer egalitären Position in der Tierethik ist die unterschiedliche Gewichtung von menschlichen und tierlichen Interessen Ausdruck einer Haltung des ‚Speziesismus'. Der Ausdruck Speziesismus wurde von Richard D. Ryder (1989) in die Diskussion eingeführt. Man versteht darunter die bevorzugende Behandlung von Mitgliedern einer bestimmten Spezies, insbesondere von Menschen, gegenüber den Mitgliedern anderer Spezies aufgrund ihrer Spezies-Zugehörigkeit.

Anders als Singer, der für eine direkt egalitäre Berücksichtigung tierlicher Interessen plädiert, ist Norbert Hoerster vor dem Hintergrund der von ihm vertretenen nicht-utilitaristischen Variante einer interessenorientierten Ethikkonzeption der Auffassung, dass sich der Schutz von Tieren letztlich nur mit Bezug auf menschliche Interessen begründen lässt. Eine moralische Rücksichtnahme auf Tiere lässt sich seiner Auffassung nach allein auf tatsächlich vorhandene ‚altruistische Interessen' am Wohl der Tiere stützen. Im Unterschied zu egoistischen zielen altruistische Interessen nicht auf das eigene Wohl des Interessenträgers, sondern auf das Wohl bzw. die Interessen eines anderen. Eine intersubjektive Begründung des Tierschutzes ergibt sich für Hoerster dann, wenn hinreichend viele Gesellschaftsmitglieder altruistische Interessen haben, die sie dazu motivieren, bestimmten moralischen Normen für den Tierschutz zuzustimmen. Eine „gute Chance auf eine weitgehende Zustimmung" und damit auch eine Chance für eine hinreichende intersubjektive Begründung sieht Hoerster für ein Prinzip, dem zufolge Tiere dann nicht gequält werden dürfen, „wenn das Tierinteresse an Schmerzfreiheit offenbar von größerem Gewicht als das durch die Verletzung geförderte Menscheninteresse ist" (Hoerster 2004, 82 f.).

Würde und Inhärenter Wert: Tom Regan (ein weiterer Vertreter einer Position, die eine direkt egalitäre Berücksichtigung von Tieren fordert) teilt zwar die egalitaristische Grundintuition des präferenz-utilitaristischen Arguments von Peter Singer. Die Gleichheit, die der Utilitarismus fordert, ist nach Regans Auffassung aber nicht die Form von Gleichheit, die ein Fürsprecher der Tier- und Menschenrechte im Sinn haben sollte. Das begründet er damit, dass der Utilitarismus den Gedanken der ‚inhärenten Gleichwertigkeit' von Lebewesen nicht akzeptiere und stattdessen zulasse, dass das Glück von Individuen gegebenenfalls zugunsten von interindividuellen Nutzenkalkülen ‚geopfert' werden könne. Regan stellt der utilitaristischen Auffassung daher einen *Rechtsansatz* entgegen, dem zufolge alle Lebewesen, die einen *inhärenten Wert,* besitzen, das gleiche Recht darauf haben, mit Respekt behandelt zu werden bzw. auf eine Weise behandelt zu werden, die sie nicht auf den Status von Ressourcen für andere reduziert. ‚Empfindende Subjekte eines Lebens' *(experiencing subjects of a life)* haben für Regan einen moralischen Anspruch auf Respektierung ihres gleichartigen inhärenten Wertes *(respect principle)* und – davon abgeleitet – darauf, nicht geschädigt zu werden *(harm principle)* (Reagan 1984). Regan vertritt vor dem Hintergrund seines Rechtsansatzes die Auffassung, dass ‚empfindende Subjekte eines Lebens' moralische Ansprüche besitzen, die nicht durch Zweck- und Nutzenargumente eingeschränkt werden können, und dass jede Form einer interindividuellen Interessen- oder Güterabwägung daher abzulehnen sei. Der inhärente Wert von Tieren verbietet seiner Auffassung nach deren Instrumentalisierung selbst in solchen Fällen, in denen die fraglichen Handlungen nicht mit Schmerzen oder Leiden für diese verbunden ist.

Mitleid und Mitgefühl: Wie die Mehrheit der Utilitaristen halten auch Mitgefühlstheoretiker und Vertreter mitleidsethischer Ethikkonzeptionen Empfindungs- bzw. Leidensfähigkeit für das Einschlusskriterium, das über die Zugehörigkeit zur ‚moralischen Gemeinschaft' entscheidet. Sie beziehen sich dabei aber weniger auf Bentham als auf Schopenhauer, für den „das Mitleid, welches das fremde Wohl will" neben dem Egoismus und der Bosheit zu den drei „Haupt- und Grundtriebfedern" menschlichen Handelns gehört (Schopenhauer 1988, 566).

Als Grundlage der Moral sind Mitgefühl und Mitleid allerdings in mehrfacher Hinsicht problematisch: Erstens sind Mitgefühl und Mitleid als natürliche Affekte in gewisser Weise ‚kompasslos', da sich keine inhaltlich qualifizierten Handlungsorientierungen aus ihnen ableiten lassen. Zweitens muss man mit der Möglichkeit rechnen, dass Mitgefühl und Mitleid bei verschiedenen Menschen unterschiedlich stark ausgeprägt und auch individuell wenig dauerhaft und verlässlich sind. Drittens ist kaum anzunehmen, dass Menschen allen leidensfähigen Lebewesen gegenüber in gleicher Weise Mitleid haben. Mitgefühl und Mitleid scheinen vielmehr Nahbeziehungen zu privilegieren. Ursula Wolf und andere haben vor diesem Hintergrund versucht, eine Mitleidsmoral auszuarbeiten, die Mitgefühl und Mitleid als eine komplexe emotionale und intellektuelle Leistung versteht, die zu einer dauerhaften moralischen Einstellung führt. Zudem muss eine „Konzeption eines universalisierten Mitleids" Wolf zufolge von der Vorstellung ausgehen, dass „alle so zu behandeln sind, als ob man ihnen gegenüber Mitleid empfinden würde" (Wolf 1997, 57). Für Wolf folgt daraus, dass wir empfindungsfähigen Tieren gegenüber moralische Verpflichtungen dergestalt haben, dass man ihnen beispielsweise kein passives Leiden wie Schmerzen oder Angst verursachen sollte, ihnen nicht die Möglichkeit nehmen darf, sich gemäß ihren natürlichen Anlagen zu betätigen, und sie beispielsweise auch nicht der sozialen Kontakte berauben darf, sofern sie derer bedürfen.

Gerechtigkeit: Schwierigkeiten bereitet eine Einbeziehung nicht-menschlicher Tiere in die moralische Gemeinschaft solchen Ethiktheorien, die, wie beispielsweise der Kontraktualismus, Moral als eine soziale Institution verstehen, die den Zweck hat, die Interaktion zwischen Menschen zu erleichtern bzw. deren Kooperation zu ermöglichen, und die moralische Normen oder Regeln als Ergebnis einer wechselseitigen Übereinkunft ansehen. Die Einbeziehung von Tieren ist für solche Ansätze schwierig, weil die Forderung nach einer moralischen Berücksichtigung nicht-menschlicher Lebewesen solchen Ethiktheorien die Motivationsquelle zu entziehen droht. Aus strukturell ähnlichen Gründen lassen sich auch im Rahmen diskursethischer Ansätze allenfalls „moralanaloge" (Habermas) Verpflichtungen gegenüber solchen Tieren begründen, die als soziale Interaktionspartner gelten können. Die verschiedenen Versuche, kontraktualistische (Rippe 2008) oder diskursethische Ansätze so zu ergänzen oder zu erweitern, dass auch Tiere Berücksichtigung finden, zeigen freilich, wie tief die moralische Intuition der meisten Menschen verankert zu sein scheint, dass Tiere, zumindest empfindungsfähige Tiere, einen – wie auch immer begründeten – moralischen Status besitzen.

Weitere Ansätze und *political turn* in der Tierethik

Über die bisher genannten paradigmatischen Ansätze hinaus gibt es inzwischen eine kaum noch überschaubare Anzahl weiterer tierethischer Positionen. Neben kommunitaristischen und tugendethischen Ansätzen finden seit einiger Zeit insbesondere auch multikriterielle Ansätze Zustimmung, die auf ein Plädoyer für ein Grundprinzip verzichten und stattdessen eine Mehrzahl von moralischen Dimensionen und Prinzipien fruchtbar zu machen versuchen. Darüber hinaus haben sich verschiedene Autorinnen und Autoren in jüngerer Zeit für einen *political turn* in der Tierethik stark gemacht (Garner/O'Sullivan 2016; Ladwig 2020). Sue Donaldson und Will Kymlicka beispielsweise haben in ihrem Buch *Zoopolis* für eine „politische Theorie der Tierrechte" argumentiert, der zufolge Tiere abhängig davon, in welcher Beziehung sie zu uns stehen, Staatsbürger-, Souveränitäts- oder Aufenthaltsrechte haben sollen (Donaldson/Kymlicka 2013). Donaldson und Kymlicka verstehen diese Rechte als eine Art von *add on*-Rechten, die zu den grundlegenden Rechten hinzutreten, die alle empfindungsfähige Lebewesen als solche, also unabhängig von den Beziehungen, in denen sie stehen, besitzen. Der *political turn* soll die Tierethik an herkömmliche Gerechtigkeitsdebatten anschlussfähig machen und auf diese Weise unter anderem verhindern, dass die Tierethik als bloßer, letztlich folgenloser Appell zu Barmherzigkeit, Mitleid oder Menschlichkeit gegenüber nichtmenschlichen Lebewesen (miss)verstanden wird.

47.3 Haben Tiere Rechte?

Während das Kriterium der (Schmerz-)Empfindungsfähigkeit als Einschlusskriterium in der tierethischen Diskussion als weithin akzeptiert gelten kann, wird die Frage nach möglichen Vergleichskriterien weiterhin intensiv diskutiert. Kontrovers diskutiert wird darüber hinaus insbesondere die Frage, ob (zumindest einigen) Tieren *moralische Rechte* zugesprochen werden können. Während manche der Ansicht sind, dass der Begriff des Rechts seinem Wesen nach auf Menschen bezogen sei und Tiere entsprechend keine Träger von Rechten sein könnten (Cohen 2001), halten andere eine Anwendung des Rechtsbegriffs auf nicht-menschliche Tiere nicht nur grundsätzlich für möglich, sondern auch für erforderlich, weil nur so bestimmte Handlungen oder Praktiken von vornherein der Möglichkeit einer Abwägung entzogen werden können.

In der tierethischen Diskussion werden nichtmenschlichen Tieren typischerweise negative Abwehrrechte zugeschrieben, also Rechte eines tierlichen Individuums darauf, von etwas Negativem verschont zu bleiben (hierzu und zum Folgenden vgl. Birnbacher 2009). Dass (empfindungsfähige) Tiere ein Recht auf Leidensfreiheit bzw. auf Leidensminderung haben, gehört dabei zu den wenig kontroversen Thesen. Der moralische Unwert einer Zufügung von Leiden oder Schmerzen lässt sich offenbar aus den unterschiedlichsten Moralkonzeptionen herleiten. Darüber, ob sich auch ein Recht auf Leben begründen lässt, gibt es in der tierethischen Debatte demgegenüber weit weniger Einigkeit. Zwar bestreitet kaum jemand, dass man ein Tier töten darf, von dem man unmittelbar bedroht wird, oder dass Sterbehilfe an Tieren moralisch akzeptabel sein kann. Ungleich mehr Tiere werden von Menschen aber getötet, weil sie zum Zweck der Nahrungsmittelgewinnung ‚geschlachtet', im Rahmen von Experimenten ‚verbraucht', im Zuge von Maßnahmen der sogenannten Schädlingsbekämpfung ‚vernichtet', aus Gründen des Gesundheitsschutzes bzw. der Seuchenabwehr ‚gekeult' oder im Rahmen waidmännischen Handelns ‚erlegt' werden. Ob es sich auch bei diesen Gründen ebenfalls um Gründe handelt, die eine Tötung von Tieren rechtfertigen können, ist hochgradig umstritten und Gegenstand anhaltender ethischer Kontroversen. Unterscheiden lassen sich mit Blick auf eine Begründung für das Tötungsverbot ‚indirekte' Argumente, die das Tötungsverbot durch Rekurs auf die mittelbaren Auswirkungen der Tötungshandlung auf betroffene Dritte begründen, und ‚direkte' Argumente, die Tötungshandlungen deshalb für moralisch problematisch halten, weil dem Opfer selbst durch die Tötung ein Schaden zugefügt wird. Dem Vorenthaltungsargument *(deprivation account)* zufolge beispielsweise ist die Tötung eines Lebewesens *prima facie* moralisch falsch, weil und insofern sie das getötete Lebewesen der Möglichkeit zukünftiger positiver Erfahrungen beraubt; dem Frustrationsargument *(frustration account)* zufolge weil und insofern durch die Tötung die Präferenzen eines Lebewesens frustriert werden (Višak/Garner 2016). Ein Recht auf Schutz vor Instrumentalisierung von nicht-menschlichen Lebewesen wird häufig von Vertretern solcher Positionen behauptet, die (zumindest einigen) Tieren eine eigene Würde bzw. einen ‚inhärenten Wert' zuschreiben. Insbesondere im Hinblick auf die Problematik der Herstellung und Haltung transgener Tiere wird darüber hinaus von manchen auch ein Recht auf Integrität gefordert (s. Kap. 112). Ob (zumindest einigen) Tieren auch Freiheitsrechte sinnvoll zugeschrieben werden können, wie es beispielsweise in der „Deklaration über die Großen Menschenaffen" (Cavalieri/Singer 1994) für die Großen Menschenaffen (Schimpansen, Gorillas und Orang-Utans) gefordert wird, ist ebenfalls umstritten.

Literatur

Ach, Johann S./Borchers, Dagmar (Hg.): Handbuch Tierethik. Grundlagen - Kontexte - Perspektiven. Stuttgart 2018.
Armstrong, Susan J./Botzler, Richard G. (Hg.): The Animal Ethics Reader. London ²2008.
Birnbacher, Dieter: „Haben Tiere Rechte?" In: Johann S. Ach, Martina Stephany (Hg.): Die Frage nach dem Tier. Interdisziplinäre Perspektiven auf das Mensch-Tier-Verhältnis. Berlin 2009, 47–64.
Bode, Philipp: Einführung in die Tierethik. Wien/Köln/Weimar 2018.
Bossert, Leonie: Wildtierethik. Verpflichtungen gegenüber wildlebenden Tieren. Baden-Baden 2015.
Cavalieri, Paola/Singer, Peter (Hg.): Menschenrechte für die großen Menschenaffen. Das Great Ape Project. München 1994 (engl. 1994).
Cohen, Carl: „Why Animals Do Not Have Rights." In: Carl Cohen, Tom Regan (Hg.): The Animal Rights Debate. New York/Oxford 2001.
Donaldson, Sue/Kymlicka, Will: Zoopolis. Eine politische Theorie der Tierrechte. Berlin 2013 (engl. 2011).
Garner, Robert/O'Sullivan, Siobhan (Hg.): The Political Turn in Animal Ethics. London/New York 2016.
Godlovitsch, Stanley/Godlovitsch, Rosalind/Harris, John (Hg.): Animals, Men, and Morals. An Enquiry into the Maltreatment of Non-Humans. London 1971.
Grimm, Herwig/Wild, Markus: Tierethik zur Einführung. Hamburg 2016.
Hoerster, Norbert: Haben Tiere eine Würde? Grundfragen der Tierethik. München 2004.
Ladwig, Bernd: Politische Philosophie der Tierrechte. Berlin 2000.
Milligan, Tony: Animal Ethics. The Basics. London/New York 2015.
Palmer, Clare: Animal Ethics in Context. New York 2010.
Regan, Tom: The Case for Animal Rights. London/New York 1984.
Regan, Tom/Singer, Peter (Hg.): Animal Rights and Human Obligations. Englewood Cliffs 1976.
Rippe, Klaus Peter: Ethik im außerhumanen Bereich. Paderborn 2008.
Ryder, Richard: Animal revolution: Changing Attitudes Towards Speciesism. Oxford 1989.
Schmitz, Friederike (Hg.): Tierethik. Grundlagentexte. Frankfurt a. M. 2014.
Schopenhauer, Arthur: Preisschrift über die Grundlagen der Moral [1840]. Zürich 1988.
Singer, Peter: Praktische Ethik. Stuttgart ³2013 (engl. ³2011).
Singer, Peter: Animal Liberation. Die Befreiung der Tiere. Reinbek bei Hamburg 1996 (engl. 1975).
Višak, Tatjana/Garner, Robert (Hg.): The Ethics of Killing Animals. Oxford 2016.
Wolf, Ursula: „Haben wir moralische Verpflichtungen gegen Tiere?" In: Angelika Krebs (Hg.): Naturethik. Grundtexte der gegenwärtigen tier- und ökoethischen Diskussion. Frankfurt a. M. 1997, 47–75.

Sportethik

Christoph Hübenthal

48.1 Aufgaben, Hinsichten und Gegenstand der Sportethik

Wo individuelles, kollektives und institutionelles Handeln einem Praxisbereich zugeordnet werden kann, der sich von anderen Praxisbereichen hinreichend klar unterscheidet, entsteht auch das Erfordernis einer entsprechenden Bereichsethik. Unweigerlich stellt sich dann nämlich die Frage, welchen Kriterien das bereichsspezifische Handeln zu genügen hat, um als *gutes* und *richtiges Handeln* gelten zu können. Sobald sich diese Frage nicht mehr mit einem Hinweis auf bekanntes Praxiswissen gleichsam von selbst erledigt, sondern zum Gegenstand *methodisch geleiteter Reflexionen* wird, die ihrerseits alle möglichen – also nicht nur bereichsfunktionale – Kriterien zur Ermittlung des Guten und Richtigen einbeziehen, da wurde der Schritt hin zu einer Bereichsethik bereits vollzogen.

All diese Voraussetzungen sind für den Praxisbereich ‚Sport' erfüllt. Die *Aufgabe* der dazugehörigen Sportethik besteht folglich darin, auf der Grundlage methodisch geleiteter Reflexionen begründete Aussagen darüber zu treffen, welche Voraussetzungen das sportspezifische Handeln von Einzelnen, Kollektiven und Institutionen zu erfüllen hat, damit es als gutes und richtiges Handeln gelten kann. Unbeschadet ihrer deskriptiven und empirischen Anteile, die mit der Erfassung des bereichstypischen Handelns und seiner Kontexte zu tun haben, ist die Sportethik also primär eine *normative* Disziplin.

Ihrer normativen Zielsetzung kommt die Sportethik in unterschiedlichen Hinsichten nach. Als *Individualethik* untersucht sie Fragen nach dem guten und richtigen Handeln von einzelnen Akteuren wie Athleten, Trainern oder Sportfunktionären. Als *Sozialethik* befasst sie sich einerseits mit dem Handeln von kollektiven oder institutionellen Akteuren, also etwa Fangruppen oder Sportorganisationen, auf der anderen Seite setzt sie sich aber auch kritisch mit dem Einfluss auseinander, den soziale, kulturelle, wirtschaftliche oder politische Faktoren auf das bereichstypische Handeln ausüben. Schon hier wird deutlich, dass die Grenze zwischen individual- und sozialethischen Reflexionen in der Sportethik nie völlig eindeutig verläuft, denn individuelles Handeln muss immer im Kontext der gesamten Sportpraxis und ihrer gesellschaftlichen Rahmung gesehen werden. Umgekehrt lassen sich diese Kontexte nur richtig bewerten, wenn man ihren Einfluss auf das individuelle Sporthandeln in Rechnung stellt. Neben der nie ganz trennscharf vorzunehmenden Abgrenzung von Individual- und Sozialethik ist auch die Unterscheidung zwischen einer *Ethik des Richtigen* und einer *Ethik des Guten* von sportethischer Relevanz. Bislang standen allerdings eher Überlegungen zum *moralisch Richtigen* im Mittelpunkt der Bemühungen, wenn etwa versucht wurde, das Dopingverbot, das Fairnessgebot oder die Zulässigkeit von Kinderhochleistungssport mit guten Gründen zu rechtfertigen. Bei dieser Fixierung auf Verbote, Gebote und Erlaubnisse wurde jedoch außer Acht gelassen, dass das *evaluativ Gute,* also die Vorstellung vom gelingenden und glücklichen Leben, die sich mit sportlichem Handeln von der individuellen bis hin zur institutionellen Ebene auch immer verbindet, ebenfalls ein Gegenstand der sportethischen Reflexion sein muss. Dass individuelle, kollektive oder institutionelle Auffassungen vom Guten nur dann realisiert werden dürfen, wenn sie sich zugleich als moralisch richtige rechtfertigen lassen, versteht sich von selbst, so dass es in der Sportethik zwar eine analytische Unterscheidung, aber keine strikte Trennung zwischen einer Ethik des moralisch Richtigen und einer Ethik des evaluativ Guten geben kann.

Nun kannte vermutlich jede Epoche und jede Kultur irgendeine Form von Leibesübungen, und wahrscheinlich verbanden sich damit immer auch Fragen nach dem guten und richtigen Handeln. In seiner heutigen Ausprägung ist der Sport jedoch ein typisch modernes Phänomen. Er entwickelte sich aus den englischen ‚sports and games', aus der schwedischen Gymnastik und dem deutschen Turnen im 18./19. Jahrhundert (vgl. Krüger 2010; Eisenberg 2010). Zu seiner Entstehung und Verbreitung trugen viele Faktoren bei wie etwa die allmähliche Ausbildung der Privatsphäre, das Aufkommen einer funktionsentlasteten Freizeitkultur, die Verbreitung konkurrenzbasierter Märkte, die globale Ausbreitung des britischen Empires und im 20. Jahrhundert natürlich auch der rasante Vormarsch der Massenmedien. Der Praxisbereich Sport, so wie wir ihn heute kennen, ist ein charakteristisches Produkt der Moderne, und die ethischen Herausforderungen, die sich mit ihm verbinden, spiegeln die moralischen Konflikte der modernen Gesellschaft wider. Aus diesem Grund ist es der *moderne Sport,* der den *Gegenstand* der sportethischen Reflexion bildet.

48.2 Zum derzeitigen Entwicklungsstand der Sportethik

Gegen Ende der 1960er Jahre setzte, wenn auch zaghaft, im deutschen Sprachraum die wissenschaftliche Beschäftigung mit der Sportethik ein. In den Jahrzehnten davor hatte es, hauptsächlich aus den Reihen der *olympischen Bewegung,* allenfalls moralische Appelle zur Beachtung von Fairness-, Tugend- oder Amateuridealen gegeben (vgl. Coubertin 2000; Diem 1964). 1969 veröffentlichte Walter Kuchler eine moraltheologische Untersuchung zum *Sportethos,* in der er zunächst die im Sport akzeptierten Werte empirisch ermittelte, um sie dann, vor dem theoretischen Hintergrund der *materialen Wertethik,* als Ausdruck eines überzeitlichen Wertekanons zu deuten (vgl. Kuchler 1969). Anfangs scheinen Kuchlers Anregungen jedoch kaum auf Interesse gestoßen zu sein, denn erst ab den 1980er Jahren lässt sich eine intensivere Beschäftigung mit sportethischen Themen feststellen (vgl. Cachay et al. 1985; Franke 1988; Cachay et al. 1990). Insgesamt tut man den damaligen Debatten gewiss nicht unrecht, wenn man sie – zumindest was die sportwissenschaftlichen Beiträge anbelangt – als tastende Gehversuche auf dem Gebiet ethischer Grundlagenreflexion wertet und ihre systematische Relevanz nicht allzu hoch veranschlagt.

Bemerkenswert ist für diesen Zeitraum aber vielleicht die Arbeit des US-amerikanischen Sportwissenschaftlers Warren P. Fraleigh, der einen elaborierten *deontologischen* Ansatz vertrat und insbesondere diejenigen Pflichten herauszuarbeiten versuchte, die sich die Teilnehmer am Wettkampfgeschehen gegenseitig schulden (vgl. Fraleigh 1984). 1991 erscheint dann *Die Moral im Sport* von Eckhard Meinberg, die erste von einem deutschsprachigen Sportwissenschaftler verfasste Monographie zur Sportethik (vgl. Meinberg 1991). Vor dem Hintergrund der um diese Zeit florierenden Postmoderne-Diskussion entwickelte Meinberg seinen sogenannten ‚co-existenzialen' Ansatz, bei dem das Faktum eines ethiktheoretischen wie sportpraktischen Pluralismus geradewegs in die moralische Affirmation dieses Pluralismus gewendet wurde. Entsprechend muten Meinbergs Auffassungen zum Spitzensport, zum Doping, zur Umweltproblematik, zu Genderfragen oder auch zur Trainermoral vergleichsweise eklektizistisch an und können kaum als Resultate einer kohärenten ethischen Herangehensweise gewertet werden. Wenig später deckte Jürgen Court die Mängel von Meinbergs Ansatz hellsichtig auf, doch seine eigenen Bemühungen blieben aus den entgegengesetzten Gründen unbefriedigend. Er versuchte nämlich, alle ihm bekannten sportethischen Positionen zu einer einheitlichen Theorie zu ‚vermitteln', die ihrerseits dann eine ‚funktionale' Rolle für einen humanen Sport übernehmen sollte (vgl. Court 1994). Letztlich blieb aber auch dieser ‚vermittelnd-funktionale' Ansatz den Nachweis schuldig, zur Lösung sportmoralischer Probleme Substanzielles beitragen zu können. In der letzten Dekade erschienen dann zwei Arbeiten, die sich explizit auf bewährte philosophische Basistheorien beriefen: Claudia Pawlenkas *utilitaristische* Sportethik (vgl. Pawlenka 2002) und der *tugendethische* Ansatz von Mike McNamee (2008). Insbesondere der Letztere verdient hervorgehoben zu werden, denn er ergänzt die in den sportethischen Debatten von jeher dominierende Frage nach dem moralisch Richtigen erstmals um den Gesichtspunkt des evaluativ Guten.

Aufs Ganze gesehen vermittelt die Diskussion seit ca. 1985 den Eindruck, als bestehe vonseiten der philosophischen Ethik nur gelegentlich Interesse, traditionelle und neuere Theorien, die sich in fachinternen Auseinandersetzungen vielfach als tragfähige Positionen durchgesetzt haben, auch in die sportethischen Debatten einzuführen (vgl. aber Lenk 1985; Apel 1990; Gerhardt 1991). Desgleichen scheint die Sportwissenschaft nur sporadisch bereit, sich tiefer in die philosophisch-ethischen Debatten einzuarbeiten, um diese nicht nur punktuell oder selektiv rezipieren zu müssen. Unterschiedlich geartete Publikationen zur Sportethik zeigen jedenfalls, dass die interdisziplinäre Zusammenarbeit zwischen philosophischer Ethik und Sportwissenschaft noch verbesserungsfähig ist (vgl. McNamee/Parry 1998; Grupe/Mieth 2001; Boxill 2003; Pawlenka 2004; McNamee 2010). Auch wenn sich die Situation im englischsprachigen Kontext etwas günstiger darstellt – immerhin gibt es dort bereits seit 1974 *The Journal of the Philosophy of Sport* und seit 2007 sogar die Zeitschrift *Sport, Ethics and Philosophy* – dürfte der Mangel an Interdisziplinarität doch mit ein entscheidender Grund dafür sein, dass sich in der Sportethik bislang kaum eine Tendenz zu umfassenderen Theoriebildungen abzeichnet. Im Gegensatz zu anderen Bereichsethiken, wie etwa der Medizin-, Bio-, Wirtschafts- oder politischen Ethik, sind in der Sportethik jedenfalls noch keine Schulbildungen erkennbar, geschweige denn die gesamte Disziplin in Atem haltende Kontroversen zwischen unterschiedlichen Lagern.

48.3 Sportmoralische und evaluative Fragen

Trotz der geschilderten theoretischen Defizite gibt es im Praxisbereich Sport drängende moralische Probleme und lebensweltliche Herausforderungen, die zumindest in thematischer Hinsicht für eine Bündelung von Diskussionsbeiträgen sorgen können. Exemplarisch lassen sich die folgenden Themen nennen:

1. Fairness: Das kollektive Sportgedächtnis kennt zahlreiche Geschichten von vermeintlich oder tatsächlich fairem Handeln. Eine davon erzählt vom französischen Fechter Lucien Gaudin, der bei den Olympischen Spielen 1928 in Amsterdam von einem Gegner getroffen wurde, doch der Kampfrichter erkannte den Treffer zunächst nicht an. Empört soll Gaudin daraufhin ausgerufen haben: „Je suis touché!", worauf der Treffer gegen ihn doch gewertet wurde.

Gemeinhin wird solches Handeln als fair und damit als moralisch gebotenes oder zumindest erwünschtes Verhalten angesehen. Sportethisch entscheidend ist daher zum einen die *analytische* Frage, welches Handeln warum als fair zu bezeichnen ist, und andererseits die *normative* Frage, warum dieses Handeln geboten (erwünscht) und das Gegenteil entsprechend verboten (unerwünscht) ist.

Zur Klärung beider Fragen hatte Hans Lenk bereits 1964 vorgeschlagen, zwischen formeller und informeller Fairness zu unterscheiden (vgl. Lenk 1964; 2002). Unter dem Begriff *formelle Fairness* fasste er die Einhaltung konstitutiver und regulativer Spielregeln, die Akzeptanz von Schiedsrichterentscheidungen, die Garantie der Chancengleichheit sowie die Achtung des Gegners als personalem Gegenüber zusammen. Offenkundig legitimiert sich diese Art von Fairness aus ihrer notwendig-funktionalen Bedeutung für den geregelten Ablauf des sportlichen Wettkampfs. Die *informelle Fairness* betrachtete Lenk dagegen als Erbin des englischen *sportmanship*-Ideals oder der Coubertinschen *Ritterlichkeit*. Bei ihr handelt es sich um eine leider im Verschwinden begriffene, für die Aufrechterhaltung des Wettkampfgeschehens wohl aber auch nicht konstitutive Form der Fairness (das geschilderte Verhalten von Lucien Gaudin fällt daher eher in diese Kategorie).

Lenks Unterscheidungen sind zwar weithin rezipiert worden, in einem entscheidenden Punkt hielt man sie aber für ergänzungsbedürftig. Fairness, so wurde angemerkt, lasse sich nicht auf die äußerliche Übereinstimmung sportlichen Handelns mit den Spielregeln reduzieren, sondern bestehe zunächst und vor allem in der *inneren Motivation,* sich an die Regeln zu halten. Fairness erweise sich somit als die „Tugend des agonalen Spiels" und als „Geist des Sports" (Gerhardt 1995, 19).

Trotz seiner Plausibilität musste auch dieses Verständnis von Fairness noch einmal erweitert werden. Im Mittelpunkt stand bislang nämlich nur das individuelle Handeln bzw. die individuelle Motivation. Aus diesem Grund hat Sigmund Loland jüngst darauf hingewiesen, dass auch sportliche Regelwerke und sportliche Institutionen in dem Sinne fair zu sein haben, dass sie tatsächlich *Chancengleichheit* für jeden garantieren und alle nicht von den sportlichen Akteuren zu verantwortenden Ungleichheiten durch entsprechende Maßnahmen kompensieren (vgl. Loland 2010).

2. Doping: Eines der größten Probleme nicht nur im Spitzensport ist das Doping. Zunächst scheinen sich hier aus sportethischer Sicht die gleichen Fragen zu stellen wie beim Fairnesskonzept, nämlich die analytische Frage, was unter Doping zu verstehen ist, und die normative Frage, ob und, wenn ja, warum Doping verboten sein soll. Vordergründig lässt sich die analytische Frage zwar mit einem Hinweis auf einschlägige Dopinglisten beantworten. Warum aber welche Substanzen, Eingriffe oder Verfahren in diese Listen aufzunehmen sind, ist ohne die vorherige Beantwortung der normativen Frage kaum einsichtig zu machen. Entsprechend werden für eine Rechtfertigung des Dopingverbots die folgenden Gründe – wenn auch oft in differenzierter Form und mit unterschiedlichen Gewichtungen – geltend gemacht: (a) Doping stellt einen Angriff auf den *Geist* und die *inneren Werte des Sports* dar (vgl. Lenk 2007); (b) Doping gefährdet die *Gesundheit* der Athleten (vgl. Wiesing 2010); (c) Doping ist *Betrug* am Zuschauer und an der Gesellschaft insgesamt (vgl. Gamper et al. 2000). Nun hat die Diskussion gezeigt, dass sich für jeden dieser Gründe Ausnahmen und einzelne Gegenargumente finden lassen. Dietmar Mieth hat deshalb vorgeschlagen, das Dopingverbot mittels einer *Konvergenzargumentation* zu begründen, also einer Argumentation, bei der zwar keiner der Gründe für sich allein ein kategorisches Verbot rechtfertigt, bei der alle Argumente zusammen aber doch hinreichend robust sind, um ein Dopingverbot zu legitimieren (vgl. Mieth 2004).

Geht man also von der ethischen Begründbarkeit des Dopingverbots aus, so ist die analytische Frage im Licht der vorgebrachten Gründe zu beantworten, das heißt, Medizin-, Sport-, Ethik- und andere Experten müssen zu einem Konsens darüber gelangen, warum bestimmte Substanzen, Eingriffe oder Verfahren *begründeterweise* auf die Dopingliste zu setzen sind und andere nicht. Dabei geht es allerdings nicht nur um Mittel zur Leistungssteigerung im Wettkampf, sondern auch um Maßnahmen zur Verkürzung von Trainingspausen oder zur Kompensation von Schmerzen bzw. Schäden.

Auf der Grundlage eines begründeten Dopingverbots muss dann weiterhin darüber nachgedacht werden, wie dieses Verbot effektiv durchzusetzen ist, wobei allerdings erst einmal die institutionellen und gesellschaftlichen Ermöglichungsbedingungen des flächendeckenden Dopingproblems zu ermitteln sind (vgl. Bette/Schimank 1995). Bei der eigentlichen Durchsetzung drängt sich dann unter anderem die Frage auf, inwieweit der Sport dieses Problem in eigener Autonomie lösen kann oder auf die subsidiäre Hilfestellung des staatlichen Rechtssystems angewiesen ist (vgl. Maier 2008).

3. *Kommerzialisierung:* Mit dem Stichwort ‚Kommerzialisierung des Sports' verbindet sich ganz allgemein die Auffassung, dass sportinterne Güter und Leistungen allmählich ‚kommodifiziert' werden, d. h. Warencharakter annehmen und auf dem Markt angeboten werden. Im Einzelnen lassen sich dabei die folgenden, miteinander zusammenhängenden Entwicklungstendenzen unterscheiden: (a) sportliches und sportbezogenes Handeln unterliegt zunehmend den externen Steuerungsmechanismen des Marktes, wodurch interne Regularien wie Spielregeln oder institutionelle Richtlinien unter massiven Anpassungsdruck geraten; (b) Sportorganisationen wie Vereine und Verbände wandeln sich von Non-Profit-Organisationen zu gewinnorientierten Unternehmen; (c) neben sportlichen Leistungen werden von den Sportorganisationen immer mehr traditionelle Marktgüter und -dienstleistungen produziert; (d) es findet ein Übergang vom Amateur- zum Berufssportlertum statt (vgl. Heinemann 2001).

Auch wenn die so beschriebene Kommerzialisierung des Sports vielfach beklagt wird, trifft sie faktisch doch auf immer größere Akzeptanz, denn ohne diese Voraussetzung wäre sie gesellschaftlich gar nicht durchsetzbar. Trotzdem ist sie in sportethischer Hinsicht nicht unproblematisch. Zum einen droht die Umstellung auf externe Steuerungsmechanismen, den Sport von innen her *auszuhöhlen*, weil fremde Zielsetzungen die sportinternen immer mehr überlagern und die Sportpraxis so zu einem funktionalen Handlungskontext herabwürdigen. Noch bedenklicher ist der Umstand, dass Kommerzialisierungstendenzen auch die *moralischen Rechte* von Athleten gefährden können, indem beispielsweise aus Vermarktungsgründen die Sicherheitsstandards bei Wettkämpfen herabgesetzt werden oder indem die Freizügigkeit von Profisportlern durch die Forderung von hohen Ablösesummen während der Vertragslaufzeit beeinträchtigt wird.

4. *Exklusion:* Die Zeiten, in denen Menschen wegen ihrer Rasse oder ihres Geschlechts von der Teilnahme an Sportwettkämpfen ausgeschlossen wurden, sind weitgehend vorbei. Desgleichen begegnet der Sport von Frauen in einst für reine Männerdomänen gehaltenen Disziplinen immer weniger Vorurteilen, sondern wird, im Gegenteil, wegen seiner intrinsischen Qualitäten zunehmend geschätzt. Dasselbe scheint auch für Menschen mit Behinderungen aller Art zu gelten; immerhin erfreut sich die *Paralympische Bewegung* seit Jahren wachsender Beliebtheit. Dabei wird jedoch übersehen, dass der sogenannte Behindertensport nur gedeihen konnte, weil er vom Sport der Nichtbehinderten säuberlich separiert wurde (vgl. Radtke 2011). Dieses Exklusionsmodell gilt inzwischen als überholt und steht auch nicht in Übereinstimmung mit der UN-Behindertenrechtskonvention, die in Artikel 30 ausdrücklich das Ziel formuliert, „Menschen mit Behinderungen die gleichberechtigte Teilnahme an Erholungs-, Freizeit- und Sportaktivitäten zu ermöglichen". Damit ist ein Inklusionsideal formuliert, das auch enorme Herausforderungen an die Sportethik stellt. Sie hat jetzt nämlich der Frage nachzugehen, wie die ethisch mühelos zu begründende Forderung nach Inklusion mit dem ebenso unstrittigen moralischen Recht auf einen freien Wettkampfsport auf der Basis von Chancengleichheit vermittelt werden kann (vgl. Kiuppis/Kurzke-Maasmeier 2012).

5. *Gutes Leben:* Quer zu den bislang geschilderten Problemen steht schließlich eine Herausforderung, die in der Sportethik bis-

lang nur ansatzweise zur Kenntnis genommen wurde. Konzentrierte sich die bisherige Diskussion nämlich auf Fragen des moralisch Richtigen und damit auf Probleme, die tendenziell eher im Hochleistungssport verankert sind (auch wenn sie inzwischen den gesamten Sport prägen), so ist in Zukunft verstärkt der Frage nachzugehen, welchen Beitrag der Sport zu einem guten, gelingenden und glücklichen Leben leisten kann (vgl. Hübenthal 2001). Diese Frage ist keineswegs so unschuldig, wie es zunächst scheint. Auf der Grundlage einer kritisch-konstruktiven Konzeption des Guten können nämlich auch bestimmte Erscheinungen im Freizeit- und Breitensport als hochgradig problematisch entlarvt werden. Gleichzeitig gäbe eine ‚Theorie des guten Sports' auch Orientierungshilfen für das sportpolitische Handeln. Ohne die gleichberechtigte Integration dieser evaluativen Fragestellung bleibt eine Bereichsethik des Sports aber auf jeden Fall unvollständig.

Literatur

Apel, Karl-Otto: „Die ethische Bedeutung des Sports in der Sicht einer universalistischen Diskursethik". In: Ders.: Moral und Verantwortung. Das Problem des Übergangs zu einer postkonventionellen Moral. Frankfurt a. M. 1990, 217–246.
Bette, Karl-Heinz/Schimank Uwe: Doping im Hochleistungssport. Frankfurt a. M. 1995.
Boxill, Jan (Hg.): Sports Ethics. An Anthology. Malden, Mass. 2003.
Cachay, Klaus/Digl, Helmut/Drexel, Gunnar (Hg.): Sport und Ethik. Clausthal-Zellerfeld 1985.
Cachay, Klaus/Drexel, Gunnar/Franke, Elk (Hg.): Ethik im Sportspiel. Clausthal-Zellerfeld 1990.
Coubertin, Pierre de: „Sports and Ethics." [1910] In: Ders.: Olympism. Selected Writings. Lausanne 2000, 167–169.
Court, Jürgen: Kritik ethischer Modelle des Leistungssports. Köln 1994.
Diem, Carl: „10 Gebote des Sports." In: Ders.: Wesen und Lehre des Sports und der Leibeserziehung. Stuttgart ³1964, 24.
Eisenberg, Christiane: „Die britischen Ursprünge des modernen Sports." In: Michael Krüger, Hans Langenfeld (Hg.): Handbuch Sportgeschichte. Schorndorf 2010, 181–186.
Fraleigh, Warren P.: Right Actions in Sport. Ethics for Contestants. Champaign, IL. 1984.
Franke, Elk (Hg.): Ethische Aspekte des Leistungssports. Clausthal-Zellerfeld 1988.
Gamper, Michael/Mühlethaler, Jan/Reidhaar, Felix (Hg.): Doping. Spitzensport als gesellschaftliches Problem. Zürich 2000.
Gerhardt, Volker: „Die Moral des Sports." In: Sportwissenschaft 21 (1991), 125–145.
Gerhardt, Volker: „Fairneß – Die Tugend des Sports." In: Ders./Manfred Lämmer(Hg.): Fairneß und Fair play. Sankt Augustin ²1995, 5–24.
Grupe, Ommo/Mieth, Dietmar (Hg.): Lexikon der Ethik im Sport. Schorndorf ³2001.
Heinemann, Klaus: „Kommerzialisierung." In: Ommo Grupe, Dietmar Mieth (Hg.): Lexikon der Ethik im Sport. Schorndorf 2001, 292–299.
Hübenthal, Christoph: „Normen und Werte im Sport." In: Alfred K. Tremel (Hg.): Sportethik. Frisch, fromm, fröhlich – foul (Ethik Kontrovers 9 [2001], Jahrespublikation der Zeitschrift Ethik und Unterricht), 14–23.
Kiuppis, Florian/Kurzke-Maasmeier (Hg.): Dabeisein ist nicht alles – Sport und Behinderung im Spiegel der UN-Behindertenrechtskonvention. Stuttgart 2012.
Körner, Swen/Erber-Schropp, Julia-Marie (Hg.): Gendoping. Herausforderung für Sport und Gesellschaft. Wiesbaden 2016.
Krüger, Michael: „Aufklärung/19. Jahrhundert. Philanthropische Gymnastik und deutsches Turnen." In: Ders./Hans Langenfeld (Hg.): Handbuch Sportgeschichte. Schorndorf 2010, 175–180.
Kuchler, Walter: Sportethos. Eine moraltheologische Untersuchung des im Lebensbereich Sport lebendigen Ethos als Beitrag zu einer Phänomenologie der Ethosformen. München 1969.
Lenk, Hans: Werte, Ziele und Wirklichkeiten der modernen Olympischen Spiele. Schorndorf 1964.
Lenk, Hans: „Aspekte einer Pragmatisierung der Ethik auch für die Sportethik". In: Klaus Cachay/Helmut Digl/Gunnar Drexel (Hg.): Sport und Ethik. Clausthal-Zellerfeld 1985, 1–20.
Lenk, Hans: Erfolg oder Fairness? Leistungssport zwischen Ethik und Technik. Münster 2002.
Lenk, Hans: Dopium fürs Volk. Werte des Sports in Gefahr. Hamburg 2007.
Lenk, Hans: Sportethik und Wirtschaftsethik: Konkurrenz und Fairness in Sport und Wirtschaft. In: Maring, Matthias (Hg.): Bereichsethiken im Interdisziplinären Dialog. Karlsruhe 2014, 301–322.
Loland, Sigmund: „Fairness in Sport. An Ideal and its Consequences." In: Mike McNamee (Hg.): Sport, Virtues and Vices. Morality Plays. London 2010, 116–124.
Maier, Bernhard: „Weichenstellung im Dopingsport. Vom unabhängigen Sportgericht zum zivilen Strafrecht." In: Eckhard Meinberg/Ders. (Hg.): Doping oder Sport. Purkersdorf 2008, 27–66.
McNamee, Mike: Sport, Virtues and Vices. Morality Plays. London 2008.
McNamee (Hg.): The Ethics of Sports. A Reader. London 2010.

McNamee/Parry, Jim (Hg.): Ethics and Sport. London 1998.
Meinberg, Eckhard: Die Moral im Sport. Bausteine einer neuen Sportethik. Aachen 1991.
Mieth, Dietmar: „Doping – Ethische Perspektiven." In: Claudia Pawlenka (Hg.): Sportethik. Regeln, Fairness, Doping. Paderborn 2004, 225–235.
Pawlenka, Claudia: Utilitarismus und Sportethik. Paderborn 2002.
Pawlenka, Claudia (Hg.): Sportethik. Regeln, Fairness, Doping. Paderborn 2004.
Radtke, Sabine: „Inklusion von Menschen mit Behinderung im Sport". In: Aus Politik und Zeitgeschichte 16. Jg., 19 (2011), 33–38.
Thorhauer, Yvonne/Kexel, Christiph A. (Hg): Compliance im Sport. Theorie und Praxis. Bad Homburg 2018.
Wiesing, Urban: „Soll man Doping unter ärztlicher Kontrolle freigeben?" In: Ethik in der Medizin 22 (2010), 103–115.

Ethik der Kunst

49

Marie-Luise Raters

Dem Volksmund zufolge soll man sich ruhig niederlassen, wo gesungen wird, weil böse Menschen angeblich keine Lieder kennen. Die kunstfertige Stiefmutter von Schneewittchen beweist jedoch, dass sich das Verhältnis von Kunst und Ethik nicht ganz so einfach gestaltet.

49.1 Kunst als Mittel zur moralischen Erziehung

Es gibt eine intrinsische Beziehung zwischen Moralphilosophie und Kunst, seit Kunst in der griechischen Antike als Medium der Vermittlung von moralischen Inhalten oder Haltungen aufgefasst wurde. So soll Platons *Politeia* zufolge die Krieger-Erziehung durch Literatur und Musik noch vor der Erziehung durch Gymnastik einsetzen, weil Gymnastik den Körper, die Kunst jedoch die Seele bzw. den Charakter forme (Platon 377a). Friedrich Schiller verfasst eine Reihe von *Briefen über die ästhetische Erziehung der Menschen* aufgrund der Prämisse, dass der Mensch „nur da ganz Mensch" ist, „wo er spielt" in dem Sinne, dass er sich ohne äußeren Zweck freiwillig einem Regelsystem unterwirft (Schiller 1980, 539). Indem die Kunst diese Fähigkeit ausbilden hilft, könne sie am „Bau einer wahren politischen Freiheit" als das „vollkommenste aller Kunstwerke" mitwirken (ebd., 506) und so der „Welt" die „Richtung zum Guten" (ebd., 524) geben. Weil sie keine Sprachgrenzen kennt, bezeichnet Bernard Bosanquet die Kunst als „eine der großen Straßen zur Humanität" (Bosanquet 1889, 119). Der pragmatistischen Ästhetik von John Dewey zufolge ist „die Gesamtsumme der Wirkung aller reflektierenden Traktate" zur Moral unbedeutend „im Vergleich mit dem Einfluß der Architektur, des Romans, des Dramas auf das Leben" (Dewey 1995, 398). Er preist die Kunst als „unvergleichliches Werkzeug der Unterweisung" und als „das große moralische Instrument des moralisch Guten" (ebd., 400 f.). Nun sind Künstler nicht per se auch moralische Autoritäten, wenn die Talk-Shows unserer Zeit diesen Irrtum auch nahelegen mögen. Nicht zuletzt deshalb wurde die Kunst von Seiten der Moralphilosophie immer wieder der Zensur unterzogen. Im Detail lassen sich (mindestens) drei Begründungsmuster für die moralische Zensur von Kunst unterscheiden.

Erwünschte und unerwünschte moralische Gehalte: Kunst wurde zunächst einmal daraufhin geprüft, ob sie unerwünschte moralische Überzeugungen oder Gefühle transportiert. So sind Hesiods Schilderungen der „Taten des Uranos" und der „Rache des Kronos" nach Platon aus dem Kanon der zur Erziehung verwendeten

M.-L. Raters (✉)
Universität Potsdam, Potsdam, Deutschland
E-Mail: mlraters@uni-potsdam.de

Dichtungen zu entfernen, weil man „vor den Ohren eines jungen Menschen" nicht sagen sollte, man „mache nichts besonders Auffälliges", wenn jemand „seinen Vater, der ihn beleidigt, aufs Schwerste züchtige; er tue ja nur, was die ersten und größten der Götter getan" haben (Platon 378a). Im 18. Jahrhundert setzt Moses Mendelssohn der verrohrenden Lust des „unempfindlichen Pöbels" im antiken Rom am „blutigen Schaugerüst" der Gladiatorenkämpfe die edle Lust des Mitleidens entgegen, die durch das Trauerspiel als „rührendes Gemälde für wohlerzogene Leute" evoziert werden soll (Mendelssohn 1994, 88). Im 20. Jahrhundert plädiert Moissey Kagan für die erhabene und schöne Kunst des Sozialistischen Realismus mit dem Argument, dass diese gegen den „pathologischen, krankhaften Hang" der „bürgerlichen Kultur" mit ihrem „Hang zur Darstellung aller möglichen Scheußlichkeiten und Gemeinheiten" davon überzeugen könne, dass der Mensch kein „häßliches, gemeines und verächtliches Geschöpf" sei, welches „keinerlei Achtung, Mitleid und Sorge" verdiene (Kagan 1971, 156 f.). Heute wird diskutiert, ob bestimmte Computerspiele wie z. B. das Spiel *Counterstrike* für Jugendliche verboten werden sollten, weil sie menschenverachtende Überzeugungen oder Haltungen etablieren. Verwiesen wird dabei auf das geltende Gesetz, das dem „Geld- und Freiheitsstrafen bis zu einem Jahr" androht, der Medien verbreitet, „die grausame oder sonst unmenschliche Gewalttätigkeit gegen Menschen in einer Art schildern, die eine Verherrlichung oder Verharmlosung solcher Gewalttätigkeit ausdrückt oder die das Grausame oder Unmenschliche des Vorgangs in einer die Menschenwürde verletzenden Weise darstellt" (StGB § 131). Die feministische Bloggerin Laurie Penny sieht staatliche Zensurmaßnahmen (beispielsweise gegen frauenverachtenden Cybersexismus im Internet) allerdings kritisch: Erfolgversprechender sei es, wenn möglichst viele „Aktivist_innen, Hacker_innen und Entwickler_innen" im Netz ihre Stimme gegen „frauenfeindliche Trolle" erheben (Penny 2014, 198 f.). Einen direkten Einfluss von Darstellungen von Unmoralischem auf moralische Überzeugungen oder Haltungen bezweifelt Robin G. Collingwood überzeugend mit dem Hinweis darauf, dass die Konsumenten „von Kriminalgeschichten und Kriminalfilmen" in aller Regel nicht Gefahr laufen würden, zum „Berufsverbrecher" zu werden (Collingwood 1964, 86).

Das Hässliche als Symbole des Bösen: Ein zweiter Typus der moralischen Zensur von Kunst begründet sich in der Auffassung vom Hässlichen als Erscheinungsweise des Bösen. Diese Affinität wird schon durch die Sprache nahegelegt. So bedeutet das altgriechische Adjektiv *aischros* nicht nur „hässlich", sondern auch „schändlich, schimpflich, schmählich, unzüchtig" (Menge 1910, 13). Vergleichbar kann man eine moralisch verwerfliche Tat in der deutschen Umgangssprache als ‚hässliche Tat' bezeichnen. Konjunktur hatte die Auffassung des Hässlichen als „Erscheinungsweise des Bösen", der Sünde und der Gottesferne vor allem im christlichen Mittelalter, weshalb hässliche Kunst hier nur in genau bestimmten Kontexten (d. h. für Höllendarstellungen) geschaffen werden durfte (Jauß 1968, 148). Dem Hegelianer Karl Rosenkranz zufolge gewinnen moralische „Verkehrtheiten und Laster" in hässlichen Gesichtszügen und Körperhaltungen „ihren bestimmten physiognomischen Ausdruck", weshalb man bei „Diebinnen" häufig „diesen spezifischen Blick des lauernden, knoffigen Auges gleichsam als Gattungsblick wahrnehmen" können soll (Rosenkranz 1990, 343). Auch der Novelle *Das Bildnis des Dorian Gray* von Oscar Wilde liegt die Überzeugung zugrunde, dass „die Sünde" das „Gesicht des Menschen" zeichnen und „sich in den Mundlinien, den schlaffen Augenlidern" zeigen soll. Wildes Protagonist kann seine Schönheit bewahren, weil sich die Spuren seines ausschweifenden Lebens auf seinem Portrait abzeichnen (Wilde 1977, 276). Nun gibt es sicherlich keine direkte Ausdrucksrelation zwischen dem Guten und dem Schönen bzw. dem Hässlichen und dem Bösen, weil ansonsten alle Mörder hässlich und alle moralischen Vorbilder körperlich attraktiv bzw. schön wären. Der mittelalterlichen Auffassung, dass das moralisch Böse in der Welt durch hässliche Kunst vermehrt würde, liegt also zweifellos eine Verwechslung des Dargestellten mit dem Darstellen selbst zugrunde. In diesem Sinne betont Karl Heinz Bohrer, dass Literatur nicht selbst als etwas Böses zu verwerfen sei, wenn sie Böses thematisiert (Bohrer 1988). Tatsächlich sollten drastische Darstellungen von unmoralischen Handlungen (von Morden oder Vergewaltigungen beispielsweise) in den Künsten nicht als moralisches Problem, sondern als Geschmacksfrage behandelt werden.

Moralisch verwerfliche Kunstpraktiken: Gute Gründe für eine moralische Zensur scheinen jedoch vorzuliegen, sobald im Zuge der Herstellung oder Präsentation von Kunst selbst moralisch bedenkliche oder gar dezidiert unmoralische Handlungen vollzogen werden. So waren die Gladiatorenkämpfe zweifelsohne moralisch verwerflich, weil viele Gladiatoren dabei qualvoll getötet wurden; dasselbe gilt für Stierkämpfe und ähnliche grausame Schauspiele. Die Ausstellungen plastinierter Leichen(teile) durch den Anatomen Gunther von Hagens ist moralisch umstritten, weil der Verdacht im Raum steht, dass eine öffentliche Zurschaustellung die Würde der ausgestellten Toten verletzt, zumal es Gerüchte gibt, dass die ‚Materialien' aus chinesischen Gefängnissen stammen und die Betroffenen zu Lebzeiten nicht um Erlaubnis gefragt worden sein sollen. Moralische Bedenken wurden auch laut, nachdem der Regisseur und Performance-Künstler Christoph Schlingensief eine Gruppe von Wohnungslosen mit einer stattlichen Geldsumme ausgestattet in das Berliner *Kaufhaus des Westens* (KDW) zum Einkaufen geschickt hatte, weil die Situation für die Wohnungslosen zweifellos mit einer Demütigung verbunden war. Ein wichtiger Gegenstand der Gegenwartskunst sind die utopischen Möglichkeiten und dystopischen Gefahren von neuen technischen Entwicklungen. Solche Kunstwerke haben ein sicherlich ein wichtiges kritisches Potential. Allerdings könnte es moralisch bedenklich werden, wenn Künstler noch unerprobte neue Techniken (z. B. neurophysiologische Stimulationsverfahren) einsetzen, um neue Formen von ästhetischen Erfahrungen zu generieren (Roeser, Alfanoe, Nevjan 2018). Moralisch umstritten ist schließlich auch, ob virtuelle Verbrechen (wie beispielsweise die Vergewaltigung eines Avatars mit einem eigenen Avatar in einer virtuellen Welt wie *Second World*) strafwürdige Vergehen sind oder nicht.

49.2 Der Beitrag der Kunst zum Guten

Jenseits ihrer moralischen Dimension ist Kunst als möglicher Beitrag zu einem besseren individuellen Leben, einer besseren Gesellschaft oder einer besseren Welt ethisch interessant.

Die kathartische bzw. therapeutische Wirkung von Kunst: So könnte man beispielsweise die Auffassung vertreten, dass wirkliche Vergewaltigungen verhindert werden können, wenn potentielle Vergewaltiger ihre perversen Neigungen im Kontext eines Computerspiels ausleben können. Obwohl nicht von Vergewaltigungen und ähnlichem die Rede ist, findet sich der Gedanke einer möglichen therapeutischen bzw. kathartischen Wirkung von Kunst schon bei Aristoteles: Seiner *Poetik* zufolge soll durch die „Nachahmung einer edlen und abgeschlossenen Handlung" in der „gewählten Sprache" der Tragödie „Affekte wie Mitleid und Furcht" erzeugt werden, um eine „Reinigung [griech. *katharsis*] von eben derartigen Affekten" zu erreichen (Aristoteles 1961, 30). Aufgegriffen wird dieser Gedanke u. a. von Mendelssohn und Lessing sowie im angelsächsischen Idealismus. So durchlaufen quälende Emotionen wie Wut oder Traurigkeit nach Bosanquet eine „Verwandlung", wenn man sie „zeichnet oder ihnen sonst eine imaginative Gestalt" gibt, weil sich die Emotionen im Zuge einer künstlerischen Gestaltung „den Gesetzen" von verkörpernden „Objekten unterwerfen" und „Dauer, Ordnung, Harmonie, Bedeutung annehmen" müssen, so dass man besser mit ihnen umgehen kann (Bosanquet 1968, 8). Laut Collingwood werden verdrängte Gefühle und Triebe im Zuge einer Bewusstmachung durch Kunst „domestiziert", so dass sie unsere Lebensvollzüge nicht länger „wie Stürme oder Erdbeben verwüsten" können (Collingwood 1964, 209). Bertolt Brecht hält der Katharsis-Theorie jedoch entgegen, dass das

Publikum „desto weniger" imstande sei „zu lernen" und „Zusammenhänge" zu sehen, je mehr es „zum Mitgehen, Miterleben, Mitfühlen" gebracht würde. Deshalb solle das Theater nicht die Reaktion hervorrufen „ja, das habe ich auch schon gefühlt", sondern die distanzierte Reaktion „das hätte ich nicht gedacht" (Brecht 1978, 993, 986). Im Fahrwasser Brechts betrachtet Adorno die „Aristotelische Katharsis" als Instrument der „Unterdrückung", weil die Kunst das „anvisierte Publikum" von politisch unerwünschten „Instinkten und Bedürfnissen" durch ästhetische „Ersatzbefriedigungen" reinige (Adorno 1970, 354). Die Rezeptionsästhetik von H.R. Jauß verteidigt den kathartischen „Genuß der durch Rede oder Dichtung erregten eigenen Affekte" mit dem Argument, dass er beim „Zuhörer und Zuschauer sowohl zur Umstimmung seiner Überzeugung wie zur Befreiung seines Gemüts führen" könne. Nur ein „ästhetischer Snobismus" könne es im Sinne Adornos für „vulgär" halten, wenn Kunst „Bewunderung, Rührung, Mitlachen, Mitweinen" errege (Jauß 1977, 61 f.).

Widerspiegelnde und utopische Kunst: Für Brecht u. a. soll Kunst durch Widerspiegelung einen Beitrag zu einer besseren Welt leisten. ‚Widerspiegelung' ist nun nicht mit einem Abbilden (griech. *mimesis*) im Sinne des Aristoteles zu verwechseln: Wenn seine *Poetik* „Epos, Tragödie, Komödie, Dithyrambendichtung, ferner der größere Teil der Flötenkunst und Kitharakunst" als „Nachahmungen" bezeichnet, sind Nachahmungen von charakterlich bedingten Handlungstypen gemeint (Aristoteles 1961, 23). Durch ‚Widerspiegelung' soll vielmehr eine dialektische Spannung mit revolutionärem Potential durch eine kritische Bestandsaufnahme einer bestehenden Gesellschaft im Gegensatz zum utopischen Aufschein der jeweils besseren Gesellschaft erzeugt werden. Gemeinsamer Bezugspunkt sowohl des amerikanischen Pragmatismus als auch der Widerspiegelungstheorie des Marxismus und der Kritischen Theorie ist die Auffassung Hegels, dass sich bis zum ‚Ende der Kunst' im ausgehenden Mittelalter in der Kunst „die allgemeinen Weltanschauungen und religiösen Interessen" der jeweiligen Epochen zum Ausdruck bringen sollen (Hegel 1986, 13). Säkularisiert findet sich diese Auffassung bei dem englischen Kunsthistoriker John Ruskin in dem Diktum wieder, dass die „Kunst jedes Landes" der „exakte Spiegel seiner sozialen und politischen Tugenden" und seines „ethischen Gesamtzustandes" sei (Ruskin 1887, 39). Unter dessen Einfluss wiederum schreibt Dewey, dass sich „die ersten Bewegungen der Unzufriedenheit und die ersten Ankündigungen einer besseren Zukunft" immer „in Kunstwerken" finden würden, weshalb „der Konservative solche Kunst amoralisch und schmutzig" fände und „zur ästhetischen Befriedigung Zuflucht bei den Produkten der Vergangenheit" nähme (Dewey 1995, 398). Insgesamt betrachtet Dewey die durch Kunst evozierte ästhetische Erfahrung als „Manifestation, Urkunde und Feier des Lebens einer Zivilisation", als „ein Mittel, ihre Entwicklung voranzutreiben", und als „das abschließende Urteil über die Qualität einer Zivilisation" (ebd., 377). Etwa zeitgleich steht im Zentrum der marxistischen Widerspiegelungstheorie von George Lukács, Michael Lifschitz, Leo Kofler, Bertolt Brecht u. a. der Gedanke, dass Kunst revolutionäres Potential entfalten könne, indem sie einer Gesellschaft entlarvend einen Spiegel vorhält und gleichzeitig die Möglichkeit einer jeweils besseren, schöneren und gerechteren Gesellschaft aufscheinen lässt. Die Kritische Theorie knüpft daran an, indem sie dieses revolutionäre Potential als gefährdet betrachtet. So zeigt Benjamins Essay *Das Kunstwerk im Zeitalter seiner technischen Reproduzierbarkeit* von 1936, dass der Film und die Fotografie einerseits das Potential zu einer „Politisierung der Kunst" haben, weil sie als Massenmedien die Bedingungen bewusst machen können, unter denen der Mensch in der modernen Massengesellschaft lebt. Wie sich im Nationalsozialismus gezeigt habe, lässt sich ihr Potential jedoch auch zu einer „Ästhetisierung des politischen Lebens" für die Zwecke einer demagogischen Propaganda missbrauchen (Benjamin 1977, 44). Laut Adorno hat die Kunst einen „Doppelcharakter" als „fait social" wie als autonome Instanz (Adorno 1970, 16). Insofern kann sie die jeweilige „gesellschaftliche

Antithesis" aufscheinen lassen (ebd., 19). Nach Adorno ist dieses Potential gefährdet, weil die Kunst für Machtinteressen oder durch die Kulturindustrie vereinnahmt werden kann. Tatsächlich scheint sich die Gegenwartskunst ihrer kritischen Funktion bewusst zu sein. Vom kritischen Blick auf neue technische Entwicklungen war schon die Rede; zu erwähnen wäre auch der seit den scheußlichen Nazi-Verbrechen zu beobachtende Trend, Verletzungen der Menschenwürde im privaten, sozialen und politischen Raum zu thematisieren (Pless, Maak, Harris 2017).

Kunst als Spiel, Amusement und Dekoration: Schließlich und endlich kann Kunst natürlich auch als Spiel, Dekoration und Amusement einen Beitrag zu einem gelungenen Leben leisten. Prominent vertreten wurde die Auffassung vom ethischen Wert der Kunst als spielerische Entlastung von allen Zweckmäßigkeitszusammenhängen von Immanuel Kant: Seine *Kritik der Urteilskraft* weist der Dichtkunst den „obersten Rang" unter den Künsten zu, weil sie „die Einbildungskraft in Freiheit" setze, wodurch wiederum „das Gemüt" gestärkt würde, weil die Einbildungskraft im Zuge dieser freien Tätigkeit als „ein freies, selbsttätiges und von der Naturbestimmung unabhängiges Vermögen" erlebt würde (Kant 2001, 219 f.). Nach Schiller soll die Kunst generell den „Spieltrieb" (Schiller 1980, 539) befriedigen, wobei Hans Georg Gadamer später treffend betont, dass mit der Spielmetapher „nicht nur negativ" eine „Freiheit von Zweckbindungen", sondern immer auch eine aktive Interpretations- und Rezeptionsanstrengung im Sinne eines „Mitspielens" gemeint sei (Gadamer 1977, 34 f.). Als Amusement, Alltagsentlastung und Dekoration hat die Kunst in der sogenannten ‚Postmoderne' schließlich besonders hohe Konjunktur: So plädiert Leslie Fiedler dafür, die „Lücke zwischen hoher Kultur und niederer, belles-lettres und pop art" zu schließen, weil jede Kunst (dasselbe gälte für Universitätsvorlesungen) „zu einer Form der Unterhaltung" werden müsse. Als wegweisende Beispiele werden die Musik von Louis Armstrong und Leonard Cohen sowie Wildwestgeschichten ins Feld geführt (Fiedler 1969–1984, 589).

Literatur

Adorno, Theodor W.: Ästhetische Theorie [1970]. Frankfurt a. M. ^{5}1981.
Aristoteles: Poetik. Stuttgart 1961.
Benjamin, Walter: Das Kunstwerk im Zeitalter seiner technischen Reproduzierbarkeit [1936]. Frankfurt a. M. ^{4}1977.
Bohrer, Karl Heinz: „Das Böse eine ästhetische Kategorie?" In: Ders. (Hg.): Nach der Natur. Über Politik und Ästhetik. München 1988, 110–132.
Bosanquet, Bernard: „Artistic Handwork in Education." In: Ders. (Hg.): Essays and Addresses. London 1889, 117–119.
Bosanquet, Bernard: Three Lectures on Aesthetic [1915]. New York 1968.
Brecht, Bertolt: Das epische Theater [1939]. In: Die Stücke von Bertolt Brecht in einem Band. Frankfurt a. M. 1978, 983–998.
Collingwood, Robin George: The Principles of Art [1938]. London ^{6}1964.
Dewey, John: Kunst als Erfahrung. Frankfurt a. M. ^{2}1995 (engl. 1934).
Fiedler, Leslie A.: Überquert die Grenze, schließt den Graben. In: J. Schröder Herbstein (Hg.): Mammut März Texte 1 & 2. 1969–1984. 1984, 673–697 (Im Text zit. nach Welsch (Hg.): Wege aus der Moderne. Schlüsseltexte der Postmoderne-Diskussion. Weinheim 1988, 57–74).
Früchtl, Josef: Ästhetische Erfahrung und moralisches Urteil. Frankfurt a. M. 1996.
Gadamer, Hans Georg: Die Aktualität des Schönen. Kunst als Spiel, Symbol und Fest. Stuttgart 1977.
Gamm, Gerhard/Kimmerle, Gerd (Hg.): Ethik und Ästhetik. Nachmetaphysische Perspektiven. Tübingen 1990.
Greiner, Bernhard/Moog-Grünewald, Maria (Hg.): Etho-Poietik. Ethik und Ästhetik im Dialog. Erwartungen, Forderungen, Abgrenzungen. Bonn 1998.
Hegel, Georg W.F.: Vorlesungen über die Ästhetik [1832–1845]. In: Werke, Bd. 13. Frankfurt a. M. ^{2}1986.
Jauß, Hans Robert: „Die klassische und die christliche Rechtfertigung des Häßlichen in mittelalterlicher Literatur." In: Ders. (Hg.): Poetik und Hermeneutik, Bd. 3. München 1968, 143–168.
Jauß, Hans Robert: Ästhetische Erfahrung und Literarische Hermeneutik, Bd. I. München 1977.
Kagan, Moissey: Vorlesungen zur marxistisch-leninistischen Ästhetik. Berlin 1971.
Kant, Immanuel: Kritik der Urteilskraft, § 42 [1790]. Hamburg 2001.
Mendelssohn, Moses: „Über die Empfindungen" [1755]. In: Otto F. Best (Hg.): Ästhetische Schriften in Auswahl. Darmstadt 1994, 29–110.
Menge, Hermann: Langenscheidts Wörterbuch der griechischen und deutschen Sprache. 1.Teil. Berlin u. a. 1910.
Penny, Laurie: Unsagbare Dinge. Sex, Lügen und Revolution. Hamburg 2014 (engl. 2014).

Pless, Nicola.M./Maak, Thomas/Harris, Howard: „Art, Ethics and the Promotion of Human Dignity. A Symposion." In Journal of Business Ethics 144. Jg., 2 (2017), 223–232.

Roeser, S./Alfano; V./Nevejan, C.: „The Role of Art in Emotional-Moral Reflection on Risky and Controversial Technologies. The Case of BNCI." In: Ethical Theory and Moral Practice 21. Jg., 2. (2018), 275–289.

Rosenkranz, Karl: Ästhetik des Häßlichen [1853]. Leipzig 1990.

Ruskin, John: Lectures on Art. Delivered before the University of Oxford in Hilary Term 1870. Oxford ^{4}1887.

Schiller, Friedrich: Werke in vier Bänden. Bd. 1. Gedichte und Sprüche. Philosophische Schriften. Wien 1980.

Sonderegger, Ruth: Für eine Ästhetik des Spiels. Hermeneutik, Dekonstruktion und der Eigensinn der Kunst. Frankfurt a. M. 2000.

Wilde, Oscar: Das Bildnis des Dorian Gray. In: Werke in zwei Bänden, Bd 1. München ^{3}1977, 276.

Medienethik

Christian Thies

Die Medienethik ist eine junge Subdisziplin der Angewandten Ethik, die noch nicht das kategoriale oder argumentative Niveau ihrer älteren Geschwister (wie der Medizinethik oder der Umweltethik) erreicht hat. An der Relevanz der Medienethik für das 21. Jahrhundert, in dem die technisch vermittelte Kommunikation sicherlich weiter zunehmen wird, kann jedoch kein Zweifel bestehen.

50.1 Gegenstandsbereich

Der Ausdruck ,Medien', der ursprünglich einfach etwas Mittleres oder Vermittelndes bezeichnete, ist mehrdeutig. Es haben sich unterschiedliche Verwendungsweisen entwickelt: In den *Naturwissenschaften* bedeutet das Wort einen räumlich ausgebreiteten Stoff als Träger physikalischer, chemischer oder biologischer Prozesse (wie die Luft als Medium für Schallwellen). In den *Sprachwissenschaften* meint man eine rückbezügliche Verwendungsweise des finiten Verbs, die beispielsweise im alten Griechisch üblich war; ein medialer Satz wie „das Buch verkauft sich gut" vermittelt zwischen Aktiv und Passiv. Im *Spiritismus* gelten Menschen als Medien, die mit ihren paranormalen Fähigkeiten zwischen uns und der Geisterwelt vermitteln können (wie angeblich Emanuel Swedenborg). Die *Sozialwissenschaften* sprechen von symbolisch generalisierten Kommunikationsmedien oder besser: Steuerungsmedien, die soziale Interaktionen vermitteln, vereinfachen und lenken; die besten Beispiele sind Geld und Macht. Den heutigen *Medienwissenschaften* und auch der Medienethik geht es aber um die (technischen) Mittler der Kommunikation zwischen Menschen, also um *Kommunikationsmedien*.

Von Anbeginn hat die Menschheit Kommunikationsmedien genutzt. Für deren historischen Wandel gibt es seit Marshall McLuhan (vgl. Baltes/Höltschl 2002) verschiedene Periodisierungsvorschläge; eingängig ist die folgende Unterscheidung von *fünf Phasen:*

1. Das elementare Kommunikationsmedium ist die *Sprache;* ohne diese wäre der Mensch, das *animal symbolicum,* kein Mensch.
2. Die erste wichtige Zäsur ist die Entwicklung der *Schrift,* nach einigen Vorläufern zuerst ca. 3000 v.Chr. in Mesopotamien und Ägypten.
3. Die nächste Wende bringt der *Buchdruck,* der in China bereits im 11. Jahrhundert erfunden wurde, jedoch vor allem in Europa ab 1450 die Kommunikation intensivierte und im 19. Jahrhundert durch neue technische

C. Thies (✉)
Universität Passau, Passau, Deutschland
E-Mail: Christian.Thies@uni-passau.de

Verfahren verbessert wurde (Rotationspresse u. a.).
4. Seit der Mitte des 19. Jahrhunderts treten in mehreren Schüben die *elektronischen Medien* hervor: Telegraphie – Telefon – Radio – Fernsehen.
5. Ab 1990 ermöglichen Digitalisierung, Miniaturisierung und Globalisierung den Zusammenschluss aller Kommunikationsmedien zu einem umfassenden *multi-medialen Netz* (Internet). Bilder, gesprochene Sprache und Texte können gleichermaßen vermittelt werden.

Gegenstand der Medienethik sind in erster Linie die menschlichen Kommunikationsakte, die über moderne technische Medien laufen. Eine klare Abgrenzung ist nicht möglich. Als *wichtigste Themen* gelten das Fernsehen und das Internet, das aber auch von der Informationsethik behandelt wird. Hinzu kommen andere elektronische Massenmedien wie der Hörfunk und manchmal das Kino. Aber auch Abkömmlinge der dritten Phase, nämlich Zeitungen und Zeitschriften, werden regelmäßig einbezogen, bisweilen auch Bücher. Thematisiert werden darüber hinaus Computerspiele, insofern diese teilweise über das Internet gespielt werden (vgl. Grimm/Capurro 2010), seltener Mikromedien, mit denen inter-individuell kommuniziert wird (Telefon, E-Mail u. a.).

50.2 Grundprobleme

Die *zentralen Fragen* der Medienethik lassen sich ableiten von der Leitfrage jeder Ethik, „Was soll ich tun?". Sie lauten: Wie soll ich mit den modernen Medien umgehen? Wie sollten wir sowohl als Produzenten wie als Rezipienten medialer Kommunikationsakte handeln? Nach welchen Maßstäben sollten die Strukturen regionaler, nationaler und globaler Mediensysteme gestaltet sein? Wie bei direkten Kommunikationsakten gelten für medial vermittelte in erster Linie *allgemein-ethische Prinzipien* wie Wahrheit, Wahrhaftigkeit, Freiheit, Achtung der Menschenwürde, eine faire Verteilung der Partizipationschancen usw. Zudem gilt in den Medien auch die normative Regel, dass negative Pflichten Vorrang vor positiven Pflichten haben; beispielsweise ist die Verpflichtung, keine Unwahrheiten über andere Personen zu verbreiten, stärker als diejenige, diese für ihre Leistungen zu loben. Schon hier kann es aber zu moralischen Dilemmata kommen, wie dem Antagonismus von Meinungsfreiheit und Persönlichkeitsschutz.

Selbst wenn man sich über die normativen Prinzipien einig sein mag, kommen (wie in jeder anderen Angewandten Ethik) weitere Probleme hinzu. Diese entstehen zum einen aus *medienimmanenten Ursachen*. Zunächst einmal unterscheidet sich (massen-)mediale von direkter Kommunikation in mancherlei Hinsicht; sie ist anonymer, schneller, räumlich und sozial entgrenzt usw. Kann man beispielsweise auf virtuelle Freundschaften dieselben Maßstäbe anwenden, die seit Aristoteles für deren reale Verkörperungen gelten? Sodann lässt sich aus der Sprechakttheorie lernen, dass verschiedene Weisen der Kommunikation und somit auch der Nutzung der entsprechenden Medien möglich sind, vor allem Informationsübermittlung, Kommentar/Kritik, Konversation/Unterhaltung, Bildung/Erziehung, Selbstdarstellung, Werbung und Öffentlichkeitsarbeit (Propaganda, Public Relations u. a.). Diese medialen Handlungsfelder stehen nicht immer im Einklang miteinander. Das führt oft zu Spannungen zwischen Information und Öffentlichkeitsarbeit, zwischen Unterhaltung und Bildung, zwischen Kommentar und Selbstdarstellung usw. Zudem gelten jeweils andere Kriterien, was man deutlich an der Frage sehen kann, wie physische Gewalt in Nachrichtensendungen, historischen Dokumentationen, Spielfilmen, Kinderprogrammen, Computerspielen und in der Werbung dargestellt werden sollte (vgl. Kunczik/Zipfel 2006). Schließlich ist zu beachten, dass die modernen Massenmedien gar nicht primär über Sprache und Text wirken, sondern viel stärker über (bewegte) Bilder; wichtiger Bestandteil der Medienethik muss also eine Bild-Ethik sein, die unseren produktiven und rezeptiven Umgang mit Fotos, Filmszenen, Graphiken, Karikaturen usw. normativ reflektiert (vgl. Leifert 2007).

Zum anderen gibt es *extern verursachte Grundprobleme*. Deren Ursache ist die Ausdifferenzierung der gegenwärtigen (Welt-)Gesellschaft in mehrere relativ autonome Sphären, von denen das Mediensystem eine ist. Die beiden wichtigsten Subsysteme sind das ökonomische und das politisch-administrative; von einigen Autoren werden auch Wissenschaft, Religion, Erziehung, Sport, Kunst u. a. als soziale Sektoren verstanden. Jedes Teilsystem braucht eine ‚Währung', eine ‚Sprache', die alle verstehen. Dies ist für die Wirtschaft das Geld, für die Politik die Macht, für die Wissenschaft die Wahrheit usw. Für das moderne Mediensystem scheint es die (öffentliche) Aufmerksamkeit zu sein; wenn ein medialer Kommunikationsakt nicht rezipiert wird, kann er als missglückt gelten. So entstehen Spannungsverhältnisse zwischen Medien und Ökonomie, Medien und Politik, Medien und Wissenschaft, Medien und Religion, Medien und Erziehung usw.

Aus den aufgelisteten internen und externen Grundproblemen ergeben sich viele der heutzutage aktuellen Themen, mit denen sich außer der Medien- auch die Informationsethik (s. Kap. 51) beschäftigt.

50.3 Verantwortungssubjekte

Als Grundbegriff der Medienethik wird oft ‚Verantwortung' genannt (vgl. Funiok 2011, 63–79; s. Kap. 31). Allerdings ist ‚Verantwortung' kein normatives Prinzip, das die kritische Überprüfung von Handlungen und Normen erlaubt; der Mörder ist für seine Handlungen im Normalfall genauso verantwortlich wie der Wohltäter. ‚Verantwortung' ist eher ein meta-theoretischer Begriff, mit dessen Hilfe wir die Komplexität moralischer Situationen durchleuchten können. Er ist insbesondere hilfreich, um die *Vielzahl der moralischen Subjekte* zu erfassen, an die medienethisch appelliert wird. Um das zu verstehen, sind zunächst die Dimensionen und Ebenen der Medienethik darzustellen.

Medien sind eigentlich ‚Mittler'. Deshalb muss es immer zwei Beteiligte geben, Macher bzw. Produzenten auf der einen und Nutzer bzw. Konsumenten auf der anderen Seite. In *beiden Dimensionen* gibt es Subjekte auf verschiedenen *Ebenen*. Denn Subjekte sind nicht nur Individuen, sondern auch Gruppen, Organisationen, Institutionen wie Staaten, sogar transnationale Gebilde. Zur normativen Orientierung empfiehlt sich die Unterscheidung von vier Ebenen mit jeweils zwei Dimensionen, die durch Beispiele illustriert seien.

Individuelle Ebene: Auf der Seite der Medienschaffenden stehen zunächst einmal Individuen wie Journalisten, freie Mitarbeiter, Redakteure usw., aber auch Eigentümer, Aktionäre und Aufsichtsräte, darüber hinaus Techniker und Dienstleister. (Die traditionelle journalistische Ethik bildet also nur einen kleinen Teilbereich der heutigen Medienethik.) In jedem Filmabspann kann man lesen, wie viele Personen an einem medialen Produkt beteiligt waren. Im interaktiv gestaltbaren Internet (‚Web 2.0'), zu dem u. a. die ‚sozialen Netzwerke' (Facebook, Twitter) und Wikipedia gehören, ist potentiell jeder ein Produzent (Münker 2009; Kemper et al. 2012). Auf der Seite der Konsumenten befinden sich diejenigen, die mediale Produkte im doppelten Sinne ‚wahrnehmen'; in den demokratischen Wohlstandsgesellschaften sind dies fast alle Bürger:innen. Diese können an einem Ort zusammenkommen (Kino), vereinzelt überall das gleiche Programm schauen (wie in der Frühzeit des Fernsehens der „Massen-Eremit" von Günther Anders 1987), in mehrere Fraktionen zerfallen oder völlig atomisiert sein.

Korporative Ebene: Menschen können sich aber auch zusammenschließen und organisieren. Auf der Seite der Produzenten gehören hierzu in erster Linie die Medienunternehmen (Zeitungen, private Sender, Internet-Firmen u. a.), aber auch Redaktionen, Teams und Netzwerke von Journalisten und anderen Medienschaffenden. Darüber hinaus gibt es Zusammenschlüsse zu Berufs- und Standesorganisationen, also beispielsweise Journalistenverbände und Unternehmervereinigungen. Wichtig sind korporative Kontrollgremien wie Presse- oder Werberäte, in Deutschland etwa die FSK (Freiwillige Selbstkontrolle der Filmwirtschaft) und die USK (Unterhaltungssoftware Selbstkontrolle). Eine korporative Ethik kann über Rechtsvorschriften und generelle moralische Pflichten hinausgehen; so verlangt der Deutsche Pressekodex u. a. eine besondere Sorgfaltspflicht und die Pflicht zur Richtigstellung falscher Nachrichten.

Es wird oft vergessen, dass sich auch die Medienkonsumenten assoziieren (könnten), etwa zu Bürgerinitiativen („Initiative Gewaltverzicht") und politischen Parteien („Piratenpartei"). Der Fernsehkritiker Neil Postman (1985) sah in der Schule die einzige Instanz, an die man sinnvollerweise medienethisch appellieren könnte: Ihre Aufgabe sei es, den Heranwachsenden eine moralisch fundierte Medienkompetenz zu vermitteln. Auch pädagogische Verbände und wissenschaftliche Einrichtungen, die sich mit modernen Kommunikationsmedien beschäftigen, wären hier einzuordnen. Ob auf diese Weise die in den liberalen Massengesellschaften bestehende Lücke zwischen einer oft ohnmächtigen Individualmoral und den zurückhaltenden Mediengesetzen geschlossen werden kann, steht aber auf einem anderen Blatt.

Staatliche Ebene: Sowohl individuelle wie korporative Ethik stoßen im Ernstfall an ihre Grenzen und bedürfen daher der Verankerung im Recht, das mit der Befugnis zu Zwang und Strafe verbunden ist. Insofern bleiben Staaten mit Gewaltmonopol eine wichtige Instanz für medienethische Normsetzungen und die Kontrolle der privaten Medien, in Deutschland etwa durch die Landesmedienanstalten. Kann der Staat als Generalvertreter der Konsumenten einer Gesellschaft angesehen werden, so stehen ihm auf der Seite der Medienproduzenten als „vierte Gewalt" die großen landesweiten Medien gegenüber, insbesondere die nach dem Vorbild der BBC geschaffenen öffentlich-rechtlichen Rundfunkanstalten, denen eine besondere Verantwortung für die demokratische Kultur eines Landes zukommt. Von Staat zu Staat gibt es jedoch Unterschiede: Während die meisten liberalen Verfassungsstaaten Meinungs- und Pressefreiheit hochhalten, würden muslimische Gesellschaften lieber strengere Regeln haben, etwa zum Schutz religiöser Bekenntnisse. Das zeigte sich beim Streit über die Mohammed-Karikaturen (vgl. Debatin 2007) und die dadurch ausgelöste Resolution des UN-Menschenrechtsrats.

Globale Ebene: Ein Spezifikum der modernen Medien ist, dass sie alle Grenzen überschreiten. Deshalb stellt sich im 21. Jahrhundert die Frage der Verantwortung auch auf internationaler Ebene (vgl. Garton Ash 2016, Thies 2018). Man denke nur an transnational operierende Medienkonzerne (TimeWarner, Bertelsmann, Murdoch) und Nachrichtensender (CNN, Al-Jazira); es gibt inzwischen aber auch multi-nationale öffentlich-rechtliche Sender (Arte, 3Sat). Auf der anderen Seite ist zu denken an transnationale politische Zusammenschlüsse (EU, UNO) und erste Ansätze einer Weltöffentlichkeit oder globalen Zivilgesellschaft mit Kirchen, Nichtregierungsorganisationen (WikiLeaks), grenzüberschreitenden sozialen Bewegungen u. a.

In unserer komplexen Welt gibt es also *geteilte und gestufte Verantwortlichkeiten*. In arbeitsteilig organisierten und funktional ausdifferenzierten Prozessen mit vielen Personen darf sich die jeweilige Verantwortung nicht durch Division ergeben (das führt zu deren Diffusion oder organisierter Unverantwortlichkeit), sondern durch eine gerechte und sachangemessene Distribution (Mitverantwortung). Wer mehr Einfluss besitzt, trägt in der Regel auch eine größere Verantwortung. Dennoch können für ein Schundprodukt, ebenso wie beim gemeinschaftlichen Raubüberfall, alle Beteiligten gleichermaßen zur Rechenschaft gezogen werden. Auf jeden Fall bleiben Individuen immer die letzten Verantwortungssubjekte; nur sie allein können und müssen ihr Tun im strengen Sinn ver-antworten und sich für ihr Handeln rechtfertigen. Das gilt, wie gesagt, sowohl für die Medienmacher wie für die Medienkonsumenten.

50.4 Individuelle Mediennutzungsmoral

In modernen Gesellschaften ist nahezu jeder ein Medienkonsument, in der Regel sogar mehrere Stunden am Tag. Wichtiger als eine Ethik für Medienschaffende ist deshalb eine individuelle Mediennutzungsmoral (Lübbe 1997). Um eine solche zu entwickeln, kann man sich an der vor allem von Kant weiterentwickelten klassischen Einteilung moralischer Pflichten orientieren.

Am wichtigsten sind *starke soziale Pflichten*, die wir gegenüber anderen Personen haben und die sogar in Rechtsform gebracht werden können. In der Regel gelten solche Normen nur für produktive mediale Akte (etwa eine Beleidigung oder organisierten Rufmord), nicht für rezeptive. Das lässt sich in der heutigen Mediengesellschaft aber nicht aufrechterhalten. Ein drastisches Beispiel ist der wiederholte Konsum und Besitz von kinderpornographischen Filmen; in diesem Fall ist schon die Mediennutzung eine strafbare Handlung, weil der Gesetzgeber nur so meint, die Verbrechen an Kindern verhindern zu können.

Sodann gibt es *schwache soziale Pflichten*, die denen gleichen, die in anderen Konsumbereichen gelten sollten. Wer etwa freiwillig den fair gehandelten Kaffee aus einer autonomen Bauernkooperative kauft, handelt wohltätig, weil er den betroffenen Produzenten hilft. Auf analoge Weise kann man durch die Wahl von Tageszeitungen oder Fernsehsendern dem Gemeinwohl dienen. Wenn beispielsweise keiner mehr Computerspiele erwerben oder spielen würde, in denen Gewalt verherrlicht wird, würde es diese bald nicht mehr geben. Nicht zu unterschätzen ist dabei die Vorbildwirkung von Eltern, Lehrern, Hochschuldozenten usw. Darüber hinaus stehen dem Medienkonsumenten weitere Schritte offen: Leser- bzw. Zuschauerbriefe, Beschwerden beim Deutschen Presserat oder eine Petition an den Deutschen Bundestag (beides inzwischen auch per E-Mail).

Schwache Pflichten gegen sich selbst hat jeder im Hinblick auf seine eigene Glückseligkeit. Die Philosophie der Lebenskunst entwickelt dafür zwar keine Imperative, aber doch Ratschläge. Solche betreffen in der modernen Welt auch den Umgang mit den Kommunikationsmedien. Denn deren Gebrauch ist so aus dem Ruder gelaufen, wie es Goethe schon im „Zauberlehrling" darstellte: Was eigentlich Mittel sein sollte, hat sich verselbständigt. Wir nutzen Internet und Fernsehen gar nicht mehr primär als Kommunikationsmedium, sie sind selbst Zweck geworden. Deshalb bedürfen die Rolle der Medien überhaupt und das relative Gewicht der verschiedenen Medien in unserem Leben der kritischen Überprüfung. Empirische Untersuchungen haben übrigens zeigen können, dass das Lesen eines Buches glücklicher macht als das Anschauen einer Fernsehsendung (vgl. Bollmann 2007).

Schließlich gibt es *starke Pflichten gegen sich selbst*. Wichtiger als Glückseligkeit sollte uns die eigene Würde sein. Deshalb ist das süchtige Verfallen an das Fernsehen oder das zwanghafte Surfen im Internet nicht nur der falsche Weg zum Glück; es gibt sogar Fälle, in denen der Konsum bestimmter Filme oder Computerspiele mit der eigenen Würde unverträglich ist. Dagegen sollte man nicht die große Verweigerung oder einen neuen Romantizismus der direkten Kommunikation setzen. Gefordert ist vielmehr der selbstbestimmte und wohlüberlegte Umgang mit Medien jeder Art. Welche Haltung oder (,alt-deutsch') Tugend dafür erforderlich ist, weiß man seit langer Zeit: Besonnenheit oder Mäßigung.

Literatur

Anders, Günther: Die Antiquiertheit des Menschen, Bd. 1 [1956; neues Vorwort 1979]. München 1987.
Baltes, Martin/Höltschl, Rainer (Hg.): Marshall McLuhan. Freiburg i.Br. 2002.
Bollmann, Stefan: Warum Lesen glücklich macht. München 2007.
Debatin, Bernhard (Hg.): Der Karikaturenstreit und die Pressefreiheit. Berlin 2007.
Funiok, Rüdiger: Medienethik. Verantwortung in der Mediengesellschaft. Stuttgart [2]2011.
Garton Ash, Timothy: Redefreiheit. Prinzipien für eine vernetzte Welt. München 2016 (engl. 2016).
Grimm, Petra/Capurro, Rafael (Hg.): Computerspiele. Neue Herausforderungen für die Ethik? Stuttgart 2010.
Heesen, Jessica (Hg.): Handbuch Medien- und Informationsethik. Berlin/Heidelberg 2016.
Kemper, Peter/Mentzner, Alf/Tillmanns, Julika (Hg.): Wirklichkeit 2.0. Medienkultur im digitalen Zeitalter. Stuttgart 2012.
Kunczik, Michael; Zipfel, Astrid: Gewalt und Medien. Ein Studienhandbuch. Köln u.a. 2006.
Leifert, Stefan: Bildethik. Theorie und Moral im Bildjournalismus der Massenmedien. München 2007.
Lübbe, Hermann: „Mediennutzungsmoral." In: Ders. (Hg.): Hintergrundphilosophie. Über deutsche Denk- und Merkwürdigkeiten. Zürich/Osnabrück 1997, 61–71.

Münker, Stefan: Emergenz digitaler Öffentlichkeiten. Die Sozialen Medien im Web 2.0. Frankfurt a. M. 2009.

Postman, Neil: Wir amüsieren uns zu Tode. Urteilsbildung im Zeitalter der Unterhaltungsindustrie. Frankfurt a. M. 1985 (engl. 1985).

Schicha, Christian/Brosda, Carsten (Hg.): Handbuch Medienethik. Wiesbaden 2010.

Thies, Christian: „Verantwortung im digitalen Weltsystem. Grundsätzliche Überlegungen zu einem neuen Bereich angewandter Ethik." In: Steffen Burk et al. (Hg.): Privatheit in der digitalen Gesellschaft. Berlin 2018, 137–152.

www.digitale-ethik.de

http://www.netzwerk-medienethik.de

Digitale Ethik

Manuela Lenzen

51.1 Begriff und Systematik

Die Digitalisierung beeinflusst und verändert heute viele Lebensbereiche: Kommunikation und Arbeit, Privatleben und Freizeit, Einkaufsverhalten und vieles mehr. Im Zentrum dieser Veränderungen stehen Daten. Daten sind der Rohstoff, mit dem die digitale Technologie funktioniert und den sie im Zuge der Digitalisierung auch selbst generiert. Mehr und mehr Sensoren protokollieren, was in Natur, Technik und Gesellschaft vor sich geht, und in der Folge bekommen immer mehr Dinge, Prozesse und auch Menschen ein digitales Abbild in Form eines Datensatzes oder Datenstroms. Diese digitalen Abbilder können mithilfe von Algorithmen analysiert werden. Dies ermöglicht es, Strukturen und Veränderungen besser zu erkennen, mögliche Entwicklungen zu simulieren und Handlungen besser zu planen. Die Analyse großer Datenmengen ermöglicht einen schnelleren Fortschritt der Wissenschaft, neue Geschäftsmodelle und neue Formen der Kommunikation. Die Digitalisierung wird wegen dieser zahlreichen Möglichkeiten und ihres breiten Einflusses bereits als eine neue industrielle Revolution bezeichnet, eine Revolution, die nicht auf einer neuen Form von Energie beruht, wie in der vorherigen industriellen Revolution, sondern auf der Verfügbarkeit von Daten.

Diese Entwicklung bringt auch neue moralische Herausforderungen mit sich. Je häufiger in großem Stil Daten sammelnde und analysierende Technologien, insbesondere algorithmischer Entscheidungssysteme (s. Kap. 118) zum Einsatz kommen, desto sichtbarer werden ihre Auswirkungen. Diese haben zahlreiche moralische Fragen und Themen aufkommen lassen. Ihre Spannbreite reicht vom Zugang zum World Wide Web, den Sozialen Medien und zur Bildung, die nötig ist, um mit diesen umzugehen, über Fragen nach dem Suchtpotential von Computerspielen oder nach dem Verhalten ‚im Netz' bis zum Schutz der Privatsphäre und den neuen Möglichkeiten der Kontrolle und Manipulation der Bevölkerung aber auch nach den neuen Möglichkeiten demokratischer Partizipation. Auch die Diskussion um die Bedeutung von Werten und die Frage, welche Werte in einer digitalen Gesellschaft wichtig sind, spielt eine zunehmende Rolle. Digitale Ethik reflektiert die Auswirkungen der Digitalisierung auf die verschiedenen Lebensbereiche und fragt danach, wie moralisches Handeln unter den Bedingungen der Digitalisierung aussehen kann und sollte.

Über einen umfassenden Begriff für diese Thematik besteht in der philosophischen Ethik bislang noch keine Einigkeit. Meist ist von

M. Lenzen (✉)
Universität Bielefeld, Bielefeld, Deutschland
E-Mail: manuela.lenzen@gmx.de

„Digitaler Ethik" die Rede (Grimm/Keber/Zöllner 2019; Spiekermann 2019; Capurro 2009), seltener von ‚Datenethik' oder (unspezifischer) von der ‚Ethik des digitalen Zeitalters'. Das wichtigste unter den zahlreichen neuen Schwerpunktthemen innerhalb dieses Bereichs ist vielleicht die Ethik der Algorithmen/Algorithmenethik (Hustedt 2019). Daneben gibt es etwa die Ethik der Künstlichen Intelligenz, die Roboterethik und die Ethik der Mensch-Maschine-Interaktion. Ältere Bereichsethiken wie die vom Ansatz her umfassendere Informationsethik und die Computerethik sind im Wesentlichen in diesen neuen Ansätzen aufgegangen. Auch der Begriff ‚Cyberethik' (Kolb et al. 1998; Frohmann 2002) ist weniger verbreitet. ‚Netzethik' bezieht sich spezieller auf Fragen, die das Internet betreffen (Hausmanninger/Capurro 2002). Der Begriff ‚Hackerethik' bezeichnet die moralischen Richtlinien, die sich die Hackerszene gegeben hat, und die auf dem Prinzip aufbauen, dass alle Information frei zugänglich sein sollte (Himanen 2001; www.hacker-ethik.de). ‚Eper-Ethik' steht für Überlegungen, ob der Umgang mit intelligenten Softwareagenten, sogenannten elektronischen Personen oder *epers (electronic personas)*, einer eigenen Ethik bedarf. Alle diese Bereiche haben zahlreiche Berührungspunkte mit anderen Bereichsethiken, vor allem mit der Technik- und der Medienethik. Im Bereich des Einsatzes dieser Technologien in der Medizin gibt es Berührungspunkte mit der Medizinethik, wenn es um Fragen der Zuschreibung von Verantwortung geht, mit der Rechtsethik und auch mit der politischen Philosophie (Weber 2001; 2002). Ebenso relevant sind Disziplinen wie die Psychologie und, bei Fragen nach der kulturspezifischen Gestaltung der digitalen Technologie, auch die Ethnologie.

‚Netiquette' hingegen ist kein originär moralischer Ansatz, sondern umfasst Regeln für das gute Benehmen im Netz, die von Community zu Community sehr unterschiedlich gehandhabt, von manchen Autoren aber als erster Schritt auf dem Weg zu einer Internetethik verstanden werden (Greis 2002; Hammwöhner/Wolff 2009).

Während das Ziel der Digitalen Ethik darin besteht, eine umfassende Reflexion und Grundlegung einer Ethik unter den Bedingungen der Digitalisierung zu formulieren, befassen sich die Teilbereiche mit zum Teil sehr stark spezialisierten Fragestellungen. Da sich sowohl die Technik als auch die philosophisch-ethische Reflexion über ihre Verwendung derzeit rasant wandeln, ist dieser Bereich nicht abschließend zu systematisieren. Welche der aktuellen Themenfelder als eigene Bereichsethiken gefasst werden sollten, ist offen. Viele Vertreter der Digitalen Ethik sehen ihre Aufgabe auch darin, zur Verbreitung von digitaler Kompetenz beizutragen und etwa Handlungsempfehlungen für das Verhalten im Netz zu formulieren (z. B. Grimm/Schuster o. J.).

51.2 Geschichte und Institutionalisierung

Fragen rund um die Ethik der digitalen Technologien haben deren Entwicklung von Beginn an begleitet und gehen somit zurück bis in die 1940er und 1950er Jahre. Damals nahm die Forschung zu Informationstechnologien und Künstlicher Intelligenz ihren Anfang. Schon Joseph Weizenbaum, der 1966 einen der ersten Chatbots programmierte, staunte über den Effekt der recht simpel gestrickten Maschine auf Menschen, die mit dem Bot kommunizierten, und legte eine ausführliche Kritik der Verführungskräfte der digitalen Technologien vor (Weizenbaum 1977). Inzwischen ist unstrittig, dass der Einsatz der datenbasierten Technologien einer gesetzlichen Regelung, aber auch eigener ethischer Reflexion bedarf. Das äußert sich auf politischer Ebene etwa in der Einrichtung der Enquete-Kommission „Künstliche Intelligenz" durch den Deutschen Bundestag und der Datenethikkommission der Bundesregierung 2018, verschiedene Gremien auf der Ebene der Bundesländer und die High Level Expert Group on AI der Europäischen Kommission. Darüber hinaus befassen sich zahlreiche Nichtregierungsorganisationen, Berufsverbände, Unternehmen und Zusammenschlüsse von Wissenschaftlern mit der Frage, wie diese Technologie reguliert werden kann und muss, um sicherzustellen, dass sie zum Wohl der Gesellschaft eingesetzt wird. Ethische Fragen finden zudem immer häufiger Eingang in die Ausbildung von Informatikern, an immer mehr Universitäten entstehen eigene Institute oder Lehrstühle für Digitale Ethik, immer mehr Firmen und Berufsverbände entwickeln eigene Ethikrichtlinien, für die Entwicklung von automatisierten Entscheidungssytemen, ihre Tranparenz und Kontrollierbarkeit, und machen auf Mögliche Einseitigkeiten, („biases") der Systeme aufmerksam.

Die politische Regulierung der Digitalisierung erfordert ebenso wie die ethische Reflektion zunächst ein mit der technologischen Entwicklung schritthaltendes technisches Verständnis. Schon deswegen handelt es sich bei der Digitalen Ethik um ein interdisziplinäres Unterfangen, bei dem außer Philosophen auch Juristen und Ingenieure, Psychologen und insbesondere natürlich Informatiker gefragt sind. Da die Auswirkungen der digitalen Technologien in vielen Bereichen noch gar nicht genau genug bekannt sind, besteht ein Teil der Arbeit an Instituten für Digitale Ethik in empirischen Analysen, etwa über die Auswirkungen der Handynutzung auf das Selbstbild. Hinzu kommen bisweilen Anleihen aus dem Bereich der Experimentellen Philosophie, etwa wenn erforscht werden soll, welche Entscheidungen Menschen in welchen Situationen für angemessen halten, um daraus eine Grundlage zur Programmierung algorithmischer Entscheidungssysteme zu gewinnen.

Weiterhin überwinden die digitalen Technologien geografische, politische und teilweise auch sprachliche und kulturelle Grenzen, was regionale und nationale Regulierungsbemühungen erschwert, Pluralität zur Grundbedingung jeder digitalen Ethik macht und die Verabsolutierung einzelner kultureller Traditionen verbietet. Schließlich verbinden sich mit den digitalen Technologien zugleich große Hoffnungen und große Ängste: Die Hoffnung auf eine egalitäre, demokratische Weltgesellschaft auf der einen Seite und die Sorgen um die Vertiefung der Kluft zwischen Arm und Reich, die Ausbeutung der Daten für kommerzielle Zwecke und ihr Missbrauch für Manipulation und Überwachung auf der anderen.

51.3 Zentrale Themen

Die Digitale Ethik umfasst ganz unterschiedliche Themenfelder. Den „zentralen Konflikt moderner Informations- und Wissensgesellschaften" sieht Kuhlen in den antagonistischen Konzepten von Forum und Markt: „Wissen und Information können so umfassend und freizügig wie nie zuvor in der Geschichte der Menschheit allen bereitgestellt werden – faktisch ist jedoch der Zugriff auf Wissen und Information nie so kompliziert und begrenzbar gewesen wie heute in der fortschreitenden Kommerzialisierung von Wissen und Information" (Kuhlen 2004a, 34). Zu den am häufigsten behandelten Themen zählen derzeit:

Neue Werte für eine neue Gesellschaft: Viele der Probleme, die im Kontext der Digitalisierung diskutiert werden, wurden von dieser nicht hervorgerufen, aber verstärkt. So ermöglicht das Sammeln und Auswerten von immer mehr Daten die immer weitergehende Durchdringung und Optimierung ökonomischer und sozialer Prozesse. Zudem neigt die Digitalwirtschaft zur Bildung von Monopolen: Wer bereits große Mengen an Daten besitzt, kann seine Dienste zielgerichteter anbieten und auf diese Weise noch mehr Daten generieren. Zudem machen die Datenspuren, die wir alle in den digitalen Medien ziehen, uns mehr oder weniger durchsichtig, kontrollierbar und manipulierbar. Die zentrale Frage ist nun, wie die Vorzüge der digitalen Technologie genutzt werden können, ohne die Entwicklung in Richtung auf einen Überwachungsstaat oder einen Monopolkapitalismus zu befördern. Muss die Gesellschaft ihre grundlegenden Werte neu formulieren? Benötigt sie neue Werte? Menschenwürde, Freiheit, Autonomie und Verantwortung, aber auch die Frage nach dem guten Leben sind im Kontext der Digitalen Ethik hoch aktuell. Bisweilen ist von der Notwendigkeit einer neuen Aufklärung oder eines neuen Gesellschaftsvertrags die Rede.

Datenschutz und der Schutz der Privatsphäre: Je mehr Daten, desto besser: das ist das Credo der Datenwirtschaft. Speicherplatz ist billig, also wird erst einmal gesammelt, was zu bekommen ist, auch wenn noch nicht absehbar ist, wozu diese Daten einmal gebraucht werden könnten. Bei rechtmäßig gesammelten Daten stellt sich hier die Frage der Datensicherheit: Werden sie so gespeichert und verarbeitet, dass sie nicht in falsche Hände geraten? Mindestens ebenso dringend ist die Frage nach dem Schutz der Privatsphäre. Das Sammeln von Daten über Personen und der Handel mit möglichst detaillierten Profilen ist längst zu einem riesigen Markt und einem verbreiteten Geschäftsmodell geworden. Dabei geht es vor allem um die nutzerspezifische Adressierung von Werbung.

Sorge bereitet hier vor allem die Konzentration und Vernetzung ganz unterschiedlicher Daten in den Händen großer Suchmaschinenbetreiber, Onlinehändler und App-Betreiber. Hinzu kommen Daten der immer zahlreicher werdenden Überwachungskameras. War im analogen Zeitalter das Durchsuchen großer Datenbestände schon durch den Zeitaufwand beschränkt, ist heute das Erinnern und Verknüpfen leichter und billiger als das Löschen und Vergessen. Dies eröffnet Konzernen, aber auch staatlichen Stellen unabsehbare Kontroll- und Manipulationsmöglichkeiten. Während wenige argumentieren, das Konzept der Privatsphäre sei nicht mehr zeitgemäß (Heller 2011), versuchen die meisten in diesem Bereich Engagierten, technische und juristische Lösungen zu finden, um Datenschutz und Privatsphäre unter den Bedingungen der Digitalisierung zu gewährleisten. Diese Bemühungen kollidieren nicht nur mit den Bestrebungen der großen Internetkonzerne, immer mehr Daten über ihre Nutzer zu erfassen, sondern auch mit den Interessen etwa der biologischen, medizinischen oder soziologischen Forschung, durch die Analyse großer Datenmengen neue Erkenntnisse zu gewinnen. Modelle wie etwa die Datenspende oder der Datentreuhänder werden derzeit diskutiert, um den Interessen der Forschung und dem Datenschutz und der Datensouveränität der Menschen zugleich Rechnung zu tragen. Welche Beschränkungen der Informationssammlung und -speicherung erforderlich sind, um eine freiheitliche Gesellschaft aufrechtzuerhalten, ist Gegenstand der Informationsökologie (Mayer-Schönberger 2010).

Diskriminierung durch Algorithmen: Algorithmische Entscheidungssysteme auf der Basis von Verfahren des maschinellen Lernens (s. Kap. 118) spiegeln die Struktur der Daten, mit denen sie trainiert wurden. Diese enthalten oft Einseitigkeiten, wodurch die Algorithmen Strukturen entwickeln können, die Personen oder Personengruppen benachteiligen. Zudem ist schwer nachzuvollziehen, wie diese Systeme zu ihren Ergebnissen kommen. Was bei eher technischen Fragen ein Sicherheitsrisiko darstellen kann, ist bei Systemen, die Entscheidungen fällen, von denen Menschen betroffen sind, meist nicht akzeptabel.

Jugendschutz: Ein Thema des Jugendschutzes ist der technisch nur schwer einzuschränkende Zugang zu jugendgefährdenden Inhalten. Ein anderes Thema sind die Nebenwirkungen von übertriebenem Computerspielen wie Sucht, Realitätsverlust, Vereinsamung, geringes Selbstwertgefühl durch ständiges Online-Vergleichen, Verzerrung der Wirklichkeitswahrnehmung und die Einschränkung der Fähigkeit, mit Menschen zurechtzukommen. Hierher gehört auch die Gefahr, dass Kinder und Jugendliche durch ihr spezifisches Kommunikationsverhalten private Informationen einem unbeschränkten Kreis von Personen preisgeben, ohne absehen zu können, wie ihnen das zum Nachteil gereichen könnte (Hausmanninger 2003).

Neue Straftatbestände: Bestimmte Straftatbestände werden durch die neuen Informations- und Kommunikationstechnologien erst ermöglicht, wie etwa der Betrug mit Passwörtern und der Diebstahl von persönlichen Profilen und Identitäten. Andere werden durch diese Technologien erleichtert oder in einem zuvor unbekannten Ausmaß möglich, wie das Verabreden von Straftaten oder die Verbreitung von Kinderpornografie. Mit dem Internet sind auch Phänomene wie das Cyber-Stalking und das Cyber-Mobbing (Tavani/Grodzinsky 2004) und die digitale Hassrede (hate speech) entstanden.

Mit zunehmender Digitalisierung der Infrastruktur sind auch Manipulationen von und Angriffe auf Infrastruktureinrichtungen, aber auch private Firmen und öffentliche Verwaltungen zu einem zentralen Thema geworden. Eine eigene

Behörde, das Bundesamt für Sicherheit in der Informationstechnik (BSI), befasst sich seit 1991 mit der Abwehr solcher Angriffe und hat heute über 1500 Mitarbeiter.

Wichtiger wird auch das Verbreiten illegal beschaffter geheimer Daten, wie etwa Wikileaks es mit aufklärerischem Anspruch praktiziert.

Manipulationen, Fakes und Filterblasen: Falschnachrichten *(fake news)*, gefälschte Bilder oder Filme *(deep fakes)* sind in vielen sozialen Medien zu wichtigen Themen geworden. Immer wieder wird diskutiert, inwieweit diese Techniken etwa verwendet werden oder wurden, um Wahlen zu beeinflussen. Diskutiert wird auch, inwieweit die bloße Sorge oder der Verdacht, solche Techniken könnten eingesetzt werden, schon ausreicht, um Diskurse zu verändern und Vertrauen zu untergraben.

Hinzu kommt die Sorge, die Personalisierung von Nachrichten und Suchanfragen im Internet könnten dazu führen, dass Menschen vor allem Nachrichten angezeigt bekommen, die ihre bestehende Meinung bestätigen und sich so in „Filterblasen" einschließen, die ihnen ein verzerrtes Bild der Welt vermitteln und die dazu beitragen, dass die Gesellschaft immer weiter in Teilgruppen zerfällt, die nicht mehr miteinander kommunizieren (Pariser 2012).

Die unüberschaubare Vielfalt von Informationen, die die digitalen Medien bereithalten, bietet Chancen und Risiken zugleich. Sie macht Wissen allgemein zugänglich, das zuvor bestimmten Berufsgruppen vorbehalten und, wenn überhaupt, nur unter großen Mühen zu bekommen war. Es ermöglicht den weltweiten Erfahrungsaustausch mit anderen Menschen. Daher war die Entstehung des Internets mit großen Hoffnungen für die Demokratisierung von Wissen und Informationen einher. ‚E-Democracy' steht für neue digitale Möglichkeiten demokratischer Teilhabe und Organisation.

Allerdings ist das Internet nicht zu dem herrschaftsfreien Raum geworden, von dem seine frühen Protagonisten träumten, sondern zu einem Feld, auf dem einige wenige große Konzerne um die Möglichkeiten konkurrieren, immer mehr Daten zu sammeln, um Werbung gezielter schalten und Angebote besser personalisieren zu können.

Hier stellt sich immer dringender die Frage, ob der Staat verpflichtet ist, eine unabhängige digitale Infrastruktur für seine Bürger aufzubauen, damit sie an der politischen Willensbildung teilhaben können, und die nach einer Pflicht zum Schutz von nicht-kommerzialisierten Räumen und sprachlicher und kultureller Vielfalt im Netz.

Zensur: In engem Zusammenhang mit der Frage nach der geeigneten Bekämpfung von digital verbreiteten Falschnachrichten und Hassrede steht die Debatte um Zensur im Internet. Welche Filtermaßnahmen, Speicherungen von Verbindungsdaten, Seitensperrungen oder Überwachungsverfahren sind angemessen und wer soll sie durchführen? Dürfen Entscheidungen über zu sperrende Inhalte an private Firmen delegiert werden, dürfen sie von Maschinen getroffen werden? Welchen Einfluss üben zudem Suchmaschinen und Ratingverfahren auf die Zugänglichkeit von Informationen aus, wer beeinflusst bzw. bezahlt sie? Eine Herausforderung ist dabei die Balance zwischen dem Eindämmen unerwünschter oder krimineller Inhalte und der Meinungsfreiheit, eine andere die Einhaltung der unterschiedlichen nationalen Regelungen.

Haftung- und Zurechenbarkeit: Haftungs- und Zurechenbarkeitsfragen sind im digitalen Umfeld häufig schwer zu klären, da eingestellte Informationen oft keiner konkreten Person zugeordnet werden können. Doch ohne individuelle Zurechenbarkeit fehlt der Strafverfolgung, aber auch der moralischen Reflexion von Handlungen ihre Basis (Kuhlen 2004a). Je autonomer intelligente Systeme entscheiden dürfen, desto stärker rückt die Zurechenbarkeit und damit auch die Frage nach der Schuld in den Hintergrund. An ihre Stelle treten Konzepte wie die der elektronischen Person, analog zu der Rechtsfigur juristischen Person. Der Grundgedanke: Ein solches (teil-)autonomes System soll nur mit einer ausreichend ausgestatteten Versicherung in den Verkehr gebracht werden dürfen, so dass eine Person, der ein Schaden entsteht, immerhin diesen ersetzt bekommt, auch wenn niemand persönlich für das Geschehen haftbar gemacht werden kann (Hilgendorf 2015).

Geistiges Eigentum und Copyright: Eines der wichtigsten Themen in der Debatte um die Gestaltung der digitalen Medienwelt ist der Umgang mit geistigem Eigentum und Copyright. Ist alles Wissen Besitz der Menschheit und muss deshalb für alle frei zugänglich sein, oder ist es gerechtfertigt, den Zugang zu Informationen zu beschränken und im Internet wie in klassischen Printmedien zu verkaufen? Diese Frage beschäftigt die mit der Regulierung des Internet befassten Gremien auf nationaler wie internationaler Ebene und ist mit massiven wirtschaftlichen Interessen verbunden.

Zugang zur digitalen Welt: Da der ungehinderte Zugang zu Informationen in einer Wissensgesellschaft eine zentrale Rolle spielt, ist der gleichberechtigte Zugang zum Internet eine wichtige Ressource für die Teilhabe am gesellschaftlichen Leben und für Chancen auf dem Arbeitsmarkt. Doch diese Zugangsgerechtigkeit ist weder national, innerhalb der Industriestaaten, gegeben, noch international in der Beziehung zu den zu Schwellen- und Entwicklungsländern. Dies wird als digitale Spaltung oder digitale Kluft *(digital divide, digital gap)* bezeichnet (Scheule et al. 2004). Dabei geht es um den Zugang zur nötigen technischen Ausstattung, aber auch um die Ausbildung, die es Menschen erst ermöglicht, effizient und kritisch mit den angebotenen Informationsmengen umzugehen. So nutzen Statistiken zufolge in Europa und Nordamerika fast 90 % der Bevölkerung das Internet, in Afrika hingegen nur 40 %, wobei Afrika und der Mittlere Osten die höchsten Zuwachsraten aufweisen.

Digitale Medien zu nutzen ist allerdings nicht mit Digitalkompetenz gleichzusetzen. Nur 20 % der Bevölkerung der Bundesrepublik gab in Umfragen an, sich für die Hintergründe und Trends der digitalen Technologie zu interessieren (D21-Digital-Index).

Individualisierung und Überforderung: Die Möglichkeiten, die die Informations- und Kommunikationstechnologien bieten, stellen immer höhere Anforderungen an die Fähigkeiten der Nutzer, auszuwählen, zu bewerten und das Leben angesichts der angebotenen Vielfalt auf befriedigende Weise zu organisieren. Die ständige Verfügbarkeit der allerneuesten Informationen *(information overload;* vgl. Levy 2008) führt zu einer scheinbaren Entwertung von Erlerntem, von Alltags- und Lebenserfahrungen (Bergsdorf 2002). Dabei gerät zum einen leicht in Vergessenheit, dass die Fähigkeit, wichtige und gute Informationen auszuwählen, gerade von einer guten Ausbildung und dem dazu gehörenden Wissen abhängt (Informationskompetenz, *information literacy*). Da aber längst nicht alle Menschen eine solche Ausbildung erhalten, vertieft dieser Aspekt die digitale Spaltung. Zum anderen muss kritisch gefragt werden, ob die neuen Wahlmöglichkeiten vom Individuum in einer sinnvollen Weise genutzt werden können. Charles Ess sieht die Gefahr, dass die allzu leicht verfügbaren Informationsmengen die Menschen nicht zu individuelleren und kritischeren, sondern zu gleichgültigeren Bürgern machen. Am Ende, so befürchtet er, könnten digitale Kommunikations- und Informationstechnologien die Demokratie ruinieren, statt sie zu stärken, indem sie die Fähigkeit zu kritischem Denken untergraben (Ess 2010).

Hinzu kommt der Drang zur Optimierung des eigenen Lebens, befördert durch Apps, die das Vermessen des eigenen Lebens, sportlicher Leistungen ebenso wie des Ess- und Schlafverhaltens oder medizinischer Daten ermöglichen und nahelegen. Auch die ständige Bewertung von Leistungen und des Auftritts in sozialen Medien kann Stress erhöhen und zur Überforderung des Individuums beitragen.

Weitere Themen: Zu den Themen der digitalen Ethik gehören auch die Mensch-Maschine-Interaktion und die Frage, in welchen Bereichen (etwa in der Pflege) welche Systeme eingesetzt werden sollten oder nicht eingesetzt werden dürfen; Fragen nach den Auswirkungen der Digitalisierung auf dem Arbeitsmarkt und das große Gebiet der autonomen Waffensysteme.

Vom Anspruch her ist die junge Disziplin Digitale Ethik eine Bereichsethik, aber eine solche, die für einen immer wichtiger werdenden Bereich des öffentlichen wie privaten Lebens zentrale ethische Frage zu beantworten versucht:

Wie wollen wir leben? Welche Welt wollen wir unseren Kindern hinterlassen? (Kuhlen 2004b). Auch angesichts der in vielen Hinsichten neuen Situation, wie sie die Digitalisierung mit sich bringt, erfüllt die Ethik hier ihre traditionelle Rolle der Reflexion und fragt nach den Möglichkeiten von Verantwortung Moral und Freiheit.

Literatur

Bergsdorf, Wolfgang: Ethik in der Informationsgesellschaft. Paderborn 2002.
Capurro, Rafael: „Digitale Ethik". In: http://www.capurro.de/DigitaleEthik.html (10.4.2020).
D21-Digital-Index 2016: Jährliches Lagebild zur Digitalen Gesellschaft. In: https://initiatived21.de/app/uploads/2017/01/studie-d21-digital-index-2016.pdf (10.4.2020).
Ess, Charles: „Brave New Worlds? The Once and Future Information Ethics". In International Journal of Information Ethics 12. Jg., 3 (2010), 36–44.
Frohmann, Bernd: „Cyberethik. Bodies oder Bytes?" In: Thomas Hausmanninger, Rafael Capurro (Hg.): Netzethik. Grundlegungsfragen der Internetethik. München 2002, 49–60.
Greis, Andreas: „Strukturanalyse als Weg zu einer Internetethik." In: Thomas Hausmanninger/Rafael Capurro (Hg.): Netzethik. Grundlegungsfragen der Internetethik. München 2002, 123–140.
Grimm, Petra/Keber, Tobias/Zöllner, Oliver: Digitale Ethik. Leben in vernetzten Welten. Reclam 2019.
Grimm, Petra/Schuster, Wolfgang (o.J.) 10 Gebote der Digitalen Ethik. In: https://www.hdm-stuttgart.de/digitale-ethik/lehre/10_gebote (21.3.2022).
Grimm, Petra/Hammwöhner, Rainer/Wolff, Christian: „Gesellschaftliche und interdisziplinäre Aspekte der Informatik." In: Michael Henninger/Heinz Mandl (Hg.): Handbuch Medien- und Bildungsmanagement. Weinheim 2009, 272–287.
Hausmanninger, Thomas (Hg.): Handeln im Netz. Bereichsethiken und Jugendschutz im Internet. München 2003.
Heller, Christian: Post-Privacy. Prima leben ohne Privatsphäre. München 2011.
Hilgendorf, Eric: Recht und autonome Maschinen – ein Problemaufriss. In: Eric Hilgendorf/Sven Hötitzsch (Hg.): „Das Recht vor den Herausforderungen der modernen Technik." In: Robotik und Recht. Bd. 4. Baden-Baden 2015, 11–40.
Hilgendorf, Eric/Capurro, Rafael (Hg.): Netzethik. Grundlegungsfragen der Internetethik. München 2002.
Himanen, Pekka: Die Hacker-Ethik und der Geist des Informationszeitalters. München 2001.
Hustedt, Carla: Algorithmen fürs Gemeinwohl: 10 Erkenntnisse aus 2 Jahren intersektoraler Arbeit. Bertelsmannstiftung 2019. In: https://www.bertelsmann-stiftung.de/de/unsere-projekte/ethik-der-algorithmen/projektnachrichten/algorithmen-fuers-gemeinwohl-10-erkenntnisse-aus-2-jahren-intersektoraler-arbeit/ (10.4.2020)
Kolb, Anton/Esterbauer, Reinhold/Ruckenbauer, Hans Walter (Hg.): Cyberethik. Verantwortung in der digital vernetzten Welt. Stuttgart 1998.
Kuhlen, Rainer: Informationsethik. Umgang mit Wissen und Informationen in elektronischen Räumen. Konstanz 2004a.
Kuhlen, Rainer: „Informationsethik." In: Rainer Kuhlen/Thomas Seeger/Dietmar Strauch (Hg.): Grundlagen der praktischen Information und Dokumentation. München ^{5}2004b, 61–71.
Levy, David: „Informational Overload." In: Kenneth Einar Himma/Herman T. Tavani (Hg.): The Handbook of Information and Computer Ethics. New Jersey 2008, 497–515.
Mayer-Schönberger, Viktor: Delete. Die Tugend des Vergessens in digitalen Zeiten. Berlin 2010.
Pariser, Eli: The Filter Bubble. What the Internet is Hiding from You. Penguin 2012.
Scheule, Rupert M./Capurro, Rafael/Hausmanninger, Thomas (Hg.): Vernetzt gespalten. Der Digital Divide in ethischer Perspektive. München 2004.
Spiekermann, Sarah: Digitale Ethik. Ein Wertesystem für das 21. Jahrhundert. München 2019.
Tavani, Herman T./Grodzinsky, Frances S.: „Ethical reflections on Cyberstalking". In: Richard A. Spinello/Herman T. Tavani (Hg.): Readings in CyberEthics. London 2004, 561–570.
Weber, Karsten: „Informationelle Gerechtigkeit. Herausforderungen des Internets und Antworten einer neuen Informationsethik." In: Helmut F. Spinner/Michael Nagenborg/Karsten Weber: Bausteine zu einer Informationsethik. Berlin 2001, 129–194.
Weber, Karsten: „Grundlagen der Informationsethik. Politische Philosophie als Ausgangspunkt informationsethischer Reflexion." In: Thomas Hausmanninger/Rafael Capurro (Hg.): Netzethik. Grundlegungsfragen der Internetethik. München 2002, 141–156.
Weizenbaum, Joseph: Die Macht der Computer und die Ohnmacht der Vernunft. Frankfurt a.M. 1977 (engl. 1976).
www.internetworldstats.com.

Ethik im Unterricht

Eva-Maria Kenngott

Ethik im Unterricht findet nicht nur im Ethikunterricht statt, sondern kann im Prinzip in allen Fächern vorkommen. Dies ist dann der Fall, wenn moralische Probleme oder Konflikte im Unterricht der Reflexion unterzogen werden. Dass dennoch nach und nach in allen Bundesländern ein eigenständiger Ethikunterricht eingeführt wurde, lag hauptsächlich daran, dass sich eine zunehmende Zahl von Schüler:innen vom Religionsunterricht abmeldete. „Ethik" hatte deshalb in der Anfangszeit den unbefriedigenden Status des Ersatzfachs. Zwischenzeitlich haben sich freilich die Erwartungen an den Ethikunterricht bzw. an werteorientierte Fächer allgemein deutlich verändert. Die Fächer haben eine eigenständige Funktion im Fächerkanon übernommen. Ethik soll *systematisch* in einem Fach betrieben werden. Neben dem Fach „Ethik", das z. B. in den Bundesländern Rheinland-Pfalz, Baden-Württemberg und Sachsen angeboten wird, werden als werteorientierte Fächer „Praktische Philosophie" (Nordrhein-Westfalen), „Werte und Normen" (Niedersachsen) und „Lebensgestaltung-Ethik-Religionskunde" (Brandenburg) unterrichtet. Nur im Land Berlin ist „Ethik" für alle Schüler:innen in den Klassen 7 bis 10 verpflichtend.

E.-M. Kenngott (✉)
Universität Bremen, Bremen, Deutschland
E-Mail: kenngott@uni-bremen.de

52.1 Begründungen für Ethikunterricht

Die Verstetigung des Ethikunterrichts hängt direkt und indirekt mit der zunehmenden Säkularisierung der Gesellschaft sowie der ebenfalls zunehmenden Pluralität von Lebensformen zusammen. Deswegen ist ein häufig genannter Grund für die Einführung flächendeckender Unterrichte im Wertebereich der Rückgang des konfessionellen Religionsunterrichts. Warum allerdings mehrheitlich werteorientierter Unterricht den Religionsunterricht ersetzt – und weniger das Fach Philosophie –, ist nur vor dem Hintergrund religionsverfassungsrechtlicher Annahmen über den Religionsunterricht zu verstehen. Denn es wird unterstellt, dass Religionen zentrale wertebildende Instanzen seien. Ergo wird dies auch vom konfessionellen Religionsunterricht angenommen. Entscheiden sich Schüler:innen bzw. ihre Eltern gegen eine Teilnahme am konfessionellen Religionsunterricht, so wird als Ersatz für den Religionsunterricht die Wertebildung in säkularer Form in einem werteorientierten Unterricht angeboten.

Der Wunsch nach Wertebildung in der Schule wird allerdings auch in Abständen in öffentlichen Debatten formuliert, wobei zwei grundlegende Argumente von Bedeutung sind: das Defizitargument und das Pluralismusargument. Dem Defizitargument gemäß sollen die Defizite insbesondere der familiären Moralerziehung in der Schule kompensiert werden. Die Einführung der ‚Ethik-Fächer' ist demnach mit Erziehungserwartungen an das Schulsystem generell bzw. an die entsprechenden werteorientierten Fächer speziell verbunden. Dabei spielen die sogenannten Sekundärtugenden wie bspw. Disziplin oder Anstand eine wichtige Rolle. Das Pluralismusargument weist schulischer Bildung hingegen die Aufgabe der Reflexion zu, denn hier soll in einer pluralistischen Gesellschaft ein Ort sein, an dem die Vielfalt der Werte dieser Gesellschaft nicht nur vorkommt, sondern reflektiert und bearbeitet wird.

Aus erziehungswissenschaftlicher Perspektive schließlich setzt die Legitimationspflicht für ein Schulfach systematisch bei der Begründung und Differenzierung schulisch angestrebter Allgemeinbildung und dem Beitrag der einzelnen Fächer hierzu an. Ein klassisches Beispiel für eine solche pädagogische Begründungsstrategie bietet Jürgen Baumert, wenn er einen Bildungskanon aus verschiedenen Modi der Weltbegegnung zu plausibilisieren sucht. Baumert unterscheidet dabei zwischen unterschiedlichen Rationalitätstypen, die Weltverhältnisse strukturieren und eine grundlegende Orientierung für den Fächerkanon bieten sollen (Baumert 2002, 106 ff.). Für den Ethikunterricht steht hierbei zuallererst die „Logik evaluativ-normativer Fragen" (ebd., 107) im Vordergrund und somit die normativen Prämissen, die dem moralischen Urteilen und Handeln zugrunde gelegt werden. Bei einem weiten Grundverständnis von Ethikunterricht, das in der Philosophiedidaktik vorherrschend ist, kommt freilich auch derjenige Typus ins Spiel, der von Baumert Philosophie und Religion zugeordnet wird und „Probleme konstitutiver Rationalität" (ebd., 113) beinhaltet. Hiermit sind nach Baumert „Fragen des Ultimaten" (ebd., 107) gemeint, also die großen Fragen des menschlichen Lebens „Woher, Wohin und Wozu" (ebd.). Ethikunterricht würde dann in einem weiteren Sinne als philosophierender Unterricht verstanden, der sich im Sinne von Schnädelbach den Grundsatzfragen des Denkens, Erkennens und Handelns widmet (Schnädelbach 1993, 14).

52.2 Kompetenzorientierung im Ethikunterricht

Die moderne pädagogische Diskussion ist am Kompetenzbegriff orientiert und bringt damit Zieldimensionen des jeweiligen in Frage stehenden Unterrichts zum Ausdruck. In aller Regel beziehen sich die Debatten um fachspezifische Kompetenzen auf den von Franz Weinert geprägten Begriff, wonach sich bei einer Kompetenz handlungsrelevante Wissens- und Reflexionsbestandteile, motivationale und auf die praktische Anwendung zielende Komponenten wechselseitig durchdringen (Weinert 2002, 27 f.). Eine Kompetenz ist demnach kein rein kognitives Konstrukt. Für den Ethikunterricht sind drei Modellierungen des Kompetenzbegriffs relevant. Sie entstammen sehr unterschiedlichen Kontexten und beleuchten unterschiedliche Aspekte dessen, was im und mit Ethikunterricht erreicht werden soll:

1. Entwicklungspsychologische Überlegungen zu einem Begriff moralischer Kompetenz verarbeiten die über Jahrzehnte entwickelte und weitverzweigte Forschung zum Lernen von Moral zu einem Begriff moralischer Handlungskompetenz. Im Vorschlag von James Rest stehen die gesamte Person sowie das Zusammenspiel ihrer kognitiven Fähigkeiten und Überzeugungen samt deren Umsetzung in moralische Handlungen im Zentrum. Rest nimmt vier Hauptkomponenten moralischer Kompetenz an: die Situationsanalyse und das Abschätzen von Handlungsfolgen, die Bestimmung einer Handlungsweise entsprechend einer Norm, also das moralische Urteilen, die Motivation zum moralischen Verhalten und die Durchführung der Handlung vor dem Hintergrund der eigenen Ich-Stärke (Rest 1999, 89 ff.). Rest positioniert sich mit diesem Modell gegen Konzepte, die Moralität auf das moralische Urteilen konzentrieren, wie es in der Folge von Lawrence Kohlberg mehrheitlich üblich ist. Er kommentiert diese Vernachlässigung der Performanz mit den Worten, „dass schöne Worte nicht viel mit Taten zu tun haben" (ebd., 83) und betrachtet moralische Urteilsfähigkeit als eine Komponente einer wei-

ter gefassten moralischen Handlungskompetenz, die die Person und ihr Selbstverständnis einbezieht.

2. Eine bildungstheoretische Variante moralischer Kompetenz wurde von Dietrich Benner und anderen entwickelt und empirisch mit Testaufgaben erprobt. Die Autor:innen widersprechen einer Werte- und Tugenderziehung im Ethikunterricht und argumentieren, dass „eine mündige Teilhabe am öffentlichen Leben und seinen Handlungsfeldern notwendig" seien (Benner et al. 2010, 304). Demnach ist Ethikunterricht nicht dazu da, eine Art schulischer Charaktererziehung zu leisten. Er soll hingegen in unterschiedliche Formen normativer Reflexion einführen und die ‚bestimmende' und ‚reflektierende' Urteilskraft fördern (Benner et al. 2009, 508). Dabei ist die bestimmende Urteilskraft diejenige Reflexionsleistung, die einen besonderen Fall einer allgemeinen Regel zuordnet, während umgekehrt die reflektierende Urteilskraft nach einer allgemeinen Norm für spezifische Problemstellungen fragt (ebd.). Das Team um Benner entwickelt ein Tableau mit drei Komponenten ethischer Urteilskompetenz und ordnet ihr moralische Grundkenntnisse, z. B. über moralphilosophische Positionen sowie moralische Urteils- und Handlungskompetenz zu (ebd., 507). Dabei kann das Ziel eines schulischen Bildungsprozesses nicht die unmittelbare Handlung sein, sondern die selbständige Stellungnahme und die planende Vorwegnahme einer Handlung. Mit diesem Kompetenzmodell wird einerseits die Leistungsgrenze des schulischen Ethikunterrichts umrissen. Andererseits wird dem Ethikunterricht eine Funktion in der gesellschaftlichen Auseinandersetzung um moralisch strittige Fragen zugewiesen: Er soll ein Ort sein, in dem der Streit kultiviert wird und gerade nicht Einigkeit hergestellt, sondern die Vielfalt der Wertevorstellungen reflektiert wird (ebd., 509).

3. Kompetenzmodelle aus der Didaktik der Philosophie und Ethik sind nicht einheitlich. So herrscht auf der einen Seite eine beträchtliche Skepsis, inwiefern das Philosophieren überhaupt gelehrt werden könne (Tichy 2016, 43 ff.). Können mit dem Kompetenzbegriff Lernprozesse im Bereich des Philosophierens, wie z. B. Selbstverständliches in Frage zu stellen oder zu staunen, erfasst werden (Meyer 2015)? Auf der anderen Seite wurde von Anita Rösch ein sehr ausdifferenziertes Kompetenzmodell für den Ethikunterricht entwickelt, das auch interkulturelle und soziale Kompetenzen sowie eindeutig überfachliche Kompetenzen (wie die Darstellungskompetenz) mit einbezieht. Rösch leitet ihren Kompetenzkatalog aus der Analyse von Rahmenlehrplänen ab (Rösch 2009, 52 ff.), nicht aus der Bezugsdisziplin Philosophie, und konkretisiert ihn mithilfe von Expert:innenbefragungen. Bestandteile des Katalogs sind die moralische Urteilsfähigkeit und die ethische Urteilskompetenz, womit einerseits moralbezogene Lernprozesse gemeint sind und andererseits ethische Reflexionsprozesse (ebd., 258–284).

Im Hinblick auf den Ethikunterricht ergeben sich aus diesen Modellen folgende Einsichten: 1.) Schulische Wertebildung ist nicht gleichzusetzen mit moralischen Lernprozessen des alltäglichen Lebens, die Menschen normalerweise en passant im Alltag durchlaufen, wenn sie sich auf vielfältige Weise miteinander auseinandersetzen und dabei moralische Handlungskompetenz erwerben (Nunner-Winkler et al. 2006). Schulischer Unterricht ist also weder Moral- oder Tugenderziehung noch Kompensation von moralischen Defiziten der Primärsozialisation, selbst wenn die Schule als gesellschaftliche Institution Lernanlässe verschiedenster Art bietet, auch oder gerade in moralischer Hinsicht. Die Rolle des Ethikunterrichts liegt eher in der Erarbeitung sowie der kritischen Abwägung unterschiedlicher Optionen bei der Beurteilung moralischer Probleme. 2.) Alle Modelle beschreiben zurecht unterschiedliche Bestandteile oder Komponenten, die sich in einem Kompetenzmodell verbinden, auch wenn die Begründungsstrategien weit auseinander liegen. Dazu gehören in allen Modellen moralisches Urteilen und Handeln sowie partiell unterschiedliche Bestandteile wie u. a. die Situationsanalyse bzw. die Fähigkeit, Situationen als moralisch relevant zu betrachten, die Perspektiven anderer wahrzunehmen, sich der Werthaltigkeit von Entscheidungen bewusst zu sein und verschiedene moralische Prinzipien gegeneinander abzuwägen (Kenngott 2012, 188-190). 3.) Moralische Urteilsfähigkeit und moralisches Handeln sind in allen Modellen ein zentraler Bestandteil moralischer Handlungskompetenz, wobei moralischem Handeln im Unterricht naturgemäß Schranken gesetzt sind.

52.3 Verfahren ethischer Urteilsbildung

Die moralische Urteilsfähigkeit ist der kognitive Kern der moralischen Handlungskompetenz und steht im Zentrum des Ethikunterrichts. Deshalb ist es von großer Bedeutung, wie dieses Kernstück genauer bestimmt sowie didaktisch erschlossen wird. Soll das Nachdenken über normative Problemstellungen etwa wie beim „Philosophieren mit Kindern" (Martens, Brüning u. a.) eingebettet sein in einen Prozess des Philosophierens im Unterricht? Dann zielt der Ethikunterricht allerdings weniger auf eine spezifisch moralische Urteilsfähigkeit, sondern auf eine breiter angelegte Urteilsfähigkeit, die mit sokratischen Gesprächen, Gedankenexperimenten, Begriffsbildungs- und Argumentationsstrategien und vielen anderen Methoden entwickelt werden soll (Brüning 2003). Konzepte, die hingegen gezielt die Explikation moralischer Probleme anstreben, konzentrieren sich auf Elemente moralischer Urteilskompetenz. Dabei stammen die äußerst bekannten Konzepte ‚Wertklärung' und ‚Dilemmamethode' nicht aus dem Kontext der Philosophie und deren Didaktik. Sie sind gängige Verfahren, die in viele Formen schulischen Unterrichts Eingang gefunden haben und jeweils unterschiedliche Zielsetzungen verfolgen: Während die Wertklärung darauf setzt, Schüler:innen zu bewusster und reflektierter Wertsetzung zu ermuntern (Raths et al. 1976, 61 ff.), zielt die Dilemmamethode auf kognitive Verunsicherung. Hier sollen die Schüler:innen durch argumentative Konfrontation in einem moralischen Dilemma in ihrer Urteilsbildung angeregt werden (Oser 2001, 75 ff.). Vor- und Nachteil der Dilemmamethode liegen in ihrer provokativen Zuspitzung. Dadurch, dass die Schüler:innen in einer moralischen Zwangslage Position beziehen müssen, werden sie zu Stellungnahme und Darlegung ihrer Argumente gezwungen. Der Vorteil hierbei liegt in der persönlichen Herausforderung an die Beteiligten, sie werden als Personen involviert. Der Nachteil liegt gerade in diesem Engagement, das unter Umständen zu geringer Differenzierung der Argumentation verleitet. Robert Hall, dem klassische Grundlagen der Wertanalyse im Unterricht zu verdanken sind, ergänzte deshalb diese Konzepte um Methoden der Begriffsexplikation und der Analyse von Argumentationsmustern, die später verfeinert wurden. Hall war ein Pionier bei der Entwicklung zentraler Elemente ethischer Urteilsbildung für den Unterricht. Sie liegen neben einer spezifischen Erschließung zentraler moralischer Begriffe vor allem in der Reflexion von Handlungsfolgen und darin, alternative Handlungsmöglichkeiten zu erarbeiten (Hall 1979, 47 ff.).

In neueren Ansätzen werden einerseits weitere didaktische Konzepte entwickelt. So arbeitet bspw. Christa Runtenberg mit produktionsorientierten Verfahren und setzt diese bei Problemstellungen ein, die schwerpunktmäßig aus der Angewandten Ethik stammen (Runtenberg 2001; Runtenberg 2016, 47 ff.). Andererseits wird in jüngerer Zeit der Klassiker der ethischen Argumentation, der praktische Syllogismus, für die Argumentation im Ethikunterricht fruchtbar gemacht (z. B. Dietrich 2004, 2013; Franzen 2017). Die Problemstellungen, um die es dabei geht, sind häufig aktuelle und/oder gesellschaftspolitisch relevante Fragen. Die Hauptbestandteile einer ethischen Urteilsbildung, die deskriptive Prämisse und die präskriptive Prämisse, werden überprüft und wechselseitig zueinander in Beziehung gesetzt, um eine überzeugende Schlussfolgerung ziehen zu können (Dietrich 2004, 86). Die Prüfverfahren und Arbeitsschritte beinhalten, dass die deskriptive Prämisse empirisch verifiziert, die Situation hermeneutisch erschlossen und analysiert wird. In die Situationsbeschreibung gehen die präzise Erarbeitung der empirischen Sachverhalte sowie die Analyse der Interessen und Wahrnehmungen der Beteiligten ein. Zur Verifikation der präskriptiven Prämisse müssen die entsprechenden

Werte und Normen generiert, abgewogen und begründet werden (ebd.). Erst abschließend kann kontrolliert eine Schlussfolgerung gezogen werden. Eine Erweiterung dieses Vorgehens, das sich an den praktischen Syllogismus anlehnt, bietet das „Toulmin-Schema" (Bohm/Schiffer 2006; Brüning 2003, 56 ff.; Dietrich 2013, 132 ff.). Die Erweiterung liegt in der in Anschlag gebrachten Normenbegründung, den sogenannten ‚backings', wobei u. a. ethische Theorien zur Stützung herangezogen werden können. Eine weitere Verfeinerung liegt in der Frage der Normenanwendung, die einer genaueren Betrachtung unterzogen wird. Ist die im konkreten Fall in Anschlag gebrachte Norm tatsächlich auf die Situation anwendbar oder liegen Gründe vor, die eine Ausnahmeregelung rechtfertigen? Neben Anwendungsdiskursen sind ferner die Abschätzung von Handlungsfolgen und die Untersuchung von Handlungsalternativen relevante Bestandteile des Argumentierens im Ethikunterricht. Die Arbeit mit dem praktischen Syllogismus und/oder dem ‚Toulmin-Schema' kann auch mit anderen didaktischen Verfahren wie der Fallanalyse gekoppelt werden (Franzen 2017), so dass ‚Situationsanalyse' und ‚Normative Analyse' Schritte in der Entwicklung einer Fallstudie werden, in der bspw. die gesetzlichen Regelungen zur Organspende in einer Unterrichtseinheit durchdacht werden (Franzen 2016, 92 ff.).

Alles in allem sind in den vergangenen Jahren die Komponenten einer ethischen Argumentation für die Anwendung im Unterricht präzisiert und didaktisch aufbereitet worden. Damit einhergehend wurde der Ethikunterricht für aktuelle Problemstellungen aus der öffentlichen Debatte sowie der Angewandten Ethik geöffnet. Ob den Worten dadurch Taten folgen, ist zwar nicht gewiss, aber der Ethikunterricht ist dabei, im Bildungssystem ein Ort für differenzierte Debattenkultur zu werden.

Literatur

Baumert, Jürgen: „Deutschland im internationalen Bildungsvergleich." In: Nelson Killius/Jürgen Kluge/Linda Reisch (Hg.): Die Zukunft der Bildung. Frankfurt a. M. 2002, 100–150.

Benner, Dietrich/Nikolova, Roumiana/Swiderski, Jana: „Die Entwicklung moralischer Kompetenzen als Aufgabe des Ethik-Unterrichts an öffentlichen Schulen. Zur Konzeption des DFG-Projets ETiK." In: Vierteljahresschrift für wissenschaftliche Pädagogik 85 (2009), 504–515.

Benner, Dietrich/von Heynitz, Martina/Ivanov, Stanislav/Nikolova, Roumiana/Pohlmann, Claudia/Remus, Claudia: „Ethikunterricht und moralische Kompetenz jenseits von Werte- und Tugenderziehung." In: Zeitschrift für Didaktik der Philosophie und Ethik 32. Jg., 4 (2010), 304–312.

Bohm, Winfried/Schiffer, Werner: „Ethisches Argumentieren". In: Ethik & Unterricht 16. Jg., 1 (2006), 20–26.

Brüning, Barbara: Philosophieren in der Sekundarstufe. Methoden und Medien. Weinheim/Basel/Berlin 2003.

Dietrich, Julia: „Grundzüge ethischer Urteilsbildung. Ein Beitrag zur Bestimmung ethisch-philosophischer Basiskompetenzen und zur Methodenfrage der Ethik." In: Johannes Rohbeck (Hg.): Ethisch-philosophische Basiskompetenz. Dresden 2004, 65–96.

Dietrich, Julia: „Was ist eine ‚gute' ethische Argumentation?" In: Lars Leeten (Hg.): Moralische Verständigung. Formen einer ethischen Praxis. Freiburg i. Br./München 2013, 126–144.

Franzen, Henning: „Ethik." In: Jonas Pfister/Peter Zimmermann (Hg.): Neues Handbuch des Philosophie-Unterrichts. Bern 2016, 81–99.

Franzen, Henning: „Fallanalysen im Ethik- und Philosophieunterricht. In sechs Schritten zu einem reflektierten Urteil." In: Ethik & Unterricht 4 (2017), 4–8.

Hall, Robert T.: Unterricht über Werte. Lernhilfen und Unterrichtsmodelle. München/Wien/Baltimore 1979.

Kenngott, Eva-Maria: Perspektivenübernahme. Zwischen Moralphilosophie und Moralpädagogik. Wiesbaden 2012.

Meyer, Kirsten: „Kompetenzorientierung." In: Julian Nida-Rümelin/Irina Spiegel/Markus Tiedemann (Hg.): Handbuch Philosophie und Ethik. Band I: Didaktik und Methodik. Paderborn 2015, 104–113.

Nunner-Winkler, Gertrud/Meyer-Nikele, Marion/Wohlrab, Doris: „Moralische Lernprozesse." In: Dies. (Hg.): Integration durch Moral. Moralische Motivation und Zivilutgenden Jugendlicher. Wiesbaden 2006, 27–43.

Oser, Fritz: „Acht Strategien der Wert- und Moralerziehung." In: Wolfgang Edelstein/Fritz Oser/Peter Schuster (Hg.): Moralische Erziehung in der Schule. Entwicklungspsychologische und pädagogische Praxis. Weinheim/Basel 2001, 63–89.

Raths, Louis E./Harmin, Merill/Simon, Sidney B.: Werte und Ziele. Methoden zur Sinnfindung im Unterricht. München 1976.

Rest, James R.: „Die Rolle des moralischen Urteilens im moralischen Handeln." In: Detlef Garz/Fritz Oser/Wolfgang Althof (Hg.): Moralisches Urteil und Handeln. Frankfurt a. M. 1999, 82–116.

Rösch, Anita: Kompetenzorientierung im Philosophie- und Ethikunterricht. Entwicklung eines Kompetenzmodells für die Fächergruppe Philosophie, Praktische Philosophie, Ethik, Werte und Normen, LER. Münster 2009.

Runtenberg, Christa: Didaktische Ansätze einer Ethik der Gentechnik. Produktionsorientierte Verfahren im Unterricht über die ethischen Probleme der Gentechnik. Freiburg i. Br./München 2001.

Runtenberg, Christa: Philosophiedidaktik. Lehren und Lernen. Paderborn 2016.

Schnädelbach, Herbert: „Philosophie der Gegenwart – Gegenwart der Philosophie." In: Ders./Geert Keil (Hg.): Philosophie der Gegenwart – Gegenwart der Philosophie. Hamburg 1993, 11–19.

Tichy, Matthias: „Lehrbarkeit der Philosophie und philosophische Kompetenzen." In: Jonas Pfister/Peter Zimmermann (Hg.): Neues Handbuch des Philosophie-Unterrichts. Bern 2016, 43-59.

Weinert, Franz E.: „Vergleichende Leistungsmessung in Schulen – eine umstrittene Selbstverständlichkeit." In: Ders. (Hg.): Leistungsmessungen in Schulen. Weinheim/Basel 2002, 17–31.

Ethik (in) der Philosophischen Praxis

Cornelia Mooslechner-Brüll

Die Philosophische Praxis ist eine professionell betriebene Form der Lebensberatung, die von Philosoph:innen in eigener Praxis angeboten wird. Im Fokus steht nicht die Auseinandersetzung mit philosophischen Theorien, sondern das Philosophieren als Tätigkeit (Marquard 1989, Sp. 1307 f.). Aufgrund der international sehr unterschiedlichen Entwicklungsgeschichte der Philosophischen Praxis beziehen sich die folgenden Ausführungen hauptsächlich auf den deutschsprachigen Raum.

In ihrer institutionalisierten Form wird in den 1980er Jahren von Gerd Achenbach (2010) erstmals eine Philosophische Praxis eingerichtet. Die Art und Weise allerdings, wie das Philosophieren sowohl mit Einzelnen als auch mit Gruppen und in der Öffentlichkeit praktiziert wird, ist so alt wie die Philosophie selbst. Dennoch stellt sich durch die eben erwähnte Institutionalisierung, durch die Häufung von (Aus-)Bildungsprogrammen in diesem Bereich (wie an der Universität Wien mit dem postgradualen Universitätslehrgang „Philosophische Praxis" oder jenem des deutschen Berufsverbandes für Philosophische Praxis) und die Zunahme an niedergelassenen philosophischen Praktiker:innen (durch die steigende Zahl Absolvent:innen) neu und eindringlich sowohl die Frage nach der Ethik *der* Philosophischen Praxis als auch die Frage nach dem Umgang mit ethischen und moralischen Fragestellungen der Gäste.

Beides, also die Frage nach Haltung, Selbstprüfung und Umgang von Seiten der Praktiker:innen, als auch die Auseinandersetzung mit ethischen Fragestellungen von Seiten der Gäste oder Besucher:innen einer solchen Praxis, stellen sich in allen Angebotsbereichen: beim Philosophieren mit Kindern, in der philosophischen Beratung, beim Philosophieren im Unternehmen, beim philosophischen Wandern und Reisen oder im philosophischen Salon oder Café.

Philosophische Praxis ist nicht nur eine Reflexion *über* das Leben, sondern ist immer auch eine Praxis des Denkens *im* Leben *für* das Leben und weist damit unmittelbar ethische Inhalte auf (Di Marco 2016, 36). Hier wird eine ethische Anforderung an den/die Praktiker:in gestellt, wenn im Gespräch nicht ethisch *über* den Menschen und seine Lage geurteilt werden, sondern *mit* ihm und *für* ihn die Urteilskraft gestärkt werden soll (Achenbach 2014, 9).

53.1 Ethische Fragen *innerhalb* der Philosophischen Praxis

Dass gerade die Philosophische Praxis in außerordentlichem Maße von ethischen Fragestellungen betroffen ist, liegt auf der Hand. Ist es doch oft ein zentrales Anliegen des Gastes, einen neuen

C. Mooslechner-Brüll (✉)
Baden, Österreich
E-Mail: praxis@philoskop.org

Blick auf moralische Dilemmata, ethische Konfliktsituationen oder schwierige Entscheidungssituationen zu gewinnen. Die klassische Frage des „Was soll ich tun?" macht einen großen Teil der Gespräche in der Philosophischen Praxis aus. Ebenso suchen Menschen in schwersten Krisenzeiten die Philosophische Praxis auf. Sie stellen also die Frage nach einem alternativen Umgang mit dem Erlebten. Existenzielle Fragestellungen, wie zu Tod, Liebe, Partnerschaft und Freundschaft, Lebenssinn stehen häufig im Mittelpunkt.

Beim Philosophieren mit Kindern, selbst wenn die Fragen von den Kindern eingebracht werden, geht es oft um den Versuch, sich selbst moralisch zu verorten, Normen und Werte kritisch zu hinterfragen und das Zustandekommen solcher Normen in einem größeren gesellschaftlichen Kontext zu sehen. Klassische Fragen sind: Was ist gerecht? Was ist gut, was böse? Dürfen wir Tiere töten? etc.

Dies gilt auch für das Philosophieren in unterschiedlichen institutionellen Zusammenhängen, wie zum Beispiel in Forschungseinrichtungen, in denen es um die Frage des Nutzens und des Abwägens von Mitteln im medizinischen Bereich geht. Gerade hier hat die Philosophische Praxis die Pflicht sich einzuschalten, um das Geschehen nicht allein durch die normative Kraft des Faktischen und Machbaren bestimmen zu lassen, sondern den Betroffenen eine selbständige Reflexion zu ermöglichen. Diese haben oft das Bedürfnis, die hier entstehenden Fragen grundsätzlicher zu erörtern und in die Tiefe zu denken. Nicht zuletzt hält die Philosophische Praxis in Form von Gruppengesprächen auch Einzug in den Hospiz- und Palliativbereich, wo der offene und wertfreie Dialog vor allem für das Personal vor Ort von höchster Wichtigkeit ist (Schuchter 2016).

Bei öffentlichen, philosophischen Veranstaltungen, im Salon oder im Café, spielen gesellschaftsrelevante und demokratiepolitische Themen ebenso eine Rolle. Es wird nach gelingender Gemeinschaft/Gesellschaft gefragt, nach dem ‚richtigen' Umgang mit Technologien oder Medien, nach einer Auseinandersetzung mit der Begegnung mit dem Fremden und vieles mehr.

Die Auseinandersetzungen mit ethischen Fragestellungen in der Philosophischen Praxis sind so zahlreich, dass sie hier nicht alle aufgezählt werden können.

53.2 Ethik *der* Philosophischen Praxis

Vielleicht noch spannender, definitiv aber schwieriger zu bewerkstelligen, ist die Auseinandersetzung mit der Frage nach der Ethik *der* Philosophischen Praxis oder einem möglichen Berufsethos. Explizite Überlegungen solcherart, zur Verantwortung gegenüber dem Gast und der einzunehmenden Grundhaltung des/der Praktiker:in, sind allerdings bis heute dünn gesät. Es handelt sich um eine sehr schwierige Frage, da sie nicht zuletzt auch vom Philosophieverständnis des/der Praktiker:in abhängt. Grundsätzlich würde niemand leugnen, dass in allen Kontexten, ob im Einzelgespräch, beim Philosophieren in der Gruppe oder beim Philosophieren mit Kindern, ein hohes Maß an Verantwortungsbewusstsein bestehen muss. Am eingehendsten hat sich Lydia Amir mit dem Verantwortungsbegriff in Bezug auf die Philosophische Praxis auseinandergesetzt. Ihre Philosophieauffassung und ihr *commitment* erinnern an eine ‚neue Aufklärung', und sie dehnt die von philosophischer Seite zu tragende Verantwortung auf die Gemeinschaft aus. Gerade die Philosophie sei dazu verpflichtet, für eine humane, gelingende Gemeinschaft, den Einzelnen in seiner rationalen Fähigkeit und Urteilskraft zu schulen und zu stärken. Allerdings – betont Lydia Amir – wäre eine Philosophie, die Gefühle und Emotionen vernachlässigt, nicht nur unvollkommen, sondern auch in der Praxis ineffektiv. Sie entwickelt daher eine philosophische Ethik, die sich zugleich der Vernunft verpflichtet und aber auch emotionale Aspekte des Handelns und des Erlebens mitberücksichtigt (Amir 2017, 2). Es gilt, die einzigartige Verbindung von Liebe und Weisheit vorbildhaft zu leben und zu lehren (Amir 2017, 1). Auch Heidemarie Bennent-Vahle betont immer wieder die Verwobenheit von Emotion, Ethik und Philosophie – gerade im Kontext der Philosophischen Praxis. Das Mitgefühl ist zum Beispiel eine Emotion, das nicht einfach nur angeboren ist, sondern das erst über Nachdenken und Selbstreflexion kultiviert und in seiner Bedeutung für das gemeinschaftliche Zusammenleben verstanden werden kann. Die Philosophische Praxis wird so zu einem Ort, der sich der „unendlichen ethischen Forderung", wie Bennent-Vahle es nennt, widmen kann (Bennent-Vahle 2014).

Einer der ersten und erfahrungsreichsten philosophischen Praktiker, der sich diesem Thema in Publikationen und Vorträgen, u. a. in Bezugnahme auf zahlreiche praktische Fälle, gewidmet hat, ist Anders Lindseth (2014). Lindseth streicht vor allem die verantwortungsvolle Rolle heraus, die Praktiker:innen allein schon im Moment des Erscheinens eines Gastes in der Praxis überantwortet wird. „In der Philosophischen Praxis werden wir vom ungesicherten Ausdruck des Besuchers berührt. Wir lassen uns berühren und eröffnen damit einen Raum der gemeinsamen Aufmerksamkeit, in dem sich der Diskurs des Besuchers ausdrücken kann, in den er hineinklingen und in dem er auch ausklingen darf. Dann nehmen wir die Verwundbarkeit des Gastes nicht so sehr als Hilflosigkeit oder Schwäche wahr, sondern vielmehr als Ehrlichkeit und Echtheit" (Lindseth 2014, 149 f.). Mit Emmanuel Levinas gesprochen, wird der/die Praktiker:in angerufen, den Gast nicht zu verletzen und den Anliegen ernsthaft und wahrhaftig zu begegnen. Dazu gehört, sich bewusst einer nicht-wissenden Haltung zu öffnen, um anders als in Therapieformen nicht eine Behandlung im Auge zu haben, sondern das Augenmerk auf das Verstehen der Wahrheit des Gastes zu richten. Der Gast will verstanden sein (Lindseth 2014, 20).

Auch für Patrizia Cipolletta (2016) ist die Philosophische Praxis grundsätzlich ethisch verfasst, weil sie auf die Freisetzung der Entscheidungsmacht und -kraft des Gastes zielt. Dabei bezieht sie sich auf Kierkegaard (2017, 825): „Das ethische Individuum erkennt sich selbst, diese Erkenntnis aber ist keine bloße Kontemplation, denn damit würde das Individuum nach seiner Notwendigkeit bestimmt werden, sie ist eine Besinnung auf sich selbst, die selbst eine Handlung ist, und deshalb habe ich statt ‚sich selbst erkennen' mit Fleiß den Ausdruck ‚sich selbst wählen' gebraucht." Diese Möglichkeit der existenziellen Wahl stellt sich oft als ein Gefühl des Unbehagens dar, dem der/die philosophische Praktiker:in anerkennend begegnen können muss. Nicht um dem Unbehagen zu schnell zu entkommen, sondern um es zu durchschauen. Die Wahl ist der Moment des Eintritts ins Ethische und führt in die Notwendigkeit der Übernahme von Verantwortung. Philosophische Praxis bedeutet für Cipolletta dann in letzter Instanz: „Schutz der [dieser existenziellen] Freiheit" (Cipolletta 2016, 29).

53.3 Die Ethik der Selbstsorge

Wenn generell Philosophische Praxis, wie tendenziell üblich, nicht als Wissensvermittlung, sondern wie Achenbach es formuliert, als ‚philosophische Lebensberatung' zu verstehen ist, dann schwingt die Notwendigkeit einer Auseinandersetzung mit den Voraussetzungen einer solchen Tätigkeit bereits dringlichst mit. Denn laut Achenbach geht es keineswegs um das Anwenden philosophischer Theorien auf die geschilderten Lebenslagen, ebenso wenig werden philosophische Ansätze als Heilmittel präsentiert, vielmehr ist der/die Praktiker:in aufgrund seines/ihres Wissens und der damit einhergehenden Perspektivenvielfalt dazu in der Lage, sowohl mit dem Denken und Fühlen des Gastes mitzugehen als auch in dessen Rahmen Neues und Ungewohntes zu eröffnen (Achenbach 2010, 17). Gerade diese Voraussetzung verweist schon auf einen hohen Anspruch, den der/die philosophische Praktiker:in an sich selbst richten und der Teil eines Berufsethos werden muss. Die Selbstsorge ist so gesehen eine Bedingung der philosophisch-praktischen Tätigkeit.

Die Selbstsorge umfasst hier aber nicht nur die notwendige, umfangreiche philosophische Bildung, sondern, wie Bernd Groth es formuliert, „den Kern der ethischen Existenz" selbst (Groth 2018, 132). Groth bezieht sich hier konkret auf die Wende von der Kosmologie zur Ethik in der Philosophie durch das sokratische

Gespräch. Die Philosophische Praxis, sofern sie sich dieser Tradition anschließt, die nicht unbedingt den modernen Varianten des sokratischen Gesprächs entspricht, dreht sich dann um das Bemühen „um die ‚Menschlichkeit' des Menschen im moralischen Sinn" (Groth 2018, 132). So stand für Sokrates die Sorge (das Bemühen) um den sittlich guten Zustand des Selbst im Mittelpunkt der philosophischen Tätigkeit, die damit einhergehend auch unmittelbar von höchster Relevanz für das Zusammenleben der Polis war (Groth 2018, 132). Das klassisch sokratische Gespräch führt dabei den Gesprächspartner in die Aporie, die Unentscheidbarkeit und Auswegslosigkeit, mit dem Ziel, die Aporie-Erfahrung auszuhalten und produktiv zu wenden. Auch dieser Ansatz verweist wieder auf den hohen Verantwortungsgrad der Praktiker:in, den er/sie gegenüber dem Gast zu tragen hat. Anders als bei Sokrates muss der/die philosophische Praktiker:in heute – als professionelle/r Dienstleister:in – ein im höchsten Maße empathisches Gespür aufweisen, um über die Aporie-Fähigkeit des Gastes verantwortungsvoll entscheiden zu können.

Nicht nur in dieser Hinsicht braucht es auch auf Seiten der philosophischen Praktiker:innen Mut. Auch der Anspruch des Wahrsprechens und diesem ethisch verpflichtet zu sein, erfordert ein hohes Maß an Konfrontationsbereitschaft. Di Marco verweist hier auf den antiken *Parrhesia*-Begriff: dem Gast muss wahrhaftig gegenübergetreten werden, im Versuch, ihn seine Wahrheit finden und artikulieren zu lassen (Di Marco 2016, 56). Wird der Gast zu einer parrhesiastischen Selbstsorge ermutigt, so hat dies zudem direkte Implikationen für ein ethisch-politisches Hinterfragen von Beziehungen, Institutionen und Werten (Di Marco 2016, 56). In besonderem Maße gilt dies für öffentliche philosophische Veranstaltungen im Rahmen eines Salons oder Cafés.

Ein ähnlich hoher Anspruch an den/die Philosoph:in besteht, wenn mit Kindern philosophiert wird. Werden existenzielle Fragen zu Tod, Leid, Angst etc. gestellt, muss über Möglichkeit, Produktivität oder Schädlichkeit einer solchen Thematisierung entschieden werden. Gelingen kann dies nur, wenn das Philosophieren als ein demokratischer Prozess verstanden wird, der von einer Wissensvermittlung Abstand nimmt und die Kinder dazu anregt, eine ähnlich wertschätzende und respektvolle Haltung gegenüber den Positionen der Anderen zu entwickeln, wie es von dem/der Praktiker:in erwartet wird (Bruell 2019, 180).

Der/die philosophische Praktiker:in ist also dazu aufgerufen, sich selbst auf sein/ihr Wahrheits- und Vernunftsverständnis hin zu befragen und seine/ihre eigene Emotionalität in den und rund um die Gespräche zu reflektieren. Super- und Intervision sind dazu u. a. geeignete Mittel.

53.4 Berufsethos

Heikel ist es jedoch, wenn wir die Frage nach einem allgemeinen Verhaltenskodex für Philosophische Praktiker:innen in den Raum stellen. Nach Achenbach (2010, 16) ist die philosophische Praxis methodenfrei, was für ihn das Spezifikum der Philosophischen Praxis ausmacht. Viele Praktiker:innen würden das bezweifeln, da sehr wohl in den unterschiedlichen Anwendungsbereichen Methoden eingesetzt werden (müssen). Dennoch, nachdem bis heute keine konsensfähige Definition des Begriffs der Philosophischen Praxis gefunden werden kann, obliegt es auch immer noch jedem/r Praktiker:in selbst, sich ethisch darin zu verorten.

Anette Suzanne Fintz (2010) spricht daher in diesem Zusammenhang statt von einer Ethik der Philosophischen Praxis im Allgemeinen vom Berufsethos, das individuell zu definieren und auszubilden ist. Auch der Berufsverband für Philosophische Praxis hat 2018 einige Grundsätze für ein solches, sich selbst verpflichtendes Berufsethos entworfen, zu denen (1) das Verständnis von Philosophischer Praxis, (2) die Grundhaltung, (3) die Voraussetzungen für die Tätigkeit und (4) die Verwurzelung in der philosophischen Tradition seitens der Praktiker:innen gehören (BV-PP 2019). Grundsätzlich gehören zu einem solchen Berufsethos aber meist die

Achtung der Würde des Gastes, eine eingehende Selbstreflexion in Bezug auf die in dem/der Praktiker:in entstehenden Urteile, die Verpflichtung zum stetigen Studium der Philosophie und nicht zuletzt der verantwortungsvolle Umgang mit den Grenzen der eigenen Kompetenz und den damit einhergehenden notwendigen Schritten, die eingeleitet werden müssen, wenn zum Beispiel eine psychotherapeutische Betreuung notwendig erscheint.

Abseits der Diskussion über Möglichkeit oder Unmöglichkeit einer Ethik der Philosophischen Praxis stellt Lindseth aber auch die Frage nach dem Sinn. Wie schon Aristoteles betont, ist die Ausbildung von ethischen Tugenden vor allem an die Übung und Gewöhnung über die soziale Praxis gebunden. „Sich der Praxis aussetzen" (2014, 124), wie er es nennt, ist hier das oberste Gebot. Dennoch gilt es, gerade in Hinblick auf die (Aus-)Bildung gewisse ethische Grundsätze zumindest zur Debatte zu stellen.

53.5 Ethische Fragen an die Philosophische Praxis

So stellt sich eine Reihe an ethischer Fragen an den/die philosophische Praktiker:in, die es noch systematisch zu ergründen gilt: Wo ist die Grenze zur Psychotherapie und zu anderen angrenzenden Disziplinen? Wie kann ich eine solche erkennen und wann bin ich verpflichtet, an entsprechende Einrichtungen zu verweisen? Auf welche Weise wirkt ein philosophisches Gespräch nach? Wie gehe ich selbst mit der diesbezüglichen Verantwortung um? Inwieweit befinde ich mich im Gespräch tatsächlich auf Augenhöhe? Mit welcher Grundhaltung gehe ich in ein philosophisches Gespräch mit meinem Gast? Wie viel Platz räume ich einer philosophischen (Weiter-)Bildung in meinem Leben ein? – Derartige Fragestellungen machen die Notwendigkeit einer Auseinandersetzung mit einer Ethik der Philosophischen Praxis offensichtlich.

Tatsächlich gibt es aktuell mehrere Schauplätze, an denen eine solche Auseinandersetzung fruchtbar gemacht wird, sowohl im Zuge von (oben erwähnten) (Aus-)Bildungsprogrammen als auch im Rahmen von philosophischen Gesellschaften und Vereinen, so zum Beispiel bei einer Reihe von Veranstaltungen der Internationalen Gesellschaft für Philosophische Praxis (IGPP), des Berufsverbandes für Philosophische Praxis (BV-PP), des Kreises akademisch philosophischer Praktiker:innen (KAPP) oder des Instituts für Philosophische Praxis und Sorgekultur (IPPS).

53.6 Geschäftsmodell „Philosophische Praxis"

Wie oben erwähnt, werden stetig neue philosophische Praxen gegründet, allein schon aufgrund der (Aus-)Bildungsangebote in diesem Bereich. Ob und wie es sich von einer philosophischen Praxis leben lässt, ist noch immer eine kontrovers geführte Debatte. Der Großteil der philosophischen Praktiker:innen kombiniert das Angebot der philosophischen Praxis mit anderen Arbeitsbereichen (z. B. Coaching, Therapie, Lehre). Mit dem zunehmenden Bekanntheitsgrad der Philosophischen Praxis als Unternehmen, gibt es aber auch Einzelne, die sich ausschließlich auf diese Tätigkeit konzentrieren können, wie Gerd Achenbach in Deutschland, Oscar Brenifier in Frankreich oder Cornelia Bruell in Österreich.

Literatur

Achenbach, Gerd: Zur Einführung der Philosophischen Praxis. Vorträge, Aufsätze, Gespräche und Essays mit denen sich die Philosophische Praxis in den Jahren 2081 bis 2009 vorstellte. Eine Dokumentation. Köln 2010.

Achenbach, Gerd: „Zum Geleit." In: Anders Lindseth (Hg.): Zur Sache der philosophischen Praxis. Philosophieren in Gesprächen mit ratsuchenden Menschen [2005]. Freiburg i. Br./München ²2014, 9–10.

Amir, Lydia: Rethinking Philosophers' Responsibility. Cambridge 2017.

Bennent-Vahle, Heidemarie: Gefühle öffnen uns für andere. In: http://ethik-heute.org/gedanken-zur-ethik/ (3.3.2019)

Bruell, Cornelia: „Philosophieren mit Kindern." In: Johannes Drerup, Gottfried Schweiger (Hg.): Handbuch Philosophie der Kindheit. Heidelberg 2019, 178–184.

BV-PP: Berufsethos/Selbstverpflichtung der Mitglieder des Berufsverbandes für Philosophische Praxis. In: https://www.bv-pp.eu/berufsethos (1.3.2019)

Cipolletta, Patrizia: „Die philosophische Praxis als Ausübung jener Freiheit, welche die Wissenschaft verneint." In: Patrizia Cipolletta (Hg.): Ethik und philosophische Praxis. Würzburg 2016, 9–33.

Di Marco, Chiara: „Seneca. Philosophisch denken und leben." In: Patrizia Cipolletta (Hg.): Ethik und philosophische Praxis. Würzburg 2016, 35–57.

Fintz, Anette Suzanne: „Eine Frage des Ethos. Philosophische Praxis als Lebensform." In: Detlef Staude (Hg.): Methoden Philosophischer Praxis. Ein Handbuch. Bielefeld 2010, 253–266.

Groth, Bernd: „Von der Ethik zur Ästhetik der Existenz. Das Konzept der Selbstsorge bei Platon und Michel Foucault." In: Thomas Gutknecht, Heidemarie Bennent-Vahle, Dietlinde Schmalfuß-Plicht (Hg.): Fürsorge und Begegnung. Internationale Gesellschaft für Philosophische Praxis. Jahrbuch Bd. 7. Berlin 2018, 131–145.

Kierkegaard, Sören: Entweder – Oder. Teil I und II [vollständige Ausgabe 2005]. München ^{13}2017.

Lindseth, Anders: Zur Sache der philosophischen Praxis. Philosophieren in Gesprächen mit ratsuchenden Menschen [2005]. Freiburg i.Br./München ^{2}2014.

Marquard, Odo: Historisches Wörterbuch der Philosophie. Bd. 7. Basel 1989, 1307 f.

Schuchter, Patrick: Sich einen Begriff vom Leiden Anderer machen: Eine Praktische Philosophie der Sorge (Bioethik/Medizinethik). Bielefeld 2016.

Teil V
Einzelthemen der Angewandten Ethik: Das individuelle Leben und der Privatbereich

Privatsphäre

Harald Seubert

54.1 Begriffs- und Problemgeschichte

Privatus (lat.) bedeutet ‚abgesondert' vom Staat, einer einzelnen Person zugehörig. – In den modernen Verfassungsstaaten gehört der Schutz der Privatsphäre daher in einen engen Zusammenhang mit der Freiheit der Person.

Die Privatsphäre wird von Locke bis Mill als jener Bereich abgegrenzt, in dem es keine Einmischung von Seiten der Öffentlichkeit geben soll. Seit dem 18. Jahrhundert öffnet die Ausbildung einer – räsonierenden – Öffentlichkeit eine Mittlerinstanz zwischen staatlicher Obrigkeit und der individuellen Sphäre, die zwischen der privaten und staatlichen Sphäre vermitteln und zugleich die eine vor dem Zugriff der anderen schützen soll.

In der neueren politischen Philosophie war es Hannah Arendt, die die grundsätzliche Differenz zwischen ‚privat' und ‚öffentlich' kritisiert hat. Artikulation von Individualität ist Arendt zufolge überhaupt nur im öffentlichen Raum möglich, während der Mensch im Privaten, wie sie mit Aristoteles bemerkt, in der Sphäre der ‚Notwendigkeit' und naturwüchsiger Gleichheit bleibe. Im Licht totalitärer Überwachungssysteme wird man allerdings einen politischer und sozialer Kontrolle entzogenen Raum als Garantie öffentlicher Freiheit begreifen können.

54.2 Begriffs- und Sachstruktur

Das Prädikat ‚privat' hat eine komplexe Struktur: Es kann sich ebenso auf die Eigenschaften eines bestimmten Lebensbereichs (a) wie auch auf Handlungen (b) beziehen. Wenig spezifisch wird das Recht auf Privatheit im Englischen wiedergegeben als ‚right to be left alone' (Warren/Brandeis 1984); spezifizierter kann man davon sprechen, dass Privatheit die Kontrolle einer Person über den Zugang anderer zu ihr beschreibt. Im Anschluss an Rössler (2001) lassen sich drei Dimensionen der Privatsphäre unterscheiden: Dezisionelle Privatheit (1), Informationelle Privatheit (2) und lokale Privatheit (3).

1. Dezisionelle Privatheit ist eng mit dem Konzept der Autonomie verbunden. Deshalb kann man dezisionelle Privatheit nicht nur passiv als Einräumung eines Bereiches der Selbstbestimmung, sondern auch als Anspruch und Recht von Individuen auf Lebensgestaltung verstehen.

Sie kam jüngst vor allem in der Frage des Schwangerschaftsabbruchs zum Tragen. Der US-amerikanische Supreme Court hat in einem, u. a. von Dworkin (1994), wiederholt herangezogenen

H. Seubert (✉)
Freie Theologische Hochschule Gießen, Gießen, Deutschland
E-Mail: seubert@fthgiessen.de

Fall darauf verwiesen, dass das Recht auf Privatsphäre implizit in der amerikanischen Verfassung verankert sei. Dezisionelle Privatheit umfasse demnach auch die Bestimmung über Selbstreproduktion. Allerdings hat die einschlägige Rechtsprechung auch Widerspruch erfahren, zunächst von kommunitaristischer Seite (u. a. Sandel 1989; Etzioni 1999), sodann von feministischer Warte. Die Autoren der ersten Gruppe verweisen auf den diesem Konzept von dezioneller Privatheit zugrunde liegenden atomistischen, rein negativen Freiheitsbegriff, der weder der Norm guten Lebens noch faktischen Beziehungen zwischen Personen Rechnung trage. Die feministische Kritik wendet sich dagegen, dass Grundfragen weiblicher Selbstbestimmung und Sexualität von vorneherein entpolitisiert werden. Die Privatsphäre im dezionalen Sinne werfe die Frage auf, welche Freiheit zu schützen ist.

Es ist festzuhalten, dass im Blick auf die konkrete Lebensgestaltung die dezionelle Privatheit Neutralität garantieren soll. Dennoch ist die Privatsphäre nicht aller Öffentlichkeit und Politik entzogen. Denn was legitimerweise als private Freiheit gilt, wird jeweils in öffentlichen Diskursen – und öffentlich dokumentierten Lebensformen – austariert. Die abstrakte Entgegensetzung zwischen der Privatsphäre als ‚corner of one's eye' und dem öffentlichen ‚brother's keeper' (Shils 1956) ist daher schwerlich haltbar.

2. *Informationelle Privatheit* als zweite Dimension der Privatheit wird im gegenwärtigen informationellen Zeitalter der Medien und des Internet oft als prototypisch für das Problem von Privatheit überhaupt aufgefasst. Wenn Privatheit allgemein die Möglichkeit einer Kontrolle des Zugangs zur eigenen Person bedeutet, so ist der informationelle Zugang ein wesentlicher Bestandteil. Zu unterscheiden ist dabei, ob Dritte ohne Kenntnis und Willen der Person informationellen Zugriff auf deren Privatsphäre haben (Typus 1: das charakteristische Beispiel ist der Voyeur), ob die Person davon zwar Kenntnis hat, dies aber nicht billig (2), oder ob sie es weiß und billigt – unter Abwägung anderweitiger, etwa finanzieller Vorteile (3). Die Typen (2) und (3) treten in einer medial bestimmten Gesellschaft zunehmend in den Vordergrund. Eine ‚pan-optische Welt', in der nichts unentdeckt bleibt, ist heute nicht mehr nur Science-Fiction. Es besteht aber die Gefahr, dass die Privatsphäre, im Sog der Faszination durch neue Informationstechnologien, zumindest vorübergehend, als ‚verhandelbar' gilt und gegen andere Güter abgewogen wird. Dann gilt sie auch als nicht essenziell für den Entwurf gelingenden Lebens.

Die ethische Problematik lässt sich argumentativ zunächst als Selbstverhältnis abbilden: Wie verändert sich mein eigenes Verhalten, wenn ich erwarten muss, beobachtet zu werden? Es zeichnet sich eine entzentrierte Macht ab, die der Dienstleister gegenüber dem Kunden, die Versicherung oder Bank gegenüber dem Policen- bzw. Kontoinhaber, der Arbeitgeber gegenüber dem Arbeitnehmer ausübt. Das multipolare Überwachungsnetz überwiegt heute wohl eindeutig die Gefahr durch das Überwachungsmonopol des ‚Großen Bruders'. Vor diesem Hintergrund tritt die Frage nach Kriterien für schützenswerte Daten in den Vordergrund. Gemeint sind in erster Linie Daten, die unmittelbar zur Identifizierung einer bestimmten Person führen können. Von exemplarischer Bedeutung sind hier die Diskussionen um die Verwertung von Nutzerdaten und personalisierte Werbung in Internetportalen wie Facebook. Dabei ist freilich zu beachten, dass Daten nur *im Kontext,* mit einer spezifischen *Verifikationsmethode* ausgestattet, in diesem Sinne wirksam werden. Man kann dabei, im Anschluss an Rössler (2001, 234 ff.), vier Gruppen von schützenswerten Daten unterscheiden: (1) mentale Daten: Gefühle und Einstellungen einer Person; (2) personenbezogene Daten, worunter im Internetzeitalter die Speicherung von E-Mail-, SMS- und Telefonkontaktdaten und von Angaben über das Browser-Verhalten fällt; (3) Daten des privaten, häuslichen Lebens, die nicht an die Öffentlichkeit gelangen sollten (langlebig ins Netz gestellte korrumpierende Informationen und Bilder, die z. B. noch nach Jahren karriereschädigend sein können, werden derzeit viel diskutiert); und schließlich (4) Auskünfte, die Aussagen über das Bewegungsverhalten von Personen erlauben. Dies wird bei der viel diskutierten Videoüberwachung öffentlicher Plätze besonders akut.

Es ist zu Recht darauf hingewiesen worden, dass die Geltendmachung von Rechten und Ansprüchen gegenüber dem Staat, namentlich im Bereich der Sozialstaatlichkeit, durch neue Informationstechnologien einen kategorial neuen Zustand der Identifizierbarkeit und der Klassifikation des einzelnen Bürgers im öffentlichen Raum bedeutet (Versicherungskarten, maschinenlesbare Chips). Die Konfliktlinie verläuft zwischen Effizienz- und Rationalisierbarkeit in komplexen Administrationen und damit erkaufter erhöhter Kontrolle. Im Einzelnen wird man Güterabwägungen vornehmen müssen.

Ein eigenes Problem stellt sich im Blick auf Personen der Zeitgeschichte. Neben wiederkehrenden Debatten und Prozessen um die Freigabe von Stasi-Akten des ehemaligen Bundeskanzlers Helmut Kohl sind im deutschen Kontext die Caroline-Urteile besonders prominent geworden. Das BGH-Urteil vom 19.12.1995 gab einschlägigen Klagen von Prinzessin Caroline von Monaco nicht statt, und zwar mit Verweis darauf, dass „absolute Personen der Zeitgeschichte" (Staatsoberhäupter, Monarchen, herausragende Politiker) die Veröffentlichung von Bildmaterial hinnehmen müssten, auch wenn es ihr Privatleben zeige und nicht ihre öffentliche Funktion. Anders verhalte es sich bei den Kindern dieser Personen. Dieses Urteil war in Geltung, bis der EuGH für Menschenrechte 2004 letztinstanzlich, wiederum aufgrund einer Berufungsklage von Caroline, entschied, dass durch die Veröffentlichung der Bilder das Recht auf Achtung des Privatlebens verletzt worden sei.

Zudem kann sich vermehrte Datensammlung auf Sicherheitsargumente stützen: von der Sicherheit öffentlicher Plätze bis zum Lauschangriff angesichts erhöhter Terrorgefahr, insbesondere seit dem 11. September 2001. In der Publizistik ist daher grundsätzlich von der Interessensabwägung zwischen Sicherheit, ohne die liberale Freiheit gar nicht möglich wäre, und dieser Freiheit selbst die Rede. Dabei zeigt sich das Paradox, dass Freiheit durch die Unterminierung von Freiheits- und Privatrechten geschützt werden soll. In der Angewandten Ethik wird es daher um eine grundsätzlichere Abwägung gehen, die die Garantierung individueller Freiheit als Grundidee liberaler Demokratie betont. Leitlinie sollte dabei nach weitgehendem Konsens auch weiterhin sein, dass derjenige, der in die Privatsphäre eindringt, und eben nicht derjenige, der ihren Schutz garantiert sehen möchte, unter der primären Begründungsverpflichtung steht.

Das zweite Feld, auf dem die informationelle Selbstbestimmung in Schwierigkeiten geraten kann, ist die De-Anonymisierung und Weitergabe von schutzwürdigen Daten. Es deutet sich eine Entwicklung an, in der *de iure* ein weitergehender Schutz der Privatsphäre besteht als er, aufgrund der veränderten Verhaltenspräferenzen, *de facto* in Anspruch genommen wird, wo jeder einzelne zugleich potenzieller Täter und potenzielles Opfer ist.

Bis zu diesem Punkt ist die informationelle Privatheit nur in Bezug auf ihre Störung durch *potenziell unbegrenzte, und unbekannte Andere* in den Blick gebracht. Das Problem stellt sich aber auch in Nahbeziehungen. Informationelle Privatheit bildet einen Rahmen, in dem durch *self-disclosure* eine zunehmende Öffnung aus freiem Willen für bestimmte Andere möglich ist. Dies impliziert die Preisgabe von Informationen über die eigene Person, die auf anderen Wegen gar nicht zugänglich wären. Dabei ist die Privatsphäre eine unerlässliche Bedingung für die Ausbildung solcher Nahbeziehungen. Sie ermöglicht die Bildung sozialer Netze, die darauf basieren, dass innerhalb einer Gruppe nicht jedem alles mitgeteilt wird, die aber auch das Recht implizieren, nicht über jeden alles Erfahrbare wissen zu müssen. Die Wahrung der informationellen Privatheit macht die Erwartungen an das Handeln und Wissen anderer kalkulierbarer und stabiler, so dass sich das eigene Handeln als zumindest teilweise autonom entfalten kann.

3. Lokale Privatheit als dritte Dimension der Privatheit umfasst lokalisierbare und zeitlich bestimmte Lebensbereiche, die äußerer Beeinflussung entzogen sind. In liberalen demokratischen Rechtsstaaten genießt die Privatwohnung besonderen Schutz. Das Grundgesetz trägt dem Rechnung, indem es in Artikel 13 festschreibt, dass jeder Eingriff in die Unverletzlichkeit der Wohnung auch „regelmäßig einen schweren Eingriff in die persönliche Lebenssphäre des Betroffenen" bedeutet.

Wenn man die universale anthropologische Bestimmung, zu sehen und gesehen werden zu können, als Maßstab anlegt, dann ist die lokale Privatsphäre der Ort, dieser Sichtbarkeit zumindest teilweise zu entkommen und mit sich selbst alleine zu sein. Anthropologisch hat Goffman (1974) die Unterscheidung zwischen „front region" und „backstage" eingeführt. Die lokale Privatheit ist, ähnlich wie die informationelle Privatheit, für die Bildung und Stabilisierung von Beziehungen von Bedeutung. Zu Recht wird darauf hingewiesen, dass sich durch die E-Kommunikation Zeit- und Raumempfinden verändert haben, so dass auch der Wohnraum immer weniger die lokale Sicherung garantiert; nicht zu sprechen von den ‚Webcammers', die ihr gesamtes Privatleben 1:1 ins Netz stellen. Eine neue Dimension gewinnt die Diskussion der lokalen Privatheit durch Google streetview. In den USA ist bereits ein Großteil des Straßennetzes erfasst, in Europa nimmt die Zahl der erfassten Straßen zu. Auch wenn Personen mit Weichzeichner unkenntlich gemacht sind, ist streetview in Deutschland und der Schweiz scharf kritisiert worden, insbesondere als sich herausgestellt hat, dass Google WLAN-Parameter erfasst und sogar Inhalte mitgeschnitten hat. Ein spezielles Problem entsteht durch ‚Geo-Tags', also die bei jeder Kamera mit GPS mitgelieferte Information über den Ort der Aufnahme (nach Ländercode, Placename sowie Längen- und Breitengrad. Obwohl Geo-Tags von den großen Suchmaschinen offiziell nicht ausgewertet werden, ergibt sich daraus eine genaue Kodierung, die eine Einschränkung lokaler Privatheit bedeuten kann, zumal manche Dienste gezielt nach dem ICBM-Tag suchen (das ironisch gemeinte Kürzel für ‚intercontinental ballistic missile'). Gegenüber den Datenschutz- und Privatsphären-Argumenten machen Bildjournalisten ihr Informationsrecht geltend. Insgesamt zeigt sich in Europa, insbesondere in Deutschland, eine deutlich erhöhte Sensibilität als in der amerikanischen Debatte.

54.3 Inszenierte Privatheit

Besondere Aufmerksamkeit erfordern heute Inszenierungen der Privatsphäre in der Öffentlichkeit. Zu denken ist u. a. an öffentliche Handytelefonie, aber auch an spektakulärere Formen, wie die inflationäre Talkshowkultur. Nagel hat zutreffend darauf verwiesen, dass die Unterscheidung zwischen ‚öffentlich' und ‚privat' geradezu eine Grundvoraussetzung für den Fortbestand eines *cultural liberalism* sei. Mehr noch: Es sei für eine Zivilisation von Bedeutung, „our lustful, aggressive, greedy, anxious, or self-obsessed feelings" (Nagel 1998, 15) für uns zu behalten. Die Differenzierung zwischen dem, was öffentlicher Kontrolle unterliegen muss, und dem, was in die Entscheidungsfreiheit des Einzelnen gestellt ist, ist selbst eine zivilisatorische Leistung der Neuzeit. Fernsehformate wie Big Brother und später „Dschungelcamp", zu deren Inszenierung es gehört, eine inszenierte Privatheit bis in die Intimsphäre offen zu legen, sind deshalb nicht unproblematisch, auch wenn sie auf freiwilliger Basis zustande kommen. Während solche Formate in den USA und oft auch in Japan seit langem eingeführt waren, artikuliert sich im deutschen Kontext regelmäßig mit der Einführung eines neuen Formats Widerstand, der allerdings ebenso regelmäßig verstummt. Die kritischen Einlassungen beziehen sich allerdings zumeist auf Verletzungen des Jugendschutzes und die Aufweichung moralischer Standards, etwa des Sadismustabus, und weniger auf Missachtungen der Privatsphäre.

Literatur

Angerer, Karin: Gesellschaftsvertragliche Eingriffe in die Privatsphäre. Hamburg 1990.
Balthasar, Stephan: Der Schutz der Privatsphäre im Zivilrecht. Eine historisch-vergleichende Untersuchung zum deutsch-englischen Recht vom ius commune bis heute. Tübingen 2006.

Dworkin, Donald: Die Grenzen des Lebens. Abtreibung, Euthanasie und persönliche Freiheit. Hamburg 1994 (amerik. 1993).

Etzioni, Amitai: The Limits of Privacy. New York 1999.

Fried, Charles: An Anatomy of Values. Cambridge, Mass. 1970.

Friedrich, Andreas: Grundrechtlicher Persönlichkeitsschutz und europäische Privatsphäre. Baden-Baden 2009.

Gandy, Oscar H.: The Panoptic Sort. A Political Economy of Personal Information. San Francisco 1993.

Geuss, Raymond: Privatheit. Eine Genealogie. Frankfurt a. M. 2002 (amerik. 2001).

Goffman, Erving: Das Individuum im öffentlichen Austausch. Mikrostudien zur öffentlichen Ordnung. Frankfurt a. M. 1974 (amerik. 1971).

Habermas, Jürgen: Faktizität und Geltung. Frankfurt a. M. 1992.

Hansson, Mats G.: The Private Sphere. An emotional territory and its agent. Berlin 2008.

Hegel, Georg Wilhelm Friedrich: Grundlinien der Philosophie des Rechts. Frankfurt a. M. 1970.

Nagel, Thomas: „The Shredding of Public Privacy: Reflections on Recent Events in Washington." In: The Times Literary Supplement 14.8.1998.

Nagel, Thomas: Concealment and Exposure and Other Essays. Oxford 2002.

Rössler, Beate: Der Wert des Privaten. Frankfurt a. M. 2001.

Rössler, Beate (Hg.): Privacies. Philosophical Evaluations. Stanford, Calif. 2004.

Sandel, Michael: „Moral Argument and Liberal Toleration: Abortion and Homosexuality." In: California Law Review 77 (1989), 521–538.

Schaar, Peter: Das Ende der Privatsphäre – Der Weg in die Überwachungsgesellschaft. München 2007.

Schoeman, Ferdinand D.: Privacy and Social Freedom. Cambridge 1992.

Shils, Eward A.: The Torment of Secrecy. Glencoe Ill. 1956.

Warren, Samuel D./Brandeis, Louis D.: „The Right to Privacy." In: Ferdinand Schoeman (Hg.): Philosophical Dimensions of Privacy. An Anthology. Cambridge, Mass 1984.

Behinderung

Thomas Schramme

Der Begriff der Behinderung ist komplex. Er kann in einer medizinischen Perspektive als Schädigung, also als eine dauerhafte Störung der Funktionsfähigkeit des Organismus, verstanden werden; oder er kann als Einschränkung der Handlungsfähigkeit einer Person interpretiert werden, wobei in der rechtlichen Verankerung meist speziell auf die Minderung der Erwerbsfähigkeit und die eingeschränkte Teilhabe am gesellschaftlichen Leben abgehoben wird.

Das Thema ‚Behinderung' hat innerhalb der Angewandten Ethik zu hitzigen Debatten geführt, bis hin zu körperlichen Angriffen auf die beteiligten Diskussionsteilnehmer. Wie kaum ein anderes Thema hat es fundamentale Kritiken an der Angewandten Ethik hervorgerufen, speziell an der Bioethik. Dies liegt zweifelsohne daran, dass Behinderung in der bioethischen Literatur über lange Jahre in erster Linie dann angesprochen wurde, wenn es um den vermeintlich zweifelhaften moralischen Status und um das gerechtfertigte Töten von Menschen mit schwerwiegenden Behinderungen ging. Erst ca. seit den 1990er Jahren ergibt sich ein sehr viel differenzierteres Bild des Begriffs der Behinderung und der Diversität der Lebensweisen und Lebensumstände von Menschen mit Behinderungen. Wie auch in anderen Bereichen, in denen sich normative Sichtweisen im Verlauf der Zeit änderten, ist dieser Lernprozess den politischen Aktionen und den öffentlichen Stellungnahmen der Betroffenen selbst zu verdanken; eine Form der kollektiven Identität hat dabei die Handlungsfähigkeit der Behindertenbewegung und der *disability studies* zweifelsohne gestärkt (Scully 2008), auch wenn es inzwischen wohl eher darum gehen wird, die Differenzen und Spezifika herauszuarbeiten. Behinderungen zeigen sich in unterschiedlichster Weise, degenerative Erkrankungen wie Multiple Sklerose oder Alzheimer sowie psychische Beeinträchtigungen, beispielsweise chronische Schmerzen oder Persönlichkeitsstörungen etc., können zur Zuschreibung einer Behinderung führen. In der Tat sind Behinderungen ein weit verbreitetes Phänomen, nach der Definition, die den sozialrechtlichen Behindertenstatus begründet, sind deutschlandweit etwa 9 % der Bevölkerung betroffen (Statistisches Bundesamt 2018).

Gängige Überzeugungen werden durch die Behindertenbewegung erstens durch Angriffe auf das medizinische Verständnis von Behinderung als einem defizitären Zustand infrage gestellt. Zweitens wird die übliche Gleichsetzung von Behinderung mit Leid angegriffen. Drittens sind die ethischen Implikationen verbreiteter Überzeugungen auf dem Prüfstand, speziell diejenigen, die um das Töten menschlicher Lebewesen kreisen. Viertens geht es um

T. Schramme (✉)
University of Liverpool, Liverpool, UK
E-Mail: T.Schramme@liverpool.ac.uk

die Frage der Inklusion von Menschen mit Behinderungen in konkrete Gesellschaften als auch ihre Berücksichtigung in normativen Theorien.

55.1 Medizinisches und soziales Modell

Behinderung kann sowohl als isolierter Zustand einer Person als auch als Relation zu ihren Lebensumständen oder zu anderen Personen interpretiert werden. Im ersten Fall wird das Behindertsein in den Fokus der Aufmerksamkeit gerückt. Zum Beispiel kann eine Person möglicherweise bestimmte Tätigkeiten nicht verrichten, weil sie physisch oder psychisch für sie unmöglich sind: Sie kann beispielsweise keine Treppen steigen, weil sie im Rollstuhl sitzt; oder sie kann nicht den Aufzug benutzen, weil sie dann schwere Angstzustände befürchten muss. In dieser Perspektive ist Behinderung meist definiert im Sinne einer dauerhaften pathologischen Störung, die im betroffenen Individuum lokalisiert ist.

Die zweite Interpretation des Behinderungsbegriffs stellt das Behindertwerden in den Mittelpunkt. Hier liegt die Unfähigkeit, bestimmte Tätigkeiten zu verrichten, in einem bestimmten Verhältnis zu den äußeren Umständen begründet: Die im Rollstuhl sitzende Person kann ein Gebäude nicht betreten, weil der Zugang nur über Treppen möglich ist; die Person mit den Angstzuständen kann nicht in die oberen Stockwerke gelangen, weil es keine Treppen gibt. Hier wird deutlich, dass Menschen, selbst wo eine medizinische Schädigung vorliegt, also eine dauerhafte pathologische Störung, ihre Handlungsziele häufig erreichen können, wenn die Umstände entsprechend eingerichtet sind: wenn also das Erreichen der Ziele nicht nur über das Ausüben bestimmter Tätigkeiten – Treppen steigen, Fahrstuhl fahren – ermöglicht wird. Aus dieser Einsicht speist sich der Slogan der Behindertenbewegung: „Behindert ist man nicht, behindert wird man". In einer extremen Version wäre Behinderung demzufolge ein ausschließlich soziales bzw. relatives Phänomen, das überhaupt nur existiert, weil es behindernde soziale Umstände gibt.

Ob Behinderungen nur dann vorliegen, wenn ihnen dauerhafte Einschränkungen der normalen Funktionsfähigkeit zugrunde liegen, ist ebenfalls strittig. Behinderung verstanden als Einschränkung von Handlungsmöglichkeiten könnte sich aufgrund von Einschränkungen jeglicher Natur einstellen, etwa durch Unwissen, Armut oder fehlende soziale Netzwerke. Dieser Lesart zufolge ist Behinderung eine universelle und verbreitete menschliche Erfahrung. Allerdings könnten sich aus diesem weiten Ansatz Missverständnisse mit der medizinischen und medizinrechtlichen Perspektive ergeben, wonach Behinderungen auf chronischen Krankheiten und pathologischen körperlichen und psychischen Veränderungen beruhen.

Die zwei genannten möglichen Perspektiven auf Behinderung – körperlich-geistiger Zustand oder Relation – haben zu zwei verschiedenen Modellen geführt, die als medizinisches und soziales Modell bezeichnet werden. Es liegt nahe, davon auszugehen, dass sie beide ihre Berechtigung haben und nicht konträr gegeneinandergestellt werden sollten, was lange Jahre geschehen ist. Das medizinische Modell ist insofern berechtigt, als es auf die vergleichsweise eingeschränkten Handlungsoptionen von Menschen mit Behinderungen aufgrund einer pathologischen Veränderung der normalen Funktionsfähigkeit verweist. Das soziale Modell weist zu Recht darauf hin, dass Einschränkungen meist durch gesellschaftliche Umstände beeinflusst werden und dass alternative Handlungsoptionen sehr häufig möglich sind und ebenso zum Erreichen von Lebenszielen führen können. Sowohl in der akademischen Debatte (Shakespeare 2006; Kristiansen et al. 2009; Ralston/Ho 2010) als auch in der einschlägigen Klassifikation, speziell der *International Classification of Functioning, Disability and Health* der Weltgesundheitsorganisation aus dem Jahr 2001 (Hirschberg 2009), hat sich inzwischen entsprechend ein sehr viel differenzierteres Bild ergeben, das es ermöglicht, Einsichten beider Modelle aufzunehmen. Ein wichtiger Streitpunkt liegt nun in der Frage, welche Einschränkungen umweltbezogenen Gesichtspunkten kausal zuzuordnen sind und welche sich aus der Verfassung von

Individuen ergeben – inwiefern also, vereinfacht gesagt, die Gesellschaft die Verantwortung trägt für Handlungseinschränkungen von Menschen mit Behinderungen. Wenn beispielsweise ein Mensch mit Down Syndrom weder lesen noch schreiben kann, sind üblicherweise nicht nur eingeschränkte Lernbefähigungen dieser Person dafür kausal verantwortlich, sondern in erster Linie mangelnde gesellschaftliche Förderung. Kann man aber sagen, dass eine Person mit Down Syndrom, die nicht studieren kann, von der Gesellschaft davon abgehalten wird, weil man sie ja noch besser fördern könnte? Diese Frage hat damit zu tun, inwiefern gesellschaftliche Normalitätsstandards und Maßstäbe der berechtigten Erwartungen begründet werden können und damit ein bestimmtes Ausmaß von Behinderung pathologischen Aspekten kausal zuzuordnen wäre.

Ein wesentliches Ergebnis der Diskussion über den Behinderungsbegriff besteht darin, dass zum einen eine Behinderung durch gesellschaftlich beeinflussbare Umstände zumindest mitverursacht sein kann und entsprechend durch Änderung dieser Faktoren abgemildert bzw. sogar beseitigt werden kann. Zum anderen wird deutlich, dass wesentliche Ziele auch bei Vorliegen einer medizinischen Schädigung oft erreicht werden können. Insofern fragt sich, inwiefern die Identifikation von Behinderung mit einer Einschränkung der Lebensqualität berechtigt ist.

55.2 Einschränkung des Wohlergehens?

Ob Behinderung in jedem Fall eine Einschränkung des Wohls der betroffenen Person bedeutet, hängt davon ab, welche Art von Behinderung vorliegt, und außerdem davon, welcher Konzeption des menschlichen Wohls man anhängt. In den einschlägigen bioethischen Diskussionen wird häufig allgemein von Behinderung gesprochen (Wasserman et al. 2005; Bickenbach et al. 2014). Es sollte aber deutlich geworden sein, dass etwa die Frage, inwiefern die Einschränkung von Handlungsmöglichkeiten kompensiert werden kann bzw. inwiefern sie belastend wirkt, nicht pauschal beantwortet werden kann. Noch wichtiger als die Beachtung dieser Differenzen ist es darüber hinaus, sich darüber Klarheit zu verschaffen, welche Interpretation des menschlichen Wohls man zugrunde legt. Hier entstehen wohl die meisten Missverständnisse in der bioethischen Debatte.

So kann Wohlergehen mit Wohlbefinden gleichgesetzt werden; in diesem Fall wird das subjektive Erleben als Kriterium des Wohls verstanden. Schmerzen und Angst beispielsweise sind Einschränkungen des Wohlbefindens. Legt man diese Interpretation zugrunde, wären einige Behinderungen nicht unbedingt als Einschränkung des Wohls zu begreifen, eben weil sie nicht als unangenehm erlebt werden. Dies führt zu absurd wirkenden Ergebnissen. Beispielsweise wäre eine Person, die sich in einem fortgeschrittenen Stadium der chronischen Alzheimer-Krankheit befindet, aber darunter subjektiv nicht leidet, eben auch nicht in ihrem Wohlergehen eingeschränkt. Würden wir aber sagen, dass diese Form der Behinderung kein Übel für diese Person darstellt?

Eine alternative Theorie des menschlichen Wohls fokussiert dagegen auf die objektiven Gegebenheiten im Unterschied zum subjektiven Erleben. Wenn beispielsweise bestimmte elementare Fähigkeiten nicht oder nur eingeschränkt vorliegen, so könnte man hierin eine Einschränkung des Wohls der Person erkennen. In diesem Fall wäre es unerheblich, wie die Person eine Behinderung selbst erlebt, um zu entscheiden, dass diese schlecht für sie ist. Eine häufig genannte Fähigkeit in diesem Bereich ist Autonomie bzw. die Fähigkeit, selbständig zu leben. Da viele Behinderungen zu Abhängigkeit führen und mit einer verstärkten Vulnerabilität einhergehen, gilt Behinderung weithin als generelle Einschränkung des menschlichen Wohls. Hierbei gilt es aber zu beachten, dass jeder Mensch in einem bestimmten Ausmaß abhängig von Hilfe und vulnerabel ist; es scheint keineswegs ausgemacht, dass Behinderung in jedem Fall zu größerer Unselbständigkeit führt. Darüber hinaus ist zu fragen, warum eine Einschränkung der Unabhängigkeit mit einer

Einschränkung des Wohls gleichgesetzt werden sollte. Die Wertigkeit von Abhängigkeit und Unabhängigkeit ist selbst strittig und sollte nicht einfach vorausgesetzt werden.

Ein weiteres potentielles Missverständnis in der bioethischen Debatte über Behinderung und Lebensqualität besteht in der Verwechslung von komparativen und nicht-komparativen bzw. absoluten Gesichtspunkten des Wohls. Man kann gegebenenfalls mit einiger Plausibilität behaupten, dass es in jedem Fall *ceteris paribus* besser ist, nicht behindert zu sein als eine Behinderung zu haben. Doch damit hat man noch nicht gezeigt, dass behindert zu sein im absoluten Sinne schlecht für die betroffene Person ist. Weniger Fähigkeiten zu haben, bedeutet nicht, ein ungenügendes Maß an Fähigkeiten zu besitzen; weniger selbständig leben zu können, bedeutet nicht, zu wenig selbständig zu sein; medizinische Imperfektion ist als solche kein Übel. In einem absoluten Sinne schlecht für die betroffene Person wäre eine Behinderung nur dann, wenn sie ein Minimum an absolut notwendigen Elementen des Guten für den Menschen unterschreitet. Ob ein solcher Standard begründet werden kann, ist aber strittig.

Schließlich ist darauf hinzuweisen, dass eine medizinische Schädigung – gerade weil sie eine dauerhafte Verfassung darstellt – häufig in das Selbstbild der betroffenen Person integriert werden kann. Diese Möglichkeit der Identifikation mit einer bestimmten körperlichen oder geistigen Einschränkung stellt ebenfalls pauschale Urteile über eine vermeintlich eingeschränkte Lebensqualität durch Behinderung in Frage (Edwards 2005). Sieht man eine Behinderung als einen Aspekt der Identität, werden Aussagen von Menschen mit Behinderungen verständlich, die ihre Behinderung – etwa Gehörlosigkeit – als eine Form der kulturellen Differenz begreifen.

Zusammenfassend kann festgehalten werden, dass eine einfache Gleichsetzung von Behinderung mit Leid nicht überzeugt. Wird eine Behinderung von der betroffenen Person selbst als eine Einschränkung des Wohls begriffen, so gibt es keinen Grund, dies zu bezweifeln. Wo aber Menschen mit Behinderungen ihre Verfassung in einem absoluten Sinne nicht negativ beurteilen, kann man diese Haltung nicht ohne Weiteres als falsch bezeichnen, indem man auf komparative Nachteile einer Behinderung verweist, die zudem meist gesellschaftlich bedingt sind. Behinderung muss nicht als Defekt verstanden werden, sondern kann bisweilen eine bloße Differenz markieren (Barnes 2016).

55.3 Schwangerschaftsabbruch und Personenstatus

Die häufig diskutierte Frage, ob man Föten abtreiben darf, die in ihrem späteren Leben aufgrund einer medizinischen Schädigung behindert wären, muss unter der hier entwickelten Prämisse betrachtet werden, dass man nicht einfach das Vorliegen einer pathologischen Funktionsstörung mit einem schlechten Leben gleichsetzen sollte. Insofern sind Argumente problematisch, wonach das Vorliegen eines solchen Zustands alleine schon hinreichend ist, um eine Abtreibung zu rechtfertigen – zumindest, wenn dabei die vermeintliche spätere Lebensqualität des Fötus im Vordergrund steht und nicht etwa das generell geltende Recht auf Schwangerschaftsabbruch, das keine besonders gravierenden Umstände bei Vorliegen einer Behinderung sieht. Wo das Leben mit einer Behinderung pauschal als besondere Bürde gilt und sich daraus unterschiedliche Bewertungen von Schwangerschaftsabbrüchen bei gesunden und aus medizinischer Sicht geschädigten Föten ergeben, wird der Vorwurf der Diskriminierung, also der ungerechtfertigten Ungleichbehandlung, zu Recht erhoben. Es ist demnach verständlich, wenn einige Menschen mit Behinderung sich durch die leichtfertige Identifikation von medizinischer Schädigung und schlechter Lebensqualität beleidigt und angegriffen fühlen und daher die pränatale Diagnostik kritisch beäugen. Sie sehen letztere als ein Mittel der Kontrolle über Leben und Tod in Situationen, die Urteile von außen über die angebliche Lebensqualität betroffener Menschen nicht zulassen (Parens/Asch 2000).

Schwere medizinische Schädigungen gehen mit stark eingeschränkten Fähigkeiten einher. Sollten Fähigkeiten nicht vorhanden sein, die als elementare Voraussetzungen für das Vorliegen eines Personenstatus gesehen werden, wie beispielsweise sich seiner selbst als denkendem und handelndem Wesen bewusst zu sein, dann folgt, dass einige Menschen mit schweren geistigen Behinderungen diesen Status nicht hätten. Auch diese Konsequenz, wie sie prominent von Peter Singer gezogen wurde, hat zu Missverständnissen und heftigen Angriffen geführt. Doch der Personenbegriff ist ein moralischer und rechtlicher *terminus technicus,* der benutzt wird, um Wesen zu bezeichnen, die in gleicher Weise berücksichtigt und geachtet werden müssen (s. Kap. 21). Wie die Grenzen gezogen werden, also welches Kriterium den Personenstatus verleiht, ist strittig, aber es muss ein begründetes Kriterium sein. Das bloße Menschsein ist nicht hinreichend, wenn gleichzeitig andere Tiere willkürlich von der moralischen Rücksichtnahme ausgeschlossen werden; dies wäre „Speziesismus" (Singer 1994). Gleichwohl bleibt festzuhalten, dass in der bioethischen Diskussion über den Personenbegriff zum Teil ungenügende Kenntnis besteht über die realen Fähigkeiten von Menschen mit Behinderungen, speziell mit geistigen Behinderungen (Kittay/ Carlson 2010).

55.4 Das politische Ziel der Inklusion

In den letzten Jahren wird verstärkt die Frage der Vermeidung von Exklusion und Benachteiligungen von Menschen mit Behinderung diskutiert (Silvers et al. 1998; Reinders 2000; Francis/Silvers 2000; Brownlee/Cureton 2009; Felder 2012) und auch in Kodizes wie dem deutschen Behindertengleichstellungsgesetz oder der UN-Konvention für die Rechte behinderter Menschen rechtlich verankert. Diese Probleme stellen sich in Bezug sowohl auf die realen sozialen Verhältnisse als auch auf die theoretischen Grundlagen. Dabei öffnet sich die Debatte auch für Fragen der politischen Philosophie, beispielsweise inwiefern Vertragstheorien Menschen mit bestimmten Behinderungen aus dem Kreis der Vertragsteilnehmer ausschließen (Nussbaum 2006). Eine weitere Frage lautet, inwiefern Gerechtigkeit die Berücksichtigung von Differenz statt Angleichung erfordert, wobei Behinderung als eine Lebenssituation interpretiert wird, die besondere Vorkehrungen und Ausstattungen verlangt (Eurich 2008). Ein blinder Mensch beispielsweise benötigt andere Ressourcen, um ein Studium zu absolvieren, als ein sehender.

Das Thema ‚Behinderung' ist innerhalb der Angewandten Ethik inzwischen zu einem weit verzweigten Gebiet angewachsen. Stand früher in erster Linie die Frage nach dem moralischen Status im Mittelpunkt des Interesses, ergeben sich inzwischen Verbindungen zu ethischen Theorien des Wohlergehens und zu politischen Theorien der Gerechtigkeit. Die einfache Identifikation von Behinderung mit Übel und Nachteil ist inzwischen einer weitaus differenzierteren und angemesseneren Sichtweise gewichen.

Literatur

Barnes, Elizabeth: The Minority Body. A Theory of Disability. Oxford 2016.
Bickenbach, Jerome E./Felder, Franziska/Schmitz, Barbara (Hg.): Disability and the Good Human Life. Cambridge 2014.
Brownlee, Kimberley/Cureton/Adam Steven: Disability and Disadvantage. Oxford 2009.
Edwards, Steven D.: Disability. Definitions, Value and Identity. Oxford 2005.
Eurich, Johannes: Gerechtigkeit für Menschen mit Behinderung. Ethische Reflexionen und sozialpolitische Perspektiven. Frankfurt a. M. 2008.
Felder, Franziska: Inklusion und Gerechtigkeit: Das Recht behinderter Menschen auf Teilhabe. Frankfurt a. M. 2012.
Francis, Leslie/Silvers, Anita: Americans with Disabilities. Exploring Implications of the Law for Individuals and Institutions. New York 2000.
Hirschberg, Marianne: Behinderung im internationalen Diskurs. Die flexible Klassifizierung der Weltgesundheitsorganisation. Frankfurt a. M. 2009.
Kittay, Eva Feder/Carlson, Licia: Cognitive Disability and its Challenge to Moral Philosophy. Oxford 2010.
Kristiansen, Kristjana/Vehmas, Simo/Shakespeare, Tom: Arguing about Disability. Philosophical Perspectives. London 2009.

Nussbaum, Martha C.: Frontiers of Justice. Disability, Nationality, Species Membership. Cambridge, Mass. 2006.

Parens, Erik/Asch, Adrienne: Prenatal Testing and Disability Rights. Washington 2000.

Reinders, Hans S.: The Future of the Disabled in Liberal Society. An Ethical Analysis. Indiana 2000.

Ralston, D. Christopher/Ho, Justin Hubert: Philosophical Reflections on Disability. Dordrecht 2010.

Scully, Jackie Leach: Disability Bioethics. Moral Bodies, Moral Difference. Lanham, MD 2008.

Shakespeare, Tom: Disability Rights and Wrongs. London 2006.

Silvers, Anita/Wasserman, David/Mahowald, Mary Briody: Disability, Difference, Discrimination. Perspectives on Justice in Bioethics and Public Policy. Lanham, MD 1998.

Singer, Peter: Praktische Ethik. Stuttgart ²1994 (engl. 1993).

Statistisches Bundesamt: Pressemitteilung Nr. 228 vom 25.06.2018. In: https://www.destatis.de/DE/PresseService/Presse/Pressemitteilungen/2018/06/PD18_228_227.html (1.11.2018)

Wasserman, David T.: Quality of Life and Human Difference. Genetic Testing, Health Care, and Disability. Cambridge 2005.

Sexualität und Geschlechtlichkeit

Angelika Krebs

Die Sexualethik fragt nach dem Stellenwert von Geschlechtlichkeit oder ‚Sexualität', wie sie seit dem 19. Jahrhundert auch heißt (von lat. *sexus*: Geschlecht), im guten menschlichen Leben. Sie versucht, erfüllte und moralisch akzeptable Formen von weniger erfüllten oder gar moralisch inakzeptablen Formen zu trennen. Im Unterschied zu Liebe, deren zentraler Stellenwert im guten menschlichen Leben unumstritten ist, hat sexuelle Lust oder Wollust in der Geschichte der Philosophie eine überwiegend ‚schlechte Presse'.

Die antike griechische Philosophie misstraute der Wollust. Man denke an Platons berühmtes Bild der menschlichen Seele als Pferdegespann mit einem weißen edlen und einem schwarzen plumpen Pferd oder an seine *scala amoris*, in der sexuelles Verlangen nur eine erste, niedrige Stufe hin auf der Leiter zur Liebe des Schönen und Guten im Allgemeinen ist. Im christlichen Mittelalter steigerte sich das Misstrauen gegenüber der Wollust in eine geradezu feindliche Haltung. Sexuelle Enthaltsamkeit wurde zu einem Ideal, und sexuelle Aktivität hatte, wo sie denn erfolgte, im Dienst der Fortpflanzung zu stehen. In der Aufklärung verglich Kant das Objekt sexueller Begierde mit einer Zitrone, die man wegwirft, wenn man den Saft aus ihr gezogen hat. Nur die Ehe könne die in sich instrumentelle Sexualität moralisch retten. Nach der Erfindung der Pille und der sexuellen Revolution in den 1968er-Jahren dominiert heute eine liberale Haltung. Allerdings schließen Feministinnen, wie Andrea Dworkin und Catharine MacKinnon, an Kants Warnung vor sexueller Verdinglichung an und verurteilen die Erniedrigung der Frau in Pornographie und Prostitution (vgl. dazu Herman 2000 und Nussbaum 2002).

In der Gegenwartsphilosophie lassen sich drei Hauptströmungen unterscheiden: (1) die katholische Position, wonach Sexualität wie im Mittelalter der Fortpflanzung zu dienen hat, (2) die dialogische Position, wonach Sexualität die Kommunikation mit einer anderen Person in ihrer Verkörperung suchen soll, und (3) die hedonistische Position, wonach es in der Sexualität wie bei Kant schlicht um die eigene körperliche Befriedigung geht. Anders als Kant verlangt diese Position als Rahmen aber nicht mehr die Ehe, sondern nur noch *consenting adults*.

56.1 Sexualität nur zur Fortpflanzung (z. B. G.E.M. Anscombe und John Finnis)

Nach dieser im Christentum und im Aristotelismus verwurzelten Auffassung ist Sexualität nur dann moralisch akzeptabel, wenn sie entweder

A. Krebs (✉)
Universität Basel, Basel, Schweiz
E-Mail: angelika.krebs@unibas.ch

direkt um der Fortpflanzung willen erfolgt (im Gefolge von Augustinus) oder zumindest sich für diese offenhält (im Gefolge von Thomas von Aquin), d. h. ohne Einsatz von Verhütungsmitteln stattfindet. Denn Gottes Wille bzw. der Naturzweck bei Einrichtung der menschlichen Sexualität liege in der Reproduktion. Jeder andere Gebrauch der Sexualität sei wider Gott bzw. die Natur. Dies schließe neben dem Verbot kontrazeptiver Sexualität u. a. das Verbot von Homosexualität, Petting, Oralsex und Selbstbefriedigung ein. In jüngerer Zeit betont der Katholizismus neben der Fortpflanzungsfunktion aber auch die vereinigende Funktion von Sexualität als Ausdruck der Liebe in der Ehe (Finnis 1993/1994).

Heute gilt die katholische Position (klassisch: Anscombe 1972) als philosophisch diskreditiert. Weder die Fundierung einer Sexualethik in einer Religion noch ihre Fundierung in einem teleologischen Naturverständnis überzeugt. Kommen doch in der Natur allerlei Spielarten von Sexualität vor: Viele Tiere, von Meerechsen und Hirschen bis hin zu Schimpansen und Orang-Utans, wurden bei der Selbstbefriedigung beobachtet. Auch homosexuelles Verhalten ist im Tierreich verbreitet, und etliche Tiere, etwa Löwen und Schimpansen, haben mehr Sex als zur Fortpflanzung unbedingt nötig erscheint (vgl. Primoratz 1999, 9–20; Blackburn 2008, 54–76).

56.2 Sexualität als leiblicher Dialog (z. B. Roger Scruton, Thomas Nagel, Robert Solomon und Simon Blackburn)

Am ausführlichsten, aber auch radikalsten ausbuchstabiert findet sich die dialogische Position in Roger Scrutons Werk *Sexual Desire* (1986), welches als bedeutendstes philosophisches Werk über Sexualität der letzten Jahrzehnte gelten kann. Scruton schreibt an gegen die durch Freuds Trieblehre und den *Kinsey-Report* populäre Vorstellung, Sexualität sei wie Hunger etwas Animalisches und reduziere das Objekt auf ein Instrument der eigenen Befriedigung. Für Scruton ist unsere Sexualität dagegen etwas durch und durch Menschliches. Sie ist intentional und interpersonal.

Menschliche Sexualität ist *intentional* auf die verkörperte Person des anderen gerichtet. Sie wolle in einen leiblichen Dialog mit einem bestimmten anderen treten. Sie suche ihn in seinen unwillkürlichen Gesten, dem Lächeln, dem Erröten, dem Weichwerden der Vagina, dem Hartwerden des Penis. Die unwillkürliche Sprache unseres Körpers offenbare unsere Person. Dabei sei das Gesicht ausdrucksstärker als die Sexualorgane. Daher bestehe die hohe Kunst der Erotik darin, immer wieder zum Gesicht zurückzukehren.

Der Dialog der Körper als Dialog der Personen ist für Scruton das Ziel der Sexualität und nicht der Orgasmus. In der Sexualität gehe es um die gegenseitige Erkundung und Offenbarung, die gegenseitige Verkörperung und Heimführung in den Körper. Der Orgasmus sei eher ein „offshoot", eine „interruption of congress, from which the subject must recover" (Scruton 1986, 91), ähnlich dem Explodieren im Ärger, das ja auch nicht das Ziel des Ärgers ist.

Wäre menschliche Sexualität wie Hunger, und drehte sie sich vor allem um die Befriedigung der eigenen Wollust, dann wäre das Drama, das Sexualität für uns darstellt, nicht verständlich. Fick-Maschinen und Selbstbefriedigung täten es auch („Thus Wilde's ironic recommendation: ,cleaner, more efficient, and you meet a better sort of person'." Scruton 1986, 17).

In menschlicher Sexualität sucht man nach Scruton die *interpersonale* Begegnung mit dem seinerseits einen selbst begehrenden anderen. Sexuelle Erregung sei eine Antwort auf den Gedanken, dass der andere „alert to me" ist. Man öffne sich dem Blick des anderen und setze sich einer intimen Beurteilung durch ihn aus. Die Erektion des männlichen Gliedes sei daher treffend als „a blushing of the penis" (Scruton 1986, 66) beschrieben worden. Nur der Mensch, nicht das Tier könne aus Scham erröten. Noch erröten zu können, sei ein Zeichen menschlicher sexueller Integrität.

Die eigene Perspektive auf den anderen in seiner Verkörperung und der eigene Genuss daran treffe also auf die Perspektive des anderen auf einen selbst und seinen Genuss daran. Das Hin und Her der Perspektiven und Genüsse: das „me feeling you feeling me feeling you …", schaukele sich, wie Thomas Nagel es in seinem wichtigen Aufsatz zu sexueller Perversion (2000) vorgeführt hat, kumulativ auf. Scruton sieht darin einen weiteren Beleg für den Unterschied zwischen sexuellem Begehren und Hunger. Der Heißhunger nehme nach den ersten Bissen ab, die sexuelle Erregung nach den ersten Berührungen zu.

Natürlich weiß Scruton, dass nicht alle von Menschen praktizierte Sexualität seiner anspruchsvollen intentionalen und interpersonalen Beschreibung genügt. Intentionale und interpersonale Sexualität betrachtet er als eine Norm, die angibt, was die Menschen gemäß ihres Wesens tun sollten. Was dieser Norm nicht genügt, sei als menschliche Sexualität mangelhaft oder gar pervertiert, bestialisch, obszön. Als pervertiert gilt für Scruton die Sodomie, die Nekrophilie, die Pädophilie, der Sado-Masochismus sowie die meisten Formen der Selbstbefriedigung, der Prostitution und des Fetischismus. Als ‚nur' mangelhaft bestimmt er die Homosexualität (sie stelle sich nicht dem Mysterium des anderen Geschlechtes), den Don-Juanismus (sein sexuelles Begehren sei zu launisch) und den Tristanismus (er überfrachte Sexualität mit Erlösungserwartungen). Es ist die Verweigerung der eingehenden Auseinandersetzung mit der anderen Person, der Solipsismus, der für Scruton das Grundübel aller verfehlten Formen menschlicher Sexualität darstellt. Die in unseren liberalen Zeiten so beliebte Konstruktion der freien Zustimmung, des Vertrages unter *consenting adults* kann Scruton zufolge unsere verfehlte solipsistische Sexualität nicht retten. Was falsch ist, werde durch freie Zustimmung nicht richtig. Und auch mit einem Konstruktivismus oder Historismus à la Foucault kann Scruton nicht viel anfangen: „if bourgeois society is the answer to Plato, vive la bourgeoisie!" (Scruton 1986, 363).

Sexualität unterscheidet Scruton von Liebe, aber Sexualität ist für ihn, wenn alles gut geht, der Anfang von Liebe und ein wichtiger Teil derselben. Liebende interessierten sich nicht nur für den anderen in seiner Verkörperung, sondern in seinem ganzen Wesen. Liebe versteht Scruton in Anlehnung an Aristoteles' Charakterfreundschaft als gemeinsames Verfolgen von Werten. Liebende bauten ein gemeinsames Selbst im Zeichen geteilter Werte. Die dafür notwendige Institution sei die Ehe, die mehr sei als nur ein Vertrag.

Schwächere Versionen der dialogischen Position beschränken sich auf interpersonale Intentionalität und lassen die Liebe und die Ehe aus dem Spiel. Robert Solomon (2000) spricht von einer Sprache der Sexualität mit eigener Grammatik und Semantik. Auch Solomon greift die ‚Fetischisierung des Orgasmus' an. Simon Blackburn (2008) vergleicht menschliche Sexualität statt mit einem Gespräch lieber mit gemeinsamem Musizieren, da so das Unwillkürliche stärker zur Geltung käme. Es gehe in der Sexualität wie in der Musik um das ganze Spiel, inklusive seiner sinnlichen Freuden, und nicht nur um den großen Schlussakkord. In der Sexualität strebten die Beteiligten eine ‚Hobbes'sche Einheit' an, die als Miteinander verschiedener Personen und nicht als Verschmelzung zu denken sei.

Die Zuwendung zu einem bestimmten anderen in der sexuellen Begegnung unterscheiden die moderaten Varianten des dialogischen Ansatzes deutlicher als Scruton von der für Liebe charakteristischen Unersetzbarkeit des Geliebten. Sexuelle Zuwendung sei in dieser Hinsicht wie ästhetische Betrachtung. In der ästhetischen Betrachtung behandelten wir ein Kunstwerk als besonders und einmalig. Dennoch schauten wir uns in einem Museum nach dem einen Gemälde oft auch noch andere an. Sexueller Begierde käme nicht die Exklusivität zu, wie sie für Liebe charakteristisch sei (Nussbaum 1986).

56.3 Sexualität um der eigenen Lust willen (Alan Goldman und Igor Primoratz)

Nach dieser dritten Ansicht zielt sexuelles Begehren wesentlich auf die körperliche Befriedigung, die der Kontakt mit dem Körper oder der verkörperten Person eines anderen bringt (Goldman 2000), bzw. auf eine bestimmte Art von Lust, die man v. a. in den Sexualorganen empfindet (Primoratz 1999). Letztere Re-Formulierung der Goldman'schen Position erlaubt auch ein Verständnis von Selbstbefriedigung als nicht-devianter Form der Sexualität. Die *Plain-Sex*-Position bestreitet zwar in der Regel nicht, dass es höhere Formen der Sexualität gibt als die sinnlich orientierte. Aber sie zeichnet die hedonistische Sexualität als eine in sich bereits gute Form der Sexualität aus. Wie Primoratz es ausdrückt, ist der folgende Schluss kein gültiger Schluss: „A is much better than B. Therefore B is no good at all" (Primoratz 1999, 32; vgl. auch Goldman 2000, 69 f.). Aus der üblichen Liste sexueller Perversionen – Selbstbefriedigung, Homosexualität, Fetischismus, Voyeurismus, Sodomie, Sadismus, Masochismus, Pädophilie, Nekrophilie, Pornographie, Prostitution und Vergewaltigung – verwirft die *Plain-Sex*-Position in der Regel nur die unmoralischen Praktiken, in denen Personen zu ernstem Schaden kommen, wie Pädophilie, Nekrophilie, Vergewaltigung und eventuell Sadismus und Masochismus. Einen exemplarischen Einblick in die Debatte über sexuelle Perversionen gibt der jahrtausendealte Streit um die Prostitution.

56.4 Prostitution: Pro und Contra

Es gibt viele Argumente gegen Prostitution und wenige dafür (dagegen z. B. Anderson 1993 und Scruton 1986, dafür z. B. Primoratz 1999, Nussbaum 1999 und Krebs 2002). Gegen Prostitution wird sechserlei vorgebracht:

1. Käufliche Sexualität sei *degradierte* Sexualität. Dagegen spricht allerdings, dass käufliche Sexualität nicht per se undialogisch oder unpersönlich ist, man denke an das antike Hetärentum oder zeitgenössische erotische Freundschaftspraxen. Außerdem ist minderwertige Sexualität, so es sich bei käuflicher Sexualität um eine solche handelt, nicht gleich als degradiert abzulehnen.
2. Die Zulassung käuflicher degradierter Sexualität gefährde über einen *Dominoeffekt* ‚unsere' gute Sexualität. Der Staat habe unsere Sexualität vor dieser Pervertierung zu schützen. Aber wissen mündige Bürger wirklich nicht selbst zu wählen? Dass etwa am Bahnhofskiosk neben Marcel Proust auch Schundliteratur verkauft wird, gefährdet unsere Wertschätzung für Proust doch nicht.
3. Die Prostituierte verkaufe mit ihrem Körper ihr Selbst. Was dem Körper angetan werde, werde dem Selbst angetan. Das Selbst sei im Körper ‚inkarniert', es verfüge nicht über den Körper als seinen Besitz, es steuere den Körper nicht wie ein Kapitän sein Schiff. Wer den Körper als Ware verkaufe oder kaufe, vergehe sich am eigenen Selbst oder am Selbst des anderen. Scruton illustriert diesen Punkt über einen Vergleich der „hardened kind of subjectivity" von Manets boulevardienne *Olympia,* einer Prostituierten, mit der weichen Subjektivität von Tizians *Venus von Urbino,* „the body neither on offer nor withheld, but simply at ease in its freedom, a person revealed in her flesh" (Scruton 2009, 154 f.). Einen solchen Verlust an Selbstheit oder *Autonomie* dürfe kein Staat zulassen. Aber „verkauft" nicht so gesehen so mancher Arbeitsvertrag mit dem Körper das Selbst? Auch Schauspielerinnen, Trainerinnen oder Therapeutinnen setzen ihren Körper als Instrument ein und gewinnen durch Professionalität den für ihre Autonomie nötigen Abstand.
4. Prostitution sei Ausdruck von und perpetuiere zugleich die *Unterdrückung der Frau durch den Mann.* Im Namen der Geschlechtergerechtigkeit müsse der Staat Prostitution unterbinden. Aber ist es nicht ein Moment der Mündigkeit der Frau, über ihre Sexualität frei verfügen zu können? Die geschlechtergerechte Gesellschaft muss kommen. Doch dahin führen nicht

Protektionismus und Einschränkung der Frau, sondern Chancengleichheit für Frauen und ein ökonomisch und sozial gerechter Umgang mit der Arbeit, inklusive der Sexualarbeit, von Frauen.

5. Prostitution sei allein schon aufgrund des zu hohen *Gesundheits- und Gewaltrisikos* zu verbieten. Aber helfen dem Legalisierung und die Schaffung humaner Arbeitsbedingungen nicht ab?
6. Niemand gehe freiwillig in die Prostitution. Jeder Vertrag zwischen Freier und Prostituierten sei allein schon aufgrund dieses *Zwangscharakters* null und nichtig. Aber auch hier scheinen Legalisierung und die ökonomische Unterstützung der sich prostituierenden Frauen oder Männer eine Abhilfe.

Für Prostitution spricht die Steigerung der Freiheit und Lebensqualität durch sexuelle Professionalität (s. Kap. 83).

Literatur

Anderson, Elizabeth: Value in Ethics and Economics. Cambridge 1993, Kap. 7 und 8.
Anscombe, G.E.M.: „Contraception and Chastity." In The Human World 2. (1972), 9–30.
Balzer, Philipp/Rippe, Klaus Peter (Hg.): Philosophie und Sex. München 2000.
Blackburn, Simon: Wollust. Die schönste Todsünde. Berlin 2008 (engl. 2004).
Finnis, John: „Law, Morality, and ‚Sexual Orientation'." In Notre Dame Law Review 69. (1993/1994), 1049–1076.
Goldman, Alan: „Reiner Sex." In: Philipp Balzer/ Klaus-Peter Rippe (Hg.): Philosophie und Sex. Zeitgenössische Beiträge. München 2000, 61–90 (engl. 1977).
Nagel, Thomas: „Sexuelle Perversion." In: Philipp Balzer/Klaus-PeterRippe (Hg.): Philosophie und Sex. Zeitgenössische Beiträge. München 2000, 25–45 (engl. 1969).
Herman, Barbara: „Ob es sich lohnen könnte, über Kants Auffassung von Sexualität und Ehe nachzudenken?" In: Dieter Thomä (Hg.): Analytische Philosophie der Liebe. Paderborn 2000, 107–134 (engl. 1993).
Krebs, Angelika: Arbeit und Liebe. Frankfurt a. M. 2002.
Nussbaum, Martha: „Sex in the Head. Review of Roger Scruton ‚Sexual Desire'." In: The New York Review (18. Dez. 1986): 49–52.
Nussbaum, Martha: „‚Mit Gründen oder aus Vorurteil'. Käufliche Körper." In: Deutsche Zeitschrift für Philosophie 47. Jg., 6 (1999): 937–966 (engl. 1998).
Nussbaum, Martha: „Verdinglichung." In: Dies. (Hg.): Konstruktion der Liebe, des Begehrens und der Fürsorge. Leipzig 2002, 90–162 (engl. 1995).
Primoratz, Igor: Ethics and Sex. London 1999.
Scruton, Roger: Sexual Desire. New York 1986.
Scruton, Roger: Beauty. Oxford 2009.
Solomon, Robert: „Sexuelle Paradigmen." In: Philipp Balzer/Klaus-Peter Rippe (Hg.): Philosophie und Sex. Zeitgenössische Beiträge. München 2000, 46–60 (engl. 1974).

Liebe und Freundschaft

Angelika Krebs

Liebe und Freundschaft sind wichtige Dimensionen des guten menschlichen Lebens. Aber was Freundschaft und Liebe genau ausmacht und warum sie eine solche Bedeutung für das gelungene menschliche Leben haben, ist nicht klar. Die Behauptung des zentralen anthropologischen Stellenwertes bezieht sich dabei nur auf Liebe und Freundschaft als Zuwendung zu einem bestimmten anderen Menschen und nicht auf die Liebe zur Natur, zur Heimat, zur Musik, zur Gerechtigkeit, zum Nächsten, zu Gott, zu den eigenen Eltern, Kindern und Geschwistern oder zu sich selbst. Wohl haben auch diese Formen der Liebe ihren Wert (vgl. Lewis 1960 und White 2001), aber er variiert zu sehr von einem Menschen zum anderen. Persönliche Liebe und Freundschaft dagegen gehören zu einem jeden guten menschlichen Leben.

Ein erstes, noch allgemeines Verständnis persönlicher Liebe, welches ‚Freundschaft' als Unterkategorie mit umfasst, lautet: Wenn wir einen anderen Menschen lieben, dann *teilen* wir unser empfindendes und tätiges Leben mit ihm in seiner *Besonderheit*. Wir teilen Freud' und Leid und wir verfolgen zusammen Projekte: eine große Reise, den Garten, die Musik, Kinder. Das Teilen des Lebens steht in der Liebe nicht im Dienste anderer Güter wie der eigenen Lust oder Charakterentwicklung zum Beispiel, sondern ist ein Gut um seiner selbst willen. Liebe gehört intrinsisch zu einem guten menschlichen Leben (zu den instrumentellen Gütern der Liebe vgl. u. a. Telfer 1990).

Eine Beziehung, in der die Partner einander nur benutzen, und sei es in aller moralisch gebotenen Fairness und Freundlichkeit, verdient so wenig den Titel ‚Liebe' wie eine Beziehung, in welcher die Partner einander nur als austauschbare Platzhalter attraktiver Eigenschaften, der Schönheit, Klugheit oder Wärme etwa, betrachten. Liebe ist nur da gegeben, wo die Partner ihren Egoismus zumindest ein Stück weit überwinden und sich dem anderen auch in seiner Partikularität zuwenden.

Es gibt verschiedene Weisen, die für Liebe konstitutive Überwindung des Egoismus, das für Liebe konstitutive Teilen des Lebens zu verstehen. Drei Hauptverständnisse lassen sich unterscheiden. Wir begegnen diesen drei Liebesmodellen bereits am Anfang der Philosophie in der griechischen Antike bei Platon und Aristoteles. Aber wir begegnen ihnen auch heute noch in der angelsächsisch dominierten *Philosophy of Love* (vgl. die Sammelbände von Thomä 2000 und Honneth/Rössler 2008).

Das erste Liebesmodell versteht Liebe als *Verschmelzung* der Liebenden zu einer Einheit. Im zweiten Modell wird Liebe als *selbstlose Sorge* für den anderen vorgestellt. Das dritte Modell begreift Liebe als personale Gemeinschaft oder *Dialog*.

___
A. Krebs (✉)
Universität Basel, Basel, Schweiz
E-Mail: angelika.krebs@unibas.ch

Im Folgenden werden die drei Liebesmodelle in je einer klassischen und modernen Ausprägung vorgeführt, um daraufhin die Frage nach dem besten Verständnis von Liebe aufzuwerfen, zu präzisieren und schließlich zu beantworten (vgl. ausführlicher zur Geschichte der Philosophie der Liebe Schmitz 1993 und Singer 1966/1984/1987).

57.1 Liebe als Verschmelzung

Im Dialog *Das Gastmahl* lässt Platon (1981) sieben Redner ihr Lob auf *eros* singen. Der Dramatiker Aristophanes entwirft dort in seiner Rede den Mythos der Kugelmenschen, nach dem die Menschen ursprünglich Kugelwesen waren, von Zeus ob ihres Übermutes aber in zwei Hälften zerschnitten wurden und seitdem auf der Suche nach der verlorenen Hälfte sind.

Der Kugelmenschenmythos denkt die für Liebe konstitutive Überwindung des Egoismus als Einswerdung mit dem anderen. Der andere wird ein wesentlicher Teil des eigenen Selbst. Und was ein wesentlicher Teil des eigenen Selbst ist, das instrumentalisiert man nicht. Der andere interessiert im Kugelmenschenmythos in seiner Partikularität als die verlorene, ergänzende, passende Hälfte, er interessiert nicht, jedenfalls nicht vorrangig, als austauschbarer Träger guter Eigenschaften. Nimmt man den Kugelmenschenmythos wörtlich, dann gibt es sogar nur einen einzigen vorbestimmten anderen, der als die verlorene Hälfte zu einem passt.

Eine zeitgenössische Variante des Verschmelzungsmodells der Liebe finden wir bei Robert Solomon (1988). Die Besonderheit des Geliebten versteht Solomon anders als Platons Aristophanes nicht ontologisch, sondern historisch-produktiv. Danach gibt es nicht den einen vorbestimmten anderen, der zu einem als die andere Hälfte passt und vielleicht in ‚Liebe auf den ersten Blick' erkannt wird. Vielmehr erschafften Liebende allererst die Unersetzbarkeit des Geliebten durch die Geschichte ihres Ringens um Einswerdung. Das ‚Ich liebe Dich' einer beginnenden Liebe ist nach Solomon kein deskriptiver Sprechakt, es bildet kein gegebenes Einheitsgefühl ab, sondern ist performativ, eine Bereitschaftserklärung und Einladung zu einem Prozess der gemeinsamen Erarbeitung einer Einheit. Selbstverständlich lade man nicht jeden x-beliebigen zu einem solchen Prozess ein, eine gewisse Wertschätzung und Kompatibilität müsse schon vorab gegeben sein.

Die in der Liebe ersehnte Vereinigung will Solomon weder nur körperlich noch bloß metaphorisch verstanden wissen. Er denkt vielmehr an einen realen psychologischen Mechanismus: In der Liebe teile man – anders als in der Freundschaft – nicht nur bestimmte Tätigkeiten, Wahrnehmungen und Empfindungen, sondern auch ein Selbst, eine Sicht auf die Welt. Man definiere dieses Selbst wechselseitig und besitze es gemeinsam. Typisch für Liebende sei, dass sie nicht mehr sagen können, wo der eine aufhört und der andere anfängt. Alles Fleisch und Begehren sei geteilt. Die Interessen des einen seien die Interessen des anderen.

Die Sehnsucht nach einer solch nahtlosen Einheit in der Liebe sieht Solomon allerdings in Spannung mit unserem Bedürfnis nach Autonomie, nach der eigenen wie nach der des anderen. Er spricht daher im Anschluss an Hegels Herr-Knecht-Dialektik und Sartres Kampf der Blicke von einem ‚Paradox der Liebe'. Unsere Sehnsucht, endlich wieder ganz zu sein, sei letztlich nicht stillbar. Insofern gehe Liebe notwendig mit Verzweiflung einher.

57.2 Liebe als selbstlose Sorge (care)

Aristoteles (1956) fasst *philia,* was man am besten mit Liebe und Freundschaft übersetzt, am Anfang des achten Buches seiner *Nikomachischen Ethik* als ein wechselseitiges, offenbartes Wohlwollen und Wohltun um des anderen willen (bzw. im Fall einer Trennung als die entsprechende Einstellung dazu).

In der höchsten Form von Freundschaft und Liebe geht es nach Aristoteles um das Gesamt der Tugenden, den Charakter des anderen. Die Erfassung des Wesens eines anderen brauche allerdings Zeit, Erprobung und Gewöhnung. Man muss, wie er sagt, erst das sprichwörtliche Salz miteinander gegessen haben. Die Qualität des Charakters eines Menschen bemisst Aristoteles an einem für alle Menschen verbindlichen Tugendkatalog. Der gute Mensch hat mutig, gerecht, großzügig etc. zu sein. Da die aristotelische Charakterbeziehung auf einen für alle Menschen verbindlichen Tugendkatalog gerichtet ist, verfehlt Aristoteles, trotz seiner Betonung der zeitlichen Dimension, das für Liebe im modernen Sinn charakteristische Moment der Besonderheit und Unersetzbarkeit des anderen.

Das altruistische Teilen des Lebens verbindet Aristoteles, was für das Modell untypisch ist, mit unverborgener Gegenseitigkeit. In der christlichen *agapé* spielt die Gegenseitigkeit denn auch keine konstitutive Rolle. Im Unterschied zur aristotelischen Konzeption betont die christliche *agapé* bei der ‚Begründung' von Liebe auch nicht die Hochachtung für die Tugenden des anderen, sondern versteht menschliche Liebe im Zeichen göttlicher Liebe als unbedingt, als Geschenk des einen sündigen Menschen an den anderen.

Ein prominenter gegenwärtiger Vertreter des Sorge- (oder besser englisch: *care*-) Modells ist Harry Frankfurt (2004). Dass Liebe *care* ist oder zumindest beinhaltet, ist *mainstream* in der zeitgenössischen Philosophie der Liebe. Wer liebt, nimmt nach Frankfurt das Objekt seiner Liebe für wichtig, es liegt ihm an ihm, er verschreibt sich ihm. Der Sinn seines Lebens, sein Glück ist mit der Existenz und dem Gedeihen des geliebten Objektes verbunden. Er ist im Liebesobjekt ‚investiert': Was im Interesse des Objektes ist, ist in seinem eigenen Interesse. Liebe ist interesselose Hingabe.

Die ‚Opfer', die der Liebende für das Liebesobjekt bringt, seien somit, im Gegensatz zu den Opfern im Namen der Moral, gar keine richtigen Opfer, sondern Teil seiner Selbstverwirklichung. Paradigma der Liebe bei Frankfurt ist die selbstlose Liebe der Eltern zu ihren Kindern. Romantische oder partnerschaftliche Liebe ist ihm dafür zu unrein, da sie mit starken Emotionen und Eigennutz durchsetzt sei.

Ein Leben ohne Liebe ist für Frankfurt ein leeres, langweiliges Leben, und ein Leben, in dem man nur halbherzig, hin und her gerissen zwischen verschiedenen Liebesobjekten, liebt, ist ein fragmentiertes Leben. Wer ganzherzig liebt, liebt und lebt richtig.

Auch was die Frage der ‚Begründung' der Liebe angeht, hält Frankfurt es nicht mit Aristoteles, sondern eher mit der christlichen *agapé*. Frankfurt verurteilt den ‚Panrationalismus', der uns auch noch nach Gründen für die Liebe suchen lässt. Das Liebesobjekt sei besonders, weil man es liebt, und nicht umgekehrt. Liebe erzeuge Werte. Man meine in der Liebe ‚starr' (wie in Saul Kripkes Begriff des *rigid designators*) dieses konkrete Individuum, das man umsorgt, und keine Kombination von guten Eigenschaften, die, zumindest theoretisch, immer auch jemand anders genauso oder besser aufweisen könnte. Liebe ist bei Frankfurt *bestowal* und nicht *appraisal*.

57.3 Liebe als Dialog

In der Darstellung des aristotelischen Ansatzes im letzten Abschnitt ist ein Element seiner Begriffsbestimmung unberücksichtigt geblieben, das zwar nicht in der Eingangsdefinition, aber doch im weiteren Textverlauf von großer Bedeutung ist. Das ist das Element des Miteinanders, der Gemeinschaft. Aristoteles geht sogar so weit, Menschen, die einander nur gern haben und unterstützen, aber nicht miteinander leben, als ‚eher einander wohlgesinnt' denn als ‚befreundet' zu bezeichnen. Nichts charakterisiere Freundschaft und Liebe so sehr wie das Zusammenleben.

In einer Gemeinschaft instrumentalisiert man den anderen nicht, sondern betrachtet ihn als jemanden, der zusammen mit einem selbst zu dem jeweiligen gemeinschaftlichen Zweck beiträgt. Man betrachtet ihn als Partner, als Mitspieler im Team.

Es eröffnet sich damit eine dritte Möglichkeit, die für Liebe konstitutive Überwindung des Egoismus zu denken: nicht als Einswerdung, nicht als Füreinander, sondern als Miteinander; nicht als Fusion, nicht als Altruismus, sondern als Kommunismus.

Liest man Aristoteles so, was freilich nicht üblich ist, dann ist sein Beharren auf den Elementen der Wechselseitigkeit und der Unverborgenheit der Wechselseitigkeit sehr sinnvoll. Denn damit zwei etwas miteinander tun, müssen beide dazu beitragen, und dies muss beiden auch bewusst sein.

In der Gegenwartsphilosophie kommt Roger Scruton (1986) einer Ausarbeitung des Gemeinschaftsmodells der Liebe bereits recht nahe. Scrutons Werk *Sexual Desire* ist zwar, wie der Titel anzeigt, in erster Linie der Sexualität gewidmet und nicht der Liebe. Doch ist Sexualität für ihn der Anfang von Liebe und ein wichtiger Teil derselben. Liebende interessierten sich nicht nur für den anderen in seiner Verkörperung, sondern in seinem ganzen Wesen. Liebe versteht Scruton in Anlehnung an Aristoteles' Charakterfreundschaft/-liebe als gemeinsames Verfolgen von Werten, also kommunistisch. Liebende bauen ein gemeinsames Selbst im Zeichen geteilter Werte.

Mit der Idee des *mutual self-building* gerät Scruton in die Nähe des Verschmelzungsmodells von Solomon. Der entscheidende Unterschied ist jedoch, dass Scrutons dialogisches Konzept kein Paradox der Liebe, keine notwendige Verzweiflung kennt. Vielmehr ist der Dialog, die Kooperation der Liebenden als zweier verschiedener Personen bei ihm Selbstzweck.

Das Phänomen des Miteinanders, ob nun in der Liebe, im Klaviertrio, im Fußballclub oder in der eigenen Kultur, ist derzeit Gegenstand einer ausgedehnten Debatte in der analytischen Philosophie. Wesentliche Beiträge zu dieser *Joint Action*- oder *We-Intentionality*-Debatte stammen von John Searle, Margaret Gilbert, Michael Bratman, Phillip Petitt und, im deutschen Sprachraum, von Ulrich Baltzer (vgl. zur Übersicht Schmid/Schweikard 2009). Wenn zwei miteinander handeln, z. B. einen Walzer miteinander tanzen, dann stimmt jeder Partner seinen Handlungsbeitrag sowohl auf den Handlungsbeitrag des anderen ab, als auch auf den gemeinsam zu verwirklichenden Typ von Handeln, einen Walzer eben und keinen Foxtrott. Außerdem begreift jeder Partner den anderen spiegelbildlich als in einem ebensolchen Abstimmungsprozess befangen. Dabei hängt, wie etwa Baltzer (1999) und mit ihm der sogenannte ‚holistische' Flügel der Debatte betont, der Sinn der Einzelhandlungen am Gesamthandeln. Die Einzelhandlungen können in ihrer Bedeutung nur als Beiträge zum Ganzen individuiert werden. Das unterscheidet Miteinanderhandeln von Neben- und Gegeneinanderhandeln.

Es gibt das Phänomen des Miteinanders nicht nur im Handeln, sondern auch in unserem Wahrnehmen und Fühlen. Auch in diesen vergleichsweise passiven Bereichen unseres Lebens ist ein von einem Sinn durchwirktes Abstimmen aufeinander und ein Anschließen aneinander durchaus möglich. So hat Max Scheler bereits am Anfang des letzten Jahrhunderts in seinem Werk *Wesen und Formen der Sympathie* (1913) Miteinanderfühlen von bloßem Nebeneinanderfühlen, klassischem Mitleid „an etwas" (oder selbstloser Sorge) und Gefühlsansteckung bis hin zur Einsfühlung (oder Verschmelzung) unterschieden.

Scheler (1973) erläutert Miteinanderfühlen anhand des Beispieles geteilter Trauer:

„Vater und Mutter stehen an der Leiche des geliebten Kindes. Sie fühlen miteinander „dasselbe" Leid, „denselben" Schmerz. Das heißt nicht: A fühlt das Leid und B fühlt es auch, und außerdem wissen sie noch, dass sie es fühlen – nein, es ist ein Mit-einanderfühlen. Das Leid des A wird dem B hier in keiner Weise „gegenständlich", so wie es z. B. dem Freund C wird, der zu den Eltern hinzutritt und „Mitleid mit ihnen" hat oder „an ihrem Schmerze". Nein, sie fühlen es „miteinander" im Sinne eines Miteinanderfühlens, eines Miteinander-erlebens nicht nur „desselben" Wertverhalts, sondern auch derselben emotionalen Regsamkeit auf ihn" (23/24) – für zeitgenössische Literatur zur Gefühlsteilung siehe Krebs/Ben-Ze'ev 2017.

Miteinanderfühlen und -handeln im eigentlichen Sinne ist noch nicht dialogische Liebe. Das liebende Miteinander kennzeichnen diejenigen Philosophen und Philosophinnen, die Einsichten aus der *We-Intentionality*-Debatte für die Philosophie der Liebe fruchtbar machen möchten (Helm 2010 und Krebs 2015), durch zwei hinzukommende Momente. Das erste ist die mit Freude verbundene Selbstzweckhaftigkeit des Teilens in der Liebe (in der Liebe ist ‚geteiltes Leid halbes Leid, geteilte Freud' doppelt Freud'). Das zweite Moment ist der Einbezug des Partners in seiner Individualität, in der romantischen Liebe der ganzen Individualität, inklusive der Leiblichkeit, in der Freundschaft nur eines Ausschnittes. Man denke an Sportsfreundschaften oder Freundschaften unter Kollegen. Freundschaft könnte somit als partielle Form der Liebe gefasst werden.

57.4 Kritik

Zur Beantwortung der Frage, welches der drei Modelle das angemessenste ist, soll zunächst das Dialogmodell als bessere Ausarbeitung gewisser Einsichten des in vielen Punkten problematischen Verschmelzungsmodells ausgewiesen werden und dann dem *Care*-Modell vorgeworfen werden, dass es einerseits zu viel verlangt (zu viel Selbstlosigkeit) und andererseits zu wenig (zu wenig Dialog). Das dialogische Modell erscheint damit als das beste Modell der Liebe.

Gegen das Verschmelzungsmodell spricht zunächst, dass Liebende kaum so dumm sind und das Unmögliche anstreben. Eine nicht metaphorisch gemeinte Verschmelzung zweier Personen ist unmöglich. Denn auch in der Liebe bleiben wir zwei Wesen – mit einem eigenen Schmerz, einer eigenen Lust und einem eigenen Tod.

Es ist auch nicht so recht ersichtlich, was am Endzustand der Einheit so wunderbar sein soll. Was tun die beiden denn dann miteinander? Nichts, so scheint es. Es herrscht Stillstand. Die Sexualtherapeuten Jürg Willi in der Schweiz und David Schnarch in den USA haben in zahlreichen Fallstudien dokumentiert, dass das Bedürfnis nach Verschmelzung die erotische Spannung reduziert und zu schlechtem Sex führt. Schnarch (1997) spricht vom Modell ‚siamesischer Zwillinge' mit gespiegeltem Selbstwertgefühl und hält dem das Modell der Differenzierung und selbstbestätigten Intimität als Voraussetzung echten Miteinanders entgegen.

Das Hauptproblem mit dem Verschmelzungsmodell ist jedoch, dass es der Autonomie der Einzelperson nicht gerecht wird und Liebe regressiv, als subpersonale Gemeinschaft, als besonders intensive Form von Ansteckung begreift. Liebe ist aber eine Verbindung von zwei autonomen Personen, in der jede der beiden unvertretbar die Verantwortung für sich selbst und für das Gemeinsame trägt (s. Kap. 22).

Mit der Verwischung oder Auflösung der Ich-Grenzen ist zudem die Gefahr der Unterdrückung und Ausbeutung (vgl. Krebs 2002) und im schlimmsten Fall, des Mordes ‚im Namen der Liebe' (vgl. Ben-Ze'ev/Goussinsky 2008), der (an sich oder durch gesellschaftliche Diskriminierung) schwächeren Partei gegeben. Man denke nur daran, wie Frauen über Jahrhunderte gezwungen wurden, bei der Heirat den Namen des Mannes anzunehmen, frei nach dem Motto: ‚Man and woman are one, and the man is the one'. Da hilft es auch nichts, die Gleichheit der Parteien in der Liebe zu fordern, wie dies die modernen Vertreter des Verschmelzungsmodells tun. Ohne Verschiedenheit keine Gleichheit. Der Feminismus hat daher das Verschmelzungsmodell zu Recht als der Emanzipation der Frau hinderlich zurückgewiesen.

Dennoch stecken im Verschmelzungsmodell wichtige Einsichten: Dass es für Liebe zwei braucht, dass wir eine soziale Natur haben und insofern Mängelwesen sind. Und: Dass sich die perfekte Koordination mit anderen, ob in der Sexualität oder in der Musik, durchaus als Verschmelzung zu einer Einheit ‚anfühlt'. Genau besehen, liegt auch da jedoch ‚nur' ein gelungener Fall von geteiltem Handeln und Fühlen im Sinne des dialogischen Modells vor.

Was mit dem *Care*-Modell der Liebe nicht stimmt, lässt sich mit einem Satz sagen. Das *Care*-Modell verkennt die der Liebe innewohnende Reziprozität. Wer liebt, will wiedergeliebt werden. Unerwiderte Liebe ist ein Unglück. Niemand will auf Dauer heimlich aus der Ferne lieben oder aus der Nähe, aber einseitig, vom anderen nur geduldet, ohne dass von ihm etwas zurückkommt.

Das dialogische Modell wird dem Phänomen des Wiedergeliebtwerdenwollens dagegen mühelos gerecht. Liebe besteht im Miteinander, und ein Miteinander kommt nur zustande, wenn beide dazu beitragen.

In engem Zusammenhang damit eröffnet auch das *Care*-Modell, insbesondere in der Frankfurt'schen Variante purer Selbstlosigkeit, der Unterdrückung und Ausbeutung der schwächeren Partei Tür und Tor. Das dialogische Modell schiebt dem dagegen einen Riegel vor. „Du kochst und putzt und machst alles, und ich sitz' im Sessel und finde es gut", wie es in Helge Schneiders Song „Es gibt Reis, Baby" heißt, ist kein Fall von Miteinander. Im Dialogmodell kann sich Dominanz und Ausbeutung nicht so leicht als Liebe tarnen.

Liebe als *care* ist nicht nur zu anspruchsvoll und verlangt zu viel Selbstaufgabe. Liebe als *care* ist auch zu anspruchslos und verlangt zu wenig Dialog. Eine Liebesbeziehung, ein Füreinander, entsteht nach dem kurativen Modell schlicht durch das Zusammensetzen zweier einseitiger Lieben.

Zwischenmenschliche Liebe ist aber nicht so monologisch. Sie erfordert ein tiefes Eingehen auf den anderen, die Bereitschaft, ihm (natürlich nicht kritiklos) in seinen Veränderungen zu folgen und sich selbst mit zu verändern. Sie erfordert die Herausbildung einer flexiblen ‚relationalen Identität', wie dies Amélie Rorty (2000) einmal genannt hat. Mit Altruismus allein ist es nicht getan.

Im kurativen Modell der Liebe steckt die Einsicht, dass das menschliche Leben leer ist, wenn man nicht aus sich heraustritt und sich etwas anderem ganz hingibt. Das Modell irrt jedoch, wenn es dieses andere in der Liebe mit dem anderen Menschen, seinem separaten Wohl und Wehe, identifiziert. Das andere, dem sich romantische Liebe hingibt, ist vielmehr das Wir. Diese Liebe geht nicht auf, wie die Liebe der heiligen Maria zu ihrem Jesuskind, im Wohl und Wehe des anderen, sie tritt dahinter nicht zurück. Romantische Liebe geht auf in der Interaktion *zwischen* Ich und Du. Die Liebe „wohnt", um es mit Martin Buber zu sagen, nicht im Menschen, sondern „der Mensch wohnt in der Liebe" (1974, 22).

Literatur

Aristoteles: Nikomachische Ethik. In: Ders.: Werke. Hg. von Ernst Grumach Bd. 6. Berlin 1956.
Baltzer, Ulrich: Gemeinschaftshandeln. Freiburg i. Br. 1999.
Ben-Ze'ev, Aaron/Goussinsky, Ruhama: In the Name of Love. The Romantic Ideology and Its Victims. Oxford 2008.
Buber, Martin: Ich und Du. Heidelberg 1974.
Frankfurt, Harry: Gründe der Liebe. Frankfurt a. M. 2005 (engl. 2004).
Helm, Bennett: Love, Friendship, and the Self. Oxford 2010.
Honneth, Axel/Rössler, Beate (Hg.): Von Person zu Person. Zur Moralität persönlicher Beziehungen. Frankfurt a. M. 2008.
Krebs, Angelika: Arbeit und Liebe. Frankfurt a. M. 2002.
Krebs, Angelika: Zwischen Ich und du. Eine dialogische Philosophie der Liebe. Frankfurt a. M 2015
Krebs, Angelika/Ben-Ze'ev, Aaron (Hg.) Emotions and the Good Life. Volume II of Philosophy of Emotions. London 2017.
Lewis, C.S.: The Four Loves. London 1960.
Platon: Das Gastmahl. Griechisch – deutsch. Hamburg 1981.
Rorty, Amélie: „Die Historizität psychischer Haltungen." [engl. 1986]. In: Dieter Thomä (Hg.): Analytische Philosophie der Liebe. Paderborn 2000, 175–193.
Scheler, Max: „Wesen und Formen der Sympathie." In: Ders.: Gesammelte Werke, Bd. 7. Hg. von Manfred Frings. Bern/München 1973.
Schmid, Hans Bernhard/Schweikard, David (Hg.): Kollektive Intentionalität. Frankfurt a. M. 2009.
Schmitz, Hermann: Die Liebe. Bonn 1993.
Schnarch, David: Die Psychologie sexueller Leidenschaft. München 2009 (engl. 1997).
Scruton, Roger: Sexual Desire. New York 1986.
Singer, Irving: The Nature of Love I–III. Chicago 1966, 1984 und 1987.
Solomon, Robert: About Love. New York 1988.
Telfer, Elizabeth: „Friendship." In: Michael Pakaluk (Hg.): Other Selves. Philosophers on Friendship. Indianapolis 1990, 248–267.
Thomä, Dieter (Hg.): Analytische Philosophie der Liebe. Paderborn 2000.
White, Richard: Love's Philosophy. Lanham 2001.

Eltern und Kinder

Claudia Wiesemann

Die Existenz von Eltern und Kindern ist ein produktiver Störfaktor ethischer Theorien. Denn das Kind bricht die einfache Symmetrie der moralischen Verhältnisse von Bürger zu Bürger, da es erstens einer Vertretung seiner Anliegen durch andere Personen bedarf und diese zweitens üblicherweise durch zwei Personen, seine Eltern, gewährleistet wird. Der in den klassischen Ethiken vorherrschende methodische Individualismus bildet diese Verhältnisse nicht ab. Die aus Kind(ern) und Eltern bestehende Familie stört die Einheitsidee der politischen Ethik (Elshtain 1990, 45). Die Beziehung von Eltern und Kindern ist zudem radikal ungleich und – zumindest von Seiten des Kindes – nicht gewählt (Baier 1987, 52 f.). Diese Gründe führen zumeist dazu, dass sie als in moralischer Hinsicht atypisch klassifiziert wird (z. B. O'Neill 1979, 27; LaFollette 1996, 10).

Das wachsende Engagement des Staates für Kinderrechte und die Emanzipation der Frau haben heute zu einer dreifachen Binnendifferenzierung moralischer Beziehungen geführt: erstens solchen der Familienmitglieder – insbesondere der Eltern und Kinder – untereinander, zweitens der Familie zur Gesamtgesellschaft und drittens der einzelnen Familienmitglieder (als Bürger) zum Staat. Die heute diskutierten ethischen Theorien lassen sich danach einteilen, wie sie sich zu dieser Binnendifferenzierung in Eltern-Kind-Beziehung, Familie-Staat-Beziehung und Bürger-Staat-Beziehung positionieren.

Die meisten ethischen Theorien fokussieren auf das Bürger-Staat-Verhältnis und behandeln die anderen beiden als sekundär, ableitbar oder gar vernachlässigbar. Solche monistischen Ansätze sind als politische Ethiken konzipiert und sehen in Autonomie oder Gerechtigkeit das jeweils zentrale ethische Prinzip sowie im Individuum den relevanten moralischen Akteur. Einige wenige, davon abzugrenzende Ansätze verzichten auf eine Hierarchisierung der jeweiligen Binnenkonstellationen und plädieren für eine dialektische Herangehensweise, der zufolge private und öffentliche moralische Beziehungen gegeneinander ausbalanciert werden müssen. Diese Ansätze werden im Folgenden vorgestellt und kritisch diskutiert. Als Beispiel für die Auffassung des Kindes als Bürger unter Bürgern wird die Konvention über die Rechte des Kindes der Vereinten Nationen angeführt. Doch auch in dieser Konvention wird der Eltern-Kind-Beziehung ein besonderer Status zugesprochen. Deshalb wird zum Schluss erläutert, was Elternschaft konstituiert und worin ihr besonderer moralischer Status besteht.

C. Wiesemann (✉)
Universität Göttingen, Göttingen, Deutschland
E-Mail: cwiesem@gwdg.de

58.1 Monistische Ansätze

Monistische Ansätze versuchen zum einen, den Zustand der faktischen Autonomielosigkeit des Kleinkindes zu kompensieren, und zum anderen die fundamentale Ungerechtigkeit, die daraus erwächst, dass jedes Kind von Geburt an mit unterschiedlichen Chancen ausgestattet ist (Lütgehaus 2006). Über das Kind, beginnend mit dessen Zeugung, werden von Dritten weitreichende, Identität bestimmende Entscheidungen getroffen, die zu rechtfertigen eine Herausforderung für klassische Ethiken darstellt. Eine traditionelle Lösung dieses Problems ist das Modell der moralisch gerechtfertigten Herrschaft der Eltern – meist in Form der Herrschaft des Vaters – über die Kinder. Spätestens mit John Stuart Mill beginnt diese Auffassung insofern zu wanken, als die Sonderstellung der Familie im Staat in Frage gestellt wird. So kritisiert Mill: „It is in the case of children, that misapplied notions of liberty are a real obstacle to the fulfilment by the State of its duties" (Mill 1865, 62). Zwar hält auch Mill prinzipiell einen „Despotismus" bei Kindern – wie auch Barbaren – für vertretbar, vorausgesetzt, er fördere deren Entwicklung und diene dazu, Schaden von ihnen abzuwenden (ebd., 6). Doch zeigt er am Beispiel der staatlichen Schulbildung von Kindern, unter welchen Umständen ein Eingriff des Staates in die Freiheit des Bürgers notwendig sei. Denn Eltern schuldeten Kindern zumindest „ordinary chances of a desirable existence", da sie als Ursache von deren Existenz Verantwortung für sie tragen (ebd., 63).

Autonomie-Ethiken: Nur wenige zeitgenössische Ethiker haben sich systematisch mit der moralischen Bedeutung des Kindes und der Elternschaft befasst. Einem liberalen Ethiker wie H. Tristram Engelhardt zufolge, dessen Ansatz auf dem Prinzip der Autonomie beruht, sind Kleinkinder nicht Personen im eigentlichen Sinn, sondern vielmehr Produkte der Arbeit der Eltern und somit Eigentum *(property)* der Eltern (Engelhardt 1996, 154). Für ältere Kinder mit Vernunftvermögen gelten eingeschränkte Eigentumsrechte der Eltern, die sich aus der (gedacht) freiwilligen Unterwerfung dieser Kinder unter die Fürsorge ihrer Eltern herleiten ließen. Engelhardt schließt zwar nicht aus, dass soziale Gemeinschaften Kleinkindern *welfare rights* zusprechen; diese zu beachten, könne jedoch allenfalls eine *prima facie*-Pflicht der Eltern sein. Eltern – als die moralischen Personen im eigentlichen Sinn – hätten das Recht, mit guten Gründen von dieser Pflicht abzuweichen, so lange ihre Handlungen nicht zu „unjustifiable burdens on innocent organisms" führten. Zu rechtfertigen sei z. B. die schmerzlose Tötung eines „defective newborn" (ebd., 148). Die Eltern-Kind-Beziehung (und damit der moralische Gehalt der Familie) wird als Eigentumsbeziehung definiert und so von der Bürger-Bürger- bzw. Bürger-Staat-Beziehung unterschieden. Stephen Hanson hat jedoch gezeigt, dass dies schon innerhalb des Engelhardtschen moralischen Universums nicht ohne Selbstwiderspruch gelingen kann. Eine an formalen Prinzipien orientierte Moraltheorie, die keiner inhaltlichen Bestimmung des Guten bedarf, wird im Fall des Kleinkinds zur Problem. Denn die Eigenschaft „defective" ist weder ein diskretes Merkmal, noch kann sie rein formal, d. h. ohne Bezug auf eine Idee der wünschenswerten Funktion definiert werden. Auch der Begriff der ‚gerechtfertigten Last' bedarf einer inhaltlichen, d. h. auf das intersubjektiv erfassbare Wohl des Kindes zielenden Bestimmung (Hanson 2005).

Andere zeitgenössische monistische Ansätze greifen entweder auf eine objektive, naturalistische Theorie des Guten oder ein Modell der elterlichen Stellvertretung zurück. Der Best-Interest-Standard – ein Instrument, auf das in medizinischen Konfliktfällen oft rekurriert wird – basiert auf einer solchen objektiven Theorie des Guten, sollte der in diesem Begriff enthaltene Superlativ nicht Makulatur sein. Was für ein Kind richtig ist, kann demnach jeder vernünftige Mensch auf der Basis objektiver Kriterien entscheiden. Diese Auffassung wird zumeist auch als Grundlage eines Stellvertretungsrechts der Eltern für ihre Kinder angesehen; die Eltern vollziehen dann nur, was im besten objektiven Interesse des Kindes ist. Dies steht jedoch im Widerspruch zu den Konstitutionsbedingungen moderner demokratischer Gesellschaften, in denen dem (erwachsenen) Individuum gerade deshalb keine Vorschriften hinsichtlich seiner Präferenzen gemacht werden, weil eine verbindliche, objektive Definition des Guten als nicht möglich erachtet wird (Ross 1998; Elliston 2007). Der Begriff des *besten* Interesses ist also nicht geeignet, gesellschaftliche Eingriffe in die Eltern-Kind-Beziehung zu sanktionieren. Es müsse genügen, so Sarah Elliston, dass sich elterliche Entscheidungen innerhalb eines „standard of reasonableness" bewegten. Eingriffe in das Eltern-Kind-Verhältnis könnten nur zur Vermeidung signifikanten Schadens gerechtfertigt sein (Elliston 2007, 13, 37). Eine positiv-inhaltliche Bestimmung des elterlichen Auftrags sei aus staatlicher Perspektive nicht möglich. Dies aber heißt, dass sich die Kriterien einer gelungenen Eltern-Kind-Beziehung anderen Quellen als einer gesellschaftlich-politischen Bestimmung des erzieherisch Guten verdanken.

Auch als Stellvertretung, die den Konsens des späteren Erwachsenen antizipiert, kann die elterliche Entscheidung nicht verstanden werden (Baines 2008). Dem Erwachsenen bliebe ohnehin letztlich nur klaglose Akzeptanz oder ohnmächtiger Protest. Er kann nicht rückwirkend Personen zu den in sein Leben eingreifenden Handlungen ermächtigen. Seine Präferenzen sind zudem durch die in der Erziehung vermittelten Werte grundlegend beeinflusst worden. Dieses „paradox of self-determination" hat Joel Feinberg in einer Arbeit von 1980 herausgearbeitet, die zumeist nur wegen des im Titel angesprochenen Rechts des Kindes auf eine offene Zukunft zitiert wird. Feinberg diskutiert jedoch, ob ein solches vermeintlich einfaches Recht des Kindes nur unter Inkaufnahme von Selbstwidersprüchen realisiert werden kann (Feinberg 1980, 147).

Gerechtigkeitsethiken: Dem Prinzip der Gerechtigkeit in der Eltern-Kind-Beziehung wird seit einigen Jahren große Bedeutung eingeräumt. Noch in John Rawls' Theorie gerechter Gesellschaften wurde Gerechtigkeit (in Form von Chancen oder Einfluss) zwischen den Eltern oder zwischen Eltern und Kindern nicht problematisiert; nur durch die Konstruktion eines „*head of family*" (Rawls 1972, 111) erlangt die Familie Berücksichtigung im allgemeinen Gerechtigkeitsdiskurs. Daran entzündet sich eine von Annette Baier und Susan Moller Okin vorgetragene und von Autorinnen wie Beate Rössler erneuerte Kritik an der Idee der Privatheit, wenn diese die familiäre Ungerechtigkeit bei der Verteilung von häuslicher Macht und Arbeit unhinterfragt lässt (Baier 1987; Okin 1989; Rössler 2001).

Ein weiteres ethisches Problem resultiert aus der Ungerechtigkeit der Geburtlichkeit des Kindes. Kinder werden von unterschiedlichen Eltern in unterschiedlichen gesellschaftlichen Verhältnissen mit einer unterschiedlichen biologischen Ausstattung gezeugt. Die „chances of a desirable existence" eines Bürgerkriegskinds, eines Kinds mit erblicher Glasknochenkrankheit oder eines gesunden Kinds zweier wohlhabender westlicher Eltern sind auf dramatische Weise ungleich verteilt. Müsste es nicht geboten sein, diese Ungleichheit zu eliminieren oder zumindest auszugleichen? So wurde z. B. ein Fortpflanzungsverbot für manche Personen bzw. ein Lizensierungsverfahren für Eltern vorgeschlagen (LaFollette 1980; vgl. Austin 2007, 88 f.). Letzteres käme einem massiven Eingriff in das Menschenrecht auf Fortpflanzung und Privatheit der Familie gleich und ist deshalb unter Ethikern hoch umstritten.

Zudem muss aus der Perspektive des Gerechtigkeitsprinzips gesondert begründet werden, ob und wann es Eltern überhaupt erlaubt sein könne, die eigenen Kinder zu bevorzugen. James Rachels räumt z. B. der Gleichheit aller Kinder einen hohen moralischen Wert ein. Er argumentiert, dass es Eltern nur aus Nützlichkeitserwägungen zugestanden sein könne, das eigene Kind moderat zu bevorzugen, und das hieße allenfalls, es mit dem ‚Lebensnotwendigen' zu versorgen. Darüber hinaus hätten Eltern wie alle anderen Mitglieder der Gesellschaft eine substantielle Verpflichtung, sich um das Wohlergehen aller Kinder zu kümmern (Rachels 2008). Was aber ist das Lebensnotwendige in einem weltweiten Maßstab? Rachels definiert diesen Begriff in Abgrenzung zu Luxus, z. B. zu modischem Spielzeug. Doch nimmt dies zu sehr auf die Perspektive wohlhabender US-Bürger Rücksicht.

Luxus in anderen Ländern dieser Welt ist unter Umständen schon das zweite Paar Schuhe. Es muss deshalb bezweifelt werden, ob innerhalb Rachels Argumentationsrahmen überhaupt mehr als einfache, aber ausreichende Nahrung oder mehr als ein Dach über dem Kopf gerechtfertigt ist, solange noch andere Kinder hungern oder obdachlos sind. Zudem ist die moralische Bedeutung der Eltern Rachels zufolge lediglich die der besseren, weil praktischeren Versorger. Sollte diese Rolle von einer anderen Person oder Institution besser ausgefüllt werden können, müssten Eltern aus Gerechtigkeitsgründen ihr Kind bei anderen aufwachsen lassen. Aus der Perspektive einer egalitaristischen Gerechtigkeitsethik ist die moralische Sonderstellung der Eltern-Kind-Beziehung also nicht zu verteidigen.

Die konsequentesten Verfechter eines monistischen, auf Gerechtigkeit als fundamentalem Prinzip basierenden Ansatzes sind die *child liberationists,* denen zufolge Kinder in moralischer Hinsicht Erwachsenen gleichzustellen sind. *Child liberationists* bezweifeln die Relevanz jener Fähigkeiten, die den besonderen moralischen Status von Erwachsenen im Allgemeinen sowie von Eltern im Besonderen begründen. Sie argumentieren, dass Willensfreiheit bzw. die Fähigkeit, Interessen zu haben, auch bei gesunden Erwachsenen, bei Komatösen oder Dementen eingeschränkt sein können, ohne ihren Status als Inhaber moralischer Freiheitsrechte zu beeinträchtigen (für einen Überblick vgl. Archard 2003, 17–19). Shulamith Firestone z. B. forderte als wichtigen Schritt der Befreiung des Menschen aus ungerechtfertigter Herrschaft ein Recht des Kindes auf freie Wahl der betreuenden Erwachsenen und des Haushaltes, in dem es aufwächst (Firestone 1976). Francis Schrag hält dagegen, dass das Prinzip der Gerechtigkeit und die Sprache der Rechte den Blick für das grundlegende Bedürfnis des Kindes „for adult love and affection" verschleiern (Schrag 1980). Die Liebe zum Kind sei keine supererogatorische und damit im Konfliktfall entbehrliche Zusatzleistung, sondern für das menschliche und moralische Gedeihen des Kindes essentiell. In der Beziehung zum Kind seien also Rechte und Pflichten nicht prinzipiell wichtiger als ‚benevolence and love'.

58.2 Dialektische Ansätze

Schrag zählt zu jener kleinen Gruppe von Moralphilosophen, die einen monistischen Zugang zum Verhältnis von Kindern, Eltern und Staat für unzureichend halten und eine dialektische Herangehensweise befürworten. Es sind dies theoretische Ansätze, die ethische Fragen aus Spannungs-, Ergänzungs- und Begrenzungsverhältnissen herleiten. Solcherart aufeinander bezogen sind z. B. Geburtlichkeit und Existenz, Individualität und Relationalität, Freiheit und Angewiesensein, Gerechtigkeit und Liebe. Private und öffentliche Beziehungen stehen nicht in einer Hierarchie zueinander, sondern müssen in ihren jeweiligen moralischen Erfordernissen gegeneinander ausbalanciert werden. Ferdinand Schoeman gibt dieser Dialektik so Ausdruck: „As persons, children ought to be thought of as possessing rights; but as infants in relationship to their parents, they are to be thought of primarily as having needs, the satisfaction of which involves intimate and intense relationships with others" (Schoeman 1980, 9).

Einflussreichste Vertreterin einer solchen Dialektik menschlicher Entwicklung ist die Moralpsychologin Carol Gilligan. Sie erkennt in Fürsorge und Gerechtigkeit zwei Modi menschlicher Erfahrung. Die Perspektive der Fürsorge aus Liebe und Verantwortung zu einem Kind generiere andere Wahrnehmungs- und Verhaltensweisen als die von Gleichheit und Gerechtigkeit. Gilligan (1998) sieht es als ein Zeichen moralischer Reife an, eine Integration beider Sichtweisen anzustreben. Gilligan folgend, haben sich Care-Ethiker u. a. solchen Beziehungen der Fürsorge zugewandt, wie sie für die Eltern-Kind-Beziehung typisch sind, und sie teils in Ergänzung, teils auch als Alternative zu individualistischen, autonomie- oder gerechtigkeitsbezogenen Ansätzen zu bestimmen versucht. Sarah Ruddick sieht z. B. in mütterlichem Denken und mütterlicher Praxis einen – keinesfalls nur auf Frauen beschränkten – Prototyp gewaltloser und Frieden fördernder menschlicher Koexistenz (Ruddick 1989, 17). Den Ansätzen ist gemein, dass Geburtlichkeit und Autonomielosigkeit des Kindes nicht als auszugleichende

Mängel, sondern als konstitutiv für eine fördernde, liebende und verantwortungsvolle persönliche Beziehung angesehen werden. Care-Ethiker ignorieren jedoch zumeist das von Gilligan vorgeschlagene Ideal einer Dialektik von Fürsorge und Gerechtigkeit und nivellieren somit die daraus resultierenden konzeptuellen Probleme.

Es bedarf deshalb einer konzeptionellen Integration voneinander abgrenzbarer individual- und beziehungsethischer Ansätze in der Ethik (Wiesemann 2006). Solch eine Abgrenzung stützt sich auf die Unterscheidung der unkündbaren, fürsorglichen und auf Liebe gründenden Eltern-Kind-Beziehung von anderen Typen menschlicher Sozialbeziehungen (ebd., 113 f.). Während ethische Theorien, die auf Bürger-Bürger-Beziehungen fokussieren, vom Anderen als Fremden ausgehen und als moralisches Minimum lediglich gegenseitigen Respekt und wechselseitige Nicht-Einmischung fordern, ist die Eltern-Kind-Beziehung durch das ethische Minimum einer umfassenden persönlichen Verantwortung aus Zuneigung gekennzeichnet. Die zwei Betrachtungsweisen führen zu je spezifischen Deutungen der moralischen Rolle des Minderjährigen als Bürger und Person bzw. als Kind und Familienmitglied; ihre konstruktive Synthese macht in der Praxis eine eigene ethische Reflexion erforderlich.

Dialektische Ansätze sehen den moralisch angemessenen Umgang einer Gesellschaft mit der Eltern-Kind-Beziehung weniger als Resultat einer theoretischen Deduktion, denn eines Aushandlungsprozesses. Dies schafft zwar eine größere Nähe zur Lebenspraxis und erhöht damit die Akzeptanz der so gewonnenen Einsichten, macht die Lösung von Konflikten aber anfällig für historisch kontingente Faktoren. Nach welchen Kriterien widerstreitende Ansprüche ausbalanciert werden können, ist dann eine Frage der historischen Erfahrung und der allgemeinen Zielsetzung von Gesellschaften. So müssen sich z. B. ethische Forderungen, die elterliche Erziehung als Arbeit zu betrachten und deren ökonomische Bedeutung anzuerkennen, daran messen lassen, inwiefern es gleichzeitig gelingen kann, die liebende Zuwendung der Eltern zu ihren Kindern nicht zu gefährden. Wie man an der Debatte um Kindesmisshandlung sieht, lassen sich der Schutz der Eltern-Kind-Beziehung einerseits und Schutz des Kindes als Bürger und Person andererseits jedoch oft nicht konsistent miteinander vereinbaren.

58.3 Kinderrechte in der Praxis

Die Anerkennung der Rechte von Kindern in der Kinderrechtserklärung der Vereinten Nationen 1989 hat deren moralischen Status als Bürger im Staat systematisch aufgewertet. Die von Deutschland 1992 ratifizierte Erklärung setzt sich für die körperliche Unversehrtheit des Kindes, dessen Recht auf bestmögliche Förderung seiner Interessen, familiäre Unterstützung, freie Meinungsäußerung und Teilhabe an Entscheidungen, die es selbst betreffen, ein. Nach einer Reform des BGB im Jahr 2000 haben Kinder ein Recht auf gewaltfreie Erziehung. Körperliche Bestrafungen, seelische Verletzungen und andere entwürdigende Maßnahmen sind unzulässig (§ 1631 (2) BGB). Das Mitspracherecht von Kindern hingegen ist sogar in jenen Ländern, in denen der Kinderrechtsgedanke Fuß gefasst hat, nur ansatzweise realisiert. Bei Sorgerechtsentscheidungen wird es in Deutschland erst ab dem vollendeten 14. Lebensjahr gewährt. Bei medizinischen Entscheidungen wird die Einbeziehung des Kindes und Jugendlichen gefordert; wie weit diese jedoch in der Praxis, z. B. bei Therapieentscheidungen oder bei Forschungsvorhaben, umgesetzt wird, ist unbekannt. Für die Einbeziehung der Meinung von Kindern bei der Gestaltung des öffentlichen Raums, von Kindergärten oder Schulen gibt es kaum erprobte Instrumente. Die politische Partizipation von Kindern ist mit dem Kommunalwahlrecht für Jugendliche erst in Teilen und nur in wenigen Bundesländern realisiert. Dabei ist der Staat der angemessene Adressat für die sich dahinter verbergenden Selbstbestimmungs- und Gerechtigkeitsfragen.

Insofern der Staat der Garant individueller Rechte des Kindes ist, muss er diese ggf. auch gegenüber den Eltern durchsetzen. Ein von den

Eltern misshandeltes Kind hat ein Recht auf Schutz durch den Staat. Doch anders als zur Abwehr eines signifikanten und objektivierbaren Schadens darf in das Verhältnis von Eltern und Kindern nicht interveniert werden. Darin zeigt sich die Überzeugung demokratischer Gesellschaften, dass das Wohl des Kindes am ehesten in der persönlichen und privaten Beziehung zu den Eltern und anderen Familienmitgliedern realisiert wird.

58.4 Was begründet Elternschaft?

Da Gesellschaften die Eltern-Kind-Beziehung auf diese Art und Weise in moralischer Hinsicht privilegieren, erlangt die Frage, wer als Mutter oder Vater zu gelten hat, große Bedeutung. Welches Faktum begründet Elternschaft und warum? Bis heute wird Mutterschaft in der Regel biologisch verstanden, d. h. als durch Schwangerschaft und Geburt begründet, während Vaterschaft vorrangig sozial aufgefasst wird: Als Vater gilt – so lange dies nicht angefochten wird –, wer die Vaterschaft durch die Ehe oder durch anderes sozial konkludentes Verhalten anerkennt. Die modernen Verfahren der Reproduktionsmedizin werfen die Frage auf, ob dieses zweigleisige Verfahren einer biologischen wie sozialen Begründung von Elternschaft nicht zugunsten eines eindeutigen Modells aufgegeben werden sollte (Bayne 2006). Mittels Eizell-, Samen- und Embryospende sowie Ersatz- und Leihmutterschaft kann ein Kind von verschiedenen Personen genetisch gezeugt, ausgetragen und aufgezogen werden. Da diese Verfahren im Einzelfall bis zu fünf Personen Elternstatus verschaffen (genetischer Vater/genetische Mutter/austragende Mutter/aufziehender Vater/aufziehende Mutter) und entsprechend um Elternschaftsrechte schon juristisch gestritten wurde, stellt sich die Frage, ob sich ein einfaches moralisches Kriterium für Elternschaft angeben lässt. Argumentiert wird zumeist für eine rein soziale Herleitung, da entscheidend sei, wer die Absicht habe, für das Kind zu sorgen. Dieses Kriterium ist jedoch allenfalls dann hilfreich, wenn die Absicht zum Zeitpunkt des Konflikts schon durch ein entsprechendes Handeln langfristig unter Beweis gestellt wurde und dadurch auch eine positive Bindung zum Kind entstanden ist (wie bei Sorgerechtsentscheidungen). Zur Entscheidung von prospektiven Elternschaftsansprüchen ist es wenig geeignet, denn wenn z. B. Leihmutter und Bestelleltern über das Recht auf das Kind streiten, lassen sich die Glaubwürdigkeit und Intensität von Intentionen kaum gegeneinander abwägen.

Aus der Perspektive des Kindes, das in eine nicht gewählte, über Jahre hinweg nicht aus eigener Kraft änderbare Lebenssituation geboren wird, ist Elternschaft ohnehin nicht als intentional charakterisiert. Kindsein ist eine irreversible, Identität und Herkunft prägende Existenzweise. Wir alle konnten weder Ort noch Zeit noch die sozialen Bedingungen unserer Existenz als Kind beeinflussen. Alles, was uns geschah, erfolgte ohne unser Zutun. Eine rein intentionale Definition von Elternschaft ignoriert diese besondere Erfahrungswelt des Kindes.

Die moralische Konzeption von Elternschaft als unauflösbar und damit als eine nicht rein intentionale Bindung ist eine Antwort auf das moralische Ausgeliefert-Sein des Menschen in Folge seiner Geburtlichkeit. Elternschaft kompensiert so die besondere moralische Herausforderung der Geburtlichkeit des Kindes durch eine vergleichbare Bindung an das Kind und Verantwortung für das Kind (Wiesemann 2006). Deshalb wurde die Eltern-Kind-Beziehung in der Tradition als unkündbar, und das heißt biologisch, schicksalhaft bzw. instinktiv verstanden. Auch Elternschaft durch Adoption – wenngleich zweifellos Resultat einer Willensentscheidung – gilt als Beginn einer solchen unkündbaren Beziehung, orientiert sich folglich an diesem Modell.

Angesichts der vielfältigen Möglichkeiten der Fortpflanzungsmedizin, in Lebensschicksale steuernd einzugreifen, muss sich die moderne Bioethik mit der Frage befassen, wie sie dem komplexen moralischen Verhältnis von Eltern und Kind als einer von der Natur und zugleich durch den menschlichen Willen gestifteten Beziehung gerecht werden kann. Sowohl die Beziehungen der Eltern zueinander als auch der Eltern zum Kind und vice versa unterscheiden sich von den klassischen Bürger-Bürger-Beziehungen. Denn einerseits wird von Eltern bedingungslose Fürsorge für das Kind erwartet, andererseits wird ihnen auch umfassende Verantwortung für das Kind und damit eine weitreichende Entscheidungskompetenz zugesprochen.

Keine moderne Gesellschaft wird in Zukunft auf eine systematische Ethik der Eltern-Kind-Beziehung verzichten können, da mit der biotechnologischen Revolution die Fortpflanzung ihren schicksalhaften Charakter verloren hat und zur verantwortbaren Entscheidung geworden ist. Dieser Effekt wird sich voraussichtlich noch einmal potenzieren, wenn sich tatsächlich die Zeugung von Kindern mit genetisch verbesserter Ausstattung (sog. *genetic enhancement*) realisieren lassen wird (s. Kap. 102). Umso unbefriedigender muss es erscheinen, dass die Mehrheit der Ethiker diese uns alle betreffende Form zwischenmenschlicher Beziehung in moralischer Hinsicht als atypisch klassifiziert, sie damit marginalisiert und ihr bisher eine systematische Behandlung verweigert.

Literatur

Archard, David W.: Children, Family, and the State. Aldershot 2003.

Austin, Michael W.: Conceptions of Parenthood. Ethics and the Family. Aldershot 2007.

Baier, Annette C.: „The Need for More than Justice." In: Canadian Journal of Philosophy 13 (1987), 41–56.

Baines, Paul: „Medical Ethics for Children: Applying the four Principles to Paediatrics." In: Journal of Medical Ethics 34 (2008), 141–145.

Bayne, Tim/Kolers, Avery: Parenthood and Procreation. In: Stanford Encyclopedia of Philosophy, http://plato.stanford.edu/entries/parenthood/ (24.6.2010).

Elliston, Sarah: The Best Interest of the Child in Healthcare. London/New York 2007.

Elshtain, Jean Bethke: Power Trips and Other Journeys. Essays in Feminism as Civic Discourse. Madison 1990.

Engelhardt, Tristram H., Jr.: The Foundations of Bioethics [1986]. New York, Oxford ²1996.

Feinberg, Joel: „The Child's Right to an Open Future." In: William Aiken/Hugh LaFollette (Hg.): Whose Child? Children's Rights, Parental Authority, and State Power Totowa, NJ/Littlefield 1980, 124–153.

Firestone, Shulamith: Frauenbefreiung und sexuelle Revolution. Frankfurt a. M. 1976.

Gilligan, C.: In a Different Voice. Psychological Theory and Women's Development. Cambridge, Mass. 1998.

Hanson, Stephen: „Engelhardt and Children: The Failure of Libertarian Bioethics in Pediatric Interactions." In: Kennedy Institute of Ethics Journal 15 Jg., 2 (2005), 179–198.

LaFollette, Hugh: „Licensing Parents." In: Philosophy and Public Affairs 9 (1980), 182–197.

LaFollette, Hugh: Personal Relationships. Love, Identity, and Morality. Oxford/Cambridge 1996.

Lütkehaus, Ludger: Natalität: Philosophie der Geburt. Zug, Schweiz 2006.

Mill, John S.: On Liberty. London 1865.

O'Neill, Onora: „Begetting, Bearing, and Rearing." In: Dies./William Ruddick (Hg.): Having Children. Philosophical and Legal Reflections on Parenthood. New York 1979, 25–38.

Okin, Susan M.: Justice, Gender and the Family. New York 1989.

Rachels, James: „Eltern, Kinder und Moral." In: Axel Honneth/Beate Rössler (Hg.): Von Person zu Person. Zur Moralität persönlicher Beziehungen. Frankfurt a. M. 2008, 254–276.

Rawls, John: A Theory of Justice. Oxford 1972.

Ross, Lainie F.: Children, Families, and Health Care Decision Making. Oxford 1998.

Rössler, Beate: Der Wert des Privaten. Frankfurt a. M. 2001.

Ruddick, Sara: Maternal Thinking. Towards a Politics of Peace. Boston 1989.

Schoeman, Ferdinand: „Rights of Children, Rights of Parents, and the Moral Basis of the Family." In: Ethics 91 Jg., 1 (1980), 6–19.

Schrag, Francis: „Children: Their Rights and Needs." In: William Aiken/Hugh LaFollette (Hg.): Whose child? Children's Rights, Parental Authority, and State Power. Totowa, NJ. 1980, 237–253.

United Nations: Convention on the Rights of the Child. Adopted and opened for signature, ratification and accession by General Assembly resolution 44/25 of 20 November 1989. Entry into force 2 September 1990. In: http://www2.ohchr.org/english/law/crc.htm (24.6.2010).

Wiesemann, Claudia: Von der Verantwortung, ein Kind zu bekommen. Eine Ethik der Elternschaft. München 2006.

Bildung und Erziehung

Christof Mandry

Im Kern geht es bei den Begriffen ‚Bildung' und ‚Erziehung' um das gezielte Formen der Persönlichkeit von Kindern und Jugendlichen. Während ‚Erziehung' den intentionalen Prozess bezeichnet, in dem Kinder oder Jugendliche von Erziehenden so beeinflusst werden, dass sie erwünschte Charakterzüge, Handlungsweisen und Überzeugungen ausprägen und dass nicht erwünschte unterdrückt oder umgangen werden, stellt der Begriff der Bildung den Aspekt der Selbstformung der Persönlichkeit heraus, die sich im Kontakt und in der Konfrontation mit anderen Menschen und mit fremden Bildungsgegenständen zu sich selbst entwickelt. Unter den prägenden Einflüssen von deutschem Idealismus und Neuhumanismus entfaltet die deutsche Bildungstradition insbesondere den Begriff der Bildung und grenzt ihn von Erziehung ab, während andere Bildungstraditionen diese Gegenüberstellung nicht kennen und die Sachverhalte in einem Begriff (etwa engl., frz. *education, éducation*) zusammenfassen.

Die grundsätzliche ethische Problematik von Erziehung und Bildung lässt sich in zwei Zusammenhänge gliedern. Da es sich bei Erziehung um ein intentionales, formendes Handeln von Menschen an Menschen handelt, das zudem typischerweise ein Machtgefälle einschließt, ist zum einen nach der Legitimität von Erziehung zu fragen: Wer darf wen mit welchen Mitteln und mit welchen Zielsetzungen erziehen? Rechtfertigungsbedürftig sind sowohl die Erziehungs- oder Bildungsziele und die dafür eingesetzten Methoden als auch die Personenkreise, die erziehend tätig sind, sowie schließlich der Kreis derjenigen, die legitimerweise Adressaten von Erziehungshandeln sind. Zum anderen muss das Erziehungs- und Bildungssystem ethischen Gerechtigkeitsanforderungen genügen, da es einen bedeutenden Faktor innerhalb der gesamtgesellschaftlichen Güter- und Lastenverteilung darstellt und mit ihm in ausgezeichneter Weise die Zuteilung von Chancen auf soziale Anerkennung und sozialen Rang verknüpft ist.

59.1 Legitimität und Zielsetzung von Bildung und Erziehung

Die Persönlichkeit eines anderen Menschen nach eigenen Vorstellungen formen zu wollen, bedeutet einen tiefen Eingriff in dessen geistiges, seelisches und leibliches Selbstsein, der ethisch allein vom Recht des Kindes bzw. des Jugendlichen auf Erziehung und Bildung her begründet werden kann. Dieses Recht gründet in der transzendentalen Bestimmung jedes Menschen als Würdewesen, dessen Autonomie im

Sinne einer individuellen, sozial eingebetteten vernünftigen Handlungsfähigkeit jedoch der biographisch-ontogentischen Entfaltung in einem Bildungsprozess bedarf. Weil der Mensch zur Ausprägung seiner Subjekthaftigkeit der Erziehung und Bildung im Kindes- und Jugendalter bedarf, hat er einen moralischen Anspruch auf Erziehung und Bildung. Adressaten des Rechts auf Fürsorge und Erziehung sind in erster Linie die Inhaber der Personensorge – in der Regel die Eltern – im Sinne einer spezifischen Rollenpflicht. Die ethische Brisanz von Erziehung besteht in der Spannung zwischen dem erzieherischen Paternalismus und dem Prinzip der Autonomie, in der seit der Aufklärung (Kant, Rousseau) ein wesentliches Erziehungsziel erkannt wird.

Erziehungshandeln ist ethisch darauf verpflichtet, den Zustand der Erziehungsbedürftigkeit der Educanden zu überwinden und ihre vernünftige Handlungsfähigkeit zur Entfaltung zu bringen. Sie sind von Erziehenden stets als moralische Würdewesen zu behandeln, deren leibliche und seelische Verletzlichkeit in vielfacher Hinsicht zu respektieren ist (vgl. Giesinger 2007). Daher sind erzieherische Sanktionen (Anreize, Strafen) ein ethisch besonders sensibles Feld: Körperstrafen werden heutzutage als Verletzung der psycho-physischen Integrität des Educanden und als Widerspruch zum Erziehungsprinzip der Autonomie abgelehnt. Beim Erwachsenen, dem als vollwertigem Subjekt Autonomie zuerkannt werden muss, verliert Erziehung ihre Legitimität.

Auch die übergreifenden Bildungsziele rechtfertigen sich aus dem Autonomiegrundsatz. Das weitgehend anerkannte Erziehungs- und Bildungsziel ‚Mündigkeit' konkretisiert das Autonomieprinzip pädagogisch und didaktisch, indem es Bildungsprozesse unter die Leitidee der Befähigung zur kritischen Verantwortungsübernahme als Bürgersubjekt im demokratischen Gemeinwesen ausrichtet. In einer sich rasch wandelnden sozialen und ökonomischen Lebenswelt ist das Bildungsziel über die Rolle des Bürgers hinaus in Richtung einer umfassenden Lebensführungskompetenz zu erweitern. In Fortführung etwa von Deweys Ideen zur Erziehung zur Demokratie als Lebensform (vgl. Dewey 1993) umfasst das Verständnis von Bildung als Lebensführungskompetenz sowohl die personal-psychischen Kompetenzen der Selbststeuerung als auch der gegenstandsbezogenen Aneignungsfertigkeiten, um dazu zu befähigen, eine eigene Vorstellung gelingenden Lebens in einer pluralen Gesellschaft unter den Bedingungen des raschen sozialen, ökonomischen und technologischen Wandels zu verfolgen. Das Recht auf Erziehung und auf Bildung wird also nicht in einer einmal erreichten Autonomie als Freiheit von Fremdbestimmung erfüllt, sondern erst in der dauerhaften Befähigung zur selbstbestimmten Lebensführung.

59.2 Gerechtigkeitsfragen des Bildungswesens

Als bewusst intendierter Prozess des Lernens, der Wissens- und Kompetenzvermittlung findet Bildung in einer Vielzahl spezifischer Organisationen und Institutionen durch Angehörige von spezifischen Bildungsprofessionen statt, die insgesamt das Bildungssystem bilden. Die Einrichtungen des Erziehungswesens, wie Jugendhilfe oder Erziehungsberatung, werden in Deutschland nicht zum Bildungssystem gezählt, sondern unterstehen der Sozialverwaltung. Im Unterschied zum Lernen im Bildungssystem wird professionelle Erziehung in erster Linie als subsidiär zur elterlichen Erziehung verstanden, die sie nur bedarfsbezogen unterstützt oder ersetzt.

Aus sozialethischer Sicht liegt die besondere Bedeutung von Bildung in ihrem Charakter als Freiheitsgut. In komplexen, hochdifferenzierten Gesellschaften können Personen die Ziele der eigenen Lebensführung nur dann erfolgreich verfolgen, wenn sie sich durch formale Bildungsprozesse solche Kompetenzen aneignen, die die Voraussetzung für Anerkennung und Integration in die Interaktion mit anderen sind. Der individuelle Bildungsstand beeinflusst den ökonomischen und sozialen Platz in der Gesellschaft, da höhere Bildung in der Regel mit einem höheren und sichereren Einkommen und sozialem Prestige verbunden ist. Das Bildungswesen untersteht daher der Forderung nach Gerechtigkeit als der ‚Tugend der Institutionen' (Rawls).

Das moralische Recht auf Bildung ist in erster Linie ein Zugangsrecht zu Bildungsmöglichkeiten, d. h. zu Bildungsinstitutionen und zu den Bildungschancen, die sie bereithalten. Am moralischen Recht auf Bildung im Sinne eines sozialen Zugangsrechts zu Bildungsmöglichkeiten kann eine negative von einer positiven Dimension analytisch unterschieden werden (vgl. Mandry 2007). Die negative Dimension spezifiziert das allgemein geltende Recht auf Nichtdiskriminierung: Das Bildungswesen muss so gestaltet sein, dass Diskriminierungen nach Geschlecht, ethnischer Zugehörigkeit, Religion, Herkunft, Behinderung, usw. nicht bestehen. Adressat des Rechtes, beim Zugang zu Bildung und beim Bildungserwerb nicht diskriminiert zu werden, ist der Staat als Grundrechtsgarant und als die Instanz, die die Aufsicht über das Bildungswesen innehat.

Die negative und die positive Dimension des Rechts auf Bildung sind eng miteinander verknüpft, da etliche Hindernisse beim Bildungszugang nicht durch bloßes Unterlassen von Diskriminierung zu beseitigen sind, sondern ihnen durch institutionelle, pädagogisch-konzeptionelle und finanzielle Maßnahmen aktiv begegnet werden muss. Die positive Seite des Rechts auf Bildung beinhaltet folglich Leistungsansprüche an den Staat, der Bildungsmöglichkeiten schaffen und Unterstützung – nicht nur, aber auch materieller Art – beim Bildungserwerb gewähren muss (vgl. Poscher et al. 2009). Daraus ergeben sich unmittelbar Auswirkungen auf die gesellschaftliche Lastenverteilung, vor allem hinsichtlich der öffentlichen oder privaten Finanzierung des Bildungswesens und der Verteilung der Kosten beim Bildungserwerb. Die ethische Kernfrage des Rechts auf Bildung ist daher die nach dem Umfang des Leistungsanspruches, den es begründet, d. h. welche Bildungsmöglichkeiten und welche Unterstützung beim Zugang zu Bildung staatlich gewährleistet werden müssen. Im Licht der Begründung des moralischen Rechts auf Bildung in der individuellen Autonomie sind Umfang und Gewicht des moralischen Anspruchs davon abhängig, in welchem Ausmaß die fragliche Grundbildung, Berufsausbildung, Fort- oder Weiterbildung notwendig ist zur Entwicklung, Aufrechterhaltung oder Steigerung der sozial eingebetteten Handlungsfähigkeit. Dass die Entgeltfreiheit der Grund- und Elementarbildung bis hin zur Arbeitsbefähigung öffentlich garantiert werden muss, ist dabei weitgehend unstrittig, im Unterschied zur weiteren Berufsbildung, einschließlich der Hochschulbildung. Umstritten ist dabei vor allem, ob Bildung ein ‚öffentliches Gut' darstellt, das allen Gesellschaftsmitgliedern zugute kommt, oder ob Bildung in erster Linie als ‚privates Gut' aufzufassen ist, das primär eine Investition in die individuelle Besserstellung darstellt.

Weil erworbene Bildung zwar einerseits der individuellen Person zu eigen ist und ihr in der Regel unmittelbare Vorteile verschafft, andererseits aber bedeutende positive externe Effekte für das Wohlstandsniveau der Gesellschaft insgesamt hat, ist sie als ‚gemischtes Gut', nämlich als ein sowohl ‚privates', als auch ‚öffentliches' Gut, bezeichnet worden. Da die Bildungsinvestitionen der Individuen aufgrund ihrer Höhe und ihrer besonderen Langfristigkeit in der Regel zu niedrig ausfallen, ein möglichst hohes Bildungsniveau aus gesamtgesellschaftlicher Perspektive jedoch erstrebenswert ist, kommt Kruip zum Grundsatz, dass „Bildungsangebote des menschenrechtlich abgesicherten Grundbedarfs" öffentlich finanziert werden sollten, während bei allen anderen Bildungsangeboten „der Anteil öffentlicher Finanzierung um so höher sein sollte, je höher die positiven externen Effekte sind, umgekehrt um so niedriger, je höher im Vergleich dazu der private Nutzen von Bildung ist" (Kruip 2008, 149).

59.3 Menschenrechtliche Regelungen

Für die internationale, v. a. entwicklungspolitische, Diskussion ist die Anerkennung eines Menschenrechts auf Bildung von großer Bedeutung. Die menschenrechtliche Diskussion über die Ausgestaltung und Umsetzung des Rechts auf Bildung ist auch ein Schrittmacher der ethischen Diskussion. Zu nennen sind vor allem die „Allgemeine Erklärung der Menschenrechte" (AEMR) der Vereinten Nationen (1948) und der „Internationale Pakt über wirtschaftliche, soziale und kulturelle Rechte" (IPwskR, 1966), sowie, auf regionaler Ebene, das „1. Zusatzprotokoll zur Europäischen Menschenrechtskonvention" (EMRK, 1952) des Europarats.

Während das zurückhaltend formulierte Recht auf Bildung der EMRK vor dem Europäischen Gerichtshof für Menschenrechte von den Bürgern gegenüber ihrem Staat eingeklagt werden kann, haben die umfangreichen Bestimmungen zum Recht auf Bildung in AEMR und IPwskR nur den Charakter von Selbstverpflichtungen der Unterzeichnerstaaten. Der IPwskR ist jedoch mit einem Berichtswesen und einem eigenen UN-Sonderberichterstatter für das Recht auf Bildung verbunden, durch die er politischen Druck ausübt (vgl. Tomasevski 2003). Zudem wurde das Menschenrecht auf Bildung vom UN-Menschenrechtsausschuss in sogenannten ‚General Comments' zu den UN-Menschenrechtsverträgen inhaltlich eingehend entfaltet, die entlang des sogenannten 4 A-Schemas die Kriterien der Verfügbarkeit (*availability*), Zugänglichkeit (*accessibility*), Annehmbarkeit (*acceptability*) und Adaptierbarkeit (*adaptability*) von Bildung aufstellen.

59.4 Offene Fragen

Gegenwärtig diskutiert wird zunächst die Frage nach der sozialethischen Gerechtigkeitskonzeption und den Gerechtigkeitskriterien, die dem Bildungswesen angemessen sind. Ausgehend von der normativen Idee der ‚Beteiligung' der Bürger an den gesellschaftlichen Teilbereichen versucht das Konzept der Beteiligungsgerechtigkeit, den erfolgreichen Bildungserwerb vor allem von ‚Risikogruppen' als eine Gerechtigkeitsforderung an das Bildungssystem auszuweisen (vgl. Heimbach-Steins/Kruip 2003; Stojanov 2007). Diese Debatte wird von Ergebnissen der empirischen Bildungsforschung befeuert, die die strukturelle Benachteiligung von bestimmten Gruppen belegen, wie Kindern und Jugendlichen mit Migrationshintergrund oder aus bildungsfernen Schichten, deren schlechte Ausgangsvoraussetzungen vom deutschen Schulsystem offenbar nicht ausgeglichen, sondern verfestigt werden. Die interne Diskriminierung und die soziale Selektivität des Bildungssystems werden zudem im Kontext der menschenrechtlich grundierten Forderung nach inklusiver Bildung für Menschen mit Behinderung diskutiert (vgl. Broderick 2018).

Auch der gesellschaftliche Pluralismus wirft neue Fragen auf, die insbesondere die Rolle der staatlichen Bildungsträgerschaft und -aufsicht betreffen. Diskutiert wird u. a. welche Berücksichtigung religiöse und weltanschauliche Überzeugungen in den Lehrinhalten (etwa Sexualkunde, Evolutionslehre) und bei pädagogischen Grundsätzen (z. B. Koedukation) verlangen können und wie sich die weltanschauliche Neutralitätspflicht des Staates im Konflikt mit der Religionsfreiheit von Schülern und Lehrern auszuprägen hat.

Schließlich wird das Recht auf Bildung im globalen Kontext diskutiert. Hier geht es einerseits um die Frage, wer als Adressat des moralischen Rechts auf Bildung in Frage kommt, wenn die staatliche Gewalt dafür ausfällt, etwa aus finanziellen oder organisatorischen Gründen, oder angesichts staatlich geduldeter bzw. geförderter ethnischer, religiöser oder Genderdiskriminierung. Die Inklusion von Menschen mit Behinderung ins Bildungssystem ist zunehmend auch weltweit ein Thema (vgl. De Beco et al. 2019). Andererseits spielt das Recht auf Bildung im Zusammenhang mit nachhaltiger Entwicklung eine zentrale Rolle (vgl. Benk 2019), wobei angesichts der Globalisierung von Bildungsmärkten und der weltweiten Vereinheitlichung von Bildungssystemen und -standards das Problem der kulturellen Selbstbestimmung in den Entwicklungsländern diskutiert wird (vgl. Moutsios 2010).

Literatur

Benk, Andreas (Hg.): Globales Lernen. Bildung unter dem Leitbild weltweiter Gerechtigkeit. Ostfildern 2019.

Broderick, Monika: „Equality of What? The Capability Approach and the Right to Education for Persons with Disabilities." In: Social Inclusion, 6. Jg., 1 (2018), 29–39.

De Beco, Gauthier/Quinlivan, Shivaun/Lord, Janet (Hg.): The Right to Inclusive Education in International Human Rights Law. Cambridge 2019.

Dewey, John: Demokratie und Erziehung. Eine Einleitung in die philosophische Pädagogik [engl 1916]. Weinheim 1993.

Giesinger, Johannes: Autonomie und Verletzlichkeit. Der moralische Status von Kindern und die Rechtfertigung von Erziehung. Bielefeld 2007.

Heimbach-Steins, Marianne/Kruip, Gerhard (Hg.): Bildung und Beteiligungsgerechtigkeit. Sozialethische Sondierungen. Bielefeld 2003.

Kruip, Gerhard: „Gerechte Bildungsfinanzierung – sozialethische Kriterien." In: Martin Dabrowski/Judith Wolf (Hg.): Bildungspolitik und Bildungsgerechtigkeit. Paderborn 2008, 141–161.

Mandry, Christof: „Bildung und Gerechtigkeit." In: Jochen Berendes (Hg.): Autonomie durch Verantwortung. Impulse für die Ethik in den Wissenschaften. Paderborn 2007, 215–251.

Moutsios, Stavros: „Power, Politics and Transnational Policy-Making in Education." In: Globalisation, Societies and Education 8. Jg., 1 (2010), 121–141.

Poscher, Ralf/Rux, Johannes/Langer, Thomas: Das Recht auf Bildung. Völkerrechtliche Grundlagen und innerstaatliche Umsetzung. Baden-Baden 2009.

Stojanov, Krassimir: „Bildungsgerechtigkeit im Spannungsfeld zwischen Verteilungs-, Teilhabe- und Anerkennungsgerechtigkeit." In: Michael Wimmer/Roland Reichenbach/Ludwig Pongratz (Hg.): Gerechtigkeit und Bildung. Vorträge der Herbsttagung 2006 der DGfE-Kommission Bildungs- und Erziehungsphilosophie. Paderborn 2007, 29–48.

Tomasevski, Katarina: Education Denied. Costs and Remedies. London 2003.

Alter(n)

Mark Schweda

Altern und höheres Lebensalter werden in der philosophischen Tradition zwar verschiedentlich angesprochen, allerdings meist eher sporadisch und anekdotisch abgehandelt. Erst im Zeichen der steigenden durchschnittlichen Lebenserwartung sowie des wachsenden Anteils älterer Menschen an der Gesamtbevölkerung rücken ethische Fragen des Alter(n)s in den letzten Jahrzehnten zunehmend in den Brennpunkt gesellschaftlich-politischer und akademischer Auseinandersetzungen. In der Angewandten Ethik betreffen die einschlägigen Debatten insbesondere die Bereiche der Gerontologie, Medizin und Gesundheitsversorgung, der sozialen Arbeit und Sozialpolitik sowie der Ökologie und Nachhaltigkeit. Allerdings werden dabei vielfach ohne Weiteres theoretisch ungeklärte Verständnisse des Alter(n)s zu Grunde gelegt, was zu theoretischer Einseitigkeit und praktischer Benachteiligung älterer Menschen führen kann (zum Folgenden Schweda 2018).

M. Schweda (✉)
Universität Oldenburg, Oldenburg, Deutschland
E-Mail: mark.schweda@uni-oldenburg.de

60.1 Begriffliche Bestimmungen und Abgrenzungen

Im alltäglichen Sprachgebrauch werden die Ausdrücke ‚Altern' bzw. ‚Alter' auf unterschiedliche Erscheinungen bezogen. So können im übertragenen Sinn sowohl abstrakte Entitäten wie Lehren oder Gebräuche als auch konkrete Gegenstände wie z. B. ein Gebäude, ein Auto oder ein Wein als alternd bzw. alt bezeichnet werden. Auch von Kollektiven wie Gesellschaften oder Bevölkerungen wird mitunter gesagt, dass sie altern. Im wörtlichen Sinn werden ‚Altern' und ‚Alter' jedoch in der Regel auf Lebewesen bezogen. Insbesondere mit Blick auf menschliche Individuen bezeichnet das Alter(n) dabei zum einen den lebenslangen Prozess des Älterwerdens bzw. die in ihm durchlaufenen Stadien und Phasen (die Lebensalter), zum anderen aber auch einen bestimmten Abschnitt dieses Prozesses: (den Übergang in) das höchste bzw. letzte Lebensalter. Die Kriterien der Abgrenzung bzw. Zuschreibung sind allerdings vielfältig, historisch bzw. soziokulturell variabel und theoretisch wie praktisch kontrovers (Mahr 2016).

Auch im wissenschaftlichen Kontext werden die Ausdrücke ‚Altern' bzw. ‚Alter' unterschiedlich verwendet. So untersucht die medizinische und lebenswissenschaftliche Alter(n)sforschung biologische Seneszensprozesse auf molekularer, zellulärer oder organismischer Ebene, die psychologische Alter(n)sforschung betrachtet subjektive Wahrnehmungen, Erlebnisse und Einstellungen und die geistes- sowie sozialwissenschaftliche Beschäftigung mit dem Alter(n) widmet sich gesellschaftlichen und kulturellen Zuschreibungen und Rahmenbedingungen (Bengtson/Settersten Jr. 2016). Mit Blick auf diese heterogene Ausgangslage wird eine übergreifende philosophische Typologisierung vorgeschlagen, die Alter(n)sbegriffe unter ontologischen, epistemologischen sowie (meta-)ethischen Gesichtspunkten nach ihrem Bezugsbereich (naturalistisch oder kulturalistisch), ihren Gegenständen (organismusbezogen oder nicht ausschließlich organismusbezogen), ihrer Erfahrungsgrundlage (subjektivistisch oder objektivistisch) und ihrer Funktion (deskriptiv, evaluativ oder präskriptiv) einteilt (Mahr 2016, 29–38). Dabei stellt sich nicht zuletzt die Frage, inwieweit angesichts der unterschiedlichen disziplinären Verwendungsweisen der sprachlichen Ausdrücke ‚Altern' bzw. ‚Alter' überhaupt ein gemeinsamer begrifflicher Bedeutungsgehalt auszumachen ist (Mahr 2016, 217–235).

60.2 Zwischen Klage und Lobpreis: Altern in der philosophischen Ethik

Mit Blick auf die Bewertung des Alter(n)s zeichnen sich in der philosophischen Ethik zwei gegenläufige Argumentationslinien ab (zum Folgenden ausführlich Rentsch/Vollmann 2015). Die Tradition der *Altersklage* stellt die negativen Aspekte des Alterns in den Vordergrund (Birkenstock 2008, 19). Die Freuden der Jugend sind dahin, das äußere Erscheinungsbild verfällt und die körperliche Kraft und Leistungsfähigkeit lassen nach, es mehren sich Beschwerden, Gebrechen und Krankheiten. Zugleich sinkt der alternde Mensch im öffentlichen Ansehen und gesellschaftlichen Stellenwert. Das Leben insgesamt wird zunehmend beschwerlich und neigt sich unaufhaltsam dem Ende. Hinzu kommt der moralische Tadel angeblicher Laster des Alters. Dabei steht seit Aristoteles die Vorstellung eines umfassenden Niedergangs im Hintergrund, bei dem körperlicher Abbau mit geistiger Degeneration und sittlicher Dekadenz einhergeht. Auch die christliche Theologie des Mittelalters kennt spezifische Verfehlungen des höheren Lebensalters. Noch für Jean Améry bedeutet Altern vor allem Selbstentfremdung, Verlust gehaltvoller Lebensmöglichkeiten und Ausscheiden aus dem gesellschaftlichen Miteinander. Unter marxistischem Einfluss eröffnen sich jedoch auch gesellschaftskritische Perspektiven. Nach Simone de Beauvoir rangiert die kapitalistische Verwertungslogik der modernen Industriegesellschaft ältere Menschen als unbrauchbar aus, so dass die Veränderung der gesellschaftlichen Verhältnisse ihre Lage verbessern kann.

Auf der anderen Seite steht das *Alterslob*, das die Vorzüge des Älterwerdens und die Tugenden des höheren Lebensalters in den Vordergrund rückt (Birkenstock 2008, 25). Dabei wird Alter(n) oft nach dem Muster jahreszeitlicher Kreisläufe und vegetativer Wachstumsprozesse im Sinne einer Reifung und Vollendung gedeutet und mit Zugewinnen an Lebenserfahrung, Besonnenheit und Gelassenheit in Verbindung gebracht. In platonisch-stoischer Perspektive bringt es die Befreiung vom ziellosen Ungestüm, den Unsicherheiten und Torheiten der Jugend, insbesondere körperlichen Trieben und sinnlichen Leidenschaften. Auch bei Cicero vermittelt die gesammelte Erfahrung innere Festigung, abgeklärte Distanz und weitläufige Übersicht. Unter christlichen Vorzeichen können auch die Leiden und Gebrechen des Alter(n)s im Sinne einer Nachfolge Christi positiv gedeutet werden. Der moderne Entwicklungsgedanke eröffnet neue Perspektiven. Michel de Montaigne, Arthur Schopenhauer und Odo Marquard begrüßen das Alter(n) als erlösende Befreiung von rastlosen Leidenschaften, illusionären Vorstellungen und sozialem Anpassungsdruck sowie als Stufe nüchterner Gelassenheit und kontemplativer Klarsicht. Jacob Grimm deutet das Leben des alten Menschen im Bezugsrahmen der entstehenden bürgerlichen Gesellschaft als Zeit sozialen Rückzugs und individueller (Selbst-)Besinnung. Bei Thomas Rentsch wird das Altern als ‚Werden zu sich selbst' im doppelten Sinn einer Radikalisierung der *Conditio humana* und einer in ihrer Bewältigung erreichbaren persönlichen Entwicklung und Reifung gefasst.

60.3 Zwischen Aktivierung und Vulnerabilität: Leitmotive gerontologischer Theoriebildung

Seit Mitte des 20. Jahrhunderts etabliert sich die Gerontologie als wissenschaftliche Altersforschung (Wahl/Heyl 2015, 27–69). Dabei greift sie auch auf philosophische Motive und Theoreme zurück (Nühlen-Graab 1990). Das betrifft etwa die Diskussion über individuelle und soziale Bedingungen gelingenden Alterns zwischen gesellschaftlichem Disengagement und anhaltender Aktivität (Wahl/Heyl 2015, 114–136). Allerdings zeigt die gerontologische Forschung auch die hohe biologische und psychische Plastizität und Dynamik, individuelle und soziokulturelle Variabilität sowie evaluative Ambivalenz des Alter(n)s (Wahl/Heyl 2015).

Von besonderer Bedeutung ist im Zeichen steigender Lebenserwartung die theoretische Differenzierung eines ‚dritten' und eines ‚vierten Lebensalters' (Laslett 1989). Dabei bezeichnet das dritte Alter die von anhaltender Funktionalität und Leistungsfähigkeit geprägte Lebensphase der ‚jungen Alten'. Ihr wird ein von wachsender Gebrechlichkeit und Hilfsbedürftigkeit geprägtes ‚viertes Alter' (‚alte Alte') gegenübergestellt. Die Unterscheidung steht im Hintergrund vieler Auseinandersetzungen der gerontologischen Ethik und ist daher auch bei der Einschätzung einschlägiger Argumente und Positionen mitzudenken.

Das dritte Alter ist in der Regel mit betont positiven Vorstellungen des Alterns verbunden, die letztlich von einer bruchlosen Fortsetzung des mittleren Erwachsenenlebens ausgehen. In Abgrenzung von lange vorherrschenden defizitorientierten Modellen werden in gerontologischen Leitbildern eines ‚Successful', ‚Active' oder ‚Productive Aging' vor allem die Chancen und Potenziale des späteren Lebens in den Vordergrund gerückt (Pfaller/Schweda 2023). Moralphilosophisch kommen hier vorwiegend egalitaristische Perspektiven zum Tragen, die Gleichberechtigung im Hinblick auf Lebensqualität und gesellschaftliche Teilhabe fordern und negative Altersstereotype sowie Altersdiskriminierung (Ageismus) kritisieren (Rothermund/Mayer 2009).

Verwickelter stellt sich die Lage mit Blick auf das vierte Alter dar. Angesichts schwindender Reserven und zunehmender Gebrechlichkeit (*frailty*) sowie möglicherweise kognitiver Beeinträchtigungen erscheint es häufig als eine von Vulnerabilität, Abhängigkeit sowie Verlust und Endlichkeit geprägte Lebensphase. Entsprechend überwiegen hier paternalistische mitleids- und care- ethische Ansätze, die Mitgefühl und Fürsorge in sozialen Nahverhältnissen und Sorgebeziehungen stark machen (Lloyd 2004). Nur selten werden auch für das vierte Alter Entwicklungspotenziale und Verantwortungsperspektiven geltend gemacht (Kruse 2017). Eine kritische Gerontologie problematisiert die verfestigte Unterscheidung von jungen und alten Alten als Ausdruck einer neoliberalen Ideologie, die das dritte Alter den auf das mittlere Erwachsenenleben zugeschnittenen gesellschaftlichen Normen individueller Unabhängigkeit, Leistungsfähigkeit und Eigenverantwortung unterwirft und das vierte Alter zugleich als das ‚ganz Andere' aufgibt, verwirft und ausschließt (van Dyk/Lessenich 2009).

60.4 Gutes Leben und Generationengerechtigkeit: Schwerpunkte in der Angewandten Ethik

Im Zeichen steigender Lebenserwartung, veränderter gesellschaftlicher Leitbilder und medizinischer sowie technologischer Interventionsmöglichkeiten gewinnt die strebensethische Frage nach der sinnvollen Gestaltung des Alter(n)s an Bedeutung. Dabei geht es insbesondere um die Erörterung erfüllender Aufgaben und erstrebenswerte Ziele für das spätere Leben. Solche Belange guten, gelingenden Alter(n)s stehen vielfach im Mittelpunkt ethischer

Diskussionen in der Gerontologie und sozialen Altenhilfe (Ahner/Karl 2010). Daneben spielen sie auch in die medizinethische Diskussion um gesundheitliche Vorausplanung und Entscheidungen am Lebensende sowie Fragen nach Behandlungszielen und Lebensperspektiven hinein (Schweda et al. 2017). In der Auseinandersetzung um das Projekt einer medizinisch-technischen Bekämpfung des Alterns geht es schließlich nicht mehr nur um ein gutes Leben *im Alter,* sondern auch um die grundsätzliche Bedeutung des Alter(n)s *für das gute Leben im Ganzen* (Schweda et al. 2017).

Angesichts der veränderten Alterszusammensetzung der Gesamtbevölkerung stellt sich darüber hinaus auch die sollensethische Frage nach dem moralisch angemessenen Umgang mit älteren Menschen. Zentrale Bezugspunkte bilden der Begriff der Würde und das Verhältnis von individueller Selbstbestimmung und sozialer Unterstützung. Das betrifft etwa die Ausrichtung der Gerontologie und soziale Altenarbeit an ‚Empowerment' bzw. Fürsorge (Ahner/Karl 2010). Auch im medizin- und pflegeethischen Bereich erlangen Fragen des angemessenen ärztlichen und pflegerischen Umgangs mit älteren Menschen an Bedeutung (Schweda et al. 2017). Allgemein wird angesichts verbreiteter Benachteiligung und Missachtung älterer Menschen, z. B. im häuslichen Umfeld oder in Pflegeeinrichtungen, aber auch im öffentlichen Raum, die Frage nach den normativen Implikationen der Grundrechte im Hinblick auf das höhere Lebensalter erörtert (Mahler 2013).

Schließlich treten im Zeichen des demographischen Wandels zunehmend sozialethische Fragen in den Vordergrund. Angesichts von Verschiebungen des traditionellen Koordinatensystems individueller und kollektiver Lebenszyklen werden die in das kontraktualistische Bild des Generationenvertrags gefassten Vorstellungen intergenerationeller Beziehungen ausdrücklich gemacht und neu verhandelt. Die dabei angesprochenen Probleme betreffen vor allem die angemessene Verteilung von Ressourcen und Verantwortlichkeiten zwischen Generationen in Familie und Gesellschaft. Insbesondere die Frage der gerechten und zukunftsfähigen Gestaltung der sozialen Sicherungssysteme rückt in den Brennpunkt öffentlicher politischer Auseinandersetzungen (Véron et al. 2007). Vergleichbare Fragen kommen auch in der umweltethischen Diskussion um Nachhaltigkeit und ökologische Verantwortung gegenüber zukünftigen Generationen zur Geltung (Tremmel 2012).

60.5 Ausblick

Die ethische Auseinandersetzung mit dem Alter(n) geht meist von konkreten praktischen Problemen aus, die durch steigende Lebenserwartung und demographischen Wandel aufgeworfen werden. Allerdings werden dabei vielfach ohne Weiteres ungeklärte Alter(n)sverständnisse zu Grunde gelegt, was gerade angesichts veränderter Realitäten des Alter(n)s zu theoretischen Einseitigkeiten und der praktischen Benachteiligung älterer Menschen führen kann. Hier sieht sich die Angewandte Ethik auf die Ergebnisse der gerontologischen Forschung verwiesen, so wie die Gerontologie ihrerseits von der ethischen Reflexion ihrer evaluativen und normativen Voraussetzungen profitieren kann.

Literatur

Aner, Kirsten/Karl, Ute (Hg.): Handbuch Soziale Arbeit und Alter. Wiesbaden 2010.
Bengtson, Vern L./Settersten Jr., Richard (Hg.): Handbook of Theories of Aging. New York 2016.
Birkenstock, Eva: Angst vor dem Altern? Zwischen Schicksal und Verantwortung. Freiburg i. Br. 2008.
Kruse, Andreas: Lebensphase hohes Alter: Verletzlichkeit und Reife. Berlin/Heidelberg 2017.
Laslett, Peter: A Fresh Map of Life. The Emergence of the Third Age. London 1989.
Lloyd, Liz: "Mortality and morality: ageing and the ethics of care." In: Ageing & Society 24. Jg., 2 (2004), 235–256.
Mahler, Claudia: Menschenrechte: Keine Frage des Alters? Berlin 2013.
Mahr, Christiane: „Alter" und „Altern" – eine begriffliche Klärung mit Blick auf die gegenwärtige wissenschaftliche Debatte. Bielefeld 2016.
Nühlen-Graab, Maria. Philosophische Grundlagen der Gerontologie. Heidelberg 1990.

Pfaller, Larissa/Schweda, Mark (Hg.): „Successful Aging"? Gerontologische Leitbilder des Alterns in der Diskussion. Wiesbaden 2023.

Rentsch, Thomas/Vollmann, Morris (Hg.): Gutes Leben im Alter: Die philosophischen Grundlagen. Stuttgart 2015.

Rothermund, Klaus/Mayer, Anne-Kathrin: Altersdiskriminierung: Erscheinungsformen, Erklärungen und Interventionsansätze. Stuttgart 2009.

Schweda, Mark: „Alter(n) in Philosophie und Ethik." In: Schroeter, Klaus/Vogel, Claudia/Künemund, Harald (Hg.): Handbuch Soziologie des Alter(n)s. Wiesbaden 2018. https://doi.org/10.1007/978-3-658-09630-4_3-1.

Schweda, Mark/Pfaller, Larissa/Brauer, Kai/Adloff, Frank/Schicktanz, Silke (Hg.): Planning Later Life. Bioethics and Public Health in Aging Societies. Abingdon 2017.

Tremmel, Jörg: Eine Theorie der Generationengerechtigkeit. Münster 2012.

Van Dyk, Silke/Lessenich, Stephan (Hg.): Die jungen Alten. Analysen zu einer neuen Sozialfigur. Frankfurt a. M./New York 2009.

Véron, Jacques/Pennec, Sophie/Légaré, Jacques: Ages, Generations, and the Social Contract. The Demographic Challenges Facing the Welfare State. Dordrecht 2007.

Wahl, Hans-Werner/Heyl, Vera: Gerontologie. Einführung und Geschichte. 2. Aufl. Stuttgart 2015.

Sterben und Tod

Ralf Stoecker

Sterben und Tod gehören zu den klassischen Themen der Philosophie. Dafür gibt es mehrere gute Gründe: Das dramatische Erlebnis, dass Menschen plötzlich nicht mehr lebendig sind, provozierte schon früh das Erkenntnisinteresse der Menschen. Die Einsicht, dass jedem Menschen eines Tages der Tod bevorsteht, bildet zudem eine Herausforderung für die angemessene Haltung zum eigenen Leben. Und die grundsätzliche Fähigkeit der Menschen, sich selbst und andere Menschen zu töten, wirft eine Vielzahl von ethischen Problemen auf. (Es gibt eine Reihe von hilfreichen Übersichtsdarstellungen und Textsammlungen zu diesen Themen: Beck 1995; Birnbacher 2017; Bormann/Borasio, 2011; Choron 1967; Condrau 1991; Fischer 2000; Iserson 2001; Wittwer 2009; Wittwer et al. 2020).

61.1 Terminologische Grundlagen

Die Ausdrücke ‚Sterben' und ‚Tod' zählen zur Alltagssprache und entsprechend unscharf werden sie verwendet. Hinzu kommt ein verbreiteter metaphorischer Gebrauch („Bankensterben"). Die folgenden Definitionen decken sich deshalb nicht vollkommen mit jeder Verwendungsweise.

R. Stoecker (✉)
Universität Bielefeld, Bielefeld, Deutschland
E-Mail: Ralf.Stoecker@uni-bielefeld.de

Sterben und Tod lassen sich nur in Abgrenzung zum Begriff des *Lebens* verstehen. *Tot* ist ein Wesen, wenn es zwar gelebt hat, jetzt aber nicht mehr lebt. *Der Tod* ist dasjenige Ereignis, im Anschluss an das ein Wesen tot ist. *Sterben* ist der Vorgang, mit dem das Leben eines Wesens endet. Da der Vorgang, mit dem das Leben endet, zugleich ein Ereignis darstellt, von dem ab das Wesen tot ist, beziehen sich ‚Tod' und ‚Sterben' letztlich auf dasselbe (das Lebensende), haben aber unterschiedliche Konnotationen.

Da in der medizinischen Ethik manchmal angenommen wird, dass *Sterbende* einen besonderen moralischen Status haben, gibt es dort verschiedene Versuche, den Zeitpunkt zu spezifizieren, von dem an ein Mensch stirbt (Becker 2011). Nach den derzeit gültigen Grundsätzen der Bundesärztekammer zur ärztlichen Sterbebegleitung sind Sterbende „Kranke oder Verletzte mit irreversiblem Versagen einer oder mehrerer vitaler Funktionen, bei denen der Eintritt des Todes in kurzer Zeit zu erwarten ist" (Deutsches Ärzteblatt 108.7 (2011): A 347).

Bis zur Mitte des 20. Jahrhunderts wurde davon ausgegangen, dass ein Mensch tot ist, sobald der Blutkreislauf zum Stillstand kommt und nicht wieder in Gang gesetzt werden kann (Herztod). Heute wird zumeist angenommen, dass das menschliche Leben mit dem Verlust aller Hirnfunktionen endet, selbst wenn der Mensch unter Umständen noch intensivmedizinisch weiterbehandelt und sein Herzschlag aufrechterhalten wird (Hirntod) (s. Kap. 106).

61.2 Das Gebot, Leben zu retten und zu bewahren

Sterben und Tod sind in vielerlei Hinsicht moralisch relevant. Am wichtigsten und offenkundigsten ist die moralische Verpflichtung, Menschen nicht zu töten (s. Kap. 87), sondern sie vielmehr vor dem Sterben zu bewahren. Diese Pflichten lassen sich aus ganz unterschiedlichen ethischen Grundlagen herleiten, beispielsweise aus dem Recht auf Leben, dem Wert des Lebens, den Geboten des Mitleids oder den Forderungen der Vernunft.

Letztere Pflicht aber, Leben zu retten und zu bewahren, ist in zweierlei Hinsicht ethisch problematisch. Erstens ist es strittig, ob sie auch für unpersönliche zwischenmenschliche Verhältnisse gilt, insbesondere für die Beziehungen im globalen Maßstab. Während sich die meisten Menschen verpflichtet fühlen würden, jemanden in ihrem persönlichen Nahbereich selbst mit großem Einsatz vor dem Tod zu retten, bestreiten sie eine entsprechende Pflicht gegenüber den Hungernden und Kranken in den armen Regionen der Welt, obwohl sie dort vermutlich ebenfalls Leben retten könnten. Die Frage ist, ob es sich bei dieser Haltung um eine moralisch inakzeptable Inkonsequenz handelt, oder ob sie sich ethisch rechtfertigen lässt (s. Kap. 78).

Das zweite ethische Problem, das mit der Pflicht zur Lebenserhaltung verbunden ist, betrifft die Grenzen dieser Pflicht, insbesondere im Kontext der medizinischen Ethik. Bis vor wenigen Jahrzehnten sahen es die meisten Ärztinnen und Ärzte als selbstverständliche Minimalverpflichtung an, Leben so lange zu erhalten wie möglich. Erst mit dem Anwachsen der medizinischen Möglichkeiten wuchs das Bewusstsein dafür, dass auch hier nicht alles Machbare ethisch verantwortbar ist, und es kam zu einer Rückbesinnung auf das Sterben als eine Lebensphase mit eigenem Recht, dem Recht, in Würde das Leben zu beenden.

61.3 In Würde sterben

In vielen Kulturen ist der Prozess des Sterbens rituell besonders hervorgehoben (Barloewen 2000); es ist ein feierlicher und nicht selten auch kritischer Vorgang, der häufig große Sorgfalt sowohl auf Seiten des Sterbenden wie seiner sozialen Umgebung erforderlich macht. Ein prominentes Beispiel bildet das Sterben im christlichen Spätmittelalter, das ganz im Zeichen des drohenden Fegefeuers stand, dem der Sterbende mithilfe einer ausgefeilten Ars moriendi begegnen musste. Der Historiker Philippe Ariès bezeichnet in seiner wegweisenden Studie zur *Geschichte des Todes* diesen zeremoniellen Umgang mit dem Sterben als den „gezähmten Tod" im Unterschied zu dem „verwilderten Tod" etwa seit dem ausgehenden 19. Jahrhundert (Ariès 1991). Was Ariès beklagt, ist ein abnehmendes Gespür für die eigenständige Bedeutung der Sterbephase, an dessen Stelle ein Bedürfnis nach Ausgrenzung und Verleugnung des Todes in der Gesellschaft getreten sei. Diese Missachtung der Bedeutung des Sterbens zeigte sich in der modernen Medizin zum einen in der schon erwähnten Beschränkung der ärztlichen Bemühungen auf die Lebenserhaltung und Lebensrettung und zum anderen in der systematischen Täuschung der Patienten über den Ernst ihrer Situation.

Die von Ariès monierte Haltung zum Sterben hat sich aber in den letzten Jahrzehnten langsam, Stück für Stück verändert. Eine Reihe von Entwicklungen war dafür verantwortlich: Ende der 1960er Jahre hat es im Kontext der 68er-Bewegung eine Umorientierung im Verständnis der Rolle von Patienten gegeben, deren Entmündigung gerade am Lebensende wiederholt beklagt wurde; in England wurde mit der Gründung des St. Christopherus Hospitals die Hospiz-Bewegung ins Leben gerufen (Student 1989); und in den USA initiierte Elisabeth Kübler-Ross mit ihren Studien zur Psychologie Sterbender die wissenschaftliche Thanatologie (Kübler-Ross 2001; zur veränderten Haltung zum Tod in der heutigen Gesellschaft jenseits der Medizin vgl. Macho 2007).

Hinzu kam, dass die zunehmende medizinische Kontrolle über die Sterbeprozesse und die damit verbundenen medizinethischen Probleme auch die Mediziner selbst dazu zwang, sich mit den Bedingungen des Sterbens auseinanderzusetzen. Das Auftreten von Lebenslagen, die es ohne die Intensivmedizin nicht gegeben hätte, provozierte immer häufiger die Frage, ob es tatsächlich in der medizinischen Behandlung sterbenskranker Patienten alleine um die Lebenserhaltung gehen dürfe. Außerdem wurde zunehmend deutlich, dass der richtige medizinische Umgang mit sterbenden Menschen nicht nur eine Sache der Einstellung, sondern ein eigenständiges medizinisches Aufgaben- und Forschungsfeld darstellt, woraus sich dann die Palliativmedizin entwickelte. Die Hilfe zum guten Sterben und die dazu erforderliche Kontrolle von peinigenden Begleiterscheinungen des Sterbens (z. B. Schmerz, Atemnot, Übelkeit, Bewusstseinstrübung, Angst, Depression) wurde Teil der medizinischen und pflegerischen Kunst.

61.4 Sterbehilfe

Die Überzeugung, dass jeder Mensch ein Recht darauf hat, in Würde zu sterben, beschränkte sich aber nicht nur auf den Umgang mit Sterbenden, sondern wurde auch von Anfang an häufig mit der Forderung auf Sterbehilfe in einem anderen, engeren Sinn verbunden (Wils 2007). In diesem Verständnis ist mit ‚Sterbehilfe' nicht die Unterstützung Sterbender gemeint (Sterbebegleitung), sondern eine medizinische Handlungsweise, die Einfluss auf die Lebensdauer nimmt. Je nachdem, wie diese Einflussnahme aussieht, werden verschiedene Formen der Sterbehilfe unterschieden. Gelegentlich ist statt von ‚Sterbehilfe' auch von „Euthanasie" die Rede, allerdings wird dieses Fremdwort wegen seines Missbrauchs zur Beschönigung der Patientenmorde im Nationalsozialismus in der deutschsprachigen Debatte gewöhnlich vermieden (s. Kap. 104).

Passive Sterbehilfe: Unter ‚passiver Sterbehilfe' versteht man den Verzicht auf medizinische Maßnahmen, die dazu dienen, das Leben eines Patienten zu erhalten (z. B. der künstlichen Beatmung), sei es dadurch, dass man sie gar nicht beginnt oder bereits durchgeführte Maßnahmen beendet.

Prinzipiell gibt es zwei moralische Rechtfertigungen für die passive Sterbehilfe. Zum einen kann es dem Gebot der Hilfe und Fürsorge entsprechen, die medizinische Behandlung in der letzten Lebensphase eines Menschen umzustellen und ihm ein möglichst gutes Sterben zu erlauben, anstatt ihn den Nebenwirkungen aggressiver medizinischer Rettungsversuche auszusetzen. Zum anderen gilt auch für therapeutische Maßnahmen am Lebensende, dass sie grundsätzlich nur zulässig sind, wenn der Patient eingewilligt hat. Möchte der todkranke Patient also nicht weiter am Leben erhalten werden, dann ist die passive Sterbehilfe moralisch verpflichtend.

Die Feststellung, dass passive Sterbehilfe moralisch gerechtfertigt werden kann, ist heute nicht mehr strittig. Ethisch problematisch sind erstens die Bedingungen, unter denen sie bei nicht einwilligungsfähigen Menschen zulässig oder geboten ist, zweitens die Frage, ob auch der Verzicht auf künstliche Ernährung als passive Sterbehilfe zu werten ist, und drittens die Zulässigkeit passiver Sterbehilfe gegen den Willen des Patienten auf der Basis des ärztlichen Urteils mangelnder Indikation lebenserhaltender Maßnahmen *(futility)* (vgl. Winkler 2010).

Indirekte Sterbehilfe: In der Frühzeit der modernen Medizin nach dem Zweiten Weltkrieg und auch in der Anfangszeit der Palliativmedizin entstanden häufig Dilemmasituationen, in denen sich die behandelnden Ärzte mit der Entscheidung konfrontiert sahen, ob sie einem schwer leidenden todkranken Menschen Linderung verschaffen sollten, auch wenn sie dadurch möglicherweise sein Sterben beschleunigten. Diese Option, einem Menschen Gutes zu tun, dabei allerdings unter Umständen seinen Tod in Kauf zu nehmen, fällt aus ethischer Sicht unter das sogenannte Prinzip der Doppelwirkung, das aus der katholischen Moraltheologie stammt, aber auch in unserem alltäglichen moralischen Urteilen sowie in unserer Rechtsordnung eine große Rolle spielt (s. Kap. 32).

Eine solche indirekte Sterbehilfe wird deshalb übereinstimmend als moralisch gerechtfertigt betrachtet, allerdings scheint es heutzutage dank des medizinischen Fortschritts in der Palliativmedizin nur noch sehr selten derartige Dilemmata zu geben. Palliative (oder: terminale) Sedierungen garantieren in nahezu allen Fällen eine Leidminderung ohne Lebensverkürzung (vgl. Beck 2004).

In Abgrenzung von passiver und indirekter Sterbehilfe ist häufig von ‚aktiver Sterbehilfe' die Rede. Aus ethischer Sicht ist es aber wichtig, hier drei verschiedene Handlungsweisen zu unterscheiden, die alle unter diesen Begriff fallen können: Beihilfe zum Suizid, Tötung auf Verlangen und Mitleidstötungen.

Beihilfe zum Suizid: Als Beihilfe zum Suizid gelten Maßnahmen, die es einem Menschen erlauben oder erleichtern, selbst seinem Leben ein Ende zu setzen. Viele der in der Öffentlichkeit diskutierten Fälle ‚aktiver' Sterbehilfe zählen dazu, insbesondere die Tätigkeiten der sogenannten Sterbehilfevereine wie Dignitas und Exit. Rechtlich gesehen, ist die Beihilfe zum Suizid in Deutschland nur dann verboten, wenn sie geschäftsmäßig durchgeführt wird (§ 217 StGB). Allerdings ist beispielsweise die Abgrenzung zur verbotenen Tötung durch Unterlassen äußerst subtil. Ärztinnen und Ärzten drohen zudem unter Umständen standesrechtliche Konsequenzen, wenn sie jemandem beim Suizid helfen.

Aus ethischer Sicht ist die Beurteilung der Beihilfe zum Suizid in die generelle Debatte um die Ethik des Suizids eingebettet (s. Kap. 103). Sie steht dabei in der Spannung zwischen Positionen, die jede Form der Tötung ablehnen, einschließlich der Selbsttötung, Positionen, die das Ende des Lebens zum Selbstbestimmungsrecht des Einzelnen zählen, und schließlich auch solchen Positionen, die es unter Umständen sogar für ein Gebot der Selbstachtung halten, seinem Leben ein Ende zu setzen. Gerade letztere haben häufig eine Affinität mit Vorstellungen von einem Sterben in Würde, etwa wenn Patienten, die an einer degenerativen Krankheit wie Morbus Alzheimer leiden, beschließen, sich selbst die als erniedrigend empfundene Endphase der Krankheit zu ersparen. Wie dieses Beispiel zeigt, können aber auch andere Erwägungen, etwa die Belastung von Angehörigen, in die ethische Beurteilung eingehen. Suizide von schwer kranken und sterbenden Patienten werden in der Debatte um die Ethik des Suizids häufig gesondert unter der Bezeichnung ‚Bilanzselbstmord' diskutiert.

Stellt sich bei der ethischen Evaluation derartiger Bilanzselbstmorde heraus, dass sie moralisch erlaubt sind, dann spricht dies zunächst stark für eine moralische Zulässigkeit der Beihilfe zum Suizid. Es bleibt allerdings trotzdem die Frage, ob es nicht aus übergeordneten, sozialen Gründen gerechtfertigt sein kann, die Suizidbeihilfe rechtlich zu begrenzen. Dies könnte beispielsweise zum Schutz all jener schwer Kranken geschehen, denen man es ersparen möchte, sich dafür rechtfertigen zu müssen, dass sie ihrem Leben nicht vorzeitig ein Ende setzen.

Tötung auf Verlangen: Eine Tötung auf Verlangen unterscheidet sich dadurch von der Suizidbeihilfe, dass ein Mensch zwar sterben möchte, sich aber nicht selbst den Tod geben kann oder will, sondern dies von einem anderen ausführen lässt. In der Medizin geschieht dies gewöhnlich dadurch, dass ein Arzt einem Patienten (eventuell nach einer vorhergehenden Betäubung) eine giftige Substanz verabreicht. In Ländern wie Belgien und den Niederlanden, in denen aktive Sterbehilfe unter bestimmten Umständen rechtlich erlaubt ist, geschieht dies in Form einer Tötung auf Verlangen. In Deutschland ist die Tötung auf Verlangen strafrechtlich verboten (§ 216 StGB).

Aus ethischer Sicht gibt es große Ähnlichkeiten wie auch gravierende Unterschiede zwischen der Tötung auf Verlangen und der Beihilfe zum Suizid. Ähnlich sind sie sich, weil sowohl das Selbstbestimmungsrecht des Menschen als auch sein Anspruch auf einen guten, würdigen Tod gleichermaßen für die Zulässigkeit beider Handlungsweisen sprechen können. Der Unterschied liegt allerdings darin, dass eine Tötung auf Verlangen eine Tötungshandlung ist und damit in Konflikt mit dem Tötungsverbot zu geraten droht. Eine wesentliche Bedeutung für die Ethik der Tötung auf Verlangen spielt deshalb die Frage, inwieweit es *ceteris paribus* einen moralisch signifikanten Unterschied zwischen dem bloßen Geschehenlassen eines Todes (passive Sterbehilfe), dem in Kaufnehmen eines Todes (indirekte Sterbehilfe), der Hilfestellung zur Selbsttötung und der aktiven Tötung gibt, oder ob es letztlich für die ethische Bewertung nur auf das Resultat (den Tod) und die Umstände (insbesondere den Willen des zu Tötenden) ankommt.

Neben der ethischen Bewertung der individuellen Tötung auf Verlangen stellt sich allerdings auch hier die Frage, inwieweit eine solche Tötung, selbst wenn sie moralisch zulässig sein sollte, rechtlich beschränkt werden dürfte oder vielleicht sogar müsste, beispielsweise wegen der Gefahr einer ‚schiefen Ebene' hin zu nicht freiwilligen Tötungen.

Mitleidstötung: Während die Beihilfe zum Suizid und die Tötung auf Verlangen ihre Legitimation aus dem Selbstbestimmungsrecht des Patienten herleiten, fußen Mitleidstötungen auf der Absicht, dem Getöteten zu helfen, ihn vor Leid oder Schmach zu bewahren. Rechtlich sind sie als Totschlag verboten (§ 212 StGB), aber auch aus ethischer Sicht sind sie höchst fragwürdig. Dem guten Zweck steht entgegen, dass es sich um einen extremen Übergriff in das Leben eines anderen Menschen handelt. Ob und inwiefern Mitleidstötungen möglicherweise dennoch moralisch gerechtfertigt werden können, hängt letztlich von den ethischen Grundlagen des Tötungsverbots ab (s. Kap. 87). Selbst wenn es moralisch gerechtfertigte Einzelfälle geben sollte, wäre aber eine gesetzliche Erlaubnis der Mitleidstötung aus ethischer Sicht vermutlich unhaltbar.

61.5 Tod, Tötungsverbot und moralischer Status

Das Lebensende ist nicht nur als Sterbephase ethisch von Bedeutung, sondern auch generell wegen der Rolle, die das Leben und der Tod für die moralische Situation spielen, in der sich ein Mensch befindet. Am Leben zu sein, ist aus moralischer Sicht in zweierlei Hinsicht von Bedeutung: Zum einen steht das Leben unter dem Schutz des Tötungsverbots (s. Kap. 87). Zum anderen sind nach verbreiteter Überzeugung die meisten (wenn nicht sogar: alle) moralischen Rechte und Ansprüche eines Menschen – kurz: sein moralischer Status – daran gekoppelt, dass er lebt (s. auch Kap. IX.1).

Es gibt im Prinzip zwei verschiedene Erklärungen für diese große moralische Bedeutung des Lebens und damit des Lebensendes. Erstens kann man sie auf den *Wert* der Eigenschaft, am Leben zu sein, zurückführen. Menschen würden dann ihre ausgezeichnete moralische Position dem Besitz dieser Eigenschaft verdanken, und man dürfte sie nicht töten, um nicht einen Wert zu vernichten. Die zweite Erklärung versteht das Leben als *essenzielle* Eigenschaft des Menschen, so dass er mit seinem Tod notwendigerweise auch aufhören würde zu existieren. Der moralische Status müsste sich dann nicht unbedingt darauf zurückführen lassen, dass der Mensch lebt, sondern könnte *dem Menschen einfach als Mensch* zukommen. Entsprechend könnte es sich erweisen, dass das Tötungsverbot gilt, weil man Menschen nicht vernichten darf.

Die alltägliche Sprachpraxis ist in der Frage, ob ein Mensch zugleich mit seinem Tod auch aufhört zu existieren, uneinheitlich. Es gibt beispielsweise sowohl die Rede, der frisch Verstorbene „sei nicht mehr", als auch, „er sähe jetzt ganz friedlich aus". Die traditionelle Sichtweise, der zufolge Leben darin besteht, dass eine Seele einen Körper beseelt und diesen im Tod wieder verlässt, erlaubt zwar einerseits eine eindeutige Antwort: Der Leichnam ist nicht der Verstorbene, es handele sich nur um dessen ‚sterbliche Überreste'. Andererseits lässt sich aber auch aus dieser Sicht behaupten, dass der Verstorbene trotzdem den Tod überdauere, nur eben gekoppelt an seine Seele und nicht an den Körper. Lässt man dieses dualistische Verständnis menschlichen Lebens hinter sich, bleibt allerdings immer noch die Frage, ob es gute Gründe gibt, Leben als essenziell für die Existenz eines Menschen anzusehen (Rosenberg 1998), oder ob man davon ausgehen sollte, dass es einen Menschen normalerweise noch einige Zeit nach seinem Tod gibt, bis schließlich seine

Existenz mit der Vernichtung der Leiche endet (Stoecker 2010).

Diese Frage ist nicht nur von ontologischem Interesse, sondern hat unmittelbare Auswirkungen auf die moralischen Verpflichtungen gegenüber Verstorbenen. Geht man davon aus, dass Existenz- und Lebensende notwendigerweise zusammenfallen, dann geschieht nichts von dem, was man mit der Leiche macht, dem Verstorbenen; folglich muss man auch nicht die Rücksichten nehmen, zu denen man anderen Menschen gegenüber normalerweise verpflichtet ist. Beschränkungen im Umgang mit Leichen ergeben sich dann nur noch aus sozialen Erwägungen (z. B. der Schonung Angehöriger). Handelt es sich hingegen bei der Leiche um den Verstorbenen selbst, gibt es *prima facie* keinen Grund, ihm den für Menschen üblichen moralischen Status vorzuenthalten – es sei denn, wie gesagt, dieser Status wäre nicht an die menschliche Existenz, sondern an die Eigenschaft zu leben geknüpft.

Traditionell beziehen sich moralische Fragen des Umgangs mit Leichen primär darauf, wie diese bestattet werden sollten. Heute gibt es eine Vielzahl von anderen möglichen Verwendungen, angefangen von der Nutzung als Spender von Körperteilen und Organen (s. Kap. 107), über den Einsatz in wissenschaftlichen Experimenten bis hin zur Verwendung in der medizinischen Ausbildung und im Rahmen öffentlicher Ausstellungen (vgl. Roach 2005).

61.6 Sterblichkeit, Unsterblichkeit und ein Leben nach dem Tode

Von Anbeginn des menschlichen Interesses an Leben und Tod war dieses mit zwei Fragen verbunden, erstens ob der Tod unvermeidlich ist und zweitens was den Menschen nach dem Tod erwartet. Antworten auf beide Fragen stehen im Zentrum aller großen Religionen, die jedenfalls darin übereinstimmen, dass es für den Menschen irgendeine Form von Fortexistenz nach dem Tod auch jenseits des Leichnams gibt: entweder durch den Übergang in eine spezielle Totenexistenz (beispielsweise in einem Reich der Toten) oder als unsterbliche Seele (die unter Umständen zur Reinkarnation gelangen kann) oder schließlich durch die Auferstehung von den Toten (Frenschkowski 2010).

Daneben hat es stets auch philosophische Versuche gegeben, diese Fragen zu beantworten (Choron 1967; Scherer 1979). In der Antike waren die Antworten eng mit dem jeweiligen Seelenverständnis verbunden und fielen entsprechend unterschiedlich aus: Es gab sowohl Konzeptionen persönlicher Unsterblichkeit (z. B. bei Platon, Cicero) als auch die Vorstellung, dass mit dem Tod alles zu Ende sei (z. B. bei Demokrit, Epikur), als auch Mischformen (z. B. bei Aristoteles, Plotin). Mit dem Einzug des Christentums wurde dann lange Zeit die christliche Antwort als selbstverständlich vorausgesetzt, der zufolge die Sterblichkeit des Menschen eine Strafe für den Sündenfall sei, es aber Hoffnung auf eine leibliche Auferstehung am Jüngsten Tag gebe. Erst im 18. Jahrhundert, in der Philosophie der Aufklärung, mehrten sich wieder die philosophischen Zweifel an der Unsterblichkeit des Menschen (z. B. bei Hume, Kant). In der heutigen Philosophie finden sich zwar immer noch vereinzelt Versuche, mit philosophischen Mitteln die Frage zu beantworten, ob es überhaupt kohärent denkbar sei, dass Menschen ihren Tod überdauern können (z. B. Rosenberg 1998), das Thema ist aber weitgehend von der philosophischen Agenda verschwunden. Vermutlich gehen die meisten Philosophinnen und Philosophen entweder selbstverständlich davon aus, dass es keine Fortexistenz nach dem Tod gibt, oder sie halten diese Frage für eine private Glaubenssache, für die die Philosophie nicht zuständig sei.

Immer wieder neue Anstöße erhält die Debatte allerdings von technologischer Seite. Schon das erste überlieferte Dokument der Literaturgeschichte, das Gilgamesch-Epos, bezeugt nicht nur das Wissen von der Sterblichkeit des Menschen, sondern auch sein verzweifeltes Bestreben, ein Mittel zu finden, um dem Tod zu entgehen. Seitdem durchzieht die Idee, es könne einen Weg oder ein Rezept für die Unsterblichkeit geben (einen Jungbrunnen, einen Stein der Weisen oder ein Lebenselixier), die Fantasie der

Menschen und die Forschungen der Gelehrten (z. B. in der Alchemie). Heutzutage gibt es zum einen seit der Mitte des 20. Jahrhunderts die Kryonik: eine Technik, frisch verstorbene Menschen einzufrieren, in der Erwartung, dass diese eines Tages aufgetaut und mit Hilfe der dann fortgeschrittenen Medizin wiederbelebt werden können. Zum anderen hat die Entwicklung der Informatik und Robotik Hoffnungen geweckt, den sterblichen biologischen Leib des Menschen sukzessive durch artifizielle Körperteile ersetzen zu können bis hin zu einem vollständig künstlichen Körper oder gar zu einer Existenz als bloßes Computerprogramm (s. Kap. 120). Da diese Fantasien weit von jeder Realisation entfernt sind, besteht aus Sicht der Angewandten Ethik derzeit allerdings kaum Handlungsbedarf. Allenfalls kann man sich fragen, inwieweit die Befürchtungen mancher Vertreter des Posthumanismus berechtigt sind, dass der rasante Fortschritt in der Computertechnologie den Menschen keine andere Wahl lasse, als sich mit den neuen Herren der Welt zu verbünden, um nicht schon bald als hoffnungslos unterlegene Auslaufmodelle von der Erde verdrängt zu werden (Schirrmacher 2001).

61.6.1 Das Übel des Todes und der Sinn des Lebens

Eng verbunden mit der Frage danach, ob und wie es für einen Menschen nach dem Tod weitergeht, ist die Frage, welche Einstellung er zur eigenen Sterblichkeit einnehmen sollte. Selbstverständlich hängt die Antwort auf die zweite wesentlich von der Antwort auf die erste Frage ab. Wer einer attraktiven postmortalen Zukunft entgegensieht, so wie Sokrates der Insel der Seligen, hat allen Grund zur Vorfreude; erwartet einen hingegen ein finsteres Dasein, wie etwa im Hades der *Odyssee,* hat man alles Recht, sich zu fürchten; und hängt das postmortale Schicksal schließlich vom prämortalen Verhalten ab, wie beispielsweise im christlichen Glauben, dann tut man gut daran, sich schon zu Lebzeiten daran zu erinnern und entsprechend zu benehmen. Die aus philosophischer Sicht größte Herausforderung ergibt sich aber für diejenigen, die nicht an eine postmortale Fortexistenz des Menschen glauben. Denn dann fragt es sich, wie man damit umgehen soll, dass die eigene Zukunft zwangsläufig irgendwann ihr Ende findet.

Die stoische Antwort: Aus der Antike sind zwei Weisen überliefert, mit diesem Problem umzugehen. Die erste ist die stoische. Der Tod ist aus stoischer Sicht ein natürliches Faktum des menschlichen Lebens, er gehört zum Schicksal der Menschen. Beeinflussen kann man nur, wie man sich ihm gegenüber verhält. „Schneller zu sterben oder langsamer ist belanglos, anständig zu sterben oder schäbig ist wesentlich" schreibt der römische Autor L. Annaeus Seneca (Seneca 1987, 70.6). So soll man sich beispielsweise nicht über das Unvermeidliche beklagen, sondern vielmehr sein Leben so führen, dass man es jederzeit bereitwillig verlassen kann. Und man soll sich darüber freuen, dass einem die Option, sich selbst zu töten, immer einen Ausweg aus potenziell schmählichen Lebenslagen bietet. Attraktiv ist die stoische Einstellung, weil sie dem Menschen angesichts der Schrecken des Todes seine Würde erhalten möchte. Sie sagt allerdings noch nichts darüber aus, ob und unter welchen Umständen der Tod überhaupt etwas Schreckliches ist.

Die epikureische Antwort: Eine Antwort darauf findet sich in einer zweiten, der epikureischen Tradition. Epikur lehrte eine Lebensführung glücklicher Enthaltsamkeit, bei der es nicht so sehr auf den aktiven Lustgewinn ankam, sondern vor allem auf die Vermeidung von Sorge und Not. Wenn nun aber der Tod ein Übel ist, dann – so scheint es – gibt es für Menschen einen unvermeidlichen Grund zur Sorge; also war es für Epikur sehr wichtig zu zeigen, dass der Tod kein Übel ist. Das berühmte Argument, mit dem er dies demonstrieren wollte, lautet: Man brauche den Tod nicht zu fürchten, weil er kein Übel sei, sondern vielmehr ein ‚Nichts', denn, so Epikur, „solange wir da sind, ist er nicht da, und wenn er da ist, sind wir nicht mehr" (Epikur 1973, 41). Es gibt keinen Zeitpunkt, in dem uns das Übel des Todes ereilen könnte, folglich ist er für uns kein Übel.

Auch wenn der Tod eines Menschen zweifellos schlimm für die Hinterbliebenen sein kann, für den Gestorbenen selbst ist er zu keinem Zeitpunkt schlimm. Deshalb gibt es auch keinen Grund, den eigenen Tod zu fürchten.

Das Argument Epikurs ist faszinierend und beschäftigt bis heute die philosophische Kreativität (Nagel 2008). Es ist zudem im Laufe der Zeit durch zwei weitere Überlegungen ergänzt worden, die ebenfalls darauf hindeuten sollen, dass der Tod kein Übel ist. Die erste stammt von dem römischen Epikuräer Lukrez, der darauf hingewiesen hat, dass kaum jemand die Zeit seiner vorgeburtlichen Nichtexistenz als Verlust empfindet, weshalb es inkonsequent sei, anders über die postmortale Nichtexistenz zu urteilen.

Das zweite Argument ist komplizierter. Es geht von der Feststellung aus, dass der Tod nur dann grundsätzlich ein Übel sein könne, wenn die Alternative, nämlich gar nicht zu sterben, kein Übel wäre. Tatsächlich aber, so die Überlegung, sei es eine fürchterliche Vorstellung, unsterblich zu sein. Das Sujet der Schrecken der Unsterblichkeit ist literarisch wiederholt verarbeitet worden, angefangen von der mittelalterlichen Sage vom Ewigen Juden bis hin beispielsweise zu Erzählungen von Jorge Luis Borges und Simone de Beauvoir. In den Fokus der modernen Philosophie ist es durch einen Aufsatz von Bernard Williams geraten (Williams 1978), an den sich eine bis heute andauernde Debatte angeschlossen hat. Stets liegt die Pointe der Überlegungen darin, dass ein Leben ohne absehbares Ende zu unendlicher Beliebigkeit, Bindungslosigkeit und Langeweile führen müsste (selbst wenn man außer Betracht lässt, dass – worauf Jonathan Swift in *Gullivers Reisen* aufmerksam gemacht hat – Unsterblichkeit noch nicht bedeuten muss, dass man aufhört zu altern).

Das Übel des Todes: Bei aller Genialität der Argumente, die zeigen sollen, dass der Tod kein Übel ist, sind sie am Ende nur von zweifelhaftem Erfolg. Es gibt eben auch gute Gründe, die dafürsprechen, im Tod ein Übel zu sehen. Ein erster, häufig übersehener Grund findet sich in den Konsequenzen für die Bewertung von Tötungshandlungen. Wenn der Tod kein Übel ist, dann kann man jemandem, der einen anderen Menschen tötet, schwerlich vorwerfen, seinem Opfer geschadet zu haben. Damit aber entfällt eine wichtige und intuitiv höchst plausible Basis des Tötungsverbots.

Der zweite, viel prominentere Grund für die Annahme, dass der Tod ein Übel ist, liegt in der Feststellung, dass er seinen Opfern etwas raubt, nämlich das Leben, das sie gelebt hätten, wenn sie nicht gestorben wären. Auch wenn die Toten, weil sie tot sind, diesen Verlust nicht mehr miterleben, ändere dies nichts daran, dass es ein Verlust ist. (Ein Diebstahl bleibt ein Diebstahl, selbst wenn der Bestohlene das Diebesgut nie vermisst.) So einleuchtend dieses Argument zunächst ist, wirft es allerdings beim näheren Hinsehen die Frage auf, ob trotzdem *jeder* Tod ein Übel ist oder ob dies davon abhängt, wie das weitere Leben vermutlich ausgesehen hätte (so dass unter Umständen der Tod auch ein Segen sein könnte).

Schließlich gibt es noch einen dritten Grund, den Tod für ein Übel zu halten, der sozusagen die Kehrseite des Unsterblichkeit-Arguments darstellt. Es ist charakteristisch für das menschliche Leben, sich an zukunftsgerichteten Plänen und Projekten zu orientieren. Der Tod setzt aber allen menschlichen Ambitionen ein Ende. Also fragt es sich, ob nicht all das, wonach jemand gestrebt, worum er sich bemüht hat, zumindest aus seiner eigenen Perspektive witzlos ist, wenn er doch weiß, dass es ihn eines Tages nicht mehr geben wird. Wenn der Tod aber alles menschliche Bemühen unbarmherzig zunichtemacht, dann scheint er geradezu das ultimative Übel zu sein.

Das dritte Argument stellt einen Zusammenhang her, der in der Debatte um den Tod immer wieder aufscheint: zwischen der Sterblichkeit und dem Sinn des menschlichen Lebens (s. Kap. 62). Dem Unsterblichkeits-Argument zufolge ist es gerade die Sterblichkeit, die es uns erlaubt, unser Leben mit Sinn zu füllen. Das letzte Argument konstatiert hingegen einen unauflöslichen Widerspruch zwischen einem sterblichen und einem sinnvollen Leben (Fehige/ Meggle 2000, Abschnitt X). Es bildet damit beispielsweise einen Ausgangspunkt für das, was Albert Camus das ‚absurde Denken' genannt hat, eine philosophische Haltung, die sich darüber im Klaren ist, dass die eigene Sterblichkeit allen Ambitionen Hohn spricht, ohne sich dadurch von einem ambitionierten Leben abhalten zu lassen (Camus 2000, 29).

61.6.2 Das Rätsel des eigenen Todes

Die Fragen, ob der Tod ein Übel ist oder nicht und welche Haltung man ihm gegenüber am besten einnehmen sollte, erschöpfen aber noch nicht das philosophische Interesse am eigenen Tod. Man findet darüber hinaus immer wieder Feststellungen wie die, dass man sich *nicht vorstellen könne,* wie es sei zu sterben, die darauf hindeuten, dass uns der eigene Tod unter Umständen auch vor ein epistemisches Rätsel stellt. Das Problem mit diesem Verdacht besteht allerdings darin, dieses Rätsel überhaupt erst in Worte zu fassen.

Jedenfalls kann damit nicht gemeint sein, dass man nicht weiß, was mit einem geschehen wird, wenn man eines Tages stirbt, oder wie man aussehen wird, wenn man gestorben ist; denn beides ist zwar noch nicht sicher prognostizierbar, birgt aber keine Geheimnisse. Es kann damit auch nicht gemeint sein, dass man nicht wissen könne, wie es sein wird, gestorben zu sein, denn (gegeben dass es keine postmortale Fortexistenz gibt) es wird gar nicht irgendwie sein, gestorben zu sein, so wenig es irgendwie war, noch nicht geboren zu sein. Schließlich kann damit aber auch nicht gemeint sein, dass man nicht weiß, wie es sich anfühlen wird zu sterben, denn es gibt viele Menschen, die entsprechende Krankheitserfahrungen gemacht haben (bis hin zu Nahtod-Erlebnissen), ohne gestorben zu sein, und also wissen, wie sich Sterben anfühlen kann.

Die Schwierigkeit, das Rätselhafte am eigenen Tod in Worte zu fassen, hat die Annahme, es gäbe hier überhaupt ein Problem, in den Augen vieler Philosophen zweifelhaft gemacht. Ludwig Wittgenstein hat nicht zuletzt mit Bezug auf den Tod geschrieben: „*Das Rätsel* gibt es nicht. Wenn sich eine Frage überhaupt stellen läßt, so kann sie auch beantwortet werden" (Wittgenstein 1980, 6.5).

Eine Alternative ist die Idee, doch noch einmal zur praktischen Philosophie zurückzukehren und das grundsätzliche Problem des Todes darin zu sehen, wie man die eigene Nichtexistenz in die Zukunftsvorstellungen, die unser praktisches Denken notwendigerweise begleiten, einbauen kann. Man stellt sich z. B. Fragen wie: „Was will ich tun?", „Welche Möglichkeiten stehen mir offen?", „Was wird aus mir werden?", „Was geschieht mit mir, wenn dieses oder jenes passiert?" usw., und spielt also im Geiste mit den verschiedenen Wegen, die das eigene Leben gehen kann. Eine Möglichkeit, von außen gesehen, ist nun aber immer das Ende des Weges, der Tod. Die Frage ist deshalb, wie man diese Möglichkeit von innen, d. h. für sich selbst in seine Überlegungen einbeziehen kann. Wie kann man sich eine eigene Zukunft als endlich denken, das ist das Problem. Ein Lösungsvorschlag findet sich beispielsweise bei Martin Heidegger, der den Tod als „Sein zum Ende des Seienden", in das Leben hereingeholt und das Hindenken zum eigenen Tod, das er als „Vorlaufen" bezeichnete, zum Merkmal des eigentlichen, nicht-entfremdeten Lebensvollzugs gemacht hat (Heidegger 1979, 245 ff.). Allerdings hat schon Jean-Paul Sartre den Versuch eines solchen Vorlaufens in den Tod für illusorisch gehalten. Er gibt dafür die schöne Illustration, dass ein sich stoisch auf den Tod vorbereitender Mensch einem Todeskandidaten gleiche, der sich alle Mühe gibt, gut gewappnet und würdevoll auf das Schafott zu steigen, um unterdessen plötzlich von einer Grippe dahingerafft zu werden (Sartre 1991, 917). Aus Sartres Sicht jedenfalls gibt es für den eigenen Tod keinen Platz im Nachdenken über die eigene Zukunft, der Tod ist für ihn immer etwas von außen Eindringendes, ein Einbruch der Faktizität, der zugleich unserer Fähigkeit, uns selbst zu entwerfen, ein Ende bereitet. Schließlich kann man auf das Rätsel aber auch so reagieren, dass man es einfach nur konstatiert, ohne zu beanspruchen, es lösen zu können, so wie schon Michel de Montaigne, der schrieb: „hier sind wir, wenn es so weit ist, Lehrlinge allesamt" (Montaigne 1998, II.6, 184).

Literatur

Ariès, Philippe: Geschichte des Todes. München ⁵1991.
Barloewen, Constantin von: Der Tod in den Weltkulturen und Weltreligionen. Frankfurt a.M. u.a. 2000.
Beck Dietmar: „Ist terminale Sedierung medizinisch sinnvoll oder ersetzbar?". In: Ethik in der Medizin 16. Jg., 4 (2004), 334–41.
Beck, Rainer: Der Tod: Ein Lesebuch von den letzten Dingen. München 1995.
Becker, Gerhild: „Zur Erkennbarkeit des Beginns des Sterbeprozesses." In: Franz-Joseph Bormann/Gian Domenico Borasio (Hg.): Sterben. Berlin/New York 2011.
Birnbacher, Dieter: Tod. Berlin/Boston 2017.
Bormann, Franz-Josef/Borasio, Gian D. (Hg.): Sterben. Dimensionen eines anthropologischen Grundphänomens. Berlin/New York 2011.
Bundesärztekammer, Grundsätze der Bundesärztekammer zur ärztlichen Sterbebegleitung. In: Deutsches Ärzteblatt 108. Jg., 7 (2011), 346–348.
Camus, Albert: Der Mythos von Sisyphos. Hamburg 2000.
Choron, Jacques: Der Tod im abendländischen Denken. Stuttgart 1967.
Condrau, Gion: Der Mensch und sein Tod: certa moriendi condicio. Zürich 1991.
Epikur: Philosophie der Freude; eine Auswahl aus seinen Schriften. Stuttgart 1973.
Fehige, Christoph/Meggle, Georg/Wessels Ulla: Der Sinn des Lebens. München 2000.
Fischer, John Martin: The Metaphysics of Death. Stanford, Calif. 2000.
Frenschkowski, Marco: „Glaube an eine Fortexistenz nach dem Tode". In: Héctor Wittwer/Daniel Schäfer/Andreas Frewer (Hg.): Sterben und Tod: Geschichte – Theorie – Ethik. Ein interdisziplinäres Handbuch. Stuttgart/Weimar 2020, 253–264.
Heidegger Martin: Sein und Zeit. Tübingen ¹⁵1979.
Iserson, Kenneth V.: Death to Dust: What Happens to Dead Bodies? Tucson, Az. ²2001.
Kübler-Ross, Elisabeth: Interviews mit Sterbenden. München 2001.
Macho, Thomas: Die neue Sichtbarkeit des Todes. München u.a. 2007.
Montaigne, Michel de: Essais. Frankfurt a.M. 1998.
Nagel, Thomas: „Der Tod." In: Ders. (Hg.) Letzte Fragen. Hamburg 2008, 17–28.
Roach, Mary: Die fabelhafte Welt der Leichen. München 2005.
Rosenberg, Jay F.: Thinking Clearly about Death. Indianapolis/Cambridge ²1998.
Sartre, Jean-Paul: Das Sein und das Nichts: Versuch einer phänomenologischen Ontologie. Reinbek bei Hamburg 1991.
Scherer, Georg: Das Problem des Todes in der Philosophie. Darmstadt 1979.
Schirrmacher, Frank: Die Darwin-AG: wie Nanotechnologie, Biotechnologie und Computer den neuen Menschen träumen. Köln 2001.
Seneca, Lucius Annaeus: An Lucillius. Werke. Darmstadt 1987.
Stoecker, Ralf: „Wann werde ich jemals tot sein?" In: Dominik Groß/Julia Glahn/Brigitte Tag (Hg.): Die Leiche als Memento mori. Frankfurt a.M. 2010, 23–44.
Student, Johann-Christoph: Das Hospiz-Buch. Freiburg i.Br. 1989.
Williams Bernard: „Die Sache Makropulos: Reflexionen über die Langeweile der Unsterblichkeit." In: Ders. (Hg.): Probleme des selbst. Stuttgart 1978, 133–62.
Wils, Jean-Pierre: Ars moriendi. Über das Sterben. Frankfurt a.M. 2007.
Winkler, Eva C: „Ist ein Therapieverzicht gegen den Willen des Patienten ethisch begründbar?". In: Ethik in der Medizin 22. Jg., 2 (2010): 89–102.
Wittgenstein, Ludwig. Tractatus logico-philosophicus. Eine philosophische Abhandlung. Frankfurt a.M. 1980.
Wittwer, Héctor: Philosophie des Todes. Stuttgart 2009.
Wittwer, Héctor/Schäfer, Daniel/Frewer, Andreas (Hg.): Sterben und Tod: Geschichte – Theorie – Ethik. Ein interdisziplinäres Handbuch. Stuttgart/Weimar 2020.

Der Sinn des Lebens

Roland Kipke und Ulla Wessels

Die Frage nach dem Sinn des Lebens umfasst große Menschheitsfragen: Was hält die Welt im Innersten zusammen? Was wollen wir, und lohnt das, was wir wollen und was wir tun? Ist das Leben wert, gelebt zu werden? Und welche Rolle spielt, falls es ihn gibt, Gott?

Obwohl die Frage so alt sein dürfte wie die Menschheit, segelt sie noch nicht lange unter der Flagge ‚Sinn des Lebens'. Erst im 19. Jahrhundert bürgert sich das Etikett ein. Schleiermacher schreibt 1800, der Künstler suche ‚geheimen Sinn' in der Natur; Heine lässt um 1825 einen jungen Mann nach einer Lösung für das ‚Rätsel des Lebens' suchen, Carlyle um 1833 seinen Helden Diogenes Teufelsdröckh nach ‚the meaning of life'; Bettina von Arnim spricht 1840 vom ‚Sinn der Welt', Feuerbach 1841 vom ‚Sinn der Geschichte' und vom ‚Sinn des wirklichen Seins', Kierkegaard 1843 von der ‚Bedeutung des Lebens', Nietzsche 1874 vom ‚Sinn des Lebens', Dilthey 1877 ebenfalls vom ‚Sinn des Lebens' und 1883 vom ‚Sinn der Geschichte' (vgl. Gerhardt 1995; Fehige/Meggle/Wessels 2000, 502). Seitdem ist der Ausdruck ‚Sinn des Lebens' etabliert – so sehr, dass

R. Kipke (✉)
Universität Bielefeld, Bielefeld, Deutschland
E-Mail: r.kipke@uni-bielefeld.de

U. Wessels
Universität des Saarlandes, Saarbrücken, Deutschland
E-Mail: ulla@uwessels.de

Fritz Mauthner bereits zu Beginn des 20. Jahrhunderts klagt (1924, 182): „Freisinnige Nachmittagsprediger schwatzen über nichts lieber als über den Sinn des Lebens"; ihre Zuhörer sind „unklar ringende Geister, die von der starken und tiefen Empfindung ausgehen, dass das Leben wirklich wichtiger sei als das Wissen"; sie hoffen, eine „Antwort zu hören auf die alte Kinderfrage: Woher? Wohin? Warum?". Doch vergeblich, so Mauthner. Sinn sei etwas, was nur sprachlichen Entitäten zukomme; insofern habe die Frage nach dem Sinn des Lebens schlicht keinen Sinn (vgl. auch Ellin 1995, 322 ff.).

Mauthners sprachkritischem Befund zum Trotz lebt die Frage nach dem Sinn des Lebens jedenfalls außerhalb der Philosophie fort. In der Philosophie hingegen bleibt sie lange randständig. Die Frage scheint als esoterisch oder ideologieverdächtig zu gelten – als etwas für die Kirche oder den Lebensratgeber, aber nicht für die Philosophie.

Diese Situation ändert sich mit Beginn des 21. Jahrhunderts. Die Frage nach dem Sinn des Lebens kommt in der Philosophie zumindest im englischsprachigen Raum nicht nur neu aufs Tapet, sondern wird auch neu interpretiert und anders beantwortet. Als besonders prägende Gestalten sind Susan Wolf und Thaddeus Metz zu nennen (Wolf 2010; Wolf 2014; Metz 2011; Metz 2013). Diese und andere Autoren beschäftigen sich nicht nur mit der inhaltlichen Bestimmung des Sinns, sondern auch mit metaethischen Fragen nach der Semantik und Ontologie von Sinn (im deutschsprachigen Raum liegen erst einige Beiträge vor, die diese Debatte aufgreifen, vgl. Kipke 2014; Kipke/Rüther 2018; Kühler/Muders/Rüther 2018).

Diese neuere Debatte führt zu einer weitreichenden Neuakzentuierung des Themas, die sich unter anderem darin bemerkbar macht, dass weniger vom Sinn *des* Lebens die Rede ist als vielmehr vom Sinn *im* Leben.

62.1 Sinn *des* Lebens versus Sinn *im* Leben

Die traditionelle Rede von *dem* Sinn *des* Lebens legt eine bestimmte Interpretation nahe: Es gibt *einen* Sinn, eben *den* Sinn. Und dieser monolithische Sinn ist für alle derselbe, er ist ein umfassender Sinn *des* Lebens, womöglich des ganzen Universums. Wenn es ein Sinn für alle ist, muss er *vorgegeben* sein. Wir können ihn nicht erschaffen, sondern allenfalls entdecken. Wenn der Sinn vorgegeben ist, muss es jemanden geben, der ihn vorgegeben hat. Das kann nur eine allumfassende Instanz sein, also Gott. – Es ist diese himmelstürmende, geradezu zwingend in religiöse Sphären führende Idee von Sinn, die maßgeblich zu der philosophischen Scheu vor dem Thema beigetragen haben dürfte.

Dagegen verfolgen die heutigen philosophischen Autoren zumeist ein bescheideneres Ziel: Ihnen geht es nicht um diesen *kosmischen* Sinn, sondern darum, was ein individuelles menschliches Leben sinnvoll macht. Auch wenn es objektive Kriterien für ein sinnvolles Leben gibt, so ist es doch der Einzelne, der mit seinen Handlungen und seiner Lebensweise darüber entscheidet, auf welche Weise er seinem Leben Sinn verleiht. Das ist gemeint, wenn anders als bisher üblich vom ‚Sinn *im* Leben' gesprochen wird oder einfach vom ‚sinnvollen Leben' (Audi 2005, 348; Wolf 2010; Metz 2013). Während die Rede vom Sinn des Lebens oft auf eine zweckhafte Gesamtordnung, auf das ‚große Ganze' abzielt, begnügt man sich beim Sinn im Leben mit einem ‚kleinen Sinn', der auf einen Endzweck allen Daseins nicht angewiesen ist. Dieser Sinn im Leben wird als eine eigenständige Dimension des guten Lebens verstanden, die sich sowohl von Glück und Wohlergehen als auch von Moralität unterscheidet (vgl. Wolf 2016; Metz 2013, 59 ff.). Damit geht eine optimistischere Sicht einher: Während in der traditionellen Debatte die Möglichkeit eines Lebenssinns, jedenfalls in einem objektiven Sinne, oft skeptisch beurteilt wurde (vgl. Ayer 2000a, Joske 2000), wird sie heute zumeist bejaht. Und noch etwas gerät mit der Perspektivverschiebung vermehrt in den Blick: die Gradualisierung des Sinns. Es geht nicht um das Finden oder Verfehlen ‚des' Lebenssinns, um ‚Sinn ja oder nein', sondern darum, ob ein Leben *mehr oder weniger* sinnvoll ist.

62.2 Zweifel und Begründungsschwierigkeiten

Wie lässt sich begründen, dass ein Leben sinnvoll ist? Woher kommt Sinn? Traditionell wird die Frage nach dem Sinn des Lebens oft so verstanden, dass es um einen gegebenen *Zweck* geht. Doch es ist schon zweifelhaft, ob das Leben als Ganzes und also auch unser eigenes einen Zweck hat. Und selbst wenn es einen solchen hätte, würde uns das kaum helfen. Denn solange wir uns den Zweck nicht zu Eigen machen, wären er selbst und die Tatsache, dass wir mithelfen, ihn zu erfüllen, aus unserer Sicht *beliebig* – sie gingen uns nichts an. Und insofern hätten wir mit dem Zweck nur eine Erklärung und keine Begründung bekommen, eine Erklärung der Art, dass unser Leben eben den und den Zweck hat (Ayer 2000a, 34 f.; Murphy 2000, 210 ff.; Nagel 2000, 98 f.; Nielsen 2000, 232 ff.).

In einem anderen Sinne sind die Aussichten auf eine Begründung besser. Wir fragen nach dem, was *wir* wollen und tun, also nach *unseren* Zielen und *unserem* Handeln. Doch dann droht dem Sinn Gefahr aus anderen Richtungen. Erstens ist nicht klar, ob die Ziele, die wir verfolgen, und die Tätigkeiten, die wir ausüben, hinreichen, unserem Leben Sinn zu geben. Zweitens erreicht jede Begründung ein Ende.

Möchte jemand von uns wissen, warum uns der Geburtstag einer Freundin wichtig ist, können wir antworten: weil uns diese Freundschaft wichtig ist; möchte jemand von uns wissen, warum uns Freundschaften wichtig sind, können wir antworten: weil sie den inneren Reichtum unseres Lebens befördern. Möchte aber jemand von uns wissen, warum uns unser ‚innerer Reichtum' wichtig ist, geraten wir ins Stocken. Eine Begründung erreicht ihr Ende, wo wir auf etwas stoßen, was wir ‚letzte Werte' nennen, was wir als das, was uns am Herzen liegt, ohne weitere Begründung anerkennen (müssen) (Hume 1929, 144 f.). Schließlich beschleichen uns sogar ob der letzten Werte hin und wieder Zweifel; wir treten einen Schritt beiseite, schauen sozusagen von außen auf unser Leben – und gewahren plötzlich „die ganze Zufälligkeit und Beschränktheit unseres Sinnens und Trachtens" (Nagel 2000, 98; vgl. auch Murphy 2000, 212). Auf diese Weise gelangen wir zum Skeptizismus bezüglich unserer Werte, der dem erkenntnistheoretischen Skeptizismus ähnelt. Dieser Skeptizismus macht auch vor jenem letzten ‚Metawert' nicht halt, auf den Metz alle anderen sinnstiftenden Werte zurückzuführen versucht: Unser Leben, so Metz, gewinnt in dem Maße an Sinn, „as we transcend our animal nature by positively orienting our rational nature in a substantial way toward conditions of human existence that are largely responsible for many of its other conditions" (Metz 2011, 401). Doch warum sollten diese Bedingungen der menschlichen Existenz wertvoll sein, so dass ein positiver Bezug auf sie Sinn stiftet?

Doch so wie uns der erkenntnistheoretische Skeptizismus nicht dazu veranlassen muss, all unsere Überzeugungen aufzugeben, muss uns auch der Skeptizismus bezüglich unserer letzten Werte nicht dazu veranlassen, sie aufzugeben. Wir können, nachdem wir unsere Werte radikal in Frage gestellt haben, wieder zu ihnen zurückkehren – vielleicht mit einer gewissen Portion Ironie, sicher aber in dem Bewusstsein, dass sie nicht die einzig möglichen sind. Ja, vermutlich bleibt uns sogar nicht viel anderes übrig, als zu ihnen zurückzukehren, weil wir andernfalls kaum dauerhaft fähig wären, unser Leben zu führen. Jedenfalls hat es „keinen Zweck, bei allem, was wir tun, zu murmeln: ‚Das Leben ist sinnlos; das Leben ist sinnlos ...' Schon dadurch, dass wir weiter leben und arbeiten und ringen, zeigen wir in unserem Handeln, dass wir uns ernst nehmen – egal, was wir sagen" (Nagel 2000, 102). Dementsprechend sollten wir auch bei der Suche nach einer *Theorie* des sinnvollen Lebens von dem ausgehen, was ‚wir' gemeinhin für sinnvoll und für sinnlos halten – sprich: wir sollten uns auf ‚unsere' vortheoretischen Urteile oder Intuitionen besinnen: sie abklopfen, prüfen und in ein kohärentes System zu überführen versuchen. Zwar sind Intuitionen eine wackelige Angelegenheit, und mutmaßlich teilen wir auch nicht alle dieselben. Insofern ist der Weg zur Theorie unsicher. Aber ein besserer ist nicht in Sicht.

62.3 Subjektivismus versus Objektivismus

Die Begründungsfrage stellt sich vor allem dann, wenn wir Sinn objektiv verstehen; wenn wir also behaupten, etwas sei unabhängig von unseren Einstellungen sinnvoll. Wenn wir uns hingegen zum Subjektivismus bekennen, verliert die Begründungsfrage an Virulenz. Denn dann kommt es in Sachen Sinn allein darauf an, ob Menschen „may be successfully engaged in their projects, derive great satisfaction from them, and find their lives [...] very meaningful" (Kekes 2000, 30).

Der Unterschied zwischen Subjektivismus und Objektivismus lässt sich am Mythos des Sisyphos erhellen. Sisyphos ist auf ewig dazu verdammt, einen Stein bergauf zu wälzen; kommt der Stein oben an, rollt er zurück, und Sisyphos muss mit seiner Tätigkeit von vorn beginnen. Würde sich dieses vollendete Bild der Sinnlosigkeit ändern, wenn Sisyphos den *Drang* hätte, auf ewig einen Stein bergauf zu wälzen? Aus Sicht des Subjektivismus wäre das der Fall. Denn Sisyphos täte dann genau das, was er tun möchte; er wäre mit seinem Schicksal ausgesöhnt, mehr noch, er nähme es mit Freuden an (Taylor 2000, 90; vgl. Joske 2000, 81 f.). Aus

Sicht des Objektivismus müsste die Frage verneint werden: Es würde noch immer etwas fehlen – vielleicht, dass bei Sisyphos' Tätigkeit etwas ‚herumkommt'. Das Bild würde sich also ändern, wenn Sisyphos dadurch, dass er einen Stein nach dem anderen bergauf wälzt, helfen würde, ein die Jahrhunderte überdauerndes Monument von großer Schönheit zu errichten (Taylor 2000, 89, 93; Sylvan/Griffin 2000, 446 ff.).

Der Subjektivismus ist mit erheblichen Problemen behaftet. Ihm zufolge lebt ein Mensch ein sinnvolles Leben, wenn er tagein, tagaus Steine rollt oder die Grashalme in seinem Vorgarten zählt, sofern er es nur gerne tut (vgl. Metz 2013, 175); auch kann sich ein Mensch in Bezug auf den Sinn seines Lebens weder irren noch korrigieren. Denn sich irren und sich korrigieren zu können setzt einen externen Maßstab voraus, an dem sich subjektive Einstellungen messen lassen – einen Maßstab, den der Subjektivismus nicht anerkennt; die (bestenfalls reflektierten) subjektiven Einstellungen *sind* dem Subjektivismus zufolge der Maßstab. Das erscheint an sich fragwürdig und widerspricht auch unserer lebensweltlichen Praxis, in der wir beanspruchen, das Leben einer anderen Person unabhängig von deren Dafürhalten hinsichtlich seines Sinngehalts beurteilen zu können. Dem Objektivismus zufolge ist es unerheblich, mit welchen Gefühlen eine Person etwas tut oder für wie sinnvoll sie es hält. Entscheidend ist, ob die Tätigkeiten einen objektiven Wert realisieren oder in irgendeiner Weise positiv darauf bezogen sind. Wenn wir dem Objektivismus anhängen, müssen wir sagen, dass nicht alle Ziele und Tätigkeiten gleichermaßen lohnen. Das Leben einer Ärztin, die erfolgreich nach einer Therapie gegen Krebs sucht, wäre dann sinnvoller als das eines Müßiggängers, der biertrinkend eine Seifenoper nach der anderen schaut (Baier 2000, 261 f.; Wolf 2010, 16).

Subjektivismus und Objektivismus schließen einander nicht aus, sondern lassen sich auch verknüpfen. Die bekannteste Vertreterin eines solchen „hybrid view" ist Susan Wolf. Ihr zufolge kann weder allein die objektive Werthaftigkeit eines Tuns noch allein die subjektive Leidenschaft Sinn stiften. Sinn entsteht vielmehr dann, „when subjective attraction meets objective attractiveness" (Wolf 2010, 62; vgl. Wiggins 2000). Ob die objektive Seite nun als allein- oder mitentscheidend gilt, stets stellt sich die Frage, was denn dasjenige ist, das den Wert trägt. Hier begegnen uns alte Bekannte aus der Moralphilosophie wieder: Konsequentialismus und Deontologie. Während manche den Wert in den Folgen des Handelns verorten, zum Beispiel im Nutzen, den es stiftet (Smuts 2013; Bramble 2015), verorten ihn andere im Handeln selbst (Metz 2013, 199 ff.).

62.4 Sinn und Transzendenz

Was auch immer im Einzelnen Sinn stiftet, die meisten Menschen dürften es in etwas suchen, was außerhalb ihrer selbst liegt: etwa in der Erziehung eigener Kinder, der Schaffung musikalischer Werke, dem Einsatz für Straßenkinder in Berlin oder der Gewinnung wissenschaftlicher Erkenntnisse. Wessen Trachten und Tun allein um sich und sein Wohl kreist, wird in den Augen der meisten Menschen kaum ein sinnvolles Leben leben.

Wenn wir Sinn in der Überschreitung des eigenen Selbst erfahren, müssten wir Sinnlosigkeit durch die eigene Begrenztheit erfahren. Und tatsächlich: Manchmal beschleicht uns ein Gefühl von Sinnlosigkeit angesichts unserer Kleinheit und Kurzlebigkeit. „Wir sind winzige Staubkörnchen in den unendlichen Weiten des Alls; die Spanne unseres Lebens ist in […] kosmischen Dimensionen nicht mehr als ein Augenblick; wir können alle jeden Moment tot sein" (Nagel 2000, 95). Wäre uns Sinnsuchern also geholfen, wenn wir größer oder langlebiger wären? Eher im Gegenteil, so scheint es. Wenn unser Leben schon bei unserer jetzigen Größe und bei einer Dauer von ungefähr 70 Jahren sinnlos ist, so wäre es wahrscheinlich erst recht sinnlos, wenn wir das ganze Universum ausfüllten oder ewig lebten. Hier greift der Kalauer von den zwei Engeln, die auf einer Wolke sitzen und Harfe spielen. Der eine schaut den anderen an und sagt: „Soll das wirklich *ewig* so weitergehen?" (Murphy 2000, 213; zu einer Antwort auf das Problem der ewigen Langeweile vgl. Fischer 1994).

Wenn es unserem Leben an Sinn fehlt, dann also offenbar nicht deshalb, weil wir klein und kurzlebig sind. Oder etwa doch? Wir beklagen vielleicht nicht unsere Kleinheit und unsere späte Geburt, wohl aber unseren frühen Tod. Wir möchten ihn in irgendeiner Weise überdauern; wir möchten, dass es nicht so ist, als hätten wir nicht existiert; wir möchten Spuren hinterlassen.

Gelingt es uns, solche Spuren zu hinterlassen, haben wir zwar vielleicht die Grenzen unseres Lebens überschritten (Sylvan/Griffin 2000, 456), doch ob unser Leben allein dadurch, dass wir das getan haben, sinnvoll ist, darf bezweifelt werden. Denn erstens haben wir die Grenzen unseres Lebens vielleicht in einer moralisch bedenklichen Weise überschritten – dazu gleich mehr. Und zweitens gilt: Egal, wie weit wir die Grenzen unseres Lebens überschritten haben, egal, wie weit wir über uns hinaus in andere Gebiete vordringen, begrenzt sind auch diese.

Wenn weder das Überschreiten von Grenzen als solches noch dessen Ausmaß entscheidend in Sachen Sinn sind, was dann? Eine mögliche Antwort lautet: Entscheidend ist das *Worauf-hin* und das *Wie* des Überschreitens. Unser Leben gewinnt in dem Maße an Sinn, wie wir uns mit etwas Wertvollem jenseits unserer selbst verbinden – mit dem Schönen, Guten und Wahren, wie es zuweilen schlagwortartig heißt (Metz 2011; Kühler/Muders/Rüther 2018) –, und wie wir dies auf positive Weise tun, also fördernd, liebend, schaffend, entdeckend, entwickelnd, erhaltend usw. Über diese Grundstruktur sinnvollen Lebens besteht jedenfalls unter Objektivisten heute weitgehende Einigkeit (vgl. Audi 2005; Levy 2005, 180; Wolf 2010, 26; Smuts 2013, 536; Metz 2011, 401; vgl. schon Nozick 1981, 595).

62.5 Sinn und Moral

Eine Möglichkeit, unserem Leben durch das Überschreiten von Grenzen Sinn zu verleihen, besteht vielleicht darin, den moralischen Standpunkt einzunehmen. Denn der moralische Standpunkt legt uns, in Abhängigkeit von der zugrundeliegenden normativen Ethik, darauf fest, uns das Wohl anderer ebenso angelegen sein zu lassen wie unser eigenes; nur nach Maximen zu handeln, die universelle Gültigkeit beanspruchen können; oder bestimmte Tugenden zu kultivieren. Auf jeden Fall fordert die Moral uns dazu auf, über unsere egoistischen Interessen hinauszugehen (vgl. Singer 1994, 422 f.; Kekes 2000, 26–31). Können wir also unserem Leben Sinn verleihen, indem wir moralisch sind?

Abermals macht sich hier der Unterschied zwischen Subjektivismus und Objektivismus bemerkbar. Dem Subjektivismus zufolge spielt die Moral mit ihren Forderungen nur in dem Maße eine Rolle, wie sich diese Forderungen in den subjektiven Einstellungen wiederfinden – etwa in Gestalt des Wunsches, anständig durchs Leben zu gehen. Dem Objektivismus zufolge ist die Beziehung etwas komplizierter: Einerseits scheint sich Sinn von Moral zu unterscheiden (vgl. Wolf 2010, 1 f.), andererseits dürften wir zumindest durch extrem unmoralisches Handeln den Sinn unseres Lebens beschädigen (vgl. Cottingham 2003, 28; Wolf 2010, 60; Landau 2011; Metz 2013, 233 ff.). Manche Autoren sprechen von „anti-meaning", die die Sinn-Bilanz eines Lebens gewissermaßen ins Minus drehen kann (Landau 2011; Campbell/Nyholm 2015). Wenn diese Autoren richtig liegen, dann ist ein Mindestmaß an Moralität als notwendige Bedingung für ein sinnvolles Leben zu verstehen.

Angenommen, wir würden den Sinn unseres Lebens durch extrem unmoralisches Handeln tatsächlich beschädigen. Hieße das im Umkehrschluss auch, dass wir ihn durch höchst moralisches Handeln befördern würden? Hier könnte, in Kombination mit der Vorstellung von einer Null-Linie, die Unterscheidung zwischen positiven und negativen Pflichten relevant werden: Vielleicht geraten wir, wenn wir immer nur unsere negativen Pflichten erfüllen, in Sachen Sinn zwar nie in die roten Zahlen, aber in die schwarzen Zahlen kommen wir erst, wenn wir auch unsere positiven Pflichten erfüllen und zum Beispiel unser psychisch kranken Nachbarin helfen (Landau 2011, 314; Metz 2013, 227). Das mag plausibel klingen, wirft aber die Frage auf, ob moralisch zu sein tatsächlich *notwendig* für ein sinnvolles Leben ist. Vielleicht ist es das nicht. Ist nicht auch ein Leben vorstellbar, das in moralischer Hinsicht deutlich zu wünschen übrig lässt, aber dennoch reich an Sinn ist – so wie das des oft bemühten Paul Gauguin, der seine Familie im Stich ließ, um sich auf Tahiti seiner Kunst zu widmen (Williams 1984, 32 ff., vgl. zum Verhältnis von Sinn und Moral auch Kipke/Rüther 2018)?

62.6 Sinn und Gott

Die gegenwärtige Sinnphilosophie schert sich wenig um Gott, für viele Sinnsucher dürfte er dennoch den letzten Fluchtpunkt darstellen. Doch wäre uns in Sachen Sinn des Lebens überhaupt gedient, falls Gott existierte? Könnte Gott unserem Leben zum Beispiel dadurch Sinn geben, dass er unsere (letzten) Werte begründet? Schon Platon (Euthyphron 10d) hat das bezweifelt. Gott käme als Garant unserer Werte höchstens dann in Betracht, wenn er ein *guter* Gott wäre. Nun können wir von Gott aber nur dann gehaltvoll sagen, dass er ein guter Gott ist, wenn wir einen von ihm unabhängigen Maßstab für das Gute haben. Hätten wir jedoch einen von Gott unabhängigen Maßstab für das Gute, wäre die Instanz Gott letztlich überflüssig, weil wir unsere Werte dann ja gleich an diesem Maßstab messen könnten. Gott wäre also selbst als ein guter Gott bestenfalls geeignet, unsere letzten Werte zu sanktionieren, nicht aber, sie zu begründen (Ayer 2000b, 354; Joske 2000, 80 f.; Murphy 2000, 214; Nielsen 2000, 234 f.).

Doch vielleicht könnte Gott unserem Leben auf andere Weise Sinn geben, etwa indem er einen bestimmten Zweck mit uns verfolgt. Der Zweck dürfte allerdings wohl nicht irgendein Zweck sein – der Pflanzenwelt als CO_2-Lieferanten oder höheren Lebewesen als abschreckende Beispiele zu dienen, würde uns nicht zufriedenstellen. Der Zweck müsste also schon erhaben und gut sein. Aber selbst wenn er erhaben und gut wäre, bliebe fraglich, ob unser Leben durch ihn einen Sinn bekommen könnte. Zwei Szenarien gilt es zu unterscheiden. Entweder hängt es von uns ab, ob wir Gottes Zweck erfüllen, oder es hängt nicht von uns ab. Wenn es nicht von uns abhängt, wenn wir also Gottes Zweck erfüllen, *ob wir wollen oder nicht und was immer wir tun,* kann uns dieser Zweck gerade nicht den Sinn geben, den wir suchen – er kann uns keinerlei Orientierung bieten; er kann uns nicht sagen, was wir tun oder lassen sollen. Zudem würde er uns entwürdigen, wir wären bloß Mittel zum Zweck (vgl. Baier 2000, 197; Joske 2000, 81; Murphy 2000, 213 f.).

Wenn es hingegen von uns abhängt, ob wir Gottes Zweck erfüllen, verschwinden die genannten Probleme. Allerdings ist es dann auch nicht mehr Gottes Zweck, der unserem Leben Sinn gibt. Wenn es überhaupt etwas ist, dann sind es unsere eigenen Ziele. Dass sie mit dem Zweck Gottes übereinstimmen, wenn wir uns diesen Zweck zu eigen gemacht haben, und dass sie es nicht tun, wenn wir ihn uns nicht zu eigen gemacht haben, ist belanglos (Ayer 2000a, 35; Baier 2000, 197 ff.; Murphy 2000, 213 f.; Nagel 2000, 98 f.; Nielsen 2000, 234 f.; Nozick 1981, 581 ff.). Dass Gott Garant unserer Werte oder Urheber unseres Lebenszwecks ist, scheint also eine zweifelhafte Idee zu sein.

Ist Gott somit für die Frage nach dem Sinn verzichtbar? Dieser Schluss wäre womöglich voreilig. Denn trotz aller Beschränkung auf den Sinn *im* Leben gibt es ein Problem: Zwar kommt es auf unser Tun an, doch unser Tun kann misslingen. Noch die größte Anstrengung kann durch einen dummen Zufall zunichte gemacht werden, und die Zeit radiert ohnehin jedwede unserer Spuren über kurz oder lang aus. Der Sinn ist stets brüchig und bedroht. Um dennoch von einem bleibenden Sinn ausgehen zu können, bräuchten wir eine Perspektive, in der unsere von Vergeblichkeit bedrohten Bemühungen dauerhaft zählen, vielleicht ein Wesen, in dessen Augen auch das Fragile von bleibendem Wert ist und vor dem Vergessen bewahrt wird. Diesen Horizont der Hoffnung zu bilden, könnte die Aufgabe Gottes sein – wenn es ihn denn gibt (vgl. Cottingham 2003, 66 ff.).

62.7 Sinn und Angewandte Ethik

Den Lebenssinn nur für eine Angelegenheit einzelner Schöngeister und Grübler zu halten, wäre ein gravierendes Missverständnis. Wir haben offensichtlich ein existenzielles Bedürfnis nach Sinn (vgl. Frankl 2011), der dauerhafte Mangel an Sinnerfahrung korreliert eng mit Suchterkrankungen und Suizidalität. Sinn ist wesentlicher Bestandteil eines guten menschlichen Lebens (vgl. Cottingham 2003; Kipke 2014; Wolf 2016). Seine Gefährdung und seine Ermöglichung berühren auch Fragen der Angewandten Ethik.

Zum Beispiel Fragen gerechter Verteilung. Denn das Leben von Menschen ist manchmal „aufgrund von Faktoren relativ sinnlos, die die Betroffenen kaum beeinflussen können und die sie sicher nicht selbst verschuldet haben" (Sylvan/Griffin 2000, 462). Man denke etwa an die gut 700 Mio. absolut Armen, die umgerechnet von weniger als 1,90 US$ am Tag leben, oder an jene, die schon als Kinder wegen einer miserablen Gesundheitsversorgung sterben. Was sich ändern müsste, damit ihr Leben an Sinn gewänne, sind nicht die Ziele, die sie verfolgen wollen, sondern die Bedingungen, die es ihnen so schwer oder gar unmöglich machen, ihre Ziele zu erreichen. Eine gerechte globale Ordnung ist auch als gerechte Verteilung von Sinn-Chancen zu begreifen (vgl. Nielsen 2000, 249).

Andere Fragen sind bioethischer Natur: wenn etwa in der Klinik über das Sterbenlassen eines Menschen befunden wird (vgl. Metz 2016) oder wenn, jenseits von Entscheidungen über Leben und Tod, psychische Krisen und Erkrankungen insbesondere als Sinnkrisen bzw. Einschränkungen der Sinnentfaltungspotentiale verstanden werden. In welche Richtung müssten sich eine so orientierte Psychiatrie und Psychotherapie entwickeln? (vgl. Russo-Netzer/Schulenberg/Batthyany 2016). Und schließlich: Wie stellt sich eine extreme Verlängerung der menschlichen Lebensspanne, die vielleicht in Zukunft auf biomedizinischem Wege erreichbar sein wird, im Lichte der Sinnfrage dar? Was geschähe mit unserer Sinnorientierung, wenn unsere Lebensaussichten nicht auf ca. 80 Jahre begrenzt wären, sondern wir 1000 Jahre oder gar ewig leben könnten? (vgl. Häyry 2011, Fischer 1994).

Literatur

Audi, Robert: „Intrinsic Value and Meaningful Life." In: Philosophical Papers 34 (2005), 331–355.

Ayer, A.J.: „Unbeantwortbare Fragen." In: Christoph Fehige/Georg Meggle/Ulla Wessels (Hg.): Der Sinn des Lebens. München 2000a, 34–36 (engl. 1947).

Ayer, A.J.: „An was ich glaube". In: In: Christoph Fehige/Georg Meggle/Ulla Wessels (Hg.): Der Sinn des Lebens. München 2000b, 353–355 (engl. 1966).

Baier, Kurt: „Zweck und Sinn." In: Christoph Fehige/Georg Meggle/Ulla Wessels (Hg.): Der Sinn des Lebens. München 2000, 195–207 (engl. 1957).

Bramble, Ben: „Consequentialism about Meaning in Life." In: Utilitas 27. Jg, 4 (2015), 445–459.

Campbell, Stephen M./Nyholm, Sven: „Anti-Meaning and Why It Matters." In: Journal of the American Philosophical Association 1. Jg, 4 (2015), 694–711.

Cottingham, John: On the Meaning of Life. London 2003.

Ellin, Joseph: Morality and the Meaning of Life. Ft. Worth, Tex. 1995.

Fehige, Christoph/Meggle, Georg/Wessels, Ulla (Hg.): Der Sinn des Lebens. München 2000.

Fischer, John Martin: „Why Immortality Is Not So Bad." In: International Journal of Philosophical Studies 2 (1994), 257–270.

Frankl, Viktor E.: Ärztliche Seelsorge. Grundlagen der Logotherapie und Existenzanalyse, München ^{3}2011.

Gerhardt, Volker: „Sinn des Lebens." In: Joachim Ritter/Karl Gründer (Hg.): Historisches Wörterbuch der Philosophie, Bd. 9. Basel 1995.

Hanfling, Oswald (Hg.): Life and Meaning. Oxford 1987.

Häyry, Matti: „Considerable Life Extension and Three Views on the Meaning of Life." In: Cambridge Quarterly of Healthcare Ethics 20 (2011), 21–29.

Hume, David: Eine Untersuchung über die Prinzipien der Moral. Hamburg 1929 (engl. 1751).

Joske, W.D.: „Was darf ich hoffen?". In: Christoph Fehige/Georg Meggle/Ulla Wessels (Hg.): Der Sinn des Lebens. München 2000, 75–82 (engl. 1974).

Kekes, John: „The Meaning of Life." In: Midwest Studies in Philosophy 24 (2000), 17–34.

Kipke, Roland: „Der Sinn des Lebens und das gute Leben." In: Zeitschrift für philosophische Forschung 68. Jg., 2 (2014), 180–202.

Kipke, Roland/Rüther, Markus: „Welchen Beitrag leistet die Moral für das sinnvolle Leben? Ein kommentierter Forschungsbericht zur Meaning-in-Life-Debatte". In: Jahrbuch für Wissenschaft und Ethik 23 (2018), 7–35.

Klemke, Elmer D. (Hg.): The Meaning of Life. Oxford 1981.

Kühler, Michael/Muders, Sebastian/Rüther, Markus (Hg.): Schwerpunkt: Das Schöne, Wahre und Gute. Das sinnvolle Leben in der Diskussion. In: Zeitschrift für Praktische Philosophie 5. Jg., 2 (2018), 41–281.

Landau, Iddo: „Immorality and the Meaning of Life." In: The Journal of Value Inquiry 45 (2011), 309–317.

Levy, Neil: „Downshifting and Meaning in Life." In: Ratio 18 (2005), 176–189.

Mauthner, Fritz: „Sinn des Lebens." In: Ders.: Wörterbuch der Philosophie, Bd. 3. Leipzig ²1924, 182–188.

Metz, Thaddeus: „The Good, the True, and the Beautiful: Toward a Unified Account of Great Meaning in Life." In: Religious Studies 47 (2011), 389–409.

Metz, Thaddeus: Meaning in Life: An Analytic Study. Oxford 2013.

Metz, Thaddeus: „Life: Meaning of". In: Henk ten Have (Hg.): Encyclopedia of Global Bioethics, Dordrecht 2016, 1774–1780.

Murphy, J. G.: „Warum?" In: Christoph Fehige/Georg Meggle/Ulla Wessels (Hg.): Der Sinn des Lebens. München 2000, 210–219 (engl. 1982).

Nagel, Thomas: „Das Absurde." In: Christoph Fehige/Georg Meggle/Ulla Wessels (Hg.): Der Sinn des Lebens. München 2000, 95–104 (engl. 1971).

Nielsen, Kai: „Analytische Philosophie und der ‚Sinn des Lebens'." In: Christoph Fehige/Georg Meggle/Ulla Wessels (Hg.): Der Sinn des Lebens. München 2000, 228–251 (engl. 1981).

Nozick, Robert: Philosophical Explanations, Cambridge MA 1981.

Platon: Euthyphron. In: Ders.: Werke, Bd. 1. Darmstadt 1990.

Russo-Netzer, Pninit/Schulenberg, Stefan E./Batthyany, Alexander (Hg.): Clinical Perspectives on Meaning. Positive and Existential Psychotherapy, Cham 2016.

Singer, Peter: Praktische Ethik. Stuttgart ²1994 (engl. 1993).

Smuts, Aaron: „The Good Cause Account of the Meaning of Life." In: The Southern Journal of Philosophy 51 Jg., 4 (2013), 536–562.

Sylvan, Richard/Griffin, Nicholas: „‚Dem' Sinn des Lebens auf der Spur". In: Christoph Fehige/Georg Meggle/Ulla Wessels (Hg.): Der Sinn des Lebens. München 2000, 445–478 (engl. 1982).

Taylor, Richard: „Sisyphos und wir." In: Christoph Fehig/Georg Meggle/Ulla Wessels (Hg.): Der Sinn des Lebens. München 2000, 87–95 (engl. 1970).

Wiggins, David: „Wahrheit, Erfindung und der Sinn des Lebens." In: Christoph Fehige/Georg Meggle/Ulla Wessels (Hg.): Der Sinn des Lebens. München 2000, 408–445 (engl. 1987).

Williams, Bernard: „Moralischer Zufall". In: Ders: Moralischer Zufall. Philosophische Aufsätze 1973–1980, Königstein/Ts. 1984, 30–49.

Wolf, Susan: Meaning in Life and Why It Matters. Princeton 2010.

Wolf, Susan: The Variety of Values: Essays on Morality, Meaning & Love. New York 2014.

Wolf, Susan: „A Third Dimension of the Good Life." In: Foundations of Science 21. Jg., H. 2 (2016), 253–269.

Glück, Pech und Schicksal

Elif Özmen

In der philosophischen Auseinandersetzung mit Kontingenzerfahrungen geht es um die Frage, welche Bedeutung glückliche oder pechvolle Zufälle oder das Fatum in den menschlichen Lebensvollzügen spielen. Insbesondere für die praktische Philosophie stellt das Kontingente als das Unerwartete und Unvorhersagbare eine Provokation dar, indem es selbst wohlüberlegte Urteile, durchdachte Entscheidungen, gute Intentionen und vernünftige Handlungen zu durchkreuzen und in ihr Gegenteil zu verkehren vermag. Denn auch wenn sich Glück und Pech der kognitiven und voluntativen und somit auch der moralischen Kontrolle entziehen, haben sie dennoch Auswirkungen auf unsere epistemischen und moralischen Urteile und die darauf gründenden Handlungen und Handlungsergebnisse. Zugleich haben Zufälle nichts mit dem Verdienst von Personen zu tun. Unabhängig von ihren Begabungen, Bemühungen und Leistungen kann ihnen Glück oder Pech schlichtweg ‚zustoßen‘, so dass es ebenso ‚glückliche Schurken‘ geben kann wie ‚unglückliche Helden‘. Beispiele hierfür finden sich bereits in den Epen Homers und den antiken Tragödien, in denen die Zerbrechlichkeit und Hilflosigkeit der Menschen angesichts von Kontingenzerfahrungen, deren Ungerechtigkeit und Unerträglichkeit, aber auch Unentrinnbarkeit veranschaulicht werden (Nussbaum 1986).

Als ‚Kontingenzerfahrung‘ bezeichnet man, was sich aus der notwendigerweise beschränkten menschlichen Erkenntnisperspektive als zufällige Koinzidenz darstellt, d. h. als gleichzeitige Realisierung von Ereignissen, die von unabhängigen Kausalketten hervorgebracht wurden. Was zufällig geschieht (und uns als Glück oder Pech negativ oder positiv zu affizieren vermag), ist nicht die Folge von absichtlichem oder planvollem Handeln, sondern ‚es geschieht‘ unerwartet, nicht gewollt, überraschend. Demgegenüber weist Schicksal ebenfalls das Moment der Unentrinnbarkeit und Nichtverfügbarkeit auf, ist aber zudem verhängnisvoll und daher unheimlich, denn was geschieht, geschieht nach diesem Verständnis nicht zufällig, sondern aufgrund einer, wenngleich für uns unverständlichen, Ordnung (Rescher 1995).

Die antike Philosophie unterscheidet daher konsequent die blinde Macht des Zufälligen *(tyche)* von dem Los *(moira)*, das jedem Menschen von den Göttern (bzw. vom Logos in der Stoa, von Gottes Vorsehung im christlichen Mittelalter; vgl. Greene 1963; Fischer 2008) zugewiesen ist. Diese differenzierte Behandlung von Glück/Pech einerseits und Schicksal andererseits setzt sich in der Philosophiegeschichte fort. So reichen die philosophischen Reflexionen über

E. Özmen (✉)
Justus-Liebig-Universität Gießen, Gießen, Deutschland
E-Mail: Elif.Oezmen@phil.uni-giessen.de

das Schicksal und über die Probleme der Grenzen und Möglichkeiten selbstbestimmten Handelns und Lebens, des freien Willens, der Verantwortung sowie der Theodizee bis in die Neuzeit. Pech und Glück hingegen spielen vor allem in der antiken Philosophie und Dichtung eine Rolle hinsichtlich der Frage nach der Fragilität selbst des gelungenen Lebens. So sind für Aristoteles nicht nur Güter wie Gesundheit, Freiheit, Reichtum oder Begabung kontingent und ungleich unter den Menschen verteilt. Auch die Begabungen und Lebensumstände, die dafür relevant sind, dass man überhaupt eine tugendhafte Person werden und ein gelungenes Leben führen kann, hängen von glücklichen Zufallsumständen ab. Spätestens in der Aufklärung wird eine Distanzierung der Philosophie von dem Thema Glück, Pech und Schicksal vollzogen. Immanuel Kants *non datur fatum* (KrV B 282) steht für die endgültige Verbannung des Schicksals aus der Philosophie. Denn wenn jede Notwendigkeit als Naturnotwendigkeit gilt, lässt der Kausaldeterminismus keinen Raum mehr für das unheimlich-verborgene Wirken des Schicksals. Nicht Schicksal, sondern bestenfalls Zufälle, die einer wissenschaftlichen Analyse prinzipiell zugänglich sind, wirken in der Welt. Sie mögen sich zwar auch als Glück oder Pech auf unser Leben auswirken, aber sie gelten nicht länger als unheimliches Ergebnis des unverständlichen Wirkens höherer Mächte. Vor allem aber spielen Glück und Pech keine Rolle mehr für die Moral, deren konstatierte Allgemeinheit und Bedingungslosigkeit sie immun halte gegen Zufälle. Erst seit den 1950er Jahren sind im Zusammenhang mit der Debatte um das gelungene Leben Kontingenzerfahrungen wie Zufälle, Dilemmata und existentielle Widerfahrnisse wieder zu einem zentralen Thema der Moralphilosophie geworden.

63.1 Die Blindheit der modernen Moralphilosophie für Kontingenzerfahrungen

Die Unvorhersehbarkeit und zugleich Unentrinnbarkeit von Pech und Glück in einzelnen Handlungssituationen und im individuellen Lebensvollzug scheinen die Grundlagen der „modernen Moralphilosophie" (Anscombe 1958), die durch den Bezug auf Vernunft und Freiheit auch eine normative Versicherung gegen Zufälle verspricht, nachhaltig in Zweifel zu ziehen. Diese Grundlagen werden durch eine charakteristische strukturelle Verknüpfung von Moralität, Rationalität und Rechtfertigung gebildet, die sich an den paradigmatischen Versionen der modernen Moralphilosophie (Utilitarismus und Deontologie) gleichermaßen nachvollziehen lasse (Özmen 2005, Kap. 3). Beide Theorien kennen das Ideal eines rationalen Akteurs, welcher durch Rekurs auf objektive moralische Prinzipien sicher, d. h. in jedem einzelnen Fall, eindeutig und aus guten Gründen, wissen kann, wie er handeln soll. Das verweist auf ein Ideal der moralischen Rechtfertigung, demzufolge der Akteur bereits *vor* Ausführung einer Handlung herausfinden kann, ob diese als moralisch richtig oder falsch zu bewerten und folglich auszuführen oder zu unterlassen ist. Dieses Urteil bleibt auch aus der Retrospektive betrachtet gültig. Für epistemische oder moralische Kontingenzerfahrungen und das Wirken von Zufällen auf die moralische Reflexion und Evaluation scheinen solche Moraltheorien systematisch blind zu sein. Durch die Fokussierung auf einzelne Handlungen, (zumeist monistische) objektive Moralprinzipien, Unparteilichkeit und Verallgemeinerbarkeit wird nicht nur die alte Frage nach dem Gelingen des Lebens vernachlässigt, sondern auch Pech und Glück und ihre Einflüsse auf das menschliche Handeln und Leben.

Die Renaissance der Philosophie des gelingenden Lebens seit den 1950er Jahren ist verbunden mit einer Rückbesinnung – der Antike war die Zufallsabhängigkeit des tugendhaften Handelns und Lebens durchaus bewusst – auf die Möglichkeit und die Relevanz von Kontingenzerfahrungen. Denn manchmal ist es eben das zufällige Glück oder Pech, das unserem Tun und Dasein Wert verleiht oder es grundsätzlich in Frage stellt. Zugleich kann man das Glück nicht erwarten oder einfordern, das Pech nicht vorhersehen oder vermeiden. Sie gehorchen keinen Regeln der Vernunft oder der

Moralität, des Verdienstes oder der Fairness, und weisen einen geradezu egalitären Zug auf. Jeder kann Kontingenzerfahrungen machen, die die geringe Tragweite menschlicher Pläne und Handlungen, der Vorschau und Vorsorge deutlich machen. Jede kann angesichts kontingenter Zufälle in Aporien, tragische Umstände, Gefühle des Bedauerns und des Absurden hineingeraten. Damit wären aber nicht nur die etablierten Ideale des zufallsimmunen, normativ sicheren, gerechtfertigten Handelns, sondern auch die Identität und Integrität handelnder Personen – als Bedingungen der Möglichkeit für moralisches Handeln – gefährdet bzw. auf ein neues philosophisches Fundament zu stellen.

63.2 Moralischer Zufall

Zwei mittlerweile klassisch zu nennende Beiträge mit dem Titel „Moralischer Zufall" zeigen die epistemischen, rechtfertigungstheoretischen und genuin moralphilosophischen Probleme von Glück und Pech als Zufallsgeschehen auf. Thomas Nagel und Bernard Williams führen verschiedene Beispiele an, die das Ergebnis der Handlung *(resultant luck)*, die Handlungsbedingungen *(circumstantial luck)*, die für die handelnde Person gegebenen Voraussetzungen, wie Urteilskraft, Präferenzen, Absichten *(constitutiv luck)*, und die externen Antezendenz-Bedingungen der Handlung *(causal luck)* betreffen (Williams 1984, 30–49; Nagel 1996, 45–63). Zum einen legen die Beispiele nahe, dass der gemeinhin angenommene Zusammenhang von Verantwortung mit Kontrolle und Freiheit in solchen Fällen nicht aufrechterhalten werden kann, in denen Zufallsumstände als externe Faktoren den Handlungsverlauf zumindest partiell bestimmen. (siehe die verschiedenen Autofahrer-Beispiele in Nagel 1996). Denn über Handlungen, deren Verlauf durch zufälliges Glück und Pech bestimmt wird, kann man vernünftigerweise nicht mehr sagen, dass sie von den handelnden Personen kontrolliert werden. Wenn Verantwortung an umfassende Willens- und Handlungsfreiheit und das Kontrollprinzip gebunden ist, dann sind die Akteure in Fällen von Glück und Pech nicht frei und die Handlungen können ihnen nicht vollständig zugeschrieben werden, daher sind sie für diese auch nicht moralisch verantwortlich zu machen (Mele 2006; Levy 2014; Haji 2016) oder (straf-) rechtlich zu belangen (Burghardt 2018).

Zum Zweiten werden Beispiele für Zufälle genannt, die nicht während, sondern nach der Handlung eintreten, aber die vorab erfolgte moralische Rechtfertigung in Frage stellen (siehe das Anna-Karenina- und Gauguin-Beispiel in Williams 1984). Denn erst wenn Handlungen langfristig gelingen – und hier spielen Glück und Pech eine nicht hintergehbare Rolle – können sie wirklich als gelungen und rückblickend gerechtfertigt gelten *(retrospective justification)*. Die Vorstellung, dass wir unsere Handlungen und unser Leben von einem über- bzw. vorgeordneten moralischen Standpunkt aus betrachten und zufallsimmun planen könnten, werde damit *ad absurdum* geführt. Für den Handelnden sei es letztlich keine Sache der rationalen Rechtfertigung oder der moralischen Gesinnung, sondern eine Glückssache, ob das, was geschieht, in einem Zusammenhang mit seinen Intentionen und Überlegungen steht und die Handlung rückblickend gerechtfertigt gewesen sein wird (Statman 1993; Heuer 2012).

Zum Dritten weisen die Beispiele auf die existentielle Dimension von Glück und Pech, ihr zerstörerisches wie auch gestalterisches Potential hin. Keine reale Person ist vollständig informiert oder ideal rational; keine Person verfügt über eine vollständige Kontrolle von Handlungsverläufen; keine Person kann kontingente Ereignisse, konsequenzenreiche Zufälle oder ungünstige äußere Bedingungen ihres Handelns und ihres Lebens eliminieren. Der Wunsch nach einem Leben, das sich existentiellen Kontingenzerfahrungen vollständig entzieht, ist zwar verständlich, aber seine Erfüllung steht konträr zu den tatsächlichen Möglichkeiten menschlichen Lebens, Wissens und Handelns. Das ist die negative Seite existentieller Kontingenzerfahrungen: Sie machen das Risiko unseres Scheiterns offenkundig im Sinne der Fragilität des Guten. Man muss (Zufalls-)Glück haben, damit das Leben ein gelungenes und gutes und nicht ein von Unglück und Pech begleitetes Leben darstellt. Aber es gibt auch eine positive Seite von existentiellen Kontingenzerfahrungen, eine *goodness of fragility*, wenn Glück und Pech den Anlass geben für eine grundsätzliche Neugestaltung unserer Haltungen, persönlichen Beziehungen und Lebenspläne (Rescher 1995, 189 ff.; Özmen 2005, Kap. 7).

Die Theorie und Praxis der moralischen Rechtfertigung, der moralischen (und auch rechtlichen) Verantwortungszuschreibung, der rationalen Lebensplanung, insbesondere aber die Vorstellung, dass wenigstens die Moral zufallsimmun ist, werden durch Glück und Pech auf den Prüfstand gestellt. Daher hat sich die immer noch rege Debatte um die Möglichkeit und das Wesen moralischer Zufälle zu einer grundsätzlichen Reflexion auf die Bedingungen und Inhalte der Moral selbst entwickelt (Nelkin 2013; Pritchard/Whittington 2015; Hartman 2017; Church/Hartman 2019).

63.3 Pech, Glück und Schicksal in der politischen und Angewandten Ethik

Paradoxerweise wird das egalitäre Moment von Pech und Glück im Rahmen von egalitaristischen politischen Theorien zum Ausgangspunkt für Neutralisierungsversuche der unverdienten glücklichen oder unglücklichen Konsequenzen genommen (*luck egalitarianism*, Knight 2009). Die natürliche Lotterie verteilt bestimmte Güter (wie Talente, soziale Umstände, Unversehrtheit, Intelligenz) launenhaft und ungleich, zugleich verschaffen diese Güter Vor- und Nachteile, die unter Umständen als unfair betrachtet werden müssen. Jedenfalls mutet es nicht gerecht an, wenn jemand Vorteile nur aus Glück zu genießen vermag oder jemand Nachteile nur aus Pech zu erleiden hat. „Da nun Ungleichheiten der Geburt und der natürlichen Gaben unverdient sind, müssen sie irgendwie ausgeglichen werden" (Rawls 1975, 121). An diesen Gedanken schließen sich verschiedene Strategien der gesellschaftlichen Kompensation und Korrektur an, die das konstitutive Pech und Glück als Gemeinschaftssache und folgerichtig als Gegenstand der gerechten (Um-)Verteilung betrachten (affirmativ Arneson 2006; kritisch Hurley 2003; für einen Überblick Lippert-Rasmussen 2018). Kritisch diskutiert wird seit Beginn dieser Debatte, welche Güter und welche Fälle oder Arten von Glück und Pech gerechtigkeitsrelevant sind. Problematisiert wird auch der Versuch, die bei Pech und Glück fehlende individuelle Verantwortung durch die gesellschaftliche Verantwortung im Sinne einer Redistributionsgerechtigkeit zu kompensieren. Können die unverdienten Resultate von Pech und Glück als öffentliche Güter behandelt und die fehlende individuelle Kontrolle durch gemeinschaftliche Kontrolle ersetzt werden, ohne dass individuelle Rechte (z. B. an den eigenen Talenten) verletzt oder ein unhaltbarer Verantwortungsbegriff etabliert werden? Steht die unterstellte Ungerechtigkeit von Glück und Pech nicht in Spannung, gar in Widerspruch zu der Gerechtigkeit von Verdienst und Leistung? Sind daher konstitutive Zufälle wie das Glück und Pech bei der natürlichen Lotterie nicht schlicht das Los, ergo: Schicksal, welches wir individuell zu tragen haben, ohne dass sich daraus ein politischer oder moralischer Handlungsbedarf ableiten ließe?

Im Bereich der Angewandten Ethik gibt es gegenwärtig eine Tendenz, die alte, im Zuge des neuzeitlichen Szientismus aufgegebene Schicksalsvorstellung wieder zu etablieren. Dieses steht im Zusammenhang mit dem Erfolg der neuen Lebenswissenschaften und konvergierenden Technologien, die bislang unbekannte transformative Interventionsmöglichkeiten in die körperliche, kognitive, psychische und genetische Verfasstheit des Menschen in Aussicht stellen. Gegen die liberale Moral der prinzipiellen Erlaubtheit des Machbaren, die es freistellt, die uns umgebende, aber auch unsere innere Natur zu modifizieren (etwa durch Reproduktionsmedizin, Stammzellenforschung, *Enhancement*), wird aus einer biokonservativen oder essentialistischen Perspektive der „Charakter des Lebens als Gabe" betont und „Offenheit für das Unerbetene" abverlangt (Sandel 2008, 48, 67). Oder es wird die moralische Relevanz der Unterscheidung von Gewachsenem und Gemachtem, von dem „Sozialisationsschicksal einer Person und dem Naturschicksal ihres Organismus" (Habermas 2002, 103) hervorgehoben. Die Überwindung der menschlichen Natur suggeriere eine Überwindbarkeit des Unverfügbaren und somit nicht nur das Ende des Schicksals, sondern auch der Moral der Fürsorge und des Mitleids. Sowohl die Wiederbelebung des *Contra Naturam*- wie auch des Schicksal-Argumentes erscheinen bemerkenswert, insofern diese aus dem üblichen Repertoire der Angewandten Ethik (etwa dem *Principlism* von Beauchamp/Childress) herausfallen. Eine Erklärung bietet die anthropologische Wende in der praktischen Philosophie, die den philosophischen Blick auch auf die (quasi-)naturalistischen Bedingungen des Menschlichen einerseits und die kontingenten Bedingungen des menschlichen Lebens andererseits lenkt (Özmen 2016). Fraglich bleibt, ob eine solche Rückkehr des Schicksalsgedankens genügend philosophische Überzeugungskraft zu entwickeln vermag in einem Feld, in dem das Pech, z. B. die Widerfarnisse von Krankheit, Behinderung, Verunfallung und Versehrung, gemeinhin als legitime Gründe für präventive, therapeutische und kompensatorische Handlungen betrachtet werden.

Literatur

Anscombe, Gertrude E. M.: „Modern Moral Philosophy." In: Philosophy 33 (1958), 1–19.

Arneson, Richard: „Luck Egalitarianism: An Interpretation and Defense." In: Philosophical Topics 32 (2006), 1–20.

Burghardt, Boris: Zufall und Kontrolle. Eine Untersuchung zu den Grundlagen der moralphilosophischen und strafrechtlichen Zurechnung. Tübingen 2018.

Church, Ian M./Hartman, Robert J.: The Routledge Handbook of the Philosophy and Psychology of Luck. New York, London 2019.

Fischer, Klaus P.: Schicksal in Theologie und Philosophie. Darmstadt 2008.

Greene, William C.: Moira, Fate, Good and Evil in Greek Thought. New York 1963.

Habermas, Jürgen: Die Zukunft der menschlichen Natur. Auf dem Weg zu einer liberalen Eugenik? Frankfurt a.M. ^{4}2002.

Haji, Ishtiyaque: Luck's Mischief: Obligation and Blameworthiness on a Thread. Oxford 2016.

Hartman, Robert: In Defense of Moral Luck: Why Luck often affects Praiseworthiness and Blameworthiness. New York 2017.

Heuer, Ulrike (Hg.): Luck, Value, and Commitment. Oxford 2012.

Hurley, Susan L.: Justice, Luck, and Knowledge. Cambridge, Mass. 2003.

Kant, Immanuel: Kritik der reinen Vernunft [1781/87]. Hamburg 1998.

Knight, Carl: Luck Egalitarianism: Equality, Responsibility, and Justice, Edinburgh 2009.

Levy, Neil: Hard Luck: How Luck undermines Free Will and Moral Responsibility. Oxford 2014.

Lippert-Rasmussen, Kasper: Justice and Bad Luck [2018]. In: https://plato.stanford.edu/entries/justice-bad-luck/ (1.10.2018).

Mele, Alfred R.: Free Will and Luck. Oxford 2006.

Nagel, Thomas: Letzte Fragen. Bodenheim 1996.

Nelkin, Dana K.: Moral Luck [2013]. In: http://plato.stanford.edu/entries/moral-luck/ (1.10.2018).

Nussbaum, Martha C.: The Fragility of Goodness. Luck and Ethics in Greek Tragedy and Philosophy. Cambridge 1986.

Özmen, Elif: Moralität, Rationalität und gelungenes Leben. Paderborn 2005.

Özmen, Elif: „Wer wir sind und was wir werden können. Überlegungen zu einer (post-)humanistischen Anthropologie." In: Dies. (Hg.): Über Menschliches. Anthropologie zwischen Natur und Utopie. Münster 2016, 15–38.

Pritchard, D./Whittington, L. J. (Hg.): The Philosophy of Luck. Oxford 2015.

Rawls, John: Eine Theorie der Gerechtigkeit. Frankfurt a.M. 1975.

Rescher, Nicholas: Glück. Die Chancen des Zufalls. Berlin 1995.

Sandel, Michael J.: Plädoyer gegen die Perfektion. Ethik im Zeitalter genetischer Technik. Berlin 2008.

Statman, Daniel (Hg.): Moral Luck. New York 1993.

Williams, Bernard: Moralischer Zufall. Philosophische Aufsätze 1973–1980. Königstein 1984.

64 Lebensqualität

Achim Vesper, Stefan Gosepath und Rahel Jaeggi

Der Begriff der Lebensqualität wird für eine Bewertung von Lebensabschnitten oder des Lebens einer oder mehrerer Personen verwendet, wobei die Lebensqualität sowohl positiv als auch negativ sein kann. Zur Lebensqualität trägt bei, was letzten Endes für eine Person gut ist; verwandte Begriffe sind die des Wohlergehens oder des Glücks. Der Maßstab für die Ermittlung von Lebensqualität ist der Lebensstandard. Der Begriff der Lebensqualität wird zumeist mit Rücksicht entweder auf das subjektive Wohlbefinden von Personen oder auf die objektiven Umstände ihres Lebens gebildet. Aussagen über die Lebensqualität oder das Glück haben eine Bedeutung für unterschiedliche Bereiche. Wissenschaftlich wird der Begriff der Lebensqualität verwendet, wenn z. B. Zusammenhänge zwischen sozialen Veränderungen und dem Wohlergehen oder Faktoren für die Ausbildung einer gesunden Psyche erforscht werden. Politische Relevanz erhält der Begriff, wenn z. B. Effekte ökonomischer Veränderungen festgestellt werden.

64.1 Ansätze der Glücksforschung

Die Annahme, dass Glück mit den Mitteln politischer Steuerung vermehrt werden kann, wird durch die sich gegenwärtig als empirische Wissenschaft herausbildende Glücksforschung unterstützt. Die *Quality of Life*-Forschung erhebt hier den Anspruch, Instrumente einer auf das Wohlergehen der Bevölkerung ausgerichteten Politik zu bestimmen (vgl. z. B. Layard 2009, 164 ff.; Bok 2010). Grundlegend für die Glücksforschung ist dabei ihr methodisches Selbstverständnis. An der *Science of Well-Being* beteiligte Disziplinen wie Psychologie, Neurowissenschaft oder Soziologie teilen die Überzeugung, dass Lebensqualität von einem Gegenstand begrifflicher Untersuchung zu einem Gegenstand empirischer Forschung werden sollte (vgl. Bayertz 2010a, 411 ff.; Huppert/Baylis/Keverne 2005). Beiträgen zu diesem neuen Forschungsfeld zufolge lassen sich Merkmale von Lebensqualität empirisch ermitteln, während die philosophische Reflexion zu keiner Entscheidung in der Kontroverse darüber gelangt, worin das Glück besteht: „In the realm of well-being, we are coming to that point where we no longer need to debate the nature of ‚true happiness', but instead can define types of well-being by their measurement,

A. Vesper (✉)
Goethe-Universität Frankfurt am Main, Frankfurt am Main, Deutschland
E-Mail: avesper@em.uni-frankfurt.de

S. Gosepath
Freie Universität Berlin, Berlin, Deutschland
E-Mail: stefan.gosepath@fu-berlin.de

R. Jaeggi
Humboldt-Universität zu Berlin, Berlin, Deutschland
E-Mail: rahel.jaeggi@staff.hu-berlin.de

courses, and outcomes" (Diener 2009, 4 f.). Die empirische Erforschung von Lebensqualität soll die Lebensqualität von Individuen oder Kollektiven bemessen und kausal verantwortliche Faktoren ausfindig machen (vgl. u. a. Kesebir/Diener 2008 und für eine philosophische Auseinandersetzung mit empirischer Forschung zu Lebensstandards und der Bemessung von Wohlergehen Alexandrova 2017). Messbar ist Lebensqualität gemäß der Annahme der Forschung zum *Subjective Well-Being*, weil Befragungen zum subjektiven Wohlbefinden von Personen geeignete Daten für die wissenschaftliche Untersuchung von Lebensqualität liefern (vgl. die Anleitung zur Datenerhebung in OECD 2013). Unter ‚Lebensqualität' werden in diesem Rahmen die positiven oder negativen psychischen und emotionalen Zustände von Subjekten verstanden.

Allerdings wird auch in Zweifel gezogen, dass die Untersuchung von Lebensqualität als Erforschung subjektiven Wohlbefindens erfolgreich durchgeführt werden kann. Alternative Ansätze bestreiten, dass die Bedingungen für Lebensqualität zwischen Individuen variieren und Wohlbefinden für die Bestimmung von Lebensqualität informativ ist. Stattdessen behaupten objektive Konzeptionen, dass es allgemein anwendbare Standards für Lebensqualität gibt. Subjektive und objektive Konzeptionen werden in verschiedenen Varianten vertreten, mit denen spezifische Probleme einhergehen. Sie lassen sich anhand der Kriterien unterscheiden, auf denen ihr Verständnis von Lebensqualität basiert. Während objektive Definitionen von normativen Überzeugungen über das gute Leben ausgehen, beziehen sich subjektive Definitionen auf die persönliche Wertschätzung des eigenen Lebens (vgl. für einen Überblick über Theorien des Wohlergehens u. a. den zweiten Teil in Fletcher 2016). Entsprechend nehmen subjektive Konzeptionen eine individuelle oder auch interne und objektive Konzeption eine universale oder auch externe Perspektive auf Lebensqualität ein.

64.2 Subjektive Konzeptionen von Lebensqualität

Subjektive Konzeptionen von Lebensqualität werden von experimentell orientierten Wissenschaftlern bevorzugt, weil sie eine arbeitsfähige Grundlage bereitstellen (vgl. Veenhoven 1984, Kap. 2). Diese Konzeptionen stützen sich auf die Überzeugung, dass Lebensqualität in Lebenszufriedenheit besteht. Näher unterscheiden sie sich dadurch, dass sie Lebenszufriedenheit am Leitfaden entweder des Verfügens über Lustzustände, der Befriedigung von Wünschen, der Erfüllung ethischer Ideale oder des Erreichens von Lebenszielen explizieren. Mit dem Besitz von Lust wird Zufriedenheit im Rahmen hedonistischer Theorien gleichgesetzt. Dabei behauptet der ethische Hedonismus, dass nur lustvolle Bewusstseinszustände intrinsisch gut und nur unlustvolle intrinsisch schlecht sind (vgl. Brandt 1979, 132 ff.). Außerdem behauptet der psychologische Hedonismus, dass nur die Aussicht auf Lust zu Handlungen motiviert. Beide Formen des Hedonismus sind Einwänden ausgesetzt: Gegen den ethischen Hedonismus spricht der Einwand, dass unser Verständnis des Guten über das Vergnügen hinausgeht; gegen den psychologischen Hedonismus wiederum kann vorgebracht werden, dass wir auch idealistisch motiviert sein können. Das hedonistische Glücksverständnis wird zudem durch unsere Intuitionen zu einem auf Robert Nozick zurückgehenden Gedankenexperiment erschüttert: So würden wir es ablehnen, dauerhaft an eine Glücksmaschine angeschlossen zu werden, die uns glückliche Empfindungen verschafft. Daraus geht hervor, dass ein ausschließlich hedonistisches Leben nicht dem menschlichen Wohl entspricht.

Gegenüber hedonistischen Theorien sind präferentielle Theorien komplexer, nach denen Zufriedenheit in der Erfüllung von Wünschen besteht, die eine bewusste Überlegung einschließen. Nach diesem Modell trägt nicht die

Erfüllung beliebiger, sondern lediglich die Erfüllung durch rationale Reflexion und durch die Verbindung zu übergeordneten Wünschen und Zielen aufgeklärter Wünsche zur Lebensqualität bei. Eine geordnete Präferenzstruktur lässt sich dabei als ein ethisches Ideal im Sinne einer Konzeption des eigenen guten Lebens verstehen. Nach diesem Verständnis ist die Qualität eines Lebens optimal erfüllt, wenn das geführte Leben dem eigenen idealen Selbstbild entspricht. Dieser Auffassung wird etwa im medizinischen Bereich dadurch Rechnung getragen, dass der Abstand zwischen den Hoffnungen und Erwartungen von Patienten und dem, was mit ihnen gesundheitlich geschieht, verringert wird. Ein verwandter und gleichfalls präferentieller Ansatz geht davon aus, dass das Erreichen bestimmter Lebensziele zur Zufriedenheit führt.

Gemeinsam ist präferentiellen Theorien, dass sie Lebensqualität als einen relationalen Wert begreifen, der sich aus dem Verhältnis von angestrebten und erreichten Zielen ergibt. Allerdings zieht das relationale Verständnis zum Teil kontraintuitive Konsequenzen nach sich: Ihm zufolge müssten Menschen mit geringeren Erwartungen chancenreicher für das Erlangen von Glück sein. Außerdem müsste auch der optimistische Glaube, seine Ziele zu erreichen, zur Lebensqualität beitragen. Diese Annahme wird dabei von Forschungsergebnissen bestätigt, nach denen Optimisten einen höheren Wert an Lebenszufriedenheit erreichen. Diskutieren lässt sich aber, ob die höhere Lebenszufriedenheit von Optimisten darauf beruht, dass sie ihre Ziele tatsächlich besser erreichen oder nur besser zu erreichen glauben. Zu eng sind einfache Auffassungen von Lebensqualität als Präferenzerfüllung außerdem deshalb, weil nicht nur die Gesamtsumme des Glücks, sondern auch die Verteilung von Glücksmomenten innerhalb eines Lebens Auswirkungen auf das persönliche Wohlergehen hat. Bei gleicher Gesamtsumme des Glücks wird sich eine Person, bei der die Glücksmomente im Verlauf des Lebens abnehmen, ein geringeres Wohlergehen zuschreiben als eine Person, bei der die Glücksmomente im Verlaufe des Lebens zunehmen (vgl. Nozick 1991, 109 ff.).

Subjektive Konzeptionen von Lebensqualität zeichnen sich insgesamt dadurch aus, dass sie Lebensqualität durch Befragungen zum subjektiven Wohlergehen für ermittelbar halten. Solche Befragungen können auf episodische oder anhaltende affektive Zustände und die Zufriedenheit in Lebensbereichen oder im gesamten Leben eingehen oder den Zusammenhang von Wohlbefinden und Persönlichkeitseinstellungen ermitteln. Messungen des subjektiven Wohlergehens können Lebensqualität aber auch kognitiv statt affektiv verstehen und erfragen, ob das geführte Leben den eigenen Standards genügt. Die Wahl subjektiver Kriterien für die Bestimmung von Lebensqualität ist aber mit weitergehenden Schwierigkeiten verbunden. So können Selbsteinschätzungen des Wohlergehens von Verzerrung oder falscher Präferenzadaption beeinflusst sein. Verzerrungen kommen zustande, wenn z. B. der gegenwärtige emotionale Zustand einer Person höher gewichtet wird als vergangene oder wahrscheinliche zukünftige Zustände und die Stimmung einer Person zum Zeitpunkt einer Befragung ihr Urteil einfärbt. Außerdem sind Beurteilungen des eigenen Wohlergehens nur begrenzt zuverlässig, weil die Vergleichsmaßstäbe von Faktoren wie dem sozialen Umfeld, dem Bewusstsein für Alternativen oder auch Gewöhnung abhängen.

Weiterhin ist die Vorstellung, dass Lebensqualität in Zufriedenheit durch Wunscherfüllung besteht, grundsätzlichen Einwänden ausgesetzt. Zum einen ist die Erfüllung von Wünschen nicht sicher mit Zufriedenheit verbunden; vorkommen kann sowohl eine Enttäuschung darüber, dass erfüllte Wünsche hinter eigenen Erwartungen zurückbleiben, als auch eine starke Freude darüber, dass erfüllte Wünsche über eigene Erwartungen hinausgehen. Zum anderen werden Ziele auch deshalb angestrebt, weil sie als wertvoll betrachtet werden, auch wenn von ihrem Erreichen keine Zufriedenheit erhofft wird. Hier lautet eine grundsätzliche Kritik am Präferenzmodell von Lebensqualität, dass ein gutes Leben in der Realisierung der richtigen Werte liegt, wobei die zugrundeliegenden Werttatsachen nicht als hedonische Zustände oder erfüllte Wünsche betrachtet werden.

64.3 Objektive Konzeptionen von Lebensqualität

Anders als subjektive, fokussieren objektive Konzeptionen von Lebensqualität auf allen Menschen gemeinsame Bedingungen für ein gutes Leben. Objektive Konzeptionen gehen davon aus, dass die Maßstäbe für die Beurteilung von Lebensqualität nicht zwischen Subjekten oder kulturellen Lebensformen variieren, sondern objektiv und nicht-relativistisch begründet werden können. Dabei bestehen die für das Wohlergehen verantwortlichen Bedingungen nach einer Version dieser Ansätze im Verfügen über Allzweckmittel und nach einer anderen Version in der Befriedigung spezifischer Bedürfnisse. Als Allzweckmittel für die Befriedigung von Bedürfnissen und Wünschen genießt das Geld die größte Aufmerksamkeit (vgl. z. B. Veenhoven 1991). Das Verfügen über Geld wirkt sich positiv auf die Lebensqualität aus, weil es angeborene menschliche Bedürfnisse wie Essen, Trinken, Schlafen oder Kleidung zu befriedigen erlaubt. Weil Einkommen vor allem in ärmeren Ländern eine Bedeutung zukommt, beabsichtigt die Entwicklungspolitik, durch eine Steigerung des Pro-Kopf-Einkommens die Lebensqualität zu verbessern. Allerdings berücksichtigen ökonomische Indikatoren wie das Einkommen nicht, dass materielle Ressourcen von unterschiedlichen Personen unterschiedlich gut in Zufriedenheit umgesetzt werden. Unter dem Stichwort des *paradox of happiness* diskutiert die Literatur das Phänomen, dass Geld und Einkommen nur partielle Auswirkungen auf das persönliche Lebensglück haben (vgl. Bayertz 2010b, 563 ff.).

Auf das Defizit materieller Kriterien reagieren komplexere Indikatoren für Lebensqualität wie der *Physical Quality-of-Life Index* (Morris 1979) oder der *Human Development Index HDI* der Vereinten Nationen (vgl. Deutsche Gesellschaft für die Vereinten Nationen 2010). Sie gehen davon aus, dass zur Lebensqualität außer materiellen Ressourcen auch immaterielle oder soziale und natürliche Umweltbedingungen wie geeignete politische Strukturen, Bildung, Gesundheit oder ein funktionierendes Ökosystem gehören. Diese Erweiterung der Liste von Wohlstandsindikatoren geht maßgeblich auf Arbeiten Amartya Sens zurück. Sen argumentiert dafür, dass nicht die Gleichverteilung von Geld oder Einkommen zu Wohlstand führt, sondern die Schaffung gleicher Chancen für Menschen, ihr Leben zu führen (vgl. Sen 1980). Das Wohlergehen richtet sich hier nach der Möglichkeit (capability) einer Person, die verschiedenen wertvollen Bedingungen und Funktionen zu erreichen, die für ihr Leben konstitutiv sind. Vertreten wird der *capability approach* zudem in einer aristotelisch-essentialistischen Variante, in deren Rahmen für ein gutes menschliches Leben universell notwendige Elemente ausgezeichnet werden (vgl. Nussbaum 1993). Tendenziell kritisch gegenüber dem Verzicht auf eine substantielle Theorie des Guten bei John Rawls (vgl. Rawls 1992), zielen diese Ansätze auf eine reichhaltige Liste an befähigenden Voraussetzungen für ein erfülltes Leben.

Allerdings leiden objektive Kriterien darunter, dass sie anhand normativer Standards gewonnen werden. Aussagen über die Bedürfnisse von Personen im Unterschied zu ihren Wünschen und Präferenzen werden anhand von Wertungen gebildet, die sich auch in Zweifel ziehen lassen. Hier spielt eine Rolle, dass Theorien menschlicher Bedürfnisse auf anthropologischen Annahmen basieren. Stützen sie sich dabei auf gehaltvolle Annahmen über die menschliche Bedürfnisnatur, so sind sie auch umstritten; stützen sie sich auf weniger gehaltvolle Annahmen, so sind sie möglicherweise trivial. Außerdem lassen objektive Konzeptionen von Lebensqualität zu, dass Personen ohne subjektives Wohlbefinden Wohlergehen zugeschrieben wird. Wenn Lebensqualität objektiv und ohne Rücksicht auf Lebenszufriedenheit bestimmt wird, kommt es jedoch zur Gefahr des Paternalismus. In kritischer Betrachtung kann es zu einem Verlust an liberaler Freiheit führen, wenn die subjektive Wertschätzung keine Rolle für die Zuschreibung eines guten Lebens spielt.

64.4 Verbindungen subjektiver und objektiver Konzeptionen

Die Forschung zur Lebensqualität kennt auch Kombinationen subjektiver und objektiver Ansätze. So ist die *overall happiness* laut Veenhoven (1984, 2000) immer ein Produkt aus objektiven Umständen und subjektivem Erleben. Anders als durch gemischte Indikatorenlisten kann man die Probleme subjektiver und objektiver Konzeptionen aber auch durch ihre interne Verbindung aufzulösen versuchen. Zu einer alternativen Konzeption gelangt man, wenn man subjektive und objektive Konzeptionen in einen gemeinsamen Ansatz überführt. Der Kritik an subjektiven Konzeptionen wird man durch die Annahme gerecht, dass Präferenzen und subjektive Einschätzungen auch falsch sein können; der Kritik an objektiven Konzeptionen wiederum wird man durch die Annahme gerecht, dass das Wohlergehen von Personen mit ihrem Wohlbefinden verbunden sein muss. Eine Alternative lässt sich anhand der Überzeugung gewinnen, dass nur die Erfüllung solcher Wünsche und Präferenzen, die auf die richtige Weise formiert werden, eine Bedeutung für das Wohlergehen von Personen hat. Ein solcher Ansatz steht nicht in Konflikt mit der Pluralität von individuellen Konzeptionen des guten Lebens, weil ihm zufolge Wünsche und Präferenzen nicht mit Blick auf ihren Gehalt, sondern auf die Weise ihrer Bildung kritisierbar sind.

Ausgehen kann man davon, dass Personen auch Wünsche zu haben glauben, die nicht ihre wirklichen Wünsche sind, weil sie von ihnen nach ausreichender Prüfung *(preference laundering)* verworfen werden würden. Dabei lassen sich verschiedene Arten von Wünschen angeben, die eine rationale Kritik nicht überstehen. Kritisierbar sind irrationale Wünsche im Sinne von Wünschen, die auf kognitiven Fehlern basieren, prinzipiell unerfüllbar sind oder nicht zu den anderen Wünschen einer Person passen. Darüber hinaus spricht es gegen die Wünsche einer Person, wenn ihre Erfüllung nicht zu Zufriedenheit führt, da die Satisfaktion anzeigt, dass ein Wunsch wirklich gewollt wird (vgl. Kusser 1989, 164 ff.). Schließlich gehören zu den authentischen Wünschen einer Person nur diejenigen, mit denen sie sich identifiziert, die sie im Lichte übergeordneter Wünsche bejahen und in ihr Selbstbild einfügen kann. Diesen Voraussetzungen gemäß führen nur solche erfüllten Wünsche zur Lebensqualität, die sich eine Person im Zuge selbstdistanzierter Überlegung, aber auch ohne Beeinträchtigung durch negative externe Faktoren wie Manipulation oder eine Einschränkung des Bewusstseins für Alternativen aneignet.

64.5 Anwendungen

Der Begriff der Lebensqualität besitzt Anwendungen in verschiedenen Bereichen. Er dient z. B. dazu, den Erfolg oder Misserfolg medizinischer, psychiatrischer oder psychologischer Therapien zu ermitteln (vgl. z. B. Kovács/Kipke/Lutz 2016 zur Verbesserung von Lebensqualität als Ziel des Gesundheitswesens oder Efklides/Moraitou 2013 zur Verbindung von positiver Psychologie und Lebensqualität). Daneben ergibt sich eine Revision der Prioritäten politischen Handelns durch eine Bewertung kollektiver Lebensverhältnisse anhand der Lebensqualität (vgl. Bayertz 2010b, 572). In diesem Rahmen bildet der Begriff einen Vergleichsstandard zur Überprüfung von Wirkungen entwicklungspolitischer oder sozialstaatlicher Interventionen. Eine Untersuchung von Lebensverhältnissen am Leitfaden der Lebensqualität geht hier über eine Analyse auf der Basis ökonomischer Indikatoren hinaus. So fordert schon 1964 Lyndon B. Johnson in seiner „Great Society Speech" einen Wechsel der politischen Ziele von der Steigerung materiellen Wohlstands zur Verbesserung der Lebensqualität. Alternativ zur Annahme der Wirtschaftswissenschaften, dass materieller Wohlstand glücklicher macht, werden komplexere Indikatoren eingeführt. Bewertungen der Lebensqualität messen eine Veränderung der Lebensverhältnisse über die verfügbaren materiellen Ressourcen hinaus unter Einbezug von Faktoren wie Bildung, physischer und psychischer Gesundheit, Freizeitgestaltung, Wohnverhältnissen oder ökologischem Gleichgewicht. Gegenüber dem Bruttosozialprodukt als ökonomischem Indikator bieten Indikatoren für Lebensqualität ein realistischeres Bild der Verbesserung oder Verschlechterung des Wohlstands. Entsprechend gehen die auf dem *Human Development Index HDI* basierenden *Berichte über die menschliche Entwicklung* (vgl. Deutsche Gesellschaft für die Vereinten Nationen 2010) nicht von einer direkten Verknüpfung von Wirtschaftswachstum und positiver menschlicher Entwicklung aus. So sind mit Blick auf Fortschritte bei der menschlichen Entwicklung oft Nationen ohne starkes Wirtschaftswachstum, aber mit gutem öffentlichen Gesundheits-, Sozial- und Gesundheitssystem bessergestellt.

Literatur

Alexandrova, Anna: A Philosophy for the Science of Well-Being. Oxford 2017.
Bayertz, Kurt: „Eine Wissenschaft vom Glück?" In: Zeitschrift für philosophische Forschung 64. Jg., 3 (2010a), 389–408.
Bayertz, Kurt: „Eine Wissenschaft vom Glück?" In: Zeitschrift für philosophische Forschung 64. Jg., 4 (2010b), 560–578.
Bok, Derek: The Politics of Happiness: What Government Can Learn from the New Research on Well-Being. Princeton 2010.
Brandt, Richard B.: A Theory of the Good and the Right. Oxford 1979.
Deutsche Gesellschaft für die Vereinten Nationen (Hg.): Bericht über die menschliche Entwicklung. Der wahre Wohlstand der Nationen: Wege zur menschlichen Entwicklung. Bonn 2010.
Diener, Ed (Hg.): Assessing Well-Being. The Collected Works of Ed Diener. Dordrecht/Heidelberg 2009.
Efklides, Anastasia/Moraitou, Despina (Hg.): A Positive Psychology Perspective on Quality of Life, Dordrecht 2013.
Fletcher, Guy (Hg.): The Routledge Handbook of Philosophy of Well-Being. Abingdon 2016.
Huppert, Felicia E./Baylis, Nick/Keverne, Barry (Hg.): The Science of Well-Being. Oxford/New York 2005.
Kesebir, Pelin/Diener, Ed: „In Pursuit of Happiness: Empirical Answers to Philosophical Questions." In: Perspectives on Psychological Science 3 (2008), 117–125.
Kovács, László/Kipke, Roland/Lutz, Ralf (Hg.): Lebensqualität in der Medizin. Wiesbaden 2016.
Kusser, Anna: Dimensionen der Kritik von Wünschen. Frankfurt a.M. 1989.
Layard, Richard: Die glückliche Gesellschaft. Was wir aus der Glücksforschung lernen können. Frankfurt a.M. /New York ^{2}2009.
Morris, Morris David: Measuring the Conditions of the World's Poor: The Physical Quality of Life Index. New York 1979.
Nozick, Robert: Vom richtigen, guten und glücklichen Leben. München/Wien 1991.
Nussbaum, Martha: „„Menschliches Tun und soziale Gerechtigkeit. Zur Verteidigung des aristotelischen Essentialismus." [1997] In: Micha Brumlik/Hauke Brunkhorst (Hg.): Gemeinschaft und Gerechtigkeit. Frankfurt a.M. 1993, 323–361.
OECD: OECD Guidelines on Measuring Subjective Well-Being. Paris 2013.
Rawls, John: „Der Vorrang des Rechten und die Ideen des Guten" [1988]. In: Ders.: Die Idee des politischen Liberalismus. Aufsätze 1978–1989. Frankfurt a.M. 1992, 364–397.
Sen, Amartya: „Equality of what?" In: Sterling M. McMurrin (Hg.): Tanner Lectures on Human Values I. Cambridge 1980.
Veenhoven, Ruut: Conditions of Happiness. Boston 1984.
Veenhoven, Ruut: „Is Happiness Relative?" In: Social Indicator Research 24 (1991), 1–34.
Veenhoven, Ruut: „The four Qualities of Life. Ordering Concepts and Measures of the Good Life." In: Journal of Happiness Studies 1 (2000), 1–39.

Teil VI
Einzelthemen der Angewandten Ethik: Sozialleben und Fragen der Gerechtigkeit

Stolz, Scham, Ehre

Matthias Schloßberger

Die eigene und die fremde Perspektive: Stolz, Scham und Ehre sind Begriffe, die auf die Integrität und Identität von Menschen verweisen. Stolz und Scham sind Gefühle, in denen eine Selbsteinschätzung im Verhältnis zu bzw. vor Anderen zum Ausdruck kommt. Zwar ist das eine Gefühl nicht das Gegenteil des anderen, dennoch sind sie gegenläufig: Im Stolz bewerten wir eine eigene Leistung oder Eigenschaft positiv und zeigen dies durch den für Andere verständlichen Ausdrucksgehalt des Stolzes an (in der Regel durch eine bestimmte Körperhaltung, geschwellte Brust, aufrechter Gang, selbstbewusster Blick etc.). Wir fühlen den Stolz: Stolz ist das Gefühl des eigenen Selbstwertes. Sind Andere der Meinung, dass einer zu Unrecht stolz ist, so sprechen sie von Hochmut (vgl. Kolnai 2007).

In der Scham reagieren wir auf ein Urteil Anderer über uns in der Weise, dass wir an dem Urteil leiden (häufig auch, obwohl das Urteil unserer Auffassung nach unberechtigt ist): Wir fühlen, dass Andere uns in einer Weise sehen, in der wir nicht gesehen werden wollen. Wir reagieren – noch stärker als beim Stolz – mit einem bestimmten Ausdrucksverhalten, das den Anderen verständlich ist und das, sofern wir bemerken, dass die Anderen unsere Scham verstehen, die Scham noch verstärkt (Erröten, Senken des Blickes, zusammenkauernde Haltung etc.). Aus der Perspektive der ersten Person sind die Gefühle Stolz und Scham von Bedeutung, weil ein gelungenes Selbstverhältnis auf diese Gefühle angewiesen ist. Stolz und Scham sind Selbstwertgefühle. Wir sind stolz, wenn wir glauben, dass eine Leistung oder eine Fähigkeit von Anderen anerkannt und geachtet wird. Wir schämen uns, wenn wir glauben, dass andere etwas über uns denken, und wir nicht wollen, dass sie so über uns denken. Ein vollends schamloser Mensch, d. h. ein Mensch, der nicht beschämbar ist, wäre quasi unmenschlich. An sich moralisch, d. h. an sich gut oder schlecht können die Gefühle Stolz und Scham nicht sein, denn wir können auf Dinge stolz sein, die schlecht sind, und uns schämen, obgleich kein moralisch relevanter Grund vorliegt.

Stolz, Scham und Ehre als Gefühle und als Haltungen: Stolz und Scham bezeichnen zum einen konkrete Gefühle bzw. Affekte, zum anderen auch Haltungen, Einstellungen in Bezug auf bestimmte Werte. Sagt man z. B. „das verletzte seinen Stolz" oder „er hat ein ausgeprägtes Schamgefühl", dann ist nicht das konkrete Gefühl gemeint, sondern eine bestimmte Einstellung, ein bestimmtes Selbstverhältnis.

Hier wird der enge Zusammenhang mit Begriff und Phänomen der Ehre offenkundig: Auch wenn mitunter in der älteren Literatur von einem

M. Schloßberger (✉)
Europa-Universität Viadrina Frankfurt (Oder),
Frankfurt (Oder), Deutschland
E-Mail: schlossberger@europa-uni.de

Ehrgefühl die Rede ist, so bedeutet Ehre in der Regel die Achtung bzw. Anerkennung, die uns Andere aufgrund bestimmter Leistungen, Fähigkeiten, Eigenschaften zuerkennen, wobei wir diese Achtung und Anerkennung affirmieren. Die Ehre besteht nicht in einer Anerkennung von etwas, das wir selbst nicht sein mögen. Max Scheler, einer der wenigen Philosophen, die den Zusammenhang von Stolz, Scham und Ehre betonen, beschreibt die Ehre so: „Der Mensch will gern seine moralische Person anerkannt sehen nach den Werten, die er selbst schätzt; auch wenn er diese Werte nicht realisiert, also sie nicht besitzt. Darum kann der moralisch schlechte Mensch seine Ehre besitzen – der Gute sie verloren haben" (Scheler 1957, 152).

Für unser moralisches Verhalten sind die Phänomene Stolz, Scham und Ehre relevant, weil wir Andere verletzen können, indem wir ihren Stolz brechen, weil wir sie demütigen können, indem wir sie beschämen oder ihre Ehre verletzen. Aus der wichtigen Rolle, die Stolz, Scham und Ehre im menschlichen Zusammenleben spielen, folgt die Bedeutung der genannten Phänomene für Fragen der Angewandten Ethik. Die Bedeutung wird v. a. deutlich, wenn man sich den Zusammenhang zwischen Stolz, Scham, Ehre auf der einen und Anerkennung auf der anderen Seite deutlich macht, auf den Scheler hinweist.

65.1 Historische Positionen

Ehre und Anerkennung: Eine der wichtigsten sozialphilosophischen Erkenntnisse lautet in steter Berufung auf Hegel: Das praktische Selbstverhältnis von Menschen ist auf die Anerkennung Anderer angewiesen (explizit an Hegel schließen an: Appiah 2011; Honneth 1997; Pollmann 2005; 2010, Margalit 1999; Charles Taylor 1993). Zwar mag es problematisch sein, aus dieser Einsicht eine Pflicht zur Anerkennung des Anderen zu folgern – eine Forderung, die gelegentlich bei Axel Honneth (1997) anklingt. Aber das zeigt nur, dass eine zu starke Orientierung am kantischen Pflichtbegriff unser moralisches Selbstverständnis nicht trifft:

Es ist unsinnig, die Anerkennung des Anderen bzw. bestimmter Leistungen oder Fähigkeiten zur Pflicht zu machen. Eine Anerkennung, die ihren Grund in der Befolgung einer Pflicht zur Anerkennung hätte, würde nämlich von dem, der nach Anerkennung strebt, nicht als Anerkennung verstanden werden (so Charles Taylor und Margalit). In Akten der Anerkennung sind moralisch relevante Handlungen zu sehen, die an sich gut sind, weil es an sich gut ist, die Integrität des bzw. der Anderen zu stärken. Ausgesprochen wichtig ist aber, wie und was anerkannt werden soll.

Ehre und Würde: Charles Taylor hat darauf aufmerksam gemacht, dass der universale Liberalismus der westlichen Demokratien die Würde vieler Menschen verletzt, weil diese nicht in ihrem Anderssein anerkannt werden. Es handle sich beim universalen Liberalismus der westlichen Demokratien letztlich um einen „Partikularismus unter der Maske des Universellen". Taylor plädiert daher für eine „Politik der Differenz", deren Grundforderung darin besteht, „die unverwechselbare Identität eines Individuums oder einer Gruppe anzuerkennen" (Charles Taylor 1993, 35).

Nun läge der Verdacht nahe, dass die gegenwärtig dominierende Präsenz des Würdebegriffs für die Differenzblindheit des Liberalismus verantwortlich sei: Die heutige Prominenz des Würdebegriffs, so Arnd Pollmann, ist „durch den historischen Niedergang eines verwandten und einst nicht weniger bedeutsamen normativen Leitbegriffs" vorbereitet worden: des Begriffs der Ehre, der seine Blüte in den traditionellen, d. h. hierarchisch und ständisch gegliederten Gesellschaften des 18. und frühen 19. Jahrhunderts gehabt haben dürfte". Komme dem Menschen Würde unterschiedslos als einem *Gleichen unter Gleichen* zu, so „beansprucht er Ehre, insofern er unter diesen Gleichen immer auch eine *besondere* Person ist, die sich vor dem Hintergrund der Wertvorstellungen ihrer Gemeinschaft jeweils ganz spezielle Verdienste zu erwerben versucht" (Pollmann 2005, 296 f., vgl. auch Pollmann 2010).

Taylor selbst sieht das Verhältnis von Würde und Ehre ähnlich, will aber den Begriff der Ehre, obgleich er die von ihm beklagte Differenzblindheit unterläuft, normativ nicht mehr gelten lassen, weil er nicht mit der Idee der Demokratie vereinbar sei: Der Begriff der Ehre stehe, so Taylor, in einem Gegensatz zum Begriff der Würde, „den wir in einem universalistischen Sinn gebrauchen, etwa indem wir von der unveräußerlichen ‚Würde des Menschen' oder der Würde des Staatsbürgers sprechen. Dem liegt die Annahme zugrunde, daß jeder an dieser Würde teilhat. Es ist offensichtlich, daß nur dieses Konzept von Würde mit einer demokratischen Gesellschaft zu vereinbaren ist und daß es das ältere Konzept der Ehre notwendigerweise überlagern mußte" (Charles Taylor 1993, 16).

Konjunktur des Ehre-Begriffs: Soziologen wie Peter Berger glaubten schon in den 1970er Jahren feststellen zu können, dass Ehre einem eher vormodernen Weltbild entspreche und zunehmend im Niedergang begriffen sei: „Die Ehre hat im heutigen Wertgefüge ungefähr den gleichen Rang wie die Keuschheit. Wer sie mit Nachdruck verteidigt, findet kaum Bewunderung und wer behauptet, er habe sie verloren, wird eher belächelt als bemitleidet" (Berger 1975, 75).

Auch wenn die Diskussionen der Soziologen und Philosophen mitunter den Eindruck erwecken, als sei Ehre kein relevantes Phänomen mehr, ist Vorsicht angebracht. Schon Scheler machte darauf aufmerksam: „Nicht die Ehre ist veränderlich, sondern worin die Menschen ihre Ehre setzen" (Scheler 1957, 153). Es könnte sein, dass es einen Wandel vieler Wertvorstellungen, d. h. einen Wandel der Vorstellung gibt, was Ehre, was ehrenvoll und was unehrenhaft ist, dass dies aber keineswegs bedeutet, dass das Streben nach Ehre kein universales Grundbedürfnis des Menschen mehr ist.

Universalität des Ehre-Begriffs: In den letzten Jahren haben v. a. Avishai Margalit und Anthony Appiah darauf hingewiesen, dass Begriff und Phänomen der Ehre quasi universal sind, weil sie zum Wesen des Menschen gehören. Margalit sieht wie Taylor in der Würde des Menschen den höchsten ethischen Wert, an dem sich auch die Politik zu orientieren habe.

Anders als Taylor wendet er sich aber nicht zentral dem Begriff und Phänomen der Anerkennung zu, sondern dem Phänomen der Demütigung. Eine anständige Gesellschaft, so Margalit, ist eine Gesellschaft, deren Institutionen die Menschen nicht demütigen. Margalit betrachtet den Gedanken der Ehre „nicht als bloßes Relikt vergangener Zeiten" und will ihn – angesichts seiner schlechten Presse – für die politische Diskussion rehabilitieren. Wir können, so Margalit, „den Begriff der Würde nur dann verstehen, wenn wir zugleich den Bedeutungsgehalt von sozialer Ehre erschließen" (Margalit 1999, 61, 63). Wenn wir fragen, wer sich wie demütigen lässt, dann müssen wir wissen, wer welchen Begriff von Ehre hat. Der formale Imperativ, die Würde des Anderen zu schützen, ist in vielen Fällen unverständlich, wenn wir nicht darauf achten, welche Verhaltensweisen wen demütigen. Die Würde des Fremden zu achten, verlangt von uns, dass wir uns auf seine Vorstellung von Ehre einlassen und versuchen, diese zu verstehen, um ihn nicht in seiner besonderen Ehre zu verletzen.

Scham und Macht: Auch die Scham bzw. das Schamgefühl wird mitunter als ein nicht mehr zeitgemäßes Gefühl angesehen. Zwar wird nicht bestritten, dass sich Menschen auch in modernen Gesellschaften schämen, aber immer wieder wird gefordert, dass Scham bzw. Schamgefühle eigentlich überwunden werden sollten, da sie Ausdruck einer die Selbstbestimmung untergrabenden Unterwerfung unter die Normen und Werte Anderer seien. Der Soziologe Sighard Neckel formuliert es so: „Scham ist Wahrnehmung von Ungleichheit, Beschämung eine Machtausübung, die Ungleichheit reproduziert" (Neckel 1991, 21).

Diese Ansichten stehen häufig in der Tradition von Norbert Elias und Jean-Paul Sartre. Von Freud herkommend hatte Norbert Elias die These vertreten, dass es einen Prozess der Zivilisation gibt, der darin besteht, dass mit der funktionalen Ausdifferenzierung der Gesellschaft (Verlängerung der Handlungsketten etc.) die Affektkontrolle zunimmt, ja zunehmen müsse, damit auch Menschen, die sich nicht kennen, konfliktfrei miteinander umgehen können. Die

Zunahme der Affektkontrolle sah Elias v. a. in einer Zunahme von Schamgefühlen. Wie Freud nahm er an, dass es im Verlauf der Geschichte zu einer Verlagerung von äußeren Zwängen („ich tue etwas nicht, weil mich jemand beobachtet") in innere Zwänge gekommen sei, wobei das Schamgefühl der Mechanismus sein soll, der die Verinnerlichung äußerer Zwänge ermöglicht. Man unterwirft sich den Normen der Anderen und verhält sich zivilisiert, um die Beschämung zu vermeiden. Auch bei Sartre findet sich der Gedanke, dass der sich Schämende sich unterwirft bzw. von dem, der ihn anblickt, unterworfen wird. Ist die Bewertung der Scham bei Elias noch positiv, so hat sich dies im Gefolge der Rezeption von Foucaults Machttheorie fundamental geändert. Für Neckel und Landweer sind Schamgefühle das Mittel derjenigen, die Macht ausüben wollen. Sie zielen daher tendenziell darauf, die Ursachen einer Beschämung zu erkennen und Schamgefühle abzubauen. Für Landweer werden durch das Schamgefühl Normen „im Individuum leiblich verankert, da es mit der Scham als Sanktion die Normen, an denen es sich orientiert, als legitim anerkennt" (Landweer 1999, 215).

Scham und Schutz des Privaten: Quer zu dieser Tradition stehen die Arbeiten Max Schelers und des Ethnologen Hans-Peter Duerr, die interessante Parallelen aufweisen. Scheler opponiert in seiner Untersuchung über das Schamgefühl der negativen Perspektive auf das Schamgefühl, der zufolge man sich in der Scham immer nur den Normen Anderer unterwirft. Für ihn hat das Schamgefühl eine eminent positive Bedeutung, weil es das Schutzgefühl eines Individuums ist, zu dessen Natur es gehört, zwischen einer Sphäre des Privaten und einer Sphäre des Öffentlichen zu unterscheiden. Scheler geht von zwei anthropologischen Grundannahmen aus. Zum einen hat der Mensch einen Leib, dessen Ausdrucksverhalten den Anderen unsere Gefühle verstehbar macht. Durch das wechselseitige Verstehen von leiblichem Ausdrucksverhalten entsteht und vollzieht sich menschliche Intersubjektivität. Gefühle lassen sich nicht beliebig steuern bzw. kontrollieren. Der Mensch ist durch die Sichtbarkeit seines Ausdrucksverhaltens auch verletzbar, weil er seine Gefühle nur bis zu einem gewissen Grad verbergen kann. Zum anderen lebt der Mensch nicht einfach mit anderen zusammen, sondern in unterschiedlich intimen Beziehungen zu Anderen. Er sucht Nähe, aber er geht auch auf Distanz.

Scheler gibt folgendes Beispiel, um zu erläutern, wann und warum wir uns schämen: Eine Frau steht einem Maler Modell. Zunächst schämt sie sich ihrer Nacktheit nicht, obwohl sie einem fremden Blick ausgesetzt ist. In der Situation liegt zunächst kein Grund vor, sich zu schämen. Sie weiß sich nicht als Individuum, sondern als das Allgemeine gegeben, das sie in dieser Situation repräsentiert: Für den Maler ist sie *Schauplatz ästhetischer Phänomene.* Erst wenn sie spürt, dass sie der Maler als Individuum betrachtet, schämt sie sich ihrer Nacktheit.

Sich als Individuum betrachtet zu wissen, ist aber nicht unbedingt ein Grund, sich zu schämen. In der Sphäre des Allgemeinen erwartet man, unpersönlich behandelt zu werden, und schämt sich, wenn ebendies nicht der Fall ist. Ebenso ist der umgekehrte Fall denkbar: Spürt man, so Scheler, dass einen der geliebte Partner nicht als individuelle, unvertretbare Person begehrt, sondern als beliebiges, austauschbares Objekt bloß sexueller Befriedigung, so kann dies beschämend sein. Scheler fasst den Gedanken so zusammen: „Jene ‚Rückwendung' auf das Selbst, in deren Dynamik die Scham beginnt, stellt sich weder ein, wenn man sich als Allgemeines, noch wenn man sich als Individuum ‚gegeben' weiß, sondern, wenn die fühlbare Intention des andern zwischen einem individualisierenden und generalisierenden Meinen *schwankt* und wenn die eigene Intention und die erlebte Gegenintention hinsichtlich dieses Unterschiedes nicht gleiche, sondern entgegengesetzte Richtung haben" (Scheler 1957, 79).

Kulturrelativität und Universalität der Scham: Die philosophische bzw. anthropologisch argumentierende Theorie Schelers erhält Unterstützung durch die mit historischen und aktuellen Beispielen empirisch gesättigten Untersuchungen Hans-Peter Duerrs. Sein Ziel war es zunächst, die von Elias behauptete Zunahme von Schamgefühlen empirisch zu widerlegen, indem er z. B. dafür sensibilisierte, dass bei vielen Stammeskulturen Nacktheit keineswegs Zeichen mangelnder Schamlosigkeit ist, sondern dass im Gegenteil ein striktes System von Regeln vorschreibt, wen man in welcher Situation wie ansehen und wohin man blicken darf. Wie für Scheler ist für ihn das Schamgefühl universal, weil es aus der menschlichen Situation heraus funktional notwendig wird: „Die Scham entzieht also die besonders ‚reizenden' Körperteile dem öffentlichen Blick und *privatisiert* sie, wie es etwa das englische Wort für Genitalien, ‚private parts' zum Ausdruck bringt" (Duerr 1990, 257; vgl. Schloßberger 2000).

65.2 Die Bedeutung von Stolz, Scham und Ehre für die Angewandte Ethik

Stolz, Scham und Ehre sind Phänomene, die im Mittelpunkt stehen, wenn es zu verstehen gilt, was eigentlich passiert, wenn Menschen gedemütigt werden. Um zu verstehen, was Demütigung – oder schwächer: Missachtung – ist, reicht es nicht, darauf hinzuweisen, dass (1) einem Anderen die Anerkennung verweigert bzw. der Andere nicht als Zweck an sich selbst anerkannt wird oder (2) seine Selbstbestimmung als autonomes Wesen unterlaufen wird. Die Art und Weise, wie Menschen andere Menschen demütigen, wird verständlich nur vor dem Hintergrund einer philosophischen Anthropologie, die erklärt, warum es zur Natur des Menschen gehört, in bestimmten Situationen mit seinem Körper bzw. Leib zu reagieren. Ein autonomes Vernunftwesen hätte seinen Körper immer unter Kontrolle und könnte gar nicht in die Lage geraten, beschämt zu werden. Menschen hingegen zeichnet diese Verletzbarkeit aus. Man schämt sich vor Anderen, indem der Körper für den Anderen sichtbar reagiert und die Verletzbarkeit anzeigt. Physische Folter ist nicht die einzige – und vielleicht auch nicht die schlimmste – Form von Demütigung. In vielen Kriegen werden die Verlierer von den Siegern nicht gefangengenommen oder umgebracht, sondern systematisch gedemütigt durch Vergewaltigung, Beschämung, Bloßstellung und dergleichen. Auch bei Vergewaltigung geht es häufig primär nicht darum, dass der Täter seine Lust befriedigt, sondern um die absichtliche Demütigung der Opfer, wie z. B. der Fall Abu-Ghraib zeigt (vgl. auch Duerr 1993 unter Auswertung zahlreicher anderer Fälle). Das Bild, das zeigt, wie ein nackter irakischer Gefangener von der amerikanischen Soldatin Lynndie England wie ein Hund angeleint wurde, belegt: Es geht nicht nur um physische, sondern auch um psychische Gewalt. Auch ist das Ziel häufig nicht nur, die Opfer selbst zu demütigen, sondern deren Angehörige, Stammesgenossen, Landsleute etc. Wie ehrverletzend und beschämend etwa Vergewaltigungen auch für die Angehörigen sein können, zeigen Fälle, in denen eine Vergewaltigung Anlass für einen sogenannten „Ehrenmord" ist. Die Ehre der Familie scheint verloren und kann aus der Perspektive der Betroffenen nur durch Tötung des eigentlichen Opfers wiederhergestellt werden.

Oft werden Menschen beschämt und gedemütigt, indem ihre Intimsphäre der Öffentlichkeit preisgegeben wird: absichtlich – wie bei den perfiden Bloßstellungen irakischer Gefangener durch die amerikanische Soldatin Lynndie England; unabsichtlich – in vielen Situationen des alltäglichen Lebens. So ist z. B. insbesondere in den Pflegeberufen und im Verhältnis Arzt-Patient der Schutz der Intimsphäre des zu Pflegenden bzw. des Patienten nicht immer leicht zu wahren. Hier gilt es, teilnehmend den Anderen als individuellen Anderen wie auch in seiner besonderen sozialen, kulturellen, religiösen Herkunft zu verstehen. Insbesondere ist zu bedenken, wie problematisch eine zu intime, zu ‚kumpelhafte' oder zu freundschaftliche Einstellung wirken kann. Das Von-oben-herab-Duzen ist nur eine mögliche Form der Respektlosigkeit, die entwürdigend und demütigend sein kann. Eine zu intime Beziehung zwischen Arzt und Patient kann dazu führen, dass der Patient sein Ausgeliefertsein bzw. seine Entblößung nun besonders unangenehm empfindet. Je näher einem eine Person steht, desto intensiver ist die Scham.

Welche Rolle Stolz, Ehre und Würde und mit bestimmten Ideen von Stolz, Ehre und Würde verbundene Schamgefühle gegenwärtig spielen, lässt sich exemplarisch an der seit Jahren intensiv geführten Diskussion über die verschiedenen Formen der Beschneidung bei Kindern (bei Mädchen und bei Jungen) führen. Zum einen lässt sich am Beispiel der Diskussion über pro und contra der Beschneidung der Konflikt zwischen partikularen und universalen Werten und der diesen Werten korrespondierenden Vorstellungen von Ehre und Würde diskutieren, zum anderen zeigt sich, dass ein Eintreten für die eine oder die andere Position mit materialen Annahmen über die menschliche Natur verbunden ist.

Das Problem, um das es geht, könnte man zunächst so beschreiben: Es gibt Kulturen, die über lange Zeiträume eine bestimmte Praxis ausüben: Im frühen Kindesalter wird ein Eingriff in den menschlichen Körper vorgenommen – und zwar an einer seiner sensibelsten Stellen, an den Genitalien. Dieser Eingriff wird als Genitalbeschneidung bezeichnet. In einer ganz bestimmten Weise beschnitten zu werden, heißt in eine bestimmte Gemeinschaft aufgenommen zu werden und ist Ausdruck der Teilhabe an dieser Gemeinschaft. Die Praxis der Beschneidung der Geschlechtsorgane (der männlichen wie der weiblichen) findet sich in vielen, sehr verschiedenen Kulturen.

Zunächst scheint es so, als ob man die Praxis der weiblichen und der männlichen Beschneidung gemeinsam behandeln könnte. Zwei Perspektiven sind möglich:

Wir schätzen das Recht auf körperliche Unversehrtheit und Selbstbestimmung sehr hoch ein und fordern daher, jede nicht medizinisch motivierte Veränderung des menschlichen Körpers als einen gewaltsamen Eingriff, der die Integrität der Person angreift, zu werten. Jede bzw. jeder, der als Kind beschnitten wurde, könnte später als Erwachsener argumentieren: Warum habt ihr mir die Entscheidung nicht selbst überlassen? Ich fühle mich in meiner Integrität verletzt, ich erlebe meinen Körper, meinen Leib als fremdbestimmt. Die individuelle Würde des Individuums und die mit ihr verbundene Integrität des eigenen Körpers ist dieser Perspektive zufolge das höchste zu schützende Gut.

Dieser Perspektive steht eine andere gegenüber, die die Vorstellungen von Ehre und Würde stark an die kulturelle Zugehörigkeit bindet. Sowohl bei der weiblichen als auch bei der männlichen Genitalbeschneidung handelt es sich um eine seit Jahrhunderten tradierte Praxis, um einen, wie es Brumlik für das Judentum anführt, „Rite de Passage" (Brumlik 2013, 31). Diese Praktiken sind ein wichtiger Bestandteil einer kulturellen Identität, für die die Beschneidung stark mit Stolz und Ehre verbunden ist (und nicht beschnitten zu sein mit Scham). Für islamische Familien gilt mitunter, dass „eine unbeschnittene Frau für die ganze Familie einen großen Verlust der Ehre darstellt, der kaum überwindbar ist und mit großer Schande einhergeht" (Graf 2013, 40). Auch bei Männern ist die Beschneidung eng mit Gefühlen von Stolz und Ehre verknüpft (vgl. Alaby 2012).

Die Würde Anderer anzuerkennen, heißt auch anzuerkennen, dass für diese Anderen die Zugehörigkeit zu einer Kultur, zu einer Religionsgemeinschaft etc. fundamentale Bedeutung hat. Aus dieser Perspektive gilt es, das ganz Andere als etwas ganz Anderes anzuerkennen: Jede Kultur sollte das Recht haben, ihre eigenen Sitten und Bräuche zu pflegen. Die damit verbundenen Gefühle von Stolz und Ehre haben wir zu respektieren, die dahinterstehenden Weltanschauungen haben uns nicht zu interessieren.

So sehen also die zwei entgegengesetzten Positionen aus, die sich so grundsätzlich zu widersprechen scheinen, dass man den Eindruck hat, eine Diskussion der beiden Positionen müsste entweder zu dem Ergebnis kommen, dass die eine oder die andere recht hat.

Tatsächlich werden die Diskussionen um die Frage der Legitimität der Beschneidung aus guten Gründen jedoch nur selten in dieser Allgemeinheit geführt. Häufig wird zwischen der weiblichen und der männlichen Beschneidung streng unterschieden. Zwar mag für beide Eingriffe gelten, dass Sie schmerzhaft sind, insofern liegt in jedem Fall die Notwendigkeit einer Abwägung vor, bei der zu entscheiden ist, welches Gut höher zu bewerten ist: die Vermeidung eines physischen Schmerzes oder die Anerkennung der kulturellen Identität Anderer. Aber während die Beschneidung bzw. Entfernung der männlichen Vorhaut ein einmaliger Eingriff ist, leiden Mädchen und Frauen ihr ganzes Leben an den Folgen der Beschneidung. Das Lustempfinden beschnittener Männer ist zwar irgendwie anders, aber es geht nicht verloren. Beschnittene Männer führen, so wird argumentiert, in der Regel ein ganz normales Sexualleben. Ganz anders sieht es im Fall der weiblichen Beschneidung aus, bei dem nicht ohne Grund häufig nicht mehr von Beschneidung, sondern von Genitalverstümmelung gesprochen wird. Hier führt der Eingriff in der Regel dazu, dass kein Lustempfinden mehr möglich ist und genitaler Verkehr mit intensiven Schmerzen verbunden ist. Weil die Konsequenzen eines Eingriffs – der in formaler Beschreibung zunächst der männlichen Beschneidung ähnlich zu sein scheint – so unterschiedlich sind, müssen die beiden Fälle auch ganz unterschiedlich bewertet werden.

Im Fall der männlichen Beschneidung könnte man argumentieren: Zwar mag es ein Recht geben auf körperliche Unversehrtheit und Selbstbestimmung, aber viele Entscheidungen von Eltern haben sicher weitaus gravierendere Folgen als die männliche Beschneidung (z. B., wie Kinder ernährt werden). Das Recht einer Kultur auf Pflege ihre Bräuche und Sitten wiegt hier deutlich mehr: Es ist eine Abwägungsentscheidung, eine Entscheidung, bei der sich jedoch das Pro und das Contra nicht annähernd die Waage halten. Der partikulare Wert einer Kultur steht hier über dem universalen Wert der körperlichen Unversehrtheit. Dies wird im Fall der weiblichen Beschneidung in der Regel mit guten Gründen ganz anders gesehen: Hier wird zwar zunächst auch anerkannt, dass es sich um eine kulturelle Praxis handelt, aber die Zerstörung der körperlichen Integrität, die massiven Folgen, die ein solcher Eingriff in physischer wie in psychischer Hinsicht mit sich bringt, lassen nur einen Schluss zu: Der universale Wert der Unverfügbarkeit des eigenen Körpers/Leibes, der zur Idee der Unverletzbarkeit der Menschenwürde gehört, wiegt hier ungleich viel mehr als das Recht auf kulturelle Selbstbestimmung und der Schutz partikularer Vorstellungen von Ehre und Stolz (vgl. Graf 2013; Danelzik 2016).

Literatur

Alabay, Başar: Kulturelle Aspekte der Sozialisation. Junge türkische Männer in der Bundesrepublik Deutschland. Berlin 2012.

Appiah, Kwame Anthony: Eine Frage der Ehre oder wie es zu moralischen Revolutionen kommt. München 2011 (engl. 2010).

Berger, Peter L.: „Exkurs: Über den Begriff der Ehre und seinen Niedergang". In: Ders. et al. (Hg.): Das Unbehagen in der Modernität. Frankfurt a.M. 1975 (engl. 1973), 75–85.

Brumlik, Micha: „Die Beschneidungsdebatte: Grenz- und Bewährungsfall einer advokatorischen Ethik". In: Yigal Blumenberg/Wolfgang Hegener (Hg.): Die ‚unheimliche' Beschneidung. Aufklärung und die Wiederkehr des Verdrängten. Frankfurt a.M. 2013, 31–50.

Danelzik, Mathis: Kulturell sensible Kampagnen gegen Genitalverstümmelung. Strategische und ethische Herausforderungen. Wiesbaden 2016.

Demmerling, Christoph/Landweer, Hilge: „Stolz". In: Christoph Demmerling/Hilge Landweer (Hg.): Philosophie der Gefühle. Von Achtung bis Zorn. Stuttgart 2007, 245–258.

Duerr, Hans-Peter: Nacktheit und Scham. Der Mythos vom Zivilisationsprozeß, Bd. 1. Frankfurt a.M. 1988.

Duerr, Hans-Peter: Intimität. Der Mythos vom Zivilisationsprozeß, Bd. 2. Frankfurt a.M. 1990.

Duerr, Hans-Peter: Obszönität und Gewalt. Der Mythos vom Zivilisationsprozeß, Bd. 3. Frankfurt a.M. 1993.

Elias, Norbert: Über den Prozeß der Zivilisation, 2 Bde. [1939]. Bern 1969.

Graf, Janna: Weibliche Genitalverstümmelung aus Sicht der Medizinethik. Hintergründe – ärztliche Erfahrungen – Praxis in Deutschland. Göttingen 2013.

Honneth, Axel: „Anerkennung und moralische Verpflichtung". In: Zeitschrift für philosophische Forschung 51 (1997), 4–25.

Kolnai, Aurel: „Der Hochmut" [1931]. In: Ders. (Hg.): Ekel, Hochmut, Hass. Zur Phänomenologie feindlicher Gefühle. Frankfurt a.M. 2007, 66–99.

Landweer, Hilge: Scham und Macht. Phänomenologische Untersuchungen zur Sozialität eines Gefühls. Tübingen 1999.

Margalit, Avishai: Politik der Würde. Über Achtung und Verachtung. Frankfurt a.M. 1999 (engl. 1996).

Neckel, Sighard: Status und Scham. Zur symbolischen Reproduktion sozialer Ungleichheit. Frankfurt a.M. 1991.

Pollmann, Arnd: Integrität. Aufnahme einer sozialphilosophischen Personalie. Bielefeld 2005.

Pollmann, Arnd: Unmoral. Ein philosophisches Handbuch. Von Ausbeutung bis Zwang. München 2010.
Sartre, Jean-Paul: Das Sein und das Nichts. Versuch einer phänomenologischen Ontologie. Reinbek bei Hamburg 1994 (frz. 1943).
Scheler, Max: „Über Scham und Schamgefühl". [1911] In: Ders. (Hg.): Schriften aus dem Nachlass, Bd. 1. Bern 1957, 65–154.
Schloßberger, Matthias: „Philosophie der Scham". In: Deutsche Zeitschrift für Philosophie 48. Jg. (2000), H. 5, 807–829.
Taylor, Charles: Multikulturalismus und die Politik der Anerkennung. Frankfurt a.M. 1993 (engl. 1992).
Taylor, Gabriele: Pride, Shame and Guilt: Emotions of Self-Assessment. Oxford 1985.
Vogt, Ludgera/Zingerle, Arnold: Ehre: Archaische Momente in der Moderne. Frankfurt a.M. 1994.

66 Gemeinsinn und Engagement

Bettina Hollstein

Gemeinsinn und Engagement sind zwei Begriffe, die aufeinander verweisen (können), wobei diesem Zusammenhang eine besondere Funktion für die Demokratie zugewiesen wird (Münkler/Bluhm 2001, 9; Simonson et al. 2017, 31). Zunächst soll hier jeder Begriff für sich charakterisiert werden, bevor den Verbindungen zwischen ihnen und ihrer Bedeutung für die Demokratie nachgegangen wird.

66.1 Gemeinsinn

Der Begriff ,Gemeinsinn' (vgl. auch Merle 1999; Maydell/Wiehl 1974; lat. *sensus communis,* engl. *common sense,* frz. *sens commun, bon sens*) hat eine lange Tradition in der Philosophie. In der aristotelischen Tradition bezeichnet der Gemeinsinn das allgemeine Wahrnehmungsvermögen, das die Tätigkeiten verschiedener Sinne vereinheitlicht, sowie das Bewusstsein, dass wir wahrnehmen (Aristoteles 1995, 425aff.). In der humanistischen Tradition ist der Gemeinsinn mit Rhetorik und Ästhetik verbunden. Cicero weist darauf hin, dass der politische Redner auf die Einsichtskraft und Wünsche seiner Mitbürger bzw. Mitmenschen zu achten

B. Hollstein (✉)
Max-Weber-Kolleg für kultur- und sozialwissenschaftliche Studien, Universität Erfurt, Erfurt, Deutschland
E-Mail: bettina.hollstein@uni-erfurt.de

hat (Cicero 1988, 23, 95). Neuzeitlich wird der Gemeinsinn als *moral sense* interpretiert, als „civility which rises from a just sense of the common rights of mankind" (Shaftesbury 1999, 48) und Interesse am Gemeinwohl. Auch Paine sieht im *common sense* eine universale Vernunft und die Grundlage für die Menschenrechte (Paine 1982, 7 ff.). Die schottische Schule von Reid u. a. bezeichnet als *common sense* den gesunden Menschenverstand im Sinne eines „common judgement", der immer im Einklang mit der Vernunft ist (Reid 1967, 423 ff.).

Bei Kant hat der Gemeinsinn (die gemeine Menschenvernunft) die Funktion eines Prüfsteins in Moral bzw. Wissenschaft. Eine besondere Rolle spielt er für das ästhetische Urteil, denn es erhält durch den Gemeinsinn als der „notwendigen Bedingung der allgemeinen Mitteilbarkeit unserer Erkenntnis" (Kant 1992, 158) allgemeine Gültigkeit. Die Aufgabe des *sensus communis aestheticus* wird bei Kant analog zu den Maximen des gemeinen Menschenverstandes beschrieben: (1) Selbstdenken; (2) an der Stelle jedes anderen denken; (3) jederzeit mit sich selbst einstimmig denken. Kant betont auch, dass der Gemeinsinn, wie andere Anlagen des Menschen, ausgebildet und ausgeübt werden muss (Guyer 1979, 304).

In der modernen Debatte bezieht sich der Gemeinsinn vor allem auf seine Rolle in der Politik. Während z. B. Jean-François Lyotard einen moralischen *sensus communis* bestreitet, berufen sich Neoaristotelismus und Hermeneutik auf einen *sensus communis,* der Gemeinsamkeit stiftet, überliefert wird und interpretiert werden muss, um das soziale und individuelle Handeln zu orientieren (Gadamer 1986, 26 ff.). Mit dem Gemeinsinn kann ein kritischer Prozess in Gang kommen. Er werde dann zum moralischen Gemeinsinn (Wingert 1993, 46), der aber vom sittlichen Selbstverständnis einer Gemeinschaft zu unterscheiden sei. Dieses Gemeinbewusstsein, das Kommunitaristen betonen, beruht laut Rorty auf geteilten Erfahrungen und entsprechender Sensibilisierung (Rorty 1989, 281, 307 ff.) und ist die Grundlage von Solidarität, die daher immer nur begrenzt innerhalb einer bestimmten Gemeinschaft gegeben sei. Der Gemeinsinn ist demnach in allen angelegt, muss aber im *sensus communis* einer allgemeinen Solidarität aller Menschen verwirklicht werden. Bellah (Bellah et al. 1987) verortet den Gemeinsinn in der Zivilgesellschaft und zeigt auf, wie ein solcher Gemeinsinn soziale und kulturelle Gruppen verbindet und somit demokratische Gesellschaften zusammenhalten kann.

Insgesamt kann man festhalten, dass der Begriff ‚Gemeinsinn' wechselnde Bedeutungen hat, nämlich: (1) allgemeines Wahrnehmungsvermögen, (2) allgemeiner (gesunder) Menschenverstand, (3) Selbstverständnis einer Gemeinschaft, (4) Fähigkeit, auf das Urteil anderer Menschen Rücksicht zu nehmen und (5) moralische Einstellung auf das Gemeinwohl. Dabei sind die jeweiligen Aspekte nicht voneinander unabhängig. Es lässt sich nämlich beobachten, dass die Entstehung der sozialintegrativen Bedeutungsnuancen des Begriffs sachlich mit einer vertieften Aneignung seiner kognitiv-anthropologischen Bedeutungen eng verknüpft ist. Für die Verknüpfung mit dem Begriff ‚Engagement' ist aber vor allem Bedeutung (5) wichtig.

66.2 Engagement

‚Engagement' wird hier als bürgerschaftliches oder ehrenamtliches Engagement in der Zivilgesellschaft verstanden (vgl. hierzu ausführlicher Hollstein 2015; 2021). Es spielt nach allgemeiner Meinung in der und für die Zivilgesellschaft eine besondere Rolle und wird daher häufig als wichtiges Element für den Zusammenhalt einer Gesellschaft eingefordert.

Synonym werden auch die Begriffe ‚Ehrenamt', ‚Freiwilligenarbeit' oder ‚Bürgerarbeit' verwendet. Der Begriffsteil ‚Bürger' verweist auf zivilgesellschaftliche Konzeptionen, die sich mit Gemeinsinn verbinden lassen und im Anschluss an republikanische Vorstellungen Gemeinsinn als Bürgertugend verstehen. Da man immer Bürger eines bestimmten Gemeinwesens ist, d. h. in eine bestimmte Gemeinschaft eingebettet, wird hier der Gemeinsinn vermittelt, der sich in Engagement übersetzen kann. Als bürgerschaftliches Engagement gelten Tätigkeiten, die (1) freiwillig und nicht auf materiellen Gewinn gerichtet, (2) gemeinwohlorientiert sind, (3) öffentlich bzw. im öffentlichen Raum stattfinden und in der Regel (4) gemeinschaftlich oder kooperativ ausgeübt werden (vgl. Bundesministerium für Familie 2005, 26).

Die folgenden Zahlen zum bürgerschaftlichen Engagement basieren auf der umfangreichen und repräsentativen Umfrage, die 1999, 2004, 2009, 2014 und 2019 im Auftrag des Bundesministeriums für Familie, Senioren, Frauen und Jugend durch das Meinungsforschungsinstitut TNS Infratest Sozialforschung bzw. durch das Deutsche Zentrum für Altersfragen (DZA) durchgeführt wurde (Bundesministerium für Familie 2010, Simonson et al. 2017). Im Rahmen dieser Repräsentativerhebung zu „Ehrenamt, Freiwilligenarbeit und bürgerschaftlichem Engagement" wurden ca. 15.000 (1999 und 2004) bzw. ca. 20.000 (in 2009) und ca. 29.000 (in 2014) Männer und Frauen in Deutschland telefonisch zu ihrem freiwilligen Engagement befragt. Danach engagieren sich 43,6 % der Wohnbevölkerung ab 14 Jahren, also 30,9 Mio. Menschen in ihrer Freizeit ehrenamtlich in Verbänden, Initiativen oder Projekten. Das ist im Vergleich zum ersten Freiwilligensurvey von 1999 ein Anstieg der Zahl der freiwillig Engagierten um neun Prozentpunkte. Vereine sind nach wie vor das wichtigste organisatorische Umfeld freiwilligen Engagements, dabei ist die Anzahl der Vereine in den letzten Jahrzehnten deutlich gewachsen (Vogel et al. 2017, 118).

Die Motive Ehrenamtlicher wurden im Rahmen einer großen Anzahl empirischer Studien erfragt (vgl. ausführlich hierzu Schüll 2004). Die Motivorientierung ist zwischen egoistisch-selbstbezüglich und altruistisch-fremdbezüglich aufgespannt. Ehrenamtlichen wird oft eine selbstlose, gute oder gemeinwohlorientierte Gesinnung – also Gemeinsinn – unterstellt – persönliche Nutzenerwägungen werden als anrüchig betrachtet. Diese Vorstellung hat sich in empirischen Untersuchungen als unzutreffend erwiesen. Vielmehr sind die Handlungsmotive für bürgerschaftliches Engagement durch einen Mix von nutzenorientierten, wertbasierten und kreativen Motiven (Joas 1992) zu charakterisieren (Hollstein 2015; 2017).

66.3 Engagement und Gemeinsinn

Bürgerschaftliches Engagement ist somit weder als alleiniger Ausfluss von Gemeinsinn bzw. als reiner Altruismus noch als aus rein eigeninteressierten Motiven erwachsen zu charakterisieren, sondern enthält die Elemente des freiwilligen Gebens, des Nehmens und des Erwiderns. Diese „Gabebeziehungen" fördern soziale Bindungen (Hénaff 2009) sowie die Entstehung von Gemeinsinn und Sozialkapital, wie dies auf empirischer Basis von Robert Putnam aufgezeigt wurde (Putnam 2000). Es kann also ein Wechselverhältnis von Gemeinsinn und Engagement festgestellt werden, das im Anschluss an Tocqueville die Entstehung von Gemeinsinn im Sinne einer Bürgertugend in Assoziationen, in denen Engagement ausgeübt wird, postuliert und zugleich davon ausgeht, dass Gemeinsinn eines von mehreren unterschiedlichen Motiven für bürgerschaftliches Engagement darstellt.

Forderungen nach Gemeinsinn zur Erhaltung der Demokratie richten sich daher sowohl gegen die Individualisierung von Gesellschaften aufgrund der Verfolgung partikularer utilitaristischer Interessen als auch gegen Individualisierungstendenzen aufgrund eines übersteigerten expressiven Individualismus (Bellah et al. 1987). Hier geht es also um Inklusionsprozesse in Gesellschaften, die nicht mehr durch einheitliche Milieus geprägt sind, sondern vermehrt durch Pluralität gekennzeichnet sind (Rodenstock/Sevsay-Tegethoff 2018). Allerdings lassen sich Gemeinsinn und die Geltungskraft von Pflichtmotiven nicht erzwingen oder durch Beschwörungen hervorrufen (Schmitz-Vornmoor 2017, 144). Solche Forderungen wären angesichts von Rahmenbedingungen, die Gemeinsinn unterminieren, sogar zynisch. Vielmehr entsteht Gemeinsinn in Institutionen, in denen Bürger verantwortlich und sozial handeln können, wofür entsprechende institutionelle Rahmenbedingungen für die gemeinsame Praxis geschaffen werden müssen (Böckenförde 1996, 98), orientiert an Prinzipien wie Subsidiarität und Dezentralisierung, die beispielsweise die Familien und Nachbarschaften als Wurzeln des Gemeinsinns fördern (Etzioni 1996, 42). Zugleich darf Gemeinsinn nicht auf die Bedeutung des Selbstverständnisses einer speziellen Gemeinschaft reduziert werden, sondern muss einen universalistischen Impuls im Sinne der Förderung des Gemeinwohls und der Reduzierung von Ungleichheit enthalten, wenn die Orientierung auf Gemeinsinn nicht exkludierend wirken soll (Joas 2001). Speziell in der kommunitaristischen Debatte (Honneth 1995) ist gezeigt worden, dass sowohl der Individualismus in liberalen Gesellschaften einer Abstützung durch Institutionen bedarf, die durch Werte wie Gemeinsinn geprägt sind, also auch dass Orientierungen auf die Gemeinschaft universalistischer Werte bedürfen.

Literatur

Aristoteles: Über die Seele: griechisch-deutsch, mit Einl., Übers (nach W. Theiler) und Kommentar Hg. von Horst Seidl, griech. Text in der Edition von Wilhelm Biehl u. Otto Apelt. Hamburg 1995.

Bellah, Robert N./Madsen, Richard/Sullivan, William M./Swidler, Ann/Tipton, Steven M.: Gewohnheiten des Herzens: Individualismus und Gemeinsinn in der amerikanischen Gesellschaft. Köln 1987 (engl. 1985).

Böckenförde, Ernst-Wolfgang: „Fundamente der Freiheit." In: Erwin Teufel (Hg.): Was hält die moderne Gesellschaft zusammen? Frankfurt a.M. 1996, 89–99.

Bundesministerium für Familie, Senioren, Frauen und Jugend: Hauptbericht des Freiwilligensurveys 2009. Zivilgesellschaft, soziales Kapital und freiwilliges Engagement in Deutschland 1999–2004–2009. München 2010.

Cicero, Marcus Tullius: Orator: lateinisch-deutsch. Hg. von Bernhard Kytzler. München/Zürich ³1988.

Etzioni, Amitai: „Die verantwortungsbewußte Gesellschaft. Zur Rolle gemeinsamer Werte für das Gleichgewicht zwischen Individuum und Gesellschaft." In: Warnfried Dettling (Hg.): Die Zukunft denken: Neue Leitbilder für wirtschaftliches und gesellschaftliches Handeln. Frankfurt a.M., New York 1996, 42–49.

Gadamer, Hans-Georg: Hermeneutik I: Wahrheit und Methode. Grundzüge einer philosophischen Hermeneutik. Tübingen ⁵1986.

Guyer, Paul: Kant and the Claims of Taste. Cambridge/London 1979.

Hénaff, Marcel: Der Preis der Wahrheit. Gabe, Geld und Philosophie. Frankfurt a.M. 2009.

Hollstein, Bettina: Ehrenamt verstehen. Eine handlungstheoretische Analyse. Frankfurt a.M. 2015.

Hollstein, Bettina: „Das Ehrenamt. Empirie und Theorie des bürgerschaftlichen Engagements". In: Aus Politik und Zeitgeschichte 14. Jg., 15 (2017): 36–41.

Hollstein, Bettina: „Ehrenamtliches Engagement." In: Michael S. Aßländer (Hg.): Handbuch Wirtschaftsethik, 2. Aufl., Berlin 2021, 695–698.

Honneth, Axel (Hg.): Kommunitarismus. Eine Debatte über die moralischen Grundlagen moderner Gesellschaften, Frankfurt a.M. 1995.

Joas, Hans: Die Kreativität des Handelns. Frankfurt a.M. 1992.

Joas, Hans: „Ungleichheit in der Bürgergesellschaft. Über einige Dilemmata des Gemeinsinns". In: Aus Politik und Zeitgeschichte 25. Jg., 6 (2001): 15–23.

Kant, Immanuel: Kritik der Urteilskraft. Hg. von Wilhelm Weischedel. Frankfurt a.M. ¹²1992.

Maydell, Alexander von/Wiehl, Reiner: „Gemeinsinn." In: Joachim Ritter et al. (Hg.): Historisches Wörterbuch der Philosophie, Bd. 3. Basel u.a. 1974, 243–247.

Merle, Jean Christophe: „Gemeinsinn." In: Hans Jörg Sandkühler/Detlev Pätzold (Hg.): Enzyklopädie Philosophie. Hamburg 1999, 455–459.

Münkler, Herfried/Bluhm, Harald: „Einleitung: Gemeinwohl und Gemeinsinn als politisch-soziale Leitbegriffe." In: Dies. (Hg.): Gemeinwohl und Gemeinsinn: Historische Semantiken politischer Leitbegriffe. Berlin 2001, 9–30.

Paine, Thomas: Common sense. Übers. und hg. von Lothar Meinzer. Stuttgart 1982 (engl. 1776).

Putnam, Robert D.: Bowling Alone. The Collapse and Revival of American Community. New York 2000.

Reid, Thomas: Philosophical Works. With Notes and Supplementary Dissertations by William Hamilton. Bd 1. Hildesheim ⁸1967 (engl. 1895).

Rodenstock, Randolf/Sevsay-Tegethoff, Neşe (Hg.): Werte – und was sie uns wert sind. Eine interdisziplinäre Anthologie, München 2018.

Rorty, Richard: Kontingenz, Ironie und Solidarität. Frankfurt a.M. 1989.

Schmitz-Vornmoor, Andreas: Bürger sein! Baden-Baden 2017.

Schüll, Peter: Motive Ehrenamtlicher. Eine soziologische Studie zum freiwilligen Engagement in ausgewählten Ehrenamtsbereichen. Berlin 2004.

Shaftesbury, Anthony Ashley Cooper Earl of: „Sensus Communis, an Essay on the Freedom of Wit and Humour in a Letter to a Friend." In: Lawrence E. Klein (Hg.): Characteristics of Men, Manners, Opinions, Times. Cambridge u.a. 1999, 29–69.

Simonson, Julia/Vogel, Claudia/Ziegelmann, Jochen P./Tesch-Römer, Clemens: „Einleitung: Freiwilliges Engagement in Deutschland." In: Julia Simonson/Claudia Vogel/Clemens Tesch-Römer (Hg.): Freiwilliges Engagement in Deutschland. Der Deutsche Freiwilligensurvey 2014. Wiesbaden 2017, 31–50.

Vogel, Claudia/Hagen, Christine/Simonson, Julia/Tesch-Römer, Clemens: „Freiwilliges Engagement und öffentliche gemeinschaftliche Aktivität." In: Julia Simonson/Claudia Vogel/Clemens Tesch-Römer (Hg.): Freiwilliges Engagement in Deutschland. Der Deutsche Freiwilligensurvey 2014. Wiesbaden 2017, 91–151.

Wingert, Lutz: Gemeinsinn und Moral: Grundzüge einer intersubjektivistischen Moralkonzeption. Frankfurt a.M. 1993.

67 Nationalismus, Patriotismus und Staatsbürgerschaft

Christian Neuhäuser

Fast die gesamte Welt ist in etwa 200 Staaten aufgeteilt. Nur für die hohe See und die Antarktis gilt dies nicht. Diese flächendeckende Staatlichkeit wird kaum grundsätzlich in Frage gestellt, wenn man von anarchistischen Positionen einmal absieht (Simmons 1993). Der Grund dafür liegt wohl darin, dass staatliche Institutionen für ein besonderes geeignetes Mittel zur fairen Ordnung gesellschaftlicher Strukturen gehalten werden. Insbesondere die moderne Herrschaft des Rechts, demokratische Selbstbestimmung und soziale Wohlfahrt sind ohne die Institutionen des Staates kaum vorstellbar (Rawls 1975). Als problematisch werden jedoch erstens der Zerfall von Staatlichkeit in bestimmten Regionen und zweitens die allgemein sinkende Handlungsfähigkeit von Staaten aufgrund der ökonomischen Globalisierung eingestuft (Zürn 1998, Risse/Börzel/Draude 2018). Beide Entwicklungen haben Konsequenzen für das Verständnis von Staatsbürgerschaft. Außerdem tragen sie zum Wiedererstarken eines populistischen Nationalismus bei (Müller 2016; Fukuyama 2020). Schließlich stellt sich die Frage, welche Rolle der Patriotismus angesichts zerfallender Staaten, institutioneller Regionalisierung und zunehmend globaler Wirtschaftsprozesse spielen kann und soll (Smith 1995).

In allen drei Fällen steht das spannungsvolle Verhältnis zwischen individuellen Personen und kollektiven oder korporativen Strukturen im Mittelpunkt der Überlegung. Auf der einen Seite gilt es, die politische Freiheit und personale Autonomie des Individuums zu schützen. Auf der anderen Seite sind Menschen auf sozioökonomische Kooperation angewiesen und zudem auf verschiedene Weise mit sozialen Gruppen persönlich verbunden. Politische Strukturen dienen daher einerseits dem Schutz der Freiheit und Autonomie, haben sich andererseits aber auch als deren größte Bedrohung erwiesen. Es ist nicht klar, dass sich diese beiden Perspektiven immer leicht oder überhaupt vereinbaren lassen. Staatsbürgerschaft, Nationalismus und Patriotismus stellen verschiedene, aber zum Teil stark überlappende Versuche dar, diese Vereinbarkeit herzustellen. Dabei liefert Staatsbürgerschaft fraglos die grundlegende Kategorie, Nationalismus und Patriotismus bestimmte und nicht unproblematische Ausgestaltungen dieser Idee.

67.1 Staatsbürgerschaft und Bürgerrechte

Der Begriff ‚Bürgerschaft' kennzeichnet erstens eine spezifische Zugehörigkeit und zweitens bestimmte Rechte und Pflichten von Menschen. Bürger gehören einer mehr oder weniger verfassten Gruppe an, beispielsweise einem

C. Neuhäuser (✉)
TU Dortmund, Dortmund, Deutschland
E-Mail: christian.neuhaeuser@tu-dortmund.de

Staat, einer Stadt, einer Klasse oder einfach nur der Weltgemeinschaft. Zugleich ist diese Zugehörigkeit mit bestimmten Rechten, manchmal aber auch besonderen Pflichten verbunden, die andere Menschen nicht haben. Dieser doppelte Charakter des Status als Bürger lässt sich gut an den beiden auch gegenwärtig zentralen Differenzierungen von Bürgerschaft unterscheiden, nämlich *Citoyen vs. Bourgeois* und *Staatsbürger vs. Weltbürger.*

Citoyen vs. Bourgeois: Der *Bourgeois* gehört einer bestimmten Klasse an, nämlich dem ökonomisch mehr oder weniger selbständig aktiven und moderat wohlhabenden bis reichen Stadtbewohner. Andere Klassen sind davon ausgeschlossen, beispielsweise Arbeiter und Bauern, aber auch die heute politisch eher bedeutungslose Aristokratie. Historisch hat sich die Klasse der Bourgeoisie auf Grundlage ihres wirtschaftlichen Erfolgs und zunehmenden Bildungsstandes gegenüber der Aristokratie spezifische Rechte abgerungen, insbesondere grundlegende Freiheitsrechte, aber auch politische Teilnahmerechte. Damit gingen aber auch neue und insbesondere politische Pflichten einher, sich aktiv für politische Stabilität und Ordnung einzusetzen. Der Schwerpunkt in der historischen Entwicklung dieser Bürgerschaft und ihrer theoretischen Reflexion liegt allerdings klar auf den Rechten (Hobesbam 2005). Der *Citoyen* stellt das universalistische Gegenkonzept gegen die partikularistische Bourgeoisie dar: Nicht nur eine bestimmte Klasse, sondern allen Menschen sollen die Rechte der Bourgeoisie zukommen. Dafür war es praktisch jedoch nötig, noch eine dritte Kategorie, nämlich sozioökonomische Rechte hinzuzufügen. Denn nur auf Grundlage einer sozioökonomischen Grundversorgung ist es überhaupt möglich, von Freiheitsrechten und politischen Teilnahmerechten Gebrauch zu machen.

Aus diesem Grund unterscheidet T.H. Marshall in seiner historisch-soziologisch angelegten Theorie der Staatsbürgerschaft drei Generationen von Bürgerrechten: Im 17. und insbesondere 18. Jahrhundert wurden als erste Generation rudimentäre Freiheitsrechte erkämpft. Im 18. und 19. Jahrhundert kamen dann als zweite Generation politische Beteiligungsrechte hinzu und im 19. und 20. Jahrhundert haben sich schließlich als dritte Generation die sozioökonomischen Rechte durchgesetzt (Marshall 1992). Dieser viel beachtete Ansatz von Marshall wird insbesondere dafür kritisiert, dass er sich zu sehr auf die Entwicklung in England konzentriert (Müller/Mackert 2007). So waren alle drei Generationen von Rechten in der Erklärung der Menschen- und Bürgerrechte der französischen Nationalversammlung im Jahre 1789 bereits vorgesehen. Im deutschen Reich wurden politische Beteiligungsrechte ziemlich spät und nur sehr bedingt, aber auf Betreiben von Bismarck dann relativ rasch sozioökonomische Rechte eingeführt. Außerdem lässt sich durchaus in Frage stellen, dass sozioökonomische Rechte heute tatsächlich durchgesetzt und gesichert sind. Der gegenwärtige Abbau der Sozialstaatlichkeit in vielen westlichen Ländern deutet zumindest an, dass dieser Kampf auch noch im 21. Jahrhundert stattfinden wird (Butterwege 2005, Hartmann 2018).

Weltbürgertum: Abgesehen von solchen kleineren Korrekturen hat Marshall die groben Linien der Entwicklung des heutigen Verständnisses von Staatsbürgerschaft und der dazu gehörenden Rechte plausibel nachgezeichnet. Allerdings beschränkt sich sein Ansatz auf die Entwicklung in Europa und Nordamerika. Andere Länder sind zwar als Staaten organisiert, und ihre Bewohner besitzen den Status des Staatsbürgers, damit gehen aber nicht unbedingt Freiheitsrechte, politische Teilnahmerechte oder sozioökonomische Rechte einher. Diese zum Teil krasse Ungleichheit stellt aus kosmopolitischer Sicht das Konzept der Staatsbürgerschaft grundsätzlich in Frage. Stattdessen drängt sich ein politisch-rechtliches und nicht nur moralisches Verständnis von Weltbürgertum mit dem Ziel auf, Bürgerrechte auf globaler Ebene durchzusetzen. Aus Staatsbürgerrechten würden dann Weltbürgerrechte werden. Hier stellt sich jedoch die Frage, ob dies nicht einen Weltstaat voraussetzt, der jedoch wegen seiner notwendig totalitären Beschaffenheit grundsätzlich problematisch ist. Aus diesem Grund wird von Weltbürgern mehrheitlich auch nur im moralischen und nicht wie bei Staatsbürgern im rechtlichen Sinne gesprochen: Weltbürgertum bezeichnet dann eine nicht bloß tolerante und sonst indifferente, sondern aktiv interessierte und stark hilfsbereite Grundhaltung allen Menschen und ihren Lebensweisen gegenüber (Nussbaum 2010; 2020).

Allerdings sind auch überlappende und föderal organisierte Modelle eines rechtlichen Staats- und Weltbürgertums denkbar. Bestimmte Rechte oder grundsätzliche Aspekte dieser Rechte sind auf globaler oder regionaler Ebene zu realisieren, andere verbleiben auf einzelstaatlicher Ebene (Höffe 1999). Beispielsweise könnten sozioökonomische Rechte folgendermaßen aufgeteilt werden: Auf globaler Ebene besteht ein Recht darauf, nicht in absoluter Armut und auf staatlicher Ebene ein Recht, nicht in relativer Armut leben zu müssen (Miller 2007). Bei solchen föderalen Vorstellungen von Bürgerschaft handelt es sich zumindest derzeit jedoch um ziemlich unrealistische Zukunftsbilder. Sie erscheinen daher aus Sicht einer praxisbezogenen Theorie eher zweitrangig. Demgegenüber sind gerade für die Angewandte Ethik drei Fragenkomplexe von besonderem Interesse: (1) Die praktische Umsetzung der Rechte und Pflichten von Staatsbürgern; (2) das Ausmaß und die Umsetzung der politischen Selbstbestimmung von Staatsbürgern; (3) der Umgang mit Staatsgrenzen, Freizügigkeit und Staatenlosigkeit.

Rechte und Pflichten: Bei Bürgerrechten steht häufig zur Debatte, wann sie als erfüllt zu gelten haben. Es reicht sicher nicht, wenn sie rein formaljuristisch gewährleistet sind, sondern es muss für Staatsbürger auch möglich sein, sie in der Praxis wahrzunehmen. Dazu gehören ein angemessenes Institutionengefüge und eine ausgebaute Infrastruktur zum Schutz und zur Durchsetzung der Rechte (Dworkin 1984). Darüber hinaus ist kontrovers, wie viel genau staatliche Institutionen beizutragen haben, damit Menschen aktiv als Staatsbürger handeln können. Wie gut muss der individuelle Rechtsschutz sein, damit die Freiheitsrechte erfüllt sind? Wie viel Bildung muss gewährt werden, damit Bürger von politischen Teilnahmerechten Gebrauch machen können? Wie viel Wohlfahrt ist nötig, damit sozioökonomische Rechte erfüllt sind? Letztlich müssen all diese Fragen von den Staatsbürgern selbst in einem minimal gerechten Staat auf Grundlage von begründeten Rechts- und Gerechtigkeitsvorstellungen immer wieder neu verhandelt werden (Young 2002).

Bei den Pflichten der Staatsbürger ist erstens unklar, um welche Pflichten es sich eigentlich handelt und zweitens, wie die Bürger dazu bewegt werden können, diesen Pflichten nachzukommen. Es gibt gewiss eine Pflicht, die Rechte anderer Bürger zu achten. Aber gibt es auch eine individuelle Pflicht, diese Rechte aktiv zu schützen? Es gibt eine Pflicht, sich nicht gegen die politische Grundordnung aufzulehnen. Doch gibt es auch eine Pflicht dazu, sich aktiv am politischen Geschehen zu beteiligen? Es gibt fraglos eine Pflicht, seine Steuern ehrlich zu bezahlen. Aber gibt es überhaupt eine Pflicht, zum Wohlstand seines Staates beizutragen? Bestimmte dieser Pflichten sind Rechtspflichten, beispielsweise die Achtung der Bürgerrechte und Steuerabgaben. Andere Pflichten sind hingegen wohl nur mehr oder weniger starke moralische Pflichten, etwa die Beteiligung am politischen Prozess und der Einsatz für den Wohlstand des Staates. Oft ist es dann ihrer bürgerlichen Verantwortungsbereitschaft und ihren bürgerlichen Tugenden überlassen, wie viel die einzelnen Menschen dazu beitragen (Barber 1994).

Selbstbestimmung: Ob eine Bürgerpflicht stark oder schwach ist und rechtlich oder nur moralisch gilt, hängt nicht zuletzt auch davon ab, wie stark die unterschiedlichen Typen von Rechten gewichtet werden. Grundsätzlich lässt sich dies so kategorisieren: Liberale Positionen betonen Freiheitsrechte, republikanische Positionen betonen Beteiligungsrechte und sozialistische Positionen betonen sozioökonomische Rechte (Kymlicka 2001; Celikates/Gosepath 2013). Dies bedeutet nicht unbedingt, dass sie die Relevanz der anderen Rechte leugnen. Sie halten sie nur für weniger grundlegend. Damit geht häufig eine unterschiedliche Gewichtung einher. Liberale etwa nehmen weniger starke sozioökonomische Rechte an als Sozialisten, die andererseits häufig nicht den absoluten Vorrang genauso vieler Freiheitsrechte sehen, wie Liberale es tun. Das führt dann beispielsweise zu einer unterschiedlichen Einschätzung von Eigentumsrechten. Interessanterweise identifizieren jedoch alle drei Positionen letztlich die Selbstbestimmung der Bürger als ihren normativen Ausgangspunkt.

Alle Bürgerrechte beruhen direkt oder indirekt auf der Selbstbestimmung der Bürger; und, wie manchmal noch hinzugefügt wird, der Würde der Menschen. Hier gilt allerdings wieder, dass unterschiedliche Vorstellungen von Selbstbestimmung vorliegen. Liberale verstehen unter Selbstbestimmung die Maximierung individueller und tendenziell privat verstandener Entscheidungsfreiheit. Republikaner verstehen unter Selbstbestimmung die Freiheit von politischer Dominanz und weitreichende politische Beteiligung. Sozialisten betonen vor allem die Freiheit von ökonomischer Dominanz und materielle Bedürfniserfüllung. Aus Sicht der Angewandten Ethik sind aber vor allem die Bürger selbst kompetente Ansprechpartner, wenn es um die Frage geht, welche Rechte in welchem Ausmaß für ihre Selbstbestimmung zentral sind.

Freizügigkeit und Staatenlosigkeit: Eine besondere Spannung entsteht dadurch, dass Bürgerrechte einerseits universell begründet und andererseits partikular realisiert sind. Es sind eben keine allgemeinen Menschenrechte, sondern die Rechte der Bürger ganz bestimmter Staaten. Damit hängen zwei gegenwärtig besonders zentrale Probleme zusammen: Das erste Problem ist die Staatenlosigkeit. Das zweite Problem besteht im dem richtigen Umgang mit einem Anspruch auf Freizügigkeit.

Gegenwärtig geht die UN von mehreren Millionen Menschen ohne Staatsbürgerschaft aus (https://www.unhcr.org/statelessness-around-the-world.html). Der Rechtsstatus und die Lebenssituation dieser Staatenlosen sind äußerst fragil, weil sie nur sehr eingeschränkt über Rechte verfügen. Zwar kommen ihnen in vielen Staaten allein aufgrund ihres Menschseins basale Rechte zu, aber bereits ihre Freiheitsrechte sind oft stark eingeschränkt, politische Teilnahmerechte und sozioökonomische Rechte bestehen zumeist gar nicht. Außerdem gibt es keinen Staat, der sich im internationalen Raum für sie einsetzt. Gerade wegen der zentralen Bedeutung dieser fehlenden Rechte für die Selbstbestimmung erscheint es treffend, den Zustand der Staatenlosigkeit als entwürdigend zu bezeichnen. Hannah Arendt hat daher auch davon gesprochen, dass es nur ein Menschenrecht gäbe, nämlich das Recht, Rechte zu haben (Arendt 2005). Das kann leicht als Menschenrecht auf Staatsbürgerschaft interpretiert werden. Eine Möglichkeit, dies praktisch zu realisieren, wäre die vereinfachte Einbürgerung Staatenloser in andere Staaten. Eine mittelfristig vielleicht sogar effektivere Alternative besteht in einer direkten UN-Bürgerschaft. Dann würden die Vereinten Nationen diesen Menschen sozioökonomische Rechte gewährleisten und sich im internationalen Raum für den Schutz ihrer Freiheitsrechte einsetzen. Eine politische Teilnahme wäre dadurch jedoch kaum gegeben.

An dem richtigen Umgang mit Freizügigkeit wird die Spannung zwischen einer universellen Begründung der Bürgerrechte und ihrer partikularen Realisierung als Staatsbürgerrechte besonders deutlich. Wenn diese Rechte allen Menschen allein aufgrund ihres Menschseins zukommen, dann erscheint die Staatszugehörigkeit bloß zufällig. Dies lässt auch Staatsgrenzen zufällig erscheinen und impliziert ein grundlegendes Recht auf Freizügigkeit und gewissermaßen Wahlfreiheit bei der Staatsbürgerschaft. Die Wirklichkeit sieht jedoch ganz anders aus, denn Freizügigkeit ist äußerst stark eingeschränkt. Manche Staaten verwehren ihren Bürgern die Ausreise, wie Nordkorea oder China. Andere Staaten machen ihre Grenzen gegen ungewollte Einwanderung dicht, wie beispielsweise die USA gegenüber Mexiko und die Staaten der EU gegenüber Nordafrika. Solche Staaten stehen unter der Last, eine Begründung dafür liefern zu müssen, warum sie ihre Staatsbürgerschaft nur sehr eingeschränkt gewähren. Der Verweis auf das *jus soli* oder *jus sanguinis* erscheint dabei kaum hinreichend, weil der Geburtsort oder die biologische Abstammung gegenüber dem Status als Mensch mit Rechten eben zufällig und daher zweitrangig erscheint (Carens 2000; 2015).

Allerdings sind indirekte Begründungen für die Partikularität von Staaten und Staatsbürgerschaft möglich. So lassen sich Staaten als Solidargemeinschaften oder Einheiten der politischen Selbstbestimmung und Zugehörigkeit konzeptionalisieren. Durch vollständig offene Grenzen und eine entsprechende Freizügigkeit wären Solidarität und kollektive Selbstbestimmung bzw. Zugehörigkeit jedoch gefährdet, so die skeptische Vermutung (Miller 1995; 2017). Jedenfalls machen die gegenwärtigen internationalen Migrationsbewegungen, die häufig kriegsbedingt sind oder auf ökonomische Krisen und Armut zurückgehen, sehr eindrücklich, wie wenig das Verhältnis von Staatsbürgerschaft und Menschenrechten theoretisch geklärt und institutionell geregelt ist. Die UN ging 2019 von ca. 272 Mio. internationalen Migranten aus, von denen sich viele in einem anderen Land einen besseren Schutz und eine bessere Gewährleistung ihrer Bürgerrechte erhoffen (https://www.un.org/en/development/desa/population/migration/index.asp).

67.2 Nationalismus und politische Identität

Nationalismus stellt den historisch wohl bedeutsamsten Versuch dar, der Abstammung der Menschen normative Signifikanz zu verleihen und so die Partikularität von Bürgerrechten zu begründen. Der Begriff ‚natio' geht auf das lateinische *nasci* (geboren werden) zurück. Die Rede von ‚Nation' war im Verlauf der Geschichte großen Bedeutungsschwankungen unterworfen: Im Mittelalter bezeichnete ‚Nation' eine zunächst eher unpolitisch gedachte ethnische Gemeinschaft. Im 17. und 18. Jahrhundert bezog sich ‚Nation' insbesondere in England und Frankreich auf den politischen Status des ersten und zweiten Standes (Klerus und Adel). Erst im 19. Jahrhundert hat sich ‚Nation' als Bezeichnung für eine politische Gemeinschaft durchgesetzt, die auf eine gemeinsame Kultur und Abstammung zurückgeht (Hobsbawm 2005). Einflussreich war der Vorschlag von Herder, ‚Nation' als natürliche Sprachgemeinschaft aufzufassen, die der künstlichen Konstruktion von Staaten vorausgeht (Herder 1989). Dieser Gedanke wurde zu der These ausgebaut, dass ‚Nationen' natürliche Gebilde sind und daher das Nationenprinzip normativen Vorrang vor allen zufälligen Staatsordnungen besitzt. Dieses Prinzip lässt sich als Grundgedanke des Nationalismus auffassen.

Dieser naturalistisch verstandene Nationalismus geht häufig mit der Forderung einher, dass jede Nation ihren eigenen Staat besitzen sollte. Das entspricht jedoch nicht der gegenwärtigen politischen Lage, denn in vielen Staaten sind mehrere Nationen versammelt und manche Nationen erstrecken sich über mehrere Staaten. Bewegungen, die eine nationale Unabhängigkeit anstreben, berufen sich häufig auf den naturalistischen Nationalismus, in der Annahme dadurch eine besonders stabile Begründung für ihre Bestrebungen zu erhalten. Allerdings spricht wenig für solch eine natürliche Grundlage von Nationalität, da es sich selbst bei der Sprache als Basis der nationalen Einheit um eine soziale Kulturleistung handelt. Außerdem trägt insbesondere der naturalistische Nationalismus die Gefahr in sich, in einen nationalistischen Chauvinismus abzugleiten. Dann wird die geistige, kulturelle und häufig auch physische Überlegenheit der eigenen Nation anderen gegenüber behauptet, um den eigenen Vorrang, aber auch die Unterordnung der eigenen Bevölkerung zu legitimieren. Das schrecklichste Beispiel für diese Ideologie ist fraglos der deutsche Nationalsozialismus mit seiner absurden Rassenlehre, die den Juden, aber auch den Sinti und Roma sogar das Lebensrecht abgesprochen hat (Arendt 2005).

Diese Tendenz zum nationalistischen Chauvinismus und Rassismus legt die Forderung nahe, auf den Begriff und die Idee der Nation und jeden Nationalismus ganz zu verzichten und sich, wenn überhaupt, auf eine als zufällig verstandene Staatsbürgerschaft zurückzuziehen. Allerdings gibt es auch eine schwächere Form von Nationalismus, die jede nationale Zugehörigkeit als kulturell imaginiert und/oder demokratisch konstruiert versteht (Anderson 2005; Tamir 1995; Miller 1995; 2017). Solch ein konstruktivistisches Verständnis von Nationalismus besitzt eine weniger ausgeprägte Tendenz zum Chauvinismus, weil es die zufällige Grundlage der nationalen Zugehörigkeit anerkennt und daher allen Nationen tendenziell denselben Status zuspricht. Für solch einen konstruktivistischen Nationalismus wird häufig aus kommunitaristischer Perspektive argumentiert (Honneth 1993; Margalit/Raz 1990). Demnach haben Menschen einen Anspruch auf politische Zugehörigkeit und politische Selbstbestimmung, insofern dies einen wesentlichen Teil ihrer persönlichen Identität ausmacht. Damit die nötigen sozialen Bindekräfte für politische Zugehörigkeit und eine belastungsfähige kollektive Selbstbestimmung entstehen, so das Argument, bedarf es jedoch der Idee einer Nation.

Indes stellt die gegenwärtige Zunahme bzw. deutlichere Sichtbarkeit kultureller Vielfalt in vielen Staaten auch für den konstruktivistischen Nationalismus ein Problem dar. Multikulturelle Vielfalt und auf Identität begründete Zugehörigkeit scheinen sich zu widersprechen. Hier zeigt sich noch einmal die zentrale Bedeutung der universellen Begründung von Bürgerrechten. Wenn sich die Bürgerrechte letztlich allein auf das Menschsein gründen, sind alle kulturellen Gemeinschaften normativ gesehen bloß nachgeordnet. Ein Staat muss daher über sie hinweggehen und sie gewissermaßen in die Privatsphäre verdrängen. Dies spricht für ein Primat des Multikulturalismus gegenüber dem Kommunitarismus (Sen 2007). Allerdings können Kommunitaristen demgegenüber auch ein universelles Recht auf eine politische Identifikation und enge Zugehörigkeit behaupten. Diese Spannung führt zu der Frage, ob so etwas wie ein kommunitaristischer Multikulturalismus möglich ist. Die Herausforderung besteht dann darin, eine politische Gemeinschaft auf Grundlage einer Vielfalt von politischen Identitäten zu konstruieren (Kymlicka 2007; Taylor 2009; Lu 2017).

67.3 Patriotismus und Verfassungspatriotismus

Patriotismus wird heute zumeist mit Vaterlandsliebe gleichgesetzt. Dies schließt einerseits eine starke Solidarität zu den Landsleuten, einschließlich der Bereitschaft zur materiellen Umverteilung ein. Andererseits und vor allem bedeutet Patriotismus die Bereitschaft, sich für sein Vaterland zu engagieren und sich im Extremfall bei der Verteidigung gegen Feinde auch aufzuopfern. Der Begriff geht auf das lateinische *patrioticus* zurück, was ‚Landsmann' oder ‚Einheimischer' bedeutet und ironischerweise Menschen aus ländlichen Regionen bezeichnete, die gerade keiner *polis* angehörten. Heutige Befürworter des Patriotismus argumentieren, dass eine starke affektive Bindung an die politische Gemeinschaft nötig ist, damit die Menschen ihren zum Teil schwierigen Bürgerpflichten auch nachkommen. Nur Patrioten sind gute Bürger, ließe sich das Argument auf den Punkt bringen. Mit solch einer Haltung gehen jedoch auch zwei gravierende Probleme einher. Erstens bezieht sich Vaterlandsliebe nicht direkt auf die Landsleute, sondern eben auf das Land oder den Staat. Zweitens blieben alle anderen Menschen, die nicht Landsleute sind, außen vor.

Der Patriotismus steht somit im Verdacht, kollektivistisch und egoistisch zu sein. Dem Vaterland oder Staat scheint ein intrinsischer und besonders hoher Wert zugesprochen zu werden. Mitunter muss sich der einzelne Bürger diesem Kollektiv und seinen Zielen als Untertan vollständig unterordnen. Außerdem geht der Einsatz für das geliebte Vaterland zulasten anderer Menschen und ihrer Rechte. Beides scheint mit der Idee, dass alle Menschen als Individuen, aber auch nur sie, die gleiche Würde oder zumindest die gleichen Rechte haben, nicht zusammenzugehen. Die universelle Begründung der Bürgerrechte beruht auf einem ethischen Individualismus, der Wert des Vaterlandes hingegen auf einem ethischen Kollektivismus. Patriotismus als exklusive Vaterlandsliebe und universelle Bürgerrechte erscheinen also kaum vereinbar. Das verbindet diesen Patriotismus mit einem naturalistisch verstandenen Nationalismus, weswegen häufig zusammenfassend von einem nationalistischen Patriotismus gesprochen wird (Nussbaum 1996; Wehler 2019).

Freilich ist ähnlich wie beim Nationalismus auch hier ein anderes und deutlich schwächeres Verständnis von Patriotismus möglich. Er wird dann nicht als affektive Bindung an das Land, sondern an die politische Gemeinschaft verstanden. Das richtet sich unmittelbar auf einzelne Menschen, nämlich die anderen Mitglieder dieser Gemeinschaft, und ist daher im ethischen Sinne nicht kollektivistisch. Auch für solch einen republikanisch orientierten Patriotismus wird das Argument angeführt, dass eine emotionale Haltung der Gemeinschaft gegenüber wichtig ist, um die nötige Bindung solidarischer Strukturen aufrecht erhalten zu können. Nur so kann sich eine Demokratie gegenüber radikalen Strömungen als wehrhaft erweisen und nur so kann sich der Sozialstaat gegen einen globalen Kapitalismus behaupten, argumentieren die Befürworter (Taylor 2001). Ein in Deutschland sehr verbreitetes Beispiel für eine derartige Haltung ist der von Dolf Sternberger als Begriff geprägte und u. a. von Jürgen Habermas aufgegriffene Verfassungspatriotismus (Sternberger 1990; Habermas 1998; Müller 2010).

Allerdings stellt sich hier weiterhin die Frage, ob dieser Verfassungspatriotismus nicht zu Lasten all jener Menschen geht, die nicht der patriotischen Gemeinschaft der Staatsbürger angehören. Befürworter argumentieren gegen diese Befürchtung, dass solch ein Patriotismus durchaus mit einem Kosmopolitismus vereinbar sei. Es existieren dann zwei Stufen der bürgerlichen Solidarität, nämlich eine weitere kosmopolitische Solidarität mit allen Menschen und eine engere verfassungspatriotische Solidarität mit den Mitbürgern (Ypi 2011). Zwar kann es zu Spannungen zwischen diesen Solidargemeinschaften bzw. den Pflichten ihnen gegenüber kommen. Aber die sind nicht unüberwindlich und stellen das Modell der Zweistufigkeit daher nicht grundsätzlich in Frage. Ob das Modell normativ überzeugt und auch praktisch funktioniert, wird sich allerdings erst noch erweisen. Das Verhältnis des Verfassungspatriotismus zum Multikulturalismus und seine Übertragbarkeit auf die Europäische Union sind zwei besonders deutliche Testfälle, an denen sich das Konzept erst noch bewähren muss.

Literatur

Anderson, Benedict: Die Erfindung der Nation. Frankfurt a.M. 2005.
Arendt, Hannah: Elemente und Ursprünge totaler Herrschaft. München 2005.
Barber, Benjamin: Starke Demokratie. Hamburg 1994.
Butterwege, Christoph: Krise und Zukunft des Sozialstaates. Wiesbaden 2005.
Carens, Joseph: Culture, Citizenship, and Community. Oxford 2000.
Carens, Joseph: Ethics of Immigration. Oxford 2015.
Celikates, Robin/Gosepath, Stefan: Grundkurs Philosophie: Band 6: Politische Philosophie. Stuttgart 2013.
Dworkin, Ronald: Bürgerrechte ernstgenommen. Frankfurt a.M. 1984.
Fukuyama, Francis: Identität: Wie der Verlust der Würde unsere Demokratie gefährdet. Hamburg 2020.
Habermas, Jürgen: Faktizität und Geltung. Frankfurt a.M. 1998.
Hartmann, Michael: Die Abgehobenen: Wie die Eliten die Demokratie gefährden. Frankfurt a.M. 2018.
Herder, Johann Gottfried: Ideen zur Philosophie der Geschichte der Menschheit. Frankfurt a.M. 1989.
Hobsbawm, Eric: Nationen und Nationalismus. Frankfurt a.M. 2005.
Höffe, Otfried: Demokratie im Zeitalter der Globalisierung. München 1999.
Honneth, Axel: Kommunitarismus. Frankfurt a.M. 1993.
Kymlicka, Will: Contemporary Political Philosophy. Oxford 2001.
Kymlicka, Will: Multicultural Odysseys. Oxford 2007.
Lu, Catherine: Justice and Reconciliation in World Politics. Cambridge 2017.
Margalit, Avishai/Raz, Joseph: „National Self-Determination." In: Journal of Philosophy 87 (1990), 439–461.
Marshall, Thomas H.: Bürgerrechte und soziale Klassen. Frankfurt a.M. 1992.
Miller, David: On Nationality. Oxford 1995.
Miller, David: National Responsibility and Global Justice. Oxford 2007.
Miller, David: Fremde in unserer Mitte. Politische Philosophie der Einwanderung. Berlin 2017.
Müller, Hans-Peter/Mackert, Jürgen (Hg.): Moderne (Staats)Bürgerschaft. Nationale Staatsbürgerschaft und die Debatten der Citizenship Studies. Wiesbaden 2007.

Müller, Jan-Werner: Verfassungspatriotismus. Frankfurt a.M. 2010.
Müller, Jan-Werner: Was ist Populismus? Ein Essay. Berlin 2016.
Nussbaum, Martha (Hg.): For Love of Country. Debating the Limits of Patriotism. Boston 1996.
Nussbaum, Martha: Die Grenzen der Gerechtigkeit. Behinderung, Nationalität und Spezieszugehörigkeit. Berlin 2010.
Nussbaum, Martha: Kosmopolitismus. Revision eines Ideals. Darmstadt 2020.
Rawls, John: Eine Theorie der Gerechtigkeit. Frankfurt a.M. 1975.
Risse, Thomas/Börzel, Tanja/Draude, Anke (Hg.): The Oxford Handbook of Governance and Limited Statehood. Oxford 2018.
Sen, Amartya: Die Identitätsfalle: Warum es keinen Krieg der Kulturen gibt. München 2007.
Simmons, A. John: On the Edge of Anarchy: Locke, Consent, and the Limits of Society. Princeton 1993.
Smith, Anthony D.: Nations and Nationalism in a Global Era. Cambridge 1995.
Sternberger, Dolf: Verfassungspatriotismus. Frankfurt a.M. 1990.
Tamir, Yael: Liberal Nationalism. Princeton 1995.
Taylor, Charles: Wieviel Gemeinschaft braucht die Demokratie? Frankfurt a.M. 2001.
Taylor, Charles: Multikulturalismus und die Politik der Anerkennung. Frankfurt a.M. 2009.
Wehler, Hans-Ulrich: Nationalismus: Geschichte, Formen, Folgen. München 2019.
Young, Iris M.: Inclusion and Democracy. Oxford 2002.
Ypi, Lea: Global Justice and Avant-Garde Political Agency. Oxford 2011.
Zürn, Michael: Regieren jenseits des Nationalstaates. Frankfurt a.M. 1998.

Gesinnungsethik, Verantwortungsethik und das Problem der ‚schmutzigen Hände'

Robin Celikates

68.1 Das Problem der ‚schmutzigen Hände'

Ist es manchmal richtig, das moralisch Falsche zu tun? Kann es unter bestimmten Umständen erlaubt oder gar gefordert sein, moralische Normen zu verletzen – etwa zu lügen und zu foltern –, um ein bestimmtes Gut – etwa das Leben Unschuldiger – zu sichern oder katastrophale Konsequenzen – etwa einen Terroranschlag – abzuwenden? Gibt es Situationen, in denen die Akteure nicht anders können, als sich moralisch ‚unerfreulicher', bedenklicher oder sogar verbotener Mittel zu bedienen? Heiligt der Zweck also zumindest manchmal die Mittel? Diese Fragen werfen das sogenannte Problem der schmutzigen Hände auf. Von „schmutzigen Händen" wird dabei im Anschluss an das gleichnamige Theaterstück Jean-Paul Sartres aus dem Jahr 1948 gesprochen, in dem der Pragmatiker Hoederer den Gesinnungsethiker Hugo mit der rhetorischen Frage „Glaubst du, man kann unschuldig herrschen?" konfrontiert, um deutlich zu machen, dass man in der Politik nichts erreicht, wenn man nicht bereit ist, sich die Hände schmutzig zu machen.

In der philosophischen Diskussion ist dieser spätestens seit Niccolò Machiavelli (1532) geläufige und von Max Weber aktualisierte Topos in einem einflussreichen Artikel Michael Walzers (1973) aufgegriffen worden, von dem die gegenwärtige Debatte ihren Ausgang nimmt. Walzer vertritt dort die These, dass ein politischer Verantwortungsträger moralisch falsch und gleichwohl richtig handeln kann, wenn viel auf dem Spiel steht und er selbst weiß, dass er ‚eigentlich' – d. h. aus der Perspektive der unter ‚normalen' Umständen geltenden Moral – falsch handelt, dass er sich also die Hände ‚schmutzig' macht. ‚Gute' Politiker halten sich an die Moral, sind jedoch bereit, in bestimmten Situationen nach einer gewissenhaften Abwägung auch gegen grundlegende Regeln zu verstoßen. Walzer kommt daher zu dem von ihm selbst als paradox bezeichneten Schluss, dass wir moralische Politiker gerade an ihren ‚schmutzigen Händen' erkennen. Dabei gehört es ihm zufolge zur Aufgabe von Politikern – zu den moralischen Anforderungen der entsprechenden Rolle –, in bestimmten Situationen zum Wohl der Gemeinschaft unmoralisch zu handeln und nicht allein auf die Wahrung der eigenen Integrität zu achten. Die Bürger erwarten von ihren Repräsentanten sogar, dass sie sich die Hände schmutzig machen, damit ihre eigenen ‚sauber' bleiben können – wäre es dann nicht unfair, den Politikern genau dies zum Vorwurf zu machen? Auch aus diesem Grund ist das Problem der schmutzigen Hände von der verbreiteten zynischen Einschätzung zu unterscheiden, dass die Politik ein ‚schmutziges

R. Celikates (✉)
Freie Universität Berlin, Berlin, Deutschland
E-Mail: robin.celikates@fu-berlin.de

Geschäft' sei und man Politikern nicht über den Weg trauen könne. Allerdings kann man mit Bernard Williams (1984) ein Problem darin sehen, dass die existierenden politischen Systeme nicht primär nach den erforderlichen Eigenschaften moralische Urteilskraft und Anständigkeit selegieren und dass sie zudem problematische Anreizstrukturen schaffen, vor allem durch die Fokussierung auf Machterhalt in den nächsten Wahlen.

Zu den Minimalbedingungen für das Vorliegen ‚schmutziger Hände' kann mithin gezählt werden, (1) dass die betroffenen Akteure sich durch nicht selbst verschuldete ‚extreme' Umstände dazu genötigt sehen, von ihnen unter ‚normalen' Umständen als gültig akzeptierte Werte oder Prinzipien außer Kraft zu setzen bzw. zu verraten; sowie (2) dass dieses Übel in Kauf genommen oder herbeigeführt wird, um ein größeres öffentliches Übel zu vermeiden oder zu verhindern (und nicht, um sich selbst einen persönlichen Vorteil zu verschaffen), so dass die Normverletzung selbst als – mit Blick auf die Konsequenzen – moralisch rechtfertigbar oder zumindest entschuldbar erscheint, auch wenn von den Akteuren durchaus reaktive moralische Einstellungen wie Skrupel, Bedauern, Schuldgefühle und Gewissensbisse erwartet werden können. Dabei wird offengelassen, ob nur oder vor allem politische Akteure in derartige Situationen geraten oder ob dies auch im außerpolitischen Alltag geschehen kann, ob es hier also einen relevanten Unterschied zwischen öffentlicher und privater Moral gibt. Unter anderem folgende Situationen können Akteure dazu bringen, sich die Hände schmutzig zu machen (vgl. Coady 2009): Kompromisse (die zumindest partielle Aufgabe eigener Prinzipien und Überzeugungen aus pragmatischen Erwägungen), der Ausstieg aus unmoralischen Situationen mit dem Ziel der Schadensbegrenzung, moralische Isolation (angesichts verbreiteten unmoralischen Verhaltens Dritter), *noble cause corruption* und moralische Dilemmata (die Wahl zwischen moralisch gleichermaßen bedenklichen Optionen, etwa in einem Konflikt negativer Pflichten). Die Diskussion über das Problem der schmutzigen Hände tangiert damit auch weitere zentrale Fragen der (politischen) Ethik, wie die Notwendigkeit von Abwägungen und Kompromissen sowie die Existenz und praktische wie theoretische Signifikanz moralischer Dilemmata (vgl. Kis 2008; Margalit 2009; Zanetti 2019).

68.2 Existiert das Problem überhaupt?

Dass das Problem der schmutzigen Hände überhaupt existiert, kann allerdings auf der Basis zweier prominenter moralphilosophischer Ansätze bestritten werden (vgl. auch Baumann 2001). Aus konsequentialistischer Perspektive wird eingewendet, jemandem, der tut, was er tun soll – nämlich das kleinere Übel wählen –, könne man kaum vorwerfen, sich die Hände schmutzig gemacht zu haben. Wie kann es Handlungen geben, die zugleich richtig und moralisch falsch sind? Handlungen sind aus dieser Perspektive genau dann moralisch richtig, wenn sie ‚insgesamt' (‚all things considered') richtig sind. In bestimmten Situationen, in denen man nur die Wahl zwischen zwei Übeln hat, *soll* man sich für das geringere Übel entscheiden – dann handelt man moralisch richtig und macht sich auch die Hände *nicht* schmutzig (Nielsen 2007). Dementsprechend kann und sollte einem niemand einen Vorwurf machen (von Bestrafung ganz zu schweigen), vielleicht nicht einmal man selbst. Dieser konsequentialistische Einwand scheint jedoch im Widerspruch zu grundlegenden alltagsmoralischen Überzeugungen zu stehen: Der Regelbruch bleibt moralisch problematisch, auch wenn er gerechtfertigt oder entschuldbar sein mag. Dass eine Handlung alles in allem richtig ist, neutralisiert nicht ihren moralisch problematischen Aspekt, auch wenn dieser nicht handlungsleitend wird (Stocker 2000). Auf dieser Grundlage wird verständlich, warum die Akteure Schuldgefühle haben, die nicht einfach als irrational betrachtet werden können und deren Ausbleiben für moralisch kritikwürdig gehalten wird.

Auch absolutistische bzw. deontologische Ansätze müssen das Phänomen ‚schmutziger

Hände' für eine alltagsmoralische Illusion halten, denn ihnen zufolge sind die betreffenden Handlungen, ganz unabhängig von ihren jeweiligen Folgen, intrinsisch falsch und daher strikt verboten. Sich die Hände schmutzig zu machen, indem man foltert oder die Öffentlichkeit systematisch belügt, ist demnach auch in extremen Ausnahmesituationen keine moralisch rechtfertigbare oder entschuldbare Option. Man würde dann nicht richtig und falsch zugleich, sondern schlichtweg falsch handeln. In diesem Sinne vertritt etwa Kant die Auffassung, dass es keinen Konflikt zwischen Moral und Politik geben könne, da die unbedingt geltenden Gesetze der Moral auch im Bereich der Politik ausnahmslos zu befolgen seien, „die physischen Folgen daraus mögen auch seyn, welche sie wollen" (Kant 1795/1968, 379). Einer solchen absolutistischen Position wird unter anderem vorgeworfen, dass sie die Phänomenologie moralischer Erfahrung unberücksichtigt lässt, eine Auseinandersetzung mit praktisch unvermeidlichen Problemen verweigert und somit ihre handlungsleitende Funktion einbüßt.

68.3 Gesinnungs- und Verantwortungsethik

Die idealtypische Unterscheidung von Gesinnungs- und Verantwortungsethik geht auf Max Weber (1919) zurück. Während aus Sicht der vom moralphilosophischen Absolutismus inspirierten Gesinnungsethik bestimmte Handlungen an sich, ganz unabhängig von den Folgen, verboten sind, lässt sich aus Sicht der konsequentialistisch orientierten Verantwortungsethik die Frage, ob eine Handlung geboten oder verboten ist, nicht unabhängig von ihren (voraussehbaren) Folgen in einer konkreten Situation beantworten. Weber selbst betont die Gefahren einer rein gesinnungsethischen Handlungsorientierung im Bereich der wesentlich auf das Mittel der Gewaltsamkeit bezogenen Politik und erklärt sie für letztlich verantwortungslos und naiv. Verantwortliche Politiker können nicht einfach auf ihre sauberen Hände bedacht sein, sondern müssen situativ abwägen,

denn „wann und in welchem Umfang der ethisch gute Zweck die ethisch gefährlichen Mittel und Nebenerfolge ‚heiligt'", kann uns Weber zufolge „keine Ethik der Welt" sagen (Weber 1919/1988, 552). Allerdings scheinen die beiden idealtypisch unterschiedenen ethischen Orientierungen nicht als Alternativen, sondern als komplementär und sich wechselseitig korrigierend verstanden werden zu müssen. So betont auch Weber die Notwendigkeit einer gesinnungsethischen Komponente gegen eine rein konsequentialistische Orientierung, da ansonsten das politische Handeln gänzlich von moralischen Anforderungen etwa an die Zielformulierung und einem Bewusstsein der moralischen Kosten entlastet werden würde. Diese Wertdimension wird bei Weber allerdings tendenziell dezisionistisch gedacht, da sich das Individuum einfach für einen Wert aus einer irreduziblen Pluralität von Werten entscheiden müsse, ohne dafür wiederum normative Überlegungen anführen zu können. Damit allerdings droht ein Problem der öffentlichen Moral letztlich privatisiert und der Diskussion entzogen zu werden.

Für die Diskussion und Entscheidung derartiger Fragen in der demokratischen Öffentlichkeit plädiert John Dewey, der aus pragmatistischer Perspektive betont, dass die Bewertung von Zielen und Mitteln in einem wechselseitigen Bestimmungsverhältnis steht und sich letztlich nicht objektivieren lässt. Damit wendet er sich gegen jede Art der Verabsolutierung bestimmter Ziele, die dann alle Mittel zu rechtfertigen scheinen, im konkreten Fall vor allem gegen Leo Trotzkis dogmatische Ableitung des Klassenkampfes aus der historischen Mission des Proletariats (vgl. Dewey/Kautsky/Trotzki 2001). Trotzki und Dewey sind sich jedoch einig, dass revolutionäre politische Umwälzungen (etwa die Französische und die Russische Revolution) ein Grundproblem der politischen Ethik aufwerfen: Wenn der Appell an abstrakte moralische Normen und den „gesunden Menschenverstand" immer auch in den Dienst bestimmter sozialer Interessen an der Aufrechterhaltung des Status quo gestellt werden kann („Klassencharakter der Moral") und wenn der Zweck (etwa die Erkämpfung der Demokratie) unter bestimmten

Bedingungen (etwa im Kampf gegen eine Tyrannei oder Diktatur) im Prinzip auch ansonsten verbotene Mittel zu legitimieren vermag („schmutzige Hände"), dann erscheint eine rein gesinnungsethische oder absolutistische Position tatsächlich als politisch naiv und potentiell reaktionär. Allerdings warnt Dewey zu Recht vor einer kontextunabhängigen Apologie revolutionärer Gewalt (nach dem Motto „Wo gehobelt wird, da fallen Späne"), die genauso problematisch sei wie deren apriorische Verurteilung. Letztlich kann das von ihm konstatierte Spannungsverhältnis zwischen Moral und Politik, das sich in revolutionären Umbrüchen besonders dramatisch entfaltet, nicht abstrakt in eine Richtung aufgelöst werden.

68.4 Realismus und Moralismus

Dass Moral und Politik in einem nicht auflösbaren, sondern nur in der demokratischen politischen Auseinandersetzung konkret zu vermittelndem Spannungsverhältnis stehen, wird auch von Vertretern des politischen Realismus geleugnet. Da diese Etikettierung allerdings nicht besonders präzise ist, müssen hier zwei unterschiedliche theoretische Positionen unterschieden werden, die man als generellen *Amoralismus* und als selektiven *Immoralismus* bezeichnen kann. Erstere wird häufig als Implikation einer realistischen Politikkonzeption verstanden, wie sie etwa Machiavelli, Weber und Trotzki zugeschrieben wird, die Politik als moralfreien Raum zu begreifen scheinen, in dem politische Akteure nach Maßgabe politischer Klugheit und Taktik ihre nicht-moralischen Ziele im Kampf um das Erlangen, den Erhalt und den Ausbau von Machtpositionen durchzusetzen versuchen. Politisches Handeln entzieht sich damit jeder moralischen Beurteilung (vgl. Geuss 2011). Dieses Verständnis des Realismus setzt sich freilich der Kritik aus, nicht mehr als eine bloße Rationalisierung unmoralischen Verhaltens zu liefern – dass die politischen Akteure sich faktisch oft unmoralisch verhalten, sollte man nicht einfach zur Theorie erheben. Es stellt sich jedoch auch die Frage, wie realistisch diese Spielart des Realismus eigentlich ist, droht sie doch, die faktische Wirksamkeit moralischer Argumente und der Selbstbindung an Normen, aber auch die Effektivität sozialer Sanktionsmechanismen etwa des ‚naming and shaming' zu unterschätzen (vgl. auch Scheuerman 2013).

Die Notwendigkeit eines selektiven Immoralismus wird hingegen von jenen Autoren eingeräumt, die, wie etwa Walzer und Williams (und in einer Lesart auch Weber), der Moral zwar eine gewisse Rolle auch im Bereich der Politik zusprechen, aber von der situativ bedingten Unvermeidbarkeit unmoralischen Handelns und damit ‚schmutziger Hände' ausgehen. Hier setzt die Rede von ‚schmutzigen Händen' gerade voraus, dass die Moral, anders als der generelle Amoralismus suggeriert, auch im Bereich der Politik einen Maßstab zur Bewertung des Handelns darstellt – nur wird gegen als gesinnungsethisch oder moralistisch kritisierte Positionen eingeräumt, dass die Akteure manchmal gezwungen sind, gegen diesen Maßstab zu verstoßen. Entsprechend sind sich als realistisch verstehende Positionen daraufhin zu befragen, ob sie generell die Ansprüche der Moral oder nur die als übersteigert empfundenen Forderungen des Moralismus zurückweisen.

Damit erweist sich die Alternative von Realismus und Moralismus als zu einfach, auch wenn der realistische Einspruch gegen einen überzogenen Moralismus seine Berechtigung behält. Mit Coady (2008, Kap. 1–2) lassen sich sechs Spielarten des Moralismus unterscheiden, die aus unterschiedlichen Gründen als problematisch erscheinen. (1) Der Moralismus der Reichweite führt zu einer übermäßigen Moralisierung eigentlich nicht (primär) moralischer Fragen. (2) Der Moralismus der einseitigen Fokussierung besteht in einer übermäßigen Konzentration auf einen Aspekt zu Lasten anderer für die Entscheidung relevanter Aspekte. (3) Der Moralismus des Eingreifens motiviert die moralisierende Instanz zu einem paternalistischen Interventionismus. (4) Der Moralismus der Abstraktion vernachlässigt die irreduzible Konkretheit und Differenz von Handlungssituationen. (5) Der Moralismus des Absolutismus leugnet, dass es immer Ausnahmen gibt. Und (6) der

Moralismus der Selbstüberschätzung ignoriert die Wirkungslosigkeit rein moralischer Vorwürfe in politischen Kontexten (‚cheap talk').

Eine so verstandene Kritik des Moralismus trifft nun jedoch keineswegs die Moral selbst, denn sie verweist auf Folgen des Moralismus (etwa Absolutismus, Fanatismus, Gesinnungsethik, Selbstgerechtigkeit), die auch aus einer moralischen Perspektive problematisch sind. Zudem kann die Berücksichtigung der realen Gegebenheiten, etwa der Machtverhältnisse, und der davon abhängenden nicht-intendierten Nebenfolgen moralischen Handelns, auch zu den Forderungen der Moral gerechnet werden.

68.5 ‚Schmutzige Hände' als Problem der Moral und der Politik

Auch wenn man die Realität des Phänomens der ‚schmutzigen Hände' zugesteht, sprechen doch verschiedene Gründe für einen vorsichtigen Umgang mit dieser Kategorie (vgl. Coady 2008, Kap. 4). Erstens besteht die Gefahr des Missbrauchs und der Rationalisierung, so dass stets kritisch hinterfragt werden muss, ob tatsächlich eine Situation der ‚schmutzigen Hände' vorliegt oder ob die Akteure die Gefahr (absichtlich oder unabsichtlich) dramatisieren, um sich größere Handlungsspielräume zu eröffnen. Zweitens besteht die Gefahr der statischen Fokussierung auf Einzelfälle und der Akzeptanz von unhinterfragten Hintergrundbedingungen, so dass eventuell ignoriert wird, dass sich auch die Bedingungen selbst ändern lassen, unter denen gehandelt wird. So ist der weitverbreitete Eindruck, dass politische Akteure zu unmoralischem Handeln gezwungen sind, auch auf die Bedingungen heutiger politischer Systeme zurückzuführen, die jedoch nicht einfach als gegeben akzeptiert werden sollten. Drittens besteht die Gefahr der individuellen und kulturellen ‚Korruption', da sich Akteure, die sich die Hände schmutzig machen, ebenso verändern wie die politische Kultur, die sie prägen, und sich zum Verstoß gegen moralische Normen eventuell schneller berechtigt oder gedrängt fühlen.

Diese aus epistemologischer und normativer Perspektive äußerst problematischen Gefahren lassen sich anhand des in der theoretischen Diskussion ebenso wie im politischen Diskurs besonders prominenten Szenarios der ‚tickenden Bombe' illustrieren, das schon Walzer (1973) anführt, um die situative Unvermeidbarkeit ‚schmutziger Hände' zu belegen: Was könnte gegen das Foltern eines gefangenen Terroristen eingewendet werden, wenn dies die einzige Möglichkeit darstellt, um an Informationen über die versteckte ‚tickende Bombe' zu gelangen und damit zahlreichen Unschuldigen das Leben zu retten? Die extreme Stilisierung des Szenarios verdeckt einige für die Bewertung zentrale Aspekte: Erstens werden die häufig implizit unterstellten Bedingungen – es gibt tatsächlich eine in Kürze explodierende Bombe, über deren Platzierung der wirkliche Terrorist zutreffende Informationen hat, die er unter Folter auch rechtzeitig preisgeben wird – in der Realität selten alle zusammen erfüllt sein, so dass der Verdacht naheliegt, der Verweis auf die Notwendigkeit, sich hier die Hände schmutzig zu machen, diene der Legitimation und Rationalisierung eines in Demokratien bisher meist verdeckt eingesetzten Mittels. Zweitens lenkt die Fixierung auf einen isolierten Einzelfall von institutionellen Implikationen (etwa der staatlichen Ausbildung, Prüfung und Überwachung der Folterer) ebenso ab wie von der Existenz alternativer Handlungsoptionen (etwa der Evakuierung). Drittens besteht auch hier die Gefahr der ‚schiefen Ebene' und der individuellen wie kollektiven Korruption, denn die angeführten Argumente sind tendenziell expansiv: Warum sollte nicht auch die unschuldige Mutter des Terroristen gefoltert werden, wenn es keinen anderen Weg gibt? Diese hier nur exemplarisch dargestellten Komplikationen eines scheinbar einfachen Szenarios legen im Umgang mit ‚schmutzigen Händen' nicht nur aus absolutistischer, sondern auch aus konsequentialistischer Perspektive Zurückhaltung und Vorsicht nahe und scheinen im konkreten Fall jedenfalls eher für ein absolutes Folterverbot als für dessen Lockerung zu sprechen (vgl. Brecher 2007).

Angesichts dieser Problemlage gehört es zu den Aufgaben politischen Handelns, die institutionellen Bedingungen so zu verändern, dass Situationen, in denen sich politische Akteure die Hände schmutzig machen (müssen oder zu müssen meinen), weniger häufig entstehen. Selbst wenn man die situativ bedingte Unvermeidbarkeit ‚schmutziger Hände' (nicht nur in der Politik) prinzipiell zugesteht, sollte man demnach an hohen moralischen Ansprüchen gerade im Bereich der Politik festhalten – auch aus politischen Gründen. Die moralisch komplexen Fragen, mit denen sich politische Akteure konfrontiert sehen, sind nicht *in foro interno* alleine mit dem eigenen Gewissen auszumachen. Es sind Fragen, die in die Öffentlichkeit gehören und an deren Beantwortung nach dem Prinzip *quod omnes tangit* die politische Gemeinschaft als ganze beteiligt sein muss. Da es uns daran erinnert, dass moralisches Handeln immer unter sozialen und politischen Bedingungen stattfindet, ist das Problem der ‚schmutzigen Hände' damit letztlich nicht nur ein moralisches, sondern auch ein soziales und politisches Problem.

Literatur

Baumann, Peter: „Schmutzige Hände?" In: Logos 7 (2001), 187–215.

Brecher, Bob: Torture and the Ticking Bomb. Oxford 2007.

Coady, C.A.J.: Messy Morality. Oxford 2008.

Coady, C.A.J.: „The Problem of Dirty Hands." In: The Stanford Encyclopedia of Philosophy (2018). In: http://plato.stanford.edu/entries/dirty-hands (31.12.2010)

Dewey, John/Kautsky, Karl/Trotzki, Leo: Politik und Moral. Springe 2001 (dt./russ./engl. 1919/1920/1938).

Geuss, Raymond: Kritik der politischen Philosophie: Eine Streitschrift. Hamburg 2011.

Gowans, Christopher: Innocence Lost. An Examination of Inescapable Wrongdoing. New York 1994.

Kant, Immanuel: Zum ewigen Frieden. Ein philosophischer Entwurf [1795]. In: Akademie-Textausgabe, Bd. 8. Berlin 1968, 341–386.

Kis, János: Politics as a Moral Problem. Budapest 2008.

Machiavelli, Niccolò: Il Principe/Der Fürst. Stuttgart 1986 (ital. 1532).

Margalit, Avishai: On Compromise and Rotten Compromise. Princeton 2009.

Nielsen, Kai: „There is No Dilemma of Dirty Hands." In: Igor Primoratz (Hg.): Politics and Morality. New York 2007, 20–37.

Scheuerman, William: „The Realist Revival in Political Philosophy." In: International Politics 50 (2013): 798–814.

Stocker, Michael: „Dirty Hands and Ordinary Life." In: Paul Rynard/David Shugarman (Hg.): Cruelty and Deception. The Controversy over Dirty Hands in Politics. Peterborough 2000, 27–42.

Walzer, Michael: „Political Action. The Problem of Dirty Hands." In: Philosophy & Public Affairs 2. Jg., 2 (1973), 160–180.

Weber, Max: „Politik als Beruf" [1919]. In: Ders.: Gesammelte politische Schriften. Tübingen 1988, 505–560.

Williams, Bernard: „Politik und moralischer Charakter". In: Ders.: Moralischer Zufall. Königstein, Ts. 1984, 65–81 (engl. 1978).

Zanetti, Veronique: „Moralische Dilemmata, schmutzige Hände und Kompromisse." In: Hartmut von Sass (Hg.): Perspektivismus. Neue Beiträge aus der Erkenntnistheorie, Hermeneutik und Ethik. Hamburg 2019, 185–209.

Strafe

Jan C. Joerden

Strafe ist Übelszufügung im Hinblick auf die vorausgegangene Begehung einer strafbaren Tat. Dabei sind unterschiedliche Arten der Übelszufügung vorstellbar und in der Geschichte des Strafrechts auch schon praktiziert worden, insbesondere: Todesstrafe, Leibesstrafen (Prügelstrafe, Abtrennung von Gliedmaßen), Freiheitsstrafe, Geld- und Vermögensstrafe, Entziehung anderer Rechte (Wahlrecht, Berufsausübungsrecht, Fahrerlaubnis etc.), öffentlicher Tadel (ggf. mit Zurschaustellung: Prangerstrafe); sogar Strafen nach dem Tode hat es gegeben (Vierteilung der Hingerichteten, Nichtbestattung in christlicher Erde, öffentliche Verfluchung etc.). In den zivilisierten Staaten finden heute im Wesentlichen nur noch Freiheitsentzug, Geldstrafe und sogenannte Nebenstrafen (Entziehung von bürgerlichen Ehrenrechten, Fahrverbot etc.) Verwendung. Weit verbreitet sind allerdings auch noch die Todesstrafe (insbesondere in den USA und China) sowie die Prügelstrafe und andere Leibesstrafen (insbesondere in Staaten, in denen die islamische Scharia Anwendung findet).

J. C. Joerden (✉)
Europa-Universität Viadrina, Frankfurt (Oder), Deutschland
E-Mail: joerden@europa-uni.de

69.1 Rechtfertigung von Strafe, Straftheorien

Zumindest seit den Zeiten der Aufklärung wird intensiv diskutiert, ob und gegebenenfalls wie sich die Zufügung von Strafe und damit das Strafrecht insgesamt rechtfertigen lassen. Aus der Sicht der Pädagogik scheint dabei klar zu sein, dass Strafe letztlich ein ungeeignetes Erziehungsmittel darstellt. Bezeichnend ist etwa folgende Stellungnahme dazu aus einem pädagogischen Wörterbuch: „Die Strafe ist erzieherisch bedenklich und ein ungeeignetes Erziehungsmittel, weil sie das unerwünschte Verhalten nur unterdrückt, aber nicht auf Dauer auslöscht, weil durch sie kein erwünschtes Verhalten gelernt wird und weil viele unerwünschte Nebenwirkungen zu befürchten sind" (vgl. Keller/Novak 1993, 334).

Dabei wird leicht übersehen, dass auch eine an Vorbild und Belohnung orientierte Erziehung letztlich nicht ohne (negative) Kritik und damit Tadel auskommt. Negative Kritik aber ist bereits eine Art von Strafzufügung, ebenso wie auch die Versagung von Belohnung als Strafe gedeutet werden muss.

Für das Recht dagegen gilt Strafe – von Plädoyers für eine Abschaffung des Strafrechts abgesehen (sog. *Abolitionismus;* vgl. etwa Plack 1974) – demgegenüber als unverzichtbar: „Strafe muss sein" (vgl. Hassemer 2009). Strafe wird hier verstanden als mit einer Sanktion verbundener Tadel durch den Staat bzw. die Gesellschaft. Dabei ist allerdings strittig, welche Ziele die Strafe verfolgen sollte bzw. überhaupt verfolgen darf. Diese Diskussion wird herkömmlich als Debatte über die Strafzwecke verstanden, wobei sich zwei Theorienlager gegenüberstehen, zum einen die sogenannten *absoluten Straftheorien* und zum anderen die *relativen Straftheorien* (vgl. etwa Jakobs 1991, 9 ff., 15 ff.; vgl. auch Frisch 2009 zu aktuellen Entwicklungen dieser Positionen in Europa).

Die absoluten Straftheorien begründen die Strafe damit, dass die Straftat begangen wurde und einer staatlichen Reaktion bedarf. Bestraft wird demnach, *weil* (in der Vergangenheit) gesündigt *wurde (quia peccatum est)*. Hiervon unterscheiden sich die relativen Straftheorien, die die Verhängung von Strafe für notwendig und gerechtfertigt halten, *damit* durch ihre Vollstreckung in Zukunft nicht wieder gesündigt *werde (ne peccetur)*. Dabei geht es diesen Theorien zum einen um die Abschreckung des betreffenden Straftäters von der künftigen Begehung von Straftaten (sog. *Spezialprävention*) und zum anderen um die Abschreckung anderer potentieller Straftäter in der Gesellschaft von der Begehung von Straftaten (sog. *Generalprävention*). Sowohl absolute als auch relative Straftheorien gliedern sich zudem in weitere Subtheorien, je nachdem, welchen Gesichtspunkt sie bei der Strafbegründung in den Vordergrund stellen.

‚Absolut' heißt die zuerst genannte Theoriengruppe, weil sie keine in der Zukunft liegenden Zwecke mit der Strafzufügung verfolgt, sondern nur auf die Straftat selbst mit Strafe reagiert. ‚Relativ' sind dagegen die anderen Theorien, weil sie in der Zukunft liegende Zwecke mit der Strafe verfolgen. Die heutige Strafrechtspraxis legt beide Theorienansätze zugrunde und verwendet dabei Gedanken aus beiden, eigentlich einander diametral entgegengesetzten Konzeptionen der Strafbegründung (sog. Vereinigungstheorie der Strafe), obwohl schon früh kritisiert wurde, dass eine solche Vereinigungstheorie deshalb problematisch ist, weil sie die Fehler, die die „reinen" Theorien aufweisen, ebenfalls „vereinigt" (vgl. Bauer 1825, §§ 233, 237; vgl. dazu auch Heinrich Heines scharfe Kritik an den Straftheorien, wiedergegeben in Küper 1989).

Als die wichtigsten Vertreter einer *absoluten Straftheorie* gelten Kant und Hegel. Sie betonen, dass Strafe auf den Rechtsbruch des Straftäters reagiert und auf ihn reagieren muss, um das Recht wieder in seine ursprüngliche Geltung zu versetzen. Dabei kritisiert Kant zugleich jeden Ansatz, der die Strafe bloß mit der Bewirkung anderer Ziele im Hinblick auf Täter oder Gesellschaft zu begründen sucht:

> „Richterliche Strafe *(poena forensis)* [...] kann niemals bloß als Mittel ein anderes Gute zu befördern für den Verbrecher selbst, oder für die bürgerliche Gesellschaft, sondern muß jederzeit nur darum wider ihn verhängt werden, weil er verbrochen hat; denn der Mensch kann nie bloß als Mittel zu den Absichten eines Anderen gehandhabt und unter die Gegenstände des Sachenrechts gemengt werden [...]". (Kant 1797/1968, 331)

Mit der Fomulierung „weil er verbrochen hat" greift Kant offenkundig das schon von Seneca 1993, 95 (1,19) zur Charakterisierung einer (absoluten) Strafbegründung verwendete „quia peccatum est" fast wörtlich übersetzt wieder auf und stellt sich damit gegen die Position einer (bloß relativen) Straftheorie des „ne peccetur", die Seneca unter Berufung auf Platon 1959, 293 (934a) präferiert. Aus dem Strafgrund des Ausgleichs der begangenen Tat folgt für Kant auch deren Maß: „[...] schlägst du ihn, so schlägst du dich selbst; tödtest du ihn, so tödtest du dich selbst. Nur das Wiedervergeltungsrecht *(ius talionis)* aber, wohl zu verstehen, vor den Schranken des Gerichts (nicht in deinem Privaturtheil), kann die Qualität und Quantität der Strafe bestimmt angeben [...]" (Kant 1797/1968, 332; näher zu Kants Straftheorie etwa Zaczyk 2005; Mohr 2009; Pérez del Valle 2019).

Ähnlich wie Kant sieht es Hegel, wenn er die Strafe als „Verletzung der Verletzung" (des Rechts) ansieht:

> „Das Aufheben des Verbrechens ist insofern *Wiedervergeltung*, als sie dem Begriffe nach Verletzung der Verletzung ist und dem Dasein nach das Verbrechen einen bestimmten, qualitativen und quantitativen Umfang, hiermit auch dessen Negation als Dasein einen ebensolchen hat.

Diese auf dem Begriffe beruhende Identität ist aber nicht die *Gleichheit* in der spezifischen, sondern in der *an sich* seienden Beschaffenheit der Verletzung, – nach dem *Werte* derselben". (Hegel 1821/1999, § 101)

In den weiteren Kreis der absoluten Theorien gehören auch die an *Sühne* und *Versöhnung* ausgerichteten Ansätze:

„Und wie das Verbrechen ein Mißbrauch der Freiheit war und zugleich eine Verletzung der Gemeinschaft, so wird die positive Aufgabe eines sittlichen Strafvollzuges darum immer die doppelte sein: sie wird ihn [den Täter] wieder zur Selbstbesinnung hinführen, zum richtigen Gebrauch seiner Freiheit, daß er sich wieder selbst achten kann und verantwortlich fühlt – das ist ihr Charakter als *Sühne* –, sie wird ihn aber auch wieder zur Gemeinschaft hinführen, eben durch die Trennung, die die Sehnsucht weckt, und alle die Erschwerungen seiner Beziehung zu andern Menschen, daß man ihm keine Besuche erlaubt und sein Briefschreiben beschränkt, bekommen von hier aus ihren höheren Sinn. Das Ziel muß hier die *Versöhnung* sein, in der das Leben ihn wieder aufnimmt und sich mit ihm eint. [...] Strafe muß sein, aber auch Versöhnung will sein". (Nohl 1947, 118)

Als einer der prononciertesten Kritiker der absoluten Straftheorie und Vertreter einer *relativen Straftheorie* kann Schopenhauer gelten:

„Das Gesetz also und die Vollziehung desselben, die Strafe, sind wesentlich auf die Zukunft gerichtet, nicht auf die Vergangenheit. Dies unterscheidet Strafe von Rache, welche letztere lediglich durch das Geschehene, also das Vergangene als solches, motiviert ist. Alle Vergeltung des Unrechts durch Zufügung eines Schmerzes, ohne Zweck für die Zukunft, ist Rache, und kann keinen andern Zweck haben, als durch den Anblick des fremden Leidens, welches man selbst verursacht hat, sich über das selbst erlittene zu trösten. [...] Unrecht, das mir Jemand zugefügt, befugt mich keineswegs, ihm Unrecht zuzufügen. [...] Daher ist Kants Theorie der Strafe als bloßer Vergeltung, um der Vergeltung Willen, eine völlig grundlose und verkehrte Ansicht. Und doch spukt sie noch immer in den Schriften vieler Rechtslehrer, unter allerlei vornehmen Phrasen, die auf leeren Wortkram hinauslaufen, wie: durch die Strafe werde das Verbrechen gesühnt, oder neutralisiert und aufgehoben, u. dgl. m.". (Schopenhauer 1818/1977, 433)

Hier wird wiederum deutlich, dass Vertreter einer relativen Straftheorie dem Ausgleich des Rechtsbruchs durch Strafe, wie ihn die Vertreter absoluter Theorien im Auge haben, schon deshalb nichts abgewinnen können, weil für sie eine Übelszufügung (Strafe) niemals Wirkung auf die Vergangenheit haben kann (vgl. etwa Hoerster 1970). Dabei wird allerdings leicht übersehen, dass es – ähnlich wie beim zivilrechtlichen Schadensersatz – für eine absolute Theorie um die Wiederherstellung und Bekräftigung des Rechtszustands geht, der gewissermaßen durch die Straftat „beschädigt" wurde.

Die Ansatzpunkte der relativen Theorien sind dabei durchaus unterschiedlich. Soweit es um die *Prävention* gegen eventuelle weitere Taten des Verurteilten geht – sogenannte *Spezialprävention* – wird die „Besserung" und die Resozialisierung in den Vordergrund gerückt, soweit diese möglich erscheint. Aber auch die Abschreckung und die ‚Unschädlichmachung' des Täters kommen in den Blick, so etwa, wenn Franz von Liszt zwischen verschiedenen Verbrechertypen differenziert:

„Wenn aber Besserung, Abschreckung, Unschädlichmachung wirklich die möglichen wesentlichen Wirkungen der Strafe und damit zugleich die möglichen Formen des Rechtsgüterschutzes durch Strafe sind, so *müssen* diesen drei Strafformen auch *drei Kategorien von Verbrechern* entsprechen. Denn gegen diese, nicht aber gegen die Verbrechens*begriffe*, richtet sich die Strafe; der *Verbrecher* ist der Träger der Rechtsgüter, deren Verletzung oder Vernichtung das Wesen der Strafe ausmacht. [...] Im Allgemeinen aber dürfte folgende Einteilung zum Ausgangspunkte weiterer Betrachtungen genommen werden können: (1) Besserung der besserungsfähigen und besserungsbedürftigen Verbrecher; (2) Abschreckung der nicht besserungsbedürftigen Verbrecher; (3) Unschädlichmachung der nicht besserungsfähigen Verbrecher". (von Liszt 1882/1905, 165f.)

Geht es dagegen um die *Prävention gegen künftige Taten anderer Personen* in der Gesellschaft, werden zwei Spielarten der Theorie vertreten: Zum einen die These vom Abschreckungszweck der Strafe, auch: *negative Generalprävention*, und zum anderen die These von der *positiven Generalprävention*. Nach der ersten These ist es notwendig und berechtigt, andere Personen von der Begehung von Straftaten abzuschrecken, indem man ihnen vor Augen führt, dass bei der

Begehung von Straftaten mit negativen Sanktionen zu rechnen ist (näher Schmidhäuser 1971). Die zweite These rückt dagegen die Notwendigkeit der Normstabilisierung in den Vordergrund. Da durch den mit der Straftat verbundenen Normbruch gewissermaßen die Glaubwürdigkeit des Normbefehls gelitten habe, gehe es mit der Bestrafung des Täters darum, dem Normbefehl wieder Glaubwürdigkeit zu verschaffen und auf diese Weise die Normgeltung zu stabilisieren (näher Jakobs 1991, 6 ff.).

Eine näher ausgearbeitete und nicht nur beiläufige Theorie der Strafbegründung findet sich wohl zuerst bei P.J.A. Feuerbach (1801). Er unterscheidet zwischen Straf*androhung* einerseits und Straf*zufügung* andererseits und zeigt, dass es zu deren Rechtfertigung jeweils unterschiedlicher Begründungen bedarf. Die Rechtfertigung der Strafandrohung sieht er in dem Zweck der Abschreckung vor möglichen Rechtsgutsverletzungen. Die Rechtfertigung der Strafzufügung dagegen verortet Feuerbach in dem Gedanken, dass die Androhung eine „leere (wirkungslose) Drohung" sein würde, wenn man sie nicht wahr machte. Die „Execution aber [soll] dem Gesetz Wirkung geben, so ist der mittelbare Zweck (Endzweck) der Zufügung ebenfalls bloße Abschreckung der Bürger durch das Gesetz" (Feuerbach 1801, § 20; näher zur Straftheorie Feuerbachs vgl. Naucke 1962; Hruschka 1987). Und Feuerbach fährt fort: „Der Rechtsgrund I. der Androhung der Strafe, ist die Nothwendigkeit die Rechte Aller zu sichern. II. Der Rechtsgrund der Zufügung ist die vorhergegangene Drohung des Gesetzes" (Feuerbach 1801, § 21). Hieraus folgert Feuerbach einige auch für das heutige rechtsstaatliche Strafen zentrale „Grundsätze":

> „I. Jede Zufügung einer Strafe setzt ein Strafgesetz voraus. (*Nulla poena sine lege*). II. Die Zufügung einer Strafe ist bedingt durch die Existenz der bedrohten Handlung. (*Nulla poena sine crimine*). III. Das gesetzlich bedrohte Factum (die gesetzliche Voraussetzung) ist bedingt durch die gesetzliche Strafe. (*Nullum crimen sine poena legali*)". (Feuerbach 1801, § 24)

Diese drei Grundsätze I. bis III. bilden heute den Hintergrund für die Regelungen des Art. 103 Abs. 2 GG und § 1 StGB („Keine Strafe ohne Gesetz"), wobei man daraus ableitet (näher Krey 1983), dass jede Bestrafung eine vorangehende, gesetzlich (schriftlich) fixierte Strafnorm voraussetzt, in der das betreffende Verhalten unter Strafe gestellt wurde *(nullum crimen sine lege scripta),* und die tatbestandlichen Voraussetzungen dieser Strafnorm hinreichend bestimmt sind *(nullum crimen sine lege certa).* Daraus folgt weiter, dass die Begründung von Bestrafung nur aus dem Gewohnheitsrecht (oder auch nur aus dem Naturrecht) und eine rückwirkende Anwendung von Strafgesetzen (zu Lasten des Angeklagten) unzulässig sind *(nullum crimen sine lege praevia).* Schließlich verbietet der Satz auch die analoge Anwendung von Strafbarkeitsnormen zu Lasten des Angeklagten *(nullum crimen sine lege stricta).*

Eng mit dem Prinzip des *nullum crimen sine lege* hängt die inzwischen in Rechtsstaaten allgemein anerkannte Vorstellung zusammen, dass das Strafrecht als schärfste Form staatlicher Intervention gegen das Verhalten der Bürger möglichst restriktiv verwendet werden sollte. Man bezeichnet diesen Gedanken auch als *ultima ratio*-Prinzip, um deutlich zu machen, dass strafrechtliche Ge- und Verbote nur als letztes Mittel der Verhaltenssteuerung in Betracht gezogen werden sollten und auch nur dann, wenn andere Mittel staatlicher Intervention und Steuerung (Verwaltungsrecht, Zivilrecht etc.) dazu nicht ausreichen. Ein Spannungsverhältnis zwischen Recht und Politik entsteht nun in diesem Kontext immer wieder dadurch, dass die Politik dazu neigt, auf gesellschaftliche Probleme mit der Einführung neuer oder der Verschärfung alter Strafrechtsnormen zu reagieren, ohne andere Möglichkeiten der Lösung dieser Konfliktlagen in Erwägung zu ziehen, nicht zuletzt deshalb, weil Strafrechtsnormen kostengünstig zu generieren sind (allgemein dazu etwa Silva-Sánchez 2003). Häufig ist dabei schon von vornherein klar, dass diese Strafrechtsnormen gar keine Abhilfe bringen werden, weil sie sich entweder gar nicht durchsetzen lassen oder auf die Situation, die es zu regeln gilt, nicht adäquat abgestimmt sind. Normen dieser Art werden dann zu Recht als bloß ‚Symbolische Gesetzgebung' kritisiert (näher z. B. Hassemer 1989).

69.2 Rückwirkende Strafrechtsanwendung?

Insbesondere hinsichtlich des in dem Grundsatz *nullum crimen sine lege (praevia)* enthaltenen Verbots rückwirkender Strafrechtsanwendung (zu Lasten des Angeklagten) gibt es immer wieder dann Probleme, wenn es um die strafrechtliche Aufarbeitung von Systemunrecht untergegangener Regime geht (vgl. etwa Naucke 1996; Marxen/ Werle 1999). Da während der Machtausübung solcher Unrechtsregime oftmals gerade gravierende Delikte nicht unter Strafe gestellt, durch Rechtfertigungs- oder Entschuldigungsgründe von Strafe explizit ausgenommen oder zumindest von der betreffenden (Un-)Rechtsordnung geduldet, wenn nicht sogar gefordert oder gefördert wurden, fragt sich, ob man nach dem Untergang des Regimes gleichsam rückwirkend diese Taten strafrechtlich verfolgen darf. Nach dem zweiten Weltkrieg sahen die Alliierten darin kein durchgreifendes rechtliches Problem, als es in Nürnberg insbesondere um die Aburteilung der Verbrechen des NS-Regimes gegen die Menschlichkeit ging. Auch die Europäische Menschenrechtskonvention (EMRK) sieht in Art. 7 Abs. 2 eine Ausnahmeklausel im Kontext des Rückwirkungsverbots vor, wenn es dort nach der Bekräftigung des *nullum crimen sine lege*-Satzes heißt: „Dieser Artikel schließt nicht aus, daß jemand wegen einer Handlung oder Unterlassung verurteilt oder bestraft wird, die zur Zeit ihrer Begehung nach den von den zivilisierten Völkern anerkannten allgemeinen Rechtsgrundsätzen strafbar war." Die Bundesrepublik Deutschland hat allerdings im seinerzeitigen Ratifizierungsverfahren im Hinblick auf Art. 103 Abs. 2 GG, der eine derartige Ausnahmeklausel nicht vorsieht, einen Vorbehalt zu Protokoll gegeben (vgl. Marxen/Werle 1999, 250 f., 260).

Nach der politischen Wende im Jahre 1989 und dem Untergang der DDR haben die deutschen Gerichte gleichwohl (trotz Kritik aus der Rechtswissenschaft; vgl. etwa Jakobs 1994; zustimmend aber z. B. Naucke 1996; Marxen/ Werle 1999) insbesondere die sogenannten Mauerschützen zu Strafen verurteilt, die mit (oftmals tödlicher) Waffengewalt die Flucht von DDR-Bürgern über die damalige Grenze im Einklang mit § 27 DDR-Grenzgesetz, der einen entsprechenden Rechtfertigungsgrund für die Grenzsoldaten vorsah, verhindert hatten. Begründet wurden die Entscheidungen im Wesentlichen mit der sogenannten *Radbruchschen Formel*, die der Strafrechtler und Rechtsphilosoph (und Justizminister in der Weimarer Republik) Gustav Radbruch nach dem Zweiten Weltkrieg angesichts der Taten der NS-Diktatur entwickelt hatte (vgl. Radbruch 1946/1973). Danach müsse ein Richter grundsätzlich auch ungerechtes (gesetztes) Recht dulden und anwenden, da er Gesetzesanwender und nicht Gesetzgeber ist. Diese Pflicht finde indes dann ihre Grenze, wenn das gesetzte Recht so eklatant von den allgemeinen Grundsätzen der Gerechtigkeit abweicht, dass es schlechterdings unerträglich ist.

Dieser Formel liegt die durchaus plausible Überlegung zugrunde, dass das Recht an die Gerechtigkeit zurückgebunden bleibt; zugleich aber erscheint die Formel als sehr unpräzise und kaum handhabbar. Dementsprechend gibt es auch immer wieder Debatten darüber, ob etwa die einschlägigen Regeln des DDR-Grenzregimes so ungerecht waren, dass sie mit Hilfe der Radbruchschen Formel – so wie der Bundesgerichtshof und das Bundesverfassungsgericht dies gemacht haben – gleichsam rückwirkend als extrem ungerechte Regelungen außer Kraft gesetzt werden konnten und dann die Mauerschützen u. a. auf der Grundlage der DDR-Strafvorschrift über Totschlag verurteilt werden durften. Insbesondere der oft bemühte Vergleich mit dem Umgang mit NS-Unrecht erschien problematisch, da zumindest die deutsche Gerichtsbarkeit in der Zeit nach dem zweiten Weltkrieg mit dieser Form des Unrechts vergleichsweise milde umgegangen war. Gegen die Vorgehensweise der Rechtsprechung wurde zum Teil auch eingewandt, dass es dafür einer durch eine entsprechende Verfassungsänderung abgesicherten speziellen gesetzlichen Grundlage bedurft hätte (näher dazu Joerden 1997; 2017a m.w.N.).

69.3 Strafe, Freiheit, Zurechnung

Setzt man einmal voraus, staatliches Strafen lasse sich grundsätzlich rechtfertigen, bleibt immer noch problematisch, unter welchen allgemeinen Voraussetzungen dies möglich ist. Insbesondere muss geklärt werden, ob, den Täter für seine Tat strafrechtlich verantwortlich zu machen, nicht mehr voraussetzt, als sich tatsächlich zeigen lässt. So wird – und dies nicht erst seit der modernen Hirnforschung – von einigen Autoren die These aufgestellt, dass sich die für einen (strafrechtlichen) Tadel vorauszusetzende *Freiheit* des Täters (naturwissenschaftlich) nicht nachweisen lasse (näher dazu etwa Roth 2006, Singer 2004; zum Zusammenhang dieser These mit dem älteren strafrechtspolitischen Konzept der sogenannten *défense sociale* vgl. etwa Ruske 2010). Daher sei ein die Freiheit des Täters voraussetzendes Strafrecht – zumindest im herkömmlichen Sinne des damit verbundenen Schuldvorwurfs – nicht gerechtfertigt; vielmehr müsse man ein rein präventives Strafrecht etablieren, das allein auf Gefahrenabwehr ausgerichtet sei (weiterführend Detlefsen 2006; Pauen/Roth 2008).

Dabei wird jedoch übersehen, dass eine *vorschreibende* (präskriptive, normative) Sprache, in der auch die wichtigsten Begriffe des Strafrechts wie Pflicht, Verantwortung und Schuld formuliert werden, bereits voraussetzt, dass derjenige, dem eine Pflicht auferlegt wird, physisch und psychisch *frei* ist, diese Pflicht zu befolgen oder es zu lassen *(ultra posse nemo obligatur);* nur normativ (rechtlich) ist er (durch die Pflicht) überhaupt zu einer bestimmten Verhaltensweise verbunden. In einer *beschreibenden* Sprache dagegen, wie sie die Naturwissenschaften verwenden, kommt so etwas wie (Entscheidungs-)Freiheit, aber auch wie Pflicht oder Verantwortung, sinnvollerweise gar nicht vor und kann daher auch nicht festgestellt werden.

Nun mag man zwar die These aufstellen, dass wir wissenschaftlich nicht mehr leisten können, als die Welt und damit auch das Verhalten des Menschen zu *beschreiben*. Dann ließe sich allerdings weder Verantwortung einer Person für einen Sachverhalt (z. B. für die Tötung eines Menschen) feststellen noch ein strafrechtlicher Schuldvorwurf begründen. Der Preis, der dafür gezahlt werden müsste, wäre allerdings, dass man nur noch (beschreibend) darüber sprechen könnte, wie die Welt sich weiter entwickeln *wird,* nicht aber mehr (vorschreibend/normativ) darüber, wie sie sich entwickeln *soll*. Denn gerade die letztere Redeweise setzt voraus, dass die Welt, sofern sie durch menschliches Handeln verändert wird, sich auch anders entwickeln könnte, wenn die für das Handeln auferlegten Pflichten befolgt bzw. nicht befolgt werden. Jede normative These muss deshalb notwendig davon ausgehen, dass menschliches Handeln auch die Möglichkeit zum Andershandeln (d. h. Unterlassen der betreffenden Handlung) und damit Handlungsfreiheit umfasst – ganz unabhängig davon, was im Rahmen einer beschreibenden Wissenschaft auch immer dazu festgestellt werden mag.

Diese grundsätzliche Annahme von Freiheit menschlichen Handelns im Kontext normativen Sprechens und Denkens führt auch dazu, dass Verantwortung jedenfalls dann zugerechnet werden kann (worauf sich folglich ein Schuldvorwurf und ein ggf. mit Strafe bekräftigter Tadel beziehen kann), wenn nicht ausnahmsweise *Handlungsunfreiheit* festgestellt wird (wie in diesem Beispiel: A fällt, von einer Windbö erfasst, in die Fensterscheibe des B und zerbricht diese). Entsprechendes gilt, wenn ausnahmsweise *Bewertungsunfreiheit*, d. h. fehlende Freiheit, sich zwischen Recht und Unrecht entscheiden zu können, zu konstatieren ist (z. B.: A kennt die strafrechtliche Norm gar nicht, gegen die er verstößt, und hätte sie auch nicht erkennen können; vgl. §§ 17, 20 StGB). Diese Ausnahmen ändern nichts an dem Grundsatz, dass strafrechtliche Zurechnung die Annahme von Freiheit voraussetzt. Was in normativer Hinsicht notwendige Voraussetzung ist, bleibt allerdings in deskriptiver Hinsicht bloße Fiktion (zu Einzelheiten der strafrechtlichen Zurechnungslehre und deren Differenzierung zwischen Arten der Freiheit vgl. näher Joerden 1988, 30 ff.).

69.4 Strafe als Sanktion, Strafzumessung; Strafe und Bußgeld

Geht es um die Bestrafung als solche, ist zunächst die Art der Strafe zu klären, sodann die Begründung ihrer Höhe. Die in Betracht kommenden Straf*arten* sind oben bereits genannt worden; ihre materielle Grenze finden die Möglichkeiten einer strafenden Sanktion vor allem in dem Grundsatz des Menschenwürdeschutzes (vgl. Art. 1 GG). Dieser schließt entehrende, demütigende Strafen – wie etwa die Prügelstrafe oder sonstige Strafen körperlicher Züchtigung – aus. Es verbleiben Freiheitsstrafe und Geldstrafe (sowie Nebenstrafen wie ein Fahrverbot etc.). Ob auch die Todesstrafe gegen den Grundsatz des Menschenwürdeschutzes verstößt, wird unterschiedlich beurteilt. Zumindest lässt sich aber gegen die Verhängung von Todesstrafe einwenden (zu weiteren Argumenten pro und contra vgl. Wittwer 2010; Joerden 2017b), dass diese bei einem Fehlurteil nicht wieder gut zu machen ist; und eine Fehlverurteilung kann schon deswegen in keinem Fall prinzipiell ausgeschlossen werden, weil stets die Möglichkeit verbleibt, dass eine die Schuld des Täters ausschließende Geistesstörung nicht erkannt wurde, weil ihr Wirkungsmechanismus bei Fällung des Urteils noch gar nicht bekannt war. Sollte dieser Mechanismus später erkannt werden, wäre die Verurteilung an sich aufzuheben (und der Täter ggf. psychiatrisch zu betreuen), was aber nach Vollstreckung der Todesstrafe – anders als bei der Vollstreckung einer Freiheitsstrafe – gerade nicht mehr möglich wäre.

Was die Festsetzung der Straf*höhe* bei den im rechtsstaatlichen Strafarsenal verbleibenden Freiheits- und Geldstrafen betrifft, so legt der Gesetzgeber regelmäßig einen an der Schwere der Tat orientierten Strafrahmen fest, der weder über- noch unterschritten werden darf. (Ausnahme bei Mord: Hier gibt es in Deutschland keinen gesetzlich vorgesehenen Strafrahmen. Ist diese Tat festgestellt, *muss* der Richter lebenslange Freiheitsstrafe verhängen; vgl. § 211 StGB. Zu den gleichwohl von der Rechtsprechung in Sonderfällen zugelassenen Einschränkungen unter dem Aspekt des Verhältnismäßigkeitsprinzips vgl. die sog. Rechtsfolgenlösung des Bundesgerichtshofs, BGHSt 30, 105). Im Übrigen ist umstritten, wie sich eine der individuellen Tat und der Schuld ihres Täters angemessene Strafe innerhalb eines Strafrahmens festlegen lässt. Insbesondere wird diskutiert, ob es für eine konkrete Tat nur genau *eine* angemessene Strafhöhe gibt (etwa genau 1 Jahr und 2 Monate Freiheitsstrafe bzw. genau 1200 EUR Geldstrafe), wie dies die sogenannte Punktstrafentheorie postuliert, oder ob es – was plausibler erscheint – einen gewissen Spielraum für die Feststellung der Strafhöhe durch den Richter gibt, innerhalb dessen alle Strafhöhen für die betreffende Tat angemessen sind – sogenannte Spielraumtheorie (weiterführend Lampe 1999).

Das Recht kennt neben dem Strafrecht auch das sogenannte Ordnungswidrigkeitenrecht, wofür der Gesetzgeber das Ordnungwidrigkeitengesetz (OWiG) eingeführt hat. Während das Strafgesetzbuch (StGB) ggf. eine Bestrafung fordert, ist die Sanktion des OWiG die *Geldbuße*. Früher wurden die meisten Verhaltensweisen, die heute als ordnungswidrig bezeichnet werden, im StGB als sogenannte Übertretungen geregelt. Der Gesetzgeber hat sie aber aus dem StGB herausgenommen, um zu zeigen, dass hier nicht der gravierende staatliche Tadel einer Strafe, sondern die weniger massiv auftretende Sanktion einer Bußgeldzahlung angebracht sei. Dass dies nicht wirklich überzeugend gelungen ist, liegt daran, dass eine Geldbuße für den Bürger, der sie zahlen muss, letztlich regelmäßig ebenso schmerzlich ist wie eine auf den gleichen Betrag lautende Geldstrafe. Immerhin aber bleibt ihm der mit der Strafe immer noch weithin als sehr negativ empfundene soziale Tadel erspart. Ein anderes Problem liegt zudem darin, dass auf dem Weg über gewisse Erleichterungen bei der Verfolgung und dem Nachweis von Ordnungswidrigkeiten dieses Rechtsinstitut gelegentlich auch als Umgehung der relativ strengen Sicherungen eines rechtsstaatlichen Strafprozessrechts verstanden werden kann.

69.5 Strafaussetzung zur Bewährung; Amnestie, Begnadigung

Dem oben bereits genannten *ultima ratio*-Prinzip des Strafrechts entspricht es, dass man nach Möglichkeit selbst bei bereits erfolgter Verurteilung eines Straftäters noch an die Aussetzung der Strafvollstreckung denken muss. Dies kann insbesondere durch Aussetzung der Strafe zur *Bewährung* oder durch probeweise Entlassung nach Verbüßung einer Teilstrafe geschehen. Darüber hinaus kann eine vorzeitige Strafentlassung auch im Rahmen einer *Amnestie* oder einer *Begnadigung* erfolgen. Dabei läuft die Amnestie auf eine Befreiung von Strafverfolgung (ggf. sogar schon vor einer Verurteilung) für eine größere Gruppe von Personen (z. B. für die Teilnehmer an einer gewalttätigen Demonstration oder für „Steuersünder" in einem bestimmten Zeitabschnitt) hinaus. Begründen lässt sich eine Amnestie etwa mit politischen Notwendigkeiten der Befriedung in einer Gesellschaft oder einem gewandelten Rechtsbewusstsein in der Bevölkerung. Es liegt auf der Hand, dass Amnestien in einem Spannungsverhältnis zum Strafgesetz, aber auch zu den Prinzipien der Gerechtigkeit und der Gleichheit stehen (der nicht amnestierte Straftäter wird mit einigem Recht fragen, weshalb ein anderer für dieselbe Straftat nicht haftet, für die er büßen muss). Anders als die Amnestie bezieht sich die Begnadigung regelmäßig nur auf Einzelpersonen, die von Strafe (meist nach einer bereits zum Teil verbüßten Strafhaft) freigestellt werden. Wie die Amnestie ist die Begnadigung ein „Vorrecht" der Exekutive, weil sie materiell eine Durchbrechung der anwendbaren Straf- und Strafvollstreckungsgesetze darstellt. Obwohl das Institut der Begnadigung gerade dadurch gekennzeichnet ist, dass „Gnade vor Recht ergeht", kann man etwa unter dem Aspekt der Forderung nach Rechtsförmigkeit staatlichen Vorgehens doch fragen, ob und, wenn ja, in welchen Fällen es ein Recht auf Begnadigung, zumindest aber einen Anspruch auf Prüfung, ob begnadigt wird, geben muss (näher dazu Campagna 2003).

69.6 Strafe und Belohnung; Schuldfähigkeit und Strafmündigkeit

Strafe und *Belohnung* stehen sich konträr gegenüber, weil ein Verhalten, das bestraft wird, sinnvollerweise nicht (von derselben Person) zugleich belohnt werden kann (und umgekehrt). Gleichwohl haben die Voraussetzungen einer Zurechnung von Tadel und Lob, die zu Bestrafung bzw. Belohnung führt, strukturelle Gemeinsamkeiten. Dies erkennt man schon an der Parallelität der Begriffsreihen, die zu Strafe oder Belohnung führen: (1) Zurechnung einer Handlung – (2) Kritik der Handlung als (straf-)rechtswidrig bzw. überpflichtmäßig (supererogatorisch) – (3) Feststellung von Schuld bzw. von Verdienst des Handelnden – (4) Tadel bzw. Lob – (5) Bestrafung bzw. Belohnung. Zudem setzen sowohl Bestrafung als auch Belohnung *Freiheit* der betreffenden Person bei ihrem Handeln voraus. Aber etwa auch dann, wenn eine Person bei ihrem Handeln einmal ausnahmsweise nicht frei ist, sie für diese Unfreiheit aber *selbst verantwortlich* ist, kann sowohl im Kontext von Bestrafung als auch von Belohnung ausnahmsweise doch von freiem Handeln der Person ausgegangen werden (sog. *actio libera in causa*; Einzelheiten und Beispiele dazu vgl. bei Hruschka/Joerden 1987).

Fehlt einer Person bei ihrem Handeln die erforderliche Freiheit (ohne dass wie vorstehend erläutert eine Ausnahme begründet werden könnte) etwa wegen Jugendlichkeit oder Geisteskrankheit, so verneint man im Strafrecht deren *Schuldfähigkeit*, wodurch sie von Bestrafung ausgenommen wird. Bei Jugendlichen beginnt die *Strafmündigkeit*, bei der Schuldfähigkeit grundsätzlich angenommen wird, mit der Vollendung des 14. Lebensjahres (vgl. § 19 StGB). Da Delikte auch schon von Kindern mit geringerem Alter begangen werden, gibt es eine permanente rechtspolitische Diskussion über die angemessene Grenze der Strafmündigkeit. In Großbritannien etwa liegt diese bei zehn Jahren, in Schottland sogar nur bei acht Jahren (zur Diskussion hierüber vgl. etwa Crofts 2002).

Aber auch nach dem Eintritt der Strafmündigkeit werden Jugendliche (und ggf. Heranwachsende) nicht nach dem sogenannten Erwachsenenstrafrecht bestraft, sondern sind durch das Jugendgerichtsgesetz dem *Jugendstrafrecht* unterstellt, das neben der Anordnung besonderer Vorschriften für das Strafverfahren gegen Jugendliche vor allem Erziehungsmaßnahmen als Sanktionen in den Vordergrund stellt und nur in schweren Fällen zum Mittel der Strafe greift. Dieses primär auf den Erziehungsgedanken setzende Jugendstrafrecht kann bei verzögerter Reife des Delinquenten unter Umständen sogar noch nach Eintritt der Volljährigkeit bis zur Vollendung seines 21. Lebensjahres angewendet werden.

Literatur

Bauer, Anton: Lehrbuch des Naturrechts. Göttingen 1825.
Campagna, Norbert: „Gibt es ein Recht *auf* Begnadigung? Benjamin Constants Paradigmenwechsel in der Problematik des Gnadenrechts." In: Jahrbuch für Recht und Ethik 11 (2003), 373–403.
Crofts, Thomas: The Criminal Responsibility of Children and Young Persons. A Comparison of English and German Law. Aldershot 2002.
Detlefsen, Grischa: Grenzen der Freiheit – Bedingungen des Handelns – Perspektiven des Schuldprinzips. Berlin 2006.
Entscheidungen des Bundesgerichtshofes in Strafsachen (BGHSt), Köln (zitiert nach Band und Seite).
Feuerbach, Paul Johann Anselm: Lehrbuch des gemeinen in Deutschland geltenden Peinlichen Rechts. Gießen 1801.
Frisch, Wolfgang: „Konzepte der Strafe und Entwicklungen des Strafrechts in Europa." In: Goltdammer's Archiv für Strafrecht 2009, 385–405.
Hassemer, Winfried: „Symbolisches Strafrecht und Rechtsgüterschutz." In: Neue Zeitschrift für Strafrecht 9. Jg., 12 (1989), 553–559.
Hassemer, Winfried: Warum Strafe sein muss – Ein Plädoyer. Berlin 2009.
Hegel, Georg Wilhelm Friedrich: Grundlinien der Philosophie des Rechts. Berlin 1821; hier zitiert nach der Ausgabe: Hauptwerke in sechs Bänden. Hamburg 1999.
Hoerster, Norbert: „Zur Generalprävention als dem Zweck staatlichen Handelns." In: Goltdammer's Archiv für Strafrecht 1970, 272–281.
Hruschka, Joachim: „Strafe und Strafrecht bei Achenwall. Zu einer Wurzel von Feuerbachs psychologischer Zwangstheorie." In: Juristenzeitung 42. Jg., 4 (1987), 161–169.
Hruschka, Joachim/Joerden, Jan C.: „Supererogation: Vom deontologischen Sechseck zum deontologischen Zehneck. Zugleich ein Beitrag zur strafrechtlichen Grundlagenforschung." In: Archiv für Rechts- und Sozialphilosophie 73 (1987), 104–120.
Jakobs, Günther: Strafrecht Allgemeiner Teil. Berlin ²1991.
Jakobs, Günther: „Untaten des Staates – Unrecht im Staat. Strafe für die Tötungen an der Grenze der ehemaligen DDR?" In: Goltdammer's Archiv für Strafrecht 1994, 1–19.
Joerden, Jan C.: Strukturen des strafrechtlichen Verantwortlichkeitsbegriffs: Relationen und ihre Verkettungen. Berlin 1988.
Joerden, Jan C.: „Wird politische Machtausübung durch das heutige Strafrecht strukturell bevorzugt?" In: Goltdammer's Archiv für Strafrecht 1997, 201–213.
Joerden, Jan C.: „Zwischen Recht, Moral und Strafbarkeit". In: Martin Borowski, Stanley L. Paulson, Jan-Reinard Sieckmann (Hg.): Rechtsphilosophie und Grundrechtstheorie – Robert Alexys System. Tübingen 2017a, 105–119.
Joerden, Jan C.: „Todesstrafe". – In: Eric Hilgendorf, Jan C. Joerden (Hg.): Handbuch Rechtsphilosophie, Stuttgart 2017b, 470–475.
Kant, Immanuel: Die Metaphysik der Sitten [1797]; hier zitiert nach der von der Preußischen Akademie der Wissenschaften 1902 begonnenen Ausgabe von Kants gesammelten Schriften (Akademie-Ausgabe). Berlin 1968.
Keller, Josef A./Novak, Felix: Kleines pädagogisches Wörterbuch. Freiburg i.Br./Basel/Wien ⁸1993.
Krey, Volker: Keine Strafe ohne Gesetz. Einführung in die Dogmengeschichte des Satzes „nullum crimen, nulla poena sine lege". Berlin 1983.
Küper, Wilfried: „Heinrich Heine über Straftheorien". In: Juristenzeitung 44. Jg., 4 (1989), 182–184.
Lampe, Ernst-Joachim: Strafphilosophie, Studien zur Strafgerechtigkeit. Köln 1999.
Liszt, Franz von: „Der Zweckgedanke im Strafrecht" [1882]. In: Ders.: Strafrechtliche Vorträge und Aufsätze. Berlin 1905, 126–179.
Marxen, Klaus/Werle, Gerhard: Die strafrechtliche Aufarbeitung von DDR-Unrecht. Eine Bilanz. Berlin 1999.
Mohr, Georg: „‚nur weil er verbrochen hat' – Menschenwürde und Vergeltung in Kants Strafrechtsphilosophie." In: Heiner F. Klemme (Hg.): Kant und die Zukunft der europäischen Aufklärung. Berlin/New York 2009, 425–447.
Naucke, Wolfgang: Kant und die psychologische Zwangstheorie Feuerbachs. Hamburg 1962.
Naucke, Wolfgang: Die strafjuristische Privilegierung staatsverstärkter Kriminalität. Frankfurt a.M. 1996.
Nohl, Herman: Die sittlichen Grunderfahrungen. Eine Einführung in die Ethik. Frankfurt a.M. ²1947.

Pauen, Michael/Roth, Gerhard: Freiheit, Schuld und Verantwortung. Grundzüge einer naturalistischen Theorie der Willensfreiheit. Frankfurt a.M. 2008.

Pérez del Valle, Carlos: Überlegungen zur Strafe und Vergeltung bei Kant, in: Jahrbuch für Recht und Ethik, Band 27 (GS für Joachim Hruschka). Berlin 2019, 629–647.

Plack, Arno: Plädoyer für die Abschaffung des Strafrechts. München 1974.

Platon: Nomoi, in: Platon, Sämtliche Werke, übers. von Hieronymus Müller, hg. von Walter F. Otto, Ernesto Grassi, Gert Plambök, Hamburg 1959/1986.

Radbruch, Gustav: „Gesetzliches Unrecht und übergesetzliches Recht." [1946.] In: Ders.: Rechtsphilosophie. Stuttgart ^{8}1973, 339–350.

Roth, Gerhard: „Willensfreiheit und Schuldfähigkeit aus Sicht der Hirnforschung." In: Gerhard Roth, Klaus-Jürgen Grün (Hg.): Das Gehirn und seine Freiheit. Göttingen ^{3}2006.

Ruske, Alexander: Ohne Schuld und Sühne. Versuch einer Synthese der Lehren der défense sociale und der kriminalpolitischen Vorschläge der modernen deutschen Hirnforschung. Berlin 2011.

Schmidhäuser, Eberhard: Vom Sinn der Strafe. Göttingen ^{2}1971. Neu hg. von Eric Hilgendorf. Berlin 2004.

Schopenhauer, Arthur: Die Welt als Wille und Vorstellung, I/2. Werke in zehn Bänden, Bd. II. Zürich 1977.

Seneca, Lucius Annaeus: Philosophische Schriften, Band 1, Dialoge, Drei Bücher vom Zorn (De ira), Buch I., c. 19, Hamburg 1993.

Silva-Sánchez, Jesús-Maria: Die Expansion des Strafrechts. Frankfurt a.M. 2003.

Singer, Wolf: „Verschaltungen legen uns fest: Wir sollten aufhören von Freiheit zu sprechen." In: Christian Geyer (Hg.): Hirnforschung und Willensfreiheit. Frankfurt a.M. 2004, 30ff.

Wittwer, Héctor: „Todesstrafe – philosophisch." In: Ders., Daniel Schäfer, Andreas Frewer (Hg.): Sterben und Tod. Geschichte – Theorie – Ethik. Ein interdisziplinäres Handbuch. Stuttgart/Weimar 2010, 341–345.

Zaczyk, Rainer: „Zur Begründung der Gerechtigkeit menschlichen Strafens." In: Jörg Arnold et al. (Hg.): Menschengerechtes Strafrecht, Festschrift für Albin Eser zum 70. Geburtstag. München 2005, 207–220.

Diskriminierung

Martina Herrmann

‚Diskriminierung' ist meistens synonym mit ‚negativer Diskriminierung', einem sozialen Prozess der Benachteiligung, Ablehnung und Ausgrenzung von Angehörigen bestimmter Gruppen aus attraktiven sozialen Positionen. Die am Prozess Beteiligten sehen dabei implizit oder explizit Menschen mit einem bestimmten Merkmal als sozial unter anderen stehend an. Dies sind Merkmale wie Religion, Herkunft, sexuelle Orientierung, Geschlecht, die Menschen in ihrer Identität charakterisieren. Diese Identitätsmerkmale können unveränderlich sein, aber auch vorübergehend wie etwa Alter, Arbeitslosigkeit, körperliche oder geistige Abweichung von einem als normal akzeptierten Standard. (Negative) Diskriminierung ist Unrecht und hat negative Folgen, insbesondere ungerechte Ungleichverteilungen. Unter ‚positiver Diskriminierung' versteht man die Bevorzugung von Angehörigen von Gruppen bei der Vergabe sozialer Güter, wie z. B. der Besetzung von Stellen, der Vergabe von Posten in Politik und Wirtschaft, von Studienplätzen. Beispiele für eine Politik positiver Diskriminierung sind Quotierungsregelungen.

M. Herrmann (✉)
TU Dortmund, Dortmund, Deutschland
E-Mail: martina.herrmann@tu-dortmund.de

70.1 Normative und begriffliche Grundlagen

Merkmale, die Anlass zur Diskriminierung geben, sind relativ stabile und reale Identitätsmerkmale, wenn auch deren soziale Realität, wie z. B. bei rassischer Zugehörigkeit, zum Teil von falschen Überzeugungen abhängt. Normativ gesehen sollten Identitätsmerkmale für die soziale Situation der Merkmalsträger irrelevant sein. Diejenigen Merkmale, die für die Verteilung sozialer Güter als relevant akzeptiert sind, wie z. B. Intelligenz, Leistung, Qualifikation oder Fähigkeit, haben Angehörige diskriminierter Gruppen im gleichen Maße. Aber Menschen (und Institutionen) reagieren, empirisch nachweisbar, ausgrenzend und ablehnend auf Träger bestimmter Merkmale unterschiedlicher Gruppen (Heitmeyer). Mit dieser Ablehnung und Ausgrenzung geht eine Schlechterstellung im Hinblick auf soziale Güter einher und ein gegenüber Nicht-Merkmalsträgern niedrigerer sozialer Status. Diskriminierung wird hier als eine Verteilungsungerechtigkeit von materiellen wie immateriellen Gütern verstanden. Individuelle Beschädigungen an Leib und Seele fallen diesem Verständnis nach unter Gerechtigkeitsnormen, soweit sie Effekte einer sozialen Verteilung von Gütern sind.

So erfahren sich viele Angehörige diskriminierter Gruppen als von allen oder vielen Angehörigen anderer Gruppen herablassend bis feindselig und gewalttätig behandelt (in einer Erhebung der Europäischen Union zu Minderheiten und Diskriminierung 2017 gaben z. B. 24 % der Befragten an, aufgrund ihres ethnischen oder Migrationshintergrundes in den 12 Monaten vor der Befragung respektlos *(harassment)* behandelt worden zu sein (FRA, 59)). Vieldiskutierte soziologische Anzeichen für eine negative Diskriminierung sind z. B. unterschiedliche Lohnniveaus (ein *gender pay gap* wird für die EU mit 16 % angegeben (für Deutschland mit 20,9). Im Management liegt der Bezahlungsunterschied europaweit sogar bei 23 %. Einen Beitrag dazu leistet die Unterrepräsentation in Führungspositionen. Weniger als 10 % der Personen mit umfassender Führungsverantwortung (CEOs) sind Frauen.) Das sind Indizien für eine eher strukturelle Benachteiligung (European Commission 2017).

Bestimmte politische Maßnahmen zur Abschaffung von Diskriminierung werden international seit den 1970er Jahren mit dem Begriff *affirmative action* bezeichnet, im Deutschen wird selten von ‚Anti-Diskriminierungsmaßnahmen' gesprochen, meist wird der etwas anders gelagerte Begriff ‚positive Diskriminierung' benutzt. Bevorzugung leuchtet intuitiv unmittelbar ein, wenn eine Gruppe diskriminiert wird: Benachteiligung wird durch Bevorzugung ausgeglichen. Positive Diskriminierung ist dabei ein Oberbegriff für eine ganze Palette von Strategien, die wiederum ein Teil des Gesamtpaketes *affirmative action* von möglichen politischen Maßnahmen zur Beseitigung von Diskriminierung ist.

70.2 Normative Diskussion

Es ist notorisch schwer zu begründen, dass positive Diskriminierung gerechtfertigt ist. Der Haupteinwand ist leicht zu sehen: Auch die positive Diskriminierung kann häufig ungerecht sein. Damit ein Vorteil als Ausgleich für ein Unrecht klar verteilungsgerecht ist, muss man auch tatsächlich einen ungerechten Nachteil erlitten haben. Nicht alle Menschen, die ein Diskriminierungsmerkmal haben, werden aber tatsächlich ausgegrenzt. Es gibt (gerade an der Spitze unserer Gesellschaft.) beispielsweise Frauen und Menschen mit Beeinträchtigungen, die nicht diskriminiert worden sind. Wenn man alle Merkmalsträger bevorzugt behandelt, so auch nicht Benachteiligte. Eine Ungerechtigkeit, so der Einwand, wird mit einer anderen Ungerechtigkeit bekämpft. Ungerecht ist positive Diskriminierung ebenfalls als Verstoß gegen das Prinzip der Verteilung nach Verdienst: Fähigkeit soll die alleinige Grundlage für die Vergabe von begehrten sozialen Positionen sein. Dieses Prinzip wird systematisch verletzt, wenn Personen auf der Basis von Gruppenzugehörigkeit vorgezogen werden.

Bei diesen Einwänden setzt die normative Diskussion an. Positive Diskriminierung wird zum einen als in der Abwägung trotzdem gerechtfertigt verteidigt (1). Zum anderen sind in der Folge neue politische Strategien entstanden (2), die nicht direkt positiv diskriminierend, aber für Mitglieder diskriminierter Gruppen befähigend sind: ‚Mainstreaming' und ‚Diversity Management'. Weitere Befähigungs- und Inklusionsinstrumente könnten in Bezug auf Autonomie (3) entwickelt werden. (4) Die Bekämpfung struktureller Benachteiligung wird nicht (mehr) nur als politische Aufgabe und Herausforderung für die Jurisdiktion, sondern auch als Verpflichtung profitierender Personen innerhalb ihrer Handlungsspielräume sowie als (Selbst)-Aufklärungsauftrag liberaler Bürger:innen hinsichtlich ihrer impliziten Vorurteile.

1. Die Rechtfertigung für positive Diskriminierung kann man auf die bestehenden Nachteile einer Gruppe als Ganzes beziehen. Lehrer:innen mit Migrationshintergrund z. B. sollen bevorzugt eingestellt werden, unter anderem weil die Gruppe der Menschen mit Migrationshintergrund im Bildungsbereich benachteiligt ist. Zur Herstellung von Chancengleichheit für diese Gruppe ist es angemessen, Menschen aus dieser Gruppe zu bevorzugen. Darüber hinaus rechtfertigt das eine gewisse Benachteiligung bisher privilegierter Gruppen. Wenn eine Gruppe in der Vergangenheit

Vorteile hatte, ist ihr für eine gewisse Zeit Nachteile zumutbar. Die Plausibilität dieser Argumentation setzt voraus, dass man Gruppenbilanzen gegeneinander aufrechnen kann (für die weitere Diskussion vgl. Boshammer 2003).

Eine zweite Argumentation soll zeigen, dass das Unrecht durch positive Diskriminierung als kleineres Übel in Kauf genommen werden sollte. Solange negativ diskriminierende soziale Praktiken in einer Gesellschaft wirken, widerfährt Angehörigen bestimmter Gruppen systematisch Unrecht. Diese Praktiken hören nicht von selbst auf. Positive Diskriminierung ist ein politisches Mittel zu ihrer Beseitigung. Moralisch spricht es für positive Diskriminierungsmaßnahmen, wenn sie wirksam und mittelfristig mehr und größeres Unrecht beseitigen als sie anrichten. Dabei sollte das Ausmaß, in dem einzelne Individuen negativ betroffen sind, für jede/n zumutbar sein.

Die Überzeugungskraft dieser Argumentation hängt zentral davon ab, ob die Bevorzugung ein gegenüber den entstehenden individuellen Ungerechtigkeiten übergeordnetes und abwägbares Gut verwirklicht. Das Gut ist, negativ ausgedrückt, die Beseitigung bestehender Diskriminierung, positiv ausgedrückt die Gleichstellung aller gesellschaftlichen Gruppen und die gleiche Anerkennung aller Individuen (Taylor 2009). Dieses Gut ist durch rechtliche Mittel kaum zu erreichen und auch auf anderen politischen Wegen nur schwer voranzubringen. Umso wertvoller sind die wenigen Instrumente, die zur Verfügung stehen.

2. Die Einwände gegen positive Diskriminierung machen einen Blick auf andere Strategien der *affirmative action* attraktiv: *mainstreaming* und *diversity management*.

Anscheinend neutrale soziale, politische wie wirtschaftliche Maßnahmen, wie der Bau eines Radweges oder einer Oper, können faktisch bestimmten Gruppen stärker zugutekommen als anderen, und so indirekt bevorzugend und diskriminierend wirken. Es ist eine politische Querschnittaufgabe, alle Entscheidungen auf allen Ebenen daraufhin zu überprüfen. Die Erfüllung dieser Aufgabe ist das sogenannte *mainstreaming*: Ziel ist die Rückführung von Randgruppen in den Mainstream politischer Entscheidungen, indem man auf die *Integration* ihrer Interessen in den Entscheidungsprozess explizit achtet und den Prozess entsprechend kontrolliert, mit dem Ziel einer umfassenden *Gleichstellung* aller Gruppen der Gesellschaft. Eine institutionelle Verankerung hat das *gender mainstreaming*. Es wird von allen EU-Mitgliedsländern gefordert (Amsterdamer Vertrag 1997/1999).

Negativ diskriminierte Gruppen haben weniger Chancen als andere, an politischen Entscheidungen und in wirtschaftlichen Prozessen mitzuwirken. Hier wird das politische Prinzip gleicher Chance auf *Partizipation* verletzt. Auch das kann man als Ungerechtigkeit der Verteilung wichtiger sozialer Positionen auffassen, im Vordergrund steht aber das Ungleichgewicht bei der Interessenberücksichtigung im politischen Entscheidungsprozess. Partizipation und Integration sind die normativen Prinzipien des *diversity management*. Unter Diversity Management werden Maßnahmen zusammengefasst, die unterschiedliche Gruppenzugehörigkeiten als Stärken berücksichtigen. Die mit der Teilhabe verbundene Erwartung richtet sich gleichzeitig auf Status und ökonomischen Erfolg. „Wenn Politik gleiche Teilhabe-Chancen einfordert, muss sich das auch in der Zusammensetzung der Beschäftigten in den Bundesministerien und ihren nachgeordneten Behörden widerspiegeln!" (Beauftragte der Bundesregierung für Migration 2017, Vorwort).

3. Die normative Diskussion um Diskriminierung hat sich ausgeweitet. Es geht nicht mehr nur um Teilhabe und Verteilungsgerechtigkeit mit einer ungefähren Gleichverteilung sozialer Güter unter den sozialen Gruppen. Andere Normen werden als begründend herangezogen, um moralische und politische Forderungen nach einem auch rechtlich verankerten Schutz vor Diskriminierung zu untermauern und um Maßstäbe für nichtdiskriminierende Zustände zu entwickeln, die gehaltvoller sind als die bloß formale

Gleichverteilung zwischen den Gruppen. Ein solcher Maßstab, den die Instrumente unter (2) nahelegen, wäre, ob politische Partizipation gegeben war und Interessen bestimmter Gruppen im informierten Einverständnis zurückgestellt wurden. Wenn Chancen durch *affirmative action, mainstreaming* und positive Diskriminierung geschaffen wurden und die Mitglieder diskriminierter Gruppen befähigt worden sind, sie wahrzunehmen, sie es aber dennoch nicht tun, dann liegt es nahe, Ungleichverteilungen für gerechtfertigt zu halten. Vielleicht wollen Frauen ja keinen Einfluss auf die Politik nehmen und nehmen deshalb ihre Interessen nicht in dem ihnen möglichen Umfang wahr, obwohl sie dafür geeignet sind. Oder aber es ist das Ergebnis einer subtilen Diskriminierung im Hintergrund, die ihren Entscheidungsspielraum faktisch einschränkt. Ist die Entscheidung tatsächlich selbstbestimmt oder Ergebnis einer Anpassung an soziale Erwartungen? Volle Autonomie und Bedingungen ihrer Absicherung sind hier das Kriterium für Nicht-Diskriminierung (Baer/Sacksofsky 2018).

4. Interessant sind auch neuere Entwicklungen bezüglich der Verantwortungsfrage für Diskriminierung und deren Überwindung. Diskriminierung ist ein Unrecht. Normatives Ziel ist eine Gleichstellung aller gesellschaftlichen Gruppen in allen normativ relevanten Hinsichten, sei es Gleichheit an sozialen Gütern, sei es Chancengleichheit auf soziale Güter. Bei Diskriminierung wird schon länger überwiegend davon ausgegangen, dass es weniger darum geht, bestimmten Menschen einen Vorwurf zu machen, weil sie aktiv diskriminieren, als vielmehr darum, die sozialen Mechanismen und Strukturen aufzudecken, die zum Teil an den Akteuren und deren Intentionen vorbei Diskriminierung verstetigen. Wenn man die sozialen Mechanismen besser kennt, lassen sich möglicherweise effektivere Mittel gegen Diskriminierung finden.

Ein Nachteil der Abkehr vom moralischen Vorwurf gegenüber zu identifizierenden Personen besteht darin, dass niemand persönlich verantwortlich ist und damit dafür zuständig ist, das Unrecht zu beseitigen. Welche Akteure der Zivilgesellschaft sind stattdessen zu adressieren? Iris Marion Young hat darauf diese Antwort gegeben: Jede*r, der/die sozial in diese Praktiken eingebunden ist, davon profitiert und etwas tun kann (Young 2013). Das ist eine plausible normative These bezüglich der Zuständigkeit. Ähnlich wie bei anderen Bereichen der Angewandten Ethik, wie z. B. der Konsumentenethik, stellen sich hier aber viele Folgefragen bezüglich kollektiven Handelns und einer individuellen Verpflichtung angesichts der Untätigkeit anderer.

Neben der Hinwendung zu sozialen Mechanismen gibt es aber auch ein weiter differenziertes Interesse am Beitrag von Individuen. Hier hat sich eine empirische Forschung zu *implicit bias* etabliert, die sich überwiegend mit Diskriminierung durch Rassismus beschäftigt und philosophisch begleitet und interpretiert wird (Brownstein/Saul 2016). Eine aufgeklärte liberale Person hält sich für frei von Rassismus, Sexismus, usw. Es gibt aber Hinweise, wissenschaftliche und alltägliche, dass unser Denken und Handeln trotzdem von rassistischen, sexistischen und anderen Elementen beeinflusst wird, und zwar, wie man so schön sagt ‚unbewusst' (Brownstein/Saul 2016; Diangelo 2018). Auch Menschen, die bekennende Anti-Rassist:innen sind und sich politisch aktiv engagieren, zeigen in psychologischen Tests auf automatische und nicht-intentionale Assoziationen negative Einstellungen gegenüber Farbigen (Brownstein/Saul 2016, 1 f.). Die getesteten Einstellungen entsprechen Stereotypen und Rollenbildern. Das wiederum wird als Erklärung oder Indiz dafür gesehen, dass in Situationen, in denen es auf Entscheidungen zwischen Farbigen und Weißen, zwischen Männern und Frauen ankommt, z. B. bei der Neueinstellung und bei der Beförderung, Personen aus der privilegierten Gruppe vorgezogen werden, weil auf Seiten der Entscheider:innen ein Vorurteil oder Stereotyp als implizite Einstellung *(implicit bias)* existiert, dass Mitglieder diese Gruppe kompetenter sind.

Diese empirische Forschung ist in verschiedenen Hinsichten Kritik ausgesetzt – an ihrer Validität wie an ihrer Aussagekraft. Von strukturalistischer Seite stellt sich die Frage, ob Erklärungen durch implizite Einstellung sich als weitreichende Erklärungen tatsächlich (besser) eignen (Haslanger 2015). Das ist vermutlich davon abhängig, welchen Zusammenhang man zwischen beidem herstellen kann. Einerseits ist es naheliegend, dass Sozialisationsprozesse implizite Einstellungen erzeugen (Saul 29189). Andererseits ist es plausibel, dass implizite Einstellungen die sozialen Strukturen erzeugen (Welpinghus 2019). Wie umfassend oder eingeschränkt der Zusammenhang auch ist, es ist sehr plausibel, dass implizite Einstellungen auf einen Mechanismus hindeuten, über den die sogenannten sozialen Strukturen auch durch die Mitwirkung liberaler, aufgeklärter und gut informierter Menschen an ihren besten Absichten vorbei aufrechterhalten werden. Die unter (2) genannten Maßnahmen würden hier nicht greifen. Hier beginnt sich eine Workshop- und Trainingskultur zu etablieren (Tupoka 2019, advd – Antidiskriminierungsverband Deutschland). Je besser Erklärungen durch implizite ablehnende Einstellungen werden, desto genauer können solche Anti-Diskriminierungs-Trainings ansetzen.

Literatur

Baer, Susanne/Sacksofsky, Ute (Hg.): Autonomie im Recht – geschlechtertheoretisch vermessen. Baden-Baden 2018.
Boshammer, Susanne: Gruppen, Rechte, Gerechtigkeit. Die moralische Begründung der Rechte von Minderheiten. Berlin 2003.
Brownstein, Michael/Saul, Jennifer (Hg.): Implicit Bias and Philosophy. Oxford 2016.
Diangelo, Robin: White Fragility. Why It's So Hard for White People to Talk About Racism. Lee's Summit 2018.
Goffman, Erving: Stigma. Notes on the Management of Spoiled Identity. Englewood Cliffs, N.J. 1963.
Haslanger, Sally: „Distinguished Lecture: Social structure, narrative and explanation." In: Canadian Journal of Philosophy 45. Jg., 1 (2015), 1–15.
Heitmeyer, Wilhelm (Hg.): Deutsche Zustände. Folgen 1–10. Frankfurt a.M. 2002–2011.
Hormel, Ulrike/Scherr, Albert (Hg.): Diskriminierung: Grundlagen und Forschungsergebnisse. Wiesbaden 2010.
Joerden, Jan C. (Hg): Diskriminierung, Antidiskriminierung. Berlin 1996.
Klonschinski, Andrea (Hg.): „Schwerpunkt "Diskriminierung"." In: *Zeitschrift für Praktische Philosophie* 7. Jg., 1 (2020).
Klonschinski, Andrea: „Was ist Diskriminierung und was genau ist daran moralisch falsch? Einleitung zum Schwerpunkt "Diskriminierung"." In: Zeitschrift für Praktische Philosophie 7. Jg., 1 (2020), 133–154.
Moreau, Sophie: „What is Discrimination?" In: Philosophy and Public Affairs 38. Jg., 2 (2010), 143–179.
Saul, Jennifer: „Should We Tell Implicit Bias Stories?" In: Disputatio 10 (2018), 217–244.
Solanke, Iyiola: Discrimination as Stigma. A Theory of Anti-discrimination Law. Oxford 2017.
Taylor, Charles: Multikulturalismus und die Politik der Anerkennung. Frankfurt a.M. 2009.
Ogette, Tupoka: Exit Racism. Rassismuskritisch denken lernen [2017]. Münster 2019.
Welpinghus, Anna: „The imagination model of implicit bias." In: Philosophical Studies (2019).
Young, Iris Marion: Responsibility for Justice. Oxford 2013.
Antidiskriminierungsstelle des Bundes. In: https://www.antidiskriminierungsstelle.de/DE/Home/home_node.html (21.3.2011)
advd – Antidiskriminierungsverband Deutschland. In: https://www.antidiskriminierung.org/ (24.2.2020)
Bundesministerium für Familie, Senioren, Frauen und Jugend. In: http://www.gender-mainstreamingnet/ (10.9.2010) https://www.bmfsfj.de/bmfsfj/service/publikationen/zweiter-gleichstellungsbericht-der-bundesregierung/119796 (3.8.2020)
Die Beauftragte der Bundesregierung für Migration, Flüchtlinge und Integration. In: https://www.bundesregierung.de/resource/blob/975292/729998/fdcd6fab-942558386be0d47d9add51bb/11-lagebericht-09-12-2016-download-ba-ib-data.pdf?download=1 (4.8.2020)
European Commission: Gender Equality. In: https://ec.europa.eu/info/policies/justice-and-fundamental-rights/gender-equality/equal-pay/gender-pay-gap-situation-eu_en (4.8.2020)
FRA (European Union Agency for Fundamental Rights): Second European Union Minorities and Discrimination Survey. In: https://fra.europa.eu/sites/default/files/fra_uploads/fra-2017-eu-midis-ii-main-results_en.pdf (4.8.2020)

Rassismus und Sexismus

Martina Herrmann

Rassismus und Sexismus sind komplexe, wenn nicht sogar diffuse soziale Phänomene. Als rassistisch oder sexistisch werden bestimmte natürliche und rechtliche Personen, deren Überzeugungen, Werteinstellungen, einzelne Handlungen oder Handlungsmuster, verbreitete soziale Praktiken und gesellschaftliche Institutionen gekennzeichnet, aber auch Gegenstände wie Bilder und sprachliche Gebilde – Ausdrücke, Sätze, Texte. Mit beiden Begriffen wird immer etwas moralisch Verwerfliches bezeichnet. Ein Unrecht wird den Angehörigen bestimmter gesellschaftlicher Gruppen zugefügt. Beim Rassismus sind es die Angehörigen einer ‚Rasse', die als durch irgendwelche definiten Merkmale gekennzeichnet gedacht werden, beim Sexismus dagegen die Angehörigen eines Geschlechtes, in der Regel des weiblichen. Der moralische Schaden entsteht individuellen Personen, aber er entsteht ihnen als Mitgliedern einer Gruppe, ohne dass sie sich dieser ‚Mitgliedschaft' entziehen könnten. Worin das Unrecht genau besteht, bzw. auf was sich der Vorwurf richtet, ist Gegenstand weiterer Diskussion.

Rassismus und Sexismus durchziehen unsere Lebenswelt, das macht sie komplex und schwer zu fassen. Es wird quer durch alle Wissenschaften dazu geforscht, in anti-rassistischer und feministischer Haltung. Für einen Überblick in aller Breite kann man sich in z. B. in Rattansi (2007), Becker/Kortendiek (2004), für einen Überblick in einem Teil der Philosophie in García (1997), Fricker (2000) orientieren. Dieses Kapitel liefert einen Überblick nur bezüglich bestimmter für die Angewandte Ethik grundlegender Fragen. Die Perspektive ist allgemein normativ, spezifisch rechtliche Fragen werden nicht erörtert. Beide Phänomene werden zunächst ihrer Geschichte entsprechend getrennt voneinander beschrieben. Danach werden ausschließlich ethisch bedeutsame Gemeinsamkeiten herausgearbeitet, Unterschiede vernachlässigt.

71.1 Rassismus

Je nachdem, welches Bündel von Kennzeichen man als Kernbestand eines Rassismus betrachtet, gibt es Rassismus ‚schon immer' und er umfasst sehr viele sozialen Phänomene, oder man knüpft seine Entstehung eng an die Entstehung des Begriffs ‚Rasse', dann ist er ein modernes soziales Phänomen. Als modernes Phänomen entsteht Rassismus mit dem Begriff der ‚Rasse' als biologischem Klassifikationssystem für Lebewesen, besonders Haustiere, und zwar bei dessen Anwendung auf Menschen. ‚Rasse' als zeitgenössisch akzeptierte

M. Herrmann (✉)
TU Dortmund, Dortmund, Deutschland
E-Mail: martina.herrmann@tu-dortmund.de

naturwissenschaftliche Kategorie entstand im späten 18. Jahrhundert und verbreitete sich im 19. Jahrhundert (Geulen 2007). Inwieweit Menschen verschieden aussehen und physiologisch verschieden funktionieren, dabei aber anderen Menschen in bestimmten Hinsichten ähnlich sind, lässt sich umfänglich klassifikatorisch darstellen. Dabei kann man Ähnlichkeiten ausnutzen, um Typen zu konstruieren. Wenn ein bestimmter Typ Lebewesen als ‚Rasse' bezeichnet wird, dann wird damit behauptet, dass Lebewesen dieses Typs gemeinsame Vorfahren mit denselben Eigenschaften hatten und diese von ihnen geerbt haben. Soweit eine Eigenschaft innerhalb der Gattung ‚Mensch' als typische Eigenschaft einer Rasse gilt, wird angenommen, dass für jemanden mit dieser Eigenschaft in seiner Abstammungslinie eine Elternschaft aus dieser Rasse zu finden ist.

Zur Geschichte des Rassebegriffs gehört die immer weitere Verbreitung der Überzeugung, dass sehr viele Eigenschaften von Menschen natürliche unveränderliche Merkmale ihrer jeweiligen Rasse sind. Jeder Unterschied zwischen zwei Menschen könnte ein Rassenunterschied sein. Wer eine gemeinsame Abstammung hat ist wesensmäßig in allen Hinsichten gleich, und zwar stabil gleich: Er oder sie kann sich in ‚rassischen' Eigenschaften nicht verändern. Rassen können sich nur insgesamt ändern durch klimatische und geologische Einflüsse und durch Durchmischung von Bevölkerungen. Es ist erstaunlicherweise anscheinend immer noch umstritten, ob eine Einteilung von Menschen nach Rassen naturwissenschaftlich haltbar ist, genetische Grundlagen konnte man bisher nicht nachweisen (Geulen 2007). Die meisten Autoren gehen davon aus, dass ein biologischer Rassebegriff angewandt auf Menschen eine Fiktion ist (Fredrickson 2004; Rattansi 2007).

Wie auch immer die Einteilung nach Rassen im Einzelnen aussieht: Rassen bilden angeblich als Gesamtsystem eine Hierarchie. In der Ideologie des europäischen Kolonialismus standen Weiße an der Spitze, ihnen wurden ganz überwiegend positiv bewertete Eigenschaften zugeschrieben, und Schwarze am unteren Ende, ihnen wurden sehr viele negativ bewertete Eigenschaften zugeschrieben. Dazwischen finden sich andere Farbige. Es ergibt sich im Rahmen der Klassifikation auf scheinbar zementierter wissenschaftlicher Basis eine vorgebliche Überlegenheit der ‚weißen Rasse'. In anderen rassistischen Regimen im 19. Jahrhundert waren die Hierarchien anders aufgebaut, etwa mit Türken an der Spitze und Armeniern am unteren Ende. Im radikalen Antisemitismus des Nationalsozialismus war der Rassebegriff noch um religiöse und weitere kulturelle Dimensionen aufgeladen.

Ein vermeintlich oder vorgeblich naturwissenschaftliches ‚Wissen' ist die Basis für die Rechtfertigung und Aufrechterhaltung einer Reihe sehr unterschiedlicher sozialer Praktiken. Fälle von offenem Rassismus in der Geschichte des 19. und 20. Jahrhunderts sind: Sklaverei in den USA, Apartheid in Südafrika und als tödlichstes Beispiel: die Rassegesetzgebung und der Antisemitismus des deutschen Nationalsozialismus. Rechtlich institutionalisierte rassistische Praktiken waren z. B. Ghettoisierung, Verweigerung des Wahlrechtes und anderer Rechte, Verweigerung des Zugangs zu qualifizierten Berufsausbildungen, Einschränkung oder Verweigerung der Geschäftsfähigkeit, Verbot von Landbesitz, Einschränkung oder Vermeidung direkten Kontaktes oder Eheverbote (Fredrickson 2004).

Offener Rassismus ist international geächtet. Die Vereinten Nationen bekennen sich in der „UN-Menschenrechtscharta" („Allgemeine Erklärung der Menschenrechte", Resolution 217 A (III) der Generalversammlung der Vereinten Nationen am 10. Dezember 1948) zu gleichen Rechten für alle Menschen. Im deutschen Grundgesetz wurde die Unantastbarkeit der Menschenwürde im Artikel 1 festgeschrieben. Im Artikel 3 wird die Gleichheit aller Menschen vor dem Gesetz festgelegt und eine Benachteiligung aufgrund von Rasse verboten. Diese rechtlichen Kodifizierungen sind unter dem Eindruck des nationalsozialistischen Unrechts entstanden, als Versuch, Faschismus und Totalitarismus durch ein entsprechendes Recht etwas entgegenzusetzen (Jaber 2003, 138 ff.).

Das bedeutete nicht das Ende des Rassismus. Er besteht in meist verdeckter Form weiter.

Hinter der insgesamt deutlich schlechteren sozialen Situation von Ausländern und Menschen mit Migrationshintergrund (etwa einem Fünftel der Gesamtbevölkerung Deutschlands) werden rassistische Ursachen vermutet. Diese Situation wird u. a. im 3. Armuts- und Reichtumsbericht der Bundesregierung (2008) deutlich; z. B. erwerben 37,4 % der Männer und 48,7 % der Frauen mit Migrationshintergrund keinen beruflichen Bildungsabschluss, mit entsprechend schlechten Chancen am Arbeitsmarkt, während nur 12 % der Männer und 26,6 % der Frauen ohne Migrationshintergrund ohne einen Abschluss bleiben. Andere Indikatoren für einen weiterbestehenden latenten Rassismus sind beispielsweise eine Benachteiligung bei der Wohnungssuche, geringere Chancen bei politischer Partizipation, geringerer Verdienst bei gleicher Qualifikation, asymmetrische Interaktion, Zurückweisung durch Türsteher in Lokalen, Gewalt speziell gegen Menschen mit Migrationshintergrund usw.

71.2 Sexismus

‚Sexism' ist eine Wortschöpfung der englischsprachigen Diskussion der 1960er Jahre. ‚Sexismus' wird in Anlehnung an das Wort ‚Rassismus' gebildet und als Schlüsselbegriff einer sozialen Kritik verwendet. Implizit drückt der Begriff aus, dass Einstellungen und Praktiken zwischen Männern und Frauen strukturell wie rassistische Einstellungen und Praktiken beschaffen sind (García 1997). Auch im Zusammenhang mit Sexismus kann man ein legitimierendes Pseudowissen über die Geschlechter ausmachen, das ebenfalls modern ist, sich aber etwas früher herausgebildet hat als die Rassetheorien (für Deutschland vgl. Hausen 1976) und am Anfang des 19. Jahrhunderts bereits voll entfaltet ist. Ihm zufolge haben Frauen und Männer nicht einfach nur je nach Geschlecht und sozialem Stand differenzierte Aufgaben, sondern aufeinander (und auf einen Teil ihrer sozialen Funktionen) abgestimmte Geschlechtscharaktere – die sie ‚von Natur aus' für bestimmte Aufgaben geeigneter machen als für andere. So wird behauptet, Männer seien vernünftig und handelten gemäß ihren Überlegungen, Frauen seien eher passiv und ließen sich von ihren Gefühlen leiten. Männer setzten sich durch, Frauen passten sich an. Männer seien selbständig und autonom, Frauen seien abhängig und fürsorglich usw. Diese bipolare Aufteilung von Charaktermerkmalen auf die Geschlechter spiegelt sich breit in Wörterbüchern, Enzyklopädien und Konversationslexika wider (Hausen 1976, 365 ff.).

Die Unterschiede zwischen den Geschlechtern gelten ab dem 19. Jahrhundert als biologisch bedingt. Sie hängen auf angeblich wissenschaftlich erklärbare Weise mit der Gebärfähigkeit zusammen. Der Unterschied, der zwischen den Geschlechtern gedacht und gemacht wird, durchzieht die Ordnung des gesamten sozialen Miteinanders, mit dem Effekt einer sozialen Hierarchie zwischen den Geschlechtern. Nach Hausen beginnt die Hierarchie erst nach dem Zweiten Weltkrieg in Deutschland langsam aufzuweichen (Hausen 1976).

Über diese strukturellen Ähnlichkeiten von Rassismus und Sexismus hinaus gibt es weitere, auch inhaltliche Übereinstimmungen. In der Hierarchie der Rassen werden die Nicht-Weißen als ähnlich den weißen Frauen und Kindern beschrieben. Farbige seien naiver, schwächer, mehr der Natur verbunden, unschuldiger, weniger intelligent, mit begrenztem Horizont, in ihren Gefühlen weniger kontrolliert, usw. Weiße dagegen seien stark, dominant, weitsichtig, zum Führen geeignet, kontrolliert, pflichtorientiert usw. Unter den Männern und Frauen betreffenden Überzeugungen finden sich viele Entsprechungen, einschließlich der bewertenden Einstellungen. Solche Parallelen werden in der Diskussion seit ca. 1990 herausgearbeitet (Klinger et al. 2007; Kerner 2009).

Mit dem Grundgesetz, Artikel 3, ist in Deutschland die rechtliche Gleichstellung von Frauen und Männern grundsätzlich erreicht. Das bedeutet nicht, dass Sexismus per Gesetz abgeschafft werden konnte. Einige Anzeichen für eine anhaltende Diskriminierung des weiblichen Geschlechts finden sich im Armuts- und

Reichtumsbericht (s. auch Kap. VI.6 zu ,Diskriminierung').

Kann es Rassen und Geschlechter ohne ein biologisches ,Wissen' darum geben? ,Rasse' wie ,Geschlecht' sind keine biologisch trennscharfen Begriffe (Rattansi 2007; Becker/Kortendiek 2004). Die Alternative besteht darin, Rassen und Geschlechter nicht als natürliche sondern als soziale Entitäten aufzufassen. Es gibt Rassen, solange Menschen sich und andere als zugehörig zu einer Rasse identifizieren, es gibt zwei oder mehr Geschlechter, solange Menschen sich und andere in Frauen und Männer und Diverse aufteilen (Appiah 2007; Haslanger 2000) – und damit unterschiedliche Eigenschaften verbinden.

71.3 Genauere Begriffsbestimmung und verwandte Begriffe

Die genaueren Bestimmungen von Rassismus wie von Sexismus sind ein bislang nicht ausdiskutiertes philosophisches Problem. Die Darstellung bis hierher legt nahe, dass es sich um soziale Phänomene handelt, in denen eine hierarchische Ordnung des Wertes von Personen nach Rassen/Geschlechtern auf der Basis eines für objektiv gehaltenen und unüberbrückbaren Unterschiedes zwischen den Rassen/Geschlechtern hergestellt wird. Personen mit hohem sozialem Status werden wertgeschätzt, Personen mit niedrigem Status werden mit weniger Aufmerksamkeit bedacht oder sogar missachtet.

Damit ist die Begriffsbestimmung von Rassismus wie Sexismus an soziale Achtung und Missachtung gebunden. In der philosophischen Diskussion wie in der Alltagsverwendung gibt es grob betrachtet zwei Achtungsbegriffe, einen eher humeanischen und einen eher kantischen (Demmerling/Landweer 2007). Nach Hume hat Achtung *(respect)* etwas damit zu tun, dass alle Menschen sich ständig mit anderen vergleichen: wer der Schönste, die Reichste, der Langweiligste, die Witzigste, Unfähigste usw. sei. Wo eine Person sich selber besser findet als andere, sieht sie auf ihre Mitmenschen herab, wo jemand andere als besser beurteilt als sich selbst, bringt er ihnen ein Gefühl der Hochachtung entgegen. In dieser Auffassung von Achtung kann ein Anspruch auf Gleichachtung nur da geltend gemacht werden, wo auch die gleichen schätzenswerten Eigenschaften vorliegen.

Für Kant dagegen ist Achtung ein Gefühl, das allen Menschen aufgrund ihres Potentials zur Vernünftigkeit gleichermaßen zusteht. In dieser Lesart von Achtung werden Menschen aufgrund einer nur eingeschränkt empirischen Basis geachtet, nämlich aufgrund des Potentials für dieses eine Merkmal, verbunden mit der Annahme, dass sie als Gattungswesen dieses Potential teilen. Alle anderen Eigenschaften sind für Achtung irrelevant. Alle Menschen müssten gleichermaßen geachtet werden. Achtung wird entweder ganz gewährt oder gar nicht. Wem diese Achtung nicht gewährt wird, der wird aus dem Kreis derer, die als moralisch gleich berücksichtigenswert gelten, ausgeschlossen und erfährt dadurch eine Demütigung.

Humeanische Achtung und kantische Achtung sind nicht leicht zusammenzubringen. Beide spielen in Rassismus- und Sexismusvorwürfe hinein. Mit dem humeanischen Achtungsbegriff lässt sich der Vorwurf als moralischer Fehler in der Wertschätzung aber auch als empirischer Fehler diagnostizieren: Die empirische Grundlage für die fehlende Wertschätzung oder Geringschätzung liegt gar nicht vor. Es ist z. B. falsch, dass der Intelligenzquotient in statistischem Zusammenhang mit Geschlecht oder Rasse steht. Oder die empirische Basis ist irrelevant: Blaue Augen machen Menschen nicht schätzenswerter. Unterschiede in der Achtung durch Mitmenschen sind aber nicht per se verdächtig.

Mit dem kantischen Achtungsbegriff dagegen ist jede Ungleichbehandlung, soweit sie einen Unterschied in der Wertschätzung ausdrückt, problematisch. Jedem/r gebührt das gleiche Maß an Achtung, denn das einzige relevante Merkmal ist die Vernunftfähigkeit qua Zugehörigkeit zur menschlichen Gattung. Es ist nach Kant eine schwere moralische Verfehlung, die gebührende Achtung nicht zu zeigen. Man schließt andere dadurch symbolisch aus der Gattung aus.

Aus der Perspektive eines kantischen Achtungsbegriffes lässt sich das Demütigende an der Geringerschätzung besser verstehen. Aus der Perspektive eines humeanischen Achtungsbegriffes lässt sich besser verstehen, warum es in der Diskussion immer wieder um die empirische Basis rassistischer und sexistischer Überzeugungen geht. Ohne sich für einen Achtungsbegriff entscheiden zu müssen, lässt sich der mit Rassismus und Sexismus erhobene Vorwurf in allgemeiner Weise bestimmen: Rassismus/Sexismus ist ungerechtfertigtes Geringerschätzen, d. h. es ist ein soziales Phänomen, bei dem bestimmte Menschen zu Unrecht aufgrund ihrer Rasse/ihres Geschlechtes geringer geschätzt werden als andere.

Diese Bestimmung des impliziten Vorwurfs ist sehr weit. Bei vielen sozialen Phänomenen spielt Geringerschätzung eine Rolle: Ausländerfeindlichkeit, Frauenfeindlichkeit, Xenophobie, Diskriminierung, Inklusion/Exklusion, Antisemitismus, Nationalismus, Stigmatisierung, Islamfeindlichkeit, Verweigerung von Anerkennung oder ,Gruppenbezogene Menschenfeindlichkeit'. Die mit diesen Begriffen bezeichneten Phänomene bilden echte Teilmengen von oder Schnittmengen mit rassistischen und/oder sexistischen Phänomenen.

Verweigerung von moralisch geforderter *Anerkennung* ist eine echte Begriffsalternative zu der etwas steifen Rede von Geringerschätzung, die hier gewählt wurde. Diese Alternative hat zudem den Vorteil, dass sie theoretisch ausgearbeitet ist (Honneth 2004). Mit der Verwendung des Begriffs ,Anerkennung', so wie Axel Honneth ihn entfaltet hat, gerät man allerdings in das Fahrwasser einer Theorie der Verteilungsgerechtigkeit, die Anerkennung als ein Gut auffasst, das zwar wie kantische Achtung unteilbar, aber austeilbar und eben auch zurückhaltbar ist. Wenn man jemandem die Anerkennung als Person nicht gewährt, dann wird einer Person etwas, das ihr zusteht, nicht gegeben. Rassismus oder Sexismus aufgefasst als eine Form der Verweigerung von Anerkennung, weil jemand einer bestimmten ethnischen Gruppe oder einem bestimmten Geschlecht angehört, ist in dieser Theorie wesentlich eine Ungerechtigkeit.

Damit träfe man eine Vorentscheidung zum einen gegen diejenigen, die das Unrecht eher als etwas aktiv Zugefügtes ansehen, z. B. als Demütigung (Margalit 1996) oder als Unterdrückung (Haslanger 2000). Als rassistisch und sexistisch werden nämlich nicht nur Verletzungen der Gerechtigkeit, sondern auch anderer normativer Prinzipien bezeichnet (siehe unten). Zum anderen entscheidet man sich, wenn man das Kernübel als Vorenthalten von Anerkennung versteht, in der Auseinandersetzung Honneths mit Nancy Fraser (2003), ob Anerkennung und Verteilungsgerechtigkeit ein oder zwei normative Sphären sind, gegen Fraser. Aus diesen beiden Gründen scheint es besser, den mit ‚Rassismus' und ‚Sexismus' erhobenen Vorwurf mit dem hier untheoretisch verwandten ‚ungerechtfertigten Geringerschätzen' zu erläutern.

71.4 Worin besteht das Unrecht?

Es liegt nahe zu denken, dass Rassismus und Sexismus zwei spezifische Arten moralischen Unrechts mit einem genauer zu beschreibenden Inhalt sind, so wie beispielsweise das Betrügen. Das Unrecht, das Menschen als Angehörige einer Rasse und/oder eines Geschlechts in ihrem Leben erfahren, kann aber sehr viele Formen annehmen: Mord, Verfolgung, Ausbeutung, Beherrschung, Unterdrückung, Verweigerung von Grundrechten, Verletzung des Gleichheitsgebotes, Verletzung der Menschenwürde, Verteilungsungerechtigkeit, Diskriminierung, minderer sozialer Status, Armut, Verweigerung von Anerkennung, Ausgrenzung, Unsichtbarkeit, Demütigung, Verachtung, Freiheitseinschränkung bei der Entwicklung einer psychosozialen Identität, Ehrverletzung, Ridikülisierung, Verdinglichung, Stigmatisierung, Erschwerung oder Verweigerung politischer Partizipation, Entfremdung, soziale Ohnmacht usw. Die Liste ist lang und leicht verlängerbar. Es ist schwer zu sehen, worin das Gemeinsame bestehen könnte, wodurch das jeweilige Unrecht nicht nur ein Unrecht seiner Art, sondern wesentlich außerdem ein Fall von Rassismus oder Sexismus wäre.

Viele Autoren versuchen, das Unrecht im Rassismus oder Sexismus durch Verallgemeinerung genauer herauszuarbeiten. Es wird z. B. mit Begriffen wie ‚Machtdifferenzen' oder ‚Differenzkonstruktionen' operiert (Kerner 2009; Klinger et al. 2007). Oder man setzt auf allgemeine Gemeinsamkeiten in den Effekten auf die Betroffenen, nämlich unfaire Freiheitseinschränkungen, Diskriminierungs-, Unterwerfungs- und Ausgrenzungsphänomene (Fredrickson 2004; Haslanger 2000; Moreau 2010). Problematisch dabei ist die willkürliche Auswahl bestimmter Eigenschaften des Unrechtes als wesentlich. Ein weiteres Problem bei solchen Versuchen, gemeinsame inhaltlich gehaltvolle moralische Merkmale zu finden, besteht darin, dass es all diese Übel auch gibt, ohne dass Rassismus oder Sexismus dabei eine Rolle spielten. Es fällt schwer zu glauben, dass die Art des Unrechts sich ändert, wenn eine Person als Frau oder Farbige statt als Individuum unterdrückt wird. Nur ein Teil aller Übel in der Welt ist rassistisch und/oder sexistisch, während auf der anderen Seite jede Art von Unrecht rassistisch und/oder sexistisch motiviert sein kann.

Die Begriffsbestimmung allein als Geringerschätzen auf der Basis eines sozial zugeschriebenen Merkmals bleibt in zweierlei Hinsicht unbefriedigend. Zum einen ist der Gehalt des moralischen Unrechtes sehr unspezifisch. Extensional mögen Rassismus und Sexismus so genau das umfassen, was sie sollen. Aber weder hat der Rassismus einen eigenen intensionalen Gehalt, noch der Sexismus ein spezielles Kennzeichen. Individuiert wird durch etwas Formales, nämlich wer die Betroffenen sind. Das entspricht nicht dem Unrechtserleben, das eine distinkte Qualität zu haben scheint. Verachtet zu werden, weil man eine Frau ist, fühlt sich oft besonders perfide an, während verachtet zu werden, weil man etwas Dummes gesagt hat, weit weniger schmerzt. Dass der moralische Vorwurf des Rassismus oder Sexismus gravierend ist und in Bezug auf was das so ist, wird in der Intension des Begriffs nicht miterfasst. Zum anderen kann mit der Geringerschätzung so gut wie jedes Unrecht verbunden sein, in dem sie sich ausdrückt. Das betrifft sowohl die Art des Unrechts, wie etwa die Verteilung von Einkommen und Status, Benachteiligung im Zugang zu begehrten Gütern, Mansplaining, wie auch die Schwere, von der Versklavung bis zum Blondinenwitz. Aus der Klasse des moralisch Verwerflichen wird zu viel (nämlich alles Unrechte, wenn es aufgrund des Merkmals Rasse oder Geschlecht geschieht) und zu Verschiedenes zusammen gruppiert. Beides ist Gegenstand fortdauernder Diskussion.

Christine Bratus Vorschlag betrifft den zweiten Mangel: Geringerschätzung ist in gewisser Weise mit allem moralisch Schlechten verbunden, das man anderen antut, denn man behandelt sie nicht ihrem moralischen Rang entsprechend. Insofern wirft man nichts spezifisch davon zu Unterscheidendes vor, wenn man der Geringschätzung im moralischen Unrecht das Label ‚rassistisch' oder ‚sexistisch' gibt. Wenn ein Mann einer Frau das Wort abschneidet, weil er deren Beitrag für unwichtig hält, unterscheidet sich das nicht von dem Fall, wo eine Frau einer anderen das Wort abschneidet, weil sie deren Beitrag für unwichtig hält. Dem könnte man *prima facie* zustimmen. Aber wenn man jetzt dem Mann Sexismus vorwirft und der Frau nicht, dann macht man ihm einen doppelten Vorwurf: Er hat etwas moralisch Falsches getan und seine Geringschätzung galt nicht (nur) dem Inhalt des Gesprächsbeitrages und möglicherweise der Person als weniger beachtenswertes Individuum, sondern wesentlich der Person aufgrund ihres Geschlechtes. Insofern trägt die Geringerschätzung *als Frau* ihren zu unterscheidenden Teil dazu bei, die Handlung moralisch falsch zu machen. Es ist unter Umständen der verletzendere Teil, auch weil es systematischer Teil einer Praxis ist. Dem doppelten Unrecht möchte Bratu Rechnung tragen, indem sie es auf der Kommunikationsebene analysiert: Wer jemandem in Bezug auf die Geschlechtsidentität oder eine angenommene Rasse Unrecht antut, signalisiert damit dieser Person und allen anderen explizit oder implizit entsprechend dem allgemeinen Verständnis, dass sie es wegen dieser Eigenschaft nicht wert ist, als gleichwertige Person behandelt zu werden. Das ist falsch und ein zweites, dazukommendes Unrecht. Das zweite Unrecht besteht zunächst in der Kommunikation dieser Botschaft. Die kommunizierende Person maßt sich eine Autorität dazu an oder folgt einer Praxis, die solche Botschaften aussendet. Die Mitteilung wiederum hat weitere soziale Effekte, die moralisch zu verurteilen sind. Sie bestätigt eine sexistische oder rassistische Praxis, ermutigt andere, sexistisch oder rassistisch zu denken und zu handeln und sie untergräbt die Selbstachtung der Betroffenen.

Diese Bestimmung des spezifischen Unrechtes hat mehr Gehalt als die formale Geringerschätzung in Bezug auf Weiblichkeit oder Rasse. Da, wo implizit oder explizit kommuniziert wird, ist das eine sehr hilfreiche Analyse (vgl. dazu auch schon Langton 1993). Allerdings sind sexistische und rassistische Einstellungen, die sich – aus welchen Gründen auch immer – nicht in Akten äußern, nicht miteinbezogen. Insofern wäre der Begriff enger als der von Glasgow vorgeschlagene. Zum anderen ist in der Charakterisierung nicht miterfasst, dass es sich um einen besonders gravierenden moralischen Vorwurf handelt. Das Mitteilen wird erst in Kombination mit dem sozialen Unrecht, das es als weitere Konsequenz oder als Effekt hat, gravierend. Das gelegentliche Erzählen nicht korrekter Witze und die Unterstützung von Apartheit werden gewissermaßen auf eine moralische Stufe gestellt, soweit es um diesen kommunikativen Aspekt geht.

Auch für die genauere Erläuterung der besonderen Schwere des mit Rassismus und Sexismus verübten Unrechts gibt es neuere Versuche. Ein Beispiel mit einer umfangreichen Aufarbeitung der feministischen Diskussion ist Mari Mikkolas Buch *The Wrong of Injustice* (Mikkola 2016).

Es ist zunächst ein feministisches Buch, auch wenn Mari Mikkola bewusst ist, dass die Form des schwerwiegenden Unrechts (wie *injustice* statt mit ‚Ungerechtigkeit' besser zu übersetzen wäre) sich auch bei anderen sozialen Gruppen, denen sozial ein auffälliges Merkmal zugeschrieben wird, findet – wie gegenüber Farbigen, Homosexuellen, Personen mit diverser Geschlechtsidentität sowie Menschen mit Beeinträchtigungen. Sie betrachtet vorwiegend strukturelles Unrecht, keine Einzelhandlungen und -einstellungen von Individuen, sondern verbreitete Handlungen und Praktiken, die aus einer Gesellschaft ein Patriarchat machen. Ziel der Untersuchung ist es, das „wrong making feature" herauszuarbeiten. Dabei schlägt sie vor, dass die feministische Philosophie sich nicht mehr um den Begriff „Frau" bemühen sollte, wie angereichert auch immer gefasst, sondern um die Begriffe „Mensch" und „Menschlichkeit". Die Unterteilung nach biologischem und sozialem Geschlecht war sinnvoll, hat aber zu einer ausufernden und ergebnislosen Diskussion darüber geführt, was wesentliche Eigenschaften von Frauen sein könnten und worin die spezifischen Verletzungen bestehen, die ihnen im Patriarchat zugefügt werden.

Das ist Mikkolas Diagnose bezüglich des Standes der Forschung. Sie schlägt vor, die Perspektive so zu wechseln, dass die Effekte der Praktiken auf Menschen (jeder Art) ins Zentrum rücken. Damit wird der Fokus weiter und erstreckt sich auch auf andere Gruppen, denen ein Unrecht derselben Art zugefügt wird. Ihr Ansatz für die genauere Bestimmung einer Handlungsweise oder Praxis als Unrechts ist deren Wirkung, nämlich die nicht rechtfertigbare Beeinträchtigung legitimer allgemeinmenschlicher Interessen (Mikkola 2016, 8). Allgemeinmenschliche Interessen und damit die Wohlfahrt von Personen ohne Rechtfertigung zu beeinträchtigen, fasst Mikkola unter das Stichwort *dehumanization*. Das Unrecht des Sexismus und Rassismus, ob es in Ungerechtigkeit oder Unterdrückung besteht, ist demnach deshalb ein spezifisches Unrecht, weil es legitime menschliche Interessen frustriert und damit die Wohlfahrt *(well-being)* der Betroffenen beeinträchtigt, was sie, etwas metaphorisch, als ‚entmenschlichend' bezeichnet (Mikkola 2016, 12). Welche Interessen das genau sind, ist schwierig zu erkennen, aber es sollen extern zu beschreibende Gesichtspunkte sein, die auch körperlich verankert sind. Mikkola strebt eine nicht-ideale Theorie an und keine substantielle normative Theorie der menschlichen Natur. Zu den allgemeinmenschlichen Interessen gehört, nicht stigmatisiert und ausgeschlossen zu werden und frei von schmerzhaften und schwächenden körperlichen Gebrechen zu sein, sein Leben (gesund) fortsetzen zu können, ein gewisses Maß an Scharfsinn, emotionale Stabilität, Abwesenheit von grundloser Besorgnis und Verstimmung, die Fähigkeit zu sozialem Umgang und zu Freundschaft, materielle Subsistenzsicherung, eine annehmbare soziale und physische Umwelt mit einem gewissen Maß an Freiheit von Einmischung und Zwang (Mikkola 2016, 168). *Dehumanization* ist immer ein moralisches Übel. Mehr noch: Wenn Entmenschlichung als Unrecht strukturell verankert ist, ist es nach Mikkola das Kernübel, das unterschiedliche Formen des Sexismus und Rassismus wie Diskriminierung, Unfreiheit, Ausbeutung, Unterdrückung und Marginalisierung (Mikkola 2016, 187) gemeinsam haben, und es ist genau das, was sie kennzeichnet. Entmenschlichung hat als ihr positives Gegenteil nicht die Freiheit oder Abwesenheit von Entmenschlichung, sondern *equality of meaningful opportunities*. Frei z. B. von willkürlichen Überprüfungen der Personaldokumente zu sein, bedeutet nämlich, in seiner sozialen Umwelt in seinen Bewegungsmöglichkeiten nicht (auf entmenschlichende Weise) beschränkt zu werden.

Auch dieser umfassende Neuansatz scheint hilfreich für das Verständnis. ‚Entmenschlichung' als Terminus technicus trägt als *thick ethical concept* als Bedeutungselement eine starke moralische Verurteilung in sich. Sprachlich erinnert es an Kants Auffassung, dass mit Missachtung ein Ausschluss aus der Gattung verbunden sei. Das Gegenteil der ‚Entmenschlichung', die Gleichheit an sinnvollen Chancen, enthält das Element des Verbots des Geringerschätzens explizit. Der Maßstab der moralischen Gleichheit ist bei dem Vorwurf der ‚Entmenschlichung' implizit als verletzt einbezogen. Eine Schwierigkeit scheint wiederum zu sein, dass man in Kauf nimmt, solche Einstellungen, die sich nicht äußern, auszunehmen. Darüber hinaus werden auch die Handlungen, die keine in dieser Weise schädigenden Effekte haben, nicht mit einbezogen.

Der Rassist, der wegen seiner Äußerungen einfach nur ausgelacht wird, entmenschlicht niemanden im Sinne Mikkolas. Hier ist der kommunikative Ansatz Bratus inklusiver. Eine weitere Schwierigkeit scheint zu sein, dass die nähere Bestimmung des Unrechts, nämlich eine unberechtigte Beeinträchtigung allgemeinmenschlicher Bedürfnisse zu sein, auch auf Fälle zutrifft, bei denen keine Gruppenzugehörigkeit zum Anlass genommen wird, z. B. auf Kinder, die von ihren Eltern vernachlässigt werden. Auch das müsste man als entmenschlichend verstehen und dadurch ist dieses Verständnis des Unrechtes wiederum nur dadurch spezifisch für Rassismus und Sexismus, dass es hier auf eine bestimmte soziale Gruppe ausgerichtet ist.

Die Versuche, das Kernübel inhaltlich noch weiter zu spezifizieren, scheinen bisher nicht vollkommen überzeugend zu sein. An der extensionalen Spezifizierung des Unrecht der nicht gerechtfertigten Geringerschätzung von Menschen in einer Gesellschaft durch die Zuschreibung einer Rasse oder eines Geschlechtes als Identitätsmerkmal kann man weiter festhalten und offen lassen, ob sich das intensional weiter so bestimmen lässt, dass tatsächlich die Extension und nur sie abgedeckt ist und die Intension zur Schwere des Vorwurfs passt. Die Geringschätzung kann in Überzeugungen, in Absichten und/oder im Verhalten vorliegen und/oder ein Effekt einer sozial etablierten Praxis sein. Wenn alle Mitglieder von Gruppen, die als einer bestimmten Rasse angehörig oder weiblich gelten, gegenüber einer oder mehreren anderen Gruppen als geringerwertig angesehen und/oder behandelt werden, liegt Rassismus oder Sexismus vor (Haslanger 2000). Aber wenn das Kernübel im Geringerschätzen als farbige Person oder als Frau besteht, dann ist Geringerschätzen aufgrund anderer Identitätsmerkmale, z. B. der Religion, anderer Geschlechtsidentitäten, Behinderung, Klasse usw. die gleiche Art von Unrecht. Diese Gemeinsamkeit in Bezug auf *prima facie*-Frauen und Transfrauen nicht gesehen zu haben und sie deshalb nicht in die Analyse inkludiert zu haben, kritisiert Jenkins (2016) an Haslanger.

Warum gibt es Rassismus und Sexismus? Kann es eine Welt ohne sie geben? Um diese

Fragen seriös anzugehen, bedarf es anderer als begrifflicher und analytischer Werkzeuge, nämlich solider soziologischer, psychologischer, politischer und sonstiger Erklärungen für Rassismus und Sexismus. Dieser Beitrag kann das nicht leisten. Alltagstheoretische Kandidaten für solche Erklärungen sind schnell zur Hand: Machtstreben, wirtschaftliche Vorteile, Kompensation von Defiziten, allgemeine Prozesse der Herstellung von Gruppenidentität, Sicherung von Herrschaft, Ich-Stärkung, Herstellung von Selbstbewusstsein und Überlegenheit, Angst und Feindseligkeit als Schutzmechanismen, Aufwertung der eigenen Gruppe durch Abwertung anderer Gruppen etc. Ob es eine Welt ohne Rassismus und Sexismus – und ohne Diskriminierungen geben kann, hängt davon ab, ob es Umstände geben kann, unter denen eine große Gruppe von Menschen zwar soziale Differenzierungen vornimmt, aber auf Gefühle und Einstellungen des Geringerschätzens wie Missachtung und Verachtung oder zumindest auf deren Ausdruck verzichten kann. Begrifflich scheint nichts dagegen zu sprechen.

Literatur

Appiah, Kwame Anthony: „Does Truth Matter to Identity?" In: Jorge J.E. Gracia (Hg.): Race or Ethnicity? On Black and Latino Identity. Ithaca 2007, 19–44.
Becker, Ruth/Kortendiek, Beate (Hg.): Handbuch Frauen- und Geschlechterforschung. Theorie, Methoden, Empirie. Wiesbaden 2004.
Bratu, Christine: Towards a Communicative Account of Disrespect. Manuskript. München 2019.
Demmerling, Christoph/Landweer, Hilge: Philosophie der Gefühle. Von Achtung bis Zorn. Stuttgart 2007.
Dritter Armuts- und Reichtumsbericht der Bundesregierung. In: http://www.bmas.de/portal/26896/lebenslagen_in_deutschland_der_3_armuts_und_reichtumsbericht_der_bundesregierung.html (22.3.2011)
Eidelson, Benjamin: Discrimination and Disrespect. Oxford (2015).
Fraser, Nancy/Honneth, Axel: Umverteilung oder Anerkennung? Eine politisch-philosophische Kontroverse. Frankfurt a.M. 2003.
Fredrickson, George Marsh: Rassismus: Ein Historischer Abriß. Hamburg 2004 (engl. 2002).
Fricker, Miranda/Hornsby, Jennifer (Hg.): The Cambridge Companion to Feminism in Philosophy. Cambridge, UK 2000.
García, Jorge L.A.: „Current Conceptions of Racism: A Critical Examination of Some Recent Social Philosophy." In: Journal of Social Philosophy 28 (1997), 5–42.
Geulen, Christian: Geschichte des Rassismus. München 2007.
Goffman, Erving: Stigma. Notes on the Management of Spoiled Identity. Englewood Cliffs NJ 1963.
Glasgow, Joshua: „Racism as Disrespect." In Ethics 120 (2009), 64–93.
Haslanger, Sally: „Gender and Race: (What) Are They? (What) Do We Want Them To Be?" In Nous 34. Jg., 1 (2000), 31–55.
Hausen, Karin: „Die Polarisierung der ‚Geschlechtscharaktere'. Eine Spiegelung der Dissoziation von Erwerbs- und Familienleben." In: Werner Conze (Hg.): Sozialgeschichte der Familie in der Neuzeit Europas. Stuttgart 1976, 363–393.
Honneth, Axel: „Recognition and Justice: Outline of a Plural Theory of Justice". In: Acta Sociologica 47. Jg., 4 (2004), 351–364.
Jaber, Dunja: Über den mehrfachen Sinn von Menschenwürde-Garantien. Frankfurt a.M. 2003.
Jenkins, Katharine: „Amelioration and Inclusion: Gender Identity and the Concept of *Woman*." In: Ethics 126 (2016), 394–421.
Kerner, Ina: Differenzen und Macht. Zur Anatomie von Rassismus und Sexismus. Frankfurt a.M. 2009.
Klinger, Cornelia/Knapp, Gudrun-Axeli/Sauer, Birgit (Hg.): Achsen der Ungleichheit. Zum Verhältnis von Klasse, Geschlecht und Ethnizität. Frankfurt a.M. 2007.
Langton, Rae: Speech Acts and Unspeakable Acts. In: Philosophy and Public Affairs 22. Jg., 4 (1993), 293–330.
Margalit, Avishai: The Decent Society. Cambridge, Mass. 1996.
Mikkola, Mari: The Wrong of Injustice. Dehumanization and Its Role in Feminist Philosophy. Oxford 2016.
Moreau, Sophie: „What is Discrimination?" In: Philosophy and Public Affairs 38. Jg., 2 (2010), 143–179.
Rattansi, Ali: Racism. A Very Short Introduction. Oxford 2007.
Wernsing, Susanne/Geulen, Christian/Vogel, Klaus (Hg.): Rassismus. Die Erfindung von Menschenrassen. Stiftung Deutsches Hygiene Museum. Göttingen 2018.

Interkulturelles Zusammenleben

72

Valentin Beck

72.1 Begriff und thematischer Zusammenhang

In *deskriptiver* Bedeutung kann von interkulturellem Zusammenleben allgemein in Bezug auf kontinuierliche zwischenmenschliche Interaktionen von Personen mit unterschiedlicher kultureller Identität gesprochen werden. Zunächst und zumeist wird der Begriff jedoch auf den engeren Kontext einer institutionellen Verbundenheit von Personen mit verschiedener kultureller Identität innerhalb eines politischen Gemeinwesens, zumeist innerhalb eines Staates bezogen. Der vorherrschenden Auffassung zufolge ist die für multikulturelle Gesellschaften relevante Pluralität kultureller Identitäten durch die Existenz solcher kultureller Gemeinschaften innerhalb des politischen Gemeinwesens konstituiert, die über eine längere Zeit hinweg bestehen und die über eine gemeinsame Sprache, Geschichte und meist auch Religion verfügen. Auf dieser Basis können heute der Großteil der Industrieländer sowie eine Vielzahl von Schwellen- und Entwicklungsländern als multikulturell gelten.

Unter interkulturellem Zusammenleben kann aber auch die den nationalstaatlichen Kontext überschreitende kontinuierliche Interaktion von Individuen und Gruppen mit verschiedener kultureller Identität verstanden werden: in unserer globalisierten Welt beispielsweise in Form von Tourismus und insbesondere in Gestalt von ökonomischer, politischer und zivilgesellschaftlicher Kooperation über Ländergrenzen hinweg. Hierbei kommt eine bekannte Mehrdeutigkeit des Kulturbegriffs zum Tragen, da nicht nur an die grenzüberschreitende Interaktion von Individuen mit verschiedener kultureller Identität gedacht werden kann, sondern zugleich auch an das Verhältnis von als übergreifende Kulturräume begriffenen Kollektiven wie Nationalstaaten, Staatenföderationen, Religions- und Wertegemeinschaften. Solchen zueinander in einer bestimmten Beziehung stehenden Kollektiven kann dabei selbst eine besondere gesamtkulturelle Prägung zugeschrieben werden, obwohl diese intern fast immer kulturell pluralistisch und meist auch multikulturell sind.

Über diese deskriptive Bedeutungsdimension hinaus wird der Begriff des interkulturellen Zusammenlebens häufig schon mit bestimmten *normativ* gewichteten Vorstellungen in Verbindung gebracht. Erhält die Rede von interkulturellem Zusammenleben eine zusätzliche normative Komponente, so hat sie oft zum Thema, wie aus einem bloßen ‚Nebeneinander' – das zumeist, aber nicht immer als normativ defizient angesehen wird – oder gar aus einem ‚Gegeneinander' von Menschen mit

V. Beck (✉)
Freie Universität Berlin, Berlin, Deutschland
E-Mail: valentin.beck@fu-berlin.de

verschiedener kultureller Identität ein sinnvoll konzipiertes ‚Miteinander' werden kann, d. h. wie sich deren bloße Koexistenz – z. B. in pejorativ sogenannten ‚Parallelgesellschaften' – oder gar antagonistische Existenz in einen normativ zufriedenstellenden Zustand überführen lässt. Normative Theorien des Multikulturalismus beschäftigen sich im weitesten Sinn mit der Begründung und Anwendung von Normen für den gesellschaftlichen Umgang mit kultureller Pluralität. Im Rahmen der engeren Bedeutung von interkulturellem Zusammenleben ist die Frage zentral, ob den Mitgliedern von Minderheitengruppen über die Beachtung des in liberalen Rechtsstaaten den Mindeststandard darstellenden Diskriminierungsverbotes hinaus auch bestimmte gruppenspezifische kulturelle Sonderrechte gewährt werden sollen, und ob bzw. wie sich solche Sonderrechte mit dem liberalen Werthorizont in Einklang bringen lassen. Multikulturalistische Forderungen der Anerkennung und Beheimatung von kultureller Differenz im öffentlichen Leben pluralistischer Staaten sind dabei auch von theoretischer Seite nicht ohne Kritik geblieben. Im Rahmen der weiten Bedeutung des Begriffs stellt sich insbesondere die Frage nach der Begründung, Interpretation und Anwendung universal gültiger Normen für den internationalen Raum.

72.2 Das Plädoyer für die Beheimatung von kultureller Differenz im liberalen Rechtsstaat

Die Auseinandersetzung mit kultureller Diversität innerhalb liberaler Rechtsstaaten hat sich erst in den 1990er Jahren zu einem eigenständigen Diskurs in der praktischen Philosophie formiert (vgl. Laden/Owen 2007). Diese im Vergleich zu den faktischen Gegebenheiten eher nachzüglerische Theoretisierung kultureller Pluralität erklärt sich auch dadurch, dass die das Selbstverständnis pluralistischer Demokratien prägende Theorieströmung des politischen Liberalismus auf *egalitaristischen* und *individualistischen Grundsätzen* aufbaut, die auf grundlegender Ebene eine Gleichbehandlung und Nichtdiskriminierung von Individuen vorschreiben und damit implizit beanspruchen, das Faktum kultureller Diversität schon angemessen mit zu berücksichtigen. Es gehört zu den leitenden Maximen des politischen Liberalismus (vgl. paradigmatisch Rawls 1975; Dworkin 1984), dass Menschen nicht aufgrund von moralisch arbiträren Unterschieden willkürlich diskriminiert werden dürfen: Man denke hier v. a. an identitätsstiftende Merkmale wie Geschlecht, Muttersprache, weltanschauliche und ggf. religiöse Überzeugungen, soziale Herkunft, physische Erscheinung, sexuelle Orientierung. Der liberale Egalitarismus und Individualismus verlangen, dass allen Gesellschaftsmitgliedern ungeachtet solcher Unterschiede eine auf gleichem Respekt basierende Behandlung zusteht. Damit eng verwoben ist das für den Liberalismus nicht minder grundlegende Gebot der *Neutralität* des Staates gegenüber verschiedenen von den Gesellschaftsmitgliedern verfolgten Konzeptionen des guten Lebens (vgl. Dworkin 1985, 191). Solange Auffassungen vom Guten mit als ethisch neutral verstandenen Gerechtigkeitsgrundsätzen im Einklang stünden, z. B. mit solchen, die gleiche Rechte und Freiheiten für alle Gesellschaftsmitglieder postulieren, sei die lebenspraktische Orientierung an diesen Konzeptionen des Guten Privatsache. Es ist dieses Verständnis von staatlicher Neutralität, das für Theoretiker kultureller Differenz die ‚Blindheit' des klassischen Liberalismus gegenüber kultureller Diversität verkörpert: Hierzu gehören v. a. auch an *liberalen Werten* orientierte Fürsprecher einer multikulturalistischen Politik (vgl. Kymlicka 1995, 2007; Raz 1994; Taylor 1993).

Den Ausgangspunkt für die geforderte Neuorientierung bildet die Einsicht, dass es ethische und kulturelle Neutralität des Staates strenggenommen nie geben kann, da die Grundstruktur jeder Gesellschaft zwangsläufig immer auch deren besondere Geschichte und kulturellen Einflüsse widerspiegelt. Habermas spricht diesbezüglich von der „unvermeidliche[n] ethische[n] Imprägnierung jeder Rechtsgemeinschaft und jedes demokratischen Prozesses der Verwirklichung von Grundrechten (Habermas 1993, 140; vgl. auch Forst 1997, 64), Taylor polemisch zugespitzt gar von einem „Partikularismus unter der Maske des Universellen" (Taylor 1993, 30). Tatsächlich werden auch in den meisten liberalen Rechtsstaaten kulturelle Praktiken der jeweiligen historischen Mehrheitskultur bewusst oder unbewusst bevorzugt, indem z. B. eine bestimmte *Sprache* als offizielle Amtssprache fungiert, das Jahr nach einem bestimmten, meist von der Mehrheitsreligion geprägten *Kalender* strukturiert ist, ein kulturell partikulares *Curriculum* in öffentlichen Bildungsinstitutionen gelehrt wird oder indem *öffentliche Orte* nach historischen Vorbildfiguren der Mehrheitskultur benannt werden. In einer kulturell pluralistischen, aber von der Mehrheitskultur geprägten Gesellschaft bedeuten daher gleiche juridische Pflichten für alle – wie etwa die Pflicht, sein Geschäft am Sonntag zu schließen oder als Lehrerin im Unterricht kein Kopftuch zu tragen – offenkundig weder die gleichen Chancen noch die gleichen Freiheitseinschränkungen für alle. In der unterproportionalen Repräsentation von Angehörigen von Minderheitengruppierungen im institutionellen Gefüge liberaler Staaten kann daher eine moralisch willkürliche Diskriminierung, ja sogar eine *strukturelle Ungerechtigkeit* gesehen werden (vgl. Boshammer 2008, 261), die durch soziale und rechtliche Maßnahmen zur *Beheimatung* von kulturellen Minderheitengruppen in der gesellschaftlichen Grundstruktur auszugleichen sei. Der Staat dürfe nicht einer dominanten kulturellen Gruppe allein gehören, weshalb zur formal- und grundrechtlichen Gleichbehandlung aller sowohl Maßnahmen der symbolischen *Anerkennung* kultureller Minderheiten als auch der Umverteilung von Ressourcen hinzutreten müssten.

Der *liberale Multikulturalismus* beansprucht nicht nur, im Einklang mit der Realisierung liberaler Werte wie individueller Freiheit, Gleichheit und demokratischer Mitbestimmung zu sein; diesen Werten könne vielmehr besser Rechnung getragen werden, wenn zusätzlich zu den klassischen Bürgerrechten bestimmte gruppenspezifische kulturelle Rechte und Fördermaßnahmen etabliert seien (vgl. u. a. Kymlicka 1995, 2007; Raz 1994; Taylor 1993). Dieser Auffassung zufolge sind die genuinen Träger der eingeforderten Rechte nicht die jeweiligen Gruppen selbst, sondern die ihnen angehörenden Individuen, obwohl deren Gruppenzugehörigkeit als Grund für die Zuerkennung besonderer Rechte angesehen wird. Der Schutz kultureller Gemeinschaften hat demnach keinen intrinsischen, sondern nur instrumentellen Wert, insofern und nur wenn er tatsächlich der Beförderung von *individueller Autonomie* dient. Charles Taylors Position kommt in diesem Punkt trotz seiner Gesamtorientierung am Liberalismus eine Sonderstellung zu, da es ihm zufolge legitim ist, politische Entscheidungen zu treffen, die dem Fortleben besonderer Kulturen dienen, obwohl sie womöglich die Freiheiten von Mitgliedern dieser Kultur beschneiden (vgl. Taylor 1993; für die Kritik an der Forderung eines kulturellen „Artenschutzes" vgl. Habermas 1993, 144). Kymlicka dagegen unterscheidet systematisch zwischen der langfristigen Konservierung von Kulturen und dem Schutz einer sogenannten *sozietalen Kultur* (engl. *societal culture*), der im Gegensatz zu ersterer von großer Wichtigkeit sei, da er den Angehörigen kultureller Minderheiten eine autonome Lebensgestaltung ermögliche. Ohne die Sozialisierung in eine intakte sozietale Kultur gibt es demzufolge keinen sinnstiftenden und ausreichend reichhaltigen kulturellen Kontext für die selbstbestimmte Wahl zwischen lebensweltlichen Optionen, z. B. hinsichtlich von Liebe, Bildung, Beruf, Religion u. a. (vgl. Kymlicka 1995, Kap. 5; vgl. auch Raz 1994, 177).

Aus diesem abstrakten Argument für den Schutz und die Förderung von Minderheitskulturen lassen sich konkretere und zumindest *prima facie* gültige Forderungen ableiten. Kymlicka unterscheidet zwischen drei Typen von Minderheitengruppen und entsprechend unterschiedlich weit gehenden Rechten und Maßnahmen zur Beheimatung dieser Gruppen in der umfassenden multikulturellen Gesellschaft (vgl. Kymlicka 2007, 66–77): (1) *Indigenen Minderheiten* (wie z. B. den Ureinwohnern Amerikas und Australiens) seien neben einer Repräsentation in der Zentralregierung u. a. Rechte auf

Ausübung kultureller Praktiken (Sprache, Fischerei, Jagd etc.) sowie Land- und politische Selbstregierungsrechte zuzugestehen; (2) substaatlichen *historischen Minderheiten* (wie z. B. den Quebecern, Schotten, Basken) seien u. a. föderale bzw. quasi-föderale politische Autonomie, offizieller Sprachstatus, Repräsentation in der Zentralregierung und finanzielle Unterstützung für Bildungsinstitutionen zu gewähren, die Lehre in der Muttersprache anbieten; (3) zahlenmäßig signifikanten *Einwanderergruppen* kämen polyethnische Rechte zu, die zwar keine besonderen politischen Repräsentationsrechte umfassen, dafür aber Ausnahmeregelungen u. a. hinsichtlich von gesetzlichen Bestimmungen zu Ladenöffnungszeiten, Arbeitszeiten und der Kleiderordnung im öffentlichen Dienst. In diesem Kontext wird u. a. auch debattiert, ob es muslimischen Lehrerinnen erlaubt werden muss, im Unterricht ein Kopftuch zu tragen, wenn auch andere religiöse Symbole eine vergleichbare Behandlung erfahren (spezifisch zum Umgang mit dem Kopftuch in Deutschland vgl. Bielefeldt 2007, Kap. 8 und Ladwig 2010). Darüber hinaus müsse schon im Land befindlichen Einwanderern eine realistische Möglichkeit zur Erlangung der Staatsbürgerschaft des Einwanderungslandes einschließlich gleicher politischer Rechte eröffnet (vgl. auch Miller 2008) und die spezifische multikulturelle Verfasstheit des Gastlandes konstitutionell und symbolisch anerkannt werden – z. B. auch durch die Benennung öffentlicher Orte mit proportionaler Rücksicht auf zahlenmäßig signifikante Einwandererkulturen (vgl. Raz 1994, 190).

Ein wichtiges Feld multikulturalistischer Intervention ist auch die entsprechende Gestaltung von Schulcurricula und das Bekenntnis zur Förderung integrativer im Gegensatz zu segregativen Schulen – jeweils mit dem Ziel der *wechselseitigen Öffnung* der Angehörigen verschiedener kultureller Gruppen füreinander. Bildungsinstitutionen haben demnach beispielsweise nicht nur dafür zu sorgen, dass Einwandererkinder frühzeitig die Sprache des Einwanderungslandes lernen, sondern auch dafür, dass autochthone Kinder im Gegenzug mit den Kulturen der zahlenmäßig signifikanten Einwanderergruppen vertraut gemacht werden (vgl. Raz 1994, 188). Diese und andere Maßnahmen können als Wege zur *Integration* von Minderheitengruppen in die multikulturalistische Gesellschaft begriffen werden, die nur durch die mit wechselseitigen Anstrengungen verbundene Herstellung einer gemeinsamen Bürgeridentität funktioniere, die nicht im Widerspruch zu den verschiedenen partikularen Identitäten stehe und eine übergreifende Bürgersolidarität ermögliche (vgl. Habermas 1993, 148; Raz 1994, 187 f.; Kymlicka 1995, Kap. 9; Miller 1995, 142; Miller 2008). Eine so verstandene Integration kultureller Gruppen in multikulturellen Staaten, für die das Kriterium reziproker Anstrengungen wesentlich ist, steht in einem deutlichen Gegensatz zu altbekannten an Minderheitengruppen gerichteten Forderungen der einseitigen ‚Integration' – die in Wahrheit eine potentiell mit Autonomieverlust verbundene Assimilation an die Mehrheitskultur wäre.

72.3 Multikulturalismus in der Kritik

Die skizzierte multikulturalistische Perspektive ist keine revisionistische, sondern eher eine am Status Quo orientierte reformistische normative Theorie, der in vielen liberalen Rechtsstaaten ansatzweise Rechnung getragen wird. Dennoch wird selbst auf Seiten von Theoretikern zum Teil scharfe Kritik an einem solchen Modell geübt. Vertreter des *liberalen Egalitarismus* etwa haben davor gewarnt, dass multikulturalistische Politik die Gesellschaft fragmentiere und die Aufmerksamkeit vom gerechtigkeitstheoretisch bedeutendsten Thema fortbestehender ökonomischer Ungleichheiten abziehe, ja diese sogar eher konsolidiere als effektiv bekämpfe (vgl. Barry 2000). Jede Generalkritik dieser Art muss allerdings explizit machen, gegen welche Form multikulturalistischer Theorie und/oder Praxis sie sich genau richtet – beispielsweise ob sie nur illiberale oder auch liberale Forderungen des Schutzes kultureller Gemeinschaften verurteilt; sie sollte auch verdeutlichen, ob sie schon das Ziel der Beheimatung von kultureller Differenz zur Förderung individueller Autonomie oder nur unwirksame oder gar kontraproduktive Umsetzungsversuche dieses Ziels kritisiert. Die empirische Beobachtung, dass das soziale Gefälle in multikulturellen Gesellschaften vielfach entlang kultureller Trennlinien verläuft, ist zwar richtig, genügt jedoch nicht zur Demonstration, dass dieses Gefälle *wegen* und nicht *trotz* einer multikulturalistischen politischen Agenda besteht, z. B. weil eine solche erst sehr spät und/oder nicht konsequent genug durchgesetzt wurde.

Eine feministische Kritik am Multikulturalismus bildet sich mit steter Regelmäßigkeit auch im öffentlichen Diskurs liberaler Gesellschaften ab und postuliert, dass die Einräumung von Gruppenrechten für kulturelle Minderheiten die ohnehin schon bestehende strukturelle Benachteiligung von Frauen noch verschärfe, da dadurch der Freiheitsspielraum von weiblichen Mitgliedern der betreffenden Minderheitengruppen beschnitten werde (vgl. paradigmatisch Okin 1999). Multikulturalisten legen demnach zu viel Augenmerk auf die Unterschiede zwischen und zu wenig auf diejenigen innerhalb von Gruppen. Sie missachteten, dass viele der Gruppen, für die sie gleiche Wertschätzung fordern, intern repressive Geschlechterverhältnisse aufweisen. Dabei würden Frauen nicht nur mit autonomiegefährdenden Erwartungen hinsichtlich ihrer vorgeblichen Rolle in der häuslichen Sphäre und Familie konfrontiert, sondern zum Teil sogar menschenrechtsverletzenden Praktiken unterzogen: Zwang zur Hausarbeit, weibliche Genitalbeschneidung und Zwangsverheiratung (teilweise schon im Kindesalter) sind nur einige der in diesem Kontext genannten Praktiken (Okin 1999, 13–15). Zweifelsohne muss Verweisen auf die Diskriminierung von Frauen in einigen kulturellen Gruppen ein großes Gewicht beigemessen werden. Bei genauerer Betrachtung greift die feministische Kritik am Multikulturalismus dennoch nur gegenüber antiliberalen Plädoyers für den Schutz von Minderheitskulturen ohne interne moralische Restriktionen, nicht aber gegenüber dem liberalen multikulturalistischen Modell, das wegen des zugrundeliegenden normativen Individualismus die Forderung des *externen Schutzes* kultureller Gemeinschaften innerhalb multikultureller Staaten mit dem *Verbot interner Freiheitsrestriktionen und anderer Menschenrechtsverletzungen* in diesen Gruppen koppelt. Darin liegt der tiefere Sinn der Konzipierung von kulturellen Rechten als gruppenspezifischen Individualrechten, deren normativer Grund – die Förderung von individueller Autonomie (vgl. Kymlicka 1995, 2007; Raz 1994) und/oder der Schutz von Menschenrechten (vgl. Bielefeldt 2007) – zugleich auch die Grenze ihrer Einräumung bestimmt.

Vonseiten des *kulturellen Kosmopolitismus* ist eine Kritik am Multikulturalismus formuliert worden, die sich in drei Aspekte aufgliedert: erstens die Ablehnung eines Herderschen Authentizitätsdenkens, das bloße Momentaufnahmen kultureller Kontexte als authentische Manifestationen kultureller Weisheit missverstehe und übersehe, dass sich Kulturen in einem permanenten Wandel befinden; zweitens der Zweifel daran, dass sich die soziale Welt sinnvoll in mehrere klar voneinander abgrenzbare kulturelle Einheiten aufteilen lässt; drittens die Skepsis gegenüber der Annahme, dass jedes Individuum für eine selbstbestimmte Lebensführung ein vollgültiges Mitglied in genau einer dieser Kulturen sein müsse (Waldron 1995). Einem solchen „entwurzelten" (ebd., 99) lässt sich allerdings auch ein „verwurzelter Kosmopolitismus" (Appiah 2005, Kap. 6) gegenüberstellen, für den der Schutz identitätsstiftender sozialer Kontexte und die Ermöglichung autonomer Entscheidungen auch für das Leben in mehreren kulturellen Kontexten prinzipiell vereinbar ist. Dennoch bleibt eine gewisse Spannung zum Multikulturalismus bestehen, insofern kosmopolitische Theoretiker generell davor warnen, die Bedeutung überlieferter Kultur, in die Individuen eingebettet sind, zugunsten der Einsicht überzubetonen, dass jedem Menschen durch seine vielfältigen Veranlagungen und Interessen eine Fülle von Wahlmöglichkeiten und Gruppenzugehörigkeiten offenstehen. Dadurch können auch gefährliche Denkfehler überwunden werden, wie z. B. die einengende Zuordnung von Individuen in vermeintlich antagonistische Kulturkreise, die der irreführenden

Figur eines „Kriegs der Kulturen" zugrunde liegt (Sen 2007).

Politische Theoretikerinnen haben gegenüber dem Multikulturalismus liberaler Prägung generell moniert, dass durch den ausschließlichen Fokus auf kulturelle Unterschiede wichtige andere Aspekte sozialer Benachteiligung und Unterdrückung aus den Augen verloren werden. Analog zum kulturellen Kosmopolitismus wird davor gewarnt, die Diversität sozialer Identitäten auf eine Diversität kultureller Identitäten zu reduzieren. Kritischen Rassentheoretikern zufolge greift der Bezug auf die Kategorie der Kultur nicht, um noch immer bestehende rassistische Diskriminierungen angemessen zu konzeptualisieren, die sich keineswegs eins zu eins mit der Diskriminierung kultureller Identitäten decken (Mills 2007). Der gänzliche Verzicht auf die negativ konnotierte Kategorie der Rasse zugunsten des positiv konnotierten Begriffs der Kultur sei zwar im Hinblick auf die Affirmation des ersteren im Umkreis historischer Vorkommnisse rassistischer Verunglimpfung und Verfolgung von Menschen verständlich, versperre aber letztendlich nur den Blick auf das ganze Spektrum gegenwärtig bestehender sozialer Diskriminierungen (vgl. ebd.). Es bedürfe explizit des kritischen Bezugs auf die Kategorie der Rasse, der wenn nicht eine biologische, so doch zumindest eine *sozial konstruierte Realität* zugesprochen werden könne: „It is not black culture, that the racist disdains, but blacks" (Appiah 1997). Dies ist wohlgemerkt kein Argument gegen multikulturalistische Politik insgesamt, wohl aber ein Appell an die Ausweitung des Blickwinkels und die *zusätzliche* Berücksichtigung von anderen Achsen der sozialen Diskriminierung: Neben dem Rassismus sind dazu u. a. auch die Diskriminierung von Frauen, von Mitgliedern der LGBT-Gemeinschaft oder von Menschen mit Behinderungen zu zählen (vgl. Young 2007). Die feministische Perspektive kehrt so in anderer Form wieder, diesmal jedoch nicht als These der Unvereinbarkeit der Förderung bestimmter kultureller Gruppen und der Überwindung antifeministischer gesellschaftlicher Tendenzen, sondern als ein Plädoyer gegen das Ausblenden anderer sozialer Diskriminierungen durch den ausschließlichen Fokus auf kulturelle Unterschiede (zur feministischen multikulturalistischen Theorie vgl. u. a. Phillips 2007; Song 2007).

72.4 Interkulturelles Zusammenleben aus globaler Perspektive

In mehrfacher Hinsicht stellt sich unter expliziter Berücksichtigung globaler politischer und ökonomischer Zusammenhänge die Frage, welchen Normen interkulturelles Zusammenleben zu genügen hat. Erstens ist es empirisch offenkundig, dass globale Probleme – wie unter anderem der Klimawandel, andere Umweltzerstörungen, extreme Armut und immense ökonomische Ungleichheiten weltweit – nicht nur die Frage nach globaler Verantwortung aufwerfen (vgl. Beck 2016), sondern sich auch auf die Bevölkerungsstruktur reicher Länder auswirken können, insofern sie Anreize für internationale Migration setzen. Die Debatte über den richtigen Umgang mit kultureller Differenz verweist so auch auf die Debatte über die richtige Migrationsethik und -politik (vgl. Dietrich 2017). Dabei ist ein Spektrum von Positionen denkbar: Ein liberaler Multikulturalismus z. B. ist keineswegs schon auf das Bekenntnis zur vermehrten Aufnahme von zusätzlichen Einwanderern festgelegt, während eine nicht-restriktive Einwanderungspolitik etwa aus Gründen globaler Gerechtigkeit prinzipiell auch ohne entsprechende normative Vorgaben für die Behandlung von Minderheitengruppen gefordert werden könnte. Durch den Blick auf externe Bedingungen interkulturellen Zusammenlebens werden so auch die Verbindungslinien zur Debatte über die Begründung, Interpretation und inhaltliche Ausgestaltung von globalen Gerechtigkeitsnormen deutlich (vgl. u. a. Fabre 2007, Kap. 6; Carens 1987).

Darüber hinaus gibt es eine intensiv geführte Debatte darüber, ob und ggf. welchen Normen überhaupt universale Geltung zukommt (vgl. Caney 2005, Kap. 2), die wiederum auf die engere Frage ausstrahlt, ob den primär im Hinblick auf liberale Rechtsstaaten konzipierten normativen Standards für den Umgang mit Minderheitengruppen überhaupt eine universale Geltung zugesprochen werden kann. Neuere völkerrechtlich relevante Dokumente wie die im Jahr 2007 verabschiedete UN-Erklärung über die Rechte indigener Völker bezeugen neben älteren Dokumenten wie der „Allgemeinen Erklärung der Menschenrechte" aus dem Jahr 1948 die Präsenz eines normenuniversalistischen Denkens in der internationalen Politik, wobei es zumindest aus liberal-multikulturalistischer Perspektive durchaus konsistent ist, multikulturalistische Normen als Teil des und nicht als Antithese zum gegenwärtigen Menschenrechtsregime anzusehen (vgl. Kymlicka 2007, 7). Allerdings ist dieses Menschenrechtsregime und der mit ihm assoziierbare universalistische Liberalismus seit den 2010er Jahren durch das Erstarken rechtspopulistischer und autoritärer politischer Kräfte stark unter Druck geraten (vgl. Krastev und Holmes 2019). Auch relativistische Perspektiven auf Normgeltungsfragen sind nach wie vor populär: Der kulturrelativistischen These, dass nur die jeweils in einem Kulturraum vorherrschenden Werte auch schon die richtigen bzw. normativ begründeten Werte sind, können verschieden weit reichende universalistische Positionen gegenübergestellt werden. Neben einem klassischen Normenuniversalismus, demzufolge überall die gleichen Normen gelten, wird auch ein minimalistischer Universalismus vertreten, wonach im globalen Maßstab nur weniger anspruchsvolle und nicht egalitäre normative Standards Geltung haben. Eine ungleiche Behandlung kultureller Minderheiten in nicht-liberalen hierarchischen Gesellschaften z. B. durch eine Einschränkung von politischen Partizipationsrechten ist demnach in den Augen mancher Theoretiker moralisch legitim (vgl. Rawls 2002; Martin/Reidy 2006). Normative Theorien, die auf den Wert kollektiver Selbstbestimmung pochen und im internationalen Raum der Gemeinschaft vor dem Individuum in durch die Beachtung basaler Menschenrechte gesetzten Grenzen Priorität einräumen (vgl. Miller 2007), bezeugen die prinzipielle Kombinierbarkeit kollektivistischer und individualistischer Elemente in universalistischen Positionen. Es wäre allerdings falsch, den häufig voreilig als ‚westlich' gebrandmarkten Menschenrechtsuniversalismus in einem prinzipiellen Widerspruch mit dem Schutz von traditionellen Werten der Gemeinschaft zu sehen. Allerdings fordert dieser Universalismus, dass die Entscheidung über die Bewahrung und Interpretation solcher Werte letztendlich bei den Individuen selbst liegen sollte.

Literatur

Appiah, Kwame Anthony: Multiculturalist Misunderstanding. In: https://www.nybooks.com/articles/1997/10/09/the-multiculturalist-misunderstanding/ (20.11.2020)
Appiah, Kwame Anthony: The Ethics of Identity. Princeton 2005.
Beck, Valentin: Eine Theorie der globalen Verantwortung. Was wir Menschen in extremer Armut schulden. Berlin 2016.
Bielefeldt, Heiner: Menschenrechte in der Einwanderungsgesellschaft. Bielefeld 2007.
Boshammer, Susanne: „Minderheitenrechte und ihre moralische Begründung." In: Kolleg Praktische Philosophie. Band 2: Grundpositionen und Anwendungsprobleme der Ethik. Ditzingen 2008, 253–283.
Caney, Simon: Justice Beyond Borders. Oxford 2005.
Carens, Joseph: „Aliens and Citizens. The Case for Open Borders." In: Review of Politics 49. Jg., 2 (1987), 251–273.
Dietrich, Frank (Hg.): Ethik der Migration. Philosophische Schlüsseltexte. Berlin 2017.
Dworkin, Ronald: Bürgerrechte ernstgenommen. Frankfurt a.M. 1984 (engl. 1977).
Dworkin, Ronald: A Matter of Principle. Cambridge, Mass. 1985.
Fabre, Cécile: Justice in a Changing World. Cambridge 2007.
Forst, Rainer: „Foundations of a Theory of Multicultural Justice." In: Constellations 4. Jg., 2 (1997), 63–71.
Habermas, Jürgen: „Anerkennungskämpfe im demokratischen Rechtsstaat." In: Charles Taylor (Hg.): Multikulturalismus und die Politik der Anerkennung [1993]. Frankfurt a.M. 2009, 123–163.
Krastev, Ivan/Holmes, Steven (Hg.): Das Licht, das erlosch. Eine Abrechnung. Berlin 2019.
Kymlicka, Will: Multicultural Citizenship. Oxford 1995.
Kymlicka, Will: Multicultural Odysseys. Oxford 2007.
Laden, Anthony Simon/Owen, David (Hg.): Multiculturalism and Political Theory. Cambridge 2007.
Ladwig, Bernd: „Das islamische Kopftuch und die Gerechtigkeit." In: Archiv für Rechts- und Sozialphilosophie 96 (2010), 17–33.

Martin, Rex/Reidy, David A. (Hg.): Rawls's Law of Peoples. A Realistic Utopia? Oxford 2006.

Miller, David: On Nationality. Oxford 1995.

Miller, David: National Responsibility and Global Justice. Oxford 2007.

Miller, David: „Immigrants, Nations, and Citizenship." In: The Journal of Political Philosophy 16. Jg., 4 (2008), 371–390.

Mills, Charles W.: „Multiculturalism as/and/or anti-racism?" In: Anthony Simon Laden/Holmes Owen (Hg.): Multiculturalism and Political Theory. Cambridge 2007, 89–114.

Okin, Susan Moller: Is Multiculturalism Bad for Women? Princeton 1999.

Phillips, Anne: Multiculturalism without Culture. Princeton 2007.

Rawls, John: Eine Theorie der Gerechtigkeit. Frankfurt a.M. 1975 (engl. 1971).

Rawls, John: Das Recht der Völker. Berlin/New York 2002 (engl. 1999).

Raz, Joseph: „Multiculturalism. A liberal Perspective." In: Ders. (Hg.): Ethics in the Public Domain. Oxford 1994, 170–191.

Sen, Amartya: Die Identitätsfalle. München 2007 (engl. 2006).

Song, Sarah: Justice, Gender, and the Politics of Multiculturalism. Oxford 2007.

Taylor, Charles: Multikulturalismus und die Politik der Anerkennung [1993]. Frankfurt a.M. 2009.

Waldron, Jeremy: „Minority Cultures and the Cosmopolitan Alternative." In: Will Kymlicka (Hg.): The Rights of Minority Cultures. Oxford 1995, 93–119.

Young, Iris Marion: „Structural injustice and the politics of difference." In: Anthony Simon Laden, David Owen (Hg.): Multiculturalism and Political Theory. Cambridge 2007, 60–88.

Ungleichheit und Ungerechtigkeit

Julia Müller und Christian Neuhäuser

Bereits in der Antike wird Gerechtigkeit im engen Zusammenhang mit Ungleichheit und Ungerechtigkeit diskutiert. Im Dialog *Georgias* beispielsweise erläutert Platon, inwiefern Strafe eine vergangene Ungerechtigkeit ausgleicht und dadurch wieder eine harmonische Gleichheit herstellt (Georgias 466a–480e). Auch in seinem Hauptwerk *Politeia* verteidigt er, dass Gerechtigkeit die Tüchtigkeit der Seele sei und sich Ungerechtigkeit daher niemals lohnen könne. Dies bedeutet nicht, dass alle Menschen gleich behandelt werden müssen, sondern vielmehr, dass es gerecht ist, die natürlichen Ungleichheiten der Menschen zu berücksichtigen. Nach Platon ist daher ein Staat mit drei Ständen (besonnene Arbeiter, tapfere Krieger und weise Herrscher) gerecht (Politeia 432a–444a). Auf ähnliche Weise scheint Aristoteles die Sklaverei als gerecht zu verteidigen, weil sie eine natürliche Ungleichheit abbildet. Sklaven mangele es an Vernunft und daher sei es gerecht, sie ähnlich wie Kinder zu behandeln (Politik I 4–8, vgl. dazu Schofield 2005). Wie bereits Platon konzipiert auch Aristoteles Gerechtigkeit und Ungerechtigkeit nach dem Vorbild mathematischer Verhältnisse. Verteilungsgerechtigkeit folgt proportionalen Regeln: Ein tüchtiger Mensch hat proportional zu seiner Tüchtigkeit mehr Güter als ein weniger tüchtiger Mensch verdient. Die ausgleichende Gerechtigkeit der Rechtsprechung hingegen folgt arithmetischen Regeln, weil die Gesetze für alle Angehörige eines Standes im gleichen Maße gelten (*Nikomachische Ethik*, V 1–8).

Die gegenwärtige philosophische Diskussion der Gerechtigkeit unterscheidet sich stark von der antiken Tradition, da sie sich fast ausschließlich auf Fragen der Verteilungsgerechtigkeit konzentriert. Zudem besitzt sie stark idealtheoretische Züge, was sie eher mit Platon als mit Aristoteles verbindet. Jedenfalls geht es vornehmlich um die Frage, wie Güter in einer idealen Gesellschaft verteilt sein müssten (Kymlicka 1997; Krebs 2000; Kersting 2000; Thomas 2018). Maßgeblich ist hierbei die Theorie von John Rawls (1979, 2006), die gleiche Grundrechte sowie Chancengleichheit und eine maximale Besserstellung der am Schlechtestgestellten vorsieht. Dies impliziert nicht unbedingt eine Minimierung der Ungleichheit, weil es sein kann, dass es den Schlechtestgestellten unter höherer Ungleichheit absolut gesehen besser geht, sie also mehr Güter zur Verfügung haben.

Diese idealtheoretischen Überlegungen sind eine berechtigte Perspektive. Aus Sicht der Angewandten Ethik sind sie aber auch einseitig,

J. Müller (✉)
Kiel, Deutschland
E-Mail: juliamueller@philsem.uni-kiel.de

C. Neuhäuser
TU Dortmund, Dortmund, Deutschland
E-Mail: christian.neuhaeuser@tu-dortmund.de

weil Fragen einer mehr oder weniger großen Ungerechtigkeit der Güterverteilung in alles andere als idealen Gesellschaften ausgeblendet bleiben. In letzter Zeit wird im Kontext der globalen Armut immer stärker auch eine nichtideale Perspektive verfolgt (Pogge 2008; Bleisch 2007; Beck 2016). Es geht in dieser Diskussion nicht mehr so sehr um die Frage, wie eine global gerechte Verteilung in einer idealen Welt aussähe. Vielmehr wird danach gefragt, wer welche Pflichten besitzt, um das Los der Ärmsten dieser Welt hier und jetzt zu verbessern. Dabei spielen die Methoden der Angewandten Ethik eine wichtige Rolle, weil die philosophische Suche nach den Bedingungen der Möglichkeit einer größeren globalen Gerechtigkeit auf der Grundlage einer genauen Kenntnis der tatsächlichen Verhältnisse stattfindet.

In der Angewandten Ethik kommt aber noch eine weitere Perspektive auf Fragen der Verteilungsgerechtigkeit hinzu. Diese Perspektive lässt sich folgendermaßen auf den Punkt bringen: Welche gegenwärtigen Ungleichheiten müssen als ungerecht gelten? Dabei spielt nicht nur globale Ungleichheit eine Rolle, sondern lokale und regionale Ungleichheiten sind ebenfalls zu berücksichtigen. Hinzu kommt, dass der normative Bezugspunkt der tatsächlich betroffenen Menschen beachtet werden muss (Miller 2007; Wolff/De-Shalit 2007). Insofern sich beispielsweise die Menschen in Deutschland als Solidargemeinschaft verstehen, stellen sich für diese Gemeinschaft auch spezifische Gerechtigkeitsfragen. Da es in diesem Handbuch Beiträge sowohl zur idealtheoretischen Gerechtigkeitsdebatte als auch zum Problem der globalen Armut (s. Kap. 78) gibt, beschränkt sich dieser Text auf die ethische Diskussion ungerechter Ungleichheit in Deutschland (Bäcker et al. 2010).

Auf den ersten Blick scheint es vielleicht so, als bedürfte es einer idealen Gerechtigkeitstheorie, um überhaupt bestimmen zu können, welche gegenwärtigen Ungleichheiten in Deutschland auch ungerecht sind. Beispielsweise erscheint es ungerecht, dass Frauen für gleiche Arbeit schlechter bezahlt werden und schlechtere Karriereaussichten haben als Männer. Ebenfalls erscheint es ungerecht, dass viele und immer mehr Menschen in relativer Armut (s. u.) leben müssen. Es erscheint jedoch nicht ungerecht, dass manche Menschen größer und andere kleiner, manche blond und andere dunkelhaarig sind, obwohl auch diese Unterschiede deutlich sichtbare Ungleichheiten darstellen. Doch deswegen die Notwendigkeit einer idealen Gerechtigkeitstheorie anzunehmen, stellt einen Irrtum dar. Um ungerechtfertigte Ungleichheiten von aus gerechtigkeitstheoretischer Perspektive unerheblichen Ungleichheiten unterscheiden zu können, bedarf es keiner idealen Gerechtigkeitstheorie, sondern bloß idealer Normen als Bewertungsmaßstab nichtidealer Zustände (Sen 2010; Young 2011).

Um die tatsächlichen Verhältnisse und ideale Normen der Gerechtigkeit zusammenzubringen, bietet sich für die Angewandte Ethik ein negativer Ansatz an (Stoecker 2010, Neuhäuser 2018). Dies bedeutet, dass man tatsächliche Ungleichheiten zum Ausgangspunkt normativer Reflexion nimmt und davon ausgehend danach fragt, ob und inwiefern sie auch ungerecht sind. Die Vorauswahl solcher Ungleichheiten, die überhaupt als ungerecht in Frage kommen, hat natürlich selbst normativen Charakter. Trotzdem entsteht an dieser Stelle kein Zirkel, weil sich die Philosophin in ihrer Vorauswahl auf die lebensweltlichen normativen Urteile der Menschen als politische Bürger stützen kann. Hier sollen exemplarisch drei Fälle von Ungleichheit und Ungerechtigkeit diskutiert werden, die auch in der öffentlichen Diskussion im Zentrum der Aufmerksamkeit stehen: (1) Ungleichheiten im Einkommen und das Problem der relativen Armut, (2) Ungleichheiten in den Bildungschancen und herkunftsunabhängige Chancengleichheit sowie (3) Ungleichheiten in den Karrierechancen von Frauen und ungleiche Bezahlung für gleiche Arbeit.

73.1 Ungleichheiten im Einkommen und relative Armut

Ein besonders deutliches Beispiel für die Relevanz sozialer Ungleichheiten als konkretes Problem gegenwärtiger Ungerechtigkeit ist die Ungleichheit im Einkommen und Vermögen und die wachsende relative Armut. Dies liegt nicht zuletzt daran, dass in einer marktwirtschaftlich organisierten Gesellschaft zahlreiche soziale Interaktionen und Statusfunktionen gekauft werden müssen. Das gilt beispielsweise für den Besuch eines Restaurants oder Kinos und den Erwerb öffentlich vorzeigbarer Kleidungsstücke. Soziale Integration steht demnach in einem unmittelbaren Verhältnis zur Zahlungsfähigkeit. Vor diesem Hintergrund ist es beachtenswert, dass in Deutschland die soziale Ungleichheit zunimmt und die relative Armut wächst, was sich möglicherweise als Ausdruck einer sozialen Desintegration deuten lässt.

Das zeigt sich an dem unterschiedlichen Anstieg der Einkommen seit 1994: (IW 2020, 14). Bei den unteren 20 % ist das Einkommen in den letzten 25 Jahren zwischen 6 und 9 % gestiegen. In der mittleren Einkommensgruppe sind es immerhin schon 18 %. Bei den oberen 20 % der Einkommenbezieher sind es schon zwischen 21 und 31 %. Wenn diese Zahlen einen anhaltenden Trend zeigen, dann ist die Schlussfolgerung gerechtfertigt, dass die soziale Ungleichheit zunimmt. Es besteht die Möglichkeit, dass eine Zwei-Klassen-Gesellschaft entsteht: Immer mehr Menschen werden relativ arm und ein gewisser, vergleichsweise kleiner Prozentteil der Gesellschaft wird immer reicher. Sozialwissenschaftlich wird dann davon gesprochen, dass die Abwärtsmobilität zunimmt, nicht aber die Aufstiegsmobilität (DIW 2008, 103 f.).

Gerechtigkeitstheoretisch brisant ist nicht nur die zunehmende Ungleichheit, sondern auch die zunehmende relative Armut. Relative Armut wird im Verhältnis zum Durchschnittseinkommen einer Volkswirtschaft gemessen und unterscheidet sich dadurch von absoluter Armut, die durch einen global fixierten Minimalbetrag bestimmt wird. Wenn jemand weniger als 60 % des Durchschnittseinkommens verdient, dann ist er in relativer Hinsicht armutsgefährdet. Wenn er weniger als 40 % verdient, dann ist er relativ arm. In Deutschland lag die Gefährdungsschwelle im Jahre 2015 bei einem monatlichen Nettoeinkommen von 1090 EUR (diw Wochenbericht, 454). Betroffen waren 16 % der Bevölkerung. Besonders gefährdet sind laut einer Erhebung von 2017 Arbeitslose mit 69,3 %, Alleinlebende über 65 Jahre mit 36,1 %, Alleinerziehende mit 33,8 %, Menschen mit niedrigem Bildungsstand mit 30,5 %. Der Anteil der gefährdeten Kinder lag bei 14,5 % (bpb Armutsgefährdungsquoten, 26.11.2019).

Als reich galten in Deutschland im Jahre 2016 Singles ab 3440 EUR und Paare ab 5160 EUR, insofern sie zu den obersten 10 % der Einkommensbezieher zählten (iW Einkommen, Pressemitteilung vom 12.08.2019). Dass zumindest ein minimales politisches Bewusstsein für die hier nur kurz angerissenen Problemlagen der zunehmenden Ungleichheit und relativen Armut besteht, zeigt sich daran, dass die Bundesregierung inzwischen in recht regelmäßigen Abständen Armuts- und Reichtumsberichte in Auftrag gibt, um die Entwicklung statistisch zu verfolgen.

73.2 Ungleichheiten in den Bildungschancen und herkunftsunabhängige Chancengleichheit

Ein weiteres aktuelles Problem ungerechter Ungleichheiten sind die unterschiedlichen Bildungschancen in Deutschland und die tatsächliche Chancenungleichheit in Bezug auf berufliche Erfolgsaussichten. Bildungschancen sind in Deutschland stark ungleich verteilt (Deutscher Bildungsbericht 2018, 41). Diese Ungleichheit in der Bildung und Ausbildung zieht eine vergleichsweise geringe soziale Mobilität innerhalb der Gesellschaft nach sich (Pollack 2010; Hopf/Edelstein 2018). Im Vergleich mit anderen Industriestaaten schneidet kaum ein anderes Land bei gleichen Bildungschancen so schlecht ab wie Deutschland (OECD: PISA 2009, 32).

Die Bildungschancen eines Kindes sind stark von der sozialen Herkunft ihrer/seiner Eltern abhängig. Kinder aus privilegierten Elternhäusern erreichen zum großen Teil einen gleichwertigen oder höheren (Aus-)Bildungsgrad als ihre Eltern. Demgegenüber haben Kinder aus benachteiligten oder sogar armen Familien schlechtere Bildungschancen und erreichen nur mit geringerer Häufigkeit höhere Bildung. Ihre Chancen auf dem Arbeitsmarkt sind entsprechend schlecht. Nur etwa 50 % der Jugendlichen mit Hauptschulabschluss finden einen Ausbildungsplatz, bei Jugendlichen mit Migrationshintergrund sind es lediglich 32 % (BMBF 2019, 46). Zu der Ungleichheit in den Chancen kommt eine Inflation der Bildungsgrade bzw. Ausbildungsabschlüsse hinzu. Für den beruflichen Erfolg sind immer höhere Bildungsabschlüsse notwendig, da sich das Ausbildungsniveau insgesamt stetig steigert (Bourdieu/Passeron 1971).

Der aktuelle Bildungsbericht, der erneut eine empirische Studie im Auftrag von Bund und Ländern vorlegt, bestätigt die Lücke zwischen den verschiedenen Gruppen von Bildungsgewinnern und Bildungsverlierern (BMBF 2018). Die Ungleichheiten in Bezug auf Bildungschancen widersprechen dem grundgesetzlich zugesicherten Anspruch auf Chancengleichheit. Die Diskrepanz zwischen dem rechtlichen Anspruch und der tatsächlichen Situation zeigt, dass offensichtlich weitere politische Maßnahmen erforderlich sind, um Chancengleichheit in der Bildung zu gewährleisten. Da die ungleichen Chancen in der Bildung weitreichende Folgen für die Erfolgsaussichten auf dem Arbeitsmarkt und den sozialen Aufstieg – insbesondere in die Mittelschicht – haben, gilt es umso mehr, diese Ungleichheit als Ungerechtigkeit zu erfassen.

73.3 Ungleiche Bezahlung für gleiche Arbeit und Ungleichheiten in den Karrierechancen von Frauen

Die Forderung, dass gleicher Lohn für gleiche Arbeit gezahlt wird, beruht auf dem Gedanken minimaler Leistungsgerechtigkeit. In Deutschland verbietet das Diskriminierungsverbot, dass ein Arbeitgeber aus willkürlichen Gründen seine Angestellten ungleich behandelt. Die Gleichbehandlungspflicht erfordert eine einheitliche Behandlung und duldet keine Schlechterstellung von Einzelnen oder Gruppen aufgrund von Herkunft, Geschlecht, sexueller Orientierung oder sonstigen nicht leistungsrelevanten Eigenschaften (2000/78/EG; 2002/73/EG; BGBl, 1897, AGG).

Im Bereich der sogenannten Leiharbeit oder Arbeitnehmerüberlassung kommt es zu einer Ungleichbehandlung von Arbeitskräften, die zum Teil die gleichen Arbeiten wie Festangestellte ausführen. Der Arbeitnehmer stellt hier seine Arbeitskraft nicht direkt seinem Arbeitgeber zur Verfügung, sondern wird von diesem an einen Dritten überlassen. Für Unternehmen besitzt diese Beschäftigungsform besondere Attraktivität, da auf diese Weise Lohnkosten gesenkt werden können. Für den Arbeitenden stellt sich die Situation als weniger attraktiv dar. Es werden geringere Löhne für oftmals die gleiche Tätigkeit, wie die der Festangestellten bei größerer Unsicherheit gezahlt. Das Lohngefälle beträgt unbereinigt ungefähr 43 %, wenn die durchschnittlichen Einkommen von Leiharbeitern mit denen der Vollzeitbeschäftigten insgesamt verglichen werden (Bundesagentur für Arbeit 2019). Zwar gibt es gesetzliche Regelungen für die Arbeitnehmerüberlassung, doch ist der Schutz des Arbeitenden weniger umfassend, als bei sonstigen Beschäftigungsverhältnissen. Die gesetzlich geforderte Gleichbehandlungspflicht wird durch Tarifverträge, die sich lediglich auf Leiharbeiter beziehen, weitgehend umgangen.

Im Jahre 2017 sind 7,6 % der abhängig Beschäftigten arm oder armutsgefährdet, Armutsrisikoquote bei Leiharbeiter:innen 17,7 % (DGB 2017). Auf diese Weise subventioniert der Staat das Ausnutzen billiger Arbeitskräfte durch Unternehmen. Die ungleiche Behandlung und Entlohnung von Arbeitskräften, die die gleichen Leistungen erbringen, wird politisch damit begründet, dass auf diese Weise saisonale Schwankungen des Arbeitskräftebedarfs aufgefangen werden und Arbeitslosigkeit gesenkt wird (BMAS 2010, 65). Ob es sich bei der Leiharbeit um ein wirksames arbeitsmarktpolitisches Mittel handelt, ist umstritten.

An diesem Beispiel wird die fehlende Begründung für die ungleiche Behandlung von

Arbeitskräften deutlich. Während es nach dem Leistungsprinzip anerkannt ist, dass für unterschiedliche Tätigkeiten unterschiedlich hohe Löhne gezahlt werden, fehlt bei gleichen oder vergleichbaren Tätigkeiten die angemessene Begründung für die Schlechterstellung der Leiharbeiter. Für die Betroffenen stellt sich diese Situation nicht nur abstrakt als ungerecht, sondern konkret als massive Schlechterstellung mit alltäglicher Geringschätzung dar.

Ein weiteres Feld, in dem Ungleichheiten auf dem Arbeitsmarkt eine Rolle spielen, sind geschlechtsspezifische Ungleichheiten in Bezug auf Löhne und Chancen. Ob Frauen in Bezug auf eine schlechtere Bezahlung für gleiche Arbeit diskriminiert werden, ist umstritten. Klar belegen lässt sich jedoch, dass Frauen geschlechtsspezifische Nachteile in Bezug auf ihre Karriere haben. Obwohl Frauen heute die gleichen Bildungschancen besitzen und auch nutzen (mehr als 50 % der Hochschulabsolventen sind weiblich (BMBF 2010, 130)), werden sie bei gleicher Qualifikation auf dem Arbeitsmarkt schlechter bezahlt. Der Mangel an Frauen in Führungspositionen ist signifikant und lässt sich weniger durch (Aus-)bildungsunterschiede, denn durch Lebensläufe erklären (Quenzel/Hurrelmann 2010, 15).

Insgesamt ergibt sich ein Bild, in dem Frauen häufig schlechtere Aufstiegschancen und geringere Einkommen als Männer haben. In den führenden deutschen Unternehmen liegt der Anteil von Frauen im oberen Management bei 26 %. (IAB 2019). Frauen verdienen weniger, weil sie zu größeren Anteilen in Branchen arbeiten, in denen geringere Löhne gezahlt werden (Falk 2005, 294). In gleichen Positionen besteht der geschlechtsspezifische Einkommensunterschied nicht derart ausgeprägt, jedoch sind Frauen viel seltener in gutbezahlten Positionen anzutreffen. Nicht zuletzt, weil immer noch ein großer Teil der Familienarbeit und Kinderbetreuung durch Frauen getragen wird, sind die Chancen auf dem Arbeitsmarkt vergleichsweise schlechter. Der durchschnittliche weibliche Stundenlohn ist in Deutschland mindestens 20 % geringer als der männliche, was zu einem der hinteren Plätze im europäischen Vergleich führt (BMFSFJ 2019).

Diese Ungleichheit kann als ungerecht interpretiert werden, weil Leistungen, wenn sie von Frauen erbracht werden, nicht angemessen berücksichtigt werden. Allerdings ist fraglich, ob nicht auch die besonderen Bedürfnisse, die Frauen haben, wenn sie Kinder bekommen und Familienarbeit leisten, in diese Rechnung einbezogen werden müssen. Nicht nur die ungleiche Behandlung von gleicher Leistung ist demnach ungerecht, sondern auch, gleiche Ansprüche an weibliche wie an männliche Erwerbsbiographien zu stellen. Hier scheint es nicht nur erforderlich, ungerechte Ungleichheit zu beheben, sondern auch geschlechtsspezifisch gerechtfertigte ungleiche Bedürfnisse angemessen zu berücksichtigen.

73.4 Zur normativen Bedeutung ungerechtfertigter Ungleichheiten

Warum sind die in den drei vorhergehenden Abschnitten beschriebenen empirischen Ungleichheiten normativ relevant? Warum sind sie nicht bloß Unterschiede, sondern auch ungerecht? Zunächst könnte jemand behaupten, dass jeder genau das verdient, was er verdient, weil der Arbeitsmarkt für eine am Leistungsvermögen orientierte Gerechtigkeit sorgt. Doch erstens ist es mehr als zweifelhaft, wie sich gezeigt hat, dass die gegenwärtige Einkommensverteilung einem reinen Leistungsprinzip folgt. Und zweitens ist das Leistungsprinzip nicht der einzig relevante Gesichtspunkt für eine Beurteilung der Gerechtigkeit. In der gegenwärtigen Gerechtigkeitstheorie spielen insgesamt drei Aspekte eine wichtige Rolle: gleiche Berücksichtigung der Leistung, der Bedürftigkeit und der (potentiellen) Fähigkeiten (Sen 2010; Robeyns 2017).

Zunächst lassen sich diese Punkte so beschreiben: Das Problem der relativen Armut zeigt, inwiefern gleiche Berücksichtigung spezifischer Bedürftigkeit ein relevanter Gesichtspunkt ist. Denn einige zentrale Bedürfnisse relativ armer Menschen bleiben unbefriedigt, ganz unabhängig davon, ob die Armut selbstverschuldet ist oder nicht. Das Problem fehlender Chancengleichheit in der Bildung zeigt, inwiefern gleiche Berücksichtigung der Entfaltung von Fähigkeiten ein relevanter Gesichtspunkt ist. Denn fehlende Chancengleichheit hindert Menschen daran, wichtige Fähigkeiten im gleichen Maße wie andere auszubilden. Das Problem ungleicher Bezahlung von Leiharbeitern und Frauen für gleiche Arbeit zeigt, inwiefern gleiche Berücksichtigung von Leistung ein relevanter Gesichtspunkt ist. Denn ungleiche Bezahlung für gleiche Arbeit verletzt den Grundsatz, wichtige Leistungen normalerweise auch gleich zu behandeln. Doch warum sind dies nicht einfach nur bedauerliche Ungleichheiten, sondern wirklich ungerechte Zustände? Ein negativer Ansatz in der Angewandten Ethik kann erklären, warum diese Punkte tatsächlich normativ bedeutsam sind. Durch den Fokus auf ungerechte Ungleichheiten werden zumindest zwei in ihrer Relevanz kaum zu überschätzende Mangelerscheinungen sichtbar. Die beiden Argumente für das normative Gewicht ungerechtfertigter Ungleichheiten, die sich daraus ergeben, sollen hier zumindest kurz angedeutet werden.

Erstens stellt es eine Bedrohung für die Würde der Menschen dar, wenn auf gleiche Berücksichtigung von Bedürftigkeit, Entfaltung der Fähigkeiten und Leistung kein Wert gelegt wird (Müller/Neuhäuser 2010). Dies gilt zumindest dann, wenn soziale Anerkennung und Selbstachtung als Grundlagen der Würde angenommen werden (Margalit 1999). Wenn einem Menschen ein Minimum an angemessener sozialer Anerkennung versagt bleibt, dann hat er einen Grund, sich in seiner Selbstachtung als soziales Wesen beeinträchtigt zu sehen. Dies stellt eine Verletzung seiner Würde dar. Die grundlegenden Bedürfnisse eines Menschen zu erfüllen, ihn in der Ausbildung und Ausübung seiner zentralen Fähigkeiten zu unterstützen und ihn grundsätzlich gleich zu behandeln, stellen in dieser Perspektive zentrale Mechanismen einer angemessenen sozialen Anerkennung dar. Daher lassen sich ungerechtfertigte Ungleichheiten als Beeinträchtigung oder sogar Verletzung der Würde der Menschen verstehen (Neuhäuser 2018).

Zweitens erscheinen ungerechtfertigte Ungleichheiten als Gefahr für soziale Sicherheit und insbesondere demokratische Stabilität (Schäfer 2010; Thomas 2018). Dies liegt nicht nur und nicht einmal so sehr daran, dass benachteiligte Gruppen möglicherweise den Sozialvertrag aufkündigen und radikalen Parteien zuneigen. Viel entscheidender ist demgegenüber, dass die Stabilität moderner demokratischer Gesellschaften von der Funktionsfähigkeit ihrer Zivilgesellschaft abhängt (Brunkhorst 2002; Sandel 2020). In repräsentativen Demokratien können nur zivilgesellschaftliche Akteure die gesellschaftspolitischen Eliten so kontrollieren, dass es nicht zu einer Abspaltung der politischen Prozesse von den vielfältigen Interessen der Bevölkerung bzw. verschiedener Bevölkerungsgruppen kommt. Damit eine Zivilgesellschaft ihre Kontrollfunktion tatsächlich auch wahrnehmen kann, müssen sich die verschiedenen gesellschaftlichen Akteure stets auf Augenhöhe begegnen können. Sonst finden bestimmte Interessen und Bevölkerungsgruppen von vornherein keine politische Stimme, und der demokratische Prozess wird mehr oder weniger schleichend unterhöhlt (Young 2000; Young 2011).

Verschiedene zivilgesellschaftliche Gruppen können sich jedoch nur dann auf Augenhöhe begegnen, wenn ihre Mitglieder zumindest potentiell Zugang zur Mittelschicht haben. Dies liegt schlicht daran, dass sie sich nur dann als grundsätzlich gleichrangige Mitglieder der Gesellschaft sehen können. Diese Gleichrangigkeit spielt sich in der Mittelschicht ab. Je stärker sich eine Gesellschaft in zwei Klassen aufspaltet, desto weniger können sich die Mitglieder der untergeordneten Klasse den Mitgliedern der übergeordneten Klasse als gleichrangig begreifen. Relative Armut, fehlende Chancengleichheit und mangelnde Gleichbehandlung sind dann Ausdrucksformen dieser strukturellen Ungleichheit. Derartige gesellschaftliche Verhältnisse können schnell dazu führen, dass es keine einheitliche Zivilgesellschaft mehr gibt, weil sich eine oder mehrere wichtige soziale Gruppen nicht mehr anerkannt fühlen (können) und ins Privatleben oder in Subkulturen zurückziehen (müssen) (Kronauer 2002). Auf diese Weise kann der demokratische Prozess, eben weil er eine starke Zivilgesellschaft benötigt, unterminiert werden, und Demokratie wird im schlimmsten Fall zur Privatsache der privilegierten Gesellschaftsschicht, einer neuen Form von Oligarchie (Crouch 2008; Schumpeter 2005).

Literatur

Bäcker, Gerhard et.al.: Sozialpolitik und soziale Lage in Deutschland. Wiesbaden 2010.
Beck, Valentin: Eine Theorie der globalen Verantwortung: Was wir Menschen in extremer Armut schulden. Berlin 2016.
Bleisch, Barbara: Pflichten auf Distanz: Weltarmut und individuelle Verantwortung. Berlin 2007.
Bundesagentur für Arbeit: Methodenbericht „Bereinigter Pay Gap von Leiharbeitnehmern", 01/2019. In: https://www.ig-zeitarbeit.de/sites/default/files/redaktion/artikel/2019/201801_Methodenbericht-Pay-Gap-Leiharbeitnehmer.pdf (14.01.2021)
BMAS: Elfter Bericht der Bundesregierung über Erfahrungen bei der Anwendung des Arbeitnehmerüberlassungsgesetzes 2010.
BMBF: Bildung in Deutschland 2010. Ein indikatorengestützter Bericht mit einer Analyse zu Perspektiven des Bildungswesens im demographischen Wandel. Hg. von der Autorengruppe Bildungsberichterstattung.
Bundesministerium für Bildung und Forschung: Bildungsbericht 2018. In: https://www.bildungsbericht.de/de/bildungsberichte-seit-2006/bildungsbericht-2018/pdf-bildungsbericht-2018/bildungsbericht-2018.pdf (14.01.2021)
Bundesministerium für Bildung und Forschung: Berufsbildungsbericht 2019. In: https://www.bmbf.de/upload_filestore/pub/Berufsbildungsbericht_2019.pdf (14.01.2021)
Bundeszentrale für politische Bildung: Ausgewählte Armutsgefährdungsquoten, 26.11.2019. In: https://www.bpb.de/nachschlagen/zahlen-und-fakten/soziale-situation-in-deutschland/61785/armutsgefaehrdung (26.11.2019)
Bourdieu, Pierre/Passeron, Jean-Claude: Die Illusion der Chancengleichheit. Untersuchung zur Soziologie des Bildungswesens am Beispiel Frankreichs. Stuttgart 1971.
Brunkhorst, Hauke: Solidarität. Von der Bürgerfreundschaft zur globalen Rechtsgenossenschaft. Frankfurt a.M. 2002.
Crouch, Colin: Postdemokratie. Frankfurt a.M. 2008.
Deutscher Gewerkschaftsbund: Armut in Deutschland, 28.07.2017. In: https://www.dgb.de/themen/++co++4597e10c-7388-11e7-959f-525400e5a74a (26.11.2019)
Falk, Susanne: Geschlechtsspezifische Ungleichheiten im Erwerbsverlauf. Analysen für den deutschen Arbeitsmarkt. Wiesbaden 2005.
Hopf, Wulf/Benjamin Edelstein: „Chancengleichheit zwischen Anspruch und Wirklichkeit." In: https://www.bpb.de/gesellschaft/bildung/zukunft-bildung/174634/chancengleichheit?p=0 (12.09.2018)
Institut für Arbeitsmarkt- und Berufsforschung: IAB-Kurzbericht 23/2019: In: http://doku.iab.de/kurzber/2019/kb2319.pdf (12.09.2019)
Kersting, Wolfgang: Theorien der sozialen Gerechtigkeit. Stuttgart 2000.
Krebs, Angelika (Hg.): Gleichheit oder Gerechtigkeit. Frankfurt a.M. 2000.
Kronauer, Martin: Exklusion. Die Gefährdung des Sozialen im hoch entwickelten Kapitalismus. Frankfurt a.M. 2002.
Kymlicka, Will: Politische Philosophie heute. Frankfurt a.M. 1997.
Margalit, Avishai: Politik der Würde. Frankfurt a.M. 1999.
Miller, David: National Responsibility and Global Justice. Oxford 2007.
Müller, Julia/Neuhäuser, Christian: „Relative Poverty." In: Paulus Kaufmann/Hannes Kuch/Christian Neuhäuser/Elaine Webster (Hg.): Humiliation, Degradation, Dehumanization. Human Dignity Violated. New York/Amsterdam 2010, 159–172.
Neuhäuser, Christian: „Zwei Formen der Entwürdigung: Relative und absolute Armut". In: Archiv für Rechts- und Sozialphilosophie 96. Jg., 4 (2010), 542–556.
Neuhäuser, Christian: Reichtum als moralisches Problem. Berlin 2018.
OECD: PISA 2006. Naturwissenschaftliche Kompetenz für die Welt von morgen. Kurzzusammenfassung.
OECD: PISA 2009. Results: Overcoming Social Background. Volume II.
Pogge, Thomas: World Poverty and Human Rights. Cambridge 2008.
Pollack, Reinhard: Kaum Bewegung, viel Ungleichheit. Eine Studie zum sozialen Auf- und Abstieg in Deutschland. In: http://www.boell.de/downloads/201010_Studie_Soziale_Mobilitaet.pdf (19.5.2011)
Quenzel, Gudrun/Hurrelmann, Klaus (Hg.): Bildungsverlierer. Neue Ungleichheiten. Wiesbaden 2010.
Rawls, John: Eine Theorie der Gerechtigkeit. Frankfurt a.M. 1979.
Rawls, John: Gerechtigkeit als Fairneß. Frankfurt a.M. 2006.
Robeyns, Ingrid: Wellbeing, Freedom and Social Justice: The Capability Approach Re-Examined, Cambridge/UK 2017.
Sandel, Michael: The Tyranny of Merit: What's Become of the Common Good? New York 2020.
Schäfer, Armin: „Die Folgen sozialer Ungleichheit für die Demokratie in Westeuropa". In: Zeitschrift für Vergleichende Politikwissenschaft 4. Jg., 1 (2010), 131–156.

Schofield, Malcolm: „Ideology and Philosophy in Aristotle's Theory of Slavery." In: Richard Kraut/Steven Skultety (Hg.): Aristotele's Politics. Critical Essays. Lanham 2005, 91–120.

Schumpeter, Joseph A.: Kapitalismus, Sozialismus und Demokratie. Stuttgart 2005.

Sen, Amartya: Die Idee der Gerechtigkeit. München 2010.

Stoecker, Ralf: „Three Crucial Turns on the Road to an Adequate Understanding of Human Dignity." In: Paulus Kaufmann, Hannes Kuch, Christian Neuhäuser, Elaine Webster (Hg.): Humiliation, Degradation, Dehumanization. Human Dignity Violated. New York/Amsterdam 2010, 7–20.

Thomas, Alan: Republic of Equals. Oxford 2018.

Wolff, Jonathan/De-Shalit, Avner: Disadvantage. Oxford 2007.

Young, Iris Marion: Inclusion and Democracy. Oxford 2000.

Young, Iris Marion: Responsibility for Justice. Oxford 2011.

Konsum

Meike Neuhaus

Die wissenschaftliche Debatte darüber, wie Wirtschaft und ethische Fragestellungen zueinanderstehen, wird seit einigen Jahren unter dem Begriff der *Wirtschaftsethik* (s. Kap. 39) geführt. Lange lag der Fokus der Diskussion auf der Frage nach der moralischen Verantwortung von Unternehmen. Seit einiger Zeit richtet sich der Blick jedoch auch auf Fragestellungen, die den Verbraucher in den Mittelpunkt rücken: Welche Rolle spielt Konsum in unserer Gesellschaft? Welche moralischen Probleme sind mit Konsum verbunden? Welche Verantwortung tragen Konsumentinnen? Wie kann ethischer Konsum gelingen? Mit diesen Fragen setzt sich die sogenannte Konsumethik auseinander.

74.1 Die wachsende Bedeutung des Konsums in Deutschland

Die privaten Konsumausgaben deutscher Haushalte haben sich in den letzten drei Jahrzehnten mehr als verdoppelt. Im Jahr 1991 haben die Deutschen rund 867 Mrd. EUR für private Konsumgüter ausgeben. Seitdem stiegen die Konsumausgaben kontinuierlich an und erreichten im Jahr 2019 einen vorläufigen Höchstwert von 1740,65 Mrd. EUR (Statista 2020a). Ganz besonders profitiert die Textilbranche. Nachdem 1991 rund 18 Mrd. EUR für Kleidung einschließlich Schuhe ausgegeben wurden, verdoppelte sich der Wert bereits ein Jahr später auf über 39 Mrd. EUR. Im Jahr 2019 gaben die deutschen Haushalte rund 64,4 Mrd. EUR für Bekleidung aus (Statista 2020b).

Deutschland gehört heute zu den sogenannten *Massenkonsumgesellschaften*. Die Anfänge dieser Entwicklung liegen laut Konsumhistorikern (Ullrich 2008; Schneider 2000) im Großbritannien des frühen 18. Jahrhunderts. Bis dahin versorgten sich die meisten Menschen hauptsächlich mit dem, was sie zum Leben benötigten: Nahrung, Unterkunft, funktionale Kleidung. Erst vor gut 300 Jahren verwandelte sich der Normalbürger allmählich vom *Verbraucher des Notwendigen* zum *Konsumenten des Zusätzlichen*. Mit dem Erstarken des Bürgertums und der damit einhergehenden wachsenden Kaufkraft konnte sich allmählich auch die Normalbürgerin Güter leisten, die zuvor dem Adel vorbehalten waren. In der Gesellschaft wuchs immer stärker der Wunsch, Dinge zu besitzen und sich dadurch nach außen hin darzustellen.

Länder wie Deutschland, Frankreich und die Niederlande ließen sich schnell von der Konsumlust der Briten anstecken. 1786 wurde in Weimar die erste Modezeitschrift herausgebracht, die zum erfolgreichsten Mittel für die Verbreitung von Wünschen und Sehn-

M. Neuhaus (✉)
TU Dortmund, Dortmund, Deutschland
E-Mail: meike.neuhaus@tu-dortmund.de

süchten wurde. Mitte des 19. Jahrhunderts wurde Werbung immer wichtiger, um den Absatz zu steigern. Die ersten großen Warenhäuser in Deutschland eröffneten Ende des 19. Jahrhunderts in Berlin, Hamburg und anderen großen Städten. Feste Preise wurden eingeführt und die Kleinkreditwirtschaft entwickelte sich. Nach den Zeiten des Verzichts während des Ersten Weltkriegs, der Weltwirtschaftskrise in den 1920er Jahren und des Zweiten Weltkriegs, schien Konsum fast zu einem Grundbedürfnis der Bevölkerung geworden zu sein. Das Kaufverhalten der von Armut und Hunger geprägten Bevölkerung entwickelte sich in der Zeit des deutschen Wirtschaftswunders schnell zum Massenkonsum. Luxusgüter wie Fernseher, Auto und Kühlschrank wurden für viele zum Unverzichtbaren (Schneider 2000). In den 1980er Jahren änderte sich das Bild etwas. Einerseits wurden Luxus- und Designerprodukte immer beliebter, gleichzeitig entstand in der Bevölkerung eine kritische Gegenströmung. Im Zuge der Anti-Atom- und Ökobewegung wuchs in vielen Menschen ein reflexives Bewusstsein für ihre Kaufentscheidungen. Der bisherige Überfluss-Konsum wurde immer stärker hinterfragt, erste Bioläden entstanden. Es entwickelte sich eine neue Art von Konsumentinnen, die als umweltorientierte Verbraucher den klassischen Massenkonsum boykottierten (König 2008). Spätestens mit dem Erfolg des Internets in den 1990er Jahren erreichte die Globalisierung die deutschen Privathaushalte. Das World Wide Web eröffnete neue Dimensionen des Einkaufens. Konsumforscher konnten beobachten, wie Online-Shopping zur Freizeitbeschäftigung wurde und durch Portale wie Ebay das alte Konzept des Handelns wiederkehrte. In der Anonymität des *Marktplatzes Internet* fingen die Konsumenten wieder an zu feilschen und die Suche nach den besten Angeboten glich fast einem Spiel. Dieser Reiz hält nach wie vor an – als radikale Umkehrung des Konsumverzichts der Ökobewegung (Schneider 2000).

74.2 Bedeutung des Konsums heute

Heute sind nahezu alle Lebensbereiche mit Konsum verknüpft (Hellmann 2013). Die Befriedigung von Grundbedürfnissen – dem üblichen Verständnis nach – spielt dabei nur noch eine kleine Rolle. Stattdessen geht es beim Akt des Kaufens um das „Suchen, Auswählen, Ausprobieren, Mitnehmen, Einlagern, Gebrauchen, Verbrauchen und Entsorgen" von Dingen, „einschließlich aller Aktivitäten, die sich im Umfeld dessen abspielen mögen, wie Vorzeigen, Mitteilen, Teilen, Ausleihen, Verschenken, Sammeln, Angeben, Neiden, Kritisieren, Boykottieren" (Hellmann 2013, 9). Konsum hat also die Funktion, eine große Vielzahl von Bedürfnissen zu befriedigen.

Konsumforscher (vgl. Hellmann 2013) unterscheiden zwei verschiedene Grundkategorien von Konsum. Die erste Kategorie ist der Selbstbezug. Hier geht es um die Wirkung des Konsums auf den individuellen Konsumenten, also zum Beispiel darum, ob jemand durch den Kauf eines Produkts zufrieden(er) ist. Die Spanne der Funktionen, die Konsum für ein Individuum haben kann, reicht von der rein physiologischen Befriedigung bestimmter Bedürfnisse wie Essen und Trinken, über Glückshormon freisetzende Kauferlebnisse bis hin zu kompensatorischem Konsum, der Probleme ausgleichen soll. Die zweite Kategorie ist der Fremdbezug. Hier geht es um die Wirkung des individuellen Konsums auf Andere. Diese Kategorie lässt sich in zwei Unterkategorien gliedern, die Unterscheidungs- und die Vergemeinschaftungsfunktion. Durch Konsum – oder auch Nicht-Konsum – bestimmter Produkte können Menschen sich bewusst von anderen abgrenzen und signalisieren, dass sie anders sind als der *Mainstream*. Damit sind oft auch politische Einstellungen verbunden, die sich zum Beispiel auf ungerechte Arbeitsbedingungen in bestimmten Branchen oder den Tierschutz beziehen. Man kann aber auch bewusst so konsumieren, dass man sich mit anderen identifiziert. Man trägt beispielsweise bestimmte Kleidung, um Gruppenzugehörigkeit zu demonstrieren. Oder man verzichtet auf Fleischprodukte, weil die Peergroup aus Vegetarierinnen besteht. Wenn man vor allem mit Fremdbezug konsumiert, spricht man von einem Distinktionswert des Konsums. Konsum, der ganz besonders inszeniert wird, um damit etwas *auszusagen,* fällt in die Kategorie des demonstrativen Konsums.

Für viele Menschen gehört Konsum offensichtlich zu ihrer Vorstellung von einem guten Leben – für nicht wenige scheint Konsum sogar die zentrale Voraussetzung dafür zu sein. Doch woran liegt das? Natürlich soll Konsum Grundbedürfnisse befriedigen. Er kann auch dafür sorgen, dass man sich glücklich fühlt, weil man zum Beispiel Freude beim Lesen eines neuen Krimis empfindet und Spaß daran hat, verschiedene Spiele auf dem Handy zu spielen. Konsum ermöglicht auch, dass man sich anderen Menschen gegenüber in einer bestimmten Weise darstellen kann. Doch all das scheint noch keine ausreichende Begründung für den hohen Stellenwert zu sein, den Konsum in unserer Gesellschaft einnimmt. Es scheint noch etwas Wichtigeres dahinter zu stecken.

74.3 Konsum und Identität

Konsum besitzt keinen eigenen intrinsischen Wert, ist aber eng mit einem anderen Wert verbunden: der Identität. Damit ist die unverwechselbare Persönlichkeit eines Menschen gemeint, die sich aus einer eigenen Lebensgeschichte sowie individuellen Fähigkeiten, Eigenschaften, Werten und Weltansichten zusammensetzt. Die Identität ist das, was einen Menschen wirklich ausmacht. Das ist aber nicht rein psychologisch zu verstehen, denn Identität spielt sich nicht nur im Inneren einer Person ab. Sie kommt im Handeln, aber auch in der Erscheinung eines Menschen zum Vorschein. Außerdem bildet sich die Persönlichkeit eines Menschen auch durch soziale Prozesse. Das Fremdbild anderer Menschen nimmt Einfluss auf das Selbstbild einer Person, es bestätigt sie in ihrer Selbstwahrnehmung oder stellt sie in Frage. Weil die Ausbildung einer Persönlichkeit also ein sozialer Prozess ist, bedarf er auch symbolischer Interaktionsformen, anhand derer sich dieser soziale Prozess vollziehen kann (Honneth 2003, 156). Konsum ist so eine symbolische Interaktionsform, er kann Ausdruck der individuellen Persönlichkeit eines Menschen sein. Welche Kleidung jemand trägt, welches Auto sie fährt, welches Mobiltelefon er besitzt – all das sind Symbole für eine Persönlichkeit, die jemand für andere sichtbar machen und von ihnen richtig gedeutet haben will. Selbst solche Konsumgüter, die kaum ein anderer zu Gesicht bekommt – beispielsweise die Möbel, die man zuhause hat – sind Ausdruck der Persönlichkeit. Diese Persönlichkeitskonstruktion richtet sich dann nicht an bestimmte Akteure, sondern findet gegenüber einem generalisierten Anderen statt (Taylor 1992/2009, 20–27).

Konsum als Symbol für die individuelle Persönlichkeit und als Möglichkeit, die eigene Identität anderen sichtbar zu machen, ist für sehr viele Menschen also deshalb von großer Bedeutung, weil sich ihre Persönlichkeit nur mit Hilfe von sozialer Interaktion – in Form von Bestätigung oder Infrage stellen durch Andere – vollständig ausbilden kann. Daher ist Konsum für die Vorstellung von einem guten Leben von großer Bedeutung.

74.4 Konsum und moralische Probleme

Mit Konsum sind aber auch zahlreiche Probleme verbunden. Die Entwicklung des Massenkonsums stellt die globalisierte Welt vor neue Herausforderungen und bringt vielfältige moralische Fragen mit sich, beispielsweise in Bezug auf Umwelt und Klima, Menschen- und Tierrechte, Medienethik oder auch Armut, Reichtum und Würde.

In den letzten Jahren sind insbesondere die Auswirkungen des Konsums auf *Umwelt und Klima* immer stärker in den Fokus politischer, philosophischer und auch gesamtgesellschaftlicher Diskussionen gerückt. Neben negativen

Einflüssen auf die Umwelt, beispielsweise die Verschmutzung der Weltmeere durch (Mikro-) Plastik, die Rodung der Regenwälder oder der CO_2-Ausstoß von Industrieländern, sind besonders die Folgen des Klimawandels problematisch. Das Eis der Polkappen schmilzt, so dass der Meeresspiegel steigt. In einigen Regionen kommt es häufiger zu extremen Wetterereignissen und zunehmenden Niederschlägen, während in anderen Teilen der Welt verstärkt Hitzewellen und Dürren auftreten. Die Ursache dafür sehen die allermeisten Wissenschaftler im menschlichen Handeln (vgl. McNeill 2003; Müller et al. 2007).

Seit den 1980er Jahren verbraucht die Weltbevölkerung mehr Biokapazität als die Ökosysteme dauerhaft bereitstellen können. Die verfügbare Biokapazität pro Mensch beträgt derzeit 1,7 gha. Im Weltdurchschnitt ist der *ökologische Fußabdruck* pro Kopf jedoch 2,8 gha groß, in Deutschland sogar 4,9 gha (vgl. Wackernagel/Beyers 2016; Brot für die Welt 2020). Der jährliche *Earth Overshoot Day* (auch *Erdüberlastungstag* oder *Welterschöpfungstag* genannt) symbolisiert den Tag des Jahres, an dem die Nachfrage nach nachwachsenden Rohstoffen die Kapazität der Erde zur Reproduktion dieser Ressourcen in diesem Jahr übersteigt. Der weltweite Aktionstag, der von der Organisation *Global Footprint Network* berechnet wird, lag im Jahr 2019 am 29. Juli (vgl. Global Footprint Network 2020). Der Trend der letzten 25 Jahre zeigt deutlich, dass die Ressourcen jedes Jahr früher verbraucht sind. Eine Ausnahme bildet das Jahr 2020. Die Covid-19-Pandemie hat sich auf den Ressourcenverbrauch ausgewirkt, so dass der Earth Overshoot Day am 22.08.2020 war, also gut drei Wochen später als im Jahr 2019. Nachdem 1970 am Ende des Jahres noch Reserven übrig waren, überstieg der menschliche Verbrauch ein Jahr später erstmals die globalen Kapazitäten, so dass die Ressourcen bereits am 21. Dezember aufgebraucht waren. Würde die gesamte Weltbevölkerung so konsumieren wie die deutschen Verbraucher im Jahr 2019, läge der Welterschöpfungstag bereits im Mai (vgl. Earth Overshoot Day 2020). Die CO_2-Emissionen sind in Deutschland zwar seit 1990 rückläufig, lagen 2018 aber immer noch bei 858 Millionen Tonnen (vgl. Umweltbundesamt 2020).

Das gesamte Ausmaß der durch Konsum verursachten Umweltfolgen ist heute noch nicht absehbar und wird vor allem in Bezug auf Gerechtigkeitsaspekte stark diskutiert (vgl. Reder et al. 2019). Kritisch ist dabei insbesondere, dass Länder wie China, Indien und die USA sowie die meisten Staaten der Europäischen Union die Hauptverursacher der Umweltprobleme sind, während andere Staaten, vor allem auf dem afrikanischen Kontinent, extrem unter den Folgen zu leiden haben (werden). Auch Fragen der Generationengerechtigkeit werden seit einiger Zeit immer stärker diskutiert. Es geht dabei um die Frage, inwiefern heutige Gesellschaften für die Lebensbedingungen zukünftiger Generationen verantwortlich sind (vgl. Birnbacher 1988; Siebke 2018).

Auf die Lebensumstände heutiger Generationen hat der Massenkonsum insbesondere dort problematische Auswirkungen, wo *Menschenrechte* verletzt werden. Spätestens seit dem Einsturz des achtstöckigen Fabrikgebäudes Rana Plaza in Bangladesch im April 2013, bei dem über 1000 Menschen starben, sind Menschenrechtsverletzungen in der Textilbranche kein Geheimnis mehr. Die Vorwürfe beziehen sich auf unsichere Arbeitsbedingungen, schlechte Bezahlung, unzumutbare Arbeitszeiten, Kinderarbeit, Gewalt und sogar moderne Sklaverei. Insbesondere Bekleidungskonzernen, die *Fast Fashion*, also kurzlebige, qualitativ minderwertige Mode zu extrem günstigen Preisen, anbieten, werden Menschenrechtsverletzungen und Umweltschädigungen vorgeworfen (vgl. Hinzmann 2009). Auch aus anderen Branchen, beispielsweise der Produktion von Mobiltelefonen oder der Tee-Ernte, sind solche Probleme bekannt (vgl. Amnesty International 2016; Oxfam 2019).

Der Konsum von Tieren – in Form von Fleisch oder Kleidung, aber auch als Unterhaltungsmedium im Zoo oder Zirkus – wirft einerseits tierethische Fragen auf (s. Kap. 47 und Teil IX), hat aber auch enorme Auswirkungen auf umweltethische Aspekte. Neben der Frage, ob man Tiere überhaupt konsumieren darf, ist vor allem die Diskussion über Massentierhaltung von Bedeutung. Denn Massentierhaltung verursacht nicht nur erhebliches Leid bei den Nutztieren, sondern benötigt auch so viel Land wie kein anderes Konsumgut der Welt und trägt so massiv zum Klimawandel bei. Obwohl sich in den letzten zehn Jahren der Anteil der Vegetarier und Vegetarierinnen in Deutschland auf über vier Prozent verdoppelt hat und rund zwölf Prozent der Verbraucher sich bemühen, als Flexitarier ihren Fleischkonsum zu reduzieren, ist der Pro-Kopf-Verzehr im gleichen Zeitraum kaum gesunken. Offensichtlich hat also ein anderer Teil der Bevölkerung den Fleischkonsum parallel erhöht. Trotz des Wissens über die Auswirkungen auf das Klima sowie das Leid der Nutztiere hat sich der weltweite Fleischkonsum in den letzten 50 Jahren verdreifacht und liegt etwa bei 330 Mio. Tonnen pro Jahr. Bis zum Jahr 2050 erwartet die Ernährungs- und Landwirtschaftsorganisation der Vereinten Nationen einen Zuwachs von weiteren 85 % (vgl. Fleischatlas, Heinrich-Böll-Stiftung et al. 2018).

Ein weiterer Bereich des Massenkonsums, der mit moralischen Fragen konfrontiert ist, sind *Medien*. In der Medienethik (s. Kap. 50) geht es vor allem um den richtigen Umgang mit modernen Medien wie Fernsehen und Internet, aber auch Zeitungen, Büchern oder Computerspielen. Die Frage, wie man moralisch richtig handelt, bezieht sich dabei sowohl auf den Konsumenten als auch auf den Produzenten von Massenmedien. Problematisch sind Massenmedien einerseits dann, wenn sie dem Konsumenten schaden. Dies kann beispielsweise der Fall sein, wenn Medien den Rezipienten manipulieren oder täuschen. Der Begriff *Fake News* taucht seit einiger Zeit immer häufiger – vor allem in den sozialen Medien – auf. Auch die Beeinflussung der Bevölkerung durch Werbung oder einseitige Berichterstattung kann problematisch werden. In sozialen Medien ist auch die sogenannte *Hate Speech,* also Hassrede, verbreitet. Damit sind Postings oder Kommentare gemeint, die andere Menschen beleidigen, abwerten, diskriminieren oder zu Hass und Gewalt aufrufen.

Meist handelt es sich um rassistische oder sexistische Hassrede, die in der Anonymität des Internets oft nur schwer strafrechtlich zu verfolgen ist.

Welche Auswirkungen mediale Gewaltdarstellungen auf die Konsumenten haben, ist Forschungsgegenstand der Medienwirkungsanalyse und unter Experten stark umstritten. Die Suggestionsthese geht beispielsweise davon aus, dass mediale Gewalt bei den Rezipienten zu Nachahmungseffekten führt. Andere Medienwissenschaftler meinen, dass das Ausleben von Gewaltvorstellungen mittels Medien Aggressionen abbaue und daher zu weniger realer Gewalt führe (Katharsisthese). Die Habitualisierungsthese geht von einer Abstumpfung aus, die beim Rezipienten zu einem Verlust von Empathie führt. Einige Forscher glauben auch, dass mediale Gewaltdarstellungen keinerlei Auswirkung auf den Konsumenten haben (vgl. Kunczik 2017 für weitere Thesen der Medienwirkungsanalyse). Auch unabhängig von den Auswirkungen auf den Rezipienten können Medien moralisch problematisch sein, nämlich dann, wenn die Produktion mit Menschenrechtsverletzungen verbunden ist. Dies kann beispielsweise in der Pornoindustrie der Fall sein, die – ähnlich wie die Textilbranche – immer wieder mit Vorwürfen wie schlechter Bezahlung, unzumutbaren Arbeitsbedingungen, Gesundheitsrisiken oder menschenverachtenden Umgangsformen konfrontiert ist (Drees 2018).

Eng verbunden mit Fragen des Konsums ist auch die Debatte rund um *Armut und Reichtum*. Wer arm ist, kann nicht oder nur sehr wenig konsumieren. Reiche Menschen hingegen konsumieren im Überfluss. Durch Armut kann die *Menschenwürde* verletzt werden. Die absolute Armutsgrenze liegt bei 1,90 $ pro Tag. Umgerechnet sind das etwa 1,70 EUR am Tag bzw. 52,70 EUR pro Monat. Weltweit sind über 700 Mio. Menschen von absoluter Armut betroffen (BMZ 2020). Weit mehr Menschen liegen nur knapp über dieser Grenze. Dass sich ein Leben in absoluter Armut erheblich auf die Konsummöglichkeiten auswirkt, liegt auf der Hand. Absolut arme Menschen können kaum ihre Grundbedürfnisse, also Nahrung, Kleidung und Wohnen, angemessen befriedigen. Ihre absolute Armut bedroht sie in ihrer Existenz und damit auch in ihrer Würde als Person (vgl. zum Würdebegriff: Schaber 2012; Tiedemann 2014).

Menschen, die von relativer Armut betroffen sind, haben weniger als die Hälfte des Durchschnittseinkommens ihrer Gesellschaft zur Verfügung. Im Jahr 2017 lag das Nettoäquivalenzeinkommen in Deutschland bei 1826 EUR (Statistisches Bundesamt 2020). Die relative Armutsgrenze liegt bei 50 % des Durchschnittseinkommens, 2017 waren das also 913 EUR im Monat. Ab einem Einkommen von 60 % des Durchschnittseinkommens (2017 waren es 1096 EUR) spricht man von Armutsgefährdung. Die Zahl der armutsgefährdeten Menschen in Deutschland lag 2017 bei 13,1 Mio. Damit war knapp jeder Fünfte von relativer Armut bedroht. 3,4 % der Bevölkerung in Deutschland, also 2,8 Millionen Menschen, waren erheblich materiell depriviert, ihre Lebensbedingungen waren aufgrund fehlender finanzieller Mittel also stark eingeschränkt. Sie waren zum Beispiel nicht in der Lage, ihre Rechnungen für Miete und Versorgungsleistungen zu bezahlen oder ihre Wohnung angemessen zu heizen (Statistisches Bundesamt 2018). Relative Armut gefährdet zwar nicht die Existenz einer Person, wirkt sich aber ebenfalls enorm auf das Konsumverhalten aus. Wer relativ arm ist, kann sich aufgrund seiner eingeschränkten Konsummöglichkeiten nicht als gleichrangiges Gesellschaftsmitglied präsentieren. Die Lebensgestaltungsmöglichkeiten einer relativ armen Person sind massiv eingeschränkt, ihre Autonomie und Freiheit als Persönlichkeit werden untergraben. Relative Armut verletzt die Betroffenen vielleicht nicht unbedingt in ihrer Würde als Person, aber in ihrer Würde als Persönlichkeit.

Daraus ergibt sich auch ein moralisches Problem, welches auf Reichtum zurückzuführen ist (vgl. Neuhäuser 2018). Für sehr viele Menschen ist Konsum ein wesentlicher Bestandteil ihrer Vorstellung vom guten Leben. Sie kommunizieren in symbolischen Interaktionen mithilfe von Konsumgütern ihren *sozialen Status*. Ein sehr unterschiedlich wahrgenommener sozialer Status führt auch zu einer Bewertung unterschiedlicher Achtungswürdigkeit, was der Idee der gleichen Würde aller Menschen widerspricht. Durch große ökonomische Ungleichheit und die daraus resultierenden unterschiedlichen Konsummöglichkeiten wird verhindert, dass sich Menschen als gleichrangige Gesellschaftsmitglieder begegnen können.

74.5 Konsum und Verantwortung

Die drängende Frage, die sich aus mit Konsum verbundenen Problemen ergibt, ist, wer die Verantwortung dafür trägt (vgl. Heidbrink 2011). Der Begriff der Verantwortung wird in der Regel als vierstellige Relation aufgefasst: Wer (1) ist für was (2) aufgrund welchen normativen Maßstabs (3) gegenüber wem (4) verantwortlich? Bei dem Urheber einer Handlung (wer) handelt es sich um das *Verantwortungssubjekt*. Seine Handlung oder Unterlassung (was) stellt den *Verantwortungsgegenstand* dar. Den normativen Maßstab, der herangezogen wird, bezeichnet man als *Verantwortungsbereich*. Der Adressat, dem gegenüber eine Verantwortung besteht (wem), ist die *Verantwortungsinstanz* (vgl. Loh 2017; Neuhäuser 2017; Schmidt 2017).

Seit einigen Jahren wird die Debatte um Unternehmensverantwortung durch Diskussionen über Konsumentenverantwortung ergänzt. Bei dem Konzept der *Corporate Social Responsibility* (CSR) ist das Unternehmen das Verantwortungssubjekt (zu CSR s. Kap. 39). Die Verantwortungsinstanz, gegenüber der sich das Unternehmen verantworten muss, können Regierungen, Nichtregierungsorganisationen (NGOs) oder auch die Konsumenten sein.

Konsumenten können aber auch selber Verantwortungssubjekte sein. Dieses Konzept nennt sich Consumer Social Responsibility (CnSR) und wird seit einigen Jahren stark diskutiert. Eine einheitliche Definition dieses Begriffs existiert jedoch nicht (vgl. Einhorn/Neuhäuser 2020). Belz und Bilharz weisen dem Konsumenten eine retrospektive Verantwortung, oder auch Rechenschaftsverantwortung, zu: „Geht man davon aus, dass die Herstellung von Produkten und Dienstleistungen der Befriedigung der Endnachfrage dient, so lassen sich im Prinzip fast die gesamten Nachhaltigkeitsprobleme dem Konsum der privaten Haushalte zuordnen." (Belz/Bilharz 2005, 8). Der Konsument ist für seine früheren Konsumhandlungen und die aktuellen, daraus resultierenden Zustände verantwortlich. Inwieweit Konsumenten für ihr vergangenes Konsumverhalten und die damit verbundenen Probleme moralisch zur Rechenschaft gezogen werden können, ist jedoch fraglich.

Das prospektive Verständnis von Konsumentenverantwortung schreibt der Konsumentin hingegen eine Verantwortung für ihr zukünftiges Handeln zu (vgl. Einhorn/Neuhäuser 2020). Hier werden drei Ansätze unterschieden: nachhaltiger Konsum, ethischer Konsum und politischer Konsum. Beim nachhaltigen Konsum geht es in erster Linie um die Umweltverträglichkeit. Gegenstand der Auseinandersetzung ist, wie die Bedürfnisse der heute lebenden Menschen befriedigt werden können, ohne dabei die Möglichkeiten zukünftiger Generationen einzuschränken (vgl. Birnbacher 1988; Siebke 2018). Der Begriff des ethischen Konsums ist weiter gefasst und meint Konsumentscheidungen, die aufgrund von persönlichen moralischen Überzeugungen getroffen werden (vgl. Crane/Matten 2004). Das Anliegen des politischen Konsums ist, durch bewusste Kaufentscheidungen Einfluss auf die Produktion von Gütern und damit auf die Hersteller zu nehmen (vgl. Aßländer 2012). Gemeinsam ist allen drei Konzepten, dass soziale, politische und Umweltaspekte in die Kaufentscheidung einfließen sollen. Dass beim Konsum moralische Überzeugungen und Handlungen oft nicht übereinstimmen, bezeichnet man als *attitude-behavior-gap*. Diese Lücke zwischen Einstellung und Verhalten entsteht beispielsweise dann, wenn jemand zwar überzeugt ist, dass Massentierhaltung aus tier- und umweltethischen Gründen unmoralisch ist, aber dann trotzdem zum Discounter-Hähnchenfleisch für 1,29 EUR greift.

Zwar wird die Debatte über Konsumentenverantwortung seit einiger Zeit immer intensiver geführt, wie weit die Verantwortung geht, worauf sie sich konkret bezieht und ob allen Konsumentinnen die gleiche Verantwortung zugeschrieben werden kann, ist jedoch unklar (vgl. Neuhäuser/Einhorn 2020). Viele Autoren sind der Auffassung, dass die Kaufentscheidung des Einzelnen keinen Einfluss hat und die Idee der individuellen Konsumentenverantwortung daher verworfen werden sollte (vgl. Johnson 2003; Sinnott-Armstrong 2010). Die Gegenposition spricht von einer geteilten Kausalverantwortung oder auch kollektiver Verantwortung, die einen Minimalbeitrag des Einzelnen einschließt. Ein Beispiel dafür ist das Autofahren. Durch die ausgestoßenen Treibhausgase wird der Klimawandel vorangetrieben. „Dabei ist die Verursachung dieses ökologischen Schadens jedoch nur als geteilte Verursachung zu verstehen, da ihn allein die Summe aller beitragenden Handlungen und nicht eine einzelne Handlung bewirken kann." (Schmidt 2017, 742). Der Konsument trägt durch sei Handeln also zu den entstehenden Folgen bei. Er steht somit auch in kausaler Verbindung mit Marktstrukturen, die auf Angebot und Nachfrage reagieren. Kaufen besonders viele Menschen hauptsächlich billiges Fleisch, reagieren Unternehmen darauf, indem sie möglichst viel billiges Fleisch produzieren. Indirekt wirken sich die Kaufentscheidungen des einzelnen Konsumenten also darauf aus, wie und was Unternehmen produzieren. Dies hat zur Konsequenz, dass Konsumentinnen ihrer Verantwortung nur gemeinschaftlich, also kollektiv gerecht werden können, indem sie als große Gruppe Einfluss auf bestehende Marktstrukturen nehmen und durch veränderte Nachfrage das Angebot beeinflussen (vgl. Schmidt 2017).

Mit den Fragen rund um Konsum wird man sich in Zukunft noch stärker auseinandersetzen müssen. Insbesondere durch die rasant wachsende Weltpopulation und den global steigenden Wohlstand werden Umwelt- und Gerechtigkeitsprobleme sowie die Frage nach der Verantwortungszuschreibung immer dringender.

Literatur

Amnesty International (Hg.): This is what we die for. Human Rights Abuses in the Democratic Republic of the Congo power the Global Trade in Cobalt. London

2016. In: www.amnesty.org/download/Documents/AFR6231832016ENGLISH.pdf (25.11.2020)

Aßländer, Michael: „Shopping for Virtues. Corporate und Consumers' Social Responsibility im Konzept geteilter sozialer Verantwortung." In: Zeitschrift für Wirtschafts-und Unternehmensethik, 13. Jg., 3 (2012), 255–277.

Belz, Frank-Martin/Bilharz, Michael: „Nachhaltiger Konsum: Zentrale Herausforderung für moderne Verbraucherpolitik". München 2005.

Birnbacher, Dieter: Verantwortung für zukünftige Generationen. Stuttgart 1988.

BMZ Bundesministerium für wirtschaftliche Zusammenarbeit und Entwicklung (Hg.): Weltarmutsbericht der Weltbank – Minister Müller: „Corona stoppt Erfolge im Kampf gegen Armut und Hunger, 115 Millionen Menschen zusätzlich in extremer Armut". In: https://www.bmz.de/de/aktuelles/archiv-aktuelle-meldungen/weltarmutsbericht-der-weltbank-47984 (07.10.2020)

Brot für die Welt (Hg.): Über den ökologischen Fußabdruck. In: www.fussabdruck.de (25.11.2020)

Crane, Andrew/Matten, Dirk: Business Ethics. A European Perspective: Managing Corporate Citizenship and Sustainability in the Age of Globalization. Oxford 2004.

Drees, Meike: „Pornografie als Massenkonsumgut. Eine philosophiedidaktische Auseinandersetzung". In: Neuhäuser, Christian/Vorholt, Udo (Hg.): Konsumieren in globalen Netzwerken. Bochum/Freiburg i.Br. 2018.

Earth Overshoot Day. In: www.overshootday.org (25.11.2020)

Einhorn, Laura/Neuhäuser, Christian: „Die gesellschaftliche Verantwortung von Unternehmen und Konsument*innen." In: Ludger Heidbrink/Sebeastian Müller (Hg.): Consumer Social Responsibility. Zur gesellschaftlichen Verantwortung von Konsumenten. Marburg 2020, 117–141.

Global Footprint Network. In: www.footprintnetwork.org (25.11.2020)

Heinrich-Böll-Stiftung/Bund für Umwelt und Naturschutz Deutschland/Le Monde Diplomatique (Hg.): Fleischatlas – Daten und Fakten über Tiere als Nahrungsmittel. Paderborn 2018.

Heidbrink, Ludger: „Der Verantwortungsbegriff der Wirtschaftsethik." In: Michael Aßländer (Hg.): Handbuch Wirtschaftsethik. Stuttgart/Weimar 2011.

Hellmann, Kai-Uwe: Der Konsum der Gesellschaft: Studien zur Soziologie des Konsums. Wiesbaden 2013.

Hinzmann, Berndt: Arbeits- und Menschenrechte in der Textilindustrie. Bundeszentrale für politische Bildung. 2009. In: www.bpb.de/internationales/weltweit/menschenrechte/38751/textilindustrie (25.11.2020)

Honneth, Axel: „Umverteilung als Anerkennung." In: Nancy Frazer/Axel Honneth: Umverteilung oder Anerkennung? Eine politisch-philosophische Kontroverse. Frankfurt a. M. 2003, 129–224.

Johnson, Baylor: „Ethical obligations in a tragedy of the commons." In: Environmental Values 12. Jg., 3 (2003), 271–287.

König, Wolfgang: Kleine Geschichte der Konsumgesellschaft: Konsum als Lebensform der Moderne. Stuttgart 2008.

Kunczik, Michael: Medien und Gewalt – Überblick über den aktuellen Stand der Forschung und der Theoriediskussion. Wiesbaden 2017.

Loh, Janina: „Strukturen und Relata der Verantwortung." In: Ludger Heidbrink, Claus Langbehn, Janina Loh (Hg.): Handbuch Verantwortung. Berlin 2017, 35–56.

McNeill, John: Blue Planet. Die Umweltgeschichte des 20. Jahrhunderts. Frankfurt a.M. 2003.

Müller, Michael/Fuentes, Ursula/Kohl, Harald (Hg.): Der UN-Klimareport. Bericht über eine unaufhaltsame Katastrophe. Köln 2007.

Neuhäuser, Christian: Reichtum als moralisches Problem. Frankfurt a.M. 2018.

Neuhäuser, Christian: „Unternehmensverantwortung." In: Ludger Heidbrink, Claus Langbehn, Janina Loh (Hg.): Handbuch Verantwortung. Berlin 2017, 765–766.

Oxfam (Hg.): Schwarzer Tee, weiße Weste. Menschenrechtsverletzungen auf Teeplantagen in Assam und die Verantwortung deutscher Unternehmen. 2019. In: www.oxfam.de/system/files/schwarzer-tee-weisse-weste-assam.pdf (25.11.2020)

Reder, Michael/Gösele, Andreas/Köhler, Lukas/Wallacher, Johannes (Hg.): Umweltethik – Eine Einführung in globaler Perspektive. Stuttgart 2019.

Schaber, Peter: Menschenwürde. Stuttgart 2012.

Schmidt, Imke: „Konsumentenverantwortung." In: Ludger Heidbrink, Claus Langbehn, Janina Loh (Hg.): Handbuch Verantwortung. Berlin 2017, 735–764.

Schneider, Norbert: „Konsum und Gesellschaft." In: Doris Rosenkranz, Norbert Schneider, (Hg.): Konsum – soziologische, ökonomische und psychologische Perspektiven. Wiesbaden 2000.

Siebke, Swaantje: „Haben zukünftige Generationen ein Recht auf Klimastabilisierung?" In: Christian Neuhäuser, Udo Vorholt (Hg.): Nachhaltigkeit regional, national, international. Bochum/Freiburg i.Br. 2018.

Sinnott-Armstrong, Walter: „It's not my fault: Global warming and individual moral obligations." In: Stephen Gardiner, Simon Caney, Dale Jamieson, Henry Shoe (Hg.): Climate ethics. Essential readings. Oxford 2010, 332–346.

Statista (Hg.): Höhe der privaten Konsumausgaben in Deutschland von 1991 bis 2019. 2020a. In: https://de.statista.com/statistik/daten/studie/155148/umfrage/private-konsumausgaben-in-deutschland-zeitreihe (25.11.2020a)

Statista (Hg.): Konsumausgaben der privaten Haushalte in Deutschland für Bekleidung in den Jahren 1991 bis 2019. 2020b. In: https://de.statista.com/statistik/daten/studie/283616/umfrage/konsumausgaben-fuer-bekleidung-in-deutschland (25.11.2020b)

Statistisches Bundesamt (Hg.): Lebensbedingungen und Armutsgefährdung – Einkommensverteilung (Nettoäquivalenzeinkommen) in Deutschland. 2020. In: www.destatis.de/DE/Themen/Gesellschaft-Umwelt/Einkommen-Konsum-Lebensbedingungen/Lebensbedingungen-Armutsgefaehrdung/Tabellen/einkommensverteilung-silc.html (25.11.2020)

Statistisches Bundesamt (Hg.): 19,0 % der Bevölkerung Deutschlands von Armut oder sozialer Ausgrenzung bedroht. 2018. In: www.destatis.de/DE/Presse/Pressemitteilungen/2018/10/PD18_421_634.html (25.11.2020)

Taylor, Charles: „Multikulturalismus und die Politik der Anerkennung." Frankfurt a. M. 1992/2009.

Tiedemann, Paul: Was ist Menschenwürde? Eine Einführung. Darmstadt 2014.

Ullrich, Wolfgang: Haben wollen – Wie funktioniert die Konsumkultur? Frankfurt a.M. 2008.

Umweltbundesamt (Hg.): Treibhausgas-Emissionen in Deutschland. 2020. In: https://www.umweltbundesamt.de/daten/klima/treibhausgas-emissionen-in-deutschland#emissionsentwicklung-1990-bis-2018 (25.11.2020)

Wackernagel, Mathis/Beyers, Bert: Footprint – Die Welt neu vermessen. Hamburg 2016.

Korruption

Bettina Hollstein

Korruption wurde zu unterschiedlichen Zeiten und in verschiedenen Kontexten jeweils anders interpretiert. Im Folgenden werden der Wandel von Korruptionsbegriffen in der Zeit und in unterschiedlichen Kontexten beschrieben sowie Aspekte der Korruptionsbekämpfung aufgezeigt.

75.1 Begriffsgeschichte

Seit den 1990er Jahren ist Korruption ein zunehmend diskutiertes Thema in der öffentlichen wie auch in der wissenschaftlichen Debatte, wenn auch noch wenig als Gegenstand der Angewandten Ethik diskutiert. Der Begriff ‚Korruption' und das dahinterliegende Phänomen sind aber bereits sehr viel älter (zur Begriffsgeschichte vgl. auch Hollstein 2020). Der Korruptionsbegriff wurde bereits in der Antike genutzt. Die lateinische Wurzel *corruptus* bedeutet verdorben, ungenießbar, schlecht (geworden), bestochen, verführt, geschändet und hat somit immer etwas mit Verfall zu tun. In physisch-materieller Hinsicht ist der Begriff immer mit Auflösung verknüpft, in moralischer mit dem sittlich-moralischen Verfall und Niedergang von Institutionen (Engels 2014, 165 f.).

B. Hollstein (✉)
Max-Weber-Kolleg für kultur- und sozialwissenschaftliche Studien, Universität Erfurt, Erfurt, Deutschland
E-Mail: bettina.hollstein@uni-erfurt.de

Aristoteles betont in seinem Buch *Über Werden und Vergehen/de generatione et corruptione* (2011) den prozeduralen und dynamischen Charakter des Seins. Korruption im Sinne von Vergehen, Auflösung ist für ihn die wichtigste Voraussetzung für neues Werden. Dabei geht es nicht nur um die Veränderung von Gegenständen, sondern um einen grundsätzlichen, kreativen Wandel zu etwas Neuem. Werden und Vergehen sind intern miteinander verbundene natürliche Prozesse (Buchheim 2011, XXV).

Im politischen Bereich beschrieb Korruption ein Ungleichgewicht zwischen privaten Interessen und dem Gemeinwohl. Griechische und römische Autoren betrachteten Korruption als individuellen Fehler, der die öffentliche Ordnung gefährdete. Inspiriert durch die Lehre von Aristoteles entwickelte der römische Historiker Polybios ein Kreislaufmodell politischer Staatsformen, das durch Korruption angetrieben wird (Engels 2014, 174; Polybios: Histories). Korruption ist also die Voraussetzung für eine neue, bessere Gesellschaft. Sie ist zwar an sich abzulehnen, aber unausweichlich und notwendig für den Wandel zu Neuem.

Diese Vorstellung der Notwendigkeit und Unausweichlichkeit ist auch zentral für das theologische Verständnis von Korruption. Die Vulgata, die lateinische Bibel, bezeichnet den Zustand des Menschen seit dem Sündenfall als korrupt: „Homo corruptus est", wie Augustinus sagt (Rennstich 1990, 41). Der Mensch muss unausweichlich sündigen und sterben und Korruption bezeichnet den physischen wie moralischen Verfall des Menschen (Engels 2014, 168).

Mit der Aufklärung änderte sich die Bedeutung von Korruption. Drei geistesgeschichtliche Entwicklungen waren hierfür bedeutsam (vgl. hierzu Engels 2014, 175 ff. sowie Bluhm/Fischer 2002). Für die *französische Aufklärung*, insbesondere Rousseau, war Korruption eine Zeitdiagnose seiner Zeit und abzuschaffen, um eine aufgeklärte Gesellschaft hervorzubringen. Dabei unterscheidet sich sein Korruptionsverständnis von dem früheren Verständnis in dreierlei Hinsicht (vgl. Chalmin 2010):

1. Korruption ist nicht mehr länger unausweichlich mit dem Sündenfall verbunden und damit nicht erst beim Jüngsten Gericht aufzuheben, sondern durch menschlichen Fortschritt, insbesondere durch Bildung, lösbar.
2. Das zyklische Korruptionsmodell wird aufgegeben; vielmehr wird nach Mechanismen für ein stabiles und gerechtes Herrschaftssystem gesucht.
3. Ein lineares Geschichtsbild entsteht, in dem die Vergangenheit mit Unfreiheit und Korruption verbunden ist und Fortschritt und moralische Perfektionierung als Zukunftsversprechen gelten (vgl. etwa zu den Vorstellungen des Abbé de Mably: Roza 2012).

Die zweite wichtige geistesgeschichtliche Tradition dieser Zeit war der *Republikanismus*. Kern dieses Konzepts ist die Vorstellung, dass das Gemeinwesen nur so gut sein kann, wie die Tugend seiner Mitglieder. In dieser Perspektive muss Korruption durch tugendhaftes Verhalten der Bürger bekämpft werden (Montesquieu 1984, insbes. zweites, viertes und fünftes Buch).

Der *Liberalismus* ist die dritte geistesgeschichtliche Strömung. Hier sind nicht die Tugenden, sondern die Interessen der Individuen der Ausgangspunkt für die Gesellschaftsordnung. Für Adam Smith konnte die Verfolgung privater Interessen durch die „unsichtbare Hand" zum Gemeinwohl führen. Korruption in dieser Vorstellung sind Beschränkungen der freien Märkte, die zu ungerechtfertigten Benachteiligungen von Wettbewerbern führen, aber nicht das Eigeninteresse an sich (Smith 1976 [1776]).

In der sogenannten Sattelzeit (1750–1850) (Kosellek 1979) erfährt der Korruptionsbegriff somit eine entscheidende Veränderung. „Korruption ist ein Urteil, das für absolute Grenzüberschreitung steht" (Engels 2014, 184). Korruption ist nicht mehr notwendiger und unhintergehbarer Teil des Lebens, sondern gehört der Vergangenheit an, entspricht nicht dem fortschrittlichen, tugendhaften Bürger und stört die Marktkräfte, die das Gemeinwohl der Gesellschaft realisieren sollen. Korruption muss und kann also verhindert werden.

75.2 Korruption in verschiedenen Disziplinen

Wie breit oder eng der Korruptionsbegriff zu fassen ist, ist auch abhängig von der wissenschaftlichen Disziplin, die Korruption definiert (Hollstein 2020, 34–39). In den *Rechtswissenschaften* ist nicht Korruption, sondern der viel engere Begriff der Bestechung ein Straftatbestand im deutschen Recht (Dreier 1976, 1143).

Bestechung ist in allen Korruptionsbegriffen enthalten, aber in den *Geschichts- und Politikwissenschaften* werden unter „politischer Korruption" auch Praktiken gezählt, die nicht finanziell motiviert oder zum Teil legal sind, wie Patronage, Nepotismus, Aneignung öffentlichen Eigentums zu privaten Zwecken usw. (Delorio/Carrington 1998, 545). Powell unterscheidet etwa vier Bedeutungen von Korruption: illegales Verhalten wie Bestechung, unethisches Verhalten wie Patronage, Interessenskonflikte (wie z. B. Befangenheit) und Missachtung des Gemeinwohls („behavior that is nonresponsive to the public interest", Powell 1976, 231). Darüber hinaus wird der Begriff zum Teil auch auf Bereiche jenseits politischen oder staatlichen Handelns ausgedehnt, auf das Geschäfts- und Privatleben (Pinto-Duschinsky 2011, 474). In diesem Fall ist allerdings Korruption nicht mehr von unethischem Verhalten im Allgemeinen zu unterscheiden.

In den *Wirtschaftswissenschaften* wird Korruption in der Regel als illegaler Tausch betrachtet (Varese 2003 [1996], 124). Dieser Tausch ist für beide Parteien vorteilhaft und wird unter Abweichung offizieller Normen freiwillig vollzogen (Hillmann 2007, 460). Der Aspekt der Freiwilligkeit ist für die meisten Wirtschaftswissenschaftler:innen das wesentliche Kriterium zur Unterscheidung von Korruption und Erpressung (Schmidt/Garschagen 1978, 565). Die Leistungen, die bei diesem freiwilligen Tausch erbracht werden, sind ‚nicht erlaubte' Handlungen, wobei neben Gesetzeswidrigkeiten auch Verstöße gegen soziale Verhaltensnormen ‚nicht erlaubt' sein können, weshalb auch Heimlichkeit ein konstitutives Merkmal von Korruption ist (Schmidt/Garschagen 1978, 565). Ökonomische Verständnisse von Korruption beschäftigen sich stärker mit Anreizmechanismen (Heywood 2004 [1985], 177; Retzmann 2008, 206). Aus der Rekonstruktion der ökonomischen Anreizsituation leitet z. B. Ingo Pies eine Reihe von organisatorischen Maßnahmen zur Bekämpfung von Korruption ab (Pies 2008, 99 f. und 124 f.). Beispielsweise sollte eine differenzierte Strafverfolgung angezielt werden, die die Anreizsituation verändert. Der ökonomische Diskurs ist heute durch einen Konsens in Bezug auf die Bekämpfung von Korruption geprägt. Dabei werden nicht nur die Öffentlichkeit und der Staat, sondern auch die Unternehmen selbst in die Pflicht genommen: „Domestic and international efforts to combat corruption directly are necessary but insufficient in an increasingly globalized world. Given the weakness of international control efforts, multinational firms need do accept an obligation to fight corruption" (Rose-Ackerman 2018, 20).

Insgesamt kann Korruption als Handeln an der Schnittstelle von Staat und Wirtschaft beschrieben werden, als „Mißbrauch öffentlicher Macht, Ämter, Mandate zum eigenen privaten Nutzen und/oder zum Vorteil Dritter durch rechtliche oder auch soziale Normenverletzung, die i. d. R. geheim, gegen das öffentliche Interesse gerichtet und zu Lasten des Gemeinwohls erfolgen" (Schultze 2004, 467; ähnlich auch Johnston 2011, 480).

75.3 Korruptionsbekämpfung

Während noch in den 1960er und 1970er Jahren Korruption als ein unwillkommenes, aber notwendiges Phänomen auf dem Weg sogenannter Entwicklungsländer in die Moderne betrachtet wurde, das dazu dienen könnte, Wachstum und wirtschaftliche Entwicklung zu befördern (Kubbe 2015, 22), gibt es heute einen überwiegenden Konsens, dass Korruption schädlich für Gesellschaften ist. Speziell die ökonomische Korruptionsforschung hat zu dieser Einsicht beigetragen. „Contemporary research demonstrates that corrupt payments do not usually further efficiency, at least if one takes a systematic view" (Rose-Ackerman 2006, XV). Dieser Konsens hat sich auch in internationalen Organisationen und Beschlüssen niedergeschlagen.

Der Paradigmenwechsel in Bezug auf Korruption zeigt sich etwa am Verhalten der Weltbank, welche die Bekämpfung von Korruption zu früheren Zeiten als Einmischung in innere Angelegenheiten sah. Mit James Wolfensohn, der 1995 Präsident der Weltbank wurde, erfolgte ein Wandel, der maßgeblich durch die 1993 gegründete NGO Transparency International beeinflusst wurde (Eigen 2003, 59).

Im Jahr 2003 wurde als ein Ergebnis dieser Entwicklung der erste umfassende Anti-Korruptionsvertrag auf internationaler Ebene geschlossen: die *United Nations Convention against Corruption* (UNCAC). Sie zielt auf den Schutz staatlicher Institutionen, auf Stabilität, Rechtsstaatlichkeit und Gerechtigkeit, und sie kriminalisiert neben Korruption auch Handeln mit Einfluss, ungerechtfertigte Bereicherung und Geldwäsche sowohl im öffentlichen wie im privaten Sektor (vgl. Schuler 2012, 50). Sie stellt eine Fortsetzung der Antikorruptions-Konvention der OECD dar, die seit Februar 1999 in Kraft ist und die der zuvor in Deutschland üblichen Praxis ein Ende bereitete, im Ausland gezahlte Bestechungssummen von der inländischen Steuerschuld absetzen zu dürfen (vgl. Pies 2008, 83).

75.4 Korruptionsmessung

Um Korruption zu bekämpfen, ist es wichtig, das Ausmaß der Korruption zu kennen. Die wichtigste Art, Korruption zu messen, sind Korruptionsindizes, die unterschiedliche Länder bezüglich der dort wahrgenommenen Korruption miteinander vergleichen. Der bekannteste Index ist der *Corruption Perception Index* (CPI) von *Transparency International* (TI), der 1995 von Johann Graf Lambsdorff entwickelt wurde. Er erhielt sofort eine große mediale Aufmerksamkeit, wodurch immer mehr Informationen an Transparency International herangetragen wurden, um den Index immer weiter zu verbessern. International sind 180 Länder gelistet.

Als Arbeitsdefinition gilt eine auch in der Politikwissenschaft übliche Definition des Korruptionsbegriffs: Korruption als Missbrauch von anvertrauter Macht zum privaten Nutzen oder Vorteil (vgl. Schuler 2012, 43, sowie die Website von TI: http://www.transparency.de/). Die Position, die einzelne Länder in diesem Index einnehmen, ist Gegenstand öffentlicher Debatten, und die jährlichen Veränderungen werden in der breiten Öffentlichkeit diskutiert und lenken somit die Aufmerksamkeit auf das Phänomen Korruption.

Der CPI von 2019 zeigt (auf einer Skala von 0 – hochgradig korrupt – bis 100 –sehr sauber) die folgenden Stufen der wahrgenommenen Korruption für die genannten Länder: Dänemark (87) und Neuseeland (87) an der Spitze, gefolgt von Finnland (86), Singapur (85), Schweden (85), der Schweiz (85), Norwegen (84), den Niederlanden (82), Luxemburg (80) und Deutschland (80). Diese Länder haben die niedrigsten Korruptionsraten. Dagegen haben Somalia (9), Süd Sudan (12), Syrien (13), Jemen (15), Venezuela (16), Sudan (16), Äquatorialguinea (16), Afghanistan (16), Nordkorea (17) und Libyen (18) jeweils die höchsten wahrgenommenen Korruptionsraten (TI 2020). Es ist auffällig, dass die Länder, die als am wenigsten korrupt wahrgenommen werden, überwiegend westliche Staaten mit hohem Einkommen sind (Weltbank 2020), während die angeblich korruptesten Länder zum globalen Süden gehören. Darüber hinaus gibt es eine hohe Korrelation zwischen Armut und Korruption. Die korruptesten Länder gehören auch zu den ärmsten Ländern der Welt und werden von der Weltbank meist in der Kategorie ‚Länder mit niedrigem Einkommen' eingestuft (World Bank 2020). Dies hat zu dem Vorwurf eines neoliberalen Eurozentrismus geführt (Espinosa 1996, 82, zit. von Galtung/Pope 1999). Mittlerweile gibt es aber eine immer weiter ausdifferenzierte Literatur, die die Korruption im globalen Norden, speziell in Europa untersucht (Cockcroft/Wegener 2017; Kubbe 2015). Korruption ist also nicht mehr nur ein Kampfbegriff, mit dem Missstände im globalen Süden angeprangert werden, sondern ein Begriff, der Missstände im politischen Raum bezeichnet.

Problematisch ist, dass in diesem Index bestimmte Vorannahmen (etwa bezüglich der Vorzugswürdigkeit marktliberaler Systeme) transportiert werden, welche nicht mehr explizit werden, und bestimmte Sachverhalte (wie spezielle historische und regionale Kontextbedingungen) ausgeblendet bleiben (vgl. dazu die Debatten zur Problematik der international vergleichenden Indizes im Sammelband *Ranking the World,* Cooley/Snyder 2015, oder den kritischen Beitrag zur Verwendung von globalen Indizes von Sally Engle Merry 2011).

Ein weiterer Index ist der *Bribe Payers Index (BPI)*, der ebenfalls von Transparency International entwickelt wurde. Der BPI scheint das oben genannte Problem der Dichotomie zwischen den westlichen (moralisch positiv bewerteten) Ländern und dem globalen Süden (moralisch negativ bewertet) zu lösen, denn er bewertet nur die führenden Exportnationen, die tendenziell nicht zum globalen Süden gehören. Der BPI reiht die Länder nach der wahrgenommenen Wahrscheinlichkeit, dass Unternehmen aus diesen Ländern Bestechungsgelder im Ausland zahlen. Er basiert auf den Ansichten von Führungskräften aus der Wirtschaft (TI 2011). Der Index wird nicht regelmäßig veröffentlicht – die letzte Version des Index stammt von 2011.

Für die Ermittlung des BPI wurde eine Umfrage unter 3016 Führungskräften in 30 Ländern auf der ganzen Welt durchgeführt, die sich beruflich mit den Ländern beschäftigten, zu denen sie befragt wurden. Die Skala reicht von 10 bis Null, wobei die Zahl 10 angeben soll, dass Unternehmen, die ihren Hauptsitz in dem betreffenden Land haben, niemals bestechen. An der Spitze der BPI-Rangliste stehen die Niederlande und die Schweiz (je 8,8) vor Belgien (8,7), Deutschland und Japan (je 8,6). Am unteren Ende der Rangliste stehen China (6,5) und Russland (6,1); sie werden als die korruptesten Exportnationen wahrgenommen. Aufgrund der Zunahme der Exporte aus diesen beiden Ländern im globalen Maßstab kann die Gefahr einer Zunahme der Bestechung im Welthandel befürchtet werden. Der BPI analysiert auch die wahrgenommene Korruptionstendenz nach Sektoren und stellt fest, dass Korruption bei öffentlichen Arbeiten und öffentlichen Dienstleistungen am häufigsten vorkommt.

Eine weitere Möglichkeit, Korruption zu messen stellt das *Global Corruption Barometer* (GCB), ebenfalls von Transparency International, dar. Das GCB wurde im Jahr 2003 entwickelt, um die Auswirkungen der Korruption in verschiedenen Lebensbereichen zu untersuchen, wobei zwischen politischen, privaten, familiären und wirtschaftlichen Sektoren unterschieden wird. Das GCB bezieht sich immer auf eine bestimmte größere geografische Region und wird in unregelmäßigen Abständen für bestimmte Regionen ermittelt. Grundlage der Erhebung ist nicht eine Expertenstichprobe, sondern ein Bevölkerungsdurchschnitt, der durch Zufallsauswahl ermittelt und durch persönliche oder telefonische Interviews erfasst wird. Beispielsweise hat Transparency International das GCB für Europa und Zentralasien im Jahr 2016 veröffentlicht. Es wurden 60.000 Personen in 42 Ländern in Europa und Zentralasien befragt. Dabei ergaben sich deutliche Unterschiede zwischen den EU-Mitgliedstaaten und der Gemeinschaft Unabhängiger Staaten (GUS). In vielen GUS-Ländern, aber auch in einigen neuen EU-Mitgliedsstaaten, findet man eine mangelnde gesellschaftliche Akzeptanz für Menschen, die Korruption aufdecken oder melden (TI 2016, 4). Die Bürger Armeniens, Bosnien-Herzegowinas, Litauens, Moldawiens, Russlands, Serbiens und der Ukraine beurteilen ihre jeweiligen Länder als Länder mit großen Korruptionsproblemen. Die Personengruppen, die am engsten mit Korruption in Verbindung gebracht werden, sind Politiker und Verwaltungsbeamte. Darüber hinaus wird angegeben, dass wohlhabende Personen besonders großen Einfluss auf Regierungen haben, um ihre eigenen Interessen zu fördern. Das GCB untersucht auch die Erfahrungen der Bürger mit der Inanspruchnahme öffentlicher Dienstleistungen. Ungefähr 30 % der Haushalte in den GUS-Ländern geben an, in den letzten 12 Monaten vor der Durchführung der Umfrage in Bestechung verwickelt gewesen zu sein, um öffentliche Dienstleistungen nutzen zu können. In den EU-Mitgliedsstaaten lag diese Zahl unter 10 %.

Schließlich soll hier noch mit dem Indikator ‚Korruptionskontrolle' (Control of Corruption) ein Index vorgestellt werden, der nicht von Transparency International entwickelt wurde, sondern von der Weltbank.

Die Korruptionskontrolle ist eine Dimension des *World Governance Index* (WGI), der wiederum verschiedene Dimensionen der Governance beschreiben soll. Governance wird definiert als die Traditionen und Institutionen, die in einem Land die souveräne Regierung bestimmen. Dazu gehört der Prozess, durch den Regierungen ausgewählt, überwacht und ersetzt werden sowie die Fähigkeit der Regierung, eine solide Politik zu formulieren und umzusetzen (WGI 2020). Die folgenden sechs Indikatoren messen die Qualität der Governance:

- Mitspracherecht und Rechenschaftspflicht (die Möglichkeit der Bürger, sich mit der Regierung zu einigen, Meinungs- und Pressefreiheit usw.)
- politische Stabilität und Gewaltfreiheit (Wahrscheinlichkeit einer Destabilisierung der Regierung durch Gewalt, Terrorismus usw.)

- Effektivität der Regierung (Qualität der öffentlichen Dienstleistungen usw.)
- Qualität der Regulierung (Rahmenbedingungen, die die Entwicklung des Privatsektors fördern usw.)
- Rechtsstaatlichkeit (Garantie von Eigentumsrechten, Kriminalitätsrate etc.)
- Korruptionskontrolle (kleine und große Korruption, Einfluss der Eliten auf den Staat usw.)

Seit 1996 werden alle sechs Indikatoren für mehr als 200 Länder oder Gebiete erhoben. Dennoch gibt es eine hohe Korrelation zwischen den einzelnen Indikatoren, wenn die Ergebnisse für die einzelnen Indikatoren z. B. auf der Weltkarte dargestellt werden. Die der Korruptionsbekämpfung zugrundeliegenden Datensätze stammen sowohl aus Haushalts- und Unternehmensbefragungen als auch von privaten, öffentlichen und gemeinnützigen Organisationen. Einige dieser Datensätze sind identisch mit den von Transparency International verwendeten Datensätzen. Daher ist es nicht verwunderlich, dass die Ergebnisse des CPI denen des WGI ähnlich sind (WGI 2020).

75.5 Korruption als Gegenstand der Angewandten Ethik

Bezogen auf die Frage der Korruption ist eine abstrakte Norm der Ablehnung von Korruption problematisch, solange nicht die konkrete Handlungssituation, in der diese Norm zur Anwendung kommen soll, bekannt ist. Die mit der Ablehnung von Korruption verbundenen ethischen *Haltungen* sind: (1) die gerechte und faire Behandlung von Bürgern unabhängig von den ökonomischen und gesellschaftlichen Status der Bürger und (2) die Einhaltung eines fairen Wettbewerbs ohne die Verwendung illegaler oder illegitimer Mittel (wie z. B. durch Bestechungsgelder oder Einflussnahme auf Entscheidungsträger).

Personen, denen Macht durch das Gemeinwesen, also staatliche Macht, anvertraut wurde, sollen damit dem Gemeinwohl dienen; ein Machtmissbrauch zur eigenen Vorteilnahme ist hier besonders problematisch, da über das eigentliche Vergehen hinaus auch die Rechtsstaatlichkeit und letztlich die Demokratie gefährdet wird (Kumar 2011, 40–44). Dies gilt in besonderer Weise für Korruption im Justiz- oder im Polizeiwesen.

Ethik kann sich in Bezug auf Korruption nicht allein auf die Begründung von allgemein akzeptierten Normen, die Verabschiedung von Konventionen zur Korruptionsbekämpfung oder auf die Institutionalisierung von Anreiz- oder Abwehrmechanismen (z. B. Compliance-Systeme, existenzsichernde Gehälter für staatliche Bedienstete, Whistleblower-Schutz oder hohe Strafen bei Bestechung) beschränken. Daneben sollten motivationale Aspekte beachtet werden, die dazu beitragen, dass diese Normen und institutionalisierten Verfahren auch freiwillig eingehalten werden. Hierfür scheint die Einübung von Haltungen sowie die Partizipation der betroffenen Bürger von Bedeutung (Kumar 2011, insbes. 183–185).

Sowohl Normen als auch solche institutionellen Regelungen, die auf die Beeinflussung rationalen Handelns zielen, sind daher wichtig, reichen aber – wie die bisherigen Erfahrungen mit Korruptionsbekämpfung zeigen – nicht aus. Darüber hinaus müssen wertbildenden Erfahrungen (Joas 1997, 255 ff.), durch Narrative artikuliert und gedeutet werden, um einen gemeinsamen Verstehenshorizont für kollektive Wertvorstellungen zu liefern (vgl. Taylor 1996, und für die politischen Konsequenzen daraus Rosa 1998). Gerade die historische Kontextualisierung von normativen Sätzen ermöglicht es, den normativen Sinn universaler Geltungsansprüche zu erschließen (vgl. Joas 2011, 147–203). Für die Korruptionsbekämpfung bedeutet dies, dass diese abstrakte Norm für die Akteure veranschaulicht werden muss, etwa in Narrationen, die aufdecken, welche Folgen Korruption für Menschen haben – die Skandalisierung von korrupten Praktiken, die beispielsweise dazu führen, dass Brandschutzrichtlinien oder Bauvorschriften nicht eingehalten werden und dann zum Tod von Arbeitnehmer:innen führen, die in ungenügend gesicherten oder maroden Fabriken arbeiten müssen, ist hier ein wichtiger Aspekt, der motivationale Kraft entfalten kann. Auch die Würdigung zum Beispiel durch Preise von beispielhaftem Handeln etwa von ‚Whistleblowern' – also von Hinweisgebern mit Insiderwissen, die die Organisation in der sie tätig sind, ‚verpfeifen' und Fehlverhalten der Öffentlichkeit bekannt geben (Leisinger 2003) – kann eine Identifikation mit Menschen, die Vorbildcharakter haben, und den Werten, für die sie stehen, ermöglichen (vgl. hierzu auch das republikanische Wirtschaftsethikkonzept von Peter Ulrich 2009).

Korruption bezeichnet ein zu bekämpfendes Problem, das in allen Gesellschaften und zu allen Zeiten Beachtung gefunden hat. Doch jenseits dieser Einigkeit wird in der Angewandten Ethik immer situationsabhängig unter Bezugnahme auf spezifische Wertvorstellungen einer Gesellschaft zu klären sein, was genauer unter Korruption zu verstehen ist und wie darauf angemessen reagiert werden soll.

Literatur

Aristoteles: Über Werden und Vergehen. De generatione et corruptione, Griech.-Dt. Griech. Text nach Harold H. Joachim. Übers., mit einer Einleitung und Anmerkungen hg. von Thomas Buchheim. Hamburg 2011.
Bluhm, Harald/Fischer, Karsten: „Einleitung: Korruption als Problem politischer Theorie." In: Dies. (Hg.): Sichtbarkeit und Unsichtbarkeit der Macht. Theorien politischer Korruption. Baden-Baden 2002, 9–22.
Buchheim, Thomas: Einleitung, in: Aristoteles: Über Werden und Vergehen. De generatione et corruptione, Griech-Dt. Griech. Text nach Harold H. Joachim. Übers., mit einer Einleitung und Anmerkungen hg. von Thomas Buchheim. Hamburg 2011, XI–XL.
Chalmin, Ronan: Lumières et corruption. Paris 2010.
Cockcroft, Laurence/Wegener, Anne-Christine: Unmasked. Corruption in the West. London/New York 2017.
Cooley, Alexander/Snyder, Jack (Hg.): Ranking the World, Grading States as a Tool of Global Governance. Cambridge 2015.
Delorio, Joseph/Carrington, Keith: „Corruption." In: Jay M. Shafritz (Hg.): International encyclopedia of public policy and administration. Bd. 1. Boulder 1998, 545–548.
Dreier, W.: „Korruption." In: Joachim Ritter/Karlfried Gründer (Hg.): Historisches Wörterbuch der Philosophie. Bd. 4. Basel/Stuttgart 1976, Sp. 1143.

Eigen, Peter: Das Netz der Korruption. Wie eine weltweite Bewegung gegen Bestechung kämpft. Frankfurt a.M./New York 2003.
Engels, Jens Ivo: Die Geschichte der Korruption. Von der Frühen Neuzeit bis ins 20. Jahrhundert. Frankfurt a.M. 2014.
Espinosa, Simón: Corrupción: Epidemia de fin de siglo, ed. Simón Espinosa. 1996 (Quito: ILDIS Cedep, and Fundación J. Peralta), 77–93 (zit. nach: Galtung/Pope 1999, 280).
Galtung, Fredrik/Pope, Jeremy: „The Global Coalition Against Corruption: Evaluating Transparency International." In: Andreas Schedler/Larry Diamond/Marc F. Plattner (Hg.): The Self-Restraining State: Power and Accountabilities in New Democracies. Boulder/London 1999, 257–282.
Heywood, Paul M.: „Corruption." In: Adam Kuper/Jessica Kuper (Hg.): The Social Science Encyclopedia, Bd. 1. London, New York 2004 [1985], 176–178.
Hillmann, Karl-Heinz „Korruption." In: Ders (Hg.).: Wörterbuch der Soziologie, 5. vollst. überarb. u. erw. Aufl. Stuttgart 2007, 460–461.
Hollstein, Bettina: „Korruptionsverständnisse im Wandel – Wirtschaftsethische Forschungsfragen." In: Hans Friesen (Hg.): Im globalen Spannungsfeld der Korruption. Analysen eines Phänomens aus interdisziplinären Perspektiven. Freiburg i.Br./München 2020, 29–50.
Joas, Hans: Die Entstehung der Werte, Frankfurt a.M. 1997.
Joas, Hans: Die Sakralität der Person. Eine neue Genealogie der Menschenrechte, Berlin 2011.
Johnston, Michael: „Corruption, Administrative." In: Bertrand Badie, Dirk Berg-Schlosser, Leonardo Morlino (Hg.): International Encyclopedia of Political Sciences, Bd. 2. Thousand Oaks 2011, 480–483.
Koselleck, Reinhart: „Einleitung." In: Otto Brunner, Werner Conze, Reinhart Koselleck (Hg.): Geschichtliche Grundbegriffe, Bd. 1. Stuttgart 1979, XIII–XXVII.
Kubbe, Ina: „Corruption in Europe. Is it all about Democracy?" In: Susanne Pickel, Christof Hartmann, Ingo Rohlfing (Hg.): Comparative Politics – Vergleichende Politikwissenschaft, Vol. 6. Baden-Baden 2015.
Kumar, C. Raj: Corruption and Human Rights in India. Comparative Perspectives on Transparency and Good Governance. Oxford 2011.
Leisinger, Klaus N.: Whistleblowing und Corporate Reputation Management, München/Mering 2003.
Merry, Sally Engle: „Measuring the world: Indicators, human rights, and global governance." In: Current Anthropology 52. Jg., S3 (2011), 83–95.
Montesquieu, Charles de: Vom Geist der Gesetze, eingeleitet, ausgewählt und übersetzt von Kurt Weigand. Stuttgart 1984 [1748].
Pies, Ingo (Hg.): Wie bekämpft man Korruption? Lektionen der Wirtschafts- und Unternehmensethik. Berlin 2008.
Pinto-Duschinsky, Michael: „Corruption." In: Bertrand Badie/Dirk Berg-Schlosser/Leonardo Morlino (Hg.):

International Encycopedia of Political Science, Bd. 2. Thousand Oaks 2011, 474–480.

Polybios: „The Histories." In: http://penelope.uchicago.edu/Thayer/E/Roman/Texts/Polybius/6*.html (21.07.2018).

Powell, Norman John: „Corruption, Political." In: Dictionary of American History, Bd. 2, überarb. Aufl. New York 1976 [1940], 231–232.

Rennstich, Karl: Korruption. Eine Herausforderung für Gesellschaft und Kirche. Stuttgart 1990.

Retzmann, Thomas: „Korruption, Wirtschaftskriminalität." In: Reinhold Hedtke/Birgit Weber (Hg.): Wörterbuch der ökonomischen Bildung. Schwalbach 2008, 206.

Rosa, Hartmut: Identität und kulturelle Praxis. Politische Philosophie nach Charles Taylor. Frankfurt a.M. 1998.

Rose-Ackerman, Susan (Hg.): International Handbook on the Economics of Corruption. Northampton, MA 2006.

Rose-Ackerman, Susan: „Corruption in International Business. The Obligation of Multinational Firms." In: Zeitschrift für Wirtschafts- und Unternehmensethik (zfwu) 19 Jg., 1 (2018), 6–24.

Roza, Stéphanie: „Temps républicain, temps de l'utopie et prévention de la corruption chez l'abbé de Mably ". In: Das Achtzehnte Jahrhundert und Österreich 18. Jg. (2012), 59–68.

Schmidt, Kurt/Garschagen, Christine: „Korruption." In: Willi Albers et al. (Hg.): Handwörterbuch der Wirtschaftswissenschaften, Bd. 4. Stuttgart/Tübingen/Göttingen 1978, 565–573.

Schuler, Gefion: Politikbewertung als Handlungsform internationaler Institutionen. Das Beispiel der Korruptionsbekämpfung der OECD. Berlin 2012.

Schultze, Rainer-Olaf: „Korruption." In: Dieter Nohlen/Rainer-Olaf Schultze (Hg.): Lexikon der Politikwissenschaft: Theorien, Methoden, Begriffe, Bd. 1. München 2004, 467–468.

Smith, Adam: An inquiry into the nature and causes of the wealth of nations. Oxford 1976 [1776].

Taylor, Charles: Quellen des Selbst. Die Entstehung der neuzeitlichen Identität, Frankfurt a.M.1996.

TI (Transparency International): „Bribe Payers Index 2011." Authored by Deborah Hardoon and Finn Heinrich. In: https://issuu.com/transparencyinternational/docs/bribe_payers_index_2011?mode=window&backgroundColor=%23222222 (13.08.2020)

TI (Transparency International): „Global Corruption Barometer 2016 – Europe and Central Asia." Authored by Coralie Pring. In: https://images.transparencycdn.org/images/2016_GCB_ECA_EN.pdf (15.08.2020)

TI (Transparency International): „Corruption Perceptions Index 2019." In: https://www.transparency.org/en/cpi/2019/results (13.8.2020)

Ulrich, Peter: „Republican Liberalism versus Market Liberalism." In: László Zsolnai/Zsolt Boda/László Fekete (Hg.): Ethical Prospects. Economy, Society and Environment. Berlin 2009, 255–259.

Varese, Federico: „Corruption." In: L. McLean/A. McMillan (Hg.): The Concise Oxford Dictionary of Politics. Oxford 2003, 124–125.

WGI: „Worldwide Governance Indicators." Project carried out by Daniel Kaufmann and Aart Kraay. In: https://info.worldbank.org/governance/wgi/ (15.8.2020)

World Bank: GDP per capita, PPP (current international $), International Comparison Program, World Development Indicators database. In: : https://data.worldbank.org/indicator/NY.GDP.PCAP.PP.CD?most_recent_value_desc=true (10.8.2020)

Arbeit und Beruf

Angelika Krebs

Die zentrale moralische Fragestellung im Zusammenhang mit Arbeit und Beruf ist die nach der gerechten Anerkennung. Der Begriff der Arbeit hat nämlich wesentlich die Funktion, diejenigen menschlichen Tätigkeiten zu markieren, die soziale Anerkennung verdienen. In geldvermittelten Gesellschaften wie der unsrigen ist die Standardform der sozialen Anerkennung von Arbeit ökonomischer Natur. Arbeit ist, was einen Lohn verdient. Beruf ist, was einen Lohn erhält. Was man dagegen in seiner Freizeit tut, tut man für sich. Es geht kein Anspruch auf ökonomische Anerkennung damit einher.

Im Folgenden seien zunächst sieben gängige Bestimmungen des Arbeitsbegriffes auf seine Kernfunktion hin kritisch durchgegangen und dann ein achter Begriff positiv ausgezeichnet, begründet und für die Fragen nach dem Recht auf Arbeit und auf Anerkennung von Arbeit fruchtbar gemacht.

76.1 Arbeit als zweckrationales Handeln

Der Begriff der Arbeit steht, insbesondere in philosophischen Kontexten, oft für den handlungstheoretischen Gegensatz zu dem, was man um seiner selbst willen tut, ‚aus Spaß an der Freud'. ‚Arbeit' heißen dann all die Tätigkeiten, die man nur oder primär deshalb ergreift, weil sie Mittel zu einem anderen Zweck, Wege zu einem anderen Ziel sind. Fährt man z. B. mit dem Auto an den See, um dort zu schwimmen, dann ist die Fahrt mit dem Auto Arbeit und das Schwimmen im See Selbstzweck. Denn man fährt ungern Auto und nur, wenn es sein muss, aber man schwimmt gern im See und nicht nur aus gesundheitlichen Gründen. Schwämme man nur seiner Gesundheit zuliebe, dann wäre auch das Schwimmen Arbeit und nicht Selbstzweck. Einen solchen Begriff von Arbeit hat z. B. Hannah Arendt in ihrem Buch *Vita activa* (1967, 14) und in ihrem Gefolge Jürgen Habermas (1981, 384–388) vertreten.

Dass dieser handlungstheoretische Arbeitsbegriff zum Zweck der Markierung sozial anerkennenswerter Tätigkeiten nicht tauglich ist, sieht man leicht. Denn es hat weder Sinn, für alles zweckrationale Handeln, z. B. das Zähneputzen oder das Autofahren, gesellschaftliche Anerkennung zu fordern. Nahezu alles, was wir täten, nur die Inseln selbstzweckhafter Praxis in unserem Leben ausgenommen, wäre dann ökonomische Arbeit. Ebenso wenig hat es Sinn, dem Wenigen, das nach diesem Arbeitsbegriff *keine* Arbeit ist, nämlich selbstzweckhaften Tätigkeiten, wie wissenschaftliche Forschung, pädagogisches Engagement, Musizieren oder Sporttreiben, generell ökonomische An-

A. Krebs (✉)
Universität Basel, Basel, Schweiz
E-Mail: angelika.krebs@unibas.ch

erkennung zu verweigern. Wenn Tennisspieler, Musiker, Pädagogen oder Forscher ihr Tun als selbstzweckhaft erleben und dieses Tun einen Nutzen für andere abwirft, dann sprechen wir diesem Tun normalerweise nicht den Status ökonomischer Arbeit ab. Manche Menschen haben eben das Glück, dass sie das, was sie ohnehin gerne tun, auch berufsmäßig tun können. Berufsarbeit ist nicht per se entfremdet.

76.2 Arbeit als Mühe

Die zweite, besonders in der Alltagssprache übliche und wortgeschichtlich auch primäre Verwendung von ‚Arbeit' (von althochdeutsch *arabeit*: Mühsal, Not) ist der ersten eng verwandt. ‚Arbeit' im zweiten Sinn benennt mühevolle Tätigkeiten, wie das Einüben von Doppelgriffen auf der Geige oder das Tragen von Bierkästen. Den Gegensatz dazu bilden Tätigkeiten, die einem leicht von der Hand gehen, die weder schwierig noch zeitaufwendig sind. Wenn in Thomas Hürlimanns Erzählung „Die Haare der Schönheit" der noch junge, an Krebs sterbende Bruder des Erzählers sagt, niemand, der es selbst nicht erfahren habe, wisse, wie viel ‚Sterbearbeit' Sterbende leisten müssten, um den eigenen Tod annehmen zu können, dann ist die Bedeutung von ‚Arbeit' hier die der Schwere des Tuns (vgl. auch ‚Trauerarbeit' und ‚Überzeugungsarbeit').

Die Gründe, die gegen den ersten Arbeitsbegriff sprechen, gelten auch hier: Mühevolles und Leichtes hat seinen Platz in unserer Freizeit wie in unserem Berufsleben. Es ist nicht sinnvoll, einem Unternehmer, dem alles zufällt, abzusprechen, dass er Arbeit leistet. Und es ist nicht sinnvoll, alles, was Mühe macht, wie das Einüben der Sonate dem Hobbygeiger, als ökonomische Arbeit anzuerkennen.

76.3 Arbeit als entlohnte Tätigkeit

Das Verständnis von ‚Arbeit' als entlohnter Tätigkeit oder Beruf findet man in so gut wie jedem Lehrbuch der Ökonomie sowie im Wirtschaftsteil einer jeden Zeitung. In der Philosophie verwendet u. a. André Gorz in seiner *Kritik der ökonomischen Vernunft* das Wort ‚Arbeit' in diesem Sinn, wenn er verlangt, dass die entsprechende Tätigkeit zum Zweck des Erwerbs ausgeführt werden muss – was darauf hinausläuft, dass nur entlohnte Tätigkeiten Arbeit sein können (1989, 197).

Als Gegenbegriff zu ‚Arbeit' in diesem Sinne fungiert in der Regel der Begriff der Freizeit. ‚Freizeit' wird oft weiter unterteilt in ‚Eigenarbeit' und ‚autonome Tätigkeiten', eine Unterteilung, die den ersten Arbeitsbegriff wieder aufnimmt.

Manchmal wird diese Zweierunterscheidung allerdings durch eine dritte Kategorie ergänzt, die Kategorie der Nichterwerbsarbeit. Als ‚Nichterwerbsarbeit' gelten v. a. ‚ehrenamtliche Arbeit' sowie ‚Haus- und Familienarbeit' (vgl. Rifkin 1995 und Beck 1999). Auch bei dieser Dreierunterteilung geht, wenn die verschiedenen Formen der Nichterwerbsarbeit ‚Arbeit' genannt werden, ein weiterer, meist unausgewiesener Arbeitsbegriff ein.

Wir wollen wissen, welche Tätigkeiten Arbeit sind, in dem Sinne, dass sie soziale Anerkennung verdienen. Auf diese Frage kann man nicht einfach mit einer Nennung dessen antworten, was *faktisch* entlohnt wird. Die Möglichkeit, dass etwas eigentlich Arbeit ist und entlohnt gehört, aber faktisch nicht entlohnt wird, muss offenbleiben, darf nicht durch einen definitorischen Schachzug ausgeschlossen werden.

Dieser *ökonomistische* Arbeitsbegriff schreibt somit Arbeit positivistisch auf bereits ökonomisch anerkannte Arbeit fest. Es mangelt ihm an gesellschaftskritischem Potenzial. Er ist normativ blind. Er kann unserer Intuition, dass wer arbeitet, einen Lohn verdient, nicht gerecht werden.

76.4 Arbeit als Güterproduktion

‚Arbeit' im vierten Sinne bezeichnet die Herstellung von Gütern, z. B. das Bauen eines Hauses. Der Gegensatz zur Produktion von Gütern ist der Konsum von Gütern, zum Beispiel das

Wohnen im Haus. Der Güterbegriff kann enger oder weiter gefasst sein. Mitunter gelten als Güter nur materielle Güter, nur Dinge, die man anfassen kann, wie Häuser, Kohle oder Autos, mitunter ist der Güterbegriff so weit, dass er alle Situationen der Verfügung über Dinge und Dienstleistungen, die der Interessenbefriedigung dienen, also zum Beispiel auch ein tröstendes Gespräch, einschließt (vgl. für diesen Arbeitsbegriff neben Arendt und Gorz auch Marx 1987 und Marcuse 1965). Marx und Marcuse betonen die anthropologische Dimension, dass der Mensch sich als herstellendes Wesen die Welt allererst zu eigen auseinander macht.

Verdient jede Tätigkeit, die Güter produziert, gesellschaftliche Anerkennung?

Das lässt sich wohl kaum behaupten. Denn wir produzieren ständig Güter, für die gesellschaftliche Anerkennung zu fordern uns (zu Recht) nie in den Sinn käme. Man denke nur an die täglich geputzten Zähne, die selbstgezogenen Tomaten, die nach langem Üben gut gespielte Sonate, das tröstende Wort oder den Ratschlag von Freund zu Freund. All dies ist im weiten Sinne ‚Güterproduktion'. Denn es werden Situationen der Verfügung über Dinge, wie Tomaten, oder Dienstleistungen, wie Ratschläge, geschaffen, die der Interessenbefriedigung dienlich sind. Und doch wäre es absurd, empörten sich Tomatenselbstversorger, Hobbygeiger und Freunde über die gesellschaftliche Ausbeutung, die ihnen widerfahre, da sie keine ökonomische Anerkennung für ihre Arbeit erhielten.

76.5 Arbeit als Güterproduktion, bei der der Produzent durch eine dritte Person ersetzbar ist (Drittpersonkriterium)

Das Produktionskriterium aus dem letzten Abschnitt wird in der ökonomischen Literatur oft noch einmal über das sogenannte ‚Drittpersonkriterium' präzisiert. Es besagt, dass Aktivitäten nur dann als ‚produktiv' anzusehen sind, wenn sie auch von einer anderen Person erbracht werden könnten (vgl. Hawrylyshyn 1977).

‚Nicht-produktiv' in diesem Sinne wäre etwa das Schlafen, das Essen, das Sich-Bilden z. B. durch die Zeitungslektüre, das Sich-Gesundhalten z. B. über Joggen, das Sich-Vergnügen z. B. im Kartenspiel mit Freunden.

Die meisten ökonomischen und soziologischen Studien zu Hausarbeit und ehrenamtlicher Arbeit (Zeitbudgetstudien oder Berechnungen des verdeckten Beitrages unbezahlter Arbeit zum Bruttosozialprodukt) verwenden das Drittpersonkriterium.

Mit dem Drittpersonkriterium kommt man zwar dem, was ökonomische Arbeit ausmacht, wesentlich näher als mit dem unmodifizierten Produktionsverständnis, man schließt absurde Kandidaten für ökonomische Anerkennung wie das Schlafen oder das Essen aus. Doch man kommt dem, was ökonomische Arbeit ausmacht, immer noch nicht nah genug. Denn man ist auch beim Ziehen eigener Tomaten oder beim Streichen der eigenen Wohnung und mit einigem Aufwand auch beim Zähneputzen oder Ankleiden sehr wohl vertretbar. Man kann jemanden anders das für einen machen lassen. Sogar als Beraterin seiner Freundin in schwierigen Lebenslagen ist man mitunter vertretbar. Vielleicht hätte ein Psychiater die gleichen oder besseren Dienste geleistet.

76.6 Arbeit als gesellschaftlich notwendige Tätigkeit

Nach dem sechsten Arbeitsverständnis ist nur *die* Güterproduktion ökonomische Arbeit, die zum Erhalt der Gesellschaft notwendig ist. Unkontroverse Beispiele dürften die Herstellung von Grundnahrungsmitteln wie Kartoffeln, Brot oder Reis sein, die polizeiliche Sicherung von Recht und Ordnung oder die Heilung von Krankheiten.

Gegensätze zu ‚gesellschaftlich notwendiger Produktion' wären die Wohlstandsproduktion (schöne Möbel oder gediegene Weine), die Luxusgüterproduktion (ausgefallene Pelze oder teurer Schmuck) sowie die schädliche Produktion (Drogen, Waffen, Gewaltfilme, oder eventuell Prostitution und Kernkraft?).

Dieses sechste Verständnis von ‚Arbeit' war v. a. in der Frauenbewegung im Rahmen der ‚Lohn-für-Hausarbeit-Debatte' von Bedeutung. Das Hauptargument der Befürworterinnen eines Lohnes für Hausarbeit war immer, dass die Gesellschaft ohne die Arbeit der Frauen an Männern, Kindern und Alten zuhause zusammenbrechen würde. Auch in der familienpolitischen Debatte um Renten- und Pflegeversicherung wird so argumentiert.

Was spricht gegen das Verständnis von ‚ökonomischer Arbeit' als gesellschaftlich notwendiger Produktion? Zum einen, dass es wie das unmodifizierte Verständnis von ‚Arbeit' als Güterproduktion (s. o.) Akte der Selbstversorgung und Selbstverwirklichung umfasst, für die kein Anspruch auf gesellschaftlich-ökonomische Anerkennung besteht.

Zum anderen führt die Bindung des Arbeitscharakters einer Tätigkeit an das normative Urteil über ihre Notwendigkeit für die Gesellschaft dazu, dass Beschäftigte in allgemein als schädlich oder überflüssig angesehenen Bereichen nicht mehr als arbeitend gälten und keinen Anspruch auf Entlohnung ihrer Tätigkeiten mehr hätten. Es erscheint sinnvoller, diese Diskussion als Frage danach, ob wir bestimmte Arten von Arbeit in unserer Gesellschaft tolerieren wollen, zu führen.

76.7 Arbeit als Tätigkeit für andere

Der letzte Vorschlag, den wir als Kandidaten für den ökonomischen Arbeitsbegriff kritisch durchnehmen wollen, lautet, dass alles, was man für andere tut, jede Güterproduktion mit einem Nutzen für andere also, Arbeit darstellt. Den Gegensatz dazu stellte all das dar, was man nur für sich selbst tut, woraus also niemand außer man selbst einen Nutzen zieht. In der Literatur findet man dieses siebte Verständnis u. a. unter dem Titel ‚Arbeitszeit als Sozialzeit' bei Hans Ruh (1995).

Die Kritik an diesem Arbeitsbegriff, soll er tatsächlich das, was gesellschaftlich-ökonomische Anerkennung verdient, markieren, muss denn auch lauten, dass er zu viel unter ‚Arbeit' fasst. Zum Ersten haben nämlich auch gemeinsame Tätigkeiten, wie das Fußballspielen, der Küchendienst im Zeltlager oder der allgemeine Wehrdienst, nicht nur einen Nutzen für einen selbst, sondern auch für die anderen, die daran partizipieren. Von solcherlei gemeinsamen Tätigkeiten haben alle Teilnehmerinnen und Teilnehmer etwas, sie stehen damit jenseits von Forderungen nach Anerkennung, man sollte sie nicht als Arbeit, sondern als geteilte Praxis, Kooperation oder Dienst begreifen.

Zum Zweiten mag eine (nicht-gemeinsame) Tätigkeit zwar einen Nutzen für andere abwerfen, die anderen mögen aber eine Gegenleistung dafür (zu Recht) verweigern mit der Begründung, dass sie um diesen Nutzen nicht gebeten haben und auf ihn auch gut verzichten können. Man mag sich über die Rosen in Nachbars Garten oder über ein von einem Bekannten überreichtes Buch freuen und doch das Ansinnen des Nachbarn oder Bekannten, dass man zumindest einen Teil der Kosten trage, zurückweisen. Bei diesen Tätigkeiten für andere handelt es sich um Surplus-Leistungen und nicht um Arbeit.

Zum Dritten und wichtigsten erhebt dieser Arbeitsbegriff aber auch Tätigkeiten im Rahmen privater Aufgabenteilung, etwa die Beziehungsarbeit einer Freundin im Gegenzug dafür, dass die andere den Haushalt macht, in den Status ökonomischer Arbeit. Es wäre aber verfehlt zu glauben, die Gesellschaft müsse privat aufgabenteilige Tätigkeiten entlohnen.

76.8 Arbeit als Tätigkeit im Rahmen des gesellschaftlichen Leistungsaustausches

Der achte Vorschlag zur Bestimmung des ökonomischen Arbeitsbegriffes, den wir im Folgenden vertreten wollen, macht den Arbeitscharakter einer Tätigkeit davon abhängig, ob sie in die gesellschaftliche Aufgabenteilung, den gesellschaftlichen Leistungsaustausch, eingelassen ist oder nicht (vgl. Kambartel 1993 und im Anschluss daran Krebs 2002).

Gegensätze zu ‚ökonomischer Arbeit' in diesem Sinn bilden zum Ersten Tätigkeiten, die *nur einem selbst* etwas bringen (seien sie, wie die Selbstversorgung, zweckrationaler Art oder, wie die Selbstverwirklichung, selbstzweckhafter Art), zum Zweiten Tätigkeiten, die zwar (auch) anderen etwas bringen, aber *außerhalb jeder Aufgabenteilung* erfolgen (Surplus-Leistungen oder gemeinsame Tätigkeiten, seien letztere, wie Reihum-Dienste oder Kooperationen, zweckrationaler Art oder, wie geteilte Praxis, selbstzweckhafter Art), zum Dritten Tätigkeiten, die *nur innerhalb eines privaten Leistungsaustausches* stehen.

Dieser ‚institutionelle' Arbeitsbegriff erlaubt es, weite Teile der Haus- und Familienarbeit wie auch der ehrenamtlichen Arbeit als Arbeit im ökonomischen Sinne auszuweisen. Zur Begründung der Forderung nach ökonomischer Anerkennung von *Familienarbeit* etwa ist zu zeigen, dass Familienarbeit eine Tätigkeit für andere ist, die am gesellschaftlichen Leistungsaustausch teilnimmt. Sicher fällt nicht alles, was gemeinhin ‚Haus- und Familienarbeit' heißt, in diese Kategorie. Zum Beispiel ist die Hausarbeit, die ein Single leistet, eine Tätigkeit nur für ihn selbst. Man muss aus dem, was gemeinhin ‚Haus- und Familienarbeit' heißt, alle reinen Formen der Selbstversorgung und Selbstverwirklichung, der Kooperation, des Dienstes, der geteilten Praxis, der Surplus-Leistung sowie der privaten Arbeit herausdividieren, um des ökonomischen Kerns der Familienarbeit habhaft zu werden.

Zu dem ökonomischen Kern der Familienarbeit gehören einerseits die Tätigkeiten, die vor allem Frauen aufgrund *gesellschaftlicher Rollenvorgaben* zuhause für andere erbringen, andererseits die Tätigkeiten, deren Wegfall *gesellschaftlichen Substitutionsbedarf* auslösen würde.

Der Wegfall familialer Kinderaufzucht und Altenpflege wäre von der Gesellschaft zu ersetzen. Unsere Rentensysteme (ob Umlage- oder Kapitaldeckungsverfahren) funktionieren z. B. nur, wenn junge Menschen nachwachsen und die Wirtschaft in Gang halten. Natürlich geht die Angewiesenheit alter Menschen auf nachwachsende Generationen weit über die Frage danach, wer ihren Unterhalt im Alter sichert, hinaus. Alte Menschen bauen in der Regel körperlich ab, sie sind zu harter Arbeit, ob bei der Polizei oder beim Militär oder in der Betreuung von Pflegebedürftigen, nicht mehr fähig. Und doch sind sie ganz besonders darauf angewiesen, dass diese Arbeit geleistet wird.

Die englische Kriminalautorin P. D. James hat in ihrem Science-Fiction-Roman *The Children of Men* (1992) ein zugleich überzeugendes und beängstigendes Bild eines Englands gezeichnet, in dem aufgrund einer Sterilität, die die ganze Menschheit befallen hat, seit 25 Jahren keine Kinder mehr geboren wurden. Der Roman spielt in Oxford, wo die ehrwürdigen Colleges nun, von einigen Seniorenkursen abgesehen, leer stehen und zu zerfallen beginnen. Es gibt, selbst mit den jungen Leuten, die man gewaltsam aus anderen Ländern herbeigeschafft hat und die wie Arbeitssklaven gehalten werden, nicht genug Arbeitskräfte, um die Strom- und Wasserversorgung und sonstige Infrastruktur ländlicher Gemeinden aufrecht zu erhalten, so dass die Alten dort wegziehen müssen oder aber in einem der medienwirksam mit religiösem Pomp inszenierten ‚Quietus' mehr oder weniger freiwillig ins Meer gehen. P. D. James' Gedankenexperiment macht deutlich, dass Kinder *öffentliche Güter* sind und nicht nur „teure Hobbys" oder „langlebige Konsumgüter" mit hohem „psychischen Einkommen" für die elterlichen Nutzer, wie es die Familienökonomie im Gefolge von Gary Beckers *Ökonomischem Ansatz zur Erklärung menschlichen Verhaltens* von 1982 glaubt.

Familiale Kinderaufzucht und Altenpflege sind ökonomische Arbeit und sollten wie andere ökonomische Arbeit auch anerkannt werden, das heißt, da die Standardanerkennung für ökonomische Arbeit monetärer Art ist, entlohnt werden. Die Entlohnung muss ob des Öffentlichen-Gut-Charakters dieser Arbeit aus allgemeinen Mitteln erfolgen. Elterngeld und Pflegegeld sind erste Schritte auf dem richtigen Weg. Ein Familiendienst, der diese Arbeit auf alle Gesellschaftsmitglieder gleich verteilte und damit ihres Status als Arbeit entkleidete, stellt keine Alternative zur Entlohnung dar, weil er auf ein Lebensformdiktat hinausliefe, das mit dem Respekt vor der Autonomie und Besonderung von Personen nicht vereinbar ist.

76.9 Das Recht auf Arbeit und auf Anerkennung von Arbeit

Warum soll gerade den Tätigkeiten, die für andere im Rahmen des gesellschaftlichen Leistungsaustausches erbracht werden, gesellschaftlich-ökonomische Anerkennung zustehen? Die Begründung dafür besteht aus drei Schritten.

Der erste Schritt weist darauf hin, dass Fragen der Anerkennung erst da ins Spiel kommen, wo es weder um isolierte Individuen (wie Robinson Crusoe) geht noch um Individuen, die alles, was sie tun, gemeinsam tun, sondern um Individuen, die aufgabenteilig Dinge für andere (mit)tun und daher in Abhängigkeit voneinander leben. Es ist die Struktur gegenseitiger Abhängigkeit, der praktischen Angewiesenheit auf den Beitrag der anderen, die Anerkennungsprobleme aufwirft.

Der zweite Begründungsschritt formuliert einen *Anerkennungsgrundsatz*, dem zufolge ein jeder, der innerhalb einer solchen Abhängigkeitsstruktur etwas gibt, auch etwas bekommen sollte. Wer eine Leistung einbringt, sollte eine Gegenleistung erwarten können. Wer etwas für andere im Rahmen eines Leistungsaustausches tut, hat einen Anspruch auf Anerkennung seiner Leistung durch eine Gegenleistung.

Der dritte Schritt betont die Komplexität des gesamtgesellschaftlichen Abhängigkeitsverhältnisses. Während man in kleinen Gruppen, einer Wohngemeinschaft zum Beispiel, noch über Gespräche oder explizite Vereinbarungen dafür sorgen kann, dass sich Geben und Nehmen die Waage halten, ist dies bei Millionen von Menschen nicht mehr möglich. Hier sind abstraktere, ökonomische Mechanismen der Sicherung von Gegenseitigkeit, typischerweise Entlohnung, vonnöten.

Der in diese Begründung eingebaute Anerkennungsgrundsatz ist so einfach und anspruchslos, dass jeder moralische Mensch und jede Gerechtigkeitstheorie ihn unterschreiben dürfte. Interessanterweise versuchen die besten Verteidigungen eines bedingungslosen Grundeinkommens, dieses Grundeinkommen als Gegenleistung für etwas anderes hinzustellen, Ulrich Beck (1999) als Gegenleistung für Bürgerarbeit, Philippe van Parijs (1995) als Gegenleistung für den Verzicht auf die knappe Ressource Arbeitsplatz. Kontroverser als der Anerkennungsgrundsatz selbst dürfte die Frage sein, wie man diesen Grundsatz genauer interpretiert. Was ist ein gerechter Lohn? Mit Michael Walzers Sphärentheorie der Gerechtigkeit (1992) lässt sich der Anerkennungsgrundsatz gerechtigkeitstheoretisch wie folgt ausbuchstabieren. Dem Anerkennungsgrundsatz unterliegen drei Prinzipien der Verteilungsgerechtigkeit: (1) die Anerkennung von Verdienst, (2) die Kompensation besonderer Härten und (3) die Freiheit des Tausches. In Arbeitsgesellschaften wie der unsrigen, die soziale Zugehörigkeit an Arbeit knüpfen, tritt zu den drei Prinzipien der Verteilungsgerechtigkeit 4) ein fundamentaler Grundsatz der Menschenwürde, der allen Gesellschaftsmitgliedern den Zugang zu sozialer Zugehörigkeit und damit zu anerkannter Arbeit garantiert. In Arbeitsgesellschaften kommt dem Recht auf Anerkennung von Arbeit wie auch dem dazugehörigen Recht auf Arbeit ein grund- oder menschenrechtlicher Status zu (vgl. Kambartel 1993 und Krebs 2002).

Die anerkennungstheoretische Begründung des *Rechts auf Arbeit* konkurriert allerdings mit vier anderen gängigen Begründungen. Eine erste alternative Begründung des Rechts auf Arbeit führt an, dass Arbeit dem Leben Sinn verleiht, dass ein Leben in Untätigkeit den Menschen nicht ausfüllt oder dass der Mensch sich durch Arbeit allererst seine Welt und sich selbst zu eigen macht (vgl. z. B. Pfannkuche 1994).

Gegen diese Begründung spricht, dass es genug Arbeit gibt, die nicht erfüllt – Jobs, die man bloß macht, um Geld zu verdienen (und die deswegen noch nicht gleich menschenunwürdig sind) – und genug Freizeitaktivitäten, die erfüllen – Hobbies oder das private Mit- und Füreinander in Freundschaft und Liebe.

Eine zweite Begründung des Rechtes auf Arbeit streicht heraus, dass Arbeit soziale Kontakte schafft und aus Isolation befreit. Auch hier ist offenbar, dass nicht jede Arbeit diese Qualität hat (Heimarbeit, Nachtwachen) und vieles andere als Arbeit diese Qualität hat (Selbsthilfegruppen, Sportclubs, religiöse Gemeinschaften).

Die dritte Argumentationslinie besagt, dass Arbeit dem Alltag und dem Leben im Ganzen eine zeitliche Struktur verleiht. Eines der Ergebnisse der berühmten sozialpsychologischen Studie über die Arbeitslosen in Marienthal in den 1930er Jahren war der Verlust des Zeitgefühls unter Arbeitslosen. So schrieb ein Arbeitsloser auf den Bogen, auf dem er über den Verlauf seiner Tage Rechenschaft geben sollte, für den Morgen zwischen Frühstück und Mittagessen nur: „Einstweilen wird es Mittag" (Jahoda/Lazarsfeld/Zeisel 1980, 84).

Doch ist auch bei dieser Argumentation klar, dass nicht alle Arbeit und nicht Arbeit allein das Leben zeitlich strukturiert. Einem professionellen Maler oder Wissenschaftler, der in seinen unproduktiven Phasen zuhause ‚herumhängt', mag es in Sachen zeitlicher Strukturierung des Lebens schlechter ergehen als einem durch Gottesdienste und gemeinsame Aktionen verplanten Kirchenmitglied oder einem ambitionierten Antiquitätensammler oder Bergsteiger.

Die vierte Begründung weist schließlich auf die Rolle von Arbeit zur Sicherung der eigenen Existenz hin (vgl. z. B. Gürtler 2000). Diese Begründung scheidet deshalb aus, weil das bedingungslose Grundeinkommen offenbar eine Alternative zu Arbeit in dieser Hinsicht darstellt (Kritisches zu allen vier Begründungen findet sich z. B. bei Elster 1988 und Schlothfeldt 1999).

Aber auch gegen die anerkennungstheoretische Begründung des Rechts auf Arbeit erheben sich etliche Einwände. Ein erster Einwand weist darauf hin, dass es entwürdigende Arbeit gibt, die keine soziale Anerkennung vermittelt, wie die Arbeit von Müllmännern, Klofrauen oder Prostituierten (von Sklavenarbeit oder Kinderarbeit ganz zu schweigen).

In Antwort auf diesen Einwand kann man entweder zugestehen, dass derlei Berufe entwürdigend sind, und daher auf die Abschaffung dieser Berufe drängen. Absolut unverzichtbare Leistungen wären dann als Bürgerdienste zu organisieren. Oder man bestreitet, dass hoch bezahlte, mit guten Arbeitsbedingungen und viel Urlaub ausgestattete Müllmänner, Klofrauen und Prostituierte durch ihre Arbeit entwürdigt und damit aus der Gesellschaft ausgeschlossen werden (zu Anerkennungsproblemen der ‚Dreckarbeit' vgl. Walzer 1992, Kap. 6 und Margalit 1999).

Ein anderer Einwand ist, dass die anerkennungstheoretische Begründung des Rechts auf Arbeit *self-defeating* ist, da der Markt alle produktive Arbeit schon nachfragt und einen Preis dafür bezahlt und damit sozial anerkennt. Das Recht auf Arbeit liefe dann nur auf die Schaffung von Arbeitsplätzen für unproduktive, überflüssige Arbeit hinaus. Solche Arbeit erziele aber zu Recht keinen Preis und keine soziale Anerkennung (vgl. z. B. Elster 1988, 74).

Setzt man jedoch ‚Arbeit' nicht gleich mit ‚ökonomisch anerkannter Arbeit', dann sieht man, dass im Bereich der gesellschaftlich notwendigen Arbeit viel Arbeit ungetan bleibt. Man denke nur an zu große Schulklassen, inhumane Pflegeheime, die mangelnde Integration von Migrantinnen und Migranten, die Verletzung von Tierrechten in der billigen Massenproduktion von Fleisch, der auch gegenüber den zukünftigen Generationen nicht verantwortbare Mangel an Umweltschutz. Und wird die Arbeit dennoch *ein bisschen* knapp, ist schließlich auch gegen eine Reduktion der normalen Arbeitszeit um einige Stunden prinzipiell nichts einzuwenden. Um das Recht auf Arbeit aus anerkennungstheoretischen Gründen umzusetzen, muss man damit nicht auf die *self-defeating strategy* der Schaffung überflüssiger Arbeit verfallen.

Noch grundsätzlicher ist der Ideologievorwurf. Er besagt, dass das anerkennungstheoretische Argument bloß auf der faktischen Anerkennungsstruktur unserer Gesellschaften, also darauf, dass unsere Gesellschaften Arbeitsgesellschaften sind, aufbaut und man fragen dürfen muss, wie begründet diese faktische Anerkennungsstruktur ist. Mit welchem Recht bindet eine Gesellschaft soziale Anerkennung an Arbeit? Wird da nicht eine partikulare, universalistisch nicht begründbare Lebensform, das Arbeitsethos, zur allgemein verbindlichen

Lebensform erhoben? Warum einen materiell anspruchslosen Menschen, der lieber den ganzen Tag vor Malibu surfen geht, zur Arbeit anhalten (vgl. besonders deutlich Van Parijs 1995)?

Eine mögliche Antwort auf den Ideologievorwurf besteht in der Begründung einer *moralischen Pflicht zur Arbeit*. Gibt es eine solche Pflicht, dann ist die Bindung von sozialer Anerkennung an Arbeit nicht mehr willkürlich, sondern universalistisch begründbar. Ob eine solche Begründung gelingt, hängt allerdings vom Vorliegen einiger empirischer Bedingungen ab. Deren wichtigste dürften sein: Unsere Gesellschaften müssten erstens entweder Mangelgesellschaften sein, die auf den vollen Arbeitsbeitrag aller Gesellschaftsmitglieder angewiesen sind, oder falls sie keine Mangel-, sondern Wohlstandsgesellschaften sind, müsste zweitens die allgemeine Arbeitsneigung gering sein, oder falls es genug Menschen mit hoher Arbeitsneigung gibt, dürfte drittens die Arbeit nicht ausgehen.

Die Beantwortung der Frage, ob die Arbeitsgesellschaft ideologisch ist und einer Nacharbeitsgesellschaft mit einem Grundeinkommen weichen sollte, beruht damit auf einer ganzen Reihe von empirischen Einschätzungen. Diese Einschätzungen sind nicht einfach zu gewinnen. Weder ist es ausgemacht, dass unsere Gesellschaften bereits Wohlstandsgesellschaften sind – notwendige Arbeit bleibt bei uns ungetan, wir tragen eine Mitverantwortung zur Bekämpfung der Not in der Dritten Welt und es ist nicht klar, ob es zur Bewältigung dieser Aufgaben ausreicht, die reichen Bürger unserer Gesellschaften stärker in die Pflicht zu nehmen, noch ist es ausgemacht, dass bei Ermöglichung der Option eines existenzsichernden Grundeinkommens genug Menschen bereit wären zu arbeiten. Und es ist schließlich auch nicht ausgemacht, dass uns die Arbeit wirklich ausgeht – der technologische Fortschritt vernichtet nicht nur Arbeitsplätze, er schafft, wie der boomende Computersektor derzeit zeigt, auch neue, außerdem lässt die demographische Entwicklung gegenwärtig mehr alte Menschen aus dem Arbeitsleben ausscheiden als junge nachwachsen.

Literatur

Arendt, Hannah: Vita Activa oder vom tätigen Leben. München 1967.

Beck, Ulrich: Schöne neue Arbeitswelt. Vision: Weltbürgergesellschaft. Frankfurt a.M. 1999.

Becker, Gary: Der ökonomische Ansatz zur Erklärung menschlichen Verhaltens. Tübingen 1982 (engl. 1976).

Elster, Jon: „Is There (or Should There Be) a Right to Work?" In: Amy Gutmann (Hg.): Democracy and the Welfare State. Princeton 1988, 53–78.

Fraser, Nancy; Honneth, Axel: Umverteilung oder Anerkennung. Frankfurt a.M. 2003.

Gorz, André: Kritik der ökonomischen Vernunft. Sinnfragen am Ende der Arbeitsgesellschaft. Berlin 1989.

Gürtler, Sabine: „Drei philosophische Argumente für ein Recht auf Arbeit." In: Deutsche Zeitschrift für Philosophie 48. Jg., 6 (2000), 867–888.

Habermas, Jürgen: Theorie des kommunikativen Handelns. Frankfurt a.M. 1981.

Hawrylyshyn, Oli: „Towards a Definition of Non-Market Activities." In: The Review of Income and Wealth 1. (1977): 79–96.

Honneth, Axel: „Arbeit und Anerkennung. Versuch einer Neubestimmung." In: Deutsche Zeitschrift für Philosophie 56. Jg., 3 (2008), 327–341.

Hürlimann, Thomas: „Die Haare der Schönheit." In: Ders. (Hg.): Die Tessinerin. Frankfurt a.M. 1984, 78–93.

Jahoda, Marie/Lazarsfeld, Paul/Zeisel, Hans: Die Arbeitslosen von Marienthal. Frankfurt a.M. 1980.

James, P. D.: The Children of Men. London 1992.

Kambartel, Friedrich: „Arbeit und Praxis." In: Deutsche Zeitschrift für Philosophie 41. Jg., 2 (1993), 239–249.

Kocka, Jürgen/Offe, Claus (Hg.): Geschichte und Zukunft der Arbeit. Frankfurt a.M. 2000.

Krebs, Angelika: Arbeit und Liebe. Die philosophischen Grundlagen sozialer Gerechtigkeit. Frankfurt a.M. 2002.

Marcuse, Herbert: Über die philosophischen Grundlagen des wirtschaftswissenschaftlichen Arbeitsbegriffes. In: Ders. (Hg.): Kultur und Gesellschaft. Frankfurt a.M. 1965, 7–48.

Margalit, Avishai: Politik der Würde. Frankfurt a.M. 1999 (engl. 1996).

Marx, Karl: Ökonomisch-Philosophische Manuskripte aus dem Jahre 1844. In: Ders./Friedrich Engels (Hg.): Ausgewählte Werke in 6 Bänden. Bd. 1. Berlin 1987, 35–102.

Pfannkuche, Walter: „Gibt es ein Recht auf Arbeit?" In: Ders. (Hg.): Wer verdient schon, was er verdient. Vier Gespräche über Gerechtigkeit. Hamburg 1994, 66–104.

Rifkin, Jeremy: Das Ende der Arbeit und ihre Zukunft. Frankfurt a.M. 1995 (engl. 1995).

Rössler, Beate: „Arbeit, Anerkennung, Emanzipation." In: Deutsche Zeitschrift für Philosophie 53. Jg., 3 (2005): 389–413.

Ruh, Hans: Anders, aber besser. Eine neue Gesellschaft für die neue Zeit. Frauenfeld 1995.

Schlothfeldt, Stephan: Erwerbsarbeitslosigkeit als sozialethisches Problem. Freiburg i.Br. 1999.

van Parijs, Philippe: Real Freedom for All. What (if Anything) Can Justify Capitalism? Oxford 1995.

Walzer, Michael: Sphären der Gerechtigkeit. Ein Plädoyer für Pluralismus und Gleichheit. Frankfurt a.M. 1992 (engl. 1983).

Ethik in der Sozialen Arbeit

Sigrid Graumann und Wolfgang Maaser

Moralische Überzeugungen prägen das berufliche Selbstverständnis von Sozialarbeiter:innen ganz entscheidend, oft schon bei der Berufswahl. Dabei findet Soziale Arbeit in sehr komplexen und konfliktreichen Handlungsfeldern zwischen individuellen Bedürfnissen von Klient:innen und allgemeinen sozialen Problemlagen statt. Dies fordert die moralischen Überzeugungen von Sozialarbeiter:innen heraus. In diesem Zusammenhang wird heute auch von ethischer Kompetenz als fünfter Säule beruflicher Handlungskompetenz Sozialer Arbeit neben sozialer, personaler, fachlicher und methodischer Kompetenz gesprochen (Schumacher 2013, 28–31). Deshalb verwundert es nicht, dass schon die internationale Definition Sozialer Arbeit ethisch hoch aufgeladen ist:

> „Die Profession Sozialer Arbeit setzt sich ein für sozialen Wandel, die Lösung von Problemen in menschlichen Beziehungen sowie die Befähigung und Befreiung von Menschen mit dem Ziel, das Wohlergehen zu fördern. Gestützt auf Theorien menschlichen Verhaltens und sozialer Systeme interveniert Soziale Arbeit an den Stellen, wo Menschen mit ihrer Umwelt in Wechselwirkung stehen. Grundlage Sozialer Arbeit sind die Prinzipien der Menschenrechte und der sozialen Gerechtigkeit". (IFSW 2004)

77.1 Von der Berufung zur Profession

Die Orientierung an den Prinzipien der Menschenrechte (s. Kap. 79) und der sozialen Gerechtigkeit hat sich allerdings erst in der Kontrastierung von ‚Beruf' und ‚Profession' in der jüngeren Geschichte der Sozialen Arbeit herausgebildet (Lob-Hüdepohl 2007). Die Verberuflichung des Helfens etwa als Heimerzieher:in, Armenpfleger:in, Kindergärtner:in, Krankenpfleger:in/Diakonisse begann im 19. Jahrhundert und entsprang häufig den traditionell evangelisch sozial-missionarischen und sozialkatholischen Milieus. Sie war daher eng mit der Idee der religiösen Berufung verbunden. Moralische Begründungen waren in diesem Milieu strikt mit theologischen Voraussetzungen und kirchlicher Definitionsmacht verwoben. Demgegenüber entwickelte Alice Salomon (1872–1948) unter Rückgriff auf Motive der bürgerlichen Frauenbewegung und die Idee der Mütterlichkeit den Beruf der ‚Fürsorgerin'. Sie legte damit den Grundstein für die Entstehung des Berufs Soziale Arbeit im Kontext des neuen Sozialstaats der Weimarer Republik (1919–1932). Als moralische Haltung in der Sozialen Arbeit hielt sie „opferbereite Menschenliebe, einen wachen Idealismus und Glauben an die Menschheit" (Salomon 1923, 163) – gelegentlich unter Anspielung auf Kant, „das moralische Gesetz in ihm [dem Wohlfahrtspfleger]" (Salomon 1923, 169) – für unabdingbar. Sie lockerte damit das enge Band von religiös-konfessioneller und moralischer Motivation. Dies entfaltete allerdings erst in den 1968er Jahren nachhaltige Wirkungen.

Obwohl die Weimarer Republik Bedürftige und Benachteiligte zu gleichberechtigten Bürger:innen erklärte, überwogen in der Fürsorgepraxis noch häufig die kontrollierenden und volkserzieherischen Elemente der traditionellen Hilfekulturen. In der NS-Zeit wurde die Soziale Arbeit für einen „eugenischen und sozialhygienischen Rassismus" instrumentalisiert, der auf der Qualifizierung von ‚wertvollen' und ‚unwerten' Menschen beruhte und dem unzählige als ‚asozial', schwer erziehbar ‚psychisch krank oder behindert gekennzeichnete Menschen zum Opfer fielen (Lob-Hüdepohl 2007, 119). Der deklaratorische Bezug auf die Menschenwürde und die Menschenrechte als normative Grundlage der Sozialen Arbeit ist auch eine Konsequenz aus der Auseinandersetzung mit dieser eigenen Geschichte.

Seit den 1970er Jahren verfolgt die Soziale Arbeit ihr eigenes Professionalisierungsprojekt. Durch akademisch grundierte Fachlichkeit, eine eigene Wissenschaftskultur (Dewe/Otto 2012) und den Bezug auf die Prinzipien der Menschenrechte und der sozialen Gerechtigkeit in Berufskodizes, die den traditionellen Moralbezug ersetzen und zur selbstreflexiven Artikulation der eigenen normativen Grundlagen des Sozialarbeitsberufs anleiten sollen, wird Autonomie und Gestaltungsmacht gewonnen. Dabei erhält die Achtung der Klient:innen als selbstbestimmte Subjekte im Kontrast zur vormals paternalistischen und repressiven Fürsorge- und Hilfekultur zunehmend normative Bedeutung. Soziale Arbeit versteht sich als Sozialanwaltschaft zwischen sozialstaatlicher Beauftragung und Klienteninteresse (sog. Doppelmandat). Das empirische Spannungsfeld zwischen staatlicher Beauftragung, Klientenrechten und einer aus der eigenen Profession geltend gemachten Menschenrechtsorientierung wird ab Mitte der 1990er Jahre als sogenanntes Tripelmandat verhandelt (Staub-Bernasconi 2007). Der deklaratorische Bezug auf die Menschenrechte stimulierte den Artikulations- und Begründungsbedarf innerhalb der Sozialen Arbeit und erfordert von da an fachwissenschaftliche Reflexionen der Ethik in der Sozialen Arbeit. Der Schritt von einem barmherzigkeitsorientierten zu einem (menschen-)rechtsbasierten Wohlfahrtsverständnis war getan.

77.2 Grundlagen ethischer Urteilsbildung

Sozialarbeiter:innen haben es mit benachteiligten Personen zu tun, die auf Grund eigener Defizite in Wechselwirkung mit problematischen sozialen Verhältnissen, in denen sie leben, Unterstützung für eine gelingende Lebensführung benötigen. Die ethischen Fragen, die sich dabei stellen, werden in der Sozialen Arbeit mit verschiedener Akzentuierung diskutiert.

Dem Begriff der Menschenwürde kommt in der Berufsethik der Sozialen Arbeit eine grundlegende Bedeutung zu, um die vielfältigen Dimensionen der Subjektstellung der Klient:innen geltend zu machen: ihr Recht auf Selbstbestimmung, auf effektive Verwirklichungschancen ihrer Freiheit sowie ihre subjektiven Anspruchsrechte auf sozialstaatliche Unterstützung (Maaser 2015). Eine eher von der Pädagogik geisteswissenschaftlich inspirierte Sozialarbeit akzentuiert vor allem individualethisch die selbständige Lebensführung des Subjekts im Kontext seiner lebensweltlichen Potentiale (Thiersch 1995). Care-ethische Ansätze reflektieren in diesem Zusammenhang vor allem die Interaktion und die bedürfnissensible Achtsamkeit gegenüber der/dem Anderen (Conradi 2001). Dabei ist für eine gute sozialarbeiterische Praxis insbesondere die Balance zwischen empathischer Zuwendung und professioneller Distanz sowie zwischen Sorge für andere und Selbstsorge relevant. Im Unterschied dazu reflektieren sozialwissenschaftliche Ansätze besonders die sozialpolitischen Voraussetzungen von subjektiven Verwirklichungschancen aus sozialethischer Sicht (Otto/Scherr/Ziegler 2011). Hier dominieren gerechtigkeitsorientierte Dimensionen des Menschenrechtsbezugs, die unter Rückgriff auf Martha Nussbaums Begriff der Befähigung (Nussbaum, 1999) den Begriff der Verteilungsgerechtigkeit um den der Befähigungsgerechtigkeit erweitern (Otto/Ziegler 2008): Menschen müssen – über die Verteilung von Ressourcen, Zugangschancen etc. hinaus – durch vielfältige soziale und sozialstaatliche geförderte Prozesse nachhaltig zur Wahrnehmung realer Chancen befähigt werden. Nur durch effektive Chancengleichheit erweist sich ihr geltend gemachtes Recht auf Freiheit und Selbstbestimmung nicht als leere Formel.

Achtung, Schutz und Verwirklichung der Menschenrechte vulnerabler Gruppen wurden in den letzten Jahrzehnten mit dem Anspruch auf gewaltfreie Erziehung in der UN-Kinderrechtskonvention und dem Anspruch auf volle und gleichberechtigte gesellschaftliche Teilhabe in der UN-Behindertenrechtskonvention konkretisiert. Beide Konventionen integrieren Anrechte auf Unterstützung für ein gelingendes Leben in den Menschenrechtsschutz, was dem neueren menschenrechtsbasierten Selbstverständnis der Sozialen Arbeit entspricht. Die Präzisierung und Begründung der daraus entspringenden Verpflichtungen von Sozialarbeiter:innen macht eine integrative Ethikkonzeption erforderlich, die es erlaubt, Fragen des moralisch Richtigen und Fragen des moralisch Erwünschten sowohl in individualethischer als auch in sozialethischer Perspektive zu diskutieren (vgl. Haker 2007). Nach Hans Krämer gehören Fragen nach dem moralisch Erwünschten zur Strebensethik und Fragen nach dem moralisch Richtigen zur Sollensethik. Die Strebensethik reflektiert demnach Fragen der persönlichen Lebensgestaltung, insbesondere die von Individuen für zentral erachteten Werte, Haltungen und Tugenden, was individuell sehr unterschiedlich ausfallen kann (Krämer 1998). Ein Bezug zur Sollensethik ergibt sich spätestens dann, wenn Sozialarbeiter:innen ihren Klient:innen Vorstellungen des guten Lebens vorschreiben und damit deren Recht auf Selbstbestimmung verletzt wird. Vor diesem Hintergrund besitzt die Sollensethik die Aufgabe, allgemein verbindlichen Rechte, die jeder Person unabhängig von persönlichen Präferenzen, individuellem Ansehen oder sozialem Status zukommen und zu deren Achtung eine wechselseitige Verpflichtung besteht, zu begründen. Dazu gehören die moralischen Rechte auf Leben, körperliche und seelische Unversehrtheit sowie Selbstbestimmung, deren Achtung strikt verpflichtend ist. Dies gilt gerade auch für alle Sorge-Beziehungen der Sozialen Arbeit, in denen Macht und Abhängigkeit ungleich verteilt sind.

Beide ethischen Reflexionsfiguren sind in den oben genannten individual- und sozialethischen Konzepten Sozialer Arbeit gleichermaßen von Bedeutung. Insofern Individualethik das Gute und Richtige in Bezug auf das Handeln Einzelner reflektiert, evaluiert sie sowohl subjektive Werte und individuelle Haltungen bzw. Tugenden als auch individuelle Rechte und Pflichten der Lebensführung. Dieses Spannungsfeld gilt es in der Sozialen Arbeit beständig zu reflektieren, wenn Klient:innen unter Verzicht auf Bevormundung befähigt werden sollen, ein gelungenes Leben zu führen. Schwerpunkt der Sozialethik dagegen ist die „gemeinsame Verantwortung der sozialen Ordnung" (Mieth 2006, 517). Auch hier bedarf es einerseits der Verständigung über geteilte, für zentral erachtete Werte und Lebensformen, die sich sowohl zwischen Gesellschaften als auch zwischen gesellschaftlichen Gruppen unterscheiden können und sich über die Zeit verändern; Unterschiede müssen toleriert werden, sofern Personen, die die entsprechenden Werte nicht teilen, nicht geschädigt werden. Dies ist in der Arbeit mit Personengruppen, die sich über verschiedene Identitätsmerkmale definieren, entscheidend. Andererseits gehören zur Sozialethik aber auch Forderungen nach Gerechtigkeit, die wir unabhängig von gesellschaftlichen kulturellen und historischen Unterschieden geltend machen und auf die wir berechtigterweise Bezug nehmen können, um gesellschaftlichen Strukturen und Institutionen zu kritisieren und Veränderungen verbindlich einzufordern. Mit ihren spezifischen

Einblicken in soziale Problemlagen fühlen sich Sozialarbeiter:innen besonders gefordert, zu entsprechenden sozialethischen Fragen Position zu beziehen.

Die Reichweite und Grenze der Toleranz, die von Mitgliedern anderer Wertegemeinschaften für partikular geteilte Werte erwartet werden kann, ist allerdings häufig umstritten. Dies gilt ebenso für Fragen nach Gerechtigkeit, die keine Relativierung zulassen. Denn deren kontextuelle und interpretative Konkretisierungen sind stets mit den partikularen Wertekulturen verwickelt. Die Berücksichtigung dieses Spannungsverhältnisses ist für eine ethisch reflektierte, kultursensible Soziale Arbeit besonders wichtig.

77.3 Ethische Konfliktfelder

Die Praxis der Sozialen Arbeit ist durch eine Reihe von spezifisch ethischen Konfliktfeldern geprägt. Dazu gehört z. B. die Arbeit mit Klient:innen, die in ihrer Handlungs- und Selbstbestimmungsfähigkeit eingeschränkt und auf Unterstützung angewiesen sind. Dabei stellt sich regelmäßig die Frage, inwieweit eine Förderung von Selbstbestimmung den subjektiven Lebensvorstellungen der Klient:innen dient und wann diese in paternalistische Bevormundung umschlägt. Die ‚Assistenz zur Selbstbestimmung' muss hier soweit als möglich der Maßstab sein (Graumann 2011). Ein anderer ethischer Konfliktfall liegt da vor, wo Klient:innen Gefahr laufen, sich durch ihr Verhalten selbst schwer zu schädigen und Hilfe verweigern. Hier stellt sich die Frage, inwieweit eine selbstbestimmte Selbstschädigung zu respektieren ist und unter welche Umständen Hilfe durch Zwang als ‚ultima ratio' ethisch gerechtfertigt sein kann; stets müssen die am wenigsten schädlichen Mittel gewählt und alle weniger einschneidenden Alternativen ausgeschöpft werden (vgl. Deutscher Ethikrat 2018).

Darüberhinaus können sich typische ethische Konflikte aus dem Doppelmandat ergeben, etwa, wenn Behörden Meldungen familiärer Vernachlässigungsfälle, delinquenter Jugendlicher oder Personen ohne legalen Aufenthaltsstatus fordern, was aber das Vertrauen der hilfesuchenden Klienten gegenüber den Sozialarbeiter:innen zerstören kann. Als besonders tragisch erweist sich dies dann, wenn eine Abwendung einer Fremdgefährdung nur möglich ist, wenn Rechte von Klient:innen ‚geopfert' werden. Darüber hinaus können Loyalitätskonflikte mit ethischer Relevanz auftreten, wenn sozialpolitisch motivierte Fehlanreize zur Dominanz ökonomischer Interessen des Trägers führen und infolgedessen die fachlich basierte Hilfe für das Wohlergehen der Klient:innen als nachrangig behandelt wird. In einem solchen Zusammenspiel von individual- und sozialethischen Problemebenen können Sozialarbeiter:innen gefordert sein, sich für sozial gerechtere Verhältnisse mit Blick auf das Wohlergehen ihrer Klient:innen einzusetzen.

Literatur

Conradi, Elisabeth: Take Care: Grundlagen einer Ethik der Achtsamkeit. Frankfurt a.M. 2001.
Deutscher Ethikrat: Hilfe durch Zwang? Professionelle Sorgebeziehungen im Spannungsfeld von Wohl und Selbstbestimmung. Stellungnahme. Berlin 2018.
Dewe, Bernd; Otto, Hans-Uwe: „Reflexive Sozialpädagogik." In: Werner Thole (Hg.): Grundriss Soziale Arbeit. Wiesbaden 2012, 197–217.
Graumann, Sigrid: Assistierte Freiheit. Von einer Behindertenpolitik der Wohltätigkeit zu einer Politik der Menschenrechte. Frankfurt a.M. 2011.
Haker, Hille: „Narrative Bioethik. Ethik des biomedizinischen Erzählens." In: Karen Joisten (Hg.): Narrative Ethik. Das Gute und das Böse erzählen. Berlin 2007, 253–271.
International Federation of Social Workers (IFSW): Ethics in Social Work, Statement of Principles. In: https://www.ethikdiskurs.de/fileadmin/user_upload/ethikdiskurs/Themen/Berufsethik/Soziale_Arbeit/IASW_Kodex_Englisch_Deutsch2004.pdf (9.11.2020)
Krämer, Hans: „Integrative Ethik." In: Joachim Schummer (Hg.): Glück und Ethik. Würzburg 1998, 93–107.
Lob-Hüdepohl, Andreas: „Berufliche Soziale Arbeit und die ethische Reflexion ihrer Beziehungs- und Organisationsformen." In: Andreas Lob-Hüdepohl, Walter Lesch (Hg.): Ethik Sozialer Arbeit. Ein Handbuch. Paderborn 2007, 113–161.

Maaser, Wolfgang: Lehrbuch Ethik: Grundlagen, Problemfelder und Perspektiven (Studienmodule Soziale Arbeit), 2. Aufl. Weinheim 2015.

Mieth, Dietmar: „Sozialethik." In: Marcus Düwell, Christoph Hübenthal, Micha Werner (Hg.): Handbuch Ethik. Stuttgart 2006, 517–520.

Nussbaum, Martha: Gerechtigkeit oder Das gute Leben. Frankfurt a.M. 1999.

Schumacher, Thomas: Lehrbuch der Ethik in der Sozialen Arbeit. Weinheim 2013.

Staub-Bernasconi, Silvia: „Vom beruflichen Doppel- zum professionellen Tripelmandat, Wissenschaft und Menschenrechte als Begründungsbasis der Profession Soziale Arbeit." In: Zeitschrift für Sozialarbeit in Österreich 2. (2007), 8–17.

Salomon, Alice, Leitfaden der Wohlfahrtspflege, Leipzig 1923.

Otto, Hans-Uwe; Scherr, Albert; Ziegler, Holger: Wieviel und welche Normativität benötigt die Soziale Arbeit? In: Neue Praxis 40. (2010), 137–163.

Otto, Hans-Uwe/Ziegler, Holger (Hg.). Capabilities. Handlungsbefähigung und Verwirklichungschancen. Wiesbaden 2008.

Thiersch, Hans: Lebenswelt und Moral. Beiträge zur moralischen Orientierung Sozialer Arbeit. Weinheim 1995.

Armut und Hunger

Barbara Bleisch

Gemäß Angaben der Vereinten Nationen litten im Jahr 2018 weltweit rund 820 Mio. Menschen an Hunger, also knapp 11 % der Weltbevölkerung. Die Anzahl Menschen, die in absoluter Armut leben, hat sich in den letzten Jahrzehnten zwar verringert; doch mit dem Klimawandel dürfte sich die prekäre Situation in den Entwicklungsländern teilweise erneut zuspitzen. Dass es sich bei Hunger und absoluter Armut um ein gravierendes Übel handelt, bestreitet wohl niemand – zumal in anderen Ländern der Welt Wohlstand im Überfluss vorhanden ist. Umstritten ist jedoch, wer für eine Veränderung dieser Zustände verantwortlich ist. Sind die wohlhabenderen Bewohner der Industrieländer moralisch verpflichtet, etwas gegen die desolaten Zustände zu tun, etwa indem sie Geld spenden oder sich in entsprechenden Hilfswerken engagieren? Nach gängiger Moralvorstellung scheint dies nicht der Fall zu sein: Die meisten geben zwar bereitwillig zu, dass es ihnen im Vergleich zu den Bewohnern in Entwicklungsländern materiell hervorragend geht, sehen sich aber nicht moralisch verpflichtet, etwas für jene zu tun, die in bitterer Armut leben. Entsprechend empfinden sie es als besonders löblich (und eben nicht als Erfüllung einer moralischen Pflicht), wenn sie sich Hilfswerken gegenüber spendabel zeigen. Diese Einstellung hat Hugh LaFollette als „charity view" (LaFollette 2003, 18 f.) bezeichnet.

Ob sie korrekt ist oder ob die meisten Personen sich hinsichtlich ihrer Pflichten gegenüber in absoluter Armut Lebenden irren, ist Gegenstand einer Debatte, die in den letzten Jahrzehnten innerhalb der Philosophie und der politischen Theorie zu einer Flut an Publikationen geführt hat (z. B. Unger 1996; Pogge 2002; Chatterjee 2004; Bleisch/Schaber 2007; Pogge/Moellendorf 2008; Singer 2009; Beck 2016). Obwohl die Frage nach der prinzipiellen Existenz von Hilfsgeboten alt ist, ist die philosophische Auseinandersetzung mit dem spezifischen Phänomen der Weltarmut und der Frage der Pflichten in deren Zusammenhang immer noch vergleichsweise jung. Viele sehen ihren Anfang in Peter Singers Aufsatz „Famine, Affluence and Morality", der 1972 erschienen ist (dt. Singer 2007).

Singer legt in diesem Text eine Begründung weitreichender Hilfspflichten gegenüber notleidenden Menschen in aller Welt vor. Ihm gemäß schulden wir einem Not leidenden Kind in der Ferne ebenso zwingend Hilfe, wie einem Kind, das vor unseren Augen zu ertrinken droht. Seine These begründet er mit dem Verweis auf das Prinzip, demzufolge wir Leiden zu verhindern haben, solange uns dies möglich ist, ohne dabei etwas von moralischer Bedeutung opfern zu müssen. Singer glaubt, dass

B. Bleisch (✉)
Universität Zürich, Zürich, Deutschland
E-Mail: mail@barbarableisch.ch

dieses Prinzip für Vertreter aller Moraltheorien (also keineswegs nur für Konsequentialisten) akzeptabel ist, gibt aber zu, dass das Prinzip mehrere Aspekte unberücksichtigt lässt, hinsichtlich derer zunächst strittig ist, ob sie tatsächlich moralisch irrelevant sind. So berücksichtigt es etwa die Nähe respektive die Distanz zwischen Opfer und Retter nicht und unterscheidet nicht zwischen Fällen, in denen eine einzige Person zugegen ist, die helfen könnte, und Fällen, in denen Millionen von anderen ebenso gut eingreifen könnten. Singer hält beide Aspekte für moralisch bedeutungslos: Wer „irgendein Prinzip der Unparteilichkeit, Universalisierung, Gleichheit oder dergleichen" (Singer 2007, 40) akzeptiere, könne erstens eine Benachteiligung anderer Menschen aufgrund ihrer physischen Entfernung nicht rechtfertigen. Zweitens sei es aus psychologischen Gründen zwar verständlich, wenn Personen wenig motiviert sind zu helfen, während andere tatenlos zusehen, dies könne jedoch unmöglich die Tatenlosigkeit rechtfertigen. Singers Ansicht nach haben deshalb jene, die dazu in der Lage sind, umfangreiche Hilfspflichten gegenüber den von Armut Betroffenen.

78.1 Die Kritik an der Hilfspflichtidee

Singers Argumentation respektive seine Schlussfolgerungen sind in der Folge breit rezipiert, aber auch kritisiert worden. Ein Einwand bezieht sich dabei auf die Effektivität von Hilfe selbst: Demnach haben Misswirtschaft in der Entwicklungshilfe und falsch gewählte Strategien gut gemeinter Hilfsaktionen die Entwicklung bestimmter Regionen dieser Welt nicht vorangetrieben, sondern diese sogar gebremst (Kuper 2005a, 160 f.; Easterly 2006; Moyo 2010). Aus moralischer Sicht wäre allerdings der Nachweis, dass Entwicklungshilfe bis dato keine oder nur negative Resultate gezeigt habe, kein Argument gegen die prinzipielle Behauptung von Hilfspflichten – vielmehr wären wir dann aufgefordert, nach erfolgsversprechenderen Formen von Hilfe zu suchen. In diesem Kontext sind die Debatten rund um die Ethik von Philanthropie und Spenden zu sehen: Insofern als global agierende Stiftungen und Hilfswerke über große Macht verfügen und unter Umständen auch lokale Strukturen beeinflussen oder sogar aushebeln, müsse auch Entwicklungshilfe ethischen Mindeststandards genügen (Illingworth/Pogge/Wenar 2011). Auch Vertreter des sogenannten effektiven Altruismus verlangen, dass Spendengelder möglichst zielgerecht eingesetzt werden und jenen, die Hilfe am dringendsten benötigen, zugutekommen (MacAskill 2015; Singer 2015).

Ein weitaus gewichtigerer Einwand gegen Singers Forderungen richtet sich gegen die Begründung, die er für sein Prinzip gibt – respektive gegen deren Fehlen: Singer liefert demnach kein positives Argument dafür, warum wir verpflichtet sein sollten, Unbekannten, deren Notlage wir nicht verschuldet haben, zu helfen. Zwar ist es ohne Zweifel bedauerlich, wenn andere Menschen leiden. Dies bedeutet jedoch für Nicht-Konsequentialisten nicht *eo ipso*, dass ihnen im Sinne eines moralischen Gebots geholfen werden muss. So bezweifeln etwa Libertäre, dass sich Hilfspflichten überhaupt rechtfertigen lassen. Ihnen zufolge gibt es nämlich keine generellen Hilfspflichten, die wir einander unabhängig von speziellen Beziehungen und Übereinkünften schulden. Gefordert ist lediglich, dass wir einander nicht schädigen, nicht jedoch, dass wir anderen allein deshalb helfen, weil sie Opfer eines Unglücks geworden sind oder durch Dritte Schaden erlitten haben. Jede erzwungene Form der Besteuerung, die eine Umverteilung zugunsten der ärmeren Bevölkerung zum Ziel hat, wäre demnach ungerechtfertigt, ganz unabhängig davon, ob sie national oder global vorgenommen würde (vgl. Nozick 1974; Narveson 2000, 312; Narveson 2003, 427 f.). Unter den zahlreichen Argumenten, die gegen die libertäre These vorgebracht worden sind, dürfte der wichtigste Vorwurf sein, dass der zugrunde gelegte Freiheitsbegriff defizitär sei: Das Recht auf Leben büße seine normative Kraft ein, wenn nicht zugleich ein Recht auf die Erfüllung minimaler Grundbedürfnisse, unter denen Leben und die Inanspruchnahme der Freiheitsrechte überhaupt erst möglich sind, anerkannt werde (Shue

1996; Griffin 2000). Selbst wenn es jedoch gelingt, die libertären Einwände gegen generelle Hilfspflichten zu entkräften, ist damit noch keine positive Begründung solcher Gebote vorgelegt. Für eine solche Begründung sind neben der genannten konsequentialistischen Argumentation in der Folge verschiedene Vorschläge gemacht worden: Je nach Theorie haben wir entsprechende Hilfspflichten aufgrund unserer Pflicht, allen Personen ein Leben in Würde zu ermöglichen (Schaber 2003; Margalit 1997); oder wir schulden allen Menschen die Erfüllung bestimmter grundlegender Menschenrechte oder Grundbedürfnisse (Kuper 2005b; Shue 1996) oder die Ermöglichung menschlicher Fähigkeiten (Sen/Nussbaum 1993).

78.2 Das Problem der Unvollkommenheit von Hilfspflichten

Allerdings sind auf Hilfspflichten basierende Ansätze mit der Schwierigkeit konfrontiert, dass es sich bei diesen Pflichten um unvollkommene handelt (Igneski 2006; Bleisch 2010, Kap. 5; Mieth 2012). Anders als in Singers Teichbeispiel (s. oben), bei dem klar zu sein scheint, wer wem gegenüber wann wozu verpflichtet ist, liegen im Fall der Weltarmut unvollkommene Pflichten vor: Es gibt Millionen von Menschen, die heute wie morgen der Hilfe bedürfen, die von vielen Menschen und in verschiedener Form geleistet werden kann. Einige Autoren haben deshalb betont, dass der moralisch relevante Unterschied zwischen dem Teichbeispiel und der Weltarmut jener sei, dass es in der ersten Situation um einen Unfall und um das Leisten von Nothilfe gehe, in der zweiten jedoch um mangelnde soziale Gerechtigkeit (Feinberg 1992; Kamm 2004). Notwendig sind in Fällen der letzteren Art nicht individuelle Nothilfsmaßnahmen, sondern koordinierte, langfristige Unterstützungsmaßnahmen, zu denen die einzelne hilfsbereite Person einen Beitrag leisten, jedoch im Alleingang keine maßgebliche Veränderung herbeiführen kann (Gosepath 2007; Schlothfeldt 2008). Deshalb argumentiert etwa Andrew Kuper, Singers individualethischer Ansatz sei durch einen institutionenethischen Ansatz zu ersetzen, der eine Stärkung der lokalen Institutionen und Reformen der globalen institutionellen Rahmenbedingungen zum Ziel habe (Kuper 2005a). So sollen etwa Unternehmen, die für Rohstoffe keine fairen Preise bezahlen oder Arbeitskräfte ausbeuten, entsprechend zur Rechenschaft gezogen werden können. Individuelle Hilfsaktionen sind Kuper zufolge hingegen schlicht das falsche Mittel zur Behandlung des Problems und symptomatisch für den „apolitischen Zugang" (ebd., 162), der am Kontext der Armutsproblematik vorbei argumentiere (vgl. bereits Sen 1981). Singer entgegnet diesem Vorwurf, dass gerade er als Konsequentialist stets für das Erfolg versprechende Mittel zum Zweck plädiere. Sollte sich zeigen, dass beispielsweise individuelle Spenden nicht dazu gehören, seien andere Maßnahmen zu ergreifen (Singer 2005). Kuper scheint mit seinem institutionenethischen Ansatz allerdings nicht allein eine Aussage hinsichtlich der richtigen Mittel, sondern ebenso hinsichtlich der Fundierung der Pflichten zu machen. Demnach geht es bei der Armut nicht um ein Problem der Moral und um individuelle Hilfspflichten, sondern um ein Problem der Institutionenethik oder der Gerechtigkeit.

78.3 Gerechtigkeit statt Hilfe

Während die Frage, ob die Wohlhabenden den Menschen in großer Not helfen müssen, die Debatte um Weltarmut und Ethik anfänglich dominierte, wurde seit Mitte der 1990er Jahre das Weltarmutsproblem immer stärker als eine Frage der globalen Gerechtigkeit aufgefasst und diskutiert (Pogge 2001; Follesdal/Pogge 2005; Kuper 2005b). Die Frage ist allerdings, was die Weltarmut von einem theoretischen Standpunkt aus betrachtet zu einem Problem der Gerechtigkeit macht. Die große Ungleichheit? Der Umstand, dass so viele Menschen hungern? Ungerechte Strukturen? Anders gefragt: Geht es um *relative* oder um *absolute* Armut, die als ungerecht bezeichnet wird? Oder geht es um strukturelles Unrecht? Die *absolute Armutsgrenze* ist bestimmt als Einkommensniveau, unter dem sich die Betroffenen die überlebenswichtigen Grundgüter nicht leisten können. Gegenwärtig setzt die Weltbank diese Armutsgrenze bei 1,25 kaufkraftbereinigtem US-Dollar pro Kopf und Tag an. Der Begriff der *relativen Armut* meint dagegen ein Ausmaß an Bedürftigkeit im Vergleich zu den Personen des jeweiligen sozialen Umfelds eines Menschen. Die relative Armutsgrenze ist deshalb abhängig von statistischen Maßzahlen für eine Gesellschaft. So definiert etwa die Weltgesundheitsorganisation (WHO) die Armutsgrenze anhand des Verhältnisses des individuellen Einkommens zum mittleren Einkommen im Heimatland einer Person. Demnach gilt als arm, wer monatlich weniger als die Hälfte des aus der Einkommensverteilung seines Landes berechneten Medians zur Verfügung hat. In Deutschland lebten gemäß laut dem Armuts- und Reichtumsbericht der Bundesregierung von 2017 15,7 % der Bevölkerung in Armut oder an der Armutsgrenze.

Wenn die absolute Armutsgrenze den Debatten über die Weltarmut als Gerechtigkeitsproblem zugrundegelegt wird, dann gilt der Weltzustand solange als ungerecht, als nicht alle Menschen über ein bestimmtes Minimum verfügen. Philosophen haben dieses Minimum in Grundbedürfnissen, menschlichen Fähigkeiten, sozioökonomischen Menschenrechten oder Wohlfahrtsrechten ausgedrückt. Die These der Ungerechtigkeit meint in diesem Zusammenhang, dass alle Menschen ein moralisches Recht auf dieses Minimum haben und die Wohlhabenden somit die Pflicht, die Rechte der Notleidenden zu erfüllen und der Armut entgegenzuwirken (Shue 1996). Nun bleibt allerdings die Rede von moralischen Rechten unbestimmt, solange nicht geklärt ist, wem im Kampf gegen die Weltarmut welche Verantwortung zukommt. Denn bei den erwähnten Wohlfahrtsrechten handelt es sich um positive Rechte und nicht um negative Freiheitsrechte. Die Rede von moralischen Rechten verfügt zwar über jene rhetorische Kraft, die gern genutzt wird, um die Dringlichkeit eines Anliegens herauszustreichen. Aber solange nicht angegeben werden kann, welche Pflichten den Rechten korrelieren und wer in der Folge die verantwortlichen Akteure sind, handelt es sich der Ansicht vieler zufolge lediglich um sogenannte „manifesto rights". Deshalb liege es nahe, die angeführten Rechte als bloße moralische Wunschvorstellungen aufzufassen (Griffin 2001). Die Rede von Rechten sei dann – bis auf den erwähnten rhetorischen Wert – nutzlos und führe letztlich zu einer Inflation des Rechtsbegriffs als solchem. Aufgrund dieser Schwierigkeit haben zahlreiche Autoren dafür plädiert, in der Debatte um Weltarmut und Ethik anstatt von Rechten weiterhin von Pflichten auszugehen (O'Neill 1986; O'Neill 1996; Schlothfeldt 2008). Andere haben versucht, das Recht auf Subsistenzsicherung als ein über „manifesto rights" hinausgehendes Anspruchsrecht („claim right") zu interpretieren (Hinsch/Stepanians 2005). Dies setzt allerdings die Schaffung von Institutionen voraus, die die korrespondierenden positiven Pflichten spezifizieren und einzelnen Akteuren zuweisen. Genau dies ist im Rahmen von Theorien sozialer Gerechtigkeit bereits geschehen: Sie definieren, was das Gemeinwesen in einem Sozialstaat für alle unter ihm Lebenden bereitstellen sollte.

Doch nicht alle teilen die Ansicht, es reiche aus, weltweit für die Erfüllung eines sozialen Minimums für alle zu sorgen, das ihr Überleben sichert oder ihre Grundbedürfnisse stillt. Vielmehr sei nicht einzusehen, weshalb in den reichen Ländern mit so anspruchsvollen Standards sozialer Gerechtigkeit operiert werde, während in globaler Hinsicht lediglich ein Minimum als Ziel angestrebt werde. Vertreter dieser Position machen also über das absolute Kriterium hinaus ein relationales Armutskriterium geltend. Die Prinzipien sozialer Gerechtigkeit, wie sie innerhalb der meisten Sozialstaaten gelten, seien demnach auf den globalen Raum auszudehnen oder es seien andere globale relationale Kriterien anzuwenden (s. Kap. 34 & 73).

78.4 Globale Gerechtigkeit im Anschluss an Rawls

Die Diskussion um globale relationale Gerechtigkeitsprinzipien ist vor allem eine kritische Auseinandersetzung mit dem Spätwerk von

John Rawls: In seinem *Recht der Völker* (1999, dt. 2002) argumentiert er gegen eine globale Anwendung relationaler Gerechtigkeitsprinzipien wie etwa seinem Differenzprinzip mit der Begründung, die Bedingungen für Umverteilung, wie sie innerhalb von Staaten vorliegen, seien global nicht gegeben. Zu diesen Bedingungen gehört Rawls zufolge, dass die Bürger eines Staates in einem kooperativen Unternehmen engagiert sind, das im Sinne eines hypothetischen Vertrags der Steigerung des Wohls aller Beteiligten dient. Deshalb hat, wer an diesem Unternehmen beteiligt ist, auch ein Anrecht auf die gerechte Verteilung der Früchte dieser Kooperation. Solange Personen jedoch nicht in gegenseitig förderliche soziale Kooperationen eintreten, bestehen ihm zufolge auch keine berechtigten Ansprüche des einen auf die erwirtschafteten Gewinne des anderen (Rawls 2002, Kap. 16). Gegen diese Position wurde argumentiert, dass sich längst ein globaler Wirtschaftsraum etabliert habe, der von komplexen Kooperationsverhältnissen geprägt sei, weshalb Rawls sich hinsichtlich der restriktiven Anwendbarkeit seiner Gerechtigkeitsprinzipien getäuscht habe (Pogge 1989; Beitz 1999; Buchanan 2000).

Ob die globalen Interaktionen allerdings ausreichen, um eine globale Anwendung lokal geltender Gerechtigkeitsprinzipien zu rechtfertigen, ist strittig. Einige Autoren haben argumentiert, ökonomische Interdependenz allein rechtfertige die Anwendung innerstaatlicher distributiver Gerechtigkeitsgrundsätze nicht (Barry 1991, 194 f.; Nagel 2005). Einige haben diese Position damit begründet, dass soziale Gerechtigkeit und entsprechende Umverteilung in direkter Verbindung zur Legitimität von Staatsgewalt stünden (Dworkin 1986, Kap. 5 und 6; Risse 2005; Nagel 2005). Thomas Nagel bezeichnet Gerechtigkeit in diesem Sinne als „politischen Wert", der allein von einer entsprechenden Rechtsstruktur und einem Gewaltmonopol abhänge (Nagel 2005, 121). Andere haben die Beschränkung relationaler Gerechtigkeitsstandards auf nationalstaatliches Terrain mit Verweis auf die normative Bedeutung lokaler Gemeinschaften verteidigt. Solche Gemeinschaften seien unter anderem für ihre Mitglieder deshalb bedeutsam, weil sie in ihnen einen Sonderstatus genießen, der das Zusammengehörigkeitsgefühl und die Identität von deren Mitgliedern stärke (Tamir 1993; Walzer 1992; Miller 1993; Miller 2005). Vertreter von entsprechenden nationalistischen Positionen müssen aber keineswegs behaupten, auf globaler Ebene sollten gar keine Gerechtigkeitsstandards gelten. Gerechtigkeit kann vielmehr, wie sich etwa Michael Walzer ausdrückt, in „Sphären" wirken, denen je unterschiedliche Prinzipien entsprechen (Walzer 1992). Auch Rawls hat die Erfüllung von P gegenüber besonders belasteten Gesellschaften gefordert, die zwar das internationale Recht anerkennen, jedoch nicht über adäquates Knowhow und ausreichend Ressourcen verfügen, um die interne Armut langfristig und erfolgreich bekämpfen zu können (Rawls 2002; ebenso Nagel 2005).

78.5 Gerechtigkeit als Unterlassung von Ausbeutung

Die These, Weltarmut sei eine Frage der Ungerechtigkeit, wurde aber nicht nur als These hinsichtlich distributiver Aspekte verstanden, sondern auch als *Schädigungsthese*: Demnach handelt es sich bei der Weltarmut um ein Unrecht, das wir Reicheren den Ärmeren antun, weshalb uns in diesem Zusammenhang nicht Hilfspflichten, sondern Wiedergutmachungspflichten zukommen. In jüngster Zeit ist diese These vor allem als institutionelle These vertreten worden, beispielsweise von Thomas Pogge (Pogge 2002; Pogge 2004; aber auch bereits O'Neill 1986, Kap. 6). Ihm zufolge ist es die von den wohlhabenden Ländern unterstützte globale Ordnung, die die Bewohner der ärmeren Länder schädigt und ihnen von den Reicheren aufgezwungen wird. Als Beispiele für Elemente einer solchen ungerechten Ordnung werden z. B. die Welthandelsorganisation (WTO), der Internationale Währungsfonds (IMF) oder verschiedene Elemente des internationalen Rechts genannt, die gemäß Pogge dazu führen, dass die Entwicklungsländer aus der extremen Armut nicht herausfinden. Die institutionelle These wirft dabei die Frage nach der gerechten Ausgestaltung und Organisation der entsprechenden

Institutionen auf respektive nach der aus Gerechtigkeitsgründen geforderten Revision, denen diese unterzogen werden müssten. In den vergangenen zehn Jahren wurde denn auch intensiv darüber debattiert, nach welchen Prinzipien eine Revision zu erfolgen habe und wodurch sich eine gerechte Ordnung auszeichnen würde (Barry/Pogge 2005; Follesdal/Pogge 2005; Kuper 2005b; Stiglitz/Charlton 2005; Miller 2010).

Die Schädigungsthese (s. o.) ist aus verschiedenen Gründen attraktiv: Einerseits scheint sie realitätsnah und praxisorientiert, weil sie mit dem Aufzeigen von Unrecht nicht nur entsprechende Pflichten postuliert, sondern auch gleich die Ursachen der Armut im Blick hat und konkreten Handlungsbedarf ortet. Andrerseits akzeptieren selbst Libertäre die Geltung von Nichtschädigungsgeboten. Kann also gezeigt werden, dass die Weltarmut von den Bewohnern der reicheren Länder mitverursacht wird, steht außer Frage, dass sie diese Schädigung unterlassen respektive kompensieren müssen. Allerdings ist die Schädigungsthese mit Blick auf beide Punkte auch kritisiert worden: Erstens wurde deren empirische Basis respektive die Behauptung, die Weltarmut lasse sich durch das Fehlverhalten der reicheren Staaten hinreichend erklären, in Frage gestellt (Risse 2005; Collier 2007; Schaber 2007). Zweitens wurde mit Verweis auf Joel Feinberg (1988) die normative Basis des Arguments angegriffen: Nicht jede Schädigung kommt demnach einem moralischen Unrecht gleich, weshalb die Schädigungsthese an sich noch keinerlei Pflichten begründet. In Wettbewerbssituationen schädigen sich Konkurrenten zwar naturgemäß, sie tun einander jedoch keineswegs stets Unrecht. Es ist in diesem Sinne strittig, ob die globale Ordnung die Entwicklungsländer in einem moralisch verwerflichen Sinn schädigt (Bleisch 2010). Darüber hinaus ist mit Blick aufs Individuum offen, ob seine Verstrickung in allfälliges Unrecht als moralisch relevante Beitragshandlung zu verstehen ist. So meint etwa Pogge, die Bewohner der Industrieländer hätten die negative Pflicht, die ungerechte Ordnung weder aufrechtzuerhalten noch zu ihr beizutragen noch von ihr zu profitieren (Pogge 2002, 197; Pogge 2004, 273; siehe auch die Diskussion in Jaggar 2010).

Ein moralisch relevanter Beitrag zur Weltordnung respektive zu deren schädigenden Auswirkungen ist dem Individuum jedoch aufgrund der komplexen globalen Kausalketten schwerlich nachzuweisen (Miller 2007; Schaber 2007; Bleisch 2010, Kap. 4). Dennoch scheint die von Pogge angeregte Sichtweise auf die Problematik der Weltarmut, der zufolge die Bewohner der Wohlstandsländer aufhören sollten, sich als bloße Zuschauer des Elends zu sehen, sondern als Mitverursacher und Profiteure eines schädigenden Systems, richtig zu sein: Dass die jetzige Weltwirtschaftsordnung sowie das Konsumverhalten und der Lebensstil der Bewohner der Industrieländer zumindest mit der Schwierigkeit, extreme Armut zu beseitigen, in Verbindung steht, ist nicht abzustreiten. Ähnliche Vorstellungen finden sich auch bei Iris Marion Young (2006): Da sich ihr zufolge die globalen Regeln auf die Armutsbetroffenen schädlich auswirkten, haben alle Mitglieder der „globalen Gemeinschaft" die politische Pflicht, diese Regeln zu ändern und die Opfer strukturellen Unrechts zu kompensieren. Diese Pflichten ergeben sich bei Young nicht aus identifizierbaren schädigenden Einzelhandlungen, sondern aufgrund der Position innerhalb struktureller Prozesse, die andere schädigen. In ähnlicher Weise argumentiert auch Valentin Beck (2016), die individuelle Verantwortung für eine Besserstellung der Armutsbetroffenen ergebe sich aus unserer Verflechtung in globale soziale Strukturen, die Weltarmut begünstigen oder zumindest aufrechterhalten. Als Konsumierende, Wählende sowie als Mitbürgerinnen und Mitbürger desselben Planeten schuldeten wir einander, dass niemand in extremer Armut leben müsse.

Literatur

Barry, Brian: „Humanity and Justice in Global Perspective." [1982] In: Thomas Pogge, Darrell Moellendorf (Hg.): Global Justice: Seminal Essays. St. Paul 1991, 179–209.

Barry, Christian/Pogge, Thomas (Hg.): Global Institutions and Responsibilities: Achieving Global Justice. Oxford 2005.

Beck, Valentin: Eine Theorie der globalen Verantwortung. Was wir Menschen in extremer Armut schulden. Berlin 2016.
Beitz, Charles R.: Political Theory and International Relations [1979]. Princeton/New Jersey ²1999.
Bleisch, Barbara: Pflichten auf Distanz. Weltarmut und individuelle Verantwortung. Berlin/New York 2010.
Bleisch, Barbara/Schaber, Peter (Hg.): Weltarmut und Ethik. Paderborn 2007.
Buchanan, Allan: „Rawls's Law of Peoples: Rules for a Vanished Westphalian World." In: Ethics 110. Jg., 3 (2000), 697–721.
Chatterjee, Deen K. (Hg.): The Ethics of Assistance. Morality and the Distant Needy. Cambridge 2004.
Collier, Paul: The bottom billion. Why the Poorest Countries are Failing and What can be Done About it. Oxford 2007.
Durth, Rainer/Körner, Heiko/Michaelowa, Katharina (Hg.): Neue Entwicklungsökonomik. Stuttgart 2002.
Dworkin, Ronald: Law's Empire. Cambridge, Mass. 1986.
Easterly, William: The White Man's Burden. Why the West's Efforts to Aid the Rest Have Done So Much Ill and So Little Good. New York 2006.
Feinberg, Joel: Harmless Wrongdoing. The Moral Limits of the Criminal Law. Bd. 4. New York 1988.
Feinberg, Joel: „The Moral and the Legal Responsibility of the Bad Samaritan." In: Ders. (Hg.): Freedom and Fulfillment. Princeton 1992, 175–196.
Follesdal, Andreas/Pogge, Thomas (Hg.): Real World Justice. Grounds, Principles, Human Rights, and Social Institutions. Dordrecht 2005.
Gosepath, Stefan: „Notlagen und institutionell basierte Hilfspflichten." In: Barbara Bleisch, Peter Schaber (Hg.): Weltarmut und Ethik. Paderborn 2007, 213–246.
Griffin, James: „Welfare Rights." In: The Journal of Ethics 4. Jg., 1–2 (2000), 27–43.
Griffin, James: „First Steps in an Account of Human Rights." In: European Journal of Philosophy 9. Jg., 3 (2001), 306–327.
Hinsch, Wilfried/Stepanians, Markus: „Severe Poverty as a Human Rights Violation – Weak and Strong." In: Andreas Follesdal, Thomas Pogge (Hg.): Real World Justice. Grounds, Principles, Human Rights, and Social Institutions. Dordrecht 2005, 295–315.
Igneski, Violetta: „Perfect and Imperfect Duties to Aid." In: Social Theory and Practice 32. Jg., 3 (2006), 439–466.
Illingworth, Patricia/Pogge, Thomas/Wenar, Leif (Hg.): Giving Well: The Ethics of Philanthropy. New York 2011.
Jaggar, Alison M. (Hg.): Thomas Pogge and his Critics, Cambridge 2010.
Kamm, Frances M.: „The New Problem of Distance in Morality." In: Deen K. Chatterjee (Hg.): The Ethics of Assistance. Morality and the Distant Needy. Cambridge 2004, 59–74.
Kuper, Andrew: „Global Poverty Relief. More Than Charity." In: Ders. (Hg.): Global Responsibilities. Who must Deliver on Human Rights? New York/London 2005a, 155–172.
Kuper, Andrew (Hg.): Global Responsibilities. Who must Deliver on Human Rights? New York/London 2005b.
LaFollette, Hugh: „World Hunger." In: Raymond Frey, Christopher H. Wellmann (Hg.): Blackwell Companion to Applied Ethics. Oxford 2003, 238–253.
Margalit, Avishai: Politik der Würde. Über Achtung und Verachtung. Frankfurt a.M. 1997.
MacAskill, William: Doing Good Better. Effective Altruism and a Radical New Way to Make a Difference, London 2015.
Mieth, Corinna: Positive Pflichten. Über das Verhältnis von Hilfe und Gerechtigkeit in Bezug auf das Weltarmutsproblem. Berlin 2012.
Miller, David: „In Defence of Nationality." In: Journal of Applied Philosophy 10. Jg., 1 (1993): 3–16.
Miller, David: On Nationality. Oxford 1995.
Miller, David: „Wer ist für globale Armut verantwortlich?" In: Barbara Bleisch, Peter Schaber (Hg.): Weltarmut und Ethik. Paderborn 2007, 153–170.
Miller, Richard W. (2010): Globalizing Justice. The Ethics of Poverty and Power. Oxford 2010.
Moyo, Dambisa: Dead Aid. Why aid is not working and how there is another way for Africa. New York 2010.
Nagel, Thomas: „The Problem of Global Justice." In: Philosophy & Public Affairs 33. Jg., 3 (2005), 113–147.
Narveson, Jan: „Libertarianism." In: Hugh LaFollette (Hg.): The Blackwell Guide to Ethical Theory. Oxford 2000, 306–324.
Narveson, Jan: „We Don't Owe Them a Thing! A Toughminded but Soft-hearted View of Aid to the Faraway Needy." In: The Monist 86. Jg., 3 (2003), 419–433.
Nozick, Robert: Anarchia, State and Utopia. New York 1974.
O'Neill, Onora: Faces of Hunger. An Essay on Poverty, Development, and Justice. London 1986.
O'Neill, Onora: „Ending World Hunger." In: William Aiken, Hugh LaFollette (Hg.): World Hunger and Morality. Upper Saddle River/New Jersey 1996, 85–112.
Pogge, Thomas: Realizing Rawls. Ithaca N.Y. 1989.
Pogge, Thomas (Hg.): Global Justice. Oxford 2001.
Pogge, Thomas: World Poverty and Human Rights. Cambridge 2002.
Pogge, Thomas: „,Assisting' the Global Poor." In: Deen K. Chatterjee (Hg.): The Ethics of Assistance. Morality and the Distant Needy. Cambridge 2004, 260–288.
Pogge, Thomas/Moellendorf, Darrel: Global Justice. Seminal Essays. St. Paul 2008.
Rawls, John: Das Recht der Völker, Berlin/New York 2002 (engl. 1999).
Risse, Mathias: „How Does the Global Order Harm the Poor?" In: Philosophy and Public Affairs 33. Jg., 4 (2005), 350–376.
Schaber, Peter: „Menschenwürde als Recht, nicht erniderigt zu werden." In: Ralf Stoecker (Hg.): Menschen-

würde. Annäherung an einen Begriff. Wien 2003, 119–131.
Schaber, Peter: „Globale Hilfspflichten." In: Barbara Bleisch, Peter Schaber (Hg.): Weltarmut und Ethik. Paderborn 2007, 139–151.
Schlothfeldt, Stephan: Individuelle oder gemeinsame Verpflichtung? Das Problem der Zuständigkeit bei der Behebung gravierender Übel. Paderborn 2008.
Sen, Amartya: Poverty and Famines. Oxford 1981.
Sen, Amartya/Nussbaum, Martha (Hg.): The Quality of Life. Oxford: 1993.
Shue, Henry: Basic Rights. Subsistence, Affluence, and U.S. Foreign Policy [1980]. Princeton/New Jersey ²1996.
Singer, Peter: „Poverty, Facts, and Political Philosophies. A Debate with Andrew Kuper." In: Andrew Kuper (Hg.): Global Responsibilities. Who must Deliver on Human Rights? New York/London 2005b, 173–181.
Singer, Peter: „Hunger, Wohlstand und Moral." In: Barbara Bleisch, Peter Schaber (Hg.): Weltarmut und Ethik. Paderborn 2007, 37–51 (engl. 1972).
Singer, Peter: The Life you Can Save. Acting now to End World Poverty. New York 2009.
Singer, Peter: The Most Good You Can Do. How Effective Altruism is Changing Ideas About Living Ethically. New Haven 2015.
Stiglitz, Joseph E./Charlton, Andrew: Fair Trade for All. How Trade Can Promote Development. Oxford 2005.
Tamir, Yael: Liberal Nationalism. Princeton 1993.
Unger, Peter: Living High and Letting Die. Our Illusion of Innocence. New York 1996.
Walzer, Michael: Sphären der Gerechtigkeit. Frankfurt a.M. 1992 (engl. 1983).
Young, Iris Marion: „Responsibility and Global Justice: A Social Connection Model." In: Social Philosophy & Policy Foundation 23. (2006), 102–130.

Teil VII
Einzelthemen der Angewandten Ethik: Moralische Rechte und Freiheiten

Menschenrechte und Grundrechte

Markus Stepanians

Menschenrechte sind Rechte, die Menschen aufgrund ihres Menschseins schon immer haben. Die bloße Eigenschaft, ein Mensch zu sein, ist für ihren Besitz hinreichend. Alle Menschen besitzen aufgrund ihrer gleichen Natur dieselben Rechte. Die Menschenrechte sind universal und egalitär. Wegen ihrer Fundierung in der menschlichen Natur können sie einem Menschen selbst dann nicht genommen werden, wenn er ihrem Verlust zustimmt. Sie sind unveräußerlich.

79.1 Das Menschenrechtsverständnis des 18. Jahrhunderts

Dieses Verständnis der ‚natürlichen Rechte des Menschen' als universale, egalitäre, unveräußerliche Rechte ist unter den Aufklärern spätestens seit Mitte des 18. Jahrhunderts ein Gemeinplatz. Auf diese Selbstverständlichkeit beruft sich Thomas Jefferson, als er im Juli 1776 in der „Amerikanischen Unabhängigkeitserklärung" schreibt: „Wir halten diese Wahrheiten für ausgemacht, daß alle Menschen gleich erschaffen worden, daß sie von ihrem Schöpfer mit gewissen unveränderlichen Rechten begabt worden, worunter sind Leben, Freyheit und das Bestreben nach Glückseligkeit." Jeffersons Formulierung ist inspiriert durch die am 12. Juni 1776 in Virginia offiziell verabschiedete *Erklärung der Rechte*. Sie soll *vor* der 17 Tage später erfolgenden Gründung des Staates Virginia diejenigen Rechte öffentlich bekannt geben, die Menschen „von Natur aus" haben, die sie beim Eintritt in eine staatliche Gemeinschaft notwendig beibehalten und die keine staatliche Gewalt ihnen nehmen kann.

Die natürlichen Rechte des Menschen sind, wie einer ihrer schärfsten Kritiker wenig später hervorhebt, wesentlich „ant*e*-juridisch" und potenziell „ant*i*-juridisch" (Bentham 1838–43, Bd. 2, 524). Sie sind ante-juridisch, weil ihre normative Geltung weder auf datierbaren Akten rechtlicher Setzung noch auf sozialer Anerkennung oder Konventionen beruht und in diesem Sinne allen gesetzten („positiven") Regeln und Rechtsordnungen vorausgeht; und natürliche Rechte sind potenziell anti-juridisch, weil sie den moralischen Legitimitätsmaßstab allen positiven Rechts bilden. Sie geben ihren Trägern gegebenenfalls gute, wenn auch anfechtbare Gründe, den Forderungen illegitimen positiven Rechts die Gefolgschaft zu verweigern.

Diese Konzeption der Menschenrechte als natürlicher und unveräußerlicher, staatlich anzuerkennender Rechte bildet im 18. Jahrhundert den Grundgedanken aller Menschenrechtserklärungen in Nordamerika und Europa. Mit ähnlichen Worten und gleicher Intention heißt es 13 Jahre später

M. Stepanians (✉)
Universität Bern, Bern, Deutschland
E-Mail: markus.stepanians@philo.unibe.ch

in Art. 1 der französischen „Erklärung der Menschen- und Bürgerrechte" von 1789: „Die Menschen werden frei und gleich an Rechten geboren und bleiben es" – auch als Bürger. In diesem Sinne sind die natürlichen Rechte des Menschen *auch* natürliche Rechte eines Mitglieds einer staatlichen Gemeinschaft, d. h. Bürgerrechte.

Die Mehrzahl der Menschenrechtsaktivisten des 18. Jahrhunderts bekennt sich zu einem rationalistischen Naturrechtsverständnis. Die Charakterisierung dieser Rechte als ‚natürlich' besagt nicht, dass sie Teil der Natur, sondern dass sie keine Artefakte sind. ‚Natürlich' steht hier im Gegensatz zu ‚künstlich', durch einen Akt der Setzung geschaffen. Natürliche Rechte sind weder von einem menschlichen noch von einem göttlichen Gesetzgeber verliehen. Selbst wenn es einen Gott gäbe, der die Achtung der Menschenrechte wollen und befehlen würde, bliebe diese göttlich-biografische Tatsache für sich genommen moralisch folgenlos. Denn erstens akzeptieren die rationalen Naturrechtler das logische Prinzip, dass aus einem bloßen Sein kein Sollen ableitbar ist. Aus der bloßen Tatsache, dass Gott (oder irgendwer sonst) etwas will und seinem Wunsch vielleicht sogar mit Sanktionsdrohungen Nachdruck verleiht, folgt in normativer Hinsicht nichts. Und zweitens diskutiert schon Platon (im *Euthyphron*) der Sache nach die Frage: Beruhen unsere Pflichten auf vernünftiger, rationaler Einsicht in das moralisch Richtige oder auf dem Willen und der Macht eines Befehlshabers? Wie wir sehen werden, wird im 19. Jahrhundert die zweite, voluntaristische Alternative unter den Rechtswissenschaftlern zur herrschenden Meinung. Aber die Revolutionäre des 18. Jahrhunderts folgen mehrheitlich dem platonischen Sokrates in dessen Argument für die erste, rationalistische Antwort. Für sie ist der rationale Grund der natürlichen Rechte des Menschen ein Prinzip der Gerechtigkeit und Fairness, das rationale Wesen als vernünftig und *daher* verbindlich anerkennen. Unsere moralischen Pflichten und Rechte sind Erfordernisse der praktischen Vernunft und wären selbst dann rational zwingend, wenn es keinen Gott gäbe. Die Menschenrechte sind für die rationalen Naturrechtler auch deshalb ‚natürlich', weil die Antwort auf die Frage, warum wir Rechte *dieses* Inhalts haben, auf unsere menschliche Natur verweist. Hätten wir eine andere Natur, oder würde sie (z. B. durch genetische Modifikationen) substanziell verändert, dann würden andere Gerechtigkeitsprinzipien für uns gelten und wir hätten andere Rechte. Wir haben moralische Ansprüche auf Freiheit, Gleichheit und Brüderlichkeit – die Grundwerte der Französischen Revolution –, weil wir frei geboren werden, die gleiche körperlich-geistige Konstitution besitzen und nur in Gemeinschaft zu einem menschenwürdigen Leben fähig sind. Freiheit, Gleichheit und Solidarität bilden gewissermaßen die Grundwerte eines artgerechten Lebens für Mitglieder der Gattung *homo sapiens,* und es ist eine Frage der Fairness und Gerechtigkeit, jedem Exemplar dieser Gattung ein artgerechtes, also menschenwürdiges Leben zu ermöglichen. Worin in einer konkreten Situation ein menschenwürdiges Leben in Gemeinschaft besteht, hängt jedoch auch von äußeren Umständen ab – z. B. von der konkreten Bedrohungslage, von der ökonomischen Situation, von den vorhandenen Institutionen oder von kulturellen Bedingungen. Die Menschenrechte erfordern daher auch in den Augen der rationalen Naturrechtler eine Konkretisierung, Ausgestaltung und Ergänzung durch juridische Grundrechte, wie sie heute typischerweise durch Verfassungen gewährt werden. Die in Verfassungen aufgelisteten Grundrechte passen die Inhalte der Menschenrechte an die realen Lebensumstände ihrer Träger an, und verschiedene Verfassungen können gleichermaßen legitim sein. Sie bilden die Grundlage weiterer positivrechtlicher Verfeinerungen. (Thomas von Aquin bezeichnet diesen komplexen Prozess als „determinatio"; vgl. Finnis 1984, 281 ff.). Gleichwohl sind die Merkmale der Universalität, Egalität und Unveräußerlichkeit für den abstrakten Begriff eines natürlichen Rechts des Menschen konstitutiv. Es sind *moralische* Rechte, die alle Menschen überall auf der Welt hier und jetzt schon haben, die der Schaffung juridischer Rechtsordnungen vorausgehen und die den moralischen Maßstab staatlicher Autorität bilden.

79.2 Das Menschenrechtsverständnis des 19. Jahrhunderts.

Ende des 18. Jahrhunderts stellen viele Kritiker die Idee natürlicher Rechte zunehmend in Frage. In einer auf dem Höhepunkt des jakobinischen Revolutionsterrors verfassten Polemik gegen die französische „Erklärung der Menschen- und Bürgerrechte" attackiert Jeremy Bentham den Begriff eines natürlichen Rechts als selbstwidersprüchlich („Unsinn auf Stelzen") und politisch gemeingefährlich („ein moralisches Verbrechen"). Der Vorwurf der Selbstwidersprüchlichkeit beruht auf Benthams Überzeugung, dass alle Rechte und Pflichten notwendig aus positiven, mit Zwangsgewalt versehenen Rechtsordnungen hervorgehen. Hierin sieht Bentham die innere Widersprüchlichkeit des Begriffs eines natürlichen Rechts: Das Attribut ‚natürlich' impliziert, dass natürliche Rechte keine Artefakte sind – aber ihre Charakterisierung als ‚Rechte' kennzeichnet sie zugleich als Produkte einer positiven, wesentlich mit Zwangs- und Strafgewalt versehenen Rechtsordnung. Bentham vertritt eine Sanktionstheorie der Pflicht. Ein Verhalten wird für ihn erst dadurch obligatorisch, dass seine Unterlassung bestraft wird. Keine Pflichten ohne Sanktionen. Da der Besitz von Rechten im hier relevanten Sinne, wie meist unterstellt wird, die Existenz inhaltsgleicher Pflichten bei anderen impliziert, kann es aus den gleichen Gründen auch keine sanktionsfreien Rechte geben. Entgegen der Auffassung der Naturrechtler beruht die normative Kraft von Rechten für Bentham nicht auf rationalem, sondern auf physischem Zwang. Analoge Überlegungen deutscher Rechtsphilosophen führen dazu, dass das rationale Naturrecht bei den meisten Rechtsphilosophen spätestens Mitte des 19. Jahrhunderts als diskreditiert gilt. Die Ersetzung der Begriffe der Vernunft und der rationalen Begründung durch die des Willens und des physischen Zwangs fasst eine juristische Enzyklopädie von 1895 in dem Schlagwort „Stat pro ratione voluntas" [An die Stelle eines rationalen Grundes tritt der Wille] zusammen. Alles Recht sei Ausdruck eines mit Zwangsgewalt bewehrten Willens, der sich in Befehlen an Untergebene äußert. Nach dieser Auffassung kann *nur* ein überlegener, mit Macht ausgestatteter Wille „gebieten und erlauben, binden und gewährleisten" (Merkel 1900, § 43), also normative Kraft entfalten.

Dieser voluntaristischen Analyse des Begriffs einer Pflicht wird meist eine voluntaristische Analyse des Begriffs eines individuellen Rechts an die Seite gestellt. Für die im 19. Jahrhundert favorisierte Variante der Willenstheorie individueller Rechte ist Rechtsträger, wer in einem bestimmten Bereich seinen autonomen Willen mit überlegener Macht gegen andere Personen durchzusetzen vermag. In der Aktualisierung dieser normativen Fähigkeit besteht die Ausübung des Rechts. Eine Person, die ein Recht hat, verfügt über „ein Gebiet, worin ihr Wille herrscht, und mit unsrer Einstimmung herrscht. Diese Macht nennen wir ein Recht dieser Person" (Savigny 1840, § 4). Der Rechtsträger herrscht in diesem Gebiet „mit unsrer Einstimmung", weil wir – die staatliche Gemeinschaft – ihn ermächtigt haben, uns im Falle eines fremden Übergriffs auf ‚sein' Gebiet gewissermaßen zu Hilfe zu rufen: Er kann sein Recht vor Gericht in unser aller Namen einklagen. Die ihm verliehene Ermächtigung, sich zur Durchsetzung seines autonomen Willens des staatlichen Zwangsapparats zu bedienen, macht den Rechtsträger innerhalb bestimmter Grenzen zu einem „Souverän im Kleinen" (Hart 2007, 154).

Wie überzeugend die voluntaristischen Einwände gegen das rationale Naturrecht letztlich sind, muss hier offen bleiben. Klar scheint jedoch, dass das beiden Begriffsanalysen zugrundeliegende voluntaristische Befehlsmodell der Norm für den Naturrechtler inakzeptabel ist. Gegen die Sanktionstheorie der Pflicht könnte er mit Herbert L. A. Hart (1961, 54 ff.) einwenden, dass Normativität nicht auf Gewalt reduzierbar ist; und als Alternative zur Willenstheorie könnte er mit Rudolf von Jhering betonen, dass die Pointe von Rechten nicht in der Schaffung von Souveränen im Kleinen besteht, sondern in der Förderung ihrer Interessen (Jhering 1865, 350; vgl. Raz 1984). Für den Interessentheoretiker ist das entscheidende Kriterium für den Besitz eines Rechts nicht die Ermächtigung zur autonomen Willensherrschaft, sondern die Begünstigung des Rechtsträgers (zur zeitgenössischen Debatte zwischen Willens- und Interessentheorie, vgl. die Texte von Lyons und Hart in Stepanians 2007; Kramer et al. 1998.).

Eine direkte Konsequenz der im 19. Jahrhundert erfolgenden Umdeutung der natürlichen Rechte des Menschen in staatlich verliehene Grundrechte ist der Verlust ihrer Allgemeinheit und Unveräußerlichkeit. Denn die Grundrechte eines Staats, der kein Weltstaat ist, schützen nicht alle Menschen, sondern nur seine eigenen Mitglieder – oder bestenfalls (wie die ‚Jedermann-Grundrechte' des Deutschen Grundgesetzes) alle Personen, die sich in seinem Herrschaftsbereich aufhalten. Sie gelten weder für Staatenlose noch für Mitglieder anderer Gemeinschaften. Grundrechte sind auch nicht unveräußerlich, weil einmal verliehene Rechte grundsätzlich wieder entzogen werden können. Sie können durch Verfassungsänderungen modifiziert, eingeschränkt oder abgesprochen werden. Jede Verfassung kann ihre Geltung durch Revolutionen oder andere Ereignisse einbüßen. Im Gegensatz zu Menschenrechten als natürlichen Rechten sind Menschenrechte als positive Grundrechte nicht ante-juridisch und nicht anti-juridisch, sondern juridisch; sie sind nicht universal, sondern national; und sie sind weder egalitär noch unveräußerlich.

Die sich im 19. Jahrhundert artikulierende Skepsis gegenüber einem moralischen Menschenrechtsverständnis gehört in Deutschland bis heute zur Orthodoxie. Wie Bentham ist z. B. auch Jürgen Habermas der Auffassung, dass Menschenrechte schon deshalb juridischer Natur sein müssen, weil sie Rechte sind: „Der Begriff des Menschenrechts ist nicht moralischer Herkunft, sondern eine spezifische Ausprägung des modernen Begriffs subjektiver Rechte, also einer juristischen Begrifflichkeit. Menschenrechte sind *von Haus aus* juridischer Natur" (Habermas 1995, 310). Auch Ernst Tugendhat hält es für ausgemacht, dass die Menschenrechte *qua* Rechte nur staatlich gewährte Rechte sein können: Die „Menschenrechte können wie alle Rechte nur verliehene Rechte sein, und dass es sie gibt, hat den Sinn, dass sie zu verleihen Teil einer legitimen staatlichen Ordnung ist" (Tugendhat 1998, 48; zustimmend Fritzsche 2004; Menke/Pollmann 2007; Mohr 2010; Stemmer 2002). In den angelsächsischen Ländern, insbesondere in den USA, ist diese Art der Skepsis weniger verbreitet. Ronald Dworkin schreibt stellvertretend für viele: „Einige Philosophen lehnen natürlich die Vorstellung, daß Bürger noch andere Rechte außer denjenigen haben, die das Recht ihnen gerade gibt, ab. Bentham war der Meinung, die Vorstellung von moralischen Rechten sei ‚Unsinn auf Stelzen'. Diese Auffassung hat jedoch nie zur orthodoxen politischen Theorie in den Vereinigten Staaten gehört" (Dworkin 2007, 204; zu den Verteidigern des Begriffs eines moralischen Rechts gehören Feinberg 1992; Finnis 1984; Höffe 1992; Rawls 2002; Raz 1984; für eine vermittelnde Position plädiert Lohmann 1998).

79.3 Die UN-Charta und die Allgemeine Erklärung der Menschenrechte

Der 1944 in Dumbarton Oaks bei Washington von den Amerikanern, Briten und Sowjets vorgelegte Entwurf einer Charta der künftigen Vereinten Nationen sieht weder eine Anerkennung der Gleichheit aller Menschen noch der Menschenrechte vor. Das Wort „human rights" wird nur ein einziges Mal, in Kapitel IX über wirtschaftliche und soziale Zusammenarbeit, beiläufig erwähnt. Noch im Februar 1945 bekräftigen Roosevelt, Churchill und Stalin bei ihrem Treffen in Jalta ihren Entschluss, auf dem bevorstehenden Gründungskongress der Vereinten Nationen im April 1945 in San Francisco jede bedeutungsvolle Erwähnung von Menschenrechten und Rassengleichheit bei der Formulierung der Prinzipien und Ziele der Vereinten Nationen zu verhindern (Lauren 1998, 179; Glendon 2001, 10). Wie von den Großmächten erwartet, stößt dieser Plan auf den Protest der Chinesen, Lateinamerikaner und vieler anderer Nationen der ‚Dritten Welt', die in San Francisco auf eine formale Anerkennung des Gleichheitsprinzips und der Menschenrechte pochen. Dass die Menschenrechtsbefürworter sich schließlich gegen die Großmächte durchsetzen, verdanken sie Stalins Aufkündigung der durch den Krieg ohnehin nur mühsam zusammengehaltenen Koalition mit den Amerikanern und Briten. Am 2. Mai 1945, als die Verteidiger von Berlin kapitulieren und die Nachricht von Hitlers Tod nach San Francisco dringt, bricht die UdSSR die Absprachen von Dumbarton Oaks und schlägt sich auf die Seite der Menschenrechtsbefürworter (Lauren 1998, 184). Stalins Versuch, sich der Weltöffentlichkeit als geläuterter Kämpfer für die Rassengleichheit und die Menschenrechte zu präsentieren, ist gewissermaßen der erste Akt des nun beginnenden Kalten Krieges. Erst jetzt sehen sich auch die Briten und die Amerikaner gezwungen, ihrerseits den Weg frei zu machen für eine „erneute" Bekräftigung des Glaubens an „fundamental human rights" (Präambel der UN-Charta).

Bekennen sich die Unterzeichnerstaaten der UN-Charta ‚erneut' zu *universalen natürlichen* Rechten, die alle Menschen hier und jetzt schon haben? Oder erkennen sie nur einen Anspruch ihrer eigenen Bürger auf *nationale juridische* Grundrechte an, die 1945 nur wenige besitzen, zu deren zukünftiger Verleihung sich alle UN-Mitglieder jedoch verpflichten? Mit der Beantwortung dieser zentralen Frage und der Ausarbeitung einer Liste konkreter Menschenrechte beauftragen die Vereinten Nationen 1946 eine internationale ‚Menschenrechtskommission' mit Experten aus Ägypten, Australien, der Belarussischen Sozialistischen Sowjetrepublik (heute Weißrussland), Belgien, Chile, China, Frankreich, Indien, Iran, Jugoslawien, Libanon, Panama, den Philippinen, Uruguay, der UdSSR, der Ukraine, den USA und dem Vereinigten Königreich. Das Ergebnis ihrer Beratungen ist die „Allgemeine Erklärung der Menschenrechte", die am 10. Dezember 1948 von der UN-Vollversammlung angenommen wird. Der Wortlaut der „Allgemeinen Erklärung" stellt klar, dass mit „fundamental human rights" universale moralische Rechte gemeint sind, die alle Menschen kraft ihres bloßen Menschseins hier und jetzt schon haben. Die Menschenrechte sind „angeboren" und somit unabhängig vom politischen Status ihrer Träger. Alle Menschen haben sie „ohne irgendeinen Unterschied" (Art. 2). Mit dieser Konzeption knüpfen die Kommissionsmitglieder aus 18 Nationen direkt und bewusst an die klassischen Vorbilder aus dem 18. Jahrhundert an. Es ist kein Zufall, dass Artikel 1 der „Allgemeinen Erklärung" von 1948 fast denselben Wortlaut hat wie Artikel 1 der französischen „Erklärung der Menschen- und Bürgerrechte" von 1789: „Alle Menschen sind frei und gleich an Würde und Rechten geboren" (Morsink 1999, 281 ff.; Glendon 2001, xvii).

Die Unterzeichnung der UN-Charta und die Verabschiedung der „Allgemeinen Erklärung der Menschenrechte" (ohne Gegenstimmen bei acht Enthaltungen) durch über 50 Nationen ist ein globales Bekenntnis zu gleichen Rechten und zur gleichen Würde *aller* Menschen. Obwohl die Durchsetzung dieser universalen Prinzipien gegen die westlichen Großmächte vor allem den Nationen der Dritten Welt zu verdanken ist, wird seither immer wieder der Vorwurf erhoben, die „Allgemeine Erklärung" sei ein „Instrument des Kulturimperialismus" des Westens. Die europäischen Nationen betrieben „immer noch eine Zivilisierungsmission gegenüber dem Rest der Welt [...] Es ist ihnen schon gelungen, die meisten ihrer Werte und ihren Moralkodex in die ‚Allgemeine Erklärung' hineinzuschreiben. Daher besteht die Gefahr, dass die Menschenrechtsbewegung zu einem Instrument des Kulturimperialismus wird" (Legesse 1980, 130; Morsink 1999 ixff.). Im Hintergrund solcher Vorwürfe steht meist die These von der Kulturrelativität aller Werte. In einem 1947 an die UN-Menschenrechtskommission gerichteten „Statement of Human Rights" wird diese These von der „American Anthropological Society" als gesicherte wissenschaftliche Erkenntnis gepriesen: „Maßstäbe und Werte sind relativ zu der Kultur, aus der sie sich ableiten, so dass jeder Versuch, Forderungen zu formulieren, die aus den Überzeugungen oder Moralkodizes einer einzigen Kultur erwachsen, in diesem Maße der Anwendung jeder Allgemeinen Erklärung der Menschenrechte auf die Menschheit insgesamt abträglich sind" (AAA 1947, 542). Wenn alle moralischen Maßstäbe und Werte nur für die Kultur gelten, die sie gebildet hat, dann ist der Versuch, eine wahrhaft *allgemeine* Erklärung der Menschenrechte zu formulieren, zum Scheitern verurteilt: „Wie kann die beabsichtigte Erklärung [der Menschenrechte] auf alle Menschen anwendbar, und nicht nur eine Aussage über Rechte sein, die in Wertbegriffen formuliert ist, wie sie in den Ländern Westeuropas und Amerikas vorherrschen?" (AAA 1947, 116). Wenn der Menschenrechtsbegriff nur „ein westliches Konstrukt mit beschränkter Anwendbarkeit" ist – so der Titel von Pollis/Schwab 1980 mit derselben kritischen Botschaft –, dann ist der Vorwurf der Menschenrechtsverletzung gegenüber nicht-westliche Gesellschaften notwendiger Weise ungerechtfertigt, wenn nicht sogar sinnlos: „Versuche, die [Allgemeine] Erklärung in ihrem derzeitigen Zustand durchzusetzen, bezeugt nicht nur Moralchauvinismus und ethnozentrische Vorurteile, sondern sie ist auch zum Scheitern verurteilt" (Pollis/Schwab 1980, 14). An dieser Stelle kann auf die komplexe Diskussion nicht näher eingegangen werden. Einen ersten Einstieg bieten die Beiträge in Ernst (2009) und die in darin von Jörg Schroth kompilierte „Literatur zum ethischen Relativismus").

79.4 Das ‚Generationenmodell' der Menschenrechte

Bei ihrer Verabschiedung 1948 ist die „Allgemeine Erklärung" ein bloßes Lippenbekenntnis ohne rechtliche Verbindlichkeit. Justiziable Pflichten entstehen erst mit der Anerkennung dieser und anderer Menschenrechte als positives Recht durch die internationalen *Pakte über Bürgerliche und Politische Rechte* sowie über *Wirtschaftliche, Soziale und Kulturelle Rechte*, die 1976 in Kraft treten. Einem Vorschlag von Karel Vasak (1977) folgend, ist es üblich geworden, die Menschenrechte nach einem an den Grundwerten der Französischen Revolution orientierten „Generationenmodell" grob in Freiheitsrechte, Gleichheitsrechte und Solidaritätsrechte einzuteilen. Menschenrechte, die primär individuelle Freiheiten und Eigentum schützen, bilden die erste Generation. Da sie andere Akteure, vor allem den Staat, zu bloßer Nicht-Einmischung in bestimmte Lebensbereiche des Rechtsträgers verpflichten, bezeichnet man sie oft als ‚negative' Rechte. Beispiele sind das Recht auf Meinungsfreiheit, auf Eigentum und auf Religionsfreiheit. Die Menschenrechte der ersten Generation gelten als die paradigmatischen Menschenrechte und sind vergleichsweise unkontrovers. Bei den Gleichheitsrechten der zweiten Generation handelt es sich um sozio-ökonomische Rechte, die Chancengleichheit und Gleichbehandlung gewährleisten sollen. Da sie die Adressaten der korrelativen Pflichten nicht nur zu Unterlassungen, sondern zu aktiven Leistungen verpflichten, sind sie Rechte mit einem ‚positiven' Inhalt. Dazu gehört z. B. das Recht auf Sozialhilfe, auf Gesundheitsversorgung, auf Bildung oder auf Arbeitslosenunterstützung. Sie sind umstritten, weil sie im Unterschied zu Menschenrechten der ersten Generation schwierige Fragen bezüglich der Spezifizierung ihres Inhalts und der von ihnen implizierten Pflichten aufwerfen: Wer hat ein Recht gegenüber wem worauf? Hiermit hängt auch das Problem der fairen Pflichtenallokation eng zusammen (siehe unten). Die Solidaritätsrechte der dritten Generation bilden auch chronologisch den jüngsten Menschenrechtstyp. Beispiele sind die derzeit viel diskutierten Rechte auf Entwicklung, auf Frieden und auf eine saubere Umwelt.

Viele Rechtswissenschaftler begegnen Solidaritätsrechten mit unverhohlener Skepsis. Mindestens drei Merkmale lassen Menschenrechte der dritten Generation in den Augen ihrer Kritiker besonders suspekt erscheinen (vgl. Alston 1982; Tomuschat 2008, 54 ff.). Erstens scheinen sie inhaltlich noch vager und abstrakter zu sein als Rechte der ersten und zweiten Generation. Exakt welche Handlungen und Unterlassungen gebieten und verbieten z. B. die Rechte auf Entwicklung, auf Frieden und auf eine saubere Umwelt? Zweitens sind die primären Rechtsträger von Solidaritätsrechten der dritten Generation nicht (wie bei Rechten der ersten und zweiten Generation) menschliche Einzelpersonen, sondern sozialen Gruppen (Nationen, Ethnien und Ähnliches). Aber nach welchen Kriterien lassen sich die hier relevanten sozialen Gruppen identifizieren und individuieren? Drittens sollen sie – wiederum im Unterschied zu Menschenrechten der ersten und zweiten Generation, die sich nach herrschender Auffassung primär an Staaten richten – *alle* handlungsfähigen nationalen und transnationalen Akteure verpflichten. Dazu gehören staatliche und nicht-staatliche Institutionen ebenso wie Firmen, Parteien, nationale und internationale Organisationen wie z. B. die UN, die Nato oder die EU. Aber wie sieht die Verteilung der implizierten Pflichten für diese multiplen Akteure im Einzelnen aus und worin bestehen sie? Das Problem der fairen Pflichtenallokation stellt sich bei ihnen mit besonderer Schärfe.

79.5 Die Korrelativität von Rechten und Pflichten

In vielen Artikeln der „Allgemeinen Erklärung" von 1948 kommt das Wort „Recht" nicht vor. So heißt es z. B. in Art. 5: „Niemand darf der Folter oder grausamer, unmenschlicher oder erniedrigender Behandlung oder Strafe unterworfen werden". Dem Wortlaut nach ist hier nur von einem Verbot die Rede, nicht von einem Recht. Inwiefern verleiht dieses Verbot gleichwohl ein *Recht* auf Freiheit von Folter? Die Verfasser der *Allgemeinen Erklärung* machen sich hier das Prinzip der Korrelativität von Rechten und Pflichten zunutze, das Paul Sieghart so formuliert: „Überall in Theorie und Praxis des Rechts sind Rechte und Pflichten symmetrisch. […] Wenn ich ein Recht habe, muß *jemand anderes* eine korrelative Pflicht haben; wenn ich eine Pflicht habe, muß *jemand anderes* ein korrespondierendes Recht haben" (Sieghart 1985, 43). Beispielsweise hat A gegenüber B genau dann ein Recht darauf, dass B A nicht foltert, wenn B gegenüber A die Pflicht hat, A nicht zu foltern. Die Existenz eines Rechts auf Freiheit von Folter wird in Art. 5 der „Allgemeinen Erklärung" indirekt, durch Anerkennung der korrelativen Pflicht statuiert. Die Norm bekräftigt eine Pflicht, nicht zu foltern, der seitens der potenziellen Folteropfer ein Recht entspricht, nicht gefoltert zu werden.

Das Korrelativitätsprinzip gilt jedoch nur für ‚Anspruchsrechte', d. h. Rechte auf ein Tun oder Lassen mindestens einer anderen Person. Andere von Rechtswissenschaftlern gemeinhin anerkannten Typen von Rechten implizieren keine Pflichten (vgl. Hohfeld 2007; vgl. Alexy 1985, Kap. 4). Gleichwohl gelten Anspruchsrechte als paradigmatisch, weil das Merkmal der Pflichtenimplikation die normative Kraft und Dringlichkeit von Rechtsansprüchen erklärt. Dass A ein Recht gegenüber B hat, ist für B mehr als nur ein Grund, den B in seinen praktischen Überlegungen zu berücksichtigen hat. A's Recht gegenüber B besteht in einem peremptorischen Anspruch, der B eine konkrete, wenn auch vielleicht nicht absolute Pflicht auferlegt (vgl. Raz 1984). Auf einer ähnlichen Idee beruht Dworkins Konzeption politischer Rechte als ‚Trümpfe' des Bürgers gegenüber dem Staat. Der Besitz politischer Rechte, so Dworkin, verbietet dem Staat die praktische Berücksichtigung bestimmter, insbesondere auf dem Gemeinwohl beruhender Rechtfertigungsgründe gegenüber einem Rechtsträger (Dworkin 2007, 211 f.). Siegharts Formulierung bedarf auch insofern der Einschränkung, als das Korrelativitätsprinzip nicht besagt, dass umgekehrt auch allen Pflichten einer Person Rechte entsprechen. Nur traditionell sogenannte ‚vollkommene' Pflichten, die mindestens einer anderen identifizierbaren Person geschuldet sind, korrelieren mit Rechten: A hat nur dann ein Recht gegenüber B, wenn B eine Pflicht *gegenüber A* hat. Auf die Erfüllung ‚unvollkommener' Pflichten, die keiner bestimmten Person geschuldet sind (z. B. die karitative Pflicht, den Armen zu geben) hat niemand ein Recht (Feinberg 1966, 137 ff.).

79.6 Wer hat Rechte gegenüber wem worauf?

Das Korrelativitätsprinzip darf nicht mit der populären, aber zweifelhaften These verwechselt werden, dass nur Rechte beanspruchen kann, wer auch Pflichten akzeptiert. Grundsätzlich sollte eine adäquate Theorie individueller Rechte auch Rechtsträger zulassen können, die zeitweise oder dauerhaft nur Rechte, aber keine Pflichten haben. Kandidaten für diesen Status sind Wesen, die grundsätzlich oder temporär zu autonomem Wollen und Handeln nicht fähig sind, wie z. B. Föten, Kleinkinder oder komatöse und demente Menschen, aber auch viele nicht-menschliche Tiere. Der historische Kontext der klassischen Menschenrechtserklärungen macht klar, dass auch die Antwort auf die Frage nach den Trägern von Menschenrechten problematisch ist. Denn die These, dass alle Menschen bestimmte Rechte haben, hat die Form eines Konditionals: *Wenn* etwas ein Mensch ist, dann hat es bestimmte Rechte. Es ist daher kein Widerspruch, wenn Sklavenhalter wie Jefferson und viele andere amerikanische Revolutionäre es für ‚ausgemacht' halten, dass alle Menschen ein Recht auf Leben, Freiheit und das Bestreben nach Glückseligkeit haben – und dabei nur an weiße männliche Großgrundbesitzer europäischer Abstammung denken. Keiner der amerikanischen Rebellen von 1776 dachte ernsthaft daran, Schwarzen, Indianern oder Frauen die gleichen Rechte einzuräumen wie ihresgleichen. Auch die französischen Revolutionäre von 1789 stellen schnell klar, dass mit „droits de l'homme" primär die Rechte weißer Männer gemeint sind (Patterson 1998). Hinsichtlich der Frage nach der Klasse der Menschenrechtsträger ist die Betonung der moralischen Irrelevanz von Merkmalen wie Rasse, Hautfarbe, Geschlecht, Sprache, Religion etc. in Art. 2 der „Allgemeinen Erklärung" von 1948 ein Fortschritt. Aber eine Liste ist noch kein Kriterium, das diese Frage grundsätzlich entscheidet. Wie steht es z. B. um Föten, Kleinkinder oder komatöse und demente Personen? Was ist mit Menschenaffen und anderen nicht-menschlichen Tieren? Können, wie die Befürworter der dritten Generation der Menschenrechte unterstellen, auch Kollektive (Gruppen, Ethnien etc.) Träger von Menschenrechten sein? Wie wir sahen, knüpft die Willenstheorie den Besitz von Rechten an die aktive Fähigkeit zur autonomen Willensentscheidung. Wesen, die keinen autonomen Willen haben, sind damit als Rechtsträger ebenso ausgeschlossen wie die Existenz bloß passiver Anspruchsrechte auf ein Tun oder Lassen anderer, das der Rechtsträger nicht aktiv kontrolliert. Für die Interessentheorie individueller Rechte spricht, dass sie einen deutlich breiteren Kreis von Wesen als Rechtsträger zulässt. Da für sie der Besitz hinreichend schützenswerter Interessen entscheidend ist, bereitet ihr die Anerkennung passiver Anspruchsrechte von Wesen, die über keinen autonomen Willen verfügen, keine grundsätzlichen Schwierigkeiten. Aus interessentheoretischer Sicht hat A genau dann ein Recht gegenüber B, wenn A's Interesse ein hinreichender Grund für eine Pflicht von B ist (Raz 1984, 195). Angewendet auf Menschenrechte besagt die Interessentheorie, dass A genau dann ein Menschenrecht gegenüber B hat, wenn ein Grundbedürfnis von A eine Pflicht für B impliziert.

Ähnliche Probleme wirft die Frage nach den Adressaten der Menschenrechte auf. Wer sind die Träger der von den Menschenrechten implizierten Pflichten und worin bestehen sie? Das ist das schon erwähnte Problem der fairen Pflichtenallokation: Wer ist zu welchen Handlungen verpflichtet (O'Neill 2001; Hinsch/Stepanians 2005)? Die vollständige Spezifikation eines Menschenrechts hat die Form „A hat ein Recht gegenüber B auf die Pflichthandlung X". Leider bevorzugen die Verfasser von Menschenrechtserklärungen seit jeher die verkürzte Formulierung „A hat ein Recht auf X", in denen der Inhalt der korrelativen Pflicht durch ein abstraktes Wertsubstantiv wie ‚Leben', ‚Freiheit' und „Sicherheit der Person" (wie in Art. 3 der Allgemeinen Erklärung) nur angedeutet ist. Formulierungen dieses Typs lassen offen, wer der Träger der implizierten Pflicht ist und was er zu tun oder zu lassen hat. Es liegt nahe, die so formulierten Rechte als „unvollkommen" zu charakterisieren (vgl. Feinbergs (2007, 197) „Manifest-Bedeutung" von „Recht"). Menschenrechte der ersten Generation sind in dieser Hinsicht vergleichsweise unproblematisch, weil sie nur negative Unterlassungspflichten begründen. Das Allokationsproblem stellt sich besonders bei unvollkommenen Menschenrechten der zweiten und dritten Generation, weil sie seitens ihrer Adressaten auch aktive Leistungen fordern. Betrachten wir Art. 24 der „Allgemeinen Erklärung": „Jeder hat das Recht auf Erholung und Freizeit und insbesondere auf eine vernünftige Begrenzung der Arbeitszeit und regelmäßigen bezahlten Urlaub." Dies ist ein unvollkommenes Recht der Form „A hat ein Recht auf X", das nicht durch bloße Unterlassungen befriedigt werden kann. Unvollkommene Rechte auf aktive Leistungen müssen durch eine mehr oder weniger präzise Pflichtenallokation vervollkommnet werden. Welche Pflichtenallokation im Einzelfall die beste ist, hängt von kontingenten kulturellen, wirtschaftlichen und historischen Umständen ab und ist Veränderungen unterworfen. Das Problem wird daher nur im Zuge einer Konkretisierung, Ausgestaltung und Ergänzung der Menschenrechte durch juridische Grundrechte zu lösen sein, die regional und kulturell variieren kann. Die Vervollkommnung vieler sozialer und ökonomischer Rechte wird insbesondere den Aufbau neuer nationaler und supranationaler Institutionen erfordern (zum Problem der fairen Pflichtenallokation mit Blick auf das derzeit diskutierte neue Menschenrecht auf Freiheit von Armut vgl. Hinsch/Stepanians 2005).

Literatur

AAA (American Anthropological Association, Executive Board): „Statement on Human Rights." In: American Anthropologist 49. Jg., 4 (1947), 539–543.
Alexy, Robert: Theorie der Grundrechte. Baden-Baden 1985.
Alston, Philip: „A Third Generation of Solidarity Rights: Progressive Development or Obfuscation of International Human Rights Law?" In: Netherlands International Law Review 29. Jg., 3 (1982), 307–322.
Bentham, Jeremy: The Works of Jeremy Bentham. 11 Bd. Hg. von John Bowring. Edinburgh 1838–43.
Bentham, Jeremy: „Supply Without Burthen or Escheat Vice Taxation." In: Jeremy Waldron (Hg.): Nonsense upon Stilts. London 1987, 70–76.
Coing, Helmut: „Zur Geschichte des Begriffs ‚subjektives Recht'." In: Markus Stepanians (Hg.): Individuelle Rechte. Paderborn 2007, 33–50.
Cranston, Maurice: „Human Rights: Real and Supposed." In: D.D. Raphael (Hg.): Political Theory and the Rights of Man. Bloomington 1967, 43–51.
Cruft, Rowan; Liao, S. Matthew; Renzo, Massimo (Hg.): Philosophical Foundations of Human Rights, Oxford 2015.
Dworkin, Ronald: „Bürgerrechte ernstgenommen." In: Markus Stepanians (Hg.): Individuelle Rechte. Paderborn 2007, 204–226.
Ernst, Gerhard (Hg.): Moralischer Relativismus. Paderborn 2009.
Feinberg, Joel: „In Defence of Moral Rights." In: Oxford Journal of Legal Studies 12. Jg., 2 (1992): 149–169.
Feinberg, Joel: „Duties, Rights, and Claims." In: American Philosophical Quarterly 3. Jg., 2 (1966): 137–144.
Feinberg, Joel: „Das Wesen und der Wert von Rechten." In: Markus Stepanians (Hg.): Individuelle Rechte. Paderborn 2007, 184–203.
Finnis, John: Natural Law and Natural Rights. Oxford 1984.
Finnis, John: Aquinas: Moral, Political, and Legal Theory. Oxford 1998.
Fritzsche, Karl Peter: Menschenrechte. Eine Einführung mit Dokumenten. Paderborn 2004.
Gilbert, Margaret: Rights and Demands. A Foundational Inquiry, Oxford 2018.
Glendon, Mary Ann: A World Made New. Eleanor Roosevelt and the Universal Declaration of Human Rights. New York 2001.
Gosepath, Stefan: „Zu Begründungen sozialer Menschenrechte." In: Stefan Gosepath, Georg Lohmann (Hg.): Philosophie der Menschenrechte. Frankfurt a.M. 1998, 146–188.
Gosepath, Stefan/Lohmann, Georg (Hg.): Philosophie der Menschenrechte. Frankfurt a.M. 1998.
Habermas, Jürgen: Faktizität und Geltung. Frankfurt a.M. 1994.
Habermas, Jürgen: „Kants Idee des ewigen Friedens – aus dem historischen Abstand von 200 Jahren." In: Kritische Justiz 28. (1995): 293–319.
Hart, Herbert L.A.: The Concept of Law. Oxford 1961.
Hart, Herbert L.A.: „Juridische Rechte." In: Markus Stepanians (Hg.): Individuelle Rechte. Paderborn 2007, 135–163.
Hinsch, Wilfried/Stepanians, Markus: „Severe Poverty as a Human Rights Violation – Weak and Strong." In: Andreas Føllesdal, Thomas Pogge (Hg.): Real World Justice: Grounds, Principles, Human Rights, and Social Institutions. Dordrecht 2005, 295–315.
Höffe, Otfried (Hg.): Der Mensch – ein politisches Tier? Stuttgart 1992.
Höffe, Otfried: „Sieben Thesen zur Anthropologie der Menschenrechte." In Ders. (Hg.): Der Mensch – ein politisches Tier? Stuttgart 1992, 188–211.
Hohfeld, Wesley N.: „Einige Grundbegriffe des Rechts, wie sie in rechtlichen Überlegungen Anwendung finden." In: Markus Stepanians (Hg.): Individuelle Rechte. Paderborn 2007, 51–85.
Jhering, Rudolf von: Der Geist des römischen Rechts auf den verschiedenen Stufen seiner Entwicklung, 3. Theil. Berlin 1865.

Kramer, Matthew; Simmonds Nigel; Steiner, Hillel: A Debate Over Rights. Philosophical Enquiries. Oxford 1998.

Lauren, Paul G.: The Evolution of International Human Rights: Visions Seen. Pennsylvania 1998.

Legesse, Asmarom: „Human Rights in African Political Culture." In: Kenneth W. Thompson (Hg.): The Moral Imperatives of Human Rights: A World Survey. Washington D.C. 1980, 123–138.

Lohmann, Georg: „Menschenrecht zwischen Moral und Recht." In: Stefan Gosepath, Georg Lohmann (Hg.): Philosophie der Menschenrechte. Frankfurt a.M. 1998, 62–96.

Lohmann, Georg/Pollmann, Arnd (Hg.): Menschenrechte. Ein interdisziplinäres Handbuch. Stuttgart/Weimar 2012 (Im Erscheinen).

Menke, Christoph/Pollmann, Arnd: Philosophie der Menschenrechte. Hamburg 2007.

Merkel, Adolf: Juristische Encyclopädie. Berlin 1900.

Mohr, Georg: „Moralische Rechte gibt es nicht." In: Hans Jörg Sandkühler (Hg.): Recht und Moral. Hamburg 2010.

Morsink, Johannes: The Universal Declaration of Human Rights. Origins, Drafting & Intent. Philadelphia 1999.

O'Neill, Onora: „Agents of Justice." In: Thomas Pogge (Hg.): Global Justice. Oxford 2001, 188–203.

Patterson, Orlando: „Freiheit, Sklaverei und die moderne Konstruktion der Rechte." In: Olwen Hufton (Hg.): Menschenrechte in der Geschichte. Frankfurt a.M. 1998, 140–193.

Pollis, Adamantia/Schwab, Peter: „Human Rights: A Western Construct with Limited Applicability." In: Dies (Hg.): Human Rights: Cultural and Ideological Perspectives. New York 1980.

Rawls, John: Das Recht der Völker. Berlin/New York 2002.

Raz, Joseph: „The Nature of Rights." In: Mind 93. (1984), 194–214.

Savigny, Friedrich C. von: System des heutigen römischen Rechts. Bd. 1. Leipzig 1840.

Sandkühler, Hans Jörg (Hg.): Recht und Moral. Hamburg 2010.

Sieghart, Paul: The Lawful Rights of Mankind. Oxford 1985.

Stemmer, Peter: „Moralische Rechte als Artefakte." In: Deutsche Zeitschrift für Philosophie 5. (2002), 673–691.

Stepanians, Markus (Hg.): Individuelle Rechte. Paderborn 2007.

Tomuschat, Christian: Human Rights. Between Idealism and Realism. Oxford 2008.

Tugendhat, Ernst: „Die Kontroverse um die Menschenrechte." In: Stefan Gosepath, Georg Lohmann 1998, 48–62.

Vasak, Karel: „Human rights: A thirty year struggle. The sustained efforts to give force of law to the Universal Declaration of Human Rights." In: UNESCO Courier 30. Jg., 11 (1977), 29–32.

Menschenwürde und das Instrumentalisierungsverbot

Peter Schaber

Die Ansicht, es sei moralisch falsch, Menschen zu instrumentalisieren, ist nicht nur ein wichtiger Bestandteil der Alltagsmoral, sondern spielt auch in moraltheoretischen Diskussionen eine wichtige Rolle. Verschiedenste Praktiken werden als unzulässig kritisiert, weil mit ihnen Menschen instrumentalisiert würden. So wird die Meinung vertreten, dass etwa das Austragen von Kinder für andere Person, die sogenannte Leihmutterschaft sowie die Forschung an Kindern und Embryonen, die Eispende von Frauen im Kontext künstlicher Befruchtung (IVF), oder auch der Verkauf von Organen eine solche Instrumentalisierung darstelle. All diese Praktiken, so wird argumentiert, sind als unzulässig anzusehen, *weil* mit ihnen Menschen bloß als Mittel behandelt werden.

Die natürliche Referenzgröße des Instrumentalisierungsverbots ist Immanuel Kants sogenannte „Selbstzweckformel", wonach man andere und sich selbst nie bloß als Mittel behandeln dürfe (vgl. Kant 1907/14a, 429). Das Instrumentalisierungsverbot bezieht sich dabei nach Kant auf andere wie auch auf die eigene Person. Viele meinen, dass mit dieser Formel eine zentrale moralische Einsicht formuliert wird. Ernst Tugendhat z. B. sieht das Verbot, andere bloß als Mittel zu behandeln, als das *Grundprinzip* der Moral (vgl. Tugendhat 1993, 144). Doch ungeachtet der Bedeutung und Prominenz der Selbstzweckformel ist unklar, was unter diesem Verbot genau zu verstehen ist, auf welche Praktiken es zutrifft und nicht zuletzt auch worin seine Begründung liegt. Von verschiedenen Autoren wird das Instrumentalisierungsverbot in Zusammenhang mit der Idee der Würde von Menschen gebracht. Es wird die Meinung vertreten, andere nicht bloß als Mittel zu behandeln, bedeute sie in ihrer Würde zu respektieren. Umgekehrt würde gelten: Die Würde einer anderen Person wird genau dann verletzt, wenn man diese Person instrumentalisiert (Höffe 2002, 129). Das allerdings wirft die Frage auf, was unter ‚Würde' zu verstehen ist. Die Klärung des Begriffs der Instrumentalisierung kann als eine Möglichkeit gesehen werden, auf diese Frage eine Antwort zu finden.

80.1 Das Instrumentalisierungsverbot

Wir behandeln andere Menschen täglich als Mittel zu unseren Zwecken: wenn wir sie um Informationen fragen, wenn wir das Taxi nehmen, wenn wir Briefe am Postschalter aufgeben usw. Kants Selbstzweckformel verbietet uns nicht, andere als Mittel zu behandeln, es untersagt

P. Schaber (✉)
Universität Zürich, Zürich, Schweiz
E-Mail: schaber@philos.uzh.ch

vielmehr Personen (sich selbst wie auch andere) *bloß* als Mittel zu gebrauchen. Die Unterscheidung zwischen ‚jemanden bloß als Mittel behandeln' und ‚jemanden als Mittel behandeln' ist demnach moralisch bedeutsam. Doch was unterscheidet eine Handlung, die andere als Mittel behandelt, von einer Handlung, die diese bloß als Mittel behandelt? Ich behandle eine andere Person *bloß* als Mittel, wenn sie mir, so könnte man argumentieren, ausschließlich dazu dient, meine Ziele zu realisieren. Dies ist jedoch zu kurz gegriffen. Ich kann den anderen auch instrumentalisieren, ohne dass die verfolgten Ziele meine sind: Wenn ich einen anderen umbringe, um mit seinen Organen andere Menschen zu retten, behandle ich ihn bloß als Mittel, ohne dass dabei eines meiner Ziele bedient würde. Instrumentalisiert wird der andere folglich, wenn er reines Mittel zu *ihm fremden* Zwecken ist. Doch wann ist das der Fall?

Unmögliche Einstimmung (Kant): Immanuel Kant erläutert sein Verständnis des Instrumentalisierungsverbots am Beispiel des lügenhaften Versprechens. Jeder werde, wie Kant meint, sofort einsehen, dass wer so handelt, „sich eines andern Menschen *bloß als Mittels* bedienen will…" (Kant 1907/14a, 429). „Denn derjenige, den ich durch ein solches Versprechen zu meinen Absichten brauchen will, kann unmöglich in meine Art, gegen ihn zu verfahren einstimmen" (Kant 1907/14a, 429 f.). Bloß als Mittel wird man nach Kant folglich behandelt, wenn man von anderen in einer Weise behandelt wird, in die man nicht einwilligen kann; gleichzeitig wird man dann auch nicht als Zweck an sich selbst behandelt. Denn nur wenn man einstimmen kann, sind die eigenen Zwecke in der Weise, wie der andere mich behandelt, auch berücksichtigt.

Die Formulierung, dass der andere unmöglich einstimmen kann, lässt sich auf unterschiedliche Weisen verstehen. Nach Allen Wood kann jemand unmöglich einstimmen, wenn er das Ziel, das der andere mit seinem Tun verfolgt, *nicht teilen* kann (vgl. Wood 1999, 153). Dabei geht es nicht bloß darum, dass der andere das Ziel meines Tuns nicht teilt, sondern dass er es nicht teilen *kann*. Doch was heißt es, ein Ziel nicht teilen zu können? Handelt es sich dabei um ein Ziel, das die andere Person nicht verfolgt und auch nie verfolgen würde? Oder handelt es sich um ein Ziel, das ihrer Auffassung nach nicht verfolgt werden sollte? Wie auch immer die Antworten auf diese Fragen lauten, es scheint wenig dafür zu sprechen, Instrumentalisierung daran festzumachen, ob Ziele geteilt werden können: Nehmen wir an, ich möchte das Geld, das ich durch ein falsches Versprechen erhalte, zur Bekämpfung des Welthungers verwenden (vgl. dazu auch Kerstein 2009, 167). Das ist ein Ziel, das die betrogene Person nicht nur teilen könnte, sondern vielleicht auch teilt. Ungeachtet ihrer Einstellung behandle ich sie jedoch bloß als Mittel, wenn ich sie durch ein falsches Versprechen dazu bringe, mir Geld zu geben. Ob eine andere Person instrumentalisiert wird, scheint folglich nicht davon abhängig zu sein, ob sie meine Ziele teilt oder teilen kann.

Man kann Kants Formulierung auch im Sinne einer *logischen Unmöglichkeit* verstehen: Der andere hat nicht die Möglichkeit, seine Zustimmung zu geben, weil er nicht weiß, was ich mit ihm vorhabe. Es gehört zu einem falschen Versprechen, dass das Opfer nicht weiß, was der andere zu tun beabsichtigt. Das Opfer hat nicht die Möglichkeit, seine Zustimmung zu geben. So versteht Christine Korsgaard Kants Ausführungen zum Instrumentalisierungsverbot (Korsgaard 1996, 39). Wie sie meint, wird man genau dann bloß als Mittel behandelt, wenn man von anderen in einer Weise behandelt wird, der man *nicht zustimmen kann,* und das heißt, wenn man keine Möglichkeit hat, zum Tun des Anderen Stellung zu nehmen. Das trifft auf Handlungen zu, mit denen wir von anderen getäuscht, manipuliert und gezwungen werden. Wer andere nicht bloß als Mittel behandeln will, muss entsprechend seine Absichten den anderen gegenüber offenlegen und klar machen, worum es ihm geht (so auch O'Neill 1989, 110).

Man kann Kants Formulierung aber auch im Sinne einer *normativen Unmöglichkeit* verstehen. Der andere kann einer bestimmten Behandlung unmöglich zustimmen, wenn er dazu *keinen Grund* hat. Wenn er gegebenenfalls einstimmen würde, wäre er irrational. So könnte man im Blick auf das lügenhafte Versprechen sagen: Er hätte keinen Grund, einzustimmen, wüsste er, was ich mit ihm vorhabe.

Zustimmung: Das lässt sich im Sinne eines Prinzips rationaler Zustimmung verstehen. Bloß als Mittel behandle ich danach eine andere Person genau dann, wenn sie der Weise, wie ich mit ihr umgehe, *rationalerweise* nicht zustimmen kann (vgl. Parfit 2007, 19). Durch welche Handlungen andere Personen nach dieser Auffassung bloß als Mittel behandelt werden, hängt davon ab, was man als Gründe ansieht, die Personen haben können, der Weise, wie andere mit ihnen umgehen, zuzustimmen. Man kann unterschiedliche Vorstellungen darüber haben, was Personen Gründe liefert, zu- bzw. nicht zuzustimmen. So könnte man z. B. bloß das als Grund der Zustimmung anerkennen, was im Eigeninteresse des Akteurs ist. Oder man könnte meinen – wie das wohl ein Utilitarist tun würde – dass man dann einen Grund hat, dem Tun der anderen zuzustimmen, wenn es das allgemeine Wohl befördert. Nach einem solch weiten Begriff von Gründen, tue ich mit einem falschen Versprechen nicht notwendigerweise etwas, dem der andere nicht zustimmen kann. Wenn ich z. B. mit dem Geld, das ich durch ein lügenhaftes Versprechen erlangt habe, etwas gegen den Welthunger unternehme, hat die Person, die ich hinters Licht führe, Grund, dem, was ich mit ihr vorhabe, zuzustimmen. Ihr ist dieser Grund bei einem falschen Versprechen nicht bewusst, aber ich könnte berechtigterweise sagen, dass sie einen Grund hat, in mein Tun einzustimmen, auch wenn sie um diesen Grund nicht weiß.

Wem dieser Vorschlag, Instrumentalisierung von Menschen an rationaler Zustimmung festzumachen, zu viel offenlässt, könnte *faktische* rationaler Zustimmung vorziehen und den Vorschlag machen, dass ich eine andere Person genau dann bloß als Mittel behandle, wenn sie der Weise, wie ich sie behandle, nicht zustimmt (vgl. Scanlon 2008, 107). Um mit diesem Vorschlag auch den Fällen gerecht zu werden, in denen die andere Person ihre Zustimmung aufgrund von Täuschung, Manipulation und Zwang nicht geben kann, muss man sagen: Die andere Person wird dann bloß als Mittel benutzt, wenn sie ihre Zustimmung nicht gibt oder ihre Zustimmung nicht geben würde, wäre sie darüber, was ich mit ihr vorhabe, informiert. Dieser Vorschlag weist der Zustimmung von Personen eine eigenständige, von den Gründen der Zustimmung unabhängige normative Bedeutung zu. Nach diesem Vorschlag sind gewisse Handlungen als Instrumentalisierungen zu betrachten, die nach dem Prinzip der rationalen Zustimmung nicht so bewertet werden würden, und umgekehrt. Denn eine Person kann faktisch nicht zustimmen, gleichzeitig aber Gründe haben, dies zu tun.

Ist die fehlende faktische Zustimmung der Betroffenen das Kriterium reiner Instrumentalisierung? Nehmen wir an, ich würde der Anfrage eines Arztes, mein Leben zu opfern, um andere zu retten, freiwillig zustimmen. Würde ich dann vom Arzt bloß als Mittel behandelt? Man kann diese Frage mit ‚Nein' beantworten und die Tat des Arztes gleichzeitig für unzulässig ansehen. Wer dies tut, hält die Differenz zwischen ‚bloß als Mittel' und ‚als Mittel behandeln' nicht immer für moralisch bedeutsam. Handlungen, mit denen ich andere als Mittel behandle, ohne sie bloß als Mittel zu behandeln, können trotzdem als Instrumentalisierungen moralisch falsch sein.

Man kann auch eine andere Position vertreten, wonach Handlungen anderer, denen ich freiwillig zustimme, nicht nur keine reinen Instrumentalisierungen darstellen, sondern auch immer zulässig sind. Ich bin aufgrund meiner Zustimmung dann kein bloßes Mittel zum Zweck, und das Handeln des Arztes ist erlaubt. Die Unterscheidung zwischen ‚bloß als Mittel behandeln' und ‚als Mittel behandeln' ist nach dieser Position in jedem Fall moralisch bedeutsam. Ihr zufolge gilt auch: Wenn ich einen anderen versklave, um mir ein angenehmeres Leben zu verschaffen, und der andere dieser Versklavung freiwillig zustimmt, behandle ich ihn weder bloß als Mittel noch in unzulässiger Weise. Das werden wenige für plausibel halten. Die meisten werden ein solches Tun für unzulässig halten. Wer faktische Zustimmung als Kriterium reiner Instrumentalisierung versteht und reine Instrumentalisierung für moralisch falsch hält, muss mit solch unplausiblen Resultaten rechnen. Wer darüber hinaus meint, dass der Sklave in solchen Fällen auch bloß als Mittel behandelt wird, muss nach einem anderen Kriterium reiner Instrumentalisierung Ausschau halten.

Einstellungen: Nach Derek Parfit behandle ich einen anderen bloß als Mittel, wenn sein Wohlergehen und seine moralischen Ansprüche für mich nicht von Belang sind (Parfit 2011, 216). Er schildert das Beispiel eines ‚Gangsters', der bereit ist, anderen unbeschränkt Schaden zuzufügen, wenn das seinen Zielen dienlich ist. Die anderen zählen für ihn nicht, was nicht ausschließt, dass er sich aus Eigeninteresse moralisch korrekt verhält und beispielsweise einem Kaffeeverkäufer das Geld gibt, das dieser für seinen Kaffee verlangt.

Dieses Verständnis von Instrumentalisierung lässt verschiedene Grade zu: Je weniger mir am Wohl des anderen liegt, desto stärker behandle ich ihn in der Interaktion als bloßes Mittel. Zudem hängt reine Instrumentalisierung nach diesem Verständnis von den Einstellungen der Akteure ab. Der Gangster behandelt den Kaffeeverkäufer bloß als Mittel, auch wenn er korrekt für seinen Kaffee bezahlt, sofern er bereit wäre, ihn gegebenenfalls für den Kaffee auch umzubringen. Was er in einem solchen Fall tut, ist moralisch zulässig, obwohl er den Kaffeeverkäufer bloß als Mittel behandelt. Der Gangster hat eine falsche Einstellung anderen gegenüber, das sagt allerdings nichts darüber aus, ob seine Taten auch falsch sind. Nach Parfit ist es sogar selten so, dass wir falsch handeln, *weil* wir jemanden bloß als Mittel benutzen (vgl. Parfit 2011, 232). Kants Instrumentalisierungsverbot scheint eine wichtige moralische Wahrheit zum Ausdruck zu bringen. Das, worauf sie hinweist, ist jedoch, wie Parfit meint, kaum je eine falschmachende Eigenschaft. Wenn es eine Frage der Einstellung ist, ob ich eine andere Person bloß als Mittel gebrauche, dann spielt die Diagnose, jemand werde instrumentalisiert, für die moralische Beurteilung von Handlungen nicht die von Kant vorgesehene Rolle. Viele Weisen, den anderen bloß als Mittel zu behandeln, werden dann moralisch erlaubt sein. Das korrekte Bezahlen für den Kaffee durch Parfits ‚Gangster' ist ein Beispiel dafür.

Andere Konzeptionen von Instrumentalisierung teilen Parfits Schluss, dass Instrumentalisierung keine falschmachende Eigenschaft sei, wenngleich aus anderen als den von ihm vorgebrachten Gründen. So kann man argumentieren, dass andere Personen genau dann bloß als Mittel gebraucht werden, wenn sie in einer Weise als Mittel behandelt werden, die *moralisch unzulässig* ist (vgl. Schaber 2010, Kap. 1). Die Formulierung ‚bloß als Mittel' weist dann darauf hin, dass die jeweils zur Diskussion stehende Form der Instrumentalisierung moralisch falsch ist. Nach diesem Vorschlag ist der Unterschied zwischen ‚bloß als Mittel behandeln' und ‚als Mittel behandeln' moralisch bedeutsam. Er ist jedoch nicht moralisch bedeutsam in dem Sinn, dass die Eigenschaft ‚bloß als Mittel' eine Handlung falsch macht, sondern vielmehr in dem Sinn, dass sie bloß dann vorliegt, wenn die Handlung Eigenschaften hat, die diese moralisch falsch machen. Jemanden bloß als Mittel behandeln, heißt, ihn in einer unzulässigen Weise zu instrumentalisieren. Ob es falsch ist, jemanden bloß als Mittel zu behandeln, ist nach diesem Vorschlag keine offene Frage.

80.2 Menschenwürde

Nach einer verbreiteten Auffassung stellt die Instrumentalisierung anderer Personen eine Verletzung der Menschenwürde dar. So ist z. B. der Rechtsphilosoph Kurt Seelmann der Meinung, dass die Würde von Kindern, mit denen Forschung betrieben wird, verletzt wird, *weil* sie dabei instrumentalisiert würden (Kipfer/Seelmann 2006). Ob diese Diagnose zutrifft, hängt davon ab, was unter dem Begriff der „Würde" zu verstehen ist. Nicht für alle Autoren steht fest, dass eine befriedigende Antwort auf diese Frage gegeben werden kann. Verschiedene sind der Meinung, der Begriff sei leer (Hoerster 2002, 24) oder aber auf andere normativ wichtige Begriffe wie den Begriff der Menschenrechte (ebd., 25) oder auf den Begriff der Autonomie (Macklin 2003) reduzierbar. Davon, dass der Begriff leer ist und nicht geklärt werden kann, kann man nicht ausgehen. Dass er klärungsbedürftig ist, ist ein Schicksal, das er mit anderen normativ wichtigen Begriffen wie ‚Autonomie' teilt. Ob der Begriff redundant ist, kann nur durch eine konkrete Begriffsanalyse geklärt werden.

Inhärente Würde: Wenn in der Forschungsethik und anderen Bereichen der Angewandten Ethik von Verletzungen der Würde von Menschen die Rede ist, steht jeweils eine bestimmte Form der Würde im Blick, die man als *inhärente Würde* bezeichnen kann. In der Präambel der Allgemeinen Menschenrechtserklärung der Vereinten Nationen ist von der inhärenten Würde („inherent dignity") aller Mitglieder der menschlichen Familie die Rede. Was könnte damit gemeint sein?

Vergleichen wir diese moderne Verwendung zunächst mit vormodernen Verwendungen des Begriffs. In der ersten Übersetzung von Ciceros *De officiis* aus dem Jahr 1488 wird das Wort *dignitas* mit dem deutschen Begriff der ‚Wyrde' übersetzt. Für Cicero selbst ist das Wort *dignitas* die Übersetzung des griechischen Ausdruck *axioma*. Mit *axioma* ist im griechischen Denken allgemein das Ansehen, die Geltung oder der Wert eines Menschen gemeint, d. h. kontingente Qualitäten, die Menschen aufgrund ihrer sozialen Herkunft und Stellung und auch aufgrund ihres Verhaltens, nicht aber bereits aufgrund ihres Menschseins zukommt. Cicero nimmt jedoch nicht auf dieses Verständnis Bezug, sondern stützt sich auf die Verwendung des Begriffs *axioma* in der Stoa. In der Stoa versteht man unter *axioma* den inneren Wert, den Menschen aufgrund ihrer Vernunftbegabung besitzen. Cicero bezieht sich damit interessanterweise auf eine nicht-kontingente Eigenschaft von Menschen. Würde wird nicht an die soziale Herkunft und Stellung, an das soziale Ansehen, auch nicht an ein bestimmtes Verhalten, sondern an eine nicht-kontingente Eigenschaft gebunden. Interessant ist, dass dies die Eigenschaft ist, an die viel später dann auch Kant den Würdebegriff bindet. Liegt der moderne Würdebegriff also schon in der Antike vor? Nein, und dies wird verständlich, wenn man genauer betrachtet, wie der Vorschlag von Cicero lautet:

Die Vernunft erlaubt es dem Menschen, sich von seinen Wünschen und Begierden zu distanzieren. Er muss ihnen nicht folgen. Genau das ist es, was nach Cicero dem Menschen Größe verleiht. Und daran knüpft die *dignitas* des Menschen an: Der Mensch hat Würde als Wesen, das nicht durch seine Natur bestimmt wird. Damit ist zunächst eine Fähigkeit beschrieben. Gleichzeitig ist damit aber auch ein normatives Ideal bezeichnet. Die besagte Fähigkeit, sich durch Vernunft von Wünschen und Begierden zu distanzieren, die die Würde des Menschen nach Cicero ausmacht, verpflichtet ihn darauf, sein Leben in einer bestimmten Weise zu gestalten. Sie verpflichtet ihn darauf, sich nicht durch die eigenen Wünsche und Triebe bestimmen zu lassen. Cicero versteht ‚Würde' im Sinne eines anti-hedonistischen Lebensideals. Wenn man sich, so Cicero, vor Augen führt, was Menschen im Unterschied zu Tieren zu tun in der Lage sind, ersieht man, „daß körperliches Vergnügen der erhabenen Stellung des Menschen nicht genug würdig ist und verschmäht und zurückgewiesen werden muß" (Cicero 1995, 105 f.). Würdig verhält sich bloß derjenige, welcher „sparsam, enthaltsam, streng und nüchtern" (ebd., 106) lebt. Wer die Fähigkeit zur Selbstdistanzierung nicht ausübt, lebt nicht in einer Weise, die uns die menschliche Natur vorzeichnet. Da Menschen frei sind, stehen sie in Gefahr, diese Bestimmung zu verfehlen, und so wie Tiere zu leben. Man besitzt Würde bloß, wenn man sich in der beschriebenen Weise verhält. Man kann die Würde entsprechend erwerben, verlieren und wiedergewinnen. Würde meint ein Lebensideal: nämlich vernunftgemäß zu leben.

Genau das meint der moderne Begriff inhärenter Würde nicht. Er beschreibt kein Lebensideal, sondern einen Anspruch, den seine Träger anderen gegenüber geltend machen können. ‚Moderne' Verfassungen schreiben uns nicht vor, ‚sparsam, enthaltsam, streng und nüchtern' zu leben. Sie schreiben uns vielmehr vor, andere in bestimmten Weisen in erster Linie *nicht* zu behandeln.

Diesen *moralischen* Begriff von Würde finden wir zuallererst bei Kant. Für Kant haben Personen Würde. Dass Personen Würde haben, bedeutet nach Kant, dass sie in bestimmter

Weise behandelt werden sollen: Wesen, die Würde haben, müssen geachtet werden, und diese Achtung kann eingefordert werden: „Achtung, die ich für andere trage, oder die ein anderer von mir fordern kann, ist die Anerkennung einer Würde an anderen Menschen, d.i. eines Werths, der kein Preis hat, kein Äquivalent, wogegen das Object der Werthschätzung ausgetauscht werden kann" (Kant 1907/14b, 462). Würde wird von Kant als Anspruch gedacht, der geachtet werden soll und entsprechend auch verletzt werden kann. Ein Anspruch ist etwas, was man anderen gegenüber geltend machen kann.

Doch was ist mit inhärenter Würde gemeint? Die inhärente Würde kann zunächst von Formen der Würde unterschieden werden, die dem Würdeträger aufgrund kontingenter Eigenschaften zukommen. Das gilt beispielsweise für die Würde, die an Ämter und Funktionen gebunden ist (wie z. B. die Würde des Richters). Die inhärente Würde kommt den Würdeträgern im Unterschied zu diesen anderen Würdeformen permanent zu und kann nicht gewonnen, verloren und wieder gewonnen werden. Sie kann verletzt oder angetastet werden, aber sie kann nicht verlorengehen. Wenn etwa durch Forschung die Würde von Kindern verletzt wird, heißt das nicht, dass sie keine Würde mehr haben. Es heißt vielmehr, dass sie nicht so behandelt wurden, wie es ihrer inhärenten Würde entsprochen hätte.

Was aber heißt es dann, eine inhärente Würde zu haben? Orientierungspunkt für ein angemessenes Verständnis von inhärenter Würde ist für viele Kants Verständnis der Würde. Würde beruht nach Kant auf der Autonomie, d. h. auf der Möglichkeit, sich nach Gesetzen zu bestimmen. Einschlägig für das Verständnis dessen, was es nach Kant bedeutet, andere in ihrer Würde zu respektieren, ist darüber hinaus die Zweckformel. Sie legt uns nahe, die Würde von Personen als etwas zu verstehen, das dann geachtet wird, wenn Personen als Zweck an sich selbst behandelt werden. Das allerdings wirft die Frage danach auf, was es heißt, jemanden als Zweck an sich selbst zu behandeln, ein Begriff, der seinerseits interpretationsbedürftig ist.

Moralischer Status und Rechte: Man kann inhärente Würde auch als Zuschreibung eines *moralischen Status* verstehen. Nach Stephen Darwall ist die Würde die Zuschreibung einer normativen Autorität, anderen Personen gegenüber gültige Forderungen stellen zu können (vgl. Darwall 2006, 14). Den anderen in seiner Würde zu achten, heißt entsprechend, ihn als Wesen mit einer solchen normativen Autorität zu achten. In eine ähnliche Richtung zielt der Vorschlag von Joel Feinberg, wonach Würde zu haben bedeutet, die Fähigkeit zu besitzen, Forderungen stellen zu können (Feinberg 1980, 151). Darwalls Begriff der Würde ist klar normativ gefasst: Würde haben heißt, normative Autorität zu besitzen. Feinberg sieht Würde als eine bestimmte Fähigkeit. Beide Begriffe sind allerdings nicht direkt mit Ansprüchen verbunden, in bestimmter Weise von anderen behandelt bzw. nicht behandelt zu werden.

Das sieht anders aus, wenn man sich an einem Begriff der Würde orientiert, wie ihn Dieter Birnbacher vorschlägt (Birnbacher 1996, 110). Die inhärente Würde zu achten, heißt für ihn, eine Gruppe von Grundrechten zu respektieren (s. Kap. 791). Gemeint sind dabei (1) das Grundrecht auf ein Existenzminimum, (2) das Recht auf Freiheit von großen und andauernden Schmerzen, (3) das Recht auf eine minimale Freiheit und (4) das Recht auf eine minimale Selbstachtung. Nach diesem Verständnis lässt sich die Menschenwürde auf grundlegende (Menschen)rechte reduzieren. Der Begriff der Würde scheint keine eigenständige normative Bedeutung zu haben, sondern ein Sammelname für unterschiedliche Grundrechte zu sein. Wenn eines dieser Grundrechte und damit die Würde von Menschen verletzt wird, wird kein Anspruch verletzt, der diesen Rechten zugrunde liegt. Mit Würde ist nichts angesprochen, was Grundrechte begründen würde. Folgt man Birnbachers Vorschlag, wird man deshalb wohl in begründungstheoretischer Hinsicht auch auf den Begriff der Würde verzichten können.

Eine andere Auffassung des Verhältnisses von inhärenter Würde und Rechten findet sich in der Schlusserklärung der Zweiten Internationalen Menschenrechtskonferenz, wo es heißt, dass alle Menschenrechte aus der inhärenten Würde abgeleitet sind (vgl. Clapham 2006, 439). Das entspricht auch der Standardauffassung des Deutschen Grundgesetzes, wonach sich die unveräußerlichen und unverletzlichen Verfassungsgrundrechte aus der Anerkennung der Würde jedes Menschen ergeben (vgl. Menke/ Pollmann 2007, 150).

Würde und Demütigung: Avishai Margalit versteht die inhärente Würde von der Würdeverletzung her. Menschen werden in ihrer Würde verletzt, wenn sie gedemütigt werden (Margalit 1996, 115 ff.). Wer einen anderen demütigt, achtet ihn nicht als menschliches Wesen. Demütigung ist, so Margalit, ein Angriff auf die *Selbstachtung* der betroffenen Person. Dabei ist Selbstachtung eine Einstellung, die man sich selbst gegenüber einnimmt, wenn man sich einen intrinsischen Wert zuschreibt (ebd., 120). Diese Einstellung ist abhängig von den Einstellungen, die andere einem gegenüber einnehmen. Die Demütigung anderer zielt darauf, meine Einstellung der Selbstachtung zu zerstören. Dieser Ansicht ist auch Ralf Stoecker. Durch die Demütigung anderer wird das Selbst beschädigt, das einem Menschen eine akzeptable Rolle garantiert (Stoecker 2003, 142 ff.).

Der zentrale Begriff dieses Verständnisses von Menschenwürde ist derjenige der Selbstachtung. Die Frage stellt sich, welche Auffassung von Selbstachtung in diesem Zusammenhang von Bedeutung ist. Sich selbst zu achten, kann im Sinne der Selbstwertschätzung verstanden werden: Ich schreibe mir selbst und dem, was ich tue, einen Wert zu (vgl. Rawls 1979, 440; Raz 1994, 26). Margalit meint, dass es sich bei der Selbstachtung, die durch Demütigung gefährdet wird, um eine Wertschätzung handelt, die sich nicht auf eigene Taten, sondern auf das eigene Menschsein bezieht (vgl. Margalit 1996, 24). Er meint darüber hinaus, dass man Selbstwertschätzung und Selbstachtung unterscheiden sollte (vgl. ebd., 44). Selbstachtung soll nach Margalit kein psychischer Zustand zu sein, der in unterschiedlichen Individuen in unterschiedlicher Stärke vorliegt. Er begreift sie als etwas, das unabhängig von der Bewertung konkreter Kompetenzen und Taten ist. Allerdings ist nicht klar, ob man Selbstachtung nicht doch als einen psychischen Zustand begreift, und damit besser von Selbstwertschätzung sprechen müsste, wenn man darunter wie Margalit etwas versteht, das durch Demütigungen bei den meisten, jedoch nicht bei allen Menschen beeinträchtigt wird (vgl. Margalit 1996, 123). Ein solches Verständnis wirft nicht nur die Frage auf, ob man dann besser von Selbstwertschätzung sprechen sollte. Es stellt auch die Konzeption in Frage, da es fraglich erscheint, ob es tatsächlich die kontingente Beeinträchtigung der Selbstwertschätzung ist, die Demütigungen verwerflich und zu einer Verletzung der Würde von Menschen machen.

Man kann Selbstachtung in einem rein *normativen* Sinn verstehen und die Meinung vertreten, dass eine Person sich selbst achtet, wenn sie ihre eigenen moralischen Rechte nicht aus niederen Motiven verleugnet (vgl. Schaber 2010, Kap. 2.4). Selbstachtung setzt damit auch voraus, dass andere mein Recht anerkennen, die eigenen Rechte wahrzunehmen. Demütigung zielt nach diesem Verständnis darauf ab, dieses Recht abzusprechen, und stellt deshalb eine Verletzung der Selbstachtung dar. Nach dieser normativen Konzeption ist die Verletzung der Selbstachtung unabhängig von den psychischen Beeinträchtigungen, die eine Person aufgrund von Demütigungen erleidet. Demütigung verletzt die Selbstachtung von Personen, weil mit ihnen Rechte von Personen verletzt werden, nicht weil ihre Selbstwertschätzung in Mitleidenschaft gezogen wird (vgl. dazu auch Schaber 2012, Kap. 7).

Instrumentalisierung und Würdeverletzung: Für viele ist jede Instrumentalisierung von Menschen eine Verletzung ihrer Würde. Ob das allerdings wirklich der Fall ist, hängt davon ab, was man unter ‚inhärenter Würde' versteht. Man braucht einen weiten Begriff von inhärenter Würde, soll jeder Fall reiner Instrumentalisierung als Würdeverletzung gesehen werden können. Wenn ich ein falsches Versprechen abgebe, verletzte ich ein Recht, nicht getäuscht zu werden, aber damit nicht *eo ipso* auch einen Anspruch, der direkt mit der Würde des anderen verbunden ist. Die Würde wird vielmehr in schwerwiegenderen Fällen verletzt. Darüber, welche dieser Fälle gleichzeitig Instrumentalisierungen darstellen, bestehen unterschiedliche Meinungen.

Ein paradigmatischer Fall der Würdeverletzung ist es, wenn ich andere als Sklaven zu meinen Zwecken benutze. Der Grund hierfür kann darin gesehen werden, dass man einem anderen Menschen, indem man ihn versklavt, das Recht abspricht, seine moralischen Rechte wahrnehmen zu können. Jedoch auch wenn man Würde nicht an Selbstachtung knüpft, sondern wie z. B. Birnbacher an bestimmte Grundrechte des Menschen, wird man Versklavung als klare Würdeverletzung verstehen. Schwieriger ist es, eine Antwort auf die Frage zu geben, ob man Menschen in würdeverletzender Art instrumentalisiert, wenn man ihren Tod in Kauf nimmt, um anderen Menschen das Leben zu retten. In dem viel diskutierten Trolley-Beispiel (Foot 1978), in dem durch das Umstellen der Weichen die Straßenbahn bloß eine statt fünf Personen in den Tod reißt, scheint niemand instrumentalisiert zu werden. Dies gilt zumindest dann, wenn man annimmt, dass man nur dann instrumentalisiert wird, wenn es der Absicht des Gegenübers entspricht, dass das, was man tut, einen Beitrag zur Herbeiführung eines fremden Ziels leistet (vgl. dazu Kerstein 2013, 58).

Bei militärischen Interventionen in Drittstaaten, die darauf abzielen, massive Menschenrechtsverletzungen zu verhindern, das Leben Unschuldiger aber in Mitleidenschaft ziehen, wird nach Ansicht von Rüdiger Bittner das Instrumentalisierungsverbot verletzt (Bittner 2004, 101). Es ist allerdings nicht klar, ob die unschuldigen Opfer hier Mittel zum Zweck sind. Man kann argumentieren, dass sie gar nicht Mittel zu einem Zweck sind, da der Zweck, der realisiert werden soll, auch ohne den Tod von Menschen erreicht werden könnte. Ohne Frage instrumentalisiert wird die Person, die im Trolley-Beispiel vor die Straßenbahn gestoßen wird, um diese zu stoppen und Menschen das Leben zu retten. Die meisten halten diese Instrumentalisierung für moralisch unzulässig und wohl auch für eine Verletzung der Würde der Opfer. Im Unterschied zu militärischen Interventionen sind in solchen Fällen die Opfer Mittel zum Zweck: Eine Person wird in den Tod gestoßen, um anderen das Leben zu retten. Das gilt auch für die Verhinderung eines Terroraktes, der nicht nur zum Tod der Terroristen, sondern auch zum Tod Unschuldiger führt, die sich in der Gewalt der Terroristen befinden. Das Problem wurde am Beispiel eines von Terroristen entführten Flugzeugs, das in einem Wolkenkratzer zur Explosion kommen und Tausende in den Tod reißen soll, diskutiert (vgl. Merkel 2007). Darf man dieses Flugzeug abschießen und damit das Leben vieler Unschuldiger beenden, um eine noch größere Zahl Unschuldiger zu schützen? Menschen werden dabei instrumentalisiert und zwar, wie verschiedene Autoren meinen, in einer ihre Würde verletzenden Art (BverfG, NJW 2005, 758, Rn. 124). Man könnte dagegen argumentieren, dass die Betroffenen einer solchen Tat zustimmen würden oder zumindest Gründe haben, das zu tun (auch wenn sie es faktisch vielleicht nicht tun würden) (vgl. dazu Merkel 2007, 16). Welche Auffassung richtig ist, hängt davon ab, was unter ‚Würde' zu verstehen ist. Wenn man ‚Würde' über Selbstachtung bestimmt, stellt sich die Frage, welche Rolle ‚Zustimmung' im Kontext von Selbstachtung hat. Wird die Selbstachtung einer Person nicht beeinträchtigt, wenn sie Gründe hat, der Weise, wie man sie behandelt, zuzustimmen? Das ist eine Frage, die nur innerhalb einer ausgearbeiteten Theorie der Selbstachtung beantwortet werden kann.

Instrumentalisierungen sind Verletzungen der Würde von Menschen, wenn sie Ausdruck der Überzeugung sind, dass die Anliegen der betroffenen Personen nicht zählen. In anderen Fällen können sie Rechte von Personen verletzen und deshalb unzulässig sein, ohne dass sie notwendigerweise Verletzungen der Würde darstellen.

Literatur

Birnbacher, Dieter: „Selbstmord und Selbstmordvorsorge." In: Anton Leist (Hg.): Um Leben und Tod. Frankfurt a.M. 1990, 395–422.

Birnbacher, Dieter: Ambiguities in the Concept of Menschenwürde. In: Kurt Bayertz (Hg.): Sanctity of Life and Human Dignity. Dordrecht 1996, 107–122.

Bittner, Rüdiger: Humanitäre Interventionen sind unrecht. In: Georg Meggle (Hg.): Humanitäre Interventionsethik. Paderborn 2004, 99–106.

Cicero: De officiis/Vom pflichtgemäßen Handeln, übersetzt und kommentiert von Heinz Gunermann. Stuttgart 1995.

Clapham, Andrew: Human Rights Obligations of Non-State Actors. Oxford 2006.

Darwall, Stephen: The Second-Person Standpoint. Cambridge, Mass. 2006.

Feinberg, Joel: „The Nature and Value of Rights." In: Ders.: Rights, Justice, and the Bounds of Liberty. Princeton 1980, 159–184.

Foot, Philippa: „The Problem of Abortion and the Doctrine of Double Effect." In: Dies. (Hg.): Virtues and Vices. Oxford 1978, 19–32.

Kant, Immanuel: Grundlegung zur Metaphysik der Sitten. Akademie-Ausgabe Bd. IV. Berlin 1907/14a.

Kant, Immanuel: Metaphysik der Sitten. Akademie-Ausgabe Bd. VI. Berlin 1907/14b.

Kerstein, Samuel J.: „Treating Others Merely as Means." In: Utilitas 2. (2009), 163–180.

Kerstein, Samuel: How to Treat Persons. Oxford 2013.

Kipfer, Daniel; Seelmann, Kurt: „Rechtliche Grenzen wissenschaftlicher Forschung an Kindern." In: NZZ 12. (2006).

Korsgaard, Christine: „The Right to Lie. Kant on Dealing with Evil." In: Dies. (Hg.): Creating the Kingdom of Ends. Cambridge 1996, 133–158.

Höffe, Otfried: „Menschenwürde als ethisches Prinzip." In: Otfried Höffe et al. (Hg.): Gentechnik und Menschenwürde. Köln 2002, 111–141.

Hoerster, Norbert: Ethik des Embryonenschutzes. Stuttgart 2002.

Macklin, Ruth: „Dignity is a Useless Concept." In: British Medical Journal 327. (2003): 1419–1420.

Margalit, Avishai: The Decent Society. Cambridge, Mass. 1996.

Menke, Christoph/Arnd Pollmann: Philosophie der Menschenrechte. Hamburg 2007.

Merkel, Rainer: § 14 Abs.3 Luftsicherheitsgesetz: Wann und warum darf der Staat töten? Ms. 2007.

O'Neill, Onora: „Between Consenting Adults." In: Dies.: Constructions of Reason, Cambridge 1989, 105–125.

Parfit, Derek: On What Matters. Volume 1. Oxford 2011.

Rawls, John: Eine Theorie der Gerechtigkeit. Frankfurt a.M. 1979.

Raz, Joseph: „Duties of Well-Being." In: Ders. (Hg.): Ethics in the Public Domain. Oxford 1994, 3–28.

Scanlon, Thomas: Moral Dimensions. Cambridge, Mass. 2008.

Schaber, Peter: Instrumentalisierung und Würde. Paderborn 2010.

Schaber, Peter: Menschenwürde. Stuttgart 2012.

Stoecker, Ralf: „Menschenwürde und das Paradox der Entwürdigung." In: Ders. (Hg.): Menschenwürde – Annäherung an einen Begriff. Wien 2003, 133–152.

Tugendhat, Ernst: Vorlesung über Ethik. Frankfurt a.M. 1993.

Wood, Allen W.: Kant's Ethical Thought. Cambridge 1999.

Meinungs-, Gedanken- und Redefreiheit

Norbert Anwander

Die Freiheiten des Denkens und der Rede sind zentrale Prinzipien liberaler, demokratischer Gesellschaften. Sie werden in internationalen Deklarationen als Menschenrechte garantiert und sind in vielen Ländern konstitutionell verankert (vgl. Art. 18 bzw. 19 AEMR; Art. 9 bzw. 10 EMRK; Art. 4 bzw. 5 GG; Erster Zusatzartikel der US-Verfassung). Den kognitiven und kommunikativen Freiheiten kommt eine doppelte Bedeutung zu: Zum einen handelt es sich um klassische Abwehrrechte, die das Individuum in seiner persönlichen Entfaltung vor staatlichen Eingriffen schützen. Zum anderen ist die ungehinderte öffentliche Meinungsbildung eine funktionale Voraussetzung von Demokratie. Gesellschaftliche Kontroversen um Meinungsfreiheit reflektieren unterschiedliche Auffassungen darüber, worin der Wert dieses Rechts besteht, welche Äußerungen überhaupt Schutz verdienen und wo die Grenzen zugunsten widerstreitender Werte oder Interessen zu ziehen sind.

Traditionell steht die Gedankenfreiheit in engem Bezug zu Gewissens- und Religionsfreiheit. Auch in den aktuellen Rechtstexten wird sie vorwiegend als Anspruch verstanden, seinen Glauben oder eine Weltanschauung frei zu wählen und zu bekennen. Ein umfassenderes Verständnis von Gedankenfreiheit orientiert sich hingegen an einer Idee mentaler Souveränität, der zufolge Personen niemandem Rechenschaft darüber schuldig sind, was in ihrem Inneren vor sich geht. Diese Souveränität hat mehrere Dimensionen: (1) Das Recht, Beliebiges zu denken und zu fühlen, schließt aus, jemanden allein wegen seiner Einstellungen zu bestrafen. (2) Die Freiheit, uns selbständig ein Urteil zu bilden, verbietet es, Menschen gezielt relevante Ideen und Informationen vorzuenthalten. Auch manipulative Eingriffe, etwa in Form einer Gehirnwäsche, verletzen diese persönliche Urteilsfreiheit. (3) Eine mentale Privatsphäre schützt Menschen zudem vor einer Überwachung ihrer Gedanken. Die Gedankenfreiheit berührt unmittelbar unsere Identität als Person und bildet den Kern aller individuellen Freiheitsrechte (Ridder 1954, 245). Ihre Gefährdung, aktuell u. a. durch neurowissenschaftliche Verfahren, ist daher ethisch besonders brisant.

Während der Gedankenfreiheit die Vorstellung zugrunde liegt, dass es andere, zumal den Staat, nichts angeht, was wir denken, zielt die Meinungsfreiheit (eigentlich: Meinungs*äußerungs*freiheit) darauf ab, dass unsere Gedanken nicht privat bleiben müssen. Sie schützt, wie es in Art. 11 der französischen Erklärung der Menschen- und Bürgerrechte von 1789 heißt, „la libre communication des pensées et des opinions". Als Individualrecht besteht dieser Schutz primär in einem gegen den Staat gerichteten Anspruch, weder durch vor-

N. Anwander (✉)
Uri, Schweiz

gängige Zensur noch durch nachträgliche Sanktionen an der Verbreitung seiner Meinungen gehindert zu werden. Nach einem v. a. unter Juristen verbreiteten Verständnis sind Meinungen durch ein Element von Subjektivität bestimmt; unmittelbaren Schutz genießt demnach lediglich die Äußerung persönlicher Ansichten, Einschätzungen und Wertungen, nicht jedoch die Mitteilung von Tatsachen (Grimm 1995, 1697 f.; Ridder 1954, 263 ff.). In der Praxis erweist sich die Abgrenzung sogenannter ‚objektiver Tatsachenbehauptungen' von subjektiven Stellungnahmen indes als schwierig (Herzog 2009, Rndnr. 50–55). Problematisch ist es auch, diese Unterscheidung so zu verstehen, dass Äußerungen nur frei sein sollen, wenn mit ihnen kein objektiver Geltungsanspruch erhoben wird. Eher geht es darum, dass Meinungsfreiheit vorrangig im Kontext der Erkundung von Werten und der Auseinandersetzung mit normativen Fragen zu sehen ist und ‚bloße Informationen' nur insoweit erhöhten Schutz vor staatlicher Kontrolle verdienen, als sie für diesen Zweck relevant sind. Mitunter wird der Ausdruck ‚Redefreiheit' verwendet, um zu signalisieren, dass, analog zu *freedom of speech,* das umfassende Recht im Blick ist, Einstellungen aller Art zu kommunizieren, Ideen und Informationen zu verbreiten sowie sich appellativ an eine Öffentlichkeit zu wenden. ‚Rede' ist dabei in einem weiten Sinn zu verstehen, der auch Texte, Bilder, Gesten und anderes symbolisches Verhalten einschließt.

81.1 Die Freiheiten von Denken, Sprechen und Handeln

In der Trias von Denken, Sprechen und Handeln sind für eine liberale Position die beiden Eckpunkte vergleichsweise klar: Weil die ungeäußerten Gedanken des einen den Gedanken des anderen physisch nicht in die Quere kommen, herrscht unbegrenzte Freiheit. Wie verkehrt und verwerflich die Einstellungen einer Person auch sein mögen, solange sie in deren Kopf verbleiben, besteht kein Anlass zu Restriktionen. Handlungen hingegen finden in einer Welt statt, die wir mit anderen Menschen teilen. Soweit sich unser Verhalten auf die Handlungsmöglichkeiten oder das Wohl Dritter auswirkt, unterliegt diese Freiheit legitimen Einschränkungen. Weitaus weniger klar ist jedoch, wie es mit dem Sprechen und anderen Äußerungsformen steht. Die philosophische Herausforderung liegt darin, für Meinungsfreiheit einen Ort zwischen absoluter Gedankenfreiheit und beschränkter Handlungsfreiheit zu finden.

Für extensive Meinungsfreiheit wäre leicht zu argumentieren, wenn es sich mit unseren Worten wie mit unseren Gedanken verhielte. Diese Analogie scheitert jedoch unmittelbar daran, dass Äußerungen etwas Interpersonales sind (Narveson 1994, 64 f.). Mit ihnen wird die Schwelle zur öffentlichen Sphäre und damit zum Freiheitsbereich anderer überschritten. Auch das Argument, dass ‚bloße Worte' niemandem weh tun würden, ist wenig stichhaltig. Ohne Zweifel gibt es Überzeugungen und Informationen, deren Verbreitung das Potential hat, anderen erheblichen Schaden zuzufügen. Ebenso kann es belastend sein, mit sexistischen, rassistischen oder anderweitig feindseligen Ansichten konfrontiert zu werden, die wir aus guten Gründen nicht hören wollen. Weiter gilt es zu bedenken, dass Sprechen immer zugleich ein Handeln ist. In der jüngeren Diskussion zu Meinungsfreiheit ist gegen eine Verharmlosung von Rede verschiedentlich die sprechakttheoretische Einsicht fruchtbar gemacht worden, dass wir mit Sprache spezifische Dinge tun können (Austin 1972). Wer sich einseitig an der Vorstellung eines freien Austausches von Ideen orientiert, verkennt, dass Worte auch die Macht haben, Menschen zu demütigen, einzuschüchtern oder aufzuhetzen (Butler 1998; Langton 2009; MacKinnon 1994; aber auch schon Mill 1988, Kap. 3).

Wenn Sprechen ein Tun ist und Worte nicht immer folgenlos bleiben, stellt sich die Frage, was Äußerungen in normativer Hinsicht von gewöhnlichen Handlungen unterscheidet. Einige bestreiten, dass es darauf eine befriedigende Antwort gibt, und lassen die Meinungsfreiheit deshalb in der allgemeinen Handlungsfreiheit aufgehen (Alexander 2005; Fish 1994). Dieser skeptischen Auffassung zufolge verdient Rede nicht mehr als jenen Schutz, der nach liberaler Freiheitspräsumption auch für alle anderen Aktivitäten gilt. Vertreter eines robusten Prinzips von Meinungsfreiheit argumentieren dagegen für einen besonderen Status der Rede. Ihnen stellt sich die Aufgabe, zu erklären, weshalb Äußerungen auch dann nicht verboten werden dürfen, wenn sie über ein Schädigungspotential verfügen, das bei Handlungen rechtliche Einschränkungen rechtfertigen würde (vgl. Schauer 1982; Scanlon 1972).

81.1.1 Grundlagen von Meinungsfreiheit

Politische Philosophie und Verfassungstheorie haben eine bemerkenswerte Vielzahl von Konzeptionen und Begründungen der Meinungsfreiheit entwickelt (für einen Überblick vgl. Barendt 2007; Sadurski 1999; Schauer 1982). Hinsichtlich ihrer normativen Leitvorstellung lassen sich vier Argumentationslinien unterscheiden: (1) das demokratietheoretische Argument, (2) das epistemische Argument, (3) das Argument der Persönlichkeitsentfaltung sowie (4) das Argument der moralischen Autonomie. Weitgehend unabhängig von dieser Unterscheidung verläuft der Kontrast zwischen instrumentellen (konsequentialistischen bzw. funktionalen) Theorien, die auf die positiven Effekte ungehinderter Kommunikation verweisen, und prinzipiellen (deontologischen) Positionen, die Meinungsfreiheit als ein moralisches Recht rationaler Personen verteidigen. Weiter ist es sinnvoll, Argumente danach zu differenzieren, ob es die Sprecher oder die Hörer sind, deren Interessen im Fokus stehen. Viele Begründungen zielen auch darauf ab, dass der freie Austausch von Ideen und Informationen im Interesse von Dritten oder der Gesellschaft insgesamt ist.

1. Redefreiheit ist allgemein ein Instrument der öffentlichen Kontrolle von Politik, erschwert den Missbrauch von Macht und dient der Verteidigung individueller Rechte. Das Interesse, selbst seine Meinung bekunden zu können, ist dabei nachrangig gegenüber dem Vorteil, den alle daraus ziehen, dass für andere die Möglichkeit besteht, staatliches Handeln transparent zu machen und zu kritisieren (Raz 1992, 132). Eine grundlegendere Funktion kommt der Meinungsfreiheit jedoch speziell im Rahmen einer Demokratie zu (als klassischer Text zum Zusammenhang von Redefreiheit und *self-government* gilt Meiklejohn 1948). Freie Kommunikation ist unabdingbar, wenn die Bürger in der Lage sein sollen, sich mit informierten Entscheidungen an der Politik zu beteiligen. Für eine deliberative Konzeption von Demokratie steht zudem der Prozess öffentlicher Meinungsbildung auf dem Spiel, der eine Verzerrung erlitte, wenn einzelne Positionen von vornherein ausgeschlossen wären. Den funktionalen Argumenten lassen sich deontologische Überlegungen zur Seite stellen: Das der Demokratie zugrundeliegende Ideal der Gleichheit verlangt, dass jeder das Recht hat, mit seinen Überzeugungen die Politik zu beeinflussen (Dworkin 1996, 237). Können bestimmte Positionen nicht einmal in den öffentlichen Diskurs eingebracht werden, steht die Legitimität staatlichen Handelns in Frage (Dworkin 2006). Das demokratietheoretische Argument privilegiert politische Rede (Sunstein 1993, 121 ff.). Äußerungen, die persönliche, ästhetische oder religiöse Angelegenheiten betreffen, werden mit dieser Begründung bestenfalls indirekt geschützt. Die funktionale Bindung an eine bestimmte Staatsform verträgt sich auch schlecht mit der Vorstellung, dass Meinungsfreiheit ein grundständiges Menschenrecht ist.

2. Die klassische Formulierung des epistemischen Arguments für Meinungsfreiheit findet sich bei J.St. Mill (1988, Kap. 2). Von der empirischen These ausgehend, dass der Prozess kollektiver Wahrheitssuche freie Diskussion erfordert, verlangt Mill, dass es keine autoritären Verbote und keine Tabus geben darf. Mills Argument gegen Zensur ist ein fallibilistisches. Wer Meinungen unterdrücken will, weil er sie für falsch oder gefährlich hält, erhebt einen nicht einzulösenden Anspruch auf Unfehlbarkeit. Auffassungen, die wir ablehnen, sind daher allein mit Gegenargumenten zu bekämpfen. Mill ist als Apologet eines unregulierten Marktes von Meinungen kritisiert worden, doch dieser Vorwurf verkennt u. a. sein tugendepistemologisches Anliegen: Unsere Überzeugungen drohen im

Dogma zu erstarren und sie verlieren ihre Rechtfertigung, wenn sie jeglichem Widerspruch entzogen werden. Triftiger ist der Einwand, diese Theorie übertrage das Modell eines akademischen Seminars auf die reale Welt, in der die Möglichkeiten rationaler Argumentation begrenzt, die Kosten von irreführender oder provozierender Rede aber oft erheblich sind. Mills Argument stößt zudem an Grenzen bei Äußerungen, die schlecht unter die epistemische Funktion zu bringen sind. Wir wollen nicht nur zur allgemeinen Wahrheitsfindung beitragen, sondern fühlen uns auch berechtigt, Protest zu erheben, Solidarität zu zeigen oder uns öffentlich zu unseren Idealen zu bekennen.

3. Ein am guten Leben ausgerichtetes Argument verweist auf die Bedeutung von Meinungsfreiheit für die Entfaltung der Persönlichkeit (Raz 1994). Wir entwickeln unsere Vorstellungen, wie wir unser Leben führen wollen, in Auseinandersetzung mit den Erfahrungen und Idealen anderer. Ein weites Spektrum von Wahlmöglichkeiten setzt daher eine Gesellschaft voraus, in der alternative Lebensentwürfe öffentlich vertreten werden können. Menschen haben überdies starke kommunikative und expressive Interessen. Es ist uns wichtig, unsere Gedanken und Wertvorstellungen mit anderen zu teilen; und wir haben das Bedürfnis, unserer individuellen und sozialen Identität Ausdruck zu geben. Ein liberales Regime von Meinungsfreiheit bewahrt Menschen davor, Gefangene ihres sozialen Umfelds zu sein. Sie müssen dann den Zugang zur Öffentlichkeit nicht mit einer Unterwerfung unter das Diktat der öffentlichen Meinung erkaufen. Vielmehr haben sie die Möglichkeit, selbst Einfluss zu nehmen auf die Kultur, in der sie leben.

4. Aktuell liegt die Aufmerksamkeit vieler liberaler Philosophen beim Versuch, Meinungsfreiheit als ein grundlegendes Recht mündiger Personen zu verstehen. Deontologische Argumente sehen unsere moralische Autonomie missachtet, wenn Äußerungen wegen ihres unangenehmen Inhalts unterdrückt werden. Als Sprecher sollten wir es als einen persönlichen Affront empfinden, wenn die Regierung oder andere Autoritäten sich anmaßen, zu bestimmen, was wir sagen dürfen (Nagel 1995, 98). Wer Menschen den Mund verbietet, erklärt ihre Gedanken für unwert, einer Öffentlichkeit mitgeteilt zu werden. Erst recht wird nach dieser Argumentation unsere moralische Autonomie missachtet, wenn es die Worte von anderen sind, die unterbunden werden, weil sie uns als Hörer auf falsche oder gefährliche Gedanken bringen könnten. Mit solchen bevormundenden Einschränkungen wird erwachsenen Personen die Souveränität abgesprochen, selbst für ihre Überzeugungen und ihr Verhalten verantwortlich zu sein (vgl. Scanlon 1972, 215 ff.; Dworkin 1985, 200). Besser als die instrumentellen und funktionalen Begründungen von Meinungsfreiheit erfasst der Rekurs auf unseren Status als eigenverantwortliche Personen den hohen symbolischen Wert, den dieses Recht bzw. seine Verletzung für uns hat. Man kann aber einwenden, dass es unter nicht-idealen Bedingungen durchaus gute Gründe gibt, weder unserer eigenen Autonomie noch der anderer schutzlos ausgeliefert sein zu wollen.

Für die im deutschen Grundgesetz verankerte Meinungsfreiheit ist stets eine doppelte Begründung angenommen worden: Sie dient einerseits der „Sicherung einer staatsfreien Privatsphäre," und ist andererseits „Voraussetzung einer demokratischen Staatsordnung" (Grimm 1995, 1698; vgl. auch Ridder 1954). In der philosophischen Diskussion hat sich ebenfalls weitgehend die Auffassung durchgesetzt, dass den expressiven Freiheiten verschiedene Werte zugrunde liegen, dass nicht alle Rede gleichermaßen schutzwürdig ist (zur Differenzierung von *high value speech* und *low value speech* vgl. Sunstein 1993; Sadurski 1999) und dass eine umfassende Theorie von Meinungsfreiheit den vielfältigen Funktionen menschlicher Äußerungen Rechnung tragen muss (Cohen 1995).

81.1.2 Gerechtfertigte Einschränkungen

Meinungsfreiheit kann nicht darin bestehen, dass sich jeder jederzeit überall zu jedem Thema in beliebiger Form verbreiten darf. Unstrittig sind Einschränkungen, die damit zu tun haben, dass eine Äußerung unabhängig von ihrem Inhalt stets zugleich ein Ereignis ist, das etwa Lärm produziert oder anderweitig Ressourcen wie physischen oder medialen Raum beansprucht. Wer nachts um drei Uhr mit dem Megafon seine politischen Ansichten verbreiten will, kann sich nicht auf die Meinungsfreiheit berufen. Angefangen mit Eigentumsregelungen unterliegt der Vorgang der Äußerung sämtlichen Einschränkungen, die für Handlungen allgemein gelten. In vielen Kontexten ist es zudem für eine sinnvolle Kommunikation unerlässlich, Sprecherrechte festzulegen und zu regulieren, zu welchen Themen überhaupt das Wort ergriffen werden darf. Das Recht zur freien Meinungsäußerung ist nicht einmal tangiert, wenn gewöhnliche Bürger im Parlament nichts zu sagen haben und selbst Abgeordnete sich an die Tagesordnung halten müssen. Die Akzeptabilität so begründeter Einschränkungen hängt wesentlich davon ab, dass sie keine inhaltliche Abwertung implizieren und nicht darauf ausgerichtet sind, einzelne Standpunkte zu diskriminieren (zu Standpunktneutralität vgl. Alexander 2005; Sadurski 1999; Sunstein 1993). Sie sind auch leichter hinzunehmen, wenn alternative Möglichkeiten bestehen, die fraglichen Positionen öffentlich zu vertreten. Kontroverser sind rollenspezifische Maulkorbregelungen. In seiner Aufklärungsschrift stellt Kant einem ‚Privatgebrauch der Vernunft' im Rahmen eines Auftragsverhältnisses, der mit guten Gründen Einschränkungen unterliegt, den freien öffentlichen Gebrauch der Vernunft gegenüber: Jeder habe die volle Freiheit, sich als Gelehrter an die Öffentlichkeit zu wenden, Missstände publik zu machen und der Welt seine Gedanken mitzuteilen (Kant 1784). Kants freiheitliche Position geht allerdings zu leicht über die Möglichkeit hinweg, dass Amtsträgern spezielle Diskretions- und Loyalitätspflichten obliegen, die es ihnen verbieten, sich zu bestimmten Fragen öffentlich zu äußern.

Die unabhängig von besonderen Verpflichtungen geltenden Einschränkungen der Meinungsfreiheit sind v. a. dann brisant, wenn sie mit dem Inhalt der Äußerungen zu tun haben. Liberale Positionen zeichnen sich dadurch aus, dass sie die Gründe, die überhaupt zur Legitimierung von Freiheitsrestriktionen herangezogen werden können, eng umreißen. Ein wichtiger Bezugspunkt ist das von J.St. Mill formulierte Schadensprinzip, wonach einzig die Verhinderung einer Schädigung anderer ein solcher Zweck ist (Mill 1988). In der aktuellen Debatte um Meinungsfreiheit sind es hauptsächlich Werte wie Autonomie, Gleichheit und Menschenwürde, deren Schutz zur Rechtfertigung staatlicher Eingriffe angeführt wird. Mit einer liberalen Position nicht zu vereinbaren sind hingegen Gesetze, die Blasphemie und Unmoral unter Strafe stellen, die Bewahrung der sozialen Harmonie zum Ziel haben oder die nationale Ehre verteidigen sollen. Einem liberalen Verständnis von Meinungsfreiheit gänzlich konträr sind jene intoleranten Konzeptionen, bei denen das Recht zur Rede unmittelbar vom Wert der einzelnen Äußerungen abhängig gemacht und auf die Affirmation des Guten und Richtigen beschränkt wird (so z. B. in Art. 22 der „Kairoer Erklärung der Menschenrechte im Islam").

In manchen Fällen werden die einschlägigen Werte unmittelbar durch den Akt der Äußerung verletzt (Langton 2009; Sadurski 1999). Menschenverachtende Bemerkungen, allgemein Verunglimpfungen und Verleumdungen, fallen daher überhaupt nicht unter das Recht auf Meinungsfreiheit. Das gilt im Grundsatz auch für Publikationen, die anderer Leute Privatsphäre verletzen. Meist gestaltet sich die kausale Verbindung zwischen Rede und Schaden aber erheblich komplexer. Es stellt sich dann die Frage, unter welchen Bedingungen es zulässig ist, ein an sich bestehendes Äußerungsrecht punktuell zu beschneiden. Die vorwiegend in der verfassungsrechtlichen Diskussion entwickelten Standards verweisen auf Kriterien wie die Wahrscheinlichkeit und das Ausmaß des Schadens, die Unmittelbarkeit der Gefahr sowie die zwingende Erforderlichkeit der Maßnahme. Auch die Absichten des Sprechers sind zu berücksichtigen.

Verbotsforderungen, die damit begründet werden, dass bestimmte Äußerungen ein soziales Klima schaffen würden, das Gewalt begünstigt oder sich anderweitig negativ auswirkt, sind kontrovers. Teils sind es die empirischen Zusammenhänge, die unterschiedlich eingeschätzt werden. Es bestehen aber auch normative Differenzen darüber, wer für die negativen Folgen von Worten verantwortlich ist und wie die Kosten für ihre Vermeidung zwischen Sprechern, Hörern und Dritten zu verteilen sind. Eine extreme Position besagt, dass es stets den Rezipienten überlassen ist, wie sie auf die Äußerungen anderer reagieren: Wer sich beleidigt fühlt, ist selbst schuld, und wenn sich jemand zu Gewaltakten provozieren lässt, ist das nicht Sache des Sprechers (vgl. Husak 1985). Diese Argumentation ist zu simpel (Schauer 1993). Es bedarf allerdings einer Limitierung der Konsequenzen, die bei der Rechtfertigung von Freiheitseinschränkungen zählen. Andernfalls wird intoleranten Kräften die Möglichkeit geboten, missliebige Stimmen durch die Drohung mit Krawall zum Schweigen zu zwingen (sog. *heckler's veto*).

Diverse pragmatische Gründe können gegen die Einführung selbst an sich legitimer Verbote sprechen. (1) Häufig wird z. B. die Prohibition von extremistischem Gedankengut abgelehnt, weil sie kontraproduktiv sei, seine Vertreter in den Untergrund dränge und ihnen einen unverdienten ‚Opferstatus' verleihe. (2) Ein weiterer Gesichtspunkt ist die Gefahr eines regulatorischen Dammbruchs, weil partikulare Gruppen starke Interessen haben, jeweils die ihnen ungenehmen Meinungsäußerungen strafrechtlich erfassen zu lassen. Ein prinzipieller Verzicht auf Verbote vermag dem vorzubeugen. (3) Es ist auch stets damit zu rechnen, dass Regierungen ihre Macht missbrauchen werden und offiziell für andere Zwecke bestimmte Gesetze zum Vorwand nehmen, oppositionelle Meinungen zu unterdrücken. (4) Zu beachten ist ferner der sogenannte *chilling effect:* Regulierungen wirken sich generell lähmend auf die Diskussion aus, weil aus Furcht vor möglichen rechtlichen Konsequenzen auch Äußerungen unterbleiben, die im Sinne eines offenen Meinungsbildungsprozesses durchaus erwünscht wären. Pragmatische Bedenken gegen staatliche Regulierungen der Kommunikation spielen v. a. in der US-amerikanischen Diskussion um Meinungsfreiheit eine prominente Rolle.

Die US-amerikanische Diskussion nimmt international insofern eine Sonderstellung ein, als quer durch das politische Spektrum eine extensive Auslegung der *freedom of speech* dominiert. Praktisch einhellig ist die Ablehnung der in zahlreichen anderen Staaten eingeführten Strafnormen zur Leugnung historischer Verbrechen, namentlich des Holocaust (‚Auschwitz-Leugnung'; vgl. für Deutschland § 130 Abs. 3 StGB) sowie anderer Fälle von Völkermord. Zweifel an der strategischen Klugheit solcher Maßnahmen gehen einher mit prinzipiellen Vorbehalten gegen Gesetze, die darauf ausgerichtet sind, spezifische Sichtweisen zu unterdrücken (Chomsky 1981; Dworkin 1996, 223 ff.; Dworkin 2006; Nagel 1995, 95 ff.). Daneben wird es als Ausdruck von Schwäche angesehen zu glauben, die historische Wahrheit müsse mit Hilfe des Strafrechts verteidigt werden. Solche Kritik missversteht die Leugnungsverbote als unbeholfenen Versuch, zu verhindern, dass falsche Überzeugungen an Boden gewinnen. Ihr vorrangiger Zweck ist jedoch, die Opfer vor der beleidigenden Negierung des erlittenen Unrechts zu bewahren. Der an sich attraktive Vorschlag, auf Holocaustleugner mit kraftvoller Gegenrede statt Gesetzen zu reagieren, ignoriert überdies die expressive Funktion des Strafrechts. Inwiefern Opferschutz und verwandte Zwecke eine Beschneidung der Meinungsfreiheit effektiv rechtfertigen, wird am Ende auch von der Verantwortung abhängen, die einem Staat aufgrund seiner speziellen Geschichte zukommt.

Auseinandersetzungen um Meinungsfreiheit spiegeln jeweils allgemeine gesellschaftliche (wie auch medientechnische) Entwicklungen wider. Gegenwärtig wird in kulturell und religiös heterogenen Gesellschaften vermehrt Verhalten zum Thema, das nicht eigentlich Schaden anrichtet, aber von einigen als anstößig oder beleidigend empfunden wird (vgl. Feinberg 1985). Liberale verteidigen traditionell das Recht, schlechthin alles der Lächerlichkeit preiszugeben, und verstehen die scharfe Satire als wichtigen Bestandteil des öffentlichen Diskurses

(Dworkin 2006). Dagegen steht die Forderung, der Staat müsse seine Bürger, erst recht, wenn sie Minderheiten angehören, vor mutwilligen Verletzungen ihrer religiösen Gefühle schützen. Multikulturalisten wenden gegen das liberale Regime auch ein, dass die Kosten für die verlangte Toleranz von Spott und Tabubrüchen ungleich verteilt seien.

Grundsätzlich ist es bei der Diskussion um die Grenzen der Meinungsfreiheit wichtig, zwei Fragen getrennt zu halten: Vor der Entscheidung stehend, ob wir in einer bestimmten Situation unsere Meinung zum Besten geben sollen, wäre es ein Fehler, uns allein daran zu orientieren, dass wir das Recht dazu haben. Freiwillige Mäßigung und Zurückhaltung sind oft ein Gebot der Klugheit wie auch aus Rücksicht auf andere moralisch angezeigt. Umgekehrt geht ein noch so berechtigter Hinweis, aggressive Rhetorik oder billige Polemik seien wenig hilfreich, an der Herausforderung von Meinungsfreiheit vorbei: Dass manche Bemerkungen besser unterbleiben sollten, beantwortet nicht die Frage, ob andere und speziell der Staat befugt sind, Personen für solche Äußerungen zu ahnden.

81.2 Echte Meinungsfreiheit

Menschenrechtliches Engagement für Redefreiheit versteht sich gewöhnlich als Kampf gegen die Unterdrückung von Regimekritik und dissidenten Meinungen. Im Gegensatz dazu dreht sich die philosophische Debatte hauptsächlich um die vergleichsweise peripheren Fragen, die das Recht freier Meinungsäußerung in einer grundsätzlich liberalen Gesellschaft aufwirft (zu dieser Diskrepanz vgl. Nagel 1995). Dass das akademische Interesse einseitig dem Recht auf Äußerungen gilt, deren Wert zweifelhaft erscheinen mag, weil sie offenkundig falsch, unnötig beleidigend oder schlicht belanglos sind, hat damit zu tun, dass für Liberale allein solche Rede in ihrer Schutzwürdigkeit überhaupt kontrovers sein kann. Konsens besteht hingegen darüber, dass die Analyse der Gefährdungen von Meinungsfreiheit über den Fall direkter obrigkeitlicher Repression hinausgehen muss.

Die effektive Möglichkeit, mit unseren Gedanken eine Öffentlichkeit zu erreichen, hängt nicht allein davon ab, was das Strafrecht zulässt. Von zahlreichen staatlichen Regelungen und Maßnahmen geht eine erhebliche mittelbare Wirkung aus (Alexander 2005). Für echte Meinungsfreiheit gilt es deshalb den Blick auch darauf zu richten, welche Konsequenzen etwa Sprachenpolitik, Eigentumsregelungen oder Lärmverordnungen für die Kommunikationsmöglichkeiten der Bürger haben. Eine besondere Gefahr sehen manche im Verlust traditioneller Foren des Meinungsaustausches: Wenn der kommunale Marktplatz der *Shopping Mall* weicht, untersteht es nun dem Diktat von Privaten, ob Passanten angesprochen und Flugblätter verteilt werden dürfen (vgl. Sunstein 1993, 104 f.). Sorge bereitet zudem eine Behinderung der Kommunikation durch exzessive geistige Eigentumsrechte (Netanel 2008).

Wer ausschließlich staatliche Freiheitsrestriktionen thematisiert, übersieht auch, dass es meist Privatpersonen sind, die anderen den Mund verbieten wollen. J.St. Mill hat schon früh darauf hingewiesen, dass in modernen Gesellschaften die größte Gefahr für die individuelle Freiheit von sozialem Konformitätsdruck ausgeht (Mill 1988, Kap. 1). In einem Klima von Intoleranz ist es schwer, eine von der Mehrheitsmeinung abweichende Auffassung zu vertreten. Durch die Tabuisierung von Positionen, deren Infragestellung informellen Sanktionen unterliegt, wird die Diskussion unter Umständen massiver erstickt als durch eine offizielle Zensur. Informelle Artikulationsnormen können auch dazu führen, dass Stimmen, die nicht den etablierten Redemustern folgen, systematisch aus Diskursen ausgeschlossen werden (für Vorschläge zu einer inklusiven politischen Kommunikation vgl. Young 2000, 52 ff.). Von einigen wird die soziale Forderung nach einem ‚politisch korrekten' Sprachgebrauch, der sich abwertender Ausdrücke enthält, ebenfalls als Angriff auf die Meinungsfreiheit empfunden (Hentoff 1992). Die ethischen Fragen, die sich stellen, wenn andere Akteure als der Staat Macht und Autorität ausüben, sind wenig untersucht. Dazu gehören etwa: Inwiefern dürfen z. B.

Arbeitgeber ihren Angestellten untersagen, sich zu bestimmten Themen zu äußern? Oder welche Vielfalt an Meinungen sollten soziale Netzwerke im Internet zulassen?

Ein Mechanismus, wie Rede selbst Kommunikationsmöglichkeiten unterminiert, ist Gegenstand der sogenannten *Silencing*-These. Im Anschluss an die Sprechakttheorie identifiziert sie soziale Bedingungen, unter denen benachteiligte Gruppen außerstande sind, gewisse sprachliche Handlungen auszuführen (Langton 2009; MacKinnon 1993). Speziell ist argumentiert worden, dass die mit Pornographie transportierten Vorstellungen Frauen die Möglichkeit nehmen, in den einschlägigen Kontexten erfolgreich eine Zurückweisung zu kommunizieren. Kritiker bestreiten allerdings den für ein solches *illocutionary disablement* behaupteten Kausalzusammenhang (Dworkin 1996, 220 f.). Eine separate Frage ist, ob sich so im Namen effektiver Redemöglichkeiten für alle ein Pornographieverbot sowie andere staatliche Eingriffe begründen ließen. Die *Silencing*-These hat auch eine Debatte darüber ausgelöst, ob Redefreiheit einzig die Mitteilung von Gedanken abdeckt oder weitere Sprechakte schützt (Jacobson 1995).

Soll der Staat Redemöglichkeiten auch aktiv schützen oder gar fördern? Die Forderung nach einem einklagbaren Rechtsanspruch auf Zugang zu den Ressourcen, die Individuen für die Verbreitung ihrer Gedanken benötigen, dürfte kaum Zustimmung finden. Den im deutschen Grundgesetz verankerten Kommunikationsfreiheiten kommt allerdings eine objektivrechtliche Dimension zu, die den Staat zur Gewährleistung der institutionellen Rahmenbedingungen einer für alle offenen politischen Diskussion verpflichtet (Ridder 1954, 249 ff.). In den USA stößt dagegen insbesondere der Vorschlag auf erhebliche Ablehnung, dass der Staat im Dienste eines egalitären demokratischen Prozesses auch Maßnahmen wie etwa Wahlkampfregulierungen ergreifen soll, die selbst Einschränkungen der Redefreiheit darstellen. Solchen Differenzen liegen u. a. unterschiedliche Auffassungen sowohl von Demokratie als auch der Bedeutung von Meinungsfreiheit zugrunde (vgl. Dworkin 2010, Kap. 10).

Literatur

Alexander, Larry: Is There a Right of Freedom of Expression? Cambridge 2005.
Austin, John L.: Zur Theorie der Sprechakte. Stuttgart 1972 (engl. 1962).
Barendt, Eric: Freedom of Speech. Oxford 2007.
Butler, Judith: Haß spricht. Zur Politik des Performativen. Berlin 1998 (engl. 1997).
Chomsky, Noam: „The Faurisson Affair. His Right to Say It." In: The Nation, 28.2.1981, 231–234.
Cohen, Joshua: „Freedom of Expression." In: Philosophy and Public Affairs 22. Jg., 3 (1995), 207–263.
Dworkin, Ronald: A Matter of Principle. Cambridge, Mass. 1985.
Dworkin, Ronald: Freedom's Law. The Moral Reading of the American Constitution. Cambridge, Mass. 1996.
Dworkin, Ronald: „The Right to Ridicule." In: The New York Review of Books 53. Jg., 5 (2006).
Dworkin, Ronald: Was ist Gleichheit? Frankfurt a.M. 2010 (engl. 2002).
Feinberg, Joel: Offence to Others: The Moral Limits of the Criminal Law. Oxford 1985.
Fish, Stanley: There's No Such Thing as Free Speech. New York 1994.
Grimm, Dieter: „Die Meinungsfreiheit in der Rechtsprechung des Bundesverfassungsgerichts." In: Neue Juristische Wochenschrift 48. Jg., 27 (1995), 1697–1705.
Hentoff, Nat: Free Speech for Me – But Not for Thee: How the American Left and Right Relentlessly Censor Each Other. New York 1992.
Herzog, Roman: Artikel 5 Abs. 1, 2. In: Theodor Maunz, Günter Dürig (Hg.): Kommentar zum Grundgesetz. München 2009.
Heyman, Steven J.: Free Speech and Human Dignity. New Haven/London 2008.
Husak, Douglas N.: „What Is So Special About (Free) Speech?" In: Law and Philosophy 4. Jg., 1 (1985), 1–15.
Jacobson, Daniel: „Freedom of Speech Acts? A Response to Langton." In: Philosophy and Public Affairs 24. Jg., 1 (1995), 64–79.
Kant, Immanuel: „Beantwortung der Frage: Was ist Aufklärung?" [1784] In: Gesammelte Schriften. Akademieausgabe Bd. 8. Berlin 1912.
Langton, Rae: Sexual Solipsism. Philosophical Essays on Pornography and Objectification. Oxford 2009.
MacKinnon, Catharine: Nur Worte. Frankfurt a.M. 1994 (engl. 1993).
Meiklejohn, Alexander: Free Spech and its Relation to Self-Government. New York 1948.
Mill, John Stuart: Über die Freiheit. Stuttgart 1988 (engl. 1859).
Nagel, Thomas: „Personal Rights and Public Space." In: Philosophy and Public Affairs 24. Jg., 2 (1995), 83–107.

Narveson, Jan: „Freedom of Speech and Expression: ‚A Libertarian View'." In: Wilfrid J. Waluchow (Hg.): Free Expression: Essays in Law and Philosophy. Oxford 1994, 59–90.

Netanel, Neil W.: Copyright's Paradox. Oxford 2008.

Raz, Joseph: „Rights and Individual Well-Being." In: Ratio Juris 5. Jg., 2 (1992), 127–142.

Raz, Joseph: „Free Expression and Personal Identification". In: Wilfrid J. Waluchow (Hg.): Free Expression: Essays in Law and Philosophy. Oxford 1994, 1–29.

Ridder, Helmut: „Meinungsfreiheit." In: Franz L. Neumann et al. (Hg.): Die Grundrechte, Bd. 2. Berlin 1954, 243–290.

Sadurski, Wojciech: Freedom of Speech and Its Limits. Dordrecht 1999.

Schauer, Frederik: Free Speech: A Philosophical Enquiry. Cambridge 1982.

Schauer, Frederik: „The Phenomenology of Speech and Harm." In: Ethics 103. (1993), 635–653.

Scanlon, Thomas: „A Theory of Freedom of Expression". In: Philosophy and Public Affairs 1. Jg., 2 (1972), 204–226.

Sunstein, Cass: Democracy and the Problem of Free Speech. New York 1993.

Young, Iris Marion: Inclusion and Democracy. Oxford 2000.

82

Religionsfreiheit, Religionskritik und Blasphemie

Jean-Pierre Wils

82.1 Religion als Heils- und Unheilsintervention

Religion bzw. deren Praktiken haben immer Religionskritik zur Folge gehabt. Religionskritik hat ihrerseits oft den Vorwurf der Blasphemie auf sich gezogen, aber der Blasphemieverdacht war (und ist) ebenfalls ein religionsinternes Mittel der Orthodoxieapologie und der Häresieabwehr. Zum Zweck einer Charakterisierung von Religion benutzen wir eine religionswissenschaftlich geläufige Definition. Bei einer Religion, so Martin Riesebrodt, handelt es sich „um ein empirisch gegebenes System von Praktiken mit Bezug auf übermenschliche Mächte" (Riesebrodt 2007, 34). Anders ausgedrückt: Religion ist praktische Transzendenzbeziehung. Riesebrodt hebt demnach die „interventionistische" Seite von Religion hervor und versteht diese im Wesen als „System der Abwehr von Unheil, Krisenbewältigung und Heilsstiftung" (ebd., 127). Die „diskursiven" und die „verhaltensregulierenden" Praktiken, also das weltbildhaft-kognitive und das moralisch-normative Element von Religion, sind dann gewissermaßen abgeleitet bzw. zweitrangig. Der relative Vorrang des interventionistischen Aspekts erklärt seinerseits die teils heftigen Abwehrmechanismen, die Religionen an den Tag legen, sobald ihre Primärfunktion, vornehmlich die ‚Abwehr von Unheil', Gegenstand von Angriffen oder Verspottung wird. Blasphemie wurde jedenfalls über Jahrhunderte als ein (sprachliches) Verhalten betrachtet, das Gottes Zorn und somit großes Unheil über den Einzelnen und über die Gemeinschaft zu bringen droht. Im Zentrum der Religionskritik stand immer – nebst der Infragestellung kognitiver und moralischer Überzeugungen, die Religionen mit sich führen – der Angriff auf interventionistische Praktiken, indem diese als gegenstandslos oder als Produkt falschen Bewusstseins entlarvt wurden.

82.2 Religions-, Gewissens- und Gedankenfreiheit

Religionsfreiheit ist ein Menschenrecht und gilt in zahlreichen Verfassungen als ein Grundrecht des Bürgers. Im Artikel 18 der „Allgemeinen Erklärung der Menschenrechte" vom 10. Dezember 1948 heißt es: „Jeder hat das Recht auf Gedanken-, Gewissens- und Religionsfreiheit: dieses Recht schließt die Freiheit ein, seine Religion oder seine Weltanschauung zu wechseln, sowie die Freiheit, seine Religion oder seine Weltanschauung allein oder in Gemeinschaft mit anderen, öffentlich oder privat durch Lehre, Ausübung, Gottesdienst und Kulthandlungen zu

J.-P. Wils (✉)
Radboud Universität Nijmegen, Nijmegen, Niederlande
E-Mail: j.p.wils@ftr.ru.nl

bekennen." Diese auf den ersten Blick einfache Formel verfügt gleichwohl über einen komplexen Inhalt. Sie garantiert sowohl die Freiheit *zur* Religion als auch – als Folge der Gedanken- und Gewissensfreiheit – die Freiheit *von* Religion. Darüber hinaus tangiert die Formel auch andere Menschenrechte: Artikel 3 (das Recht auf Leben, Freiheit und Sicherheit der Person), Artikel 7 (Schutz gegen jede Diskriminierung), Artikel 16 (u. a. das Recht zu heiraten ohne jede Einschränkung aufgrund einer Religion), Artikel 19 (Recht auf Meinungsfreiheit und freie Meinungsäußerung) und Artikel 20 (das Recht auf Versammlungsfreiheit und das Verbot eines Zwangs, einer Vereinigung anzugehören), um nur die wichtigsten zu nennen. Das Menschenrecht auf Religionsfreiheit steht somit in einem Spannungsfeld von Lizenzierungen und Einschränkungen: Das Menschenrecht auf Religionsfreiheit gibt der Religionsausübung demnach einen freien, aber keinen uneingeschränkt freien Raum. Es darf nicht mit wesentlichen anderen Menschenrechten kollidieren.

Das gleiche gilt beispielsweise auch hinsichtlich der Verfassung der Bundesrepublik Deutschland. Zwar garantiert das Grundgesetz in seinem Artikel 4 „die Freiheit des Glaubens, des Gewissens und die Freiheit des religiösen und weltanschaulichen Bekenntnisses", gewährleistet „die ungestörte Religionsausübung" und verteidigt somit die Religionsausübung gegen externen Zwang und externe Einschränkung. Aber der gleiche Artikel verteidigt auch die Gewissensfreiheit, die nicht immer und überall reibungs- und konfliktlos mit den Realitäten der Religionsausübung in Einklang zu stehen braucht. Das gleiche gilt auch für den Artikel 5, also bezüglich der Meinungs- und Pressefreiheit, der Freiheit der Kunst und der Wissenschaft: Religionen können ihre Lehre (im Rahmen der Treue zur Verfassung) frei artikulieren, aber ob im Rahmen der Wissenschaftsfreiheit überall an theologischen Fakultäten aufgrund der konkordatsrechtlichen Regelungen tatsächlich von Meinungsfreiheit und Zensurabstinenz die Rede sein kann, ist umstritten. Im Spannungsfeld der genannten Grundrechte sind die zum Teil heftigen Debatten über Toleranz gegenüber Religionen und ihre Grenzen, über das Verhältnis zwischen der Neutralität der liberalen Demokratie und den religiösen Überzeugungen ihrer Bürger sowie der Streit über Religion und Menschenrechte angesiedelt. Darüber hinaus ist es genau dieses Grundrecht, das in den Auseinandersetzungen über Blasphemie im Zentrum der Auseinandersetzungen steht.

82.3 Formen von Religionskritik

Religionskritik ist so alt wie die Religion selbst. Religionskritik kann sowohl religiös als auch nicht religiös motiviert sein. Im ersteren Falle wird Religionskritik Selbstkritik sein und fallen Subjekt und Objekt der Kritik zusammen, im zweiten Falle ist Religion Gegenstand von Fremdkritik, wobei beide Formen der Kritik oft nicht säuberlich getrennt werden können. Religionskritik kann affirmative und negative bzw. negierende Zielsetzungen haben. Nicht jede Fremdkritik braucht allerdings negativ zu sein und nicht jede Selbstkritik muss affirmative Implikationen haben. Das klassische Zeitalter der Religionskritik verbinden wir heute mit Ludwig Feuerbachs Projektionsthese, mit Karl Marx' Entfremdungsthese und mit Sigmund Freuds Illusionsthese. So meinte Freud, Religion sei die Folge unseres Bedürfnisses, uns „gegen die erdrückende Übermacht der Natur zu verteidigen" und gleichzeitig das Resultat eines Drangs, „die peinlich verspürten Unvollkommenheiten der Kultur zu korrigieren" (Freud 1974, 155). Der Triebverzicht, den eine jede Kultur von uns abverlangt, werde in der Religion narzisstisch umgangen. Religion beruht demnach auf der infantilen Illusion, jene Bedürfnisse narzisstisch bzw. ohne wesentlichen Triebverzicht befriedigen zu können. Dabei stellt Freud verblüfft fest, „daß gerade diejenigen Mitteilungen unseres Kulturbesitzes, die die größte Bedeutung für uns haben könnten, denen die Aufgabe zugeteilt ist, uns die Rätsel der Welt aufzuklären und uns mit den Leiden des Lebens zu versöhnen, daß gerade sie die allerschwächste Beglaubigung haben" (ebd.,

161). Um exakt diese Beglaubigung wird in der gegenwärtigen Debatte über Sinn und Unsinn von Religion gestritten.

In jüngster Zeit spielen vor allem naturalistisch inspirierte, an evolutionäre, kognitionswissenschaftliche und neurobiologische Paradigmen angelehnte Erklärungskonzepte eine zunehmend wichtige Rolle, wobei man das Prädikat ‚naturalistisch' vorsichtig verwenden soll. David Hume, wohl der Gründungsvater der späteren Religionswissenschaft, verstand in *Die Naturgeschichte der Religion* (1757) unter ‚Natur' lediglich eine nicht ausschließlich vernunftorientierte, sondern „in der menschlichen Natur" beheimateten Erklärung der Religion. Hume zufolge weise die Vernunfterklärung ohne große Schwierigkeiten auf „einen intelligenten Urheber" (Hume 2000, (1), die Erklärung mittels der menschlichen Natur sei aber viel komplexer. Was dann folgt, ist eine genealogische und anthropologische Interpretation. Als naturalistisch können in der Wirkungsgeschichte Humes all jene Religionserklärungen gelten, die Religion weder ausschließlich spekulativ noch bloß aus ihrer intern-normativen Perspektive rekonstruieren wollen. Sie machen dafür Gebrauch von evolutionären und neurobiologischen Ansätzen in einer nicht-theologischen, anthropologischen Perspektive, wie dies beispielsweise das gewichtige Buch *Et l'homme créa Dieu* (2002) von Pascal Boyer tut. Oft aber wird naturalistischen und auch sozialwissenschaftlichen Erklärungen ein Reduktionismus vorgeworfen, wobei die Prädikate ‚naturalistisch' und ‚reduktionistisch' häufig vermischt bzw. identifiziert werden. Naturalistische Religionskritik kann als ein gültiges wissenschaftliches Paradigma betrachtet werden. Reduktionistische Religionskritik versucht dagegen, Religion als ein Epiphänomen zu entlarven, das auf (Selbst-)Täuschung, Betrug oder Verblendung beruht. Aber auch hier sind die Übergänge und Abgrenzungen oft fließend. Während die heftig umstrittene Abhandlung *The God Delusion* (2006) von Richard Dawkins Religion in dem Gestus moralisch-politischer Entrüstung wegerklären will, kann dies von D.C. Dennetts *Breaking the Spell. Religion as an Natural Phenomenon* (2006) nicht behauptet werden. Dawkins betreibt reduktionistische Religionskritik, Dennett naturalistische Kritik. Übrigens lassen sich auch theologische oder religionsphilosophische Modelle, insofern sie andere als die eigenen normativen Interpretationen ausschließen, reduktionistisch nennen.

82.4 Gotteslästerung, Ehrverletzung und das Bedürfnis nach Ordnung

Als blasphemisch werden aus der Perspektive strenger religiöser Observanz oft bereits alle Formen von Religionskritik empfunden. Im strikteren Sinne des Wortes gilt die Blasphemie oder Gotteslästerung allerdings als ein Religionsdelikt, das die Beleidigung oder Ehrverletzung Gottes zum Gegenstand hat. Häufig steht dabei (nicht nur in den monotheistischen Religionen) der Gottesname im Zentrum der Aufmerksamkeit, „denn mit der Aussprache desselben würden alle Gewalten entfesselt werden, die in dem Gott selbst beschlossen liegen" (Cassirer 1983, 119). Weil die Beleidigungsfähigkeit Gottes ein Wesen voraussetzt, das empfänglich ist für Wut und Zorn, steht folgende Überlegung im Raum: „Wo Gotteslästerung oder Gottesleugnung überhaupt bestraft werden, können sie nur mit dem Tod bestraft werden. Jede geringere Strafe wäre selbst eine Gotteslästerung" (Spaemann 2010, 359) So lautet die zum Teil noch heute gültige Straflogik des Delikts, obzwar die Strafpraktiken von dieser harten Norm erheblich abweichen können. In einer „Präsenzkultur" (Gumbrecht 2004, 99) ist das Welt- und Gottesverhältnis des Menschen jedenfalls materialisiert, somatisiert und emotionalisiert. Er lebt mit der Transzendenz in sinnlich-räumlichen Bezügen, so dass letztere für Beleidigungen und Kränkungen tatsächlich erreichbar ist. Die Anwesenheit Gottes ist real.

Die Moral- und Ordnungsdoktrin der Ehre situiert den Menschen dabei in einer radikal asymmetrischen Position: Die Ehre Gottes und die der Seinigen sind deutlich und unüberbrückbar unterschieden, weshalb Beleidigungen

Gottes durch Fluchen, Meineid oder Namensmissbrauch erhebliche Konsequenzen nach sich ziehen können. Weil die Ehrverhältnisse immer moralische Ordnungsverhältnisse sind, rührt die Ehrverletzung, vor allem aber die Gotteslästerung, an die „Ordnung der Dinge" (Foucault 1971). In diesem Zusammenhang ist die Zunge – das Organ der Zungensünden – auch der primäre Gegenstand der Bestrafung: häufig wurde die Zunge des Lästerers verstümmelt oder herausgerissen.

Der Tatbestand der Blasphemie konnte allerdings nicht immer säuberlich von der Häresie getrennt werden. Galt insgesamt, dass der Gotteslästerung eine absichtliche und böswillige Entehrung Gottes zugrunde liegen sollte, weshalb bloße Affekthandlungen als Schuldminderungsgrund akzeptiert werden konnten, wurde über Jahrhunderte gestritten über die Eingrenzung und über das Strafmaß in gotteslästerlichen Angelegenheiten. Die Todesstrafe wurde zwar immer wieder verhängt, aber sie wurde lediglich als ‚ultima ratio' betrachtet. Im Laufe der frühen Neuzeit und bei zunehmender Modernisierung verblasst jedoch das Blasphemie-Motiv: Nicht die Gotteslästerung mit ihren potentiell vernichtenden Folgen für Individuum und Kollektiv wegen der Strafe Gottes wurde nun als wichtigste Bedrohung der Bestände der Gesellschaft gesehen, sondern der Atheismus. Nicht Gott muss geschützt werden vor Beleidigung, sondern die Religion muss gegen die Atheisten in Schutz genommen werden. Weil Religion die Ordnung der Gesellschaft stabilisiert (‚Ohne Religion kein Gewissen'), benötigen wir „Religionsschutz".

Religionsdelikte sind in Deutschland in die §§ 166–167 StGB aufgenommen. Die Vorgeschichte dieser strafrechtlichen Bestimmung ist interessant und komplex. § 166 StGB („Beschimpfung von Bekenntnissen, Religionsgemeinschaften und Weltanschauungsvereinen") lautet im Wesentlichen:

„Wer öffentlich oder durch Verbreiten von Schriften den Inhalt des religiösen oder weltanschaulichen Bekenntnisses anderer in einer Weise beschimpft, die geeignet ist, den öffentlichen Frieden zu stören, wird mit Freiheitsstrafe bis zu drei Jahren oder mit Geldstrafe bestraft. Ebenso wird bestraft, wer öffentlich oder durch Verbreiten von Schriften eine im Inland bestehende Kirche oder Weltanschauungsvereinigung, ihre Einrichtungen oder Gebräuche in einer Weise beschimpft, die geeignet ist, den öffentlichen Frieden zu stören."

Im Strafgesetzbuch für das Deutsche Reich aus dem Jahre 1871 stoßen wir noch auf den Titel „Vergehen, welche sich auf die Religion beziehen", und es wird Strafe angedroht, falls jemand „öffentlich in beschimpfenden Äußerungen Gott lästert".

Nach der Reform aus dem Jahr 1969 sind also zwei wesentliche Veränderungen festzustellen: Religion erscheint *neben* anderen Bekenntnissen und Weltanschauungsvereinen. In religions- und weltanschauungspluralen Gesellschaften lässt sich offenbar immer schwerer sagen, warum bloß in einer *Religion* und warum in *dieser oder jener* Religion bestimmte Sachverhalte strafrechtlich geschützt werden müssen. Darüber hinaus und wohl auch als unmittelbare Folge davon ist die „Gotteslästerung" als solche aus dem Strafgesetz entfernt worden. In der Neufassung werden zwei wichtige Gründe genannt, die ein strafrechtliches Einschreiten eventuell erforderlich machen: Der unflätige Charakter von Äußerungen, also die *beschimpfende* Art und somit die beleidigende Absicht einerseits und die Gefährdung des öffentlichen Friedens andererseits. Die ratio des heutigen strafrechtlichen Schutzes liegt somit vor allem in der Sicherung der öffentlichen Ordnung bzw. des öffentlichen Friedens. Andere und einst relevante Gründe wie der Schutz der Ehre oder der Person Gottes, die Kränkung der religiösen Gefühle (Gefühlschutztheorie) und der Schutz der Religion als eines Kulturgutes (Religionsschutztheorie) spielen keine oder eine deutlich geringere Rolle. Darüber hinaus stellt das Beleidigungsstrafrecht (Hilgendorf 2008) im Ganzen einen hinreichend ausgearbeiteten Kontext zum Rechtsgüterschutz im Falle der Religionsausübung dar, so dass auf separate theologische oder kirchenpolitische Gesichtspunkte verzichtet werden kann.

Literatur

Boyer, Pascal: Et l'homme créa Dieu. Paris 2002.
Cassirer, Ernst: „Sprache und Mythos – Ein Beitrag zum Problem der Götternamen." In: Ders. (Hg.): Wesen und Wirkung des Symbolbegriffs. Darmstadt 1983, 71–158.
Dawkins Richard: The God Delusion. London 2006.
Dennett, Daniel C.: Breaking the Spell. Religion as a Natural Phenomenon. New York 2006.
Foucault, Michel: Die Ordnung der Dinge. Frankfurt a.M. 1971.
Freud, Sigmund: „Die Zukunft einer Illusion." [1927] In: Ders. (Hg.): Kulturtheoretische Schriften. Frankfurt a.M. 1974, 135–190.
Gumbrecht, Hans Ulrich: Diesseits der Hermeneutik. Die Produktion von Präsenz. Frankfurt a.M. 2004.
Hilgendorf, Eric: „Beleidigung. Grundlagen, interdisziplinäre Bezüge und neue Herausforderungen." In: Erwägen Wissen Ethik 19. Jg., 4 (2008), 403–413.
Hume David: Die Naturgeschichte der Religion [1757]. Hamburg 2000.
Isensee, Josef (Hg.): Religionsbeschimpfung. Der rechtliche Schutz des Heiligen. Wissenschaftliche Abhandlungen und Reden zur Philosophie, Politik und Geistesgeschichte. Bd. 42. Berlin 2007.
Riesebrodt, Martin: Cultus und Heilsversprechen. Eine Theorie der Religionen. München 2007.
Spaemann, Robert: „Ritual und Ethos." In: Ders.: Schritte über uns hinaus. Gesammelte Reden und Aufsätze I. Stuttgart 2010, 353–372.
Wils, Jean-Pierre: Gotteslästerung. Frankfurt a.M. 2007.

83 Pornographie und Gewaltverherrlichung

Elif Özmen

Die Kulturen der Pornographie sind ebenso alt wie ihre moralische Infragestellung und die Versuche ihrer politisch-rechtlichen Regulierung (Hunt 1994). Gegenwärtig geht es vor allem um die Frage, ob Pornographie unter den Schutz der Grundrechte der Meinungs- oder Kunstfreiheit fällt und daher, sei es im Ganzen oder nur teilweise, toleriert oder eben zensiert werden muss durch die Gesellschaft, den Gesetzgeber, den Einzelnen (West 2012). Die philosophische Fragestellung fokussiert auf dieses Spannungsverhältnis zwischen Freiheit und Schädigung: Verursacht die Herstellung, Verbreitung oder der öffentliche Zugang zu Pornographie einen Schaden, der moralisch und/oder rechtlich relevant ist? Ein Recht auf Pornographie (gemeint ist das negative Recht, nicht an der Herstellung, Veröffentlichung und dem privaten sowie gegebenenfalls öffentlichen Konsum gehindert zu werden) und eine Pflicht zum Pornographieverbot markieren die beiden Pole einer Debatte, die ihre Anfänge in der sogenannten *PorNo*-Bewegung der 1980er Jahre hatte und gegenwärtig eine starke Belebung erfährt (Coleman/Held 2014; Altman/Watson 2019). Hierfür ist neben der zunehmenden Publizität und Popularisierung von Pornographie durch die neuen Medien (Stichwort ‚Generation Porno') und neben ihrer ökonomischen Dimension (weltweit werden rund 50 Mrd. $ durch die Pornoindustrie umgesetzt) auch das *sex-positive movement* (‚Stichwort Alternative' oder ‚Feminist Porn') ausschlaggebend. Die Befürworter wie auch die Gegner eines Rechts auf Pornographie stimmen allerdings fast ausnahmslos in ihrer Ablehnung von gewaltverherrlichendem pornographischem Material überein. Dennoch kann der Ausgangspunkt für eine philosophische Analyse eines mutmaßlichen Rechts auf Pornographie weder die Gleichsetzung von Pornographie und Gewaltverherrlichung sein noch eine die Reflexion in anderer Weise vorwegnehmende Definition von Pornographie. ‚Pornographisch' wird daher ganz allgemein jedes sexuell explizite Material genannt, dessen primäre Funktion die sexuelle Erregung der Betrachtenden darstellt.

83.1 Die philosophische Debatte um ein Recht auf Pornographie

Paradigmatische philosophische Positionen Für und Wider ein Recht auf Pornographie sind der feministische und der konservative Restriktionismus sowie der liberale, libertäre und feministische Protektionismus. In diesen Positionen werden moralische Reflexionen auf Pornographie als Ausgangspunkt für Reflexionen über ein mögliches Recht auf Pornographie verstanden.

E. Özmen (✉)
Justus-Liebig-Universität Gießen, Gießen, Deutschland
E-Mail: Elif.Oezmen@phil.uni-giessen.de

Der feministische Restriktionismus zeigt sich, ausgehend von einer radikal schmähenden Definition von Pornographie, überzeugt davon, dass der Schaden, der durch die Herstellung und Verbreitung, den Konsum und die Zurschaustellung von pornographischem Material verursacht werde, nicht nur moralisch relevant sei, sondern zugleich ein striktes Verbot rechtfertige. Hervorgehoben wird vor allem, dass Pornographie Frauen herabwürdige, indem sie sie passiv an einer tierlich-mechanischen Sexualität unter einer für menschliche Sexualität im Allgemeinen unüblichen Publizität teilnehmen lasse. Nicht nur erotische Erfahrungen und Handlungen, sondern auch die daran Beteiligten seien Gegenstand von Verdinglichung *(objectification),* die unvereinbar sei mit einem über den ‚Gebrauch eines Körpers' hinausgehenden Interesses an Personen. Dieser ‚pornographische Blick' bestätige aber nicht nur gesellschaftlich vorfindliche Sichtweisen, denen zufolge die Frau dem Mann unterworfen, zu willen, gefügig, durch Gewalt erregbar usw. sei, sondern befördere darüber hinaus sexuelle und sexistische Gewalt. Die pornographische Zurschaustellung von Frauen (in nicht explizit feministischen Argumentationen auch: von Männern) als Objekte der Lust verletze mithin ihr moralisches Recht auf Anerkennung als freie und gleiche Personen (Malamuth/Donnerstein 1984; Dworkin 1989; Bauer 2015; Mikkola 2019). Eine sprachphilosophische Argumentation nimmt demgegenüber die illokutionären Akte (d. h. die Absichten und Zwecke) von pornographischen Sprachhandlungen in den Blick. Die verbale, bildliche und filmische Darstellung von Frauen als Unterlegene und Verfügbare konstruiere und legitimiere demzufolge eine soziale Realität für Frauen als Minderwertige und Zweitrangige: „When you are ranked as worse, you are treated as worse and then really become worse" (Langton 2009, 184). Außerdem schütze das liberale Recht auf Meinungsfreiheit primär den (pornographischen) Sprecher, wodurch die kritische Perspektive von Frauen auf Sexualität und Pornographie zum Verstummen *(silencing)* gebracht werde (McGowan 2009).

Der konservative Restriktionismus plädiert ebenfalls für ein Pornographieverbot mit dem Argument der individuellen oder kollektiven Schädigung. Der individual-moralische Konservatismus bezieht sich auf die Werte (z. B. Besonnenheit, Respekt, Treue, Anerkennung) und Institutionen (z. B. gleichberechtigte Partnerschaft, Ehe, Privatsphäre), die die Grundlage sowohl für die Würde des Einzelnen als auch für die Dignität menschlicher Beziehungen ausmachten. Pornographie führe zur Erosion dieses Werte- und Institutionensystems, indem die dargestellte Sexualität ohne Bezug auf moralische Werte oder Institutionen eben funktionslos, ziellos, unbeherrscht bleibe. Der Gebrauch eines Menschen als Mittel zur eigenen Befriedigung ebenso wie die Zustimmung zu einem solchen Gebrauch beraube Menschen ihrer Würde und stehe im Widerspruch zu ihrer Autonomie (Scruton 1986; Halwani 2018). Für die sozialpolitische Version des Konservatismus widerspricht die pornographische Sexualität der gemeinhin geteilten, sozial etablierten, moralischen, politischen, sozialen und ästhetischen Werteordnung, die die Grundlage eines stabilen, auf dem Engagement und der Loyalität der Bürger gründenden Gemeinwesens sei. Nur ein Pornographieverbot könne die damit verbundenen Gefahren für das konventionelle, nichtsdestoweniger normative Werte- und Institutionensystem abwenden insbesondere die Erosion und Korruption der ‚öffentlichen Moral' (Baird/Rosenbaum 1998).

Protektionistischen Positionen ist die Ablehnung eines Pornographieverbots gemeinsam. Die Rechtfertigung eines Rechts auf Pornographie erfolgt hierbei weniger aufgrund einer affirmativen Haltung gegenüber pornographischem Material, sondern mit Bezug auf einen ethischen Individualismus, der dem politisch-rechtlichen Handeln enge Grenzen zieht und die Herstellung, Verbreitung und den Konsum von Pornographie als Privatsache betrachtet. Das gilt auch dann, wenn eine genuin moralische Bewertung zu dem Schluss kommen sollte, dass Pornographie unmoralisch ist. Denn in Hinsicht auf die Freiheitsrechte selbstbestimmter und selbstbestimmender Personen (v. a. Persönlichkeits-, Meinungs- und Kunstfreiheit) seien der liberalen Position zufolge

zufolge die Zwangsbefugnisse des Staates zu begrenzen. Nur wenn die Bedingungen der Freiwilligkeit und Mündigkeit nicht erfüllt sind (d. h. bei allen Formen der Kinder- und Jugendpornographie sowie bei unter Zwang zustande gekommenem Material), könne ein Pornographieverbot legitim erscheinen (Feinberg 1983; Dworkin 1985). Radikal-libertaristische, das individuelle Freiheitsrecht vorrangig betrachtende Versionen des Protektionismus bewerten Pornographie gar als eine besondere Form der Freiheitsausübung, als Sexualität ‚im Naturzustand', insofern sie unabhängig von Rationalisierungen und Normierungen, frei von den Erfordernissen der Biologie und Politik, unabhängig auch von Verantwortung, emotionaler oder intellektueller Beteiligung, gar frei von Respekt bleiben könne und dürfe (Berger 1991). Feministische Positionen betonen darüber hinaus eine Bildungs- und Aufklärungsfunktion von sex-positiver, lustvoller und nicht-diskriminierender Pornographie, die geeignet sei, sexuelle Stereotype und vor allem erniedrigende Frauendarstellungen zu modifizieren (Taormino 2013; Schmidt 2016).

In allen drei Positionen geht es bei der Frage nach einem Schaden, der durch Pornographie mutmaßlich verursacht werde, zugleich um die Grenze zwischen der unzulässigen Instrumentalisierung und Verdinglichung von Personen und ihrer freien Selbstentfaltung. So stimmen der individual-moralische Konservatismus und der feministische Restriktionismus in der Bewertung der pornographischen Sexualität als entwürdigend und verdinglichend überein. Tatsächlich wird in Pornographie häufig eine vollständige sexuelle Funktionalisierung und Mechanisierung des menschlichen Körpers präsentiert, so dass der Ausdruck ‚Verdinglichung' treffend erscheint. Die Gleichsetzung von Verdinglichung mit Entwürdigung ist allerdings nicht selbstverständlich, sondern hängt von einer bestimmten Sichtweise auf die ‚richtige' menschliche Sexualität ab. Nimmt man die große Varianz und Originalität der erotischen Bedürfnisse und Handlungen von mündigen Personen ernst, erscheint es aber problematisch, an einer Vorstellung ‚der' menschlichen Sexualität festzuhalten. Auch Verdinglichung kann ein legitimer Teil selbstbestimmter sexueller Handlungen und Darstellungen sein (Nussbaum 2002; Marino 2008). Die Vertreter des Restriktionismus wie auch des Protektionismus sind sich weitgehend darüber einig, dass die autonomen Entscheidungen von Personen in Hinsicht auf die Bereiche und Einzelheiten des persönlichen Lebens, die nur sie selbst etwas angehen, schützenswert sind. Uneinigkeit besteht darüber, ob die Herstellung, Verbreitung und der Konsum von pornographischem Material zu diesem vor staatlichen Eingriffen und Regelungen geschützten Bereich gehört oder vielmehr einen Angriff auf die öffentliche Moral und Ordnung darstellt. Wenn allerdings die Präferenzen und Praktiken keinen moralisch relevanten Schaden verursachen, sind Versuche der Moralisierung und Politisierung von Sexualität im Allgemeinen und von Pornographie im Besonderen zurückzuweisen.

83.2 Gewaltverharmlosung und Gewaltverherrlichung

Die rechtliche Situation in Europa entspricht diesem philosophischen Votum weitgehend. In Deutschland unterliegen pornographische Filme seit 1975 keinem strafrechtlichen Verbot, allerdings nimmt der Gesetzgeber Pornographie dann vom Recht auf Meinungsfreiheit und Kunstfreiheit aus, wenn es um die Verhinderung von ungewollten, realen und mutmaßlichen Schäden geht, insbesondere zum Kinder- und Jugendschutz, aber auch zum Konfrontationsschutz aller und zur Verhinderung kriminalitätsfördernder Effekte (vor allem §§ 184 a)–c) *Strafgesetzbuch* und §§ 11–16 *Jugendschutzgesetz*). Hieraus ergibt sich ein Pornographieverbreitungsverbot insbesondere für sogenannte harte Pornographie, d. h. gewaltverherrlichende, sodomistische und Kinderpornographie (bei der allerdings nicht nur die Verbreitung, sondern auch der Erwerb und Besitz strafbar sind, vgl. Schroeder 1992 und die Ausführungen in Özmen/Schröter 2008, Abschn. II).

Als gewaltverherrlichend wird rechtlich die (fiktive oder reale), exzessive, unnötige, unverhohlene, grausame oder auf andere Weise unmenschliche Darstellung von Gewalttätigkeiten gegen Menschen und Menschenähnliche (z. B. Zombies, evtl. Avatare) verstanden, „die eine Verherrlichung oder Verharmlosung solcher Gewalttätigkeiten ausdrückt oder die das Grausame oder Unmenschliche des Vorgangs in einer die Menschenwürde verletzenden Weise darstellt". Die mediale Verbreitung stellt nach dem hier zitierten § 131 *StGB* eine Straftat gegen die öffentliche Ordnung dar, die mit einer Freiheitsstrafe bis zu einem Jahr Gefängnis oder einer Geldstrafe bewehrt ist. Beispiele für Gewaltverharmlosung und – Verherrlichung sind selbstzweckhafte und detaillierte Darstellungen von Mord und Folter (etwa in sog. *Snuff-*, *Torture Porn-* oder auch *Happy-Slapping*-Filmen) sowie die Darstellung von Gewalt und Selbstjustiz als angemessenes oder vorzugswürdiges Konfliktlösungsmittel. Das rechtliche Verbot der Verbreitung von Gewaltdarstellungen, das neben einem Teil harter Pornographie vor allem Horrorfilme, Computerspiele, aber auch literarische Werke wie Romane oder Comics erfasst, dient neben dem Schutz des öffentlichen Friedens und dem Jugendschutz zum einen dem Schutz der Rechte mutmaßlich gefährdeter Dritter. Würde die Medienwirkungsforschung etwa einen kausalen (nicht bloß korrelierenden) Zusammenhang zwischen dem Konsum von ‚Killerspielen' und einer Steigerung der Gewalt- und Aggressionsbereitschaft feststellen, könnte gegebenenfalls nicht nur die Indizierung, sondern auch das Verbot solcher Spiele geboten erscheinen, wobei eine davon zunächst unabhängige ‚Ethik der Computerspiele' auch den moralischen Status von Gewaltdarstellungen (und nicht erst ihre Verherrlichung oder -verharmlosung) reflektieren müsste (Sicart 2009).

Zum anderen dient der Straftatbestand der Gewaltverherrlichung dem Schutz der abstrakten Menschenwürde und ist damit in einen explizit moralischen Kontext gestellt, der allerdings enger ist als der von *harmless immoralities*, bei denen die strafrechtliche Normierung als *ultima ratio* des gesetzgeberischen Instrumentariums größte Zurückhaltung verlangt. Es geht dem Gesetzgeber daher nicht um geschmacklose, unanständige oder ‚bloß' moralwidrige, sondern nur um solche Darstellungen, die den verbindlichen Grundwert der Menschenwürde beeinträchtigen oder grob missachten, indem sie geeignet sind, „beim Betrachter eine Einstellung zu erzeugen oder zu verstärken, die den fundamentalen Wert- und Achtungsanspruch leugnet, der jedem Menschen zukommt" (*BVerfGE* 87, 209, 228 ff., zum § 131 *StGB* und zur Diskussion weiterer möglicher Schutzgüter vgl. Erdemir 2000 und Hörnle 2005, § 21). Gewaltverherrlichung ist in fundamentaler Weise moralwidrig und die Verbreitung ihrer Darstellung gesetzeswidrig, weil sie dem moralischen Status von Menschen als freien und gleichen, unverfügbaren Personen widerspricht, die jederzeit, als Einzelne wie auch als Gattungswesen, in ihrer Würde zu achten und zu schützen sind.

Literatur

Baird, Robert M./Rosenbaum, Stuart E. (Hg.): Pornography. Private Right or Public Menace? New York 1998.

Altman, Andrew/Watson, Lori: Debating Pornography. New York 2019.

Bauer, Nancy: How to Do Things with Pornography. Cambridge, MA 2015.

Berger, Fred: Freedom, Rights and Pornography. Dordrecht 1991.

Coleman, Lindsay/Held, Jacob M. (Hg.): The Philosophy of Pornography: Contemporary Perspectives. Lanham 2014.

Dworkin, Andrea: Pornography. Men Possesing Women. New York 1989.

Dworkin, Richard: „Do We Have a Right to Pornography?" In: Ders.: A Matter of Principle. Cambridge 1985, 335–372.

Erdemir, Murad: „Gewaltverherrlichung, Gewaltverharmlosung und Menschenwürde." In: Zeitschrift für Urheber- und Medienrecht 44. (2000), 699–707.

Feinberg, Joel: „Pornography and the Criminal Law." In: David Copp, Susan Wendell (Hg.): Pornography and Censorship. Buffalo 1983, 105–137.

Halwani, Raja: „Sexual Ethics." In: Nancy E. Snow (Hg.): The Oxford Handbook of Virtue. New York 2018, 680–699.

Hörnle, Tatjana: Grob anstößiges Verhalten. Strafrechtlicher Schutz von Moral, Gefühlen und Tabus. Frankfurt a.M. 2005.

Hunt, Lynn (Hg.): Die Erfindung der Pornographie: Obszönität und die Ursprünge der Moderne. Frankfurt a.M. 1994.

Langton, Rae: Sexual Solipsism: Philosophical Essays on Pornography and Objectification. Oxford 2009.

Malamuth, Neil M./Donnerstein, Edward (Hg.): Pornography and Sexual Aggression. Orlando 1984.

Marino, Patricia: „The Ethics of Sexual Objectification: Autonomy and Consent." In: Inquiry 51. Jg., 4 (2008), 345–364.

McGowan, Mary Kate: „Debate: On Silencing and Sexual Refusal." In: The Journal of Philosophy 17. Jg., 4 (2009), 487–494.

Mikkola, Mari: Pornography. A Philosophical Introduction. New York 2019.

Nussbaum, Martha: „Verdinglichung." In: Dies.: Konstruktion der Liebe, des Begehrens und der Fürsorge. Stuttgart 2002, 90–162.

Özmen, Elif/Schröter Michael W.: „Im Reich der Sinne. Pornographie als rechtsethisches Problem." In: Archiv für Rechts- und Sozialphilosophie 94. Jg., 4 (2008), 434–449.

Schmidt, Anja: Pornographie: im Blickwinkel der feministischen Bewegungen, der Porn Studies, der Medienforschung und des Rechts. Baden-Baden 2016.

Schroeder, Friedrich-Christian: Pornographie, Jugendschutz und Kunstfreiheit. Heidelberg 1992.

Scruton, Roger: Sexual Desire. London 1986.

Sicart, Miguel: The Ethics of Computer Games. Cambridge, Mass. 2009.

Taormino, Tristan: The Feminist Porn Book. The Politics of Producing Pleasure. New York 2013.

West, Caroline: Pornography and Censorship [2012]. In: http://plato.stanford.edu/entries/pornography-censorship/ (1.10.2012)

Loyalität und ziviler Ungehorsam

84

Robin Celikates

84.1 Das Problem der politischen Verpflichtung

Warum halten wir uns an die Gesetze? In den meisten Fällen werden wir eine Reihe unterschiedlicher Motive haben, von Angst vor Bestrafung über bloße Gewohnheit zu moralischer Überzeugung und Loyalität gegenüber der Rechtsordnung. Ihre eigentliche Sprengkraft entfaltet diese Frage aber erst, wenn sie nicht als empirische, sondern als normative Frage formuliert wird: Warum *sollten* wir uns an die Gesetze halten? Das Problem, das durch diese Frage aufgeworfen wird und das die politische Philosophie seit ihren Anfängen bei Platon umtreibt, wird als das Problem der politischen Verpflichtung *(political obligation)* bzw. der politischen Autorität verstanden (vgl. Edmundson 1999; Rinderle 2005). Dabei geht es nicht um die de facto-Macht, jemanden zum Rechtsgehorsam zwingen zu können, sondern um die de jure-Autorität, die mit dem *Recht* verbunden ist, bindendes Recht setzen, anwenden und durchsetzen zu dürfen (also zu regieren). Diese Autorität geht wesentlich mit einem Recht auf Gehorsam einher sowie mit der entsprechenden Pflicht der Adressaten zum Rechtsgehorsam, also dazu, sich deshalb an die Gesetze zu halten, weil es die Gesetze sind. Bei dieser Pflicht handelt es sich freilich nicht um eine rechtliche, sondern um eine moralische Pflicht. Die entscheidende Frage ist dann, ob es eine derartige Pflicht gibt (s. Kap. 66).

Auf diese Frage gibt es drei mögliche Antworten, die sich in der Geschichte der politischen Philosophie unterschiedlich großer Beliebtheit erfreut haben: (1) Ja, es gibt eine solche Pflicht und sie ist unbedingt bzw. absolut (so etwa derart unterschiedliche Autoren wie Platon, Hobbes und Kant). (2) Ja, es gibt eine solche Pflicht, aber sie ist durch die Genese und den Inhalt des Rechts bedingt und gilt *prima facie* (so etwa Locke und zahlreiche Vertreter der Tradition des Naturrechts in der Diskussion über ein Recht auf Widerstand gegen tyrannische Herrscher; vgl. Schweikard/Mooren/Siep 2019). (3) Nein, es gibt keine derartige Pflicht (so die Vertreter des politischen und philosophischen Anarchismus). Dementsprechend gilt, dass der ersten Position zufolge Ungehorsam unter keinen Umständen erlaubt ist, dass er der zweiten Position zufolge unter bestimmten Umständen erlaubt und sogar gefordert sein kann und dass er der dritten Position zufolge nicht in stärkerem Maße rechtfertigungsbedürftig ist als der Rechtsgehorsam.

Viele der gängigen Argumente für die erste Position finden sich bereits in Platons Dialog *Kriton*. Der auf die Vollstreckung des Todesurteils wartende Sokrates lehnt es ab, aus dem

R. Celikates (✉)
Freie Universität Berlin, Berlin, Deutschland
E-Mail: robin.celikates@fu-berlin.de

Gefängnis zu fliehen und erläutert, warum er auch angesichts offensichtlicher Ungerechtigkeit zum Rechtsgehorsam verpflichtet ist. Als Grund dieser Verpflichtung gibt er an, wer er sei (seine Identität als Bürger Athens, der, wie ein Sohn im Verhältnis zu seinem Vater, aufgrund seiner Rolle zum Gehorsam verpflichtet ist), was er erhalten habe (die vielfältigen Vorteile des Lebens in der Polis, die ihn aus Dankbarkeit und Fairness zu Gehorsam verpflichten) und was er getan bzw. nicht getan habe (die Teilnahme am politischen Leben und der Verzicht auf Auswanderung) (vgl. Preuss 1984, 36–47). In der gegenwärtigen Diskussion lassen sich daran anschließend unterscheiden: (1) naturrechtliche Ansätze, denen zufolge sich die Gehorsamspflicht aus natürlichen Pflichten etwa zur Förderung oder Ermöglichung von Gerechtigkeit oder zur Sicherung gleicher Freiheit ergibt; (2) assoziative Ansätze, denen zufolge sich die Gehorsamspflicht aus sozialen Rollen und Identitäten ergibt; (3) transaktionsbasierte Ansätze (denen zufolge sich die Gehorsamspflicht aus expliziter oder impliziter Zustimmung oder aus empfangenen Vorteilen ergibt) und (4) pluralistische Kombinationsversuche, deren Rechtfertigungsversuche von Vertretern des philosophischen Anarchismus allerdings allesamt infragegestellt werden (vgl. Wellman/Simmons 2005, Kap. 6).

Aus Sicht des in der Diskussion zunehmend einflussreichen philosophischen Anarchismus ist ziviler Ungehorsam keiner besonderen Begründungspflicht unterworfen (vgl. Simmons 2003): Es sprechen vielleicht pragmatische und auch moralische Gründe dafür, sich an die Gesetze zu halten (etwa weil man so unangenehmen Sanktionen entgehen kann oder weil viele Straftatbestände eben auch unabhängig von der Rechtslage aus moralischen Gründen verboten sind), aber die vermeintliche Pflicht zum Rechtsgehorsam ist nicht darunter, denn eine solche (vom Inhalt des Geforderten unabhängige) Pflicht ist bisher nicht erfolgreich begründet worden oder kann mit Bezug auf die uns bekannten politischen Gemeinwesen oder gar aus begrifflichen Gründen nicht begründet werden. Auch von jenen, die an der Begründbarkeit einer Gehorsamspflicht festhalten, wird diese heute meist dadurch qualifiziert, dass die Autorität zur Ausübung von Herrschaft an prozedurale und substantielle Kriterien (Demokratie, Menschenrechte etc.) gebunden wird. Die Pflicht wird damit zu einer *prima facie*-Pflicht. Für die Diskussion über zivilen Ungehorsam ist nun entscheidend, dass sich das Problem seiner Rechtfertigung nur auf der Basis dieser Hintergrundannahme stellt.

84.2 Die Definition zivilen Ungehorsams

Die gegenwärtige Diskussion darüber, ob es in demokratischen Rechtsstaaten eine Pflicht zum Rechtsgehorsam und unter bestimmten Umständen ein Recht oder gar eine Pflicht zum Ungehorsam – also zum selektiven Gesetzesbruch (im Unterschied zu gegen die Ordnung als Ganze gerichtetem Widerstand) – gibt, ist nicht zuletzt eine Reaktion auf die politische Praxis des zivilen Ungehorsam im Kontext der US-amerikanischen Bürgerrechtsbewegung und der Proteste gegen den Vietnamkrieg (auch wenn zu den als paradigmatisch geltenden Fällen meist noch Henry David Thoreau und Mahatma Gandhi gezählt werden; für den deutschen Kontext sind des weiteren die Neuen Sozialen Bewegungen zu nennen; vgl. Kleger 1993, Scheuerman 2018). Im Anschluss an John Rawls (1971, 400) wird die theoretische Diskussion über zivilen Ungehorsam meist in drei Teile untergliedert, die sich mit seiner Definition, seiner Rechtfertigung und seiner Rolle beschäftigen.

Zunächst muss also die Frage geklärt werden, was ziviler Ungehorsam überhaupt ist. Die einflussreichste Definition stammt von Rawls selbst. Ihm zufolge handelt es sich, in Abgrenzung zu anderen Formen des Widerstands, um eine „öffentliche, gewaltlose, gewissensbestimmte, aber politische gesetzwidrige Handlung, die gewöhnlich eine Änderung der Gesetze oder der Regierungspolitik herbeiführen soll" und mit der man sich an den „Gerechtigkeitssinn der Mehrheit" wendet, und zwar „innerhalb der Grenzen der Gesetzestreue", was unter anderem durch die Akzeptanz eventueller rechtlicher Folgen (also auch der Strafe für die begangene Gesetzwidrigkeit) ausgedrückt wird (ebd., 401, 403). In der Diskussion haben sich so gut wie alle Bestandteile dieser Definition als umstritten erwiesen (vgl. Lyons 1998; Brownlee 2007): Schließt das Kriterium der Öffentlichkeit wirklich ein, dass man die Behörden im Vorfeld informiert (wie Rawls annimmt)? Ist das Kriterium der Gewaltlosigkeit mit bestimmten Formen der Nötigung (etwa der Beeinträchtigung der Bewegungsfreiheit auch Unbeteiligter) und der Gewalt gegen Sachen oder gegen sich selbst vereinbar? Wie verhält sich der kommunikative und symbolische Aspekt zivilen Ungehorsams zu häufig über den moralischen Appell hinausgehenden Formen der *direct action,* wie der Blockade (etwa von Atommülltransporten), der Konfrontation (etwa mit Tagungsorte abriegelnden Sicherheitskräften) oder der Sabotage (etwa von Tierversuchen)? Schließt die Ausrichtung auf Überzeugung den Versuch, die ökonomischen und symbolischen Kosten für eine bestimmte Handlungsoption (etwa die Abschiebung von Flüchtlingen) in die Höhe zu treiben, aus? Gibt es nicht auch Formen advokatorischen oder eigeninteressierten Ungehorsams, die nicht notwendigerweise gewissensbestimmt sind? Haben Gandhi und Martin Luther King an den (wie auch immer zu identifizierenden) Gerechtigkeitssinn der Mehrheit appelliert und sich für Korrekturen innerhalb des existierenden Systems eingesetzt und unterlagen sie, gegeben die politischen und sozialen Umstände, überhaupt einer Rechtfertigungspflicht? Besteht wirklich eine Verpflichtung zur Akzeptanz der unter Umständen verhängten Strafe?

Vor dem Hintergrund dieser Probleme empfiehlt sich eine normativ weniger anspruchsvolle und damit weniger restriktive Definition zivilen Ungehorsams, die darunter ein (im Unterschied zu legalen Formen des Protests) absichtlich rechtswidriges und (im Unterschied zu ‚gewöhnlichen' Straftaten oder ‚frivoler' Randale) prinzipienbasiertes kollektives Protesthandeln versteht, mit dem (im Unterschied zur in einigen Staaten grundrechtlich geschützten Weigerung aus Gewissensgründen) das politische Ziel verfolgt wird, bestimmte Gesetze, Maßnahmen oder Institutionen zu verändern, zu verhindern bzw. abzuschaffen oder zu ‚forcieren' bzw. einzurichten. Diese relativ minimalistische Bestimmung lässt bewusst offen, ob ziviler Ungehorsam immer öffentlich, gewaltlos, nur gegen staatliche Institutionen gerichtet, in seinen Zielen begrenzt und auf eine Transformation innerhalb der Grenzen des existierenden Systems beschränkt sein sowie mit der Akzeptanz der Strafe einhergehen muss, obgleich diese Aspekte für die Frage der Rechtfertigbarkeit sicherlich nicht irrelevant sind (alternativ wird auch vorgeschlagen, die Kategorie des unzivilen Ungehorsams einzuführen, vgl. Delmas 2018). Auch wenn ziviler Ungehorsam von legaler Opposition auf der einen und revolutionärem Aufstand (und anderen Formen des Widerstands) auf der anderen Seite abgegrenzt werden muss, sind die Grenzen hier vor allem in der Praxis politisch umstritten und vermutlich weniger eindeutig zu ziehen, als es die Theorie suggeriert, denn wer sein Handeln erfolgreich als zivilen Ungehorsam etikettieren kann, ist zumindest kein Krimineller oder Terrorist. Nicht zuletzt aus diesem Grund sollte die Frage der Definition nicht zu sehr mit jener der Rechtfertigung (und vielleicht auch der Strategie) vermischt werden.

In den meisten liberalen Rechtssystemen – so auch in Deutschland – ist ziviler Ungehorsam als solcher kein sanktionsfähiger Tatbestand, sondern nur die mit ihm einhergehende Rechtsverletzung (etwa Hausfriedensbruch, gefährlicher Eingriff in den Straßenverkehr oder Nötigung). Allerdings werden Motivation und Handlungsweise, und damit mittelbar auch die Einordnung der Tat als ziviler Ungehorsam, häufig sowohl bei der Strafverfolgung als auch bei der Strafzumessung berücksichtigt. Da das in Art. 20 Abs. 4 GG verankerte Widerstandsrecht nicht gegen Einzelmaßnahmen in Anschlag gebracht werden kann, wird gemeinhin davon ausgegangen, dass sich daraus kein rechtlich zu verankerndes Recht auf zivilen Ungehorsam ableiten lässt (umstritten ist, ob es ein solches Recht geben könnte oder auch nur geben sollte).

84.3 Die Rechtfertigung zivilen Ungehorsams

Wenn es eine *prima facie*-Pflicht zum Rechtsgehorsam gibt, dann bedarf ziviler Ungehorsam der Rechtfertigung. Auch für diesen Teil der Theorie hat Rawls einen ebenso prominenten wie umstrittenen Vorschlag unterbreitet. Ihm zufolge kann ziviler Ungehorsam in einer „fast gerechten Gesellschaft" im Fall „wesentlicher und eindeutiger Ungerechtigkeit „gerechtfertigt sein, was seines Erachtens für eine Beschränkung auf schwere Verletzungen des ersten Gerechtigkeitsprinzips (der gleichen Freiheit) sowie des Prinzips der Chancengleichheit spricht (Rawls 1971, § 57). Generell tendieren liberale Theorien dazu, die Rechtfertigungsgründe für zivilen Ungehorsam auf Prinzipien der Gerechtigkeit und individuelle Rechte zu beschränken (in Gesellschaften, die noch nicht einmal als „fast gerecht" gelten können, hält Rawls auch weitergehende Formen des Widerstands für prinzipiell legitim). So hält auch Ronald Dworkin (1985, Kap. 4) zivilen Ungehorsam nur in „matters of principle", nicht aber in „matters of policy" für legitim – im Unterschied zur Bürgerrechtsbewegung, der es um Fragen der Gerechtigkeit und der Grundrechte gegangen sei, verfolge die Anti-Atom-Bewegung einfach andere politische Prioritäten, was den Griff zum Mittel zivilen Ungehorsams aber nicht rechtfertige. Diese Unterscheidung, die auch für die Frage des Umgangs mit den Ungehorsamen aus Perspektive der Exekutivorgane und der Judikative relevant ist, dürfte freilich kaum so einfach zu treffen sein. Zudem drohen mit der liberalen Fokussierung auf die klassischen Grundrechte sowohl bestimmte Formen der sozioökonomischen Ungleichheit (bei Rawls gravierende Verletzungen des Differenzprinzips) als auch prozedurale und institutionelle Demokratiedefizite, die nicht direkt eine Einschränkung des Prinzips der gleichen Freiheit bedeuten, die effektive Beteiligung der Bürger an der Selbstgesetzgebung aber dennoch beeinträchtigen, als potentielle Rechtfertigungsgründe aus dem Blick zu geraten.

Gegen diese Verengung wird aus pluralistischer Sicht (etwa von Walzer 1970, Kap. 1) die Vielfältigkeit potentieller Gründe (und Adressaten: neben staatlichen Institutionen etwa Unternehmen und andere private Akteure) betont und aus republikanischer Perspektive (etwa von Markovits 2005) eingewendet, dass sich gegenwärtige Protestbewegungen – allen voran die sogenannte Anti-Globalisierungsbewegung – kaum als liberale Versuche verstehen lassen, Grundrechte gegen übergriffige Regierungen zu verteidigen, da es primär um die Verteidigung, den Ausbau und die Etablierung demokratischer Selbstbestimmung (etwa der von den Maßnahmen der G8 Betroffenen) gehe.

84.4 Die Rolle zivilen Ungehorsams

Die Differenz zwischen liberalen, eher grundrechteorientierten, und republikanischen, eher demokratieorientierten Ansätzen zeigt sich auch in der dritten Frage, die eine Theorie des zivilen Ungehorsams beantworten sollte, nämlich der nach seiner *Rolle* in einer demokratischen Gesellschaft. Zunächst ist freilich eine bedeutende Gemeinsamkeit zu betonen. Beide Ansätze stellen sich entschieden der noch immer verbreiteten Ansicht entgegen, dass sich die Bürger in einigermaßen funktionierenden Demokratien ausschließlich auf rechtskonforme Formen der Äußerung abweichender Meinungen und der Einwirkung auf den politischen Prozess zu beschränken hätten und dass ziviler Ungehorsam deshalb nur als moralisch kaschierter Versuch der Durchsetzung eigener Präferenzen gegen den erklärten Willen der Mehrheit – also als politische Erpressung – zu verstehen sei. Die auf einen „autoritären Legalismus" zurückzuführende Parole „Gesetz ist Gesetz, Nötigung ist Nötigung„ (Habermas 1985, 91, 97) wird weder der Motivation der Beteiligten (die häufig gerade Ausdruck der Loyalität gegenüber den Grundprinzipien der Verfassungsordnung ist) noch der prinzipiellen Rechtfertigbarkeit und der für den Abbau von Gerechtigkeits- und Demokratiedefiziten zentralen Rolle zivilen Ungehorsams gerecht.

Während der zivile Ungehorsam aus liberaler Perspektive jedoch vor allem als Protestform individueller Grundrechtsträger gegen Regierungen und politische Mehrheiten erscheint, die konstitutionell abgesicherte moralische Prinzipien und Werte verletzen, ist er aus republikanischer Perspektive nicht primär als Beschränkung, sondern als Ausdruck der demokratischen Praxis kollektiver Selbstbestimmung zu verstehen, dessen Bedeutung als dynamisierendes Gegengewicht zu den Erstarrungstendenzen staatlicher Institutionen nicht zu unterschätzen ist (vgl. Arendt 1970). Demnach eröffnet diese episodische und informelle Form des politischen Handelns den Bürgerinnen und Bürgern auch dann eine Möglichkeit des Einspruchs und der Partizipation, wenn – wie es in repräsentativen Demokratien unter nicht-idealen Bedingungen häufig der Fall ist – ihnen die regulären institutionellen Wege verschlossen sind oder diese ihren Widerspruch nicht effektiv übertragen. Ziviler Ungehorsam zielt – anders als das liberale Modell annimmt – nicht primär auf ein substantiell verstandenes Ideal der gerechten Gesellschaft, sondern auf intensivere und/oder extensivere Formen der demokratischen Selbstbestimmung (vgl. Markovits 2005; Celikates 2016). Im Unterschied zum liberal-konstitutionalistischen Modell geht es dementsprechend nicht so sehr um die Verhinderung oder Durchsetzung einer bestimmten politischen Option, die entweder mit den substantiellen Normen und Werten des Liberalismus unvereinbar oder von ihnen gefordert ist. Vielmehr geht es um die Initiierung bzw. Wiederaufnahme der politischen Auseinandersetzung in der demokratischen Öffentlichkeit.

Aus diesem Verständnis der Rolle zivilen Ungehorsams folgt auch eine andere Perspektive auf seine Rechtfertigung, denn diese wird von substantiellen auf prozeduralistische Argumentationen umgestellt: Nicht, dass das Ergebnis politischer Willensbildungs- und Entscheidungsprozesse bestimmten Normen und Werten widerspricht, sondern dass diese Prozesse selbst durch im Rahmen der bestehenden politischen Systeme kaum vermeidbare strukturelle Demokratiedefizite, etwa in den Dimensionen Repräsentation, Partizipation und Deliberation, aber auch durch den Einfluss von Machtasymmetrien auf die öffentliche Debatte, durch hegemoniale Diskurse und ideologische Selbstverständnisse verzerrt werden (vgl. Young 2001), stellt den Einsatzpunkt der republikanischen Konzeption des zivilen Ungehorsams dar. Natürlich müssen auch diese Demokratiedefizite ein gewisses (nicht abstrakt spezifizierbares) Maß übersteigen, um zivilen Ungehorsam zu rechtfertigen, da es unplausibel ist anzunehmen, er sei unter allen Umständen gerechtfertigt.

Trotz dieser kontrastiven Charakterisierung sollten die beiden Perspektiven letztlich aber nicht als einander ausschließend, sondern als komplementär verstanden werden. Ob eher die liberal-konstitutionalistischen oder eher die republikanisch-demokratischen Aspekte einschlägig sind, wird vom konkreten Fall und seinen Bedingungen abhängen und nie allein auf theoretischer Ebene entschieden werden können. Immerhin hat die Debatte gezeigt, dass trotz des unabgeschlossenen Streits über Definition, Rechtfertigung und Rolle zivilen Ungehorsams zumindest in der Theorie, wenn auch nicht in der politischen Praxis eine gewisse Einigkeit herrscht, dass der zivile Ungehorsam als wesentlicher Bestandteil und als notwendiges Instrument der Selbstkorrektur jeder reifen demokratischen politischen Gesellschaft zu betrachten ist (Habermas 1985).

Literatur

Arendt, Hannah: „Ziviler Ungehorsam." In: Dies.: Zur Zeit. Hamburg: 1986, 119–160 (engl. 1970).
Bedau, Hugo A. (Hg.): Civil Disobedience in Focus. London 1991.
Braune, Andreas (Hg.): Ziviler Ungehorsam. Texte von Thoreau bis Occupy. Stuttgart 2017.
Brownlee, Kimberley: Civil Disobedience. In: http://plato.stanford.edu/entries/civil-disobedience. 2007. (9.11.2020).
Celikates, Robin: „Democratizing Civil Disobedience." In: Philosophy & Social Criticism 42. Jg., 10 (2016), 982–994.
Delmas, Candice: A Duty to Resist. When Disobedience Should Be Uncivil. Oxford 2018.
Dworkin, Ronald: A Matter of Principle. Cambridge, Mass. 1985.

Edmundson, William (Hg.): The Duty to Obey the Law. Lanham 1999.

Habermas, Jürgen: „Ziviler Ungehorsam – Testfall für den demokratischen Rechtsstaat." In: Ders.: Die neue Unübersichtlichkeit. Frankfurt a.M. 1985, 79–99.

Kleger, Heinz: Der neue Ungehorsam. Frankfurt a.M. 1993.

Lyons, David: „Moral Judgment, Historical Reality, and Civil Disobedience." In: Philosophy and Public Affairs 27. Jg., 1 (1998), 31–49.

Markovits, Daniel: „Democratic Disobedience." In: Yale Law Journal 114. Jg., 8 (2005): 1897–1952.

Preuss, Ulrich K.: Politische Verantwortung und Bürgerloyalität. Frankfurt a.M. 1984.

Rawls, John: Eine Theorie der Gerechtigkeit. Frankfurt a.M. 1975 (engl. 1971).

Rinderle, Peter: Der Zweifel des Anarchisten. Frankfurt a.M. 2005.

Scheuermann, William: Civil Disobedience. Cambridge 2018.

Schweikard, David P./Mooren, Nadine/Siep, Ludwig (Hg.): Ein Recht auf Widerstand gegen den Staat? Tübingen 2019.

Simmons, A. John: „Civil Disobedience and the Duty to Obey the Law." In: R.G. Frey, Christopher Wellman (Hg.): Blackwell Companion to Applied Ethics. Oxford 2003, 50–61.

Walzer, Michael: Obligations. Cambridge, Mass. 1970.

Wellman, Christopher/Simmons, A. John: Is There a Duty to Obey the Law? Cambridge 2005.

Young, Iris Marion: „Activist Challenges to Deliberative Democracy." In: Political Theory 29. Jg., 5 (2001): 670–690.

Flucht und Migration

Andreas Cassee und Anna Goppel

258 Mio. Menschen oder gut drei Prozent der Weltbevölkerung lebten 2017 in einem anderen Land, als sie geboren wurden. 25,4 Mio. Menschen waren weltweit als Flüchtlinge registriert, dazu kommen rund 40 Mio. intern Vertriebene (IOM 2018). Menschen auf der Flucht sind nicht zuletzt aufgrund der heutigen Migrationsregelungen oft größer Gefahr ausgesetzt. In den Jahren 2014 bis 2018 sind mehr als 17.000 Menschen beim Versuch, nach Europa zu gelangen, im Mittelmeer ums Leben gekommen (UNHCR 2019).

Dies ist nur ein Aspekt, mit Blick auf den die internationale Mobilität von Menschen ethische Fragen aufwirft. Insgesamt kann grob zwischen zwei Themenkomplexen unterschieden werden. Der eine betrifft individuelle Rechte auf Mobilität und kollektive Rechte auf Mobilitätskontrolle: Wer darf eine nationalstaatliche Grenze überqueren? Wer darf im Land bleiben? Wer darf darüber entscheiden, wer einreisen oder sich im Staatsgebiet niederlassen darf, und mit welchen Mitteln dürfen diese Entscheidungen durchgesetzt werden? Der andere Themenkomplex betrifft die Rechte und Pflichten von Geflüchteten und Migrant:innen im Einwanderungsland: Wer hat Anspruch auf welche sozialen Leistungen? Gibt es eine Pflicht, sich zu integrieren? Wer sollte wählen dürfen, und wem steht die Einbürgerung zu (vgl. z. B. Rubio-Marín 2000; Owen 2011; Goppel 2019)?

Dieses Kapitel befasst sich in erster Linie mit ersterem Themenkomplex, wobei separat auf den Umgang mit Schutzsuchenden und anderen Einwanderungswilligen eingegangen wird. Im Folgenden wird zunächst die Debatte über Einwanderungsbeschränkungen im Allgemeinen umrissen (85.1), bevor auf die Debatte über Flucht und Asyl eingegangen wird (85.2). Das Kapitel schließt mit einem kurzen Ausblick (85.3).

85.1 Ein Recht auf Ausschluss oder ein Recht auf Einwanderung?

In der politischen Migrationsdebatte gilt es meist als selbstverständlich, dass Staaten dazu berechtigt sind, die Einwanderung von Menschen, die nicht von politischer Verfolgung bedroht sind, nach Maßgabe der Interessen ihrer eigenen Bürger:innen zu beschränken. In der migrationsethischen Diskussion wird die Begründbarkeit eines solchen ‚Rechts auf Ausschluss' hingegen kontrovers diskutiert (zur Einführung siehe Cassee/Goppel 2012; Cassee 2016; Dietrich 2017; Angeli 2018).

A. Cassee (✉)
Universität Mannheim, Mannheim, Deutschland
E-Mail: cassee@uni-mannheim.de

A. Goppel
Universität Bern, Bern, Schweiz
E-Mail: anna.goppel@philo.unibe.ch

Diejenigen, die sich für ein Recht auf Ausschluss aussprechen, berufen sich typischerweise auf ein Recht der Bürger:innen auf kollektive Selbstbestimmung mit Blick auf die Ausgestaltung der Einwanderungspolitik ihres Landes. Dabei kann grob zwischen kulturellen und institutionalistischen Begründungsstrategien unterschieden werden.

Kulturelle Ansätze schreiben das Recht auf kollektive Selbstbestimmung in erster Instanz kulturellen Gemeinschaften, ‚Nationen' oder ‚Völkern' zu und begründen das staatliche Recht auf Ausschluss damit, dass Staaten diesen kulturellen Gruppen eine institutionelle Heimat bieten. Eine solche Argumentationsstrategie verfolgt etwa der Kommunitarist Michael Walzer, der das Recht auf Ausschluss als zentralen Bestandteil der „gemeinschaftlichen Eigenständigkeit" ausmacht (Walzer 2006, 106). Ohne Kontrolle über die Einwanderung gäbe es Walzer zufolge „keine *spezifischen Gemeinschaften,* keine historisch stabilen Vereinigungen von Menschen, die einander in einer speziellen Weise verbunden und verpflichtet sind und die eine spezielle Vorstellung von ihrem gemeinsamen Leben haben" (Walzer 2006, 106). Ähnlich argumentiert der liberale Nationalist David Miller. Einwanderung sei unweigerlich mit kulturellen Veränderungen verbunden und führe langfristig zu einer Veränderung des ‚Selbst', das im Staat Selbstbestimmungsrechte ausübe. Das Recht nationaler Gemeinschaften, über ihre eigene kulturelle Zukunft zu bestimmen, müsse deshalb ein Recht einschließen, die Einwanderung zu kontrollieren (Miller 2017b).

Institutionelle Ansätze zur Begründung eines Rechts auf Ausschluss verzichten demgegenüber auf eine Bezugnahme auf die kulturelle oder identitäre Dimension nationalstaatlicher Zugehörigkeit. Zu den Vertreter:innen eines solchen Ansatzes zählt Christopher Heath Wellman, der eine Analogie zwischen Staaten und Clubs geltend macht. Genau wie private Vereine hätten Staaten ein Recht auf Assoziationsfreiheit, und zur Assoziationsfreiheit zähle auch das Recht, eine Vereinigung mit einem assoziationswilligen Gegenüber nicht einzugehen, also beispielsweise Anwärter:innen um die Mitgliedschaft in einem Golfclub abzuweisen – oder eben Einwanderungswilligen die Aufnahme in die politische Gemeinschaft zu verwehren (Wellman 2017; dazu kritisch Fine 2017). Andere institutionalistische Positionen berufen sich auf kollektive Eigentumsrechte an staatlichen Institutionen (Pevnick 2011) oder auf das Recht, nicht gegen den eigenen Willen neue Verpflichtungen aufoktroyiert zu bekommen (Blake 2013).

Auf der anderen Seite der Debatte berufen sich diejenigen, die ein Recht auf Einwanderung befürworten, auf einen Anspruch auf individuelle Selbstbestimmung mit Blick auf die Wahl des eigenen Aufenthaltsorts. Oft wird in diesem Zusammenhang eine Analogie zwischen internationaler Migration und innerstaatlicher Mobilität geltend gemacht. Die innerstaatliche Bewegungs- und Niederlassungsfreiheit ist ein anerkanntes Menschenrecht (Internationaler Pakt über bürgerliche und politische Rechte, Artikel 12). Wer aber die Selbstbestimmung über den eigenen Aufenthaltsort im innerstaatlichen Fall für ein grundlegendes Recht halte, müsse aus Kohärenzgründen zugestehen, dass auch die globale Bewegungs- und Niederlassungsfreiheit eine schützenswerte Freiheit sei (Carens 2019; dazu kritisch Miller 2012) oder gar als Menschenrecht anerkannt werden sollte (Oberman 2016; Brezger 2018).

Über die Analogie zur innerstaatlichen Mobilität hinaus werden auch theoriebasierte Argumente für globale Bewegungs- und Niederlassungsfreiheit vorgebracht, die sich etwa auf eine kosmopolitische Version der Vertragstheorie der Gerechtigkeit nach John Rawls (1979) stützen: Wenn Menschen hinter einem globalen ‚Schleier des Nichtwissens' über den Umgang mit Migration entscheiden müssten (also ohne etwas darüber zu wissen, wo auf der Welt sie geboren werden, welche soziale Position sie innehaben und welche Vorstellung von einem gelingenden Leben sie verfolgen), dann würden sie sich für ein Recht auf globale Bewegungs- und Niederlassungsfreiheit aussprechen. Dieses Recht gelte zwar nicht absolut, doch Einschränkungen seien nur dann zulässig, wenn sie aus einer unparteiischen Perspektive ein verhältnismäßiges Mittel darstellten, um andere grundlegende Rechte zu schützen (Cassee 2016; Carens 2019).

Neben Argumenten über individuelle oder kollektive Selbstbestimmungsrechte spielen in der Debatte auch Überlegungen über die ökonomischen und sozialen Folgen von Migration eine wichtige Rolle. So verweisen Befürworter:innen eines liberalen Umgangs mit Migration auf ökonomische Wohlfahrtsgewinne, die durch eine freie(re) Zirkulation von Arbeitskräften zu erwarten seien. Der Entwicklungsökonom Michael Clemens etwa meint, dass eine Aufhebung von Einwanderungsbeschränkungen eine Steigerung des Weltwirtschaftsprodukts um 67 bis 147 % zur Folge hätte (Clemens 2011). Befürworter:innen eines restriktiveren Migrationsregimes äußern dagegen die Befürchtung, dass freie Einwanderung den Sozialstaat in den Ländern des globalen Nordens gefährden und auch den Ärmsten der Armen in den Auswanderungsländern insgesamt eher schaden würde, da diejenigen, die in den Auswanderungsländern zurückblieben, unter dem Wegzug gut ausgebildeter Arbeitskräfte leiden würden (z. B. Nida-Rümelin 2017; dazu kritisch Rapoport 2016). Kontrovers diskutiert wird, ob die Erwartung eines solchen ‚brain drain' (sofern sie denn empirisch zutreffend ist) auch herangezogen werden kann, um Einschränkungen des Menschenrechts auf Auswanderung zu rechtfertigen (Brock/Blake 2015).

Strittig sind nicht nur die zu erwartenden Folgen unterschiedlicher Migrationsregime, sondern auch die normativen Maßstäbe, die zu ihrer moralischen Beurteilung herangezogen werden. Sind die Entscheidungsträger:innen in Einwanderungsländern dazu berechtigt, bei der Festlegung ihrer Einwanderungspolitik Parteilichkeit zugunsten ihrer eigenen Bürger:innen zu üben (Miller 2010), oder sollten die Folgen der Einwanderungspolitik vielmehr aus einer unparteiischen Perspektive beurteilt werden, wie dies der globale Schleier des Nichtwissens nahelegt? Machen Einwanderungsbeschränkungen die Staatsbürgerschaft in einem wohlhabenden Land zu einem „moderne[n] Äquivalent feudaler Privilegien" (Carens 2019, 9), da es sich um einen mit der Geburt zugeschriebenen Status handelt, der massiven Einfluss auf die Lebensaussichten eines Menschen nimmt? Oder ist die Forderung nach Chancengleichheit nur im einzelstaatlichen Kontext berechtigt (Wellman 2017)?

Eine demokratietheoretische Kritik an der unilateralen Kontrolle der Einwanderung durch Einzelstaaten findet sich schließlich bei Arash Abizadeh. Das Demokratieprinzip verlange, dass denjenigen, die dem Zwang staatlicher Gesetze unterliegen, ein Mitbestimmungsrecht über die entsprechenden Gesetze gewährt werde. Einwanderungsbeschränkungen seien aber mit Zwang gegenüber Menschen im Ausland verbunden. Einwanderungsbeschränkungen wären deshalb demokratietheoretisch nur dann vertretbar, wenn sie auf internationaler Ebene demokratisch ausgehandelt würden (Abizadeh 2017).

85.2 Flucht und Asyl

Im Mittelpunkt der unter den Stichwörtern ‚Flucht' und ‚Asyl' philosophisch verhandelten Themen stehen die Fragen, ob Menschen, die in ihrem Herkunftsland einer besonderen Bedrohungslage ausgesetzt sind, einen Anspruch auf Aufnahme bzw. Aufenthalt in anderen Ländern haben, wer zur Gruppe mit den genannten Ansprüchen gehört und in welchem Umfang sich diesen Ansprüchen korrespondierende Pflichten seitens von Einzelstaaten ergeben. Im Folgenden wird der in Rechtsdokumenten wie auch in der philosophischen Debatte gebräuchliche Begriff ‚Flüchtling' verwendet, um Mitglieder der genannten Anspruchsgruppe zu bezeichnen. Als allgemeine Bezeichnung für Personen mit Fluchterfahrung verwenden wir den Begriff ‚Geflüchtete:r'.

Nur wenige Autor:innen vertreten wie Wellman (2017) die Position, dass Staaten gar nicht verpflichtet sind, Flüchtlinge aufzunehmen. Wellman zufolge haben Personen, deren Menschenrechte im Herkunftsland nicht geschützt sind, zwar einen Anspruch auf Unterstützung durch andere Staaten. Selbst bei politischer Verfolgung gebe es jedoch Möglichkeiten, diese Hilfe zu gewähren, ohne die Betroffenen aufzunehmen, und entsprechend bestehe grundsätzlich kein Aufnahmeanspruch.

Die Mehrheitsmeinung geht demgegenüber dahin, dass eine Gruppe besonders bedrohter Menschen ein Recht auf temporäre oder permanente Aufnahme („Asyl") hat. Die Positionen unterscheiden sich jedoch darin, welchen Menschen dieses Recht zugesprochen wird. Ein wichtiger Bezugspunkt der philosophischen Debatte sind dabei die völkerrechtlichen Regelungen der Genfer Flüchtlingskonvention von 1951 (GFK) und des Protokolls über die Rechtsstellung der Flüchtlinge von 1967. Nach Artikel 1 Abs. 2 GFK gilt eine Person als Flüchtling, wenn sie sich „aus begründeter Furcht vor Verfolgung wegen ihrer Rasse, Religion, Staatszugehörigkeit, Zugehörigkeit zu einer bestimmten sozialen Gruppe oder wegen ihrer politischen Überzeugung außerhalb ihres Heimatlandes befindet und dessen Schutz nicht beanspruchen kann oder wegen dieser Befürchtungen nicht beanspruchen will". Zwei Kriterien stehen hier im Mittelpunkt: Nur (a) individuell verfolgte Menschen, die sich (b) außerhalb ihres Heimatlandes befinden, sind Flüchtlinge im Sinne der GFK.

Beide Kriterien sind in der philosophischen Diskussion umstritten. Die Antwort auf die Frage, wer als Flüchtling anzuerkennen ist, hängt dabei nicht zuletzt von der Begründung ab, die für die besondere Schutzbedürftigkeit von Flüchtlingen angenommen wird.

Andrew Shaknove (1985, 275) geht davon aus, dass Menschen dann zu Flüchtlingen werden, wenn „das Band von Vertrauen, Loyalität, Schutz und Beistand zwischen den Bürger:innen und dem Staat" durchtrennt ist. Diese Überlegung liege auch der GFK zugrunde, rechtfertige aber nicht deren Einschränkung des Flüchtlingsbegriffs auf Verfolgte. Entscheidend sei vielmehr, dass ein Staat die Erfüllung der basalen Bedürfnisse seiner Bürger:innen nicht gewährleiste, was etwa auch aufgrund von Bürgerkriegen, aus wirtschaftlichen Gründen oder aufgrund von Naturkatastrophen der Fall sein könne (Shacknove 1985; im Ergebnis vergleichbar z. B. Gibney 2004, 1–22).

Auch die Einschränkung des Flüchtlingsbegriffs auf Personen, die sich bereits außerhalb ihres Heimatlandes befinden, weist Shacknove zurück. Eine notwendige Bedingung für die Flüchtlingseigenschaft sei nur, dass eine Person keine andere Möglichkeit habe, die Erfüllung ihrer Grundbedürfnisse zu erreichen, als die internationale Gemeinschaft um Schutz zu ersuchen.

Zur Verteidigung eines engen Flüchtlingsbegriffs, der politische Verfolgung als notwendige Bedingung vorsieht, wird demgegenüber vorgebracht, dass sich Verfolgte normativ dadurch von anderen Menschen in Not unterschieden, dass ihnen nur durch (permanente) Aufnahme in einem anderen Staat geholfen werden könne (Lister 2013; Cherem 2016). Mathew Price (2009) argumentiert zwar nicht dafür, nur politisch Verfolgte als Flüchtlinge zu bezeichnen, vertritt jedoch die Ansicht, dass nur Verfolgten Asyl gewährt werden sollte (worunter er die permanente Aufnahme und die Vergabe politischer Mitgliedschaft versteht). Verfolgung sei nicht nur deshalb problematisch, weil sie die körperliche Unversehrtheit und Freiheit gefährde, sondern auch, weil den Betroffenen damit die Mitgliedschaft in ihrer politischen Gemeinschaft abgesprochen würde. Die Gewährung von Asyl sei eine angemessene Reaktion auf diese spezifische Art von Gefährdung und habe nicht zuletzt einen expressiven Gehalt: Sie bringe eine Verurteilung des Staates zum Ausdruck, der für die Verfolgung verantwortlich sei.

Die Beschränkung des Flüchtlingsbegriffs auf Personen, die sich bereits außerhalb des Landes befinden, in dem sie von Verfolgung bedroht sind, wird etwa unter Bezugnahme auf die unverhältnismäßig hohen Risiken verteidigt, die ein Eingreifen vor Ort sowohl für die eingreifenden Staaten als auch für die lokale Bevölkerung mit sich bringen würde. Ein mit Blick auf die beiden in der GFK festgelegten Kriterien weiterer Flüchtlingsbegriff verfehle es, eine zentrale Pflicht deutlich herauszustellen und hinreichend handlungsleitend zu sein (Lister 2013).

Mit der Antwort auf die Frage, wer als Flüchtling einen Anspruch auf Aufnahme hat, ist noch nicht geklärt, wie sich die Verpflichtung zur Aufnahme von Flüchtlingen innerhalb der internationalen Gemeinschaft auf die Einzelstaaten verteilt. Ebenfalls in der GFK geregelt, untersagt es das sogenannte Non-Refoulement- Prinzip Staaten völkerrechtlich, einen Flüchtling „in irgendeiner Form in das Gebiet eines Landes ausweisen oder zurückstellen, wo sein Leben oder seine Freiheit wegen seiner Rasse, Religion, Staatszugehörigkeit, seiner Zugehörigkeit zu einer bestimmten sozialen Gruppe oder seiner politischen Anschauungen gefährdet wäre" (Artikel 33 GFK). Die Einzelstaaten sind damit nicht notwendigerweise verpflichtet, Asyl beantragende Flüchtlinge auf dem eigenen Territorium aufzunehmen. Es steht ihnen vielmehr frei, die Verantwortung für den Schutz von Flüchtlingen in Absprache mit anderen Staaten aufzuteilen.

Wie eine gerechte Verteilung auszusehen hat, wird in der philosophischen Auseinandersetzung (die Wirkung der Aufnahme von Geflüchteten als negativ vorwegnehmend) unter dem Stichwort ‚burden sharing' verhandelt. Dabei wird nicht nur die Frage diskutiert, an welchen Faktoren (z. B. Bevölkerungszahl, wirtschaftliche Leistungsfähigkeit, Fläche) sich die Verteilung orientieren muss, um allen beteiligten Staaten gegenüber gerecht zu sein, sondern etwa auch, unter welchen Bedingungen Verteilungskriterien gegenüber den betroffenen Geflüchteten gerechtfertigt werden können (z. B. Schuck 1997; Miller 2017b; Kuosmanen 2013; Owen 2016a).

Unter den gegenwärtigen politischen Umständen drängt sich für eine realitätsbezogene philosophische Auseinandersetzung insbesondere die Frage auf, wie sich die Pflichtenzuteilung verändert, wenn ein Teil der Staaten ihren fairen Anteil zu leisten nicht bereit ist. Eine harte Position vertritt diesbezüglich Miller (2017a, Kap. 5; vgl. auch Miller 2013, Kap. 9). Es gebe keine Gerechtigkeitspflicht, mehr als den eigenen fairen Anteil zu leisten, um der gemeinsamen Verantwortung gegenüber Flüchtlingen nachzukommen, und mithin keine Garantie, dass jeder Flüchtling einen Staat finde, der sich für ihn zuständig fühle.

Owen (2016a, 2016b) weist demgegenüber darauf hin, dass schon die Pflicht, überhaupt Flüchtlinge aufzunehmen, ein Fall des ‚Einspringens' für andere sei. Würden alle Staaten ihren Pflichten zum Schutz der Menschenrechte nachkommen, gäbe es keine Flüchtlinge. Die Legitimität der internationalen Ordnung hänge aber davon ab, dass die basalen Rechte aller Menschen tatsächlich geschützt werden. Die einzelnen Staaten seien deshalb dazu verpflichtet, zusätzliche Pflichten zu übernehmen, wenn manche Staaten ihren Schutzpflichten gegenüber Flüchtlingen nicht nachkämen. Erwägungen der Fairness zwischen den Staaten könnten nicht herangezogen werden, um den Anspruch der Flüchtlinge auf wirksamen Schutz einzuschränken (vgl. dazu in der allgemeinen Debatte über das ‚Einspringen' für andere Hohl/Roser 2011; Karnein 2014).

85.3 Ausblick

Die Frage nach einem Recht auf Einwanderung bzw. einem Recht auf Ausschluss wird auf absehbare Zeit ebenso Gegenstand der philosophischen Auseinandersetzung bleiben wie die Aufnahmeansprüche von Menschen, die in ihrem Herkunftsland menschenrechtlich erheblichen Bedrohungen ausgesetzt sind. Diese Fragen werden oft unter idealisierten Vorzeichen diskutiert (vgl. Brezger/Cassee/Goppel 2016). Politische Hindernisse für die Realisierung eines gerechten Umgangs mit menschlicher Mobilität werden ausgeblendet, es wird davon abstrahiert, dass Akteure in der Praxis oft mit ungerechten *policies* konfrontiert sind, und Fragen des Vollzugs bleiben unberücksichtigt. Es ist deshalb zu begrüßen, dass in der jüngeren Debatte eine Hinwendung zu Fragen der ‚nichtidealen Theorie' auszumachen ist: Gibt es einen realistischen Weg vom Hier und Jetzt in eine Welt, in der Menschen größere Bewegungsfreiheit genießen (Bauböck 2014)? Sind individuelle Einwanderungswillige aus ethischer Perspektive dazu berechtigt, ungerechte Einwanderungsbeschränkungen zu umgehen (Hidalgo 2015)? Wie sind Tendenzen zur Externalisierung der Grenzkontrolle (Shachar 2009) oder zur Übertragung von Vollzugsaufgaben an private Akteure (Bloom/Risse 2014) zu beurteilen? Solche konkreten Fragen zu beantworten, ohne die migrationsethischen Grundsatzfragen aus dem Auge zu verlieren, bleibt eine Herausforderung und ein Desiderat der Forschung in diesem Bereich.

Literatur

Abizadeh, Arash: „Demokratietheoretische Argumente gegen die staatliche Grenzhoheit." In: Frank Dietrich (Hg.): Ethik der Migration. Philosophische Schlüsseltexte. Berlin 2017, 98–120.

Angeli, Oliviero: Migration und Demokratie. Ein Spannungsverhältnis. Ditzingen 2018.

Bauböck, Rainer: „Demokratische Grenzen als Membranen." In: Zeitschrift für Menschenrechte 8. Jg., 2 (2014), 66–82.

Blake, Michael: „Immigration, Jurisdiction, and Exclusion." In: Philosophy & Public Affairs 41. Jg., 2 (2013), 103–130.

Bloom, Tendayi/Risse, Verena: „Examining hidden coercion at state borders. Why carrier sanctions cannot be justified." In: Ethics & Global Politics 7. Jg., 2 (2014), 65–82.

Brezger, Jan: Internationale Freizügigkeit als Menschenrecht. Frankfurt a.M. 2018.

Brezger, Jan/Cassee, Andreas/Goppel, Anna (Hg.): „The Ethics of Immigration in a Non-Ideal World." In: Moral Philosophy and Politics 3. Jg., 2 (2016).

Brock, Gilian/Blake, Michael: Debating Brain Drain. May. Oxford 2015.

Carens, Joseph H.: Fremde und Bürger. Weshalb Grenzen offen sein sollten. Stuttgart 2019.

Cassee, Andreas: Globale Bewegungsfreiheit. Ein philosophisches Plädoyer für offene Grenzen. Berlin 2016.

Cassee, Andreas/Goppel, Anna (Hg.): Migration und Ethik. Münster 2012.

Cherem, Max: „Refugee Rights: Against Expanding the Definition of a "Refugee" and Unilateral Protection Elsewhere." In: Journal of Political Philosophy 24. Jg., 2 (2016), 183–205.

Clemens, Michael A.: „Economics and Emigration. Trillion-Dollar Bills on the Sidewalk?" In: Journal of Economic Perspectives 25. Jg., 3 (2011), 83–106.

Dietrich, Frank (Hg.): Ethik der Migration. Philosophische Schlüsseltexte. Berlin 2017.

Fine, Sarah: „Assoziationsfreiheit ist nicht die Lösung." In: Frank Dietrich (Hg.): Ethik der Migration. Philosophische Schlüsseltexte. Berlin 2017, 148–165.

Gibney, Matthew J.: The Ethics and Politics of Asylum. Liberal Democracy and the Response to Refugees. Cambridge 2004.

Goppel, Anna: „Linguistic Integration – Valuable but Voluntary. Why Permanent Resident Status Must Not Depend on Language Skills." In: Res Publica 25. Jg., 1 (2019), 55–81.

Hidalgo, Javier: „Resistance to Unjust Immigration Restrictions." In: Journal of Political Philosophy 23. Jg., 4 (2015), 450–470.

Hohl, Sabine/Roser, Dominic: „Stepping in for the Polluters? Climate Justice under Partial Compliance". In: Analyse & Kritik 33. Jg., 2 (2011), 477–500.

International Organization for Migration (IOM), Global Migration Data Analysis Centre: Global Migration Indicators 2018. Berlin 2018.

Karnein, Anja: „Putting Fairness in Its Place. Why There Is a Duty to Take Up the Slack." In: Journal of Philosophy 111. Jg., 11 (2014), 593–607.

Kuosmanen, Jaakko: „What (If Anything) Is Wrong with Trading Refugee Quotas?" In: Res Publica 19. Jg., 2 (2013), 103–119.

Lister, Matthew: „Who are Refugees?" In: Law and Philosophy 32. Jg., 5 (2013), 645–671.

Miller, David: „Vernünftige Parteilichkeit gegenüber Landsleuten." In: Christoph Broszies, Henning Hahn (Hg.): Globale Gerechtigkeit. Schlüsseltexte zur Debatte zwischen Partikularismus und Kosmopolitismus. Berlin 2010, 146–174.

Miller, David: „Einwanderung: Das Argument für Beschränkungen." In: Andreas Cassee, Anna Goppel (Hg.): Migration und Ethik. Münster 2012, 47–65.

Miller, David: Justice for Earthlings: Essays in Political Philosophy. Cambridge 2013.

Miller, David: Fremde in unserer Mitte. Politische Philosophie der Einwanderung. Berlin 2017a.

Miller, David: „Immigration und territoriale Rechte." In: Frank Dietrich (Hg.): Ethik der Migration. Philosophische Schlüsseltexte. Berlin 2017b, 77–97.

Nida-Rümelin, Julian: Über Grenzen denken. Eine Ethik der Migration. Hamburg 2017.

Oberman, Kieran: „Immigration as a Human Right." In: Sarah Fine/Lea Ypi (Hg.): Migration in Political Theory. The Ethics of Movement and Membership. Oxford 2016, 32–56.

Owen, David: „Transnational citizenship and the democratic state. Modes of membership and voting rights." In: Critical Review of International Social and Political Philosophy 14. Jg., 5 (2011), 641–663.

Owen, David: „In Loco Civitatis. On the Normative Basis of the Institution of Refugeehood and Responsibilities for Refugees." In: Sarah Fine, Lea Ypi (Hg.): Migration in Political Theory. The Ethics of Movement and Membership. Oxford 2016a, 269–289.

Owen, David: „Refugees, Fairness and Taking up the Slack On Justice and the International Refugee Regime." In: Moral Philosophy and Politics 3. Jg., 2 (2016b), 141–164.

Pevnick, Ryan: Immigration and the Constraints of Justice. Between Open Borders and Absolute Sovereignty. Cambridge 2011.

Price, Matthew E.: Rethinking Asylum: History, Purpose, and Limits. Cambridge 2009.

Rapoport, Hillel: „Who is Afraid of the Brain Drain? A Development Economist's View." In Law, Ethics and Philosophy 4. jg. (2016): 119–131.

Rawls, John: Eine Theorie der Gerechtigkeit. Frankfurt a.M. 1979.

Rubio-Marín, Ruth: Immigration as a Democratic Challenge. Citizenship and Inclusion in Germany and the United States. Cambridge 2000.

Schuck, Peter H.: „Refugee Burden-Sharing: A Modest Proposal." In: Yale Journal of International Law 22. Jg. (1997), 243–297.

Shachar, Ayelet: „The Shifting Border of Immigration Regulation." In: Michigan Journal of International Law 30. Jg., 3 (2009), 809–839.

Shacknove, Andrew E.: „Who Is a Refugee?" In: Ethics 95. Jg., 2 (1985), 274–284.

UNHCR, Operational Data Portal: Mediterranean Situation. In: https://data2.unhcr.org/en/situations/mediterranean (23.1.2019).

Walzer, Michael: Sphären der Gerechtigkeit. Ein Plädoyer für Pluralität und Gleichheit. Frankfurt a.M. ^{2}2006.

Wellman, Christopher Heath: „Immigration und Assoziationsfreiheit." In: Frank Dietrich (Hg.): Ethik der Migration. Philosophische Schlüsseltexte. Berlin 2017, 121–147.

Gewalt und Zwang

Véronique Zanetti

Die Begriffe ‚Gewalt', ‚Macht', ‚Herrschaft' oder ‚Zwang' sind semantisch sehr eng verknüpft. Gewalt wird mitunter als Anwendung von physischem Zwang gegenüber einer Person definiert, um deren Rechte zu verletzen oder um sie gegen ihren Willen zu einem Tun zu nötigen. Wenn sie in einem verwandten Sinne von ‚Nötigung' oder ‚Verletzung' verwendet werden, sind beide Begriffe negativ konnotiert. Nicht jeder Zwang und nicht jede Gewalt ist jedoch schlecht oder unrecht. Wenige würden bestreiten, dass eine gesellschaftliche Ordnung ohne legitime Zwangsmaßnahmen zur Ahndung von Straftaten den einzelnen Bürgern wenig Sicherheit und Rechtsgarantie gewährt. Die Einschränkung der individuellen Freiheit ist sogar die Bedingung ihrer Konkretisierung in Form von politischen Rechten. Zwang und Gewalt, wenn sie sich vom individuellen Gebrauch weg zum institutionellen Herrschaftsinstrument bewegen, können ordnungs- und rechtsstiftend sein.

Abgesehen von der normativen Frage, ob die Ausübung von Gewalt oder Zwang legitim sein kann, haftet der Semantik der Begriffe eine Ambivalenz an. Gewalt kann sowohl die Gefährdung oder Vernichtung von Leben oder politischer Ordnung zur Folge haben als auch Bedingung ihrer Aufrechterhaltung oder ihrer Wiederherstellung sein (Heitmeyer 2008). In einem geringeren Maße gilt das auch für den Zwang. Der Hauptgrund für diese Ambivalenz liegt in der Geschichte dieser Begriffe.

86.1 Gewalt: Ursprung des Wortes

Das Substantiv ‚Gewalt' leitet sich aus dem indogermanischen Wort *walten,* das eine Erweiterung der Wurzel *(val/giwaltan)* ist und ursprünglich ‚Kraft haben', ‚über etwas verfügen', ‚herrschen' meint (Imbusch 2002, 29).

Die Etymologie des Wortes ist deshalb von Bedeutung, weil das deutsche Wort ‚Gewalt' gegenüber dem angelsächsischen oder frankophonen Sprachgebrauch einen Sonderfall darstellt. Nur im Deutschen steht ‚Gewalt' sowohl für den körperlichen Angriff wie auch für die Amts- bzw. Staatsgewalt. Diese Ambivalenz reflektiert die doppelte lateinische Wurzel *vis/violentia* und *potestas* (rechtliche Verfügungsgewalt, Amtsgewalt) oder *potentia* (Macht, Vermögen, Kraft). Dadurch unterliegt der deutsche Begriff einer Zweideutigkeit, die im Französischen oder Englischen durch die Möglichkeit der Unterscheidung zwischen *violence/violence* und *pouvoir/power* vermieden wird. Der deutsche Begriff umschreibt einerseits das semantische Gebiet, das durch das lateinische *violentia* oder *vis* und durch das englische oder französische *violence* bezeichnet wird, und bedeutet dann ‚Gewalttätigkeit', ‚Gewaltsamkeit'. Zum

V. Zanetti (✉)
Universität Bielefeld, Bielefeld, Deutschland
E-Mail: vzanetti@uni-bielefeld.de

anderen verweist der Begriff auf das semantische Begriffsfeld der lateinischen Staatssprache, auf die Bereiche der öffentlichen Herrschaft und der Rechtsordnung. So wird von Staatsgewalt, Gewaltmonopol, Gewaltenteilung oder von höchster Gewalt gesprochen. Dabei wird ‚Gewalt' rein deskriptiv verwendet und steht für einen rechtlich-politischen Sachverhalt, nämlich eine auf Recht beruhende Herrschaftsmacht, über die ein Staat hinsichtlich der eigenen Staatsangehörigen verfügt. Das Wort kennzeichnet dann insbesondere die Vollmachten, die mit staatlichen Ämtern und Funktionen verbunden sind. Historisch geht die philosophische Begründung der anerkannten Monopolisierung der Gewalt in den Händen des Staats als Gegengewalt gegen die ungebändigte individuelle Gewalt auf Jean Bodin, Thomas Hobbes und John Locke zurück. Das Gewaltmonopol ist nicht nur der Ausdruck des individuellen Verzichts auf individuelle Gewaltanwendung, sondern auch der vorhandenen Kräfte zur Durchsetzung der gesellschaftlichen Ordnung. Staatliche Herrschaft ist an den Besitz von Gewaltmitteln gebunden, und der Staat ist, so die berühmte Definition von Max Weber, „ein auf das Mittel der legitimen (das heißt: als legitim angesehenen) Gewaltsamkeit gestütztes *Herrschafts*verhältnis von Menschen über Menschen" (Weber 1958, 495). Aber schon von Kant werden aus den drei Komponenten der Freiheit, des Gesetzes und der Gewalt die verschiedenen Kombinationen der Verfassungsformen abgeleitet: (1) Gewalt und Freiheit ohne Gewalt (Anarchie), (2) Gesetz und Gewalt ohne Freiheit (Despotismus), (3) Gewalt ohne Freiheit und Gesetz (Barbarei), (4) Gewalt mit Freiheit und Gesetz (Republik) (Kant 1798, 330–331).

86.2 Gewalt und Zwang im rechts- und politisch-philosophischen Sinn

Wenige Philosophen haben das Verhältnis von Gewalt und Zwang so prägnant behandelt wie Hobbes und Kant. Der Ausdruck „freies Individuum im Naturzustand" bezeichnet bei Hobbes – im Gegensatz zur aristotelischen Tradition – nicht ein gesellschaftliches und politisches Tier, sondern einen selbstsüchtigen Egoisten, losgelöst von jeglicher Verbindlichkeit. Frei zu sein, heißt für ihn, seine Macht nach seinem Willen zu gebrauchen und alles zu tun, was der Erhaltung seines Lebens dient, eingeschlossen die Schädigung oder Vernichtung seiner Mitmenschen (Hobbes 1966, Kap. 14, 99). Unter dem ständigen Verdacht, die anderen mögen nach denselben Gütern streben, deren Knappheit unvermeidlich zu Lebenskämpfen führt, werden unmöglich dauerhafte Kooperationsabkommen getroffen. „In einem bürgerlichen Staat aber, wo eine Gewalt zu dem Zweck errichtet wurde, diejenigen zu zwingen [*constrain*], die andernfalls ihre Treuepflicht verletzen würden, ist eine solche Furcht nicht länger vernünftig [...]" (ebd., Kap. 14, 105). „Aber die Gültigkeit von Verträgen beginnt erst mit der Errichtung einer bürgerlichen Gewalt, die dazu ausreicht, die Menschen zu ihrer Einhaltung zu zwingen [*compell*], und mit dem Zeitpunkt beginnt auch das Eigentum" (ebd., Kap. 15, 110–111).

Vergleichbar ist der Schritt, der bei Kant die ungebundene Freiheit als Willkür moralisch notwendig zur Bildung des Staats führt. Denn im Naturzustand hat jeder das Recht auf eine ursprüngliche Erwerbung und darf herrenlose Gegenstände in Besitz nehmen. Soll ein provisorisches Recht, das die Verfügungsfreiheit der Anderen auf denselben Erwerb einschränkt, gefestigt und allgemein anerkannt werden, ist der Weg zum Staat unumgänglich. In der Tat, das Rechtssystem schränkt die Freiheit des einzelnen relativ zur Freiheit aller anderen durch Regeln ein, die allgemeingültig sind. Der so entstandene Zwang muss als allgemeines Gesetz gewollt werden können (Kant 1912/13, AA VI, 230). „Das Recht ist mit der Befugnis zu zwingen verbunden" (ebd., 231). So erfährt der Zwang Legitimität. ‚Zwang', wie ‚Gewalt', bewegt sich nach dieser Deutung im Begriffsfeld der legitimen Herrschaft und der Macht.

86.3 Autonomie und Zwang

In dem anderen Begriffsfeld, dem von Verbrechen und Nötigung, werden ‚Zwang' und ‚Gewalt' zuweilen auch austauschbar gebraucht.

Sie werden als Handlungen interpretiert, die darauf zielen, die Handlungsoptionen einer Person so zu verschlechtern, dass sie zu einer einzigen, eben der erzwungenen Handlung genötigt wird (Nozick 1969, 441). Nozick sieht schon in einer Drohung einen Zwang, wenn sie die Handlungsoptionen des Bedrohten bedeutend verschlechtert. Indem man auf jemanden Zwang ausübt, nimmt man dieser Person die Möglichkeit, ihrer Entscheidung entsprechend zu handeln, oder hindert sie am Handeln.

Zwei Schwierigkeiten entstehen aus Nozicks Vorschlag, die seitdem viel diskutiert worden sind (vgl. Anderson 2017). Die eine Schwierigkeit liegt daran, dass man nur im Ausgang von der Grundsituation einer Lage von einer Verschlechterung sprechen kann. Es muss folglich geklärt werden, welches die angemessene Grundlinie sein soll, von der aus eine normativ relevante Verbesserung oder Verschlechterung festlegt werden kann (Zimmermann 1981; Wertheimer 1988). Bei der Spezifizierung tritt man schnell in eine Grauzone hinein. Dies umso mehr, als der Kontext eine entscheidende Wirkung hat. Der Wechsel des Kontexts, so Pettit, „fixes the baseline by reference to which we decide if the effect is indeed a worsening. [...] It may mean, for example, that exploiting someone's urgent needs in order to drive a very hard bargain represents a sort of interference" (Pettit 1997, 53). Deswegen lässt sich nicht vermeiden, von Fall zu Fall zu entscheiden.

Die andere Schwierigkeit besteht darin, dass Zwang und Angebot sich oft nicht leicht auseinanderhalten lassen. Die Ambiguität zeigt sich an Nozicks Beispiel des Sklavenbesitzers, der seinem Sklaven, den er regelmäßig schlägt, Schonung anbietet, wenn er etwas Bestimmtes tut (Nozick 1969, 450 f.). Harry Frankfurt schlägt vor, eine Grenze dort zu ziehen, wo eine Person *keine andere Wahl* hat, als die (erzwungene) Handlung auszuführen. Demnach bedeuten Drohung und Zwang eine Einschränkung der Autonomie der Person (Frankfurt 1988, 26–46). Der Zwang bedeutet zwar eine Einschränkung der *Handlungs*freiheit einer Person (die Person kann sich der unerwünschten Situation nicht entziehen), betrifft aber nicht die *Entscheidungs*freiheit (sie kann sich der Drohung verweigern und das Übel auf sich nehmen). Dieser Zwang kann als Überwältigungszwang bezeichnet werden und besteht darin, dass eine Person einer anderen Person gegen ihren Willen die für ihre jeweilige Situation relevanten Handlungsfähigkeiten nimmt (Baumann 2000, 78). Der Überwältigungszwang unterscheidet sich vom „inneren Zwang" (Frankfurt 1988) dadurch, dass dieser keiner äußeren Bedrohung bedarf, um die Autonomie einer Person zu verletzen. In dieser letzteren Form von Zwang wird die Person von Wünschen oder Begierden zum Handeln getrieben, von denen sie nicht getrieben werden will und die sie nicht kontrollieren kann. Somit ist ein zwanghaftes Tun ein Tun, zu dem eine Person unwiderstehlich durch ein unerwünschtes Begehren gedrängt wird.

86.4 Arten der Gewalt

Selbst wenn man sich auf das Verständnis von Gewalt im Sinne von *violentia*, d. h. intendierter Beschädigung von Leib, Leben oder Gegenständen beschränkt, wird der Begriff mit zahlreichen Attributen verwendet, die seinen Bedeutungsumfang beeinflussen. Im Wesentlichen lassen sich drei Arten der Gewalt herausschälen: die *individuelle* Gewalt, die *institutionelle* Gewalt und die *strukturelle* Gewalt.

Die *individuelle Gewalt* steht für eine Interaktion zwischen zwei oder mehreren Personen, die sich durch Androhung oder Ausübung eines beträchtlichen körperlichen Zwangsakts ausdrückt. Gewalt in diesem Sinn meint die intendierte Einwirkung von Menschen auf Menschen gegen deren Willen in der Absicht, den Betroffenen zu schaden. Zur begrifflichen Spezifizierung der individuellen Gewalt gehören mehrere Fragen, die von Autor zu Autor unterschiedlich beantwortet worden sind (Burgess-Jackson 2002, Audi 1971). Man kann nach dem *Handlungstyp* fragen, der unter ‚Gewalt' fällt. Zu klären ist, ob Gewalt unwissentlich oder irrtümlich geschehen kann oder ob es zum Phänomen ‚Gewalt' gehört, dass der Gewalttäter eine bösartige Intention gegenüber den Betroffenen hat. Es fragt sich weiterhin, ob Gewaltakte sich auf physische Einwirkungen beschränken oder ob sie auf psychische Beeinflussungen ausgedehnt werden können. Zwar sind die Folgen psychischer Gewalt häufig schwer festzustellen, während physische Gewalt in der Regel sichtbare Verletzungen hinterlässt. Den ganzen Bereich der psychischen Folterinstrumente, deren Auswirkungen oft viel langfristiger sind und schwerer wiegen als die der physischen Gewalt, per Definition unberücksichtigt zu lassen, birgt jedoch die Gefahr, das destruktive Potential dieser Zwangsformen zu verschweigen. Die schwer entflechtbare Verknüpfung zwischen psychischer und physischer Gewalt zeigt sich besonders gut an Beispielen sexualisierter Gewalt. Die sexuelle Nötigung Kindern, Jugendlichen oder Erwachsenen gegenüber exemplifiziert durch den Akt der Besitzergreifung des Körpers der anderen Person gegen ihren Willen die Ausübung des Zwangs gegen ihre körperliche und psychische Autonomie. Die Person wird überwältigt und auf ein reines Instrument der Lusterfüllung des Gewaltausübenden reduziert. Dabei ist möglicherweise der sexuelle Lustgewinn für den Vergewaltiger minder beträchtlich als die Freude an der Demütigung und Erniedrigung des Opfers bzw. das Gefühl von Macht und Herrschaft über sie, wie die Soziologin Ruth Seifert behauptet (Seifert 1966, 14). Aus Missbrauch solcher Art entstehen oft viel größere und dauerhaftere psychische als physische Schäden, die unbehandelt zu Depressionen, Abhängigkeitserkrankungen oder Selbstzerstörungen führen können (Andresen/Heitmeyer 2012). Wählt man eine zu enge Definition der Gewalt, als physische Gewalt, muss man außerdem annehmen, dass, wer eine Person, ohne sie zu berühren, in einem Raum einsperrt und sie dort verdursten lässt, keine Gewalt gegen sie ausübt, was sich mit der allgemeinen Intuition schwer vereinbaren lässt. Neben dem Handlungstyp muss noch die Frage des *Subjekts* und des *Objekts* gewalttätiger Akte geklärt werden. Können nur Individuen gewalttätig handeln oder auch Tiere oder Kollektive? Kann ein Tier oder ein Objekt Gewalt *erleiden?* Je nachdem, welche Antworten auf solche Fragen gegeben werden, wird der Begriffsumfang weiter oder weniger weit.

Der Begriff der *institutionellen Gewalt* deckt sich mit dem von Gewalt als *potestas,* von Verfügungsmacht, die den Inhabern bestimmter sozialer Positionen über andere Personen zuerkannt wird, wie z. B. den Eltern über ihre Kinder, staatlichen Sicherheitsbehörden (Polizei, Militär) über die Bürger usw. Peter Waldmann definiert den Begriff als „eine durch physische Sanktionen abgestützte Verfügungsmacht, die den Inhabern hierarchischer Positionen über Untergebene und Abhängige eingeräumt ist [...]. Prototyp institutioneller Gewalt in der Moderne ist der Hoheits- und Gehorsamsanspruch, mit dem der Staat dem Einzelnen gegenübertritt" (Waldmann 1995, 431). Die institutionelle Gewalt geht über die direkte personelle Gewalt insofern hinaus, als sie sich nicht nur auf eine spezifische Handlung, sondern auf ein soziales und dauerhaftes Abhängigkeitsverhältnis bezieht. Die Bedeutung des Begriffs ist normativ neutral. Angesichts der prinzipiellen Asymmetrie, die dem Verhältnis innewohnt, sind allerdings die Risiken der Übertretung der als legitim bewerteten Gewaltverhältnisse groß.

Der Begriff der *strukturellen Gewalt* wurde 1973 von dem Friedensforscher Johan Galtung eingeführt. Der Begriff sollte, in Ergänzung zur engen Deutung der Gewalt, jene Art von schwerwiegender struktureller Ungerechtigkeit fassen, die Massenverelendung und Massensterben durch vermeidbare unzureichende Verteilung von Grundgütern verursacht. Die strukturelle Gewalt liegt im System begriffen; sie ist deshalb nicht individuell zurechenbar und äußert sich in schwerwiegender sozialer Ungerechtigkeit und Einschränkung der menschlichen Leistungen. Gewalt liegt dann vor, so Galtung, „wenn Menschen so beeinflusst werden, dass ihre aktuelle somatische und geistige Verwirklichung geringer ist als ihre potentielle Verwirklichung" (Galtung 1973, 9). So liegt für Galtung ‚Gewalt' vor, wenn ein Mensch an einer heilbaren Krankheit stirbt, weil er keinen Zugang zu den Medikamenten hatte. Es herrscht aber auch dann Gewalt, wenn durch ihr schlafloses Kind übermüdete Eltern unter ihr geistiges und physisches Potential fallen (Coady 1986, 7). Diese Definition ist deshalb oft als uferlos kritisiert worden. Eine solche Überdehnung des Begriffs erweise der Gewalt-Forschung und damit auch den Bemühungen um Kontrolle und Eindämmung von Gewalt keinen Dienst. Denn soziale Ungerechtigkeit beruht in der Regel auf vielerlei Faktoren wie traditionsbedingten, geographischen, ökologischen, demographischen, politisch-institutionellen Ursachen. „Sie alle sowie ihr jeweiliges Zusammenwirken und Resultat als strukturelle Gewalt zu bezeichnen, hilft nicht weiter, wenn es darum geht, konkrete Not- und Abhängigkeitssituationen zu beschreiben und zu erklären" (Waldmann 1977, 8 f.). Trotz dieser häufig anerkannten begrifflichen Vagheit wird weiterhin von struktureller Gewalt gesprochen, um die aus ungerechter Verteilung resultierenden Formen der Marginalisierung oder der Exklusion aus gesellschaftlichen Teilsystemen zu charakterisieren, die ohne direkte Täter geschehen (Habermas 1990; Luhmann 1995).

Nicht allein aus begriffsgeschichtlichem Grund wird Gewalt mit Macht assoziiert. Gewalt wird häufig als eine auf einer kontinuierlichen Skala intensivere Form der Macht dargestellt, wie zum Beispiel von Popitz (Popitz 1992). „Vollkommene Macht", so Popitz, „ist die äußerste Steigerung des Herr-Seins über andere Menschen: Herr-Sein über Leben und Tod" (ebd., 52), und der Tod ist die höchste Gewaltform, die ‚absolute Gewalt' (ebd.). Damit distanziert sich Popitz deutlich von Hannah Arendt, die in *Macht und Gewalt* beide Begriffe sorgfältig voneinander entflicht. ‚Macht', ‚Gewalt', ‚Autorität', ‚Kraft' bezeichnen zwar in der Politik Mittel der Herrschaft über andere; ‚Macht' aber entspricht der menschlichen Fähigkeit, sich mit anderen zusammenzuschließen und im Einvernehmen mit ihnen zu handeln (Arendt 1970, 45). In der begrifflichen Tradition von *potestas* wird ‚Macht' als eine durch das Volk ermächtigte Handlung verstanden. „Alle politischen Institutionen sind Manifestationen und Materialisationen von Macht; sie erstarren und verfallen, sobald die lebendige Macht des Volkes nicht mehr hinter ihnen steht und sie stützt" (ebd., 42). Die Gewalt hingegen erhebt sich gegen etwas oder jemanden. In diesem Sinne kann das Töten gerade nicht, wie bei Popitz, als vollkommene Macht interpretiert werden. Denn eine Macht, die allein auf der Möglichkeit der Tötung beruht, zeigt sich eher als Ohnmacht. An der Spezifizierung, die der Begriff ‚Gewalt' im modernen Sprachgebrauch erfährt, wird deutlich, wodurch Macht und Herrschaft klarerweise in die Tradition der *potestas* rücken, während ‚Gewalt' im Sinne von *violentia* verstanden wird.

86.5 Rechtfertigung der Gewalt

Obwohl Gewalt (violentia) alles in allem negativ ausfällt, ist nicht jede Form von Gewalt abzulehnen. Unter Umständen ist die Ausübung der Gewalt gerechtfertigt oder sogar geboten. Es kommen grundsätzlich drei Typen von Fällen in Frage, in denen Gewalt gerechtfertigt sein kann: die individuelle Notwehr, die Gewalt gegen fremde Staaten, und die kollektive Notwehr gegen die eigenen Institutionen. Man darf nicht übersehen, dass das Gewaltmonopol beide Machtausübungsformen, die in *potestas* wie in *violentia* enthalten sind, zusammenbindet. Indem der Einzelne sein Naturrecht auf Notwehr dem Staat übergibt, autorisiert er diesen, die allgemeine Sicherheit notfalls gewaltsam zu garantieren und auf diese Weise seine Herrschaft geltend zu machen. Folglich wird es zwischen beiden Ausübungsformen der Macht immer eine Gratwanderung geben. Auch wenn legal, bleibt das Gewaltmonopol des Staats ein Gewaltinstrument und verlangt nach Legitimation. Es soll nur dort angewandt werden, wo alle anderen rechtlich-politischen Mittel unwirksam waren, und es soll allein dem Staat zustehen. Entscheidend für die normative Beurteilung des Gewaltmonopols ist, ob es sich in den Grenzen der legalen und legitimen, das heißt dem Volk zumutbaren und von ihm gebilligten, Zwangsausübung hält. Bei diesem Gebrauch kann von gerechtfertigter oder von ungerechtfertigter Gewalt gesprochen werden.

Für radikale Anarchisten, für die jede Form von Zwang, auch als Mittel der Kontrolle sozialen Verhaltens, die Freiheit der Individuen ungerechtfertigterweise einschränkt, gibt es keine legitime politische Autorität. Aus ihrer Sicht kommt dem Staat kein moralisches Recht auf Herrschaft zu. Der amerikanische Philosoph Robert Paul Wolff definiert politische Gewalt als „die unrechtmäßige und unerlaubte Anwendung von Zwang, um Entscheidungen gegen den Willen oder Wunsch anderer herbeizuführen" (Wolff 1969, 606). Jeder Mensch hat nach ihm eine grundlegende Pflicht, seine Autonomie wahrzunehmen, und Staat und politische Gehorsamkeit implizieren eine Unterwerfung des Willens unter den Willen eines Anderen („submission to the will of another") (ebd., 607). Demnach kann es keine legitime politische Autorität geben, und der philosophische Anarchismus ist immer wahr (ebd. 607). Ein Anarchist, der die Autorität des Staates in Frage stellt, muss allerdings nicht automatisch die Position vertreten, ein Bürger sollte den Gesetzen eines Staates nie Folge leisten. Andere, pragmatische- oder Klugheits-Gründe, können Gehorsam rechtfertigen. Die Beweislast liegt jedoch beim Staat.

Locke und Rousseau haben sich Hobbes angeschlossen, dass Herrschaft in dem Moment nicht mehr rechtmäßig legitimiert ist, wenn der Staat zu einem Werkzeug im Dienst des persönlichen Interesses des Machthabers wird. Wird die Herrschaft zum systematischen Bedrohungsinstrument der Bürger, haben diese spätestens dann ein Recht auf Widerstand. Ob Gewalt zum legitimen Repertoire der Instrumente zivilen Ungehorsams gehört, sei dahingestellt. Man könnte sich tatsächlich fragen, ob sie nicht notwendigerweise eines Moments der realen Konfrontation bedarf, um der politischen Wirkungslosigkeit zu entgehen (Celikates 2014, 217). Für den Großteil der Literatur gehört der zivile Ungehorsam jedoch, im Unterschied zur Revolution, zu den gewaltfreien Formen von Protesten und Widerstand.

Unter dem Eindruck von Algerien- und Vietnamkrieg formulierten Frantz Fanon und Herbert Marcuse das Prinzip der ‚Gegengewalt' als Ausdruck eines naturrechtlichen Widerstandsrechts unterdrückter Völker gegen das illegitime Gewaltmonopol ihres Staats. Marcuse schreibt: „Gesetz und Ordnung sind überall und immer Gesetz und Ordnung derjenigen, welche die etablierte Hierarchie schützen; es ist unsinnig, an die absolute Autorität dieses Gesetzes und dieser Ordnung denen gegenüber zu appellieren, die unter ihr leiden und gegen sie kämpfen […]. Wenn sie Gewalt anwenden, beginnen sie keine neue Kette von Gewalttaten, sondern zerbrechen die etablierte" (Marcuse 1966, 127).

Literatur

Anderson, Scott: „Coercion." In: The Stanford Encyclopedia of Philosophy (2017).

Andresen, Sabine/Heitmeyer, Wilhelm (Hg.): Zerstörerische Vorgänge: Missachtung und sexuelle Gewalt gegen Kinder und Jugendliche in Institutionen. Deutsche Nationalbibliothek. Weinheim und Basel 2012.

Arendt, Hannah: Macht und Gewalt. München 1970.

Audi, Robert: „On the Meaning and Justification of Violence." In: Jerome A. Schaffer (Hg.): Violence. Award-Winning Essays in the Council for Philosophical Studies Competition. New York 1971, 45–99.

Baumann, Peter: „Über Zwang." In: Monika Betzler, Barbara Guckes (Hg.): Autonomes Handeln. Beiträge zur Philosophie von Harry G. Frankfurt. Berlin 2000, 71–84.

Burgess-Jackson, K.: „Gewalt in der zeitgenössischen analytischen Philosophie." In: Wilhelm Heitmeyer, John Hagan (Hg.): Internationales Handbuch der Gewaltforschung. Wiesbaden 2002, 1233–1254.

Celikates, Robin: „Ziviler Ungehorsam – Zwischen Gewaltfreiheit und Gewalt." In: Franziska Martinsen, Oliver Flügel-Martinsen (Hg.): Gewaltbefragungen. Beiträge zur Theorie von Politik und Gewalt. Bielefeld 2014, 211–225.

Coady, C.A.: „The Idea of Violence." In: Journal of Applied Philosophy 3. Jg.,1 (1986), 3–19.

Frankfurt, Harry G.: „Coercion and Moral Responsibility." In: Harry G. Frakfurt (Hg.): Importance of what We Care about. Philosophical Essays. Cambridge 1988, 26–46.

Galtung, Johan: „Frieden und Friedensforschung." In: Johan Galtung (Hg.): Strukturelle Gewalt. Beiträge zur Friedens- und Konfliktforschung. Reinbek bei Hamburg 1973, 7–31.

Heitmeyer, Wilhelm: „Gewalt." In: Stefan Gosepath, Wilfrid Hinsch, Beate Rössler (Hg.): Handbuch der politischen Philosophie und Sozialphilosophie. Berlin 2008, 421–425.

Habermas, Jürgen: „Gewaltmonopol, Rechtsbewußtsein und demokratischer Prozeß." In: Jürgen Habermas

(Hg.): Die nachholende Revolution. Frankfurt a. M. 1990, 167–175.

Hobbes, Thomas: Leviathan. Deutsche Übersetzung von Iring Fetscher. Frankfurt a. M. 1966 (engl. 1651).

Imbusch, Peter: „Der Gewaltbegriff." In: Wilhelm Heitmeyer, John Hagan (Hg.): Internationales Handbuch der Gewaltforschung. Wiesbaden 2002, 26–57.

Kant, Immanuel: „Anthropologie in pragmatischer Hinsicht." [1798] In: Preußischen Akademie der Wissenschaften (Hg.): Gesammelte Schriften. Bd. VII. Berlin 1907/17.

Kant, Immanuel: „Die Metaphysik der Sitten, Rechtslehre." [1797] In: Preußischen Akademie der Wissenschaften (Hg.): Gesammelte Schriften. Bd. VI. Berlin 1912/23.

Luhmann, Niklas: „Inklusion – Exklusion." In: Niklas Luhmann (Hg.): Soziologische Aufklärung. Bd. 6: Die Soziologie und der Mensch. Opladen 1995, 237–264.

Marcuse, Herbert: „Repressive Toleranz." In: Robert Paul Wolff, Barrington Moore, Herbert Marcuse (Hg.): Kritik der reinen Toleranz. Frankfurt a. M. 1966.

Nozick, Robert: „Coercion." In: Sidney Morgenbesser, Patrick Suppes, Morton Gabriel White (Hg.): Philosophy, Science, and Method. Essays in Honor of Ernest Nagel. New York 1969, 440–472.

Pettit, Philip: Republicanism. A Theory of Freedom and Government. Oxford 1997.

Popitz, Heinrich: Phänomene der Macht. Autorität – Herrschaft – Gewalt – Technik. Tübingen 1992.

Seifert, Ruth: „Der weibliche Körper als Symbol und Zeichen. Geschlechtsspezifische Gewalt und die kulturelle Konstruktion des Krieges." In: Andreas Gestrich (Hg.): Gewalt im Krieg: Ausübung, Erfahrung und Verweigerung von Gewalt in Kriegen des 20. Jahrhunderts. Band 4: Jahrbuch für historische Friedensforschung. Münster 1996, 13–33.

Waldmann, Peter: Strategien politischer Gewalt. Stuttgart/Berlin/Köln/Mainz 1977.

Waldmann, Peter: „Politik und Gewalt." In: Dieter Nohlen/Rainer-Olaf Schultze (Hg.): Lexikon der Politik. Band 2. Politische Theorien. München 1995, 430–435.

Weber, Max: „Politik als Beruf." In: Max Weber (Hg.): Politische Schriften. Tübingen 1958.

Wertheimer, Alan: Coercion. Princeton 1988.

Wolff, Robert Paul: „On Violence." In: The Journal of Philosophy 66. Jg., 19 (1969), 601–616.

Zimmermann, David: „Coercive wage offers." In: Philosophy & Public Affairs 10 (1981), 121–145.

87 Tötungsverbot

Bernd Ladwig

Das Verbot, andere Menschen zu töten, ist gewiss eine zentrale und unverzichtbare Norm. Wer wollte schon in der ständigen Furcht leben, gewaltsam und gegen seinen Willen ums Leben gebracht zu werden? Das Leben ist ein schlechthin grundlegendes Schutzgut, weil es die Bedingung der Möglichkeit aller Empfindungen, Wahrnehmungen, Gedanken und Handlungen ist. Und Menschen ziehen normalerweise die Fortsetzung ihres Lebens einer Lebensverkürzung vor. Dieser fundamentalen Bedeutung und grundsätzlichen Anerkennung des Tötungsverbots zum Trotz sind dessen genauen Implikationen hoch umstritten, wie die heftigen Kontroversen etwa über Kriege, Abtreibung, Sterbehilfe, Embryonenschutz oder Mittelrationierung im Gesundheitswesen zeigen (vgl. Leist 1990; Lübbe 2004). Normative Orientierung in solchen Auseinandersetzungen versprechen die verschiedenen Konzeptionen des Tötungsverbots. Die Grundzüge der wichtigsten Konzeptionen sind Gegenstand der folgenden Darstellung und Diskussion.

87.1 Direkte und indirekte Gründe

Was rechtfertigt die Grundnorm des Tötungsverbots? Zunächst ist es hilfreich, zwischen direkten und indirekten Gründen zu unterscheiden (vgl. Glover 1977, 40 f.). Direkte Gründe handeln von der moralischen Schlechtigkeit einer Tötung selbst. Indirekte Gründe handeln von der moralischen Schlechtigkeit einiger Begleitumstände oder Nebenfolgen einer Tötung. Wer etwa das Leiden von Angehörigen oder die Verbreitung von Furcht und Schrecken in der Bevölkerung zugunsten des Tötungsverbots anführt, rechtfertigt es mit indirekten Gründen. Auch der etwaige leidvolle Verlauf einer Tötung ist ein indirekter Grund für das Tötungsverbot.

Die Erheblichkeit einiger indirekter Gründe dürfte außer Frage stehen. Gegen eine Beschränkung auf sie sprechen aber starke Intuitionen. So würden wir die von keinem Dritten bemerkte blitzschnelle, überraschende und schmerzlose Tötung eines völlig vereinsamten Menschen, der ersichtlich weiterleben wollte, wohl nicht als moralisch neutrale Handlung betrachten. Im Folgenden seien daher vor allem direkte Gründe für das Tötungsverbot betrachtet. Aus welchen moralischen Quellen könnten sie kommen?

B. Ladwig (✉)
Freie Universität Berlin, Berlin, Deutschland
E-Mail: bernd.ladwig@fu-berlin.de

87.2 Heiligkeit des Lebens

Der Begriff der Heiligkeit ist religiös konnotiert, aber er findet auch in einem weiteren Sinne Verwendung. Wenn wir etwas für heilig halten, dann sehen wir es erstens unter sonst gleichen Umständen als unantastbar an; seine Verletzung, so glauben wir, wäre ein besonders gravierendes Übel. Wir nehmen zweitens an, dass sein Wert nicht darauf reduziert werden kann, welchen Nutzen oder welche Freude es uns vielleicht bereitet. Das Heilige hat demnach einen personenirrelativen Wert. Es ist drittens nicht umso heiliger, je mehr es davon gibt: Wer etwa große Kunstwerke für unantastbar hält, muss sich darum nicht möglichst viele Bilder von Picasso wünschen (vgl. Dworkin 1994, 3. Kap.).

Könnte das Leben selbst, ohne weitere Qualifizierung, in diesem Sinne wertvoll sein? Das ist sicher nicht die vorherrschende Ansicht; zu den Lebewesen zählen schließlich auch Seegurken oder Gänseblümchen. Vielmehr ist es das *menschliche* und nur das menschliche Leben, das viele für heilig halten. Darin dürfte die jüdisch-christliche Tradition zum Tragen kommen, die menschliches Leben ganz unabhängig von seiner besonderen Beschaffenheit als einzigartig wertvoll ansieht (vgl. Tugendhat 2001, 42 ff.). Doch religiöse Gründe sind vernünftigerweise bestreitbar; und es ist unklar, ob sich auch säkulare Gründe für die Annahme der Heiligkeit des menschlichen Lebens als solchem finden lassen.

Eine weitere Unklarheit betrifft die normative Stärke eines mit der Heiligkeit des Lebens begründeten Tötungsverbots. So gut wie kein Anhänger der Doktrin der Heiligkeit hält das menschliche Leben für absolut unantastbar (vgl. Wolf 1990, 131). Die wenigstens vertreten etwa einen strikten Pazifismus. Ronald Dworkin (1994) verbindet die Annahme einer Heiligkeit menschlichen Lebens sogar mit Abstufungen des Lebenswerts. Wir sollten ein Dasein mit der narrativen Struktur einer bewusst gestalteten Biographie über das bloß biologisch begonnene Leben eines Embryos oder empfindungsunfähigen Fetus stellen. Wenn aber die Doktrin der Heiligkeit des Lebens nicht einmal solche Abstufungen ausschließt, wie trennscharf ist sie dann überhaupt?

Die Idee der Heiligkeit menschlichen Lebens wirft auch Fragen nach der normativen Autorität auf, die jemand über das eigene Dasein hat. Sie legt eher eine Pflicht zu leben als ein Recht auf Leben nahe. Wer aus der jüdisch-christlichen Tradition heraus argumentiert, nimmt an, das Leben sei von Gott verliehen und nur Gott dürfe es wieder nehmen. Das macht die Idee verständlich, keiner dürfe das eigene Leben antasten, selbst wenn es weder für ihn selbst noch für irgendeinen anderen Menschen von irgendeinem personenrelativen Wert wäre. Wie aber wollte man sie begründen, ohne stark umstrittene metaphysische Voraussetzungen zu bemühen?

87.3 Die Gesamtbilanz des Guten

Am anderen Extrem stehen die klassischen und einige neuere Utilitaristen. Sie gehen von erlebensbezogenen Gütern aus, die sie zur Grundlage der Bewertung ganzer Weltzustände machen. Anzustreben sei immer der Weltzustand mit dem größtmöglichen Übergewicht von guten über schlechte Folgen unserer Handlungen für die Gesamtheit aller Betroffenen. Wenn wir etwa annehmen, wir sollten lustvolle mentale Zustände maximieren, so würde die Tötung eines Lebewesens mit insgesamt erfreulichen Erlebensaussichten die Gesamtbilanz beeinträchtigen. Das ist der zentrale direkte Grund, der klassischen Utilitaristen für die Falschheit von Tötungen zur Verfügung steht.

Der Grund ist allerdings, innerutilitaristisch gesehen, nicht gerade stark. Wenn immer nur die Gesamtbilanz der Folgen zählt, so könnte man den Verlust eines Lebewesens leicht wettmachen: Man müsste einfach andere Individuen mit wenigstens gleich guten Aussichten auf erfreuliche Erlebnisse an dessen Stelle setzen. Die Annahme der Ersetzbarkeit folgt aus der Grundentscheidung, Individuen nur insofern in Betracht zu ziehen, als sie mögliche Träger moralisch zu fördernder Zustände sind. Für sich genommen ist dann die Verhinderung der Entstehung einer Erste-Person-Perspektive, etwa durch Empfängnisverhütung, gleich zu bewerten wie die Auslöschung einer solchen Perspektive durch Tötung eines Individuums.

Wie Dieter Birnbacher (2006) betont, sind darum die indirekten Gründe für ein Tötungsverbot aus der Sicht des klassischen Utilitarismus weit bedeutsamer als der direkte Grund. Birnbacher nennt deren vier: Wer ein Individuum tötet, dürfte anderen, die dem Getöteten nahestanden oder auf ihn angewiesen waren, Leid bereiten. Er könnte Dritte in Angst und Schrecken versetzen. Er könnte Dämme gegen ungerechtfertigte Tötungen einreißen und damit eine Kette fataler Folgehandlungen in Gang setzen. Und schließlich könnte er das Selbstwertgefühl anderer beeinträchtigen, die Merkmale mit dem Getöteten gemeinsam haben, die bei der Tötung eine Rolle spielen; zu denken ist etwa an selektive Spätabtreibungen von Feten mit Behinderungen.

Birnbacher meint, unter Berücksichtigung aller indirekten Gründe könnten auch Utilitaristen ein ausreichend starkes Tötungsverbot begründen. Aber zweifelhaft ist, ob damit das verbreitete Gefühl, eine utilitaristische Begründung sei oftmals unangemessen, schon beschwichtigt ist (affirmativ zu einer solchen Begründung Tännsjö 2015). Das grundlegende Unbehagen dürfte daher kommen, dass der Utilitarismus keine Handlungen kennt, die in sich selbst verkehrt sind. Er muss sämtliche Urteile, über Handlungen oder auch über Handlungsregeln, an Bilanzen binden, die mit der Handlungsweise selbst nur zufällig zusammenhängen (vgl. Devine 1978, 34 f.).

Das gilt selbst für Akte wie die absichtliche Hinrichtung Unschuldiger, etwa zu Zwecken der Abschreckung. Utilitaristen mögen uns glaubhaft versichern können, dass die Folgen für Gesellschaften als Ganze oder für die Gesamtheit aller womöglich Betroffenen eher negativ als positiv wären. Aber zweifelhaft bleibt, ob die Art der Begründung selbst akzeptabel ist. Utilitaristisch gesehen, hat selbst der schuldlos Verurteilte keinen Grund, sich missachtet zu fühlen, es sei denn, die faktisch zu erwartenden Folgen sprechen gegen das Urteil.

87.4 Menschenwürde

Wer das Tötungsverbot mit der Menschenwürde begründet, nimmt dagegen die Möglichkeit der Missachtung sehr ernst. Er meint, jeder von uns habe eine Selbstachtung zu verlieren, die dem eigenen moralischen Status entspreche (vgl. Margalit 1997). Einige Handlungsweisen sind kategorisch ausgeschlossen, weil sie nur von Menschen akzeptiert werden könnten, die ihren moralischen Status nicht kennen oder nicht ernst nehmen. Woher kommt der moralische Status und was folgt aus ihm für das Tötungsverbot?

Die wohl einflussreichste Begründung der Menschenwürde nimmt Bezug auf die Autonomie des Menschen. Immanuel Kant (1786/1995) verstand darunter die Fähigkeit zur einsichtsvollen Befolgung des selbst gegebenen moralischen Gesetzes. Einige neuere Kantianer halten eine nicht unbedingt moralische Selbstbestimmung der Person für hinreichend (etwa Gewirth 1978). In jedem Fall aber ist es das Vermögen, den eigenen Willen durch eigene Überlegung zu bilden und zu lenken, das unsere Würde ausmacht oder begründet. Negativ folgt daraus, dass alle Handlungsweisen unserer Würde zuwider laufen, die uns als Subjekte eines selbst verantworteten Wollens verneinen oder gar auslöschen.

Nun könnte man denken, ausnahmslos alle unfreiwilligen Fremdtötungen seien aus eben diesem Grund auch würdeverletzend. Zudem ist das Leben, wie das Bundesverfassungsgericht in seinem Urteil zum *Luftsicherheitsgesetz* (1 BvR 357/05) sagt, „die vitale Basis der Menschenwürde ". Gleichwohl stellt das deutsche Grundgesetz das Recht auf Leben unter Gesetzesvorbehalt. Es unterscheidet damit zwischen dem Tötungsverbot, das Einschränkungen erlaubt, und der Menschenwürde als Fundamentalnorm, die schlechthin uneingeschränkt gilt. Das lässt sich nur verstehen, wenn doch nicht alle Tötungen gegen den Willen des Opfers auch dessen Würde verletzen.

Hier bietet sich wiederum ein Rückgriff auf Kant an, genauer, auf dessen zweite Formel des Kategorischen Imperativs. Sie besagt, man dürfe keinen Menschen bloß als Mittel gebrauchen, man müsse ihn immer zugleich als Zweck beachten. Leider ist die Formel nicht eindeutig. Einer verbreiteten Interpretation zufolge verbietet sie die Instrumentalisierung von Menschen (so etwa Tugendhat 1993, Fünfte Vorlesung). So würde etwa, wer einen Gesunden tötete, um an dessen Organe zu gelangen, das Opfer als Mittel zum Zweck der Lebensverlängerung anderer gebrauchen (zu diesem Beispiel vgl. Harman 1981, 13 f.). Doch man kann einen Menschen auch töten, ohne ihn zu instrumentalisieren, etwa durch fatale Unachtsamkeit im Straßenverkehr oder aus bloßer Gleichgültigkeit.

Wir sollten darum der „Zweckformel" eine weitere Deutung geben. Kant selbst sagt in der *Grundlegung zur Metaphysik der Sitten* (1786, BA 69), ein Mensch werde bloß als Mittel behandelt, wenn er „unmöglich in meine Art, gegen ihn zu verfahren, einstimmen" könne. Das gilt sicher auch für Handlungsweisen, die Gleichgültigkeit gegen das Leben anderer zum Ausdruck bringen. Dann aber hängt für eine direkte Begründung des Tötungsverbots alles davon ab, welche Handlungsweisen mit vielleicht tödlicher Folge wir auf dem Standpunkt der Moral keinesfalls hinnehmen können. Auf diese Frage gibt uns die Zweckformel keine zureichende Antwort.

87.5 Recht auf Leben

Wir können die Idee der Menschenwürde aber auch so verstehen, dass sie einfach besagt: Ein beliebiger einzelner Mensch hat einen gültigen moralischen Anspruch auf grundlegende Rechte. Eines dieser Rechte ist gewiss das Recht auf Leben: Jeder von uns kann um seiner selbst willen geltend machen, dass er unter normalen Umständen keinesfalls getötet werden darf. Unser Interesse am Rechtsgut ‚Leben' reicht normalerweise aus, um andere darauf zu verpflichten, unser Leben unangetastet zu lassen.

Diese Erläuterung entspricht einer Interessenkonzeption des Rechts, die betont, wofür Rechte gut sind (dazu Raz 1986, 166; ähnlich bereits Nelson 1932/1970). Wir brauchen Rechte um grundlegender Güter willen. Zugleich wollen wir in Hinblick auf sie nicht als Bittsteller dastehen. Wir legen Wert auf den Status, einen gültigen Anspruch auf gesicherten Zugang zu Gütern zu haben, die für unser Leben, unser Wohlbefinden und unsere Selbstbestimmung (nahezu) unabdingbar sind.

Nun ist das Leben die Bedingung der Möglichkeit sowohl des Wohlbefindens als auch einer selbstbestimmten Lebensführung. Insofern ist das Interesse am Leben das schlechthin ‚transzendentale Interesse' (um Otfried Höffes [2009, 237] Ausdruck zu gebrauchen). Heißt das aber umgekehrt nicht auch, dass ein Interesse am Weiterleben voraussetzt, dass man sich um die Selbstbestimmung oder jedenfalls um das Wohlbefinden zu sorgen vermag? Anenzephale Säuglinge ohne Großhirn und Menschen im unwiderruflichen Wachkoma kommen nicht als *genuine* Rechtssubjekte im Sinne einer Interessenkonzeption in Betracht. Aber die ausschließenden Konsequenzen einer Interessenkonzeption subjektiver Rechte könnten noch weiter reichen. Das wurde besonders deutlich im Zuge der Singer-Kontroverse um das (Menschen-)Recht auf Leben.

87.6 Peter Singer über Menschen und Personen

Peter Singer ist ein Präferenzutilitarist, der allen Personen, aber auch nur Personen ein Recht auf Leben zugesteht. Unter einer Person versteht Singer ein selbstbewusstes Wesen, das sich auf die Zeitlichkeit der eigenen Existenz beziehen kann (Singer 1994, 123). Singer vertritt eine ganz bestimmte Interessenkonzeption von Rechten: Er versteht diese als Funktion von Präferenzen. Nur wer sich seiner selbst als Individuum mit einer Vergangenheit, Gegenwart und Zukunft bewusst sei, könne eine Präferenz für das eigene Weiterleben haben. Personen haben normalerweise eine Präferenz für das eigene Weiterleben. Also sollten wir ihr Leben rechtlich schützen (ähnlich Tooley 1983).

Der Personenbegriff erfüllt bei Singer zwei Funktionen. Er soll erstens verständlich machen, warum das Dasein der allermeisten Menschen moralisch besonders wertvoll ist – wertvoller als das Dasein bloß empfindungsfähiger Tiere. Die Zugehörigkeit zur Spezies *Homo sapiens* als solche kann dies Singer zufolge nicht rechtfertigen (so auch Harris 1995, 36). Weil aber die allermeisten Menschen selbstbewusste Wesen, also Personen sind, besitzen sie tatsächlich moralisch bedeutsame Merkmale, nämlich auf die eigene Zukunft bezogene Präferenzen, die sie vor den allermeisten anderen Tieren auszeichnen.

Umgekehrt dürfen wir aber nichtmenschlichen Tieren, die ebenfalls Personen sind, das Lebensrecht so wenig vorenthalten wie uns selbst (s. Kap. 110). Menschenaffen, Delfine und vielleicht sogar Schweine dürften Personen im Sinne Singers sein. Insofern bildet sein Personenbegriff eine Brücke zwischen Menschen und manchen nichtmenschlichen Tieren. Leider gilt aber umgekehrt auch: Nicht alle Menschen sind Personen. Embryonen, Säuglinge und geistig schwer behinderte Menschen sind laut Singer keine selbstbewussten Subjekte ihres eigenen Lebens.

Singer weist die Idee einer ‚Heiligkeit des menschlichen Lebens' zurück und mit ihr den menschenrechtlichen Minimalkonsens, dass jeder geborene und nicht (ganz-)hirntote Mensch ein Recht auf Leben hat. Die meisten Kritiker Singers haben sich auf die potentiell fatalen Folgen für menschliche Neugeborene mit Behinderungen konzentriert (zur ‚Singer-Kontroverse' vgl. Hegselmann/Merkel 1992). Das ist aber nur ein Sonderfall des allgemeinen Problems, dass Säuglinge, folgt man Singer, kein genuines Lebensrecht haben. Weil der Tod in ihrem Fall keinen Wunsch weiterzuleben frustriert, haben sie subjektiv nichts zu verlieren, was Schutz in Form eines Lebensrechts verdiente. Singers Ansichten widersprechen damit zentralen menschenrechtlichen Intuitionen. Das hat teils mit Singers Utilitarismus zu tun, geht aber über die Eigentümlichkeiten dieser moralphilosophischen Richtung hinaus.

87.7 Fünf Herausforderungen

Spezifisch utilitaristisch ist der Gedanke der Ersetzbarkeit: Individuen werden nur als ‚Behälter' für in sich wertvolle Zustände wie Lust oder Wunscherfüllung betrachtet und können daher grundsätzlich für ein größeres Gesamtglück geopfert werden. Das gilt Singer zufolge allerdings nur, solange ein Individuum nicht selbstbewusst lebt. Selbstbewusste Personen sollten dagegen nicht als ersetzbar angesehen werden (zur Kritik vgl. Stoecker 1999, Abschn. 5.4).

Gleichwohl macht die Idee der Ersetzbarkeit den Unterschied zwischen Singers Position und einem Rechte-Ansatz (vgl. Regan 2004, Kap. 8) deutlich. Anders als Utilitaristen, betonen Anhänger eines Rechte-Ansatzes die Unvertretbarkeit jedes Individuums, das einige seiner eigenen Lebensvollzüge erlebt: Jedes empfindende, wahrnehmende und wollende Individuum lebt sein Leben, dessen Beendigung daher das definitive Ende eines unvertretbar einzelnen Wesens wäre. Rechte bewahren unvertretbar einzelne Wesen davor, behandelt zu werden, als wären sie ersetzbar (vgl. Ladwig 2020, Kap. 2).

Von dieser Besonderheit – oder Absonderlichkeit – des Utilitarismus logisch unabhängig ist Singers Annahme, dass das Leben mancher Neugeborener für diese selbst so qualvoll sei, dass wir es besser beenden sollten (vgl. die Fallbeschreibungen in Merkel 2001). Nicht wenige Kritiker Singers sehen bereits in der Bewertung der Lebensqualität eines anderen eine menschenrechtswidrige Verirrung.

Dagegen lässt sich allerdings einwenden, dass gerade selbstbewusste Personen das eigene Leben bewerten. Es wäre dogmatisch, die mögliche Geltung ihrer Werturteile auch für unmündige Wesen, die nicht selbst urteilen können, definitiv auszuschließen. Auch schützt das Recht auf Leben ein Gut und kein Übel. Wo das Leben unwiderruflich aufgehört hat, ein Gut zu sein, oder nie eines war noch sein wird, ist unklar, wie das Lebensrecht gegen eine Tötung sprechen könnte.

Dabei gebührt der Autonomie des anderen gewiss die größte Beachtung. In Ansehung drastischer Fälle des Leidens Unmündiger aber bleibt uns gar nichts anderes übrig, als Werturteile zu treffen, die nach allem menschlichen Ermessen die Bestätigung der direkt Betroffenen finden würden, wenn diese nur selbst urteilen könnten. Unschuldige Lösungen gibt es hier nicht: Auch wer für das Weiterlebenlassen eines ganz offenbar schwer Leidenden votiert, trifft eine fehlbare und folgenreiche Entscheidung für einen anderen Menschen.

Anstößig mag man drittens finden, dass Singer der Speziesgrenze kein moralisches Gewicht gibt. Auch das ist mit der Idee der Heiligkeit gerade des menschlichen Lebens nicht vereinbar. Aber Singer meint, die moralische Irrelevanz der Speziesgrenze werde unabweisbar, sobald man sich konsequent von einer religiösen Moralauffassung verabschiedet habe. Das muss unsere menschenrechtlichen Überzeugungen nicht erschüttern. Die Aufwertung des moralischen Status von Tieren zwingt uns schließlich nicht zur Abwertung des moralischen Status von Menschen.

Ein viertes Problem betrifft Singers Interessenverständnis. Singer führt rechtlich erhebliche Interessen auf Präferenzen zurück. So gelangt er zu dem Schluss, dass menschliche Neugeborene jedenfalls kein genuines Recht auf Leben hätten, da sie das eigene Weiterleben nicht bevorzugen könnten (ähnlich Hoerster 1991, 74 ff.). Doch weder der Schluss noch das wunschbasierte Interessenverständnis sind zwingend.

Ein möglicher Einwand lautet, dass das Weiterleben eine faktische Voraussetzung für die Erfüllung einer großen Zahl von Präferenzen ist, darunter solcher, die nicht nur selbstbewusste Wesen haben. Das Leben ist eine Bedingung der Möglichkeit beliebiger Erlebnisse, und viele Verhaltensweisen von Lebewesen sind der Sache nach auf deren eigenes zukünftiges Erleben bezogen (so Wolf 1990, 118 ff.). Man könnte daher auch solchen Subjekten des Strebens und Erlebens ein objektives Interesse an einer eigenen Zukunft zuschreiben, die keinen Begriff von ihrer Endlichkeit haben.

Noch weiter geht die Frage, ob wir Interessen überhaupt in Präferenzen verankern sollten. Warum eigentlich halten die allermeisten Personen das Getötetwerden für ein Übel, vor dem sie sich wie vor keinem anderen fürchten? Die Antwort liegt nahe, dass das Opfer definitiv um Erlebnisse gebracht würde, an denen es sich vielleicht noch erfreut hätte. Das Übel des Todes besteht demnach zumindest nicht allein in der Frustration von Wünschen, sondern jedenfalls auch im Vereiteln möglichen Wohlergehens. Das objektive Interesse an künftigen erfreulichen Erlebnissen aber haben Personen mit anderen erlebensfähigen Individuen gemeinsam (vgl. Ladwig 2007, 32 f.; sehr aufschlussreich zu dieser Diskussion auch Hauskeller 1995).

Aber ist damit nicht zu viel gezeigt? Sollten wir denn wirklich jedes irgendwie erlebte Leben *prima facie* gleichermaßen schützen? Die fünfte und letzte Provokation, die Singer für das herkömmliche Menschenrechtsverständnis bereithält, betrifft die Überzeugung von der Nichtabstufbarkeit der Menschenrechte. Die meisten von uns denken, außerhalb der menschenrechtlichen Gemeinschaft dürften oder müssten wir die moralische Schutzwürdigkeit von Lebewesen nach Maßgabe von Kriterien wie Tiefe, Reichweite, Reflektiertheit und Komplexität des Erlebens graduieren. Unter uns Menschen aber dürfe dies alles moralisch keine Rolle spielen.

Doch ist das normativ wie tatsächlich überhaupt richtig? Singer weist auf die vergleichsweise freizügigen Abtreibungsregelungen in so gut wie allen liberaldemokratischen Gesellschaften hin. Welche moralisch erhebliche Eigenschaft hat aber der gerade geborene Säugling, die dem gerade noch nicht geborenen Fetus fehlt? Beinahe jeder hält die Tötung einer erlebensfähigen Leibesfrucht für weniger verwerflich als die Tötung einer selbstbewussten Person (umfassend zu Abtreibungen vgl. Boonin 2003). Warum aber wäre die zweite Tötung dann nicht auch verwerflicher als die eines Neugeborenen mit noch kaum konturiertem Bewusstsein? Die Frage bleibt auch dann brisant, wenn man das

Lebensrecht vom Selbstbewusstsein trennt. In ihr scheint mir das schwierigste Begründungsproblem zu liegen, das Singer den philosophischen Verteidigern des menschenrechtlichen Tötungsverbots aufgegeben hat.

87.8 Eine zweistufige Begründung des Tötungsverbots?

An dieser Stelle liegt der Vergleich mit einem Vorschlag Jeff McMahans (2002) nahe. McMahan argumentiert zunächst, dass jede interessenbezogene Begründung des Tötungsverbots für Abstufungen spricht. Am plausibelsten kommt ihm eine Graduierung nach Maßgabe der zeitabhängigen Interessen des möglichen Opfers vor. Die Größe des – selbstbezogenen – Verlusts, den eine Tötung bedeutet, soll davon abhängen, welche prudentiellen Gründe der Sorge um Güter das Opfer zum Zeitpunkt der Tötung hatte. So soll etwa verständlich werden, warum der Tod eines gerade auf die Welt gebrachten Säuglings zwar schrecklich wäre, aber weniger schrecklich als der Tod eines Zehnjährigen. Das zweite Kind hat eben schon viel tiefer ins Leben hineingefunden als das erste und darum auch weiterreichende und stärker verzweigte Verbindungen zu Gütern aufgebaut.

McMahan ist außerdem der Meinung, dass eine interessenbezogene Begründung für sich genommen indifferent ist gegen die Unterscheidung von Tun und Unterlassen. Hingegen soll die Zahl der möglichen Opfer eine Rolle spielen (so auch Harris 1995, 52 f.). Das spricht dafür, immer die Handlung zu wählen, die die Zahl der Opfer minimiert, selbst wenn das bedeutet, einige zu töten, damit andere weiterleben können. Kurz, die interessenbezogene Begründung für ein Tötungsverbot gehorcht einer konsequentialistischen Logik.

Nun sind die allermeisten Menschen eher zu konsequentialistischen Erwägungen geneigt, wenn diese von nichtmenschlichen Tieren, als wenn sie von menschlichen Wesen handeln. Sie sind der Ansicht, die Menschenrechte setzten jeder konsequentialistischen Kalkulation enge und kategorische Grenzen. McMahan berücksichtigt dies, indem er außer interessenbezogenen Gründen für ein Tötungsverbot auch Gründe der Achtung anführt: Jede Person, die zu einer selbstbestimmten Lebensführung imstande ist, habe einen unvergleichbaren Wert, der weder abgestuft noch gegen den Wert anderer Personen abgewogen werden dürfe. In den Worten von F.M. Kamm (2006): Jede Person besitzt einen Status der Unverletzlichkeit (*inviolability*). Das erklärt etwa, warum eine Person normalerweise nicht intentional getötet werden darf, um noch so viele andere zu retten. Im Geltungsbereich einer *morality of respect* kommen damit Merkmale eines kantischen Würdeverständnisses zum Tragen, für die eine reine *morality of interest* keine Grundlage böte.

McMahan nimmt daher ähnlich wie Singer an, dass für Personen andere Arten von Normen – ein Recht auf Leben bei Singer, ein Anspruch auf Achtung bei McMahan – einschlägig sind als für alle übrigen Tiere. Und wie Singer, so hat auch McMahan keine grundsätzliche Scheu, die moralischen Ansprüche aller Menschen, die keine Personen sind, im selben Bereich abstufbarer und abwägbarer Interessen unterzubringen wie die Ansprüche nichtmenschlicher Tiere mit vergleichbar beschränkten Fähigkeiten. So kann er zwar die verbreitete Intuition erläutern, dass eine Abtreibung weniger schlimm ist als die Tötung eines geistig gesunden erwachsenen Menschen. Aber er kann die menschenrechtliche Reichweite der Normen unserer Moral gleicher Achtung so wenig rechtfertigen wie Singer.

87.9 Ein menschenrechtlicher Minimalkonsens und seine mögliche Erweiterung

So fundamental das Tötungsverbot ist, von seiner philosophischen Begründung aus einem Guss scheinen wir weit entfernt zu sein. Zu einer solchen Begründung sollte jedenfalls der ernsthafte Versuch gehören, den menschenrechtlichen Minimalkonsens zu rechtfertigen (s. Kap. 79). Diesem zufolge hat jeder geborene und nicht (ganz-)hirntote Mensch einen gleichermaßen starken Anspruch darauf, nicht willkürlich getötet zu werden.

Kandidaten für *nicht* willkürliche Tötungen sind vor allem Notwehr- und Nothilfehandlungen, wozu in einem erweiterten Sinne auch der Tyrannenmord und die Tötung von Kombattanten in einem Verteidigungskrieg gehören könnten. Das Lebensrecht ist ein starker Anspruch, weil wir es wie eine Trumpfkarte gegen die Versuchung einsetzen können, unser Leben für ein größeres Gesamtwohl zu opfern (vgl. Dworkin 1990, 14). Es sticht normalerweise selbst dann, wenn das größere Gesamtwohl in einer verbesserten Überlebensbilanz bestünde. Das schließt quantitative und qualitative Vergleiche zwischen Individuen nicht unter allen Umständen aus. Aber es spricht dafür, sie auf Grenzfälle unserer Rechtsordnung und Rechtswirklichkeit, wie gerechtfertigte Kriege oder Situationen extremer Knappheit überlebenswichtiger Güter, zu beschränken und ansonsten bewusst von ihnen abzusehen (vgl. Ladwig 2007, 35 ff.).

Wer den menschenrechtlichen Minimalkonsens rechtfertigen will, muss darum kein ‚Speziesist' sein. Die Doktrin der Heiligkeit des menschlichen und nur des menschlichen Lebens dürfte ohne stark metaphysische Prämissen nicht zu halten sein. Für eine metaphysisch sparsame Moral liegt die Orientierung an grundlegenden Interessen näher, und einige der Interessen, die uns ans Leben binden, haben wir so oder ähnlich mit manchen nichtmenschlichen Tieren gemeinsam.

Vielleicht ist es vertretbar, bei der Anwendung des Tötungsverbots auf Tiere dem Konsequentialismus mehr Raum zu geben als im Innenverhältnis der menschenrechtlichen Moral. Man könnte etwa argumentieren, unsere politische Moral müsse in ihrem menschenrechtlichen Kernbereich möglichst einfach, kriterial klar, motivational anziehend und gegen Missbrauch und Dammbrüche gefeit sein und dürfe darum nicht zu viele Abwägungen und Abstufungen vorsehen. Auch sollte sie einen Typus moralischer Akteure fördern, der sehr starke habituelle Hemmungen hat, über das Daseinsrecht anderer Menschen zu befinden, ganz zu schweigen davon, sie umzubringen.

Außerhalb des menschenrechtlichen Kernbereichs könnten solche pragmatischen Erwägungen weniger wichtig sein. Ein Freibrief für willkürliche Tötungen wäre aber auch das nicht. Wenn gleiche Interessen gleich zählen, dann dürfen wir ein erlebensfähiges Tier nur umbringen, um ein Übel von größerem moralischem Gewicht abzuwenden – und nicht um der Jagdlust zu frönen, die wissenschaftliche Neugierde zu befriedigen oder den Geschmack von Fleisch zu genießen.

Diese Art der Begründung wäre weit davon entfernt, aus einem philosophischen Guss zu sein. Aber vielleicht hätte sie die Vorzüge der Redlichkeit und der Lebensnähe. Und das sollten wir, gerade wenn es um Leben und Tod geht, nicht gering schätzen.

Literatur

Birnbacher, Dieter: Tun und Unterlassen. Stuttgart 1995.
Birnbacher, Dieter: „Das Tötungsverbot aus der Sicht des klassischen Utilitarismus." In: Ders.: Bioethik zwischen Natur und Interesse. Frankfurt a. M. 2006, 169–194.
Boonin, David: A Defense of Abortion. Boulder 2003.
Devine, Philip E.: The Ethics of Homicide. Ithaca, N.Y./London 1978.
Dworkin, Ronald: Bürgerrechte ernstgenommen. Frankfurt a. M. 1990 (engl. 1978).
Dworkin, Ronald: Die Grenzen des Lebens. Abtreibung, Euthanasie und persönliche Freiheit. Reinbek 1994 (engl. 1993).
Gewirth, Alan: Reason and Morality. Chicago 1978.
Glover, Jonathan: Causing Death and Saving Lives. London 1977.
Harman, Gilbert: Das Wesen der Moral. Eine Einführung in die Ethik. Frankfurt a. M. 1981 (engl. 1977).
Harris, John: Der Wert des Lebens. Eine Einführung in die medizinische Ethik. Berlin 1995 (engl. 1985).
Hauskeller, Michael: „‚I prefer not to'. Tötungsverbot und Personbegriff in der Ethik Peter Singers." In: Aufklärung und Kritik. Sonderheft (1995). 14–20.
Hegselmann, Rainer/Merkel, Reinhard (Hg.): Zur Debatte über Euthanasie. Beiträge und Stellungnahmen. Frankfurt a. M. 1992.
Hoerster, Norbert: Abtreibung im säkularen Staat. Argumente gegen den § 218. Frankfurt a. M. 1991.
Höffe, Otfried: „Anthropologie und Menschenrechte. Zum politischen Projekt der Moderne." In: Dirk Jörke, Bernd Ladwig (Hg.): Politische Anthropologie. Geschichte – Gegenwart – Möglichkeiten. Baden-Baden 2009, 231–244.

Kamm, Frances M.: Intricate Ethics. Rights, Responsibilities, and Permissible Harm. Oxford 2006.

Kant, Immanuel: „Grundlegung zur Metaphysik der Sitten." [²1786] In: Ders. (Hg.): Werkausgabe Bd. VII. Hg. von Wilhelm Weischedel. Frankfurt a. M. 1995.

Ladwig, Bernd: „Das Recht auf Leben – nicht nur für Personen." In: Deutsche Zeitschrift für Philosophie 1. (2007): 17–39.

Ladwig, Bernd: Politische Philosophie der Tierrechte. Berlin 2020.

Leist, Anton (Hg.): Um Leben und Tod. Moralische Probleme bei Abtreibung, künstlicher Befruchtung, Euthanasie und Selbstmord. Frankfurt a. M. 1990.

Lübbe, Weyma (Hg.): Tödliche Entscheidung. Allokation von Leben und Tod in Zwangslagen. Paderborn 2004.

Margalit, Avishai: Politik der Würde. Über Achtung und Verachtung. Berlin 1997 (engl. 1996).

McMahan, Jeff: The Ethics of Killing. Problems at the Margins of Life. Oxford 2002.

Merkel, Reinhard: Früheuthanasie. Rechtsethische und strafrechtliche Grundlagen ärztlicher Entscheidungen über Leben und Tod in der Neonatalmedizin. Baden-Baden 2001.

Nelson, Leonard: System der philosophischen Ethik und Pädagogik [1932]. Hamburg ³1970.

Raz, Joseph: The Morality of Freedom. Oxford 1986.

Regan, Tom: The Case for Animal Rights. Berkeley/Los Angeles ²2004.

Singer, Peter: Praktische Ethik. Neuausgabe. Stuttgart 1994 (engl. 1994).

Stoecker, Ralf: Der Hirntod. Ein medizinethisches Problem und seine moralphilosophische Transformation. Freiburg i. Br./München 1999.

Tännsjö, Torbjörn: Taking Life: Three Theories of the Ethics of Killing. Oxford 2015.

Tooley, Michael: Abortion and Infanticide. Oxford 1983.

Tugendhat, Ernst: Vorlesungen über Ethik. Frankfurt a. M. 1993.

Tugendhat, Ernst: „Das Euthanasieproblem in philosophischer Sicht." In: Ders. (Hg.): Aufsätze 1992–2000. Frankfurt a. M. 2001, 40–56.

Wolf, Ursula: Das Tier in der Moral. Frankfurt a. M. 1990.

Terrorismus

88

Steve Schlegel und Christoph Schuck

88.1 Definition und Verortung

Mit Blick auf die Definition des Terrorismusbegriffes liegen zunächst drei Probleme vor: Das Fehlen einer eindeutigen Definition, die normative Aufgeladenheit des Begriffs sowie die unterschiedliche Verwendung von Terrorismus als Taktik und als Strategie.

Erstens existiert keine einheitliche Definition, die Begriffserfassung gestaltet sich als „komplex und problematisch" (Kepel 2005, 145). Allgemein gesprochen handelt es sich bei Terrorismus um gewaltsame Angriffe auf Menschen und/oder Einrichtungen, die das Ziel verfolgen, bestehende Ordnungen zu schwächen. Neben dem Primäreffekt physischer Zerstörung verfolgt Terrorismus vor allem daraus resultierende Sekundäreffekte. So hat Herfried Münkler folgerichtig festgestellt, bei Terrorismus handele es sich um eine „Form der Gewaltanwendung […], die wesentlich über die indirekten Effekte der Gewalt Erfolge erringen will. Terroristische Strategien zielen dementsprechend nicht auf die unmittelbaren physischen, sondern auf die psychologischen Folgen der Gewaltanwendung"

S. Schlegel (✉) · C. Schuck
TU Dortmund, Dortmund, Deutschland
E-Mail: steve.schlegel@tu-dortmund.de

C. Schuck
E-Mail: christoph.m.schuck@tu-dortmund.de

(Münkler 2004a, 177). Peter Waldmann definiert Terrorismus entsprechend als „planmäßig vorbereitete Gewaltanschläge gegen eine politische Ordnung aus dem Untergrund heraus […], die vor allem Unsicherheit und Schrecken verbreiten, daneben bei bestimmten Bevölkerungsgruppen aber auch Schadenfreude und Sympathie für die Täter wecken sollen" (Waldmann 2006, 255). Obwohl grundsätzlich auch von der Existenz von Formen eines organisierten Staatsterrorismus ausgegangen werden kann (zu dieser Erscheinungsform siehe Daase 2001, 60), konzentrieren wir uns im Folgenden auf ein Terrorismusverständnis, nachdem Akteure eine gewaltsame „Provokation der Macht" (Waldmann 2005a) vornehmen, um diese zu schwächen oder zu zerstören.

Zweitens handelt es sich bei Terrorismus um einen normativen Begriff, dessen Verwendung sich aus politischen, ideologischen, moralischen oder religiösen Überzeugungen – mitunter sogar aus strategischen Erwägungen – ergibt. So kann es durchaus vorkommen, dass zwar derselben Begriffsdefinition zugestimmt wird, die konkrete Bewertung des militanten Kampfes gegen bestehende Ordnungen jedoch diametral gegensätzlich ist. So ist es in der Praxis möglich, dass für identische Akteure bzw. Phänomene je nach Betrachtungswinkel von der einen Seite der Begriff Terrorismus, von der anderen Seite jedoch etwa der des Freiheitskampfes Anwendung findet. Ein bis heute gut nachvollziehbares Beispiel dafür stellt der Kampf kubanischer Revolutionäre, darunter Ernesto ‚Che' Guevara und Fidel Castro, gegen die Regierung Batista in den 1950er Jahren dar, der völlig unterschiedlich rezipiert wird. Im islamistischen Spektrum gilt Sayyid Qutb als Freiheitskämpfer, da er alle politischen Systeme abschaffen wollte, die die Menschen davon abhalten, den Islam nach seiner Lesart zu praktizieren (vgl. Qutb 1964, 61). In anderen Kreisen gilt er als Vordenker des bewaffneten Jihad (Mandaville 2007, 83) und somit als islamistischer Terrorist. Münkler hat daher zu Recht davon gesprochen, dass die Definition von Terrorismus neben sachlichen auch immer machtpolitischen Motiven folgt. Folge seien semantische „Verwirrspiele der politischen Akteure, die durch die Besetzung bestimmter Begriffe die eigene Position zu verbessern und die der Gegenseite zu verschlechtern suchen" (Münkler 2004a, 175). So kommt es durchaus vor, dass Machthabende unliebsame Gegner pauschal als Terroristen brandmarken, um ein Vorgehen gegen diese zu legitimieren. Hier findet ein bewusster Missbrauch des Terrorismusbegriffes statt.

Drittens muss analytisch zwischen Terrorismus als „taktische[m] Element" und Terrorismus als „selbstständige[r] Strategie" (Münkler 2004b, 34) unterschieden werden. Im ersten Fall stellen Terroranschläge ein gezielt genutztes Mittel in einer frühen Phase eines Aufstandes dar, wobei die durchführende Organisation fest mit weiteren Phasen plant. Die Terroranschläge zielen hierbei nicht primär auf den physischen Schaden ab, sondern verfolgen zwei psychologische Ziele: Zum ersten soll potentiellen Sympathisanten (im Fall von Linksterrorismus z. B. der Arbeiterschaft, im Fall von separatistischen Terrorismus z. B. der eigenen ethnischen Minderheit) vermittelt werden, dass der Kampf gegen die bestehende Ordnung erfolgversprechend sein kann; zum zweiten soll der Staatsapparat zu einer überzogenen Reaktion (zum Beispiel Repressalien gegen alle Mitglieder der Arbeiterklasse bzw. der ethnischen Minderheit) provoziert werden. Dies wiederum zielt aus Sicht der Terrororganisation darauf ab, ihre Akzeptanz bei der Adressatengruppe zu erhöhen, d. h. weitere Unterstützende zu gewinnen. Wichtig ist dafür, dass mehrere Voraussetzungen bei Zielauswahl und Kommunikationsstrategie erfüllt sein müssen: So gilt es etwa, zivile Opfer bei Terroranschlägen unbedingt zu vermeiden, denn nur dann kann die gewünschte psychologische Wirkung, d. h. eine Provokation der bestehenden Machtelite bei gleichzeitiger Erhöhung der Akzeptanz durch die von der terroristischen Organisation angesprochenen Zielgruppe, erreicht werden. Entsprechend sorgfältig werden Ziele für Anschläge ausgewählt – insbesondere Funktionsträger und bekannte Profiteure der herrschenden Machtelite (Münkler 2004b, 32). Auch werden die Anschläge durch Bekennerschreiben, in denen Zielauswahl und Handlungsmotivation oft ausführlich dargelegt und begründet werden, flankiert. Sofern das Kalkül der terroristischen Organisation aufgeht und sich durch die Terroranschläge bzw. die staatliche Reaktion darauf tatsächlich die Unterstützung in der Adressatengruppe erhöht, kann die Überleitung in die nächste Phase erfolgen: Ein klassischer Guerillakrieg, in dem der Sicherheitsapparat der bestehenden Ordnung gezielt asymmetrisch angegriffen wird, um ihn langfristig zu besiegen und die bestehende Ordnung zu stürzen. Gute Beispiele dafür stellen die Anti-Kolonialkriege des 20. Jahrhunderts dar. Allerdings kommt es auch vor, dass eine Terrororganisation immer in der Ausgangsphase verbleibt, da es ihr nicht gelingt, eine erhöhte Akzeptanz in der Adressatengruppe zu erreichen. Beispiele dafür stellen die RAF in Deutschland oder die *Brigate Rosse* in Italien in den 1970er und 80er Jahren ebenso dar wie die ägyptische Al-Gama'a Al-Islamiyya, die durch ihre verheerenden 1997er Luxor-Attentate eine starke Distanzierung auch in den Teilen der Bevölkerung auslöste, die ihr eigentlich wohlwollend gegenüberstanden (Schuck 2016). Häufig leiten solche gesellschaftlichen Entfremdungsprozesse eine Auflösung oder zumindest Transformation der Terrorgruppe ein.

Wird Terrorismus dagegen als eigenständige Strategie angewendet, kann er nicht mehr mithilfe des oben geschilderten und taktisch geprägten Phasenmodells erklärt werden. Entsprechend zielen die Angriffe hier nicht auf die Mobilisierung von Teilen einer Bevölkerung gegen eine bestehende Ordnung ab, sondern auf die Verunsicherung eben dieser Bevölkerung (Münkler 2004b, 35). Eine solche Verwendung von Terrorismus als eigenständige Strategie wird wiederum häufig von transnationalen Terrororganisationen praktiziert, d. h. von Gruppierungen, die ihre Rückzugsgebiete in anderen Staaten haben als in denen, in denen sie Anschläge durchführen und entsprechend von vornherein nicht in der Lage sind, dort einen revolutionären Aufstand zu initiieren. Ein gutes Beispiel dafür stellt Al-Qaida im Kontext der 9/11-Anschläge dar, die primär aus Afghanistan koordiniert wurden (Kepel 2005, 157 f.). Gleichzeitig muss betont werden, dass einige Gruppierungen in der Lage gewesen sind, beide Strategien parallel durchzuführen – zum Beispiel Terrorismus als taktisches Element im Nahen Osten und gleichzeitig rein strategische Anschläge in westlichen Ländern (z. B. der sogenannte Islamische Staat, IS). Aufgrund der großen Verbreitung von Terrorismus als Strategie konzentrieren wir uns im Folgenden schwerpunktmäßig auf diese Variante.

88.2 Ziele und Wirkungsweisen

Wie dargestellt, verkörpert der bewaffnete und asymmetrisch ausgerichtete Kampf gegen bestehende Ordnungen ein zentrales Kennzeichen terroristischer Handlungen. So überrascht es nicht, dass revolutionäre Ansinnen stets eine wichtige Rolle gespielt haben. Walter Laqueur (2004, 51) hat in seiner Abhandlung dargelegt, dass Aufrufe zur Anwendung eines systematischen Terrorismus erstmals zwischen 1869 und 1881 in den Publikationen russischer Revolutionäre auftauchten. Die oben beschriebene Verwendung von Terrorismus als Taktik ist eng mit dem subversiven Kampf gegen bestehende Ordnungen verbunden (also mit einem primär innerstaatlichen Fokus), die strategische Variante verfolgt dagegen in der Regel das Ziel, externe Ordnungen zu zerstören bzw. zumindest zu schwächen. In dieser Variante erhöht sich die ohnehin für alle Formen des Terrorismus bestehende Notwendigkeit einer kommunikativen Einbettung nochmals erheblich. Geht es nämlich darum, in einer Bevölkerung Angst und Schrecken zu verbreiten (und nicht darum, sie für sich zu gewinnen), müssen Bilder und Videos möglichst grausamer Anschläge eine größtmögliche Verbreitung erfahren. Neben den klassischen Medien wie Print, Rundfunk und Fernsehen spielen das Internet und die damit verbundenen sozialen Medien dabei eine unverzichtbare Rolle. So haben etwa die Bilder der einstürzenden Türme des World Trade Centers im Kontext der 9/11-Anschläge, in Echtzeit ins Internet gestreamte Attentate oder auch die virale Verbreitung von Videoclips, in denen Terroristen Menschen z. B. enthaupten, zu den von den Terroristen intendierten psychologischen Folgen ihrer Taten beigetragen. Die Konsequenzen sind weitreichend: Staaten unternehmen erhebliche Anstrengungen, um ihre Bürgerinnen und Bürger zu schützen und vor allem auch zu dokumentieren, dass sie der Verunsicherung der Menschen mit Entschlossenheit begegnen. Folge ist nicht nur das zwangsläufige Spannungsverhältnis, das sich zwischen zwei zentralen menschlichen Bedürfnissen – Freiheit und Sicherheit – ergibt. Auch sind die Erhöhung von Sicherheit, der Schutz von Gebäuden und Einrichtungen und der in der Regel vollzogene Ausbau nachrichtendienstlicher Infrastrukturen mit hohen Kosten verbunden, deren Verursachung wiederum ein wichtiges Ziel von Terroristen darstellt. Die Anschläge fungieren also als ein strategisches Mittel (Münkler 2004b, 36), das vor allem Sekundäreffekte auslösen soll. Denn der eigentliche terroristische Anschlag verursacht in seiner direkten Wirkung zwar ohne Zweifel physisches Leid, das aber gesamtgesellschaftlich betrachtet erst einmal begrenzt ist. Aber die daraus abzuleitende Erkenntnis der eigenen Verwundbarkeit, die Antizipation zukünftiger Anschläge und ein Gefühl des Ausgeliefertseins (schließlich entscheiden die Terroristen selbst über Ort und Zeit ihrer Anschläge) sind Elemente, ohne die Terrorismus seine Wirkung nicht entfalten könnte. Entsprechend zielen

Anschläge von terroristischen Gruppierungen, die Terrorismus als alleinige Strategie benutzen, nicht auf einzelne symbolische Repräsentanten einer Ordnung ab, sondern versuchen, eine möglichst große Zahl an Opfern an möglichst leicht zugänglichen Orten zu erzielen (Hotels, Restaurants, Marktplätze usw.). Ob die Ausbreitung terroristisch intendierter Sekundäreffekte durch ein eingeschränktes Berichterstattungsverhalten der Medien reduziert werden sollte, stellt das zweite Spannungsverhältnis dar, mit dem sich von Terrorismus betroffene Gesellschaften konfrontiert sehen. Die beiden aus den terroristischen Zielen und Wirkungsweisen resultierende Herausforderungen – die Balance von Freiheit/Sicherheit sowie medialer Berichterstattung/medialer Ausblendung – werden wir später im Bereich „Konsequenzen und Spannungsfelder" noch einmal aufgreifen.

88.3 Kommunikation und Adressatengruppen

Während in heutigen symmetrischen Kriegshandlungen in der Regel die Luftüberlegenheit zentrale Voraussetzung für militärische Erfolge ist, muss mit Blick auf Terrorismus die Relevanz der Kommunikationshoheit hervorgehoben werden. So hat Waldmann (2005a) festgestellt, „Terrorismus ist primär eine Kommunikationsstrategie". Neben der oben beschriebenen generellen psychologischen Wirkungsweise terroristischer Anschläge (Angst, Verunsicherung usw.), entfaltet sich gerade im Zeitalter der sozialen Medien die kommunikative Macht des Terrorismus in spezifischen Narrativen, die vielfach hochprofessionell angefertigt und in Szene gesetzt werden und dabei auf unterschiedliche Adressatengruppen zugeschnitten sind. Dabei muss zwischen drei Hauptzielgruppen differenziert werden:

Erstens wird eine Botschaft an den Feind übermittelt. Anschläge dienen zunächst stets auch dazu, dem Feind die eigene Handlungsfähigkeit zu dokumentieren. Gerade in Kontexten, in denen Terrorgruppen starker Verfolgung ausgesetzt sind, wird dadurch die eigene Stärke in Szene gesetzt. Ebenso wichtig sind aber auch hier die psychologischen Folgewirkungen von Terrorakten und das, was sie dem Feind vermitteln wollen. Die Botschaft lautet, dass es „von nun an keinerlei Sicherheit mehr geben [wird], nirgendwo und niemals" (Münkler 2004a, 202), weil sich Anschläge jederzeit und überall wiederholen können. Gerade die Funktionsweisen des islamistischen Terrorismus der letzten Jahre basieren sehr stark auf dem Prinzip, Gesellschaften kollektiv zu verunsichern. Dies wurde zusätzlich dadurch forciert, dass von islamistischen Vordenkern eine völlige Individualisierung des Terrors entworfen wurde. So hat etwa Ayman al-Zawahiri, Führungsfigur von Al-Qaida, seine Anhänger aufgerufen, mit den einfachsten verfügbaren Mitteln eigenständig Terrorakte durchzuführen, die auch durch größte Sicherheitsanstrengungen nicht verhindert werden können. Wörtlich: „Man kann einem Amerikaner oder einem Juden stets auf der Straße nachschleichen und ihn […] mit einem Hieb mit der Eisenstange töten" (al-Zawahiri 2001, 359). Nicht zuletzt Anschläge, in denen gezielt Fahrzeuge in Menschenmengen gesteuert oder Zivilisten wahllos mit Messern attackiert wurden (z. B. Berlin 2016, Nizza 2016, London 2019) zeugen von dieser Handschrift. Hierbei ist es unerheblich, ob der Angreifer selbst der Terrororganisation angehörte und der Angriff von dieser geplant wurde. Gerade bei amoklaufähnlichen Anschlägen von Einzeltätern mit einem Interesse an öffentlicher Aufmerksamkeit kann es zu einem symbiotischen Verhältnis kommen: Der Angreifer propagiert, er würde im Namen einer Terrororganisation handeln, um eine höhere Aufmerksamkeit zu erhalten, während die Terrororganisation die Zugehörigkeit bestätigt, um den psychologischen Effekt des Angriffs zu erhöhen und die eigene Handlungsfähigkeit zu dokumentieren – eine vorheriger Kontakt zwischen Angreifer und Terrororganisation muss aber nicht zwangsläufig stattgefunden haben. Die Botschaften der Terroristen an ihre Feinde sind allerdings noch weitaus komplexer und erschließen sich erst bei einer genaueren Analyse. So wird versucht, zu einer Spaltung des Feindes beizutragen, indem gegnerische Akteure für die eigene Sache instrumentalisiert und vor allem gegeneinander ausgespielt werden. Dies kann als Versuch der horizontalen und vertikalen Spaltung des Feindes bezeichnet werden (vgl. Schuck 2009). Osama bin-Laden hat dies in seinen Videobotschaften perfektioniert; etwa indem er den Europäern einen konditionalisieren Friedensvertrag angeboten hat, wenn sie sich von den USA abgrenzten. Auch wurde den Bevölkerungen des Westens suggeriert, sie würden von ihren eigenen Regierungen verraten werden. Wollten sie, die Menschen des Westens, zukünftig in Sicherheit vor Terroranschlägen leben, müssten sie gegen ihre Regierungen aufbegehren (vgl. bin-Laden 2006).

Zweitens geht es in der terroristischen Kommunikation darum, die eigene, bereits Gewalt anwendende Anhängerschaft zu adressieren. Das Ziel besteht darin, ihnen stetig das Gefühl zu vermitteln, durch ihr militantes Handeln auf der richtigen Seite zu stehen. Das geschieht durch die Betonung der eigenen moralischen Überlegenheit, dass man für eine rechtschaffene Sache kämpft. Dies kann durch die Botschaft erfolgen, man kämpfe im Sinne der eigenen Religion gegen Ungläubige (z. B. islamistischer Terrorismus), gegen wirtschaftliche Ausbeutung durch Eliten (z. B. Linksterrorismus) oder zum Schutz einer eigenen Volksgruppe oder gar Rasse gegen Überfremdung (z. B. Rechtsterrorismus). Die Bereitschaft, auf Basis der empfundenen moralischen Überlegenheit Terroranschläge durchzuführen, wird durch den „Gestus [einer] heroischen Entschlossenheit" (Münkler 2004a, 193) flankiert und dient als zelebrierte Abgrenzung zu all denen, die sich scheuen, solche Schritte zu unternehmen. Entsprechend geht es also darum, durch spezifische Botschaften an die eigene Anhängerschaft eine auf Abgrenzung basierende eigene Identität zu schaffen, die eine Kontinuität des Kampfes sichert.

Drittens werden Unentschlossene angesprochen, die bestehenden nationalen oder internationalen Ordnungen sehr kritisch gegenüberstehen, bisher aber terroristische Mittel zur Erreichung ihrer Ziele abgelehnt haben. Hier geht es also darum, das vorhandene Radikalisierungspotential von unentschlossenen Sympathisanten für die eigenen Ziele fruchtbar zu machen und sie zum Übergang von radikalen, aber gewaltfreien, Verhaltensmustern in das gewalttätige Spektrum zu bewegen. Terroristische Gruppen haben immer wieder große kommunikative Anstrengungen unternommen, wohlwollende Unentschlossene, von Waldmann (2005b) in Anlehnung an Frank Burtons (1978) Studien zur IRA als „die radikale Gemeinschaft" bezeichnet, zu diesem Schwellübertritt zu bewegen. Ein eingängiges Beispiel dafür stellen radikale aber Gewalt ablehnende salafistische Prediger dar, deren Anhängerinnen und Anhänger dann den Schritt in Richtung Gewaltanwendung eigenständig und entgegen der Empfehlung ihrer Lehrenden umsetzen (vgl. u. a. Bonnefoy 2011, 94 f.), oft inspiriert durch Text- und Videobotschaften in den sozialen Medien, in denen islamistische Terroristen sich selbst als mutig, vorangehend und heldenhaft porträtieren und gezielt dazu aufrufen, es ihnen gleichzutun.

88.4 Spannungsfelder und Konsequenzen

Oben wurden zwei wichtige Spannungsfelder herausgearbeitet, die sich für Staaten und Gesellschaften ergeben, die ins Fadenkreuz terroristischer Gruppen geraten sind. Sie ergeben sich aus den spezifischen Zielen und Wirkungsweisen terroristischer Gruppen ebenso wie aus deren Kommunikationsformen. Beide bedürfen der näheren Betrachtung.

Zunächst ist das zumindest in liberal geprägten Ordnungsmodellen vorhandene Spannungsverhältnis zwischen Freiheit und Sicherheit zu nennen – zweier Aspekte, deren Gewährleistung gleichermaßen in der Verantwortung staatlicher Akteure liegt. Die Reaktion auf Terroranschläge stellt den Staat dabei vor andere Herausforderungen als etwa bei der Kriminalitätsbekämpfung oder Landesverteidigung. Während Kriminalitätsbekämpfung durch Sicherheitsbehörden überwiegend durch reaktive Strafverfolgung erfolgt, die Jörg Ziercke, dem ehemaligen Präsidenten des Bundeskriminalamtes (BKA) zufolge aufgrund der zu erwartenden psychologischen Wirkung von Terrorangriffen als nicht ausreichend empfunden wird (Ziercke 2006, V), konzentriert sich Landesverteidigung auf die Abwehr symmetrischer Angriffe und die Möglichkeit der Abschreckung von Angriffen. Terroristische Gruppierungen lassen sich jedoch gerade nicht durch konventionelle Armeen abschrecken; vielmehr ist es auch Frank Neubacher (2010) zufolge insbesondere der asymmetrische Kampf gegen einen in der Regel militärisch überlegenen Gegner, der Terrorismus kennzeichnet. Entsprechend entstehen für den Staat im Spannungsfeld von Sicherheit und Freiheit zwei Dilemmata: Zum ersten muss die Frage beantwortet werden, ob und inwiefern die Befugnisse von Nachrichtendiensten zur präventiven Identifikation potentieller Terroristen erweitert werden sollen, geht doch damit zwingend eine Einschränkung bestehender Bürgerrechte (insbesondere des Post- und Fernmeldegeheimnisses) einher. Zum zweiten muss die Frage nach der Aufrechterhaltung der Trennung zwischen innerer und äußerer Sicherheit und der damit einhergehenden Trennung zwischen Polizei und Militär beantwortet werden, liegen die Rückzugsgebiete transnationaler Terrororganisationen doch gerade nicht in den Staaten, in denen die Anschläge durchgeführt werden. Hierbei stellen sich sowohl Fragen bezüglich eines Einsatzes des Militärs zur Aufrechterhaltung der inneren Sicherheit (zum Beispiel durch Objektschutzmaßnahmen bei amoklaufähnlichen Terrorangriffen, aber auch in der kontrovers geführten Debatte, ob entführte Flugzeuge abgeschossen werden dürfen, um Terroristen aufzuhalten) als auch die Frage, ob militärische Mittel eingesetzt werden dürfen, um transnationale Terroristen, die sich außerhalb des Zugriffsbereichs der Polizei verstecken (zum Beispiel in einem Konfliktgebiet wie Syrien, Afghanistan oder Somalia) zu bekämpfen. Eine abschließende Beantwortung der Frage, wie dieses Spannungsverhältnis gelöst werden kann, ist nicht möglich, und auch in wissenschaftlichen und gesellschaftlichen Debatten können unterschiedliche und stellenweise sehr kontroverse Meinungen beobachtet werden (etwa zur NSA in den USA). Sicher scheint lediglich der Befund, dass Sicherheit und Freiheit einander bedingen und beide für die Funktionsweisen demokratischer Systeme erforderlich sind. Wie sie zueinander gewichtet werden sollten, muss Bestandteil einer gesellschaftlichen Debatte sein.

Das zweite aus terroristischen Handlungen resultierende Spannungsverhältnis umfasst die mediale Berichterstattung. Betrachtet man die Opferzahlen terroristischer Anschläge etwa im Vergleich zu Todesfällen durch Schlaganfall, fallen diese sehr niedrig aus (Donkor, Eric S. 2018; US Department of State). Dass Terrorismus trotzdem vergleichsweise große aktive und reaktive Auswirkungen auf eine Gesellschaft hat, liegt vor allem daran, dass Terrorakte in der medialen Berichterstattung einen bemerkenswert großen Raum einnehmen und sich so die beschrieben psychologischen Effekte erst voll entfalten können – und zwar mit Blick auf alle drei oben genannten Adressatengruppen gleichermaßen. Zygmunt Bauman hat kritisch bemerkt, dass es heutzutage wohl ausreiche, ein terroristisches Einsatzkommando dadurch ins Leben zu rufen, dass es „ein hinreichend spektakuläres Exempel" statuiere, „das dann von sensationslüsternen Fernsehsendern gehorsam und unverzüglich […] in Millionen Wohnzimmer transportiert wird" (Bauman 2007, 260). Trotz des sicher zutreffenden Befundes, dass eine eingeschränkte Berichterstattung dazu beitragen würde, weniger Angst und Schrecken in den betroffenen Gesellschaften zu verbreiten, Heroisierungen der Anschläge durch Terrorsympathisanten zu vermindern und die Rekrutierung zukünftiger Terrorkämpfenden zu erschweren, dürfen daraus keine vorschnellen Handlungsschlüsse abgeleitet werden. Denn auch wenn die Einschätzung nachvollziehbar ist, dass Wirkungsweisen des Terrorismus durch mediale Ignoranz deutlich reduziert werden könnten, kann es nicht Anspruch einer Gesellschaft sein, sich Informationen mit einer solchen Tragweite vorenthalten zu lassen. Vielmehr muss es Aufgabe eines qualitativ hochwertigen Journalismus sein, sich nicht zu Erfüllungsgehilfen von Terroristen zu machen, indem Bilder und Videos von Anschlägen oder Stellungnahmen von Terroristen aufreißerisch aber in der Sache oberflächlich und unkritisch wiedergegeben werden. Stattdessen ist eine Kontextualisierung in der Berichtserstattung unverzichtbar – etwa indem Kommunikationsmotive terroristischer Gruppen kompetent und verständlich erklärt und somit auch entlarvt werden.

Literatur

Al-Zawahiri, Ayman: „Ritter unter dem Banner des Propheten." In: Gilles Kepel, Jean-Pierre Milelli (Hg.): Al-Qaida. Texte des Terrors. München 2001, 352–368.

Bin-Laden, Osama: „Botschaft an das amerikanische Volk." (2004). In: Gilles Kepel, Jean-Pierre Milelli (Hg.): Al-Qaida. Texte des Terrors, München 2006, 129–136.

Bauman, Zygmunt: Leben in der flüchtigen Moderne. Frankfurt a. M. 2007.

Bonnefoy, Laurent: Salafism in Yemen: Transnationalism and Religious Identity. London 2011.

Burton Frank: The Politics of Legitimacy: Struggles in a Belfast Community. London 1978.

Daase, Christopher: „Terrorismus – Begriffe, Theorien und Gegenstrategien. Ergebnisse und Probleme sozialwissenschaftlicher Forschung." In: Die Friedens-Warte. Journal of international Peace and Organization 76. Jg., 1 (2001), 55–79.

Donkor, Eric. S: „Stroke in the 21st Century: A Snapshot of the Burden, Epidemiology, and Quality of Life." In: Stroke Research and Treatment Vol. 2018.

Kepel, Gilles: Die neuen Kreuzzüge. Die arabische Welt und die Zukunft des Westens. 2. Aufl. München 2005.

Laqueur, Walter: Voices of Terror. Manifestos, writings and manuals of Al-Qaeda, Hamas and other terrorists from around the world and through-out the ages. New York 2004.

Mandaville, Peter: Global Political Islam. London, New York 2007.

Münkler, Herfried: Die neuen Kriege, Hamburg 2004a.

Münkler, Herfried: „Ältere und jüngere Formen des Terrorismus. Strategie und Organisationskultur." In: Werner Weidenfeld (Hg.): Herausforderung Terrorismus. Die Zukunft der Sicherheit. Wiesbaden 2004b, 29–43.

Neubacher, Frank: „Terrorismus: Was haben ‚Rote Armee Fraktion' und ‚Jihadisten' gemeinsam?" In: JURA-Juristische Ausbildung 10. (2010), 744–749.

Qutb, Sayyid: Milestones. Damaskus 1964.

Schuck, Christoph: „Die Feder mit dem Degen tauschen – oder umgekehrt? Zur Dialektik der neueren transnational ausgerichteten Kommunikation Al-Qaidas." In: Zeitschrift für Außen- und Sicherheitspolitik 2. Jg., 4 (2009), 455–474.

Schuck, Christoph: „Peacebuilding through Militant Islamist Disengagement: conclusions drawn from the case of Al-Gama'a al-Islamiyya in Egypt." In: Peacebuilding 4. Jg., 3 (2016), 282–296.

US Department of State: Anzahl der getöteten Personen durch Terroranschläge weltweit von 2006 bis 2018. In: https://de.statista.com/statistik/daten/studie/380949/umfrage/getoetete-personen-durch-terroranschlaege-weltweit/ (12.12.2019)

Waldmann, Peter: Terrorismus: Provokation der Macht, Hamburg 2005a.

Waldmann, Peter: „ The Radical Community: A Comparative Analysis of the Social Background of ETA, IRA, and Hezbollah." In: Sociologus 55. Jg., 2 (2005), 239–257.

Waldmann, Peter: „Zur Erklärung und Prognose von Terrorismus." In: Uwe E. Kemmesies (Hg.): Terrorismus und Extremismus – der Zukunft auf der Spur. München 2006, 255–263.

Ziercke, Jörg: „Vorwort." In: Uwe E. Kemmesies (Hg.): Terrorismus und Extremismus – der Zukunft auf der Spur. München 2006, V–VI.

89

Krieg, humanitäre Intervention und Pazifismus

Véronique Zanetti

89.1 Zum Begriff ‚Krieg'

Der Ausdruck ‚Krieg' kennt keine allgemein anerkannte Definition. Der Krieg ist, mit Clausewitz zu sprechen, eine gesellschaftliche Aktivität zum Zwecke der Regelung politischer Probleme durch Gewaltanwendung (Clausewitz 1832/1991). Je nach Gesellschaftsstadium nimmt daher der Krieg entwicklungsgeschichtlich sehr unterschiedliche Formen an. Galten Kriege zwischen griechischen Stadtstaaten nicht als Staatskriege, sondern als bewaffnete Konflikte zwischen Bürgerwehren, z. B. zwischen ‚den Athenern' und ‚den Spartanern' (Creveld 1998; Kaldor 2000, 26 ff.), kannte das Mittelalter noch keinen prinzipiellen Unterschied zwischen Krieg und Fehde, wie sie von kirchlichen Akteuren, Feudalherren oder Stammesführern geführt wurden (Janssen 1982, 567 ff.). Erst im Laufe der staatlichen Monopolisierung der Gewalt setzte sich gegen Ende des 18. Jahrhunderts die Konzeption des Kriegs als einer staatlichen Unternehmung durch. Die Einführung stehender Heere unter staatlicher Kontrolle war ein wesentlicher Schritt in der Entwicklung moderner Kriege. Sie ermöglichte die Zentralisierung ihrer Finanzierung, die Unterscheidung zwischen den Sphären staatlicher und nichtstaatlicher Aktivitäten, zwischen Innen- und Außenpolitik und vor allem zwischen Zivilisten und Militärs (Kaldor 2000, 35; Münkler 2003a; 2006). „Um den Krieg von bloßem Verbrechen abzugrenzen, ordnete man die Kriegführung ausschließlich den souveränen Staaten zu. Soldaten definierte man als Personen, die im Namen des Staates legitim bewaffnete Gewalt ausübten […]" (Creveld 1998). Und so versteht das moderne Völkerrecht den Krieg als einen bewaffneten Konflikt zwischen Staaten.

Enge und weite Definition: Begrifflich-historisch wird vom Krieg allerdings nicht nur im Fall von bewaffneten Gewalttätigkeiten zwischen größeren Gruppen gesprochen. Man sprach von ‚Kaltem Krieg' zum Beispiel als einem Zustand von Anspannung und Bedrohung zwischen den Großmächten nach Ende des Zweiten Weltkriegs, ohne dass notwendigerweise von Gewalt Gebrauch gemacht worden wäre. Theoretiker des Naturzustandes wie Hobbes oder Locke haben den Begriff in einem noch weiteren Sinne verwendet. Sie haben als Kriegszustand schon das Klima der Bedrohung bezeichnet, das zwischen Individuen in einem gesetzlosen Zustand herrscht. Krieg besteht nicht nur, so Hobbes, „in Schlachten oder Kampfhandlungen, sondern in einem Zeitraum, in dem der Wille zum Kampf genügend bekannt ist" (Hobbes 1651/1966, 96). Der Krieg stellt diesem weiten Gebrauch zufolge einen Zustand staatlich nicht sanktionierter Gewalt oder Ge-

V. Zanetti (✉)
Universität Bielefeld, Bielefeld, Deutschland
E-Mail: vzanetti@uni-bielefeld.de

waltandrohung dar (Merker 2003, 29 ff.). Diesem weiten Sinne entsprechend, ließe sich die Definition des Kriegs von Clausewitz verstehen als „Akt der Gewalt, um den Gegner zur Erfüllung unseres Willens zu zwingen" (Clausewitz 1832/1991, 303).

Während die zu weite Verwendung des Begriffs ‚Krieg' Gefahr läuft, die besondere Intensität der kriegerischen Gewalt und ihre Grausamkeit zu verharmlosen, ermöglicht der zu enge (völkerrechtliche) Begriff nicht, gewalttätige Auseinandersetzungen zwischen größeren Gruppen oder andere Formen von Waffengewalt wie Guerillakriege, Bürgerkriege oder Sezessionskriege ebenfalls als ‚Kriege' zu bezeichnen und gegebenenfalls auch nach dem Kriegsrecht zu behandeln. Auch dem Phänomen der sogenannten Neuen Kriege (Kaldor 2000; Münkler 2003; 2006; Malowitz 2008; Langewiesche 2010; Dietrich/Zanetti 2014), das seit dem Ende des Kalten Kriegs ständig zunimmt, wird man so nicht gerecht. Die sogenannten ‚Neuen Kriege' sind zumeist nicht-staatliche Kriege, die durch den Zerfall von Staaten gekennzeichnet sind. Sie mobilisieren ein Gemenge aus staatlichen, parastaatlichen und privaten Akteuren. Hier stehen sich nicht zwei Armeen gegenüber, sondern Gegner, die militärisch in hohem Maße ungleich sind. Dementsprechend unterscheiden sich die kriegerischen Strategien, die Gewaltarten sowie die Kriegsökonomie wesentlich von denen der klassischen Kriege.

Um all diesen unterschiedlichen Formen von bewaffneter Gewalt Rechnung zu tragen, wird in der Folge ein mittlerer Weg zwischen dem weiten und dem engen Begriff gewählt und der ‚Krieg' als eine mit Waffen ausgetragene Auseinandersetzung zwischen größeren Gruppen, Völkern oder Staaten definiert. Gewaltandrohungen zwischen Individuen oder Gruppen, einzelne illegale Gewaltakte (wie Banditentum oder terroristische Handlungen) oder feindselige Machtspannungen zwischen größeren Gruppen oder Staaten sind demnach keine Kriege. Der Krieg wird als bestehender, angekündigter und sich über einen gewissen Zeitraum erstreckender bewaffneter Konflikt zwischen politischen Gruppen oder Staaten verstanden.

Die philosophische Theorie des Kriegs in der Theorie des politischen Realismus: Die philosophische Theorie des Kriegs – das Nachdenken über den Grund, die Rechtfertigung des Kriegs und die Begrenzung der moralisch erlaubten Mittel zum Krieg – lässt sich in drei Hauptrichtungen unterteilen: (1) in die Lehre des gerechten Krieges, (2) die Theorie des politischen Realismus und (3) den Pazifismus. Die erste geht davon aus, dass unter bestimmten Bedingungen Kriege erlaubt oder sogar erwünscht sind, und bemüht sich, die moralischen Bedingungen zu systematisieren und philosophisch plausibel zu machen. Im Gegensatz dazu lehnt der politische Realismus den moralischen Diskurs zum Thema entschieden ab. Er interpretiert die zwischenstaatlichen Beziehungen als einen Zustand der Anarchie. In einem Zustand, in dem keine allseits anerkannten Normen und Gesetze gelten, verfolgen die einzelnen Staaten primär das Ziel, ihre Sicherheit und die Sicherheit ihrer Bevölkerung zu garantieren. Ohne übernationale Macht, die imstande wäre, die Anwendung internationaler Konventionen zu kontrollieren und wirksame Sanktionen zur Sicherung gegen eigenmächtige Einsätze zu ergreifen, sind moralische Normen der Kriegsberechtigung und der Kriegsführung nicht nur gegenstandslos; es sind sogar gefährliche Idealisierungen, die die Stellung des eigenen Staates im ständigen Kampf um Macht zwischen Nationen prekarisieren. Während das politische Handeln der Staaten primär der Durchsetzung der jeweiligen Interessen dient, erfordern bewaffnete Interventionen keine moralische Legitimation. Krieg ist eine rein politische Aktion in der vorrangigen Absicht, staatliche Unabhängigkeit zu schützen. Der politische Realismus, der vor allem zwischen 1930 und 1960 von Hans Morgenthau, Arnold Wolfers, Robert Niebuhr entwickelt wurde, gilt immer noch als eine sehr einflussreiche Tendenz der politikwissenschaftlichen Theorie der internationalen Beziehungen (Kennan, Waltz).

Der Pazifismus lehnt es zwar, anders als der Realismus, nicht ab, auf moralische Normen bei der Betrachtung internationaler Beziehungen zu rekurrieren, bestreitet aber, dass sich daraus jemals eine Rechtfertigung von Kriegen ergeben könnte. Seiner Ansicht nach ist zwar die Frage berechtigt, ob Gewaltanwendung legitim sein kann. Kriege sind jedoch für den radikalen Pazifismus in keinem Fall zu rechtfertigen.

89.2 Die normative Theorie des gerechten Kriegs

Christentum und gerechte Kriege: Die aus germanischem Gebrauch sich herleitende Bedeutung des Ausdrucks ‚Krieg' als gewaltsam ausgetragener Rechtsstreit lag noch dem mittelalterlichen Fehderecht zugrunde. Sie gab Rechtfertigungsversuchen des Kriegs keinen Raum. Das änderte sich unter dem Einfluss des Christentums (s. Kap. 16). Für die Lehre des gerechten Kriegs war die Frage, ob die Führung eines bewaffneten Konflikts in Einklang mit der pazifistischen Lehre Jesu gebracht werden könne, von größter Bedeutung. Viele urchristliche Gemeinden hatten jede Beteiligung am römischen Soldatendienst abgelehnt und sich die Lehre der Bergpredigt (Evangelium nach Matthäus 7, 13 f.) zueigen gemacht. Christen sollen keine Waffen tragen und sich allein Jesu Gebot der Nächsten- und Feindesliebe verpflichtet fühlen. Als 410 die Hunnen Rom verwüsteten und der christliche Glaube für den mangelnden Widerstand verantwortlich gemacht wurde, vertrat Augustinus (354–430) in seinem Werk *De civitate Dei* eine bedingte Rechtfertigung der Kriegsführung. Für Augustinus gibt es keinen Zweifel, dass man zugleich Gott dienen und als Soldat kämpfen kann, wenn durch den Krieg ein Unrecht geahndet und der Frieden gefördert wird. Moralisch erlaubt ist ein Krieg dann, wenn eine Notwendigkeit zu kämpfen besteht – wenn es keine Alternative zum Kampf gibt – und wenn er aus einem gerechten Grund *(iusta causa)* geführt und durch eine richtige Intention motiviert wird *(recta intentio)*, d. h. ohne Rachgier oder Eroberungswunsch.

Fast neunhundert Jahre später übernimmt Thomas von Aquin (1225/6–1274) in seiner *Summa theologica* die Lehre Augustins und gibt ihr durch die drei Bedingungen der rechten Autorität, des rechten Grundes und der rechten Absicht ihre kanonische Fassung. Für Thomas von Aquin besitzt allein der Fürst die legitime Autorität, einen Krieg zu erklären, denn er hat das Gewaltmonopol und sorgt für die öffentliche Ordnung. Allerdings ist nach Ansicht Augustins und Thomas von Aquins der Krieg nicht allein dann gerecht, wenn er in Reaktion auf ein Unrecht geführt wird; ein Angriffskrieg, vor allem dann, wenn er gegen Heiden und mit guten Absichten („für die Wahrheit des Glaubens [...] und zur Verteidigung der Christenheit") (*Summa theologica* II, 1947, 40/2) geführt wird, gilt als gerechtfertigt.

In der Spätscholastik wurde diese letzte Form der Rechtfertigung unter dem Einfluss von Gelehrten aus der Schule von Salamanca und unter dem Eindruck der spanischen Eroberung neuer Weltreiche sowie der Begegnung mit ihrer heidnischen Bevölkerung in Frage gestellt (Hinsch/Janssen 2006, 55). Für den Dominikanermönch Francisco de Vitoria (1483–1546) ist klar: „Ein Grund des gerechten Krieges ist nicht die Verschiedenheit der Religion" (de Vitoria 1952, 129), womit er gezielt gegen die Kriegsrechtfertigungen der spanischen Conquista Stellung bezog. Der einzig gerechte Grund zur Kriegsführung bleibt das erlittene Unrecht (ebd., 131). Mit Vitoria nimmt die Lehre des gerechten Kriegs eine neue und wichtige Wendung. Er erkannte, dass zur Feststellung eines Unrechts das Urteil der Herrschaft allein nicht ausreichend ist; sie muss der Prüfung urteilsfähiger Untertanen unterzogen werden (ebd., 137). Ein Krieg kann nämlich laut Vitoria subjektiv – aber nicht objektiv – von beiden Seiten gerecht geführt werden, weil nicht auszuschließen ist, dass eine Seite sich in einem Irrtum über die Gerechtigkeit ihrer Sache befindet. Und „wenn für den Untertan die Ungerechtigkeit des Krieges feststeht, darf er nicht in den Krieg ziehen [...]" (ebd., 137).

Abkehr von den religiös motivierten Kriegen: Wie de Vitoria schließt Hugo Grotius (1583–1645) in seinem Klassiker des Völkerrechts *De jure belli ac pacis* nicht aus, dass der Krieg beiderseits für gerecht gehalten wird. Es werden drei gerechte Gründe zum Krieg angenommen: die Verteidigung, die Wiedererlangung des Genommenen und die Bestrafung (Grotius 1950, Buch II, Kap. I, § 2). Diese Gründe gelten als objektiv gültig und können nur auf einer Seite Bestand haben. Es kann aber vorkommen, dass jede Partei glaubt, für eine gerechte Sache zu kämpfen. Deshalb kann von beiden Seiten mit Recht, d. h. in gutem Glauben, gekämpft werden (ebd. Buch II, Kap. XXIII, XIII, § 2). Diese Feststellung öffnet den Weg zur Abkehr von der religiös motivierten Theorie des gerechten Kriegs hin zu der rein rechtlichen Betrachtung des Krieges, wie man sie bei dem Völkerrechtler Emer de Vattel (1714–1767) findet. Denn kann die Gerechtigkeit des Kriegs nicht mehr festgestellt werden, bleibt nur zu klären, wer ihn initiiert hat und was für Ansprüche auf beiden Seiten stehen. Weniger als die Rechtfertigung der Kriege steht hier seine Regulierung im Zentrum der Theorie (Janssen 1982, 583). „Der Krieg ist der Zustand der Verfolgung des Rechts durch die Gewalt" sagt de Vattel (1959, Kap. I/1). Und das Recht zur Gewaltanwendung steht den Nationen „nur zu ihrer Verteidigung und zur Wahrung ihrer Rechte zu" (ebd., Kap. III/3).

Von dieser Feststellung zur gänzlichen Verabschiedung der Lehre des gerechten Krieges ist es nur ein Schritt zu dem, den Kant vollzieht. Für ihn ist die Idee eines Rechts zum Krieg deshalb widersprüchlich, weil sie den rechtmäßigen Gebrauch von Gewalt zur einseitigen Maxime erhebt: „Bei dem Begriffe des Völkerrechts, als eines Rechts zum Kriege, lässt sich eigentlich gar nichts denken (weil es ein Recht sein soll, nicht nach allgemein gültigen äußern, die Freiheit jedes einzelnen einschränkenden Gesetzen, sondern nach einseitigen Maximen durch Gewalt, was Recht sei, zu bestimmen) [...]" (Kant [1795] 1912/23, 356 f.). Krieg ist für Kant ein Naturzustand der Gesetzlosigkeit, den wir moralisch verpflichtet sind, durch die Konstituierung eines bürgerlichen Zustands zu verlassen.

Gewaltvermeidung: Nach den verheerenden Folgen des Ersten und des Zweiten Weltkriegs erlebt die Lehre vom gerechten Krieg eine völkerrechtliche und philosophische Renaissance. Völkerrechtlich sind vor allem der Kellogg-Pakt von 1928 und die UN-Charta von 1945 zu erwähnen, in denen – in direkter Erbschaft Kants – Krieg als Rechtsmittel, um politische Probleme zu lösen, geächtet wird. Im Gegensatz zum klassischen Völkerrecht betont das neuzeitliche Rechtsverständnis nicht die Gerechtigkeit der Begründung von Kriegsführung, sondern die Gewaltvermeidung. Wo auch immer gewaltsame Auseinandersetzungen auszubrechen drohen, sollen gewaltfreie Konfliktregelungen gefunden werden. Ein Krieg ist lediglich in zwei Fällen gerechtfertigt: als Selbstverteidigung in Reaktion auf einen bewaffneten Angriff und wenn der Sicherheitsrat der UNO eine kollektive Sicherungsaktion für die Wahrung des internationalen Friedens autorisiert. In beiden Fällen unterliegt aber die bewaffnete Reaktion einer Genehmigung durch den Sicherheitsrat. Selbst die Wahrnehmung des Selbstverteidigungsrechts einzelner Staaten gilt nur vorübergehend: so lange, „bis der Sicherheitsrat die zur Wahrung des Weltfriedens und der internationalen Sicherheit erforderlichen Maßnahmen ergriffen hat" (Art. 51 UN-Charta). Philosophisch entbrannte die Debatte über die Rechtfertigung der Kriegsführung im Kontext der amerikanischen Intervention in Vietnam. In seinem einflussreichen Buch *Just and Unjust Wars* kündigt Michael Walzer einen Wunsch an: „[...] vor allem aber möchte ich die sich auf moralische Begriffe beziehende Argumentation rechtfertigen, die wir benutzen und derer sich die meisten Menschen bedienen" (Walzer 1982, 10). Das Denken in Kategorien der Lehre vom gerechten Krieg sollte dabei nicht einem Bellizismus dienen, sondern im Gegenteil der argumentativen Unterfütterung einer Ablehnung als ungerecht erkannter Kriege.

Recht im Krieg – Verhältnismäßigkeit und Immunität: Auch wenn der gerechte Grund zum Krieg nichts an Aktualität verloren hat, konzentriert sich das internationale Recht auf die Beurteilung des Rechts im Krieg. Rechtsbindend sind die vier Genfer Abkommen von 1949 und die entsprechenden Zusatzprotokolle von 1977, die den Schutz von Verwundeten, Kriegsgefangenen und Zivilpersonen festlegen. Zwei Prinzipien sind hier besonders relevant: (1) der

Grundsatz der Verhältnismäßigkeit, dem zufolge die Nachteile für die Betroffenen und der erstrebte Erfolg in einem vernünftigen Verhältnis zueinander stehen müssen; (2) das Prinzip der moralischen Immunität der Nicht-Kombattanten, welches verlangt, dass die letzteren niemals direktes und intentionales Ziel der Kämpfenden sein dürfen.

Die beiden Prinzipien sind eng verbunden, ja ergänzen sich. Das Immunitätsprinzip begrenzt das Verhältnismäßigkeitsprinzip substantiell, nicht nur quantitativ, und legt damit konsequentialistischen Kalkülen Zügel an. Vom konsequentialistischen Standpunkt aus lässt sich ja verteidigen, dass eine Handlung, die eine beträchtliche Personenzahl mit radikalen Mitteln opfert, dann annehmbar ist, wenn sie dadurch eine noch größere Personenzahl rettet. So hat man beispielsweise die massive Bombardierung deutscher Städte gegen Ende des Zweiten Weltkriegs oder den Abwurf von Atombomben über Hiroshima und Nagasaki dadurch gerechtfertigt, dass man behauptete: Wenn die Moral der Bevölkerung und der Truppen gebrochen sei, werde der Gegner zum Eingeständnis seiner Niederlage gezwungen. Ein solches Kalkül ist jedoch moralisch nicht zu rechtfertigen, denn es macht Personen zu Entitäten, die allein numerisch zählen und nur als Mittel zur Erreichung eines Ziels in Betracht kommen. Das Immunitätsprinzip erlegt dem Verhältnismäßigkeitskalkül also eine grundsätzliche Einschränkung auf. Aber auch umgekehrt erfährt das Immunitätsprinzip von Seiten des Verhältnismäßigkeitsprinzips eine notwendige Einschränkung. In der klassischen Theorie des gerechten Kriegs wird das Immunitätsprinzip wesentlich nach der Handlungsabsicht bewertet. Verwerflich ist nach dem *jus in bello* das Töten von Zivilpersonen oder ihr Einsatz als bloßes Mittel zu Kriegsstrategien. Werden die Opfer dagegen nicht absichtlich, sondern nur ‚zufällig' getötet, so geschieht den Regeln des *jus in bello* kein Abbruch. Diese Unterscheidung zwischen absichtlichen und nicht-absichtlichen Taten öffnet indes das Tor zu vielfältigem Missbrauch. Der Tod von Zivilisten lässt sich dann zumindest leicht als dem Zufall geschuldet oder als unbeabsichtigte Wirkung einer für unerlässlich erachteten Militäraktion rechtfertigen (Anscombe 1961, 43 ff.).

Zusammenfassend lässt sich sagen, dass das Immunitätsprinzip als moralisches Gebot im Blick auf verhältnismäßig akzeptable Handlungen wirkt, und umgekehrt setzt das Verhältnismäßigkeitsprinzip intentional gerechtfertigten Handlungen eine Grenze.

Genfer Konventionen: Die rechtliche Ausformulierung des Verhältnismäßigkeitsgrundsatzes ist im ersten Protokoll der Genfer Konventionen enthalten. Das Protokoll leitet das Prinzip der Verhältnismäßigkeit aus dem Diskriminierungs- oder Immunitätsprinzip ab, nach dem ein humanitär-völkerrechtlicher Unterschied zwischen dem Schutz der Zivilbevölkerung und dem Schutz der Kombattanten festgelegt wird. Die Zivilbevölkerung genießt ein Recht auf Immunität, d. h. sie darf nicht Gegenstand direkter Angriffe sein oder mit solchen bedroht werden (Art. 51/5). Auf welchem moralischen Prinzip beruht nun diese Unterscheidung solcher, die Immunität genießen, und solcher, für die das nicht gilt? Allgemein wird die Unschuld der nicht kämpfenden Bevölkerung gegenüber Kriegshandlungen als Grund genannt. Das ist allerdings ein problematisches Kriterium: In der Praxis erweist es sich oft als extrem schwierig, eine klare Trennlinie zwischen Schuldigen und Unschuldigen zu ziehen. Es geschieht häufig, dass Kombattanten zwangsrekrutiert werden und ein Desertionsversuch mit dem Tod bestraft wird. Solcherart wider ihre Überzeugung und unter Lebensgefahr zum Waffendienst gezwungene Personen sind doppelt gestraft: Sie müssen kämpfen und sind legitime Kampfziele. Umgekehrt kollaborieren zahlreiche Zivilpersonen mit ihrer von der Völkergemeinschaft verurteilten Regierung (oder stimmen ihr voll zu). Einige finanzieren die Kriegskosten, ohne sich selbst einer Gefahr auszusetzen. Die ersten für schuldig zu erachten und die zweiten nicht, würde zweifellos eine Ungerechtigkeit darstellen.

Kombattanten und Nicht-Kombattanten: Die Schwierigkeit einer klaren Abgrenzung hat einige Theoretiker des gerechten Krieges dazu gebracht, für eine pragmatische Position zu stimmen: Die Pflicht, zwischen Kombattanten und Nicht-Kombattanten zu unterscheiden, ist unabhängig von der Gerechtigkeit der Sache (Unabhängigkeitsthese). Ob Kombattanten ‚schuldig' oder ‚unschuldig' sind, sie sind in das ‚business of war' verstrickt und stellen darum eine unmittelbare Gefahr dar, gegen die bedrohte Personen sich schützen können, selbst durch Gewaltanwendung. *Jus in bello* und *jus ad bellum* sind logisch unabhängig: „Bei unserer Beurteilung eines Kampfes abstrahieren wir von jeder Überlegung über die Gerechtigkeit einer Sache […]" (Walzer 1982, 191). Gegeben die Unabhängigkeitsrelation, müssen wir also schließen, dass die Verletzung des Diskriminierungs- und des Verhältnismäßigkeit-Grundsatzes eine Verletzung des *jus in bello* darstellt und insofern die Gerechtigkeit des Krieges selbst nichts angeht. Weil auf der anderen Seite umgekehrt die Kriterien des *jus in bello* unabhängig von denen des *jus ad bellum* gelten, liefert die Gerechtigkeit der Sache keinen Freibrief dafür, das Verhältnismäßigkeitsprinzip überlegen zu sehen. Die Rechte Unschuldiger können nicht einfach außer Kraft gesetzt werden zugunsten vorbedachter Ergebnisse (ebd., 228). Individualrechte haben einen absoluten Wert und ihre Verletzung ist moralisch falsch, selbst wenn es moralisch gerechtfertigt ist, einzugreifen und sie damit in Gefahr zu bringen.

Diese Überlegung erlaubt uns den Übergang zum Problem der humanitären Intervention, die als Paradefall eines gerechten Krieges einzuschätzen ist.

89.3 Die humanitäre Intervention

„Unter humanitärer Intervention ist die Anwendung von Waffengewalt zum Schutze der Bevölkerung eines Staates vor Menschenrechtsverletzungen zu verstehen" (Ipsen 1993, 885). Nach dem internationalen (oder Völker-)Recht kann der Ausführende einer Intervention nur ein Staat oder ein Bündnis von Staaten sein. So wird der Begriff deutlich von einer zu weiten Verwendung des Interventionsbegriffs abgegrenzt, wie man sie z. B. bei Ernst-Otto Czempiel findet: „Jede Interaktion zwischen Akteuren politischer Systeme oder gesellschaftlicher Umfelder – so die These […] – ist als Intervention insofern zu betrachten, als sie […] das Verhalten der Akteure gegenüber ihrem politischen System oder der Gesellschaft verändert und/oder beeinflusst" (Czempiel 1995, 58).

Wie begründet sich eine humanitäre Intervention politisch-rechtlich und philosophisch? Das Gewohnheitsrecht erkennt an, dass eine militärische Intervention dann gerechtfertigt ist, wenn es ihr um die Verhinderung massiver Menschenrechtsverletzungen geht (d. h. Massaker, Zwangsumsiedlung oder Vertreibung eines bedeutenden Teils der Bevölkerung, ‚ethnische Säuberungen' oder die Verfolgung einer Minderheit). In diesem Sinne äußert sich zum Beispiel der von der UNO in Auftrag gegebene Bericht „The Responsibility to Protect" von 2001 (ICISS, December 2001). Nach dem Bericht der Kommission sollte die internationale Gemeinschaft in Fällen von ethnischen Säuberungen oder massiven Verletzungen von Menschenrechten durch den eigenen Staat intervenieren. Dabei hält sich die Kommission an die Kriterien des *jus ad bellum* und des *jus in bello*.

Philosophisch gründet die Annahme, es gebe ein Recht zur humanitären Intervention, in den Ideen universeller Grundrechte einerseits und der Pflicht auf Nothilfe andererseits (Zanetti 2018). Artikel 3 der ‚Allgemeinen Menschenrechtserklärung' von 1948 erkennt jedem Menschen das Recht auf Leben, auf Freiheit und auf Sicherheit zu. Dieser Artikel wird durch Artikel 28 flankiert, der vorsieht, dass jedes Individuum Anspruch auf den Schutz seiner Rechte hat, und zwar nicht nur durch den Staat, dessen Angehöriger es ist, sondern auch durch die internationale Gemeinschaft: „Jeder Mensch hat Anspruch auf eine soziale und internationale Ordnung, in welcher die in der vorliegenden Erklärung angeführten Rechte und Freiheiten voll verwirklicht werden können." Zumindest moralisch erkennt die internationale Gemeinschaft somit ihre Pflichten gegenüber den Bürgern dieser Welt gleich welcher Herkunft an. Ist die Bevölkerung eines Landes nicht in der Lage, sich aufgrund von Handlungen ihrer eigenen Regierung gegen die Ausübung massiver Menschenrechtsverletzung zu wehren, soll sie die Hilfe der internationalen Gemeinschaft erhalten. Hier ist die moralische Pflicht der Nothilfe gegeben (Meggle 2004; Stoecker 2004). Der Vergleich zwischen individueller Nothilfe und humanitärer Intervention hinkt allerdings: Kann man öfter davon ausgehen, dass die Nothilfe mit einer erfolgreichen Handlung beendet werden kann, gilt das nicht bei einer Intervention. Was sind die langfristigen empirischen Konsequenzen einer militärischen Intervention? Schafft sie überhaupt dauerhaften Frieden in der betroffenen Region? Das *ius post bellum* ist auch ein Kriterium des gerechten Krieges, obwohl es in der Literatur zu Unrecht vernachlässigt wird (May 2012; Frowe/Lazar 2018; Zanetti 2019).

Recht auf humanitäre Intervention: Die Rede von einem internationalen Recht behält eine gewisse Unbestimmtheit hinsichtlich des Subjekts, das Träger dieses Rechts sein soll. Haben die *Staaten* ein Recht zu intervenieren, oder haben die *Individuen* ein Recht darauf, dass man – bleibt noch zu bestimmen, wer – zu ihren Gunsten interveniert, wenn sie massiven Verletzungen ihrer Grundrechte von Seiten ihrer Regierung ausgesetzt sind? Handelt es sich mit anderen Worten um ein *Recht zu intervenieren* oder um ein *Recht auf Intervention?* Solange die Betonung auf der Tatsache der *Intervention* liegt und diese als ein Recht verstanden wird, das die Staaten haben, gehört der Begriff ‚humanitäre Intervention' zur Erbmasse der Theorie des gerechten Krieges und der Vorstellung, dass die Staaten, in gewissen extremen Fällen – einseitig oder im Einverständnis mit anderen –, berechtigt sind, die Waffen gegen einen dritten Staat zu richten, der eine Gruppe der eigenen Staatsbürger bedroht. Die Intervention wird dann meistens als Bestrafung gesehen: Weil das offizielle Verhalten einer Regierung gegenüber ihrer Bevölkerung sträflich ist und weil dieses Verhalten eine Bedrohung für den Frieden darstellt, darf das Angriffsverbot einseitig aufgehoben werden. Damit dieses Verbot aufgehoben werden darf, muss die Schuld schwerwiegend und die Bestrafung verhältnismäßig zur Schwere der Tat sein. Wie schon erwähnt, erkennt das Gewohnheitsrecht an, dass eine militärische Intervention dann gerechtfertigt ist, wenn es sich um massive Menschenrechtsverletzungen handelt, wobei das Prädikat „massiv" für die quantitative Dimension der Verletzung steht. Auf der anderen Seite, wie oben mit dem UN-Dokument der ICISS angedeutet, öffnen einige Rechtsdokumente unter dem Einfluss eines Individualrechts-Liberalismus und des Menschenrechts-Universalismus die Tür zu einer individualistischen Interpretation des Rechts auf humanitäre Intervention.

Individualrecht auf Hilfe: Erstaunlich an dieser Entwicklung ist, dass durch sie im Falle schwerer Menschenrechtsverletzungen der Akzent auf das Individualrecht auf Hilfe gesetzt wird. Zugleich wird die Staatengemeinschaft verpflichtet, die Aufgaben eines Staats zu übernehmen, falls dieser unfähig oder unwillig ist, sie zu erfüllen. Die Rede von einem individuellen Recht auf Intervention meint, dass, wenigstens theoretisch, jedes Individuum aufgrund seiner durch die verschiedenen internationalen Dokumente besiegelten Grundrechte einen Anspruch auf Schutz seiner Existenz und seiner Güter durch eine Macht hat, die ihm gegenüber in der Pflicht steht. Das gilt auch dann, wenn pragmatische oder ethische Überlegungen unvermeidlicherweise einen quantitativen Aspekt ins Spiel bringen, der die Häufigkeit der legitimen Interventionen einschränkt. Besagte Verpflichtung dem Individuum gegenüber bindet zunächst die Regierung, der es untersteht. Wenn diese aber selber an einer Menschenrechtsverletzung beteiligt oder unfähig ist, ihren Bürgern eine hinreichende Sicherheit zu garantieren, fällt diese Verpflichtung an eine übernationale Instanz, an die die Kompetenzen übertragen wurden. Die humanitäre Intervention stellt dann keine tolerierte Ausnahme dar zum Nichteinmischungsprinzip, sondern sie gehorcht einer Logik, die den Grundrechten innewohnt.

Aktuelle Entwicklungen: Seit Ende des Kalten Krieges erlebt das Konzept der humanitären Intervention einen Aufschwung. Vor allem wurde deutlich, dass das strikte Interventionsverbot nicht gegen die Willkür im Umgang mit schweren Menschenrechtsverletzungen oder gegen die Logik der Macht gewappnet ist. Das Jahr 1991 sah zwei kollektive Interventionen unter der Obhut der UN, die die Idee kollektiv unternommener Maßnahmen zum Schutz von bedrohten Bevölkerungen realisieren sollten. Das war einmal die Errichtung einer Schutzzone für die kurdischen Flüchtlinge im Irak, um die Bevölkerung vor Saddam Hussein zu schützen. Der zweite Einsatz war der der UN Protection Force in Kroatien, im Zuge des Konflikts zwischen Serben und Kroaten, der sich nach dem Auseinanderbrechen der Bundesrepublik Jugoslawien dramatisch zugespitzt hatte. Die Bemühungen um Friedenssicherung erwiesen sich allerdings bald als unzureichend. Erst die militärischen Luftangriffe der NATO 1995 zwangen die Serben, das Friedensabkommen von Dayton zu unterschreiben (Hinsch/Janssen 2006, 24–25). Es ist aber die NATO-Intervention im Kosovo 1999, die die Frage der Berechtigung einer humanitären Intervention zu einer der meist debattierten Frage der Politik und der politischen Philosophie gemacht hat. Da die Intervention ohne Mandat des UN-Sicherheitsrates unternommen wurde, war sie nach geltendem internationalen Recht völkerrechtswidrig. Auf der Seite der offiziellen Vertreter der NATO-Staaten wurde argumentiert, dass eine Intervention notwendig sei, weil die albanisch-stämmige Bevölkerung des Kosovos mit ethnischen Säuberungen und besonders schwerwiegenden Menschenrechtsverletzungen bedroht wurde. Die normative Frage war deshalb, ob die moralische Legitimität eine rechtliche Illegalität aufheben kann.

Die internationale Situation, die sich aus den Angriffen des 11. September 2001 ergab, schien den politischen Realisten gegen die Idealisten leider Recht zu geben. Für alle, die die Legitimierung des Rechts auf humanitäre Intervention für einen legitimatorischen Blankoscheck mächtiger Staaten zur willkürlichen Einmischung hielten, nahm sich die Haltung der USA im Kampf gegen den internationalen Terrorismus wie eine Bestätigung ihrer Position aus. Von den USA wurde auf den Sicherheitsrat Druck ausgeübt, der dazu führte, dass eine vermeintliche Verbindung zwischen dem internationalen Terrorismus und den sogenannten ‚Schurken-Staaten' als Bedrohung des Weltfriedens (nach Kapitel VII der Charta) eingeschätzt und eine kollektive militärische Intervention für statthaft erklärt wurde. Zum Druck gehörte die explizite Drohung mit einem Alleingang für den Fall, dass die Staatengemeinschaft eine kollektive Aktion ablehnen würde. Hat man all dies im Blick, stellen die Phänomene der Privatisierung, Asymmetrisierung und Entmilitarisierung der kriegerischen Gewalt, die aus dem Zerfall einiger Staaten hervorgehen, das moderne Völkerrecht vor enorme Herausforderungen. Das Völkerrecht ist auf Zwischenstaatlichkeit gemünzt (es betrachtet Staaten als Hauptträger von Rechten und Pflichten). Nun werden verbindliche Kernbegriffe dieses Rechts in Zweifel gezogen, und es fragt sich, ob die auf das übersichtliche Szenario klassischer zwischenstaatlicher Kriege ausgerichtete Regulationskompetenzen des modernen Völkerrechts angesichts der unberechenbaren Bedrohung durch den internationalen Terrorismus noch geeignet sind.

89.4 Pazifismus

Die interventionistische Position der Befürworter humanitärer Kriege muss dem unauflöslichen Dilemma begegnen, dass, um Menschenleben zu retten, das Leben von Soldaten oder Unbeteiligten in Kauf genommen wird. Es gibt keinen Krieg ohne Tote. Aus diesem Grund lehnen die Pazifisten Kriege, auch zu humanitären Zwecken, ab. Entweder (1) weil das Töten von Personen sich grundsätzlich nicht rechtfertigen lasse, auch nicht aus Notwehr (Gandhi), oder (2) weil das Töten von Unschuldigen im Krieg einem ‚Verheizen' gleichkomme (Menschen werden um eines Zweckes willen getötet, der nicht ihr eigener ist. „In humanitärer Absicht Krieg führen, heißt daher: Dritte als Geisel nehmen zu einem guten Zweck. Das ist moralisch nicht vertretbar" [Bittner 2004, 99]), oder (3), weil die Institution Krieg Menschen – vor allem Soldaten – zu Handlungen zwinge, die sie moralisch nicht verantworten können und in anderen Zeiten nicht tun würden (Reader 2000, 169).

Der Begriff ‚Pazifismus' wurde zum ersten Mal explizit im Jahr 1901 von dem französischen Juristen und Friedensaktivisten Émile Arnaud verwendet, der damit die Anhänger der Friedensbewegung unter einem Banner vereinte (Bleisch/Strub 2006, 11). Allerdings bezeichnet der Begriff nicht eine einheitliche Theorie, sondern verschiedene Varianten (ebd., 10). Eine dieser Varianten lehnt jegliche Form der Gewalt kategorisch ab. Diese Position ist oft als unhaltbar oder inkohärent kritisiert worden. Narveson, der als Erster auf die Inkohärenz des radikalen Pazifismus aufmerksam machte, argumentiert wie folgt: Ein Recht zu haben, impliziert einen Anspruch auf die Aufrechterhaltung dieses Rechts. Haben wir ein Recht, nicht Opfer von Gewalt zu sein, haben wir einen Anspruch auf Schutz vor Gewalt, auch unter Gegeneinsatz von extremer Gewalt, wenn es dazu keine Alternative gibt: „And it is a logical truth, not merely a contingent one, that what *might* be necessary is *force*" (Narveson 1965, 267). Der radikale Pazifist widerspricht sich, indem er zugleich behauptet, dass extreme Gewalt falsch ist und dass man ein Recht auf Gewaltprävention hat, was logischerweise impliziert, dass man dieses Recht mit Gewalt durchsetzen dürfen muss, wenn kein anderes Mittel zur Verfügung steht. Und auch wenn man zwischen Gewalt und Macht (als offizieller und legitimer Gewalt) unterscheidet, was Narveson in diesem Zitat nicht tut, gibt es Situationen, in denen Individuen keine Alternative zur Notwehr haben. Vor gewalttätigen Gegnern ist die pazifistische Haltung zu kostspielig und kann nicht als normative Haltung von allen erwartet werden (Narveson 2006, 130).

Lehnt nicht jeder Pazifist Gewalt überhaupt ab, so einigen sich alle Varianten des Pazifismus auf die Ablehnung des Kriegs. Diese Ablehnung kann wiederum kategorisch oder nicht-kategorisch, deontologisch oder konsequentialistisch begründet werden. Sie wird deontologisch und kategorisch begründet, wenn jeglicher Krieg aus den oben erwähnten Gründen abgelehnt wird. Sie wird kategorisch und konsequentialistisch begründet, wenn jeglicher Krieg deshalb abgelehnt wird, weil er mehr Leid als Nutzen bringe. Diese Position wird auch als Mittel-Pazifismus charakterisiert, insofern sie den Krieg als grundsätzlich untaugliches Mittel der Politik auffasst (Bleisch/Strub 2006, 26). Sie kann aber auch nicht-kategorisch konsequentialistisch begründet werden, wenn anerkannt wird, dass es Fälle geben kann, in denen Kriege unvermeidliche und deshalb unter Umständen legitime Antworten auf massive Verbrechen sein können (relativer Pazifismus). Dem relativen Pazifismus zufolge kann es Kriege geben, die geführt werden sollten. Ein klassisches Beispiel für diese Position bietet Bertrand Russell (1943, 7 ff.). Der Rechtfertigungsdruck, der auf dieser Position lastet, ist allerdings sehr hoch: Nur sehr wenige Kriege dürften nach diesem Kriterium geführt werden, denn das Elend des Kriegs ist fast immer größer als die Vorteile, die erzielt werden (ebd., 8). Der Krieg der Alliierten gegen Hitler-Deutschland gilt bei den relativen Pazifisten als Paradebeispiel: „Der Nationalsozialismus stellte eine allerletzte Bedrohung für alles dar, das in unserem Leben gut war, eine Ideologie und eine Herrschaft also, die so mörderisch und so erniedrigend selbst für diejenigen war, die eine Chance hatten zu überleben, dass die Folgen seines Endsieges im wahren Sinne des Wortes jenseits jeder Berechenbarkeit lagen und unermeßlich entsetzlich waren" (Walzer 1982, 361). Unter dieser Bedingung einer *supreme emergency* ist es unter bestimmten Umständen moralisch gerechtfertigt, unschuldige Zivilisten zu töten. Für die relativen Pazifisten ist allerdings die Bombardierung der deutschen Städte zu Kriegsende durch diese Umstände nicht gedeckt: Sie lässt sich auf keinen Fall rechtfertigen. Das Verhältnismäßigkeitskriterium – der kriegsbedingte Tod von Zivilisten ist in dem Maße gerechtfertigt, in dem der Krieg eine Aggression von noch größerem Ausmaß verhindert oder beendet – lässt sich nicht so aufweichen, dass im Namen eines gerechten Krieges eine beliebige Anzahl von Zivilisten getötet werden darf. Am Ende des Zweiten Weltkriegs war es den Alliierten klar, dass in den Städten nur noch Zivilisten lebten und dass sie mit ihrer Bombardierung keine militärisch-strategische Schwächung von Hitler-Deutschland herbeiführen würden.

Rein theoretisch ist die Position des absoluten Pazifisten vorteilhafter, denn sie hängt weder von empirischen Fakten noch von fragwürdigen kontrafaktischen Annahmen ab. Der absolute Pazifist betrachtet den Gebrauch von extremer Gewalt (das Schwerverletzen oder Töten von Personen) als etwas Schlechtes *an sich,* auch im Fall der individuellen Notwehr oder der kollektiven Selbstverteidigung im Krieg. Weil die Kompromisslösung des relativen Pazifismus die Augen vor den Tatsachen nicht verschließt und zugibt, dass Verbrechen so verheerend sein können, dass Nichtstun ein Zeichen moralischer Schwäche wäre, wirkt sie auf Gegner des Pazifismus überzeugender als die radikale Form, auch wenn sie theoretisch auf einem wackeligen Grund steht. Wie gesagt: Man muss sich fragen, ob diese Kompromisslösung sich überhaupt unterscheiden lässt von der Position des gemäßigten Kriegsbefürworters, der sich an die Kriterien des *jus in bello* und des *jus in bellum* hält.

Beide Positionen lassen sich allerdings an ihren Grundeinstellungen unterscheiden. Der Pazifist ist grundsätzlich gegen den Krieg als Institution, was man vom Theoretiker des gerechten Kriegs nicht sagen kann. Außerdem wird er dazu tendieren, die Fakten im Lichte eines anderen Wertesystems zu betrachten. So neigt er z. B. zur generellen Skepsis gegenüber Tendenzen der Dämonisierung des Gegners oder Behauptungen, es gäbe keine Alternative zur Gewalt (Müller 2006, 41 ff.). Aus der Sicht des Pazifisten steht die Theorie des gerechten Kriegs unter dem grundsätzlichen Ideologieverdacht, zur Aufrechterhaltung der ‚Institution Krieg' beizutragen und die Höhe der Schranken der Legitimitätskriterien in der empirischen Berücksichtigung der Einzelfälle abzusenken. Dadurch leiste der Befürworter der humanitären Interventionen letztendlich einer Militarisierung der internationalen Politik Vorschub (Holmes 2006).

Literatur

Anscombe, Elizabeth: „War and Murder." In: Walter Stein (Hg.): Nuclear Weapons. A Catholic Response. London 1961, 43–62.

Bittner, Rüdiger: „Humanitäre Interventionen sind Unrecht." In: Georg Meggle (Hg.): Humanitäre Interventionsethik. Paderborn 2004, 99–106.

Bleisch, Barbara/Strub, Jean-Daniel (Hg.): Pazifismus. Ideengeschichte, Theorie und Praxis. Bern 2006.

Clausewitz, Carl von: Vom Kriege [1832]. Bonn 1991.

Creveld, Martin van: Die Zukunft des Kriegs. München 1998.

Czempiel, Ernst Otto: „Die Intervention. Politische Notwendigkeit und strategische Möglichkeit." In: Hartmut Jäckel (Hg.): Ist das Prinzip der Nichteinmischung überholt? Baden-Baden 1995, 58.

de Vattel, Emer: „Das Völkerrecht oder Grundsätze des Naturrechts, angewandt auf das Verhalten und die Angelegenheiten der Staaten und Staatsoberhäupter 1758." In: Wilhelm Euler und Paul Guggenheim (Hg.): Die Klassiker des Völkerrechts in modernen deutschen Übersetzungen Bd. 3. Tübingen 1959.

de Vitoria, Francisco: Vorlesungen über die kürzlich entdeckten Inder und das Recht der Spanier zum Kriege gegen die Barbaren, Lateinisch/Deutsch. Tübingen 1952 (lat. 1539).

Dietrich, Frank/Zanetti, Véronique: Philosophie der internationalen Politik. Zur Einführung. Hamburg 2014.

Frowe, Helen/Lazar, Seth (Hg.): The Oxford Handbook of Ethics of War. Oxford 2018.

Grotius, Hugo: Drei Bücher vom Recht des Krieges und des Friedens. Tübingen 1950 (lat. 1625).

Hinsch, Wilfried/Janssen, Dieter: Menschenrechte militärisch schützen. München 2006.

Hobbes, Thomas: Leviathan [1651]. Frankfurt a. M. 1966.

Holmes, Robert: „Pacifism, Just War and Humanitarian Intervention." In: Barbara Bleisch, Jean-Daniel Strub (Hg.): Pazifismus. Ideengeschichte, Theorie und Praxis. Bern 2006, 145–161.

ICISS: „The Responsibility to Protect." Report of the International Commission on Intervention and State Sovereignty. December 2001.

Ipsen, Knut: Völkerrecht. München 1993.

Janssen, Wilhelm: „Krieg." In: Otto Brunner, Reinhart Koselleck (Hg.): Geschichtliche Grundbegriffe. Stuttgart 1982, 567–615.

Kaldor, Mary: Neue und alte Kriege. Frankfurt a. M. 2000.

Kant, Immanuel: „Zum ewigen Frieden." [1795] In: Preußischen Akademie der Wissenschaften (Hg.): Gesammelte Schriften. Bd. VIII. Berlin 1912/23, 341–386.

Langewiesche, Dieter: „Wie neu sind die Neuen Kriege?" In: Ulrich Lappenküper, Reiner Marcowitz (Hg.): Macht und Recht. Völkerrecht in den internationalen Beziehungen. Paderborn/München/Wien/Zürich 2010, 317–332.

Malowitz, Karsten: „Zum Erfolg verdammt, zum Scheitern verurteilt? – Zur pragmatischen Komplexität humanitärer Intervention." In: Herfried Münkler, Karsten Malowitz (Hg.): Humanitäre Interventionen: Bedeutung, Entwicklung und Perspektiven eines umstrittenen Konzepts – Ein Überblick. Wiesbaden 2008, 143–175.

May, Larry: After War Ends. A Philosophical Perspective. Cambridge 2012.

Meggle, Georg (Hg.): Humanitäre Interventionsethik. Paderborn 2004.

Merker, Barbara: „Die Theorie des gerechten Krieges und das Problem der Rechtfertigung von Gewalt." In: Dieter Janssen, Michael Quante (Hg.): Gerechter Krieg. Paderborn 2003, 29–43.

Müller, Olaf: „Pazifismus mit offenen Augen." In: Barbara Bleisch/Jean-Daniel Strub (Hg.): Pazifismus. Ideengeschichte, Theorie und Praxis. Bern 2006, 23–59.

Münkler, Herfried: Die neuen Kriege. Hamburg 2003a.

Münkler, Herfried: Über den Krieg. Stationen der Kriegsgeschichte im Spiegel ihrer theoretischen Reflexion. Weilerswist 2003b.

Münkler, Herfried: Der Wandel des Krieges. Von der Symmetrie zur Asymmetrie. Weilerswist 2006.

Narveson, Jan: „Pacifism: A Philosophical Analysis". In: Ethics 75. Jg., 4 (1965), 259–271.

Narveson, Jan: „Is Pacifism Self-Refuting?" In: Barbara Bleisch, Jean-Daniel Strub (Hg.): Pazifismus. Ideengeschichte, Theorie und Praxis. Bern 2006, 127–144.

Reader, Soran: „Making Pacifism Plausible." In: Journal of Applied Philosophy 17. Jg., 2 (2000), 169–180.

Russell, Bertrand: „The Future of Pacifism." In: The American Scholar. A Quarterly for the Independent Thinker 13. Jg., 1 (1943), 7–13.

Stoecker, Ralf: „Intervention und Einmischung." In: Georg Meggle: Humanitäre Interventionsethik. Paderborn 2004, 147–180.

Thomas von Aquin: Summa Theologica, 3. Bd. New York u. a. 1947.

Walzer, Michael: Gibt es den gerechten Krieg? Stuttgart 1982.

Zanetti, Véronique: „Zur (Un-)Gerechtigkeit des Krieges. Einige systematische Überlegungen." In: Dagmar Kiesel, Cleophea Ferrari (Hg.): Erlanger Philosophie-Kolloquium Orient und Okzident, 3. Bd. Frankfurt a. M., 2018, 191–210.

Zanetti, Véronique: „The Jus Post Bellum and the Responsibility toward Refugees of War." In: Julian Nida-Rümelin, Detlef von Daniels, Nicole Wloka (Hg.): International Gerechtigkeit und Institutionelle Verantwortung. Forschungsberichte, 41. Bd. Berlin 2019, 293–308.

Folter

Jan C. Joerden

Dem Wortlaut des „Übereinkommens gegen Folter und andere grausame, unmenschliche oder erniedrigende Behandlung oder Strafe" (UN-Antifolterkonvention) vom 10. Dezember 1984 zufolge ist Folter (völkerrechtlich) wie folgt definiert:

> „(1) Im Sinne dieses Übereinkommens bezeichnet der Ausdruck ‚Folter' jede Handlung, durch die einer Person vorsätzlich große körperliche oder seelische Schmerzen oder Leiden zugefügt werden, zum Beispiel um von ihr oder einem Dritten eine Aussage oder ein Geständnis zu erlangen, um sie für eine tatsächlich oder mutmaßlich von ihr oder einem Dritten begangene Tat zu bestrafen oder um sie oder einen Dritten einzuschüchtern oder zu nötigen, oder aus einem anderen, auf irgendeiner Art von Diskriminierung beruhenden Grund, wenn diese Schmerzen oder Leiden von einem Angehörigen des öffentlichen Dienstes oder einer anderen in amtlicher Eigenschaft handelnden Person, auf deren Veranlassung oder mit deren ausdrücklichem oder stillschweigendem Einverständnis verursacht werden. Der Ausdruck umfasst nicht Schmerzen oder Leiden, die sich lediglich aus gesetzlich zulässigen Sanktionen ergeben, dazu gehören oder damit verbunden sind."

(Teilweise anders und weiter die Folterdefinition in Artikel 7 Abschn. 2e des Statuts über den Internationalen Strafgerichtshof, sog. ‚Rom-Statut'; vgl. auch § 7 Abschn. 1 Nr. 5 *Völkerstrafgesetzbuch;* Lackner/Kühl 2018, § 32, Randnummer 17a, mit weiteren Nachweisen).

Über die völkerrechtliche Bezugnahme auf das Handeln von Staatsorganen hinaus wird der Begriff auch bei entsprechendem Verhalten unter Privatpersonen verwendet. Die Methoden der Folter sind so vielfältig, dass hier nur einige genannt werden können, von denen anerkannt ist, dass sie unter das völkerrechtliche Folterverbot fallen:

> „Herausreißen von Zähnen, Finger- oder Zehennägeln; Stromstöße an empfindlichen Körperstellen; Schläge auf beide Ohren, wodurch die Trommelfelle platzen; Brechen von Knochen; Verbrennen von Körperteilen; Bespritzen der Augen oder anderer empfindlicher Körperteile mit Säure; Aufhängen an einer Stange (Affenschaukel); Untertauchen in Wasser bis Erstickungserscheinungen eintreten (U-Boot); Verstopfen von Nase und Mund, um Erstickungsanfälle zu verursachen; Unterkühlung durch starke Ventilatoren; Verabreichen von Medikamenten; Vorenthalten von Nahrung, Trinken und Schlaf; Vergewaltigung, […] [Herbeiführung] große[r] seelische[r] Schmerzen oder Leiden, […] so etwa der Zwang zur Anwesenheit bei der Folter eines Familienangehörigen oder die Simulierung einer Exekution."

(So die sicher nicht abschließende Aufzählung von Foltermethoden in Werle 2007, 828 f.; zu den mittelalterlichen Foltertechniken vgl. etwa Schild 2010, 85 ff.; Amnesty International erreichten nach eigenen Angaben in 2014 aus 141 Ländern glaubwürdige Berichte über Folter und Misshandlung durch Staatsorgane).

J. C. Joerden (✉)
Europa-Universität Viadrina, Frankfurt (Oder), Deutschland
E-Mail: joerden@europa-uni.de

Problematisch ist, inwieweit ein gewisser Schweregrad der Beeinträchtigung des Opfers erreicht sein muss, um von Folter sprechen zu können; so kann bloßer Freiheitsentzug wohl noch nicht unter den Begriff subsumiert werden, während länger andauernde Dunkelhaft oder das Einsperren in einem sehr engen Raum schon dazu gehören können. Auch sind bloße Schläge wohl noch keine Folter (sondern ‚nur' Körperverletzung), können aber bei entsprechender Intensität und Dauer dazu werden. Eine scharfe Grenze zwischen bloßer Körperverletzung oder sonstigen Formen der körperlich oder seelisch wirkenden Nötigung einerseits und Folter andererseits kann daher nicht allgemein gezogen werden. Einigkeit dürfte darüber bestehen, dass der Begriff der Folter einen gesteigerten Grad von Intensität der Einwirkung auf das Opfer voraussetzt. Auch wird man (vgl. obige Definition) für den Begriff intentionales, zumindest vorsätzliches Verhalten des Handelnden voraussetzen müssen. Da Folter auch bei nur seelischer Einwirkung auf das Opfer gegeben sein kann, wird üblicherweise auch bereits die Androhung von Folter als Folter eingestuft (vgl. etwa Weilert 2009, 33 f.; zur näheren Begründung dieser These vgl. Joerden 2005, 521).

90.1 Folterverbot

Rechtlich wirksame Folterverbote (für Staatsorgane) ergeben sich aus internationalen völkerrechtlichen Vereinbarungen, soweit sie in nationales Recht umgesetzt wurden (in Deutschland daher etwa aus Art. 3 der Europäischen Menschenrechtskonvention [EMRK], Art. 7, 10 des Internationalen Pakts über bürgerliche und politische Rechte [IPbpR] und Art. 2, 16 der UN-Antifolterkonvention) sowie aus nationalstaatlichem Recht, und zwar insbesondere aus Artikel 1 Abschn. 1 S. 1, 104 Abschn. 1 S. 2 GG, § 136a StPO; darüber hinaus indirekt aus den einschlägigen Strafvorschriften (und insofern auch mit Wirkung für Privatpersonen) wie §§ 174 ff. (Straftaten gegen die sexuelle Selbstbestimmung), §§ 223 ff. (Körperverletzung), § 239 StGB (Freiheitsberaubung), § 240 StGB (Nötigung), §§ 253, 255 StGB (Erpressung) etc. Da nach allgemeiner Ansicht die Folter auch gegen das Prinzip des Menschenwürdeschutzes aus Artikel 1 Abschn. 1 S. 1 GG verstößt, könnte sie zumindest in Deutschland (von den völkerrechtlichen Verpflichtungen einmal ganz abgesehen) auch nicht ohne Verfassungsverstoß gesetzlich eingeführt werden.

Der anfangs zitierten völkerrechtlichen Folterdefinition ist zu entnehmen, dass ihr Begriff dann nicht erfüllt ist, wenn die von staatlichen Organen bewirkten Schmerzen oder Leiden sich lediglich aus gesetzlich zulässigen Sanktionen ergeben, dazu gehören oder damit verbunden sind. Das scheint darauf hinzudeuten, dass zumindest völkerrechtlich einer nationalstaatlichen Legalisierung von Folter als Sanktionsmittel nichts entgegensteht. Dies ist jedoch anerkanntermaßen mit jener Regelung nicht gemeint; vielmehr geht es bei den genannten Schmerzen und Leiden nur um mit legitimen Erzwingungsmaßnahmen (Festnahme, Blutentnahme zum Zwecke eines Alkoholtests, körperliche Untersuchung, unmittelbarer Zwang etc.) notwendig verbundene körperliche Einwirkungen; nicht aber sind darüber hinausgehende Leidenszufügungen zulässig, insbesondere nicht der Einsatz von Folter, um Aussagen oder andere Verhaltensweisen, die auf die Preisgabe von Informationen gerichtet sind, zu erzwingen (vgl. dazu Werle 2007, 694, Fußnote 169 mit Nachweisen zur einschlägigen internationalen Rechtsprechung).

Dass Folter nicht nur rechtlich, sondern auch moralisch verboten ist, liegt auf der Hand, weil mit ihr stets zumindest eine massive Beeinträchtigung der Willensfreiheit einer anderen Person verbunden ist. Selbst der Marquis de Sade scheint in seinen philosophischen Arbeiten, in denen er die Folter der Machtausübung in einer perfekt organisierten Gesellschaft an die Seite stellt, eher ein ethisch negativ konnotiertes Bild der Folter zu zeichnen (näher zu den Thesen de Sades vgl. Winter 2003). Sowohl in rechtlicher als auch in ethischer Hinsicht ist allerdings umstritten, ob das Folterverbot absolut gilt oder Ausnahmen zulässt. Um diese Frage geht es in den beiden folgenden Abschnitten.

90.2 Folter mit Einwilligung

Es gibt Personen, die – ohne zurechnungsunfähig zu sein – dazu bereit sind, sich foltern zu lassen, weil ihnen Schmerzen Freude oder Lust bereiten. Man könnte daher fragen, ob hier überhaupt Folter vorliegt, da ja Folter schon begrifflich mit Schmerzen oder Leiden verbunden ist, die betreffende Person aber Freude oder Lust bei solchen Einwirkungen empfindet. Bekannt ist ein solches Verhalten vor allem aus sadomasochistischen Beziehungen. Für das Recht – und richtigerweise auch für die Ethik – kann indes nicht ein individueller Maßstab der Einschätzung von Schmerzen entscheidend sein, sondern nur ein objektiver, so dass eine körperliche Einwirkung auf eine andere Person auch dann Folter bleibt, wenn sie für den Betroffenen mit Lustempfinden verbunden ist. Um daher überhaupt akzeptabel zu sein, bedarf es einer Rechtfertigung durch Einwilligung des Opfers.

Für das Recht ist die Möglichkeit der Rechtfertigung einer solchen Körperverletzung durch Einwilligung in § 228 StGB (indirekt) geregelt. Danach sind mit Einwilligung der verletzten Person vorgenommene Körperverletzungen nur dann rechtswidrig, „wenn die Tat trotz der Einwilligung gegen die guten Sitten verstößt". Diese Norm ist schon deshalb bemerkenswert, weil hier zur Eingrenzung genuin rechtlicher Regeln (*volenti non fit iniuria*) auf moralische Regeln („gute Sitten") Bezug genommen wird, von denen durchaus unklar ist, was sie besagen, bzw. wie man ihren Inhalt feststellen kann. Mit Recht wird die Norm daher auch in der strafrechtlichen Literatur als zu unbestimmt und wegen Verstoßes gegen den Bestimmtheitsgrundsatz (vgl. Artikel 103 Abschn. 2 GG) als verfassungswidrig kritisiert (vgl. Sternberg-Lieben 1997, 136, 162; Kühl 2007, 66, 68). Die Rechtsprechung hat sich diesem Verdikt bisher nicht angeschlossen, sondern interpretiert den Begriff der guten Sitten als „Anstandsgefühl aller billig und gerecht Denkenden" (vgl. BGHSt 49, 34, 41), eine Umschreibung indes, die kaum präziser ist als der unklare Gesetzeswortlaut selbst.

In den Bereich der Folter fallende Handlungen, insbesondere in sado-masochistischen Beziehungen, wurden früher einhellig als sittenwidrig angesehen und blieben daher trotz Einwilligung des Opfers grundsätzlich strafbar. Die neuere Rechtsprechung dagegen sieht in solchen Praktiken nicht mehr in jedem Fall einen Sittenverstoß, sondern nur noch dann, wenn sie mit Lebensgefahr für das Opfer verbunden sind (vgl. BGHSt 49, 166; dazu Kühl 2007, 69 f.). Sie nähert sich damit einer schon zuvor in der Literatur vertretenen Auffassung an (vgl. etwa Hirsch 2005, § 228, Randnote 9), wonach nur schwere Körperverletzungen oder gar Lebensgefährdungen des Opfers das Sittenwidrigkeitsurteil zu tragen vermögen (etwa mit der Begründung, dass nur die Erlaubnis auch solcher schwerer Verletzungen das allgemeine Körperverletzungstabu ernstlich infrage stellen und dies dann zu einer Gefährdung oder gar Schädigung *anderer* Personen führen könnte).

Es spricht viel dafür, dass auch ein ethischer Ansatz einer vergleichbaren Konzeption folgen sollte, die zwischen ‚verboten' und ‚erlaubt' bei Einwilligung des Opfers nach dem Schweregrad des Eingriffs differenziert. Anders wäre dies nur dann zu sehen, wenn man eine Folterhandlung generell als menschenwürdewidrig einstufe und die Menschenwürde als grundsätzlich unverfügbar und damit auch deren Verletzung nicht als der Rechtfertigung durch Einwilligung zugänglich ansähe. Dann wäre auch die Folter *mit* Einwilligung jederzeit ethisch verboten. Dies würde allerdings ein Konzept von „Pflichten gegen sich selbst" voraussetzen, die zwar als Rechtspflichten sehr problematisch sind (vgl. Joerden 2009), aber als ethische Pflichten zumindest einiges für sich haben. In der Konsequenz solcher „Pflichten gegen sich selbst" läge es dann gegebenenfalls, dass man sich von einer anderen Person schon deshalb nicht foltern lassen dürfte, weil man sich dadurch z. B. seiner Pflicht zur Selbstvervollkommnung zuwider verhielte. Wem die Konzeption der „Pflicht gegen sich selbst" indes nicht einleuchtet, müsste wohl – will er nicht zur völligen Freigabe der Folter bei Einwilligung kommen – konsequenterweise entweder annehmen, dass es eine Pflicht gegenüber Gott, der Natur, der Gesellschaft oder dem Staat gibt, der eigenen Folterung nicht zuzustimmen. (Wobei hier offenbleiben mag, ob dies eine überzeugende These ist; jedenfalls harmoniert sie nicht mit einer liberalen Ethikkonzeption.) Oder er müsste zeigen, dass die mit Einwilligung vorgenommene Folter für *andere* Personen und deren Rechtsgüter gefährlich werden kann, etwa weil angesichts dieses „schlechten Beispiels" das Körperverletzungstabu infrage gestellt würde (was wiederum – vgl. oben – eine Eingrenzung nach Schweregraden der Körperverletzung nahelegen würde).

90.3 Rettungsfolter

Sehr umstritten ist, ob die Anwendung (oder auch nur Androhung) von Folter – abgesehen von der Einwilligung – aus anderen Gründen gerechtfertigt werden kann (s. Kap. 68). In Betracht kommen Fälle, in denen Notwehr oder Notstand vorliegen könnten. In beiden Situationen handelt es sich um eine Gefahrenabwehr in einer Notlage, in der der Staat, der eigentlich das Gewaltmonopol hat, nicht mehr rechtzeitig zum Güterschutz tätig werden kann und deshalb der Gefährdete selbst tätig wird und werden darf. Notwehr und Notstand unterscheiden sich dadurch voneinander, dass bei der Notwehr die abzuwehrende Gefahr unmittelbar von dem zurechenbaren und rechtswidrigen Verhalten eines Menschen (Angriff) ausgeht, beim (sog. aggressiven) Notstand dagegen kommt jede beliebige Gefahrenquelle in Betracht, entscheidend ist aber, dass zur Gefahrabwehr in die Interessen eines an der Gefahrentstehung unbeteiligten Dritten eingegriffen wird.

Bezogen auf die Anwendung von Folter sind zwei Grundkonstellationen denkbar, zu denen hier je ein Beispiel gebildet sei:

1. *Notstand:* A kennt zufällig den Code zur Entschärfung einer Atombombe, die in Kürze in einer Großstadt explodiert (ohne dass A die Bombe selbst gelegt hätte), wenn sie nicht rechtzeitig entschärft wird. A offenbart seine Kenntnis jedoch nicht, weil er weiß, dass die Organisation, die die Bombe gelegt hat, ihn dann später mit Sicherheit töten wird. Darf er gefoltert werden, um ihn zur Preisgabe des Codes zu bewegen?
2. *Notwehr:* A hat das Kind K entführt und hält es an einem unbekannten Ort versteckt. Darf man den von der Polizei festgenommenen Entführer A foltern, um ihn zur Offenbarung des Verstecks zu bringen, insbesondere wenn zu erwarten ist, dass K anderenfalls verdursten wird?

Zur Konstellation (1) wird vertreten (vgl. Brugger 2000, 165 ff.), dass hier das grundsätzliche Folterverbot nicht absolut gesetzt werden dürfe, sondern zumindest dann, wenn sehr viele Menschenleben in Gefahr sind, unter Umständen eingeschränkt werden müsste. Nun ist zumindest in rechtlicher Hinsicht anerkannt, dass in einer Notstandslage das gefährdete Interesse nur dann gerettet werden darf, wenn es gegenüber dem durch den Notstandseingriff beeinträchtigten Interesse wertmäßig *wesentlich überwiegt* (vgl. § 34 StGB, sog. *rechtfertigender Notstand*). Daher kollidiert die soeben erwähnte These (indirekt) mit einem rechtlichen Dogma, wonach ein Menschenleben nicht weniger wert ist als sehr viele Menschenleben. So dürfte man etwa dem A sein Leben nicht nehmen, um sehr viele Menschen zu retten. Zwar steht hier nicht das *Leben* des A auf dem Spiel, aber durch die Folter würde jedenfalls seine *Menschenwürde* drastisch beeinträchtigt. Sieht man die Menschenwürde als ein Rechtsgut an, das auf keinen Fall beeinträchtigt werden darf, da sie zumindest den gleichen Wert hat wie das Leben (wenn nicht sogar einen höheren), dann kann auch die Rettung noch so vieler Menschen nicht zu einem positiven Abwägungsergebnis führen. Es spricht indes viel dafür, dass es bei diesem Dogma Grenzen geben muss. Während es noch sein mag, dass man nicht einen (unschuldigen) Menschen töten darf, wenn man damit nur fünf Menschen retten kann, so überzeugt es doch nicht mehr, wenn nur auf diese Weise eine Million anderer Menschen gerettet werden könnte; und es überzeugt auch nicht mehr, dass man einen (unschuldigen) Menschen nicht foltern darf, wenn auf diese Weise eine Million Menschen gerettet werden könnte. Völlig unklar ist indes, bei welcher Anzahl von geretteten Menschen die entscheidende Grenze zu ziehen wäre. Das deutet darauf hin, dass eine Verrechtlichung dieser Grenzziehung nicht möglich, zumindest nicht ratsam ist, mit der Konsequenz, dass Rettungsfolter in einer Notstandssituation generell verboten bleiben muss (näher Joerden 2005, 495 ff., 522 f. mit weiteren Nachweisen).

Vom Standpunkt des Rechts aus ist selbst dann, wenn die Folterhandlung im Notstandsfall verboten (also rechtswidrig) ist, noch an eine sogenannte Entschuldigung zu denken. Eine rechtswidrige Tat kann etwa dann entschuldigt werden, wenn der Täter sich in einer so extrem psychologischen Drucksituation befindet (etwa weil sein eigenes Leben in Gefahr ist), dass man verstehen kann, dass er das staatliche Verbot nicht befolgt (vgl. § 35 StGB, sog. *entschuldigender Notstand*). Er wird dann ausnahmsweise trotz rechtswidriger Tat nicht bestraft. Setzt man hier voraus, dass in obigem Beispiel der Folternde selbst in der Gefahr wäre, von der Atombombe getötet zu werden, greift ein solcher Entschuldigungsgrund ein. Geht es dagegen weder um seine eigene Rettung noch um die Rettung ihm nahestehender Personen (vgl. § 35 Abschn. 1 S. 1 StGB), sondern ‚nur' um die Rettung fremder Personen, kann ein solcher psychologischer Druck nicht angenommen werden (zumindest sieht das Gesetz dies nicht vor). In Betracht kommt dann nur noch ein sogenannter übergesetzlicher entschuldigender Notstand, der von den Gerichten mitunter als Entschuldigungsgrund *praeter legem* anerkannt wird. Schon der Name dieses Gedankens zeigt indes, dass es sich hier letztlich nicht mehr um eine Rechtsfigur handelt, sondern eigentlich eine Billigkeitserwägung zugrunde liegt.

Es bleibt allerdings – selbst bei Anerkennung eines übergesetzlichen entschuldigenden Notstands – das Problem, dass derjenige, der nur entschuldigt ist, *rechtswidrig* handelt und daher von jedermann unter dem Gesichtspunkt der Notwehr(-hilfe) an seinem Verhalten gehindert werden darf. Im obigen Beispiel (1) dürfte daher der A (z. B. mit Hilfe einer vorgehaltenen Pistole) verhindern, dass er gefoltert wird, um die Preisgabe des Codes von ihm zu erzwingen. Damit zeigt sich, dass man mit der Einräumung (nur) eines Entschuldigungsgrundes dem eigentlichen (ethischen) Problem letztlich aus dem Weg geht, und zwar der Frage, ob man in einer solchen Situation nun foltern *darf* oder nicht.

Anders als in der Not*stands*konstellation (1) liegt der Konstellation (2) eine Not*wehr*lage zugrunde, da es hier um die etwaige Folterung eines *nicht* unschuldigen Menschen geht. Denn der A greift hier zugleich (rechtswidrig) das Kind K an, dessen Leben wegen des (Vor-)Verhaltens (Entführung) des A auf dem Spiel steht, und zwar indem er es versteckt hält. Man könnte daher erwägen, dass derjenige, der den A durch Folterung zur Offenbarung des Verstecks bringen will, durch Notwehr(-hilfe) zugunsten des K gerechtfertigt sei (vgl. z. B. Erb 2008, 99 ff.). Denn bei der Notwehrrechtfertigung ist – anders als in einer Notstandssituation – (zumindest im Recht) grundsätzlich keine Abwägung der beteiligten Rechtsgüter vorzunehmen, weshalb es hier unproblematisch wäre, dass die Menschenwürde des A beeinträchtigt wird, um das Leben des K zu retten. Eine solche Rechtfertigung unter Notwehrgesichtspunkten erscheint im Verhältnis von Privatleuten auch durchaus plausibel: Wenn X dem Y ein langsam wirkendes, letztlich aber tödliches Gift injiziert hat, darf Y den X foltern, um von ihm ein wirksames Gegengift genannt zu bekommen; wobei vorausgesetzt sei, dass X dieses Gegengift kennt.

Gilt dies aber auch dann, wenn sich im obigen Fall (2) der A in *staatlichem Gewahrsam* befindet? Darf der Staat hier foltern, um die Offenbarung des Verstecks von K zu erzwingen? Zumindest die internationalrechtlichen Folterverbote, die sich gerade an den Staat und seine Organe richten, scheinen dagegen zu sprechen (vgl. etwa Jeßberger 2003, 711, 713 f.). Gleichwohl wird auch insofern ein absolutes Folterverbot in Zweifel gezogen (vgl. etwa Erb 2008, 117 f.). Dagegen wird jedoch eingewandt, dass man auch zu berücksichtigen habe, was es für einen Staat und seine Bürger bedeuten würde, wenn es den staatlichen Organen (und sei es auch nur in Einzelfällen) erlaubt wäre, das Mittel der Folter einzusetzen. Hier droht zumindest ein Abgleiten in einen Folterstaat – eine Entwicklung, für die es sowohl in der Vergangenheit als auch Gegenwart durchaus Beispiele gibt. Zwar bestreiten die Vertreter einer Notwehrrechtfertigung auch von staatlicher Folter in Konstellationen wie oben (2) das Bestehen einer solchen Gefahr; interessanterweise äußern sie sich aber nicht dazu, wie sie entscheiden würden, wenn sicher wäre, dass durch die Zulassung der staatlichen Rettungsfolter der Staat tatsächlich zu einem Folterstaat würde. Es spricht daher viel dafür, die staatliche Rettungsfolter ausnahmslos als verboten anzusehen (vgl. Joerden 2005, 495 ff.), wobei allerdings eine eventuelle rechtliche Entschuldigung desjenigen, der diesem Verbot zuwider handelt, durchaus denkbar bleibt (s. oben zu Konstellation [1]).

Hiergegen ist es auch kein durchgreifender Einwand, dass man etwa bei einer Geiselnahme ja durchaus den Geiselnehmer durch einen gezielten Schuss (in Notwehr) töten dürfe (sog. finaler Todesschuss), wenn dies erforderlich sei, um die Geisel zu retten; daher müsse es doch dem Staat auch erlaubt sein, eine schmerzhafte Körperverletzung (Folter) zuzufügen, um einen Entführten zu retten (Otto 2005, 480). Der maßgebliche Unterschied zur obigen Konstellation (2) besteht indes darin, dass der A sich dort bereits *im Gewahrsam* der Polizei (und damit des Staates) befindet, während dies im Fall der Geiselnahme noch nicht so ist. Es geht mit anderen Worten in der Konstellation (2) nicht nur darum, was der Staat im Allgemeinen tun darf, um jemanden an einer rechtswidrigen Tat zu hindern, sondern auch darum, was er mit denjenigen tun darf, die sich in *seinem Gewahrsam* befinden. Kaum ein Befürworter der Erlaubnis für staatliche Rettungsfolter würde ja auch dafür plädieren, dass der Staat einen Menschen, den er in Gewahrsam hat, töten darf, wenn dadurch ein bisher nicht festgesetzter Mittäter veranlasst würde, den Entführten freizulassen (vgl. Joerden 2005, 517, Fußnote 90).

90.4 Folter und Strafverfahren

Während es in dem vorangehenden Abschnitt um Folter zum Zwecke der Prävention ging, geht es in diesem Abschnitt um Folter für Zwecke der Repression, d. h. zur Verwendung im Gerichtsverfahren. In allen zivilisierten Ländern ist Folter zur Erlangung von Geständnissen oder Zeugenaussagen heute verboten (vgl. etwa § 136a StPO und dazu Joerden 1993). Dies war bekanntlich nicht immer so. Im Mittelalter wurde die Folter zunächst sogar als ein durchaus fortschrittliches Rechtsinstitut eingeführt. Denn in dieser Zeit galt noch nicht der Grundsatz der freien Beweiswürdigung durch den Richter (vgl. § 261 StPO), sondern es waren strenge Beweisregeln einzuhalten, wenn eine Verurteilung des Angeklagten erfolgen sollte, z. B. die auf die Bibel (Joh. 8,17) zurückgehende mittelalterliche Beweisregel „Durch zweier Zeugen Mund wird allerwegs die Wahrheit kund" (vgl. dazu Müller 1999, 493; vgl. a. Schild 2010, 81). Eine weitere dieser Regeln lautete, dass ohne ein Geständnis des Angeklagten dieser nicht verurteilt werden dürfe. Wenn daher jemand auch unter der Folter die Tat bestritt, war eine Verurteilung nicht möglich – also durchaus eine Regelung, die vor voreiligen Verurteilungen schützen konnte. Doch wurden die Foltermethoden im Laufe der Zeit immer grausamer und führten daher in aller Regel zu einem Geständnis (ob die Tat nun von dem Angeklagten begangen worden war oder nicht). Hinzu kam die Verfolgung von Delikten, deren Behauptung wir heute dem Aberglauben zurechnen würden (Hexerei, Zauberei, Ketzerei etc.), bei denen ohnehin allenfalls durch die Folter ein Geständnis zu erlangen war. Die (staatliche) Folter entwickelte sich daher von einem „Rechtsinstitut" zu einem „Unrechtsakt" (vgl. Schild 2009; 2010), dessen Praxis erst im Zuge der Aufklärung zunächst in die Kritik geriet (Friedrich Spee 1631, Christian Thomasius 1705), um dann schließlich (in Deutschland vollständig erst zu Beginn des 19. Jahrhunderts) auch in Gerichtsverfahren abgeschafft zu werden. Ein explizites Verbot der Folter im Strafverfahren wurde mit § 136a StPO in Deutschland erst im Jahre 1950 unter dem Eindruck der überwundenen NS-Gewaltherrschaft eingeführt.

Noch weitgehend ungeklärt ist die prozessuale Reichweite des Folterverbots. Grundsätzlich sind mit Hilfe der Folter erzielte Geständnisse oder Zeugenaussagen im Strafprozess unverwertbar, d. h. sie dürfen nicht als Beweismittel eingesetzt werden (nicht einmal mit Einwilligung des Angeklagten, vgl. § 136a III StPO; näher zum Problem „freiwilliger" Folter im Strafprozess vgl. Seiterle 2010, 146 ff.). Umstritten ist, ob dies auch für Beweismittel gilt, die aufgrund einer durch Folter erreichten Aussage aufgefunden wurden; z. B.: unter der Folter durch Polizeibeamte gesteht der Verdächtige den Mord und benennt den Ort, an dem er die Leiche deponiert hat; daraufhin wird die Leiche auch gefunden, auf der sich zudem viele Fingerabdrücke des Verdächtigen finden. Eine in den USA verbreitete Auffassung („fruit of the poisonous tree doctrin") meint, dass es nicht erlaubt sei, „Früchte vom vergifteten Baum" zu ernten, weshalb auch die nach der Folter aufgefundene Leiche mit Fingerabdrücken des Verdächtigen darauf nicht als Beweismittel Verwendung finden dürfte. Dies schon deshalb nicht, weil nur so die Polizei wirksam davon abgehalten werden könne zu foltern, da bei dieser Regelung alle durch Folter erreichten „Vorteile" bei der Beweisführung nicht verwertbar wären. Demgegenüber wird eingewandt, dass nur die unmittelbaren Ergebnisse der Folterung (das Geständnis bzw. die Aussage selbst) der Verwertbarkeit entzogen seien, während die „indirekten Früchte" verwertbar blieben (vgl. etwa BGHSt 32, 68, 70). Vertreten wird auch eine (wenig plausible) vermittelnde Ansicht, wonach es auf eine Abwägung der Schwere der betreffenden Tat mit dem Maß des Verfahrensverstoßes ankommen soll, ob auch die „mittelbaren Früchte" einer Folterung noch verwertbar sind oder nicht. Schließlich wird die Problemlösung von einigen Stimmen in der Literatur davon abhängig gemacht, ob die Strafverfolgungsorgane auch bei rechtmäßigem Vorgehen dasselbe Beweisziel hätten erreichen können (näher zur gesamten Problematik vgl. etwa Rogall 1996, 944, 948; Beulke 2008, 299 ff.).

Literatur

Amnesty International Report. Bericht vom 13.5.2014.
Beulke, Werner: Strafprozessrecht. Heidelberg u. a. [10]2008.
Brugger, Winfried: „Vom unbedingten Verbot der Folter zum bedingten Recht auf Folter?" In Juristenzeitung 4. (2000), 165–173.
Entscheidungen des Bundesgerichtshofes in Strafsachen (BGHSt). Köln. Zitiert nach Band und Seiten.
Erb, Volker: „Zur strafrechtlichen Behandlung von ‚Folter' in der Notwehrlage." In: Hendrik Schneider et al. (Hg.): Festschrift für Manfred Seebode zum 70. Geburtstag am 15. September 2008. Berlin/New York 2008, 99–124.
Hirsch, Hans Joachim, „§ 228". In: Laufhütte, Heinrich Wilhelm/Rissing-van Saan, Ruth/Tiedemann, Klaus (Hg.): Strafgesetzbuch, Leipziger Kommentar, Band VI. Berlin [11]2005.
Jeßberger, Florian: „Wenn Du nicht redest, füge ich Dir große Schmerzen zu". In Jura 25. (2003), 711–715.
Joerden, Jan C.: „Verbotene Vernehmungsmethoden – Grundfragen des § 136a StPO". In Juristische Schulung 33. (1993), 927–931.
Joerden, Jan C.: „Über ein vermeintes Recht (des Staates) aus Menschenliebe zu foltern." In: Jahrbuch für Recht und Ethik 13. (2005). 495–526.
Joerden, Jan C.: „Kants Lehre von der ‚Rechtspflicht gegen sich selbst' und ihre möglichen Konsequenzen für das Strafrecht." In: Heiner F. Klemme (Hg.): Kant und die Zukunft der europäischen Aufklärung. Berlin 2009, 448–468.
Kühl, Kristian: „Strafrecht in Anlehnung an Ethik/Moral." In: Gerhard Dannecker et al. (Hg.): Festschrift für Harro Otto zum 70. Geburtstag am 1. April 2007. Köln/Berlin/München 2007, 63–78.
Lackner, Karl/Kühl, Kristian: Strafgesetzbuch Kommentar, München [29]2018.
Müller, Carl Werner: „Der ‚zweite Beweis' als Wahrheitskriterium". In Hermes 127. Jg., 4 (1999), 493–495.
Otto, Harro: „Diskurs über Gerechtigkeit, Menschenwürde und Menschenrechte." In: Juristenzeitung 10. (2005), 473 ff.
Rogall, Klaus: „Über die Folgen der rechtswidrigen Beschaffung des Zeugenbeweises im Strafprozess." In: Juristenzeitung 18. (1996), 944–955.
Schild, Wolfgang: „Folter: Vom Rechtsinstitut zum Unrechtsakt." In: Volker C. Dörr, Jürgen Nelles, Hans-Joachim Pieper (Hg.): Marter – Martyrium, Ethische und ästhetische Dimensionen der Folter. Bonn 2009, 53–84.
Schild, Wolfgang: Folter, Pranger, Scheiterhaufen. Rechtsprechung im Mittelalter. München 2010.
Seiterle, Stefan: Hirnbild und ‚Lügendetektion'. Zur Zulässigkeit der Glaubwürdigkeitsbegutachtung im Strafverfahren mittels hirnbildgebender Verfahren. Berlin 2010.

Spee, Friedrich: Cautio criminalis seu de processibus contra sagas liber. Rinteln 1631. Deutsche Ausgabe: Friedrich von Spee, Cautio Criminalis oder Rechtliches Bedenken wegen der Hexenprozesse, übertragen und hg. von J.F. Ritter, 1982.

Sternberg-Lieben, Detlev: Die objektiven Schranken der Einwilligung im Strafrecht. Tübingen 1997.

Thomasius, Christian: De tortura ex foris Christianorum proscribenda (‚Über die Folter, die aus den Gerichten der Christen verbannt werden muss'). Halle/Saale 1705.

Weilert, Anja Katarina: Grundlagen und Grenzen des Folterverbots in verschiedenen Rechtskreisen. Eine Analyse anhand der deutschen, israelischen und pakistanischen Rechtsvorschriften vor dem Hintergrund des jeweiligen historisch-kulturell bedingten Verständnisses der Menschenwürde. Berlin/Heidelberg/New York 2009.

Werle, Gerhard: Völkerstrafrecht. Tübingen ^{2}2007.

Winter, Michael: „Sade, Donatien Alphonse François, Marquis de." In: Bernd Lutz (Hg.): Metzler Philosophenlexikon. Stuttgart ^{3}2003, 624–626.

Teil VIII
Einzelthemen der Angewandten Ethik: Medizin, Pflege und Gesundheit

Gesundheit und Krankheit

91

Petra Lenz

Als elementare Naturerfahrungen unterliegen Gesundheit und Krankheit nicht nur subjektiven Wahrnehmungs- und Verstehensweisen sowie individuellen Sinngebungen, sondern stehen auch in einem gesellschaftlich-kulturellen Bedeutungszusammenhang (vgl. Groß/Müller/Steinmetzer 2008). Vorstellungen von der Natur des Menschen, seiner Stellung in der Welt und der Verbindung von Körper und Geist haben zu allen Zeiten das medizinische Handeln beeinflusst und den Umgang der Gesellschaft mit kranken Menschen geprägt. Der anthropologische und geisteswissenschaftliche Gehalt der Begriffe Gesundheit und Krankheit lässt diese zu einem zentralen Thema der Philosophie werden. Um die Bedeutung des Krankheitsbegriffs ist in der Medizinphilosophie seit den 70er Jahren des 20.Jahrhunderts eine heftige Debatte entbrannt, die bis heute anhält (Überblick in Schramme 2012). Der Krankheitsbegriff bestimmt als einer der Grundbegriffe der Medizin nicht nur das Selbstverständnis der Medizin, sondern beeinflusst die Handlungspraxis der mit dem Kranken befassten gesellschaftlichen Akteure. Durch den Strukturwandel in der Medizin und das damit einhergehende erweiterte medizinische Handlungsspektrum (z. B. durch

P. Lenz (✉)
Universität Potsdam, Potsdam, Deutschland
E-Mail: petra.lenz@uni-potsdam.de

Hirngewebstransplantation, neurobionische Eingriffe, PID, lebensverlängernde Maßnahmen am Lebensende – etwa durch künstliche Ernährung mittels PEG) wird nicht nur ein gesellschaftlich tradiertes Verständnis von Krankheit herausgefordert, sondern auch unsere moralischen Intuitionen. Gesellschaftliche Debatten über die Grenzen medizinischen Handelns und gesundheitspolitische Entscheidungen lassen eine Präzisierung der Begriffe ‚Gesundheit' und ‚Krankheit' notwendig erscheinen.

Nach der prominenten Begriffsbestimmung der Weltgesundheitsorganisation (WHO) ist ‚Gesundheit' „ein Zustand des vollständigen physischen, psychischen, geistigen und sozialen Wohlergehens und nicht nur die Abwesenheit von Krankheit oder Schwäche" (WHO 1947). Diese *positive* Bestimmung von Gesundheit als Ideal kann als subjektive Abhängigkeit von eigenen Wertvorstellungen interpretiert werden. Dagegen steht die *negative* Bestimmung von Gesundheit als „Abwesenheit von Krankheit oder Schwäche", womit jedes Verständnis des Gesundheitsbegriffs auf den Begriff der Krankheit verweist.

Der Ausdruck ‚Krankheit' ist zunächst einmal ein Sammelbegriff für eine Vielzahl unterschiedlicher Krankheiten. Krankheiten des Kreislaufsystems (39,7 %) und Krebsleiden (25 %) verursachten in Deutschland auch 2015 die meisten Todesfälle. Wie weltweit sind auch in Deutschland Krankheiten des Muskel- und

Skelettsystems die Hauptursachen für chronische Schmerzen und den Verlust der Lebensqualität. Damit sind hohe volkswirtschaftliche Folgekosten verbunden. Im Jahre 2008 gingen 11,2 % der entstandenen Krankheitskosten auf Krankheiten des Muskel- und Skelettapparates sowie des Bindegewebes zurück. Psychische Störungen und Beeinträchtigungen (Angststörungen, Depressionen, Schlafstörungen, Alkoholabhängigkeit) erlangen zunehmend als gesamtgesellschaftliches Thema Aufmerksamkeit. Gleichwohl kann keine Zunahme der Prävalenz psychischer Störungen und Beeinträchtigungen in Bevölkerungsstudien nachgewiesen werden. Die Fehlzeiten am Arbeitsplatz aufgrund psychischer- und Verhaltensstörungen erhöhten sich in Deutschland in den letzten Jahren deutlich und verursachen die dritthöchsten Krankheitskosten. Über das subjektive Erleben und die gesundheitsbezogene Lebensqualität (vgl. Kovács/Kipke/Lutz 2016) sagt die quantitative Verteilung von Krankheiten nichts aus. So liegt die Anzahl der Menschen, die sich nach eigener Auskunft behindert fühlen oder Unterstützung in der täglichen Lebensführung benötigen (Selbstauskunft) höher als die Anzahl derjenigen, die amtlich als Menschen mit Behinderung anerkannt sind (12 % der Frauen und 13 % der Männer im Jahre 2015). Wenn jedoch 75 % Bevölkerung über 18 Jahren den eigenen Gesundheitszustand als ‚sehr gut' oder ‚gut' bezeichnen, ist zu vermuten, dass darunter auch Menschen mit chronischen Erkrankungen und Schwerbehinderte (im Jahre 2015 waren in Deutschland 10,2 Mio. Menschen amtlich anerkannt behindert, davon 7,5 Mio. amtlich anerkannt schwerbehindert) sind (alle Angaben aus Robert-Koch-Institut 2015).

91.1 Historischer Wandel des Krankheitsverständnisses

Am Beispiel der Epilepsie wird das sich wandelnde Verständnis von Krankheit in Abhängigkeit von den dominierenden Vorstellungen von Welt und Mensch besonders deutlich. Im ‚dämonologischen Krankheitsverständnis' der frühen Hochkulturen, von den ägyptischen Papyri und babylonische Keilschriften Zeugnis geben, werden Krankheiten (auch Epilepsie) von Göttern, Dämonen oder Toten gesandt. Wahrsagen, Exorzismus, Geisterbeschwörungen, Orakel, Zaubersprüche, Reinigungsopfer und Bußhandlungen sind magische Praktiken, die zu Heilzwecken genutzt werden und sich in jeder Volksmedizin finden (vgl. Eckart 2009, 3–16).

Antike: In der griechisch-römischen Antike gilt die Epilepsie als ‚heilige Krankheit'. Eine These besagt, dass Kranke durch die Krankheit leichter in ‚Trance' verfallen und so mit den Göttern Kontakt aufnehmen können. Die Medizin dieser Zeit ist geprägt durch Heilgötter (z. B. Asklepios) und Heilrituale. Neben der magisch-mystischen und religiösen Krankheitsdeutung gibt es seit der Frühzeit aber auch eine empirisch basierte Medizin, die sich auf die Beobachtung von Krankheitszeichen und die Wirkungsweise von Arzneimitteln stützt sowie Krankheiten nach deren Verlauf beschreibt und bestimmten Körperteilen zuordnet. So weigert sich schon Hippokrates (ca. 460–ca. 370 v. Chr.), in der Epilepsie eine ‚heilige Krankheit' zu sehen und versucht stattdessen, sie durch natürliche Ursachen zu erklären.

Mittelalter: Bis ins Mittelalter ist das medizinische Denken kosmologisch-anthropologisch geprägt. Die Humoralpathologie erklärt Gesundheit und Krankheit durch die individuelle Mischung der Säfte im Körper. Gesundheit gilt als Gleichgewicht der Säfte und Temperamente – Krankheit als deren Ungleichgewicht. Meist ist der Mensch jedoch weder vollständig krank oder gesund. Für die Erhaltung des Säftegleichgewichts ist jeder Mensch verantwortlich. Ärzte kümmern sich darüber hinaus um soziale und rechtliche Belange der Kranken. Zugleich werden Krankheiten wie die Epilepsie im Mittelalter als göttliche Strafe oder Besessenheit christlich interpretiert. Auch Erbsünde, persönliche Schuld und göttliche Prüfung werden als Ursachen für Krankheiten angesehen. Zur Heilung von Epilepsie werden u. a. Teufelsaustreibungen vorgenommen, Fürbitten gehalten oder Schutzpatrone um Hilfe gebeten. Die tugendhafte Liebe zum Kranken findet durch

Paracelsus (1493–1541) Eingang in das ärztliche Ethos. Durch Transzendenz *(Christus medicus)* und Barmherzigkeit wird die Arzt-Patienten-Beziehung sinnhaft neubestimmt. Hospitäler werden gegründet, Beistand und Mitgefühl mit dem Kranken gelten als allgemein-menschliche Aufgaben. Während Gebet, Heiligenverehrung und Reliquienkult im Zentrum der religiösen Heilkunde stehen und die Klostermedizin aufblüht, führen Krankheiten, die als kollektive Strafe Gottes interpretiert werden (Lepra, Pest) zum Ausschluss aus der Gesellschaft (Bruchhausen/Schott 2008, 19–61).

Neuzeit: Mit der Säkularisierung der Neuzeit und den gesamtgesellschaftlich wirksamen Rationalisierungsprozessen werden Krankheiten zunehmend als Störungen von Organfunktionen bzw. als Verlust individueller und sozialer Fähigkeiten verstanden. Seit dem 17. Jahrhundert bildet sich ein naturwissenschaftliches Verständnis von Krankheit heraus, welches u. a. durch die Zellularpathologie Rudolf Virchows (1821–1902) bestärkt wird. Diesem Verständnis zufolge gilt die Epilepsie heute als episodische Krankheit des Nervensystems und findet sich als solche im Internationalen Klassifikationssystem für Krankheiten ICD-10. Für die Entwicklung von Maßnahmen zur Prävention, Diagnostik und Therapie wird mittlerweile die naturwissenschaftliche Medizin als selbstverständlich vorausgesetzt. Das damit einhergehende mechanistisch-technische Verständnis von Krankheit als Defekt des Organismus beeinflusst über naturwissenschaftlich-therapeutischen Maßnahmen bis heute die Arzt-Patienten-Beziehung.

Der medizinhistorische Blick offenbart die unterschiedlichen Rechtfertigungszusammenhänge im Kontext der dominierenden Weltbilder, denen therapeutische Entscheidungen unterliegen. Unter diesem Blickwinkel kann das europäische Verständnis von Krankheit in drei großen Abschnitten systematisiert werden: Das antike Zeitalter der naturalis, das Zeitalter der Gesundheit vom Eindringen der christlichen Theologie in den antiken Krankheitsbegriff bis zum Beginn der Neuzeit und das Zeitalter der Krankheit, basierend auf den Erkenntnissen der Naturwissenschaften. (vgl. Lenz 2018, Kap. 1)

Insbesondere die veränderte Sicht auf Behinderungen macht den Einfluss des Zusammenhangs von Menschenbild und Medizin transparent. Wurden Behinderungen bis in die jüngste Gegenwart defizitorientiert als Einschränkungen von Fähigkeiten und Körperfunktionen interpretiert, werden sie zunehmend als Ergebnis der Interaktion von Individuum und Umwelt entsprechend des bio-psycho-sozialen Krankheitsmodells verstanden. Seinen Niederschlag findet dieses Verständnis in der Internationalen Klassifikation der Funktionsfähigkeit, Behinderung und Gesundheit (ICF), die sich als Ergänzung zur ICD seit 2001 etabliert hat.

91.2 Krankheitsbegriffe

Der angelsächsische Sprachgebrauch unterscheidet Krankheit *(disease)* vom Krank-Sein *(illness)* als dem subjektiven Empfinden von Schmerz und Leid und der sozialen Rolle des Kranken *(sickness)*. Verschiedene Blickwinkel (Arzt, Kranker, Gesellschaft) lassen also nicht nur jeweils verschiedene Aspekte von Krankheit erscheinen (Rothschuh 1975, 414), sondern verdeutlichen zudem die anthropologische Verankerung des Krankheitsbegriffs in den verschiedenen Sphären des Menschen (Plessner) (vgl. Lenz 2012).

Die Debatte um den Krankheitsbegriff ist jedoch äußerst komplex und die dabei vorgenommenen Kategorisierungen beziehen sich auf unterschiedliche philosophische Standpunkte und Traditionen (vgl. dazu Hofmann 2001). Trotzdem sind zwei Hauptunterscheidungen auszumachen:

Theoretischer versus praktischer Begriff: Häufig wird ein theoretischer Krankheitsbegriff als Begriff der medizinischen Wissenschaft (Hucklenbroich 2013, 19) von einem ‚praktischen Krankheitsbegriff' (ebd.; Lanzerath 2000) unterschieden, der sich auf die Interaktion von Ärzt:innen und Patient:innen bezieht (Schramme 2013). Mit dem theoretischen Krankheitsbegriff im Zusammenhang steht der nosologische Krankheitsbegriff. Er wird verwendet, wenn Krankheiten systematisch klassifiziert und in operationalisierten Klassifikationssystemen (Nosologie, ICD-10) abgebildet werden. Ursprünge solcher Klassifikationssysteme finden sich bei Morgagni (1682–1771) und Sydenham (1624–1689). In Deutschland werden die ICD-10 zur Verschlüsselung von Diagnosen (§§ 295 und 301 SGB V) und zur fallpauschalisierten Abrechnung (G-DRG, German Diagnostik Related Groups) genutzt. Die sozialrechtliche Verbindlichkeit des Krankheitsbegriffs wird im Anspruch auf solidarische Zuwendungen deutlich: „Versicherte haben Anspruch auf Krankenbehandlung, wenn sie notwendig ist, um eine Krankheit zu erkennen, zu heilen, ihre Verschlimmerung zu verhüten und Krankheitsbeschwerden zu lindern" (SGB §§ 27). Eine Präzisierung des Krankheitsbegriffs kommt der Rechtssprechung zu: Unter Krankheit wird hier „ein regelwidriger Körper- oder Geisteszustand verstanden, der ärztlicher Behandlung bedarf und/oder Arbeitsunfähigkeit zur Folge hat" (BSGE 35, 10, 12 f.; zum Krankheitsbegriff im Sozialrecht vgl. Werner/Wiesing 2002).

Die enge Verschränkung von theoretischem und praktischem Krankheitsbegriff zeigt sich u. a. darin, dass zur Legitimation von Sozialleistungen oder des krankheitsbedingten Fehlens am Arbeitsplatz eine individuelle Krankheit als Diagnose verschlüsselt werden muss. Ebenso herrscht Konsens darüber, dass für ärztliche Maßnahmen die aktuell bestmögliche Evidenz zu nutzen ist, jedoch die individuelle klinische Erfahrung des Arztes und die Werte und Wünsche der Patienten ebenso Beachtung finden (evidenzbasierte Medizin). Wenn das BMFG seit 2003 die Erforschung ‚seltener Krankheiten' (weniger als eine Erkrankung unter 2000 Menschen; bspw. Sarkome, Neurofibromatose, Skelettdysplasien) fördert, zeigt sich der Einfluss der Gesundheitspolitik auf beide Krankheitsbegriffe.

Naturalistische bzw. normativistische Konzeptionen: Die Frage, ob Krankheiten von biologischen Gegebenheiten abhängig sind oder im Zusammenhang mit Normen und Wertvorstellungen stehen, charakterisiert die Unterscheidung naturalistischer von normativistischen Krankheitskonzepten (systematisch formulierte und begründete Theorien von Krankheitserscheinungen). ‚Naturalistische Krankheitskonzepte' definieren Krankheit meist unter deskriptiven und empirischen Rückgriffen auf die Biologie als statistische Abweichung von einer biologischen Funktion. Unter der Präzisierung, was unter einer biologischen Funktion zu verstehen ist und was als Abweichung davon gilt, wird versucht, eindeutige, objektive und wertfreie Kriterien für das Vorliegen einer Krankheit zu finden. Der ‚Normativismus' hingegen integriert subjektiv-individuelle und soziohistorisch-kulturelle Wertsetzungen und verteidigt den Begriff der Krankheit als einen werthaltigen, normativen Begriff.

Die ‚Biostatische Theorie' (BST) (Boorse 1975, 1977) gilt als populärstes und einflussreichstes naturalistisches Krankheitskonzept. Darin sind Krankheiten durch messbare Abweichungen von einer statistisch definierten Norm charakterisiert, die sich auf eine bestimmte Referenzklasse beziehen. Der funktionale Charakter dieser Norm kommt in seinem statistisch typischen Beitrag zum individuellen Überleben und zur Reproduktion der Spezies zum Ausdruck. Wird die normale funktionale Leistungsfähigkeit des Individuums partiell oder in Gänze so beeinträchtigt, dass es zu einer Reduktion einer oder mehrerer funktionaler Fähigkeiten unter das typische Leistungsniveau kommt, ist das Individuum krank. Gesundheit wird negativ als Abwesenheit von Krankheit definiert (Boorse 1977, insbes. 555, 567).

Gegen die Wertfreiheit des Krankheitsbegriffs in der BST sprechen der Einfluss kulturell-sozialer Prägungen auf empirisch festgesetzte Normen (Canguilhem 1974) und die enge Verbindung empirischer Tatsachen mit kulturellen Wertesetzungen und sozialen Konstrukten durch die Rezeption soziologischen Wissens (Khushf 1995). Auch der engen Wechselwirkungen von Organismus und Umwelt trägt sie nicht Rechnung (Kovàcs 1998).

Eine normativistische Perspektive wird z. B. dann deutlich, wenn Krankheit unabhängig von biologischen Gegebenheiten als unerwünschte persönliche Verfassung (Sedgwick 1973) gilt und die Lebensqualität beeinträchtigt (Nodenfeldt 2016) Nordenfelt (1987, 79) versteht Gesundheit als Fähigkeit zum Erreichen selbstgesteckter Ziele für ein minimales Glück *(happiness)*. Ist eine Person unfähig, ihre wesentlichen Ziele *(vital goals)* zu erreichen, ist sie krank. Während sich Gesundheit auf den Gesamtzustand des Lebewesens bezieht, ist Krankheit in diesem Konzept an die Funktion und Struktur von Teilen des Organismus gebunden. Im Konzept von *Malady (CCG-Theory)* knüpfen die Autoren an die tradierte Assoziation von Krankheit mit Leid und Übel an. Krank ist eine Person dann, wenn sie ein Leid oder Übel erleidet oder mit hoher Wahrscheinlichkeit erleiden wird (Clouser/Culver/Gert 1997).

Der leib-seelischen Einheit des Menschen mit seinem holistisch-praktischen Erleben von Krankheit versuchen psychosomatische bzw. systemtheoretische Überlegungen gerecht zu werden. Gesundheit und Krankheit werden als dynamisches Geschehen unter dem Einfluss psychosozialer Faktoren und Strukturen gedacht (vgl. An der Heiden 1999). Die Beziehung von Psychosozialem und Gesundheit und Krankheit ist dabei auch aufgrund des noch ungeklärten Status des Leib-Seele-Problems weitestgehend ungeklärt (Lenz 2018, Kap. 4) und die Diskussion darum, ob die Psychiatrie eines eigenen Krankheitsbegriffs bedarf, nicht abgeschlossen (Hucklenbroich 2013, 68).

91.3 Abgrenzungsprobleme

Obwohl unter einem naturwissenschaftlich-medizinischen Blickwinkel Behinderungen, Verletzungen, Fehlbildungen und Vergiftungen häufig als Krankheiten verstanden werden (siehe bspw. CCG-Theory oder der theoretische Krankheitsbegriff bei Hucklenbroich), sind sie doch nicht mit ihnen identisch. Die überwiegende Mehrzahl der Behinderungen geht auf Erkrankungen zurück (2013 waren in 85 % der Fälle Krankheiten ursächlich für das Auftreten einer Schwerbehinderung), andere sind angeboren oder bspw. durch Unfälle erworben (Robert-Koch-Institut 2015, 135). Gemeinsam sind diesen Zuständen ihre Dauerhaftigkeit und die lediglich symptomatische Therapie der psychischen und/oder physischen Beeinträchtigungen. Auch wenn es Überschneidungen mit dem Krankheitsbegriff gibt, so macht doch erst die individuelle Erfahrung eines bestimmten Zustandes diesen zu einer Behinderung (Lanzerath 2000, 239).

Lange Zeit war der Krankheitscharakter ‚psychischer Störungen' (vgl. Szasz 1961) strittig. Die Debatte um die Klassifikation psychischer Erkrankungen im Diagnostischen und Statistischen Manual Psychischer Krankheiten (DSM-IV) zeigt die Schwierigkeit, ‚objektive Kriterien' für die Bestimmung psychische Störungen zu analysieren (vgl. Schramme 1997, 117 f.). Als Verhaltens- und Erlebensmuster mit klinischer Relevanz finden beobachtbare funktionale Störungen der Psyche (z. B. fehlende Steuerung der Emotionen) darin ebenso Eingang wie Störungen der Biologie und des Verhaltens, der Verlust von Freiheit (z. B. sich in engen Räumen aufzuhalten) und das Risiko, derartige Zustände zu erfahren (vgl. Heinz 2014).

Psychische Erscheinungsbilder sind stark durch kulturelle Vorstellungen der jeweiligen Zeit geprägt und als Abweichungen von einer kulturell oder sozial angenommenen Norm, Pathologisierungen ausgesetzt (vgl. Groß/Müller/Steinmetzer 2008). So verband man Lese- und Schreibstörungen lange Zeit mit mangelnder Intelligenz. Homosexualität galt abwechselnd als Störung der Geschlechtsrolle, der Persönlichkeitsentwicklung oder als Krankheit aufgrund körperlicher Veranlagung. Heute wird sie als Form sexueller Selbstverwirklichung begriffen.

91.4 Ethische Herausforderungen

Erkenntnisse der Molekularbiologie und Genetik über die Entstehung von Krankheiten (Bsp. Stammzellenforschung), pharmakologische Forschungen (Bsp. Biologicals) und medizintechnische Neuerungen (Bsp. PID, Organtransplantationen) haben das diagnostisch-therapeutische Spektrum der Medizin erweitert. Sie stellen nicht nur ein Potential für die Früherkennung von Krankheiten, deren Prävention, Diagnostik und Therapie zur Verfügung, sondern liefern auch wichtige Innovationen, um den Herausforderungen einer alternden Gesellschaft zu begegnen (Zunahme von Alterskrankheiten wie Demenz, Schlaganfall, Krebs, Diabetes). Zugleich bedienen sie Hoffnungen und Wünsche auf Verbesserung und Steigerung der Gesundheit. Die Nachfrage nach solchen Angeboten (Wellness, Anti-Aging-Forschung, Enhancement), die eine Orientierung an einem kulturell vermittelten Ideal zum Ausdruck bringt, steigt. Die Selbstbestimmung der Patienten, die therapeutischen Möglichkeiten und die ökonomischen Herausforderungen eines solidarisch finanzierten Gesundheitswesens (Maio 2014) fordern die Ziele ärztlichen Handelns (Heilung, Linderung und Prävention von Krankheiten), wie sie die ethischen Standesvorgaben (Genfer Ärztegelöbnis, Verpflichtungsformel der deutschen Ärzte) benennen, heraus und setzen die normative Elemente des Krankheitsbegriffs (Hilfsbedürftigkeit, Mitleid, solidarisches Verhalten, vgl. Gelhaus 2012) unter Druck. Das praktische Verständnis von Krankheit, wie es sich in der Arzt-Patienten-Beziehung zeigt, sieht sich nicht nur durch den Strukturwandel der Medizin herausgefordert, sondern auch durch das subjektive Erleben von Gesundheit und Krankheit, die Pluralität der Lebensstile und dem, was gesellschaftlich als ‚gesund' oder ‚krank' gilt. In der Nachfrage nach komplementären Heilmethoden (TCM, Ayurveda, Homöopathie) zeigt sich die Pluralität der Medizin und mit ihr die Pluralität im Begriffsverständnis ihrer Grundbegriffe ‚Gesundheit' und ‚Krankheit'. Die naturwissenschaftliche Bestimmung des Krankheitsbegriffs kann als objektivierender Kern verstanden werden, an dessen „Grenze der naturwissenschaftlichen Möglichkeiten das ärztliche Tun nicht aufhört", sondern vielmehr „der Arzt an ihr in Verwirrung" (Jaspers 1958, 1037) gerät. Den normativen Herausforderungen durch das medizinische Mögliche und Machbare wird eine alleinig naturwissenschaftliche Bestimmung des Krankheitsbegriffs nicht gerecht (vgl. Lanzerath 2000, 270 f.; Beckmann 2009).

Literatur

An der Heiden, Uwe: „Dynamische Krankheiten: Neue Perspektiven der Medizin." In: Klaus Mainzer (Hg.): Komplexe Systeme nichtlinearer Dynamik in Natur und Gesellschaft. Komplexitätsforschung in Deutschland auf dem Weg ins nächste Jahrhundert. Berlin/Heidelberg 1999, 247–263.

Beckmann, Jan P.: Ethische Herausforderungen der modernen Medizin. Freiburg i. Br. 2009.

Bruchhausen, Walter; Schott, Heinz: Geschichte, Theorie und Ethik der Medizin. Göttingen 2008.

Boorse, Christopher: „On the Distinction between Disease and Illness." In: Philosophy & Public Affairs 5. (1975), 49–68.

Boorse, Christopher: „Health as a Theoretical Concept." In: Philosophy of Science 44. Jg.,4 (1977), 542–573.

Canguilhem, Georges: Das Normale und das Pathologische. München 1974 (frz. 1966).

Clouser, K. Danner/Culver, Charles M./Gert, Bernard: „Malady." In: James M. Humber, Robert F. Almeder (Hg.): What is Disease? Totowa, New Jersey 1997, 175–217.

Deutsches Institut für Medizinische Dokumentation und Information: ICD-10–GM. Version 2011. In: https://www.dimdi.de/dynamic/de/klassifikationen/downloads/ (02.08. 2011)

Eckart, Wolfgang U.: Geschichte der Medizin. Heidelberg ^{6}2009.

Gelhaus; Petra: Moralische Implikationen des Krankheitsbegriffs. Eine Skizze, in: Andreas Frewer/Markus Rothaar (Hg.): Das Gesunde, das Kranke und die Medizinethik. Moralische Implikationen des Krankheitsbegriffs. Stuttgart 2012, S. 133–147.

Groß, Domenik/Müller, Sabine/Steinmetzer, Jan (Hg.): Normal-anders-krank? Akzeptanz, Stigmatisierung und Pathologisierung im Kontext der Medizin. Berlin 2008.

Heinz, Andreas: Der Begriff der psychischen Krankheit. Berlin 2014.

Hofmann, Bjorn: „Complexity of the Concept of Disease as Shown through Rival Theoretical Frameworks." In: Theoretical Medicine 22. (2001), 211–236.

Hucklenbroich, Peter: „Die wissenschaftstheoretische Struktur der medizinischen Krankheitslehre." In: Peter Hucklenbroich, Alena Buyx (Hg.): Wissenschaftstheoretische Aspekte des Krankheitsbegriffs. Münster 2013.

Jaspers, Karl: „Der Arzt im technischen Zeitalter." In: Klinische Wochenschrift 36. Jg., 22 (1958), 1037–1043.

Khushf, George: „Expanding the Horizon of Reflection on Health and Disease." In: The Journal of Medizin and Philosophy 20. Jg., 5 (1995), 461–473.

Kovàcs, Jozsef: „The Concept of Health and Disease." In: Medicine, Health Care and Philosophy 1. (1998), 31–39.

Koács, Lászlo/Kipke, Roland/Lutz, Ralf (Hg.): Lebensqualität in der Medizin. Wiesbaden 2016.

Lanzerath, Dirk: Krankheit und ärztliches Handeln. Zur Funktion des Krankheitsbegriffs in der medizinischen Ethik. München 2000.

Lenz, Petra: „Was ist Krankheit? Ein Antwortversuch mit der Anthropologie von Helmuth Plessner." In: Thomas Ebke, Matthias Schloßberger (Hg.): Dezentrierungen: Zur Konfrontation von Philosophischer Anthropologie, Strukturalismus und Poststrukturalismus, Oldenburg Akademieverlag 2012, 303–325.

Lenz, Petra: Der theoretische Krankheitsbegriff und die Krise der Medizin. Wiesbaden 2018.

Maio, Giovanni: Geschäftsmodell Gesundheit. Wie der Markt die Heilkunst abschafft. Berlin 2014.

Nordenfelt, Lennart: On the Nature of Health. An Action-Theoretic Approach. Dordrecht 1987.

Nordenfelt, Lennart: „Philosophische Überlegungen zur gesundheitsbezogenen Lebensqualität." In: Lebensqualität in der Medizin. Wiesbaden 2016, 47–62.

Robert-Koch-Institut (Hg.): Gesundheitsberichterstattung des Bundes. Gemeinsam getragen von RKI und DESTATIS. Gesundheit in Deutschland. Berlin 2015.

Rothschuh, Karl E.: „Der Krankheitsbegriff (Was ist Krankheit?)." In: Karl E. Rothschuh (Hg.): Was ist Krankheit? Erscheinungen, Erklärung, Sinngebung. Darmstadt 1975, 397–421.

Schramme, Thomas: „Philosophie und Medizin. Ein Blick in aktuelle Veröffentlichungen." In: Zeitschrift für philosophische Forschung 51. (1997), 115–137.

Schramme, Thomas (Hg.): Krankheitstheorien. Berlin 2012.

Schramme, Thomas: Benötigen wir mehrere Krankheitsbegriffe? Einheit und Vielfalt der Medizin. In: Peter Hucklenbroich, Alena Buyx (Hg.): Wissenschaftstheoretische Aspekte des Krankheitsbegriffs. Münster 2013, 85–103.

Sedgwick, Peter: „Illness – Mental and Otherwise." In: The Hasting Center Studies 1. Jg., 3 (1973), 19–40.

Szasz, Thomas: The Myth of Mental Illness. Foundations of a Theory of Personal Conduct. New York 1961.

Werner, Micha H.; Wiesing, Urban: „Lehren aus dem Fall Viagra? Der Krankheitsbegriff im Sozialrecht am Beispiel der erektalen Dysfunktion." In: Gesundheitswesen 64. (2002), 398–404.

WHO: Constitution of the World Health Organization. In: Basic Documents, Forty-ninth edition (p. 1–19). Geneva: WHO 2020.

Klinische Ethik

92

Alfred Simon

92.1 Gegenstand und Arbeitsweise

Die Klinische Ethik befasst sich mit ethischen Fragen und Konflikten, die sich aus der Versorgung von Patienten in Krankenhäusern, Alten- und Pflegeeinrichtungen sowie im ambulanten Bereich ergeben (Fletcher/Brody 1995; Siegler/Pellegrino/Singer 1990). Häufig geht es dabei um konkret zu treffende Entscheidungen: Soll die künstliche Beatmung bei diesem Patienten fortgeführt werden? Soll der Patient über das wahre Ausmaß seiner Erkrankung aufgeklärt werden? Entspricht die Ablehnung der Behandlung durch den Betreuer dem mutmaßlichen Willen des nicht mehr entscheidungsfähigen Patienten? Ziel der Klinischen Ethik ist es, den Prozess der Entscheidungsfindung zwischen Ärzten, Pflegenden, Patienten, Angehörigen und anderen Beteiligten methodisch und strukturell zu unterstützen und zu konkreten Lösungen beizutragen. Sie reagiert dabei nicht nur auf bestehende Konflikte, sondern versucht, deren Entstehen zu verhindern, in dem z. B. das Vorgehen bei vorhersehbarer Verschlechterung des Krankheitsverlaufs frühzeitig im behandelnden Team sowie mit dem Patienten und dessen Angehörigen angesprochen und geklärt wird. Da ethische Konflikte des klinischen Alltags häufig durch organisatorische Abläufe und Strukturen sowie ökonomische Rahmenbedingungen mit verursacht sind, müssen auch diese im Rahmen klinisch-ethischer Überlegungen in den Blick genommen werden.

Ein wichtiges Instrument der Klinischen Ethik sind klinische Ethikkomitees und andere Formen der klinischen Ethikberatung, wie sie an immer mehr Krankenhäusern, aber auch an anderen Institutionen des Gesundheitswesens eingerichtet werden. Charakteristisch für diese Strukturen ist, dass sie überwiegend von den Mitarbeitern der jeweiligen Institution, also in der Regel von nicht akademisch ausgebildeten Medizinethikern, getragen werden. Aber auch innerhalb der akademischen Medizinethik ist ein verstärktes Interesse an klinisch-ethischen Fragestellungen zu beobachten, was sich u. a. in der wachsenden Zahl an empirischen Arbeiten zur Praxis der ethischen Entscheidungsfindung im klinischen Alltag ausdrückt.

Methodisch verfolgt die Klinische Ethik einen pragmatischen und problemorientierten Ansatz, der prinzipienethische Ansätze mit kasuistischen, narrativen, diskursethischen und beziehungsethischen Ansätzen verbindet (Fletcher et al. 1997). Im Rahmen der wissenschaftlichen Auseinandersetzung mit der Praxis ethischer Entscheidungsfindung kommen in zu-

A. Simon (✉)
Akademie für Ethik in der Medizin,
Universitätsmedizin Göttingen, Göttingen,
Deutschland
E-Mail: simon@aem-online.de

nehmendem Maße auch sozialwissenschaftliche Methoden, wie z. B. quantitative und qualitative Befragungen, zum Einsatz.

92.2 Entwicklung in den USA und Deutschland

Klinische Ethik als eigenständiges Arbeitsfeld innerhalb der Medizin- bzw. Bioethik hat sich Ende der 1970er Jahre in den USA herausgebildet. Anlass war das Unbehagen vieler Kliniker am damals vorherrschenden medizin- und bioethischen Diskurs, der als zu abstrakt und zu sehr an allgemeinen Regeln orientiert empfunden wurde. Demgegenüber wurde von den Klinikern der Bedarf an einer an den Umständen des konkreten Einzelfalls orientierten ethischen Entscheidungsfindung gesehen (Siegler/Pellegrino/Singer 1990). Eine solche kontextsensitive Herangehensweise wurde Mitte der 1970er Jahre von Joseph Fletcher als *clinical ethics* bezeichnet (Fletcher/Brody 1995). In den 1980er und Anfang der 1990er Jahre kam es dann zu einer zunehmenden Institutionalisierung der Klinischen Ethik (Frewer 2008). Heute gibt es an allen größeren US-amerikanischen Krankenhäusern ein Klinisches Ethikkomitee *(hospital ethics committee)* oder einen Klinischen Ethikberater *(clinical ethics consultant)* (Fox/Myers/Pearlman 2007). Das wachsende Interesse an klinisch-ethischen Fragestellungen führte Ende der 1980er Jahre zur Gründung zweier Fachzeitschriften: dem *Hospital Ethics Comittee Forum* (kurz: HEC Forum) und dem *Journal of Clinical Ethics*. Beide Zeitschriften richten sich sowohl an in der klinischen Praxis, als auch in der Klinischen Ethikberatung tätige Personen.

In Deutschland gab es bis Ende der 1990er Jahr nur vereinzelte Modellprojekte (vgl. Gerdes/Richter 1999; Reiter-Theil 1999). Einen entscheidenden Anstoß zur Etablierung der klinischen Ethikberatung gab 1997 eine Broschüre der beiden christlichen Krankenhausverbände, in der diese ihre Mitgliedskrankenhäuser dazu aufriefen, Ethikkomitees nach US-amerikanischem Vorbild einzurichten (DEKV/KKVD 1997).

Diesem Aufruf folgten – mit einer gewissen zeitlichen Verzögerung – nicht nur konfessionelle Krankenhäuser: Bei einer im Jahr 2005 durchgeführten Umfrage gaben etwa 310 Krankenhäuser an, ein klinisches Ethikkomitee oder eine andere Form der Klinischen Ethikberatung eingerichtet zu haben (Dörries/Hespe-Jungesblut 2007). Die aktuellsten Daten stammen aus dem Jahr 2014: In einer telefonischen Umfrage gaben 912 Krankenhäuser an, klinische Ethikberatung – zumeist in Form eines klinischen Ethikkomitees – anzubieten (Schochow/Schnell/Steger 2014). Dies bedeutet, dass etwa jedes zweite Krankenhaus in Deutschland sich explizit mit Klinischer Ethik befasst. Auch im Bereich der Alten- und Pflegeheime sowie im niedergelassenen Bereich sind erste Initiativen zu verzeichnen (Bockenheimer-Lucius 2007; Coors/Simon/Stiemerling 2015).

Parallel zur wachsenden Zahl von klinischen Ethikkomitees ergab sich der Bedarf an Qualifizierung und Weiterbildung für die Mitglieder solcher Komitees. Die Akademie für Ethik in der Medizin (AEM) hat 2005 erste curriculare Empfehlungen veröffentlicht (Simon et al. 2005) und diese 2019 in einem „Curriculum für Ethikberatung im Gesundheitswesen" (AEM 2019) konkretisiert. Demnach sollen in der Weiterbildung von Ethikberatern grundlegende Kenntnisse in den Bereichen Ethik, Beratung und Organisation vermittelt und praktische Fähigkeiten und Fertigkeiten, wie z.B. das Erkennen eines ethischen Problems oder die Moderation ethischer Fallbesprechung, eingeübt werden. Ferner wurde ein Internetportal (www.ethikkomitee.de) eingerichtet, das der Information und Vernetzung von Personen und Einrichtungen im Bereich der klinischen Ethikberatung dienen soll. Hilfestellung und Information für Mitglieder von Ethikkomitees bieten darüber hinaus verschiedene Praxis- bzw. Arbeitsbücher (Dörries et al. 2010; Riedel et al. 2011; Steinkamp/Gordijn 2005; Marckmann 2022).

Die wachsende Bedeutung von klinischer Ethikberatung wirft auch die Frage nach der Qualitätssicherung entsprechender Angebote auf. Die AEM hat 2010 „Standards für Ethikberatung in Einrichtungen des Gesundheitswesens" definiert. Sie beschreiben Qualitätskriterien und Basisanforderungen, denen nach Ansicht der medizinethischen Fachgesellschaft jede Form der Ethikberatung genügen sollte (AEM 2010). Ergänzend hat die AEM Kompetenzstufen für Ethikberater formuliert und bietet darauf aufbauend seit 2014 eine freiwillige Zertifizierung für Ethikberatung im Gesundheitswesen an (www.aem-online.de). Bereits 2006 hatte die Zentrale Ethikkommission bei der Bundesärztekammer (ZEKO) eine Stellungnahme zur Ethikberatung in der klinischen Medizin veröffentlicht mit dem Ziel, orientierende Informationen zum Thema bereitzustellen, Probleme zu benennen und Fehlentwicklungen entgegenzuwirken (ZEKO 2006).

92.2.1 Aufgaben und Modelle Klinischer Ethikberatung

Aufgaben der Klinischen Ethikberatung sind die Durchführung individueller ethischer Fallbesprechungen (Ethik-Fallberatung), die Erstellung von internen Leitlinien bzw. Empfehlungen (Ethik-Leitlinien) sowie die Organisation von internen und öffentlichen Veranstaltungen zu medizin- und pflegeethischen Themen (Ethik-Fortbildung).

Was die Form der Beratung betrifft, so kann zwischen Experten-, Delegations- und Prozess-Modellen unterschieden werden (Neitzke 2009). Das Experten- und das Delegationsmodell sehen vor, dass sich die Rat suchende Person oder Gruppe zum Ethikkomitee begibt. Nach Vorstellung des Problems berät das Komitee – entweder ohne Beteiligung der Ratsuchenden (Experten-Modell) oder unter Einbeziehung eines Vertreters (Delegations-Modell) – und teilt anschließend seine Lösung in Form einer begründeten Stellungnahme mit. Beim Prozess-Modell hingegen werden bei schwierigen Entscheidungssituationen Ethikberater hinzugezogen, die gemeinsam mit den vom Problem betroffenen bzw. am Konflikt beteiligten Personen vor Ort nach Lösungen suchen. Je nach Ausgestaltung des Modells, kann die Beratung durch Mitglieder des klinischen Ethikkomitees, durch eigens dafür geschulte Mitarbeiter (sog. Ethikmoderatoren) oder durch den klinischen Ethikberater erfolgen. Die Stärken des Prozess-Modells liegen in der Ethik-Fallberatung: Alle relevanten Fakten liegen in der Beratungssituation vor; unterschiedliche Positionen und Sichtweisen können dargestellt und argumentativ begründet werden; die Transparenz der Entscheidungsfindung erhöht die Bereitschaft, die gemeinsam getroffene Entscheidung umzusetzen bzw. mitzutragen. Das Experten- und das Delegations-Modell wiederum haben sich bei der der Erstellung von Ethik-Leitlinien bewährt. Solche Leitlinien werden in der Regel von den Mitgliedern der Ethikberatung – ggf. unter Hinzuziehung weiterer Experten – für grundlegende bzw. wiederkehrende ethische Fragestellungen (z. B. Umgang mit Patientenverfügungen, Anordnungen für Verzicht auf Wiederbelebung) erstellt und von der Leitung des Hauses verabschiedet.

Die Ergebnisse der ethischen Fallberatungen und die Ethik-Leitlinien stellen stets nur eine orientierende Empfehlung dar. Sie können die Verantwortung der handelnden Personen nicht ersetzen.

92.2.2 Empirische Ethik

Eine Ethik, die wie die Klinische Ethik den Anspruch erhebt, nicht nur Vorschriften für die Praxis zu machen, sondern das Handeln von Menschen in der Praxis konkret anzuleiten, ist darauf angewiesen, diese Praxis genau zu kennen. Auch wird sie ein Interesse daran haben zu erfahren, welche Auswirkungen ihre Interventionen in der Praxis haben. Der empirisch informierten Ethik (auch: empirischen Ethik) kommt deshalb eine zunehmend wichtige Bedeutung zu.

Empirische Forschung innerhalb der Medizinethik kann unterschiedliche Fragestellungen verfolgen: Wie werden ethische Entscheidungen in der Praxis gefällt? Welche Gruppen vertreten welche Positionen? Wie werden diese begründet? Welche Folgen könnte eine neue Regelung haben? Welche Regelungsalternativen werden bevorzugt? Die Bedeutung und Berechtigung entsprechender Forschungsvorhaben hängt wesentlich davon ab, welchen Beitrag sie zur Beantwortung normativer Fragen leisten bzw. vorhaben zu leisten. Ethische Analyse und empirische Datensammlung müssen sich deshalb in einem interaktiven, zyklischen Prozess gegenseitig informieren (Musschenga 2009). Auf diese Weise kann auch der möglichen Gefahr entgegengewirkt werden, ethische Argumentation durch von Meinungsumfragen ersetzen zu wollen.

Eine wichtige Aufgabe der empirischen Ethik ist ferner die Evaluation der klinischen Ethikberatung. Diese ist für alle Beteiligten von Bedeutung: für die Ethikberater als Anbieter, für die Mitarbeiter, Patienten und Angehörige als (mögliche) Klienten, für die Geschäftsführung des Hauses als die Instanz, die die für die Ethikberatung notwendigen Ressourcen zur Verfügung stellt. Die Ergebnisse der Evaluation sollten in die Weiterentwicklung des Beratungsangebots einfließen (Dinges/Simon 2010).

92.3 Resümee und Ausblick

Der Klinischen Ethik kommt eine wichtige Brückenfunktion zwischen der akademisch etablierten Medizinethik und den ethischen Fragestellungen der klinischen Praxis zu. Um diese Herausforderung zu meistern, muss sie sich ihrer methodischen Grundlagen vergewissern und ihre Angebote immer wieder neu an den Bedürfnissen der klinischen Praxis ausrichten.

Literatur

Akademie für Ethik in der Medizin (AEM): Curriculum Ethikberatung im Gesundheitswesen (2019). https://www.aem-online.de/fileadmin/user_upload/Curriculum_Ethikberatung_im__Gesundheitswesen_2019-06-24.pdf. Zugegriffen: 04. November 2022

Akademie für Ethik in der Medizin (AEM): „Standards für Ethikberatung in Einrichtungen des Gesundheitswesens". In: Ethik in der Medizin 22. Jg., 2 (2010), 149–153.

Bockenheimer-Lucius, Gisela: „Ethikberatung und Ethik-Komitee im Altenpflegeheim (EKA) – Herausforderung und Chance für eine ethische Entscheidungskultur." In: Ethik in der Medizin 19. Jg., 4 (2007), 320–330.

Coors, Michael/Simon, Alfred/Stiemerling, Mark (Hg.): Ethikberatung in Pflege und ambulanter Versorgung. Modelle und theoretische Grundlagen. Lage 2015.

Dinges, Stefan/Simon, Alfred: „Grundlagen und Bausteine für eine systematische Evaluation von Ethikberatung." In: Thomas Krobath, Andreas Heller (Hg.): Ethik organisieren. Handbuch der Organisationsethik. Freiburg i. Br. 2010, 919–936.

Deutscher Evangelischer Krankenhausverband e. V. (DEKV)/Katholischer Krankenhausverband Deutschlands e. V. (KKVD): Ethik-Komitee im Krankenhaus. Freiburg i. Br. 1997.

Dörries, Andrea/Hespe-Jungesblut, Katharina: „Die Implementierung Klinischer Ethikberatung in Deutschland. Ergebnisse einer bundesweiten Umfrage bei Krankenhäusern." In: Ethik in der Medizin 17. Jg., 2 (2007), 327–331.

Dörries, Andrea/Neitzke, Gerald/Simon, Alfred/Vollmann, Jochen (Hg.): Klinische Ethikberatung. Ein Praxisbuch für Krankenhäuser und Einrichtungen der Altenpflege. Stuttgart ^{2}2010.

Fletcher, John C./Lombardo, Paul A./Marshall, Mary Faith/Miller, Franklin G. (Hg.): Introduction to Clinical Ethics. Maryland ^{2}1997.

Fletcher, John C./Brody Howard: „Clinical Ethics. I. Elements and Methodologies." In: Warren T. Reich (Hg.): Encyclopedia of Bioethics. New York 1995, 399–404.

Fox, Ellen/Myers, Sarah/Pearlman, Robert S.: „Ethics Consultation in United States Hospitals: A National Survey". In: American Journal of Bioethics 7. Jg., 2 (2007), 13–25.

Frewer, Andreas: „Ethikkomitees zur Beratung in der Medizin. Entwicklung und Probleme der Institutionalisierung." In: Andreas Frewer, Uwe Fahr, Wolfgang Rascher (Hg.): Klinische Ethikkomitees. Chancen, Risiken und Nebenwirkungen. Würzburg 2008.

Gerdes, Burkhard/Richter, Gerd: „Ethik-Konsultationsdienst nach dem Konzept von J.C. Fletcher an der University of Virginia, Charlottesville, USA – Ein Praxisbericht aus dem Klinikum der Philipps-Universität Marburg." In: Ethik in der Medizin 11. Jg., 4 (1999), 249–261.

Marckmann, Georg (Hg.): Praxisbuch Ethik in der Medizin. Berlin ^{2}2022.

Musschenga, Bert A.W.: „Was ist empirische Ethik?" In: Ethik in der Medizin 21. Jg., 3 (2009), 187–199.

Neitzke, Gerald: „Formen und Strukturen Klinischer Ethikberatung." In: Jochen Vollmann, Jan Schildmann, Alfred Simon (Hg.): Klinische Ethik. Aktuelle Entwicklungen in Theorie und Praxis 2009, 37–56.

Reiter-Theil, Stella: „Ethik in der Klinik – Theorie für die Praxis: Ziele, Aufgaben und Möglichkeiten des Ethik-Konsils." In: Ethik in der Medizin 11. Jg., 4 (1999), 222–232.

Riedel, Annette/Lehmeyer, Sonja/Elsbernd, Astrid: Einführung von ethischen Fallbesprechungen – Ein Konzept für die Pflegepraxis. Ethisch begründetes Handeln praktizieren. Lage ²2011.

Schochow, Maximilian/Schnell, Dajana/Steger, Florian: „Implementation of Clinical Ethics Consultation in German Hospitals." In: DMW – Deutsche Medizinische Wochenschrift 139. Jg., 43 (2014), 2178–2183.

Siegler, Mark/Pellegrino, Edmund D./Singer, Peter A.: „Clinical Medical Ethics." In: Journal of Clinical Ethics 1. Jg., 1 (1990), 5–9.

Simon, Alfred/May, Arnd T./Neitzke, Gerald: „Curriculum Ethikberatung im Krankenhaus." In: Ethik in der Medizin 17. Jg., 4 (2005), 322–326.

Steinkamp, Norbert/Gordijn, Bert: Ethik in Klinik und Pflegeeinrichtung. Ein Arbeitsbuch. Neuwied/Köln/München ²2005.

Zentrale Ethikkommission bei der Bundesärztekammer (ZEKO): „Stellungnahme der Zentralen Ethikkommission zur Wahrung ethischer Grundsätze in der Medizin und ihren Grenzgebieten (Zentrale Ethikkommission) bei der Bundesärztekammer zur Ethikberatung in der klinischen Medizin." In: Deutsches Ärzteblatt 103. Jg., 7 (2006): A1703–1707.

Grundbedingungen der therapeutischen Beziehungen

Julia Engels und Urban Wiesing

93.1 Arzt – Patient: ein asymmetrisches Verhältnis

Die Arzt-Patienten-Beziehung ist durch ein asymmetrisches Verhältnis geprägt, welches sich bereits aus den Umständen seines Zustandekommens ergibt. Der Patient begegnet dem Arzt in einer Situation existentieller Not als jemand, der unter Schmerzen und/oder Angst leidet und Hilfe sucht. Er ist dabei angewiesen auf ein vertrauensvolles Verhältnis zu seinem Arzt, der seine Sorgen und Ängste ernstnimmt und durch seine Fachkompetenz die vorliegende Krankheit feststellen und heilen oder zumindest lindern kann. Der Patient teilt dem Arzt gegebenenfalls vertrauliche Informationen mit und lässt sich – auch unangenehm – untersuchen, begibt sich dann gegebenenfalls in eine vom Arzt angeratene Therapie, die nicht nur mit Gefahren und Unwägbarkeiten behaftet ist, sondern zuweilen in eine vollständige Abhängigkeit führt (z. B. bei einer Narkose). Der Patient steht also als ein kranker, leidender Mensch zumeist in einer schwachen, mitunter sogar exis-

J. Engels (✉)
Universität Potsdam, Potsdam, Deutschland
E-Mail: mail@juliaengels.de

U. Wiesing
Universität Tübingen, Tübingen, Deutschland
E-Mail: urban.wiesing@uni-tuebingen.de

Informationen nur nach vorheriger Einwilligung des Patienten an Dritte weitergegeben werden. Von seiner Schweigepflicht entbunden werden kann ein Arzt lediglich durch den Patienten selbst. Er darf die Schweigepflicht brechen in Fällen, wenn ein höherwertiges Rechtsgut betroffen ist. also z. B. schwerer Schaden für den Patienten oder Dritte nicht anders abzuwenden ist (bspw. die behördliche Meldepflicht bei bestimmten Infektionskrankheiten). Im Zuge der stärker technologisierten Diagnoseverfahren und klinischen Administrationen ergeben sich darüber hinaus neue Schwierigkeiten für die Schweigepflicht, da Ergebnisse z. B. von genetischen Tests auch für Dritte von Interesse sind und die Verhinderung von Datenmissbrauch eine schwierige Herausforderung wird (vgl. Siegler 2012). Diese Probleme wachsen mit der zunehmenden digitalen Vernetzung und Nutzung von Patientendaten.

93.3 (Patienten-)Autonomie

Da das ärztlich induzierte Heilen einen Eingriff in die körperliche Integrität eines Menschen bedeutet, bedarf es grundsätzlich der Einwilligung des Patienten. Diese Pflicht, die Autonomie des Patienten zu wahren, folgt aus dem Persönlichkeits- und Selbstbestimmungsrecht des Menschen (vgl. Bundesärztekammer 2012, 120). Der Mensch hat in allen Lebenssituationen ein

tentiell bedrohlichen Position dem medizinisch kompetenten Arzt gegenüber. Nutzen und Schaden der ärztlichen Handlung trägt überdies nicht der Arzt, also nicht der Handelnde, sondern der Patient. Es handelt sich demnach zwischen Arzt und Patient um eine ungleiche Machtverteilung zugunsten des Arztes. Deshalb steht der verantwortliche Umgang mit dieser Macht im Zentrum der ethischen Überlegungen. Ein gelingendes Arzt-Patienten-Verhältnis ist zudem von zentraler Bedeutung für den Erfolg einer ärztlichen Maßnahme.

Traditionell richtet es sich in Anknüpfung an die hippokratischen Lehren nach einem paternalistischen Fürsorgeprinzip, demzufolge der Arzt als Experte am besten befähigt ist, die Gesundheit des Patienten betreffende Entscheidungen zu treffen und entsprechende Maßnahmen einzuleiten. Dieses Konzept geriet jedoch im Laufe des 20. Jahrhunderts in die Kritik.

In der aktuellen Diskussion spielen Begriffe wie Patienten-Autonomie, Selbstbestimmung und informiertes Einverständnis eine zentrale Rolle. Das Verhältnis zum Patienten muss immer individuell aufgebaut werden und der subjektiven Wahrnehmung des Patienten sowie seiner Persönlichkeit Rechnung tragen. Neben dieser individuellen besitzt die therapeutische Beziehung jedoch auch eine gesellschaftliche Dimension. Hinter dem Arzt-Patienten-Verhältnis und dessen Verständnis stehen wichtige Aspekte des gesellschaftlichen Selbstverständnisses, da die Medizin im modernen Leben der Menschen eine große Bedeutung innehat und zunehmend Teil ihres Alltags wird (vgl. Schöne-Seifert 2007, 88).

93.2 Schweigepflicht

Die ärztliche Schweigepflicht gegenüber Dritten stellt eine der zentralen und ältesten Grundpflichten eines Arztes dar, die bereits der Hippokratischer Eid formuliert (vgl. z. B. in Wiesing 2012, 42 ff.). Zum Schutz der Privatsphäre und aus Respekt vor der „informationelle[n] Selbstbestimmung" (Marckmann/Bormuth 2012, 104) des Einzelnen dürfen den Patienten betreffende Recht darauf, selbstbestimmt über sich zu entscheiden; daher gilt dieses Recht auch für Entscheidungen, die seine Gesundheit betreffen, sich also auf jegliche diagnostische, therapeutische und der Forschung dienende Eingriffe erstrecken.

Philosophisch gesehen gibt es eine Reihe unterschiedlicher Konzepte von Autonomie, die bisweilen stark voneinander abweichen. In der Medizinethik hat sich jedoch in den letzten Jahrzehnten vornehmlich eine Lesart herausgebildet und etabliert. Autonomie wird als die individuelle Entscheidungshoheit in Fragen persönlicher Belange verstanden und bedeutet damit die Fähigkeit, im Einklang mit seinen eigenen Überzeugungen handeln zu können. In der Medizin impliziert dies einerseits ein Abwehrrecht, gleichzeitig aber auch ein Anspruchsrecht darauf, in die Situation versetzt zu werden, eine tragfähige Entscheidung fällen zu können. Deshalb kommt der ärztlichen Aufklärung für die Verwirklichung der Selbstbestimmung eine zentrale Rolle zu. Ärzte sollen ihre Patienten unterstützen, eine tragfähige Entscheidung zu fällen, und diese Entscheidung respektieren. Die Autonomie des Patienten geht allerdings nicht so weit, dass er medizinisch nutzlose, gar schädliche Maßnahmen einfordern könnte. Ärztliche Maßnahmen dürfen – bis auf die Ausnahme der psychiatrischen Zwangseinweisung – nur mit Zustimmung des Patienten erfolgen. Sie unterliegen jedoch auch der Anforderung, medizinisch sinnvoll zu sein. Autonomie wird in der Medizinethik gängiger Weise als ein gradueller Begriff verwendet, der Menschen schon dann als autonom begreift, wenn sie einen für die jeweilige Entscheidung relevanten Grad an Autonomie aufweisen (vgl. Schöne-Seifert 2007).

93.4 Informed Consent – informiertes Einverständnis

Der Respekt vor der Autonomie eines Patienten bildet die Grundlage für ein Element des Arzt-Patienten-Verhältnisses, das sich mittlerweile in allen Arzt-Patienten-Modellen wiederfindet und als notwendige Grundlage für jedwede diagnostische, therapeutische oder der Forschung dienliche Maßnahme gilt. Der *informed consent* (auf Deutsch auch ‚informierte Einwilligung' oder ‚informiertes Einverständnis' genannt) bezeichnet das legale und ethische Minimum der Einwilligung eines Patienten in eine medizinische Maßnahme. Er soll eine selbstbestimmte Entscheidung von Patienten ermöglichen und schützen. Die letzte Entscheidung für oder gegen eine Maßnahme sollte beim Patienten selbst und nicht beim behandelnden Arzt liegen (Beauchamp/Faden 2012, 116). Sollte diese Einwilligung nicht gegeben sein, handelt es sich – bis auf wenige Ausnahmen – bei einem medizinischen Eingriff um eine strafbare Körperverletzung (vgl. Krones/Richter 2006, 98). Eine informierte Einwilligung besteht nach Beauchamp und Childress aus folgenden Elementen:

I. Grenz- oder Schwellenwerte (1. Kompetenz, 2. Freiwilligkeit),
II. Informationselemente (3. Auskunft, 4. Empfehlung, 5. Verstehen (von 3 und 4),
III. Einverständniselemente (6. Entscheidung, 7. Autorisation/Erlaubnis) (vgl. Beauchamp/Childress 2013, 124).

Das Gegenteil einer informierten Einwilligung ist die informierte Ablehnung, die sich aus den gleichen Elementen zusammensetzt, in der statt der Einverständnis- eben Ablehnungselemente formuliert werden (vgl. ebd.).

Diese Elemente gelten als unstrittig, erweisen sich jedoch in der konkreten Umsetzung nicht selten als problematisch. Sie legen noch nicht fest, welches Maß an Aufklärung als ausreichend gelten kann, wie gesichert werden kann, dass ein Patient eine Aufklärung tatsächlich verstanden hat, und wie er kommunizieren muss, dass er die Aufklärung tatsächlich verstanden hat. Einigen Kritikern sind sie außerdem zu komplex. In vielen Fällen medizinischer Maßnahmen sind die Risiken und Chancen äußerst vielfältig und nicht immer in einem angemessenen Zeitrahmen auch medizinischen Laien vermittelbar. Daher ist in solchen Fällen eine Reduzierung auf die Aufklärung über relevante Informationen nicht nur zulässig, sondern sogar gefordert.

Generell muss in diesem Zusammenhang jedoch auch zugestanden werden, dass die Etablierung eines informierten Einverständnisses nicht so sehr auf der Verwirklichung eines liberalen Ideals beruht, sondern sich vielmehr aus der Erkenntnis speist, dass in einer säkularen und pluralistischen Welt keine allgemeingültigen konkreten Ziele für die individuelle Gesundheitsfürsorge ausgemacht werden können. Ärzte sind daher verpflichtet, die individuellen Entscheidungen ihrer Patienten zu berücksichtigen. Je unbekannter sich Arzt und Patient zudem persönlich und entsprechend auch in ihren persönlichen Wert- und Zielvorstellungen sind (z. B. beim Erstbesuch, Unfall oder im Behandlungskontext einer großen Klinik), desto wichtiger sind klar vorgegebene Regeln und Richtlinien für das Einholen und Garantieren eines informierten Einverständnisses (vgl. Engelhardt 2012, 114).

Freiwilligkeit: Zentral für eine informierte Einwilligung ist die Freiwilligkeit des Patienten oder Probanden. ‚Freiwillig' bedeutet in diesem Kontext, dass ein Patient oder Proband eine Entscheidung für oder gegen eine medizinische Maßnahme nach vorheriger Aufklärung trifft, ohne unter der Kontrolle oder dem Zwang einer oder mehrerer dritter Personen zu stehen. Einfluss auf den Entscheidungsprozess eines Patienten oder Probanden zu nehmen, muss noch nicht problematisch, sondern kann sogar begrüßenswert sein, wenn es sich dabei um ehrliche und uneigennützige argumentative Überzeugungsarbeit handelt. Jede Form von Zwang, eigennütziger Manipulation oder Überredung jedoch stehen der Freiwilligkeit entgegen und verhindern das Zustandekommen eines informierten Einverständnisses (vgl. Beauchamp/Childress 2013, 137 f.).

Aufklärung: Die unbedingte Grundlage für ein informiertes Einverständnis stellt neben der Freiwilligkeit die Aufklärung seitens des Arztes dar. Aufklärung bedeutet in diesem Kontext die Versorgung mit Informationen über Chancen und Risiken der infrage kommenden medizinischen Maßnahme. Sie muss dem Patienten alle notwendigen relevanten Fakten liefern, Anlass, Dringlichkeit, Umfang und Schwere des

Eingriffs verdeutlichen, über Risiken, Heilungs- und Besserungschancen und mögliche Nebenwirkungen Auskunft geben, die (möglichen) Folgen einer Nichtbehandlung darstellen und (sofern vorhanden) alternative Maßnahmen vorstellen (Parzeller et al. 2007). Der Arzt darf eine Empfehlung geben und deutlich machen, dass nach einem Einverständnis gestrebt wird. Der Prozess schließt immer mit dem Einverständnis oder der Ablehnung der Maßnahme durch den Patienten (vgl. Beauchamp/Childress 2013, 124; Bundesärztekammer 2012, 122). Der Patient muss Wesen und Tragweite der Maßnahme verstanden haben, nicht jedoch jedes medizinische Detail.

Zum Zeitpunkt der Aufklärung sollte der Patient sich in vollem Besitz seiner Verständnis- und Entscheidungsfähigkeit befinden. Eine Aufklärung muss außerdem immer im Rahmen eines Gespräches mit einem Arzt stattfinden und kann nicht allein über die Aushändigung von Formularen zur Unterschrift durch den Patienten stattfinden. Dabei sollte der Arzt behutsam und persönlich dem Patienten auf eine ihm verständliche Art die relevanten Informationen vermitteln. Als Maßstab muss dabei immer der subjektive Standard des Patienten gelten, also sein individueller Wissensstand und Wissensbedarf sowie seine individuellen kognitiven Fähigkeiten, Informationen aufzunehmen und zu verarbeiten (vgl. Schöne-Seifert 2007, 93). Ein Arzt hat sich bei der Aufklärung nach den Fähigkeiten des Patienten zu richten – und nicht umgekehrt.

Bei bewusstlosen Patienten muss auf eine Aufklärung verzichtet werden. Sofern jedoch Zeugnisse über den mutmaßlichen Willen vorliegen, sollten diese zur Entscheidungsfindung hinzugezogen werden. Ebenso vorgeschrieben ist die Einbeziehung von Angehörigen in den Entscheidungsprozess, sofern es die medizinische Handlungsnotwendigkeit zulässt. Liegen keinerlei Hinweise zum mutmaßlichen Willen des Patienten vor, so sollten sich Ärzte daran orientieren, was gemeinhin als erstrebenswertes Ziel ärztlicher Handlung und als vernünftig gilt (vgl. Bundesärztekammer 2012, 124).

Es wird auch die Position vertreten, dass „schonungslose Offenheit" als „missverstandene Wahrhaftigkeit begriffen" (Dichgans 2012, 111) werden kann. Im seltenen Einzelfall kann es gerechtfertigt sein, Patienten bestimmte Informationen vorzuenthalten, wenn eine umfassende Information schwere gesundheitliche Folgen für den Patienten hätte bzw. der Therapieerfolg erheblich gefährdet wäre (z. B. in lebensbedrohlichen Situationen oder bei eingeschränkt oder nicht einwilligungsfähigen Patienten). Unter solchen Umständen kann das ‚therapeutische Privileg' greifen, das einer paternalistischen Umgangsform den Vorrang vor der Selbstbestimmung des Patienten gibt. Generell muss sich eine solche begrenzte Aufklärung jedoch am Wohl des Patienten orientieren.

Das ‚therapeutische Privileg' ist eine sehr seltene und stets begründungsbedürftige Ausnahme. Grundsätzlich gilt die Verpflichtung zur wahrhaften Auskunft über Diagnose- und Prognoseaufklärung, die keinesfalls eine unzumutbare Konfrontation bedeuten muss, wenn die richtigen Kommunikationsfähigkeiten vorhanden sind. Denn auch das absichtliche Vorenthalten von Informationen kann bei Patienten negative Auswirkungen haben: Sie können sich als unmündig behandelte Menschen fühlen, verlieren ihr Vertrauen in den behandelnden Arzt und können sich allein gelassen fühlen (vgl. auch Schöne-Seifert 2007, 96).

93.5 Prinzipienethik

Obwohl eine Handlungsfolgenverantwortung für Ärzte nicht in Frage kommt, weil Erfolg in der Medizin nicht garantiert werden kann, sind Mediziner in ihrem Handeln dafür verantwortlich, bestimmte Ziele zu verfolgen und konkrete Verhaltensweisen einzuhalten. Beauchamp und Childress haben dazu vier Prinzipien mittlerer Reichweite formuliert, an denen sich ärztliches Handeln ausrichten sollte: (1) die Autonomie des Patienten respektieren (Autonomieprinzip), (2) Schaden vermeiden (Nichtschadensprinzip), (3) Nutzen für den Patienten mehren (Wohltätigkeitsprinzip) und dabei gerecht verfahren (Gerechtigkeitsprinzip) (Beauchamp/Childress 2013, Kap. 4–7; vgl. auch Rauprich/Steger 2005). Aus diesen abstrakten Prinzipien lassen sich konkrete Verhaltensnormen der ärztlichen Tätigkeit ableiten, so z. B. die Aufklärungspflicht und die Pflicht zur Verschwiegenheit. Die Prinzipien und expliziten Verhaltensweisen ärztlichen Handelns sind weitgehend unumstritten und finden sich übrigens allesamt – wenn auch verklausuliert – in der Berufsordnung für Ärzte. Probleme ergeben sich jedoch bei der Subsumtion des Einzelfalls unter diese Ziele (z. B. Was nützt einem Patienten wirklich?), bei der Gewichtung zwischen diesen Zielen (z. B. Widerspruch zwischen Wohl und Wille des Patienten) und bei ihrer konkreten Umsetzung (z. B. Umsetzung der Aufklärungspflicht).

93.6 Verschiedene Modelle der Arzt-Patienten-Beziehung

In der Literatur existieren unterschiedliche Modelle einer Arzt-Patienten-Beziehung. Je nach Position werden drei (Schöne-Seifert 2007), vier (Emanuel/Emanuel 2012) oder fünf (Krones/Richter 2006) idealtypische Modelle genannt, die jeweils noch Unterformen zulassen. Unterschieden wird zwischen dem paternalistischen Modell (1), dem informativen Modell (2), dem interpretativen Modell (3), dem Vertragsmodell (4) und dem deliberativen oder dem Partnerschaftsmodell (5). In einer paternalistisch strukturierten Arzt-Patienten-Beziehung wird der Arzt als der Experte verstanden, der allein weiß, was für den Patienten das Beste ist. Er übernimmt die Verantwortung und das Entscheidungsprimat (vgl. Schöne-Seifert 2007, 88). In diesem Beziehungsmodell wird davon ausgegangen, dass es allgemein gültige Kriterien gibt für die Bestimmung des Patientenwohls, denen der Arzt aufgrund seiner Fürsorgepflicht gerecht werden muss (vgl. Krones/Richter 2006, 97 f.; Emanuel/Emanuel 2012, 102). In Konfliktfällen übertrumpft nach diesem Modell die objektiv beurteilbare Gesundheit des Patienten seine Autonomie und seine persönliche Entscheidungsfreiheit. Unterschieden wird dann noch zwischen einem schwachen und einem starken Paternalismus und dem sogenannten ‚Odysseus-Paternalismus'. Schwach paternalistisch handelt ein Arzt, wenn er leichten Druck hin zu einer bestimmten Entscheidung ausübt, die dem Wohl des Patienten dient (z. B. indem er eindringlich für eine Option votiert). Darüber hinaus handelt ein Arzt auch schwach paternalistisch, wenn die Wünsche, Willensbekundungen und Entscheidungen eines Patienten fraglich oder nicht hinreichend autonom sind und der Arzt dann zum Wohl des Patienten entscheidet. Stark paternalistisch hingegen handelt ein Arzt, wenn der Patient zwar in der Lage ist, autonom zu entscheiden, dies vielleicht auch schon getan hat, dies jedoch vom Arzt nicht berücksichtigt wird. Gemäß dem ‚Odysseus-Paternalismus-Modell' bittet der Patient den Arzt darum, notwendige Entscheidungen wie vorher festgelegt an seiner statt zu treffen, sofern er nicht selbst entscheiden kann (vgl. Schöne-Seifert 2007, 50 f.). Ethisch problematisch ist vor allem der starke Paternalismus, der lediglich in Notfällen oder solchen Fällen gerechtfertigt sein kann, wenn das prognostizierte Patientenwohl sehr groß und der Eingriff in die Autonomie des Patienten sehr gering ausfällt (vgl. Krones/Richter 2006, 97; Schöne-Seifert 2007, 89). Kritisch zu beurteilen sind paternalistische Beziehungsmodelle jedoch auch, weil sie durch die Autonomieverletzungen riskieren, dass der Patient sein Vertrauen in den Arzt und das medizinische System verlieren könnte.

Gemäß dem *informativen Arzt-Patienten-Modell* entscheidet der Patient selbst über etwaige medizinische Maßnahmen. Dem Arzt sind die medizinischen Fakten bekannt, die er dem Patienten in angemessener Form zu vermitteln hat, so dass der Patient eine informierte Entscheidung treffen kann und seine Autonomie gewahrt wird, während die persönlichen Wertvorstellungen des Arztes keinerlei Rolle spielen dürfen. Im *interpretativen Modell* wird davon ausgegangen, dass die eigenen persönlichen Wertvorstellungen des Patienten (noch) nicht genau festgelegt sind, (noch) unbewusst sind oder miteinander in Konflikt geraten. Aufgabe des Arztes ist es daher, dem Patienten beratend zur Seite zu stehen und ihm neben der Vermittlung der medizinisch relevanten Fakten ggf. auch bei der Klärung konfligierender Wertvorstellungen behilflich zu sein. Gemäß dem *Vertragsmodell* der Arzt-Patienten-Beziehung wird davon ausgegangen, dass die persönlichen Wertvorstellungen des Patienten dem Arzt nicht bekannt sind. Er übernimmt dabei überwiegend die Rolle eines Beraters, der die relevanten medizinischen Informationen vermittelt und medizinische Maßnahmen vorschlägt. Arzt und Patient begegnen sich dabei als Partner auf Augenhöhe, die gemeinsam nach der optimalen Lösung suchen.

Eine weitere Form dieses Vertragsmodells ist das sogenannte *Kundenmodell*. Während bei dem informativen Modell der Arzt neben seiner Expertenfunktion auch noch eine Beraterfunktion übernimmt, tritt diese im Kundenmodell völlig in den Hintergrund. Der Arzt tritt nur noch als Experte auf, der lediglich basierend auf den Prinzipien der Wahrhaftigkeit und Transparenz, jedoch ohne eigene Empfehlung, die relevanten Informationen vermittelt, aber allein dem Patienten die Entscheidung überlässt. Dieses Modell lässt die größtmögliche Entscheidungsmacht, allerdings auch die gesamte Entscheidungsverantwortung beim Patienten selbst. Dieser auch *consumerism* genannte Typus der Arzt-Patienten-Beziehung, in dem der Arzt als Dienstleister und der Patient als Kunde auftreten, wird seit den 1990er Jahren vor allem infolge der ökonomischen Veränderungen des Gesundheitssystems immer stärker diskutiert. Kritisiert wird im Zuge dessen, dass dieses Modell die fundamentalen Aspekte der Fürsorge und des Vertrauens missachtet (vgl. Krones/Richter 2006, 104 ff.).

Beim *deliberativen oder partnerschaftlichen Modell* schließlich ist das Ziel eine gemeinsam befürwortete und verantwortete Entscheidung. Dabei wird die subjektive Wirklichkeit des Patienten ernst und als Grundlage der Beziehung genommen. Fürsorge und Autonomie stellen für dieses Modell keinen Gegensatz dar, da gerade die Ermöglichung und Stärkung der Patienten-Autonomie als zentrale Aufgabe der ärztlichen Fürsorgepflicht verstanden wird (vgl. Krones/Richter 2006, 101). Arzt und Patient begegnen sich als gleichberechtigte Partner, die jeweils für sich relevantes Expertenwissen (medizinisches Wissen und biographische Wissen, persönliche Wertvorstellungen) besitzen und nur gemeinsam die optimale Lösung finden können.

Diese Modelle treten in der Praxis nur sehr selten in ihrer hier geschilderten Reinform auf. Vielmehr existieren je nach gesundheitlicher und persönlicher Situation des Patienten und der jeweiligen Einstellung des Arztes verschiedene und individuelle Mischformen, die sich aus mehreren der Modelle zusammensetzen. Unumstrittene Wichtigkeit für eine gelingende Arzt-Patienten-Beziehung besitzen ärztliche Grundhaltungen wie Ehrlichkeit, Verantwortung, Verschwiegenheit und einfühlsame Fürsorge, egal welches Modell gewählt wird.

93.7 Der nicht entscheidungsfähige Patient

Besonders erschwert wird das Arzt-Patienten-Verhältnis, wenn der Patient nicht entscheidungsfähig ist. Grundsätzlich muss das Recht auf Selbstbestimmung auch bei einem nicht entscheidungsfähigen Patienten respektiert und geschützt werden. Dazu muss auf entsprechende Auskunft gebende Dokumente, die der Patient zu einem früheren Zeitpunkt im Besitz seiner geistigen Kräfte verfasst hat (z. B. eine Patientenverfügung oder eine Versorgungsvollmacht für Angehörige) zurückgegriffen werden. Stehen dem Arzt solche schriftlichen Dokumente nicht zur Verfügung, muss auf Stellvertreter, Bevollmächtigte oder Betreuer des Patienten und/oder Angehörige zurückgegriffen werden, die gemeinsam mit dem behandelnden Arzt frühere Willensäußerungen oder den mutmaßlichen Willen eruieren. Dabei ist es wichtig, dass die Stellvertreter oder Angehörigen nicht in eigenem Interesse entscheiden, sondern nach bestem Wissen und Gewissen den mutmaßlichen Willen des Patienten zu eruieren versuchen (vgl. Krones/Richter 2006, 107 f.). Diese Verfahren wird auch *substituted-judgement-stan-*

dard genannt (vgl. Beauchamp/Childress 2013, 227). Falls der mutmaßliche Wille des Patienten nicht zu ermitteln ist, ist grundsätzlich die medizinisch indizierte Maßnahme durchzuführen.

93.8 Therapeutische Beziehungen und die Berufsstände der Therapeuten

Von einem Arzt wird nicht nur erwartet, dass er sich zur Hilfe verpflichtet fühlt, sondern auch, dass er über besondere Fähigkeiten zur Hilfe verfügt. Die ärztliche Handlung muss also durch bestimmte Verhaltens- und Handlungsregeln normiert werden. Indem durch die Zugehörigkeit zu einem Beruf bestimmte Verhaltensweisen erwartet werden dürfen und die ärztliche Ethik für einen ganzen Berufsstand verbindlich ist, ermöglicht sie es, „dem personalen Vertrauen den Charakter eines Systemvertrauens zu verleihen" (Schluchter 1980, 191). Die alltäglichen und geradezu selbstverständlichen Verhaltensweisen bei einem Arztbesuch werden also durch ein rollengebundenes, antizipatorisches Vertrauen erst ermöglicht. Dieses Vertrauen basiert strenggenommen nicht auf dem Erfolg der ärztlichen Maßnahmen, da er nicht garantiert werden kann, sondern auf der Sachkunde und der moralischen Integrität, die durch die Zugehörigkeit zum Beruf ‚Arzt' oder einem anderen therapeutischen Beruf erwartet werden dürfen (Toellner 1993).

Die moralische Konstruktion der Arzt-Rolle hat sich zumindest als Norm erstaunlicherweise sehr lange Zeit bewährt, obwohl die Medizin in mindestens dreierlei Hinsicht eine vergleichsweise gering kontrollierte Disziplin ist: Der funktionalen Bedeutung der Medizin steht keine entsprechende Kontrolle der Gesellschaft gegenüber, da der Profession eine weitgehende Autonomie bis hin zum Standesrecht gebilligt wird; die Bedeutung des einzelnen Experten für den Klienten wird nicht durch eine entsprechende Kontrolle des Klienten gedeckt, und auch die Kontrollmöglichkeiten der Berufsverbände über die einzelnen Ärzte sind vergleichsweise gering.

Unter diesen Bedingungen kann eine Profession nur auf soziale Akzeptanz hoffen, indem sie eine ganz bestimmte Berufsmoral vertritt.

93.9 Klinische Ethikberatung

Um ein gelingendes Arzt-Patienten-Verhältnis auch in ethisch schwierigen Situationen zu ermöglichen, haben sich seit Ende der 1990er Jahre in Deutschland (und anderen Ländern) zunehmend klinische Ethikberatungen etabliert. Durch die Beratung bei ethischen Problemfällen und Konflikten und die Entwicklung von ethischen Leitlinien stellen sie ein wichtiges Instrument zur Verbesserung der Gesundheitsfürsorge dar. Ethische Beratung kann in unterschiedlich stark institutionalisierten Formen in Krankenhäusern durchgeführt werden. Von klinischen Ethik-Komitees (KEKs) (nicht zu verwechseln mit Forschungs-Ethikkommissionen) bis hin zu Ethik-Cafés, Ethik-Zirkeln oder Ethik-Visiten haben sich vielfältige Möglichkeiten etabliert, beratend tätig zu werden. Klinische Ethik-Komitees setzen sich in der Regel aus Vertretern der verschiedenen medizinischen Disziplinen und der Pflegekräfte, Patientenvertretern, Vertretern aus Vorstand und Verwaltung des Klinikums und Ethikern zusammen (vgl. Dörries/Neitzke/Simon/Vollmann 2008; Zentrale Ethikkommission 2006). Sie sind keine neue Hierarchiestufe in einer Institution, sondern haben ausschließlich beratende Funktion; die Entscheidungen verbleiben uneingeschränkt beim verantwortlichen Arzt bzw. der verantwortlichen Pflegekraft.

Literatur

Beauchamp, Tom L./Childress, James F.: Principles of Biomedical Ethics. Oxford [7]2013.
Beauchamp, Tom L./Faden, Ruth R.: „Bedeutung und Elemente des Informierten Einverständnisses." In: Urban Wiesing (Hg.): Ethik in der Medizin. Ein Studienbuch. Stuttgart[4] 2012, 117–120.
Bundesärztekammer: „Empfehlungen zur Patientenaufklärung." In: Deutsches Ärzteblatt 87. (1990), B940–942.

Bundesärztekammer: Empfehlungen zur Patientenaufklärung. In: Urban Wiesing (Hg.): Ethik in der Medizin. Ein Studienbuch. Stuttgart⁴ 2012, 120–125.

Dichgans, Johannes: „Der Arzt und die Wahrheit am Krankenbett." In: Urban Wiesing (Hg.): Ethik in der Medizin. Ein Studienbuch. Stuttgart⁴ 2012, 110–112.

Dörries, Andrea/Neitzke, Gerald/Simon, Alfred/Vollmann, Jochen (Hg.): Klinische Ethikberatung. Ein Praxisbuch. Stuttgart 2008.

Emanuel, Ezekiel J./Emanuel Linda L.: „Vier Modelle der Arzt-Patienten-Beziehung." In: Urban Wiesing (Hg.): Ethik in der Medizin. Ein Studienbuch. Stuttgart⁴ 2012, 107–110.

Engelhardt, Tristram H. Jr.: „Freies und informiertes Einverständnis." In: Urban Wiesing (Hg.): Ethik in der Medizin. Ein Studienbuch. Stuttgart⁴ 2012, 112–114.

Gadamer, Hans Georg: Über die Verborgenheit der Gesundheit. Aufsätze und Vorträge. Frankfurt a. M. ²1993.

Gethmann, Carl-Friedrich: „Vielheit der Wissenschaften – Einheit der Lebenswelt." In: Akademie der Wissenschaften zu Berlin (Hg.): Einheit der Wissenschaften. Berlin 1991, 349–371.

Krones, Tanja/Richter, Gerd: „Die Arzt-Patient-Beziehung." In: Stefan Schulz, Klaus Steigleger, Heiner Fangerau, Norbert W. Paul (Hg.): Geschichte, Theorie und Ethik der Medizin. Frankfurt a. M. 2006

Marckmann, Georg/Bormuth, Matthias: „Arzt-Patienten-Verhältnis und Informiertes Einverständnis. Einführung." In: Urban Wiesing (Hg.): Ethik in der Medizin. Ein Studienbuch. Stuttgart⁴ 2012, 96–106.

Parzeller, Markus/Wenk, Maren/Zedler, Barbara/Rothschild, Markus: Aufklärung und Einwilligung bei ärztlichen Eingriffen. In: Deutsches Ärzteblatt 104. (2007), A576–585.

Rauprich, Oliver/Steger, Florian (Hg.): Prinzipienethik in der Biomedizin. Moralphilosophie und medizinische Praxis. Frankfurt a. M. 2005.

Schöne-Seifert, Bettina: Grundlagen der Medizinethik. Stuttgart 2007.

Schluchter, Wolfgang: Rationalismus der Weltbeherrschung. Studien zu Max Weber. Frankfurt a. M. 1980.

Siegler, Mark: „Schweigepflicht in der Medizin – ein Auslaufmodell?" In: Urban Wiesing (Hg.): Ethik in der Medizin. Ein Studienbuch. Stuttgart⁴ 2012, 128–129.

Toellner, Richard: „‚Der Geist der Medizin ist leicht zu fassen' (J.W. v. Goethe) – Über den einheitsstiftenden Vorrang des Handelns in der Medizin." In: Herbert Mainusch, Richard Toellner (Hg.): Einheit der Wissenschaft. Opladen 1993, 21–36.

Wieland, Wolfgang: Strukturwandel der Medizin und ärztliche Ethik. Philosophische Überlegungen zu Grundfragen einer praktischen Wissenschaft. Heidelberg 1986.

Wiesing, Urban: Zur Verantwortung des Arztes. Stuttgart-Bad Cannstatt 1995.

Wiesing, Urban: Ethik in der Medizin. Ein Studienbuch, Stuttgart ⁴2012.

Zentrale Ethikkommission bei der Bundesärztekammer (2006): „Ethikberatung in der klinischen Medizin". In: Deutsches Ärzteblatt 103. (2006), A1703–A 1707.

Ethik der Pflege

Monika Bobbert

94.1 Pflegen als Beruf und ‚moderne' Pflegeethik

In der Zeit des frühen Christentums, im Mittelalter, aber auch in der Neuzeit war im westlichen Europa die Pflege fremder Menschen meist durch das christliche Gebot der Barmherzigkeit und Nächstenliebe motiviert. Gegen Ende des 18. Jahrhunderts traten soziale, nationale, bürgerliche und weiblichkeitsorientierte Motive hinzu. Pflege als Beruf bildete sich erst ab dem 19. Jahrhundert heraus: Nun wurde eine Ausbildung für Krankenschwestern gefordert und die pflegerische Tätigkeit dem Beruf des Arztes zugeordnet. Die Entstehung von Krankenhäusern und neue Entwicklungen in der Medizin führten zu einem medizinisch orientierten Pflegeverständnis. Erst seit Mitte der 1970er Jahre fand in der Pflege ein Umdenken statt in Richtung „Patientenorientierung" und „ganzheitlicher", d. h. an physischen, aber auch psychischen, sozialen und spirituellen Bedürfnissen des Patienten ausgerichteten Pflege. Darauf folgte eine bis heute andauernde Phase der Professionalisierung und Akademisierung. Inzwischen gibt es auch in Deutschland zahlreiche Hochschulen mit pflegewissenschaftlichen Studiengängen. Ihren Anfang nahm die Reflexion der pflegerischen Praxis durch wissenschaftliche Begriffe, Methoden und Theorien mit der „Pflegeprozessplanung", die einem Problemlösungszirkel folgt.

Mit der Distanzierung vom medizinischen Delegations- und Hilfsberuf hin zu einer eigenständigen Unterstützungsform ging ein neues moralisches Verantwortungsbewusstsein einher, welches sich auch am gewandelten Inhalt des Ethik-Kodex des International Council of Nurses (ICN) ablesen lässt. Stellte 1953 die Loyalität gegenüber dem Arzt noch eine zentrale Berufsnorm dar, gilt in der aktuellen Version die „primäre berufliche Verantwortung der pflegefachperson" gegenüber den Menschen mit pflegebedarf (ICN 2012, S. 9). Die explizite Reflexion ethisch-normativer Fragen beginnt Ende der 1980er Jahre (Vgl. zum aktuellen Stand Monteverde Hg. 2020, Diebelius u.a. 2020, Mathwig u.a. 2015, Heimbach-Steins Hg. 2016, Dabrowski/Wolf Hg.2016). Jedoch verweisen Pflegende, wenn sie ihren Verantwortungsbereich problematisieren, häufig auf die Kluft zwischen dem Anspruch einer humanen, fachkompetenten Pflege und dem tatsächlichen Pflegealltag: Strukturelle Missstände wie ein geringer Personalschlüssel, fehlende pflegefachliche Qualifikation von Aushilfskräften, psychische Erschöpfung, geringe Bezahlung und mangelnde gesellschaftliche Anerkennung stellen schwerwiegende Hindernisse für eine fachlich gute und moralisch verantwortbare Pflegepraxis dar.

M. Bobbert (✉)
Westfälische Wilhelms-Universität Münster,
Münster, Deutschland
E-Mail: M.Bobbert@uni-muenster.de

94.2 Ethische Reflexion der beruflichen Praxis

Obwohl die berufliche Pflege in den letzten Jahrzehnten einschneidende Veränderungen im Tätigkeitsfeld, Berufsbild und Ausbildungswesen erfahren hat, überschneiden sich bei der Patientenversorgung nach wie vor die Aufgabenbereiche von Pflegenden und Ärzt:innen, so dass sich hier ähnliche ethische Fragen stellen. Doch angesichts eigener Handlungsbereiche und Rahmenbedingungen, pflegerischen Fachwissens und spezifischer Pflegeziele stellt die Pflegeethik auch eine Bereichsethik dar, die sich von einer behandlungsorientierten Medizinethik unterscheidet.

Der Deutsche Pflegerat definiert Pflege wie folgt: „Professionell Pflegende leisten ihren berufsspezifischen Beitrag […] zur Gesundheitsfürsorge und Krankheitsverhütung, zur Wiederherstellung von Gesundheit, zur Unterstützung oder Hilfeleistung bei chronischen Erkrankungen, Behinderungen, Gebrechlichkeit und im Sterbeprozess" (2004, 4). Auch bei zahlreichen anderen Pflegedefinitionen stehen im Mittelpunkt pflegerischer Bemühungen diejenigen Lebensaktivitäten, die eng an die körperliche Verfassung und das grundlegende kognitive Vermögen gebunden sind.

Ethik in der Pflege beinhaltet die begründete Reflexion des beruflichen Handelns auf der Basis allgemeiner philosophischer Begriffe und Theorien. Es handelt sich um eine Teildisziplin der Ethik, und als solche unterscheidet sie sich von der faktischen Moral Pflegender als dem Gegenstand ihrer Analyse. In der Pflege sind moralische Überlegungen genuin angelegt, so dass es in besonderer Weise Aufgabe der Pflegenden ist, ihre Berufspraxis, Ausbildungs- und Forschungsaktivitäten zu reflektieren. Doch ist für die ethische Reflexion eine interdisziplinäre Arbeitsweise erforderlich, die Normativität und Empirie und somit die Ethik mit den Sozial- und Naturwissenschaften verbindet. Darüber hinaus stellt die ethische Diskussion eine gesamtgesellschaftliche Aufgabe dar, weil sich die berufliche Pflege als Bestandteil einer ausdifferenzierten Gesundheitsversorgung an unterschiedliche Adressat:innen wendet.

94.3 Ethisch relevante Charakteristika der beruflichen Pflege

In berufspolitischen und theoretischen Diskursen ist unstrittig, dass berufliche Pflege wesentlich als Beziehungshandeln aufzufassen ist. Zudem soll die Pflege von den „individuellen Bedürfnissen" des Patienten ausgehen. Ethisch relevant ist insbesondere die Asymmetrie der Beziehung zwischen dem pflegebedürftigen Menschen und der Pflegeperson: Pflege betrifft sehr existentielle und zugleich „not-wendende" Hilfestellungen für die „Aktivitäten und existentiellen Erfahrungen des Lebens" (Krohwinkel 2013), etwa der Körperhygiene, des Ankleidens oder des Essenreichens. Ein pflegebedürftiger Mensch ist meist unausweichlich auf diese Hilfe angewiesen, d. h. auf Grund seiner körperlichen Verfassung hat er nicht die freie Wahl zwischen Zustimmung und Ablehnung der Pflege als ganzer. In der Pflege bezieht sich daher eine ‚informierte Zustimmung' nicht nur auf die Zustimmung oder Ablehnung eines ‚Eingriffs', sondern vielmehr auf die Art und Weise oder den Zeitpunkt der Ausführung einer Pflegehandlung. Weiterhin ist Pflege meist existentiell in dem Sinne, dass sie im direkten Kontakt mit dem Leib des Pflegebedürftigen erfolgt und zwar oft mehrmals täglich. Somit berührt Pflege ständig die physische und psychische Integrität des pflegebedürftigen Menschen sowie seine Alltagsgestaltung und Lebensführung. Da Pflegende mit ihrem Tun sowohl unterstützen als auch einschränken oder entmündigen können, muss diese Ambivalenz des Helfens zentraler Gegenstand ethischer Reflexion sein (Bobbert 2020a; 2020b). Darüber hinaus lässt sich die normative Konsequenz ziehen, dass Pflegebedürftigen auf Grund ihrer Abhängigkeit besondere Schutz- und Förderrechte einzuräumen sind, d. h. es besteht auf Seiten der Pflegenden die Pflicht zu rücksichtsvoller Aufmerksamkeit und unter Umständen zu besonderer Initiative, um Selbstbestimmung und Wohlbefinden zu fördern.

Häufig geraten beruflich Pflegende durch institutionelle und finanzielle Rahmenbedingungen, die einer sachgemäßen und mitmenschlichen

Versorgung der Patient:innen entgegenstehen, in Konflikte. Bei einer durch Personalmangel bedingten Satt-und-Sauber-Pflege entstehen nicht nur rasch Pflegefehler, etwa Wundliegen oder Infektionen, sondern die psychischen Belange oder aktivierenden Hilfen kommen zu kurz, so dass sich die Patient:innen oder Heimbewohner:innen kaum als Gegenüber wahrgenommen fühlen und ihre noch verbliebenen Fähigkeiten nicht abgerufen werden.

94.4 Systematischer Überblick über ethische Probleme in der Pflege

Im Folgenden werden die ethischen Probleme in der Pflege an Hand einer Systematik von acht Handlungsfeldern bzw. Interaktionskonstellationen dargelegt. Um die Beziehungsdyade Patient – Pflegeperson, die den Kern der beruflichen Pflege darstellt, sind in ‚konzentrischen Kreisen' weitere Akteure angesiedelt: Neben Ärzt:innen, Angehörigen u. a. m. auch die Institutionen des Gesundheitswesens. Obwohl Institutionen nicht unmittelbar als Akteure gelten können und moralische Verantwortung für institutionelle Strukturen letztlich Individuen zuzuordnen ist, bleibt durch diese Form der Kategorisierung präsent, dass Pflege Bestandteil einer umfassenderen Gesundheitsversorgung und durch Rahmenbedingungen stark vorgeprägt ist. Dabei fragt eine Ethik des ‚gelingenden Lebens' nach guten Erfahrungen der Begegnung und Versorgung, eine normative Ethik betrachtet die moralischen Verpflichtungen aller Beteiligten und die Richtigkeit von Institutionen.

Handlungsfeld Pflegeperson – Patient
Mit elementaren unterstützenden Tätigkeiten helfen Pflegende dem Patienten bei der Tagesgestaltung – eine grundlegende Voraussetzung für das ‚gelingende' Leben. Diese ‚direkte' Pflege ist zwar meist unausweichlich, doch lässt sie sich in der Regel respektvoll gestalten, indem z. B. eine Umlagerung vorsichtig durchgeführt wird oder das Anreichen einer Mahlzeit auf nicht drängende Weise geschieht. Umgekehrt können pflegerische Handlungen jedoch als belastend, verletzend oder gar entwürdigend empfunden werden – beispielsweise eine Körperwäsche, die sehr flüchtig oder ohne eine gewisse Diskretion durchgeführt wird. Darüber hinaus trägt sicher die Haltung der Pflegeperson zum ‚Lebensgefühl' des Pflegebedürftigen bei: Handelt es sich um eine selbstverständlich ausgeführte Hilfestellung oder muss der Betroffene jeweils darum bitten und für die Gewährung dankbar sein?

Auf normativer Ebene gilt es, Patienten in ihren Rechten zu respektieren. Dies kann beispielsweise durch kontinuierliches Informieren und durch eine Beteiligung des Patienten an der Pflegeplanung geschehen. Bei nicht mehr entscheidungsfähigen Patient:innen kann das Ankündigen eines körperlichen Kontakts zu einer gewissen ‚impliziten' Zustimmung führen. Unterlassungen, etwa zu langes Warten auf ein Schmerzmittel oder auf Hilfe beim Gang zur Toilette können ebenso an Leib und Seele verletzen wie subtile Aggressionsformen, etwa kommunikative Nichtbeachtung oder abfällige Bemerkungen (u. a. Hirsch 2014; Staudhammer 2017). Scham in intimen Situationen, die Vertraulichkeit persönlicher Bedürfnisse und Informationen stellen die Pflegenden alltäglich vor die Aufgabe, mit den Verletzbarkeiten der Pflegebedürftigen angemessen umzugehen.

Bei allen Forderungen nach individueller Patientenversorgung darf jedoch der Anspruch der Pflegenden auf respektvollen Umgang und den Schutz ihrer Integrität und Gesundheit nicht zurückstehen, etwa angesichts verbaler, körperlicher oder sexueller Übergriffe durch Pflegebedürftige.

Handlungsfeld Patient – Pflegeperson – Angehörige
Eine psychosozial ausgerichtete Pflege bezieht das Umfeld des Patienten mit ein. Dabei kann es zu Konflikten kommen, in denen die Pflegenden mit ihrem Reflexionsvermögen, aber auch als Fürsprecher oder Vermittler gefragt sind. So wünscht sich ein Patient vielleicht mehr Hilfe von seinen Angehörigen, die sich jedoch

überfordert fühlen. Oder aber Pflegende, Angehörige oder der Betroffene haben unterschiedliche Auffassungen vom ‚Patientenwohl'.

Handlungsfeld Patient – Pflegeperson – Arzt

Weil Pflegende zum einen auf Anordnung des Arztes ‚Behandlungspflege' ausführen und zum anderen bei ihrer Pflege die Konsequenzen einer ärztlichen Entscheidung direkt miterleben, können sie in Loyalitäts- und Gewissenskonflikte geraten, wenn sie z. B. bei einem schwerkranken Patienten die Fortführung der Maximalbehandlung nicht mehr befürworten. In anderen Fällen bemerken sie unter Umständen, dass die ‚informierte Zustimmung' eines Patienten nicht gegeben ist, da er offensichtlich nicht über Zweck und Folgen eines Eingriffs im Bilde ist. Insofern stehen Pflegende nicht selten vor der Wahl zwischen schweigendem Mitwissen, Patientenfürsprache oder Kompensation ethischer Probleme.

Zahlreiche Konflikte zwischen Ärzt:innen und Pflegenden sind bedingt durch eine stark hierarchische Arbeitsteilung, Einkommensunterschiede, geschlechtsspezifisches Rollenverhalten sowie tradierte Vorurteile und Verhaltensmuster der jeweiligen Berufsgruppen. Aus einer sozialethischen Perspektive gelingenden Zusammenarbeitens lässt sich fragen, welche Leitungs- und Kommunikationsstrukturen ein Arbeitsklima gegenseitiger Wertschätzung und Unterstützung fördern würden.

Handlungsfeld Patient – Pflegeperson – andere Patienten

Die ‚Gemeinschaft' in Mehrbettzimmern kann sich ablenkend oder sogar heilsam auf Patienten auswirken. Andererseits können Mitpatienten als Belastung empfunden werden, und nicht selten entstehen durch den engen Lebensraum Konflikte. Für die Regelung mancher dieser Konflikte sind Pflegende zuständig. Außerdem verteilen Pflegende ihre begrenzten Ressourcen Arbeitszeit, Material, Pflegeexpertise sowie Konzentration und emotionale Zuwendung unter ihren Patient:innen. Indem sie hier Prioritäten setzen, stehen sie vor normativen Fragen der Verteilungsgerechtigkeit.

Handlungsfeld Patient – Pflegeperson – Kollegen

Auf Stations- oder Pflegebereichsebene entscheidet das Team oder die pflegerische Leitung über Arbeitsabläufe und -strukturen. Bestimmte Formen der Arbeitsorganisation gewährleisten effektiver eine zuverlässigere Versorgung als andere. Auch können bestimmte Routinen der Informationsweitergabe z. B. über das psychische Befinden und die Präferenzen von Patient:innen eine individualisierte Versorgung sichern. Fragen nach Loyalität und Verantwortung stellen sich, wenn Kollegen gravierende Pflegefehler unterlaufen oder wenn sie moralische Normen verletzen, sich z. B. gegenüber Patient:innen mit Migrationshintergrund latent aggressiv verhalten.

Handlungsfeld Patient – Pflegende – konkrete Institution

Leitungskräfte nehmen Einfluss auf die Pflege in einer Einrichtung, indem sie u. a. Personalschlüssel, Dienstpläne und Arbeitsorganisationsformen vorgeben. So gestaltet sich beispielsweise der Patientenkontakt bei einer ‚Funktionspflege', bei der dem Patienten am Tag sehr viele Pflegenden begegnen, anders als bei einer ‚Gruppen- bzw. Bereichspflege', bei der nur wenige Pflegende für einen Patienten zuständig sind. Zudem können bestimmte Strukturen berechtigte moralische Anliegen fördern. So kommen beispielsweise Pflegevisiten (Heering 2006), bei denen die Pflege gemeinsam mit dem Patienten geplant wird, dem Selbstbestimmungsrecht des Patienten entgegen und sichern zugleich ein hohes Qualitätsniveau. Pflegefehler und -irrtümer, durch die Patient:innen zu Schaden kommen können, haben neben persönlichem Versagen häufig auch strukturelle Ursachen. Rahmenbedingungen sind so zu gestalten, dass ‚gefährliche' Pflege und eine systematische psychische Überlastung Pflegender vermieden werden.

Außerdem sind die vielfältigen Strategien zur Qualitätssicherung mit ihren operationalisierten Kriterien an ethische Kriterien rückzubinden.

Handlungsfeld Patient – Pflegende – Institutionen der Bildung und Wissenschaft

Institutionen der Aus- und Fortbildung müssen das aktuelle Pflegefachwissen vermitteln. Neben Sachwissen sind Kompetenzen wie Kommunikation, Empathie sowie ethisches Reflexionsvermögen erforderlich, was eigene didaktische und ethische Anforderungen an die Lehrenden stellt (Rabe 2017). Pflegetheorien, -pläne oder -ziele, aber auch digitale Programme zur pflegeplanung und Dokumentation, transportieren Auffassungen von Krankheit und Gesundheit sowie Wertungen – beispielsweise darüber, wie sich Pflegende zu verhalten haben, was Patienten an pflegerischer Versorgung zukommen soll oder was ein gelingendes Leben ausmacht (Bobbert 2020a; 2020b; Bobbert/Rabe 2022). Es gilt, diese unausgewiesenen Vorannahmen zu explizieren und kritisch zu reflektieren. So sind beispielsweise Vorstellungen der Gepflegten in Bezug auf ihr ‚gutes Leben' zu respektieren. Ethisch-normative Urteile hingegen sind mit guten Gründen auszuweisen. In der Pflegeforschung ist zu entscheiden, welche Fragestellungen primär zu bearbeiten sind, und was bei empirischer Forschung am Menschen zu beachten ist.

Handlungsfeld Patient – Pflegende – Gesundheitswesen

Pflege betrifft sehr existentielle Lebensbereiche des Menschen. Dennoch hat die Pflege in vielen Institutionen des Gesundheitswesens häufig geringeren Stellenwert als die medizinische Versorgung. Aus sozialethischer Perspektive ist zu klären, welche Ziele mit professioneller Pflege verfolgt werden sollen, und wie die entsprechenden Institutionen zu gestalten sind. Bislang sind die finanziellen Ressourcen für Pflege vor allem auf somatische Bedürfnisse ausgerichtet, was dem Ziel einer ‚ganzheitlichen' Versorgung entgegensteht.

Zur Verbesserung der Patientenversorgung sollten professionelle Pflegeleistungen und Pflegeexpertise gesellschaftlich und gesundheitspolitisch stärker wahrgenommen und gewichtet werden. Aus sozialethischer Sicht muss der Einsatz finanzieller Ressourcen für medizinische, psychosoziale und pflegerische Hilfestellungen begründet gegeneinander abgewogen werden.

Literatur

Bobbert, Monika, Rabe, Marianne, Ethical issues of digital care planning and documentation. In: Giovanni Rubeis, Kris Hartmann, Nadia Primc (Hg.): Digitalisierung der Pflege. Göttingen 2022, 37–62.

Bobbert, Monika: „Entscheidungen Pflegender zwischen Expertise, Patientenselbstbestimmung und Fürsorge." In: Settimio Monteverde (Hg.): Handbuch Pflegeethik. Stuttgart 2020a, 74–87, 2. Aufl.

Bobbert, Monika: „Pflege im Alter: Fürsorgeherausforderungen des Autonomieprinzips." In: Olivia Dibelius, Gudrun Piechotta-Henze (Hg.): Menschenrechtsbasierte Pflege. Göttingen 2020b, 189–202.

Dabrowski, Martin, Wolf, Judith (Hg.): Menschenwürde und Gerechtigkeit in der Plege. Pederbon 2016.

Deutscher Pflegerat e. V: Rahmenberufsordnung. Berlin 2004.

Dibelius, Olivia/Piechotta-Henze, Gudrun (Hg.): Menschenrechtsbasierte Pflege. Göttingen 2020.

Heering, Christian et al.: Pflegevisite und Partizipation. Bern 2006.

Heimbach-Steins, Marianne (Hg.): Sozialethik der Pflege und Pflegepolitik. Münster 2016.

Hirsch, Rolf D./Vollhardt, Bodo R./Erkens, Fred (Hg.): Gewalt gegen alte Menschen. Frankfurt a. M. 2014.

International Council of Nurses (ICN): Der ICN Ethikodex für pflegepersonnen, Genf 2021.

Krohwinkel, Monika: Fördernde Prozesspflege mit integrierten ABEDLs. Bern 2013.

Mathwig, Frank et al. (Hg.): Macht der Fürsorge? Zürich 2015.

Monteverde, Settimio (Hg.): Handbuch Pflegeethik. Stuttgart 2020.

Rabe, Marianne: Ethik in der Pflegeausbildung. Bern 2017. 2. Aufl.

Staudhammer, Martina: Prävention von Machtmissbrauch und Gewalt in der Pflege. Wiesbaden/Berlin 2017.

Werren, Melanie: Würde und Demenz. Baden-Baden 2019.

Ethik in den Gesundheitswissenschaften

95

Gerald Neitzke

95.1 Gesundheitswissenschaften

Als Gesundheitswissenschaften werden diejenigen wissenschaftlichen Disziplinen zusammengefasst, die sich der Erforschung der Ursachen, Untersuchung, Behandlung und Folgen von Krankheiten und Erkrankungen widmen. Neben einzelnen Erkrankten werden auch Auswirkungen auf Bevölkerungsgruppen und die Gesellschaft insgesamt sowie die Folgen für das Gesundheitssystem untersucht. Der Gegenstandsbereich der Gesundheitswissenschaften ist „die Analyse von Determinanten und Verläufen von Gesundheits- und Krankheitsprozessen und die Ableitung von bedarfsgerechten Versorgungsstrukturen und deren systematische Evaluation unter Effizienzgesichtspunkten" (Hurrelmann/Laaser et al. 2012, 16). Neben Medizin, Pflegewissenschaft und anderen therapeutischen Fachrichtungen sind im Rahmen der Gesundheitswissenschaften z. B. auch die Expertisen der Sozialwissenschaften, Epidemiologie, Psychologie, Gesundheitspädagogik, Gesundheitsökonomie, Gesundheitspolitik erforderlich (Babitsch 2019).

G. Neitzke (✉)
Medizinische Hochschule Hannover, Hannover, Deutschland
E-Mail: Neitzke.Gerald@mh-hannover.de

95.2 Ethik und Gesundheitswissenschaften

Ethik in den Gesundheitswissenschaften befasst sich folglich mit der Analyse und Bewertung moralischer Aspekte und Herausforderungen in diesem Gesellschaftsbereich. Ethik in den Gesundheitswissenschaften verwendet dieselben Methoden, Prinzipien und Werte wie die allgemeine Ethik und wendet diese auf den Gesundheitsbereich an. Sie wird deshalb als Bereichsethik verstanden.

In einem weiten Verständnis zählen zur Ethik in den Gesundheitswissenschaften also alle Fragen

- der Medizin- und Pflegeethik (im engeren Sinne auch Klinische Ethik (s. Kap. 92–94)): Was ist eine/r gute/r Ärztin/Arzt, was ist eine gute Pflegeperson? Wie kann Patientenautonomie hergestellt und respektiert werden? Gibt es in Gesundheitsfragen Grenzen des Selbstbestimmungsrechts? Was ist an den Grenzen des Lebens (z. B. bei Föten, Neugeborenen oder Sterbenden) erlaubt/geboten/verboten?,
- der Forschungsethik (s. Kap. 77 & 101): Wie können neue Therapieformen oder Gesundheitstechnologien moralisch bewertet werden? Wie kann medizinische Forschung so organisiert werden, dass Nutzen und Schaden fair verteilt sind? Welche Belastungen für

Versuchstiere und die Umwelt sind tolerabel? und
- der Public Health Ethik: Was ist ein gerechtes Gesundheitssystem? Gibt es ein Recht auf Gesundheit – und auf Krankheit? Wie kann Krankheitsprävention fair angeboten werden? (vgl. Mertz 2019).

In einem engeren Sinn wird Ethik in den Gesundheitswissenschaften – wie auch im Folgenden – synonym mit dem Begriff Public Health Ethik verwendet (Anand et al. 2004; Dawson und Verweij 2007). Dabei steht nicht die (Erhaltung oder Wiederherstellung der) Gesundheit der/des Einzelnen im Vordergrund, sondern die gesundheitlichen Auswirkungen von bestimmten Strukturen oder Interventionen auf Bevölkerungsgruppen bzw. die Gesellschaft insgesamt. In diesem Zusammenhang richtet Public Health Ethik das Augenmerk auf die Ausgestaltung des Gesundheitswesens, die Erfassung bevölkerungsbezogener Gesundheitsparameter und die gruppenbezogene Prävention, Diagnostik, Therapie und Rehabilitation (Strech et al. 2012).

Ethik in den Gesundheitswissenschaften befasst sich folglich mit den moralischen Bewertungen in ihrem Gegenstandsbereich, insbesondere bei neuartigen Herausforderungen oder im Konfliktfall. Wie können die Herausforderungen von Public Health in einem moralischen Sinne ‚gut' gelöst werden (Strech und Marckmann 2010)? Es werden zwei methodisch unterschiedliche Herangehensweisen unterschieden: normative und deskriptive. Deskriptive Verfahren untersuchen die in der Gesellschaft vorhandenen moralischen Bewertungen, Überzeugungen und Präferenzen zu bestimmten Gesundheitsthemen: Wie viele Menschen befürworten den ärztlich assistierten Suizid? Wie viele Ärzte:innen sind bereit, Suizidhilfe zu leisten? Werden gesundheitspolitische Maßnahmen als gerecht oder ungerecht wahrgenommen? Im Gegensatz dazu zielt die normative Public Health Ethik auf die Begründung bestimmter (moralischer) Positionen in Gesundheitsfragen: Wie können bestimmte stationäre Angebote (z. B. Geburtskliniken oder Palliativstationen) gerecht in Deutschland oder in einem Bundesland verteilt werden – und welchem Gerechtigkeitsmodell ist bei dieser Frage Vorrang einzuräumen? Sind bei einem Präventionsprogramm der mögliche Nutzen und die entstehenden Belastungen fair verteilt – und was ist überhaupt Fairness in Gesundheitsfragen?

95.3 Bewertung von Maßnahmen im Gesundheitswesen

Eine ethische Bewertung von gesundheitsbezogenen Maßnahmen oder Strukturen der Gesundheitsversorgung sollte möglichst alle Konsequenzen umfassend und wissenschaftlich erfassen oder prospektiv abschätzen. Dazu zählen z. B. die medizinischen Folgen für einzelne Betroffene und für betroffene Gruppen (relevant ist hier neben medizinischen Aspekten auch die Erhaltung oder Verbesserung der gesellschaftlichen Teilhabe von Betroffenen), die Belastungen für nicht betroffene Dritte und die Umwelt, die Kosten für die Gemeinschaft (z. B. im Rahmen der Leistungen der Gesetzlichen Krankenversicherung) und die Verteilung dieser Kosten (z. B. zwischen Betroffenen und Nichtbetroffenen), weitere ökonomische Konsequenzen (z. B. für andere Sozialversicherungssysteme wie die Rentenversicherung oder die Volkswirtschaft insgesamt). Darüber hinaus können der Zugang zur gesundheitsbezogenen Maßnahme (Ist er gleichberechtigt? Gibt es sozial oder anders bedingte Beschränkungen, und wenn ja, lassen sich diese rechtfertigen?) und die Partizipation von Betroffenen bei Planung und Durchführung der Maßnahme moralisch bewertet werden.

Die Bewertung von Gesundheitsmaßnahmen erfolgt in der Regel anhand von bestimmten normativen Prinzipien (Beauchamp/Childress 2013). Der Vorteil eines prinzipienorientierten Ansatzes besteht darin, dass solche Prinzipien gewählt werden können, deren Letztbegründung nicht erforderlich erscheint, weil sie für die große Mehrheit der Menschen eine prima-facie Gültigkeit aufweisen und sie deshalb breit akzeptiert werden. Zu diesen Prinzipien zählen in der Ethik in den Gesundheitswissenschaften

u. a. der Respekt vor der Autonomie, Fürsorge (Benefizienz), Nicht-Schaden und Gerechtigkeit. Die Konsequenzen, die wie oben dargestellt erhoben wurden, müssen nun den einzelnen Prinzipien zugeordnet werden. Welche Folgen lassen sich als Schaden bewerten, welche sind im Rahmen von Fürsorge bzw. Benefizienz dem Wohl der Betroffenen zuzuordnen? Welche Auswirkungen betreffen die Gerechtigkeit? Wird das Selbstbestimmungsrecht nicht nur respektiert, sondern die Entscheidungsfähigkeit aktiv gefördert?

In einem letzten Bewertungsschritt müssen die berührten Prinzipien gewichtet und die Konsequenzen gegeneinander abgewogen werden. Dies geschieht im Gesundheitsbereich sowohl in fachlichen Expert:innenkreisen (z. B. medizinische Fachgesellschaften, aber auch der Deutsche Ethikrat) als auch in gesundheitspolitischen Debatten sowie in breiteren gesellschaftlichen Diskursen (z. B. in Bürgerkonferenzen). Die Qualität dieser Abwägungs- und Gewichtungsprozesse misst sich u. a. daran, ob sie transparent durchgeführt werden und mit einer möglichst großen Partizipation von Betroffenen stattfinden.

In einer pluralen Gesellschaft ist davon auszugehen, dass die Gewichtung der Prinzipien von unterschiedlichen Personen oder Gruppen unterschiedlich erfolgen wird. Anhänger einer deontologischen Ethik könnten beispielsweise für bestimmte Prinzipien einen übergeordneten oder sogar ausschließlichen Anspruch geltend machen. Andererseits gibt es im Rahmen von gesundheitspolitischen und gesundheitsökonomischen Diskussionen starke persönliche Interessen und entsprechende Interessenskonflikte: Ausgaben im Gesundheitswesen stellen für die eine Seite Kosten, für andere Beteiligte jedoch Einnahmen dar. Überlegungen zur Gerechtigkeit von Gesundheitsmaßnahmen müssen die Interessenkonflikte wahrnehmen und nachvollziehbar lösen (Daniels 2008). Die Überzeugungskraft und Legitimation der getroffenen Entscheidung hängt wesentlich davon ab, ob sie in einem Konsensprozess fair und demokratisch ausgehandelt werden.

Zusammenfassend lässt sich Ethik in den Gesundheitswissenschaften als diejenige normative Wissenschaft darstellen, die Spielregeln für normative Diskurse über Strukturen und Maßnahmen im Gesundheitswesen entwickelt und ihre Einhaltung in praktischen Diskursen überwacht.

Literatur

Anand, Sudhir/Peter, Fabienne/Sen, Amartya (Hg.): Public Health, Ethics, and Equity. Oxford/New York 2004.

Babitsch, Birgit: „Gesundheitswissenschaften – eine Einführung." In: Robin Haring (Hg.): Gesundheitswissenschaften. Berlin 2019, 3–13.

Beauchamp, Tom L./Childress, James F.: Principles of Biomedical Ethics. Oxford/New York [7]2013.

Daniels, Norman: Just Health: Meeting Health Needs Fairly. Cambridge 2008.

Dawson, Angus/Verweij, Marcel (Hg.): Ethics, Prevention and Public Health. Oxford 2007.

Hurrelmann, Klaus/Laaser, Ulrich/Razum, Oliver: „Entwicklungen und Perspektiven der Gesundheitswissenschaften in Deutschland." In: Klaus Hurrelmann, Oliver Razum (Hg.): Handbuch Gesundheitswissenschaften. Weinheim/Basel 2012, 15–51.

Mertz, Marcel: „Ethik im Gesundheitswesen." In: Robin Haring (Hg.): Gesundheitswissenschaften. Berlin 2019, 689–700.

Strech, Daniel/Neitzke, Gerald/Marckmann, Georg: „Public-Health-Ethik: Normative Grundlagen und methodisches Vorgehen." In: Friedrich Wilhelm Schwartz, Ulla Walter, Johannes Siegrist, Petra Kolip, Reiner Leidl, Marie-Luise Dierks, Reinhard Busse, Nils Schneider (Hg.): Public Health. Gesundheit und Gesundheitswesen. München [3]2012, 137–142.

Strech, Daniel/Marckmann, Georg (Hg.): Public Health Ethik. Münster 2010.

Gesundheit und Gerechtigkeit

Georg Marckmann

Gerechtigkeit im Zusammenhang mit Gesundheit und Krankheit wird meist im Hinblick auf die Verteilung knapper Mittel in der Gesundheitsversorgung diskutiert. Diese Betrachtung greift jedoch insoweit zu kurz, als der Gesundheitszustand eines Menschen nur zum Teil vom Zugang zur medizinischen Versorgung abhängt. Andere Faktoren wie Bildung, Arbeitsbedingungen, sozialer Status, Umweltqualität und nicht zuletzt das individuelle Verhalten spielen eine mindestens ebenso wichtige Rolle für die Gesundheit der Menschen. Auch bei einem allgemein verfügbaren, uneingeschränkten Zugang zur medizinischen Versorgung bestehen folglich erhebliche Diskrepanzen im Gesundheitszustand der Menschen, was aufgrund des besonderen Status der Gesundheit für die Chancengleichheit auch ethisch relevant ist. Gerechtigkeitsüberlegungen im Zusammenhang mit Gesundheit und Krankheit dürfen sich folglich nicht auf den Zugang zur medizinischen Versorgung beschränken, sondern müssen auch den Zusammenhang zwischen sozialer Ungleichheit und Krankheit in den Blick nehmen. Vorgängig ist aber die Frage klären, warum die Gesundheit – und damit auch die Sorge um die Gesundheit – einen besonderen moralischen Status genießen sollte (s. Kap. 34 & 73).

96.1 Die moralische Bedeutung der Gesundheit

Die wohl prominenteste Theorie zum Verhältnis von Gesundheit und Gerechtigkeit hat der US-amerikanische Bioethiker Norman Daniels entwickelt (Daniels 1985; 2008). Während sich Daniels in *Just Health Care* zunächst auf die Verteilungsprobleme im Gesundheitswesen konzentrierte, versucht er in seinem jüngsten Werk *Just Health* die gerechtigkeitsethischen Fragen im Zusammenhang mit Gesundheit umfassender, unter Berücksichtigung der nichtmedizinischen Determinanten der Gesundheit, zu diskutieren. Erhalten geblieben ist aber seine ethische Begründung, warum die Gesundheit eine besondere Rolle für die Menschen spielt und deshalb auch besonderer ethischer Aufmerksamkeit bedarf. Er greift dabei auf das von John Rawls in seiner *Theorie der Gerechtigkeit* begründete Prinzip der Chancengleichheit zurück (Rawls 1975).

Daniels verwendet einen biologisch-funktionalen Krankheitsbegriff, um die Bedeutung der Gesundheitsversorgung für die Chancenverteilung zu begründen. Er definiert Krankheit als Abweichung von der normalen funktionalen Organisation eines typischen Mit-

G. Marckmann (✉)
Ludwig-Maximilians-Universität München,
München, Deutschland
E-Mail: marckmann@lmu.de

glieds einer Spezies. Eine Beeinträchtigung der normalen arttypischen Funktionsfähigkeit durch Krankheit und Behinderung schränkt die Chancen eines Individuums ein – und zwar im Verhältnis zu dem Anteil am normalen Spektrum an Lebenschancen, der dem Individuum aufgrund seiner Fähigkeiten und Begabungen bei Gesundheit zur Verfügung gestanden hätte.

Aus gerechtigkeitsethischen Gründen ist es nun geboten, diejenigen Voraussetzungen – sofern möglich – zur Verfügung zu stellen, die die normale arttypische Funktionsfähigkeit und damit eine faire Chancengleichheit aufrechterhalten oder wiederherstellen können. Daniels liefert damit gute ethische Argumente für einen allgemeinen Zugang zur Gesundheitsversorgung und den Ausgleich sozial bedingter Ungleichheiten im Gesundheitszustand. Einwände richten sich aber gegen die normative Unbestimmtheit der arttypischen Funktionsfähigkeit und des normalen Spektrums an Lebenschancen.

96.2 Soziale Ungleichheit und Krankheit

Verschiedene sozialepidemiologische Untersuchungen belegen, dass soziale Ungleichheiten – gemessen an den Kriterien ‚Bildung', ‚Einkommen' und ‚beruflicher Status' – einen wesentlichen Einfluss auf den Gesundheitszustand und damit die Verwirklichung von Lebenschancen haben (Siegrist/Möller-Leimkühler 2003).

Demnach besteht ein systematischer Zusammenhang zwischen dem sozioökonomischen Status und der Mortalität: Je ungünstiger der soziale Status, desto höher die Sterblichkeit. Dabei sind nicht nur die Mitglieder der untersten sozialen Schichten gegenüber dem Rest der Gesellschaft benachteiligt. Es existiert vielmehr ein sozialer Gradient über alle gesellschaftlichen Schichten hinweg. Die wegweisende britische Whitehall-Studie konnte bei Beschäftigten im öffentlichen Dienst auch für chronische Erkrankungen einen sozialen Schichtgradient nachweisen (Marmot 2004). Die Sterblichkeit infolge einer koronaren Herzkrankheit ist bei leitenden Beamten deutlich geringer als bei angelernten Angestellten. Diese Diskrepanz kann dabei nur etwa zu einem Viertel durch klassische Risikofaktoren wie Bluthochdruck, Rauchen oder Cholesterin erklärt werden. Offenbar haben mit dem Berufsstatus verbundene psychosoziale Einflussfaktoren wie die relative soziale Ungleichheit oder Benachteiligung erhebliche Auswirkungen auf den individuellen Gesundheitszustand. Hierfür existieren stresstheoretische Erklärungsmodelle (Siegrist/Möller-Leimkühler 2003).

Auch für Deutschland ist der Zusammenhang zwischen sozioökonomischem Status und Gesundheitszustand der Menschen empirisch nachgewiesen. Ist dieser soziale Schichtgradient bei Mortalität und Morbidität unvermeidlich? Internationale Vergleiche zeigen, dass es keinen direkten Zusammenhang zwischen dem Wohlstand eines Landes – gemessen am Bruttoinlandsprodukt (BIP) – und den gesundheitlichen Ergebnissen gibt (Daniels et al. 2004). Das Pro-Kopf-BIP der USA übertrifft z. B. dasjenige von Costa Rica um ungefähr 21.000 Dollar, während die Lebenserwartung in Costa Rica höher ist als in den USA (76,6 versus 76,4 Jahre). Der soziale Gradient bei Morbidität und Mortalität ist folglich keine notwendige Folge der ökonomischen Entwicklung, sondern Resultat soziokultureller Faktoren und politischer Entscheidungen. Die internationalen Untersuchungen belegen: Je größer die Einkommensunterschiede in der Bevölkerung sind, desto steiler ist der soziale Gradient. Dabei erscheint der *relative* sozioökonomische Status als Gesundheitsdeterminante ebenso wichtig wie das absolute Einkommensniveau.

Wie ist der Zusammenhang zwischen sozialen Ungleichheiten und Krankheit ethisch zu bewerten? Grundsätzlich sind hier zwei Argumentationslinien denkbar. Sofern die sozialen Ungleichheiten selbst eine Ungerechtigkeit darstellen, sind auch die damit verbundenen gesundheitlichen Diskrepanzen ungerecht. Alternativ kann die Argumentation am besonderen Status des Gutes ‚Gesundheit' ansetzen: Als transzendentales Gut stellt die Gesundheit eine Basisvoraussetzung für die Verwirklichung von

Lebenszielen und damit für eine Chancengleichheit in der Gesellschaft dar. Folgt man der oben vorgestellten Argumentation von Norman Daniels, so ist es aus Gerechtigkeitsgründen geboten, die Voraussetzungen für den Erhalt und die Wiederherstellung der Gesundheit zu gewährleisten. Legt man die hier vorgestellten Forschungsergebnisse zu den gesellschaftlichen Determinanten der Gesundheit zugrunde, sprechen überzeugende gerechtigkeitsethische Argumente dafür, nicht nur einen allgemeinen, einkommensunabhängigen Zugang zur medizinischen Versorgung zu gewährleisten, sondern auch bevölkerungsbezogene Maßnahmen zu ergreifen, um diejenigen sozialen Ungleichheiten und Benachteiligungen zu reduzieren, die nachweislich mit schlechteren Gesundheitschancen verbunden sind.

96.3 Globale vs. regionale Gesundheitsgerechtigkeit

Die Gesundheitschancen weisen weltweit erhebliche Unterschiede auf. Während die Menschen in den Industrieländern gesündere Lebensbedingungen und Zugang zu einer hochentwickelten Gesundheitsversorgung haben, sterben in Ländern mit einem niedrigen Volkseinkommen Millionen von Menschen an vermeidbaren oder zumindest behandelbaren Erkrankungen (Marckmann/Synofzik 2007). Eine Theorie der Gesundheitsgerechtigkeit müsste folglich eine globale Gerechtigkeit im Hinblick auf Gesundheit und Krankheit anstreben. Dabei besteht weitgehende Einigkeit darüber, dass es sich bei den globalen Ungleichheiten der Gesundheitschancen um Ungerechtigkeiten handelt, die eliminiert oder zumindest verringert werden sollten. Uneinigkeit besteht aber im Hinblick auf die Frage, welche Akteure global welche Verantwortung tragen, um die gesundheitliche Situation der Menschen in den Ländern mit niedrigem Volkseinkommen zu verbessern: „Who should do what for whom?" (O'Neill 2002, 42). Aufgrund des globalen Ausmaßes der Verteilungsprobleme und der Vielzahl unterschiedlicher Akteure mit jeweils eigenen Interessen stellt diese ‚Pflichten-Allokation' eine der zentralen und bislang noch unzureichend gelösten ethischen Herausforderungen bei der Verringerung der gesundheitlichen Ungleichheiten dar (Marckmann/Synofzik 2007).

96.4 Gerechtigkeit im Gesundheitswesen

Betrachtet man die in der Regel national organisierte Gesundheitsversorgung im engeren Sinne, so ergeben sich auf zwei Ebenen Probleme der Verteilungsgerechtigkeit (Kersting 2002). Auf der Systemebene stellt sich zunächst die Frage, nach welchen Grundprinzipien eine gerechte Gesundheitsversorgung zu organisieren ist: Sollen die Gesundheitsgüter auf einem freien Markt oder im Rahmen eines zentral organisierten öffentlichen Gesundheitswesens verteilt werden? Sofern man sich für eine – zumindest teilweise – staatlich regulierte Gesundheitsversorgung entschieden hat, ergibt sich auf einer nachgeordneten Ebene ein zweites Gerechtigkeitsproblem: Nach welchen Verfahren und Kriterien können die begrenzt verfügbaren Mittel innerhalb des Systems gerecht verteilt werden?

Zunächst sei die Frage erörtert, ob und gegebenenfalls inwieweit die Verteilung von Gesundheitsressourcen dem freien Markt überlassen werden sollte. Der Reiz einer marktorientierten Verteilung liegt darin, dass – unter Bedingungen eines vollkommenen Wettbewerbs – die Güter effizient produziert und nach den Präferenzen der Konsumenten, ausgedrückt in ihrer Zahlungsbereitschaft, verteilt werden. Der Markt regelt in vielen anderen Lebensbereichen die Verteilung knapper Güter, ohne dass in einem zentralen Verfahren festgelegt werden muss, wer nach welchen Kriterien welche Güter erhalten soll. Mit einer marktorientierten Verteilung von Gesundheitsleistungen könnten folglich viele schwierige Entscheidungen über Verfahren und Kriterien der Verteilung vermieden werden. Versicherte bzw. Patientinnen und Patienten könnten ihren individuellen gesundheitsbezogenen Präferenzen auf dem freien Markt Ausdruck verleihen.

Ökonomische und gerechtigkeitsethische Argumente sprechen jedoch dagegen, die Verteilung von Gesundheitsgütern allein dem freien Markt zu überlassen. Den *ökonomischen* Argumenten zufolge weisen die Märkte für Gesundheitsgüter Eigenschaften auf, die zu einem Marktversagen führen. Ein wesentlicher Grund dafür liegt in der eingeschränkten Konsumentensouveränität. Patienten befinden sich häufig in einer existentiellen Notlage, die es ihnen erschwert oder unmöglich macht, verschiedene Angebote zu vergleichen und eine rationale Wahl zu treffen. Informationen über Qualität und Preise medizinischer Leistungen sind überdies nur sehr eingeschränkt verfügbar. Ohne staatliche Regulierung kann deshalb keine optimale Allokation erreicht werden.

Die *gerechtigkeitsethischen* Argumente setzen an den besonderen Eigenschaften der Gesundheit als transzendentales Gut an (siehe oben), das alle Menschen benötigen, egal welche Ziele und Pläne sie verwirklichen möchten. Auf einem freien Markt werden Gesundheitsleistungen vor allem nach der individuellen Zahlungs*fähigkeit* verteilt, was aufgrund der ungleichen Einkommensvoraussetzungen zu einer ungerechten Verteilung von Gesundheitsgütern führen würde. So lässt sich die Gewährleistung einer medizinischen Grundversorgung im Rahmen eines solidarisch finanzierten öffentlichen Gesundheitswesens unabhängig vom Einkommen begründen: Es ist gerechter, allen Bürgern einen begrenzten Zugang zu wichtigen Gesundheitsleistungen zu ermöglichen als nur einem Teil der Bevölkerung unbegrenzten Zugang zu allen verfügbaren Leistungen. Darüber hinausgehende, individuell unterschiedliche Versorgungspräferenzen können ihren Ausdruck in einem Markt für Zusatzleistungen finden.

Aus ethischer Sicht lässt sich folglich eine Trennung in private und gesetzliche Krankenversicherung, wie sie sich in Deutschland etabliert hat, kaum begründen. Konsequenter wäre es vielmehr, wenn alle Bürger Deutschlands an einer solidarisch finanzierten Grundversicherung teilnehmen würden (im Sinne einer ‚Bürgerversicherung') und darüberhinausgehende Leistungswünsche auf einem privaten Versicherungsmarkt erfüllt werden können. Die ethische Bewertung eines zweigliedrigen Systems hängt aber wesentlich davon ab, wie sehr sich die beiden Versorgungsniveaus unterscheiden: Wenn die private (Zusatz-)Versicherung lediglich Komfortleistungen wie z. B. Einbett-Zimmer und sehr teure Leistungen mit einem geringem Nutzengewinn umfasst, ist dies ethisch weniger problematisch, als wenn sich das Angebot in einem solchen Ausmaß unterscheidet, dass relevante Ungleichheiten der Gesundheitschancen resultieren.

96.5 Strategien zum Umgang mit der Mittelknappheit

Sofern aus ethischen und ökonomischen Gründen die Entscheidung für ein staatlich reguliertes Gesundheitssystem gefallen ist, bieten sich grundsätzlich drei verschiedene Strategien an, um der zunehmenden Diskrepanz zwischen der durch medizinische Innovationen und den demographischen Wandel steigenden Ausgaben und begrenzten Einnahmen zu begegnen (s. Abb. 96.1): (1) Effizienzsteigerungen (Rationalisierungen), (2) eine weitere Erhöhung der Finanzmittel und (3) Leistungsbegrenzungen (Rationierungen).

1. *Effizienzsteigerungen (Rationalisierungen)* erhöhen die Effizienz der medizinischen Versorgung: Der gleiche medizinische Effekt wird mit weniger Mitteln oder ein größerer medizinischer Effekt mit den gleichen Mitteln erzielt. Da bei Effizienzsteigerungen die ökonomische und medizinisch-ethische Rationalität konvergieren, handelt es sich um die primär gebotene Strategie im Umgang mit Mittelknappheit. So wie es ökonomisch rational ist, einen gegebenen Effekt mit einem möglichst geringen Aufwand zu erzielen, so ist es auch durch das Prinzip des Nichtschadens ethisch geboten, mit möglichst wenig diagnostischen und therapeutischen Maßnahmen einen bestimmten Gesundheitszustand zu erzielen.

Es ist allgemein anerkannt und mit vielen Beispielen belegt, dass im deutschen Gesundheitswesen noch erhebliche Wirtschaftlichkeitsreserven vorhanden sind. Welche Größenordnung sie haben und wie hoch dementsprechend die vorhandenen Einsparpotentiale sind, lässt sich aber nur schwer abschätzen. Wirtschaftlichkeitsreserven lassen sich nicht allesamt und schon gar nicht sofort ausschöpfen, da Rationalisierungen methodisch aufwändig sind (vgl. die evidenzbasierte Leitlinienentwicklung) und häufig strukturelle Veränderungen im Versorgungssystem erfordern, wie etwa eine bessere Verzahnung von ambulanter und stationärer Versorgung oder die Stärkung von Prävention und Gesundheitsförderung. Rationalisierungen reduzieren deshalb nur mit zeitlicher Latenz und ohne Erfolgsgarantie den Mittelverbrauch. Zudem erlauben sie in der Regel nur einmalige, im Ausmaß begrenzte Einsparungen, während medizinischer Fortschritt und demographischer Wandel die Kosten anhaltend in die Höhe treiben. Trotz aller Bemühungen werden Rationalisierungen deshalb ein weiteres Auseinanderklaffen von Machbarem und Finanzierbarem nicht verhindern können.

2. *Eine Erhöhung der Mittel im Gesundheitswesen* ist als nächste Option zu diskutieren, wenn nicht ausreichend Wirtschaftlichkeitsreserven mobilisiert werden können, um den absehbaren Mehrbedarf bereitzustellen (Marckmann 2007; s. Abb. 96.1). Mehrere Argumente sprechen aber dafür, die Gesundheitsausgaben nicht immer weiter zu erhöhen: Der Gesundheitssektor konkurriert mit anderen Bereichen wie z. B. Bildung, Umweltschutz, Bekämpfung von Armut, Arbeitslosigkeit und Wohnungsnot oder der inneren Sicherheit um prinzipiell begrenzte öffentliche Finanzmittel. Eine weitere Erhöhung der Gesundheitsausgaben kann deshalb nur mit Einschränkungen in anderen sozialstaatlichen Bereichen erkauft werden. Dies wäre nicht nur ethisch problematisch, sondern hätte auch negative Auswirkungen auf die Gesundheit

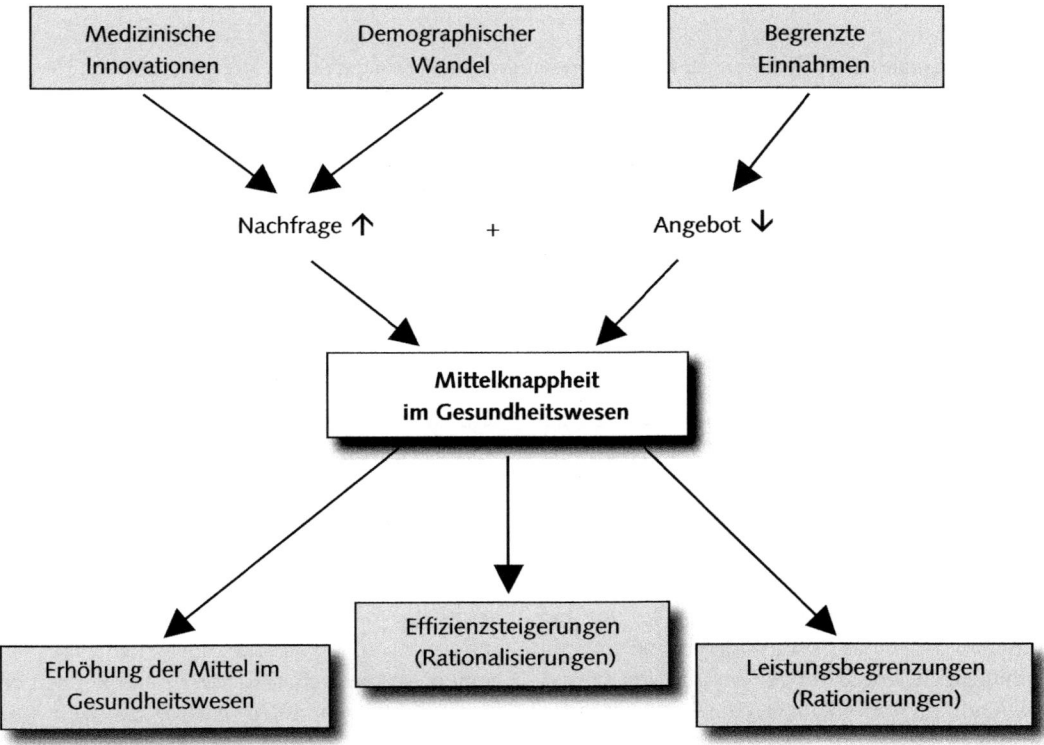

Abb. 96.1 Bedingungen der Mittelknappheit im Gesundheitswesen und Strategien zum Umgang mit der Mittelknappheit. (nach Marckmann 2007)

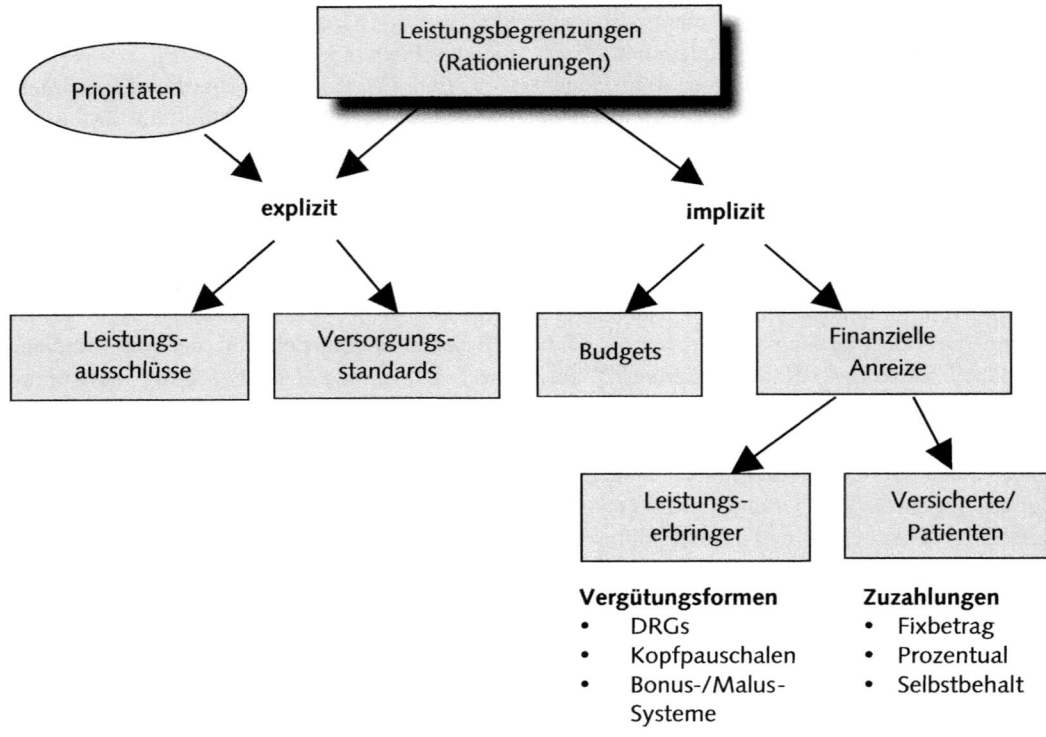

Abb. 96.2 Formen und Instrumente der Leistungsbegrenzung (Rationierungen) (nach Marckmann 2007)

der Bevölkerung. Zudem weisen viele medizinische Verfahren einen abnehmenden Grenznutzen auf: Der (oft geringe) Nutzengewinn durch neue Behandlungsverfahren erfordert überproportional hohe Ausgaben. Ein ‚Versorgungsmaximalismus', der alle verfügbaren Gesundheitsleistungen umfasst, ist weder ökonomisch sinnvoll noch ethisch vertretbar. Eine Obergrenze der Gesundheitsausgaben lässt sich aus diesen Argumenten jedoch nicht ableiten, sondern muss vielmehr *normativ* festgelegt werden. Die Mittelknappheit im Gesundheitswesen beruht folglich auf Wertsetzungen, die zum einen vom medizinischen Entwicklungsstand und der ökonomischen Leistungsfähigkeit der Gesellschaft abhängen, zum anderen aber auf die grundlegende Frage verweisen, wie viel wir bereit sind, für die medizinische Versorgung im Vergleich zu anderen Gütern auszugeben.

3. *Leistungsbegrenzungen (Rationierungen)* verbleiben als letzte Alternative, wenn Effizienzsteigerungen den Kostenanstieg nicht ausreichend kompensieren können und eine weitere Erhöhung der Gesundheitsausgaben ethisch und ökonomisch nicht vertretbar ist. Nicht mehr alle medizinisch nützlichen Leistungen werden solidarisch finanziert. Leistungsbegrenzungen werfen die zweite Gerechtigkeitsfrage auf: Wer soll nach welchen Kriterien über die Einschränkungen entscheiden?

In Abhängigkeit von der Verteilungsebene kann man zwei Formen der Leistungsbegrenzung unterscheiden: explizite und implizite Leistungsbegrenzungen (s. Abb. 96.2). *Explizite* Leistungsbegrenzungen erfolgen ‚oberhalb' der individuellen Arzt-Patient-Interaktion nach ausdrücklich festgelegten, allgemein verbindlichen Kriterien und können entweder zum generellen Ausschluss von Leistungen (Begrenzung des Leistungskatalogs) oder zur Einschränkung von Indikationen (Versorgungsstandards) führen. Dieser Form der

Leistungsbegrenzung sollte eine Bestimmung von Versorgungsprioritäten, d. h. der relativen Wichtigkeit unterschiedlicher medizinischer Maßnahmen bzw. Indikationen, vorausgehen (Zentrale Kommission zur Wahrung ethischer Grundsätze in der Medizin (Zentrale Ethikkommission) 2007).

Bei *impliziten* Leistungsbegrenzungen erfolgt die Zuteilung hingegen nicht nach allgemein verbindlichen Regeln, sondern jeweils im Einzelfall durch die Leistungserbringer – gegebenenfalls unter Beteiligung der Patienten. Implizite Leistungsbegrenzungen resultieren aus Budgetierungen und finanziellen Anreizen für die Leistungserbringer oder Patienten. Hierbei tragen die Ärzte die Verantwortung für die Einschränkung medizinischer Maßnahmen, während bei der expliziten Form die Entscheidungen auf der Planungsebene des Gesundheitswesens gefällt werden. In der gesetzlichen Krankenversicherung ist hierfür der gemeinsame Bundesausschuss (G-BA), ein Gremium der gemeinsamen Selbstverwaltung von Ärzten, Krankenkassen und Krankenhäusern, zuständig, der über die Zusammensetzung des GKV-Leistungskatalogs entscheidet.

Explizite Leistungsbegrenzungen weisen aus ethischer Sicht mehrere Vorteile auf: Sie sichern nicht nur die *Transparenz*, sondern auch die *Konsistenz* von Verteilungsentscheidungen. Wenn in Regeln ausdrücklich festgelegt ist, welcher Patient bei welcher Gesundheitsstörung welche Gesundheitsleistungen erhält, werden die Patienten in vergleichbaren Situationen gleich behandelt, womit eine wichtige Gerechtigkeitsforderung erfüllt wäre. Dies wird auch die *Akzeptanz* von Leistungsbegrenzungen bei Versicherten und Patienten erhöhen. Zudem entlasten explizite Leistungsbegrenzungen das Arzt-Patient-Verhältnis, da die Zuteilungsentscheidungen nicht im Einzelfall getroffen werden müssen, sondern allgemein verbindlichen Vorgaben folgen. Entscheidungs- und Interessenskonflikte auf ärztlicher Seite lassen sich auf diese Weise reduzieren. Explizite Einschränkungen in Form von Versorgungsstandards oder kostensensiblen Leitlinien bieten überdies den großen Vorteil, dass Kosten und Qualität der Versorgung gezielt gegeneinander abgewogen werden können. Bei der Erstellung von Versorgungsstandards auf der Grundlage der verfügbaren wissenschaftlichen Evidenz kann man überdies auch kosteneinsparende Qualitätsverbesserungen (d. h. Rationalisierungspotentiale) identifizieren.

Implizite Leistungsbegrenzungen bieten demgegenüber eine größere Flexibilität, um auf die Besonderheiten des Einzelfalles eingehen zu können. Darüber hinaus sind Budgetierungen oder finanzielle Anreizsysteme, die implizite Rationierungen nach sich ziehen, politisch leichter umzusetzen; sie erfordern weder eine Einigung auf verbindliche Allokationskriterien noch die methodisch aufwändige Erarbeitung von Versorgungsstandards. Budgetierungen stellen das wohl effektivste und für die Politik am einfachsten zu implementierenden Mittel zur kurzfristigen Ausgabenbegrenzung dar. Diesen vor allem pragmatischen Vorteilen stehen jedoch erhebliche medizinische und ethische Bedenken gegenüber. Da für die Zuteilungsentscheidungen im Einzelfall keine allgemein verbindlichen Kriterien vorgegeben sind, besteht die Gefahr, dass medizinische Leistungen nach intransparenten, von Patient zu Patient und Arzt zu Arzt wechselnden Kriterien verteilt werden. Der Arzt befindet sich bei impliziten Rationierungen in einem ethischen Konflikt zwischen den Verpflichtungen gegenüber seinem individuellen Patienten und den Verpflichtungen gegenüber anderen (aktuellen oder zukünftigen) Patienten. Für die Abwägung dieser konfligierenden Verpflichtungen besitzen Ärzte weder eine Ausbildung noch verbindliche inhaltliche Vorgaben. Nicht zuletzt erlauben implizite Leistungsbegrenzungen nur eine einseitige Kontrolle der Kosten, die Auswirkungen auf die Versorgungsqualität entziehen sich weitgehend der Einflussnahme.

Wägt man Vor- und Nachteile gegeneinander ab, so erweisen sich explizite Leistungsbegrenzungen aus ethischer Sicht als vorzugswürdig: Sie sind transparent, konsistent, medizinisch rationaler und durch die Gleichbehandlung der Patienten gerechter, sie entlasten die Arzt-Patient-Beziehung und erlauben eine simultane

Steuerung von Kosten und Qualität der medizinischen Versorgung. Diese ethisch vorzugswürdige Form der Rationierung ist aber – und hierin besteht das Dilemma – in der Praxis schwer umzusetzen. Hier sind implizite Leistungsbegrenzungen durch Budgetierungen oder finanzielle Anreizsysteme klar überlegen. In ethischer Hinsicht sind sie aber eher bedenklich, da die Leistungen nach intransparenten und häufig inkonsistenten Kriterien verteilt werden. Man sollte deshalb so viel wie möglich explizit auf der Grundlage klar definierter Prioritäten regeln, implizite Leistungsbegrenzungen werden sich aber aus pragmatischen Gründen nicht vermeiden lassen.

96.6 Gerechte Grenzen der Gesundheitsversorgung

Sowohl bei expliziten als auch impliziten Leistungsbegrenzungen stellt sich die Frage, wie die Grenzen der Gesundheitsversorgung auf eine gerechte Art und Weise gezogen werden können. Dabei ist zwischen formalen und materialen Verteilungskriterien zu unterscheiden. Während die formalen Kriterien die Bedingungen eines fairen Verfahrens zur Leistungsbegrenzung definieren, markieren die materialen Kriterien die ethischen Maßstäbe, an denen sich die Verteilung inhaltlich orientieren sollte. Zu den *formalen* Kriterien einer gerechten Verteilung gehören (vgl. Daniels/Sabin 2002; Emanuel 2000):

- *Transparenz:* Patienten und Versicherte sollten über Leistungsbegrenzungen und die zugrundeliegenden Kriterien informiert sein.
- *Konsistenz:* Grundsätzlich sollten bei allen Patienten die gleichen Zuteilungsregeln und -kriterien angewendet werden, so dass Patienten in vergleichbaren medizinischen Situationen auch gleich behandelt werden, sofern dem nicht individuelle Patientenpräferenzen entgegenstehen.
- *Legitimität:* Verteilungsentscheidungen sollten durch demokratisch legitimierte Institutionen erfolgen.
- *Begründung:* Jede Leistungsbegrenzung sollte auf einer nachvollziehbaren, relevanten Begründung beruhen, die den betroffenen Patienten und Versicherten zugänglich ist.
- *Evidenzbasierung:* Jedes Allokationsschema sollte die verfügbare wissenschaftliche Evidenz hinsichtlich des gesundheitlichen Nutzens und der zu erwartenden Kosten berücksichtigen.
- *Partizipationsmöglichkeiten:* Da sich Leistungsbegrenzungen nicht direkt aus einer ethischen Theorie ableiten lassen, sollten für Bürger und Patienten Möglichkeiten zur Partizipation am Entscheidungsprozess zur Verfügung stehen.
- *Minimierung von Interessenkonflikten:* Allokationsentscheidungen unter Knappheitsbedingungen sollten so geregelt sein, dass sie Interessenkonflikte möglichst vermeiden.
- *Widerspruchsmöglichkeiten:* Im Einzelfall sollten Patienten, denen der Zugang zu einer von ihnen gewünschten Leistung verwehrt wird, Widerspruchsmöglichkeiten offenstehen.
- *Regulierung:* Durch eine freiwillige oder staatliche Regulierung sollte sichergestellt sein, dass diese Kriterien eines fairen Entscheidungsprozesses auch tatsächlich eingehalten werden.

Folgende *materiale* Verteilungskriterien, die sich auch im politischen Prozess der Prioritätensetzung in verschiedenen Ländern durchsetzen konnten, scheinen ethisch am besten begründbar (Zentrale Kommission zur Wahrung ethischer Grundsätze in der Medizin (Zentrale Ethikkommission) 2007):

- *Medizinische Bedürftigkeit:* Vorrang sollten diejenigen Patienten genießen, die am meisten der medizinischen Hilfe bedürfen, gemessen am Schweregrad ihrer Erkrankung und der Dringlichkeit der Behandlung.
- *Erwarteter medizinischer Nutzen:* Darüber hinaus ist aber auch der zu erwartende individuelle medizinische Nutzen zu berücksichtigen. Leistungsbegrenzungen sollten zunächst bei denjenigen Maßnahmen und In-

dikationen ansetzen, die für den Patienten nur einen geringen Nutzengewinn bieten.
- *Kosten-Nutzen-Verhältnis:* Bei Zuteilungsentscheidungen unter Knappheitsbedingungen ist auch das Verhältnis von Ressourcenaufwand zum erwarteten medizinischen Nutzen hinzuzuziehen.

Als Metakriterium ist überdies der *Evidenzgrad* des erwarteten Nutzens und der entstehenden Kosten zu berücksichtigen: Maßnahmen, deren Nutzen durch Studien nur schlecht belegt ist, sollten eine geringere Priorität haben. Ethisch am ehesten vertretbar erscheint eine Kombination der drei Verteilungskriterien, die neben dem Schweregrad der Erkrankung und der Dringlichkeit der Behandlung den erwarteten medizinischen Nutzen und das Kosten-Nutzen-Verhältnis der Maßnahmen berücksichtigt. Die große ethische Herausforderung besteht dabei darin, das relative Gewicht der drei Kriterien bei der Mittelverteilung zu bestimmen, da sich dieses nicht aus einer übergeordneten ethischen Theorie ableiten lässt. Vergleichsweise unkontrovers dürfte die Maxime sein, zunächst auf solche Leistungen zu verzichten, die – im Vergleich zur kostengünstigeren Alternative – dem Patienten nur einen geringen Nutzengewinn bei erheblichen Zusatzkosten bieten (Marckmann 2009).

Literatur

Daniels, Norman: Just Health Care. Cambridge 1985.
Daniels, Norman: Just Health: Meeting Health Needs Fairly. Cambridge 2008.
Daniels, Norman/Kennedy, Bruce/Kawachi, Ichiro: „Health and Inequality, or, Why Justice is Good for Our Health." In: Sudhir Anand, Fabienne Peter, Amartya Sen (Hg.): Public Health, Ethics, and Equity. Oxford 2004, 63–91.
Daniels, Norman/Sabin, James E.: Setting Limits Fairly. Oxford 2002.
Emanuel, Ezekiel J.: „Justice and Managed Care. Four Principles for the Just Allocation of Health Care Resources." In: Hastings Center Report 30. Jg., 3 (2000), 8–16.
Kersting, Wolfgang: „Gerechtigkeitsethische Überlegungen zur Gesundheitsversorgung." In: Oliver Schöffski, J.-Matthias von der Schulenburg (Hg.): Gesundheitsökonomische Evaluationen. Berlin 2002, 25–49.
Marckmann, Georg: „Zwischen Skylla und Charybdis: Reformoptionen im Gesundheitswesen aus ethischer Perspektive". In: Gesundheitsökonomie & Qualitätsmanagement 12. Jg., 1 (2007), 96–100.
Marckmann, Georg: „Nutzenmaximierung mit gerechtigkeitsethischen Einschränkungen: Perspektiven einer ethisch vertretbaren Kosten-Nutzen-Bewertung." In: Das Gesundheitswesen 71. Jg., Suppl. 1 (2009), 2–8.
Marckmann, Georg/Synofzik, Matthis: „Access to Essential Medicines: Global Justice beyond Equality." In: Karl Homann, Peter Koslowski, Christoph Lütge (Hg.): Globalisation and Business Ethics. Aldershot 2007, 173–187.
Marmot, Michael: „Social Causes of Social Inequalities of Health." In: Sudhir Anand, Fabienne Peter, Amartya Sen (Hg.): Public Health, Ethics, and Equity. Oxford 2004, 37–61.
O'Neill, Onora: „Public Health or Clinical Ethics: Thinking beyond Borders." In: Ethics & International Affairs 16. Jg., 2 (2002), 35–45.
Rawls, John: Eine Theorie der Gerechtigkeit. Frankfurt a.M. 1975.
Siegrist, Johannes/Möller-Leimkühler, Anne Maria: „Gesellschaftliche Einflüsse auf Gesundheit und Krankheit." In: Friedrich Wilhelm Schwartz et al. (Hg.): Das Public Health Buch. Gesundheit und Gesundheitswesen. München/Jena 2003, 125–138.
Zentrale Kommission zur Wahrung ethischer Grundsätze in der Medizin (Zentrale Ethikkommission): „Empfehlungen der Bundesärztekammer und der Zentralen Ethikkommission bei der Bundesärztekammer zum Umgang mit Vorsorgevollmacht und Patientenverfügung in der ärztlichen Praxis." In: Deutsches Ärzteblatt 104. Jg., 13 (2007), A-891–896.

Forschung am Menschen

97

Dominik Groß

Der Begriff ‚Forschung am Menschen' bezeichnet die Forschung (1) an lebenden Personen, (2) an Embryonen bzw. Föten, (3) an verstorbenen Personen sowie (4) an biologischem Material menschlichen Ursprungs. Die Forschungsethik beschäftigt sich ihrerseits mit den ethischen Grundprinzipien der Forschung und dem Spannungsfeld zwischen Forschungsinteressen und der Einhaltung allgemein anerkannter Normen und Werte. Im Zentrum des Interesses stehen die Fragen nach der Verantwortung und Verantwortbarkeit von Forschung und ihren individuellen und sozialen Implikationen, insbesondere im Hinblick auf den konkreten Schutz der Studienteilnehmer:innen (Wiesing/Markmann 2015, 181–189; Pigeot et al. 2019, 722–772). Die *klinische* Forschungsethik befasst sich hierbei spezifisch mit der Forschung am Menschen.

D. Groß (✉)
Technische Hochschule Aachen, Aachen, Deutschland
E-Mail: dgross@ukaachen.de

97.1 Grundsätzliche Besonderheiten der Forschung am Menschen

Der Forschung am Menschen haften einige Besonderheiten an, die für den ethischen Diskurs und die ethische Bewertung von besonderer Bedeutung sind (Groß 2010):

1. Jede Entscheidung für oder gegen Forschung am Menschen offenbart einen unauflöslichen Zielkonflikt, eine ethische Aporie: So kann es einerseits als unethisch bewertet werden, am Patienten eine Therapie anzuwenden, deren Sicherheit und Wirksamkeit am Menschen nicht wissenschaftlich geprüft ist; andererseits ist es ebenso unethisch, diese Sicherheit und Wirksamkeit am Menschen zu erproben (Toellner 1981, 155 f.).

2. Prinzipiell ist die Freiheit der Forschung in der Bundesrepublik als Grundrecht ohne Gesetzesvorbehalt normiert (Art. 5 Abs. 3 GG). Humanmedizinische Forschung stellt jedoch insofern einen Sonderfall dar, als das beforschte ‚Objekt' unter Umständen zugleich Subjekt, nämlich ein Mensch, ist. Das Wohlergehen der Patienten bzw. Probanden, das Persönlichkeitsrecht (Art. 2 Abs. 1 GG) und namentlich die Würde des Menschen (Art. 1 Abs. 1 GG) setzen der Forschungsfreiheit wesentliche Grenzen, die im konkreten Einzelfall zu definieren sind.

3. Formal zu unterscheiden sind a) eine Forschung, die mit einer Versorgung des Patienten

einhergeht und bei welcher der Patient profitieren könnte („therapeutischer Versuch"), b) eine Forschung mit mittelbarem Nutzen für den Patienten (z. B. ein Nutzen im weiteren Krankheitsverlauf oder beim Wiederauftreten der Erkrankung), c) eine Forschung, von welcher der Patient selbst nicht profitieren wird, ggf. aber seine Altersgruppe oder Patienten mit der gleichen Erkrankung und d) eine ausschließlich fremdnützige Forschung (Fangerau 2012). Allerdings schafft diese Unterteilung nur *scheinbar* disjunkte Kategorien. Beispiele für Grauzonenbereiche sind Fälle, in denen sich ein *unerwarteter* medizinischen Eigennutzen für den Studienteilnehmer ergibt, oder Fälle, in denen Studienteilnehmer zwar keinen *medizinischen* Eigennutzen davon tragen, aber einen anders gearteten Vorteil erzielen, z. B. eine soziale Integration oder ein erleichterter Zugang zu künftiger medizinischer Versorgung. Andererseits ist die Abgrenzung von Fremd- und Eigennutzen insofern von erheblicher Bedeutung, als fremdnützige Forschung einer stärkeren ethischen Legitimierung bedarf als eigennützige Forschung.

4. Insbesondere in Deutschland ist die Forschung am Menschen mit einer erheblichen historischen ‚Hypothek' belegt, namentlich mit der inhumanen und ethisch verwerflichen Praxis der Menschenversuche im sogenannten ‚Dritten Reich' (Pethes et al. 2008; Baader 1998; Roelcke 2004, 11–18; Weindling 2004, 167–180; Baumann 2009, 49–55). Markante Beispiele sind Fleckfieber-Impfstoffversuche, Unterdruck-, Unterkühlungs- und Meerwasserversuche an Menschen in verschiedenen nationalsozialistischen Konzentrationslagern (Roelcke 2004, 11–18; Böhme/LaFleur/Shimazono 2008; Baumann 2009, 49–55).

5. Eine weitere Besonderheit ist in den steten Fortschritten der modernen Medizin zu sehen, die immer neue Behandlungsmöglichkeiten in Aussicht stellen und damit in letzter Konsequenz einen ständig wachsenden Forschungsbedarf am Menschen begründen (Schöne-Seifert 2007, 102 f.).

97.2 Historische Marksteine

Einige der an den Menschenversuchen im Nationalsozialismus beteiligten Ärzte wurden im Rahmen des Nürnberger Ärzteprozesses (1946/1947) verurteilt. Den damaligen Urteilen wurde der sogenannte Nürnberger Kodex (1947) vorangestellt (Groß 2014, 559–563). Dieser band – auch im Rückgriff auf erste Reglementierungsversuche vor 1933 (vgl. Elkeles 1996) – die Forschung am Menschen an explizite ethisch relevante Voraussetzungen und leitete damit ein neues Kapitel im Umgang mit Humanexperimenten ein. Der Nürnberger Kodex ist zwar kein juristisch bindendes Dokument, gilt aber bis heute als moderne Fortschreibung des ‚Eid des Hippokrates' und als zentrale Referenz für forschungs- und bioethische Diskussionen (Pethes et al. 2008, 524). Im Kodex selbst sind zehn Bedingungen für die Durchführung von Versuchen am Menschen aufgeführt. Zu den zentralen Grundsätzen gehören die freiwillige Teilnahme der Versuchspersonen und die vollständige Aufklärung über den Versuchsablauf sowie die Verpflichtung, unnötige und willkürliche Versuche zu unterlassen (Mitscherlich/Mielke 2017). Desungeachtet offenbart der Nürnberger Kodex aus heutiger Sicht erhebliche ‚Lücken': so erfolgt keine Unterscheidung in therapeutische und nichttherapeutische Versuche; auch auf die besondere Problematik der Forschung an nichteinwilligungsfähigen Personengruppen wurde seinerzeit nicht eingegangen (Baumann 2009, 49–55).

Trotz des Nürnberger Kodex ereigneten sich weiterhin größere Forschungsskandale, so die von 1932 bis 1972 (sic!) laufende Tuskegee-Syphilis-Studie an ca. 400 Afro-Amerikanern. Ziel der Studie war es, den natürlichen Verlauf der Syphilis-Erkrankung zu beobachten (Washington 2006, 157–185; Groß 2010). Die Versuchsteilnehmer erhielten auch dann keine Therapie, als wirksame Syphilis-Medikamente verfügbar wurden.

Auf geteiltes Echo stieß die von der World Medical Association 1964 veröffentlichte

„Deklaration von Helsinki„", die deutlich paternalistische Züge trug (Lederer 2007, 93–114; Neitzke 2007, 229–243). Zwar erfolgte eine Abgrenzung des Heilversuchs von klinischer Forschung, doch gleichzeitig wurde das Recht auf ärztliche Therapiefreiheit bekräftigt: Die informierte Zustimmung des Patienten sei nur dann einzuholen, wenn es möglich und aus ärztlicher Sicht „sinnvoll" sei.

In den vergangenen fünf Jahrzehnten wurde die Helsinki-Deklaration wiederholt revidiert und den Standards moderner Forschung(-sethik) angepasst. Die aktuelle Revision datiert aus dem Jahr 2013 (WMA Declaration of Helsinki 2019; Wiesing/Parsa-Parsi 2014, 161–166). Wegweisend waren bzw. sind die in der Deklaration vorgenommene Unterscheidung zwischen „klinischer Forschung in Verbindung mit einer Heilbehandlung" und einem „Humanexperiment", die Explikation von methodischen Mindeststandards, die Benennung der Patientenrechte sowie die Festschreibung der Pflichten der Forschenden. Hinzu kommen besondere Festlegungen: z. B. wird Forschung an Kindern nur dann als zulässig angesehen, wenn ein direkter Nutzen für die Versuchsperson zu erwarten ist. Die Deklaration gilt heutzutage als Standard ärztlicher Ethik und wird in vielen Ländern angewendet, allerdings in unterschiedlichen Fassungen. Kritiker verweisen darauf, dass die Deklaration keine hinreichend klare Aussage zur Begrenzung der Höhe des möglichen Forschungsrisikos macht. Auch die Notwendigkeit einer besonderen Nutzen-Risiko-Abwägung bei nicht einwilligungsfähigen Studienteilnehmern wird nach Ansicht von Experten nicht ausreichend deutlich (Jansen 2015).

Starke Beachtung fand schließlich die Biomedizin- oder Oviedo-Konvention des Europarates, die am 1. Dezember 1999 in Kraft trat. Die Biomedizinkonvention ist – im Hinblick auf den Schutz der Menschenwürde und Menschenrechte in Europa – als Mindeststandard zu verstehen. Ihr Geltungsbereich erstreckt sich auf die gesamte Humanmedizin und umfasst insofern auch die biomedizinische Forschung (Artikel 15 bis 18). Besagte Konvention wurde und wird von einer nicht immer sachlich geführten Diskussion begleitet. Bis zum Frühjahr 2010 hatten u. a. Deutschland und Österreich diese weder unterzeichnet noch ratifiziert. Ein wesentlicher Gegenstand der Auseinandersetzung ist in Artikel 17 („Schutz einwilligungsunfähiger Personen bei Forschungsvorhaben") zu sehen: Jener Artikel eröffnet grundsätzlich die Möglichkeit der Forschung mit nicht einwilligungsfähigen Personen – ein besonders umstrittener Aspekt biomedizinischer Forschung (Klinnert 2009; Doppelfeld 2007).

So anfechtbar die beschriebenen Regelungsversuche auch sein mögen, so unverzichtbar sind sie angesichts des immanenten Konflikts zwischen dem an Erkenntnisgewinn orientierten Forschungsanliegen und dem möglichst umfassenden Schutz der Studienteilnehmer.

97.3 Ethische Normen im Kontext biomedizinischer Forschung

Die medizinische Forschung am Menschen ist an eine Reihe grundlegender Normen gebunden, die – unabhängig von weltanschaulichen und religiösen Basisüberzeugungen – Gültigkeit beanspruchen (Knoepffler 2008, 880–888; Groß 2010):

1. *Wahrung eines „minimalen" bzw. eines „vertretbaren" Risikos (Risiko-Nutzen-Analyse)*: Risikominimierung ist im Kontext der Forschung am Menschen ein ethisches Gebot. So wenig Diskussionsbedarf diese allgemeine Feststellung birgt, so schwer fällt jedoch die Operationalisierung dieser Prämisse: Die häufig zitierten Begriffe ‚minimales Risiko' und ‚vertretbares Risiko' sind definitorisch unterbestimmt und unterliegen insofern einem Interpretationsspielraum. Standpunkte, die ausschließlich das Risiko ins Kalkül ziehen, erscheinen zu eng gefasst, da sie die ebenso wichtige zweite Variable – den möglichen Nutzen – nicht berücksichtigen. Standpunkte, die ausschließlich vom Nutzen eines Versuchs ausgehen (z. B. fremdnütziger wissenschaftlicher Versuch vs. eigennütziger therapeutischer Versuch) ohne zusätzliche Risikokalkulation sind ebenso problematisch. Vielmehr bedarf es einer

Nutzen-Risiko-Abschätzung, d. h. das Risiko muss *im Verhältnis zum möglichen Nutzen* als vertretbar erscheinen (Risiko-Nutzen-Analyse). Dies bedeutet aber auch, dass unter Umständen ein *höheres* Risiko *eher* als ethisch vertretbar eingestuft werden kann als ein – absolut gesehen – *geringeres* Risiko. Beispiele hierfür bietet die eigennützige Forschung – z. B. die Testung eines neuen Medikaments an einem HIV-infizierten Patienten, bei dem die bisherige Medikation nicht die erhoffte Besserung zeigte. Hier rechtfertigt der potentielle Nutzen des Studienteilnehmers bei einem vital bedrohlichen Krankheitsverlauf ein vergleichsweise hohes Risiko. Im Vergleich dazu birgt beispielsweise eine Eizellenspende zum Zweck einer fremdnützigen (Grundlagen-)Forschung zwar ein geringeres Risiko, durch den fehlenden persönlichen Nutzen scheint dieses Risiko aber weniger vertretbar als im vorgenannten Fall.

2. *Achtung der Selbstbestimmung der Studienteilnehmer/Umfassende Forschungsaufklärung:* Auch das Recht auf Selbstbestimmung ist im Kontext von Forschung am Menschen als zentrale ethische Norm anzusehen (Heinrichs 2006, 187–222). Voraussetzung für die Wahrnehmung dieses Rechts ist eine umfassende Aufklärung des Probanden *(informed consent),* welche die Freiwilligkeit der Teilnahme ebenso beinhaltet wie die Beschreibung des Studiendesigns, und der Risiken des Versuchs sowie das explizite Angebot, den Versuch jederzeit ohne Angabe von Gründen und ohne (un-)mittelbare Nachteile beenden zu können. Auch die therapeutischen Alternativen, datenschutzrechtliche Aspekte, Interessenkonflikte des Forschers und die Finanzierung der Studie (etwaige Sponsoren) müssen offengelegt werden. Klinische Studien, bei denen die Teilnehmer nicht eingewilligt haben oder im Vorfeld einer Einwilligung unzureichend aufgeklärt wurden, sind aus ethischer Sicht unzulässig. Allerdings kann es unter Umständen möglich sein, dass bei komplexen Versuchen keine vollständige Aufklärung erfolgte, weil Einzelaspekte, die sich ex post als wesentlich erweisen, ex ante nicht absehbar waren. Auch um das Risiko unzureichender Aufklärung möglichst gering zu halten, unterliegt jedwede Forschung am Menschen der Kontrolle durch unabhängige Ethik-Kommissionen. Sie prüfen insbesondere die Freiwilligkeit der Teilnahme, die vollständige Offenlegung des Forschungsvorhabens und die Verständlichkeit der Aufklärung.

3. *Besonderer Schutz „vulnerabler" Probandengruppen:* Zu den vulnerablen, d. h. besonders verletzlichen oder gefährdeten Probandengruppen zählen Minderjährige, Menschen mit geistiger Behinderung, Demenzkranke, psychisch Kranke, Notfallpatienten, bewusstlose bzw. schwerstkranke Patienten, Gefängnisinsassen und in Bezug auf die Forschung beruflich Abhängige (Helmchen 2013; Jansen 2015; Dederich 2017, 4–10; Reitinger et al. 2018). Unstrittig ist, dass diese Personengruppen angesichts des besonderen Risikos einer Instrumentalisierung besonders schutzbedürftig sind. Kontrovers diskutiert wird dagegen gerade auch in der Bioethik die Frage, ob einzelne Personengruppen grundsätzlich von medizinischer Forschung ausgeschlossen werden sollten. Während Kritiker auf dem Standpunkt stehen, dass fremdnützige Forschung an vulnerablen Probanden selbst bei minimalem Risiko eine unzulässige Instrumentalisierung darstelle, argumentieren Befürworter, dass Probanden mutmaßlich in derartige Versuche einwilligen würden, weil man ihnen Moralität (im Sinne einer solidarischen Grundeinstellung) unterstellen könne (Maio 2012, 291–305). Bei Demenz- und Notfallpatienten wird zwischenzeitlich die Forschungsverfügung als Instrument einer antizipierten Verfügung diskutiert (Reimer 2017).

In jedem Fall scheint es notwendig, insbesondere bei Forschung an Kindern und Jugendlichen strengste – und zudem eigenständige – Kriterien anzustellen (Maio 2012, 291–305; Heinrichs 2006, 259–287), da kindliche Probanden mehrere Besonderheiten aufweisen: So können sich Forschungsrisiken bei Kindern, die sich in der Wachstumsphase befinden, schwerer und langfristiger auswirken als bei Erwachsenen. Auch haben Kinder in der Regel *zwei* Eltern als gesetzliche Stellvertreter (doppelte Stellvertreterschaft), was die formale

Feststellung der Einwilligung erschwert. Zudem sind insbesondere ältere Minderjährige im Unterschied zu anderen vulnerablen Gruppen zumindest bedingt einwilligungsfähig und insofern in die Aufklärungsgespräche einzubeziehen. Zu berücksichtigen ist allerdings auch ein anderer Aspekt: Kinder sind ‚therapeutische Waisen', d. h. nur ein kleiner Teil der auf dem deutschen Markt zugelassenen Arzneimittel ist derzeit für Kinder und die spezifische Pharmakokinetik und Pharmakodynamik des kindlichen Organismus geprüft und zugelassen. Dieser höchst unbefriedigende Umstand spricht nach Ansicht vieler Experten gegen einen kategorischen Ausschluss Minderjähriger von medizinischer Forschung.

Einen Sonderfall stellt die Forschung an menschlichen Leichen dar. Gerade sie ist juristisch und ethisch bislang unterbestimmt (Groß 2014, 397–402).

4. *Einhaltung forschungsrelevanter Gesetze und sonstiger rechtlicher Vorgaben:* In Deutschland existiert bis heute keine eigenständige Kodifikation biomedizinischer Forschung. Regelungen zu Versuchen am Menschen finden sich in einer Vielzahl von Gesetzen. Relevant sind unter anderem das (für die Durchführung klinischer Studien mit Medikamenten maßgebliche) Arzneimittelgesetz (Nicklas-Faust 2007, 229–243), das Medizinproduktegesetz (MPG), die Strahlenschutzverordnung, die Röntgenverordnung, das Ärztliche Berufsrecht, das Gewebegesetz (für die Verwendung von Geweben und Zellen), das Transplantationsgesetz und das Embryonenschutzgesetz. Vereinheitlichungsbedarf besteht aber auch gerade auf internationaler Ebene. Aus Gründen der Rechtsverbindlichkeit wird in Fällen multinationaler Forschung auf das ‚Territorialprinzip' rekurriert, d. h. entscheidend sind die rechtlichen Vorgaben in dem Land, in dem die Studie formal angesiedelt ist. Doch gerade diese Praxis lädt zu Missbrauch ein: So sind Fälle bekannt, in denen multinationale Studien gezielt in einem Staat mit vergleichsweise liberaler bzw. lückenhafter Gesetzgebung ‚verortet' werden, so dass unter Umständen nur der ethische Minimalstandard eingehalten werden muss. Im Übrigen ist die Norm, geltende Gesetze nicht zu verletzen, für sich genommen noch keine hinreichende Bedingung ethischen Handelns; vielmehr ist der einzelne Forscher gefordert, sein Tun jeweils ethisch zu reflektieren.

5. *Verpflichtung auf Regeln guter wissenschaftlicher Praxis:* Nicht primär am Schutz der Versuchspersonen orientiert ist die Selbstverpflichtung des Forschers auf wissenschaftliche Seriosität im Sinne eines „Ethos der epistemischen Rationalität" (Nida-Rümelin 2005, 834–860). Sie zeigt sich in der Wahrung anerkannter wissenschaftlicher Grundsätze (Groß 2010). Die Verpflichtung auf derartige Regeln scheint umso bedeutsamer, als der wissenschaftlich tätige Arzt in einer zwiespältigen Doppelfunktion auftritt: als Forscher und als ärztlicher Betreuer bzw. Behandler von Patienten (Fangerau 2012, 283–300). Zu den Regeln guter wissenschaftlicher Praxis gehört es auch, Fehlverhalten *(scientific misconduct)* zu sanktionieren. Hierzu zählen das Fälschen von Daten und Ergebnissen, von Forschungsanträgen, -protokollen und -resultaten, die Vernachlässigung der Aufsichtspflicht, die Verletzung daten- und personenschutzrechtlicher Bestimmungen, die Verletzung geistigen Eigentums (Autoren- bzw. Ideendiebstahl), die Sabotage, bzw. Veruntreuung wissenschaftlicher Arbeit, eine von fremden Interessen geleitete (und damit nicht ergebnisoffene) Forschung, die Nichtveröffentlichung von Ergebnissen, die den Interessen des Auftraggebers (z. B. Pharmaindustrie) zuwiderlaufen, oder die Durchführung einer Studie, die nicht durch eine hinreichende Kompetenz bzw. entsprechendes Fachwissen der beteiligten Leiter bzw. Wissenschaftler getragen ist (Heubel 2016, 327).

Während die Notwendigkeit der Wahrung guter wissenschaftlicher Praxis weithin unwidersprochen ist, wird die Frage danach, auf welchem *Weg* man zu diesem Ziel gelangt, durchaus kontrovers diskutiert (Sponholz 2004, 160–174; Sponholz/Baitsch/Richter 2000; Thielemann 2005, 31–45): Der klassische Ansatz geht aus von der Folgsamkeit der Akteure (‚Compliance'-Ansatz) und sanktioniert die Nichtbefolgung der aufgestellten Regeln (Verhinderungslogik). Das Gegenkonzept wird als ‚Integrity'-Ansatz beschrieben: Ziel ist es hierbei, die Betroffenen für gemeinsame Werte, Normen und Spielregeln zu sensibilisieren – mit dem Ziel der Stärkung des eigenverantwortlichen Handelns (Ermöglichungslogik).

97.4 Voraussetzungen der Forschung am Menschen und die Rolle der Ethik-Kommissionen

Vor dem Hintergrund der vorgenannten Problemfelder und ethischen Normen ist die Forschung am Menschen an eine Reihe konkreter Voraussetzungen zu knüpfen (Bundesgesetz 2011; Frewer/Schmidt 2007):

- Forschung am Menschen ist nur erlaubt, wenn eine entsprechende Zustimmung eines einwilligungsfähigen Patienten bzw. Probanden nach vollständiger Aufklärung vorliegt *(informed consent)*.
- Die Risiken und Belastungen für die teilnehmenden Personen dürfen nicht in einem Missverhältnis zum Nutzen des Forschungsvorhabens stehen *(Risiko-Nutzen-Bewertung)*.
- Forschung mit vulnerablen Personen(gruppen) sollte nur dann erwogen und ggf. durchgeführt werden, wenn auf anderem Weg keine gleichwertigen Erkenntnisse in Bezug auf diese Gruppe gewonnen werden können *(Subsidiaritätsprinzip)*.
- Mit den verwendeten Personendaten muss vertraulich umgegangen werden. Ein Forschungsprojekt mit unverschlüsselten Personendaten darf nur dann erwogen und ggf. durchgeführt werden, wenn mit anonymisierten oder verschlüsselten Materialien oder Personendaten nicht gleichwertige Erkenntnisse gewonnen werden können *(Personen- und Datenschutz)*.
- Forschung am Menschen muss auf dem aktuellen Stand der Wissenschaft beruhen, die wissenschaftlichen Qualitätskriterien und die Grundsätze wissenschaftlicher Praxis erfüllen *(Wissenschaftliche Qualität und gute wissenschaftliche Praxis)*.
- Die Teilnahme an einem Forschungsprojekt mit direktem Nutzen ist unentgeltlich; die Teilnahme an einem Forschungsprojekt ohne direkten Nutzen darf entgolten werden *(Entgeltlichkeit)*.
- Forschungsprojekte müssen transparent gestaltet und dokumentiert werden. Dies sollte u. a. durch ein öffentlich zugängliches Studienregister, das alle bewilligten Forschungsprojekte und eine Zusammenfassung ihrer Ergebnisse enthält, gewährleistet werden *(Transparenz, Dokumentationspflicht)*.

Eine unabhängige Überprüfung des Forschungsvorhabens muss ergeben haben, dass der Schutz der teilnehmenden Personen gewährleistet ist. Diese Überprüfung erfolgt in Deutschland und in vielen anderen Staaten durch unabhängige Ethikkommissionen (Doppelfeld/Hasford 2019, 682–689; Bobbert/Scherzinger 2019). Sie erstellen auf der Grundlage gesetzlich festgelegter Kriterien ein schriftliches Votum für oder gegen das beantragte Forschungsvorhaben *(Unabhängige Überprüfung durch Ethik-Kommissionen)*.

Unbeschadet der beschriebenen, bereits etablierten Voraussetzungen ist die Normierung der Forschung am Menschen als zeit- und kontextabhängiger Prozess anzusehen, der einer steten Überprüfung und Weiterentwicklung und einer fortgesetzten diskursiven Begleitung bedarf. Die eigentliche Herausforderung besteht darin, die bestehenden Normen auf den konkreten Fall anzuwenden.

Literatur

Baader, Gerhard: „Menschenversuche in der Medizin." In: Therese Neuer-Miebach, Michael Wunder (Hg.): Bio-Ethik und die Zukunft der Medizin. Bonn 1998, 33–43.

Baumann, Stefanie M.: Menschenversuche und Wiedergutmachung. Der lange Streit um Entschädigung und Anerkennung der Opfer nationalsozialistischer Humanexperimente. Oldenbourg 2009.

Böhme, Gernot/LaFleur, William R./Shimazono, Susumu (Hg.): Fragwürdige Medizin. Unmoralische Forschung in Deutschland, Japan und den USA im 20. Jahrhundert. Frankfurt a.M./New York 2008.

Bobbert, Monika/Scherzinger, Gregor (Hg.): Gute Begutachtung? Ethische Perspektiven der Evaluation von Ethikkommissionen zur medizinischen Forschung am Menschen. Wiesbaden 2019.

Bundesgesetz über die Forschung am Menschen (Humanforschungsgesetz, HFG) vom 30. September 2011. Beschluss der Bundesversammlung der Schweizerischen Eidgenossenschaft. In: https://www.admin.ch/opc/de/official-compilation/2013/3215.pdf (02.10.2019)

Dederich, Markus: „Ethische Aspekte der Forschung an Menschen mit geistiger Behinderung." In: Teilhabe 56. Jg., 1 (2017), 4–10.

Doppelfeld, Elmar: „Regelungen des Europarates für die medizinische Forschung. Harmonisierte Standards auf internationaler Ebene." In: Andreas Frewer, Ulf Schmidt (Hg.): Standards der Forschung. Historische Entwicklung und ethische Grundlagen klinischer Studien. Frankfurt a.M. 2007, 163–179.

Doppelfeld, Elmar/Hasford, Joerg: „Medizinische Ethikkommissionen in der Bundesrepublik Deutschland: Entstehung und Einbindung in die medizinische Forschung." In: Bundesgesundheitsblatt – Gesundheitsforschung – Gesundheitsschutz 62. Jg., 6 (2019), 682–689.

Elkeles, Barbara: Der moralische Diskurs über das medizinische Menschenexperiment im 19. Jahrhundert. Stuttgart/Jena/New York 1996.

Fangerau, Heiner: „Ethik in der medizinischen Forschung." In: Stefan Schulz, Klaus Steigleder, Heiner Fangerau, Norbert Paul (Hg.): Geschichte, Theorie und Ethik der Medizin. Eine Einführung. 3. Aufl. Frankfurt a.M. 2012, 283–300.

Frewer, Andreas/Schmidt, Ulf (Hg.): Standards der Forschung. Historische Entwicklung und ethische Grundlagen klinischer Studien. Frankfurt a.M. u.a. 2007.

Fuchs, Michael et al.: Forschungsethik. Eine Einführung. Stuttgart 2010.

Groß, Dominik: „Ethische Grenzen humanmedizinischer Forschung." In: Volker Schumpelick, Bernhard Vogel (Hg.): Innovationen in Medizin und Gesundheitswesen. Freiburg i.Br. 2010, 415–439.

Groß, Dominik: „Verstorbene, Forschung an Leichen." In: Christian Lenk, Gunnar Duttge, Heiner Fangerau (Hg.): Handbuch Ethik und Recht der Forschung am Menschen. Berlin/Heidelberg 2014, 397–402.

Groß, Dominik: „Nürnberger Kodex." In: Christian Lenk, Gunnar Duttge, Heiner Fangerau (Hg.): Handbuch Ethik und Recht der Forschung am Menschen. Berlin/Heidelberg 2014, 559–563.

Heinrichs, Bert: Forschung am Menschen. Berlin/New York 2006.

Helmchen, Hanfried (Hg.): Ethik psychiatrischer Forschung. Heidelberg 2013.

Heubel, Friedrich: „Humanexperimente." In: Marcus Düwell, Klaus Steigleder (Hg.): Bioethik. Eine Einführung. 4. Aufl. Frankfurt a.M. 2016, 323–332.

Höffe, Otfried: „Forschungsethik." In: Wilhelm Korff, Lutwin Beck, Paul Mikat (Hg.): Lexikon der Bioethik, Bd. 1. Gütersloh 1998, 765–769.

Jansen, Scarlett: Forschung an Einwilligungsunfähigen. Insbesondere strafrechtliche und verfassungsrechtliche Aspekte der fremdnützigen Forschung. Berlin 2015.

Klinnert, Lars: Der Streit um die europäische Bioethik-Konvention. Zur kirchlichen und gesellschaftlichen Auseinandersetzung um eine menschenwürdige Biomedizin. Göttingen 2009.

Knoepffler, Nikolaus: „Forschung: Ethische Normen angesichts medizinischer Forschung am Menschen". In: Bundesgesundheitsblatt – Gesundheitsforschung – Gesundheitsschutz 51. Jg., 8 (2008), 880–886.

Lederer, Susan: „Forschung ohne Grenzen: Die Ursprünge der Deklaration von Helsinki." In: Andreas Frewer, Ulf Schmidt (Hg.): Standards der Forschung. Historische Entwicklung und ethische Grundlagen klinischer Studien. Frankfurt a.M. 2007, 93–114.

Maio, Giovanni: „Forschung am Menschen." In: Giovanni Maio: Mittelpunkt Mensch: Ethik in der Medizin. Ein Lehrbuch. Stuttgart 2012, 291–305.

Mitscherlich, Alexander/Mielke, Fred (Hg.): Medizin ohne Menschlichkeit. Dokumente des Nürnberger Ärzteprozesses. 19. Aufl. Frankfurt a.M. 2017.

Neitzke, Gerald: „Ethik und Qualitätssicherung medizinischer Forschung. Moralischer Anspruch und Umsetzung der Deklaration von Helsinki." In: Andreas Frewer, Ulf Schmidt (Hg.): Standards der Forschung. Historische Entwicklung und ethische Grundlagen klinischer Studien. Frankfurt a.M. 2007, 229–243.

Nicklas-Faust, Jeanne: „Die Arbeit der Ethikkommission nach dem neuen Arzneimittelgesetz – vereinbar mit den Grundsätzen der Deklaration von Helsinki?" In: Andreas Frewer, Ulf Schmidt (Hg.): Standards der Forschung. Historische Entwicklung und ethische Grundlagen klinischer Studien. Frankfurt a.M. 2007, 229–243.

Nida-Rümelin, Julian: „Wissenschaftsethik". In: Julian Nida-Rümelin (Hg.): Angewandte Ethik. Die Bereichsethiken und ihre theoretische Fundierung. 2. Aufl. Stuttgart 2005, 834–860.

Pethes, Nicolas/Birgit Giresecke/Marcus Krause/Katja Sabisch (Hg.): Menschenversuche. Eine Anthologie 1750–2000. Frankfurt a.M. 2008.

Pigeot, Iris/Foraita, Ronja/Frömke, Cornelia et al.: „Ethische Bewertung von Studien am Menschen außerhalb des regulatorischen Rahmens: nicht bindend, aber von großer Wichtigkeit". In: Bundesgesundheitsblatt – Gesundheitsforschung – Gesundheitsschutz 62. Jg., 6 (2019): 722–772.

Reimer, Felix: Die Forschungsverfügung. Eine Untersuchung zu antizipierten Verfügungen in der Humanforschung unter besonderer Berücksichtigung der Arzneimittelforschung mit Demenz- und Notfallpatienten. Berlin/Heidelberg 2017.

Reitinger, Elisabeth/Pichler, Barbara/Egger, Barbara et al.: „‚Mit' Menschen mit Demenz forschen – ethische Reflexionen einer qualitativen Forschungspraxis zur Mobilität im öffentlichen Raum". In: Forum Qualitative Sozialforschung 19. Jg., 3 (2018).

Roelcke, Volker: „Introduction: Historical Perspectives on Human subjects research during the 20th Century." In: Volker Roelcke, Giovanni Maio (Hg.): Twentieth century ethics of human subjects research: historical perspectives on values, practices, and regulations. Stuttgart 2004, 11–18.

Roelcke, Volker/Maio, Giovanni (Hg.): Twentieth Century Ethics of Human Subjects Research. Historical Perspectives on Values, Practices, and Regulations. Stuttgart 2004.

Schöne-Seifert, Bettina: Grundlagen der Medizinethik. Stuttgart 2007.

Sponholz, Gerlinde: „Wissenschaftliches Fehlverhalten – und was dann?" In: Ethik in der Medizin 16. Jg., 2 (2004), 160–174.

Sponholz, Gerlinde/Baitsch, Helmut/Richter, Gerd: „Praktische Forschungsethik." In: Urban Wiesing, Alfred Simon, Dietrich von Engelhardt (Hg.): Ethik in der medizinischen Forschung. Stuttgart 2000, 137–148.

Thielemann, Ulrich: „Compliance und Integrity – Zwei Seiten ethisch integrierter Unternehmenssteuerung. Lektionen aus dem Compliance-Management einer Großbank." In: Zeitschrift für Wirtschafts- und Unternehmensethik 6. Jg., 1 (2005), 31–45.

Toellner, Richard: „Die historischen Bedingungen für das Entstehen von Ethikkommissionen". In: Arzt und Krankenhaus 4. (1981), 155–157.

Washington, Harriet A.: Medical Apartheid. The Dark History of Medical Experimentation on Black Americans from Colonial Times to the Present. New York 2006.

Weindling, Paul: „No mere murder Trial." In: Volker Roelcke, Giovanni Maio (Hg.): Twentieth century ethics of human subjects research: historical perspectives on values, practices, and regulations. Stuttgart 2004, 167–180.

Wiesing, Urban/Marckmann, Georg: „Behandlung von Patienten in klinischen Studien." In: Georg Marckmann (Hg.): Praxisbuch Ethik in der Medizin. Berlin 2015, 181–189.

Wiesing, Urban/Parsa-Parsi, Ramin: „Die neue Deklaration von Helsinki, verabschiedet in Fortaleza 2013." In: Ethik in der Medizin 26. Jg., 2 (2014), 161–166.

WMA Declaration of Helsinki – Ethical Principles for Medical Research Involving Human Subjects. In: https://www.wma.net/policies-post/wma-declaration-of-helsinki-ethical-principles-for-medical-research-involving-human-subjects/ (02.10.2019)

98

Schwangerschaftsabbruch und Empfängnisverhütung

Sigrid Graumann

98.1 Die politische und ethische Kontroverse

Der ‚Abtreibungsstreit' berührt die Verständigung über die normativen Grundlagen moderner Gesellschaften in besonderer Weise. In den Debatten über den Schwangerschaftsabbruch werden nicht nur Fragen selbstbestimmter Familienplanung und der Schutzwürdigkeit ungeborenen Lebens verhandelt, sondern auch Fragen der Sexualmoral, der Rolle der Frau in der Gesellschaft, der Geschlechtergerechtigkeit, der Bevölkerungskontrolle, des Lebensrechts von Menschen mit Behinderung und sogar des Geltungsanspruchs der Menschenwürde als oberstem Verfassungsprinzip und Grund universeller Menschenrechte. Der Zugang zu sicheren Abbruchsmöglichkeiten ist eine geltende, wenn auch international umstrittene, Menschenrechtsnorm, die als Teil ‚reproduktiver Gesundheit' verstanden wird.

In Bezug auf den Grund für Schwangerschaftskonflikte wird unterschieden zwischen ungewollt eingetretenen Schwangerschaften und ursprünglich erwünschten Schwangerschaften, die auf Grund der pränatalen Diagnostik einer Behinderung des Kindes in Frage gestellt werden. Schwangerschaftsabbrüche nach Pränataldiagnostik finden zudem oft in der weit fortgeschrittenen Schwangerschaft statt. Im Mittelpunkt der ethischen Diskussion des Schwangerschaftsabbruchs stehen der moralische Status von Embryonen und Föten, das Entscheidungsrecht von Frauen und, im Fall von Abbrüchen nach Pränataldiagnostik, die Diskriminierung von Menschen mit Behinderung. Dabei ist in vielen philosophisch-ethischen Beiträgen eine individualethische Engführung auf die Beurteilung einzelner Entscheidungen festzustellen. Um der großen gesellschaftlichen und politischen Bedeutung Rechnung zu tragen, sollte aber vor allem auch die sozialethische Beurteilung von Praktiken des Schwangerschaftsabbruchs und ihrer gesetzlichen Regulierung diskutiert werden. Hierfür ist eine historische Einordnung unerlässlich.

98.2 Geschichte und gesellschaftliche Bedeutung

Wenn von Abtreibung vor Ende des 19. Jahrhunderts die Rede war, waren nur späte Schwangerschaftsabbrüche (Vorliegen einer kindlichen Leiche) gemeint. Erst im 19. Jahrhundert waren die vorgeburtlichen Entwicklungsstadien soweit objektiviert und differenziert, dass frühe Schwangerschaftsabbrüche

S. Graumann (✉)
Evangelische Hochschule Rheinland-Westfalen-Lippe, Bochum, Deutschland
E-Mail: graumann@evh-bochum.de

in den Blick kamen. Motiviert durch den Neomalthusianismus und die Eugenikbewegung wurden seit Ende des 19. Jahrhunderts moderne Empfängnisverhütungsmittel und chirurgische Abtreibungsmethoden entwickelt. Schwangerschaftsabbrüche waren trotz ihrer Kriminalisierung eine gängige Praxis der Geburtenregulierung (vgl. Bergmann 1992).

Seit dem Erlass des Strafgesetzbuchs des Deutschen Reichs 1871 wurden Abtreibungen nach dem § 218 mit bis zu fünf Jahren Zuchthaus bestraft. Der ‚Abtreibungsparagraph' brachte nicht nur Ärzte, Hebammen und andere Abtreibungshelfer sondern vor allem auch Frauen ins Zuchthaus. Dabei war der Schwangerschaftsabbruch immer auch eine Klassenfrage (von Behren 2019). Vor diesem Hintergrund entwickelte sich eine erhitzte gesellschaftliche Kontroverse, in der einerseits von konservativ-bürgerlicher Seite die ‚Abtreibungsseuche', die den Tod unzähliger ungeborener Kinder bedingte, und andererseits von sozialistischer und frauenpolitischer Seite der ‚Unrechtsparagraph 218', der die Not der Arbeiterfamilien ignorierte, problematisiert wurden. 1926/27 wurde die Strafandrohung auf Gefängnisstrafe gemildert, und der Schwangerschaftsabbruch blieb nun bei einer Gefährdung des Lebens der Schwangeren (medizinische Indikation) straflos. In der NS-Zeit wurde 1943 eine Verordnung erlassen, die Abtreibung mit der Todesstrafe bedrohte, wenn die Handlung „die Lebenskraft des deutschen Volkes beeinträchtigt". ‚Rassenhygienisch' motivierte (Zwangs-) Abtreibungen waren davon ausgenommen. Nach dem Krieg galt wieder der ‚alte' § 218, dessen restriktive Regelungen bis in die 1970er Jahre in Kraft blieben.

Die sogenannte Fristenregelung, wonach ein Abbruch in den ersten drei Schwangerschaftsmonaten erlaubt ist, wurde 1972 zunächst in der DDR und nach einer langen und kontroversen politischen Debatte 1974 dann auch in der BRD erlassen – wo sie allerdings anschließend vom Bundesverfassungsgericht teilweise für unwirksam erklärt wurde (1. Fristenurteil 1975). 1975 wurde in der BRD dann das Indikationenmodell verabschiedet. Danach war ein Schwangerschaftsabbruch beim Vorliegen einer von vier Indikationen (bei der sozialen und kriminologischen Indikation bis zur 12. Woche, bei der embryopathischen Indikation bis zur 22. Woche und bei der medizinischen Indikation ohne Begrenzung) erlaubt. Nach der Wiedervereinigung wurde 1992 erneut das Indikationenmodell durch die Fristenlösung mit Beratungspflicht ersetzt, jedoch wieder in Teilen vom Bundesverfassungsgericht für nichtig erklärt (2. Fristenurteil 1993) (vgl. von Behren 2019).

Heute ist ein Schwangerschaftsabbruch innerhalb der ersten zwölf Schwangerschaftswochen ohne spezielle Indikation zwar *rechtswidrig*, nach einer Pflichtberatung aber *straffrei* möglich. Die embryopathische Indikation, die aufgrund der raschen Durchsetzung der Pränataldiagnostik zunehmend an Bedeutung gewann, wurde wegen ihrer diskriminierenden Implikationen für behinderte Menschen gestrichen, in der Praxis allerdings unter die medizinische Indikation subsumiert: Heute ist der Abbruch einer Schwangerschaft auf Grund der angenommenen psychischen Belastung der Frau durch ein behindertes Kind, bis zum Einsetzen der Geburtswehen *rechtmäßig*. Für die Praxis heißt das: Wenn ein behindertes Kind lebend zur Welt kommt, genießt es umfassenden Lebensschutz. Wenn die Behinderung aber vor der Geburt diagnostiziert wird, kann die Schwangerschaft auch dann noch abgebrochen werden, wenn das Kind mit medizinischer Hilfe überleben könnte. In jüngster Zeit wurde die ethische Problematik dieser sogenannten Spätabbrüche Gegenstand einer Gesetzesinitiative. Mit dem Ziel, verantwortungsvolle Entscheidungen zu fördern, wurden 2010 die behandelnden Ärzte bei einem auffälligen pränatalen Befund zu einer umfassenden und ergebnisoffenen Beratung der Schwangeren verpflichtet. Außerdem ist seitdem eine Wartezeit von drei Tagen zwischen Diagnose und Indikationsstellung einzuhalten (§ 2 SchKG).

Soziologen schließen aus der historischen Betrachtung, dass die moralisch-politische Problematisierung und die strafrechtliche Verfolgung des Schwangerschaftsabbruchs ein Phänomen der modernen Gesellschaft ist (vgl. Duden 1987).

Dabei konnte die strafrechtliche Verfolgung die Praxis der Abtreibung als Massenphänomen kaum einschränken. Die heutige Praxis später Schwangerschaftsabbrüche bei gleichzeitiger Behandlungspflicht lebend geborener Kinder deutet auf die Institutionalisierung der Geburt als ultimative Grenzziehung hin, ab der wir es mit sozialen Personen mit gleicher Würde und gleichen Rechten zu tun haben (vgl. Lindemann 2009). Dem Embryo bzw. Fötus vor der Geburt wird offenbar zwar eine grundsätzliche Schutzwürdigkeit, jedoch noch nicht der Status als Subjekt mit gleichen Rechten zugeschrieben. Ein solcher Kandidatenstatus aber ist zwangsläufig normativ unterbestimmt und damit konfliktträchtig. Luc Boltanski folgend erhält ein Fötus erst dann einen besonderen Status, wenn zur naturhaften Zeugung eine Bestätigung als ‚elterliches Projekt' kommt. Allerdings konnte die gesetzliche Liberalisierung der Abtreibung den Konflikt zwischen Lebensschutz und Frauenrechten nicht auflösen (vgl. Boltanski 2007).

98.3 Sind Schwangerschaftsabbrüche ethisch zu rechtfertigen?

In der philosophisch-ethischen Diskussion werden die historischen, gesellschaftlichen und politischen Kontexte der Praxis und gesetzlichen Regulierung des Schwangerschaftsabbruchs meist generell ausgeklammert. Diskutiert wird, ob individuelle Abbruchshandlungen ethisch gerechtfertigt sind, welchen ‚moralischen Status' menschliche Embryonen und Föten haben (Warren 2005) und wie die Rechte und Interessen der Frau gegenüber dem Lebensschutz zu gewichten sind. Dabei können liberale, konservative und vermittelnde Positionen unterschieden werden.

Vertreter der *liberalen Position* rechtfertigen Schwangerschaftsabbrüche in der Regel mit der folgenden Argumentation (Tooley 2009, 10–11): (1) Nur Personen haben ein Recht auf Leben. (2) Menschliche Wesen vor der Geburt sind keine Personen, weil ihnen für Personalität wesentliche Eigenschaften wie Selbstbewusstsein, Rationalität und Handlungsfähigkeit fehlen. (3) Menschliche Wesen vor der Geburt haben kein Recht auf Leben. (4) Sie zu töten ist daher nicht *prima facie* moralisch unzulässig. (5) Der Abbruch einer Schwangerschaft ist immer dann moralisch richtig, wenn dies der selbstbestimmten Wahl der Frau entspricht. Diese ‚Pro Choice'-Position wird sowohl von Präferenzutilitaristen (Kuhse/Singer 2001) als auch von Kontraktualisten (Hoerster 1991) vertreten. Demzufolge könnten aber auch viele geborene Menschen nicht als Personen gelten. Die Tötung von Neugeborenen, kleinen Kindern und kognitiv beeinträchtigen Menschen müsste in einer Güterabwägung gegebenenfalls auch als moralisch zulässig angesehen werden (Marquis 1989). Damit aber geraten Vertreter der genannten Argumentation mit der institutionalisierten Grenze der Geburt als Beginn der Existenz sozialer Personen, für die das universelle Tötungsverbot gilt, in Konflikt.

Vertreter der *konservativen Position* gehen davon aus, dass jedes menschliche Wesen von der Zeugung an ein Recht auf Leben hat. Solche Positionen werden entweder religiös begründet (vor allem in politischen, weniger in akademisch-ethischen Debatten) oder sie beziehen sich ebenfalls darauf, dass Personen ein Recht auf Leben haben, fordern für den Status als Person aber nicht aktuell entwickelte sondern lediglich potenzielle Personenmerkmale (Wolf-Devine/Devine 2009). Marquis begründet das Recht auf Leben von Embryonen und Föten damit, dass auch wir selbst unserer Zukunft einen äußerst hohen Wert beimessen und das Recht auf Leben Voraussetzung für jedes menschliche Wesen ist, überhaupt eine Zukunft zu haben (Don Marquis 1989). Wegen dieser besonderen Relevanz des Rechts auf Leben gewichten ‚Pro Life'-Positionen das Lebensrecht von Embryonen und Föten höher als die Rechte und Interessen der Frau. Sie beurteilen einen Schwangerschaftsabbruch immer dann als moralisch falsch, wenn nicht gleichrangige Güter wie die Gesundheit oder das Leben der Frau auf dem Spiel stehen.

Die meisten *vermittelnden Positionen* gehen von einem Recht auf Leben von Embryonen und Föten aus, relativieren dieses aber und gewichten es geringer als die Rechte der Frau. Michael

Boylan schlägt z. B. vor, volle Personalität, mögliche Personalität und potenzielle Personalität zu unterscheiden (Boylan 2000, 301–305). Andere Autoren gehen von einem kontinuierlich zunehmenden ‚moralischen Status' aus (Steigleder 2006, 328–332). Die Abwägung der abgestuften Schutzwürdigkeit von Embryonen und Föten mit den Rechten der Frau führt diese Positionen dazu, frühe Abbrüche ungewollter Schwangerschaften in sozialen Notlagen als moralisch zulässig zu beurteilen, spätere Abbrüche nur in Abhängigkeit vom moralischen Gewicht der dafür vorgebrachten Rechtfertigungsgründe wie der Gesundheit der Frau oder einer Behinderung des Kindes.

Der Vorteil dieser Positionen ist, dass sie sowohl den moralischen Intuitionen vieler Bürger als auch den geltenden strafrechtlichen Regelungen, in denen Embryonen und Föten eine Art ‚Kandidatenstatus' für soziale Personen zukommt, nicht widersprechen. Allerdings weist keine der vermittelnden Positionen überzeugend aus, in welchen Fällen der Schutz des Lebens des ungeborenen Kindes einen *strafrechtlich sanktionierten Zwang zur Austragung der Schwangerschaft* ethisch rechtfertigen kann, und inwiefern dabei bestimmte Entwicklungsstufen (z. B. Vollendung der Organentwicklung, eigenständige Lebensfähigkeit) in Verbindung mit bestimmten Rechtfertigungsgründen (z. B. andere Lebenspläne, soziale Notlage, Vergewaltigung, Gesundheit der Frau oder Behinderung des Kindes) urteilsrelevant sein sollen.

Gegen all drei Positionen spricht, dass der Schwangerschaftsabbruch wie eine ‚gewöhnliche' Tötungshandlung behandelt wird: Als soziale Akteure, die in der ethischen Urteilsbildung zu berücksichtigen sind, werden kontrafaktisch eigenständige Individuen angenommen, die sich unverbunden gegenüberstehen und sich gegenseitig nicht töten dürfen. Das universelle Tötungsverbot würde dann nicht gelten, wenn – im Fall der liberalen Position – das Gegenüber nicht als sozialer Akteur gelten kann, oder – im Fall der konservativ vermittelnden Positionen – keinen gleichberechtigten Akteursstatus beanspruchen kann (s. Kap. 87). Fragwürdig ist dabei aber, dass davon abstrahiert wird, dass es sich bei einer Schwangerschaft um eine asymmetrische Beziehung handelt, in der der Embryo oder Fötus mit der Frau aufs Engste leiblich verbunden und vollständig davon abhängig ist, von ihr genährt und versorgt zu werden (Rhodes 1999).

Den Schwangerschaftsabbruch als einfache Tötungshandlung zu betrachten, stellt Judith Thomson mit ihrem fiktiven Geigerbeispiel in Frage. Sie nimmt zunächst an, die Konservativen hätten recht damit, dass jedes menschliche Lebewesen eine Person ist und ein Recht auf Leben hat. Sie fordert ihre Leserinnen und Leser dazu auf, sich vorzustellen, man sei gekidnappt und betäubt worden, wache im Krankenhaus auf und sei angeschlossen an einen berühmten Geiger mit Nierenversagen. Dieser könne nur verbunden mit dem eigenen Blutkreislauf überleben und würde binnen neun Monaten genesen. Wenn man verlangen würde, auf der Stelle von dem Geiger getrennt zu werden, hätte dies unweigerlich dessen Tod zur Folge. Thomson will damit zeigen, dass wir es zwar für moralisch lobenswert halten, neun Monate unseres Lebens für eine andere Person zu opfern, dazu aber nicht gezwungen werden dürfen, auch wenn deren Leben auf dem Spiel steht (Thomson 2001, 26–27). Gegen ihre Argumentation wurde von konsequenten Lebensschutzpositionen vorgebracht, sie sei lebensfern. Dessen ungeachtet weist Thomson aber zu Recht darauf hin, dass das postulierte Lebensrecht von Embryonen und Föten mit einer Verpflichtung der schwangeren Frau korrespondiert, die eigens zu begründen ist. Rosamond Rhodes zu Folge hängt die Verpflichtung der Frau, ein ungeborenes Kind zu nähren und zu versorgen, aber davon ab, ob sie die Schwangerschaft akzeptiert hat. Im Falle einer ungewollt eingetretenen Schwangerschaft sei dies nicht unbedingt der Fall (Rhodes 1999).

98.4 Welche gesetzliche Regulierung ist ethisch vertretbar?

Einige Autoren suchen nach Auswegen aus dem unauflösbaren Konflikt zwischen den ‚reinen Lehren'. Dan Moller sieht ‚moralische

Risiken' darin, entweder die Rechte von Frauen oder den Lebensschutz zu opfern. Statt eine der Positionen durchzusetzen, schlägt er vor, geeignete politische Maßnahmen zu ergreifen, um Schwangerschaftsabbrüche nach Möglichkeit zu vermeiden (Moller 2011). Peter Dabrock plädiert für eine ‚Verantwortungsethik' im Umgang mit dem Schutz frühen menschlichen Lebens, die die Not der Menschen ernst nimmt, ohne den Lebensschutz gänzlich aufzugeben (Dabrock 2019).

Die meisten feministischen Beiträge zum Schwangerschaftsabbruch fragen nach der ethischen Rechtfertigung gesetzlicher Regelungen und nicht nach den individuellen Abbruchsentscheidungen. Dabei betonen sie die besondere Beziehung einer schwangeren Frau zu ihrem ungeborenen Kind. So argumentiert Alison Jaggar der UN-Frauenrechtskonvention entsprechend (vgl. Klein/Wapler 2019), dass das Vorenthalten sicherer und schonender Abbruchsmethoden die Rechte der Frau auf Leben und körperliche Integrität verletzen würde. Frauen fänden in Notlagen trotz Strafandrohung immer Mittel und Wege zum Schwangerschaftsabbruch, würde dafür aber oft ihre Gesundheit oder ihr Leben opfern (Jaggar 2009, 144–145). Aus behindertenpolitischer Sicht wird vor allem der diskriminierende Charakter von Schwangerschaftsabbrüchen nach Pränataldiagnostik kritisiert, weil mit den Angeboten der Pränataldiagnostik die Erwartung an werdende Eltern verbunden sei, gegebenenfalls die Schwangerschaft mit einem behinderten Kind abzubrechen (Parens/Ash 2000).

Die meisten feministischen Positionen halten die Anerkennung des Schwangerschaftskonflikts als moralisches Dilemma mit einer Parteilichkeit für die ungewollt schwangere Frau für vereinbar, weil sie die Schwangerschaft als einzigartige Beziehung anerkennen. Damit werden die Entscheidungsnöte ungewollt schwangerer Frauen nicht – wie in liberalen Argumentationen – trivialisiert, sondern in ihrer subjektiven Bedeutsamkeit für die betroffenen Frauen (vgl. Boltanski 2007) ernst genommen.

Aus Sicht einer kantischen Ethik können diese Positionen wie folgt rekonstruiert werden:

Ein Fötus kann sein Lebensrecht nicht eigenständig wahrnehmen, sondern nur in engster leiblicher Beziehung mit der schwangeren Frau realisieren. Sein Lebensrecht ist primär als Anspruchsrecht zu verstehen, dem die Sorgepflicht der Frau gegenübersteht, die, zumindest bis zur extrauterinen Lebensfähigkeit, nicht durch eine andere Person ersetzt werden kann. Sorgepflichten aber sind Wohltätigkeitspflichten, die nicht von außen erzwungen werden dürfen. Das Erzwingen der Übernahme von Wohltätigkeitspflichten verletzt die Rechte der gezwungenen Person. Innerhalb von bestehenden Sorgebeziehungen wie der Eltern-Kind-Beziehung sehen wir die Erfüllung von Sorgepflichten zwar als verbindlich an, sofern sie die Rolle als Eltern akzeptiert haben. Für das Eingehen und Aufrechterhalten von Sorgebeziehungen aber muss Freiwilligkeit zugestanden werden. Dass Frauen auch in modernen westlichen Gesellschaften bis in jüngste Zeit keineswegs immer selbstbestimmt entscheiden konnten, für abhängige Familienmitglieder zu sorgen, wird heute im Allgemeinen als Verletzung von Frauenrechten angesehen. Dazu kommt, dass eine Schwangerschaft in hohem Maße die körperliche und psychische Integrität einer Frau berührt. Wenn eine Frau zum Austragen einer Schwangerschaft gezwungen wird, werden ihre Rechte auf Selbstbestimmung und körperliche und psychische Integrität verletzt.

Aus dieser Sicht muss ein Schwangerschaftskonflikt zwar als moralisches Dilemma gelten, bei dem das Leben des Embryo oder Fötus zur Disposition steht, trotzdem darf die Frau zum Austragen der Schwangerschaft nicht gezwungen werden. Die politische Verantwortung im Umgang mit Schwangerschaftskonflikten würde demzufolge vor allem darin bestehen, deren Auftreten sozial-, gesundheits-, familien-, geschlechter- und behindertenpolitisch mit effektiven Mitteln entgegenzuwirken. Das bedeutet unter anderem, dass sichere und erschwingliche Empfängnisverhütungsmittel allgemein zugänglich sind und sich politische Anstrengungen darauf richten, gesellschaftliche Bedingungen zu schaffen, die geeignet sind, ungewollt schwangere Frauen (und werdende

Väter) darin zu unterstützen, sich freiwillig und selbstbestimmt für die Sorgebeziehung zu ihrem künftigen Kind – sei es behindert oder nicht – zu entscheiden (Graumann 2011).

98.5 Grenzkonflikte und offene ethische Fragen

Die zuletzt vorgestellte ethische Argumentation ist die einzige, die mit den soziologischen Befunden eines Kandidatenstatus menschlicher Embryonen und Föten und der Geburt als institutionalisierter Grenze, ab der wir es mit *eigenständigen* sozialen Personen mit gleicher Würde und gleichen Rechten zu tun haben, vereinbar ist (s. Kap. 99). Embryonen und Föten werden zwar Schutzansprüche zugestanden. Diese dürfen dieser Argumentation folgend jedoch nicht mit gesetzlichem Zwang gegen den Willen der schwangeren Frau, mit der sie in einer engsten körperlichen Abhängigkeitsbeziehung stehen, durchgesetzt werden.

Die moralischen Irritationen, die sich generell im Auftreten des Embryos und Fötus als sozialem Akteur und elterlichem Projekt sowie konkret im Umgang mit Schwangerschaftsabbrüchen, extrakorporal gezeugten Embryonen und Entscheidungskonflikten im Kontext neuer Verfahren der Pränataldiagnostik zeigen, werden sich auch künftig nicht einfach auflösen lassen. Diskursive Engführungen haben sich als wenig hilfreich erwiesen. Nur eine interdisziplinäre, kontextsensible Debatte, die konträre Positionen und Perspektiven ernst nimmt, wird zu einer gesellschaftlichen Verständigung beitragen können.

Literatur

Bergmann, Anna: Die verhütete Sexualität. Die Anfänge der modernen Geburtenkontrolle. Hamburg 1992.

Boltanski, Luc: Soziologie der Abtreibung. Frankfurt a.M. 2007.

Boylan, Michael: „The Abortion Debate in the Twenty-First Century." In: Michael Boylan (Hg.): Medical Ethics. Upper Saddle River, New Jersey 2000, 289–312.

Dabrock, Peter: „Verantwortungsethik im Umgang mit frühestem menschlichen Leben." In: Aus Politik und Zeitgeschichte 69. Jg., 20 (2019), 34–40.

Duden, Barbara: Geschichte unter der Haut. Ein Eisenacher Arzt und seine Patientinnen um 1730. Stuttgart 1987.

Graumann, Sigrid: „Zulässigkeit später Schwangerschaftsabbrüche und Behandlungspflicht von zu früh und behindert geborenen Kindern – ein ethischer Widerspruch?" In: Ethik in der Medizin 23. (2011), 123–134.

Graumann, Sigrid/Koopmann, Lisa: Neue Entwicklungen in der pränatalen Diagnostik – gesellschaftliche und ethische Fragen. In: https://kidoks.bsz-bw.de/frontdoor/index/index/docId/1352 (20.02.2020)

Hoerster, Norbert: Abtreibung im säkularen Staat. Argumente gegen den § 218. Frankfurt a.M. 1991.

Jaggar, Alison: „Abortion Rights and Gender Justice Worldwide: An Essay in Political Philosophy." In: Michael Tooley et al. (Hg.): Abortion. Three Perspectives. Oxford 2009, 120–179.

Klein, Laura/Wapler, Friederike: „Reproduktive Gesundheit und Rechte." In: Aus Politik und Zeitgeschichte 69. Jg., 20 (2019), 20–26.

Kuhse, Helga/Singer, Peter: „Killing and Letting Die." In: John Harris (Hg.): Bioethics. Oxford 2001, 42–61.

Lindemann, Gesa: „Gesellschaftliche Grenzregime und soziale Differenzierung." In: Zeitschrift für Soziologie 38. Jg., 2 (2009), 92–110.

Marquis, Don: „Why Abortion is Immoral." In: The Journal of Philosophy 86. Jg., 4 (1989), 183–202.

Moller, Dan: „Abortion and Moral Risk." In: Philosophy 86. Jg., 337 (2011), 425–443.

Parens, Erik/Asch, Adrienne: „The Disability Rights Critique of Prenatal Testing." In: Erik Paren, Adrienne Asch (Hg.): Prenatal Testing and Disability Rights. Washington D.C. 2000, 3–43.

Rodes, Rosamond: „Abortion and Assent." Cambridge Quarterly of Healthcare Ethics 8. (1999), 416–427.

Smyth, Lisa: „Feminism and Abortion Politics: Choice, Rights, and Reproductive Freedom." In: Women's Studies International Forum 25. Jg., 3 (2002), 335–345.

Steigleder, Klaus: „Ethische Probleme am Lebensbeginn." In: Stefan Schulz et al. (Hg.): Geschichte, Theorie und Ethik der Medizin. Frankfurt a.M. 2006, 306–340.

Thomson, Judith Jarvis: „A Defence of Abortion." In: John Harris (Hg.): Bioethics. Oxford 2001, 25–41.

Tooley, Michael: „Abortion: Why a Liberal View is Correct." In: Michael Tooley et al. (Hg.): Abortion. Three Perspectives. Oxford 2009, 3–64.

Usborne, Cornelie: Cultures of Abortion in Weimar Germany. New York 2007.

Von Behren, Dirk: „Kurze Geschichte des Paragraphen 2018 Strafgesetzbuch." In: Aus Politik und Zeitgeschichte 69. Jg., 20 (2019), 12–19.

Warren, Mary Anne: Moral Status. Obligations to Persons and Other Living Things. New York 2005.

Wolf-Devine, Celia/Devine, Philip: „Abortion. A Communitarian Pro-Life Perspective." In: Michael Tooley et al. (Hg.): Abortion. Three Perspectives. Oxford 2009, 65–119.

99 Reproduktive Medizin und Status des Embryo

Markus Rothhaar

99.1 Problemexposition: Reproduktionsmedizin und Stammzellforschung

Die moderne Reproduktionsmedizin hat die menschliche Fortpflanzung technisch manipulierbar gemacht und dabei neue Handlungsspielräume eröffnet. Damit tauchen auch neue ethische Fragen auf, die zum einen eine sozialethische Dimension aufweisen und zum anderen den ontologischen und normativen Status menschlicher Embryonen betreffen. Sozialethische Fragestellungen ergeben sich insbesondere daraus, dass durch die neuen technischen Handlungsoptionen eine, wie Kuhlmann formuliert, „Aufspaltung der Elternrolle je nach genetischer, Schwangerschafts- und sozialer Funktion" (Kuhlmann 2011, 85) möglich wird. Diese „Aufspaltung" steht in deutlichem Kontrast zur natürlichen Fortpflanzung, bei der die genannten Funktionen in der Regel zusammenfallen. Die moderne Reproduktionsmedizin wirft damit Fragen wie die nach der ethischen Beurteilung der Leihmutterschaft, der Samen- und Eizellspende oder des sogenannten „social freezing" auf, aber auch die Frage, wie die ‚Technisierung' eines intimen und mit sozialen Bedeutungen aufgeladenen Lebensbereichs wie der Fortpflanzung grundsätzlich zu bewerten ist. Auch sind durch die moderne Reproduktionsmedizin menschliche Embryonen in bis dahin ungekannter Weise dem menschlichen Zugriff und der menschlichen Manipulation verfügbar geworden. Bis in die 1970er Jahre existierten lebendige menschliche Embryonen ausschließlich in vivo, d. h. im Mutterleib und waren damit dem Zugriff Dritter entzogen. Mit der Möglichkeit der Fertilisation in vitro (IVF) wurden menschliche Embryonen dann vielfältigen Zwecksetzungen zugänglich. Die Entstehung dieser neuen Handlungsmöglichkeiten erfordert eine Reflexion auf deren ethische Legitimität. Im Mittelpunkt dieser Reflexion steht die Frage nach dem ontologischen und moralischen Status menschlicher Embryonen, ohne sich freilich in ihr zu erschöpfen.

Sie ist einmal für die sogenannte Präimplantationsdiagnostik (PID) relevant, die die Möglichkeit eröffnet, menschliche Embryonen außerhalb des Mutterleibs auf genetische Defekte zu untersuchen; diejenigen Embryonen, bei denen solche Defekte festgestellt werden, werden in der Regel nicht implantiert, sondern vernichtet. Zweitens gehen sowohl die moderne Reproduktionsmedizin als auch die embryonale Stammzellforschung mit einem nicht unerheblichen ‚Verbrauch' menschlicher Embryonen einher oder können zumindest damit einhergehen. Reproduktive Medizin und em-

M. Rothhaar (✉)
Fernuniversität Hagen, Hagen, Deutschland
E-Mail: mrothhaar@gmx.de

bryonale Stammzellforschung stehen insofern in einem engen technischen Zusammenhang, als im Rahmen einer In-vitro-Fertilisation durch hormonelle Stimulation deutlich mehr Eizellen zur Reifung gebracht und entnommen werden, als dies natürlicherweise der Fall wäre, nämlich i. d. R. um die zehn (vgl. Enquete-Kommission Recht und Ethik der modernen Medizin 2002b, 72). Da die Zahl der zu implantierenden Embryonen, soll die Gefahr von Mehrfachschwangerschaften reduziert werden, sinnvollerweise auf zwei bis drei pro Befruchtungszyklus beschränkt wird, werden bei Befruchtung aller zur Reifung gebrachten und entnommenen Eizellen sogenannte „überzählige Embryonen" geschaffen. Der deutsche Gesetzgeber hat daraus die Konsequenz gezogen, ein strafbewehrtes Verbot der Erzeugung von mehr menschlichen Embryonen, als bei dem geplanten Fertilisationszyklus implantiert werden sollen, zu erlassen (Embryonenschutzgesetz, § 1, Abs. (1). Der Preis dieser gesetzlichen Regelung liegt zum einen in geringeren Erfolgsquoten der IVF-Behandlung, da es keine Möglichkeit gibt, unter mehreren erzeugten Embryonen eine Auswahl der voraussichtlich „geeignetsten" vorzunehmen, zum anderen in oft höheren Belastungen der betroffenen Frau, da für jeden Befruchtungszyklus eine neue Hormonstimulation notwendig wird. Wo es eine gesetzliche Regelung wie die des deutschen Embryonenschutzgesetzes dagegen nicht gibt, führt die Reproduktionsmedizin regelmäßig zur Entstehung großer Mengen an „überzähligen" menschlichen Embryonen. Für diese bestehen dann nur noch die Handlungsalternativen, sie zu vernichten bzw. mittelfristig absterben zu lassen, sie – mit allen Risiken der Kommerzialisierung – zur „Embryoadoption" freizugeben, sie kryokonserviert für weitere eventuelle Fertilisationszyklen aufzubewahren, falls der erste Zyklus fehlschlägt, oder sie der verbrauchenden embryonalen Stammzellforschung zuzuführen. Die Hoffnung, dass mit der Entwicklung sogenannter „induzierter pluripotenter Stammzellen" (iPS-Zellen, vgl. Yamanaka 2012) die Forschung mit humanen embryonalen Stammzellen (hES-Zellen) mittelfristig obsolet würde und so die ethischen Probleme des Embryonenverbrauchs sich erledigen würden, hat sich bis dato als trügerisch erwiesen. Die Arbeit mit iPS-Zellen und die Arbeit mit hES-Zellen etablieren sich vielmehr zunehmend als parallele Wege der Forschung mit oft unterschiedlichen Fragestellungen und Anwendungsperspektiven (vgl. Kobold et al. 2015).

99.2 Der ontologisch-moralische Status menschlicher Embryonen

Je nachdem, welcher ontologisch-moralische Status menschlichen Embryonen zugesprochen wird, ergeben sich unterschiedliche ethische Urteile über Zulässigkeit oder Unzulässigkeit der verschiedenen Weisen des Umgangs mit ihnen in vitro. Ginge man beispielsweise von der Prämisse aus, dass der rechtliche und moralische Status eines menschlichen Embryos in vollem Sinn dem eines erwachsenen, geborenen Menschen entspricht, so fiele die Vernichtung eines solchen Embryo unter das kategorische Verbot der vorsätzlichen Tötung unschuldiger Menschen und könnte damit in keinem Fall zulässig sein.

In der Debatte um den Status menschlicher Embryonen und Föten lassen sich prinzipiell drei verschiedene Positionen unterscheiden (vgl. Enquete-Kommission Recht und Ethik der modernen Medizin 2002a, 72 ff.): erstens die „Lebensschutz"-Position, die ungeborenen menschlichen Lebewesen ab der Zeugung den Status eines Menschen im vollen Sinn, d. h. als Träger der Menschenwürde und der aus ihr folgenden unveräußerlichen Menschen- und Grundrechte zuerkennt. Zweitens eine Position, die sich als „bioethisch liberal" umschreiben lässt und die in verschiedenen Varianten ungeborenen menschlichen Lebewesen erst ab einem bestimmten Punkt in der Entwicklung, z. B. der Nidation, der Messbarkeit von Hirnströmen, der extrauterinen Lebensfähigkeit oder der Geburt, den Status eines Trägers von Menschenrechten und Menschenwürde zuerkennt. Drittens gibt es die „gradualistische"

Position, die sich häufig als vermittelnde Position begreift, indem sie eine graduelle „Zunahme" des Menschenrechts bzw. -würdestatus von der Zeugung bis zur Geburt oder einem anderen Punkt in der Entwicklung annimmt. Die gradualistische Position stellt allerdings keine wirklich vermittelnde Position dar. Da es von Menschenwürdesubjekt-Sein und Menschenrechtssubjekt-Sein kein quantitatives ‚Mehr oder Weniger', sondern nur ein ‚Entweder-Oder' geben kann, muss auch die gradualistische Position irgendwann eine definitive Zäsur angeben, bei der menschliche Lebewesen von Wesen, die keine Träger der Menschenwürde und -rechte sind, zu solchen werden, die dies im eigentlichen und vollen Sinn sind. Der Menschenwürde- und Menschenrechtsbegriff, den die gradualistische Position vor der entscheidenden Zäsur ansetzt, kann daher nur ein Begriff von Menschenwürde in einem abgeleiteten und uneigentlichen Sinn sein, der anders als der Menschenwürdebegriff im eigentlichen Sinn nicht den Status eines Trägers von unbedingt zu respektierenden Rechten begründet. Die Argumente für und gegen die gradualistische Position unterscheiden sich daher letztlich nicht von denen für oder gegen die liberale Position.

Die bioethisch liberale Position versucht, den Status eines Menschenrechtssubjekts an Eigenschaften festzumachen, die sich erst im Laufe der embryonal-fötalen Entwicklung ergeben und also nicht bereits bei der Zeugung gegeben sind. Sie impliziert daher eine Unterscheidung zwischen Menschsein im biologischen Sinn und Menschsein in einem ethisch und rechtlich relevanten Sinn. Für letzteres wird vor allem in der angelsächsischen, zunehmend aber auch in der deutschen Debatte meist der Begriff der ‚Person' benutzt. In diesem Zusammenhang lassen sich nun mehr oder weniger drei Gruppen von Kriterien konstatieren, an denen die liberale Position das Person-Sein – als Gegensatz und Mehr gegenüber dem „biologischen Mensch-Sein" – festmacht:

1. Empirisch feststellbares Bewusstsein und/oder Selbstbewusstsein: Diese Kriteriengruppe führt zum Setzen der Zäsur bei entweder messbarer Hirntätigkeit (vgl. Sass 1990) oder bei der empirischen Feststellbarkeit von Selbstbewusstsein einige Zeit nach der Geburt (vgl. Singer 1994)
2. Leibliche Eigenständigkeit und/oder biologische Autarkie: Diese Kriteriengruppe führt zum Setzen des Einschnitts bei der extrauterinen Lebensfähigkeit oder bei der Geburt (vgl. Gerhardt 2001)
3. Die Fähigkeit, sich aus sich selbst heraus zu entwickeln, die nach Auffassung einiger, sich vor allem auf die aristotelische Entelechie-Konzeption stützender Autoren (vgl. Kummer 2004; vgl. Knoepffler 2007) erst ab der Nidation gegeben ist.

99.3 Die SKIP-Argumente

Verfechter der Lebensschutz-Position setzen den Versuchen, derartige Zäsuren zu begründen, unter anderem die sogenannten SKIP-Argumente entgegen (zu den SKIP-Argumenten insgesamt vgl. Damschen/Schönecker 2003a, 1 ff.), wobei S für „Speziesargument", K für „Kontinuitätsargument", I für „Identitätsargument" und P für „Potentialitätsargument" steht. Das Speziesargument hebt darauf ab, dass Menschenwürde und Menschenrechte allen menschlichen Lebewesen allein qua ihres Menschseins zukämen. Das Kontinuitätsargument besagt, dass die menschliche Entwicklung von der befruchteten Eizelle bis zum erwachsenen Menschen kontinuierlich verlaufe, so dass innerhalb dieser keine moralisch relevante Zäsur gesetzt werden könne. Das Identitätsargument begründet den Menschenwürde- und Menschenrechtsstatus ungeborener menschlicher Lebewesen mit deren Identität mit Lebewesen, denen dieser Status unzweifelhaft zukommt. Das Potentialitätsargument schließlich bringt vor, dass nicht die Aktualität des Vollzugs personalen Seins bzw. Selbstbewusstseins den Status eines Menschenwürdesubjekts begründe, sondern die prinzipielle Fähigkeit zu personalen Vollzügen. Betrachtet man die verschiedenen SKIP-Argumente, so wird deutlich, dass sie in vielfältigen Wechselbezügen und Begründungsverhältnissen stehen. So steht und fällt das Identitätsargument mit dem Kontinuitätsargument, sofern die Zurückweisung einer moralisch relevanten Entwicklungszäsur die Bedingung dafür ist, eine moralisch relevante Identität von Frühstadien menschlichen Lebens mit Lebensstadien anzunehmen, deren Menschenwürdestatus unstrittig ist. Das Potentialitätsargument wiederum verweist auf das Speziesargument und lässt sich von daher auch als dessen Explikation oder als eine der Möglichkeiten seiner Begründung verstehen. Die SKIP-Argumente können mithin nicht isoliert voneinander betrachtet werden, sondern stehen in einem engen wechselseitigen Zusammenhang.

Gegenüber dem Kontinuitätsargument erheben Verfechter der bioethisch liberalen Position den Einwand, es handele sich um einen Sorites-Fehlschluss, der allein von der Kontinuität einer Entwicklung auf die Identität des Anfangs- und Endpunktes der Entwicklung schließe, also beispielsweise von der Kontinuität der Körpergröße auf eine Identität von „großem Mann" und „kleinem Mann" (vgl. Merkel 2002, 158). Der Vorwurf eines solchen Fehlschlusses trifft das Kontinuitätsargument in seinen ernst zu nehmenden Formulierungen allerdings insofern nicht, als dies nicht primär auf die Behauptung einer differenzlosen Identität von Embryo und erwachsenem Menschen abzielt, sondern die Unmöglichkeit behauptet, innerhalb der Entwicklung willkürfrei einen moralrelevanten Einschnitt anzugeben. So verstanden kann der Gegner des Kontinuitätsarguments dieses nur widerlegen, wenn es ihm gelingt, einen oder mehrere solcher Einschnitte mit hinreichender Plausibilität zu verteidigen. Auch Verfechter des Identitätsarguments gehen in der Regel nicht davon aus, dass Embryo und erwachsener Mensch in jeder Hinsicht und differenzlos identisch sind; wohl aber vertreten sie die Auffassung, beide müssten in der moralrelevanten Hinsicht als identisch gedacht werden, Träger von Menschenwürde und Menschenrechten zu sein (vgl. Enskat 2003, 120 ff.).

Zum Aufweis einer moralrelevanten Identität kann wiederum auf das Spezies- oder auf das Potentialitätsargument rekurriert werden. Das Potentialitätsargument hält der liberalen Position entgegen, der Grund der Zuerkennung des Menschenwürdestatus liege nicht in der Aktualität personaler Vollzüge, sondern in einer prinzipiellen Fähigkeit zu Selbstbewusstheit und/ oder vernünftiger Moralität (auf die Moralfähigkeit hebt in Anknüpfung an Kant insbesondere Wolfgang Wieland ab; vgl. Wieland 2003). Der Plausibilitätsnachweis für dieses Argument erfolgt dabei häufig in der Form einer an lebensweltliche Vorverständnisse anknüpfenden reductio ad absurdum: Wäre allein die Aktualität personaler Vollzüge Grund der Zuerkennung der Menschenwürde, dann würde das bedeuten, dass Menschen auch nur immer zu den Zeitpunkten Menschenwürdeträger wären, zu denen sie aktuell personale Akte vollziehen. Dies würde aber bedeuten, dass man Menschen auch in Umständen und Zeit- und Lebensabschnitten die Menschenwürde absprechen müsste, in denen sie ihnen ansonsten lebensweltlich ohne weiteres zugestanden wird, so beispielsweise in einem tiefen temporären Koma, während des Schlafes oder im Neugeborenenalter. Für das lebensweltliche Vorverständnis sei also offenbar nicht die Aktualität personaler Vollzüge, sondern die Fähigkeit dazu ausschlaggebend. Wenn das aber der Fall ist, sei es inkonsistent, ungeborenen menschlichen Lebewesen diesen Status zu verweigern, da sie jene Fähigkeit doch offenbar besäßen. An dieser Stelle schließen sich Potentialitäts- und Speziesargument durch die Überlegung zusammen, dass die Fähigkeit zu personalen Vollzügen offenbar grundsätzlich allen Lebewesen der Spezies „Mensch" eigne (vgl. Wieland 2003; vgl. Spaemann 2007). Die Fähigkeit zum Vollzug personaler Akte wäre demnach der Geltungsgrund der Anerkennung des Menschenwürdestatus, während die Specieszugehörigkeit das Geltungskriterium bildete.

Verfechter einer bioethisch liberalen Position können auf diese Argumentationskette antworten, indem sie eine oder mehrere Differenzierungen innerhalb des Potentialitätsbegriffs vornehmen und eine schwache von einer starken Potentialität unterscheiden, wobei letztere oft als

„Disposition" (Birnbacher 1995; Meinke 2015) charakterisiert wird. Der Status eines Schlafenden wäre nach dieser Differenzierung von dem eines Embryos dadurch unterschieden, dass der Schlafende eine vorhandene Disposition zum Vollzug personaler Akte besitzt, der Embryo aber nur ein Potential zur Ausbildung einer solchen Disposition, sei dies nun als immanente Potentialität im Sinn der aristotelischen Entelechie oder als äußerliche Möglichkeit. Dieser Einwand müsste dann allerdings zum einen Auskunft darüber geben können, warum jene „starke Potentialität" bzw. Disposition normativ anders zu bewerten wäre als ein Potential zur Entwicklung eines solchen „starken Potentials". Eine solche Auskunft ist in der Literatur jedoch praktisch nicht zu finden. Zum anderen muss er angeben können, wann eine solche von der „bloßen" Potentialität unterschiedene Disposition gegeben ist und woran deren Gegebenheit festzumachen wäre. Hier rekurriert die liberale Position in der Regel wieder auf ausschließlich empirisch-naturwissenschaftlich erschließbare Phänomene, die mit Ausbildungsgrad und Funktion von Nervensystem und/oder Gehirn zu tun haben, wie etwa Empfindungsfähigkeit oder Messbarkeit von Hirnströmen (vgl. Sass 1990; Leist 1990, 141 ff.; vgl. Schöne-Seiffert 2003, 178). In diesem Rekurs liegt aber wiederum das Problem, dass er nur auf der Grundlage einer materialistischen Ontologie des Leib-Seele-Problems bestehen kann und damit metaphysisch in höchstem Maß voraussetzungsreich ist.

In jüngster Zeit wurde im Hinblick auf das Potentialitätsargument ein Einwand erhoben, der als „absurd-extension"-Argument bekannt geworden ist (vgl. zum Folgenden Stier/Schöne-Seiffert 2013). Ausgangspunkt des Arguments ist der Umstand, dass sich beliebige Körperzellen in sogenannte „induzierte pluripotente Stammzellen" (ipS-Zellen) transformieren lassen. IpS-Zellen wiederum lassen sich zumindest grundsätzlich durch die Methode der sogenannten tetraploiden Embryokomplementation zu Gebilden aggregieren, die das Potential haben, sich zu einem geborenen Lebewesen zu entwickeln. Theoretisch könnte diese Vorgehensweise auch beim Menschen erfolgreich sein. Vertreter des absurd-extension-Einwands schlussfolgern daraus, dass man, wenn man das Potentialitätsargument ernst nähme, jeder menschlichen Körperzelle den Status eines Trägers von Menschenwürde und Menschenrechten zusprechen müsste. Diese Folgerung sei aber so offenkundig absurd, dass die Grundlage der gesamten Argumentation, das Potentialitätsargument selbst, falsch sein müsse. Gegen diese Überlegung ließe sich wiederum die aristotelische Unterscheidung zwischen „aktivem" und „passivem" Potential anführen. Eine *dynamis* wäre demnach dann „aktiv", wenn sie in dem Sinn intrinsisch ist, dass sie durch die Entität, deren Potentialität sie ist, selbst verwirklicht werden kann. „Passiv" wäre ein Potential demgegenüber dann, wenn es der Handlungen eines von einer Entität unterschiedenen Akteurs bedarf, um sie zu verwirklichen, was bei einer Körperzelle, der ein Potential zur Entwicklung als Organismus erst mit großem technischem Aufwand künstlich induziert werden muss, zweifellos der Fall ist.

Unter anderem an der oben erwähnten Problematik der oft starken metaphysischen und ontologischen Voraussetzungen, die bei der Debatte um den Status menschlicher Embryonen gemacht werden müssen, setzt das Speziesargument in einer anspruchsvollen Formulierung an, die erstmals Robert Spaemann vorgebracht hat und die von ihm als „transzendentalpragmatisch" bezeichnet wurde (Spaemann 1993, 219). Dieses Argument greift in gewisser Weise alle übrigen Lebensschutz-Argumente auf und ordnet sie in einen übergeordneten Kontext ein. Es beruht zum einen auf der Beobachtung, dass alle von der liberalen Position vorgeschlagenen Zäsuren die inhärente Tendenz aufweisen, mehr Menschen aus dem Kreis der Menschenwürdesubjekte auszuschließen als nur Embryonen und Föten, also je nach vorgeschlagener Zäsur auch Schlafende, Komatöse, geistig Schwerstbehinderte usw., und dass sie zum anderen immer auf speziellen ontologischen oder metaphysischen Prämissen beruhen. Spaemann argumentiert vor diesem Hintergrund, dass die immanente Logik der Menschenrechtsidee es prinzipiell verbiete, auf der Grundlage von – zwangsläufig willkürlichen – Prämissen Kriterien dafür aufzustellen, welchen menschlichen Lebewesen Menschenrechte zukommen und welchen nicht (Spaemann 1993, 219 ff.). Nehme man den Gedanken der Unbedingtheit und Unantastbarkeit der Menschenrechte ernst, dann dürfe der Status eines Menschenrechtssubjekts nicht von bestimmten Eigenschaften, nicht von irgendeinem „Was" abhängig gemacht werden, sondern nur vom bloßen „Dass" des Menschseins. Alles andere würde Menschen zu Richtern über Menschen machen und Menschenrechte zu etwas, das beliebig zu- und aberkannbar sei (vgl. Spaemann 1993, 219 ff.).

Die Forderung nach „Willkürfreiheit" wäre dementsprechend genau da erfüllt, wo dasjenige Kriterium als Kriterium der Anerkennung des Menschenwürde- und Menschenrechtsstatus genommen wird, gegenüber dem kein willkürfreieres und im Hinblick auf spezifische Menschenbilder inhaltlich unbestimmteres Kriterium denkbar wäre. Das Kriterium, das diese Forderung erfülle, ist nach Spaemann die Zugehörigkeit eines Lebewesens zur biologischen Spezies „Mensch" (Spaemann 1993, 220). Auch hinter dieser scheinbar rein negativen Argumentation steht allerdings eine metaphysische Prämisse, die hervortritt, sobald man nicht nur nach dem Geltungskriterium, sondern auch dem Geltungsgrund der Menschenwürde fragt. Dieser besteht auch nach der Auffassung der Vertreter des „transzendentalpragmatischen Arguments" in der Personalität (Spaemann 2007, 253). Der entscheidende Unterschied zur liberalen Position besteht aber darin, dass Personalität hier weder aktualistisch noch dispositional verstanden wird, sondern ontologisch als die unveränderliche spezifische Seinsweise aller Lebewesen der Spezies Mensch (Spaemann 2007, 262). Mit dieser Überlegung wird allerdings deutlich, dass auch das „transzendentalpragmatische" Argument auf einer voraussetzungsreichen ontologisch-metaphysischen Prämisse aufruht.

99.4 Rechtsphilosophische Meta-Argumente: Tutiorismus und Neutralitätsargument

Angesichts der in Philosophie und Gesellschaft bestehenden inhaltlichen Differenzen über den Status ungeborener menschlicher Lebewesen werden verschiedene Meta-Argumente zum Umgang mit diesen Differenzen vorgeschlagen. Die beiden prominentesten Argumente lassen sich unter die Begriffe „Tutiorismus" und „Neutralitätsargument" fassen. Das Neutralitätsargument vertritt im Anschluss an John Rawls' (2003) Idee des „übergreifenden Konsenses" die These, der Staat dürfe aufgrund des für den liberalen Rechtsstaat geltenden Gebots der Neutralität in religiösen, metaphysischen und weltanschaulichen Fragen seiner Gesetzgebung keine spezifische inhaltliche Annahme über den Status menschlicher Embryonen und Föten zugrunde legen. Der Staat müsste sich dementsprechend in bioethisch umstrittenen Fragen der Gesetzgebung enthalten (vgl. Rawls 2003, 349 f. mit Bezug auf den Schwangerschaftsabbruch), was nichts anderes bedeutet, als jedem Bürger zu erlauben, was er von seiner Überzeugung her für ethisch vertretbar hält. Diese Folgerung beruht allerdings offenkundig auf einem Fehlschluss, da sich ein Staat, der sich der rechtlichen Regelung weitgehend enthält, offenkundig gerade nicht weltanschaulich neutral verhält (Sandel 1998, 196 ff.). Verzichtet er nämlich weitgehend auf den Schutz ungeborener menschlicher Lebewesen und „privatisiert" den Umgang mit ihnen, so ist das nur unter der Prämisse möglich, dass es sich bei Ihnen nicht um Menschenwürde- und Menschenrechtssubjekte handelt. Denn wären sie es, so müssten sie ja auch durch das Recht vor Verletzungen ihrer subjektiven Rechte geschützt werden. Gerade die Prämisse, es handele sich bei der Frage nach dem Umgang mit ungeborenen menschlichen Lebewesen nicht um eine Frage des Rechten, sondern um eine – als solche „privatisierbare" – Frage des Guten, ist also eben der umstrittene Punkt. Insofern kann der Staat sich in der Frage des Status menschlicher Embryonen und Föten offensichtlich überhaupt nicht neutral verhalten, selbst wenn er dies anstrebt, sondern muss sich immer für eine Position entscheiden. Das Neutralitätsargument wird damit wieder an die inhaltliche Ebene zurückverwiesen und trägt zur Lösung des Problems nichts bei.

Das sogenannte „tutioristische" Argument zieht aus der theoretischen Unsicherheit über den Status ungeborener menschlicher Embryonen einen praktischen Schluss, der dem des Neutralitätsarguments genau entgegengesetzt ist. Wenn es auf der theoretisch-kognitiven Ebene unsicher sei, ob eine Handlung eine Pflicht oder ein Gut verletze, dann müsse in praktischer Hinsicht das Recht so ausgestaltet werden, dass das jeweils höhere der in Frage stehenden Güter oder die jeweils verbindlichere der in Frage stehenden Normen in jedem Fall geschützt werde, auch wenn diese nur möglicherweise auf dem Spiel stehen. Da die Verletzung des Tötungsverbots genau dann eine kategorisch geltende negative Pflicht bzw. ein Höchstgut verletzt, wenn es sich bei dem Betroffenen um einen Träger von Menschenwürde und -rechten handelt, und es zugleich kognitiv unsicher sei, ob es sich bei ungeborenen menschlichen Lebewesen um solche handelt, müsse das Recht sicherheitshalber so ausgestaltet werden, als ob es sich bei menschlichen Embryonen um Rechtssubjekte handelt (vgl. Damschen/Schönecker 2003b). Gegen dieses Argument wiederum wird eingewandt, dass es zum einen zunächst mit hinreichender Plausibilität aufgezeigt werden müsse, dass die Unsicherheit hinsichtlich des Status menschlicher Embryonen tatsächlich so signifikant ist, dass der tutioristische Grundsatz angewandt werden muss (Leist 1990, 228 ff.). Gerade diese Plausibilität aber bestreiten „bioethisch liberale" Positionen häufig. Zum anderen stehe bei der Embryonenforschung das zwar höherrangige, aber strittige Tötungsverbot gegenüber menschlichen Embryonen dem zwar niederrangigen, dafür aber unbestreitbaren Anspruchsrecht auf Hilfe bei der Erhaltung des Lebens und der körperlichen Unversehrtheit entgegen. In dieser Konstellation sei es keineswegs ausgemacht, dass das erste ein stärkeres Gewicht aufweise als das zweite.

99.5 Sozialethische Dimensionen der Reproduktionsmedizin

Insbesondere bei der ethischen Bewertung der Künstlichen Befruchtung spielen neben dem Umgang mit menschlichen Embryonen eine Reihe anderer Fragen eine Rolle, die nicht oder nur teilweise mit der Statusfrage verknüpft sind (vgl. zu einzelnen Themenkomplexen die Beiträge bei Hildt/Mieth 1998; Kuhlmann 2011; Schleissing 2014). Eine ambivalente Rezeption der Reproduktionsmedizin findet sich nicht zuletzt im feministischen Diskurs (vgl. dazu Hofmann 1999), in der eine Seite die IVF als eine Erweiterung von Freiheits- und Handlungsspielräumen und entscheidenden Schritt in der „Befreiung der Frauen von der ,Tyrannei der Fortpflanzung'" (Firestone 1987, 225) betrachtet. In scharfem Kontrast dazu stehen Positionen, die in der Reproduktionsmedizin vielmehr gerade den Kulminationspunkt einer technisch induzierten, patriarchalen „Entleiblichung" der Frau sehen (Duden 1991).

Exemplarisch zeigt sich die besagte Ambivalenz in der sozialethischen Debatte um die sogenannte Leihmutterschaft. Während einige Autoren die Leihmutterschaft mit dem Verweis auf Autonomie und Vertragsfreiheit rechtfertigen (Robertson 1994), betonen Gegnerinnen der Leihmutterschaft die erheblichen negativen Implikationen, die diese für das leibliche Selbstverhältnis und Selbstverständnis der Leihmütter, ebenso wie für das Verständnis von Elternschaft überhaupt hat (Kuhlmann 2011, 85 ff.). So verweist Anderson (1993) darauf, dass eine Leihmutter durch die entsprechenden vertraglichen Übereinkünfte darauf verpflichtet werde, sich als Angestellte ihrer Auftraggeber statt als potentiellen Elternteil zu sehen. Damit werde ihr gewissermaßen untersagt, eine eigenständige evaluative Perspektive auf ihre Beziehung zu dem Kind zu entwickeln, das sie austrägt (Anderson 1993, 178). Das wiederum stärke nicht die Autonomie von Frauen, sondern unterminiere gerade deren soziale Voraussetzungen (Anderson 1993, 185).

In engem Zusammenhang mit der Leihmutterschaft stehen Eizell- oder Samenspende, die beide ebenfalls zu einer Aufspaltung zwischen biologischer und sozialer Elternschaft führen. Hier wird seitens der Kritikerinnen und Kritiker zum einen auf negative Folgen für das Kindeswohl und zum anderen auf die möglicherweise nachteiligen kulturellen, psychologischen, rechtlichen und sozialen Folgen „gespaltener" Elternschaft hingewiesen. Eine weitere Argumentationslinie hebt auf die spezifischen gesundheitlichen und psychischen Risiken von Eizellspende (vgl. Pichlhofer et al. 2000) sowie auf die Gefahren einer Kommerzialisierung der Fortpflanzung auf Kosten ärmerer Frauen ab (vgl. Maier 2000, 85 ff.). Eine gänzlich neue Dimension der Problematik entsteht schließlich dadurch, dass es inzwischen technisch möglich ist, menschliche Gameten künstlich aus Körperzellen zu generieren (vgl. dazu Advena-Regnery et al. 2018). Dadurch wird es theoretisch denkbar, Menschen zu erzeugen, die dieselbe Person zugleich als genetischen Vater und genetische Mutter haben.

Auch jenseits der spezifischen Problematiken der Gametenspende stellt sich die Frage nach einer Schaden-Nutzen-Abwägung bei der Anwendung von IVF-Techniken. Dabei fallen zum einen – auch angesichts der eher geringen Erfolgsquoten der IVF (vgl. Hölzle/Wiesing 1991; vgl. Trappe 2017) – die Risiken und Belastungen für Frauen bzw. Paare, die eine IVF-Behandlung in Anspruch nehmen, ins Gewicht. Neben körperlichen Risiken und Belastungen, die unter anderem aus der für die Eizellgewinnung erforderlichen hormonellen Stimulation resultieren (vgl. Pichlhofer et al. 2000), ist die IVF-Behandlung nicht selten mit erheblichen psychischen Belastungen verbunden (vgl. Maier 2000, 69 ff.). Einwände dieser Art stellen allerdings das grundlegende Recht auf reproduktive Freiheit im Zusammenhang der IVF insofern nicht in Frage, als es letztlich eine individuelle Entscheidung der betroffenen Frauen ist, ob sie jene Risiken und Belastungen auf sich nehmen wollen, um ihren Kinderwunsch zu verwirklichen oder nicht. Schwieriger zu beantworten ist die Frage, welche ethischen Implikationen es hätte, wenn sich Anhaltspunkte für erhöhte gesundheitliche Risiken und Belastungen bei Menschen, die durch IVF erzeugt wurden, bestätigen würden. So gibt es etwa Hinweise auf ein erhöhtes Fehlbildungsrisiko (Gagel et al. 1998), ebenso wie auf ein erhöhtes Risiko für Herz-Kreislauferkrankungen (Meister et al. 2018). Die damit gegebenenfalls entstehenden ethischen Fragen sind nicht zuletzt deshalb so komplex, weil sie das sogenannte „non-identity"-Problem (vgl. Parfit 1976; Kavka 1982) betreffen.

Einen dritten Problemkomplex bildet die Frage nach dem Zugang zur IVF-Behandlung, d. h. die Frage, für wen eine solche Behandlung erlaubt und/oder durch ein solidarisch finanziertes Gesundheitssystem erstattet werden soll. Umstritten ist dabei insbesondere, ob die IVF neben verheirateten Paaren auch für unverheiratete oder homosexuelle Paare, für Alleinstehende und für Frauen jenseits der Altersgrenze der natürlichen Gebärfähigkeit zulässig sein bzw. durch die Solidargemeinschaft finanziert werden sollte. In dieser Kontroverse spielt die Frage nach dem Krankheitswert der Infertilität und damit letztlich die medizintheoretische Debatte um den Krankheitsbegriff eine wesentliche Rolle. Da die meisten solidarisch finanzierten Gesundheitssysteme auf die Vorbeugung oder Behandlung von Krankheiten beschränkt sind, scheint es in gerechtigkeitstheoretischer Hinsicht zumindest problematisch, Kinderlosigkeit, die nicht in einem pathologischen Befund begründet ist, in den Geltungsbereich solidarisch finanzierter Gesundheitsversorgung einzubeziehen. Weitergehende Zugangsbeschränkungen wie strafbewehrte Verbote – z. B. ein Verbot der IVF ab einer bestimmten Altersgrenze – könnten allerdings mit einer auf den Krankheitsbegriff abhebenden Argumentation nicht hinreichend begründet werden. Wenn überhaupt ließen sie sich vermutlich nur mit eventuellen negativen Folgen für das Kindeswohl legitimieren, worauf es allerdings bis dato keine belastbaren Hinweise gibt (vgl. Boivin et al. 2009).

Ein viertes ethisches Problemfeld ergibt sich schließlich aus dem Umstand, dass die moderne Reproduktionsmedizin es ermöglicht, Embryonen noch vor der Implantation auf eventuelle genetische Defekte hin zu untersuchen (Präimplantationsdiagnostik, kurz: PID). Auf der Grundlage der so gewonnenen Erkenntnisse wird dann im Regelfall eine Auswahl der zu implantierenden Embryonen getroffen, während die übrigen Embryonen vernichtet oder dauerhaft kryokonserviert werden (vgl. zu den medizinischen und ethischen Aspekten der PID insgesamt: Enquete-Kommission Recht und Ethik der modernen Medizin 2002b, Teil C.1., 63–250). Nachgefragt wird die PID üblicherweise von genetischen Hochrisikopaaren, bei denen eine bekannte Vorbelastung für eine zumeist schwerwiegende, genetisch bedingte Erkrankung gegeben ist. Die Frage nach der ethischen Bewertung der PID hängt vor diesem Hintergrund zwar zum Teil von der Frage nach dem Status menschlicher Embryonen ab, weist aber auch andere Dimensionen ethischer Bewertung auf. Insbesondere Verfechter einer gradualistischen Position befürworten häufig die PID, da sie in ihren Augen die moralisch vertretbarere Alternative zu dem – in den meisten westlichen Ländern legalen – Schwangerschaftsabbruch nach pränataler Diagnostik (PND) darstellt, bei dem ein menschlicher Embryo oder Fötus in einem zumeist deutlich fortgeschritteneren Entwicklungsstadium getötet wird. Wer demgegenüber von der Position ausgeht, dass menschlichen Embryonen bereits ab der Zeugung der volle Status eines Menschen im moralisch und rechtlich relevanten Sinn zuzuerkennen sei, müsste die PID grundsätzlich ablehnen.

Vertreter anderer Positionen müssen sie gleichwohl nicht zwangsläufig befürworten, da sich bei der PID, allerdings auch beim Schwangerschaftsabbruch aufgrund PND, zusätzlich zur Statusfrage noch die Frage nach der ethischen Bewertung der Selektion menschlicher Lebewesen aufgrund genetischer oder sonstiger physischer Eigenschaften stellt. Diese Fragestellung kann in mehrere speziellere Fragestellungen aufgeteilt werden. Zum einen ist an dieser Stelle die Problematik einer „bedingten Annahme" des künftigen Kindes zu nennen. Gemeint ist damit, dass die Annahme des künftigen Kindes durch seine genetischen Eltern bei PID und PND unter der Bedingung stehe, dass es bestimmte Eigenschaften aufweist oder eben nicht aufweist. Einige Autoren argumentieren, eine solche „bedingte Annahme" verstoße gegen das Prinzip der Menschenwürde, da dies fordere, jeden einzelnen Menschen um seiner selbst willen und nicht erst als Träger bestimmter Eigenschaften anzuerkennen und zu achten (exemplarisch etwa Böckenförde 2003). Zum anderen stellt sich die Frage, welche Folgen eine Zulassung genetischer Frühdiagnostik für den gesellschaftlichen Umgang mit und die Selbstwahrnehmung von Kranken oder Behinderten hat, gerade wenn diese unter einer Krankheit leiden oder eine Behinderung haben würden, für die explizit die Embryoselektion nach PID oder der Schwangerschaftsabbruch nach PND zulässig wäre (vgl. dazu die differenzierten Ausführungen bei Düwell 2008, 148 ff.). Während beide Punkte auch für die PND mit der Möglichkeit des anschließenden Schwangerschaftsabbruchs einschlägig sind, taucht bei der PID zusätzlich eine dritte Problemlage auf, die bei der PND so nicht existiert: Da bei der IVF anders als bei einer natürlich herbeigeführten Schwangerschaft in der Regel mehrere Eizellen befruchtet werden, erlaubt die PID es theoretisch, unter einer Vielzahl von Embryonen denjenigen zur Implantation auszuwählen, der die in den Augen der genetischen Eltern ‚besten' genetischen Eigenschaften aufweist. Damit eröffnet die PID erstmals die Möglichkeit einer „positiven Selektion" nach von den Eltern oder der Gesellschaft präferierten Eigenschaften (Testart/Sèle 1999), während bei einem Schwangerschaftsabbruch aufgrund pränataler Diagnostik ‚nur' eine Entscheidung für oder gegen denjenigen Fötus getroffen werden kann, mit dem die betroffene Frau jeweils schwanger ist. Was die gesellschaftlichen Folgen einer solchen Entwicklung wären, ist derzeit schwer abschätzbar. Die PID fügt der Problematik der Selektion aufgrund genetischer Frühdiagnostik insofern eine neue sozialethische Dimension hinzu, die ohne die extrakorporale Verfügbarkeit menschlicher Embryonen nicht existieren würde.

Debatten über die gesetzliche Regelung der PID spielen sich in der Regel vor diesem Hintergrund ab. Da, wo weder der Weg eines vollständigen Verbots, noch der einer unbeschränkten Zulassung gegangen wird, stellt sich für den Gesetzgeber die Frage, wie die PID derart eingegrenzt werden kann, dass sich als problematisch erachtete sozialethische Folgen, insbesondere eine Praktik der „positiven Selektion" nach erwünschten Eigenschaften, nicht einstellen. Eine Einschränkung des Anwendungsfeldes der PID lässt sich grundsätzlich auf zweierlei Weise umsetzen: Entweder mithilfe von Generalklauseln oder durch die Festlegung eines abschließenden Katalogs von genetisch bedingten Erkrankungen oder Behinderungen, bei denen die PID eingesetzt werden darf. Gegen den ersten Lösungsweg wurde immer wieder der Einwand erhoben, dass er einer Ausweitung der Anwendungsgebiete der PID nicht wirksam gegenzusteuern vermag (Enquete-Kommission Recht und Ethik der modernen Medizin 2002b, Teil C.1, 99). Gegen den zweiten Weg wird demgegenüber geltend gemacht, dass er eine diskriminierende Wirkung gegenüber denjenigen geborenen Menschen entfalten würde, die unter einer der im Katalog aufgeführten Erkrankungen oder Behinderungen leiden (Enquete-Kommission Recht und Ethik der modernen Medizin 2002b, Teil C.1, 99). Der deutsche Gesetzgeber hat sich angesichts dieser Problematik für den ersten Weg entschieden: Durch das Gesetz zur Regelung der Präimplantationsdiagnostik (PräimpG) vom 21.11.2011 wird die Anwendung der PID auf Fälle beschränkt, bei denen „das hohe Risiko einer schwerwiegenden Erbkrankheit" besteht oder wenn die Diagnostik dazu dient, eine schwerwiegende Schädigung des Embryos festzustellen, „die mit hoher Wahrscheinlichkeit zu einer Tot- oder Fehlgeburt führen wird." (PräimpG 2011, Art. 1, § 3a neu, Abs. 2). Die Einhaltung dieser Bestimmungen soll durch interdisziplinär zusammengesetzte Ethikkommissionen an den staatlich zugelassenen PID-Zentren gewährleistet werden, die die Funktion haben, die in Art. 1, Abs. (2) PräimpG formulierten Kriterien auf die jeweiligen Einzelfälle anzuwenden.

Literatur

Ach, Johann/Denkhaus, Ruth/Lüttenberg, Beate (Hg.): Forschung an humanen embryonalen Stammzellen. Münster 2015.

Advena-Regnery, Barbara/Enghofer, Franziska/Cantz, Tobias/Heinemann, Thomas: „Framing the ethical and legal issues of human artificial gametes in research, therapy, and assisted reproduction: A German perspective." In: Bioethics 32. Jg., 5 (2018), 314–326.

Anderson, Elizabeth: Value in Ethics and Economics. Cambridge, MA 1993.

Badura-Lotter, Gisela: Forschung an embryonalen Stammzellen. Zwischen biomedizinischer Ambition und ethischer Reflexion. Frankfurt a.M./New York 2005.

Birnbacher, Dieter: „Mehrdeutigkeiten im Begriff der Menschenwürde." In: Aufklärung und Kritik 2. Sonderheft 1. (1995), 4–13

Boivin, Jacky/Thapar, Anita et al.: „Associations between maternal older age, family environment and parent and child wellbeing in families using assisted reproductive techniques to conceive." In: Social Science & Medicine 68. Jg., 11 (2009), 1948–1955.

Böckenförde, Ernst-Wolfgang: „Menschenwürde: Dasein um seiner selbst willen." In: Deutsches Ärzteblatt 100. Jg., 19 (2003), A 1246–1249.

Damschen, Gregor/Schönecker, Dieter (Hg.): Der moralische Status menschlicher Embryonen. Berlin/New York 2003a.

Damschen, Gregor/Schönecker, Dieter: „In dubio pro embryone. Neue Argumente zum moralischen Status menschlicher Embryonen." In: Gregor Damschen, Dieter Schönecker (Hg.): Der moralische Status menschlicher Embryonen. Berlin/New York 2003b, 187–268.

Duden, Barbara: Der Frauenleib als öffentlicher Ort: Vom Mißbrauch des Begriffs Leben. Hamburg 1991.

Düwell, Markus: Bioethik. Methoden, Theorien und Bereiche. Stuttgart/Weimar 2008.

Enquete-Kommission Recht und Ethik der modernen Medizin: Zweiter Zwischenbericht (Teilbericht Stammzellforschung). Berlin 2002a.

Enquete-Kommission Recht und Ethik der modernen Medizin: Abschlussbericht. Berlin 2002b.

Enskat, Rainer: „Pro Identitätsargument". In: Gregor Damschen, Dieter Schönecker (Hg.): Der moralische Status menschlicher Embryonen. Berlin/new York 2003b, 101–127

Firestone, Shulamith: Frauenbefreiung und sexuelle Revolution. Frankfurt a.M. 1987 (engl. 1970).

Gagel, Detlev/Ulrich, Dagmar/Pastor, Vera-Simone/Kentenich, Heribert: „IVF-Paare und IVF-Kinder. Ein Überblick zu ihrer Entwicklung." In: Reproduktionsmedizin 14. Jg., 1 (1998), 31–40.

Gerhardt, Volker: Der Mensch wird geboren. Kleine Apologie der Humanität. München 2001.

Gesetz zur Regelung der Präimplantationsdiagnostik (Präimplantationsdiagnostikgesetz – PräimpG) In:

https://www.bgbl.de/xaver/bgbl/text.xav?SID=&tf=xaver.component.Text_0&tocf=&qmf=&hlf=xaver.component.Hitlist_0&bk=bgbl&start=%2F%2F*%5B%40node_id%3D%27731160%27%5D&skin=pdf&tlevel=-2&nohist=1 (19.02.2021)

Günther, Hans-Ludwig/Kaiser, Peter/Taupitz Jochen: Embryonenschutzgesetz. Kommentar zum Embryonenschutzgesetz. Stuttgart 2014².

Habermas, Jürgen: Die Zukunft der menschlichen Natur. Auf dem Weg zu einer liberalen Eugenik? Frankfurt a.M. 2002.

Hofmann, Heidi: Die feministischen Diskurse über Reproduktionstechnologien. Positionen und Kontroversen in der BRD und den USA. Frankfurt a.M./New York 1999.

Hildt, Elisabeth/Mieth, Dietmar (Hg.): In Vitro Fertilisation in the 1990s. Towards a Medical, Social and Ethical Evaluation. Aldershot 1998.

Honnefelder, Ludger/Lanzerath, Dirk (Hg.): Klonen in biomedizinischer Forschung und Reproduktion. Bonn 2003.

Hölzle, Christina/Wiesing, Urban: Die In-vitro-Fertilisation – ein umstrittenes Experiment. Fakten – Leiden – Diagnosen – Ethik. Berlin/Heidelberg/NewYork 1991.

Kavka, Gregory S.: „The Paradox of Future Individuals." In: Philosophy & Public Affairs 11. Jg., 2 (1982), 93–112.

Knoepffler, Nikolaus: „Der moralische Status des frühen menschlichen Embryos." In: Nova Acta Leopoldina 96. (2007), 177–188.

Kobold, Sabine/Guhr, Anke/Kurtz, Andreas/Löser, Peter: „Human Embryonic and Induced Pluripotent Stem Cell Research Trends: Complementation and Diversification of the Field." In: Stem Cell Reports 4. Jg., 5 (2015), 914–925.

Kuhlmann, Andreas: An den Grenzen unserer Lebensform. Texte zur Bioethik und Anthropologie. Frankfurt a.M./New York 2011.

Kummer, Christian: „Zweifel an der Totipotenz. Zur Diskussion eines vom deutschen Embryonenschutz überforderten Begriffs". In: Stimmen der Zeit 7. (2004), 459–472

Leist, Anton: Eine Frage des Lebens. Ethik der Abtreibung und künstlichen Befruchtung. Frankfurt a.M./New York 1990.

Maier, Barbara: Ethik in Gynäkologie und Geburtshilfe. Berlin 2000.

Maio, Giovanni (Hg.): Der Status des extrakorporalen Embryos. Perspektiven eines interdisziplinären Zugangs. Bad Cannstatt 2007.

Meincke, Anne Sophie: „Potentialität und Disposition in der Diskussion über den Status des menschlichen Embryos: Zur Ontologie des Potentialitätsarguments." In: Philosophisches Jahrbuch 122. (2015), 271–303.

Meister, Théo A. /Rexhaj, Emrush et al.: „Association of Assisted Reproductive Technologies With Arterial Hypertension During Adolescence." In: Journal of the American College of Cardiology 72. Jg., 11 (2018), 1267–1274.

Merkel, Reinhard: Forschungsobjekt Embryo. Verfassungsrechtliche und ethische Grundlage der Forschung an menschlichen Embryonen. München 2002.

Parfit, Derek: „On Doing the Best for Our Children." In: Michael Bayles (Hg.): Ethics and Population. Cambridge (MA.) 1976, 100–115.

Pichlhofer, Gabriele et al.: Medizinische, rechtliche und kulturelle Aspekte der Eizellspende. Gutachten im Auftrag des Bundesgesundheitsministeriums. Bonn 2000.

Rawls, John: Politischer Liberalismus. Frankfurt a.M. 2003.

Robertson, John A.: Children of Choice. Freedom and the New Reproductive Technologies. Princeton 1994.

Sandel, Michael: „A Response to Rawls Political Liberalism." In: Ders. (Hg): Liberalism and the Limits of Justice [1982]. Cambridge ²1998, 184–218.

Sass, Hans-Martin: „Wann beginnt das Leben?" In: DIE ZEIT 49 (1990).

Schleissing, Stefan (Hg.): Ethik und Recht der Fortpflanzungsmedizin. Baden-Baden 2014.

Schöne-Seiffert, Bettina (2003): „Contra Potentialitätsargument: Probleme einer traditionellen Begründung des Lebensschutzes." In: Gregor Damschen, Dieter Schönecker (Hg.): Der moralische Status menschlicher Embryonen. Berlin/New York 2003,169–186.

Singer, Peter: Praktische Ethik [1979]. Stuttgart ²1994.

Spaemann, Robert: Glück und Wohlwollen. Versuch über Ethik [1989]. Stuttgart ³1993.

Spaemann, Robert: Personen. Versuche über den Unterschied zwischen ‚etwas' und ‚jemand' [1996]. Stuttgart ³2007.

Schöne-Seiffert, Bettina/Stier, Marco: „The Argument from Potentiality in the Embryo Protection Debate: Finally ‚Depotentialized'?" In: The American Journal of Bioethics 13. Jg. 1 (2013), 19–27.

Testart, Jacques/Sèle, Bernard: „Eugenics comes back with medically assisted procreation." In: Elisabeth Hildt/Dietmar Graumann (Hg.): In Vitro Fertilisation in the 1990s. Towards a Medical, Social and Ethical Evaluation. Aldershot 1998, 169–174.

Trappe, Heike: „Assisted Reproductive Technologies in Germany: A Review of the Current Situation." In: Michaela Kreyenfeld/Dirk Konietzka (Hg.): Childlessness in Europe: Contexts, Causes, and Consequences. Dordrecht 2017, 269–288.

Wieland, Wolfgang: „Pro Potentialitätsargument: Moralfähigkeit als Grundlage von Würde und Lebensschutz." In: Gregor Damschen, Dieter Schönecker (Hg.): Der moralische Status menschlicher Embryonen. Berlin/New York 2003, 149–168.

Wiesing, Urban et al. (Hg.): Ethik in der Medizin. Ein Studienbuch [2002]. Stuttgart ²2004.

Yamanaka, Shinya: „Induced Pluripotent Stem Cells: Past, Present, and Future." In: Cell Stem Cell 10. Jg., 6 (2012), 678–684.

Ethik der Stammzellforschung

100

Nikolaus Knoepffler

100.1 Ausgangspunkt

Die Stammzellforschung gehört seit Jahren zu den hoffnungsträchtigen Forschungszweigen. In der Grundlagenforschung dient sie zu einem besseren Verständnis, warum bestimmte Krankheiten entstehen. Therapiebezogen gibt es erfolgreiche Anwendungen bei der Behandlung von Leukämie. Darüber hinaus finden erste klinische Studien statt, um beispielsweise Herzmuskelgewebe zu regenerieren, verlorenes Augenlicht wiederzugewinnen oder auch Diabetes zu heilen. Für die Zukunft erhofft man sich darüber hinaus die Entwicklung von Therapien neuronaler Erkrankungen oder auch die Schaffung von Organersatz.

100.2 Begriff und Typologie

Stammzellen sind Zellen, die die Fähigkeit besitzen, sich vielfach und differenziert zu teilen, so dass identische Tochterzellen in gewaltigen Größenordnungen oder unterschiedliche funktionale Zelltypen entstehen können. Dabei können folgende Typen von Stammzellen unterschieden werden, wobei der Sprachgebrauch

N. Knoepffler (✉)
Universität Jena, Jena, Deutschland
E-Mail: n.knoepffler@uni-jena.de

nicht ganz eindeutig ist. So ist umstritten, ob die einzelnen Zellen des frühen Embryos im Achtzellstadium auch als Stammzellen bezeichnet werden können. Sie wären toti- bzw. omnipotent (lat. *totus* = ganz, *omnis* = alles, *posse* = können), weil sich aus ihnen vermutlich noch ein kompletter Organismus entwickeln kann. Sie können sich in alle Zelltypen des Körpers ausdifferenzieren, von Keimzellen wie der Samenzelle bis hin zu bestimmten neuronalen oder kardialen Zellen. Im eigentlichen Sinn werden als embryonale Stammzellen diejenigen Zellen bezeichnet, die zu einem späteren Zeitpunkt als dem der Morula, also nach dem Achtzellstadium gewonnen werden. Sie sind pluripotent (lat. *pluris* = mehr), d. h. sie können sich zwar nicht mehr zu einem kompletten Organismus entwickeln, aber zu allen Zelltypen. Aufgrund ihrer Eigenschaften gelten embryonale Stammzellen (ES-Zellen) als Goldstandard für die Forschung.

Ebenfalls pluripotent, also in verschiedene Zelltypen differenzierbar, sind die sogenannten induzierten pluripotenten Stammzellen (iPS-Zellen, lat. *inducere* = hineinführen). Diese Stammzellen, die durch die Reprogrammierung adulter (lat. *adultus* = alt) Zellen gewonnen werden, haben praktisch weitgehend dieselben Eigenschaften wie ES-Zellen nach dem Achtzellstadium, so dass mittlerweile sogar Keimzellen auf diese Weise hergestellt werden können.

Des Weiteren gibt es noch einen dritten Weg, pluripotente Stammzellen zu gewinnen, nämlich durch Klonierung. Dabei wird der Kern einer erwachsenen Körperzelle in eine Eizelle eingebracht, aus der der Kern entfernt wurde. Die sich daraus entwickelnden Blastozysten können dann zur Gewinnung von ES-Zellen genutzt werden.

Von den embryonalen Stammzellen sind die adulten Stammzellen (AS-Zellen) zu unterscheiden. Diese sind nur noch multipotent (lat. *multus* = viel), können sich also nur in die verschiedenen Zelltypen einer Gewebeart entwickeln. Das bekannteste Beispiel hierfür sind Blutstammzellen im Knochenmark, die zu roten und weißen Blutzellen, aber auch in Blutplättchen ausdifferenzieren können und neuronale AS-Zellen, die sich in unterschiedliche Gehirnzelltypen ausdifferenzieren können. Für Laien lässt sich dies so beschreiben: Adulte Stammzellen sind Ersatzschauspielern vergleichbar, der im Notfall Rollen in *einem* spezifischen Theaterstück übernehmen, also einen bestimmten Zelltyp im menschlichen Organismus ersetzen können. Dagegen sind iPS- und ES-Zellen Ersatzschauspielern vergleichbar, die für *jede* Rolle in *jedem* Theaterstück verfügbar wären, also im Prinzip jeden Zelltyp im menschlichen Organismus ersetzen können.

100.3 Ethischer Bezugsrahmen

In einer religiös und weltanschaulich pluralen Welt haben sich Ärzteschaft und Forschergemeinschaft wie die meisten Staaten darauf geeinigt, das Prinzip der Menschenwürde und die damit verbunden Rechte auf Leben und körperliche Unversehrtheit anzuerkennen, wie sie beispielsweise in der Fortschreibung des Genfer Gelöbnisses formuliert sind. Mit der Menschenwürde verbunden sind darüber hinaus die Anerkennung der Patientenautonomie, das Nichtschadens- und Fürsorgeprinzip sowie das Ziel eines gerechten Gesundheitswesens, so dass mit den Worten der Weltgesundheitsorganisation jeder auf dieser Erde ein Recht darauf hat, den „höchstmöglichen Gesundheitsstandard zu genießen". Aus diesem Anspruch folgt das Streben nach einer möglichst guten Forschung, um Krankheiten zu verstehen und Therapien zu entwickeln. Dieses Interesse muss allerdings ethisch gegen andere Interessen abgewogen werden.

Was nicht menschliche Lebewesen – also Tiere – angeht, so dürfen diese für hochrangige Forschungsziele verwendet werden, aber es sind die drei Regeln des Tierschutzes: *reduce* (verringern), *refine* (verbessern) und *replace* (ersetzen), zu berücksichtigen.

100.4 Ethisch relevante Aspekte der Stammzellforschung

Verwendung nicht-menschlicher Stammzellen zu Forschungszwecken
Die Verwendung von nicht-menschlichen Stammzellen zu Forschungszwecken ist weitgehend unkontrovers, solange die Regeln des Tierschutzes berücksichtigt werden, die sich in der konkreten Ausgestaltung von Staat zu Staat unterscheiden können. Grundsätzlich gilt in praktisch allen Staaten: Wenn Forschungsvorhaben hochwertig sind, dürfen Tierversuche durchgeführt werden, wenn der vorgeschriebene Tierschutz eingehalten wird. Debatten entzünden sich derzeit vor allem dann, wenn die Notwendigkeit infrage steht oder wenn es um Versuche mit Primaten geht, denen manche einen Personenstatus zuschreiben (s. Kap. 112). Die Notwendigkeit wird vor allem angezweifelt, wenn es sich um Versuche handelt, die keine medizinischen, sondern industrielle Ziele verfolgen. Oft genannt werden hier Versuche der Kosmetikindustrie, deren Ziel zwar abstrakt in einem Zuwachs von Lebensqualität gesehen werden kann, deren wirklicher Zusatznutzen jedoch oft kritisch gesehen wird bzw. gerade hier das *reduce* und *replace* auch von den Verbrauchern immer stärker eingefordert wird.

Kreuzung menschlicher Stammzellen mit tierischen
Kontrovers dagegen wird diskutiert, inwieweit menschliche Stammzellen in Tierembryonen eingebracht werden dürfen, beispielsweise um mit Hilfe dieser Stammzellen in Tieren menschliche Organe heranzuzüchten. Die Schaffung beispielsweise von Schweinechimären ist

umstritten, weil nicht klar ist, inwieweit dies zur Vermenschlichung von Schweinen führen könnte. Zudem ist das Risiko für die menschlichen Empfänger nicht abschließend geklärt. Mittlerweile ist die erste Xenotransplantation (griech. *xenos* = fremd) eines Schweineherzens durchgeführt worden. Der menschliche Empfänger hat damit einen knappen Monat überlebt, aber dann wurde das Herz aufgrund eines tierischen Virus abgestoßen. Was die Empfänger angeht, so ist das Risiko der Transplantation gegen die Chance der Lebensrettung abzuwägen. Was das Schwein angeht, so ist zu fragen, ob die eine Schwein-Mensch-Chimäre einen anderen moralischen Status hat als ein „normales" Schwein, ob also eine derartige genetische Veränderung zulässig ist.

Nutzung adulter menschlicher Stammzellen
Die Verwendung adulter menschlicher Stammzellen am Menschen ist ebenfalls unkontrovers, solange die üblichen Vorsichtsmaßnahmen berücksichtigt werden, die allgemein für die medizinische Forschung und Therapie gelten. Es darf für Probanden nur ein minimales Risiko bestehen, und bei Heilversuchen hat der erwartete Nutzen deutlich höher zu sein als ein möglicher Schaden. Zudem müssen betroffenen Personen dazu ihre Einwilligung gegeben haben.

Nutzung humaner iPS-Zellen
Auch für die Verwendung von iPS-Zellen gelten dieselben Vorsichtsmaßnahmen wie beim Gebrauch adulter Stammzellen. Ihre Verwendung ist deshalb in ähnlicher Weise unkontrovers, solange sie nicht so weitgehend reprogrammiert werden, dass sie sich wie embryonale Stammzellen verhalten. Dann stelle sich dieselben ethischen Fragen, die im Blick auf die normalen humanen ES-Zellen diskutiert werden.

Umstritten ist bei den iPS-Zellen, bis zu welchem Grad sie zur Substitution der Forschung mit embryonalen Stammzellen dienen oder diese sogar vollständig ersetzen könnten. Zwar bieten die iPS-Zellen ein enormes Potential und sind wohl immunologisch beim autologen (griech. *autos* = derselbe) therapeutischen Einsatz ES-Zellen vorzuziehen, da hier der Spender zugleich der Empfänger der Zellen ist, aber es ist nicht davon auszugehen, dass sie in allen Eigenschaften mit ES-Zellen vergleichbar sind. Dies gilt auch in dem Fall, dass man mit Hilfe des somatischen Zellkerntransfers Stammzellen gewinnt.

Somatischer Zellkerntransfer
Der somatische Zellkerntransfer zur Gewinnung von Stammzellen, auch Klonierung mit therapeutischer Zielsetzung genannt, hat wie die Verwendung von iPS-Zellen den therapeutischen Vorteil, dass die entstehenden Zellen immunologisch für den Spender verträglich sind, wenn die Zellen von ihm stammen. Abstoßungsreaktionen sind also nicht zu erwarten. Allerdings wirft diese Gewinnung von Stammzellen über ethische Fragen, die sich allgemein bei der Forschung mit ES-Zellen stellen (s. u.), eine zentrale Problematik auf. Dieses Verfahren des Klonierens könnte dazu weiterentwickelt werden, reproduktiv genutzt zu werden, also – vereinfacht gesprochen – zeitversetzt eineiige Zwillinge zu schaffen. Zurzeit sind keine derartigen Versuche am Menschen bekannt. Sie wären auch hochriskant, wie das Klonen von Tieren zeigt. Nur ein Teil der geklonten Tiere kommt überhaupt bis zur Geburt und nicht wenige der geborenen Tiere leiden an unterschiedlichen Defekten. Auch aufgrund dieser Risiken besteht bisher der globale Konsens, dass die Anwendung dieses Verfahrens auf den Menschen ethisch nicht vertretbar ist. Selbst wenn die Risiken des Klonierens beherrschbar wären, geht es um die Frage, ob wir eine zukünftige Gesellschaft wollen, in der genetisch identische Nachkommen geschaffen werden könnten. Dabei lautet ein wesentliches Argument gegen das Klonieren, dass es einem Menschen nicht zugemutet werden sollte, dass sein genetisches Muster praktisch von vornherein vollständig vorherbestimmt ist. Hier besteht psychologisch die Gefahr, dass auf diese Menschen Vorerwartungen projiziert werden, wodurch sie in ihrer individuellen Selbstentfaltung stark beeinträchtigt würden.

Humane ES-Zellen
Die Gewinnung von ES-Zellen führt zum Verbrauch des entsprechenden Embryos. Dies wird sehr kontrovers diskutiert, weil die Seinsfrage nicht geklärt ist (s. Kap. 99). Was ist ein

menschlicher Embryo? Ist er bereits eine Person? Beantwortet man diese Frage mit einem Ja, dann kommt ihm Menschenwürde zu. Ist er dagegen noch keine Person, dann wäre es verfehlt, ihm Menschenwürde zuzuerkennen. Wenn ihm Menschenwürde zukommt, dann ist sein Verbrauch absolut verwerflich. Dieser Verbrauch würde sich moralisch nicht davon unterscheiden, einen geborenen Menschen für Humanexperimente zu verbrauchen. Kommt ihm jedoch keine Menschenwürde zu, dann ist eine Güterabwägung möglich. Bis heute gibt es keine Möglichkeit und zeichnet sich noch nicht einmal ansatzweise eine Aussicht ab, die Seinsfrage endgültig zu entscheiden. Bereits die drei großen abrahamitischen Weltreligionen haben hier unterschiedliche moralische Überzeugungen, auch wenn sie noch im Mittelalter gemeinsam die Überzeugung teilten, dass der frühe Embryo noch keine menschliche Person ist, weil er noch keine Geistseele besitzt. Während Judentum und Islam bis heute in dieser Tradition verwurzelt sind, hat beispielsweise die römisch-katholische Kirche die Überzeugung gewonnen, dass bereits die menschliche Zygote als eine Person anzusehen sei, weshalb ihr Verbrauch in keiner Weise zulässig ist. Selbst der Import von ES-Zellen aus Staaten, in denen diese zu Forschungszwecken verwendet werden dürfen, wird als „Mitwirkung am Bösen" verurteilt. Allerdings zeigt die frühe Entwicklung eine derartige Plastizität, dass es gute Gründe gibt, den frühen Embryo seinsmäßig und von daher auch moralisch von geborenen Menschen zu unterscheiden. Einige der Zellen, die aus einer befruchteten Eizelle entstehen, entwickeln sich beispielsweise zur Plazenta und sind damit auch nicht Teil des späteren Lebewesens.

Der Verbrauch des Embryos kann dann gerechtfertigt werden, wenn man davon überzeugt ist, dass diesem Embryo noch keine Menschenwürde zukommt. Dann ist er für eine hochrangige Forschung ethisch zulässig, wenn diese voraussichtlich nur mit Hilfe von ES-Zellen den angestrebten Erkenntnisgewinn wird erreichen können und wenn die Spender, von deren Zellen der Embryo abstammt, zugestimmt haben. Wer dem Embryo sogar jeden intrinsischen Wert abspricht, könnte praktisch jeden Verbrauch von Embryonen rechtfertigen, sofern die Einwilligung vorliegt. Dabei ist allerdings von überzähligen Embryonen auszugehen. Andernfalls benötigt man Eizellspenderinnen, die sich einem nicht unerheblichen gesundheitlichen Risiko aussetzen müssten. Selbst wenn sie das freiwillig täten, wäre ethisch umstritten, ob dies die oben genannten ethischen Kriterien, insbesondere das Nichtschadensprinzip, hinreichend berücksichtigen würde, es sei denn das Forschungsvorhaben verspricht hochrangige Erfolgs- und Erkenntnisaussichten und kann nicht mit anderen Zellen vorgenommen werden.

Embryo-Modelle
Mittlerweile gibt es die Möglichkeit, aus Stammzellen Embryo-Modelle mit Hilfe des Genome-Editing zu entwickeln. Damit entfällt das Problem, weibliche Eizellen in großer Zahl zu benötigen. Mit Hilfe dieser Modelle können die embryonale Entwicklung besser verstanden, die IvF weiterentwickelt und Behandlungen für Entwicklungsstörungen entwickelt werden. Neueste Erkenntnisse zeigen, dass die Zellteilung bei frühen Embryonen nicht so starr abläuft wie gedacht. Es entstehen beispielsweise Zellen mit Mutationen, die auch wieder im weiteren Entwicklungsverlauf verschwinden können. Neben der ethischen Frage, ob diese entwicklungsfähigen Embryo-Modelle wie Embryonen behandelt werden sollen, was dann die oben behandelten Fragen nach dem Status des Embryos aufwirft, lautet die eigentliche ethische Frage in diesem Zusammenhang, ob derartige Embryo-Modelle implantiert werden dürfen und möglicherweise bis zur Geburt gebracht werden können. Diese Möglichkeit, Unfruchtbarkeit zu behandeln, wird jedoch von den meisten Wissenschaftsverbänden abgelehnt, weil neben den hohen Risiken des Verfahrens Menschen nicht auf diese Weise erzeugt werden sollten. Allerdings fehlen bis heute globale Regeln, wie lange derartig geschaffene Embryonen weiterentwickelt werden dürfen, denn die Regel, wonach derartige Embryonen maximal bis zum 14. Tag entwickelt werden dürfen, gilt nur in einigen Staaten.

100.5 Notwendigkeit globaler Regeln

Die raschen Fortschritte der Stammzellforschung lassen es deshalb als eine der dringlichsten Aufgaben erscheinen, globale Regeln festzulegen. In Verbindung mit den neuen technischen Möglichkeiten des Genome-Editing mittels CRISPR/Cas bietet diese Technik nicht nur ein sehr großes therapeutisches Potential, sondern auch neue reproduktive Möglichkeiten. Die Weltgemeinschaft muss Entscheidungen treffen, welche Grenzen nötig sind, um nicht unser Zusammenleben zu gefährden. Die Forderung nach einem globalen Moratorium für bestimmte Eingriffe mag kurzfristig Zeit für die Entwicklung der Regeln zur Verfügung stellen. Aber ein Moratorium entbindet nicht von der weiterführenden Diskussion über die Bedingungen für eine grundsätzliche Zulässigkeit oder Nichtzulässigkeit bestimmter Eingriffe.

Literatur

Hilpert, Konrad (Hg.): Forschung contra Lebensschutz. Der Streit um die Stammzellforschung. Freiburg i.Br. 2009.
Knoepffler, Nikolaus: Den Hippokratischen Eid neu denken. Eine Medizinethik für die Praxis. Alber: Freiburg i. B. 2021.
Kreß, Hartmut: „Forschung an pluripotenten Stammzellen." In: Medizinrecht 33 (2015), 387–392.
Rivron, Nicolas. et al.: „Debate ethis of embryo models from stem cells." In: Nature 564 (2018), 183–185.
Sade Robert M./Mukherjee, Rupak: Ethical Issues in Xenotransplantation: The First Pig-to-Human Heart Transplant. In: Ann Thorac Surg 113/3 (2022), 712–714.
Slack, Jonathan: The Science of Stem Cells. New York 2018.
Tachibana, Masahito: „Human Embryonic Stem Cells Derived by Somatic Cell Nuclear Transfer." In: Cell 153 (2013), 1228–1238.
Tarazi Shadi et al.: Post-gastrulation synthetic embryos generated ex utero from mouse naive ESCs. In: Cell 185/18 (2022), 3290–3306.
Wu, Jun et al.: „Interspecies Chimerism with Mammalian Pluripotent Stem Cells." In: Cell 168 (2017), 473–486.

Genforschung, genetische Diagnostik und Eugenik

Sigrid Graumann

101.1 Die Sequenzierung des menschlichen Genoms und aktuelle Forschungsfelder

Die Entschlüsselung des menschlichen Genoms war das bislang größte international koordinierte Forschungsprojekt in der Geschichte der Wissenschaft. Man erhoffte sich davon eine Revolution in der Medizin und befürchtete den ‚gläsernen Menschen'. Heute zeigt sich, dass genetische Daten für sich genommen weder die hochgesteckten Hoffnungen noch die großen Befürchtungen rechtfertigen. Durch das entschlüsselte ‚Referenzgenom' wird die gemeinsame genetische Ausstattung des Menschen dargestellt. Damit sind Vergleiche mit den Genomen anderer Organismen möglich. Die Aufklärung von Funktionszusammenhängen von Genen und zwischen Genen, Genprodukten und Umweltfaktoren stehen für die Zukunft noch bevor. Damit befindet sich die systematische Genforschung heute im Grunde in einem frühen Stadium (Hennen/Petermann/Sauter 2001). Bislang konnten viele DNA-Sequenzen identifiziert werden, die für monogene Krankheiten verantwortlich gemacht werden. Diese Erkenntnisse haben vor allem zur Erweiterung der diagnostischen, weniger aber der therapeutischen Spielräume geführt. Viele der ethischen Probleme vor allem prädiktiver und pränataler Gentests hängen damit zusammen.

Die Sequenzierung des menschlichen Genoms hat auch zu neuen Erkenntnissen über genetische Variationen zwischen Individuen und Populationen geführt, die keinen Krankheitswert haben, aber individuelle Reaktionen auf Giftstoffe und Medikamente beeinflussen können. Erstere sind in der Arbeitsmedizin von Bedeutung. Dabei wird befürchtet, dass die Untersuchung von individuellen Empfindlichkeiten bei einzelnen Arbeitnehmern zu Lasten genereller Maßnahmen zum Schutz vor Giftstoffen am Arbeitsplatz gehen könnte. Auf der Grundlage solcher genetischen Variationen wird in der *Pharmakogenetik* derzeit daran gearbeitet, maßgeschneiderte Medikamente zu entwickeln. Heute schon ist ein präziserer Einsatz von Medikamenten und damit eine höhere Effizienz und Arzneimittelsicherheit in einigen wenigen Fällen möglich. Die zukünftige klinische Relevanz dieser Forschungsrichtung ist noch ungewiss. Aus ethischer Sicht werden diesbezüglich vor allem Gerechtigkeitsfragen, eine mögliche Diskriminierung ethnischer Minderheiten und Datenschutzfragen diskutiert (Marx-Stölting 2007).

Die ethischen Fragen des Humangenomprojekts betreffen, über die forschungsethischen

S. Graumann (✉)
Evangelische Hochschule Rheinland-Westfalen-Lippe, Bochum, Deutschland
E-Mail: graumann@evh-bochum.de

Fragen und die ethischen Probleme konkreter Anwendungen hinaus, die Beförderung des genetischen Determinismus durch die Veränderung des Krankheitsbegriffs hin zur „genetischen Abweichung von der Norm" (Lanzerath/Honnefelder 1998). Außerdem werden mögliche Entsolidarisierungseffekte durch eine zunehmende Erwartung von individueller „genetischer Verantwortung" sowie die Frage nach der richtigen Prioritätensetzung in der biomedizinischen Forschung angesichts begrenzter Ressourcen vor allem vor dem Hintergrund der Tendenz einer wachsenden Kommerzialisierung im Gesundheitswesen thematisiert (Kollek/Lemke 2008). Die Kommerzialisierung von Erkenntnissen der Genforschung wird vor allem im Zusammenhang mit der umstrittenen Patentierbarkeit von Gensequenzen diskutiert. Es wird befürchtet, dass Genpatente die Entwicklung von Therapien nicht fördern sondern behindern könnten und dass Diagnoseverfahren durch Patentgebühren übermäßig teuer werden (Baumgartner/Mieth 2003). Unter Gerechtigkeitsaspekten sind hier die weltweiten Probleme der Sicherung einer angemessenen Gesundheitsversorgung und besonders die Gesundheitsprobleme in den armen Ländern zu berücksichtigen.

101.2 Gendiagnostische Anwendungsfelder

Mit einer *Gendiagnostik* kann die Veranlagung für eine Krankheit oder andere Eigenschaften untersucht werden. Wichtige medizinische Fortschritte wurden in Bezug auf die Diagnostik von Infektionskrankheiten (Erregerdiagnostik) und Tumorerkrankungen erreicht. In der Krebsbehandlung leistet die Gendiagnostik wichtige Beiträge zur Früherkennung, Verlaufsbeobachtung und Erfolgskontrolle.

Die Gendiagnostik von erblichen Eigenschaften wird in der klinischen Praxis vor allem für seltene, monogene Krankheiten eingesetzt. Das Ergebnis der Gendiagnostik einer erblichen Eigenschaft kann einen klinischen Befund bestätigen oder selbst ein klinischer Befund sein. Ein wichtiges Beispiel für letzteres ist das sogenannte Neugeborenen-Screening. Dabei handelt es sich um die gendiagnostische Früherkennung von mehreren seltenen Stoffwechselkrankheiten bei Neugeborenen in den ersten Lebenstagen, die eine sofortige Therapie ermöglicht und damit hilft, dauerhafte Gesundheitsschäden zu verhindern.

Prädiktive Gentests dagegen liefern Informationen über die Veranlagung für Krankheiten, die der Betroffene möglicherweise später in seinem Leben bekommt. Ein Beispiel für eine prädiktive Gendiagnostik einer monogenen Erbkrankheit ist der Gentest für Chorea Huntington, einer unheilbaren, progressiv verlaufenden, neurodegenerativen Krankheit, deren Symptome meist erst um das vierzigste Lebensjahr einsetzen. Im Fall eines positiven Befundes kann den Betroffenen keine vorbeugende Behandlung angeboten werden. Manche Personen, in deren Familie die Krankheit in der Vergangenheit aufgetreten ist, wollen dennoch über einen Gentest Sicherheit für die eigene Lebens- und Familienplanung erhalten, was jedoch zu schweren psychischen Belastungen führen kann. Darüber hinaus wird aus ethischer Sicht die Gefahr der Diskriminierung von positiv getesteten Personen durch Privatversicherungen und Arbeitgeber diskutiert.

Mit Hilfe von Gentests ist es auch möglich, heterozygote Träger von Krankheiten mit rezessiven Erbgängen zu bestimmen. Bei rezessiven Erbkrankheiten manifestieren sich die Symptome nur, wenn die betreffende Genmutation auf beiden DNA-Strängen eines Chromosoms (Allele) vorhanden ist. Wenn die Mutation nur auf einem der Allele vorliegt, ist die Person gesund, kann die Krankheit aber an ihre Kinder vererben, wenn der andere Elternteil die Mutation ebenfalls trägt und weitergibt. Die sogenannte Heterozygotendiagnostik wird vor allem für die Familienplanung von Bevölkerungsgruppen eingesetzt, in denen eine bestimmte rezessive Erbkrankheit gehäuft vorkommt. So wird z. B. auf Zypern heiratswilligen Personen ein Heterozygoten-Screening auf Beta-Thalassämie angeboten. Wenn beide Partner die Mutation tragen, können sie auf eine Heirat bzw. auf gemeinsame Kinder verzichten oder im Fall einer

Schwangerschaft Pränataldiagnostik in Anspruch nehmen. Von ethischer Seite wird dies als Beispiel für ein „eugenisches Screening" international sehr kontrovers diskutiert, in der zypriotischen Bevölkerung selbst scheint die Akzeptanz dagegen eher hoch zu sein (Beck/Niewöhner 2009).

Die meisten Volkskrankheiten wie Krebs-, Herzkreislauf-, Stoffwechsel- und viele neurodegenerative Erkrankungen sind multifaktoriell, d. h. durch mehrere Gene und Umweltfaktoren, bedingt. Die genetischen Testmöglichkeiten sind hier noch begrenzt. Beispiele sind die BRCA-Gene als Faktoren für Burstkrebs und die ApoE-Genvarianten, die bei Alzheimer eine Rolle spielen. Gentests für multifaktorielle Krankheiten haben wegen der Beteiligung vieler Faktoren einen begrenzten Prognosewert, der in Risikoprozenten abgeschätzt wird. Problematisch ist außerdem, dass den Patienten häufig keine – oder im Fall einer Brustkrebsveranlagung nur drastische – Präventionsangebote gemacht werden können (Hennen/Petermann/Sauter 2001). Darüber hinaus kann das Ergebnis eines prädiktiven Gentests – bei monogenen und bei multifaktoriellen Krankheiten – auch Aussagen über Krankheitsveranlagungen von Angehörigen ermöglichen. Für beide, für den Getesteten selbst wie für die möglicherweise betroffenen Angehörigen, kann das Wissen über die genetische Konstitution Auswirkungen auf die Lebensführung und Familienplanung haben.

Durch die Entwicklung von Genchips (sog. Microarrays) ist damit zu rechnen, dass in Zukunft effizient eine große Anzahl von genetischen Anlagen parallel diagnostiziert werden kann. In der Forschung sind Genchips bereits im Einsatz, für die klinische Diagnostik wird eine Einführung in den kommenden Jahren angenommen. Eine weitere Möglichkeit, eine große Zahl genetischer Daten im Rahmen einer Untersuchung zu gewinnen, wird mit der Totalsequenzierung oder Ganzgenomsequenzierung künftig zur Verfügung stehen. In der Forschung mit Ganzgenomsequenzierungen sollen Korrelationen zwischen Veränderungen des Genoms und Krankheiten gefunden werden, um die medizinische Diagnostik und Therapie weiter zu entwickeln. Wenn dazu weitere Fortschritte in der Funktionsaufklärung von Genen kommen, wird sich die medizinische Bedeutung der Gendiagnostik voraussichtlich massiv steigern; damit werden aber auch die Probleme des Umgangs mit genetischen Informationen zunehmen. Insbesondere wird es systematisch zu ethisch problematischen Zufallsbefunden kommen.

Gendiagnostik wird auch vorgeburtlich eingesetzt, sowohl an Föten in der Schwangerschaft als auch an im Labor gezeugten frühen Embryonen. Bei der *Pränataldiagnostik* werden Zellen des Fötus, die bei der *Amniozentese* durch Punktion aus dem Fruchtwasser, bei der *Chorionzottenbiopsie* vom kindlichen Anteil der Plazenta gewonnen werden, genetisch untersucht. Der Befund einer erblichen Krankheit oder Behinderung des zukünftigen Kindes führt wegen fehlender oder mangelhafter therapeutischen Möglichkeiten meistens zur Entscheidung für den Abbruch einer häufig schon weit fortgeschrittenen Schwangerschaft. Rechtlich sind solche Schwangerschaftsabbrüche in Deutschland nach einer Pflichtberatung zulässig, sofern eine Gefährdung der seelischen oder körperlichen Gesundheit der Frau durch die Fortsetzung der Schwangerschaft vorliegt, die nicht auf andere Weise abzuwenden ist. In der Praxis wird diese Regel allerdings sehr großzügig interpretiert. Aus individualethischer Sicht stellt ein Schwangerschaftskonflikt nach einer vorgeburtlichen Gendiagnostik ein moralisches Dilemma zwischen dem Recht der Frau auf Selbstbestimmung und körperliche Integrität einerseits und dem Schutz des Lebens des Ungeborenen andererseits dar (Graumann 2011). Aus sozialethischer Sicht werden vor allem die Implikationen einer neuen ‚freiwilligen Eugenik' diskutiert.

Neben den genannten invasiven Verfahren erlangen nicht-invasive Verfahren (sog. *non invasive prenatal tests*, ‚NIPT'), wie das sogenannte Ersttrimester-Screening und die Untersuchung fetaler DNA in mütterlichem Blut (sog. Bluttests) zunehmende Bedeutung. NIPT haben eine allgemein selektive Zielsetzung, weil sie Schwangeren ohne bekannte ‚Vorbelastung' angeboten werden. Sie erlauben nur eine Spezifizierung des ‚Risikos' für bestimmte Behinderungen, das gegebenenfalls mit invasiven Verfahren weiter abgeklärt werden muss, oder sind, wie die Gentests fetaler DNA im mütterlichen Blut, noch unzuverlässig. Beide Verfahren können schon im ersten Schwangerschaftsdrittel angewandt werden und bergen nur minimale Eingriffsrisiken. Sie zielen vor allem auf Chromosomenveränderungen wie das Down Syndrom ab. In den kommenden Jahren ist mit einer starken Zunahme an Angeboten der NIPT zu rechnen, die eine große Zahl von Krankheiten und Behinderungen erfassen und deutlich kostengünstiger werden dürften (Graumann/Koopmann 2018).

Als *Präimplantationsdiagnostik* wird die genetische Untersuchung von Embryonen nach einer künstlichen Befruchtung im Labor bezeichnet. Dabei werden mehrere Embryonen gezeugt und untersucht. Nur solche Embryonen, die von der gesuchten genetischen Eigenschaft nicht betroffen sind, werden in die Gebärmutter der Frau überführt. Befürworter der Präimplantationsdiagnostik argumentieren, dass gegebenenfalls ein für die Frau sehr belastender Schwangerschaftsabbruch nach einer Pränataldiagnostik vermieden werden kann. Kritiker der Präimplantationsdiagnostik weisen darauf hin, dass die Frau hierfür die psychisch und gesundheitlich belastende Prozedur einer IVF über sich ergehen lassen muss (Kollek 2000). Aus individualethischer Perspektive werden die Interessen und Nöte der zukünftigen Eltern und besonders der Frauen auf der einen Seite und die Schutzwürdigkeit menschlicher Embryonen auf der anderen Seite diskutiert. Im Gegensatz zur Pränataldiagnostik besteht allerdings kein unausweichliches moralisches Dilemma zwischen den Rechten der Frau und der Schutzwürdigkeit der Embryonen, weil zum Zeitpunkt der Entscheidung die Schwangerschaft noch nicht besteht (Haker 2002). In sozialethischer Hinsicht wird diskutiert, inwieweit mit der Präimplantationsdiagnostik ein qualitativ neuer Schritt „freiwilliger Eugenik" verbunden ist, weil sie nicht nur – wie die Pränataldiagnostik – die Entscheidung für oder gegen die Existenz eines einzelnen zukünftigen Kindes erlaubt, sondern die Auswahl der „besten" unter vielen Embryonen ermöglicht (Testard 1995). Gesetzlich ist die Präimplantationsdiagnostik in Deutschland erlaubt für Paare mit einem erhöhten Risiko für ein Kind mit einer schweren Erbkrankheit, was von einer Ethikkommission geprüft werden muss.

Insbesondere bei prädiktiven und pränatalen Gentests ist es angesichts der vielfältigen medizinischen, persönlichen und sozialen Implikationen oft schwierig, von den Patientinnen und Patienten eine wirklich freie und informierte Einwilligung zu erwarten (Porz 2008). Das Gendiagnostikgesetz von 2009 sieht daher für alle prädiktiven und pränatalen Gentests vor, dass eine genetische Beratung der Diagnostik vorausgeht. Dabei werden die Ratsuchenden über die genetischen Grundlagen, die prognostische Relevanz des Tests und ihre Handlungsmöglichkeiten informiert. Außerdem sollen psychosoziale Aspekte in der Beratung berücksichtigt werden, um den Ratsuchenden Wege zu einem möglichst guten persönlichen Umgang mit dem Testergebnis zu eröffnen (Hadolt/Lengauer 2009).

Unter den nichtmedizinischen Anwendungen sind neben kriminologischen Gentests zur Spurenanalyse auch Abstammungstests von großer Bedeutung. Mit relativ einfachen Tests, für die geringe DNA-Mengen aus Hautzellen oder Haaren ausreichen, können beispielsweise Vaterschaftstests durchgeführt werden. Zu Problemen haben heimliche Vatertests ohne Zustimmung der Mutter geführt, die mittlerweile durch das Gendiagnostikgesetz untersagt sind.

101.3 Selbstbestimmung, genetische Diskriminierung und ‚neue Eugenik'

Beim Umgang mit genetischen Informationen können spezifische Rechtskonflikte auftreten. Eine Person hat zunächst das Recht auf Zugang zu genetischen Informationen, die per Gendiagnostik über sie gewonnen werden können oder bereits vorliegen. Dieses *Recht auf Wissen* ist in der Achtung vor der Autonomie der

Person begründet. In der medizinethischen Diskussion hat sich die Einsicht durchgesetzt, dass dieses Recht auch ein Recht auf Verweigerung des Wissens über die eigene genetische Konstitution beinhaltet. Daher wird auch von einem *Recht auf Nichtwissen* gesprochen (Chadwick 1997). Angesichts der Verbreitung genetischer Testverfahren in der medizinischen Praxis stellt sich die Achtung des Rechts auf Wissen zumindest in westlichen Gesellschaften mit ausgebauten solidarisch finanzierten Gesundheitssystemen als weitgehend unproblematisch dar. Problematischer ist die Achtung des Rechts auf Nichtwissen. Dies setzt eine angemessene Aufklärung vor der Einwilligung voraus. Wenn sich eine Person für einen prädiktiven Gentest entscheidet, können außerdem Familienangehörige ungefragt mit genetischen Informationen konfrontiert sein. Je nach Erbgang einer Krankheitsanlage, kann für die leiblichen Verwandten der getesteten Person die Wahrscheinlichkeit, auch die Krankheitsanlage zu tragen, in konkreten Risikoprozenten angegeben werden. In einem solchen Fall kann das Recht auf Wissen einer Person im Konflikt mit dem Recht auf Nichtwissen anderer Personen stehen. In der Praxis werden solche Konflikte in der genetischen Beratung erörtert, dem Recht auf Wissen aber in der Regel Vorrang gegeben. Dagegen werden prädiktive Gentests an Kindern für Krankheitsanlagen, die keine Vorbeugemöglichkeiten eröffnen, in der Praxis abgelehnt, weil nur mit einer persönlichen Einwilligung das Recht auf Nichtwissen gewahrt werden kann.

Eine Verletzung des Rechts auf Nichtwissen wird aber auch befürchtet, wenn Arbeitgeber im Rahmen von Eignungsuntersuchungen oder private Versicherungsunternehmen vor dem Abschluss einer privaten Kranken-, Berufsunfähigkeits- oder Lebensversicherung Gentests verlangen. Angesichts der diagnostischen Möglichkeiten, die für die Zukunft zu erwarten sind, könnte das zu massiver Diskriminierung führen. Für machen Personen könnte der Zugang zu einem Versicherungsschutz erschwert oder sogar unmöglich sein. Eine solche Diskriminierung könnte sich aber auch indirekt einstellen, wenn Personen mit der Aussicht auf Vorteile ermutigt werden, freiwillig günstige Testergebnisse vorzulegen. Das Gendiagnostikgesetz verbietet daher nicht nur, die Durchführung von Gentests zu verlangen, sondern auch – zumindest bis zu bestimmten Versicherungssummen – vorhandene Testergebnisse zu nutzen.

In Bezug auf Heterozygotentests und Pränataldiagnostik im Kontext der Familienplanung werden Diskriminierungsfragen unter dem Stichwort ‚neue Eugenik' oder ‚freiwillige Eugenik' diskutiert. Damit ist im Unterschied zur ‚alten Eugenik' der ersten Hälfte des 20. Jahrhunderts gemeint, dass sich eugenische Tendenzen nicht mehr in staatlichen Gesundheitsprogrammen und Zwangsmaßnahmen zeigen, sondern in subtileren gesellschaftlichen Zwängen, die auf persönliche Entscheidungen wirken (Obermann-Jeschke 2008). Die pränatale Diagnostik eröffnet die Möglichkeit, die Annahme eines Kindes von seiner genetischen Konstitution abhängig zu machen. Diese Möglichkeit aber wird Schwangeren nicht nur zugestanden, sondern es wird von ihnen vielfach als Erwartung empfunden, die Diagnostik in Anspruch nehmen und nur ein Kind anzunehmen, das keine Behinderung haben wird (Samerski 2002). Zumindest implizit beziehen sich Positionen, die dies kritisieren, auf eine systematische Verletzung des Rechts auf Nichtwissen.

Kontrovers diskutiert wird in diesem Zusammenhang auch, ob behinderte Menschen durch Pränatal- und Präimplantationsdiagnostik diskriminiert werden (Graumann 2003; s. Kap. 55). Von ethischer Seite wird argumentiert, dass behinderte Menschen nicht durch private Familienplanungsentscheidungen diskriminiert werden können (Lübbe 2003). Vertretern der Disability Studies geht es allerdings nicht um die Kritik persönlicher Entscheidungen; sie sehen in der Pränataldiagnostik als medizinische Praxis, die das Ziel hat, die Existenz von behinderten Kindern zu verhindern, einen Ausdruck gesellschaftlicher Geringschätzung behinderter Menschen (Parens/Ash 2000).

Literatur

Baumgartner, Christoph/Mieth, Dietmar (Hg.): Patente am Leben? Paderborn 2003.

Beck, Stefan/Niewöhner, Jörg: „Localising Genetic Testing and Screening in Cyprus and Germany. Contingencies, continuities, ordering effects and bio-cultural intimacy." In: Paul Atkinson, Peter Glasner, Margaret Lock (Hg.): The Handbook of Genetics and Society: Mapping the New Genomic Era. London 2009, 76–93.

Chadwick, Ruth (Hg.): The Right to Know and the Right not to Know. Aldershot 1997.

Graumann, Sigrid: „Sind ‚Biomedizin' und ‚Bioethik' behindertenfeindlich?" In: Ethik in der Medizin 15. (2003), 161–170.

Graumann, Sigrid: „Zulässigkeit später Schwangerschaftsabbrüche und Behandlungspflicht von zu früh und behindert geborenen Kindern – ein ethischer Widerspruch?" In: Ethik in der Medizin 23. (2011), 123–134.

Graumann, Sigrid/Koopmann Lisa: Neue Entwicklungen in der pränatalen Diagnostik – gesellschaftliche und ethische Fragen. In: https://kidoks.bsz-bw.de/frontdoor/deliver/index/docId/1352/file/PND+Werkstattbericht+Graumann+Koopmann.pdf (19.02.2021)

Hadolt, Bernhard/Lengauer, Monika: Genetische Beratung in der Praxis: Herausforderungen bei präsymptomatischer Gendiagnostik am Beispiel Österreichs. Frankfurt a.M. 2009.

Haker, Hille: Ethik der genetischen Frühdiagnostik. Paderborn 2002.

Hennen, Leonhard/Petermann, Thomas/Sauter, Arnold: Das genetische Orakel. Prognosen und Diagnosen durch Gentests – eine aktuelle Bilanz. Berlin 2001.

Hildt, Elisabeth: Autonomie in der biomedizinischen Ethik: Genetische Diagnostik und selbstbestimmte Lebensgestaltung. Frankfurt a.M. 2006.

Kollek, Regine: Präimplantationsdiagnostik. Tübingen 2000.

Kollek, Regine/Lemke, Thomas: Der medizinische Blick in die Zukunft. Frankfurt a.M. 2008.

Lanzerath, Dirk/Honnefelder, Ludger: „Krankheitsbegriff und ärztliche Anwendung der Humangenetik." In: Dietmar Mieth/Marcus Düwell (Hg.): Ethik in der Humangenetik. Tübingen 1998, 51–77.

Lübbe, Weyma: „Das Problem der Behindertenselektion bei der pränatalen Diagnostik und der Präimplantationsdiagnostik." In: Ethik in der Medizin 15. (2003), 203–220.

Marx-Stölting, Lilian: Pharmkogenetik und Pharmakogentests. Berlin 2007.

Obermann-Jeschke, Dorothee: Eugenik im Wandel: Kontinuitäten, Brüche und Transformationen. Münster 2008.

Parens, Eric/Ash, Adrienne: „The Disability Rights Critique of Prenatal Testing." In: Dies. (Hg): Prenatal Testing and Disability Rights. Washington DC 2000, 3–43

Porz, Rouven: Zwischen Entscheidung und Entfremdung: Patientenperspektiven in der Gendiagnostik und Albert Camus Konzepte zum Absurden. Eine empirisch-ethische Interviewstudie. Paderborn 2008.

Samerski, Silja: Die verrechnete Hoffnung. Münster 2002.

Testard, Jacques: „The New Eugenics and Medicalized Reproduction." In: Cambridge Quarterly of Health Care Ethics 4. (1995), 304–312.

102 Gentherapie

Sigrid Graumann

102.1 Entwicklung eines therapeutischen Konzepts

Die ethische Diskussion über die Gentherapie war über die Zeit deutlichen Veränderungen unterworfen. Anfangs wurde vor allem die grundsätzliche Frage diskutiert, ob genetische Veränderungen an Menschen überhaupt ethisch vertretbar sein könnten. Die Reflexion ethischer Einwände durch die Pioniere der Gentherapie selbst hat wesentlich zur Herausbildung eines therapeutischen Konzeptes in den 1980er Jahren beigetragen (Graumann 2000, 21–44). Mit der Entwicklung von CRISPR Cas der Arbeitsgruppe um Emmanuelle Charpentier und Jennifer Doudna hat die Debatte über ethisch vertretbare genetische Veränderungen des Menschen in jüngster Zeit eine neue Qualität erhalten (Jinek et al. 2012). Mit Hilfe von CRISPR Cas können Erbanlagen in Zellen, Geweben und Organismen mit deutlich größerer Treffsicherheit und Präzision gezielt und dauerhaft verändert werden, als das bislang der Fall war. Hierfür hat sich der Begriff *Gene-Editing* durchgesetzt. Es laufen bereits Forschungen, CRISPR Cas auch zur genetischen Veränderung früher menschlicher Embryonen einzusetzen. Dies wird als *Genome-Editing* bezeichnet (Reich et al. 2015).

Schon früh in der Entwicklung der Gentechnologie wurden Vorstellungen formuliert, den Menschen selbst zum Gegenstand genetischer Veränderungen zu machen. Besonders prägnant zeigte sich dies auf dem Symposium der CIBA-Foundation „Man and his Future" 1962. Dort wurde über eine vermeintliche „Verschlechterung der Qualität der Weltbevölkerung" durch genetische Defekte und „fehlenden Selektionsmechanismen" gesprochen und davon, dass „die alte Richtung zur positiven Entwicklung wiederherzustellen" sei (Huxley zitiert nach Jungk/Mundt 1988, 47). Aufgrund der skeptischen Reaktionen in der Öffentlichkeit, setzte sich unter Genetikern schließlich die Einsicht durch, dass klare Unterscheidungen einerseits zwischen somatischer Gentherapie und Keimbahntherapie und anderseits zwischen Therapie und ‚Enhancement' für ein legitimierbares Konzept der Gentherapie entscheidend sind (Fletcher 1990).

Unter *somatischer Gentherapie* wurde von da an das Einführen von Gensequenzen in Körperzellen mit therapeutischem Ziel verstanden. Die genetische Veränderung ist auf die Körperzellen begrenzt und wird nicht vererbt. Bei der *Keimbahntherapie* dagegen würde die genetische Veränderung an der befruchteten Eizelle oder dem frühen Embryo durchgeführt und damit alle Zellen des Organismus, einschließlich seiner

S. Graumann (✉)
Evangelische Hochschule Rheinland-Westfalen-Lippe, Bochum, Deutschland
E-Mail: graumann@evh-bochum.de

Keimzellen betreffen. Sie würde an kommende Generationen vererbt. *Gentherapie* bezeichnet das Einführen von Gensequenzen in Zellen mit dem Ziel der Behandlung von Krankheiten. Genetisches *Enhancement* zielt auf die Verbesserung von Eigenschaften ohne Krankheitswert (s. Kap. 109). Während Keimbahnveränderungen und genetisches Enhancement ethisch ausgesprochen kontrovers sind, werden gegen die somatische Gentherapie keine grundsätzlichen Einwände geltend gemacht (vgl. Rehmann-Sutter/Müller 2003). Mit der Entwicklung von CRISPR Cas sind Keimbahneingriffe am Menschen mit überschaubaren Risiken erstmals in den Bereich des Möglichen gerückt. Kontrovers diskutiert wird in dem Zusammenhang in erster Linie, ob die Entwicklung der Keimbahntherapie per Genome-Editing am Menschen wissenschaftlich sinnvoll und ethisch vertretbar wäre (Deutscher Ethikrat 2017).

102.2 Wissenschaftliche Entwicklung und ethische Fragen der somatischen Gentherapie

Das ursprüngliche Konzept der somatischen Gentherapie sah vor, Patienten mit monogen bedingten Erbkrankheiten durch Übertragung intakter Gensequenzen in die pathogenetisch relevanten Körperzellen kausale, effiziente, spezifische und nebenwirkungsarme Behandlungen anzubieten. SCID *(severe combined immunodeficiency)* wurde zur Modellkrankheit für die klinische Erprobung (Anderson 1984). Bei dieser sehr seltenen Krankheit fehlt Kindern ein für die Funktion des Immunsystems notwendiges Enzym. Im Labor wurde mit retroviralen Vektoren ein intaktes Genkonstrukt in Blutzellen der Patienten übertragen, die Zellen vermehrt und per Infusion in den Körper gebracht. Es konnte dabei zwar ein therapeutischer Effekt erzielt werden; dieser war aber nur von kurzer Dauer (Blaese et al. 1995; Bordignon et al. 1995). Deshalb wurde ein Verfahren entwickelt, den Gentransfer nicht mit ausdifferenzierten Blutzellen, sondern mit Blutstammzellen durchzuführen, die auf Dauer funktionstüchtige Leukozyten bilden sollten. Zunächst wurde von mehreren erfolgreichen Behandlungen berichtet (Cavazzana-Calvo 2000), allerdings erkrankten einige der Kinder in der Folge an Leukämie. Retrovirale Vektoren ermöglichen zwar, das therapeutische Gen stabil ins Genom der Zielzelle ‚einzubauen', dies kann aber auch zur Mutation zellulärer Gene und in der Folge zu einer Tumorentwicklung führen (Li et al. 2002).

Bei der zweiten Gentransferstrategie für klinische Versuche wurde mit adenoviralen Vektoren gearbeitet. Diese sind von ‚Erkältungsviren' abgeleitet und dringen in die Zielzellen ein, ohne sich in das Genom der Wirtszelle einzufügen. Ein dauerhafter therapeutischer Effekt kann damit nicht erzielt werden und es muss eine große Menge veränderter Viren übertragen werden, was extrem starke Immunantworten auslösen kann. Das war der Grund für den Tod des 18-jährigen Jesse Gelsinger in Folge eines klinischen Versuchs 1999. Dem Patienten fehlte aufgrund eines Gendefekts ein wichtiges Stoffwechselenzym in der Leber. Er war aber praktisch beschwerdefrei. Freiwillig und ohne damit zu rechnen, selbst davon zu profitieren, hatte er an der Therapiestudie teilgenommen (Hucho et al. 2008, 26–27).

Mit den seit den 1990er Jahren verfolgten Gentherapiestrategien war es nicht möglich, das intakte Gen exakt an die Stelle des defekten Gens ins Genom der Zielzelle einzubauen. Dadurch war es auch nicht gewährleistet, dass das therapeutische Genprodukt in den richtigen Zellen, zum richtigen Zeitpunkt, in der richtigen Menge und im richtigen Regelverhältnis zu anderen Proteinen produziert wird. Dies wurde bei der Nutzen-Gefahren-Abwägung vor klinischen Versuchen, die die Deklaration von Helsinki fordert, nicht angemessen berücksichtigt. Weil die Vorhersagbarkeit der Erfolgsaussichten und Risiken mit grundsätzlicher Unsicherheit verbunden ist, und weil Hinweise auf die aufgetretenen schweren Nebenwirkungen vorlagen, bestehen erhebliche ethische Zweifel, ob nicht viel zu früh mit klinischen Versuchen begonnen wurde.

Mit CRISPR Cas können viele der grundsätzlichen Probleme der somatischen Gentherapie gelöst werden. CRISPR Cas ist ein gentechnologisches Werkzeug, das aus einem antiviralen Abwehrsystem von Bakterien entwickelt wurde. Es ermöglicht, DNA-Stränge an bestimmten Stellen zu schneiden, dort Sequenzen zu entfernen oder einzufügen. Sogenannte Off-Target-Effekte (andere genetische Veränderung als diejenigen, die das Ziel waren) sind die Ausnahme und nicht mehr die Regel. Damit steht in Aussicht, dass erfolgversprechende Therapien mit kalkulierbaren Risiken für viele Krankheiten entwickelt werden können.

102.3 Enhancement, Keimbahntherapie und die Debatte über genetische Gerechtigkeit

Vor CRISPR Cas herrschte unter Forscherinnen und Forschern überwiegend Einigkeit darüber, dass es sich bei Keimbahninterventionen wegen der unbeherrschbaren Folgen um ethisch nicht vertretbare Menschenversuche handeln würde. Heute sprechen sich hingegen nicht nur viele Forscher sondern auch einige Bioethiker für die weitere Entwicklung des Verfahrens des Genome-Editing und seine zukünftige Anwendung am Menschen aus.

Im März 2015 traten US-amerikanische Wissenschaftlerinnen und Wissenschaftler mit dem Vorschlag eines freiwilligen Moratoriums in der Zeitschrift Nature an die Fachöffentlichkeit: Genome-Editing mit den heute verfügbaren Techniken berge nicht vorhersagbare Risiken für zukünftige Generationen und sei daher ethisch inakzeptabel (Lanphier et al. 2015). Im April 2015 meldete sich eine weitere Gruppe zu Wort, die sich für Genome-Editing an menschlichen Embryonen zu Forschungszwecken aussprach, einen klinischen Einsatz zum jetzigen Zeitpunkt aber ablehnt. Das Moratorium solle einen zu frühen klinischen Einsatz verhindern (Baltimore et al. 2015). Das Internationale Bioethik-Komitee der UNESCO (IBC) dagegen fordert am Menschen nur Gene-Editing für präventive, diagnostische und therapeutische Ziele einzusetzen, das Genome-Editing aber temporär ganz zu verbieten. Der Deutsche Ethikrat kritisiert, dass einer öffentlichen politischen Diskussion darüber, ob die Entwicklung des Verfahren und ihr klinischer Einsatz überhaupt ethisch vertretbar sind oder nicht, vorweggegriffen wird und fordert eine breite öffentliche Debatte (Deutscher Ethikrat 2017).

Bisher ist die Europäische Konvention für Menschenrechte und Biomedizin die einzige völkerrechtlich verbindliche Vereinbarung, die ein grundsätzliches Verbot von Keimbahnveränderung am Menschen vorsieht (Coucil of Europe 1997). Auch diese Regelung steht aber angesichts der neuen Forschungsoptionen unter Druck. Die Bioethiker Sykoro und Caplan fordern die Europäische Kommission auf, das Verbot der Keimbahntherapie aufzugeben (Sykoro und Caplan 2017). Wenn sichere Keimbahninterventionen eingesetzt werden könnten, um schwere Erbkrankheiten in zukünftigen Generationen auszurotten und damit schweres Leiden zu verhindern, sollte dies geschehen. Andere Autoren wie Zang et al. bezweifeln angesichts der hohen Rate an Off-Target-Effekten, die für die Methode nachgewiesen sind, dass es Keimbahnintervention mit überschaubaren Risiken geben könne (Zang et al. 2015). Baylis und Ikemoto sprechen sich weiterhin für ein grundsätzliches Verbot aus, weil die Anwendung der neuen Techniken zusammen mit expansiven Definitionen von ‚Krankheit', ‚Gesundheit' und ‚Behinderung' sowie kommerziellen Interessen verheerende Konsequenzen haben könne (Baylis/Ikemoto 2017).

Darüber hinaus ist zweifelhaft, ob überhaupt eine medizinisch sinnvolle Anwendung des Genome-Editing am Menschen denkbar ist. Die bisherigen Überlegungen beziehen sich auf schwere Erbkrankheiten, die auf einzelne Gene zurückgeführt werden. Bei der Vererbung einzelner Gene an folgende Generation sind bei rezessiven Erbgängen 75 %, bei dominanten Erbgängen 50 % Nachkommen *nicht* von der Erbkrankheit betroffen. Und auch bei x-chromosomal vererbten Krankheiten ist immer nur ein Teil der Embryonen betroffen. In all den Konstellationen könnten mit Hilfe einer Präimplantation die nicht betroffenen Embryonen identifiziert und für die Herbeiführung einer Schwangerschaft verwendet werden. Es ist aber aus ethischer Sicht nicht vertretbar, Risiken für das zukünftige Kind durch Off-Target-Effekte in Kauf zu nehmen, wenn dies vermeidbar ist.

Für die Veränderung von Eigenschaften, die auf das Zusammenspiel von mehreren Genen und Umweltfaktoren beruhen, fehlen die wissenschaftlichen Grundlagen. Dennoch wird über die Möglichkeit einer ‚genetische Perfektion' oder ‚neuen Eugenik' in der philosophischen Debatte schon länger kontrovers diskutiert. Michael Sandel wendet ein, dass die ‚genetische Perfektion' tragende gesellschaftliche Werte untergraben würde (Sandel 2007). Jürgen Habermas argumentiert, dass wir uns gegenseitig nicht mehr als freie und gleiche Personen achten könnten, wenn Eltern das genetische Design ihrer Kinder festlegen würden (Habermas 2001). Viele Autoren halten es dagegen für ethisch unbegründet, Eltern die Steigerung von Eigenschaften ihrer Kinder zu verbieten. Sie berufen sich darauf, dass wir es Eltern auch zugestehen, ihren Kindern durch Ausbildung und Erziehung Startvorteile zu verschaffen (Agar 2004). Die Autorengruppe Buchanan, Brock, Daniels und Wikler dagegen befürchtet, dass eine qualitativ neue Klassengesellschaft von ‚genetisch Reichen' und ‚genetisch Armen' entstehen könnte. Sie diskutieren analog zu den Kriterien sozialer Gerechtigkeit von John Rawls über Kriterien ‚genetischer Gerechtigkeit'. Die gerechte Verteilung ‚guter' und ‚schlechter' Gene wäre ihnen zufolge eine gesellschaftspolitische Zukunftsaufgabe (Buchanan et al. 2000). John Harris geht darüber hinaus. Er hält es nicht nur für wünschenswert, in die Evolution einzugreifen, damit zukünftige Menschen, länger, gesünder, und glücklicher leben könnten, sondern in vielen Fällen auch für moralisch geboten (Harris 2007).

Unabhängig davon, wie man sich zu den einzelnen Positionen stellt, sollte nicht aus den Augen verloren werden, dass es sich hier auf absehbare Zeit um eine rein spekulative philosophische Debatte handelt.

Literatur

Agar, Nicholas: Liberal Eugenics. In Defence of Human Enhancement. Bodmin 2004.
Anderson, William French: „Prospects for Human Gene Therapy." In Science 226. (1984), 401–409.
Baltimore, David/Berg, Paul/Botchan, Michael et al.: „A prudent path forward for genomic engineering and germline gene modification." In: Science 348. (2015), 36–38.
Baylis, Françoise/Ikemoto, Lisa: „The Council of Europe and the prohibition on human germline germline editing." In: EMBO Reports 18. (2017), 2084.
Blaese, M.R. et al.: „T Lymphocyte-Directed Gene Therapy for ADA-SCID: Initial Trial Results after 4 Years." In: Science 270. (1995), 475–480.
Bordignon, Claudio et al.: „Gene Therapy in Peripheral Blood Lymphocytes and Bone Marrow for ADA-Immunodeficient Patients." In: Science 270. (1995), 470–474.
Buchanan, Allen/Brock, Dan W./Daniels, Norman&Wikler, Daniel: From Chance to Choice. Genetics & Justice. New York 2000.
Cavazzana-Calvo, Marina: „Gene Therapy of Human Severe Combined Immunodeficiency (SCID)-X1 Disease." In: Science 288. (2000), 669–672.
Council of Europe: Convention for the Protection of Human Rights and Dignity of the Human Being with regard to the Application of Biology and Medicine: Convention on Human Rights and Biomedicine 1997. In: https://www.coe.int/en/web/conventions/full-list/-/conventions/rms/090000168007cf98 (06.07.2018)
Deutscher Ethikrat: Keimbahneingriffe am menschlichen Embryo: Deutscher Ethikrat fordert globalen politischen Diskurs und internationale Regulierung. AD-hoc-Empfehlung. In: http://www.ethikrat.org/dateien/pdf/empfehlung-keimbahneingriffe-am-menschlichen-embryo.pdf (06.07.2018)
Fletcher, John C.: „Evolution of Ethical Debate about Human Gene Therapy". In Human Gene Therapy 1. (1990), 55–68.
Graumann, Sigrid: Die Somatische Gentherapie. Entwicklung und Anwendung aus ethischer Sicht. Tübingen 2000.
Habermas, Jürgen: Die Zukunft der menschlichen Natur: Auf dem Weg zu einer liberalen Eugenik. Frankfurt a.M. 2001.
Harris, John: Enhancing Evolution. The Etical Case of Making Better People. London 2007.
Hucho, Ferdinand/Müller-Röber, Bernd/Domasch, Silke/Boysen, Matthias: Gentherapie in Deutschland. Eine interdisziplinäre Bestandsaufnahme. Dornburg 2008.
Jinek, Martin/Chylinski, Krzysztof/Fonfara, Ines/Hauer, Michael/Doudna, Jennifer A./ Charpentier, Emmanuelle: „A Programmable Dual-RNA–Guided DNA Endonuclease in Adaptive Bacterial Immunity." In Science 337. (2012), 816–821.

Jungk, Robert/Mundt, Hans Josef: Das umstrittene Experiment: Der Mensch. Dokumentation des Ciba-Symposiums 1962 ‚Man and his Future'. München 1988.

Lanphier, Edward/Urnov, Fyodor/Hecker, Sarah E./Werner, Michael/Smolenski, Joanna: „Don't edit the human germ line." In: Nature 519. (2015), 410–411.

Li, Zhixiong et al.: „Murine Leukemia Induced by Retroviral Gene Marking." In: Science 296. (2002), 497.

Rehmann-Sutter, Christoph/Müller, Hansjakob (Hg.): Ethik und Gentherapie. Zum praktischen Diskurs um die molekulare Medizin. Tübingen 2003.

Reich, Jens et al.: Genchirurgie beim Menschen – zur verantwortlichen Bewertung einer neuen Technologie. In: http://www.gentechnologiebericht.de/publikationen/genomchirurgie-beim-menschen-2015 (06.07.2018)

Sandel, Michael: The Case against Perfection. Ethics in the Age of Genetic Engineering. Cambridge 2007.

Sykora, Peter/Caplan, Arthur: „The Council of Europe should not reaffirm the ban on germline germline editing in humans." In: EMBO Reports 18. (2017), 1871–1872

Zhang, Xiao-Hui/Tee, Louis Y./Wang, Xiao-Gang/Huang, Qun-Shan/Yang, Shi-Hua: „Off-target Effects in CRISPR/Cas9-mediated Genome Engineering." In: Molecular Therapy Nucleic Acids 4. (2015), 264.

Selbsttötung

103

Héctor Wittwer

Bis ins 20. Jahrhundert hinein konzentrierte sich die philosophische Beschäftigung mit der Selbsttötung auf zwei Probleme: (1) Kann es vernünftig sein, das eigene Leben zu beenden? (2) Ist es moralisch erlaubt oder unter Umständen sogar geboten, sich selbst zu töten? Aus Gründen, die später dargelegt werden, kamen in den letzten Jahrzehnten zwei neue Probleme hinzu: (3) Ist es moralisch erlaubt, einen Menschen unter gewissen Umständen mit Gewalt daran zu hindern, sich zu töten? (4) Sollte die Beihilfe zum Suizid zumindest für einige Lebensmüde institutionell erleichtert werden? In diesem Zusammenhang rückt gegenwärtig insbesondere die Frage nach der moralischen Zulässigkeit der ärztlichen Beihilfe zur Selbsttötung in den Mittelpunkt des Interesses. Bevor die Debatten über die vier Themen dargestellt werden, muss die philosophische Beschäftigung mit der Selbsttötung historisch eingeordnet werden, damit deutlich wird, warum es sich nicht von selbst versteht, dass der Suizid auch ein *philosophisches* Problem darstellt.

103.1 Die philosophische Beschäftigung mit dem Suizid im historischen und kulturellen Kontext

Vor der Durchsetzung des Christentums gab es in der westlichen Welt keine einheitliche Haltung zur Selbsttötung (vgl. Fedden 1980, Kap. 1–4). Dies zeigt sich auch an der philosophischen Debatte. Unter den antiken Philosophen herrschte keine Einigkeit darüber, ob es vernünftig und moralisch erlaubt sein könne, sich zu töten. Im Altertum wurde eine offene und kontroverse Diskussion über die Rationalität und Moralität der Selbsttötung geführt (vgl. Cooper 1989). Ermöglicht wurde sie u. a. dadurch, dass der Antike die Annahme der Heiligkeit des menschlichen Lebens fremd war.

Dies änderte sich mit dem Aufstieg des Christentums und der Unterordnung der Philosophie unter den christlichen Glauben. Zwar war die Beurteilung des Suizids im frühen Christentum umstritten, spätestens mit Augustinus setzte sich aber die Auffassung durch, dass es Sünde sei, sich zu töten, weil das Gebot „Du sollst nicht töten" auch das Verbot des Suizids einschließe (Augustinus 1979, 47). Thomas von Aquin entwickelte später die klassische Lehre von der Verwerflichkeit der Selbsttötung: Wer sich selbst tötet, der verstoße gegen seine Pflichten gegenüber Gott, der Gemeinschaft und sich selbst (Thomas von Aquin 1953, 164 f.). Durch

H. Wittwer (✉)
Otto-von-Guericke-Universität Magdeburg,
Magdeburg, Deutschland
E-Mail: hector.wittwer@ovgu.de

die kulturelle Hegemonie des Christentums wurde eine vorurteilsfreie philosophische Beschäftigung mit dem Suizid mehr als tausend Jahre lang unterbunden. Das moralische Verbot der Selbsttötung ging in das kirchliche und weltliche Recht ein. Die Strafe für den Suizid wurde am Leichnam des Suizidenten oder an seiner Familie vollzogen.

Am Beginn der Neuzeit setzte dann ein Prozess ein, der sich schubweise vollzog: die zunehmende *Medikalisierung* bzw. *Pathologisierung* der Selbsttötung. Der Suizid wurde nicht mehr als Sünde, sondern als Ausdruck des Wahnsinns oder einer tiefgreifenden seelischen Störung angesehen. Dieser Prozess der Pathologisierung der Selbstvernichtung ist historisch gut belegt (vgl. Minois 1996; Baumann 2001; Watt 2004). Er führte dazu, dass man den sogenannten Selbstmördern die Fähigkeit absprach, sich frei zwischen Weiterleben und Sterben entscheiden zu können. Es lag daher nahe, den Suizid nicht mehr als moralisches, sondern als rein medizinisches, später als psychologisches oder soziologisches Problem zu begreifen. Wo die Willensfreiheit als notwendige Voraussetzung moralisch zu verantwortender Handlungen nicht gegeben ist, dort ist die Ethik nicht zuständig. Diese Sicht auf den Suizid setzte sich aber erst im Verlauf einiger Jahrhunderte durch.

Noch unberührt von der allmählichen Pathologisierung der Selbsttötung stellten im Zeitalter der Aufklärung einige Philosophen das moralische Verbot des Suizids in Frage, allen voran Montesquieu (1993, 139 f.) und Hume (1984). Gleichzeitig wurden von Diderot, Kant und anderen neue Begründungen für das Suizidverbot vorgelegt, sodass sich im 18. Jahrhundert wieder eine lebhafte philosophische Debatte über die Selbsttötung entwickelte (vgl. Crocker 1952). In dieser Zeit begann auch die Entkriminalisierung der Selbsttötung. Mit der Straffreiheit der Selbsttötung war das wesentliche Ziel der philosophischen Kritiker des Suizidverbots erreicht. Dies dürfte der wichtigste Grund dafür gewesen sein, dass das Interesse der Philosophie am Problem des Suizids im 19. Jahrhundert und am Beginn des 20. Jahrhunderts merklich abnahm.

Dazu trug auch die bereits erwähnte Tendenz zur Pathologisierung des Suizids bei.

Diese erreichte ihren vorläufigen Höhepunkt um die Mitte des 20. Jahrhunderts. Zu dieser Zeit herrschte weitgehend Einigkeit darüber, dass der Suizid Symptom einer körperlichen, geistigen oder sozialen Störung sei. Zwar konkurrierten v. a. die Psychiatrie, die Psychologie und die Soziologie darum, die *richtige* Kausalerklärung des Suizids liefern zu können. Konsens bestand aber über den pathologischen Charakter des Wunsches zu sterben (s. Kap. 108). Von wenigen Ausnahmen abgesehen, hatte die Philosophie zu dieser Zeit das Problem des Suizids fast gänzlich der empirischen Suizidologie überlassen.

In der zweiten Hälfte des 20. Jahrhunderts nahm das philosophische Interesse an der Selbsttötung aber schrittweise wieder zu. Dafür gab es im Wesentlichen zwei Gründe. Aufgrund der Entwicklung der Intensivmedizin und der Einrichtung von Kriseninterventionszentren wurden gescheiterte ‚Selbstmörder' immer häufiger gerettet und teilweise daran gehindert, sich das Leben zu nehmen. Dies entspricht der allgemeinen sozialen Tendenz, die ‚Ausgänge aus dem Leben zu verschließen', z. B. durch die Entgiftung von Hausgas. Diese Politik wurde seit den 1970er Jahren zunehmend als paternalistische Beschränkung der Freiheit angesehen. Jean Améry hat diese Praxis in seiner Streitschrift *Hand an sich legen* (1976) polemisch angegriffen. Vorsichtiger plädierte Wilhelm Kamlah für das Recht, sich zu töten (Kamlah 1976). Auch im Rahmen der Debatte über die Legalisierung der aktiven Sterbehilfe rückte der Suizid wieder in das Blickfeld der Ethik. Diese beiden Faktoren führten dazu, dass heute wieder eine sachliche philosophische Diskussion über die Selbsttötung geführt wird (vgl. Battin 1982; Cosculluela 1995; Fairbairn 1995; Wittwer 2003; Fenner 2008; Cholbi 2011; Wittwer 2020).

Angesichts der in der empirischen Forschung weit verbreiteten Auffassung, dass alle oder die meisten Suizidenten aufgrund geistiger Erkrankungen oder seelischer Störungen nicht imstande sind, eine wohlüberlegte Entscheidung zu fällen, stehen alle philosophischen Debatten über den Suizid unter dem *Vorbehalt der Freiheit.* Angesichts der Fülle empirischer Belege, die dafür sprechen, dass ein großer Teil der Suizidenten an seelischen Störungen *(mental disorders)* oder Geisteskrankheiten leidet, darf man in der Angewandten Ethik nicht ohne Weiteres unterstellen, dass Lebensmüde in der Regel fähig sind, rational und frei über die Beendigung ihres Lebens zu entscheiden. Eine neuere Studie, bei der die Methode der ‚psychologischen Autopsie' angewandt wurde, ergab z. B., dass im Durchschnitt etwa 78 % aller Suizidenten an einer seelischen Störung oder Geisteskrankheit leiden (vgl. Lönnqvist 2009, 277). Allerdings nehmen sich nicht alle seelisch Gestörten oder Geisteskranken das Leben. Eine Untersuchung mit Patienten, die an einer psychotischen Depression leiden, führte beispielsweise zu dem Ergebnis, dass 20,8 % von ihnen im Untersuchungszeitraum einen Suizidversuch unternahmen, die verbleibenden 79,2 % jedoch nicht (vgl. Schaffer et al. 2008, 407). Seelische Störungen und Geisteskrankheiten sind also *keine hinreichenden Bedingungen* für Suizidalität (Lönnqvist 2009, 275). Aus diesem Grund und wegen einiger methodologischer Schwierigkeiten ist die sogenannte ‚Krankheitsthese' auch unter Empirikern durchaus nicht unumstritten (zum Überblick vgl. Fenner 2008, Kap. 4). – Festzuhalten ist, dass in der philosophischen Debatte über die Rationalität und die Moralität des Suizids die Freiheit der Handelnden unterstellt wird. Auch wenn diese Unterstellung nur auf einige Suizidenten zutreffen sollte, würde die philosophisch-normative Beschäftigung mit der Selbsttötung ihre Berechtigung nicht einbüßen.

103.2 Zur empirischen Relevanz der Beschäftigung mit dem Suizid

Es dürfte wenige andere Untersuchungsgegenstände der Angewandten Ethik geben, über die so viele genaue statistische Werte vorliegen, wie die Selbsttötung. Dies liegt u. a. daran, dass die Soziologie sich seit ihrer Entstehung kontinuierlich und intensiv mit dem Suizid beschäftigt hat (vgl. Durkheim [1897] 1973). Im Mittelpunkt standen und stehen dabei die Erfassung und der Vergleich von Suizidraten sowie die Suche nach Korrelationen zwischen der Suizidrate und anderen sozialen Größen innerhalb bestimmter Populationen. Gut erforscht sind beispielsweise die Zusammenhänge zwischen den Familienständen und der Suizidalität oder die Suizidraten der wichtigsten Religionsgemeinschaften. Im Rahmen des vorliegenden Beitrags können diese Korrelationen nicht referiert werden. Stattdessen soll hier versucht werden, anhand der nationalen Suizidraten kurz die quantitative Relevanz der Selbsttötung anzudeuten.

Die soziologische Erforschung der Suizidraten hat zu zwei bemerkenswerten Ergebnissen geführt, die aufgrund der Datenmenge als gut gesichert gelten dürfen. Erstens sind die Suizidraten innerhalb der einzelnen Staaten über Jahrzehnte hinweg und unabhängig von den sich wandelnden politischen Verhältnissen relativ stabil. Zweitens sind die Unterschiede zwischen den nationalen Suizidraten auf einem Kontinent oder in bestimmten Regionen zum Teil erstaunlich groß (vgl. Ka-Yuet 2009, 209 f.). Beide Ergebnisse deuten darauf hin, dass soziale Faktoren, wie etwa Religiosität, moralische Überzeugungen oder Sozialstruktur, einen beachtlichen Einfluss auf die Suizidraten haben (ebd., 204). Dies sollte bei der Beurteilung der Krankheitsthese (siehe oben) berücksichtigt werden.

Laut Weltgesundheitsorganisation scheiden jährlich etwa 800.000 Menschen durch Suizid aus dem Leben (WHO 2019, 7). Bezogen auf die gesamte Weltbevölkerung ist gemäß den Angaben der Weltgesundheitsorganisation die Suizidrate zwischen den Jahren 2000 und 2019 um etwa 36 % gesunken (WHO 2021). Auch in Deutschland ist die Zahl der Selbsttötungen seit Jahren rückläufig. Während sich beispielsweise im Jahr 2011 noch 10.144 Menschen töteten, waren es im Jahr 2019 nur noch 9041 (Statistisches Bundesamt 2021). Damit zählt der Suizid nicht zu den häufigsten Todesursachen. Im selben Jahr verstarben beispielsweise über 350.00 Deutsche an Herz-Kreislauf-Krankheiten.

Anderseits ist die Zahl der Selbsttötungen nicht so gering, dass man zu Recht behaupten könnte, der Suizid sei nur von marginaler Bedeutung.

103.3 Die Vielfalt der Selbsttötungen und ihre Bedeutung

In der modernen philosophischen Debatte über den Suizid wird fast ausschließlich der Fall zugrunde gelegt, in dem sich ein Mensch tötet, um ein für ihn unerträglich gewordenes Leben abzukürzen. Diese Beschränkung auf die Selbsttötung als *Flucht* wird dem Gegenstand nicht gerecht. Suizide können sich in Bezug auf die mit ihnen verfolgten Zwecke, den psychischen Zustand des Lebensmüden, dessen Wertvorstellungen und die soziale Beurteilung der Selbsttötung stark voneinander unterscheiden. Man muss davon ausgehen, dass sich diese Vielfalt der Selbsttötungen auf die Urteile über die mögliche Rationalität und Moralität des Suizids auswirkt. Unter dieser Voraussetzung erscheint die Frage, ob ‚der Suizid' vernünftig oder moralisch erlaubt sein kann, falsch gestellt. Stattdessen sollte gefragt werden, ob bestimmte *Typen der Selbsttötung* rational oder moralisch legitim sein können. In der Gegenwart setzt sich langsam die Einsicht durch, dass die ‚einfache Ethik' des Suizids, in der ein allgemeines Urteil über alle Selbsttötungen gefällt wird, durch eine ‚differenzierte Ethik' ersetzt werden muss (vgl. Wittwer 2003, 307–311; Fenner 2008, 353 f.). Das Gleiche gilt für die Frage nach der möglichen Vernünftigkeit der Selbsttötung.

103.4 Kann es vernünftig sein, sich zu töten?

Wenn man davon ausgeht, dass eine Handlung dann rational ist, wenn sie in Bezug auf die aufgeklärten Wünsche und Überzeugungen des Akteurs wohlbegründet ist (Gosepath 1992), dann scheint nichts gegen die Möglichkeit einer vernünftigen Selbsttötung zu sprechen. Durch den Suizid kann ein Mensch z. B. seine Leiden verkürzen, verhindern, dass er ein Leben führen muss, das seinen Ansprüchen nicht genügt, oder der Unselbständigkeit und dem geistigen Verfall zuvorkommen. Dementsprechend ist bereits in der Antike von den Stoikern und anderen Schulen die Lehre vom ‚wohlüberlegten Ausgang aus dem Leben' *(eúlogos exagogé)* entwickelt worden (vgl. Arnim 1964, 187–191). Seit Beginn der Neuzeit ist jedoch von Denkern unterschiedlicher Provenienz behauptet worden, dass es niemals vernünftig sein könne, sich zu töten. Der Grund dafür besteht darin, dass in der modernen Philosophie ein unauflösbares Junktim zwischen praktischer Vernunft und dem Streben nach Selbsterhaltung angenommen wurde (vgl. Blumenberg 1996). Descartes, Hobbes, Spinoza, Kant u. a. sind sich darin einig, dass Selbsterhaltung vernünftigerweise geboten ist, sei es, weil die Erhaltung des Lebens selbst ein Gut ist, oder weil die physische Selbsterhaltung die Voraussetzung für die moralische Vervollkommnung ist.

Im Einzelnen sind folgende Begründungen für das rationale Gebot der Selbsterhaltung und das ihm entsprechende rationale Suizidverbot vorgebracht worden (zur Darstellung und Kritik vgl. Wittwer 2003, Teil I): (1) Hobbes zufolge ist der Tod das größte natürliche *Übel*. Deshalb gebieten die von der Vernunft entdeckten natürlichen Gesetze, alles zu tun, was für die Erhaltung des eigenen Lebens nötig ist, und alles zu unterlassen, was das eigene Weiterleben gefährdet (Hobbes 1994, 99). (2) Weit verbreitet war lange Zeit die *teleologische* Annahme, dass die praktische Vernunft zum Streben nach Selbsterhaltung ‚bestimmt' sei (vgl. z. B. Krüger 1931, 117 ff.). Dabei wird die Natur als Subjekt gedacht, das dem Menschen und seinen Anlagen bestimmte Aufgaben zugeteilt hat. (3) Einige Autoren behaupten, dass eine vernünftige Selbsttötung aus einem *erkenntnistheoretischen* Grund ausgeschlossen sei. Eine Handlung könne nur dann rational sein, wenn der Akteur weiß, was er mit ihr bezweckt, d. h. wenn er den Zustand, den er mit ihr herbeiführen möchte, aus eigener Erfahrung oder durch das Zeugnis anderer kennt. Niemand könne jedoch wissen, was der Tod ist (Devine 1978, 24 ff.; Macho 1987, 53). (4) Gelegentlich heißt es, dass die Selbsttötung deshalb unvernünftig sei, weil sie gegen das vernünftige *Gebot der Sinnsuche* verstoße. Diese Begründung des rationalen Suizidverbots tritt in verschiedenen Varianten auf. Camus behauptete, dass das menschliche Leben absurd ist, weil es eine unauflösbare Diskrepanz gebe zwischen dem Bedürfnis des Menschen, in einem sinnvollen, d. h. verständlichen Universum zu leben, und der Tatsache, dass die Welt ‚schweigt' (Camus 1999). Der Suizid sei abzulehnen, weil er das Problem der Absurdität des Daseins nicht löse, sondern beseitige (ebd.). Andere Autoren vertreten die These, dass der Mensch vernünftigerweise möglichst lange leben sollte, damit er möglichst lange nach dem Sinn des Lebens suchen kann (Gombocz 1989; Fritze 1991; s. Kap. 62).

(5) Die anspruchsvollste Begründung für die Unmöglichkeit einer vernünftigen Selbsttötung geht auf Kant zurück. Kant und einige seiner Anhänger vertreten die These, dass der Gebrauch der praktischen Vernunft zur Selbstvernichtung notwendigerweise mit einem Selbstwiderspruch verbunden sei. Weil das Streben nach Widerspruchsfreiheit ein grundlegendes und allgemein anerkanntes Rationalitätskriterium ist, stellt diese Begründung eine besondere Herausforderung dar. Kants Argumentation, die hier nicht im Detail wiedergegeben werden kann, besteht im Wesentlichen in dem Versuch, nachzuweisen, dass die Maxime des ‚Selbstmörders' nicht widerspruchsfrei als allgemeines Naturgesetz gedacht werden kann (Kant 1968a, 421 f.).

Jedes der fünf Argumente für das rationale Suizidverbot ist mit ernst zu nehmenden Schwierigkeiten verbunden. Beispielsweise versteht es sich nicht von selbst, dass der Tod unter allen Umständen das größtmögliche Übel ist. Wenn es keine überzeugende Begründung dafür geben sollte, dass es stets irrational ist, sich zu töten, dann müsste man davon ausgehen, dass es vernünftig sein kann, freiwillig aus dem Leben zu scheiden (vgl. Wittwer 2003, 12). Daraus ergäbe sich eine wichtige Schlussfolgerung in Bezug auf die Verhinderung des Suizids. Diese könnte nicht mehr grundsätzlich auf paternalistische Weise durch den Hinweis gerechtfertigt werden, dass Suizidenten stets unvernünftig handeln.

103.5 Ist es moralisch erlaubt, sich zu töten?

Das moralische Suizidverbot ist auf zweierlei Weise begründet worden: durch Rekurs auf *Pflichten gegen sich selbst* oder auf *Pflichten gegenüber anderen*. Was Letztere betrifft, so kann nochmals unterschieden werden zwischen Pflichten gegenüber einzelnen Menschen und Pflichten gegenüber dem Staat bzw. der Gemeinschaft als Ganzer. Darüber hinaus findet sich in der Debatte auch die systematisch schwer einzuordnende These, dass die Selbsttötung un- oder widernatürlich sei. Da der Begriff der Natürlichkeit äußerst unbestimmt ist und die Lehre vom naturalistischen Fehlschluss heute weitgehend anerkannt ist, soll die These der Unnatürlichkeit des Suizids hier nicht diskutiert werden (vgl. Hume 1984; Wittwer 2003, 360–368). Im Folgenden werden nur die wichtigsten Argumente für und wider die Erlaubtheit der Selbsttötung dargestellt.

Kant hat die Auffassung vertreten, dass die Selbsttötung gegen eine Pflicht gegen sich selbst verstößt, weil der Mensch nicht frei über sein Leben ‚disponieren' dürfe. In der vorkritischen Periode hat Kant diese These dadurch begründet, dass der Mensch, der sich tötet, um einen eigennützigen Zweck zu erreichen, sich wie eine Sache behandle (Kant 1990, 164). Dagegen ist zu Recht eingewendet worden, dass niemand sich selbst nur als Sache behandeln kann, weil die Missachtung des Zwecks die Nichtidentität von Handelndem und Behandeltem voraussetzt (Cosculluela 1995, 37). Anders verhält es sich mit Kants kritischer Reformulierung des Dispositionsarguments. Ihr zufolge zerstört der Mensch, der sich tötet, nicht nur sich selbst als sinnliches Wesen, sondern zugleich den *homo noumenon*, also das intelligible moralische Subjekt in sich (Kant 1968a, 429). Dies ist nach Kant moralisch verboten, weil die „*Selbsterhaltung* in seiner animalischen Natur" als Voraussetzung der moralischen Vervollkommnung „die wenngleich nicht vornehmste, doch erste Pflicht des Menschen gegen sich selbst" sei (Kant 1968b, 421). Ob man dieser Behauptung zustimmen kann, wird davon abhängen, von welcher der beiden Auffassungen der Moral man ausgeht: Ist der Mensch für die Moral geschaffen oder die Moral für den Menschen? Darüber hinaus ist es gemäß dem Grundsatz *volenti non fit iniuria* (dem Einwilligenden geschieht kein Unrecht) prinzipiell fragwürdig, ob es Pflichten gegen sich selbst geben kann.

Diese Schwierigkeit umgeht man, wenn man die Selbsterhaltung als *Pflicht gegenüber anderen* deutet. So ist nach Thomas von Aquin der einzelne Mensch Eigentum der Gemeinschaft; deshalb dürfe er nicht selbst über seinen Todeszeitpunkt bestimmen (1953, 165). Es ist jedoch nicht abzusehen, wie dieser Eigentumsanspruch begründet werden könnte. Diderot u. a. stützen sich hingegen auf die Idee des Gesellschaftsvertrags, um das Verbot des Suizids zu begründen. Dieser Vertrag sei bindend und dürfe nicht eigenmächtig gebrochen werden; daher dürfe niemand die Vertragsgemeinschaft ohne deren Zustimmung verlassen (Diderot 1961, 304). Demgegenüber verweisen Montesquieu und Hume darauf, dass alle gesellschaftlichen Verpflichtungen auf Gegenseitigkeit beruhen. Wer sich tötet, der entzieht sich nicht nur bestimmten Pflichten, sondern er verzichtet auch auf alle seine Rechte (vgl. Montesquieu 1993, 139; Hume 1984, 97 f.). Darüber hinaus folgt aus dem Gebot der Konsistenz und der Tatsache, dass die Auswanderung aus einem Staat gewöhnlich moralisch gebilligt wird, dass auch der Suizid in dieser Hinsicht moralisch erlaubt sein sollte (vgl. Szasz 1980, 196 f.).

Die gegenwärtige Debatte konzentriert sich stark auf zwei Prinzipien: das moralische Recht auf *Selbstbestimmung* und den Grundsatz der *Nichtschädigung*. Einerseits wird darauf verwiesen, dass das heute allgemein anerkannte Recht auf Selbstbestimmung das Recht, sich zu töten, einschließe und dass jede Beschränkung dieses Rechts gerechtfertigt werden müsse. Andererseits verstößt nach Meinung einiger Autoren jeder Suizident gegen den Grundsatz der Nichtschädigung, weil er mindestens einer Person – derjenigen, die ihn auffindet – schweren seelischen Schaden zufügt, in der Regel jedoch mehreren Menschen (vgl. Fairbairn 1995, 21–26). Dieser Schaden ist umso größer, je mehr persönliche Pflichten der Lebensmüde hat, z. B. gegenüber seiner Familie, seinen Freunden oder Kollegen. Ob sich aus einem der beiden Grundsätze das Verbot oder die Erlaubtheit *aller* Selbsttötungen herleiten lässt, erscheint angesichts der Vielfalt der Suizide fraglich.

103.6 Die Verhinderung der Selbsttötung

Weitgehend anerkannt ist heute, dass sich sowohl die gewaltfreie Suizidprävention als auch die kurzzeitige gewaltsame Verhinderung der Selbsttötung durch den Verweis auf die schwerwiegenden und irreversiblen Folgen des Suizids moralisch rechtfertigen lassen. Umstritten ist hingegen, wie die *langfristige,* durch *Zwangsmittel* erfolgende Verhinderung zu beurteilen ist. Wenn sich weder die empirische Krankheitsthese noch die normative Behauptung, dass die Selbsttötung prinzipiell unvernünftig ist, aufrechterhalten lassen sollten, dann entfiele der stärkste Grund für die Berechtigung dieser Freiheitsbeschränkung: der paternalistische Verweis auf die aufgeklärten Interessen des Suizidalen. Zudem beruht die moralische und rechtliche Akzeptanz der passiven und der indirekten Sterbehilfe auf der Annahme, dass die vorzeitige Beendigung des Lebens im Interesse der Betroffenen und insofern rational sein kann. Sobald dies anerkannt ist, kann die Verhinderung der Selbsttötung nicht mehr dadurch begründet werden, dass der Wunsch zu sterben angeblich *immer* Ausdruck einer seelischen Störung oder als solcher irrational ist. Eine ‚wohlerwogene Entscheidung' zum Suizid sollte daher respektiert werden (Birnbacher 1990, 411 f.). Darüber hinaus stellt sich die Frage, ob es moralisch zulässig ist, Menschen langfristig durch Zwang an der Selbsttötung zu hindern, deren Suizidwunsch rational nicht nachvollziehbar ist, weil er z. B. aus einer schweren depressiven Störung resultiert. Wenn der Wunsch dieser Menschen, ihr Leben zu beenden, nicht krisenbedingt, sondern andauernd ist, dann ist es in niemandes Interesse, sie auf Dauer am Suizid zu hindern (Wittwer 2003, 388).

Grundsätzlich gilt auch für die Ethik der Suizidverhütung, dass sich ein allgemeingültiges Urteil über alle Präventionsmaßnahmen wohl kaum überzeugend begründen lässt. Auch hier werden nur differenzierte Urteile der Vielfalt suizidaler Akte gerecht.

103.7 Die ärztliche Beihilfe zum Suizid

103.7.1 Gründe für und gegen die Legalisierung

In der gegenwärtigen philosophischen Debatte über die Selbsttötung wird die Frage nach der Zulässigkeit der ärztlichen Beihilfe zum Suizid (ÄBS) besonders kontrovers diskutiert (vgl. z. B. Battin 1998; Fooley/Hendin 2002; s. Kap. 104). Wenn man die entsprechenden Pro- und Kontraargumente richtig beurteilen will, müssen zwei Aspekte beachtet werden. Erstens gehen die meisten Befürworter zwar von einem *Recht* auf den selbst bestimmten Tod, nicht aber von einer Pflicht zu sterben aus (vgl. aber Hardwig 1997). Zweitens: Anders, als von Kritikern zuweilen unterstellt wird (z. B. Kass 1993, 36), fordern die Verfechter der ÄBS in der Regel nur ein *Abwehrrecht* auf ärztliche Suizidbeihilfe, d. h. deren Straffreiheit, jedoch kein mit der ärztlichen Pflicht verbundenes *Anspruchsrecht* auf ÄSB. Die Auffassung, dass es unter Umständen eine ärztliche *Pflicht* zur Suizidbeihilfe gibt, wird bisher nur selten vertreten (vgl. z. B. Battin 2005, 88–107; Birnbacher 2006, 13).

Für die Legalisierung der ÄBS werden v. a. zwei Gründe angeführt: das Recht auf Selbstbestimmung und der Verweis auf ungewolltes Leiden. Da kein Arzt zur ÄBS gezwungen werden soll, scheinen sich sowohl der Patient als auch sein Arzt auf ihr Recht auf Selbstbestimmung berufen zu können. Außerdem erscheint es zumindest *prima facie* moralisch erlaubt, einem Menschen dabei zu helfen, ein Leben zu beenden, das er nach reiflicher Überlegung nicht fortsetzen will, weil er seine Schmerzen oder seelischen Beschwerden nicht länger ertragen will.

Gegen die Legalisierung der ÄBS werden v. a. drei Gründe ins Feld geführt: der intrinsische Wert menschlichen Lebens, die ärztliche Standesethik und die Gefahr des Dammbruchs. Der Annahme, dass jedem menschlichen Leben ein intrinsischer und absoluter Wert zukommt, entspricht das ausnahmslose Tötungsverbot. Mit Blick auf Tötungen aus Notwehr und in gerechten Kriegen dürfte sich ein solches Verbot kaum aufrechterhalten lassen. Was die ärztliche Standesethik betrifft, so ist umstritten, ob die ÄBS mit ihr vereinbar ist oder nicht. Während einige Autoren die These vertreten, dass Ärzte niemals zum Tod ihrer Patienten beitragen dürfen (vgl. Kass 2002), wird von anderen bezweifelt, dass die ärztliche Standesethik die ÄBS verbietet (vgl. Birnbacher 2006; Schöne-Seifert 2006). Das einflussreichste Argument gegen die Legalisierung der ÄBS ist zweifellos das Dammbruch-Argument in seinen verschiedenen Spielarten. Es besagt, dass die ärztliche Beihilfe zur Selbsttötung – unabhängig davon, wie diese selbst moralisch zu beurteilen ist – deshalb nicht legalisiert werden darf, weil dies dazu führen würde, dass andere ärztliche Verhaltensweisen, insbesondere die aktive direkte Sterbehilfe, freigegeben würden oder legalisiert werden müssten.

103.7.2 Die Debatte über den § 217 StGB und das Urteil des Bundesverfassungsgerichts von 2020

Inhaltlich stagniert die Debatte über die moralische Zulässigkeit des Suizids und der Beihilfe zur Selbsttötung seit Langem. Wie es scheint, sind die Möglichkeiten der moralischen Argumentation in diesem Bereich ausgeschöpft. Darauf deutet die Tatsache hin, dass einige wenige Argumente seit Jahrzehnten, zum Teil sogar seit Jahrhunderten immer aufs Neue aufgegriffen und variiert werden. Inzwischen hat sich sowohl innerhalb der Moralphilosophie als auch in der Bevölkerung ein stabiler Dissens eingestellt. Beiden Seiten sind die Argumente der Gegenseite bekannt, ohne dass sie sich dadurch von ihrer

Position abbringen ließen. Gegner und Verteidiger des moralischen Rechts, sich selbst zu töten, stehen sich unversöhnlich gegenüber; nichts deutet derzeit auf die Möglichkeit einer Einigung hin. Die Diskussion steckt gleichsam in einer Sackgasse fest.

In einer anderen Hinsicht, nämlich in Bezug auf ihre *politisch-rechtliche* Relevanz ist die neuere Diskussion in Deutschland jedoch durch die gesetzliche Neuregelung der Beihilfe zur Selbsttötung in Bewegung geraten. Der Wunsch nach einer strafrechtlichen Regelung der Beihilfe zum Suizid war von verschiedenen Seiten bereits seit den 1980er Jahren geäußert worden; dies blieb jedoch lange ohne Folgen. Im Jahr 2014 ergriff dann das von der CDU geführte Bundesministerium für Gesundheit die Initiative zu einer Gesetzesnovellierung. Diese Entscheidung führte zu einer breiten öffentlichen Debatte über die moralische Zulässigkeit der Beihilfe zur Selbsttötung, die teilweise außerordentlich unsachlich und polemisch geführt wurde. Obwohl sich im Vorfeld mehr als 140 deutsche Strafrechtswissenschaftlerinnen und -wissenschaftler in einer gemeinsamen Erklärung gegen eine strafrechtliche Regelung der Suizidbeihilfe ausgesprochen hatten (vgl. Hilgendorf/Rosenau 2015), wurden schließlich im Bundestag fünf Gesetzesentwürfe zur Abstimmung gestellt, von denen sich der folgende durchsetzte: „§ 217 Geschäftsmäßige Förderung der Selbsttötung: (1) Wer in der Absicht, die Selbsttötung eines anderen zu fördern, diesem hierzu geschäftsmäßig die Gelegenheit gewährt, verschafft oder vermittelt, wird mit Freiheitsstrafe bis zu drei Jahren oder mit Geldstrafe bestraft. (2) Als Teilnehmer bleibt straffrei, wer selbst nicht geschäftsmäßig handelt und entweder Angehöriger des in Absatz 1 genannten anderen ist oder diesem nahesteht." Der Paragraph trat im Dezember 2015 in Kraft.

Der neue Paragraph wurde von Beginn an kritisiert. Bemängelt wurde an der Neuregelung v. a., dass der Ausdruck „geschäftsmäßig" nicht hinreichend bestimmt sei (Duttge/Plank 2017, 9). Befürchtet wurde vonseiten der Praktiker, dass die Ärzteschaft und das Pflegepersonal durch den neuen Paragraphen verunsichert werden könnten und dass die zulasten der leidenden Patienten gehe (exemplarisch Heubel/Schulze-Kruschke/Salomon 2017). Aus juristischer Sicht wurde außerdem kritisiert, dass der neue Paragraph dem Grundsatz widerspreche, dass die Beihilfe zu einer Haupttat, die selbst nicht strafbar ist, ebenso wenig strafbar sein dürfe wie die Haupttat selbst (Duttge/Plank 2017, 10). Einige Parteien legten gegen den neuen § 217 StGB Klage ein. Diese Klagen führten schließlich dazu, dass über die Verfassungsmäßigkeit der neuen Regelung letztinstanzlich entschieden werden musste. In seinem für viele Kommentatoren höchst überraschenden Urteil vom 26.02.2020 hat das Bundesverfassungsgericht den neuen Paragraphen für verfassungswidrig und daher für null und nichtig erklärt. Das Gebot der Achtung der Menschenwürde in Verbindung mit dem allgemeinen Persönlichkeitsrecht schließe auch die Freiheit ein, sich zu töten und dabei Hilfe von anderen in Anspruch zu nehmen. Somit hat das Gericht dem Recht, sich zu töten und Beihilfe zum Suizid zu erhalten, die Qualität eines Grundrechtes verliehen. Gleichzeitig hat das Gericht betont, dass es dem Gesetzgeber grundsätzlich freistehe, die Suizidbeihilfe rechtlich zu regeln, solange dadurch der Zugang zur Beihilfe zum Suizid nicht prinzipiell versperrt werde. Derzeit, d. h. im Jahr 2021, werden auf verschiedenen Ebenen intensive Diskussionen über eine mögliche gesetzliche Neuregelung der Suizidbeihilfe geführt. Wie diese Debatten ausgehen werden und welcher Gesetzesvorschlag sich durchsetzen wird, ist zum gegenwärtigen Zeitpunkt noch nicht absehbar.

103.7.3 Ein neues Problem: Das Sterbefasten

In den letzten Jahren hat in der klinischen Praxis der freiwillige Verzicht auf Nahrung und Flüssigkeit (FVNF), oft kurz „Sterbefasten" genannt, an Bedeutung gewonnen. Da zumindest in einigen Fällen die Patienten durch das Fasten ihren eigenen Tod absichtlich herbeiführen, stellt sich die Frage, ob das Sterbefasten eine Form des Suizids darstellt. Diese Frage wird meist bejaht (Birnbacher 2015; Simon 2018), gelegentlich aber auch verneint (Alt-Epping 2018). Zwischenzeitlich wurde über die Zulässigkeit der Unterstützung des Sterbefastens im Hinblick auf den neuen § 217 StGB diskutiert (s. 103.7.2): Falls es sich beim Sterbefasten um eine Form der Selbsttötung handeln sollte, dürfte das medizinische Personal gemäß dem neuen § 217 StGB die Fastenden zumindest nicht „geschäftsmäßig", möglicherweise sogar überhaupt nicht unterstützen. Dies hänge aber davon ab, ob die pflegerische Unterstützung beim Sterbefasten nicht als bloße Hilfe *beim* Sterben, sondern als Hilfe *zum* Sterben, also als Suizidbeihilfe anzusehen ist. Dass es sich bei der Pflege Sterbefastender um eine Beihilfe zur Selbsttötung handelt, wird sowohl behauptet (Jox et al. 2017) als auch bestritten (Simon/Hoekstra 2015). In *rechtlicher* Hinsicht ist diese Debatte durch das Urteil des Bundesverfassungsgerichts vom Februar 2020 überholt (siehe oben 103.7.2). Gemäß diesem Urteil haben Patientinnen und Patienten das Recht, sich bei der Selbsttötung unterstützen zu lassen. Dieses Recht umfasst auch den Anspruch auf pflegerische Unterstützung beim Sterbefasten. Damit ist allerdings noch nicht über die *moralische* Zulässigkeit der Unterstützung beim Sterbefasten und insbesondere über die Frage, ob Ärztinnen und Ärzte beim Sterbefasten helfen dürfen, entschieden. Es ist zu erwarten, dass dieses Thema in den kommenden Jahren weiterhin intensiv diskutiert werden wird.

103.8 Fazit

Es dürfte deutlich geworden sein, dass der Suizid philosophische Probleme aufwirft, die kontroverse Debatten auslösen. Wie die Selbsttötung, ihre Verhinderung und die Beihilfe zum Suizid zu beurteilen sind, hängt maßgeblich davon ab, wie andere philosophische Fragen beantworten werden, z. B. diejenigen nach dem Wert menschlichen Lebens, nach dem Kriterium für erlaubte Tötungen oder nach dem Verhältnis zwischen Individuum und Gesellschaft. Ein Ende der Debatte über die Rationalität und die Moralität der Selbsttötung ist gegenwärtig nicht absehbar.

Literatur

Alt-Epping, Bernd: „Der freiwillige Verzicht auf Nahrung und Flüssigkeit ist keine Form des Suizids." In: Zeitschrift für Palliativmedizin 19. (2018), 12–15.

Améry, Jean: Hand an sich legen. Diskurs über den Freitod. Stuttgart 1976.

Arnim, Johannes von: Stoicorum Veterum Fragmenta, Bd. 3. [1903]. Stuttgart 1964.

Augustinus: Der Gottesstaat. Bd. 1. Paderborn 1979.

Battin, Margaret P.: Ethical Issues in Suicide. Eaglewood Cliffs 1982.

Battin, Margaret P. (Hg.): Physician Assisted Suicide. Expanding the Debate. New York/London 1998.

Battin, Margaret P.: Ending Life. Ethics and the Way We Die. Oxford 2005.

Baumann, Ursula: Vom Recht auf den eigenen Tod. Die Geschichte des Suizids vom 18. bis zum 20. Jahrhundert. Weimar 2001.

Bertolote, José M./Fleischmann, Alexandra: „A Global Perspective on the Magnitude of Suicide Mortality." In: Danuta Wasserman, Camilla Wasserman (Hg.): Oxford Textbook of Suicidology and Suicide Prevention. A Global Perspective. Oxford 2009, 91–98.

Birnbacher, Dieter: „Selbstmord und Selbstmordverhütung aus ethischer Sicht." In: Anton Leist (Hg.): Um Leben und Tod. Frankfurt a.M. 1990, 395–422.

Birnbacher, Dieter: „Die ärztliche Beihilfe zum Suizid in der standesärztlichen Ethik". In: Aufklärung und Kritik. Sonderheft 11. (2006), 7–19.

Birnbacher, Dieter: „Ist Sterbefasten eine Form von Suizid?". In: Ethik in der Medizin 27. Jg., 4 (2015), 315–324.

Blumenberg, Hans: „Selbsterhaltung und Historizität. Zur Konstitution der neuzeitlichen Rationalität." In: Hans Ebeling (Hg.): Subjektivität und Selbsterhaltung. Frankfurt a.M. 1996, 144–207.

Camus, Albert: Der Mythos des Sisyphos. Reinbek 1999.

Cholbi, Michael: Suicide. The Philosophical Dimensions. Peterborough, Ontario 2011.

Cooper, John M.: „Greek Philosophers on Euthanasia and Suicide." In: Baruch A. Brody (Hg.): Suicide and Euthanasia. Historical and Contemporary Themes. Dordrecht u.a. 1989, 9–38.

Cosculluela, Victor: The Ethics of Suicide. New York/London 1995.

Crocker, Lester G.: „The Discussion of Suicide in the Eighteenth Century." In: Journal of the History of Ideas 13. (1952), 47–72.

Devine, Philip E.: The Ethics of Homicide. Ithaca 1978.
Diderot, Denis: „Erhaltung." In: Denis Diderot: Philosophische Schriften, Bd. 1. Berlin 1961, 304–305.
Durkheim, Emile: Der Selbstmord [1897]. Frankfurt a.M. 1973.
Duttge, Gunnar/Plank, Kristine: „Strafbewehrung der assistierten Selbsttötung. § 217 als schlechte Kompromisslösung." In: Ethik Journal 4. Jg., 2 (2017), 1–19.
Fairbairn, Gavin J.: Contemplating Suicide. The Language and Ethics of Self Harm. London/New York 1995.
Fedden, Henry Romilly: Suicide. A Social and Historical Study [1938]. New York 1980.
Fenner, Dagmar: Suizid – Krankheitssymptom oder Signatur der Freiheit? Eine medizin-ethische Untersuchung. Freiburg i.Br./München 2008.
Fooley, Kathleen/Hendin, Herbert (Hg.): The Case Against Assisted Suicide. For the Right to End-of-Life Care. Baltimore/London 2002.
Fritze, Lothar: „Das Prinzip Weiterleben. Ein Versuch zur Beantwortung der Frage: Wie sollen wir leben?" In: Zeitschrift für philosophische Forschung 45. (1991), 347–370.
Gombocz, Wolfgang L.: „Ein philosophisches Suizidverbot." In: Acta Analytica 4. (1989): 79–89.
Gosepath, Stefan: Aufgeklärtes Eigeninteresse. Eine Theorie theoretischer und praktischer Rationalität. Frankfurt a.M. 1992.
Hardwig, John: „Is There a Duty to Die?" In: Hastings Center Report (1997), 34–42.
Heubel, Friedrich/Schulze-Kruschke, Christine/Salomon, Fred: „Strafbar oder nicht? Das Sterbehilfegesetz verunsichert." In: Pflegezeitschrift 70. Jg., 4 (2017), 20–22.
Hilfendorf, Eric/Rosenau, Henning: „Die Stellungnahme der deutschen Strafrechtslehrerinnen und Strafrechtslehrer zur geplanten Ausweitung der Strafbarkeit der Sterbehilfe." In: vorgänge. Zeitschrift für Bürgerrechte und Gesellschaftspolitik 54. Jg., 210/211 (2015), 101–104.
Hobbes, Thomas: Leviathan oder Materie, Form und Gewalt eines kirchlichen und staatlichen Gemeinwesens. Frankfurt a.M. ⁶1994.
Hume, David: „Über Selbstmord." In: David Hume: Die Naturgeschichte der Religion u.a. Hamburg 1984, 89–99 (engl. 1755).
Jox, Ralf J. et al.: „Voluntary stopping eating and drinking: is medical support ethically justified?". In: BMC Medicine 15. Jg. (2017), 186.
Kamlah, Wilhelm: Meditatio mortis. Kann man den Tod ‚verstehen' und gibt es ein ‚Recht auf den eigenen Tod'? Stuttgart 1976.
Kant, Immanuel: Grundlegung zur Metaphysik der Sitten. In: Akademie-Ausgabe, Bd. 4. Berlin 1968a, 385–463.
Kant, Immanuel: Metaphysik der Sitten. In: Akademie-Ausgabe, Bd. 6 Berlin 1968b, 203–493.
Kant, Immanuel: Eine Vorlesung über Ethik. Frankfurt a.M. 1990.
Kass, Leon R.: „Is There a Right to Die?" In: The Hastings Center Report 23. (1993), 34–43.
Kass, Leon R.: „‚I Will Give No Deadly Drug': Why Doctors Must Not Kill." In: Kathleen Fooley, Herbert Hendin (Hg.): The Case Against Assisted Suicide. For the Right to End-of-Life Care. Baltimore/London 2002, 17–40.
Ka-Yuet, Liu: „Suicide Rates in the World: 1950–2004." In: Suicide and Life-Threatening Behavior 39. (2009), 204–213.
Krüger, Gerhard: Philosophie und Moral in der Kantischen Kritik. Tübingen 1931.
Lönnqvist, Jouko: „Major Psychiatric Disorders in Suicide and Suicide Attempters." In: Danuta Wasserman, Camilla Wasserman (Hg.): Oxford Textbook of Suicidology and Suicide Prevention. A Global Perspective. Oxford 2009, 275–286.
Macho, Thomas: Todesmetaphern. Zur Logik der Grenzerfahrung. Frankfurt a.M. 1987.
Minois, Georges: Geschichte des Selbstmords. Düsseldorf u.a. 1996.
Montesquieu: Lettres Persanes [1721]. Paris 1993.
Schaffer, Ayal et al.: „Correlates of Suicidality Among Patients with Psychotic Depression." In: Suicide and Life-Threatening Behavior 38. (2008), 403–414.
Schöne-Seifert, Bettina: „Ist ärztliche Suizidbeihilfe ethisch verantwortbar?" In: Frank Th. Petermann (Hg.): Sterbehilfe – Grundsätzliche und praktische Fragen. St. Gallen 2006, 45–67.
Simon, Alfred: „Pro: Freiwilliger Verzicht auf Nahrung und Flüssigkeit als Suizid?" In: Zeitschrift für Palliativmedizin 19. (2018), 10–11.
Simon, Alfred/Hoekstra, Nina Luisa: „Sterbefasten – Hilfe im oder zum Sterben?". In Deutsche Medizinische Wochenschrift 140. Jg., 14 (2015), 1100–1102.
Statistisches Bundesamt 2021: Generierte Tabelle: Gestorbene durch vorsätzliche Selbstbeschädigung von 1980 bis 2019. https://www-genesis.destatis.de/genesis/online?operation=previous&levelindex=1&step=1&titel=Ergebnis&levelid=1627639574675a&acceptscookies=false#abreadcrumb (28.3.2022).
Szasz, Thomas: „The Ethics of Suicide." In: David M. Mayo, Margaret P. Battin (Hg.): Suicide. The Philosophical Issues. New York 1980, 185–198.
Thomas von Aquin: Summa Theologica, Bd. 18. Heidelberg/München 1953.
Watt, Jeffrey B. (Hg.): From Sin to Insanity. Suicide in Early Modern Europe. Ithaca 2004.
Wittwer, Héctor: Selbsttötung als philosophisches Problem. Über die Rationalität und Moralität des Suizids. Paderborn 2003.
Wittwer, Héctor: Das Leben beenden. Über die Ethik der Selbsttötung. Leiden 2020.
World Health Organization: Suicide in the World. Global Health Estimates. o. O. 2019.
World Health Organization: One in 100 deaths is by suicide. In: https://www.who.int/news/item/17-06-2021-one-in-100-deaths-is-by-suicide (30.07.2021).

104 Sterbehilfe und Tötung auf Verlangen

Arnd T. May

104.1 Ausgangsfrage

Der Begriff der ‚Sterbehilfe' hat inhaltliche Überschneidungen zu dem der ‚Sterbebegleitung'. Als Sterbebegleitung werden alle Tätigkeiten und Maßnahmen bezeichnet, die einem Menschen in seiner letzten Lebensphase Unterstützung und Beistand leisten. Hierbei orientieren sich Maßnahmen der Sterbebegleitung am ganzen Menschen in seiner körperlichen, seelischen und sozialen Dimension. Für eine patientenorientierte Sterbebegleitung setzt sich die Hospizbewegung ein, die sich als Gegenbewegung zum einsamen Sterben im Krankenhaus angesichts einer inhuman empfundenen medizinisch-technischen Hightech-Medizin versteht. Palliative und hospizliche Sterbebegleitung rückt den Patienten mit seinen Ängsten und Nöten in den Fokus und betont die Notwendigkeit einer palliativen Versorgung alternativ zu einem kurativen Behandlungsziel (Bundesärztekammer 2011).

Unter dem Begriff der Sterbehilfe werden in Deutschland hingegen sowohl der Verzicht auf medizinische Versorgung bzw. der Behandlungsabbruch als auch die Tötung auf Verlangen diskutiert. Dabei steht die Frage im Vordergrund, worin der moralisch relevante Unterschied zwischen einem passiven Sterbenlassen bzw. einem technischen Behandlungsabbruch und der aktiven Tötung eines Patienten besteht (s. Kap. 61 & 104).

104.2 Patientenrechte

Das Selbstbestimmungsrecht des Patienten ist ein zentrales Grundrecht. In die körperliche Unversehrtheit des Patienten darf nur mit seiner Einwilligung eingegriffen werden. Ein paternalistisches Behandlungsrecht existiert in Deutschland nicht (Reichsgericht 1894, RGSt. 25, 375 ff.), und der Bundesgerichtshof in Strafsachen hat 1957 klargestellt, dass selbst ein lebensgefährlich Kranker triftige Gründe und sowohl menschliche als auch sittlich achtenswerte Gründe haben kann, eine Behandlung abzulehnen, auch wenn er durch sie und nur durch sie von seinem Leiden befreit werden könnte (BGHSt. 11, 111 ff.).

Spätestens seit der Aufklärung kommt der Autonomie und Selbstbestimmung des Menschen eine zentrale Bedeutung zu. Das Grundgesetz der Bundesrepublik Deutschland erklärt zu Beginn in Artikel 1 die Würde des Menschen als unantastbar und erweitert dies in Artikel 2, der die freie Entfaltung der Persönlichkeit schützt.

Autonomie ist so betrachtet die Fundamentalausstattung und Verfasstheit des Menschen, und

A. T. May (✉)
Zentrum für Angewandte Ethik, Erfurt, Deutschland
E-Mail: may@ethikzentrum.de

Selbstbestimmung stellt die aktive Manifestation dieser Autonomie dar (s. Kap. 22 & 93). Selbstbestimmung ist die Fähigkeit des Menschen, nach eigener Einsicht zu handeln. Ein autonomer Mensch kann selbstbestimmt handeln, muss es aber nicht.

Das Selbstbestimmungsrecht des Patienten kommt im Prinzip der Einwilligung nach Aufklärung *(informed consent)* zum Ausdruck. Als Adressat medizinischer Aufklärung kann der Patienten dem Therapievorschlag zustimmen oder ablehnen. Die Ablehnung einer Behandlung aufgrund möglicherweise unkonventioneller Wertvorstellungen berechtigt nicht zur zwangsweisen Behandlung als Ausdruck ärztlicher Fürsorge, wenn dafür nicht die Voraussetzungen gem. § 1832a BGB vorliegen. Durch das Patientenrechtegesetz wurden 2013 medizinrechtliche Standards im BGB (§§ 630a–630h) gebündelt.

Die Debatte um die Stärkung der Patientenautonomie geht mit einem Ausbau der Strukturen professioneller Sterbebegleitung einher, damit nicht eine Angst vor Einsamkeit, Abgeschobensein, ‚unwürdiger' Pflege und mangelnder Symptomkontrolle und defizitärer Schmerztherapie im Altenheim zu einer Ablehnung von medizinischen Maßnahmen führt, die unter anderen Rahmenbedingungen gern in Anspruch genommen würden.

Der technische Fortschritt der Intensivmedizin macht die Notwendigkeit der Bewertung lebensverlängernder Maßnahmen offensichtlich. Ein gesellschaftlicher Konsens zur Bewertung einzelner Maßnahmen als sinnvoll oder inhuman ist längst nicht mehr zu beobachten.

104.3 Rechtliche Kategorisierung der Sterbehilfe

In traditionellen Einteilungen wird statt zwischen Sterbebegleitung und Sterbehilfe auch zwischen Hilfe beim Sterben und Hilfe zum Sterben unterschieden. In den letzten Formenkreis fallen Handlungen des ‚guten Todes' oder der ‚Euthanasie', die den Tod herbeiführen oder beschleunigen sollen. Der Begriff der Euthanasie ist in Deutschland historisch mit den Gräueltaten während der nationalistischen Unrechtszeit verknüpft. Die Verwendung der Bezeichnung ‚Euthanasie' in der Diskussion der Tötung auf Verlangen diskreditiert den Diskussionsgegenstand.

Medizinische Entscheidungen am Lebensende wurden traditionell mit den Begriffen der aktiven, passiven und indirekten Sterbehilfe bewertet. Dabei sollten ethische gebotene und rechtlich erlaubte Kategorien von moralisch verwerflichen und strafbaren Handlungen abgegrenzt werden.

Die *(direkte) aktive Sterbehilfe* beschreibt eine gezielte, direkte Tötung durch eine Infusion, Injektion, sonstige Medikation oder ein Gift auf den ausdrücklichen und ernsthaften Willen des Patienten hin. Die Intention der Handlung ist die Lebensbeendigung des Patienten. Die Tötung auf Verlangen ist durch § 216 StGB mit Freiheitsstrafe von 6 Monaten bis zu 5 Jahren strafbewehrt. Eine Tötung gegen den Willen wird als Mord oder Totschlag strafverfolgt.

Als *indirekte (aktive) Sterbehilfe* wird die medikamentöse Schmerzbekämpfung bei terminal erkrankten Patienten bezeichnet, wobei billigend in Kauf genommen wird, dass die Behandlung lebensverkürzend wirken könnte. Das Ziel der Schmerztherapie ist dezidiert die Schmerzbekämpfung und dazu wird nach dem Prinzip der Doppelwirkung als unbeabsichtigte Nebenfolge eine Lebensverkürzung in Kauf genommen. Die Dosis der erforderlichen Schmerzmedikamente wird durch die Schmerzen des Patienten bestimmt.

Unter *passiver Sterbehilfe* wird das Unterlassen oder Abbrechen lebensverlängernder Maßnahmen verstanden. Dabei wird durch das Unterlassen einer Maßnahme der Sterbeprozess nicht mehr aufgehalten. Das Geschehen-Lassen des Sterbeprozesses kann auch ein Eingreifen im Sinne des aktiven Beendens einer Maßnahme umgesetzt werden.

Die Bundesärztekammer verwendet die Begriffe der passiven und indirekten Sterbehilfe nicht mehr und favorisiert die Bezeichnung der Änderung des Therapieziels, wenn der Verzicht oder die Beendigung einer Maßnahme beschrieben werden. Der Nationale Ethikrat schlug 2006 zur prägnanteren Beschreibung der Entscheidungen und Handlungen am Lebensende die Begriffe Sterbebegleitung, Therapien am Lebensende, Sterbenlassen, Beihilfe zur Selbsttötung und Tötung auf Verlangen vor.

Da die ‚passive Sterbehilfe', wenn eine Maßnahme dem erklärten oder mutmaßlichen Willen widerspricht oder keine Indikation mehr vorliegt, neben dem Verzicht auf Behandlungsoptionen immer auch aktive Maßnahmen des Abbruchs (aktives Eingreifen) enthalten kann, soll hierfür der Begriff des ‚Sterbenlassens' verwendet werden. Die ‚indirekte Sterbehilfe' ist eine palliativmedizinische Therapieform und keine ‚Hilfe zum Sterben' und hat bei angemessener Anwendung nur selten Einfluss auf die Lebensdauer, daher sollte hierfür der Begriff der ‚Therapien am Lebensende' benutzt werden. Statt ‚aktiver Sterbehilfe' soll die Bezeichnung ‚Tötung auf Verlangen' verwendet werden, wenn nach ernsthaftem Wunsch eines Menschen dessen Tod durch aktives Handeln bewirkt wird.

Von einer Beihilfe zur Selbsttötung (assistiertem Suizid) soll die Rede sein, wenn Ärzte oder andere Personen jemandem ein todbringendes Mittel verschaffen oder ihn auf andere Weise bei der Vorbereitung oder Durchführung einer eigenverantwortlichen Selbsttötung unterstützen (Nationaler Ethikrat 2006; s. Kap. 103). Im Rahmen von individuellen Werturteilen wird mitunter der freiwillige Verzicht auf Essen und Trinken (FVET) (Chabot/Walther 2015) als suizidale Handlung oder eine eigene Handlungsweise (Bickhardt/Hanke 2014; DGP 2019) bezeichnet.

Therapieverzichtsentscheidungen wie die Verweigerung von Bluttransfusionen, Betablockern und anderen therapeutischen Maßnahmen stellen keinen Suizidversuch dar. Die Verweigerung von Maßnahmen als ‚Erlaubnisverweigerung' ist mit der Hinnahme des Todes verbunden, wohingegen der Suizident auf den Tod zielt (Beckmann 2010, 239).

Höchstrichterlich bestätigt ist der Behandlungsabbruch auf Basis des tatsächlichen oder mutmaßlichen Patientenwillens durch Unterlassen, Begrenzen oder Beenden einer begonnenen medizinischen Behandlung, wenn dies dazu dient, einem ohne Behandlung zum Tod führenden Krankheitsprozess seinen Lauf zu lassen (BGHSt. 55, 191, 205 f.). Ursächlich für den Tod ist das Grundleiden des Patienten, dessentwegen er in Behandlung ist. Der so beschriebene Behandlungsabbruch darf sowohl durch Unterlassen als auch durch aktives Tun vorgenommen werden, was durch den Bundesgerichtshof am Beispiel des Durchschneidens des Ernährungsschlauchs entschieden wurde (Putz/Gloor 2011).

104.4 Formulierung und Durchsetzung des Patientenwillens (Patientenverfügung und weitere Formen)

In der Situation der Äußerungsunfähigkeit des Patienten fehlt dem behandelnden Arzt der Ansprechpartner. Wenn rechtsverbindliche Erklärungen oder Entscheidungen gefordert sind, können weder der Ehepartner noch Lebenspartner und auch nicht erwachsene Kinder den einwilligungsunfähigen Patienten, sondern nur Bevollmächtigte (Vorsorgevollmacht) oder subsidiär rechtliche Betreuer vertreten. Die Beschäftigung des Patienten mit rechtlicher Vertretung und mit seinen Behandlungswünschen wird unter dem Begriff des *advance care planning* (ACP) als umfassende Vorsorgeplanung zusammengefasst.

Eine Patientenverfügung dokumentiert den Willen des Patienten für den Fall der Einwilligungsfähigkeit. Eine Patientenverfügung ist seit dem 1.9.2009 ein Schriftstück, in dem ein einwilligungsfähiger Volljähriger festgelegt hat, „ob er in bestimmte, zum Zeitpunkt der Festlegung noch nicht unmittelbar bevorstehende Untersuchungen seines Gesundheitszustandes, Heilbehandlungen oder ärztliche Eingriffe einwilligt oder sie untersagt (Patientenverfügung)" (§ 1827 Abs. 1 Satz 1 BGB). Diese Festlegung gilt unabhängig von Art und Stadium einer Erkrankung des Patienten für alle Situationen der Einwilligungsunfähigkeit.

In der Anwendungssituation einer Patientenverfügung überprüft der Vertreter (Bevollmächtigter oder Betreuer), ob die Festlegungen weiterhin den Patientenwillen beschreiben und auf die aktuelle Lebens- und Behandlungssituation zutreffen. Damit wird die Patientenverfügung nicht ungeprüft umgesetzt, sondern nach dem Prinzip der Fürsorge und des Lebensschutzes kritisch auf die aktuelle Situation bezogen. Terminologisch empfiehlt der Deutsche Ethikrat die Verwendung von selbstbestimmungsermöglichender Sorge statt Fürsorge (2016).

Bei der Feststellung des Patientenwillens soll in Anerkennung der Relationalität des Seins in der Welt „nahen Angehörigen und sonstigen Vertrauenspersonen des Betreuten Gelegenheit zur Äußerung gegeben werden, sofern dies ohne erhebliche Verzögerung möglich ist" (§ 1828 Absatz 2 BGB).

Wenn seit der vorliegenden Patientenverfügung keine Änderung des Willens nachweisbar ist, hat der Vertreter diesem Ausdruck und Geltung zu verschaffen. Nach dem Bestimmtheitsgrundsatz des Bundesgerichtshofs muss eine Patientenverfügung einerseits konkrete Anwendungssituationen enthalten und andererseits die bewerteten Maßnahmen genau bezeichnen. Falls nicht, hat der Vertreter durch Interpretation und Auslegung der Patientenverfügung die Behandlungswünsche (§ 1827 Absatz 2 Satz 1 BGB) zu ermitteln. Behandlungswünsche können für den Bundesgerichtshof (8.2.2017 Az. XII ZB 604/15) „alle Äußerungen eines Betroffenen sein, die Festlegungen für eine konkrete Lebens- und Behandlungssituation enthalten, aber den Anforderungen an eine Patientenverfügung im Sinne des § 1901 a Abs. 1 BGB nicht genügen". Weiterhin sind Äußerungen in einer Patientenverfügung, die jedoch nicht sicher auf die aktuelle Lebens- und Behandlungssituation des Betroffenen passen und deshalb keine unmittelbare Wirkung entfalten, Behandlungswünsche. Diese Wertvorstellungen sind konkreter als allgemeine Orientierungen, welche zur Ermittlung des mutmaßlichen Willens (§ 1827 Absatz 2 Satz 1 BGB) ermittelt werden.

Der im Gesetz nicht abschließend angeführten Katalog der zu berücksichtigenden Äußerungen oder Wertvorstellungen nennt: „insbesondere frühere mündliche oder schriftliche Äußerungen, ethische oder religiöse Überzeugungen und sonstige persönliche Wertvorstellungen". Somit ist der mutmaßliche Wille anhand von individuellen, personenbezogenen Informationen zu ermitteln. Die unvermeidbare Unsicherheit der Bewertung der Informationen umschreibt der Bundesgerichtshof mit dem Bild des Aufstellens einer „These", „wie sich der Betroffene selbst in der konkreten Situation entschieden hätte, wenn er noch über sich selbst bestimmen könnte" (Bundesgerichtshof 8.2.2017 Az. XII ZB 604/15, Randnummer 34).

Zur Umsetzung des Patientenwillens führt der Vertreter ein als „dialogischer Prozess" bezeichnetes Gespräch mit dem behandelnden Arzt, bei dem sich beide über den Patientenwillen austauschen. Wenn dabei beide zur gleichen Bewertung kommen, muss das Betreuungsgericht nicht zur Genehmigung der Entscheidung eingeschaltet werden. Die Formulierung des Therapieziels und die Prognosestellung gemäß § 1828 BGB stehen im Verantwortungsbereich des behandelnden Arztes. Statt des technisch Möglichen ist in diesem Zusammenhang bei der Indikationsstellung die individuelle Situation des Patienten zu berücksichtigen.

In einer Situation, in der es keinen legitimierten Vertreter (Betreuer oder Bevollmächtigter) gibt, oder dieser Entscheidungsträger trotz intensiver Bemühungen nicht erreichbar ist, greift nach § 630d BGB eine Patientenverfügung direkt auf den Arzt durch.

Durch § 132 g SGB V können Einrichtungen der Alten- und Eingliederungshilfe ein refinanziertes qualifiziertes Beratungsangebot für die gesundheitliche Versorgungsplanung für die letzte Lebensphase anbieten, welches dem Ideal des Advance Care Planning (ACP) folgt. Seit 2015 existiert ein Beratungsangebot zur medizinisch-pflegerischen, psychosozialen und/oder seelsorgerlichen Versorgung in der letzten Lebensphase, um über „Möglichkeiten und Grenzen medizinischer Interventionen sowie palliativ-medizinischer und palliativpflegerischer Maßnahmen in der letzten Lebensphase" nachzudenken. Damit soll eine selbstbestimmte Entscheidung über Behandlungs-, Versorgungs- und Pflegemaßnahmen gefördert werden, was die Zahl der ungewünschten Krankenhauseinweisungen verringern soll und Handlungssicherheit für Pflegende schafft (GKV 2017).

104.5 Behandlungsabbruch in jeder Phase des Lebens

Im Gesetzgebungsprozess zur Regelung von Patientenverfügungen wurde die Reichweite und damit der Anwendungsbereich kontrovers diskutiert. Ein anderer, konkurrierender Entwurf konstatierte die Notwendigkeit einer Schutzpflicht des Staates bei einer „Lebensbeendigung bei Lebenden" ohne Vorliegen einer unheilbaren, tödlich verlaufenden Krankheit. Was die einen als konstitutiven Schutz der Selbstbestimmung durch die Begrenzung der Reichweite ansehen, wird von anderen als Ersatz „des alten medizinischen Paternalismus durch einen neuen, und schlimmeren, ethischen Paternalismus" bewertet. Weiter wird eine Bedeutungsumkehr in der Hermeneutik der Prinzipien gesehen, wenn durch die Reichweitenbegrenzung von Patientenverfügungen das bedeutsame Prinzip des Lebensschutzes „zum Dogma des Lebenszwangs umgedeutet und damit entwertet" wird (Borasio 2005, 151).

Patientenverfügungen sind seit 2009 unabhängig von Art und Stadium einer Erkrankung des Patienten möglich. Dies erfordert die sorgfältige Prüfung des Patientenwillens, speziell wenn eine nicht gewünschte Behandlung die Rückkehr in ein bewusstes, selbstbestimmtes Leben ermöglichen würde. Dennoch hat eine nicht auf guten Gründen beruhende selbstbestimmungsermöglichende Fürsorge als Missachtung des Patientenwillens keinen Raum. So ist das Selbstbestimmungsrecht des Patienten geeignet, eine Entscheidung zu schützen, die aus medizinischen Gründen unvertretbar erscheint.

Der BGH bleibt statt des von der Bundesärztekammer favorisierten Konzepts der Therapiezieländerung beim Begriff des Behandlungsabbruchs, weil damit klargestellt ist, dass alle Formen des nicht (mehr) Behandelns des Patienten erfasst werden sollen, und zwar auch möglicherweise der letzte Vollzug des Patientenwillens durch Abschalten medizinischtechnischer Geräte (BGHSt. 55, 191, 205 f.).

104.6 Ethische Aspekte der Sterbehilfe

Die Bedeutung der Patientenselbstbestimmung steht im Mittelpunkt der ethischen Bewertung von Sterbehilfe. Unstrittig scheint dabei das Recht zur Abwehr einer medizinisch sinnvollen aber vom Patienten nicht gewünschten Behandlungsoption zu sein. Herausfordernder ist die Differenzierung der Tötung auf Verlangen und der Beihilfe zum Suizid.

In den Niederlanden ist seit 2002 die Überprüfung bei Lebensbeendigung auf Verlangen und bei der Hilfe bei der Selbsttötung gesetzlich geregelt. Demnach sind beim Wunsch nach Tötung auf Verlangen und der Beihilfe zum Suizid vom ausführenden Arzt festgelegte Sorgfaltskriterien zu beachten und im Nachgang eine Meldung bei einer Regionalkommission zu machen, die aus einem Arzt, einem Juristen und einem Spezialisten in ethischen Fragen besteht. Nach den Sorgfaltskriterien des Gesetzes zur Überprüfung bei Lebensbeendigung auf Verlangen und bei der Hilfe bei der Selbsttötung (NL) ist zu überprüfen, dass der Zustand des Patienten aussichtslos und sein Leiden unerträglich ist, der Patient freiwillig und nach reiflicher Überlegung um Sterbehilfe gebeten hat und es in dem Stadium, in dem sich der Patient befindet, keine andere angemessene Lösung gibt.

In der Schweiz ist die Tötung auf Verlangen verboten, doch die Beihilfe zur Selbsttötung zulässig, wenn diese nicht aus Gewinnstreben geleistet wird. Vereine wie Dignitas oder Exit bieten in der Schweiz ihren Mitgliedern die Möglichkeit des begleiteten Suizids im Fall einer ärztlich diagnostizierten zum Tode führenden Krankheit, nicht beherrschbaren Schmerzen oder einer unzumutbaren Behinderung. Exit betont als Voraussetzung einer Suizidbeihilfe folgende Voraussetzungen: Urteilsfähigkeit, Wohlerwogenheit des Entschlusses durch Kenntnis von Alternativen, Konstanz des Sterbewunsches, Autonomie und Tatherrschaft der sterbewilligen Person.

Die Schweizerische Akademie der Medizinischen Wissenschaften (SAMW) betont die ärztliche Aufgabe des Symptomlinderns und der Begleitung der Patienten. Es gehört nicht zu den Aufgaben von Ärzten, „von sich aus Suizidhilfe anzubieten" obschon diese rechtlich zulässig ist. Die SAMW postuliert Voraussetzungen zur Suizidhilfe und billigt diese als Folge eines „persönlich verantworteten Entscheides" (SAMW 2018).

Die (Muster-)Berufsordnung für die in Deutschland tätigen Ärztinnen und Ärzte von 2021 legt in § 16 (Beistand für Sterbende) fest: „Ärztinnen und Ärzte haben Sterbenden unter Wahrung ihrer Würde und unter Achtung ihres Willens beizustehen. Es ist ihnen verboten, Patientinnen und Patienten auf deren Verlangen zu töten". Mit dem 2015 ins Strafgesetzbuch aufgenommenen § 217 (Geschäftsmäßige Förderung der Selbsttötung) war bis zur Aufhebung durch das Bundesverfassungsgericht am 26.2.2020 ein breiter Straftatbestand beschrieben: „Wer in der Absicht, die Selbsttötung eines anderen zu fördern, diesem hierzu geschäftsmäßig die Gelegenheit gewährt, verschafft oder vermittelt, wird mit Freiheitsstrafe bis zu drei Jahren oder mit Geldstrafe bestraft".

In säkularen Gesellschaften wird ein Tötungsverbot konstatiert, dass sich aus dem Schädigungsverbot einer Alltagsethik gründet (Schöne-Seifert 2006, 164). Die Tötung auf Verlangen wird von den christlichen Kirchen als Verstoß gegen das Tötungsverbot im fünften Gebot gesehen. Gegen die Tötung auf Verlangen wird eingewandt, dass durch einen möglicherweise wirksamen sozialen und gesellschaftlichen Druck in Zeiten der Diskussion über Rationierung und Ressourcenallokation im Gesundheitswesen das Prinzip des Lebensschutzes aufgeweicht würde und es sogar zu Mitleidstötungen kommen könne.

Die Tötung ‚aus gutem Grund' wird in vielfachen Szenarien diskutiert wie beispielsweise dem des in seinem brennenden Fahrzeug eingeschlossenen Fahrers, der um seine Tötung bittet (Tolmein 2004, 198). Einerseits soll der Fahrer in seinem besten Interesse durch die Tötung vor einem qualvollen Tod geschützt werden, was andererseits jedoch mit Hoffnung auf Hilfeleistung durch Rettung kollidiert. Das Verbot der Tötung auf Verlangen ist durch das Vermeiden von Leiden in einer ausweglosen und fatalen Situation herausgefordert; eine Tötung in dieser Situation würde allerdings weitere Legitimationsversuche für andere Lebensschicksale auf den Plan rufen und könnte somit einen Dammbruch provozieren. Der Gesetzgeber schützt in Deutschland durch die bestehende Rechtslage das gesellschaftliche und ethische Tötungstabu.

Als ein Argument für die Zulassung der Tötung auf Verlangen wird die Stärkung des Selbstbestimmungsrechts des Patienten genannt. Dabei soll nicht außer Acht gelassen werden, dass oft der Wunsch nach Tötung auf Verlangen in Unkenntnis der Möglichkeiten einer hospizlichen und palliativen Sterbebegleitung geäußert wird. Skizzen einer High-Techmedizin bzw. einer Hochleistungsmedizin mit paternalistischen Einschlägen (vgl. de Ridder 2010) stellen nur eine Seite der facettenreichen medizinischen Versorgung in Deutschland dar.

So wünschenswert der Ausbau der Palliative-Care-Angebote in Hospizen, Palliativstationen und Einrichtungen der stationären Altenhilfe auch immer ist, so muss konstatiert werden, dass auch ein optimales Versorgungsangebot zur Sterbebegleitung den Wunsch nach Tötung auf Verlangen nicht gänzlich aufheben können wird. Den Sterbewunsch als psychiatrisch behandlungsbedürftiges Krankheitsbild zu pathologisieren oder als verdeckten Wunsch nach Zuwendung aufzufassen wird der Motivlage vieler Menschen nicht gerecht. Es wird auch bei optimaler Sterbebegleitung Menschen geben, die sich eine „qualitätsgesicherte und professionelle Lebensbeendigung" wünschen.

Auf breiter gesellschaftlicher Basis lehnt der Deutsche Hospiz- und PalliativVerband gemeinsam mit den großen Kirchen die Zulassung der Tötung auf Verlangen ab, da eine Grenzziehung zum assistierten Suizid als problematisch gesehen wird, und betont die Notwendigkeit der Stärkung der Sterbebegleitung (DHPV Charta 2010).

Die Tötung auf Verlangen in engen Grenzen zuzulassen, wäre für den Gesetzgeber in Deutschland möglich (Hufen 2005, 94). Mit Verweis auf die Humanität unserer Gesellschaft wird in extremen Ausnahmesituationen, in denen palliative Maßnahmen ein unerträglich empfundenes Leiden nicht mindern können, das Absehen von Strafe bei der Tötung auf Verlangen gefordert (Bioethik-Kommission Rheinland-Pfalz, These 14). Als Argumente sind in der Debatte stets die Verweise auf den Menschen als autonomes Wesen präsent, der auch über seinen Tod entscheiden können sollte (Wittwer 2003, 338). Dabei wird oft auf die inzwischen wieder straflose Beihilfe zum Suizid hingewiesen und die Frage gestellt, wieso die Hilfe zur Umsetzung des Sterbewunsches im Rahmen der Tötung auf Verlangen nicht erlaubt ist.

Wenn ein Patient in Ausübung des Selbstbestimmungsrechts einen Behandlungsvorschlag ablehnt (Vetorecht), muss eine mögliche und medizinisch sinnvolle, indizierte Maßnahme unterbleiben. Eine in Unkenntnis der Ablehnung begonnene Maßnahme lässt sich mit der nun entzogenen Einwilligung in Ausübung des Abwehrrechts beenden.

Die emotionale Beteiligung derer, die vom Patientenwunsch adressiert sind, wird als different empfunden, und neben der fürsorglichen Hilflosigkeit bei der Untersagung der Behandlung wird die geforderte Handlung als aktives Moment wahrgenommen, was intentional als Befolgung des Patientenwillens konstruiert ist. Ein Handeln als kausale Lebensbeendigung auf Verlangen beschreibt einen speziellen Ursache-Wirkung-Zusammenhang. Die Gewissensfreiheit des behandelnden Arztes oder von Pflegenden kann zu einem Ausstieg aus der Versorgung führen, wohingegen ein Weiterführen einer vom Patienten nicht gewünschten aber von den Behandlern als notwendig bewerteten Maßnahme als Fremdbestimmung strafbar und nicht zu rechtfertigen wäre. Ein als Tötung auf Verlangen formulierter Wunsch steht stets unter dem Erbringungs- und Mitwirkungsvorbehalt des Adressaten des Begehrens.

Der Suizid wird im Vergleich zur Tötung auf Verlangen als „authentischere und unbestreitbar autonome Handlung" gesehen (GEKE 2011, 93). Die evangelischen Kirchen ringen um eine Position zur Suizidbeihilfe zwischen der „Komplizenschaft" und dem „Verlassen des Patienten" und die Gemeinschaft Evangelischer Kirchen in Europa sieht im Beistand in der Situation des Suizids ein „Zeichen christlichen Mitgefühls" für Christen, die keinen anderen Ausweg sehen (ebd., 96). Dabei ist das Aktivitätsniveau des Beistands von Bedeutung.

104.7 Tun und Unterlassen

Die moralischen Unterschiede zwischen Handlungen oder Unterlassungen wurden seit mehr als 30 Jahren zum Gegenstand konzeptioneller Überlegungen gemacht (s. Kap. 32).

Birnbacher äußert am Beispiel der Bewertung des Einsatzes von intensivmedizinischen Behandlungsmöglichkeiten und deren Beendigung Zweifel an der „durchgängigen Gültigkeit der normativen Handlungs-Unterlassungs-Differenzierung" (Birnbacher 1995, 23). Gleichwohl wird die Beendigung einer begonnenen Maßnahme mitunter emotional belastender erlebt als der Verzicht auf die Maßnahme. Beide Verhaltensweisen sind entscheidungstheoretisch und bei konsequentialistischer Betrachtungsweise mit Blick auf die Folgen äquivalent (Rachels 1989, 258). Dem widerspricht die Evangelische Kirche, wenn sie darauf hinweist, dass es für die moralische Beurteilung nicht gleichgültig ist, dass ein Mensch handelt oder nicht eingreift und die Bewertung nicht allein von den Ergebnissen abhängt (GEKE 2011, 82).

Mitunter wird die unscharfe Abgrenzung zwischen der Tötung auf Verlangen und dem Umsetzen des Patientenwillens durch einen Behandlungsabbruch bemängelt. Dabei wird auf den Aktivitätscharakter der Umsetzung des Behandlungsabbruchs z. B. durch das Abschalten eines Beatmungsgerätes – bei gleichzeitiger symptomatischer Abschirmung des Patienten – hingewiesen. Die Umsetzung des Patientenwillens ist im Zeitalter der technisierten Medizin oft eine Melange von Unterlassungen und aktivem Tun. Somit bildet ein Behandlungsabbruch als Umsetzung des Patientenwillens eine Vielzahl von aktiven und passiven Handlungen und wird sich in seinem „natürlichen und sozialen Sinngehalt" nicht in bloßer Untätigkeit erschöpfen (BGHSt. 55, 191, 205 f.). Bei einem Behandlungsabbruch wird im Sinne einer Therapiezieländerung auf die Behandlung eventuell auftretender Symptome geachtet.

104.8 Palliative Sedierung/Sedierung am Lebensende – ein Ausweg aus dem Dilemma?

Bei einer schmerztherapeutischen Versorgung steht die Schmerzfreiheit im Mittelpunkt. Situativ erfordert eine effektive Schmerztherapie die Dämpfung des Bewusstseins. Eine solche Bewusstseinsdämpfung kann zeitweise oder dauerhaft erfolgen. Unter einer ‚palliativen Sedierung' versteht man den überwachten Einsatz von Medikamenten, die durch eine Bewusstseinsdämpfung oder Bewusstlosigkeit die Symptomlast für den Patienten erträglich macht. Als Ziel der Sedierung nennt die erweiterte S3-Leitlinie Palliativmedizin für Patienten mit einer nicht-heilbaren Krebserkrankung „die Linderung der Symptomlast in einer für den Patienten, die Angehörigen und Mitarbeiter ethisch akzeptablen Weise" und grenzt dies von der vorzeitigen Beendigung des Lebens ab.

Damit die zeitlich unbegrenzte Sedierung bis zum Versterben des Patienten als Form der Schmerztherapie zulässig ist, muss in der Aufklärung des Patienten auch über die Option gesprochen werden, ihn regelmäßig aufzuwecken. Zudem muss die Motivation der terminalen Sedierung stets in der Linderung sonst nicht behandelbarer Symptome liegen. Ihre Zulässigkeit hängt von der situationsspezifisch individuell erforderlichen Dosierung der Schmerzmittel und Sedativa ab. Solange die gewählte Dosierung allein der Behandlung der Symptome dient, wird die terminale Sedierung als ethisch gerechtfertigt angesehen, da der Patient in der Sedierung an seinem Grundleiden und nicht durch die Sedierung stirbt.

Abweichend vom Konzept der palliativen Sedierung stellt eine Medikation mit sehr hohen Dosen in der Sterbephase eine *slow euthanasia* (langsame aktive Sterbehilfe) dar, da dabei Dosierungen gewählt werden, die mit der Schmerzbekämpfung nicht zu begründen sind und somit der impliziten Absicht der Lebenszeitverkürzung dienen (EAPC 2010, 113).

Die Palliativmedizin stellt die Wünsche des Patienten und dessen Lebensqualität in den Mittelpunkt, verweigert sich aber der gezielten Lebensbeendigung als „fremdbestimmter Zerstörung von Autonomie" (Müller-Busch 2007, 188). Die Option der palliativen Sedierung kann die Angst vor einem schmerzgeplagten Leiden am Lebensende nehmen. Die genaue Stunde des Todes durch palliative Sedierung zu planen, ist nicht möglich. Umstritten ist die palliative Sedierung für Patienten, die diese wünschen ohne nach rein medizinischen Kriterien in der palliativen Versorgungssituation zu sein. Dies kann zum einen daran liegen, dass sie noch nicht im Sterbensprozess sind, oder daran, dass kein schweres körperliches Leiden vorliegt, der Patient seine Lebenssituation aber aus anderen Gründen unerträglich findet (z. B. körperlichen Verfall, Einsamkeit). Der schmerztherapeutisch ausreichend versorgte wache und ansprechbare, aber lebenssatte Patient bleibt eine Herausforderung für die moralische Beurteilung möglicher Grenzen der Selbstbestimmung.

Literatur

Beckmann, Jan: „Die gesetzliche Regelung der Patientenverfügung aus ethischer Sicht." In: Ludger Honnefelder, Dieter Sturma (Hg.): Jahrbuch für Wissenschaft und Ethik, Bd 15. Berlin 2010, 221–241.
Bickhardt, Jürgen/Hanke, Roland Martin: „Freiwilliger Verzicht auf Nahrung und Flüssigkeit: Eine ganz eigene Handlungsweise." In: Deutsches Ärzteblatt 111. Jg. (2014), A590–592.
Birnbacher, Dieter: Tun und Unterlassen. Stuttgart 1995.

Bioethik-Kommission Rheinland-Pfalz: Sterbehilfe und Sterbebegleitung, Stellungnahme. Mainz 2004.

Borasio, Gian Domenico: Selbstbestimmung im Dialog. Die Beratung über Patientenverfügungen als Ausdruck ärztlicher Fürsorge. In: Christoph Meier, Ders., Klaus Kutzer (Hg.): Patientenverfügung. Stuttgart 2005, 148–156.

Bundesärztekammer: „Grundsätze zur ärztlichen Sterbebegleitung." In: Deutsches Ärzteblatt 108. Jg. (2011), A346–348.

Bundesministerium der Justiz und Verbraucherschutz: Patientenverfügung. Leiden – Krankheit – Sterben. Wie bestimme ich, was medizinisch unternommen werden soll, wenn ich entscheidungsunfähig bin? Berlin 2020.

Chabot, Boudewijn/Walther, Christian: Ausweg am Lebensende. Selbstbestimmtes Sterben durch freiwilligen Verzicht auf Essen und Trinken. München ⁴2015.

Deutsche Gesellschaft für Palliativmedizin e.V.: Positionspapier der Deutschen Gesellschaft für Palliativmedizin zum freiwilligen Verzicht auf Essen und Trinken. Berlin 2019.

Deutsche Gesellschaft für Palliativmedizin e.V./Deutscher Hospiz- und PalliativVerband e.V./Bundesärztekammer (DHPV): Charta zur Betreuung schwerstkranker und sterbender Menschen in Deutschland. Berlin 2010.

Deutscher Ethikrat: Patientenwohl als ethischer Maßstab für das Krankenhaus. Berlin 2016.

European Association for Palliative Care (EAPC): „Sedierung in der Palliativmedizin – Leitlinie für den Einsatz sedierender Maßnahmen in der Palliativversorgung." In: Zeitschrift für Palliativmedizin 11. (2010), 112–122.

Gemeinschaft Evangelischer Kirchen in Europa (GEKE): Leben hat seine Zeit, und Sterben hat seine Zeit. Wien 2011.

GKV-Spitzenverband et al.: Vereinbarung nach § 132g Abs. 3 SGB V über Inhalte und Anforderungen der gesundheitlichen Versorgungsplanung für die letzte Lebensphase vom 13.12.2017. Berlin 2017.

Hofmann, Irmgard: „Leibliche Ausdrucksformen als Zeichen der Selbstbestimmung." In: Claudia Wiesemann, Alfred Simon (Hg.): Patientenautonomie. Münster 2013, 355–363.

Hufen, Friedhelm: „In dubio pro dignitate." In: Felix Thiele (Hg.): Aktive und passive Sterbehilfe. München 2005, 79–98.

Krebsgesellschaft, Deutsche Krebshilfe, AWMF: Erweiterte S3-Leitlinie Palliativmedizin für Patienten mit einer nicht-heilbaren Krebserkrankung. 2020.

May, Arnd/Brokmann, Jörg: „Medizinische und medizinethische Grundlagen der Vorsorgemöglichkeiten." In: Anaesthesist 59. (2010), 118–125.

May, Arnd/Buchholz, Hilke/Krafft, Angelika (Hg.): Selbstbestimmt leben, menschlich sterben, füreinander entscheiden. Münster 2009.

Müller-Busch, Christof: „Gelingende Praxis – Palliativmedizin als Alternative zur Euthanasie." In: Katrin Göring-Eckardt (Hg.): Würdig leben bis zuletzt. Gütersloh 2007, 171–194.

Nationaler Ethikrat: Selbstbestimmung und Fürsorge am Lebensende, Stellungnahme. Berlin 2006.

Neitzke, Gerald/Oehmichen, Frank/Schliep, Hans Joachim/Wördehoff, Dietrich: „Sedierung am Lebensende. Empfehlungen der AG Ethik am Lebensende in der Akademie für Ethik in der Medizin." In: Ethik in der Medizin 22. (2010), 139–147.

Putz, Wolfgang/Gloor, Elke: Sterben dürfen. Hamburg 2011.

Rachels, James: „Aktive und passive Sterbehilfe." In: Hans-Martin Sass (Hg.): Medizin und Ethik. Stuttgart 1989, 254–264.

Ridder, Michael de: Wie wollen wir sterben? München 2010.

Schöne-Seifert, Bettina: „Selbstbestimmte Lebensbeendigung als Selbstwiderspruch?" In: Carmen Kaminsky/Oliver Hallich (Hg.): Verantwortung für die Zukunft. Münster 2006, 163–174.

Schweizerische Akademie der Medizinischen Wissenschaften (SAMW): Umgang mit Sterben und Tod (Medizinisch-ethische Richtlinie der SAMW). 2018.

Seehase, Barbara/May. Arnd T.: Ich bestimme selbst! Das ist mir wichtig. Wünsche für die letzte Lebens-Phase mit Patienten-Verfügung in leichter Sprache. Münster 2019.

Tolmein, Oliver: Selbstbestimmungsrecht und Einwilligungsfähigkeit. Frankfurt a.M. 2004.

Wittwer, Héctor: Selbsttötung als philosophisches Problem. Paderborn 2003.

Ethik der Intensivmedizin

Tanja Krones und Nikola Biller-Andorno

Die Intensivmedizin ist ein wichtiges Arbeitsfeld der biomedizinischen Ethik. In vielen Fällen werden existentielle Fragen des Menschseins berührt, um die Individuen und Gesellschaften immer wieder erneut ringen: Unter welchen Umständen erwarte oder erhoffe ich als Intensivpatient welche Art der Zuwendung? Welche Verpflichtung habe ich als Angehöriger dem Patienten gegenüber, wie kann ich meiner Rolle als Bezugsperson gerecht werden? Welche Verantwortung hat die Gemeinschaft bzw. der Staat gegenüber Schwerkranken und Sterbenden? Was ist ein guter Tod und wer darf darüber befinden? Namen wie „Karen Quinlan" oder „Nancy Cruzan", zwei junge Frauen, die sich nach einem Unfall über Jahre hinweg in einem Zustand des apallischen Syndroms („Wachkoma') befanden, erinnern an die intensiven Debatten, die über die letzten Jahrzehnte zu diesen Fragen geführt wurden.

Zudem ist die Intensivmedizin seit ihren Anfangstagen zur Zeit der Polioepidemien und der Entwicklung verschiedener Organersatztherapien (Dialyse, Beatmung) in der Mitte des letzten Jahrhunderts von Allokationsfragen begleitet: Welcher Patient soll die knappe Ressource erhalten und wer soll darüber anhand welcher Kriterien entscheiden dürfen? Die kritischen Diskussionen zum „God Committee" von Seattle – einem Bürgerkomitee, das Anfang der 1960er Jahre über den Zugang von Patienten zur Dialyse befand – sowie um die Zuteilungskriterien für Organe Verstorbener zum Zwecke der Transplantation illustrieren, dass es sich hierbei im Kern nicht um medizinisch-technische, sondern um Gerechtigkeitsfragen sowie um Fragen der Abwägung individual- und sozialethischer Prinzipien handelt. Auch heute spielen Ressourcenfragen eine bedeutende Rolle im intensivmedizinischen Alltag (Levin et al. 2008).

In der Intensivmedizin treten ethisch relevante Entscheidungsprozesse häufig, manchmal bei mehreren Patienten gleichzeitig und oft in engem räumlichem Umfeld als wesentlicher Teil der täglichen Handlungsroutinen auf. Dies ist ein weiterer Aspekt, der die Relevanz der Ethik für den Bereich der Intensivmedizin hervorhebt. Diejenigen, die in der komplexen Situation intensivmedizinischer Behandlungen Verantwortung tragen, müssen täglich eine Vielzahl von Entscheidungen, oft – aber durchaus nicht immer – unter Zeitdruck, treffen. Diese beinhalten ärztliche, pflegerische, psychosoziale und ethische Aspekte, die oft gleichzeitig zu bearbeiten sind; zugleich muss eine Vielzahl von Akteuren einbezogen werden. Um handlungs-

T. Krones (✉) · N. Biller-Andorno
Institut für Biomedizinische Ethik und Medizingeschichte, Universität Zürich, Zürich, Schweiz
E-Mail: tanja.krones@usz.ch

N. Biller-Andorno
E-Mail: biller-andorno@ibme.uzh.ch

fähig zu bleiben, ist ein routinisierter und zugleich reflektierter Umgang mit klinisch-ethischen Entscheidungsprozessen unumgänglich (Salomon 2018; Junginger et al. 2008). Die Intensivmedizin ist daher auch ein exzellentes Feld, um den Mehrwert der Perspektivenvielfalt einer interprofessionellen Ethik im Gesundheitswesen zu verdeutlichen (Krones/Monteverde, 2020).

Nicht nur hat die Medizin der Ethik durch ihre Herausforderungen intellektuelle Impulse verliehen (Toulmin 1982); in zunehmendem Maße kann auch die Medizin von einem bedarfsgerechten professionellen Angebot an ethischer Analyse, Beratung sowie Fort- und Weiterbildung profitieren. Im Folgenden werden drei zentrale Felder in der intensivmedizinischen Ethik genauer beleuchtet – Entscheidungen bezüglich der Ausrichtung der Therapieziele, Allokationsentscheidungen sowie Entscheidungsprozesse unter den institutionellen Voraussetzungen der Intensivmedizin. Abseits vom Fokus auf Entscheidungen in dilemmatischen oder zumindest problematischen Situationen liegen zudem weitere moralisch relevante Bereiche, die oft erst auf den zweiten Blick sichtbar werden und den Menschen in seiner Verletzlichkeit betreffen. Diese werden in den Schlussbetrachtungen thematisiert.

105.1 Therapieziele: Lebensverlängernde Therapie versus Palliativ ausgerichtete Therapie

Ziel einer intensivmedizinischen Behandlung ist immer die Überbrückung eines Zustands, in welchem der Patient nicht ohne apparative und intensive ärztliche und pflegerische Unterstützung und Überwachung lebensfähig ist, hin zu einem Zustand, in dem nicht nur ein Überleben, sondern ein Überleben außerhalb der Intensivstation mit einer für den Patienten akzeptablen Lebensqualität ermöglicht wird (Quintel 2018). Damit hat die Intensivmedizin nicht nur eine medizinisch-technische, sondern auch eine normative Dimension: Es geht nicht um das Aufrechterhalten biologischer Mechanismen um jeden Preis, sondern um Maßnahmen, die für den individuellen Patienten auch mit Blick auf seine weitere Zukunft sinnvoll sein müssen.

In circa 50 bis 60 % der Todesfälle auf der Intensivstation gehen – in aller Regel primär initiiert von Ärzten – Entscheidungen für einen Therapieverzicht oder einen Abbruch therapeutischer Maßnahmen dem Tod voraus, wobei nicht alle Patienten, bei denen ein Therapieverzicht oder ein Therapieabbruch erfolgt, sterben (Sold/Schmidt 2018; Sprung et al. 2003; Ferrand et al. 2001). Eine besondere Herausforderung für Entscheidungen für oder gegen den Beginn bzw. die Weiterführung einer Therapie ist die prognostische Unsicherheit, nicht nur bezogen auf einzelne Organsysteme, sondern auch auf die voraussichtliche Lebensqualität und die zukünftige Abhängigkeit von unterstützenden Maßnahmen, insbesondere bei neurologischen Schäden.

Bei der ethischen Beurteilung von Therapieentscheiden sind folgende Punkte zu berücksichtigen:

1. Intensivmedizinische Behandlungen können akute und langfristige Folgeschäden bedingen. Dazu zählen im Krankenhaus erworbene („nosokomiale") Infektionen, beatmungsassoziierte Lungenschäden oder die so genannte „critical illness-Polyneuropathie", eine noch nicht gut verstandene allgemeine, teils massive und langfristige Schwäche der Muskulatur durch Veränderung der peripheren Nerven, die tödliche Folgekomplikationen (z. B. Lungenentzündungen) nach sich ziehen kann und die Lebensqualität stark beeinträchtigt. Neben diesen körperlichen Folgeschäden leiden viele Patienten akut, und manche auch chronisch unter psychischen Beeinträchtigungen.

2. Es gibt auch auf der Intensivmedizin keinen vollständigen Therapieabbruch, sondern nur eine Umstellung der Therapie von lebenserhaltenden, lebensverlängernden auf symptombezogene Maßnahmen. Palliative und lebensverlängernde Optionen schließen sich dabei nicht aus, sondern gehen Hand in Hand. Im Laufe der Behandlung kann sich lediglich der Fokus ändern.

3. Ausschlaggebend bei Erstellung des Therapiekonzepts sind eine möglichst präzise und gut fundierte medizinische Prognose, die verfügbaren therapeutischen Möglichkeiten sowie die Ermittlung des aktuellen, vorausverfügten oder mutmaßlichen Willens und die gemeinsame Festlegung des Procedere. Hierbei kann ein Patient (bei nicht mehr einwilligungsfähigen Patienten sein/e Stellvertreter), grundsätzlich auch indizierte Maßnahmen (z. B. eine Dialyse) ablehnen. Er kann jedoch nicht verlangen, dass eine Maßnahme durchgeführt wird, wenn diese aus medizinischer Sicht nach sorgfältiger Prüfung als nicht mehr indiziert angesehen wird. Der Begriff der medizinischen Aussichtslosigkeit (engl. Futility) ist allerdings zunehmend umstritten (Nair Collins 2015). Das Konzept hat sich auch in der Intensivmedizin diversifiziert (SAMW 2018, 2021) und wird zunehmend als weniger klare Grenze erachtet. Häufiger wird dieses Konzept mit dem Begriff der potentiell inadäquaten Behandlung *(potentially inappropriate treatment)* umschrieben (Bosslet et al. 2015).
4. Therapieverzicht und Therapieabbruch sowie die Gabe von Sedativa/Opiaten zur Symptomkontrolle sind zulässig, wenn dies dem gemeinsam erarbeiteten Therapieziel entspricht. Ist die Intention der Gabe von Medikamenten jedoch unmittelbar die Lebensverkürzung, so entspricht dies – unabhängig vom Willen des Patienten – einer aktiven Sterbehilfe, die derzeit vielerorts verboten ist.
5. Die Entscheidungen für eine Umstellung der Therapie bis hin zur Extubation und palliativen Sedierung werden sehr selten zu einem Zeitpunkt getroffen, sondern erfolgen schrittweise. Es entspricht der Praxis und der Studienlage, dass – außer bei festgestelltem Hirntod und extrem schweren Verletzungen und Verbrennungen – auf Intensivstationen meist ein abgestuftes prozessuales Vorgehen gewählt wird (Sold/Schmidt 2018; Mohr 2018). Die Entscheidung zum primären Therapieverzicht bezüglich einer mechanischen kardiopulmonalen Reanimation steht in der Regel am Anfang, gefolgt von – medizinisch-ethisch problematischen- (vgl. Sold/Schmid 2018) Limitierungen (,Einfrieren') der Vasoaktiva (Medikamente zur Kreislaufunterstützung), Antibiotika, Blutwäsche (Dialyse/Hämofiltration) und Beatmung, über das Absetzen einzelner Medikamente, der Ernährung, seltener der Flüssigkeitszufuhr und schließlich der Beatmung (Extubation nach ausreichender Vorbereitung, häufig auch allein Umstellen auf Raumluft bei Beibehaltung des Beatmungsschlauches) unter ausreichender Sedierung zur Symptomkontrolle (gegen Atemnot, Unruhe, Angst, Schmerzen). In den Ländern, in denen Euthanasie in manchen Fällen straflos bleibt, kann diese mit der Gabe einer sehr hohen Dosis an Sedativa (Schlaf/Narkosemittel mit oder ohne Gabe eines Muskelrelaxans) zur gewollten Verkürzung der Sterbephase am Ende dieses Prozesses stehen.

Auch wenn mit Hilfe dieser Punkte ein Handlungsrahmen abgesteckt werden kann, und speziell für die Entscheidung zur Umstellung auf Palliation strukturierte Gesprächsprotokolle und Entscheidungshilfen angeboten werden (Neitzke et al. 2017; Rabe 2018), zeigen sich in der klinisch-ethischen Praxis dennoch einige Grauzonen. So kann ein zeitlich begrenztes Noch-Nicht-Sterben-Lassen manchmal sinnvoll sein, um bezüglich des Therapieziels einen Konsens im Behandlungsteam und mit den Angehörigen zu erreichen oder um die Entwicklung des weiteren Krankheitsverlaufs abzuwarten. Problematisch wird es jedoch, wenn bei weiterhin niedrigem Status quo kein zielführendes Therapiekonzept erstellt bzw. umgesetzt wird, das entweder auf das oben definierte Ziel eines Verlassens der Intensivstation mit einer für den Patienten erzielbaren erträglichen Lebensqualität oder auf ein gut begleitetes Sterben ausgerichtet ist.

Durch die auch im deutschen Sprachraum auch für die Intensivmedizin zunehmend weiterentwickelten Prozesse der professionellen gesundheitlichen Vorausplanung *(Advance Care Planning,* vgl. Nauck et al. 2018) besteht im Sinne einer präventiven klinischen Ethik die

Chance, dass die Therapieumstellung auf Palliation auf der Intensivstation häufiger direkt am Willen des Patienten ausgerichtet wird, statt diesen in interprofessionellen ethischen Entscheidungsfindungsprozessen bei einwilligungsunfähigen Patienten gemeinsam mit den Angehörigen erst mühsam zu erarbeiten.

Es ist denkbar, dass in diesem Zusammenhang künftig auch die Möglichkeiten einer algorithmen-basierten Prädiktion zum Einsatz kommen. Wenn ausreichend Daten über einen Patienten sowie über eine Vergleichspopulation vorliegen, ist es denkbar, mit einer gewissen Wahrscheinlichkeit Vorhersagen über die Präferenzen des Betreffenden zu machen, zum Beispiel hinsichtlich einer Reanimation. Solche Vorhersagen können in die Entscheidungsfindung – durch das Behandlungsteam, durch Stellvertreter oder ggf. auch den urteilsfähigen Patienten selbst – einfliessen (Biller-Andorno/Biller 2019).

105.2 Allokationsentscheidungen

Kosten und die Verfügbarkeit von Ressourcen zählen zu den hauptsächlichen kausalen Faktoren für ethische Dilemmata in der Intensivmedizin (Levin et al. 2008). Zugleich wird häufig eine offene Diskussion von Allokationsentscheidungen vermieden, mit der Folge einer impliziten Rationierung (Strech et al. 2008). Dabei steht eine Allokationsentscheidung bereits am Anfang eines jeden stationären Aufenthaltes, nämlich die Frage, ob ein Patient auf die Intensivstation aufgenommen wird.

Bei der notwendigen Abstimmung zwischen den Abteilungen der jeweiligen Institution, den externen Notfallteams und anderen Krankenhäusern spielen verschiedene Gründe für oder gegen eine Aufnahme auf die Intensivstation eine Rolle, die mehr oder weniger transparent geäußert werden und ethisch unterschiedlich zu bewerten sind (vgl. Levin et al. 2008; Sold/Schmidt 2018; Sprung et al. 2003; Grundmann 2008):

Patientenbezogene Gründe:

- der aktuell geäußerte, vorausverfügte oder mutmaßliche Willen eines Patienten, nicht (mehr) auf eine Intensivstation aufgenommen werden zu wollen
- die Abwägung von Gesamtprognose, Therapiezielen und voraussichtlichem Nutzen/Schaden einer intensivmedizinischen Behandlung
- das Vorhandensein von schwer behandelbaren Keimen (sog. multiresistenten Keimen) beim jeweiligen Patienten oder auf der jeweiligen Intensivstation
- aktuell durchgeführte Forschungsprojekte, in welche der Patient (nicht) aufgenommen werden kann
- das Alter des Patienten
- der Krankenversicherungsstatus des Patienten
- die persönliche Beziehung zwischen Patienten, Ärzten der Intensivstation und einweisenden Ärzten

Institutionelle und strukturelle Gründe:
- aktuelle Unterkapazitäten durch größere Epidemien oder Massenunfälle
- aktuelle Überkapazitäten aufgrund eines weniger schweren Krankenguts in der jeweiligen Institution
- Anfahrts-/Transportwege zur nächsten Intensivstation
- Die vertraglich ausgehandelte Bettenbelegung durch einzelne Abteilungen oder zwischen einzelnen Häusern
- Die Spezialisierung der jeweiligen intensivmedizinischen Abteilung auf bestimmte Krankheitssituationen
- die strukturell lokal und national ausgehandelte Vergütung (z. B. DRGs: ‚Diagnosis related groups')

Bei der Bewertung dieser Gründe erscheint sowohl der Rückgriff auf einige grundlegende Prinzipien biomedizinischer Ethik (Beauchamp/Childress 2019) – mit den zentralen Prinzipien der Achtung der Autonomie, des Nicht-Schadens, des Wohltuns und der Gerechtigkeit- als auch das Konzept der Interessenskonflikte hilfreich. Hierbei gerät ein primäres Interesse, etwa das Wohl des Patienten, in Konflikt mit einem sekundären. Dieses ist häufig ein finanzieller Vorteil, es kann aber auch um Macht, Ansehen, Publikationen oder die Verteidigung von bestimmten Wahrheits- und Wirklichkeitsauffassungen gehen (Thompson 1993, 2009). Finanzielle Anreize können nicht nur in Gewissensnöte führen, sondern auch die Qualität der Versorgung unterminieren und zu Unter- wie Überversorgung führen (Fässler et al. 2015).

Betrachtet man die oben aufgeführten Gründe, so lassen sich zunächst manche dieser Aspekte klar als primäre oder sekundäre Interessen identifizieren. Ein klar geäußerter Wille des Patienten, nicht auf die Intensivstation aufgenommen zu werden, ebenso wie eine wohl abgewogene Nutzen-/Schadensbilanzierung sind im Sinne primärer Interessen interpretier- und daher rechtfertigbar. Für die Spezifizierung primärer Interessen (was heißt beispielsweise genau ‚keine Schläuche'?) und die Abwägung *zwischen* primären Interessen, wie dem Wunsch nach Aufnahme eines Patienten (Autonomie) bei aus ärztlicher Sicht infauster Prognose (Wohltun, Nicht Schaden) ist wiederum die Zuhilfenahme prinzipienethischer Überlegungen hilfreich.

Manche Gründe sind nicht direkt primären oder sekundären Interessen zuzuordnen, wie die Aufnahme eines Patienten aufgrund vorhandener persönlicher Beziehungen, oder das Alterskriterium, sondern erfordern diffizile prinzipien-, rechts- und gerechtigkeitstheoretische und praktische Überlegungen, die nicht speziell die Intensivmedizin betreffen und daher hier nicht weiter ausgeführt werden.

In jedem Falle ist es jedoch wünschenswert, dass sowohl individuelle Behandlungs- als auch Gesundheitssystementscheidungen gegenüber dem einzelnen Patienten und der Bevölkerung transparent und auf Basis der relevanten Argumente getroffen werden. Dies gilt auch für Allokations- und Rationierungserwägungen nicht nur bei der Aufnahme auf die Intensivstation, sondern ebenso auch bezogen auf Entscheidungen zu Behandlungspfaden innerhalb der Intensivmedizin (obere Mikroallokationsebene) und beim individuellen Patienten (untere Mikroallokationsebene) sowie bei Erwägungen, ob die Bettenkapazität und die Gesamtbudgetierung in der Intensivmedizin weiter ausgebaut werden soll (Meso- bzw. Makroebene). Diese Forderungen gelten auch für andere Bereiche der Medizin, doch sind sie für die Intensivmedizin besonders relevant, zum einen angesichts des signifikanten Anteils an den Gesamtkosten des Gesundheitssystems (in Deutschland ca. 13 % des Gesamtbudgets für das Gesundheitswesen, vgl. Quintel 2018), zum anderen da in der Intensivmedizin die Konsequenzen von Allokationsentscheidungen bisweilen als ein direkter oder zeitnah erfahrbarer Tod eines Patienten und nicht als abstrakte statistische Größe offenbar werden.

105.3 Entscheidungsprozesse unter den institutionellen Voraussetzungen der Intensivmedizin

Auf Intensivstationen werden maximale, auch experimentelle Behandlungen neben einer palliativen Betreuung am Ende des Lebens durchgeführt, wobei die Übergänge fließend sein können; Hirntoddiagnostik, Organentnahmen und die Betreuung frisch Transplantierter erfolgen zuweilen auf derselben Station. Ethische Fragen treten häufig auf, mitunter auch mit hoher Dringlichkeit und in vielen Fällen zusammen mit medizinischen, psychosozialen oder seelsorgerischen Fragestellungen. Verschiedenste Akteure sind in die Versorgung der Patienten involviert. In einem solch komplexen Umfeld hängen konkrete moralische Entscheidungen von spezifischen Kontextfaktoren und lokalen Gegebenheiten, von „Stations- und Organisationskulturen" ab (Krones et al. 2019). So gibt es Intensivstationen mit einer relativ homogenen Patientenpopulation (beispielsweise neonatologische Stationen oder Stationen für Brandverletzte), die durch ein verantwortliches Behandlungsteam betreut werden, das in der Regel (es gibt auch interdisziplinäre Stationen) nur konsiliarisch andere Abteilungen hinzuzieht. Wenn in einem solchen Team eine gute kollegiale Basis im Hinblick auch Kommunikations- und Entscheidungsprozesse besteht, ist die Implementierung eines strukturierten Entscheidungsfindungs-Procederes mit Festlegung relevanter ethischer Aspekte in einem Gesprächsprotokoll relativ unproblematisch (Anderweit et al. 2004).

Die Situation stellt sich z. B. für chirurgische Intensivstationen oft anders dar. Die Erkrankungsverläufe der Patienten können sehr unterschiedlich sein. Zudem sind in der Regel zwei Abteilungen für den Patienten zuständig: Das Intensivteam, welches meist aus Anästhesisten und/oder Internisten besteht, und die Chirurgen, welche vor und kurz nach der Operation hauptverantwortlich für die Festlegung der Therapie sind. Der Blick eines Internisten und eines Chirurgen auf die Art des Problems des Patienten kann sich stark unterscheiden. Zudem sind faktisch in vielen Krankenhäusern Abteilungsgrenzen und Hierarchien immer noch sehr stark ausgeprägt. In einem solchen Team neben medizinischen Sach- auch Wertfragen zu diskutieren, bzw. die Wertentscheidungen in den medizinischen Sachfragen sichtbar zu machen, einen Konsens bezüglich realistischer Therapieziele und Konzepte zu erarbeiten, kann eine große Herausforderung darstellen. Verschiedene Formen der ethischen Unterstützung– individuelle Konsile, Ethikvisiten, gemeinsame Besprechungen im multiprofessionellen Team mit oder ohne Beizug einer Fachethik – können hier angezeigt sein. Zunehmend wird hierbei der Mehrwert der interprofessionell gestalteten Ethik diskutiert, der im Sinne eines Emergenzphänomens mehr ist als die Summe seiner (bereichsethischen) Anteile (Krones/Monteverde 2020).

Einen großen Unterschied bezüglich der möglichen Herangehensweisen macht auch die Patientenpopulation: Handelt es sich um Patienten, deren Aufnahme mehr oder weniger absehbar war, die sich also Gedanken machen, mit dem behandelnden Arzt das Procedere im Sinne eines Advance Care Plannings besprechen und/oder Patientenverfügung verfassen konnten? Oder handelt es sich vielmehr um Patienten, deren Erkrankung plötzlich aufgetreten ist und die sich womöglich noch weniger Gedanken über ein Leben mit schweren Behinderungen oder den Tod gemacht haben? Je nachdem stehen die Umsetzung von Patientenverfügungen oder die Ermittlung des mutmaßlichen Willens und die Kommunikation mit den Angehörigen im Vordergrund.

Insgesamt sind Entscheidungsprozesse auf der Intensivstation dadurch gekennzeichnet, dass die meisten der dort liegenden Patienten über einen längeren Zeitpunkt nicht einwilligungs- und oft auch nicht kommunikationsfähig sind, und dass die Dauer dieses Zustands häufig nicht genau abschätzbar ist. Der erste Ansprechpartner bei der Entscheidung für invasive diagnostische und therapeutische Maßnahmen ist daher auf vielen Intensivstationen meist nicht der Patient, sondern ein oder mehrere Angehörige/r. Hat der Patient – was häufig der Fall ist – keinen Stellvertreter durch eine Betreuungsverfügung oder Vorsorgevollmacht bestimmt, so stellt sich recht früh und für die Angehörigen sehr plötzlich die Frage, wer der/die Hauptansprechpartner für den Patienten sein soll/en und wer die Betreuung auch formal übernimmt. Häufig sind den Angehörigen die entsprechenden Abläufe und auch die Aufgaben des gesetzlichen Vertreters nicht klar, so dass es sinnvoll ist, dass das Behandlungsteam die Initiierung durch Einberufung von Gesprächen im Sinne von Familienkonferenzen vornimmt.

105.4 Schlussbetrachtungen: Jenseits ethischer Dilemmata

Besonders in der Intensivmedizin zeigt sich, dass der Mensch im ernsthaften Kranksein ein anderer ist als sonst. Erkrankungen, die einer intensivmedizinischen Behandlung bedürfen, verdeutlichen, dass Kranksein eine gleichermaßen biologische, psychologische und soziale Komponente hat, die mehr ist als eine körperliche Beeinträchtigung. Eine Behandlung auf der Intensivstation bedeutet für die Patienten eine weitgehend totale soziale Kontrolle, ein Ausgeliefertsein an fremde Andere, je nach Gestaltung der Räumlichkeiten ohne jegliche Möglichkeit einer Privatsphäre, eines individuellen Schutzraumes. In einer solchen Situation kann „die geheime Würde des Menschseins, die in gesunden Zeiten oft entstellt und verdunkelt ist, in der Krankheit, dem Leiden und der Hilflosigkeit, für den, der sehen will, sichtbar (werden)" (Uexküll/Wesiack 1998, 394). Wenn die Sensibilität im Sinne zentraler berufs- und tugendethischer Voraussetzungen zum Umgang mit Patienten nicht gegeben oder verlorengegangen ist, birgt eine intensivmedizinische Behandlung hingegen die Gefahr ernsthafter Menschenrechts- und Würdeverletzungen (Rehbock 2018; Salomon 2018).

Viele der Patienten auf Intensivstationen sind über mehrere Tage bis manchmal Wochen analgosediert, d. h. sie schlafen tief und haben über längere Zeit keine Möglichkeit zu kommunizieren. Dennoch existieren bereits seit vielen Jahren, vielfach auch publiziert im Rahmen der Pflegeforschung, Erfahrungsberichte und Studien zum Erleben von Patienten auf Intensivstationen (Schara 2008). Häufig wird auf Visiten, am Bett oder am (oft nicht abgetrennten) Bett des Nachbarpatienten über den – und sehr wenig mit dem – Patienten gesprochen, sogar des Öfteren bei (wieder) wachen Patienten. Es wird manchmal vergessen, den Patienten so weit wie möglich bei oder auch nach Untersuchungen auch dann zu bedecken, wenn viele Personen (Personal, Angehörige anderer Patienten) diesen sehen können.

Die genannten Studien zeigen jedoch, dass selbst Patienten im sedierten Zustand zumindest punktuell in der Lage sind, ihre Umgebung und Teile kommunizierter Inhalte wahrzunehmen, und die Situation als sehr beängstigend empfinden können. Es ist daher nicht nur rechtlich problematisch, wenn bei einem (wieder) wachen Patienten weiterhin die Durchführung aus medizinischer Sicht indizierter Eingriffe – häufig aus der Gewohnheit heraus – mit den Angehörigen besprochen wird; die hierdurch ausgelösten Ängste erscheinen manchen Patienten als existentielle Bedrohung und zutiefst empfundener Entwürdigung.

Den Menschen nicht als Objekt, sondern weiterhin als Subjekt mit einer eigenen Biographie, eigenen Bedürfnissen und Wertvorstellungen wahrzunehmen, und die Privat- und Intimsphäre auch auf Intensivstationen zu wahren, das soziale Umfeld des Patienten nicht auszugrenzen sondern einzubeziehen, bedarf nicht nur individueller, sondern auch struktureller Veränderungen relevanter Prozesse, beispielsweise der Visitenabläufe (Hannich 2018), der Besuchszeiten für Angehörige (Juchems 2018) und einiges mehr. Hier ist die Ethik gefordert, gemeinsam mit den Behandlungsteams und den Institutionen eine Kulturänderung zu bewirken, um dem in vielen Klinikleitbildern vorhandenen Satz: „Der Patient steht im Mittelpunkt unseres Handelns" tatsächlich Ausdruck und Geltung auch auf Intensivstationen zu verschaffen.

Literatur

Anderweit, Sabine/Licht, Christoph/Kribs, Angela/Woopen, Christiane/Bergdolt, Klaus/Roth Bernhard: „Das Problem der verantworteten Therapieentscheidung in der Neonatologie ‚Kölner Arbeitsbogen zur ethischen Entscheidungsfindung in der Neonatologie'." In: Ethik in der Medizin 16. (2004), 37–47.

Beauchamp, Tom/Childress, James: Principles of Biomedical Ethics [1979]. Oxford ^{8}2019.

Biller-Andorno, Nikola/Biller, Armin: „Algorithm-Aided Prediction of Patient Preferences – An Ethics Sneak Peek." In: The New England Journal of Medicine 381. Jg., 15 (2019), 1480–1485.

Bosslet, Gabriel T/Pope, Thaddeus M/Rubenfeld, Gordon D/Lo, Bernhard et al.: „An official ATS/AACN/ACCP/ESICM/SCCM policy statement: responding to requests for potentially inappropriate treatments in intensive care units." In: American Journal of Respiratory and Critical Care Medicine 191. (2015), 1318–1330.

Fässler, Margrit/Wild, Verina/Clarinval, Caroline/Tschopp, Alois/Faehnrich, Jana Alexandra/Biller-Andorno, Nikola: „Impact of the DRG-based reimbursement system on patient care and professional practise: perspectives of Swiss hospital physicians." In: Swiss Med Wkly 145. (2015).

Ferrand, Edouard/Robert, René/Ingrand, Pierre/Lemaire, François et al.: „Withholding and Withdrawal of Life Support in Intensive Care Units in France. A Prospective Survey." In: Lancet 357. (2001), 9–14.

Grundmann, Reinhart T.: „Prognostizierbarkeit des Todes-ärztliche Beurteilung oder Scores?" In: Theodor Junginger, Axel Perneczky, Christian-Friedrich Vahl, Christian Werner (Hg.): Grenzsituationen in der Intensivmedizin. Berlin 2008, 153–163.

Hannich, Hans-Joachim: Visitenablauf in der Intensivmedizin als Beispiel eines patientenorientierten Verhaltens. In: Fred Salomon (Hg.): Praxisbuch Ethik in der Intensivmedizin. Berlin 2018, 217–222.

Juchems, Stefan: „Angehörige-eine Frage der Ethik?" In: Fred Salomon (Hg.): Praxisbuch Ethik in der Intensivmedizin. Berlin 2018, 174–182.

Junginger, Theodor/Perneczky, Axel/Vahl, Christian-Friedrich/Werner, Christian (Hg.): Grenzsituationen in der Intensivmedizin. Entscheidungsgrundlagen. Heidelberg 2008.

Krones, Tanja/Monteverde, Settimio: „Interprofessionelle klinisch-ethische Entscheidungsfindung am Beispiel der Intensivmedizin." In: Settimio Monteverde (Hg.): Pflegeethik. Stuttgart 2020.

Krones, Tanja/Liem, Esther/Monteverde, Settimio/Rosch, Christine et al.: „Klinische Ethikkultur in der Intensivmedizin – Erfahrungen aus dem UniversitätsSpital Zürich." In: Bioethica Forum 11. Jg., 2/3 (2019), 101–108.

Levin, Phillip D./Sprung, Charles L.: „Critical and Intensive Care Ethics." In: Peter Singer, Adrian M. Viens (Hg.): The Cambridge Textbook of Bioethics. Cambridge 2008, 462–468.

Mohr, Michael: „Die Begleitung Sterbender in der Intensivmedizin." In: Fred Salomon (Hg.): Praxisbuch Ethik in der Intensivmedizin. Berlin 2018, 125–134.

Monteverde, Settimio (Hg): Handbuch Pflegeethik. Ethisch denken und handeln in den Praxisfeldern der Pflege. Stuttgart 2020.

Nair-Collins, Michael: „Laying futility to rest." In Journal of Medicine and Philosophy 40. (2015), 554–583.

Nauck, Friedemann/Marckmann, Georg/in der Schmitten, Jürgen: „Behandlung im Voraus planen-Bedeutung für die Intensiv- und Notfallmedizin." In Anästhesiologie, Intensivmedizin, Notfallmedizin, Schmerztherapie 53. (2018), 62–70.

Neitzke, Gerald/Böll, Boris/Burchardi Hilmar/Dannenberg, Katrin et al.: „Dokumentation der Therapiebegrenzung. Empfehlung der Sektion Ethik der Deutschen Interdisziplinären Vereinigung für Intensiv- und Notfallmedizin (DIVI) unter Mitarbeit der Sektion Ethik der Deutschen Gesellschaft für Internistische Intensivmedizin und Notfallmedizin (DGIIN)." In: Medizinische Klinik, Intensivmedizin, Notfallmedizin 112. (2017), 527–530

Quintel, Michael: „Ziele und Aufgaben in der Intensivmedizin." In: Fred Salomon (Hg.): Praxisbuch Ethik in der Intensivmedizin. Berlin 2018, 19–28.

Rabe, Marianne: „Ethische Reflexion und Entscheidungsfindung in der Praxis." In: Salomon 2018, 29–39.

Rehbock, Theda: „Menschenwürde auf der Intensivstation – ist das überhaupt möglich?" In: Fred Salomon (Hg.): Praxisbuch Ethik in der Intensivmedizin. Berlin 2018, 56–65.

Salomon, Fred (Hg): Praxisbuch Ethik in der Intensivmedizin [2009]. Berlin 2018.

Salomon, Fred: „Das Menschenbild als Entscheidungshintergrund intensivmedizinischen Handelns". In: Fred Salomon (Hg.): Praxisbuch Ethik in der Intensivmedizin. Berlin 2018, 66–77.

Schara, Joachim: „Das Erleben der Intensivmedizin." In: Theodor Junginger, Axel Perneczky, Christian-Friedrich Vahl, Christian Werner (Hg.): Grenzsituationen in der Intensivmedizin. Berlin 2008, 17–22.

Schweizer Akademie der Medizinischen Wissenschaften (Hg.): Intensivmedizinische Massnahmen [2013]. Basel 2018.

Schweizer Akademie der Medizinischen Wissenschaften (Hg.): Wirkungslosigkeit und Aussichtslosigkeit – zum Umgang mit dem Konzept der Futility in der Medizin, Basel 2021.

Sold, Markus/Schmid, Kurt W.: „Therapiebegrenzung und Therapiereduktion – praktisch umgesetzt." In: Fred Salomon (Hg.): Praxisbuch Ethik in der Intensivmedizin. Berlin 2018, 223–262.

Sprung, C.L. et al.: „End-of-Life Practices in European intensive Care Units: a prospective observational study." In: Journal of the American Medical Association 290. Jg., 6 (2003), 790–797.

Strech, Daniel/Synovzik Matthis/Marckmann, Georg: „How Physicians Allocate Scarce Resources at the Bedside: 'A Systematic Review of Qualitative Studies'." In: Journal of Medicine and Philosophy 33. (2008), 80–99.

Thompson, Dennis F.: „Understanding Financial Conflicts of Interest." In: New England Journal of Medicine 329. (1993), 573–576.

Thompson, Dennis F.: „The Challenge of Conflict of Interest in Medicine." In Zeitschrift für Evidenz, Fortbildung und Qualität im Gesundheitswesen 103. Jg., 3 (2009): 136–140.

Toulmin, Stephen: „How Medicine saved the life of Ethics." In: Perspectives in Biology and Medicine 25. (1982), 736–750.

Uexkuell, Thure von/Wesiack, Wolfgang: Theorie der Humanmedizin. Grundlagen ärztlichen Denkens und Handelns. München u.a. 1998.

Die Hirntod-Debatte

Ralf Stoecker

Der Ausdruck ‚Hirntod' ist *mehrdeutig*. Er steht (1) für einen Tod, der durch eine Schädigung des Gehirns hervorgerufen wurde, (2) für den Organtod des Gehirns und (3) für ein Todesverständnis, dem zufolge mit dem Tod des Gehirns auch der Mensch tot ist. Üblich und empfehlenswert ist es, die Verwendung des Begriffs ‚Hirntod' auf (2) zu beschränken und im Fall (3) von der ‚Hirntod-Konzeption' des Todes zu sprechen. Diese Hirntod-Konzeption ist der Gegenstand der Hirntod-Debatte. Inwieweit sich die terminologische Neuerung durchsetzen wird, die der Wissenschaftliche Beirat der Deutschen Ärztekammer 2015 initiiert hat, für den Organtod die Bezeichnung „irreversibler Hirnfunktionsausfall" anstelle von „Hirntod" zu verwenden, bleibt abzuwarten (Bundesärztekammer 2015). In diesem Artikel wird sie nicht berücksichtigt.

106.1 Der historische Hintergrund

Den Hintergrund der Hirntod-Debatte bildete die Entwicklung der Intensivmedizin in der Zeit nach dem Zweiten Weltkrieg. Bis dahin bestand weitgehend Konsens darüber, dass ein Mensch tot ist, wenn seine Atmung und sein Herzschlag unwiderruflich ausgesetzt haben, also auch nicht durch die schon lange bekannten Reanimationstechniken reaktiviert werden können (*Herztod-Konzeption* des Todes). In den 1950er und 1960er Jahren führten dann die Entwicklung (1) der Intensivmedizin und (2) der Transplantationsmedizin zur Aufkündigung dieses Konsenses (Belkin 2003; Case 1999; Mehra et al. 1998; Welie 1996).

1. In der Intensivmedizin hatte die Erfindung der künstlichen Beatmung den Nebeneffekt, dass auch Patienten mit schweren unwiderruflichen Hirnschädigungen am Sterben gehindert wurden. Die Patienten waren *nicht herztot,* weil Herzschlag und Atmung künstlich aufrechterhalten wurden, wurden bald aber als *hirntot* bezeichnet. Für die behandelnden Ärzte stellte sich die Frage, ob sie trotz der offenkundigen Sinnlosigkeit ihrer Bemühungen noch verpflichtet waren, die intensivmedizinische Behandlung dieser Patienten fortzusetzen, oder ob diese nicht in Wirklichkeit schon tot waren.
2. *Transplantationsmedizin*: In den 1950er und 1960er Jahren wurden die ersten Erfolg versprechenden Organverpflanzungen durchgeführt. Da der Erfolg einer Transplantation durch die mit dem normalen Sterbeprozess verbundene Mangelversorgung des Spenderorgans erheblich beeinträchtigt werden kann,

R. Stoecker (✉)
Universität Bielefeld, Bielefeld, Deutschland
E-Mail: Ralf.Stoecker@uni-bielefeld.de

waren hirntote Intensivpatienten, deren Organe weiterhin gut versorgt wurden, viel bessere Organspender als herztote Patienten. Auch hier stellte sich folglich die Frage, ob sie schon tot sind oder nicht.

Das doppelte medizinische Interesse an der Frage, ob hirntote Menschen tot sind, führte gegen Ende der 1960er Jahre in Deutschland, den USA und anderen medizinisch entwickelten Ländern schnell zu einem breiten Konsens zugunsten der Hirntod-Konzeption. Wenngleich die Hirntod-Konzeption nie ganz unumstritten war (Jonas 1987), wurde sie überwiegend akzeptiert. Das änderte sich in Deutschland erst 1992, als der (vergebliche) Versuch, die Schwangerschaft einer hirntoten Mutter aufrechtzuerhalten, um das Kind (das ‚Erlanger Baby') zu retten, eine lebhafte Diskussion um das medizinische Todesverständnis auslöste. Seit der Verabschiedung des *Transplantationsgesetzes* (1997), in dem der Hirntod als notwendige Bedingung für die Organentnahme festgeschrieben wurde, gilt nach herrschender (allerdings strittiger) Meinung die Hirntod-Konzeption als gesetzlich verankert (Höfling 2003; Schroth et al. 2005). Weltweit haben sich neurologische Todeskonzeptionen nahezu vollständig durchgesetzt (Wijdicks 2002).

106.2 Die Ausgangsfrage

In der Hirntod-Debatte geht es um die Frage, unter welchen Bedingungen jemand tot ist. Man kann diese Frage wiederum in drei Teilfragen auffächern, die unterschiedliche Diskussionsebenen charakterisieren (Birnbacher 1997, 51): Strittig ist (1) was es überhaupt heißt, tot zu sein *(analytische Ebene)*, (2) welche körperlichen Merkmale dem Totsein zugrunde liegen *(Implementationsebene)*, und (3) wie man feststellen kann, ob ein Mensch diese Merkmale aufweist *(diagnostische Ebene)*. Dabei ist die erste Ebene im Wesentlichen philosophisch, die dritte rein medizinisch und die zweite interdisziplinär. Die verschiedenen konkurrierenden Todes-Konzeptionen geben Antworten auf die zweite Frage, ihre jeweiligen Begründungen finden sich hingegen sowohl auf der ersten als auch auf der zweiten Ebene. Die Antwort auf die dritte Frage ist nicht Gegenstand der Hirntod-Debatte, sondern wird von dieser gewöhnlich vorausgesetzt (zu dieser Debatte vergleiche auch Körtner 2016 und die Stellungnahme des Deutschen Ethikrats 2015).

106.3 Medizinische Grundlagen

Der Hirntod ist definiert als „Zustand des irreversiblen Erloschenseins der Gesamtfunktion des Großhirns, des Kleinhirns und des Hirnstamms" wobei „durch kontrollierte Beatmung die Herz-Kreislauffunktion noch künstlich aufrechterhalten" wird (Bundesärztekammer 1998, A-1861). Um den Hirntod festzustellen, müssen eine Reihe von diagnostischen Kriterien erfüllt sein, die durch eine Richtlinie der Bundesärztekammer vorgeschrieben sind: (1) Es muss eine Ursache für den Hirntod erkennbar sein, entweder eine direkte Schädigung des Gehirns *(primäre Hirnschädigung)* oder eine indirekte Schädigung des Gehirns durch Sauerstoffmangel, hervorgerufen durch eine Störung im restlichen Körper *(sekundäre Hirnschädigung)*. Außerdem muss sichergestellt sein, dass keine anderen Faktoren für die Hirnstörung und damit den Anschein eines Hirntods verantwortlich sind. (2) Durch eine Reihe von obligatorischen klinischen Untersuchungen muss der *vollständige Funktionsausfall des Gehirns* nachgewiesen werden, wobei überprüft wird, ob der Patient komatös ist und ob all seine Hirnstammreflexe und die Atmung ausgefallen sind. (3) Schließlich muss die *Unwiderruflichkeit dieses Verlustes* festgestellt werden, entweder dadurch, dass die klinische Untersuchung nach einer festgelegten Beobachtungszeit wiederholt wird, oder durch eine apparative Untersuchung des Gehirns, die sicherstellt, dass dem klinischen Befund eine so schwere Schädigung des Gehirns zugrunde liegt, dass ein Wiederaufleben der Gehirnfunktionen ausgeschlossen werden kann.

Sind diese Bedingungen erfüllt, dann ist ein Mensch nach der Definition der

Bundesärztekammer hirntot. Haben zwei fachlich hinreichend qualifizierte Ärzte die Hirntoddiagnose durchgeführt und in einem standardisierten „Protokoll zur Feststellung des Hirntods" dokumentiert, dann können sie gemäß der Richtlinie in dem Protokoll mit dem Hirntod zugleich auch den Tod des Patienten bescheinigen.

Neben der Hirntod-Konzeption spielen in der Debatte drei weitere Todes-Konzeptionen eine Rolle: die *Herztod-Konzeption,* der zufolge ein Mensch tot ist, wenn sein Herzschlag und seine Atmung unwiderruflich (also nicht nur zeitweise) ausgesetzt haben, sowie zwei sogenannte *Teilhirntod-Konzeptionen,* die des *Hirnstamm-Todes,* der zufolge ein Mensch bereits tot ist, wenn sein Hirnstamm unwiderruflich abgestorben ist, und die des *Großhirn-Todes,* der zufolge er bereits tot ist, wenn sein Großhirn unwiderruflich seine Funktion eingestellt hat.

106.4 Direkte Antworten auf die Frage, ob Hirntote tot sind

Da die Ausgangsfrage der Hirntod-Debatte lautet, ob hirntote Menschen tot sind, liegt es nahe, eine direkte Antwort – Ja oder Nein – zu suchen. In der Hirntod-Debatte ging es deshalb über weite Strecken darum, entweder zu zeigen, dass hirntote (oder sogar schon teilhirntote) Menschen tatsächlich tot sind, oder zu belegen, dass sie es nicht sind. Die Argumentationen für diese direkten Antworten bewegen sich sowohl auf der analytischen als auch der Implementationsebene, weil entweder darüber diskutiert wird, inwiefern bestimmte Merkmale zum Begriff des Todes bzw. zu seinem Gegenbegriff des Lebens gehören, oder darüber, inwieweit Hirntote diese Merkmale noch aufweisen.

Der Tod als Ende des biologischen Lebens: Nahe liegend ist zunächst die analytische Feststellung, dass Menschen die Eigenschaft, am Leben zu sein, mit allen anderen Lebewesen teilen, dass der Tod also das Ende des Lebens als biologischen Lebens ist. Im Rahmen der Hirntod-Debatte stellt sich damit die Frage, inwieweit das Gehirn notwendig für das biologische Leben ist.

Nach herrschender Auffassung besteht ‚am Leben zu sein' in der homöostatischen Fähigkeit, einen komplexen Organismus in dynamischer Wechselwirkung mit der Umwelt eine Zeit lang vor der Entropie zu bewahren. Höhere Lebewesen erreichen dies mit Hilfe einer verschachtelten Hierarchie dynamischer Subsysteme, angefangen von den Zellen über die einzelnen Organe bis hin zum Organismus insgesamt. Nur wenn das System als Ganzes die verschiedenen Teilsysteme so integriert, dass der Organismus vor dem Verfall bewahrt wird, lebt das Lebewesen. Bricht die Integration zusammen, ist es tot, selbst wenn einzelne der Subsysteme noch eine kurze Zeit lang (oder als Spenderorgane: über längere Zeit) erhalten bleiben. Die meisten Lebewesen erbringen diese Integrationsleistung ohne Gehirn (insofern ist das Gehirn nicht generell für biologisches Leben erforderlich), doch beim Menschen ist nach Ansicht vieler Befürworter der Hirntod-Konzeption das Gehirn unverzichtbar für diese integrative Leistung.

Kritiker der Hirntod-Konzeption weisen hingegen darauf hin, dass auch im Körper des Hirntoten viele Lebensvorgänge aufweisbar sind, die nicht nur für das Leben einzelner Körperteile, sondern für die Integrität des Gesamtorganismus kennzeichnend sind: u. a. Immunabwehr, Wundheilung, partielle Temperatursteuerung, die Fähigkeit zur Schwangerschaft sowie sexuelle Reifung und das Körperwachstum bei Kindern (Shewmon 2001, 467–468). Hirntote haben zwar viel geringere homöostatische Fertigkeiten als ein gesunder Mensch, so dass sie auf die Unterstützung der Intensivmedizin angewiesen sind, damit ihr Organismus nicht ‚entgleist'; anders als Leichen haben sie aber immerhin noch genügend dieser Fähigkeiten, um die medizinischen Unterstützungsmaßnahmen überhaupt erst möglich zu machen. Insofern sind sie aus Sicht vieler Kritiker der Hirntod-Konzeption noch biologisch am Leben.

Es gibt aber auch den entgegengesetzten Standpunkt, dass nicht einmal das ganze Gehirn die für das Leben erforderlichen integrativen Leistungen erbringt, sondern nur der Hirnstamm, dass die Hirntod-Konzeption also insofern halbherzig ist und durch eine *Hirnstamm-Konzeption* des Todes ersetzt werden sollte (Pallis 1999).

Man kann den Halbherzigkeitsvorwurf gegenüber der biologischen Rechtfertigung der Hirntod-Konzeption aber auch als grundsätzliche Kritik an der analytischen These verstehen, dass Leben und Tod primär biologische Eigenschaften sind. Hier ist dann häufig vom *Tod des Menschen* oder auch *der Person* im Unterschied zum Tod des Organismus die Rede. Es gibt mehrere Antworten darauf, wie ein solches personales Todesverständnis aussehen könnte, das über das biologische hinausgeht und entsprechend spezifisch für den Menschen ist.

Der Tod als unwiderruflicher Bewusstseinsverlust: Da der Tod nach verbreiteter Vorstellung analytisch eng mit dem Verlust des Bewusstseins verbunden ist (wenn man stirbt, wird es einem schwarz vor Augen, man fällt in einen ewigen Schlaf), liegt der Umkehrschluss nahe, dass man tot ist, wenn man *definitiv das Bewusstsein verloren* hat. Da es wiederum ohne ein funktionierendes Gehirn kein Bewusstsein gibt, wäre gezeigt, dass hirntote Menschen tot sind.

Dieses Argument ist ebenfalls einem Halbherzigkeitsvorwurf ausgesetzt, da es auch andere Hirnschädigungen gibt, die mit einem dauerhaften Bewusstseinsverlust verbunden sind. Viele Verfechter der Konzeption des *Großhirntodes* sind folgerichtig bereit, anenzephale Säuglinge und manche Wachkomapatienten für tot zu erklären (vgl. die Beiträge in Zaner 1988), während diese Konsequenz aus Sicht von Kritikern eine *reductio ad absurdum* der Koppelung des Todes an den Bewusstseinsverlust darstellt.

Der Tod als Ende der Existenz: In der philosophischen Tradition werden allerdings mit dem Begriff der Person normalerweise wesentlich anspruchsvollere Eigenschaften verbunden als die, bei Bewusstsein zu sein: nämlich Vernünftigkeit, Selbstbewusstsein und v. a. auch das Bewusstsein einer zeitübergreifenden Identität (s. Kap. 21). Würde man die Grenze zwischen Leben und Tod an den Besitz dieser Fähigkeiten knüpfen, müsste man viele Menschen für tot erklären, die unzweifelhaft leben.

Gleichwohl gibt es ein Argument für die Hirntod-Konzeption, das auf diesen starken Personenbegriff rekurriert (Green/Wikler 1980). Sein Ausgangspunkt ist die Debatte über die *Bedingungen personaler Identität.* Auf philosophisch anspruchsvolle Weise wird dort die Intuition eingefangen, dass wir, solange unser Gehirn funktioniert, immer dort sind, wo das Gehirn ist, mit dem Absterben des Gehirns also nirgendwo mehr. Problematisch ist an diesem Argument allerdings, dass es sich erstens schlecht auf Menschen übertragen lässt, die nicht den anspruchsvollen Personalitätsbedingungen genügen, und zweitens vermutlich auf einer sehr naiven Vorstellung von der Selbständigkeit des Gehirns beruht. Drittens schließlich ist es grundsätzlich wenig plausibel anzunehmen, dass ein Mensch mit dem Tod aufhört zu existieren, der Hirntote auf der Intensivstation also nicht mehr derselbe Mensch ist wie der, der den Hirntod erlitten hat. Mit dieser dritten Schwierigkeit sehen sich auch Versuche konfrontiert, biologisch zu begründen, dass eine Person mit dem Hirntod aufhört zu existieren (Quante 2002).

Der Tod als Ende phänomenaler Lebendigkeit: Analytisch verbinden wir mit dem Begriff des Lebens neben der biologischen Gemeinsamkeit mit anderen Lebewesen und unserem personalen Dasein auch *phänomenale Lebendigkeit:* Leben drückt sich in Bewegung, Wärme, Farbigkeit aus, das Tote hingegen ist starr, kalt, bleich. Hirntote Menschen sind aber phänomenal ebenso lebendig wie manche anderen Intensivpatienten auch. Sie können sich zwar nicht gezielt oder willentlich bewegen, aber ihr Brustkorb hebt und senkt sich, der Puls schlägt, sie fühlen sich warm an, gelegentlich kommt es zu Reflexbewegungen (Spittler 2003, 35). Das macht es in der Praxis so schwer, sie als Leichen zu behandeln, und es könnte auch ein guter Grund sein, sie theoretisch als lebend anzuerkennen. Die Hauptschwierigkeit für dieses Argument gegen die Hirntodkonzeption liegt allerdings darin, dass der Anschein manchmal trügt. Die Beobachtung, dass es der Anschein der Lebendigkeit in der Praxis so schwer macht, hirntote Menschen als tot zu behandeln, weist jedoch schon in Richtung eines weiteren Arguments.

Der Tod als moralische Schwelle: Den bislang vorgestellten Argumenten ist gemeinsam, dass sie sich auf deskriptive Charakteristika des Lebens stützen, seien diese nun biologisch, personal oder phänomenal. Im Alltag werden die Ausdrücke ‚Leben' und ‚Tod' aber keineswegs nur deskriptiv, sondern als sogenannte ‚dicke' oder ‚dichte' Begriffe *(thick concepts)* verwendet, die eine deskriptive Dimension mit einer weiteren, wertenden Dimension verbinden: (1) mit Lebenden scheint man ganz anders umgehen zu müssen und zu dürfen als mit Toten, und (2) ist es *prima facie* falsch, jemanden vom Leben zum Tode zu befördern. In der ersten Hinsicht markiert das Leben unseren besonderen *moralischen Status*, in der zweiten Hinsicht ist der Tod Gegenstand des *Tötungsverbots* (siehe Kap. V.2).

Das moralische Argument zieht nun aus diesem *moralischen Schwellencharakter des Todes* die analytische Konsequenz, dass ein Mensch genau dann tot ist, wenn er jene Eigenschaften verloren hat, auf denen sein moralischer Status beruht und vor deren Verlust er durch das Tötungsverbot geschützt wird (Veatch 1988, 180). Je nachdem, um welche Eigenschaften es sich dabei handelt und inwiefern der Hirntote sie noch hat, spricht dieses Argument entweder für oder gegen die Hirntodkonzeption.

Eine Reihe von Antworten erhält man, wenn man die bislang schon diskutierten Argumente für und gegen die Hirntodkonzeption aus der moralischen Perspektive liest: Wer meint, dass der moralische Status des Menschen darauf beruht, dass er biologisch am Leben ist, wird sich auf das biologische Argument stützen, wer ihn im personalen Sein lokalisiert, auf die beiden personalen Argumente, und wer die phänomenale Lebendigkeit für ausschlaggebend hält, auf das phänomenale Argument. Weil es so naheliegt, dem biologischen wie auch dem personalen wie auch dem phänomenalen Leben ethisches Gewicht beizumessen, scheint die moralische Perspektive diese Argumente sogar noch zu stützen. Was zunächst wie ein Vorteil aussieht, entpuppt sich jedoch am Ende als Problem: Wenn *alle* diese Eigenschaften ethisch signifikant sind, ist die These, der mit den Begriffen von Leben und Tod verbundene moralische Status basiere *nur* auf unserem biologischen Leben oder *nur* auf unserer Personalität oder *nur* auf unserer Lebendigkeit, philosophisch unhaltbar.

106.5 Indirekte Lösungsvorschläge

Diese Schwierigkeit ist einer der Anlässe für weitere Lösungsvorschläge für die Hirntod-Debatte, die insofern indirekt sind, als sie nicht beanspruchen, die *richtige* Antwort auf die Frage zu geben, ob hirntote Menschen tot sind, sondern die verfahrene Situation der Debatte vielmehr darauf zurückführen, dass die Frage (wie so oft bei philosophischen Rätseln) von vorn herein falsch gestellt war.

Einen weiteren Anlass für neue Vorschläge zur Auflösung der Debatte, die über die bislang genannten hinausgehen, gibt ein Trend in der Transplantationsmedizin, in Reaktion auf den notorischen Mangel an Spenderorganen wieder verstärkt Menschen als Spender ins Auge zu fassen, die einen Herzstillstand erlitten haben, ohne dass an ihnen aber eine Hirntod-Diagnostik durchgeführt werden könnte (weil sie nicht reanimiert werden sollen oder wollen) und die zum Zeitpunkt der Organentnahme vermutlich auch nicht hirntot sind *(non-heart beating organ donors)* (Veatch 2008). Derartige Organspenden sind in Deutschland zurzeit verboten (Bundesärztekammer et al. 1998), in vielen anderen Ländern aber erlaubt, also fragt es sich, inwieweit sie ethisch zulässig sein können.

Pragmatische Vorschläge: Manche Autoren haben in Reaktion auf die Hirntod-Debatte grundsätzliche Zweifel daran geäußert, dass der deskriptive und der moralische Begriff des Todes notwendigerweise zusammenfallen. Dieter Birnbacher und Robert Veatch sind deshalb in den letzten Jahren dafür eingetreten, die moralische Schwelle, um die es in der Hirntod-Debatte geht, pragmatisch zum Gegenstand individueller oder kollektiver Festlegungen zu machen (Birnbacher 2007; Veatch 2004). Weil dabei auch religiöse Vorstellungen, gesellschaftliche Sensibilitäten und Tabus sowie Fragen der Praktikabilität und diagnostischen Zuverlässigkeit berücksichtigt werden müssen, gelangt zumindest Birnbacher auf diesem Weg wieder zu der Hirntod-Konzeption.

Eine derartige pragmatische Auflösung der Hirntod-Debatte würde es beispielsweise auch erlauben, potentielle Organspender nach Herzstillstand für tot im moralischen Sinn zu erklären. Sie steht aber vor zwei Problemen. Erstens scheint es radikal unplausibel zu sein, die Frage, ob jemand tot ist, ins Belieben externer Zuschreibung zu stellen. Zweitens besteht die Gefahr, damit Tür und Tor für die Vereinnahmung weiterer Patientengruppen zu öffnen (über die Patienten mit Herzstillstand hinaus), insbesondere dauerhaft komatöser Menschen im Wachkoma (apallisches Syndrom, *persistent vegetative state*), die teilweise ebenfalls keine Chance mehr haben, aus diesem Zustand zurückzukehren und als Organspender vermutlich noch besser geeignet wären als Hirntote. Mit denselben Schwierigkeiten ist auch die zweite Gruppe indirekter Lösungsvorschläge konfrontiert.

Kritik an der moralischen Bedeutung des Todes: Bei der Betrachtung des Verlaufs der Hirntod-Debatte kann der Eindruck aufkommen, dass ein groteskes Missverhältnis zwischen den Subtilitäten der philosophischen Auseinandersetzungen und der Bedeutung des Resultats für einen aus Sicht vieler Menschen existenziellen Zweig der modernen Biomedizin besteht. In den letzten Jahren ist deshalb die Idee aufgekommen, die Grundvoraussetzung der Hirntod-Debatte in Frage zu stellen, die Annahme, dass Transplantationen nur jenseits der Grenze zwischen Leben und Tod erlaubt seien.

Es gibt wiederum zwei Möglichkeiten, diese Prämisse in Frage zu stellen. Die erste Möglichkeit besteht darin, mit dem amerikanischen Medizinethiker Robert Truog dafür zu plädieren, nicht nur jenseits, sondern auch diesseits der Grenze des Todes Explantationen vorzunehmen (Truog 2007). Wenn es für die Möglichkeit, Organe zu entnehmen, nicht mehr wichtig ist, ob der Spender tot ist oder nicht, dann beantwortet das zwar noch nicht die Frage, wo genau diese Grenze liegt, es nimmt ihr aber jede Brisanz. Konsequenterweise hat Truog auch keine prinzipiellen Vorbehalte gegen Organspenden von Patienten mit Herzstillstand.

Die zweite Alternative geht noch einen Schritt weiter und wertet die Aporien der Hirntod-Debatte als Indiz dafür, dass sich der ‚dicke' Begriff des Todes sowie der verwandte Begriff des Sterbens wegen ihrer Unschärfe überhaupt nicht als ethische Grundlagen der Transplantationsmedizin eignen. Die Frage, wann man einem Menschen Organe entnehmen darf, muss am Ende beantwortet werden, ohne sich darauf stützen zu können, ob hirntote Menschen tot sind oder nicht (Stoecker 2010).

Literatur

Belkin, Gary S.: „Brain Death and the Historical Understanding of Bioethics." In: Journal of the History of Medicine and Allied Sciences 58. (2003), 325–361.

Birnbacher, Dieter: „Fünf Bedingungen für ein akzeptables Todeskriterium." In: Johann Ach/Michael Quante (Hg.): Hirntod und Organverpflanzung. Stuttgart 1997.

Birnbacher, Dieter: „Der Hirntod – eine pragmatische Verteidigung." In: Jahrbuch für Recht und Ethik 15. (2007), 459–477.

Bundesärztekammer, Wissenschaftlicher Beirat: „Richtlinien zur Feststellung des Hirntodes. Dritte Fortschreibung 1997 mit Ergänzungen gemäß Transplantationsgesetz (TPG)." In: Deutsches Ärzteblatt 95. (1998), A1861–1868.

Bundesärztekammer, Wissenschaftlicher Beirat: „Richtlinie gemäß § 16 Abs. 1 S. 1 Nr. 1 TPG für die Regeln zur Feststellung des Todes nach § 3 Abs. 1 S. 1 Nr. 2 TPG und die Verfahrensregeln zur Feststellung des endgültigen, nicht behebbaren Ausfalls der Gesamtfunktion des Großhirns, des Kleinhirns und des Hirnstamms nach § 3 Abs. 2 Nr. 2 TPG, 4. Fortschreibung." In: Deutsches Ärzteblatt (2015).

Case, M.E.: „Non-Heart Beating Donation: An Important Contributor to Organ Procurement." In: Nephrol News Issues 13. (1999), 51–53.

Deutscher Ethikrat: Hirntod und Entscheidung zur Organspende. Stellungnahme. Berlin 2015.

Green, Michael/Wikler, Daniel: „Brain Death and Personal Identity." In: Philosophy and Public Affairs 9. (1980), 105–133.

Höfling, Wolfram: „Todesverständnisse und Verfassungsrecht." In: Alberto Bondolfi, Ulrike Kostka, Kurt Seelmann (Hg.): Hirntod und Organspende. Basel 2003.

Jonas, Hans: Technik, Medizin und Ethik. Frankfurt a.M. ⁷1987.

Körtner, Ulrich H.J. et al. (Hg.): Hirntod und Organtransplantation. Zum Stand der Diskussion. Wien 2016.

Mehra, S. et al.: „Non-Heart-Beating Cadaveric Organ Donation as a Result of Inefficient Brain Death Certification is a Useful Compromise in the Indian Context." In: Transplantation Proceedings 30. (1998), 3804–3805.

Pallis, Christopher: „On the Brainstem Criterion of Death." In: Stuart Youngner, Robert Arnold, Renie Schapiro (Hg.): The Definition of Death. Baltimore 1999.

Quante, Michael: Personales Leben und menschlicher Tod. Frankfurt a.M. 2002.

Schroth, Ulrich/König, Peter/Gutmann, Thomas/Oduncu, Fuat: Transplantationsgesetz. Kommentar. München 2005.

Shewmon, D. Alan: „The Brain and Somatic Integration: Insights into the Standard Biological Rationale for Equating ‚Brain Death' with Death." In: Journal of Medicine and Philosophy 26. (2001), 457–478.

Spittler, Johann Friedrich: Gehirn, Tod und Menschenbild. Stuttgart 2003.

Stoecker, Ralf: Der Hirntod: Ein medizinethisches Problem und seine moralphilosophische Transformation. Freiburg i.Br. 2010.

Truog, Robert D.: „Brain Death – too Flawed to Endure, too Ingrained to Abandon." In: The Journal of Law, Medicine, and Ethics 35. (2007), 273–281.

Veatch, Robert M.: „Whole-Brain, Neocortical, and Higher Brain Related Concepts." In: Richard M. Zaner (Hg.): Death: Beyond Whole-Brain Criteria. Dordrecht 1988.

Veatch, Robert M.: „Abandon the Dead Donor Rule or Change the Definition of Death?". In: The Kennedy Institute of Ethics Journal 14. (2004):,261–276.

Veatch, Robert M.: „Donating Hearts after Cardiac Death-Reversing the Irreversible." In: The New England Journal of Medicine 359. (2008), 672–673.

Welie, Jos V.: „Non-heart-beating Organ Donation: A Two-Edged Sword." In: HEC Forum 8. (1996), 168–179.

Wijdicks, Eelco F.: „Brain Death Worldwide: Accepted Fact but no Global Consensus in Diagnostic Criteria." In: Neurology 58. (2002), 20–25.

Zaner, Richard M. (Hg.): Death Beyond Whole-Brain Criteria. Dordrecht 1988.

Transplantationsmedizin

Hartmut Kliemt

Die Transplantationsmedizin findet in der heutigen medizin-ethischen Debatte hohe Aufmerksamkeit. Das liegt sicherlich auch daran, dass es sich um einen recht spektakulären Bereich der sogenannten ‚High-Tech-Medizin' handelt. Besondere Schwierigkeiten entstehen dadurch, dass Menschen nicht nur als Empfänger von Geweben (im Folgenden generell als Begriff verwendet, der auch Organe umfasst), sondern als Gewebespender involviert sind. Das gilt für die Übertragung von Geweben Lebender und für die Übertragung von Leichengewebe (bzw. Leichenorganen). Im ersten Fall muss man eine Körperverletzung zu einem anderen Zweck als einer Heilbehandlung rechtfertigen, im zweiten Fall sind insbesondere Fragen nach dem Todeszeitpunkt und des Umgangs mit dem menschlichen Leichnam bzw. der Respektierung von postmortalen Wünschen von Menschen zu klären (vgl. Stoecker 2010).

Generell wirft die Transplantationsmedizin aufgrund der involvierten fundamentalen Knappheit die ethische Grundfrage auf, ob der Anspruch auf Verallgemeinerungsfähigkeit nicht mit Vorstellungen von der Separatheit der menschlichen Person konfligiert (vgl. ‚klassisch' Harris 1992; Singer 1994; kritische Texte in Lübbe 2004). Die meisten Allokationsregeln für Organe – wie etwa der sogenannte ‚MELD-Score' *(model for end state liver disease)* für Lebern oder ‚ETKAS' *(euro transplant kidney allocation system)* versuchen, hierauf Antworten zu geben, die einen Kompromiss zwischen Dringlichkeit und Erfolgsaussichten der Transplantation herbeiführen (vgl. dazu als Übersicht Breyer et al. 2006).

Die Transplantation tierischer Gewebe (Xenotransplantation) könnte zwar – sollte sie einmal realisierbar werden – die erwähnten ethischen Probleme vermeiden, wirft aber Fragen des Tierschutzes und des Virusübergangs auf den Menschen auf. Auch die Züchtung von Geweben mit einer Ausdifferenzierung zu funktionsfähigen Organen steht in so weiter Ferne, dass wir auf absehbare Zeit mit Situationen konfrontiert bleiben werden, in denen man die Interessen des einen nur auf Kosten der verminderten Interessenwahrung eines anderen Menschen wahren kann und daher zwischen Patienten priorisieren und Behandlungen rationieren muss (vgl. http://www.priorisierung-in-der-medizin.de/; Kliemt 2006).

107.1 Die Transplantationsmedizin als ‚HighTech'-Medizin

Psychologisch gehen in Einstellungen zur Transplantationsmedizin gewisse Vorbehalte gegen die High-Tech- und Apparate-Medizin insgesamt

H. Kliemt (✉)
Universität Gießen, Gießen, Deutschland
E-Mail: Hartmut.Kliemt@wirtschaft.uni-giessen.de

ein. Die Tatsache, dass es solche Motive und Antriebe gibt, verdient Beachtung für Fragen etwa praktischer oder politischer Realisierbarkeit, aber keine direkte argumentative Berücksichtigung. Wenn mit dem Einsatz von ‚High-Tech-Medizin' Risiken einhergehen, die von übergreifender Bedeutung sind, so ist das allerdings ein relevantes Argument. Dies gilt im Bereich der Transplantationsmedizin insbesondere für die Entwicklung der Xenotransplantation.

Es spricht zwar nach der Datenlage bislang wenig dafür, dass die Transplantation tierischen Gewebes – etwa von Schweinen – zur Übertragung neuartiger Viren auf den Menschen führen wird. Doch auch wenn eine solche Möglichkeit im Augenblick nicht als unmittelbar wahrscheinlich gelten mag, lässt sie sich keineswegs mit Sicherheit ausschließen. Daher erscheint die Forderung nach einem Moratorium einschlägiger Forschungen durchaus als erwägenswert. Allerdings ist zu beachten, dass ein Moratorium nur dann wirklich sinnvoll und aussichtsreich sein kann, wenn die Begrenzung der Forschungen tatsächlich weltweit kontrolliert werden könnte. Für die Realisierbarkeit einer solchen weltumspannenden Aktion spricht jedoch nach aller Erfahrung wenig. Eine gezielte Erforschung der Gefahren und deren genaueste Beobachtung unter optimal kontrollierten Bedingungen scheint insoweit die bessere Alternative zu sein.

107.2 Die Transplantationsmedizin als etabliertes Behandlungsverfahren

Sieht man einmal von der Übertragung von Augenhornhäuten (weltweit jährlich über 100.000-Mal durchgeführt) oder von Blut (praktisch nicht mehr zählbar) ab, dann hat sich die Transplantationsmedizin vor allem seit der Entwicklung des Cyclosporin (unterdrückt die Immunabwehr) als Heilbehandlung etabliert. Die Transplantation von Lungen oder von Knochenmark ist ebenfalls bedeutsam. Die Überlebensraten der übertragenen Gewebe sind beeindruckend. Von übertragenen Nieren (weltweit leben derzeit über 500.000 Patienten mit einem Nierentransplantat) etwa sind generell nach zehn Jahren noch mehr als 50 % funktionsfähig. Die Patienten haben eine weit höhere Lebensqualität als unter der Dialyse. Der Patient bleibt zwar chronisch krank, aber seine Behandlung nach Transplantation ist deutlich kostengünstiger.

Im Bereich der Leber- und Herztransplantationen kann nicht auf eine Ersatzbehandlung wie die Dialyse zurückgegriffen werden (derzeit mehr als 2 Mio. Patienten weltweit). Hier wird das Überleben der betroffenen Patienten durch die Transplantation allein ermöglicht. Auch hier sind die Überlebensraten beeindruckend. Eine Kosteneinsparung tritt nicht ein; aber die Zahl der gewonnenen (‚qualitätsgewichteten') Lebensjahre liegt höher als bei vielen medizinischen Verfahren, deren Finanzierung als unstrittig angesehen wird.

Insgesamt muss man die Transplantationsmedizin als medizinisch etabliert ansehen. Dennoch steht sie unter besonderen Bedingungen. Diese hängen wesentlich damit zusammen, dass es sich um die Übertragung von menschlichem Gewebe auf andere Menschen handelt. Das führt zum einen zu besonderen Problemen hinsichtlich der Entnahme des Gewebes, zum anderen aber auch zu einer spezifischen Form der Knappheit, die durch zusätzlichen Ressourceneinsatz kaum behebbar ist.

107.3 Das ethische Knappheitsproblem

Typischerweise gibt es für jedes verfügbar werdende menschliche Leichen-Organ verschiedene um dieses Organ konkurrierende Patienten. Die Behandlung des einen Patienten wird in der Regel die Nichtbehandlung eines anderen erzwingen. Der Behandlung von einem Patienten A folgt ‚wie ein Schatten' der sogenannte ‚Schattenpreis' einer Nichtbehandlung eines Patienten B. Die ‚ethischen Opportunitätskosten', die Kosten der wahrgenommenen Opportunität, dem einen zu helfen, bestehen in der Unmöglichkeit, einem anderen beizustehen.

Zwar gibt es in den Arzt-Patienten-Beziehungen immer auch Konkurrenzen. Der Arzt kann die Zeit, die er dem einen Patienten widmet, nicht einem anderen zur Verfügung stellen. Das führt außerhalb temporärer Extremsituationen – etwa in der Katastrophenmedizin – gewöhnlich „nur" zum Aufbau von Wartezeiten mit geringfügig erhöhtem Mortalitätsrisiko. In der Transplantationsmedizin entstehen Wartelisten und eine für die Wartenden fundamental erhöhte Mortalitätsrate. An sich vermeidbare Todesfälle treten gehäuft auf, und Maßnahmen zur Milderung des Organmangels werden von daher immer dringender (Breyer et al. 2006).

107.4 Die Entnahmeproblematik bei Lebendspenden

Bei der Entnahme von menschlichem Gewebe zum Zwecke der Transplantation auf andere handelt es sich nicht um eine Heilbehandlung. Die Entnahme erfordert deshalb eine andere als die ‚normale' medizinische Rechtfertigung. Wenn man nicht die Autonomie des Spenders ohne Einschränkung für eine hinreichende Legitimationsquelle halten will, ist ganz besondere Aufmerksamkeit der Frage zu widmen, ob eine Entnahme im wohlverstandenen Interesse desjenigen liegen kann, dem das Gewebe entnommen wird. Unter bestimmten Umständen geht man davon aus, dass das Letztere der Fall ist und daher die Zustimmung zur Entnahme zu akzeptieren ist.

Im Falle der Lebendspende von Nieren etwa akzeptiert man in Deutschland die Spenderentscheidung, sich eine Niere entnehmen zu lassen, dann, aber auch nur dann, wenn diese Entnahme zugunsten eines verwandten oder nahestehenden Individuums geschieht. Der moralpsychologische Dreiklang nah, näher, nächster, der für die gesamte Organisation menschlicher Sozialverbände von ausschlaggebender Bedeutung ist, findet eine offenkundige Berücksichtigung, um legitime Formen der Lebendspende von Nieren von solchen abzugrenzen, die als illegitim erachtet werden.

Diese moral-psychologische Dimension ist mit Bezug auf Fragen der Angewandten Ethik von großem Gewicht. Es bleibt jedoch zu fragen, ob die etablierten Auffassungen in einem Überlegungsgleichgewicht (vgl. Hahn 2000) Bestand haben würden. Insbesondere wenn der ansonsten immer betonten Forderung nach der Respektierung autonomer Bürgerentscheidungen Rechnung getragen wird, erscheint es als eher unwahrscheinlich, dass unsere etablierten Praktiken kritischer Prüfung standhalten könnten.

107.5 Autonomie der Spender

Die Tatsache, dass bei der Lebendspende von Nieren genauer geprüft wird, ob die Entscheidung des Spenders, sich eine Niere als Lebender entfernen zu lassen, wohl erwogen ist, hat einiges für sich. Jedenfalls darf man auch in einem liberalen Rechtsstaat, der generell davon absehen will, seine Bürger inhaltlich zu bevormunden, gewisse Vorkehrungen treffen, den Bürger vor übereilten Entschlüssen zu schützen. Das Rücktrittsrecht im Tür-zu-Tür-Verkauf etwa, verbietet nicht den Tür-zu-Tür-Verkauf, sondern sorgt nur dafür, dass nicht unter dem unmittelbaren Einfluss einer häufig auch vom Verkäufer manipulierten vorvertraglichen Situation übereilte Entschlüsse gefasst werden und dann die volle Bindungswirkung eines staatlich durchgesetzten Vertrages gewinnen können (zur Autonomie nach wie vor grundlegend Dworkin 1988).

Ein solcher Schutz vor Übereilung soll sicherstellen, dass nur solche (irreversiblen) Schritte rechtlich geschützt werden, die einigermaßen gründlich überlegt worden sind und deshalb jedenfalls aus der subjektiven Perspektive dessen, der sie ergreift, als ‚wohl erwogen' gelten dürfen. Warum allerdings Verkauf von Gewebe – etwa einer Niere – niemals wohlerwogen sein kann, leuchtet nicht ein. Es scheint hier eher ein Ressentiment gegen den Handel zu wirken als der Wunsch, den potentiellen Verkäufer vor sich selbst zu schützen (als typischen Ausdruck des Ressentiments vgl. z. B. Kass 1992).

107.6 Lebendorgan-Handel und -Spende

Das Argument etwa, dass der Verkäufer eines Organs zu einem solchen Schritt nur unter ungewöhnlichem äußeren Druck bereit wäre und deshalb davor geschützt werden müsse, dem Druck nachzugeben, gilt tendenziell mit gleichem Gewicht für die sogenannte Verwandtenspende. Der autonomie-gefährdende moralische Druck, der sich in einer Familie entwickeln kann, in der eines der Familienmitglieder eine Niere verloren hat, darf keinesfalls unterschätzt werden.

Wer auf der einen Seite dazu neigt, die Verwandtenspende eher zu fördern und auf der anderen Seite den Verkauf von Organen kategorisch ablehnt, der kann das gewiss nicht auf das Autonomie-Argument stützen. Auch das Argument, dass in einer Welt, in der Organhandel zulässig wäre, die Reichen einen Vorteil bei der Verfolgung ihrer grundsätzlichen Gesundheitsinteressen hätten, weil die ärmeren Individuen nicht um Organe mitbieten könnten, ist durchaus zweifelhaft. Versicherungen könnten für die ärmeren Mitglieder ihrer Schutzgemeinschaft durchaus tätig werden. Überdies erscheint es als wenig kohärent, Gesundheit einerseits zum höchsten Gut zu erklären, andererseits aber der Gleichheit der Erlangung dieses Gutes einen übergeordneten Status beizulegen, indem man einzelnen verbietet, ihre eigenen Mittel für die Bewahrung der eigenen Gesundheit einzusetzen.

Das Argument schließlich, dass durch die Einrichtung von Märkten für Organe, Organraub, so wie Mord und Totschlag zur Erlangung handelbarer Organe begünstigt würden, überzeugt nicht, da es sich leicht durch eine allgemeine Regel verlangen ließe, dass die Respektierung der Rechtsregeln im einzelnen dokumentiert werden muss. Wie die Erfahrung mit der Regulierung von Drogen zeigt, sind regulierte offene Verkaufs- und Ankaufsbeziehungen in der Legalität gewiss der beste Schutz vor gefährlichen illegalen Praktiken der genannten Art (für Argumente gegen den Handel vgl. Satz 2010).

107.7 Leichengewebe-Handel und -Spende

Auch im Falle der Leichenspende von Geweben spielen, jedenfalls nach der Rechtslage in den meisten Ländern mit freiheitlichen Rechtsordnungen, die Verfügungen des Spenders und seiner Hinterbliebenen eine ausschlaggebende Rolle. Merkwürdigerweise darf hier allerdings – jedenfalls nach deutschem Recht – der potentielle Spender keine spezifischen Verfügungen über begünstigte Empfänger treffen. Wer etwa darauf bestehen würde, dass sein Organ nach dem Tode nur einem Verwandten zu transplantieren sei, der würde eine nicht zu berücksichtigende Verfügung getroffen haben. Wenn aber mit der Autonomie des Spenders als höchstem Prinzip argumentiert wird, dann sollte der Vorrang der Autonomie ethisch auch hier gelten.

Im deutschen Recht kennen wir andererseits die Pflicht, anderen zu helfen, wenn deren fundamentale Interessen in massiver Weise bedroht sind. Die rechtliche Konstruktion, die Unterlassung der Hilfeleistung unter Strafe zu stellen, wenn die Hilfsleistung als zumutbar anzusehen ist (vgl. Frellesen 1980), entspricht durchaus verbreiteten moralischen Intuitionen und Prinzipien. Im Falle der Entnahme von Leichenorganen stehen sich die grundlegendsten Gesundheits- oder gar Überlebensinteressen des potentiellen Empfängers und die allenfalls sekundär wirksamen Wünsche und Interessen eines bereits verstorbenen hirntoten Spenders gegenüber. Daher muss es aus einer naturwissenschaftlich geprägten weltanschaulich neutralen Sicht zunächst als zwingend erscheinen, die Entnahme von Leichenorganen im Zuge der Nothilfe für berechtigt zu halten (vgl. Hoerster 1997) und zwar unabhängig davon, ob der Verstorbene der Entnahme zustimmen würde bzw. zugestimmt hat.

Wenn man dem richtigerweise entgegenhält, dass man im liberalen Rechtsstaat den Menschen die Akzeptanz eines bestimmten naturwissenschaftlich geprägten Weltbildes nicht vorschreiben dürfe, sondern ihren je eigenen Auffassungen und Willenserklärungen mit Respekt entgegentreten müsse, dann wird es schwer, den Willenserklärungen hinsichtlich der Vergabe der Organe an bestimmte Empfänger keinerlei Gewicht beizumessen. Entweder respektiert man die Autonomie des Spenders oder nicht. Respektiert man die Autonomie über den Tod hinaus, dann wird man auch die Verfügung über den Tod hinaus akzeptieren müssen. Wenn man das nicht tut, dann sollte man Organe auch gegen den Willen des Verstorbenen entnehmen.

Im Rahmen des deutschen Rechtssystems erscheint es als kohärente Lösung des Problems, dem Bürger – ähnlich dem Recht auf Wehrdienstverweigerung – ein Widerspruchsrecht aufgrund des verfassungsmäßigen Weltanschauungsprivilegs – zu gewähren (Wille 2006). Das würde im Gegensatz zur (erweiterten) Zustimmungsregel – wonach Organe nur nach dem zu Lebzeiten geäußerten Spenderwillen entnommen werden dürfen – eine Entnahme außer im Falle des Widerspruchs zu Lebzeiten vorsehen. Diese Widerspruchslösung würde zwar keineswegs die Organknappheit beheben. Sie würde aber zu einer Milderung des Problems beitragen und einigermaßen kohärent sein. Darüber hinaus wäre selbstverständlich daran zu denken, den Angehörigen finanzielle, akzeptanzfördernde Anreize wie etwa die Übernahme der Beerdigungskosten für den Fall einer Entnahme zu bieten.

De facto herrscht heute in Deutschland Gemeineigentum an Leichenorganen (mit einem Vetorecht der Angehörigen). Nach allgemeiner Auffassung soll Gleichheit beim Organempfang sich darin ausdrücken, dass die Empfänger von Organen allein nach Geeignetheit, Bedürftigkeit und Erfolgsaussicht im medizinischen Sinne Zugang zu Organen finden können (zu den Rahmenbedingungen in Deutschland vgl. Höfling 2003, 2009).

107.8 Generelle Lehren aus der Transplantationsmedizin

Das Spezifikum der Transplantationsmedizin besteht darin, dass es sich bei den eingesetzten Behandlungsmitteln in der Regel um solche handelt, an denen nicht nur der empfangende, sondern auch ein spendender Mensch bestimmte Interessen und Rechte hat. „Ethische Interdependenz" wird zum ausschlaggebenden Faktor. Dies legt es nahe, die ansonsten üblichen moralischen Mechanismen wechselseitiger Solidarität im Bereich der Organtransplantation zu betonen. Jene, die selbst zur Organspende bereit sind oder waren, sollten dann beim Zugang zu Organen vor jenen bevorzugt werden, die eine solche Bereitschaft nicht besitzen (Gubernatis/Kliemt 2000; ursprünglich Lederberg 1967). Diese Reziprozität wird aber ungern akzeptiert. Das gilt insbesondere auch für die sogenannten Gesellschaftsvertragstheoretiker, die ansonsten immer betonen, dass Gesellschaft eine Veranstaltung zum wechselseitigen Vorteil zu sein habe, jedoch kollektive Verfügungsrechte unterstellen, sobald die Knappheit ernst wird.

Angesichts der Knappheit von Organen ist es unausweichlich, dass unter den potentiellen Organempfängern eine Konkurrenz um Organe entsteht. Auch in anderen Bereichen der Medizin ist es zwar grundsätzlich eine Illusion, wenn man die Behandlung eines Patienten nicht in Konkurrenz mit einer anderweitigen Verwendung der Ressourcen bzw. der Behandlung anderer Konkurrenten sieht, doch ist diese Illusion schwerer durchschaubar als in der Transplantationsmedizin, in der die Konkurrenz um die Ressourcen offenkundig ist. Die Transplantationsmedizin erinnert daran, dass wir auch in der Medizin wie in allen anderen Bereichen des menschlichen Lebens in ethisch verantwortlicher Weise mit der Knappheit umgehen müssen. Das rein medizinische Kriterium, wonach bei einer einzelnen Maßnahme nur zu bedenken ist, ob sie für den einzelnen Patienten einen überwiegenden Nutzen stiftet, kann in der Transplantationsmedizin nicht oder doch nicht in gleicher Weise wie in anderen Bereichen der Medizin Anwendung finden.

Literatur

Breyer, Friedrich et al.: Organmangel. Ist der Tod auf der Warteliste unvermeidbar? Berlin/Heidelberg 2006.
Dworkin, Gerald: The Theory and Practice of Autonomy. Cambridge 1988.

Frellesen, Peter: Die Zumutbarkeit der Hilfsleistung. Frankfurt a.M. 1980.

Gubernatis, Gundolf; Kliemt, Hartmut: „A Superior Approach to Organ Allocation and Donation." In: Transplantation Proceedings 70. Jg., 4 (2000), 699–707.

Hahn, Susanne: Überlegungsgleichgewicht(e). Prüfung einer Rechtfertigungsmetapher. Freiburg i.Br. 2000.

Harris, John: The Value of Life. An Introduction to Medical Ethics. London/New York 1992.

Hoerster, Norbert: „Definition des Todes und Organtransplantation." In: Universitas 52. Jg. (1997), 42–52.

Höfling, Wolfram: Transplantationsgesetz. Kommentar. Berlin 2003.

Höfling, Wolfram (Hg.): Die Regulierung der Transplantationsmedizin in Deutschland: Eine kritische Bestandsaufnahme nach 10 Jahren Transplantationsgesetz. Tübingen 2009.

Kass, Leon: „Organs for Sale? Propriety, Property, and the Price of Progress." In: The Public Interest 107. Jg. (1992), 65–86.

Kliemt, Hartmut: „Ethik und Politik der Rationierung im Gesundheitswesen." In: Kölner Zeitschrift für Soziologie 46. Jg. (2006), 364–382.

Lederberg, Joshua: „Heart Transfer Poses Grim Decisions. Moribund Patient's Trust Is at Stake." In: The Washington Post (10.12.1967): B1.

Lübbe, Weyma (Hg.): Tödliche Entscheidung. Paderborn 2004.

Satz, Debra: Why Some Things Should Not Be for Sale: The Limits of Markets. Oxford 2010.

Singer, Peter: Praktische Ethik. Stuttgart 1994.

Stoecker, Ralf: Der Hirntod: ein medizinethisches Problem und seine moralphilosophische Transformation. Freiburg i.Br. 2010.

Wille, Sophia: Die Organknappheit im Spannungsverhältnis zwischen Sozialpflicht und Selbstbestimmung. Eine rechtliche Analyse des Spender-Empfänger-Verhältnisses. Hamburg 2006.

Zur Priorisierung in der Organallokation generell. In: http://www.priorisierung-in-der-medizin.de/ (01.03.2021)

Psychiatrische Ethik

108

Ralf Stoecker

Die *Psychiatrie* ist diejenige Teildisziplin der Medizin, die sich mit der Diagnostik, Therapie und Prävention der seelischen (= psychischen) Krankheiten beschäftigt. Neben der allgemeinen Psychiatrie zählen dazu auch die Suchtmedizin, Gerontopsychiatrie und forensische Psychiatrie. Enge Verbindungen und Überschneidungen gibt es mit der Kinder- und Jugendpsychiatrie, der Psychosomatik und Neurologie. In ihrem Kernbereich handelt die *psychiatrische Ethik* von den medizinethischen Fragen im Rahmen der Psychiatrie. Es ist aber sinnvoll, auch weitere ethische Themen dazu zu zählen, die im Zusammenhang mit psychischen Erkrankungen stehen.

Psychische Krankheiten (bzw. ‚Störungen') sind in der Gesellschaft so weit verbreitet, dass annähernd ein Drittel der erwachsenen Allgemeinbevölkerung im Verlaufe eines Jahres von einer psychischen Erkrankung betroffen sind (DGPPN 2018). Psychische und Verhaltensstörungen machen etwa 11 % (über 26 Mrd. €) der Krankheitskosten in der Bundesrepublik aus (Nöthen/Böhm 2009, 13).

R. Stoecker (✉)
Universität Bielefeld, Bielefeld, Deutschland
E-Mail: Ralf.Stoecker@uni-bielefeld.de

108.1 Historische Aspekte der psychiatrischen Ethik

Die psychiatrische Ethik ist stärker als andere Bereiche der medizinischen Ethik historisch geprägt durch die Geschichte psychiatrischer Behandlungen (Porter 2007, Shorter 2003, Schott/Tölle 2006). Die Bezeichnung ‚Psychiatrie' stammt vom Anfang des 19. Jahrhunderts, Berichte über seelische Störungen finden sich aber, seit es überhaupt schriftliche Überlieferungen gibt (beispielsweise im *Gilgamesch-Epos,* der *Illias* und der *Bibel*). Das Leben der Menschen mit psychischen Krankheiten oder geistigen Behinderungen war meistens ausgesprochen elend. Sie lebten in der Regel entweder bei ihrer Familie und wurden dort nicht selten versteckt, eingesperrt und misshandelt, oder sie waren gezwungen, sich als Bettler durchzuschlagen. Daneben gab es für sie und weitere soziale Randfiguren seit dem späten Mittelalter öffentliche und private Verwahranstalten (Irrenhäuser, Armen- und Arbeitshäuser, Gefängnisse), deren Bewohner ebenfalls häufig misshandelt wurden.

Das änderte sich erst Ende des 18. Jahrhunderts, als sich die Ideale der Aufklärung in den Anstaltsführungen durchsetzen und es zu einer deutlichen Humanisierung im Umgang mit den Patienten kam (beispielsweise durch die spektakuläre „Befreiung von den Ketten" der Pariser Geisteskranken durch den Arzt Philippe Pinel während der Französischen Revolution).

Der begrenzte therapeutische Erfolg der ärztlichen Bemühungen, die zunehmende Überfüllung der Anstalten und das Vordringen sozialdarwinistischer Ideen führten allerdings gegen Ende des 19. Jahrhunderts wieder zu einer zunehmenden Verschlechterung der Situation von psychiatrischen Patienten und bereiteten letztlich den Nährboden für die Verbrechen, die vor allem in Deutschland im 20. Jahrhundert an psychisch kranken Menschen begangen wurden: die lebensbedrohliche Mangelernährung, die systematischen Zwangssterilisationen und schließlich den Massenmord an Bewohnerinnen und Bewohnern von Heil- und Pflegeheimen in der Zeit des Nationalsozialismus, dem mehr als 100.000 Menschen zum Opfer gefallen sind (Klee 1989). Auch nach dem Ende des Zweiten Weltkriegs haben sich Psychiater wiederholt zu Handlangern verbrecherischen staatlichen Handelns machen lassen, insbesondere in der UdSSR zu Zeiten Stalins und Chrustschows (Bloch/Green 2009, Kap. 7).

Ähnlich wie in anderen Bereichen der Medizin, sind deshalb auch für die Psychiatrie ethische Richtlinien formuliert worden, die einen Missbrauch der Psychiatrie verhindern sollen, insbesondere 1977 die Deklaration von Hawaii der World Psychiatry Association, die seitdem fortlaufend überarbeitet worden ist, und 1991 die „Principles for the Protection of Persons with Mental Illness and for the Improvement of Mental Health Care" der Vereinten Nationen (Bloch/Green 2009, Kap. 10). Sie betonen in Übereinstimmung mit anderen medizinethischen Deklarationen die Bedeutung des Selbstbestimmungsrechts der Patienten und ihres Anspruchs auf Schutz und Fürsorge. Interessanterweise ist aber der generelle Aufschwung, den die Ethik im Rahmen der modernen biomedizinischen Ethik genommen hat, weitgehend an der Psychiatrie vorbeigegangen (Fulford et al. 2006, Kap. 17–18). 2008 ist dann das „Übereinkommen über die Rechte von Menschen mit Behinderungen" (kurz: UN-Behindertenrechtskonvention) hinzugekommen, dass die Rechte von Menschen mit psychischen Erkrankungen noch einmal deutlich gestärkt hat (Vollmann 2017: 43 ff.).

Der Zeitraum zwischen den 1950er und 1970er Jahren brachte in zweierlei Hinsicht einen Umbruch für die Psychiatrie. Zum einen lenkten psychiatrische und nicht psychiatrische Autoren das Augenmerk auf die unhaltbaren Zustände in den psychiatrischen Krankenhäusern. Der gefängnisähnliche Charakter dieser Institutionen legte den („antipsychiatrischen') Verdacht nahe, dass sie weniger der Heilung von Krankheiten als vielmehr der Disziplinierung sozial unangepasster Menschen dienen sollten, ja dass vielleicht ein Großteil des ,verrückten' Verhaltens, das die Insassen an den Tag legten, ein Ergebnis ihrer Hospitalisierung war (Goffman 1972) und dass es im Grunde gar keine psychischen Krankheiten gäbe (Szasz 2010). Entsprechend wurden in zahlreichen Ländern (u. a. England, USA, Frankreich, Italien) Vorstöße zur Öffnung und Humanisierung der psychiatrischen Krankenhäuser und Befreiung ihrer Bewohner unternommen. Wie das Beispiel USA zeigt, in denen auch heute noch viele schwer psychisch Kranke keine Chance auf eine medizinische Behandlung haben, sondern in Obdachlosigkeit oder im Gefängnis ihr Leben fristen, sind diese Reformbemühungen teilweise in die falsche Richtung gegangen und jedenfalls noch lange nicht abgeschlossen.

Auch in Deutschland wurde im Verlaufe der 1960er Jahre zunehmend deutlich, dass die Zustände in den psychiatrischen Krankenhäusern unhaltbar waren (Finzen 1985; Fischer 1969). Während es in der DDR seit 1963 Ansätze zu einer Psychiatriereform gab („Rodewischer Thesen"), beauftragte in der BRD der Deutsche Bundestag 1971 eine Enquete-Kommission, einen Bericht über die Lage der Psychiatrie zu erstellen. Der Bericht, der 1975 vorgelegt wurde und ein verheerendes Bild der psychiatrischen Versorgung zeichnete, führte in der Folge zu drastischen Veränderungen im Umgang mit psychisch kranken Menschen (Deutscher Bundestag 1975).

Parallel zu diesen Reformbemühungen fand ein zweiter, ebenso spektakulärer Umbruch in der Psychiatrie statt, die Entwicklung wirksamer Medikamente zur symptomatischen Bekämpfung von Psychosen und Depressionen:

Neuroleptika, Lithium, trizyklische Antidepressiva. Sie konnten die quälenden Symptome dieser psychischen Krankheiten deutlich reduzieren (allerdings teilweise um den Preis unangenehmer Nebenwirkungen, z. B. von Denk- und Bewegungsstörungen) und trugen erheblich zur Verkürzung von Krankenhausaufenthalten bei. Außerdem hatte die pharmakologische Forschung die Entwicklung besserer Modelle psychischer Krankheiten zur Folge, wie sich auch umgekehrt die naturwissenschaftlichen Erkenntnisse über den Funktionsaufbau und die Biochemie des Gehirns, die sich in den letzten Jahren zunehmend auch auf bildgebende Verfahren (z. B. fMRT) stützen können, die Entwicklung leistungsfähigerer Therapien versprechen.

108.2 Einzelne Themen der psychiatrischen Ethik

Angesichts der Tradition ethischer Belange in der Psychiatrie ist die Literatur zur psychiatrischen Ethik überraschend schmal. Umfassende Darstellungen und Textsammlungen finden sich in Vollmann 2017; Juckel/Hoffmann (2016); Helmchen/Sartorius 2010; Bloch und Green 2009; Fulford et al. 2006; Dickenson/Fulford 2000).

Psychische Krankheiten: Der Begriff der Krankheit spielt in der medizinischen Ethik eine wichtige Rolle, weil gewöhnlich mit dem Kranksein ein eigener moralischer und rechtlicher Status verbunden wird (s. Kap. 91). Darüber hinaus dient die Identifizierung und Differenzierung verschiedener Krankheiten in der Medizin prognostischen und therapeutischen Zwecken. Welche psychischen Krankheiten es gibt und worin sie sich unterscheiden, war in der Geschichte der Psychiatrie lange Zeit umstritten (Vollmoeller 2001). Wegen der bis heute immer noch geringen Kenntnisse über die Entstehung psychischer Krankheiten und der zumeist symptomorientierten Behandlungsmethoden haben sich zwei Diagnosesysteme durchgesetzt, die psychische Krankheiten ausschließlich auf der symptomatischen Ebene (also als Syndrome) differenzieren: das ICD 10 *(International Classification of Diseases)* und das DSM 5 *(Diagnostic and Statistical Manual of Mental Disorders)*. Gleichwohl stellt sich die Frage, wo die ‚Außengrenze' verläuft, was also als psychische Krankheit zählt und was nicht. Historisch war zunächst die Abspaltung neurologischer Erkrankungen (z. B. der Epilepsie) wichtig, später auch die von geistigen Behinderungen. In den letzten Jahrzehnten sind verschiedene Formen sexueller Orientierung aus dem Katalog psychischer Erkrankungen entfernt worden. Bei anderen Eigenheiten und Eigentümlichkeiten ist es hingegen nach wie vor umstritten, ob man sie zu den psychischen Erkrankungen zählen sollte. Dies wurde in der breiten Öffentlichkeit deutlich, als beim Übergang vom DSM 4 zum DSM 5 darüber debattiert wurde, inwieweit es gerechtfertigt sein könnte, eine langanhaltende, tiefe Trauer als Depression zu klassifizieren (Frances 2013).

Die unscharfen Grenzen des Begriffs ‚psychischer Krankheiten' und die Beschränkung auf die symptomatische Ebene wecken den Verdacht, dass es sich bei ihnen gar nicht wirklich um Krankheiten handelt. Historisch ist dieser Verdacht am prominentesten zu den Zeiten der antipsychiatrischen Bewegung geäußert worden (Szasz 2010). Er basiert allerdings zum einen auf einem biologistischen Krankheitsverständnis, das selbst wiederum umstritten ist. Legt man hingegen ein anderes, zum Beispiel am Leiden des Betroffenen oder an bestimmten Funktionseinschränkungen orientiertes Krankheitsverständnis zu Grunde, verringert sich die Kluft zwischen psychischen und körperlichen (somatischen) Krankheiten. Zum anderen beruht die Gegenüberstellung psychischer und körperlicher Krankheiten auf einem längst überholten psychophysischen Dualismus, während es heutzutage unumstritten ist, dass sich auch psychische Erkrankungen körperlich (im Gehirn) manifestieren (was immer dies genau heißen mag). Außerdem kann man sich auch ganz grundsätzlich fragen, ob es aus ethischer Sicht überhaupt wichtig ist zu entscheiden, ob der Zustand, in dem sich ein Mensch befindet, eine Krankheit ist oder nicht, oder ob sich nicht der besondere moralische Status schon aus den Symptomen (z. B. Leid, Verwirrtheit, Gefährdung) ergibt.

Stigmatisierung: Die Feststellung, dass die herkömmliche Unterscheidung zwischen psychischen und somatischen Krankheiten obsolet geworden ist, unterstreicht einen anderen ethischen Aspekt psychischer Krankheiten: den Anspruch psychisch Kranker auf medizinische Gleichbehandlung, der schon ein zentrales Anliegen der Psychiatrie-Enquete darstellte, bis heute aber nur teilweise eingelöst wurde.

Dabei bildet die ungleiche medizinische Versorgung nur einen Aspekt eines zentralen gesellschaftlichen Problems im Umgang mit psychisch kranken Menschen, nämlich der Gefahr der Stigmatisierung (Finzen 2001; Gaebel/Baumann 2005). Dass und auf welche Weise psychisch Kranke stigmatisiert werden, hat am prominentesten Ende der 1950er Jahre der Soziologe Erving Goffman herausgearbeitet (Goffman 1963; Goffman 1972). Seitdem haben sich die entwürdigenden Umstände in psychiatrischen Krankenhäusern und Abteilungen deutlich gebessert, es gibt allerdings immer noch andere, subtilere Quellen der Stigmatisierung. Die in der Gesellschaft verbreitete Unwissenheit über psychische Krankheiten, beispielsweise über ihre Prävalenz und ihr konkretes Erscheinungsbild, wird durch Stereotype in den Medien und andere öffentliche Äußerungen noch verstärkt: So erzeugt beispielsweise die Kriminalitätsberichterstattung den allenfalls partiell zutreffenden Eindruck, psychisch Kranke seien häufiger kriminell als die Gesamtbevölkerung, während sie verschweigt, dass sie überproportional häufig *Opfer* von Straftaten sind (Steinert 2008, 14 ff.); und die gedankenlose metaphorische Verwendung psychiatrischer Termini („schizophrene politische Situation") verfestigt längst überholte Vorstellungen dessen, worin eine bestimmte psychische Krankheit besteht (z. B. dass Schizophrenien wesentlich Bewusstseinsspaltungen sind). Auch die Strategie, Patienten mit bestimmten neurologischen Krankheiten (z. B. Epilepsie, Alzheimersche Erkrankung) gegen die hier ebenfalls bestehenden Stigmatisierungstendenzen dadurch zu verteidigen, dass man betont, es seien gerade keine psychischen Krankheiten, trägt dazu bei, psychisch Kranke abzustempeln. Ethisch wesentlich schwieriger einzuschätzen ist die Frage, inwieweit die Erforschung genetischer Prädiktoren und von Maßnahmen zur Frühprävention psychischer Krankheiten trotz des damit verbundenen Stigmatisierungsrisikos moralisch akzeptabel oder vielleicht sogar empfehlenswert sind (Brüggemann 2007; Bloch/Green 2009, 293 ff.).

Stigmatisierungen stellen eine erhebliche Belastung und Gefahr für die psychisch Kranken selbst dar, betreffen aber auch ihre Angehörigen und die in der Psychiatrie Tätigen. Es gibt deshalb weltweit Anstrengungen, der Stigmatisierung entgegenzuwirken, beispielsweise durch die Word Psychiatric Association (Sartorius et al. 2010).

Menschenwürde: Einer der Standardvorwürfe gegen die traditionellen psychiatrischen Krankenhäuser zu den Zeiten der Psychiatriereform lautete, dass sie die Menschenwürde der Patienten verletzten. Der Begriff der ‚Menschenwürde' ist allerdings vielschichtig und umstritten. Wenn man ein Verständnis zu Grunde legt, dem zufolge die Menschenwürde ganz generell die Basis unserer moralischen Ansprüche bildet, dann könnte man diesen Vorwurf einfach so verstehen, dass bestimmte Lebensumstände in diesen Kliniken moralisch nicht in Ordnung waren. In der Regel soll mit dem Hinweis auf die Menschenwürde aber mehr ausgedrückt werden: eine spezifische Form der Inhumanität, die die Menschen erniedrigt und demütigt. In diesem Sinn sind natürlich auch Stigmatisierungen Verletzungen der menschlichen Würde, es gibt daneben aber zahlreiche weitere Möglichkeiten, die Würde von Patienten mit psychischen Krankheiten zu verletzen (Stoecker 2013; Koch-Stoecker 2012; Borsi 1989). Man kann sie von oben herab behandeln, bloßstellen, in beschämende Situationen bringen, ihren Willen missachten und sie auf vielerlei anderer Weise ihrer Würde berauben. Dabei wird man häufig feststellen, dass es jeweils auch andere ethische Gründe gibt, die eine solche Behandlung verbieten, dass aber erst die Feststellung, es handele sich um eine Missachtung der Würde, wirklich deutlich macht, warum die Behandlung moralisch nicht akzeptabel ist.

Autonomie: Das Gebot, die Autonomie des Menschen zu achten, spielt eine zentrale Rolle in der normativen Ethik. Dabei lassen sich grundsätzlich zwei verschiedene Begriffe von Autonomie unterscheiden: die Autonomie als *Recht* und als *Fähigkeit*. Als Recht verstanden, bedeutet ‚Autonomie', dass es Lebensbereiche gibt, in denen jeder Mensch die exklusive Verfügungsgewalt hat; und als Fähigkeit verstanden erlaubt sie es ihm, diese Verfügungsgewalt auch tatsächlich auszuüben. In beiderlei Hinsicht kommt der Autonomie ein besonderer Stellenwert in der psychiatrischen Ethik zu.

Autonomie als Fähigkeit setzt ein gewisses Maß an Reflexionsvermögen voraus, das sich dann auch tatsächlich in der Willensbildung und im Handeln des Menschen widerspiegelt. In diesem Sinn bildet die Autonomie eine Voraussetzung für eine Vielzahl von sozial relevanten Interaktionen: beispielsweise für Vermögensentscheidungen (Kaufverträge, Testamente) oder die Übernahme politischer Ämter. Außerdem spielt sie eine wichtige Rolle bei der strafrechtlichen Bewertung des Verhaltens. Psychische Krankheiten können diese Fähigkeit aber beeinträchtigen und im Extremfall sogar ganz zum Erliegen bringen. Es zählt deshalb zu den psychiatrischen Aufgaben gutachterlich einzuschätzen, ob und inwieweit die Autonomie eines Menschen aufgrund einer psychiatrischen Krankheit eingeschränkt ist (Helmchen/Sartorius 2010, Kap. 14; Steinert 2008, 34 ff.). Dabei ergibt sich, abgesehen von den üblichen epistemischen Unsicherheiten jeder Begutachtung, das Problem, die der ‚Commonsense Psychologie' entstammenden Begriffe der Einsicht, der Steuerungsfähigkeit, des Willens und der Willensbildung, die für die moralischen und juristischen Beurteilungen zentral sind, angemessen auf einen Personenkreis anzuwenden, der sich gerade in der Grauzone der üblichen Verwendung bewegt.

Informiertes Einverständnis: Autonomie, verstanden als Fähigkeit, bildet zudem ein wichtiges Ziel therapeutischen Handelns: Es ist eine wesentliche Aufgabe psychiatrischer Behandlungen, die Autonomie eines Patienten zu erhalten oder überhaupt erst herzustellen. Versteht man die Autonomie hingegen als Recht, dann verpflichtet sie den Therapeuten, medizinische Maßnahmen nur im Einklang mit dem informierten Einverständnis des Patienten (*informed consent*) durchzuführen. Vor dem Hintergrund der charakteristischen Eigenarten einzelner psychischer Krankheiten kann es aber zu Schwierigkeiten bei der Beachtung dieses Grundsatzes kommen. (Der Grundsatz des informierten Einverständnisses bei medizinischen Behandlungen basiert allerdings nicht nur auf der Patientenautonomie, sondern lässt sich außerdem auch aus dem Wert wechselseitigen Vertrauens für die therapeutische Beziehung herleiten (Helmchen/Sartorius 2010).)

Ganz generell gilt, dass der Patient das Therapieziel vorgibt, was im Bereich der Psychotherapie auch bedeutet, dass er über die Eingriffstiefe der Therapie bestimmt (Birnbacher/Kottje-Birnbacher 2005/6), also entscheidet, wie weit er sich mit seiner Persönlichkeit auf die therapeutischen Interventionen einlassen möchte. Probleme können allerdings dadurch entstehen, dass das für das informierte Einverständnis erforderliche klärende Gespräch über die Krankheit selbst einen wesentlichen Teil der Therapie darstellt, ihr also schlecht vorgeordnet werden kann (Tress/Erny 2008, 334–5). Zudem kann es bei einzelnen Patienten fraglich sein, ob sie in der Lage sind, die für das Einverständnis erforderlichen Informationen zu verstehen, und ob sie sich auch frei genug fühlen, auf dieser Basis autonom eine Entscheidung zu treffen. Ansonsten stellt sich vor allem das (weiter unten thematisierte) ethische Problem, inwiefern medizinische Behandlungen ohne informierte Einwilligung möglich sind.

Auch die Autonomie des Therapeuten spielt in der psychiatrischen Ethik eine Rolle, denn sie erlaubt es ihm zu entscheiden, welchen therapeutischen Weg er bereit ist mitzugehen, so wie es ohnehin – außerhalb spezieller rechtlicher und moralischer Verbindlichkeiten – der Zustimmung beider Seiten bedarf, in die therapeutische Beziehung einzutreten. Dabei werfen eine Reihe von psychischen Störungen besondere ethische Probleme auf, bei denen es jeweils unklar ist, ob und inwieweit der Therapeut überhaupt das Recht hat, sich auf bestimmte therapeutische Wünsche der Patienten einzulassen. Das spektakulärste moderne Beispiel stellt die *Body Integrity Identity Disorder* (BIID) dar, die mit dem dringenden Wunsch verbunden ist, sich bestimmte, als störend empfundene Körperteile amputierten zu lassen (Müller 2009).

Eine andere, noch viel weitergehende ethische Frage bezieht sich darauf, inwieweit psychisch Kranke ebenso ein Recht auf aktive Sterbehilfe beziehungsweise Beihilfe zum Suizid haben können wie andere schwer kranke und stark leidende Menschen. Eine Voraussetzung dieser Frage ist natürlich die ethisch umstrittene Annahme, dass solche Formen der Tötung auf Verlangen überhaupt moralisch zu rechtfertigen seien. Selbst dann ist es allerdings höchst strittig, ob diese Rechtfertigung auch auf psychische Krankheiten übertragbar wäre (Lauter, 2006 § 4). Eine wichtige Rolle spielt dabei die Frage, inwieweit der Suizidwunsch selbst Ausdruck dieser Krankheit ist.

Paternalismus: Suizidalität ist allerdings vor allem dann ein Thema für die psychiatrische Ethik, wenn es darum geht, jemanden am Suizid zu hindern. Anders als bei den bislang genannten ethischen Problemen stellt sich hier nicht die Frage, ob es moralisch gerechtfertigt ist, einem Patientenwunsch für eine medizinische Maßnahme Folge zu leisten, sondern vielmehr darum, ob und unter welchen Umständen psychiatrische oder psychotherapeutische Maßnahmen auch ohne die informierte Zustimmung des Patienten zulässig sind.

Solche Maßnahmen können ganz generell entweder aus den Interessen Dritter oder aus dem Interesse des Patienten selbst legitimiert werden. Dabei gibt es wiederum zwei ganz unterschiedliche Typen von Situationen, in denen psychiatrische Maßnahmen *im Interesse Dritter* durchgeführt werden könnten: erstens im Rahmen der psychiatrischen Forschung (dazu unten mehr) und zweitens als Schutzmaßnahmen, wenn von einer psychisch kranken Person eine Gefahr für Dritte ausgeht.

Maßnahmen *im Interesse des Patienten,* denen er nicht sein informiertes Einverständnis gegeben hat, werden gewöhnlich als *paternalistisch* bezeichnet. Grundsätzlich lassen sich zwei Stufen oder Grade des Paternalismus unterscheiden: der harte Paternalismus, dem zufolge medizinische Behandlungen auch *gegen* den Willen des Patienten erlaubt sein können, und der *weiche Paternalismus,* der zwar Behandlungen gegen den Patientenwillen ablehnt, aber dort, wo keine Willensäußerung vorliegt und vielleicht auch gar nicht vorliegen kann, unter Umständen eine Behandlungen *ohne Einwilligung* für zulässig hält (Schramme 2016; Schöne-Seifert 2009). Der Bedeutung des Prinzips der Patientenautonomie entsprechend, kann der starke Paternalismus allenfalls in Ausnahmesituationen moralisch gerechtfertigt sein. Wer die Fähigkeit hat, seine Autonomie als Recht autonom auszuüben, den darf man gewöhnlich nicht daran hindern, dies zu tun. Strittiger ist das Verhältnis zwischen Autonomie und schwachem Paternalismus.

Nicht selten wird behauptet, dass der Grundsatz der Achtung der Patientenautonomie ohnehin nur dann berücksichtigt werden müsse, wenn ein Patient die minimalen Voraussetzungen autonomen Handelns und Entscheidens mitbringe, während er ansonsten auch kein exklusives Recht auf Selbstbestimmung habe, so dass es dem Therapeuten dann frei stehe, aufgrund anderer Gesichtspunkte, vor allem dem Gebot der Hilfeleistung und dem Schadensverbot, zu therapieren (Tress/Erny 2008). Aus dieser Sicht wäre die Forderung, dass Behandlungen nur im informierten Einverständnis mit dem Patienten stattfinden dürften, auf diejenigen Patientengruppen beschränkt, die hinreichend verständig und entscheidungsfähig sind.

Plausibler ist aber ein stärkeres Verständnis der Rolle der Patientenautonomie (als Recht), dem zufolge es zunächst prinzipiell unzulässig ist, in die leibseelische Integrität eines anderen Menschen einzugreifen, unabhängig davon, was dieser Mensch kann. Erst die autonome und hinreichend informierte Willensentscheidung würde es erlauben, sich über diesen Grundsatz hinwegzusetzen. Aus dieser Perspektive liegt der Wert der Patientenautonomie (als Fähigkeit) darin, medizinische Behandlungen zu rechtfertigen, die ansonsten eigentlich unzulässig wären. Folglich wäre die Hürde, jemanden zu behandeln, der nicht zu einem informierten Einverständnis in der Lage ist, höher und nicht niedriger als bei entscheidungsfähigen, verständigen Patienten (Deutscher Ethikrat 2018; Gather 2017).

Behandlungen ohne Einwilligung: Psychiatrische Maßnahmen ohne Einwilligung der Patienten sind in Deutschland aus mehreren verschiedenen Gründen zulässig. Besonders hervorzuheben sind zum einen Maßnahmen auf der Basis spezifischer Landesgesetze (häufig als Psychisch-Kranken-Gesetze (PsychKGs) bezeichnet). Wenn von einem Patienten aufgrund seiner Erkrankung eine schwerwiegende Selbst- oder Fremdgefährdung ausgeht, dann erlauben es diese Gesetze, ihn auf der Basis eines richterlichen Beschlusses gegen seinen Willen in einer psychiatrischen Klinik unterzubringen und dort darauf hinzuwirken, dass er seine Gefährlichkeit verliert. Eine solche Unterbringung setzt keine verminderte Fähigkeit zu autonomem Handeln voraus und kann selbst gegen seinen körperlichen Widerstand durchgesetzt werden: durch Festhalten, durch die Verabreichung von Medikamenten, die die Situation entspannen, durch die räumliche Isolierung und/oder die Fixierungen in einem Bett. Begründen lassen sich diese Maßnahmen im Fall der Gefährdung Dritter durch die staatliche Verpflichtung der Gefahrenabwehr, im Fall einer Selbstgefährdung sind sie Ausdruck eines harten Paternalismus. Eine *Behandlung* der Erkrankung dieser Patienten gegen ihren Willen ist hingegen auf dieser Rechtsgrundlage nur dann zulässig, wenn es keinen anderen Weg gibt, das Gefahrenpotenzial zu mindern. An einem schwachen Paternalismus orientiert sich hingegen die zweite wichtige rechtliche Grundlage für psychiatrische Maßnahmen ohne das Einverständnis der Patienten: die Unterbringung und Behandlung auf der Basis eines gesetzlichen Betreuungsverhältnisses (§ 1896 ff. BGB).

Während weitgehend akzeptiert wird, dass Zwangsmaßnahmen zum Schutz Dritter prinzipiell legitim sein können, ist es ethisch umstritten, ob auch die Selbstgefährdung derartige Maßnahmen rechtfertigt. Eine besondere Rolle spielt hier der Umgang mit suizidenten Menschen. Auf der einen Seite steht die traditionelle Debatte um das Recht auf einen selbstbestimmten Tod und die moralische Bewertung von Selbsttötungen. Hier gibt es starke Gründe, die dafür sprechen, dass man einen autonomen Menschen grundsätzlich nicht am Suizid hindern darf (Wittwer 2003). Auf der anderen Seite steht der Verdacht, dass möglicherweise jeder Suizid Ausdruck einer psychischen Krankheit ist und insofern unter Umständen ein psychiatrisches Eingreifen auch gegen den Willen des Patienten moralisch rechtfertigen würde (Jamison 2002).

Unbestreitbar ist hingegen, dass der Art und Weise, wie die Zwangsmaßnahmen durchgeführt werden, eine große ethische Bedeutung zukommt. Hier spielen Erwägungen der individuellen Würde eine wichtige Rolle. Die Maßnahmen sollten so gestaltet werden, dass sie von den Patienten (und auch den Mitarbeitern) als so wenig demütigend wie möglich empfunden werden. Ein nützliches Instrument zur Sicherung der individuellen Würde wie auch der Patientenautonomie (als Recht) generell bilden Patientenverfügungen, die in der Psychiatrie als ‚Behandlungsvereinbarungen' bezeichnet werden. Sie erlauben es den Patienten, antizipatorisch Einfluss darauf zu nehmen, wie sie künftig in Situationen behandelt werden, in denen ihre Krankheit zu einer Selbst- oder Fremdgefährdung führt. Aus Sicht der Patienten dienen solche Vereinbarungen dazu, Maßnahmen zu verhindern, die als besonders unangenehm und erniedrigend erlebt werden, aus Sicht der Klinik stärken sie die Legitimität der Behandlung (Stoecker 2017; Radenbach/Simon 2016; Voelzke et al. 1998).

Psychiatrische Forschung: Wie schon erwähnt, gibt es neben der Gefahrenabwehr noch einen zweiten Bereich, in dem psychiatrische Maßnahmen im Interesse Dritter durchgeführt werden, die psychiatrische Forschung. Historisch wurde medizinische Forschung an psychisch kranken Patienten gewöhnlich ohne Rücksicht auf die Wünsche oder gar die Einwilligung der Versuchspersonen durchgeführt, teilweise auch noch lange nachdem mit dem Nürnberger Kodex (1947) und der Deklaration von Helsinki (1964) allgemeine Standards für die Forschung am Menschen erlassen wurden (Bormuth/Wiesing 2005, 13 ff.). Heute wirft die Forschung im Bereich psychischer Krankheiten aus ethischer Sicht viele Fragen auf, die sich für die medizinische Forschung allgemein ergeben, allerdings mit besonderen Schwergewichten (Bloch/Green 2009, 271 ff.; Bormuth/Wiesing 2005 43 ff.; Helmchen 2008): Da Forschung immer auch (und manchmal nur) im Interesse Dritter ('fremdnützig') durchgeführt wird, sind die Standards für die Freiwilligkeit besonders hoch, so dass sich bei manchen Patientengruppen die Frage stellt, ob angesichts ihres seelischen Zustands oder auch ihrer engen Beziehung zum Therapeuten überhaupt ein wirksames Einverständnis möglich ist (insbesondere hinsichtlich der psychiatrischen Forschung mit Kindern und Jugendlichen (Frank/Dahl 2002, 34 ff.)). Außerdem ist bei manchen psychiatrischen Patienten nur schwer einzuschätzen, inwieweit sich eine Forschungsmaßnahme (z. B. ein fMRT bei einem psychotischen Menschen) negativ auf den Krankheitsverlauf auswirken könnte.

Eine psychiatriespezifische forschungsethische Schwierigkeit betrifft die Untersuchung der Wirksamkeit von psychotherapeutischen Behandlungen. Während einerseits betont wird, dass es der besondere Charakter einer Psychotherapie nicht zulasse, sich an bestimmten Paradigmen valider Forschung zu orientieren (beispielsweise kontrollierte Doppelblind-Studien durchzuführen), wird andererseits darauf gedrungen, vor dem generellen Grundsatz einer evidenzbasierten Medizin den Erfolg unterschiedlicher psychotherapeutischer Verfahren empirisch zu überprüfen (Grawe et al. 2001).

Schweigepflicht: Die Schweigepflicht bildet ein weiteres zentrales Element der psychiatrischen Ethik, zum einen weil Therapeuten hier besonders häufig intime Details über die Patienten erfahren und zum anderen wegen der drohenden Stigmatisierung von Patienten, deren Krankheit publik wird. Daraus ergeben sich besonders hohe Anforderungen an den Umgang mit Patientendaten im therapeutischen Alltag und in der Patientendokumentation (Bloch/Green 2009, 177 ff.). Ethische Dilemmata können dort entstehen, wo Therapeuten Informationen erhalten, die auf drohende oder schon verübte Straftaten hinweisen.

Missbrauchsgefahr: Das traditionelle medizinethische Gebot, Patienten Nutzen und keinen Schaden zuzufügen, spielt in der Ethik vor allem in dem möglichen Konflikt mit der Patientenautonomie eine Rolle, der oben schon Thema war. Darüber hinaus hat das Gebot in der psychiatrischen Ethik aber weitere Implikationen, die mit dem persönlichen Verhältnis zwischen Therapeut und Patient zusammenhängen. Die unvermeidlich asymmetrische therapeutische Beziehung, in der der Therapeut große Macht hat und der Patient in der Regel schwach ist, birgt die Gefahr, dass der Therapeut sie zu seinem persönlichen Vorteil (jenseits des beruflichen Honorars) mit negativen Folgen für den Patienten ausnützt. Folglich steht der Therapeut in der Pflicht, peinlich darauf zu achten, keinen eigenen Vorteil aus der Beziehung zu ziehen (Bloch/Green 2009, 251 ff.), insbesondere auch unter keinen Umständen intime Beziehungen zum Patienten aufzunehmen, nicht einmal nach dem Ende der Therapie (was allerdings, wie Studien gezeigt haben, trotzdem relativ häufig vorkommt; vgl. Pöldinger 1991, 130 ff.).

Der Überblick über die verschiedenen Themen der psychiatrischen Ethik hat gezeigt, dass viele Probleme damit zusammenhängen, dass man in der Interaktion mit psychiatrischen Patienten wie auch generell mit psychisch kranken Menschen nicht den Anstand aus den Augen verlieren darf, mit dem wir uns ansonsten normalerweise begegnen. Das ist auch der Kern dessen, was wir gewöhnlich darunter verstehen, wenn wir Respekt vor der Würde eines Menschen fordern. Die Gebote, einem Menschen in seiner Krankheit beizustehen, seine Autonomie zu achten, sein Vertrauen nicht zu missbrauchen, ergeben sich daraus wie von selbst.

Literatur

Birnbacher, Dieter/Kottje-Birnbacher, Leonore: „Ethische Fragen bei der Behandlung von Patienten mit Persönlichkeitsstörungen." In: Jahrbuch der Heinrich-Heine-Universität 6. (2005), 477–487.
Bloch, Sidney/Green, Stephen A.: Psychiatric Ethics. Oxford 2009.
Bormuth, Matthias/Wiesing, Urban: Ethische Aspekte der Forschung in Psychiatrie und Psychotherapie. Köln 2005.
Borsi, Gabriele M.: Die Würde des Menschen im psychiatrischen Alltag. Göttingen 1989.
Brüggemann, Bernd: „Ethische Aspekte der Frühintervention und Akutbehandlung schizophrener Störungen." In: Ethik in der Medizin 19. (2007), 91–102.
Deutscher Bundestag, Sachverständigenkommission zur Erarbeitung eines Berichts über die Lage der Psychiatrie in der Bundesrepublik: Bericht über die Lage der Psychiatrie in der Bundesrepublik Deutschland. Bonn: Deutscher Bundestag (1975).
Deutsche Gesellschaft für Psychiatrie und Psychotherapie, Psychosomatik und Nervenheilkunde (DGPPN): Psychische Erkrankungen in Deutschland. Berlin 2018.
Deutscher Ethikrat: Hilfe durch Zwang? Professionelle Sorgebeziehungen im Spannungsfeld von Wohl und Selbstbestimmung. Berlin 2018.
Dickenson, Donna/Fulford, K.W.M.: In Two Minds: A Casebook of Psychiatric Ethics. Oxford/New York 2000.
Finzen, Asmus: Das Ende der Anstalt: Vom mühsamen Alltag der Reformpsychiatrie. Bonn 1985.
Finzen, Asmus: Psychose und Stigma: Stigmabewältigung – zum Umgang mit Vorurteilen und Schuldzuweisung. Bonn 2001.
Fischer, Frank: Irrenhäuser: Kranke klagen an. München/Wien/Basel 1969.
Frances, Allen: Normal. Gegen die Inflation psychiatrischer Diagnosen. Köln 2014.
Frank, Reiner/Dahl, Matthias: Ethische Fragen in der Kinder- und Jugendpsychiatrie: Pharmakotherapie, Psychotherapie. Stuttgart 2002.
Fulford, K.W.M./Thornton, Tim/Graham, George: Oxford Textbook of Philosophy and Psychiatry. Oxford/New York 2006.
Gaebel, Wolfgang/Baumann, Anja: Stigma – Diskriminierung – Bewältigung: der Umgang mit sozialer Ausgrenzung psychisch Kranker. Stuttgart 2005.
Gather, Jakov/Henking, Tanja/Nossek, Alexa/Vollmann, Jochen (Hg.): Beneficial coercion in psychiatry? Foundations and Challenges. Münster 2017.
Goffman, Erving: Stigma: Notes on the Management of Spoiled Identity. Englewood Cliffs, N.J. 1963.
Goffman, Erving: Asyle: über die soziale Situation psychiatrischer Patienten und anderer Insassen. Frankfurt a.M. 1972.
Grawe, Klaus/Donati, Ruth/Bernauer, Friederike: Psychotherapie im Wandel: von der Konfession zur Profession. Göttingen u.a. 2001.
Helmchen, Hanfried: „Ethische Erwägungen in der klinischen Forschung mit psychisch Kranken." In: Nervenarzt 79. (2008), 1036–1050.
Helmchen, Hanfried; Sartorius, Norman: Ethics in Psychiatry: European Contributions. Dordrecht u.a. 2010.
Jamison, Kay Redfield: Wenn es dunkel wird: zum Verständnis des Selbstmordes. Berlin 2002.
Juckel, Georg/Hoffmann, Knut (Hg.) Ethische Entscheidungssituationen in Psychiatrie und Psychotherapie. Lengerich, Westf. 2016.
Klee, Ernst: Euthanasie im NS-Staat: die Vernichtung lebensunwerten Lebens. Frankfurt a.M. 1989.
Koch-Stoecker, Steffi: „Menschenwürde und Psychiatrie. Annäherung an das Thema aus der psychiatrischen Praxis." In: Jan C. Joerden (Hg.): Menschenwürde in der Medizin: Quo vadis? Baden-Baden 2012, 133–146.
Lauter, Hans: Suizidprävention und Suizidbeihilfe, Jahrbuch für Wissenschaft und Ethik. Berlin/New York 2006.
Müller, Sabine: „Body Integrity Identity Disorder (BIID) – is the Amputation of Healthy Limbs Ethically Justified?" In: American Journal of Bioethics 9. (2009), 36–43.
Nöthen, Manuela/Böhm, Karin: „Krankheitskosten." In: Gesundheitsberichterstattung des Bundes 48. (2009).
Pöldinger, Walter: Ethik in der Psychiatrie: Wertebegründung – Wertedurchsetzung. Berlin u.a. 1991.
Porter, Roy: Wahnsinn: eine kleine Kulturgeschichte. Frankfurt a.M. 2007.
Radenbach, Katrin/Simon, Alfred: „Advance Care Planning in der Psychiatrie." In: Ethik in der Medizin 28. (2016), 183–194.
Sartorius, Norman et al.: WPA Guidance on how to Combat Stigmatization of Psychiatry and Psychiatrists. In: http://www.wpanet.org/detail.php?section_id=7&content_id=922 (04.02.2011)
Schöne-Seifert, Bettina: „Paternalismus. Zu seiner ethischen Rechtfertigung." In: Ludger Honnefelder, Dieter Sturma (Hg.): Medizin und Psychiatrie, Jahrbuch für Wissenschaft und Ethik. Berlin/New York 2009.
Schott, Heinz/Tölle, Rainer: Geschichte der Psychiatrie: Krankheitslehren, Irrwege, Behandlungsformen. München 2006.
Schramme, Thomas: „Paternalismus, Zwang und Manipulation in der Psychiatrie." In: Georg Juckel, Knut Hoffmann (Hg.): Ethische Entscheidungssituationen in Psychiatrie und Psychotherapie. Lengerich, Westf. 2016, 11–26.
Shorter, Edward: Geschichte der Psychiatrie. Reinbek bei Hamburg 2003.
Steinert, Tilman: Umgang mit Gewalt in der Psychiatrie. Bonn 2008.
Stoecker, Ralf: „Menschenwürde und Psychiatrie." In: Jan C. Joerden, Eric Hilgendorf, Felix Thiele (Hg.).

Menschenwürde und Medizin. Ein interdisziplinäres Handbuch. Berlin 2013, 571–590.

Stoecker, Ralf: „Odysseus in der Psychiatrie." In: Jahrbuch für Wissenschaft und Ethik 22. (2017), 183–203.

Szasz, Thomas Stephen: The myth of mental illness: Foundations of a Theory of Personal Conduct. New York u.a. 2010.

Tress, Wolfgang/Erny, Nicola: „Ethik in der Psychotherapie." In: Psychotherapeut 53. (2008), 328–337.

Voelzke, Wolfgang/Dietz, Angelika/Pörksen, Niels: Behandlungsvereinbarungen: vertrauensbildende Maßnahmen in der Akutpsychiatrie. Bonn 1998.

Vollmann, Jochen: Ethik in der Psychiatrie. Ein Praxisbuch. Köln 2017.

Vollmoeller, Wolfgang: Was heißt psychisch krank? Der Krankheitsbegriff in Psychiatrie, Psychotherapie und Forensik. Stuttgart u.a. 2001.

Wittwer, Héctor: Selbsttötung als philosophisches Problem: über die Rationalität und Moralität des Suizids. Paderborn 2003.

Enhancement und kosmetische Chirurgie

Michael Quante und Katja Stoppenbrink

Der Wunsch nach Stimmungsaufhellung und Verbesserung oder Perfektionierung des körperlichen Erscheinungsbildes und der kognitiven Leistungsfähigkeit hat Menschen zu allen Zeiten begleitet. In den letzten Jahrzehnten haben wissenschaftlich-medizinische Entwicklungen die Voraussetzungen dafür geschaffen, diesem Streben durch chirurgische Eingriffe oder Einsatz psychopharmazeutischer Mittel nachzuhelfen. Bis in die Boulevardmedien werden Vor- und Nachteile von Schönheitsoperationen, von Smart Drugs, Happy Pills und anderen Mitteln zur Leistungssteigerung diskutiert. Während bei der kosmetischen Chirurgie ästhetische Vorlieben im Vordergrund stehen, verheißen pharmazeutische Erzeugnisse eine Verbesserung von Aufmerksamkeit und Konzentrationsfähigkeit, verminderte Müdigkeit, besseres Erinnerungsvermögen oder Stimmungsaufhellung. Bei den in Frage kommenden Präparaten handelt es sich bislang v. a. um Arzneimittel, die zur Behandlung psychischer Krankheiten entwickelt wurden und möglicherweise auch bei gesunden Menschen wünschenswerte Wirkungen erzielen können. Zunächst analog zur kosmetischen Chirurgie als „kosmetische Psychopharmakologie" (Elliott 1998) bezeichnet, hat sich für die Anwendung von Psychopharmaka zur Leistungsverbesserung von Gesunden der Ausdruck ‚Enhancement' durchgesetzt. In populärwissenschaftlichen Publikationen ist auch von „Hirndoping" die Rede. Die Analogie zum Doping als primär im Hochleistungssport auftretendes Phänomen ist wegen ihrer Illegalitätskonnotation umstritten und sollte zugunsten einer differenzierenden Betrachtungsweise vermieden werden. Der ‚Hype' früherer Auseinandersetzungen um Human Enhancement oder gar Perfektionierung ist in gegenwärtigen Debatten deutlich zurückgegangen und realitätsnahen Risikoanalysen gewichen. Die ethische Diskussion hat sich zwischenzeitlich auf die Bedingungen und Implikationen der Schaffung ‚besserer' Menschen auch in moralischer Hinsicht verlagert. Unter dem Schlagwort ‚Moral Enhancement' (vgl. Specker et al. 2014) wird der Einsatz biotechnologischer und pharmazeutischer Mittel zur moralischen Verbesserung – im Unterschied zu traditionellen philosophischen, etwa tugendethischen Herangehensweisen – diskutiert.

M. Quante (✉)
Westfälische Wilhelms-Universität Münster, Münster, Deutschland
E-Mail: michael.quante@uni-muenster.de

K. Stoppenbrink
Hochschule München, München, Deutschland
E-Mail: katja.stoppenbrink@hm.edu

109.1 Begriffliche Unterscheidungen

Während unter kosmetischer Chirurgie medizinisch nicht indizierte Eingriffe aus dem Bereich der plastischen und ästhetischen Chirurgie zusammengefasst werden (Schönheitschirurgie), ist die Bestimmung des Enhancementbegriffs weniger klar.

Unter der nicht trennscharfen Abgrenzung von genetischem Enhancement (Eingriffen in das Humangenom) (Glover 2006; Harris 2007; Sandel 2007) und biotechnischem Enhancement (Erweiterung oder Ergänzung speziestypischer menschlicher Funktionen durch Hilfsmittel wie Prothesen) werden unter Neuroenhancement gemeinhin psychopharmazeutische Interventionen in den Metabolismus des Gehirns verstanden, die insbesondere die kognitive Leistungsfähigkeit steigern oder die Stimmungslage verbessern sollen. Als Kontrastbegriff zu „Therapie" verweist ‚Enhancement' auf den in seiner Bedeutung ebenfalls umstrittenen Krankheitsbegriff (vgl. bereits Lenk 2002; s. Kap. 91). Trotz begrifflicher Folgeprobleme und einzelner fraglichen Zuordnungen (Präventionsmaßnahmen werden nicht erfasst), wird in der Praxis an diese Unterscheidung, die selbst keine evaluativen oder normativen Vorfestlegungen impliziert, angeknüpft.

109.2 Empirische Bestandsaufnahme

Die Ziele, die mittels Neuroenhancement und kosmetischer Chirurgie erreicht werden sollen, sind nicht neu. Doch erst die Entwicklung psychopharmakologischer Medikamente hat in der zweiten Hälfte des 20. Jahrhunderts neue Handlungsoptionen eröffnet. Wirkstoffe wie das Antidepressivum Fluoxetin oder das Stimulans Methylphenidat, das v. a. zur Behandlung von Aufmerksamkeitsdefizit/Hyperaktivitätsstörungen eingesetzt wird, finden auch bei gesunden Menschen Anwendung (Kramer 1997; Elliott 2003). Das Narkolepsiemittel Modafinil kann auch bei Gesunden Wachheit, Aufmerksamkeit und Konzentration fördern. Wissenschaftlichen Ansprüchen genügende Studien zu Verbreitung und Wirksamkeit von Neuroenhancementmitteln sind zunehmend vorhanden, haben aber bislang nur vereinzelt in signifikanter Weise die beabsichtigten Effekte sowie eine Reihe von Nebenwirkungen belegen können (vgl. die Überblicksstudien von Esposito et al. 2021, Sharif et al. 2021; darin jeweils zit. Repantis et al. 2010). Die Rolle des Neurotransmitters Dopamin im Rahmen der Motivation zu kognitiver Anstrengung mag ein Erklärungsansatz dafür sein, weshalb Methylphenidat als „study enhancing drug" wahrgenommen wird (Janes 2020, 1300). Daten zur tatsächlichen Verbreitung von psychopharmakologischem Neuroenhancement werden in regelmäßigen Abständen, etwa in der jährlichen Global Drug Survey, erhoben und bezeugen einen weltweit zunehmenden (aber im Unterschied insbesondere zu legalen und illegalen Substanzen wie Alkohol und Amphetaminen vergleichsweise risikoarmen) Konsum (Maier et al. 2018; anders Deutsche Angestellten-Krankenkasse 2015 mit von vornherein ablehnender Haltung und entsprechender Literaturauswahl: „Doping am Arbeitsplatz […] ein Irrweg", Vorwort, S. III). Neuere technische Möglichkeiten, etwa des Genome-Editing (CRISPR/Cas-Methode; vulgo: „Gen-Schere"), rücken grundsätzlich viele Veränderungen in der genetischen Grundlage von Lebewesen in den Bereich des Denk- und Machbaren. Vor der Umsetzung stehen allerdings tiefgreifende Sicherheits- und Wirksamkeitsbedenken, so dass bereits aus (forschungs-)ethischen Gesichtspunkten Eingriffe in die menschliche Keimbahn zwar nicht kategorisch ausgeschlossen, doch sehr zurückhaltend beurteilt und einstweilen nicht durchgeführt werden (sollten; vgl. die Forderung des Deutschen Ethikrats (2019, 44, 232, 245) nach einem Anwendungsmoratorium). Die Risikoabwägung wird anders ausfallen, je nachdem ob medizinische Ziele verfolgt, genetisch bedingte Krankheiten verhindert und schweres Leid vermieden oder menschliche Fähigkeiten über ein übliches Maß hinaus verbessert werden sollen. Die ethischen Implikationen des Genome-Editing werden vorliegend ausgeklammert; der Beitrag konzentriert sich auf psychopharmakologisches Enhancement.

109.3 Ethische Beurteilung

Das Spektrum ethisch-evaluativer Haltungen zu Neuroenhancement lässt sich grob in vier Positionen unterteilen: Sog. Trans- und Posthumanist:innen (1) begrüßen das Streben nach Perfektionierung menschlicher Eigenschaften und mitunter auch nicht speziestypischer Funktionen nicht nur, sondern erheben es gelegentlich gar zur moralischen Pflicht (Harris 2007, 19–35; Savulescu/Bostrom 2009). Liberalen Positionen zufolge (2) ist Neuroenhancement im Rahmen individueller Entscheidungszuständigkeit grundsätzlich erlaubt (Merkel et al. 2007; Greely et al. 2008; Galert et al. 2009). Eher skeptische Positionen (3) artikulieren aus individueller und gesellschaftlicher Perspektive Bedenken sowohl gegen den Gebrauch von Enhancementmitteln als auch gegen die damit möglicherweise verfolgten Ziele (z. B. President's Council on Bioethics 2003). Ein extremer Skeptizismus (4) behauptet nach wie vor, die Debatte sei angesichts zweifelhafter empirisch nachgewiesener Wirksamkeit als gegenstandsloser Futurismus anzusehen (z. B. Quednow 2010). Im Folgenden werden die Extrempositionen ausgeklammert und einzelne Argumente für und gegen Neuroenhancement im Überblick erörtert (grundlegend noch immer Gordijn/Chadwick 2008; Schöne-Seifert/Talbot 2009; Schöne-Seifert et al. 2009).

In einer freiheitlich verfassten Gesellschaft müssen gute Gründe vorliegen, um Selbstbestimmungsrecht und Handlungsfreiheit einzuschränken. Gründe, die gegen freien Zugang zu Enhancementmitteln sprächen, wären nicht zu rechtfertigende Risiken für die Einzelnen oder die Allgemeinheit. Entsprechend konzentriert sich die liberale Diskussion auf Abwägung von Nutzen und Risiken sowie Ermöglichung einschlägiger Forschung. Die Debatte bewegt sich innerhalb des medizinethischen Rahmens von Folgenabschätzung, Schadensvermeidung und Verteilungsgerechtigkeit. Die Verfügbarkeit effektiver und nebenwirkungsarmer Enhancementmittel vorausgesetzt, werden Möglichkeiten verantwortungsvollen Umgangs und gerechten Zugangs erörtert. Dazu gehören praktische Fragen wie die nach der Rolle der Ärzt:innenschaft, einer Beratungs- oder Verschreibungs*pflicht*, Kostenübernahme durch Sozialversicherungsträger etc.

Gemäßigt skeptische Positionen thematisieren daneben die Folgen des Einsatzes von Enhancementmitteln für als intrinsisch angesehene Güter oder Werte. Im Zentrum steht die Frage nach Bewahrung, Gefährdung oder Wiederherstellung von Authentizität und individueller Persönlichkeit. Der Gebrauch beider Begriffe ist aufgrund divergierender semantischer Gehalte problematisch; die zwischen deskriptiver und normativer Verwendungsweise changierende Argumentation kann überdies zu unzulässigen Schlussfolgerungen führen. Daher wird an Untersuchungen zum Authentizitätsbegriff sowie zur Philosophie der Person angeknüpft, um begriffliche Disambiguierungen vorzunehmen und eine von unklaren Präsuppositionen und missverständlichen Semantiken ungehinderte ethische Debatte zu ermöglichen. Zudem werden Normalitäts- und Natürlichkeitsintuitionen sowie Vorstellungen von der ‚Natur des Menschen' angeführt. Im Ergebnis zeigt diese Auseinandersetzung, dass die ‚Natur des Menschen' angesichts vielfältiger semantischer Nuancierungen nicht – zumindest nicht ohne differenzierende begriffliche Vorfestlegungen – als Orientierungsnorm in ethischen Diskursen herangezogen werden kann. Erst recht lassen sich aus gesellschaftlich-kulturell präformierten Natürlichkeitsintuitionen rechtspolitische Handlungsempfehlungen zum Umgang mit kosmetischer Chirurgie und Enhancement nicht unmittelbar ableiten. Kosmetische Chirurgie, die bloß ästhetischen Zwecken dient, ist begrifflich als Enhancement einzuordnen. Die Anforderungen an Risikoabwägung und ärztliche Aufklärung steigen damit im Vergleich zu medizinisch notwendigen Eingriffen. (vgl. Thissen 2018; Schöne-Seifert et al. 2021.). Daneben stehen Fragen nach den investierten Glücks und Schönheitsbegriffen sowie nach zulässigen Werbemaßnahmen, Risikoabwägung und Patient:innensicherheit im Vordergrund (vgl. Wiesing 2006; Ach/Pollmann 2006; Ach 2014). Gerade in der Abgeschiedenheit von Homeoffice und Lockdown während der Covid19-Pandemie 2020 bis 2021 ist die Nachfrage nach ästhetischer Chirurgie deutlich gestiegen (Krug et al. 2021). Nicht Schritt gehalten mit dieser faktischen Entwicklung hat die rechtliche Seite, so dass aus ethischer Perspektive vor allem mehr Patient:innen- bzw. Verbraucher:innenschutz einzufordern ist. Klare rechtliche Rahmenbedingungen und größere Markttransparenz, gegenwärtig im Graubereich privat betriebener Empfehlungsportale, sind ethisch dringend geboten.

109.4 Anthropologische und gesellschaftliche Herausforderungen – Ausblick

Auch wenn Normalitäts- und Natürlichkeitsintuitionen keine unmittelbaren Schlüsse auf einen ethisch angemessenen Umgang mit kosmetischer Chirurgie und Enhancement erlauben, werfen diese Interventionsmöglichkeiten, indem sie vormals als ‚normal' oder ‚natürlich' angesehene menschliche Merkmale und Eigenschaften wie etwa eine bestimmte Nasenform, altersbedingte körperliche Veränderungen oder eine ausgeprägte Melancholie zur Disposition stellen, tiefgreifende anthropologische Fragen auf. Sie verlangen nach einer Neubestimmung der zwischen ‚Natürlichkeit' und ‚Kultürlichkeit' verorteten menschlichen Lebensform sowie einem gesellschaftlichen Selbstverständigungsprozess über wünschenswerte und zu vermeidende Eingriffe in die biologische Basis des Menschen (Heilinger 2010). Neben der Berücksichtigung individueller Präferenzen sind gesellschaftliche Belange einzubeziehen. Exemplarisch seien einige Gegenstände der gegenwärtigen Debatte benannt: (1) Diskutiert werden der individuelle und soziale Nutzen von gesteigerter Kreativität und erhöhter Leistungsfähigkeit von Arbeitnehmer:innen und anderen Akteur:innen, insbesondere von Angehörigen bestimmter Berufsgruppen wie Soldat:innen, Pilot:innen oder Notärzt:innen. (2) Auch die Folgen des Verlusts eines breiten Spektrums menschlicher Emotionen wie Traurigkeit und Furcht durch die Anwendung stimmungsaufhellender und angstauslöschender Mittel werden erörtert. (3) Der Rekurs auf Enhancementmittel und kosmetische Chirurgie zur Erreichung bestimmter mentaler und körperlicher Zustände könnte zu einer Verringerung und Abwertung solcher Praxen führen, die ebenso effektiv und zielführend sein können (etwa: Übung, Training), aber mit Anforderungen an Disziplin oder Selbstüberwindung verbunden sind (Goodman 2010); zum Konzept der „Selbstformung" vgl. Kipke (2011). (4) Befürchtet wird ein durchgreifender sozialer Druck zum Einsatz von Enhancement, dem sich Individuen in einer „Leistungssteigerungsgesellschaft" (Coenen 2008) kaum zu entziehen vermögen und der ihre Entscheidungsfreiheit faktisch in Frage stellt. Da es zu einer Beurteilung solcher Befürchtungen und prognostischen Befunde empirischer Untersuchungen bedarf, sprechen diese Erwägungen nicht *eo ipso* gegen eine Einschränkung, sondern allenfalls für eine rechtspolitische Forderung, nach kontinuierlicher Beobachtung und Erfassung der Folgen kosmetisch-chirurgischer Interventionen und des Gebrauchs von Enhancementmitteln (z. B. mittels Registerpflicht, Pharmakovigilanz etc.). Über die unser normatives Selbstverständnis als Menschen und die Ausrichtung individueller und gesellschaftlicher Praxen betreffenden Fragen muss in freiheitlich-demokratischen Gesellschaften ein Selbstverständigungsprozess erfolgen, bevor – zumal restriktive – rechtliche Regelungen getroffen werden. Dazu bedarf es empirisch aufgeklärter Debatten über ethisch relevante Aspekte von kosmetischer Chirurgie und Enhancement.

Im ‚Vorfeld' von Enhancement ist zu beobachten, dass die gesellschaftliche Akzeptanz von Selbstoptimierung und -anpassung an herausfordernde berufliche und andere Kontexte zunimmt. Eine Nutzung nichtmedizinischer Mittel zur Verbesserung von Leistungsfähigkeit und Wohlbefinden ist sehr verbreitet und in vielen Hinsichten als ethisch unproblematische Lebensstilgestaltung einzuschätzen, zumal sich der Massenkonsum zu Produkten mit vertretbarem Risikoprofil verlagert hat. (Dies betrifft bspw. die aktuelle Verbreitung von Cannabidiol-Produkten, während der Alkoholkonsum tendenziell rückläufig ist.) Eine sozialphilosophisch-gerechtigkeitsethische Herausforderung besteht darin, die soziale Spreizung zu erfassen und soziale Exklusion zu verhindern, doch sorgt grundsätzlich eine Wirtschaftsverfassung der sozialen Marktwirtschaft einerseits für auch niederschwellig zugängliche Angebote an akzeptablen Produkten, andererseits für die Absicherung der ökonomischen Basis. Angesichts zunehmender faktischer, selbst gewählter Konformität gewinnt das Bestehen von Alternativkulturen, die sich einer Unterordnung aller Lebensbereiche unter den Wettbewerbsgedanken verweigern, an Relevanz. Sie sind für die tatsächliche Selbstbestimmung von Menschen, was ihren Lebensstil und damit auch die Option zum Verzicht auf Mittel der Selbstoptimierung angeht, in einer Mainstream-Kultur der Leistungssteigerung auch aus ethisch-evaluativen Gründen erforderlich, gesellschaftlich wünschenswert und ggf. sogar politisch zu fördern. Eine gegenteilige Entwicklung hat weitgehend unbehelligt von der westlichen Welt die Einführung des *social scoring* („Sozialpunkt"-)Systems in China genommen. Hier wird ein Bereich des staatlich-gesellschaftlich Akzeptierten normiert, der bestimmte individuelle Lebensstiloptionen ausschließt, sowie permanente Kontrolle und Überwachung einzelner und ihres gesamten sozialen Umfeldes beinhaltet. Faktisch lässt sich dies Variante oktroyierten ‚Social Enhancements' (vgl. Cabrera 2015) deuten, das Anlass zu größter ethisch begründeter Sorge um individuelle Autonomie und Selbstbestimmung gibt und keine Entwicklungsperspektive für freiheitlich verfasste, moralischen und rechtlichen Menschenrechten auch in ihren individuellen Dimensionen verpflichtete Gesellschaften darstellen darf. Hier ist auf faktische empirische Entwicklungen zu achten, wenngleich sich in westlich-marktwirtschaftlich organisierten Gesellschaften Überwachungsszenarien gegenwärtig eher aus privat nachgefragten technischen Alltagsassistenzgeräten ergeben.

Literatur

Ach, Johann S./Pollmann, Arnd (Hg.): no body is perfect. Baumaßnahmen am menschlichen Körper. Bioethische und ästhetische Aufrisse. Bielefeld 2006.

Ach, Johann S: „Für die Schönheit unters Messer? Ethische Fragen der Ästhetischen Chirurgie." In: Johann S. Ach, Beate Lüttenberg, Michael Quante (Hg.): Wissen, Leben, Ethik. Themen und Positionen der Bioethik. Münster 2014, 181–191.

Cabrera, Laura Y.: Rethinking Human Enhancement. Social Enhancement and Emergent Technologies. London 2015.

Coenen, Christopher: „Schöne neue Leistungssteigerungsgesellschaft." In: Büro für Technikfolgenabschätzung beim deutschen Bundestag, Brief 33 (2008), 21–27.

Deutsche Angestellten-Krankenkasse (Hg.): „Schwerpunktthema: ‚„Update Doping am Arbeitsplatz'": pharmakologisches Neuroenhancement durch Erwerbstätige." In: DAK-Gesundheitsreport 2015, 29–125. In: https://www.dak.de/dak/bundesthemen/gesundheitsreport-2015-2109048.html/ (31.10.2021)

Deutscher Ethikrat: Eingriffe in die menschliche Keimbahn. Stellungnahme. Berlin 2019. In: https://www.ethikrat.org/fileadmin/Publikationen/Stellungnahmen/deutsch/stellungnahme-eingriffe-in-die-menschliche-keimbahn.pdf (31.10.2021)

Elliott, Carl: "The Tyranny of Happiness: Ethics and Cosmetic Psychopharmacology." In: Erik Parens (Hg.): Enhancing Human Traits: Ethical and Social Implications. Washington 1998, 177–188.

Elliott, Carl: Better Than Well. American Medicine Meets the American Dream. New York 2003.

Esposito, Massimiliano/Cocimano, Guiseppe/Ministrieri, Federica/Li Rosi, Giuseppe/Di Nunno, Nunzio/Messina, Giovanni/Sessa, Francesco/Salerno, Monica: "Smart drugs and neuroenhancement: what do we know?" In: Frontiers in Bioscience-Landmark 26. (2021), 347–359.

Galert, Thorsten et al.: „Das optimierte Gehirn." In: Gehirn & Geist (Nov. 2009), 40–48.

Glover, Jonathan: Choosing Children. Genes, Disability, and Design. Oxford 2006.

Goodman, Roh: "Cognitive Enhancement, Cheating, and Accomplishment." In: Kennedy Institute of Ethics Journal 20. Jg., 2 (2010), 145–160.

Gordijn, Bert/Chadwick, Ruth (Hg.): Medical Enhancement and Posthumanity. Berlin 2008.

Greely, Henry et al.: "Towards Responsible Use of Cognitive-Enhancing Drugs by the Healthy." In: Nature 456. (2008), 702–705.

Harris, John: Enhancing Evolution. The Ethical Case for Making Better People. Princeton, NJ 2007.

Heilinger, Jan-Christoph: Anthropologie und Ethik des Enhancements. Berlin/New York 2010.

Janes, Amy C.: "Is it worth the effort?" In: Science 367. Jg., 6864 (2020), 1300–1301.

Kipke, Roland: Besser werden. Eine ethische Untersuchung zu Selbstformung und Neuro-Enhancement. Paderborn 2011.

Kramer, Peter D.: Listening to Prozac. London 1997.

Krug, Henriette/Bittner, Uta/Frommeld, Debora: „Ästhetische Medizin: Schöner nach Corona." In: Deutsches Ärzteblatt 118. (2021) A-1096–1098.

Lenk, Christian: Therapie und Enhancement. Ziele und Grenzen der modernen Medizin. Münster 2002.

Maier, Larissa J./Ferris, Jason A./Winstock, Adam R.: "Pharmacological cognitive enhancement among non-ADHD individuals—A cross-sectional study in 15 countries." In: International Journal of Drug Policy, 58. (2018), 104–112.

Merkel, Reinhard et al.: Intervening in the Brain. Changing Psyche and Society. Berlin/New York 2007.

President's Council on Bioethics: Beyond Therapy. Biotechnology and the Pursuit of Happiness. New York 2003.

Quednow, Boris B.: "Ethics of Neuroenhancement: A Phantom Debate." In: BioSocieties 5. (2010), 153–156.

Repantis, Dimitris/Schlattmann, Peter/Laisney, Oona/Heuser, Isabella: "Modafinil and Methylphenidate for Neuroenhancement in Healthy Individuals: A Systematic Review." In: Pharmacological Research 62. Jg., 3 (2010), 187–206.

Sandel Michael J.: The Case Against Perfection: Ethics in the Age of Genetic Engineering. Cambridge (Mass.) 2007.

Savulescu, Julian/Bostrom, Nick (Hg.): Human Enhancement. Oxford/New York 2009.

Schöne-Seifert, Bettina/Talbot, Davinia (Hg.): Enhancement. Die ethische Debatte. Paderborn 2009.

Schöne-Seifert, Bettina/Talbot, Davinia/Opolka, Uwe/Ach, Johann S. (Hg.): Neuro-Enhancement. Ethik vor neuen Herausforderungen. Paderborn 2009.

Schöne-Seifert, Bettina/Beule, Achim/Jömann, Norbert/Stier, Marco/Gabriëls, Gert: „Ästhetische Eingriffe an Universitätskliniken: In Grenzen akzeptabel, aber nicht ‚geadelt'." In: Deutsches Ärzteblatt 118. Jg., 22 (2021), A-1099–1110.

Sharif, Safia/Guirguis, Amira/Fergus, Suzanne/Schifano, Fabrizio: "The Use and Impact of Cognitive Enhancers among University Students: A Systematic Review." In: Brain Sciences 11. Jg., 335 (2021), 44.

Specker, Jona/Focquaert, Farah/Raus, Kasper/Sterckx, Sigrid/Schermer, Maartje: "The ethical desirability of moral bioenhancement: a review of reasons." In: BMC Medical Ethics, 15. Jg., 67 (2014).

Thissen, Christina. „Aufklärung bei kosmetischen Eingriffen. Ein unterschätzter Risikofaktor für Operateure." In: Journal für Ästhetische Chirurgie 11. (2018), 212–215.

Wiesing, Urban: „Die ästhetische Chirurgie. Eine Skizze der ethischen Probleme." In: Zeitschrift für medizinische Ethik 52. (2006), 139–154.

Teil IX
Einzelthemen der Angewandten Ethik: Tier- und Umweltethik

Der moralische Status von Tieren, Lebewesen und der Natur

Kirsten Meyer

Tieren, Pflanzen, Ökosystemen, Arten oder der ganzen Natur wird in der tier- und umweltethischen Diskussion ein eigener moralischer Status zuerkannt. Menschen haben demnach direkte Pflichten gegenüber Tieren und der Natur und nicht lediglich Pflichten gegenüber anderen Menschen. So sind Menschen auch dann verpflichtet, Tieren kein unnötiges Leid zuzufügen, wenn darunter keine Menschen leiden. Im Fokus der philosophischen Diskussion zum moralischen Status stehen bestimmte Eigenschaften, welche für einen solchen Status relevant sind, z. B. die Eigenschaft, schmerzempfindlich zu sein.

In der tier- und umweltethischen Diskussion geht es einerseits um die Frage, wer überhaupt einen eigenen moralischen Status hat, also z. B. nur Tiere oder auch Pflanzen. Weiterhin wird diskutiert, welche moralischen Forderungen mit diesem Status verbunden sind (1). In der Begründung solcher Forderungen lassen sich grundsätzlich zwei Herangehensweisen unterscheiden. Die so genannte ‚Ausdehnungsstrategie' weitet moralisch relevante Überlegungen, die für den Umgang mit Menschen charakteristisch sind, auf die nicht-menschliche Natur aus. Dabei wird z. B. betont, dass auch Tiere über diejenigen Eigenschaften verfügen, die wir im Umgang mit anderen Menschen für moralisch relevant erachten (2). Diesen Fokus auf moralisch relevante Eigenschaften lehnen Kritiker dieser Strategie ab und schlagen stattdessen Alternativen zur Ausdehnungsstrategie vor (3).

110.1 Wer ist moralisch zu berücksichtigen?

In der tier- und umweltethischen Diskussion gibt es zum einen unterschiedliche Antworten auf die Frage, wer moralisch zu berücksichtigen ist, also z. B. nur bestimmte Tiere oder alle Lebewesen. Zum anderen gibt es unterschiedliche Positionen zu der Frage, worauf sich die moralische Rücksicht beziehen sollte. Dabei wird z. B. die Berücksichtigung von Interessen, die Vermeidung von Schmerz und Leid, sowie die Rücksicht auf das Gedeihen und Florieren natürlicher Entitäten gefordert.

Eine Position, die leidens- oder empfindungsfähigen Tieren einen moralischen Status zuweist, wird in der Tierethik als Pathozentrismus oder als Sentientismus bezeichnet. Obgleich pathozentrische oder sentientistische Positionen oftmals utilitaristische sind, meinen keineswegs nur Utilitaristen, dass das Leiden der Tiere moralisch zu berücksichtigen ist. Zwar waren Peter Singers utilitaristische Überlegungen

K. Meyer (✉)
Humboldt-Universität zu Berlin, Berlin, Deutschland
E-Mail: kirsten.meyer@philosophie.hu-berlin.de

der Ausgangspunkt der zeitgenössischen tierethischen Diskussion (vgl. Singer 1996). Allerdings behaupten (im Gegensatz zu Kant selbst) sogar einige Kantianer, dass wir direkte moralische Pflichten gegenüber empfindungsfähigen Tieren haben. So argumentiert z. B. Christine Korsgaard (2018) dafür, dass Menschen auch empfindungsfähige Tiere als „Zwecke an sich" behandeln sollten.

Neben der Position derjenigen, die leidens- oder empfindungsfähigen Tieren einen moralischen Status zusprechen, gibt es Autor:innen, die diesen auf alle Lebewesen ausdehnen. Diese Position bezeichnet man als Biozentrismus (vgl. z. B. Schweitzer 1966 und Taylor 1986). Demnach sind alle Lebewesen, also z. B. auch Pflanzen, um ihrer selbst willen moralisch zu berücksichtigen. Darüber hinaus gibt es Positionen, welche nicht nur Lebewesen, sondern auch anderen natürlichen Entitäten einen moralischen Status zuweisen. Diese Positionen werden, je nach besonderer Ausprägung, als (radikaler) Physiozentrismus, Ökozentrismus oder Holismus bezeichnet (vgl. Krebs 1997 und 1999; Ott 2010). Ihre Vertreter haben nicht primär das Wohl einzelner Individuen im Blick. So wird auch ganzen Arten, Ökosystemen, Landschaften oder der gesamten Erde ein moralischer Status zuerkannt (vgl. z. B. Rolston 1997; Callicott 1989).

Die Berücksichtigung der Interessen der Tiere beinhaltet, ihnen kein Leid zuzufügen. Tiere, die Leid empfinden können, haben Singer zufolge ein Interesse daran, nicht zu leiden (vgl. Singer 1996, 36). Für relevant hält Singer darüber hinaus ein Interesse an der Befriedigung bestimmter Wünsche, die sich nicht ausschließlich auf die Vermeidung von Leid beziehen, z. B. den Wunsch weiterzuleben. Dies ist wichtig, wenn gefragt wird, ob man Tiere (schmerzlos) töten darf, um sie zu verzehren. Einige Tierethiker meinen also, dass auch das Töten von Tieren moralisch fragwürdig ist, da sie ein Interesse an ihrem Weiterleben haben. Allerdings ist umstritten, ob man Tieren tatsächlich ein solches Interesse unterstellen kann. Es wird von den Autor:innen bestritten, die meinen, die hier relevanten Interessen seien von der Fähigkeit abhängig, Überzeugungen zu haben. Wesen, die keine Sprache haben, könnten aber auch keine Überzeugungen und damit keine derartigen Interessen haben (vgl. z. B. Frey 2003).

Überlegungen zum Geist der Tiere sind für die Tierethik an verschiedenen Stellen relevant. In der gegenwärtigen Diskussion gibt es eine Tendenz, auch Tieren komplexe mentale Fähigkeiten zuzuschreiben und hier eher auf ein Kontinuum statt auf einen kategorialen Unterschied zwischen Menschen und Tieren zu verweisen. Man fragt inzwischen weniger, ob Tiere einen Geist haben, als vielmehr, von welcher Art dieser Geist ist. In der philosophischen Diskussion geht es vor allem um die Art und Ausgeprägtheit des Bewusstseins und des Denkens von Tieren (vgl. Perler/Wild 2005; Andrews 2014). Dabei wird die (strikte) Sprachabhängigkeit des Denkens zunehmend in Zweifel gezogen. Manchen Autor:innen meinen sogar, dass Tiere moralisch handeln können (vgl. z. B. Bradie 2011). Die tierethische Relevanz dieser Überlegungen ist von den jeweiligen ethischen Positionen abhängig. Ob Tiere selbst moralisch handeln können, ist eine relevante Frage, wenn man meint, dies sei eine Voraussetzung dafür, einen eigenen moralischen Status zu haben. Wer dies bestreitet und stattdessen meint, dass nicht nur alle moralfähigen, sondern alle leidensfähigen Lebewesen einen moralischen Status haben, ist auf eine Klärung der Frage nach der Moral der Tiere nicht angewiesen.

Die Frage nach dem Geist von Tieren ist relevant, wenn es um das Tierwohl geht. Einige Biozentriker bringen aber ein darüber hinausgehendes bewusstseinsunabhängiges Wohl ins Spiel. So ist anzunehmen, dass Pflanzen nicht über ein phänomenales Bewusstsein verfügen und somit nichts erleben und nichts fühlen. Dennoch meinen Biozentriker, dass auch das Wohl der Pflanzen moralisch zu berücksichtigen sei. Anders als bei dem Verweis auf das subjektive Wohl eines Lebewesens wird der Begriff des Wohls hier so verstanden, dass diesem bestimmte Zwecke oder Ziele zugrunde liegen, die einem Lebewesen zugeschrieben werden können. Diese Zwecke müsse das jeweilige Lebewesen aber nicht bewusst verfolgen. Stattdessen gehe es hier um natürliche Zwecke – um das Gedeihen und

Florieren eines Lebewesens (vgl. Taylor 1986). Dem Wohl einer Pflanze laufe es entgegen, wenn sie ausgerissen wird und nicht weiterleben kann, oder wenn sie an einem zu schattigen Platz steht und somit nicht gut gedeihen kann.

Auch in Bezug auf Ökosysteme wird zuweilen gefordert, deren Gedeihen und Florieren nicht zu behindern (vgl. z. B. Rolston 1997 und 2005). Hier werden Ökosysteme als organische Einheiten aufgefasst, denen man ebenso schaden könne wie einem einzelnen Individuum. Dabei wird oftmals betont, dass der Mensch ein Teil dieser Ökosysteme oder allgemeiner ein Teil der Natur ist. Dennoch geht es nicht lediglich darum, dass die Zerstörung eines Ökosystems Menschen schadet, die an dessen Erhalt ein Interesse haben, weil ihr eigenes Wohl von dem Gedeihen des Ökosystems abhängt. Stattdessen liegt der Fokus auf dem Schaden für das Ökosystem selbst, der für direkt moralisch relevant erklärt wird. Kritiker bestreiten jedoch, dass man Pflanzen oder sogar Ökosystemen tatsächlich auf eine moralisch relevante Weise schaden kann. Daher würden nur die Gründe überzeugen, die für eine direkte moralische Rücksicht gegenüber Tieren angeführt werden (vgl. z. B. Krebs 1999).

Wie werden die moralischen Forderungen, empfindungsfähigen Tieren, allen Lebewesen oder sogar ganzen Ökosystemen mit moralischer Rücksicht zu begegnen, im Einzelnen begründet? Es lassen sich zwei unterschiedliche Strategien ausmachen: Erstens eine ‚Ausdehnungsstrategie', mit der man versucht, Kriterien für die moralische Rücksicht auf andere Menschen auf Tiere, Pflanzen und andere Teile der Natur auszudehnen (vgl. dazu auch Krebs 1999). Zweitens findet man einen Appell an bestimmte moralische Gefühle sowie an Intuitionen, um tier- und umweltethische Forderungen zu begründen. Um diese beiden Strategien soll es in den nächsten beiden Abschnitten gehen.

110.2 Die Ausdehnungsstrategie

Insbesondere in der Tierethik ist die Ausdehnungsstrategie weit verbreitet (z. B. bei Singer 1996; Regan 1983; Ladwig 2020), man findet sie aber auch in der Begründung für eine biozentrische Position (z. B. bei Taylor 1986.). Die Autor:innen gehen dabei von einem bestimmten Verständnis der für Menschen gültigen Moral aus und argumentieren dafür, dass es keine guten Gründe dafür gibt, die moralische Rücksicht auf den Menschen zu beschränken.

Pathozentriker argumentieren, dass das Leid von Tieren genauso moralisch zu berücksichtigen sei wie menschliches Leid. Biozentriker meinen, dass das (bewusstseinsunabhängige) Wohl aller Lebewesen moralisch zu berücksichtigen sei, und dass sich dieses Wohl über deren Zwecke bestimmen lasse. Sowohl beim pathozentrischen als auch beim biozentrischen Ausdehnungsargument werden bestimmte Merkmale ausgemacht, an denen die moralische Rücksicht hängt. Bei den Pathozentrikern ist es die Leidensfähigkeit; Biozentriker verweisen auf das (bewusstseinsunabhängige) Wohl eines Lebewesens. Charakteristisch für diese Positionen ist zudem, dass jeweils ein bestimmtes Merkmal als moralisch willkürlich ausgeschieden wird, nämlich das Merkmal, ein Mensch zu sein. Wer moralische Rücksicht allein auf die Zugehörigkeit zur Spezies ‚Mensch' zurückführe, ist in Singers Terminologie ein ‚Speziesist' (vgl. Singer 1996, 34 f.). Auch Paul Taylor fordert „species-impartiality" und meint, dass diese vom Biozentrismus impliziert würde (Taylor 1986, 45 f.).

In der tierethischen Diskussion wird nicht nur diskutiert, ob Tiere überhaupt moralische Rücksicht verdienen, sondern auch, wie weit diese reicht und was sie beinhalten soll. Dabei geht es auch um die Frage, ob Tiere bestimmte Rechte haben, die nicht über utilitaristische Verrechnungen abgesprochen werden können. Dies ist etwa für die Frage nach der moralischen Zulässigkeit von Tierversuchen relevant. Denn selbst wenn Tierversuche das künftige Leid vieler menschlicher und auch nichtmenschlicher Individuen verhindern würden, könnten Tierversuche moralisch verboten sein. Einige Tierethiker behaupten in diesem Zusammenhang, dass es nicht erlaubt ist, das Leid einiger Tiere gegen das Leid anderer Individuen zu verrechnen. Ausgehend von Tom Regan (1983) hat es sich in der Tierethik etabliert, in diesem Zusammenhang von Rechten der Tiere zu sprechen (vgl. dazu auch Sunstein/Nussbaum 2004). Regan (1983) wendet sich damit gegen die einflussreiche Konzeption Singers, die Regan nicht weit genug geht. Zwar stimmt er mit Singer darin überein, dass unsere Freude und unser Leiden einen Unterschied für die Qualität unseres Lebens ausmachen und dass genau dasselbe auch für Tiere gelte. Regan meint jedoch, dass Tiere wie Menschen ebenfalls Rechte haben, da sie ebenfalls „empfindende Subjekte eines Lebens" seien (vgl. Regan 1983, 243).

Gegen derartige Positionen wird vorgebracht, dass die Zuschreibung bestimmter Rechte an Eigenschaften festzumachen sei, die allein Menschen aufweisen. So wird behauptet, Tiere könnten keine Träger von Rechten sein, da sie keine für die Zuschreibung von Rechten relevanten Interessen haben (vgl. Frey 2003), weil ihnen die Fähigkeit zu Rationalität und Autonomie fehle (vgl. McMahan 2003) oder weil selbst nicht moralisch urteilen können und selbst moralisch nicht ansprechbar seien (vgl. Cohen 2001). Raymond Frey meint etwa, für die Zuschreibung von Rechten bedürfe es eines engeren Begriffs von Interesse, demzufolge Interessen im Sinne von ‚etwas wünschen' aufgefasst werden müssten. Da Frey aber meint, dass Tiere keine Wünsche haben, weil sie keine Überzeugungen haben können, haben sie ihm zufolge auch keine Rechte.

Wer dennoch dafür argumentieren will, dass auch Tiere Rechte haben, könnte erstens bestreiten, dass die genannten Eigenschaften tatsächlich für die Zuschreibung solcher Rechte relevant sind – so könnte man etwa bestreiten, dass die Fähigkeit zu Rationalität oder Autonomie eine notwendige Bedingung für das Bestehen von Rechten sind. Dies ließe sich zum Beispiel damit begründen, dass man Menschen, denen diese Fähigkeiten fehlen, gleichwohl grundlegende Rechte nicht absprechen würde. Eine zweite argumentative Möglichkeit besteht in dem Hinweis, dass (anders als behauptet) auch Tiere die für die Zuschreibung solcher Rechte relevanten Eigenschaften haben. So ließe sich beispielsweise darauf verweisen, dass Tiere ebenfalls bestimmte Interessen haben. Diese Diskussion beinhaltet also wiederum Überlegungen zum Geist der Tiere.

Auch für unseren Umgang mit Pflanzen (oder allgemeiner: allen Lebewesen) versuchen einige Autor:innen, gängige moralische Überlegungen auszuweiten. Das biozentrische Ausdehnungsargument lässt sich wie folgt rekonstruieren (vgl. dazu auch Krebs 1999, 100): In der Moral geht es um die Berücksichtigung des Wohlergehens anderer. Unser Leben gemäß unserer Ziele oder Zwecke leben zu können, ist wesentlicher Bestandteil unseres Wohls. Da auch andere Lebewesen Zwecke verfolgen, haben sie ebenfalls ein eigenes Wohl, welches befördert oder behindert werden kann. Da somit nicht nur Menschen, sondern auch andere Lebewesen ein Wohl haben, ist dieses ebenfalls moralisch zu berücksichtigen.

Ein Einwand gegen die biozentrische Ausdehnungsstrategie besteht darin, einen begrifflichen Unterschied zwischen dem Wohlergehen bei Menschen und dem Wohlergehen eines Lebewesens aufzuzeigen, der eine Unterscheidung in der Behandlung beider rechtfertigt und insofern nicht als bloßer Speziesismus abzutun ist. Taylor macht das Wohlergehen an bestimmten natürlichen Zwecken fest (Taylor 1986). Inwiefern diese Zwecke unsere moralische Rücksicht erfordern, ist aber umstritten. Angelika Krebs wendet gegen Taylors Position ein, moralischer Respekt sei Respekt für das, woran anderen Menschen liegt. Es gehe also um subjektive Zwecke und nicht um funktionale Zwecke. Zudem führe die Behauptung, dass all das moralischen Respekt verdient, was funktionale Zwecke verfolgt, zu absurden Konsequenzen. Denn dann müsste man auch die funktionalen Zwecke von Computern um ihrer selbst willen respektieren (vgl. Krebs 1999, 103).

Taylor antizipiert diesen Einwand und betont, dass funktionale Zwecke von Computern, anders als die Zwecke der Pflanzen, von Menschen vorgegeben seien. Moralisch zu berücksichtigen seien Lebewesen aber gerade deshalb, weil man ihnen keine vom Menschen vorgegebenen Zwecke und insofern einen eigenen Wert zuerkennen müsse (vgl. Taylor 1986, 124). Solche biologischen Zwecke halten Kritiker allerdings für moralisch nicht relevant. Einem Lebewesen überhaupt schaden zu können, setze voraus, dass es ihm subjektiv etwas ausmacht, wie es behandelt wird, und das sei bei einer Pflanze nicht der Fall. Nur das so verstandene subjektive Wohl sei also moralisch zu berücksichtigen. Dieser Einwand betrifft auch diejenigen, die das Wohl eines Ökosystems oder einer Art moralisch berücksichtigt wissen wollen, wobei hier zu ergänzen wäre, dass schon die Rede von den (biologischen) Zwecken eines Ökosystems oder einer Art fragwürdig ist (vgl. Meyer 2003).

110.3 Alternativen zur Ausdehnungsstrategie

Grundsätzlich wird gegen die Ausdehnungsstrategie eingewendet, dass diese dem besonderen moralischen Status von Menschen nicht gerecht werde. Menschen haben diesem Einwand zufolge einen fundamental anderen moralischen Status als andere Tiere. Unsere diesbezüglichen Auffassungen pauschal als ‚speziesistisch' abzutun, lasse eine bestimmte Form der moralischen Sensibilität gerade vermissen. In diesem Zusammenhang ist in Teilen der tierethischen Diskussion behauptet worden, dass der Ausweis vermeintlich moralisch relevanter Eigenschaften und Fähigkeiten grundsätzlich fragwürdig sei, weil sie das Vorliegen dieser Fähigkeiten zur Bedingung für moralische Rücksicht mache (vgl. z. B. Diamond 1978; Anderson 2004; Crary 2007). Dies betrifft z. B. die These, dass die Fähigkeit zur Autonomie einen besonderen moralischen Status verleihe. Der Fokus auf solche Fähigkeiten und deren (vermeintliche) moralische Relevanz wird von diesen Autor:innen nicht als eine Bereicherung, sondern eher als eine Unterwanderung unserer moralischen Sensibilität charakterisiert. Wenn man eine bestimmte Eigenschaft herausgreife, um einen moralischen Status zuzuweisen, so stelle sich zum Beispiel das Problem, dass auch manche Menschen diese Eigenschaft nicht aufweisen. Zwar wollen Tierethiker mit dem Speziesismus-Vorwurf in erster Linie den moralischen Status der Tiere *aufwerten*. Damit laufen sie allerdings Gefahr, den moralischen Status bestimmter Menschen *abzuwerten*.

Stattdessen wird daher betont, dass man jenseits der für moralisch relevant erklärten Fähigkeiten anderen Menschen bestimmte Dinge schuldet, eben weil sie *Menschen* sind – auch wenn ihnen bestimmte Fähigkeiten fehlen (z. B. schwer demenzkranken Menschen). Hier zeige sich, dass Menschen *als* Menschen einen bestimmten moralischen Status haben. Insofern wird der Speziesismus-Einwand zurückgewiesen, da er eben dies bestreitet. Stattdessen wird betont, dass man Menschen gerade nicht wie Tiere behandeln dürfe. Daraus sei aber keineswegs der Schluss zu ziehen, dass man Tiere behandeln kann, wie man will, und dass ihnen jeglicher moralischer Status abzusprechen sei. Gerade wenn man zugestehe, dass ein Mensch zu sein einen besonderen moralischen Status verleihe (und nicht bestimmte Fähigkeiten, die Menschen haben), eröffne das den Raum für die Überzeugung, dass man auch den Tieren einen besonderen moralischen Status zuerkennen sollte – eben weil sie *Tiere* und keine bloßen Sachen sind (vgl. Crary 2007, 389).

Die Behauptung, die Ausdehnungsstrategie sei fehlgeleitet, bedarf einer konstruktiven Erweiterung. Wie also lässt sich jenseits der Ausdehnungsstrategie für den moralischen Status der Tiere, aller Lebewesen oder der Natur argumentieren? Die gegenwärtige tier- und umweltethische Diskussion legt keine einheitliche Antwort auf diese Frage nahe, wenngleich der Verweis auf bestimmte emotionale Einstellungen und Intuitionen recht verbreitet ist.

So wird zum Beispiel an die moralische Sensibilität appelliert, die mit bestimmten moralischen Gefühlen (wie Mitleid oder Mitgefühl) einhergehe. Gruen etwa plädiert für eine reflektierte Empathie, die sich auch auf den Umgang mit Tieren erstrecke und unserer moralischen Motivation zuträglicher sei als die üblichen ethischen Theorien (vgl. Gruen 2014). Allerdings stellt sich hier die Frage, inwiefern sich aus dem Mitgefühl mit Tieren moralische Rechte und Pflichten ableiten lassen und inwiefern auch diejenigen dazu verpflichtet sind, Tiere gut zu behandeln, denen es an Empathie gegenüber Tieren mangelt.

Auch in tugendethischen Ansätzen spielt das Mitgefühl eine Rolle. So meint z. B. Hursthouse, ein tugendethischer Ansatz sei für die Tierethik angemessener als die bisherigen Überlegungen zum moralischen Status der Tiere. Die Tugendethik verweise auf die Möglichkeit, mithilfe der Begriffe von Tugenden und Lastern über das eigene Handeln nachzudenken. Man sollte z. B. das tun, was mitfühlend ist, und man sollte nicht grausam handeln. Die Antwort auf die Frage, auf wen sich das beziehen sollte (z. B. auch auf Tiere), sei direkt durch die Bedeutung der Begriffe „mitfühlend" und „grausam" gegeben. Man müsse dafür nicht zuerst klären, welchen moralischen Status eine bestimmte Gruppe (z. B. Tiere) hat (Hursthouse 2014, 330). Stattdessen ließen sich diese Begriffe direkt anwenden. Allerdings stellt sich die Frage, wie eine solche Position mit Uneinigkeit umgehen kann, z. B. wenn umstritten ist, ob es tatsächlich „grausam" ist, eine Blume zu pflücken.

Ähnliche Schwierigkeiten ergeben sich auch für diejenigen Positionen, die direkt an bestimmte Intuitionen appellieren – wie etwa Albert Schweitzers Ethik der Ehrfurcht vor dem Leben (vgl. Schweitzer 1966). Zudem könnte sich die Uneinigkeit bezüglich solcher Intuitionen in Richtung einer Einigkeit verschieben, welche Schweitzers Position nicht entgegenkommt. So meint Birnbacher, die Intuitionen, an die Schweitzer appelliert, seien weniger robust als angenommen. Für Schweitzer ist das Leben ein Mysterium, aus dem sich eine Haltung mystischer Hingabe ableiten lässt. Birnbacher meint jedoch, das vermeintliche Geheimnis des Lebens werde wissenschaftlichen Erklärungen mehr und mehr zugänglich, und daher stehe eine Ethik, die auf dieses Geheimnis baut, auf einem recht schwachen Fundament (Birnbacher 2008).

Der moralische Status der Natur wird in der umweltethischen Diskussion oftmals mit Verweis auf deren Eigenwert oder ‚intrinsischen Wert' ins Spiel gebracht. John Callicott meint sogar, die Frage, ob die Natur einen intrinsischen Wert habe, sei *die* zentrale Frage der Umweltethik (vgl. Callicott 2005, 347). Verweise auf den intrinsischen Wert der Natur sollen dazu dienen, den Schutz der Natur zu begründen. Allerdings stellt sich die Frage, welche Struktur eine solche Begründung haben kann. Katie McShane meint, die Liebe zur Natur und andere emotionale Einstellungen seien Formen des „intrinsisch Wertschätzens". Wenn wir die Natur lieben, die Natur bewundern und bestaunen, messen wir ihr einen intrinsischen Wert bei. Zudem ziehe dies die Auffassung nach sich, dass die Natur geschützt werden sollte. McShane betont, solche Einstellungen seien keineswegs unangemessen. Etwas in der Natur habe einen intrinsischen Wert, wenn es bestimmte wertende Einstellungen (z. B. Liebe oder Bewunderung) verdient und diese Einstellungen daher angemessen seien. Und es ließen sich durchaus Gründe dafür anführen, warum die Natur Bewunderung verdiene (McShane 2011).

In der umweltethischen Diskussion finden sich zudem Verweise auf den intrinsischen Wert einzelner Arten oder der Artenvielfalt. Oftmals wird auch hier an unsere Intuitionen appelliert, etwa dass wir das Aussterben einer Art für bedauerlich halten und uns dazu aufgefordert sehen, uns für ihren Erhalt einzusetzen. So räumt z. B. Mary Warren (2008, 50) ein, dass es bisher an guten Argumenten für den intrinsischen Wert der Natur mangelt. Man könne aber immerhin auf bestimmte Intuitionen verweisen. Dazu dient Warren die folgende Überlegung: Man vergleiche eine Welt, in der alle Lebewesen ausgelöscht wurden, mit einer Welt, in der zumindest Pflanzen als einzige Lebewesen überleben konnten. Dieser Vergleich soll zeigen, dass wir intuitiv auch pflanzlichem Leben einen von unserer eigenen Existenz unabhängigen intrinsischen Wert zusprechen, aus dem sich ableiten lasse, dass es um seiner selbst willen schützenswert sei.

Insgesamt zeigen diese Debatten, dass die Tier- und Umweltethik in sehr grundlegende moralphilosophische Überlegungen mündet. So stellen sich etwa Fragen zum Stellenwert von Intuitionen in der Ethik oder grundlegende Fragen einer Fundierung von Rechten. Die Frage nach dem moralischen Status von Tieren, Lebewesen und der gesamten Natur ist ohne derart grundlegende Überlegungen kaum zu beantworten. Umgekehrt können Überlegungen der Tier- und Umweltethik auch die Theoriebildung in der normativen Ethik bereichern (vgl. Wolf 1990 und 2008). Durch den Fokus auf Fragen der Angewandten Ethik konkretisieren sich Stärken und Schwächen bestimmter ethischer Theorien. Tier- und umweltethische Überlegungen sind also nicht nur für sich genommen ein wichtiger Bestandteil der Angewandten Ethik, sondern sie sind auch für die allgemeine moralische Theoriebildung von großer Bedeutung.

Literatur

Anderson, Elizabeth: „Animal Rights and the Values of the Nonhuman Life." In: Cass R. Sunstein, Martha C. Nussbaum (Hg.): Animal Rights. Current Debates and New Directions. Oxford 2004, 277–298.
Andrews, Kristin: The Animal Mind. An Introduction to the Philosophy of Animal Cognition. Abingdon 2014.
Birnbacher, Dieter: „Lässt sich das Töten von Tieren rechtfertigen?" In: Ursula Wolf (Hg.): Texte zur Tierethik. Stuttgart 2008, 212–231.
Bradie, Michael: „The Moral Life of Animals." In: Tom L. Beauchamp, Raymond G. Frey (Hg.): The Oxford Handbook of Animal Ethics. Oxford 2011, 547–573.
Callicott, John Baird: In Defense of the Land Ethic. Albany 1989.
Callicott, John Baird: „Intrinsic Value in Nature: A Metaethical Analysis." In: John Baird Callicott, Clare Palmer (Hg.): Environmental Philosophy. Critical Concepts in the Environment. Bd. 1. London 2005, 345–365.
Cohen, Carl: „Why Animals Do Not Have Rights." In: Carl Cohen, Tom Regan (Hg.): The Animal Rights Debate. New York/Oxford 2001, 27–40.
Crary, Alice: „Humans, Animals, Right and Wrong." In: Alice Crary (Hg.): Wittgenstein and the Moral Life: Essays in Honor of Cora Diamond. Cambridge/Mass 2007, 381–404.
Diamond, Cora: „Eating Meat and Eating People." In: Philosophy 53. (1978), 465–479.
Frey, Raymond G.: „Animals." In: Hugh LaFolette (Hg.): The Oxford Handbook of Practical Ethics. Oxford 2003, 161–187.
Gruen, Lori: „Sich Tieren zuwenden: Empathischer Umgang mit der mehr als menschlichen Welt." In: Friederike Schmitz (Hg.): Tierethik. Grundlagentexte. Berlin 2014, 390–404.

Hursthouse, Rosalind: „Tugendethik und der Umgang mit Tieren." In: Friederike Schmitz (Hg.): Tierethik. Grundlagentexte. Berlin 2014, 321–348.
Korsgaard, Christine: Fellow Creatures: Our Obligations to the Other Animals. Oxford 2018.
Krebs, Angelika (Hg.): Naturethik. Grundtexte der gegenwärtigen tier- und ökoethischen Diskussion. Frankfurt a.M. 1997.
Krebs, Angelika: Ethics of Nature. A Map. Berlin/New York 1999.
Ladwig, Bernd: Politische Philosophie der Tierrechte. Frankfurt a.M. 2020.
Meyer, Kirsten: Der Wert der Natur. Begründungsvielfalt im Naturschutz. Paderborn 2003.
McMahan, Jeff: „Animals." In: Raymond G. Frey, Christopher H. Wellmann (Hg.): A Companion to Applied Ethics. Malden 2003, 525–536.
McShane, Katie: „Neosentimentalism and Environmental Ethics." In: Environmental Ethics 33. (2011), 5–23.
Ott, Konrad: Umweltethik zur Einführung. Hamburg 2010.
Perler, Dominik/Wild, Markus: „Einführung." In: Dominik Perler, Markus Wild (Hg.): Der Geist der Tiere. Philosophische Texte zu einer aktuellen Diskussion. Frankfurt a.M. 2005, 10–74.
Regan, Tom: The Case for Animal Rights. Berkeley 1983.
Rolston III, Holmes: „Werte in der Natur und die Natur der Werte." In: Angelika Krebs (Hg.): Naturethik – Grundtexte der gegenwärtigen tier- und ökoethischen Diskussion. Frankfurt a.M. 1997, 247–270.
Rolston III, Holmes: „Valuing Wildlands." In: John Baird Callicott, Clare Palmer (Hg.): Environment Philosophy. Critical Concepts in the Environment. Bd. 3. London/New York 2005, 320–346.
Schweitzer, Albert: Die Lehre von der Ehrfurcht vor dem Leben. Grundtexte aus fünf Jahrzehnten. Hg. von Hans Walter Bähr. München 1966.
Singer, Peter: Die Befreiung der Tiere. Reinbek 1996 (engl. 1975).
Sunstein, Cass R./Nussbaum, Martha C. (Hg.): Animal Rights. Current Debates and New Directions. Oxford 2004.
Taylor, Paul W.: Respect for Nature. A Theory of Environmental Ethics. Princeton/New Jersey 1986.
Warren, Mary A.: „The Rights of the Nonhuman World." In: Clare Palmer (Hg.): Animal Rights. Aldershot/Burlington 2008, 31–56.
Wolf, Ursula: Das Tier in der Moral. Frankfurt a.M. 1990.
Wolf, Ursula: „Die Mensch-Tier-Beziehung und ihre Ethik." In: Ursula Wolf (Hg.): Texte zur Tierethik. Stuttgart 2008, 170–192.

Tiere als Nahrungsmittel und Konsumgut

Tatjana Višak

„Deutschland, Land der Pelzkragen" titelte Anfang 2018 ein Artikel in der *Zeit*. Tatsächlich hält der Parka-mit-Fellkragen-Trend schon mehrere Jahre an. Auf Expeditionen in der Antarktis kann so ein Fellkragen durchaus nützlich sein. Er schützt davor, dass die Kapuze am Gesicht festfriert. In unseren Breitengraden dienen die Felle der Nerze, Füchse, Kaninchen oder Marderhunde lediglich der Zier. Aber ziert es uns, diese empfindungsfähigen Tiere auf engstem Raum zu halten und dann zu erschlagen, mit Elektroschock zu töten, oder bei lebendigem Leib zu häuten für einen Kragen an einer Jacke, die oft nach einer Saison weggeworfen wird, oder für einen Bommel an einer Mütze? Im Folgenden soll das Nutzen von nicht-menschlichen Tieren sowie deren Produkte, Körperteile und Fähigkeiten durch uns Menschen zwecks Nahrungsmittel und Konsumgut aus ethischer Perspektive betrachtet werden.

Vorab ein paar Worte zum Titel „Tiere als Nahrungsmittel und Konsumgut". Da Nahrungsmittel in gewissem Sinne Konsumgüter *sind*, kann man sich fragen, ob sie als solche besondere Hervorhebung verdienen. Die Art des Konsums unterscheidet sich: Nahrungsmittel verleibt man sich ein und sie werden somit zu den Bausteinen des eigenen Körpers. Dies ist die häufigste, älteste und womöglich intimste Form des menschlichen Umgangs mit Tieren. Die Nahrungsmittelindustrie verbraucht außerdem bei weitem die meisten Tiere. Allein in Deutschland werden jährlich etwa 56 Mio. Schweine und noch viel mehr Hühner geschlachtet. Nahrungsmittel braucht der Mensch zum Überleben. Allerdings gilt das für Nahrungsmittel tierlichen Ursprungs für die allermeisten von uns nicht. Unsere Nutzung von Tieren, sei es in Form von Fleisch, Milch und Eiern, Leder und anderen Bekleidungsartikeln sowie für Kosmetik und Unterhaltung ist möglich und in vielen Fällen üblich, aber nicht notwendig. Dadurch gewinnt die ethische Betrachtung dieser Nutzung an Relevanz.

Die Ethik kann in drei Bereiche eingeteilt werden wovon zwei für das vorliegende Thema wichtig sind. Erstens kann mithilfe der *Werttheorie* gefragt werden, wie es bei der Nutzung um das tierische Wohlergehen gestellt ist (Abschn. 111.1). Zweitens kann im Rahmen der Frage nach *normativen Handlungsgründen* untersucht werden ob es gerechtfertigt ist Tiere zu nutzen (Abschn. 111.2). Im Folgenden sollen gängige Positionen zu beiden Fragen angerissen werden. (Die Metaethik, als dritter Bereich der Ethik, soll hier außen vor bleiben.)

111.1 Nutzung und Tierwohl

Ob es gut oder schlecht (oder weder gut noch schlecht) für die betroffenen Tiere ist, wenn sie selbst oder deren Körperteile, Produkte oder

T. Višak (✉)
Universität Mannheim, Mannheim, Deutschland
E-Mail: tatjana.visak@gmail.com

Fähigkeiten von uns Menschen konsumiert werden, hängt erstens davon ab, was mit den Tieren zum Zweck der jeweiligen Nutzung geschieht. Wenn ich eine verlorene Feder auflese und sie mir an den Hut stecke, nutze ich ein tierliches Produkt, ohne dass dies irgendwelche Auswirkungen auf das betreffende Tier hat. Wenn ich dahingegen in der Fleischproduktion ein Ferkel ohne Betäubung kastriere und es daran hindere, natürliche Verhaltensweisen auszuleben, dann verursacht mein Eingreifen beim Tier großes Leid.

Neben der Art des Eingriffes ist zweitens wichtig, was das Wohlergehen des betreffenden Tieres ausmacht. In der Werttheorie werden rivalisierende Theorien vertreten, deren Ziel es ist, zu bestimmen, was letztendlich das Leben eines Wesens gut oder schlecht für das betreffende Individuum macht.

Dem Hedonismus zufolge geht es einem Individuum besser, je mehr Genuss und je weniger Leid (in weitestem Sinne) es erlebt. Dass zumindest Säugetiere und Vögel empfindungsfähige Wesen sind, zählt heutzutage zum wissenschaftlichen Konsens. Viele dieser Tiere können neben körperlichen Empfindungen auch Emotionen wie Freude, Angst, Langeweile und sogar Stimmungen wie etwa Depressionen erfahren. Auch ist empirisch feststellbar, was genau Tieren angenehme bzw. unangenehme Gefühle bereitet. Zwar können wir die Gefühle eines Anderen nicht selbst fühlen. Wir können aber auf vielerlei Weise aus dem Verhalten sowie aus messbaren Körperreaktionen erschließen, wie sich ein Tier gerade fühlt.

Alternative, nicht-hedonistische Theorien des Wohlergehens besagen, dass es einem Wesen besser geht, je mehr seiner Präferenzen befriedigt und je weniger davon frustriert werden (Wunscherfüllungstheorien). Da sich empfindungsfähige Tiere in der Regel angenehme Erfahrungen und die Vermeidung von unangenehmen Erfahrungen wünschen, beurteilt die Wunscherfüllungstheorie viele Eingriffe ähnlich als gut oder schlecht für das Tier wie der Hedonismus. Einer dritten Gruppe von Theorien zufolge besteht Wohlergehen darin, im Einklang mit der eigenen Art zu leben (Arterfüllungstheorien). Diese Theorien richten unseren Fokus auf die Frage, inwiefern die Ausübung natürlichen, art-eigenen Verhaltens durch die Nutzung des Tieres gefördert oder behindert wird.

Neben direktem Einfluss auf das Wohlergehen des betreffenden Tieres kann eine Form des Tiergebrauchs auch indirekt das Wohlergehen von Menschen oder Tieren beeinflussen. Dies geschieht beispielsweise in der Tierhaltung durch den Beitrag an Klimaveränderung, Umweltverschmutzung und Ressourcenverbrauch.

Wenn man also sagt, dass es schlecht für einen Nerz ist, zur Fellproduktion genutzt zu werden, oder dass es schlecht für ein männliches Küken ist, in der Eierproduktion geschreddert zu werden, dann setzt man damit nicht nur empirische Fakten voraus, sondern auch eine bestimmte Antwort auf die werttheoretische Frage, was das Leben eines Tieres gut oder schlecht für dieses macht. In der Tierethik geht es darum, diese Annahmen explizit zu machen und zu prüfen. Überlegungen zum tierlichen Wohlergehen halten die meisten Tierethiker zudem für praktisch relevant. Sie gehen davon aus, dass die betreffenden Fakten normative Gründe darstellen, bestimmte Handlungen auszuführen oder zu unterlassen.

111.2 Tierwohl und Handlungsgründe

Wenn wir über normative Gründe für unser Handeln nachdenken, stellt sich zunächst die Frage, wen oder was wir überhaupt Grund haben, in unserem Handeln zu berücksichtigen. Das ist als Frage nach dem moralischen Stellenwert bekannt: Welche Wesen oder Entitäten sind um ihrer selbst willen zu berücksichtigen? Die meisten (aber nicht alle) Autoren in der Tierethik gehen davon aus, dass Empfindungsfähigkeit ein notwendiges und hinreichendes Kriterium für moralischen Stellenwert ist (Singer 2011; Korsgaard 2016). Was wir Tieren antun ist überhaupt nur dann relevant, wenn die betreffenden Wesen moralische Beachtung verdienen. Daher ist die

Frage nach der Gruppe derer mit moralischem Stellenwert in der Tierethik, wie auch in vielen anderen Bereichen der Angewandten Ethik, sehr wichtig. Dabei muss nicht nur geklärt werden, welche Kriterien für moralischen Stellenwert die richtigen sind und warum. Es muss außerdem deutlich sein, ob moralischer Stellenwert in Abstufungen angelegt ist oder ob alle, die ihn haben, dies in gleichem Maße tun. (Obwohl hier von einem ‚Wert‘ die Rede ist, ist die Frage, wer um seiner selbst willen zu beachten ist, nicht in der Werttheorie angesiedelt. Es geht nämlich hier um normative Handlungsgründe.)

Eine zweite Frage, die sich bei der Bestimmung von normativen Handlungsgründen stellt, ist, wie genau die Berücksichtigung derer, die wir Grund haben, um ihrer selbst willen zu berücksichtigen, aussehen soll. Hierauf geben Moraltheorien ganz unterschiedliche Antworten. Im Folgenden sollen die beiden Klassiker in der Tierethik kurz vorgestellt werden: utilitaristische Ansätze und Tierrechtstheorien.

Dem Utilitarismus zufolge haben wir (alles in allem) Grund, genau die Handlung aus dem Set unserer Optionen auszuwählen, die insgesamt am meisten Wohlergehen erzeugt. Dabei wird das Wohlergehen aller Betroffenen – Mensch und Tier – gleichermaßen berücksichtigt. Diese Moraltheorie garantiert keine bestimmten Formen der Behandlung und schließt auch keine Handlungen grundsätzlich aus. Lediglich die Folgen der Handlung im Hinblick auf das Wohlergehen aller Betroffenen bestimmen, ob die Handlung gerechtfertigt ist.

Allerdings wird Wohlergehen im Utilitarismus auf zwei grundlegend verschiedene Weisen als Handlungsgrund betrachtet, was zu zwei verschiedenen Versionen dieser Moraltheorie führt. Zum einen können Handlungsoptionen dahingehend verglichen werden, wie sie sich auf die Menge des Gesamtwohlergehens im Universum auswirken. Dieser nicht-personalen Version des Utilitarismus zufolge geht es darum, die größtmögliche Menge an Wohlergehen im Universum zu erreichen: sei es indem man Leben verbessert, sei es indem man größere Mengen guter Leben erzeugt. Zum anderen können Handlungsoptionen dahingehend verglichen werden, inwiefern sie Leben verbessern bzw. bessere anstatt schlechtere Leben zur Folge haben. Diese alternative Version des Utilitarismus strebt nach dem Verbessern von Leben, erachtet es aber nicht als erstrebenswert, eine größere Menge guter Leben zu erzeugen. Im ersten Fall wird Wohlergehen als nicht-personales Gut betrachtet, da es letztendlich um den Wert des Universums geht und das Wohlergehen Einzelner nur ein Mittel ist, diesen Wert zu maximieren. Im zweiten Fall geht es um Wohlergehen als personales Gut: Individuen sollen möglichst gute Leben haben (Bader 2022).

Traditionell sprechen sich Utilitaristen gegen viele übliche Formen des Tiergebrauchs, wie etwa der intensiven Nutztierhaltung, aus. Hier wird Tieren viel Leid angetan, und das Lebenszeit-Wohlergehen liegt für viele Tiere vermutlich im negativen Bereich. Hinzu kommen zahlreiche *indirekte* negative Effekte auf das Wohlergehen von Mensch und Tier, etwa durch Klimawandel, Umweltverschmutzung und Ressourcenverbrauch. Alternativen, wie etwa eine artgerechtere Tierhaltung und vor allem die Nutzung pflanzlicher Nahrungsmittel, schneiden in ihren Folgen für das Wohlergehen besser ab (Singer 2011; Norcross 2004; Rachels 2011).

Haben die gehaltenen Tiere jedoch ein insgesamt gutes Leben, dann kommen die beiden Versionen des Utilitarismus zu unterschiedlichen Urteilen. Dann wäre es gemäß dem personalen Utilitarismus für Bauern und Schlachter falsch, diese Tiere zu töten, da man ihnen stattdessen im Prinzip ein längeres glückliches Leben gewähren könnte. Das wäre besser, da der Verzicht auf das Töten die betroffenen Tierleben insgesamt besser machen würde. Ein längeres glückliches Leben ist nämlich nach der gängigen Auffassung besser für das jeweilige Tier, als ein kürzeres glückliches Leben. Auch im Hinblick auf nicht-personales Gut wäre es besser, die glücklichen Tiere leben zu lassen. Dann wäre nämlich insgesamt mehr Wohlergehen im Universum, dank der längeren Leben, die mehr Wohlergehen enthalten. Der Verlust durch das Töten an Wohlergehen im Universum kann aber ausgeglichen werden, indem man die getöteten Tiere durch andere ersetzt, die es ansonsten nicht gegeben hätte und deren Leben mindestens so viel Wohlergehen enthält wie das weitere Leben der getöteten Tiere enthalten hätte. Auf diese Weise bleibt die Gesamtsumme des Wohlergehens für das Universum gleich. Dank dieses Ersetzbarkeitsargumentes billigt die nicht-personale Version des Utilitarismus das Töten glücklicher Tiere, wenn diese entsprechend ersetzt werden (Singer 2011). Die personale Version des Utilitarismus tut dies nicht. Denn während das Töten der betroffenen Tiere deren Leben schlechter macht, macht es niemandes Leben besser, dass neue Tiere ins Leben gebracht werden um die getöteten zu ersetzen. Das Töten resultiert daher in einem Verlust von Wohlergehen als personalem Wert.

Nicht jeder hat aber die Wahl, ein glückliches Tier entweder zu töten oder länger leben zu lassen. Hier wird angenommen, dass Bauern oder Schlachter (bzw. die entsprechenden Firmen) diese Option prinzipiell haben, aber wie ist es mit den Konsumenten? Als Konsument kann man die betreffenden Produkte glücklicher Tiere entweder kaufen oder nicht. Der Kauf resultiert in einem glücklichen (wenn auch kurzen) Tierleben. Der Verzicht auf den Kauf sorgt dafür, dass es das entsprechende Tierleben nie gibt, da dann entsprechend weniger dieser Tiere produziert werden. Geht man davon aus, dass man Existenz und Nicht-Existenz im Hinblick auf das personale Gut des betroffenen Tieres nicht vergleichen kann, dann ist es gemäß der personalen Version des Utilitarismus in dieser Hinsicht weder besser noch schlechter (noch genauso gut) auf den Kauf des Produktes zu verzichten. Somit wäre es, wenn man nur die Folgen für das personale Gut der betroffenen Tiere betrachtet, erlaubt, Produkte von glücklichen Tieren zu konsumieren. Es spräche also für den Konsumenten nichts dagegen, eine Praxis zu unterstützen, die nur durch moralisch falsche Tötungshandlungen seitens der Bauern und Schlachter existieren kann. Dies mag seltsam erscheinen. Es kommt daher, dass die Alternativen für den Konsumenten prinzipiell andere sind als für den Schlachter oder Bauern. Der Konsument kann im Gegensatz dazu nichts tun, um dem betreffenden Tier ein *langes* glückliches Leben zu geben.

Da man Existenz und Nicht-Existenz nicht im Hinblick auf personales Gut vergleichen kann, stellt sich die Frage, ob es dem Konsumenten ebenfalls erlaubt wäre, Produkte von unglücklichen Tieren zu kaufen. Insofern es hier die Alternative gibt, die Produkte stattdessen von glücklichen Tieren zu beziehen, wäre es nicht erlaubt, die Produkte der leidenden Tiere zu kaufen, da es eine bessere Option gäbe. Außerdem gibt die Existenz leidender Tiere Konsumenten einen Grund, diese Leben, wenn sie denn nicht verbessert werden können, maximal zu verkürzen, da kürzere schlechte Leben weniger schlecht sind als längere schlechte Leben. Ein maximal verkürztes Leben ist kein wirklich gutes Leben. Fördert der Konsument also durch den Kauf der Produkte die miserablen Leben der Tiere, so tut er damit etwas, wozu er sogleich Grund hat, es ungetan zu machen. Daher kann man argumentieren, dass er es aus Konsistenzgründen unterlassen sollte (Bader 2022).

Für den Konsumenten ist es im Hinblick auf *nicht-personales* Gut (und wenn man indirekte Effekte ausklammert) nicht nur erlaubt, sondern sogar geboten, Produkte von glücklichen Tieren zu konsumieren, da dadurch insgesamt mehr glückliche Tiere leben, was die Gesamtmenge des Wohlergehens im Universum erhöht. Wie gesagt, gelten diese Überlegungen nur für Tiere, dessen Wohlergehen positiv ist, und das auch nur dann, wenn man indirekte Folgen außer Acht lässt. Dies macht diese Überlegungen vor allem theoretisch relevant, da in der Praxis das Wohl der Tiere oft negativ ist und da indirekte Effekte auf das Wohlergehen von Mensch und Tier eine große Rolle spielen.

Hinsichtlich der Folgen des Tierkonsums kann man sich fragen, ob die Nachfrage-Elastizität des entsprechenden Marktes überhaupt so groß ist, dass der einzelne Konsument Einfluss auf die Produktionszahlen hat. Diese Frage wird in der Ethik kontrovers diskutiert und kann im Konsequentialismus mithilfe des Erwartungsnutzens der Handlung beantwortet werden. Kurz gesagt: Es ist zwar unwahrscheinlich, dass gerade *mein* Verzicht auf den Hähnchenkauf dazu beiträgt, dass ein kritischer Schwellenwert erreicht wird, wodurch weniger Hähnchen produziert werden. Wenn aber durch meine Handlung der Schwellenwert erreicht wird, dann hat dies enorme Folgen, da dann gleich viel weniger produziert wird. Multipliziert man die Eintrittswahrscheinlichkeit mit den Folgen im Falle des Erreichens des Schwellenwertes, erhält man den Erwartungsnutzen, der in der Regel dem positiven oder negativen Nutzen bei perfekter Nachfrage-Elastizität entspricht. Sprich: verzichte ich auf einen Hähnchenkauf, hat das den gleichen Erwartungsnutzen als wenn dadurch garantiert ein Hähnchen weniger produziert wird (Kagan 2011; kritisch dazu Budolfson 2019).

Vom Utilitarismus kann als zweite klassische Position in der Tierethik die Tierrechtstheorie unterschieden werden. Auch hier gibt es verschiedene Varianten die sich unter anderem hinsichtlich der angenommenen *Grundlage* für moralische Rechte unterscheiden. Wohlergehen (im Sinne eines personalen Guts) ist eine mögliche Grundlage für Rechte. Demnach sollen die Rechte das Wohlergehen der Einzelnen schützen. Autonomie oder Würde werden als alternative Grundlagen für Rechte vorgeschlagen, wobei dann näher zu klären ist, was jeweils darunter verstanden wird (Cochrane 2016). Rechte sollen bekanntlich dazu dienen, die Rechteinhaber vor bestimmten Behandlungen zu schützen oder ihnen bestimmte Behandlungen zu garantieren. Dies scheint auf den ersten Blick einen umfassenderen Schutz des Tierwohls zu gewährleisten, als dies beim Utilitarismus der Fall ist, da einzelne Rechtinhaber nicht dem Kalkül des Gesamtnutzens zum Opfer fallen (Regan 2004). Allerdings lassen auch viele Tierrechtspositionen Nutzenabwägungen zu, etwa wenn man sich zwischen zwei Übeln entscheiden muss. Tun sie dies nicht, dann wird immenser Gesamtschaden zugelassen, um einen einzelnen Rechtsbruch zu vermeiden. Wenn zum Beispiel gesagt wird, dass Experimente an Tieren deren Rechte verletzen und darum verboten sind, dann schützt dies zwar absolut die tierlichen Rechte, aber nicht unbedingt das tierliche Wohlergehen. Es könnte nämlich sein, dass durch das Zulassen der Experimente weniger Schaden entsteht als durch ein Verbot. Wenn Rechte Wohlergehen schützen sollen, ruft dieses sogenannte ‚deontologische Paradox' Fragen auf. Daher wurde suggeriert, dass es in nicht-konsequentialistischen Theorien eher darum ginge, die eigenen Hände ‚rein' zu halten (zum Problem der ‚schmutzigen Hände' s. Kap. 68), indem ein moralisch relevanter Unterschied zwischen Tun und Unterlassen postuliert wird, nach dem Motto: „Man darf kein Leid antun, da das ein Rechtsbruch wäre, aber Leid zulassen ist erlaubt". Geht man neben negativen (Unterlassungs-)Rechten auch von positiven Rechten, etwa dem Recht auf Hilfeleistung aus, dann kann dieser Unterschied zwischen Tun und Unterlassen nicht so einfach gezogen werden. Verschiedene Tierrechtspositionen postulieren unterschiedliche Bündel von Rechten und unterscheiden sich darin, wie stringent diese Rechte sind (Cochrane 2016; Korsgaard 2016).

Neben den klassischen Ansätzen basierend auf dem Utilitarismus oder auf Tierrechten gibt es einige weitere. Man kann zum Beispiel im Sinne der Tugendethik fragen, wie tugendhaftes Verhalten gegenüber Tieren aussieht. Auch diverse ethische Prinzipien, wie etwa die Goldene Regel, können auf nicht-menschliche Tiere als zu berücksichtigende Wesen ausgeweitet werden, ebenso das Gebot, andere nicht auszubeuten oder als reine Mittel zu betrachten. Sogar kantische oder vertragstheoretische Ansätze, die Tieren traditionell keinen moralischen Stellenwert zugesprochen haben, werden inzwischen von immer mehr Autoren so interpretiert, dass sie weitreichende moralische Pflichten gegenüber nicht-menschlichen Tieren implizieren (Korsgaard 2016). Kaum umstritten ist heutzutage in der Tierethik, dass auch nicht-menschliche Tiere moralisch zu berücksichtigen sind. Ob ihnen jedoch der volle moralische Stellenwert zukommt, gibt Anlass zu Kontroversen (Kagan 2019). Zu klären ist vor allem, was unsere Pflichten gegenüber Tieren im Einzelnen sind. Gerade Formen der Nutzung, bei denen das Leid der genutzten Tiere nicht das (einzige) Problem zu sein scheint, wie zum Beispiel genetische Modifikation oder auch die sogenannte tierfreundliche Tierhaltung, werden in der Tierethik heutzutage kontrovers diskutiert.

Literatur

Bader, Ralf M.: „Person-Affecting Utilitarianism." In: Gustaf Arrhenius, Krister bykvist, Tim Campbell, Elizabeth Finneron-Burns (Hg.): Oxford Handbook of Population Ethics. New York (2022).

Budolfson, Mark Bryant: „The Inefficacy Objection to Consequentialism and the Problem with the Expected Consequences Response." In: Philosophical Studies 176 (2019), 1711–1724.

Cochrane, Alasdair: „Rights, Liberty, and the Pursuit of Happiness? Specifying the Rights of Animals." In: Tatjana Višak, Robert Garner (Hg): The Ethics of Killing Animals. New York 2016.

Kagan, Shelly: „Do I Make a Difference?" In: Philosophy and Public Affairs 39. Jg., 2 (2011), 105–141.

Kagan, Shelly : How to Count Animals, More or Less. New York 2019.

Korsgaard, Christine: „A Kantian Case for Animal Rights." In: Tatjana Višak, Robert Garner (Hg.): The Ethics of Killing Animals. New York 2016.

Norcross, Alastair: „Puppies, Pigs and People: Eating Meat and Marginal Cases." In: Philosophical Perspectives 18. (2004), 229–245.

Rachels, Stuart: „Vegetarianism." In: Tom L. Beauchamp, Raymond G. Frey (Hg): The Oxford Handbook of Animal Ethics. Oxford 2011, 877–905.

Regan, Tom: The Case for Animal Rights. Berkely 2004.

Singer, Peter: Practical Ethics. Cambridge 2011.

Tierversuche und Xenotransplantation

112

Johann S. Ach

112.1 Tierversuche und Xenotransplantation als Formen des Tierverbrauchs

Tierversuche sind neben anderen Formen des Tierverbrauchs (Nutzung von Tieren als Nahrungsquelle, Haltung in zoologischen Gärten und Aquarien, Einsatz als Heim- oder Schoßtiere etc.) vermutlich das am häufigsten diskutierte Tierschutz-Thema. Tierversuche sind, der engen Definition des deutschen Tierschutzgesetzes zufolge, „Eingriffe oder Behandlungen zu Versuchszwecken 1. an Tieren, wenn sie mit Schmerzen, Leiden oder Schäden für diese Tiere verbunden sein können, 2. an Tieren, die dazu führen können, dass Tiere geboren werden oder schlüpfen, die Schmerzen, Leiden oder Schäden erleiden, oder 3. am Erbgut von Tieren, wenn sie mit Schmerzen, Leiden oder Schäden für die erbgutveränderten Tiere oder deren Trägertiere verbunden sein können." (§ 7 TierSchG). Tiere werden dabei häufig als ‚Stellvertreter' für Versuche, die aus praktischen oder moralischen Gründen am Menschen nicht durchgeführt werden können (z. B. Toxizitätsprüfungen), oder als ‚Modelle' herangezogen,

J. S. Ach (✉)
Westfälische Wilhelms-Universität Münster,
Münster, Deutschland
E-Mail: ach@uni-muenster.de

an denen menschliche Krankheiten erforscht werden können oder Grundlagenforschung durchgeführt werden kann. In Deutschland wurden 2016 ausweislich des Berichts des zuständigen Bundesministeriums 2.854.586 des Bundesinstituts für Risikobewertung (BfR) rund 1,9 Millionen Wirbeltiere und Kopffüßer in Tierversuchen eingesetzt (BfR 2021). (BMEL 2017). Tierversuche werfen insbesondere die Frage auf, ob überhaupt, und wenn ja, wie der Nutzen von Tierversuchen für den Menschen gegen die Schmerzen, Leiden oder Belastungen für die betroffenen Versuchstiere abgewogen werden kann (Ach 1999; Alzmann 2016; Beauchamp/DeGrazia 2020; Borchers/Luy 2009).

Ähnliches gilt auch für die seit einigen Jahren als möglicher Ausweg aus dem Mangel an geeigneten Spendeorganen diskutierte Möglichkeit der Übertragung komplexer Organe tierlicher Herkunft auf den Menschen. Dieser Mangel führt dazu, dass in der Transplantationsmedizin seit Jahren über alternative Quellen, darunter auch Organe tierlicher Herkunft, nachgedacht wird. Man nennt die Übertragung von Organen zwischen den Mitgliedern verschiedener Spezies *Xenotransplantation* im Unterschied zur Autotransplantation (Übertragung körpereigener Organe und Gewebe bzw. Übertragung zwischen genetisch identischen Patienten) und zur Allotransplantation (Übertragung von Organen und Geweben zwischen den Angehörigen derselben Spezies). Im Vordergrund der ethischen Debatte über die Xenotransplantation stehen neben verschiedenen medizinethischen Problemen die tierethischen Fragen, ob man nicht-menschliche Tiere als Quelle für die Gewinnung von Organen nutzen darf und wie die Herstellung, Haltung und Nutzung transgener Tiere ethisch zu beurteilen ist (Chadwick et al. 2008; Quante/Vieth 2001; Kress 2018; Schicktanz 2002).

112.2 Tierethische Positionen und die Frage der Güterabwägung

Mit Blick auf die Durchführung von Tierversuchen und die Nutzung von Tieren für die Xenotransplantation lassen sich in der Tierethik bezüglich der beiden Fragen, a) ob sie die ethische Problematik der Tiernutzung und der Nutzung von Tieren als ‚Organquellen' überhaupt als Güterabwägung auffassen, und b) welches Gewicht sie den Gütern, Rechten oder Interessen von Tieren gegenüber den Gütern, Rechten oder Interessen von Menschen geben, idealtypisch vier Theorieoptionen unterscheiden (zu dieser Unterscheidung vgl. Nuffield Council on Bioethics 2005):

Anything goes view: Wer behauptet, dass Tiere keinerlei moralischen Status und damit keinerlei eigene Schutzansprüche besitzen, wird im Hinblick auf die Durchführung von Tierversuchen oder Xenotransplantationen keine konkurrierenden Rechte, Güter oder Interessen entdecken können, die Abwägungsentscheidungen erforderlich machen würden (s. Kap. 110). Jeder Eingriff scheint aus dieser Perspektive gerechtfertigt, sofern es ein – wie auch immer bestimmtes – Interesse von Menschen gibt, das durch den Eingriff befriedigt wird. Eine *anything goes view* wird heute von kaum jemandem mehr vertreten. Dass Tiere, zumindest empfindungsfähige Tiere, einen irgendwie begründeten moralischen Schutz besitzen, ist kaum mehr strittig.

On balance justification view: Für die Vertreterinnen und Vertreter einer *on balance justification view* bedürfen Tierversuche grundsätzlich einer eigenen Rechtfertigung. Die Durchführung eines Tierversuchs ist dieser Auffassung zufolge ethisch zulässig, wenn sie zu einer besseren Realisierung von Gütern, einem besseren Schutz von Rechten oder einer besseren Erfüllung von Interessen führt als der Verzicht auf den Versuch. Mit Blick auf die Frage, *welche* Güter gegeneinander abgewogen werden müssen bzw. *wie* diese Güter gegeneinander zu gewichten sind, kann man drei verschiedene Varianten dieser Auffassung unterscheiden. Der *altruistischen Variante* zufolge sind die Ansprüche oder Interessen von Tieren nur indirekt berücksichtigenswert, insofern sie sich auf menschliche Interessen zurückführen lassen. Moralische Verpflichtungen lassen sich lediglich *in Bezug auf* Tiere, nicht aber gegenüber Tieren begründen. Das klassische Beispiel für eine solche Position findet man im sogenannten ‚Verrohungsargument' von Immanuel Kant. In jüngerer Zeit ist die Auffassung, dass sich der Schutz von Tieren letztlich nur mit Bezug auf menschliche Interessen begründen lässt, u. a. von Norbert Hoerster (2004) vertreten worden. Der *hierarchischen Variante* zufolge genießen nicht-menschliche Tiere zwar einen gewissen moralischen Schutz, nicht aber den vollen Schutz, der Menschen zukommt. Manche tugendethischen oder kommunitaristischen Theorien beispielsweise halten Gemeinschaftsbande und andere Formen von Nähebeziehungen für moralisch bedeutsam und eine milde Form von Speziesismus aus diesem Grund für verteidigbar. Andere halten eine speziesistische Privilegierung mit dem Argument für gerechtfertigt, dass nur Menschen „moralische Fähigkeiten" bzw. „moralische Autonomie" (Cohen/Regan 2001) besitzen, dass eine „ontologische Differenz" (Höffe 1993) zwischen Menschen und Tieren bestehe, oder dass Menschen über eine größere Bandbreite an Interessen verfügen als nicht-menschliche Lebewesen. Der *egalitären Variante* zufolge müssen Güter, Rechte oder Interessen menschlicher und nicht-menschlicher Lebewesen moralisch in gleicher Weise berücksichtigt werden. Als normativer Bezugspunkt egalitärer Ansätze in der Tierethik werden insbesondere das Mitleid bzw. die Teilnahme am Leiden anderer leidensfähiger Lebewesen (Wolf 1990), die gleiche Berücksichtigung der Interessen von Tieren (Singer

1994) sowie der Respekt vor dem Wert bzw. der Würde eines Lebewesens herangezogen.

Moral dilemma view: Für die Vertreterinnen und Vertreter der *Moral dilemma view* sind Güterabwägungen im Hinblick auf Tierversuche oder Xenotransplantationen unmöglich. Dafür lassen sich insbesondere zwei Gründe anführen. Man kann erstens behaupten, dass bei Tierversuchen zwei nicht miteinander vergleichbare Güter, Rechte oder Interessen kollidieren und dass es keinen sinnvollen Maßstab gibt, der es ermöglichen würde, die auf dem Spiel stehenden Zwecke des Versuchs mit den ebenfalls auf dem Spiel stehenden Schmerzen, Leiden oder Schäden der Versuchstiere zu vergleichen oder diese gegeneinander abzuwägen (theoretische Inkommensurabilität). Man kann aber zweitens auch behaupten, dass entsprechende Vergleiche – unabhängig davon, ob sie möglich sind oder nicht – in jedem Falle moralisch unzulässig seien, weil sie die Individualität und Einzigartigkeit von Lebewesen nicht respektieren (praktische Inkommensurabilität).

Abolitionist view: Vertreterinnen und Vertreter einer *abolitionist view* halten die Durchführung von Tierversuchen oder von Xenotransplantationen grundsätzlich für unzulässig. Für sie gibt es keine mögliche Rechtfertigung der Durchführung von mit Schmerzen, Leiden oder Schäden verbundenen Eingriffen an Tieren, die nicht dem Wohl des betroffenen Tieres selbst dienen. Ein prominentes Beispiel für diese Auffassung ist der von Tom Regan vertretene *Rechts-Ansatz*. Diesem Ansatz zufolge haben all jene Lebewesen, die „empfindende Subjekte eines Lebens" *(experiencing subjects of a life)*, sind das gleiche Recht darauf, mit Respekt behandelt zu werden bzw. auf eine Weise behandelt zu werden, die sie nicht auf den Status von Ressourcen für andere reduziert. Dabei handelt es sich um solche Lebewesen, die einen *inhärenten Wert* haben (Regan 1984). Regan fordert vor diesem Hintergrund nicht nur die Abschaffung der Praxis von Tierversuchen und anderer Formen eines instrumentalisierenden Umgangs mit Tieren, sondern auch der Herstellung, Nutzung und Haltung von transgenen Tieren.

112.3 Tierversuche: Güterabwägung und 3R-Prinzip

Ethische Güterabwägung. Hält man die Durchführung von Tierversuchen grundsätzlich für zulässig, dann muss nach weithin geteilter Auffassung für jeden einzelnen Tierversuch eine jeweils spezifische ethische Güterabwägung vorgenommen werden. Die Prüfung der ethischen Vertretbarkeit ist auch im Tierschutzgesetz vorgeschrieben (TierSchG § 7, Satz 2). Dabei ist insbesondere zu prüfen, ob die Durchführung des geplanten Versuches notwendig und angemessen ist. Dies setzt unter anderem eine vorgängige wissenschaftliche Recherche über alle mit dem Tierversuch verbundenen relevanten Sachverhalte voraus, sowie eine unvoreingenommene und möglichst konkrete Formulierung der aus dem Versuch zu erwartenden Nutzenchancen (positive Effekte für Menschen, Tiere oder Umwelt) einerseits, und der mit der Durchführung des Versuchs verbundenen Schadensrisiken (tierschutzrelevante Belastungen wie Schmerzen, Leiden, Ängste oder Stress) für die verwendeten Versuchstiere andererseits. Ein besonderes Problem stellt in diesem Zusammenhang die *Grundlagenforschung* dar, die sich nicht (unmittelbar) durch ihren möglichen Nutzen für Menschen und Tiere rechtfertigen lässt.

Kontrovers diskutiert wird die Frage, ob es ein Belastungsausmaß gibt, das für die eingesetzten Tiere generell unzumutbar ist (DeGrazia/Sebo 2015). In diesem Zusammenhang ist verschiedentlich vorgeschlagen worden, die Forderung nach einer absoluten *Obergrenze der Leidenszufügung* als Forderung nach einer entsprechenden Praxisnorm zu verstehen, die dem Umstand Rechnung trägt, dass Menschen dazu neigen, den Nutzen von (aufwändigen) Versuchen notorisch zu über-, das Ausmaß der Belastungen für Versuchstiere dagegen notorisch zu unterschätzen (Birnbacher 2009).

3R-Prinzip. Eine weitere zentrale ethische (und auch rechtliche) Voraussetzung für die Zulässigkeit von Tierversuchen ist die Anwendung des sogenannten 3R-Prinzips (Russel/Burch 1959): Die Anzahl der Tierversuche ist durch Anwendung geeigneter Ersatz- und Ergänzungsmethoden möglichst gering zu halten *(replacement),* die Anzahl der Versuchstiere zu reduzieren *(reduction)* und die Belastung der Tiere auf das unbedingt erforderliche Ausmaß zu verringern, ohne dadurch die Qualität der gewonnenen Erkenntnisse zu gefährden *(refinement).*

112.4 Ethische Fragen im Zusammenhang der Xenotransplantation

Risiken für Patienten: Für Patienten, die dringend auf ein Spendeorgan angewiesen sind, könnte die Xenotransplantation vor dem Hintergrund eines anhaltenden Mangels an geeigneten menschlichen Spendeorganen unter Umständen eine lebensrettende Alternative sein. Diese wäre beim gegenwärtigen Stand der Entwicklung jedoch mit erheblichen Risiken für die Patienten verbunden: Neben xenogenen Infektionsrisiken (Übertragung von Krankheitserregern von Tieren auf den Menschen) stellen insbesondere schwer beherrschbare Immunreaktionen für die Xenotransplantation eine große technische Herausforderung dar. Aus diesem Grund wird seit einigen Jahren versucht, transgene Tiere für die Xenotransplantation herzustellen. Mittels Knock-Out-Technologien und Verfahren der Genomeditierung (CRISPR/CAS9) lassen sich, so die Hoffnung, transgene Schweine erzeugen, deren Organe beim menschlichen Empfänger keine (schweren) Immunreaktionen auslösen (Wolf et al. 2018). Wenig plausibel ist der Einwand, die Übertragung eines tierlichen Organs auf einen menschlichen Empfänger verändere dessen Persönlichkeit oder bedrohe dessen Identität. Dies gilt zumindest im Falle einer adulten im Unterschied zu einer embryonalen Chimärisierung, die im Zusammenhang neuer Verfahren der Blastocysten-Komplementierung stattfinden würde.

Medizinethische Aspekte: Wie andere medizinische Interventionen auch setzte die Übertragung tierlicher Organe auf menschliche Patienten zwingend deren *aufgeklärte Einwilligung (informed consent)* voraus. Diese muss sich neben dem Eingriff selbst ggf. auch auf ein umfangreiches Monitoring nach der Transplantation erstrecken. Besondere Bedeutung kommt in diesem Zusammenhang auch dem Umstand zu, dass sich die Xenotransplantation auch nach Jahren intensiver Forschung noch immer im Experimentalstadium befindet. Diskutiert werden darüber hinaus auch die Auswirkungen einer Einführung der Xenotransplantation in die klinische Praxis auf das Gesundheitswesen und damit möglicherweise einhergehende neue *Allokationsprobleme* (Nuffield Council on Bioethics 1996).

Transgene Tiere: Strittig ist, ob im Hinblick auf die Herstellung, Haltung und Nutzung *transgener Tiere* spezifische oder sogar neue ethische Kriterien erforderlich sind. Unterschiede in der Bewertung dieser Verfahren lassen sich häufig direkt auf differente axiologische Vorannahmen zurückführen. Im Hinblick auf die Gründe, die dafür sprechen könnten, in der Herstellung, Haltung und Nutzung transgener Tiere einen auch in moralischer Hinsicht qualitativ neuen Schritt zu sehen, kann man zwei Hauptgruppen von Argumenten oder Perspektiven unterscheiden (Ferrari 2008; Sandøe et al. 1996): Aus der Perspektive eines *welfare approach* müssen gentechnische Eingriffe im Hinblick auf deren tatsächliche Konsequenzen für das Wohlergehen der betroffenen Tiere beurteilt werden. In diesem Zusammenhang wird insbesondere darauf hingewiesen, dass die Anwendung gentechnischer Methoden in der Tierzucht die betroffenen Tiere weiteren bzw. neuen Risiken und Belastungen aussetze und eine tiergerechte Haltung transgener Tiere kaum möglich sei. Aus der Perspektive eines *genetic integrity approach* dagegen sind gentechnische Eingriffe an einem Lebewesen als solche ethisch problematisch. Die Bandbreite der Argumente, die für diese Auffassung angeführt werden, ist groß. So halten manche Eingriffe in das Genom von Tieren für moralisch unzulässig, weil und insofern sie die *artspezifischen Wesenszüge* von Tieren nicht respektierten oder weil sie mit dem *Telos von Lebewesen* unvereinbar seien (Fox 1990; Rollin 2018). Einem weiteren Argument zufolge sind gentechnische Interventionen ggf. deshalb moralisch problematisch, weil sie die Möglichkeit der *Ausübung artspezifischer Funktionen oder Fähigkeiten* der betroffenen Tiere bedrohen (Balzer/Rippe/Schaber 1999, 57).

Literatur

Ach, Johann S.: Warum man Lassie nicht quälen darf. Tierversuche und moralischer Individualismus. Erlangen 1999.

Alzmann, Norbert: Zur Beurteilung der ethischen Vertretbarkeit von Tierversuchen, Tübingen 2016.

Balzer, Philipp/Rippe, Klaus Peter/Schaber, Peter: Menschenwürde vs. Würde der Kreatur. Begriffsbestimmung, Gentechnik, Ethikkommissionen. Freiburg i.Br./München 1999.

Beauchamp, Tom L./DeGrazia, David: Principles of Animal Research Ethics. Oxford 2020.

Birnbacher, Dieter: „Absolute oder relative Grenzen der Leidenszufügung bei Versuchstieren." In: Dagmar Borchers, Jörg Luy (Hg.): Der ethisch vertretbare Tierversuch. Kriterien und Grenzen. Paderborn 2009, 113–124.

Bundesinstitut für Risikobewertung 2021: Zahlen zu den im Jahr 2020 verwendeten Versuchstieren. In: https://www.bf3r.de/cm/343/zahlen-zu-den-im-jahr-2020-verwendeten-versuchstieren.pdf (15.11.2022)

Borchers, Dagmar/Luy, Jörg (Hg.): Der ethisch vertretbare Tierversuch. Kriterien und Grenzen. Paderborn 2009.

Chadwick, Ruth et al.: Xenotransplantation: Ethical, Legal, Economic, Social, Cultural and Scientific Background. München [2]2008

Cohen Carl/Regan Tom: The Animal Rights Debate. Lanham 2001

DeGrazia, David/Sebo, Jeff: „Necessary Conditions for Morally Responsible Animal Research." In: Cambridge Quarterly of Healthcare Ethics 24. (2015), 420–443.

Fox, Michael A.: „Transgenic animals: ethical and animal welfare concerns." In: Peter Wheale, Ruth M. McNally (Hg.): The bio-revolution. Cornucopia or Pandora's box? London 1990, 31–45.

Hoerster, Norbert: Haben Tiere eine Würde? Grundfragen der Tierethik. München 2004.

Höffe, Otfried: Moral als Preis der Moderne. Frankfurt a.M. 1993.

Kreß, Hartmut: „Xenotransplantation in ethischer, kultureller und religionsbezogener Hinsicht." In: Jochen Sautermeister (Hg.): Tierische Organe in menschlichen Körpern. Paderborn 2018, 333–350.

Nuffield Council on Bioethics: Animal-to-Human Transplants the ethics of xenotransplantation. London 1996.

Nuffield Council on Bioethics: The Ethics on Research Involving Animals. London 2005.

Quante, Michael/Vieth, Andreas (Hg.): Xenotransplantation. Ethische und rechtliche Probleme. Paderborn 2001.

Regan, Tom: The Case for Animal Rights. London/New York 1984.

Rollin, Bernard E.: A New Basis for Animal Ethics: Telos and Common Sense. Columbia 2018.

Russell, William M.S./Burch, Rex L.: The principles of humane experimental technique. London 1959.

Sandøe, Peter et al.: „Transgenic Animals: The Need for an Ethical Dialogue." In: Scandinavian Journal of laboratory animal science 1. (1996), 279–285.

Schicktanz, Silke: Organlieferant Tier? Medizin- und tierethische Probleme der Xenotransplantation. Frankfurt a.M. 2002.

Singer, Peter: Praktische Ethik. Stuttgart [2]1994.

Wolf, Eckhard/Klymiuk, Nikolai/Bähr, Andrea et al.: „Genetisch modifizierte Schweine als Zell-, Gewebe- und Organquelle." In: Jochen Sautermeister (Hg.): Tierische Organe in menschlichen Körpern. Biomedizinische, kulturwissenschaftliche, theologische und ethische Zugänge zur Xenotransplantation. Paderborn 2018, 65–86.

Wolf, Ursula: Das Tier in der Moral. Frankfurt a.M. 1990.

Tiere als Lebensgefährten und Unterhaltungsobjekte

113

Robert Heeger

In der heutigen Gesellschaft wird allgemein angenommen, dass Tiere Lebensgefährten des Menschen sein können. Das gilt vor allem für Haustiere, Tiere als Begleiter von Behinderten und Tiere als Therapiehelfer. ‚Haustiere' nennen wir im Folgenden die Tiere, die primär aus sozialen und emotionalen Gründen und nicht zu wirtschaftlichen Zwecken gehalten werden. Mehr als die Hälfte aller Haushalte in westlichen Ländern hat Haustiere, vor allem Hunde, Katzen, Vögel, Meerschweinchen oder Hamster. Das Verhältnis zwischen vielen Menschen und ihren Haustieren wird oft als Band beschrieben. Dieses Band kann so intensiv sein wie in vielen zwischenmenschlichen Beziehungen. Das Haustier wird um seiner selbst willen geschätzt – „als Gefährte, Freund, Familienmitglied, kurz gesagt, als ein Spender und Empfänger von Liebe und Freundschaft" (Rollin 2005, 118; Übers. RH; Rollin 2017, 95 ff.).

113.1 Die therapeutische Rolle von Haustieren

Ein wachsendes Beweismaterial legt nahe, dass Haustiere eine gute Wirkung auf die physische und psychische Gesundheit von Menschen haben können (Wells 2009, 523 ff.). Diese Wirkung kann indirekt sein: Das Haustier bietet sozialen Rückhalt. Es ermöglicht Kontakte zu anderen Menschen, Interaktion mit ihnen, ein Zusammengehörigkeitsgefühl und soziale Integration. Gefühle der Einsamkeit und sozialen Isoliertheit können gelindert werden. Dies ist besonders für Ältere und für Menschen mit physischen Behinderungen wichtig. Die Wirkung des Haustiers auf die Gesundheit des Menschen kann aber auch direkt sein: Das Verhältnis zum Haustier kann dem Menschen emotionalen Rückhalt bieten. Das Haustier als Freund kann z. B. Stress reduzieren oder die Genesung von einer ernsten Krankheit wie Schlaganfall, Infarkt oder Krebs fördern (McNicholas et al. 2005, 1252 ff.).

Tiere als Begleiter von Behinderten sind individuell dazu abgerichtet, einer behinderten Person Hilfe zu leisten. Ihre Rolle besteht darin, einige Funktionen oder Aufgaben zu erfüllen, die die Person nicht erfüllen kann, weil sie blind, gehörlos oder in ihrer Beweglichkeit behindert und an den Rollstuhl gebunden ist (Kruger/Serpell 2006, 25). Ein Tier als Begleiter zu haben, kann sich auf vielfache Weise günstig auswirken. Das Tier kann sozialer Vermittler sein und Kontakt zu anderen Menschen ermöglichen. Das Verhältnis zwischen Mensch und Tier kann sich zu einer freundlichen Beziehung entwickeln, die eine Zusammenarbeit übersteigt. Das Tier kann eine emotionale Stütze sein,

R. Heeger (✉)
Universität Utrecht, Utrecht, Niederlande
E-Mail: F.R.Heeger@uu.nl

indem es Trost bringt und das Gefühl erweckt, geschätzt zu werden. Es kann sogar einen positiven Einfluss darauf haben, wie die behinderte Person ihre physische Gesundheit wahrnimmt (Hart 2006, 78).

Tiere als Therapiehelfer spielen eine wesentliche Rolle in einer medizinischen oder psychiatrischen Heilbehandlung. Therapieprogramme, bei denen Hunde, Katzen oder sogar Pferde eingesetzt werden, sind heute in Europa und Nordamerika etwas verhältnismäßig Alltägliches (Wells 2009, 523 ff.). Die Tiere müssen spezifischen Kriterien entsprechen. Sie müssen auf ihre Eignung geprüft und für ihre Teilhabe an der Therapiearbeit dressiert oder trainiert werden (Chandler 2005, 25 ff., 35 ff.). Der Bereich von Therapien, bei denen Tiere als Helfer eingesetzt werden können, ist sehr groß. Er erstreckt sich von der Behandlung von Kindern mit Entwicklungsstörungen wie z. B. Lernbehinderungen bis zur Betreuung von Bewohnern im Altenpflegeheim, die an Einsamkeit leiden. Psychische und physische Fähigkeiten von Tieren werden in vielfältiger Weise genutzt, um Klienten zur Teilnahme an der Therapie zu motivieren, sie zu beruhigen, ihr Sicherheitsgefühl zu verstärken sowie ihnen zu Gesundheit und Wohlbefinden zu verhelfen. So können z. B. Klienten mit psychischen Problemen durch den Umgang mit Pferden in einer Reittherapie zu größerem Vertrauen und Selbstvertrauen kommen oder können Gefangene durch die Versorgung und Dressur von Hunden an ihrer Rehabilitation arbeiten (McNicholas/Collis 2006, 67; Wells 2009, 523 ff.).

113.2 Zur Geschichte des freundschaftlichen Verhältnisses zwischen Menschen und Tieren

Das freundschaftliche Verhältnis zu Haustieren, das wir in der heutigen westlichen Gesellschaft antreffen, hat sich seit Ende des 17. Jahrhunderts allmählich entwickelt, als die Haustierhaltung in den aufstrebenden Mittelstand vordrang. Es wäre jedoch verkehrt zu behaupten, dass Tiere erst in der heutigen Gesellschaft um ihrer selbst willen geschätzt und als Lebensgefährten betrachtet werden. Ein überzeugendes Gegenbeispiel ist das Halten von Haustieren in der Antike. Es war weit verbreitet und allgemein anerkannt. Für Griechen und Römer war es erfreulich, mit vielen Arten von Tieren umzugehen, von Insekten bis zu Säugetieren. Man erhält einen Einblick in die Gründe für ihr Interesse an Haustieren, wenn man die Tieren gewidmeten Grabinschriften studiert, die im gesamten Mittelmeergebiet gefunden worden sind. Diese Inschriften erwähnen nicht nur den Namen des Haustiers, sondern führen auch seine Verdienste auf und drücken den Schmerz des Trauernden aus. Die Inschriften zeigen, dass die Freude am Verhältnis zum Haustier wesentlich zwei Gründe hatte: die angenehme Interaktion mit ihm und vor allem die gegenseitige Zuneigung (Bodson 2000, 27 ff.).

Die Tierethik misst dem Band zwischen Mensch und Haustier große Bedeutung bei. Sie übt aber auch Kritik an der gegenwärtigen Zucht und Haltung von Haustieren. Der Haupteinwand gegen diese Zucht und Haltung lautet, dass sie den Merkmalen und dem Verhalten der Tiere oft nicht gerecht werden. Schon seit Mitte des 19. Jahrhunderts ist man darauf gerichtet, die natürlichen Fähigkeiten der Tiere zu modifizieren und einzuschränken. Selektive Züchtung kann die Körper der Tiere bis zu dem Grade verformen, dass die Tiere ohne Eingreifen des Menschen biologisch nicht mehr funktionsfähig sind. Hat die Züchtung nicht den erwarteten Erfolg, dann werden die Tiere operativ verstümmelt, damit sie den herrschenden Maßstäben physischer Schönheit entsprechen. Obendrein werden die Tiere in ihrem Verhalten und ihrer Gefühlsäußerung streng beschränkt, damit sie Menschen keine Ungelegenheiten bereiten. Dies ist eine Vernachlässigung des tierlichen Wohlbefindens (Serpell 2000, 118).

Ausführlich erörtert wird auch die Frage, ob es moralisch berechtigt ist, Haustiere anders, d. h. besser zu behandeln als andere Tiere, z. B. landwirtschaftliche Nutztiere. Diese Frage kann man mit Nein beantworten, wenn man sich mit einigen dominanten ethischen Theorien auf das moralische Minimum negativer Pflichten gegenüber Tieren konzentriert. Geht es um diese elementaren Pflichten der Unterlassung, z. B. die Pflicht, Tieren keinen Schaden zuzufügen, dann dürfen landwirtschaftliche Nutztiere nicht schlechter behandelt werden als Haustiere. Zur Begründung wird in den dominanten Theorien etwa angeführt, dass wir die moralische Pflicht haben, alle Tiere gleichermaßen zu berücksichtigen, die sich als ‚Subjekte eines Lebens' selbst Ziele setzen (vgl. Regan 1983, 243).

Die Frage nach der Berechtigung einer unterschiedlichen Behandlung von Tieren kann aber auch mit Ja beantwortet werden. Die Argumentation kann in drei Schritten erfolgen. Erstens kann man behaupten, dass wir gegenüber Tieren nicht nur negative, sondern auch positive Pflichten haben, d. h. Pflichten, etwas für die Tiere zu tun. Zweitens kann man kritisieren, dass die dominanten Theorien bei der Begründung unserer moralischen Pflichten gegenüber Tieren zu kurz greifen. Nach diesen Theorien ist ein Tier ausschließlich um seiner intrinsischen Eigenschaften willen moralisch berücksichtigungswürdig, d. h. um der Eigenschaften willen, die das Tier unabhängig von seiner Beziehung zu andern hat (‚Subjekt eines Lebens' zu sein ist eine solche Eigenschaft). Dagegen ist einzuwenden, dass auch relationale Eigenschaften wichtig sind: Die Pflichten von Menschen gegenüber Tieren sind auch abhängig von der Beziehung, die zwischen Menschen und Tieren besteht. Drittens kann man behaupten, dass die Beziehung zu seinem Haustier dem Tierhalter besondere Pflichten auferlegt. Holt er z. B. einen Hund in sein Leben, d. h. knüpft er ein Band mit ihm, dann hat er Pflichten, dafür zu sorgen, dass die physischen, biologischen, psychologischen und sozialen Bedürfnisse des Hundes befriedigt werden. Er blockiert ja die Möglichkeiten des Hundes, seine Bedürfnisse auf irgendeine andere Weise zu befriedigen. Diese Blockierung macht den Hund verwundbar und verursacht die Pflichten des Haustierhalters (Burgess-Jackson 1998, 163). Es handelt sich dabei um spezielle Pflichten. Sie übersteigen die Pflichten, die jeder hat. Es handelt sich außerdem um bedingte Pflichten, nämlich Pflichten, die für Hundehalter gelten.

Diese Pflichten rechtfertigen, dass er seinen Hund anders behandelt als andere Tiere. Mit den nötigen Abänderungen gilt das für alle Tierhalter und ihre Haustiere.

113.3 Tiere als Unterhaltungsobjekte

Tiere können der Unterhaltung dienen. Sie werden auf verschiedene Weise als Unterhaltungsobjekte benutzt. Sie spielen z. B. eine bedeutende Rolle in Filmen und Fernsehsendungen, sie werden in zoologischen Gärten oder im Zirkus gehalten, um von den Besuchern beobachtet und bewundert zu werden, oder sie werden in Schaukämpfen wie dem Stierkampf eingesetzt. Tiere als Unterhaltungsobjekte zu benutzen, ist keine Erfindung unserer Tage. Zoo- und Zirkustiere gab es z. B. bereits im alten Rom, an vielen Fürstenhöfen des Mittelalters und in großen Residenzstädten des 18. Jahrhunderts. Der Stierkampf war schon im 16. Jahrhundert weit verbreitet. In der heutigen Gesellschaft sind weite Kreise der Auffassung, dass Tiere, die der Unterhaltung dienen, nicht nur zur Unterhaltung da sind, sondern auch um ihrer selbst willen berücksichtigt werden müssen. Der Gebrauch von Tieren zu Unterhaltungszwecken wird darum nicht unterschiedslos gutgeheißen. Während Filme und Fernsehsendungen mit Tieren bei Kindern und Erwachsenen ungemein beliebt sind, gilt der Einsatz von Tieren in Schaukämpfen wie dem Stierkampf weithin als Tiermisshandlung. Dass Tiere im Zoo oder Zirkus gehalten werden, findet bei vielen Beifall, stößt bei anderen aber auf Ablehnung.

Diese Divergenz veranlasst die Tierethik dazu, die Gründe für und wider die Zoo- und Zirkustierhaltung zu untersuchen. Die tierethische Auseinandersetzung über diese Gründe zeigt besonders klar, mit welchen Problemen man konfrontiert wird, wenn man Tiere als Unterhaltungsobjekte gebrauchen will und gleichzeitig an dem moralischen Gebot festhalten will, Tiere um ihrer selbst willen zu berücksichtigen. Darum soll im Folgenden auf die tierethische Auseinandersetzung über die Zoo- und Zirkustierhaltung näher eingegangen werden. Die Lage der Zirkustiere unterscheidet sich in zweierlei Hinsicht von der der Zootiere: Die Tiere im Zirkus werden stärker beschäftigt als die Tiere im Zoo, und sie haben meistens viel engere Unterkünfte. Die Zirkustierhaltung als Ganzes ist der Zootierhaltung aber so ähnlich, dass wir uns auf die Auseinandersetzung mit der Zootierhaltung konzentrieren können.

Weltweit gibt es viele hundert große und kleinere Zoos. Sie leiten ihre Existenzberechtigung von den Zwecken her, denen sie dienen. Der erste Zweck ist seit alters die Entspannung und Unterhaltung der Besucher. Der Zoo bietet in dieser Hinsicht etwas Besonderes: Anders als etwa im Fernsehen oder im Museum kann man im Zoo wirklichen Tieren begegnen und man kann das Verhalten lebendiger Tiere direkt beobachten. Seit einigen Jahrzehnten werden zwei weitere Zwecke der Zoos betont. Sie bieten die Gelegenheit zu wissenschaftlicher Forschung und sollen eine ‚Arche Noah' sein, d. h. zur Erhaltung bedrohter Arten beitragen, letzteres auch durch Züchtung auf der Ebene von Populationen.

In der Tierethik wird behauptet, dass diese Zwecke noch kein ausreichender Grund sind, die Haltung von Zootieren moralisch zu billigen. Diese Tierhaltung muss nämlich auch moralisch gerechtfertigt werden. Dabei gilt das Gebot, Tiere um ihrer selbst willen zu berücksichtigen. Die Frage der moralischen Rechtfertigung, die man zu stellen hat, lautet darum: Ist die Haltung von Tieren unter den Lebensbedingungen im Zoo vereinbar mit der moralischen Berücksichtigung der Tiere um ihrer selbst willen? Die tierethische Auseinandersetzung hierüber lässt sich in zwei Problembereiche gliedern, die man ‚Gefangenschaft von Wildtieren' und ‚Wohlbefinden von Tieren' nennen kann.

113.4 Gefangenschaft von Wildtieren

Ein entschiedener Einwand gegen Wildtiere in Zoos lautet: Es ist verkehrt, unschuldige Tiere in Gefangenschaft zu halten. Zur Begründung werden vor allem zwei Argumente angeführt. Das erste Argument lautet, dass die -Lebensbedingungen im Zoo den Tieren ein gelingendes Leben (*flourishing*) unmöglich machen. Ein gelingendes Leben ist intrinsisch, d. h. um seiner selbst willen, wertvoll, aber dieser Wert ist für Tiere wie für Menschen nur dann erreichbar, wenn sie frei sind. Darum ist Freiheit im Interesse der Tiere, und darum sollten sie frei sein (Rachels 1976, 209 f.). Das zweite Argument macht geltend, dass die Gefangenschaft von Wildtieren deren moralisches Recht auf Freiheit verletzt. So sind z. B. international berühmt gewordene Aufrufe wie ‚Lasst Wildtiere in Ruhe!' zu verstehen (Regan 1983, 361). Zur Erläuterung des Arguments kann angeführt werden, dass Tiere moralisch berücksichtigt werden müssen, weil es ihnen etwas ausmacht, wie sie behandelt werden, und dass moralische Rechte verstanden werden sollten als ‚Zäune' zum Schutze aller Lebewesen, denen es etwas ausmacht, wie sie behandelt werden (Rollin 1981, 67 f.).

Der Einwand gegen Wildtiere in Zoos wird aber auch bestritten. Die Kritik an ihm betrifft das generelle Urteil, das in ihm enthalten ist, nämlich dass jede Tierhaltung in Zoos mit der Freiheit von Wildtieren unvereinbar ist. Ein erstes Argument gegen dieses generelle Urteil lautet, dass es auf einer strengen Unterscheidung zwischen Wildtieren und domestizierten Tieren beruht, die nicht gerechtfertigt ist. Dies trifft z. B. zu, wo die Haltung von Wildtieren im Unterschied zur Haltung von domestizierten Tieren moralisch verurteilt wird (z. B. Jamieson 1986). Nach dem Argument ist der Unterschied zwischen wilden und domestizierten Tieren relativ. Zur Unterstützung dieser Behauptung kann man sich darauf berufen, dass domestizierte Tiere sich in vieler Hinsicht kaum von ihren wilden Artgenossen unterscheiden (Kiley-Worthington 1990) und dass auch Wildtiere im Zoo ein wenig domestiziert sind, z. B. im Zoo geboren sind und aufwachsen oder, wenn sie aus der Wildnis kommen, sich erst einleben müssen (Hediger 1964, 154). Ein zweites Argument gegen das generelle Urteil über die Zootierhaltung und die Freiheit von Wildtieren kritisiert das inflexible Verständnis von Freiheit, das mit dem Urteil verbunden ist. Das Argument greift nicht die Vorstellung an, dass Tiere frei sind, wenn sie in der Wildnis ihr eigenes, von Menschen nicht gestörtes Leben leben. Es hebt aber als besonders wichtig hervor, dass es dabei um das natürliche Leben der Tiere geht, d. h. um ein Leben in einer Umgebung, in der die Bedürfnisse der Tiere größtenteils befriedigt werden. Ein solches Leben ist nicht unbedingt nur in der Wildnis möglich. Auch in Zoos kann den Wildtieren eine Umgebung geboten werden, die es ihnen erlaubt, ein natürliches Leben zu führen und in diesem Sinne frei zu sein (Bostock 1993, 49). Ein Verständnis von Freiheit, das diese Möglichkeit ausschließt, ist dem Argument zufolge inflexibel.

113.5 Wohlbefinden von Tieren

Kritiker der Tierhaltung in traditionellen Zoos bestreiten, dass Zoos eine Umgebung bieten, in der die Bedürfnisse der Tiere befriedigt werden. Nach den Kritikern bewirken Zoos das Gegenteil von Wohlbefinden. Ihr Urteil lautet z. B., dass die Tiere ‚verzweifelt und frustriert', ‚lustlos und untätig' oder ‚heimtückisch und destruktiv' sind (vgl. Rachels 1976, 210 ff.). Andere Verfasser üben gleichfalls Kritik an vielen Zoos der Vergangenheit und schlechten Zoos der Gegenwart, weisen aber mit Nachdruck darauf hin, dass sich viele Zoos in den letzten Jahrzehnten gewaltig verändert haben und dass manche von ihnen die Befriedigung der Bedürfnisse ihrer Tiere in einer Weise beachten, die sehr hohen Anforderungen genügt (Bostock 1993, 192). Das Hauptproblem, um das es bei dieser Auseinandersetzung geht, ist das Problem des Wohlbefindens der Zootiere.

Um beurteilen zu können, ob Zootiere sich in einem zufriedenstellenden Zustand befinden, sind Kriterien des Wohlbefindens von Tieren nötig. Als solche Kriterien gelten die physische und mentale Gesundheit der Tiere, die Leichtigkeit, mit der sie sich fortpflanzen, aber auch, in welchem Umfang sie ihr natürliches Verhalten zeigen. Bei dem letztgenannten Kriterium erhebt sich die Frage, welches Verhalten natürlich ist und welches nicht. Eine wohlerwogene Antwort auf diese Frage lautet, dass das Verhalten des wilden Artgenossen bzw. der wilden Artgenossin den Maßstab abgeben sollte. Da es in der Wildnis mehr oder weniger optimale Lebensräume und verschiedene Grade von Wohlbefinden gibt, sollte man den Maßstab begrenzen auf das erfolgreiche Wildtier, das dominiert, Revier gewinnt, sich mit Erfolg paart usw. Insoweit das Zootier ein ähnliches Verhalten zeigt, besitzt man einen starken Hinweis auf sein Wohlbefinden (Bostock 1993, 85 f.). Für den Vergleich mit dem Tier in der Wildnis kommen, grobgenommen, folgende Klassen von Verhalten in Betracht: charakteristische Formen der Fortbewegung; Nahrungssuche und Fressen; Putzen und andere Pflege; Herstellung von Beziehungen zu Artgenossen, z. B. Festlegung eines Reviers, einer Hierarchie oder Hackordnung; Fortpflanzung, d. h. Balz, Nestbau, Paarung und Aufzucht der Jungen, und Spielverhalten.

Wenn man mit Hilfe solcher Kriterien geklärt hat, was unter ‚Wohlbefinden von Tieren' zu verstehen ist, dann hat man das Problem des Wohlbefindens der Zootiere allerdings noch nicht gelöst. Ob die Tiere sich in einem zufriedenstellenden Zustand befinden, hängt in hohem Maße von ihrer Umwelt ab. Darum muss man auch danach fragen, welche Art der Zootierhaltung ihrem Wohlbefinden zuträglich ist. Wie angesichts der Vielfalt der Tiere zu erwarten ist, erhält man auf diese Frage verschiedene Antworten. Zur Erläuterung sei nur ein auffälliger Unterschied genannt. Er betrifft die Anforderungen an die Haltung von hochintelligenten, ihre Umgebung untersuchenden, sich gegebenen Verhältnissen anpassenden und manchmal auch körperlich starken Tieren, z. B. von Bären, Hunden und Primaten. Eine maximale Anforderung lautet, dass die Haltung solcher Tiere in einem vollständig naturgemäßen Gehege erfolgen sollte, das dem Gelände im natürlichen Lebensraum nachgebildet ist und ausschließlich natürliches Material enthält (Hutchins et al. 1984). Moderaten Anforderungen gemäß ist auch die Haltung in einem künstlichen, aber einigermaßen naturnahen und angereicherten Gehege geeignet, in dem das natürliche Verhalten der Tiere angeregt wird. Die in diesen Beispielen befürworteten

Gehege sind nicht für alle Tiere geeignet oder gar erforderlich. Es gibt auch andere Arten passender Tierhaltung. Für mehrere davon ist aber ebenfalls wichtig, dass alles Mögliche getan wird, um das Leben der Tiere interessanter zu machen und das natürliche Verhalten der Tiere ans Licht zu bringen.

Die obige Darstellung konzentriert sich auf Probleme der Haltung von Tieren in Zoos und geht nicht näher ein auf Probleme des Wildfangs von Tieren. Eine gründliche Erörterung dieser letzteren Probleme würde zu weit führen. Die folgenden kurzen Bemerkungen können aber der Orientierung dienen. Der Wildfang ist scharf kritisiert worden (Domalain 1975) und wird heutzutage weithin grundsätzlich abgewiesen, weil er das Tier großer Belastung aussetzt und in sein Recht eingreift, in Ruhe gelassen zu werden und sein eigenes Leben zu leben. Nach diesem Urteil sind Ausnahmen nur dann erlaubt, wenn schwerwiegende Gründe des Arterhalts vorliegen. Gründe des Arterhalts sind triftig, weil heute nahezu alle natürlichen Lebensräume der Wildtiere durch menschliche Expansion bedroht sind und viele Tierarten in der Wildnis vor dem Aussterben stehen. Durch arterhaltende Zucht auf der Ebene von Populationen können Zoos bestimmte bedrohte Arten am Leben halten. Dies ist eine Ergänzung des direkten Schutzes wilder Lebensräume und ihrer Bewohner. Die Zucht von Wildtieren in Zoos muss dann aber so beschaffen sein, dass eine Wiedereinführung der Tiere in die Wildnis möglich bleibt. Das setzt umfassende wissenschaftliche und praktische Arbeit voraus. Der im Ausnahmefall erlaubte Wildfang wird mit der Forderung verbunden, er sollte ausschließlich durch befugte Expeditionen oder Behörden erfolgen.

Literatur

Bodson, Liliane: „Motivations for Pet-Keeping in Ancient Greece and Rome: A Preliminary Survey." In: Anthony L. Podberscek, Elizabeth S. Paul, James A. Serpell (Hg.): Companion Animals and Us. Exploring the Relationship Between People and Pets. Cambridge 2000, 27–41.
Bostock, Stephen C.: Zoos and Animal Rights. The Ethics of Keeping Animals. London/New York 1993.
Burgess-Jackson, Keith: „Doing Right by Our Animal Companions." In: The Journal of Ethics 2. Jg., 2 (1998), 159–185.
Chandler, Cynthia K.: Animal Assisted Therapy in Counseling. New York 2005.
Domalain, Jean-Yves: Gottes wilde Geschöpfe. Wien/Hamburg 1975.
Hart, Lynette A.: „Community Context and Psychosocial Benefits of Animal Companionship." In: Aubrey F. Fine (Hg.): Handbook of Animal-Assisted Therapy. Theoretical Foundations and Guidelines for Practice. Amsterdam/San Diego 2006, 73–94.
Hediger, Heini: Wild Animals in Captivity. New York 1964.
Hutchins, M./Hancocks, D./Crockett, C.: „Naturalistic solutions to the behavioural problems of captive animals." In: Der Zoologische Garten 1. Jg., 2 (1984), 28–42.
Jamieson, Dale: „Gegen zoologische Gärten." In: Peter Singer (Hg.): Verteidigt die Tiere. Überlegungen für eine neue Menschlichkeit. Wien 1986, 164–178 (engl. 1985).
Kiley-Worthington, Marthe: Animals in Circuses and Zoos. Chiron's World? Basildon 1990.
Kruger, Katherine A./Serpell, James A.: „Animal-Assisted Interventions in Mental Health: Definitions and Theoretical Foundations." In: Aubrey F. Fine (Hg.): Handbook of Animal-Assisted Therapy. Theoretical Foundations and Guidelines for Practice. Amsterdam/San Diego 2006, 21–38.
McNicholas, June et al.: „Pet Ownership and Human Health: A Brief Review of Evidence and Issues." In: British Medical Journal 331. (2005), 1252–1254.
McNicholas, June et al./Collis, Glyn M.: „Animals as Social Supports: Insights for Understanding Animal-Assisted Therapy." In: Aubrey F. Fine (Hg.): Handbook of Animal-Assisted Therapy. Theoretical Foundations and Guidelines for Practice. Amsterdam/San Diego 2006, 49–71.
Rachels, James: „Do Animals Have a Right to Liberty?" In: Peter Singer, Tom Regan (Hg.): Animal Rights and Human Obligations. Englewood Cliffs 1976.
Regan, Tom: The Case for Animal Rights. London/Melbourne/Henley 1983.
Rollin, Bernard E.: Animal Rights and Human Morality. Buffalo 1981.
Rollin, Bernard E.: „Reasonable Partiality and Animal Ethics." In: Ethical Theory and Moral Practice 8. Jg., 1–2 (2005), 105–121.
Rollin, Bernard E.: „Ethical Behavior in Animals." In: Christine Overall (Hg.): Pets and People: The Ethics of Our Relationships with Companion Animals. Oxford 2017, 95–108.
Serpell, James A.: „Creatures of the Unconscious: Companion Animals as Mediators." In: Anthony L. Podberscek, Elizabeth S. Paul, Ders. (Hg.): Companion Animals and Us. Exploring the Relationship Between People and Pets. Cambridge 2000, 108–121.
Wells, Deborah L.: „The Effects of Animals on Human Health and Well-Being." In: Journal of Social Issues 65. Jg., 3 (2009): 523–543.

Arterhalt, Umweltverschmutzung und Naturverbrauch

Marcus Düwell

Unser Umgang mit der nicht-menschlichen Natur hat Auswirkungen auf Gesundheit, Ernährung, Wirtschaft der lokalen und globalen Lebensumstände von heute lebenden und zukünftigen Menschen. Wegen der globalen und intergenerationellen Verflechtungen sind mit Diskussionen der Umweltethik stets auch Fragen der Wirtschafts- und politischen Ethik sowie grundlegende Fragen der Anthropologie und Moralphilosophie verbunden.

114.1 Eine kurze Problemübersicht

Die Herausforderungen für unseren Umgang mit unserer natürlichen Umgebung spielen sich auf sehr unterschiedlichen Ebenen ab. Sie sind Folge von einem Zusammenspiel verschiedener Faktoren, u. a. die Intensivierung der Landwirtschaft, Ausbreitung der Städte und Zersiedlung der Landschaft, Verwendung von Technologien und Energiequellen mit hohem Schadstoffausstoß. Die Zunahme der Weltbevölkerung (laut UN-Angaben werden auf der Erde bis zur Mitte dieses Jahrhunderts 9,3 Mrd. leben, vgl. UN-Department 2011) und eine längere Lebensdauer führen dazu, dass mehr Menschen Natur verbrauchen und sich (zumindest in Teilen der Welt) auch Wohlstandsformen entwickelt haben, die mit stärkerem Naturverbrauch verbunden sind. Dieser Naturverbrauch führt zu einer Reihe von sehr unterschiedlichen Problemkonstellationen (zum Folgenden vgl. McNeill 2003; Müller et al. 2007): (1) Zerstörung von Landschaften und Ökosystemen, sowohl bei kleinflächigen traditionellen Landschaftsformen in vielen Teilen der Welt als auch bei großflächiger Bedrohungen von Gebieten wie dem tropischen Regenwald; (2) Umweltverschmutzung als Folge von Schadstoffausstoß durch industriellen und privaten Energiegebrauch mit gesundheitlichen und ökologischen Folgen; (3) Bedrohung traditioneller Tier- und Pflanzenarten, die nicht in der Lage sind, sich den ökologischen Veränderungen hinreichend schnell anzupassen, mit der Folge von Artensterben; (4) Ressourcenverbrauch etwa in der Verwendung von fossilen Brennstoffen und nicht-erneuerbaren Energiequellen; (5) Risiken von Naturkatastrophen durch Verwendung von Technologien mit einem hohen Potential an Schädigung der natürlichen Lebensumgebung (etwa Atomkraft); (6) Unsicherheit über ökologische Effekte verschiedener Handlungen, die mit der Komplexität ökologischer Zusammenhänge zusammenhängen, die schwer oder gar nicht übersehbar ist.

Aus der Kombination dieser Effekte ist bereits jetzt ein ‚Klimawandel' zu beobachten, der besonders im Anstieg von Treibhausgasen

M. Düwell (✉)
TU-Darmstadt, Darmstadt, Deutschland
E-Mail: mduwell62@posteo.net

begründet ist (dazu Müller et al. 2007, v. a. 145 ff.). Derzeit beträgt der „Temperaturanstieg bereits etwa 0,2 °C pro Jahrzehnt. Das bedeutet, dass die kritischen 2 °C Gesamterwärmung bereits in wenigen Jahrzehnten erreicht werden können" (ebd., 170 f.). Dieser Klimawandel kann u. a. zu einem deutlichen Steigen des Meeresspiegels führen, mit weitgehend unabsehbaren Folgen. Es ist dabei nicht strittig, dass der Klimawandel stattfindet (ebd., 145–151), strittig ist allenfalls, inwiefern er vom Menschen verursacht ist oder auch als Teil von natürlichen globalen ökologischen Entwicklungen interpretiert werden kann, wobei deutlich ist, dass der Lebensstil in den Industrieländern seit der Industrialisierung den Klimawandel erheblich beschleunigt hat. Der Klimawandel zusammen mit Bevölkerungswachstum und Ressourcenknappheit führt zu Herausforderungen sowohl für die heute lebende Generation als auch namentlich für zukünftige Generationen.

Diesen Herausforderungen wird mit einer Reihe von moralischen Forderungen begegnet. So wird fast durchgängig Nachhaltigkeit gefordert, wobei damit an sehr unterschiedliche Handlungsstrategien, Schutzgüter und Begründungen gedacht werden kann. Die bekannteste Formulierung der sogenannten Bruntlant-Kommission nennt als Ziel, die Befriedigung von Grundbedürfnissen heute lebender Generationen so zu gestalten, dass auch zukünftige Generationen noch in der Lage sind, ihre Grundbedürfnisse befriedigen zu können (World Commission on Environment and Development 1987). Dieses Nachhaltigkeitskonzept ist also stark von den Rechten zukünftiger Generationen aus entwickelt. Es gibt jedoch auch Vorstellungen von Nachhaltigkeit, die weniger von den Rechten von Menschen her gedacht sind, sondern stärker von einem Eigenwert der Natur ausgehen. Ähnlich mehrdeutig ist die Forderung nach Schutz der ‚Biodiversität', bei der weitgehend unklar ist, ob es um den Schutz von konkreten Sorten/Arten, von Ökosystemen oder dem Schutz genetischer Vielfalt geht, was zu ganz unterschiedlichen Schutzkonzeptionen führen kann (vgl. Eser 2003; Potthast 2007).

Alle Forderungen nach Natur-, Landschafts-, Umwelt- und Artenschutz können zu sehr unterschiedlichen Schutzzielen führen, die teilweise auch zueinander in einem gespannten Verhältnis stehen können. So kann es um den Schutz von konkreten Landschaften, um Naturressourcen, Ökosystemen oder eine genetische Vielfalt gehen. Abhängig von den Schutzzielen, werden ganz verschiedene Handlungen geboten sein. So kann es etwa sein, dass der Schutz von genetischer Vielfalt am besten gewährleistet werden kann, wenn ästhetisch geschätzte Landschaften geopfert werden. Ebenso gibt es große Spannungen, abhängig davon, ob Natureinheiten um ihrer selbst willen oder als Ressource für den Menschen geschützt werden und ob es um die Schaffung gleicher Lebensbedingungen für die heutigen Generationen oder um intergenerationelle Gerechtigkeit geht. Spannungen kann es etwa auch geben zwischen den Zielen der gerechten globalen Nutzung von Naturressourcen durch heute lebende Generationen, der intergenerationell gerechten Nutzung, dem Schutz von Natureinheiten als Lebensraum von Tieren. Diese Spannungen machen es für die ethische Diskussion erforderlich, die Argumente und Begründungen näher zu betrachten, die hinter den genannten Forderungen stehen.

114.2 Warum sollen wir mit Natur schonend umgehen?

Hinter den möglichen Schutzzielen des Natur- und Umweltschutzes stehen ganz unterschiedliche Argumentationen und Begründungen (für Überblicke vgl. Birnbacher 1986; 1997; Eser/Potthast 1999; Krebs 1996; 1997; Ott 2010). So wird etwa der ‚Anthropozentrismus' kritisiert, nach dem der Mensch sich ermächtigt sehe, die Natur zu seinen Bedürfnissen zu nutzen. Die Naturzerstörung wird als Folge dieser Selbstermächtigung des Menschen kritisiert. Die sogenannte ‚Deep Ecology-Bewegung' (Naess 1995; Rolston III 1988) geht dagegen davon aus, dass die Natur einen Eigenwert habe, auch wird die Forderung nach ‚Respekt vor der Natur'

(Taylor 1986) erhoben. Diese Kritik ist im Zusammenhang fundamentaler Kritik an der Moderne zu verorten, die das grundlegende Problem darin sieht, dass die Natur lediglich zum Objekt oder Material menschlicher Gestaltung angesehen werde. Auch das Fehlen einer teleologischen Auffassung der Natur oder *ein rein mechanischer Naturbegriff* werden als Hintergrundüberzeugungen hinter der tragischen Entwicklung der Moderne vermutet (Jonas 1979). Als Schuldige für diese zerstörerische ‚Anthropozentrik' werden entweder klassische Denker der Moderne (allen voran René Descartes) oder aber vor-moderne Vorläufer ausgemacht, wie antike Denker oder das Christentum. Häufig wird dem entgegengehalten, dass etwa die christliche Ermächtigung des Menschen, sich die Erde untertan zu machen, nicht als Aufforderung zur hemmungslosen Ausbeutung, sondern als Verpflichtung zu verantwortungsvollem und pfleglichem Umgang zu interpretieren sei.

Diese Forderungen, einen Eigenwert der Natur zu respektieren, die zur Begründung eines schonenden Umgangs mit der Natur, Arterhaltung und der Bewahrung von Biodiversität herangezogen werden, geben allerdings Anlass zu einigen Fragen:

Warum sollen wir die Natur schützen? Wenn von der Eigenwertigkeit der Natur als normativem Ausgangspunkt ausgegangen wird, so kann diese Eigenwertigkeit ja nicht mit Interessen des Menschen an der Natur begründet werden. Vielmehr müsste etwas an der Natur sein, das uns moralisch verpflichtet. Sofern der Schutz sich auch auf die nicht-empfindungsfähigen Teile der Natur bezieht, so kann hier nicht mit Präferenzen der Pflanzen etc. argumentiert werden (was im Hinblick auf Tiere noch eine Argumentationsmöglichkeit darstellt). Nun wird etwa versucht, eine interne zielgerichtete Entwicklung der Natur als Grund dafür anzusehen, dass sie für uns schutzwürdig sei (Jonas 1979). Doch es ist fragwürdig, warum wir von dieser Naturteleologie ausgehen sollten, und selbst wenn wir Gründe hätten, eine solche Teleologie anzunehmen, wäre nicht einsichtig, warum damit moralische Verpflichtungen begründet werden können. Jedenfalls würde eine Verteidigung von moralischen Verpflichtungen aufgrund der inneren Teleologie der Natur nur möglich, wenn wir die Moral naturalistisch begründen können, was moralphilosophisch zu Fragen nach dem Sein-Sollens-Fehlschluss führt.

Wie verhalten sich Verpflichtungen gegenüber der Natur zu Verpflichtungen gegenüber dem Menschen? Eine Eigenwerttheorie müsste entweder eine *gleiche Berücksichtigung* fordern oder einen ‚Vorrang des Menschen' begründen können. Wenn die Begründung jedoch davon ausgeht, dass die moralische Sonderstellung des Menschen zurückgewiesen wird, so ist nicht ersichtlich, wie ein Vorrang des Menschen begründet werden könnte.

Schließlich ist zu fragen, welche Entitäten präzis Eigenwert haben und entsprechend Schutz verdienen? So könnte der Schutzgegenstand eine individuelle natürliche Entität sein (eine Pflanze, ein Tier) oder es könnte um die Erhaltung von Arten, Gattungen, Landschaften oder Ökosystem gehen. Der moralische Schutz könnte sich ferner sowohl auf phänotypische Erscheinungen oder aber auf genetische Strukturen beziehen, die als schützenswert angesehen werden. Der Schutz der Biodiversität etwa kann sich auf die Vielfalt genetischer Strukturen, auf biologische Arten (Abstammungsgemeinschaften) oder aber phänomenal erfahrbare natürliche Entitäten (etwa Landschaften) beziehen. Abstraktere Einheiten wie etwa Sorten, Arten oder Ökosysteme haben eine historisch kontingente Entstehungsgeschichte, und es ist bereits eine theoretische Konstruktionsleistung erforderlich, um sie als eine biologische Einheit zu verstehen. Es müsste daher plausibel gemacht werden können, warum diese abstrakten biologischen Konstrukte als solche moralisch schutzwürdig sind. Um eine solche Schutzwürdigkeit zu begründen, müsste irgendetwas an diesen Entitäten sein, dass für uns einen Grund darstellt, sie in genau dieser historisch entstandenen Form als schutzwürdig anzusehen. Eine solche wäre etwa eine schöpfungstheologische Begründung, wobei dann zu zeigen wäre, warum genau der heutige Stand der Geschichte der Naturentwicklung eine Konservierung verdient. Zudem wäre nicht ersichtlich, was für diese Schutzverpflichtung noch angeführt werden könnte als allein der willkürliche Entschluss Gottes, uns diese Verpflichtung zum Schutz der Schöpfung aufzuerlegen. Indirekte Argumente könnten etwa darauf verweisen, dass wir die ökologischen Folgen des Verschwindens bestimmter Arten nicht absehen könnten und ein Schutz daher aus Vorsichtsgesichtspunkten moralisch geboten sei (siehe unten). Eine solche Argumentation wäre allerdings begründungslogisch von weiteren normativen Argumenten abhängig, die den moralischen Status der Wesen betreffen, denen gegenüber wir moralische Verpflichtungen haben. Erst wenn wir Gründe haben anzunehmen, dass wir gegenüber Menschen (oder Tieren) moralische Verpflichtungen haben, ist eine solche Vorsicht moralisch geboten. Vorsichtsgesichtspunkte verdanken ihre normative Kraft anderen moralischen Gesichtspunkten.

Die Herausforderung für Moraltheorien, die von einem Eigenwert der Natur ausgehen, besteht also darin, den Schutz der Natur als moralische Verpflichtungen zu begründen, ihren Schutzgegenstand auszuweisen und die Frage nach Gleichrangigkeit oder Nachrangigkeit des Schutzes der Natur im Vergleich zu Verpflichtungen gegenüber dem Menschen (und Tieren) zu beantworten. Diesen ‚Eigenwert-Theorien' stehen Moraltheorien gegenüber, die von einem moralischen Sonderstatus des Menschen ausgehen. Dazu zählen einerseits ethische Theorien, die auf das Eigeninteresse des Menschen gründen, etwa einige Versionen des Kontraktualismus, also alle Theorien, die davon ausgehen, dass Moral sich auf das langfristige und reflektierte Eigeninteresse gründet (Gauthier 1986). Aber in diesem Kontext sind auch jene Moraltheorien zu nennen, die uns aufgrund der Würde des Menschen zu Respekt vor ihm verpflichtet ansehen, seine grundlegenden Lebensmöglichkeiten zu schützen (Gewirth 1978). Es geht also sowohl um Theorien, die Moral auf strategische Rücksichtnahme im Sinne gegenseitigen Vorteils begründen als auch um Theorien, die Verpflichtungen gegenüber den anderen Menschen als intrinsisch verpflichtend ansehen.

Nun ist es aus langfristigem Eigeninteresse in der Tat vernünftig, mit natürlichen Ressourcen schonend umzugehen, die wertgeschätzte Landschaft zu bewahren und im Hinblick auf riskante Technologien kein Hasardeur zu sein. Für einen erheblichen Teil der relevanten Naturgüter kann man davon ausgehen, dass ihr Schutz im Interesse aller liegt: Das gilt für Naturgüter wie sauberes Trinkwasser und saubere Luft ebenso wie knappe Energiequellen, an denen allen ein Interesse unterstellt werden kann. In anderen Fragen kann ein solches geteiltes Interesse weniger vorausgesetzt werden: Ob man etwa die Artenvielfalt wertschätzt, wird von unterschiedlichen Präferenzen abhängen. Ähnliches gilt für alle Handlungsoptionen, die darauf gründen, dass Risiken und Unsicherheiten minimiert werden. Die Bewertung dieser Handlungsoptionen hängt auch von Risikoeinschätzungen und -bewertungen ab. In dieser Hinsicht können jedoch verschiedene Risikopräferenzen bestehen.

Argumentationsstrategien, die von der Perspektive (rationaler) Akteure ausgehen, müssen nun nicht auf Interessen an der Nutzung von Ressourcen und der Vermeidung von Risiken und Unsicherheiten beschränkt sein. Menschen haben auch ein Interesse an einer bestimmten Qualität von möglichen Naturerfahrungen. Dabei geht es nicht nur darum, dass der Mensch Natur als mögliche Erholungsressource schätzt (worin sie mit Computerspielen und der Eckkneipe konkurriert), sondern auch um Natur als Lebensraum, der es ermöglicht, sich in einer vertrauten Lebensumgebung zu orientieren, die mit der eigenen Biographie und der Kulturgeschichte verbunden ist. Häufig sind persönliche Identitäten eng mit der Landschaft und dem Umgang mit bestimmten Tier- und Pflanzenarten verbunden. Überdies kann man argumentieren, dass Natur als Raum für ästhetische Erfahrungsmöglichkeiten einen besonderen moralischen Schutz verdient.

Martin Seel hat ein ganzes Spektrum von Erfahrungsmöglichkeiten aufgezeigt, in dem naturästhetische Erfahrungen uns mit der eigenen und kulturell geteilten Lebenssituation und Welterfahrung konfrontieren können. Ästhetische Erfahrung der Natur ist dann nicht einfach nur schöne Staffage unserer Lebenswelt. Naturästhetische Erfahrungen konfrontieren den Menschen mit anschaulichen Repräsentationen seiner Lebenswelt, sie ermöglichen eine Distanz zu kulturell geteilten Deutungen der Lebenswelt und sie stellen für den Menschen eine Möglichkeit dar, neue Interpretationsperspektiven zu entdecken. Zum Teil sind diese Erfahrungsmöglichkeiten auch durch Kunst möglich, jedoch in zentralen Hinsichten wird von verschiedenen Autoren gezeigt, dass die naturästhetische Erfahrung als besondere und unersetzliche Erfahrungsform anzusehen ist. Das kann hier nicht im Einzelnen diskutiert werden, es soll aber angedeutet werden, dass sich daraus auch Argumente für einen Landschafts- und Naturschutz entwickeln lassen: Wenn die Möglichkeit, Natur ästhetisch zu erfahren, für den Menschen eine unersetzliche Erfahrungsform darstellt und wenn diese Natur bedroht ist, dann könnte das ein Grund sein, um diese Natur als ästhetische Erfahrungsquelle auch in moralischer Hinsicht für schützenswert anzusehen (vgl. dazu Seel 1991; Düwell 1999; Kemper 2000). Der Schutzgegenstand ist dann nicht das Ökosystem oder genetische Vielfalt sondern phänomenal erfahrbare Natur (besondere Arten, Landschaften etc.). Wichtig ist dabei, dass diese Begründungen auf den unersetzlichen Wert der Natur für den Menschen abzielen und nicht von Verpflichtungen des Menschen gegenüber der Natur ausgehen. Die Frage, ob dieser Wert verallgemeinert werden kann, hängt vielmehr davon ab, inwiefern die Unersetzlichkeit der Natur für den Menschen plausibel begründet werden kann.

Alle Argumente, die Natur- und Umweltschutz in den Erwägungen rationaler oder selbstaufgeklärter Akteure zu verankern suchen, finden allerdings ihre Grenze darin, dass auf diese Weise noch nicht einsichtig ist, warum wir Interessen, Werte und Bedürfnisse zukünftiger Generationen in unsere Überlegungen einbeziehen sollen. Alle Forderungen nach langfristiger Vermeidung von Risiken (Endlagerung von atomarem Abfall, schonendem Gebrauch natürlicher Rohstoffe und langfristigem Erhalt von bestimmten Natureinheiten) setzen jedoch voraus, dass wir Verpflichtungen im Hinblick auf zukünftige Generationen haben (Beckermann/Pasek 2001; Bos/Düwell 2017, Düwell/Bos/van Steenbergen 2018; Meyer 2008; Grosseries/Meyer 2009). Damit ist die Frage verbunden, ob zukünftige Generationen Rechte und wir korrespondierende Verpflichtungen ihnen gegenüber haben. Für alle Diskussionen, bei denen es um langfristigen Schutz von Naturgütern geht, ist diese Frage von zentraler Bedeutung. Diese Frage lässt sich jedoch eher im Kontext der akzeptierten moralisch-normativen Ordnung diskutieren als Konzepte des Eigenwerts der Natur. Immerhin geht die Idee liberaler Menschenrechte davon aus, dass Freiheitseinschränkungen nur aufgrund entgegenstehender Rechte anderer legitim sind und nicht aufgrund beliebiger anderer Werte erfolgend dürfen. Die Idee eines Eigenwerts der Natur ist damit nicht wirklich kompatibel.

Im Hinblick auf intergenerationelle Gerechtigkeit dagegen wird man mit dem Problem umgehen müssen, warum wir Rechte Menschen zusprechen, die es (noch) nicht gibt und deren Existenz auch von unseren Entscheidungen abhängig ist. Dieses Problem ist als *non-identity-problem* durch Derek Parfit (1984) bekannt geworden, wobei Parfit das Problem vor allem im Hinblick auf vorgeburtliche Entscheidungen entwickelt (kann ein noch nicht Geborener durch Nicht-Existenz geschädigt werden?). Ohne auf alle Details der Debatte einzugehen, kann doch angedeutet werden, dass die Frage nach den Rechten zukünftiger Generationen davon abhängt, wie man diese Frage einschätzt. Zu fragen wäre etwa, ob damit nicht unterstellt werden muss, dass Wesen bereits vor ihrer Existenz Rechte haben? Ferner wäre zu fragen, wie diese Rechte sich zu den Rechten Lebender verhalten, wie man die Bedürfnisse und Werte zukünftiger Generationen kennen kann und wie man die gravierenden Unsicherheiten im Hinblick auf unsere langfristigen Handlungsfolgen dabei berücksichtigt? Die meines Erachtens stärkste Interpretation lautet: Rechte zukünftiger Generationen sind *zukünftige* Rechte zukünftiger Generationen. Sofern es zukünftige Menschen gibt, haben sie bestimmte Rechte (vgl. Unnerstall 1999). Die Frage wäre dann, ob ihre zukünftigen Rechte uns heute schon verpflichten. Diese Interpretation ist zumindest nicht von zweifelhaften metaphysischen Annahmen über präexistente Rechte zukünftiger Personen abhängig. Die Frage des Inhalts ihrer Bedürfnisse und Rechte scheint weniger problematisch zu sein, wenn es etwa um Recht auf saubere Luft, Wasser, Rohstoffe etc. geht, von denen wir annehmen können, dass auch zukünftige Menschen von diesen Gütern in einem basalen Sinne abhängig sind. Zudem ginge es dann nicht um die Frage, ob ein konkretes noch nicht bestehendes Individuum Recht darauf hat zu leben, sondern um die Frage, ob zukünftige Menschen überhaupt Rechte darauf haben, bestimmte basalen Bedingungen lebenswürdigen Lebens vorzufinden. Es scheint mir aber evident zu sein, dass eine Argumentationsstrategie, die von Rechten zukünftiger Generationen ausgeht, nur dann begründet werden kann, wenn man moralische Verpflichtungen nicht lediglich in strategisch motivierten Vertragsverpflichtungen begründet, sondern davon ausgeht, dass wir Menschen gegenüber kategorische moralische Verpflichtungen haben, unabhängig davon, ob dies in unserem Eigeninteresse liegt oder nicht.

Mit diesen wenigen Hinweisen sind die Fragen nicht beantwortet, aber vielleicht doch präzisiert. Sofern es nicht gelingen sollte, Menschenrechte in einer intergenerationellen Perspektive weiterzuentwickeln, bliebe das Problem, dass das Menschenrechtsregime für heutige Generationen Rechte und Freiheiten mit kategorischer Verpflichtung vorschreibt und die Verpflichtung zur Nachhaltigkeit damit nicht vermittelt ist. Diese beiden normativen Regelungskonzepte können allerdings nicht ohne Modifikation nebeneinander bestehen. Entweder man verabschiedet sich vom Gedanken, dass dem Schutz der Menschenrechte ein normativer Vorrang zukommt, um Nachhaltigkeit fordern zu können, oder man hält am normativen Vorrang der Menschenrechte fest und nimmt Abschied vom Gedanken der Nachhaltigkeit. Die einzige Möglichkeit, dieser Spannung zu entgehen, wäre eine intergenerationelle Weiterentwicklung des Menschenrechtskonzepts.

114.3 Schwierigkeiten bei der moralischen Bewertung naturbezogenes Handeln

Angenommen, man könnte die angedeuteten normativen Fragen befriedigend beantworten. Angenommen man könnte begründen, dass auch zukünftige Generationen in den Schutz der Menschenrechte einzubeziehen seien, so würden sich noch eine Reihe von weiteren Fragen stellen.

Risiko/Unsicherheit: In Bezug auf die Zuschreibung von moralischen Verpflichtungen im Hinblick auf Handlungen, die gravierende Auswirkungen auf die Zukunft haben und moralische Güter, Rechtsträger oder werthafte Zustände in der Zukunft betreffen, stehen wir vor dem Problem, dass wir die Folgen von Handlungen nicht oder nur begrenzt einschätzen können (siehe hierzu Hansson 2013; Steigleder 2016). Bei den meisten Handlungen mit möglicherweise einschneidenden langfristigen Folgen handeln wir unter Bedingungen von Unsicherheit. Das bedeutet, dass das Erheben von moralischen Forderungen notwendigerweise Annahmen darüber impliziert, zu welchem Maß an Vorsicht *(precaution)* wir verpflichtet sind. Die Frage wäre also, ob wir angeben können, unter welchen Bedingungen und in welchem Umfang wir moralisch verpflichtet sind, vorsichtig zu sein. Der Vorsichtsgesichtspunkt dürfte in vielen Fragen des Schutzes von Biodiversität, beim Schutz von Arten und Ökosystemen von ausschlaggebender Bedeutung sein. Wir wissen nicht, welche Auswirkungen manche Veränderungen in Ökosystemen haben werden oder wie sich das Verschwinden mancher Sorten und Arten auswirken wird. Es ist aber gut möglich, dass die Auswirkungen dramatisch sein werden, darum ist es moralisch angeraten, vorsichtig zu handeln. In den meisten dieser Fälle ist eine Risikoabschätzung auch gar nicht möglich, da wir über das für eine solche Abwägung notwendige Wissen nicht verfügen. Es ist also anscheinend notwendig, Vorsichtsgesichtspunkte in unsere moralische Beurteilung einzubeziehen. Internationale Regelungen beziehen sich tatsächlich auch regelmäßig auf das *precautionary principle,* eine entwickelte juridische und moralische Kriteriologie zur Anwendung dieses Prinzips steht allerdings noch aus. Vor allem wäre zu fragen, nach welchen Gesichtspunkten Abwägungen stattfinden sollen: Wie vergleicht man Handlungen, die relativ sicher weniger fundamentale moralische Güter von heute lebenden Menschen betreffen, mit Handlungen, die vielleicht sehr fundamentale moralische Güter zukünftiger Menschen betreffen, aber es ein hohes Maß an Unsicherheit gibt, ob diese Folge wirklich eintrifft. Konkret: Ist es moralisch legitim, Einschränkungen im Freizeitverhalten von Menschen zu fordern, weil der damit verbundene Naturverbrauch möglicherweise gravierende negative Auswirkungen auf die Lebensmöglichkeiten zukünftiger Menschen hat? Die Fragen, die hier zu beantworten sind, wären: (1) haben zukünftige Menschen Rechte, (2) gibt es eine Möglichkeit Rechte zu hierarchisieren (auch in intergenerationeller Perspektive), (3) sind ihre Rechte gleich zu gewichten zu den Rechten der heutigen Generationen und (4) wie berücksichtigt man das Maß an Unsicherheit in dieser Abwägung? Die Problematik würde sich übrigens vergleichbar stellen, wenn man Rechte von Menschen durch den Eigenwert der Natur ersetzt.

Motivation: Angenommen wir wissen, was unsere moralischen Verpflichtungen beim Umgang mit der natürlichen Umwelt sind, so entstünde die Frage nach unserer Motivation, entsprechend zu handeln (siehe Baumgartner 2004; Birnbacher 2016). Es ist deutlich, dass alle eigeninteressierten Motivationen hier ebenso wenig greifen wie Motivationen, die im Sinne einer auf Gegenseitigkeit beruhenden Vertragsbeziehung gedacht werden. Wir können etwas für zukünftige Generationen tun, sie können aber nichts für uns tun. Vielleicht gibt es in einem weiteren Sinne ‚eigennützige' Motivationen, wenn man etwa ein Interesse an der Lebenssituation der eigenen Kinder und Enkel unterstellt. Doch dies unmittelbare Interesse würde sicher nicht mehr zutreffen, wenn es etwa um Verpflichtungen geht, atomaren Abfall für die nächsten 100.000 Jahre sicher zu lagern. Beziehungen zu zukünftigen Generationen in diesen Zeitdimensionen sind viel zu abstrakt, um eine affektive oder persönliche Beziehung zu entwickeln. Das bedeutet, dass wir hier annehmen müssen, dass unsere Einsicht, dass wir uns moralisch verpflichtet sehen müssen, als moralische Motivationsquelle betrachtet werden muss und dass unsere Verpflichtung in einem strikten Sinne allein zum Wohl zukünftiger Generationen gedacht werden muss. Man muss zudem berücksichtigen, dass der Inhalt der moralischen Forderungen sehr weitgehend sein könnte. Es ist möglich, dass wir zur Einsicht kommen, dass es moralisch geboten ist, weniger Kinder zu gebären, wenn wir einsehen, dass eine hinreichende Versorgung der Weltbevölkerung nur bis zu einer gewissen Zahl von Menschen möglich ist. Wir stehen also vor dem Problem, dass eine altruistische Handlung mit weitreichenden Implikationen, die allein auf vernünftige Einsicht begründet wird, zur Sicherung der Nachhaltigkeit erforderlich sein könnte. Zugleich können solch nachhaltige Strategien allein im Sinne von Entscheidungen kollektiver Akteure erfolgreich sein. Das bedeutet, dass solche Motivationen auch als Motivation großer Bevölkerungsteile hinreichend sein müssten. Man kann fragen, ob das nicht eine moralische Überforderung darstellt, womit dann ein gravierendes Dilemma entstünde, insofern andere Motivationen nicht direkt ersichtlich sind. Jedenfalls wird eine moralische Beurteilung unserer Natur-bezogenen Verpflichtungen Fragen der Zumutbarkeit berücksichtigen müssen.

Realisierung: Schließlich stellt sich die Frage, welche politischen Institutionen und Maßnahmen erforderlich sind, um nachhaltige Schutzziele realisieren zu können, und welche moralischen Fragen damit verbunden sind (Birnbacher/Thorseth 2015). Es scheint deutlich zu sein, dass die Bekämpfung des Klimawandels, Artenschutz, Schutz von Biodiversität und Beschränkung der Ausbeutung knapper Ressourcen ein deutlich höheres Maß an internationaler Zusammenarbeit erfordert, was die Dichte internationaler Institutionen erhöht und damit potentiell die Souveränität nationaler Staaten weiter beschränkt (Caney 2005). Zudem drohen eine hohe Regelungsdichte und eine damit verbundene Bürokratie. Politische Partizipationsmöglichkeiten von Bürgern drohen weiter reduziert zu werden. Denn es ist nur begrenzt ersichtlich, wie auf internationaler Ebene effektive politische Deliberation möglich ist, was kaum die Partizipation breiter Bevölkerungsgruppen einschließen kann. Wenn es ferner zutrifft, dass naturschonende Politik langfristig nur möglich ist, wenn Freiheiten eingeschränkt werden, etwa in Hinblick auf ein weiteres Bevölkerungswachstum oder die Mobilität, so ergeben sich auch hier zusätzliche moralische Fragen. Sollten wir zu Natur-schonendem Verhalten, Artenschutz etc. moralisch verpflichtet sein, so würde auch die Einrichtung der erforderlichen politischen Institutionen, der Regelungsdichte und der Eingriffe in Freiheitsrechte zu zahlreichen unbeantworteten moralischen Fragen führen.

Literatur

Baumgartner, Christoph: Umweltethik - Umwelthandeln: Ein Beitrag zur Lösung des Motivationsproblems. Paderborn: Mentis 2004.
Baumgartner, Christoph/Mieth, Dietmar (Hg.): Patente am Leben? Ethische, rechtliche und politische Aspekte der Biopatentierung. Paderborn 2003.
Beckermann, Wilfried/Pasek, Joanna (eds.): Justice, Posterity, and the Environment. Oxford: Oxford University Press 2011.
Birnbacher, Dieter (Hg.): Ökologie und Ethik. Stuttgart 1986.
Birnbacher, Dieter (Hg.): Ökophilosophie. Stuttgart 1997.
Birnbacher, Dieter: Klimaethik. Nach uns die Sintflut? Stuttgart: Reclam 2016. Birnbacher, Dieter/Thorseth, May (Eds.): The Politics of Sustainability. Philosophical Perspectives. London/New York: Routledge 2015.
Bos, Gerhard/Düwell, Marcus (Eds.): Human Rights and Sustainability. Moral Repsonsibilities for the Future. London/New York: Routledge 2017.
Caney, Simon: Justice Beyond Borders: A Global Political Theory. Oxford 2005.
Düwell, Marcus: Ästhetische Erfahrung und Moral. Zur Relevanz des Ästhetischen für die Handlungsspielräume des Menschen. Freiburg i.Br./München 1999.
Düwell, Marcus/Bos, Gerhard/van Steenbergen, Naomi (Eds.): Towards the Ethics of a Green Future. The Theory and Practice of Human Rights for Future People. London/New York: Routledge 2018.
Eser, Uta: „Der Wert der Vielfalt: ‚Biodiversität' zwischen Wissenschaft, Politik und Ethik." In: Monika Bobbert, Marcus Düwell, Kurt Jax (Hg.): Umwelt – Ethik – Recht. Tübingen 2003, 160–181.
Eser, Uta/Potthast Thomas: Naturschutzethik. Eine Einführung für die Praxis. Baden-Baden 1999.
Gauthier, David: Morals by Agreement. Oxford 1986.
Gewirth, Alan: Reason and Morality. Chicago 1978.
Grosseries, Axel/Meyer, Lukas H. (Hg.): Intergenerational Justice. Oxford 2009.
Hansson, Sven Ove: The Ethics of Risk. Ethical Analysis in an Uncertain World. New York: Palgrave Macmillan 2013.
Jonas, Hans: Das Prinzip Verantwortung. Versuch einer Ethik für die technologische Zivilisation. Frankfurt a.M. 1979.
Kemper, Anne: Unverfügbare Natur. Ästhetik, Anthropologie und Ethik des Umweltschutzes. Frankfurt a.M. 2000.
Krebs, Angelika: „Ökologische Ethik I: Grundlagen und Grundbegriffe." In: Julian Nida-Rümelin (Hg.): Angewandte Ethik. Die Bereichsethiken und ihre theoretische Fundierung. Ein Handbuch. Stuttgart 1996, 346–385.
Krebs, Angelika (Hg.): Naturethik. Grundtexte der gegenwärtigen tier- und ökoethischen Diskussion. Frankfurt a.M. 1997.
McNeill, John: Blue Planet. Die Umweltgeschichte des 20. Jahrhunderts. Frankfurt a.M. 2003.
Meyer, Lukas: „Intergenerational Justice." In: Stanford Encyclopedia of Philosophy 2008. In: http://plato.stanford.edu/entries/justice-intergenerational/ (1.8.2011)
Müller, Michael/Fuentes, Ursula/Krohl, Harald (Hg.): Der UN-Weltklimareport. Bericht über eine aufhaltsame Katastrophe. Köln 2007.
Naess, Arne: „The Deep Ecology Movement. Some Philosophical Aspects." In: George Sessions (Hg.): Deep Ecology for the 21st Century. Readings on the Philosophy and Practice of the New Environmentalism. Boston/London 1995, 64–84.
Ott, Konrad: Umweltethik zur Einführung. Hamburg 2010.
Parfit, Derek: Reasons and Persons. Oxford 1984.
Potthast, Thomas (Hg.): Biodiversität – Schlüsselbegriff des Naturschutzes im 21. Jahrhundert? Naturschutz und Biologische Vielfalt. Band 48/Bundesamt für Naturschutz. Bonn-Bad Godesberg 2007.
Rolston III, Holmes: Environmental Ethics. Duties and Values in the Natural World. Philadelphia 1988.
Seel, Martin: Eine Ästhetik der Natur. Frankfurt a.M. 1991.
Steigleder, Klaus: Climate Risks, Climate Economics, and the Foundations of a Rights-Based Risc Ethics. In: Journal of Human Rights 15: 2 (2016), 251–271.

Taylor, Paul W.: Respect for Nature. A Theory of Environmental Ethics. Princeton, NJ 1986.
United Nations, Department of Economic and Social Affairs. „Population Division, Population Estimates and Projections Section." In: http://esa.un.org/unpd/wpp/index.htm (3.5.2011)

Unnerstall, Herwig: Rechte zukünftiger Generationen. Würzburg 1999.
World Commission on Environment and Development: Our Common Future. New York 1987.

Ernährung und Landwirtschaft

115

Lieske Voget-Kleschin und Konrad Ott

Die ethische Beschäftigung mit Ernährung und Landwirtschaft stellt im deutschsprachigen Diskurs (noch) keinen klar abgegrenzten Bereich der Angewandten Ethik dar. Im englischsprachigen Raum sind unter der Bezeichnung *food ethics* und *agricultural ethics* seit der Gründung der European Society for Agricultural and Food Ethics im Jahr 1999 Entwicklungen hin zu einem eigenständigen Feld (Fachgesellschaft, Tagungen, Fachzeitschriften) zu beobachten. Die Auseinandersetzung mit den miteinander verschränkten Themen Landwirtschaft und Ernährung erfolgt zumeist noch relativ unabhängig voneinander.

115.1 Landwirtschaft

Landwirtschaft setzte sich in einem mehrtausendjährigen Prozess der Neolithisierung in Eurasien durch (vgl. Robb 2013). Landwirtschaft ist mit der Überformung natürlicher Systeme und der Tötung von Lebewesen verbunden. Daher kann man aus umweltethischer Perspektive hinterfragen, ob es überhaupt zulässig sei,

L. Voget-Kleschin (✉) · K. Ott
Christian-Albrechts-Universität zu Kiel, Kiel, Deutschland
E-Mail: voget-kleschin@philsem.uni-kiel.de

K. Ott
E-Mail: ott@philsem.uni-kiel.de

Landwirtschaft zu betreiben. Physiozentrische Konzepte von Umweltethik (wie z. B. Biozentrik, Ökozentrik, Holismus) lassen eine negative Antwort auf diese grundsätzliche Frage durchaus zu. Eine Ablehnung jeglicher Landwirtschaft ist jedoch angesichts der zu ernährenden Weltbevölkerung moralisch unvertretbar. Daher beschäftigt sich dieser Beitrag nur mit Argumenten, die diskutieren wie Landwirtschaft umweltverträglicher, naturschonender und in der Tierhaltung tiergemäßer erfolgen kann. Die damit implizierten Wertungen werden im Artikel anhand von Sachthemen expliziert. Wichtige Sachthemen der Landwirtschaftsethik sind Tierhaltung, Bodenschutz, der Einsatz von Dünge- und Pflanzenschutzmitteln, Bodenschutz, gentechnisch veränderte Pflanzen, Biomasseproduktion und die Aneignung von Land.

Tierhaltung: Eine erste Perspektive rückt die Lebensbedingungen von Nutztieren in den Mittelpunkt (s. Kap. 47 & 110). Diskutiert wird vornehmlich unter der Annahme eines moralischen Selbstwertes leidensfähiger Tiere, d. h. aus sentientistischer Perspektive (DeGrazia 2001). Diese Diskussion zeigt breite Überschneidungen mit der Tierethik. Entscheidend für die tierethische Bewertung landwirtschaftlicher Tierhaltung ist der Unterschied zwischen gradualistischen und egalitären Konzeptionen des Sentientismus. Jene können tiergemäße Haltungsformen legitimieren, während diese zur Abschaffung der Tierhaltung tendieren

(Bossert 2016) und eine (bio)-vegane Landwirtschaft vorschlagen, die negative Auswirkungen auf empfindungsfähige Tiere minimiert (Rotenberg/Lamla 2014). Ob Forderungen nach einer Abschaffung jeglicher Tierhaltung auch für Kulturen geltend gemacht werden können, deren traditionelle Lebensweise konstitutiv mit Tierhaltung verknüpft ist (z. B. Hirtenkulturen), stellt eine weitere ethische Frage dar. Wer einen unbedingten Vorrang moralischer Gründe anerkennt (sog. „overridingness"), wird kulturellen Traditionen kein Existenzrecht einräumen. Möglich ist allerdings auch, Moral als Komponente innerhalb eines kulturellen Wertegefüges zu sehen („Kulturalismus").

Eine zweite Perspektive kritisiert die gesamte Produktionsweise (industrieller) Fleischproduktion (s. Kap. 111). Hier liegt ein stärkerer Fokus auf Umwelt- und sozialen Auswirkungen.

Bodenschutz: Der Verlust fruchtbarer Böden durch Erosion, Degradation und Umwandlung schreitet nahezu unbegrenzt fort. Aus Nachhaltigkeitssicht sind die Böden unersetzliche Komponenten des Naturkapitals, deren Fruchtbarkeit dauerhaft zu erhalten oder zu erhöhen ist. Bodenschutz sollte ein Kernthema der Agrarethik sein (vgl. Baron/Voget-Kleschin 2016).

Einsatz von Dünge- und Pflanzenschutzmitteln (PSM): Der Einsatz von Düngemitteln ist insbesondere aufgrund der Nährstoffanreicherung in Land- und Gewässerökosystemen problematisch, u. a., weil viele der dort vorkommenden Arten an nährstoffarme bis mäßig nährstoffreiche Bedingungen angepasst sind und als Folge von Nährstoffanreicherungen verschwinden.

Seit Rachel Carsons Kritik an dem Einsatz von DDT (Carson 1962) werden negative Konsequenzen des Pestizideinsatzes auf die menschliche Gesundheit und die Artenvielfalt in der Agrarlandschaft diskutiert (Perkins/Holochuck 1993). In jüngerer Zeit fokussiert sich die Aufmerksamkeit auf das Breitbandherbizid Glyphosat. Die Toxizität von Glyphosat ist umstritten. Die Kombination von Glyphosat und Nutzpflanzen mit einer gentechnisch vermittelten Herbizidresistenz stellt das weltweit dominierende Anwendungsmuster für die Gentechnik in der Landwirtschaft dar (s. u.) und es wird diskutiert, ob der Einsatz von Glyphosat zu einer Erhöhung der Intensität des PSM-Einsatzes in der Landwirtschaft beigetragen hat. Andererseits ermöglicht der Einsatz von Glyphosat eine (teilweise) pfluglose Bodenbearbeitung. Durch den Verzicht auf das Pflügen können Bodenerosion vermindert, die Kohlenstoffsequestrierung im Boden gefördert und dadurch THG-Emissionen reduziert werden. In Lateinamerika, Australien, Neuseeland und Südafrika ist der Einsatz von Glyphosat ein Standardverfahren. In Deutschland hat die Bundesregierung 2019 nach einer intensiven Diskussion ein Verbot des Wirkstoffs ab 2024 angekündigt.

Gentechnisch veränderte Pflanzen (GVP): Im Diskurs um GVP werden Risiko- und kategorische Argumente unterschieden (Comstock 2000). Risikoargumente sind folgenbezogen und argumentieren mit möglichen negativen Auswirkungen der Verwendung von GVP auf die Gesundheit des Menschen, auf die gentechnikfreie Landwirtschaft und auf die Natur (zur Frage nach sog. ökologischen Schäden vgl. Potthast 2004). In der Forschung besteht weitgehend Konsens darüber, dass GVP in Bezug auf Umwelt- und Gesundheitsrisiken nicht anders einzustufen sind als konventionell gezüchtete Pflanzen (Leopoldina et al. 2015). In Bezug auf den Schutz der gentechnikfreien Landwirtschaft ist das Koexistenzprinzip zentral (SRU 2004).

Kategorische Argumente lehnen Gentechnik als solche ab. Sie behaupten, Gentechnik verletze die Integrität des pflanzlichen Genoms, sei Ausdruck einer reduktionistischen Einstellung gegenüber Natur, oder verletze die moralisch zu respektierende Artgrenze. Kategorische Argumente gelten als widerlegt (Ott 2003). Die sich in ihnen ausdrückenden Natürlichkeitspräferenzen sind vor dem Hintergrund des naturalistischen Fehlschlusses (Potthast/Ott 2016, s. Kap. 36) kritisch zu hinterfragen. Kategorische Argumente können jedoch, ähnlich wie Argumente gegen den Einsatz von Glyphosat, als Ausdruck der Ablehnung einer industrialisierten Landwirtschaft interpretiert werden, die in bestimmten Wertvorstellungen dazu, was eine gute, wertvolle Landwirtschaft ausmacht (z. B.

umweltverträglich, tiergemäß, kleinstrukturiert, bäuerlich, ‚natürlich'), fußen (Thompson 2010). Argumente, die direkt oder indirekt auf solchen Wertvorstellungen beruhen, sind im aktuellen Diskurs um Landwirtschaft wirkmächtig Sie spielen auch für die gesellschaftliche Ablehnung der industriellen Massentierhaltung sowie für das gesellschaftliche Wohlwollen gegenüber dem ökologischen Landbau, regionaler Erzeugung und kleinräumigen landwirtschaftlichen Strukturen eine wichtige Rolle, insofern all diese Einstellungen sich nicht allein unter Rückgriff auf folgenbezogene Argumente begründen lassen. Die Diskussion folgenbezogener Argumente kann daher eine ethische Auseinandersetzung mit diesen Wertvorstellungen nicht ersetzen.

Ethische Fragen hinsichtlich der Gentechnik betreffen darüber hinaus die Strategien agrartechnologischer Unternehmen, Patentschutz für gentechnisch modifizierte Pflanzen und Eigentumsrechte an Saatgut zu gewinnen. (vgl. Baumgartner/Mieth 2003). Eine Bewertung solcher Aneignungsstrategien, die auch die Landwirtschaft in der südlichen Hemisphäre betreffen, führt in das Grenzgebiet von Agrarethik und einer politischen Ökonomie der Landwirtschaft.

Biomasseproduktion und die Aneignung von Land: Das Ziel, die globale Mitteltemperatur nur um weniger als 1,5 °C (bzw. 2 °C) gegenüber vorindustriellen Temperaturen ansteigen zu lassen, ist aller Wahrscheinlichkeit nach nur durch sogenannte negative Emissionen zu erreichen. Eine Technik hierzu ist das sogenannte BECCS („bioenergy with carbon capture and storage") Wieviel fruchtbares Land weltweit für BECCS zur Verfügung gestellt werden müsste, um das Klimaziel zu erreichen, hängt von der Reduktion der Emissionen in den kommenden Jahrzehnten ab. Selbst ein moderater BECCS-Anbau kann zu starker Landnutzungskonkurrenz mit dem Anbau von Nahrungsmitteln führen und die Ernährungssicherheit gefährden. Darüber hinaus birgt diese wachsende Flächenkonkurrenz auch die Gefahr, dass Errungenschaften des Umwelt- und Naturschutzes (z. B. Standards guter fachlicher Praxis, Förderung des ökologischen Landbaus, Ausweisung von Schutzgebieten) weltweit zur Disposition gestellt werden. Unter dem Stichwort „sustainable intensification" (vgl. Gunton et al. 2016) werden Auswege aus der Problematik der Flächenkonkurrenz diskutiert.

Hinsichtlich der großflächigen Akquise von Land im globalen Süden (sog. „landgrabbing") ist die Frage von besonderer Bedeutung, wie Bevölkerungsgruppen geschützt werden können, die auf gewohnheitsrechtlicher Grundlage Landwirtschaft betreiben und von Verdrängung bedroht sind. In diesem Zusammenhang ist eine ethische Auseinandersetzung mit Konzepten wie Ernährungssicherheit und -souveränität, Selbstversorgung und Subsistenzlandwirtschaft sowie der Zuweisung von Eigentumsrechten (*„property rights"*) dringlich. Auch alte Prinzipien wie das sogenannte Lockesche Proviso, das der Aneignung von natürlichen Ressourcen durch Arbeit die Bedingung auferlegt, dass genug in gleich guter Qualität für andere übrig bleiben müsse (Locke 1977), verdienen eine zeitgemäße Interpretation.

115.2 Ernährung

Landwirtschaftsethische Fragen verweisen immer auch auf Konsumstile der Verbraucher von Agrarprodukten. So beeinflussen Kleidungsstile den Anbau von Baumwolle, der in vielen Ländern mit großen ökologischen Problemen verbunden ist (z. B. Turkmenistan). Mobilitätsstile beeinflussen den Anbau von Biomasse für den Transportsektor (z. B. Maisanbau in USA). Der Konsum tierischer Produkte ist maßgeblich verantwortlich für den Anbau von Futtermitteln (z. B. Sojaanbau in Südamerika für die Tierhaltung in der EU). Konsumstile entscheiden maßgeblich mit darüber, ob die Ernährung der wachsenden Weltbevölkerung auch mit einer naturschonenden Landwirtschaft gewährleistet werden kann.

Ob aus kollektiv verursachten negativen Konsequenzen individueller (Konsum-) Handlungen individuelle Pflichten folgen, wird in der Klimaethik intensiv diskutiert (vgl. Baatz et al. 2019). Die Autoren dieses Beitrags gehen von solchen Pflichten aus und zählen dazu etwa die Pflicht, den eigenen Ernährungsstil mit den erwünschten Landwirtschaftsformen abzugleichen. Dies setzt wiederum voraus, dass Konsumenten sich Wissen um die Zusammenhänge zwischen Ernährungsstilen und Landwirtschaftsformen aneignen. Dies betrifft konsumseitig die Bereiche Kauf, Verarbeitung (Kochen) und Bevorratung sowie die Minimierung von „food waste". Dieses Wissen, das in Familien und Schulen vermittelt werden sollte, könnte auch zu einer höheren Wertschätzung „guter" Nahrungsmittel führen.

Darüber hinaus sprechen gute Gründe dafür, sich für demokratisch legitimierte Konsumpolitiken einzusetzen bspw. eine Aufhebung des ermäßigten Mehrwertsteuersatzes auf tierische Produkte (vgl. WBAE und WBW 2016, WBAE 2020). Auf der Grundlage eines besseren Wissens um und einer erhöhten Wertschätzung für „gute" Nahrungsmittel könnten auch die Akzeptanzdefizite gegenüber solchen Konsumpolitiken zurückgehen.

Eine systematische Verknüpfung der Themenfelder Landwirtschaft und Ernährung stellt in der Angewandten Ethik bislang noch ein Desiderat dar. Im Vergleich zur Landwirtschaft kann die ethische Beschäftigung mit Fragen der Ernährung zwar auf eine lange Geschichte zurückblicken (Lemke 2007), ist im heutigen ethischen Diskurs dagegen weniger gegenwärtig. Dies hat seinen Grund darin, dass die Ernährung üblicherweise eher der Privatsphäre zugerechnet wird. Sie wird gemäß ethischer Unterscheidungspraxis zu den (eudaimonistischen) Fragen des guten Lebens gezählt, nicht zu Fragen der Gerechtigkeit oder der Moral. Diskutiert wird allenfalls die Frage nach einer möglichen moralischen Begründung für eine vegetarische oder vegane Lebensweise. Eine Auseinandersetzung mit der Frage, ob und unter welchen Bedingungen alternative Ansätze (Ökolandbau, fairer Handel, Regionalität) geeignet sind, Wege zu einer umwelt- und sozialverträglichen Ernährungsweise aufzuzeigen, findet in der ernährungsethischen Diskussion bisher kaum statt (vgl. aber Korthals 2004, WBAE im Erscheinen). Stattdessen werden Ernährungsfragen vorwiegend als Fragen guten Lebens und mit Nähe zu den Kulturwissenschaften diskutiert (z. B. Därmann/Lemke 2007). Dabei wird die Bedeutung von eudaimonistischen Argumenten in der Angewandten Ethik deutlich. Eine umfassende ethische Diskussion müsste sowohl eudaimonistische als auch sollensethische Aspekte von Ernährung berücksichtigen und darüber hinaus die rechtlich-politische Frage adressieren, wie der Konsum von Nahrungsmitteln aus Nachhaltigkeitsperspektive angemessen reguliert werden kann. Aus ethischer Perspektive stellt sich die Frage, ob und wie es gleichzeitig möglich ist, die zentrale Bedeutung von Ernährung für das gute Leben ernst zu nehmen und das den Fragen der Ernährung häufig zugrunde gelegte Axiom der unbegrenzten Konsumentensouveränität („Jeder esse, was er mag!") kritisch zu hinterfragen.

Literatur

Baatz, Christian/Garcia Portela, Laura/Voget-Kleschin, Lieske (Hg.): „Special Issue: Individual Environmental Responsibility." In: Journal of Agricultural and Environmental Ethics 32. Jg., 4 (2019).

Baron, Mechthild/Voget-Kleschin, Lieske: „Böden." In: Konrad Ott, Jan Dierks, Lieske Voget-Kleschin (Hg.): Handbuch Umweltethik. Stuttgart 2016, 262–267.

Baumgartner, Christoph/Mieth, Dietmar (Hg.): Patente am Leben. Paderborn 2003.

Bossert, Leonie (2016): „Tierschutz." In: Konrad Ott, Jan Dierks, Lieske Voget-Kleschin (Hg.): Handbuch Umweltethik. Stuttgart 2016, 292–297.

Carson, Rachel: Silent Spring. New York 1962.

Comstock, Gary: Vexing Nature? Dordrecht 2000.

Därmann, Iris/Lemke, Harald (Hg.): Die Tischgesellschaft. Philosophische und kulturwissenschaftliche Annäherungen. Bielefeld 2007.

DeGrazia, David: Taking animals seriously. Mental life and moral status. Cambridge 2001.

Gunton, Richard/Firbank, Leslie/Inman, Alex/Winter, Michael: „How scalable is sustainable intensification?" In: Nature Plants 2 (2016).

Korthals, Michiel: Before Dinner. Ethics and Philosophy of Food. Dordrecht 2004.

Lemke, Harald: Ethik des Essens. Eine Einführung in die Gastrosophie. Berlin 2007.

Leopoldina, Acatech: Akademien nehmen Stellung zu Fortschritten der molekularen Züchtung und zum erwogenen nationalen Anbauverbot gentechnisch veränderter Pflanzen. In: https://www.acatech.de/publikation/akademien-nehmen-stellung-zufortschritten-der-molekularen-zuechtung-und-zum-erwogenen-nationalen-anbauverbot-gentechnisch-veraenderter-pflanzen/download-pdf?lang=de (09.11.2022).

Locke, John: Zwei Abhandlungen über die Regierung. Frankfurt a.M. 1977.

Ott, Konrad: „Ethische Aspekte der ‚grünen' Gentechnik." In: Marcus Düwell, Klaus Steigleder (Hg.): Bioethik. Eine Einführung. Frankfurt a.M. 2003, 363–370.

Perkins, John H./Holochuck, Nordica C.: Pesticides: Historical Changes Demand Ethical Choices. In: David Pimentel/Hugh Lehman (Hg.): The Pesticide Question. New York/London 1993, 391–417.

Potthast, Thomas (Hg.): Ökologische Schäden. Begriffliche, methodologische und ethische Aspekte. Frankfurt a.M. 2004.

Potthast, Thomas/Ott, Konrad: Naturalistischer Fehlschluss. In: Konrad Ott, Jan Dierks, Lieske Voget-Kleschin (Hg.): Handbuch Umweltethik. Stuttgart 2016, 55–60.

Rat von Sachverständigen für Umweltfragen (SRU): Koexistenz sichern: Zur Novellierung des Gentechnikgesetzes. Berlin 2004.

Robb, John: "Material Culture, Landscapes of Action, and Emergent Causation. A New Model for the Origins of the European Neolithic." In: Current Anthropology 54. Jg. 6 (2013). 657–683.

Rotenberg, Lisa/Lamla, Silke: „Bio-veganer Landbau. Wie (un)vegan ist der Anbau von Nahrungsmitteln?" In: Tierbefreiung 82. Jg., 22 (2014), 6–12.

Thompson, Paul: The Agrarian Vision. Sustainability and Environmental Ethics. Lexington 2010.

Wissenschaftlicher Beirat für Agrarpolitik Ernährungspolitik und gesundheitlichen Verbraucherschutz beim Bundesministerium für Ernährung und Landwirtschaft (WBAE)/Wissenschaftlicher Beirat für Waldpolitik beim Bundesministerium für Ernährung und Landwirtschaft (WBW): Klimaschutz in der Land- und Forstwirtschaft sowie den nachgelagerten Bereichen Ernährung und Holzverwertung. Gutachten. November 2016. In: https://www.bmel.de/SharedDocs/Downloads/DE/_Ministerium/Beiraete/agrarpolitik/Klimaschutzgutachten_2016.pdf?__blob=publicationFile&v=3 (09.11.2022).

Wissenschaftlicher Beirat für Agrarpolitik Ernährungspolitik und gesundheitlichen Verbraucherschutz beim Bundesministerium für Ernährung und Landwirtschaft (WBAE): Politik für eine nachhaltigere Ernährung. Eine integrierte Ernährungspolitik entwickeln und die Ernährungsumgebung verbessern. Gutachten. Juni 2020. In: https://www.bmel.de/SharedDocs/Downloads/DE/_Ministerium/Beiraete/agrarpolitik/wbae-gutachten-nachhaltige-ernaehrung.pdf?__blob=publicationFile&v=3 (09.11.2022).

Klimaschutz und Klimawandel

116

Ottmar Edenhofer und Martin Kowarsch

116.1 Klimaänderungen als Thema der Ethik

Klimaschutzpolitik ist eine Wette: Eine ehrgeizige Verminderung klimaschädlicher Treibhausgasemissionen kann auch dann gerechtfertigt werden, wenn die Wahrscheinlichkeit katastrophaler Folgen des Klimawandels gering ist. Je niedriger die Kosten der Vermeidung und je höher die möglichen materiellen und immateriellen Schäden eines ungebremsten Klimawandels sind, umso sinnvoller ist es, eine ambitionierte Klimapolitik umzusetzen (Edenhofer/Jakob 2017). Die Klimapolitik beschränkt dabei die zuvor freie Nutzung der Atmosphäre als Treibhausgasdeponie und macht sie zu einem regulierten globalen Gemeinschaftsgut. Die dadurch entstehende Knappheitsrente ('Klimarente') und die erforderliche Transformation des globalen Energiesystems implizieren jedoch zahlreiche Verteilungskonflikte.

O. Edenhofer (✉)
Potsdam-Institut für Klimafolgenforschung, Potsdam, Deutschland
E-Mail: ottmar.edenhofer@pik-potsdam.de

M. Kowarsch
Mercator Research Institute on Global Commons and Climate Change, Berlin, Deutschland
E-Mail: kowarsch@mcc-berlin.net

Vor diesem Hintergrund fokussiert Klimaethik hauptsächlich auf Gerechtigkeitsfragen ('Climate Justice'), also Anspruchskonflikte zwischen Gruppen. Im Mittelpunkt stehen dabei folgende Themenbereiche: (1) Die Aufteilung der Lasten zwischen den Generationen, d. h. wie viel Klimaschutz (Vermeidung) die gegenwärtige Generation – Staaten und Individuen – den zukünftigen, noch nicht existenten Generationen vernünftigerweise schuldet. (2) Die intra-generationelle Lastenaufteilung, d. h. nach welchen Kriterien die Kosten und Verantwortlichkeiten für a) Klimaschutzmaßnahmen und b) die regionalen Anpassungsmaßnahmen an den Klimawandel oder bereits entstandene Klimaschäden aufgeteilt werden sollen, einschließlich prozeduraler Fragen.

Die Fragestellungen der Klimaethik berühren mehrere etablierte Subdisziplinen der Angewandten Ethik zugleich und erfordern darüber hinaus neue Begriffe und Argumente. Mit der zunehmenden gesellschaftlich-politischen Relevanz der Thematik wuchs auch die Anzahl klimaethischer Veröffentlichungen stark an (s. auch die Überblickswerke Gardiner/Caney et al. 2010; Ott 2012; Baatz/Ott 2015). Beides spricht dafür, die Klimaethik als eigene Subdisziplin der Angewandten Ethik anzusehen. Inwieweit jedoch für eine Klimaethik ureigene ethische Prinzipien oder Ansätze nötig sind, bleibt umstritten (Gardiner 2011; Caney 2012).

116.2 Grundannahmen zum Klimawandel

Die Klimaethik ist auf einen inter- und transdisziplinären Forschungsansatz angewiesen, um die Anspruchs- und Zielkonflikte der Klimapolitik adäquat zu erfassen und zu bewerten (Kowarsch/Edenhofer 2016). Eine Einführung in Ökonomie und Politik des Klimawandels bieten Edenhofer/Jakob (2017), während Rahmstorf/Schellnhuber (2018) die naturwissenschaftlichen Grundlagen anschaulich erläutern. Die für die klimaethische Debatte zentralen Eckpunkte seien hier kurz skizziert.

Über die Hauptursache des globalen Klimawandels gibt es inzwischen gesicherte Erkenntnisse (IPCC 2013): Die atmosphärische Konzentration der Treibhausgase, insbesondere von CO_2 (Kohlenstoffdioxid), stieg seit Beginn der Industrialisierung stark an, besonders aufgrund der massiven Nutzung fossiler Energieträger (Kohle, Erdöl, Erdgas) in den Industrieländern sowie der großflächigen Entwaldung in der südlichen Hemisphäre. Die Trägheit des Klimasystems führt dazu, dass die gegenwärtigen Treibhausgasemissionen die globale Mitteltemperatur nur zeitverzögert zum Anstieg bringen; ca. 1 °C Erwärmung sind bereits messbar (IPCC 2018). Daher begünstigen heutige Treibhausgas-Emissionsreduktionen vorwiegend zukünftige Generationen. Ein ungebremster Klimawandel könnte bis Ende dieses Jahrhunderts angesichts des wachsenden weltweiten Energiebedarfs und der schier unerschöpflichen Kohleressourcen zu einer seit Millionen Jahren beispiellosen Durchschnittserwärmung von etwa 4 °C führen.

Da eine exakte Abschätzung zukünftiger Folgen des Klimawandels (IPCC 2018) schwierig ist, geht es hierbei primär um den Umgang mit Risiken und Unsicherheiten. Risiken brächte ein ungebremster Klimawandel vor allem bezüglich der irreversiblen Betätigung der ‚Kippschalter' des Erdsystems mit sich (Lenton/Held et al. 2008). Damit käme es beispielsweise zum Abschmelzen des arktischen Eisschildes oder des Grönlandeises ab ungefähr 2–4 °C globaler Erwärmung. Neben dem damit verbundenen Meeresspiegelanstieg umfassen weitere Klimafolgen besonders die regionale Zunahme extremer Wetterereignisse wie Wirbelstürme, Starkregen, Überschwemmungen und Dürren. Das Resultat könnten Wasserknappheit und Nahrungsmittelengpässe sein. Zudem steigt die Wahrscheinlichkeit von Epidemien und anderen Gesundheitsgefahren. Größere Hitze lässt auch die Arbeitsproduktivität insbesondere in wärmeren Ländern sinken. Weitere Auswirkungen wären die Gefährdung zahlreicher Tier- und Pflanzenarten sowie ganzer Ökosysteme und die zunehmende Versauerung der Ozeane durch die erhöhte CO_2-Aufnahme. Erwartet werden zudem klimabedingte Migrationsströme und Konflikte, für deren Größenordnung jedoch bisher kaum belastbare Abschätzungen vorliegen.

Die Folgen des Klimawandels treffen die verschiedenen Regionen unterschiedlich: sie sind abhängig u. a. von Ausmaß und Geschwindigkeit der Erwärmung vor Ort sowie von der sozio-ökonomischen Vulnerabilität und den Anpassungsmaßnahmen einer bestimmten Region (IPCC 2018). Vor allem die Armen in den Entwicklungsländern werden unter den Klimafolgen zu leiden haben, weil sie meist in klimatisch besonders gefährdeten Regionen leben (z. B. Sahelzone). Sie sind vielerorts schon heute davon betroffen. Aufgrund ihrer Armut und ihrer starken wirtschaftlichen Abhängigkeit vom Agrarsektor können sie sich kaum an den Klimawandel anpassen (Edenhofer/Vinke et al. 2018).

Zur Vermeidung solcher Risiken hat sich die internationale Staatengemeinschaft im Klimaabkommen von Paris im Jahr 2015 darauf verständigt, die globale Durchschnittserwärmung gegenüber dem vorindustriellen Niveau auf deutlich unter 2 °C, besser noch unter 1,5 °C zu halten (,2 °C-Ziel' bzw. ,1,5°C-Ziel'). Jedoch steigen die Treibhausgasemissionen bislang weiter an (IPCC 2018). Für die Einhaltung der 2 °C-Grenze kann nur noch eine begrenzte Menge an CO_2 in der Atmosphäre abgelagert werden. Nach Schätzungen des IPCC sind dies derzeit etwa 1070 Gigatonnen (Gt) an Netto-CO_2-Emissionen (IPCC 2018, Tab. 2.2), wenn die 2 °C-Grenze mit einer Wahrscheinlichkeit von 66 % eingehalten werden soll und mögliche Rückkopplungen im Erdsystem einkalkuliert werden, die weitere Emissionen freisetzen würden. Verharren die Emissionen auf dem gegenwärtigen Niveau, so wäre das Budget in zwei bis drei Jahrzehnten aufgebraucht. Für die Begrenzung der Durchschnittstemperatur auf unter 1,5 °C (wiederum mit einer Wahrscheinlichkeit von 66 %) dürften sogar nur noch etwa 320 Gt CO_2 in der Atmosphäre deponiert werden (IPCC 2018, Tab. 2.2). Soll die 2 °C-Grenze eingehalten werden, müssen die weltweiten CO_2-Emissionen den meisten Modellszenarien zufolge sehr bald und rapide sinken, um in der zweiten Hälfte dieses Jahrhunderts die Nulllinie zu erreichen (IPCC 2014; 2018). Für die ambitioniertere 1,5°-Grenze müssten die Emissionen dementsprechend noch schneller und drastischer gedrosselt werden.

Durch diese politischen Maßnahmen, die die Nutzung der Atmosphäre dann begrenzen würden, wird aus der bisherigen Common-Pool-Ressource ohne festgelegte Nutzungsrechte ein knappes Gemeinschaftseigentum der Menschheit (‚Global Commons'). Dies bedingt die Entstehung einer umkämpften Klimarente, denn die Nutzungsrechte an der Atmosphäre bekommen folglich einen Preis. Solche Preissignale sind auch notwendig, damit die Märkte entsprechende Investitionsentscheidungen treffen können und der Stromsektor in der nächsten Dekade vollständig ‚dekarbonisiert' wird. Dieser Preis kann entweder durch die Erhebung einer Steuer oder durch Emissionshandelssysteme eingeführt werden. Auch ordnungsrechtliche Maßnahmen wie etwa das Verbot des Verbrennungsmotors oder von Kohlekraftwerken führen zu einem impliziten Preis für CO_2. Die Festlegung eines verbleibenden Kohlenstoffbudgets und eines CO_2-Preises entwertet demnach die Vermögen der Besitzer von Kohle, Öl und Gas. Vermögen und Einkommen werden also zwischen den Eigentümern fossiler Ressourcenbestände und den noch genauer zu definierenden Eigentümern der Atmosphäre umverteilt (Edenhofer/Jakob 2017). Zudem wird es im Transformationsprozess Gewinner und Verlierer durch die Neubewertung von Technologien und Kapitalstöcken geben.

Ambitionierte Klimaziele erfordern vielen Modellszenarien zufolge auch ‚negative Emissionen' (IPCC 2018): Mittels verschiedener, jedoch teilweise riskanter oder unausgereifter Technologien kann der Atmosphäre in gewissem Umfang CO_2 wieder entzogen werden, um es z. B. unterirdisch einzulagern, biologisch zu binden oder gar als Rohstoff zu verwenden (IPCC 2018). Deutlich umstrittener, riskanter und spekulativer sind andere, als angebliche Notlösung diskutierte, bisher aber verzichtbare Varianten des Geo-Engineerings. Hier geht es um die gezielte Veränderung der Strahlungsbilanz (‚Solar Radiation Management'), bei dem z. B. durch Partikeleintrag oder Sonnensegel in höheren Atmosphärenschichten die Sonneneinstrahlung reduziert werden soll.

Angebotsseitige Emissionsreduktionen vor allem im Bereich der Energieerzeugung, aber auch in der Land- und Forstwirtschaft, sind unausweichlich angesichts der Größe und Dringlichkeit des Klimaproblems. Jedoch können nachfrageseitige Treibhausgasreduktionen, d. h. Änderungen im Lebensstil (etwa Verzicht auf Flugreisen, Fleischkonsum und PKW-Nutzung), ebenfalls erheblich zum Klimaschutz beitragen (Creutzig/Fernandez et al. 2016). Leider bergen diese Änderungen im Lebensstil und der damit verbundene Verzicht auf gesamtwirtschaftlicher Ebene die Gefahr der Überkompensation. Dann werden zwar effizientere Autos gekauft, dafür aber in größerer Zahl und mit mehr gefahrenen Kilometern, weil das Autofahren durch diese Effizienzsteigerungen insgesamt billiger wird. Das quantitative Ausmaß dieses sogenannten ‚Rebound-Effekts' kann beträchtlich sein und wurde vermutlich bislang unterschätzt (Chang/Wang et al. 2018). Für die Klimaethik stellt der Rebound-Effekt insofern eine Herausforderung dar, als individuelle Verhaltensänderungen demnach nur durch Reformen von Anreizsystemen einen Beitrag zum Klimaschutz leisten können. Damit stellt sich die Frage nach dem Zusammenspiel von Individualethik und Institutionenethik. Eine konsistente Bepreisung von CO_2 könnte individuelle Verhaltensänderungen ermöglichen, ohne Rebound-Effekte auszulösen.

Neben der Vermeidung fortschreitenden Klimawandels befasst sich Klimapolitik auch mit regionalen Anpassungsmaßnahmen an unvermeidliche Folgen des Klimawandels sowie mit Kompensationsmechanismen für klimabedingte Schäden.

Das Klimaabkommen von Paris ist ein Meilenstein der internationalen Klimapolitik. Es erklärt die Atmosphäre mit völkerrechtlicher Verbindlichkeit zum globalen Gemeinschaftsgut und gibt mit dem Zielkorridor einer Begrenzung des Anstiegs der globalen Durchschnittstemperatur auf einen Wert zwischen 1,5 und 2 °C eine vorläufige Antwort auf die alte politische Frage, wieviel Klimaschutz – und damit auch wieviel Anpassung – überhaupt angestrebt werden soll. Angesichts der schwer lösbaren Verteilungskonflikte sieht das Abkommen lediglich selbst gewählte nationale Selbstverpflichtungen (,NDCs') vor. Bisher reichen diese jedoch bei weitem nicht aus. Daher haben die Staaten eine schrittweise Erhöhung ihrer freiwilligen Selbstverpflichtungen vereinbart. Formale Sanktionsmöglichkeiten gibt es dabei nicht. Darüber hinaus hat das Abkommen von Paris verschiedene Verfahren und Fonds beschlossen, um einen Lastenausgleich zu ermöglichen. Der ,Green Climate Fund' etwa soll die Länder bei der Verminderung der Emissionen und bei Investitionen in die Anpassung an den Klimawandel unterstützen. Die für die Umsetzung des Pariser Abkommens nötige Mehrebenen-Governance wirft auch in ethischer Hinsicht Fragen der Kooperation, der Lastenverteilung und der Implementierung auf.

116.3 Klimaschutz für zukünftige Generationen

Die Frage, wieviel Emissionsreduktion gegenwärtige Generationen leisten sollen, wird v. a. unter dem Begriff ,intergenerationelle Gerechtigkeit' behandelt. Um zu klären, wieviel Klimaschutz den zukünftigen Generationen geschuldet ist, stellt sich zunächst die Frage, ob zukünftige, nur der Möglichkeit nach, aber sehr wahrscheinlich existierende Menschen überhaupt moralische Ansprüche geltend machen können (u. a.: das ,Non-identity Problem'). Hierfür gibt es insbesondere aus Sicht der Menschenrechtstradition überzeugende ethische Gründe (Meyer 2016), weshalb es nicht vernünftig erscheint, Menschen allein darum zu diskriminieren, weil sie später geboren werden (Caney 2009b). Die Gefahr des Aussterbens der Menschheit könnte eine geringere prinzipielle Gewichtung zukünftiger Generationen begründen. Somit ist die Atmosphäre nicht nur als globales, sondern ebenso generationenübergreifendes Gemeinschaftsgut zu verstehen. Da jedoch nicht nur die Atmosphäre, sondern auch Wälder, Böden und Ozeane große Mengen von Treibhausgasen aufnehmen, stellt sich ganz grundsätzlich die Frage nach angemessenen Nutzungs- und Eigentumsrechten an natürlichen Ressourcen (Blomfield 2013; Armstrong 2017), die für die gesamte Menschheit jetzt und in Zukunft relevant sind (,Global Commons', ,Common Concern of Humanity', ,Common Heritage of Mankind').

Gesteht man künftigen Generationen beispielsweise Nutzungs- und Eigentumsrechte an globalen Gemeinschaftsgütern prinzipiell zu, muss man die Frage klären, nach welchen Kriterien Konflikte zwischen Generationen entschieden werden sollen. In der ethischen Debatte um ,intergenerationelle Gerechtigkeit' (s. Kap. 78) stehen im Mittelpunkt der Diskussionen u. a. egalitaristische (d. h. hohe Ungleichheitsaversion), an Suffizienz orientierte (siehe auch Shues einflussreiche, aber stark kritisierte Unterscheidung zwischen essentiellen und Luxus-Emissionen, Shue 2014), utilitaristisch-aggregierte und Vorrangs-Ansätze. Damit eng verbunden ist die klimaökonomische Debatte, ob die Lastenaufteilung zwischen Generationen mit Hilfe utilitaristischer Wohlfahrtsfunktionen als intertemporales Optimierungsproblem (Nordhaus 2007; Stern 2008) verstanden werden soll, oder ob sie besser durch nicht-utilitaristische, z. B. an Rawls und Kant orientierte Wohlfahrtskonzepte zu bestimmen ist (Roemer 2011). Neuere Ansätze zur Bewertung von Klimaschäden behandeln alle Generationen gleich, gewichten jedoch die Ärmsten innerhalb einer Generation höher (Adler/Anthoff et al. 2017).

Das Beispiel Diskontrate, welche die Zeitpräferenz in ökonomischen Modellen ausdrückt (für eine Überblicksdiskussion siehe Caney 2009b; IPCC 2014, Abschn. 3.6.2), verdeutlicht die Wichtigkeit der Explikation normativer Annahmen solcher Modelle, zumal Fakten und Werturteile eng miteinander verflochten sind (Kowarsch 2016, Kap. 5 und 8). Der Streit über die Diskontrate verhinderte einen Konsens der Klimaökonomie darüber, wieviel Klimaschutz optimal wäre. Denn eine solche Kosten-Nutzen-Analyse bräuchte eine verlässliche Berechnung der Klimaschäden, welche jedoch auch wegen der normativen Annahmen über die Diskontrate sehr umstritten ist. Natürlich sind derartige Berechnungen ebenfalls aufgrund der großen Unsicherheiten hinsichtlich zukünftiger, durch den Klimawandel verursachter Schadensereignisse schwierig. In den praktischen Empfehlungen für die Klimapolitik auf globaler und EU-Ebene wurde die Kosten-Nutzen-Analyse wegen dieser Unsicherheiten zurückgedrängt und durch die Kosten-Effektivitätsanalyse ersetzt (IPCC 2014, Abschn. 3.5.1 und 3.7.2.1), welche die Implikationen von Temperaturzielen exploriert. Dies steht für eine Entscheidung für ein ‚starkes' Konzept der Nachhaltigkeit, welches davon ausgeht, dass Naturkapital nicht beliebig durch von Menschen akkumuliertes Kapital (physisches Kapital oder Humankapital) ersetzt werden kann (Edenhofer/Kadner et al. 2014). Mit diesem Konzept berechnet man also nicht mehr den optimalen Temperaturanstieg, sondern man legt planetarische Belastungsgrenzen fest, die durch das Vorsichtsprinzip begründet werden (Edenhofer/Kadner et al. 2014).

In der Klimaethik wurde daher mehrheitlich dafür argumentiert, die globale Durchschnittserwärmung langfristig auf deutlich unter 2° oder sogar unter 1,5 °C zu begrenzen. Dies stellt die Schranke dar, bei der Gefährdungen der Menschenrechte durch zunehmende Klimafolgen vermutlich gering ausfallen und die in aktuellen technologischen und ökonomischen Studien als prinzipiell (noch) machbar eingestuft wird (IPCC 2018). Biozentrische oder holistische Ethikstandpunkte können Klimaschutzforderungen sogar verstärken.

Eine umfassende ethische Bewertung von klimapolitischen Handlungsmöglichkeiten fehlt jedoch bislang (Kowarsch/Edenhofer 2016): So werden die mit dem Umbau des Energiesystems verbundenen Risiken in der Klimaethik ebenso unzureichend diskutiert wie deren Wirkungen auf die Verteilung von Vermögen und Einkommen in Industrie- und Entwicklungsländern. Eine einseitige Orientierung an klassischen ökonomischen Kosten-Nutzen-Analysen, welche z. B. die nicht-linearen Kippschaltergefahren im Erdsystem ignorieren, ist dabei ebenso wenig ausreichend wie die Forderung nach einem ehrgeizigen Klimaschutz, die sowohl die Kosten und problematischen Nebeneffekte etwa im sozialen Bereich als auch die Risiken und Unsicherheiten ignoriert.

Ethisch relevant für die Klimafolgenbewertung sind vor allem diejenigen Zukunftsszenarien, in welchen Klimawandel zu großen Katastrophen für die Menschheit führt, auch wenn deren Wahrscheinlichkeit gering ist. Es ist daher ethisch angemessener, Klimapolitik als Versicherung gegen extreme Risiken anzusehen, statt die Handlungspfade nach dem utilitaristischen Erwartungsnutzenprinzip zu bewerten (Weitzman 2009).

Während der allgemeine Umgang mit Risiken und Unsicherheiten in der Klimaethik bislang ein Randthema ist, behandeln einige Studien bereits die ethischen Implikationen von Geo-Engineering-Optionen wie etwa Strahlungsmanagement (z. B. Preston 2012; Ott 2018). Diese Technologien könnten insbesondere für wohlhabende und an Emissionsreduktion wenig interessierte Länder wie beispielsweise die USA reizvoll sein, um die Schäden des Klimawandels durch eine Reduktion der Sonneneinstrahlung einzudämmen. Da die Veränderung des Strahlungshaushaltes die kumulativen Emissionen nicht vermindert, würde die Versauerung der Ozeane jedoch weiter voranschreiten. Die Folgen für die marinen Ökosysteme wären gravierend. Noch sind die Technologien nicht annähernd ausgereift, um Nebenwirkungen beispielsweise für das regionale Klima und für Ökosysteme zu bewerten und zu verhindern. Zudem bergen sie geopolitisches Konfliktpotential, gerade weil sie von einzelnen Staaten unilateral durchgesetzt werden können. Auch entstünde damit ein Drohpotential, weil bei einem Rückbau (oder einer absichtlichen Beschädigung) dieser Einrichtungen starke und schnelle Temperaturerhöhungen eintreten können. Letztlich ist der Einsatz dieser Technologien zum gegenwärtigen Zeitpunkt vermeidbar, da es für eine globale Emissionsverminderung noch nicht zu spät ist.

Trotz der immer größeren Bedeutung von negativen Emissionstechnologien in Modellszenarien für das 2 °C- und erst recht das 1,5 °C-Ziel gibt es zu den ethischen Implikationen dieser Technologien bislang bemerkenswert wenig klimaethische Reflexion (Ausnahmen bilden z. B. Lenzi 2018; Lenzi/Lamb et al. 2018). Dabei kann das Wetten auf negative Emissionen politisch auch als Vorwand dienen, die notwendigen sofortigen Emissionsminderungen zu verzögern. Zudem ist fraglich, ob diese Technologien rechtzeitig ausgebaut und in ausreichendem Maße sichere unterirdische Lagerstätten bereitgestellt werden können. Davon abgesehen hat der große Biomassebedarf einiger dieser Technologien (z. B. ‚BECCS') unerwünschte Nebenwirkungen vor allem auf Nahrungsmittelsicherheit, Biodiversität und Waldschutz. Der Mangel an klimaethischer Reflexion in Bezug auf negative Emissionstechnologien ist auch Ausdruck der bislang unzureichenden interdisziplinären Forschung (Lenzi/Lamb et al. 2018). Dabei ist es der Wissenschaft ohne ethische Reflexion kaum möglich, vernünftige Entscheidungsgrundlagen zu erarbeiten. Andererseits kann auch die Angewandte Ethik ohne die Klimawissenschaft und Klimaökonomie für den Entscheidungsprozess kaum relevant werden. Die Klimaethik und die Klimawissenschaften sind demnach aufeinander angewiesen.

Setzt sich der Anstieg der Emissionen unvermindert fort, werden künftig aller Wahrscheinlichkeit nach immer riskantere Technologien zum Klimaschutz in Betracht gezogen werden müssen. Dann muss jedoch auch vermehrt die Frage nach der moralischen Verantwortung, die der einzelne durch seinen individuellen Lebensstil trägt, gestellt werden. Gleichzeitig wäre zu untersuchen, wie die Schaffung von nicht-paternalistischen politischen Anreizstrukturen das individuelle Verhalten positiv beeinflussen könnte, insbesondere etwa durch eine demokratisch beschlossene CO_2-Bepreisung.

116.4 Intragenerationale Gerechtigkeit und globale Governance

Die optimale intergenerationelle Verteilung der Lasten ist abhängig von Verteilungsfragen innerhalb einer Generation. Wenn es nicht gelingt, die globale Ungleichheit abzumildern, trifft der Klimawandel die Ärmsten innerhalb kommender Gesellschaften noch härter. Dies ist ein Argument für ambitionierteren Klimaschutz (Dennig/Budolfson et al. 2015). Die Wirtschaftswissenschaft bewertet die Schäden des Klimawandels mittels der ‚Social Costs of Carbon' (SCC). Die SCC messen den zusätzlichen Schaden, den jede heute emittierte Tonne CO_2 zukünftig verursacht. Bisher wurden die SCC weitgehend unabhängig von Fragen der Verteilungsgerechtigkeit innerhalb einer Generation ermittelt. Dies wäre jedoch nur dann ein gerechtfertigtes Vorgehen, wenn Staaten auf anderem Wege als dem der Klimapolitik eine gerechtere Einkommens- und Vermögensverteilung ohne Effizienzverluste herstellen könnten. Geht man jedoch davon aus, dass diese Möglichkeiten beschränkt sind, ist die Frage nach den verteilungspolitischen Konsequenzen der Klimapolitik unvermeidbar (Dennig/Budolfson et al. 2015). Die SCC sind dann nicht mehr unabhängig von der Verteilung von Einkommen und Vermögen. So zeigen neuere Berechnungen, wie prioritäre Wohlfahrtsfunktionen die SCC in den verschiedenen Weltregionen beeinflussen (Adler/Anthoff et al. 2017). Diese gewichten die ärmsten Regionen gleich welcher Generation besonders hoch, weil Armutsüberwindung als ethisch vorrangig angesehen wird. Grundsätzlich können solche prioritären Metriken der SCC dazu verwendet werden, die Höhe der notwendigen CO_2-Preise zu bestimmen. Sie können aber auch als Grundlage für die Festlegung von Haftungs- und Kompensationsansprüchen bestimmter Regionen anhand der für diese Region kalkulierten SCC verwendet werden. Die Klärung dieser Fragen wird nur durch verstärkte klimaökonomische Forschung und klimaethische Reflexion im Dialog miteinander möglich sein. Das Ambitionsniveau von Klimaschutz für zukünftige Generationen hängt also auch maßgeblich von globalen Verteilungsfragen ab.

Da die global kumulierten Emissionen entscheidend sind, bedarf Klimaschutz notwendigerweise der internationalen Kooperation – trotz unterschiedlicher nationaler Politiken, Verschuldungen und Folgen des Klimawandels sowie divergierender sozio-ökonomischer Fähigkeiten und Klimaschutzkosten. Was die intragenerationelle Lastenverteilung von Vermeidung und Anpassung angeht, stimmt die Klimaethik weitgehend darüber ein, dass die wohlhabenden Industrieländer den größeren Anteil tragen sollten. Es gibt jedoch keine Einigkeit darüber, in welchem Umfang und auf welchen Grundlagen dies der Fall sein sollte. Auf politischer Ebene sind diese Fragen äußerst umstritten, da die Lastenaufteilung die einzelnen Staatshaushalte weitaus unmittelbarer trifft als globale, oft sehr langfristige Klimaschutzziele, die derzeit ohnehin kaum ernsthaft umgesetzt werden.

In der Debatte um globale Gerechtigkeit lag der Fokus bislang auf der zwischenstaatlichen Verteilung der Vermeidungslasten. Aus dieser Debatte seien hier beispielhaft vier stilisierte ethische Prinzipien genannt (s. ausführlicher Caney 2009a; Knopf/Kowarsch 2012), die häufig auch als Mischformen diskutiert wurden (z. B. ‚Contraction and Convergence' oder die ‚Greenhouse Development Rights'). Diese Prinzipien wurden zwar ursprünglich oft mit Blick auf einen (nie realisierten) globalen Emissionshandel erörtert, sind aber von allgemeiner Relevanz für klimapolitische Lastenverteilung:

1. eine Lastenverteilung, die umgekehrt proportional ist zu den Emissionen zu einem bestimmten Zeitpunkt oder der Wirtschaftsleistung der Staaten; dies würde als ‚Besitzstandsgerechtigkeit' jedoch gerade die reichen Länder bevorzugen;
2. eine Lastenverteilung gemäß der Verantwortung von Staaten für ihre historischen Emissionen im Sinne des Verursacherprinzips; dies würde u. a. zu Attribuierungsproblemen führen;
3. gleiche Pro-Kopf-Rechte auf Emissionen, was als intuitiv zunächst überzeugende Forderung weitaus größere Klimaschutzverantwortungen der Länder mit gegenwärtig hohen Emissionen impliziert; und
4. eine solidarische Lastenverteilung gemäß der aktuellen finanziellen und technologischen Kapazität einzelner Länder.

Vom Standpunkt der Menschenrechte aus gesehen scheinen insbesondere die beiden letztgenannten Prinzipien angemessen. Es stellt sich dabei ebenso die Frage, ob man mittels klimapolitischer Instrumente gleichzeitig auch andere gesellschaftliche Probleme wie z. B. globale Ungleichheit adressieren möchte. Hierfür würde sich besonders das zuletzt genannte Prinzip (4) eignen.

Eine Reduzierung von Ungleichheit lässt sich z. B. durch zwischenstaatliche Transferzahlungen erreichen, aber auch durch innerstaatliche Maßnahmen wie Steuersenkungen, Schuldenabbau oder Reinvestitionen der Einnahmen aus der CO_2-Bepreisung in die nachhaltige Entwicklung. Diese Einnahmen könnten in öffentliche Güter wie Infrastruktur, Bildung, Gesundheit etc. investiert werden und damit die Finanzierung der ‚globalen nachhaltigen Entwicklungsziele' der Vereinten Nationen unterstützen (Jakob/Edenhofer et al. 2018). Die Ergänzung durch eine Besteuerung der Landrenten könnte mehr Spielraum der Staaten bezüglich der Finanzierung öffentlicher, besonders den Armen zugute kommender Güter führen und damit zu mehr sozialer Gerechtigkeit. Diese Maßnahme würde zusätzlich Anreize zur klimaschädlichen Entwaldung vermindern (Jakob/Edenhofer et al. 2018). An diesem Beispiel wird deutlich, wie wichtig interdisziplinäre Zusammenarbeit für Klimaethik ist.

Ähnliche Gerechtigkeitsprinzipien wie oben spielen auch für die Diskussion über die faire Aufteilung der Anpassungskosten eine zentrale Rolle, sowohl hinsichtlich heutiger wie auch zukünftiger Klimafolgen (Adger/Paavola et al. 2009). Das ethische Verteilungsproblem der Anpassungskosten stellt sich, da selbst bei sehr ehrgeizigen Klimaschutzzielen negative Klimafolgen auftreten werden. Doch wer soll die regionalen Anpassungsmaßnahmen bezahlen? Das Verursacherprinzip ‚der Verschmutzer zahlt' kann nur sehr eingeschränkt angewandt werden. Dies liegt vor allem in der generationenübergreifenden historischen Verursachung begründet und in der zeitlich stark verzögerten Wirkung von Treibhausgasemissionen. Zudem können einzelne Naturereignisse nur schwer konkreten Emissionsverursachern kausal zugerechnet werden. Plausibler erscheint erneut die Idee einer solidarischen Hilfspflicht derjenigen Staaten, welche die größten wirtschaftlichen und technologischen Kapazitäten hierzu aufweisen (Knopf/Kowarsch et al., 2012).

Da aufgrund des bislang unverminderten Anstiegs der globalen Emissionen klimabedingte Schadensereignisse zunehmen, stellt sich vermehrt auch die Frage nach Kompensation für erlittene Schäden und dauerhafte Verluste in den Fällen, wo Anpassungsmaßnahmen unzureichend oder unmöglich sind (‚Loss & Damage'). Flucht und Migration sind beispielsweise Reaktionen auf den Klimawandel, etwa im Falle des Verlustes von Territorien durch den Meeresspiegelanstieg. Im Unterschied zu Anpassungsmaßnahmen geht es bei den Entschädigungszahlungen ethisch primär um drei unterschiedliche Aspekte von Kompensationsgerechtigkeit: (1) Haftungsfragen bezüglich Schadenserstattung, (2) Hilfspflichten und (3) faire Mittelbereitstellungen (Wallimann-Helmer 2015; Page/Heyward 2016). Ethisch betrachtet kann es dabei große Unterschiede zwischen reversiblen und irreversiblen Schäden (Verlusten) geben. Auch hier kommen wieder kausale Attribuierungsschwierigkeiten zum Tragen sowie die normativen Unklarheiten darüber, was als relevanter Schaden zu gelten hat (z. B. der Verlust kultureller Identitäten durch Klimawandel). Weitere ethische Fragen in diesem Kontext sind z. B. die Angemessenheit von Kanälen und Institutionen der Anpassungsfinanzierung sowie prozedurale und kontextualisierte Fragen hinsichtlich der Entscheidungen über Anpassungsmaßnahmen, um die diversen Werte und Interessen der Betroffenen vor Ort besser einzubeziehen (Eisenack/Moser et al. 2014; Mikulewicz 2018). Außerdem geht es um Kriterien für gerechtfertigte Ansprüche auf Anpassungsgelder. Zwar einigte sich die internationale Klimapolitik auf den Green Climate Fund und den prozeduralen ‚Warschau Mechanismus für klimabedingte Verluste und Schäden' (2013), ließ die Finanzierungsfrage aber bislang offen.

Die bisherigen Klimaabkommen mussten neben den finanziellen Lastenaufteilungen zur Schadenskompensation, Anpassung und Emissionsreduktion auch weitere umstrittene Aspekte intragenerationeller Gerechtigkeitsfragen unbeantwortet lassen, z. B. hinsichtlich des internationalen Technologietransfers (z. B. Shue 2014) und des Waldschutzes (z. B. Schroeder/McDermott 2014). Der Mangel an Kooperation bleibt trotz des ehrgeizigen Pariser Abkommens und der zunehmenden Lösungsorientierung des Klimadiskurses das zentrale Problem der Klimapolitik. Eine international, national und lokal koordinierte Governance ist derzeit nur in Ansätzen sichtbar und durch die nationalstaatlichen Eigeninteressen in seiner Funktionsfähigkeit bedroht. Denn bisher sind die Anreize für die einzelnen Nationalstaaten hoch, sich als Trittbrettfahrer zu verhalten und den anderen Staaten den Klimaschutz zu überlassen.

Da die Staaten und privaten Akteure weder ausreichend Klimaschutz betreiben, noch sich angemessen an der Finanzierung der Anpassung und Kompensationsforderungen beteiligen, interessiert sich die Klimaethik vermehrt für gerechte Kooperation in einer nicht-idealen Welt (‚Non-ideal Justice'). Das Einbeziehen spieltheoretischer, verhaltenspsychologischer und anderer nicht-philosophischer Aspekte ist dabei unerlässlich. Die Vorstellungen von nicht-idealer Gerechtigkeit (Heyward/Roser 2016) unterscheiden sich allerdings: (1) Dem klassischen

Verständnis von Rawls folgend wird überlegt, wie die Ideen der idealen Gerechtigkeit in einer moralisch unwilligen Welt (oder in einer Welt mit ungünstigen äußeren Umständen wie z. B. massive Unsicherheiten) besser umzusetzen sind. Dies nannte Rawls nicht-ideale Gerechtigkeit. Beispielsweise kann man zur Erreichung der gesteckten Klimaziele mit Hilfe spieltheoretischer Überlegungen internationale Abkommen entwerfen, die die internationale Kooperation stabilisieren. Dies wäre denkbar durch die Schaffung einer Koalition der Willigen, die an die Mitglieder der Koalition (konditionale) Transfers nur unter der Bedingung bezahlt, dass sie sich verstärkt am Klimaschutz durch die Erhöhung ihrer nationalen CO_2-Steuern beteiligen (Heitzig/Lessmann et al. 2011; Edenhofer/Kornek 2016). Zudem können Sanktionsmechanismen (etwa durch Zölle auf Importe) gegenüber den Koalitionsverweigerern Kooperation ebenso stabilisieren wie der Zugang zu neuen Technologien für die Mitglieder der Koalition (Lessmann/Marschinski et al. 2009; Nordhaus 2015). 2) Dem Verständnis von Amartya Sen u. a. zufolge geht es, im Unterschied zu Rawls, nicht um die Umsetzung von Idealvorstellungen von Gerechtigkeit, sondern vor allem um die Reduzierung von augenscheinlicher Ungerechtigkeit, die sich in einem realistischen Zeitraum auch umsetzen lässt. Ideale Gerechtigkeit ist diesen Überlegungen zufolge weder notwendig noch hinreichend für die Schaffung von realer Gerechtigkeit und hat kaum einen praktischen Effekt auf die Klimapolitik. Der Fokus sollte daher gemäß dieser Interpretation auf konkreten, kontextspezifischen Handlungsalternativen liegen. 3) Ein drittes Verständnis von nicht-idealer Gerechtigkeit geht auf John Deweys pragmatistische Philosophie zurück (Kowarsch/Edenhofer 2016). Die Betonung liegt hier auf inter- und transdisziplinären, deliberativen Lernprozessen an der Schnittstelle von Wissenschaft, Ethik, Politik und Gesellschaft. Ziel sollte es sein, ethische Prinzipien und klimapolitischen Überzeugungen gegebenenfalls zu revidieren und zu ergänzen im Hinblick auf die Implikationen alternativer Politikpfade. Denn diese ethisch relevanten Implikationen sind vielfältiger als von klimaethischen und ökonomischen Studien oft suggeriert wird. Dieser Ansatz verbindet also Sens Fokus auf konkrete Handlungsalternativen mit einer Wertschätzung idealer Gerechtigkeitsprinzipien, die sich aber immer wieder im Lichte der Implikationen bewähren müssen (Kowarsch 2016, Kap. 6). Der Weltklimarat (‚IPCC') bietet seit Jahrzehnten ein wertvolles Deliberationsforum. Jedoch wäre ein stärkeres Einbeziehen der ethischen Perspektive wünschenswert (Kowarsch/Edenhofer 2016; Lenzi/Lamb et al. 2018).

Literatur

Adler, Matthew; Anthoff, David et al.: „Priority for the worse-off and the social cost of carbon". In Nature Climate Change 7. (2017): 443–449.

Adger, W. Neil/Paavola, Jouni/Huq, Saleemul/Mace, M.J. (Hg.): Fairness in Adaption to Climate Change. Cambridge 2006.

Armstrong, Chris: Justice and Natural Resources: An Egalitarian Theory. Oxford 2017.

Baatz, Christian/Ott, Konrad: „Klimaethik: Mitigation, Adaptation und Climate Engineering." In: Angela Kallhoff (Hg.): Klimagerechtigkeit und Klimaethik. Berlin 2015, 181–198.

Blomfield, Megan: "Global Common Resources and the Just Distribution of Emission Shares." In: The Journal of Political Philosophy 21. Jg., 3 (2013), 283–304.

Caney, Simon: "Justice and the Distribution of Greenhouse Gas Emissions." In: Journal of Global Ethics 5. Jg., 2 (2009a), 125–146.

Caney, Simon: „Climate Change and the Future: Discounting for Time, Wealth, and Risk." In: Journal of Social Philosophy 40. Jg., 2 (2009b), 163–186.

Caney, Simon: „Just Emissions." In: Philosophy & Public Affairs 40. Jg., 4 (2012), 255–300.

Chang, Juin-Jen/Wang, Wei-Neng/Shieh, Jhy-Yuan: „Environmental rebounds/backfires: Macroeconomic implications for the promotion of environmentally-friendly products." In: JEEM 88. Jg. (2018), 35–68.

Creutzig, Felix/Fernandez, Blanca et al.: „Beyond Technology: Demand-Side Solutions for Climate Change Mitigation." In: Annual Review of Environment and Resources 41. (2016), 173–198.

Dennig, Francis/Budolfson, Mark B./Fleurbaey, Marc/Siebert, Asher/Socolow, Robert H.: „Inequality, climate impacts on the future poor, and carbon prices." In: PNAS 112. Jg., 52 (2015), 15827–15832.

Edenhofer, Ottmar/Jakob, Michael: Klimapolitik. Ziele, Konflikte, Lösungen. München 2017.

Edenhofer, Ottmar/Kornek, Ulrike: „Coordinated CO2 Prices and Strategic Transfers." In: Robert N. Stavins, Robert C. Stowe (Hg.): The Paris Agreement and Beyond. Cambridge 2016, 65–67.

Edenhofer, Ottmar/Kadner, Susanne/von Stechow, Christoph/Schwerhoff, Gregor/Luderer, Gunnar: „Linking climate change mitigation research to sustainable development." In: Atkinson Giles, Simon Dietz et al. (Hg.): Handbook of Sustainable Development: Second Edition. Cheltenham 2014, 476–499.

Edenhofer, Ottmar/Vinke, Kira/Schewe, Jacob: „Warum Sicherheitspolitik auf eine effektive Klimapolitik angewiesen ist." In: Stefan Mair, Dirk Messner, Lutz Meyer (Hg.): Deutschland und die Welt 2030. Berlin 2018, 164–175.

Eisenack, Klaus/Moser, Susanne C. et al.: „Explaining and overcoming barriers to climate change adaptation". In: Nature Climate Change 4. (2014), 867–872.

Gardiner, Stephen M.: A Perfect Moral Storm: The Ethical Tragedy of Climate Change. New York 2011.

Gardiner, Stephen M./Caney, Simon/Shue, Henry/Jamieson, Dale (Hg.): Climate Ethics: Essential Readings. New York 2010.

Heitzig, Jobst/Lessmann, Kai/Zou, Yong: "Self-enforcing strategies to deter free-riding in the climate change mitigation game and other repeated public good games." In: PNAS 108. Jg., 38 (2011), 15739–15744.

Heyward, Clare/Roser, Dominic (Hg.): Climate Justice in a Non-Ideal World. Oxford 2016.

IPCC (Intergovernmental Panel on Climate Change): Global Warming of 1.5 °C (Special Report).Cambridge 2018.

IPCC: Climate Change 2014:Mitigation of Climate Change. Cambridge 2014.

IPCC (Intergovernmental Panel on Climate Change): Climate Change 2013: The Physical Science Basis. Cambridge 2013.

Jakob, Michael/Edenhofer, Ottmar/Kornek, Ulrike/Lenzi, Dominic/Minx, Jan: „Governing the Commons to Promote Global Justice: Climate change mitigation and rent taxation." In: Ravi Kanbur, Henry Shue (Hg.): Climate Justice: Integrating Economics and Philosophy. Oxford 2018.

Knopf, Brigitte/Kowarsch, Martin/Lüken, Michael/Edenhofer, Ottmar/Luderer, Gunnar: „A Global Carbon Market and the Allocation of Emission Rights." In: Ottmar Edenhofer, Johannes Wallacher et al. (Hg.): Climate Change, Justice and Sustainability: Linking Climate and Development Policy. Dordrecht 2012, 139–150.

Kowarsch, Martin: A Pragmatist Orientation for the Social Sciences in Climate Policy: How to Make Integrated Economic Assessments Serve Society. Schweiz 2016.

Kowarsch, Martin/Edenhofer, Ottmar: „Principles or Pathways? Improving the Contribution of Philosophical Ethics to Climate Policy." In: Clare Heyward, Dominic Roser (Hg.): Climate Justice in a Non-Ideal World. Oxford 2016, 296–318.

Lenton, Timothy/Held, Hermann et al.: „Tipping elements in the Earth's climate system." In: PNAS 105. Jg., 6 (2008), 1786–1793.

Lenzi, Dominic: „The ethics of negative emissions". In Global Sustainability 1. (2018): e7.

Lenzi, Dominic/Lamb, William F./Hilaire, Jérôme/Kowarsch, Martin/Minx, Jan C.: „Weigh the ethics of plans to mop up carbon dioxide." In: Nature 561. (2018), 303–305.

Lessmann, Kai/Marschinski, Robert/Edenhofer, Ottmar: „The effects of tariffs on coalition formation in a dynamic global warming game." In: Economic Modelling 26. Jg., 3 (2009), 641–649.

Meyer, Lukas H.: Intergenerational Justice. In: https://plato.stanford.edu/entries/justice-intergenerational/ (26.10.2018)

Mikulewicz, Michael: „Politicizing vulnerability and adaptation: On the need to democratize local responses to climate impacts in developing countries." In: Climate and Development 10. Jg., 1 (2018), 18–34.

Nordhaus, William: The Challenge of Global Warming: Economic Models and Environmental Policy. In: http://www.econ.yale.edu/~nordhaus/homepage/OldWebFiles/DICEGAMS/dice_mss_072407_all.pdf (17.10.2018)

Nordhaus, William: „Climate Clubs: Overcoming Free-Riding in International Climate Policy." In: AER 105. Jg., 4 (2015), 1339–1370.

Ott, Konrad: „Domains of Climate Ethics." In: Ludger Honnefelder, Dieter Sturma (Hg.): Jahrbuch für Wissenschaft und Ethik 2011. Berlin 2012, 95–114.

Ott, Konrad: „On the Political Economy of Solar Radiation Management." In: Front. Environ. Sci. 6. Jg., 43 (2018), 1–13.

Page, Edward A./Heyward, Clare: „Compensating for Climate Change Loss and Damage." In: Political Studies (2016), 1–17.

Preston, Christopher (Hg.): Engineering the Climate: The Ethics of Solar Radiation Management. Plymouth 2012.

Rahmstorf, Stefan/Schellnhuber, Hans J.: Der Klimawandel: Diagnose, Prognose, Therapie. München 2018.

Roemer, John E.: „The Ethics of Intertemporal Distribution in a Warming Planet." In: Environmental and Resource Economics 48. Jg., 3 (2011), 363–390.

Schroeder, Heike/McDermott, Constance: „Beyond Carbon: Enabling Justice and Equity in REDD+ Across Levels of Governance." In: Ecology and Society 19. Jg., 1 (2014), 31.

Shue, Henry: Climate Justice: Vulnerability and Protection. New York 2014.

Stern, Nicholas: „The Economics of Climate Change: Richard T. Ely Lecture." In: American Economic Review Papers & Proceedings 98. Jg., 2 (2008), 1–37.

van der Ploeg, Frederick: „Second-best carbon taxation in the global economy: The Green Paradox and carbon leakage revisited." In: Journal of Environmental Economics and Management 78. (2016), 85–105.

Wallimann-Helmer, Ivo: „Justice for climate loss and damage." In: Climatic Change 133. (2015), 469–480.

Weitzman, Martin L.: „On modelling and interpreting the economics of catastrophic climate change." In: The Review of Economics and Statistics 91. Jg., 1 (2009), 1–19.

Nachhaltigkeit

Konrad Ott

117.1 Geschichtliche Entwicklung

Die Nachhalt-Idee findet sich bereits in Carlowitz' *Sylvicultura oeconomica* (1713). Hintergrund war die verbreitete Befürchtung, man werde in Zukunft an Holz „große Noth leiden" (Carlowitz). Der Erhalt der Wälder entspricht für Carlowitz dem biblischen Auftrag des „Bebauens und Bewahrens" und ist eine Verpflichtung gegenüber der Nachwelt. Nachhaltigkeit ist also ursprünglich ein Konzept der Waldbewirtschaftung, bei der die natürliche Produktionskraft der Wälder und die Holzernten so aufeinander abgestimmt werden, dass sich ein auf Dauer optimaler Ertrag ergibt, der in der späteren Ressourcenökonomik als „maximum sustainable yield" bezeichnet wird. Die Fixierung der forstlichen Nachhaltigkeitsidee auf die Holzernte führte allerdings dazu, dass naturnahe Wälder in rationell bewirtschaftete Forste umgewandelt wurden, was Naturschützer bereits im 19. Jahrhundert kritisierten („Stangenwälder"). Das Nachhaltigkeitsprinzip wurde von Möbius 1877 auf marine Ressourcen, speziell die Austernbänke der Nordsee übertragen (Möbius 2006). Das Prinzip findet sich auch schon bei

K. Ott (✉)
Christian-Albrechts-Universität zu Kiel, Kiel, Deutschland
E-Mail: ott@philsem.uni-kiel.de

der Thomas Jefferson, der 1789 schrieb: „The Earth belongs in usufruct to the living." Die US-amerikanische Traditionslinie führt über G. P. Marsh (1874), dem Forstwissenschaftler Gifford Pinchot bis hin zu Aldo Leopold.

Der Terminus *sustainable development* wurde 1987 von der sogenannten Brundtland-Kommission neu geprägt (WCED 1987). Im Bericht der WCED findet sich auch die viel zitierte Definition: „Sustainable Development is development that meets the needs of the present without compromising the ability of future generations to meet their own needs." Diese Definition entsprang dem Minimalkonsens der Kommission hinsichtlich der Erfüllung basaler Bedürfnisse absolut armer Menschen vor allem in den sogenannten „Entwicklungsländern". Bei näherer Betrachtung enthält der WCED-Bericht viele Formelkompromisse, die die Konflikte überdecken, die im Spannungsfeld zwischen ökonomischen Entwicklungsmodellen, ökologischen Besorgnissen und sozialethischen Fragen (Armutsbekämpfung, Verteilungsgerechtigkeit, Gleichstellung von Frauen, Rechte indigener Völker usw.) auftraten. So findet sich direkt im Anschluss an die Definition die Forderung, die Naturnutzung zu intensivieren. Es ging der WCED nicht um die Einhaltung von Grenzen der Naturnutzung, sondern um „limitations imposed by the state of technology and social organizations on the environment's ability to meet present and future needs" (WCED 1987, 43).

Gerade aufgrund seiner Vieldeutigkeit und Unschärfe setzte sich das Leitbild namens *sustainable development* weltweit rasch durch. Seit dem Rio-Gipfel 1992 fand es Eingang in zahllose Dokumente. Die „Sustainable Development Goals" der Vereinten Nationen setzen diese Tradition fort. Dies zeigt sich daran, dass nur drei der insgesamt siebzehn Ziele einen direkten Naturbezug aufweisen: Klima, Biodiversität, Ozean. Obwohl betont wird, dass die Reihenfolge der Ziele keine Hierarchie bedeutet, ist es kein Zufall, dass die Bekämpfung von Armut und Hunger an erster Stelle stehen.

Die Erfolgsgeschichte der Nachhaltigkeitsidee seit 1992 zog jedoch auch Inflationierung und Profillosigkeit nach sich. Da niemand sich direkt gegen eine nachhaltige Entwicklung aussprechen kann, versuchen viele Akteure, den Ausdruck strategisch zu besetzen. Die dadurch verursachte Ausweitung des Konzepts führt zu einem Verlust an begrifflicher Bedeutung, weil Begriffe mit großer Extension (Umfang) notwendig an Intension (Bedeutung) verlieren. Am Ende dieser Entwicklung stehen nichtssagende Floskeln wie beispielsweise, Nachhaltigkeit sei ein Prozess, in den man sich einbringen könne. Gegen diese Tendenzen wird versucht, wissenschaftlich tragfähige Nachhaltigkeitstheorien zu entwickeln.

Debatten über Nachhaltigkeit finden sowohl im politischen als auch im wissenschaftlichen System statt. Im politischen System hat sich konzeptionell das sogenannte *Drei-Säulen-Modell* durchgesetzt, wie es von der Enquete-Kommission „Schutz des Menschen und der Umwelt" 1998 entwickelt wurde. Es besagt, dass Nachhaltigkeit eine Integration von ökonomischen, ökologischen und sozialen Belangen erfordert. Dieses Modell lässt der Politik große Flexibilität, unterschiedliche Programme und Strategien mit der vagen Idee der Nachhaltigkeit zu verknüpfen und dadurch zu legitimieren. Das Drei-Säulen-Modell postuliert zwar die Gleichrangigkeit der drei Säulen, sagt aber nichts darüber, ob diese Gleichrangigkeit faktisch bereits besteht oder aufgrund bestehender Ungleichgewichte allererst zu erreichen wäre. Die beliebten Visualisierungen der Säulen suggerieren eine bestehende Gleichrangigkeit, die man bezüglich der ökologischen Dimension bezweifeln kann. Als Grundlage einer theoretischen Konzeption von Nachhaltigkeit ist das Drei-Säulen-Modell ungeeignet. Keiner der existierenden theoretischen Entwürfe stützt sich systematisch auf das Drei-Säulen-Modell (Daly 1996; Atkinson et al. 1997; Grunwald/Kopfmüller 2012; Ott/Döring 2008).

In systematischer Perspektive bietet es sich an, den Begriff der Nachhaltigkeit anhand eines Ebenenmodells zu bilden, das (2) die ethischen Prämissen, (3) die konzeptionellen Optionen, (4) Regelwerke, Leitlinien und Zielsysteme sowie (5) die zentralen Anwendungsfelder unterscheidet (Ott/Döring 2008).

117.2 Ethische Prämissen

Die Herrschaft der Gegenwart über die Zukunft ist durch die Gerichtetheit und Irreversibilität des Zeitverlaufs gegeben. Menschliches Handeln überführt im Verlauf der Zeit Möglichkeiten in zukünftige Wirklichkeit und verändert dadurch die Beschaffenheit der zukünftigen Welt für deren Bewohner zum Guten oder zum Schlechten. Die Zeit verleiht der Gegenwart Macht über die Zukunft und diese Macht impliziert Verantwortung (Jonas 1979). Wir können nicht mehr fortschrittsgläubig davon ausgehen, dass die Transformation von heutigen Möglichkeiten in zukünftige Wirklichkeiten den von diesen Wirklichkeiten betroffenen zukünftigen Generationen zugutekommen wird. Es könnte auch sein, dass wir aufgrund unseres hohen Ressourcenverbrauchs und des Eintrags von Schadstoffen in die natürliche Umwelt schon lange auf Kosten zukünftiger Generationen und den Bewohner:innen anderer Weltregionen leben. Insofern ist eine Auffassung hinsichtlich distributiver intergenerationeller Gerechtigkeit (vereinfacht: Zukunftsverantwortung) die ethische Grundlage der Nachhaltigkeitsidee. Versuche, diese Grundlage anzuzweifeln, indem man auf den irritierenden Umstand verweist, dass die Individualität zukünftiger Personen von unseren Handlungen abhängig ist (Parfit 1983), können als gescheitert gelten, da sich unsere Verpflichtungen auf den Personenstatus zukünftiger Menschen und nicht auf ihre kontingente Individualität beziehen (Ott 2004). Der Personenstatus zukünftiger Menschen ist im Unterschied zu deren Individualität soweit bestimmbar, dass sinnvoll über heutige Verpflichtungen gegenüber zukünftigen Personen gesprochen werden kann (Unnerstall 1999). Die Verantwortung gegenüber der Zukunft impliziert pragmatisch eine Verantwortung gegenüber heutigen Menschen, deren Grundbedürfnisse nicht oder nur mangelhaft erfüllt werden. Darin liegt das moralische Recht der WCED-Definition.

Der Zukunftsverantwortung kann entweder ein *absoluter* oder ein *komparativer* Standard zugrunde gelegt werden. Ein absoluter Standard legt fest, worauf alle Personen moralisch unabweisbare Ansprüche haben, während ein komparativer Standard verpflichtet, das durchschnittliche Wohlfahrtsniveau zukünftiger Personen gegenüber einem festzulegenden Vergleichsniveau nicht sinken zu lassen. Der absolute Standard kann durch den Fähigkeitenansatz von Nussbaum (1993) und Sen (1987) bestimmt werden, indem die Liste der Fähigkeiten, auf deren Ausübung jeder Mensch ein moralisches Anrecht besitzt, mit Schwellenwerten versehen wird. Ein komparativer Standard beruht auf der Intuition, dass es dann, wenn eine durchschnittliche Wohlfahrt für alle Personen erreicht wurde, es gegenüber zukünftigen Personen unfair wäre, ohne Not dieses Wohlfahrtsniveau bis zum absoluten Standard abzusenken. Der komparative Standard wirft allerdings mehr ethische Probleme auf als der absolute. So ist ungeklärt, wessen Wohlfahrtsniveau als Vergleichsmaßstab dienen soll. Es kann sich generell nur um einen Maßstab von Lebensqualität handeln, der innerhalb sicherer ökologischer Grenzen erfüllt werden kann, wobei Lebensqualität von materiellem Lebensstandard zu unterscheiden ist. Eine Lösung dieser Problematik könnte darin liegen, einen generellen absoluten Standard mit höheren komparativen Standards zu verknüpfen, die auf partikulare Kollektive (Staaten) beschränkt sind. Diese Lösung ist allerdings konfliktträchtig, da Vertreter:innen des absoluten Standards auf dessen moralischer Priorität pochen werden.

Neben der Gerechtigkeitsdimension ist die Umweltethik eine zweite Säule von Normativität auf der ethischen Ebene. Die Umweltethik rekonstruiert Werte und Verpflichtungen in Mensch-Natur-Verhältnissen und bringt sie in argumentative Form (Ott 2010). Dabei unterscheidet man Angewiesenheitsargumente, instrumentelle und ressourcenorientierte Werte, eudaimonistische und kulturelle Werte, sogenannte Selbstwerte von Naturwesen und Umwelttugenden. Die Nachhaltigkeitsidee war zwar ursprünglich ressourcenorientiert, kann aber um weitere umweltethische Werte erweitert werden. Diese Erweiterung wird auch durch umweltökonomische Schemata wie den „Total Economic Value" anerkannt, der neben Nutzwerten auch Optionswerte, Existenzwerte und Vermächtniswerte umfasst. Die ethische Idee von Nachhaltigkeit könnte daher auf die folgende Merkformel gebracht werden: Gerechtigkeit innerhalb und zwischen den Generationen in Ansehung wertvoller Naturgüter.

117.3 Konzeptionelle Optionen

Konzeptionell ist die Kontroverse zwischen starker und schwacher Nachhaltigkeit sowie zwischen vermittelnden Konzepten von zentraler Bedeutung. Der gemeinsame *Ausgangspunkt* der Kontroverse ist ein komparativer Standard, der häufig als *non declining utility over time* bestimmt wird. Vertreter beider Konzepte erkennen an, dass sich Zukunftsverantwortung auf eine Hinterlassenschaft an Gütern bezieht (sog. *fair bequest package*), die es erlauben dürfte, zukünftige Wohlfahrtsniveaus konstant zu erhalten. Insofern führt die Konzipierung der Nachhaltigkeitsidee in Fragen einer Güterlehre bzw. einer Theorie der Kapitalbestände von Gesellschaften. Dadurch ist die konzeptionelle Ebene stark von wirtschaftswissenschaftlichen Theoremen bestimmt. Eine entscheidende Frage auf dieser Ebene lautet, wie viele und welche Naturgüter diese Hinterlassenschaft enthalten sollte. In der Antwort unterscheiden sich beide Konzepte grundlegend (Neumayer 1999).

Während die Konzeption schwacher Nachhaltigkeit nur fordert, die Kapitalbestände einer Gesellschaft in der Summe konstant zu halten und nahezu unbeschränkte Substitutionsprozesse zwischen Human-, Sach- und Naturkapital erlaubt, fordert die Konzeption starker Nachhaltigkeit, die Naturkapitalien unabhängig davon zu erhalten, wie andere Kapitalbestände sich entwickeln mögen. Das Herzstück der Konzeption starker Nachhaltigkeit ist daher die sogenannte *Constant Natural Capital Rule* (CNCR), während schwache Nachhaltigkeit das Messmodell der *genuine savings* nutzt (Atkinson et al. 1997), um Aussagen darüber zu treffen, ob Gesellschaften nachhaltig wirtschaften. Das Konzept der schwachen Nachhaltigkeit gründet in der neoklassischen Wachstumstheorie und deren Modellen. Wenn die Substitutionselastizität zwischen unterschiedlichen Kapitalien modelltheoretisch gleich 1 gesetzt wird, können einzelne Kapitalien beliebig klein werden, ohne dass das Nutzenniveau sinkt. Daher ist in dieser Konzeption der kontinuierliche Abbau von Naturkapitalien mit der Idee von Nachhaltigkeit vereinbar. Allerdings wird der Substitutionsoptimismus häufig dahingehend eingeschränkt, dass *kritische* Bestände von Naturkapitalien zu erhalten seien. Diese Konzession führt zum Problem, jeweils die kritischen Grenzen zu bestimmen, die bei der Nutzung der natürlichen Ressourcen nicht unterschritten werden dürfen. Zumeist geschieht dies unter Verweis auf elementare Angewiesenheiten auf natürliche Ressourcen in Verbindung mit Vorsorgegrundsätzen, woraus sich ein „Safe Minimum Standard" ableiten lässt. Durch diese Konzession wird das Konzept schwacher Nachhaltigkeit zu einem vermittelnden Konzept transformiert. Werden die Vorsorgeschwellen anspruchsvoll als „planetary boundaries" bestimmt, nähern sich vermittelnden Konzepte der „starken" Nachhaltigkeit an. Kritikalität, „precautionary principle", „safe minimum standard", „planetary boundaries" sind insofern Vermittlungskonzepte.

Das *Begründungsziel* starker Nachhaltigkeit ist der Geltungsanspruch, dass das Ensemble der Naturgüter nicht weiter reduziert bzw. geschmälert werden darf. Dies besagt die CNCR, deren Begründung konzeptionell zentral ist (Ott 2009). Zur Begründung können die umweltethischen Werthinsichten herangezogen werden. Ein erstes Argument bezieht sich auf die *Eigenarten der Naturkapitalien*. Diese Eigenarten betreffen den Status vieler Naturkapitalien als kollektiver Güter, die Multifunktionalität vieler ökologischer Systeme (bspw. Wälder, Moore, Grünland, Küsten), deren Vernetztheit und die Komplementarität von wichtigen Natur- zu Sachkapitalien (Daly 1996). Ein weiteres Argument zugunsten der CNCR lautet, dass Natur nicht nur Ressourceninputs für die Produktion liefert, sondern vielfältig mit kulturellen Werten verbunden ist. Selbst wenn Naturkapital produktionstechnisch substituierbar wäre, bliebe es offen, ob wir mit seiner Reduzierung aufgrund unserer Wertvorstellungen einverstanden wären. Die Kategorie der kulturellen Werte der Natur bedarf allerdings einer umweltethischen Differenzierung (Ott 2010). Zu nennen sind unter dem Oberbegriff des *Naturgenusses* (A. von Humboldt) stichpunktartig:

- die Erfahrung des Naturschönen
- leibliches Spüren von Naturkontakten
- Erholung in der Natur
- Vertrautheit mit heimatlichen Landschaften
- die biophile Faszination gegenüber lebenden Organismen und Systemen
- Transformation der Werte und Haltungen durch Naturerfahrung
- eine spirituelle Annäherung an ein sakrales Geheimnis der Natur.

Freilich können wir zukünftige Vorlieben, Werte und Überzeugungen gegenwärtig nicht kennen. Wir wissen also nicht, was zukünftigen Personen der Anblick von Blumenwiesen und die Existenz von Schneeleoparden bedeuten werden. Aus einem *ignoramus* folgt *nicht*, dass zukünftigen Nutzenfunktionen von den unsrigen grundverschieden sein werden und dass zukünftige Personen sich einer denaturierten Welt anpassen und Naturgenuss nicht vermissen werden. Diese Ungewissheiten ernst zu nehmen, impliziert unter beiden ethischen Standards die Strategie eines *Optionserhalts*. In der *Risikobewertung* fragen wir, was die jeweils besseren

Handlungsoptionen angesichts der Möglichkeit von Irrtümern sind. Ungewissheiten werden als Hypothesen formulieren, die sich in Zukunft als wahr oder falsch herausstellen könnten:
- Die Substitutionselastizität von Naturkapitalien ist hoch/niedrig.
- Zukünftigen Generationen werden die kulturellen Werte der Natur viel/wenig bedeuten.

Die Frage ist, wie „schlimm" es wäre, auf der Basis von Hypothesen gehandelt zu haben, die sich als falsch herausstellen könnten. Das Ausmaß der möglichen zukünftigen Übel ist hier entscheidend. Wenn die Substitutionselastizität gering wäre und Naturerfahrungen zukünftigen Personen großen Nutzen gestiftet hätten, dann hätte man durch die Umsetzung schwacher Nachhaltigkeit den komparativen und vielleicht sogar den absoluten Standard massiv verletzt. Wie viel uns die Erhaltung der Naturkapitalien kostet, hängt zudem davon ab, wie stark uns selbst dies zugutekommt. Bei hoher heutiger Bedeutung von Naturgenuss wäre es in jedem Falle richtig, die CNCR anzunehmen.

Argumente gegen die Konzeption starker Nachhaltigkeit beziehen sich (1) auf das Problem fossiler Rohstoffe, (2) auf die vermeintliche Statik des Naturbildes, (3) auf die Umsetzungskosten und (4) auf den Einwand, ,starke' Nachhaltigkeit würde in Konfliktfällen lieber Natur schützen anstatt Armut zu bekämpfen. Was (1) anbetrifft, so können die Bestände von Rohstoffen und fossilen Energieträgern durch Nutzung letztlich nur aufgebraucht werden. Hier sprechen der langfristige Wert dieser Ressourcen und die begrenzten Assimilationskapazitäten natürlicher Senken dafür, diese Bestände nur sehr sparsam zu nutzen und sie sukzessive durch erneuerbare Ressourcen zu substituieren. Dies aber erfordert neben der Entwicklung erneuerbarer Energiequellen die Bestände und die lebendigen Fonds der Natur in guten Zuständen zu erhalten. Auch innerhalb der Konzeption starker Nachhaltigkeit spielen Substitutionsprozesse eine wichtige Rolle. Was (2) anbetrifft, so gilt es, die ökonomische Begrifflichkeit mit den Einsichten der Ökologie zu vermitteln. Hierzu ist die Vorstellung eines homogenen Bestands von Naturkapital durch die eines vernetzten Ensembles heterogener Bestände und lebendiger Fonds zu ersetzen (zur Theorie der Fonds vgl. Faber/Manstetten 1998). Der hierbei investierte Naturbegriff bezieht sich nicht nur auf unberührte Natur (,Wildnis'), sondern erstreckt sich auf Bestände des kultivierten Naturkapitals (Wälder, Grünland, Weinberge usw.). Die Befolgung der CNCR soll den Naturhaushalt insgesamt (re)naturieren und ihn widerstandsfähig gegen diverse Störungen machen (sog. ökologische Resilienz). Was (3) anbetrifft, so treten bei einer Einschätzung der Opportunitätskosten weder Unzumutbarkeiten noch herbe Verzichtszumutungen auf. Die volkswirtschaftlichen Kosten dürften gering sein; Verarmungsängste sind unbegründet. Zu beachten ist allerdings, dass die Opportunitätskosten der Umsetzung des Regelwerkes und der Zielsysteme nicht allein den Gruppen der Landnutzer aufgebürdet werden dürfen. Hier bietet sich ein zweistufiges Modell aus Standards guter fachlicher Praxis und einer Honorierung ökologischer Leistungen an. Was (4) anbetrifft, so steht keineswegs fest, welche Konzeption unter der Maßgabe besser abschneidet, absolute und extreme Armut zu verringern. Während schwache Nachhaltigkeit (ebenso wie die Sustainable Development Goals) hierbei auf Wirtschaftswachstum, Generierung von Geldeinkommen und Freihandel setzt, favorisiert starke Nachhaltigkeit eine komplexe Strategie, die genossenschaftliches lokales Wirtschaften und andere Landbauweisen umfasst und Umverteilungen nicht ausschließt. Die Konzeption starker Nachhaltigkeit impliziert keine Aussage hinsichtlich der Verfügungsrechte über Naturgüter. Politische Gemeinwesen können hierzu unterschiedliche Regelwerke festlegen.

117.4 Regelwerke und Zielsysteme

Es gibt also gute Gründe, die für die Akzeptabilität der CNCR sprechen. Diese Grundregel kann zu einem Regelwerk aus *Managementregeln* ausgearbeitet werden. Diese besagen, dass (1) der Verbrauch nicht-erneuerbarer Ressourcen einhergehen soll mit einer Investition in erneuerbare Substitute, dass (2) sich erneuernde Ressourcen (‚lebendige Fonds') nur in dem Maße genutzt werden dürfen, in dem sie sich regenerieren und (3) dass die Assimilationskapazitäten ökologischer Senken (Böden, Gewässer, Atmosphäre) nicht überstrapaziert werden dürfen. Hinzu kommt eine *Investitionsregel,* die für Länder gilt, in denen in der Vergangenheit viele Naturkapitalien verbraucht und zerstört worden sind. Die Investitionsregel ist somit eine Regel der Korrektur vergangener Fehler und ist als Verbesserungs- und Gestaltungsauftrag zu verstehen. Nachhaltigkeitspolitik sollte daher als eine Investitionspolitik in Naturkapitalien erkennbar sein. Mit der Renaturierungsökologie existiert eine Fachdisziplin, die zur konkreten Umsetzung der Investitionsregel beitragen kann (Zerbe/Wiegleb 2009). Vergangener Raubbau verpflichtet zur Renaturierung.

Dieses Regelwerk bedarf der Überführung in Zielsysteme. Der Sachverständigenrat für Umweltfragen (SRU) hat in seinen Gutachten seit 2002 das Konzept starker Nachhaltigkeit für unterschiedliche Bereiche (Klimawandel, Naturschutz, Böden, Meere, Verkehr, Landwirtschaft, Biomasseanbau) konkretisiert und mit Zielen unterlegt (www.umweltrat.de). Regelbefolgung und Zielerreichung sind innerhalb der Gesamtkonzeption starker Nachhaltigkeit so zu vermitteln, dass die Verwirklichung anspruchsvoller Umweltqualitätsziele und Vermeidungsziele als ein Grund für die Behauptung herangezogen werden kann, dass die Nachhaltigkeitsregeln befolgt worden seien. Normenlogisch betrachtet, öffnet sich hier eine Ableitungslücke zwischen Regeln, die zu befolgen sind, und Zielen, die es zu erreichen gilt.

In verfassungsrechtlicher Perspektive lässt sich die Konzeption starker Nachhaltigkeit mit der Staatszielbestimmung im Artikel 20a des deutschen Grundgesetzes in Verbindung bringen, der den Schutz der natürlichen Lebensgrundlagen auch in Verantwortung für zukünftige Generationen fordert. Die Konzeption starker Nachhaltigkeit ist eine Möglichkeit, Art 20a GG auszulegen. Auf internationaler Ebene wäre auch möglich, sie als Klammer zwischen verschiedenen internationalen Umweltregimen zu interpretieren und sie in der Form einer ‚starken' UN-Organisation (UNEO) zu institutionalisieren, die das derzeitige Programm (UNEP) ablösen könnte.

Unter diesen Voraussetzungen kann nunmehr das Drei-Säulen-Modell in die Gesamtkonzeption eingebettet werden: Die ökologische Säule ist durch das Regelwerk hinlänglich bestimmt. Die Ökonomie starker Nachhaltigkeit steht unter der Leitlinie, den Ressourceneinsatz und den Ausstoß an Schadstoffen, darunter natürlich auch Treibhausgasemissionen, deutlich zu reduzieren („Konsistenz"). Ein besonderes Augenmerk ist in Zukunft der Ökonomie der Landnutzungssysteme zu widmen („Resilienz"). Das (weite) Feld des Sozialen umfasst u. a. antikonsumistische Lebensstile und entsprechende kulturelle Anerkennungsverhältnisse („Suffizienz"). Kluge Nachhaltigkeitspolitik besteht darin, Leitlinien von Konsistenz, Resilienz und Suffizienz miteinander zu verzahnen, um Ziele zu erreichen, die dem Regelwerk entsprechen und den ethischen Ideen gemäß sind. Die Beständeperspektive (Klauer et al. 2013) bietet hierfür eine Grundlage, die auch auf die temporale Logik von Nachhaltigkeitspolitik eingeht. Diese Verzahnungen können am Beispiel des Fleischkonsums verdeutlicht werden (vgl. Voget-Kleschin et al. 2014).

117.5 Zentrale Anwendungsfelder und Fazit

Insgesamt hat sich das theoretische Verständnis dafür, was der Begriff der Nachhaltigkeit bedeuten könnte, in den vergangenen 30 Jahren deutlich verbessert (Grunwald 2016). Auch mit Blick auf die zukünftige politische Umsetzung von Nachhaltigkeitskonzepten besteht zumindest für die wohlhabenden Länder kein Grund zum Pessimismus. Im Rahmen nationaler Nachhaltigkeitsstrategien lassen sich Ziele formulieren, die den Regeln theoretisch anspruchsvoller Konzepte entsprechen können. Die deutsche Nachhaltigkeitsstrategie wurde ab dem Jahre 2000 institutionell verankert. Sie umfasst seit 2007 eine Biodiversitätsstrategie. Allerdings haben die multiplen wirtschaftlichen und politischen Krisen der jüngeren Vergangenheit auch zu Verzögerungen und zu Stagnation geführt. Gleichwohl unternimmt die deutsche Gesellschaft durchaus Schritte auf dem Wege einer nachhaltigen Entwicklung. Das Thema ist mittlerweile auf kommunaler und betrieblicher Ebene angekommen *(mainstreaming)*. Neue Jugendbewegungen fordern, den Klima- und Biotopschutz auf die politische Agenda zu setzen („Fridays for Future").

Obwohl der Horizont einer Nachhaltigkeitstheorie der gesamte Planet ist, ist es sinnvoll, auf kleineren Skalen an Praktiken starker Nachhaltigkeit zu arbeiten, entsprechende Vorreiterrollen zu übernehmen, Institutionen zu etablieren, gezielt in Naturkapitalien zu investieren, Anreizsysteme zu verändern, und nicht zuletzt Ziele des Naturschutzes mit der Anpassung an den (eng zu begrenzenden) Klimawandel zu verbinden (sog. *natural climate contributions*). Kein politisches Kollektiv darf seine Naturkapitalien auf Kosten anderer Weltregionen schützen; Wertschöpfungsketten dürfen nicht mit Raubbau an den Naturkapitalien anderer Länder beginnen. Jeder Staat muss seine Handelsbeziehungen und Investitionen seiner Unternehmen entsprechend überprüfen. So gesehen, bestehen staatsbürgerliche Verpflichtungen, sich im eigenen Land für eine Nachhaltigkeitspolitik zu engagieren, die über Landesgrenzen hinausweist. Diese Verpflichtungen nehmen im Grunde nur die ursprüngliche Idee des Freihandels ernst, die in wechselseitigem Vorteil besteht.

Global gesehen, haben sich die Probleme der Übernutzung von Naturkapitalien eher verschärft. Dies betrifft insbesondere die Emission von Treibhausgasen, den Verlust an Biodiversität, die Zerstörung tropischer Primärwälder, die Verschmutzung des Ozeans und die Verluste fruchtbarer Böden. Es besteht eine Kluft zwischen dem erreichten Wissensstand (etwa im Bereich der Erdsystemanalyse, vgl. SRU 2019) und dem politischen Willen vieler Staaten, die durch die Erfolge autoritärer Politikstile noch verbreitert wurde. Es ist nicht unwahrscheinlich, dass sich die Unterschiede zwischen den Ländern und Staaten hinsichtlich der erreichten Ziele und Standards vergrößern. Es könnte daher in Zukunft auch Parzellen von Nachhaltigkeit in Landschaften der Verwüstung geben, die dann zu begehrten Zufluchten würden. Jeder souveräne Staat ist, da es keine globale Autorität in Nachhaltigkeitsfragen gibt, für die Wahl seiner Nachhaltigkeitsstrategie, deren Umsetzung und deren Konsequenzen für die eigene Bevölkerung verantwortlich. Kein Staat ist in der Lage, unbegrenzte Ausfallbürgschaften für diesbezügliches Staatsversagen zu übernehmen.

Literatur

Atkinson, Giles et al. (Hg.): Measuring Sustainable Development. Cheltenham 1997.
Brand, Fridolin: "Critical Natural Capital Revisited: Ecological Resilience and Sustainable Development." In: Ecological Economics 68. (2009), 605–612.
Coenen, Reinhard/Grunwald, Armin (Hg.): Nachhaltigkeitsprobleme in Deutschland. Berlin 2003.
Daly, Herman E.: Beyond Growth. Boston 1996.
Enquete-Kommission: Schutz des Menschen und der Umwelt- Ziele und Rahmenbedingungen einer nachhaltig zukunftsverträglichen Entwicklung: Konzept Nachhaltigkeit. Vom Leitbild zur Umsetzung. Bonn 1998.
Faber, Malte/Manstetten, Reiner: „Produktion, Konsum und Dienste in der Natur – Eine Theorie der Fonds." In: Ludwig Pohlmann (Hg.): Selbstorganisation, Jahrbuch für Komplexität in den Natur-, Sozial- und Geisteswissenschaften, Bd. 9. Berlin 1998, 209–236.
Grunwald, Armin: Nachhaltigkeit verstehen. München 2016.
Grunwald, Armin/Kopfmüller, Jürgen: Nachhaltigkeit. Frankfurt a.M. 2012.
Heal, Geoffrey: Valuing the Future – Economic Theory and Sustainability. New York 1993.
Jonas, Hans: Das Prinzip Verantwortung. Frankfurt a.M. 1979.
Klauer, Bernd/Manstetten, Reiner/Petersen, Thomas/Schiller, Johannes: Die Kunst langfristig zu denken. Wege zur Nachhaltigkeit. Baden-Baden 2013.
Marsh, George P.: The Earth as Modified by Human Action. A Last Revision of 'Man and Nature'. London 1874.
Möbius, Karl-August: Die Auster und die Austernwirtschaft [1877]. Frankfurt a.M. 2006.
Neumayer, Eric: Weak versus Strong Sustainability. Cheltenham 1999.
Nussbaum, Martha: „Menschliches Tun und soziale Gerechtigkeit." In: Micha Brumlik, Hauke Brunkhorst (Hg.): Gemeinschaft und Gerechtigkeit. Frankfurt a.M. 1993, 323–361.
Ott, Konrad: „Essential Components of Future Ethics." In: Ralf Döring, Michael Rühs (Hg.): Ökonomische Rationalität und praktische Vernunft. Festschrift zum 60. Geburtstag von Ulrich Hampicke. Würzburg 2004, 83–108.

Ott, Konrad: „Zur Begründung der Konzeption starker Nachhaltigkeit." In: Hans-Joachim Koch, Christian Hey (Hg.): Zwischen Wissenschaft und Politik. Berlin 2009, 63–87.

Ott, Konrad: Umweltethik zur Einführung. Hamburg 2010.

Ott, Konrad/Döring, Ralf: Theorie und Praxis starker Nachhaltigkeit. Marburg ³2008.

Parfit, Derek: „Energy Policy and the Further Future: the Identity Problem." In: Douglas Maclean, Peter G. Brown (Hg.): Energy and the Future. Totowa 1983, 166–179.

Sachverständigenrat für Umweltfragen U(SRU): Demokratisch regieren in ökologischen Grenzen – Zur Legitimation von Umweltpolitik. Berlin 2019.

Sen, Amartya: The Standard of Living. Cambridge 1987.

Unnerstall, Herwig: Rechte zukünftiger Generationen. Würzburg 1999.

Voget-Kleschin, Lieske/Bossert, Leonie/Ott, Konrad (Hg.): Nachhaltige Lebensstile. Marburg 2014.

World Commision on Environment and Development (WCED): Our Common Future. Oxford 1987.

Zerbe, Stefan/Wiegleb, Gerhard: Renaturierung von Ökosystemen in Mitteleuropa. Heidelberg 2009.

Teil X
Einzelthemen der Angewandten Ethik: Ethische Fragen der Digitalisierung

Big Data, automatisierte Entscheidungssysteme und Künstliche Intelligenz

Manuela Lenzen

‚Big Data' steht für große, vielfältige, unübersichtliche und oft schnell generierte und transferierte Datenmengen. Diese entstehen an ganz unterschiedlichen Orten: Etwa bei den Experimenten der Quantenphysiker, bei der Sequenzierung von Genomen oder bei der Wetterbeobachtung; sie entstehen, wenn miteinander vernetzte Geräte im Internet der Dinge (*Internet of Things*, IoT) kommunizieren und wenn Menschen sich in den sozialen Medien bewegen, ihre Vitaldaten tracken, online einkaufen oder die Suchmaschinen des World Wide Web benutzen.

Mit der Analyse dieser großen Datenmengen verbindet sich die Hoffnung, Muster zu finden, die uns zuvor im Durcheinander der Welt verborgen geblieben sind. Dabei kann es sich zum Beispiel um Zusammenhänge zwischen Genetik, Lebensweise und Erkrankungen handeln, um Zusammenhänge zwischen Wetterphänomenen, um die Auslastung von Maschinen in Unternehmen oder um unsere Reaktion auf Werbung. Bei dieser Analyse kommen unterschiedliche Verfahren zum Einsatz: klassische Statistik, aber auch Verfahren aus dem Bereich der Künstlichen Intelligenz. Vor allem Verfahren des maschinellen Lernens und hier insbesondere das Deep Learning auf Künstlichen Neuronalen Netzen

M. Lenzen (✉)
Universität Bielefeld, Bielefeld, Deutschland
E-Mail: manuela.lenzen@uni-bielefeld.de

(KNN) haben in den letzten Jahren große Fortschritte verzeichnet (LeCun et al. 2015). Seit diese verstärkt zum Einsatz kommen, zeichnet sich ab, welche Auswirkungen die Analysen großer Datenmengen unter anderem auf gesellschaftliche Prozesse haben können und welche auch moralischen Herausforderungen mit diesem Einsatz verbunden sind.

118.1 Technische Grundlagen

Typisch für die Verfahren des maschinellen Lernens ist, dass die lernenden Systeme nicht fest darauf programmiert sind, wie sie eine bestimmte Aufgabe zu lösen haben, sondern anhand von Beispieldaten auf die Lösung dieser Aufgaben trainiert werden. Dabei können sie entweder lernen, anhand der Beispieldaten vorgegebene Kategorien zu bilden und neue Daten dann in diese Kategorien einzusortieren, zum Beispiel Menschen auf Fotos zu erkennen. Oder sie können lernen, selbst Muster in Datenbeständen zu finden und etwa Menschen mit ähnlichem Einkaufsverhalten zusammenstellen (Alpaydin 2016).

Die Grundlage dieser Verfahren sind Netze aus formalen Neuronen. Dabei handelt es sich um mathematische Funktionen, die verschiedene Eingangswerte zu einem Ausgangswert verrechnen. Im Trainingsprozess werden die Verknüpfungen zwischen diesen künstlichen Neuronen möglichst gut eingestellt. Seine spezifische Verknüpfungsstruktur befähigt das KNN, seine jeweilige Aufgabe zu bewältigen.

Lernende Verfahren kommen zum Einsatz, wo keine klaren Regeln bekannt sind, nach denen ein Problem zu lösen wäre, stattdessen aber viele Beispiele vorhanden sind. Diese Verfahren sind bei klar definierten Aufgabenstellungen sehr leistungsfähig, doch sie sind nicht in einem menschlichen Sinne intelligent. Es handelt sich vielmehr um Spezialisten, die für neue Aufgaben neu trainiert werden müssen. In konkreten Anwendungen ist deshalb, anders als in der Forschung, meist nicht von Künstlicher Intelligenz, sondern von algorithmischer oder automatisierter Entscheidungsfindung (*automated decision making,* ADM) die Rede.

118.2 Die ‚Vorurteile' der Algorithmen

Ein Problem dieser Lernverfahren sind ihre sogenannten Vorurteile *(biases).* Dabei handelt es sich nicht um Vorurteile im Sinne von Urteilen, die man fällt, bevor man sich mit einer Sache befasst hat. Vielmehr bezeichnet der Begriff die starke Abhängigkeit der lernenden Verfahren von ihren Trainingsdaten. Daten gelten als das neue Öl des digitalen Zeitalters, und ebenso wie das Öl sind sie kein unproblematischer Rohstoff. Für das am häufigsten verwendete Deep-Learning-Verfahren, das überwachte Lernen, sind annotierte Daten nötig. Jemand muss also etwa die verwendeten Bilder betrachten und daran schreiben, was darauf zu sehen ist. Das erledigen häufig minimal bezahlte Click- oder Crowdworker (Schmidt 2019; s. Kap. 123). Geht es um personenbezogene Daten, müssen zudem die Datenschutzrichtlinien beachtet werden.

Das Beschaffen von Trainingsdaten ist also oft aufwändig, teuer und sozial nicht unproblematisch. Zudem gibt es nicht in allen Bereichen genug Daten in ausreichender Qualität oder Daten, die vielfältig genug sind. Doch wenn nicht genug ausreichend unterschiedliche Daten vorhanden sind, werden die Kategorien, die das lernende System bildet, nicht allgemein genug. Trainiert man etwa einen Algorithmus, der Vögel erkennen soll, ohne ihm jemals einen flugunfähigen Vogel zu zeigen, wird er Pinguine und Strauße nicht zu den Vögeln rechnen. Trainiert man einen Algorithmus, der Bewerbungen vorsortieren soll, mit den erfolgreichen Bewerbungen der letzten dreißig Jahre, ist es wahrscheinlich, dass dieser Algorithmus Frauen benachteiligen wird. Einfach, weil in den Trainingsdaten höchstwahrscheinlich mehr Bewerbungen von Männern enthalten sein werden als von Frauen. Trainiert man einen Algorithmus zur Gesichtserkennung vor allem an weißen Gesichtern, wird er farbige Gesichter schlechter erkennen. Dazu muss kein frauenfeindlicher oder rassistischer Programmierer am Werk sein, es reicht völlig, wenn solche Einseitigkeiten in den Trainingsdaten vorhanden sind.

Die Verfahren des maschinellen Lernens bilden anhand von Daten der Vergangenheit Modelle, mit denen sie neue Daten klassifizieren. Damit neigen sie dazu, den Status quo zu verfestigen. Kein Algorithmus ist klug genug, um zu erkennen, ob uns der gegenwärtige Zustand als wünschenswert erscheint (Perez 2019; Broussard 2019; O'Neil 2017).

Je häufiger algorithmische Entscheidungssysteme in gesellschaftlichen Bereichen zum Einsatz kommen, desto länger wird die Liste der Projekte, gegen die Menschenrechtsorganisationen oder Bürgerrechtsbewegungen wegen solcher impliziten Einseitigkeiten klagen. Als eine der ersten wies die Nichtregierungsorganisation ProPublica darauf hin, dass die Behörden von Chicago eine Software verwenden, die schwarze Menschen diskriminiert (Angwin et al. 2016). Inzwischen stehen (auch in Europa) Programme zur Zuteilung von Studienplätzen, Sozialhilfe, Fortbildungen, Wohngeld und dem Zugang zu medizinischer Versorgung in der Kritik (Alfter et al. 2020; Lischka/Klingel 2017).

Umgekehrt können diese Algorithmen, wenn sie entsprechend eingesetzt werden, aber auch Einseitigkeiten aufdecken, die uns nicht bewusst waren.

118.3 Black-Box-Systeme

Ein weiteres Problem liegt darin, dass es schwer nachzuvollziehen ist, wie die Künstlichen Neuronalen Netze zu ihren Ergebnissen kommen und worin diese Ergebnisse genau bestehen. Die Antwort auf die Frage, wie man zum Beispiel Hundebilder von Katzenbildern unterscheidet, liefert ein KNN nicht in der Form einer Erklärung, sondern sie ist implizit in der Struktur des trainierten Netzwerks enthalten. Das mag beim Sortieren von Urlaubsfotos unproblematisch sein. Bei medizinischen Entscheidungen über Diagnosen oder Therapien ist es hingegen schwer vorstellbar, dass diese ohne ein Verständnis darüber getroffen werden können, wie das Votum eines Algorithmus zustande gekommen ist. In Europa sichert zudem die Datenschutzgrundverordnung den Menschen das Recht zu, zu erfahren, wie eine Entscheidung, von der sie betroffen sind, zustande gekommen ist. Verfahren, die allein auf Lernprozessen in KNN beruhen, können diese Forderung bislang nicht erfüllen. Im Forschungsfeld ‚Erklärbare Künstliche Intelligenz' (*Explainable AI*, XAI) versuchen Forscher aktuell, die Vorgänge in KNN durchschaubar zu machen.

Natürlich sind auch Entscheidungen, die Menschen fällen, nicht perfekt. Auch Menschen haben Vorurteile, urteilen einseitig und sind wechselnden Stimmungen unterworfen. Eine Hoffnung, die den Einsatz von Systemen zur automatischen Entscheidungsfindungen begleitet, ist, dass Entscheidungen durch diese nicht nur schneller und kostengünstiger, sondern auch besser, objektiver und gerechter getroffen werden können. Weitgehende Einigkeit herrscht inzwischen darüber, dass Mensch und Maschine zusammenarbeiten müssen, um dieses Ziel zu erreichen. Während solche Kooperationen etwa für die Beurteilung medizinischer Bilddaten schon erfolgreich erprobt wurde (Brinker et al. 2019), ist in den meisten Bereich noch nicht klar, wie die Zusammenarbeit von Mensch und Maschine so gestaltet werden kann, dass die Stärken beider optimal genutzt werden können.

118.4 Übertriebenes Vertrauen

Eine Frage, die sich dabei stellt, ist, wie sichergestellt werden kann, dass Menschen die Ergebnisse von automatischen Entscheidungssystemen nicht einfach unkritisch übernehmen, ein Phänomen, das Forscher als „Overtrust", übertriebenes Vertrauen, bezeichnen (Robinette et al. 2016). Entscheidungsroutinen, bei denen die Abweichung von einer algorithmischen Entscheidung etwa in der Medizin oder der Vergabe von Krediten, extra gerechtfertigt oder verantwortet werden müssen, könnten daher problematisch sein; ebenso aber das leichtfertige Übergehen solcher Ergebnisse. Ob Vorschläge, ein „Mitdenken by Design" zu etablieren, indem algorithmische Systeme stets mehrere Antworten geben, zwischen denen der Mensch dann wählen muss, sich durchsetzen können, ist zweifelhaft. Immerhin dienen solche Systeme zumeist dazu, Entscheidungsprozesse zu beschleunigen, eine künstliche Verlangsamung stünde dem entgegen.

118.5 Durchsichtigkeit macht manipulierbar

Ein weiterer problematischer Aspekt der automatischen Analyse großer Datenmengen ist die Möglichkeit, Menschen durchsichtig zu machen, zu kontrollieren und zu manipulieren. Wer für eine App oder ein Programm nicht zahlt, ist bekanntlich nicht der Kunde, sondern das Produkt: in Form eines immer detaillierteren Datensatzes, der bei der Nutzung des Programms entsteht. Diese Datensätze werden von Unternehmen gesammelt, mit anderen Datenquellen abgeglichen und verkauft. Die lückenlose Überwachung der Aktivitäten eines Menschen, seiner Bewegungsdaten, seiner Kommunikation, seiner Einkäufe und seiner Onlinesuchen und der damit verbundene Verlust seiner Privatsphäre ist schon als solcher bedenklich, manche sehen darin einen Verstoß gegen die Menschenwürde. Je mehr über eine Person bekannt ist, desto gezielter kann man sie zudem über Suchmaschinen, Onlinemarktplätze oder soziale Medien mit Informationen, d. h. in aller Regel: mit Werbung, adressieren. Wissen über Menschen ist z. B. aber auch für Arbeitgeber, Krankenkassen, politische Parteien, die Polizei oder die Regierung interessant.

118.6 Die Regulierung automatisierter Entscheidungsfindung

Seit diese Probleme der ADM-Systeme sichtbar geworden sind, ist klar, dass eine gesetzliche Regulierung ihres Einsatzes nötig ist. Dies ist ein relativ neues, aber sehr aktives Forschungsfeld, das auf der Einsicht aufbaut, dass es nicht allein auf die Algorithmen ankommt, sondern auf die gesamte Konstellation: Welcher Algorithmus wird mit welchen Daten trainiert und in welchem Kontext eingesetzt? Auch die Interpretation und die Präsentation der Ergebnisse einer algorithmischen Entscheidung bestimmen ihre Auswirkungen mit (Zweig 2019).

Erste Metastudien versuchen, aus den ethischen Richtlinien, die verschiedene Berufsverbände, Institute und Organisationen bereits aufgestellt haben, eine Art harten Kern herauszudestillieren. So hat etwa die Bertelsmann-Stiftung in Zusammenarbeit mit dem iRights.Lab zehn solcher Regeln formuliert (Rohde 2018): Wer Algorithmen entwickelt, muss demnach ein Verständnis für die potentiellen Auswirkungen ihres Einsatzes haben; für die Auswirkungen des Einsatzes eines algorithmischen Systems muss eine natürliche oder juristische Person verantwortlich sein; Ziele müssen klar definiert und Folgen regelmäßig abgeschätzt und abgewogen werden; die Sicherheit des Systems gegenüber Angriffen und Manipulationen muss gewährleistet und fortlaufend überprüft werden; der Einsatz algorithmischer Systeme muss für den Nutzer erkennbar sein (besonders, wenn es einen Menschen imitiert); das System muss in seiner Funktionsweise dem Menschen verständlich erklärt werden können; das einfachste und übersichtlichste System, das geeignet ist, ein Problem zu lösen, ist komplexeren Verfahren vorzuziehen; die Arbeitsweise eines Systems darf niemals so undurchschaubar werden, dass es von Menschen nicht mehr beherrscht oder verändert werden kann; ist das nicht möglich, darf das System nicht verwendet werden. Externe Prüfer sollen unter Wahrung von Geschäftsgeheimnissen durch entsprechende Vorkehrungen in die Lage versetzt werden, zu prüfen, ob das System sich den Regeln gemäß verhält und keine negativen Auswirkungen hat; es muss eine leicht zu kontaktierende Stelle geben, die Entscheidungen algorithmischer Systeme erklärt; und es muss eine Beschwerdemöglichkeit eingerichtet werden, um gegen trotz aller Vorsichtsmaßnahmen eintretende Diskriminierungen und andere falsche oder unangemessene Ergebnisse vorzugehen.

Die Datenethikkommission der Bundesregierung hat Ende 2019 einen Bericht vorgelegt (Datenethikkommission 2020), in dem sie ein fünfstufiges Modell der Regulierung von Algorithmen vorschlägt: Regulierung ist demnach weniger notwendig bei Systemen, bei denen es viele Anbieter gibt, man einfach von einem zum andern wechseln kann und bei denen Einsprüche, Änderungen und Einsichtnahme leicht möglich sind. Das andere Extrem, bei dem Regulierung dringend geboten ist, sind Systeme mit einem hohen Schadenspotential, monopolartigen Anbietern und geringen Einspruchs- oder Änderungsmöglichkeiten. Ein Empfehlungssystem für Oberhemden ist demnach weniger regulierungsbedürftig als der Newsfeed von Facebook. Gar nicht zulässig sind in dieser Klassifikation etwa Waffensysteme, die autonom über das Töten von Menschen entscheiden. Die Kommission plädiert auch für eine neue „Europäische Verordnung für Algorithmische Systeme", die die Datenschutzgrundverordnung ergänzt. Noch ist dies alles ‚Work in Progress'. In Deutschland wird zunächst ein „KI-Observatorium" unter der Ägide des Bundesarbeitsministeriums eingerichtet, das auf längere Sicht zu einem Bundesinstitut für Künstliche Intelligenz ausgebaut und mit ähnlichen Institutionen in Europa vernetzt werden soll.

Die Möglichkeit, immer mehr Prozesse in der natürlichen und der sozialen Welt zu beobachten, die Daten zu digitalisieren und auszuwerten, bietet große Chancen für die Wissenschaft, insbesondere die Medizin, für die Ökonomie, für die Verwaltung, vielleicht auch für Umweltschutz und Nachhaltigkeit. Sie birgt aber auch Gefahren, die es im Auge zu behalten und abzuwägen gilt.

Literatur

Alfter Brigitte/Müller-Eiselt, Ralph/Spielkamp, Matthias: Automating Society. In: https://algorithmwatch.org/en/automating-society-introduction/ (12.02.2020)

Alpaydin, Ethem: Machine Learning. The New AI (The MIT Press Essential Knowledge Series). Cambridge/Massachusetts 2016.

Angwin, Julia/Larson, Jeff/Mattu Surya/Kirchner, Lauren: Machine Bias. There is software across the country to predict future criminals. And it's biased against blacks. In: https://www.propublica.org/article/machine-bias-risk-assessments-in-criminal-sentencing (23.5 2016)

Brinker, Titus J./Ludwig-Peitsch, Wiebke et al.: „Deep learning outperformed 136 of 157 dermatologists in a head-to-head dermoscopic melanoma image classification task." In: European Journal of Cancer 113. Jg. (2019): 47–54.

Broussard, Meredith: Artificial Unintelligence. How Computers Misunderstand the World. 2019.

Criado-Perez, Caroline: Invisible Women. Exposing Data Bias in a World Designed for Men. London 2019.

Gutachten der Datenethikkommission. In: https://www.bmi.bund.de/SharedDocs/downloads/DE/publikationen/themen/it-digitalpolitik/gutachten-datenethikkommission.pdf;jsessionid=115B69C5FEDC1504A-667F4EA4DC03EC0.1_cid373?__blob=publicationFile&v=5 (12.2.2020)

LeCun, Yann/Bengio, Yoshua/Hinton, Geoffrey: „Deep Learning." In: Nature 521. Jg. (2015), 436–444.

Lischka, Konrad/Klingel, Anita: „Wenn Maschinen Menschen bewerten. Internationale Fallbeispiele für Prozesse algorithmischer Entscheidungsfindung. Arbeitspapier." Gütersloh 2017.

O'Neil, Cathy: Der Angriff der Algorithmen. München 2017.

Robinette, Paul/Li, Wenchen/Allen, Robert/Howard, Ayanna M./Wagner, Alan R.: „Overtrust of robots in emergency evacuation scenarios." In: 2016 11th ACM/IEEE International Conference on Human-Robot Interaction (HRI). Christchurch 2016, 101–108.

Rohde, Noëlle: Gütekriterien für algorithmische Prozesse Eine Stärken- und Schwächenanalyse ausgewählter Forderungskataloge. Gütersloh 2018.

Schmidt, Florian A.: Crowdproduktion von Trainingsdaten. Zur Rolle von Online-Arbeit beim Trainieren autonomer Fahrzeuge. Study der Hans-Böckler-Stiftung Nr. 417. 2019.

Zweig, Katharina: Ein Algorithmus hat kein Taktgefühl. München 2019.

Künstliche Intelligenz und Robotik

Katja Stoppenbrink

Viele der Fragen, die unter dem Rubrum von Digitalisierung, Künstlicher Intelligenz und Robotik verhandelt werden, lassen sich aus ethischer Perspektive als Probleme einer „Maschinenethik" (vgl. Misselhorn 2018, 8 f.; Bendel 2018) verstehen. Dabei werden zumal in der öffentlichen Diskussion oft weitreichende Annahmen gemacht, die vom dystopischen Schreckensszenario einer Welt, in der Maschinen die Macht übernehmen und Menschen verdrängen, bis hin zu einer inklusiven Welt harmonischen Miteinanders von Mensch und Maschine reichen. In diesen Szenarien werden Maschinen mitunter unbedacht menschliche Eigenschaften wie Bewusstsein, Intentionalität, Willensfreiheit, Handlungsfähigkeit oder Autonomie zugeschrieben. Die Rede von Künstlicher Intelligenz (KI) wird so oft zu einer Auseinandersetzung mit der Möglichkeit *moralischer Maschinen* verengt. Es wird gefragt, wie sich KI in Situationen verhalten, in denen es auf moralische Entscheidungen ankommt, ohne dass die Frage geklärt ist, ob und wie Maschinen ‚handeln' und erst recht ‚moralisch handeln' könnten. Unter anderem diesen Fragen widmet sich die Maschinenethik als Ethik *der* Maschinen (*genitivus subiectivus* im Unterschied zur Ethik im Umgang mit Maschinen). Wie jede philosophische Beschäftigung mit technischen Entwicklungen und Phänomenen muss sie sich zunächst um eine möglichst klare Begriffsbestimmung bemühen. Im Allgemeinen wird zwischen *starker* und *schwacher* KI unterschieden: Während nach John Searle (1980, (1) *starke* KI impliziert, dass Maschinen *tatsächlich* denken („[…] the computer really is a mind"), *simuliert schwache* KI menschliches Denken und menschliche Kognition (ähnlich Russell/Norvig 2003).

119.1 Grundsatzfragen, Singularitätsthese, Superintelligenz

Während herkömmlich KI bzw. allgemein Computern ein *computationales* Modell der Rechenleistung zugrunde lag, wird maschinelles Lernen oft mit Hilfe einer Metaphorik neuronaler Netze erklärt, was einem lernfähigen, *konnektionistischen* Modell entspricht. Doch ist die Rede von neuronalen Netzen nur analog zu verstehen, wird menschliche Kognition auch in diesen technischen Systemen nur *simuliert*, nicht nachgebildet. Klassisch ist in diesem Zusammenhang die auf Turing zurückgehende Frage, ob und wann Mensch und Maschine (noch) unterscheidbar sind (*Turingtest;* Turing 1950). Die Leistungsfähigkeit von KI übersteigt

K. Stoppenbrink (✉)
Hochschule München, München, Deutschland
E-Mail: katja.stoppenbrink@hm.edu

insbesondere im Bereich der Bild- und Mustererkennung ganz beachtlich die menschliche Kognition. Eine imminente Menschheitsgefahr, wie oftmals fiktional heraufbeschworen, lässt sich in diesen Entwicklungen aber nicht erblicken. Schon der klassische Einwand, den Searle 1980 mit seinem Gedankenexperiment des Chinesischen Zimmers erhoben hat, zeigt, dass es nicht ‚reicht‘, menschlichen Output zu simulieren, wenn kein semantisch-inhaltliches ‚Verstehen‘ angenommen werden kann. Die unkritische Verwendung menschlicher Attribute für Maschinenfunktionen ist irreführend und zurückzuweisen. Dies betrifft etwa Redeweisen, nach denen ein Roboter ‚denkt‘, ‚fühlt‘, ‚plant‘ usw. Exemplarisch ist nach Floridi/Sanders ein künstlicher Akteur genau dann in der Lage zu *handeln*, wenn Interaktivität, Autonomie und Adaptabilität vorliegen. ‚Autonomie‘ bedeutet dabei abstrakt-generell, „that the agent is able to change state without direct response to interaction: it can perform internal transitions to change its state. So an agent must have at least two states. This property imbues an agent with a certain degree of complexity and independence from its environment" (2004, 357). Diese Bestimmung ignoriert philosophisch reichhaltigere Autonomieverständnisse (Differenzierungsrückschritt), die in ihren semantisch-intensionalen Dimensionen (Intentionalität, Willensfreiheit usw.) auf KI als ‚neuen‘ Bestandteil der Extension des Ausdrucks übertragen werden und zu irrigen Annahmen über die Eigenschaften von KI führen können (De- und Re-Kontextualisierung). Während im Zusammenhang mit KI einerseits oftmals ethische und rechtliche Fragen von Haftung und Verantwortlichkeit thematisiert werden, die kaum über ein klassisches technikethisches Repertoire der Risikoabschätzung hinausgehen (vgl. z. B. den Überblick bei Tasioulas 2019; rechtlich Wagner 2019), stehen daneben andererseits Autor:innen, die weitreichende, zum Teil disruptive Auswirkungen annehmen, prophezeien oder sonst zum Gegenstand haben. In diese Gruppen fallen z. B. Bostrom (2014) und die bekannte ‚Singularitätstheorie‘ von Chalmers (2010). Charakteristisch für diese Überlegungen ist der Verlust an Kontrolle und Vorhersehbarkeit, der aus menschlicher Perspektive mit dem Aufkommen von (in den Szenarien insbes. starker) KI einhergeht.

119.2 Algorithmusgestützte Entscheidungsfindung, Big Data, Regulierung

In der Praxis der Entwicklung von KI wird der Ausdruck oft unkritisch für (beinahe) jeglichen Einsatz von Maschinenlernen auf der Grundlage von Algorithmen verwendet. Damit verweist KI-Ethik auf die Frage des Umgangs mit großen Datenmengen, die der Entwicklung und dem ‚Selbstlernen‘ von Algorithmen als Grundlage dienen. Die Überschneidung zu Fragen von Datenschutz und Datensicherheit, den ethischen Fragen im Zusammenhang mit ‚Big Data‘ (s. Kap. 118), liegen auf der Hand. Angesichts der Opazität (epistemischen Undurchdringlichkeit oder Undurchschaubarkeit) der algorithmischen Entscheidungsfindung ergeben sich ethische Forderungen nach Offenlegung, Transparenz und Kontrolle, die den erklärten Zielen des Technikeinsatzes oftmals unmittelbar zuwiderlaufen (maschinell eigenständige, datengestützte und algorithmusgesteuerte Entscheidungsfindung). Dabei ist in einigen empirischen Studien gezeigt worden, wie algorithmengestützte Entscheidungen unfaire, rassistische oder sonst diskriminierende Eigenschaften oder Folgen haben. Standardursache für diese Probleme ist der Charakter der der Entscheidungsfindung zugrundeliegenden Datenbasis: Sind bereits die Trainingsdaten der ‚lernenden Maschinen‘ biasbehaftet, gehen diese Fehlorientierungen auch in die hervorgebrachten Entscheidungen, etwa die Verwehrung der Kreditbewilligung, ein. Bekannte Beispiele betreffen maschinengestützte Hautkrebsdiagnostik, die nur auf ‚weiße‘ Haut ausgerichtet ist (vgl. Noble 2018). Um diesen Entwicklungen entgegenzuwirken, wird empfohlen, bereits bei der Selektion der Datenbasis auf eine ausgewogene, inklusive (verschiedene gesellschaftliche Gruppen, auch Minderheiten repräsentierende) Struktur der Trainingsdaten zu achten und notfalls gegenzusteuern, indem explizit weitere Daten einbezogen oder bestimmte Gewichtungen vorgenommen werden. Als *ultima ratio* ist für manche sensible Bereiche, etwa Personalrekrutierung, Kreditvergabe, medizinische Diagnosen und Therapieentscheidungen, aus ethischer Sicht zur Sicherung menschlicher (nicht nur informationeller) Selbstbestimmung ein Recht auf eine analoge, menschliche Letztentscheidung angesichts der Verbreitung rein algorithmengestützter Verfahren einzufordern (vgl. Mund 2020 für staatliches Verwaltungshandeln). Was als Ethik Künstlicher Intelligenz eingefordert wird, kann sich bei näherem Hinsehen als ein Ruf nach stärkerer staatlicher Regulierung großer oligopolistisch oder quasi-monopolistisch agierender Netzwerkunternehmen entpuppen: Aufsicht über Entwicklung und Einsatz der netzwerkrelevanten Algorithmen ist gefragt. So könnten Unternehmen wie Facebook oder Google regelmäßige Offenlegungen oder Prüfungen (Audits) der verwendeten Algorithmen durch staatliche Stellen oder Wissenschaftler:innen auferlegt werden. Ethisch problematisch ist das Verhalten dieser Firmen wegen der faktischen Alternativlosigkeit ihrer Angebote, die als netzwerkgebundene Dienstleistungen aufgrund der überragenden marktbeherrschenden Stellung der Anbieterfirmen Abhängigkeiten der Nutzer:innen schaffen, diese ‚heimlich' beeinflussen und Algorithmen aussetzen, die darauf ausgerichtet sind, möglichst lange Nutzungszeiten und Einkünfte zu generieren.

119.3 Robotik, Mensch-Maschine-Interaktion, Anwendungsfragen

Sehr unterschiedliche Phänomene werden unter ‚Künstliche Intelligenz' und ‚Robotik' zusammengefasst, die ethisch einer sehr differenzierenden Untersuchung bedürften und hier nicht detailliert behandelt werden können. Dazu gehören autonome Fahrzeuge, ebenso wie militärische Anwendungen sowie z. B. sogenannte Pflegeroboter, perspektivisch auch der Bereich von KI-gestützt funktionierenden Liebespuppen oder Sexrobotern, die als soziale ‚Gefährten' und ‚Sexualpartner' derzeit v. a. literarisch-fiktional Beachtung finden (z. B. McEwan 2019; instruktiv auch der Film *Ich bin dein Mensch* von Maria Schrader 2021). Ethisch stellt sich v. a. die Frage nach der Ausgestaltung des Verhältnisses Mensch-Maschine, ob Roboter die Rolle von ebenbürtigen Begleitern oder gar ‚Freunden' einnehmen oder ohne eigenständige ‚inhaltliche' Ausrichtung bloß dienende, instrumentelle Funktionen übernehmen sollten (zur Mensch-Maschine-Interaktion vgl. Nyholm 2020). Ähnliche ‚Gebote' hat in einer der ersten Auseinandersetzungen mit ethischen Fragen im Zusammenhang von Robotik bereits – fiktional eingebettet – Asimov (1942) formuliert. (Eine nähere Analyse der Asimov'schen Robotergesetze zeigt klaffende deontische Lücken und Unzulänglichkeiten auf. Dies muss hier ausgeklammert bleiben.)

119.4 Soziale Robotik, Anthropomorphisierung, Uncanny Valley-These

Ausgehend von den eher instrumentell-pragmatisch vorgehenden technischen Disziplinen ist es bis heute nicht zu einer einheitlichen, konsensualen Begriffsbestimmung ‚sozialer Robotik' gekommen (vgl. Feil-Seifer/Mataric 2021). Grundsätzlich könnte jeder Roboter, der in menschlichen Kontexten zum Einsatz kommt, als ‚sozialer Roboter' angesehen werden. In der Mensch-Maschine-Interaktion geht es aber um die Richtung der Beeinflussung, die Natur der Interaktion, die Einsatzzwecke der Maschinen, die ‚Nutzer:innenfreundlichkeit' und -orientierung (Schlagwort: *usability*), epistemische Unwucht im Sinne struktureller Schieflagen zugunsten der Maschinen und zulasten von Nutzer:innen und anderen Betroffenen. Diese Gruppen sind zwar analytisch, *realiter* aber kaum unterscheidbar. Eine weitere zentrale Frage betrifft die *Anthropomorphisierung,* d. h. die gemachte Menschenähnlichkeit von Robotern. Empirische Studien zeigen, dass einerseits eine moderate Ausstattung mit menschlichen

Zügen (stilisierte Augen, Mimik, Gestik u. a.) die Mensch-Maschine-Interaktion fördert (vgl. Salles/Evers/Farisco 2020), ein Übertreiben aber ins ‚Unheimliche' umschlagen und sich kontraproduktiv auswirken kann (vgl. die historische These vom „Uncanny Valley", dem „unheimlichen Tal", Mori 2012 [1970]). Daneben bestehen klassische technikethische und gerechtigkeitsrelevante Fragen nach Risiken und unbeabsichtigten, schädlichen Folgen für Nutzer:innen, Fail-Safe-Mechanismen (d. h. der ‚Not-Aus-Knopf'), Datensicherheit, Zugänglichkeit bzw. Zugangshürden ökonomischer, praktischer oder sonstiger Art, möglichen unerwünschten gesellschaftlichen Veränderungen wie bspw. weiterer Arbeitsverdichtung und Enthumanisierung im Pflegesektor.

119.5 Care, Technikdeterminismus, Ökonomisierung

In Pflege, Erziehung und Bildung wird oft eine schnelle Markteinführung entsprechender Produkte angestrebt. Es geht dann nur um das *Wie* des Einsatzes von (sozialer) Robotik. Doch ist die Frage nach dem *Ob* die ethisch vorgängige, da es nicht zu einem Technikdeterminismus und einer von wirtschaftlichen Interessen gesteuerten Technikentwicklung und -anwendung kommen sollte. So stellt sich z. B. zunächst die Frage, *ob* und in welchen Kontexten der Einsatz von Robotik in der Pflege sinnvoll und vertretbar ist, bevor Investitionsentscheidungen zugunsten von Technikeinsatz getroffen werden, die zunächst besseren Arbeitsbedingungen des Personals gelten müssten (vgl. exemplarisch die Stellungnahme des Deutschen Ethikrats vom 10. März 2020).

119.6 Arbeitswelt, Substituierbarkeit, digitale Teilhabe

In den Bereich der Mensch-Maschine-Interaktion fällt generell auch der Einsatz von KI und Robotik in Unternehmen. Empirische Studien zeigen, dass der Erfolg von der Art der Einführung und Beteiligung der Mitarbeiter:innen abhängt (z. B. Walker/Ortmann 2018). Prognosen wie die von Frey/Osborne (2013), nach denen ein Großteil der weltweit bestehenden Arbeitsplätze durch den Einsatz Künstlicher Intelligenz und Robotik überflüssig werden, lassen sich in der einst verkündeten Dramatik nicht aufrechterhalten. Dennoch sind bestimmte Berufsgruppen besonders gut substituierbar und drohen zu verschwinden, während IT-nahe Dienstleistungen zunehmend gefragt sind. Aus ethisch-sozialer Sicht ergibt sich daraus die Forderung nach entsprechender Qualifikation und Kompetenzbildung im Rahmen von Schule und Ausbildung, um jungen Menschen Chancen auf dem Arbeitsmarkt zu eröffnen, aber auch Fort- und Weiterbildungsangebote für Berufstätige und andere sind erforderlich, um eine möglichst breite und profunde digitale Teilhabe in unterschiedlichen Lebensbereichen zu ermöglichen.

119.7 Fazit

Entwicklung und Einsatz von KI und Robotik fordern uns folglich auch ‚diesseits der großen Fragen' nach Superintelligenzen und Singularität heraus, unser Selbstverständnis im Umgang mit Maschinen wie auch miteinander neu zu bestimmen. Eine zentrale Frage ist dabei diejenige, welche Reichweite und Autorität wir KI-gestützten Entscheidungen und welche Aufgaben wir KI-geprägtem Technikeinsatz in unterschiedlichen sozialen Kontexten zuweisen wollen. KI kann unterstützende Funktionen in einer humanen Arbeits- und Lebenswelt übernehmen – perspektivisch aber auch zu weiterer Ökonomisierung der Lebenswelt und dem Verlust reichhaltiger und bedeutsamer zwischenmenschlichen Beziehungen beitragen.

Literatur

Asimov, Isaac: „Runaround." In: Ders.: Ich, der Roboter [engl. 1942]. München 2016, 45–72.
Bendel, Oliver (Hg.): Handbuch Maschinenethik. Wiesbaden (2018).
Bostrom, Nick: Superintelligence. Oxford 2014.

Chalmers, David J.: "The Singularity. A Philosophical Analysis." In: Journal of Consciousness Studies 17. Jg. 9–10 (2010), 7–65.

Deutscher Ethikrat: „Robotik für gute Pflege". In: https://www.ethikrat.org/publikationen/publikationsdetail/?tx_wwt3shop_detail%5Bproduct%5D=130&tx_wwt3shop_detail%5Baction%5D=index&tx_wwt3shop_detail%5Bcontroller%5D=Products&cHash=61efeb07abf2347f3834e309c5df15b3 (12.10.2021)

Feil-Seifer, David/Mataric, Maja J.: „Defining socially assistive robotics." (2005) In: https://doi.org/10.1109/ICORR.2005.1501143 (12.10.2021)

Floridi, Luciano/Sanders, Jeff W.: "On the Morality of Artifical Agents." In: Minds and Machines 14. Jg., 3 (2004), 349–379.

Frey, Carl Benedikt/Osborne, Michael A.: The Future of Employment: How Susceptible Are Jobs to Computerisation? Oxford 2013.

McEwan, Ian: Machines Like Me. London 2019.

Misselhorn, Catrin: Grundfragen der Maschinenethik. Ditzingen 2018.

Mori, Masahiro: "The Uncanny Valley." In: IEEE Intelligent Systems 21 (2012), 18–21.

Mund, Dorothea: „Das Recht auf menschliche Entscheidung – Freiheit in Zeiten der Digitalisierung und einer automatisierten Rechtsanwendung." In: Ruth Greve/Benjamin Gwiasda et al. (Hg.): Der digitalisierte Staat – Chancen und Herausforderungen für den modernen Staat. Baden-Baden 2020, 177–198.

Noble, Safiya Umoja: Algorithms of Oppression: How Search Engines Reinforce Racism. New York 2018.

Nyholm, Sven: Humans and Robots: Ethics, Agency, and Anthropomorphism. London 2020.

Russell, Stuart J./Norvig, Peter: Artificial Intelligence: A Modern Approach. New Jersey 2003.

Salles, Arleen/Evers, Kathinka/Farisco, Michele: "Anthropomorphism in AI." In: AJOB (American Journal of Bioethics) Neuroscience 11. Jg., 2 (2020), 88–95.

Searle, John: "Minds, Brains and Programs." In: Behavioral and Brain Sciences 3. Jg., 3, (1980), 417–457.

Tasioulas, John: "First Steps Towards an Ethics of Robots and Artificial Intelligence." In: Journal of Practical Ethics 7. Jg., 1 (2019), 61–95.

Turing, Alan: "Computing Machinery and Intelligence." In: Mind 49 (1950), 433–460.

Wagner, Gerhard: "Robot Liability." In: Sebastian Lohsse, Reiner Schulze, Dirk Staudenmayer (Hg.): Liability for Artificial Intelligence and the Internet of Things. Baden-Baden 2019, 25–62.

Walker, E.-M./Ortmann, Ulf: „Ist Einfacharbeit automatisierbar oder nicht? Das ist zu einfach!" In: Hirsch-Kreinsen, Hartmut, Karačić, Anemari (Hg.): Logistikarbeit in der digitalen Wertschöpfung. Perspektiven und Herausforderungen für Arbeit durch technologische Erneuerungen. Düsseldorf 2018, 77–88.

Cyborgs und die Aussicht auf eine posthumane Zukunft

Katja Stoppenbrink und Michael Quante

Die Menschen hat zu allen Zeiten die Abgrenzung zu anderen Lebensformen interessiert, sei es zu anderen Sippen und Kulturen, zu Tieren, Maschinen oder Göttern. Dies diente und dient der Identitätsbildung und dem Bewusstmachen der eigenen (individuellen, kulturellen, biologischen oder metaphysischen) Identität. Darin erscheint eine ambivalente Werthaltung: Neben der Wertschätzung der Eigenschaften und Fähigkeiten, in denen sich die eigene Überlegenheit manifestiert (z. B. gegenüber Tieren), drückt sich in diesen Vergleichen auch die Erfahrung der Mängel der eigenen Lebensform (z. B. gegenüber den Göttern) oder der Begrenztheit und Unterlegenheit der dem Menschen allgemein zukommenden Fähigkeiten (z. B. im Vergleich zu Robotern oder Computern) aus. Entsprechend bevölkern sowohl Roboter, die lediglich als dumpfe Arbeitssklaven einsetzbar sind, als auch Supercomputer oder Androiden, die dem Menschen unendlich überlegen sind, diesen fiktiven Kosmos. Das normative Selbstverständnis des Menschen schwankt hierbei zwischen der anthropologischen Bestimmung als Mängelwesen im Sinne Arnold Gehlens und der biblischen Einschätzung als ‚Krone der Schöpfung'. Es schlägt sich in den Menschheitsträumen der Perfektionierung nieder und dem Ziel, Krankheit und Tod endgültig zu besiegen, um individuelle Unsterblichkeit zu erlangen (Gesang 2007). Auch Mischwesen, die wie die Halbgötter der griechischen Mythologie die Grenze zwischen Mensch und Gott oder wie die Zentauren die Grenze zwischen Mensch und Tier oder als Cyborgs die Grenze zwischen Mensch und Maschine überschreiten, haben die Menschen schon immer fasziniert (für einen Überblick vgl. Drux 1988; 1999; begriffsgeschichtlich zum ‚Cyborg' Heilinger/Müller 2007). Sie finden sich in Mythologien, Romanen der Science-Fiction-Literatur und in Fantasy-Filmen der Gegenwart (Coenen 2010). Ihre Faszination besteht nicht nur im Überschreiten der Normalität und der damit verbundenen intellektuellen Schwierigkeit, diese Situationen mit unseren alltäglichen Begriffen angemessen zu beschreiben. Sie erstreckt sich sicher auch auf die normative Grenzüberschreitung, die als Bruch einer prinzipiellen Grenze tiefes Unbehagen hervorrufen oder als Befreiung von den Fesseln eines Tabus als emanzipatorischer Akt erlebt werden kann. Das Spektrum reicht von dem Bild der Rebellion gegen die Fremdbestimmung der Götter bis hin zum sprichwörtlichen ‚Pakt mit dem Teufel', der es dem Menschen ermöglicht, ‚Ausgeburten der Hölle' technisch zu erzeugen.

K. Stoppenbrink (✉)
Hochschule München, München, Deutschland
E-Mail: katja.stoppenbrink@hm.edu

M. Quante
Westfälische Wilhelms-Universität Münster, Münster, Deutschland
E-Mail: michael.quante@uni-muenster.de

120.1 Evaluative und normative Implikationen einer ,Technisierung des Menschen'

Angesichts unserer langen Tradition des fiktiven Umgangs mit Robotern, technisch erzeugten Menschen oder auch Mischwesen wie Cyborgs wäre es naiv, den Einfluss, den diese kulturellen Bilder auf unsere ethischen Intuitionen haben, zu unterschätzen. Genauso inadäquat wäre es, das sich in diesen Bildern und Traditionen manifestierende ethische Unbehagen mit dem berechtigten Hinweis auf die nach wie vor große Realitätsferne dieser Fiktionen einfach nur als unaufgeklärte Irrationalismen oder bloße Futurismen abzutun. Gleiches gilt auch für die z. B. von sogenannten Transhumanisten verbreitete Fortschrittseuphorie, die in der technischen Evolution die Überwindung der mangelhaften Lebensform ,Mensch' zugunsten einer technisch optimierten neuen Lebensform sehen. Gerade weil es in diesem Kontext vielfach um begriffliche oder ethische Grenzüberschreitungen geht, sind die begrifflichen Irritationen und wertenden Intuitionen philosophisch aufschlussreich, auch wenn sich aus ihnen keine unmittelbaren Handlungsnormen ableiten lassen.

Während es in der Forschung zur Künstlichen Intelligenz (KI) um die Funktionserweiterung technischer Artefakte nach biotischen Vorbildern geht, die etwa in humanoiden Robotern oder Supercomputern zum Einsatz kommen könnten, liegt ein Schwerpunkt medizinisch-technischer Forschung derzeit auf der Entwicklung von Anwendungen zur Wiederherstellung und – möglicherweise – Erweiterung menschlicher Fähigkeiten, insbesondere menschlicher Sinneswahrnehmung (s. Kap. 119). Neuroprothesen und neuronale Implantate, zu denen bereits weit verbreitete medizintechnische Produkte wie Cochlea-Implantate zur Wiedererlangung der Hörfähigkeit zählen, stellen eine der vielversprechendsten therapeutischen Perspektiven dar (vgl. etwa Merkel et al. 2007).

Die derzeit bestehenden Möglichkeiten in den Bereichen KI-Forschung, Nanotechnologie, Prothetik, Robotik oder auch der synthetischen Biologie sind aber weit davon entfernt, diejenigen Handlungsräume zu erschließen, in denen sich Mythen und Science-Fiction seit langem bewegen, auch wenn die hier erzeugten Bilder ihre Spuren in den Schilderungen der realen Möglichkeiten hinterlassen (vgl. Gammel 2010). Entsprechend zeigt eine ethische Bewertung dieser aktual gegebenen Handlungsoptionen vielfach, dass wir es mit klassischen Fragen der Bioethik oder der Technikfolgenabschätzung, wie Gerechtigkeitsproblemen und Risikobeurteilungen, zu tun haben. Dennoch bleibt der Eindruck, dass bei der Erörterung dieser Fragen zentrale ethische, gesellschaftliche oder philosophische Probleme nicht zur Sprache kommen. Diese Diagnose kommt in den oft geäußerten Befürchtungen einer ,Technisierung des Menschen' oder ,Abschaffung der menschlichen Natur' zum Ausdruck (vgl. etwa die Beiträge in Müller et al. 2009). Zwar ist es richtig, dass die evaluativen und normativen Aspekte dieser „Selbstverständigungsdebatte über Menschenbild, Verhältnis von Mensch und Technik, Verhältnis von Mensch und Natur, Zukunft des Menschen etc." (Grunwald 2008, 307) in der direkten Abwägung mit ethisch berechtigten Ansprüchen von Individuen, die z. B. als Patienten an einer Wiederherstellung ihrer normalen körperlichen Funktionen interessiert sind, nicht durchschlagen sollten und sich faktisch auch nicht durchsetzen werden. Trotzdem ist es philosophisch aufschlussreich und ethisch geboten, die „Technisierung des Menschen als eine zunehmend technomorphe Selbstbeschreibung des Menschen in technischen Begriffen und mit Analogien aus den Technik- und Naturwissenschaften" (Grunwald 2008, 298) zu untersuchen.

120.2 Ethische Intuitionen und begriffliche Unterscheidungen

Unser lebensweltliches Begriffssystem enthält basale Unterscheidungen, die zugleich als begrifflichkategorial und als normativ bedeutsam angesehen werden. Weit verbreitete Vorstellungen über die menschliche Natur (vgl.

dazu die Beiträge in Bayertz 2005) und von Natürlichkeit (vgl. Birnbacher 2006; s. Kap. 36) nehmen einen evaluativen Naturbegriff in Anspruch. Während ein rein auf das Naturverständnis der Naturwissenschaften beschränkter Naturbegriff von sich aus keine Begründungsressource in ethischen Kontexten sein kann, ist dies bei einem lebensweltlich-evaluativ aufgeladenen Naturbegriff weniger eindeutig. Erschwerend kommt hinzu, dass sich in unserem Naturbegriff zwei lang andauernde Traditionslinien ausmachen lassen, die für die Bewertung der Technisierung der menschlichen Natur relevant werden (vgl. Quante 2006; Schermer 2014; Schiemann 2005).

In der aristotelischen Tradition ist der Gegenbegriff zur Natur der Begriff der Technik. Deshalb stellt die Überschreitung der Natur-Technik-Grenze hier eine ontologisch und kategorial unzulässige Verletzung einer Prinzipien-Grenze dar. Der den konvergierenden Technologien eingeschriebene methodologische Reduktionismus (Grunwald 2008) wird aus dieser Perspektive zu einer Reduktion des Lebendigen (eingeschlossen des Geistigen) auf die technisch erfassbare und manipulierbare *physis* und stellt deswegen eine Würdeverletzung und einen unzulässigen ontologischen Reduktionismus dar. Außerdem erzeugt die Vorstellung, dass der bei Aristoteles kategorial gedeutete Unterschied zwischen Organismus und Artefakt möglicherweise nur ein gradueller ist, erheblichen Druck auf für unser menschliches Selbstverständnis zentrale Begriffe (wie etwa Leben, Sterben oder Tod).

In der cartesischen Tradition ist dagegen der Geist (oder das Mentale) der Gegenbegriff zur Natur, die als *res extensa* gedeutet wird. In dieser Traditionslinie, in der auch der in der heutigen KI-Forschung und der Kognitionswissenschaft dominante Funktionalismus seine ideengeschichtlichen Wurzeln hat, spielt die Unterscheidung zwischen Natur und Technik keine prinzipielle Rolle. Entsprechend stößt die Vorstellung der Ersetzung organismischer Funktionen durch technische Surrogate auf geringere Bedenken. Außerdem ist das geistige oder personale Wesen des Menschen in dieser Tradition nur lose mit seiner organismischen Verfasstheit oder seinem Menschsein verknüpft. Die Idee, die Unzulänglichkeiten der biologischen Realisationsbasis von Personalität und Selbstbewusstsein mittels technischer Weiterentwicklung zu beheben, bedeutet innerhalb dieser Denktradition eher eine Befreiung oder Perfektionierung des Menschen als einen Verlust seines Wesens. Doch auch innerhalb dieser Tradition gibt es problematische Aspekte der Technisierung des Menschen. So gilt als ein Charakteristikum technischer Abläufe ihre Regelhaftigkeit, Planbarkeit und Festgelegtheit, die im Gegensatz zu spontaner und selbstbestimmter Aktivität bzw. Kreativität gesehen werden. In dem Maße, wie der Mensch als rationales, zur Selbstbestimmung fähiges Wesen die Norm der Bewertung bildet, erzeugen Bilder einer Maschinisierung des Menschen Ängste, die z. B. in politischen Dystopien jahrhundertelang geschürt worden sind. In solchen Visionen wurden und werden Menschen zu entindividualisierten und mechanischen Funktionserfüllern innerhalb eines totalitären Kollektivs herabgesetzt. Zu der Angst vor haushoch überlegenen Cyborgs, Computern und Robotern tritt hier die Sorge um die freiheitliche Verfasstheit unserer Gesellschaft, die durch ihre ideologische und soziale Technisierung bedroht zu sein scheint (vgl. z. B. Hughes 2004).

Diese Intuitionen lassen sich in ethische Abwägungsprozesse nicht unmittelbar einbringen. Weder kann der Hinweis auf Natur oder Natürlichkeit mehr sein als ein Indiz für möglicherweise drohende Veränderungen in unserem normativen Selbstverständnis. Noch lassen sich diese Sorgen und Ängste an die heute möglichen Handlungsoptionen anbinden. Diese Utopien und Dystopien sind zu weit von unseren realen Möglichkeiten entfernt, als dass sie Gegenstand seriöser Einzelfallbeurteilung sein könnten. Hinzu kommt, dass in der Schilderung mancher Visionen des Transhumanen (vgl. etwa Bostrom 2008) ein grundlegendes philosophisches Problem auftritt: Die Begriffe, mit denen wir uns und unsere Welt beschreiben und einteilen, sind von der realen Beschaffenheit unserer Welt nicht vollkommen unabhängig. Es ist zweifelhaft, ob wir solche transhumanen Existenzformen und Gesellschaften überhaupt sinnvoll mithilfe unserer Kategorien beschreiben können. So gewendet sind es nicht die anthropologischen oder ethischen Irritationen, denen wir philosophisch auf den Grund gehen müssen, sondern fundamentale Verwirrungen unserer Sprache, denen wir aufsitzen. Die Klärung der Frage, worin denn die zentralen ethischen Probleme von Robotern, Cyborgs und der Aussicht auf eine posthumane Zukunft liegen, ist daher nicht nur von hoher gesellschaftlicher Relevanz, sondern stellt auch ein genuin philosophisches Problem dar.

120.3 Ausblick

Eine ‚Selbst-Cyborgisierung' weiter Bevölkerungsteile steht auf absehbare Zeit nicht zu befürchten. Bemerkenswert ist in diesem Zusammenhang die zu beobachtende Verlagerung fiktionaler Auseinandersetzung mit künftigen trans- oder posthumanen Zukünften, die sich von einer Technisierung des menschlichen Körpers (etwa der einst vieldiskutierten Implantation von ‚Computerchips' in das menschliche Gehirn zur Ermöglichung externer Steuerung usw.) hin zu Szenarien der Mensch-Maschine-Interaktion orientiert hat. Künstliche Intelligenz tritt dabei Menschen mit unterschiedlich ausgestalteter (‚Quasi'-)Akteursqualität gegenüber, wird aber in den meisten fiktional durchgespielten Szenarien der jüngeren Vergangenheit nicht zu einem ‚Teil des Menschen' (vgl. bspw. McEwan 2019 sowie den Film *Ich bin dein Mensch* von Maria Schrader 2021; symptomatisch Heffernan 2019: es geht um KI und Robotik, nicht aber um Cyborgs; vgl. Smith 2021; Dumouchel/Damiano 2017). (Tiefgreifende) Eingriffe in den menschlichen Körper sind riskant, ethisch problematisch und sie scheinen ihre Attraktivität auch fiktional (deshalb?) eingebüßt zu haben (*Pace* Warwick 2014, der sich selbst als ‚Cyborg' stilisiert.)

Medizinisch gerechtfertigter Technikeinsatz (z. B. tiefe Hirnstimulation) sowie technische Assistenz zur Ermöglichung sozialer Inklusion von Menschen mit Behinderungen sind hingegen weithin gesellschaftlich akzeptiert und werfen vornehmlich übliche medizinische Risikoabwägungsfragen auf – solange der Respekt vor der Autonomie der Anwender:innen gewahrt bleibt (s. Kap. 22). Insbesondere bei Menschen mit Behinderungen ist auf den Zugewinn an Handlungsoptionen und die Ermöglichung von Selbstbestimmung nicht nur durch, sondern auch vor jedem Technikeinsatz zu achten. Die ethische Forderung nach einer Sensibilisierung von Verbraucher:innen für Autonomiefragen gilt auch für die ubiquitär verfügbaren Apps, die bereits gegenwärtig Lifestyle- und medizinische Anwendungen ermöglichen und die Grenzen zwischen diesen Bereichen faktisch, wenn auch nicht analytisch-begrifflich, verschmelzen lassen. Hier ist künftig mehr auf (Folgen für) Autonomie von Nutzer:innen und Dritten sowie versteckten Paternalismus zu achten.

Literatur

Bayertz, Kurt (Hg.): Die menschliche Natur. Paderborn 2005.

Birnbacher, Dieter: Natürlichkeit. Berlin 2006.

Bostrom, Nick: „Why I Want to be a Posthuman when I Grow Up." In: Bert Gordijn, Ruth Chadwick (Hg.): Medical Enhancement and Posthumanity. Berlin 2008, 107–136.

Coenen, Christopher: „Zum mythischen Kontext der Debatte über Human Enhancement." In: Ders., Stefan Gammel, Reinhard Heil, Andreas Woyke (Hg.): Die Debatte über ‚Human Enhancement'. Bielefeld 2010, 63–89.

Dumouchel, Paul/Damiano, Luisa: „Ch. 2. Animals, Machines, Cyborgs, and the Taxi." In: Dies.: Living with Robots. Cambridge, Mass. 2017, 58–88.

Drux, Rudolf (Hg.): Menschen aus Menschenhand. Zur Geschichte der Androiden. Texte von Homer bis Asimov. Stuttgart 1988.

Drux, Rudolf (Hg.): Der Frankenstein-Komplex. Kulturgeschichtliche Aspekte des Traums vom künstlichen Menschen. Frankfurt a. M. 1999.

Gammel, Stefan: „Narrative Elemente der Science-Fiction in gegenwärtigen Visionen von der Verbesserung des Menschen im Kontext konvergierender Technologien." In: Christopher Coene, Ders., Reinhard Heil, Andreas Woyke (Hg.): Die Debatte über ‚Human Enhancement'. Bielefeld 2010, 209–234.

Gesang, Bernward: Perfektionierung des Menschen. Berlin 2007.

Grunwald, Armin: Auf dem Weg in eine nanotechnologische Zukunft. Freiburg i. Br./München 2008.

Heffernan, Teresa (Hg.): Cyborg futures: cross-disciplinary perspectives on artificial intelligence and robotics. London 2019.

Heilinger, Jan-Christoph/Müller, Oliver: „Der Cyborg und die Frage nach dem Menschen. Kritische Überlegungen zum ‚homo arte emendatus et correctus'." In: Jahrbuch für Wissenschaft und Ethik 12. Jg., 1 (2007), 21–44.

Hughes, James: Citizen Cyborg. Why Democratic Societies Must Respond to the Redesigned Human of the Future. Cambridge, Mass. 2004.

McEwan, Ian: Machines Like Me. London 2019.

Merkel, Reinhard/Boer, Gerard/Fegert, Jörg M./Galert, Thorsten/Hartmann, Dirk/Nuttin, Bart/Rosahl, Steffen K.: Intervening in the Brain. Changing Psyche and Society. Berlin/New York 2007.

Müller, Oliver/Clausen, Jens/Maio, Giovanni (Hg.): Das technisierte Gehirn. Neurotechnologien als Herausforderung für Ethik und Anthropologie. Paderborn 2009.

Quante, Michael: „Ein stereoskopischer Blick?" In: Dieter Sturma (Hg.): Philosophie und Neurowissenschaften. Frankfurt a. M. 2006, 124–145.

Schermer, Maartje: „The Cyborg-Fear: How Conceptual Dualisms Shape Our Self-Understanding." In: American Journal of Bioethics Neuroscience 5. Jg., 4 (2014), 56–57.

Schiemann, Gregor: Natur, Technik. Geist. Kontexte der Natur nach Aristoteles und Descartes in lebensweltlicher und subjektiver Erfahrung. Berlin 2005.

Smith, Susan: „Cyborg futures." In: Metascience 30. Jg. (2021), 67–70.

Warwick, Kevin: „The Cyborg Revolution." In: NanoEthics 8. Jg. (2014), 263–273.

Digitale Kommunikation

Klaus Beck

121.1 Was ist ‚digitale Kommunikation'?

Unter *Kommunikation* wird im Folgenden die intentionale Bedeutungsvermittlung zwischen mindestens zwei Menschen verstanden. Intentionalität der Kommunikation bezeichnet eine doppelte Absicht beider (bzw. aller) Akteure der Kommunikation (Kommunikanten), sich in einem wechselseitig interaktiven Prozess mit einem bestimmten Kommunikationspartner über ein bestimmtes Thema zu verständigen. Menschliche Kommunikation erschöpft sich daher nicht im deterministischen Transport von Nachrichten, Botschaften, Informationen oder Daten bzw. der Offenbarung natürlicher Anzeichen. Kommunikatives Handeln setzt vielmehr Bewusstsein und Handlungsfreiheit voraus. Diese grundlegende Kommunikationsfreiheit bedingt Entscheidungen über das Ob und Wie kommunikativen Handelns, die unter (technischen, ökonomischen, soziokulturellen, entwicklungspsychologischen und situationellen) Kontingenzbedingungen getroffen, reflektiert und verantwortet werden.

Digitale Kommunikation bezeichnet in diesem Sinne einen Spezialfall von Humankommunikation, auch wenn die menschlichen Kommunikanten nicht immer *prima facie* als solche zu identifizieren sind. Das Attribut ‚digital' bezieht sich auf den Modus der Kommunikation bzw. ihrer Vermittlung. Diese Bezeichnung hat sich als Chiffre in Politik, Wirtschaft, Medien und Lebenswelt gegenüber älteren Begriffen (computervermittelte, Online-, Internet-, Netzkommunikation) durchgesetzt und suggeriert eine stark technische Determination von Kommunikation. Narrative wie „digitale Revolution" oder „digitales Zeitalter" werden genutzt, um bekannte Regeln und gesetzlichen Regulierungen infrage zu stellen oder für obsolet zu erklären. Dabei beschreibt Digitalisierung nur sehr unzureichend, was die gemeinte Form von Kommunikation von anderen Formen medienvermittelter Kommunikation unterscheidet und folglich spezifische ethische sowie moralische Fragen aufwirft. Eine tiefgreifende Veränderung der Kommunikationsprozesse, -strukturen und institutionellen Regeln ermöglicht erst die Koinzidenz von digitaler Datenübermittlung und -speicherung einerseits und elektronischen *Vermittlungsnetzen* (im Gegensatz zu den Verteilnetzen der Presse und Rundfunkmedien) andererseits.

K. Beck (✉)
Universität Greifswald, Greifswald, Deutschland
E-Mail: klaus.beck@uni-greifswald.de

121.2 Metamorphose kommunikationsethischer Probleme

Analytisch können altbekannte kommunikationsethische Probleme, die durch den Gebrauch digitaler Vermittlungsnetze lediglich moduliert werden, von solchen Problemen unterschieden werden, die erst oder deutlich vermehrt durch den Einsatz digitaler Netze für die Humankommunikation auftreten. Die begründete Klassifikation der Phänomene bedarf empirischer Kommunikationsforschung und theoretischer Reflexion unter Bezugnahme auf Werte. In der Kommunikations- und Medienethik (s. Kap. 50) liegen verschiedene Systematisierungen vor, die konkrete Problemfelder (Debatin 1998; Funiok 2007), Funktionsbereiche wie Wissen, Freiheit, Identität (Debatin 1999) oder Kommunikationsmodi wie Publizieren, Konversation, Mensch-Maschine-Interkation (Schmidt 2016) zur Grundlage nehmen (vgl. Beck 2010). Ausgehend vom zentralen Wert der Kommunikationsfreiheit wird hier die Diskursethik von Jürgen Habermas genutzt, um anhand der Kriterien Freiheit, Gleichheit, Wahrheit, Wahrhaftigkeit, Richtigkeit und Verständlichkeit die kommunikationsethischen Fragen digitaler Kommunikation zu skizzieren.

Zu den bekannten kommunikationsethischen Fragen, die in der digitalen Kommunikation wiederkehren, zählen Kommunikate, die als Angriffe auf die menschliche Würde verstanden werden können: Alle Formen kommunikativer Herabsetzung, Beleidigung, Schmähung, Diskriminierung usw. können in digitalen Mediennetzen ebenso verbreitet werden wie rassistische, sexistische, jugendgefährdende, gewaltverherrlichende Medieninhalte. Zum Teil handelt es sich um dieselben Inhalte, die über analoge Kommunikationswege verbreitet werden. Die globale Vernetzung wie die innere Globalisierung unserer Gesellschaften führen jedoch dazu, dass im Netz Inhalte und Konversationen aus sehr unterschiedlichen Kulturen und Milieus aufeinandertreffen. Es werden Themen, Meinungen und Überzeugungen sichtbar, die zuvor nur in Teilöffentlichkeiten oder Subkulturen kommuniziert wurden. Diese Diversität der Kommunikanten findet ihren Niederschlag in unterschiedlichen Ordnungs- und Moralvorstellungen darüber, wo, wie und mit welchen Gründen Kommunikationsfreiheit zu begrenzen ist. Aus dem ethischen Diskurs bekannte Fragen der lokalen oder universellen Geltung von Normen und Begründungen bestimnen auch viele Auseinandersetzungen über digitale Kommunikation.

Bedrohungen der *Kommunikationsfreiheit* begleiten menschliche Kommunikation von Beginn an. Entgegen anfänglicher Utopien eines staats- und herrschaftsfreien Netzes haben sich digitale Kommunikationsnetze zu einem regulierten Kommunikationsfeld entwickelt: Gesetze (StGB, Jugendschutzgesetz, NetzDG) und Staatsverträge zu Rundfunk, Telemedien und Jugendmedienschutz gelten auch online. Ähnlich wie im klassischen Medienbereich wurden Ko-Regulierungsmodelle etabliert, bei denen neben dem Staat Selbstkontrolleinrichtungen wie die Freiwillige Selbstkontrolle Multimedia (fsm) mitwirken. Staatsgewalten und Wirtschaftsmacht setzen in hohem Maße Regeln, die im globalen Maßstab betrachtet, nur ausnahmsweise demokratisch legitimiert sind. Faktisch wirken Vor- und Nachzensur, Netzsperren, Inhaltslöschungen sowie die Kriminalisierung der Urheber politisch, religiös oder weltanschaulich nicht erwünschter Inhalte. Die datenbasierte personenbezogene Kommunikationsüberwachung sowie die Steuerung durch Software-Design und Algorithmen ('Code') eröffnen neuartige Möglichkeiten.

Die *Gleichheit* der Kommunikationschancen und die Gleichberechtigung in der Kommunikation sind bei der digitalen Kommunikation ebenfalls relevante Fragen. Grundlegend ist festzustellen, dass die Nutzung von Vermittlungsnetzen für die (öffentliche) Kommunikation durch jedermann gegenüber den asymmetrischen Strukturen (Verteilnetzen) der publizistischen Medien Gleichheit und Gleichberechtigung in der Kommunikation potentiell erhöht und die individuelle Kommunikationsfreiheit erweitert. Allerdings besteht global, aber auch in entwickelten Industriegesellschaften noch immer eine Digitale Spaltung (Digital Divide), in der Regel entlang sozioökonomischer

Ungleichheiten oder aufgrund ungleicher regionaler (bzw. nationaler) Infrastrukturentwicklung. Ungleichheiten betreffen dabei nur das Ob des Zugangs, die Qualität (Bandbreite, Mobilnetzdichte), die Kosten und die individuellen Kompetenzen. Mangelhafter Zugang zu digitalen Netzen und Ressourcen kann bezogen auf die kommunikative Teilhabe, Inklusion (Barrierefreiheit) und Integration (Sprachkenntnisse) sowie die (kulturelle, gesellschaftliche und politische) Partizipation diskriminierend wirken. Für digitale Kommunikation typische Netzwerkeffekte sowie die Institutionalisierung neuer Intermediäre (Plattformen) verleihen dem Problem eine neue Qualität (s. 121.3).

Auch Einschränkungen und Bedrohungen der *Wahrheit* und *Wahrhaftigkeit* von Kommunikation sind als solche nicht neu: Digitale Kommunikationsnetze eignen sich für die Verbreitung wahrer Aussagen über Tatsachen genauso gut wie für die Verbreitung von Lügen, allerdings lässt sich hier eine neuartige und für diese Kommunikationsform typische Dynamik beobachten, die über das aus der persönlichen und der öffentlichen Kommunikation Bekannte hinausgeht. Die Aufrichtigkeit oder Wahrhaftigkeit der Kommunikanten sowie die Authentizität von Meinungsäußerungen stellen zentrale Bedingungen für Vertrauen und Verständigung dar. Neben den bekannten Möglichkeiten, die wahren Absichten und Ansichten oder die eigene Identität zu verschleiern oder darüber gezielt zu täuschen, eröffnen digitale Mediennetze spezifische Möglichkeiten, etwa durch Anonymisierung oder die Konstruktion virtueller Identitäten.

Mit der Norm *Richtigkeit* werden Anforderungen bezeichnet, die sich aus den sozialen Beziehungen, institutionellen Rollen und Positionen ergeben, die bestimmte Kommunikationen als moralisch erwünscht, angemessen, zulässig oder als Zumutung und Verstoß gegen Regeln des sozialen Zusammenlebens gelten lassen. Über-, Unter- oder Gleichrangigkeit von Personen in Familien, Gruppen, Organisationen etc. entscheiden über die Berechtigung (Richtigkeit) kommunikativer Akte. Aus moralischer Sicht unberechtigte Befehle, Bitten, Fragen, Ratschläge, Bevormundungen, Bewertungen und Urteile können sehr gut digital kommuniziert werden. Spezifisch für digitale Kommunikationsnetze, die eine instantane Kommunikation über Distanzen hinweg ermöglichen, ist das rasche kommunikative Agieren und Reagieren bei gleichzeitig verkürzter Zeit für die Reflexion der Entscheidung und fehlenden Anzeichen (Mimik, Gestik, Proxemik), deren Beobachtung in der Vis-à-vis-Situation für eine unmittelbare Korrektur des Verhaltens führen würde. Die bereits aus der Telefonkommunikation bekannte, tendenzielle Enthemmung des Kommunikationsstils verschärft sich in digitalen Kommunikationsnetzen mitunter durch die schriftliche Form und gegebenenfalls auch die Pseudonymisierung der Kommunikationspartner.

Eine Grundnorm gelingender Kommunikation besteht in der *Verständlichkeit* der Kommunikate. Voraussetzung hierfür sind neben sprachlichen weitere kommunikative und medienbezogene Kompetenzen bei allen Kommunikanten. Die medientypische Spontaneität stellt vor allem beim Schreiben eine (im Vergleich zum Brief) neue Herausforderung dar, die durch medienspezifische Regeln allerdings stark gedämpft werden: Die Toleranz für Verletzungen der Schriftspracheregeln und die Akzeptanz von Fehlern ist deutlich ausgeprägter. Zu den kommunikativen Basiskompetenzen, die Verständlichkeit erst ermöglichen, treten einige sondersprachliche Kompetenzen (englischsprachige Begriffe, Akronyme, Emoticons) sowie medienspezifische praktische Kompetenzen (Bedienung von Client-Software).

121.3 Spezifische kommunikationsethische Probleme digitaler Kommunikation

Die durch den Gebrauch digitaler Vermittlungsnetze typischerweise qualitativ verschärften oder neu hervorgerufenen kommunikationsethischen Probleme lassen sich auf einige zentrale, miteinander in Wechselwirkung stehende Medienspezifika und derzeitige Nutzungsmodalitäten zurückführen: Vermittlungsnetze, Plattformen als neue Akteure, Vermischung öffentlicher und privater Kommunikation, virale Verbreitung, dauerhafte Speicherung und Indizierung, Algorithmisierung.

Die Kommunikation mittels Presse und Rundfunk erfolgte mithilfe von Verteilnetzen, zu denen nur professionellen Kommunikatoren einen unmittelbaren Zugang hatten. Die öffentliche Artikulation übernahmen stellvertretend Journalisten, die Themen und Meinungen aus der Zivilgesellschaft selektieren und präsentieren. Erst die *Umstellung auf Vermittlungsnetze* ermöglicht es nun nahezu jedermann, selbst direkt öffentlich (oder zumindest potenziell öffentlich) zu kommunizieren. Als Laien sind diese neuen Kommunikanten an keine operationalisierte Professionsethik (journalistische Ethik, Ethik der PR und Werbung) mit typischen Normen wie Wahrheit (Sorgfaltspflicht: Recherche und Gegenrecherche) und Wahrhaftigkeit (Trennung von Nachricht und Meinung, Kennzeichnung von Werbung) gebunden. Gemeinwohlorientierung, Ausgewogenheit, Faktentreue zählen nicht a priori zu den normativen Orientierungen des sogenannten Bürgerjournalismus, der Blogosphäre oder von YouTube. Wahrheit und Wahrhaftigkeit gelten, wie ‚Fake News' oder ‚Influencer Marketing' zeigen, nicht als allseits akzeptierte Normen wie sie im Journalismus als Gebote der Trennung von Nachricht und Meinung sowie von redaktionellen und werblichen Inhalten gelten. Die institutionellen Regeln (öffentlicher) Social Media-Kommunikation müssen erst noch ausgehandelt werden.

In den digitalen Vermittlungsnetzen etablieren sich Plattforme als neue Vermittlungsakteure. Aufgrund ökonomischer Netzwerkeffekte handelt es sich bei Google (Alphabet), Facebook, YouTube, Twitter und Amazon um Quasimonopolisten, die neue Asymmetrien der Kommunikation schaffen. Die Social Media-Plattformen verhalten sich weder so neutral wie klassische Telekommunikationsbetreiber noch orientieren sie sich an den Gemeinwohlansprüchen journalistischer Medien. Sie verhalten sich Wahrheits- und Wahrhaftigkeitsansprüchen sowie Verletzungen der Menschenwürde gegenüber so lange *systematisch indifferent*, wie diese Phänomene für individuelle Nachfrage und hieraus folgende Datenströme sorgen. Eine professionelle Kommunikationsethik der Plattformen existiert noch nicht. Regulierungen wie das Netzwerkdurchsetzungsgesetz (NetzDG) sind ihrerseits normativ umstritten, weil sie die Kommunikationsfreiheit durch eine privatisierte Zensur einschränken.

Betroffen von den Regel-Irritationen ist auch die *Grenze zwischen privater und öffentlicher Sphäre*, zum einen aufgrund von Missachtung der individuellen informationellen Selbstbestimmung durch die Plattformen, zum anderen durch die Social Media-Nutzer selbst. Wenn die eigentlich adressierte, gemeinte Öffentlichkeit von der tatsächlich erreichten Öffentlichkeit abweicht, kann das negative Folgen für die Wahrung der eigenen Würde haben und die Ansprüche von Dritten beeinträchtigen, die Gegenstand von Social Media-Posts oder Fotos sind.

Die rasche horizontale, sogenannte *virale Verbreitung* und die *dauerhafte Speicherung verbunden mit automatisierter Suche* verschärfen die Probleme auf medientypische Weise. Gezielt, fahrlässig oder irrtümlich verbreitete unwahre Nachrichten sind nicht mehr rückholbar oder wirksam zu dementieren. Sie gehen auch nicht mehr verloren (‚Recht auf Vergessenwerden'), sondern bleiben potenziell beliebig lange mithilfe automatischer Suchmaschinen auffindbar. Sie können aus dem Entstehungs- und Verwendungskontext herausgelöst, jederzeit erneut kommuniziert und damit in neue Kontexte eingebettet werden. Es entstehen lange und komplexe Kommunikationsketten mit Fernwirkungen, deren Folgen durch individuelle Akteure kaum abzusehen sind und daher die Übernahme persönlicher Verantwortung erschweren.

Die ungeprüfte und virale Verbreitung kann beim *Cybermobbing* zu dauerhaften Stigmatisierungen führen, die nicht mehr auf ein konkretes Umfeld (Schule, Arbeitsplatz) beschränkt sind. Durch anonyme und pseudonyme Kommunikation enthemmt kann dies, wie Beispiele aus Indien zeigen, bis zur Lynchjustiz eskalieren. Hassbotschaften *(Hate speech)*, ebenfalls an sich kein neues Problem, erzielen durch virale Verbreitung nicht nur eine größere Reichweite, sie können auch die Wahrnehmung der öffentlichen Meinung täuschen: Personen mit ähnlichen Einstellungen fühlen sich nicht mehr isoliert, sondern als akzeptierter Teil einer Gemeinschaft oder gar der bislang ‚schweigenden Mehrheit'. Gemäß der Theorie der Schweigespirale steigt ihre Bereitschaft, selbst Hasskommunikation zu verbreiten und zu initiieren.

Die Verbreitung von falschen Tatsachenbehauptungen in digitalen Kommunikationsnetzen unterscheidet sich qualitativ von journalistischen Zeitungsenten, denn Fake News werden zumindest von ihren Urhebern absichtlich und wissentlich verbreitet, um damit politische Propaganda zu bezwecken – allerdings in dezentral-viraler Verbreitung.

Die Digitalisierung, Speicherung und einfache Verbreitung von Kommunikaten berührt das geistige Eigentum und den Urheberpersönlichkeitsschutz. Die Entkopplung von materiellen Trägermedien, die beliebige Kopierbarkeit ohne Qualitätsverlust sowie die rasche und nahezu kostenlose Verbreitung, aber auch die ausschnitthafte und verfremdete Verwendung in neuen Kontexten stellen nicht nur rechtlichen, sondern auch ethische Herausforderungen dar.

Algorithmen greifen in mehrfacher Weise in die Kommunikation ein: Sie selektieren Kommunikate, klassifizieren, priorisieren und (re-)kontextualisieren Inhalte (vgl. Diakopoulos 2015, 400–402). Die algorithmische Personalisierung von Nachrichtenbouquets kann eine hohe Konsonanz von Nachrichten bewirken, auch wenn bislang empirische Belege für solche ‚Filter Bubbles' und Echokammern ausstehen. Algorithmen dienen primär *nicht* der Optimierung des Medienangebots im Sinne individueller Präferenzen, sondern der Erstellung von möglichst umfassenden Persönlichkeits- und Verhaltensprofilen sowie -prognosen. Das zentrale Geschäftsmodell der Big Data-Plattformen (s. Kap. 118) besteht im Verkauf dieser Profile und Prognosen an die werbetreibende Industrie, Versicherungen, Vermieter, Arbeitgeber oder zukünftige Lebenspartner. Dies bedroht nicht nur in höchstem Maße die informationelle Selbstbestimmung und damit Freiheit und Menschenwürde, es verläuft auch hochgradig intransparent. Auf der Makroebene besteht die Gefahr neuer sozialer Ungleichheit durch sogenanntes Social Sorting, also die automatisierte Sortierung aller Individuen nach bestimmten, weder öffentlich noch individuell nachprüfbaren und legitimierten Kriterien in Gruppen, denen unterschiedliche Chancen und Rechte oder Preise beim Konsum (Kredite, Versicherungen oder andere Leistungen) eingeräumt werden. Der Einsatz von Algorithmen in der digitalen Kommunikation potenziert das *Zuschreibungs- oder Accountabilty-Problem,* wenn der Akteursstatus der Kommunikanten ungewiss ist. Ein beträchtlicher Teil der Kommunikate auf Plattformen wie Twitter stammt nicht unmittelbar von menschlichen Kommunikanten, sondern wurde zum Zweck der Meinungsmanipulation maschinell durch nicht als solche gekennzeichnete Social Bots oder andere Formen sogenannter Künstlicher Intelligenz erzeugt.

121.4 Fazit und Ausblick

Digitale Kommunikation, verstanden als Humankommunikation mittels digitaler Vermittlungsnetze, führt zur qualitativen Veränderung bekannter kommunikationsethischer Probleme. Während die Professionsethiken der öffentlichen Kommunikation in den digitalen Vermittlungsnetzen für jedermann rasch an Gewicht verlieren, verläuft die Aushandlung neuer institutioneller Kommunikationsregeln nur langsam. Eine besondere Herausforderung ergibt sich aus der Möglichkeit, individuell und direkt öffentlich zu kommunizieren, ohne die Folgen des kommunikativen Handelns immer klar absehen zu können. Verschärft wird das Problem durch die dauerhafte Speicherung digitaler Kommunikate, die sich mithilfe von Algorithmen jederzeit leicht auffinden und – auch in anderen Kontexten – erneut verbreiten lassen. Die rasche virale und potentiell globale Verbreitung in digitalen Vermittlungsnetzen führt ebenso wie die De- und Re-Kontextualisierung von Kommunikaten zu individuell schwer überschaubaren Netzwerken von Kommunikation. Gleichzeitig fehlt bislang weitgehend eine Ethik auf der Mesoebene der Kommunikationsorganisationen, denn im Gegensatz zu den traditionellen Medienorganisationen verhalten sich die digitalen Plattformen solange systematisch indifferent gegenüber ethischen Problemen, wie ihre (daten)ökonomischen Ziele nicht berührt werden. Mit der Reorganisation gesellschaftlicher Kommunikation durch Plattformen, die aufgrund ökonomischer Netzwerkeffekte monopolartige Stellungen einnehmen, sind neue Machtasymmetrien in der Kommunikation und damit auch Gefahren für die Freiheit und Gleichheit in der Kommunikation entstanden.

Eine spezifische Herausforderung digitaler Kommunikation resultiert aus dem Einsatz von Algorithmen, die auf intransparente Weise Kommunikation gestalten (Selektion, Klassifikation, Rekontextualisierung) oder gar simulieren (Social Bots), so dass die Zuschreibung von Verantwortung (Accountability) erschwert wird.

Literatur

Beck Klaus: „Ethik der Online-Kommunikation." In: Wolfgang Schweiger, Klaus Beck (Hg.): Handbuch Online-Kommunikation. Wiesbaden 2010.

Debatin, Bernhard: „Ethik und Internet. Überlegungen zur normativen Problematik von hochvernetzter Computerkommunikation." In: Beatrice Dernbach, Manfred Rühl, Anna Maria Theis-Berglmair (Hg.): Publizistik im vernetzten Zeitalter. Berufe – Normen – Strukturen. Wiesbaden 1998, 207–221.

Maria Theis-Berglmair: „Ethik und Internet: Zur normativen Problematik von Online-Kommunikation." In: Rüdiger Funiok, Udo F. Schmälzle, Christoph H. Werth (Hg.): Medienethik – eine Frage der Verantwortung. Bonn 1999, 274–293.

Diakopoulos, Nicholas: „Algorithmic Accountability. Journalistic investigation of computational power structures." In: Digital Journalism 3. Jg., 3 (2015), 398–415.

Funiok, Rüdiger: Medienethik. Verantwortung in der Mediengesellschaft. Stuttgart 2007.

Heesen, Jessica (Hg.): Handbuch Medien- und Informationsethik. Stuttgart 2016.

Schmidt, Jan-Hinrik: „Ethik des Internets." In: Jessica Heesen (Hg.): Handbuch Medien- und Informationsethik. Stuttgart 2016, 284–292.

Schweiger, Wolfgang et al.: Algorithmisch personalisierte Nachrichtenkanäle. Begriffe, Nutzung, Wirkung. Wiesbaden 2019.

Zuboff, Shoshana: Das Zeitalter des Überwachungskapitalismus. Frankfurt a. M./New York 2018.

Recht und Gerechtigkeit in der digitalen Welt

Paul T. Schrader und Jean-Marcel Krausen

122.1 Digitalisierung ohne Recht und Moral?

Im rechtspositivistischen Sinne gehören zum Recht in erster Linie Normen, die der Gesetzgeber in einer Gesellschaft zur Geltung gebracht hat (Kelsen 1960, 201, 230 ff., 238 ff.; 1979, 83 f.). Darüber hinaus zählen Normen des Gewohnheits- und des Richterrechts hierzu (Kelsen 1960, 9, 231; Hart 1973, 69, 143; Hoerster 2012, 72 f.). Moral hingegen umfasst auch außerrechtliche Wertvorstellungen (vgl. Kelsen 1960, 68, 201, 357 f.). Gerechtigkeitsnormen als Teil der Moral dienen als Maßstab der Beurteilung des Verhaltens eines Menschen gegenüber anderen Menschen; ihr Adressatenkreis umfasst insoweit auch den Gesetzgeber (vgl. Kelsen 1960, 60 f., 68 f., 357, 360).

Im Optimalfall decken sich die moralischen Wertvorstellungen mit den Grundwerten, die der positiven Rechtsordnung zugrunde liegen. Im Gegensatz zum positivgesetzlichen Recht entstehen moralische Normen unabhängig von einem formalen Setzungsakt und entwickeln sich individuell und kontinuierlich in

P. T. Schrader (✉) · J.-M. Krausen
Universität Bielefeld, Bielefeld, Deutschland
E-Mail: paul.schrader@uni-bielefeld.de

J.-M. Krausen
E-Mail: jean.krausen@uni-bielefeld.de

der Gesellschaft fort. Diese Entwicklung wird durch gesellschaftsverändernde Ereignisse beeinflusst. Der durch die Industrialisierung ausgelöste Sozialwandel ist mit dem derzeitigen Einfluss der Digitalisierung auf die Gesellschaft vergleichbar (vgl. Europäische Kommission 2018, 2). Ausdruck dessen sind eine erhöhte Kommunikationsdichte, die Dezentralisierung und Automatisierung von Entscheidungsprozessen sowie die Veränderung von Vertrauensmaßstäben.

Gleichwohl können sich Recht und Moral gegenseitig beeinflussen (vgl. von der Pfordten 2001, 68 f.; Kelsen 1960, 68 f.; Hart 1973, 280 f.). Die Berücksichtigung außerrechtlicher Wertvorstellungen spielt bei dem von der Rechtsordnung zu leistenden Interessenausgleich sogar eine Schlüsselrolle (vgl. Conow 2015, 95 ff.). Andernfalls droht der Verlust sowohl der Akzeptanz als auch der sozialen Wirksamkeit der Rechtsordnung (vgl. von der Pfordten 2001, 79 f.; Rehbinder 1995, 24 f., 29; Neuner 2020, § 46 Rn. 1; Hart 1973, 278, 280 f.). Werden aus moralischer Perspektive Gerechtigkeitsdefizite identifiziert, besteht gesetzgeberischer Handlungsbedarf. Das nachträgliche Erfassen gesellschaftlicher Veränderungen ist ein wesentliches Kennzeichen der – auch im Kontext von Digitalisierungsprozessen auf den Modus der Reaktion verwiesenen – Legislative. Der disruptive Charakter der Digitalisierung und ihre anhaltende Beschleunigung verlangen einerseits Regulierung, verhindern andererseits jedoch den Rückgriff auf rechtsexterne Wertegefüge, die sich zum Zeitpunkt des akut notwendigen Rechtssetzungsaktes noch nicht herausbilden konnten (vgl. von der Pfordten 2001, 78 f.).

Wegen des Gesetzesvorbehaltes für staatliche Eingriffsverwaltung erfährt das öffentliche Recht – im Vergleich zum Privatrecht – durch die Digitalisierung eine nur geringe Divergenz zwischen Moral und Recht. Vor dem Hintergrund einer geringeren Anzahl Rechte und Pflichten produzierender Akteure wirkt sich die Digitalisierung in diesem Bereich daher vor allem bei der Legitimierung des Einsatzes digitaler Instrumente aus. Beispiele hierfür sind die Vorratsdatenspeicherung (aus Anlass des Urteils des Bundesverfassungsgerichts: BVerfGE 125, 260), die Onlinedurchsuchung, die Rasterfahndung sowie datenbasierte Entscheidungen und ‚Vorschläge' durch sogenannte Künstliche Intelligenz z. B. im Bereich der Steuerfahndung (Wischmeyer 2018, 3, 42, 48). Ähnliches gilt im Strafrecht: Da eine Tat nur bestraft werden kann, wenn die Strafbarkeit gesetzlich bestimmt war, bevor die Tat begangen wurde (Art. 103 Abs. 2 GG) und beispielsweise die rechtswidrige Datenlöschung keine Sachbeschädigung im Sinne des § 303 StGB ist, wird sie nunmehr von dem gesonderten (notwendigerweise neu eingefügten) Tatbestand des § 303a StGB erfasst (41. StrÄndG v. 07.08.2007).

122.2 Digitalisierung als Indikator für den Einfluss von Moral auf das Privatrecht

Am deutlichsten zeigen sich die Auswirkungen der Digitalisierung im Privatrecht. Das Privatrecht gilt zwischen den gleichgeordneten und selbstbestimmten Wirtschaftsakteuren untereinander (Grüneberg 2021, Einl. Rn. (2). Daher sind der Privatrechtsbereich und der darin enthaltene Interessenausgleich so ubiquitär wie die Veränderungen durch die Digitalisierung. Im Privatrecht gilt gerade kein Gesetzesvorbehalt, sondern vielmehr Vertragsfreiheit. Dementsprechend wird die Rechtsentwicklung nicht primär durch den Gesetzgeber vorgezeichnet, sondern zu einem Großteil durch privatautonome Rechtsgestaltung auf Grundlage eines Vertrages beeinflusst. Häufig erschöpft sich die Aufgabe des Gesetzgebers darin, die durch die Privatautonomie bestehenden Freiheiten und deren Ausübungsmöglichkeiten, die sich vor allem durch die Digitalisierung potenzieren, einzuhegen. Dabei nimmt der Gesetzgeber oftmals eine subsidiäre Korrekturfunktion wahr, um das Auseinanderdriften von bestehenden Möglichkeiten, die gesetzlich vorgesehene Vertragsfreiheit zu nutzen, und sich verfestigenden gegenläufigen Moralvorstellungen zu verhindern.

122.3 Digitalisierung als Herausforderung für Vertragsfreiheit und vertragliche Bindung

122.3.1 Vertragsfreiheit und Informationsasymmetrie

Die Vertragsfreiheit umfasst neben der Abschluss- und Formfreiheit insbesondere die Gestaltungsfreiheit (Neuner 2020, § 10 Rn. 33). Um jedoch zumindest rudimentäre Vertragsgerechtigkeit sicherzustellen, unterliegt die Gestaltungsfreiheit einigen gesetzlichen Einschränkungen (Emmerich 2019, § 311 Rn. 3; Herresthal 2021, § 311 Rn. 10). Ein zentrales Instrument der Gewährleistung vertragsgerechter Verhältnisse ist die Generalklausel des § 138 Abs. 1 BGB, die die Nichtigkeit eines gegen die guten Sitten verstoßenden Rechtsgeschäfts anordnet. Mit dem Begriff der „guten Sitten" knüpft die Rechtsnorm an das „Anstandsgefühl aller billig und gerecht Denkenden" an (Sack/Fischinger 2017, § 138 Rn. 57); es handelt sich um die positivgesetzliche Inbezugnahme der Moralordnung (Sack/Fischinger

2017, § 138 Rn. 62). Die moralische Konformität des Rechtsgeschäftsinhalts erhält damit tatbestandliche Relevanz. Den Konformitätsmaßstab bildet die herrschende, heteronome Moralordnung (Sack/Fischinger 2017, § 138 Rn. 64, 66). Allerdings ist zu berücksichtigen, dass die Vorschrift kein moralisch optimales Verhalten verlangt, sondern vielmehr bloß eine rechts- und sozialethische Minimalkonformität des Rechtsgeschäftsinhalts (Neuner 2020, § 46 Rn. 1, 13 f.; Armbrüster 2018, § 138 Rn. 1). § 138 Abs. 1 BGB dient der Eliminierung unerträglicher Gerechtigkeitsdefizite des betreffenden Rechtsgeschäfts. Zu den typischerweise erfassten Fallgruppen zählen insbesondere solche, bei denen der Charakter des Rechtsgeschäfts durch die wirtschaftliche oder intellektuelle Dominanz einer Vertragspartei für die andere Vertragspartei nicht mehr als selbstbestimmt bezeichnet werden kann (vgl. Neuner 2020, § 46 Rn. 37 ff.). In der Rechtspraxis entwickelte Fallgruppen mit konkretem Digitalisierungsbezug sind jedoch selten. Diskutiert wird die Einschränkung der Vertragsabschlussfreiheit bei der Registrierung von Domains bei der DENIC (Koch 2020, § 12 Rn. 269 f.; Ellenberger 2021, Einf. V. § 145 Rn. 9) sowie im Zusammenhang mit dem „digitalen Hausrecht" von sozialen Netzwerken (Baldus 2016, 449 ff.).

Auffallend ungleiche Verhandlungspositionen der Vertragschließenden beruhen nicht zwingend auf technischen Gegebenheiten. Bereits frühzeitig ist der Erfahrungsvorsprung eines im Massengeschäft tätigen Unternehmers gegenüber einem einzelnen Verbraucher als Problem erkannt worden. Ein Beispiel dafür ist die dem AGB-Gesetz (v. 09.12.1976) zugrundeliegende Konfliktlage: Dem Unternehmer ist es möglich, dem Vertrag durch die Verwendung standardisierter Allgemeiner Geschäftsbedingungen (AGB) einseitig vorteilhafte Bedingungen zugrunde zu legen (Herresthal 2021, § 311 Rn. 9; Busche 2018, Vor § 145 Rn. 6 f.). Die Möglichkeit der Standardisierung hat bei digitalen Vertriebswegen wegen der fehlenden lokalen Begrenzung des Angebotsgebietes besonders große Auswirkungen. Räumliche Distanz und Anonymität des digitalen Online-Handels intensivieren die im Bereich der AGB ohnehin gesteigerte Relevanz der Vertragsgerechtigkeit. Dies gilt vor allem für den Informationsvorsprung des Unternehmers, der durch den Einsatz von Datenverarbeitungsanlagen erheblich vergrößert wird (Data-Mining als Problem des überlegenen Erfahrungsvorsprungs). Die mit digitalen Vertriebswegen einhergehende Unsichtbarkeit des Vertragspartners senkt die Hemmschwelle für den Abschluss erkennbar unausgewogener Verträge. Obwohl die vorhandenen Regelungen wegen ihrer Offenheit solchen Herausforderungen gewachsen zu sein scheinen, sieht sich der Gesetzgeber zuweilen in der Pflicht, Detailprobleme zu regeln. Beispielsweise wird eine sogenannte „Abo-Falle" in den AGB einer Webseite wegen ihres Überraschungsmoments bereits nach den bisherigen Regelungen kein Vertragsbestandteil (§ 305c Abs. 1 BGB), so dass eine Zahlungspflicht aus einer in AGB versteckten Klausel nicht folgen kann (Landgericht Berlin, Urteil v. 21.10.2011, Az. 50 S. 143/10). Dennoch statuierte der Gesetzgeber mit § 312j BGB erst vor wenigen Jahren kleinteilige Pflichten im Hinblick auf die Erkennbarkeit der Inanspruchnahme eines zahlungspflichtigen Dienstes im Fernabsatz (BGBl. I 2012, 1084), weil sich das Fehlen des Zahlungsanspruchs nicht eindeutig aus dem Gesetz ergeben habe und damit Raum für besonders nachhaltige Rechtsdurchsetzung bestand (siehe hierzu die entsprechende Gesetzesbegründung BT-Drs. 17/7745).

122.3.2 Einschränkung der vertraglichen Bindung zugunsten der Förderung digitaler Vertriebswege

Eines der grundlegenden Prinzipien der Privatrechtsordnung ist die Bindung an den Vertrag („pacta sunt servanda") (Conow 2015,

44, 116). Dieses Prinzip schützt die Vertragspartner in ihrem Vertrauen auf den Erhalt der vertraglich versprochenen Leistung. Der Vertrag ist das Umsetzungsinstrument der Freiheit, seine Rechtssphäre eigenverantwortlich gestalten zu können (vgl. Savigny 1840b, 309; Hart 1973, 47).

Die mit digitalen Vertriebswegen einhergehende Distanz begründet ein Vertrauensdefizit der Kontrahierenden untereinander, dem im stationären Handel durch den persönlichen Kontakt vorgebeugt wird. Der Käufer hat die Möglichkeit, den Verkäufer physisch wahrzunehmen und kann dessen Vertrauenswürdigkeit hinsichtlich der angestrebten vertraglichen Bindung – im Unterschied zu einem bloß virtuell in Erscheinung tretenden Verkäufer – besser einschätzen. Gleiches gilt für den Vertragsgegenstand, der im Gegensatz zum stationären Handel im Onlinehandel nicht physisch besichtigt werden kann (vgl. Richtlinie 2011/83/EU v. 25.10.2011, 69). Sowohl der deutsche als auch europäische Gesetzgeber sind erkennbar bestrebt, im Zuge der Digitalisierung in Erscheinung tretende Nachteile zu kompensieren (vgl. Richtlinie 2011/83/EU v. 25.10.2011; Europäische Kommission 2015; Bundesregierung 2020a, 10, 31, 60 f.; Bundesregierung 2020b, 24 ff.). Dies bewirkte mittlerweile, dass das einst dem BGB zugrundeliegenden Prinzip der Bindung an den Vertrag zur inhaltsleeren Floskel verkümmert ist: Durch ein zwar befristetes, aber umfassendes (ohne jegliche Begründung bestehendes) einseitiges Lösungsrecht vom Vertrag (Widerrufsrecht) des Verbrauchers gegenüber einem Unternehmer sollten die tatsächlich bestehenden Unterschiede zwischen dem stationären Handel und dem Onlinehandel ausgeglichen werden. Im Ergebnis führte diese rechtspolitische Entscheidung zur Entkräftung eines der Grundprinzipien des BGB. Wirtschaftspolitische Erwägungen haben letztlich bewirkt, dass die Förderung eines auf tatsächlicher Grundlage nicht zur Entstehung gelangenden Vertrauens in den Vertragspartner durch die Aushöhlung des Vertrauens in die vertragliche Bindung eingetauscht wurde.

122.4 Autonomie als Voraussetzung der Gestaltung der ‚eigenen' Rechtssphäre

Durch die Digitalisierung werden Entscheidungen nicht mehr bloß vorbereitet und gestützt, sondern zunehmend auf technische Systeme übertragen. Mit dieser maschinellen Einflussnahme auf die Entscheidungs- und Handlungshoheit wird die privatautonome Selbstgestaltung der rechtlichen Beziehungen infrage gestellt.

Bereits der Einsatz intelligenter Softwareagenten im Rahmen des digitalen Vertragsschlusses ließ Zweifel an bisherigen Zurechnungsmechanismen – besonders im Hinblick auf die für den Vertragsschluss maßgebliche Zurechnung von Willenserklärungen – aufkommen (Cornelius 2002, 353; Sester/Nitschke 2004, 548; Pieper 2018, 9 f.). Der Rückbezug auf die dem Softwareagenten zugrundeliegenden Algorithmen ermöglicht immerhin noch das Anknüpfen an ein vorgelagertes menschliches Verhalten (Cornelius 2002, 353, 355; Specht/Herold 2018, 40 ff.). Moderne Systeme Künstlicher Intelligenz verfügen jedoch über einen Lernalgorithmus, der maschinelles Lernen ermöglicht und ihnen damit einen gewissen Grad an Autonomie verschafft (Denga 2018, 69 f.). Ein Zurechnungsinstrument, das an ein etwaiges menschliches Vorverhalten oder einen entsprechenden Willen des Menschen anknüpft, läuft insoweit Gefahr, zur Fiktion zu avancieren (vgl. Specht/Herold 2018, 40, 43; Pieper 2018, 9, 13 f.). Vor dem Hintergrund, dass Zurechnungsmechanismen über die Verteilung von Rechten und Pflichten bestimmen, ist ihre Ausgestaltung durch den Gesetzgeber von Gerechtigkeitsrelevanz (vgl. Hart 1973, 217 ff., 225 f.).

Die Schwierigkeit der vertragsrechtlichen Haftungsverteilung beim rechtsgeschäftlichen Einsatz künstlich intelligenter Systeme liegt in der anthropozentrischen Ausrichtung der Rechtsordnung selbst (Kluge/Müller 2017, 24). So bildet das menschliche Privatrechtssubjekt das Zentrum auch des Zivilrechts. Nach § 1 BGB ist jeder Mensch von Geburt an rechtsfähig. Rechtsfähigkeit bedeutet die Fähigkeit, Träger von Rechten und Pflichten zu sein (Mansel 2021, § 1 Rn. 1); sie bildet die Grundvoraussetzung der Teilnahme am rechtsgeschäftlichen Verkehr. Die Rechtsordnung erkennt darüber hinaus die Rechtsfähigkeit von juristischen Personen an (Windscheid 1875, 158 f.; Savigny 1840a, 235 ff.; Neuner 2020, § 16 Rn. 1). Hierbei handelt es sich um bloße Denkgebilde, die zwar Träger von Rechten und Pflichten sein können, jedoch nicht handlungsfähig und dementsprechend auf ein ihnen zurechenbares Verhalten des Menschen (Organe) angewiesen sind (Windscheid 1875, 151, 154 f., 182). Hingegen sind autonome Systeme Künstlicher Intelligenz dazu in der Lage, sich zu verhalten und insoweit unabhängig vom Menschen. Daher wird bereits derzeit die Schaffung einer elektronischen Rechtspersönlichkeit erwogen (Europäisches Parlament 2017; Kluge/Müller 2017, 24, 29 f.; Pieper 2016, 188, 191 f.; Behme 2018, § 1 Rn. 36 ff.). Damit einher gehen allerdings Folgefragen nach zuzuordnenden Rechten und Pflichten sowie einer zur Verfügung stehenden Haftungsmasse (Kluge/Müller 2017, 24, 30 f.; Kersten 2015, 1, 6 f.).

122.5 Außervertragliche Haftung für Fehlverhalten bzw. Schäden durch digitale Systeme

Neben der vertraglichen Haftung besteht eine außervertragliche Einstandspflicht für Schäden, die auf Fehlverhalten beruhen. Hierbei gilt der zivilrechtliche Grundsatz, dass Schadensersatz eine verschuldete Handlung voraussetzt. In Ausnahmefällen besteht eine verschuldensunabhängige Haftung für Betreiber besonders gefährlicher Anlagen (Atomkraftwerk, Flugzeug, Kraftfahrzeug). Das Haftungsgefüge wird durch die zunehmende Digitalisierung vor allem in zwei Bereichen erheblich beeinflusst:

Die Verantwortlichkeit für verschuldetes Handeln knüpft an ein menschliches Verhalten an (Windscheid 1875, 286 ff.). Nur der Mensch kann schuldhaft handeln. Begründet wird dies mit seiner Fähigkeit, sein Verhalten willentlich zu steuern und damit die schadenstiftende Handlung alternativ unterlassen zu können (Larenz/Canaris 1994, 361; Wagner 2020, § 823 Rn. 66; Deutsch 1996, S. 61 ff., Rn. 89 ff.). Mit zunehmender Verselbständigung digitaler Systeme (infolge des Einsatzes Künstlicher Intelligenz) wird dieser anthropozentrische Verhaltensansatz (Kelsen 1979, 23) zunehmend kritisch hinterfragt. Eine eigenständige Haftung dieser Systeme provoziert einerseits Schwierigkeiten bei der Statuierung entsprechender Verhaltensanforderungen, deren Missachtung ein Verschulden begründen könnte. Andererseits erweist sich der für die haftungsrechtliche Verhaltenssteuerung zentrale wirtschaftliche Anreizmechanismus in Bezug auf derartige Systeme als untauglich, da diese mangels Vermögensinteressen etwaigen in Aussicht gestellten Vermögenseinbußen zumindest nach bisherigem Stand der Technik (vorbehaltlich einer entsprechenden Programmierung durch den Menschen) gleichgültig gegenüberstehen (Riehm 2020, 228, 231 f.). Abgesehen von der bisher fehlenden Umsetzung einer etwaigen Einstandspflicht (d. h. der Möglichkeit der Inanspruchnahme) derartiger Systeme, würde daher auch die Zuerkennung von deren Rechtspersönlichkeit insoweit keine adäquate Lösung bieten.

Derzeit wird vordergründig diskutiert, ob Schäden, die von selbstständig agierenden, digitalen Systemen verursacht werden, deren Betreibern zugerechnet werden können und damit der Rückbezug zum Menschen vorgenommen. Eine Einstandspflicht der Betreiber kann auf Grundlage einer Gefährdungshaftung (verschuldensunabhängig) begründet sein. Als Haftungssubjekte kommen neben den Betreibern selbstständig agierender Systeme (im Hinblick auf das automatisierte Fahren beispielsweise der Halter oder auch „Fahrer" des Fahrzeugs: Schrader 2015, 3537) auch die Hersteller in Betracht, die das entsprechende System in den Verkehr gebracht haben. Eine derartige Haftung beruht auf produkthaftungsrechtlichen Erwägungen (Schrader 2018, 314). Es zeigt sich insbesondere im Kontext von KI-Systemen die Tendenz, an ein dem unmittelbar schadensauslösenden Ereignis vorgelagertes Verhalten des Menschen (Hersteller bzw. Betreiber) anzuknüpfen. Bestätigung erfährt diese Beobachtung, wenn vorgeschlagen wird, den Betreiber eines KI-Systems in Abhängigkeit von dem mit dem jeweiligen KI-System einhergehenden Risiko auf Grundlage eines vermuteten Verschuldens oder gar verschuldensunabhängig haften zu lassen (Europäisches Parlament 2020, Erwägungsgründe L 10 ff., Artt. 4, 8 des Vorschlags). Zwecks Gewährleistung eines gerechten Entschädigungsverfahrens wird der Grundsatz der Verschuldenshaftung im KI-Kontext zur Ausnahme und in weiten Teilen durch eine strikte (verschuldensunabhängige) Gefährdungshaftung ersetzt. Zudem sollen das Vertrauen in und die Akzeptanz von digitalen Technologien durch die Kodifizierung ethischer Standards gestärkt werden (Europäisches Parlament 2020, Erwägungsgrund J). Bedenklich erscheint in dem Zusammenhang die teilweise zu beobachtende fehlende Orientierung des Gesetzgebers an der geführten Diskussion zu ethischen Fragen, auch wenn dieser Diskurs für genau die zu kodifizierenden Fragen eigens eröffnet wurde. Ein Beispiel dafür ist die zeitliche Abfolge der Einsetzung einer Ethikkommission zur Beantwortung von Fragen zum autonomen Fahren am 30.09.2016, der Verkündung des StVG-ÄG am 16.06.2017 mit diese Fragen betreffenden Regelungen und der erst anschließend am 20.06.2017 erfolgte Bericht der Ergebnisse der Ethikkommission.

Auffällig ist die Kleinschrittigkeit der gesetzgeberischen Reaktionen auf technische Errungenschaften, wie bspw. Das voranschreitende autonome Fahren: Das StVG-ÄndG 2017 (BGBl. I 2017, 1648) regelt bloß das teilautomatisierte Fahren anstatt auch richtungsweisende Regelungen zum autonomen Fahren zu enthalten. Damit wird deutlich, dass der Gesetzgeber eine Auseinandersetzung mit grundlegenden Fragen scheut.

122.6 Fazit

Der Zusammenhang zwischen Recht und Moral wird durch die Digitalisierung besonders deutlich. Gesellschaftliche Veränderungen, die mit der Digitalisierung verbunden sind, führen zu einer Änderung moralischer Wertvorstellungen. Derartige Entwicklungen werden im Privatrecht häufig durch (für moralische Wertvorstellungen) offene Normen erfasst. Dabei ist auffällig, dass der Gesetzgeber oftmals versucht, erkannte Missverhältnisse trotz bereits bestehender weit gefasster Normen im Detail zu eliminieren. Bei wirtschaftspolitisch motivierten Gesetzgebungsvorhaben werden selbst Grundprinzipien der Rechtsordnung nicht nur infrage gestellt, sondern regelrecht verwässert. In Anbetracht der Tragweite derartiger Legislativakte ist im Blick zu behalten, dass der Gesetzgeber in der digitalen Welt zwar weiterhin auf die Reaktion verwiesen ist, diese allerdings nichtsdestoweniger angemessen sein soll. Damit Recht und Gerechtigkeit in der digitalen Welt weiterhin ihre ihnen zugedachte Bedeutung behalten, müssen Ergebnisse des Diskurses über ethische Anforderungen und Standards in dem Vorgang der Rechtsetzung erkennbar Berücksichtigung finden.

Literatur

Armbrüster, Christian: „§§ 134-138 BGB." In: Franz Jürgen Säcker, Roland Rixecker, Hartmut Oetker, Bettina Limperg (Hg.): Münchener Kommentar zum Bürgerlichen Gesetzbuch – Band 1: Allgemeiner Teil, §§ 1-240, Allg.PersönlR, ProstG, AGG. München [8]2018.

Baldus, Christian: „Erwiderung: Das private Hausrecht: ein Phantom." In: Juristenzeitung 71. Jg., 9 (2016), 449–453.

Behme, Caspar: BGB §§ 1-11. In: https://beck-online.beck.de/?vpath=bibdata%2fkomm%2fBeckOGK_33_BandBGB%2fcont%2fBECKOGK%2eBGB%2eINHALTSVERZEICHNIS%2ehtm (28.2.2020), 2018.

Bundesregierung: Umsetzungsstrategie der Bundesregierung. Berlin 2020a.

Bundesregierung: Strategie Künstliche Intelligenz der Bundesregierung – Fortschreibung 2020. Berlin 2020b.

Busche, Jan: „§§ 139-157 BGB." In: Franz Jürgen Säcker, Roland Rixecker, Hartmut Oetker, Bettina Limberg (Hg.): Münchener Kommentar zum Bürgerlichen Gesetzbuch – Band 1: Allgemeiner Teil, §§ 1-240, Allg.PersönlR, ProstG, AGG. München [8]2018.

Conow, Andreas: Vertragsbindung als Freiheitsvoraussetzung: Grundlagen privater Vertragshaftung und Anwendung auf das Gesellschafterdarlehensrecht sowie die Kapitalausstattungspflicht in der GmbH. Tübingen 2015.

Cornelius, Kai: „Vertragsabschluss durch autonome elektronische Agenten." In: Multimedia und Recht 5. (2002), 353–358.

Denga, Michael: „Deliktische Haftung für künstliche Intelligenz. Warum die Verschuldenshaftung des BGB auch künftig die bessere Schadensausgleichsordnung bedeutet." In: Computer und Recht 34. Jg., 2. (2018), 69–78.

Deutsch, Erwin: Allgemeines Haftungsrecht. Köln u. a. 1996.

Ellenberger, Jürgen: „BGB §§ 1-240." In: Otto Palandt (Hg.): Bürgerliches Gesetzbuch. München 2021.

Emmerich, Volker: „§ 311 BGB." In: Franz Jürgen Säcker, Roland Rixecker, Hartmut Oetker, Bettina Limpberg (Hg.): Münchener Kommentar zum Bürgerlichen Gesetzbuch – Band 3: Schuldrecht Allgemeiner Teil II, §§ 311-432 BGB. München 2019.

Europäische Kommission: Strategie für einen digitalen Binnenmarkt für Europa, COM (2015) 192 final. In: https://eur-lex.europa.eu/legal-content/DE/TXT/PDF/?uri=CELEX:52015DC0192&from=PT (27.2.2021).

Europäische Kommission: Künstliche Intelligenz für Europa, COM(2018) 237 final. In: https://eur-lex.europa.eu/legal-content/DE/TXT/PDF/?uri=CELEX:52018DC0237&from=DE (27.2.2021).

Europäisches Parlament: Entschließung des Europäischen Parlaments vom 16.02.2017 mit Empfehlungen an die Kommission zu zivilrechtlichen Regelungen im Bereich Robotik (2015/2103(INL). In: https://eur-lex.europa.eu/legal-content/DE/TXT/PDF/?uri=CELEX:52017IP0051&from=DE (27.2.2021).

Europäischen Parlament: Regelung der zivilrechtlichen Haftung beim Einsatz künstlicher Intelligenz. Entschließung des Europäischen Parlaments vom 20. Oktober 2020 mit Empfehlungen an die Kommission für eine Regelung der zivilrechtlichen Haftung beim Einsatz künstlicher Intelligenz (2020/2014(INL). In: https://www.europarl.europa.eu/doceo/document/TA-9-2020-0276_DE.pdf (27.2.2021).

Grüneberg, Christian: „Einleitung." In: Otto Palandt (Hg.): Bürgerliches Gesetzbuch. München 2021.

Hart, Herbert Lionel Adolphus: Der Begriff des Rechts. Frankfurt a. M. 1973.

Herresthal, Carsten: § 311. In: https://beck-online.beck.de/?vpath=bibdata%2fkomm%2fBeckOGK_33_BandBGB%2fcont%2fBECKOGK%2eBGB%2eINHALTSVERZEICHNIS%2ehtm (28.2.2021).

Hoerster, Norbert. Was ist Recht? Grundfragen der Rechtsphilosophie [2006]. München [2]2012.

Kelsen, Hans: Reine Rechtslehre: Mit einem Anhang: Das Problem der Gerechtigkeit [1934]. Wien [2]1960.

Kelsen, Hans: Allgemeine Theorie der Normen. Hg. von K. Ringhofer. Wien 1979.

Kersten, Jens: „Menschen und Maschinen." In: Juristenzeitung 70. Jg., 1 (2015), 1–8.

Kluge, Vanessa/Müller, Anne-Kathrin: „Autonome Systeme. Überlegungen zur Forderung nach einer ‚Roboterhaftung'." In: Zeitschrift zum Innovations- und Technikrecht 5. (2017), 24–31.

Koch, Benjamin: § 12 Rn. 211ff. In: https://beck-online.beck.de/?vpath=bibdata%2fkomm%2fBeckOGK_33_BandBGB%2fcont%2fBECKOGK%2eBGB%2eINHALTSVERZEICHNIS%2ehtm (28.2.2021), 2020.

Larenz, Karl/Canaris, Claus-Wilhelm: Lehrbuch des Schuldrechts. Band 2, Halbband 2, Besonderer Teil. München [13]1994.

Mansel, Heinz-Peter: §§ 1–242. In: Othmar Jauernig (Begr.), Bürgerliches Gesetzbuch. Kommentar. München 2021.

Neuner, Jörg: Allgemeiner Teil des Bürgerlichen Rechts. München [12]2020.

Pieper, Fritz-Ulli: „Die Vernetzung autonomer Systeme im Kontext von Vertrag und Haftung." In: Zeitschrift zum Innovations- und Technikrecht 4. (2016), 188–194.

Pieper, Fritz-Ulli: „Künstliche Intelligenz: Im Spannungsfeld von Recht und Technik." In: Zeitschrift zum Innovations- und Technikrecht 1. (2018), 9–15.

Rehbinder, Manfred: Einführung in die Rechtswissenschaft. Berlin [8]1995.

Riehm, Thomas: „Rechtsfähigkeit von KI-Systemen." In: Markus Kaulartz, Tom Braegelmann (Hg.): Rechtshandbuch Artificial Intelligence und Machine Learning. München 2020, 221–238.

Sack, Rolf/Fischinger, Philipp S.: „BGB § 138." In: Julius v. Staudinger (Hg.): J. von Staudingers Kommentar zum Bürgerlichen Gesetzbuch mit Einführungsgesetz und Nebengesetzen. Buch 1. Allgemeiner Teil: §§ 134-138; ProstG (Allgemeiner Teil 4a – Gesetzliches Verbot und Sittenwidrigkeit). Berlin 2017.

Savigny, Friedrich Carl von: System heutigen Römischen Rechts. Band 2. Berlin 1840a.

Savigny, Friedrich Carl von: System heutigen Römischen Rechts. Band 3. Berlin 1840b.

Schrader, Paul T.: „Haftungsrechtlicher Begriff des Fahrzeugführers bei zunehmender Automatisierung von Kraftfahrzeugen." In: Neue Juristische Wochenzeitschrift 68. Jg., 49 (2015), 3537–3542.

Schrader, Paul T.: „Herstellerhaftung nach dem StVG-ÄndG 2017." In: Fachzeitschrift Deutsches Autorecht 6. (2018), 314–320.

Sester, Peter/Nitschke, Tanja: „Vertragsschluss und Verbraucherschutz beim Einsatz von Softwareagenten." In: Computer und Recht 20. Jg., 7 (2004), 548–554.

Specht, Louisa/Herold, Sophie: „Roboter als Vertragspartner? Gedanken zu Vertragsabschlüssen unter Einbeziehung automatisiert und autonom agierender Systeme." In: Multimedia und Recht 1. (2018), 40–44.

Von der Pfordten, Dietmar: Rechtsethik. München 2001.

Wagner, Gerhard: „§§ 823-838." In: Franz Jürgen Säcker, Roland Rixecker, Hartmut Oetker, Bettina Limpberg (Hg.): Münchener Kommentar zum Bürgerlichen Gesetzbuch – Band 7: Schuldrecht – Besonderer Teil IV, §§ 705-853, Partnerschaftsgesellschaftsgesetz, Produkthaftungsgesetz. München ^{8}2020.

Windscheid, Bernhard: Lehrbuch des Pandektenrechts. Band 1. Düsseldorf 1875.

Wischmeyer, Thomas: „Regulierung intelligenter Techniksysteme." In: Archiv des öffentlichen Rechts 143. Jg., 1 (2018), 1–66.

Digitalisierung und Arbeit

Manuela Lenzen

Digitalisierung bedeutet, die Welt für elektronische Systeme lesbar zu machen. Texte, Bilder, Umweltprozesse, Verkehrsströme, Kommunikation, Einkaufs-, Freizeit- und Autofahrverhalten, Vitaldaten und auch Arbeits- und Produktionsprozesse bekommen im Zuge der Digitalisierung ein Abbild in Form eines Datenstroms oder eines Datensatzes. Durch die Analyse dieser Daten können neue Erkenntnisse über die unterschiedlichen Bereiche gewonnen und neue Verfahren entwickelt werden, um diese zu steuern oder optimieren.

Dieser Prozess beeinflusst auch die Arbeitswelt, denn mit der Digitalisierung verbindet sich gerade im Bereich der Produktion, der Entwicklung, der Logistik aber auch der Buchhaltung und der Verwaltung große Erwartungen: Im Zuge der Digitalisierung können in Unternehmen Maschinen miteinander sowie mit der Lager- und der Buchhaltung vernetzt werden. Lernende Algorithmen können dann helfen, die Vorgänge zu überwachen und besser aufeinander abzustimmen. Sie können etwa am Betriebsgeräusch erkennen, wann eine Maschine gewartet werden muss, noch bevor diese ausfällt, sie können die Lagerhaltung optimieren und dafür sorgen, dass Lastwagen die beste Route wählen und nicht halbvoll unterwegs sind. Assistenzsysteme können Menschen helfen, komplexe Tätigkeiten auszuführen.

Idealerweise sollen durch Digitalisierung individuell konfigurierte Produkte („Losgröße 1") in hoher Qualität zum Preis von Massenware hergestellt werden können. Der Digitalisierung wird eine große Bedeutung zugemessen, um Deutschland als Industriestandort konkurrenzfähig zu halten bzw. attraktiver zu machen, das Abwandern personalintensiver Bereiche in Billiglohnländer zu verhindern und dem Fachkräftemangel zu begegnen. Diese herausgehobene Rolle manifestiert sich unter anderem in der nationalen Förderstrategie der Bundesregierung (Bundesregierung 2019).

In Deutschland wird die neue Form der Produktion unter Bedingungen der Digitalisierung in einer ein wenig konstruierten Reihe als Industrie 4.0 bezeichnet, nach der Industrie 1.0, der ersten industriellen Revolution, der Industrie 2.0 mit der Elektrifizierung der Produktion, und der Industrie 3.0 mit der Massenproduktion an Fließbändern. Veränderte Produktionsbedingungen verändern auch die Arbeitswelt. Entsprechend wird die Arbeit im Rahmen der Industrie 4.0 als „Arbeit 4.0" bezeichnet (Bundesministerium für Arbeit und Soziales 2016). Die Gestaltung dieser neuen Arbeitswelt birgt große Chancen aber auch einige Herausforderungen.

M. Lenzen (✉)
Universität Bielefeld, Bielefeld, Deutschland
E-Mail: manuela.lenzen@gmx.de

123.1 Wie verändert die Digitalisierung den Arbeitsmarkt?

Arbeit ist für die meisten Menschen nicht nur ein Weg, den Lebensunterhalt zu bestreiten, sondern auch ein wichtiger Faktor für die gesellschaftliche Teilhabe, die Strukturierung des Lebens und das Selbstbewusstsein. Die Angst vor Maschinen, die nicht nur für den Menschen, sondern auch an seiner Stelle arbeiten, ist daher verbreitet. Sie existiert nicht erst seit der Digitalisierung, sondern hat bereits die Einführung der mechanischen Webstühle begleitet. 1928 formulierte der Ökonom John Maynard Keynes eine optimistische Vision: Die Produktivität werde durch immer mehr Maschinen so stark ansteigen, dass sich schon seine Enkelkinder vor die Frage gestellt sehen würden, wie sie die freie Zeit, die ihnen die Maschinen verschaffen würden, frei von wirtschaftlichen Sorgen sinnvoll nutzen könnten (Keynes 1930). Der Kybernetiker Norbert Wiener vermutete hingegen in den 1940er Jahren, eine neue industrielle Revolution werde zu einer Gesellschaft führen, in der dem durchschnittlich Begabten nichts zu verkaufen übrige bleibe, für das jemand Geld auszugeben bereit sei (Wiener 1948). Welche Auswirkung die Digitalisierung tatsächlich auf den Arbeitsmarkt haben wird, ist derzeit nicht leicht einzuschätzen.

Neben Entlassungen bei etablierten Konzernen und Banken sehen wir in Deutschland derzeit einen leergefegten Arbeitsmarkt, auf dem vor allem Facharbeiter:innen, Handwerker:innen und IT-Fachleute händeringend gesucht werden. Studien, die um die 40 bis 50 % aller Berufe verschwinden sehen (Frey/Osborne 2013), werden zugleich als übertrieben und als nicht radikal genug kritisiert. Auch Schätzungen darüber, wie viele neue Arbeitsplätze durch die Digitalisierung entstehen werden, sind umstritten. Zu bedenken ist dabei auch, dass nicht alle Arbeitsmärkte so gut dastehen, wie der deutsche. Innerhalb Europas und erst recht in weltweiter Perspektive könnte sich die Auswirkungen der Digitalisierung anders bemerkbar machen als auf dem nationalen Arbeitsmarkt. Zudem hängt die Entwicklung des Arbeitsmarkts nicht nur von der technischen Entwicklung ab, sondern ebenso von vielen anderen Entscheidungen und Konstellationen, etwa Handelsstreitigkeiten oder dem politisch gewollten Umstieg auf Elektroautos, die in der Herstellung weniger aufwändig sind als Wagen mit Verbrennungsmotor. All diese Faktoren führen dazu, dass der Effekt der Digitalisierung auf den Arbeitsmarkt nicht leicht zu isolieren ist.

Zu beobachten ist auch, dass nicht alle Tätigkeiten, die sich digitalisieren und automatisieren ließen, tatsächlich von Maschinen übernommen werden. Obwohl etwa Selbstbedienungskassen seit langem möglich sind, setzen die meisten Läden nach wie vor (auch) auf Kassierer:innen. Es geht eben nicht nur um den Prozess des Kassierens, sondern auch um vieles andere, von der Aufsicht über die Information und das Eingreifen bei unvorhergesehenen Situationen bis zu Überlegungen, dass Menschen sich in menschenleeren Läden nicht wohlfühlen könnten. In vielen anderen Bereichen ist die Technologie bei näherem Hinsehen noch nicht weit genug, um den Menschen gänzlich zu ersetzen. Wenn es um die Arbeit am Menschen oder mit Menschen geht, etwa in der Pflege (s. Kap. 94), stehen oft auch moralische Erwägungen ihrem Einsatz entgegen (Plattform Lernende Systeme 2019; Arnold 2016).

Absehbar ist hingegen, dass viele Berufe zwar nicht ganz verschwinden, aber ihren Charakter verändern werden, denn in den meisten Berufen gibt es Tätigkeiten, die leichter digitalisiert werden können, und andere, bei denen dies auf absehbare Zeit nicht denkbar ist. Leichter automatisierbar sind repetitive Tätigkeiten und Tätigkeiten, die vorwiegend am Computer stattfinden. Schwieriger ist es mit Berufen mit einem sehr flexiblen Anforderungspotential, bei kreativen Berufen, bei Tätigkeiten, die mit Menschen zu tun haben, und bei Berufen, die hohe Anforderungen an die menschliche Feinmotorik stellen.

Die Digitalisierung bedroht somit nicht unbedingt die sogenannten einfachen Tätigkeiten, sondern zielt auf Tätigkeiten mit mittlerem Anforderungsprofil: Sachbearbeiter:innen, Rechtsanwaltsfachangestellte. In ihren Arbeitsbereichen können Algorithmen Geschäftsprozesse zwar nicht unbedingt eigenständig erledigen, aber vorbereiten und beschleunigen und so menschliche Arbeit einsparen.

Während Optimisten betonen, ein eher langsamer Wandel der Arbeitswelt durch die Digitalisierung lasse den Arbeitnehmer:innen Zeit, sich auf die Veränderungen einzustellen, warnen andere vor einem schleichenden Prozess der Aufspaltung des Arbeitsmarktes in wenige hoch bezahlte Tätigkeiten und viele schlecht bezahlte Hilfsarbeiten. Dann stünde der Mensch am unteren Ende der Hierarchie nur noch dort im Produktionsprozess, wo der Einsatz einer Maschine noch zu teuer wäre.

123.2 Die Gestaltung der digitalen Arbeitswelt

Auf die Veränderungen, die die Digitalisierung mit sich bringt, müssen sich Unternehmen wie Beschäftigte einstellen. Eine große Herausforderung besteht darin, diese Veränderung menschlich zu gestalten. Manche Beschäftigte werden den Umgang mit neuer Technologie als Aufwertung ihrer Tätigkeit erfahren, etwa wenn die Unterstützung durch ein Informations- oder Assistenzsystem dazu führt, dass man nun, statt am Fließband zu arbeiten, ein Produkt komplett selbst herstellen kann. Andere werden gerade das vermissen, was sie einmal den konkreten Beruf auswählen ließ, etwa die Arbeit an der Maschine anstelle des Tippens und Wischens auf einem Tablet.

Arbeitspsycholog:innen, Gewerkschaften und viele Firmen haben inzwischen Erfahrungen damit gesammelt, wie ein solcher Veränderungsprozess gelingen kann: Etwa, indem die Beschäftigten mitgestalten und im Vorfeld der Einführung etwa von Assistenzsystemen diese erproben und Verbesserungsvorschläge machen können. Dann ist die Akzeptanz deutlich höher, als wenn sie vor vollendete Tatsachen gestellt werden. Auch Weiterbildungsmöglichkeiten sind zentral, um möglichst vielen Menschen die Möglichkeit zu geben, diese Veränderungen mitzuvollziehen (Maier/Engels/Steffen 2020).

Die Chancen einer gut gemachten Digitalisierung der Arbeitswelt liegen darin, Arbeitsplätze individueller zu gestalten und damit auf Interessen aber auch auf Einschränkungen etwa älterer Arbeitnehmer:innen oder von Menschen mit kognitiven oder physischen Einschränkungen eingehen zu können.

Die Gefahren der Digitalisierung in der Arbeitswelt liegen in einer wachsenden Verdichtung der Arbeitslast und der verstärkten Kontrolle der Beschäftigten, die diese Technik ermöglicht. Denn je mehr Sensoren in Maschinen, Werkstücken und digitalen Geräten wie Tablets, Datenbrillen oder PCs die Arbeitsprozesse erfassen, desto lückenloser lassen sich der Arbeitsprozess und auch der/die Beschäftigte überwachen: Dies gilt zunehmend nicht nur, wie schon zur Zeit der Fließbänder, für Tätigkeiten in der Produktion, sondern auch für Bürotätigkeiten. Assistenz durch digitale Technologie ist eben nur möglich, wenn diese ‚sieht' wo sie helfen kann. Von den Anschlägen auf der Computertastatur, über am Arm getragene Computer, wie sie in den Lagerhäusern der großen Internethändler üblich sind, bis hin zu Datenbrillen, die jeden Blick der Beschäftigten verfolgen, um ihnen Hilfestellung geben zu können, lassen sich Tätigkeiten überwachen. Wie mit den so generierten Daten umgegangen wird, ist für die Beschäftigten eine wichtige Frage: Werden sie verwendet, um sie zu unterstützen oder um sie zu durchleuchten und ihre Leistungen zu überwachen?

Während Unternehmen mit starker Arbeitnehmervertretung hier einvernehmliche Lösungen finden, machen Arbeitnehmer:innen etwa bei den großen Internetversandhändlern andere Erfahrungen. Hier werden die gesammelten Daten genutzt, um ihre Leistungen der Arbeitnehmer zu überwachen und zu vergleichen. Diese lückenlose Überwachung, zum Teil noch ergänzt durch ständiges Bewerten von Seiten der Vorgesetzten und der Kolleg:innen, wird von den Beschäftigten als erhöhter Stress empfunden. Die digitalen Technologien führen in diesem Fall also zu einer Intensivierung der Arbeitslast, nicht zu ihrer Verringerung (Gutelius/Theodore 2019).

Zugleich sind digitale Assistenzsysteme dazu geeignet, komplexere Arbeiten in einfachere zu zerlegen und so hochwertigere und besser bezahlte Tätigkeiten zugunsten von Hilfsarbeiten zurückzufahren. Eine ähnliche Entwicklung beklagen auch Beschäftigte in hochqualifizierten Tätigkeiten. Auch hier setzen neue Arbeitsformen, die vor allem der Beschleunigung von Innovation dienen sollen, darauf, komplexe Tätigkeiten in vergleichbare und am besten im selben Zeitfenster zu erledigende Teiltätigkeiten zu zerlegen, in „Tickets" oder „Kopfarbeit am Fließband" (Boes 2018).

Obwohl Arbeitspsycholog:innen seit langem wissen, dass Menschen dann motiviert und gut arbeiten, wenn sie Autonomie und Gestaltungsmöglichkeiten haben, kann der Einsatz digitaler Technologien zusammen mit dem immer stärker werdenden Konkurrenzdruck genau im Gegenteil zu maximaler Gleichschaltung und Kontrolle führen.

123.3 Chancen und Risiken der Flexibilisierung der Arbeitswelt

Die Digitalisierung ermöglicht auch ein flexibleres Arbeiten. Für viele Tätigkeiten muss man nicht mehr im Büro sitzen, sondern kann sie von überall erledigen, wo ein Internetzugang vorhanden ist. Auch diese Entwicklung bietet Chancen und Risiken. Während die Möglichkeiten, Tätigkeiten ganz oder zum Teil im Homeoffice zu verrichten, für manche Menschen einen Gewinn bedeutet, etwa weil die Betreuung von Kindern leichter mit der Berufstätigkeit zu vereinbaren ist, zeigen Studien, dass Menschen im Homeoffice eher dazu neigen, unbezahlte Überstunden zu machen, Beruf und Freizeit schlechter voneinander trennen können, weniger Karrierechancen und oft auch weniger Sozialkontakte haben (Brenscheid 2017; Krug et al. 2019).

Auch bei den Selbständigen zeichnet sich eine Aufspaltung des Arbeitsmarktes ab: Auf der einen Seite stehen gesuchte Expert:innen, die durch freiberufliche Projektarbeit für wechselnde Unternehmen viel mehr verdienen können als Angestellte. Auf der anderen Seite steht die wachsende Gruppe der Klick- oder Crowdworker: Menschen, die ohne soziale Absicherung auf digitalen Plattformen um Arbeitsaufträge großer Konzerne konkurrieren. Hier geht es zumeist um Kleinstaufträge, das Abtippen von Spesenquittungen, die Beschreibung von Produkten, die online verkauft werden sollen, oder das Annotieren von Daten, die gebraucht werden, um Algorithmen zu trainieren. Diese Arbeitsform ist nicht nur eine Last für den Tagesablauf, da ständig auf neue Angebote reagiert werden muss, die Erträge sind minimal und die Einzelnen haben in der Regel keine Interessenvertretung.

Arbeit fair zu gestalten, zu verteilen und zu entlohnen, dürfte zu den großen Herausforderungen der Zukunft gehören. Das Problem ist auf absehbare Zeit nicht, dass uns die Arbeit ausgehen würde. Das wäre erst der Fall, wenn die Welt zu unser aller Zufriedenheit eingerichtet wäre – ein Zustand, der sich so schnell nicht einstellen dürfte. Stattdessen haben wir das Problem, dass viele der Arbeiten, die getan werden müssten, nicht oder nur schlecht bezahlt werden. Ob Vorschläge, wie die Einführung eines bedingungslosen Grundeinkommens sich hier bewähren können, bleibt abzuwarten. Zentral ist, allen Menschen nicht nur das materielle Auskommen, sondern ebenso ihre Teilhabe an der Gesellschaft zu sichern.

Literatur

Arnold, Daniel et al.: Monitor Digitalisierung am Arbeitsplatz. Aktuelle Ergebnisse einer Betriebs- und Beschäftigtenbefragung. Bundesministerium für Arbeit und Soziales. Berlin 2016.

Boes, Andreas et al.: „Lean" und „agil" im Büro. Neue Organisationskonzepte in der digitalen Transformation und ihr Folgen für die Angestellten. Bielefeld 2018.

Brenscheidt, Frank: Flexible Arbeitszeitmodelle. Überblick und Umsetzung. Bundesanstalt für Arbeitsschutz und Arbeitsmedizin. Dortmund 2017.

Bundesministerium für Arbeit und Soziales: Weißbuch Arbeiten 4.0. Arbeit weiter denken. 2016. In: https://www.bmas.de/SharedDocs/Downloads/DE/PDF-Publikationen/a883-weissbuch.pdf;jsessionid=2094C691D4953647944D30A6FA82E434?__blob=publicationFile&v=9 (04.12.2020).

Bundesregierung: Umsetzungsstrategie der Bundesregierung zur Gestaltung des digitalen Wandels. In: https://www.bundesregierung.de/breg-de/themen/digital-made-in-de (04.12.20).

Frey, Carl Benedikt/Osborne, Michael A.: "The future of employment: How suspectible are jobs to computerisation?" In: http://www.oxfordmartin.ox.ac.uk/downloads/academic/The_Future_of_Employment.pdf (04.12.20).

Gutelius, Beth/Theodore, Nik: The Future of Warehouse Work: Technological Change in the U.S. Logistics Industry. A report from the UC Berkeley Center for Labor Research and Education and Working Partnerships USA. In: https://laborcenter.berkeley.edu/future-of-warehouse-work/ (04.12.20).

Keynes, John Maynard: „Wirtschaftliche Möglichkeiten für unsere Enkelkinder." In: http://www.sokratischer-marktplatz.de/pdf/Text_Keynes_Enkelkinder.pdf (04.12.20).

Krug, Gerhard/Kemna, Kirsten/Hartosch, Katja: Auswirkungen flexibler Arbeitszeiten auf die Gesundheit von Beschäftigten. IAB-Discussion Paper 1/2019, Institut für Arbeitsmarkt- und Berufsforschung der Bundesagentur für Arbeit. Nürnberg 2019.

Maier, Günter W./Engels, Gregor/Steffen, Eckhard (Hg.): Handbuch Gestaltung digitaler und vernetzter Arbeitswelten. Berlin 2020. In: https://link.springer.com/referencework/10.1007/978-3-662-52903-4

Plattform Lernende Systeme 2019: Prävention, Diagnose, Therapie. Lernende System im Gesundheitswesen. Grundlagen, Anwendungsszenarien und Gestaltungsoptionen. In: https://www.plattform-lernende-systeme.de/files/Downloads/Publikationen/AG6_Bericht_23062019.pdf (04.12.20).

Wiener, Norbert: Cybernetics. Or Control and Communication in the Animal and the Machine. Cambridge/MA 1948.

Der moralische Status intelligenter Systeme

Johanna Wagner

Über einen moralischen Status zu verfügen bedeutet, einen Anspruch auf moralische Berücksichtigung zu haben. Andere moralische Akteure haben gegenüber einem Individuum, das einen moralischen Status hat, bestimmte Verpflichtungen. Dazu gehört insbesondere die Verpflichtung, das Wohlbefinden und die Interessen des Individuums in moralischen Überlegungen und Entscheidungen zu berücksichtigen. Der Grund dafür liegt nicht darin, dass das Individuum einen Nutzen oder Wert für eine andere Partei hat, sondern darin, dass es selbst wertvoll und schützenswert ist. In Bezug auf manche Entitäten herrscht überwiegende Einigkeit darüber, dass sie keinen moralischen Status haben. Dazu gehören vor allem leblose Objekte wie etwa ein Stein oder ein Stuhl. In Bezug auf Personen, verstanden als durchschnittliche erwachsene Menschen, herrscht hingegen Einigkeit darüber, dass sie einen hohen moralischen Status haben und somit unbedingt moralisch berücksichtigt werden müssen. Ein Stein darf geworfen und getreten werden, eine Person darf man nicht der gleichen Behandlung unterziehen.

Zwischen diesen beiden Extremen liegen Entitäten, deren moralischer Status umstritten ist. Dazu gehören z. B. Tiere oder Menschen in bestimmten Stadien am Beginn und am Ende ihrer Existenz. In zahlreichen Science-Fiction-Büchern und -Filmen wurde bereits die Frage verhandelt, ob Maschinen oder Computerprogramme auch ein Recht auf moralische Berücksichtigung haben sollten. Die Grundlage dafür ist stets die Annahme, dass sie über Eigenschaften oder Fähigkeiten verfügen, die sie in die Nähe von Personen rücken und sie somit schützenswert machen. Aufgrund der rasanten Entwicklungen im Bereich der Künstlichen Intelligenz, die in den letzten Jahrzehnten zu beobachten war, und der zunehmenden Lernfähigkeit und Autonomie intelligenter Systeme ist diese fiktive Frage in unsere Realität gerückt. In der Maschinenethik wird daher diskutiert, ob künstliche intelligente Systeme einen moralischen Status haben sollten und auf welcher Grundlage er ihnen verliehen werden könnte. Das Kapitel stellt unterschiedliche Antworten auf diese Fragen vor. Nicht verhandelt wird hingegen die Frage, ob intelligente Systeme selbst moralisch handeln können und wie moralisches Verhalten in intelligenten Systemen implementiert werden kann (dazu: Anderson/Anderson 2011; Allen/Wallach 2009).

124.1 Was ist ein moralischer Status

Ein moralischer Status verpflichtet moralische Akteure dazu, die Interessen und das Wohlergehen der Inhaber dieses Status in besonderem

J. Wagner (✉)
Universität Bielefeld, Bielefeld, Deutschland
E-Mail: wagner@posteo.de

Maße zu berücksichtigen. Darüber hinaus ist ein moralischer Status erstens durch Generalität gekennzeichnet (Warren 1997, 9). Er wird nicht einem einzelnen Individuum zugeschrieben, sondern stets einer ganzen Klasse von Entitäten. Der Status beruht in der Regel auf einer oder mehreren Eigenschaften oder Fähigkeiten, die jene Entitäten teilen. Beispielsweise bezieht sich die Frage, welchen moralischen Status menschliche Föten haben, nicht auf einen einzelnen Fötus, sondern auf die Gesamtheit aller menschlichen Föten. Zweitens ist die Annahme, dass eine Klasse von Entitäten über einen moralischen Status verfügt, stets begründungsbedürftig. Für das Recht auf eine besondere moralische Berücksichtigung, muss ein triftiger Grund angegeben werden, der dieses Privileg rechtfertigt. Fehlt ein solcher Grund, ist die Auszeichnung willkürlich und diskriminierend gegenüber Entitäten, denen dieser Status nicht zugestanden wird. Ein drittes Merkmal ist die Direktheit der Verpflichtungen, die die Verleihung eines moralischen Status nach sich zieht (Warren 1997, 10). Wird einer Entität ein moralischer Status zugeschrieben, wird damit ausgedrückt, dass die Entität einen intrinsischen Wert hat. Sie ist um ihrer selbst willen schutzwürdig und nicht etwa, weil ihr zu schaden bedeuten würde, einer anderen Entität zu schaden, die einen moralischen Status hat. Viertens ist moralischer Status ein graduelles Konzept (Düwell/Steigleder 2003, 102). Leblose Objekte wie Steine und Stühle haben keinen moralischen Status, während Personen gemeinhin ein vollwertiger moralischer Status *(full moral standing)* zugeschrieben wird. Zwischen diesen Extremen sind jedoch Abstufungen möglich. So gibt es zahlreiche Entitäten, die wir zwar moralisch berücksichtigen sollten, die aber dennoch weniger moralische Rechte haben, als Entitäten mit einem vollwertigen moralischen Status. Auf welche Weise solche Graduierung vorgenommen werden können und wie sie jeweils zu rechtfertigen sind, ist wiederum Gegenstand intensiver Diskussionen (Jaworska 2018).

Die Fragen, welche Entitäten einen moralischen Status haben und welches Maß der Berücksichtigung ihnen zusteht, sind höchst relevant. Denn moralische Akteure sind in ihrem Bestreben nach moralisch richtigem Handeln auf das Wissen angewiesen, welche Entitäten in ihren moralischen Überlegungen und Entscheidung eine Rolle spielen sollten. Eine moralische Gemeinschaft begeht ein systematisches Unrecht, wenn einer Klasse von Entitäten ein moralischer Status verweigert oder nur im eingeschränkten Maß zugestanden wird, obwohl es einen oder mehrere triftige Gründe für die moralische Berücksichtigung jener Klasse gibt. Historisch und zum Teil noch heute können derartige Verfehlungen z. B. im Umgang mit Frauen, indigenen Bevölkerungsgruppen und Tieren beobachtet werden. Die Frage nach einem potentiellen moralischen Status für intelligente Systeme ist vor diesem Hintergrund zu sehen. Sie ist getrieben von der Motivation, den Fehler der systematischen Diskriminierung und Ausbeutung schützenswerter Individuen in Bezug auf intelligente Systeme zu vermeiden. Obwohl man die Sinnhaftigkeit eines moralischen Status für intelligente Systeme grundsätzlich in Zweifel ziehen kann (Bryson 2010) und eine gewisse Einigkeit darüber herrscht, dass derzeitige intelligente Systeme keinen moralischen Status haben, wird zunehmend darauf hingewiesen, dass sie einen moralischen Status erhalten sollten, wenn sie bisher gültige Kriterien dafür erfüllen (Bostrom/Yudkowski 2014) und dass weitere Diskussionen über einen ethisch rücksichtsvollen Umgang mit intelligenten Systemen notwendig sind (Levy 2009).

124.2 Grundlagen eines moralischen Status

Die übliche Strategie für die Begründung eines moralischen Status besteht darin, eine oder mehrere Eigenschaften oder Fähigkeiten festzulegen, die für die Verleihung eines moralischen Status relevant sind und dann zu prüfen, ob die jeweilige Klasse von Entitäten darüber verfügt. In den bisherigen Diskussionen haben vor allem vier Kriterien eine wichtige Rolle gespielt:

1. Zugehörigkeit zur biologischen Gattung der Menschen
2. Lebendigkeit
3. Empfindungsfähigkeit
4. höhere kognitive Fähigkeiten

Ob die Kriterien auch für die Begründung eines moralischen Status für intelligente Systeme fruchtbar gemacht werden können, ist in den meisten Fällen unklar und abhängig von der weiteren technischen Entwicklung intelligenter Systeme.

Die Zugehörigkeit zur biologischen Gattung der Menschen zum Kriterium für einen moralischen Status zu erheben, kommt der Intuition entgegen, dass grundsätzlich alle Menschen in allen Stadien ihrer Existenz und Entwicklung schützenswert sind. Für die Begründung eines moralischen Status intelligenter Systeme ist dieses Kriterium gänzlich ungeeignet, da intelligente Systeme offensichtlich nicht der biologischen Gattung der Menschen angehören. Zudem ist das Kriterium auf einer generellen Ebene kritikwürdig, da es eine Gattung vor allen anderen bevorzugt. Fehlt ein triftiger Grund für diese Bevorzugung, muss sich eine solche Position gegen den Vorwurf eines kruden Speziesismus verteidigen.

Eine einfache Möglichkeit diesem Vorwurf zu entgehen, besteht darin, Lebendigkeit zum Kriterium für moralische Schutzwürdigkeit zu machen. Aufbauend auf Albert Schweitzers Ansatz der „Ehrfurcht vor dem Leben" (Schweitzer 1923) haben insbesondere Vertreterinnen und Vertreter einer Tier- oder Umweltethik diesen Ansatz verfolgt (Taylor 1986; Wetlesen 1999). Die Grundidee dabei ist, dass jeder biologische Organismus einen intrinsischen Wert besitzt und demnach schützenswert ist. Auch dieser Ansatz ist für intelligente Systeme nicht geeignet, solange sie keine biologischen Organismen sind, sondern aus anorganischem Material bestehen. Ändern könnte sich dies, wenn zunehmend organische Materialen (sog. *wetware*) für die Realisierung intelligenter Systeme genutzt werden. Unabhängig von den technischen Möglichkeiten wird auf philosophischer Ebene diskutiert, ob die Schaffung künstlichen Lebens prinzipiell möglich ist (Johnston 2008).

Eine gewisse Einigkeit besteht darüber, dass Empfindungsfähigkeit *(sentience)* eine geeignete Grundlage für einen moralischen Status darstellt. Begründen lässt sich dies, wenn man moralisches Handeln als ein Handeln versteht, das nicht nur den eigenen Interessen folgt, sondern auch die Interessen anderer Individuen einbezieht. Leidensfähigen Wesen kann mindestens das Interesse unterstellt werden, nicht leiden zu müssen. Insofern sind sie bei Handlungsentscheidungen zu berücksichtigen. Insbesondere aus einer utilitaristischen Perspektive stellt die Empfindungsfähigkeit einer Entität einen Grund für die Verleihung eines moralischen Status dar. Utilitaristische Ethiken teilen die Grundannahme, dass die Güte jeden moralischen Handelns daran zu bemessen ist, wie viel Freude und Leid durch die Handlung verursacht wird. Jedes empfindungsfähige Wesen muss in das utilitaristische Nutzenkalkül einbezogen werden, wodurch die Leidensfähigkeit zum Kriterium für ein Recht auf moralische Berücksichtigung wird (Bentham 1879; Singer 1975). Speziell und unter Umständen auch kritikwürdig an den utilitaristischen Ansätzen ist, dass sie Empfindungsfähigkeit zum einzigen relevanten Kriterium erheben. Dieses Kriterium setzt phänomenales Bewusstsein voraus und ist somit anspruchsvoller als das Kriterium der Lebendigkeit. Derzeit weist nichts darauf hin, dass aktuelle intelligente Systeme über phänomenales Bewusstsein verfügen. Ob und auf welchem Weg es in intelligenten Systemen implementiert werden kann, ist sowohl aus technischer als auch aus philosophischer Sicht eine offene Frage (Scheutz 2014).

Anders als ein Mensch zu sein, ist die Anforderung eine Person zu sein, in gewisser Hinsicht neutraler. Zumeist werden die Bedingungen von Personalität als ein Konglomerat oder eine Liste unterschiedlicher moralischer und kognitiver Fähigkeiten angegeben.

Gemeinhin werden Personen als Entitäten konstruiert, die über Rationalität, Selbstbewusstsein, Planungs- und Handlungsfähigkeit sowie sprachliche Kommunikationsfähigkeit verfügen (s. Kap. 21). All dies könnte auch auf nicht-menschliche Wesen zutreffen, wie z. B. hoch entwickelte, nicht-menschliche Säugetiere, Außerirdische oder intelligente Systeme. Der prominenteste Vertreter eines Ansatzes, der sich für einen moralischen Status *allein* aufgrund höherer kognitiver Fähigkeiten ausspricht, ist Immanuel Kant. Ihm zufolge können sich nur Personen aufgrund ihrer praktischen Vernunft eigene Handlungsmaximen setzen. Diese Autonomie verleiht ihnen Würde und einen intrinsischen Wert, der als Zweck an sich geschützt werden muss (Kant 1999).

Im Vergleich zum Kriterium der Gattungszugehörig, Lebendigkeit und Leidensfähigkeit scheint das Kriterium der höheren kognitiven Fähigkeiten am ehesten auf intelligente Systeme anwendbar. Intelligenten Systemen wird heute bereits Autonomie zugeschrieben („autonome Fahrsysteme"). Zugleich liegt es nahe, bereits existierenden Systemen und Programmen, wie z. B. dem Go-spielenden Algorithmus AlphaGo, Denk- und Planungsfähigkeit zu unterstellen. Die Begründung eines moralischen Status für intelligente Systeme durch höhere kognitive Fähigkeiten könnte vor diesem Hintergrund ein gangbarer Weg sein. Allerdings ist dabei zu berücksichtigen, dass sich die Autonomiefähigkeit eines autonomen Systems nach heutigem Entwicklungsstand gravierend von der Autonomiefähigkeit eines Menschen unterscheidet. Autonomie bedeutet im Kontext intelligenter Systeme lediglich, dass das System eigenständig und zielgerichtet eine bestimmte Aufgabe erledigen kann ohne durch eine übergeordnete Instanz gesteuert zu werden (Bibel 2010, 7). Gleiches gilt für die Denk- und Planungsfähigkeit intelligenter Systeme, die nach derzeitigem Entwicklungsstand im Vergleich zu einer umfassenden menschlichen Intelligenz auf ein spezifisches Aufgabenfeld (wie Go-spielen oder Autofahren) beschränkt ist. Ob die Zuweisung eines moralischen Status an intelligente Systeme aufgrund höherer kognitiver Fähigkeiten gerechtfertigt ist, wird davon abhängig sein, ob intelligente Systeme jene Fähigkeiten im ausreichenden Maß entwickeln können und ob diese Fähigkeiten ohne eine phänomenale Komponente triftig genug sind, um den Systemen einen intrinsischen Wert zuzuschreiben.

124.3 Neue Begründungsansätze für einen moralischen Status intelligenter Systeme

Die traditionellen Begründungsansätze für die Zuweisung eines moralischen Status stoßen in Bezug auf intelligente Systeme an ihre Grenzen, da die Inklusion nicht-biologischer Entitäten in den Kreis der intrinsisch wertvollen Individuen – außer in manchen Bereichen der Umweltethik – bisher nicht vorgesehen war. Anstatt weiter darüber zu diskutieren, ob intelligente Systeme die traditionellen Kriterien erfüllen können, haben deshalb manche Autoren den Rahmen der bisherigen Diskussion verlassen und neue Begründungsansätze entwickelt.

Die bisher beschriebenen Ansätze sind allesamt ontologische Ansätze. Sie folgen der Tradition, bestimmte Eigenschaften und Fähigkeiten auszumachen, die einen Schutzstatus begründen können. Um intelligenten Systemen innerhalb eines ontologischen Ansatzes einen moralischen Status verleihen zu können, müssen die Kriterien für dessen Zuschreibung so niedrig angesetzt werden, dass auch intelligente Systeme sie erfüllen können. Ein prominenter Vertreter einer solchen Position ist Luciano Floridi. Er entwirft unter dem Titel *Information Ethics* einen ontozentrischen Ansatz, nach dem alle Entitäten intrinsisch wertvoll sind, die eine kohärente Informationseinheit darstellen (Floridi 2013). Weiterhin wurde vorgeschlagen, das Verfügen über Teleointeressen zur Begründung eines moralischen Status heranzuziehen (Basl 2014). Teleointeressen sind Interessen, die sich auf die Erreichung eines bestimmten Ziels richten. Auch ein Mikroorganismus verfolgt beispielsweise das Interesse zu überleben und sich zu reproduzieren. Intelligenten Systemen können Teleointeressen ohne weiteres unterstellt werden, da auch sie in der Regel ein Ziel verfolgen.

Problematisch an derartigen Ansätzen ist, dass auf dieser Grundlage nur ein sehr niedriger moralischer Status gerechtfertigt werden kann und die Rechte der Entitäten, die darüber verfügen, beschnitten werden können, sobald Interessen von Individuen mit einem höheren moralischen Status damit in Konflikt geraten. Zudem haben alle ontologischen Ansätze laut ihrer Kritiker erstens mit dem Problem zu kämpfen, dass trotz der anhaltenden Diskussionen unklar ist, welche Eigenschaften und Fähigkeiten für die Begründung eines moralischen Status entscheidend sind. Jedes Kriterium birgt die Gefahr einer willkürlichen Setzung. Zweitens lässt sich bei vielen Kriterien nur schwer entscheiden, welche Entitäten sie erfüllen. Da in den Augen vieler Autorinnen und Autoren das Fremdpsychische letztlich unzugänglich bleibt, ist nicht überprüfbar, ob ein intelligentes System ein Bewusstsein hat oder nicht. Aufgrund dieser epistemischen Schwierigkeiten versuchen die Vertreter relationaler Begründungstheorien einen noch radikaleren Neuansatz. Entscheidend für die Begründung eines moralischen Status ist diesen Ansätzen zufolge nicht, welche Eigenschaften oder Fähigkeiten eine Klasse von Entitäten hat, sondern der moralische Status ergibt sich daraus, wie sie uns erscheint, wie wir mit ihr interagieren und in welchen Relationen sie zu uns und anderen Entitäten steht (Coeckelbergh 2012; Gunkel 2012). Damit kommen relationale Ansätze der Intuition entgegen, dass uns manche künstliche Systeme ähnlich sind und wir ihnen Zuneigung und Empathie entgegenbringen, wenn sie uns in menschenähnlicher Form erscheinen. Dabei lässt sich jedoch stets die Frage stellen, ob wir an dieser Stelle nicht dem Trugschluss erliegen, von äußerlichem Verhalten auf eine innere Verfasstheit zu schließen, die Anlass für eine moralische Berücksichtigung geben könnte.

Literatur

Allen, Colin/Wallach, Wendel: Moral machines. Teaching Robots Right from Wrong. Oxford, NY 2009.
Anderson, Michael/Anderson, Susan Leigh (Hg.): Machine Ethics. New York, NY 2011.
Basl, John: „Machines as Moral Patiens we shoudn't care about (yet): The Interests and Welfare of current Machines." In: Philosophy and Technology 27. Jg. (2014), 79–96.
Bentham, Jeremy: An introduction to the principles of morals and legislation. Oxford 1879.
Bibel, Wolfgang: „General Aspects of Intelligent Autonomous Systems." In: Dilip Kumar Pratihar, Lakhmi C. Jain (Hg.): Intelligent Autonomous Systems. Heidelberg 2010, 5–29.
Bostrom, Nick/Yudkowsky, Eliezer: „The Ethics of artificial Intelligence." In: Keith Frankish, William Ramsey (Hg.): The Cambridge Handbook of Artificial Intelligence. Cambridge 2014, 316–334.
Bryson, Joanna: „Robots should be slaves." In: Yorick Wilks (Hg.): Close Engagements with Artificial Companions: key social, psychological, ethical and design issues. Amsterdam 2010, 63–74.
Coeckelbergh, Mark: Growing Moral Relations. Critique of Moral Status Ascription. Basingstoke, NY 2012.
Düwell, Markus/Steigleder, Klaus (Hg.): Bioethik. Eine Einführung. Frankfurt a. M. 2003.
Gunkel, David: The Machine Question. Critical Perspectives on AI, robots, and ethics. Cambridge, MA 2012.
Floridi, Luciano: The Ethics of Information. Oxford 2013.
Jaworska, Agnieszka: The Grounds of Moral Status. In: https://plato.stanford.edu/entries/grounds-moral-status/ (18.12.2018).
Johnston, John: The allure of machinic life: cybernetics, artificial life, and the new AI. Cambridge, Mass. 2008.
Kant, Immanuel: Grundlegung zur Metaphysik der Sitten [1785]. Hamburg 1999.
Levy, David: „The ethical Treatment of Artificially Conscious Robots." In: International Journal of Social Robotics 1. Jg. (2009), 209–216.
Scheutz, Matthias: „Artificial emotions and machine consciousness." In: Keith Frankish, William Ramsey (Hg.): The Cambridge Handbook of Artificial Intelligence. Cambridge 2014, 247–269.
Schweitzer, Albert: Kultur und Ethik. München 1923.
Singer, Peter: Animal Liberation. New York 1975.
Taylor, Paul: Respect for Nature. A Theory of Environmental Ethics. Princeton 1986.
Warren, Mary Anne: Moral Status. Obligations to Persons and Other Living Things. Oxford 1997.
Wetlesen, Jon: „The Moral Status of Beings who are not Persons: A Casuistic Argument." In: Environmental Values 8. Jg., 3 (1999), 287–323.

Anhang

Auswahlbibliographie

Die Themen der Angewandten Ethik erstrecken sich über einen so weiten Bereich, dass es für die meisten Anliegen sinnvoll ist, sich auf die jeweilige Spezialliteratur zu konzentrieren. Diese findet sich in den Literaturangaben zu den einzelnen Beiträgen des Handbuchs. Die folgende Bibliographie bietet ergänzend dazu eine Auswahl von Büchern ganz allgemein zur Angewandten Ethik sowie zu zentralen Fragestellungen und großen Teilbereichen.

Handbücher und Nachschlagewerke

Ach, Johann S.; Borchers, Dagmar (Hg.): Handbuch Tierethik. Grundlagen – Kontexte – Perspektiven. Stuttgart 2018.

Alexander, Larry; Ferzan, Kimberly Kessler (Hg.): The Palgrave Handbook of Applied Ethics and the Criminal Law. Cham 2019.

Aßländer, Michael S. (Hg.): Handbuch Wirtschaftsethik. Stuttgart/Weimar 2011.

Bendel, Oliver (Hg.): Handbuch Maschinenethik. Stuttgart 2019.

Callicott, J. Baird/Frodeman, Robert (Hg.): Encyclopedia of Environmental Ethics and Philosophy. Farmington Hills 2008.

Chadwick, Ruth/Callahan, Dan/Singer, Peter (Hg.): Encyclopedia of Applied Ethics. London 1997.

Clausen, Jens; Levy, Neil (Hg.): Handbook of Neuroethics. Dordrecht 2015.

DeMartino, George; McCloskey, Deirdre N. (Hg.): The Oxford handbook of professional economic ethics. New York 2016.

Düwell, Marcus/Hübenthal, Christoph/Werner, Micha H. (Hg.): Handbuch Ethik. Stuttgart/Weimar ^{3}2011.

Fischer, Bob (Hg.): The Routledge Handbook of Animal Ethics. New York 2020.

Floridi, Luciano: The Cambridge Handbook of Information and Computer Ethics. Cambridge 2010.

Frey, Raymond G./Wellman, Christopher (Hg.): A Companion to Applied Ethics. Oxford/Boston 2004.

Gosepath, Stefan/Hinsch, Winfried/Rössler, Beate (Hg.): Handbuch der Politischen Philosophie und Sozialphilosophie. Berlin/New York 2008.

Grunwald, Armin; Hillerbrand, Rafaela (Hg.): Handbuch Technikethik. Stuttgart ^{2}2019.

Grupe, Ommo/Mieth, Dietmar (Hg.): Lexikon der Ethik im Sport. Schorndorf ^{3}2001.

Have, Henk ten (Hg.): Encyclopedia of global bioethics. Cham 2016.

Heesen, Jessica (Hg.): Handbuch Medien- und Informationsethik. Stuttgart 2016.

Illes, Judy/Sahakian, Barbara (Hg.): Oxford Handbook of Neuroethics. Oxford 2011.
Korff, Wilhelm (Hg.): Lexikon der Bioethik. Gütersloh 2000.
LaFollette, Hugh (Hg.): The Oxford Handbook of Practical Ethics. Oxford/New York 2003.
Leach, Mark M. (Hg.): The Oxford Handbook of International Psychological Ethics. New York 2012.
Leach, Mark M.; Welfel, Elizabeth Reynolds (Hg.): The Cambridge Handbook of Applied Psychological Ethics. Cambridge, New York 2018.
Lever, Annabelle; Poama, Andrei (Hg.): The Routledge Handbook of Ethics and Public Policy. London, New York 2019.
Linzey, Andrew; Linzey, Clair (2018): The Palgrave Handbook of Practical Animal Ethics. London 2018.
Lippert-Rasmussen, Kasper (Hg.): The Routledge Handbook of the Ethics of Discrimination. London, New York 2018.
Lippert-Rasmussen, Kasper (Hg.): The Routledge Handbook of the Ethics of Discrimination. London, New York 2018.
Moellendorf, Darrel; Widdows, Heather: The Routledge Handbook of Global Ethics. Hoboken 2015.
Nida-Rümelin, Julian (Hg.): Angewandte Ethik. Die Bereichsethiken und ihre theoretische Fundierung. Ein Handbuch. Stuttgart ²2005.
Ott, Konrad; Dierks, Jan; Voget-Kleschin, Lieske (Hg.): Handbuch Umweltethik. Stuttgart 2016.
Rawlinson, Mary C.; Ward, Caleb (Hg.): The Routledge Handbook of Food Ethics. London, New York 2017.
Reich, Warren Thomas (Hg.): Encyclopedia of Bioethics. New York ²1995.
Rommelfanger, Karen S.; Johnson, L. Syd M. (Hg.): The Routledge Handbook of Neuroethics. New York, London 2018.
Sadler, John Z.; van Staden, Werdie C. W.; Fulford, K. W. M. (Hg.): The Oxford Handbook of Psychiatric Ethics. Oxford 2015.
Schicha, Christian/Brosda, Carsten (Hg.): Handbuch Medienethik. Wiesbaden 2010.
Schröder-Bäck, Peter/Kuhn, Joseph (Hg.). Ethik in den Gesundheitswissenschaften. Weinheim 2016.
Singer, Peter (Hg.): Applied Ethics. New York 1986.
Singer, Peter A./Viens Adrian M. (Hg.): The Cambridge Textbook of Bioethics. Cambridge u. a. 2008.
Steinbock, Bonnie (Hg.): The Oxford Handbook of Bioethics. Oxford/New York 2007.
Thompson, Allen (Hg.): The Oxford Handbook of Environmental Ethics. New York 2017.
White, Mark D. (Hg.): The Oxford Handbook of Ethics and Economics. Oxford 2019.
Wittwer, Héctor/Schäfer, Daniel/Frewer, Andreas (Hg.): Sterben und Tod. Ein interdisziplinäres Handbuch. Stuttgart/Weimar 2010.

Einführungen

Ach, Johann S./Bayertz, Kurt/Siep, Ludwig (Hg.): Grundkurs Ethik Bd. 2. Paderborn 2011.
Bauer, Axel W.: Normative Entgrenzung. Wiesbaden 2017.
Bode, Philipp: Einführung in die Tierethik 2018.
Brenner, Andreas: UmweltEthik. Fribourg 2008.
Briggle, Adam; Mitcham, Carl: Ethics and Science. An Introduction. Cambridge 2012.
Bryant, John A.; La Bagott Velle, Linda: Introduction to Bioethics. Hoboken ²2018.
Conrad, Christian A.: Wirtschaftsethik. Eine Voraussetzung für Produktivität. Wiesbaden 2016.
Crane, Andrew/Matten, Dirk: Business Ethics. Oxford u. a. 2010.
Döring, Ole: Chinas Bioethik verstehen. Hamburg 2004.
Düwell, Marcus: Bioethik: Methoden, Theorien und Bereiche. Stuttgart/Weimar 2008.
Fenner, Dagmar: Einführung in die Angewandte Ethik. Tübingen 2010.
Fischer, Johannes: Handlungsfelder angewandter Ethik. Eine theologische Orientierung. Stuttgart 1998.
Fuchs, Michael et al.: Forschungsethik. Eine Einführung. Stuttgart/Weimar 2010.

Heinrichs, Jan-Hendrik: Neuroethik. Eine Einführung. Stuttgart 2019.
Hendry, John: Ethics and Finance. An Introduction. Cambridge 2013.
Holland, Stephen (2017): Bioethics. A Philosophical Introduction. Cambridge [2]2017.
Holzmann, Robert: Wirtschaftsethik. Wiesbaden [2]2019.
Homann, Karl/Lütge, Christoph: Einführung in die Wirtschaftsethik. Münster 2004.
Irrgang, Bernhard: Einführung in die Bioethik. München 2005.
Jamieson, Dale: Ethics and the Environment. An Introduction. Cambridge 2008.
Kernohan, Andrew: Business Ethics. An Interactive Introduction. Peterborough 2015.
Knoepffler Nikolaus: Angewandte Ethik: Ein systematischer Leitfaden. Köln 2009.
Knoepffler, Nikolaus; Kunzmann, Peter; Pies, Ingo; Siegetsleitner, Anne: Einführung in die Angewandte Ethik. Freiburg 2016.
Levy, Neil: Neuroethics: Challenges for the 21st Century. Cambridge 2007.
Moskop, John C.: Ethics and Health Care. An Introduction. Cambridge 2016.
Ott, Konrad: Umweltethik zur Einführung. Hamburg 2010.
Pieper, Annemarie/Thurnherr, Urs (Hg.): Angewandte Ethik: Eine Einführung. München 1998.
Raters, Marie-Luise: Ethisches Argumentieren. Ein Arbeitsbuch. Berlin 2020.
Reydon, Thomas: Wissenschaftsethik. Eine Einführung. Stuttgart 2013.
Schöne-Seifert, Bettina: Grundlagen der Medizinethik. Stuttgart 2007.
Schramme, Thomas: Bioethik. Frankfurt a. M. 2002.
Schweidler, Walter: Der gute Staat: Politische Ethik von Platon bis zur Gegenwart. Stuttgart 2004.
Schweidler, Walter: Kleine Einführung in die Angewandte Ethik. Wiesbaden 2018.
Talbot, Marianne: Bioethics. An Introduction. Cambridge 2012.
Vieth, Andreas: Einführung in die Angewandte Ethik. Darmstadt 2006.
Wiesemann, Claudia/Biller-Andorno, Nikola: Medizin-ethik. Stuttgart 2005.
Wuketits, Franz M.: Bioethik: Eine kritische Einführung. München 2006.

Sammelbände

Ach Johann S./Gaidt, Andreas (Hg.): Herausforderung der Bioethik. Stuttgart 1993.
Ach, Johann S./Runtenberg, Christa (Hg.): Bioethik: Disziplin und Diskurs: zur Selbstaufklärung angewandter Ethik. Frankfurt a. M. u. a. 2002.
Armstrong, Susan J./Botzler, Richard G. (Hg.): The Animal Ethics Reader. London [2]2008.
Arnswald, Ulrich/Kertscher, Jens (Hg.): Herausforderungen der Angewandten Ethik. Paderborn 2002.
Beauchamp, Tom L./Bowie, Norman E. (Hg.): Ethical Theory and Business. Upper Saddle River, N.J. 2003.
Bennet, Maxwell/Dennett, Daniel/Hacker, Peter/Searle, John: Neurowissenschaft und Philosophie: Gehirn, Geist und Sprache. Berlin 2010.
Berendes, Jochen (Hg.): Autonomie durch Verantwortung. Impulse für die Ethik in den Wissenschaften. Paderborn 2007.
Biller-Andorno, Nikola/Schaber, Peter/Schulz-Baldes, Anette (Hg.): Gibt es eine universale Bioethik? Paderborn 2008.
Birnbacher, Dieter (Hg.): Ökologie und Ethik. Stuttgart 2001.
Boxill, Jan (Hg.): Sports Ethics. An Anthology. Malden, Mass. 2003.
Brady, Emily; Phemister, Pauline: Human-environment relations. Transformative values in theory and practice. Dordrecht 2012.
Caplan, Arthur L.; Parent, Brendan (Hg.): The Ethics of Sport. Essential Readings. New York 2017.
Cohen, Andrew I. (Hg.): Contemporary Debates in Applied Ethics. Malden, Mass. 2005.
Diehl, Elke; Tuider, Jens (Hg.): Haben Tiere Rechte? Aspekte und Dimensionen der Mensch-Tier-Beziehung. Berlin 2019.

Düwell, Marcus/Steigleder, Klaus (Hg.): Bioethik. Eine Einführung. Frankfurt a. M. 2003.

Eckenwiler, Lisa A./Cohn, Felicia G. (Hg.): The Ethics of Bioethics: Examining the Moral Landscape. Baltimore, Md. 2007.

Engster, Daniel; Hamington, Maurice (Hg.): Care Ethics and Political Theory. Oxford 2015.

Fischer, Michael/Strasser, Michaela (Hg.): Rechtsethik. Frankfurt a. M. 2007.

Fox, Carl; Saunders, Joe (Hg.): Media Ethics, Free Speech, and the Requirements of Democracy. New York 2019.

Green Ronald M. (Hg.): Global Bioethics: Issues of Conscience for the Twenty-first Century. Oxford u. a. 2008.

Hausmanninger, Thomas/Capurro, Rafael (Hg.): Netzethik. Grundlegungsfragen der Internetethik. München 2002.

Have, Henk ten/Gordijn, Bert (Hg.): Bioethics in a European Perspective. Dordrecht 2001.

Hoffman, W. Michael; Frederick, Robert; Schwartz, Mark S. (Hg.): Business ethics. Readings and cases in corporate morality. Malden ^{5}2014.

Hubig, Christoph/Reidel, Johannes (Hg.): Ethische Ingenieurverantwortung. Handlungsspielräume und Perspektiven der Kodifizierung. Berlin 2003.

Karmasin, Matthias (Hg.): Medien und Ethik. Stuttgart 2002.

Keller David R. (Hg.): Environmental Ethics: The Big Questions. Malden, Mass. 2010.

Kettner, Matthias (Hg.): Angewandte Ethik als Politikum. Frankfurt a. M. 2000.

King, Elaine/Levin, Gail (Hg.): Ethics and the Visual Arts. New York 2006.

Krebs, Angelika (Hg.): Naturethik. Grundtexte der gegenwärtigen tier- und ökoethischen Diskussion. Frankfurt a. M. 1997.

Kuhse, Helga/Singer, Peter (Hg.): Bioethics: An Anthology. Malden, Mass. u. a. ^{3}2016.

LaFollette, Hugh (Hg.): Ethics in Practice. Malden, Mass. ^{2}2002.

Lenk, Hans/Maring, Matthias (Hg.): Technikethik und Wirtschaftsethik. Opladen 1998.

Lin, Patrick; Abney, Keith; Bekey, George A. (Hg.): Robot ethics. The ethical and social implications of robotics. Cambridge 2012.

Maring, Matthias (Hg.): Verantwortung in Technik und Ökonomie. Karlsruhe 2009.

Millum, Joseph; Emanuel, Ezekiel J.: Global Justice and Bioethics. Oxford 2012.

Ott, Konrad/Skorupinski, Barbara (Hg.): Technikfolgenabschätzung und Ethik. Eine Verhältnisbestimmung in Theorie und Praxis. Zürich 2000.

Pojman, Paul/Pojman, Louis (Hg.): Environmental Ethics: Readings in Theory and Application. Boston, Mass. ^{6}2010.

Primoratz, Igor (Hg.): Politics and Morality. New York 2007.

Racine, Eric; Aspler, John: Debates About Neuroethics. Perspectives on Its Development, Focus, and Future. Cham 2017.

Regan, Tom/Singer, Peter (Hg.): Animal Rights and Human Obligations. Englewood Cliffs 1976.

Rosner, Fred/Bleich, J. David/Brayer, Menachem M. (Hg.): Jewish Bioethics. Jerusalem 2000.

Schleim, Stephan/Spranger, Tade M./Walter, Henrik (Hg.): Von der Neuroethik zum Neurorecht? Göttingen 2009.

Schöne-Seifert, Bettina et al. (Hg.): Neuro-Enhancement: Ethik vor neuen Herausforderungen. Paderborn 2009.

Schulz, Stefan/Steigleder, Klaus/Fangerau, Heiner/Paul, Norbert (Hg.): Geschichte, Theorie und Ethik der Medizin: Eine Einführung. Frankfurt a. M. 2006.

Siipi, Helena; Oksanen, Markku (Hg.): The ethics of animal re-creation and modification. Reviving, rewilding, restoring. Basingstoke 2014.

Sisti, Dominic A.; Caplan, Arthur L.; Rimon-Greenspan, Hila: Applied ethics in mental health care. An interdisciplinary reader. Cambridge 2013.

Steinfath, Holmer; Wiesemann, Claudia (Hg.) (2016): Autonomie und Vertrauen. Schlüsselbegriffe der modernen Medizin. Wiesbaden 2016.

Wiesing, Urban/Ach, Johann S. (Hg.): Ethik in der Medizin: Ein Studienbuch. Stuttgart ^{5}2020.

Wolf, Ursula (Hg.): Texte zur Tierethik. Stuttgart 2008.

Monographien

Beauchamp, Tom L./Childress, James F.: Principles of Biomedical Ethics [1979]. New York/Oxford ^{8}2018.

Bergdolt, Klaus: Das Gewissen der Medizin: Ärztliche Moral von der Antike bis heute. München 2004.

Birnbacher, Dieter: Bioethik zwischen Natur und Interesse. Frankfurt a. M. 2006.

Bowie, Norman E.: Business Ethics. A Kantian Perspective. Malden, Mass. 1999.

Casebeer, William D.: Natural Ethical Facts: Evolution, Connectionism, and Moral Cognition. Cambridge, Mass. 2003.

Donaldson, Thomas: The Ethics of International Business. New York/Oxford 1989.

Engelhardt, Hugo Tristram: The Foundations of Bioethics. New York u. a. ^{2}1996.

Gaut, Berys: Art, Emotion and Ethics. Oxford/New York 2009.

Gert, Bernard/Culver, Charles M./Clouser, K. Danner: Bioethics: A Systematic Approach. Oxford u. a. 2006.

Habermas, Jürgen: Die Zukunft der menschlichen Natur: Auf dem Weg zu einer liberalen Eugenik? Frankfurt a. M. 2005.

Hösle, Vittorio: Moral und Politik. München 1997.

Hubig, Christoph: Technik- und Wissenschaftsethik. Berlin u. a. ^{2}1995.

– : Die Kunst des Möglichen. Bd. 1: Technikphilosophie als Reflexion der Medialität. Bielefeld 2006.

– : Die Kunst des Möglichen. Bd. 2: Ethik der Technik als provisorische Moral. Bielefeld 2007.

Jonsen, Albert R.: The Birth of Bioethics. New York/Oxford 1998.

– /Toulmin, Stephen Edelston: The Abuse of Casuistry: A History of Moral Reasoning. Berkeley u. a. 1989.

Keown, Damien: Buddhism & Bioethics. Houndmills u. a. 2001.

Kramer, Matthew: Where Law and Morality Meet. Oxford 2004.

Kuhlen, Rainer: Informationsethik. Umgang mit Wissen und Informationen in elektronischen Räumen. Konstanz 2004.

Ratanakul, Pinit: Bioethics and Buddhism. Bangkok 2004.

Rath, Matthias (2014): Ethik der mediatisierten Welt. Wiesbaden 2014.

Rippe, Klaus Peter: Ethik im außerhumanen Bereich. Paderborn 2008.

Rollin, Bernhard E.: Science and Ethics. Cambridge 2006.

Rolston, Holmes: A New Environmental Ethics. The Next Millennium for Life on Earth. New York 2012.

Sachedina, Abdulaziz: Islamic Biomedical Ethics: Principles and Application. New York 2009.

Siep, Ludwig: Konkrete Ethik: Grundlagen der Natur- und Kulturethik. Frankfurt a. M. 2004.

Singer, Peter: Praktische Ethik. Stuttgart ^{2}1994 (engl. 1979, ^{2}1993, ^{3}2011).

Spaemann, Robert: Grenzen: Zur ethischen Dimension des Handelns. Stuttgart ^{2}2002.

Stevens, M.L. Tina: Bioethics in America: Origins and Cultural Politics. Baltimore, Md./London 2000.

Thomas, Natalie: Animal Ethics and the Autonomous Animal Self. London 2016.

Veatch, Robert M.: Death, Dying, and the Biological Revolution: Our Last Quest for Responsibility. New Haven, Conn. u. a. 1989.

Sachregister

A
Abtreibung s. Schwangerschaftsabbruch
Affekt, 81, 190, 192, 340, 353, 354, 461
Akzeptanz, 41, 48, 248, 249, 302
Alter, 133
Altern, 423
Anarchie, 239, 473, 615, 616, 630, 634, 656
Anerkennung
    diskurstheoretische, 301
    moralische, 499, 507, 583, 585, 587, 589, 590, 609, 610
    ökonomische, 105, 234, 547–550, 552–554
    politische, 51, 514
    soziale, 1, 3, 234, 245, 461–463, 526, 547, 548, 550, 552, 553
    und Toleranz, 249, 250
    von Besitz, 240
Anthropologie, 110, 115, 116, 140, 464
Anthropozentrik, 115, 329, 332, 850, 912
Arbeit, 547–549, 551, 552, 554
    Arbeiterbewegung, 109
    Arbeiterklasse, 111, 474
    Arbeitsbefähigung, 3
    Arbeitskraft, 109, 110
    Arbeitslosigkeit, 497, 524, 578, 713, 918
    Arbeitsmarkt, 109, 278, 368, 505, 524
    Arbeitsunfähigkeit, 680, 681
    Arbeitswerttheorien, 239
    Beruf, 547, 553, 697, 699
    Freiwilligenarbeit (s. a. Ehrenamt), 470, 471, 548
    Kinderarbeit s. Kinder
    und Automatisierung, 918
    und Frauen, 104, 401, 412, 414, 522, 524–526
    und Lohn, 252, 526
Argumentation, 25–27, 29, 30, 48, 374
Armut, 56, 224, 272, 475, 477, 505, 507, 522, 525, 530, 531, 542, 563, 565–568, 713, 866, 879
    absolute, 475, 522, 533, 565, 566
    relative, 475, 522, 523, 534, 566
Arterhalt, 338, 828, 846, 848, 849, 851–855

Arzt, 187, 191, 220, 225, 313–316, 318, 319, 585, 678, 680, 682, 685, 817
    ärztliche Tugenden, 79
    Arzt-Patientenbeziehung, 26, 315, 317, 465, 679, 682, 691–693, 695–697, 714, 715, 801
    und Forschung, 322, 720, 723
    und Pflegepersonal, 699, 701
    und Sterbehilfe s. Sterben
Ästhetik, 332, 334, 351, 352, 354, 852
Asyl s. Migration
Atomenergie, 617, 849, 853
    Atombombe, 302, 659, 670
Atomismus, 98, 101
Aufrichtigkeit, 75, 205–207
Ausbeutung
    der Natur, 115, 849, 850, 855
    des Menschen, 111, 112, 245, 407, 507, 565, 567
Authentizität, 157, 158, 817
Autonomie, 155, 156, 158–161, 892
    als normatives Prinzip, 46, 47, 69, 72, 809, 810
    in politischen Strukturen, 473, 475, 476, 478, 516, 619
    Lügen als Autonomieverletzung, 206, 207
    Patientenautonomie, 93, 314, 316, 318, 682, 691, 692, 694, 722, 754, 773, 774, 777, 779, 780, 786, 801, 802, 809–812
    und Arbeit, 920
    und Erziehung, 1
    und Künstliche Intelligenz, 900, 912, 923, 926
    und Liebe, 404, 405, 407
    und Meinungsfreiheit, 595
    und Menschenwürde, 639
    und Privatsphäre, 385
    und Selbsttötung, 768, 769, 773, 775
    und Tiere, 826, 838
    und Verantwortung, 217, 219, 220
    und Würde, 426, 465, 586, 588, 639
    und Zwang, 631, 634
    von Kindern, 409–413

Autorität
  normative, 40, 54, 588
  staatliche, 52, 265, 615, 616, 634

B

Befruchtung, künstliche (s. a. Künstlichkeit), 117, 137, 314, 318, 583, 754
Behinderung, 347, 391–395, 722, 805, 807
  moralischer Status von behinderten Menschen, 330, 394, 641
  und Forschung, 319, 722, 753, 754
  und Gerechtigkeit, 55, 518, 710–712, 714, 715
  und Krankheit, 681
  und Schwangerschaftsabbruch, 728–730, 741
  und Tiere, 843
Beihilfe zur Selbsttötung/zum Suizid s. Sterben
Benachteiligung, soziale, 252, 497, 518, 558
Beratung
  klinische Ethikberatung, 685–687, 691, 697
  Lebensberatung, 377
  philosophische Praxis, 377
  Politikberatung, 306
Bestechung s. Korruption
Bewertung, moralische, 19, 21, 24, 223, 225
Bewusstsein, phänomenales, 925, 926
Beziehung, therapeutische, 317, 809
Bildung, 1, 3, 4, 93, 105, 324, 358, 367, 410, 456
  Moralerziehung und Ethik-Unterricht (s. a. Erziehung), 78, 280, 371
  Pflegeausbildung, 703
  und Gerechtigkeit, 245, 368, 498, 504, 523, 525, 526
  und Kultur, 515
Bioethik, 95, 305
  im Buddhismus, 136
  im Christentum, 116
  im Islam, 131, 132
  im Judentum, 125
  Prinzipien, 34, 786
  und Behinderung, 391, 394
  und Enhancement, 816, 817, 898
  und Forschung, 720, 721, 723
  und Hirntod, 793–795
  und Natürlichkeit, 257
  und Status des Embryo (s. a. Embryo), 748
Biozentrismus, 329, 824, 825
Blasphemie, 597, 603, 605, 606
Böses, 22, 123, 351
Brain Drain, 623
Brain Reading, 322
Bürgerrechte, 2, 4, 573, 574, 576, 577, 580
  Bürgergesellschaft s. Gesellschaft
  für Kinder, 409–411
  und kulturelle Rechte, 514, 516
  und Meinungsfreiheit, 593–596, 598, 599
  und Religionsfreiheit, 603
  und Sicherheit, 652, 660, 662
  und Staatsbürgerschaft, 473, 475, 476
  und Strafe, 487–489

und Unternehmen, 280
und Verteilungsgerechtigkeit, 241, 242
und ziviler Ungehorsam, 616–618

C

Care s. Fürsorge
Chancengleichheit (s. a. Gleichheit), 110
  im Sport, 345, 347
  und Gesundheit, 709, 711, 712
  und Verteilungsgerechtigkeit, 241, 242, 244
Common Sense, 469, 470
Computer (s. a. Digitalisierung), 352, 353, 358, 361, 364, 366, 612
  Computerspiele, 352, 353, 358, 361, 366, 612
CRISPR/Cas s. Genome-Editing

D

Daoismus, 139–142
Deep Ecology, 331, 850
Deklaration von Helsinki, 291, 314, 720, 812
Deliberation, 39, 53
Demenz, 156, 722, 827
Demokratie
  als Lebensform, 2
  Demokratiedefizite, 265
  demokratischer Liberalismus (s. a. Liberalismus), 160, 161, 387, 388, 462, 514
  in China, 141, 142
  Sozialdemokratie, 111
  und Gemeinsinn, 469, 471
  und Gerechtigkeit, 525, 716
  und Meinungsfreiheit, 594, 595
  und ziviler Ungehorsam, 617–619
Demütigung, 56, 463, 465, 493, 506, 507
  und Würde, 588, 589, 808, 811
Differenzprinzip, 242, 567, 618
Digitalisierung, 358, 363, 365, 369, 889, 891
  Big Data, 885, 892, 907
  digitale Ethik, 364, 365
  digitale Kommunikation, 368, 903
  und Arbeit, 917
Dilemma, moralisches, 29, 54, 165, 167–169, 358, 374, 431, 482, 731, 754, 780, 839
  Gefangenendilemma, 52, 166
Diskriminierung, 3, 4, 497–499, 525
  Altersdiskriminierung, 425
  Diversity Management, 498, 499
  durch Algorithmen, 886, 893, 906
  genetische, 752, 754
  Mainstreaming, 498, 499
  positive, 498, 499
  und Krieg, 658, 660
  und Solidarität, 250
  von behinderten Menschen, 394, 728
  von Frauen (s. a. Sexismus), 105, 503, 505, 507, 510, 517, 518, 524, 525
  von kulturellen Minderheiten, 161, 513, 515

Diskursethik, 43, 45–47, 73, 211, 299–301, 341
Diversität, 93, 392, 514, 516, 517, 519
    Biodiversität, 850, 851, 853–855
Doping, 324, 344–347, 815
    und Enhancement, 324

E
Egalitarismus, 244, 450, 514, 516
    egalitäre Berücksichtigung von Tieren, 339, 838
    und Menschenrechte, 573, 574, 576
    und Sozialismus, 109, 110, 112
Ehe, 397–399
Ehre, 461–463, 465, 605
Ehrenamt, 470, 548
Ehrlichkeit, 205–207, 358, 693, 696
Eigentum, 109, 110, 237, 239, 243, 410, 861
    Erbschaft, 239
    geistiges, 368, 723
    Self-ownership, 43, 239
Einwanderung, 476, 516, 518, 621–623
    Einwanderungsbeschränkungen, 621, 625
Eizellspende, 733, 739, 748
Eltern
    Eltern-Kind-Beziehung, 1, 318, 403, 405, 409–414, 632, 731, 760
    und Gene, 740, 753, 760
Emanzipation der Frau (s. a. Ethik, feministische), 407, 409
Embryo (s. a. Schwangerschaftsabbruch/Ethik, feministische), 740, 748
    Rechte, 580
        für Embryonen, 580
    Status des, 733, 734, 737, 738, 748
    und Forschung, 125, 319, 747, 748, 753, 755
    und Personalität, 330, 641
Empfängnisverhütung, 116, 117, 398, 728, 731
Empfindungsfähigkeit s. Schmerz
Engagement, 135, 469–471
Enhancement, 324, 450, 682, 757, 759, 815–817
Entscheidungsfähigkeit, 325
Entscheidungsprozess, 693
Entscheidungstheorie, rationale, 52
Erbgut s. Gen
Erkenntnis, moralische, 6, 78, 89, 130, 213
Erlaubnis, 25, 26, 249
Ernährung, 337, 412, 549, 806, 837, 847, 859, 861
    künstliche, 431, 677, 775, 785
Erziehung, 1, 2, 93, 121, 411, 413
    Moralerziehung (s. a. Ethik-Unterricht), 78, 280, 351, 371
    und Strafe, 487, 493, 494
Ethik
    buddhistische, 133, 135, 137, 141
    chinesische, 139, 140, 142
    christliche, 113–115, 117, 118
        Helligkeit des Lebens, 638, 763
        und Krieg, 656, 657
        und Liebe, 404
        und Sexualität, 397
        und Sozialismus, 111
    deontologische (s. a. Pflichtenethik), 39, 59, 64, 65, 67–71, 73, 76, 167, 168, 235
    deskriptive, 6, 40
    empirische, 39, 88
    feministische, 95, 103, 105, 125
        Feminismus und Multikulturalismus, 517, 518
        Feminismus und Prostitution/Pornographie, 399, 400, 609, 611
        Feminismus und Schwangerschaftsabbruch, 730
    und Autonomie, 159
    klinische, 685–687, 697, 805, 807, 810, 811
    normative, 6, 8, 21, 43, 95, 96, 101, 217, 226
    politische, 263, 264, 482–484
    sozialistische, 109, 111, 112
Ethikkomitee/Ethikkommission, 292, 319, 685–687, 697, 724
Ethikrat, deutscher, 315, 775
Ethik-Unterricht, 169, 371
Eugenik (s. a. Enhancement), 751, 753, 754
Exklusion, 347, 395

F
Fähigkeitenansatz, 877
Fairness
    Gerechtigkeit als, 53, 68, 213, 241, 242, 245
    im Sport, 345
    prozedurale, 43, 45
Fake News, 533, 906, 907
Familie, 409–411, 413, 414
    Familienarbeit, 105, 126, 525, 551
    Familienplanung, 727, 752
    in China, 140
Finanzethik, 283
Flucht s. Migration
Folter, 667–672
    Rettungsfolter/Ticking Bomb, 265, 271, 485
    und Demütigung, 465
    und Konsequentialismus, 65, 69, 70
Forschung
    am Menschen, 291, 317–319, 692, 693, 719, 720, 722–724, 812
    Forschungsethik, 41, 289
Fortpflanzung, 124, 397, 411, 733, 739, 740
Freiheit
    Gedankenfreiheit, 593, 594, 596, 599, 603
    Gesetz der, 270
    Handlungsfreiheit, 61, 219, 449, 492, 594, 631, 817
    individuelle, 155, 160, 385, 599, 629, 631, 634
    Kommunikationsfreiheit, 903, 904, 906
    Meinungsfreiheit, 358, 593–596, 598, 599, 604, 611
    Religionsfreiheit s. Religion
    und Bürgerrechte, 473–475
    und Determinismus, 326
    und Gefangenschaft (von Tieren), 845, 846
    und Gerechtigkeit, 617, 618
    und Sozialismus, 110–112
    und Willensfreiheit, 217

Freizügigkeit, 243, 475, 476, 622
Freundschaft zu Tieren, 843, 844
Frieden, 118, 578, 658, 661, 663
    öffentlicher, 606
Fürsorge, 96, 412
    ärztliche Fürsorgepflicht, 691, 695, 696, 777
    Care-Ethik, 36, 78, 210, 404, 407, 412, 425, 558

G

Gattungszugehörigkeit, 330, 506
Gedankenexperiment, 44, 46, 101
Gedankenfreiheit s. Freiheit
Gefühl (s. a. Affekt), 77, 81–84, 134, 135, 209, 210, 340, 379, 406, 425, 461, 463, 464, 827
    Gefühlsethik, 77, 81–84
    Mitgefühl, 134, 135, 340, 379, 406, 425, 827
    moralisches, 209, 210
    Schuldgefühle s. Reue
Gemeinschaft, 89, 90, 92, 126
    internationale, 659, 660, 662
    Kulturgemeinschaft, 114, 477, 513, 515, 517, 518, 622
    moralische, 338–340
    pluralistische, 248, 513, 515, 517, 518
    politische, 477–479, 624
    Solidargemeinschaft, 250, 251, 477, 479, 522
    und Liebe, 405, 407
    Wirtschaftsgemeinschaft, 111
Gemeinsinn, 379, 469–471
Gen-Diagnostik, 751–754
Generalismus, moralischer s. Partikularismus
Generation, zukünftige, 220, 300, 301, 426, 532, 535, 853–855, 868, 876, 878, 879
Genome-Editing, 4, 748, 749, 757–759, 816, 840
Gentechnik, 257, 259, 293, 860
Gentherapie, 757
Gerechtigkeit
    für Tiere, 340
    genetische, 759
    gerechter Krieg s. Krieg
    Gerechtigkeitsethik, 411, 412
    Gerechtigkeitstheorie, 51, 53, 68, 265, 552, 574
    globale, 518, 566–568
    Maximin-Kriterium, 195, 242
    Minimax-Prinzip, 53, 195
    soziale, 2, 110, 111, 140, 558, 566
    und Gesundheit, 423, 709, 711, 712, 714, 715, 717, 787
    und Moral, 271, 272
    und Recht, 270, 273, 491
    Ungerechtigkeit, 498, 506, 507, 515, 521, 522, 524–526, 618
    Verteilungsgerechtigkeit, 62, 65, 237, 241, 244, 245, 497, 498, 564, 567
Gerechtigkeitsprinzip, 211
Gerontologie s. Altern
Gesellschaft, 91, 114, 115, 235, 240, 265, 273, 299, 300, 317, 343, 353, 354, 392, 393, 462, 463, 489, 550, 551, 553, 554, 599, 677, 691, 710, 727, 728, 755, 760, 778, 877
    bürgerliche, 104, 424
    gesellschaftlicher Status, 135, 195
    Gesellschaftskritik, 548
    Gesellschaftsordnung, 109, 110, 135, 237, 332, 629, 630
    Gesellschaftsvertrag, 51, 53, 803
    globale, 360
    liberale (s. a. Liberalismus), 116, 160, 593, 642
    marktwirtschaftliche, 109, 112
    Mediengesellschaft (s. a. Medien), 361, 386
    multikulturelle (s. a. Zusammenleben, interkulturelles), 160, 161, 513–515, 517, 518
    pluralistische, 2, 93, 211, 248
    sozialistische (s. a. Ethik, sozialistische), 109, 111, 112
    und Bildung s. Bildung
    und Familie s. Familie
    utilitaristische (s. a. Utilitarismus), 54
    Wissens- und Informationsgesellschaft (s. a. Information), 365, 366, 368
    Wohlstandsgesellschaft, 359, 554
    Zivilgesellschaft, 360, 470, 526
Gesinnungsethik, 481, 483, 484
Gesundheit, 677, 678, 680, 682, 703, 709, 711, 712, 715, 716
    als Gut, 457, 729, 802
    Ethik in den Gesundheitswissenschaften, 705
    Gesundheitsorientierung, 257, 317, 318
    Gesundheitssystem, 250, 703, 711, 712, 715
    und Gerechtigkeit, 709–712, 714, 715, 787
Gewalt (s. a. Folter, Krieg, Vergewaltigung), 609, 611, 629, 632, 633, 647
    Darstellung von, 352, 358, 611
    Gewaltverherrlichung, 609, 611
    Strafgewalt, 575, 632
Glaube (s. a. Religion), 111, 113, 114, 129, 194, 434, 657, 763
Gleichheit
    als Wert, 110, 112, 411, 515, 595, 597
    Chancengleichheit, 368, 498, 499, 521, 523, 525, 526, 559, 904
    der Geschlechter s. Ethik, feministische
    Gleichheitsprinzip/Gleichheitsrechte, 241, 339, 493, 564, 574, 576, 578
    und Gerechtigkeit, 241, 242, 244, 245
    Ungleichheit, 521–524, 526, 710, 711
        globale, 56, 475, 518, 565, 566, 711, 871
        ökonomische, 534
Globalisierung, 112, 135, 284, 358, 473, 618, 904
Glück
    Glück, Pech und Schicksal, 447, 449, 450
    glückliches Leben (s. a. Lebensqualität), 134, 243, 332, 334, 344, 347, 405, 436, 453–455, 457, 846
    Glückseligkeit, 77, 361, 573, 580
    minimales, 681
    und Utilitarismus, 339, 641, 823

Sachregister

Gott, 113, 115–118, 121, 122, 124, 129–131
    Existenz Gottes, 136, 195, 444, 574
    Geschöpf Gottes, 239
    Gotteslästerung s. Blasphemie
    Gottesliebe, 81
    Gottesstandpunkt, 168
    Gottes Wille, 258, 398, 574, 852
    und der Sinn des Lebens, 444
Governance, 543
Grundbedürfnis, 240, 331, 463, 530, 564, 566, 580, 850
Grundrechte (s. a. Rechte), 36, 44, 242, 514, 574, 576–578, 588, 590, 603, 618, 661
Gruppenrechte (s. a. Rechte), 517
Güterabwägung, 137, 300, 339, 340, 729, 838

H

Hacker, 364
Hand, schmutzige, 167, 264, 481, 484
Handlungsfreiheit s. Freiheit
Handlungstheorie, 155, 192, 223, 225–228
    Handlungsfolgen (s. a. Konsequentialismus), 68, 69, 193–195, 226–228, 374, 694, 854
Hass, 82, 135, 136
Hate Speech, 366, 906
Haustiere s. Tier
Hedonismus, 64, 400, 454
Heiligkeit des Lebens, 638, 763
Heimat, 334
Herztod, 429
Heuchelei, 183, 184
Hippokratischer Eid, 313, 691
Hirndoping, 324, 593, 806, 815, 816
Hirnstimulation, tiefe, 323, 324
Hirntod, 136, 325, 785, 787, 791–795
Holismus, 97, 116, 824, 859
Homo oeconomicus, 275, 276
Humanismus, 115, 313
Hunger, 112, 224, 530, 563, 565

I

Identität
    kulturelle s. Identität, praktische
    personale, 136, 300, 531, 593, 735, 736, 747, 794
    politische, 478
    praktische, 159, 251
    soziale s. Identität, praktische
    virtuelle, 905
Individualität, 385, 407, 876
    humanitäre, 334
Industrialisierung, 141, 850, 866
Information, 206, 367
    genetische, 754
    Informationsethik, 358, 359, 363, 368
    und Medizin, 686, 691, 693, 809
    und Privatheit, 385–387
    und Wohlergehen, 244

Instrumentalisierung, 583–586, 589, 590, 610, 640, 722
    politische, 265
    von Tieren, 340, 342
Interesse(n), 273, 330, 339, 549, 575, 642, 643, 802
    am eigenen Leben, 28, 60, 640, 642, 644
    Dritter, 60
    Eigeninteresse, 51, 52, 140, 239, 275, 405, 539, 540, 543, 586, 711, 854, 855
    fremde, 723
    Interessenkonflikte, 670, 715, 716, 787
    Interessentheorie des Rechts, 575, 580, 640
    Teleointeressen, 926
    unparteiische Berücksichtigung von, 36, 525
    von Kindern, 410, 413
    von Tieren, 338–340, 823, 838, 846
Internet, 106, 358, 359, 361, 367, 386, 600, 885, 920
    als Marktplatz, 530
Intervention, humanitäre, 655, 660, 661, 664
Intuition, moralische, 29, 65, 71, 209, 210, 212, 213, 828
    Gerechtigkeitsintuition, 211
    Gerechtigkeitsintuitionen, 244, 340
    Intuitionismus, 36
In-vitro-Fertilisation s. Befruchtung, künstliche
Islam, 129–131, 487, 648

J

Judentum, 121–123, 436, 477
Jugendliche, 1, 4, 104, 366, 413, 494, 524

K

Kantianismus, 36, 67, 110, 111, 330
Kapitalismus, 110, 111, 283, 286, 479
Kasuistik, 27, 29, 36, 78, 95, 101, 212, 316
Katholik, katholisch, 111, 113–115, 118, 227, 258, 398, 431
Kind
    Eltern-Kind-Beziehung, 1, 318, 403, 405, 409–414, 632, 731, 760
    Forschung an Kindern, 721, 722, 724
    Kinderarbeit, 221, 553
    Kinderarmut, 524
    Kindererziehung, 1, 103, 126, 245, 551
    Kinderpornographie, 361, 366, 611
    Kinderrechte, 409, 413
    Kinderwunsch, 318
    moralischer Status von Kindern, 156, 580, 729, 775
Klimaschutz, 219, 865, 872
Klimawandel, 219, 849, 866, 880
Klonierung s. Stammzellen
Kognitivismus, 213, 233
Kommerz und Kommerzialisierung, 347, 365–367, 740, 752
Kommunikationsethik, 650, 904, 906
Kommunikationsfreiheit s. Freiheit
Kommunitarismus, 95, 96, 478
Kompromiss, 199

Konsens, 200, 202
Konsequentialismus, 59–62, 64, 65, 69, 70, 72, 73, 75, 76, 194, 223, 240, 482, 483, 564, 565, 643, 659, 663
　Handlungskonsequentialismus, 59, 60, 62, 64, 65
　Regelkonsequentialismus, 63, 64
Konsum, 135, 359, 360, 500, 529, 548, 568, 610, 611, 711, 861, 880
　von Tieren, 831, 837, 861, 862
Kontextualismus s. Relativismus
Kontraktualismus, 54, 56, 341
Kopftuchverbot, 161, 515, 516
Korruption, 539
Kosmopolitismus, 474, 479, 517
Krankheit, 133, 220, 315, 424, 677, 678, 680, 681, 691, 709, 711, 751–753, 755, 758, 777, 778, 837
　Erbkrankheit, 752, 758
　Krankenhaus, 315, 319, 685, 686, 697, 699, 773, 784, 786, 788, 806, 808
　Krankenschwester, 191, 699
　Kranke s. Patienten
　psychische, 678, 764, 805–807, 809
Krieg, 465, 477, 655, 656
　gerechter, 126, 227, 656, 657, 659, 660, 663
　Vietnamkrieg, 634
　Zweiter Weltkrieg, 314, 491, 577, 659, 663, 806
Kultur, 90, 92
Kunst, 181, 258, 332, 351, 352, 354, 355, 399, 853
　Ethik, 333, 334, 351, 353, 354
Künstliche Intelligenz (s. a. Digitalisierung), 364, 435, 887, 888, 891, 898, 907, 910, 913, 923
Künstlichkeit, 255, 256, 258, 259, 574
　künstliche Beatmung, 314, 317, 685, 791, 792
　künstliche Befruchtung, 117, 137, 314, 318, 583, 733, 734, 739, 740, 754
　künstliche Ernährung, 431, 677

L
Leben
　Lebensanfang, 134, 136, 317
　Lebensbedingungen, 77, 329, 711, 846, 850, 859
　Lebensbereiche, 159, 385, 387, 455, 578, 703, 711, 809
　Lebenschancen, 241, 243, 245, 710
　Lebensende, 134, 136, 317, 318, 432, 433, 774, 775, 780
　Lebensformen, 2, 247–250, 456, 551, 553
　Lebensführung, 2, 301, 435, 515, 517, 643, 678, 753
　Lebensgefahr, 669
　Lebensplan, 69, 104, 243, 244, 450
　Lebensqualität, 244, 393, 394, 453, 455, 457, 641, 701, 784, 877
　Lebensschutz, 37, 728–731, 734, 735, 737, 776–778
　Lebenssinn s. Sinn des Lebens
　Lebensverkürzung, 132, 431, 774, 785
　Lebensverlängerung, 677, 774, 784
　Lebensweise, 20, 248, 391, 475, 860
　Lebenswelt, 2, 852
　Recht auf Leben s. Rechte
　Überleben, 28, 331, 566, 644, 680, 784, 800
　Zusammenleben, 221, 405, 513, 518
Lebensform, 897, 898
Legitimität (von Herrschaft), 135, 142, 264, 485, 567, 573, 664, 716
　Legitimation durch Verfahren, 45, 299
　von Eigentum, 238, 239
　von Erziehung, 1, 2
　von Zwang, 629, 656
Leid s. Schmerz
Leihmutterschaft, 137, 414, 583, 733, 739
Lernen, 324, 325, 354, 516
　maschinelles, 885, 886, 891, 912
　moralisches, 19
Liberalismus, 46, 47, 155, 160, 161, 235, 248, 277, 301, 387, 388, 462, 475, 514, 516, 519, 540, 593, 594, 596–599, 618, 730
Liebe, 114, 116–118, 399, 403–405, 407, 408, 412
　Feindesliebe, 117, 118, 657
　Nächstenliebe, 118, 699
　und Sexualität, 116, 397, 399
Loyalität, 140, 597, 610, 615, 618, 699, 702
Lügendetektor, 207, 323
Lügenverbot, 36, 67, 206, 207, 212

M
Management, 277, 279, 280, 301, 879
Mangel- und Unterernährung (s. a. Hunger), 84
Marktwirtschaft, 109–111, 141, 221, 276, 277, 284, 523
Maschinenethik, 891
　moralischer Status von intelligenten Systemen/Maschinen s. Künstliche Intelligenz s. auch Künstliche Intelligenz
　und Cyborgs, 897
　und Robotik, 893, 898
Massenmedien, 344, 354, 358
Maximin-Kriterium s. Gerechtigkeit
Medien, 357–360, 368
Medienethik, 357, 358, 360, 650, 904
Medizin
　Biomedizin, 257, 258, 306, 721, 723
　Intensivmedizin, 257, 431, 764, 774, 783, 785–788, 791, 793
　Medizinethik, 69, 78, 219, 305, 306, 308, 313–315, 317–319, 423, 426, 685, 692, 705
　medizinische Behandlung, 316, 431, 775, 784, 787, 789, 806, 809, 810
　medizinische Forschung, 719, 720, 811
　medizinische Schädigung, 392–394
　medizinische Versorgung, 220, 703, 710, 712, 716, 719, 808
　Palliativmedizin, 132, 257, 315, 431, 775, 780
Meinungsfreiheit s. Freiheit

Menschenrechte, 3, 68, 279, 519, 557–559, 573, 574, 576, 577, 580, 642, 643, 735, 737–739, 854, 869
　im Buddhismus, 136
　im Islam, 597
　in China, 142
　Religionsfreiheit, 603
Menschenwürde, 115, 135, 207, 319, 493, 504, 533, 552, 558, 583, 586–590, 735, 737, 739, 741, 746, 748, 904, 906
　und Armut, 565
　und Folter, 668–670
　und Psychiatrie, 808
　und Tötungsverbot, 639
　und ungeborenes Leben, 739
Metaethik, 6, 27, 28, 30, 31, 39, 96
Migration, 477, 518, 621, 866
　Migrationshintergrund, 4, 498, 505, 524
Minderheit, 161, 245, 248, 299, 498, 514, 515, 517, 518, 599, 660
　religiöse, 106, 122, 131
Mitleid, 81, 83, 84, 134, 135, 210, 340, 352, 353, 406, 451, 827, 838
　Barmherzigkeit, 81, 679, 699
　Mitleidstötung, 83, 431, 433, 778
Moralismus, 179, 264, 484
Mord, 122, 126, 314, 353, 493, 507, 774, 802, 806
　Ehrenmord, 465
　Selbstmord s. Selbsttötung
　Tyrannenmord, 134, 644
　Völkermord, 598
Multikulturalismus s. Zusammenleben, interkulturelles
Mündigkeit, 2, 400, 430, 494, 596, 611, 642, 694

N
Nachhaltigkeit, 426, 850, 854, 855, 860, 875–877, 879, 880
Nationalismus, 473, 477, 479, 507
Natur, 115, 255–258, 297, 298, 329, 331–333, 398, 825, 827, 850, 852, 860, 878, 879
　des Menschen, 136, 276, 450, 465, 573, 574, 587, 605, 677, 817, 898
　Naturerfahrung, 852, 878, 879
　Naturethik, 257, 329, 330
　Naturkapital s. Naturressourcen
　Natürlichkeit, 136, 255, 258, 259, 767, 818
　Naturrecht, 490, 574, 575
　Naturressourcen, 297, 298, 849, 850, 852, 853, 855, 861, 866, 878, 879
　Naturschutz, 257, 329, 331, 853
　Naturverbrauch s. Naturressourcen
　Naturzustand, 239, 240, 630, 655, 658
Naturalismus, 39
Netz, neuronales s. Künstliche Intelligenz
Neugeborene, 641, 642, 729, 752
Neuroenhancement, 321, 324, 816
Neuroethik, 321, 324
Neuroimplantat, 323, 324

Nichtschädigung, 69, 72, 567, 768
Normen, 27, 29, 30, 33, 36, 130, 191, 217, 235, 263, 264, 324, 339, 341, 463, 518, 680, 681
　moralische, 51, 68, 196, 212, 217, 235, 263, 265, 656, 909
　normative Ethik, 21, 23, 35, 43, 67, 73, 226, 443
Not, 13, 84, 224, 435, 554, 563, 565, 691
　Nothilfe, 207, 565, 661
　Notwehr, 207, 633, 644, 662, 670, 671, 769
　Nötigung, 617, 618, 629, 632, 668
Nürnberger Kodex, 291, 314, 317, 720, 812
Nutzenmaximierung, 34, 52, 275

O
Öffentlichkeit, 48, 103, 358, 385, 386, 596, 597
　demokratische, 483, 618
　Weltöffentlichkeit, 360, 577
Ökonomie, 276, 277, 551, 656, 861, 880
Ordnung
　gerechte, 140, 567, 568
　politische, 242, 473–475, 575, 630, 660
　soziale, 237, 606, 611
　wirtschaftliche, 112, 221, 276
Organismus, 679, 680, 723, 757, 793
Organtransplantation, 132, 136, 239, 318, 791, 792, 795, 799–803, 837, 840
　Organhandel, 132, 802
　Organspende s. Organtransplantation

P
Partikularismus, 37, 70, 76, 95–97, 462, 476, 515
Partizipation, 265, 358, 499, 505, 519, 619, 716
Paternalismus, 2, 156, 160, 161, 456
　im Arzt-Patienten-Verhältnis, 314, 316, 691, 694, 695, 777, 778, 810
　und Selbsttötung, 764, 767, 768
Pathozentrismus, 329, 330, 823, 825, 859
Patient
　Arzt-Patienten-Beziehung s. Arzt
　Patientenautonomie, 314, 316, 318, 691, 692, 694, 774, 809–811
　Patientenrechte, 220, 721, 773
　Patientenverfügung, 318, 696, 775, 777, 788, 811
　Patientenversorgung, 700, 701, 703, 719, 787
　Patientenwille s. Patientenverfügung
　Patientenwohl, 694, 695, 702, 787
Patriotismus, 473, 478
Pazifismus, 638, 656, 662, 663
　Feindesliebe, 117, 118, 656
Pech, 447, 449, 450
Perfektionierung des Menschen, 123, 815, 817, 899
Person
　Interpersonalität, 104, 140, 238, 244, 398, 399
　Personalität, 135, 147, 729, 730
　Personenbegriff, 148, 395, 640, 641, 735, 794
　Personenstatus, 394, 729, 877, 925

Persönlichkeit, 1, 220, 300, 322, 324, 595, 596, 691, 773, 817
Persönlichkeitsstörung, 325, 391
Versuchsperson, 322, 325, 720, 723, 812
Pflanze, 167, 444, 823, 824, 826, 828, 849, 851, 859, 866
Pflege, 465, 685–687, 697, 774, 784
   als Beruf, 551
   Pflegeethik, 78, 314, 699, 705, 894
   Pflegeheim, 553, 806, 844
Pflicht, 20, 36, 61, 67, 69, 71–73, 167, 171, 172, 180, 215, 216, 234, 235, 299, 360, 462, 492, 575, 578–580, 669
   Aufklärungspflicht, 303, 695
   Bürgerpflichten, 266, 474, 475, 478, 615, 616
   Fürsorgepflicht, 104, 299, 695, 696, 731
   gegenüber der Natur, 329, 823, 827, 851, 853, 854
   gegenüber Tieren, 823, 838, 845
   Hilfspflicht, 72, 85, 216, 272, 563, 565, 567, 661, 872
   negative, 216, 358, 568, 739, 845
   Pflichtenethik, 56, 104, 299
   positive, 215, 216, 272, 358, 566, 845
   Prima-facie-Pflichten, 36, 69, 168, 212, 235, 259, 265, 410, 616, 618
   Rechtspflicht, 234, 265, 475, 669
   Schweigepflicht, 692, 695, 812
   vollkommene/unvollkommene, 180, 234, 565
   zum Rechtsgehorsam, 265, 272, 615
Physiozentrismus, 257, 329, 334, 859
Pluralismus, 4, 46, 69, 143, 300
Pornographie, 105, 361, 366, 533, 600, 609–611
Posthumanismus, 435, 817
Präferenz, 52, 56, 62, 64, 168, 259, 300, 411, 455–457, 640–642, 711, 712, 851, 852
Präferenzerfüllung, 51, 52, 64, 455
Präferenzordnung, 52, 244, 301
Präimplantationsdiagnostik, 126, 318, 733, 740, 741, 754, 755
Prävention
   gegen Straftaten, 488, 489
   gegen Suizid, 768, 805, 808
   medizinische, 257, 682, 713
Praxis, rationale, 194, 196
Prinzip(ien), 95, 227
   der Autonomie, Autonomieprinzip, 2, 11, 34, 47, 69, 409, 410, 691, 694, 802, 810
   der Leidensminderung, 341, 563
   der Menschenwürde, 493, 668
   des Lebensschutzes/Heiligkeit des Lebens, 37, 777, 778
   Doppelwirkungsprinzip, 71, 101, 223, 225, 227, 431, 774
   Eigentumsprinzip, 237, 239, 240, 410
   Fürsorgeprinzip, 691, 776
   Gerechtigkeitsprinzipien, 11, 53, 69, 195, 211, 212, 241, 242, 244, 265, 272, 273, 409, 411, 412, 491, 494, 498, 525, 552, 566, 567, 574, 617, 618, 711, 868
   Gleichheitsprinzip, 339, 576
   logische, Schlussprinzipien, 25, 26, 28, 30, 168, 574
   medizinethische, 317, 324, 686, 696, 712, 723, 768, 786
   mittlerer Reichweite, 10–12, 34, 213, 694
   Nutzenprinzip, utilitaristisches Prinzip, 34, 299
   Prima-facie-Prinzipien, 13, 69, 212
   Prinzipienethik, 33–35, 37, 76, 96–98, 100, 135, 694, 695
   universalisierbare/allgemeine/erste/fundamentale/Grundprinzipien, 9–12, 27, 29, 30, 33, 36, 37, 56, 134, 251, 276, 326, 338, 341, 358, 410, 564, 577, 583
   utilitaristische, Nutzenprinzip, 10, 98, 99, 212
   wissenschaftsethische, 321, 324, 719
Privateigentum, 109–111, 241
Privatheit, 385, 387, 411
Privatperson, private Akteure, 599, 668, 671
Privatsphäre, 207, 323, 365, 385–387, 593, 596, 597, 692, 789, 862
Privatversicherung, 712, 752
Promiskuität, 116
Prostitution, 397, 399, 400, 549
Protest, 265, 411, 616–618
Protestant, protestantisch, 111, 113, 114, 116, 118, 142
Public Health Ethik s. Ethik in den Gesundheitswissenschaften

R

Rache, 117, 210, 351, 489
Rassismus, 477, 503–505, 507, 508, 518
Rationalität
   als Eigenschaft von Personen, 339, 729, 763, 826
   Begriffe, Typen von, 51
   des Suizids, 765–767
   Irrationalität, 482, 584, 767
   ökonomische, 56, 275, 276, 712
   praktische, 187–191
   rationale(s) Akteure/Person/Selbst/Wesen, 28, 36, 69, 159, 574, 595
   rationale Gründe/Rechtfertigungen/Argumentationen/Begründungen/Urteile, 27, 51, 171, 194, 449, 574, 596
   rationale Notwendigkeit, Zwang, 36, 574
   rationale Verhaltenssteuerung, Lebensplanung, 450
   rationale Wahl, Entscheidung, 712, 764
Rationalismus, rationalistisch, 123, 129, 159, 574
Recht(e) (s. a. Menschenrechte, Grundrechte), 269, 368, 909
   auf eine funktionierende Marktwirtschaft, 284
   auf Einwanderung, 625
   auf Leben, Lebensrecht, 28, 341, 430, 564, 580, 604, 637, 639, 641, 642, 644, 660, 729, 731
   Bürgerrechte, 279, 473, 475, 476, 478, 575
   das Rechte, das richtige Handeln, 65, 130
   Definition, Begriff, 238, 269, 341
   Eigentumsrecht, 237–240, 410, 599, 861
   Freiheitsrechte, 242, 248, 338, 342, 412, 474–476, 564, 566, 578, 593, 610, 856

in der digitalen Welt s. Digitalisierung
Medizinrecht, Patientenrecht, 47, 392, 721, 773, 774
moralische, 52, 235, 279, 338, 341, 573, 577, 827, 846
Naturrecht, 68, 270, 573–575, 615, 616
positive/negative, 226, 566, 578
Rechtsansprüche, 241, 579, 600
Rechtsethik, 6, 269, 271, 272
Rechtsnormen, Rechtsgebote, Rechtsprinzipien, 232, 233, 269, 271, 490, 909
Rechtsordnung, 271, 273, 347, 432, 573, 575, 615, 617, 630, 802
Rechtsphilosophie, 269, 271, 273
Rechtspositivismus, 270, 279
Rechtsprechung, Rechtspraxis, rechtliche Entscheidung, rechtliches Urteil, 122, 135, 270, 271, 413, 488, 680
Rechtsstaat, 19, 265, 388, 490, 493, 494, 514, 516, 519, 616, 738
Rechtstheorie, Rechtsdogmatik, Rechtswissenschaft, 238, 271, 319, 574, 578, 579
Strafrecht, 232, 270, 487, 490–493, 599, 606
und Pflichten, 61, 174, 475, 579, 827
Unrecht, 118, 232, 234, 238, 266, 491, 492, 498, 503, 504, 507, 508, 567, 568, 657, 728, 774
Redefreiheit, 593–595, 597–599
Regel, goldene, 118, 140
Relativismus, 87
Religion
als Quelle von Moral/Ethik/Werten/Kultur, 111, 116, 269, 316, 397, 605
Definition, 603, 604
Religionsfreiheit, 4, 578, 593, 603
Religionskritik, 603, 604
und Diskriminierung, 3, 497, 511
Reproduktionsmedizin, 117, 318, 414, 733, 739, 740
Republikanismus, 46, 265, 475, 540, 618
Ressourcenknappheit, 849
Reue, 81, 210, 233, 482
Reziprozität, 140, 407, 803
Rigorismus/Fanatismus, moralischer s. Moralismus
Risiko
Abwägung, Abschätzung, Analyse von Risiken, 256, 721, 724, 854
Definition, 193, 721
Risikoethik, 283, 298
systemisches, 285

S
Samariter, 114
Samenspende, 733, 739
Scham, 81, 83, 233, 398, 461, 463, 464, 701
Schicksal, 447, 450
Schmerz
Gleichsetzung von Schmerz/Leid mit Krankheit oder Behinderung, 394, 679, 681
Lust auf Schmerz/Leid, 62

Schmerzfähigkeit/Leidensfähigkeit, 339, 340, 824, 832, 925
Vermeidung von Schmerz bzw. Leiden, 65, 134, 337, 433, 825
von Tieren, 823
Schuldfähigkeit und Strafe (s. a. Strafe), 492, 494, 913
Schuld
Schuldgefühle s. Reue
und Verdienst, 21, 231–234, 494
Schule s. Ethik-Unterricht
Schwangerschaft
Schwangerschaftsabbruch, Abtreibung, 79, 90, 106, 126, 132, 137, 174, 314, 319, 394, 643, 727, 730, 741, 753
Verhütung, 116, 314
Selbstbestimmung (s. a. Autonomie), 387, 558
informationelle, 893, 907
Selbstbewusstsein, 642, 729, 794, 899
Selbstschädigung, 560
Selbsttötung
Beihilfe zur Selbsttötung/zum Suizid s. Sterben
Suizid als moralisches Problem, 9, 134, 763, 764, 766, 768, 769, 773–775, 777–779
Selbstverteidigung, 127, 227, 658, 664
Selbstzweckformel, 583
Sensibilität, moralische, 100
Sexismus, 503, 505, 507, 508
Sexualität, 116, 124, 126, 386, 397, 399, 400, 406, 407, 610, 611
Sinn des Lebens, 334, 435–437, 439, 441, 443, 767
Skeptizismus
erkenntnistheoretischer, 441
Natürlichkeits-Skeptizismus, 258
Prinzipien-Skeptizismus, 96
SKIP-Argumente, 319
Sklaverei, Sklave, 239, 504, 521, 585
Social Freezing, 733
Social Media, 906
Solidarität, 110–112, 115, 247, 250, 251, 470, 473, 478, 479, 803
Sollen, moralisches, 21, 448
Sozialdemokratie, 111
Sozialethik, 115, 134, 343, 559
Sozialkapital, 471
Spezies, 297, 319, 339, 642, 735, 738, 825, 837
Speziesismus, 339, 395, 825, 827, 838, 925
Spiel, 352, 355
Sportethik, 343, 344, 346–348
Staat
Sozialstaat, 284, 479, 557, 566, 623
Staatenlosigkeit, 475, 476
Staatsbürgerschaft, 473, 475–477, 479, 516
Staatsräson, 140
Weltbürger, Weltbürgertum, Weltbürgerrecht, 474
Stammzellen, 125, 293, 319, 322, 733, 745
Standesethik, 313, 769
Status, moralischer, 100, 338, 409, 433, 588, 795, 823, 827, 832, 923

Sterben
- Sterbebegleitung, 431, 773, 774, 778
- Sterbefasten, 770
- Sterbehilfe, Tötung auf Verlangen, Beihilfe zum Suizid, 26, 30, 62, 83, 116, 126, 132, 134, 161, 166–168, 224, 226, 228, 318, 342, 431, 432, 637, 764, 768, 769, 773–775, 777–780, 785, 810, 811
- Sterbende, 429, 430, 548
- Sterbenlassen versus Töten, 71, 83, 318, 773, 774
- und Tod, 315, 429–433, 435–437

Stolz, 81, 461, 465

Strafe
- als Abgeltung von Schuld, 129, 140, 231, 232, 434, 661, 678
- Rechtfertigung, Funktion, Wirksamkeit von Strafe, 325, 360, 487–489, 491–494, 521, 598, 617
- Todesstrafe, 487, 493, 606

Suizid s. Selbsttötung

Supererogation, 22, 171, 180, 494
- moralische Heilige, 179

System, automatisches, 885, 906

Systemtheorie, 273

T

Terrorismus, 647–650, 652, 662

Theodizee, 123

Tier
- Haustiere, 503, 843, 844
- Nutztiere, 831, 833, 844
- Tierethik, 167, 305, 337–339, 341, 823, 825, 827, 831, 832, 838, 844, 845
- Tierversuche, 167, 292, 330, 337, 746, 825, 837, 839
- Tierzucht, 840
- Tötung von Tieren s. Tötung
- Wildtiere, 846–848
- Zirkustiere, Zootiere, 337, 845, 846

Tod
- Todesstrafe s. Strafe
- und Unsterblichkeit, 433, 897

Toleranz, 92

Tötung (s. a. Mord)
- auf Verlangen s. Sterben
- aus Mitleid s. Mitleidstötung
- gerechtfertigtes oder unvermeidbares Töten, 235, 590, 643, 662, 663
- Tötungsverbot, 10, 62, 65, 67, 134, 318, 330, 342, 432, 433, 638, 639, 642, 643, 729, 730, 739, 769, 778, 795
- von Tieren, 60, 90, 342, 831, 834, 837, 859

Trolley-Beispiel, 225, 590

Tugend, Tugendethik, 39, 75, 77, 78, 96

Tun, Unterlassen, Zulassen, 62, 71, 180, 195, 223–225, 227, 228, 299, 432, 492, 643, 774, 775, 777–780

Tyrannei, 245, 484

U

Überlegungsgleichgewicht, 12, 13, 29, 35, 101

Überwachung, 162, 366, 386, 819, 887, 919

Umwelt
- Umweltethik, 47, 215, 219, 306, 329–333, 823, 825, 827, 849
- Umweltschutz, 553, 853
- Umweltverschmutzung, 531, 849

Ungehorsam, ziviler, 265, 618

Universalismus, 60, 92, 93, 519, 661

Unsicherheit, Ungewissheit, 7, 9, 193, 195–197, 300, 301, 739, 784, 849, 854, 855, 866

Unterlassen s. Tun, Unterlassen, Zulassen

Unternehmensethik, 277, 278, 280, 283

Utilitarismus, 180, 833, 835
- Grenzen des und Alternativen zum, 54, 56, 68, 165, 242, 638
- klassischer, 36, 64, 65, 67, 212, 226, 638
- Präferenzutilitarismus, 52, 300, 339, 641, 642, 824
- utilitaristisches Prinzip s. Prinzip(ien)

V

Verantwortung, 379
- des Arztes, 695, 696, 699, 702, 715
- digitaler Systeme", 913
- Freiheit als Bedingung für Verantwortung, 155, 449, 492
- für die Zukunft, 331
- für sich selbst, 407
- kollektive/korporative versus individuelle, 7, 215, 217, 219–221, 278, 279, 535
- moralische, 158, 160, 215, 217–219, 221, 278, 701
- Probleme und Bedingungen der Zuschreibung von Verantwortung, 21, 85, 215–217, 219–221, 227, 266, 278, 279, 325, 410, 412, 414, 566, 567, 598, 687, 711, 783, 876
- rechtliche, 216–221, 278
- soziale, 278, 450, 559
- Verantwortungsbewusstsein, 378
- Verantwortungsethik, 299
- Verantwortungssubjekte, 299, 359, 360
- von Konsumenten, 535

Verbot
- konkrete Verbote des Suizids, der Tötung, des Dopings oder der Burka etc., 161, 226, 227, 346, 347, 398, 504, 517, 610, 611, 670–672, 763, 768
- Problem der Rechtfertigung von Verboten, 326, 779
- Stellenwert von Verboten in moralischen oder rechtlichen Systemen, 23, 167, 579, 583, 661, 670, 671

Verbrechen, 228, 313, 361, 488, 630, 655, 663, 664

Verdienst (s. a. Schuld und Verdienst)
- als Verteilungskriterium, 235, 447, 498, 505, 552

Vereinte Nationen (UN), 4, 347, 476, 504, 519, 576, 579, 658, 661, 668, 849

Verfahrensethik, 43–45, 47, 48, 211
Verfolgung, politische, 621, 623
Vergebung, 233
Vergeltung s. Rache
Vergewaltigung, 9, 62, 353, 400, 465, 667, 730
Vernunft
    als Quelle von Moral, 233, 430, 587
    Definitionen, Begriffe, 51, 189–191
    göttliche, Vernunft Gottes, 113
    praktische, 13, 14, 81, 82, 114, 156, 168, 189, 190, 574, 766, 767, 926
    Vernünftigkeit als Eigenschaft von Personen s. Rationalität
    Vernünftigkeit des Suizids s. Rationalität
Vertrag, 911, 912
    als Kompromiss, 200
    als Übereinkunft, 52, 130, 240, 399, 400, 768
Vertragsfreiheit, 739, 910
Vertragsgerechtigkeit, 910
vertragstheoretische Ethik, 51, 52, 54, 55
Vertrauen, 99
    in Künstliche Intelligenz, 887
    in therapeutischen Beziehungen, 26, 317, 694–697, 812
    Vertrauenswürdigkeit als Tugend, 207, 276
Vorsichtsprinzip s. Prinzip(ien)

W

Wachkoma, 783, 796
Wahrhaftigkeit s. Aufrichtigkeit
Wahrheit
    historische im Sinne des Faktischen, 598, 672
    moralische bzw. normative, 48, 88, 89
    religiöse bzw. metaphysische, 9, 130
    sagen s. Ehrlichkeit
Weisheit, 75, 77, 123, 133
Werbung, 358, 366, 386, 530, 533, 888
Werte
    Abwägen und Gewichten von Werten, Begründungen von Werteverstößen, 65, 161, 300, 482, 594, 596, 597, 853
    Akzeptanz, Begründung von Werten, 191, 264, 302
    asiatische, 142
    basale, 300
    des Sports, 345
    intrinsische, 258, 817
    kulturrelative, Kulturrelativität von Werten, 93, 518, 519, 577, 578
    moralische, 109, 171, 184, 610, 618
    religiöse, universale, objektive, 122, 471
    sozialistische, liberale, demokratische, Werte der Französischen Revolution, 110, 112, 160, 161, 251, 514, 619
    und Präferenzen, Vorlieben, Interessen, 52, 411, 455, 853, 878
    Wertepluralismus, 483
    Werteunterricht s. Ethik im Unterricht
Willensfreiheit s. Freiheit
Wirtschaftsethik, 78, 142, 220, 237, 275, 277, 279, 280, 283
    mikroethische/makroethische Perspektive, 283
Wissenschaftsethik, 142
Wohlbefinden, Wohlergehen, 393, 394, 453, 457, 640, 832, 833, 844, 846, 847
Wohlstand, 116, 123, 241, 300, 456, 457, 475, 710
Wünsche
    erster und zweiter Ordnung, 157, 158
    Fähigkeit zur Ausbildung von Wünschen bzw. Interessen, 824
    rationale, 455, 457
    Rationalität/Irrationalität von Wünschen, 157, 159, 161, 298, 454, 457, 587, 766, 826
    von Patienten, 30, 271, 680, 682, 695, 768, 775, 777–779, 809, 812
    Wunscherfüllung und Zufriedenheit, 454, 455, 457
Würde, 435
    als moralisch relevante Eigenschaft, 586, 588–590, 899
    des Menschen, Menschenwürde, 115, 135, 207, 319, 352, 504, 552, 583, 586, 588–590, 610, 612, 639, 669–671, 719, 721, 727, 729, 732, 773, 789, 808, 812, 852
    Patientenwürde, 134, 808, 811, 812
    Totenwürde, 353
    von Tieren, 839

X

Xenotransplantation, 337, 746, 799, 800, 837, 839

Z

Zehn Gebote, 122, 212
Zensur, 351, 353, 367, 595, 599, 904
Zeugung, 116, 124, 259, 729
Zirkus, Zirkustiere s. Tier
Zivilgesellschaft s. Gesellschaft
Zulassen s. Tun, Unterlassen, Zulassen
Zusammenleben, interkulturelles, 106, 478, 479, 513–515, 517, 518
Zwang, 233, 248, 269, 360, 574, 584, 604, 629, 631, 634, 693, 730, 731

Printed by Printforce, the Netherlands